Wichtige Rechtstexte
Europäisches Wirtschaftsverwaltungsrecht

## Vorwort

Die vorliegende Textausgabe trägt der zunehmenden Bedeutung des Binnenmarktrechts und dem fortgeschrittenen Kodifizierungs- und Konsolidierungsstand im europäischen Wirtschaftsverwaltungsrecht Rechnung. Die nach Rechtsgebieten gegliederte, systematische Zusammenführung der wichtigsten Richtlinien und Verordnungen aus dem europäischen Wirtschaftsverwaltungsrecht versteht sich als Hilfsmittel zum Verständnis nicht nur der europäischen Regelungsdichte in diesem Bereich, sondern auch der nationalen Vorschriften. Denn sie verweisen immer häufiger – auf die europäischen Rechtstexte, ohne deren Text selbst wiederzugeben. Zunehmende Bedeutung erhält das europäische Sekundärrecht auch wegen des Anwendungsvorrangs. Die Kenntnis der Verordnungen ist schon wegen ihrer unmittelbaren Geltung unerlässlich. Ferner wirken unter den vom Europäischen Gerichtshof festgelegten Voraussetzungen nicht oder nicht fristgerecht umgesetzte Richtlinien direkt in nationales Recht hinein.

Die Textausgabe wendet sich gleichermaßen an Studierende, die in juristischen Lehrveranstaltungen der (Fach-)Hochschulen auf die spezielleren Rechtsquellen im Europäischen Wirtschaftsverwaltungsrecht angewiesen sind, und an die mit dem öffentlichen Wirtschaftsrecht befassten Praktiker bzw. Berater. Sie ist in der Konzeptionsphase auf reges Echo bei zahlreichen Staatsrechtslehrern gestoßen, die mit ihren hilfreichen Anregungen den Inhalt sinnvoll ergänzt und den Zuschnitt der Gesetzessammlung abgerundet haben. Hierfür möchten wir uns herzlich bedanken. Auch dem Herausgeber, Prof. Dr. Dr. h. c. mult. Stober, soll an dieser Stelle nochmals ausdrücklich gedankt werden. Er hat als Ideengeber und mit seinen fachlichen Ratschlägen die Entstehung des Werks zu jeder Zeit mit großem Engagement unterstützt.

Der Gratwanderung zwischen einer kompakten, handlichen Ausgabe und einer vollständigen Erfassung der Gesetzesmaterie sind zwangsläufig Lücken geschuldet. Insofern ist der Verlag auch weiterhin dankbar für Hinweise und Verbesserungsvorschläge aus Ausbildung und Praxis. Der mit dem abgebildeten Sekundärrecht erreichte Umfang ist Grund dafür, dass Herausgeber und Verlag sich dazu entschlossen haben, auf die Darstellung des Primärrechts zu verzichten. Dieses findet sich jedoch in der nationalen Textausgabe (Wichtige Wirtschaftsverwaltungs- und Gewerbegesetze), welche mit der vorliegenden Textsammlung auch als Bundle erhältlich ist.

Im Rahmen der „NWB-Textausgaben sind u. a. erschienen:

1. Deutsche Steuergesetze (Verlags-Nr. 5332)
2. Wichtige Steuergesetze (Verlags-Nr. 5343)
3. Wichtige Steuerrichtlinien (Verlags-Nr. 5285)
4. Wichtige Wirtschaftsgesetze (Verlags-Nr. 5875)
5. Wichtige Arbeitsgesetze (Verlags-Nr. 5319)
6. Wichtige Mietgesetze (Verlags-Nr. 5469)
7. Wichtige Gesetze des Wirtschaftsprivatrechts (Verlags-Nr. 4768)
8. Wirtschaftsgesetze für Wirtschaftsschulen und die kaufmännische Ausbildung (Verlags-Nr. 5271)
9. Wichtige Wirtschaftsverwaltungs- und Gewerbegesetze (Verlags-Nr. 4999)

Wir hoffen, dass insbesondere die systematische Darstellung, die sich nach der Gliederung des Primärrechts richtet, ein rasches Auffinden und gezieltes Arbeiten mit der Textausgabe erleichtert.

Herne im Juli 2008                                                    Redaktion und Verlag

# Inhaltsverzeichnis

|  | Seite |
|---|---|
| Vorwort | V |

**I. Freier Warenverkehr**

1. Recht des geistigen Eigentums ............................................................. 1

   a) Richtlinie 2004/48/EG des Europäischen Parlaments und des Rates vom 29. April 2004 zur Durchsetzung der Rechte des geistigen Eigentums (RL 2004/48/EG) ............................................................. 1

   b) Verordnung (EG) Nr. 1383/2003 des Rates vom 22. Juli 2003 über das Vorgehen der Zollbehörden gegen Waren, die im Verdacht stehen, bestimmte Rechte geistigen Eigentums zu verletzen, und die Maßnahmen gegenüber Waren, die erkanntermaßen derartige Rechte verletzen (VO EG Nr. 1383/2003) ............................................................. 13

2. Lebensmittelrecht ............................................................. 25

   a) Verordnung (EG) Nr. 178/2002 des Europäischen Parlaments und des Rates vom 28. Januar 2002 zur Festlegung der allgemeinen Grundsätze und Anforderungen des Lebensmittelrechts, zur Errichtung der Europäischen Behörde für Lebensmittelsicherheit und zur Festlegung von Verfahren zur Lebensmittelsicherheit (VO EG Nr. 178/2002) ............ 25

   b) Verordnung (EG) Nr. 1935/2004 des Europäischen Parlaments und des Rates vom 27. Oktober 2004 über Materialien und Gegenstände, die dazu bestimmt sind, mit Lebensmitteln in Berührung zu kommen und zur Aufhebung der Richtlinien 80/590/EWG und 89/109/EWG (VO EG Nr. 1935/2004) ............................................................. 61

   c) Verordnung (EG) Nr. 852/2004 des Europäischen Parlaments und des Rates vom 29. April 2004 über Lebensmittelhygiene (VO EG Nr. 852/2004) ............................................................. 75

   d) Verordnung (EG) Nr. 1829/2003 des Europäischen Parlaments und des Rates vom 22. September 2003 über genetisch veränderte Lebensmittel und Futtermittel (VO EG Nr. 1829/2003) ............................................................. 87

   e) Verordnung (EG) Nr. 1924/2006 des Europäischen Parlaments und des Rates vom 20. Dezember 2006 über nährwert- und gesundheitsbezogene Angaben über Lebensmittel (VO EG Nr. 1924/2006) ............................................................. 117

3. Technisches Sicherheitsrecht ............................................................. 137

   a) Richtlinie 98/34/EG des Europäischen Parlaments und des Rates vom 22. Juni 1998 über ein Informationsverfahren auf dem Gebiet der Normen und technischen Vorschriften und der Vorschriften für die Dienste der Informationsgesellschaft (RL 98/34/EG) ............................................................. 137

   b) Richtlinie 2001/95/EG des Europäischen Parlaments und des Rates vom 3. Dezember 2001 über die allgemeine Produktsicherheit (RL 2001/95/EG) ............................................................. 149

**II. Niederlassungsfreiheit/Dienstleistungsfreiheit**

1. Recht der Berufsqualifikationen ............................................................. 165

   Richtlinie 2005/36/EG des Europäischen Parlaments und des Rates vom 7. September 2005 über die Anerkennung von Berufsqualifikationen (RL 2005/36/EG) ............................................................. 165

2. Allgemeines Dienstleistungsrecht......................................................... 208

Richtlinie 2006/123/EG des Europäischen Parlaments und des Rates vom 12. Dezember 2006 über Dienstleistungen im Binnenmarkt (RL 2006/123/EG).................................................................................. 208

3. Kommunikationsrecht ........................................................................ 254

a) Richtlinie 2002/21/EG des Europäischen Parlaments und des Rates vom 7. März 2002 über einen gemeinsamen Rechtsrahmen für elektronische Kommunikationsnetze und -dienste (Rahmenrichtlinie) (RL 2002/21/EG) 254

b) Richtlinie 2002/20/EG des Europäischen Parlaments und des Rates vom 7. März 2002 über die Genehmigung elektronischer Kommunikationsnetze und -dienste (Genehmigungsrichtlinie) (RL 2002/20/EG)................................................................................... 276

c) Richtlinie 2002/22/EG des Europäischen Parlaments und des Rates vom 7. März 2002 über den Universaldienst und Nutzerrechte bei elektronischen Kommunikationsnetzen und -diensten (Universaldienstrichtlinie) (RL 2002/22/EG) .................................... 289

d) Richtlinie 2002/19/EG des Europäischen Parlaments und des Rates vom 7. März 2002 über den Zugang zu elektronischen Kommunikationsnetzen und zugehörigen Einrichtungen sowie deren Zusammenschaltung (Zugangsrichtlinie) (RL 2002/19/EG) ................................................ 313

e) Richtlinie 2000/31/EG des Europäischen Parlaments und des Rates vom 8. Juni 2000 über bestimmte rechtliche Aspekte der Dienste der Informationsgesellschaft, insbesondere des elektronischen Geschäftsverkehrs, im Binnenmarkt („Richtlinie über den elektronischen Geschäftsverkehr") (RL 2000/31/EG)................................................ 327

f) Richtlinie 2002/58/EG des Europäischen Parlaments und des Rates vom 12. Juli 2002 über die Verarbeitung personenbezogener Daten und den Schutz der Privatsphäre in der elektronischen Kommunikation (Datenschutzrichtlinie für elektronische Kommunikation) (RL 2002/58/EG).................................................................................. 347

4. Banken- und Versicherungsrecht ....................................................... 363

a) Richtlinie 2006/49/EG des Europäischen Parlaments und des Rates vom 14. Juni 2006 über die angemessene Eigenkapitalausstattung von Wertpapierfirmen und Kreditinstituten (RL 2006/49/EG)..................... 363

b) Richtlinie 2006/48/EG des Europäischen Parlaments und des Rates vom 14. Juni 2006 über die Aufnahme und Ausübung der Tätigkeit der Kreditinstitute (RL 2006/48/EG)........................................................ 390

c) Richtlinie 2004/39/EG des Europäischen Parlaments und des Rates vom 21. April 2004 über Märkte für Finanzinstrumente, zur Änderung der Richtlinien 85/611/EWG und 93/6/EWG des Rates und der Richtlinie 2000/12/EG des Europäischen Parlaments und des Rates und zur Aufhebung der Richtlinie 93/22/EWG des Rates (RL 2004/39/EG).......... 467

d) Richtlinie 2002/92/EG des Europäischen Parlaments und des Rates vom 9. Dezember 2002 über Versicherungsvermittlung (RL 2002/92/EG)........ 525

5. Vergaberecht....................................................................................... 537

a) Richtlinie 2004/18/EG des Europäischen Parlaments und des Rates vom 31. März 2004 über die Koordinierung der Verfahren zur Vergabe öffentlicher Bauaufträge, Lieferaufträge und Dienstleistungsaufträge (RL 2004/18/EG)................................................................................. 537

b) Richtlinie 2004/17/EG des Europäischen Parlaments und des Rates vom 31. März 2004 zur Koordinierung der Zuschlagserteilung durch Auftraggeber im Bereich der Wasser-, Energie- und Verkehrsversorgung sowie der Postdienste (RL 2004/17/EG) ............................................. 590

**III. Verkehrsrecht**
1. Güter- und Personenverkehr ................................................................ 644
   a) Richtlinie 96/26/EG des Rates vom 29. April 1996 über den Zugang zum Beruf des Güter- und Personenkraftverkehrsunternehmers im innerstaatlichen und grenzüberschreitenden Verkehr sowie über die gegenseitige Anerkennung der Diplome, Prüfungszeugnisse und sonstigen Befähigungsnachweise für die Beförderung von Gütern und die Beförderung von Personen im Straßenverkehr und über Maßnahmen zur Förderung der tatsächlichen Inanspruchnahme der Niederlassungsfreiheit der betreffenden Verkehrsunternehmer (RL 96/26/EG) .................................................................................. 644
   b) Verordnung (EWG) Nr. 881/92 des Rates vom 26. März 1992 über den Zugang zum Güterkraftverkehrsmarkt in der Gemeinschaft für Beförderungen aus oder nach einem Mitgliedstaat oder durch einen oder mehrere Mitgliedstaaten (VO EWG Nr. 881/92) .................................... 654
   c) Verordnung (EG) Nr. 12/98 des Rates vom 11. Dezember 1997 über die Bedingungen für die Zulassung von Verkehrsunternehmern zum Personenkraftverkehr innerhalb eines Mitgliedstaats, in dem sie nicht ansässig sind (VO EG Nr. 12/98) ........................................................ 659
2. Gefahrentransport ................................................................................ 665
   Richtlinie 94/55/EG des Rates vom 21. November 1994 zur Angleichung der Rechtsvorschriften der Mitgliedstaaten für den Gefahrguttransport auf der Straße (RL 94/55/EG) ............................................................................ 665
3. Luftverkehr ........................................................................................... 671
   a) Verordnung (EG) Nr. 549/2004 des Europäischen Parlaments und des Rates vom 10. März 2004 zur Festlegung des Rahmens für die Schaffung eines einheitlichen europäischen Luftraums („Rahmenverordnung") (VO EG Nr. 549/2004) ................................................................... 671
   b) Verordnung (EG) Nr. 551/2004 des Europäischen Parlaments und des Rates vom 10. März 2004 über die Ordnung und Nutzung des Luftraums im einheitlichen europäischen Luftraum („Luftraum-Verordnung") (VO EG Nr. 551/2004) ................................................................... 678
   c) Verordnung (EG) Nr. 300/2008 des Europäischen Parlaments und des Rates vom 11. März 2008 über gemeinsame Vorschriften für die Sicherheit in der Zivilluftfahrt und zur Aufhebung der Verordnung EG Nr. 2320/2002 (VO EG Nr. 300/2008) .............................................. 682
   d) Verordnung (EG) Nr. 622/2003 der Kommission vom 4. April 2003 zur Festlegung von Maßnahmen für die Durchführung der gemeinsamen grundlegenden Normen für die Luftsicherheit (VO EG Nr. 622/2003) ...... 690
   e) Verordnung (EWG) Nr. 2407/92 des Rates vom 23. Juli 1992 über die Erteilung von Betriebsgenehmigungen an Luftfahrtunternehmen (VO EWG Nr. 2407/92) ............................................................................ 692
   f) Verordnung (EWG) Nr. 2408/92 des Rates vom 23. Juli 1992 über den Zugang von Luftfahrtunternehmen der Gemeinschaft zu Strecken des innergemeinschaftlichen Flugverkehrs (VO EWG Nr. 2408/92) ............. 699

g) Verordnung (EG) Nr. 550/2004 des Europäischen Parlaments und des Rates vom 10. März 2004 über die Erbringung von Flugsicherungsdiensten im einheitlichen europäischen Luftraum („Flugsicherungsdienste-Verordnung") (VO EG Nr. 550/2004) ............... 706

h) Richtlinie 2004/36/EG des Europäischen Parlaments und des Rates vom 21. April 2004 über die Sicherheit von Luftfahrzeugen aus Drittstaaten, die Flughäfen in der Gemeinschaft anfliegen (RL 2004/36/EG) .............. 713

i) Verordnung (EG) Nr. 216/2008 des Europäischen Parlaments und des Rates vom 20. Februar 2008 zur Festlegung gemeinsamer Vorschriften für die Zivilluftfahrt und zur Errichtung einer Europäischen Agentur für Flugsicherheit, zur Aufhebung der Richtlinie 91/670/EWG des Rates, der Verordnung (EG) Nr. 1592/2002 und der Richtlinie 2004/36/EG (VO EG Nr. 216/2008) .................................................................. 718

## IV. Beihilfenrecht

1. Verordnung (EG) Nr. 659/1999 des Rates vom 22. März 1999 über besondere Vorschriften für die Anwendung von Artikel 93 des EG-Vertrags (VO EG Nr. 659/1999) .................................................................. 751

2. Verordnung (EG) Nr. 794/2004 der Kommission zur Durchführung der Verordnung (EG) Nr. 659/1999 des Rates über besondere Vorschriften für die Anwendung von Artikel 93 des EG-Vertrags (VO EG Nr. 794/2004) ............. 763

3. Verordnung (EG) Nr. 1998/2006 der Kommission vom 15. Dezember 2006 über die Anwendung der Artikel 87 und 88 EG-Vertrag auf „De-minimis"-Beihilfen (VO EG Nr. 1998/2006) ................................................ 769

4. Verordnung (EG) Nr. 1628/2006 der Kommission vom 24. Oktober 2006 über die Anwendung der Artikel 87 und 88 EG-Vertrag auf regionale Investitionsbeihilfen der Mitgliedstaaten (VO EG Nr. 1628/2006) ............... 777

5. Richtlinie 98/29/EG des Rates vom 7. Mai 1998 zur Harmonisierung der wichtigsten Bestimmungen über die Exportkreditversicherung zur Deckung mittel- und langfristiger Geschäfte (RL 98/29/EG) ............................... 788

6. Verordnung (EG) Nr. 994/98 des Rates vom 7. Mai 1998 über die Anwendung der Artikel 92 und 93 des Vertrags zur Gründung der Europäischen Gemeinschaft auf bestimmte Gruppen horizontaler Beihilfen (VO EG Nr. 994/98) .............................................................................. 791

## V. Öffentliche Unternehmen

Richtlinie 2006/111/EG der Kommission vom 16. November 2006 über die Transparenz der finanziellen Beziehungen zwischen den Mitgliedstaaten und den öffentlichen Unternehmen sowie über die finanzielle Transparenz innerhalb bestimmter Unternehmen (RL 2006/111/EG) ............................ 795

## VI. Handelspolitik

Verordnung (EG) Nr. 1334/2000 des Rates vom 22. Juni 2000 über eine Gemeinschaftsregelung für die Kontrolle der Ausfuhr von Gütern und Technologie mit doppeltem Verwendungszweck (VO EG Nr. 1334/2000) .......... 803

## VII. Energierecht

1. Verordnung (EG) Nr. 1228/2003 des Europäischen Parlaments und des Rates vom 26. Juni 2003 über die Netzzugangsbedingungen für den grenzüberschreitenden Stromhandel (VO EG Nr. 1228/2003) ..................... 813

2. Verordnung (EG) Nr. 1775/2005 des Europäischen Parlaments und des Rates vom 28. September 2005 über die Bedingungen für den Zugang zu den Erdgasfernleitungsnetzen (VO EG Nr. 1775/2005) .................................. 823

3. Richtlinie 2003/54/EG des Europäischen Parlaments und des Rates vom 26. Juni 2003 über gemeinsame Vorschriften für den Elektrizitätsbinnenmarkt und zur Aufhebung der Richtlinie 96/92/EG (RL 2003/54/EG) .................................................................................. 833

4. Richtlinie 2004/67/EG des Rates vom 26. April 2004 über Maßnahmen zur Gewährleistung der sicheren Erdgasversorgung (RL 2004/67/EG) ............... 856

5. Richtlinie 2005/89/EG des Europäischen Parlaments und des Rates vom 18. Januar 2006 über Maßnahmen zur Gewährleistung der Sicherheit der Elektrizitätsversorgung und von Infrastrukturinvestitionen (RL 2005/89/EG) .................................................................................. 862

6. Richtlinie 2006/32/EG des Europäischen Parlaments und des Rates vom 5. April 2006 über Endenergieeffizienz und Energiedienstleistungen und zur Aufhebung der Richtlinie 93/76/EWG des Rates (RL 2006/32/EG) .............. 870

## VIII. Umweltrecht

1. Umweltverfahrensrecht ............................................................... 884

   a) Richtlinie 2003/4/EG des Europäischen Parlaments und des Rates vom 28. Januar 2003 über den Zugang der Öffentlichkeit zu Umweltinformationen und zur Aufhebung der Richtlinie 90/313/EWG des Rates (RL 2003/4/EG) ............................................................. 884

   b) Richtlinie 96/61/EG des Rates vom 24. September 1996 über die integrierte Vermeidung und Verminderung der Umweltverschmutzung (RL 96/61/EG) .................................................................... 894

   c) Richtlinie 85/337/EWG des Rates vom 27. Juni 1985 über die Umweltverträglichkeitsprüfung bei bestimmten öffentlichen und privaten Projekten (RL 85/337/EWG) .................................... 907

2. Immissionsschutzrecht ................................................................ 915

   a) Richtlinie 96/82/EG des Rates vom 9. Dezember 1996 zur Beherrschung der Gefahren bei schweren Unfällen mit gefährlichen Stoffen (RL 96/82/EG) .................................................................... 915

   b) Richtlinie 2003/87/EG des Europäischen Parlaments und des Rates vom 13. Oktober 2003 über ein System für den Handel mit Treibhausgasemissionszertifikaten in der Gemeinschaft und zur Änderung der Richtlinie 96/61/EG des Rates (RL 2003/87/EG) ............... 930

3. Chemikalienrecht ..................................................................... 943

   Verordnung (EG) Nr. 1907/2006 des Europäischen Parlaments und des Rates vom 18. Dezember 2006 zur Registrierung, Bewertung, Zulassung und Beschränkung chemischer Stoffe (REACH), zur Schaffung einer Europäischen Chemikalienagentur, zur Änderung der Richtlinie 1999/45/EG und zur Aufhebung der Verordnung (EWG) Nr. 793/93 des Rates, der Verordnung (EG) Nr. 1488/94 der Kommission, der Richtlinie 76/769/EWG des Rates sowie der Richtlinien 91/155/EWG, 93/67/EWG, 93/105/EG und 2000/21/EG der Kommission (VO EG Nr. 1907/2006) ............................... 943

## IX. Abfallwirtschaft

1. Richtlinie 2006/12/EG des Europäischen Parlaments und des Rates vom 5. April 2006 über Abfälle (RL 2006/12/EG) ............................................. 1033
2. Verordnung (EG) Nr. 1013/2006 des Europäischen Parlaments und des Rates vom 14. Juni 2006 über die Verbringung von Abfällen (VO EG Nr. 1013/2006) 1038
3. Richtlinie 1999/31/EG des Rates vom 26. April 1999 über Abfalldeponien (RL 1999/31/EG) ............................................................................. 1081
4. Richtlinie 94/62/EG des Europäischen Parlaments und des Rates vom 20. Dezember 1994 über Verpackungen und Verpackungsabfälle (RL 94/62/EG) ................................................................................. 1094
5. Richtlinie 2002/96/EG des Europäischen Parlaments und des Rates vom 27. Januar 2003 über Elektro- und Elektronik-Altgeräte (RL 2002/96/EG) ... 1108

Stichwortverzeichnis ............................................................................. 1123

# I. Freier Warenverkehr

## 1. Recht des geistigen Eigentums

### a) Richtlinie 2004/48/EG des Europäischen Parlaments und des Rates vom 29. April 2004 zur Durchsetzung der Rechte des geistigen Eigentums (RL 2004/48/EG)

#### v. 30. 4. 2004 (ABl Nr. L 157 S. 45)

Die Richtline 2004/48/EG v. 30. 4. 2004 (ABl Nr. L 157 S. 45) wurde geändert durch die Berichtigung der Richtlinie 2004/48/EG des Europäischen Parlaments und des Rates vom 29. April 2004 zur Durchsetzung der Rechte des geistigen Eigentums v. 2. 6. 2004 (ABl Nr. L 195 S. 16); Berichtigung der Richtlinie 2004/48/EG des Europäischen Parlaments und des Rates vom 29. April 2004 zur Durchsetzung der Rechte des geistigen Eigentums v. 4. 8. 2007 (ABl Nr. L 204 S. 27).

DAS EUROPÄISCHE PARLAMENT UND DER RAT DER EUROPÄISCHEN UNION –

gestützt auf den Vertrag zur Gründung der Europäischen Gemeinschaft, insbesondere auf Artikel 95,

auf Vorschlag der Kommission,

nach Stellungnahme des Europäischen Wirtschafts- und Sozialausschusses[1],

nach Anhörung des Ausschusses der Regionen,

gemäß dem Verfahren des Artikels 251 des Vertrags[2],

in Erwägung nachstehender Gründe:

(1) Damit der Binnenmarkt verwirklicht wird, müssen Beschränkungen des freien Warenverkehrs und Wettbewerbsverzerrungen beseitigt werden, und es muss ein Umfeld geschaffen werden, das Innovationen und Investitionen begünstigt. Vor diesem Hintergrund ist der Schutz geistigen Eigentums ein wesentliches Kriterium für den Erfolg des Binnenmarkts. Der Schutz geistigen Eigentums ist nicht nur für die Förderung von Innovation und kreativem Schaffen wichtig, sondern auch für die Entwicklung des Arbeitsmarkts und die Verbesserung der Wettbewerbsfähigkeit.

(2) Der Schutz geistigen Eigentums soll Erfinder oder Schöpfer in die Lage versetzen, einen rechtmäßigen Gewinn aus ihren Erfindungen oder Werkschöpfungen zu ziehen. Er soll auch die weitestgehende Verbreitung der Werke, Ideen und neuen Erkenntnisse ermöglichen. Andererseits soll er weder die freie Meinungsäußerung noch den freien Informationsverkehr, noch den Schutz personenbezogener Daten behindern; dies gilt auch für das Internet.

(3) Ohne wirksame Instrumente zur Durchsetzung der Rechte des geistigen Eigentums werden jedoch Innovation und kreatives Schaffen gebremst und Investitionen verhindert. Daher ist darauf zu achten, dass das materielle Recht auf dem Gebiet des geistigen Eigentums, das heute weitgehend Teil des gemeinschaftlichen Besitzstands ist, in der Gemeinschaft wirksam angewandt wird. Daher sind die Instrumente zur Durchsetzung der Rechte des geistigen Eigentums von zentraler Bedeutung für den Erfolg des Binnenmarkts.

(4) Auf internationaler Ebene sind alle Mitgliedstaaten – wie auch die Gemeinschaft selbst in Fragen, die in ihre Zuständigkeit fallen, – an das durch den Beschluss 94/800/ EG des Rates[3] gebilligte Übereinkommen über handelsbezogene Aspekte der Rechte des geistigen Eigentums (TRIPS-Übereinkommen), das im Rahmen der multilateralen Verhandlungen der Uruguay-Runde geschlossen wurde, gebunden.

---

1) **Amtl. Anm.:** ABl C 32 vom 5. 2. 2004, S. 15.
2) **Amtl. Anm.:** Stellungnahme des Europäischen Parlaments vom 9. März 2004 (noch nicht im Amtsblatt veröffentlicht) und Beschluss des Rates vom 26. April 2004.
3) **Amtl. Anm.:** ABl L 336 vom 23. 12. 1994, S. 1.

(5) Das TRIPS-Übereinkommen enthält vornehmlich Bestimmungen über die Instrumente zur Durchsetzung der Rechte des geistigen Eigentums, die gemeinsame, international gültige Normen sind und in allen Mitgliedstaaten umgesetzt wurden. Diese Richtlinie sollte die völkerrechtlichen Verpflichtungen der Mitgliedstaaten einschließlich derjenigen aufgrund des TRIPS-Übereinkommens unberührt lassen.

(6) Es bestehen weitere internationale Übereinkünfte, denen alle Mitgliedstaaten beigetreten sind und die ebenfalls Vorschriften über Instrumente zur Durchsetzung der Rechte des geistigen Eigentums enthalten. Dazu zählen in erster Linie die Pariser Verbandsübereinkunft zum Schutz des gewerblichen Eigentums, die Berner Übereinkunft zum Schutz von Werken der Literatur und Kunst und das Rom-Abkommen über den Schutz der ausübenden Künstler, der Hersteller von Tonträgern und der Sendeunternehmen.

(7) Aus den Sondierungen der Kommission zu dieser Frage hat sich ergeben, dass ungeachtet des TRIPS-Übereinkommens weiterhin zwischen den Mitgliedstaaten große Unterschiede bei den Instrumenten zur Durchsetzung der Rechte des geistigen Eigentums bestehen. So gibt es z. B. beträchtliche Diskrepanzen bei den Durchführungsbestimmungen für einstweilige Maßnahmen, die insbesondere zur Sicherung von Beweismitteln verhängt werden, bei der Berechnung von Schadensersatz oder bei den Durchführungsbestimmungen für Verfahren zur Beendigung von Verstößen gegen Rechte des geistigen Eigentums. In einigen Mitgliedstaaten stehen Maßnahmen, Verfahren und Rechtsbehelfe wie das Auskunftsrecht und der Rückruf rechtsverletzender Ware vom Markt auf Kosten des Verletzers nicht zur Verfügung.

(8) Die Unterschiede zwischen den Regelungen der Mitgliedstaaten hinsichtlich der Instrumente zur Durchsetzung der Rechte des geistigen Eigentums beeinträchtigen das reibungslose Funktionieren des Binnenmarktes und verhindern, dass die bestehenden Rechte des geistigen Eigentums überall in der Gemeinschaft in demselben Grad geschützt sind. Diese Situation wirkt sich nachteilig auf die Freizügigkeit im Binnenmarkt aus und behindert die Entstehung eines Umfelds, das einen gesunden Wettbewerb begünstigt.

(9) Die derzeitigen Unterschiede schwächen außerdem das materielle Recht auf dem Gebiet des geistigen Eigentums und führen zu einer Fragmentierung des Binnenmarktes in diesem Bereich. Dies untergräbt das Vertrauen der Wirtschaft in den Binnenmarkt und bremst somit Investitionen in Innovation und geistige Schöpfungen. Verletzungen von Rechten des geistigen Eigentums stehen immer häufiger in Verbindung mit dem organisierten Verbrechen. Die verstärkte Nutzung des Internet ermöglicht einen sofortigen globalen Vertrieb von Raubkopien. Die wirksame Durchsetzung des materiellen Rechts auf dem Gebiet des geistigen Eigentums bedarf eines gezielten Vorgehens auf Gemeinschaftsebene. Die Angleichung der diesbezüglichen Rechtsvorschriften der Mitgliedstaaten ist somit eine notwendige Voraussetzung für das reibungslose Funktionieren des Binnenmarktes.

(10) Mit dieser Richtlinie sollen diese Rechtsvorschriften einander angenähert werden, um ein hohes, gleichwertiges und homogenes Schutzniveau für geistiges Eigentum im Binnenmarkt zu gewährleisten.

(11) Diese Richtlinie verfolgt weder das Ziel, die Vorschriften im Bereich der justiziellen Zusammenarbeit, der gerichtlichen Zuständigkeit oder der Anerkennung und Vollstreckung von Entscheidungen in Zivil- und Handelssachen zu harmonisieren, noch das Ziel, Fragen des anwendbaren Rechts zu behandeln. Es gibt bereits gemeinschaftliche Instrumente, die diese Angelegenheiten auf allgemeiner Ebene regeln; sie gelten prinzipiell auch für das geistige Eigentum.

(12) Diese Richtlinie darf die Anwendung der Wettbewerbsvorschriften, insbesondere der Artikel 81 und 82 des Vertrags, nicht berühren. Die in dieser Richtlinie vorgesehenen Maßnahmen dürfen nicht dazu verwendet werden, den Wettbewerb entgegen den Vorschriften des Vertrags unzulässig einzuschränken.

(13) Der Anwendungsbereich dieser Richtlinie muss so breit wie möglich gewählt werden, damit er alle Rechte des geistigen Eigentums erfasst, die den diesbezüglichen Ge-

meinschaftsvorschriften und/oder den Rechtsvorschriften der jeweiligen Mitgliedstaaten unterliegen. Dieses Erfordernis hindert die Mitgliedstaaten jedoch nicht daran, die Bestimmungen dieser Richtlinie bei Bedarf zu innerstaatlichen Zwecken auf Handlungen auszuweiten, die den unlauteren Wettbewerb einschließlich der Produktpiraterie oder vergleichbare Tätigkeiten betreffen.

(14) Nur bei in gewerblichem Ausmaß vorgenommenen Rechtsverletzungen müssen die Maßnahmen nach Artikel 6 Absatz 2, Artikel 8 Absatz 1 und Artikel 9 Absatz 2 angewandt werden. Unbeschadet davon können die Mitgliedstaaten diese Maßnahmen auch bei anderen Rechtsverletzungen anwenden. In gewerblichem Ausmaß vorgenommene Rechtsverletzungen zeichnen sich dadurch aus, dass sie zwecks Erlangung eines unmittelbaren oder mittelbaren wirtschaftlichen oder kommerziellen Vorteils vorgenommen werden; dies schließt in der Regel Handlungen aus, die in gutem Glauben von Endverbrauchern vorgenommen werden.

(15) Diese Richtlinie sollte das materielle Recht auf dem Gebiet des geistigen Eigentums, nämlich die Richtlinie 95/46/EG des Europäischen Parlaments und des Rates vom 24. Oktober 1995 zum Schutz natürlicher Personen bei der Verarbeitung personenbezogener Daten und zum freien Datenverkehr[1], die Richtlinie 1999/93/EG des Europäischen Parlaments und des Rates vom 13. Dezember 1999 über gemeinschaftliche Rahmenbedingungen für elektronische Signaturen[2] und die Richtlinie 2000/31/EG des Europäischen Parlaments und des Rates vom 8. Juni 2000 über bestimmte rechtliche Aspekte der Dienste der Informationsgesellschaft, insbesondere des elektronischen Geschäftsverkehrs, im Binnenmarkt[3] nicht berühren.

(16) Diese Richtlinie sollte die gemeinschaftlichen Sonderbestimmungen zur Durchsetzung der Rechte und Ausnahmeregelungen auf dem Gebiet des Urheberrechts und der verwandten Schutzrechte, insbesondere die Bestimmungen der Richtlinie 91/250/EWG des Rates vom 14. Mai 1991 über den Rechtsschutz von Computerprogrammen[4] und der Richtlinie 2001/29/EG des Europäischen Parlaments und des Rates vom 22. Mai 2001 zur Harmonisierung bestimmter Aspekte des Urheberrechts und der verwandten Schutzrechte in der Informationsgesellschaft[5], unberührt lassen.

(17) Die in dieser Richtlinie vorgesehenen Maßnahmen, Verfahren und Rechtsbehelfe sollten in jedem Einzelfall so bestimmt werden, dass den spezifischen Merkmalen dieses Falles, einschließlich der Sonderaspekte jedes Rechts an geistigem Eigentum und gegebenenfalls des vorsätzlichen oder nicht vorsätzlichen Charakters der Rechtsverletzung gebührend Rechnung getragen wird.

(18) Die Befugnis, die Anwendung dieser Maßnahmen, Verfahren und Rechtsbehelfe zu beantragen, sollte nicht nur den eigentlichen Rechtsinhabern eingeräumt werden, sondern auch Personen, die ein unmittelbares Interesse haben und klagebefugt sind, soweit dies nach den Bestimmungen des anwendbaren Rechts zulässig ist und mit ihnen im Einklang steht; hierzu können auch Berufsorganisationen gehören, die mit der Verwertung der Rechte oder mit der Wahrnehmung kollektiver und individueller Interessen betraut sind.

(19) Da das Urheberrecht ab dem Zeitpunkt der Werkschöpfung besteht und nicht förmlich eingetragen werden muss, ist es angezeigt, die in Artikel 15 der Berner Übereinkunft enthaltene Bestimmung zu übernehmen, wonach eine Rechtsvermutung dahin gehend besteht, dass der Urheber eines Werkes der Literatur und Kunst die Person ist, deren Name auf dem Werkstück angegeben ist. Eine entsprechende Rechtsvermutung sollte auf die Inhaber verwandter Rechte Anwendung finden, da die Bemühung, Rechte durch-

---

1) **Amtl. Anm.:** ABl L 281 vom 23. 11. 1995, S. 31. Richtlinie geändert durch die Verordnung (EG) Nr. 1882/2003 (ABl L 284 vom 31. 10. 2003, S. 1).
2) **Amtl. Anm.:** ABl L 13 vom 19. 1. 2000, S. 12.
3) **Amtl. Anm.:** ABl L 178 vom 17. 7. 2000, S. 1.
4) **Amtl. Anm.:** ABl L 122 vom 17. 5. 1991, S. 42. Richtlinie geändert durch die Richtlinie 93/98/EWG (ABl L 290 vom 24. 11. 1993, S. 9).
5) **Amtl. Anm.:** ABl L 167 vom 22. 6. 2001, S. 10.

zusetzen und Produktpiraterie zu bekämpfen, häufig von Inhabern verwandter Rechte, etwa den Herstellern von Tonträgern, unternommen wird.

(20) Da Beweismittel für die Feststellung einer Verletzung der Rechte des geistigen Eigentums von zentraler Bedeutung sind, muss sichergestellt werden, dass wirksame Mittel zur Vorlage, zur Erlangung und zur Sicherung von Beweismitteln zur Verfügung stehen. Die Verfahren sollten den Rechten der Verteidigung Rechnung tragen und die erforderlichen Sicherheiten einschließlich des Schutzes vertraulicher Informationen bieten. Bei in gewerblichem Ausmaß vorgenommenen Rechtsverletzungen ist es ferner wichtig, dass die Gerichte gegebenenfalls die Übergabe von Bank-, Finanz- und Handelsunterlagen anordnen können, die sich in der Verfügungsgewalt des angeblichen Verletzers befinden.

(21) In einigen Mitgliedstaaten gibt es andere Maßnahmen zur Sicherstellung eines hohen Schutzniveaus; diese sollten in allen Mitgliedstaaten verfügbar sein. Dies gilt für das Recht auf Auskunft über die Herkunft rechtsverletzender Waren und Dienstleistungen, über die Vertriebswege sowie über die Identität Dritter, die an der Rechtsverletzung beteiligt sind.

(22) Ferner sind einstweilige Maßnahmen unabdingbar, die unter Wahrung des Anspruchs auf rechtliches Gehör und der Verhältnismäßigkeit der einstweiligen Maßnahme mit Blick auf die besonderen Umstände des Einzelfalles, sowie vorbehaltlich der Sicherheiten, die erforderlich sind, um dem Antragsgegner im Falle eines ungerechtfertigten Antrags den entstandenen Schaden und etwaige Unkosten zu ersetzen, die unverzügliche Beendigung der Verletzung ermöglichen, ohne dass eine Entscheidung in der Sache abgewartet werden muss. Diese Maßnahmen sind vor allem dann gerechtfertigt, wenn jegliche Verzögerung nachweislich einen nicht wieder gutzumachenden Schaden für den Inhaber eines Rechts des geistigen Eigentums mit sich bringen würde.

(23) Unbeschadet anderer verfügbarer Maßnahmen, Verfahren und Rechtsbehelfe sollten Rechtsinhaber die Möglichkeit haben, eine gerichtliche Anordnung gegen eine Mittelsperson zu beantragen, deren Dienste von einem Dritten dazu genutzt werden, das gewerbliche Schutzrecht des Rechtsinhabers zu verletzen. Die Voraussetzungen und Verfahren für derartige Anordnungen sollten Gegenstand der einzelstaatlichen Rechtsvorschriften der Mitgliedstaaten bleiben. Was Verletzungen des Urheberrechts oder verwandter Schutzrechte betrifft, so gewährt die Richtlinie 2001/29/EG bereits ein umfassendes Maß an Harmonisierung. Artikel 8 Absatz 3 der Richtlinie 2001/29/EG sollte daher von dieser Richtlinie unberührt bleiben.

(24) Je nach Sachlage und sofern es die Umstände rechtfertigen, sollten die zu ergreifenden Maßnahmen, Verfahren und Rechtsbehelfe Verbotsmaßnahmen beinhalten, die eine erneute Verletzung von Rechten des geistigen Eigentums verhindern. Darüber hinaus sollten Abhilfemaßnahmen vorgesehen werden, deren Kosten gegebenenfalls dem Verletzer angelastet werden und die beinhalten können, dass Waren, durch die ein Recht verletzt wird, und gegebenenfalls auch die Materialien und Geräte, die vorwiegend zur Schaffung oder Herstellung dieser Waren gedient haben, zurückgerufen, endgültig aus den Vertriebswegen entfernt oder vernichtet werden. Diese Abhilfemaßnahmen sollten den Interessen Dritter, insbesondere der in gutem Glauben handelnden Verbraucher und privaten Parteien, Rechnung tragen.

(25) In Fällen, in denen eine Rechtsverletzung weder vorsätzlich noch fahrlässig erfolgt ist und die in dieser Richtlinie vorgesehenen Abhilfemaßnahmen oder gerichtlichen Anordnungen unangemessen wären, sollten die Mitgliedstaaten die Möglichkeit vorsehen können, dass in geeigneten Fällen als Ersatzmaßnahme die Zahlung einer Abfindung an den Geschädigten angeordnet wird. Wenn jedoch die kommerzielle Nutzung der nachgeahmten Waren oder die Erbringung von Dienstleistungen andere Rechtsvorschriften als die Vorschriften auf dem Gebiet des geistigen Eigentums verletzt oder ein möglicher Nachteil für den Verbraucher entsteht, sollte die Nutzung der Ware bzw. die Erbringung der Dienstleistung untersagt bleiben.

(26) Um den Schaden auszugleichen, den ein Verletzer von Rechten des geistigen Eigentums verursacht hat, der wusste oder vernünftigerweise hätte wissen müssen, dass er

eine Verletzungshandlung vornahm, sollten bei der Festsetzung der Höhe des an den Rechtsinhaber zu zahlenden Schadensersatzes alle einschlägigen Aspekte berücksichtigt werden, wie z. B. Gewinneinbußen des Rechtsinhabers oder zu Unrecht erzielte Gewinne des Verletzers sowie gegebenenfalls der immaterielle Schaden, der dem Rechtsinhaber entstanden ist. Ersatzweise, etwa wenn die Höhe des tatsächlich verursachten Schadens schwierig zu beziffern wäre, kann die Höhe des Schadens aus Kriterien wie z. B. der Vergütung oder den Gebühren, die der Verletzer hätte entrichten müssen, wenn er die Erlaubnis zur Nutzung des besagten Rechts eingeholt hätte, abgeleitet werden. Bezweckt wird dabei nicht die Einführung einer Verpflichtung zu einem als Strafe angelegten Schadensersatz, sondern eine Ausgleichsentschädigung für den Rechtsinhaber auf objektiver Grundlage unter Berücksichtigung der ihm entstandenen Kosten, z. B. im Zusammenhang mit der Feststellung der Rechtsverletzung und ihrer Verursacher.

(27) Die Entscheidungen in Verfahren wegen Verletzungen von Rechten des geistigen Eigentums sollten veröffentlicht werden, um künftige Verletzer abzuschrecken und zur Sensibilisierung der breiten Öffentlichkeit beizutragen.

(28) Zusätzlich zu den zivil- und verwaltungsrechtlichen Maßnahmen, Verfahren und Rechtsbehelfen, die in dieser Richtlinie vorgesehen sind, stellen in geeigneten Fällen auch strafrechtliche Sanktionen ein Mittel zur Durchsetzung der Rechte des geistigen Eigentums dar.

(29) Die Industrie sollte sich aktiv am Kampf gegen Produktpiraterie und Nachahmung beteiligen. Die Entwicklung von Verhaltenskodizes in den direkt betroffenen Kreisen ist ein weiteres Mittel zur Ergänzung des Rechtsrahmens. Die Mitgliedstaaten sollten in Zusammenarbeit mit der Kommission die Ausarbeitung von Verhaltenskodizes im Allgemeinen fördern. Die Kontrolle der Herstellung optischer Speicherplatten, vornehmlich mittels eines Identifikationscodes auf Platten, die in der Gemeinschaft gefertigt werden, trägt zur Eindämmung der Verletzung der Rechte geistigen Eigentums in diesem Wirtschaftszweig bei, der in hohem Maß von Produktpiraterie betroffen ist. Diese technischen Schutzmaßnahmen dürfen jedoch nicht zu dem Zweck missbraucht werden, die Märkte gegeneinander abzuschotten und Parallelimporte zu kontrollieren.

(30) Um die einheitliche Anwendung der Bestimmungen dieser Richtlinie zu erleichtern, empfiehlt es sich, Mechanismen für die Zusammenarbeit und den Informationsaustausch vorzusehen, die einerseits die Zusammenarbeit zwischen den Mitgliedstaaten untereinander, andererseits zwischen ihnen und der Kommission fördern, insbesondere durch die Schaffung eines Netzes von Korrespondenzstellen, die von den Mitgliedstaaten benannt werden, und durch die regelmäßige Erstellung von Berichten, in denen die Umsetzung dieser Richtlinie und die Wirksamkeit der von den verschiedenen einzelstaatlichen Stellen ergriffenen Maßnahmen bewertet wird.

(31) Da aus den genannten Gründen das Ziel der vorliegenden Richtlinie auf Ebene der Mitgliedstaaten nicht ausreichend erreicht werden kann und daher besser auf Gemeinschaftsebene zu erreichen ist, kann die Gemeinschaft im Einklang mit dem in Artikel 5 des Vertrags niedergelegten Subsidiaritätsprinzip tätig werden. Entsprechend dem in demselben Artikel genannten Verhältnismäßigkeitsprinzip geht diese Richtlinie nicht über das für die Erreichung dieses Ziels erforderliche Maß hinaus.

(32) Diese Richtlinie steht im Einklang mit den Grundrechten und Grundsätzen, die insbesondere mit der Charta der Grundrechte der Europäischen Union anerkannt wurden. In besonderer Weise soll diese Richtlinie im Einklang mit Artikel 17 Absatz 2 der Charta die uneingeschränkte Achtung geistigen Eigentums sicherstellen –

HABEN FOLGENDE RICHTLINIE ERLASSEN:

# Kapitel I: Ziel und Anwendungsbereich

### Artikel 1  Gegenstand

Diese Richtlinie betrifft die Maßnahmen, Verfahren und Rechtsbehelfe, die erforderlich sind, um die Durchsetzung der Rechte des geistigen Eigentums sicherzustellen. Im

Sinne dieser Richtlinie umfasst der Begriff „Rechte des geistigen Eigentums" auch die gewerblichen Schutzrechte.

**Artikel 2   Anwendungsbereich**

(1) Unbeschadet etwaiger Instrumente in den Rechtsvorschriften der Gemeinschaft oder der Mitgliedstaaten, die für die Rechtsinhaber günstiger sind, finden die in dieser Richtlinie vorgesehenen Maßnahmen, Verfahren und Rechtsbehelfe gemäß Artikel 3 auf jede Verletzung von Rechten des geistigen Eigentums, die im Gemeinschaftsrecht und/ oder im innerstaatlichen Recht des betreffenden Mitgliedstaats vorgesehen sind, Anwendung.

(2) Diese Richtlinie gilt unbeschadet der besonderen Bestimmungen zur Gewährleistung der Rechte und Ausnahmen, die in der Gemeinschaftsgesetzgebung auf dem Gebiet des Urheberrechts und der verwandten Schutzrechte vorgesehen sind, namentlich in der Richtlinie 91/250/EWG, insbesondere in Artikel 7, und der Richtlinie 2001/29/EG, insbesondere in den Artikeln 2 bis 6 und Artikel 8.

(3) Diese Richtlinie berührt nicht:
a) die gemeinschaftlichen Bestimmungen zum materiellen Recht auf dem Gebiet des geistigen Eigentums, die Richtlinie 95/46/EG, die Richtlinie 1999/93/EG und die Richtlinie 2000/31/EG im Allgemeinen und insbesondere deren Artikel 12 bis 15;
b) die sich aus internationalen Übereinkünften für die Mitgliedstaaten ergebenden Verpflichtungen, insbesondere solche aus dem TRIPS-Übereinkommen, einschließlich solcher betreffend strafrechtliche Verfahren und Strafen;
c) innerstaatliche Vorschriften der Mitgliedstaaten betreffend strafrechtliche Verfahren und Strafen bei Verletzung von Rechten des geistigen Eigentums.

# Kapitel II:   Maßnahmen, Verfahren und Rechtsbehelfe

## Abschnitt 1:   Allgemeine Bestimmungen

**Artikel 3   Allgemeine Verpflichtung**

(1) Die Mitgliedstaaten sehen die Maßnahmen, Verfahren und Rechtsbehelfe vor, die zur Durchsetzung der Rechte des geistigen Eigentums, auf die diese Richtlinie abstellt, erforderlich sind. Diese Maßnahmen, Verfahren und Rechtsbehelfe müssen fair und gerecht sein, außerdem dürfen sie nicht unnötig kompliziert oder kostspielig sein und keine unangemessenen Fristen oder ungerechtfertigten Verzögerungen mit sich bringen.

(2) Diese Maßnahmen, Verfahren und Rechtsbehelfe müssen darüber hinaus wirksam, verhältnismäßig und abschreckend sein und so angewendet werden, dass die Einrichtung von Schranken für den rechtmäßigen Handel vermieden wird und die Gewähr gegen ihren Missbrauch gegeben ist.

**Artikel 4   Zur Beantragung der Maßnahmen, Verfahren und Rechtsbehelfe befugte Personen**

Die Mitgliedstaaten räumen den folgenden Personen das Recht ein, die in diesem Kapitel vorgesehenen Maßnahmen, Verfahren und Rechtsbehelfe zu beantragen:
a) den Inhabern der Rechte des geistigen Eigentums im Einklang mit den Bestimmungen des anwendbaren Rechts,
b) allen anderen Personen, die zur Nutzung solcher Rechte befugt sind, insbesondere Lizenznehmern, soweit dies nach den Bestimmungen des anwendbaren Rechts zulässig ist und mit ihnen im Einklang steht,
c) Verwertungsgesellschaften mit ordnungsgemäß anerkannter Befugnis zur Vertretung von Inhabern von Rechten des geistigen Eigentums, soweit dies nach den Bestimmungen des anwendbaren Rechts zulässig ist und mit ihnen im Einklang steht,

d) Berufsorganisationen mit ordnungsgemäß anerkannter Befugnis zur Vertretung von Inhabern von Rechten des geistigen Eigentums, soweit dies nach den Bestimmungen des anwendbaren Rechts zulässig ist und mit ihnen im Einklang steht.

**Artikel 5  Urheber- oder Inhabervermutung**

Zum Zwecke der Anwendung der in dieser Richtlinie vorgesehenen Maßnahmen, Verfahren und Rechtsbehelfe gilt Folgendes:

a) Damit der Urheber eines Werkes der Literatur und Kunst mangels Gegenbeweises als solcher gilt und infolgedessen Verletzungsverfahren anstrengen kann, genügt es, dass sein Name in der üblichen Weise auf dem Werkstück angegeben ist.

b) Die Bestimmung des Buchstabens a gilt entsprechend für Inhaber von dem Urheberrecht verwandten Schutzrechten in Bezug auf ihre Schutzgegenstände.

## Abschnitt 2:  Beweise

### Artikel 6  Beweise

(1) Die Mitgliedstaaten stellen sicher, dass die zuständigen Gerichte auf Antrag einer Partei, die alle vernünftigerweise verfügbaren Beweismittel zur hinreichenden Begründung ihrer Ansprüche vorgelegt und die in der Verfügungsgewalt der gegnerischen Partei befindlichen Beweismittel zur Begründung ihrer Ansprüche bezeichnet hat, die Vorlage dieser Beweismittel durch die gegnerische Partei anordnen können, sofern der Schutz vertraulicher Informationen gewährleistet wird. Für die Zwecke dieses Absatzes können die Mitgliedstaaten vorsehen, dass eine angemessen große Auswahl aus einer erheblichen Anzahl von Kopien eines Werks oder eines anderen geschützten Gegenstands von den zuständigen Gerichten als glaubhafter Nachweis angesehen wird.

(2) Im Falle einer in gewerblichem Ausmaß begangenen Rechtsverletzung räumen die Mitgliedstaaten den zuständigen Gerichten unter den gleichen Voraussetzungen die Möglichkeit ein, in geeigneten Fällen auf Antrag einer Partei die Übermittlung von in der Verfügungsgewalt der gegnerischen Partei befindlichen Bank-, Finanz- oder Handelsunterlagen anzuordnen, sofern der Schutz vertraulicher Informationen gewährleistet wird.

### Artikel 7  Maßnahmen zur Beweissicherung

(1) Die Mitgliedstaaten stellen sicher, dass die zuständigen Gerichte selbst vor Einleitung eines Verfahrens in der Sache auf Antrag einer Partei, die alle vernünftigerweise verfügbaren Beweismittel zur Begründung ihrer Ansprüche, dass ihre Rechte an geistigem Eigentum verletzt worden sind oder verletzt zu werden drohen, vorgelegt hat, schnelle und wirksame einstweilige Maßnahmen zur Sicherung der rechtserheblichen Beweismittel hinsichtlich der behaupteten Verletzung anordnen können, sofern der Schutz vertraulicher Informationen gewährleistet wird. Derartige Maßnahmen können die ausführliche Beschreibung mit oder ohne Einbehaltung von Mustern oder die dingliche Beschlagnahme der rechtsverletzenden Ware sowie gegebenenfalls der für die Herstellung und/oder den Vertrieb dieser Waren notwendigen Werkstoffe und Geräte und der zugehörigen Unterlagen umfassen. Diese Maßnahmen werden gegebenenfalls ohne Anhörung der anderen Partei getroffen, insbesondere dann, wenn durch eine Verzögerung dem Rechtsinhaber wahrscheinlich ein nicht wieder gutzumachender Schaden entstünde, oder wenn nachweislich die Gefahr besteht, dass Beweise vernichtet werden.

Wenn Maßnahmen zur Beweissicherung ohne Anhörung der anderen Partei getroffen wurden, sind die betroffenen Parteien spätestens unverzüglich nach der Vollziehung der Maßnahmen davon in Kenntnis zu setzen. Auf Antrag der betroffenen Parteien findet eine Prüfung, die das Recht zur Stellungnahme einschließt, mit dem Ziel statt, innerhalb einer angemessenen Frist nach der Mitteilung der Maßnahmen zu entscheiden, ob diese abgeändert, aufgehoben oder bestätigt werden sollen.

(2) Die Mitgliedstaaten stellen sicher, dass die Maßnahmen zur Beweissicherung an die Stellung einer angemessenen Kaution oder entsprechenden Sicherheit durch den

Antragsteller geknüpft werden können, um eine Entschädigung des Antragsgegners wie in Absatz 4 vorgesehen sicherzustellen.

(3) Die Mitgliedstaaten stellen sicher, dass die Maßnahmen zur Beweissicherung auf Antrag des Antragsgegners unbeschadet etwaiger Schadensersatzforderungen aufgehoben oder auf andere Weise außer Kraft gesetzt werden, wenn der Antragsteller nicht innerhalb einer angemessenen Frist – die entweder von dem die Maßnahmen anordnenden Gericht festgelegt wird, sofern dies nach dem Recht des Mitgliedstaats zulässig ist, oder, wenn es nicht zu einer solchen Festlegung kommt, 20 Arbeitstage oder 31 Kalendertage, wobei der längere der beiden Zeiträume gilt, nicht überschreiten – bei dem zuständigen Gericht das Verfahren einleitet, das zu einer Sachentscheidung führt.

(4) Werden Maßnahmen zur Beweissicherung aufgehoben oder werden sie auf Grund einer Handlung oder Unterlassung des Antragstellers hinfällig, oder wird in der Folge festgestellt, dass keine Verletzung oder drohende Verletzung eines Rechts des geistigen Eigentums vorlag, so sind die Gerichte befugt, auf Antrag des Antragsgegners anzuordnen, dass der Antragsteller dem Antragsgegner angemessenen Ersatz für durch diese Maßnahmen entstandenen Schaden zu leisten hat.

(5) Die Mitgliedstaaten können Maßnahmen zum Schutz der Identität von Zeugen ergreifen.

## Abschnitt 3: Recht auf Auskunft

### Artikel 8  Recht auf Auskunft

(1) Die Mitgliedstaaten stellen sicher, dass die zuständigen Gerichte im Zusammenhang mit einem Verfahren wegen Verletzung eines Rechts des geistigen Eigentums auf einen begründeten und die Verhältnismäßigkeit wahrenden Antrag des Klägers hin anordnen können, dass Auskünfte über den Ursprung und die Vertriebswege von Waren oder Dienstleistungen, die ein Recht des geistigen Eigentums verletzen, von dem Verletzer und/oder jeder anderen Person erteilt werden, die

a) nachweislich rechtsverletzende Ware in gewerblichem Ausmaß in ihrem Besitz hatte,

b) nachweislich rechtsverletzende Dienstleistungen in gewerblichem Ausmaß in Anspruch nahm,

c) nachweislich für rechtsverletzende Tätigkeiten genutzte Dienstleistungen in gewerblichem Ausmaß erbrachte, oder

d) nach den Angaben einer in Buchstabe a, b oder c genannten Person an der Herstellung, Erzeugung oder am Vertrieb solcher Waren bzw. an der Erbringung solcher Dienstleistungen beteiligt war.

(2) Die Auskünfte nach Absatz 1 erstrecken sich, soweit angebracht, auf

a) die Namen und Adressen der Hersteller, Erzeuger, Vertreiber, Lieferer und anderer Vorbesitzer der Waren oder Dienstleistungen sowie der gewerblichen Abnehmer und Verkaufsstellen, für die sie bestimmt waren;

b) Angaben über die Mengen der hergestellten, erzeugten, ausgelieferten, erhaltenen oder bestellten Waren und über die Preise, die für die betreffenden Waren oder Dienstleistungen gezahlt wurden.

(3) Die Absätze 1 und 2 gelten unbeschadet anderer gesetzlicher Bestimmungen, die

a) dem Rechtsinhaber weiter gehende Auskunftsrechte einräumen,

b) die Verwendung der gemäß diesem Artikel erteilten Auskünfte in straf- oder zivilrechtlichen Verfahren regeln,

c) die Haftung wegen Missbrauchs des Auskunftsrechts regeln,

d) die Verweigerung von Auskünften zulassen, mit denen die in Absatz 1 genannte Person gezwungen würde, ihre Beteiligung oder die Beteiligung enger Verwandter an einer Verletzung eines Rechts des geistigen Eigentums zuzugeben, oder

e) den Schutz der Vertraulichkeit von Informationsquellen oder die Verarbeitung personenbezogener Daten regeln.

## Abschnitt 4: Einstweilige Maßnahmen und Sicherungsmaßnahmen

### Artikel 9 Einstweilige Maßnahmen und Sicherungsmaßnahmen

(1) Die Mitgliedstaaten stellen sicher, dass die zuständigen Gerichte die Möglichkeit haben, auf Antrag des Antragstellers

a) gegen den angeblichen Verletzer eine einstweilige Maßnahme anzuordnen, um eine drohende Verletzung eines Rechts des geistigen Eigentums zu verhindern oder einstweilig und, sofern die einzelstaatlichen Rechtsvorschriften dies vorsehen, in geeigneten Fällen unter Verhängung von Zwangsgeldern die Fortsetzung angeblicher Verletzungen dieses Rechts zu untersagen oder die Fortsetzung an die Stellung von Sicherheiten zu knüpfen, die die Entschädigung des Rechtsinhabers sicherstellen sollen; eine einstweilige Maßnahme kann unter den gleichen Voraussetzungen auch gegen eine Mittelsperson angeordnet werden, deren Dienste von einem Dritten zwecks Verletzung eines Rechts des geistigen Eigentums in Anspruch genommen werden; Anordnungen gegen Mittelspersonen, deren Dienste von einem Dritten zwecks Verletzung eines Urheberrechts oder eines verwandten Schutzrechts in Anspruch genommen werden, fallen unter die Richtlinie 2001/29/EG;

b) die Beschlagnahme oder Herausgabe der Waren, bei denen der Verdacht auf Verletzung eines Rechts des geistigen Eigentums besteht, anzuordnen, um deren Inverkehrbringen und Umlauf auf den Vertriebswegen zu verhindern.

(2) Im Falle von Rechtsverletzungen in gewerblichem Ausmaß stellen die Mitgliedstaaten sicher, dass die zuständigen Gerichte die Möglichkeit haben, die vorsorgliche Beschlagnahme beweglichen und unbeweglichen Vermögens des angeblichen Verletzers einschließlich der Sperrung seiner Bankkonten und der Beschlagnahme sonstiger Vermögenswerte anzuordnen, wenn die geschädigte Partei glaubhaft macht, dass die Erfüllung ihrer Schadensersatzforderung fraglich ist. Zu diesem Zweck können die zuständigen Behörden die Übermittlung von Bank-, Finanz- oder Handelsunterlagen oder einen geeigneten Zugang zu den entsprechenden Unterlagen anordnen.

(3) Im Falle der Maßnahmen nach den Absätzen 1 und 2 müssen die Gerichte befugt sein, dem Antragsteller aufzuerlegen, alle vernünftigerweise verfügbaren Beweise vorzulegen, um sich mit ausreichender Sicherheit davon überzeugen zu können, dass der Antragsteller der Rechtsinhaber ist und dass das Recht des Antragstellers verletzt wird oder dass eine solche Verletzung droht.

(4) Die Mitgliedstaaten stellen sicher, dass die einstweiligen Maßnahmen nach den Absätzen 1 und 2 in geeigneten Fällen ohne Anhörung der anderen Partei angeordnet werden können, insbesondere dann, wenn durch eine Verzögerung dem Rechtsinhaber ein nicht wieder gutzumachender Schaden entstehen würde. In diesem Fall sind die Parteien spätestens unverzüglich nach der Vollziehung der Maßnahmen davon in Kenntnis zu setzen. Auf Antrag des Antragsgegners findet eine Prüfung, die das Recht zur Stellungnahme einschließt, mit dem Ziel statt, innerhalb einer angemessenen Frist nach der Mitteilung der Maßnahmen zu entscheiden, ob diese abgeändert, aufgehoben oder bestätigt werden sollen.

(5) Die Mitgliedstaaten stellen sicher, dass die einstweiligen Maßnahmen nach den Absätzen 1 und 2 auf Antrag des Antragsgegners aufgehoben oder auf andere Weise außer Kraft gesetzt werden, wenn der Antragsteller nicht innerhalb einer angemessenen Frist – die entweder von dem die Maßnahmen anordnenden Gericht festgelegt wird, sofern dies nach dem Recht des Mitgliedstaats zulässig ist, oder, wenn es nicht zu einer solchen Festlegung kommt, 20 Arbeitstage oder 31 Kalendertage, wobei der längere der beiden Zeiträume gilt, nicht überschreiten – bei dem zuständigen Gericht das Verfahren einleitet, das zu einer Sachentscheidung führt.

(6) Die zuständigen Gerichte können die einstweiligen Maßnahmen nach den Absätzen 1 und 2 an die Stellung einer angemessenen Kaution oder die Leistung einer entsprechenden Sicherheit durch den Antragsteller knüpfen, um eine etwaige Entschädigung des Antragsgegners gemäß Absatz 7 sicherzustellen.

(7) Werden einstweilige Maßnahmen aufgehoben oder werden sie auf Grund einer Handlung oder Unterlassung des Antragstellers hinfällig, oder wird in der Folge festgestellt, dass keine Verletzung oder drohende Verletzung eines Rechts des geistigen Eigentums vorlag, so sind die Gerichte befugt, auf Antrag des Antragsgegners anzuordnen, dass der Antragsteller dem Antragsgegner angemessenen Ersatz für durch diese Maßnahmen entstandenen Schaden zu leisten hat.

## Abschnitt 5:   Maßnahmen aufgrund einer Sachentscheidung

### Artikel 10   Abhilfemaßnahmen

(1) Die Mitgliedstaaten stellen sicher, dass die zuständigen Gerichte auf Antrag des Antragstellers anordnen können, dass in Bezug auf Waren, die nach ihren Feststellungen ein Recht des geistigen Eigentums verletzen, und gegebenenfalls in Bezug auf Materialien und Geräte, die vorwiegend zur Schaffung oder Herstellung dieser Waren gedient haben, unbeschadet etwaiger Schadensersatzansprüche des Rechtsinhabers aus der Verletzung sowie ohne Entschädigung irgendwelcher Art geeignete Maßnahmen getroffen werden. Zu diesen Maßnahmen gehören

a) der Rückruf aus den Vertriebswegen,

b) das endgültige Entfernen aus den Vertriebswegen oder

c) die Vernichtung.

(2) Die Gerichte ordnen an, dass die betreffenden Maßnahmen auf Kosten des Verletzers durchgeführt werden, es sei denn, es werden besondere Gründe geltend gemacht, die dagegen sprechen.

(3) Bei der Prüfung eines Antrags auf Anordnung von Abhilfemaßnahmen sind die Notwendigkeit eines angemessenen Verhältnisses zwischen der Schwere der Verletzung und den angeordneten Abhilfemaßnahmen sowie die Interessen Dritter zu berücksichtigen.

### Artikel 11   Gerichtliche Anordnungen

Die Mitgliedstaaten stellen sicher, dass die zuständigen Gerichte bei Feststellung einer Verletzung eines Rechts des geistigen Eigentums eine Anordnung gegen den Verletzer erlassen können, die ihm die weitere Verletzung des betreffenden Rechts untersagt. Sofern dies nach dem Recht eines Mitgliedstaats vorgesehen ist, werden im Falle einer Missachtung dieser Anordnung in geeigneten Fällen Zwangsgelder verhängt, um die Einhaltung der Anordnung zu gewährleisten. Unbeschadet des Artikels 8 Absatz 3 der Richtlinie 2001/29/EG stellen die Mitgliedstaaten ferner sicher, dass die Rechtsinhaber eine Anordnung gegen Mittelspersonen beantragen können, deren Dienste von einem Dritten zwecks Verletzung eines Rechts des geistigen Eigentums in Anspruch genommen werden.

### Artikel 12   Ersatzmaßnahmen

Die Mitgliedstaaten können vorsehen, dass die zuständigen Gerichte in entsprechenden Fällen und auf Antrag der Person, der die in diesem Abschnitt vorgesehenen Maßnahmen auferlegt werden könnten, anordnen können, dass anstelle der Anwendung der genannten Maßnahmen eine Abfindung an die geschädigte Partei zu zahlen ist, sofern die betreffende Person weder vorsätzlich noch fahrlässig gehandelt hat, ihr aus der Durchführung der betreffenden Maßnahmen ein unverhältnismäßig großer Schaden entstehen würde und die Zahlung einer Abfindung an die geschädigte Partei als angemessene Entschädigung erscheint.

## Abschnitt 6: Schadensersatz und Rechtskosten

### Artikel 13 Schadensersatz

(1) Die Mitgliedstaaten stellen sicher, dass die zuständigen Gerichte auf Antrag der geschädigten Partei anordnen, dass der Verletzer, der wusste oder vernünftigerweise hätte wissen müssen, dass er eine Verletzungshandlung vornahm, dem Rechtsinhaber zum Ausgleich des von diesem wegen der Rechtsverletzung erlittenen tatsächlichen Schadens angemessenen Schadensersatz zu leisten hat.

Bei der Festsetzung des Schadensersatzes verfahren die Gerichte wie folgt:

a) Sie berücksichtigen alle in Frage kommenden Aspekte, wie die negativen wirtschaftlichen Auswirkungen, einschließlich der Gewinneinbußen für die geschädigte Partei und der zu Unrecht erzielten Gewinne des Verletzers, sowie in geeigneten Fällen auch andere als die rein wirtschaftlichen Faktoren, wie den immateriellen Schaden für den Rechtsinhaber,

oder

b) sie können stattdessen in geeigneten Fällen den Schadensersatz als Pauschalbetrag festsetzen, und zwar auf der Grundlage von Faktoren wie mindestens dem Betrag der Vergütung oder Gebühr, die der Verletzer hätte entrichten müssen, wenn er die Erlaubnis zur Nutzung des betreffenden Rechts des geistigen Eigentums eingeholt hätte.

(2) Für Fälle, in denen der Verletzer eine Verletzungshandlung vorgenommen hat, ohne dass er dies wusste oder vernünftigerweise hätte wissen müssen, können die Mitgliedstaaten die Möglichkeit vorsehen, dass die Gerichte die Herausgabe der Gewinne oder die Zahlung von Schadensersatz anordnen, dessen Höhe im Voraus festgesetzt werden kann.

### Artikel 14 Prozesskosten

Die Mitgliedstaaten stellen sicher, dass die Prozesskosten und sonstigen Kosten der obsiegenden Partei in der Regel, soweit sie zumutbar und angemessen sind, von der unterlegenen Partei getragen werden, sofern Billigkeitsgründe dem nicht entgegenstehen.

## Abschnitt 7: Veröffentlichung

### Artikel 15 Veröffentlichung von Gerichtsentscheidungen

Die Mitgliedstaaten stellen sicher, dass die Gerichte bei Verfahren wegen Verletzung von Rechten des geistigen Eigentums auf Antrag des Antragstellers und auf Kosten des Verletzers geeignete Maßnahmen zur Verbreitung von Informationen über die betreffende Entscheidung, einschließlich der Bekanntmachung und der vollständigen oder teilweisen Veröffentlichung, anordnen können. Die Mitgliedstaaten können andere, den besonderen Umständen angemessene Zusatzmaßnahmen, einschließlich öffentlichkeitswirksamer Anzeigen, vorsehen.

## Kapitel III: Sanktionen der Mitgliedstaaten

### Artikel 16 Sanktionen der Mitgliedstaaten

Unbeschadet der in dieser Richtlinie vorgesehenen zivil- und verwaltungsrechtlichen Maßnahmen, Verfahren und Rechtsbehelfe können die Mitgliedstaaten in Fällen von Verletzungen von Rechten des geistigen Eigentums andere angemessene Sanktionen vorsehen.

## Kapitel IV: Verhaltenskodizes und Verwaltungszusammenarbeit

### Artikel 17  Verhaltenskodizes

Die Mitgliedstaaten wirken darauf hin, dass

a) die Unternehmens- und Berufsverbände oder -organisationen auf Gemeinschaftsebene Verhaltenskodizes ausarbeiten, die zum Schutz der Rechte des geistigen Eigentums beitragen, insbesondere indem die Anbringung eines Codes auf optischen Speicherplatten empfohlen wird, der den Ort ihrer Herstellung erkennen lässt;

b) der Kommission die Entwürfe innerstaatlicher oder gemeinschaftsweiter Verhaltenskodizes und etwaige Gutachten über deren Anwendung übermittelt werden.

### Artikel 18  Bewertung

(1) Jeder Mitgliedstaat legt der Kommission drei Jahre nach Ablauf der in Artikel 20 Absatz 1 genannten Frist einen Bericht über die Umsetzung dieser Richtlinie vor.

Anhand dieser Berichte erstellt die Kommission einen Bericht über die Anwendung dieser Richtlinie, einschließlich einer Bewertung der Wirksamkeit der ergriffenen Maßnahmen sowie einer Bewertung der Auswirkungen der Richtlinie auf die Innovation und die Entwicklung der Informationsgesellschaft. Dieser Bericht wird dem Europäischen Parlament, dem Rat und dem Europäischen Wirtschafts- und Sozialausschuss vorgelegt. Soweit erforderlich, legt die Kommission unter Berücksichtigung der Entwicklung des Gemeinschaftsrechts zusammen mit dem Bericht Vorschläge zur Änderung dieser Richtlinie vor.

(2) Die Mitgliedstaaten lassen der Kommission bei der Erstellung des in Absatz 1 Unterabsatz 2 genannten Berichts jede benötigte Hilfe und Unterstützung zukommen.

### Artikel 19  Informationsaustausch und Korrespondenzstellen

Zur Förderung der Zusammenarbeit, einschließlich des Informationsaustauschs, der Mitgliedstaaten untereinander sowie zwischen den Mitgliedstaaten und der Kommission benennt jeder Mitgliedstaat mindestens eine nationale Korrespondenzstelle für alle die Durchführung der in dieser Richtlinie vorgesehenen Maßnahmen betreffenden Fragen. Jeder Mitgliedstaat teilt die Kontaktadressen seiner Korrespondenzstelle(n) den anderen Mitgliedstaaten und der Kommission mit.

## Kapitel V: Schlussbestimmungen

### Artikel 20  Umsetzung

(1) Die Mitgliedstaaten setzen die Rechts- und Verwaltungsvorschriften in Kraft, die erforderlich sind, um dieser Richtlinie spätestens ab dem 29. April 2006 nachzukommen. Sie setzen die Kommission unverzüglich davon in Kenntnis.

Wenn die Mitgliedstaaten diese Vorschriften erlassen, nehmen sie in den Vorschriften selbst oder durch einen Hinweis bei der amtlichen Veröffentlichung auf diese Richtlinie Bezug. Die Mitgliedstaaten regeln die Einzelheiten der Bezugnahme.

(2) Die Mitgliedstaaten teilen der Kommission den Wortlaut der innerstaatlichen Rechtsvorschriften mit, die sie auf dem unter diese Richtlinie fallenden Gebiet erlassen.

### Artikel 21  Inkrafttreten

Diese Richtlinie tritt am zwanzigsten Tag nach ihrer Veröffentlichung im Amtsblatt der Europäischen Union in Kraft.

### Artikel 22  Adressaten

Diese Richtlinie ist an die Mitgliedstaaten gerichtet.

## b) Verordnung (EG) Nr. 1383/2003 des Rates vom 22. Juli 2003 über das Vorgehen der Zollbehörden gegen Waren, die im Verdacht stehen, bestimmte Rechte geistigen Eigentums zu verletzen, und die Maßnahmen gegenüber Waren, die erkanntermaßen derartige Rechte verletzen (VO EG Nr. 1383/2003)

### v. 2. 8. 2003 (ABl Nr. L 196 S. 7)

Die Verordnung (EG) Nr. 1383/2003 v. 2. 8. 2003 (ABl Nr. L 196 S. 7) wurde geändert durch die Berichtigung der Verordnung (EG) Nr. 1383/2003 des Rates vom 22. Juli 2003 über das Vorgehen der Zollbehörden gegen Waren, die im Verdacht stehen, bestimmte Rechte geistigen Eigentums zu verletzen, und die Maßnahmen gegenüber Waren, die erkanntermaßen derartige Rechte verletzen v. 28. 12. 2004 (ABl Nr. L 381 S. 87).

DER RAT DER EUROPÄISCHEN UNION –

gestützt auf den Vertrag zur Gründung der Europäischen Gemeinschaft, insbesondere auf Artikel 133,

auf Vorschlag der Kommission,

in Erwägung nachstehender Gründe:

(1) Um das Funktionieren des Systems zu verbessern, das mit der Verordnung (EG) Nr. 3295/94 des Rates vom 22. Dezember 1994 über Maßnahmen zum Verbot der Überführung nachgeahmter Waren und unerlaubt hergestellter Vervielfältigungsstücke oder Nachbildungen in den zollrechtlich freien Verkehr oder in ein Nichterhebungsverfahren sowie zum Verbot ihrer Ausfuhr und Wiederausfuhr[1] eingeführt wurde, sind aus den Erfahrungen mit der Anwendung der genannten Verordnung Folgerungen zu ziehen. Im Interesse der Klarheit sollte die Verordnung (EG) Nr. 3295/94 aufgehoben und ersetzt werden.

(2) Durch das Inverkehrbringen nachgeahmter und unerlaubt hergestellter Waren und allgemein durch das Inverkehrbringen von Waren, die Rechte geistigen Eigentums verletzen, wird den rechtstreuen Herstellern und Händlern sowie den Rechtsinhabern erheblicher Schaden zugefügt; außerdem werden die Verbraucher getäuscht und mitunter Gefahren für ihre Gesundheit und ihre Sicherheit ausgesetzt. Daher sollte soweit wie möglich verhindert werden, dass solche Waren auf den Markt gelangen, und es sollten Maßnahmen zur wirksamen Bekämpfung dieser illegalen Praktiken ergriffen werden, ohne jedoch den rechtmäßigen Handel in seiner Freiheit zu beeinträchtigen. Dieses Ziel steht im Einklang mit Anstrengungen auf internationaler Ebene, die derzeit unternommen werden.

(3) In Fällen, in denen das Ursprungs- oder Herkunftsland der nachgeahmten Waren, der unerlaubt hergestellten Waren und allgemein der Waren, die ein Recht geistigen Eigentums verletzen, ein Drittstaat ist, sollten ihr Verbringen in das Zollgebiet der Gemeinschaft einschließlich der Umladung, ihre Überführung in den zollrechtlich freien Verkehr der Gemeinschaft, ihre Überführung in ein Nichterhebungsverfahren und ihr Verbringen in eine Freizone oder ein Freilager verboten und ein geeignetes Verfahren eingeführt werden, um die Zollbehörden in die Lage zu versetzen, die Einhaltung dieses Verbots unter den bestmöglichen Bedingungen zu gewährleisten.

(4) Die Zollbehörden sollten auch tätig werden können, wenn nachgeahmte Waren, unerlaubt hergestellte Waren und Waren, die bestimmte Rechte geistigen Eigentums verletzen, ausgeführt, wiederausgeführt oder aus dem Zollgebiet der Gemeinschaft verbracht werden.

(5) Das Tätigwerden der Zollbehörden sollte darin bestehen, im Fall von Waren, die im Verdacht stehen, nachgeahmte oder unerlaubt hergestellte Waren oder Waren zu sein, die bestimmte Rechte geistigen Eigentums verletzen, für die Zeit, die für die Feststellung erforderlich ist, ob es sich tatsächlich um solche Waren handelt, entweder die Überlas-

---

[1] **Amtl. Anm.:** ABl L 341 vom 30. 12. 1994, S. 8. Zuletzt geändert durch die Verordnung (EG) Nr. 806/2003 (ABl L 122 vom 16. 5. 2003, S. 1).

sung dieser Waren zur Überführung in den zollrechtlich freien Verkehr, zur Ausfuhr oder zur Wiederausfuhr auszusetzen oder diese Waren zurückzuhalten, wenn sie im Rahmen eines Nichterhebungsverfahrens, beim Verbringen in eine Freizone oder ein Freilager, bei einer Wiederausfuhr, für welche die Mitteilung genügt, oder beim Verbringen in das Zollgebiet oder aus dem Zollgebiet entdeckt werden.

(6) Die Angaben in dem Antrag auf Tätigwerden, wie z. B. seine Geltungsdauer und seine Form, müssen für alle Mitgliedstaaten harmonisiert werden. Dasselbe gilt auch für die Voraussetzungen für die Annahme des Antrags durch die Zollbehörden und die Dienststelle, die dafür zuständig sind, ihn entgegenzunehmen, zu bearbeiten und zu registrieren.

(7) Den Mitgliedstaaten sollte die Möglichkeit eingeräumt werden, die betreffenden Waren auch vor Stellung oder Zulassung eines Antrags für eine bestimmte Zeit zurückzuhalten, damit der Rechtsinhaber bei den Zollbehörden einen Antrag auf Tätigwerden stellen kann.

(8) In Verfahren, die eingeleitet werden, um festzustellen, ob ein Recht geistigen Eigentums nach einzelstaatlichen Rechtsvorschriften verletzt ist, sind die Kriterien maßgebend, nach denen sich bestimmt, ob die in dem betreffenden Mitgliedstaat hergestellten Waren Rechte geistigen Eigentums verletzen. Die Bestimmungen der Mitgliedstaaten über die Zuständigkeit der Justizbehörden und die Gerichtsverfahren bleiben von dieser Verordnung unberührt.

(9) Um die Anwendung dieser Verordnung sowohl für die Zollverwaltungen als auch für die Rechtsinhaber zu erleichtern, sollte auch ein flexibleres Verfahren vorgesehen werden, nach dem Waren, die bestimmte Rechte geistigen Eigentums verletzen, vernichtet werden können, ohne dass ein Verfahren zur Feststellung, ob ein Recht geistigen Eigentums nach den Rechtsvorschriften des betreffenden Mitgliedstaats verletzt ist, eingeleitet werden muss.

(10) Es müssen die Maßnahmen festgelegt werden, denen Waren unterworfen werden, die erwiesenermaßen nachgeahmt oder unerlaubt hergestellt sind oder allgemein bestimmte Rechte geistigen Eigentums verletzen. Diese Maßnahmen sollten nicht nur den für den Handel mit diesen Waren Verantwortlichen den aus diesem Geschäft erwachsenden wirtschaftlichen Gewinn entziehen und ihr Handeln ahnden, sondern auch wirksam von künftigen Vorgängen dieser Art abschrecken.

(11) Um die Zollabfertigung der im persönlichen Gepäck von Reisenden enthaltenen Waren nicht zu behindern, ist es angebracht, Waren, die nachgeahmt oder unerlaubt hergestellt sein oder bestimmte Rechte geistigen Eigentums verletzen könnten und die in den im Gemeinschaftsrecht für die Gewährung einer Zollbefreiung vorgesehenen Grenzen aus Drittstaaten eingeführt werden, aus dem Geltungsbereich dieser Verordnung auszuschließen, es sei denn, bestimmte konkrete Hinweise lassen darauf schließen, dass gewerblicher Handel vorliegt.

(12) Die einheitliche Anwendung der in dieser Verordnung vorgesehenen gemeinsamen Vorschriften muss sichergestellt und die gegenseitige Amtshilfe zum einen zwischen den Mitgliedstaaten und zum anderen zwischen den Mitgliedstaaten und der Kommission verstärkt werden, um eine möglichst hohe Effizienz dieser Verordnung zu gewährleisten, insbesondere durch Anwendung der Verordnung (EG) Nr. 515/97 des Rates vom 13. März 1997 über die gegenseitige Amtshilfe zwischen Verwaltungsbehörden der Mitgliedstaaten und die Zusammenarbeit dieser Behörden mit der Kommission im Hinblick auf die ordnungsgemäße Anwendung der Zoll- und der Agrarregelung[1].

(13) Unter Berücksichtigung unter anderem der Erfahrungen mit der Anwendung dieser Verordnung sollte die Möglichkeit geprüft werden, die Liste der unter diese Verordnung fallenden Rechte geistigen Eigentums zu erweitern.

---

1) **Amtl. Anm.:** ABl L 82 vom 22. 3. 1997, S. 1. Zuletzt geändert durch die Verordnung (EG) Nr. 807/2003 (ABl L 122 vom 16. 5. 2003, S. 36).

(14) Die zur Durchführung dieser Verordnung erforderlichen Maßnahmen sollten gemäß dem Beschluss 1999/468/EG des Rates vom 28. Juni 1999 zur Festlegung der Modalitäten für die Ausübung der der Kommission übertragenen Durchführungsbefugnisse[1] festgelegt werden.

(15) Die Verordnung (EG) Nr. 3295/94 sollte aufgehoben werden –
HAT FOLGENDE VERORDNUNG ERLASSEN:

## Kapitel I: Gegenstand und Geltungsbereich

### Artikel 1

(1) In dieser Verordnung sind die Voraussetzungen festgelegt, unter denen die Zollbehörden tätig werden können, wenn Waren in folgenden Situationen im Verdacht stehen, ein Recht geistigen Eigentums zu verletzen:

a) wenn sie nach Artikel 61 der Verordnung (EWG) Nr. 2913/92 des Rates vom 12. Oktober 1992 zur Festlegung des Zollkodex der Gemeinschaften[2] zur Überführung in den zollrechtlich freien Verkehr, zur Ausfuhr oder zur Wiederausfuhr angemeldet werden;

b) wenn sie im Rahmen einer zollamtlichen Prüfung von Waren entdeckt werden, die nach Artikel 37 und Artikel 183 der Verordnung (EWG) Nr. 2913/92 in das Zollgebiet oder aus dem Zollgebiet der Gemeinschaft verbracht werden, die in ein Nichterhebungsverfahren im Sinne des Artikels 84 Absatz 1 Buchstabe a) der genannten Verordnung überführt werden, deren nach Artikel 182 Absatz 2 der genannten Verordnung mitteilungspflichtige Wiederausfuhr im Gange ist oder die in eine Freizone oder ein Freilager im Sinne des Artikels 166 der genannten Verordnung verbracht werden.

(2) In dieser Verordnung sind ferner die Maßnahmen festgelegt, die von den zuständigen Behörden zu treffen sind, wenn die in Absatz 1 genannten Waren erkanntermaßen ein Recht geistigen Eigentums verletzen.

### Artikel 2

(1) Für die Zwecke dieser Verordnung sind „Waren, die ein Recht geistigen Eigentums verletzen":

a) „nachgeahmte Waren", das heißt:

   i. Waren einschließlich ihrer Verpackungen, auf denen ohne Genehmigung Marken oder Zeichen angebracht sind, die mit der Marke oder dem Zeichen identisch sind, die für derartige Waren rechtsgültig eingetragen sind, oder die in ihren wesentlichen Merkmalen nicht von einer solchen Marke oder dem Zeichen zu unterscheiden sind und damit die Rechte des Inhabers der betreffenden Marke im Sinne der Verordnung (EG) Nr. 40/94 des Rates vom 20. Dezember 1993 über die Gemeinschaftsmarke[3] oder nach dem Rechtsvorschriften des Mitgliedstaats, in dem der Antrag auf Tätigwerden der Zollbehörden gestellt wird, verletzen;

   ii. Kennzeichnungsmittel (einschließlich Emblemen, Anhängern, Aufklebern, Prospekten, Bedienungs- oder Gebrauchsanweisungen oder Garantiedokumenten, die ein solches Kennzeichnungsmittel tragen), auch gesondert gestellt, auf welche die unter Ziffer i) genannten Umstände zutreffen;

   iii. die mit Marken nachgeahmter Waren versehenen Verpackungen, die gesondert gestellt werden und auf welche die unter Ziffer i) genannten Umstände zutreffen;

---

1) **Amtl. Anm.:** ABl L 184 vom 17. 7. 1999, S. 23.
2) **Amtl. Anm.:** ABl L 302 vom 19. 10. 1992, S. 1. Zuletzt geändert durch die Verordnung (EG) Nr. 2700/2000 des Europäischen Parlaments und des Rats (ABl L 311 vom 12. 12. 2000, S. 17).
3) **Amtl. Anm.:** ABl L 11 vom 14. 1. 1994, S. 1. Zuletzt geändert durch die Verordnung (EG) Nr. 807/2003.

b) „unerlaubt hergestellte Waren": insbesondere Waren, die Vervielfältigungsstücke oder Nachbildungen sind oder solche enthalten und ohne Zustimmung des Inhabers des Urheberrechts oder verwandten Schutzrechts oder eines Geschmacksmusterrechts, unabhängig davon, ob es nach einzelstaatlichem Recht eingetragen ist, oder ohne Zustimmung einer von dem Rechtsinhaber im Herstellungsland ermächtigten Person angefertigt werden, sofern die Herstellung dieser Vervielfältigungsstücke oder Nachbildungen das betreffende Recht im Sinne der Verordnung (EG) Nr. 6/2002 des Rates vom 12. Dezember 2001 über Gemeinschaftsgeschmacksmuster[1] oder nach den Rechtsvorschriften des Mitgliedstaats, in dem der Antrag auf Tätigwerden der Zollbehörden gestellt wird, verletzen würde;

c) Waren, die in dem Mitgliedstaat, in dem der Antrag auf Tätigwerden der Zollbehörden gestellt wird,

  i. ein Patent nach den Rechtsvorschriften dieses Mitgliedstaats,

  ii. ein ergänzendes Schutzzertifikat im Sinne der Verordnung (EWG) Nr. 1768/92 des Rates[2] oder der Verordnung (EG) Nr. 1610/96 des Europäischen Parlaments und des Rates[3],

  iii. ein nationales Schutzrecht für Sorten nach den Rechtsvorschriften dieses Mitgliedstaats oder ein gemeinschaftliches Schutzrecht im Sinne der Verordnung (EG) Nr. 2100/94 des Rates[4],

  iv. eine Ursprungsbezeichnung oder eine geografische Angabe nach den Rechtsvorschriften dieses Mitgliedstaats oder im Sinne der Verordnungen (EWG) Nr. 2081/92[5] und (EG) Nr. 1493/1999 des Rates[6],

  v. eine geografische Angabe im Sinne der Verordnung (EWG) Nr. 1576/89 des Rates[7]

verletzen.

(2) Für die Zwecke dieser Verordnung ist „Rechtsinhaber"

a) der Inhaber einer Marke, eines Urheberrechts oder verwandter Schutzrechte, eines Geschmacksmusterrechts, eines Patents, eines ergänzenden Schutzzertifikats, eines Sortenschutzrechts, einer geschützten Ursprungsbezeichnung, einer geschützten geografischen Angabe, oder allgemein eines der in Absatz 1 genannten Rechte oder

b) jede andere zur Nutzung der unter Buchstabe a) genannten Rechte geistigen Eigentums befugte Person oder ihr Vertreter.

(3) Formen oder Matrizen, die speziell zur Herstellung von Waren, die ein Recht geistigen Eigentums verletzen, bestimmt oder daran angepasst worden sind, werden diesen Waren gleichgestellt, sofern die Verwendung dieser Formen oder Matrizen nach den Rechtsvorschriften der Gemeinschaft oder des Mitgliedstaats, in dem der Antrag auf Tätigwerden der Zollbehörden gestellt wird, die Rechte des Rechtsinhabers verletzt.

## Artikel 3

(1) Diese Verordnung gilt nicht für Waren, die mit Zustimmung des Markeninhabers mit einer Marke versehen worden sind, oder für Waren mit geschützter Ursprungsbezeichnung oder geschützter geografischer Angabe oder für Waren, die durch ein Pa-

---

1) **Amtl. Anm.:** ABl L 3 vom 5. 1. 2002, S. 1.
2) **Amtl. Anm.:** ABl L 182 vom 2. 7. 1992, S. 1.
3) **Amtl. Anm.:** ABl L 198 vom 8. 8. 1996, S. 30.
4) **Amtl. Anm.:** ABl L 227 vom 1. 9. 1994, S. 1. Zuletzt geändert durch die Verordnung (EG) Nr. 807/2003.
5) **Amtl. Anm.:** ABl L 208 vom 24. 7. 1992, S. 1. Zuletzt geändert durch die Verordnung (EG) Nr. 806/2003.
6) **Amtl. Anm.:** ABl L 179 vom 14. 7. 1999, S. 1. Zuletzt geändert durch die Verordnung (EG) Nr. 806/2003.
7) **Amtl. Anm.:** ABl L 160 vom 12. 6. 1989, S. 1. Zuletzt geändert durch die Verordnung (EG) Nr. 3378/94 des Europäischen Parlaments und des Rates (ABl L 366 vom 31. 12. 1994, S. 1).

tent, ein ergänzendes Schutzzertifikat, ein Urheberrecht oder verwandte Schutzrechte, durch ein Geschmacksmusterrecht oder ein Sortenschutzrecht geschützt sind und die mit Zustimmung des Rechtsinhabers hergestellt worden sind, sich jedoch ohne dessen Zustimmung in einer der in Artikel 1 Absatz 1 genannten Situationen befinden.

Ferner gilt sie nicht für die in Unterabsatz 1 genannten Waren, die unter anderen als den mit dem betreffenden Rechtsinhaber vereinbarten Bedingungen hergestellt oder durch ein anderes in Artikel 2 Absatz 1 genanntes Recht geistigen Eigentums geschützt sind.

(2) Enthält das persönliche Gepäck von Reisenden Waren ohne kommerziellen Charakter in den Grenzen, die für die Gewährung einer Zollbefreiung festgelegt sind, und liegen keine konkreten Hinweise vor, die darauf schließen lassen, dass diese Waren Gegenstand eines gewerblichen Handels sind, so betrachten die Mitgliedstaaten diese Waren als aus dem Geltungsbereich dieser Verordnung ausgeschlossen.

## Kapitel II: Antrag auf Tätigwerden der Zollbehörden

### Abschnitt 1: Maßnahmen, die einem Antrag auf Tätigwerden der Zollbehörden vorausgehen

**Artikel 4**

(1) Ergibt sich, bevor ein Antrag des Rechtsinhabers gestellt oder zugelassen worden ist, bei einem Tätigwerden der Zollbehörden in einer der in Artikel 1 Absatz 1 genannten Situationen der hinreichend begründete Verdacht, dass Waren ein Recht geistigen Eigentums verletzen, so können die Zollbehörden für drei Arbeitstage nach Eingang der Benachrichtigung bei dem Rechtsinhaber sowie dem Anmelder oder dem Besitzer der Waren, sofern diese bekannt sind, die Überlassung der Waren aussetzen oder die Waren zurückhalten, um dem Rechtsinhaber die Möglichkeit zu geben, einen Antrag auf Tätigwerden nach Artikel 5 zu stellen.

(2) Ohne andere Informationen als die tatsächliche oder geschätzte Zahl und die Art der Gegenstände preiszugeben, können die Zollbehörden den Rechtsinhaber nach Maßgabe der in dem betreffenden Mitgliedstaat geltenden Vorschriften bitten, ihnen Informationen zu übermitteln, die ihren Verdacht bestätigen könnten, bevor sie ihn über die mögliche Rechtsverletzung unterrichten.

### Abschnitt 2: Stellung und Bearbeitung des Antrags auf Tätigwerden der Zollbehörden

**Artikel 5**

(1) Der Rechtsinhaber kann in jedem Mitgliedstaat bei der zuständigen Zolldienststelle einen schriftlichen Antrag auf Tätigwerden der Zollbehörden stellen, wenn sich Waren in einer der in Artikel 1 Absatz 1 genannten Situationen befinden (Antrag auf Tätigwerden).

(2) Jeder Mitgliedstaat benennt die Zolldienststelle, die dafür zuständig ist, den Antrag auf Tätigwerden entgegenzunehmen und zu bearbeiten.

(3) Sind Systeme für den elektronischen Datenaustausch vorhanden, so fordern die Mitgliedstaaten den Rechtsinhaber auf, den Antrag auf Tätigwerden auf elektronischem Wege einzureichen.

(4) Ist der Antragsteller Rechtsinhaber einer Gemeinschaftsmarke, eines gemeinschaftlichen Geschmacksmusterrechts, eines gemeinschaftlichen Sortenschutzrechts oder eines gemeinschaftlichen Schutzrechts an einer Ursprungsbezeichnung oder einer geografischen Angabe, so kann außer dem Tätigwerden der Zollbehörden des Mitgliedstaats, in dem der Antrag gestellt wird, auch das Tätigwerden der Zollbehörden eines oder mehrerer anderer Mitgliedstaaten beantragt werden.

(5) Der Antrag auf Tätigwerden ist auf dem Formblatt zu stellen, das nach dem in Artikel 21 Absatz 2 genannten Verfahren festgelegt wird; der Antrag muss alle Angaben

enthalten, die es den Zollbehörden ermöglichen, die betreffenden Waren leicht zu erkennen, insbesondere

i. eine genaue und ausführliche technische Beschreibung der Waren,
ii. genaue Informationen zur Art des Betrugs, von denen der Rechtsinhaber möglicherweise Kenntnis hat,
iii. Name und Adresse der vom Rechtsinhaber benannten Kontaktperson.

Der Antrag auf Tätigwerden muss ferner die Erklärung des Antragstellers nach Artikel 6 und den Nachweis enthalten, dass der Antragsteller Inhaber des geltend gemachten Rechts an den betreffenden Waren ist.

Im Fall des Absatzes 4 ist in dem Antrag auf Tätigwerden anzugeben, für welche(n) Mitgliedstaat(en) das Tätigwerden der Zollbehörden beantragt wird, sowie die Namen und Anschriften des Rechtsinhabers in jedem der betroffenen Mitgliedstaaten.

Zur Information sollten weitere Angaben übermittelt werden, sofern sie dem Rechtsinhaber bekannt sind, zum Beispiel:

a) Wert der Originalware ohne Steuern auf dem legalen Markt des Mitgliedstaats, in dem der Antrag auf Tätigwerden gestellt worden ist,
b) Ort, an dem sich die Waren befinden, oder vorgesehener Bestimmungsort,
c) Nämlichkeitszeichen der Sendung oder der Packstücke,
d) vorgesehener Tag der Ankunft oder des Abgangs der Waren,
e) benutztes Beförderungsmittel,
f) Person des Einführers, des Ausführers oder des Besitzers der Waren,
g) Herstellungsland oder -länder, benutzte Handelswege,
h) technische Unterschiede zwischen den echten und den verdächtigen Waren.

(6) Es können auch besondere Angaben verlangt werden, die für das in dem Antrag auf Tätigwerden genannte Recht geistigen Eigentums spezifisch sind.

(7) Die mit einem Antrag auf Tätigwerden befasste zuständige Zolldienststelle bearbeitet diesen Antrag und teilt dem Antragsteller ihre Entscheidung innerhalb von 30 Arbeitstagen nach Erhalt des Antrags schriftlich mit.

Eine Gebühr zur Deckung der durch die Bearbeitung des Antrags entstehenden Verwaltungskosten wird vom Rechtsinhaber nicht verlangt.

(8) Enthält der Antrag nicht die in Absatz 5 vorgeschriebenen Angaben, so kann die zuständige Zolldienststelle beschließen, den Antrag auf Tätigwerden nicht zu bearbeiten; in diesem Fall muss sie ihre Entscheidung begründen und die verfügbaren Rechtsmittel angeben. Der Antrag kann erst dann erneut vorgelegt werden, wenn er ordnungsgemäß vervollständigt worden ist.

## Artikel 6

(1) Anträgen auf Tätigwerden ist eine nach Maßgabe des einzelstaatlichen Rechts in schriftlicher Form oder auf elektronischem Weg einzureichende Erklärung des Rechtsinhabers beizufügen, mit der er die etwaige Haftung gegenüber den von einer in Artikel 1 Absatz 1 genannten Situation betroffenen Personen für den Fall übernimmt, dass das nach Artikel 9 Absatz 1 eingeleitete Verfahren aufgrund einer Handlung oder Unterlassung des Rechtsinhabers eingestellt oder dass festgestellt wird, dass die betreffenden Waren kein Recht geistigen Eigentums verletzen.

In dieser Erklärung sagt er ferner zu, alle Kosten zu tragen, die nach dieser Verordnung daraus entstehen, dass die Waren nach Artikel 9 und gegebenenfalls nach Artikel 11 unter zollamtlicher Überwachung bleiben.

(2) Im Fall eines Antrags nach Artikel 5 Absatz 4 sagt der Rechtsinhaber in der Erklärung zu, gegebenenfalls für eine Übersetzung zu sorgen und die Kosten dafür zu tragen; diese Erklärung gilt für jeden Mitgliedstaat, in dem die dem Antrag stattgebende Entscheidung Anwendung findet.

## Artikel 7

Die Artikel 5 und 6 finden auf Verlängerungsanträge entsprechende Anwendung.

### Abschnitt 3: Annahme des Antrags auf Tätigwerden

#### Artikel 8

(1) Gibt die zuständige Zolldienststelle dem Antrag auf Tätigwerden statt, so setzt sie den Zeitraum fest, in dem die Zollbehörden tätig werden müssen. Dieser Zeitraum wird auf höchstens ein Jahr festgesetzt. Ist dieser Zeitraum abgelaufen, so kann er auf Antrag des Rechtsinhabers von der Dienststelle, welche die erste Entscheidung getroffen hat, nach Tilgung aller Verbindlichkeiten des Rechtsinhabers im Rahmen dieser Verordnung verlängert werden.

Der Rechtsinhaber unterrichtet die in Artikel 5 Absatz 2 genannte zuständige Zolldienststelle, wenn sein Recht nicht mehr rechtsgültig eingetragen ist oder erlischt.

(2) Die dem Antrag des Rechtsinhabers auf Tätigwerden stattgebende Entscheidung wird unverzüglich den Zollstellen des/der Mitgliedstaat(en) mitgeteilt, bei denen die Waren, von denen im Antrag angegeben ist, dass sie ein Recht geistigen Eigentums verletzen, voraussichtlich abgefertigt werden.

Gibt die zuständige Zolldienststelle einem Antrag auf Tätigwerden nach Artikel 5 Absatz 4 statt, so wird der Zeitraum, in dem die Zollbehörden tätig werden müssen, auf ein Jahr festgesetzt; ist dieser Zeitraum abgelaufen, so wird er von der Dienststelle, die den ersten Antrag bearbeitet hat, auf schriftlichen Antrag des Rechtsinhabers verlängert. Artikel 250 erster Gedankenstrich der Verordnung (EWG) Nr. 2913/92 findet auf die diesem Antrag stattgebende Entscheidung sowie auf die Entscheidungen zu ihrer Verlängerung oder Aufhebung entsprechende Anwendung.

Wird dem Antrag auf Tätigwerden stattgegeben, so obliegt es dem Antragsteller, diese Entscheidung und weitere zweckdienliche Unterlagen sowie gegebenenfalls Übersetzungen den zuständigen Zolldienststellen des/der Mitgliedstaat(en) zu übermitteln, in dem/denen der Antragsteller das Tätigwerden der Zollbehörden beantragt hat. Mit Zustimmung des Antragstellers kann diese Übermittlung jedoch direkt von der Zolldienststelle vorgenommen werden, welche die Entscheidung getroffen hat.

Auf Verlangen der Zollbehörden der betreffenden Mitgliedstaaten übermittelt der Antragsteller alle Zusatzinformationen, die für die Ausführung der genannten Entscheidung erforderlich sind.

(3) Der in Absatz 2 Unterabsatz 2 genannte Zeitraum beginnt an dem Tag, an dem die dem Antrag stattgebende Entscheidung getroffen wird. Diese Entscheidung tritt in dem/den Mitgliedstaat(en), an die sie gerichtet ist, erst in Kraft, wenn sie nach Absatz 2 Unterabsatz 3 übermittelt wurde und der Rechtsinhaber die Formalitäten nach Artikel 6 erfüllt hat.

Die Entscheidung wird danach unverzüglich den Zollstellen mitgeteilt, bei denen die Waren, die im Verdacht stehen, ein Recht geistigen Eigentums zu verletzen, voraussichtlich abgefertigt werden.

Dieser Absatz findet auf die Entscheidung zur Verlängerung der ersten Entscheidung entsprechende Anwendung.

## Kapitel III: Voraussetzungen für das Tätigwerden der Zollbehörden und der für die Entscheidungen in der Sache zuständigen Stelle

### Artikel 9

(1) Stellt eine Zollstelle, der die dem Antrag des Rechtsinhabers stattgebende Entscheidung nach Artikel 8 übermittelt worden ist, gegebenenfalls nach Anhörung des Antragstellers fest, dass in der Entscheidung genannte Waren, die sich in einer der in Artikel 1 Absatz 1 genannten Situationen befinden, im Verdacht stehen, ein Recht geistigen

Eigentums zu verletzen, so setzt sie die Überlassung dieser Waren aus oder hält diese Waren zurück.

Die Zollstelle unterrichtet unverzüglich die zuständige Zolldienststelle, die den Antrag auf Tätigwerden bearbeitet hat.

(2) Die zuständige Zolldienststelle oder die in Absatz 1 genannte Zollstelle unterrichtet den Rechtsinhaber sowie den Anmelder oder den Besitzer der Waren im Sinne des Artikels 38 der Verordnung (EWG) Nr. 2913/92 von ihrem Tätigwerden; sie ist befugt, ihnen die tatsächliche oder geschätzte Menge und die tatsächliche oder vermutete Art der Waren mitzuteilen, deren Überlassung ausgesetzt ist oder die zurückgehalten werden, ohne dass die Übermittlung dieser Informationen sie jedoch zur Befassung der für die Entscheidung in der Sache zuständigen Stelle verpflichtet.

(3) Zum Zweck der Feststellung, ob ein Recht geistigen Eigentums nach den Rechtsvorschriften des betreffenden Mitgliedstaats verletzt ist, teilt die Zollstelle oder die Dienststelle, die den Antrag bearbeitet hat, dem Rechtsinhaber unter Beachtung der Rechtsvorschriften dieses Mitgliedstaats über den Schutz personenbezogener Daten und den Schutz des Geschäfts- und Betriebs- sowie des Berufs- und Dienstgeheimnisses auf Antrag, sofern sie bekannt sind, Name und Anschrift des Empfängers sowie des Versenders, des Anmelders oder des Besitzers der Waren, den Ursprung und die Herkunft der Waren mit, die im Verdacht stehen, ein Recht geistigen Eigentums zu verletzen.

Die Zollstelle gibt dem Antragsteller und den von einer in Artikel 1 Absatz 1 genannten Situation betroffenen Personen die Möglichkeit, die Waren, deren Überlassung ausgesetzt ist oder die zurückgehalten werden, zu inspizieren.

Die Zollstelle kann bei der Prüfung der Waren Proben oder Muster entnehmen und sie nach Maßgabe der in dem betreffenden Mitgliedstaat geltenden Vorschriften auf ausdrücklichen Antrag des Rechtsinhabers diesem ausschließlich zu dem Zweck, das weitere Verfahren zu erleichtern, und zum Zweck der Analyse übergeben oder übermitteln. Sofern die Umstände es gestatten, müssen die Proben oder Muster, gegebenenfalls vorbehaltlich der in Artikel 11 Absatz 1 zweiter Gedankenstrich genannten Anforderungen, nach Abschluss der technischen Analyse zurückgegeben werden, bevor gegebenenfalls die Waren überlassen werden oder ihre Zurückhaltung aufgehoben wird. Analysen dieser Proben oder Muster werden unter der alleinigen Verantwortung des Rechtsinhabers durchgeführt.

**Artikel 10**

Ob ein Recht geistigen Eigentums nach einzelstaatlichen Rechtsvorschriften verletzt ist, richtet sich nach den Rechtsvorschriften des Mitgliedstaats, in dessen Hoheitsgebiet sich die Waren in einer der in Artikel 1 Absatz 1 genannten Situationen befinden.

Diese Rechtsvorschriften gelten auch für die unverzügliche Unterrichtung der in Artikel 9 Absatz 1 genannten Dienststelle oder Zollstelle über die Einleitung des Verfahrens nach Artikel 13, sofern dieses nicht von dieser Dienststelle oder Zollstelle durchgeführt wird.

**Artikel 11**

(1) Für den Fall, dass Zollbehörden Waren, die im Verdacht stehen, ein Recht geistigen Eigentums zu verletzen, zurückgehalten oder deren Überlassung ausgesetzt haben, als sich diese in einer der in Artikel 1 Absatz 1 genannten Situationen befanden, können die Mitgliedstaaten gemäß ihren innerstaatlichen Rechtsvorschriften ein vereinfachtes Verfahren vorsehen, nach dem die Zollbehörden diese Waren mit Zustimmung des Rechtsinhabers unter zollamtlicher Überwachung vernichten lassen können, ohne dass festgestellt werden muss, ob ein Recht geistigen Eigentums nach den Rechtsvorschriften des betreffenden Mitgliedstaats verletzt ist. Dazu müssen die Mitgliedstaaten gemäß ihrer innerstaatlichen Rechtsvorschriften dafür sorgen, dass folgende Bedingungen erfüllt sind:

– Innerhalb von zehn Arbeitstagen oder im Fall leicht verderblicher Waren innerhalb von drei Arbeitstagen nach Eingang der Benachrichtigung gemäß Artikel 9 muss der

Rechtsinhaber den Zollbehörden schriftlich mitteilen, dass die Waren, die Gegenstand des Verfahrens sind, ein in Artikel 2 Absatz 1 genanntes Recht geistigen Eigentums verletzen, und diesen Behörden die schriftliche Zustimmung des Anmelders, des Besitzers oder des Eigentümers der Waren zur Vernichtung der Waren übermitteln. Mit Genehmigung der Zollbehörden kann der Anmelder, der Besitzer oder der Eigentümer der Waren diese Information direkt der Zollbehörde übermitteln. Diese Zustimmung gilt als erteilt, wenn der Anmelder, der Besitzer oder der Eigentümer der Waren eine Vernichtung innerhalb der vorgeschriebenen Frist nicht ausdrücklich abgelehnt hat. Gegebenenfalls kann diese Frist um weitere zehn Arbeitstage verlängert werden.

– Die Vernichtung muss – sofern die innerstaatlichen Rechtsvorschriften nichts anderes vorsehen – auf Kosten und auf Verantwortung des Rechtsinhabers erfolgen, nachdem systematisch Proben oder Muster entnommen worden sind, die von den Zollbehörden so aufbewahrt werden, dass sie in Gerichtsverfahren in dem Mitgliedstaat, in dem sich dies als notwendig erweisen könnte, als zulässige Beweismittel vorgelegt werden können.

(2) In allen übrigen Fällen, wie bei Widerspruch des Anmelders, Besitzers oder Eigentümers gegen die Vernichtung, findet das Verfahren des Artikels 13 Anwendung.

## Artikel 12

Die dem Rechtsinhaber nach Artikel 9 Absatz 3 Unterabsatz 1 übermittelten Informationen werden von diesem nur für die in den Artikeln 10 und 11 sowie in Artikel 13 Absatz 1 vorgesehenen Zwecke verwendet.

Jede andere Verwendung, die gemäß den innerstaatlichen Rechtsvorschriften des Mitgliedstaats, in dem die Situation entstanden ist, nicht gestattet ist, kann auf der Grundlage des Rechts des Mitgliedstaats, in dem sich die betreffenden Waren befinden, die zivilrechtliche Haftung des Rechtsinhabers auslösen und dazu führen, dass der Antrag auf Tätigwerden für die bis zu seiner Verlängerung verbleibende Geltungsdauer in dem Mitgliedstaat, in dem die betreffenden Handlungen stattgefunden haben, ausgesetzt wird.

Bei weiteren Verstößen gegen diese Bestimmung kann die zuständige Zolldienststelle die Verlängerung ablehnen. Im Fall eines Antrags auf Tätigwerden nach Artikel 5 Absatz 4 muss sie auch die anderen auf dem Formblatt angegebenen Mitgliedstaaten benachrichtigen.

## Artikel 13

(1) Ist die in Artikel 9 Absatz 1 genannte Zollstelle nicht innerhalb von zehn Arbeitstagen nach Eingang der Benachrichtigung von der Aussetzung der Überlassung oder von der Zurückhaltung darüber unterrichtet worden, dass ein Verfahren nach Artikel 10 eingeleitet worden ist, in dem festgestellt werden soll, ob ein Recht geistigen Eigentums nach den Rechtsvorschriften des betreffenden Mitgliedstaats verletzt ist, oder hat sie nicht gegebenenfalls innerhalb dieser Frist die Zustimmung des Rechtsinhabers nach Artikel 11 Absatz 1 erhalten, so wird die Überlassung der Waren bewilligt oder die Zurückhaltung aufgehoben, sofern alle Zollförmlichkeiten erfüllt sind.

Gegebenenfalls kann diese Frist um höchstens zehn Arbeitstage verlängert werden.

(2) Bei leicht verderblichen Waren, die im Verdacht stehen, ein Recht geistigen Eigentums zu verletzen, beträgt die in Absatz 1 genannte Frist drei Arbeitstage. Diese Frist kann nicht verlängert werden.

## Artikel 14

(1) Bei Waren, die im Verdacht stehen, ein Geschmacksmusterrecht, ein Patent, ein ergänzendes Schutzzertifikat oder ein Sortenschutzrecht zu verletzen, kann der Anmelder, der Eigentümer, der Einführer, der Besitzer oder der Empfänger der Waren gegen Leistung einer Sicherheit die Überlassung der betreffenden Waren oder die Aufhebung ihrer Zurückhaltung erwirken, sofern

a) die in Artikel 9 Absatz 1 genannte Dienststelle oder Zollstelle nach Artikel 13 Absatz 1 darüber unterrichtet worden ist, dass innerhalb der Frist des Artikels 13 Absatz 1 ein Verfahren eingeleitet wurde, in dem festgestellt werden soll, ob ein Recht geistigen Eigentums nach den Rechtsvorschriften des betreffenden Mitgliedstaats verletzt ist;
b) die hierzu befugte Stelle bei Ablauf der Frist des Artikels 13 Absatz 1 keine Sicherungsmaßnahmen zugelassen hat;
c) alle Zollförmlichkeiten erfüllt sind.

(2) Die in Absatz 1 vorgesehene Sicherheit muss so bemessen sein, dass die Interessen des Rechtsinhabers ausreichend geschützt sind.

Die Leistung dieser Sicherheit lässt die Möglichkeit unberührt, andere Rechtsbehelfe in Anspruch zu nehmen, die dem Rechtsinhaber zur Verfügung stehen.

Ist das Verfahren, in dem festgestellt werden soll, ob ein Recht geistigen Eigentums nach den Rechtsvorschriften des betreffenden Mitgliedstaats verletzt ist, auf andere Weise als auf Antrag des Inhabers eines Geschmacksmusterrechts, eines Patents, eines ergänzenden Schutzzertifikats oder eines Sortenschutzrechts eingeleitet worden, so wird die Sicherheit freigegeben, sofern die Person, die das Verfahren eingeleitet hat, nicht innerhalb von 20 Arbeitstagen, nachdem sie die Benachrichtigung von der Aussetzung der Überlassung oder der Zurückhaltung erhalten hat, von ihrem Recht Gebrauch macht, den Rechtsweg zu beschreiten.

Im Fall des Artikels 13 Absatz 1 Unterabsatz 2 kann diese Frist auf höchstens 30 Arbeitstage verlängert werden.

**Artikel 15**

Die Bedingungen für die Lagerung der Waren während der Aussetzung der Überlassung oder der Zurückhaltung werden von den Mitgliedstaaten festgelegt, dürfen aber keine Kosten für die Zollverwaltungen verursachen.

## Kapitel IV: Bestimmungen über Waren, die erkanntermaßen ein Recht geistigen Eigentums verletzen

**Artikel 16**

Waren, bei denen nach Abschluss des in Artikel 9 vorgesehenen Verfahrens festgestellt wurde, dass sie ein Recht geistigen Eigentums verletzen, dürfen nicht
– in das Zollgebiet der Gemeinschaft eingelassen,
– in den zollrechtlich freien Verkehr überführt,
– aus dem Zollgebiet der Gemeinschaft verbracht,
– ausgeführt,
– wiederausgeführt,
– in ein Nichterhebungsverfahren überführt oder
– in eine Freizone oder ein Freilager verbracht
werden.

**Artikel 17**

(1) Unbeschadet der anderen Rechtsbehelfe, die der Rechtsinhaber in Anspruch nehmen kann, treffen die Mitgliedstaaten die erforderlichen Maßnahmen, damit die zuständigen Stellen

a) die Waren, die erkanntermaßen ein Recht geistigen Eigentums verletzen, nach den einschlägigen innerstaatlichen Rechtsvorschriften ohne Entschädigung und, sofern die innerstaatlichen Rechtsvorschriften nichts anderes vorsehen, ohne Kosten für die Staatskasse vernichten oder auf eine Weise aus dem Handel ziehen können, die einen Schaden für den Rechtsinhaber verhindert;

b) hinsichtlich dieser Waren sonstige Maßnahmen treffen können, mit denen den betreffenden Personen wirksam der aus dem Vorgang erwachsende wirtschaftliche Gewinn entzogen wird.

Um den betreffenden Personen wirksam den aus dem Vorgang erwachsenden wirtschaftlichen Gewinn zu entziehen, ist es abgesehen von Ausnahmefällen nicht als ausreichend anzusehen, wenn nur die Marken entfernt werden, mit denen die nachgeahmten Waren zu Unrecht versehen sind.

(2) Auf Waren, die erkanntermaßen ein Recht geistigen Eigentums verletzen, kann zugunsten der Staatskasse verzichtet werden. In diesem Fall findet Absatz 1 Buchstabe a) Anwendung.

## Kapitel V: Sanktionen

### Artikel 18

Jeder Mitgliedstaat setzt Sanktionen für Verstöße gegen diese Verordnung fest. Diese Sanktionen müssen wirksam, verhältnismäßig und abschreckend sein.

## Kapitel VI: Haftung der Zollbehörden und des Rechtsinhabers

### Artikel 19

(1) Die Annahme eines Antrags auf Tätigwerden verleiht dem Rechtsinhaber für den Fall, dass Waren, die ein Recht geistigen Eigentums verletzen, von einer Zollstelle nicht entdeckt und folglich überlassen oder nicht gemäß Artikel 9 Absatz 1 zurückgehalten werden, einen Anspruch auf Entschädigung nur nach Maßgabe des Rechts des Mitgliedstaats, in dem der Antrag gestellt worden ist, oder im Fall eines Antrags nach Artikel 5 Absatz 4 nur nach Maßgabe des Rechts des Mitgliedstaats, in dem die Waren von einer Zollstelle nicht entdeckt wurden.

(2) Durch die Ausübung der Zuständigkeiten für den Kampf gegen Waren, die ein Recht geistigen Eigentums verletzen, durch eine Zollstelle oder eine sonstige hierzu befugte Stelle entsteht eine Haftung dieser Zollstelle oder Stelle gegenüber den von den in Artikel 1 Absatz 1 genannten Situationen und den Maßnahmen nach Artikel 4 betroffenen Personen für Schäden, die diesen Personen aus dem Eingreifen der Stelle entsteht, nur nach Maßgabe des Rechts des Mitgliedstaats, in dem der Antrag gestellt worden ist, oder im Fall eines Antrags nach Artikel 5 Absatz 4 nur nach Maßgabe des Rechts des Mitgliedstaats, in dem der Verlust oder Schaden entstanden ist.

(3) Die etwaige zivilrechtliche Haftung des Rechtsinhabers richtet sich nach dem Recht des Mitgliedstaats, in dem sich die Waren in einer der in Artikel 1 Absatz 1 genannten Situationen befinden.

## Kapitel VII: Schlussbestimmungen

### Artikel 20

Die für die Anwendung dieser Verordnung erforderlichen Maßnahmen werden nach dem Verfahren des Artikels 21 Absatz 2 festgelegt.

### Artikel 21

(1) Die Kommission wird vom Ausschuss für den Zollkodex unterstützt.

(2) Wird auf diesen Absatz Bezug genommen, so gelten die Artikel 4 und 7 des Beschlusses 1999/468/EG.

Der Zeitraum nach Artikel 4 Absatz 3 des Beschlusses 1999/468/EG wird auf drei Monate festgesetzt.

**Artikel 22**

Die Mitgliedstaaten übermitteln der Kommission alle zweckdienlichen Angaben zur Anwendung dieser Verordnung.

Die Kommission übermittelt diese Angaben den übrigen Mitgliedstaaten.

Die Verordnung (EG) Nr. 515/97 findet entsprechende Anwendung.

Die Einzelheiten des Verfahrens für den Informationsaustausch werden im Rahmen der Durchführungsvorschriften nach dem in Artikel 21 Absatz 2 genannten Verfahren festgelegt.

**Artikel 23**

Die Kommission erstattet dem Rat anhand der in Artikel 22 genannten Angaben jährlich Bericht über die Anwendung dieser Verordnung. Diesem Bericht kann gegebenenfalls ein Vorschlag zur Änderung der Verordnung beigefügt werden.

**Artikel 24**

Die Verordnung (EG) Nr. 3295/94 wird mit Wirkung vom 1. Juli 2004 aufgehoben.

Bezugnahmen auf die aufgehobene Verordnung gelten als Bezugnahmen auf diese Verordnung.

**Artikel 25**

Diese Verordnung tritt am siebten Tag nach ihrer Veröffentlichung im Amtsblatt der Europäischen Union in Kraft.

Sie gilt ab 1. Juli 2004.

## 2. Lebensmittelrecht

### a) Verordnung (EG) Nr. 178/2002 des Europäischen Parlaments und des Rates vom 28. Januar 2002 zur Festlegung der allgemeinen Grundsätze und Anforderungen des Lebensmittelrechts, zur Errichtung der Europäischen Behörde für Lebensmittelsicherheit und zur Festlegung von Verfahren zur Lebensmittelsicherheit (VO EG Nr. 178/2002)

v. 1. 2. 2002 (ABl Nr. L 31 S. 1)

Die Verordnung (EG) Nr. 178/2002 v. 1. 2. 2002 (ABl Nr. L 31 S. 1) des Europäischen Parlaments und des Rates vom 28. Januar 2002 zur Festlegung der allgemeinen Grundsätze und Anforderungen des Lebensmittelrechts, zur Errichtung der Europäischen Behörde für Lebensmittelsicherheit und zur Festlegung von Verfahren zur Lebensmittelsicherheit wurde geändert durch die Verordnung (EG) Nr. 1642/2003 des Europäischen Parlaments und des Rates vom 22. Juli 2003 zur Änderung der Verordnung (EG) Nr. 178/2002 zur Festlegung der allgemeinen Grundsätze und Anforderungen des Lebensmittelrechts, zur Errichtung der Europäischen Behörde für Lebensmittelsicherheit und zur Festlegung von Verfahren zur Lebensmittelsicherheit v. 29. 9. 2003 (ABl Nr. L 245 S. 4); Verordnung (EG) Nr. 575/2006 der Kommission vom 7. April 2006 zur Änderung der Verordnung (EG) Nr. 178/2002 des Europäischen Parlaments und des Rates hinsichtlich Anzahl und Bezeichnung der ständigen Wissenschaftlichen Gremien der Europäischen Behörde für Lebensmittelsicherheit v. 8. 4. 2006 (ABl Nr. L 100 S. 3); Verordnung (EG) Nr. 202/2008 der Kommission vom 4. März 2008 zur Änderung der Verordnung (EG) Nr. 178/2002 des Europäischen Parlaments und des Rates hinsichtlich Anzahl und Bezeichnung der Wissenschaftlichen Gremien der Europäischen Behörde für Lebensmittelsicherheit v. 5. 3. 2008 (ABl Nr. L 60 S. 17).

DAS EUROPÄISCHE PARLAMENT UND DER RAT DER EUROPÄISCHEN UNION –
gestützt auf den Vertrag zur Gründung der Europäischen Gemeinschaft, insbesondere auf die Artikel 37, 95, 133 und 152 Absatz 4 Buchstabe b),
auf Vorschlag der Kommission[1],
nach Stellungnahme des Wirtschafts- und Sozialausschusses[2],
nach Stellungnahme des Ausschusses der Regionen[3],
gemäß dem Verfahren des Artikels 251 des Vertrags[4],
in Erwägung nachstehender Gründe:
(1) Der freie Verkehr mit sicheren und bekömmlichen Lebensmitteln ist ein wichtiger Aspekt des Binnenmarktes und trägt wesentlich zur Gesundheit und zum Wohlergehen der Bürger und zu ihren sozialen und wirtschaftlichen Interessen bei.
(2) Bei der Durchführung der Politiken der Gemeinschaft muss ein hohes Maß an Schutz für Leben und Gesundheit des Menschen gewährleistet werden.
(3) Der freie Verkehr mit Lebensmitteln und Futtermitteln in der Gemeinschaft ist nur dann möglich, wenn die Anforderungen an die Lebensmittel- und Futtermittelsicherheit in den einzelnen Mitgliedstaaten nicht wesentlich voneinander abweichen.
(4) Die Konzepte, Grundsätze und Verfahren des Lebensmittelrechts der Mitgliedstaaten weisen große Unterschiede auf. Wenn die Mitgliedstaaten Maßnahmen betreffend Lebensmittel erlassen, können diese Unterschiede den freien Verkehr mit Lebensmitteln behindern, ungleiche Wettbewerbsbedingungen schaffen und dadurch das Funktionieren des Binnenmarktes unmittelbar beeinträchtigen.

---

1) **Amtl. Anm.:** ABl C 96 E vom 27. 3. 2001, S. 247.
2) **Amtl. Anm.:** ABl C 155 vom 29. 5. 2001, S. 32.
3) **Amtl. Anm.:** Stellungnahme vom 14. Juni 2001 (noch nicht im Amtsblatt veröffentlicht).
4) **Amtl. Anm.:** Stellungnahme des Europäischen Parlaments vom 12. Juni 2001 (noch nicht im Amtsblatt veröffentlicht), Gemeinsamer Standpunkt des Rates vom 17. September 2001 (noch nicht im Amtsblatt veröffentlicht) und Beschluss des Europäischen Parlaments vom 11. Dezember 2001 (noch nicht im Amtsblatt veröffentlicht). Beschluss des Rates vom 21. Januar 2002.

(5) Eine Angleichung dieser Konzepte, Grundsätze und Verfahren ist daher notwendig, um eine gemeinsame Grundlage für Maßnahmen des Lebensmittel- und Futtermittelsektors zu schaffen, die in den Mitgliedstaaten und auf Gemeinschaftsebene erlassen werden. Jedoch muss für die Anpassung miteinander kollidierender Bestimmungen im geltenden Recht sowohl auf nationaler als auch auf gemeinschaftlicher Ebene genügend Zeit eingeräumt und vorgesehen werden, dass bis zum Abschluss der Anpassung die geltenden Vorschriften unter Berücksichtigung der in dieser Verordnung dargelegten Grundsätze angewandt werden.

(6) Wasser wird, wie andere Lebensmittel auch, unmittelbar oder mittelbar aufgenommen und trägt daher zur Gesamtexposition des Verbrauchers gegenüber aufgenommenen Stoffen einschließlich chemischer und mikrobiologischer Kontaminanten bei. Da jedoch die Kontrolle der Qualität von Wasser für den menschlichen Gebrauch bereits im Rahmen der Richtlinien 80/778/EWG[1] und 98/83/EG[2] des Rates erfolgt, genügt es, Wasser ab der Stelle der Einhaltung gemäß Artikel 6 der Richtlinie 98/83/EG zu berücksichtigen.

(7) Es sollten auch Anforderungen an Futtermittel, beispielsweise an die Herstellung und Verwendung von Futtermitteln, die für die Lebensmittelgewinnung dienende Tiere bestimmt sind, in das Lebensmittelrecht aufgenommen werden. Dies gilt unbeschadet entsprechender Anforderungen, die bislang und auch künftig in den Rechtsvorschriften über Futtermittel für alle Tiere einschließlich Heimtieren enthalten sind.

(8) Die Gemeinschaft hat sich für ein hohes Gesundheitsschutzniveau bei der Entwicklung des Lebensmittelrechts entschieden, das sie ohne Diskriminierung anwendet, unabhängig davon, ob die Lebensmittel oder Futtermittel auf dem Binnenmarkt oder international gehandelt werden.

(9) Es muss dafür gesorgt werden, dass Verbraucher, andere Akteure und Handelspartner dem dem Lebensmittelrecht zugrunde liegenden Entscheidungsfindungsprozess, seiner wissenschaftlichen Grundlage und den Strukturen und der Unabhängigkeit der Institutionen, die für den Schutz der Gesundheit und anderer Belange zuständig sind, Vertrauen entgegenbringen.

(10) Die Erfahrung hat gezeigt, dass es zum Schutz der menschlichen Gesundheit und für das reibungslose Funktionieren des Binnenmarktes notwendig ist, Maßnahmen zu treffen, die gewährleisten, dass nicht sichere Lebensmittel nicht in den Verkehr gelangen und dass Systeme vorhanden sind, mit deren Hilfe Probleme der Lebensmittelsicherheit erkannt werden können und hierauf reagiert werden kann. Auch im Zusammenhang mit der Sicherheit von Futtermitteln müssen diese Fragen angegangen werden.

(11) Für ein hinreichend umfassendes einheitliches Konzept der Lebensmittelsicherheit muss die Definition des Lebensmittelrechts so weit gefasst werden, dass sie ein großes Spektrum an Bestimmungen abdeckt, die sich mittelbar oder unmittelbar auf die Sicherheit von Lebensmitteln und Futtermitteln auswirken, darunter auch Vorschriften zu Materialien und Gegenständen, die mit Lebensmitteln in Berührung kommen, zu Futtermitteln und anderen landwirtschaftlichen Produktionsmitteln auf der Ebene der Primärproduktion.

(12) Um Lebensmittelsicherheit gewährleisten zu können, müssen alle Aspekte der Lebensmittelherstellungskette als Kontinuum betrachtet werden, und zwar von – einschließlich – der Primärproduktion und der Futtermittelproduktion bis hin – einschließlich – zum Verkauf bzw. zur Abgabe der Lebensmittel an den Verbraucher, da jedes Glied dieser Kette eine potenzielle Auswirkung auf die Lebensmittelsicherheit haben kann.

(13) Die Erfahrung hat gezeigt, dass es aus diesem Grund notwendig ist, auch die Erzeugung, die Herstellung, den Transport und den Vertrieb von Futtermitteln, die an der Lebensmittelgewinnung dienende Tiere verfüttert werden, zu berücksichtigen, einschließlich der Zucht von Tieren, die in Fischzuchtbetrieben als Futter verwendet werden kön-

---

[1] **Amtl. Anm.:** ABl L 229 vom 30. 8. 1980, S. 11. Aufgehoben durch die Richtlinie 98/83/EG.
[2] **Amtl. Anm.:** ABl L 330 vom 5. 12. 1998, S. 32.

nen, da die absichtliche oder unabsichtliche Kontamination von Futtermitteln, die Verfälschung oder betrügerische oder andere unzulässige Praktiken im Zusammenhang damit eine mittelbare oder unmittelbare Auswirkung auf die Lebensmittelsicherheit haben können.

(14) Aus dem gleichen Grund ist es notwendig, auch andere Verfahren und landwirtschaftliche Produktionsmittel auf der Ebene der Primärproduktion und ihre potenziellen Auswirkungen auf die Lebensmittelsicherheit insgesamt zu berücksichtigen.

(15) Die Vernetzung von Spitzenlabors auf regionaler und/oder überregionaler Ebene zur kontinuierlichen Überwachung der Lebensmittelsicherheit könnte erheblich zur Verhütung potenzieller gesundheitlicher Risiken für die Menschen beitragen.

(16) Die von den Mitgliedstaaten und der Gemeinschaft erlassenen Maßnahmen für Lebensmittel und Futtermittel sollten in der Regel auf einer Risikoanalyse beruhen, es sei denn, dies ist angesichts der Umstände oder der Art der Maßnahme nicht angebracht. Die Durchführung einer Risikoanalyse vor dem Erlass solcher Maßnahmen sollte dazu beitragen, dass ungerechtfertigte Hemmnisse für den freien Verkehr mit Lebensmitteln vermieden werden.

(17) Soweit das Lebensmittelrecht die Verringerung, Ausschaltung oder Vermeidung eines Gesundheitsrisikos anstrebt, ergibt sich aus den drei miteinander verbundenen Einzelschritten der Risikoanalyse, nämlich Risikobewertung, Risikomanagement und Risikokommunikation, eine systematische Methodik zur Ermittlung effektiver, angemessener und gezielter Maßnahmen oder sonstiger Aktionen des Gesundheitsschutzes.

(18) Im Interesse des Vertrauens in die wissenschaftliche Basis des Lebensmittelrechts sollten Risikobewertungen unabhängig, objektiv und transparent auf der Grundlage der verfügbaren wissenschaftlichen Informationen und Daten durchgeführt werden.

(19) Es wird allgemein anerkannt, dass die wissenschaftliche Risikobewertung allein in manchen Fällen nicht alle Informationen liefert, auf die sich eine Risikomanagemententscheidung gründen sollte, und dass auch noch andere für den jeweils zu prüfenden Sachverhalt relevante Faktoren wie beispielsweise gesellschaftliche, wirtschaftliche und ethische Gesichtspunkte, Traditionen und Umwelterwägungen wie auch die Frage der Kontrollierbarkeit zu berücksichtigen sind.

(20) Zur Gewährleistung des Gesundheitsschutzniveaus in der Gemeinschaft wurde das Vorsorgeprinzip herangezogen, wodurch Hemmnisse für den freien Verkehr mit Lebensmitteln und Futtermitteln geschaffen wurden. Deshalb muss gemeinschaftsweit eine einheitliche Grundlage für die Anwendung dieses Prinzips geschaffen werden.

(21) In besonderen Fällen, in denen ein Risiko für Leben oder Gesundheit gegeben ist, wissenschaftlich aber noch Unsicherheit besteht, ergibt sich aus dem Vorsorgeprinzip ein Mechanismus zur Ermittlung von Risikomanagementmaßnahmen oder anderen Aktionen, um das in der Gemeinschaft gewählte hohe Gesundheitsschutzniveau sicherzustellen.

(22) Die Lebensmittelsicherheit und der Schutz der Verbraucherinteressen sind in zunehmendem Maß ein Anliegen der Öffentlichkeit, der Nichtregierungsorganisationen, Fachverbände, internationalen Handelspartner und Handelsorganisationen. Es muss dafür gesorgt werden, dass das Vertrauen der Verbraucher und der Handelspartner durch eine offene und transparente Entwicklung des Lebensmittelrechts gewährleistet wird, sowie auch dadurch, dass die Behörden in geeigneter Weise dafür sorgen, dass die Öffentlichkeit informiert wird, wenn ein hinreichender Verdacht dafür vorliegt, dass ein Lebensmittel ein Gesundheitsrisiko darstellen kann.

(23) Sicherheit und Vertrauen der Verbraucher in der Gemeinschaft und in Drittländern sind von größter Bedeutung. Die Gemeinschaft ist ein wichtiger globaler Handelspartner im Lebensmittel- und Futtermittelsektor und ist als solcher internationalen Handelsabkommen beigetreten, an der Entwicklung internationaler Normen zum Lebensmittelrecht beteiligt und unterstützt die Grundsätze des freien Handels mit sicheren Futtermitteln und sicheren, bekömmlichen Lebensmitteln, ohne Diskriminierung, nach lauteren und ethisch einwandfreien Handelsgepflogenheiten.

(24) Es muss sichergestellt werden, dass aus der Gemeinschaft ausgeführte oder wieder ausgeführte Lebensmittel und Futtermittel dem Gemeinschaftsrecht oder den vom Einfuhrland gestellten Anforderungen entsprechen. Andernfalls können Lebensmittel und Futtermittel nur dann ausgeführt oder wieder ausgeführt werden, wenn das Einfuhrland ausdrücklich zugestimmt hat. Auch bei Zustimmung des Einfuhrlandes muss aber sichergestellt sein, dass keine gesundheitsschädlichen Lebensmittel oder nicht sicheren Futtermittel ausgeführt oder wieder ausgeführt werden.

(25) Es ist notwendig, die allgemeinen Grundsätze für den Handel mit Lebensmitteln und Futtermitteln und die Ziele und Grundsätze für den Beitrag der Gemeinschaft zur Ausarbeitung internationaler Normen und Handelsabkommen festzulegen.

(26) Einige Mitgliedstaaten haben horizontale Rechtsvorschriften zur Lebensmittelsicherheit erlassen und dabei insbesondere den Unternehmen die allgemeine Verpflichtung auferlegt, nur Lebensmittel in Verkehr zu bringen, die sicher sind. Allerdings wenden diese Mitgliedstaaten bei der Entscheidung, ob ein Lebensmittel sicher ist, unterschiedliche Basiskriterien an. Angesichts dieser unterschiedlichen Konzepte und des Fehlens horizontaler Rechtsvorschriften in anderen Mitgliedstaaten sind Hemmnisse für den Handel mit Lebensmitteln zu erwarten. Ähnliche Hemmnisse können auch im Handel mit Futtermitteln entstehen.

(27) Es ist daher notwendig, allgemeine Anforderungen dahin gehend einzuführen, dass nur sichere Lebensmittel und Futtermittel in Verkehr gebracht werden, damit der Binnenmarkt für solche Erzeugnisse reibungslos funktioniert.

(28) Die Erfahrung hat gezeigt, dass das Funktionieren des Binnenmarktes im Lebensmittel- oder Futtermittelsektor gefährdet sein kann, wenn Lebensmittel und Futtermittel nicht rückverfolgt werden können. Es ist daher notwendig, ein umfassendes System der Rückverfolgbarkeit bei Lebensmittel- und Futtermittelunternehmen festzulegen, damit gezielte und präzise Rücknahmen vorgenommen bzw. die Verbraucher oder die Kontrollbediensteten entsprechend informiert und damit womöglich unnötige weiter gehende Eingriffe bei Problemen der Lebensmittelsicherheit vermieden werden können.

(29) Es muss sichergestellt werden, dass ein Lebensmittel- oder Futtermittelunternehmen einschließlich des Importeurs zumindest das Unternehmen feststellen kann, das das Lebensmittel oder Futtermittel, das Tier oder die Substanz, die möglicherweise in einem Lebensmittel oder Futtermittel verarbeitet wurden, geliefert hat, damit bei einer Untersuchung die Rückverfolgbarkeit in allen Stufen gewährleistet ist.

(30) Der Lebensmittelunternehmer ist am besten in der Lage, ein sicheres System der Lebensmittellieferung zu entwickeln und dafür zu sorgen, dass die von ihm gelieferten Lebensmittel sicher sind; er sollte daher auch die primäre rechtliche Verantwortung für die Gewährleistung der Lebensmittelsicherheit tragen. Dieser Grundsatz gilt zwar in einigen Mitgliedstaaten und Teilbereichen des Lebensmittelrechts, ist aber in anderen Bereichen nicht ausdrücklich festgelegt, oder die Verantwortung geht infolge der von der zuständigen Behörde des Mitgliedstaats durchgeführten Kontrollen auf diese Behörden über. Solche Diskrepanzen können Handelshemmnisse schaffen und den Wettbewerb zwischen Lebensmittelunternehmern in verschiedenen Mitgliedstaaten beeinträchtigen.

(31) Entsprechende Anforderungen sollten für Futtermittel und Futtermittelunternehmer gelten.

(32) Die wissenschaftliche und technische Basis der Rechtsetzung der Gemeinschaft im Bereich der Lebensmittel- und Futtermittelsicherheit sollte zur Erzielung eines hohen Gesundheitsschutzniveaus in der Gemeinschaft beitragen. Die Gemeinschaft sollte auf hochwertige, unabhängige und effiziente wissenschaftliche und technische Unterstützung zurückgreifen können.

(33) Die wissenschaftlichen und technischen Fragen im Zusammenhang mit der Lebensmittel- und Futtermittelsicherheit werden immer wichtiger und komplexer. Die Errichtung einer Europäischen Behörde für Lebensmittelsicherheit, nachstehend „die Behörde" genannt, soll das derzeitige System der wissenschaftlichen und technischen Unterstützung, das den immer höheren Anforderungen nicht mehr gewachsen ist, verstärken.

(34) Die Behörde sollte bei der Risikobewertung im Einklang mit den allgemeinen Grundsätzen des Lebensmittelrechts als unabhängige wissenschaftliche Referenzstelle fungieren und dadurch zu einem reibungslosen Funktionieren des Binnenmarktes beitragen. Sie kann für die Begutachtung in strittigen wissenschaftlichen Fragen in Anspruch genommen werden, damit die Gemeinschaftsorgane und die Mitgliedstaaten zur Gewährleistung der Lebensmittel- und Futtermittelsicherheit notwendige Risikomanagemententscheidungen in Kenntnis der Sachlage treffen können, was gleichzeitig dazu beiträgt, dass der Binnenmarkt nicht durch neue ungerechtfertigte oder unnötige Hindernisse für den freien Verkehr mit Lebensmitteln und Futtermitteln aufgesplittert wird.

(35) Die Behörde sollte eine unabhängige wissenschaftliche Quelle für Beratung, Information und Risikokommunikation zur Stärkung des Vertrauens der Verbraucher darstellen. Im Interesse der Kohärenz zwischen den Aufgabenbereichen Risikobewertung, Risikomanagement und Risikokommunikation sollte jedoch das Zusammenwirken von Verantwortlichen für die Risikobewertung und Verantwortlichen für das Risikomanagement verstärkt werden.

(36) Die Behörde sollte einen umfassenden, unabhängigen wissenschaftlichen Überblick über die Sicherheit und andere Aspekte der gesamten Lebensmittel- und Futtermittelkette vermitteln, was weit reichende Kompetenzen für die Behörde voraussetzt. Diese Kompetenzen sollten sich auf Fragen erstrecken, die einen mittelbaren oder unmittelbaren Einfluss auf die Sicherheit der Lebensmittel- und Futtermittelkette, auf Tiergesundheit, Tierschutz und Pflanzenschutz haben. Es muss jedoch sichergestellt sein, dass der Schwerpunkt der Arbeit der Behörde auf der Lebensmittelsicherheit liegt; ihr Auftrag in Bezug auf Fragen der Tiergesundheit, des Tierschutzes und des Pflanzenschutzes sollte, soweit kein Zusammenhang mit der Sicherheit der Lebensmittelkette besteht, auf die Erstellung wissenschaftlicher Gutachten beschränkt sein. Ferner sollte die Behörde die Aufgabe haben, in Fragen der menschlichen Ernährung im Zusammenhang mit dem Gemeinschaftsrecht wissenschaftliche Gutachten zu erstellen und wissenschaftliche und technische Unterstützung zu leisten und die Kommission – auf deren Antrag hin – im Bereich der Information im Zusammenhang mit Gesundheitsprogrammen der Gemeinschaft zu unterstützen.

(37) Da einige nach dem Lebensmittelrecht zugelassene Produkte wie Schädlingsbekämpfungsmittel oder Zusatzstoffe in Futtermitteln Risiken für die Umwelt oder die Sicherheit der Arbeitnehmer mit sich bringen können, sollten auch einige Aspekte des Umwelt- und des Arbeitsschutzes nach den einschlägigen Rechtsvorschriften von der Behörde bewertet werden.

(38) Um Doppelarbeit bei der wissenschaftlichen Bewertung und den Gutachten über genetisch veränderte Organismen (GVO) zu vermeiden, sollte die Behörde unbeschadet der in der Richtlinie 2001/18/EG[1]) festgelegten Verfahren auch wissenschaftliche Gutachten zu anderen Erzeugnissen als Lebensmitteln und Futtermitteln abgeben, die sich auf genetisch veränderte Organismen im Sinne der genannten Richtlinie beziehen.

(39) Die Behörde sollte die Gemeinschaft und die Mitgliedstaaten auch bei der Ausarbeitung und Einführung internationaler Lebensmittelsicherheitsstandards und bei Handelsabkommen in wissenschaftlichen Fragen unterstützen.

(40) Das Vertrauen der Gemeinschaftsorgane, der Öffentlichkeit und der Beteiligten in die Behörde ist von entscheidender Bedeutung. Deshalb muss ihre Unabhängigkeit, ihre hohe wissenschaftliche Qualität, Transparenz und Effizienz unbedingt gewährleistet sein. Auch die Zusammenarbeit mit den Mitgliedstaaten ist unverzichtbar.

(41) Daher sollte die Ernennung der Mitglieder des Verwaltungsrats so erfolgen, dass die höchste fachliche Qualifikation, ein breites Spektrum an einschlägigem Fachwissen, beispielsweise in den Bereichen Management und öffentliche Verwaltung, und die größt-

---

1) **Amtl. Anm.:** Richtlinie 2001/18/EG des Europäischen Parlaments und des Rates vom 12. März 2001 über die absichtliche Freisetzung genetisch veränderter Organismen in die Umwelt und zur Aufhebung der Richtlinie 90/220/EWG des Rates (ABl L 106 vom 17. 4. 2001, S. 1).

mögliche geografische Streuung in der Union gewährleistet sind. Dies sollte durch ein System der Rotation zwischen den verschiedenen Herkunftsländern der Mitglieder des Verwaltungsrates erleichtert werden, wobei kein Posten Angehörigen eines bestimmten Mitgliedstaats vorbehalten sein darf.

(42) Damit die Behörde ihre Funktion erfüllen kann, sollte sie über die Mittel verfügen, die sie zur Wahrnehmung aller an sie gestellten Aufgaben benötigt.

(43) Der Verwaltungsrat sollte die notwendigen Befugnisse zur Feststellung des Haushaltsplans, zur Überprüfung seiner Ausführung, zur Aufstellung der internen Regeln, zum Erlass von Finanzvorschriften, zur Ernennung von Mitgliedern des Wissenschaftlichen Ausschusses und der wissenschaftlichen Gremien und zur Ernennung des Geschäftsführenden Direktors erhalten.

(44) Um ihre Tätigkeit effizient wahrzunehmen, sollte die Behörde eng mit den zuständigen Stellen in den Mitgliedstaaten zusammenarbeiten. Ein Beirat sollte eingesetzt werden, der den geschäftsführenden Direktor berät, einen Mechanismus für den Informationsaustausch schafft und eine enge Zusammenarbeit insbesondere im Hinblick auf das Vernetzungssystem sicherstellt. Diese Zusammenarbeit und ein angemessener Informationsaustausch sollten auch dazu führen, dass divergierende wissenschaftliche Gutachten möglichst selten vorkommen.

(45) Die Behörde sollte, was die wissenschaftliche Begutachtung anbelangt, in ihrem Zuständigkeitsbereich die Aufgabe der der Kommission angeschlossenen Wissenschaftlichen Ausschüsse übernehmen. Diese Ausschüsse müssen reorganisiert werden, um eine bessere wissenschaftliche Kohärenz in Bezug auf die Lebensmittelkette zu gewährleisten und ihre Tätigkeit effizienter zu gestalten. Deshalb sollten für die Erstellung dieser Gutachten innerhalb der Behörde ein Wissenschaftlicher Ausschuss und Ständige Wissenschaftliche Gremien eingesetzt werden.

(46) Um ihre Unabhängigkeit zu gewährleisten, sollten als Mitglieder des Wissenschaftlichen Ausschusses und der Wissenschaftlichen Gremien auf der Grundlage eines offenen Bewerbungsverfahrens unabhängige Wissenschaftler berufen werden.

(47) Die Rolle der Behörde als unabhängige wissenschaftliche Referenzstelle bedeutet, dass ein wissenschaftliches Gutachten nicht nur von der Kommission angefordert werden kann, sondern auch vom Europäischen Parlament und von den Mitgliedstaaten. Um sicherzustellen, dass der Prozess der Erstellung wissenschaftlicher Gutachten handhabbar und kohärent ist, sollte die Behörde die Möglichkeit haben, einen Antrag anhand von vorab festgelegten Kriterien mit entsprechender Begründung abzulehnen oder abzuändern. Auch sind Maßnahmen zu treffen, die dazu beitragen, dass divergierende wissenschaftliche Gutachten möglichst vermieden werden, und für den Fall, dass Gutachten wissenschaftlicher Gremien dennoch voneinander abweichen, sind Verfahren vorzusehen, nach denen die Divergenzen beseitigt oder den für das Risikomanagement Verantwortlichen eine transparente Basis wissenschaftlicher Informationen zur Verfügung gestellt wird.

(48) Die Behörde sollte ferner in der Lage sein, die für die Erfüllung ihrer Aufgaben notwendigen wissenschaftlichen Studien in Auftrag zu geben, wobei sie sicherstellen muss, dass bei den von ihr aufgebauten Verbindungen zur Kommission und zu den Mitgliedstaaten Doppelarbeit vermieden wird. Dies sollte in offener und transparenter Weise erfolgen und die Behörde sollte Fachkompetenz und Strukturen, die in der Gemeinschaft bereits bestehen, berücksichtigen.

(49) Das Fehlen eines wirksamen Systems zur Sammlung und Auswertung von Daten zur Lebensmittelkette auf Gemeinschaftsebene gilt als erhebliches Manko. Deshalb sollte in Form eines von der Behörde koordinierten Netzes ein Sammel- und Auswertungssystem für einschlägige Daten in den Aufgabenbereichen der Behörde eingerichtet werden. Dafür bedarf es einer Überprüfung der in diesen Bereichen bereits bestehenden Datensammelnetze der Gemeinschaft.

(50) Eine bessere Identifizierung neu auftretender Risiken kann sich langfristig für die Mitgliedstaaten und die Gemeinschaft bei der Umsetzung ihrer Politiken als wichtiges Präventionsinstrument erweisen. Deshalb muss der Behörde auch die Aufgabe der vo-

rausschauenden Informationsbeschaffung und Beobachtung sowie der Bewertung neu auftretender Risiken und der Unterrichtung darüber zum Zwecke der Prävention zugewiesen werden.

(51) Die Errichtung der Behörde sollte es den Mitgliedstaaten ermöglichen, stärker an den wissenschaftlichen Verfahren beteiligt zu werden. Es sollte daher eine enge Zusammenarbeit zwischen der Behörde und den Mitgliedstaaten herbeigeführt werden. Insbesondere sollte die Behörde bestimmte Aufgaben an Organisationen in den Mitgliedstaaten übertragen können.

(52) Zwischen der Notwendigkeit, nationale Organisationen zur Ausführung von Aufgaben für die Behörde in Anspruch zu nehmen, und der Notwendigkeit der Einhaltung der hierzu festgelegten Kriterien im Interesse der Gesamtkohärenz muss ein Gleichgewicht gefunden werden. Die bestehenden Verfahren für die Zuweisung wissenschaftlicher Aufgaben an die Mitgliedstaaten, insbesondere in Bezug auf die Bewertung von der Industrie eingereichter Unterlagen für die Zulassung bestimmter Stoffe, Produkte oder Verfahren, sollten innerhalb eines Jahres im Hinblick auf die Errichtung der Behörde und die dadurch gebotenen neuen Möglichkeiten überprüft werden, wobei sichergestellt werden muss, dass die Bewertungsverfahren mindestens so streng sind wie zuvor.

(53) Die Kommission bleibt voll verantwortlich für die Information über Risikomanagementmaßnahmen; daher sollten zwischen der Behörde und der Kommission die entsprechenden Informationen ausgetauscht werden; eine enge Zusammenarbeit zwischen der Behörde, der Kommission und den Mitgliedstaaten ist auch erforderlich, um die Kohärenz des Kommunikationsprozesses insgesamt zu gewährleisten.

(54) Die Unabhängigkeit der Behörde und ihre Rolle bei der Aufklärung der Öffentlichkeit setzen voraus, dass sie in den ihre Zuständigkeit fallenden Bereichen autonom informieren kann, wobei ihre Aufgabe darin besteht, objektive, verlässliche und leicht verständliche Informationen zu vermitteln.

(55) In dem besonderen Bereich der öffentlichen Informationskampagnen ist zur Berücksichtigung der regionalen Gegebenheiten und des Zusammenhangs mit der Gesundheitspolitik eine sachgemäße Zusammenarbeit mit den Mitgliedstaaten und anderen interessierten Parteien notwendig.

(56) Über ihre an Unabhängigkeit und Transparenz ausgerichteten Leitprinzipien hinaus sollte die Behörde für Kontakte mit Verbrauchern und anderen Beteiligten offen sein.

(57) Die Behörde sollte über den Gesamthaushaltsplan der Europäischen Union finanziert werden. Allerdings sollte innerhalb von drei Jahren nach Inkrafttreten dieser Verordnung anhand der insbesondere bei der Bearbeitung der von der Industrie eingereichten Genehmigungsunterlagen gesammelten Erfahrungen die Möglichkeit einer Gebührenerhebung geprüft werden. Für etwaige Zuschüsse aus dem Gesamthaushaltsplan der Europäischen Union bleibt das Haushaltsverfahren der Gemeinschaft anwendbar. Die Rechnungsprüfung sollte durch den Rechnungshof erfolgen.

(58) Europäischen Ländern, die nicht Mitglied der Europäischen Union sind und Abkommen geschlossen haben, nach denen sie verpflichtet sind, die Vorschriften des Gemeinschaftsrechts in dem in dieser Verordnung erfassten Bereich umzusetzen und durchzuführen, muss die Möglichkeit einer Beteiligung eingeräumt werden.

(59) Ein Schnellwarnsystem besteht bereits im Rahmen der Richtlinie 92/59/EWG des Rates vom 29. Juni 1992 über die allgemeine Produktsicherheit[1]. Der Anwendungsbereich dieses Systems umfasst Lebensmittel und Industrieerzeugnisse, nicht jedoch Futtermittel. Die jüngsten Krisen im Lebensmittelsektor haben die Notwendigkeit eines verbesserten und erweiterten Schnellwarnsystems für Lebensmittel und Futtermittel aufgezeigt. Dieses überarbeitete System sollte von der Kommission verwaltet werden und als Mitglieder des Netzes die Mitgliedstaaten, die Kommission und die Behörde umfassen. Es sollte sich nicht auf die Gemeinschaftsvereinbarungen für den beschleunigten

---

[1] **Amtl. Anm.:** ABl L 228 vom 11. 8. 1992, S. 24.

Informationsaustausch im Fall einer radiologischen Notstandssituation nach der Entscheidung 87/600/Euratom des Rates[1] erstrecken.

(60) Vorkommnisse im Zusammenhang mit der Lebensmittelsicherheit in jüngerer Zeit haben gezeigt, dass es notwendig ist, geeignete Maßnahmen für Notfallsituationen festzulegen, wonach auf alle Lebensmittel unabhängig von ihrer Art und Herkunft und alle Futtermittel bei einer ernsthaften Gefährdung der Gesundheit von Mensch und Tier und der Umwelt einheitliche Verfahren angewandt werden können. Durch einen solchen umfassenden Ansatz für Sofortmaßnahmen zur Lebensmittelsicherheit dürfte es möglich sein, wirksam einzugreifen und künstliche Diskrepanzen beim Umgang mit einem ernsthaften Risiko im Zusammenhang mit Lebensmitteln und Futtermitteln zu vermeiden.

(61) Die jüngsten Krisen im Lebensmittelsektor haben auch gezeigt, welche Vorteile gut konzipierte, zügigere Verfahren des Krisenmanagements für die Kommission mit sich bringen würden. Solche organisatorischen Verfahren sollten es ermöglichen, die Koordinierung der Maßnahmen zu verbessern und die wirksamsten Lösungen nach dem neuesten Stand der wissenschaftlichen Erkenntnisse zu ermitteln. Bei den überarbeiteten Verfahren sollten daher die Zuständigkeiten der Behörde berücksichtigt und ihre wissenschaftliche und technische Unterstützung bei Lebensmittelkrisen in Form von Gutachten vorgesehen werden.

(62) Zur Gewährleistung einer effizienteren Gesamtkonzeption für die Lebensmittelkette sollte ein Ständiger Ausschuss für die Lebensmittelkette und Tiergesundheit eingerichtet werden, der den Ständigen Veterinärausschuss, den Ständigen Lebensmittelausschuss und den Ständigen Futtermittelausschuss ersetzt. Die Beschlüsse 68/361/EWG[2], 69/414/EWG[3] und 70/372/EWG[4] des Rates sind dementsprechend aufzuheben. Aus demselben Grund sollte der Ausschuss für die Lebensmittelkette und Tiergesundheit auch den Ständigen Ausschuss für Pflanzenschutz in Bezug auf dessen Zuständigkeit für Pflanzenschutzmittel und für die Festsetzung von Rückstandshöchstgehalten (gemäß den Richtlinien 76/895/EG[5], 86/362/EG[6], 86/363/EWG[7], 90/642/EWG[8] und 91/414/EWG[9]) ersetzen.

(63) Die zur Durchführung dieser Verordnung erforderlichen Maßnahmen sollten gemäß dem Beschluss 1999/468/EG des Rates vom 28. Juni 1999 zur Festlegung der Modalitäten für die Ausübung der der Kommission übertragenen Durchführungsbefugnisse[10] erlassen werden.

(64) Die Unternehmer müssen genügend Zeit erhalten, um sich an einige der in dieser Verordnung festgelegten Anforderungen anzupassen, und die Europäische Behörde für Lebensmittelsicherheit sollte ihre Tätigkeit am 1. Januar 2002 aufnehmen.

(65) Es ist wichtig, dass eine Überschneidung der Aufgaben der Behörde mit den Aufgaben der mit Verordnung (EWG) Nr. 2309/93 des Rates[11] errichteten Europäischen

---

1) **Amtl. Anm.:** ABl L 371 vom 30. 12. 1987, S. 76.
2) **Amtl. Anm.:** ABl L 255 vom 18. 10. 1968, S. 23.
3) **Amtl. Anm.:** ABl L 291 vom 19. 11. 1969, S. 9.
4) **Amtl. Anm.:** ABl L 170 vom 3. 8. 1970, S. 1.
5) **Amtl. Anm.:** ABl L 340 vom 9. 12. 1976, S. 26. Richtlinie zuletzt geändert durch die Richtlinie 2000/57/EG der Kommission (ABl L 244 vom 29. 9. 2001, S. 76).
6) **Amtl. Anm.:** ABl L 221 vom 7. 8. 1986, S. 37. Richtlinie zuletzt geändert durch die Richtlinie 2001/57/EG der Kommission (ABl L 208 vom 1. 8. 2001, S. 36).
7) **Amtl. Anm.:** ABl L 221 vom 7. 8. 1986, S. 43. Richtlinie zuletzt geändert durch die Richtlinie 2001/57/EG der Kommission.
8) **Amtl. Anm.:** ABl L 350 vom 14. 12. 1990, S. 71. Richtlinie zuletzt geändert durch die Richtlinie 2001/57/EG der Kommission.
9) **Amtl. Anm.:** ABl L 230 vom 19. 8. 1991, S. 1. Richtlinie zuletzt geändert durch die Richtlinie 2001/49/EG der Kommission (ABl L 176 vom 29. 6. 2001, S. 61).
10) **Amtl. Anm.:** ABl L 184 vom 17. 7. 1999, S. 23.
11) **Amtl. Anm.:** ABl L 214 vom 24. 8. 1993, S. 1. Verordnung geändert durch die Verordnung Nr. 649/98/EG der Kommission (ABl L 88 vom 24. 3. 1998, S. 7).

## 2. Lebensmittelrecht

Agentur für die Beurteilung von Arzneimitteln (EMEA) vermieden wird. Es muss daher festgehalten werden, dass die vorliegende Verordnung unbeschadet der durch Gemeinschaftsvorschriften der EMEA übertragenen Befugnisse gilt. Hierzu zählen auch die der Agentur aufgrund der Verordnung (EWG) Nr. 2377/90 des Rates vom 26. Juni 1990 zur Schaffung eines Gemeinschaftsverfahrens für die Festsetzung von Höchstmengen für Tierarzneimittelrückstände in Nahrungsmitteln tierischen Ursprungs[1] übertragenen Befugnisse.

(66) Zur Erreichung der grundlegenden Ziele dieser Verordnung ist es erforderlich und angemessen, eine Angleichung der Konzepte, Grundsätze und Verfahren, die eine gemeinsame Grundlage für das Lebensmittelrecht in der Gemeinschaft bilden, vorzusehen und eine Europäische Behörde für Lebensmittelsicherheit zu errichten. Entsprechend dem in Artikel 5 des Vertrags verankerten Grundsatz der Verhältnismäßigkeit geht diese Verordnung nicht über das zur Erreichung der Ziele erforderliche Maß hinaus –
HABEN FOLGENDE VERORDNUNG ERLASSEN:

## Kapitel I: Anwendungsbereich und Begriffsbestimmungen

### Artikel 1  Ziel und Anwendungsbereich

(1) Diese Verordnung schafft die Grundlage für ein hohes Schutzniveau für die Gesundheit des Menschen und der Verbraucherinteressen bei Lebensmitteln unter besonderer Berücksichtigung der Vielfalt des Nahrungsmittelangebots, einschließlich traditioneller Erzeugnisse, wobei ein reibungsloses Funktionieren des Binnenmarkts gewährleistet wird. In ihr werden einheitliche Grundsätze und Zuständigkeiten, die Voraussetzungen für die Schaffung eines tragfähigen wissenschaftlichen Fundaments und effiziente organisatorische Strukturen und Verfahren zur Untermauerung der Entscheidungsfindung in Fragen der Lebensmittel- und Futtermittelsicherheit festgelegt.

(2) Für die Zwecke von Absatz 1 werden in dieser Verordnung die allgemeinen Grundsätze für Lebensmittel und Futtermittel im Allgemeinen und für die Lebensmittel- und Futtermittelsicherheit im Besonderen auf gemeinschaftlicher und einzelstaatlicher Ebene festgelegt.

Mit dieser Verordnung wird die Europäische Behörde für Lebensmittelsicherheit errichtet.

Ferner werden Verfahren für Fragen festgelegt, die sich mittelbar oder unmittelbar auf die Lebensmittel- und Futtermittelsicherheit auswirken.

(3) Diese Verordnung gilt für alle Produktions-, Verarbeitungs- und Vertriebsstufen von Lebensmitteln und Futtermitteln. Sie gilt nicht für die Primärproduktion für den privaten häuslichen Gebrauch oder für die häusliche Verarbeitung, Handhabung oder Lagerung von Lebensmitteln zum häuslichen privaten Verbrauch.

### Artikel 2  Definition von „Lebensmittel"

Im Sinne dieser Verordnung sind „Lebensmittel" alle Stoffe oder Erzeugnisse, die dazu bestimmt sind oder von denen nach vernünftigem Ermessen erwartet werden kann, dass sie in verarbeitetem, teilweise verarbeitetem oder unverarbeitetem Zustand von Menschen aufgenommen werden.

Zu „Lebensmitteln" zählen auch Getränke, Kaugummi sowie alle Stoffe – einschließlich Wasser –, die dem Lebensmittel bei seiner Herstellung oder Ver- oder Bearbeitung absichtlich zugesetzt werden. Wasser zählt hierzu unbeschadet der Anforderungen der Richtlinien 80/778/EWG und 98/83/EG ab der Stelle der Einhaltung im Sinne des Artikels 6 der Richtlinie 98/83/EG.

---

[1] **Amtl. Anm.:** ABl L 224 vom 18.8.1990, S. 1. Verordnung zuletzt geändert durch die Verordnung Nr. 1533/2001/EG der Kommission (ABl L 205 vom 31.7.2001, S. 16).

Nicht zu „Lebensmitteln" gehören:
a) Futtermittel,
b) lebende Tiere, soweit sie nicht für das Inverkehrbringen zum menschlichen Verzehr hergerichtet worden sind,
c) Pflanzen vor dem Ernten,
d) Arzneimittel im Sinne der Richtlinien 65/65/EWG[1)] und 92/73/EWG[2)] des Rates,
e) kosmetische Mittel im Sinne der Richtlinie 76/768/EWG[3)] des Rates,
f) Tabak und Tabakerzeugnisse im Sinne der Richtlinie 89/622/EWG[4)] des Rates,
g) Betäubungsmittel und psychotrope Stoffe im Sinne des Einheitsübereinkommens der Vereinten Nationen über Suchtstoffe, 1961, und des Übereinkommens der Vereinten Nationen über psychotrope Stoffe, 1971,
h) Rückstände und Kontaminanten.

**Artikel 3   Sonstige Definitionen**

Im Sinne dieser Verordnung bezeichnet der Ausdruck

1. „Lebensmittelrecht" die Rechts- und Verwaltungsvorschriften für Lebensmittel im Allgemeinen und die Lebensmittelsicherheit im Besonderen, sei es auf gemeinschaftlicher oder auf einzelstaatlicher Ebene, wobei alle Produktions-, Verarbeitungs- und Vertriebsstufen von Lebensmitteln wie auch von Futtermitteln, die für die Lebensmittelgewinnung dienenden Tiere hergestellt oder an sie verfüttert werden, einbezogen sind;
2. „Lebensmittelunternehmen" alle Unternehmen, gleichgültig, ob sie auf Gewinnerzielung ausgerichtet sind oder nicht und ob sie öffentlich oder privat sind, die eine mit der Produktion, der Verarbeitung und dem Vertrieb von Lebensmitteln zusammenhängende Tätigkeit ausführen;
3. „Lebensmittelunternehmer" die natürlichen oder juristischen Personen, die dafür verantwortlich sind, dass die Anforderungen des Lebensmittelrechts in dem ihrer Kontrolle unterstehenden Lebensmittelunternehmen erfüllt werden;
4. „Futtermittel" Stoffe oder Erzeugnisse, auch Zusatzstoffe, verarbeitet, teilweise verarbeitet oder unverarbeitet, die zur oralen Tierfütterung bestimmt sind;
5. „Futtermittelunternehmen" alle Unternehmen, gleichgültig, ob sie auf Gewinnerzielung ausgerichtet sind oder nicht und ob sie öffentlich oder privat sind, die an der Erzeugung, Herstellung, Verarbeitung, Lagerung, Beförderung oder dem Vertrieb von Futtermitteln beteiligt sind, einschließlich Erzeuger, die Futtermittel zur Verfütterung in ihrem eigenen Betrieb erzeugen, verarbeiten oder lagern;
6. „Futtermittelunternehmer" die natürlichen oder juristischen Personen, die dafür verantwortlich sind, dass die Anforderungen des Lebensmittelrechts in dem ihrer Kontrolle unterstehenden Futtermittelunternehmen erfüllt werden;
7. „Einzelhandel" die Handhabung und/oder Be- oder Verarbeitung von Lebensmitteln und ihre Lagerung am Ort des Verkaufs oder der Abgabe an den Endverbraucher; hierzu gehören Verladestellen, Verpflegungsvorgänge, Betriebskantinen, Großküchen, Restaurants und ähnliche Einrichtungen der Lebensmittelversorgung, Läden, Supermarkt-Vertriebszentren und Großhandelsverkaufsstellen;

---

1) **Amtl. Anm.:** ABl 22 vom 9. 2. 1965, S. 369. Richtlinie zuletzt geändert durch die Richtlinie 93/39/EWG (ABl L 214 vom 24. 8. 1993, S. 22).
2) **Amtl. Anm.:** ABl L 297 vom 13. 10. 1992, S. 8.
3) **Amtl. Anm.:** ABl L 262 vom 27. 9. 1976, S. 169. Richtlinie zuletzt geändert durch die Richtlinie 2000/41/EG der Kommission (ABl L 145 vom 20. 6. 2000, S. 25).
4) **Amtl. Anm.:** ABl L 359 vom 8. 12. 1989, S. 1. Richtlinie zuletzt geändert durch die Richtlinie 92/41/EWG (ABl L 158 vom 11. 6. 1992, S. 30).

8. „Inverkehrbringen" das Bereithalten von Lebensmitteln oder Futtermitteln für Verkaufszwecke einschließlich des Anbietens zum Verkauf oder jeder anderen Form der Weitergabe, gleichgültig, ob unentgeltlich oder nicht, sowie den Verkauf, den Vertrieb oder andere Formen der Weitergabe selbst;
9. „Risiko" eine Funktion der Wahrscheinlichkeit einer die Gesundheit beeinträchtigenden Wirkung und der Schwere dieser Wirkung als Folge der Realisierung einer Gefahr;
10. „Risikoanalyse" einen Prozess aus den drei miteinander verbundenen Einzelschritten Risikobewertung, Risikomanagement und Risikokommunikation;
11. „Risikobewertung" einen wissenschaftlich untermauerten Vorgang mit den vier Stufen Gefahrenidentifizierung, Gefahrenbeschreibung, Expositionsabschätzung und Risikobeschreibung;
12. „Risikomanagement" den von der Risikobewertung unterschiedenen Prozess der Abwägung strategischer Alternativen in Konsultation mit den Beteiligten unter Berücksichtigung der Risikobewertung und anderer berücksichtigenswerter Faktoren und gegebenenfalls der Wahl geeigneter Präventions- und Kontrollmöglichkeiten;
13. „Risikokommunikation" im Rahmen der Risikoanalyse den interaktiven Austausch von Informationen und Meinungen über Gefahren und Risiken, risikobezogene Faktoren und Risikowahrnehmung zwischen Risikobewertern, Risikomanagern, Verbrauchern, Lebensmittel- und Futtermittelunternehmen, Wissenschaftlern und anderen interessierten Kreisen einschließlich der Erläuterung von Ergebnissen der Risikobewertung und der Grundlage für Risikomanagemententscheidungen;
14. „Gefahr" ein biologisches, chemisches oder physikalisches Agens in einem Lebensmittel oder Futtermittel oder einen Zustand eines Lebensmittels oder Futtermittels, der eine Gesundheitsbeeinträchtigung verursachen kann;
15. „Rückverfolgbarkeit" die Möglichkeit, ein Lebensmittel oder Futtermittel, ein der Lebensmittelgewinnung dienendes Tier oder einen Stoff, der dazu bestimmt ist oder von dem erwartet werden kann, dass er in einem Lebensmittel oder Futtermittel verarbeitet wird, durch alle Produktions-, Verarbeitungs- und Vertriebsstufen zu verfolgen;
16. „Produktions-, Verarbeitungs- und Vertriebsstufen" alle Stufen, einschließlich der Einfuhr von – einschließlich – der Primärproduktion eines Lebensmittels bis – einschließlich – zu seiner Lagerung, seiner Beförderung, seinem Verkauf oder zu seiner Abgabe an den Endverbraucher und, soweit relevant, die Einfuhr, die Erzeugung, die Herstellung, die Lagerung, die Beförderung, den Vertrieb, den Verkauf und die Lieferung von Futtermitteln;
17. „Primärproduktion" die Erzeugung, die Aufzucht oder den Anbau von Primärprodukten einschließlich Ernten, Melken und landwirtschaftlicher Nutztierproduktion vor dem Schlachten. Sie umfasst auch das Jagen und Fischen und das Ernten wild wachsender Erzeugnisse.
18. „Endverbraucher" den letzten Verbraucher eines Lebensmittels, der das Lebensmittel nicht im Rahmen der Tätigkeit eines Lebensmittelunternehmens verwendet.

## Kapitel II: Allgemeines Lebensmittelrecht

### Artikel 4 Anwendungsbereich

(1) Dieses Kapitel bezieht sich auf alle Produktions-, Verarbeitungs- und Vertriebsstufen von Lebensmitteln wie auch von Futtermitteln, die für die Lebensmittelgewinnung dienenden Tiere hergestellt oder an sie verfüttert werden.

(2) Die in den Artikeln 5 bis 10 festgelegten allgemeinen Grundsätze bilden einen horizontalen Gesamtrahmen, der einzuhalten ist, wenn Maßnahmen getroffen werden.

(3) Die bestehenden lebensmittelrechtlichen Grundsätze und Verfahren werden so bald wie möglich, spätestens jedoch bis zum 1. Januar 2007 so angepasst, dass sie mit den Artikeln 5 bis 10 in Einklang stehen.

(4) Bis dahin werden abweichend von Absatz 2 die bestehenden Rechtsvorschriften unter Berücksichtigung der in den Artikeln 5 bis 10 festgelegten Grundsätze durchgeführt.

## Abschnitt 1: Allgemeine Grundsätze des Lebensmittelrechts

### Artikel 5  Allgemeine Ziele

(1) Das Lebensmittelrecht verfolgt eines oder mehrere der allgemeinen Ziele eines hohen Maßes an Schutz für das Leben und die Gesundheit der Menschen, des Schutzes der Verbraucherinteressen, einschließlich lauterer Handelsgepflogenheiten im Lebensmittelhandel, gegebenenfalls unter Berücksichtigung des Schutzes der Tiergesundheit, des Tierschutzes, des Pflanzenschutzes und der Umwelt.

(2) Das Lebensmittelrecht soll in der Gemeinschaft den freien Verkehr mit Lebensmitteln und Futtermitteln, die nach den allgemeinen Grundsätzen und Anforderungen dieses Kapitels hergestellt oder in Verkehr gebracht werden, herbeiführen.

(3) Soweit internationale Normen bestehen oder in Kürze zu erwarten sind, sind sie bei der Entwicklung oder Anpassung des Lebensmittelrechts zu berücksichtigen, außer wenn diese Normen oder wichtige Teile davon ein unwirksames oder ungeeignetes Mittel zur Erreichung der legitimen Ziele des Lebensmittelrechts darstellen würden, wenn wissenschaftliche Gründe dagegen sprechen oder wenn die Normen zu einem anderen Schutzniveau führen würden, als es in der Gemeinschaft als angemessen festgelegt ist.

### Artikel 6  Risikoanalyse

(1) Um das allgemeine Ziel eines hohen Maßes an Schutz für Leben und Gesundheit der Menschen zu erreichen, stützt sich das Lebensmittelrecht auf Risikoanalysen, außer wenn dies nach den Umständen oder der Art der Maßnahme unangebracht wäre.

(2) Die Risikobewertung beruht auf den verfügbaren wissenschaftlichen Erkenntnissen und ist in einer unabhängigen, objektiven und transparenten Art und Weise vorzunehmen.

(3) Beim Risikomanagement ist den Ergebnissen der Risikobewertung, insbesondere den Gutachten der Behörde gemäß Artikel 22, anderen angesichts des betreffenden Sachverhalts berücksichtigenswerten Faktoren sowie – falls die in Artikel 7 Absatz 1 dargelegten Umstände vorliegen – dem Vorsorgeprinzip Rechnung zu tragen, um die allgemeinen Ziele des Lebensmittelrechts gemäß Artikel 5 zu erreichen.

### Artikel 7  Vorsorgeprinzip

(1) In bestimmten Fällen, in denen nach einer Auswertung der verfügbaren Informationen die Möglichkeit gesundheitsschädlicher Auswirkungen festgestellt wird, wissenschaftlich aber noch Unsicherheit besteht, können vorläufige Risikomanagementmaßnahmen zur Sicherstellung des in der Gemeinschaft gewählten hohen Gesundheitsschutzniveaus getroffen werden, bis weitere wissenschaftliche Informationen für eine umfassendere Risikobewertung vorliegen.

(2) Maßnahmen, die nach Absatz 1 getroffen werden, müssen verhältnismäßig sein und dürfen den Handel nicht stärker beeinträchtigen, als dies zur Erreichung des in der Gemeinschaft gewählten hohen Gesundheitsschutzniveaus unter Berücksichtigung der technischen und wirtschaftlichen Durchführbarkeit und anderer angesichts des betreffenden Sachverhalts für berücksichtigenswert gehaltener Faktoren notwendig ist. Diese Maßnahmen müssen innerhalb einer angemessenen Frist überprüft werden, die von der Art des festgestellten Risikos für Leben oder Gesundheit und der Art der wissenschaftlichen Informationen abhängig ist, die zur Klärung der wissenschaftlichen Unsicherheit und für eine umfassendere Risikobewertung notwendig sind.

### Artikel 8  Schutz der Verbraucherinteressen

(1) Das Lebensmittelrecht hat den Schutz der Verbraucherinteressen zum Ziel und muss den Verbrauchern die Möglichkeit bieten, in Bezug auf die Lebensmittel, die sie verzehren, eine sachkundige Wahl zu treffen. Dabei müssen verhindert werden:
a) Praktiken des Betrugs oder der Täuschung,
b) die Verfälschung von Lebensmitteln und
c) alle sonstigen Praktiken, die den Verbraucher irreführen können.

## Abschnitt 2:  Grundsätze der Transparenz

### Artikel 9  Konsultation der Öffentlichkeit

Bei der Erarbeitung, Bewertung und Überprüfung des Lebensmittelrechts ist unmittelbar oder über Vertretungsgremien in offener und transparenter Weise eine Konsultation der Öffentlichkeit durchzuführen, es sei denn, dies ist aus Dringlichkeitsgründen nicht möglich.

### Artikel 10  Information der Öffentlichkeit

Besteht ein hinreichender Verdacht, dass ein Lebensmittel oder Futtermittel ein Risiko für die Gesundheit von Mensch oder Tier mit sich bringen kann, so unternehmen die Behörden unbeschadet der geltenden nationalen oder Gemeinschaftsbestimmungen über den Zugang zu Dokumenten je nach Art, Schwere und Ausmaß des Risikos geeignete Schritte, um die Öffentlichkeit über die Art des Gesundheitsrisikos aufzuklären; dabei sind möglichst umfassend das Lebensmittel oder Futtermittel oder die Art des Lebensmittels oder Futtermittels, das möglicherweise damit verbundene Risiko und die Maßnahmen anzugeben, die getroffen wurden oder getroffen werden, um dem Risiko vorzubeugen, es zu begrenzen oder auszuschalten.

## Abschnitt 3:  Allgemeine Verpflichtungen für den Lebensmittelhandel

### Artikel 11  In die Gemeinschaft eingeführte Lebensmittel und Futtermittel

In die Gemeinschaft eingeführte Lebensmittel und Futtermittel, die in der Gemeinschaft in den Verkehr gebracht werden sollen, müssen die entsprechenden Anforderungen des Lebensmittelrechts oder von der Gemeinschaft als zumindest gleichwertig anerkannte Bedingungen erfüllen oder aber, soweit ein besonderes Abkommen zwischen der Gemeinschaft und dem Ausfuhrland besteht, die darin enthaltenen Anforderungen.

### Artikel 12  Aus der Gemeinschaft ausgeführte Lebensmittel und Futtermittel

(1) Aus der Gemeinschaft ausgeführte oder wieder ausgeführte Lebensmittel und Futtermittel, die in einem Drittland in den Verkehr gebracht werden sollen, haben die entsprechenden Anforderungen des Lebensmittelrechts zu erfüllen, sofern die Behörden des Einfuhrlandes nichts anderes verlangen oder die Gesetze, Verordnungen, Normen, Verfahrensvorschriften und andere Rechts- und Verwaltungsverfahren, die im Einfuhrland in Kraft sind, nichts anderes festlegen.

Andernfalls, außer wenn Lebensmittel gesundheitsschädlich oder Futtermittel nicht sicher sind, dürfen Lebensmittel und Futtermittel nur dann aus der Gemeinschaft ausgeführt oder wieder ausgeführt werden, wenn die zuständigen Behörden des Bestimmungslandes dem ausdrücklich zugestimmt haben, nachdem sie über die Gründe, aus denen die betreffenden Lebensmittel oder Futtermittel in der Gemeinschaft nicht in Verkehr gebracht werden durften, und die näheren Umstände umfassend unterrichtet worden sind.

(2) Soweit Bestimmungen eines zwischen der Gemeinschaft oder einem ihrer Mitgliedstaaten und einem Drittland geschlossenen bilateralen Abkommens anwendbar sind, sind diese bei der Ausfuhr von Lebensmitteln und Futtermitteln aus der Gemeinschaft oder aus diesem Mitgliedstaat in dieses Drittland einzuhalten.

### Artikel 13 Internationale Normen

Unbeschadet ihrer Rechte und Pflichten
a) tragen die Gemeinschaft und die Mitgliedstaaten zur Entwicklung von internationalen technischen Normen für Lebensmittel und Futtermittel und von Gesundheits- und Pflanzenschutznormen bei;
b) fördern sie die Koordinierung der Arbeit internationaler Regierungs- und Nichtregierungsorganisationen zu Lebensmittel- und Futtermittelnormen;
c) tragen sie soweit sachdienlich und angemessen zur Ausarbeitung von Abkommen über die Anerkennung der Gleichwertigkeit spezieller Maßnahmen in Bezug auf Lebensmittel und Futtermittel bei;
d) richten sie besonderes Augenmerk auf die besonderen Entwicklungs-, Finanz- und Handelserfordernisse der Entwicklungsländer, um zu gewährleisten, dass internationale Normen keine unnötigen Hindernisse für Ausfuhren aus den Entwicklungsländern bilden;
e) fördern sie die Kohärenz zwischen den internationalen technischen Standards und dem Lebensmittelrecht und gewährleisten zugleich, dass das hohe in der Gemeinschaft geltende Schutzniveau nicht gesenkt wird.

## Abschnitt 4: Allgemeine Anforderungen des Lebensmittelrechts

### Artikel 14 Anforderungen an die Lebensmittelsicherheit

(1) Lebensmittel, die nicht sicher sind, dürfen nicht in Verkehr gebracht werden.

(2) Lebensmittel gelten als nicht sicher, wenn davon auszugehen ist, dass sie
a) gesundheitsschädlich sind,
b) für den Verzehr durch den Menschen ungeeignet sind.

(3) Bei der Entscheidung der Frage, ob ein Lebensmittel sicher ist oder nicht, sind zu berücksichtigen:
a) die normalen Bedingungen seiner Verwendung durch den Verbraucher und auf allen Produktions-, Verarbeitungs- und Vertriebsstufen sowie
b) die dem Verbraucher vermittelten Informationen einschließlich der Angaben auf dem Etikett oder sonstige ihm normalerweise zugängliche Informationen über die Vermeidung bestimmter die Gesundheit beeinträchtigender Wirkungen eines bestimmten Lebensmittels oder einer bestimmten Lebensmittelkategorie.

(4) Bei der Entscheidung der Frage, ob ein Lebensmittel gesundheitsschädlich ist, sind zu berücksichtigen
a) die wahrscheinlichen sofortigen und/oder kurzfristigen und/oder langfristigen Auswirkungen des Lebensmittels nicht nur auf die Gesundheit des Verbrauchers, sondern auch auf nachfolgende Generationen,
b) die wahrscheinlichen kumulativen toxischen Auswirkungen,
c) die besondere gesundheitliche Empfindlichkeit einer bestimmten Verbrauchergruppe, falls das Lebensmittel für diese Gruppe von Verbrauchern bestimmt ist.

(5) Bei der Entscheidung der Frage, ob ein Lebensmittel für den Verzehr durch den Menschen ungeeignet ist, ist zu berücksichtigen, ob das Lebensmittel infolge einer durch Fremdstoffe oder auf andere Weise bewirkten Kontamination, durch Fäulnis, Verderb oder Zersetzung ausgehend von dem beabsichtigten Verwendungszweck nicht für den Verzehr durch den Menschen inakzeptabel geworden ist.

(6) Gehört ein nicht sicheres Lebensmittel zu einer Charge, einem Posten oder einer Lieferung von Lebensmitteln der gleichen Klasse oder Beschreibung, so ist davon auszugehen, dass sämtliche Lebensmittel in dieser Charge, diesem Posten oder dieser Lieferung ebenfalls nicht sicher sind, es sei denn, bei einer eingehenden Prüfung wird kein Nachweis dafür gefunden, dass der Rest der Charge, des Postens oder der Lieferung nicht sicher ist.

(7) Lebensmittel, die spezifischen Bestimmungen der Gemeinschaft zur Lebensmittelsicherheit entsprechen, gelten hinsichtlich der durch diese Bestimmungen abgedeckten Aspekte als sicher.

(8) Entspricht ein Lebensmittel den für es geltenden spezifischen Bestimmungen, so hindert dies die zuständigen Behörden nicht, geeignete Maßnahmen zu treffen, um Beschränkungen für das Inverkehrbringen dieses Lebensmittels zu verfügen oder seine Rücknahme vom Markt zu verlangen, wenn, obwohl es den genannten Bestimmungen entspricht, da der begründete Verdacht besteht, dass es nicht sicher ist.

(9) Fehlen spezifische Bestimmungen der Gemeinschaft, so gelten Lebensmittel als sicher, wenn sie mit den entsprechenden Bestimmungen des nationalen Lebensmittelrechts des Mitgliedstaats, in dessen Hoheitsgebiet sie vermarktet werden, in Einklang stehen, sofern diese Bestimmungen unbeschadet des Vertrags, insbesondere der Artikel 28 und 30, erlassen und angewandt werden.

### Artikel 15  Anforderungen an die Futtermittelsicherheit

(1) Futtermittel, die nicht sicher sind, dürfen nicht in Verkehr gebracht oder an der Lebensmittelgewinnung dienende Tiere verfüttert werden.

(2) Futtermittel gelten als nicht sicher in Bezug auf den beabsichtigten Verwendungszweck, wenn davon auszugehen ist, dass sie
– die Gesundheit von Mensch oder Tier beeinträchtigen können;
– bewirken, dass die Lebensmittel, die aus den der Lebensmittelgewinnung dienenden Tieren hergestellt werden, als nicht sicher für den Verzehr durch den Menschen anzusehen sind.

(3) Gehört ein Futtermittel, bei dem festgestellt worden ist, dass es die Anforderungen an die Futtermittelsicherheit nicht erfüllt, zu einer Charge, einem Posten oder einer Lieferung von Futtermitteln der gleichen Klasse oder Beschreibung, so ist davon auszugehen, dass sämtliche Futtermittel in dieser Charge, diesem Posten oder dieser Lieferung ebenfalls betroffen sind, es sei denn, bei einer eingehenden Prüfung wird kein Nachweis dafür gefunden, dass der Rest der Charge, des Postens oder der Lieferung die Anforderungen an die Futtermittelsicherheit nicht erfüllt.

(4) Futtermittel, die spezifischen Bestimmungen der Gemeinschaft zur Futtermittelsicherheit entsprechen, gelten hinsichtlich der durch diese Bestimmungen abgedeckten Aspekte als sicher.

(5) Entspricht ein Futtermittel den für es geltenden spezifischen Bestimmungen, so hindert dies die zuständigen Behörden nicht, geeignete Maßnahmen zu treffen, um Beschränkungen für das Inverkehrbringen dieses Futtermittels zu verfügen oder seine Rücknahme vom Markt zu verlangen, wenn, obwohl es den genannten Bestimmungen entspricht, der begründete Verdacht besteht, dass es nicht sicher ist.

(6) Fehlen spezifische Bestimmungen der Gemeinschaft, so gelten Futtermittel als sicher, wenn sie mit den entsprechenden Bestimmungen des nationalen Rechts des Mitgliedstaats, in dessen Hoheitsgebiet sie in Verkehr sind, in Einklang stehen, sofern diese Bestimmungen unbeschadet des Vertrags, insbesondere der Artikel 28 und 30, erlassen und angewandt werden.

### Artikel 16  Aufmachung

– Unbeschadet spezifischer Bestimmungen des Lebensmittelrechts dürfen die Kennzeichnung, Werbung und Aufmachung von Lebensmitteln oder Futtermitteln auch in Bezug auf ihre Form, ihr Aussehen oder ihre Verpackung, die verwendeten Verpackungsmaterialien, die Art ihrer Anordnung und den Rahmen ihrer Darbietung sowie die über sie verbreiteten Informationen, gleichgültig über welches Medium, die Verbraucher nicht irreführen.

## Artikel 17   Zuständigkeiten

(1) Die Lebensmittel- und Futtermittelunternehmer sorgen auf allen Produktions-, Verarbeitungs- und Vertriebsstufen in den ihrer Kontrolle unterstehenden Unternehmen dafür, dass die Lebensmittel oder Futtermittel die Anforderungen des Lebensmittelrechts erfüllen, die für ihre Tätigkeit gelten, und überprüfen die Einhaltung dieser Anforderungen.

(2) Die Mitgliedstaaten setzen das Lebensmittelrecht durch und überwachen und überprüfen, dass die entsprechenden Anforderungen des Lebensmittelrechts von den Lebensmittel- und Futtermittelunternehmern in allen Produktions-, Verarbeitungs- und Vertriebsstufen eingehalten werden.

Hierzu betreiben sie ein System amtlicher Kontrollen und führen andere den Umständen angemessene Maßnahmen durch, einschließlich der öffentlichen Bekanntgabe von Informationen über die Sicherheit und Risiken von Lebensmitteln und Futtermitteln, der Überwachung der Lebensmittel- und Futtermittelsicherheit und anderer Aufsichtsmaßnahmen auf allen Produktions-, Verarbeitungs- und Vertriebsstufen.

Außerdem legen sie Vorschriften für Maßnahmen und Sanktionen bei Verstößen gegen das Lebensmittel- und Futtermittelrecht fest. Diese Maßnahmen und Sanktionen müssen wirksam, verhältnismäßig und abschreckend sein.

## Artikel 18   Rückverfolgbarkeit

(1) Die Rückverfolgbarkeit von Lebensmitteln und Futtermitteln, von der Lebensmittelgewinnung dienenden Tieren und allen sonstigen Stoffen, die dazu bestimmt sind oder von denen erwartet werden kann, dass sie in einem Lebensmittel oder Futtermittel verarbeitet werden, ist in allen Produktions-, Verarbeitungs- und Vertriebsstufen sicherzustellen.

(2) Die Lebensmittel- und Futtermittelunternehmer müssen in der Lage sein, jede Person festzustellen, von der sie ein Lebensmittel, Futtermittel, ein der Lebensmittelgewinnung dienendes Tier oder einen Stoff, der dazu bestimmt ist oder von dem erwartet werden kann, dass er in einem Lebensmittel oder Futtermittel verarbeitet wird, erhalten haben.

Sie richten hierzu Systeme und Verfahren ein, mit denen diese Informationen den zuständigen Behörden auf Aufforderung mitgeteilt werden können.

(3) Die Lebensmittel- und Futtermittelunternehmer richten Systeme und Verfahren zur Feststellung der anderen Unternehmen ein, an die ihre Erzeugnisse geliefert worden sind. Diese Informationen sind den zuständigen Behörden auf Aufforderung zur Verfügung zu stellen.

(4) Lebensmittel oder Futtermittel, die in der Gemeinschaft in Verkehr gebracht werden oder bei denen davon auszugehen ist, dass sie in der Gemeinschaft in Verkehr gebracht werden, sind durch sachdienliche Dokumentation oder Information gemäß den diesbezüglich in spezifischeren Bestimmungen enthaltenen Auflagen ausreichend zu kennzeichnen oder kenntlich zu machen, um ihre Rückverfolgbarkeit zu erleichtern.

(5) Bestimmungen zur Anwendung der Anforderungen dieses Artikels auf bestimmte Sektoren können nach dem in Artikel 58 Absatz 2 genannten Verfahren erlassen werden.

## Artikel 19   Verantwortung für Lebensmittel:   Lebensmittelunternehmen

(1) Erkennt ein Lebensmittelunternehmer oder hat er Grund zu der Annahme, dass ein von ihm eingeführtes, erzeugtes, verarbeitetes, hergestelltes oder vertriebenes Lebensmittel den Anforderungen an die Lebensmittelsicherheit nicht entspricht, so leitet er unverzüglich Verfahren ein, um das betreffende Lebensmittel vom Markt zu nehmen, sofern das Lebensmittel nicht mehr unter der unmittelbaren Kontrolle des ursprünglichen Lebensmittelunternehmers steht, und die zuständigen Behörden darüber zu unterrichten. Wenn das Produkt den Verbraucher bereits erreicht haben könnte, unterrichtet der Unternehmer die Verbraucher effektiv und genau über den Grund für die Rücknahme und ruft erforderlichenfalls bereits an diese gelieferte Produkte zurück, wenn

andere Maßnahmen zur Erzielung eines hohen Gesundheitsschutzniveaus nicht ausreichen.

(2) Lebensmittelunternehmer, die für Tätigkeiten im Bereich des Einzelhandels oder Vertriebs verantwortlich sind, die nicht das Verpacken, das Etikettieren, die Sicherheit oder die Unversehrtheit der Lebensmittel betreffen, leiten im Rahmen ihrer jeweiligen Tätigkeiten Verfahren zur Rücknahme von Produkten, die die Anforderungen an die Lebensmittelsicherheit nicht erfüllen, vom Markt ein und tragen zur Lebensmittelsicherheit dadurch bei, dass sie sachdienliche Informationen, die für die Rückverfolgung eines Lebensmittels erforderlich sind, weitergeben und an den Maßnahmen der Erzeuger, Verarbeiter, Hersteller und/oder der zuständigen Behörden mitarbeiten.

(3) Erkennt ein Lebensmittelunternehmer oder hat er Grund zu der Annahme, dass ein von ihm in Verkehr gebrachtes Lebensmittel möglicherweise die Gesundheit des Menschen schädigen kann, teilt er dies unverzüglich den zuständigen Behörden mit. Der Unternehmer unterrichtet die Behörden über die Maßnahmen, die getroffen worden sind, um Risiken für den Endverbraucher zu verhindern, und darf niemanden daran hindern oder davon abschrecken, gemäß einzelstaatlichem Recht und einzelstaatlicher Rechtspraxis mit den zuständigen Behörden zusammenzuarbeiten, um einem mit einem Lebensmittel verbundenen Risiko vorzubeugen, es zu begrenzen oder auszuschalten.

(4) Die Lebensmittelunternehmer arbeiten bei Maßnahmen, die getroffen werden, um die Risiken durch ein Lebensmittel, das sie liefern oder geliefert haben, zu vermeiden oder zu verringern, mit den zuständigen Behörden zusammen.

**Artikel 20   Verantwortung für Futtermittel:   Futtermittelunternehmen**

(1) Erkennt ein Futtermittelunternehmer oder hat er Grund zu der Annahme, dass ein von ihm eingeführtes, erzeugtes, verarbeitetes, hergestelltes oder vertriebenes Futtermittel den Anforderungen an die Futtermittelsicherheit nicht erfüllt, so leitet er unverzüglich Verfahren ein, um das betreffende Futtermittel vom Markt zu nehmen und unterrichtet die zuständigen Behörden hiervon. In diesem Fall bzw. im Fall von Artikel 15 Absatz 3, d. h. wenn eine Charge, ein Posten oder eine Lieferung die Anforderungen an die Futtermittelsicherheit nicht erfüllt, wird das Futtermittel vernichtet, sofern die Bedenken der zuständigen Behörde nicht auf andere Weise ausgeräumt werden. Das Unternehmen unterrichtet die Verwender des Futtermittels effektiv und genau über den Grund für die Rücknahme und ruft erforderlichenfalls bereits an diese gelieferte Produkte zurück, wenn andere Maßnahmen zur Erzielung eines hohen Gesundheitsschutzniveaus nicht ausreichen.

(2) Futtermittelunternehmer, die für Tätigkeiten im Bereich des Einzelhandels oder Vertriebs verantwortlich sind, die nicht das Verpacken, das Etikettieren, die Sicherheit oder die Unversehrtheit der Futtermittel betreffen, leiten im Rahmen ihrer jeweiligen Tätigkeiten Verfahren zur Rücknahme von Produkten, die die Anforderungen an die Futtermittelsicherheit nicht erfüllen, vom Markt ein und tragen zur Lebensmittelsicherheit dadurch bei, dass sie sachdienliche Informationen, die für die Rückverfolgung eines Futtermittels erforderlich sind, weitergeben und an den Maßnahmen der Erzeuger, Verarbeiter, Hersteller und/oder der zuständigen Behörden mitarbeiten.

(3) Erkennt ein Futtermittelunternehmer oder hat er Grund zu der Annahme, dass ein von ihm in Verkehr gebrachtes Futtermittel möglicherweise die Anforderungen an die Futtermittelsicherheit nicht erfüllt, teilt er dies unverzüglich den zuständigen Behörden mit. Der Unternehmer unterrichtet die zuständigen Behörden über die Maßnahmen, die getroffen worden sind, um eine Gefährdung durch die Verwendung des Futtermittels zu verhindern, und darf niemanden daran hindern oder davon abschrecken, gemäß einzelstaatlichem Recht und einzelstaatlicher Rechtspraxis mit den zuständigen Behörden zusammenzuarbeiten, um einem mit einem Futtermittel verbundenen Risiko vorzubeugen, es zu begrenzen oder auszuschalten.

(4) Die Futtermittelunternehmer arbeiten bei den Maßnahmen, die getroffen werden, um Risiken durch ein Futtermittel, das sie liefern oder geliefert haben, zu vermeiden, mit den zuständigen Behörden zusammen.

**Artikel 21 Haftung**

Die Bestimmungen dieses Kapitels gelten unbeschadet der Richtlinie 85/374/EWG des Rates vom 25. Juli 1985 zur Angleichung der Rechts- und Verwaltungsvorschriften der Mitgliedstaaten über die Haftung für fehlerhafte Produkte[1].

## Kapitel III: Europäische Behörde für Lebensmittelsicherheit

### Abschnitt 1: Auftrag und Aufgaben

**Artikel 22 Auftrag der Behörde**

(1) Es wird eine Europäische Behörde für Lebensmittelsicherheit, im Folgenden „die Behörde" genannt, errichtet.

(2) Aufgabe der Behörde ist die wissenschaftliche Beratung sowie die wissenschaftliche und technische Unterstützung für die Rechtsetzung und Politik der Gemeinschaft in allen Bereichen, die sich unmittelbar oder mittelbar auf die Lebensmittel- und Futtermittelsicherheit auswirken. Sie stellt unabhängige Informationen über alle Fragen in diesen Bereichen bereit und macht auf Risiken aufmerksam.

(3) Die Behörde trägt zu einem hohen Maß an Schutz für Leben und Gesundheit der Menschen bei und berücksichtigt dabei im Rahmen des Funktionierens des Binnenmarktes die Tiergesundheit und den Tierschutz, die Pflanzengesundheit und die Umwelt.

(4) Die Behörde sammelt und analysiert Daten, um die Beschreibung und Überwachung von Risiken zu ermöglichen, die sich unmittelbar oder mittelbar auf die Lebensmittel- und Futtermittelsicherheit auswirken.

(5) Der Auftrag der Behörde umfasst ferner

a) wissenschaftliche Beratung und wissenschaftliche und technische Unterstützung in Bezug auf die menschliche Ernährung im Zusammenhang mit der Rechtsetzung der Gemeinschaft sowie – auf Antrag der Kommission – Hilfe bei der Information über Ernährungsfragen im Rahmen des Gesundheitsprogramms der Gemeinschaft,

b) wissenschaftliche Gutachten zu anderen Fragen im Zusammenhang mit Tiergesundheit, Tierschutz und Pflanzengesundheit,

c) wissenschaftliche Gutachten zu anderen Erzeugnissen als Lebensmitteln und Futtermitteln, die sich auf genetisch veränderte Organismen im Sinne der Richtlinie 2001/18/EG beziehen, unbeschadet der dort festgelegten Verfahren.

(6) Die Behörde erstellt wissenschaftliche Gutachten, die als wissenschaftliche Grundlage für die Ausarbeitung und den Erlass von Gemeinschaftsmaßnahmen in den Bereichen ihres Auftrags dienen.

(7) Die Behörde nimmt ihre Aufgaben unter Bedingungen wahr, die es ihr ermöglichen, aufgrund ihrer Unabhängigkeit, der wissenschaftlichen und technischen Qualität ihrer Gutachten und der von ihr verbreiteten Informationen, der Transparenz ihrer Verfahren und ihrer Arbeitsweise sowie ihres Engagements bei der Wahrnehmung ihrer Aufgaben als eine maßgebliche Referenzstelle zu fungieren.

Sie handelt in enger Zusammenarbeit mit den zuständigen Stellen in den Mitgliedstaaten, die ähnliche Aufgaben wahrnehmen wie die Behörde.

(8) Die Behörde, die Kommission und die Mitgliedstaaten arbeiten zusammen, um eine effektive Kohärenz zwischen den Funktionen Risikobewertung, Risikomanagement und Risikokommunikation herbeizuführen.

(9) Die Mitgliedstaaten arbeiten mit der Behörde zusammen, um die Erfüllung ihres Auftrags zu gewährleisten.

---

1) **Amtl. Anm.:** ABl L 210 vom 7. 8. 1985, S. 29. Richtlinie zuletzt geändert durch die Richtlinie 1999/34/EG des Europäischen Parlaments und des Rates (ABl L 141 vom 4. 6. 1999, S. 20).

**Artikel 23  Aufgaben der Behörde**

Die Behörde hat folgende Aufgaben:
a) Sie liefert den Organen der Gemeinschaft und den Mitgliedstaaten die bestmöglichen wissenschaftlichen Gutachten in allen im Gemeinschaftsrecht vorgesehenen Fällen und zu jeder Frage, die unter ihren Auftrag fällt;
b) sie fördert und koordiniert die Erarbeitung einheitlicher Risikobewertungsverfahren in den Bereichen ihres Auftrags;
c) sie gewährt der Kommission wissenschaftliche und technische Unterstützung in den Bereichen ihres Auftrags sowie – auf Wunsch – bei der Auslegung und Prüfung von Gutachten zur Risikobewertung;
d) sie gibt für die Erfüllung ihres Auftrags erforderliche wissenschaftliche Studien in Auftrag;
e) sie macht in den Bereichen ihres Auftrags wissenschaftliche und technische Daten ausfindig, sammelt sie, stellt sie zusammen, analysiert sie und fasst sie zusammen;
f) sie führt in den Bereichen ihres Auftrags Maßnahmen zur Identifizierung und Beschreibung neu auftretender Risiken durch;
g) sie sorgt für die Vernetzung von Organisationen, die in den Bereichen ihres Auftrags tätig sind, und trägt die Verantwortung für den Betrieb der Netze;
h) sie gewährt auf Anforderung der Kommission wissenschaftliche und technische Unterstützung bei den von der Kommission durchgeführten Verfahren für das Krisenmanagement im Bereich der Sicherheit von Lebensmitteln und Futtermitteln;
i) sie gewährt in den Bereichen ihres Auftrags auf Anforderung der Kommission wissenschaftliche und technische Unterstützung mit dem Ziel, die Zusammenarbeit zwischen der Gemeinschaft, beitrittswilligen Ländern, internationalen Organisationen und Drittländern zu verbessern;
j) sie stellt in den Bereichen ihres Auftrags sicher, dass die Öffentlichkeit und die Beteiligten rasch zuverlässige, objektive und verständliche Informationen erhalten;
k) sie erstellt in Fragen, auf die sich ihr Auftrag erstreckt, unabhängig ihre eigenen Schlussfolgerungen und Leitlinien;
l) sie führt in den Bereichen ihres Auftrags alle sonstigen Aufgaben aus, die ihr von der Kommission zugewiesen werden.

## Abschnitt 2:  Organisation

**Artikel 24  Organe der Behörde**

Die Behörde umfasst
a) einen Verwaltungsrat,
b) einen Geschäftsführenden Direktor mit zugehörigem Personal,
c) einen Beirat,
d) einen Wissenschaftlichen Ausschuss und Wissenschaftliche Gremien.

**Artikel 25  Verwaltungsrat**

(1) Der Verwaltungsrat setzt sich aus 14 Mitgliedern, die vom Rat im Benehmen mit dem Europäischen Parlament anhand einer Liste ernannt werden, welche von der Kommission erstellt wird und die eine deutlich höhere Zahl von Bewerbern enthält, als Mitglieder zu ernennen sind, sowie einem Vertreter der Kommission zusammen. Vier der Mitglieder kommen aus dem Kreis der Organisationen, die die Verbraucherschaft und andere Interessen in der Lebensmittelkette vertreten.

Die von der Kommission erstellte Liste wird dem Europäischen Parlament gemeinsam mit der entsprechenden Dokumentation übermittelt. So rasch wie möglich und innerhalb von drei Monaten nach der Mitteilung kann das Europäische Parlament seine Positionen zur Prüfung dem Rat vorlegen, der dann den Verwaltungsrat ernennt.

Die Ernennung der Mitglieder des Verwaltungsrats erfolgt so, dass die höchste fachliche Qualifikation, ein breites Spektrum an einschlägigem Fachwissen und im Einklang damit die größtmögliche geografische Streuung in der Union gewährleistet sind.

(2) Die Amtszeit der Mitglieder beträgt vier Jahre und kann einmal verlängert werden. Für die Hälfte der Mitglieder beträgt die erste Amtszeit jedoch sechs Jahre.

(3) Der Verwaltungsrat legt auf Vorschlag des Geschäftsführenden Direktors die internen Regeln der Behörde fest. Diese Regeln werden veröffentlicht.

(4) Der Verwaltungsrat wählt eines seiner Mitglieder als seinen Vorsitzenden für einen Zeitraum von zwei Jahren; Wiederwahl ist möglich.

(5) Der Verwaltungsrat gibt sich eine Geschäftsordnung.

Sofern nicht anders vorgesehen, ist für die Beschlüsse des Verwaltungsrats die Mehrheit seiner Mitglieder erforderlich.

(6) Der Verwaltungsrat tritt auf Einladung durch den Vorsitzenden oder auf Verlangen von mindestens einem Drittel seiner Mitglieder zusammen.

(7) Der Verwaltungsrat sorgt dafür, dass die Behörde ihren Auftrag erfüllt und die ihr zugewiesenen Aufgaben nach Maßgabe dieser Verordnung wahrnimmt.

(8) Vor dem 31. Januar jeden Jahres nimmt der Verwaltungsrat das Arbeitsprogramm der Behörde für das kommende Jahr an. Ferner nimmt er ein mehrjähriges Programm an, das abgeändert werden kann. Der Verwaltungsrat sorgt dafür, dass diese Programme mit den Prioritäten der Gemeinschaft für Rechtsetzung und Politik im Bereich der Lebensmittelsicherheit im Einklang stehen.

Vor dem 30. März jeden Jahres nimmt der Verwaltungsrat den Gesamtbericht über die Tätigkeit der Behörde im abgelaufenen Jahr an.

(9) Der Verwaltungsrat erlässt nach Konsultation der Kommission die für die Behörde geltende Finanzregelung. Diese darf von der Verordnung (EG, Euratom) Nr. 2343/2002 der Kommission vom 19. November 2002 betreffend die Rahmenfinanzregelung für Einrichtungen gemäß Artikel 185 der Verordnung (EG, Euratom) Nr. 1605/2002 des Rates über die Haushaltsordnung für den Gesamthaushaltsplan der Europäischen Gemeinschaften[1]) nur abweichen, wenn besondere Merkmale der Funktionsweise der Behörde es erfordern und nachdem die Kommission dem zugestimmt hat.

(10) Der Geschäftsführende Direktor nimmt ohne Stimmberechtigung an den Sitzungen des Verwaltungsrats teil und nimmt die Sekretariatsgeschäfte wahr. Der Verwaltungsrat lädt den Vorsitzenden des Wissenschaftlichen Ausschusses ein, ohne Stimmrecht an seinen Sitzungen teilzunehmen.

## Artikel 26   Geschäftsführender Direktor

(1) Der Geschäftsführende Direktor wird vom Verwaltungsrat für einen Zeitraum von fünf Jahren auf der Grundlage einer Bewerberliste ernannt, die von der Kommission nach einem allgemeinen Auswahlverfahren im Anschluss an die Veröffentlichung eines Aufrufs zur Interessenbekundung im Amtsblatt der Europäischen Gemeinschaften und an anderer Stelle vorgeschlagen wird; Wiederernennung ist möglich. Vor der Ernennung wird der vom Verwaltungsrat benannte Kandidat unverzüglich aufgefordert, vor dem Europäischen Parlament eine Erklärung abzugeben und Fragen der Abgeordneten zu beantworten. Er kann von der Mehrheit des Verwaltungsrates seines Amtes enthoben werden.

(2) Der Geschäftsführende Direktor ist der gesetzliche Vertreter der Behörde. Er trägt die Verantwortung

a) für die laufende Verwaltung der Behörde,

b) für die Erstellung eines Vorschlags für die Arbeitsprogramme der Behörde im Benehmen mit der Kommission,

---

1) **Amtl. Anm.:** ABl L 357 vom 31. 12. 2002, S. 72. Berichtigt in ABl L 2 vom 7. 1. 2003, S. 39.

c) für die Umsetzung des Arbeitsprogramms und der vom Verwaltungsrat angenommenen Beschlüsse,
d) für die Bereitstellung angemessener wissenschaftlicher, technischer und administrativer Unterstützung für den Wissenschaftlichen Ausschuss und die Wissenschaftlichen Gremien,
e) dafür, dass die Behörde ihre Aufgaben gemäß den Erfordernissen ihrer Nutzer wahrnimmt, insbesondere, dass die erbrachten Dienstleistungen und die dafür aufgewendete Zeit angemessen sind,
f) für die Vorbereitung des Entwurfs eines Voranschlags der Einnahmen und Ausgaben sowie für die Ausführung des Haushaltsplans der Behörde,
g) für sämtliche Personalangelegenheiten,
h) für die Entwicklung und Unterhaltung der Kontakte zum Europäischen Parlament und die Sicherstellung eines regelmäßigen Dialogs mit dessen zuständigen Ausschüssen.

(3) Der Geschäftsführende Direktor legt dem Verwaltungsrat jährlich
a) den Entwurf eines allgemeinen Berichts über sämtliche Tätigkeiten der Behörde im abgelaufenen Jahr,
b) den Entwurf der Arbeitsprogramme

zur Genehmigung vor.

Nach Annahme durch den Verwaltungsrat übermittelt der Geschäftsführende Direktor die Arbeitsprogramme dem Europäischen Parlament, dem Rat, der Kommission und den Mitgliedstaaten und sorgt für ihre Veröffentlichung.

Spätestens am 15. Juni und nach Annahme durch den Verwaltungsrat übermittelt der Geschäftsführende Direktor den allgemeinen Bericht über die Tätigkeiten der Behörde dem Europäischen Parlament, dem Rat, der Kommission, dem Rechnungshof, dem Europäischen Wirtschafts- und Sozialausschuss sowie dem Ausschuss der Regionen und sorgt für seine Veröffentlichung.

Der Geschäftsführende Direktor übermittelt der Haushaltsbehörde jährlich alle einschlägigen Informationen zu den Ergebnissen der Bewertungsverfahren.

(4) (weggefallen)

## Artikel 27  Beirat

(1) Der Beirat setzt sich aus Vertretern zuständiger, ähnliche Aufgaben wie die Behörde wahrnehmender Stellen der Mitgliedstaaten zusammen, wobei jeder Mitgliedstaat einen Vertreter benennt. Die Mitglieder können durch zur selben Zeit ernannte Stellvertreter vertreten werden.

(2) Die Mitglieder des Beirats dürfen nicht dem Verwaltungsrat angehören.

(3) Der Beirat berät den Geschäftsführenden Direktor bei der Ausübung seines Amtes gemäß dieser Verordnung, insbesondere bei der Erstellung eines Vorschlags für das Arbeitsprogramm der Behörde. Der Geschäftsführende Direktor kann den Beirat ferner ersuchen, ihn bei der Festlegung von Prioritäten bei den Ersuchen um wissenschaftliche Gutachten zu beraten.

(4) Der Beirat dient als Einrichtung für den Austausch von Informationen über potenzielle Risiken und die Zusammenführung von Erkenntnissen. Er sorgt für eine enge Zusammenarbeit zwischen der Behörde und den zuständigen Stellen in den Mitgliedstaaten insbesondere in Bezug auf Folgendes:
a) Vermeidung von Überschneidungen bei von der Behörde in Auftrag gegebenen wissenschaftlichen Studien mit entsprechenden Programmen der Mitgliedstaaten gemäß Artikel 32,
b) die in Artikel 30 Absatz 4 genannten Fälle, in denen die Behörde und eine Stelle eines Mitgliedstaats verpflichtet sind, zusammenzuarbeiten,

c) Förderung der Vernetzung von Organisationen, die in den Bereichen des Auftrags der Behörde tätig sind, gemäß Artikel 36 Absatz 1,

d) Fälle, in denen die Behörde oder ein Mitgliedstaat ein neu auftretendes Risiko identifiziert.

(5) Den Vorsitz im Beirat führt der Geschäftsführende Direktor. Der Beirat tritt nach Einberufung durch den Vorsitzenden oder auf Antrag von mindestens einem Drittel seiner Mitglieder mindestens vier Mal im Jahr zusammen. Die Arbeitsweise des Beirats wird in den internen Regeln der Behörde festgelegt und veröffentlicht.

(6) Die Behörde stellt die für den Beirat erforderliche technische und logistische Unterstützung bereit und nimmt die Sekretariatsgeschäfte im Zusammenhang mit den Beiratssitzungen wahr.

(7) Vertreter der zuständigen Dienststellen der Kommission können sich an der Arbeit des Beirats beteiligen. Der Geschäftsführende Direktor kann Vertreter des Europäischen Parlaments und andere einschlägige Einrichtungen zur Teilnahme einladen.

Berät der Beirat über Fragen gemäß Artikel 22 Absatz 5 Buchstabe b), so können sich Vertreter einschlägiger Einrichtungen der Mitgliedstaaten, die ähnliche Aufgaben wie die in Artikel 22 Absatz 5 Buchstabe b) genannten wahrnehmen, an der Arbeit des Beirats beteiligen; hierfür kann jeder Mitgliedstaat einen Vertreter entsenden.

**Artikel 28    Wissenschaftlicher Ausschuss und Wissenschaftliche Gremien**

(1) Der Wissenschaftliche Ausschuss und die ständigen Wissenschaftlichen Gremien sind in ihrem jeweiligen Zuständigkeitsbereich verantwortlich für die Erstellung der wissenschaftlichen Gutachten der Behörde und haben die Möglichkeit, bei Bedarf öffentliche Anhörungen zu veranstalten.

(2) Der Wissenschaftliche Ausschuss ist für die allgemeine Koordinierung verantwortlich, die zur Gewährleistung der Kohärenz der Verfahren zur Erstellung der wissenschaftlichen Gutachten erforderlich ist, insbesondere für die Festlegung der Arbeitsverfahren und die Harmonisierung der Arbeitsmethoden. Er gibt Gutachten zu interdisziplinären Fragen, die in die Zuständigkeit von mehr als einem Wissenschaftlichen Gremium fallen, sowie zu Fragen, für die kein Wissenschaftliches Gremium zuständig ist.

Im Bedarfsfall setzt er Arbeitsgruppen ein, insbesondere für Fragen, für die kein wissenschaftliches Gremium zuständig ist. In diesem Fall stützt er sich bei der Erstellung der wissenschaftlichen Gutachten auf das Fachwissen dieser Arbeitsgruppen.

(3) Der Wissenschaftliche Ausschuss setzt sich aus den Vorsitzenden der Wissenschaftlichen Gremien sowie sechs unabhängigen Wissenschaftlern, die keinem der Wissenschaftlichen Gremien angehören, zusammen.

(4) Die Wissenschaftlichen Gremien setzen sich aus unabhängigen Wissenschaftlern zusammen. Zum Zeitpunkt der Errichtung der Behörde werden folgende Wissenschaftliche Gremien eingesetzt:

a) das Gremium für Lebensmittelzusatzstoffe und Lebensmitteln zugesetzte Nährstoffquellen,

b) das Gremium für Zusatzstoffe, Erzeugnisse und Stoffe in der Tierernährung,

c) das Gremium für Pflanzenschutzmittel und ihre Rückstände;

d) das Gremium für genetisch veränderte Organismen,

e) das Gremium für diätetische Produkte, Ernährung und Allergien,

f) das Gremium für biologische Gefahren,

g) das Gremium für Kontaminanten in der Lebensmittelkette,

h) das Gremium für Tiergesundheit und Tierschutz,

i) das Gremium für Pflanzengesundheit.

j) das Gremium für Materialien, die mit Lebensmitteln in Berührung kommen, Enzyme, Aromastoffe und Verarbeitungshilfsstoffe.

Anzahl und Bezeichnungen der Wissenschaftlichen Gremien können von der Kommission auf Antrag der Behörde nach dem in Artikel 58 Absatz 2 genannten Verfahren an die technische und wissenschaftliche Entwicklung angepasst werden.

(5) Die Mitglieder des Wissenschaftlichen Ausschusses, die keinem Wissenschaftlichen Gremium angehören, und die Mitglieder der Wissenschaftlichen Gremien werden im Anschluss an die Veröffentlichung eines Aufrufs zur Interessenbekundung im Amtsblatt der Europäischen Gemeinschaften, in den einschlägigen führenden wissenschaftlichen Publikationen und auf der Website der Behörde vom Verwaltungsrat auf Vorschlag des Geschäftsführenden Direktors für eine Amtszeit von drei Jahren ernannt; Wiederernennung ist möglich.

(6) Der Wissenschaftliche Ausschuss und die Wissenschaftlichen Gremien wählen aus dem Kreis ihrer Mitglieder je einen Vorsitzenden und zwei Stellvertretende Vorsitzende.

(7) Für die Beschlüsse des Wissenschaftlichen Ausschusses und der Wissenschaftlichen Gremien ist die Mehrheit ihrer Mitglieder erforderlich. Positionen von Minderheiten werden aufgezeichnet.

(8) Die Vertreter der zuständigen Dienststellen der Kommission sind berechtigt, an den Sitzungen des Wissenschaftlichen Ausschusses, der Wissenschaftlichen Gremien und ihrer Arbeitsgruppen teilzunehmen. Wenn sie darum gebeten werden, können sie Klarstellungen und Informationen liefern, dürfen jedoch nicht versuchen, auf die Diskussionen Einfluss zu nehmen.

(9) Die Verfahren für die Tätigkeit und Zusammenarbeit des Wissenschaftlichen Ausschusses und der Wissenschaftlichen Gremien werden in den internen Regeln der Behörde festgelegt.

Geregelt werden insbesondere

a) die Frage, wie oft die Mitgliedschaft im Wissenschaftlichen Ausschuss und in den Wissenschaftlichen Gremien verlängert werden kann,
b) die Anzahl der Mitglieder jedes Wissenschaftlichen Gremiums,
c) die Erstattung von Auslagen der Mitglieder des Wissenschaftlichen Ausschusses und der Wissenschaftlichen Gremien,
d) das Verfahren für die Zuweisung der Aufgaben und der angeforderten wissenschaftlichen Gutachten an den Wissenschaftlichen Ausschuss und die Wissenschaftlichen Gremien,
e) die Einsetzung und Organisation der Arbeitsgruppen des Wissenschaftlichen Ausschusses und der Wissenschaftlichen Gremien sowie die Möglichkeit, externe Sachverständige an diesen Arbeitsgruppen zu beteiligen,
f) die Möglichkeit, Beobachter zu den Sitzungen des Wissenschaftlichen Ausschusses und der Wissenschaftlichen Gremien einzuladen,
g) die Möglichkeit, öffentliche Anhörungen zu veranstalten.

## Abschnitt 3: Arbeitsweise

### Artikel 29  Wissenschaftliche Gutachten

(1) Die Behörde gibt wissenschaftliche Gutachten ab

a) auf Ersuchen der Kommission zu jeder Frage in den Bereichen ihres Auftrags und in allen Fällen, in denen das Gemeinschaftsrecht die Anhörung der Behörde vorsieht;
b) auf eigene Initiative zu Fragen in den Bereichen ihres Auftrags.

Das Europäische Parlament oder ein Mitgliedstaat kann von der Behörde zu Fragen in den Bereichen ihres Auftrags ein wissenschaftliches Gutachten anfordern.

(2) Ersuchen um Gutachten gemäß Absatz 1 müssen Hintergrundinformationen zur Erläuterung der wissenschaftlichen Problemstellung sowie des Gemeinschaftsinteresses enthalten.

(3) Sieht das Gemeinschaftsrecht nicht bereits eine Frist für die Abgabe eines wissenschaftlichen Gutachtens vor, so gibt die Behörde außer in hinreichend begründeten Fällen ihre wissenschaftlichen Gutachten innerhalb der in den jeweiligen Ersuchen angegebenen Frist ab.

(4) Gehen verschiedene Ersuchen um ein Gutachten zu den gleichen Fragen ein oder entspricht ein Ersuchen nicht den Anforderungen von Absatz 2 oder ist es unklar abgefasst, so kann die Behörde das Ersuchen entweder ablehnen oder im Benehmen mit der ersuchenden Einrichtung bzw. dem/den ersuchenden Mitgliedstaat(en) Änderungen an dem betreffenden Ersuchen vorschlagen. Der ersuchenden Einrichtung bzw. dem/den ersuchenden Mitgliedstaat(en) werden die Gründe für die Ablehnung mitgeteilt.

(5) Hat die Behörde zu einem speziellen Punkt eines Ersuchens bereits ein wissenschaftliches Gutachten abgegeben, so kann sie das Ersuchen ablehnen, wenn sie zu dem Schluss kommt, dass keine neuen wissenschaftlichen Erkenntnisse vorliegen, die eine erneute Überprüfung rechtfertigen würden. Der ersuchenden Einrichtung bzw. dem/den ersuchenden Mitgliedstaat(en) werden die Gründe für die Ablehnung mitgeteilt.

(6) Die Durchführungsvorschriften zu diesem Artikel werden von der Kommission nach Anhörung der Behörde gemäß dem in Artikel 58 Absatz 2 genannten Verfahren festgelegt. Darin werden insbesondere geregelt:
a) das von der Behörde bei den an sie gerichteten Ersuchen anzuwendende Verfahren,
b) die Leitlinien für die wissenschaftliche Beurteilung von Stoffen, Produkten oder Verfahren, die nach dem Gemeinschaftsrecht einer vorherigen Zulassung oder der Aufnahme in eine Positivliste bedürfen, vor allem in den Fällen, in denen das Gemeinschaftsrecht vorsieht oder zulässt, dass der Antragsteller zu diesem Zweck Unterlagen vorlegt.

(7) Die Geschäftsordnung der Behörde regelt die Anforderungen an Format, begleitende Erläuterungen und Veröffentlichung von wissenschaftlichen Gutachten.

## Artikel 30  Divergierende wissenschaftliche Gutachten

(1) Die Behörde nimmt eine Beobachtungsfunktion wahr, um potenzielle Divergenzen zwischen ihren wissenschaftlichen Gutachten und den wissenschaftlichen Gutachten anderer Stellen mit ähnlichen Aufgaben zu einem frühen Zeitpunkt festzustellen.

(2) Stellt die Behörde eine potenzielle Divergenz fest, so nimmt sie Kontakt zu der betreffenden Stelle auf, um sicherzustellen, dass alle relevanten wissenschaftlichen Informationen weitergegeben werden, und um die möglicherweise strittigen wissenschaftlichen Fragen einzugrenzen.

(3) Wurde eine substanzielle Divergenz in wissenschaftlichen Fragen festgestellt und handelt es sich bei der betreffenden Stelle um eine Einrichtung der Gemeinschaft oder um einen der wissenschaftlichen Ausschüsse der Kommission, so sind die Behörde und die betreffende Stelle verpflichtet zusammenzuarbeiten, um entweder die Divergenz zu beseitigen oder der Kommission ein gemeinsames Papier vorzulegen, in dem die strittigen wissenschaftlichen Fragen verdeutlicht und die entsprechenden Unsicherheiten in Bezug auf die Daten ermittelt werden. Dieses Dokument wird veröffentlicht.

(4) Wurde eine substanzielle Divergenz in wissenschaftlichen Fragen festgestellt und handelt es sich bei der betreffenden Stelle um eine Stelle eines Mitgliedstaats, so sind die Behörde und die nationale Stelle verpflichtet, zusammenzuarbeiten, um entweder die Divergenz zu beseitigen oder ein gemeinsames Papier zu erstellen, in dem die strittigen wissenschaftlichen Fragen verdeutlicht und die entsprechenden Unsicherheiten in Bezug auf die Daten ermittelt werden. Dieses Dokument wird veröffentlicht.

## Artikel 31  Wissenschaftliche und technische Unterstützung

(1) Die Kommission kann bei der Behörde wissenschaftliche oder technische Unterstützung in den Bereichen ihres Auftrags anfordern. Die Aufgabe der wissenschaftlichen und technischen Unterstützung besteht in wissenschaftlicher oder technischer Arbeit unter Anwendung anerkannter wissenschaftlicher oder technischer Grundsätze, die keine wissenschaftliche Beurteilung durch den Wissenschaftlichen Ausschuss oder ein Wis-

senschaftliches Gremium erfordert. Zu diesen Aufgaben zählen insbesondere die Unterstützung der Kommission bei der Festlegung oder Bewertung technischer Kriterien wie auch bei der Konzipierung technischer Leitlinien.

(2) Fordert die Kommission wissenschaftliche oder technische Unterstützung bei der Behörde an, so setzt sie im Einvernehmen mit der Behörde die Frist fest, innerhalb deren die Aufgabe ausgeführt werden muss.

### Artikel 32  Wissenschaftliche Studien

(1) Die Behörde gibt für die Erfüllung ihres Auftrags erforderliche wissenschaftliche Studien in Auftrag und bedient sich dabei der besten verfügbaren unabhängigen wissenschaftlichen Ressourcen. Die Studien werden auf offene und transparente Weise in Auftrag gegeben. Die Behörde achtet darauf, Überschneidungen mit Forschungsprogrammen der Mitgliedstaaten oder der Gemeinschaft zu vermeiden und fördert die Zusammenarbeit durch geeignete Koordination.

(2) Die Behörde informiert das Europäische Parlament, die Kommission und die Mitgliedstaaten über die Ergebnisse ihrer wissenschaftlichen Studien.

### Artikel 33  Datenerhebung

(1) Die Behörde macht in den Bereichen ihres Auftrags relevante wissenschaftliche und technische Daten ausfindig, sammelt sie, stellt sie zusammen, analysiert sie und fasst sie zusammen. Dies betrifft insbesondere die Erhebung von Daten über
 a) den Verzehr von Lebensmitteln und die Exposition von Menschen gegenüber den damit verbundenen Risiken,
 b) die Inzidenz und Prävalenz biologischer Risiken,
 c) Kontaminanten in Lebensmitteln und Futtermitteln,
 d) Rückstände.

(2) Für die Zwecke von Absatz 1 arbeitet die Behörde eng mit allen im Bereich der Datenerhebung tätigen Organisationen zusammen, auch solchen in beitrittswilligen Ländern und Drittländern, sowie mit internationalen Stellen.

(3) Die Mitgliedstaaten treffen die erforderlichen Maßnahmen, damit die Daten, die in den unter die Absätze 1 und 2 fallenden Bereichen von ihnen erhoben werden, an die Behörde übermittelt werden können.

(4) Die Behörde legt den Mitgliedstaaten und der Kommission geeignete Empfehlungen für mögliche Verbesserungen in Bezug auf die technische Vergleichbarkeit der Daten vor, die sie erhält und analysiert, um eine Konsolidierung auf Gemeinschaftsebene zu erleichtern.

(5) Innerhalb eines Jahres nach dem Inkrafttreten dieser Verordnung veröffentlicht die Kommission ein Verzeichnis der auf Gemeinschaftsebene in den Bereichen des Auftrags der Behörde existierenden Datenerhebungssysteme.
Der Bericht, dem gegebenenfalls entsprechende Vorschläge beizufügen sind, gibt insbesondere an:
 a) die Funktion, die der Behörde im Rahmen jedes einzelnen Systems zugewiesen werden soll, sowie etwa erforderliche Veränderungen oder Verbesserungen, damit die Behörde in Zusammenarbeit mit den Mitgliedstaaten ihren Auftrag erfüllen kann;
 b) die Mängel, die behoben werden sollen, damit die Behörde auf Gemeinschaftsebene relevante wissenschaftliche und technische Daten in den Bereichen ihres Auftrags erheben und zusammenfassen kann.

(6) Die Behörde übermittelt dem Europäischen Parlament, der Kommission und den Mitgliedstaaten die Ergebnisse ihrer Tätigkeit im Bereich der Datenerhebung.

## Artikel 34  Identifizierung neu auftretender Risiken

(1) Die Behörde erarbeitet Überwachungsverfahren für das systematische Ermitteln, Sammeln, Zusammenstellen und Analysieren von Informationen und Daten, um neu auftretende Risiken in den Bereichen ihres Auftrags zu identifizieren.

(2) Liegen der Behörde Informationen vor, die ein neu auftretendes ernstes Risiko vermuten lassen, so fordert sie zusätzliche Informationen bei den Mitgliedstaaten, bei anderen Einrichtungen der Gemeinschaft und bei der Kommission an. Die Mitgliedstaaten, die betroffenen Einrichtungen der Gemeinschaft und die Kommission reagieren hierauf unverzüglich und übermitteln sämtliche relevanten Informationen, über die sie verfügen.

(3) Die Behörde verwendet in Erfüllung ihres Auftrags sämtliche ihr zugehenden Informationen zur Identifizierung neu auftretender Risiken.

(4) Die Behörde leitet die Bewertung und die erhobenen Informationen über neu auftretende Risiken an das Europäische Parlament, die Kommission und die Mitgliedstaaten weiter.

## Artikel 35  Schnellwarnsystem

Die im Rahmen des Schnellwarnsystems übermittelten Informationen werden an die Behörde gerichtet, damit diese ihrem Auftrag, die gesundheitlichen und ernährungsphysiologischen Risiken von Lebensmitteln zu überwachen, optimal nachkommen kann. Sie analysiert den Inhalt dieser Informationen, um der Kommission und den Mitgliedstaaten alle zur Risikoanalyse erforderlichen Angaben mitteilen zu können.

## Artikel 36  Vernetzung von Organisationen, die in den Bereichen, auf die sich der Auftrag der Behörde erstreckt, tätig sind

(1) Die Behörde fördert die Vernetzung von Organisationen, die in den Bereichen ihres Auftrags tätig sind, auf europäischer Ebene. Ziel einer solchen Vernetzung ist es insbesondere, durch die Koordinierung von Tätigkeiten, den Informationsaustausch, die Konzipierung und Durchführung gemeinsamer Projekte sowie den Austausch von Erfahrungen und bewährten Praktiken in den Bereichen des Auftrags der Behörde einen Rahmen für die wissenschaftliche Zusammenarbeit zu schaffen.

(2) Auf Vorschlag des Geschäftsführenden Direktors erstellt der Verwaltungsrat ein zu veröffentlichendes Verzeichnis der von den Mitgliedstaaten benannten zuständigen Organisationen, die die Behörde einzeln oder im Rahmen von Netzen bei der Erfüllung ihres Auftrags unterstützen können. Die Behörde kann diese Organisationen mit bestimmten Aufgaben betrauen, insbesondere mit vorbereitenden Arbeiten für wissenschaftliche Gutachten, mit wissenschaftlicher und technischer Unterstützung, mit der Erhebung von Daten und der Identifizierung neu auftretender Risiken. Für einige der Aufgaben kann eine finanzielle Unterstützung in Betracht gezogen werden.

(3) Die Durchführungsvorschriften zu den Absätzen 1 und 2 werden von der Kommission nach Anhörung der Behörde gemäß dem in Artikel 58 Absatz 2 genannten Verfahren aufgestellt. Sie legen insbesondere die Kriterien für die Aufnahme einer Einrichtung in das Verzeichnis der von den Mitgliedstaaten benannten zuständigen Organisationen, die Regelungen für die Aufstellung harmonisierter Qualitätsanforderungen sowie die finanziellen Bestimmungen für eine etwaige finanzielle Unterstützung fest.

(4) Innerhalb eines Jahres nach Inkrafttreten dieser Verordnung veröffentlicht die Kommission ein Verzeichnis der in den Bereichen des Auftrags der Behörde existierenden gemeinschaftlichen Systeme, welche vorsehen, dass die Mitgliedstaaten bestimmte Aufgaben im Bereich der wissenschaftlichen Beurteilung ausführen, insbesondere die Prüfung von Zulassungsunterlagen. Der Bericht, dem gegebenenfalls entsprechende Vorschläge beizufügen sind, gibt insbesondere für jedes System an, welche Veränderungen oder Verbesserungen möglicherweise erforderlich sind, damit die Behörde in Zusammenarbeit mit den Mitgliedstaaten ihren Auftrag erfüllen kann.

## Abschnitt 4: Unabhängigkeit, Transparenz, Vertraulichkeit und Information

### Artikel 37 Unabhängigkeit

(1) Die Mitglieder des Verwaltungsrats, die Mitglieder des Beirats und der Geschäftsführende Direktor verpflichten sich, im öffentlichen Interesse unabhängig zu handeln.

Zu diesem Zweck geben sie eine Verpflichtungserklärung sowie eine Interessenerklärung ab, aus der entweder hervorgeht, dass keinerlei Interessen bestehen, die als ihre Unabhängigkeit beeinträchtigend angesehen werden könnten, oder dass unmittelbare oder mittelbare Interessen vorhanden sind, die als ihre Unabhängigkeit beeinträchtigend angesehen werden könnten. Diese Erklärungen werden jedes Jahr schriftlich abgegeben.

(2) Die Mitglieder des Wissenschaftlichen Ausschusses und der Wissenschaftlichen Gremien verpflichten sich, unabhängig von jedem äußeren Einfluss zu handeln.

Zu diesem Zweck geben sie eine Verpflichtungserklärung sowie eine Interessenerklärung ab, aus der entweder hervorgeht, dass keinerlei Interessen bestehen, die als ihre Unabhängigkeit beeinträchtigend angesehen werden könnten, oder dass unmittelbare oder mittelbare Interessen vorhanden sind, die als ihre Unabhängigkeit beeinträchtigend angesehen werden könnten. Diese Erklärungen werden jedes Jahr schriftlich abgegeben.

(3) Die Mitglieder des Verwaltungsrats, der Geschäftsführende Direktor, die Mitglieder des Beirats, die Mitglieder des Wissenschaftlichen Ausschusses und der Wissenschaftlichen Gremien sowie die externen Sachverständigen, die an deren Arbeitsgruppen beteiligt sind, geben auf jeder Sitzung etwaige Interessen an, die bezüglich der jeweiligen Tagesordnungspunkte als ihre Unabhängigkeit beeinträchtigend angesehen werden könnten.

### Artikel 38 Transparenz

(1) Die Behörde gewährleistet, dass sie ihre Tätigkeiten mit einem hohen Maß an Transparenz ausübt. Sie veröffentlicht insbesondere unverzüglich

a) die Tagesordnungen und Protokolle der Sitzungen des Wissenschaftlichen Ausschusses und der Wissenschaftlichen Gremien;

b) die Gutachten des Wissenschaftlichen Ausschusses und der Wissenschaftlichen Gremien sofort nach ihrer Annahme, unter Beifügung der Positionen von Minderheiten;

c) unbeschadet der Artikel 39 und 41 die Informationen, auf die sich ihre Gutachten stützen;

d) die von den Mitgliedern des Verwaltungsrats, dem Geschäftsführenden Direktor, den Mitgliedern des Beirats und den Mitgliedern des Wissenschaftlichen Ausschusses und der Wissenschaftlichen Gremien jährlich abgegebenen Interessenerklärungen sowie die Interessenerklärungen in Bezug auf Tagesordnungspunkte von Sitzungen;

e) die Ergebnisse ihrer wissenschaftlichen Studien;

f) ihren jährlichen Tätigkeitsbericht;

g) abgelehnte oder geänderte Ersuchen des Europäischen Parlaments, der Kommission oder eines Mitgliedstaats um wissenschaftliche Gutachten sowie die Gründe für die Ablehnung bzw. Änderung.

(2) Der Verwaltungsrat hält seine Sitzungen öffentlich ab, soweit er nicht für bestimmte Verwaltungsfragen betreffende Tagesordnungspunkte auf Vorschlag des Geschäftsführenden Direktors anders entscheidet, und er kann Vertreter der Verbraucher oder sonstige Beteiligte ermächtigen, bestimmte Tätigkeiten der Behörde zu beobachten.

(3) Die Behörde legt die praktischen Vorkehrungen zur Umsetzung der in den Absätzen 1 und 2 genannten Transparenzregeln in ihren internen Regeln fest.

**Artikel 39 Vertraulichkeit**

(1) Abweichend von Artikel 38 gibt die Behörde vertrauliche Informationen, die ihr mit der begründeten Bitte um vertrauliche Behandlung übermittelt wurden, nicht an Dritte weiter, es sei denn, es handelt sich um Informationen, die aus Gründen des Gesundheitsschutzes öffentlich bekannt gegeben werden müssen, wenn die Umstände dies erfordern.

(2) Die Mitglieder des Verwaltungsrats, der Geschäftsführende Direktor, die Mitglieder des Wissenschaftlichen Ausschusses und der Wissenschaftlichen Gremien sowie die an ihren Arbeitsgruppen beteiligten externen Sachverständigen, die Mitglieder des Beirats sowie die Beamten und sonstigen Bediensteten der Behörde unterliegen auch nach ihrem Ausscheiden aus der jeweiligen Funktion dem Berufsgeheimnis gemäß Artikel 287 des Vertrags.

(3) Die Schlussfolgerungen der wissenschaftlichen Gutachten der Behörde, welche vorhersehbare gesundheitliche Wirkungen betreffen, sind in keinem Fall vertraulich.

(4) Die Behörde legt die praktischen Vorkehrungen zur Umsetzung der in den Absätzen 1 und 2 genannten Vertraulichkeitsregeln in ihrer Geschäftsordnung fest.

**Artikel 40 Information seitens der Behörde**

(1) Unbeschadet der Zuständigkeit der Kommission für die Bekanntgabe ihrer Risikomanagemententscheidungen sorgt die Behörde in den Bereichen ihres Auftrags von sich aus für Information.

(2) Die Behörde stellt sicher, dass die Öffentlichkeit und die Beteiligten rasch objektive, zuverlässige und leicht zugängliche Informationen erhalten, insbesondere über die Ergebnisse ihrer Arbeit. Um dieses Ziel zu erreichen, erstellt und verbreitet die Behörde Informationsmaterial für die Allgemeinheit.

(3) Die Behörde arbeitet eng mit der Kommission und den Mitgliedstaaten zusammen, um die erforderliche Kohärenz bei der Risikokommunikation herbeizuführen.

Die Behörde veröffentlicht gemäß Artikel 38 alle von ihr abgegebenen Stellungnahmen.

(4) Die Behörde sorgt bei Informationskampagnen für eine angemessene Zusammenarbeit mit den zuständigen Stellen in den Mitgliedstaaten und sonstigen Beteiligten.

**Artikel 41 Zugang zu den Dokumenten**

(1) Die Verordnung (EG) Nr. 1049/2001 des Europäischen Parlaments und des Rates vom 30. Mai 2001 über den Zugang der Öffentlichkeit zu Dokumenten des Europäischen Parlaments, des Rates und der Kommission[1] findet Anwendung auf die Dokumente der Behörde.

(2) Der Verwaltungsrat erlässt innerhalb von sechs Monaten nach Inkrafttreten der Verordnung (EG) Nr. 1642/2003 des Europäischen Parlaments und des Rates vom 22. Juli 2003 zur Änderung der Verordnung (EG) Nr. 178/2002 zur Festlegung der allgemeinen Grundsätze und Anforderungen des Lebensmittelrechts, zur Errichtung der Europäischen Behörde für Lebensmittelsicherheit und zur Festlegung von Verfahren zur Lebensmittelsicherheit[2] die praktischen Durchführungsbestimmungen für die Verordnung (EG) Nr. 1049/2001.

(3) Gegen die Entscheidungen der Behörde gemäß Artikel 8 der Verordnung (EG) Nr. 1049/2001 kann Beschwerde beim Bürgerbeauftragten oder Klage beim Gerichtshof nach Maßgabe von Artikel 195 bzw. 230 des Vertrags erhoben werden.

**Artikel 42 Verbraucher, Erzeuger und sonstige Beteiligte**

Die Behörde unterhält effektive Kontakte mit Vertretern der Verbraucher, der Erzeuger, der verarbeitenden Industrie und sonstigen Beteiligten.

---

1) **Amtl. Anm.:** ABl L 145 vom 31. 5. 2001, S. 43.
2) **Amtl. Anm.:** ABl L 245 vom 29. 9. 2003, S. 4.

## Abschnitt 5: Finanzbestimmungen
### Artikel 43 Feststellung des Haushalts der Behörde

(1) Die Einnahmen der Behörde bestehen aus einem Beitrag der Gemeinschaft und Beiträgen der Staaten, mit denen die Gemeinschaft Abkommen im Sinne von Artikel 49 geschlossen hat, sowie Gebühren für Veröffentlichungen, Konferenzen, Ausbildungsveranstaltungen und andere derartige von der Behörde angebotene Tätigkeiten.

(2) Die Ausgaben der Behörde umfassen die Personal-, Verwaltungs-, Infrastruktur- und Betriebskosten sowie Verpflichtungen, die durch Verträge mit Dritten oder durch die finanzielle Unterstützung gemäß Artikel 36 entstehen.

(3) Rechtzeitig vor dem in Absatz 5 genannten Zeitpunkt erstellt der Geschäftsführende Direktor einen Entwurf eines Voranschlags der Einnahmen und Ausgaben der Behörde für das folgende Haushaltsjahr, den er zusammen mit einem vorläufigen Stellenplan dem Verwaltungsrat übermittelt.

(4) Einnahmen und Ausgaben müssen ausgeglichen sein.

(5) Auf der Grundlage des vom Geschäftsführenden Direktor vorgelegten Entwurfs eines Voranschlags der Einnahmen und Ausgaben stellt der Verwaltungsrat jedes Jahr den Voranschlag der Einnahmen und Ausgaben der Behörde für das folgende Haushaltsjahr auf. Dieser Voranschlag umfasst auch einen vorläufigen Stellenplan zusammen mit vorläufigen Arbeitsprogrammen und wird der Kommission und den Staaten, mit denen die Gemeinschaft Abkommen gemäß Artikel 49 geschlossen hat, spätestens am 31. März durch den Verwaltungsrat zugeleitet.

(6) Die Kommission übermittelt den Voranschlag zusammen mit dem Vorentwurf des Gesamthaushaltsplans der Europäischen Union dem Europäischen Parlament und dem Rat (nachstehend „Haushaltsbehörde" genannt).

(7) Die Kommission setzt auf der Grundlage des Voranschlags die von ihr für erforderlich erachteten Mittelansätze für den Stellenplan und den Betrag des Zuschusses aus dem Gesamthaushaltsplan in den Vorentwurf des Gesamthaushaltsplans der Europäischen Union ein, den sie gemäß Artikel 272 des Vertrags der Haushaltsbehörde vorlegt.

(8) Die Haushaltsbehörde bewilligt die Mittel für den Zuschuss für die Behörde.
Die Haushaltsbehörde stellt den Stellenplan der Behörde fest.

(9) Der Haushaltsplan wird vom Verwaltungsrat festgestellt. Er wird endgültig, wenn der Gesamthaushaltsplan der Europäischen Union endgültig festgestellt ist. Er wird gegebenenfalls entsprechend angepasst.

(10) Der Verwaltungsrat unterrichtet die Haushaltsbehörde schnellstmöglich über alle von ihm geplanten Vorhaben, die erhebliche finanzielle Auswirkungen auf die Finanzierung des Haushaltsplans haben könnten, was insbesondere für Immobilienvorhaben wie die Anmietung oder den Erwerb von Gebäuden gilt. Er setzt die Kommission von diesen Vorhaben in Kenntnis.

Hat ein Teil der Haushaltsbehörde mitgeteilt, dass er eine Stellungnahme abgeben will, übermittelt er diese Stellungnahme dem Verwaltungsrat innerhalb von sechs Wochen nach der Unterrichtung über das Vorhaben.

### Artikel 44 Ausführung des Haushaltsplans der Behörde

(1) Der Geschäftsführende Direktor führt den Haushaltsplan der Behörde aus.

(2) Spätestens zum 1. März nach dem Ende des Haushaltsjahrs übermittelt der Rechnungsführer der Behörde dem Rechnungsführer der Kommission die vorläufigen Rechnungen zusammen mit dem Bericht über die Haushaltsführung und das Finanzmanagement für das abgeschlossene Haushaltsjahr. Der Rechnungsführer der Kommission konsolidiert die vorläufigen Rechnungen der Organe und dezentralisierten Einrichtungen gemäß Artikel 128 der Haushaltsordnung.

(3) Spätestens am 31. März nach dem Ende des Haushaltsjahrs übermittelt der Rechnungsführer der Kommission dem Rechnungshof die vorläufigen Rechnungen der Behörde zusammen mit dem Bericht über die Haushaltsführung und das Finanzmanage-

ment für das abgeschlossene Haushaltsjahr. Dieser Bericht geht auch dem Europäischen Parlament und dem Rat zu.

(4) Nach Eingang der Bemerkungen des Rechnungshofes zu den vorläufigen Rechnungen der Behörde gemäß Artikel 129 der Haushaltsordnung stellt der Geschäftsführende Direktor in eigener Verantwortung die endgültigen Jahresabschlüsse der Behörde auf und legt sie dem Verwaltungsrat zur Stellungnahme vor.

(5) Der Verwaltungsrat gibt eine Stellungnahme zu den endgültigen Jahresabschlüssen der Behörde ab.

(6) Der Geschäftsführende Direktor leitet diese endgültigen Jahresabschlüsse zusammen mit der Stellungnahme des Verwaltungsrats spätestens am 1. Juli nach dem Ende des Haushaltsjahrs dem Europäischen Parlament, dem Rat, der Kommission und dem Rechnungshof zu.

(7) Die endgültigen Jahresabschlüsse werden veröffentlicht.

(8) Der Geschäftsführende Direktor übermittelt dem Rechnungshof spätestens am 30. September eine Antwort auf seine Bemerkungen. Diese Antwort geht auch dem Verwaltungsrat zu.

(9) Der Geschäftsführende Direktor unterbreitet dem Europäischen Parlament auf dessen Anfrage hin gemäß Artikel 146 Absatz 3 der Haushaltsordnung alle Informationen, die für die ordnungsgemäße Abwicklung des Entlastungsverfahrens für das betreffende Haushaltsjahr erforderlich sind.

(10) Auf Empfehlung des Rates, der mit qualifizierter Mehrheit beschließt, erteilt das Europäische Parlament dem Geschäftsführenden Direktor vor dem 30. April des Jahres n + 2 Entlastung zur Ausführung des Haushaltsplans für das Jahr n.

**Artikel 45  Von der Behörde eingenommene Gebühren**

Innerhalb von drei Jahren nach Inkrafttreten dieser Verordnung veröffentlicht die Kommission nach Konsultation der Behörde, der Mitgliedstaaten und der Beteiligten einen Bericht zu der Frage, ob es möglich und ratsam ist, gemäß dem Mitentscheidungsverfahren und im Einklang mit dem Vertrag einen Legislativvorschlag für sonstige Dienstleistungen der Behörde vorzulegen.

## Abschnitt 6:  Allgemeine Bestimmungen

**Artikel 46  Rechtspersönlichkeit und Vorrechte**

(1) Die Behörde besitzt Rechtspersönlichkeit. Sie genießt in allen Mitgliedstaaten die weitreichendsten Befugnisse, die die jeweilige Rechtsordnung juristischen Personen zuerkennt. Insbesondere kann sie bewegliches und unbewegliches Eigentum erwerben und veräußern wie auch gerichtliche Verfahren einleiten.

(2) Das Protokoll über Vorrechte und Befreiungen der Europäischen Gemeinschaften findet auf die Behörde Anwendung.

**Artikel 47  Haftung**

(1) Die vertragliche Haftung der Behörde unterliegt dem für den betreffenden Vertrag geltenden Recht. Der Gerichtshof der Europäischen Gemeinschaften ist für Entscheidungen aufgrund von Schiedsklauseln in den von der Behörde geschlossenen Verträgen zuständig.

(2) Was die nicht vertragliche Haftung betrifft, so leistet die Behörde gemäß den allgemeinen Grundsätzen in den Rechtsordnungen der Mitgliedstaaten Ersatz für Schäden, die sie oder ihre Bediensteten in Ausübung ihres Amtes verursacht haben. Der Europäische Gerichtshof ist für Entscheidungen in Schadensersatzstreitigkeiten zuständig.

(3) Die persönliche Haftung der Bediensteten gegenüber der Behörde unterliegt den einschlägigen Bestimmungen, die für das Personal der Behörde gelten.

**Artikel 48  Personal**

(1) Das Personal der Behörde unterliegt den für die Beamten und sonstigen Bediensteten der Europäischen Gemeinschaften geltenden Regeln und Verordnungen.

(2) Bezüglich ihres Personals übt die Behörde die Befugnisse aus, die der Anstellungsbehörde übertragen wurden.

**Artikel 49  Beteiligung von Drittländern**

Die Behörde steht der Beteiligung von Ländern offen, die mit der Europäischen Gemeinschaft Abkommen geschlossen und zu deren Umsetzung gemeinschaftsrechtliche Vorschriften in dem unter diese Verordnung fallenden Bereich übernommen haben und anwenden.

Gemäß den einschlägigen Bestimmungen jener Abkommen werden Vereinbarungen getroffen, die insbesondere die Natur, das Ausmaß und die Art und Weise einer Beteiligung dieser Länder an der Arbeit der Behörde festlegen; hierzu zählen auch Bestimmungen über die Mitwirkung in von der Behörde betriebenen Netzen, die Aufnahme in die Liste der einschlägigen Organisationen, denen die Behörde bestimmte Aufgaben übertragen kann, finanzielle Beiträge und Personal.

# Kapitel IV: Schnellwarnsystem, Krisenmanagement und Notfälle

## Abschnitt 1: Schnellwarnsystem

**Artikel 50  Schnellwarnsystem**

(1) Es wird ein Schnellwarnsystem für die Meldung eines von Lebensmitteln oder Futtermitteln ausgehenden unmittelbaren oder mittelbaren Risikos für die menschliche Gesundheit als Netz eingerichtet. An ihm sind die Mitgliedstaaten, die Kommission und die Behörde beteiligt. Die Mitgliedstaaten, die Kommission und die Behörde ernennen jeweils eine Kontaktstelle, die Mitglied des Netzes ist. Die Kommission ist für die Verwaltung des Netzes zuständig.

(2) Liegen einem Mitglied des Netzes Informationen über das Vorhandensein eines ernsten unmittelbaren oder mittelbaren Risikos für die menschliche Gesundheit vor, das von Lebensmitteln oder Futtermitteln ausgeht, so werden diese Informationen der Kommission unverzüglich über das Schnellwarnsystem gemeldet. Die Kommission leitet diese Informationen unverzüglich an die Mitglieder des Netzes weiter.

Die Behörde kann die Meldung durch wissenschaftliche oder technische Informationen ergänzen, die den Mitgliedstaaten ein rasches und angemessenes Risikomanagement erleichtern.

(3) Unbeschadet sonstiger Rechtsvorschriften der Gemeinschaft melden die Mitgliedstaaten der Kommission unverzüglich über das Schnellwarnsystem

a) sämtliche von ihnen ergriffenen Maßnahmen zur Beschränkung des Inverkehrbringens von Lebensmitteln oder Futtermitteln oder zur Erzwingung ihrer Rücknahme vom Markt oder ihres Rückrufs aus Gründen des Gesundheitsschutzes in Fällen, in denen rasches Handeln erforderlich ist;

b) sämtliche Empfehlungen oder Vereinbarungen mit der gewerblichen Wirtschaft, die zum Ziel haben, bei einem ernsten Risiko für die menschliche Gesundheit, das rasches Handeln erforderlich macht, das Inverkehrbringen oder die Verwendung von Lebensmitteln oder Futtermitteln auf freiwilliger Basis oder durch eine entsprechende Auflage zu verhindern, einzuschränken oder besonderen Bedingungen zu unterwerfen;

c) jede mit einem unmittelbaren oder mittelbaren Risiko für die menschliche Gesundheit zusammenhängende Zurückweisung eines Postens, eines Behälters oder einer Fracht Lebensmittel oder Futtermittel durch eine zuständige Behörde an einer Grenzkontrollstelle innerhalb der Europäischen Union.

Der Meldung ist eine eingehende Erläuterung der Gründe für die Maßnahme der zuständigen Behörden des meldenden Mitgliedstaats beizufügen. Die Meldung ist zu gegebener Zeit durch zusätzliche Informationen zu ergänzen, insbesondere wenn die Maßnahmen, die Anlass der Meldung waren, geändert oder aufgehoben werden.

Die Kommission übermittelt den Mitgliedern des Netzes unverzüglich die Meldung und die gemäß den Unterabsätzen 1 und 2 erhaltenen zusätzlichen Informationen.

Weist eine zuständige Behörde an einer Grenzkontrollstelle innerhalb der Europäischen Union einen Posten, einen Behälter oder eine Fracht zurück, so setzt die Kommission unverzüglich sämtliche Grenzkontrollstellen innerhalb der Europäischen Union sowie das Ursprungsdrittland hiervon in Kenntnis.

(4) Wurde ein Lebensmittel oder Futtermittel, das Gegenstand einer Meldung über das Schnellwarnsystem war, in ein Drittland versendet, so übermittelt die Kommission diesem Land die entsprechenden Informationen.

(5) Die Mitgliedstaaten setzen die Kommission unverzüglich davon in Kenntnis, welche Schritte oder Maßnahmen sie nach Erhalt der Meldungen und zusätzlichen Informationen, die über das Schnellwarnsystem übermittelt wurden, eingeleitet haben. Die Kommission leitet diese Informationen umgehend an die Mitglieder des Netzes weiter.

(6) Die Teilnahme am Schnellwarnsystem kann beitrittswilligen Ländern, Drittländern und internationalen Organisationen durch Abkommen zwischen der Gemeinschaft und den betreffenden Ländern oder internationalen Organisationen ermöglicht werden; die Verfahren sind in diesen Abkommen festzulegen. Diese Abkommen müssen auf Gegenseitigkeit beruhen und Vertraulichkeitsregeln enthalten, die den in der Gemeinschaft geltenden Regeln gleichwertig sind.

### Artikel 51  Durchführungsmaßnahmen

Die Durchführungsmaßnahmen zu Artikel 50 werden von der Kommission nach Erörterung mit der Behörde gemäß dem in Artikel 58 Absatz 2 genannten Verfahren festgelegt. Sie regeln insbesondere die spezifischen Bedingungen und Verfahren für die Weiterleitung von Meldungen und zusätzlichen Informationen.

### Artikel 52  Vertraulichkeitsregeln für das Schnellwarnsystem

(1) Den Mitgliedern des Netzes vorliegende Informationen über Risiken für die menschliche Gesundheit aufgrund von Lebensmitteln und Futtermitteln sind in der Regel in Übereinstimmung mit dem Informationsprinzip nach Artikel 10 der Öffentlichkeit zugänglich zu machen. Die Öffentlichkeit muss in der Regel Zugang zu Informationen über die Identifizierung des fraglichen Produkts, die Art des Risikos und die ergriffenen Maßnahmen haben.

Die Mitglieder des Netzes tragen jedoch dafür Sorge, dass ihre Mitarbeiter und sonstigen Bediensteten in hinreichend begründeten Fällen Informationen, die sie für die Zwecke dieses Abschnitts erhalten haben und die ihrer Natur gemäß der Geheimhaltung unterliegen, nicht weitergeben; hiervon ausgenommen sind Informationen, die aus Gründen des Gesundheitsschutzes öffentlich bekannt gegeben werden müssen, wenn die Umstände dies erfordern.

(2) Der Schutz der Geheimhaltung darf die Weitergabe von Informationen, die für die Wirksamkeit der Marktüberwachung und der Durchsetzungsmaßnahmen im Bereich der Lebensmittel und Futtermittel relevant sind, an die zuständigen Behörden nicht ver-

hindern. Behörden, die Informationen erhalten, welche der Geheimhaltung unterliegen, gewährleisten deren Vertraulichkeit gemäß Absatz 1.

## Abschnitt 2: Notfälle

**Artikel 53 Sofortmaßnahmen in Bezug auf Lebensmittel und Futtermittel mit Ursprung in der Gemeinschaft oder auf aus Drittländern eingeführte Lebensmittel und Futtermittel**

(1) Ist davon auszugehen, dass ein Lebensmittel oder Futtermittel mit Ursprung in der Gemeinschaft oder ein aus einem Drittland eingeführtes Lebensmittel oder Futtermittel wahrscheinlich ein ernstes Risiko für die Gesundheit von Mensch oder Tier oder für die Umwelt darstellt und dass diesem Risiko durch Maßnahmen des betreffenden Mitgliedstaats oder der betreffenden Mitgliedstaaten nicht auf zufrieden stellende Weise begegnet werden kann, so trifft die Kommission nach dem in Artikel 58 Absatz 2 genannten Verfahren von sich aus oder auf Verlangen eines Mitgliedstaats unverzüglich eine oder mehrere der folgenden Maßnahmen, je nachdem, wie ernst die Situation ist:

a) bei einem Lebensmittel oder Futtermittel mit Ursprung in der Gemeinschaft:
  i. Aussetzung des Inverkehrbringens oder der Verwendung des fraglichen Lebensmittels,
  ii. Aussetzung des Inverkehrbringens oder der Verwendung des fraglichen Futtermittels,
  iii. Festlegung besonderer Bedingungen für das fragliche Lebensmittel oder Futtermittel,
  iv. jede sonst geeignete vorläufige Maßnahme;
b) bei einem aus einem Drittland eingeführten Lebensmittel oder Futtermittel:
  i. Aussetzung der Einfuhr des fraglichen Lebensmittels oder Futtermittels aus dem gesamten betroffenen Drittland oder aus einem Gebiet dieses Landes sowie gegebenenfalls aus dem Durchfuhrdrittland,
  ii. Festlegung besonderer Bedingungen für das fragliche Lebensmittel oder Futtermittel aus dem gesamten betroffenen Drittland oder einem Gebiet dieses Landes,
  iii. jede sonst geeignete vorläufige Maßnahme.

(2) In dringenden Fällen kann die Kommission die Maßnahmen nach Absatz 1 jedoch vorläufig erlassen, nachdem sie den oder die betroffenen Mitgliedstaaten angehört und die übrigen Mitgliedstaaten darüber unterrichtet hat.

Die Maßnahmen werden nach dem in Artikel 58 Absatz 2 genannten Verfahren so rasch wie möglich, auf jeden Fall aber innerhalb von 10 Arbeitstagen bestätigt, geändert, aufgehoben oder verlängert; die Gründe für die Entscheidung der Kommission werden unverzüglich veröffentlicht.

**Artikel 54 Sonstige Sofortmaßnahmen**

(1) Setzt ein Mitgliedstaat die Kommission offiziell von der Notwendigkeit in Kenntnis, Sofortmaßnahmen zu ergreifen, und hat die Kommission nicht gemäß Artikel 53 gehandelt, so kann der Mitgliedstaat vorläufige Schutzmaßnahmen ergreifen. In diesem Fall unterrichtet er die anderen Mitgliedstaaten und die Kommission unverzüglich.

(2) Innerhalb von 10 Arbeitstagen befasst die Kommission den mit Artikel 58 Absatz 1 eingesetzten Ausschuss nach dem in Artikel 58 Absatz 2 genannten Verfahren mit der Frage der Verlängerung, der Änderung oder der Aufhebung der vorläufigen nationalen Schutzmaßnahmen.

(3) Der Mitgliedstaat darf seine vorläufigen nationalen Schutzmaßnahmen so lange beibehalten, bis die Gemeinschaftsmaßnahmen erlassen sind.

## Abschnitt 3: Krisenmanagement

### Artikel 55 Allgemeiner Plan für das Krisenmanagement

(1) Die Kommission erstellt in enger Zusammenarbeit mit der Behörde und den Mitgliedstaaten einen allgemeinen Plan für das Krisenmanagement im Bereich der Lebensmittel- und Futtermittelsicherheit (im Folgenden „der allgemeine Plan" genannt).

(2) Der allgemeine Plan legt insbesondere fest, in welchen Fällen auf Lebensmittel oder Futtermittel zurückzuführende unmittelbare oder mittelbare Risiken für die menschliche Gesundheit voraussichtlich nicht durch bereits vorhandene Vorkehrungen verhütet, beseitigt oder auf ein akzeptables Maß gesenkt werden oder ausschließlich durch Anwendung der in den Artikeln 53 und 54 genannten Maßnahmen angemessen bewältigt werden können.

Der allgemeine Plan legt auch fest, welche praktischen Verfahren erforderlich sind, um eine Krise zu bewältigen, welche Transparenzgrundsätze hierbei Anwendung finden sollen und welche Kommunikationsstrategie gewählt werden soll.

### Artikel 56 Krisenstab

(1) Stellt die Kommission fest, dass ein Fall vorliegt, in dem ein von einem Lebensmittel oder Futtermittel ausgehendes ernstes unmittelbares oder mittelbares Risiko für die menschliche Gesundheit nicht durch die bereits getroffenen Vorkehrungen verhütet, beseitigt oder verringert werden oder ausschließlich durch Anwendung der in den Artikeln 53 und 54 genannten Maßnahmen angemessen bewältigt werden kann, so unterrichtet sie unverzüglich die Mitgliedstaaten und die Behörde; die Zuständigkeit der Kommission für die Sicherstellung der Anwendung des Gemeinschaftsrechts bleibt hiervon unberührt.

(2) Die Kommission richtet unverzüglich einen Krisenstab ein, an welchem die Behörde beteiligt wird und dem diese erforderlichenfalls wissenschaftliche und technische Unterstützung gewährt.

### Artikel 57 Aufgaben des Krisenstabs

(1) Der Krisenstab ist verantwortlich für die Sammlung und Beurteilung sämtlicher relevanter Informationen und die Ermittlung der gangbaren Wege zu einer möglichst effektiven und raschen Verhütung oder Beseitigung des Risikos für die menschliche Gesundheit oder seiner Senkung auf ein akzeptables Maß.

(2) Der Krisenstab kann die Unterstützung jeder juristischen oder natürlichen Person anfordern, deren Fachwissen er zur wirksamen Bewältigung der Krise für nötig hält.

(3) Der Krisenstab informiert die Öffentlichkeit über die bestehenden Risiken und die getroffenen Maßnahmen.

# Kapitel V: Verfahren und Schlussbestimmungen

## Abschnitt 1: Ausschuss- und Vermittlungsverfahren

### Artikel 58 Ausschuss

(1) Die Kommission wird von einem Ständigen Ausschuss für die Lebensmittelkette und Tiergesundheit (im Folgenden „der Ausschuss" genannt) unterstützt, der sich aus Vertretern der Mitgliedstaaten zusammensetzt und in dem der Vertreter der Kommission den Vorsitz führt. Der Ausschuss wird nach Fachgruppen organisiert, die alle einschlägigen Themen behandeln.

(2) Wird auf diesen Absatz Bezug genommen, so gilt das Verfahren nach Artikel 5 des Beschlusses 1999/468/EG unter Beachtung von dessen Artikeln 7 und 8.

(3) Der Zeitraum nach Artikel 5 Absatz 6 des Beschlusses 1999/468/EG wird auf drei Monate festgesetzt.

## Artikel 59   Funktionen des Ausschusses

Der Ausschuss nimmt die ihm durch diese Verordnung und sonstige einschlägige Gemeinschaftsbestimmungen zugewiesenen Funktionen in den Fällen und unter den Bedingungen wahr, die in den genannten Vorschriften festgelegt sind. Ferner kann er entweder auf Initiative des Vorsitzenden oder auf schriftlichen Antrag eines seiner Mitglieder jede Frage prüfen, die unter die genannten Vorschriften fällt.

## Artikel 60   Vermittlungsverfahren

(1) Ist ein Mitgliedstaat der Ansicht, dass eine von einem anderen Mitgliedstaat im Bereich der Lebensmittelsicherheit getroffene Maßnahme entweder mit dieser Verordnung unvereinbar oder so beschaffen ist, dass sie das Funktionieren des Binnenmarktes beeinträchtigen kann, so legt er unbeschadet der Anwendung sonstiger Gemeinschaftsvorschriften die Angelegenheit der Kommission vor, die den betreffenden Mitgliedstaat unverzüglich unterrichtet.

(2) Die beiden betroffenen Mitgliedstaaten und die Kommission bemühen sich nach Kräften, das Problem zu lösen. Kann keine Einigung erzielt werden, so kann die Kommission bei der Behörde ein Gutachten zu etwaigen relevanten strittigen wissenschaftlichen Fragen anfordern. Die Bedingungen einer solchen Anforderung und die Frist, innerhalb deren die Behörde das Gutachten zu erstellen hat, werden zwischen der Kommission und der Behörde nach Konsultation der beiden betroffenen Mitgliedstaaten einvernehmlich festgelegt.

## Abschnitt 2:   Schlussbestimmungen

### Artikel 61   Überprüfungsklausel

(1) Vor dem 1. Januar 2005 und danach alle sechs Jahre gibt die Behörde in Zusammenarbeit mit der Kommission eine unabhängige externe Bewertung ihrer Leistungen auf der Grundlage der vom Verwaltungsrat in Absprache mit der Kommission erteilten Vorgaben in Auftrag. Bewertungsgegenstand sind die Arbeitsweise und die Wirkung der Behörde. Bei der Bewertung werden die Standpunkte der beteiligten Kreise auf gemeinschaftlicher wie auf nationaler Ebene berücksichtigt. Der Verwaltungsrat der Behörde prüft die Schlussfolgerungen der Bewertung und gibt erforderlichenfalls gegenüber der Kommission Empfehlungen für Veränderungen bei der Behörde und ihrer Arbeitsweise ab. Die Bewertung und die Empfehlungen werden veröffentlicht.

(2) Vor dem 1. Januar 2005 veröffentlicht die Kommission einen Bericht über die bei der Durchführung von Kapitel IV Abschnitte 1 und 2 gesammelten Erfahrungen.

(3) Die in den Absätzen 1 und 2 genannten Berichte und Empfehlungen werden dem Europäischen Parlament und dem Rat übermittelt.

### Artikel 62   Bezugnahmen auf die Europäische Behörde für Lebensmittelsicherheit und auf den Ständigen Ausschuss für die Lebensmittelkette und Tiergesundheit

(1) Bezugnahmen auf den Wissenschaftlichen Lebensmittelausschuss, den Wissenschaftlichen Futtermittelausschuss, den Wissenschaftlichen Veterinärausschuss, den Wissenschaftlichen Ausschuss für Schädlingsbekämpfungsmittel, den Wissenschaftlichen Ausschuss „Pflanzen" sowie den Wissenschaftlichen Lenkungsausschuss in den Rechtsvorschriften der Gemeinschaft werden durch eine Bezugnahme auf die Europäische Behörde für Lebensmittelsicherheit ersetzt.

(2) Bezugnahmen auf den Ständigen Lebensmittelausschuss, den Ständigen Futtermittelausschuss und den Ständigen Veterinärausschuss in den Rechtsvorschriften der Gemeinschaft werden durch eine Bezugnahme auf den Ständigen Ausschuss für die Lebensmittelkette und Tiergesundheit ersetzt.

Bezugnahmen auf den Ständigen Ausschuss für Pflanzenschutz im Zusammenhang mit Pflanzenschutzmitteln und Rückstandshöchstgehalten in den Rechtsvorschriften der Gemeinschaft, die sich auf die Richtlinien 76/895/EWG, 86/362/EWG, 86/363/EWG, 90/642/EWG und 91/414/EWG stützen, wie auch in diesen Richtlinien selbst, werden durch eine Bezugnahme auf den Ständigen Ausschuss für die Lebensmittelkette und Tiergesundheit ersetzt.

(3) Im Sinne der Absätze 1 und 2 bezeichnet der Ausdruck „Rechtsvorschriften der Gemeinschaft" sämtliche Verordnungen, Richtlinien, Beschlüsse und Entscheidungen der Gemeinschaft.

(4) Die Beschlüsse 68/361/EWG, 69/414/EWG und 70/372/EWG werden aufgehoben.

**Artikel 63  Zuständigkeit der Europäischen Agentur für die Beurteilung von Arzneimitteln**

Diese Verordnung berührt nicht die Zuständigkeit, die der Europäischen Agentur für die Beurteilung von Arzneimitteln gemäß der Verordnung (EWG) Nr. 2309/93, der Verordnung (EWG) Nr. 2377/90, der Richtlinie 75/319/EWG des Rates[1] und der Richtlinie 81/851/EWG des Rates[2] übertragen wurde.

**Artikel 64  Beginn der Tätigkeit der Behörde**

Die Behörde nimmt ihre Tätigkeit am 1. Januar 2002 auf.

**Artikel 65  Inkrafttreten**

Diese Verordnung tritt am zwanzigsten Tag nach ihrer Veröffentlichung im Amtsblatt der Europäischen Gemeinschaften in Kraft.

Die Artikel 11 und 12 sowie 14 bis 20 gelten ab dem 1. Januar 2005.

Die Artikel 29, 56, 57, 60 und Artikel 62 Absatz 1 gelten vom Tag der Ernennung der Mitglieder des Wissenschaftlichen Ausschusses und der Wissenschaftlichen Gremien an, die durch eine Mitteilung in der C-Reihe des Amtsblatts bekannt gegeben wird.

---

1) **Amtl. Anm.:** ABl L 147 vom 9. 6. 1975, S. 13. Richtlinie geändert durch die Richtlinie 2001/83/EG des Europäischen Parlaments und des Rates (ABl L 311 vom 28. 11. 2001, S. 67).

2) **Amtl. Anm.:** ABl L 317 vom 6. 11. 1981, S. 1. Richtlinie geändert durch die Richtlinie 2001/82/EG des Europäischen Parlaments und des Rates (ABl L 311 vom 28. 11. 2001, S. 1).

## b) Verordnung (EG) Nr. 1935/2004 des Europäischen Parlaments und des Rates vom 27. Oktober 2004 über Materialien und Gegenstände, die dazu bestimmt sind, mit Lebensmitteln in Berührung zu kommen und zur Aufhebung der Richtlinien 80/590/EWG und 89/109/EWG (VO EG Nr. 1935/2004)

v. 13. 11. 2004 (ABl Nr. L 338 S. 4)

DAS EUROPÄISCHE PARLAMENT UND DER RAT DER EUROPÄISCHEN UNION –

gestützt auf den Vertrag zur Gründung der Europäischen Gemeinschaft, insbesondere auf Artikel 95,

auf Vorschlag der Kommission,

nach Stellungnahme des Europäischen Wirtschafts- und Sozialausschusses[1],

gemäß dem Verfahren des Artikels 251 des Vertrags[2],

in Erwägung nachstehender Gründe:

(1) In der Richtlinie 89/109/EWG des Rates vom 21. Dezember 1988 zur Angleichung der Rechtsvorschriften der Mitgliedstaaten über Materialien und Gegenstände, die dazu bestimmt sind, mit Lebensmitteln in Berührung zu kommen[3], werden allgemeine Grundsätze zur Beseitigung der Unterschiede zwischen den Rechtsvorschriften der Mitgliedstaaten in Bezug auf die genannten Materialien und Gegenstände festgelegt; ferner ist darin der Erlass von Durchführungsrichtlinien für bestimmte Gruppen von Materialien und Gegenständen (Einzelrichtlinien) vorgesehen. Diese Vorgehensweise hat sich als erfolgreich erwiesen und sollte deshalb beibehalten werden.

(2) Die im Rahmen der Richtlinie 89/109/EWG erlassenen Einzelrichtlinien enthalten im Allgemeinen Bestimmungen, die den Mitgliedstaaten geringen Spielraum bei ihrer Umsetzung lassen und zudem zur raschen Anpassung an den technischen Fortschritt häufig geändert werden müssen. Deshalb sollte es möglich sein, solche Maßnahmen in Form von Verordnungen oder Entscheidungen zu treffen. Zugleich sollten weitere Fragen geregelt werden. Die Richtlinie 89/109/EWG sollte daher ersetzt werden.

(3) Diese Verordnung beruht auf dem Grundsatz, dass Materialien oder Gegenstände, die dazu bestimmt sind, mit Lebensmitteln unmittelbar oder mittelbar in Berührung zu kommen, ausreichend inert sein müssen, damit ausgeschlossen wird, dass Stoffe in Mengen, die genügen, um die menschliche Gesundheit zu gefährden oder eine unvertretbare Veränderung der Zusammensetzung von Lebensmitteln oder eine Beeinträchtigung ihrer organoleptischen Eigenschaften herbeizuführen, in Lebensmittel übergehen.

(4) Im Gegensatz zu herkömmlichen Materialien und Gegenständen, die dazu bestimmt sind, mit Lebensmitteln in Berührung zu kommen, sind bestimmte neue Arten von Materialien und Gegenständen, mit denen der Zustand von Lebensmitteln aktiv erhalten oder verbessert werden soll (aktive Lebensmittelkontakt-Materialien und -Gegenstände), von ihrer Zusammensetzung her nicht inert. Andere Arten von neuen Materialien und Gegenständen wiederum sind dazu bestimmt, den Zustand von Lebensmitteln zu überwachen (intelligente Lebensmittelkontakt-Materialien und -Gegenstände). Beide Arten von Materialien und Gegenständen können mit Lebensmitteln in Berührung kommen. Aus Gründen der Klarheit und der Rechtssicherheit ist es daher notwendig, aktive und intelligente Lebensmittelkontakt-Materialien und -Gegenstände in den Anwendungsbereich dieser Verordnung einzubeziehen und die wesentlichen Anforderungen für ihre Verwendung festzulegen. Weitere Anforderungen sollten in so bald wie möglich

---

1) **Amtl. Anm.:** ABl C 117 vom 30. 4. 2004, S. 1.
2) **Amtl. Anm.:** Stellungnahme des Europäischen Parlaments vom 31. März 2004 (noch nicht im Amtsblatt veröffentlicht) und Beschluss des Rates vom 14. Oktober 2004.
3) **Amtl. Anm.:** ABl L 40 vom 11. 2. 1989, S. 38. Geändert durch die Verordnung (EG) Nr. 1882/2003 des Europäischen Parlaments und des Rates (ABl L 284 vom 31. 10. 2003, S. 1).

zu erlassenden Einzelmaßnahmen aufgestellt werden, die Positivlisten zugelassener Stoffe und/oder Materialien und Gegenstände enthalten sollten.

(5) Aktive Lebensmittelkontakt-Materialien und -Gegenstände sind derart beschaffen, dass sie gezielt „aktive" Bestandteile enthalten, die auf das Lebensmittel übergehen oder ihm bestimmte Stoffe entziehen sollen. Sie sollten von Materialien und Gegenständen unterschieden werden, die üblicherweise dazu verwendet werden, im Verlauf des Herstellungsprozesses ihre natürlichen Bestandteile an bestimmte Arten von Lebensmitteln abzugeben, z. B. Holzfässer.

(6) Aktive Lebensmittelkontakt-Materialien und -Gegenstände dürfen die Zusammensetzung oder die organoleptischen Eigenschaften der Lebensmittel nur dann verändern, wenn die Veränderungen mit den Gemeinschaftsvorschriften für Lebensmittel, wie zum Beispiel den Bestimmungen der Richtlinie 89/107/EWG[1)] über Zusatzstoffe im Einklang stehen. Insbesondere sollten Stoffe wie Zusatzstoffe, die bestimmten aktiven Lebensmittelkontakt-Materialien und -Gegenständen gezielt beigegeben werden und die an verpackte Lebensmittel oder die solche Lebensmittel umgebende Umwelt abgegeben werden sollen, gemäß den einschlägigen Gemeinschaftsvorschriften für Lebensmittel zugelassen werden und darüber hinaus weiteren Regelungen unterliegen, die in einer Einzelmaßnahme festgelegt werden.

Außerdem sollte der Verbraucher in Übereinstimmung mit den Lebensmittelvorschriften, einschließlich der Bestimmungen über die Lebensmittelkennzeichnung, durch eine angemessene Kennzeichnung oder Information bei der sicheren und bestimmungsgemäßen Verwendung von aktiven Materialien und Gegenstände unterstützt werden.

(7) Aktive und intelligente Lebensmittelkontakt-Materialien und -Gegenstände sollten keine Veränderungen der Zusammensetzung oder der organoleptischen Eigenschaften von Lebensmitteln herbeiführen oder Informationen über den Zustand von Lebensmitteln geben, die den Verbraucher irreführen könnten. Zum Beispiel sollten aktive Lebensmittelkontakt-Materialien und -Gegenstände keine Stoffe wie Aldehyde oder Amine abgeben oder absorbieren, um einen beginnenden Verderb der Lebensmittel zu kaschieren. Derartige Veränderungen, die geeignet sind, die Anzeichen des Verderbs zu beeinflussen, könnten den Verbraucher irreführen und sollten deshalb nicht zulässig sein. Entsprechend könnten auch aktive Lebensmittelkontakt-Materialien und -Gegenstände, die Lebensmittel farblich so verändern, dass falsche Informationen über deren Zustand vermittelt werden, den Verbraucher irreführen; diese Materialien sollten daher ebenfalls nicht zulässig sein.

(8) Jedwede Materialien und Gegenstände, die dazu bestimmt sind, mit Lebensmitteln in Berührung zu kommen, und die in Verkehr gebracht werden, sollten den Anforderungen dieser Verordnung entsprechen. Allerdings sollten Materialien und Gegenstände, die als Antiquitäten abgegeben werden, ausgenommen werden, da sie nur in eingeschränkten Mengen zur Verfügung stehen und daher nur begrenzt mit Lebensmitteln in Berührung kommen.

(9) Überzüge oder Beschichtungen, die Bestandteil eines Lebensmittels sind und mit diesem verzehrt werden können, sollten nicht unter diese Verordnung fallen. Andererseits sollte diese Verordnung für Überzüge oder Beschichtungen gelten, mit denen Käserinden, Fleisch- und Wurstwaren oder Obst überzogen werden, die jedoch kein Ganzes mit dem Lebensmittel bilden und nicht dazu bestimmt sind, mitverzehrt zu werden.

(10) Es ist erforderlich, für die Verwendung von Materialien und Gegenständen, auf die diese Verordnung Anwendung findet, und für die Stoffe, die für ihre Herstellung verwendet werden, Einschränkungen und Bedingungen festzulegen. Es empfiehlt sich, solche Einschränkungen und Bedingungen in Einzelmaßnahmen festzulegen, die den technischen Besonderheiten der einzelnen Gruppen von Materialien und Gegenständen Rechnung tragen.

---

[1)] **Amtl. Anm.:** Richtlinie 89/107/EWG des Rates vom 21. Dezember 1988 zur Angleichung der Rechtsvorschriften der Mitgliedstaaten über Zusatzstoffe, die in Lebensmitteln verwendet werden dürfen (ABl L 40 vom 11. 2. 1989, S. 27). Zuletzt geändert durch die Verordnung (EG) Nr. 1882/2003.

(11) Gemäß der Verordnung (EG) Nr. 178/2002 des Europäischen Parlaments und des Rates vom 28. Januar 2002 zur Festlegung der allgemeinen Grundsätze und Anforderungen des Lebensmittelrechts, zur Errichtung der Europäischen Behörde für Lebensmittelsicherheit und zur Festlegung von Verfahren zur Lebensmittelsicherheit[1] sollte die Europäische Behörde für Lebensmittelsicherheit („die Behörde") konsultiert werden, bevor im Rahmen von Einzelmaßnahmen Bestimmungen erlassen werden, die die öffentliche Gesundheit berühren können.

(12) Umfasst eine Einzelmaßnahme ein Verzeichnis von Stoffen, die in der Gemeinschaft zur Verwendung bei der Herstellung von Materialien und Gegenständen, die dazu bestimmt sind, mit Lebensmitteln in Berührung zu kommen, zugelassen sind, so sollten diese Stoffe vor ihrer Zulassung einer Sicherheitsbewertung unterzogen werden. Die Sicherheitsbewertung und die Zulassung dieser Stoffe sollte unbeschadet der einschlägigen Anforderungen der Gemeinschaftsvorschriften über die Registrierung, Bewertung, Zulassung und Beschränkung chemischer Stoffe erfolgen.

(13) Unterschiede zwischen den einzelstaatlichen Rechts- und Verwaltungsvorschriften über die Sicherheitsbewertung und die Zulassung von Stoffen, die bei der Herstellung von Materialien und Gegenständen, die dazu bestimmt sind, mit Lebensmitteln in Berührung zu kommen, verwendet werden, können den freien Verkehr solcher Materialien und Gegenstände behindern und ungleiche und unlautere Wettbewerbsbedingungen schaffen. Deshalb sollte ein Zulassungsverfahren auf Gemeinschaftsebene festgelegt werden. Damit die Sicherheitsbewertung in harmonisierter Weise erfolgt, sollte sie von der Behörde durchgeführt werden.

(14) An die Sicherheitsbewertung der Stoffe sollte sich eine Risikomanagemententscheidung über die Aufnahme der betreffenden Stoffe in eine Gemeinschaftsliste zugelassener Stoffe anschließen.

(15) Es empfiehlt sich, die Möglichkeit vorzusehen, dass spezifische Handlungen oder Unterlassungen der Behörde aufgrund dieser Verordnung einer Überprüfung auf dem Verwaltungsweg unterzogen werden können. Diese Überprüfung sollte unbeschadet der Rolle der Behörde als unabhängige wissenschaftliche Referenzstelle bei der Risikobewertung erfolgen.

(16) Die Kennzeichnung stellt für die Benutzer eine Hilfe im Hinblick auf einen bestimmungsgemäßen Gebrauch der Materialien und Gegenstände dar. Die Kennzeichnungsmethoden können je nach Benutzer unterschiedlich sein.

(17) Mit der Richtlinie 80/590/EWG der Kommission[2] wurde ein Symbol für Materialien und Gegenstände eingeführt, die dazu bestimmt sind, mit Lebensmitteln in Berührung zu kommen. Der Einfachheit halber sollte dieses Symbol in diese Verordnung übernommen werden.

(18) Die Rückverfolgbarkeit von Materialien und Gegenständen, die dazu bestimmt sind, mit Lebensmitteln in Berührung zu kommen, sollte auf allen Stufen gewährleistet sein, um Kontrollen, den Rückruf fehlerhafter Produkte, die Unterrichtung der Verbraucher und die Feststellung der Haftung zu erleichtern. Die Unternehmer sollten zumindest jene Firmen ermitteln können, von denen sie die Materialien und Gegenstände bezogen oder an die sie solche abgegeben haben.

(19) Bei der Überwachung der Übereinstimmung der Materialien und Gegenstände mit dieser Verordnung sollten die speziellen Bedürfnisse der Entwicklungsländer und insbesondere der am wenigsten entwickelten Länder berücksichtigt werden. Die Kommission ist durch die Verordnung (EG) Nr. 882/2004 des Europäischen Parlaments und des Rates vom 29. April 2004 über amtliche Kontrollen zur Überprüfung der Einhaltung des Lebensmittel- und Futtermittelrechts sowie der Bestimmungen über Tiergesundheit

---

1) **Amtl. Anm.:** ABl L 31 vom 1. 2. 2002, S. 1. Geändert durch die Verordnung (EG) Nr. 1642/2003 (ABl L 245 vom 29. 9. 2003, S. 4).

2) **Amtl. Anm.:** Richtlinie 80/590/EWG der Kommission vom 9. Juni 1980 zur Festlegung des Symbols für Materialien und Gegenstände, die dazu bestimmt sind, mit Lebensmitteln in Berührung zu kommen (ABl L 151 vom 19. 6. 1980, S. 21). Zuletzt geändert durch die Beitrittsakte von 2003.

und Tierschutz[1] verpflichtet worden, die Entwicklungsländer im Hinblick auf Lebensmittelsicherheit einschließlich der Sicherheit von Materialien und Gegenständen, die mit Lebensmitteln in Berührung kommen, zu unterstützen. Zu diesem Zweck sind in der genannten Verordnung spezielle Vorschriften festgelegt worden, die auch für Materialien und Gegenstände, die mit Lebensmitteln in Berührung kommen, gelten sollten.

(20) Es ist erforderlich, Verfahren für den Erlass von Schutzmaßnahmen in Fällen festzulegen, in denen Materialien oder Gegenstände eine ernsthafte Gefahr für die menschliche Gesundheit darstellen können.

(21) Für die Dokumente, die sich im Besitz der Behörde befinden, gilt die Verordnung (EG) Nr. 1049/2001 des Europäischen Parlaments und des Rates vom 30. Mai 2001 über den Zugang der Öffentlichkeit zu Dokumenten des Europäischen Parlaments, des Rates und der Kommission[2].

(22) Die von Innovatoren getätigten Investitionen bei der Beschaffung von Daten und Informationen zur Untermauerung eines Antrags nach dieser Verordnung sollten geschützt werden. Um die unnötige Wiederholung von Studien und insbesondere von Tierversuchen zu vermeiden, sollte jedoch eine gemeinsame Nutzung von Daten gestattet sein, wenn sich die betroffenen Parteien hierüber einigen.

(23) Im Hinblick auf eine hohe Qualität und die Einheitlichkeit der Untersuchungsergebnisse sollten gemeinschaftliche und nationale Referenzlabors benannt werden. Dieses Ziel wird im Rahmen der Verordnung (EG) Nr. 882/2004 verwirklicht.

(24) Die Verwendung recycelter Materialien und Gegenstände sollte in der Gemeinschaft aus Gründen des Umweltschutzes bevorzugt werden, sofern strenge Anforderungen zur Gewährleistung der Lebensmittelsicherheit und des Verbraucherschutzes festgelegt werden. Bei der Festlegung solcher Anforderungen sollten auch die technischen Merkmale der verschiedenen in Anhang I aufgeführten Gruppen von Materialien und Gegenständen berücksichtigt werden. Priorität sollte dabei die Harmonisierung der Regelungen für wieder verwertete Kunststoffmaterialien und -gegenstände haben, da deren Verwendung zunimmt und es entweder keine einzelstaatlichen Rechtsvorschriften und Bestimmungen gibt oder diese voneinander abweichen. Daher sollte der Öffentlichkeit so bald wie möglich der Entwurf einer Einzelmaßnahme für wieder verwertete Kunststoff-Materialien und -Gegenstände zugänglich gemacht werden, um die Rechtslage in der Gemeinschaft zu klären.

(25) Die zur Durchführung dieser Verordnung erforderlichen Maßnahmen sowie Änderungen der Anhänge I und II dieser Verordnung sollten gemäß dem Beschluss 1999/468/EG des Rates vom 28. Juni 1999 zur Festlegung der Modalitäten für die Ausübung der der Kommission übertragenen Durchführungsbefugnisse[3] erlassen werden.

(26) Die Mitgliedstaaten sollten Regelungen für Sanktionen bei Verstößen gegen die Bestimmungen dieser Verordnung festlegen und die Durchsetzung dieser Sanktionen sicherstellen. Die Sanktionen müssen wirksam, verhältnismäßig und abschreckend sein.

(27) Die Unternehmer müssen genügend Zeit haben, um sich auf einige der in dieser Verordnung festgelegten Anforderungen einzustellen.

(28) Da die Ziele dieser Verordnung aufgrund der Unterschiede zwischen den einzelstaatlichen Rechtsvorschriften und Bestimmungen auf Ebene der Mitgliedstaaten nicht ausreichend erreicht werden können und daher besser auf Gemeinschaftsebene zu erreichen sind, kann die Gemeinschaft im Einklang mit dem in Artikel 5 des Vertrags niedergelegten Subsidiaritätsprinzip tätig werden. Entsprechend dem in demselben Artikel genannten Verhältnismäßigkeitsprinzip geht diese Verordnung nicht über das für die Erreichung dieser Ziele erforderliche Maß hinaus.

(29) Die Richtlinien 80/590/EWG und 89/109/EWG sollten daher aufgehoben werden –
HABEN FOLGENDE VERORDNUNG ERLASSEN:

---

1) **Amtl. Anm.:** ABl L 165 vom 30. 4. 2004, S. 1. Berichtigt in ABl L 191 vom 28. 5. 2004, S. 1.
2) **Amtl. Anm.:** ABl L 145 vom 31. 5. 2001, S. 43.
3) **Amtl. Anm.:** ABl L 184 vom 17. 7. 1999, S. 23.

## 2. Lebensmittelrecht

**Artikel 1  Zweck und Gegenstand**

(1) Zweck dieser Verordnung ist es, das wirksame Funktionieren des Binnenmarkts in Bezug auf das Inverkehrbringen von Materialien und Gegenständen in der Gemeinschaft sicherzustellen, die dazu bestimmt sind, mit Lebensmitteln unmittelbar oder mittelbar in Berührung zu kommen, und gleichzeitig die Grundlage für ein hohes Schutzniveau für die menschliche Gesundheit und die Verbraucherinteressen zu schaffen.

(2) Die Verordnung gilt für Materialien und Gegenstände, einschließlich aktiver und intelligenter Lebensmittelkontakt-Materialien und -Gegenstände (nachstehend „Materialien und Gegenstände" genannt), die als Fertigerzeugnis

a) dazu bestimmt sind, mit Lebensmitteln in Berührung zu kommen

   oder

b) bereits mit Lebensmitteln in Berührung sind und dazu bestimmt sind,

   oder

c) vernünftigerweise vorhersehen lassen, dass sie bei normaler oder vorhersehbarer Verwendung mit Lebensmitteln in Berührung kommen oder ihre Bestandteile an Lebensmittel abgeben.

(3) Die Verordnung gilt nicht für

a) Materialien und Gegenstände, die als Antiquitäten abgegeben werden;

b) Überzugs- und Beschichtungsmaterialien, wie Materialien zum Überziehen von Käserinden, Fleisch- und Wurstwaren oder Obst, die mit dem Lebensmittel ein Ganzes bilden und mit diesem verzehrt werden können;

c) ortsfeste öffentliche oder private Wasserversorgungsanlagen.

**Artikel 2  Definitionen**

(1) Zum Zweck dieser Verordnung gelten die entsprechenden Definitionen der Verordnung (EG) Nr. 178/2002, mit Ausnahme der Definitionen der Begriffe „Rückverfolgbarkeit" und „Inverkehrbringen"; diese Ausdrücke bezeichnen:

a) „Rückverfolgbarkeit" die Möglichkeit, ein Material oder einen Gegenstand durch alle Herstellungs-, Verarbeitungs- und Vertriebsstufen zu verfolgen;

b) „Inverkehrbringen" das Bereithalten von Materialien und Gegenständen für Verkaufszwecke einschließlich des Anbietens zum Verkauf oder jeder anderen Form der Weitergabe, gleichgültig, ob unentgeltlich oder nicht, sowie den Verkauf, den Vertrieb oder andere Formen der Weitergabe selbst.

(2) Ferner bezeichnet der Ausdruck

a) „Aktive Lebensmittelkontakt-Materialien und -Gegenstände" (nachstehend „aktive Materialien und Gegenstände" genannt) Materialien und Gegenstände, die dazu bestimmt sind, die Haltbarkeit eines verpackten Lebensmittels zu verlängern oder dessen Zustand zu erhalten bzw. zu verbessern. Sie sind derart beschaffen, dass sie gezielt Bestandteile enthalten, die Stoffe an das verpackte Lebensmittel oder die das Lebensmittel umgebende Umwelt abgeben oder diesen entziehen können;

b) „intelligente Lebensmittelkontakt-Materialien und -Gegenstände" (nachstehend „intelligente Materialien und Gegenstände" genannt) Materialien und Gegenstände, mit denen der Zustand eines verpackten Lebensmittels oder die das Lebensmittel umgebende Umwelt überwacht wird;

c) „Unternehmen" alle Unternehmen, gleichgültig, ob sie auf Gewinnerzielung ausgerichtet sind oder nicht und ob sie öffentlich oder privat sind, die Tätigkeiten im Zusammenhang mit jedweder Stufe der Herstellung, der Verarbeitung und des Vertriebs von Materialien und Gegenständen durchführen;

d) „Unternehmer" die natürlichen oder juristischen Personen, die dafür verantwortlich sind, dass die Anforderungen dieser Verordnung in dem ihrer Kontrolle unterstehenden Unternehmen erfüllt werden.

VO EG Nr. 1935/2004

**Artikel 3 Allgemeine Anforderungen**

(1) Materialien und Gegenstände, einschließlich aktiver und intelligenter Materialien und Gegenstände, sind nach guter Herstellungspraxis so herzustellen, dass sie unter den normalen oder vorhersehbaren Verwendungsbedingungen keine Bestandteile auf Lebensmittel in Mengen abgeben, die geeignet sind,

a) die menschliche Gesundheit zu gefährden

oder

b) eine unvertretbare Veränderung der Zusammensetzung der Lebensmittel herbeizuführen

oder

c) eine Beeinträchtigung der organoleptischen Eigenschaften der Lebensmittel herbeizuführen.

(2) Kennzeichnung, Werbung und Aufmachung der Materialien und Gegenstände dürfen den Verbraucher nicht irreführen.

**Artikel 4 Besondere Anforderungen an aktive und intelligente Materialien und Gegenstände**

(1) In Anwendung von Artikel 3 Absatz 1 Buchstaben b) und c) dürfen aktive Materialien und Gegenstände nur Veränderungen der Zusammensetzung oder der organoleptischen Eigenschaften von Lebensmitteln herbeiführen, sofern diese Veränderungen mit den Gemeinschaftsvorschriften für Lebensmittel wie etwa den Vorschriften der Richtlinie 89/107/EWG über Zusatzstoffe in Lebensmitteln und den entsprechenden Durchführungsbestimmungen oder in Ermangelung von Gemeinschaftsvorschriften mit den einschlägigen nationalen Vorschriften in Einklang stehen.

(2) Solange noch keine zusätzlichen Regelungen im Rahmen einer Einzelmaßnahme über aktive und intelligente Materialien und Gegenstände erlassen worden sind, erfolgen die Zulassung und die Verwendung von Stoffen, die aktiven Materialien und Gegenständen gezielt beigefügt werden, damit sie in das Lebensmittel oder die das Lebensmittel umgebende Umwelt abgegeben werden, gemäß den einschlägigen Gemeinschaftsvorschriften für Lebensmittel; dabei sind diese Verordnung und ihre Durchführungsbestimmungen einzuhalten.

Diese Stoffe gelten als Zutaten im Sinne von Artikel 6 Absatz 4 Buchstabe a) der Richtlinie 2000/13/EG[1]).

(3) Aktive Materialien und Gegenstände dürfen keine Veränderungen der Zusammensetzung oder der organoleptischen Eigenschaften von Lebensmitteln herbeiführen, die den Verbraucher irreführen könnten; dazu gehört zum Beispiel das Kaschieren des Verderbs von Lebensmitteln.

(4) Intelligente Materialien und Gegenstände dürfen keine Informationen über den Zustand von Lebensmitteln geben, die Verbraucher irreführen könnten.

(5) Aktive und intelligente Materialien und Gegenstände, die bereits mit Lebensmitteln in Berührung gekommen sind, müssen mit einer angemessenen Kennzeichnung versehen werden, die es dem Verbraucher gestattet, nicht essbare Teile zu identifizieren.

(6) Aktive und intelligente Materialen und Gegenstände sind mit einer angemessenen Kennzeichnung zu versehen, aus der hervorgeht, dass es sich um aktive und/oder intelligente Materialien oder Gegenstände handelt.

---

1) **Amtl. Anm.:** Richtlinie 2000/13/EG des Europäischen Parlaments und des Rates vom 20. März 2000 zur Angleichung der Rechtsvorschriften der Mitgliedstaaten über die Etikettierung und Aufmachung von Lebensmitteln sowie die Werbung hierfür (ABl L 109 vom 6. 5. 2000, S. 29). Zuletzt geändert durch die Richtlinie 2003/89/EG (ABl L 308 vom 25. 11. 2003, S. 15).

## Artikel 5 Einzelmaßnahmen für Gruppen von Materialien und Gegenständen

(1) Für die Gruppen von Materialien und Gegenständen, die in Anhang I aufgeführt sind, sowie gegebenenfalls für Kombinationen aus solchen Materialien und Gegenständen oder recycelte Materialien und Gegenstände, die bei der Herstellung dieser Materialien und Gegenstände verwendet werden, können nach dem in Artikel 23 Absatz 2 genannten Verfahren Einzelmaßnahmen erlassen oder geändert werden.

Solche Einzelmaßnahmen können Folgendes umfassen:

a) ein Verzeichnis der für die Verwendung bei der Herstellung von Materialien und Gegenständen zugelassenen Stoffe;
b) ein Verzeichnis oder mehrere Verzeichnisse der als Bestandteil aktiver oder intelligenter Materialien und Gegenstände, die mit Lebensmitteln in Berührung kommen, zugelassenen Stoffe oder ein Verzeichnis oder mehrere Verzeichnisse der aktiven oder intelligenten Materialien und Gegenstände und, sofern erforderlich, spezielle Voraussetzungen für die Verwendung dieser Stoffe und/oder der Materialien und Gegenstände, deren Bestandteil sie sind;
c) Reinheitskriterien für die in Buchstabe a) genannten Stoffe;
d) besondere Bedingungen für die Verwendung der unter Buchstabe a) genannten Stoffe und/oder der Materialien und Gegenstände, in denen sie verwendet werden;
e) spezifische Migrationsgrenzwerte für den Übergang bestimmter Bestandteile oder Gruppen von Bestandteilen in oder auf Lebensmittel, wobei etwaigen anderen Expositionsquellen im Zusammenhang mit solchen Bestandteilen angemessen Rechnung zu tragen ist;
f) einen Gesamtmigrationswert für Bestandteile, die in oder auf Lebensmittel übergehen;
g) Vorschriften zum Schutz der menschlichen Gesundheit vor Gefahren durch oralen Kontakt mit den Materialien und Gegenständen;
h) sonstige Vorschriften zur Sicherstellung der Einhaltung der Artikel 3 und 4;
i) Grundregeln zur Kontrolle der Einhaltung der Buchstaben a) bis h);
j) Vorschriften für die Entnahme von Proben sowie für die Analysemethoden zur Kontrolle der Einhaltung der Buchstaben a) bis h);
k) spezifische Vorschriften zur Sicherstellung der Rückverfolgbarkeit der Materialien und Gegenstände, einschließlich Vorschriften über die Dauer der Aufbewahrung von Aufzeichnungen, oder Vorschriften, die erforderlichenfalls Abweichungen von den Anforderungen des Artikels 17 ermöglichen;
l) zusätzliche Vorschriften für die Kennzeichnung aktiver und intelligenter Materialien und Gegenstände;
m) Vorschriften, mit denen die Kommission verpflichtet wird, ein öffentlich zugängliches Gemeinschaftsregister (nachstehend „Register" genannt) zugelassener Stoffe oder Verfahren oder Materialien oder Gegenstände zu erstellen und zu führen;
n) spezifische Verfahrensregeln, mit denen das in den Artikeln 8 bis 12 genannte Verfahren erforderlichenfalls angepasst oder so gestaltet werden kann, dass es für die Zulassung bestimmter Arten von Materialien und Gegenständen und/oder bei deren Herstellung verwendeter Verfahren geeignet ist; dies schließt erforderlichenfalls ein Verfahren für die Einzelzulassung eines Stoffes, eines Verfahrens oder eines Materials oder Gegenstands im Wege einer an den Antragsteller gerichteten Entscheidung ein.

(2) Bestehende Einzelrichtlinien über Materialien und Gegenstände werden gemäß dem in Artikel 23 Absatz 2 genannten Verfahren geändert.

## Artikel 6 Nationale Einzelmaßnahmen

Diese Verordnung hindert die Mitgliedstaaten nicht daran, wenn keine Einzelmaßnahmen im Sinne des Artikels 5 ergriffen wurden, nationale Vorschriften beizubehalten oder zu erlassen, sofern diese mit den Vertragsbestimmungen in Einklang stehen.

### Artikel 7   Rolle der Europäischen Behörde für Lebensmittelsicherheit

Vorschriften, die die öffentliche Gesundheit berühren können, werden nach Anhörung der Europäischen Behörde für Lebensmittelsicherheit, nachstehend „die Behörde" genannt, erlassen.

### Artikel 8   Allgemeine Anforderungen für die Zulassung von Stoffen

(1) Ist ein Verzeichnis der Stoffe nach Artikel 5 Absatz 1 Unterabsatz 2 Buchstaben a) und b) beschlossen, so ist zur Erlangung der Zulassung eines nicht in diesem Verzeichnis aufgeführten Stoffes ein Antrag gemäß Artikel 9 Absatz 1 einzureichen.

(2) Ein Stoff darf nur dann zugelassen werden, wenn angemessen und ausreichend nachgewiesen worden ist, dass bei seiner Verwendung unter den in den Einzelmaßnahmen festzulegenden Bedingungen das Material oder der Gegenstand im fertigen Zustand die Anforderungen des Artikels 3 und, wenn diese anwendbar sind, des Artikels 4 erfüllt.

### Artikel 9   Beantragung der Zulassung eines neuen Stoffes

(1) Zum Erhalt der in Artikel 8 Absatz 1 genannten Zulassung findet folgendes Verfahren Anwendung:
  a) Bei der zuständigen Behörde eines Mitgliedstaats ist ein Antrag einzureichen, der Folgendes enthält:
      i. Namen und Anschrift des Antragstellers,
      ii. die technischen Unterlagen mit allen Angaben gemäß den von der Behörde zu veröffentlichenden Leitlinien für die Sicherheitsbewertung eines Stoffes,
      iii. eine Zusammenfassung der technischen Unterlagen.
  b) Die in Buchstabe a) genannte zuständige Behörde
      i. bestätigt dem Antragsteller den Erhalt des Antrags schriftlich innerhalb von 14 Tagen nach dessen Eingang. In der Bestätigung ist das Datum des Antragseingangs zu nennen;
      ii. unterrichtet unverzüglich die Behörde
      und
      iii. stellt der Behörde den Antrag und alle vom Antragsteller gelieferten sonstigen Informationen zur Verfügung.
  c) Die Behörde unterrichtet die anderen Mitgliedstaaten und die Kommission unverzüglich über den Antrag und stellt ihnen den Antrag und alle vom Antragsteller gelieferten sonstigen Informationen zur Verfügung.

(2) Die Behörde veröffentlicht ausführliche Leitlinien für die Erstellung und Einreichung von Anträgen[1].

### Artikel 10   Stellungnahme der Behörde

(1) Die Behörde gibt innerhalb von sechs Monaten nach Eingang eines gültigen Antrags eine Stellungnahme darüber ab, ob der Stoff unter bestimmungsgemäßer Verwendung des Materials oder Gegenstands, in dem er verwendet wird, den Sicherheitskriterien des Artikels 3 und, wenn diese anwendbar sind, des Artikels 4 entspricht.

Die Behörde kann diese Frist um höchstens sechs weitere Monate verlängern. In einem solchen Fall begründet sie die Verzögerung gegenüber dem Antragsteller, der Kommission und den Mitgliedstaaten.

---

[1] **Amtl. Anm.:** Bis zur Veröffentlichung dieser Leitlinien können Antragsteller die „Guidelines of the Scientific Committee on Food for the presentation of an application for safety assessment of a substance to be used in food contact materials prior to its authorisation" (Leitlinien des Wissenschaftlichen Ausschusses „Lebensmittel" zur Einreichung eines Antrags auf Sicherheitsbewertung eines Stoffes, der in Materialien mit Lebensmittelkontakt verwendet werden soll, im Hinblick auf dessen Zulassung) konsultieren: http://europa.eu.int/comm/food/fs/sc/scf/out82_en.pdf

(2) Die Behörde kann den Antragsteller gegebenenfalls auffordern, die dem Antrag beigefügten Unterlagen innerhalb einer von der Behörde festgelegten Frist zu ergänzen. Fordert die Behörde zusätzliche Informationen an, wird die in Absatz 1 vorgesehene Frist ausgesetzt, bis diese Informationen vorliegen. Diese Frist wird ebenso für den Zeitraum ausgesetzt, der dem Antragsteller zur Ausarbeitung mündlicher oder schriftlicher Erläuterungen eingeräumt wird.

(3) Zur Ausarbeitung ihrer Stellungnahme
a) prüft die Behörde, ob die vom Antragsteller vorgelegten Informationen und Unterlagen Artikel 9 Absatz 1 Buchstabe a) entsprechen; in diesem Fall wird der Antrag als gültig angesehen; sie prüft ferner, ob der Stoff den Sicherheitskriterien des Artikels 3 und, wenn diese anwendbar sind, des Artikels 4 entspricht;
b) unterrichtet die Behörde den Antragsteller, die Kommission und die Mitgliedstaaten, wenn ein Antrag ungültig ist.

(4) Befürwortet die Stellungnahme die Zulassung des bewerteten Stoffes, so enthält sie
a) die Bezeichnung des Stoffes, einschließlich der Spezifikationen, und
b) gegebenenfalls Empfehlungen hinsichtlich der Bedingungen oder Einschränkungen für die Verwendung des bewerteten Stoffes und/oder des Materials oder Gegenstands, in dem er verwendet wird, und
c) eine Beurteilung, ob das vorgeschlagene Analyseverfahren für die vorgesehenen Kontrollzwecke geeignet ist.

(5) Die Behörde übermittelt ihre Stellungnahme an die Kommission, die Mitgliedstaaten und den Antragsteller.

(6) Die Behörde veröffentlicht ihre Stellungnahme, nachdem sie alle gemäß Artikel 20 als vertraulich geltenden Informationen gestrichen hat.

## Artikel 11  Gemeinschaftszulassung

(1) Die Gemeinschaftszulassung eines Stoffes oder mehrerer Stoffe erfolgt in Form des Erlasses einer Einzelmaßnahme. Die Kommission erstellt gegebenenfalls einen Entwurf einer Einzelmaßnahme gemäß Artikel 5 zur Zulassung des oder der von der Behörde bewerteten Stoffe(s) und gibt darin die Bedingungen für die Verwendung dieser Stoffe an oder ändert sie.

(2) In dem Entwurf der Einzelmaßnahme werden die Stellungnahme der Behörde, die einschlägigen Vorschriften des Gemeinschaftsrechts und andere sachdienliche berechtigterweise zu berücksichtigende Faktoren berücksichtigt. Falls der Entwurf der Einzelmaßnahme nicht mit der Stellungnahme der Behörde übereinstimmt, erläutert die Kommission unverzüglich die Gründe für die Abweichung. Hat die Kommission nicht die Absicht, nach befürwortender Stellungnahme der Behörde einen Entwurf einer Einzelmaßnahme zu erstellen, so teilt sie dies dem Antragsteller unverzüglich mit und erläutert ihm die Gründe.

(3) Die Gemeinschaftszulassung in Form einer Einzelmaßnahme nach Absatz 1 erfolgt nach dem in Artikel 23 Absatz 2 genannten Verfahren.

(4) Nachdem die Zulassung für einen Stoff gemäß dieser Verordnung erteilt wurde, muss jeder Unternehmer, der den zugelassenen Stoff oder Materialien oder Gegenstände, die den zugelassenen Stoff enthalten, verwendet, die mit dieser Zulassung verbundenen Bedingungen oder Einschränkungen erfüllen.

(5) Der Antragsteller oder der Unternehmer, der den zugelassenen Stoff oder Materialien oder Gegenstände, die den zugelassenen Stoff enthalten, verwendet, unterrichtet die Kommission unverzüglich über neue wissenschaftliche oder technische Informationen, die die Bewertung der Sicherheit des zugelassenen Stoffes in Bezug auf die mensch-

liche Gesundheit berühren könnten. Falls erforderlich, überprüft die Behörde die Bewertung.

(6) Die Erteilung einer Zulassung schränkt nicht die allgemeine zivil- und strafrechtliche Haftung eines Unternehmers in Bezug auf den zugelassenen Stoff oder Materialien oder Gegenstände, die den zugelassenen Stoff enthalten, und das Lebensmittel, das mit diesem Material oder Gegenstand in Berührung kommt, ein.

### Artikel 12  Änderung, Aussetzung und Widerruf von Zulassungen

(1) Der Antragsteller oder der Unternehmer, der den zugelassenen Stoff oder Materialien oder Gegenstände, die den zugelassenen Stoff enthalten, verwendet, kann nach dem Verfahren des Artikels 9 Absatz 1 eine Änderung der bestehenden Zulassung beantragen.

(2) Der Antrag muss Folgendes enthalten:
a) eine Bezugnahme auf den ursprünglichen Antrag;
b) technische Unterlagen mit den neuen Informationen gemäß den in Artikel 9 Absatz 2 genannten Leitlinien;
c) eine neue, vollständige Zusammenfassung der technischen Unterlagen in standardisierter Form.

(3) Die Behörde bewertet auf eigene Initiative oder auf Ersuchen eines Mitgliedstaats oder der Kommission nach dem in Artikel 10 festgelegten Verfahren, soweit dieses anwendbar ist, ob die Stellungnahme oder die Zulassung noch im Einklang mit dieser Verordnung steht. Erforderlichenfalls kann sie den Antragsteller anhören.

(4) Die Kommission prüft die Stellungnahme der Behörde unverzüglich und erstellt einen Entwurf der zu treffenden Einzelmaßnahme.

(5) Der Entwurf einer Einzelmaßnahme zur Änderung einer Zulassung muss alle notwendigen Änderungen der Verwendungsbedingungen sowie gegebenenfalls der mit dieser Zulassung verbundenen Einschränkungen enthalten.

(6) Die endgültige Einzelmaßnahme zur Änderung, zur Aussetzung oder zum Widerruf der Zulassung wird nach dem in Artikel 23 Absatz 2 genannten Verfahren erlassen.

### Artikel 13  Zuständige Behörden der Mitgliedstaaten

Jeder Mitgliedstaat teilt der Kommission und der Behörde Bezeichnung und Anschrift sowie eine Kontaktstelle der nationalen zuständigen Behörde(n) mit, die in seinem Hoheitsgebiet für die Entgegennahme des Zulassungsantrags im Sinne der Artikel 9 bis 12 zuständig ist/sind. Die Kommission veröffentlicht Bezeichnung und Anschrift der einzelstaatlichen zuständigen Behörden sowie die Kontaktstellen, die gemäß diesem Artikel mitgeteilt wurden.

### Artikel 14  Überprüfung auf dem Verwaltungsweg

Handlungen oder Unterlassungen der Behörde im Rahmen der ihr mit dieser Verordnung übertragenen Befugnisse können von der Kommission aus eigener Initiative oder auf Ersuchen eines Mitgliedstaats oder einer unmittelbar und individuell betroffenen Person überprüft werden.

Zu diesem Zweck ist bei der Kommission binnen einer Frist von zwei Monaten ab dem Tag, an dem die betroffene Partei von der Handlung oder Unterlassung Kenntnis erlangt hat, ein Antrag zu stellen.

Die Kommission entscheidet innerhalb von zwei Monaten und verpflichtet die Behörde gegebenenfalls, ihre Handlung rückgängig zu machen oder der Unterlassung abzuhelfen.

### Artikel 15  Kennzeichnung

(1) Unbeschadet der in Artikel 5 genannten Einzelmaßnahmen sind Materialien und Gegenstände, die noch nicht mit Lebensmitteln in Berührung gekommen sind, wenn sie in Verkehr gebracht werden, wie folgt zu kennzeichnen:

a) mit der Angabe „Für Lebensmittelkontakt" oder mit einem besonderen Hinweis auf ihren Verwendungszweck wie zum Beispiel dem als Kaffeemaschine, Weinflasche oder Suppenlöffel oder mit dem in Anhang II abgebildeten Symbol
und

b) erforderlichenfalls mit besonderen Hinweisen für eine sichere und sachgemäße Verwendung
und

c) mit dem Namen oder der Firma sowie in jedem Fall der Anschrift oder dem Sitz des Herstellers, des Verarbeiters oder eines in der Gemeinschaft niedergelassenen und für das Inverkehrbringen verantwortlichen Verkäufers
und

d) gemäß Artikel 17 mit einer angemessenen Kennzeichnung oder Identifikation, die eine Rückverfolgbarkeit des Materials oder Gegenstands gestattet
und

e) im Falle aktiver Materialien und Gegenstände mit Angaben zu dem/den zulässigen Verwendungszweck(en) sowie anderen einschlägigen Informationen wie dem Namen und der Menge der von dem aktiven Bestandteil abgegebenen Stoffe, so dass die Lebensmittelunternehmer, die diese Materialien und Gegenstände verwenden, die anderen einschlägigen Gemeinschaftsvorschriften oder, sofern solche nicht bestehen, die nationalen Vorschriften für Lebensmittel, einschließlich der Vorschriften über die Lebensmittelkennzeichnung, einhalten können.

VO EG Nr. 1935/2004

(2) Die Angaben nach Absatz 1 Buchstabe a) sind jedoch nicht verpflichtend für Gegenstände, die aufgrund ihrer Beschaffenheit eindeutig dafür bestimmt sind, mit Lebensmitteln in Berührung zu kommen.

(3) Die in Absatz 1 vorgeschriebenen Angaben müssen gut sichtbar, deutlich lesbar und unverwischbar sein.

(4) Die Abgabe von Materialien und Gegenständen an den Endverbraucher ist untersagt, wenn die nach Absatz 1 Buchstaben a), b) und e) erforderlichen Angaben nicht in einer für den Käufer leicht verständlichen Sprache angebracht sind.

(5) Der Mitgliedstaat, in dem das Material oder der Gegenstand vermarktet wird, kann in seinem Hoheitsgebiet unter Beachtung der Bestimmungen des Vertrags vorschreiben, dass diese Angaben auf dem Etikett in einer oder mehreren von ihm bestimmten Amtssprachen der Gemeinschaft abgefasst sind.

(6) Die Absätze 4 und 5 stehen der Abfassung der Angaben auf dem Etikett in mehreren Sprachen nicht entgegen.

(7) Bei der Abgabe an den Endverbraucher stehen die in Absatz 1 vorgeschriebenen Angaben

a) auf den Materialien und Gegenständen oder auf deren Verpackung oder

b) auf Etiketten, die sich auf den Materialien oder Gegenständen oder auf deren Verpackung befinden, oder

c) auf einer Anzeige, die sich in unmittelbarer Nähe der Materialien oder Gegenstände befindet und für den Käufer gut sichtbar ist; bei den in Absatz 1 Buchstabe c) genannten Angaben besteht diese Möglichkeit jedoch nur, wenn sich diese Angaben oder ein Etikett mit diesen Angaben aus technischen Gründen weder auf der Herstellungs- noch auf der Vermarktungsstufe auf den Materialien oder Gegenständen anbringen lassen.

(8) Auf anderen Handelsstufen als bei der Abgabe an den Endverbraucher stehen die in Absatz 1 vorgeschriebenen Angaben

a) in den Begleitpapieren
oder

b) auf den Etiketten oder Verpackungen
oder

c) auf den Materialien oder Gegenständen selbst.

(9) Die in Absatz 1 Buchstaben a), b) und e) vorgesehenen Angaben sind Materialien und Gegenständen vorbehalten, die Folgendem entsprechen:

a) den Kriterien des Artikels 3 und, soweit sie Anwendung finden, des Artikels 4 und

b) den in Artikel 5 genannten Einzelmaßnahmen oder, sofern solche nicht erlassen wurden, den für diese Materialien und Gegenstände geltenden nationalen Vorschriften.

### Artikel 16    Konformitätserklärung

(1) In den in Artikel 5 genannten Einzelmaßnahmen ist vorzuschreiben, dass den Materialien und Gegenständen, die unter die betreffenden Einzelmaßnahmen fallen, eine schriftliche Erklärung beizufügen ist, nach der sie den für sie geltenden Vorschriften entsprechen.

Es müssen geeignete Unterlagen bereitgehalten werden, mit denen die Einhaltung der Vorschriften nachgewiesen wird. Diese Unterlagen sind den zuständigen Behörden auf Verlangen zur Verfügung zu stellen.

(2) Diese Verordnung hindert die Mitgliedstaaten nicht daran, in Ermangelung von Einzelmaßnahmen nationale Vorschriften für die Konformitätserklärungen für Materialien oder Gegenstände beizubehalten oder zu erlassen.

### Artikel 17    Rückverfolgbarkeit

(1) Die Rückverfolgbarkeit der Materialien und Gegenstände muss auf sämtlichen Stufen gewährleistet sein, um Kontrollen, den Rückruf fehlerhafter Produkte, die Unterrichtung der Verbraucher und die Feststellung der Haftung zu erleichtern.

(2) Die Unternehmer müssen unter gebührender Berücksichtigung der technologischen Machbarkeit über Systeme und Verfahren verfügen, mit denen ermittelt werden kann, von welchem Unternehmen und an welches Unternehmen die unter diese Verordnung und die dazugehörigen Durchführungsbestimmungen fallenden Materialien oder Gegenstände sowie gegebenenfalls die für deren Herstellung verwendeten Stoffe oder Erzeugnisse bezogen beziehungsweise geliefert wurden. Diese Angaben sind der zuständigen Behörde auf Anfrage zur Verfügung zu stellen.

(3) Die Materialien und Gegenstände, die in der Gemeinschaft in Verkehr gebracht werden, müssen im Rahmen eines geeigneten Systems zu identifizieren sein, das die Rückverfolgbarkeit anhand der Kennzeichnung oder einschlägiger Unterlagen und Informationen ermöglicht.

### Artikel 18    Schutzmaßnahmen

(1) Gelangt ein Mitgliedstaat aufgrund von neuer Information oder einer Neubewertung bereits vorhandener Information mit ausführlicher Begründung zu dem Schluss, dass die Verwendung eines Materials oder Gegenstands die menschliche Gesundheit gefährdet, obwohl das Material oder der Gegenstand den einschlägigen Einzelmaßnahmen entspricht, so kann er die Anwendung der betreffenden Vorschriften in seinem Hoheitsgebiet vorläufig aussetzen oder einschränken.

Er teilt dies den anderen Mitgliedstaaten und der Kommission unverzüglich unter Angabe der Gründe für die Aussetzung oder Einschränkung mit.

(2) Die Kommission prüft so bald wie möglich, gegebenenfalls nach Einholung einer Stellungnahme der Behörde, in dem in Artikel 23 Absatz 1 genannten Ausschuss die von dem in Absatz 1 des vorliegenden Artikels genannten Mitgliedstaat angegebenen Gründe; anschließend gibt sie unverzüglich ihre Stellungnahme ab und ergreift die geeigneten Maßnahmen.

(3) Ist die Kommission der Ansicht, dass die einschlägigen Einzelmaßnahmen geändert werden müssen, um den in Absatz 1 genannten Schwierigkeiten zu begegnen und

den Schutz der menschlichen Gesundheit zu gewährleisten, so werden diese Änderungen nach dem in Artikel 23 Absatz 2 genannten Verfahren erlassen.

(4) Der in Absatz 1 genannte Mitgliedstaat kann die Aussetzung oder Einschränkung aufrechterhalten, bis die in Absatz 3 genannten Änderungen erlassen sind oder die Kommission es abgelehnt hat, solche Änderungen zu erlassen.

## Artikel 19   Zugang der Öffentlichkeit

(1) Die Anträge auf Zulassung, die zusätzlichen Informationen, der Antragsteller und die Stellungnahmen der Behörde werden mit Ausnahme vertraulicher Informationen der Öffentlichkeit gemäß den Artikeln 38, 39 und 41 der Verordnung (EG) Nr. 178/2002 zugänglich gemacht.

(2) Die Mitgliedstaaten behandeln Anträge auf Zugang zu Dokumenten, die sie im Rahmen der vorliegenden Verordnung erhalten haben, gemäß Artikel 5 der Verordnung (EG) Nr. 1049/2001.

## Artikel 20   Vertraulichkeit

(1) Der Antragsteller kann angeben, welche der gemäß Artikel 9 Absatz 1, Artikel 10 Absatz 2 und Artikel 12 Absatz 2 vorgelegten Informationen vertraulich behandelt werden müssen, weil ihre Bekanntgabe seiner Wettbewerbsposition erheblich schaden könnte. In solchen Fällen ist eine nachprüfbare Begründung anzugeben.

(2) Folgende Informationen werden nicht als vertraulich angesehen:
a) Name und Anschrift des Antragstellers und chemische Bezeichnung des Stoffes;
b) Informationen von unmittelbarer Relevanz für die Bewertung der Sicherheit des Stoffes;
c) das oder die Analyseverfahren.

(3) Die Kommission bestimmt nach Rücksprache mit dem Antragsteller, welche Informationen vertraulich zu behandeln sind, und unterrichtet den Antragsteller und die Behörde über ihre Entscheidung.

(4) Die Behörde übermittelt der Kommission und den Mitgliedstaaten auf Anfrage alle in ihrem Besitz befindlichen Informationen.

(5) Die Kommission, die Behörde und die Mitgliedstaaten ergreifen die erforderlichen Maßnahmen zur Gewährleistung der angemessenen Vertraulichkeit der Informationen, die sie gemäß dieser Verordnung erhalten haben, es sei denn, es handelt sich um Informationen, die, wenn die Umstände es erfordern, aus Gründen des Gesundheitsschutzes öffentlich bekannt gegeben werden müssen.

(6) Zieht ein Antragsteller seinen Antrag zurück oder hat er ihn zurückgezogen, so wahren die Behörde, die Kommission und die Mitgliedstaaten Geschäfts- und Betriebsgeheimnisse, einschließlich Informationen über Forschung und Entwicklung sowie Informationen, über deren Vertraulichkeit die Kommission und der Antragsteller nicht einer Meinung sind.

## Artikel 21   Austausch vorhandener Daten

Informationen in dem gemäß Artikel 9 Absatz 1, Artikel 10 Absatz 2 und Artikel 12 Absatz 2 eingereichten Antrag dürfen zugunsten eines anderen Antragstellers verwendet werden, sofern es sich nach Auffassung der Behörde bei dem betreffenden Stoff um denselben Stoff handelt, für den der ursprüngliche Antrag eingereicht wurde, und zwar einschließlich Reinheitsgrad und Art der Verunreinigungen, und der andere Antragsteller mit dem ursprünglichen Antragsteller vereinbart hat, dass diese Informationen verwendet werden dürfen

## Artikel 22   Änderungen der Anhänge I und II

Änderungen der Anhänge I und II werden nach dem in Artikel 23 Absatz 2 genannten Verfahren erlassen.

## Artikel 23    Ausschussverfahren

(1) Die Kommission wird von dem mit Artikel 58 Absatz 1 der Verordnung (EG) Nr. 178/2002 eingesetzten Ständigen Ausschuss für die Lebensmittelkette und Tiergesundheit unterstützt.

(2) Wird auf diesen Absatz Bezug genommen, so gelten die Artikel 5 und 7 des Beschlusses 1999/468/EG unter Beachtung von dessen Artikel 8.
Der Zeitraum nach Artikel 5 Absatz 6 des Beschlusses 1999/468/EG wird auf drei Monate festgesetzt.

(3) Der Ausschuss gibt sich eine Geschäftsordnung.

## Artikel 24    Inspektionen und Kontrollmaßnahmen

(1) Die Mitgliedstaaten führen amtliche Kontrollen durch, um die Einhaltung dieser Verordnung in Einklang mit den einschlägigen Vorschriften des Gemeinschaftsrechts über amtliche Lebensmittel- und Futtermittelkontrollen sicherzustellen.

(2) Soweit erforderlich, leistet die Behörde nach Aufforderung durch die Kommission Unterstützung bei der Erarbeitung technischer Leitlinien für Probenahmen und Tests, um die Koordination bei der Anwendung des Absatzes 1 zu erleichtern.

(3) Das gemeinschaftliche Referenzlabor für Materialien und Gegenstände, die dazu bestimmt sind, mit Lebensmitteln in Berührung zu kommen, und die entsprechend der Verordnung (EG) Nr. 882/2004 eingerichteten nationalen Referenzlabors unterstützen die Mitgliedstaaten bei der Anwendung des Absatzes 1, indem sie zu einer hohen Qualität und Einheitlichkeit der Untersuchungsergebnisse beitragen.

## Artikel 25    Sanktionen

Die Mitgliedstaaten legen Regeln über Sanktionen fest, die bei Verstößen gegen die Bestimmungen dieser Verordnung verhängt werden, und ergreifen die erforderlichen Maßnahmen, um deren Durchsetzung zu gewährleisten. Die vorgesehenen Sanktionen müssen wirksam, verhältnismäßig und abschreckend sein. Die Mitgliedstaaten teilen der Kommission die entsprechenden Bestimmungen spätestens am 13. Mai 2005 mit und setzen sie von allen späteren Änderungen dieser Bestimmungen unverzüglich in Kenntnis.

## Artikel 26    Aufhebungen

Die Richtlinien 80/590/EWG und 89/109/EWG werden aufgehoben.

Bezugnahmen auf die aufgehobenen Richtlinien gelten als Bezugnahmen auf die vorliegende Verordnung und sind nach der Entsprechungstabelle in Anhang III zu lesen.

## Artikel 27    Übergangsregelungen

Materialien und Gegenstände, die vor dem 3. Dezember 2004 rechtmäßig in Verkehr gebracht wurden, können vermarktet werden, bis die Bestände aufgebraucht sind.

## Artikel 28    Inkrafttreten

Diese Verordnung tritt am zwanzigsten Tag nach ihrer Veröffentlichung im *Amtsblatt der Europäischen Union* in Kraft.
Artikel 17 gilt ab 27. Oktober 2006.

## c) Verordnung (EG) Nr. 852/2004 des Europäischen Parlaments und des Rates vom 29. April 2004 über Lebensmittelhygiene (VO EG Nr. 852/2004)

v. 30. 4. 2004 (ABl Nr. L 139 S. 1)

Die Verordnung (EG) Nr. 852/2004 v. 30. 4. 2004 (ABl Nr. L 139 S. 1) wurde geändert durch die Berichtigung der Verordnung (EG) Nr. 852/2004 des Europäischen Parlaments und des Rates vom 29. April 2004 über Lebensmittelhygiene v. 25. 6. 2005 (ABl Nr. L 226 S. 3); Berichtigung der Verordnung (EG) Nr. 852/2004 des Europäischen Parlaments und des Rates vom 29. April 2004 über Lebensmittelhygiene v. 4. 8. 2007 (ABl Nr. L 204 S. 26); Berichtigung der Verordnung (EG) Nr. 852/2004 des Europäischen Parlaments und des Rates vom 29. April 2004 über Lebensmittelhygiene v. 21. 2. 2008 (ABl Nr. L 46 S. 51).

DAS EUROPÄISCHE PARLAMENT UND DER RAT DER EUROPÄISCHEN UNION –

gestützt auf den Vertrag zur Gründung der Europäischen Gemeinschaft, insbesondere auf die Artikel 95 und 152 Absatz 4 Buchstabe b),

auf Vorschlag der Kommission[1],

nach Stellungnahme des Wirtschafts- und Sozialausschusses[2],

nach Anhörung des Ausschusses der Regionen,

gemäß dem Verfahren des Artikels 251 des Vertrags[3],

in Erwägung nachstehender Gründe:

(1) Ein hohes Maß an Schutz für Leben und Gesundheit des Menschen ist eines der grundlegenden Ziele des Lebensmittelrechts, wie es in der Verordnung (EG) Nr. 178/2002[4] festgelegt wurde. In der genannten Verordnung werden noch weitere gemeinsame Grundsätze und Definitionen für das einzelstaatliche und das gemeinschaftliche Lebensmittelrecht festgelegt, darunter das Ziel des freien Verkehrs mit Lebensmitteln in der Gemeinschaft.

(2) Mit der Richtlinie 93/43/EWG des Rates vom 14. Juni 1993 über Lebensmittelhygiene[5] wurden die allgemeinen Hygienevorschriften für Lebensmittel und die Verfahren für die Überprüfung der Einhaltung dieser Vorschriften festgelegt.

(3) Die Erfahrung hat gezeigt, dass diese Vorschriften und Verfahren eine solide Grundlage für die Gewährleistung der Sicherheit von Lebensmitteln bilden. Im Rahmen der Gemeinsamen Agrarpolitik sind viele Richtlinien angenommen worden, in denen spezifische Hygienevorschriften für die Produktion und das Inverkehrbringen der in Anhang I des Vertrags aufgeführten Erzeugnisse festgelegt worden sind. Diese Hygienevorschriften haben Hemmnisse im Handel mit den betreffenden Erzeugnissen reduziert und so zur Schaffung des Binnenmarktes beigetragen und gleichzeitig für den Verbraucher ein hohes Gesundheitsschutzniveau gewährleistet.

(4) Zum Schutz der öffentlichen Gesundheit enthalten diese Vorschriften und Verfahren gemeinsame Grundregeln, insbesondere betreffend die Pflichten der Hersteller und der zuständigen Behörden, die Anforderungen an Struktur, Betrieb und Hygiene der Unter-

---

1) **Amtl. Anm.:** ABl C 365 E vom 19. 12. 2000, S. 43.
2) **Amtl. Anm.:** ABl C 155 vom 29. 5. 2001, S. 39.
3) **Amtl. Anm.:** Stellungnahme des Europäischen Parlaments vom 15. Mai 2002 (ABl C 180 E vom 31. 7. 2003, S. 267), Gemeinsamer Standpunkt des Rates vom 27. Oktober 2003 (ABl C 48 E vom 24. 2. 2004, S. 1), Standpunkt des Europäischen Parlaments vom 30. März 2004 (noch nicht im Amtsblatt veröffentlicht) und Beschluss des Rates vom 16. April 2004.
4) **Amtl. Anm.:** Verordnung (EG) Nr. 178/2002 des Europäischen Parlaments und des Rates vom 28. Januar 2002 zur Festlegung der allgemeinen Grundsätze des Lebensmittelrechts, zur Errichtung der Europäischen Behörde für Lebensmittelsicherheit und zur Festlegung von Verfahren zur Lebensmittelsicherheit (ABl L 31 vom 1. 2. 2002, S. 1). Verordnung geändert durch die Verordnung (EG) Nr. 1642/2003 (ABl L 245 vom 29. 9. 2003, S. 4).
5) **Amtl. Anm.:** ABl L 175 vom 19. 7. 1993, S. 1. Richtlinie geändert durch die Verordnung (EG) Nr. 1882/2003 des Europäischen Parlaments und des Rates (ABl L 284 vom 31. 10. 2003, S. 1).

nehmen, die Verfahren für die Zulassung von Unternehmen, die Lager- und Transportbedingungen und die Genusstauglichkeitskennzeichnung.

(5) Diese Grundregeln stellen die allgemeine Grundlage für die hygienische Herstellung aller Lebensmittel einschließlich der in Anhang I des Vertrags aufgeführten Erzeugnisse tierischen Ursprungs dar.

(6) Neben dieser allgemeinen Grundlage sind für bestimmte Lebensmittel spezifische Hygienevorschriften erforderlich. Diese Vorschriften sind in der Verordnung (EG) Nr. 853/2004 des Europäischen Parlaments und des Rates vom 29. April 2004 mit spezifischen Hygienevorschriften für Lebensmittel tierischen Ursprungs[1] niedergelegt.

(7) Hauptziel der neuen allgemeinen und spezifischen Hygienevorschriften ist es, hinsichtlich der Sicherheit von Lebensmitteln ein hohes Verbraucherschutzniveau zu gewährleisten.

(8) Zur Gewährleistung der Lebensmittelsicherheit von der Primärproduktion bis hin zum Inverkehrbringen oder zur Ausfuhr ist ein integriertes Konzept erforderlich. Jeder Lebensmittelunternehmer in der gesamten Lebensmittelkette sollte dafür sorgen, dass die Lebensmittelsicherheit nicht gefährdet wird.

(9) Die Gemeinschaftsvorschriften sollten weder für die Primärproduktion für den privaten häuslichen Gebrauch noch für die häusliche Verarbeitung, Handhabung oder Lagerung von Lebensmitteln zum häuslichen privaten Verbrauch gelten. Außerdem sollten sie nur für Unternehmen gelten, wodurch eine gewisse Kontinuität der Tätigkeiten und ein gewisser Organisationsgrad bedingt ist.

(10) Gesundheitsgefahren, die auf Ebene der Primärproduktion gegeben sind, sollten identifiziert und in angemessener Weise unter Kontrolle gebracht werden, um sicherzustellen, dass die Ziele dieser Verordnung erreicht werden. Bei der direkten Abgabe kleiner Mengen von Primärerzeugnissen durch den erzeugenden Lebensmittelunternehmer an den Endverbraucher oder an ein örtliches Einzelhandelsunternehmen ist es angezeigt, die öffentliche Gesundheit durch einzelstaatliche Rechtsvorschriften zu schützen, und zwar insbesondere aufgrund der engen Beziehungen zwischen Erzeuger und Verbraucher.

(11) Die Anwendung der Grundsätze der Gefahrenanalyse und der Überwachung kritischer Kontrollpunkte (HACCP-Grundsätze) auf den Primärsektor ist noch nicht allgemein durchführbar. Es sollte aber Leitlinien für eine gute Verfahrenspraxis geben, die zur Anwendung einer geeigneten Hygienepraxis in den landwirtschaftlichen Betrieben beitragen. Soweit erforderlich, sollten außerdem spezifische Hygienevorschriften für die Primärproduktion diese Leitlinien ergänzen. Die Hygieneanforderungen an die Primärproduktion und damit zusammenhängende Vorgänge sollten sich von denen für andere Arbeitsvorgänge unterscheiden.

(12) Die Lebensmittelsicherheit beruht auf mehreren Faktoren. Die Mindesthygieneanforderungen sollten in Rechtsvorschriften festgelegt sein; zur Überwachung der Erfüllung der Anforderungen durch die Lebensmittelunternehmer sollte es amtliche Kontrollen geben; die Lebensmittelunternehmer sollten Programme für die Lebensmittelsicherheit und Verfahren auf der Grundlage der HACCP-Grundsätze einführen und anwenden.

(13) Eine erfolgreiche Umsetzung der Verfahren auf der Grundlage der HACCP-Grundsätze erfordert die volle Mitwirkung und das Engagement der Beschäftigten des jeweiligen Lebensmittelunternehmens. Diese sollten dafür entsprechend geschult werden. Das HACCP-System ist ein Instrument, das Lebensmittelunternehmern hilft, einen höheren Lebensmittelsicherheitsstandard zu erreichen. Das HACCP-System sollte nicht als ein Verfahren der Selbstregulierung angesehen werden und nicht die amtliche Überwachung ersetzen.

(14) Obwohl die Einführung von Verfahren auf der Grundlage der HACCP-Grundsätze für die Primärproduktion zunächst noch nicht vorgeschrieben werden sollte, sollte im

---

[1] **Amtl. Anm.:** Siehe Seite 22 dieses Amtsblatts.

Rahmen der Überprüfung dieser Verordnung, die die Kommission im Rahmen der Durchführung vornehmen wird, auch untersucht werden, ob diese Anforderung ausgedehnt werden kann. Die Mitgliedstaaten sollten jedoch die Unternehmen im Rahmen der Primärproduktion anregen, diese Grundsätze so weit wie möglich anzuwenden.

(15) Die HACCP-Anforderungen sollten den im Codex Alimentarius enthaltenen Grundsätzen Rechnung tragen. Sie sollten so flexibel sein, dass sie, auch in kleinen Betrieben, in allen Situationen anwendbar sind. Insbesondere muss davon ausgegangen werden, dass die Identifizierung der kritischen Kontrollpunkte in bestimmten Lebensmittelunternehmen nicht möglich ist und dass eine gute Hygienepraxis in manchen Fällen die Überwachung der kritischen Kontrollpunkte ersetzen kann. So bedeutet auch die verlangte Festsetzung von „kritischen Grenzwerten" nicht, dass in jedem Fall ein in Zahlen ausgedrückter Grenzwert festzusetzen ist. Im Übrigen muss die Verpflichtung zur Aufbewahrung von Unterlagen flexibel sein, um einen übermäßigen Aufwand für sehr kleine Unternehmen zu vermeiden.

(16) Flexibilität ist außerdem angezeigt, damit traditionelle Methoden auf allen Produktions-, Verarbeitungs- und Vertriebsstufen von Lebensmitteln weiterhin angewandt werden können, wie auch in Bezug auf strukturelle Anforderungen an die Betriebe. Die Flexibilität ist für Regionen in schwieriger geografischer Lage – einschließlich der in Artikel 299 Absatz 2 des Vertrags aufgeführten Gebiete in äußerster Randlage – von besonderer Bedeutung. Die Flexibilität sollte jedoch die Ziele der Lebensmittelhygiene nicht in Frage stellen. Außerdem sollte das Verfahren, das den Mitgliedstaaten die Möglichkeit der Flexibilität einräumt, vollkommen transparent sein, da alle nach den Hygienevorschriften hergestellten Lebensmittel sich in der Gemeinschaft im freien Verkehr befinden werden. Dabei sollte vorgesehen werden, dass etwaige Meinungsverschiedenheiten in dem mit der Verordnung (EG) Nr. 178/2002 eingesetzten Ständigen Ausschuss für die Lebensmittelkette und Tiergesundheit erörtert und gelöst werden.

(17) Die Umsetzung der Hygienevorschriften kann durch Zielvorgaben, z. B. Ziele für die Reduzierung pathogener Erreger oder Leistungsnormen, gelenkt werden. Daher müssen entsprechende Verfahrensvorschriften festgelegt werden. Solche Zielvorgaben würden das geltende Lebensmittelrecht ergänzen, beispielsweise die Verordnung (EWG) Nr. 315/93 des Rates vom 8. Februar 1993 zur Festlegung von gemeinschaftlichen Verfahren zur Kontrolle von Kontaminanten in Lebensmitteln[1], die für bestimmte Kontaminanten die Festlegung von Höchstwerten vorsieht, und die Verordnung (EG) Nr. 178/2002, die das Inverkehrbringen nicht sicherer Lebensmittel untersagt und eine einheitliche Grundlage für die Anwendung des Vorsorgeprinzips schafft.

(18) Um dem technischen und wissenschaftlichen Fortschritt Rechnung zu tragen, sollte eine enge und effiziente Zusammenarbeit zwischen der Kommission und den Mitgliedstaaten im Ständigen Ausschuss für die Lebensmittelkette und Tiergesundheit sichergestellt werden. Die vorliegende Verordnung trägt den internationalen Verpflichtungen im Rahmen des WTO-Übereinkommens über gesundheitspolizeiliche und pflanzenschutzrechtliche Maßnahmen und den im Codex Alimentarius enthaltenen internationalen Lebensmittelsicherheitsstandards Rechnung.

(19) Die Registrierung der Betriebe und die Kooperation der Lebensmittelunternehmer sind erforderlich, damit die zuständigen Behörden die amtlichen Kontrollen wirksam durchführen können.

(20) Ein wesentlicher Aspekt der Lebensmittelsicherheit ist die Rückverfolgbarkeit des Lebensmittels und seiner Zutaten auf allen Stufen der Lebensmittelkette. Die Verordnung (EG) Nr. 178/2002 enthält Regelungen zur Rückverfolgbarkeit von Lebensmitteln und Zutaten sowie ein Verfahren zum Erlass von Bestimmungen zur Anwendung dieser Grundsätze auf bestimmte Sektoren.

(21) In die Gemeinschaft eingeführte Lebensmittel müssen den allgemeinen Anforderungen der Verordnung (EG) Nr. 178/2002 genügen oder müssen Bestimmungen entspre-

---

[1] **Amtl. Anm.:** ABl L 37 vom 13. 2. 1993, S. 1. Verordnung geändert durch die Verordnung (EG) Nr. 1882/2003.

chen, die den Gemeinschaftsbestimmungen gleichwertig sind. Die vorliegende Verordnung regelt bestimmte spezifische Hygieneanforderungen für in die Gemeinschaft eingeführte Lebensmittel.

(22) Aus der Gemeinschaft in Drittländer ausgeführte Lebensmittel müssen den allgemeinen Anforderungen der Verordnung (EG) Nr. 178/2002 entsprechen. Die vorliegende Verordnung regelt bestimmte spezifische Hygieneanforderungen für aus der Gemeinschaft ausgeführte Lebensmittel.

(23) Lebensmittelhygienevorschriften der Gemeinschaft müssen wissenschaftlich fundiert sein. Zu diesem Zweck ist erforderlichenfalls die Europäische Behörde für Lebensmittelsicherheit zu konsultieren.

(24) Die Richtlinie 93/43/EWG sollte aufgehoben werden, da sie durch die vorliegende Verordnung ersetzt wird.

(25) Die Anforderungen dieser Verordnung sollten nicht gelten, bevor nicht alle Teile der neuen Lebensmittelhygienevorschriften in Kraft getreten sind. Ferner ist es angezeigt, einen Zeitraum von mindestens 18 Monaten zwischen dem Inkrafttreten und der Anwendung der neuen Vorschriften vorzusehen, um den betroffenen Wirtschaftszweigen Zeit zur Anpassung zu lassen.

(26) Die zur Durchführung dieser Verordnung erforderlichen Maßnahmen sollten gemäß dem Beschluss 1999/468/EG des Rates vom 28. Juni 1999 zur Festlegung der Modalitäten für die Ausübung der der Kommission übertragenen Durchführungsbefugnisse[1] erlassen werden –

HABEN FOLGENDE VERORDNUNG ERLASSEN:

## Kapitel I: Allgemeine Bestimmungen

### Artikel 1 Geltungsbereich

(1) Diese Verordnung enthält allgemeine Lebensmittelhygienevorschriften für Lebensmittelunternehmer unter besonderer Berücksichtigung folgender Grundsätze:

a) Die Hauptverantwortung für die Sicherheit eines Lebensmittels liegt beim Lebensmittelunternehmer.

b) Die Sicherheit der Lebensmittel muss auf allen Stufen der Lebensmittelkette, einschließlich der Primärproduktion, gewährleistet sein.

c) Bei Lebensmitteln, die nicht ohne Bedenken bei Raumtemperatur gelagert werden können, insbesondere bei gefrorenen Lebensmitteln, darf die Kühlkette nicht unterbrochen werden.

d) Die Verantwortlichkeit der Lebensmittelunternehmer sollte durch die allgemeine Anwendung von auf den HACCP-Grundsätzen beruhenden Verfahren in Verbindung mit einer guten Hygienepraxis gestärkt werden.

e) Leitlinien für eine gute Verfahrenspraxis sind ein wertvolles Instrument, das Lebensmittelunternehmern auf allen Stufen der Lebensmittelkette hilft, die Vorschriften der Lebensmittelhygiene einzuhalten und die HACCP-Grundsätze anzuwenden.

f) Auf der Grundlage wissenschaftlicher Risikobewertungen sind mikrobiologische Kriterien und Temperaturkontrollerfordernisse festzulegen.

g) Es muss sichergestellt werden, dass eingeführte Lebensmittel mindestens denselben oder gleichwertigen Hygienenormen entsprechen wie in der Gemeinschaft hergestellte Lebensmittel.

Diese Verordnung gilt für alle Produktions-, Verarbeitungs- und Vertriebsstufen von Lebensmitteln und für Ausfuhren sowie unbeschadet spezifischerer Vorschriften für die Hygiene von Lebensmitteln.

---

1) **Amtl. Anm.:** ABl L 184 vom 17. 7. 1999, S. 23.

(2) Diese Verordnung gilt nicht für
a) die Primärproduktion für den privaten häuslichen Gebrauch;
b) die häusliche Verarbeitung, Handhabung oder Lagerung von Lebensmitteln zum häuslichen privaten Verbrauch;
c) die direkte Abgabe kleiner Mengen von Primärerzeugnissen durch den Erzeuger an den Endverbraucher oder an lokale Einzelhandelsgeschäfte, die die Erzeugnisse unmittelbar an den Endverbraucher abgeben;
d) Sammelstellen und Gerbereien, die ausschließlich deshalb unter die Definition „Lebensmittelunternehmen" fallen, weil sie mit Rohstoffen für die Herstellung von Gelatine oder Kollagen umgehen.

(3) Im Rahmen der einzelstaatlichen Rechtsvorschriften erlassen die Mitgliedstaaten Vorschriften für die Tätigkeiten im Sinne des Absatzes 2 Buchstabe c). Mit diesen einzelstaatlichen Vorschriften muss gewährleistet werden, dass die Ziele dieser Verordnung erreicht werden.

## Artikel 2  Begriffsbestimmungen

(1) Für die Zwecke dieser Verordnung bezeichnet der Ausdruck
a) „Lebensmittelhygiene" (im Folgenden „Hygiene" genannt) die Maßnahmen und Vorkehrungen, die notwendig sind, um Gefahren unter Kontrolle zu bringen und zu gewährleisten, dass ein Lebensmittel unter Berücksichtigung seines Verwendungszwecks für den menschlichen Verzehr tauglich ist;
b) „Primärerzeugnisse" Erzeugnisse aus primärer Produktion einschließlich Anbauerzeugnissen, Erzeugnissen aus der Tierhaltung, Jagderzeugnissen und Fischereierzeugnissen;
c) „Betrieb" jede Einheit eines Lebensmittelunternehmens;
d) „zuständige Behörde" die Zentralbehörde eines Mitgliedstaats, die für die Einhaltung der Bestimmungen dieser Verordnung zuständig ist, oder jede andere Behörde, der die Zentralbehörde diese Zuständigkeit übertragen hat, gegebenenfalls auch die entsprechende Behörde eines Drittlandes;
e) „gleichwertig" in Bezug auf unterschiedliche Systeme ein zur Verwirklichung derselben Ziele geeignetes Verfahren;
f) „Kontamination" das Vorhandensein oder das Hereinbringen einer Gefahr;
g) „Trinkwasser" Wasser, das den Mindestanforderungen der Richtlinie 98/83/EG des Rates vom 3. November 1998 über die Qualität von Wasser für den menschlichen Gebrauch[1] entspricht;
h) „sauberes Meerwasser" natürliches, künstliches oder gereinigtes Meer- oder Brackwasser, das keine Mikroorganismen, keine schädlichen Stoffe und kein toxisches Meeresplankton in Mengen aufweist, die die Gesundheitsqualität von Lebensmitteln direkt oder indirekt beeinträchtigen können;
i) „sauberes Wasser" sauberes Meerwasser und Süßwasser von vergleichbarer Qualität;
j) „Umhüllung" das Platzieren eines Lebensmittels in eine Hülle oder ein Behältnis, die das Lebensmittel unmittelbar umgeben, sowie diese Hülle oder dieses Behältnis selbst;
k) „Verpackung" das Platzieren eines oder mehrerer umhüllter Lebensmittel in ein zweites Behältnis sowie dieses Behältnis selbst;
l) „luftdicht verschlossener Behälter" einen Behälter, der seiner Konzeption nach dazu bestimmt ist, seinen Inhalt gegen das Eindringen von Gefahren zu schützen;

---

[1] **Amtl. Anm.:** ABl L 330 vom 5.12.1998, S.32. Richtlinie geändert durch die Verordnung (EG) Nr. 1882/2003.

m) „Verarbeitung" eine wesentliche Veränderung des ursprünglichen Erzeugnisses, beispielsweise durch Erhitzen, Räuchern, Pökeln, Reifen, Trocknen, Marinieren, Extrahieren, Extrudieren oder durch eine Kombination dieser verschiedenen Verfahren;

n) „unverarbeitete Erzeugnisse" Lebensmittel, die keiner Verarbeitung unterzogen wurden, einschließlich Erzeugnisse, die geteilt, ausgelöst, getrennt, in Scheiben geschnitten, ausgebeint, fein zerkleinert, enthäutet, gemahlen, geschnitten, gesäubert, garniert, enthülst, geschliffen, gekühlt, gefroren, tiefgefroren oder aufgetaut wurden;

o) „Verarbeitungserzeugnisse" Lebensmittel, die aus der Verarbeitung unverarbeiteter Erzeugnisse hervorgegangen sind; diese Erzeugnisse können Zutaten enthalten, die zu ihrer Herstellung oder zur Verleihung besonderer Merkmale erforderlich sind.

(2) Ferner gelten die Begriffsbestimmungen der Verordnung (EG) Nr. 178/2002.

(3) Im Sinne der Anhänge dieser Verordnung bedeuten Ausdrücke wie „erforderlichenfalls", „geeignet", „angemessen" und „ausreichend" im Hinblick auf die Ziele dieser Verordnung erforderlich, geeignet, angemessen und ausreichend.

## Kapitel II: Verpflichtungen der Lebensmittelunternehmer

### Artikel 3 Allgemeine Verpflichtung

Die Lebensmittelunternehmer stellen sicher, dass auf allen ihrer Kontrolle unterstehenden Produktions-, Verarbeitungs- und Vertriebsstufen von Lebensmitteln die einschlägigen Hygienevorschriften dieser Verordnung erfüllt sind.

### Artikel 4 Allgemeine und spezifische Hygienevorschriften

(1) Lebensmittelunternehmer, die in der Primärproduktion tätig sind und die in Anhang I aufgeführten damit zusammenhängenden Vorgänge durchführen, haben die allgemeinen Hygienevorschriften gemäß Anhang I Teil A sowie etwaige spezielle Anforderungen der Verordnung (EG) Nr. 853/2004 zu erfüllen.

(2) Lebensmittelunternehmer, die auf Produktions-, Verarbeitungs- und Vertriebsstufen von Lebensmitteln tätig sind, die den Arbeitsgängen gemäß Absatz 1 nachgeordnet sind, haben die allgemeinen Hygienevorschriften gemäß Anhang II sowie etwaige spezielle Anforderungen der Verordnung (EG) Nr. 853/2004 zu erfüllen.

(3) Lebensmittelunternehmer treffen gegebenenfalls folgende spezifischen Hygienemaßnahmen:

a) Erfüllung mikrobiologischer Kriterien für Lebensmittel;
b) Verfahren, die notwendig sind, um den Zielen zu entsprechen, die zur Erreichung der Ziele dieser Verordnung gesetzt worden sind;
c) Erfüllung der Temperaturkontrollerfordernisse für Lebensmittel;
d) Aufrechterhaltung der Kühlkette;
e) Probennahme und Analyse.

(4) Die in Absatz 3 genannten Kriterien, Erfordernisse und Ziele werden nach dem in Artikel 14 Absatz 2 genannten Verfahren festgelegt.

Die entsprechenden Methoden für die Probenahme und die Analyse werden nach demselben Verfahren festgelegt.

(5) Falls in dieser Verordnung, in der Verordnung (EG) Nr. 853/2004 und in deren Durchführungsmaßnahmen keine Probenahme- und Analysemethoden festgelegt sind, können die Lebensmittelunternehmer in anderen gemeinschaftlichen oder einzelstaatlichen Rechtsvorschriften festgelegte geeignete Methoden anwenden; bestehen solche Methoden nicht, so können die Lebensmittelunternehmer Methoden anwenden, die den Ergebnissen der Referenzmethode gleichwertige Ergebnisse erbringen, sofern diese Methoden nach international anerkannten Regeln oder Protokollen wissenschaftlich validiert sind.

(6) Die Lebensmittelunternehmer können für die Erfüllung ihrer Verpflichtungen aus dieser Verordnung unterstützend auf Leitlinien gemäß den Artikeln 7, 8 und 9 zurückgreifen.

### Artikel 5  Gefahrenanalyse und kritische Kontrollpunkte

(1) Die Lebensmittelunternehmer haben ein oder mehrere ständige Verfahren, die auf den HACCP-Grundsätzen beruhen, einzurichten, durchzuführen und aufrechtzuerhalten.

(2) Die in Absatz 1 genannten HACCP-Grundsätze sind die Folgenden:
a) Ermittlung von Gefahren, die vermieden, ausgeschaltet oder auf ein akzeptables Maß reduziert werden müssen,
b) Bestimmung der kritischen Kontrollpunkte, auf der (den) Prozessstufe(n), auf der (denen) eine Kontrolle notwendig ist, um eine Gefahr zu vermeiden, auszuschalten oder auf ein akzeptables Maß zu reduzieren,
c) Festlegung von Grenzwerten für diese kritischen Kontrollpunkte, anhand deren im Hinblick auf die Vermeidung, Ausschaltung oder Reduzierung ermittelter Gefahren zwischen akzeptablen und nicht akzeptablen Werten unterschieden wird,
d) Festlegung und Durchführung effektiver Verfahren zur Überwachung der kritischen Kontrollpunkte,
e) Festlegung von Korrekturmaßnahmen für den Fall, dass die Überwachung zeigt, dass ein kritischer Kontrollpunkt nicht unter Kontrolle ist,
f) Festlegung von regelmäßig durchgeführten Verifizierungsverfahren, um festzustellen, ob den Vorschriften gemäß den Buchstaben a) bis e) entsprochen wird,
g) Erstellung von Dokumenten und Aufzeichnungen, die der Art und Größe des Lebensmittelunternehmens angemessen sind, um nachweisen zu können, dass den Vorschriften gemäß den Buchstaben a) bis f) entsprochen wird.

Wenn Veränderungen am Erzeugnis, am Herstellungsprozess oder in den Produktionsstufen vorgenommen werden, so überprüft der Lebensmittelunternehmer das Verfahren und passt es in der erforderlichen Weise an.

(3) Absatz 1 gilt nur für Lebensmittelunternehmer, die auf einer Produktions-, Verarbeitungs- oder Vertriebsstufe von Lebensmitteln tätig sind, die der Primärproduktion und den in Anhang I aufgeführten damit zusammenhängenden Vorgängen nachgeordnet sind.

(4) Die Lebensmittelunternehmer haben
a) gegenüber der zuständigen Behörde den Nachweis zu erbringen, dass sie Absatz 1 entsprechen; dieser Nachweis erfolgt in der von der zuständigen Behörde unter Berücksichtigung der Art und Größe des Lebensmittelunternehmens verlangten Form;
b) sicherzustellen, dass die Dokumente, aus denen die gemäß diesem Artikel entwickelten Verfahren hervorgehen, jederzeit auf dem neuesten Stand sind;
c) die übrigen Dokumente und Aufzeichnungen während eines angemessenen Zeitraums aufzubewahren.

(5) Durchführungsvorschriften zu diesem Artikel können nach dem in Artikel 14 Absatz 2 genannten Verfahren erlassen werden. Solche Vorschriften können die Durchführung dieses Artikels für bestimmte Lebensmittelunternehmer erleichtern, insbesondere indem sie zur Erfüllung von Absatz 1 die Anwendung der Verfahren vorsehen, die in den Leitlinien für die Anwendung der HACCP-Grundsätze festgelegt sind. In diesen Vorschriften kann auch festgelegt werden, wie lange die Lebensmittelunternehmer die Dokumente und Aufzeichnungen gemäß Absatz 4 Buchstabe c) aufzubewahren haben.

### Artikel 6  Amtliche Kontrollen, Eintragung und Zulassung

(1) Die Lebensmittelunternehmer arbeiten gemäß anderen anwendbaren Gemeinschaftsregelungen oder, wenn solche Regelungen nicht bestehen, gemäß den einzelstaatlichen Rechtsvorschriften mit den zuständigen Behörden zusammen.

(2) Insbesondere haben die Lebensmittelunternehmer der entsprechenden zuständigen Behörde in der von dieser verlangten Weise die einzelnen ihrer Kontrolle unterstehenden Betriebe, die auf einer der Stufen der Produktion, der Verarbeitung oder des Vertriebs von Lebensmitteln tätig sind, zwecks Eintragung zu melden.
Ferner stellen die Lebensmittelunternehmer sicher, dass die Kenntnisse der zuständigen Behörde über die Betriebe stets auf dem aktuellen Stand sind, indem sie unter anderem alle wichtigen Veränderungen bei den Tätigkeiten und Betriebsschließungen melden.

(3) Die Lebensmittelunternehmer stellen jedoch sicher, dass die Betriebe von der zuständigen Behörde nach mindestens einer Kontrolle an Ort und Stelle zugelassen werden, wenn eine solche Zulassung vorgeschrieben ist:
- a) nach dem einzelstaatlichen Recht des Mitgliedstaats, in dem der Betrieb sich befindet,
- b) nach der Verordnung (EG) Nr. 853/2004 oder
- c) aufgrund eines nach dem Verfahren gemäß Artikel 14 Absatz 2 gefassten Beschlusses.

Ein Mitgliedstaat, der gemäß Buchstabe a) die Zulassung bestimmter auf seinem Gebiet niedergelassener Unternehmen nach seinem einzelstaatlichen Recht vorschreibt, setzt die Kommission und die anderen Mitgliedstaaten von den einschlägigen einzelstaatlichen Vorschriften in Kenntnis.

## Kapitel III: Leitlinien für eine gute Verfahrenspraxis

### Artikel 7 Ausarbeitung, Verbreitung und Anwendung der Leitlinien

Die Mitgliedstaaten fördern die Ausarbeitung von einzelstaatlichen Leitlinien für eine gute Hygienepraxis und für die Anwendung der HACCP-Grundsätze gemäß Artikel 8. Gemäß Artikel 9 werden gemeinschaftliche Leitlinien ausgearbeitet.

Die Verbreitung und die Anwendung sowohl von einzelstaatlichen als auch von gemeinschaftlichen Leitlinien werden gefördert. Die Lebensmittelunternehmer können diese Leitlinien jedoch auf freiwilliger Basis berücksichtigen.

### Artikel 8 Einzelstaatliche Leitlinien

(1) Werden einzelstaatliche Leitlinien für eine gute Verfahrenspraxis erstellt, so werden sie von der Lebensmittelwirtschaft wie folgt ausgearbeitet und verbreitet:
- a) im Benehmen mit Vertretern von Beteiligten, deren Interessen erheblich berührt werden könnten, wie zuständige Behörden und Verbrauchervereinigungen,
- b) unter Berücksichtigung der einschlägigen Verfahrenskodizes des Codex Alimentarius und
- c) sofern sie die Primärproduktion und damit zusammenhängende Vorgänge gemäß Anhang I betreffen, unter Berücksichtigung der Empfehlungen in Anhang I Teil B.

(2) Einzelstaatliche Leitlinien können unter der Federführung eines nationalen Normungsgremiums gemäß Anhang II der Richtlinie 98/34/EG[1] erstellt werden.

(3) Die Mitgliedstaaten prüfen die einzelstaatlichen Leitlinien, um sicherzustellen, dass sie
- a) gemäß Absatz 1 ausgearbeitet wurden,
- b) in den betreffenden Sektoren durchführbar sind und

---

1) **Amtl. Anm.:** Richtlinie 98/34/EG des Europäischen Parlaments und des Rates vom 22. Juni 1998 über ein Informationsverfahren auf dem Gebiet der Normen und technischen Vorschriften (ABl L 204 vom 21. 7. 1998, S. 37). Richtlinie geändert durch die Beitrittsakte von 2003.

c) als Leitlinien für die ordnungsgemäße Anwendung der Artikel 3, 4 und 5 in den betreffenden Sektoren und für die betreffenden Lebensmittel geeignet sind.

(4) Die Mitgliedstaaten übermitteln der Kommission einzelstaatliche Leitlinien, die die Anforderungen gemäß Absatz 3 erfüllen. Die Kommission erstellt und unterhält ein Registrierungssystem für diese Leitlinien, das sie den Mitgliedstaaten zur Verfügung stellt.

(5) Die gemäß Richtlinie 93/43/EWG ausgearbeiteten Leitlinien für eine gute Hygienepraxis gelten nach dem Inkrafttreten der vorliegenden Verordnung weiter, sofern sie den Zielen dieser Verordnung gerecht werden.

### Artikel 9  Gemeinschaftliche Leitlinien

(1) Vor der Ausarbeitung gemeinschaftlicher Leitlinien für eine gute Hygienepraxis oder für die Anwendung der HACCP-Grundsätze hört die Kommission den in Artikel 14 genannten Ausschuss an. Im Rahmen dieser Anhörung sollen die Zweckmäßigkeit, der Anwendungsbereich und der Gegenstand solcher Leitlinien geprüft werden.

(2) Werden gemeinschaftliche Leitlinien erstellt, so trägt die Kommission dafür Sorge, dass sie wie folgt ausgearbeitet und verbreitet werden:
a) von oder im Benehmen mit geeigneten Vertretern der europäischen Lebensmittelwirtschaft, einschließlich kleiner und mittlerer Unternehmen, und anderen Interessengruppen, wie Verbrauchervereinigungen,
b) in Zusammenarbeit mit Beteiligten, deren Interessen erheblich berührt werden könnten, einschließlich der zuständigen Behörden,
c) unter Berücksichtigung der einschlägigen Verfahrenskodizes des Codex Alimentarius
und
d) sofern sie die Primärproduktion und damit zusammenhängende Vorgänge gemäß Anhang I betreffen, unter Berücksichtigung der Empfehlungen in Anhang I Teil B.

(3) Der in Artikel 14 genannte Ausschuss prüft den Entwurf der gemeinschaftlichen Leitlinien, um sicherzustellen, dass sie
a) gemäß Absatz 2 ausgearbeitet wurden,
b) in den betreffenden Sektoren gemeinschaftsweit durchführbar sind
und
c) als Leitlinien für die ordnungsgemäße Anwendung der Artikel 3, 4 und 5 in den betreffenden Sektoren und für die betreffenden Lebensmittel geeignet sind.

(4) Die Kommission fordert den in Artikel 14 genannten Ausschuss auf, alle nach diesem Artikel erstellten gemeinschaftlichen Leitlinien in Zusammenarbeit mit den in Absatz 2 genannten Gremien in regelmäßigen Abständen zu überprüfen. Mit dieser Überprüfung soll sichergestellt werden, dass die Leitlinien durchführbar bleiben und soll den technologischen und wissenschaftlichen Entwicklungen Rechnung getragen werden.

(5) Die Titel und Fundstellen gemeinschaftlicher Leitlinien, die nach diesem Artikel erstellt wurden, werden in der Reihe C des *Amtsblatts der Europäischen Union* veröffentlicht.

## Kapitel IV:  Einfuhren und Ausfuhren

### Artikel 10  Einfuhren

In Bezug auf die Hygiene von eingeführten Lebensmitteln umfassen die in Artikel 11 der Verordnung (EG) Nr. 178/2002 genannten entsprechenden Anforderungen des Lebensmittelrechts auch die Vorschriften der Artikel 3 bis 6 der vorliegenden Verordnung.

### Artikel 11 Ausfuhren

In Bezug auf die Hygiene von ausgeführten oder wieder ausgeführten Lebensmitteln umfassen die in Artikel 12 der Verordnung (EG) Nr. 178/2002 genannten entsprechenden Anforderungen des Lebensmittelrechts auch die Vorschriften der Artikel 3 bis 6 der vorliegenden Verordnung.

## Kapitel V: Schlussbestimmungen

### Artikel 12 Durchführungsmaßnahmen und Übergangsbestimmungen

Nach dem in Artikel 14 Absatz 2 genannten Verfahren können Durchführungsmaßnahmen und Übergangsbestimmungen festgelegt werden.

### Artikel 13 Änderung und Anpassung der Anhänge I und II

(1) Die Anhänge I und II können nach dem in Artikel 14 Absatz 2 genannten Verfahren angepasst oder aktualisiert werden, wobei Folgendem Rechnung zu tragen ist:

a) der Notwendigkeit, die Empfehlungen aus Anhang I Teil B Nummer 2 zu überarbeiten;

b) den bei der Anwendung von HACCP-gestützten Systemen gemäß Artikel 5 gesammelten Erfahrungen;

c) technologischen Entwicklungen und ihren praktischen Konsequenzen sowie den Verbrauchererwartungen im Hinblick auf die Zusammensetzung von Lebensmitteln;

d) wissenschaftlichen Gutachten, insbesondere neuen Risikobewertungen;

e) mikrobiologischen und Temperaturkriterien für Lebensmittel.

(2) Unter Berücksichtigung der relevanten Risikofaktoren können nach dem in Artikel 14 Absatz 2 genannten Verfahren Ausnahmen von den Anhängen I und II gewährt werden, um insbesondere die Anwendung von Artikel 5 für Kleinbetriebe zu erleichtern, sofern die Erreichung der Ziele dieser Verordnung durch diese Ausnahmen nicht in Frage gestellt wird.

(3) Die Mitgliedstaaten können, ohne die Erreichung der Ziele dieser Verordnung zu gefährden, nach den Absätzen 4 bis 7 des vorliegenden Artikels einzelstaatliche Vorschriften zur Anpassung der Anforderungen des Anhangs II erlassen.

(4)

a) Die einzelstaatlichen Vorschriften gemäß Absatz 3 haben zum Ziel

  i. die weitere Anwendung traditioneller Methoden auf allen Produktions-, Verarbeitungs- oder Vertriebsstufen von Lebensmitteln zu ermöglichen
  
  oder
  
  ii. den Bedürfnissen von Lebensmittelunternehmen in Regionen in schwieriger geografischer Lage durch entsprechende Anpassungen Rechnung zu tragen.

b) In den anderen Fällen betreffen sie lediglich den Bau, die Konzeption und die Ausrüstung der Betriebe.

(5) Mitgliedstaaten, die gemäß Absatz 3 einzelstaatliche Vorschriften erlassen wollen, teilen dies der Kommission und den anderen Mitgliedstaaten mit. Die Mitteilung enthält

a) eine ausführliche Beschreibung der Anforderungen, die nach Ansicht des betreffenden Mitgliedstaats angepasst werden müssen, und die Art der angestrebten Anpassung,

b) eine Beschreibung der betroffenen Lebensmittel und Betriebe,

c) eine Erläuterung der Gründe für die Anpassung, einschließlich gegebenenfalls einer Zusammenfassung der Ergebnisse der durchgeführten Gefahrenanalyse und der

Maßnahmen, die getroffen werden sollen, um sicherzustellen, dass die Anpassung die Ziele dieser Verordnung nicht gefährdet,
sowie
d) alle sonstigen relevanten Informationen.

(6) Die anderen Mitgliedstaaten haben ab Eingang einer Mitteilung gemäß Absatz 5 drei Monate Zeit, um der Kommission schriftliche Bemerkungen zu übermitteln. Im Fall der Anpassungen gemäß Absatz 4 Buchstabe b) wird diese Frist auf vier Monate verlängert, wenn ein Mitgliedstaat dies beantragt. Die Kommission kann die Mitgliedstaaten in dem in Artikel 14 Absatz 1 genannten Ausschuss anhören; wenn sie schriftliche Bemerkungen von einem oder mehreren Mitgliedstaaten erhält, muss sie diese Anhörung durchführen. Die Kommission kann nach dem Verfahren gemäß Artikel 14 Absatz 2 entscheiden, ob die geplanten Vorschriften – erforderlichenfalls mit geeigneten Änderungen – erlassen werden dürfen. Die Kommission kann gegebenenfalls gemäß Absatz 1 oder 2 des vorliegenden Artikels allgemeine Maßnahmen vorschlagen.

(7) Ein Mitgliedstaat darf einzelstaatliche Vorschriften zur Anpassung des Anhangs II nur erlassen,
a) wenn eine entsprechende Entscheidung gemäß Absatz 6 vorliegt
oder
b) wenn die Kommission die Mitgliedstaaten einen Monat nach Ablauf der Frist gemäß Absatz 6 nicht davon in Kenntnis gesetzt hat, dass ihr schriftliche Bemerkungen vorliegen oder dass sie beabsichtigt, die Annahme einer Entscheidung gemäß Absatz 6 vorzuschlagen.

### Artikel 14  Ausschussverfahren

(1) Die Kommission wird von dem Ständigen Ausschuss für die Lebensmittelkette und Tiergesundheit unterstützt.

(2) Wird auf diesen Absatz Bezug genommen, so gelten die Artikel 5 und 7 des Beschlusses 1999/468/EG unter Beachtung von dessen Artikel 8.
Der Zeitraum nach Artikel 5 Absatz 6 des Beschlusses 1999/468/EG wird auf drei Monate festgesetzt.

(3) Der Ausschuss gibt sich eine Geschäftsordnung.

### Artikel 15  Anhörung der Europäischen Behörde für Lebensmittelsicherheit

Die Kommission hört die Europäische Behörde für Lebensmittelsicherheit in jeder in den Anwendungsbereich dieser Verordnung fallenden Angelegenheit an, die erhebliche Auswirkungen auf die öffentliche Gesundheit haben könnte, und insbesondere, bevor sie Kriterien, Erfordernisse oder Ziele gemäß Artikel 4 Absatz 4 vorschlägt.

### Artikel 16  Bericht an das Europäische Parlament und den Rat

(1) Die Kommission unterbreitet dem Europäischen Parlament und dem Rat spätestens am 20. Mai 2009 einen Bericht.

(2) Dieser Bericht enthält insbesondere einen Überblick über die bei der Anwendung dieser Verordnung gemachten Erfahrungen sowie Überlegungen dazu, ob eine Ausdehnung der Anforderungen des Artikels 5 auf Lebensmittelunternehmer, die in der Primärproduktion tätig sind und die in Anhang I aufgeführten damit zusammenhängenden Vorgänge durchführen, wünschenswert und durchführbar wäre.

(3) Die Kommission fügt dem Bericht gegebenenfalls geeignete Vorschläge bei.

### Artikel 17  Aufhebung

(1) Die Richtlinie 93/43/EWG wird mit Wirkung ab dem Datum, ab dem die vorliegende Verordnung gilt, aufgehoben.

(2) Verweisungen auf die aufgehobene Richtlinie gelten als Verweisungen auf die vorliegende Verordnung.

(3) Nach Artikel 3 Absatz 3 und Artikel 10 der Richtlinie 93/43/EWG erlassene Beschlüsse bleiben jedoch bis zu ihrer Ersetzung durch Beschlüsse gemäß der vorliegenden Verordnung oder gemäß der Verordnung (EG) Nr. 178/2002 in Kraft. Bis zur Festlegung der in Artikel 4 Absatz 3 Buchstaben a) bis e) der vorliegenden Verordnung genannten Kriterien oder Erfordernisse können die Mitgliedstaaten einzelstaatliche Bestimmungen zur Festlegung solcher Kriterien oder Erfordernisse, die sie gemäß der Richtlinie 93/43/EWG angenommen hatten, beibehalten.

(4) Bis zur Anwendung neuer Gemeinschaftsregelungen mit Vorschriften für die amtliche Überwachung von Lebensmitteln ergreifen die Mitgliedstaaten die geeigneten Maßnahmen, um sicherzustellen, dass die in dieser Verordnung oder im Rahmen dieser Verordnung festgelegten Verpflichtungen erfüllt werden.

**Artikel 18  Inkrafttreten**

Diese Verordnung tritt 20 Tage nach ihrer Veröffentlichung im Amtsblatt der Europäischen Union in Kraft.

Ihre Anwendung beginnt 18 Monate nach dem Zeitpunkt, zu dem alle folgenden Rechtsakte in Kraft getreten sind:

a) Verordnung (EG) Nr. 853/2004,

b) Verordnung (EG) Nr. 854/2004 des Europäischen Parlaments und des Rates vom 29. April 2004 mit besonderen Verfahrensvorschriften für die amtliche Überwachung von zum menschlichen Verzehr bestimmten Erzeugnissen tierischen Ursprungs

und

c) Richtlinie 2004/41/EG des Europäischen Parlaments und des Rates vom 21. April 2004 zur Aufhebung bestimmter Richtlinien über Lebensmittelhygiene und Hygienevorschriften für die Herstellung und das Inverkehrbringen von bestimmten, zum menschlichen Verzehr bestimmten Erzeugnissen tierischen Ursprungs[1].

Sie gilt jedoch frühestens ab dem 1. Januar 2006.

---

1) **Amtl. Anm.:** ABl L 157 vom 30. 4. 2004.

## d) Verordnung (EG) Nr. 1829/2003 des Europäischen Parlaments und des Rates vom 22. September 2003 über genetisch veränderte Lebensmittel und Futtermittel (VO EG Nr. 1829/2003)

### v. 18. 10. 2003 (ABl Nr. L 268 S. 1)

Die Verordnung (EG) Nr. 1829/2003 des Europäischen Parlaments und des Rates vom 22. September 2003 über genetisch veränderte Lebensmittel und Futtermittel v. 18. 10. 2003 (ABl Nr. L 268 S. 1) wurde geändert durch die Verordnung (EG) Nr. 1981/2006 der Kommission vom 22. Dezember 2006 mit Durchführungsbestimmungen zu Artikel 32 der Verordnung (EG) Nr. 1829/2003 des Europäischen Parlaments und des Rates über das gemeinschaftliche Referenzlaboratorium für gentechnisch veränderte Organismen v. 23. 12. 2006 (ABl Nr. L 368 S. 99); Verordnung (EG) Nr. 298/2008 des Europäischen Parlaments und des Rates vom 11. März 2008 zur Änderung der Verordnung (EG) Nr. 1829/2003 über genetisch veränderte Lebensmittel und Futtermittel im Hinblick auf die der Kommission übertragenen Durchführungsbefugnisse v. 9. 4. 2008 (ABl Nr. L 97 S. 64).

DAS EUROPÄISCHE PARLAMENT UND DER RAT DER EUROPÄISCHEN UNION –

gestützt auf den Vertrag zur Gründung der Europäischen Gemeinschaft, insbesondere auf die Artikel 37 und 95 und Artikel 152 Absatz 4 Buchstabe b),

auf Vorschlag der Kommission[1],

nach Stellungnahme des Europäischen Wirtschafts- und Sozialausschusses[2],

nach Stellungnahme des Ausschusses der Regionen[3],

gemäß dem Verfahren des Artikels 251 des Vertrags[4],

in Erwägung nachstehender Gründe:

(1) Der freie Verkehr mit sicheren und gesunden Lebensmitteln und Futtermitteln ist ein wichtiger Aspekt des Binnenmarkts und trägt wesentlich zur Gesundheit und zum Wohlergehen der Bürger und zu ihren sozialen und wirtschaftlichen Interessen bei.

(2) Bei der Durchführung der Politiken der Gemeinschaft sollte ein hohes Maß an Schutz für Leben und Gesundheit des Menschen gewährleistet werden.

(3) Zum Schutz der Gesundheit von Mensch und Tier sollten Lebensmittel und Futtermittel, die aus genetisch veränderten Organismen bestehen, diese enthalten oder daraus hergestellt werden (im Folgenden als „genetisch veränderte Lebensmittel und Futtermittel" bezeichnet) einer Sicherheitsprüfung nach einem Gemeinschaftsverfahren unterzogen werden, bevor sie in der Gemeinschaft in Verkehr gebracht werden.

(4) Unterschiede in den einzelstaatlichen Rechts- und Verwaltungsvorschriften für die Prüfung und Zulassung von genetisch veränderten Lebensmitteln und Futtermitteln können ihren freien Verkehr beeinträchtigen und ungleiche und unfaire Wettbewerbsbedingungen schaffen.

(5) Ein Zulassungsverfahren unter Beteiligung der Mitgliedstaaten und der Kommission ist für genetisch veränderte Lebensmittel in der Verordnung (EG) Nr. 258/97 des Europäischen Parlaments und des Rates vom 27. Januar 1997 über neuartige Lebensmittel und neuartige Lebensmittelzutaten[5] eingeführt worden. Dieses Verfahren sollte einfacher und transparenter gestaltet werden.

(6) Die Verordnung (EG) Nr. 258/97 sieht auch ein Anmeldeverfahren für neuartige Lebensmittel vor, die im Wesentlichen den bestehenden Lebensmitteln gleichwertig sind. Zwar ist die wesentliche Gleichwertigkeit ein entscheidender Schritt bei der Sicherheitsprüfung genetisch veränderter Lebensmittel, stellt aber keine eigentliche Sicher-

---

1) **Amtl. Anm.:** ABl C 304 E vom 30. 10. 2001, S. 221.
2) **Amtl. Anm.:** ABl C 221 vom 17. 9. 2002, S. 114.
3) **Amtl. Anm.:** ABl C 278 vom 14. 11. 2002, S. 31.
4) **Amtl. Anm.:** Stellungnahme des Europäischen Parlaments vom 3. Juli 2002 (noch nicht im Amtsblatt veröffentlicht), Gemeinsamer Standpunkt des Rates vom 17. März 2003 (ABl C 113 E vom 13. 5. 2003, S. 31), Beschluss des Europäischen Parlaments vom 2. Juli 2003 (noch nicht im Amtsblatt veröffentlicht) und Beschluss des Rates vom 22. Juli 2003.
5) **Amtl. Anm.:** ABl L 43 vom 14. 2. 1997, S. 1.

heitsprüfung dar. Im Interesse der Klarheit, Transparenz und eines harmonisierten Rahmens für die Zulassung genetisch veränderter Lebensmittel sollte das Anmeldeverfahren für genetisch veränderte Lebensmittel aufgegeben werden.

(7) Futtermittel, die aus genetisch veränderten Organismen (GVO) bestehen oder diese enthalten, unterliegen bislang dem Zulassungsverfahren gemäß der Richtlinie 90/220/EWG des Rates vom 23. April 1990[1]) und der Richtlinie 2001/18/EG des Europäischen Parlaments und des Rates vom 12. März 2001 über die absichtliche Freisetzung genetisch veränderter Organismen in die Umwelt[2]); für aus GVO hergestellte Futtermittel besteht kein Zulassungsverfahren. Für Futtermittel, die aus GVO bestehen, diese enthalten oder daraus hergestellt werden, sollte daher ein einheitliches, effizientes und transparentes gemeinschaftliches Zulassungsverfahren festgelegt werden.

(8) Die Bestimmungen dieser Verordnung sollten auch für Futtermittel für solche Tiere gelten, die nicht für die Lebensmittelerzeugung bestimmt sind.

(9) Für die neuen Zulassungsverfahren für genetisch veränderte Lebensmittel und Futtermittel sollten die neuen Grundsätze gelten, die mit der Richtlinie 2001/18/EG eingeführt worden sind. Sie sollten darüber hinaus dem neuen Rahmen für die Risikobewertung in Fragen der Lebensmittelsicherheit Rechnung tragen, der durch die Verordnung (EG) Nr. 178/2002 des Europäischen Parlaments und des Rates vom 28. Januar 2002 zur Festlegung der allgemeinen Grundsätze und Anforderungen des Lebensmittelrechts, zur Errichtung der Europäischen Behörde für Lebensmittelsicherheit und zur Festlegung von Verfahren zur Lebensmittelsicherheit[3]) geschaffen worden ist. Daher sollten genetisch veränderte Lebensmittel und Futtermittel nur dann für das Inverkehrbringen in der Gemeinschaft zugelassen werden, wenn eine den höchstmöglichen Anforderungen standhaltende wissenschaftliche Bewertung aller damit verbundenen Risiken für die Gesundheit von Mensch und Tier bzw. für die Umwelt unter der Verantwortung der Europäischen Behörde für Lebensmittelsicherheit („Behörde") durchgeführt worden ist. Dieser wissenschaftlichen Bewertung sollte sich eine Risikomanagemententscheidung durch die Gemeinschaft im Rahmen eines in enger Zusammenarbeit zwischen der Kommission und den Mitgliedstaaten durchzuführenden Regelungsverfahrens anschließen.

(10) Wie die Erfahrung gezeigt hat, sollte die Zulassung bei einem Produkt, das sowohl als Lebensmittel wie auch als Futtermittel verwendet werden kann, nicht für einen einzigen Verwendungszweck erteilt werden; solche Produkte sollten somit nur dann zugelassen werden, wenn sie die Zulassungskriterien sowohl für Lebensmittel als auch für Futtermittel erfüllen.

(11) Nach dieser Verordnung kann die Zulassung entweder für GVO, die als Ausgangsmaterial für die Herstellung von Lebensmitteln oder Futtermitteln verwendet werden sollen, oder für als Lebensmittel oder Futtermittel verwendete Produkte, die GVO enthalten, daraus bestehen oder daraus hergestellt werden, oder für aus GVO hergestellte Lebensmittel oder Futtermittel erteilt werden. Wenn somit bei der Herstellung von Lebensmitteln und/oder Futtermitteln verwendete GVO nach dieser Verordnung zugelassen worden sind, benötigen Lebensmittel und/oder Futtermittel, die diese GVO enthalten, daraus bestehen oder daraus hergestellt werden, keine Zulassung nach dieser Verordnung, sondern unterliegen den Erfordernissen der für diese GVO erteilten Zulassung. Darüber hinaus sind die nach dieser Verordnung zugelassenen Lebensmittel von den Anforderungen nach der Verordnung (EG) Nr. 258/97 über neuartige Lebensmittel und neuartige Lebensmittelzutaten befreit, sofern sie nicht unter eine oder mehrere der Gruppen nach Artikel 1 Absatz 2 Buchstabe a) der Verordnung (EG) Nr. 258/97 hinsichtlich eines Merkmals fallen, das für die Zulassung nach der vorliegenden Verordnung nicht herangezogen worden ist.

---

1) **Amtl. Anm.:** ABl L 117 vom 8. 5. 1990, S. 15. Richtlinie aufgehoben durch die Richtlinie 2001/18/EG.
2) **Amtl. Anm.:** ABl L 106 vom 17. 4. 2001, S. 1. Richtlinie zuletzt geändert durch die Entscheidung 2002/811/EG des Rates (ABl L 280 vom 18. 10. 2002, S. 27).
3) **Amtl. Anm.:** ABl L 31 vom 1. 2. 2002, S. 1.

(12) Die Richtlinie 89/107/EWG des Rates vom 21. Dezember 1988 zur Angleichung der Rechtsvorschriften der Mitgliedstaaten über Zusatzstoffe, die in Lebensmitteln verwendet werden dürfen[1], regelt die Zulassung von Zusatzstoffen in Lebensmitteln. Zusätzlich zu diesem Zulassungsverfahren sollten Lebensmittelzusatzstoffe, die GVO enthalten, daraus bestehen oder daraus hergestellt werden, auch hinsichtlich der Sicherheitsprüfung der genetischen Veränderung in den Geltungsbereich dieser Verordnung fallen, während die endgültige Zulassung nach der Richtlinie 89/107/EWG erteilt werden sollte.

(13) Aromastoffe, die in den Geltungsbereich der Richtlinie 88/388/EWG des Rates vom 22. Juni 1988 zur Angleichung der Rechtsvorschriften der Mitgliedstaaten über Aromen zur Verwendung in Lebensmitteln und über Ausgangsstoffe für ihre Herstellung[2] fallen, und die GVO enthalten, daraus bestehen oder daraus hergestellt werden, sollten hinsichtlich der Sicherheitsprüfung der genetischen Veränderung ebenfalls in den Geltungsbereich dieser Verordnung fallen.

(14) Die Richtlinie 82/471/EWG des Rates vom 30. Juni 1982 über bestimmte Erzeugnisse für die Tierernährung[3] sieht ein Zulassungsverfahren für Futtermittel vor, die nach bestimmten technischen Verfahren hergestellt worden sind, welche die Gesundheit von Mensch und Tier und die Umwelt gefährden können. Diese Futtermittel sollten, soweit sie GVO enthalten, daraus bestehen oder daraus hergestellt werden, stattdessen in den Geltungsbereich dieser Verordnung fallen.

(15) Die Richtlinie 70/524/EWG des Rates vom 23. November 1970 über Zusatzstoffe in der Tierernährung[4] regelt die Zulassung des Inverkehrbringens von Zusatzstoffen für Futtermittel. Zusätzlich zu diesem Zulassungsverfahren sollten Futtermittelzusatzstoffe, die GVO enthalten, daraus bestehen oder daraus hergestellt werden, ebenfalls in den Geltungsbereich dieser Verordnung fallen.

(16) Diese Verordnung sollte Lebensmittel und Futtermittel abdecken, die „aus" einem GVO, jedoch nicht solche, die „mit" einem GVO hergestellt sind. Entscheidend dabei ist, ob das Lebensmittel oder Futtermittel einen aus dem genetisch veränderten Ausgangsmaterial hergestellten Stoff enthält. Technische Hilfsstoffe, die nur während der Herstellung des Lebensmittels oder Futtermittels verwendet werden, entsprechen nicht der Definition der Lebensmittel oder Futtermittel und fallen daher auch nicht in den Geltungsbereich dieser Verordnung. Ebenso fallen Lebensmittel und Futtermittel, die mithilfe eines genetisch veränderten technischen Hilfsstoffes hergestellt wurden, nicht in den Geltungsbereich dieser Verordnung. Dies bedeutet, dass Produkte, die aus Tieren gewonnen worden sind, welche mit genetisch veränderten Futtermitteln gefüttert oder mit genetisch veränderten Arzneimitteln behandelt wurden, weder den Zulassungsbestimmungen noch den Kennzeichnungsbestimmungen dieser Verordnung unterliegen.

(17) Nach Artikel 153 des Vertrags trägt die Gemeinschaft zur Förderung des Rechts der Verbraucher auf Information bei. Zusätzlich zu den anderen in dieser Verordnung festgelegten Arten der Information der Öffentlichkeit ermöglicht die Kennzeichnung der Produkte dem Verbraucher informierte Entscheidungen und erleichtert einen fairen Handel zwischen Käufer und Verkäufer.

(18) Nach Artikel 2 der Richtlinie 2000/13/EG des Europäischen Parlaments und des Rates vom 20. März 2000 zur Angleichung der Rechtsvorschriften der Mitgliedstaaten über

---

1) **Amtl. Anm.:** ABl L 40 vom 11. 2. 1989, S. 27. Richtlinie geändert durch die Richtlinie 94/34/EG des Europäischen Parlaments und des Rates (ABl L 237 vom 10. 9. 1994, S. 1).
2) **Amtl. Anm.:** ABl L 184 vom 15. 7. 1988, S. 61. Richtlinie geändert durch die Richtlinie 91/71/EWG der Kommission (ABl L 42 vom 15. 2. 1991, S. 25).
3) **Amtl. Anm.:** ABl L 213 vom 21. 7. 1982, S. 8. Richtlinie zuletzt geändert durch die Richtlinie 1999/20/EG (ABl L 80 vom 25. 3. 1999, S. 20).
4) **Amtl. Anm.:** ABl L 270 vom 14. 12. 1970, S. 1. Richtlinie zuletzt geändert durch die Verordnung (EG) Nr. 1756/2002 (ABl L 265 vom 3. 10. 2002, S. 1).

die Etikettierung und Aufmachung von Lebensmitteln sowie die Werbung hierfür[1) darf die Etikettierung den Käufer nicht über die Eigenschaften des Lebensmittels irreführen, und zwar insbesondere nicht über Art, Identität, Beschaffenheit, Zusammensetzung und Herstellungs- oder Gewinnungsverfahren.

(19) Weitere Anforderungen an die Kennzeichnung genetisch veränderter Lebensmittel sind festgelegt in der Verordnung (EG) Nr. 258/97, der Verordnung (EG) Nr. 1139/98 des Rates vom 26. Mai 1998 über Angaben, die zusätzlich zu den in der Richtlinie 79/112/EWG aufgeführten Angaben bei der Etikettierung bestimmter, aus genetisch veränderten Organismen hergestellter Lebensmittel vorgeschrieben sind[2)], sowie der Verordnung (EG) Nr. 50/2000 der Kommission vom 10. Januar 2000 über die Etikettierung von Lebensmitteln und Lebensmittelzutaten, die genetisch veränderte oder aus genetisch veränderten Organismen hergestellte Zusatzstoffe und Aromen enthalten[3)].

(20) Es sollten harmonisierte Kennzeichnungsvorschriften für genetisch veränderte Futtermittel festgelegt werden, um für den Endverbraucher, insbesondere in Viehzuchtbetrieben, präzise Informationen über die Zusammensetzung und Eigenschaften der Futtermittel bereitzustellen, anhand deren er fundierte Entscheidungen treffen kann.

(21) Die Kennzeichnung sollte objektive Informationen darüber enthalten, dass ein Lebensmittel oder Futtermittel aus GVO besteht, diese enthält oder daraus hergestellt wird. Eine eindeutige Kennzeichnung, unabhängig von der Nachweisbarkeit von DNA oder Proteinen aufgrund der genetischen Veränderung im Endprodukt, erfüllt die in zahlreichen Untersuchungen von einer großen Mehrheit der Verbraucher zum Ausdruck gebrachten Forderungen, erleichtert fundierte Entscheidungen und vermeidet eine potenzielle Irreführung der Verbraucher hinsichtlich des Herstellungs- oder Gewinnungsverfahrens.

(22) Darüber hinaus sollte die Kennzeichnung über alle Merkmale oder Eigenschaften Auskunft geben, die dazu führen, dass ein Lebensmittel oder Futtermittel sich von einem entsprechenden herkömmlichen Erzeugnis in Bezug auf die Zusammensetzung, den Nährwert oder auf nutritive Wirkungen, den Verwendungszweck, die gesundheitlichen Auswirkungen auf bestimmte Bevölkerungsgruppen sowie Merkmale oder Eigenschaften, die Anlass zu ethischen oder religiösen Bedenken geben, unterscheidet.

(23) Die Verordnung (EG) Nr. 1830/2003 des Europäischen Parlaments und des Rates vom 22. September 2003 über die Rückverfolgbarkeit und Kennzeichnung von genetisch veränderten Organismen und über die Rückverfolgbarkeit von aus genetisch veränderten Organismen hergestellten Lebensmitteln und Futtermitteln und zur Änderung der Richtlinie 2001/18/EG gewährleistet, dass die einschlägigen Informationen über die genetische Veränderung in jeder Phase des Inverkehrbringens von GVO und daraus hergestellten Lebensmitteln und Futtermitteln verfügbar sind, und dürfte dadurch die präzise Kennzeichnung erleichtern.

(24) Obwohl manche Unternehmer die Verwendung von genetisch veränderten Lebensmitteln und Futtermitteln vermeiden, kann dieses Material in konventionellen Lebensmitteln und Futtermitteln in sehr kleinen Spuren vorhanden sein, und zwar wegen des zufälligen oder technisch nicht zu vermeidenden Vorhandenseins bei der Saatgutproduktion, dem Anbau, der Ernte, dem Transport oder der Verarbeitung. In diesen Fällen sollte das Lebensmittel oder Futtermittel nicht den Kennzeichnungsanforderungen dieser Verordnung unterliegen. Zur Erreichung dieses Ziels sollte für das zufällige oder technisch nicht zu vermeidende Vorhandensein genetisch veränderten Materials in Lebensmitteln oder Futtermitteln ein Schwellenwert festgelegt werden, und zwar sowohl, wenn das Inverkehrbringen solchen Materials in der Gemeinschaft zugelassen ist, als auch, wenn dieses Vorhandensein aufgrund der vorliegenden Verordnung toleriert wird.

---

1) **Amtl. Anm.:** ABl L 109 vom 6. 5. 2000, S. 29. Richtlinie geändert durch die Richtlinie 2001/101/EG der Kommission (ABl L 310 vom 28. 11. 2001, S. 19).
2) **Amtl. Anm.:** ABl L 159 vom 3. 6. 1998, S. 4. Richtlinie geändert durch die Verordnung (EG) Nr. 49/2000 der Kommission (ABl L 6 vom 11. 1. 2000, S. 13).
3) **Amtl. Anm.:** ABl L 6 vom 11. 1. 2000, S. 15.

(25) Für den Fall, dass die Gesamtmenge der zufälligen und technisch nicht zu vermeidenden Anteile des genetisch veränderten Materials in einem Lebensmittel oder Futtermittel oder in einem seiner Bestandteile den festgelegten Schwellenwert übersteigt, sollte vorgesehen werden, dass dies gemäß der vorliegenden Verordnung angegeben wird und dass ausführliche Bestimmungen für die Durchführung dieser Verordnung erlassen werden. Vorgesehen werden sollte die Möglichkeit, niedrigere Schwellenwerte festzulegen, insbesondere für Lebensmittel und Futtermittel, die GVO enthalten oder daraus bestehen, oder um dem wissenschaftlichen und technologischen Fortschritt Rechnung zu tragen.

(26) Es ist unbedingt notwendig, dass die Unternehmer sich bemühen, das zufällige Vorhandensein genetisch veränderten Materials, das nach den gemeinschaftlichen Rechtsvorschriften nicht zugelassen ist, in Lebensmitteln und Futtermitteln zu vermeiden. Im Interesse der Praktikabilität und Durchführbarkeit dieser Verordnung sollte jedoch ein bestimmter Schwellenwert – mit der Möglichkeit, niedrigere Schwellenwerte festzulegen, insbesondere für direkt an den Endverbraucher verkaufte GVO – im Rahmen einer Übergangsmaßnahme für sehr kleine Spuren dieses genetisch veränderten Materials in Lebensmitteln oder Futtermitteln festgelegt werden, sofern das Vorhandensein solchen Materials zufällig oder technisch nicht zu vermeiden ist und alle in dieser Verordnung festgelegten speziellen Voraussetzungen erfüllt sind. Die Richtlinie 2001/18/EG sollte entsprechend angepasst werden. Die Anwendung dieser Maßnahme sollte im Rahmen der allgemeinen Überprüfung der Durchführung dieser Verordnung überprüft werden.

(27) Zur Feststellung, dass das Vorhandensein dieser Stoffe zufällig oder technisch nicht zu vermeiden ist, müssen die Unternehmer den zuständigen Behörden nachweisen können, dass sie geeignete Maßnahmen ergriffen haben, um das Vorhandensein genetisch veränderter Lebensmittel oder Futtermittel zu vermeiden.

(28) Die Unternehmer sollten das unbeabsichtigte Vorhandensein von GVO in anderen Produkten vermeiden. Die Kommission sollte Informationen sammeln und auf dieser Grundlage Leitlinien für die Koexistenz von genetisch veränderten, konventionellen und ökologischen Kulturen entwickeln. Außerdem wird die Kommission aufgefordert, möglichst bald alle weiteren erforderlichen Vorschläge zu unterbreiten.

(29) Die Rückverfolgbarkeit und Kennzeichnung von GVO auf allen Stufen des Inverkehrbringens einschließlich der Möglichkeit, Schwellenwerte festzulegen, wird durch die Richtlinie 2001/18/EG und die Verordnung (EG) Nr. 1830/2003 gewährleistet.

(30) Es müssen harmonisierte Verfahren für die Risikobewertung und Zulassung festgelegt werden, die effizient, befristet und transparent sind, sowie Kriterien für die Bewertung der potenziellen Risiken aus genetisch veränderten Lebensmitteln und Futtermitteln.

(31) Damit eine harmonisierte wissenschaftliche Bewertung genetisch veränderter Lebensmittel und Futtermittel gewährleistet ist, sollten diese Bewertungen von der Behörde durchgeführt werden. Da jedoch einzelne Handlungen oder Unterlassungen der Behörde gemäß dieser Verordnung unmittelbare rechtliche Wirkungen auf die Antragsteller zeitigen könnten, sollte die Möglichkeit einer Überprüfung dieser Handlungen oder Unterlassungen durch die Verwaltung vorgesehen werden.

(32) Es hat sich gezeigt, dass sich mit der wissenschaftlichen Risikobewertung allein in manchen Fällen nicht alle Informationen beschaffen lassen, auf die eine Risikomanagemententscheidung gegründet werden sollte, und dass noch andere legitime Faktoren berücksichtigt werden können, die für den jeweils zu prüfenden Sachverhalt relevant sind.

(33) Betrifft der Antrag Erzeugnisse, die einen genetisch veränderten Organismus enthalten oder aus einem solchen bestehen, so sollte der Antragsteller die Wahl haben, entweder eine bereits nach Teil C der Richtlinie 2001/18/EG erlangte Zulassung für die absichtliche Freisetzung in die Umwelt – unbeschadet der an diese Zulassung geknüpften Bedingungen – vorzulegen oder zu beantragen, dass die Umweltverträglichkeitsprüfung gleichzeitig mit der in der vorliegenden Verordnung vorgesehenen Sicherheitsprüfung durchgeführt wird. Im letzteren Falle müssen bei der Umweltverträglichkeitsprüfung die Anforderungen der Richtlinie 2001/18/EG eingehalten und die zu diesem Zweck von

den Mitgliedstaaten benannten zuständigen innerstaatlichen Stellen von der Behörde konsultiert werden. Ferner sollte der Behörde die Möglichkeit gegeben werden, eine dieser zuständigen Stellen um die Durchführung der Umweltverträglichkeitsprüfung zu ersuchen. Außerdem sollten die zuständigen innerstaatlichen Stellen, die gemäß der Richtlinie 2001/18/EG benannt worden sind, in allen Fällen, die GVO sowie Lebensmittel und/oder Futtermittel betreffen, die einen GVO enthalten oder aus einem solchen bestehen, von der Behörde gemäß Artikel 12 Absatz 4 der genannten Richtlinie konsultiert werden, bevor sie die Umweltverträglichkeitsprüfung abschließt.

(34) Im Falle genetisch veränderter Organismen, die als Saatgut oder anderes pflanzliches Vermehrungsgut im Sinne dieser Verordnung verwendet werden sollen, sollte die Behörde verpflichtet sein, einer zuständigen innerstaatlichen Stelle die Umweltverträglichkeitsprüfung zu übertragen. Indessen sollten die im Rahmen dieser Verordnung erteilten Zulassungen weder die Bestimmungen der Richtlinien 68/193/EWG[1], 2002/53/EG[2] und 2002/55/EG[3], die insbesondere Regeln und Kriterien für die Zulassung von Sorten und für ihre amtliche Zulassung im Hinblick auf die Aufnahme in gemeinsame Kataloge vorsehen, noch die Bestimmungen der Richtlinien 66/401/EWG[4], 66/402/EWG[5], 68/193/EWG, 92/33/EWG[6], 92/34/EWG[7], 2002/54/EG[8], 2002/55/EG, 2002/56/EG[9] und 2002/57/EG[10], die insbesondere die Zertifizierung und das Inverkehrbringen von Saatgut und anderem pflanzlichem Vermehrungsgut regeln, berühren.

(35) Gegebenenfalls sind aufgrund des Ergebnisses der Risikobewertung Bestimmungen für die marktbegleitende Beobachtung hinsichtlich der Verwendung gentechnisch veränderter Lebensmittel für den menschlichen Verzehr und gentechnisch veränderter Futtermittel für den Verzehr durch Tiere festzulegen. Im Falle von GVO ist ein Überwachungsplan in Bezug auf die Umweltauswirkungen gemäß der Richtlinie 2001/18/EG zwingend vorgeschrieben.

(36) Zur Erleichterung der Kontrolle genetisch veränderter Lebensmittel und Futtermittel sollten die Antragsteller, die die Zulassung beantragen, geeignete Probenahme-, Identifizierungs- und Nachweisverfahren vorschlagen und Proben der genetisch veränderten Lebensmittel und Futtermittel bei der Behörde hinterlegen. Die Probenahme- und Nachweisverfahren sind gegebenenfalls durch das gemeinschaftliche Referenzlabor zu validieren.

(37) Der technologische Fortschritt und wissenschaftliche Entwicklungen sollten bei der Durchführung dieser Verordnung berücksichtigt werden.

(38) Lebensmittel und Futtermittel im Sinne dieser Verordnung, die vor dem Geltungsbeginn dieser Verordnung rechtmäßig in der Gemeinschaft in Verkehr gebracht worden sind, sollten weiterhin im Verkehr bleiben dürfen, sofern die Unternehmer der Kommission Informationen über die Risikobewertung, die Probenahme-, Identifizierungs- bzw.

---

1) **Amtl. Anm.:** ABl L 93 vom 17. 4. 1968, S. 15. Richtlinie zuletzt geändert durch die Richtlinie 2002/11/EG (ABl L 53 vom 23. 2. 2002, S. 20).
2) **Amtl. Anm.:** ABl L 193 vom 20. 7. 2002, S. 1.
3) **Amtl. Anm.:** ABl L 193 vom 20. 7. 2002, S. 33.
4) **Amtl. Anm.:** ABl L 125 vom 11. 7. 1966, S. 2298/66. Richtlinie zuletzt geändert durch die Richtlinie 2001/64/EG (ABl L 234 vom 1. 9. 2001, S. 60).
5) **Amtl. Anm.:** ABl L 125 vom 11. 7. 1966, S. 2309/66. Richtlinie zuletzt geändert durch die Richtlinie 2001/64/EG.
6) **Amtl. Anm.:** ABl L 157 vom 10. 6. 1992, S. 1. Richtlinie zuletzt geändert durch die Verordnung (EG) Nr. 806/2003 (ABl L 122 vom 16. 5. 2003, S. 1).
7) **Amtl. Anm.:** ABl L 157 vom 10. 6. 1992, S. 10. Richtlinie zuletzt geändert durch die Verordnung (EG) Nr. 806/2003.
8) **Amtl. Anm.:** ABl L 193 vom 20. 7. 2002, S. 12.
9) **Amtl. Anm.:** ABl L 193 vom 20. 7. 2002, S. 60. Richtlinie zuletzt geändert durch die Entscheidung 2003/66/EG der Kommission (ABl L 25 vom 30. 1. 2003, S. 42).
10) **Amtl. Anm.:** ABl L 193 vom 20. 7. 2002, S. 74. Richtlinie zuletzt geändert durch die Richtlinie 2003/45/EG der Kommission (ABl L 138 vom 5. 6. 2003, S. 40).

Nachweismethoden einschließlich Lebensmittel- und Futtermittelproben und ihrer Kontrollproben innerhalb von sechs Monaten nach dem Geltungsbeginn dieser Verordnung übermitteln.

(39) Es sollte ein Register der nach dieser Verordnung zugelassenen genetisch veränderten Lebensmittel und Futtermittel eingerichtet werden, einschließlich spezifischer Produktinformationen, Studien zum Nachweis der Sicherheit des Produkts – einschließlich, soweit verfügbar, Verweise auf unabhängige und überprüfte Studien sowie Probenahme-, Identifizierungs- und Nachweismethoden. Nicht vertrauliche Daten sollten der Öffentlichkeit zugänglich gemacht werden.

(40) Zur Förderung der Forschung und Entwicklung in Bezug auf GVO, die zur Verwendung als Lebensmittel und/oder Futtermittel bestimmt sind, sollten die von Innovatoren getätigten Investitionen bei der Beschaffung von Informationen und Daten zur Unterstützung eines Antrags nach dieser Verordnung geschützt werden. Dieser Schutz sollte jedoch befristet werden, um die unnötige Wiederholung von Studien und Versuchen zu vermeiden, die nicht im Interesse der Öffentlichkeit läge.

(41) Die für die Durchführung dieser Verordnung erforderlichen Maßnahmen sollten gemäß dem Beschluss 1999/468/EG des Rates vom 28. Juni 1999 zur Festlegung der Modalitäten für die Ausübung der der Kommission übertragenen Durchführungsbefugnisse[1] erlassen werden.

(42) Die durch den Beschluss der Kommission vom 16. Dezember 1997 eingesetzte Europäische Gruppe für Ethik der Naturwissenschaften und der Neuen Technologien oder eine andere von der Kommission eingesetzte geeignete Stelle sollte gehört werden können, um Ratschläge zu ethischen Fragen im Zusammenhang mit dem Inverkehrbringen genetisch veränderter Lebensmittel oder Futtermittel einzuholen. Diese Konsultationen sollten die Zuständigkeit der Mitgliedstaaten für ethische Fragen unberührt lassen.

(43) Damit ein hohes Maß an Schutz für Leben und Gesundheit des Menschen, Gesundheit und Wohlergehen der Tiere, die Belange der Umwelt und die Verbraucherinteressen im Zusammenhang mit genetisch veränderten Lebensmitteln und Futtermitteln sichergestellt werden kann, sollten die Anforderungen dieser Verordnung entsprechend den allgemeinen Grundsätzen der Verordnung (EG) Nr. 178/2002 in nicht diskriminierender Weise für Erzeugnisse mit Ursprung in der Gemeinschaft und für Erzeugnisse, die aus Drittländern eingeführt werden, gelten. Diese Verordnung trägt den internationalen Handelsverpflichtungen der Europäischen Gemeinschaften und den Anforderungen des Protokolls von Cartagena über die biologische Sicherheit zum Übereinkommen über die biologische Vielfalt in Bezug auf die Verpflichtungen der Einführer und die Anmeldung Rechnung.

(44) Infolge dieser Verordnung sollten bestimmte Rechtsakte des Gemeinschaftsrechts aufgehoben bzw. geändert werden.

(45) Die Durchführung dieser Verordnung sollte anhand der nach kurzer Zeit gesammelten Erfahrungen überprüft und die Auswirkungen der Anwendung dieser Verordnung auf die Gesundheit von Mensch und Tier, den Verbraucherschutz, die Unterrichtung der Verbraucher und das Funktionieren des Binnenmarktes sollten von der Kommission überwacht werden –

HABEN FOLGENDE VERORDNUNG ERLASSEN:

## Kapitel I: Ziel und Begriffsbestimmungen

### Artikel 1  Ziel

Entsprechend den allgemeinen Grundsätzen der Verordnung (EG) Nr. 178/2002 ist es Ziel dieser Verordnung,

a) die Grundlage für ein hohes Schutzniveau für Leben und Gesundheit des Menschen, Gesundheit und Wohlergehen der Tiere, die Belange der Umwelt und die Verbrau-

---

[1] **Amtl. Anm.:** ABl L 184 vom 17. 7. 1999, S. 23.

cherinteressen im Zusammenhang mit genetisch veränderten Lebensmitteln und Futtermitteln sicherzustellen und ein reibungsloses Funktionieren des Binnenmarkts zu gewährleisten;

b) gemeinschaftliche Verfahren für die Zulassung und Überwachung genetisch veränderter Lebensmittel und Futtermittel festzulegen;

c) Bestimmungen für die Kennzeichnung genetisch veränderter Lebensmittel und Futtermittel festzulegen.

**Artikel 2   Begriffsbestimmungen**

Für die Zwecke dieser Verordnung

1. gelten die Definitionen für „Lebensmittel", „Futtermittel", „Endverbraucher", „Lebensmittelunternehmen" und „Futtermittelunternehmen", die in der Verordnung (EG) Nr. 178/2002 festgelegt sind;
2. gilt die Definition für „Rückverfolgbarkeit", die in der Verordnung (EG) Nr. 1830/2003 festgelegt ist;
3. bezeichnet „Unternehmer" die natürliche oder juristische Person, die dafür verantwortlich ist, dass die Anforderungen dieser Verordnung in dem ihrer Kontrolle unterstehenden Lebensmittel- oder Futtermittelunternehmen erfüllt werden;
4. gelten die Definitionen für „Organismus", „absichtliche Freisetzung" und „Umweltverträglichkeitsprüfung", die in der Richtlinie 2001/18/EG festgelegt sind;
5. bezeichnet „genetisch veränderter Organismus" oder „GVO" einen genetisch veränderten Organismus im Sinne von Artikel 2 Nummer 2 der Richtlinie 2001/18/EG, mit Ausnahme von Organismen, bei denen eine genetische Veränderung durch den Einsatz der in Anhang 1B der Richtlinie 2001/18/EG aufgeführten Verfahren herbeigeführt wurde;
6. bezeichnet „genetisch veränderte Lebensmittel" Lebensmittel, die GVO enthalten, daraus bestehen oder hergestellt werden;
7. bezeichnet „genetisch veränderte Futtermittel" Futtermittel, die GVO enthalten, daraus bestehen oder hergestellt werden;
8. bezeichnet „zur Verwendung als Lebensmittel/in Lebensmitteln bestimmter genetisch veränderter Organismus" einen GVO, der als Lebensmittel oder als Ausgangsmaterial für die Herstellung von Lebensmitteln verwendet werden kann;
9. bezeichnet „zur Verwendung als Futtermittel/in Futtermitteln bestimmter genetisch veränderter Organismus" einen GVO, der als Futtermittel oder als Ausgangsmaterial für die Herstellung von Futtermitteln verwendet werden kann;
10. bezeichnet „hergestellt aus GVO" vollständig oder teilweise aus GVO abgeleitet, aber keine GVO enthaltend oder daraus bestehend;
11. bezeichnet „Kontrollprobe" den GVO oder sein genetisches Material (positive Probe) oder den Elternorganismus oder sein genetisches Material, der/das für die Zwecke der genetischen Veränderung genutzt worden ist (negative Probe);
12. bezeichnet „entsprechendes herkömmliches Erzeugnis" ein gleichartiges Lebensmittel- oder Futtermittel, das ohne genetische Veränderung hergestellt wird und dessen sichere Verwendung über ausreichend lange Zeit nachgewiesen ist;
13. bezeichnet „Zutaten" die Zutaten im Sinne des Artikels 6 Absatz 4 der Richtlinie 2000/13/EG;
14. bezeichnet „Inverkehrbringen" das Bereithalten von Lebensmitteln oder Futtermitteln für Zwecke des Verkaufs, einschließlich des Anbietens zum Verkauf, oder jeder anderen Form der Weitergabe, gleichgültig, ob unentgeltlich oder nicht, sowie den Verkauf, den Vertrieb oder andere Formen der Weitergabe selbst.
15. bezeichnet „vorverpacktes Lebensmittel" die Verkaufseinheit, die ohne weitere Verarbeitung abgegeben werden soll und die aus einem Lebensmittel und der Verpackung besteht, in die es vor dem Feilbieten abgepackt worden ist, unabhängig davon, ob die Verpackung das Lebensmittel ganz oder teilweise umschließt, voraus-

gesetzt, dass der Inhalt nicht verändert werden kann, ohne dass die Verpackung geöffnet werden muss oder eine Veränderung erfährt.

16. bezeichnet „Anbieter von Gemeinschaftsverpflegung" eine gemeinschaftliche Einrichtung im Sinne von Artikel 1 der Richtlinie 2000/13/EG.

## Kapitel II: Genetisch veränderte Lebensmittel
### Abschnitt 1: Zulassung und Überwachung
#### Artikel 3 Geltungsbereich

(1) Dieser Abschnitt findet Anwendung auf
a) zur Verwendung als Lebensmittel/in Lebensmitteln bestimmte GVO,
b) Lebensmittel, die GVO enthalten oder aus solchen bestehen,
c) Lebensmittel, die aus GVO hergestellt werden oder Zutaten enthalten, die aus GVO hergestellt werden.

(2) Maßnahmen zur Änderung nicht wesentlicher Bestimmungen dieser Verordnung durch Ergänzung, die die Bestimmung betreffen, ob ein bestimmtes Lebensmittel in den Geltungsbereich dieses Abschnitts fällt, werden gegebenenfalls nach dem in Artikel 35 Absatz 3 genannten Regelungsverfahren mit Kontrolle erlassen.

#### Artikel 4 Anforderungen

(1) Lebensmittel gemäß Artikel 3 Absatz 1 dürfen
a) keine nachteiligen Auswirkungen auf die Gesundheit von Mensch und Tier oder die Umwelt haben,
b) die Verbraucher nicht irreführen,
c) sich von den Lebensmitteln, die sie ersetzen sollen, nicht so stark unterscheiden, dass ihr normaler Verzehr Ernährungsmängel für den Verbraucher mit sich brächte.

(2) Niemand darf einen zur Verwendung als Lebensmittel/in Lebensmitteln bestimmten GVO oder ein in Artikel 3 Absatz 1 genanntes Lebensmittel in Verkehr bringen, wenn der Organismus oder das Lebensmittel nicht über eine gemäß diesem Abschnitt erteilte Zulassung verfügt und die entsprechenden Zulassungsvoraussetzungen erfüllt.

(3) Kein zur Verwendung als Lebensmittel/in Lebensmitteln bestimmter GVO und kein in Artikel 3 Absatz 1 genanntes Lebensmittel darf zugelassen werden, wenn der Antragsteller nicht in geeigneter und ausreichender Weise nachgewiesen hat, dass der Organismus oder das Lebensmittel die in Absatz 1 des vorliegenden Artikels genannten Anforderungen erfüllt.

(4) Die in Absatz 2 genannte Zulassung kann Folgendes umfassen:
a) einen GVO und Lebensmittel, die diesen GVO enthalten oder aus ihm bestehen, sowie Lebensmittel, die aus diesem GVO hergestellte Zutaten enthalten oder aus solchen hergestellt sind, oder
b) Lebensmittel, die aus einem GVO hergestellt sind, sowie Lebensmittel, die aus diesem Lebensmittel hergestellt sind oder dieses enthalten,
c) eine aus einem GVO hergestellte Zutat sowie Lebensmittel, die diese Zutat enthalten.

(5) Eine Zulassung im Sinne von Absatz 2 kann nur auf der Grundlage dieser Verordnung und nach den darin festgelegten Verfahren erteilt, versagt, erneuert, geändert, ausgesetzt oder widerrufen werden.

(6) Der Antragsteller für eine Zulassung im Sinne von Absatz 2 und – nach der Erteilung der Zulassung – der Zulassungsinhaber oder sein Vertreter muss in der Gemeinschaft ansässig sein.

(7) Eine Zulassung gemäß dieser Verordnung lässt die Richtlinie 2002/53/EG, die Richtlinie 2002/55/EG und die Richtlinie 68/193/EWG unberührt.

**Artikel 5    Beantragung der Zulassung**

(1) Um die in Artikel 4 Absatz 2 genannte Zulassung zu erhalten, ist ein Antrag gemäß den folgenden Bestimmungen zu stellen.

(2) Der Antrag ist an die zuständige nationale Behörde eines Mitgliedstaates zu richten.
- a) Die zuständige nationale Behörde
  - i. bestätigt dem Antragsteller den Erhalt des Antrags schriftlich innerhalb von 14 Tagen nach dessen Eingang. In der Bestätigung ist das Datum des Antragseingangs zu nennen,
  - ii. unterrichtet unverzüglich die Europäische Behörde für Lebensmittelsicherheit, im Folgenden „Behörde" genannt, und
  - iii. stellt der Behörde den Antrag und alle vom Antragsteller gelieferten sonstigen Informationen zur Verfügung.
- b) Die Behörde
  - i. unterrichtet die anderen Mitgliedstaaten und die Kommission unverzüglich über den Antrag und stellt ihnen den Antrag und alle vom Antragsteller gelieferten sonstigen Informationen zur Verfügung;
  - ii. macht der Öffentlichkeit die in Absatz 3 Buchstabe l) genannte Zusammenfassung des Dossiers zugänglich.

(3) Dem Antrag ist Folgendes beizufügen:
- a) Name und Anschrift des Antragstellers;
- b) die Bezeichnung des Lebensmittels und seine Spezifikation einschließlich der/des zugrunde liegenden Transformationsereignisse(s);
- c) gegebenenfalls die nach Anlage II zum Protokoll von Cartagena über die biologische Sicherheit zum Übereinkommen über die biologische Vielfalt (im Folgenden als „Protokoll von Cartagena" bezeichnet) erforderlichen Angaben;
- d) gegebenenfalls eine ausführliche Beschreibung des Herstellungs- und Gewinnungsverfahrens;
- e) eine Kopie der durchgeführten Studien, einschließlich – wenn verfügbar – der von unabhängigen Gutachtern überprüften Studien, sowie alle anderen Unterlagen, anhand deren nachgewiesen werden kann, dass das Lebensmittel die Kriterien gemäß Artikel 4 Absatz 1 erfüllt;
- f) entweder eine Analyse, die anhand entsprechender Informationen und Daten zeigt, dass die Eigenschaften des Lebensmittels sich von denen des entsprechenden herkömmlichen Erzeugnisses innerhalb der akzeptierten natürlichen Variationsgrenzen solcher Eigenschaften und unter Berücksichtigung der in Artikel 13 Absatz 2 Buchstabe a) genannten Kriterien nicht unterscheiden, oder ein Vorschlag für die Kennzeichnung des Lebensmittels gemäß Artikel 13 Absatz 2 Buchstabe a) und Absatz 3;
- g) entweder eine begründete Erklärung, dass das Lebensmittel keinen Anlass zu ethischen oder religiösen Bedenken gibt, oder ein Vorschlag für seine Kennzeichnung gemäß Artikel 13 Absatz 2 Buchstabe b);
- h) gegebenenfalls die Bedingungen des Inverkehrbringens des Lebensmittels oder der daraus hergestellten Lebensmittel, einschließlich spezifischer Bedingungen für Verwendung und Handhabung;
- i) Verfahren zum Nachweis, zur Probenahme (einschließlich der Angabe bestehender offizieller oder normierter Methoden zur Probenahme) und zur Identifizierung des Transformationsereignisses sowie gegebenenfalls zum Nachweis und zur Identifizierung des Transformationsereignisses in dem Lebensmittel und/oder den daraus hergestellten Lebensmitteln;
- j) Proben des Lebensmittels und ihre Kontrollproben sowie Angabe des Ortes, an dem das Referenzmaterial zugänglich ist;

k) gegebenenfalls ein Vorschlag für eine marktbegleitende Beobachtung der Verwendung des für den menschlichen Verzehr bestimmten Lebensmittels;

l) eine Zusammenfassung des Dossiers in standardisierter Form.

(4) Im Falle eines Antrags auf Zulassung eines zur Verwendung als Lebensmittel/in Lebensmitteln bestimmten GVO ist mit der Bezeichnung „Lebensmittel" in Absatz 3 ein Lebensmittel gemeint, das den GVO, für den ein Antrag gestellt wird, enthält, daraus besteht oder daraus hergestellt wurde.

(5) Im Falle von GVO oder Lebensmitteln, die GVO enthalten oder aus solchen bestehen, ist dem Antrag außerdem Folgendes beizufügen:

a) die vollständigen technischen Unterlagen, aus denen die nach den Anhängen III und IV der Richtlinie 2001/18/EG erforderlichen Informationen hervorgehen, sowie Angaben und Schlussfolgerungen zu der gemäß den in Anhang II der Richtlinie 2001/18/EG genannten Grundsätzen durchgeführten Risikobewertung oder – sofern das Inverkehrbringen des GVO gemäß Teil C der Richtlinie 2001/18/EG zugelassen wurde – eine Kopie der Entscheidung über die Zulassung;

b) ein Plan zur Beobachtung der Umweltauswirkungen gemäß Anhang VII der Richtlinie 2001/18/EG, einschließlich eines Vorschlags für den für den Beobachtungsplan vorgesehenen Zeitraum; dieser Zeitraum kann sich von dem für die Zustimmung vorgeschlagenen Zeitraum unterscheiden.

In diesem Fall sind die Artikel 13 bis 24 der Richtlinie 2001/18/EG nicht anwendbar.

(6) Betrifft der Antrag einen Stoff, der gemäß anderen Bestimmungen des Gemeinschaftsrechts nur verwendet und in Verkehr gebracht werden darf, wenn er in einer Liste von Stoffen aufgeführt ist, die unter Ausschluss anderer Stoffe registriert oder zugelassen sind, so ist dies im Antrag anzugeben, und es ist der Status des Stoffs nach den entsprechenden Vorschriften zu nennen.

(7) Die Kommission legt nach Konsultation der Behörde gemäß dem in Artikel 35 Absatz 2 genannten Verfahren Durchführungsbestimmungen zur Anwendung des vorliegenden Artikels fest, einschließlich Bestimmungen betreffend die Erstellung und die Vorlage des Antrags.

(8) Vor dem Geltungsbeginn dieser Verordnung veröffentlicht die Behörde eine ausführliche Anleitung als Hilfe für den Antragsteller bei der Erstellung und Vorlage des Antrags.

### Artikel 6 Stellungnahme der Behörde

(1) Bei der Abgabe ihrer Stellungnahme ist die Behörde bestrebt, eine Frist von sechs Monaten ab Erhalt eines gültigen Antrags einzuhalten. Diese Frist wird verlängert, wenn die Behörde gemäß Absatz 2 den Antragsteller um ergänzende Informationen ersucht.

(2) Die Behörde oder eine zuständige nationale Behörde kann – über die Behörde – gegebenenfalls den Antragsteller auffordern, die Unterlagen zum Antrag innerhalb einer bestimmten Frist zu ergänzen.

(3) Zur Vorbereitung ihrer Stellungnahme

a) prüft die Behörde, ob die vom Antragsteller vorgelegten Angaben und Unterlagen Artikel 5 entsprechen und ob das Lebensmittel die in Artikel 4 Absatz 1 festgelegten Kriterien erfüllt;

b) kann die Behörde die entsprechende Lebensmittelbewertungsstelle eines Mitgliedstaats ersuchen, nach Artikel 36 der Verordnung (EG) Nr. 178/2002 eine Sicherheitsbewertung des Lebensmittels durchzuführen;

c) kann die Behörde eine nach Artikel 4 der Richtlinie 2001/18/EG bezeichnete zuständige Behörde ersuchen, eine Umweltverträglichkeitsprüfung durchzuführen; betrifft jedoch der Antrag GVO, die als Saatgut oder anderes pflanzliches Vermehrungsgut verwendet werden sollen, so ersucht die Behörde eine zuständige innerstaatliche Stelle, die Umweltverträglichkeitsprüfung durchzuführen;

d) übermittelt die Behörde dem in Artikel 32 genannten gemeinschaftlichen Referenzlabor die in Artikel 5 Absatz 3 Buchstaben i) und j) genannten Unterlagen. Das gemeinschaftliche Referenzlabor testet und validiert die vom Antragsteller vorgeschlagene Methode zum Nachweis und zur Identifizierung;

e) prüft die Behörde bei der Überprüfung der Anwendung von Artikel 13 Absatz 2 Buchstabe a) die vom Antragsteller vorgelegten Informationen und Daten, die zeigen sollen, dass sich die Eigenschaften des Lebensmittels innerhalb der akzeptierten natürlichen Variationsgrenzen solcher Eigenschaften nicht von denen des entsprechenden herkömmlichen Erzeugnisses unterscheiden.

(4) Im Falle von GVO oder Lebensmitteln, die GVO enthalten oder daraus bestehen, sind bei der Bewertung die in der Richtlinie 2001/18/EG vorgesehenen umweltbezogenen Sicherheitsanforderungen einzuhalten, damit sichergestellt ist, dass alle geeigneten Maßnahmen getroffen werden, um schädliche Auswirkungen auf die Gesundheit von Mensch und Tier sowie die Umwelt, die sich aus der absichtlichen Freisetzung von GVO ergeben könnten, zu verhindern. Bei der Bewertung von Anträgen auf Inverkehrbringen von Erzeugnissen, die aus GVO bestehen oder solche enthalten, konsultiert die Behörde die von den einzelnen Mitgliedstaaten zu diesem Zweck bezeichneten zuständigen nationalen Behörden im Sinne der Richtlinie 2001/18/EG. Die zuständigen Behörden geben innerhalb von drei Monaten nach Erhalt des entsprechenden Ersuchens eine Stellungnahme ab.

(5) Wird die Zulassung des Lebensmittels in der Stellungnahme befürwortet, enthält die Stellungnahme außerdem folgende Angaben:

a) Name und Anschrift des Antragstellers;

b) die Bezeichnung des Lebensmittels und seine Spezifikation;

c) gegebenenfalls die nach Anlage II zum Protokoll von Cartagena erforderlichen Angaben;

d) den Vorschlag für die Kennzeichnung des Lebensmittels und/oder der daraus hergestellten Lebensmittel;

e) gegebenenfalls alle Bedingungen oder Einschränkungen, die für das Inverkehrbringen gelten sollten, und/oder besondere Bedingungen oder Einschränkungen für Verwendung und Handhabung, einschließlich Bestimmungen für die marktbegleitende Beobachtung, auf der Grundlage der Ergebnisse der Risikobewertung, sowie – im Falle von GVO oder Lebensmitteln, die GVO enthalten oder daraus bestehen – Bedingungen zum Schutz bestimmter Ökosysteme/der Umwelt und/oder bestimmter geografischer Gebiete;

f) das vom gemeinschaftlichen Referenzlabor validierte Verfahren zum Nachweis, einschließlich Probenahme, zur Identifizierung des Transformationsereignisses sowie gegebenenfalls zum Nachweis und zur Identifizierung des Transformationsereignisses in dem Lebensmittel und/oder den daraus hergestellten Lebensmitteln; Angabe des Ortes, an dem geeignetes Referenzmaterial zugänglich ist;

g) gegebenenfalls den in Artikel 5 Absatz 5 Buchstabe b) genannten Beobachtungsplan.

(6) Die Behörde übermittelt der Kommission, den Mitgliedstaaten und dem Antragsteller ihre Stellungnahme einschließlich eines Berichts, in dem sie eine Bewertung des Lebensmittels vornimmt, ihre Stellungnahme begründet und die dieser Stellungnahme zugrunde liegenden Informationen, einschließlich der Stellungnahmen der gemäß Absatz 4 konsultierten zuständigen Behörden, anführt.

(7) Die Behörde veröffentlicht gemäß Artikel 38 Absatz 1 der Verordnung (EG) Nr. 178/2002 ihre Stellungnahme, nachdem sie alle gemäß Artikel 30 der vorliegenden Verordnung als vertraulich geltenden Informationen gestrichen hat. Die Öffentlichkeit kann innerhalb von 30 Tagen nach dieser Veröffentlichung gegenüber der Kommission dazu Stellung nehmen.

**Artikel 7 Zulassung**

(1) Die Kommission legt dem in Artikel 35 genannten Ausschuss innerhalb von drei Monaten nach Erhalt der Stellungnahme der Behörde einen Entwurf für eine Entscheidung über den Antrag vor, wobei die Stellungnahme der Behörde, die einschlägigen Bestimmungen des Gemeinschaftsrechts und andere legitime Faktoren berücksichtigt werden, die für den jeweils zu prüfenden Sachverhalt relevant sind. Stimmt der Entscheidungsentwurf nicht mit der Stellungnahme der Behörde überein, erläutert die Kommission die betreffenden Unterschiede.

(2) Sieht der Entscheidungsentwurf die Erteilung der Zulassung vor, umfasst er auch die in Artikel 6 Absatz 5 genannten Angaben, den Namen des Zulassungsinhabers und gegebenenfalls den dem GVO zugeteilten spezifischen Erkennungsmarker, wie er in der Verordnung (EG) Nr. 1830/2003 festgelegt ist.

(3) Die endgültige Entscheidung über den Antrag wird nach dem in Artikel 35 Absatz 2 genannten Verfahren getroffen.

(4) Die Kommission informiert den Antragsteller unverzüglich über die Entscheidung und veröffentlicht eine Information über die Entscheidung im Amtsblatt der Europäischen Union.

(5) Die Zulassung, die gemäß dem in dieser Verordnung festgelegten Verfahren erteilt wird, gilt in der gesamten Gemeinschaft zehn Jahre und ist gemäß Artikel 11 erneuerbar. Das zugelassene Lebensmittel wird in das in Artikel 28 genannte Register eingetragen. Jeder Eintrag in das Register umfasst das Datum der Zulassung und die in Absatz 2 genannten Angaben.

(6) Andere Bestimmungen des Gemeinschaftsrechts über die Verwendung und das Inverkehrbringen von Stoffen, die nur verwendet werden dürfen, wenn sie in einer Liste von Stoffen aufgeführt sind, die unter Ausschluss anderer Stoffe registriert oder zugelassen sind, bleiben von der Zulassung gemäß diesem Abschnitt unberührt.

(7) Die Erteilung der Zulassung schränkt die allgemeine zivil- und strafrechtliche Haftung der Lebensmittelunternehmer hinsichtlich des betreffenden Lebensmittels nicht ein.

(8) Bezugnahmen in den Teilen A und D der Richtlinie 2001/18/EG auf nach Teil C der Richtlinie zugelassene GVO gelten auch als Bezugnahmen auf nach dieser Verordnung zugelassene GVO.

**Artikel 8 Status bereits existierender Erzeugnisse**

(1) Abweichend von Artikel 4 Absatz 2 können Erzeugnisse, die unter diesen Abschnitt fallen und die vor dem Geltungsbeginn dieser Verordnung rechtmäßig in der Gemeinschaft in Verkehr gebracht wurden, unter folgenden Voraussetzungen weiterhin in Verkehr gebracht, verwendet und verarbeitet werden:

a) Bei Erzeugnissen, die gemäß der Richtlinie 90/220/EWG vor Inkrafttreten der Verordnung (EG) Nr. 258/97 oder gemäß den in der Verordnung (EG) Nr. 258/97 genannten Bestimmungen in Verkehr gebracht wurden, melden die für das Inverkehrbringen der betreffenden Erzeugnisse verantwortlichen Unternehmer der Kommission innerhalb von sechs Monaten nach dem Geltungsbeginn dieser Verordnung das Datum, an dem die Erzeugnisse erstmals in der Gemeinschaft in Verkehr gebracht wurden;

b) bei Erzeugnissen, die rechtmäßig in der Gemeinschaft in Verkehr gebracht wurden, jedoch nicht unter Buchstabe a) genannt sind, melden die für das Inverkehrbringen der betreffenden Erzeugnisse verantwortlichen Unternehmer der Kommission innerhalb von sechs Monaten nach dem Geltungsbeginn dieser Verordnung, dass die Erzeugnisse vor dem Geltungsbeginn dieser Verordnung in der Gemeinschaft in Verkehr gebracht wurden.

(2) Der Meldung gemäß Absatz 1 sind die in Artikel 5 Absatz 3 und gegebenenfalls Absatz 5 genannten Unterlagen beizufügen; die Kommission leitet diese Unterlagen an die Behörde und die Mitgliedstaaten weiter. Die Behörde übermittelt dem gemeinschaftli-

chen Referenzlabor die in Artikel 5 Absatz 3 Buchstaben i) und j) genannten Unterlagen. Das gemeinschaftliche Referenzlabor testet und validiert die vom Antragsteller vorgeschlagene Methode zum Nachweis und zur Identifizierung.

(3) Innerhalb eines Jahres nach dem Geltungsbeginn dieser Verordnung werden die betreffenden Erzeugnisse in das Register eingetragen, nachdem überprüft worden ist, dass alle erforderlichen Informationen vorgelegt und geprüft worden sind. Jeder Eintrag in das Register umfasst gegebenenfalls die in Artikel 7 Absatz 2 genannten Angaben und bei Erzeugnissen gemäß Absatz 1 Buchstabe a) das Datum, an dem die betreffenden Erzeugnisse erstmals in Verkehr gebracht wurden.

(4) Innerhalb von neun Jahren nach dem Datum, an dem die Erzeugnisse gemäß Absatz 1 Buchstabe a) erstmals in Verkehr gebracht wurden, jedoch auf keinen Fall eher als drei Jahre nach dem Geltungsbeginn dieser Verordnung, stellen die für das Inverkehrbringen verantwortlichen Unternehmer einen Antrag gemäß Artikel 11, der entsprechend gilt.

Innerhalb von drei Jahren nach Geltungsbeginn dieser Verordnung stellen die für das Inverkehrbringen von Erzeugnissen gemäß Absatz 1 Buchstabe b) verantwortlichen Unternehmer einen Antrag gemäß Artikel 11, der entsprechend gilt.

(5) Die in Absatz 1 genannten Erzeugnisse sowie die Lebensmittel, die diese enthalten oder aus diesen hergestellt sind, unterliegen den Bestimmungen dieser Verordnung, insbesondere den Artikeln 9, 10 und 34, die entsprechend gelten.

(6) Werden die Meldung und die in den Absätzen 1 und 2 genannten entsprechenden Unterlagen nicht innerhalb der genannten Frist vorgelegt oder für fehlerhaft befunden oder wird ein Antrag nicht gemäß Absatz 4 innerhalb der genannten Frist gestellt, trifft die Kommission nach dem in Artikel 35 Absatz 2 genannten Verfahren Maßnahmen, um das betreffende Erzeugnis und jegliche daraus hergestellten Erzeugnisse vom Markt zu nehmen. Dabei kann ein begrenzter Zeitraum vorgesehen werden, während dessen Bestände des Erzeugnisses noch aufgebraucht werden können.

(7) Ist eine Zulassung nicht auf einen bestimmten Inhaber ausgestellt, legt der Unternehmer, der die in diesem Artikel genannten Erzeugnisse einführt, herstellt oder gewinnt, der Kommission die Informationen oder den Antrag vor.

(8) Durchführungsbestimmungen zu diesem Artikel werden nach dem in Artikel 35 Absatz 2 genannten Verfahren erlassen.

**Artikel 9  Überwachung**

(1) Nach Erteilung einer Zulassung gemäß dieser Verordnung haben der Zulassungsinhaber und die sonstigen Beteiligten alle Bedingungen oder Einschränkungen zu erfüllen, die in der Zulassung auferlegt werden, und insbesondere dafür zu sorgen, dass Erzeugnisse, für die die Zulassung nicht gilt, nicht als Lebensmittel oder Futtermittel in Verkehr gebracht werden. Wurde dem Zulassungsinhaber eine marktbegleitende Beobachtung gemäß Artikel 5 Absatz 3 Buchstabe k) und/oder eine Beobachtung nach Artikel 5 Absatz 5 Buchstabe b) vorgeschrieben, so stellt er sicher, dass diese durchgeführt wird, und legt der Kommission entsprechend der Zulassung Berichte vor. Die genannten Beobachtungsberichte sind der Öffentlichkeit zugänglich zu machen, nachdem alle gemäß Artikel 30 als vertraulich geltenden Informationen gestrichen worden sind.

(2) Begehrt der Zulassungsinhaber eine Änderung der Zulassungsbedingungen, so stellt er dazu gemäß Artikel 5 Absatz 2 einen Antrag. Die Artikel 5, 6 und 7 gelten entsprechend.

(3) Der Zulassungsinhaber übermittelt der Kommission unverzüglich alle neuen wissenschaftlichen oder technischen Informationen, die die Bewertung der Sicherheit bei der Verwendung des Lebensmittels beeinflussen könnten. Insbesondere informiert er die Kommission unverzüglich über alle Verbote oder Einschränkungen, die von der zuständigen Behörde eines Drittlandes ausgesprochen wurden, in dem das Lebensmittel in Verkehr gebracht wird.

(4) Die Kommission stellt die vom Antragsteller gelieferten Informationen unverzüglich der Behörde und den Mitgliedstaaten zur Verfügung.

## Artikel 10  Änderung, Aussetzung und Widerruf von Zulassungen

(1) Aus eigener Initiative oder auf Ersuchen eines Mitgliedstaats oder der Kommission gibt die Behörde eine Stellungnahme zu der Frage ab, ob eine Zulassung für ein in Artikel 3 Absatz 1 genanntes Erzeugnis die in dieser Verordnung festgelegten Bedingungen noch erfüllt. Sie übermittelt diese Stellungnahme unverzüglich der Kommission, dem Zulassungsinhaber und den Mitgliedstaaten. Die Behörde veröffentlicht ihre Stellungnahme gemäß Artikel 38 Absatz 1 der Verordnung (EG) Nr. 178/2002, nachdem sie alle gemäß Artikel 30 der vorliegenden Verordnung als vertraulich geltenden Informationen gestrichen hat. Die Öffentlichkeit kann innerhalb von 30 Tagen nach dieser Veröffentlichung gegenüber der Kommission dazu Stellung nehmen.

(2) Die Kommission prüft die Stellungnahme der Behörde so bald wie möglich. Alle geeigneten Maßnahmen werden gemäß Artikel 34 getroffen. Gegebenenfalls wird die Zulassung nach dem Verfahren des Artikels 7 geändert, ausgesetzt oder widerrufen.

(3) Artikel 5 Absatz 2 und die Artikel 6 und 7 gelten entsprechend.

## Artikel 11  Erneuerung der Zulassung

(1) Gemäß dieser Verordnung erteilte Zulassungen sind für weitere zehn Jahre erneuerbar, wenn der Zulassungsinhaber bei der Kommission spätestens ein Jahr vor Ablauf der Zulassung einen entsprechenden Antrag stellt.

(2) Dem Antrag ist Folgendes beizufügen:
a) eine Kopie der Zulassung für das Inverkehrbringen des Lebensmittels;
b) ein Bericht über die Beobachtungsergebnisse, sofern dies in der Zulassung so festgelegt ist;
c) alle sonstigen neuen Informationen hinsichtlich der Evaluierung der Sicherheit bei der Verwendung des Lebensmittels und der Risiken, die das Lebensmittel für Verbraucher oder Umwelt birgt;
d) gegebenenfalls ein Vorschlag zur Änderung oder Ergänzung der Bedingungen der ursprünglichen Zulassung, unter anderem der Bedingungen hinsichtlich der späteren Beobachtung.

(3) Artikel 5 Absatz 2 und die Artikel 6 und 7 gelten entsprechend.

(4) Wird aus Gründen, die dem Zulassungsinhaber nicht angelastet werden können, vor Ablauf der Zulassung keine Entscheidung über deren Erneuerung getroffen, verlängert sich der Zulassungszeitraum des Erzeugnisses automatisch, bis eine Entscheidung getroffen wird.

(5) Die Kommission kann nach Konsultation der Behörde gemäß dem in Artikel 35 Absatz 2 genannten Verfahren Durchführungsbestimmungen zur Anwendung des vorliegenden Artikels, einschließlich Bestimmungen zur Erstellung und Vorlage des Antrags, festlegen.

(6) Die Behörde veröffentlicht eine ausführliche Anleitung als Hilfe für den Antragsteller bei der Erstellung und Vorlage seines Antrags.

## Abschnitt 2:  Kennzeichnung

### Artikel 12  Geltungsbereich

(1) Dieser Abschnitt gilt für Lebensmittel, die als solche an den Endverbraucher oder an Anbieter von Gemeinschaftsverpflegung innerhalb der Gemeinschaft geliefert werden sollen und die
a) GVO enthalten oder daraus bestehen oder
b) aus GVO hergestellt werden oder Zutaten enthalten, die aus GVO hergestellt werden.

(2) Dieser Abschnitt gilt nicht für Lebensmittel, die Material enthalten, das GVO enthält, aus solchen besteht oder aus solchen hergestellt ist, mit einem Anteil, der nicht höher ist als 0,9 Prozent der einzelnen Lebensmittelzutaten oder des Lebensmittels, wenn

es aus einer einzigen Zutat besteht, vorausgesetzt, dieser Anteil ist zufällig oder technisch nicht zu vermeiden.

(3) Damit festgestellt werden kann, dass das Vorhandensein dieses Materials zufällig oder technisch nicht zu vermeiden ist, müssen die Unternehmer den zuständigen Behörden nachweisen können, dass sie geeignete Schritte unternommen haben, um das Vorhandensein derartiger Materialien zu vermeiden.

(4) Maßnahmen zur Änderung nicht wesentlicher Bestimmungen dieser Verordnung durch Ergänzung, die die Festlegung angemessener niedriger Schwellenwerte, insbesondere für Lebensmittel, die GVO enthalten oder daraus bestehen, betreffen, oder die den Fortschritten in Wissenschaft und Technologie Rechnung tragen, werden nach dem in Artikel 35 Absatz 3 genannten Regelungsverfahren mit Kontrolle erlassen.

### Artikel 13 Anforderungen

(1) Unbeschadet der anderen Anforderungen des Gemeinschaftsrechts hinsichtlich der Kennzeichnung von Lebensmitteln gelten für Lebensmittel, die unter diesen Abschnitt fallen, folgende spezifische Kennzeichnungsanforderungen:

a) Besteht das Lebensmittel aus mehr als einer Zutat, ist der Zusatz „genetisch verändert" oder „aus genetisch verändertem [Bezeichnung der Zutat] hergestellt" in dem in Artikel 6 der Richtlinie 2000/13/EG vorgesehenen Verzeichnis der Zutaten in Klammern unmittelbar nach der betreffenden Zutat aufzuführen.

b) Wird die Zutat mit dem Namen einer Kategorie bezeichnet, sind die Wörter „enthält genetisch veränderten [Bezeichnung des Organismus]" oder „enthält aus genetisch verändertem [Bezeichnung des Organismus] hergestellte(n) [Bezeichnung der Zutat]" in dem Verzeichnis der Zutaten aufzuführen.

c) Wird kein Verzeichnis der Zutaten angegeben, sind die Wörter „genetisch verändert" oder „aus genetisch verändertem [Bezeichnung des Organismus] hergestellt" deutlich auf dem Etikett anzubringen.

d) Die unter den Buchstaben a) und b) genannten Angaben können in einer Fußnote zum Verzeichnis der Zutaten aufgeführt werden. In diesem Fall sind sie in einer Schriftgröße zu drucken, die mindestens so groß ist wie die Schriftgröße in dem Verzeichnis der Zutaten. Wird kein Verzeichnis der Zutaten angegeben, sind die Angaben deutlich auf dem Etikett anzubringen.

e) Wird das Lebensmittel dem Endverbraucher unverpackt oder in kleinen Verpackungen angeboten, deren größte Oberfläche 10 cm² unterschreitet, sind die in diesem Absatz geforderten Angaben entweder auf oder in unmittelbarem Zusammenhang mit der Auslage des Lebensmittels oder aber auf der Verpackung in dauerhafter und sichtbarer Form anzubringen, und zwar in einer Schriftgröße, die gute Lesbarkeit und Identifizierbarkeit gewährleistet.

(2) Neben den in Absatz 1 genannten Kennzeichnungsanforderungen sind in folgenden Fällen auf der Etikettierung auch alle Merkmale oder Eigenschaften gemäß der Zulassung anzugeben,

a) sofern ein Lebensmittel sich von dem entsprechenden herkömmlichen Erzeugnis in Bezug auf die folgenden Merkmale und Eigenschaften unterscheidet:
   i. Zusammensetzung,
   ii. Nährwert oder nutritive Wirkungen,
   iii. Verwendungszweck,
   iv. Auswirkungen auf die Gesundheit bestimmter Bevölkerungsgruppen;

b) sofern ein Lebensmittel Anlass zu ethischen oder religiösen Bedenken geben könnte.

(3) Neben den in Absatz 1 festgelegten Kennzeichnungsanforderungen und gemäß der Zulassung sind auf der Etikettierung von Lebensmitteln, die unter diesen Abschnitt fallen und zu denen es kein entsprechendes herkömmliches Erzeugnis gibt, die entsprechenden Informationen über Art und Merkmale der betreffenden Lebensmittel anzubringen.

**Artikel 14  Durchführungsmaßnahmen**

(1) Die folgenden Maßnahmen können von der Kommission erlassen werden:
- die Maßnahmen, die die Unternehmer treffen müssen, um den Nachweis gegenüber den zuständigen Behörden gemäß Artikel 12 Absatz 3 zu erbringen;
- die Maßnahmen, die die Unternehmer treffen müssen, um den Kennzeichnungsanforderungen gemäß Artikel 13 nachzukommen;
- besondere Bestimmungen für die von Anbietern von Gemeinschaftsverpflegung, die Lebensmittel an den Endverbraucher abgeben, zu erteilenden Informationen. Zur Berücksichtigung der besonderen Situation von Anbietern von Gemeinschaftsverpflegung kann in diesen Bestimmungen die Anpassung der Anforderungen des Artikels 13 Absatz 1 Buchstabe e vorgesehen werden.

Diese Maßnahmen zur Änderung nicht wesentlicher Bestimmungen dieser Verordnung auch durch Ergänzung werden nach dem in Artikel 35 Absatz 3 genannten Regelungsverfahren mit Kontrolle erlassen.

(2) Um die einheitliche Anwendung von Artikel 13 zu erleichtern, können außerdem Durchführungsbestimmungen nach dem in Artikel 35 Absatz 2 genannten Regelungsverfahren erlassen werden.

## Kapitel III:  Genetisch veränderte Futtermittel

### Abschnitt 1:  Zulassung und Überwachung

**Artikel 15  Geltungsbereich**

(1) Dieser Abschnitt findet Anwendung auf
a) zur Verwendung als Futtermittel/in Futtermitteln bestimmte GVO,
b) Futtermittel, die GVO enthalten oder aus solchen bestehen,
c) aus GVO hergestellte Futtermittel.

(2) Maßnahmen zur Änderung nicht wesentlicher Bestimmungen dieser Verordnung durch Ergänzung, die die Bestimmung betreffen, ob ein bestimmtes Futtermittel in den Geltungsbereich dieses Abschnitts fällt, werden gegebenenfalls nach dem in Artikel 35 Absatz 3 genannten Regelungsverfahren mit Kontrolle erlassen.

**Artikel 16  Anforderungen**

(1) Futtermittel gemäß Artikel 15 Absatz 1 dürfen
a) keine nachteiligen Auswirkungen auf die Gesundheit von Mensch und Tier oder die Umwelt haben,
b) die Anwender nicht irreführen,
c) den Verbraucher nicht dadurch schädigen oder irreführen, dass die spezifischen Merkmale der tierischen Erzeugnisse beeinträchtigt werden,
d) sich von den Futtermitteln, die sie ersetzen sollen, nicht so stark unterscheiden, dass ihr normaler Verzehr Ernährungsmängel für Mensch oder Tier mit sich brächte.

(2) Niemand darf ein in Artikel 15 Absatz 1 genanntes Erzeugnis in Verkehr bringen, verwenden oder verarbeiten, das nicht über eine gemäß diesem Abschnitt erteilte Zulassung verfügt und die entsprechenden Zulassungsvoraussetzungen erfüllt.

(3) Kein in Artikel 15 Absatz 1 genanntes Erzeugnis darf zugelassen werden, wenn der Antragsteller nicht in geeigneter und ausreichender Weise nachgewiesen hat, dass es die in Absatz 1 des vorliegenden Artikels genannten Anforderungen erfüllt.

(4) Die in Absatz 2 genannte Zulassung kann Folgendes umfassen:
a) einen GVO und Futtermittel, die diesen GVO enthalten oder aus ihm bestehen, sowie Futtermittel, die aus diesem GVO hergestellt wurden, oder

b) Futtermittel, die aus einem GVO hergestellt sind, sowie Futtermittel, die aus diesem Futtermittel hergestellt sind oder dieses enthalten.

(5) Eine Zulassung im Sinne von Absatz 2 kann nur auf der Grundlage dieser Verordnung und nach den darin festgelegten Verfahren erteilt, versagt, erneuert, geändert, ausgesetzt oder widerrufen werden.

(6) Der Antragsteller für eine Zulassung im Sinne von Absatz 2 und – nach der Erteilung der Zulassung – der Zulassungsinhaber oder sein Vertreter muss in der Gemeinschaft ansässig sein.

(7) Eine Zulassung gemäß dieser Verordnung lässt die Richtlinie 2002/53/EG, die Richtlinie 2002/55/EG und die Richtlinie 68/193/EWG unberührt.

**Artikel 17    Beantragung der Zulassung**

(1) Um die in Artikel 16 Absatz 2 genannte Zulassung zu erhalten, ist ein Antrag gemäß den folgenden Bestimmungen zu stellen.

(2) Der Antrag ist an die zuständige nationale Behörde eines Mitgliedstaates zu richten.

a) Die zuständige nationale Behörde
  i. bestätigt dem Antragsteller den Erhalt des Antrags schriftlich innerhalb von 14 Tagen nach dessen Eingang. In der Bestätigung ist das Datum des Antragseingangs zu nennen,
  ii. unterrichtet unverzüglich die Behörde und
  iii. stellt der Behörde den Antrag und alle vom Antragsteller gelieferten sonstigen Informationen zur Verfügung.
b) Die Behörde
  i. unterrichtet die anderen Mitgliedstaaten und die Kommission unverzüglich über den Antrag und stellt ihnen den Antrag und alle vom Antragsteller gelieferten sonstigen Informationen zur Verfügung;
  ii. macht der Öffentlichkeit die in Absatz 3 Buchstabe l) genannte Zusammenfassung des Dossiers zugänglich.

(3) Dem Antrag ist Folgendes beizufügen:
a) Name und Anschrift des Antragstellers;
b) die Bezeichnung des Futtermittels und seine Spezifikation einschließlich der/des zugrunde liegenden Transformationsereignisse(s);
c) gegebenenfalls die nach Anlage II zum Protokoll von Cartagena erforderlichen Angaben;
d) gegebenenfalls eine ausführliche Beschreibung des Herstellungs- und Gewinnungsverfahrens und des beabsichtigten Verwendungszwecks des Futtermittels;
e) eine Kopie der durchgeführten Studien einschließlich – wenn verfügbar – der von unabhängigen Gutachtern überprüften Studien, sowie alle anderen Unterlagen, anhand deren nachgewiesen werden kann, dass das Futtermittel die Kriterien gemäß Artikel 16 Absatz 1 erfüllt, und – insbesondere für Futtermittel, die in den Geltungsbereich der Richtlinie 82/471/EWG fallen – die gemäß der Richtlinie 83/228/EWG des Rates vom 18. April 1983 über Leitlinien zur Beurteilung bestimmter Erzeugnisse für die Tierernährung[1] erforderlichen Informationen;
f) entweder eine Analyse, die anhand entsprechender Informationen und Daten zeigt, dass die Eigenschaften des Futtermittels sich von denen des entsprechenden herkömmlichen Erzeugnisses innerhalb der akzeptierten natürlichen Variationsgrenzen solcher Eigenschaften und unter Berücksichtigung der in Artikel 25 Absatz 2 Buchstabe c) genannten Kriterien nicht unterscheiden, oder ein Vorschlag für die Kennzeichnung des Futtermittels gemäß Artikel 25 Absatz 2 Buchstabe c) und Absatz 3;

---

1) **Amtl. Anm.:** ABl L 126 vom 13. 5. 1983, S. 23.

g) entweder eine begründete Erklärung, dass das Futtermittel keinen Anlass zu ethischen oder religiösen Bedenken gibt, oder ein Vorschlag für seine Kennzeichnung gemäß Artikel 25 Absatz 2 Buchstabe d);
h) gegebenenfalls die Bedingungen des Inverkehrbringens des Futtermittels, einschließlich spezifischer Bedingungen für Verwendung und Handhabung;
i) ein Verfahren zum Nachweis, zur Probenahme (einschließlich der Angabe bestehender offizieller oder normierter Methoden zur Probenahme) und zur Identifizierung des Transformationsereignisses sowie gegebenenfalls zum Nachweis und zur Identifizierung des Transformationsereignisses in dem Futtermittel und/oder dem daraus hergestellten Futtermittel;
j) Proben des Futtermittels und ihre Kontrollproben sowie Angabe des Ortes, an dem das Referenzmaterial zugänglich ist;
k) gegebenenfalls ein Vorschlag für eine marktbegleitende Beobachtung der Verwendung des für die Verfütterung bestimmten Futtermittels;
l) eine Zusammenfassung des Dossiers in standardisierter Form.

(4) Im Falle eines Antrags auf Zulassung eines zur Verwendung als Futtermittel/in Futtermitteln bestimmten GVO ist mit der Bezeichnung „Futtermittel" in Absatz 3 ein Futtermittel gemeint, das den GVO, für den ein Antrag gestellt wird, enthält, daraus besteht oder daraus hergestellt wurde.

(5) Im Falle von GVO oder Futtermitteln, die GVO enthalten oder aus solchen bestehen, ist dem Antrag außerdem Folgendes beizufügen:
a) die vollständigen technischen Unterlagen, aus denen die nach den Anhängen III und IV der Richtlinie 2001/18/EG erforderlichen Informationen hervorgehen, sowie Angaben und Schlussfolgerungen zu der gemäß den in Anhang II der Richtlinie 2001/18/EG genannten Grundsätzen durchgeführten Risikobewertung oder – sofern das Inverkehrbringen des GVO gemäß Teil C der Richtlinie 2001/18/EG zugelassen wurde – eine Kopie der Entscheidung über die Zulassung;
b) ein Plan zur Beobachtung der Umweltauswirkungen gemäß Anhang VII der Richtlinie 2001/18/EG, einschließlich eines Vorschlags für den für den Beobachtungsplan vorgesehenen Zeitraum; dieser Zeitraum kann sich von dem für die Zustimmung vorgeschlagenen Zeitraum unterscheiden.

In diesem Fall sind die Artikel 13 bis 24 der Richtlinie 2001/18/EG nicht anwendbar.

(6) Betrifft der Antrag einen Stoff, der gemäß anderen Bestimmungen des Gemeinschaftsrechts nur verwendet und in Verkehr gebracht werden darf, wenn er in einer Liste von Stoffen aufgeführt ist, die unter Ausschluss anderer Stoffe registriert oder zugelassen sind, so ist dies im Antrag anzugeben, und es ist der Status des Stoffs nach den entsprechenden Vorschriften zu nennen.

(7) Die Kommission legt nach Konsultation der Behörde nach dem in Artikel 35 Absatz 2 genannten Verfahren Durchführungsbestimmungen zur Anwendung des vorliegenden Artikels fest, einschließlich Bestimmungen betreffend die Erstellung und die Vorlage des Antrags.

(8) Vor dem Geltungsbeginn dieser Verordnung veröffentlicht die Behörde eine ausführliche Anleitung als Hilfe für den Antragsteller bei der Erstellung und Vorlage des Antrags.

## Artikel 18  Stellungnahme der Behörde

(1) Bei der Abgabe ihrer Stellungnahme ist die Behörde bestrebt, eine Frist von sechs Monaten ab Erhalt eines gültigen Antrags einzuhalten. Diese Frist wird verlängert, wenn die Behörde gemäß Absatz 2 den Antragsteller um ergänzende Informationen ersucht.

(2) Die Behörde oder eine zuständige nationale Behörde kann – über die Behörde – gegebenenfalls den Antragsteller auffordern, die Unterlagen zum Antrag innerhalb einer bestimmten Frist zu ergänzen.

(3) Zur Vorbereitung ihrer Stellungnahme

a) prüft die Behörde, ob die vom Antragsteller vorgelegten Angaben und Unterlagen Artikel 17 entsprechen und ob das Futtermittel die in Artikel 16 Absatz 1 festgelegten Kriterien erfüllt;

b) kann die Behörde die entsprechende Futtermittelbewertungsstelle eines Mitgliedstaats ersuchen, nach Artikel 36 der Verordnung (EG) Nr. 178/2002 eine Sicherheitsbewertung des Futtermittels durchzuführen;

c) kann die Behörde eine nach Artikel 4 der Richtlinie 2001/18/EG bezeichnete zuständige Behörde ersuchen, eine Umweltverträglichkeitsprüfung durchzuführen; betrifft jedoch der Antrag GVO, die als Saatgut oder anderes pflanzliches Vermehrungsgut verwendet werden sollen, so ersucht die Behörde eine zuständige innerstaatliche Stelle, die Umweltverträglichkeitsprüfung durchzuführen;

d) übermittelt die Behörde dem gemeinschaftlichen Referenzlabor die in Artikel 17 Absatz 3 Buchstaben i) und j) genannten Unterlagen. Das gemeinschaftliche Referenzlabor testet und validiert die vom Antragsteller vorgeschlagene Methode zum Nachweis und zur Identifizierung;

e) prüft die Behörde bei der Überprüfung der Anwendung von Artikel 25 Absatz 2 Buchstabe c) die vom Antragsteller vorgelegten Informationen und Daten, die zeigen sollen, dass sich die Eigenschaften des Futtermittels innerhalb der akzeptierten natürlichen Variationsgrenzen solcher Eigenschaften nicht von denen des entsprechenden herkömmlichen Erzeugnisses unterscheiden.

(4) Im Falle von GVO oder Futtermitteln, die GVO enthalten oder daraus bestehen, sind bei der Bewertung die in der Richtlinie 2001/18/EG vorgesehenen umweltbezogenen Sicherheitsanforderungen einzuhalten, damit sichergestellt ist, dass alle geeigneten Maßnahmen getroffen werden, um schädliche Auswirkungen auf die Gesundheit von Mensch und Tier sowie die Umwelt, die sich aus der absichtlichen Freisetzung von GVO ergeben könnten, zu verhindern. Bei der Bewertung von Anträgen auf Inverkehrbringen von Erzeugnissen, die aus GVO bestehen oder solche enthalten, konsultiert die Behörde die von den einzelnen Mitgliedstaaten zu diesem Zweck bezeichneten zuständigen nationalen Behörden im Sinne der Richtlinie 2001/18/EG. Die zuständigen Behörden geben innerhalb von drei Monaten nach Erhalt des entsprechenden Ersuchens eine Stellungnahme ab.

(5) Wird die Zulassung des Futtermittels in der Stellungnahme befürwortet, enthält die Stellungnahme außerdem folgende Angaben:

a) Name und Anschrift des Antragstellers;

b) die Bezeichnung des Futtermittels und seine Spezifikation;

c) gegebenenfalls die nach Anlage II zum Protokoll von Cartagena erforderlichen Angaben;

d) den Vorschlag für die Kennzeichnung des Futtermittels;

e) gegebenenfalls alle Bedingungen oder Einschränkungen, die für das Inverkehrbringen gelten sollten, und/oder besondere Bedingungen oder Einschränkungen für Verwendung und Handhabung, einschließlich Bestimmungen für die marktbegleitende Beobachtung, auf der Grundlage der Ergebnisse der Risikobewertung, sowie – im Falle von GVO oder Futtermitteln, die GVO enthalten oder daraus bestehen – Bedingungen zum Schutz bestimmter Ökosysteme/der Umwelt und/oder bestimmter geografischer Gebiete;

f) das vom gemeinschaftlichen Referenzlabor validierte Verfahren zum Nachweis, einschließlich Probenahme, zur Identifizierung des Transformationsereignisses sowie gegebenenfalls zum Nachweis und zur Identifizierung des Transformationsereignisses in dem Futtermittel und/oder dem daraus hergestellten Futtermittel; Angabe des Ortes, an dem geeignetes Referenzmaterial zugänglich ist;

g) gegebenenfalls den in Artikel 17 Absatz 5 Buchstabe b) genannten Beobachtungsplan.

(6) Die Behörde übermittelt der Kommission, den Mitgliedstaaten und dem Antragsteller ihre Stellungnahme einschließlich eines Berichts, in dem sie eine Bewertung des Futtermittels vornimmt, ihre Stellungnahme begründet und die dieser Stellungnahme zugrunde liegenden Informationen, einschließlich der Stellungnahmen der gemäß Absatz 4 konsultierten zuständigen Behörden anführt.

(7) Die Behörde veröffentlicht gemäß Artikel 38 Absatz 1 der Verordnung (EG) Nr. 178/2002 ihre Stellungnahme, nachdem sie alle gemäß Artikel 30 der vorliegenden Verordnung als vertraulich geltenden Informationen gestrichen hat. Die Öffentlichkeit kann innerhalb von 30 Tagen nach dieser Veröffentlichung gegenüber der Kommission dazu Stellung nehmen.

### Artikel 19  Zulassung

(1) Die Kommission legt dem in Artikel 35 genannten Ausschuss innerhalb von drei Monaten nach Erhalt der Stellungnahme der Behörde einen Entwurf für eine Entscheidung über den Antrag vor, wobei die Stellungnahme der Behörde, die einschlägigen Bestimmungen des Gemeinschaftsrechts und andere legitime Faktoren berücksichtigt werden, die für den jeweils zu prüfenden Sachverhalt relevant sind. Stimmt der Entscheidungsentwurf nicht mit der Stellungnahme der Behörde überein, erläutert die Kommission die betreffenden Unterschiede.

(2) Sieht der Entscheidungsentwurf die Erteilung der Zulassung vor, umfasst er auch die in Artikel 18 Absatz 5 genannten Angaben, den Namen des Zulassungsinhabers und gegebenenfalls den dem GVO zugeteilten spezifischen Erkennungsmarker, wie er in der Verordnung (EG) Nr. 1830/2003 festgelegt ist.

(3) Die endgültige Entscheidung über den Antrag wird nach dem in Artikel 35 Absatz 2 genannten Verfahren getroffen.

(4) Die Kommission informiert den Antragsteller unverzüglich über die Entscheidung und veröffentlicht eine Information über die Entscheidung im *Amtsblatt der Europäischen Union*.

(5) Die Zulassung, die gemäß dem in dieser Verordnung festgelegten Verfahren erteilt wird, gilt in der gesamten Gemeinschaft zehn Jahre und ist gemäß Artikel 23 erneuerbar. Das zugelassene Futtermittel wird in das in Artikel 28 genannte Register eingetragen. Jeder Eintrag in das Register umfasst das Datum der Zulassung und die in Absatz 2 genannten Angaben.

(6) Andere Bestimmungen des Gemeinschaftsrechts über die Verwendung und das Inverkehrbringen von Stoffen, die nur verwendet werden dürfen, wenn sie in einer Liste von Stoffen aufgeführt sind, die unter Ausschluss anderer Stoffe registriert oder zugelassen sind, bleiben von der Zulassung gemäß diesem Abschnitt unberührt.

(7) Die Erteilung der Zulassung schränkt die allgemeine zivil- und strafrechtliche Haftung der Futtermittelunternehmer hinsichtlich des betreffenden Futtermittels nicht ein.

(8) Bezugnahmen in den Teilen A und D der Richtlinie 2001/18/EG auf nach Teil C der Richtlinie zugelassene GVO gelten auch als Bezugnahmen auf nach dieser Verordnung zugelassene GVO.

### Artikel 20  Status bereits existierender Erzeugnisse

(1) Abweichend von Artikel 16 Absatz 2 können Erzeugnisse, die unter diesen Abschnitt fallen und die vor dem Geltungsbeginn dieser Verordnung rechtmäßig in der Gemeinschaft in Verkehr gebracht wurden, unter folgenden Voraussetzungen weiterhin in Verkehr gebracht, verwendet und verarbeitet werden:

a) Bei Erzeugnissen, die gemäß der Richtlinie 90/220/EWG oder der Richtlinie 2001/18/EG zugelassen wurden, einschließlich für die Verwendung als Futtermittel, die gemäß der Richtlinie 82/471/EWG zugelassen wurden und aus GVO hergestellt werden, oder die gemäß der Richtlinie 70/524/EWG zugelassen wurden und GVO enthalten, daraus bestehen oder hergestellt werden, melden die für das Inverkehrbringen der betreffenden Erzeugnisse verantwortlichen Unternehmer der Kommission innerhalb von sechs Monaten nach dem Geltungsbeginn dieser Verordnung das Datum, an dem die Erzeugnisse erstmals in der Gemeinschaft in Verkehr gebracht wurden;

b) bei Erzeugnissen, die rechtmäßig in der Gemeinschaft in Verkehr gebracht wurden, jedoch nicht unter Buchstabe a) genannt sind, melden die für das Inverkehrbringen der betreffenden Erzeugnisse verantwortlichen Unternehmer der Kommission innerhalb von sechs Monaten nach dem Geltungsbeginn dieser Verordnung, dass die Erzeugnisse vor dem Geltungsbeginn dieser Verordnung in der Gemeinschaft in Verkehr gebracht wurden.

(2) Der Meldung gemäß Absatz 1 sind die in Artikel 17 Absatz 3 und gegebenenfalls Absatz 5 genannten Unterlagen beizufügen; die Kommission leitet diese Unterlagen an die Behörde und die Mitgliedstaaten weiter. Die Behörde übermittelt dem gemeinschaftlichen Referenzlabor die in Artikel 17 Absatz 3 Buchstaben i) und j) genannten Unterlagen. Das gemeinschaftliche Referenzlabor testet und validiert die vom Antragsteller vorgeschlagene Methode zum Nachweis und zur Identifizierung.

(3) Innerhalb eines Jahres nach dem Geltungsbeginn dieser Verordnung werden die betreffenden Erzeugnisse in das Register eingetragen, nachdem überprüft worden ist, dass alle erforderlichen Informationen vorgelegt und geprüft worden sind. Jeder Eintrag in das Register umfasst gegebenenfalls die in Artikel 19 Absatz 2 genannten Angaben und bei Erzeugnissen gemäß Absatz 1 Buchstabe a) das Datum, an dem die betreffenden Erzeugnisse erstmals in Verkehr gebracht wurden.

(4) Innerhalb von neun Jahren nach dem Datum, an dem die Erzeugnisse gemäß Absatz 1 Buchstabe a) erstmals in Verkehr gebracht wurden, jedoch auf keinen Fall eher als drei Jahre nach dem Geltungsbeginn dieser Verordnung, stellen die für das Inverkehrbringen verantwortlichen Unternehmer einen Antrag gemäß Artikel 23, der entsprechend gilt.

Innerhalb von drei Jahren nach dem Geltungsbeginn dieser Verordnung stellen die für das Inverkehrbringen von Erzeugnissen gemäß Absatz 1 Buchstabe b) verantwortlichen Unternehmer einen Antrag gemäß Artikel 23, der entsprechend gilt.

(5) Die in Absatz 1 genannten Erzeugnisse und die Futtermittel, die diese enthalten oder aus diesen hergestellt sind, unterliegen den Bestimmungen dieser Verordnung, insbesondere den Artikeln 21, 22 und 34, die entsprechend gelten.

(6) Werden die Meldung und die in den Absätzen 1 und 2 genannten entsprechenden Unterlagen nicht innerhalb der genannten Frist vorgelegt oder für fehlerhaft befunden oder wird ein Antrag nicht gemäß Absatz 4 innerhalb der genannten Frist gestellt, trifft die Kommission nach dem in Artikel 35 Absatz 2 genannten Verfahren Maßnahmen, um das betreffende Erzeugnis und jegliche daraus hergestellten Erzeugnisse vom Markt zu nehmen. Dabei kann ein begrenzter Zeitraum vorgesehen werden, während dessen Bestände des Erzeugnisses noch aufgebraucht werden können.

(7) Ist eine Zulassung nicht auf einen bestimmten Inhaber ausgestellt, legt der Unternehmer, der die in diesem Artikel genannten Erzeugnisse einführt, herstellt oder gewinnt, der Kommission die Informationen oder den Antrag vor.

(8) Durchführungsbestimmungen zu diesem Artikel werden nach dem in Artikel 35 Absatz 2 genannten Verfahren erlassen.

### Artikel 21   Überwachung

(1) Nach Erteilung einer Zulassung gemäß dieser Verordnung haben der Zulassungsinhaber und die sonstigen Beteiligten alle Bedingungen oder Einschränkungen zu erfüllen, die in der Zulassung auferlegt werden, und insbesondere dafür zu sorgen, dass Erzeugnisse, für die die Zulassung nicht gilt, nicht als Lebensmittel oder Futtermittel in Verkehr gebracht werden. Wurde dem Zulassungsinhaber eine marktbegleitende Beobachtung gemäß Artikel 17 Absatz 3 Buchstabe k) und/oder eine Beobachtung nach Artikel 17 Absatz 5 Buchstabe b) vorgeschrieben, so stellt er sicher, dass diese durchgeführt wird, und legt der Kommission entsprechend der Zulassung Berichte vor. Die genannten

Beobachtungsberichte sind der Öffentlichkeit zugänglich zu machen, nachdem alle gemäß Artikel 30 als vertraulich geltenden Informationen gestrichen worden sind.

(2) Begehrt der Zulassungsinhaber eine Änderung der Zulassungsbedingungen, so stellt er dazu gemäß Artikel 17 Absatz 2 einen Antrag. Die Artikel 17, 18 und 19 gelten entsprechend.

(3) Der Zulassungsinhaber übermittelt der Kommission unverzüglich alle neuen wissenschaftlichen oder technischen Informationen, die die Bewertung der Sicherheit bei der Verwendung des Futtermittels beeinflussen könnten. Insbesondere informiert er die Kommission unverzüglich über alle Verbote oder Einschränkungen, die von der zuständigen Behörde eines Drittlandes ausgesprochen wurden, in dem das Futtermittel in Verkehr gebracht wird.

(4) Die Kommission stellt die vom Antragsteller gelieferten Informationen unverzüglich der Behörde und den Mitgliedstaaten zur Verfügung.

### Artikel 22  Änderung, Aussetzung und Widerruf von Zulassungen

(1) Aus eigener Initiative oder auf Ersuchen eines Mitgliedstaates oder der Kommission gibt die Behörde eine Stellungnahme zu der Frage ab, ob eine Zulassung für ein in Artikel 15 Absatz 1 genanntes Erzeugnis die in dieser Verordnung festgelegten Bedingungen noch erfüllt. Sie übermittelt diese Stellungnahme unverzüglich der Kommission, dem Zulassungsinhaber und den Mitgliedstaaten. Die Behörde veröffentlicht ihre Stellungnahme gemäß Artikel 38 Absatz 1 der Verordnung (EG) Nr. 178/2002, nachdem sie alle gemäß Artikel 30 der vorliegenden Verordnung als vertraulich geltenden Informationen gestrichen hat. Die Öffentlichkeit kann innerhalb von 30 Tagen nach dieser Veröffentlichung gegenüber der Kommission dazu Stellung nehmen.

(2) Die Kommission prüft die Stellungnahme der Behörde so bald wie möglich. Alle geeigneten Maßnahmen werden gemäß Artikel 34 getroffen. Gegebenenfalls wird die Zulassung nach dem Verfahren des Artikels 19 geändert, ausgesetzt oder widerrufen.

(3) Artikel 17 Absatz 2 und die Artikel 18 und 19 gelten entsprechend.

### Artikel 23  Erneuerung der Zulassung

(1) Gemäß dieser Verordnung erteilte Zulassungen sind für weitere zehn Jahre erneuerbar, wenn der Zulassungsinhaber bei der Kommission spätestens ein Jahr vor Ablauf der Zulassung einen entsprechenden Antrag stellt.

(2) Dem Antrag ist Folgendes beizufügen:

a) eine Kopie der Zulassung für das Inverkehrbringen des Futtermittels;
b) ein Bericht über die Beobachtungsergebnisse, sofern dies in der Zulassung so festgelegt ist;
c) alle sonstigen neuen Informationen hinsichtlich der Evaluierung der Sicherheit bei der Verwendung des Futtermittels und der Risiken, die das Futtermittel für Mensch, Tier oder Umwelt birgt;
d) gegebenenfalls ein Vorschlag zur Änderung oder Ergänzung der Bedingungen der ursprünglichen Zulassung, unter anderem der Bedingungen hinsichtlich der späteren Beobachtung.

(3) Artikel 17 Absatz 2 und die Artikel 18 und 19 gelten entsprechend.

(4) Wird aus Gründen, die dem Zulassungsinhaber nicht angelastet werden können, vor Ablauf der Zulassung keine Entscheidung über deren Erneuerung getroffen, verlängert sich der Zulassungszeitraum des Erzeugnisses automatisch, bis eine Entscheidung getroffen wird.

(5) Die Kommission kann nach Konsultation der Behörde gemäß dem in Artikel 35 Absatz 2 genannten Verfahren Durchführungsbestimmungen zur Anwendung des vorliegenden Artikels, einschließlich Bestimmungen zur Erstellung und Vorlage des Antrags, festlegen.

(6) Die Behörde veröffentlicht eine ausführliche Anleitung als Hilfe für den Antragsteller bei der Erstellung und Vorlage seines Antrags.

## Abschnitt 2:   Kennzeichnung

### Artikel 24   Geltungsbereich

(1) Dieser Abschnitt gilt für die in Artikel 15 Absatz 1 genannten Futtermittel.

(2) Dieser Abschnitt gilt nicht für Futtermittel, die Material enthalten, das GVO enthält, aus solchen besteht oder aus solchen hergestellt ist, mit einem Anteil, der nicht höher ist als 0,9 Prozent des Futtermittels und der Futtermittelbestandteile, aus denen es zusammengesetzt ist, vorausgesetzt, dieser Anteil ist zufällig oder technisch nicht zu vermeiden.

(3) Damit festgestellt werden kann, dass das Vorhandensein dieses Materials zufällig oder technisch nicht zu vermeiden ist, müssen die Unternehmer den zuständigen Behörden nachweisen können, dass sie geeignete Schritte unternommen haben, um das Vorhandensein derartiger Materialien zu vermeiden.

(4) Maßnahmen zur Änderung nicht wesentlicher Bestimmungen dieser Verordnung durch Ergänzung, die die Festlegung angemessener niedriger Schwellenwerte, insbesondere für Futtermittel, die GVO enthalten oder aus solchen bestehen, betreffen, oder die den Fortschritten in Wissenschaft und Technologie Rechnung tragen, werden nach dem in Artikel 35 Absatz 3 genannten Regelungsverfahren mit Kontrolle erlassen.

### Artikel 25   Anforderungen

(1) Unbeschadet der anderen Anforderungen des Gemeinschaftsrechts hinsichtlich der Kennzeichnung von Futtermitteln gelten für in Artikel 15 Absatz 1 genannte Futtermittel die nachstehend festgelegten spezifischen Kennzeichnungsanforderungen.

(2) Niemand darf ein in Artikel 15 Absatz 1 genanntes Futtermittel in Verkehr bringen, wenn die nachstehend genannten Angaben nicht deutlich sichtbar, lesbar und unauslöschlich auf einem Begleitpapier oder gegebenenfalls auf der Verpackung, dem Behältnis oder einem daran befestigten Etikett angebracht sind.

Sämtliche Futtermittel, aus denen sich ein bestimmtes Futtermittel zusammensetzt, sind folgendermaßen zu kennzeichnen:

a) Bei den in Artikel 15 Absatz 1 Buchstaben a) und b) genannten Futtermitteln ist der Zusatz „genetisch veränderter [Bezeichnung des Organismus]" in Klammern unmittelbar nach dem spezifischen Namen des Futtermittels aufzuführen.

   Alternativ kann dieser Passus in eine Fußnote zu dem Verzeichnis der Futtermittel aufgenommen werden. Er ist in einer Schriftgröße zu drucken, die mindestens so groß ist wie die Schriftgröße im Verzeichnis der Futtermittel.

b) Bei den in Artikel 15 Absatz 1 Buchstabe c) genannten Futtermitteln ist der Zusatz „aus genetisch verändertem [Bezeichnung des Organismus] hergestellt" in Klammern unmittelbar nach dem spezifischen Namen des Futtermittels aufzuführen.

   Alternativ kann dieser Passus in eine Fußnote zu dem Verzeichnis der Futtermittel aufgenommen werden. Er ist in einer Schriftgröße zu drucken, die mindestens so groß ist wie die Schriftgröße im Verzeichnis der Futtermittel.

c) Wie in der Zulassung festgelegt, ist jedes Merkmal der in Artikel 15 Absatz 1 genannten Futtermittel, das sich von den Merkmalen der entsprechenden herkömmlichen Erzeugnisse unterscheidet, anzugeben, so z. B.:

   i. Zusammensetzung,

   ii. nutritive Eigenschaften,

   iii. vorgesehener Verwendungszweck,

   iv. Auswirkungen auf die Gesundheit bestimmter Tierarten oder -kategorien.

d) Wie in der Zulassung festgelegt, ist jedes Merkmal oder jede Eigenschaft, wodurch das Futtermittel zu ethischen oder religiösen Bedenken Anlass geben könnte, anzugeben.

(3) Neben den in Absatz 2 Buchstaben a) und b) festgelegten Anforderungen und gemäß der Zulassung sind auf der Etikettierung oder in den Begleitpapieren von Futtermitteln, die unter diesen Abschnitt fallen und zu denen es kein entsprechendes herkömmliches Erzeugnis gibt, die entsprechenden Informationen über Art und Merkmale des betreffenden Futtermittels anzubringen.

### Artikel 26   Durchführungsmaßnahmen

(1) Die folgenden Maßnahmen können von der Kommission erlassen werden:
– die Maßnahmen, die die Unternehmer treffen müssen, um den Nachweis gegenüber den zuständigen Behörden gemäß Artikel 24 Absatz 3 zu erbringen;
– die Maßnahmen, die die Unternehmer treffen müssen, um den Kennzeichnungsanforderungen gemäß Artikel 25 nachzukommen.

Diese Maßnahmen zur Änderung nicht wesentlicher Bestimmungen dieser Verordnung auch durch Ergänzung werden nach dem in Artikel 35 Absatz 3 genannten Regelungsverfahren mit Kontrolle erlassen.

(2) Um die einheitliche Anwendung von Artikel 25 zu erleichtern, können außerdem Durchführungsbestimmungen nach dem in Artikel 35 Absatz 2 genannten Regelungsverfahren erlassen werden.

## Kapitel IV:   Gemeinsame Vorschriften

### Artikel 27   Erzeugnisse, die als Lebensmittel und als Futtermittel verwendet werden können

(1) Kann ein Erzeugnis als Lebensmittel und als Futtermittel verwendet werden, ist nur ein Antrag gemäß den Artikeln 5 und Artikel 17 zu stellen, und es wird nur eine Stellungnahme der Behörde abgegeben und eine Entscheidung der Gemeinschaft erlassen.

(2) Die Behörde prüft, ob der Zulassungsantrag sowohl für Lebensmittel als auch für Futtermittel gestellt werden sollte.

### Artikel 28   Gemeinschaftsregister

(1) Die Kommission erstellt und unterhält ein Gemeinschaftsregister genetisch veränderter Lebensmittel und Futtermittel, in dieser Verordnung „das Register" genannt.

(2) Das Register wird der Öffentlichkeit zugänglich gemacht.

### Artikel 29   Zugang der Öffentlichkeit

(1) Der Zulassungsantrag, die zusätzlichen Informationen des Antragstellers, die Stellungnahmen der gemäß Artikel 4 der Richtlinie 2001/18/EG bezeichneten zuständigen Behörden, die Beobachtungsberichte und die Informationen des Zulassungsinhabers werden mit Ausnahme der vertraulichen Informationen der Öffentlichkeit zugänglich gemacht.

(2) Die Behörde wendet bei der Behandlung von Anträgen auf Zugang zu Dokumenten, die sich im Besitz der Behörde befinden, die Grundsätze der Verordnung (EG) Nr. 1049/2001 des Europäischen Parlaments und des Rates vom 30. Mai 2001 über den Zugang der Öffentlichkeit zu Dokumenten des Europäischen Parlaments, des Rates und der Kommission[1] an.

(3) Die Mitgliedstaaten behandeln Anträge auf Zugang zu Dokumenten, die sie im Rahmen dieser Verordnung erhalten haben, gemäß Artikel 5 der Verordnung (EG) Nr. 1049/2001.

---

[1] **Amtl. Anm.:** ABl L 145 vom 31. 5. 2001, S. 43.

## Artikel 30 Vertraulichkeit

(1) Der Antragsteller kann angeben, welche der gemäß dieser Verordnung vorgelegten Informationen aufgrund der Tatsache vertraulich behandelt werden sollen, dass ihre Bekanntgabe seine Wettbewerbsposition erheblich beeinträchtigen kann. In solchen Fällen ist eine nachprüfbare Begründung zu liefern.

(2) Unbeschadet von Absatz 3 legt die Kommission nach Rücksprache mit dem Antragsteller fest, welche Informationen vertraulich behandelt werden, und informiert den Antragsteller über ihre Entscheidung.

(3) Folgende Informationen werden nicht vertraulich behandelt:
a) Name und Zusammensetzung des in Artikel 3 Absatz 1 und Artikel 15 Absatz 1 genannten GVO, Lebensmittels oder Futtermittels und gegebenenfalls die Angabe des Substrats und des Mikroorganismus;
b) die allgemeine Beschreibung des GVO sowie Name und Anschrift des Zulassungsinhabers;
c) physikalisch-chemische und biologische Merkmale des in Artikel 3 Absatz 1 und Artikel 15 Absatz 1 genannten GVO, Lebensmittels oder Futtermittels;
d) die Auswirkungen des in Artikel 3 Absatz 1 und Artikel 15 Absatz 1 genannten GVO, Lebensmittels oder Futtermittels auf die Gesundheit von Mensch und Tier sowie auf die Umwelt;
e) die Auswirkungen des in Artikel 3 Absatz 1 und Artikel 15 Absatz 1 genannten GVO, Lebensmittels oder Futtermittels auf die Merkmale von tierischen Erzeugnissen und seine nutritiven Eigenschaften;
f) die Verfahren zum Nachweis, einschließlich Probenahme und Identifizierung des Transformationsereignisses sowie gegebenenfalls zum Nachweis und zur Identifizierung des Transformationsereignisses in dem in Artikel 3 Absatz 1 und Artikel 15 Absatz 1 genannten Lebensmittel oder Futtermittel;
g) Informationen über Abfallbehandlung und Notfallhilfe.

(4) Ungeachtet von Absatz 2 übermittelt die Behörde der Kommission und den Mitgliedstaaten auf Anfrage alle in ihrem Besitz befindlichen Informationen.

(5) Die Nutzung der Nachweisverfahren und die Vermehrung von Referenzmaterialien im Sinne von Artikel 5 Absatz 3 und Artikel 17 Absatz 3 zum Zwecke der Anwendung dieser Verordnung auf GVO, Lebensmittel oder Futtermittel, auf die sich ein Antrag bezieht, dürfen nicht durch die Geltendmachung von Rechten geistigen Eigentums oder in sonstiger Weise eingeschränkt werden.

(6) Die Kommission, die Behörde und die Mitgliedstaaten treffen die erforderlichen Maßnahmen, um zu gewährleisten, dass die Vertraulichkeit der Informationen, die sie im Rahmen dieser Verordnung erhalten haben, angemessen gewahrt ist, mit Ausnahme von Informationen, die bekannt gegeben werden müssen, wenn es die Umstände erfordern, um die Gesundheit von Mensch und Tier oder die Umwelt zu schützen.

(7) Nimmt ein Antragsteller seinen Antrag zurück oder hat er ihn zurückgenommen, so wahren die Behörde, die Kommission und die Mitgliedstaaten die Vertraulichkeit von Geschäfts- und Betriebsinformationen einschließlich von Informationen über Forschung und Entwicklung sowie von Informationen, über deren Vertraulichkeit die Kommission und der Antragsteller nicht einer Meinung sind.

## Artikel 31 Datenschutz

Die wissenschaftlichen Daten und andere Informationen, die in dem gemäß Artikel 5 Absätze 3 und 5 sowie Artikel 17 Absätze 3 und 5 erforderlichen Antragsdossier enthalten sind, dürfen während eines Zeitraums von zehn Jahren ab dem Datum der Zulassung nicht zugunsten eines anderen Antragstellers verwendet werden, es sei denn, dieser andere Antragsteller hat mit dem Zulassungsinhaber vereinbart, dass solche Daten und Informationen verwendet werden können.

Nach Ablauf dieses Zehnjahreszeitraums können die Ergebnisse der auf der Grundlage der wissenschaftlichen Daten und Informationen des Antragsdossiers durchgeführten Evaluierungen ganz oder teilweise von der Behörde zugunsten eines anderen Antragstellers verwendet werden, wenn der Antragsteller nachweisen kann, dass das Lebensmittel oder Futtermittel, für das er eine Zulassung beantragt, einem gemäß dieser Verordnung bereits zugelassenen Lebensmittel oder Futtermittel im Wesentlichen ähnlich ist.

### Artikel 32 Gemeinschaftliches Referenzlabor

Das gemeinschaftliche Referenzlabor und seine Pflichten und Aufgaben sind im Anhang bestimmt.

Nationale Referenzlaboratorien können nach dem in Artikel 35 Absatz 2 genannten Verfahren eingerichtet werden.

Personen, die eine Zulassung genetisch veränderter Lebensmittel und Futtermittel beantragen, beteiligen sich an den Kosten der Aufgaben des gemeinschaftlichen Referenzlabors und des im Anhang genannten Europäischen Netzes der GVO-Laboratorien.

Die von den Antragstellern gezahlten Beiträge dürfen nicht höher sein als die bei der Validierung der Nachweisverfahren entstandenen Kosten.

Die Durchführungsbestimmungen zu diesem Artikel und zum Anhang können nach dem in Artikel 35 Absatz 2 genannten Regelungsverfahren beschlossen werden.

Maßnahmen zur Änderung nicht wesentlicher Bestimmungen dieser Verordnung, die eine Änderung des Anhangs betreffen, werden nach dem in Artikel 35 Absatz 3 genannten Regelungsverfahren mit Kontrolle erlassen.

### Artikel 33 Beratung mit der Europäischen Gruppe für Ethik der Naturwissenschaften und der Neuen Technologien

(1) Die Kommission kann aus eigener Initiative oder auf Ersuchen eines Mitgliedstaats die Europäische Gruppe für Ethik der Naturwissenschaften und der Neuen Technologien oder eine andere geeignete Stelle, die sie möglicherweise einrichtet, konsultieren und deren Stellungnahme zu ethischen Fragen einholen.

(2) Die Kommission veröffentlicht diese Stellungnahmen.

### Artikel 34 Sofortmaßnahmen

Ist davon auszugehen, dass ein nach dieser Verordnung zugelassenes oder mit ihr in Einklang stehendes Erzeugnis wahrscheinlich ein ernstes Risiko für die Gesundheit von Mensch oder Tier oder die Umwelt darstellt, oder sollte es sich im Lichte einer von der Behörde gemäß Artikel 10 oder Artikel 22 abgegebenen Stellungnahme als notwendig erweisen, eine Zulassung dringend zu ändern oder auszusetzen, so werden Maßnahmen nach den Verfahren der Artikel 53 und 54 der Verordnung (EG) Nr. 178/2002 getroffen.

### Artikel 35 Ausschussverfahren

(1) Die Kommission wird von dem mit Artikel 58 der Verordnung (EG) Nr. 178/2002 eingesetzten Ständigen Ausschuss für die Lebensmittelkette und Tiergesundheit (nachstehend „Ausschuss" genannt) unterstützt.

(2) Wird auf diesen Absatz Bezug genommen, so gelten die Artikel 5 und 7 des Beschlusses 1999/468/EG unter Beachtung von dessen Artikel 8.

Der Zeitraum nach Artikel 5 Absatz 6 des Beschlusses 1999/468/EG wird auf drei Monate festgesetzt.

(3) Wird auf diesen Absatz Bezug genommen, so gelten Artikel 5a Absätze 1 bis 4 und Artikel 7 des Beschlusses 1999/468/EG unter Beachtung von dessen Artikel 8.

### Artikel 36 Überprüfung auf dem Verwaltungsweg

Entscheidungen oder Unterlassungen der Behörde im Rahmen der ihr mit dieser Verordnung übertragenen Befugnisse können von der Kommission aus eigener Initiative oder auf Ersuchen eines Mitgliedstaats oder einer unmittelbar und individuell betroffenen Person überprüft werden.

Zu diesem Zweck muss bei der Kommission binnen einer Frist von zwei Monaten ab dem Tag, an dem die betroffene Person von der betreffenden Handlung oder Unterlassung Kenntnis erlangt hat, ein Antrag gestellt werden.

Die Kommission entscheidet innerhalb von zwei Monaten und verpflichtet die Behörde gegebenenfalls, ihre Entscheidung aufzuheben oder der Unterlassung abzuhelfen.

### Artikel 37 Aufhebungen

Folgende Verordnungen werden mit Wirkung ab dem Geltungsbeginn der vorliegenden Verordnung aufgehoben:
- Verordnung (EG) Nr. 1139/98;
- Verordnung (EG) Nr. 49/2000;
- Verordnung (EG) Nr. 50/2000.

### Artikel 38 Änderung der Verordnung (EG) Nr. 258/97 (hier nicht wiedergegeben)

### Artikel 39 Änderung der Richtlinie 82/471/EWG (hier nicht wiedergegeben)

### Artikel 40 Änderung der Richtlinie 2000/53/EG (hier nicht wiedergegeben)

### Artikel 41 Änderung der Richtlinie 2002/55/EG (hier nicht wiedergegeben)

### Artikel 42 Änderung der Richtlinie 68/193/EWG (hier nicht wiedergegeben)

### Artikel 43 Änderung der Richtlinie 2001/18/EG (hier nicht wiedergegeben)

### Artikel 44 Informationen, die gemäß dem Protokoll von Cartagena bereitgestellt werden müssen

(1) Jede Zulassung, Erneuerung, Änderung, Aufhebung oder jeder Widerruf einer Zulassung eines in Artikel 3 Absatz 1 Buchstaben a) oder b) oder Artikel 15 Absatz 1 Buchstaben a) oder b) genannten GVO, Lebensmittels oder Futtermittels wird von der Kommission den Vertragsparteien des Protokolls von Cartagena durch die Informationsstelle für Biosicherheit (Biosafety Clearing-House) gemäß Artikel 11 Absatz 1 bzw. Artikel 12 Absatz 1 des Protokolls von Cartagena gemeldet.

Die Kommission übermittelt der innerstaatlichen Anlaufstelle jeder Vertragspartei, die das Sekretariat im Voraus darüber informiert, dass sie keinen Zugang zur Informationsstelle für Biosicherheit hat, eine schriftliche Kopie der Mitteilung.

(2) Die Kommission behandelt ebenfalls alle Anfragen nach zusätzlichen Informationen, die von einer Vertragspartei gemäß Artikel 11 Absatz 3 des Protokolls von Cartagena eingereicht werden, und stellt Kopien der Gesetze, Verordnungen und Leitlinien gemäß Artikel 11 Absatz 5 jenes Protokolls zur Verfügung.

### Artikel 45 Sanktionen

Die Mitgliedstaaten legen die Bestimmungen über Sanktionen für Verstöße gegen die Bestimmungen dieser Verordnung fest und treffen alle erforderlichen Maßnahmen, um sicherzustellen, dass sie durchgeführt werden. Die Sanktionen müssen wirksam, verhältnismäßig und abschreckend sein. Die Mitgliedstaaten melden diese Bestimmungen der Kommission spätestens sechs Monate nach dem Datum des Inkrafttretens dieser Verordnung; sie melden ihr auch unverzüglich jede spätere Änderung.

### Artikel 46 Übergangsmaßnahmen in Bezug auf Anträge, Kennzeichnung und Meldungen

(1) Anträge, die gemäß Artikel 4 der Verordnung (EG) Nr. 258/97 vor dem Geltungsbeginn der vorliegenden Verordnung gestellt wurden, werden in Anträge gemäß Kapitel II Abschnitt 1 der vorliegenden Verordnung umgewandelt, sofern der erste Bewertungsbericht gemäß Artikel 6 Absatz 3 der Verordnung (EG) Nr. 258/97 noch nicht an die Kom-

mission weitergeleitet wurde sowie in all den Fällen, in denen ein zusätzlicher Bewertungsbericht gemäß Artikel 6 Absätze 3 oder 4 der Verordnung (EG) Nr. 258/97 gefordert wird. Andere Anträge, die gemäß Artikel 4 der Verordnung (EG) Nr. 258/97 vor dem Geltungsbeginn der vorliegenden Verordnung gestellt wurden, werden ungeachtet von Artikel 38 der vorliegenden Verordnung nach der Verordnung (EG) Nr. 258/97 bearbeitet.

(2) Die in der vorliegenden Verordnung festgelegten Kennzeichnungsvorschriften gelten nicht für Erzeugnisse, deren Herstellungsprozess vor dem Geltungsbeginn dieser Verordnung eingeleitet wurde, sofern diese Erzeugnisse gemäß den vor dem Geltungsbeginn dieser Verordnung anwendbaren Rechtsvorschriften gekennzeichnet wurden.

(3) Meldungen über Erzeugnisse, die ihre Verwendung als Futtermittel einschließen und die gemäß Artikel 13 der Richtlinie 2001/18/EG vor dem Geltungsbeginn der vorliegenden Verordnung gemacht wurden, werden in Anträge gemäß Kapitel III Abschnitt 1 der vorliegenden Verordnung umgewandelt, sofern der gemäß Artikel 14 der Richtlinie 2001/18/EG vorgesehene Bewertungsbericht der Kommission noch nicht zugesandt wurde.

(4) Anträge, die für in Artikel 15 Absatz 1 Buchstabe c) dieser Verordnung genannte Erzeugnisse gemäß Artikel 7 der Richtlinie 82/471/EWG vor dem Geltungsbeginn der vorliegenden Verordnung gestellt wurden, werden in Anträge gemäß Kapitel III Abschnitt 1 der vorliegenden Verordnung umgewandelt.

(5) Anträge, die für in Artikel 15 Absatz 1 dieser Verordnung genannte Erzeugnisse gemäß Artikel 4 der Richtlinie 70/524/EWG vor dem Geltungsbeginn der vorliegenden Verordnung gestellt wurden, werden durch Anträge gemäß Kapitel III Abschnitt 1 der vorliegenden Verordnung ergänzt.

**Artikel 47 Übergangsmaßnahmen bei zufälligem oder technisch nicht zu vermeidendem Vorhandensein von genetisch verändertem Material, zu dem die Risikobewertung befürwortend ausgefallen ist**

(1) Das Vorhandensein von Material in Lebensmitteln oder Futtermitteln, das GVO enthält, aus solchen besteht oder aus solchen hergestellt ist, mit einem Anteil, der nicht höher ist als 0,5 Prozent, gilt nicht als Verstoß gegen Artikel 4 Absatz 2 oder Artikel 16 Absatz 2, sofern

a) es zufällig oder technisch nicht zu vermeiden ist;
b) zu dem genetisch veränderten Material durch den (die) wissenschaftliche(n) Ausschuss (Ausschüsse) der Gemeinschaft oder die Europäische Behörde für Lebensmittelsicherheit vor dem Geltungsbeginn dieser Verordnung eine befürwortende Stellungnahme abgegeben wurde;
c) der entsprechende Zulassungsantrag nicht nach den einschlägigen Gemeinschaftsvorschriften abgelehnt worden ist;
d) die Nachweisverfahren öffentlich verfügbar sind.

(2) Damit festgestellt werden kann, dass das Vorhandensein dieses Stoffes zufällig oder technisch nicht zu vermeiden ist, müssen die Unternehmer den zuständigen Behörden nachweisen können, dass sie geeignete Schritte unternommen haben, um das Vorhandensein derartiger Materialien zu vermeiden.

(3) Maßnahmen zur Änderung nicht wesentlicher Bestimmungen dieser Verordnung durch Ergänzung, die die Senkung der in Absatz 1 genannten Schwellenwerte betreffen, insbesondere für GVO, die direkt an den Endverbraucher verkauft werden, werden nach dem in Artikel 35 Absatz 3 genannten Regelungsverfahren mit Kontrolle erlassen.

(4) Ausführliche Durchführungsbestimmungen zu diesem Artikel werden nach dem in Artikel 35 Absatz 2 genannten Verfahren beschlossen.

(5) Dieser Artikel bleibt während eines Zeitraums von drei Jahren nach dem Geltungsbeginn dieser Verordnung anwendbar.

## Artikel 48 Überprüfung

(1) Spätestens am 7. November 2005 übermittelt die Kommission anhand der bis dahin gesammelten Erfahrungen dem Europäischen Parlament und dem Rat einen Bericht über die Durchführung dieser Verordnung und insbesondere des Artikels 47, gegebenenfalls in Verbindung mit einem entsprechenden Vorschlag. Der Bericht und ein etwaiger Vorschlag werden der Öffentlichkeit zugänglich gemacht.

(2) Unbeschadet der Befugnisse der nationalen Behörden überwacht die Kommission die Anwendung dieser Verordnung und ihre Auswirkungen auf die Gesundheit von Mensch und Tier, Verbraucherschutz, Verbraucherinformation und das Funktionieren des Binnenmarktes, und legt erforderlichenfalls schnellstmöglich entsprechende Vorschläge vor.

## Artikel 49 Inkrafttreten

Diese Verordnung tritt am zwanzigsten Tag nach ihrer Veröffentlichung im Amtsblatt der Europäischen Union in Kraft.

Sie wird nach Ablauf von sechs Monaten nach dem Datum ihrer Veröffentlichung angewandt.

Diese Verordnung ist in allen ihren Teilen verbindlich und gilt unmittelbar in jedem Mitgliedstaat.

### e) Verordnung (EG) Nr. 1924/2006 des Europäischen Parlaments und des Rates vom 20. Dezember 2006 über nährwert- und gesundheitsbezogene Angaben über Lebensmittel (VO EG Nr. 1924/2006)

v. 30. 12. 2006 (ABl Nr. L 404 S. 9)

Die Verordnung (EG) Nr. 1924/2006 des Europäischen Parlaments und des Rates vom 20. Dezember 2006 über nährwert- und gesundheitsbezogene Angaben über Lebensmittel v. 30. 12. 2006 (ABl Nr. L 404 S. 9) wurde geändert durch die Berichtigung der Verordnung (EG) Nr. 1924/2006 des Europäischen Parlaments und des Rates vom 20. Dezember 2006 über nährwert- und gesundheitsbezogene Angaben über Lebensmittel v. 18. 1. 2007 (ABl Nr. L 12 S. 3); Berichtigung der Verordnung (EG) Nr. 1924/2006 des Europäischen Parlaments und des Rates vom 20. Dezember 2006 über nährwert- und gesundheitsbezogene Angaben über Lebensmittel v. 28. 3. 2008 (ABl Nr. L 86 S. 34).

DAS EUROPÄISCHE PARLAMENT UND DER RAT DER EUROPÄISCHEN UNION –

gestützt auf den Vertrag zur Gründung der Europäischen Gemeinschaft, insbesondere auf Artikel 95,

auf Vorschlag der Kommission,

nach Stellungnahme des Europäischen Wirtschafts- und Sozialausschusses[1],

gemäß dem Verfahren des Artikels 251 des Vertrags[2],

in Erwägung nachstehender Gründe:

(1) Zunehmend werden Lebensmittel in der Gemeinschaft mit nährwert- und gesundheitsbezogenen Angaben gekennzeichnet, und es wird mit diesen Angaben für sie Werbung gemacht. Um dem Verbraucher ein hohes Schutzniveau zu gewährleisten und ihm die Wahl zu erleichtern, sollten die im Handel befindlichen Produkte, einschließlich der eingeführten Produkte, sicher sein und eine angemessene Kennzeichnung aufweisen. Eine abwechslungsreiche und ausgewogene Ernährung ist eine Grundvoraussetzung für eine gute Gesundheit, und einzelne Produkte sind im Kontext der gesamten Ernährung von relativer Bedeutung.

(2) Unterschiede zwischen den nationalen Bestimmungen über solche Angaben können den freien Warenverkehr behindern und ungleiche Wettbewerbsbedingungen schaffen. Sie haben damit eine unmittelbare Auswirkung auf das Funktionieren des Binnenmarktes. Es ist daher notwendig, Gemeinschaftsregeln für die Verwendung von nährwert- und gesundheitsbezogenen Angaben über Lebensmittel zu erlassen.

(3) Die Richtlinie 2000/13/EG des Europäischen Parlaments und des Rates vom 20. März 2000 zur Angleichung der Rechtsvorschriften der Mitgliedstaaten über die Etikettierung und Aufmachung von Lebensmitteln sowie die Werbung hierfür[3] enthält allgemeine Kennzeichnungsbestimmungen. Mit der Richtlinie 2000/13/EG wird allgemein die Verwendung von Informationen untersagt, die den Käufer irreführen können oder den Lebensmitteln medizinische Eigenschaften zuschreiben. Mit der vorliegenden Verordnung sollten die allgemeinen Grundsätze der Richtlinie 2000/13/EG ergänzt und spezielle Vorschriften für die Verwendung von nährwert- und gesundheitsbezogenen Angaben bei Lebensmitteln, die als solche an den Endverbraucher abgegeben werden sollen, festgelegt werden.

(4) Diese Verordnung sollte für alle nährwert- und gesundheitsbezogenen Angaben gelten, die in kommerziellen Mitteilungen, u. a. auch in allgemeinen Werbeaussagen über Lebensmittel und in Werbekampagnen wie solchen, die ganz oder teilweise von Behörden gefördert werden, gemacht werden. Auf Angaben in nichtkommerziellen Mitteilungen, wie sie z. B. in Ernährungsrichtlinien oder -empfehlungen von staatlichen Gesund-

---

1) **Amtl. Anm.:** ABl C 110 vom 30. 4. 2004, S. 18.
2) **Amtl. Anm.:** Stellungnahme des Europäischen Parlaments vom 26. Mai 2005 (ABl C 117 E vom 18. 5. 2006, S. 187), Gemeinsamer Standpunkt des Rates vom 8. Dezember 2005 (ABl C 80 E vom 4. 4. 2006, S. 43) und Standpunkt des Europäischen Parlaments vom 16. Mai 2006 (noch nicht im Amtsblatt veröffentlicht). Beschluss des Rates vom 12. Oktober 2006.
3) **Amtl. Anm.:** ABl L 109 vom 6. 5. 2000, S. 29. Zuletzt geändert durch die Richtlinie 2003/89/EG (ABl L 308 vom 25. 11. 2003, S. 15).

heitsbehörden und -stellen oder in nichtkommerziellen Mitteilungen und Informationen in der Presse und in wissenschaftlichen Veröffentlichungen zu finden sind, sollte sie jedoch keine Anwendung finden. Diese Verordnung sollte ferner auf Handelsmarken und sonstige Markennamen Anwendung finden, die als nährwert- oder gesundheitsbezogene Angabe ausgelegt werden können.

(5) Allgemeine Bezeichnungen, die traditionell zur Angabe einer Eigenschaft einer Kategorie von Lebensmitteln oder Getränken verwendet werden, die Auswirkungen auf die menschliche Gesundheit haben könnte, wie z. B. „Digestif" oder „Hustenbonbon", sollten von der Anwendung dieser Verordnung ausgenommen werden.

(6) Nährwertbezogene Angaben mit negativen Aussagen fallen nicht unter den Anwendungsbereich dieser Verordnung; Mitgliedstaaten, die nationale Regelungen für negative nährwertbezogene Angaben einzuführen gedenken, sollten dies der Kommission und den anderen Mitgliedstaaten gemäß der Richtlinie 98/34/EG des Europäischen Parlaments und des Rates vom 22. Juni 1998 über ein Informationsverfahren auf dem Gebiet der Normen und technischen Vorschriften und der Vorschriften für die Dienste der Informationsgesellschaft[1] mitteilen.

(7) Auf internationaler Ebene hat der Codex Alimentarius 1991 allgemeine Leitsätze für Angaben und 1997 Leitsätze für die Verwendung nährwertbezogener Angaben verabschiedet. Die Codex-Alimentarius-Kommission hat 2004 eine Änderung des letztgenannten Dokuments verabschiedet. Dabei geht es um die Aufnahme gesundheitsbezogener Angaben in die Leitsätze von 1997. Die in den Codex-Leitsätzen vorgegebenen Definitionen und Bedingungen werden entsprechend berücksichtigt.

(8) Die in der Verordnung (EG) Nr. 2991/94 des Rates vom 5. Dezember 1994 mit Normen für Streichfette[2] vorgesehene Möglichkeit, für Streichfette die Angabe „fettarm" zu verwenden, sollte so bald wie möglich an die Bestimmungen dieser Verordnung angepasst werden. Zwischenzeitlich gilt die Verordnung (EG) Nr. 2991/94 für die darin erfassten Erzeugnisse.

(9) Es gibt eine Vielzahl von Nährstoffen und anderen Substanzen – unter anderem Vitamine, Mineralstoffe einschließlich Spurenelementen, Aminosäuren, essenzielle Fettsäuren, Ballaststoffe, verschiedene Pflanzen- und Kräuterextrakte und andere – mit ernährungsbezogener oder physiologischer Wirkung, die in Lebensmitteln vorhanden und Gegenstand entsprechender Angaben sein können. Daher sollten allgemeine Grundsätze für alle Angaben über Lebensmittel festgesetzt werden, um ein hohes Verbraucherschutzniveau zu gewährleisten, dem Verbraucher die notwendigen Informationen für eine sachkundige Entscheidung zu liefern und gleiche Wettbewerbsbedingungen für die Lebensmittelindustrie zu schaffen.

(10) Lebensmittel, die mit entsprechenden Angaben beworben werden, können vom Verbraucher als Produkte wahrgenommen werden, die gegenüber ähnlichen oder anderen Produkten, denen solche Nährstoffe oder andere Stoffe nicht zugesetzt sind, einen nährwertbezogenen, physiologischen oder anderweitigen gesundheitlichen Vorteil bieten. Dies kann den Verbraucher zu Entscheidungen veranlassen, die die Gesamtaufnahme einzelner Nährstoffe oder anderer Substanzen unmittelbar in einer Weise beeinflussen, die den einschlägigen wissenschaftlichen Empfehlungen widersprechen könnte. Um diesem potenziellen unerwünschten Effekt entgegenzuwirken, wird es für angemessen erachtet, gewisse Einschränkungen für Produkte, die solche Angaben tragen, festzulegen. In diesem Zusammenhang sind Faktoren wie das Vorhandensein von bestimmten Substanzen in einem Produkt oder das Nährwertprofil eines Produkts ein geeignetes Kriterium für die Entscheidung, ob das Produkt Angaben tragen darf. Die Verwendung solcher Kriterien auf nationaler Ebene ist zwar für den Zweck gerechtfertigt, dem Verbraucher sachkundige Entscheidungen über seine Ernährung zu ermöglichen, könnte jedoch zu Behinderungen des innergemeinschaftlichen Handels führen und sollte daher auf Gemeinschaftsebene harmonisiert werden. Gesundheitsbezogene Information und Kom-

---

1) **Amtl. Anm.:** ABl L 204 vom 21. 7. 1998, S. 37. Zuletzt geändert durch die Beitrittsakte von 2003.
2) **Amtl. Anm.:** ABl L 316 vom 9. 12. 1994, S. 2.

munikation zur Unterstützung von Botschaften der nationalen Behörden oder der Gemeinschaft über die Gefahren des Alkoholmissbrauchs sollten nicht von dieser Verordnung erfasst werden.

(11) Durch die Anwendung des Nährwertprofils als Kriterium soll vermieden werden, dass die nährwert- und gesundheitsbezogenen Angaben den Ernährungsstatus eines Lebensmittels verschleiern und so den Verbraucher irreführen können, wenn dieser bemüht ist, durch ausgewogene Ernährung eine gesunde Lebensweise anzustreben. Die in dieser Verordnung vorgesehenen Nährwertprofile sollten einzig dem Zweck dienen, festzulegen, unter welchen Voraussetzungen solche Angaben gemacht werden dürfen. Sie sollten sich auf allgemein anerkannte wissenschaftliche Nachweise über das Verhältnis zwischen Ernährung und Gesundheit stützen. Die Nährwertprofile sollten jedoch auch Produktinnovationen ermöglichen und die Verschiedenartigkeit der Ernährungsgewohnheiten und -traditionen sowie den Umstand, dass einzelne Produkte eine bedeutende Rolle im Rahmen der Gesamternährung spielen können, berücksichtigen.

(12) Bei der Festlegung von Nährwertprofilen sollten die Anteile verschiedener Nährstoffe und Substanzen mit ernährungsbezogener Wirkung oder physiologischer Wirkung, insbesondere solcher wie Fett, gesättigte Fettsäuren, Trans-Fettsäuren, Salz/Natrium und Zucker, deren übermäßige Aufnahme im Rahmen der Gesamternährung nicht empfohlen wird, sowie mehrfach und einfach ungesättigte Fettsäuren, verfügbare Kohlenhydrate außer Zucker, Vitamine, Mineralstoffe, Proteine und Ballaststoffe, berücksichtigt werden. Bei der Festlegung der Nährwertprofile sollten die verschiedenen Lebensmittelkategorien sowie der Stellenwert und die Rolle dieser Lebensmittel in der Gesamternährung berücksichtigt werden, und den verschiedenen Ernährungsgewohnheiten und Konsummustern in den Mitgliedstaaten sollte gebührende Beachtung geschenkt werden. Ausnahmen von der Anforderung, etablierte Nährwertprofile zu berücksichtigen, können für bestimmte Lebensmittel oder Lebensmittelkategorien je nach ihrer Rolle und ihrer Bedeutung für die Ernährung der Bevölkerung erforderlich sein. Dies würde eine komplexe technische Aufgabe bedeuten und die Verabschiedung entsprechender Maßnahmen sollte daher der Kommission übertragen werden, wobei den Empfehlungen der Europäischen Behörde für Lebensmittelsicherheit Rechnung zu tragen ist.

(13) Die in der Richtlinie 2002/46/EG des Europäischen Parlaments und des Rates vom 10. Juni 2002 über die Angleichung der Rechtsvorschriften der Mitgliedstaaten über Nahrungsergänzungsmittel[1] definierten Nahrungsergänzungsmittel, die in flüssiger Form dargereicht werden und mehr als 1,2 % vol. Alkohol enthalten, gelten nicht als Getränke im Sinne dieser Verordnung.

(14) Es gibt eine Vielzahl von Angaben, die derzeit bei der Kennzeichnung von Lebensmitteln und der Werbung hierfür in manchen Mitgliedstaaten gemacht werden und sich auf Stoffe beziehen, deren positive Wirkung nicht nachgewiesen wurde bzw. zu denen derzeit noch keine ausreichende Einigkeit in der Wissenschaft besteht. Es muss sichergestellt werden, dass für Stoffe, auf die sich eine Angabe bezieht, der Nachweis einer positiven ernährungsbezogenen Wirkung oder physiologischen Wirkung erbracht wird.

(15) Um zu gewährleisten, dass die Angaben der Wahrheit entsprechen, muss die Substanz, die Gegenstand der Angabe ist, im Endprodukt in einer ausreichenden Menge vorhanden bzw. im umgekehrten Fall nicht vorhanden oder ausreichend reduziert sein, um die behauptete ernährungsbezogene Wirkung oder physiologische Wirkung zu erzeugen. Die Substanz sollte zudem in einer für den Körper verwertbaren Form verfügbar sein. Außerdem sollte – falls sachgerecht – eine wesentliche Menge der Substanz, die für die behauptete ernährungsbezogene Wirkung oder physiologische Wirkung verantwortlich ist, durch den Verzehr einer vernünftigerweise anzunehmenden Menge des Lebensmittels bereitgestellt werden.

(16) Es ist wichtig, dass Angaben über Lebensmittel vom Verbraucher verstanden werden können und es ist angezeigt, alle Verbraucher vor irreführenden Angaben zu schüt-

---

1) **Amtl. Anm.:** ABl L 183 vom 12.7.2002, S. 51. Geändert durch die Richtlinie 2006/37/EG der Kommission (ABl L 94 vom 1.4.2006, S. 32).

zen. Der Gerichtshof der Europäischen Gemeinschaften hat es allerdings in seiner Rechtsprechung in Fällen im Zusammenhang mit Werbung seit dem Erlass der Richtlinie 84/450/EWG des Rates vom 10. September 1984 über irreführende und vergleichende Werbung[1] für erforderlich gehalten, die Auswirkungen auf einen fiktiven typischen Verbraucher zu prüfen. Entsprechend dem Grundsatz der Verhältnismäßigkeit und im Interesse der wirksamen Anwendung der darin vorgesehenen Schutzmaßnahmen nimmt diese Verordnung den normal informierten, aufmerksamen und verständigen Durchschnittsverbraucher unter Berücksichtigung sozialer, kultureller und sprachlicher Faktoren nach der Auslegung des Gerichtshofs als Maßstab, zielt mit ihren Bestimmungen jedoch darauf ab, die Ausnutzung von Verbrauchern zu vermeiden, die aufgrund bestimmter Charakteristika besonders anfällig für irreführende Angaben sind. Richtet sich eine Angabe speziell an eine besondere Verbrauchergruppe wie z. B. Kinder, so sollte die Auswirkung der Angabe aus der Sicht eines Durchschnittsmitglieds dieser Gruppe beurteilt werden. Der Begriff des Durchschnittsverbrauchers beruht dabei nicht auf einer statistischen Grundlage. Die nationalen Gerichte und Verwaltungsbehörden müssen sich bei der Beurteilung der Frage, wie der Durchschnittsverbraucher in einem gegebenen Fall typischerweise reagieren würde, auf ihre eigene Urteilsfähigkeit unter Berücksichtigung der Rechtsprechung des Gerichtshofs verlassen.

(17) Eine wissenschaftliche Absicherung sollte der Hauptaspekt sein, der bei der Verwendung nährwert- und gesundheitsbezogener Angaben berücksichtigt wird, und die Lebensmittelunternehmer, die derartige Angaben verwenden, sollten diese auch begründen. Eine Angabe sollte wissenschaftlich abgesichert sein, wobei alle verfügbaren wissenschaftlichen Daten berücksichtigt und die Nachweise abgewogen werden sollten.

(18) Eine nährwert- oder gesundheitsbezogene Angabe sollte nicht gemacht werden, wenn sie den allgemein akzeptierten Ernährungs- und Gesundheitsgrundsätzen zuwiderläuft oder wenn sie zum übermäßigen Verzehr eines Lebensmittels verleitet oder diesen gutheißt oder von vernünftigen Ernährungsgewohnheiten abbringt.

(19) Angesichts des positiven Bildes, das Lebensmitteln durch nährwert- und gesundheitsbezogene Angaben verliehen wird, und der potenziellen Auswirkung solcher Lebensmittel auf Ernährungsgewohnheiten und die Gesamtaufnahme an Nährstoffen sollte der Verbraucher in die Lage versetzt werden, den Nährwert insgesamt zu beurteilen. Daher sollte die Nährwertkennzeichnung obligatorisch und bei allen Lebensmitteln, die gesundheitsbezogene Angaben tragen, umfassend sein.

(20) Die Richtlinie 90/496/EWG des Rates vom 24. September 1990 über die Nährwertkennzeichnung von Lebensmitteln[2] enthält allgemeine Vorschriften für die Nährwertkennzeichnung von Lebensmitteln. Nach der genannten Richtlinie sollte die Nährwertkennzeichnung zwingend vorgeschrieben sein, wenn auf dem Etikett, in der Aufmachung oder in der Werbung, mit Ausnahme allgemeiner Werbeaussagen, eine nährwertbezogene Angabe gemacht wurde. Bezieht sich eine nährwertbezogene Angabe auf Zucker, gesättigte Fettsäuren, Ballaststoffe oder Natrium, so sind die Angaben der in Artikel 4 Absatz 1 der Richtlinie 90/496/EWG definierten Gruppe 2 zu machen. Im Interesse eines hohen Verbraucherschutzniveaus sollte diese Pflicht, die Angaben der Gruppe 2 zu liefern, entsprechend für gesundheitsbezogene Angaben, mit Ausnahme allgemeiner Werbeaussagen, gelten.

(21) Es sollte eine Liste zulässiger nährwertbezogener Angaben und der spezifischen Bedingungen für ihre Verwendung erstellt werden, beruhend auf den Verwendungsbedingungen für derartige Angaben, die auf nationaler und internationaler Ebene vereinbart sowie in Gemeinschaftsvorschriften festgelegt wurden. Für jede Angabe, die als für den Verbraucher gleich bedeutend mit einer in der oben genannten Aufstellung aufgeführten nährwertbezogenen Angabe angesehen wird, sollten die in dieser Aufstellung angegebe-

---

1) **Amtl. Anm.:** ABl L 250 vom 19. 9. 1984, S. 17. Zuletzt geändert durch die Richtlinie 2005/29/EG des Europäischen Parlaments und des Rates (ABl L 149 vom 11. 6. 2005, S. 22).
2) **Amtl. Anm.:** ABl L 276 vom 6. 10. 1990, S. 40. Zuletzt geändert durch die Richtlinie 2003/120/EG der Kommission (ABl L 333 vom 20. 12. 2003, S. 51).

## 2. Lebensmittelrecht

nen Verwendungsbedingungen gelten. So sollten beispielsweise für Angaben über den Zusatz von Vitaminen und Mineralstoffen wie „mit ...", „mit wieder hergestelltem Gehalt an ...", „mit Zusatz von ...", „mit ... angereichert" die Bedingungen gelten, die für die Angabe „Quelle von ..." festgelegt wurden. Die Liste sollte zur Berücksichtigung des wissenschaftlichen und technischen Fortschritts regelmäßig aktualisiert werden. Außerdem müssen bei vergleichenden Angaben dem Endverbraucher gegenüber die miteinander verglichenen Produkte eindeutig identifiziert werden.

(22) Die Bedingungen für die Verwendung von Angaben wie „laktose-" oder „glutenfrei", die an eine Verbrauchergruppe mit bestimmten Gesundheitsstörungen gerichtet sind, sollten in der Richtlinie 89/398/EWG des Rates vom 3. Mai 1989 zur Angleichung der Rechtsvorschriften der Mitgliedstaaten über Lebensmittel, die für eine besondere Ernährung bestimmt sind[1], geregelt werden. Überdies bietet die genannte Richtlinie die Möglichkeit, bei für den allgemeinen Verzehr bestimmten Lebensmitteln auf ihre Eignung für diese Verbrauchergruppen hinzuweisen, sofern die Bedingungen für einen solchen Hinweis erfüllt sind. Bis die Bedingungen für solche Hinweise auf Gemeinschaftsebene festgelegt worden sind, können die Mitgliedstaaten einschlägige nationale Maßnahmen beibehalten oder erlassen.

(23) Gesundheitsbezogene Angaben sollten für die Verwendung in der Gemeinschaft nur nach einer wissenschaftlichen Bewertung auf höchstmöglichem Niveau zugelassen werden. Damit eine einheitliche wissenschaftliche Bewertung dieser Angaben gewährleistet ist, sollte die Europäische Behörde für Lebensmittelsicherheit solche Bewertungen vornehmen. Der Antragsteller sollte auf Antrag Zugang zu seinem Dossier erhalten, um sich über den jeweiligen Stand des Verfahrens zu informieren.

(24) Neben die Ernährung betreffenden gibt es zahlreiche andere Faktoren, die den psychischen Zustand und die Verhaltensfunktion beeinflussen können. Die Kommunikation über diese Funktionen ist somit sehr komplex, und es ist schwer, in einer kurzen Angabe bei der Kennzeichnung von Lebensmitteln und in der Werbung hierfür eine umfassende, wahrheitsgemäße und bedeutungsvolle Aussage zu vermitteln. Daher ist es angebracht, bei der Verwendung von Angaben, die sich auf psychische oder verhaltenspsychologische Wirkungen beziehen, einen wissenschaftlichen Nachweis zu verlangen.

(25) Im Lichte der Richtlinie 96/8/EG der Kommission vom 26. Februar 1996 über Lebensmittel für kalorienarme Ernährung zur Gewichtsverringerung[2], in der festgelegt ist, dass die Kennzeichnung und die Verpackung der Erzeugnisse sowie die Werbung hierfür keine Angaben über Dauer und Ausmaß der aufgrund ihrer Verwendung möglichen Gewichtsabnahme enthalten dürfen, wird es als angemessen betrachtet, diese Einschränkung auf alle Lebensmittel auszudehnen.

(26) Andere gesundheitsbezogene Angaben als Angaben über die Reduzierung eines Krankheitsrisikos sowie die Entwicklung und die Gesundheit von Kindern, die sich auf allgemein anerkannte wissenschaftliche Nachweise stützen, sollten einer anderen Art von Bewertung und Zulassung unterzogen werden. Es ist daher erforderlich, nach Konsultation der Europäischen Behörde für Lebensmittelsicherheit eine Gemeinschaftsliste solcher zulässiger Angaben zu erstellen. Ferner sollten zur Förderung der Innovation diejenigen gesundheitsbezogenen Angaben, die auf neuen wissenschaftlichen Nachweisen beruhen, einem beschleunigten Zulassungsverfahren unterzogen werden.

(27) Zur Anpassung an den wissenschaftlichen und technischen Fortschritt sollte die vorstehend erwähnte Liste umgehend geändert werden, wann immer dies nötig ist. Eine solche Überarbeitung ist eine Durchführungsmaßnahme technischer Art, deren Erlass der Kommission übertragen werden sollte, um das Verfahren zu vereinfachen und zu beschleunigen.

(28) Die Ernährung ist einer von vielen Faktoren, die das Auftreten bestimmter Krankheiten beim Menschen beeinflussen. Andere Faktoren wie Alter, genetische Veranla-

---

1) **Amtl. Anm.:** ABl L 186 vom 30. 6. 1989, S. 27. Zuletzt geändert durch die Verordnung (EG) Nr. 1882/2003 des Europäischen Parlaments und des Rates (ABl L 284 vom 31. 10. 2003, S. 1).
2) **Amtl. Anm.:** ABl L 55 vom 6. 3. 1996, S. 22.

gung, körperliche Aktivität, Konsum von Tabak und anderen Drogen, Umweltbelastungen und Stress können ebenfalls das Auftreten von Krankheiten beeinflussen. Daher sollten für Angaben, die sich auf die Verringerung eines Krankheitsrisikos beziehen, spezifische Kennzeichnungsvorschriften gelten.

(29) Damit sichergestellt ist, dass gesundheitsbezogene Angaben wahrheitsgemäß, klar, verlässlich und für den Verbraucher bei der Entscheidung für eine gesunde Ernährungsweise hilfreich sind, sollte die Formulierung und Aufmachung gesundheitsbezogener Angaben bei der Stellungnahme der Europäischen Behörde für Lebensmittelsicherheit und in anschließenden Verfahren berücksichtigt werden.

(30) In manchen Fällen kann die wissenschaftliche Risikobewertung allein nicht alle Informationen bereitstellen, die für eine Risikomanagemententscheidung erforderlich sind. Andere legitime Faktoren, die für die zu prüfende Frage relevant sind, sollten daher ebenfalls berücksichtigt werden.

(31) Im Sinne der Transparenz und zur Vermeidung wiederholter Anträge auf Zulassung bereits bewerteter Angaben sollte die Kommission ein öffentliches Register mit den Listen solcher Angaben erstellen und laufend aktualisieren.

(32) Zur Förderung von Forschung und Entwicklung in der Agrar- und Lebensmittelindustrie sind die Investitionen, die von Innovatoren bei der Beschaffung von Informationen und Daten zur Unterstützung eines Antrags auf Zulassung nach dieser Verordnung getätigt werden, zu schützen. Dieser Schutz sollte jedoch befristet werden, um die unnötige Wiederholung von Studien und Erprobungen zu vermeiden und den kleinen und mittleren Unternehmen (KMU), die selten die finanzielle Kapazität zur Durchführung von Forschungstätigkeiten besitzen, den Zugang zur Verwendung von Angaben zu erleichtern.

(33) KMU bedeuten für die europäische Lebensmittelindustrie einen erheblichen Mehrwert, was die Qualität und die Bewahrung unterschiedlicher Ernährungsgewohnheiten betrifft. Zur Erleichterung der Umsetzung dieser Verordnung sollte die Europäische Behörde für Lebensmittelsicherheit rechtzeitig insbesondere den KMU geeignete technische Anweisungen und Hilfsmittel anbieten.

(34) Angesichts der besonderen Eigenschaften von Lebensmitteln, die solche Angaben tragen, sollten den Überwachungsstellen neben den üblichen Möglichkeiten zusätzliche Instrumente zur Verfügung gestellt werden, um eine effiziente Überwachung dieser Produkte zu ermöglichen.

(35) Es sind angemessene Übergangsmaßnahmen erforderlich, damit sich die Lebensmittelunternehmer an die Bestimmungen dieser Verordnung anpassen können.

(36) Da das Ziel dieser Verordnung, nämlich das ordnungsgemäße Funktionieren des Binnenmarkts für nährwert- und gesundheitsbezogene Angaben sicherzustellen und gleichzeitig ein hohes Verbraucherschutzniveau zu bieten, auf Ebene der Mitgliedstaaten nicht ausreichend verwirklicht werden kann und daher besser auf Gemeinschaftsebene zu verwirklichen ist, kann die Gemeinschaft im Einklang mit dem in Artikel 5 des Vertrags niedergelegten Subsidiaritätsgrundsatz tätig werden. Entsprechend dem in demselben Artikel genannten Verhältnismäßigkeitsprinzip geht diese Verordnung nicht über das zur Erreichung dieses Ziels erforderliche Maß hinaus.

(37) Die zur Durchführung dieser Verordnung erforderlichen Maßnahmen sollten gemäß dem Beschluss 1999/468/EG des Rates vom 28. Juni 1999 zur Festlegung der Modalitäten für die Ausübung der der Kommission übertragenen Durchführungsbefugnisse[1] erlassen werden –

HABEN FOLGENDE VERORDNUNG ERLASSEN:

---

1) **Amtl. Anm.:** ABl L 184 vom 17. 7. 1999, S. 23.

# Kapitel I: Gegenstand, Anwendungsbereich und Begriffsbestimmungen

### Artikel 1 Gegenstand und Anwendungsbereich

(1) Mit dieser Verordnung werden die Rechts- und Verwaltungsvorschriften der Mitgliedstaaten über nährwert- und gesundheitsbezogene Angaben harmonisiert, um das ordnungsgemäße Funktionieren des Binnenmarkts zu gewährleisten und gleichzeitig ein hohes Verbraucherschutzniveau zu bieten.

(2) Diese Verordnung gilt für nährwert- und gesundheitsbezogene Angaben, die in kommerziellen Mitteilungen bei der Kennzeichnung und Aufmachung von oder bei der Werbung für Lebensmittel gemacht werden, die als solche an den Endverbraucher abgegeben werden sollen.

Auf nicht vor verpackten Lebensmitteln (einschließlich Frischprodukten wie Obst, Gemüse oder Brot), die dem Endverbraucher oder Einrichtungen zur Gemeinschaftsverpflegung zum Kauf angeboten werden, und auf Lebensmittel, die entweder an der Verkaufsstelle auf Wunsch des Käufers verpackt oder zum sofortigen Verkauf fertig verpackt werden, finden Artikel 7 und Artikel 10 Absatz 2 Buchstaben a und b keine Anwendung. Einzelstaatliche Bestimmungen können angewandt werden, bis gegebenenfalls nach dem in Artikel 25 Absatz 2 genannten Verfahren Gemeinschaftsmaßnahmen erlassen werden.

Diese Verordnung gilt auch für Lebensmittel, die für Restaurants, Krankenhäuser, Schulen, Kantinen und ähnliche Einrichtungen zur Gemeinschaftsverpflegung bestimmt sind.

(3) Handelsmarken, Markennamen oder Phantasiebezeichnungen, die in der Kennzeichnung, Aufmachung oder Werbung für ein Lebensmittel verwendet werden und als nährwert- oder gesundheitsbezogene Angabe aufgefasst werden können, dürfen ohne die in dieser Verordnung vorgesehenen Zulassungsverfahren verwendet werden, sofern der betreffenden Kennzeichnung, Aufmachung oder Werbung eine nährwert- oder gesundheitsbezogene Angabe beigefügt ist, die dieser Verordnung entspricht.

(4) Für allgemeine Bezeichnungen, die traditionell zur Angabe einer Eigenschaft einer Kategorie von Lebensmitteln oder Getränken verwendet werden, und die auf die Auswirkungen auf die menschliche Gesundheit hindeuten könnten, kann nach dem in Artikel 25 Absatz 2 genannten Verfahren auf Antrag der betroffenen Lebensmittelunternehmer eine Ausnahme von Absatz 3 vorgesehen werden. Der Antrag ist an die zuständige nationale Behörde eines Mitgliedstaats zu richten, die ihn unverzüglich an die Kommission weiterleitet. Die Kommission erlässt und veröffentlicht Regeln, nach denen Lebensmittelunternehmer derartige Anträge stellen können, um sicherzustellen, dass der Antrag in transparenter Weise und innerhalb einer vertretbaren Frist bearbeitet wird.

(5) Diese Verordnung gilt unbeschadet der folgenden Bestimmungen des Gemeinschaftsrechts:
a) Richtlinie 89/398/EWG und Richtlinien, die über Lebensmittel erlassen werden, die für besondere Ernährungszwecke bestimmt sind;
b) Richtlinie 80/777/EWG des Rates vom 15. Juli 1980 zur Angleichung der Rechtsvorschriften der Mitgliedstaaten über die Gewinnung von und den Handel mit natürlichen Mineralwässern[1)];
c) Richtlinie 98/83/EG des Rates vom 3. November 1998 über die Qualität von Wasser für den menschlichen Gebrauch[2)];
d) Richtlinie 2002/46/EG.

---

1) **Amtl. Anm.:** ABl L 229 vom 30. 8. 1980, S. 1. Zuletzt geändert durch die Verordnung (EG) Nr. 1882/2003.
2) **Amtl. Anm.:** ABl L 330 vom 5. 12. 1998, S. 32. Geändert durch die Verordnung (EG) Nr. 1882/2003.

**Artikel 2  Begriffsbestimmungen**

(1) Für die Zwecke dieser Verordnung

a) gelten für „Lebensmittel", „Lebensmittelunternehmer", „Inverkehrbringen" und „Endverbraucher" die Begriffsbestimmungen in Artikel 2 und Artikel 3 Nummern 3, 8 und 18 der Verordnung (EG) Nr. 178/2002 des Europäischen Parlaments und des Rates vom 28. Januar 2002 zur Festlegung der allgemeinen Grundsätze und Anforderungen des Lebensmittelrechts, zur Errichtung der Europäischen Behörde für Lebensmittelsicherheit und zur Festlegung von Verfahren zur Lebensmittelsicherheit[1)];

b) gilt für „Nahrungsergänzungsmittel" die Begriffsbestimmung der Richtlinie 2002/46/EG;

c) gelten für „Nährwertkennzeichnung", „Eiweiß", „Kohlenhydrat", „Zucker", „Fett", „gesättigte Fettsäuren", „einfach ungesättigte Fettsäuren", „mehrfach ungesättigte Fettsäuren" und „Ballaststoffe" die Begriffsbestimmungen der Richtlinie 90/496/EWG;

d) gilt für „Kennzeichnung" die Begriffsbestimmung in Artikel 1 Absatz 3 Buchstabe a der Richtlinie 2000/13/EG.

(2) Ferner bezeichnet der Ausdruck

1. „Angabe" jede Aussage oder Darstellung, die nach dem Gemeinschaftsrecht oder den nationalen Vorschriften nicht obligatorisch ist, einschließlich Darstellungen durch Bilder, grafische Elemente oder Symbole in jeder Form, und mit der erklärt, suggeriert oder auch nur mittelbar zum Ausdruck gebracht wird, dass ein Lebensmittel besondere Eigenschaften besitzt;

2. „Nährstoff" ein Protein, ein Kohlenhydrat, ein Fett, einen Ballaststoff, Natrium, eines der im Anhang der Richtlinie 90/496/EWG aufgeführten Vitamine und Mineralstoffe, sowie jeden Stoff, der zu einer dieser Kategorien gehört oder Bestandteil eines Stoffes aus einer dieser Kategorien ist;

3. „andere Substanz" einen anderen Stoff als einen Nährstoff, der eine ernährungsbezogene Wirkung oder eine physiologische Wirkung hat;

4. „nährwertbezogene Angabe" jede Angabe, mit der erklärt, suggeriert oder auch nur mittelbar zum Ausdruck gebracht wird, dass ein Lebensmittel besondere positive Nährwerteigenschaften besitzt, und zwar aufgrund

    a) der Energie (des Brennwerts), die es

        i. liefert,

        ii. in vermindertem oder erhöhtem Maße liefert oder

        iii. nicht liefert, und/oder

    b) der Nährstoffe oder anderen Substanzen, die es

        i. enthält,

        ii. in verminderter oder erhöhter Menge enthält oder

        iii. nicht enthält;

5. „gesundheitsbezogene Angabe" jede Angabe, mit der erklärt, suggeriert oder auch nur mittelbar zum Ausdruck gebracht wird, dass ein Zusammenhang zwischen einer Lebensmittelkategorie, einem Lebensmittel oder einem seiner Bestandteile einerseits und der Gesundheit andererseits besteht;

6. „Angabe über die Reduzierung eines Krankheitsrisikos" jede Angabe, mit der erklärt, suggeriert oder auch nur mittelbar zum Ausdruck gebracht wird, dass der Verzehr einer Lebensmittelkategorie, eines Lebensmittels oder eines Lebensmittelbestandteils einen Risikofaktor für die Entwicklung einer Krankheit beim Menschen deutlich senkt;

---

[1)] **Amtl. Anm.:** ABl L 31 vom 1.2.2002, S. 1. Zuletzt geändert durch die Verordnung (EG) Nr. 575/2006 der Kommission (ABl L 100 vom 8.4.2006, S. 3).

7. „Behörde" die Europäische Behörde für Lebensmittelsicherheit, die durch die Verordnung (EG) Nr. 178/2002 eingesetzt wurde.

## Kapitel II: Allgemeine Grundsätze

### Artikel 3 Allgemeine Grundsätze für alle Angaben

Nährwert- und gesundheitsbezogene Angaben dürfen bei der Kennzeichnung und Aufmachung von Lebensmitteln, die in der Gemeinschaft in Verkehr gebracht werden, bzw. bei der Werbung hierfür nur verwendet werden, wenn sie der vorliegenden Verordnung entsprechen.

Unbeschadet der Richtlinien 2000/13/EG und 84/450/EWG dürfen die verwendeten nährwert- und gesundheitsbezogenen Angaben

a) nicht falsch, mehrdeutig oder irreführend sein;

b) keine Zweifel über die Sicherheit und/oder die ernährungsphysiologische Eignung anderer Lebensmittel wecken;

c) nicht zum übermäßigen Verzehr eines Lebensmittels ermutigen oder diesen wohlwollend darstellen;

d) nicht erklären, suggerieren oder auch nur mittelbar zum Ausdruck bringen, dass eine ausgewogene und abwechslungsreiche Ernährung generell nicht die erforderlichen Mengen an Nährstoffen liefern kann. Bei Nährstoffen, für die eine ausgewogene und abwechslungsreiche Ernährung keine ausreichenden Mengen liefern kann, können abweichende Regelungen, einschließlich der Bedingungen für ihre Anwendung, nach dem in Artikel 25 Absatz 2 genannten Verfahren unter Beachtung der besonderen Umstände in den Mitgliedstaaten genehmigt werden;

e) nicht – durch eine Textaussage oder durch Darstellungen in Form von Bildern, grafischen Elementen oder symbolische Darstellungen – auf Veränderungen bei Körperfunktionen Bezug nehmen, die beim Verbraucher Ängste auslösen oder daraus Nutzen ziehen könnten.

### Artikel 4 Bedingungen für die Verwendung nährwert- und gesundheitsbezogener Angaben

(1) Bis zum 19. Januar 2009 legt die Kommission nach dem in Artikel 25 Absatz 2 genannten Verfahren spezifische Nährwertprofile, einschließlich der Ausnahmen, fest, denen Lebensmittel oder bestimmte Lebensmittelkategorien entsprechen müssen, um nährwert- oder gesundheitsbezogene Angaben tragen zu dürfen, sowie die Bedingungen für die Verwendung von nährwert- oder gesundheitsbezogenen Angaben für Lebensmittel oder Lebensmittelkategorien in Bezug auf die Nährwertprofile.

Die Nährwertprofile für Lebensmittel und/oder bestimmte Lebensmittelkategorien werden insbesondere unter Berücksichtigung folgender Faktoren festgelegt:

a) der Mengen bestimmter Nährstoffe und anderer Substanzen, die in dem betreffenden Lebensmittel enthalten sind, wie z. B. Fett, gesättigte Fettsäuren, Trans-Fettsäuren, Zucker und Salz/Natrium;

b) der Rolle und der Bedeutung des Lebensmittels (oder der Lebensmittelkategorie) und seines (oder ihres) Beitrags zur Ernährung der Bevölkerung allgemein oder gegebenenfalls bestimmter Risikogruppen, einschließlich Kindern;

c) der gesamten Nährwertzusammensetzung des Lebensmittels und des Vorhandenseins von Nährstoffen, deren Wirkung auf die Gesundheit wissenschaftlich anerkannt ist.

Die Nährwertprofile stützen sich auf wissenschaftliche Nachweise über die Ernährung und ihre Bedeutung für die Gesundheit.

Bei der Festlegung der Nährwertprofile fordert die Kommission die Behörde auf, binnen zwölf Monaten sachdienliche wissenschaftliche Ratschläge zu erarbeiten, die sich auf folgende Kernfragen konzentrieren:

i. ob Nährwertprofile für Lebensmittel generell und/oder für Lebensmittelkategorien erarbeitet werden sollten
ii. die Auswahl und Ausgewogenheit der zu berücksichtigenden Nährstoffe
iii. die Wahl der Referenzqualität/Referenzbasis für Nährwertprofile
iv. den Berechnungsansatz für die Nährwertprofile
v. die Durchführbarkeit und die Erprobung eines vorgeschlagenen Systems.

Bei der Festlegung der Nährwertprofile führt die Kommission Anhörungen der Interessengruppen, insbesondere von Lebensmittelunternehmern und Verbraucherverbänden, durch.

Nährwertprofile und die Bedingungen für ihre Verwendung werden nach dem in Artikel 25 Absatz 2 genannten Verfahren zur Berücksichtigung maßgeblicher wissenschaftlicher Entwicklungen nach Anhörung der Interessengruppen, insbesondere von Lebensmittelunternehmern und Verbraucherverbänden, aktualisiert.

(2) Abweichend von Absatz 1 sind nährwertbezogene Angaben zulässig,

a) die sich auf die Verringerung von Fett, gesättigten Fettsäuren, Trans-Fettsäuren, Zucker und Salz/Natrium beziehen, ohne Bezugnahme auf ein Profil für den/die konkreten Nährstoff(e), zu dem/denen die Angabe gemacht wird, sofern sie den Bedingungen dieser Verordnung entsprechen;
b) wenn ein einziger Nährstoff das Nährstoffprofil übersteigt, sofern in unmittelbarer Nähe der nährwertbezogenen Angabe auf derselben Seite und genau so deutlich sichtbar wie diese ein Hinweis auf diesen Nährstoff angebracht wird. Dieser Hinweis lautet: „Hoher Gehalt an [...1)]".

(3) Getränke mit einem Alkoholgehalt von mehr als 1,2 Volumenprozent dürfen keine gesundheitsbezogenen Angaben tragen.

Bei Getränken mit einem Alkoholgehalt von mehr als 1,2 Volumenprozent sind nur nährwertbezogene Angaben zulässig, die sich auf einen geringen Alkoholgehalt oder eine Reduzierung des Alkoholgehalts oder eine Reduzierung des Brennwerts beziehen.

(4) In Ermangelung spezifischer Gemeinschaftsbestimmungen über nährwertbezogene Angaben zu geringem Alkoholgehalt oder dem reduzierten bzw. nicht vorhandenen Alkoholgehalt oder Brennwert von Getränken, die normalerweise Alkohol enthalten, können nach Maßgabe der Bestimmungen des Vertrags die einschlägigen einzelstaatlichen Regelungen angewandt werden.

(5) Nach dem in Artikel 25 Absatz 2 genannten Verfahren können im Lichte wissenschaftlicher Nachweise andere als die in Absatz 3 genannten Lebensmittel oder Kategorien von Lebensmitteln bestimmt werden, für die die Verwendung nährwert- oder gesundheitsbezogener Angaben eingeschränkt oder verboten werden soll.

**Artikel 5   Allgemeine Bedingungen**

(1) Die Verwendung nährwert- und gesundheitsbezogener Angaben ist nur zulässig, wenn die nachstehenden Bedingungen erfüllt sind:

a) Es ist anhand allgemein anerkannter wissenschaftlicher Nachweise nachgewiesen, dass das Vorhandensein, das Fehlen oder der verringerte Gehalt des Nährstoffs oder der anderen Substanz, auf die sich die Angabe bezieht, in einem Lebensmittel oder einer Kategorie von Lebensmitteln eine positive ernährungsbezogene Wirkung oder physiologische Wirkung hat.
b) Der Nährstoff oder die andere Substanz, für die die Angabe gemacht wird,
i. ist im Endprodukt in einer gemäß dem Gemeinschaftsrecht signifikanten Menge oder, wo einschlägige Bestimmungen nicht bestehen, in einer Menge vorhanden, die nach allgemein anerkannten wissenschaftlichen Nachweisen geeignet ist, die

---

1) **Amtl. Anm.:** Name des Nährstoffs, der das Nährstoffprofil übersteigt.

behauptete ernährungsbezogene Wirkung oder physiologische Wirkung zu erzielen, oder

 ii. ist nicht oder in einer verringerten Menge vorhanden, was nach allgemein anerkannten wissenschaftlichen Nachweisen geeignet ist, die behauptete ernährungsbezogene Wirkung oder physiologische Wirkung zu erzielen.

c) Soweit anwendbar liegt der Nährstoff oder die andere Substanz, auf die sich die Angabe bezieht, in einer Form vor, die für den Körper verfügbar ist.

d) Die Menge des Produkts, deren Verzehr vernünftigerweise erwartet werden kann, liefert eine gemäß dem Gemeinschaftsrecht signifikante Menge des Nährstoffs oder der anderen Substanz, auf die sich die Angabe bezieht, oder, wo einschlägige Bestimmungen nicht bestehen, eine signifikante Menge, die nach allgemein anerkannten wissenschaftlichen Nachweisen geeignet ist, die behauptete ernährungsbezogene Wirkung oder physiologische Wirkung zu erzielen.

e) Die besonderen Bedingungen in Kapitel III bzw. Kapitel IV, soweit anwendbar, sind erfüllt.

(2) Die Verwendung nährwert- oder gesundheitsbezogener Angaben ist nur zulässig, wenn vom durchschnittlichen Verbraucher erwartet werden kann, dass er die positive Wirkung, wie sie in der Angabe dargestellt wird, versteht.

(3) Nährwert- und gesundheitsbezogene Angaben müssen sich gemäß der Anweisung des Herstellers auf das verzehrfertige Lebensmittel beziehen.

### Artikel 6 Wissenschaftliche Absicherung von Angaben

(1) Nährwert- und gesundheitsbezogene Angaben müssen sich auf allgemein anerkannte wissenschaftliche Nachweise stützen und durch diese abgesichert sein.

(2) Ein Lebensmittelunternehmer, der eine nährwert- oder gesundheitsbezogene Angabe macht, muss die Verwendung dieser Angabe begründen.

(3) Die zuständigen Behörden der Mitgliedstaaten können einen Lebensmittelunternehmer oder eine Person, die ein Produkt in Verkehr bringt, verpflichten, alle einschlägigen Angaben zu machen und Daten vorzulegen, die die Übereinstimmung mit dieser Verordnung belegen.

### Artikel 7 Nährwertkennzeichnung

Die Verpflichtung, bei einer nährwertbezogenen Angabe auch Angaben im Sinne der Richtlinie 90/496/EWG zu machen, und die entsprechenden Modalitäten gelten sinngemäß für gesundheitsbezogene Angaben mit Ausnahme produktübergreifender Werbeaussagen. Jedoch handelt es sich dabei um die Angaben der in Artikel 4 Absatz 1 der Richtlinie 90/496/EWG definierten Gruppe 2.

Zusätzlich sind – sofern anwendbar – für Stoffe, die Gegenstand einer nährwert- oder gesundheitsbezogenen Angabe sind und nicht in der Nährwertkennzeichnung erscheinen, die jeweiligen Mengen in demselben Sichtfeld in unmittelbarer Nähe dieser Nährwertkennzeichnung gemäß Artikel 6 der Richtlinie 90/496/EWG anzugeben.

Im Falle von Nahrungsergänzungsmitteln ist die Nährwertkennzeichnung gemäß Artikel 8 der Richtlinie 2002/46/EG anzugeben.

## Kapitel III: Nährwertbezogene Angaben

### Artikel 8 Besondere Bedingungen

(1) Nährwertbezogene Angaben dürfen nur gemacht werden, wenn sie im Anhang aufgeführt sind und den in dieser Verordnung festgelegten Bedingungen entsprechen.

(2) Änderungen des Anhangs werden nach dem in Artikel 25 Absatz 2 genannten Verfahren, gegebenenfalls nach Anhörung der Behörde, erlassen. Gegebenenfalls bezieht die Kommission Interessengruppen, insbesondere Lebensmittelunternehmer und Verbraucherverbände, ein, um die Wahrnehmung und das Verständnis der betreffenden Angaben zu bewerten.

**Artikel 9 Vergleichende Angaben**

(1) Unbeschadet der Richtlinie 84/450/EWG ist ein Vergleich nur zwischen Lebensmitteln derselben Kategorie und unter Berücksichtigung einer Reihe von Lebensmitteln dieser Kategorie zulässig. Der Unterschied in der Menge eines Nährstoffs und/oder im Brennwert ist anzugeben, und der Vergleich muss sich auf dieselbe Menge des Lebensmittels beziehen.

(2) Vergleichende nährwertbezogene Angaben müssen die Zusammensetzung des betreffenden Lebensmittels mit derjenigen einer Reihe von Lebensmitteln derselben Kategorie vergleichen, deren Zusammensetzung die Verwendung einer Angabe nicht erlaubt, darunter auch Lebensmittel anderer Marken.

## Kapitel IV: Gesundheitsbezogene Angaben

### Artikel 10 Spezielle Bedingungen

(1) Gesundheitsbezogene Angaben sind verboten, sofern sie nicht den allgemeinen Anforderungen in Kapitel II und den speziellen Anforderungen im vorliegenden Kapitel entsprechen, gemäß dieser Verordnung zugelassen und in die Liste der zugelassenen Angaben gemäß den Artikeln 13 und 14 aufgenommen sind.

(2) Gesundheitsbezogene Angaben dürfen nur gemacht werden, wenn die Kennzeichnung oder, falls diese Kennzeichnung fehlt, die Aufmachung der Lebensmittel und die Lebensmittelwerbung folgende Informationen tragen:

a) einen Hinweis auf die Bedeutung einer abwechslungsreichen und ausgewogenen Ernährung und einer gesunden Lebensweise,

b) Informationen zur Menge des Lebensmittels und zum Verzehrmuster, die erforderlich sind, um die behauptete positive Wirkung zu erzielen,

c) gegebenenfalls einen Hinweis an Personen, die es vermeiden sollten, dieses Lebensmittel zu verzehren, und

d) einen geeigneten Warnhinweis bei Produkten, die bei übermäßigem Verzehr eine Gesundheitsgefahr darstellen könnten.

(3) Verweise auf allgemeine, nichtspezifische Vorteile des Nährstoffs oder Lebensmittels für die Gesundheit im Allgemeinen oder das gesundheitsbezogene Wohlbefinden sind nur zulässig, wenn ihnen eine in einer der Listen nach Artikel 13 oder 14 enthaltene spezielle gesundheitsbezogene Angabe beigefügt ist.

(4) Gegebenenfalls werden nach dem in Artikel 25 Absatz 2 genannten Verfahren und, falls erforderlich, nach der Anhörung der Interessengruppen, insbesondere von Lebensmittelunternehmern und Verbraucherverbänden, Leitlinien für die Durchführung dieses Artikels angenommen.

### Artikel 11 Nationale Vereinigungen von Fachleuten der Bereiche Medizin, Ernährung oder Diätetik und karitative medizinische Einrichtungen

Fehlen spezifische Gemeinschaftsvorschriften über Empfehlungen oder Bestätigungen von nationalen Vereinigungen von Fachleuten der Bereiche Medizin, Ernährung oder Diätetik oder karitativen gesundheitsbezogenen Einrichtungen, so können nach Maßgabe der Bestimmungen des Vertrags einschlägige nationale Regelungen angewandt werden.

### Artikel 12 Beschränkungen der Verwendung bestimmter gesundheitsbezogener Angaben

Die folgenden gesundheitsbezogenen Angaben sind nicht zulässig:

a) Angaben, die den Eindruck erwecken, durch Verzicht auf das Lebensmittel könnte die Gesundheit beeinträchtigt werden;

b) Angaben über Dauer und Ausmaß der Gewichtsabnahme;

c) Angaben, die auf Empfehlungen von einzelnen Ärzten oder Vertretern medizinischer Berufe und von Vereinigungen, die nicht in Artikel 11 genannt werden, verweisen.

**Artikel 13 Andere gesundheitsbezogene Angaben als Angaben über die Reduzierung eines Krankheitsrisikos sowie die Entwicklung und die Gesundheit von Kindern**

(1) In der in Absatz 3 vorgesehenen Liste genannte gesundheitsbezogene Angaben, die

a) die Bedeutung eines Nährstoffs oder einer anderen Substanz für Wachstum, Entwicklung und Körperfunktionen,

b) die psychischen Funktionen oder Verhaltensfunktionen oder

c) unbeschadet der Richtlinie 96/8/EG die schlank machenden oder gewichtskontrollierenden Eigenschaften des Lebensmittels oder die Verringerung des Hungergefühls oder ein verstärktes Sättigungsgefühl oder eine verringerte Energieaufnahme durch den Verzehr des Lebensmittels

beschreiben oder darauf verweisen, dürfen gemacht werden, ohne den Verfahren der Artikel 15 bis 19 zu unterliegen, wenn sie

i. sich auf allgemein anerkannte wissenschaftliche Nachweise stützen und

ii. vom durchschnittlichen Verbraucher richtig verstanden werden.

(2) Die Mitgliedstaaten übermitteln der Kommission spätestens am 31. Januar 2008 Listen von Angaben gemäß Absatz 1 zusammen mit den für sie geltenden Bedingungen und mit Hinweisen auf die entsprechende wissenschaftliche Absicherung.

(3) Nach Anhörung der Behörde verabschiedet die Kommission nach dem in Artikel 25 Absatz 2 genannten Verfahren spätestens am 31. Januar 2010 eine Gemeinschaftsliste zulässiger Angaben gemäß Absatz 1 sowie alle erforderlichen Bedingungen für die Verwendung dieser Angaben.

(4) Änderungen an der Liste nach Absatz 3, die auf allgemein anerkannten wissenschaftlichen Nachweisen beruhen, werden nach Anhörung der Behörde auf eigene Initiative der Kommission oder auf Antrag eines Mitgliedstaats nach dem in Artikel 25 Absatz 2 genannten Verfahren verabschiedet.

(5) Weitere Angaben, die auf neuen wissenschaftlichen Nachweisen beruhen und/oder einen Antrag auf den Schutz geschützter Daten enthalten, werden nach dem Verfahren des Artikels 18 in die in Absatz 3 genannte Liste aufgenommen, mit Ausnahme der Angaben über die Entwicklung und die Gesundheit von Kindern, die nach dem Verfahren der Artikel 15, 16, 17 und 19 zugelassen werden.

**Artikel 14 Angaben über die Verringerung eines Krankheitsrisikos sowie Angaben über die Entwicklung und die Gesundheit von Kindern**

(1) Ungeachtet des Artikels 2 Absatz 1 Buchstabe b der Richtlinie 2000/13/EG können Angaben über die Verringerung eines Krankheitsrisikos sowie Angaben über die Entwicklung und die Gesundheit von Kindern gemacht werden, wenn sie nach dem Verfahren der Artikel 15, 16, 17 und 19 der vorliegenden Verordnung zur Aufnahme in eine Gemeinschaftsliste zulässiger Angaben und aller erforderlichen Bedingungen für die Verwendung dieser Angaben zugelassen worden sind.

(2) Zusätzlich zu den allgemeinen Anforderungen dieser Verordnung und den spezifischen Anforderungen in Absatz 1 muss bei Angaben über die Verringerung eines Krankheitsrisikos die Kennzeichnung oder, falls diese Kennzeichnung fehlt, die Aufmachung der Lebensmittel und die Lebensmittelwerbung außerdem eine Erklärung dahin gehend enthalten, dass die Krankheit, auf die sich die Angabe bezieht, durch mehrere Risikofaktoren bedingt ist und dass die Veränderung eines dieser Risikofaktoren eine positive Wirkung haben kann oder auch nicht.

### Artikel 15 Beantragung der Zulassung

(1) Bei Bezugnahme auf diesen Artikel ist ein Antrag auf Zulassung nach Maßgabe der nachstehenden Absätze zu stellen.

(2) Der Antrag wird der zuständigen nationalen Behörde eines Mitgliedstaats zugeleitet.
  a) Die zuständige nationale Behörde
     i. bestätigt den Erhalt eines Antrags schriftlich innerhalb von 14 Tagen nach Eingang. In der Bestätigung ist das Datum des Antragseingangs zu vermerken;
     ii. informiert die Behörde unverzüglich und
     iii. stellt der Behörde den Antrag und alle vom Antragsteller ergänzend vorgelegten Informationen zur Verfügung.
  b) Die Behörde
     i. unterrichtet die Mitgliedstaaten und die Kommission unverzüglich über den Antrag und stellt ihnen den Antrag sowie alle vom Antragsteller ergänzend vorgelegten Informationen zur Verfügung;
     ii. stellt die in Absatz 3 Buchstabe g genannte Zusammenfassung des Antrags der Öffentlichkeit zur Verfügung.

(3) Der Antrag muss Folgendes enthalten:
  a) Name und Anschrift des Antragstellers;
  b) Bezeichnung des Nährstoffs oder der anderen Substanz oder des Lebensmittels oder der Lebensmittelkategorie, wofür die gesundheitsbezogene Angabe gemacht werden soll, sowie die jeweiligen besonderen Eigenschaften;
  c) eine Kopie der Studien einschließlich – soweit verfügbar – unabhängiger und nach dem Peer-Review-Verfahren erstellter Studien zu der gesundheitsbezogenen Angabe sowie alle sonstigen verfügbaren Unterlagen, aus denen hervorgeht, dass die gesundheitsbezogene Angabe die Kriterien dieser Verordnung erfüllt;
  d) gegebenenfalls einen Hinweis, welche Informationen als eigentumsrechtlich geschützt einzustufen sind, zusammen mit einer entsprechenden nachprüfbaren Begründung;
  e) eine Kopie anderer wissenschaftlicher Studien, die für die gesundheitsbezogene Angabe relevant sind;
  f) einen Vorschlag für die Formulierung der gesundheitsbezogenen Angabe, deren Zulassung beantragt wird, gegebenenfalls einschließlich spezieller Bedingungen für die Verwendung;
  g) eine Zusammenfassung des Antrags.

(4) Nach vorheriger Anhörung der Behörde legt die Kommission nach dem in Artikel 25 Absatz 2 genannten Verfahren Durchführungsvorschriften zum vorliegenden Artikel, einschließlich Vorschriften zur Erstellung und Vorlage des Antrags, fest.

(5) Um den Lebensmittelunternehmern, insbesondere den KMU, bei der Vorbereitung und Stellung eines Antrags auf wissenschaftliche Bewertung behilflich zu sein, stellt die Kommission in enger Zusammenarbeit mit der Behörde geeignete technische Anleitungen und Hilfsmittel bereit.

### Artikel 16 Stellungnahme der Behörde

(1) Bei der Abfassung ihrer Stellungnahme hält die Behörde eine Frist von fünf Monaten ab dem Datum des Eingangs eines gültigen Antrags ein. Wenn die Behörde beim Antragsteller zusätzliche Informationen gemäß Absatz 2 anfordert, wird diese Frist um bis zu zwei Monate nach dem Datum des Eingangs der vom Antragsteller übermittelten Informationen verlängert.

(2) Die Behörde – oder über sie eine nationale zuständige Behörde – kann gegebenenfalls den Antragsteller auffordern, die Unterlagen zum Antrag innerhalb einer bestimmten Frist zu ergänzen.

(3) Zur Vorbereitung ihrer Stellungnahme überprüft die Behörde, ob
a) die gesundheitsbezogene Angabe durch wissenschaftliche Nachweise abgesichert ist;
b) die Formulierung der gesundheitsbezogenen Angabe den Kriterien dieser Verordnung entspricht.

(4) Wird in der Stellungnahme die Zulassung der Verwendung der gesundheitsbezogenen Angabe befürwortet, so muss sie außerdem folgende Informationen enthalten:
a) Name und Anschrift des Antragstellers;
b) Bezeichnung des Nährstoffs oder der anderen Substanz oder des Lebensmittels oder der Lebensmittelkategorie, wofür die gesundheitsbezogene Angabe gemacht werden soll, sowie die jeweiligen besonderen Eigenschaften;
c) einen Vorschlag für die Formulierung der gesundheitsbezogenen Angabe, gegebenenfalls einschließlich der speziellen Bedingungen für ihre Verwendung;
d) gegebenenfalls Bedingungen für die oder Beschränkungen der Verwendung des Lebensmittels und/oder zusätzliche Erklärungen oder Warnungen, die die gesundheitsbezogene Angabe auf dem Etikett oder bei der Werbung begleiten sollten.

(5) Die Behörde übermittelt der Kommission, den Mitgliedstaaten und dem Antragsteller ihre Stellungnahme einschließlich eines Berichts mit der Beurteilung der gesundheitsbezogenen Angabe, einer Begründung ihrer Stellungnahme und über die Informationen, auf denen ihre Stellungnahme beruht.

(6) Die Behörde veröffentlicht ihre Stellungnahme gemäß Artikel 38 Absatz 1 der Verordnung (EG) Nr. 178/2002.
Der Antragsteller bzw. Vertreter der Öffentlichkeit können innerhalb von 30 Tagen nach dieser Veröffentlichung gegenüber der Kommission Bemerkungen dazu abgeben.

## Artikel 17  Gemeinschaftszulassung

(1) Innerhalb von zwei Monaten nach Erhalt der Stellungnahme der Behörde legt die Kommission dem in Artikel 23 Absatz 2 genannten Ausschuss einen Entwurf für eine Entscheidung über die Listen der zugelassenen gesundheitsbezogenen Angaben vor, wobei die Stellungnahme der Behörde, alle einschlägigen Bestimmungen des Gemeinschaftsrechts und andere für den jeweils zu prüfenden Sachverhalt relevante legitime Faktoren berücksichtigt werden. Stimmt der Entwurf der Entscheidung nicht mit der Stellungnahme der Behörde überein, so erläutert die Kommission die Gründe für die Abweichung.

(2) Jeder Entwurf für eine Entscheidung zur Änderung der Listen der zugelassenen gesundheitsbezogenen Angaben enthält die in Artikel 16 Absatz 4 genannten Informationen.

(3) Die endgültige Entscheidung über den Antrag wird nach dem in Artikel 25 Absatz 2 genannten Verfahren getroffen.

(4) Die Kommission unterrichtet den Antragsteller unverzüglich über die Entscheidung und veröffentlicht die Einzelheiten dieser Entscheidung im *Amtsblatt der Europäischen Union.*

(5) Gesundheitsbezogene Angaben, die in den Listen nach den Artikeln 13 und 14 enthalten sind, können von jedem Lebensmittelunternehmer unter den für sie geltenden Bedingungen verwendet werden, wenn ihre Verwendung nicht nach Artikel 21 eingeschränkt ist.

(6) Die Erteilung der Zulassung schränkt die allgemeine zivil- und strafrechtliche Haftung eines Lebensmittelunternehmens für das betreffende Lebensmittel nicht ein.

## Artikel 18  Angaben gemäß Artikel 13 Absatz 5

(1) Ein Lebensmittelunternehmer, der eine gesundheitsbezogene Angabe zu verwenden beabsichtigt, die nicht in der in Artikel 13 Absatz 3 vorgesehenen Liste aufgeführt ist, kann die Aufnahme der Angabe in diese Liste beantragen.

(2) Der Aufnahmeantrag ist bei der zuständigen nationalen Behörde eines Mitgliedstaats einzureichen, die den Eingang des Antrags innerhalb von 14 Tagen nach Eingang schriftlich bestätigt. In der Bestätigung ist das Datum des Eingangs des Antrags anzugeben. Der Antrag muss die in Artikel 15 Absatz 3 aufgeführten Daten und eine Begründung enthalten.

(3) Der gültige Antrag, der gemäß den in Artikel 15 Absatz 5 genannten Anweisungen erstellt wurde, sowie alle vom Antragsteller übermittelten Informationen werden unverzüglich der Behörde für eine wissenschaftliche Bewertung sowie der Kommission und den Mitgliedstaaten zur Kenntnisnahme übermittelt. Die Behörde gibt ihre Stellungnahme innerhalb einer Frist von fünf Monaten ab dem Datum des Eingangs des Antrags ab. Diese Frist kann um bis zu einem Monat verlängert werden, falls es die Behörde für erforderlich erachtet, zusätzliche Informationen vom Antragsteller anzufordern. In diesem Fall übermittelt der Antragsteller die angeforderten Informationen binnen 15 Tagen ab dem Datum des Erhalts der Anfrage der Behörde.

Das Verfahren des Artikels 16 Absatz 3 Buchstaben a und b, Absatz 5 und Absatz 6 findet sinngemäß Anwendung.

(4) Gibt die Behörde nach der wissenschaftlichen Bewertung eine Stellungnahme zu Gunsten der Aufnahme der betreffenden Angabe in die in Artikel 13 Absatz 3 vorgesehene Liste ab, so entscheidet die Kommission binnen zwei Monaten nach Eingang der Stellungnahme der Behörde, und nachdem sie die Mitgliedstaaten konsultiert hat, über den Antrag, wobei sie die Stellungnahme der Behörde, alle einschlägigen Vorschriften des Gemeinschaftsrechts und sonstige für die betreffende Angelegenheit relevante legitime Faktoren berücksichtigt.

Gibt die Behörde eine Stellungnahme ab, in der die Aufnahme der betreffenden Angabe in diese Liste nicht befürwortet wird, so wird nach dem in Artikel 25 Absatz 2 genannten Verfahren über den Antrag entschieden.

### Artikel 19  Änderung, Aussetzung und Widerruf von Zulassungen

(1) Der Antragsteller/Nutzer einer Angabe, die in einer der Listen nach den Artikeln 13 und 14 aufgeführt ist, kann eine Änderung der jeweils einschlägigen Liste beantragen. Das Verfahren der Artikel 15 bis 18 findet sinngemäß Anwendung.

(2) Die Behörde legt auf eigene Initiative oder auf Antrag eines Mitgliedstaats oder der Kommission eine Stellungnahme darüber vor, ob eine in einer der Listen nach den Artikeln 13 und 14 aufgeführte gesundheitsbezogene Angabe immer noch den Bedingungen dieser Verordnung entspricht.

Sie übermittelt ihre Stellungnahme unverzüglich der Kommission, den Mitgliedstaaten und gegebenenfalls dem ursprünglichen Antragsteller, der die Verwendung der betreffenden Angabe beantragt hat. Die Behörde veröffentlicht ihre Stellungnahme gemäß Artikel 38 Absatz 1 der Verordnung (EG) Nr. 178/2002.

Der Antragsteller/Nutzer bzw. ein Vertreter der Öffentlichkeit kann innerhalb von 30 Tagen nach dieser Veröffentlichung gegenüber der Kommission Bemerkungen dazu abgeben.

Die Kommission prüft die Stellungnahme der Behörde sowie alle eingegangenen Bemerkungen so bald wie möglich. Gegebenenfalls wird die Zulassung nach dem Verfahren der Artikel 17 und 18 abgeändert, ausgesetzt oder widerrufen.

## Kapitel V:  Allgemeine und Schlussbestimmungen

### Artikel 20  Gemeinschaftsregister

(1) Die Kommission erstellt und unterhält ein Gemeinschaftsregister der nährwert- und gesundheitsbezogenen Angaben über Lebensmittel, nachstehend „Register" genannt.

(2) Das Register enthält Folgendes:
a) die nährwertbezogenen Angaben und die Bedingungen für ihre Verwendung gemäß dem Anhang;
b) gemäß Artikel 4 Absatz 5 festgelegte Einschränkungen;
c) die zugelassenen gesundheitsbezogenen Angaben und die Bedingungen für ihre Verwendung nach Artikel 13 Absätze 3 und 5, Artikel 14 Absatz 1, Artikel 19 Absatz 2, Artikel 21, Artikel 24 Absatz 2 und Artikel 28 Absatz 6 sowie die innerstaatlichen Maßnahmen nach Artikel 23 Absatz 3;
d) eine Liste abgelehnter gesundheitsbezogener Angaben und die Gründe für ihre Ablehnung.

Gesundheitsbezogene Angaben, die aufgrund geschützter Daten zugelassen wurden, werden in einen gesonderten Anhang des Registers aufgenommen, zusammen mit folgenden Informationen:
1. Datum der Zulassung der gesundheitsbezogenen Angabe durch die Kommission und Name des ursprünglichen Antragstellers, dem die Zulassung erteilt wurde;
2. die Tatsache, dass die Kommission die gesundheitsbezogene Angabe auf der Grundlage geschützter Daten zugelassen hat;
3. die Tatsache, dass die Verwendung der gesundheitsbezogenen Angabe eingeschränkt ist, es sei denn, ein späterer Antragsteller erlangt die Zulassung der Angabe ohne Bezugnahme auf die geschützten Daten des ursprünglichen Antragstellers.

(3) Das Register wird veröffentlicht.

## Artikel 21   Datenschutz

(1) Die wissenschaftlichen Daten und anderen Informationen in dem in Artikel 15 Absatz 3 vorgeschriebenen Antrag dürfen während eines Zeitraums von fünf Jahren ab dem Datum der Zulassung nicht zugunsten eines späteren Antragstellers verwendet werden, es sei denn, dieser nachfolgende Antragsteller hat mit dem früheren Antragsteller vereinbart, dass solche Daten und Informationen verwendet werden können, vorausgesetzt,
a) die wissenschaftlichen Daten und anderen Informationen wurden vom ursprünglichen Antragsteller zum Zeitpunkt des ursprünglichen Antrags als geschützt bezeichnet und
b) der ursprüngliche Antragsteller hatte zum Zeitpunkt des ursprünglichen Antrags ausschließlichen Anspruch auf die Nutzung der geschützten Daten und
c) die gesundheitsbezogene Angabe hätte ohne die Vorlage der geschützten Daten durch den ursprünglichen Antragsteller nicht zugelassen werden können.

(2) Bis zum Ablauf des in Absatz 1 genannten Zeitraums von fünf Jahren hat kein nachfolgender Antragsteller das Recht, sich auf von einem vorangegangenen Antragsteller als geschützt bezeichnete Daten zu beziehen, sofern und solange die Kommission nicht darüber entscheidet, ob eine Angabe ohne die von dem vorangegangenen Antragsteller als geschützt bezeichneten Daten in die in Artikel 14 oder gegebenenfalls in Artikel 13 vorgesehene Liste aufgenommen werden könnte oder hätte aufgenommen werden können.

## Artikel 22   Nationale Vorschriften

Die Mitgliedstaaten dürfen unbeschadet des Vertrags, insbesondere seiner Artikel 28 und 30, den Handel mit Lebensmitteln oder die Werbung für Lebensmittel, die dieser Verordnung entsprechen, nicht durch die Anwendung nicht harmonisierter nationaler Vorschriften über Angaben über bestimmte Lebensmittel oder über Lebensmittel allgemein einschränken oder verbieten.

**Artikel 23 Notifizierungsverfahren**

(1) Hält ein Mitgliedstaat es für erforderlich, neue Rechtsvorschriften zu erlassen, so teilt er der Kommission und den übrigen Mitgliedstaaten die in Aussicht genommenen Maßnahmen mit einer schlüssigen Begründung mit, die diese rechtfertigen.

(2) Die Kommission hört den mit Artikel 58 Absatz 1 der Verordnung (EG) Nr. 178/2002 eingesetzten Ständigen Ausschuss für die Lebensmittelkette und Tiergesundheit (nachstehend „Ausschuss" genannt) an, sofern sie dies für nützlich hält oder ein Mitgliedstaat es beantragt, und nimmt zu den in Aussicht genommenen Maßnahmen Stellung.

(3) Der betroffene Mitgliedstaat kann die in Aussicht genommenen Maßnahmen sechs Monate nach der Mitteilung nach Absatz 1 und unter der Bedingung treffen, dass er keine gegenteilige Stellungnahme der Kommission erhalten hat.

Ist die Stellungnahme der Kommission ablehnend, so entscheidet die Kommission nach dem in Artikel 25 Absatz 2 genannten Verfahren vor Ablauf der in Unterabsatz 1 des vorliegenden Absatzes genannten Frist, ob die in Aussicht genommenen Maßnahmen durchgeführt werden dürfen. Die Kommission kann bestimmte Änderungen an den vorgesehenen Maßnahmen verlangen.

**Artikel 24 Schutzmaßnahmen**

(1) Hat ein Mitgliedstaat stichhaltige Gründe für die Annahme, dass eine Angabe nicht dieser Verordnung entspricht oder dass die wissenschaftliche Absicherung nach Artikel 6 unzureichend ist, so kann er die Verwendung der betreffenden Angabe in seinem Hoheitsgebiet vorübergehend aussetzen.

Er unterrichtet die übrigen Mitgliedstaaten und die Kommission und begründet die Aussetzung.

(2) Eine Entscheidung hierüber wird gegebenenfalls nach Einholung einer Stellungnahme der Behörde nach dem in Artikel 25 Absatz 2 genannten Verfahren getroffen.

Die Kommission kann dieses Verfahren auf eigene Initiative einleiten.

(3) Der in Absatz 1 genannte Mitgliedstaat kann die Aussetzung beibehalten, bis ihm die in Absatz 2 genannte Entscheidung notifiziert wurde.

**Artikel 25 Ausschussverfahren**

(1) Die Kommission wird von dem Ausschuss unterstützt.

(2) Wird auf diesen Absatz Bezug genommen, so gelten die Artikel 5 und 7 des Beschlusses 1999/468/EG unter Beachtung von dessen Artikel 8.

Der Zeitraum nach Artikel 5 Absatz 6 des Beschlusses 1999/468/EG wird auf drei Monate festgesetzt.

(3) Der Ausschuss gibt sich eine Geschäftsordnung.

**Artikel 26 Überwachung**

Um die wirksame Überwachung von Lebensmitteln mit nährwert- oder gesundheitsbezogenen Angaben zu erleichtern, können die Mitgliedstaaten die Hersteller oder die Personen, die derartige Lebensmittel in ihrem Hoheitsgebiet in Verkehr bringen, verpflichten, die zuständige Behörde über das Inverkehrbringen zu unterrichten und ihr ein Muster des für das Produkt verwendeten Etiketts zu übermitteln.

**Artikel 27 Bewertung**

Spätestens am 19. Januar 2013 legt die Kommission dem Europäischen Parlament und dem Rat einen Bericht über die Anwendung dieser Verordnung vor, insbesondere über die Entwicklung des Markts für Lebensmittel, für die nährwert- oder gesundheitsbezogene Angaben gemacht werden, und darüber, wie die Angaben von den Verbrauchern verstanden werden; gegebenenfalls fügt sie diesem Bericht einen Vorschlag für Änderungen bei. Der Bericht umfasst auch eine Beurteilung der Auswirkungen dieser

Verordnung auf die Wahl der Ernährungsweise und der möglichen Auswirkungen auf Übergewicht und nicht übertragbare Krankheiten.

**Artikel 28   Übergangsmaßnahmen**

(1) Lebensmittel, die vor dem Beginn der Anwendung dieser Verordnung in Verkehr gebracht oder gekennzeichnet wurden und dieser Verordnung nicht entsprechen, dürfen bis zu ihrem Mindesthaltbarkeitsdatum, jedoch nicht länger als bis zum 31. Juli 2009 weiter in Verkehr gebracht werden. Unter Berücksichtigung von Artikel 4 Absatz 1 dürfen Lebensmittel bis 24 Monate nach Annahme der entsprechenden Nährwertprofile und der Bedingungen für ihre Verwendung in Verkehr gebracht werden.

(2) Produkte mit bereits vor dem 1. Januar 2005 bestehenden Handelsmarken oder Markennamen, die dieser Verordnung nicht entsprechen, dürfen bis zum 19. Januar 2022 weiterhin in den Verkehr gebracht werden; danach gelten die Bestimmungen dieser Verordnung.

(3) Nährwertbezogene Angaben, die in einem Mitgliedstaat vor dem 1. Januar 2006 gemäß den einschlägigen innerstaatlichen Vorschriften verwendet wurden und nicht im Anhang aufgeführt sind, dürfen bis zum 19. Januar 2010 unter der Verantwortung von Lebensmittelunternehmern verwendet werden; dies gilt unbeschadet der Annahme von Schutzmaßnahmen gemäß Artikel 24.

(4) Nährwertbezogene Angaben in Form von Bildern, Grafiken oder Symbolen, die den allgemeinen Grundsätzen dieser Verordnung entsprechen, jedoch nicht im Anhang aufgeführt sind, und die entsprechend den durch einzelstaatliche Bestimmungen oder Vorschriften aufgestellten besonderen Bedingungen und Kriterien verwendet werden, unterliegen folgenden Bestimmungen:

a) Die Mitgliedstaaten übermitteln der Kommission spätestens bis zum 31. Januar 2008 diese nährwertbezogenen Angaben und die anzuwendenden einzelstaatlichen Bestimmungen oder Vorschriften zusammen mit den wissenschaftlichen Daten zu deren Absicherung;

b) Die Kommission fasst nach dem in Artikel 25 Absatz 2 genannten Verfahren einen Beschluss über die Verwendung solcher Angaben.

Nährwertbezogene Angaben, die nicht nach diesem Verfahren zugelassen wurden, können bis zu zwölf Monate nach Erlass des Beschlusses weiter verwendet werden.

(5) Gesundheitsbezogene Angaben im Sinne des Artikels 13 Absatz 1 Buchstabe a dürfen ab Inkrafttreten dieser Verordnung bis zur Annahme der in Artikel 13 Absatz 3 genannten Liste unter der Verantwortung von Lebensmittelunternehmern verwendet werden, sofern die Angaben dieser Verordnung und den einschlägigen einzelstaatlichen Vorschriften entsprechen; dies gilt unbeschadet der Annahme von Schutzmaßnahmen gemäß Artikel 24.

(6) Für gesundheitsbezogene Angaben, die nicht unter Artikel 13 Absatz 1 Buchstabe a und Artikel 14 fallen und unter Beachtung der nationalen Rechtsvorschriften vor dem Inkrafttreten dieser Verordnung verwendet wurden, gilt Folgendes:

a) Gesundheitsbezogene Angaben, die in einem Mitgliedstaat einer Bewertung unterzogen und zugelassen wurden, werden nach folgendem Verfahren zugelassen:

  i. Die Mitgliedstaaten übermitteln der Kommission spätestens bis zum 31. Januar 2008 die betreffenden Angaben sowie den Bericht mit der Bewertung der zur Absicherung der Angaben vorgelegten wissenschaftlichen Daten;

  ii. nach Anhörung der Behörde fasst die Kommission nach dem in Artikel 25 Absatz 2 genannten Verfahren einen Beschluss über die gesundheitsbezogenen Angaben, die auf diese Weise zugelassen wurden.

  Gesundheitsbezogene Angaben, die nicht nach diesem Verfahren zugelassen wurden, dürfen bis zu sechs Monate nach Erlass des Beschlusses weiter verwendet werden.

b) Gesundheitsbezogene Angaben, die keiner Bewertung in einem Mitgliedstaat unterzogen und nicht zugelassen wurden, dürfen weiterhin verwendet werden, sofern vor dem 19. Januar 2008 ein Antrag nach dieser Verordnung gestellt wird; gesundheitsbezogene Angaben, die nicht nach diesem Verfahren zugelassen wurden, dürfen bis zu sechs Monate nach einer Entscheidung im Sinne des Artikels 17 Absatz 3 weiter verwendet werden.

**Artikel 29   Inkrafttreten**

Diese Verordnung tritt am zwanzigsten Tag nach ihrer Veröffentlichung im Amtsblatt der Europäischen Union in Kraft.

Sie gilt ab dem 1. Juli 2007.

# 3. Technisches Sicherheitsrecht

## a) Richtlinie 98/34/EG des Europäischen Parlaments und des Rates vom 22. Juni 1998 über ein Informationsverfahren auf dem Gebiet der Normen und technischen Vorschriften und der Vorschriften für die Dienste der Informationsgesellschaft (RL 98/34/EG)
### v. 21. 7. 1998 (ABl Nr. L 24 S. 37)

DAS EUROPÄISCHE PARLAMENT UND DER RAT DER EUROPÄISCHEN UNION –

gestützt auf den Vertrag zur Gründung der Europäischen Gemeinschaft, insbesondere auf die Artikel 100a, 213 und 43,

auf Vorschlag der Kommission[1],

nach Stellungnahme des Wirtschafts- und Sozialausschusses[2],

gemäß dem Verfahren des Artikels 189b des Vertrags[3],

in Erwägung nachstehender Gründe:

(1) Die Richtlinie 89/189/EWG des Rates vom 28. März 1983 über ein Informationsverfahren auf dem Gebiet der Normen und technischen Vorschriften[4] ist mehrfach in wesentlichen Punkten geändert worden. Aus Gründen der Übersichtlichkeit und Klarheit empfiehlt es sich, die genannte Richtlinie zu kodifizieren.

(2) Der Binnenmarkt umfaßt einen Raum ohne Binnengrenzen, in dem der freie Verkehr von Waren, Personen, Dienstleistungen und Kapital gewährleistet ist. Folglich ist das Verbot mengenmäßiger Beschränkungen im Warenaustausch sowie von Maßnahmen mit gleicher Wirkung wie solche mengenmäßigen Beschränkungen eine der Grundlagen der Gemeinschaft.

(3) Im Hinblick auf das reibungslose Funktionieren des Binnenmarktes ist es angebracht, bei den nationalen Maßnahmen zur Erstellung von Normen oder technischen Vorschriften die größtmögliche Transparenz zu gewährleisten.

(4) Handelsbeschränkungen aufgrund technischer Vorschriften für Erzeugnisse sind nur zulässig, wenn sie notwendig sind, um zwingenden Erfordernissen zu genügen und wenn sie einem Ziel allgemeinen Interesses dienen, für das sie eine wesentliche Garantie darstellen.

(5) Es ist unerläßlich, daß die Kommission schon vor dem Erlaß technischer Vorschriften über die erforderlichen Informationen verfügt. Die Mitgliedstaaten sind nach Artikel 5 des Vertrags gehalten, der Kommission die Erfüllung ihrer Aufgabe zu erleichtern; sie sind deshalb verpflichtet, der Kommission von ihren Entwürfen auf dem Gebiet der technischen Vorschriften Mitteilung zu machen.

(6) Desgleichen müssen alle Mitgliedstaaten über die von einem von ihnen geplanten technischen Vorschriften unterrichtet sein.

(7) Durch den Binnenmarkt soll den Unternehmen ein besseres Umfeld für die Wettbewerbsfähigkeit gewährleistet werden; eine bessere Nutzung der Vorteile dieses Marktes durch die Unternehmen erfordert insbesondere eine verstärkte Information. Deshalb ist es notwendig, daß den Wirtschaftsteilnehmern durch die regelmäßige Veröffentlichung der Titel der notifizierten Entwürfe sowie durch die Bestimmungen über die

---

1) **Amtl. Anm.:** ABl C 78 vom 12. 3. 1997, S. 4.
2) **Amtl. Anm.:** ABl C 133 vom 28. 4. 1997, S. 5.
3) **Amtl. Anm.:** Stellungnahme des Europäischen Parlaments vom 17. September 1997 (ABl C 304 vom 6. 10. 1997, S. 79), gemeinsamer Standpunkt des Rates vom 23. Februar 1998 (ABl C 110 vom 8. 4. 1998, S. 1), Beschluß des Europäischen Parlaments vom 30. April 1998 (ABl C 152 vom 18. 5. 1998) und Beschluss des Rates vom 28. Mai 1998.
4) **Amtl. Anm.:** ABl L 109 vom 26. 4. 1983, S. 8. Richtlinie zuletzt geändert durch die Entscheidung 96/139/EG der Kommission (ABl L 32 vom 10. 2. 1996, S. 31).

Vertraulichkeit dieser Entwürfe die Möglichkeit gegeben wird, zu den geplanten technischen Vorschriften anderer Mitgliedstaaten Stellung zu nehmen.

(8) Aus Gründen der Rechtssicherheit ist es angebracht, daß die Mitgliedstaaten öffentlich bekanntgeben, daß eine nationale technische Vorschrift unter Einhaltung der vorliegenden Richtlinie in Kraft gesetzt worden ist.

(9) Hinsichtlich der technischen Vorschriften für Erzeugnisse beinhalten die Maßnahmen zur Gewährleistung des reibungslosen Funktionierens des Marktes oder für seine Vollendung insbesondere eine größere Transparenz der nationalen Vorhaben sowie eine Ausweitung der Kriterien und Bedingungen für die Abschätzung der Auswirkungen der geplanten Regelungen auf den Markt.

(10) Aus dieser Sicht ist es wichtig, daß alle für ein Erzeugnis geltenden Bestimmungen und die Entwicklungen bei der nationalen Regelungspraxis für die Erzeugnisse berücksichtigt werden.

(11) Die Vorschriften, die keine technischen Spezifikationen sind und den Lebenszyklus eines Erzeugnisses nach seinem Inverkehrbringen betreffen, können den freien Verkehr dieses Erzeugnisses beeinträchtigen oder Hindernisse beim reibungslosen Funktionieren des Binnenmarktes schaffen.

(12) Es hat sich erwiesen, daß der Begriff der technischen De-facto-Vorschrift geklärt werden muß. Die Bestimmungen, nach denen sich die Behörde auf technische Spezifikationen oder sonstige Vorschriften bezieht oder zu ihrer Einhaltung auffordert sowie die Produktvorschriften, an denen die Behörde aus Gründen des öffentlichen Interesses beteiligt ist, verleihen diesen Spezifikationen und Vorschriften eine stärkere Verbindlichkeit, als sie eigentlich aufgrund ihres privaten Ursprungs hätten.

(13) Die Kommission und die Mitgliedstaaten müssen außerdem über die erforderliche Frist verfügen, um Änderungen der geplanten Maßnahme vorschlagen zu können, mit denen etwaige aus dieser entstehende Handelshemmnisse beseitigt oder abgeschwächt werden.

(14) Der betroffene Mitgliedstaat zieht diese Änderungsvorschläge bei der Ausarbeitung des endgültigen Wortlauts der geplanten Maßnahme in Erwägung.

(15) Der Binnenmarkt setzt voraus, daß die Kommission in Fällen, in denen der Grundsatz der gegenseitigen Anerkennung durch die Mitgliedstaaten nicht angewandt werden kann, verbindliche Rechtsakte der Gemeinschaft erläßt oder deren Erlaß vorschlägt. Es wurde eine besondere Stillhaltefrist festgesetzt, um zu vermeiden, daß durch nationale Maßnahmen die Annahme von in dem gleichen Bereich unterbreiteten verbindlichen Rechtsakten der Gemeinschaft durch den Rat oder durch die Kommission beeinträchtigt wird.

(16) In beiden Fällen ist der betreffende Mitgliedstaat gemäß den allgemeinen Bestimmungen des Artikels 5 des Vertrags verpflichtet, das Inkraftsetzen der geplanten Maßnahme während eines genügend langen Zeitraums auszusetzen, um die Möglichkeit zu schaffen, daß Änderungsvorschläge gemeinsam geprüft werden oder der Vorschlag eines verbindlichen Rechtsakts des Rates ausgearbeitet oder ein verbindlicher Rechtsakt der Kommission angenommen wird. Die in der Vereinbarung der im Rat vereinigten Vertreter der Regierungen der Mitgliedstaaten vom 28. Mai 1969 über die Stillhalteregelung und die Unterrichtung der Kommission[1] in der Fassung der Vereinbarung vom 5. März 1973[2] vorgesehenen Fristen haben sich in solchen Fällen als unzureichend erwiesen; es ist deshalb erforderlich, längere Fristen vorzusehen.

(17) Das in der Vereinbarung vom 28. Mai 1969 vorgesehene Verfahren einer Stillhalteregelung und der Unterrichtung der Kommission ist für die davon erfaßten Erzeugnisse, die nicht unter diese Richtlinie fallen, weiterhin anwendbar.

(18) Um den Beschluß von Gemeinschaftsmaßnahmen durch den Rat zu erleichtern, sollten die Mitgliedstaaten davon absehen, eine technische Vorschrift in Kraft zu setzen,

---

1) **Amtl. Anm.:** ABl C 76 vom 17. 6. 1969, S. 9.
2) **Amtl. Anm.:** ABl C 9 vom 15. 3. 1973, S. 3.

wenn der Rat einen gemeinsamen Standpunkt zu einem Vorschlag der Kommission hinsichtlich desselben Sachgebiets festgelegt hat.

(19) Innerstaatliche technische Normen können in der Praxis dieselben Wirkungen auf den freien Warenverkehr ausüben wie technische Vorschriften.

(20) Es ist deshalb erforderlich, die Unterrichtung der Kommission über Entwürfe von Normen unter den gleichen Bedingungen, wie sie für technische Vorschriften gelten, sicherzustellen. Gemäß Artikel 213 des Vertrags kann die Kommission zur Erfüllung der ihr übertragenen Aufgaben alle erforderlichen Auskünfte einholen und alle erforderlichen Nachprüfungen vornehmen; der Rahmen und die nähere Maßgabe hierfür werden vom Rat gemäß den Bestimmungen des Vertrags festgelegt.

(21) Es ist darüber hinaus erforderlich, daß die Mitgliedstaaten und die Normungsgremien über die von den Normungsgremien der anderen Mitgliedstaaten geplanten Normen unterrichtet werden.

(22) Die systematische Notifizierungspflicht besteht nur für Gegenstände, die neu genormt werden, sofern diese auf nationaler Ebene vorgenommenen Maßnahmen Unterschiede in den nationalen Normen zur Folge haben können, die den Markt beeinträchtigen könnten. Jede weitere Notifizierung oder Mitteilung über die Fortschritte der nationalen Arbeiten soll davon abhängen, ob diejenigen, die zuvor über den Gegenstand der Normung unterrichtet worden sind, an diesen Arbeiten interessiert sind.

(23) Die Kommission muß jedoch die nationalen Normungsprogramme teilweise oder vollständig anfordern können, um die Entwicklungen der Normung in bestimmten Wirtschaftszweigen zu überprüfen.

(24) Das Europäische Normungssystem muß durch und für die Betroffenen angewandt werden, und zwar auf der Grundlage von Kohärenz, Transparenz, Offenheit, Konsens, Unabhängigkeit von Einzelinteressen, Effizienz und Entscheidungen unter Mitwirkung der einzelnen Staaten.

(25) Das Funktionieren der Normung in der Gemeinschaft muß auf den grundlegenden Rechten der nationalen Normungsgremien beruhen, wie zum Beispiel der Möglichkeit, Normenentwürfe zu erhalten, die aufgrund der übermittelten Bemerkungen getroffenen Maßnahmen zu erfahren, an den nationalen Normungstätigkeiten teilzunehmen oder anstelle nationaler Normen die Ausarbeitung europäischer Normen zu fordern. Es ist Aufgabe der Mitgliedstaaten, die in ihrer Macht stehenden gebotenen Maßnahmen zu ergreifen, damit ihre Normungsgremien diese Rechte respektieren.

(26) Die Bestimmungen hinsichtlich der Stillhaltefrist für die nationalen Normungsgremien während der Ausarbeitung einer europäischen Norm sind an die von diesen Gremien im Rahmen der europäischen Normungsgremien erlassenen Bestimmungen anzupassen.

(27) Es empfiehlt sich, einen Ständigen Ausschuß einzusetzen, dessen Mitglieder von den Mitgliedstaaten ernannt werden und dessen Auftrag darin besteht, die Kommission bei der Prüfung innerstaatlicher Normenentwürfe und bei ihren Bemühungen um Verminderung möglicher Beeinträchtigung des freien Warenverkehrs zu unterstützen.

(28) Es ist zweckmäßig, den Ständigen Ausschuß zu den Entwürfen für Normungsaufträge im Sinne dieser Richtlinie anzuhören.

(29) Diese Richtlinie soll die Verpflichtungen der Mitgliedstaaten in bezug auf die in Anhang III Teil B aufgeführten Richtlinien und deren Umsetzungsfristen unberührt lassen –

HABEN FOLGENDE RICHTLINIE ERLASSEN:

## Artikel 1

Für diese Richtlinie gelten folgende Begriffsbestimmungen:

1. „Erzeugnis" Erzeugnisse, die gewerblich hergestellt werden, und landwirtschaftliche Erzeugnisse, einschließlich Fischprodukte;
2. „Dienst": eine Dienstleistung der Informationsgesellschaft, d. h. jede in der Regel gegen Entgelt elektronisch im Fernabsatz und auf individuellen Abruf eines Empfängers erbrachte Dienstleistung.

Im Sinne dieser Definition bezeichnet der Ausdruck
- „im Fernabsatz erbrachte Dienstleistung" eine Dienstleistung, die ohne gleichzeitige physische Anwesenheit der Vertragsparteien erbracht wird;
- „elektronisch erbrachte Dienstleistung" eine Dienstleistung, die mittels Geräten für die elektronische Verarbeitung (einschließlich digitaler Kompression) und Speicherung von Daten am Ausgangspunkt gesendet und am Endpunkt empfangen wird und die vollständig über Draht, über Funk, auf optischem oder anderem elektromagnetischem Wege gesendet, weitergeleitet und empfangen wird;
- „auf individuellen Abruf eines Empfängers erbrachte Dienstleistung" eine Dienstleistung die durch die Übertragung von Daten auf individuelle Anforderung erbracht wird.

Eine Beispielliste der nicht unter diese Definition fallenden Dienste findet sich in Anhang V.

Diese Richtlinie findet keine Anwendung auf:
- Hörfunkdienste;
- Fernsehdienste gemäß Artikel 1 Buchstabe a) der Richtlinie 89/552/EWG[1].

3. „technische Spezifikation" Spezifikation, die in einem Schriftstück enthalten ist, das Merkmale für ein Erzeugnis vorschreibt, wie Qualitätsstufen, Gebrauchstauglichkeit, Sicherheit oder Abmessungen, einschließlich der Vorschriften über Verkaufsbezeichnung, Terminologie, Symbole, Prüfungen und Prüfverfahren, Verpackung, Kennzeichnung und Beschriftung des Erzeugnisses sowie über Konformitätsbewertungsverfahren.

Unter den Begriff „technische Spezifikation" fallen ferner die Herstellungsmethoden und -verfahren für die landwirtschaftlichen Erzeugnisse gemäß Artikel 38 Absatz 1 des Vertrags, für die Erzeugnisse, die zur menschlichen und tierischen Ernährung bestimmt sind, für die Arzneimittel gemäß Artikel 1 der Richtlinie 65/65/EWG des Rates[2] sowie die Herstellungsmethoden und -verfahren für andere Erzeugnisse, sofern sie die Merkmale dieser Erzeugnisse beeinflussen;

4. „sonstige Vorschrift" eine Vorschrift für ein Erzeugnis, die keine technische Spezifikation ist und insbesondere zum Schutz der Verbraucher oder der Umwelt erlassen wird und den Lebenszyklus des Erzeugnisses nach dem Inverkehrbringen betrifft, wie Vorschriften für Gebrauch, Wiederverwertung, Wiederverwendung oder Beseitigung, sofern diese Vorschriften die Zusammensetzung oder die Art des Erzeugnisses oder seine Vermarktung wesentlich beeinflussen können;

5. „Vorschrift betreffend Dienste": eine allgemein gehaltene Vorschrift über den Zugang zu den Aktivitäten der unter Nummer 2 genannten Dienste und über deren Betreibung, insbesondere Bestimmungen über den Erbringer von Diensten, die Dienste und den Empfänger von Diensten, unter Ausschluß von Regelungen, die nicht speziell auf die unter dieser Nummer definierten Dienste abzielen.

Diese Richtlinie gilt nicht für Vorschriften über Angelegenheiten, die einer Gemeinschaftsregelung im Bereich der Telekommunikationsdienste im Sinne der Richtlinie 90/387/EWG[3] unterliegen.

Diese Richtlinie gilt nicht für Vorschriften über Angelegenheiten, die einer Gemeinschaftsregelung im Bereich der in Anhang VI nicht erschöpfend aufgeführten Finanzdienstleistungen unterliegen.

---

1) **Amtl. Anm.:** ABl L 298 vom 17. 10. 1989, S. 23. Richtlinie geändert durch die Richtlinie 97/36/EG (ABl L 202 vom 30. 7. 1997, S. 1).

2) **Amtl. Anm.:** Richtlinie 65/65/EWG des Rates vom 26. Januar 1965 zur Angleichung der Rechts- und Verwaltungsvorschriften über Arzneimittel (ABl 22 vom 9. 2. 1965, S. 369/65). Zuletzt geändert durch die Richtlinie 93/39/EWG (ABl L 214 vom 24. 8. 1993, S. 22).

3) **Amtl. Anm.:** ABl L 192 vom 24. 7. 1990, S. 1. Richtlinie geändert durch die Richtlinie 97/51/EG (ABl L 295 vom 29. 10. 1997, S. 23).

Diese Richtlinie gilt nicht für Vorschriften, die von geregelten Märkten im Sinne der Richtlinie 93/22/EWG, anderen Märkten oder Stellen, die auf diesen Märkten Clearing- oder Abrechnungsaufgaben wahrnehmen, erlassen werden oder hierfür gelten; ausgenommen hiervon ist Artikel 8 Absatz 3 der vorliegenden Richtlinie.

Im Sinne dieser Definition

- gilt eine Vorschrift als speziell auf Dienste der Informationsgesellschaft abzielend, wenn sie nach ihrer Begründung und ihrem Wortlaut insgesamt oder in Form einzelner Bestimmungen ausdrücklich und gezielt auf die Regelung dieser Dienste abstellt;
- ist eine Vorschrift nicht als speziell auf die Dienste der Informationsgesellschaft abzielend zu betrachten, wenn sie sich lediglich indirekt oder im Sinne eines Nebeneffekts auf diese Dienste auswirkt.

6. „Norm" technische Spezifikation, die von einem anerkannten Normungsgremium zur wiederholten oder ständigen Anwendung angenommen wurde, deren Einhaltung jedoch nicht zwingend vorgeschrieben ist und die unter eine der nachstehend genannten Kategorien fällt:
   - internationale Norm: Norm, die von einer internationalen Normungsorganisation angenommen wird und der Öffentlichkeit zugänglich ist;
   - europäische Norm: Norm, die von einem europäischen Normungsgremium angenommen wird und der Öffentlichkeit zugänglich ist;
   - nationale Norm: Norm, die von einem nationalen Normungsgremium angenommen wird und der Öffentlichkeit zugänglich ist.
7. „Normungsprogramm" Arbeitsplan einer anerkannten normenschaffenden Körperschaft, welcher die laufenden Arbeitsthemen der Normungstätigkeit enthält;
8. „Normentwurf" Schriftstück, das die technischen Spezifikationen für einen bestimmten Gegenstand enthält und dessen Verabschiedung nach dem innerstaatlichen Normungsverfahren in der Form beabsichtigt ist, in der das Schriftstück als Ergebnis der Vorbereitungsarbeiten zur Stellungnahme oder für eine öffentliche Anhörung veröffentlicht wird;
9. „europäisches Normungsgremium" eine in Anhang I aufgeführte Organisation;
10. „nationales Normungsgremium" eine in Anhang II aufgeführte Organisation;
11. „Technische Vorschrift": Technische Spezifikationen oder sonstige Vorschriften oder Vorschriften betreffend Dienste, einschließlich der einschlägigen Verwaltungsvorschriften, deren Beachtung rechtlich oder de facto für das Inverkehrbringen, die Erbringung des Dienstes, die Niederlassung eines Erbringers von Diensten oder die Verwendung in einem Mitgliedstaat oder in einem großen Teil dieses Staates verbindlich ist, sowie – vorbehaltlich der in Artikel 10 genannten Bestimmungen – die Rechts- und Verwaltungsvorschriften der Mitgliedstaaten, mit denen Herstellung, Einfuhr, Inverkehrbringen oder Verwendung eines Erzeugnisses oder Erbringung oder Nutzung eines Dienstes oder die Niederlassung als Erbringer von Diensten verboten werden.

    Technische De-facto-Vorschriften sind insbesondere:
    - die Rechts- oder Verwaltungsvorschriften eines Mitgliedstaats, in denen entweder auf technische Spezifikationen oder sonstige Vorschriften oder auf Vorschriften betreffend Dienste oder auf Berufskodizes oder Verhaltenskodizes, die ihrerseits einen Verweis auf technische Spezifikationen oder sonstige Vorschriften oder auf Vorschriften betreffend Dienste enthalten, verwiesen wird und deren Einhaltung eine Konformität mit den durch die genannten Rechts- oder Verwaltungsvorschriften festgelegten Bestimmungen vermuten läßt;
    - die freiwilligen Vereinbarungen, bei denen der Staat Vertragspartei ist und die im öffentlichen Interesse die Einhaltung von technischen Spezifikationen oder sonstigen Vorschriften oder von Vorschriften betreffend Dienste mit Ausnahme der Vergabevorschriften im öffentlichen Beschaffungswesen bezwecken;

— die technischen Spezifikationen oder sonstigen Vorschriften oder die Vorschriften betreffend Dienste, die mit steuerlichen oder finanziellen Maßnahmen verbunden sind, die auf den Verbrauch der Erzeugnisse oder die Inanspruchnahme der Dienste Einfluß haben, indem sie die Einhaltung dieser technischen Spezifikationen oder sonstigen Vorschriften oder Vorschriften betreffend Dienste fördern; dies gilt nicht für technische Spezifikationen oder sonstige Vorschriften oder Vorschriften betreffend Dienste, die die nationalen Systeme der sozialen Sicherheit betreffen.

Dies betrifft die technischen Vorschriften, die von den durch die Mitgliedstaaten benannten Behörden festgelegt werden und in einer von der Kommission vor dem 5. August 1999 im Rahmen des Ausschusses nach Artikel 5 zu erstellenden Liste aufgeführt sind.

Änderungen dieser Liste werden nach demselben Verfahren vorgenommen.

12. „Entwurf einer technischen Vorschrift": Wortlaut einer technischen Spezifikation oder einer sonstigen Vorschrift oder einer Vorschrift betreffend Dienste einschließlich Verwaltungsvorschriften, der ausgearbeitet worden ist, um diese als technische Vorschrift festzuschreiben oder letztlich festschreiben zu lassen, und der sich im Stadium der Ausarbeitung befindet, in dem noch wesentliche Änderungen möglich sind.

Diese Richtlinie gilt nicht für Maßnahmen, die die Mitgliedstaaten im Rahmen des Vertrags zum Schutz von Personen, insbesondere der Arbeitnehmer, bei der Verwendung von Erzeugnissen für erforderlich halten, sofern diese Maßnahmen keine Auswirkungen auf die Erzeugnisse haben.

## Artikel 2

(1) Die Kommission und die in den Anhängen I und II aufgeführten Normungsgremien werden über die neuen Gegenstände unterrichtet, für die die in Anhang II aufgeführten nationalen Gremien durch die Aufnahme in ihr Normungsprogramm beschlossen haben, eine Norm auszuarbeiten oder zu ändern, sofern es sich nicht um die identische oder äquivalente Übertragung einer internationalen oder europäischen Norm handelt.

(2) In den in Absatz 1 genannten Informationen wird insbesondere angegeben, ob es sich bei der Norm handelt um:

– die nicht äquivalente Übertragung einer internationalen Norm;
– eine neue nationale Norm;
– die Änderung einer nationalen Norm.

Die Kommission kann nach Anhörung des in Artikel 5 vorgesehenen Ausschusses Regeln für die kodifizierte Vorlage dieser Informationen sowie ein Schema und Kriterien aufstellen, nach denen die Informationen abzufassen sind, um ihre Auswertung zu erleichtern.

(3) Die Kommission kann die teilweise oder vollständige Übermittlung der Normungsprogramme verlangen.

Diese Informationen stehen den Mitgliedstaaten bei der Kommission in einer Form zur Verfügung, die eine Beurteilung und den Vergleich der verschiedenen Normungsprogramme gestattet.

(4) Gegebenenfalls ändert die Kommission Anhang II auf der Grundlage der Mitteilungen der Mitgliedstaaten.

(5) Der Rat entscheidet auf Vorschlag der Kommission über jede Änderung des Anhangs I.

## Artikel 3

Die in den Anhängen I und II aufgeführten Normungsgremien sowie die Kommission erhalten auf Anforderung alle Normenentwürfe. Sie werden von den betroffenen Normungsgremien über die Maßnahmen unterrichtet, die aufgrund ihrer eventuellen Bemerkungen zu diesen Entwürfen getroffen wurden.

## Artikel 4

(1) Die Mitgliedstaaten ergreifen alle gebotenen Maßnahmen, damit ihre Normungsgremien
- die Informationen gemäß den Artikeln 2 und 3 übermitteln;
- die Normenentwürfe so veröffentlichen, daß Bemerkungen auch von einer Partei eingehen können, die in einem anderen Mitgliedstaat niedergelassen ist;
- den anderen in Anhang II aufgeführten Gremien das Recht zur passiven oder aktiven Teilnahme (durch Entsendung eines Beobachters) an den geplanten Arbeiten einräumen;
- sich nicht dagegenstellen, daß ein in ihrem Arbeitsprogramm enthaltener Normungsgegenstand auf europäischer Ebene nach den Regeln der europäischen Normungsgremien behandelt wird, und keine Maßnahme ergreifen, die einer Entscheidung hierüber vorgreifen könnte.

(2) Die Mitgliedstaaten sehen insbesondere von jeder Anerkennung, Zulassung oder Verwendung ab, bei der auf eine nationale Norm verwiesen wird, die in Widerspruch zu den Artikeln 2, 3 und zu Absatz 1 des vorliegenden Artikels in Kraft gesetzt worden ist.

## Artikel 5

Es wird ein Ständiger Ausschuß aus von den Mitgliedstaaten ernannten Vertretern eingesetzt; diese können sich durch Sachverständige oder Berater unterstützen lassen; den Vorsitz im Ausschuß führt ein Vertreter der Kommission.
Der Ausschuß gibt sich eine Geschäftsordnung.

## Artikel 6

(1) Der Ausschuß hält mindestens zweimal im Jahr mit den Vertretern der in den Anhängen I und II aufgeführten Normungsgremien Sitzungen ab.
Der Ausschuß tritt in besonderer Zusammensetzung zur Prüfung der Fragen in bezug auf die Dienste der Informationsgesellschaft zusammen.

(2) Die Kommission legt dem Ausschuß einen Bericht über die Einführung und Anwendung der Verfahren nach dieser Richtlinie vor und unterbreitet ihm Vorschläge zur Beseitigung der bestehenden oder voraussichtlichen Handelshemmnisse.

(3) Der Ausschuß nimmt zu den Mitteilungen und Vorschlägen nach Absatz 2 Stellung, wobei er gegenüber der Kommission insbesondere anregen kann,
- die europäischen Normungsgremien zu ersuchen, innerhalb einer bestimmten Frist eine europäische Norm zu erarbeiten;
- darauf hinzuwirken, daß die betroffenen Mitgliedstaaten zur Verhinderung von Handelshemmnissen gegebenenfalls zunächst untereinander geeignete Schritte beschließen;
- alle angemessenen Maßnahmen zu ergreifen;
- die Gebiete zu ermitteln, für die sich eine Harmonisierung als notwendig erweist, und gegebenenfalls die entsprechenden Arbeiten zur Harmonisierung in einem bestimmten Bereich aufzunehmen.

(4) Der Ausschuß ist von der Kommission anzuhören
a) vor jeder Änderung der Listen der Anhänge I und II (Artikel 2 Absatz 1);
b) bei der Aufstellung der Regeln für die kodifizierte Vorlage der Angaben sowie des Schemas und der Kriterien, nach denen die Normungsprogramme abzufassen sind (Artikel 2 Absatz 2);
c) bei der Wahl des praktischen Systems für den in dieser Richtlinie vorgesehenen Informationsaustausch sowie bei etwaigen Änderungen desselben;

d) bei der Überprüfung der Arbeitsweise des aufgrund dieser Richtlinie geschaffenen Systems;
e) zu den Anträgen, die an die in Absatz 3 erster Gedankenstrich genannten Normungsgremien gerichtet sind.

(5) Der Ausschuß kann von der Kommission zu jedem ihr vorgelegten Vorentwurf einer technischen Vorschrift angehört werden.

(6) Der Ausschuß kann sich auf Antrag seines Vorsitzenden oder eines Mitgliedstaats mit jeder Frage im Zusammenhang mit der Durchführung dieser Richtlinie befassen.

(7) Die Arbeiten des Ausschusses und die ihm zur Verfügung zu stellenden Informationen sind vertraulich.

Der Ausschuß und die einzelstaatlichen Verwaltungen können jedoch unter Anwendung der nötigen Vorsichtsmaßnahmen natürliche und juristische Personen, die auch dem Privatsektor angehören können, als Sachverständige anhören.

(8) In bezug auf die Vorschriften betreffend Dienste können die Kommission und der Ausschuß natürliche oder juristische Personen aus Industrie oder Wissenschaft und, wenn möglich, repräsentative Gremien anhören, die in der Lage sind, ein Gutachten über die sozialen und gesellschaftlichen Ziele und Konsequenzen aller Entwürfe von Vorschriften betreffend Dienste abzugeben, und deren Stellungnahmen berücksichtigen, wenn sie dazu aufgefordert werden.

## Artikel 7

(1) Die Mitgliedstaaten treffen die erforderlichen Maßnahmen, damit ihre Normungsgremien während der Ausarbeitung nach Artikel 6 Absatz 3 erster Gedankenstrich oder nach der Annahme einer europäischen Norm nichts unternehmen, was die angestrebte Harmonisierung beeinträchtigen könnte, und insbesondere in dem betreffenden Bereich keine neue oder überarbeitete nationale Norm veröffentlichen, die nicht vollständig mit einer bestehenden europäischen Norm übereinstimmt.

(2) Absatz 1 gilt nicht für Arbeiten der Normungsgremien, die diese auf Antrag der Behörden durchführen, um im Fall bestimmter Erzeugnisse technische Spezifikationen oder eine Norm zwecks Festlegung einer technischen Vorschrift für diese Erzeugnisse festzulegen.

Die Mitgliedstaaten teilen der Kommission gemäß Artikel 8 Absatz 1 jeden unter Unterabsatz 1 fallenden Antrag als Entwurf einer technischen Vorschrift mit und legen die Gründe dar, die die Festlegung einer solchen Vorschrift rechtfertigen.

## Artikel 8

(1) Vorbehaltlich des Artikels 10 übermitteln die Mitgliedstaaten der Kommission unverzüglich jeden Entwurf einer technischen Vorschrift, sofern es sich nicht um eine vollständige Übertragung einer internationalen oder europäischen Norm handelt; in diesem Fall reicht die Mitteilung aus, um welche Norm es sich handelt. Sie unterrichten die Kommission gleichzeitig in einer Mitteilung über die Gründe, die die Festlegung einer derartigen technischen Vorschrift erforderlich machen, es sei denn, die Gründe gehen bereits aus dem Entwurf hervor.

Gegebenenfalls - sofern dies noch nicht bei einer früheren Mitteilung geschehen ist - übermitteln die Mitgliedstaaten gleichzeitig den Wortlaut der hauptsächlich und unmittelbar betroffenen grundlegenden Rechts- und Verwaltungsvorschriften, wenn deren Wortlaut für die Beurteilung der Tragweite des Entwurfs einer technischen Vorschrift notwendig ist.

Die Mitgliedstaaten machen eine weitere Mitteilung in der vorgenannten Art und Weise, wenn sie an dem Entwurf einer technischen Vorschrift wesentliche Änderungen vornehmen, die den Anwendungsbereich ändern, den ursprünglichen Zeitpunkt für die Anwendung vorverlegen, Spezifikationen oder Vorschriften hinzufügen oder verschärfen.

Zielt der Entwurf einer technischen Vorschrift insbesondere darauf ab, das Inverkehrbringen oder die Verwendung eines Stoffes, einer Zubereitung oder eines chemischen Erzeugnisses aus Gründen des Gesundheits-, Verbraucher- oder Umweltschutzes einzuschränken, so übermitteln die Mitgliedstaaten, sofern verfügbar, ebenfalls eine Zusammenfassung aller zweckdienlichen Angaben über die betroffenen Stoffe, Zubereitungen oder Erzeugnisse sowie über bekannte und erhältliche Substitutionsprodukte oder die Fundstellen dieser Angaben sowie Angaben über die zu erwartenden Auswirkungen dieser Maßnahme auf Gesundheits-, Verbraucher- und Umweltschutz, sofern zweckmäßig mit einer Risikoanalyse, die im Fall eines bereits existierenden Stoffes nach den allgemeinen Grundsätzen für die Beurteilung der Gefahren chemischer Erzeugnisse im Sinne des Artikels 10 Absatz 4 der Verordnung (EWG) Nr. 793/93[1)] und im Fall eines neuen Stoffes nach den Grundsätzen im Sinne des Artikels 3 Absatz 2 der Richtlinie 67/548/EWG[2)] durchgeführt wird.

Die Kommission unterrichtet die anderen Mitgliedstaaten unverzüglich über den Entwurf einer technischen Vorschrift und alle ihr zugegangenen Dokumente. Sie kann den Entwurf auch dem nach Artikel 5 eingesetzten Ausschuß und gegebenenfalls dem jeweils zuständigen Ausschuß zur Stellungnahme vorlegen.

In bezug auf die technischen Spezifikationen oder sonstigen Vorschriften oder Vorschriften betreffend Dienste nach Artikel 1 Nummer 11 Absatz 2 dritter Gedankenstrich können die Bemerkungen oder ausführlichen Stellungnahmen der Kommission oder der Mitgliedstaaten sich nur auf diejenigen Aspekte der Maßnahme, die möglicherweise ein Handelshemmnis oder – in bezug auf Vorschriften betreffend Dienste – ein Hindernis für den freien Dienstleistungsverkehr oder die Niederlassungsfreiheit von Betreibern darstellen, nicht aber auf den steuerlichen oder finanziellen Aspekt der Maßnahme beziehen.

(2) Die Kommission und die Mitgliedstaaten können bei dem Mitgliedstaat, der einen Entwurf einer technischen Vorschrift unterbreitet hat, Bemerkungen vorbringen, die dieser Mitgliedstaat bei der weiteren Ausarbeitung der technischen Vorschrift soweit wie möglich berücksichtigt.

(3) Die Mitgliedstaaten teilen der Kommission unverzüglich den endgültigen Wortlaut einer technischen Vorschrift mit.

(4) Die aufgrund dieses Artikels übermittelten Informationen gelten nicht als vertraulich, es sei denn, dies wird von dem notifizierenden Mitgliedstaat ausdrücklich beantragt. Ein solcher Antrag ist zu begründen.

Der in Artikel 5 genannte Ausschuß und die staatlichen Verwaltungen können im Fall eines solchen Antrags die Sachverständigenmeinung natürlicher oder juristischer Personen einholen, die gegebenenfalls im privaten Sektor tätig sind; sie lassen dabei die nötige Vorsicht walten.

(5) Ist ein Entwurf für technische Vorschriften Bestandteil einer Maßnahme, die aufgrund anderer verbindlicher Gemeinschaftsakte der Kommission im Entwurfsstadium mitgeteilt werden muß, so können die Mitgliedstaaten die Mitteilung gemäß Absatz 1 im Rahmen dieses anderen Rechtsakts übersenden, sofern förmlich darauf hingewiesen wird, daß die Mitteilung auch diese Richtlinie betrifft.

Reagiert die Kommission im Rahmen dieser Richtlinie nicht auf den Entwurf einer technischen Vorschrift, so hat dies keinen Einfluß auf eine Entscheidung, die aufgrund anderer Rechtsakte der Gemeinschaft getroffen werden könnte.

---

1) **Amtl. Anm.**: Verordnung (EWG) Nr. 793/93 des Rates vom 23. März 1993 zur Bewertung und Kontrolle der Umweltrisiken chemischer Altstoffe (ABl L 84 vom 5. 4. 1993, S. 1).
2) **Amtl. Anm.**: Richtlinie 67/548/EWG des Rates vom 27. Juni 1967 zur Angleichung der Rechts- und Verwaltungsvorschriften für die Einstufung, Verpackung und Kennzeichnung gefährlicher Stoffe (ABl L 196 vom 16. 8. 1967, S. 1. Richtlinie geändert durch die Richtlinie 92/32/EWG (ABl L 154 vom 5. 6. 1992, S. 1).

**Artikel 9**

(1) Die Mitgliedstaaten nehmen den Entwurf einer technischen Vorschrift nicht vor Ablauf von drei Monaten nach Eingang der Mitteilung gemäß Artikel 8 Absatz 1 bei der Kommission an.

(2) Die Mitgliedstaaten nehmen

- den Entwurf einer technischen Vorschrift in Form einer freiwilligen Vereinbarung im Sinne des Artikels 1 Nummer 11 Unterabsatz 2 zweiter Gedankenstrich nicht vor Ablauf von vier Monaten
- unbeschadet der Absätze 3, 4 und 5 jeden anderen Entwurf einer technischen Vorschrift (mit Ausnahme der Entwürfe betreffend Dienste) nicht vor Ablauf von sechs Monaten

nach Eingang der Mitteilung gemäß Artikel 8 Absatz 1 bei der Kommission an, wenn die Kommission oder ein anderer Mitgliedstaat innerhalb von drei Monaten nach Eingang eine ausführliche Stellungnahme abgibt, der zufolge die geplante Maßnahme Elemente enthält, die den freien Warenverkehr im Rahmen des Binnenmarktes beeinträchtigen könnten;

- unbeschadet der Absätze 4 und 5 einen Entwurf einer Vorschrift betreffend Dienste nicht vor Ablauf von vier Monaten nach Eingang der Mitteilung gemäß Artikel 8 Absatz 1 bei der Kommission an, wenn die Kommission oder ein anderer Mitgliedstaat innerhalb von drei Monaten nach Eingang der Mitteilung eine ausführliche Stellungnahme abgibt, der zufolge die geplante Maßnahme Elemente enthält, die den freien Verkehr von Dienstleistungen oder die Niederlassungsfreiheit der Betreiber im Rahmen des Binnenmarktes beeinträchtigen könnten.

Die ausführlichen Stellungnahmen der Kommission oder der Mitgliedstaaten zu den Entwürfen von Vorschriften betreffend Dienste dürfen nicht die kulturpolitischen Maßnahmen, insbesondere im Bereich der audiovisuellen Medien, berühren, die gegebenenfalls von den Mitgliedstaaten im Einklang mit dem Gemeinschaftsrecht unter Berücksichtigung ihrer sprachlichen Vielfalt, der nationalen und regionalen Besonderheiten sowie ihres Kulturerbes getroffen werden.

Der betroffene Mitgliedstaat unterrichtet die Kommission über die Maßnahmen, die er aufgrund der ausführlichen Stellungnahmen zu ergreifen beabsichtigt. Die Kommission äußert sich zu diesen Maßnahmen.

Im Hinblick auf die Vorschriften betreffend Dienste nennt der betreffende Mitgliedstaat gegebenenfalls die Gründe, aus denen die ausführlichen Stellungnahmen nicht berücksichtigt werden können.

(3) Die Mitgliedstaaten nehmen den Entwurf einer technischen Vorschrift mit Ausnahme der Vorschriften betreffend Dienste nicht vor Ablauf von zwölf Monaten nach Eingang der Mitteilung gemäß Artikel 8 Absatz 1 bei der Kommission an, wenn die Kommission innerhalb von drei Monaten nach diesem Zeitpunkt ihre Absicht bekanntgibt, für den gleichen Gegenstand eine Richtlinie, eine Verordnung oder eine Entscheidung im Sinne des Artikel 189 EG-Vertrag vorzuschlagen oder zu erlassen.

(4) Die Mitgliedstaaten nehmen den Entwurf einer technischen Vorschrift nicht vor Ablauf von zwölf Monaten nach Eingang der Mitteilung gemäß Artikel 8 Absatz 1 bei der Kommission an, wenn die Kommission innerhalb von drei Monaten nach diesem Zeitpunkt die Feststellung bekanntgibt, daß der Entwurf der technischen Vorschrift einen Gegenstand betrifft, für welchen dem Rat ein Vorschlag für eine Richtlinie, eine Verordnung oder eine Entscheidung im Sinne des Artikels 189 des Vertrags vorgelegt worden ist.

(5) Legt der Rat innerhalb der Stillhaltefrist gemäß den Absätzen 3 und 4 einen gemeinsamen Standpunkt fest, so wird diese Frist vorbehaltlich des Absatzes 6 auf 18 Monate ausgedehnt.

(6) Die in den Absätzen 3, 4 und 5 genannten Pflichten entfallen,

- wenn die Kommission den Mitgliedstaaten mitteilt, daß sie auf ihre Absicht verzichtet, einen verbindlichen Gemeinschaftsrechtsakt vorzuschlagen oder zu erlassen, oder

- wenn die Kommission die Mitgliedstaaten von der Rücknahme ihres Entwurfs oder Vorschlags unterrichtet oder
- sobald ein verbindlicher Gemeinschaftsrechtsakt von der Kommission oder vom Rat erlassen worden ist.

(7) Die Absätze 1 bis 5 gelten nicht, wenn ein Mitgliedstaat
- aus dringenden Gründen, die durch eine ernste und unvorhersehbare Situation entstanden sind und sich auf den Schutz der Gesundheit von Menschen und Tieren, die Erhaltung von Pflanzen oder die Sicherheit und im Falle von Vorschriften betreffend Dienste auch auf die öffentliche Ordnung, insbesondere auf den Jugendschutz beziehen, gezwungen ist, ohne die Möglichkeit einer vorherigen Konsultation in kürzester Frist technische Vorschriften auszuarbeiten, um sie unverzüglich zu erlassen und in Kraft zu setzen, oder
- aus dringenden Gründen, die durch eine ernste Situation entstanden sind und sich auf den Schutz der Sicherheit und der Integrität des Finanzsystems, insbesondere auf den Schutz der Einleger, der Anleger und der Versicherten, beziehen, gezwungen ist, unverzüglich Vorschriften betreffend die Finanzdienstleistungen zu erlassen und in Kraft zu setzen.

Der Mitgliedstaat begründet in der in Artikel 8 genannten Mitteilung die Dringlichkeit der betreffenden Maßnahmen. Die Kommission äußert sich binnen kürzester Frist zu dieser Mitteilung. Bei mißbräuchlicher Anwendung dieses Verfahrens trifft sie die erforderlichen Maßnahmen. Das Europäische Parlament wird von der Kommission regelmäßig unterrichtet.

## Artikel 10

(1) Die Artikel 8 und 9 gelten nicht für Rechts- und Verwaltungsvorschriften der Mitgliedstaaten oder für freiwillige Vereinbarungen, durch die die Mitgliedstaaten
- den verbindlichen Gemeinschaftsrechtsakten, mit denen technische Spezifikationen oder Vorschriften betreffend Dienste in Kraft gesetzt werden, nachkommen;
- die Verpflichtungen aus einem internationalen Übereinkommen erfüllen, wodurch gemeinsame technische Spezifikationen oder Vorschriften betreffend Dienste in der Gemeinschaft in Kraft gesetzt werden;
- die Schutzklauseln in Anspruch nehmen, die in verbindlichen Gemeinschaftsrechtsakten enthalten sind;
- Artikel 8 Absatz 1 der Richtlinie 92/59/EWG[1] anwenden;
- lediglich einem Urteil des Gerichtshofs der Europäischen Gemeinschaften nachkommen;
- lediglich eine technische Vorschrift im Sinne des Artikels 1 Nummer 11 zum Zweck der Beseitigung eines Handelshemmnisses oder – in bezug auf Vorschriften betreffend Dienste – eines Hemmnisses für den freien Dienstleistungsverkehr oder die Niederlassungsfreiheit von Betreibern entsprechend einem Antrag der Kommission ändern.

(2) Artikel 9 gilt nicht für Rechts- und Verwaltungsvorschriften, die die Mitgliedstaaten in bezug auf ein Herstellungsverbot erlassen, sofern diese Bestimmungen den freien Warenverkehr nicht behindern.

(3) Artikel 9 Absätze 3 bis 6 gilt nicht für freiwillige Vereinbarungen im Sinne des Artikels 1 Nummer 11 Unterabsatz 2 zweiter Gedankenstrich.

(4) Artikel 9 gilt nicht für technische Spezifikationen oder sonstige Vorschriften oder für Vorschriften betreffend Dienste im Sinne des Artikels 1 Nummer 11 Unterabsatz 2 dritter Gedankenstrich.

---

1) **Amtl. Anm.:** Richtlinie 92/59/EWG des Rates vom 19. Juni 1992 über die allgemeine Produktsicherheit (ABl L 228 vom 11. 8. 1992, S. 24).

**Artikel 11**

Die Kommission erstattet dem Europäischen Parlament, dem Rat und dem Wirtschafts- und Sozialausschuß alle zwei Jahre Bericht über die Ergebnisse der Anwendung dieser Richtlinie. Die Verzeichnisse der Normungsvorhaben, mit denen die europäischen Normungsgremien gemäß dieser Richtlinie betraut worden sind, sowie Statistiken über die eingegangenen Notifizierungen werden einmal jährlich im Amtsblatt der Europäischen Gemeinschaften veröffentlicht.

**Artikel 12**

Erlassen die Mitgliedstaaten eine technische Vorschrift, nehmen sie in dieser selbst oder durch einen Hinweis bei der amtlichen Veröffentlichung auf diese Richtlinie Bezug. Die Mitgliedstaaten regeln die Einzelheiten dieser Bezugnahme.

**Artikel 13**

(1) Die in Anhang III Teil A aufgeführten Richtlinien und Entscheidungen werden aufgehoben. Dies berührt nicht die Verpflichtungen der Mitgliedstaaten hinsichtlich der im Anhang III Teil B aufgeführten Umsetzungsfristen.

(2) Bezugnahmen auf die aufgehobenen Richtlinien und Entscheidungen gelten als Bezugnahmen auf die vorliegende Richtlinie und sind nach Maßgabe der Entsprechungstabelle in Anhang IV zu lesen.

**Artikel 14**

Diese Richtlinie tritt am 20. Tag nach ihrer Veröffentlichung im Amtsblatt der Europäischen Gemeinschaften in Kraft.

**Artikel 15**

Diese Richtlinie ist an die Mitgliedstaaten gerichtet.

## b) Richtlinie 2001/95/EG des Europäischen Parlaments und des Rates vom 3. Dezember 2001 über die allgemeine Produktsicherheit (RL 2001/95/EG)

v. 15. 1. 2002 (ABl Nr. L 11 S. 4)

DAS EUROPÄISCHE PARLAMENT UND DER RAT DER EUROPÄISCHEN UNION –
gestützt auf den Vertrag zur Gründung der Europäischen Gemeinschaft, insbesondere auf Artikel 95,

auf Vorschlag der Kommission[1],

nach Stellungnahme des Wirtschafts- und Sozialausschusses[2],

gemäß dem Verfahren des Artikels 251 des Vertrags[3] aufgrund des vom Vermittlungsausschuss am 2. August 2001 gebilligten gemeinsamen Entwurfs,

in Erwägung nachstehender Gründe:

(1) Nach Artikel 16 der Richtlinie 92/59/EWG des Rates vom 29. Juni 1992 über die allgemeine Produktsicherheit[4] befindet der Rat vier Jahre nach Ablauf der Umsetzungsfrist für jene Richtlinie anhand eines Berichts der Kommission über die zwischenzeitlichen Erfahrungen, der entsprechende Vorschläge enthält, über die etwaige Anpassung jener Richtlinie. Die Richtlinie 92/59/EWG bedarf verschiedener Änderungen mit dem Ziel, einige ihrer Bestimmungen aufgrund der gewonnenen Erfahrung, neuer maßgeblicher Entwicklungen auf dem Gebiet der Sicherheit von Verbrauchsgütern sowie der im Vertrag, insbesondere in Artikel 152 betreffend die öffentliche Gesundheit und in Artikel 153 betreffend den Verbraucherschutz, vorgenommenen Änderungen und anhand des Vorsorgeprinzips zu vervollständigen, zu verstärken oder klarer auszuformulieren. Im Interesse größerer Klarheit sollte die Richtlinie 92/59/EWG deshalb neu gefasst werden. Die Sicherheit von Dienstleistungen verbleibt bei dieser Neufassung außerhalb des Geltungsbereichs dieser Richtlinie, da die Kommission beabsichtigt, im Hinblick auf die Vorlage geeigneter Vorschläge die Erfordernisse, Möglichkeiten und Prioritäten für eine Gemeinschaftsaktion im Bereich der Sicherheit von Dienstleistungen und der Verantwortung der Dienstleistungserbringer zu ermitteln.

(2) Es sind Maßnahmen zu treffen, die das Funktionieren des Binnenmarkts verbessern, der einen Raum ohne Binnengrenzen umfasst, in dem der freie Verkehr von Waren, Personen, Dienstleistungen und Kapital gewährleistet ist.

(3) Ohne Gemeinschaftsvorschriften könnten die horizontalen Rechtsvorschriften der Mitgliedstaaten zur Produktsicherheit, die den Wirtschaftsteilnehmern insbesondere die allgemeine Verpflichtung auferlegen, nur sichere Produkte in Verkehr zu bringen, zu einem unterschiedlichen Schutzniveau für die Verbraucher führen. Derartige Unterschiede sowie das Fehlen horizontaler Rechtsvorschriften in bestimmten Mitgliedstaaten könnten Handelshemmnisse und Wettbewerbsverzerrungen im Binnenmarkt bewirken.

(4) Zur Gewährleistung eines hohen Verbraucherschutzniveaus hat die Gemeinschaft einen Beitrag zum Schutz der Gesundheit und der Sicherheit der Verbraucher zu leisten. Zur Verwirklichung dieses Ziels bedarf es horizontaler Gemeinschaftsvorschriften zur Festlegung einer allgemeinen Produktsicherheitsanforderung mit Bestimmungen über die allgemeinen Verpflichtungen der Hersteller und Händler, die Durchsetzung der gemeinschaftsrechtlichen Produktsicherheitsvorschriften und einen raschen Informationsaustausch sowie Maßnahmen auf Gemeinschaftsebene in bestimmten Fällen.

---

1) **Amtl. Anm.:** ABl C 337 E vom 28. 11. 2000, S. 109 und ABl C 154 E vom 29. 5. 2000, S. 265.
2) **Amtl. Anm.:** ABl C 367 vom 20. 12. 2000, S. 34.
3) **Amtl. Anm.:** Stellungnahme des Europäischen Parlaments vom 15. November 2000 (ABl C 223 vom 8. 8. 2001, S. 154). Gemeinsamer Standpunkt des Rates vom 12. Februar 2001 (ABl C 93 vom 23. 3. 2001, S. 24) und Beschluss des Europäischen Parlaments vom 16. Mai 2001 (noch nicht im Amtsblatt veröffentlicht). Beschluss des Europäischen Parlaments vom 4. Oktober 2001 und Beschluss des Rates vom 27. September 2001.
4) **Amtl. Anm.:** ABl L 228 vom 11. 8. 1992, S. 24.

(5) Es ist sehr schwierig, Gemeinschaftsvorschriften für alle gegenwärtigen und künftigen Produkte zu erlassen; für diese Produkte sind umfassende horizontale Rahmenvorschriften notwendig, die – insbesondere bis zur Überarbeitung der bestehenden speziellen Rechtsvorschriften – Lücken schließen und gegenwärtige oder künftige spezielle Rechtsvorschriften vervollständigen, um insbesondere das nach Artikel 95 des Vertrags geforderte hohe Schutzniveau für die Sicherheit und Gesundheit der Verbraucher zu gewährleisten.

(6) Daher ist es erforderlich, auf Gemeinschaftsebene eine allgemeine Sicherheitsanforderung festzulegen, die für alle in Verkehr gebrachten oder auf andere Weise für Verbraucher verfügbaren Produkte gilt, die für Verbraucher bestimmt sind oder von Verbrauchern unter vernünftigerweise vorhersehbaren Bedingungen verwendet werden können, selbst wenn sie nicht für sie bestimmt sind. In all diesen Fällen können die betreffenden Produkte eine Gefahr für die Gesundheit und Sicherheit von Verbrauchern darstellen, die es abzuwenden gilt. Dabei sind jedoch bestimmte Gebrauchtwaren aufgrund ihrer Beschaffenheit auszuschließen.

(7) Diese Richtlinie sollte für Produkte unabhängig von der Form der Vermarktung, einschließlich des Fernabsatzes und des elektronischen Geschäftsverkehrs, gelten.

(8) Die Sicherheit von Produkten ist unter Berücksichtigung aller relevanten Aspekte und insbesondere der Verbrauchergruppen zu beurteilen, die besonders anfällig für die von den betreffenden Produkten ausgehenden Gefahren sind, wie insbesondere Kinder und ältere Menschen.

(9) Diese Richtlinie erstreckt sich zwar nicht auf Dienstleistungen, aber zur Erreichung der angestrebten Schutzziele sollte sie auch für Produkte gelten, die den Verbrauchern im Rahmen einer Dienstleistung geliefert oder zur Verfügung gestellt werden, um von ihnen benutzt zu werden. Die Sicherheit von Arbeitsmitteln, die von Dienstleistungserbringern selbst zur Erbringung einer Dienstleistung für Verbraucher benutzt werden, fällt nicht unter diese Richtlinie, da sie im Zusammenhang mit der Sicherheit der erbrachten Dienstleistung zu sehen ist. Insbesondere fallen von Dienstleistungserbringern bediente Arbeitsmittel, in denen die Verbraucher sich fortbewegen oder reisen, nicht unter diese Richtlinie.

(10) Für Produkte, die zur ausschließlichen gewerblichen Nutzung konzipiert sind, jedoch anschließend auf den Verbrauchermarkt gelangt sind, sollten die Anforderungen dieser Richtlinie ebenfalls gelten, da sie bei vernünftigerweise vorhersehbarer Verwendung die Gesundheit und Sicherheit von Verbrauchern gefährden können.

(11) Zum Schutz der Gesundheit und der Sicherheit der Verbraucher sollten sämtliche Bestimmungen dieser Richtlinie Anwendung finden, sofern es keine spezifischeren gemeinschaftsrechtlichen Sicherheitsvorschriften für die betreffenden Produkte gibt.

(12) Enthalten spezifische Gemeinschaftsvorschriften Sicherheitsanforderungen, die für die betreffenden Produkte nur bestimmte Risiken oder Risikokategorien abdecken, so ergeben sich die Verpflichtungen der Wirtschaftsteilnehmer hinsichtlich dieser Risiken aus den Bestimmungen der spezifischen Vorschriften, während für die übrigen Risiken die allgemeine Sicherheitsanforderung nach dieser Richtlinie gilt.

(13) Die Bestimmungen dieser Richtlinie, die sich auf die übrigen Verpflichtungen der Hersteller und Händler, die Pflichten und Befugnisse der Mitgliedstaaten, den Informationsaustausch und Fälle von Sofortmaßnahmen sowie auf die Verbreitung von Informationen und die Vertraulichkeit beziehen, gelten für Produkte, die unter spezifische gemeinschaftsrechtliche Regelungen fallen, sofern diese Regelungen nicht bereits entsprechende Verpflichtungen enthalten.

(14) Zur Erleichterung einer wirksamen und kohärenten Anwendung der allgemeinen Sicherheitsanforderung nach dieser Richtlinie ist es wichtig, dass für bestimmte Produkte und Risiken nicht bindende europäische Normen festgelegt werden, damit bei einem Produkt, das einer nationalen Norm zur Umsetzung einer europäischen Norm entspricht, davon ausgegangen werden kann, dass es die betreffende Anforderung erfüllt.

(15) Gemäß der Zielsetzung dieser Richtlinie sollten von den europäischen Normungsgremien im Rahmen von Normungsaufträgen der Kommission, die hierzu von entspre-

chenden Ausschüssen unterstützt wird, europäische Normen festgelegt werden. Um sicherzustellen, dass normenkonforme Erzeugnisse die allgemeine Sicherheitsanforderung erfüllen, sollte die Kommission, die von einem Ausschuss aus Vertretern der Mitgliedstaaten unterstützt wird, die Anforderungen festlegen, denen die Normen entsprechen müssen. Diese Anforderungen sollten in den Aufträgen an die Normungsgremien enthalten sein.

(16) Bestehen keine spezifischen Regelungen und keine im Rahmen von Normungsaufträgen der Kommission festgelegten europäischen Normen oder wird auf solche Normen nicht zurückgegriffen, so sollte die Sicherheit von Produkten, insbesondere unter Berücksichtigung von nationalen Normen zur Umsetzung anderer einschlägiger europäischer oder internationaler Normen, von Empfehlungen der Kommission oder nationalen Normen, von internationalen Normen, von Verhaltenskodizes, des derzeitigen Standes des Wissens und Technik sowie der Sicherheit, die der Verbraucher billigerweise erwarten kann, beurteilt werden. In diesem Zusammenhang können Empfehlungen der Kommission die kohärente und wirksame Anwendung dieser Richtlinie in den Fällen erleichtern, in denen noch keine europäischen Normen vorliegen oder Risiken und/oder Produkte betroffen sind, bei denen davon ausgegangen wird, dass derartige Normen nicht möglich oder unangemessen sind.

(17) Der Nachweis, dass die einschlägigen Produktsicherheitsanforderungen erfüllt sind, kann durch eine von den zuständigen Behörden anerkannte entsprechende unabhängige Zertifizierung erleichtert werden.

(18) Es ist angezeigt, die Verpflichtung zur Einhaltung der allgemeinen Sicherheitsanforderung durch weitere Verpflichtungen der Wirtschaftsteilnehmer zu ergänzen, da Maßnahmen vonseiten der Wirtschaftsteilnehmer notwendig sind, damit unter bestimmten Bedingungen Gefahren für die Verbraucher abgewendet werden können.

(19) Die den Herstellern auferlegten zusätzlichen Verpflichtungen sollten die Verpflichtung umfassen, den besonderen Merkmalen der Produkte entsprechende Maßnahmen zu treffen, die es den Herstellern gestatten, festzustellen, welche Gefahren von diesen Produkten ausgehen, den Verbrauchern Informationen zu geben, die es diesen ermöglichen, die Gefahren zu beurteilen und abzuwenden, die Verbraucher vor den Gefahren zu warnen, die von bereits gelieferten gefährlichen Produkten ausgehen können, diese Produkte vom Markt zu nehmen und sie als letztes Mittel nötigenfalls zurückzurufen; dies kann nach den einschlägigen Vorschriften der Mitgliedstaaten eine geeignete Form der Entschädigung einschließen, beispielsweise den Umtausch der Produkte oder eine Erstattung.

(20) Die Händler sollten zur Gewährleistung der Einhaltung der geltenden Sicherheitsanforderungen beitragen. Die den Händlern auferlegten Verpflichtungen gelten entsprechend ihrer jeweiligen Verantwortung. Insbesondere kann es sich bei von Privatpersonen zu wohltätigen Zwecken abgegebenen Einzelgebrauchtwaren als unmöglich erweisen, den zuständigen Behörden Angaben und Unterlagen über die etwaigen Risiken und die Herkunft des Produktes vorzulegen.

(21) Sowohl die Hersteller als auch die Händler sollten mit den zuständigen Behörden im Rahmen von Maßnahmen zur Abwendung von Gefahren zusammenwirken und diese unterrichten, wenn sie zu dem Schluss kommen, dass bestimmte gelieferte Produkte gefährlich sind. Die Bedingungen, unter denen diese Unterrichtung erfolgt, sind in dieser Richtlinie festzulegen, damit ihre wirksame Anwendung erleichtert wird, wobei gleichzeitig eine übermäßige Belastung der Wirtschaftsteilnehmer und der Behörden zu vermeiden ist.

(22) Damit sichergestellt wird, dass die den Herstellern und Händlern auferlegten Verpflichtungen auch tatsächlich eingehalten werden, sollten die Mitgliedstaaten Behörden einrichten oder benennen, die für die Überwachung der Produktsicherheit zuständig sind und die über die erforderlichen Befugnisse verfügen, um geeignete Maßnahmen treffen zu können; dazu gehört auch die Befugnis, wirksame, verhältnismäßige und abschreckende Sanktionen zu verhängen und für eine zweckmäßige Koordinierung zwischen den benannten Behörden Sorge zu tragen.

(23) Die geeigneten Maßnahmen müssen insbesondere die Befugnis der Mitgliedstaaten umfassen, die Rücknahme gefährlicher Produkte, die bereits in Verkehr gebracht wurden, unverzüglich und auf wirksame Weise anzuordnen oder durchzuführen und als letztes Mittel den Rückruf gefährlicher Produkte, die Verbrauchern bereits geliefert wurden, anzuordnen, zu koordinieren oder durchzuführen. Von diesen Befugnissen ist Gebrauch zu machen, wenn Hersteller und Händler ihrer Verpflichtung, Gefahren von den Verbrauchern abzuwenden, nicht nachkommen. Nötigenfalls sollten die Behörden über geeignete Befugnisse und Verfahren verfügen, um unverzüglich alle gebotenen Maßnahmen beschließen und durchführen zu können.

(24) Die Sicherheit der Verbraucher hängt in hohem Maße davon ab, wie wirksam die Produktsicherheitsanforderungen der Gemeinschaft durchgesetzt werden. Deshalb sollten die Mitgliedstaaten systematische Vorgehensweisen entwickeln, um die Effizienz der Marktüberwachung und anderer Überwachungsmaßnahmen sicherzustellen, und gewährleisten, dass diese für die Öffentlichkeit und die interessierten Kreise transparent sind.

(25) Zur Verwirklichung der mit dieser Richtlinie verfolgten Schutzziele ist eine Zusammenarbeit zwischen den Aufsichtsbehörden der Mitgliedstaaten erforderlich. Daher sollte ein europaweites Netzwerk der Aufsichtsbehörden der Mitgliedstaaten gefördert werden, um so in einer mit anderen Gemeinschaftsverfahren, insbesondere dem gemeinschaftlichen System zum raschen Informationstausch (RAPEX), abgestimmten Weise eine verbesserte operative Zusammenarbeit in Fragen der Marktüberwachung und bei anderen Überwachungsmaßnahmen zu erleichtern; dies betrifft insbesondere die Risikobewertung, Produktprüfungen, den Austausch von Know-how und wissenschaftlichen Kenntnissen, die Durchführung gemeinsamer Überwachungsvorhaben, die Rückverfolgung der Produktherkunft und die Rücknahme oder den Rückruf gefährlicher Produkte.

(26) Zur Sicherstellung eines durchgängig hohen Gesundheitsschutz- und Sicherheitsniveaus zugunsten der Verbraucher wie auch zur Wahrung der Einheit des Binnenmarktes ist die Kommission von jeder Maßnahme zu unterrichten, mit der das Inverkehrbringen eines Produkts beschränkt oder dessen Rückruf oder Rücknahme vom Markt angeordnet wird. Derartige Maßnahmen sollten unter Beachtung der Bestimmungen des Vertrags, insbesondere der Artikel 28, 29 und 30, getroffen werden.

(27) Eine wirksame Überwachung der Produktsicherheit erfordert die Schaffung eines auf nationaler und gemeinschaftlicher Ebene funktionierenden Systems für den raschen Informationsaustausch bei Vorfällen, die aufgrund der Schwere des Risikos in Bezug auf die Sicherheit eines Produkts unverzügliches Handeln erfordern. Diese Richtlinie soll ferner ausführliche Verfahren für das Funktionieren des Systems festlegen und der Kommission die Befugnis übertragen, diese Verfahren mit Unterstützung eines Ausschusses anzupassen.

(28) In dieser Richtlinie ist vorgesehen, dass nicht zwingende Leitlinien festgelegt werden, mit denen einfache und klare Kriterien und ausbaufähige praktische Regeln aufgezeigt werden sollen, damit insbesondere Maßnahmen zur Beschränkung des Inverkehrbringens von Produkten in den von dieser Richtlinie erfassten Fällen wirksam gemeldet werden können; berücksichtigt wird dabei die Unterschiedlichkeit der von den Mitgliedstaaten und den Wirtschaftsteilnehmern zu bewältigenden Gegebenheiten. Die Leitlinien sollten insbesondere Kriterien für die Anwendung der Definition der ernsten Gefahr umfassen, damit eine kohärente Anwendung der einschlägigen Bestimmungen im Falle solcher Gefahren erleichtert wird.

(29) Es ist in erster Linie Sache der Mitgliedstaaten, in Übereinstimmung mit dem Vertrag, insbesondere den Artikeln 28, 29 und 30, geeignete Maßnahmen in Bezug auf gefährliche Produkte zu ergreifen, die sich in ihrem Hoheitsgebiet befinden.

(30) Handeln die Mitgliedstaaten in Bezug auf das durch bestimmte Produkte hervorgerufene Risiko jedoch nach unterschiedlichen Ansätzen, so kann dies zu nicht vertretbaren Unterschieden im Verbraucherschutz führen und ein Hemmnis für den innergemeinschaftlichen Handel darstellen.

(31) Es können Fälle eintreten, in denen sich ernste Produktsicherheitsprobleme stellen, die rasches Handeln erfordern, die die gesamte Gemeinschaft oder einen bedeutenden Teil der Gemeinschaft betreffen oder in unmittelbarer Zukunft betreffen könnten und in denen angesichts der Art der durch das Produkt bedingten Sicherheitsproblems im Rahmen der Verfahren, die in den spezifischen Vorschriften des Gemeinschaftsrechts für das jeweilige Produkt oder die jeweilige Produktkategorie vorgesehen sind, keine der Dringlichkeit entsprechende, wirksame Lösung gefunden werden kann.

(32) Daher ist ein geeignetes Verfahren zu schaffen, das die Möglichkeit bietet, als letztes Mittel in der gesamten Gemeinschaft geltende Maßnahmen in Form von an die Mitgliedstaaten gerichteten Entscheidungen zu erlassen, um Vorfällen zu begegnen, die durch Produkte bedingt sind, welche eine ernste Gefahr darstellen. Eine solche Entscheidung sollte ein Ausfuhrverbot für das betreffende Produkt einschließen, es sei denn, dass aufgrund außerordentlicher Umstände entschieden werden kann, nur ein Teilverbot oder gar kein Verbot zu verhängen, insbesondere wenn ein System der vorherigen Zustimmung festgelegt worden ist. Darüber hinaus sollte ein Ausfuhrverbot im Hinblick auf die Abwendung von Gefahren für die Gesundheit und die Sicherheit der Verbraucher geprüft werden. Da solche Entscheidungen nicht unmittelbar für die Wirtschaftsteilnehmer gelten, sollten die Mitgliedstaaten die für ihre Umsetzung erforderlichen Maßnahmen treffen. Nach einem solchen Verfahren getroffene Maßnahmen sollten vorläufige Maßnahmen sein, außer wenn sie sich auf einzelne Produkte oder Produktposten beziehen. Zur Gewährleistung einer sachgemäßen Beurteilung der Notwendigkeit solcher Maßnahmen und ihrer bestmöglichen Vorbereitung sollten die Maßnahmen von der Kommission, die von einem Ausschuss unterstützt wird, nach Konsultationen mit den Mitgliedstaaten und, falls wissenschaftliche Fragen betroffen sind, die in die Zuständigkeit eines wissenschaftlichen Ausschusses der Gemeinschaft fallen, mit dem für die betreffende Gefahr zuständigen wissenschaftlichen Ausschuss erlassen werden.

(33) Die zur Durchführung dieser Richtlinie erforderlichen Maßnahmen sollten gemäß dem Beschluss 1999/468/EG des Rates vom 28. Juni 1999 zur Festlegung der Modalitäten für die Ausübung der der Kommission übertragenen Durchführungsbefugnisse[1] getroffen werden.

(34) Um eine effiziente und kohärente Anwendung dieser Richtlinie zu erleichtern, müssen die verschiedenen Aspekte ihrer Anwendung in einem Ausschuss erörtert werden können.

(35) Es ist zu gewährleisten, dass den Behörden vorliegende Informationen über Produktsicherheit öffentlich zugänglich sind. Allerdings ist das in Artikel 287 des Vertrags genannte Berufsgeheimnis in einer Weise zu wahren, die mit dem Erfordernis vereinbar ist, die Wirksamkeit der Marktüberwachung und der Schutzmaßnahmen sicherzustellen.

(36) Diese Richtlinie lässt die Rechte von Geschädigten im Sinne der Richtlinie 85/374/EWG des Rates vom 25. Juli 1985 zur Angleichung der Rechts- und Verwaltungsvorschriften der Mitgliedstaaten über die Haftung für fehlerhafte Produkte[2] unberührt.

(37) Die Mitgliedstaaten haben dafür Sorge zu tragen, dass bei den zuständigen Gerichten geeignete Rechtsbehelfe gegen Maßnahmen der zuständigen Behörden eingelegt werden können, durch die das Inverkehrbringen eines Produkts beschränkt oder seine Rücknahme oder sein Rückruf angeordnet wird.

(38) Im Übrigen sind Maßnahmen zur Abwendung von Gefahren für die Gesundheit und Sicherheit der Verbraucher im Zusammenhang mit importierten Produkten – wie auch im Zusammenhang mit dem Ausfuhrverbot – in Übereinstimmung mit den internationalen Verpflichtungen der Gemeinschaft zu erlassen.

(39) Die Kommission sollte regelmäßig den Stand der Anwendung dieser Richtlinie und die damit erzielten Ergebnisse, insbesondere hinsichtlich des Funktionierens der Markt-

---

[1] **Amtl. Anm.:** ABl L 184 vom 17. 7. 1999, S. 23.
[2] **Amtl. Anm.:** ABl L 210 vom 7. 8. 1985, S. 29. Richtlinie geändert durch die Richtlinie 1999/34/EG des Europäischen Parlaments und des Rates (ABl L 141 vom 4. 6. 1999, S. 20).

überwachungssysteme, des raschen Informationsaustauschs und der auf Gemeinschaftsebene getroffenen Maßnahmen, zusammen mit anderen Fragen prüfen, die für die Sicherheit von für Verbraucher bestimmten Produkten in der Gemeinschaft relevant sind, und dem Europäischen Parlament und dem Rat regelmäßig entsprechende Berichte unterbreiten.

(40) Diese Richtlinie sollte die Pflichten der Mitgliedstaaten bezüglich der Frist für die Umsetzung und die Anwendung der Richtlinie 92/59/EWG nicht berühren –
HABEN FOLGENDE RICHTLINIE ERLASSEN:

## Kapitel I:  Ziele – Geltungsbereich – Begriffsbestimmungen

### Artikel 1

(1) Mit dieser Richtlinie soll sichergestellt werden, dass die in den Verkehr gebrachten Produkte sicher sind.

(2) Die Richtlinie findet auf alle in Artikel 2 Buchstabe a) definierten Produkte Anwendung. Jede Vorschrift dieser Richtlinie gilt insoweit, als es im Rahmen gemeinschaftlicher Rechtsvorschriften keine spezifischen Bestimmungen über die Sicherheit der betreffenden Produkte gibt, mit denen dasselbe Ziel verfolgt wird.

Sind für Produkte in Gemeinschaftsvorschriften spezifische Sicherheitsanforderungen festgelegt, so gilt diese Richtlinie nur für Aspekte, Risiken oder Risikokategorien, die nicht unter diese Anforderungen fallen. Dies bedeutet Folgendes:

a) Artikel 2 Buchstaben b) und c) und die Artikel 3 und 4 finden auf die betreffenden Produkte keine Anwendung, soweit es sich um Risiken oder Risikokategorien handelt, die unter spezifische Rechtsvorschriften fallen.

b) Die Artikel 5 bis 18 finden Anwendung, es sei denn, dass spezifische Bestimmungen vorliegen, die die von jenen Artikeln behandelten Aspekte betreffen und dasselbe Ziel verfolgen.

### Artikel 2

Im Sinne dieser Richtlinie bezeichnet der Ausdruck

a) „Produkt" jedes Produkt, das – auch im Rahmen der Erbringung einer Dienstleistung – für Verbraucher bestimmt ist oder unter vernünftigerweise vorhersehbaren Bedingungen von Verbrauchern benutzt werden könnte, selbst wenn es nicht für diese bestimmt ist, und entgeltlich oder unentgeltlich im Rahmen einer Geschäftstätigkeit geliefert oder zur Verfügung gestellt wird, unabhängig davon, ob es neu, gebraucht oder wiederaufgearbeitet ist.

Diese Begriffsbestimmung gilt nicht für gebrauchte Produkte, die als Antiquitäten oder als Produkte geliefert werden, die vor ihrer Verwendung instand gesetzt oder wiederaufgearbeitet werden müssen, sofern der Lieferant der von ihm belieferten Person klare Angaben darüber macht;

b) „sicheres Produkt" jedes Produkt, das bei normaler oder vernünftigerweise vorhersehbarer Verwendung, was auch die Gebrauchsdauer sowie gegebenenfalls die Inbetriebnahme, Installation und Wartungsanforderungen einschließt, keine oder nur geringe, mit seiner Verwendung zu vereinbarende und unter Wahrung eines hohen Schutzniveaus für die Gesundheit und Sicherheit von Personen vertretbare Gefahren birgt, insbesondere im Hinblick auf

  i. die Eigenschaften des Produkts, unter anderem seine Zusammensetzung, seine Verpackung, die Bedingungen für seinen Zusammenbau, sowie gegebenenfalls seine Installation und seine Wartung;

  ii. seine Einwirkung auf andere Produkte, wenn eine gemeinsame Verwendung mit anderen Produkten vernünftigerweise vorhersehbar ist;

  iii. seine Aufmachung, seine Etikettierung, gegebenenfalls Warnhinweise und seine Gebrauchs- und Bedienungsanleitung und Anweisungen für seine Beseitigung sowie alle sonstigen produktbezogenen Angaben oder Informationen;

iv. die Gruppen von Verbrauchern, die bei der Verwendung des Produkts einem Risiko ausgesetzt sind, vor allem Kinder und ältere Menschen.

Die Möglichkeit, einen höheren Sicherheitsgrad zu erreichen, oder die Verfügbarkeit anderer Produkte, von denen eine geringere Gefährdung ausgeht, ist kein ausreichender Grund, um ein Produkt als gefährlich anzusehen;

c) „gefährliches Produkt" jedes Produkt, das nicht der Begriffsbestimmung des sicheren Produkts gemäß Buchstabe b) entspricht;
d) „ernste Gefahr" jede ernste Gefahr, die ein rasches Eingreifen der Behörden erfordert, auch wenn sie keine unmittelbare Auswirkung hat;
e) „Hersteller"
   i. den Hersteller des Produkts, wenn er seinen Sitz in der Gemeinschaft hat, und jede andere Person, die als Hersteller auftritt, indem sie auf dem Produkt ihren Namen, ihr Markenzeichen oder ein anderes Unterscheidungszeichen anbringt, oder die Person, die das Produkt wiederaufarbeitet;
   ii. den Vertreter des Herstellers, wenn dieser seinen Sitz nicht in der Gemeinschaft hat, oder, falls kein Vertreter mit Sitz in der Gemeinschaft vorhanden ist, den Importeur des Produkts;
   iii. sonstige Gewerbetreibende der Absatzkette, soweit ihre Tätigkeit die Sicherheitseigenschaften eines Produkts beeinflussen kann;
f) „Händler" jeden Gewerbetreibenden der Absatzkette, dessen Tätigkeit die Sicherheitseigenschaften des Produkts nicht beeinflusst;
g) „Rückruf" jede Maßnahme, die auf Erwirkung der Rückgabe eines dem Verbraucher vom Hersteller oder Händler bereits gelieferten oder zur Verfügung gestellten gefährlichen Produkts abzielt;
h) „Rücknahme" jede Maßnahme, mit der verhindert werden soll, dass ein gefährliches Produkt vertrieben, ausgestellt oder dem Verbraucher angeboten wird.

## Kapitel II: Allgemeine Sicherheitsanforderung – Kriterien für Konformitätsbeurteilung – Europäische Normen

**Artikel 3**

(1) Die Hersteller dürfen nur sichere Produkte in Verkehr bringen.

(2) Ein Produkt gilt als sicher – soweit es um Aspekte geht, die durch die betreffenden nationalen Rechtsvorschriften geregelt werden –, wenn es den mit dem Vertrag, insbesondere den Artikeln 28 und 30, in Einklang stehenden speziellen Rechtsvorschriften des Mitgliedstaats, in dessen Hoheitsgebiet das Produkt vermarktet wird, über die Gesundheits- und Sicherheitsanforderungen für die Vermarktung dieses Produkts entspricht und keine speziellen Rechtsvorschriften der Gemeinschaft über die Sicherheit des betreffenden Produkts bestehen.

Es wird davon ausgegangen, dass ein Produkt sicher ist – soweit es um Risiken und Risikokategorien geht, die durch die betreffenden nationalen Normen geregelt werden –, wenn es den nicht bindenden nationalen Normen entspricht, die eine europäische Norm umsetzen, auf die die Kommission gemäß Artikel 4 im Amtsblatt der Europäischen Gemeinschaften verwiesen hat. Die Fundstellen solcher nationalen Normen sind von den Mitgliedstaaten zu veröffentlichen.

(3) In anderen als den in Absatz 2 genannten Fällen wird die Übereinstimmung eines Produkts mit der allgemeinen Sicherheitsanforderung unter Berücksichtigung insbesondere folgender Elemente – soweit vorhanden – beurteilt:

a) die nicht bindenden nationalen Normen zur Umsetzung einschlägiger europäischer Normen, die nicht von Absatz 2 abgedeckt sind,
b) die Normen des Mitgliedstaats, in dem das Produkt vermarktet wird,

c) die Empfehlungen der Kommission zur Festlegung von Leitlinien für die Beurteilung der Produktsicherheit,
d) die im betreffenden Bereich geltenden Verhaltenskodizes für die Produktsicherheit,
e) der derzeitige Stand des Wissens und der Technik,
f) die Sicherheit, die von den Verbrauchern vernünftigerweise erwartet werden kann.

(4) Die Übereinstimmung eines Produkts mit den Kriterien für die Einhaltung der allgemeinen Sicherheitsanforderung, insbesondere mit den Bestimmungen von Absatz 2 oder Absatz 3, hindert die zuständigen Behörden der Mitgliedstaaten nicht daran, zweckmäßige Maßnahmen zu ergreifen, um das Inverkehrbringen eines Produkts zu beschränken oder dessen Rücknahme vom Markt oder dessen Rückruf zu verlangen, wenn sich trotz dieser Übereinstimmung herausstellt, dass es gefährlich ist.

### Artikel 4

(1) Für die Zwecke dieser Richtlinie werden die in Artikel 3 Absatz 2 Unterabsatz 2 genannten europäischen Normen wie folgt erarbeitet:
a) Die Anforderungen, die gewährleisten sollen, dass die Produkte, die diesen Normen entsprechen, die allgemeine Sicherheitsanforderung erfüllen, werden nach dem Verfahren des Artikels 15 Absatz 2 festgelegt.
b) Auf der Grundlage dieser Anforderungen beauftragt die Kommission die europäischen Normungsgremien damit, Normen auszuarbeiten, die diesen Anforderungen entsprechen; der Auftrag ergeht gemäß der Richtlinie 98/34/EG des Europäischen Parlaments und des Rates vom 22. Juni 1998 über ein Informationsverfahren auf dem Gebiet der Normen und technischen Vorschriften und der Vorschriften für die Dienste der Informationsgesellschaft[1].
c) Auf der Grundlage dieser Aufträge stellen die europäischen Normungsgremien in Übereinstimmung mit den Grundsätzen der allgemeinen Leitlinien für die Zusammenarbeit zwischen der Kommission und diesen Gremien diese Normen auf.
d) Im Rahmen des Berichts nach Artikel 19 Absatz 2 berichtet die Kommission dem Europäischen Parlament und dem Rat alle drei Jahre über ihre Programme zur Festsetzung der Anforderungen und Aufträge für die Normung nach den Buchstaben a) und b). Dieser Bericht beinhaltet insbesondere eine Analyse der Beschlüsse hinsichtlich der Anforderungen und Aufträge für die Normung nach den Buchstaben a) und b) und hinsichtlich der Normen nach Buchstabe c). Der Bericht enthält ferner Informationen zu den Produkten, für die die Kommission die betreffenden Anforderungen und Aufträge festzusetzen beabsichtigt, die zu berücksichtigenden Produktgefahren und die Ergebnisse etwaiger in diesem Bereich unternommener vorbereitender Arbeiten.

(2) Die Kommission veröffentlicht im Amtsblatt der Europäischen Gemeinschaften einen Verweis auf die auf diese Weise angenommenen und gemäß den Anforderungen des Absatzes 1 ausgearbeiteten europäischen Normen.

Gewährleistet eine von den europäischen Normungsgremien vor Inkrafttreten dieser Richtlinie aufgestellte Norm, dass die allgemeine Sicherheitsanforderung erfüllt ist, so beschließt die Kommission, einen Verweis auf diese Norm im Amtsblatt der Europäischen Gemeinschaften zu veröffentlichen.

Gewährleistet eine Norm nicht, dass die allgemeine Sicherheitsanforderung erfüllt ist, so streicht die Kommission den Verweis auf diese Norm ganz oder teilweise aus der entsprechenden Veröffentlichung.

In den Fällen nach den Unterabsätzen 2 und 3 entscheidet die Kommission auf eigene Initiative oder auf Ersuchen eines Mitgliedstaats nach dem Verfahren des Artikels 15 Absatz 2, ob die betreffende Norm der allgemeinen Sicherheitsanforderung entspricht. Sie beschließt nach Anhörung des durch Artikel 5 der Richtlinie 98/34/EG eingesetzten

---

[1] **Amtl. Anm.**: ABl L 204 vom 21. 7. 1998, S. 37. Richtlinie geändert durch die Richtlinie 98/48/EG (ABl L 217 vom 5. 8. 1998, S. 18).

Ausschusses die Veröffentlichung oder die Streichung. Die Kommission unterrichtet die Mitgliedstaaten über ihre Entscheidung.

## Kapitel III: Sonstige Verpflichtungen der Hersteller und Verpflichtungen der Händler

### Artikel 5

(1) Die Hersteller haben im Rahmen ihrer jeweiligen Geschäftstätigkeit dem Verbraucher einschlägige Informationen zu erteilen, damit er die Gefahren, die von dem Produkt während der üblichen oder vernünftigerweise vorhersehbaren Gebrauchsdauer ausgehen und die ohne entsprechende Warnhinweise nicht unmittelbar erkennbar sind, beurteilen und sich dagegen schützen kann.

Die Anbringung solcher Warnhinweise entbindet nicht von der Verpflichtung, die übrigen Sicherheitsanforderungen dieser Richtlinie zu beachten.

Die Hersteller haben ferner im Rahmen ihrer jeweiligen Geschäftstätigkeit Maßnahmen zu treffen, die den Eigenschaften der von ihnen gelieferten Produkte angemessen sind, damit sie imstande sind,
a) die etwaigen von diesen Produkten ausgehenden Gefahren zu erkennen,
b) zu deren Vermeidung zweckmäßige Vorkehrungen treffen zu können, erforderlichenfalls einschließlich der Rücknahme vom Markt, der angemessenen und wirksamen Warnung der Verbraucher und des Rückrufs beim Verbraucher.

Die in Unterabsatz 3 genannten Maßnahmen umfassen beispielsweise:
a) die Angabe des Herstellers und seiner Adresse auf dem Produkt oder auf dessen Verpackung sowie die Kennzeichnung des Produkts oder gegebenenfalls des Produktpostens, zu dem es gehört, es sei denn, die Weglassung dieser Angabe ist gerechtfertigt, und
b) sofern zweckmäßig, die Durchführung von Stichproben bei den in Verkehr gebrachten Produkten, die Prüfung der Beschwerden und gegebenenfalls die Führung eines Beschwerdebuchs sowie die Unterrichtung der Händler über die weiteren Maßnahmen betreffend das Produkt.

Die in Unterabsatz 3 Buchstabe b) genannten Vorkehrungen werden auf freiwilliger Basis oder auf Aufforderung der zuständigen Behörden nach Artikel 8 Absatz 1 Buchstabe f) getroffen. Der Rückruf erfolgt als letztes Mittel, wenn andere Maßnahmen nicht ausreichen würden, um den bestehenden Gefahren zu begegnen, in Fällen, in denen die Hersteller den Rückruf als notwendig erachten, oder wenn dieser von den zuständigen Behörde angeordnet wurde. Der Rückruf kann im betreffenden Mitgliedstaat im Rahmen von einschlägigen Verhaltenskodizes durchgeführt werden, falls es solche gibt.

(2) Die Händler haben mit der gebotenen Umsicht zur Einhaltung der anwendbaren Sicherheitsanforderungen beizutragen, indem sie insbesondere keine Produkte liefern, von denen sie wissen oder bei denen sie anhand der ihnen vorliegenden Informationen und als Gewerbetreibende hätten davon ausgehen müssen, dass sie diesen Anforderungen nicht genügen. Im Rahmen ihrer jeweiligen Geschäftstätigkeit haben sie außerdem an der Überwachung der Sicherheit der in Verkehr gebrachten Produkte mitzuwirken, insbesondere durch Weitergabe von Hinweisen auf eine von den Produkten ausgehende Gefährdung, durch Aufbewahren und Bereitstellen der zur Rückverfolgung von Produkten erforderlichen Dokumentation und durch Mitarbeit an Maßnahmen der Hersteller und zuständigen Behörden zur Vermeidung der Gefahren. Sie haben im Rahmen ihrer Geschäftstätigkeit Maßnahmen zu ergreifen, die ihnen eine wirksame Zusammenarbeit ermöglichen.

(3) Wenn die Hersteller und Händler anhand der ihnen vorliegenden Informationen und als Gewerbetreibende wissen oder wissen müssen, dass ein Produkt, das sie in Verkehr gebracht haben, für den Verbraucher eine Gefahr darstellt, die mit der allgemeinen Sicherheitsanforderung unvereinbar ist, haben sie unverzüglich die zuständigen Behörden der Mitgliedstaaten nach Maßgabe des Anhangs I zu informieren; insbesondere in-

formieren sie die Behörden über Vorkehrungen, die sie zur Abwendung von Gefahren für die Verbraucher getroffen haben.

Die Einzelheiten dieser Informationspflicht in Anhang I werden von der Kommission nach dem Verfahren des Artikels 15 Absatz 3 angepasst.

(4) Auf entsprechende Aufforderung der zuständigen Behörden arbeiten Hersteller und Händler im Rahmen ihrer Geschäftstätigkeit mit diesen in Bezug auf Maßnahmen zur Abwendung von Gefahren zusammen, die von Produkten ausgehen, die sie liefern oder geliefert haben. Die Verfahren für eine solche Zusammenarbeit, einschließlich der Verfahren für den Dialog mit Herstellern und Händlern über Fragen der Produktsicherheit, werden von den zuständigen Behörden festgelegt.

## Kapitel IV: Besondere Pflichten und Befugnisse der Mitgliedstaaten

### Artikel 6

(1) Die Mitgliedstaaten stellen sicher, dass die Hersteller und Händler die sich für sie aus dieser Richtlinie ergebenden Verpflichtungen einhalten, so dass die in Verkehr gebrachten Produkte sicher sind.

(2) Die Mitgliedstaaten schaffen oder benennen insbesondere Behörden, die dafür zuständig sind, die Übereinstimmung der Produkte mit der allgemeinen Sicherheitsanforderung zu kontrollieren, und sorgen dafür, dass diese Behörden die Befugnisse erhalten und ausüben, die sie benötigen, um die ihnen nach dieser Richtlinie obliegenden geeigneten Maßnahmen treffen zu können.

(3) Die Mitgliedstaaten legen die Aufgaben, die Befugnisse, die Organisation und die Einzelheiten der Zusammenarbeit der zuständigen Behörden fest. Sie setzen die Kommission hiervon in Kenntnis, die diese Informationen an die anderen Mitgliedstaaten weiterleitet.

### Artikel 7

Die Mitgliedstaaten legen für Verstöße gegen die aufgrund dieser Richtlinie erlassenen innerstaatlichen Vorschriften Sanktionen fest und treffen die zu ihrer Anwendung erforderlichen Maßnahmen. Die Sanktionen müssen wirksam, verhältnismäßig und abschreckend sein. Die Mitgliedstaaten teilen diese Vorschriften der Kommission spätestens am 15. Januar 2004 mit und unterrichten sie über etwaige Änderungen unverzüglich.

### Artikel 8

(1) Für die Zwecke dieser Richtlinie und insbesondere des Artikels 6 verfügen die zuständigen Behörden der Mitgliedstaaten über die Befugnis, unter anderem die Maßnahmen zu ergreifen, die in nachstehendem Buchstaben a) und in den Buchstaben b) bis f), soweit anwendbar, aufgeführt sind.
a) Für jedes Produkt
  i. die Sicherheitseigenschaften – auch nachdem es als sicher in Verkehr gebracht wurde – in angemessenem Umfang bis zur letzten Stufe des Gebrauchs oder Verbrauchs zu überprüfen,
  ii. von allen Beteiligten alle erforderlichen Informationen zu verlangen,
  iii. im Hinblick auf Sicherheitsprüfungen Produktmuster zu entnehmen;
b) für jedes Produkt, das unter bestimmten Bedingungen eine Gefahr darstellen kann,
  i. das Anbringen geeigneter Warnhinweise über Gefährdungen zu verlangen, die von dem Produkt ausgehen; diese Warnhinweise müssen klar und leicht verständlich in den Amtssprachen des Mitgliedstaats abgefasst sein, in dem das Produkt in Verkehr gebracht wird,

ii. das Inverkehrbringen Vorbedingungen zu unterwerfen, um das Produkt sicher zu machen;
c) für jedes Produkt, das für bestimmte Personen eine Gefahr darstellen kann, zu veranlassen, dass diese Personen rechtzeitig in geeigneter Form, auch durch die Veröffentlichung spezieller Warnungen, auf diese Gefahr hingewiesen werden;
d) für jedes möglicherweise gefährliche Produkt
für den Zeitraum, der für die entsprechenden Prüfungen, Untersuchungen oder Sicherheitsprüfungen erforderlich ist, vorübergehend zu verbieten, dass es geliefert, zur Lieferung angeboten oder ausgestellt wird;
e) für alle gefährlichen Produkte
das Inverkehrbringen zu verbieten und notwendige Begleitmaßnahmen zur Gewährleistung der Einhaltung dieses Verbots festzulegen;
f) für alle bereits in Verkehr gebrachten gefährlichen Produkte
i. die tatsächliche und unmittelbare Rücknahme und die Warnung der Verbraucher vor den Gefahren, die davon ausgehen, anzuordnen oder zu organisieren,
ii. den Rückruf beim Verbraucher und die Vernichtung unter geeigneten Bedingungen anzuordnen oder zu koordinieren oder gegebenenfalls gemeinsam mit den Herstellern und Händlern zu organisieren.

(2) Wenn die zuständigen Behörden der Mitgliedstaaten die in Absatz 1 genannten Maßnahmen, insbesondere die Maßnahmen nach den Buchstaben d) bis f), ergreifen, handeln sie unter Einhaltung des Vertrags und insbesondere der Artikel 28 und 30 entsprechend dem Grad der Gefährdung und unter Berücksichtigung des Vorsorgeprinzips. Im Rahmen dieser Maßnahmen fördern und begünstigen sie das freiwillige Tätigwerden der Hersteller und Händler entsprechend ihren Verpflichtungen aus dieser Richtlinie, insbesondere aus Kapitel III, gegebenenfalls auch durch die Ausarbeitung von Verhaltenskodizes.

Erforderlichenfalls organisieren sie die in Absatz 1 Buchstabe f) vorgesehenen Maßnahmen oder ordnen diese an, falls Vorkehrungen, die von den Herstellern und Händlern aufgrund ihrer Verpflichtungen getroffen wurden, nicht zufrieden stellend oder nicht ausreichend sind. Der Rückruf wird als letztes Mittel eingesetzt. Er kann im betreffenden Mitgliedstaat gegebenenfalls im Rahmen von Verhaltenskodizes in diesem Bereich durchgeführt werden.

(3) Insbesondere verfügen die zuständigen Behörden über die Befugnis, die notwendigen Vorkehrungen zu treffen, um unverzüglich geeignete Maßnahmen, wie die Maßnahmen im Sinne von Absatz 1 Buchstaben b) bis f), zu ergreifen, wenn von Produkten eine ernste Gefahr ausgeht. Derartige Umstände werden von den Mitgliedstaaten von Fall zu Fall, nach jeweiliger Sachlage und unter Berücksichtigung der Leitlinien in Anhang II Ziffer 8, ermittelt und beurteilt.

(4) Die von den zuständigen Behörden gemäß diesem Artikel zu ergreifenden Maßnahmen richten sich je nach Lage des Falles
a) an den Hersteller,
b) im Rahmen ihrer jeweiligen Geschäftstätigkeit an die Händler und insbesondere an den Verantwortlichen der ersten Vertriebsstufe auf dem Inlandsmarkt;
c) an jede andere Person, wenn sich dies im Hinblick auf deren Mitwirkung an den Maßnahmen zur Abwendung der sich aus einem Produkt ergebenden Gefährdung als nötig erweist.

**Artikel 9**

(1) Die Mitgliedstaaten tragen dafür Sorge, dass Konzepte ausgearbeitet werden, die geeignete Mittel und Verfahren enthalten, damit eine wirksame Marktüberwachung gewährleistet ist, die ein hohes Gesundheitsschutz- und Sicherheitsniveau für die Verbraucher garantiert und eine Zusammenarbeit zwischen den zuständigen Behörden voraussetzt; diese Konzepte können insbesondere Folgendes umfassen:

a) die Einführung, regelmäßige Anpassung und Durchführung sektorieller Überwachungsprogramme für Produkt- oder Gefahrenkategorien sowie die Begleitung der Überwachungstätigkeiten und die Auswertung der Beobachtungen und der Ergebnisse;
b) die laufende Beobachtung und Aktualisierung der wissenschaftlichen und technischen Kenntnisse über die Sicherheit der Produkte;
c) die regelmäßige Überprüfung und Bewertung der Funktionsfähigkeit des Überwachungssystems und seiner Wirksamkeit und erforderlichenfalls die Überarbeitung des Überwachungskonzepts und seiner Ausgestaltung.

(2) Die Mitgliedstaaten gewährleisten, dass die Verbraucher und andere Betroffene bei den zuständigen Behörden Beschwerden über Produktsicherheit und über Aufsichts- und Überwachungstätigkeiten einlegen können und dass diesen Beschwerden in angemessener Weise nachgegangen wird. Die Mitgliedstaaten informieren die Verbraucher und die anderen Betroffenen von sich aus über die zu diesem Zweck geschaffenen Verfahren.

### Artikel 10

(1) Die Kommission leistet Unterstützung bei der Arbeit der für die Produktsicherheit zuständigen Behörden der Mitgliedstaaten in europaweitem Netzwerk, insbesondere in Form der Verwaltungszusammenarbeit, und wirkt daran mit.

(2) Diese Arbeit im Netzwerk wird mit den anderen bestehenden Gemeinschaftsverfahren, insbesondere RAPEX, koordiniert. Sie soll insbesondere Folgendes erleichtern:
a) den Austausch von Informationen über Risikobewertung, gefährliche Produkte, Testmethoden und -ergebnisse, jüngste wissenschaftliche Entwicklungen und andere für die Überwachung erhebliche Aspekte;
b) die Aufstellung und Durchführung von gemeinsamen Aufsichts- und Testprojekten;
c) den Austausch von Erfahrungen und bewährten Verfahren und die Zusammenarbeit bei Fortbildungsmaßnahmen;
d) die Verbesserung der Zusammenarbeit bei Rückverfolgung, Rücknahme und Rückruf von gefährlichen Produkten auf Gemeinschaftsebene.

## Kapitel V: Informationsaustausch und Situationen, die ein rasches Eingreifen erforderlich machen

### Artikel 11

(1) Ergreift ein Mitgliedstaat Maßnahmen, durch die das Inverkehrbringen von Produkten beschränkt oder ihre Rücknahme oder ihr Rückruf angeordnet wird, wie die Maßnahmen nach Artikel 8 Absatz 1 Buchstaben b) bis f), so unterrichtet er hiervon unter Angabe der Gründe die Kommission, sofern nicht eine Meldepflicht in Artikel 12 oder einer besonderen gemeinschaftlichen Rechtsvorschrift vorgesehen ist. Er informiert die Kommission auch von jeder etwaigen Änderung oder Aufhebung solcher Maßnahmen.

Ist der meldende Mitgliedstaat der Auffassung, dass die Auswirkungen der Gefährdung auf sein Hoheitsgebiet begrenzt sind oder nicht darüber hinausgehen können, so meldet er die Maßnahmen nach Absatz 1 insoweit, als ihr Informationsgehalt unter dem Aspekt der Produktsicherheit für die Mitgliedstaaten von Interesse ist, insbesondere in den Fällen, in denen die Maßnahmen eine Reaktion auf eine neuartige Gefährdung darstellen, auf die noch nicht in anderen Meldungen hingewiesen wurde.

Die Kommission legt nach dem Verfahren des Artikels 15 Absatz 3 unter Gewährleistung von Wirksamkeit und ordnungsgemäßem Funktionieren des Systems die in Anhang II Ziffer 8 genannten Leitlinien fest. Diese Leitlinien enthalten Vorgaben für Inhalt und Standardform der in diesem Artikel vorgesehenen Meldungen und insbesondere für genaue Kriterien zur Bestimmung der Umstände, unter denen die Meldung im Hinblick auf Unterabsatz 2 erheblich ist.

(2) Die Kommission leitet die Meldung an die anderen Mitgliedstaaten weiter, sofern sie nicht nach einer Überprüfung auf der Grundlage der in der Meldung enthaltenen Informationen zu dem Schluss kommt, dass die Maßnahme gegen Gemeinschaftsrecht verstößt. Im letzteren Fall unterrichtet sie unverzüglich den Mitgliedstaat, der die Maßnahme ergriffen hat.

## Artikel 12

(1) Trifft ein Mitgliedstaat Maßnahmen oder Vorkehrungen oder beschließt er, Maßnahmen oder Vorkehrungen zu treffen, zu empfehlen oder mit Herstellern und Händlern auf zwingender oder auf freiwilliger Basis zu vereinbaren, welche die etwaige Vermarktung oder Verwendung von Produkten in seinem Hoheitsgebiet unterbinden, einschränken oder besonderen Bedingungen unterwerfen, weil die betreffenden Produkte eine ernste Gefahr darstellen, so meldet er dies unverzüglich der Kommission mit Hilfe von RAPEX. Er informiert die Kommission unverzüglich von jeder etwaigen Änderung oder Aufhebung der Maßnahmen oder Vorkehrungen.

Ist der meldende Mitgliedstaat der Auffassung, dass die Auswirkungen der Gefahr auf sein Hoheitsgebiet begrenzt sind oder nicht darüber hinausgehen können, so verfährt er nach Maßgabe des Artikels 11 unter Berücksichtigung der entsprechenden in den Leitlinien in Anhang II Ziffer 8 vorgeschlagenen Kriterien.

Unbeschadet des Unterabsatzes 1 können die Mitgliedstaaten, bevor sie beschließen, derartige Maßnahmen oder Vorkehrungen zu treffen, der Kommission ihnen vorliegende Informationen über das Bestehen einer ernsten Gefahr übermitteln.

Im Falle einer ernsten Gefahr machen sie der Kommission Angaben über freiwillige Maßnahmen der Hersteller und Händler gemäß Artikel 5.

(2) Bei Erhalt solcher Meldungen überprüft die Kommission diese auf ihre Übereinstimmung mit diesem Artikel und mit den Vorschriften für die Funktionsweise von RAPEX und übermittelt sie den übrigen Mitgliedstaaten, die ihrerseits der Kommission unverzüglich mitteilen, welche Maßnahmen sie ergriffen haben.

(3) Die detaillierten Verfahrensregeln für RAPEX sind in Anhang II aufgeführt. Die Kommission passt die Einzelheiten dieser Regeln nach dem Verfahren von Artikel 15 Absatz 3 an.

(4) Der Zugang zu RAPEX wird im Rahmen von Abkommen zwischen der Gemeinschaft und den Beitrittsländern, Drittländern oder internationalen Organisationen gemäß den in diesen Abkommen festgelegten Modalitäten auch solchen Ländern oder internationalen Organisationen gewährt. Derartige Abkommen müssen auf Gegenseitigkeit beruhen und Bestimmungen über die Vertraulichkeit beinhalten, die den in der Gemeinschaft anwendbaren Bestimmungen entsprechen.

## Artikel 13

(1) Erlangt die Kommission Kenntnis davon, dass von bestimmten Produkten eine ernste Gefahr für die Gesundheit und Sicherheit der Verbraucher in mehr als einem Mitgliedstaat ausgeht, so kann sie nach Anhörung der Mitgliedstaaten und – wenn sich wissenschaftliche Fragen stellen, die in den Zuständigkeitsbereich eines wissenschaftlichen Ausschusses der Gemeinschaft fallen –, des für diese Gefahr zuständigen wissenschaftlichen Ausschusses aufgrund der Ergebnisse dieser Anhörungen gemäß dem Verfahren von Artikel 15 Absatz 2 eine Entscheidung erlassen, mit der die Mitgliedstaaten verpflichtet werden, nach Maßgabe von Artikel 8 Absatz 1 Buchstaben b) bis f) geeignete Maßnahmen zu ergreifen, wenn

 a) aus den vorherigen Anhörungen der Mitgliedstaaten hervorgeht, dass zwischen den Mitgliedstaaten erwiesenermaßen Meinungsunterschiede darüber bestehen, wie dieser Gefahr begegnet worden ist oder zu begegnen ist, und

 b) die Gefahr angesichts der Art des Produktsicherheitsproblems nach anderen Verfahren der einschlägigen Gemeinschaftsvorschriften für die betreffenden Produkte nicht in einer mit dem Grad der Dringlichkeit des Problems zu vereinbarenden Weise bewältigt werden kann und

c) die Gefahr nur durch Erlass geeigneter und gemeinschaftsweit anwendbarer Maßnahmen zur Gewährleistung eines einheitlichen und hohen Schutzniveaus für die Gesundheit und Sicherheit der Verbraucher sowie des ordnungsgemäßen Funktionierens des Binnenmarktes wirksam bewältigt werden kann.

(2) Entscheidungen im Sinne von Absatz 1 haben eine Geltungsdauer von höchstens einem Jahr und können nach demselben Verfahren um höchstens jeweils ein weiteres Jahr verlängert werden.

Entscheidungen, die konkrete, individuell bestimmte Produkte oder Produktposten betreffen, gelten jedoch zeitlich unbegrenzt.

(3) Die Ausfuhr aus der Gemeinschaft von gefährlichen Produkten ist verboten, wenn diese Gegenstand einer Entscheidung im Sinne von Absatz 1 sind, es sei denn, die Entscheidung sieht etwas anderes vor.

(4) Die Mitgliedstaaten ergreifen alle erforderlichen Maßnahmen, um die in Absatz 1 genannten Entscheidungen innerhalb einer Frist von weniger als 20 Tagen durchzuführen, soweit in diesen Entscheidungen nicht eine andere Frist vorgesehen ist.

(5) Die zuständigen Behörden, die die in Absatz 1 genannten Maßnahmen durchzuführen haben, geben den betroffenen Parteien innerhalb einer Frist von einem Monat Gelegenheit zur Äußerung und unterrichten hiervon die Kommission.

## Kapitel VI: Ausschussverfahren

**Artikel 14**

(1) Die zur Durchführung dieser Richtlinie erforderlichen Maßnahmen in Bezug auf die nachstehenden Sachbereiche werden nach dem Regelungsverfahren des Artikels 15 Absatz 2 erlassen:

a) Maßnahmen gemäß Artikel 4, die von den europäischen Normungsgremien aufgestellte Normen betreffen;

b) Entscheidungen gemäß Artikel 13, mit denen die Mitgliedstaaten verpflichtet werden, Maßnahmen nach Artikel 8 Absatz 1 Buchstaben b) bis f) zu ergreifen.

(2) Die zur Durchführung dieser Richtlinie erforderlichen Maßnahmen in Bezug auf alle anderen Sachbereiche werden nach dem Beratungsverfahren des Artikels 15 Absatz 3 erlassen.

**Artikel 15**

(1) Die Kommission wird von einem Ausschuss unterstützt.

(2) Wird auf diesen Absatz Bezug genommen, so gelten die Artikel 5 und 7 des Beschlusses 1999/468/EG unter Beachtung von dessen Artikel 8.

Der Zeitraum nach Artikel 5 Absatz 6 des Beschlusses 1999/468/EG wird auf fünfzehn Tage festgesetzt.

(3) Wird auf diesen Absatz Bezug genommen, so gelten die Artikel 3 und 7 des Beschlusses 1999/468/EG unter Beachtung von dessen Artikel 8.

(4) Der Ausschuss gibt sich eine Geschäftsordnung.

## Kapitel VII: Schlussbestimmungen

**Artikel 16**

(1) Die den Behörden der Mitgliedstaaten oder der Kommission zur Verfügung stehenden Informationen über von Produkten ausgehende Gefahren für die Gesundheit und Sicherheit der Verbraucher werden im Allgemeinen gemäß den Anforderungen der Transparenz und unbeschadet der für die Überwachung und Untersuchung erforderlichen Einschränkungen der Öffentlichkeit zugänglich gemacht. Insbesondere hat die Öffentlichkeit Zugang zu Informationen über die Produktidentifizierung, die Art des Risikos und die getroffenen Maßnahmen.

Die Mitgliedstaaten und die Kommission treffen jedoch die erforderlichen Maßnahmen, um ihre Beamten und Bediensteten zu verpflichten, die aufgrund dieser Richtlinie gesammelten Informationen, die ihrem Wesen nach in hinreichend begründeten Fällen dem Geschäftsgeheimnis unterliegen, geheim zu halten, es sei denn, bestimmte Informationen über sicherheitsrelevante Eigenschaften von Produkten müssen unter Berücksichtigung der Gesamtumstände veröffentlicht werden, um den Schutz der Gesundheit und Sicherheit der Verbraucher zu gewährleisten.

(2) Der Schutz des Geschäftsgeheimnisses darf der Weitergabe von Informationen, die für die Gewährleistung der Wirksamkeit der Überwachungsmaßnahmen und der Marktüberwachung relevant sind, an die zuständigen Behörden nicht entgegenstehen. Erhalten die Behörden Informationen, die unter das Geschäftsgeheimnis fallen, so schützen sie deren Vertraulichkeit.

### Artikel 17

Diese Richtlinie lässt die Anwendung der Richtlinie 85/374/EWG unberührt.

### Artikel 18

(1) Jede aufgrund dieser Richtlinie getroffene Entscheidung, durch die das Inverkehrbringen eines Produkts beschränkt oder seine Rücknahme oder sein Rückruf angeordnet wird, ist angemessen zu begründen. Die Entscheidung ist der betroffenen Partei so bald wie möglich zuzustellen; diese ist in der Entscheidung über die Rechtsbehelfe, die sie nach den Vorschriften des betreffenden Mitgliedstaats einlegen kann, und über die für diese Rechtsbehelfe geltenden Fristen zu unterrichten.

Den betroffenen Parteien ist möglichst vor dem Erlass der Maßnahme Gelegenheit zur Äußerung zu geben. Hat eine Konsultation, insbesondere wegen der Dringlichkeit der zu treffenden Maßnahmen, vorher nicht stattgefunden, ist ihnen nach der Einführung der Maßnahme zu gegebener Zeit Gelegenheit zur Äußerung zu geben.

Bei den Maßnahmen, durch die die Rücknahme des Produkts oder sein Rückruf angeordnet wird, ist dafür Sorge zu tragen, Händler, Benutzer und Verbraucher zur Mitwirkung bei der Durchführung dieser Maßnahmen zu veranlassen.

(2) Die Mitgliedstaaten stellen sicher, dass Maßnahmen der zuständigen Behörden, durch die das Inverkehrbringen eines Produkts beschränkt oder seine Rücknahme vom Markt oder sein Rückruf angeordnet wird, von den zuständigen Gerichten überprüft werden können.

(3) Keine Entscheidung aufgrund dieser Richtlinie, durch die das Inverkehrbringen eines Produkts beschränkt oder seine Rücknahme oder sein Rückruf angeordnet wird, berührt in irgendeiner Weise eine eventuelle Prüfung der Verantwortlichkeit der Partei, an die sie gerichtet ist, nach den Bestimmungen des im konkreten Fall anwendbaren nationalen Strafrechts.

### Artikel 19

(1) Die Kommission kann den Ausschuss des Artikels 15 mit allen Fragen befassen, die die Durchführung dieser Richtlinie betreffen, insbesondere mit Fragen betreffend die Überwachungsmaßnahmen und die Marktüberwachung.

(2) Die Kommission unterbreitet dem Europäischen Parlament und dem Rat alle drei Jahre, gerechnet ab dem 15. Januar 2004 einen Bericht über die Anwendung dieser Richtlinie.

Der Bericht beinhaltet insbesondere Informationen über die Sicherheit von Verbrauchsgütern, namentlich über die Verbesserung der Rückverfolgbarkeit der Produkte, das Funktionieren der Marktüberwachung, die Normungstätigkeit, das Funktionieren von RAPEX und über nach Artikel 13 getroffene Gemeinschaftsmaßnahmen. Hierzu prüft die Kommission die relevanten Fragen und bewertet insbesondere die in den Mitgliedstaaten gewählten Konzepte, Systeme und Verfahren anhand der Anforderungen dieser Richtlinie und der sonstigen Gemeinschaftsvorschriften zur Produktsicherheit. Die Mitgliedstaaten gewähren der Kommission jede Unterstützung und übermitteln ihr alle zur

Durchführung der Bewertungen und zur Vorbereitung der Berichte erforderlichen Informationen.

**Artikel 20**

Die Kommission ermittelt die Erfordernisse, Möglichkeiten und Prioritäten für eine Gemeinschaftsaktion zur Sicherheit der Dienstleistungen und übermittelt dem Europäischen Parlament und dem Rat vor dem 1. Januar 2003 einen Bericht, dem gegebenenfalls entsprechende Vorschläge beigefügt sind.

**Artikel 21**

(1) Die Mitgliedstaaten setzen die Rechts- und Verwaltungsvorschriften in Kraft, die erforderlich sind, um dieser Richtlinie zum 15. Januar 2004 nachzukommen. Sie setzen die Kommission unverzüglich davon in Kenntnis.

Wenn die Mitgliedstaaten derartige Vorschriften erlassen, nehmen sie in den Vorschriften selbst oder durch einen Hinweis bei der amtlichen Veröffentlichung auf diese Richtlinie Bezug. Die Mitgliedstaaten regeln die Einzelheiten der Bezugnahme.

(2) Die Mitgliedstaaten teilen der Kommission den Wortlaut der innerstaatlichen Rechtsvorschriften mit, die sie auf dem unter diese Richtlinie fallenden Gebiet erlassen.

**Artikel 22**

Die Richtlinie 92/59/EWG wird zum 15. Januar 2004 aufgehoben; die Verpflichtungen der Mitgliedstaaten bezüglich der in Anhang III genannten Frist zur Umsetzung und Anwendung der genannten Richtlinie bleiben unberührt.

Bezugnahmen auf die Richtlinie 92/59/EWG gelten als Bezugnahmen auf die vorliegende Richtlinie und sind nach der Entsprechungstabelle in Anhang IV zu lesen.

**Artikel 23**

Diese Richtlinie tritt am Tag ihrer Veröffentlichung im Amtsblatt der Europäischen Gemeinschaften in Kraft.

**Artikel 24**

Diese Richtlinie ist an alle Mitgliedstaaten gerichtet.

## II. Niederlassungsfreiheit/Dienstleistungsfreiheit

## 1. Recht der Berufsqualifikationen

**Richtlinie 2005/36/EG des Europäischen Parlaments und des Rates vom 7. September 2005 über die Anerkennung von Berufsqualifikationen (RL 2005/36/EG)**

v. 30. 9. 2005 (ABl Nr. L 255 S. 22)

Die Richtlinie 2005/36/EG v. 30. 9. 2005 (ABl Nr. L 255 S. 22) des Europäischen Parlaments und des Rates vom 7. September 2005 über die Anerkennung von Berufsqualifikationen wurde geändert durch die Berichtigung der Richtlinie 2005/36/EG des Europäischen Parlaments und des Rates vom 7. September 2005 über die Anerkennung von Berufsqualifikationen v. 16. 10. 2007 (ABl Nr. L 271 S. 18); Berichtigung der Richtlinie 2005/36/EG des Europäischen Parlaments und des Rates vom 7. September 2005 über die Anerkennung von Berufsqualifikationen v. 4. 4. 2008 (ABl Nr. L 93 S. 28).

DAS EUROPÄISCHE PARLAMENT UND DER RAT DER EUROPÄISCHEN UNION –
gestützt auf den Vertrag zur Gründung der Europäischen Gemeinschaft, insbesondere auf Artikel 40, Artikel 47 Absatz 1, Artikel 47 Absatz 2 Sätze 1 und 3 und Artikel 55,
auf Vorschlag der Kommission[1],
nach Stellungnahme des Europäischen Wirtschafts- und Sozialausschusses[2],
gemäß dem Verfahren des Artikels 251 des Vertrags[3],
in Erwägung nachstehender Gründe:

(1) Nach Artikel 3 Absatz 1 Buchstabe c des Vertrages ist die Beseitigung der Hindernisse für den freien Personen- und Dienstleistungsverkehr zwischen den Mitgliedstaaten eines der Ziele der Gemeinschaft. Dies bedeutet für die Staatsangehörigen der Mitgliedstaaten insbesondere die Möglichkeit, als Selbstständige oder abhängig Beschäftigte einen Beruf in einem anderen Mitgliedstaat als dem auszuüben, in dem sie ihre Berufsqualifikationen erworben haben. Ferner sieht Artikel 47 Absatz 1 des Vertrags vor, dass Richtlinien für die gegenseitige Anerkennung der Diplome, Prüfungszeugnisse und sonstigen Befähigungsnachweise erlassen werden.

(2) Nach der Tagung des Europäischen Rates in Lissabon vom 23. und 24. März 2000 hat die Kommission eine Mitteilung „Eine Binnenmarktstrategie für den Dienstleistungssektor" vorgelegt, die insbesondere darauf abzielt, die Erbringung von Dienstleistungen innerhalb der Gemeinschaft ebenso einfach zu machen wie innerhalb eines Mitgliedstaats. Nach Annahme der Mitteilung „Neue europäische Arbeitsmärkte – offen und zugänglich für alle" durch die Kommission hat der Europäische Rat auf seiner Tagung vom 23. und 24. März 2001 in Stockholm die Kommission beauftragt, für die Frühjahrstagung des Europäischen Rates im Jahr 2002 spezifische Vorschläge für ein einheitlicheres, transparenteres und flexibleres System der Anerkennung von beruflichen Qualifikationen zu unterbreiten.

(3) Diese Richtlinie gibt Personen, die ihre Berufsqualifikationen in einem Mitgliedstaat erworben haben, Garantien hinsichtlich des Zugangs zu demselben Beruf und seiner Ausübung in einem anderen Mitgliedstaat unter denselben Voraussetzungen wie Inländern; sie schließt jedoch nicht aus, dass der Migrant nicht diskriminierende Ausübungsvoraussetzungen, die dieser Mitgliedstaat vorschreibt, erfüllen muss, soweit diese objektiv gerechtfertigt und verhältnismäßig sind.

---

1) **Amtl. Anm.:** ABl C 181 E vom 30. 7. 2002, S. 183.
2) **Amtl. Anm.:** ABl C 61 vom 14. 3. 2003, S. 67.
3) **Amtl. Anm.:** Stellungnahme des Europäischen Parlaments vom 11. Februar 2004 (ABl C 97 E vom 22. 4. 2004, S. 230), Gemeinsamer Standpunkt des Rates vom 21. Dezember 2004 (ABl C 58 E vom 8. 3. 2005, S. 1) und Standpunkt des Europäischen Parlaments vom 11. Mai 2005 (noch nicht im Amtsblatt veröffentlicht). Beschluss des Rates vom 6. Juni 2005.

(4) Es ist angezeigt, zur Erleichterung des freien Dienstleistungsverkehrs besondere Vorschriften zu erlassen, durch die die Möglichkeiten zur Ausübung beruflicher Tätigkeiten unter der im Herkunftsmitgliedstaat erworbenen Berufsbezeichnung erweitert werden. Für Dienstleistungen der Informationsgesellschaft, die im Fernabsatz erbracht werden, gilt neben dieser Richtlinie noch die Richtlinie 2000/31/EG des Europäischen Parlaments und des Rates vom 8. Juni 2000 über bestimmte rechtliche Aspekte der Dienste der Informationsgesellschaft, insbesondere des elektronischen Geschäftsverkehrs, im Binnenmarkt[1]).

(5) Da für die zeitweilige und gelegentliche grenzüberschreitende Erbringung von Dienstleistungen einerseits und für die Niederlassung andererseits jeweils unterschiedliche Regelungen gelten, sollten für den Fall, dass sich der Dienstleister in den Aufnahmemitgliedstaat begibt, die Kriterien für die Unterscheidung zwischen diesen beiden Konzepten genauer bestimmt werden.

(6) Im Rahmen der Erleichterung der Erbringung von Dienstleistungen ist der öffentlichen Gesundheit und Sicherheit sowie dem Verbraucherschutz unbedingt Rechnung zu tragen. Daher sollten spezifische Bestimmungen für reglementierte Berufe vorgesehen werden, die die öffentliche Gesundheit oder Sicherheit berühren und deren Angehörige vorübergehend oder gelegentlich grenzüberschreitende Dienstleistungen erbringen.

(7) Die Aufnahmemitgliedstaaten können erforderlichenfalls im Einklang mit dem Gemeinschaftsrecht Meldevorschriften erlassen. Diese Vorschriften sollten nicht zu einer unverhältnismäßig hohen Belastung der Dienstleister führen und die Ausübung des freien Dienstleistungsverkehrs nicht behindern oder weniger attraktiv machen. Die Notwendigkeit derartiger Vorschriften sollte regelmäßig unter Berücksichtigung der Fortschritte, die bei der Schaffung eines Gemeinschaftsrahmens für eine behördliche Zusammenarbeit zwischen den Mitgliedstaaten erzielt worden sind, überprüft werden.

(8) Für den Dienstleister sollten Disziplinarvorschriften des Aufnahmemitgliedstaats gelten, die unmittelbar und konkret mit den Berufsqualifikationen verbunden sind, wie die Definition des Berufes, der Umfang der zu einem Beruf gehörenden oder diesem vorbehaltenen Tätigkeiten, das Führen von Titeln und schwerwiegende berufliche Fehler in unmittelbarem und spezifischem Zusammenhang mit dem Schutz und der Sicherheit der Verbraucher.

(9) Die Grundsätze und Garantien für die Niederlassungsfreiheit, die in den verschiedenen derzeit geltenden Anerkennungsregelungen enthalten sind, sollen aufrechterhalten werden, wobei aber die Vorschriften dieser Anerkennungsregeln im Lichte der Erfahrungen verbessert werden sollten. Außerdem sind die einschlägigen Richtlinien mehrfach geändert worden, und es sollte daher durch eine Vereinheitlichung der geltenden Grundsätze eine Neuordnung und Straffung ihrer Bestimmungen vorgenommen werden. Es ist daher erforderlich, folgende Richtlinien aufzuheben und in einem einzigen neuen Text zusammenzufassen: die Richtlinien 89/48/EWG[2]) und 92/51/EWG[3]) des Rates sowie die Richtlinie 1999/42/EG des Europäischen Parlaments und des Rates über die allgemeine Regelung zur Anerkennung beruflicher Befähigungsnachweise[4]) sowie die Richtlinien 77/452/EWG[5]), 77/453/EWG[6]), 78/686/EWG[7]), 78/687/EWG[8]), 78/1026/EWG[9]),

---

1) **Amtl. Anm.:** ABl L 178 vom 17. 7. 2000, S. 1.
2) **Amtl. Anm.:** ABl L 19 vom 24. 1. 1989, S. 16. Geändert durch die Richtlinie 2001/19/EG des Europäischen Parlaments und des Rates (ABl L 206 vom 31. 7. 2001, S. 1).
3) **Amtl. Anm.:** ABl L 209 vom 24. 7. 1992, S. 25. Zuletzt geändert durch die Entscheidung 2004/108/EG (ABl L 32 vom 5. 2. 2004, S. 15).
4) **Amtl. Anm.:** ABl L 201 vom 31. 7. 1999, S. 77.
5) **Amtl. Anm.:** ABl L 176 vom 15. 7. 1977, S. 1. Zuletzt geändert durch die Beitrittsakte von 2003.
6) **Amtl. Anm.:** ABl L 176 vom 15. 7. 1977, S. 8. Zuletzt geändert durch die Richtlinie 2001/19/EG.
7) **Amtl. Anm.:** ABl L 233 vom 24. 8. 1978, S. 1. Zuletzt geändert durch die Beitrittsakte von 2003.
8) **Amtl. Anm.:** ABl L 233 vom 24. 8. 1978, S. 10. Zuletzt geändert durch die Beitrittsakte von 2003.
9) **Amtl. Anm.:** ABl L 362 vom 23. 12. 1978, S. 1. Zuletzt geändert durch die Richtlinie 2001/19/EG.

78/1027/EWG[1], 80/154/EWG[2], 80/155/EWG[3], 85/384/EWG[4], 85/432/EWG[5], 85/433/EWG[6] und 93/16/EWG[7] des Rates, die die Tätigkeiten der Krankenschwester und des Krankenpflegers, die für die allgemeine Pflege verantwortlich sind, des Zahnarztes, des Tierarztes, der Hebamme, des Architekten, des Apothekers bzw. des Arztes betreffen.

(10) Diese Richtlinie hindert die Mitgliedstaaten nicht daran, gemäß ihren Rechtsvorschriften Berufsqualifikationen anzuerkennen, die außerhalb des Gebiets der Europäischen Union von einem Staatsangehörigen eines Drittstaats erworben wurden. In jedem Fall sollte die Anerkennung unter Beachtung der Mindestanforderungen an die Ausbildung für bestimmte Berufe erfolgen.

(11) Für die Berufe, die unter die allgemeine Regelung zur Anerkennung von Ausbildungsnachweisen – nachstehend „allgemeine Regelung" genannt – fallen, sollten die Mitgliedstaaten die Möglichkeit behalten, das Mindestniveau der notwendigen Qualifikation festzulegen, um die Qualität der in ihrem Hoheitsgebiet erbrachten Leistungen zu sichern. Nach den Artikeln 10, 39 und 43 des Vertrags sollten sie einem Angehörigen eines Mitgliedstaates jedoch nicht vorschreiben, dass er Qualifikationen, die sie in der Regel durch schlichte Bezugnahme auf die in ihrem innerstaatlichen Bildungssystem ausgestellten Diplome bestimmen, erwirbt, wenn die betreffende Person diese Qualifikationen bereits ganz oder teilweise in einem anderen Mitgliedstaat erworben hat. Deshalb sollte vorgesehen werden, dass jeder Aufnahmemitgliedstaat, in dem ein Beruf reglementiert ist, die in einem anderen Mitgliedstaat erworbenen Qualifikationen berücksichtigen und dabei beurteilen muss, ob sie den von ihm geforderten Qualifikationen entsprechen. Dieses allgemeine System zur Anerkennung steht jedoch dem nicht entgegen, dass ein Mitgliedstaat jeder Person, die einen Beruf in diesem Mitgliedstaat ausübt, spezifische Erfordernisse vorschreibt, die durch die Anwendung der durch das allgemeine Interesse gerechtfertigten Berufsregeln begründet sind. Diese betreffen insbesondere die Regeln hinsichtlich der Organisation des Berufs, die beruflichen Standards, einschließlich der standesrechtlichen Regeln, die Vorschriften für die Kontrolle und die Haftung. Schließlich zielt diese Richtlinie nicht auf einen Eingriff in das berechtigte Interesse der Mitgliedstaaten ab, zu verhindern, dass einige ihrer Staatsangehörigen sich in missbräuchlicher Weise der Anwendung des nationalen Rechts im Bereich der Berufe entziehen.

(12) Diese Richtlinie regelt die Anerkennung von in anderen Mitgliedstaaten erworbenen Berufsqualifikationen durch die Mitgliedstaaten. Sie gilt jedoch nicht für die Anerkennung von aufgrund dieser Richtlinie gefassten Anerkennungsbeschlüssen anderer Mitgliedstaaten durch die Mitgliedstaaten. Eine Person, deren Berufsqualifikationen aufgrund dieser Richtlinie anerkannt worden sind, kann sich somit nicht auf diese Anerkennung berufen, um in ihrem Herkunftsmitgliedstaat Rechte in Anspruch zu nehmen, die sich nicht aus der in diesem Mitgliedstaat erworbenen Berufsqualifikation ableiten, es sei denn, sie weist nach, dass sie zusätzliche Berufsqualifikationen im Aufnahmemitgliedstaat erworben hat.

(13) Um den Anerkennungsmechanismus aufgrund der allgemeinen Regelung festzulegen, müssen die einzelstaatlichen Systeme der allgemeinen und beruflichen Bildung in Niveaus unterteilt werden. Diese Niveaus, die nur zum Zweck der Anwendung der allgemeinen Regelung festgelegt werden, haben keine Auswirkungen auf die einzelstaatlichen Strukturen der allgemeinen und beruflichen Bildung oder auf die Zuständigkeit der Mitgliedstaaten auf diesem Gebiet.

---

1) **Amtl. Anm.:** ABl L 362 vom 23. 12. 1978, S. 7. Zuletzt geändert durch die Richtlinie 2001/19/EG.
2) **Amtl. Anm.:** ABl L 33 vom 11. 2. 1980, S. 1. Zuletzt geändert durch die Beitrittsakte von 2003.
3) **Amtl. Anm.:** ABl L 33 vom 11. 2. 1980, S. 8. Zuletzt geändert durch die Richtlinie 2001/19/EG.
4) **Amtl. Anm.:** ABl L 223 vom 21. 8. 1985, S. 15. Zuletzt geändert durch die Beitrittsakte von 2003.
5) **Amtl. Anm.:** ABl L 253 vom 24. 9. 1985, S. 34. Geändert durch die Richtlinie 2001/19/EG.
6) **Amtl. Anm.:** ABl L 253 vom 24. 9. 1985, S. 37. Zuletzt geändert durch die Beitrittsakte von 2003.
7) **Amtl. Anm.:** ABl L 165 vom 7. 7. 1993, S. 1. Zuletzt geändert durch die Verordnung (EG) Nr. 1882/2003 des Europäischen Parlaments und des Rates (ABl L 284 vom 31. 10. 2003, S. 1).

(14) Der durch die Richtlinien 89/48/EWG und 92/51/EWG eingeführte Anerkennungsmechanismus ändert sich nicht. Folglich sollte der Inhaber eines Zeugnisses, das den erfolgreichen Abschluss einer postsekundären Ausbildung von mindestens einem Jahr bescheinigt, Zugang zu einem reglementierten Beruf in einem Mitgliedstaat erhalten, in dem dieser Zugang von der Vorlage eines Zeugnisses über den erfolgreichen Abschluss einer Hochschul- oder Universitätsausbildung von vier Jahren abhängt, unabhängig von dem Niveau, zu dem der im Aufnahmemitgliedstaat verlangte Ausbildungsabschluss gehört. Umgekehrt sollte der Zugang zu einem reglementierten Beruf, soweit er vom erfolgreichen Abschluss einer Hochschul- oder Universitätsausbildung von mehr als vier Jahren abhängt, nur den Inhabern eines Zeugnisses über den erfolgreichen Abschluss einer Hochschul- oder Universitätsausbildung von mindestens drei Jahren gewährt werden.

(15) Da die Mindestanforderungen an die Ausbildung für die Aufnahme und Ausübung der unter die allgemeine Regelung fallenden Berufe nicht harmonisiert sind, sollte der Aufnahmemitgliedstaat die Möglichkeit haben, eine Ausgleichsmaßnahme vorzuschreiben. Diese Maßnahme sollte dem Grundsatz der Verhältnismäßigkeit entsprechen und insbesondere die Berufserfahrung des Antragstellers berücksichtigen. Die Erfahrung zeigt, dass die Möglichkeit, dem Migranten nach seiner Wahl einen Eignungstest oder einen Anpassungslehrgang vorzuschreiben, hinreichende Garantien hinsichtlich seines Qualifikationsniveaus bietet, so dass jede Abweichung von dieser Wahlmöglichkeit in jedem Einzelfall durch einen zwingenden Grund des Allgemeininteresses gerechtfertigt sein müsste.

(16) Um die Freizügigkeit von Berufstätigen zu fördern und gleichzeitig ein angemessenes Qualifikationsniveau zu gewährleisten, sollten verschiedene Berufsverbände und -organisationen oder die Mitgliedstaaten auf europäischer Ebene gemeinsame Plattformen vorschlagen können. Unter bestimmten Voraussetzungen und unter Beachtung der Zuständigkeit der Mitgliedstaaten für die Festlegung der für die Ausübung der Berufe in ihrem Hoheitsgebiet erforderlichen beruflichen Qualifikationen sowie für den Inhalt und die Organisation ihrer Systeme für die allgemeine und berufliche Bildung und unter Beachtung des Gemeinschaftsrechts, insbesondere des gemeinschaftlichen Wettbewerbsrechts, sollte diese Richtlinie diesen Initiativen Rechnung tragen, während sie gleichzeitig einen stärkeren Automatismus der Anerkennung im Rahmen der allgemeinen Regelung fördert. Die Berufsverbände, die gemeinsame Plattformen vorlegen können, sollten auf einzelstaatlicher und europäischer Ebene repräsentativ sein. Eine gemeinsame Plattform besteht in einer Reihe von Kriterien, mit denen wesentliche Unterschiede, die zwischen den Ausbildungsanforderungen in mindestens zwei Dritteln der Mitgliedstaaten, einschließlich all jener Mitgliedstaaten, in denen der Beruf reglementiert wurde, festgestellt wurden, möglichst umfassend ausgeglichen werden können. Zu den Kriterien könnten beispielsweise Anforderungen wie eine Zusatzausbildung, ein Anpassungslehrgang in der Praxis unter Aufsicht, eine Eignungsprüfung, ein vorgeschriebenes Minimum an Berufserfahrung oder eine Kombination solcher Anforderungen gehören.

(17) Damit alle Sachverhalte berücksichtigt werden, die bisher keiner Regelung zur Anerkennung von Berufsqualifikationen unterliegen, sollte die allgemeine Regelung auf die Fälle ausgedehnt werden, die nicht durch eine Einzelregelung abgedeckt werden, entweder weil der Beruf unter keine der Regelungen fällt oder weil der Beruf zwar unter eine bestimmte Regelung fällt, der Antragsteller aus besonderen und außergewöhnlichen Gründen die Voraussetzungen für die Inanspruchnahme dieser Regelung jedoch nicht erfüllt.

(18) Es ist geboten, die Vorschriften zu vereinfachen, die in den Mitgliedstaaten, in denen die betreffenden Berufe reglementiert sind, die Aufnahme bestimmter Tätigkeiten in Industrie, Handel und Handwerk ermöglichen, sofern die entsprechenden Tätigkeiten in einem Mitgliedstaat während eines angemessenen, nicht zu weit zurückliegenden Zeitraums ausgeübt worden sind; gleichzeitig gilt es aber, an einem System der automatischen Anerkennung auf der Grundlage der Berufserfahrung für diese Tätigkeiten festzuhalten.

(19) Die Freizügigkeit und die gegenseitige Anerkennung der Ausbildungsnachweise der Ärzte, Krankenschwestern und Krankenpfleger, die für die allgemeine Pflege verantwortlich sind, Zahnärzte, Tierärzte, Hebammen, Apotheker und Architekten sollte sich auf den Grundsatz der automatischen Anerkennung der Ausbildungsnachweise im Zuge der Koordinierung der Mindestanforderungen an die Ausbildung stützen. Ferner sollte die Aufnahme und Ausübung der Tätigkeiten des Arztes, der Krankenschwester und des Krankenpflegers, die für die allgemeine Pflege verantwortlich sind, des Zahnarztes, des Tierarztes, der Hebamme und des Apothekers vom Besitz eines bestimmten Ausbildungsnachweises abhängig gemacht werden, wodurch gewährleistet wird, dass die betreffenden Personen eine Ausbildung absolviert haben, die den festgelegten Mindestanforderungen genügt. Dieses System sollte durch eine Reihe erworbener Rechte ergänzt werden, auf die sich qualifizierte Berufsangehörige unter bestimmten Voraussetzungen berufen können.

(20) Um den Besonderheiten des Ausbildungssystems der Ärzte und Zahnärzte und dem entsprechenden gemeinschaftlichen Besitzstand im Bereich der gegenseitigen Anerkennung Rechnung zu tragen, ist es gerechtfertigt, für alle Fachrichtungen, die zum Zeitpunkt des Erlasses der vorliegenden Richtlinie anerkannt sind, den Grundsatz der automatischen Anerkennung der medizinischen und zahnmedizinischen Fachrichtungen, die mindestens zwei Mitgliedstaaten gemeinsam sind, beizubehalten. Hingegen sollte sich im Interesse der Vereinfachung des Systems die Erweiterung der automatischen Anerkennung auf neue medizinische Fachrichtungen nach dem Zeitpunkt des Inkrafttretens der vorliegenden Richtlinie auf diejenigen beschränken, die in mindestens zwei Fünfteln der Mitgliedstaaten vertreten sind. Im Übrigen hindert die vorliegende Richtlinie die Mitgliedstaaten nicht daran, untereinander für bestimmte medizinische und zahnmedizinische Fachrichtungen, die sie gemeinsam haben und die nicht Gegenstand einer automatischen Anerkennung im Sinne dieser Richtlinie sind, eine automatische Anerkennung nach ihren eigenen Regeln zu vereinbaren.

(21) Die automatische Anerkennung der Ausbildungsnachweise des Arztes mit Grundausbildung sollte nicht die Zuständigkeit der Mitgliedstaaten berühren, diesen Nachweis mit beruflichen Tätigkeiten zu verbinden oder auch nicht.

(22) Alle Mitgliedstaaten sollten den Beruf des Zahnarztes als eigenen Beruf anerkennen, der sich von dem des Arztes oder Facharztes für Zahn- und Mundheilkunde unterscheidet. Die Mitgliedstaaten sollten sicherstellen, dass dem Zahnarzt in seiner Ausbildung die erforderlichen Fähigkeiten zur Ausübung aller Tätigkeiten der Verhütung, Diagnose und Behandlung von Anomalien und Krankheiten von Zähnen, Mund und Kiefer sowie der dazugehörigen Gewebe vermittelt werden. Die Tätigkeit des Zahnarztes sollte nur von Inhabern eines zahnärztlichen Ausbildungsnachweises im Sinne dieser Richtlinie ausgeübt werden.

(23) Es erscheint nicht wünschenswert, für alle Mitgliedstaaten einen einheitlichen Ausbildungsgang für Hebammen vorzuschreiben. Es ist sogar angezeigt, den Mitgliedstaaten möglichst viel Freiheit bei der Gestaltung der Ausbildung zu lassen.

(24) Im Interesse der Vereinfachung ist es angezeigt, die Bezeichnung „Apotheker" zu verwenden, um den Anwendungsbereich der Bestimmungen über die automatische Anerkennung der Ausbildungsnachweise abzugrenzen, unbeschadet der Besonderheiten der nationalen Vorschriften für diese Tätigkeiten.

(25) Inhaber eines Ausbildungsnachweises des Apothekers sind Arzneimittelspezialisten und sollten grundsätzlich in allen Mitgliedstaaten Zugang zu einem Mindesttätigkeitsfeld innerhalb dieses Fachgebiets haben. Mit der Definition dieses Mindesttätigkeitsfeldes sollte diese Richtlinie weder eine Begrenzung der Betätigungsmöglichkeiten für Apotheker in den Mitgliedstaaten, insbesondere hinsichtlich der biomedizinischen Analysen, bewirken noch zugunsten dieser Berufsangehörigen ein Monopol begründen, da die Einräumung eines solchen Monopols weiterhin in die alleinige Zuständigkeit der Mitgliedstaaten fällt. Diese Richtlinie hindert die Mitgliedstaaten nicht daran, die Aufnahme von Tätigkeiten, die nicht in das koordinierte Mindesttätigkeitsfeld einbezogen sind, an zusätzliche Ausbildungsanforderungen zu knüpfen. Daher sollte der Aufnahmemitgliedstaat, der solche Anforderungen stellt, die Möglichkeit haben, Staatsangehö-

rige der Mitgliedstaaten, die im Besitz von Ausbildungsnachweisen sind, die unter die automatische Anerkennung im Sinne dieser Richtlinie fallen, diesen Anforderungen zu unterwerfen.

(26) Diese Richtlinie gewährleistet nicht die Koordinierung aller Bedingungen für die Aufnahme und die Ausübung der Tätigkeiten des Apothekers. Insbesondere sollten die geografische Verteilung der Apotheken und das Abgabemonopol für Arzneimittel weiterhin in die Zuständigkeit der Mitgliedstaaten fallen. Diese Richtlinie berührt keine Rechts- und Verwaltungsvorschriften der Mitgliedstaaten, die Gesellschaften die Ausübung bestimmter Tätigkeiten des Apothekers verbieten oder ihnen für die Ausübung solcher Tätigkeiten bestimmte Auflagen machen.

(27) Die architektonische Gestaltung, die Qualität der Bauwerke, ihre harmonische Einpassung in die Umgebung, der Respekt vor der natürlichen und der städtischen Landschaft sowie vor dem kollektiven und dem privaten Erbe sind von öffentlichem Interesse. Daher sollte sich die gegenseitige Anerkennung der Ausbildungsnachweise auf qualitative und quantitative Kriterien stützen, die gewährleisten, dass die Inhaber der anerkannten Ausbildungsnachweise in der Lage sind, die Bedürfnisse der Einzelpersonen, sozialen Gruppen und Gemeinwesen im Bereich der Raumordnung, der Konzeption, der Vorbereitung und Errichtung von Bauwerken, der Erhaltung und Zurgeltungbringung des architektonischen Erbes sowie des Schutzes der natürlichen Gleichgewichte zu verstehen und ihnen Ausdruck zu verleihen.

(28) Die nationalen Vorschriften für das Gebiet der Architektur und die Aufnahme und Ausübung der Architektentätigkeit sind ihrem Geltungsumfang nach sehr unterschiedlich. In den meisten Mitgliedstaaten werden die Tätigkeiten auf dem Gebiet der Architektur de jure oder de facto von Personen mit dem Berufstitel Architekt, gegebenenfalls in Verbindung mit einem weiteren Berufstitel, ausgeübt, ohne dass deshalb ausschließlich diese Personen das Recht hätten, diese Tätigkeiten auszuüben, es sei denn, es liegen gegenteilige Rechtsvorschriften vor. Diese Tätigkeiten, oder einige davon, können auch von Angehörigen anderer Berufe ausgeübt werden, insbesondere von Ingenieuren, die auf dem Gebiet des Bauwesens oder der Baukunst eine besondere Ausbildung erhalten haben. Im Interesse der Vereinfachung dieser Richtlinie ist es angezeigt, die Bezeichnung „Architekt" zu verwenden, um den Anwendungsbereich der Bestimmungen über die automatische Anerkennung der Ausbildungsnachweise auf dem Gebiet der Architektur abzugrenzen, unbeschadet der Besonderheiten der nationalen Vorschriften für diese Tätigkeiten.

(29) Wenn die nationale oder europäische Berufsorganisation bzw. der nationale oder europäische Berufsverband eines reglementierten Berufs ein begründetes Ersuchen um eine Sonderregelung für die Anerkennung der Berufsqualifikationen im Hinblick auf die Koordinierung der Mindestanforderungen an die Ausbildung vorlegt, prüft die Kommission die Möglichkeit, einen Vorschlag zur Änderung dieser Richtlinie zu verabschieden.

(30) Um die Wirksamkeit des Systems der Anerkennung von Berufsqualifikationen zu gewährleisten, sollten einheitliche Formalitäten und Verfahrensregeln für seine Anwendung sowie bestimmte Modalitäten für die Ausübung der Berufe festgelegt werden.

(31) Da die Zusammenarbeit zwischen den Mitgliedstaaten sowie zwischen den Mitgliedstaaten und der Kommission die Anwendung dieser Richtlinie und die Beachtung der sich daraus ergebenden Verpflichtungen sicher erleichtert, ist es angezeigt, die Einrichtungen dafür festzulegen.

(32) Mit der Einführung von Berufsausweisen auf europäischer Ebene durch Berufsverbände und -organisationen kann sich die Mobilität von Berufsangehörigen erhöhen, insbesondere durch Beschleunigung des Austauschs von Informationen zwischen dem Aufnahmemitgliedstaat und dem Herkunftsmitgliedstaat. Diese Berufsausweise sollen es ermöglichen, den beruflichen Werdegang von Berufsangehörigen zu verfolgen, die sich in verschiedenen Mitgliedstaaten niederlassen. Die Ausweise könnten unter voller Einhaltung der Datenschutzvorschriften Informationen über die beruflichen Qualifikationen des Berufsangehörigen (Universität bzw. Bildungseinrichtungen, Qualifikationen,

Berufserfahrungen), seine Niederlassung und die gegen ihn verhängten berufsbezogenen Sanktionen sowie Einzelangaben der zuständigen Behörde umfassen.

(33) Die Einrichtung eines Systems von Kontaktstellen, die die Bürger der Mitgliedstaaten informieren und unterstützen sollen, wird die Transparenz der Anerkennungsregelung gewährleisten. Die Kontaktstellen liefern den Bürgern die von ihnen angeforderten Informationen und übermitteln der Kommission alle Angaben und Anschriften, die für das Anerkennungsverfahren von Nutzen sein können. Durch die Benennung einer einzigen Kontaktstelle durch jeden Mitgliedstaat im Rahmen des Netzes bleibt die Zuständigkeitsverteilung auf nationaler Ebene unberührt. Insbesondere steht dies dem nicht entgegen, dass auf nationaler Ebene mehrere Stellen benannt werden, wobei der im Rahmen dieses Netzes benannten Kontaktstelle die Aufgabe zukommt, die anderen Stellen zu koordinieren und den Bürger erforderlichenfalls im Einzelnen über die für ihn zuständige Stelle zu informieren.

(34) Die Verwaltung der unterschiedlichen Anerkennungssysteme, die in den Einzelrichtlinien und in der allgemeinen Regelung festgelegt sind, hat sich als schwerfällig und komplex erwiesen. Es ist daher angezeigt, die Verwaltung dieser Richtlinie und ihre Aktualisierung zwecks Anpassung an den wissenschaftlichen und technischen Fortschritt zu vereinfachen, insbesondere, wenn die Mindestanforderungen an die Ausbildungen zur automatischen Anerkennung der Ausbildungsnachweise koordiniert werden. Zu diesem Zweck sollte ein gemeinsamer Ausschuss für die Anerkennung der Berufsqualifikationen eingesetzt und gleichzeitig eine angemessene Einbindung der Vertreter der Berufsorganisationen, auch auf europäischer Ebene, sichergestellt werden.

(35) Die zur Durchführung dieser Richtlinie erforderlichen Maßnahmen sollten gemäß dem Beschluss 1999/468/EG des Rates vom 28. Juni 1999 zur Festlegung der Modalitäten für die Ausübung der der Kommission übertragenen Durchführungsbefugnisse[1] erlassen werden.

(36) Ein regelmäßig vorgelegter Bericht der Mitgliedstaaten mit statistischen Daten über die Anwendung dieser Richtlinie wird Aufschluss über die Wirkung des Systems zur Anerkennung von Berufsqualifikationen geben.

(37) Für den Fall, dass die Anwendung einer Bestimmung dieser Richtlinie einem Mitgliedstaat erhebliche Schwierigkeiten bereitet, sollte ein geeignetes Verfahren für die Annahme befristeter Maßnahmen vorgesehen werden.

(38) Die Bestimmungen dieser Richtlinie berühren nicht die Zuständigkeit der Mitgliedstaaten für die Gestaltung ihres nationalen Sozialversicherungssystems und die Festlegung der Tätigkeiten, die im Rahmen dieses Systems ausgeübt werden müssen.

(39) Angesichts der raschen Weiterentwicklung von Wissenschaft und Technik ist das lebenslange Lernen in einer Vielzahl von Berufen äußerst wichtig. Vor diesem Hintergrund ist es Aufgabe der Mitgliedstaaten, die Regelungen einer angemessenen Fortbildung im Einzelnen festzulegen, die die Berufsangehörigen auf dem neuesten Stand von Wissenschaft und Technik hält.

(40) Da die Ziele dieser Richtlinie, nämlich die Straffung, Vereinfachung und Verbesserung der Vorschriften für die Anerkennung beruflicher Qualifikationen, auf Ebene der Mitgliedstaaten nicht ausreichend erreicht werden können und daher besser auf Gemeinschaftsebene zu erreichen sind, kann die Gemeinschaft im Einklang mit dem in Artikel 5 des Vertrags niedergelegten Subsidiaritätsprinzip tätig werden. Entsprechend dem in demselben Artikel genannten Verhältnismäßigkeitsprinzip geht diese Richtlinie nicht über das für die Erreichung dieser Ziele erforderliche Maß hinaus.

(41) Diese Richtlinie berührt nicht die Anwendung des Artikels 39 Absatz 4 und des Artikels 45 des Vertrags, insbesondere von Notare.

(42) In Bezug auf das Niederlassungsrecht und die Erbringung von Dienstleistungen gilt diese Richtlinie unbeschadet anderer spezifischer Rechtsvorschriften über die Anerkennung von Berufsqualifikationen, wie zum Beispiel der bestehenden Vorschriften in den

---

1) **Amtl. Anm.:** ABl L 184 vom 17. 7. 1999, S. 23.

Bereichen Verkehr, Versicherungsvermittler und gesetzlich zugelassene Abschlussprüfer. Diese Richtlinie berührt nicht die Anwendung der Richtlinie 77/249/EWG des Rates vom 22. März 1977 zur Erleichterung der tatsächlichen Ausübung des freien Dienstleistungsverkehrs der Rechtsanwälte[1] oder der Richtlinie 98/5/EG des Europäischen Parlaments und des Rates vom 16. Februar 1998 zur Erleichterung der ständigen Ausübung des Rechtsanwaltsberufs in einem anderen Mitgliedstaat als dem, in dem die Qualifikation erworben wurde[2]. Die Anerkennung der Berufsqualifikationen von Anwälten zum Zwecke der umgehenden Niederlassung unter der Berufsbezeichnung des Aufnahmemitgliedstaats sollte von dieser Richtlinie abgedeckt werden.

(43) Diese Richtlinie betrifft auch freie Berufe soweit sie reglementiert sind, die gemäß den Bestimmungen dieser Richtlinie auf der Grundlage einschlägiger Berufsqualifikationen persönlich, in verantwortungsbewusster Weise und fachlich unabhängig von Personen ausgeübt werden, die für ihre Kunden und die Allgemeinheit geistige und planerische Dienstleistungen erbringen. Die Ausübung der Berufe unterliegt möglicherweise in den Mitgliedstaaten in Übereinstimmung mit dem Vertrag spezifischen gesetzlichen Beschränkungen nach Maßgabe des innerstaatlichen Rechts und des in diesem Rahmen von der jeweiligen Berufsvertretung autonom gesetzten Rechts, das die Professionalität, die Dienstleistungsqualität und die Vertraulichkeit der Beziehungen zu den Kunden gewährleistet und fortentwickelt.

(44) Diese Richtlinie lässt die Maßnahmen unberührt, die erforderlich sind, um ein hohes Gesundheits- und Verbraucherschutzniveau sicherzustellen –

HABEN FOLGENDE RICHTLINIE ERLASSEN:

# Titel I: Allgemeine Bestimmungen

### Artikel 1  Gegenstand

Diese Richtlinie legt die Vorschriften fest, nach denen ein Mitgliedstaat, der den Zugang zu einem reglementierten Beruf oder dessen Ausübung in seinem Hoheitsgebiet an den Besitz bestimmter Berufsqualifikationen knüpft (im Folgenden „Aufnahmemitgliedstaat" genannt), für den Zugang zu diesem Beruf und dessen Ausübung die in einem oder mehreren anderen Mitgliedstaaten (im Folgenden „Herkunftsmitgliedstaat" genannt) erworbenen Berufsqualifikationen anerkennt, die ihren Inhaber berechtigen, dort denselben Beruf auszuüben.

### Artikel 2  Anwendungsbereich

(1) Diese Richtlinie gilt für alle Staatsangehörigen eines Mitgliedstaats, die als Selbstständige oder abhängig Beschäftigte, einschließlich der Angehörigen der freien Berufe, einen reglementierten Beruf in einem anderen Mitgliedstaat als dem, in dem sie ihre Berufsqualifikationen erworben haben, ausüben wollen.

(2) Jeder Mitgliedstaat kann in seinem Hoheitsgebiet nach Maßgabe seiner Vorschriften den Staatsangehörigen der Mitgliedstaaten, die eine Berufsqualifikation vorweisen können, die nicht in einem Mitgliedstaat erworben wurde, die Ausübung eines reglementierten Berufs im Sinne von Artikel 3 Absatz 1 Buchstabe a gestatten. Für die Berufe in Titel III Kapitel III erfolgt diese erste Anerkennung unter Beachtung der dort genannten Mindestanforderungen an die Ausbildung.

(3) Wurden für einen bestimmten reglementierten Beruf in einem gesonderten gemeinschaftlichen Rechtsakt andere spezielle Regelungen unmittelbar für die Anerkennung von Berufsqualifikationen festgelegt, so finden die entsprechenden Bestimmungen dieser Richtlinie keine Anwendung.

---

1) **Amtl. Anm.:** ABl L 78 vom 26. 3. 1977, S. 17. Zuletzt geändert durch die Beitrittsakte von 2003.
2) **Amtl. Anm.:** ABl L 77 vom 14. 3. 1998, S. 36. Geändert durch die Beitrittsakte von 2003.

**Artikel 3  Begriffsbestimmungen**

(1) Für die Zwecke dieser Richtlinie gelten folgende Begriffsbestimmungen:
a) „reglementierter Beruf" ist eine berufliche Tätigkeit oder eine Gruppe beruflicher Tätigkeiten, bei der die Aufnahme oder Ausübung oder eine der Arten der Ausübung direkt oder indirekt durch Rechts- und Verwaltungsvorschriften an den Besitz bestimmter Berufsqualifikationen gebunden ist; eine Art der Ausübung ist insbesondere die Führung einer Berufsbezeichnung, die durch Rechts- oder Verwaltungsvorschriften auf Personen beschränkt ist, die über eine bestimmte Berufsqualifikation verfügen. Trifft Satz 1 dieser Begriffsbestimmung nicht zu, so wird ein unter Absatz 2 fallender Beruf als reglementierter Beruf behandelt;
b) „Berufsqualifikationen" sind die Qualifikationen, die durch einen Ausbildungsnachweis, einen Befähigungsnachweis nach Artikel 11 Buchstabe a Ziffer i und/oder Berufserfahrung nachgewiesen werden;
c) „Ausbildungsnachweise" sind Diplome, Prüfungszeugnisse und sonstige Befähigungsnachweise, die von einer Behörde eines Mitgliedstaats, die entsprechend dessen Rechts- und Verwaltungsvorschriften benannt wurde, für den Abschluss einer überwiegend in der Gemeinschaft absolvierten Berufsausbildung ausgestellt werden. Findet Satz 1 keine Anwendung, so sind Ausbildungsnachweise im Sinne des Absatzes 3 den hier genannten Ausbildungsnachweisen gleichgestellt;
d) „zuständige Behörde": jede von den Mitgliedstaaten mit der besonderen Befugnis ausgestattete Behörde oder Stelle, Ausbildungsnachweise und andere Dokumente oder Informationen auszustellen bzw. entgegenzunehmen sowie Anträge zu erhalten und Beschlüsse zu fassen, auf die in der vorliegenden Richtlinie abgezielt wird;
e) „reglementierte Ausbildung" ist eine Ausbildung, die speziell auf die Ausübung eines bestimmten Berufes ausgerichtet ist und aus einem abgeschlossenen Ausbildungsgang oder mehreren abgeschlossenen Ausbildungsgängen besteht, der gegebenenfalls durch eine Berufsausbildung, durch ein Berufspraktikum oder durch Berufspraxis ergänzt wird;

Der Aufbau und das Niveau der Berufsausbildung, des Berufspraktikums oder der Berufspraxis müssen in den Rechts- und Verwaltungsvorschriften des jeweiligen Mitgliedstaats festgelegt sein oder von einer zu diesem Zweck bestimmten Behörde kontrolliert oder genehmigt werden;
f) „Berufserfahrung" ist die tatsächliche und rechtmäßige Ausübung des betreffenden Berufs in einem Mitgliedstaat;
g) „Anpassungslehrgang" ist die Ausübung eines reglementierten Berufs, die in dem Aufnahmemitgliedstaat unter der Verantwortung eines qualifizierten Berufsangehörigen erfolgt und gegebenenfalls mit einer Zusatzausbildung einhergeht. Der Lehrgang ist Gegenstand einer Bewertung. Die Einzelheiten des Anpassungslehrgangs und seiner Bewertung sowie die Rechtsstellung des beaufsichtigten zugewanderten Lehrgangsteilnehmers werden von der zuständigen Behörde des Aufnahmemitgliedstaats festgelegt.

Die Rechtsstellung des Lehrgangsteilnehmers im Aufnahmemitgliedstaat, insbesondere im Bereich des Aufenthaltsrechts sowie der Verpflichtungen, sozialen Rechte und Leistungen, Vergütungen und Bezüge wird von den zuständigen Behörden des betreffenden Mitgliedstaats gemäß dem geltenden Gemeinschaftsrecht festgelegt;
h) „Eignungsprüfung" ist eine ausschließlich die beruflichen Kenntnisse des Antragstellers betreffende und von den zuständigen Behörden des Aufnahmemitgliedstaats durchgeführte Prüfung, mit der die Fähigkeit des Antragstellers, in diesem Mitgliedstaat einen reglementierten Beruf auszuüben, beurteilt werden soll. Zur Durchführung dieser Prüfung erstellen die zuständigen Behörden ein Verzeichnis der Sachgebiete, die aufgrund eines Vergleichs zwischen der in ihrem Staat verlangten Ausbildung und der bisherigen Ausbildung des Antragstellers von dem Diplom oder den sonstigen Ausbildungsnachweisen, über die der Antragsteller verfügt, nicht abgedeckt werden.

Bei der Eignungsprüfung muss dem Umstand Rechnung getragen werden, dass der Antragsteller in seinem Heimatmitgliedstaat oder dem Mitgliedstaat, aus dem er kommt, über eine berufliche Qualifikation verfügt. Die Eignungsprüfung erstreckt sich auf Sachgebiete, die aus dem Verzeichnis ausgewählt werden und deren Kenntnis eine wesentliche Voraussetzung für die Ausübung des Berufs im Aufnahmemitgliedstaat ist. Diese Prüfung kann sich auch auf die Kenntnis der sich auf die betreffenden Tätigkeiten im Aufnahmemitgliedstaat beziehenden berufsständischen Regeln erstrecken.

Die Durchführung der Eignungsprüfung im Einzelnen sowie die Rechtsstellung des Antragstellers im Aufnahmemitgliedstaat, in dem er sich auf die Eignungsprüfung vorzubereiten wünscht, werden von den zuständigen Behörden des betreffenden Mitgliedstaats festgelegt;

i) „Betriebsleiter" ist eine Person, die in einem Unternehmen des entsprechenden Berufszweigs

   i. die Position des Leiters des Unternehmens oder einer Zweigniederlassung innehat oder

   ii. Stellvertreter eines Inhabers oder Leiters eines Unternehmens ist, sofern mit dieser Position eine Verantwortung verbunden ist, die der des vertretenen Inhabers oder Leiters vergleichbar ist, oder

   iii. in leitender Stellung mit kaufmännischen und/oder technischen Aufgaben und mit der Verantwortung für eine oder mehrere Abteilungen des Unternehmens tätig ist.

(2) Einem reglementierten Beruf gleichgestellt ist ein Beruf, der von Mitgliedern von Verbänden oder Organisationen im Sinne des Anhangs I ausgeübt wird.

Die in Unterabsatz 1 genannten Verbände oder Organisationen verfolgen insbesondere das Ziel der Wahrung und Förderung eines hohen Niveaus in dem betreffenden Beruf. Zur Erreichung dieses Ziels werden sie von einem Mitgliedstaat in besonderer Form anerkannt; sie stellen ihren Mitgliedern einen Ausbildungsnachweis aus, gewähren, dass ihre Mitglieder die von ihnen vorgeschriebenen berufsständischen Regeln beachten und verleihen ihnen das Recht, einen Titel zu führen, eine bestimmte Kurzbezeichnung zu verwenden oder einen diesem Ausbildungsnachweis entsprechenden Status in Anspruch zu nehmen.

Die Mitgliedstaaten unterrichten die Kommission über jede Anerkennung eines Verbandes oder einer Organisation im Sinne des Unterabsatzes 1; die Kommission veröffentlicht eine entsprechende Bekanntmachung im Amtsblatt der Europäischen Union.

(3) Einem Ausbildungsnachweis gleichgestellt ist jeder in einem Drittland ausgestellte Ausbildungsnachweis, sofern sein Inhaber in dem betreffenden Beruf drei Jahre Berufserfahrung im Hoheitsgebiet des Mitgliedstaats, der diesen Ausbildungsnachweis nach Artikel 2 Absatz 2 anerkannt hat, besitzt und dieser Mitgliedstaat diese Berufserfahrung bescheinigt.

**Artikel 4  Wirkungen der Anerkennung**

(1) Die Anerkennung der Berufsqualifikationen durch den Aufnahmemitgliedstaat ermöglicht der begünstigten Person, in diesem Mitgliedstaat denselben Beruf wie den, für den sie in ihrem Herkunftsmitgliedstaat qualifiziert ist, aufzunehmen und unter denselben Voraussetzungen wie Inländer auszuüben.

(2) Für die Zwecke dieser Richtlinie ist der Beruf, den der Antragsteller im Aufnahmemitgliedstaat ausüben möchte, derselbe wie derjenige, für den er in seinem Herkunftsmitgliedstaat qualifiziert ist, wenn die Tätigkeiten, die er umfasst, vergleichbar sind.

## Titel II: Dienstleistungsfreiheit

**Artikel 5  Grundsatz der Dienstleistungsfreiheit**

(1) Unbeschadet spezifischer Vorschriften des Gemeinschaftsrechts sowie der Artikel 6 und 7 dieser Richtlinie können die Mitgliedstaaten die Dienstleistungsfreiheit nicht aufgrund der Berufsqualifikationen einschränken,

- a) wenn der Dienstleister zur Ausübung desselben Berufs rechtmäßig in einem Mitgliedstaat niedergelassen ist (nachstehend „Niederlassungsmitgliedstaat" genannt) und
- b) für den Fall, dass sich der Dienstleister in einen anderen Mitgliedstaat begibt, wenn er diesen Beruf mindestens zwei Jahre während der vorhergehenden zehn Jahre im Niederlassungsmitgliedstaat ausgeübt hat, sofern der Beruf dort nicht reglementiert ist. Die Bedingung, dass der Dienstleister den Beruf zwei Jahre ausgeübt haben muss, gilt nicht, wenn entweder der Beruf oder die Ausbildung zu diesem Beruf reglementiert ist.

(2) Die Bestimmungen dieses Titels gelten nur für den Fall, dass sich der Dienstleister zur vorübergehenden und gelegentlichen Ausübung des Berufs nach Absatz 1 in den Aufnahmemitgliedstaat begibt.

Der vorübergehende und gelegentliche Charakter der Erbringung von Dienstleistungen wird im Einzelfall beurteilt, insbesondere anhand der Dauer, der Häufigkeit, der regelmäßigen Wiederkehr und der Kontinuität der Dienstleistung.

(3) Begibt sich der Dienstleister in einen anderen Mitgliedstaat, so unterliegt er im Aufnahmemitgliedstaat den berufsständischen, gesetzlichen oder verwaltungsrechtlichen Berufsregeln, die dort in unmittelbarem Zusammenhang mit den Berufsqualifikationen für Personen gelten, die denselben Beruf wie er ausüben, und den dort geltenden Disziplinarbestimmungen; zu diesen Bestimmungen gehören etwa Regelungen für die Definition des Berufs, das Führen von Titeln und schwerwiegende berufliche Fehler in unmittelbarem und speziellem Zusammenhang mit dem Schutz und der Sicherheit der Verbraucher.

**Artikel 6  Befreiungen**

Gemäß Artikel 5 Absatz 1 befreit der Aufnahmemitgliedstaat den Dienstleister, der in einem anderen Mitgliedstaat niedergelassen ist, insbesondere von den folgenden Erfordernissen, die er an die in seinem Hoheitsgebiet niedergelassenen Berufsangehörigen stellt:

- a) Zulassung, Eintragung oder Mitgliedschaft bei einer Berufsorganisation. Um die Anwendung der in ihrem Hoheitsgebiet geltenden Disziplinarbestimmungen gemäß Artikel 5 Absatz 3 zu erleichtern, können die Mitgliedstaaten entweder eine automatische vorübergehende Eintragung oder eine Pro-Forma-Mitgliedschaft bei einer solchen Berufsorganisation vorsehen, sofern diese Eintragung oder Mitgliedschaft die Erbringung der Dienstleistungen in keiner Weise verzögert oder erschwert und für den Dienstleister keine zusätzlichen Kosten verursacht. Die zuständige Behörde übermittelt der betreffenden Berufsorganisation eine Kopie der Meldung und gegebenenfalls der erneuerten Meldung nach Artikel 7 Absatz 1, der im Falle der in Artikel 7 Absatz 4 genannten Berufe, die die öffentliche Gesundheit und Sicherheit berühren, oder im Falle von Berufen, die unter die automatische Anerkennung nach Artikel III Kapitel III fallen, eine Kopie der in Artikel 7 Absatz 2 genannten Dokumente beizufügen ist; für die Zwecke der Befreiung gilt dies als automatische vorübergehende Eintragung oder Pro-Forma-Mitgliedschaft.
- b) Mitgliedschaft bei einer Körperschaft des öffentlichen Rechts im Bereich der sozialen Sicherheit zur Abrechnung mit einem Versicherer für Tätigkeiten zugunsten von Sozialversicherten.

Der Dienstleister unterrichtet jedoch zuvor oder in dringenden Fällen nachträglich die in Absatz 1 Buchstabe b bezeichnete Körperschaft von der Erbringung seiner Dienstleistungen.

### Artikel 7  Vorherige Meldung bei Ortswechsel des Dienstleisters

(1) Die Mitgliedstaaten können verlangen, dass der Dienstleister in dem Fall, dass er zur Erbringung von Dienstleistungen erstmals von einem Mitgliedstaat in einen anderen wechselt, den zuständigen Behörden im Aufnahmemitgliedstaat vorher schriftlich Meldung erstattet und sie dabei über Einzelheiten zu einem Versicherungsschutz oder einer anderen Art des individuellen oder kollektiven Schutzes in Bezug auf die Berufshaftpflicht informiert. Diese Meldung ist einmal jährlich zu erneuern, wenn der Dienstleister beabsichtigt, während des betreffenden Jahres vorübergehend oder gelegentlich Dienstleistungen in dem Mitgliedstaat zu erbringen. Der Dienstleister kann die Meldung in beliebiger Form vornehmen.

(2) Darüber hinaus können die Mitgliedstaaten fordern, dass, wenn Dienstleistungen erstmals erbracht werden oder sich eine wesentliche Änderung gegenüber der in den Dokumenten bescheinigten Situation ergibt, der Meldung folgende Dokumente beigefügt sein müssen:

a) ein Nachweis über die Staatsangehörigkeit des Dienstleisters;

b) eine Bescheinigung darüber, dass der Dienstleister in einem Mitgliedstaat rechtmäßig zur Ausübung der betreffenden Tätigkeiten niedergelassen ist und dass ihm die Ausübung dieser Tätigkeiten zum Zeitpunkt der Vorlage der Bescheinigung nicht, auch nicht vorübergehend, untersagt ist;

c) ein Berufsqualifikationsnachweis;

d) in den in Artikel 5 Absatz 1 Buchstabe b genannten Fällen ein Nachweis in beliebiger Form darüber, dass der Dienstleister die betreffende Tätigkeit während der vorhergehenden zehn Jahre mindestens zwei Jahre lang ausgeübt hat;

e) im Fall von Berufen im Sicherheitssektor der Nachweis, dass keine Vorstrafen vorliegen, soweit der Mitgliedstaat diesen Nachweis von den eigenen Staatsangehörigen verlangt.

(3) Die Dienstleistung wird unter der Berufsbezeichnung des Niederlassungsmitgliedstaats erbracht, sofern in diesem Mitgliedstaat für die betreffende Tätigkeit eine solche Berufsbezeichnung existiert. Die Berufsbezeichnung wird in der Amtssprache oder einer der Amtssprachen des Niederlassungsmitgliedstaats geführt, und zwar so, dass keine Verwechslung mit der Berufsbezeichnung des Aufnahmemitgliedstaats möglich ist. Falls die genannte Berufsbezeichnung im Niederlassungsmitgliedstaat nicht existiert, gibt der Dienstleister seinen Ausbildungsnachweis in der Amtssprache oder einer der Amtssprachen dieses Mitgliedstaats an. In den im Titel III Kapitel III genannten Fällen wird die Dienstleistung ausnahmsweise unter der Berufsbezeichnung des Aufnahmemitgliedstaats erbracht.

(4) Im Falle reglementierter Berufe, die die öffentliche Gesundheit oder Sicherheit berühren und die nicht unter die automatische Anerkennung gemäß Titel III Kapitel III fallen, kann die zuständige Behörde im Aufnahmemitgliedstaat bei der ersten Erbringung einer Dienstleistung die Berufsqualifikationen des Dienstleisters vor dieser ersten Erbringung nachprüfen. Eine solche Nachprüfung ist nur möglich, wenn deren Zweck darin besteht, eine schwerwiegende Beeinträchtigung der Gesundheit oder Sicherheit des Dienstleistungsempfängers aufgrund einer mangelnden Berufsqualifikation des Dienstleisters zu verhindern, und sofern sie nicht über das für diesen Zweck erforderliche Maß hinausgeht.

Die zuständige Behörde bemüht sich, den Dienstleister binnen einer Frist von höchstens einem Monat nach Eingang der Meldung und der Begleitdokumente über ihre Entscheidung, seine Qualifikationen nicht nachzuprüfen, bzw. über das Ergebnis dieser Nachprüfung zu unterrichten. Sollten Schwierigkeiten auftreten, die zu einer Verzögerung führen könnten, so unterrichtet die zuständige Behörde den Dienstleister innerhalb eines Monats über die Gründe für diese Verzögerung und über den Zeitplan für eine Entscheidung, die vor Ablauf des zweiten Monats ab Eingang der vollständigen Unterlagen ergehen muss.

Besteht ein wesentlicher Unterschied zwischen der beruflichen Qualifikation des Dienstleisters und der im Aufnahmemitgliedstaat geforderten Ausbildung und ist dieser so groß, dass dies der öffentlichen Gesundheit oder Sicherheit abträglich ist, muss der Aufnahmemitgliedstaat dem Dienstleister die Möglichkeit geben, nachzuweisen – insbesondere durch eine Eignungsprüfung –, dass er die fehlenden Kenntnisse und Fähigkeiten erworben hat. In jedem Fall muss die Erbringung der Dienstleistung innerhalb des Monats erfolgen können, der auf die nach Unterabsatz 2 getroffene Entscheidung folgt.

Bleibt eine Reaktion der zuständigen Behörde binnen der in den vorhergehenden Unterabsätzen festgesetzten Fristen aus, so darf die Dienstleistung erbracht werden.

In den Fällen, in denen die Qualifikationen gemäß diesem Absatz nachgeprüft worden sind, erfolgt die Erbringung der Dienstleistung unter der Berufsbezeichnung des Aufnahmemitgliedstaats.

### Artikel 8   Verwaltungszusammenarbeit

(1) Die zuständigen Behörden des Aufnahmemitgliedstaats können von den zuständigen Behörden des Niederlassungsmitgliedstaats für jede Erbringung einer Dienstleistung alle Informationen über die Rechtmäßigkeit der Niederlassung und die gute Führung des Dienstleisters anfordern sowie Informationen darüber, dass keine berufsbezogenen disziplinarischen oder strafrechtlichen Sanktionen vorliegen. Die zuständigen Behörden des Niederlassungsmitgliedstaats übermitteln diese Informationen gemäß Artikel 56.

(2) Die zuständigen Behörden sorgen für den Austausch aller Informationen, die im Falle von Beschwerden eines Dienstleistungsempfängers gegen einen Dienstleister für ein ordnungsgemäßes Beschwerdeverfahren erforderlich sind. Der Dienstleistungsempfänger wird über das Ergebnis der Beschwerde unterrichtet.

### Artikel 9   Unterrichtung der Dienstleistungsempfänger

Wird die Dienstleistung unter der Berufsbezeichnung des Niederlassungsmitgliedstaats oder auf der Grundlage des Ausbildungsnachweises des Dienstleisters erbracht, so können die zuständigen Behörden des Aufnahmemitgliedstaats verlangen, dass der Dienstleister zusätzlich zur Erfüllung der sonstigen Informationsanforderungen nach dem Gemeinschaftsrecht dem Dienstleistungsempfänger jeder oder alle der folgenden Informationen liefert:

a) falls der Dienstleister in ein Handelsregister oder ein ähnliches öffentliches Register eingetragen ist, das Register, in das er eingetragen ist, und die Nummer der Eintragung oder gleichwertige, der Identifikation dienende Angaben aus diesem Register;
b) falls die Tätigkeit im Niederlassungsmitgliedstaat zulassungspflichtig ist, den Namen und die Anschrift der zuständigen Aufsichtsbehörde;
c) die Berufskammern oder vergleichbare Organisationen, denen der Dienstleister angehört;
d) die Berufsbezeichnung oder, falls eine solche Berufsbezeichnung nicht existiert, den Ausbildungsnachweis des Dienstleisters und den Mitgliedstaat, in dem die Berufsbezeichnung verliehen bzw. der Ausbildungsnachweis ausgestellt wurde;
e) falls der Dienstleister eine mehrwertsteuerpflichtige Tätigkeit ausübt, die Umsatzsteueridentifikationsnummer nach Artikel 22 Absatz 1 der Richtlinie 77/388/EWG des Rates vom 17. Mai 1977 zur Harmonisierung der Rechtsvorschriften der Mitgliedstaaten über die Umsatzsteuern – Gemeinsames Mehrwertsteuersystem: einheitliche steuerpflichtige Bemessungsgrundlage[1];
f) Einzelheiten zu einem Versicherungsschutz oder einer anderen Art des individuellen oder kollektiven Schutzes in Bezug auf die Berufshaftpflicht.

---

1) **Amtl. Anm.:** ABl L 145 vom 13. 6. 1977, S. 1. Zuletzt geändert durch die Richtlinie 2004/66/EG (ABl L 168 vom 1. 5. 2004, S. 35).

## Titel III: Niederlassungsfreiheit

### Kapitel I: Allgemeine Regelung für die Anerkennung von Ausbildungsnachweisen

#### Artikel 10 Anwendungsbereich

Dieses Kapitel gilt für alle Berufe, die nicht unter Kapitel II und III dieses Titels fallen, sowie für die folgenden Fälle, in denen der Antragsteller aus besonderen und außergewöhnlichen Gründen die in diesen Kapiteln genannten Voraussetzungen nicht erfüllt:

a) für die in Anhang IV aufgeführten Tätigkeiten, wenn der Migrant die Anforderungen der Artikel 17, 18 und 19 nicht erfüllt,

b) für Ärzte mit Grundausbildung, Fachärzte, Krankenschwestern und Krankenpfleger für allgemeine Pflege, Zahnärzte, Fachzahnärzte, Tierärzte, Hebammen, Apotheker und Architekten, wenn der Migrant die Anforderungen der tatsächlichen und rechtmäßigen Berufspraxis gemäß den Artikeln 23, 27, 33, 37, 39, 43 und 49 nicht erfüllt,

c) für Architekten, wenn der Migrant über einen Ausbildungsnachweis verfügt, der nicht in Anhang V Nummer 5.7. aufgeführt ist,

d) unbeschadet des Artikels 21 Absatz 1 und der Artikel 23 und 27 für Ärzte, Krankenschwestern und Krankenpfleger, Zahnärzte, Tierärzte, Hebammen, Apotheker und Architekten, die über einen Ausbildungsnachweis für eine Spezialisierung verfügen, der nach der Ausbildung zum Erwerb einer der in Anhang V Nummern 5.1.1., 5.2.2., 5.3.2., 5.4.2., 5.5.2., 5.6.2. und 5.7.1 aufgeführten Bezeichnungen erworben worden sein muss, und zwar ausschließlich zum Zwecke der Anerkennung der betreffenden Spezialisierung,

e) für Krankenschwestern und Krankenpfleger für allgemeine Pflege und für spezialisierte Krankenschwestern und Krankenpfleger, die über einen Ausbildungsnachweis für eine Spezialisierung verfügen, der nach der Ausbildung zum Erwerb einer der in Anhang V Nummer 5.2.2. aufgeführten Bezeichnungen erworben wurde, wenn der Migrant die Anerkennung in einem anderen Mitgliedstaat beantragt, in dem die betreffenden beruflichen Tätigkeiten von spezialisierten Krankenschwestern und Krankenpflegern, die keine Ausbildung für die allgemeine Pflege absolviert haben, ausgeübt werden,

f) für spezialisierte Krankenschwestern und Krankenpfleger, die keine Ausbildung für die allgemeine Pflege absolviert haben, wenn der Migrant die Anerkennung in einem anderen Mitgliedstaat beantragt, in dem die betreffenden beruflichen Tätigkeiten von Krankenschwestern und Krankenpflegern für allgemeine Pflege, von spezialisierten Krankenschwestern und Krankenpflegern, die keine Ausbildung für die allgemeine Pflege absolviert haben, oder von spezialisierten Krankenschwestern und Krankenpflegern, die über einen Ausbildungsnachweis für eine Spezialisierung verfügen, der nach der Ausbildung zum Erwerb einer der in Anhang V Nummer 5.2.2. aufgeführten Bezeichnungen erworben wurde, ausgeübt werden,

g) für Migranten, die die Anforderungen nach Artikel 3 Absatz 3 erfüllen.

#### Artikel 11 Qualifikationsniveaus

Für die Anwendung von Artikel 13 werden die Berufsqualifikationen den nachstehenden Niveaus wie folgt zugeordnet:

a) Befähigungsnachweis, den eine zuständige Behörde des Herkunftsmitgliedstaats, die entsprechend dessen Rechts- und Verwaltungsvorschriften benannt wurde, ausstellt

　i. entweder aufgrund einer Ausbildung, für die kein Zeugnis oder Diplom im Sinne der Buchstaben b, c, d oder e erteilt wird, oder einer spezifischen Prüfung ohne vorhergehende Ausbildung oder aufgrund der Ausübung des Berufs als Vollzeitbeschäftigung in einem Mitgliedstaat während drei aufeinander folgender Jahre oder als Teilzeitbeschäftigung während eines entsprechenden Zeitraums in den letzten zehn Jahren;

 ii. oder aufgrund einer allgemeinen Schulbildung von Primär- oder Sekundarniveau, wodurch dem Inhaber des Befähigungsnachweises bescheinigt wird, dass er Allgemeinkenntnisse besitzt.

b) Zeugnis, das nach Abschluss einer Ausbildung auf Sekundarniveau erteilt wird,

 i. entweder einer allgemein bildenden Sekundarausbildung, die durch eine Fach- oder Berufsausbildung, die keine Fach- oder Berufsausbildung im Sinne des von Buchstabe c ist, und/oder durch ein neben dem Ausbildungsgang erforderliches Berufspraktikum oder eine solche Berufspraxis ergänzt wird;

 ii. oder einer technischen oder berufsbildenden Sekundarausbildung, die gegebenenfalls durch eine Fach- oder Berufsausbildung gemäß Ziffer i und/oder durch ein neben dem Ausbildungsgang erforderliches Berufspraktikum oder eine solche Berufspraxis ergänzt wird.

c) Diplom, das erteilt wird nach Abschluss

 i. einer postsekundären Ausbildung von mindestens einem Jahr oder einer Teilzeitausbildung von entsprechender Dauer, die keine postsekundäre Ausbildung im Sinne der Buchstaben d und e ist und für die im Allgemeinen eine der Zugangsbedingungen der Abschluss einer zum Universitäts- oder Hochschulstudium berechtigenden Sekundarausbildung oder eine abgeschlossene entsprechende Schulbildung der Sekundarstufe II ist, sowie der Berufsausbildung, die gegebenenfalls neben der postsekundären Ausbildung gefordert wird;

 ii. oder – im Falle eines reglementierten Berufs – eines dem Ausbildungsniveau gemäß Ziffer i entsprechenden besonders strukturierten in Anhang II enthaltenen Ausbildungsgangs, der eine vergleichbare Berufsbefähigung vermittelt und auf eine vergleichbare berufliche Funktion und Verantwortung vorbereitet. Das Verzeichnis in Anhang II kann nach dem in Artikel 58 Absatz 2 genannten Verfahren geändert werden, damit Ausbildungsgängen Rechnung getragen wird, die den Voraussetzungen des vorstehenden Satzes genügen.

d) Diplom, das erteilt wird nach Abschluss einer postsekundären Ausbildung von mindestens drei und höchstens vier Jahren oder einer Teilzeitausbildung von entsprechender Dauer an einer Universität oder Hochschule oder einer anderen Ausbildungseinrichtung mit gleichwertigem Ausbildungsniveau sowie der Berufsausbildung, die gegebenenfalls neben dem Studium gefordert wird.

e) Diplom, mit dem dem Inhaber bestätigt wird, dass er einen postsekundären Ausbildungsgang von mindestens vier Jahren oder eine Teilzeitausbildung von entsprechender Dauer an einer Universität oder einer Hochschule oder in einer anderen Ausbildungseinrichtung mit gleichwertigem Niveau und gegebenenfalls die über den postsekundären Ausbildungsgang hinaus erforderliche berufliche Ausbildung erfolgreich abgeschlossen hat.

**Artikel 12 Gleichgestellte Ausbildungsgänge**

Jeder Ausbildungsnachweis oder jede Gesamtheit von Ausbildungsnachweisen, die von einer zuständigen Behörde in einem Mitgliedstaat ausgestellt wurde, sofern sie eine in der Gemeinschaft erworbene Ausbildung abschließen und von diesem Mitgliedstaat als gleichwertig anerkannt werden und in Bezug auf die Aufnahme oder Ausübung eines Berufs dieselben Rechte verleihen oder auf die Ausübung dieses Berufs vorbereiten, sind Ausbildungsnachweisen nach Artikel 11 gleichgestellt, auch in Bezug auf das entsprechende Niveau.

Unter den Voraussetzungen des Absatzes 1 sind solchen Ausbildungsnachweisen Berufsqualifikationen gleichgestellt, die zwar nicht den Erfordernissen der Rechts- oder Verwaltungsvorschriften des Herkunftsmitgliedstaats für die Aufnahme oder Ausübung eines Berufs entsprechen, ihrem Inhaber jedoch erworbene Rechte gemäß diesen Vorschriften verleihen. Dies gilt insbesondere, wenn der Herkunftsmitgliedstaat das Niveau der Ausbildung, die für die Zulassung zu einem Beruf oder für dessen Ausübung erforderlich ist, hebt und wenn eine Person, die zuvor eine Ausbildung durchlaufen hat, die nicht den Erfordernissen der neuen Qualifikation entspricht, aufgrund nationaler Rechts- oder Verwaltungsvorschriften erworbene Rechte besitzt; in einem solchen Fall stuft der Aufnahmemitgliedstaat zur Anwendung von Artikel 13 diese zuvor durchlaufene Ausbildung als dem Niveau der neuen Ausbildung entsprechend ein.

### Artikel 13   Anerkennungsbedingungen

(1) Wird die Aufnahme oder Ausübung eines reglementierten Berufs in einem Aufnahmemitgliedstaat von dem Besitz bestimmter Berufsqualifikationen abhängig gemacht, so gestattet die zuständige Behörde dieses Mitgliedstaats den Antragstellern, die den Befähigungs- oder Ausbildungsnachweis besitzen, der in einem anderen Mitgliedstaat erforderlich ist, um in dessen Hoheitsgebiet die Erlaubnis zur Aufnahme und Ausübung dieses Berufs zu erhalten, die Aufnahme oder Ausübung dieses Berufs unter denselben Voraussetzungen wie Inländern.

Die Befähigungs- oder Ausbildungsnachweise müssen

  a) in einem Mitgliedstaat von einer entsprechend dessen Rechts- und Verwaltungsvorschriften benannten zuständigen Behörde ausgestellt worden sein;
  b) bescheinigen, dass das Berufsqualifikationsniveau des Inhabers zumindest unmittelbar unter dem Niveau nach Artikel 11 liegt, das der Aufnahmemitgliedstaat fordert.

(2) Die Aufnahme und die Ausübung eines Berufs gemäß Absatz 1 müssen dem Antragsteller ebenfalls gestattet werden, wenn er diesen Beruf vollzeitlich zwei Jahre lang in den vorhergehenden zehn Jahren in einem anderen Mitgliedstaat, der diesen Beruf nicht reglementiert, ausgeübt hat, sofern er im Besitz eines oder mehrerer Befähigungs- oder Ausbildungsnachweise ist.

Die Befähigungs- oder Ausbildungsnachweise müssen

  a) in einem Mitgliedstaat von einer entsprechend dessen Rechts- und Verwaltungsvorschriften benannten zuständigen Behörde ausgestellt worden sein;
  b) bescheinigen, dass das Berufsqualifikationsniveau des Inhabers zumindest unmittelbar unter dem Niveau nach Artikel 11 liegt, das der Aufnahmemitgliedstaat fordert;
  c) bescheinigen, dass der Inhaber auf die Ausübung des betreffenden Berufs vorbereitet wurde.

Die in Unterabsatz 1 genannte zweijährige Berufserfahrung darf nicht gefordert werden, wenn der Ausbildungsnachweis des Antragstellers eine reglementierte Ausbildung im Sinne des Artikels 3 Absatz 1 Buchstabe d der Qualifikationsniveaus gemäß Artikel 11 Buchstaben b, c, d oder e abschließt. Als reglementierte Ausbildungen werden die in Anhang III aufgeführten Ausbildungsgänge des Niveaus nach Artikel 11 Buchstabe c betrachtet. Das Verzeichnis in Anhang III kann nach dem in Artikel 58 Absatz 2 genannten Verfahren geändert werden, damit reglementierten Ausbildungsgängen Rechnung getragen wird, die eine vergleichbare Berufsbefähigung vermitteln und auf eine vergleichbare berufliche Verantwortung und Funktion vorbereiten.

(3) Abweichend von Absatz 1 Buchstabe b und Absatz 2 Buchstabe b gewährt der Aufnahmemitgliedstaat den Zugang zu einem reglementierten Beruf und erlaubt dessen Ausübung, wenn in seinem Hoheitsgebiet für den Zugang zu diesem Beruf ein Ausbildungsnachweis verlangt wird, der eine Hochschul- oder Universitätsausbildung von vier Jahren abschließt, und der Antragsteller über einen Ausbildungsnachweis des Niveaus gemäß Artikel 11 Buchstabe c verfügt.

### Artikel 14   Ausgleichsmaßnahmen

(1) Artikel 13 hindert den Aufnahmemitgliedstaat nicht daran, in einem der nachstehenden Fälle vom Antragsteller zu verlangen, dass er einen höchstens dreijährigen Anpassungslehrgang absolviert oder eine Eignungsprüfung ablegt:

a) wenn die Ausbildungsdauer, die er gemäß Artikel 13 Absatz 1 oder 2 nachweist, mindestens ein Jahr unter der im Aufnahmemitgliedstaat geforderten Ausbildungsdauer liegt;

b) wenn seine bisherige Ausbildung sich auf Fächer bezieht, die sich wesentlich von denen unterscheiden, die durch den Ausbildungsnachweis abgedeckt werden, der im Aufnahmemitgliedstaat vorgeschrieben ist;

c) wenn der reglementierte Beruf im Aufnahmemitgliedstaat eine oder mehrere reglementierte berufliche Tätigkeiten umfasst, die im Herkunftsmitgliedstaat des Antragstellers nicht Bestandteil des entsprechenden reglementierten Berufs im Sinne des Artikels 4 Absatz 2 sind, und wenn dieser Unterschied in einer besonderen Ausbildung besteht, die im Aufnahmemitgliedstaat gefordert wird und sich auf Fächer bezieht, die sich wesentlich von denen unterscheiden, die von dem Befähigungs- oder Ausbildungsnachweis abgedeckt werden, den der Antragsteller vorlegt.

(2) Wenn der Aufnahmemitgliedstaat von der Möglichkeit nach Absatz 1 Gebrauch macht, muss er dem Antragsteller die Wahl zwischen dem Anpassungslehrgang und der Eignungsprüfung lassen.

Wenn ein Mitgliedstaat es für erforderlich hält, für einen bestimmten Beruf vom Grundsatz der Wahlmöglichkeit des Antragstellers nach Unterabsatz 1 zwischen Anpassungslehrgang und Eignungsprüfung abzuweichen, unterrichtet er vorab die anderen Mitgliedstaaten und die Kommission davon und begründet diese Abweichung in angemessener Weise.

Wenn die Kommission nach Erhalt aller nötigen Informationen zu der Ansicht gelangt, dass die in Unterabsatz 2 bezeichnete Abweichung nicht angemessen ist oder nicht dem Gemeinschaftsrecht entspricht, fordert sie den betreffenden Mitgliedstaat binnen drei Monaten auf, von der geplanten Maßnahme Abstand zu nehmen. Wenn die Kommission innerhalb dieser Frist nicht tätig wird, darf der Mitgliedstaat von der Wahlfreiheit abweichen.

(3) Abweichend vom Grundsatz der freien Wahl des Antragstellers nach Absatz 2 kann der Aufnahmemitgliedstaat bei Berufen, deren Ausübung eine genaue Kenntnis des einzelstaatlichen Rechts erfordert und bei denen Beratung und/oder Beistand in Bezug auf das einzelstaatliche Recht ein wesentlicher und beständiger Teil der Berufsausübung ist, entweder einen Anpassungslehrgang oder eine Eignungsprüfung vorschreiben.

Dies gilt auch für die Fälle nach Artikel 10 Buchstaben b und c, für die Fälle nach Artikel 10 Buchstabe d – betreffend Ärzte und Zahnärzte –, für die Fälle nach Artikel 10 Buchstabe f – wenn der Migrant die Anerkennung in einem anderen Mitgliedstaat beantragt, in dem die betreffenden beruflichen Tätigkeiten von Krankenschwestern und Krankenpflegern für allgemeine Pflege oder von spezialisierten Krankenschwestern und Krankenpflegern, die über einen Ausbildungsnachweis für eine Spezialisierung verfügen, der nach der Ausbildung zur Erlangung einer der in Anhang V Nummer 5.2.2. aufgeführten Berufsbezeichnungen erworben wurde, ausgeübt werden – sowie für die Fälle nach Artikel 10 Buchstabe g.

In den Fällen nach Artikel 10 Buchstabe a kann der Aufnahmemitgliedstaat einen Anpassungslehrgang oder eine Eignungsprüfung verlangen, wenn Tätigkeiten als Selbstständiger oder als Betriebsleiter ausgeübt werden sollen, die die Kenntnis und die Anwendung der geltenden spezifischen innerstaatlichen Vorschriften erfordern, soweit die zuständige Behörde des Aufnahmemitgliedstaats für die eigenen Staatsangehörigen die Kenntnis und die Anwendung dieser innerstaatlichen Vorschriften für den Zugang zu den Tätigkeiten vorschreibt.

(4) Für die Zwecke der Anwendung des Absatzes 1 Buchstaben b und c sind unter „Fächer, die sich wesentlich unterscheiden", jene Fächer zu verstehen, deren Kenntnis eine wesentliche Voraussetzung für die Ausübung des Berufs ist und bei denen die bisherige Ausbildung des Migranten bedeutende Abweichungen hinsichtlich Dauer oder Inhalt gegenüber der im Aufnahmemitgliedstaat geforderten Ausbildung aufweist.

(5) Bei der Anwendung des Absatzes 1 ist nach dem Grundsatz der Verhältnismäßigkeit zu verfahren. Insbesondere muss der Aufnahmemitgliedstaat, wenn er beabsichtigt, dem Antragsteller einen Anpassungslehrgang oder eine Eignungsprüfung aufzuerlegen, zunächst prüfen, ob die vom Antragsteller im Rahmen seiner Berufspraxis in einem Mitgliedstaat oder einen Drittland erworbenen Kenntnisse den wesentlichen Unterschied nach Absatz 4 ganz oder teilweise ausgleichen können.

### Artikel 15   Befreiung von Ausgleichsmaßnahmen auf der Grundlage gemeinsamer Plattformen

(1) Für die Zwecke dieses Artikels bezeichnet der Ausdruck „gemeinsame Plattformen" eine Reihe von Kriterien in Bezug auf Berufsqualifikationen, die geeignet sind, wesentliche Unterschiede, die zwischen den Ausbildungsanforderungen der verschiedenen Mitgliedstaaten für einen bestimmten Beruf festgestellt wurden, auszugleichen. Diese wesentlichen Unterschiede werden durch einen Vergleich von Dauer und Inhalt der Ausbildung in mindestens zwei Dritteln der Mitgliedstaaten, einschließlich all jener Mitgliedstaaten, die diesen Beruf reglementieren, ermittelt. Die Unterschiede im Inhalt der Ausbildung können durch wesentliche Unterschiede im Umfang der beruflichen Tätigkeiten begründet sein.

(2) Gemeinsame Plattformen gemäß Absatz 1 können der Kommission von den Mitgliedstaaten oder von auf nationaler oder europäischer Ebene repräsentativen Berufsverbänden oder -organisationen vorgelegt werden. Ist die Kommission nach Anhörung der Mitgliedstaaten der Auffassung, dass ein Entwurf einer gemeinsamen Plattform die gegenseitige Anerkennung von Berufsqualifikationen erleichtert, so kann sie Entwürfe für Maßnahmen vorlegen, damit diese nach dem in Artikel 58 Absatz 2 genannten Verfahren angenommen werden.

(3) Erfüllen die Berufsqualifikationen des Antragstellers die Kriterien, die in den gemäß Absatz 2 angenommenen Maßnahmen vorgegeben sind, so verzichtet der Aufnahmemitgliedstaat auf die Anwendung von Ausgleichsmaßnahmen gemäß Artikel 14.

(4) Die Absätze 1 bis 3 berühren weder die Zuständigkeit der Mitgliedstaaten für die Festlegung der für die Ausübung der Berufe in ihrem Hoheitsgebiet erforderlichen Berufsqualifikationen noch den Inhalt und die Organisation ihrer Systeme für die allgemeine und berufliche Bildung.

(5) Ist ein Mitgliedstaat der Auffassung, dass die in einer Maßnahme gemäß Absatz 2 festgelegten Kriterien hinsichtlich der Berufsqualifikationen keine hinreichenden Garantien mehr bieten, so unterrichtet er die Kommission davon; diese legt nach dem Verfahren gemäß Artikel 58 Absatz 2 gegebenenfalls einen Entwurf einer Maßnahme vor.

(6) Die Kommission unterbreitet dem Europäischen Parlament und dem Rat bis zum 20. Oktober 2010 einen Bericht über die Anwendung dieses Artikels und erforderlichenfalls geeignete Vorschläge zu seiner Änderung.

## Kapitel II:   Anerkennung der Berufserfahrung

### Artikel 16   Erfordernisse in Bezug auf die Berufserfahrung

Wird in einem Mitgliedstaat die Aufnahme einer der in Anhang IV genannten Tätigkeiten oder ihre Ausübung vom Besitz allgemeiner, kaufmännischer oder fachlicher Kenntnisse und Fertigkeiten abhängig gemacht, so erkennt der betreffende Mitgliedstaat als ausreichenden Nachweis für diese Kenntnisse und Fertigkeiten die vorherige Ausübung der betreffenden Tätigkeit in einem anderen Mitgliedstaat an. Die Tätigkeit muss gemäß den Artikeln 17, 18 und 19 ausgeübt worden sein.

### Artikel 17   Tätigkeiten nach Anhang IV Verzeichnis I

(1) Im Falle der in Anhang IV Verzeichnis I aufgeführten Tätigkeiten muss die betreffende Tätigkeit zuvor wie folgt ausgeübt worden sein:

a) als ununterbrochene sechsjährige Tätigkeit als Selbstständiger oder als Betriebsleiter; oder

b) als ununterbrochene dreijährige Tätigkeit als Selbstständiger oder als Betriebsleiter, wenn die begünstigte Person für die betreffende Tätigkeit eine mindestens dreijährige vorherige Ausbildung nachweist, die durch ein staatlich anerkanntes Zeugnis bescheinigt oder von einer zuständigen Berufsorganisation als vollwertig anerkannt ist; oder

c) als ununterbrochene vierjährige Tätigkeit als Selbstständiger oder als Betriebsleiter, wenn die begünstigte Person für die betreffende Tätigkeit eine mindestens zweijährige vorherige Ausbildung nachweisen kann, die durch ein staatlich anerkanntes Zeugnis bescheinigt oder von einer zuständigen Berufsorganisation als vollwertig anerkannt ist; oder

d) als ununterbrochene dreijährige Tätigkeit als Selbstständiger, wenn die begünstigte Person für die betreffende Tätigkeit eine mindestens fünfjährige Tätigkeit als abhängig Beschäftigter nachweisen kann; oder

e) als ununterbrochene fünfjährige Tätigkeit in leitender Stellung, davon eine mindestens dreijährige Tätigkeit mit technischen Aufgaben und mit der Verantwortung für mindestens eine Abteilung des Unternehmens, wenn die begünstigte Person für die betreffende Tätigkeit eine mindestens dreijährige Ausbildung nachweisen kann, die durch ein staatlich anerkanntes Zeugnis bescheinigt oder von einer zuständigen Berufsorganisation als vollwertig anerkannt ist.

(2) In den Fällen der Buchstaben a und d darf die Beendigung dieser Tätigkeit nicht mehr als zehn Jahre zurückliegen, gerechnet ab dem Zeitpunkt der Einreichung des vollständigen Antrags der betroffenen Person bei der zuständigen Behörde nach Artikel 56.

(3) Auf Tätigkeiten der Gruppe Ex 855 (Frisiersalons) der ISIC-Systematik findet Absatz 1 Buchstabe e keine Anwendung.

### Artikel 18  Tätigkeiten nach Anhang IV Verzeichnis II

(1) Im Falle der in Anhang IV Verzeichnis II aufgeführten Tätigkeiten muss die betreffende Tätigkeit zuvor wie folgt ausgeübt worden sein:

a) als ununterbrochene fünfjährige Tätigkeit als Selbstständiger oder als Betriebsleiter; oder

b) als ununterbrochene dreijährige Tätigkeit als Selbstständiger oder als Betriebsleiter, wenn die begünstigte Person für die betreffende Tätigkeit eine mindestens dreijährige vorherige Ausbildung nachweist, die durch ein staatlich anerkanntes Zeugnis bescheinigt oder von einer zuständigen Berufsorganisation als vollwertig anerkannt ist; oder

c) als ununterbrochene vierjährige Tätigkeit als Selbstständiger oder als Betriebsleiter, wenn die begünstigte Person für die betreffende Tätigkeit eine mindestens zweijährige vorherige Ausbildung nachweisen kann, die durch ein staatlich anerkanntes Zeugnis bescheinigt oder von einer zuständigen Berufsorganisation als vollwertig anerkannt ist; oder

d) als ununterbrochene dreijährige Tätigkeit als Selbstständiger oder Betriebsleiter, wenn die begünstigte Person in der betreffenden Tätigkeit eine mindestens fünfjährige Tätigkeit als abhängig Beschäftigter nachweisen kann; oder

e) als ununterbrochene fünfjährige Tätigkeit als abhängig Beschäftigter, wenn die begünstigte Person für die betreffende Tätigkeit eine mindestens dreijährige vorherige Ausbildung nachweisen kann, die durch ein staatlich anerkanntes Zeugnis bescheinigt oder von einer zuständigen Berufsorganisation als vollwertig anerkannt ist; oder

f) als ununterbrochene sechsjährige Tätigkeit als abhängig Beschäftigter, wenn die begünstigte Person für die betreffende Tätigkeit eine mindestens zweijährige vorherige Ausbildung nachweisen kann, die durch ein staatlich anerkanntes Zeugnis bescheinigt oder von einer zuständigen Berufsorganisation als vollwertig anerkannt ist.

(2) In den Fällen der Buchstaben a und d darf die Beendigung dieser Tätigkeit nicht mehr als zehn Jahre zurückliegen, gerechnet ab dem Zeitpunkt der Einreichung des vollständigen Antrags der betroffenen Person bei der zuständigen Behörde nach Artikel 56.

### Artikel 19 Tätigkeiten nach Anhang IV Verzeichnis III

(1) Im Falle der in Anhang IV Verzeichnis III aufgeführten Tätigkeiten muss die betreffende Tätigkeit zuvor wie folgt ausgeübt worden sein:

a) als ununterbrochene dreijährige Tätigkeit entweder als Selbstständiger oder als Betriebsleiter; oder

b) als ununterbrochene zweijährige Tätigkeit als Selbstständiger oder als Betriebsleiter, wenn die begünstigte Person für die betreffende Tätigkeit eine vorherige Ausbildung nachweisen kann, die durch ein staatlich anerkanntes Zeugnis bescheinigt oder von einer zuständigen Berufsorganisation als vollwertig anerkannt ist; oder

c) als ununterbrochene zweijährige Tätigkeit als Selbstständiger oder als Betriebsleiter, wenn die begünstigte Person nachweist, dass sie die betreffende Tätigkeit mindestens drei Jahre als abhängig Beschäftigter ausgeübt hat; oder

d) als ununterbrochene dreijährige Tätigkeit als abhängig Beschäftigter, wenn die begünstigte Person für die betreffende Tätigkeit eine vorherige Ausbildung nachweisen kann, die durch ein staatlich anerkanntes Zeugnis bescheinigt oder von einer zuständigen Berufsorganisation als vollwertig anerkannt ist.

(2) In den Fällen der Buchstaben a und c darf die Beendigung dieser Tätigkeit nicht mehr als zehn Jahre zurückliegen, gerechnet ab dem Zeitpunkt der Einreichung des vollständigen Antrags der betroffenen Person bei der zuständigen Behörde nach Artikel 56.

### Artikel 20 Änderung der Verzeichnisse der Tätigkeiten in Anhang IV

Die Verzeichnisse der Tätigkeiten in Anhang IV, für die die Berufserfahrung nach Artikel 16 anerkannt wird, können gemäß dem Verfahren nach Artikel 58 Absatz 2 geändert werden, um die Systematik zu aktualisieren oder klarzustellen, vorausgesetzt, dass dies nicht zu Veränderungen bei den Tätigkeiten führt, auf die sich die einzelnen Kategorien beziehen.

## Kapitel III: Anerkennung auf der Grundlage der Koordinierung der Mindestanforderungen an die Ausbildung

### Abschnitt 1: Allgemeine Bestimmungen

### Artikel 21 Grundsatz der automatischen Anerkennung

(1) Jeder Mitgliedstaat erkennt die in Anhang V unter den Nummern 5.1.1., 5.1.2., 5.2.2., 5.3.2., 5.3.3., 5.4.2., 5.6.2. und 5.7.1. aufgeführten Ausbildungsnachweise an, die die Mindestanforderungen für die Ausbildung nach den Artikeln 24, 25, 31, 34, 35, 38, 44 und 46 erfüllen und die Aufnahme der beruflichen Tätigkeiten des Arztes mit Grundausbildung und des Facharztes, der Krankenschwester und des Krankenpflegers für allgemeine Pflege, des Zahnarztes und Fachzahnarztes, des Tierarztes, des Apothekers und des Architekten gestatten, und verleiht diesen Nachweisen in Bezug auf die Aufnahme und Ausübung der beruflichen Tätigkeiten in seinem Hoheitsgebiet dieselbe Wirkung wie den von ihm ausgestellten Ausbildungsnachweisen.

Diese Ausbildungsnachweise müssen von den zuständigen Stellen der Mitgliedstaaten ausgestellt und gegebenenfalls mit den Bescheinigungen versehen sein, die in Anhang V unter den Nummern 5.1.1., 5.1.2., 5.2.2., 5.3.2., 5.3.3., 5.4.2., 5.6.2. bzw. 5.7.1. aufgeführt sind.

Die Bestimmungen der Unterabsätze 1 und 2 gelten unbeschadet der erworbenen Rechte nach den Artikeln 23, 27, 33, 37, 39 und 49.

(2) Jeder Mitgliedstaat erkennt im Hinblick auf die Ausübung des Berufs des praktischen Arztes im Rahmen seines Sozialversicherungssystems die in Anhang V Nummer 5.1.4. aufgeführten Ausbildungsnachweise an, die andere Mitgliedstaaten den Staatsangehörigen der Mitgliedstaaten unter Beachtung der Mindestanforderungen an die Ausbildung nach Artikel 28 ausgestellt haben.

Die Bestimmung des Unterabsatzes 1 gilt unbeschadet der erworbenen Rechte nach Artikel 30.

(3) Jeder Mitgliedstaat erkennt die in Anhang V Nummer 5.5.2. aufgeführten Ausbildungsnachweise der Hebamme an, die Staatsangehörigen der Mitgliedstaaten von anderen Mitgliedstaaten ausgestellt wurden und die den Mindestanforderungen nach Artikel 40 und den Modalitäten im Sinne von Artikel 41 entsprechen, und verleiht ihnen in seinem Hoheitsgebiet in Bezug auf die Aufnahme und Ausübung der beruflichen Tätigkeiten dieselbe Wirkung wie den von ihm ausgestellten Ausbildungsnachweisen. Diese Bestimmung gilt unbeschadet der erworbenen Rechte nach Artikel 23 und 43.

(4) Die Mitgliedstaaten sind jedoch nicht verpflichtet, Ausbildungsnachweise nach Anhang V Nummer 5.6.2. für die Errichtung von neuen, der Öffentlichkeit zugänglichen Apotheken zuzulassen. Als solche gelten im Sinne dieses Absatzes auch Apotheken, die zu einem weniger als drei Jahre zurückliegenden Zeitpunkt eröffnet wurden.

(5) Die in Anhang V Nummer 5.7.1. aufgeführten Ausbildungsnachweise des Architekten, die Gegenstand einer automatischen Anerkennung nach Absatz 1 sind, schließen eine Ausbildung ab, die frühestens in dem in diesem Anhang genannten akademischen Bezugsjahr begonnen hat.

(6) Jeder Mitgliedstaat macht die Aufnahme und Ausübung der beruflichen Tätigkeiten des Arztes, der Krankenschwester und des Krankenpflegers, die für die allgemeine Pflege verantwortlich sind, des Zahnarztes, des Tierarztes, der Hebamme und des Apothekers vom Besitz eines in Anhang V Nummern 5.1.1., 5.1.2., 5.1.4., 5.2.2., 5.3.2., 5.3.3., 5.4.2., 5.5.2. bzw. 5.6.2. aufgeführten Ausbildungsnachweises abhängig, der nachweist, dass die betreffende Person im Verlauf ihrer Gesamtausbildungszeit die in Artikel 24 Absatz 3, Artikel 31 Absatz 6, Artikel 34 Absatz 3, Artikel 38 Absatz 3, Artikel 40 Absatz 3 und Artikel 44 Absatz 3 aufgeführten Kenntnisse und Fähigkeiten erworben hat.

Die Verzeichnisse der Kenntnisse und Fähigkeiten nach Artikel 24 Absatz 3, Artikel 31 Absatz 6, Artikel 34 Absatz 3, Artikel 38 Absatz 3, Artikel 40 Absatz 3 und Artikel 44 Absatz 3 können zur Anpassung an den wissenschaftlichen und technischen Fortschritt nach dem in Artikel 58 Absatz 2 genannten Verfahren geändert werden.

Diese Aktualisierung darf für keinen der Mitgliedstaaten eine Änderung bestehender gesetzlicher Grundsätze der Berufsordnung hinsichtlich der Ausbildung und der Bedingungen für den Zugang natürlicher Personen zu dem Beruf erfordern.

(7) Jeder Mitgliedstaat teilt der Kommission die von ihm erlassenen Rechts- und Verwaltungsvorschriften über die Ausstellung von Ausbildungsnachweisen in den unter dieses Kapitel fallenden Bereichen mit. Darüber hinaus wird bei Ausbildungsnachweisen im Bereich des Abschnitts 8 diese Meldung an die anderen Mitgliedstaaten gerichtet.

Die Kommission veröffentlicht eine ordnungsgemäße Mitteilung der von den Mitgliedstaaten festgelegten Bezeichnungen der Ausbildungsnachweise sowie gegebenenfalls der Stelle, die den Ausbildungsnachweis ausstellt, die zusätzliche Bescheinigung und die entsprechende Berufsbezeichnung, die in Anhang V Nummern 5.1.1, 5.1.2, 5.1.3, 5.1.4, 5.2.2, 5.3.2, 5.3.3, 5.4.2, 5.5.2, 5.6.2 bzw. 5.7.1 aufgeführt sind, im Amtsblatt der Europäischen Union.

## Artikel 22  Gemeinsame Bestimmungen zur Ausbildung

Bei den in den Artikeln 24, 25, 28, 31, 34, 35, 38, 40, 44 und 46 erwähnten Ausbildungen
- a) können die Mitgliedstaaten gestatten, dass die Ausbildung unter von den zuständigen Behörden genehmigten Voraussetzungen auf Teilzeitbasis erfolgt; die Behörden stellen sicher, dass die Gesamtdauer, das Niveau und die Qualität dieser Ausbildung nicht geringer sind als bei einer Vollzeitausbildung;

b) wird durch allgemeine und berufliche Weiterbildung im Einklang mit den spezifischen Verfahren der einzelnen Mitgliedstaaten gewährleistet, dass Personen, die ihre Ausbildung abgeschlossen haben, mit der beruflichen Entwicklung so weit Schritt halten, wie dies für eine sichere und effiziente berufliche Leistung erforderlich ist.

### Artikel 23  Erworbene Rechte

(1) Unbeschadet der spezifischen erworbenen Rechte in den betreffenden Berufen erkennt jeder Mitgliedstaat bei Staatsangehörigen der Mitgliedstaaten als ausreichenden Nachweis deren von Mitgliedstaaten ausgestellte Ausbildungsnachweise an, die die Aufnahme des Berufes des Arztes mit Grundausbildung und des Facharztes, der Krankenschwester und des Krankenpflegers, die für die allgemeine Pflege verantwortlich sind, des Zahnarztes und des Fachzahnarztes, des Tierarztes, der Hebamme und des Apothekers gestatten, auch wenn diese Ausbildungsnachweise nicht alle Anforderungen an die Ausbildung nach den Artikeln 24, 25, 31, 34, 35, 38, 40 und 44 erfüllen, sofern diese Nachweise den Abschluss einer Ausbildung belegen, die vor den in Anhang V Nummern 5.1.1., 5.1.2., 5.2.2., 5.3.2., 5.3.3., 5.4.2., 5.5.2. bzw. 5.6.2. aufgeführten Stichtagen begonnen wurde, und sofern ihnen eine Bescheinigung darüber beigefügt ist, dass der Inhaber während der letzten fünf Jahre vor Ausstellung der Bescheinigung mindestens drei Jahre lang ununterbrochen tatsächlich und rechtmäßig die betreffenden Tätigkeiten ausgeübt hat.

(2) Dieselben Bestimmungen gelten für auf dem Gebiet der ehemaligen Deutschen Demokratischen Republik erworbene Ausbildungsnachweise, die die Aufnahme des Berufes des Arztes mit Grundausbildung und des Facharztes, der Krankenschwester und des Krankenpflegers, die für die allgemeine Pflege verantwortlich sind, des Zahnarztes und des Fachzahnarztes, des Tierarztes, der Hebamme und des Apothekers gestatten, auch wenn sie nicht alle Mindestanforderungen an die Ausbildung gemäß den Artikeln 24, 25, 31, 34, 35, 38, 40 und 44 erfüllen, sofern diese Nachweise den erfolgreichen Abschluss einer Ausbildung belegen, die

a) im Falle von Ärzten mit Grundausbildung, Krankenschwestern und Krankenpflegern, die für die allgemeine Pflege verantwortlich sind, Zahnärzten mit Grundausbildung und Fachzahnärzten, Tierärzten, Hebammen und Apothekern vor dem 3. Oktober 1990 begonnen wurde,

b) im Falle von Fachärzten vor dem 3. April 1992 begonnen wurde.

Die in Unterabsatz 1 aufgeführten Ausbildungsnachweise berechtigen zur Ausübung der beruflichen Tätigkeiten im gesamten Hoheitsgebiet Deutschlands unter denselben Voraussetzungen wie die in Anhang V Nummern 5.1.1., 5.1.2., 5.2.2., 5.3.2., 5.3.3., 5.4.2., 5.5.2. und 5.6.2. aufgeführten Ausbildungsnachweise, die von den zuständigen deutschen Behörden ausgestellt werden.

(3) Unbeschadet des Artikels 37 Absatz 1 erkennt jeder Mitgliedstaat bei den Staatsangehörigen der Mitgliedstaaten, deren Ausbildungsnachweise von der früheren Tschechoslowakei verliehen wurden und die Aufnahme des Berufs des Arztes mit Grundausbildung und des Facharztes, der Krankenschwester und des Krankenpflegers, die für die allgemeine Pflege verantwortlich sind, des Tierarztes, der Hebamme, des Apothekers sowie des Architekten gestatten bzw. deren Ausbildung im Falle der Tschechischen Republik und der Slowakei vor dem 1. Januar 1993 aufgenommen wurde, diese Ausbildungsnachweise an, wenn die Behörden eines der beiden genannten Mitgliedstaaten bescheinigen, dass diese Ausbildungsnachweise hinsichtlich der Aufnahme und Ausübung des Berufs des Arztes mit Grundausbildung und des Facharztes, der Krankenschwester und des Krankenpflegers, die für die allgemeine Pflege verantwortlich sind, des Tierarztes, der Hebamme, des Apothekers – bezüglich der Tätigkeiten nach Artikel 45 Absatz 2 – sowie des Architekten – bezüglich der Tätigkeiten nach Artikel 48 – in ihrem Hoheitsgebiet die gleiche Rechtsgültigkeit haben wie die von ihnen verliehenen Ausbildungsnachweise und, im Falle von Architekten, wie die für diese Mitgliedstaaten in Anhang VI Nummer 6 aufgeführten Ausbildungsnachweise.

Dieser Bescheinigung muss eine von den gleichen Behörden ausgestellte Bescheinigung darüber beigefügt sein, dass die betreffende Person in den fünf Jahren vor Ausstellung der Bescheinigung mindestens drei Jahre ununterbrochen tatsächlich und rechtmäßig die betreffenden Tätigkeiten in ihrem Hoheitsgebiet ausgeübt hat.

(4) Bei den Staatsangehörigen der Mitgliedstaaten, deren Ausbildungsnachweise von der früheren Sowjetunion verliehen wurden und die Aufnahme des Berufs des Arztes mit Grundausbildung und des Facharztes, der Krankenschwester und des Krankenpflegers, die für die allgemeine Pflege verantwortlich sind, des Zahnarztes, des Fachzahnarztes, des Tierarztes, der Hebamme, des Apothekers sowie des Architekten gestatten bzw. deren Ausbildung

a) im Falle Estlands vor dem 20. August 1991,

b) im Falle Lettlands vor dem 21. August 1991,

c) im Falle Litauens vor dem 11. März 1990

aufgenommen wurde, erkennt jeder der Mitgliedstaaten diese Ausbildungsnachweise an, wenn die Behörden eines der drei genannten Mitgliedstaaten bescheinigen, dass diese Ausbildungsnachweise hinsichtlich der Aufnahme und Ausübung des Berufes des Arztes mit Grundausbildung und des Facharztes, der Krankenschwester und des Krankenpflegers, die für die allgemeine Pflege verantwortlich sind, des Zahnarztes, des Fachzahnarztes, des Tierarztes, der Hebamme, des Apothekers – bezüglich der Tätigkeiten nach Artikel 45 Absatz 2 – sowie des Architekten – bezüglich der Tätigkeiten nach Artikel 48 – in ihrem Hoheitsgebiet die gleiche Rechtsgültigkeit haben wie die von ihnen verliehenen Ausbildungsnachweise und, im Falle von Architekten, wie die für diese Mitgliedstaaten in Anhang VI Nummer 6 aufgeführten Ausbildungsnachweise.

Dieser Bescheinigung muss eine von den gleichen Behörden ausgestellte Bescheinigung darüber beigefügt sein, dass die betreffende Person in den fünf Jahren vor Ausstellung der Bescheinigung mindestens drei Jahre ununterbrochen tatsächlich und rechtmäßig die betreffenden Tätigkeiten in ihrem Hoheitsgebiet ausgeübt hat.

Bei Tierärzten, deren Ausbildungsnachweise von der früheren Sowjetunion verliehen wurden oder deren Ausbildung im Falle Estlands vor dem 20. August 1991 aufgenommen wurde, muss der Bescheinigung nach Unterabsatz 2 eine von den estnischen Behörden ausgestellte Bescheinigung darüber beigefügt sein, dass die betreffende Person in den sieben Jahren vor Ausstellung der Bescheinigung mindestens fünf Jahre ununterbrochen tatsächlich und rechtmäßig die betreffenden Tätigkeiten in ihrem Hoheitsgebiet ausgeübt hat.

(5) Bei den Staatsangehörigen der Mitgliedstaaten, deren Ausbildungsnachweise vom früheren Jugoslawien verliehen wurden und die Aufnahme des Berufes des Arztes mit Grundausbildung und des Facharztes, der Krankenschwester und des Krankenpflegers, die für die allgemeine Pflege verantwortlich sind, des Zahnarztes, des Fachzahnarztes, des Tierarztes, der Hebamme, des Apothekers sowie des Architekten gestatten bzw. deren Ausbildung im Falle Sloweniens vor dem 25. Juni 1991 aufgenommen wurde, erkennt jeder der Mitgliedstaaten diese Ausbildungsnachweise an, wenn die Behörden des vorgenannten Mitgliedstaats bescheinigen, dass diese Ausbildungsnachweise hinsichtlich der Aufnahme und Ausübung des Berufes des Arztes mit Grundausbildung und des Facharztes, der Krankenschwester und des Krankenpflegers, die für die allgemeine Pflege verantwortlich sind, des Zahnarztes, des Fachzahnarztes, des Tierarztes, der Hebamme, des Apothekers – bezüglich der Tätigkeiten nach Artikel 45 Absatz 2 – sowie des Architekten – bezüglich der Tätigkeiten nach Artikel 48 – in ihrem Hoheitsgebiet die gleiche Rechtsgültigkeit haben wie die von ihnen verliehenen Ausbildungsnachweise und, im Falle von Architekten, wie die für diesen Mitgliedstaat in Anhang VI Nummer 6 aufgeführten Ausbildungsnachweise.

Dieser Bescheinigung muss eine von den gleichen Behörden ausgestellte Bescheinigung darüber beigefügt sein, dass die betreffende Person in den fünf Jahren vor Ausstellung der Bescheinigung mindestens drei Jahre ununterbrochen tatsächlich und rechtmäßig die betreffenden Tätigkeiten in ihrem Hoheitsgebiet ausgeübt hat.

(6) Jeder Mitgliedstaat erkennt bei Staatsangehörigen der Mitgliedstaaten als ausreichenden Nachweis deren Ausbildungsnachweise des Arztes, der Krankenschwester und des Krankenpflegers, die für die allgemeine Pflege verantwortlich sind, des Zahnarztes, des Tierarztes, der Hebamme und des Apothekers an, auch wenn sie den in Anhang V Nummern 5.1.1., 5.1.2., 5.1.3., 5.1.4., 5.2.2., 5.3.2., 5.3.3., 5.4.2., 5.5.2. bzw. 5.6.2. aufgeführten Bezeichnungen nicht entsprechen, sofern ihnen eine von den zuständigen Behörden oder Stellen ausgestellte Bescheinigung beigefügt ist.

Die Bescheinigung im Sinne des Unterabsatzes 1 gilt als Nachweis, dass diese Ausbildungsnachweise den erforderlichen Abschluss einer Ausbildung bescheinigen, die den in den Artikeln 24, 25, 28, 31, 34, 35, 38, 40 und 44 genannten Bestimmungen entspricht, und dass sie von dem Mitgliedstaat, der sie ausgestellt hat, den Ausbildungsnachweisen gleichgestellt werden, deren Bezeichnungen in Anhang V Nummern 5.1.1., 5.1.2., 5.1.3., 5.1.4., 5.2.2., 5.3.2., 5.3.3., 5.4.2., 5.5.2. bzw. 5.6.2. aufgeführt sind.

## Abschnitt 2: Arzt

### Artikel 24  Ärztliche Grundausbildung

(1) Die Zulassung zur ärztlichen Grundausbildung setzt den Besitz eines Diploms oder eines Prüfungszeugnisses voraus, das für das betreffende Studium die Zulassung zu den Universitäten ermöglicht.

(2) Die ärztliche Grundausbildung umfasst mindestens sechs Jahre oder 5 500 Stunden theoretischen und praktischen Unterrichts an einer Universität oder unter Aufsicht einer Universität.
Bei Personen, die ihre Ausbildung vor dem 1. Januar 1972 begonnen haben, kann die in Unterabsatz 1 genannte Ausbildung eine praktische Vollzeitausbildung von sechs Monaten auf Universitätsniveau unter Aufsicht der zuständigen Behörden umfassen.

(3) Die ärztliche Grundausbildung gewährleistet, dass die betreffende Person die folgenden Kenntnisse und Fähigkeiten erwirbt:

   a) angemessene Kenntnisse in den Wissenschaften, auf denen die Medizin beruht, und ein gutes Verständnis für die wissenschaftlichen Methoden, einschließlich der Grundsätze der Messung biologischer Funktionen, der Bewertung wissenschaftlich festgestellter Sachverhalte sowie der Analyse von Daten;
   b) angemessene Kenntnisse über die Struktur, die Funktionen und das Verhalten gesunder und kranker Menschen sowie über die Einflüsse der physischen und sozialen Umwelt auf die Gesundheit des Menschen;
   c) angemessene Kenntnisse hinsichtlich der klinischen Sachgebiete und Praktiken, die ihr ein zusammenhängendes Bild von den geistigen und körperlichen Krankheiten, von der Medizin unter den Aspekten der Vorbeugung, der Diagnostik und der Therapeutik sowie von der menschlichen Fortpflanzung vermitteln;
   d) angemessene klinische Erfahrung unter entsprechender Leitung in Krankenhäusern.

### Artikel 25  Fachärztliche Weiterbildung

(1) Die Zulassung zur fachärztlichen Weiterbildung setzt voraus, dass ein sechsjähriges Studium im Rahmen der in Artikel 24 genannten Ausbildung abgeschlossen und als gültig anerkannt worden ist, mit dem angemessene medizinische Grundkenntnisse erworben wurden.

(2) Die Weiterbildung zum Facharzt umfasst eine theoretische und praktische Ausbildung an einem Universitätszentrum, einer Universitätsklinik oder gegebenenfalls in einer hierzu von den zuständigen Behörden oder Stellen zugelassenen Einrichtung der ärztlichen Versorgung.
Die Mitgliedstaaten sorgen dafür, dass die in Anhang V Nummer 5.1.3. für die verschiedenen Fachgebiete angegebene Mindestdauer der Facharztausbildung eingehalten wird. Die Weiterbildung erfolgt unter Aufsicht der zuständigen Behörden oder Stellen. Die

Facharztanwärter müssen in den betreffenden Abteilungen persönlich zur Mitarbeit herangezogen werden und Verantwortung übernehmen.

(3) Die Weiterbildung erfolgt als Vollzeitausbildung an besonderen Weiterbildungsstellen, die von den zuständigen Behörden anerkannt sind. Sie setzt die Beteiligung an sämtlichen ärztlichen Tätigkeiten in dem Bereich voraus, in dem die Weiterbildung erfolgt, einschließlich des Bereitschaftsdienstes, so dass der in der ärztlichen Weiterbildung befindliche Arzt während der gesamten Dauer der Arbeitswoche und während des gesamten Jahres gemäß den von den zuständigen Behörden festgesetzten Bedingungen seine volle berufliche Tätigkeit dieser praktischen und theoretischen Weiterbildung widmet. Dementsprechend werden diese Stellen angemessen vergütet.

(4) Die Mitgliedstaaten machen die Ausstellung eines Ausbildungsnachweises des Facharztes vom Besitz eines der in Anhang V Nummer 5.1.1. aufgeführten Ausbildungsnachweise für die ärztliche Grundausbildung abhängig.

(5) Die in Anhang V Nummer 5.1.3. aufgeführte jeweilige Mindestdauer der Weiterbildung kann nach dem in Artikel 58 Absatz 2 genannten Verfahren geändert werden, um dem wissenschaftlichen und technischen Fortschritt Rechnung zu tragen.

**Artikel 26   Bezeichnungen der fachärztlichen Weiterbildungen**

Als Ausbildungsnachweise des Facharztes nach Artikel 21 gelten diejenigen Nachweise, die von einer der in Anhang V Nummer 5.1.2. aufgeführten zuständigen Behörden oder Stellen ausgestellt sind und hinsichtlich der betreffenden fachärztlichen Weiterbildung den in den einzelnen Mitgliedstaaten geltenden Bezeichnungen entsprechen, die in Anhang V Nummer 5.1.2. aufgeführt sind.

Nach dem in Artikel 58 Absatz 2 genannten Verfahren können neue medizinische Fachrichtungen, die in mindestens zwei Fünfteln der Mitgliedstaaten vertreten sind, in Anhang V Nummer 5.1.3. aufgenommen werden, um diese Richtlinie entsprechend der Entwicklung der nationalen Rechtsvorschriften zu aktualisieren.

**Artikel 27   Besondere erworbene Rechte von Fachärzten**

(1) Jeder Aufnahmemitgliedstaat ist berechtigt, von Fachärzten, deren Facharztausbildung auf Teilzeitbasis nach Rechts- und Verwaltungsvorschriften erfolgte, die am 20. Juni 1975 in Kraft waren, und die ihre ärztliche Weiterbildung spätestens am 31. Dezember 1983 begonnen haben, neben ihren Ausbildungsnachweisen eine Bescheinigung darüber zu verlangen, dass sie in den fünf Jahren vor Ausstellung der Bescheinigung mindestens drei Jahre lang ununterbrochen tatsächlich und rechtmäßig die betreffende Tätigkeiten ausgeübt haben.

(2) Jeder Mitgliedstaat erkennt den Facharzttitel an, der in Spanien Ärzten ausgestellt worden ist, die ihre Facharztausbildung vor dem 1. Januar 1995 abgeschlossen haben, auch wenn sie nicht den Mindestanforderungen nach Artikel 25 entspricht, sofern diesem Nachweis eine von den zuständigen spanischen Behörden ausgestellte Bescheinigung beigefügt ist, die bestätigt, dass die betreffende Person den beruflichen Eignungstest erfolgreich abgelegt hat, der im Rahmen der im Königlichen Dekret 1497/99 vorgesehenen außerordentlichen Regulierungsmaßnahmen abgenommen wird, um zu überprüfen, ob die betreffende Person Kenntnisse und Fähigkeiten besitzt, die denen der Ärzte vergleichbar sind, die die Ausbildungsnachweise des Facharztes besitzen, die für Spanien in Anhang V Nummern 5.1.2. und 5.1.3. aufgeführt sind.

(3) Jeder Mitgliedstaat, der Rechts- oder Verwaltungsvorschriften über die Ausstellung von Ausbildungsnachweisen des Facharztes, die in Anhang V Nummer 5.1.2. und Anhang V Nummer 5.1.3. aufgeführt sind, aufgehoben und Maßnahmen in Bezug auf die erworbenen Rechte zugunsten seiner eigenen Staatsangehörigen getroffen hat, räumt Staatsangehörigen der anderen Mitgliedstaaten das Recht auf die Inanspruchnahme derselben Maßnahmen ein, wenn deren Ausbildungsnachweise vor dem Zeitpunkt ausgestellt wurden, an dem der Aufnahmemitgliedstaat die Ausstellung von Ausbildungsnachweisen für die entsprechende Fachrichtung eingestellt hat.

Der Zeitpunkt der Aufhebung der betreffenden Rechts- und Verwaltungsvorschriften ist in Anhang V Nummer 5.1.3. aufgeführt.

### Artikel 28  Besondere Ausbildung in der Allgemeinmedizin

(1) Die Zulassung zur besonderen Ausbildung in der Allgemeinmedizin setzt voraus, dass ein sechsjähriges Studium im Rahmen der in Artikel 24 genannten Ausbildung abgeschlossen und als gültig anerkannt worden ist.

(2) Bei der besonderen Ausbildung in der Allgemeinmedizin, die zum Erwerb von Ausbildungsnachweisen führt, die vor dem 1. Januar 2006 ausgestellt werden, muss es sich um eine mindestens zweijährige Vollzeitausbildung handeln. Für Ausbildungsnachweise, die ab diesem Datum ausgestellt werden, muss eine mindestens dreijährige Vollzeitausbildung abgeschlossen werden.

Umfasst die in Artikel 24 genannte Ausbildung eine praktische Ausbildung in zugelassenen Krankenhäusern mit entsprechender Ausrüstung und entsprechenden Abteilungen für Allgemeinmedizin oder eine Ausbildung in einer zugelassenen Allgemeinpraxis oder einem zugelassenen Zentrum für ärztliche Erstbehandlung, kann für Ausbildungsnachweise, die ab 1. Januar 2006 ausgestellt werden, bis zu einem Jahr dieser praktischen Ausbildung auf die in Unterabsatz 1 vorgeschriebene Ausbildungsdauer angerechnet werden.

Von der in Unterabsatz 2 genannten Möglichkeit können nur die Mitgliedstaaten Gebrauch machen, in denen die spezifische Ausbildung in der Allgemeinmedizin am 1. Januar 2001 zwei Jahre betrug.

(3) Die besondere Ausbildung in der Allgemeinmedizin muss als Vollzeitausbildung unter der Aufsicht der zuständigen Behörden oder Stellen erfolgen. Sie ist mehr praktischer als theoretischer Art.

Die praktische Ausbildung findet zum einen während mindestens sechs Monaten in zugelassenen Krankenhäusern mit entsprechender Ausrüstung und entsprechenden Abteilungen und zum anderen während mindestens sechs Monaten in zugelassenen Allgemeinpraxen oder in zugelassenen Zentren für Erstbehandlung statt.

Sie erfolgt in Verbindung mit anderen Einrichtungen oder Diensten des Gesundheitswesens, die sich mit Allgemeinmedizin befassen. Unbeschadet der in Unterabsatz 2 genannten Mindestzeiten kann die praktische Ausbildung jedoch während eines Zeitraums von höchstens sechs Monaten in anderen zugelassenen Einrichtungen oder Diensten des Gesundheitswesens, die sich mit Allgemeinmedizin befassen, stattfinden.

Die Anwärter müssen von den Personen, mit denen sie beruflich arbeiten, persönlich zur Mitarbeit herangezogen werden und Mitverantwortung übernehmen.

(4) Die Mitgliedstaaten machen die Ausstellung von Ausbildungsnachweisen in der Allgemeinmedizin vom Besitz eines der in Anhang V Nummer 5.1.1. aufgeführten Ausbildungsnachweise für die ärztliche Grundausbildung abhängig.

(5) Die Mitgliedstaaten können die in Anhang V Nummer 5.1.4. aufgeführten Ausbildungsnachweise einem Arzt ausstellen, der zwar nicht die Ausbildung nach diesem Artikel absolviert hat, der aber anhand eines von den zuständigen Behörden eines Mitgliedstaates ausgestellten Ausbildungsnachweises eine andere Zusatzausbildung nachweisen kann. Sie dürfen den Ausbildungsnachweis jedoch nur dann ausstellen, wenn damit Kenntnisse bescheinigt werden, die qualitativ den Kenntnissen nach Absolvierung der in diesem Artikel vorgesehenen Ausbildung entsprechen.

Die Mitgliedstaaten regeln unter anderem, inwieweit die von dem Antragsteller absolvierte Zusatzausbildung sowie seine Berufserfahrung auf die Ausbildung nach diesem Artikel angerechnet werden können.

Die Mitgliedstaaten dürfen den in Anhang V Nummer 5.1.4. aufgeführten Ausbildungsnachweis nur dann ausstellen, wenn der Antragsteller mindestens sechs Monate Erfahrung in der Allgemeinmedizin nachweisen kann, die er nach Absatz 3 in einer Allgemeinpraxis oder in einem Zentrum für Erstbehandlung erworben hat.

**Artikel 29 Ausübung der Tätigkeit des praktischen Arztes**

Jeder Mitgliedstaat macht vorbehaltlich der Vorschriften über erworbene Rechte die Ausübung des ärztlichen Berufs als praktischer Arzt im Rahmen seines Sozialversicherungssystems vom Besitz eines in Anhang V Nummer 5.1.4. aufgeführten Ausbildungsnachweises abhängig.

Von dieser Bedingung können die Mitgliedstaaten jedoch Personen freistellen, die gerade eine spezifische Ausbildung in der Allgemeinmedizin absolvieren.

**Artikel 30 Besondere erworbene Rechte von praktischen Ärzten**

(1) Jeder Mitgliedstaat bestimmt die erworbenen Rechte. Er muss jedoch das Recht, den ärztlichen Beruf als praktischer Arzt im Rahmen seines Sozialversicherungssystems auszuüben, ohne einen in Anhang V Nummer 5.1.4. aufgeführten Ausbildungsnachweis zu besitzen, im Falle solcher Ärzte als erworbenes Recht betrachten, die dieses Recht bis zu dem im oben genannten Anhang aufgeführten Stichtag aufgrund der Vorschriften über den Arztberuf, die die Ausübung der beruflichen Tätigkeit des Arztes mit Grundausbildung betreffen, erworben haben und sich bis zu diesem Zeitpunkt unter Inanspruchnahme von Artikel 21 oder Artikel 23 im Gebiet des betreffenden Mitgliedstaats niedergelassen haben.

Die zuständigen Behörden jedes Mitgliedstaats stellen auf Antrag eine Bescheinigung aus, mit der den Ärzten, die gemäß Unterabsatz 1 Rechte erworben haben, das Recht bescheinigt wird, den ärztlichen Beruf als praktischer Arzt im Rahmen des betreffenden einzelstaatlichen Sozialversicherungssystems auszuüben, ohne einen in Anhang V Nummer 5.1.4. aufgeführten Ausbildungsnachweis zu besitzen.

(2) Jeder Mitgliedstaat erkennt die Bescheinigungen nach Absatz 1 Unterabsatz 2 an, die andere Mitgliedstaaten den Staatsangehörigen der Mitgliedstaaten ausstellen, und verleiht ihnen in seinem Hoheitsgebiet dieselbe Wirkung wie den von ihm ausgestellten Ausbildungsnachweisen, die die Ausübung des ärztlichen Berufes als praktischer Arzt im Rahmen seines Sozialversicherungssystems gestatten.

## Abschnitt 3: Krankenschwestern und Krankenpfleger für allgemeine Pflege

**Artikel 31 Ausbildung von Krankenschwestern und Krankenpflegern für allgemeine Pflege**

(1) Die Zulassung zur Ausbildung zur Krankenschwester und zum Krankenpfleger, die für die allgemeine Pflege verantwortlich sind, setzt eine zehnjährige allgemeine Schulausbildung voraus, deren erfolgreicher Abschluss durch ein von den zuständigen Behörden oder Stellen eines Mitgliedstaats ausgestelltes Diplom oder Prüfungszeugnis oder durch einen sonstigen Befähigungsnachweis oder durch ein Zeugnis über eine bestandene Aufnahmeprüfung von gleichwertigem Niveau für die Schulen für Krankenpflege bescheinigt wird.

(2) Die Ausbildung zur Krankenschwester und zum Krankenpfleger, die für die allgemeine Pflege verantwortlich sind, erfolgt als Vollzeitausbildung und umfasst mindestens das in Anhang V Nummer 5.2.1. aufgeführte Programm.

Die Fächerverzeichnisse in Anhang V Nummer 5.2.1. können zur Anpassung an den wissenschaftlichen und technischen Fortschritt nach dem in Artikel 58 Absatz 2 genannten Verfahren geändert werden.

Diese Aktualisierung darf für keinen der Mitgliedstaaten eine Änderung bestehender gesetzlicher Grundsätze der Berufsordnung hinsichtlich der Ausbildung und der Bedingungen für den Zugang natürlicher Personen zu dem Beruf erfordern.

(3) Die Ausbildung zur Krankenschwester und zum Krankenpfleger für allgemeine Pflege umfasst mindestens drei Jahre oder 4 600 Stunden theoretischen Unterricht und klinisch-praktischen Unterweisung; die Dauer der theoretischen Ausbildung muss mindestens ein Drittel und die der klinisch-praktischen Unterweisung mindestens die Hälfte der Mindestausbildungsdauer betragen. Ist ein Teil der Ausbildung im Rahmen anderer Ausbildungsgänge von mindestens gleichwertigem Niveau erworben worden, so kön-

nen die Mitgliedstaaten den betreffenden Personen für Teilbereiche Befreiungen gewähren.

Die Mitgliedstaaten tragen dafür Sorge, dass die mit der Ausbildung der Krankenschwestern und Krankenpfleger betrauten Einrichtungen die Verantwortung dafür übernehmen, dass Theorie und Praxis für das gesamte Ausbildungsprogramm koordiniert werden.

(4) Der theoretische Unterricht wird definiert als der Teil der Krankenpflegeausbildung, in dem die Krankenpflegeschülerinnen und Krankenpflegeschüler die Kenntnisse, das Verständnis sowie die beruflichen Fähigkeiten erwerben, die für die Planung, Durchführung und Bewertung einer umfassenden Krankenpflege notwendig sind. Dieser Unterricht wird in Krankenpflegeschulen oder an anderen von der Ausbildungsstätte ausgewählten Lernorten von Lehrenden für Krankenpflege oder anderen fachkundigen Personen erteilt.

(5) Die klinisch-praktische Unterweisung wird definiert als der Teil der Krankenpflegeausbildung, in dem die Krankenpflegeschülerinnen und Krankenpflegeschüler als Mitglied eines Pflegeteams in unmittelbarem Kontakt mit Gesunden und Kranken und/oder im Gemeinwesen lernen, anhand ihrer erworbenen Kenntnisse und Fähigkeiten die erforderliche, umfassende Krankenpflege zu planen, durchzuführen und zu bewerten. Die Krankenpflegeschülerinnen und Krankenpflegeschüler lernen nicht nur, als Mitglieder eines Pflegeteams tätig zu sein, sondern auch ein Pflegeteam zu leiten und die umfassende Krankenpflege einschließlich der Gesundheitserziehung für Einzelpersonen und kleine Gruppen im Rahmen der Gesundheitseinrichtungen oder im Gemeinwesen zu organisieren.

Diese Unterweisung wird in Krankenhäusern und anderen Gesundheitseinrichtungen sowie im Gemeinwesen unter der Verantwortung des Krankenpflegelehrpersonals und in Zusammenarbeit mit anderen fachkundigen Krankenpflegern bzw. mit deren Unterstützung durchgeführt. Auch anderes fachkundiges Personal kann in diesen Unterricht mit einbezogen werden.

Die Krankenpflegeschülerinnen und Krankenpflegeschüler beteiligen sich an dem Arbeitsprozess der betreffenden Abteilungen, soweit diese Tätigkeiten zu ihrer Ausbildung beitragen und es ihnen ermöglichen, verantwortliches Handeln im Zusammenhang mit der Krankenpflege zu erlernen.

(6) Die Ausbildung der Krankenschwester/des Krankenpflegers, die für die allgemeine Pflege verantwortlich sind, gewährleistet, dass die betreffende Person die folgenden Kenntnisse und Fähigkeiten erwirbt:

a) angemessene Kenntnisse in den Wissenschaften, auf denen die allgemeine Krankenpflege beruht, einschließlich ausreichender Kenntnisse über den Organismus, die Körperfunktionen und das Verhalten des gesunden und des kranken Menschen sowie über die Einflüsse der physischen und sozialen Umwelt auf die Gesundheit des Menschen;

b) ausreichende Kenntnisse in der Berufskunde und in der Berufsethik sowie über die allgemeinen Grundsätze der Gesundheit und der Pflege;

c) eine angemessene klinische Erfahrung; diese muss der Ausbildung dienen und unter der Aufsicht von qualifiziertem Pflegepersonal an Orten erworben werden, die aufgrund ihrer Ausstattung und wegen des in ausreichender Anzahl vorhandenen Personals für die Krankenpflege geeignet sind;

d) die Fähigkeit, an der Ausbildung des mit der gesundheitlichen Betreuung befassten Personals mitzuwirken, und Erfahrung in der Zusammenarbeit mit diesem Personal;

e) Erfahrung in der Zusammenarbeit mit anderen im Gesundheitswesen tätigen Berufsangehörigen.

**Artikel 32 Ausübung der Tätigkeiten der Krankenschwester und des Krankenpflegers für allgemeine Pflege**

Für die Zwecke dieser Richtlinie sind die Tätigkeiten der Krankenschwester und des Krankenpflegers, die für die allgemeine Pflege verantwortlich sind, die Tätigkeiten, die unter den in Anhang V Nummer 5.2.2. aufgeführten Berufsbezeichnungen ausgeübt werden.

**Artikel 33 Besondere erworbene Rechte von Krankenschwestern und Krankenpflegern für allgemeine Pflege**

(1) Die allgemeinen Vorschriften über die erworbenen Rechte sind auf Krankenschwestern und Krankenpfleger, die für die allgemeine Pflege verantwortlich sind, nur dann anwendbar, wenn sich die Tätigkeiten nach Artikel 23 auf die volle Verantwortung für die Planung, Organisation und Ausführung der Krankenpflege des Patienten erstreckt haben.

(2) Auf polnische Ausbildungsnachweise für Krankenschwestern und Krankenpfleger, die für die allgemeine Pflege verantwortlich sind, finden ausschließlich die folgenden Bestimmungen über die erworbenen Rechte Anwendung. Bei den Staatsangehörigen der Mitgliedstaaten, deren Ausbildungsnachweise für Krankenschwestern und Krankenpfleger, die für die allgemeine Pflege verantwortlich sind, den Mindestanforderungen an die Berufsausbildung gemäß Artikel 31 nicht genügen und von Polen verliehen wurden bzw. deren Ausbildung in Polen vor dem 1. Mai 2004 aufgenommen wurde, erkennen die Mitgliedstaaten die folgenden Ausbildungsnachweise für Krankenschwestern und Krankenpfleger, die für die allgemeine Pflege verantwortlich sind, an, wenn ihnen eine Bescheinigung darüber beigefügt ist, dass die betreffende Person während der nachstehend angegebenen Zeiträume tatsächlich und rechtmäßig den Beruf der Krankenschwester bzw. des Krankenpflegers, die für die allgemeine Pflege verantwortlich sind, in Polen ausgeübt wie im Folgenden beschrieben hat:

a) Ausbildungsnachweis der Krankenschwester bzw. des Krankenpflegers auf Graduiertenebene (dyplom licencjata pielęgniarstwa): in den fünf Jahren vor Ausstellung der Bescheinigung mindestens drei Jahre ohne Unterbrechung.

b) Ausbildungsnachweis der Krankenschwester bzw. des Krankenpflegers, mit dem der Abschluss einer an einer medizinischen Fachschule erworbenen postsekundären Ausbildung bescheinigt wird (dyplom pielęgniarki albo pielęgniarki dyplomowanej): in den sieben Jahre vor Ausstellung der Bescheinigung mindestens fünf Jahre ohne Unterbrechung.

Die genannten Tätigkeiten müssen die volle Verantwortung für die Planung, die Organisation und die Ausführung der Krankenpflege des Patienten umfasst haben.

(3) Die Mitgliedstaaten erkennen die in Polen verliehenen Ausbildungsnachweise für Krankenschwestern und Krankenpfleger, deren Ausbildung vor dem 1. Mai 2004 abgeschlossen wurde und den Mindestanforderungen an die Berufsausbildung gemäß Artikel 31 nicht genügte, an, die durch ein „Bakkalaureat"-Diplom bescheinigt werden, das auf der Grundlage eines speziellen Aufstiegsfortbildungsprogramms erworben wurde, das nach Artikel 11 des Gesetzes vom 20. April 2004 zur Änderung des Gesetzes über den Beruf der Krankenschwester, des Krankenpflegers und der Hebamme und zu einigen anderen Rechtsakten (Amtsblatt der Republik Polen vom 30. April 2004 Nr. 92 Pos. 885) und nach Maßgabe der Verordnung des Gesundheitsministers vom 11. Mai 2004 über die Ausbildungsbedingungen für Krankenschwestern, Krankenpfleger und Hebammen, die einen Sekundarschulabschluss (Abschlussexamen – Matura) und eine abgeschlossene medizinische Schul- und Fachschulausbildung für den Beruf der Krankenschwester, des Krankenpflegers und der Hebamme nachweisen können (Amtsblatt der Republik Polen vom 13. Mai 2004 Nr. 110 Pos. 1170), durchgeführt wurde, um zu überprüfen, ob die betreffende Person über einen Kenntnisstand und eine Fachkompetenz verfügt, die mit denen der Krankenschwestern und Krankenpfleger vergleichbar sind, die Inhaber der für Polen in Anhang V Nummer 5.2.2. genannten Ausbildungsnachweise sind.

## Abschnitt 4: Zahnärzte

### Artikel 34 Grundausbildung des Zahnarztes

(1) Die Zulassung zur zahnärztlichen Grundausbildung setzt den Besitz eines Diploms oder Prüfungszeugnisses voraus, das in einem Mitgliedstaat für das betreffende Studium die Zulassung zu den Universitäten oder den Hochschulen mit anerkannt gleichwertigem Niveau ermöglicht.

(2) Die zahnärztliche Grundausbildung umfasst mindestens fünf Jahre theoretischen und praktischen Unterricht auf Vollzeitbasis, der mindestens die im Programm in Anhang V Nummer 5.3.1. aufgeführten Fächer umfasst und an einer Universität, einer Hochschule mit anerkannt gleichwertigem Niveau oder unter Aufsicht einer Universität erteilt wurde.

Die Fächerverzeichnisse in Anhang V Nummer 5.3.1. können zur Anpassung an den wissenschaftlichen und technischen Fortschritt nach dem in Artikel 58 Absatz 2 genannten Verfahren geändert werden.

Diese Aktualisierung darf für keinen der Mitgliedstaaten eine Änderung bestehender gesetzlicher Grundsätze der Berufsordnung hinsichtlich der Ausbildung und der Bedingungen für den Zugang natürlicher Personen zu dem Beruf erfordern.

(3) Die zahnärztliche Grundausbildung gewährleistet, dass die betreffende Person die folgenden Kenntnisse und Fähigkeiten erwirbt:

a) angemessene Kenntnisse in den Wissenschaften, auf denen die Zahnheilkunde beruht, und ein gutes Verständnis für die wissenschaftlichen Methoden, einschließlich der Grundsätze der Messung biologischer Funktionen, der Bewertung wissenschaftlich festgestellter Sachverhalte sowie der Analyse von Daten;

b) angemessene Kenntnisse – soweit für die Ausübung der Zahnheilkunde von Belang – des Körperbaus, der Funktionen und des Verhaltens des gesunden und des kranken Menschen sowie des Einflusses der natürlichen und sozialen Umwelt auf die Gesundheit des Menschen;

c) angemessene Kenntnisse der Struktur und der Funktion der Zähne, des Mundes, des Kiefers und der dazugehörigen Gewebe, jeweils in gesundem und in krankem Zustand, sowie ihr Einfluss auf die allgemeine Gesundheit und das allgemeine physische und soziale Wohlbefinden des Patienten;

d) angemessene Kenntnisse der klinischen Disziplinen und Methoden, die ihr ein zusammenhängendes Bild von den Anomalien, Beschädigungen und Verletzungen sowie Krankheiten der Zähne, des Mundes, des Kiefers und der dazugehörigen Gewebe sowie von der Zahnheilkunde unter dem Gesichtspunkt der Verhütung und Vorbeugung, der Diagnose und Therapie vermitteln;

e) angemessene klinische Erfahrung unter entsprechender Leitung.

Diese Ausbildung vermittelt dem Betroffenen die erforderlichen Fähigkeiten zur Ausübung aller Tätigkeiten der Verhütung, Diagnose und Behandlung von Krankheiten der Zähne, des Mundes, des Kiefers und der dazugehörigen Gewebe.

### Artikel 35 Ausbildung zum Fachzahnarzt

(1) Die Zulassung zur fachzahnärztlichen Ausbildung setzt voraus, dass ein theoretisches und praktisches Studium im Rahmen der in Artikel 34 genannten Ausbildung abgeschlossen und als gültig anerkannt worden ist oder dass der Antragsteller im Besitz der in den Artikeln 23 und 37 genannten Dokumente ist.

(2) Die fachzahnärztliche Ausbildung umfasst ein theoretisches und praktisches Studium in einem Universitätszentrum, einem Ausbildungs- und Forschungszentrum oder gegebenenfalls in einer hierzu von den zuständigen Behörden oder Stellen zugelassenen Gesundheitseinrichtung.

Fachzahnarztlehrgänge auf Vollzeitbasis dauern mindestens drei Jahre und stehen unter Aufsicht der zuständigen Behörden oder Stellen. Die Fachzahnarztanwärter müssen in der betreffenden Einrichtung persönlich zur Mitarbeit herangezogen werden und Verantwortung übernehmen.

Die in Unterabsatz 2 genannte Mindestdauer der Ausbildung kann nach dem in Artikel 58 Absatz 2 genannten Verfahren geändert werden, um dem wissenschaftlichen und technischen Fortschritt Rechnung zu tragen.

(3) Die Mitgliedstaaten machen die Ausstellung eines Ausbildungsnachweises des Fachzahnarztes vom Besitz eines der in Anhang V Nummer 5.3.2. aufgeführten Ausbildungsnachweise für die zahnärztliche Grundausbildung abhängig.

### Artikel 36   Ausübung der Tätigkeiten des Zahnarztes

(1) Für die Zwecke dieser Richtlinie sind Tätigkeiten des Zahnarztes die in Absatz 3 definierten Tätigkeiten, die unter den in Anhang V Nummer 5.3.2. aufgeführten Berufsbezeichnungen ausgeübt werden.

(2) Der Beruf des Zahnarztes basiert auf der zahnärztlichen Ausbildung nach Artikel 34 und stellt einen eigenen Beruf dar, der sich von dem des Arztes und des Facharztes unterscheidet. Die Ausübung der Tätigkeiten des Zahnarztes setzt den Besitz eines in Anhang V Nummer 5.3.2. aufgeführten Ausbildungsnachweises voraus. Den Inhabern eines solchen Ausbildungsnachweises gleichgestellt sind Personen, die Artikel 23 oder 37 in Anspruch nehmen können.

(3) Die Mitgliedstaaten sorgen dafür, dass die Zahnärzte allgemein Tätigkeiten der Verhütung, Diagnose und Behandlung von Anomalien und Krankheiten der Zähne, des Mundes und der Kiefer und des dazugehörigen Gewebes aufnehmen und ausüben dürfen, wobei die für den Beruf des Zahnarztes zu den in Anhang V Nummer 5.3.2. aufgeführten Stichtagen maßgeblichen Rechtsvorschriften und Standesregeln einzuhalten sind.

### Artikel 37   Erworbene Rechte von Zahnärzten

(1) Jeder Mitgliedstaat erkennt zum Zwecke der Ausübung der Tätigkeiten des Zahnarztes unter den in Anhang V Nummer 5.3.2. aufgeführten Berufsbezeichnungen die Ausbildungsnachweise des Arztes an, die in Italien, Spanien, Österreich, der Tschechischen Republik und der Slowakei Personen ausgestellt worden sind, die ihre ärztliche Ausbildung spätestens an dem im oben genannten Anhang für den betreffenden Mitgliedstaat aufgeführten Stichtag begonnen haben, sofern ihnen eine von den zuständigen Behörden des betreffenden Mitgliedstaats ausgestellte Bescheinigung darüber beigefügt ist.

Aus dieser Bescheinigung muss hervorgehen, dass die beiden folgenden Bedingungen erfüllt sind:

a) Die betreffende Person hat sich während der letzten fünf Jahre vor Ausstellung der Bescheinigung mindestens drei Jahre lang ununterbrochen tatsächlich und rechtmäßig sowie hauptsächlich den Tätigkeiten nach Artikel 36 gewidmet, und

b) die betreffende Person ist berechtigt, diese Tätigkeiten unter denselben Bedingungen auszuüben wie die Inhaber des für diesen Mitgliedstaat in Anhang V Nummer 5.3.2. aufgeführten Ausbildungsnachweises.

Von dem in Unterabsatz 2 Buchstabe a genannten Erfordernis einer dreijährigen Tätigkeit befreit sind Personen, die ein mindestens dreijähriges Studium erfolgreich absolviert haben, dessen Gleichwertigkeit mit der in Artikel 34 genannten Ausbildung von den zuständigen Behörden des betreffenden Staates bescheinigt wird.

Was die Tschechische Republik und die Slowakei anbelangt, so werden die in der früheren Tschechoslowakei erworbenen Ausbildungsnachweise in gleicher Weise wie die tschechischen und slowakischen Ausbildungsnachweise unter den in den vorstehenden Unterabsätzen genannten Bedingungen anerkannt.

(2) Jeder Mitgliedstaat erkennt die Ausbildungsnachweise des Arztes an, die in Italien Personen ausgestellt wurden, die ihre Universitätsausbildung nach dem 28. Januar 1980,

spätestens jedoch am 31. Dezember 1984 begonnen haben, sofern eine diesbezügliche Bescheinigung der zuständigen italienischen Behörden beigefügt ist.

Aus dieser Bescheinigung muss hervorgehen, dass die drei folgenden Bedingungen erfüllt sind:

a) Die betreffende Person hat mit Erfolg eine von den zuständigen italienischen Behörden durchgeführte spezifische Eignungsprüfung abgelegt, bei der überprüft wurde, ob sie Kenntnisse und Fähigkeiten besitzt, die denen derjenigen Personen vergleichbar sind, die Inhaber eines in Anhang V Nummer 5.3.2. für Italien aufgeführten Ausbildungsnachweises sind;

b) die betreffende Person hat sich während der letzten fünf Jahre vor Ausstellung der Bescheinigung mindestens drei Jahre lang ununterbrochen in Italien tatsächlich und rechtmäßig sowie hauptsächlich den Tätigkeiten nach Artikel 36 gewidmet;

c) die betreffende Person ist berechtigt, die Tätigkeiten nach Artikel 36 unter denselben Bedingungen wie die Inhaber der Ausbildungsnachweise, die für Italien in Anhang V Nummer 5.3.2. aufgeführt sind, auszuüben oder übt diese tatsächlich, rechtmäßig sowie hauptsächlich aus.

Von der in Unterabsatz 2 Buchstabe a genannten Eignungsprüfung befreit sind Personen, die ein mindestens dreijähriges Studium erfolgreich absolviert haben, dessen Gleichwertigkeit mit der Ausbildung nach Artikel 34 von den zuständigen Behörden bescheinigt wird.

Personen, die ihre medizinische Universitätsausbildung nach dem 31. Dezember 1984 begonnen haben, sind den oben genannten Personen gleichgestellt, sofern das im vorstehenden Unterabsatz genannte dreijährige Studium vor dem 31. Dezember 1994 aufgenommen wurde.

## Abschnitt 5: Tierärzte

### Artikel 38 Ausbildung des Tierarztes

(1) Die tierärztliche Ausbildung umfasst insgesamt ein mindestens fünfjähriges theoretisches und praktisches Studium auf Vollzeitbasis an einer Universität, an einer Hochschule mit anerkannt gleichwertigem Niveau oder unter Aufsicht einer Universität, das mindestens die in Anhang V Nummer 5.4.1. aufgeführten Fächer umfasst.

Die Fächerverzeichnisse in Anhang V Nummer 5.4.1. können zur Anpassung an den wissenschaftlichen und technischen Fortschritt nach dem in Artikel 58 Absatz 2 genannten Verfahren geändert werden.

Diese Aktualisierung darf für keinen der Mitgliedstaaten eine Änderung bestehender gesetzlicher Grundsätze der Berufsordnung hinsichtlich der Ausbildung und der Bedingungen für den Zugang natürlicher Personen zu dem Beruf erfordern.

(2) Die Zulassung zur tierärztlichen Ausbildung setzt den Besitz eines Diploms oder eines Prüfungszeugnisses voraus, das in einem Mitgliedstaat für das betreffende Studium die Zulassung zu den Universitäten oder den Hochschulen mit anerkannt gleichwertigem Niveau ermöglicht.

(3) Die Ausbildung des Tierarztes gewährleistet, dass die betreffende Person die folgenden Kenntnisse und Fähigkeiten erwirbt:

a) angemessene Kenntnisse in den Wissenschaften, auf denen die Tätigkeiten des Tierarztes beruhen;

b) angemessene Kenntnisse über die Struktur und die Funktionen gesunder Tiere, die Zucht, Fortpflanzung und Hygiene im Allgemeinen sowie die Ernährung, einschließlich der Technologie für die Herstellung und Konservierung von Futtermitteln, die ihren Bedürfnissen entsprechen;

c) angemessene Kenntnisse auf dem Gebiet des Verhaltens und des Schutzes der Tiere;

d) angemessene Kenntnisse der Ursachen, der Natur, des Verlaufes, der Auswirkungen, der Diagnose und der Behandlung der Krankheiten der Tiere, und zwar individuell

und kollektiv; darunter eine besondere Kenntnis der auf den Menschen übertragbaren Krankheiten;
e) angemessene Kenntnisse der Präventivmedizin;
f) angemessene Kenntnisse über die Hygiene und die Technologie bei der Gewinnung, der Herstellung und dem Inverkehrbringen von Lebensmitteln tierischer Herkunft;
g) angemessene Kenntnisse der Rechts- und Verwaltungsvorschriften betreffend die vorstehend aufgeführten Gebiete;
h) angemessene klinische und praktische Erfahrung unter entsprechender Leitung.

**Artikel 39  Erworbene Rechte von Tierärzten**

Unbeschadet des Artikels 23 Absatz 4 erkennen die Mitgliedstaaten bei den Staatsangehörigen der Mitgliedstaaten, deren Ausbildungsnachweise des Tierarztes von Estland vor dem 1. Mai 2004 verliehen wurden bzw. deren Ausbildung in Estland vor dem 1. Mai 2004 aufgenommen wurde, diese Ausbildungsnachweise des Tierarztes an, wenn ihnen eine Bescheinigung darüber beigefügt ist, dass die betreffende Person in den sieben Jahren vor Ausstellung der Bescheinigung die betreffenden Tätigkeiten mindestens fünf Jahre ohne Unterbrechung tatsächlich und rechtmäßig in Estland ausgeübt hat.

## Abschnitt 6:  Hebammen

### Artikel 40  Ausbildung der Hebamme

(1) Die Ausbildung zur Hebamme muss mindestens eine der folgenden Ausbildungen umfassen:
a) eine spezielle Ausbildung zur Hebamme auf Vollzeitbasis, die theoretischen und praktischen Unterricht von mindestens drei Jahren (Ausbildungsmöglichkeit I) umfasst, der mindestens das in Anhang V Nummer 5.5.1. aufgeführte Ausbildungsprogramm beinhaltet; oder
b) eine spezielle Ausbildung zur Hebamme von mindestens 18 Monaten (Ausbildungsmöglichkeit II) auf Vollzeitbasis, die mindestens das in Anhang V Nummer 5.5.1. aufgeführte Ausbildungsprogramm umfasst, das nicht Gegenstand eines gleichwertigen Unterrichts im Rahmen der Ausbildung zur Krankenschwester und zum Krankenpfleger, die für die allgemeine Pflege verantwortlich sind, war.

Die Mitgliedstaaten tragen dafür Sorge, dass die mit der Ausbildung der Hebammen betrauten Einrichtungen die Verantwortung dafür übernehmen, dass Theorie und Praxis für das gesamte Ausbildungsprogramm koordiniert werden.

Die Fächerverzeichnisse in Anhang V Nummer 5.5.1. können zur Anpassung an den wissenschaftlichen und technischen Fortschritt nach dem in Artikel 58 Absatz 2 genannten Verfahren geändert werden.

Diese Aktualisierung darf für keinen der Mitgliedstaaten eine Änderung bestehender gesetzlicher Grundsätze der Berufsordnung hinsichtlich der Ausbildung und der Bedingungen für den Zugang natürlicher Personen zu dem Beruf erfordern.

(2) Für den Zugang zur Hebammenausbildung muss eine der folgenden Voraussetzungen erfüllt sein:
a) Abschluss der ersten zehn Jahre der allgemeinen Schulausbildung für Ausbildungsmöglichkeit I; oder
b) Besitz eines in Anhang V Nummer 5.2.2. aufgeführten Ausbildungsnachweises der Krankenschwester und des Krankenpflegers, die für die allgemeine Pflege verantwortlich sind, für Ausbildungsmöglichkeit II.

(3) Die Ausbildung der Hebamme gewährleistet, dass die betreffende Person die folgenden Kenntnisse und Fähigkeiten erwirbt:
a) angemessene Kenntnisse in den Wissenschaften, auf denen die Tätigkeiten der Hebamme beruhen, insbesondere der Geburtshilfe und der Frauenheilkunde;
b) angemessene Kenntnisse der Berufsethik und des Berufsrechts;

c) vertiefte Kenntnisse der biologischen Funktion, der Anatomie und der Physiologie auf den Gebieten der Geburtshilfe und der perinatalen Medizin, sowie Kenntnisse über die Einflüsse der physischen und sozialen Umwelt auf die Gesundheit des Menschen und über sein Verhalten;

d) angemessene klinische Erfahrung, die unter der Aufsicht von auf dem Gebiet der Geburtshilfe qualifiziertem Personal und in anerkannten Einrichtungen erworben wird;

e) das erforderliche Verständnis für die Ausbildung des Personals des Gesundheitswesens und Erfahrung in der Zusammenarbeit mit diesem Personal.

### Artikel 41  Bedingungen der Anerkennung der Ausbildungsnachweise der Hebamme

(1) Die in Anhang V Nummer 5.5.2. aufgeführten Ausbildungsnachweise der Hebamme werden nur dann nach Artikel 21 automatisch anerkannt, wenn sie eine der folgenden Ausbildungen abschließen:

a) eine mindestens dreijährige Hebammenausbildung auf Vollzeitbasis,
   i. die entweder den Besitz eines Diploms, Prüfungszeugnisses oder sonstigen Befähigungsnachweises voraussetzt, die zum Besuch von Universitäten oder Hochschulen berechtigen oder, in Ermangelung dessen, einen gleichwertigen Kenntnisstand garantieren, oder
   ii. nach deren Abschluss eine zweijährige Berufserfahrung erworben wird, über die die in Absatz 2 genannte Bescheinigung ausgestellt wird;

b) eine Hebammenausbildung von mindestens zwei Jahren oder 3 600 Stunden auf Vollzeitbasis, die den Besitz eines der in Anhang V Nummer 5.2.2. aufgeführten Ausbildungsnachweise der Krankenschwester und des Krankenpflegers, die für die allgemeine Pflege verantwortlich sind, voraussetzt;

c) eine Hebammenausbildung von mindestens 18 Monaten oder 3 000 Stunden auf Vollzeitbasis, die den Besitz eines der in Anhang V Nummer 5.2.2. genannten Ausbildungsnachweise der Krankenschwester und des Krankenpflegers, die für die allgemeine Pflege verantwortlich sind, voraussetzt, nach deren Abschluss eine einjährige Berufserfahrung erworben wird, über die die in Absatz 2 genannte Bescheinigung ausgestellt wird.

(2) Die in Absatz 1 genannte Bescheinigung wird von den zuständigen Behörden des Herkunftsmitgliedstaats ausgestellt. In ihr wird bescheinigt, dass der Inhaber nach Erhalt des Ausbildungsnachweises der Hebamme in zufrieden stellender Weise alle mit dem Beruf einer Hebamme verbundenen Tätigkeiten in einem Krankenhaus oder in einer Einrichtung des Gesundheitswesens, die im Hinblick auf diesen Zweck anerkannt worden ist, während eines entsprechenden Zeitraums ausgeübt hat.

### Artikel 42  Ausübung der Tätigkeiten der Hebamme

(1) Dieser Abschnitt gilt für die von den einzelnen Mitgliedstaaten unbeschadet des Absatzes 2 definierten und unter den in Anhang V Nummer 5.5.2. aufgeführten Berufsbezeichnungen ausgeübten Tätigkeiten der Hebamme.

(2) Die Mitgliedstaaten sorgen dafür, dass Hebammen zumindest die Aufnahme und Ausübung folgender Tätigkeiten gestattet wird:

a) angemessene Aufklärung und Beratung in Fragen der Familienplanung;

b) Feststellung der Schwangerschaft und Beobachtung der normal verlaufenden Schwangerschaft, Durchführung der zur Beobachtung eines normalen Schwangerschaftsverlaufs notwendigen Untersuchungen;

c) Verschreibung der Untersuchungen, die für eine möglichst frühzeitige Feststellung einer Risikoschwangerschaft notwendig sind, oder Aufklärung über diese Untersuchungen;

d) Vorbereitung auf die Elternschaft, umfassende Vorbereitung auf die Niederkunft und Beratung in Fragen der Hygiene und Ernährung;

e) Betreuung der Gebärenden während der Geburt und Überwachung des Fötus in der Gebärmutter mit Hilfe geeigneter klinischer und technischer Mittel;
f) Durchführung von Normalgeburten bei Kopflage, einschließlich – sofern erforderlich – des Scheidendammschnitts sowie im Dringlichkeitsfall Durchführung von Steißgeburten;
g) Erkennung der Anzeichen von Anomalien bei der Mutter oder beim Kind, die das Eingreifen eines Arztes erforderlich machen, sowie Hilfeleistung bei etwaigen ärztlichen Maßnahmen; Ergreifen der notwendigen Maßnahmen bei Abwesenheit des Arztes, insbesondere manuelle Ablösung der Plazenta, an die sich gegebenenfalls eine manuelle Nachuntersuchung der Gebärmutter anschließt;
h) Untersuchung und Pflege des Neugeborenen; Einleitung und Durchführung der erforderlichen Maßnahmen in Notfällen und, wenn erforderlich, Durchführung der sofortigen Wiederbelebung des Neugeborenen;
i) Pflege der Wöchnerin, Überwachung des Zustandes der Mutter nach der Niederkunft und zweckdienliche Beratung über die bestmögliche Pflege des Neugeborenen;
j) Durchführung der vom Arzt verordneten Behandlung;
k) Abfassen der erforderlichen schriftlichen Berichte.

**Artikel 43    Erworbene Rechte von Hebammen**

(1) Jeder Mitgliedstaat erkennt bei Staatsangehörigen von Mitgliedstaaten, deren Ausbildungsnachweise den in Artikel 40 gestellten Mindestanforderungen an die Ausbildung entsprechen, jedoch gemäß Artikel 41 nur anerkannt werden müssen, wenn gleichzeitig die in Artikel 41 Absatz 2 genannte Bescheinigung über die Berufspraxis vorgelegt wird, die von diesen Mitgliedstaaten vor dem in Anhang V Nummer 5.5.2. aufgeführten Stichtag ausgestellten Ausbildungsnachweise der Hebamme als ausreichenden Nachweis an, wenn ihnen eine Bescheinigung darüber beigefügt ist, dass die betreffende Person in den letzten fünf Jahren vor Ausstellung der Bescheinigung mindestens zwei Jahre ohne Unterbrechung tatsächlich und rechtmäßig den Beruf der Hebamme ausgeübt hat.

(2) Die Bestimmungen von Absatz 1 gelten für auf dem Gebiet der ehemaligen Deutschen Demokratischen Republik erworbene Ausbildungsnachweise der Hebamme, die den in Artikel 40 gestellten Mindestanforderungen an die Ausbildung entsprechen, jedoch gemäß Artikel 41 nur anerkannt werden, wenn gleichzeitig die in Artikel 41 Absatz 2 genannte Bescheinigung über die Berufspraxis vorgelegt wird, sofern sie eine Ausbildung abschließen, die vor dem 3. Oktober 1990 begonnen wurde.

(3) Auf polnische Ausbildungsnachweise der Hebamme finden ausschließlich die folgenden Bestimmungen über erworbene Rechte Anwendung.
Bei den Staatsangehörigen der Mitgliedstaaten, deren Ausbildungsnachweise der Hebamme den Mindestanforderungen an die Berufsausbildung gemäß Artikel 40 nicht genügen und von Polen vor dem 1. Mai 2004 verliehen wurden bzw. deren Ausbildung in Polen vor dem 1. Mai 2004 aufgenommen wurde, erkennen die Mitgliedstaaten die folgenden Ausbildungsnachweise der Hebamme an, wenn ihnen eine Bescheinigung darüber beigefügt ist, dass die betreffende Person in den nachstehend angegebenen Zeiträumen tatsächlich und rechtmäßig den Beruf der Hebamme ausgeübt hat:
a) Ausbildungsnachweis der Hebamme auf Graduiertenebene (dyplom licencjata położnictwa): in den fünf Jahren vor Ausstellung der Bescheinigung mindestens drei Jahre ohne Unterbrechung,
b) Ausbildungsnachweis der Hebamme, mit dem der Abschluss einer postsekundären Ausbildung an einer medizinischen Fachschule bescheinigt wird (dyplom położnej): in den sieben Jahren vor Ausstellung der Bescheinigung mindestens fünf Jahre ohne Unterbrechung.

(4) Die Mitgliedstaaten erkennen die in Polen verliehenen Ausbildungsnachweise für Hebammen, deren Ausbildung vor dem 1. Mai 2004 abgeschlossen wurde und den Min-

destanforderungen an die Berufsausbildung gemäß Artikel 40 nicht genügte, an, die durch ein „Bakkalaureat"-Diplom bescheinigt werden, das auf der Grundlage eines speziellen Aufstiegsfortbildungsprogramms erworben wurde, das nach Artikel 11 des Gesetzes vom 20. April 2004 zur Änderung des Gesetzes über den Beruf der Krankenschwester, des Krankenpflegers und der Hebamme und zu einigen anderen Rechtsakten (Amtsblatt der Republik Polen vom 30. April 2004 Nr. 92 Pos. 885) und nach Maßgabe der Verordnung des Gesundheitsministers vom 11. Mai 2004 über die Ausbildungsbedingungen für Krankenschwestern, Krankenpfleger und Hebammen, die einen Sekundarschulabschluss (Abschlussexamen – Matura) und eine abgeschlossene medizinische Schul- und Fachschulausbildung für den Beruf der Krankenschwester, des Krankenpflegers und der Hebamme nachweisen können (Amtsblatt der Republik Polen vom 13. Mai 2004 Nr. 110 Pos. 1170), durchgeführt wurde, um zu überprüfen, ob die betreffende Person über einen Kenntnisstand und eine Fachkompetenz verfügt, die mit denen der Hebammen vergleichbar sind, die Inhaber der für Polen in Anhang V Nummer 5.5.2. genannten Ausbildungsnachweise sind.

### Abschnitt 7: Apotheker

**Artikel 44 Ausbildung des Apothekers**

(1) Die Zulassung zur Apothekerausbildung setzt den Besitz eines Diploms oder eines Prüfungszeugnisses voraus, das in einem Mitgliedstaat für das betreffende Studium die Zulassung zu den Universitäten oder den Hochschulen mit anerkannt gleichwertigem Niveau ermöglicht.

(2) Der Ausbildungsnachweis des Apothekers schließt eine Ausbildung ab, die sich auf einen Zeitraum von mindestens fünf Jahren erstreckt und mindestens Folgendes umfasst:

a) eine vierjährige theoretische und praktische Vollzeitausbildung an einer Universität oder einer Hochschule mit anerkannt gleichwertigem Niveau oder unter der Aufsicht einer Universität;

b) ein sechsmonatiges Praktikum in einer der Öffentlichkeit zugänglichen Apotheke oder in einem Krankenhaus unter der Aufsicht des pharmazeutischen Dienstes dieses Krankenhauses.

Dieser Ausbildungsgang umfasst mindestens das in Anhang V Nummer 5.6.1. aufgeführte Programm. Das Fächerverzeichnis in Anhang V Nummer 5.6.1. kann zur Anpassung an den wissenschaftlichen und technischen Fortschritt nach dem in Artikel 58 Absatz 2 genannten Verfahren geändert werden.

Diese Aktualisierung darf für keinen der Mitgliedstaaten eine Änderung bestehender gesetzlicher Grundsätze der Berufsordnung hinsichtlich der Ausbildung und der Bedingungen für den Zugang natürlicher Personen zu dem Beruf erfordern.

(3) Die Ausbildung des Apothekers gewährleistet, dass die betreffende Person die folgenden Kenntnisse und Fähigkeiten erwirbt:

a) angemessene Kenntnisse der Arzneimittel und der zur Arzneimittelherstellung verwendeten Stoffe;

b) angemessene Kenntnisse der pharmazeutischen Technologie und der physikalischen, chemischen, biologischen und mikrobiologischen Prüfung der Arzneimittel;

c) angemessene Kenntnisse des Metabolismus und der Wirkungen von Arzneimitteln und Giftstoffen sowie der Anwendung von Arzneimitteln;

d) angemessene Kenntnisse zur Beurteilung der die Arzneimittel betreffenden wissenschaftlichen Angaben zur Erteilung einschlägiger Informationen;

e) angemessene Kenntnisse der rechtlichen und sonstigen Voraussetzungen im Zusammenhang mit der Ausübung der pharmazeutischen Tätigkeiten.

**Artikel 45   Ausübung der Tätigkeiten des Apothekers**

(1) Für die Zwecke dieser Richtlinie sind Tätigkeiten des Apothekers die Tätigkeiten, deren Aufnahme und Ausübung in einem oder mehreren Mitgliedstaaten beruflichen Eignungsbedingungen unterliegen und die den Inhabern eines der in Anhang V Nummer 5.6.2. aufgeführten Ausbildungsnachweise offen stehen.

(2) Die Mitgliedstaaten sorgen dafür, dass Inhaber eines pharmazeutischen Ausbildungsnachweises einer Universität oder eines als gleichwertig anerkannten Ausbildungsnachweises, der den Bedingungen des Artikels 44 genügt, zumindest die folgenden Tätigkeiten aufnehmen und ausüben dürfen, gegebenenfalls vorbehaltlich des Erfordernisses einer ergänzenden Berufserfahrung:

a) Herstellung der Darreichungsform von Arzneimitteln,
b) Herstellung und Prüfung von Arzneimitteln,
c) Arzneimittelprüfung in einem Laboratorium für die Prüfung von Arzneimitteln,
d) Lagerung, Qualitätserhaltung und Abgabe von Arzneimitteln auf der Großhandelsstufe,
e) Herstellung, Prüfung, Lagerung und Abgabe von Arzneimitteln in der Öffentlichkeit zugänglichen Apotheken,
f) Herstellung, Prüfung, Lagerung und Abgabe von Arzneimitteln in Krankenhausapotheken,
g) Information und Beratung über Arzneimittel.

(3) Ist in einem Mitgliedstaat die Aufnahme oder Ausübung einer der Tätigkeiten des Apothekers nicht nur vom Besitz eines der in Anhang V Nummer 5.6.2. aufgeführten Ausbildungsnachweise abhängig, sondern auch von dem Erfordernis zusätzlicher Berufserfahrung, so erkennt dieser Mitgliedstaat als ausreichenden Nachweis hierfür die Bescheinigung des Herkunftsmitgliedstaats darüber an, dass die betreffende Person diese Tätigkeiten während einer gleichen Zeitdauer im Herkunftsmitgliedstaat ausgeübt hat.

(4) Die Anerkennung gemäß Absatz 3 gilt nicht für die Berufserfahrung von zwei Jahren, die im Großherzogtum Luxemburg für die Erteilung einer staatlichen Konzession für eine der Öffentlichkeit zugängliche Apotheke vorgeschrieben ist.

(5) War in einem Mitgliedstaat am 16. September 1985 ein Auswahlverfahren aufgrund von Prüfungen vorgeschrieben zur Auswahl der in Absatz 2 genannten Inhaber, die zu Inhabern neuer Apotheken bestellt werden, deren Errichtung im Rahmen eines nationalen Systems geografischer Aufteilung beschlossen worden ist, so kann dieser Mitgliedstaat abweichend von Absatz 1 dieses Auswahlverfahren beibehalten und es auf Staatsangehörige der Mitgliedstaaten anwenden, die Inhaber eines in Anhang V Nummer 5.6.2. aufgeführten Ausbildungsnachweises sind oder Artikel 23 in Anspruch nehmen.

## Abschnitt 8:   Architekt

### Artikel 46   Ausbildung der Architekten

(1) Die Gesamtdauer der Ausbildung des Architekten umfasst mindestens entweder vier Studienjahre auf Vollzeitbasis oder sechs Studienjahre, die zumindest drei Jahre Vollzeitstudium an einer Hochschule oder einer vergleichbaren Bildungseinrichtung umfassen. Diese Ausbildung muss mit einer Prüfung auf Hochschulniveau erfolgreich abgeschlossen werden.

Die Ausbildung muss durch einen Unterricht auf Hochschulniveau erfolgen, der hauptsächlich auf Architektur ausgerichtet ist; sie muss ferner die theoretischen und praktischen Aspekte der Architekturausbildung in ausgewogener Form berücksichtigen und den Erwerb der folgenden Kenntnisse und Fähigkeiten gewährleisten:

a) die Fähigkeit zu architektonischer Gestaltung, die sowohl ästhetischen als auch technischen Erfordernissen gerecht wird;

b) angemessene Kenntnisse der Geschichte und Lehre der Architektur und damit verwandter Künste, Technologien und Geisteswissenschaften;
c) Kenntnisse in den bildenden Künsten wegen ihres Einflusses auf die Qualität der architektonischen Gestaltung;
d) angemessene Kenntnisse in der städtebaulichen Planung und Gestaltung, der Planung im Allgemeinen und in den Planungstechniken;
e) Verständnis der Beziehung zwischen Menschen und Gebäuden sowie zwischen Gebäuden und ihrer Umgebung und Verständnis der Notwendigkeit, Gebäude und die Räume zwischen ihnen mit menschlichen Bedürfnissen und Maßstäben in Beziehung zu bringen;
f) Verständnis des Architekten für seinen Beruf und seine Aufgabe in der Gesellschaft, besonders bei der Erstellung von Entwürfen, die sozialen Faktoren Rechnung tragen;
g) Kenntnis der Methoden zur Prüfung und Erarbeitung des Entwurfs für ein Gestaltungsvorhaben;
h) Kenntnis der strukturellen und bautechnischen Probleme im Zusammenhang mit der Baugestaltung;
i) angemessene Kenntnisse der physikalischen Probleme und der Technologien, die mit der Funktion eines Gebäudes – Schaffung von Komfort und Schutz gegen Witterungseinflüsse – zusammenhängen;
j) die technischen Fähigkeiten, die erforderlich sind, um den Bedürfnissen der Benutzer eines Gebäudes innerhalb der durch Kostenfaktoren und Bauvorschriften gesteckten Grenzen Rechnung zu tragen;
k) angemessene Kenntnisse derjenigen Gewerbe, Organisationen, Vorschriften und Verfahren, die bei der praktischen Durchführung von Bauplänen eingeschaltet werden, sowie der Eingliederung der Pläne in die Gesamtplanung.

(2) Das Verzeichnis der Kenntnisse und Fähigkeiten in Absatz 1 kann zur Anpassung an den wissenschaftlichen und technischen Fortschritt nach dem in Artikel 58 Absatz 2 genannten Verfahren geändert werden.

Diese Aktualisierung darf für keinen der Mitgliedstaaten eine Änderung bestehender gesetzlicher Grundsätze der Berufsordnung hinsichtlich der Ausbildung und der Bedingungen für den Zugang natürlicher Personen zu dem Beruf erfordern.

### Artikel 47  Ausnahmen von den Bedingungen für die Ausbildung des Architekten

(1) Abweichend von Artikel 46 wird ferner als den Anforderungen des Artikels 21 genügend anerkannt: die am 5. August 1985 bestehende dreijährige Ausbildung an den Fachhochschulen in der Bundesrepublik Deutschland, die den Anforderungen des Artikels 46 entspricht und die Aufnahme der in Artikel 48 genannten Tätigkeiten in diesem Mitgliedstaat unter der Berufsbezeichnung „Architekt" ermöglicht, sofern die Ausbildung durch eine vierjährige Berufserfahrung in der Bundesrepublik Deutschland ergänzt wurde; diese Berufserfahrung muss durch eine Bescheinigung bestätigt werden, welche von der Architektenkammer ausgestellt wird, in deren Architektenliste der Architekt eingetragen ist, der die Vorschriften dieser Richtlinie in Anspruch nehmen möchte.

Die Architektenkammer muss zuvor feststellen, dass die von dem betreffenden Architekten auf dem Gebiet der Architektur ausgeführten Arbeiten eine überzeugende Anwendung der in Artikel 46 Absatz 1 genannten Kenntnisse und Fähigkeiten darstellen. Diese Bescheinigung wird nach demselben Verfahren ausgestellt, das auch für die Eintragung in die Architektenliste gilt.

(2) Abweichend von Artikel 46 wird ferner als den Anforderungen des Artikels 21 genügend anerkannt: die Ausbildung im Rahmen der sozialen Förderung oder eines Hochschulstudiums auf Teilzeitbasis, die den Erfordernissen von Artikel 46 entspricht und von einer Person, die seit mindestens sieben Jahren in der Architektur unter der Aufsicht eines Architekten oder Architekturbüros tätig war, durch eine erfolgreiche Prüfung

auf dem Gebiet der Architektur abgeschlossen wird. Diese Prüfung muss Hochschulniveau aufweisen und dem in Artikel 46 Absatz 1 Unterabsatz 1 genannten Abschlussexamen gleichwertig sein.

### Artikel 48  Ausübung der Tätigkeiten des Architekten

(1) Für die Zwecke dieser Richtlinie sind Tätigkeiten des Architekten die Tätigkeiten, die üblicherweise unter der Berufsbezeichnung „Architekt" ausgeübt werden.

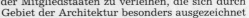

(2) Die Voraussetzungen für die Ausübung der Tätigkeiten des Architekten unter der Berufsbezeichnung „Architekt" sind auch bei Staatsangehörigen eines Mitgliedstaats als gegeben anzusehen, die zur Führung dieses Titels aufgrund eines Gesetzes ermächtigt worden sind, das der zuständigen Behörde eines Mitgliedstaats die Befugnis zuerkennt, diesen Titel Staatsangehörigen der Mitgliedstaaten zu verleihen, die sich durch die Qualität ihrer Leistungen auf dem Gebiet der Architektur besonders ausgezeichnet haben. Den betreffenden Personen wird von ihrem Herkunftsmitgliedstaat bescheinigt, dass ihre Tätigkeit als Architektentätigkeit gilt.

### Artikel 49  Erworbene Rechte von Architekten

(1) Jeder Mitgliedstaat erkennt die in Anhang VI aufgeführten Ausbildungsnachweise des Architekten an, die die anderen Mitgliedstaaten ausgestellt haben und die eine Ausbildung abschließen, die spätestens im akademischen Bezugsjahr begann, das in diesem Anhang angegeben ist, selbst wenn sie den Mindestanforderungen von Artikel 46 nicht genügen, und verleiht ihnen in seinem Hoheitsgebiet dieselbe Wirkung wie den Ausbildungsnachweisen, mit denen er selbst die Aufnahme und Ausübung der Tätigkeiten des Architekten ermöglicht.

Die von den zuständigen Behörden der Bundesrepublik Deutschland ausgestellten Bescheinigungen über die Gleichwertigkeit der nach dem 8. Mai 1945 von den zuständigen Behörden der Deutschen Demokratischen Republik ausgestellten Ausbildungsnachweise und der in diesem Anhang aufgeführten Nachweise werden nach diesen Bedingungen anerkannt.

(2) Jeder Mitgliedstaat erkennt unbeschadet des Absatzes 1 folgende Ausbildungsnachweise an und verleiht ihnen im Hinblick auf die Aufnahme und Ausübung der Tätigkeiten des Architekten in seinem Hoheitsgebiet dieselbe Wirkung wie den von ihm selbst ausgestellten Ausbildungsnachweisen: Bescheinigungen, die Staatsangehörigen der Mitgliedstaaten von denjenigen Mitgliedstaaten ausgestellt wurden, in denen die Aufnahme und Ausübung der Tätigkeiten des Architekten an den nachstehenden Stichtagen reglementiert war:

a) 1. Januar 1995 für Österreich, Finnland und Schweden;
b) 1. Mai 2004 für Tschechische Republik, Estland, Zypern, Lettland, Litauen, Ungarn, Malta, Polen, Slowenien und die Slowakei;
c) 5. August 1987 für alle anderen Mitgliedstaaten.

Die in Unterabsatz 1 genannten Bescheinigungen bestätigen, dass ihr Inhaber spätestens am betreffenden Stichtag die Berechtigung erhielt, die Berufsbezeichnung „Architekt" zu führen und dass er die entsprechend reglementierten Tätigkeiten während der letzten fünf Jahre vor Ausstellung der Bescheinigung mindestens drei Jahre lang ununterbrochen tatsächlich ausgeübt hat.

## Kapitel IV:  Gemeinsame Bestimmungen für die Niederlassung

### Artikel 50  Unterlagen und Formalitäten

(1) Wenn die zuständigen Behörden des Aufnahmemitgliedstaates in Anwendung der Bestimmungen dieses Titels über einen Antrag auf Zulassung zu einem reglementierten Beruf befinden, können sie die in Anhang VII aufgeführten Unterlagen und Bescheinigungen verlangen.

Die in Anhang VII Nummer 1 Buchstaben d, e und f genannten Bescheinigungen dürfen bei ihrer Vorlage nicht älter als drei Monate sein.

Die Mitgliedstaaten, Stellen und sonstigen juristischen Personen sorgen für die Vertraulichkeit der übermittelten Angaben.

(2) Hat der Aufnahmemitgliedstaat berechtigte Zweifel, so kann er von den zuständigen Behörden eines Mitgliedstaats eine Bestätigung der Authentizität der in jenem Mitgliedstaat ausgestellten Bescheinigungen und Ausbildungsnachweise sowie gegebenenfalls eine Bestätigung darüber verlangen, dass der Antragsteller für die in Kapitel III genannten Berufe die Mindestanforderungen der Ausbildung erfüllt, die in den Artikeln 24, 25, 28, 31, 34, 35, 38, 40, 44 und 46 verlangt werden.

(3) Beziehen sich Ausbildungsnachweise nach Artikel 3 Absatz 1 Buchstabe c, die von der zuständigen Behörde eines Mitgliedstaats ausgestellt wurden, auf eine Ausbildung, die ganz oder teilweise in einer rechtmäßig im Hoheitsgebiet eines anderen Mitgliedstaats niedergelassenen Einrichtung absolviert wurde, so kann der Aufnahmemitgliedstaat bei berechtigten Zweifeln bei der zuständigen Stelle des Ausstellungsmitgliedstaats überprüfen,

a) ob der Ausbildungsgang in der betreffenden Einrichtung von der Ausbildungseinrichtung des Ausstellungsmitgliedstaats offiziell bescheinigt worden ist;

b) ob der ausgestellte Ausbildungsnachweis dem entspricht, der verliehen worden wäre, wenn der Ausbildungsgang vollständig im Ausstellungsmitgliedstaat absolviert worden wäre, und

c) ob mit dem Ausbildungsnachweis im Hoheitsgebiet des Ausstellungsmitgliedstaats dieselben beruflichen Rechte verliehen werden.

(4) Verlangt ein Aufnahmemitgliedstaat von seinen Staatsangehörigen für die Aufnahme oder Ausübung eines reglementierten Berufes eine Eidesleistung oder eine feierliche Erklärung, so sorgt er dafür, dass die Angehörigen der anderen Mitgliedstaaten, die die Formel dieses Eides oder dieser feierlichen Erklärung nicht benutzen können, auf eine geeignete, gleichwertige Formel zurückgreifen können.

### Artikel 51  Verfahren für die Anerkennung der Berufsqualifikationen

(1) Die zuständige Behörde des Aufnahmemitgliedstaates bestätigt dem Antragsteller binnen eines Monats den Empfang der Unterlagen und teilt ihm gegebenenfalls mit, welche Unterlagen fehlen.

(2) Das Verfahren für die Prüfung eines Antrags auf Zulassung zu einem reglementierten Beruf muss innerhalb kürzester Frist abgeschlossen werden, spätestens jedoch drei Monate nach Einreichung der vollständigen Unterlagen der betreffenden Person; die Entscheidung muss von der zuständigen Behörde des Aufnahmemitgliedstaates ordnungsgemäß begründet werden. Diese Frist kann jedoch in Fällen, die unter die Kapitel I und II dieses Titels fallen, um einen Monat verlängert werden.

(3) Gegen diese Entscheidung bzw. gegen eine nicht fristgerecht getroffene Entscheidung müssen Rechtsbehelfe nach innerstaatlichem Recht eingelegt werden können.

### Artikel 52  Führen der Berufsbezeichnung

(1) Ist in einem Aufnahmemitgliedstaat das Führen der Berufsbezeichnung im Zusammenhang mit einer der betreffenden beruflichen Tätigkeiten reglementiert, so führen die Angehörigen der übrigen Mitgliedstaaten, die nach Titel III einen reglementierten Beruf ausüben dürfen, die entsprechende Berufsbezeichnung des Aufnahmemitgliedstaats und verwenden deren etwaige Abkürzung.

(2) Wenn ein Beruf im Aufnahmemitgliedstaat durch einen Verband oder eine Organisation im Sinne des Artikels 3 Absatz 2 reglementiert ist, dürfen die Staatsangehörigen der Mitgliedstaaten die von diesem Verband oder dieser Organisation zuerkannte Berufsbezeichnung oder deren Abkürzung nur führen, wenn sie nachweisen, dass sie Mitglied des betreffenden Verbandes oder der betreffenden Organisation sind.

Wenn der Verband oder die Organisation die Mitgliedschaft von bestimmten Qualifikationen abhängig macht, sind bei Angehörigen anderer Mitgliedstaaten, die über die Berufsqualifikationen verfügen, die Vorschriften dieser Richtlinie zu beachten.

## Titel IV: Modalitäten der Berufsausübung

### Artikel 53  Sprachkenntnisse

Personen, deren Berufsqualifikation anerkannt wird, müssen über die Sprachkenntnisse verfügen, die für die Ausübung ihrer Berufstätigkeit im Aufnahmemitgliedstaat erforderlich sind.

### Artikel 54  Führen von akademischen Titeln

Unbeschadet der Artikel 7 und 52 trägt der Aufnahmemitgliedstaat dafür Sorge, dass die betreffenden Personen zum Führen von akademischen Titeln ihres Herkunftsmitgliedstaats und gegebenenfalls der entsprechenden Abkürzung in der Sprache des Herkunftsmitgliedstaats berechtigt sind. Der Aufnahmemitgliedstaat kann vorschreiben, dass neben dieser Bezeichnung Name und Ort der Lehranstalt oder des Prüfungsausschusses aufgeführt werden, die bzw. der diesen akademischen Titel verliehen hat. Kann die Ausbildungsbezeichnung des Herkunftsmitgliedstaats im Aufnahmemitgliedstaat mit einer Bezeichnung verwechselt werden, die in Letzterem eine zusätzliche Ausbildung voraussetzt, die die betreffende Person aber nicht erworben hat, so kann der Aufnahmemitgliedstaat vorschreiben, dass die betreffende Person ihren im Herkunftsmitgliedstaat gültigen akademischen Titel in einer vom Aufnahmemitgliedstaat festgelegten Form verwendet.

### Artikel 55  Kassenzulassung

Unbeschadet des Artikels 5 Absatz 1 und des Artikels 6 Absatz 1 Buchstabe b gilt Folgendes: Mitgliedstaaten, die den Personen, die ihre Berufsqualifikationen in ihrem Hoheitsgebiet erworben haben, nur dann eine Kassenzulassung erteilen, wenn sie einen Vorbereitungslehrgang absolviert und/oder Berufserfahrung erworben haben, befreien die Personen, die ihre Berufsqualifikationen als Arzt bzw. Zahnarzt in einem anderen Mitgliedstaat erworben haben, von dieser Pflicht.

## Titel V: Verwaltungszusammenarbeit und Durchführungsbefugnisse

### Artikel 56  Zuständige Behörden

(1) Die zuständigen Behörden der Aufnahme- und Herkunftsmitgliedstaaten arbeiten eng zusammen und leisten sich Amtshilfe, um die Anwendung dieser Richtlinie zu erleichtern. Sie stellen die Vertraulichkeit der ausgetauschten Informationen sicher.

(2) Die zuständigen Behörden im Aufnahme- und im Herkunftsmitgliedstaat unterrichten sich gegenseitig über das Vorliegen disziplinarischer oder strafrechtlicher Sanktionen oder über sonstige schwerwiegende, genau bestimmte Sachverhalte, die sich auf die Ausübung der in dieser Richtlinie erfassten Tätigkeiten auswirken könnten; dabei sind die Rechtsvorschriften über den Schutz personenbezogener Daten im Sinne der Richtlinien 95/46/EG des Europäischen Parlaments und des Rates vom 24. Oktober 1995 zum Schutz natürlicher Personen bei der Verarbeitung personenbezogener Daten und zum freien Datenverkehr[1)] und 2002/58/EG des Europäischen Parlaments und des Rates vom 12. Juli 2002 über die Verarbeitung personenbezogener Daten und den Schutz der Privatsphäre in der elektronischen Kommunikation (Datenschutzrichtlinie für elektronische Kommunikation)[2)] einzuhalten.

Der Herkunftsmitgliedstaat prüft die Richtigkeit der Sachverhalte; seine Behörden befinden über Art und Umfang der durchzuführenden Prüfungen und unterrichten den Aufnahmemitgliedstaat über die Konsequenzen, die sie aus den übermittelten Auskünften ziehen.

---

1) **Amtl. Anm.:** ABl L 281 vom 23. 11. 1995, S. 31. Geändert durch die Verordnung (EG) Nr. 1882/2003.
2) **Amtl. Anm.:** ABl L 201 vom 31. 7. 2002, S. 37.

(3) Jeder Mitgliedstaat benennt bis 20. Oktober 2007 die Behörden und Stellen, die für die Ausstellung oder Entgegennahme der in dieser Richtlinie genannten Ausbildungsnachweise und sonstigen Unterlagen oder Informationen zuständig sind; ferner benennt er die Behörden und Stellen, die die Anträge annehmen und die Entscheidungen treffen können, die im Zusammenhang mit dieser Richtlinie stehen, und unterrichtet unverzüglich die anderen Mitgliedstaaten und die Kommission hiervon.

(4) Jeder Mitgliedstaat benennt einen Koordinator für die Tätigkeiten der in Absatz 1 genannten Behörden und setzt die anderen Mitgliedstaaten und die Kommission unverzüglich davon in Kenntnis.

Die Koordinatoren haben folgenden Auftrag:

a) Die Förderung der einheitlichen Anwendung dieser Richtlinie;
b) die Sammlung aller Informationen, die für die Anwendung dieser Richtlinie nützlich sind, insbesondere aller Informationen, die die Bedingungen für den Zugang zu reglementierten Berufen in den Mitgliedstaaten betreffen.

Zur Erfüllung ihres Auftrags gemäß Buchstabe b können die Koordinatoren die Hilfe der in Artikel 57 genannten Kontaktstellen in Anspruch nehmen.

### Artikel 57  Kontaktstellen

Jeder Mitgliedstaat benennt spätestens bis 20. Oktober 2007 eine Kontaktstelle, die folgenden Auftrag hat:

a) Die Information der Bürger und der Kontaktstellen der anderen Mitgliedstaaten über alle wichtigen Fragen im Zusammenhang mit der Anerkennung von Berufsqualifikationen gemäß dieser Richtlinie und vor allem Information über die nationalen Rechtsvorschriften für die Aufnahme und Ausübung einer Berufstätigkeit, einschließlich des Sozialrechts, sowie, wenn dies angebracht ist, über etwaige Standesregeln und berufsethische Regeln.
b) Die Unterstützung der Bürger bei der Wahrnehmung der Rechte aus dieser Richtlinie, bei Bedarf unter Einschaltung der anderen Kontaktstellen sowie der zuständigen Behörden des Aufnahmemitgliedstaates.

Auf Ersuchen der Kommission unterrichten die Kontaktstellen diese binnen zwei Monaten nach ihrer Befassung über das Ergebnis der Fälle, die sie gemäß ihrem Auftrag nach Buchstabe b bearbeitet haben.

### Artikel 58  Ausschuss für die Anerkennung von Berufsqualifikationen

(1) Die Kommission wird von einem Ausschuss für die Anerkennung von Berufsqualifikationen, nachstehend „Ausschuss" genannt, unterstützt, der sich aus den Vertretern der Mitgliedstaaten zusammensetzt und in dem der Vertreter der Kommission den Vorsitz führt.

(2) Wird auf diesen Absatz Bezug genommen, so gelten die Artikel 5 und 7 des Beschlusses 1999/468/EG unter Beachtung von dessen Artikel 8.

Der Zeitraum nach Artikel 5 Absatz 6 des Beschlusses 1999/468/EG wird auf zwei Monate festgesetzt.

(3) Der Ausschuss gibt sich eine Geschäftsordnung.

### Artikel 59  Konsultation

Die Kommission stellt sicher, dass Sachverständige der betroffenen beruflichen Gruppierungen in angemessener Weise konsultiert werden, besonders im Zusammenhang mit den Tätigkeiten des in Artikel 58 genannten Ausschusses, und stellt diesem Ausschuss einen mit Gründen versehenen Bericht über die genannten Konsultationen zur Verfügung.

## Titel VI: Sonstige Bestimmungen

### Artikel 60 Berichte

(1) Ab 20. Oktober 2007 legen die Mitgliedstaaten der Kommission alle zwei Jahre einen Bericht über die Anwendung des eingeführten Systems vor. Neben den allgemeinen Ausführungen enthält dieser Bericht eine statistische Aufstellung der getroffenen Entscheidungen sowie eine Beschreibung der Hauptprobleme, die sich aus der Anwendung dieser Richtlinie ergeben.

(2) Ab 20. Oktober 2007 erstellt die Kommission alle fünf Jahre einen Bericht über die Anwendung dieser Richtlinie.

### Artikel 61 Ausnahmebestimmung

Falls ein Mitgliedstaat bei der Anwendung einer Bestimmung dieser Richtlinie in bestimmten Bereichen auf erhebliche Schwierigkeiten stößt, untersucht die Kommission diese Schwierigkeiten gemeinsam mit diesem Mitgliedstaat.

Bei Bedarf entscheidet die Kommission nach dem in Artikel 58 Absatz 2 genannten Verfahren, dass der betreffende Mitgliedstaat vorübergehend von der Anwendung der betreffenden Vorschrift absehen darf.

### Artikel 62 Aufhebung

Die Richtlinien 77/452/EWG, 77/453/EWG, 78/686/EWG, 78/687/EWG, 78/1026/EWG, 78/1027/EWG, 80/154/EWG, 80/155/EWG, 85/384/EWG, 85/432/EWG, 85/433/EWG, 89/48/EWG, 92/51/EWG, 93/16/EWG und 1999/42/EG werden mit Wirkung vom 20. Oktober 2007 aufgehoben. Bezugnahmen auf die aufgehobenen Richtlinien sind als Bezugnahmen auf diese Richtlinie zu verstehen und erfolgen unbeschadet der auf der Grundlage dieser Richtlinien verabschiedeten Rechtsakte.

### Artikel 63 Umsetzung

Die Mitgliedstaaten setzen die Rechts- und Verwaltungsvorschriften in Kraft, die erforderlich sind, um dieser Richtlinie bis spätestens bis 20. Oktober 2007 nachzukommen. Sie unterrichten die Kommission unverzüglich darüber.

Wenn die Mitgliedstaaten diese Vorschriften erlassen, nehmen sie in diesen Vorschriften selbst oder durch einen Hinweis bei der amtlichen Veröffentlichung auf diese Richtlinie Bezug. Die Mitgliedstaaten regeln die Einzelheiten der Bezugnahme.

### Artikel 64 Inkrafttreten

Diese Richtlinie tritt am zwanzigsten Tag nach ihrer Veröffentlichung im Amtsblatt der Europäischen Union in Kraft.

### Artikel 65 Adressaten

Diese Richtlinie ist an die Mitgliedstaaten gerichtet.

## 2. Allgemeines Dienstleistungsrecht

**Richtlinie 2006/123/EG des Europäischen Parlaments und des Rates vom 12. Dezember 2006 über Dienstleistungen im Binnenmarkt (RL 2006/123/EG)**

v. 27. 12. 2006 (ABl Nr. L 376 S. 36)

DAS EUROPÄISCHE PARLAMENT UND DER RAT DER EUROPÄISCHEN UNION –

gestützt auf den Vertrag zur Gründung der Europäischen Gemeinschaft, insbesondere auf Artikel 47 Absatz 2 Sätze 1 und 3 und Artikel 55,

auf Vorschlag der Kommission,

nach Stellungnahme des Europäischen Wirtschafts- und Sozialausschusses[1],

nach Stellungnahme des Ausschusses der Regionen[2],

gemäß dem Verfahren des Artikels 251 des Vertrags[3],

in Erwägung nachstehender Gründe:

(1) Ziel der Europäischen Gemeinschaft ist es, eine immer engere Zusammengehörigkeit der Staaten und Völker Europas zu erreichen und den wirtschaftlichen und sozialen Fortschritt zu sichern. Gemäß Artikel 14 Absatz 2 des Vertrags umfasst der Binnenmarkt einen Raum ohne Binnengrenzen, in dem der freie Verkehr von Dienstleistungen gewährleistet ist. Gemäß Artikel 43 des Vertrags wird die Niederlassungsfreiheit gewährleistet. Artikel 49 des Vertrags regelt den freien Dienstleistungsverkehr innerhalb der Gemeinschaft. Die Beseitigung der Beschränkungen für die Entwicklung von Dienstleistungstätigkeiten zwischen den Mitgliedstaaten ist ein wichtiges Mittel für ein stärkeres Zusammenwachsen der Völker Europas und für die Förderung eines ausgewogenen und nachhaltigen wirtschaftlichen und sozialen Fortschritts. Bei der Beseitigung solcher Beschränkungen muss unbedingt gewährleistet werden, dass die Entfaltung von Dienstleistungstätigkeiten zur Verwirklichung der in Artikel 2 des Vertrags verankerten Aufgaben beiträgt, in der gesamten Gemeinschaft eine harmonische, ausgewogene und nachhaltige Entwicklung des Wirtschaftslebens, ein hohes Beschäftigungsniveau und ein hohes Maß an sozialem Schutz, die Gleichstellung von Männern und Frauen, ein nachhaltiges, nichtinflationäres Wachstum, einen hohen Grad von Wettbewerbsfähigkeit und Konvergenz der Wirtschaftsleistungen, ein hohes Maß an Umweltschutz und Verbesserung der Umweltqualität, die Hebung der Lebenshaltung und der Lebensqualität, den wirtschaftlichen und sozialen Zusammenhalt und die Solidarität zwischen den Mitgliedstaaten zu fördern.

(2) Ein wettbewerbsfähiger Dienstleistungsmarkt ist für die Förderung des Wirtschaftswachstums und die Schaffung von Arbeitsplätzen in der Europäischen Union wesentlich. Gegenwärtig hindert eine große Anzahl von Beschränkungen im Binnenmarkt Dienstleistungserbringer, insbesondere kleine und mittlere Unternehmen (KMU), daran, über ihre nationalen Grenzen hinauszuwachsen und uneingeschränkt Nutzen aus dem Binnenmarkt zu ziehen. Dies schwächt die globale Wettbewerbsfähigkeit der Dienstleistungserbringer aus der Europäischen Union. Ein freier Markt, der die Mitgliedstaaten zwingt, Beschränkungen in grenzüberschreitenden Dienstleistungsverkehr abzubauen, bei gleichzeitiger größerer Transparenz und besserer Information der Verbraucher, würde für die Verbraucher größere Auswahl und bessere Dienstleistungen zu niedrigeren Preisen bedeuten.

---

1) **Amtl. Anm.:** ABl C 221 vom 8. 9. 2005, S. 113.
2) **Amtl. Anm.:** ABl C 43 vom 18. 2. 2005, S. 18.
3) **Amtl. Anm.:** Stellungnahme des Europäischen Parlaments vom 16. Februar 2006 (noch nicht im Amtsblatt veröffentlicht), Gemeinsamer Standpunkt des Rates vom 24. Juli 2006 (ABl C 270 E vom 7. 11. 2006, S. 1) und Standpunkt des Europäischen Parlaments vom 15. November 2006. Beschluss des Rates vom 11. Dezember 2006.

(3) In ihrem Bericht über den „Stand des Binnenmarktes für Dienstleistungen" führt die Kommission eine Vielzahl von Hindernissen auf, die die Entwicklung grenzüberschreitender Dienstleistungstätigkeiten zwischen den Mitgliedstaaten behindern oder bremsen, insbesondere diejenigen von KMU, die im Dienstleistungsgewerbe vorherrschend sind. Der Bericht kommt zu dem Ergebnis, dass ein Jahrzehnt nach der beabsichtigten Vollendung des Binnenmarktes noch immer eine breite Kluft zwischen der Vision einer wirtschaftlich integrierten Europäischen Union und der Wirklichkeit besteht, die die europäischen Bürger und Dienstleistungserbringer erleben. Die Beschränkungen betreffen eine große Bandbreite von Dienstleistungstätigkeiten und sämtliche Phasen der Dienstleistungserbringung und weisen zahlreiche Gemeinsamkeiten auf; so sind sie häufig auf schwerfällige Verwaltungsverfahren, die Rechtsunsicherheit, mit denen grenzüberschreitende Tätigkeiten behaftet sind, oder auf das fehlende gegenseitige Vertrauen zwischen den Mitgliedstaaten zurückzuführen.

(4) Die Dienstleistungen sind zwar der Motor des Wirtschaftswachstums und tragen in den meisten Mitgliedstaaten 70 % zu BIP und Beschäftigung bei, aber die Fragmentierung des Binnenmarktes beeinträchtigt die europäische Wirtschaft insgesamt, insbesondere die Wettbewerbsfähigkeit von KMU und die Zu- und Abwanderung von Arbeitskräften, und behindert den Zugang der Verbraucher zu einer größeren Auswahl an Dienstleistungen zu konkurrenzfähigen Preisen. Es ist wichtig darauf hinzuweisen, dass die Dienstleistungsbranche ein Schlüsselsektor insbesondere für die Beschäftigung von Frauen ist und dass sie deshalb großen Nutzen von den neuen Möglichkeiten, die von der Vollendung des Binnenmarktes für Dienstleistungen geboten werden, zu erwarten haben. Das Europäische Parlament und der Rat haben betont, dass die Beseitigung rechtlicher Beschränkungen, die einen wirklichen Binnenmarkt verhindern, eine der vorrangigen Aufgaben zur Erreichung des vom Europäischen Rat in Lissabon vom 23. und 24. März 2000 vorgegebenen Ziels ist, die Beschäftigungslage und den sozialen Zusammenhalt zu verbessern und zu einem nachhaltigen Wirtschaftswachstum zu gelangen, um die Europäische Union bis zum Jahre 2010 zum wettbewerbsfähigsten und dynamischsten wissensbasierten Wirtschaftsraum der Welt mit mehr und besseren Arbeitsplätzen zu machen. Die Beseitigung dieser Beschränkungen bei gleichzeitiger Gewährleistung eines fortschrittlichen europäischen Gesellschaftsmodells ist somit eine Grundvoraussetzung für die Überwindung der Schwierigkeiten bei der Umsetzung der Lissabon-Strategie und für die wirtschaftliche Erholung in Europa, insbesondere für Investitionen und Beschäftigung. Es ist deshalb wichtig, bei der Schaffung eines Binnenmarktes für Dienstleistungen auf Ausgewogenheit zwischen Marktöffnung und dem Erhalt öffentlicher Dienstleistungen sowie der Wahrung sozialer Rechte und der Rechte der Verbraucher zu achten.

(5) Es ist deshalb erforderlich, die Beschränkungen der Niederlassungsfreiheit von Dienstleistungserbringern in den Mitgliedstaaten und des freien Dienstleistungsverkehrs zwischen Mitgliedstaaten zu beseitigen und den Dienstleistungsempfängern und -erbringern die Rechtssicherheit zu garantieren, die sie für die wirksame Wahrnehmung dieser beiden Grundfreiheiten des Vertrags benötigen. Da die Beschränkungen im Binnenmarkt für Dienstleistungen sowohl die Dienstleistungserbringer beeinträchtigen, die sich in einem anderen Mitgliedstaat niederlassen möchten, als auch diejenigen, die in einem anderen Mitgliedstaat Dienstleistungen erbringen, ohne dort niedergelassen zu sein, ist es erforderlich, den Dienstleistungserbringern zu ermöglichen, ihre Dienstleistungstätigkeiten im Binnenmarkt dadurch zu entwickeln, dass sie sich entweder in einem anderen Mitgliedstaat niederlassen oder den freien Dienstleistungsverkehr nutzen. Die Dienstleistungserbringer sollten zwischen diesen beiden Freiheiten wählen und sich für diejenige entscheiden können, die ihrer Geschäftsstrategie für die einzelnen Mitgliedstaaten am besten gerecht wird.

(6) Diese Beschränkungen können nicht allein durch die direkte Anwendung der Artikel 43 und 49 des Vertrags beseitigt werden, weil – insbesondere nach der Erweiterung – die Handhabung von Fall zu Fall im Rahmen von Vertragsverletzungsverfahren sowohl für die nationalen als auch für die gemeinschaftlichen Organe äußerst kompliziert wäre; außerdem können zahlreiche Beschränkungen nur im Wege der vorherigen Koordinie-

RL 2006/ 123/EG

rung der nationalen Regelungen beseitigt werden, einschließlich der Einführung einer Verwaltungszusammenarbeit. Wie vom Europäischen Parlament und vom Rat anerkannt wurde, ermöglicht ein gemeinschaftliches Rechtsinstrument die Schaffung eines wirklichen Binnenmarktes für Dienstleistungen.

(7) Mit dieser Richtlinie wird ein allgemeiner Rechtsrahmen geschaffen, der einem breiten Spektrum von Dienstleistungen zugute kommt und gleichzeitig die Besonderheiten einzelner Tätigkeiten und Berufe und ihre Reglementierung berücksichtigt. Grundlage dieses Rechtsrahmens ist ein dynamischer und selektiver Ansatz, der vorrangig die leicht zu beseitigenden Beschränkungen beseitigt; hinsichtlich der übrigen wird ein Prozess der Evaluierung, Konsultation und ergänzenden Harmonisierung bei besonderen Fragen eingeleitet, um so schrittweise und koordiniert eine Modernisierung der nationalen Regelungen für Dienstleistungstätigkeiten zu erreichen, wie sie für die Schaffung eines wirklichen Binnenmarktes für Dienstleistungen bis zum Jahr 2010 unerlässlich ist. Es ist angezeigt, bei den Maßnahmen eine ausgewogene Kombination aus gezielter Harmonisierung, Verwaltungszusammenarbeit, den Bestimmungen über die Dienstleistungsfreiheit und der Förderung der Erarbeitung von Verhaltenskodizes für bestimmte Bereiche vorzusehen. Diese Koordinierung der nationalen Rechtsvorschriften sollte ein hohes Maß an rechtlicher Integration auf Gemeinschaftsebene und ein hohes Niveau des Schutzes von Gemeinwohlinteressen, insbesondere den Schutz der Verbraucher, sicherstellen, wie es für die Schaffung von Vertrauen zwischen den Mitgliedstaaten unerlässlich ist. Die Richtlinie berücksichtigt auch andere Gemeinwohlinteressen, einschließlich des Schutzes der Umwelt, der öffentlichen Sicherheit und der öffentlichen Gesundheit sowie der Einhaltung des Arbeitsrechts.

(8) Die Bestimmungen dieser Richtlinie über die Niederlassungsfreiheit und die Dienstleistungsfreiheit sollten nur insoweit Anwendung finden, als die betreffenden Tätigkeiten dem Wettbewerb offen stehen, so dass sie die Mitgliedstaaten weder verpflichten, Dienstleistungen von allgemeinem wirtschaftlichem Interesse zu liberalisieren, noch öffentliche Einrichtungen, die solche Dienstleistungen anbieten, zu privatisieren, noch bestehende Monopole für andere Tätigkeiten oder bestimmte Vertriebsdienste abzuschaffen.

(9) Diese Richtlinie findet nur auf die Anforderungen für die Aufnahme oder Ausübung einer Dienstleistungstätigkeit Anwendung. Sie findet somit keine Anwendung auf Anforderungen wie Straßenverkehrsvorschriften, Vorschriften bezüglich der Stadtentwicklung oder Bodennutzung, der Stadtplanung und der Raumordnung, Baunormen sowie verwaltungsrechtliche Sanktionen, die wegen der Nichteinhaltung solcher Vorschriften verhängt werden, die nicht die Dienstleistungstätigkeit als solche regeln oder betreffen, sondern von Dienstleistungserbringern im Zuge der Ausübung ihrer Wirtschaftstätigkeit genauso beachtet werden müssen wie von Privatpersonen.

(10) Diese Richtlinie betrifft nicht die Anforderungen für den Zugang bestimmter Dienstleistungsanbieter zu öffentlichen Mitteln. Zu diesen Anforderungen gehören insbesondere Anforderungen, die Bedingungen vorsehen, unter denen Dienstleistungserbringer Anspruch auf öffentliche Mittel haben, einschließlich spezifischer Vertragsbedingungen und vor allem Qualitätsnormen, die erfüllt werden müssen, um öffentliche Gelder erhalten zu können, z. B. für soziale Dienstleistungen.

(11) Diese Richtlinie greift nicht in die Maßnahmen ein, die die Mitgliedstaaten im Einklang mit dem Gemeinschaftsrecht treffen, um die kulturelle und sprachliche Vielfalt sowie den Medienpluralismus zu schützen oder zu fördern; dies gilt auch für deren Finanzierung. Diese Richtlinie hindert die Mitgliedstaaten nicht daran, ihre Grundregeln und Prinzipien für die Pressefreiheit und die Freiheit der Meinungsäußerung anzuwenden. Diese Richtlinie berührt nicht die Rechtsvorschriften der Mitgliedstaaten, die Diskriminierungen aus Gründen der Staatsangehörigkeit oder aus Gründen wie den in Artikel 13 des Vertrags genannten verbieten.

(12) Ziel dieser Richtlinie ist die Schaffung eines Rechtsrahmens, der die Niederlassungsfreiheit und den freien Dienstleistungsverkehr zwischen den Mitgliedstaaten garantiert, wobei sie weder zu einer Harmonisierung des Strafrechts führt noch in dieses

eingreift. Ein Mitgliedstaat sollte die Dienstleistungsfreiheit jedoch nicht unter Umgehung der Vorschriften dieser Richtlinie durch Anwendung von Strafrechtsbestimmungen einschränken, die die Aufnahme oder Ausübung einer Dienstleistungstätigkeit gezielt regeln oder beeinflussen.

(13) Es ist gleichermaßen wichtig, dass diese Richtlinie uneingeschränkt die Gemeinschaftsinitiativen aufgrund des Artikels 137 des Vertrags zur Verwirklichung der Ziele des Artikels 136 des Vertrags zur Förderung der Beschäftigung und Verbesserung der Lebens- und Arbeitsbedingungen beachtet.

(14) Diese Richtlinie berührt weder Arbeits- und Beschäftigungsbedingungen wie Höchstarbeits- und Mindestruhezeiten, bezahlten Mindestjahresurlaub, Mindestlohnsätze, Gesundheitsschutz, Sicherheit und Hygiene am Arbeitsplatz, die von den Mitgliedstaaten im Einklang mit dem Gemeinschaftsrecht angewandt werden, noch greift sie in die gemäß nationalem Recht und nationalen Praktiken unter Wahrung des Gemeinschaftsrechts geregelten Beziehungen zwischen den Sozialpartnern ein, z. B. in das Recht, Tarifverträge auszuhandeln und abzuschließen, das Streikrecht und das Recht auf Arbeitskampfmaßnahmen, noch ist sie auf Dienstleistungen von Leiharbeitsagenturen anwendbar. Diese Richtlinie berührt nicht die Rechtsvorschriften der Mitgliedstaaten über die soziale Sicherheit.

(15) Diese Richtlinie wahrt die Ausübung der in den Mitgliedstaaten geltenden Grundrechte, wie sie in der Charta der Grundrechte der Europäischen Union und den zugehörigen Erläuterungen anerkannt werden, und bringt sie mit den in den Artikeln 43 und 49 des Vertrags festgelegten Grundfreiheiten in Einklang. Zu diesen Grundrechten gehört das Recht auf Arbeitskampfmaßnahmen gemäß nationalem Recht und nationalen Praktiken unter Wahrung des Gemeinschaftsrechts.

(16) Diese Richtlinie betrifft ausschließlich Dienstleistungserbringer, die in einem Mitgliedstaat niedergelassen sind und regelt keine externen Aspekte. Sie betrifft nicht Verhandlungen innerhalb internationaler Organisationen über den Handel mit Dienstleistungen, insbesondere im Rahmen des Allgemeinen Abkommens über den Handel mit Dienstleistungen (GATS).

(17) Diese Richtlinie gilt nur für Dienstleistungen, die für eine wirtschaftliche Gegenleistung erbracht werden. Dienstleistungen von allgemeinem Interesse fallen nicht unter die Begriffsbestimmung des Artikels 50 des Vertrags und somit nicht in den Anwendungsbereich dieser Richtlinie. Dienstleistungen von allgemeinem wirtschaftlichem Interesse sind Dienstleistungen, die für eine wirtschaftliche Gegenleistung erbracht werden, und fallen deshalb in den Anwendungsbereich dieser Richtlinie. Gleichwohl sind bestimmte Dienstleistungen von allgemeinem wirtschaftlichem Interesse, wie solche, die gegebenenfalls im Verkehrsbereich erbracht werden, vom Anwendungsbereich dieser Richtlinie ausgenommen und für einige andere Dienstleistungen von allgemeinem wirtschaftlichem Interesse, wie solche, die gegebenenfalls im Bereich der Postdienste erbracht werden, gelten Ausnahmen von den Bestimmungen dieser Richtlinie über die Dienstleistungsfreiheit. Diese Richtlinie regelt nicht die Finanzierung von Dienstleistungen von allgemeinem wirtschaftlichem Interesse und gilt auch nicht für die von den Mitgliedstaaten insbesondere auf sozialem Gebiet im Einklang mit den gemeinschaftlichen Wettbewerbsvorschriften gewährten Beihilfen. Diese Richtlinie betrifft nicht die Folgemaßnahmen zum Weißbuch der Kommission zu Dienstleistungen von allgemeinem Interesse.

(18) Finanzdienstleistungen sollten aus dem Anwendungsbereich dieser Richtlinie ausgeschlossen sein, da diese Tätigkeiten Gegenstand besonderer Gemeinschaftsrechtsvorschriften sind, die wie die vorliegende Richtlinie darauf abzielen, einen wirklichen Binnenmarkt für Dienstleistungen zu schaffen. Folglich sollte dieser Ausschluss für alle Finanzdienstleistungen wie Bankdienstleistungen, Kreditgewährung, Versicherung, einschließlich Rückversicherung, betriebliche oder individuelle Altersversorgung, Wertpapiere, Geldanlagen, Zahlungen und Anlageberatung, einschließlich der in Anhang I der Richtlinie 2006/48/EG des Europäischen Parlaments und des Rates vom 14. Juni

2006 über die Aufnahme und Ausübung der Tätigkeit der Kreditinstitute[1] aufgeführten Dienstleistungen gelten.

(19) Angesichts der im Jahr 2002 erfolgten Verabschiedung einer Reihe von Rechtsakten über die Netze und Dienste der elektronischen Kommunikation sowie über die damit zusammenhängenden Ressourcen und Dienste, die insbesondere durch die Abschaffung der Mehrzahl der Einzelgenehmigungsverfahren einen Rechtsrahmen für die Erleichterung des Zugangs zu diesen Tätigkeiten im Binnenmarkt geschaffen hat, müssen die durch diese Rechtsakte geregelten Fragen vom Anwendungsbereich der vorliegenden Richtlinie ausgenommen werden.

(20) Die Ausnahmen vom Anwendungsbereich der vorliegenden Richtlinie hinsichtlich Angelegenheiten der elektronischen Kommunikationsdienste im Sinne der Richtlinie 2002/19/EG des Europäischen Parlaments und des Rates vom 7. März 2002 über den Zugang zu elektronischen Kommunikationsnetzen und zugehörigen Einrichtungen sowie deren Zusammenschaltung (Zugangsrichtlinie)[2], der Richtlinie 2002/20/EG des Europäischen Parlaments und des Rates vom 7. März 2002 über die Genehmigung elektronischer Kommunikationsnetze und -dienste (Genehmigungsrichtlinie)[3], der Richtlinie 2002/21/EG des Europäischen Parlaments und des Rates vom 7. März 2002 über einen gemeinsamen Rechtsrahmen für elektronische Kommunikationsnetze und -dienste (Rahmenrichtlinie)[4], der Richtlinie 2002/22/EG des Europäischen Parlaments und des Rates vom 7. März 2002 über den Universaldienst und Nutzerrechte bei elektronischen Kommunikationsnetzen und -diensten (Universaldienstrichtlinie)[5] und der Richtlinie 2002/58/EG des Europäischen Parlaments und des Rates vom 12. Juli 2002 über die Verarbeitung personenbezogener Daten und den Schutz der Privatsphäre in der elektronischen Kommunikation (Datenschutzrichtlinie für elektronische Kommunikation)[6] sollten nicht nur für Fragen gelten, die spezifisch in den genannten Richtlinien geregelt sind, sondern auch für Bereiche, bei denen die Richtlinien den Mitgliedstaaten ausdrücklich die Möglichkeit belassen, bestimmte Maßnahmen auf nationaler Ebene zu erlassen.

(21) Verkehrsdienstleistungen, einschließlich des Personennahverkehrs, Taxis und Krankenwagen sowie Hafendienste, sollten vom Anwendungsbereich dieser Richtlinie ausgenommen sein.

(22) Der Ausschluss des Gesundheitswesens vom Anwendungsbereich dieser Richtlinie sollte Gesundheits- und pharmazeutische Dienstleistungen umfassen, die von Angehörigen eines Berufs im Gesundheitswesen gegenüber Patienten erbracht werden, um deren Gesundheitszustand zu beurteilen, zu erhalten oder wiederherzustellen, wenn diese Tätigkeiten in dem Mitgliedstaat, in dem die Dienstleistungen erbracht werden, einem reglementierten Gesundheitsberuf vorbehalten sind.

(23) Diese Richtlinie betrifft nicht die Kostenerstattung für eine Gesundheitsdienstleistung, die in einem anderen Mitgliedstaat als demjenigen, in dem der Empfänger der Behandlungsleistung seinen Wohnsitz hat, erbracht wurde. Mit dieser Frage hat sich der Gerichtshof mehrfach befasst, wobei der Gerichtshof die Rechte der Patienten anerkannt hat. Es ist wichtig, dieses Thema, soweit es nicht bereits von der Verordnung (EWG) Nr. 1408/71 des Rates vom 14. Juni 1971 zur Anwendung der Systeme der sozialen Sicherheit auf Arbeitnehmer und deren Familien, die innerhalb der Gemeinschaft

---

1) **Amtl. Anm.:** ABl L 177 vom 30. 6. 2006, S. 1.
2) **Amtl. Anm.:** ABl L 108 vom 24. 4. 2002, S. 7.
3) **Amtl. Anm.:** ABl L 108 vom 24. 4. 2002, S. 21.
4) **Amtl. Anm.:** ABl L 108 vom 24. 4. 2002, S. 33.
5) **Amtl. Anm.:** ABl L 108 vom 24. 4. 2002, S. 51.
6) **Amtl. Anm.:** ABl L 201 vom 31. 7. 2002, S. 37. Geändert durch die Richtlinie 2006/24/EG (ABl L 105 vom 13. 4. 2006, S. 54).

zu- und abwandern[1], erfasst ist, in einem anderen Rechtsakt der Gemeinschaft zu behandeln, um mehr Rechtssicherheit und -klarheit zu erreichen.

(24) Audiovisuelle Dienste, auch in Kinos, sollten unabhängig von der Art ihrer Ausstrahlung ebenfalls vom Anwendungsbereich dieser Richtlinie ausgenommen sein. Ebenso wenig sollte diese Richtlinie für Beihilfen gelten, die von den Mitgliedstaaten im audiovisuellen Sektor gewährt werden und die unter die gemeinschaftlichen Wettbewerbsvorschriften fallen.

(25) Glücksspiele einschließlich Lotterien und Wetten sollten aufgrund der spezifischen Natur dieser Tätigkeiten, die von Seiten der Mitgliedstaaten Politikansätze zum Schutz der öffentlichen Ordnung und zum Schutz der Verbraucher bedingen, vom Anwendungsbereich dieser Richtlinie ausgenommen sein.

(26) Diese Richtlinie lässt die Anwendung des Artikels 45 des Vertrags unberührt.

(27) Diese Richtlinie sollte keine sozialen Dienstleistungen im Bereich Wohnung, Kinderbetreuung und Unterstützung von hilfsbedürftigen Familien und Personen erfassen, die vom Staat selbst – auf nationaler, regionaler oder lokaler Ebene –, durch von ihm beauftragte Dienstleistungserbringer oder durch von ihm anerkannte gemeinnützige Einrichtungen erbracht werden, um Menschen zu unterstützen, die aufgrund ihres unzureichenden Familieneinkommens oder des völligen oder teilweisen Verlustes ihrer Selbstständigkeit dauerhaft oder vorübergehend besonders hilfsbedürftig sind oder Gefahr laufen, marginalisiert zu werden. Diese Dienstleistungen tragen entscheidend dazu bei, das Grundrecht auf Schutz der Würde und Integrität des Menschen zu garantieren; sie sind Ausfluss der Grundsätze des sozialen Zusammenhalts und der Solidarität und sollten daher von dieser Richtlinie unberührt bleiben.

(28) Diese Richtlinie berührt nicht die Finanzierung von sozialen Dienstleistungen oder des damit verbundenen Beihilfesystems. Sie berührt auch nicht die Kriterien und Bedingungen, die von den Mitgliedstaaten festgelegt werden, um zu gewährleisten, dass die sozialen Dienstleistungen dem öffentlichen Interesse und dem sozialen Zusammenhalt dienen. Zudem sollte diese Richtlinie nicht den Grundsatz des Universaldienstes bei den sozialen Dienstleistungen der Mitgliedstaaten berühren.

(29) Angesichts der Tatsache, dass der Vertrag besondere Rechtsgrundlagen im Bereich der Steuern enthält, und angesichts der in diesem Bereich bereits verabschiedeten Gemeinschaftsrechtsakte muss der Bereich der Steuern aus dem Anwendungsbereich dieser Richtlinie ausgenommen sein.

(30) Dienstleistungstätigkeiten sind bereits Gegenstand einer Vielzahl von Gemeinschaftsvorschriften. Diese Richtlinie ergänzt und vervollständigt diesen gemeinschaftsrechtlichen Besitzstand. Kollisionen zwischen dieser Richtlinie und anderen Gemeinschaftsinstrumenten sind festgestellt worden und werden in dieser Richtlinie berücksichtigt, unter anderem durch Ausnahmeregelungen. Dennoch bedarf es einer Regelung für verbleibende Fälle und Ausnahmefälle für den Fall, dass eine Bestimmung dieser Richtlinie mit einer Bestimmung eines anderen Gemeinschaftsinstruments kollidiert. Ob eine Kollision vorliegt, sollte in Übereinstimmung mit den Bestimmungen des Vertrags über die Niederlassungsfreiheit und den freien Dienstleistungsverkehr festgestellt werden.

(31) Diese Richtlinie steht im Einklang mit der Richtlinie 2005/36/EG des Europäischen Parlaments und des Rates vom 7. September 2005 über die Anerkennung von Berufsqualifikationen[2] und lässt diese unberührt. Sie behandelt andere Fragen als diejenigen im Zusammenhang mit Berufsqualifikationen, z. B. Fragen der Berufshaftpflichtversicherung, der kommerziellen Kommunikation, multidisziplinärer Tätigkeiten und der Verwaltungsvereinfachung. Bezüglich der vorübergehenden grenzüberschreitenden Erbringung von Dienstleistungen stellt eine Ausnahme von den Bestimmungen der vorliegenden Richtlinie über die Dienstleistungsfreiheit sicher, dass der Titel II „Dienstleistungs-

---

1) **Amtl. Anm.:** ABl L 149 vom 5. 7. 1971, S. 2. Zuletzt geändert durch die Verordnung (EG) Nr. 629/2006 des Europäischen Parlaments und des Rates (ABl L 114 vom 27. 4. 2006, S. 1).

2) **Amtl. Anm.:** ABl L 255 vom 30. 9. 2005, S. 22.

freiheit" der Richtlinie 2005/36/EG nicht berührt wird. Somit werden keine gemäß der Richtlinie 2005/36/EG im Mitgliedstaat der Dienstleistungserbringung anwendbaren Maßnahmen von den Bestimmungen der vorliegenden Richtlinie über die Dienstleistungsfreiheit berührt.

(32) Diese Richtlinie steht im Einklang mit der gemeinschaftlichen Gesetzgebung zum Verbraucherschutz wie etwa der Richtlinie 2005/29/EG des Europäischen Parlaments und des Rates vom 11. Mai 2005 über unlautere Geschäftspraktiken im binnenmarktinternen Geschäftsverkehr zwischen Unternehmen und Verbrauchern (Richtlinie über unlautere Geschäftspraktiken)[1] und der Verordnung (EG) Nr. 2006/2004 des Europäischen Parlaments und des Rates vom 27. Oktober 2004 über die Zusammenarbeit zwischen den für die Durchsetzung der Verbraucherschutzgesetze zuständigen nationalen Behörden (Verordnung über die Zusammenarbeit im Verbraucherschutz)[2].

(33) Die von dieser Richtlinie erfassten Dienstleistungen umfassen einen weiten Bereich von Tätigkeiten, die einem ständigen Wandel unterworfen sind, wie etwa Dienstleistungen für Unternehmen wie Unternehmensberatung, Zertifizierungs- und Prüfungstätigkeiten, Anlagenverwaltung einschließlich Unterhaltung von Büroräumen, Werbung, Personalagenturen und die Dienste von Handelsvertretern. Die von dieser Richtlinie erfassten Dienstleistungen umfassen ferner Dienstleistungen, die sowohl für Unternehmen als auch für Verbraucher angeboten werden, wie etwa Rechts- oder Steuerberatung, Dienstleistungen des Immobilienwesens wie die Tätigkeit der Immobilienmakler, Dienstleistungen des Baugewerbes einschließlich Dienstleistungen von Architekten, Handel, die Veranstaltung von Messen, die Vermietung von Kraftfahrzeugen und Dienste von Reisebüros. Hinzu kommen Verbraucherdienstleistungen, beispielsweise im Bereich des Fremdenverkehrs, einschließlich Leistungen von Fremdenführern, Dienstleistungen im Freizeitbereich, Sportzentren und Freizeitparks, und, sofern sie nicht aus dem Anwendungsbereich dieser Richtlinie ausgenommen sind, Unterstützungsdienste im Haushalt wie etwa Hilfeleistungen für ältere Menschen. Hierbei handelt es sich sowohl um Tätigkeiten, die die räumliche Nähe zwischen Dienstleistungserbringer und Dienstleistungsempfänger oder aber auch den Ortswechsel des einen oder anderen erfordern, als auch um Leistungen, die im Fernabsatz, beispielsweise über das Internet, erbracht werden können.

(34) Nach der Rechtsprechung des Gerichtshofs muss die Frage, ob bestimmte Tätigkeiten – insbesondere Tätigkeiten, die mit öffentlichen Mitteln finanziert oder durch öffentliche Einrichtungen erbracht werden – eine „Dienstleistung" darstellen, von Fall zu Fall im Lichte sämtlicher Merkmale, insbesondere der Art, wie die Leistungen im betreffenden Mitgliedstaat erbracht, organisiert und finanziert werden, beurteilt werden. Der Gerichtshof hat entschieden, dass das wesentliche Merkmal eines Entgelts darin liegt, dass es eine Gegenleistung für die betreffenden Dienstleistungen darstellt, und hat anerkannt, dass das Merkmal des Entgelts bei Tätigkeiten fehlt, die vom Staat oder für den Staat ohne wirtschaftliche Gegenleistung im Rahmen der sozialen, kulturellen, bildungspolitischen und rechtlichen Verpflichtungen des Staates ausgeübt werden, wie etwa bei im Rahmen des nationalen Bildungssystems erteiltem Unterricht oder der Verwaltung von Systemen der sozialen Sicherheit, die keine wirtschaftliche Tätigkeit bewirken. Die Zahlung einer Gebühr durch den Dienstleistungsempfänger, z. B. eine Unterrichts- oder Einschreibegebühr, die Studenten als Beitrag zu den Betriebskosten eines Systems entrichten, stellt als solche kein Entgelt dar, da die Dienstleistung noch überwiegend aus öffentlichen Mitteln finanziert wird. Diese Tätigkeiten entsprechen daher nicht der in Artikel 50 des Vertrags enthaltenen Definition von „Dienstleistungen" und fallen somit nicht in den Anwendungsbereich dieser Richtlinie.

(35) Der Amateursport, bei dem kein Gewinnzweck verfolgt wird, ist von beträchtlicher sozialer Bedeutung. Er dient oftmals uneingeschränkt sozialen Zielvorgaben oder Freizeitzwecken. Somit stellt er unter Umständen keine Wirtschaftstätigkeit im Sinne des

---

1) **Amtl. Anm.:** ABl L 149 vom 11. 6. 2005, S. 22.
2) **Amtl. Anm.:** ABl L 364 vom 9. 12. 2004, S. 1. Geändert durch die Richtlinie 2005/29/EG.

Gemeinschaftsrechts dar und sollte nicht in den Anwendungsbereich dieser Richtlinie fallen.

(36) Der Begriff des Dienstleistungserbringers sollte alle natürlichen Personen mit der Staatsangehörigkeit eines Mitgliedstaats und alle juristischen Personen erfassen, die in einem Mitgliedstaat eine Dienstleistungstätigkeit ausüben, entweder unter Inanspruchnahme der Niederlassungsfreiheit oder des freien Dienstleistungsverkehrs. Der Begriff des Dienstleistungserbringers sollte deshalb nicht nur die Fälle erfassen, in denen die Leistung grenzüberschreitend im Rahmen des freien Dienstleistungsverkehrs erbracht wird, sondern auch die Fälle, in denen sich ein Marktteilnehmer in einem anderen Mitgliedstaat niederlässt, um dort Dienstleistungstätigkeiten zu erbringen. Andererseits sollte der Begriff des Dienstleistungserbringers nicht den Fall der Zweigniederlassung einer Gesellschaft aus einem Drittstaat in einem Mitgliedstaat erfassen, denn die Niederlassungsfreiheit und der freie Dienstleistungsverkehr finden gemäß Artikel 48 des Vertrags nur auf Gesellschaften Anwendung, die nach den Rechtsvorschriften eines Mitgliedstaates gegründet wurden und ihren satzungsmäßigen Sitz, ihre Hauptverwaltung oder ihre Hauptniederlassung in der Gemeinschaft haben. Der Begriff des Dienstleistungsempfängers sollte auch Drittstaatsangehörige erfassen, die bereits in den Genuss von Rechten aus Gemeinschaftsrechtsakten kommen wie etwa der Verordnung (EWG) Nr. 1408/71, der Richtlinie 2003/109/EG des Rates vom 25. November 2003 betreffend die Rechtsstellung der langfristig aufenthaltsberechtigten Drittstaatsangehörigen[1], der Verordnung (EG) Nr. 859/2003 des Rates vom 14. Mai 2003 zur Ausdehnung der Bestimmungen der Verordnung (EWG) Nr. 1408/71 und der Verordnung (EWG) Nr. 574/72 auf Drittstaatsangehörige, die ausschließlich aufgrund ihrer Staatsangehörigkeit nicht bereits unter diese Bestimmungen fallen[2], und der Richtlinie 2004/38/EG des Europäischen Parlaments und des Rates vom 29. April 2004 über das Recht der Unionsbürger und ihrer Familienangehörigen, sich im Hoheitsgebiet der Mitgliedstaaten frei zu bewegen und aufzuhalten[3]. Darüber hinaus können die Mitgliedstaaten den Begriff des Dienstleistungsempfängers auf andere Drittstaatsangehörige ausdehnen, die sich in ihrem Hoheitsgebiet aufhalten.

(37) Der Ort, an dem ein Dienstleistungserbringer niedergelassen ist, sollte nach der Rechtsprechung des Gerichtshofs bestimmt werden, nach der der Begriff der Niederlassung die tatsächliche Ausübung einer wirtschaftlichen Tätigkeit mittels einer festen Einrichtung auf unbestimmte Zeit umfasst. Diese Anforderung kann auch erfüllt sein, wenn ein Unternehmen für einen bestimmten Zeitraum gegründet wird oder das Gebäude oder die Anlage mietet, von dem bzw. der aus es seine Tätigkeit ausübt. Sie kann ferner erfüllt sein, wenn ein Mitgliedstaat eine befristete Genehmigung ausschließlich für bestimmte Dienstleistungen erteilt. Eine Niederlassung muss nicht die Form einer Tochtergesellschaft, Zweigniederlassung oder Agentur haben, sondern kann aus einer Geschäftsstelle bestehen, die von einem Beschäftigten des Dienstleistungserbringers oder von einem Selbstständigen, der ermächtigt ist, dauerhaft für das Unternehmen zu handeln, betrieben wird, wie dies z. B. bei einer Agentur der Fall ist. Gemäß dieser Definition, die die tatsächliche Ausübung einer wirtschaftlichen Tätigkeit am Ort der Niederlassung des Dienstleistungserbringers erfordert, begründet ein bloßer Briefkasten keine Niederlassung. Hat ein Dienstleistungserbringer mehrere Niederlassungsorte, so ist es wichtig zu bestimmen, von welchem Niederlassungsort aus die betreffende Dienstleistung tatsächlich erbracht wird. In den Fällen, in denen es schwierig ist zu bestimmen, von welchem der verschiedenen Niederlassungsorte aus eine bestimmte Dienstleistung erbracht wird, sollte der Ort als Niederlassungsort angesehen werden, an dem der Dienstleistungserbringer das Zentrum seiner Tätigkeiten in Bezug auf diese konkrete Dienstleistung hat.

(38) Der Begriff der juristischen Person im Sinne der Bestimmungen des Vertrags über die Niederlassung stellt es dem Marktteilnehmer frei, die Rechtsform zu wählen, die er

---

1) **Amtl. Anm.:** ABl L 16 vom 23. 1. 2004, S. 44.
2) **Amtl. Anm.:** ABl L 124 vom 20. 5. 2003, S. 1.
3) **Amtl. Anm.:** ABl L 158 vom 30. 4. 2004, S. 77.

für die Ausübung seiner Tätigkeit für geeignet hält. Folglich sind „juristische Personen" im Sinne des Vertrags sämtliche Einrichtungen, die nach dem Recht eines Mitgliedstaats gegründet wurden oder diesem Recht unterstehen, unabhängig von ihrer Rechtsform.

(39) Der Begriff der Genehmigungsregelung sollte unter anderem die Verwaltungsverfahren, in denen Genehmigungen, Lizenzen, Zulassungen oder Konzessionen erteilt werden, erfassen sowie die Verpflichtung zur Eintragung bei einer Berufskammer oder in einem Berufsregister, einer Berufsrolle oder einer Datenbank, die Zulassung durch eine Einrichtung oder den Besitz eines Ausweises, der die Zugehörigkeit zu einem bestimmten Beruf bescheinigt, falls diese Voraussetzung dafür sind, eine Tätigkeit ausüben zu können. Die Erteilung einer Genehmigung kann nicht nur durch eine förmliche Entscheidung erfolgen, sondern auch durch eine stillschweigende Entscheidung, beispielsweise, wenn die zuständige Behörde nicht reagiert oder der Antragsteller die Empfangsbestätigung einer Erklärung abwarten muss, um eine Tätigkeit aufnehmen oder sie rechtmäßig ausüben zu können.

(40) Der Begriff der zwingenden Gründe des Allgemeininteresses, auf den sich einige Bestimmungen dieser Richtlinie beziehen, ist in der Rechtsprechung des Gerichtshofes zu den Artikeln 43 und 49 des Vertrags entwickelt worden und kann sich noch weiterentwickeln. Der Begriff umfasst entsprechend der Auslegung des Gerichtshofes zumindest folgende Gründe: öffentliche Ordnung, öffentliche Sicherheit und öffentliche Gesundheit im Sinne der Artikel 46 und 55 des Vertrags; Wahrung der gesellschaftlichen Ordnung; sozialpolitische Zielsetzungen; Schutz von Dienstleistungsempfängern; Verbraucherschutz; Schutz der Arbeitnehmer einschließlich des sozialen Schutzes von Arbeitnehmern; Tierschutz; Erhaltung des finanziellen Gleichgewichts des Systems der sozialen Sicherheit; Betrugsvorbeugung; Verhütung von unlauterem Wettbewerb; Schutz der Umwelt und der städtischen Umwelt einschließlich der Stadt- und Raumplanung; Gläubigerschutz; Wahrung der ordnungsgemäßen Rechtspflege; Straßenverkehrssicherheit; Schutz des geistigen Eigentums; kulturpolitische Zielsetzungen einschließlich der Wahrung des Rechts auf freie Meinungsäußerung, insbesondere im Hinblick auf soziale, kulturelle, religiöse und philosophische Werte der Gesellschaft; die Notwendigkeit, ein hohes Bildungsniveau zu gewährleisten; Wahrung der Pressevielfalt und Förderung der Nationalsprache; Wahrung des nationalen historischen und künstlerischen Erbes sowie Veterinärpolitik.

(41) Der Begriff der öffentlichen Ordnung in der Auslegung des Gerichtshofs umfasst den Schutz vor einer tatsächlichen und hinreichend erheblichen Gefahr, die ein Grundinteresse der Gesellschaft berührt; hierunter können insbesondere Fragen der menschlichen Würde, des Schutzes von Minderjährigen und hilfsbedürftigen Erwachsenen sowie der Tierschutz fallen. Entsprechend umfasst der Begriff der öffentlichen Sicherheit auch Fragen der nationalen Sicherheit und Fragen der Sicherheit der Bevölkerung.

(42) Die Bestimmungen in Bezug auf Verwaltungsverfahren sollten nicht darauf abzielen, die Verwaltungsverfahren zu harmonisieren, sondern darauf, übermäßig schwerfällige Genehmigungsregelungen, -verfahren und -formalitäten zu beseitigen, die die Niederlassungsfreiheit und die daraus resultierende Gründung neuer Dienstleistungsunternehmen behindern.

(43) Eine der grundlegenden Schwierigkeiten bei der Aufnahme und Ausübung von Dienstleistungstätigkeiten, insbesondere für KMU, besteht in der Komplexität, Langwierigkeit und mangelnden Rechtssicherheit der Verwaltungsverfahren. Deshalb sind, nach dem Vorbild einiger Initiativen zur Modernisierung und Verbesserung der Verwaltungspraxis auf Gemeinschaftsebene und auf nationaler Ebene, Grundsätze für die Verwaltungsvereinfachung aufzustellen, unter anderem durch die Beschränkung der Pflicht zur Vorabgenehmigung auf die Fälle, in denen diese unerlässlich ist, und die Einführung des Grundsatzes, wonach eine Genehmigung nach Ablauf einer bestimmten Frist als von den zuständigen Behörden stillschweigend erteilt gilt. Eine solche Modernisierung soll – bei gleichzeitiger Sicherstellung der Transparenz und ständiger Aktualisierung der Informationen über die Marktteilnehmer – die Verzögerungen, Kosten und abschreckende Wirkung beseitigen, die beispielsweise durch überflüssige oder zu komplexe und aufwändige Verfahren, Mehrfachanforderungen, überzogene Formerfordernisse für Un-

terlagen, willkürliche Ausübung von Befugnissen der zuständigen Behörden, vage oder überlange Fristen bis zur Erteilung einer Antwort, die Befristung von erteilten Genehmigungen oder unverhältnismäßige Gebühren und Sanktionen verursacht werden. Die betreffenden Verwaltungspraktiken schrecken ganz besonders Dienstleistungserbringer ab, die in anderen Mitgliedstaaten tätig sein wollen, und erfordern deshalb eine koordinierte Modernisierung in einem auf 25 Mitgliedstaaten erweiterten Binnenmarkt.

(44) Die Mitgliedstaaten sollten, sofern dies angebracht ist, auf Gemeinschaftsebene harmonisierte, von der Kommission erstellte Formblätter einführen, die Zeugnissen, Bescheinigungen oder sonstigen für die Niederlassung erforderlichen Dokumenten gleichwertig sind.

(45) Bei der Prüfung der Frage, ob eine Vereinfachung der Verfahren und Formalitäten erforderlich ist, sollten die Mitgliedstaaten insbesondere die Notwendigkeit und die Zahl der Verfahren und Formalitäten, mögliche Überschneidungen, die Kosten, die Klarheit, die Zugänglichkeit sowie die zeitliche Verzögerung und die praktischen Schwierigkeiten, die die Verfahren und Formalitäten dem betroffenen Dienstleistungserbringer bereiten könnten, berücksichtigen.

(46) Um die Aufnahme und Ausübung von Dienstleistungstätigkeiten im Binnenmarkt zu erleichtern, muss das Ziel der Verwaltungsvereinfachung für alle Mitgliedstaaten festgelegt und müssen Bestimmungen über u. a. das Recht auf Information, die elektronische Abwicklung von Verfahren und die für Genehmigungsregelungen geltenden Grundsätze vorgesehen werden. Weitere Maßnahmen auf nationaler Ebene zur Verwirklichung dieses Ziels könnten in der Verringerung der Zahl der Verfahren und Formalitäten für Dienstleistungstätigkeiten bestehen sowie in der Beschränkung dieser Verfahren und Formalitäten auf diejenigen, die aus Gründen des Allgemeininteresses unerlässlich sind und nach Zweck oder Inhalt keine Mehrfachanforderungen darstellen.

(47) Um die Verwaltungsabläufe zu vereinfachen sollten nicht generelle formale Anforderungen vorgesehen werden, wie etwa die Vorlage von Originaldokumenten, beglaubigten Kopien oder beglaubigten Übersetzungen, es sei denn, dies ist objektiv durch einen zwingenden Grund des Allgemeininteresses gerechtfertigt, wie etwa durch den Schutz der Arbeitnehmer, die öffentliche Gesundheit, den Schutz der Umwelt oder den Schutz der Verbraucher. Es ist weiterhin erforderlich, dass eine Genehmigung grundsätzlich die Aufnahme und Ausübung einer Dienstleistungstätigkeit im gesamten nationalen Hoheitsgebiet ermöglicht, es sei denn, dass eine Genehmigung für jede einzelne Niederlassung, beispielsweise für jede Verkaufsstätte großer Einkaufszentren, oder eine Genehmigung, die auf einen spezifischen Teil des nationalen Hoheitsgebiets beschränkt ist, objektiv durch einen zwingenden Grund des Allgemeininteresses gerechtfertigt ist.

(48) Um die Verwaltungsverfahren weiter zu vereinfachen, ist es angebracht sicherzustellen, dass jeder Dienstleistungserbringer über eine Kontaktstelle verfügt, über die er alle Verfahren und Formalitäten abwickeln kann (nachstehend „einheitliche Ansprechpartner" genannt). Die Zahl der einheitlichen Ansprechpartner kann von Mitgliedstaat zu Mitgliedstaat verschieden sein, je nach den regionalen oder lokalen Zuständigkeiten oder den betreffenden Tätigkeiten. Die Schaffung einheitlicher Ansprechpartner sollte die Zuständigkeitsverteilungen zwischen den zuständigen Behörden in den nationalen Systemen unberührt lassen. Sind mehrere Behörden auf regionaler oder lokaler Ebene zuständig, so kann eine von ihnen die Rolle des einheitlichen Ansprechpartners und Koordinators wahrnehmen. Die einheitlichen Ansprechpartner können nicht nur bei Verwaltungsbehörden angesiedelt werden, sondern auch bei Handels- oder Handwerkskammern, Berufsorganisationen oder privaten Einrichtungen, die die Mitgliedstaaten mit dieser Aufgabe betrauen. Den einheitlichen Ansprechpartnern kommt eine wichtige Unterstützerfunktion gegenüber den Dienstleistungserbringern zu, entweder als Behörde, die für die Ausstellung der für die der Aufnahme einer Dienstleistungstätigkeit erforderlichen Dokumente unmittelbar zuständig ist, oder als Mittler zwischen dem Dienstleistungserbringer und den unmittelbar zuständigen Behörden.

(49) Die Gebühr, die die einheitlichen Ansprechpartner erheben können, sollte in einem angemessenen Verhältnis zu den Kosten der entsprechenden Verfahren und Formalitä-

ten stehen. Dies sollte die Mitgliedstaaten nicht daran hindern, die einheitlichen Ansprechpartner zu ermächtigen, andere Verwaltungsgebühren wie etwa die Gebühren für die Aufsichtsorgane zu erheben.

(50) Dienstleistungserbringer und -empfänger müssen leichten Zugang zu bestimmten Arten von Informationen haben. Jeder Mitgliedstaat sollte im Rahmen dieser Richtlinie selbst bestimmen, wie die Informationen den Dienstleistungserbringern und -empfängern zur Verfügung gestellt werden. Insbesondere kann die Verpflichtung der Mitgliedstaaten sicherzustellen, dass die einschlägigen Informationen für Dienstleistungserbringer und Dienstleistungsempfänger und für die Öffentlichkeit leicht zugänglich sind, dadurch erfüllt werden, dass diese Informationen auf einer Website öffentlich zugänglich gemacht werden. Alle Informationen sollten in einer klaren und unzweideutigen Weise erteilt werden.

(51) Die Informationen, die den Dienstleistungserbringern und -empfängern zur Verfügung gestellt werden, sollten insbesondere die Informationen über Verfahren und Formalitäten, Kontaktinformationen der zuständigen Behörden, Bedingungen für den Zugang zu öffentlichen Registern und Datenbanken sowie Angaben über Rechtsbehelfe und Kontaktinformationen von Vereinigungen und Organisationen, bei denen Dienstleistungserbringer bzw. -empfänger praktische Unterstützung erhalten können, umfassen. Die Verpflichtung der zuständigen Behörden, Dienstleistungserbringer und -empfänger zu unterstützen, sollte nicht die Rechtsberatung in Einzelfällen umfassen. Allgemeine Informationen darüber, wie Anforderungen gewöhnlich ausgelegt oder angewandt werden, sollten jedoch erteilt werden. Fragen wie etwa die Haftung für die Übermittlung unrichtiger oder irreführender Informationen sollten durch die Mitgliedstaaten geregelt werden.

(52) Die Einrichtung eines Systems zur elektronischen Abwicklung von Verfahren und Formalitäten in einer angemessen nahen Zukunft ist unerlässlich für die Verwaltungsvereinfachung im Bereich der Dienstleistungstätigkeiten, was sowohl den Dienstleistungserbringern und -empfängern als auch den zuständigen Behörden zugute kommen wird. Die Erfüllung dieser Verpflichtung, d. h. die Verwirklichung des vorgegebenen Ergebnisses, kann die Anpassung nationaler Rechtsvorschriften sowie anderer für den Dienstleistungssektor geltender Vorschriften erfordern. Diese Verpflichtung sollte die Mitgliedstaaten nicht daran hindern, neben dem elektronischen Weg auch andere Möglichkeiten zur Abwicklung der Verfahren und Formalitäten vorzusehen. Das Erfordernis, die Verfahren und Formalitäten auch aus de Ferne abwickeln zu können, verlangt von den Mitgliedstaaten insbesondere, eine grenzüberschreitende Abwicklung hiervon zu ermöglichen. Die Pflicht, das genannte Ergebnis zu erreichen, gilt nicht für Verfahren oder Formalitäten, die sich naturgemäß nicht aus der Ferne abwickeln lassen. Darüber hinaus bleiben die Rechtsvorschriften der Mitgliedstaaten über die Verwendung von Sprachen hiervon unberührt.

(53) Die Erteilung von Lizenzen für bestimmte Dienstleistungstätigkeiten kann es erforderlich machen, dass die zuständige Behörde ein Gespräch mit dem Antragsteller führt, um zu bewerten, ob er zuverlässig und für die Erbringung des entsprechenden Dienstes geeignet ist. In derartigen Fällen kann eine elektronische Abwicklung der Formalitäten ungeeignet sein.

(54) Die Möglichkeit zur Aufnahme einer Dienstleistungstätigkeit sollte nur von einer Genehmigung der zuständigen Behörde abhängig gemacht werden, wenn diese Entscheidung nicht diskriminierend sowie notwendig und verhältnismäßig ist. Demnach sollten Genehmigungsregelungen insbesondere nur zulässig sein, wenn eine nachträgliche Kontrolle nicht gleich wirksam wäre, weil Mängel der betreffenden Dienstleistung später nicht festgestellt werden können, wobei die Risiken und Gefahren zu berücksichtigen sind, die sich aus dem Verzicht auf eine Vorabkontrolle ergeben könnten. Diese Bestimmungen der Richtlinie können jedoch keine Genehmigungsregelungen rechtfertigen, die durch andere Gemeinschaftsrechtsakte untersagt sind, wie durch die Richtlinie 1999/93/EG des Europäischen Parlaments und des Rates vom 13. Dezember 1999

über gemeinschaftliche Rahmenbedingungen für elektronische Signaturen[1] oder die Richtlinie 2000/31/EG des Europäischen Parlaments und des Rates vom 8. Juni 2000 über bestimmte rechtliche Aspekte der Dienste der Informationsgesellschaft, insbesondere des elektronischen Geschäftsverkehrs, im Binnenmarkt (Richtlinie über den elektronischen Geschäftsverkehr)[2]. Anhand des Ergebnisses der gegenseitigen Evaluierung kann auf Gemeinschaftsebene ermittelt werden, für welche Arten von Tätigkeiten die Genehmigungsregelungen abgeschafft werden sollten.

(55) Diese Richtlinie sollte die Möglichkeit der Mitgliedstaaten unberührt lassen, Genehmigungen nachträglich zu widerrufen, wenn die Voraussetzungen für die Erteilung der Genehmigung nicht mehr erfüllt sind.

(56) Gemäß der Rechtsprechung des Gerichtshofes sind Ziele im Bereich der öffentlichen Gesundheit, des Schutzes der Verbraucher, der Gesundheit von Tieren und der städtischen Umwelt zwingende Gründe des Allgemeininteresses. Solche zwingenden Gründe können die Anwendung von Genehmigungsregelungen und weitere Einschränkungen rechtfertigen. Allerdings sollte keine derartige Genehmigungsregelung oder Einschränkung eine Diskriminierung aus Gründen der Staatsangehörigkeit des Antragstellers bewirken. Darüber hinaus sollten die Grundsätze der Erforderlichkeit und der Verhältnismäßigkeit immer geachtet werden.

(57) Die Bestimmungen dieser Richtlinie über Genehmigungsregelungen sollten die Fälle betreffen, in denen Marktteilnehmer für die Aufnahme oder Ausübung einer Dienstleistungstätigkeit eine Entscheidung einer zuständigen Behörde benötigen. Dies betrifft weder Entscheidungen der zuständigen Behörden zur Schaffung einer öffentlichen oder privaten Einrichtung für die Erbringung einer bestimmten Dienstleistung noch den Abschluss von Verträgen durch die zuständigen Behörden für die Erbringung einer bestimmten Dienstleistung, die den Vorschriften über das öffentliche Beschaffungswesen unterliegt, da diese Richtlinie Vorschriften über das öffentliche Beschaffungswesen nicht behandelt.

(58) Um die Aufnahme und Ausübung von Dienstleistungstätigkeiten zu erleichtern, ist es wichtig, Genehmigungsregelungen und ihre Begründungen zu evaluieren und darüber Bericht zu erstatten. Diese Berichtspflicht bezieht sich nur auf die Existenz von Genehmigungsregelungen und nicht auf die Kriterien und Voraussetzungen für die Erteilung von Genehmigungen.

(59) Die Genehmigung sollte dem Dienstleistungserbringer in der Regel die Aufnahme oder Ausübung der Dienstleistungstätigkeit im gesamten Hoheitsgebiet des Mitgliedstaats ermöglichen, sofern nicht eine territoriale Einschränkung durch einen zwingenden Grund des Allgemeininteresses gerechtfertigt ist. Zum Beispiel kann der Umweltschutz die Auflage rechtfertigen, eine Einzelgenehmigung für jede Anlage im nationalen Hoheitsgebiet einzuholen. Diese Bestimmung sollte keine regionalen oder lokalen Zuständigkeiten für die Erteilung von Genehmigungen in den Mitgliedstaaten berühren.

(60) Diese Richtlinie, insbesondere ihre Bestimmungen zu den Genehmigungsregelungen und zum territorialen Geltungsbereich einer Genehmigung, sollte nicht die Aufteilung der regionalen oder lokalen Zuständigkeiten in den Mitgliedstaaten, einschließlich der regionalen und lokalen Selbstverwaltung und der Verwendung von Amtssprachen, berühren.

(61) Die Bestimmung über das Verbot der doppelten Anwendung gleichwertiger Voraussetzungen für die Erteilung der Genehmigungen sollte die Mitgliedstaaten nicht daran hindern, ihre eigenen, in der Genehmigungsregelung festgelegten Voraussetzungen anzuwenden. Diese Bestimmung sollte nur verlangen, dass die zuständigen Behörden bei der Prüfung der Frage, ob der Antragsteller diese Voraussetzungen erfüllt, den gleichwertigen Voraussetzungen Rechnung tragen, die der Antragsteller bereits in einem anderen Mitgliedstaat erfüllt hat. Diese Bestimmung sollte nicht die Anwendung der Vo-

---

1) **Amtl. Anm.:** ABl L 13 vom 19. 1. 2000, S. 12.
2) **Amtl. Anm.:** ABl L 178 vom 17. 7. 2000, S. 1.

raussetzungen für die Erteilung der Genehmigungen vorschreiben, die in der Genehmigungsregelung eines anderen Mitgliedstaats vorgesehen sind.

(62) Ist die Zahl der für eine bestimmte Tätigkeit verfügbaren Genehmigungen aufgrund der Knappheit der natürlichen Ressourcen oder der technischen Kapazitäten begrenzt, so sollte ein Verfahren für die Auswahl zwischen mehreren Antragstellern vorgesehen werden, um mit Hilfe des freien Wettbewerbs höchstmögliche Qualität und optimale Angebotsbedingungen im Interesse der Dienstleistungsempfänger zu erzielen. Ein solches Verfahren sollte Garantien für Transparenz und Neutralität bieten und gewährleisten, dass solchermaßen erteilte Genehmigungen keine übermäßig lange Geltungsdauer besitzen, nicht automatisch verlängert werden und keinerlei Begünstigungen des Dienstleistungserbringers vorsehen, dessen Genehmigung gerade abgelaufen ist. Insbesondere sollte die Geltungsdauer der Genehmigung so bemessen sein, dass sie den freien Wettbewerb nicht über das für die Amortisierung der Investitionen und die Erwirtschaftung einer angemessenen Investitionsrendite notwendige Maß hinaus einschränkt oder begrenzt. Diese Bestimmung sollte die Mitgliedstaaten nicht daran hindern, die Zahl der Genehmigungen aus anderen Gründen als der Knappheit der natürlichen Ressourcen oder der technischen Kapazitäten zu begrenzen. Diese Genehmigungen sollten in jedem Fall den weiteren Vorschriften dieser Richtlinie zu den Genehmigungsregelungen unterworfen sein.

(63) Eine Genehmigung sollte, sofern keine andere Regelung vorliegt, als erteilt gelten, falls keine Antwort binnen einer bestimmten Frist erfolgt. Für bestimmte Tätigkeiten können jedoch andere Regelungen vorgesehen werden, wenn dies durch zwingende Gründe des Allgemeininteresses objektiv gerechtfertigt ist, wozu auch berechtigte Interessen Dritter gehören. Zu diesen anderen Regelungen könnten auch nationale Vorschriften gehören, wonach bei Ausbleiben einer Antwort der zuständigen Behörde der Antrag als abgelehnt gilt, und die Ablehnung einer gerichtlichen Überprüfung zugänglich ist.

(64) Wenn ein wirklicher Binnenmarkt für Dienstleistungen geschaffen werden soll, müssen die in den Rechtsvorschriften bestimmter Mitgliedstaaten noch enthaltenen Beschränkungen der Niederlassungsfreiheit und des freien Dienstleistungsverkehrs, die mit Artikel 43 bzw. 49 des Vertrags unvereinbar sind, beseitigt werden. Die unzulässigen Beschränkungen beeinträchtigen den Binnenmarkt für Dienstleistungen und sollten unverzüglich systematisch abgebaut werden.

(65) Die Niederlassungsfreiheit beruht insbesondere auf dem Grundsatz der Gleichbehandlung, der nicht nur jede Diskriminierung aus Gründen der Staatsangehörigkeit verbietet, sondern auch indirekte Diskriminierungen aufgrund anderer Unterscheidungsmerkmale, die faktisch zum gleichen Ergebnis führen. So sollte die Aufnahme oder Ausübung einer Dienstleistungstätigkeit in einem Mitgliedstaat als Haupt- oder Nebentätigkeit nicht von Kriterien wie dem Niederlassungsort, dem Wohnsitz oder Aufenthaltsort oder dem Standort der überwiegenden Tätigkeit abhängen. Zu diesen Kriterien sollte jedoch nicht die Anforderung gehören, dass der Dienstleistungserbringer bzw. einer seiner Arbeitnehmer oder Vertreter bei der Ausübung seiner Tätigkeit präsent sein muss, wenn zwingende Gründe des Allgemeininteresses dies rechtfertigen. Zudem sollte ein Mitgliedstaat die Rechts- oder Parteifähigkeit von Gesellschaften nicht beschränken, die nach dem Recht eines anderen Mitgliedstaates, in dessen Hoheitsgebiet sie ihre Hauptniederlassung haben, gegründet wurden. Desgleichen sollte ein Mitgliedstaat keinerlei Begünstigungen für Dienstleistungserbringer vorsehen, die eine besondere Bindung zur nationalen oder regionalen Wirtschaft und Gesellschaft haben; er sollte ferner die Freiheit des Dienstleistungserbringers, Rechte und Güter zu erwerben, zu nutzen oder zu übertragen, sowie seinen Zugang zu verschiedenen Formen von Finanzierungen oder Geschäftsräumen nicht aufgrund des Niederlassungsortes beschränken, soweit diese Möglichkeiten für die Aufnahme und tatsächliche Ausübung seiner Dienstleistungstätigkeit von Nutzen sind.

(66) Die Aufnahme oder Ausübung einer Dienstleistungstätigkeit im Hoheitsgebiet eines Mitgliedstaates sollte nicht von einer Überprüfung eines wirtschaftlichen Bedarfs abhängen. Das Verbot von Überprüfungen eines wirtschaftlichen Bedarfs als Vorbedin-

gung für die Erteilung einer Genehmigung sollte sich auf wirtschaftliche Erwägungen als solche beziehen und nicht auf andere Anforderungen, die objektiv durch zwingende Gründe des Allgemeininteresses gerechtfertigt sind, wie etwa den Schutz der städtischen Umwelt, die Sozialpolitik und Ziele der öffentlichen Gesundheit. Das Verbot sollte nicht die Ausübung der Befugnisse der für das Wettbewerbsrecht zuständigen Behörden betreffen.

(67) Hinsichtlich finanzieller Sicherheiten oder Versicherungen sollte sich die Unzulässigkeit von Anforderungen nur auf die Verpflichtung erstrecken, dass die erforderlichen finanziellen Sicherheiten und Versicherungen von einem in dem betroffenen Mitgliedstaat niedergelassenen Finanzinstitut stammen.

(68) Hinsichtlich der Voreintragung in ein Register sollte sich die Unzulässigkeit von Anforderungen nur auf die Verpflichtung erstrecken, dass der Dienstleistungserbringer bereits vor der Niederlassung für einen bestimmten Zeitraum in einem in dem betroffenen Mitgliedstaat geführten Register eingetragen gewesen sein muss.

(69) Zur Koordinierung der Modernisierung der nationalen Vorschriften zur Anpassung an die Erfordernisse des Binnenmarktes ist es erforderlich, bestimmte nicht diskriminierende nationale Anforderungen, die ihrer Art nach die Aufnahme oder Ausübung einer Tätigkeit unter Inanspruchnahme der Niederlassungsfreiheit maßgeblich einschränken oder sogar verhindern könnten, zu überprüfen. Diese Überprüfung sollte sich auf die Vereinbarkeit dieser Anforderungen mit den bereits vom Gerichtshof zur Niederlassungsfreiheit festgelegten Kriterien beschränken. Sie sollte nicht die Anwendung des Wettbewerbsrechts der Gemeinschaft betreffen. Sind solche Anforderungen diskriminierend oder nicht objektiv durch einen zwingenden Grund des Allgemeininteresses gerechtfertigt oder unverhältnismäßig, so müssen sie beseitigt oder geändert werden. Das Ergebnis dieser Überprüfung kann je nach Art der betreffenden Tätigkeit und des Allgemeininteresses unterschiedlich ausfallen. Insbesondere könnten solche Anforderungen voll gerechtfertigt sein, wenn damit sozialpolitische Ziele verfolgt werden.

(70) Für die Zwecke dieser Richtlinie und unbeschadet des Artikels 16 des Vertrags können Dienstleistungen nur dann als Dienstleistungen von allgemeinem wirtschaftlichem Interesse angesehen werden, wenn sie der Erfüllung eines besonderen Auftrags von öffentlichem Interesse dienen, mit dem der Dienstleistungserbringer von dem betreffenden Mitgliedstaat betraut wurde. Diese Beauftragung sollte durch einen oder mehrere Akte erfolgen, deren Form von dem betreffenden Mitgliedstaat selbst bestimmt wird; darin sollte die genaue Art des besonderen Auftrags angegeben werden.

(71) Das in dieser Richtlinie vorgesehene Verfahren der gegenseitigen Evaluierung sollte nicht die Freiheit der Mitgliedstaaten berühren, in ihren Rechtsvorschriften ein hohes Schutzniveau in Bezug auf Allgemeininteressen festzusetzen, insbesondere bezüglich sozialpolitischer Ziele. Darüber hinaus ist es erforderlich, dass der Prozess der gegenseitigen Evaluierung der Besonderheit der Dienstleistungen von allgemeinem wirtschaftlichem Interesse und der damit verbundenen besonderen Aufgaben umfassend Rechnung trägt. Diese können bestimmte Einschränkungen der Niederlassungsfreiheit rechtfertigen, insbesondere wenn solche Beschränkungen dem Schutz der öffentlichen Gesundheit oder sozialpolitischen Zielen dienen und wenn sie die Bedingungen des Artikels 15 Absatz 3 Buchstaben a, b und c erfüllen. So hat der Gerichtshof beispielsweise bezüglich der Verpflichtung, eine bestimmte Rechtsform für die Ausübung bestimmter Dienstleistungen im sozialen Bereich zu wählen, anerkannt, dass es gerechtfertigt sein kann, von dem Dienstleistungserbringer die Rechtsform einer gemeinnützigen Gesellschaft zu verlangen.

(72) Dienstleistungen von allgemeinem wirtschaftlichem Interesse sind mit wichtigen Aufgaben für den sozialen und territorialen Zusammenhalt verbunden. Die Durchführung dieser Aufgaben sollte durch den in dieser Richtlinie vorgesehenen Evaluierungsprozess nicht behindert werden. Zur Erfüllung dieser Aufgaben erforderliche Anforderungen sollten von diesem Prozess nicht berührt werden; zugleich sollte aber das Problem ungerechtfertigter Beschränkungen der Niederlassungsfreiheit behandelt werden.

(73) Zu den zu prüfenden Anforderungen gehören nationale Regelungen, die aus nicht mit der beruflichen Qualifikation zusammenhängenden Gründen die Aufnahme bestimmter Tätigkeiten bestimmten Dienstleistungserbringern vorbehalten. Zu diesen Anforderungen zählen auch solche Anforderungen, die vom Dienstleistungserbringer verlangen, eine bestimmte Rechtsform zu wählen, insbesondere die Rechtsform einer juristischen Person, einer Personengesellschaft, einer Gesellschaft ohne Erwerbszweck oder eine Gesellschaft, deren Anteilseigner ausschließlich natürliche Personen sind, oder Anforderungen im Hinblick auf die Beteiligungen am Gesellschaftskapital, insbesondere eine Mindestkapitalausstattung für bestimmte Dienstleistungstätigkeiten oder den Besitz besonderer Qualifikationen für die Anteilseigner oder das Führungspersonal bestimmter Unternehmen. Die Evaluierung der Vereinbarkeit von festgelegten Mindest- und/oder Höchstpreisen mit der Niederlassungsfreiheit betrifft nur Preise, die von zuständigen Behörden spezifisch für die Erbringung bestimmter Dienstleistungen festgelegt werden, und nicht etwa allgemeine Vorschriften über die Festlegung von Preisen, wie z. B. für die Vermietung von Häusern.

(74) Der Prozess der gegenseitigen Evaluierung bedeutet, dass die Mitgliedstaaten während der Umsetzungsfrist zunächst eine Überprüfung ihrer Rechtsvorschriften vornehmen müssen, um festzustellen, ob eine der oben genannten Anforderungen in ihrem Rechtssystem existiert. Spätestens bis zum Ende der Umsetzungsfrist sollten die Mitgliedstaaten einen Bericht über die Ergebnisse dieser Überprüfung erstellen. Jeder Bericht wird allen anderen Mitgliedstaaten und Interessengruppen übermittelt. Die Mitgliedstaaten können dann innerhalb von sechs Monaten ihre Bemerkungen zu diesen Berichten vorlegen. Die Kommission sollte spätestens ein Jahr nach Ablauf der Umsetzungsfrist einen zusammenfassenden Bericht erstellen, gegebenenfalls mit Vorschlägen für weitere Initiativen. Die Kommission könnte – in Zusammenarbeit mit den Mitgliedstaaten – die Mitgliedstaaten erforderlichenfalls bei der Erstellung einer gemeinsamen Methodik unterstützen.

(75) Die Tatsache, dass diese Richtlinie eine Reihe von Anforderungen festlegt, die die Mitgliedstaaten während der Umsetzungsfrist beseitigen oder prüfen müssen, lässt die Möglichkeit der Einleitung von Vertragsverletzungsverfahren gegen einen Mitgliedstaat wegen eines Verstoßes gegen die Artikel 43 oder 49 des Vertrags unberührt.

(76) Diese Richtlinie betrifft nicht die Anwendung der Artikel 28, 29 und 30 des Vertrags über den freien Warenverkehr. Bei den nach den Bestimmungen über die Dienstleistungsfreiheit unzulässigen Beschränkungen handelt es sich um Anforderungen für die Aufnahme und Ausübung von Dienstleistungstätigkeiten und nicht um Anforderungen, die sich auf Waren als solche beziehen.

(77) Begibt sich ein Marktteilnehmer in einen anderen Mitgliedstaat, um dort eine Dienstleistungstätigkeit auszuüben, so sollte zwischen Sachverhalten, die unter die Niederlassungsfreiheit und solchen, die unter den freien Dienstleistungsverkehr fallen, unterschieden werden, je nachdem, ob es sich um eine vorübergehende Tätigkeit handelt oder nicht. Nach der Rechtsprechung des Gerichtshofs ist für die Unterscheidung zwischen der Niederlassungsfreiheit und dem freien Dienstleistungsverkehr ausschlaggebend, ob der Marktteilnehmer in dem Mitgliedstaat, in dem er die betreffende Dienstleistung erbringt, niedergelassen ist oder nicht. Ist der Marktteilnehmer in dem Mitgliedstaat, in dem er seine Dienstleistungen erbringt, niedergelassen, so sollte in seinem Fall die Niederlassungsfreiheit anwendbar sein. Ist der Marktteilnehmer dagegen nicht in dem Mitgliedstaat niedergelassen, in dem die Dienstleistung erbracht wird, so sollte seine Tätigkeit unter den freien Dienstleistungsverkehr fallen. Nach der ständigen Rechtsprechung des Gerichtshofs sollte der vorübergehende Charakter der betreffenden Tätigkeiten nicht nur unter Berücksichtigung der Dauer der Erbringung der Leistung, sondern auch ihrer Häufigkeit, ihrer regelmäßigen Wiederkehr oder ihrer Kontinuität beurteilt werden. Der vorübergehende Charakter der Dienstleistung sollte nicht die Möglichkeit für den Dienstleistungserbringer ausschließen, sich in dem Mitgliedstaat, in dem die Dienstleistung erbracht wird, mit einer bestimmten Infrastruktur, wie etwa Geschäftsräumen, einer Kanzlei oder Praxis auszustatten, soweit diese Infrastruktur für die Erbringung der betreffenden Leistung erforderlich ist.

(78) Um die wirksame Verwirklichung des freien Dienstleistungsverkehrs sicherzustellen und zu gewährleisten, dass Dienstleistungsempfänger und -erbringer gemeinschaftsweit ohne Rücksicht auf die Grenzen Dienstleistungen in Anspruch nehmen und erbringen können, ist es erforderlich, zu klären, inwieweit die Anforderungen des Mitgliedstaats, in dem die Dienstleistung erbracht wird, zur Anwendung kommen können. Es muss unbedingt geregelt werden, dass die Bestimmungen über die Dienstleistungsfreiheit den Mitgliedstaat, in dem die Dienstleistung erbracht wird, nicht daran hindern, gemäß den in Artikel 16 Absatz 1 Buchstaben a bis c festgelegten Grundsätzen seine besonderen Anforderungen aus Gründen der öffentlichen Ordnung oder der öffentlichen Sicherheit oder der öffentlichen Gesundheit oder des Schutzes der Umwelt anzuwenden.

(79) Nach ständiger Rechtsprechung des Gerichtshofs behält ein Mitgliedstaat das Recht, Maßnahmen zu ergreifen, um Dienstleistungserbringer daran zu hindern, die Grundsätze des Binnenmarktes missbräuchlich zu nutzen. Missbrauch durch einen Dienstleistungserbringer sollte auf Einzelfallbasis festgestellt werden.

(80) Es muss sichergestellt werden, dass Dienstleistungserbringer in der Lage sind, Ausrüstungsgegenstände, die für die Erbringung ihrer Dienstleistung unerlässlich sind, mitzunehmen, wenn sie sich in einen anderen Mitgliedstaat begeben, um dort Dienstleistungen zu erbringen. Insbesondere ist zu vermeiden, dass Dienstleistungserbringern in Fällen, in denen die Dienstleistung ohne die Ausrüstungsgegenstände nicht erbracht werden könnte, zusätzliche Kosten z. B. dadurch entstehen, dass sie andere Ausrüstungsgegenstände als die, die sie gewöhnlich verwenden, mieten oder kaufen müssen oder dass sie die Art und Weise, wie sie ihre Tätigkeit gewöhnlich ausüben, erheblich ändern müssen.

(81) Der Begriff der Ausrüstungsgegenstände bezieht sich nicht auf materielle Gegenstände, die entweder vom Dienstleistungserbringer an den -empfänger geliefert werden oder die – wie beispielsweise Baustoffe oder Ersatzteile – aufgrund der Dienstleistungstätigkeit Teil eines materiellen Gegenstands werden oder – wie beispielsweise Brennstoffe, Sprengstoffe, pyrotechnische Erzeugnisse, Pestizide, Giftstoffe oder Arzneimittel – im Zuge der Erbringung der Dienstleistung verbraucht oder vor Ort belassen werden.

(82) Diese Richtlinie sollte der Anwendung von Vorschriften über Beschäftigungsbedingungen durch einen Mitgliedstaat nicht entgegenstehen. Rechts- und Verwaltungsvorschriften sollten nach dem Vertrag aus Gründen des Schutzes der Arbeitnehmer gerechtfertigt und – nach der Auslegung des Gerichtshofes – nicht diskriminierend, erforderlich und verhältnismäßig sein sowie mit sonstigen einschlägigen Rechtsvorschriften der Gemeinschaft in Einklang stehen.

(83) Es ist erforderlich sicherzustellen, dass Abweichungen von den Bestimmungen über die Dienstleistungsfreiheit nur in den Bereichen zulässig sind, für die Ausnahmeregelungen gelten. Diese Ausnahmeregelungen sind notwendig, um dem Ausmaß der Rechtsvereinheitlichung im Binnenmarkt bzw. bestimmten Gemeinschaftsrechtsakten im Bereich der Dienstleistungen Rechnung zu tragen, nach denen ein Dienstleistungserbringer einem anderen Recht als dem des Niederlassungsmitgliedstaates unterliegt. Darüber hinaus sollten in bestimmten Ausnahmefällen und unter strengen verfahrensrechtlichen und materiellen Voraussetzungen gegenüber einem Dienstleistungserbringer Maßnahmen im Einzelfall ergriffen werden. Des Weiteren sollte jede in Ausnahmefällen zulässige Beschränkung des freien Dienstleistungsverkehrs im Einklang mit den Grundrechten stehen, die integraler Bestandteil der im gemeinschaftlichen Rechtssystem anerkannten allgemeinen Rechtsgrundsätze sind.

(84) Die Ausnahme von den Bestimmungen über die Dienstleistungsfreiheit im Falle der Postdienste sollte sowohl Tätigkeiten, die Universaldienstbringern vorbehalten sind, als auch sonstige Postdienste betreffen.

(85) Die Ausnahme von den Bestimmungen über die Dienstleistungsfreiheit im Falle der gerichtlichen Beitreibung von Forderungen und die Bezugnahme auf einen möglichen künftigen Harmonisierungsrechtsakt sollten ausschließlich die Aufnahme und Aus-

übung von Tätigkeiten betreffen, die im Wesentlichen in der Einreichung von Klagen zur Beitreibung von Forderungen vor einem Gericht bestehen.

(86) Diese Richtlinie sollte nicht die Arbeits- und Beschäftigungsbedingungen berühren, die gemäß der Richtlinie 96/71/EG des Europäischen Parlaments und des Rates vom 16. Dezember 1996 über die Entsendung von Arbeitnehmern im Rahmen der Erbringung von Dienstleistungen[1] für Arbeitnehmer gelten, die für die Erbringung von Dienstleistungen in das Hoheitsgebiet eines anderen Mitgliedstaats entsandt werden. In diesen Fällen sieht die Richtlinie 96/71/EG vor, dass die Dienstleistungserbringer in den im Einzelnen aufgeführten Bereichen die in dem Mitgliedstaat, in dem die Dienstleistung erbracht wird, geltenden Arbeits- und Beschäftigungsbedingungen einhalten müssen. Dabei handelt es sich um folgende Bereiche: Höchstarbeitszeiten und Mindestruhezeiten, bezahlter Mindestjahresurlaub, Mindestlohnsätze einschließlich der Überstundensätze, die Bedingungen für die Überlassung von Arbeitskräften, insbesondere Schutz der von Leiharbeitsunternehmen zur Verfügung gestellten Arbeitskräfte, Gesundheitsschutz, Sicherheit und Hygiene am Arbeitsplatz, Schutzmaßnahmen im Zusammenhang mit den Arbeits- und Beschäftigungsbedingungen von Schwangeren und Wöchnerinnen, Kindern und Jugendlichen, Gleichbehandlung von Männern und Frauen sowie andere Nichtdiskriminierungsbestimmungen. Dies betrifft nicht nur die gesetzlich festgelegten Arbeits- und Beschäftigungsbedingungen, sondern auch die in allgemein verbindlich erklärten oder im Sinne der Richtlinie 96/71/EG de facto allgemein verbindlichen Tarifverträgen oder Schiedssprüchen festgelegten Bedingungen. Außerdem sollte diese Richtlinie die Mitgliedstaaten nicht daran hindern, Arbeits- und Beschäftigungsbedingungen für andere als die in Artikel 3 Absatz 1 der Richtlinie 96/71/EG aufgeführten Aspekte aus Gründen der öffentlichen Ordnung vorzuschreiben.

(87) Diese Richtlinie sollte ebenso wenig die Arbeits- und Beschäftigungsbedingungen in Fällen betreffen, in denen der für die Erbringung einer grenzüberschreitenden Dienstleistung beschäftigte Arbeitnehmer in dem Mitgliedstaat, in dem die Dienstleistung erbracht wird, eingestellt wird. Außerdem sollte diese Richtlinie nicht das Recht der Mitgliedstaaten, in denen die Dienstleistung erbracht wird, berühren, das Bestehen eines Arbeitsverhältnisses zu bestimmen und den Unterschied zwischen Selbstständigen und abhängig beschäftigten Personen, einschließlich so genannter Scheinselbstständiger, festzulegen. In diesem Zusammenhang sollte das wesentliche Merkmal eines Arbeitsverhältnisses im Sinne des Artikels 39 des Vertrags die Tatsache sein, dass jemand während einer bestimmten Zeit für einen anderen nach dessen Weisung Leistungen erbringt, für die er als Gegenleistung eine Vergütung erhält; jedwede Tätigkeit einer Person außerhalb eines Unterordnungsverhältnisses muss als selbstständige Beschäftigung im Sinne der Artikel 43 und 49 des Vertrags angesehen werden.

(88) Die Bestimmungen über die Dienstleistungsfreiheit sollten in Fällen, in denen eine Tätigkeit in einem Mitgliedstaat im Einklang mit dem Gemeinschaftsrecht einem bestimmten Beruf vorbehalten ist, keine Anwendung finden, z. B. wenn Rechtsberatung nur von Juristen durchgeführt werden darf.

(89) Die Ausnahme von den Bestimmungen über die Dienstleistungsfreiheit für die Zulassung von Kraftfahrzeugen, die nicht in dem Mitgliedstaat geleast wurden, in dem sie genutzt werden, ergibt sich aus der Rechtsprechung des Gerichtshofes, der anerkannt hat, dass ein Mitgliedstaat Fahrzeuge, die in seinem Hoheitsgebiet genutzt werden, einer solchen Anforderung unterwerfen kann, sofern sie das Erfordernis der Verhältnismäßigkeit erfüllt. Diese Ausnahme betrifft nicht die gelegentliche oder vorübergehende Anmietung.

(90) Vertragsbeziehungen zwischen dem Dienstleistungserbringer und dem Kunden sowie zwischen Arbeitgeber und Arbeitnehmer sollten nicht unter diese Richtlinie fallen. Die Festlegung des auf vertragliche oder außervertragliche Schuldverhältnisse des Dienstleistungserbringers anzuwendenden Rechts sollte durch die Regeln des internationalen Privatrechts erfolgen.

---

[1] **Amtl. Anm.:** ABl L 18 vom 21. 1. 1997, S. 1.

(91) Den Mitgliedstaaten muss die Möglichkeit gelassen werden, ausnahmsweise in bestimmten Einzelfällen aus Gründen der Sicherheit der Dienstleistungen in Abweichung von den Bestimmungen über die Dienstleistungsfreiheit Maßnahmen gegenüber einem Dienstleistungserbringer zu ergreifen, der in einem anderen Mitgliedstaat niedergelassen ist. Es sollte jedoch nur möglich sein, solche Maßnahmen bei Fehlen einer gemeinschaftlichen Harmonisierung zu ergreifen.

(92) Dieser Richtlinie entgegenstehende Beschränkungen des freien Dienstleistungsverkehrs können sich nicht nur aus Maßnahmen gegenüber den Dienstleistungserbringern, sondern auch aus vielfältigen Beschränkungen ergeben, denen die Dienstleistungsempfänger und insbesondere die Verbraucher bei der Nutzung von Dienstleistungen begegnen. Diese Richtlinie enthält Beispiele für bestimmte Arten von Beschränkungen gegenüber einem Dienstleistungsempfänger, der eine Dienstleistung in Anspruch nehmen möchte, die von einem in einem anderen Mitgliedstaat niedergelassenen Dienstleistungserbringer angeboten wird. Dies umfasst auch Fälle, in denen Dienstleistungsempfänger verpflichtet sind, eine Genehmigung ihrer zuständigen Behörden einzuholen oder bei diesen Behörden eine Erklärung abzugeben, um eine Dienstleistung eines Dienstleistungserbringers, der in einem anderen Mitgliedstaat niedergelassen ist, in Anspruch nehmen zu können. Dies betrifft keine allgemeinen Genehmigungsregelungen, die auch für die Inanspruchnahme einer Dienstleistung gelten, die von einem in demselben Mitgliedstaat niedergelassenen Dienstleistungserbringer erbracht wird.

(93) Der Begriff der finanziellen Unterstützung für die Inanspruchnahme einer bestimmten Dienstleistung sollte weder für Beihilferegelungen der Mitgliedstaaten, insbesondere im sozialen oder kulturellen Bereich, die unter die gemeinschaftlichen Wettbewerbsvorschriften fallen, gelten, noch für allgemeine finanzielle Unterstützung, die nicht mit der Inanspruchnahme einer bestimmten Dienstleistung verknüpft ist, z. B. Zuschüsse oder Darlehen für Studenten.

(94) Gemäß den Vorschriften des Vertrags über den freien Dienstleistungsverkehr sind Diskriminierungen des Dienstleistungsempfängers aufgrund seiner Staatsangehörigkeit, seines Wohnsitzstaates oder seines Wohnortes verboten. Eine solche Diskriminierung kann in einer Verpflichtung bestehen, wonach lediglich Staatsangehörige eines anderen Mitgliedstaats Originaldokumente, beglaubigte Kopien, einen Staatsangehörigkeitsnachweis oder beglaubigte Übersetzungen von Unterlagen vorzulegen haben, um in den Genuss bestimmter Dienstleistungen, günstigerer Bedingungen oder Preisvorteile zu kommen. Gleichwohl sollte das Verbot diskriminierender Anforderungen nicht verhindern, dass bestimmte Vergünstigungen, namentlich Preisvorteile, bestimmten Dienstleistungsempfängern vorbehalten sind, wenn dies auf berechtigten und objektiven Kriterien beruht.

(95) Der Grundsatz der Nichtdiskriminierung im Binnenmarkt beinhaltet, dass einem Dienstleistungsempfänger, insbesondere einem Verbraucher, der Zugriff auf allgemein angebotene Dienstleistungen nicht aufgrund eines Kriteriums verwehrt oder erschwert werden darf, das in veröffentlichten allgemeinen Geschäftsbedingungen enthalten ist und an seine Staatsangehörigkeit oder seines Wohnsitzes anknüpft. Hieraus folgt nicht, dass es eine rechtswidrige Diskriminierung darstellt, wenn in solchen allgemeinen Geschäftsbedingungen für eine Dienstleistung unterschiedliche Preise oder Bedingungen festgelegt werden, die durch objektive Gründe gerechtfertigt sind, die von Land zu Land unterschiedlich sein können, wie beispielsweise entfernungsabhängige Zusatzkosten, technische Merkmale der Erbringung der Dienstleistung, unterschiedliche Marktbedingungen wie saisonbedingte stärkere oder geringere Nachfrage, unterschiedliche Ferienzeiten in den Mitgliedstaaten, unterschiedliche Preisgestaltung der Wettbewerber oder zusätzliche Risiken, die damit verbunden sind, dass sich die rechtlichen Rahmenbedingungen von denen des Niederlassungsmitgliedstaates unterscheiden. Hieraus folgt auch nicht, dass es eine rechtswidrige Diskriminierung darstellen würde, wenn einem Verbraucher eine Dienstleistung nicht erbracht wird, weil die erforderlichen Rechte des geistigen Eigentums in einem bestimmten Hoheitsgebiet nicht vorliegen.

(96) Bei den Möglichkeiten, die der Dienstleistungserbringer hat, um dem Dienstleistungsempfänger die von ihm bereitzustellenden Informationen leicht zugänglich zu ma-

chen, sollte die Angabe seiner elektronischen Adresse einschließlich seiner Website vorgesehen werden. Im Übrigen sollte die Verpflichtung des Dienstleistungserbringers, in den ausführlichen Informationsunterlagen über seine Tätigkeit bestimmte Angaben zu machen, nicht für die allgemeine kommerzielle Kommunikation wie etwa Werbung gelten, sondern vielmehr für Dokumente, die ausführliche Angaben über die angebotenen Dienstleistungen enthalten, einschließlich der Dokumente auf einer Website.

(97) Es ist erforderlich, in diese Richtlinie bestimmte Vorschriften zur Gewährleistung einer hohen Qualität der Dienstleistungen, insbesondere in Bezug auf Informations- und Transparenzerfordernisse, aufzunehmen. Diese Vorschriften sollten sowohl für die grenzüberschreitende Erbringung von Dienstleistungen zwischen Mitgliedstaaten als auch für Dienstleistungen, die in einem Mitgliedstaat von einem dort niedergelassenen Anbieter erbracht werden, gelten, ohne dass KMU vermeidbare Belastungen auferlegt werden. Diese Vorschriften sollten die Mitgliedstaaten in keiner Weise daran hindern, in Übereinstimmung mit dieser Richtlinie und anderem Gemeinschaftsrecht zusätzliche oder andere Qualitätsanforderungen zu stellen.

(98) Jeder Marktteilnehmer, dessen Dienstleistungen ein unmittelbares und besonderes Risiko für die Gesundheit, Sicherheit oder die finanzielle Lage des Dienstleistungsempfängers oder eines Dritten darstellen, sollte grundsätzlich über eine angemessene Berufshaftpflichtversicherung oder eine andere gleichwertige oder vergleichbare Sicherheit verfügen, was insbesondere bedeutet, dass ein solcher Marktteilnehmer in der Regel für die Erbringung der Dienstleistung in einem oder mehreren anderen Mitgliedstaaten als dem Niederlassungsmitgliedstaat angemessen versichert sein sollte.

(99) Die Versicherung oder Sicherheit sollte der Art und dem Ausmaß des Risikos angemessen sein. Deshalb sollte ein Dienstleistungserbringer nur dann über eine grenzüberschreitende Deckung verfügen müssen, wenn dieser Dienstleistungserbringer tatsächlich in anderen Mitgliedstaaten Dienstleistungen erbringt. Die Mitgliedstaaten sollten keine detaillierteren Vorschriften für die Versicherungsdeckung festlegen und z. B. Mindestwerte für die Versicherungssumme oder Begrenzungen für Ausnahmen von der Deckung vorsehen. Dienstleistungserbringer und Versicherer sollten weiterhin über die nötige Flexibilität verfügen, um genau auf die Art und das Ausmaß des Risikos abgestimmte Versicherungspolicen auszuhandeln. Darüber hinaus ist es nicht notwendig, dass die Verpflichtung zu einer angemessenen Versicherung gesetzlich festgelegt wird. Es sollte ausreichen, wenn die Versicherungspflicht Teil der von den Berufsverbänden festgelegten Standesregeln ist. Ferner sollten Versicherungsunternehmen nicht gezwungen werden, Versicherungsverträge abzuschließen.

(100) Es ist erforderlich absolute Verbote kommerzieller Kommunikation für reglementierte Berufe zu beseitigen, wobei nicht Verbote gemeint sind, die sich auf den Inhalt der kommerziellen Kommunikation beziehen, sondern solche, die diese allgemein und für ganze Berufsgruppen in einer oder mehreren Formen untersagen, beispielsweise ein Verbot von Werbung in einem bestimmten Medium oder in einer Reihe von Medien. Hinsichtlich des Inhalts und der Art und Weise der kommerziellen Kommunikation ist es erforderlich, die Angehörigen der reglementierten Berufe aufzufordern, im Einklang mit dem Gemeinschaftsrecht gemeinschaftsweite Verhaltenskodizes zu erarbeiten.

(101) Es ist erforderlich und im Interesse der Dienstleistungsempfänger, insbesondere der Verbraucher, sicherzustellen, dass die Dienstleistungserbringer die Möglichkeit haben, multidisziplinäre Dienstleistungen anzubieten, und dass die diesbezüglichen Beschränkungen auf das begrenzt werden, was erforderlich ist, um die Unparteilichkeit und Unabhängigkeit sowie die Integrität der reglementierten Berufe zu gewährleisten. Hiervon unberührt bleiben solche Beschränkungen oder Verbote, besondere Tätigkeiten auszuführen, mit denen die Unabhängigkeit in Fällen sichergestellt werden soll, in denen ein Mitgliedstaat einen Dienstleistungserbringer mit einer besonderen Aufgabe, insbesondere im Bereich der Stadtentwicklung, betraut; ferner sollte dies nicht die Anwendung von Wettbewerbsvorschriften berühren.

(102) Um die Transparenz zu erhöhen und sicherzustellen, dass Bewertungen der Qualität der angebotenen und erbrachten Dienstleistungen sich auf vergleichbare Kriterien stützen, ist es wichtig, dass die Informationen über die Bedeutung der Gütesiegel und

sonstigen Kennzeichnungen der Dienstleistungen leicht zugänglich sind. Eine solche Transparenzpflicht ist in Bereichen wie dem Fremdenverkehr, namentlich im Hotelgewerbe mit seinen weit verbreiteten Klassifizierungssystemen, besonders wichtig. Im Übrigen ist es angebracht zu untersuchen, in welchem Maß europäische Normung von Nutzen sein kann, um die Vergleichbarkeit und die Qualität der Dienstleistungen zu erleichtern. Europäische Normen werden von den europäischen Normungsorganisationen, dem Europäischen Komitee für Normung (CEN), dem Europäischen Komitee für elektrotechnische Normung (CENELEC) und dem Europäischen Institut für Telekommunikationsnormen (ETSI) erarbeitet. Soweit erforderlich, kann die Kommission nach den in der Richtlinie 98/34/EG des Europäischen Parlaments und des Rates vom 22. Juni 1998 über ein Informationsverfahren auf dem Gebiet der Normen und technischen Vorschriften und der Vorschriften für die Dienste der Informationsgesellschaft[1)] vorgesehenen Verfahren einen Auftrag zur Erarbeitung europäischer Normen erteilen.

(103) Um eventuelle Probleme bei der Befolgung einer Gerichtsentscheidung zu lösen, ist es angezeigt, dass die Mitgliedstaaten gleichwertige Sicherheiten anerkennen, die bei in einem anderen Mitgliedstaat niedergelassenen Instituten oder Einrichtungen wie Banken, Versicherern oder anderen Finanzdienstleistungserbringern bestellt wurden.

(104) Die Entwicklung eines Netzes der für den Verbraucherschutz zuständigen Behörden der Mitgliedstaaten, das Gegenstand der Verordnung (EG) Nr. 2006/2004 ist, ergänzt die in dieser Richtlinie vorgesehene Zusammenarbeit. Die Anwendung der Rechtsvorschriften über den Verbraucherschutz in grenzüberschreitenden Fällen, insbesondere im Hinblick auf die Entwicklung neuer Marketing- und Vertriebspraktiken, ebenso wie die Notwendigkeit, bestimmte Hindernisse für die Zusammenarbeit in diesem Bereich zu beseitigen, erfordern ein erhöhtes Maß an Zusammenarbeit zwischen den Mitgliedstaaten. Insbesondere ist es in diesem Bereich erforderlich sicherzustellen, dass die Mitgliedstaaten von Marktteilnehmern die Beendigung rechtswidriger Praktiken in ihrem Hoheitsgebiet fordern, die auf Verbraucher in anderen Mitgliedstaaten abzielen.

(105) Für ein reibungsloses Funktionieren des Binnenmarktes für Dienstleistungen ist eine Zusammenarbeit der Verwaltungen unerlässlich. Mangelnde Zusammenarbeit zwischen Mitgliedstaaten führt zu einer Zunahme von Vorschriften für Dienstleistungserbringer oder zu doppelten Kontrollen von grenzüberschreitenden Tätigkeiten und kann auch von unseriösen Geschäftemachern dazu genutzt werden, sich einer Kontrolle zu entziehen oder auf Dienstleistungen anwendbare nationale Vorschriften zu umgehen. Es ist daher unverzichtbar, klare und rechtsverbindliche Verpflichtungen der Mitgliedstaaten zur wirksamen Zusammenarbeit festzulegen.

(106) Für die Zwecke des Kapitels über Verwaltungszusammenarbeit sollte „Kontrolle" Tätigkeiten wie Überwachung und Faktenermittlung, Problemlösung, Verhängung und Vollstreckung von Sanktionen sowie die damit verbundenen Folgemaßnahmen umfassen.

(107) Unter normalen Umständen sollte die Amtshilfe direkt zwischen den zuständigen Behörden erfolgen. Die von den Mitgliedstaaten benannten Verbindungsstellen sollten nur dann aufgefordert werden, diesen Prozess zu unterstützen, wenn Schwierigkeiten auftreten, z. B. wenn Hilfe erforderlich ist, um die entsprechende zuständige Behörde zu ermitteln.

(108) Bestimmte Verpflichtungen zur Amtshilfe sollten für alle Fragen gelten, auf die sich diese Richtlinie erstreckt; hierzu gehören auch Verpflichtungen im Zusammenhang mit Fällen, in denen sich der Dienstleistungserbringer in einem anderen Mitgliedstaat niederlässt. Andere Verpflichtungen zur Amtshilfe sollten nur in den Fällen der grenzüberschreitenden Erbringung von Dienstleistungen Anwendung finden, in denen die Bestimmungen über die Dienstleistungsfreiheit gelten. Eine Reihe weiterer Verpflichtungen sollten in allen Fällen der grenzüberschreitenden Erbringung von Dienstleistungen Anwendung finden, also auch in Bereichen, die nicht von den Bestimmungen über die Dienstleistungsfreiheit erfasst werden. Die grenzüberschreitende Erbringung von

---

[1)] **Amtl. Anm.:** ABl L 204 vom 21. 7. 1998, S. 37. Zuletzt geändert durch die Beitrittsakte von 2003.

Dienstleistungen sollte auch solche Fälle umfassen, in denen die Dienstleistungen aus der Ferne erbracht werden, und solche, in denen sich der Dienstleistungsempfänger in den Niederlassungsmitgliedstaat des Dienstleistungserbringers begibt, um die Dienstleistung in Anspruch zu nehmen.

(109) Für die Fälle, in denen sich der Dienstleistungserbringer vorübergehend in einen anderen Mitgliedstaat als seinen Niederlassungsmitgliedstaat begibt, muss eine Amtshilfe zwischen diesen beiden Mitgliedstaaten vorgesehen werden, damit der Bestimmungsmitgliedstaat im Auftrag des Niederlassungsmitgliedstaats Überprüfungen, Kontrollen und Untersuchungen durchführen kann oder aber, wenn es lediglich um die Sachverhaltsfeststellung geht, von sich aus tätig werden kann.

(110) Es sollte Mitgliedstaaten nicht möglich sein, die Vorschriften dieser Richtlinie, einschließlich der Bestimmungen über die Dienstleistungsfreiheit, dadurch zu umgehen, dass sie diskriminierende oder unverhältnismäßige Überprüfungen, Kontrollen oder Ermittlungen durchführen.

(111) Die sich auf den Austausch von Informationen über die Zuverlässigkeit der Dienstleistungserbringer beziehenden Bestimmungen dieser Richtlinie sollten Initiativen im Bereich der polizeilichen und justiziellen Zusammenarbeit in Strafsachen nicht vorgreifen, insbesondere nicht Initiativen zum Austausch von Informationen zwischen den Strafverfolgungsbehörden und über Strafregister der Mitgliedstaaten.

(112) Die Zusammenarbeit zwischen den Mitgliedstaaten erfordert ein gut funktionierendes elektronisches Informationssystem, damit die zuständigen Behörden ihre jeweiligen Ansprechpartner in anderen Mitgliedstaaten leicht ermitteln und wirksam mit ihnen kommunizieren können.

(113) Es ist vorzusehen, dass die Mitgliedstaaten in Zusammenarbeit mit der Kommission Interessengruppen ermutigen, gemeinschaftsweite Verhaltenskodizes auszuarbeiten, die, unter Berücksichtigung der Besonderheiten jedes Berufs, insbesondere die Dienstleistungsqualität verbessern sollen. Diese Verhaltenskodizes sollten mit dem Gemeinschaftsrecht, vor allem dem Wettbewerbsrecht, vereinbar sein. Sie sollten mit rechtsverbindlichen Berufsregeln in den Mitgliedstaaten vereinbar sein.

(114) Die Mitgliedstaaten sollten die Ausarbeitung von Verhaltenskodizes insbesondere durch Berufsverbände, -organisationen und -vereinigungen auf Gemeinschaftsebene unterstützen. Diese Verhaltenskodizes sollten je nach Art der einzelnen Berufe Bestimmungen über die kommerzielle Kommunikation in den reglementierten Berufen sowie die Standesregeln der reglementierten Berufe enthalten, die insbesondere die Wahrung der Unabhängigkeit, der Unparteilichkeit und des Berufsgeheimnisses gewährleisten sollen. Darüber hinaus sollten die Voraussetzungen für die Ausübung der Tätigkeit von Immobilienmaklern in diese Verhaltenskodizes einbezogen werden. Die Mitgliedstaaten sollten begleitende Maßnahmen ergreifen, um die Berufsverbände, -organisationen und -vereinigungen zu ermutigen, die auf Gemeinschaftsebene verabschiedeten Verhaltenskodizes auf nationaler Ebene umzusetzen.

(115) Verhaltenskodizes auf Gemeinschaftsebene sollen dazu dienen, Mindestverhaltensnormen festzulegen, und sie ergänzen die rechtlichen Anforderungen der Mitgliedstaaten. Sie hindern die Mitgliedstaaten nicht daran, im Einklang mit dem Gemeinschaftsrecht strengere rechtliche Maßnahmen zu erlassen, oder die nationalen Berufsverbände, einen stärkeren Schutz in ihren nationalen Verhaltenskodizes vorzusehen.

(116) Da die Ziele dieser Richtlinie, nämlich die Beseitigung von Beschränkungen der Niederlassungsfreiheit von Dienstleistungserbringern in den Mitgliedstaaten und für den freien Dienstleistungsverkehr zwischen den Mitgliedstaaten, auf Ebene der Mitgliedstaaten nicht ausreichend verwirklicht werden können und daher wegen des Umfangs der Maßnahme besser auf Gemeinschaftsebene zu verwirklichen sind, kann die Gemeinschaft im Einklang mit dem in Artikel 5 des Vertrags niedergelegten Subsidiaritätsprinzip tätig werden. Entsprechend dem in demselben Artikel genannten Grundsatz der Verhältnismäßigkeit geht diese Richtlinie nicht über das zur Erreichung dieser Ziele erforderliche Maß hinaus.

(117) Die zur Durchführung dieser Richtlinie erforderlichen Maßnahmen sollten gemäß dem Beschluss 1999/468/EG des Rates vom 28. Juni 1999 zur Festlegung der Modalitäten für die Ausübung der der Kommission übertragenen Durchführungsbefugnisse[1] erlassen werden.

(118) Gemäß Nummer 34 der Interinstitutionellen Vereinbarung über bessere Rechtsetzung[2] sind die Mitgliedstaaten aufgefordert, für ihre eigenen Zwecke und im Interesse der Gemeinschaft eigene Tabellen aufzustellen, aus denen im Rahmen des Möglichen die Entsprechungen zwischen dieser Richtlinie und den Umsetzungsmaßnahmen zu entnehmen sind, und diese zu veröffentlichen –

HABEN FOLGENDE RICHTLINIE ERLASSEN:

## Kapitel I: Allgemeine Bestimmungen

### Artikel 1  Gegenstand

(1) Diese Richtlinie enthält allgemeine Bestimmungen, die bei gleichzeitiger Gewährleistung einer hohen Qualität der Dienstleistungen die Wahrnehmung der Niederlassungsfreiheit durch Dienstleistungserbringer sowie den freien Dienstleistungsverkehr erleichtern sollen.

(2) Diese Richtlinie betrifft weder die Liberalisierung von Dienstleistungen von allgemeinem wirtschaftlichem Interesse, die öffentlichen oder privaten Einrichtungen vorbehalten sind, noch die Privatisierung öffentlicher Einrichtungen, die Dienstleistungen erbringen.

(3) Diese Richtlinie betrifft weder die Abschaffung von Dienstleistungsmonopolen noch von den Mitgliedstaaten gewährte Beihilfen, die unter die gemeinschaftlichen Wettbewerbsvorschriften fallen.

Diese Richtlinie berührt nicht das Recht der Mitgliedstaaten, im Einklang mit dem Gemeinschaftsrecht festzulegen, welche Leistungen sie als von allgemeinem wirtschaftlichem Interesse erachten, wie diese Dienstleistungen unter Beachtung der Vorschriften über staatliche Beihilfen organisiert und finanziert werden sollten und welchen spezifischen Verpflichtungen sie unterliegen sollten.

(4) Diese Richtlinie berührt nicht die Maßnahmen, die auf gemeinschaftlicher oder nationaler Ebene im Einklang mit dem Gemeinschaftsrecht ergriffen werden, um die kulturelle oder sprachliche Vielfalt oder den Medienpluralismus zu schützen oder zu fördern.

(5) Diese Richtlinie berührt nicht das Strafrecht der Mitgliedstaaten. Die Mitgliedstaaten dürfen jedoch nicht unter Umgehung der Vorschriften dieser Richtlinie die Dienstleistungsfreiheit dadurch einschränken, dass sie Strafrechtsbestimmungen anwenden, die die Aufnahme oder Ausübung einer Dienstleistungstätigkeit gezielt regeln oder beeinflussen.

(6) Diese Richtlinie berührt nicht das Arbeitsrecht, d. h. gesetzliche oder vertragliche Bestimmungen über Arbeits- und Beschäftigungsbedingungen, einschließlich des Gesundheitsschutzes und der Sicherheit am Arbeitsplatz und über die Beziehungen zwischen Arbeitgebern und Arbeitnehmern, die von den Mitgliedstaaten gemäß nationalem Recht unter Wahrung des Gemeinschaftsrechts angewandt werden. In gleicher Weise berührt die Richtlinie auch nicht die Rechtsvorschriften der Mitgliedstaaten über die soziale Sicherheit.

(7) Diese Richtlinie berührt nicht die Ausübung der in den Mitgliedstaaten und durch das Gemeinschaftsrecht anerkannten Grundrechte. Sie berührt auch nicht das Recht, gemäß nationalem Recht und nationalen Praktiken unter Wahrung des Gemeinschafts-

---

1) **Amtl. Anm.:** ABl L 184 vom 17. 7. 1999, S. 23. Geändert durch den Beschluss 2006/512/EG (ABl L 200 vom 22. 7. 2006, S. 11).
2) **Amtl. Anm.:** ABl C 321 vom 31. 12. 2003, S. 1.

rechts Tarifverträge auszuhandeln, abzuschließen und durchzusetzen sowie Arbeitskampfmaßnahmen zu ergreifen.

### Artikel 2  Anwendungsbereich

(1) Diese Richtlinie gilt für Dienstleistungen, die von einem in einem Mitgliedstaat niedergelassenen Dienstleistungserbringer angeboten werden.

(2) Diese Richtlinie findet auf folgende Tätigkeiten keine Anwendung:
a) nicht-wirtschaftliche Dienstleistungen von allgemeinem Interesse;
b) Finanzdienstleistungen wie Bankdienstleistungen und Dienstleistungen im Zusammenhang mit einer Kreditgewährung, Versicherung und Rückversicherung, betrieblicher oder individueller Altersversorgung, Wertpapieren, Geldanlagen, Zahlungen, Anlageberatung, einschließlich der in Anhang I der Richtlinie 2006/48/EG aufgeführten Dienstleistungen;
c) Dienstleistungen und Netze der elektronischen Kommunikation sowie zugehörige Einrichtungen und Dienste in den Bereichen, die in den Richtlinien 2002/19/EG, 2002/20/EG, 2002/21/EG, 2002/22/EG und 2002/58/EG geregelt sind;
d) Verkehrsdienstleistungen einschließlich Hafendienste, die in den Anwendungsbereich von Titel V des Vertrags fallen;
e) Dienstleistungen von Leiharbeitsagenturen;
f) Gesundheitsdienstleistungen, unabhängig davon, ob sie durch Einrichtungen der Gesundheitsversorgung erbracht werden, und unabhängig davon, wie sie auf nationaler Ebene organisiert und finanziert sind, und ob es sich um öffentliche oder private Dienstleistungen handelt;
g) audiovisuelle Dienste, auch im Kino- und Filmbereich, ungeachtet der Art ihrer Herstellung, Verbreitung und Ausstrahlung, und Rundfunk;
h) Glücksspiele, die einen geldwerten Einsatz verlangen, einschließlich Lotterien, Glücksspiele in Spielkasinos und Wetten;
i) Tätigkeiten, die im Sinne des Artikels 45 des Vertrags mit der Ausübung öffentlicher Gewalt verbunden sind;
j) soziale Dienstleistungen im Zusammenhang mit Sozialwohnungen, der Kinderbetreuung und der Unterstützung von Familien und dauerhaft oder vorübergehend hilfsbedürftigen Personen, die vom Staat, durch von ihm beauftragte Dienstleistungserbringer oder durch von ihm als gemeinnützig anerkannte Einrichtungen erbracht werden;
k) private Sicherheitsdienste;
l) Tätigkeiten von Notaren und Gerichtsvollziehern, die durch staatliche Stellen bestellt werden.

(3) Die Richtlinie gilt nicht für den Bereich der Steuern.

### Artikel 3  Verhältnis zu geltendem Gemeinschaftsrecht

(1) Widersprechen Bestimmungen dieser Richtlinie einer Bestimmung eines anderen Gemeinschaftsrechtsaktes, der spezifische Aspekte der Aufnahme oder Ausübung einer Dienstleistungstätigkeit in bestimmten Bereichen oder bestimmten Berufen regelt, so hat die Bestimmung des anderen Gemeinschaftsrechtsaktes Vorrang und findet auf die betreffenden Bereiche oder Berufe Anwendung. Dies gilt insbesondere für:
a) die Richtlinie 96/71/EG;
b) die Verordnung (EWG) Nr. 1408/71;

c) die Richtlinie 89/552/EWG des Rates vom 3. Oktober 1989 zur Koordinierung bestimmter Rechts- und Verwaltungsvorschriften der Mitgliedstaaten über die Ausübung der Fernsehtätigkeit[1];

d) die Richtlinie 2005/36/EG.

(2) Diese Richtlinie betrifft nicht die Regeln des internationalen Privatrechts, insbesondere die Regeln des auf vertragliche und außervertragliche Schuldverhältnisse anzuwendenden Rechts, einschließlich der Bestimmungen, die sicherstellen, dass die Verbraucher durch die im Verbraucherrecht ihres Mitgliedstaats niedergelegten Verbraucherschutzregeln geschützt sind.

(3) Die Mitgliedstaaten setzen die Bestimmungen dieser Richtlinie in Übereinstimmung mit den Bestimmungen des Vertrags über die Niederlassungsfreiheit und den freien Dienstleistungsverkehr um.

**Artikel 4  Begriffsbestimmungen**

Für die Zwecke dieser Richtlinie bezeichnet der Ausdruck:

1. „Dienstleistung" jede von Artikel 50 des Vertrags erfasste selbstständige Tätigkeit, die in der Regel gegen Entgelt erbracht wird;
2. „Dienstleistungserbringer" jede natürliche Person, die die Staatsangehörigkeit eines Mitgliedstaats besitzt, und jede in einem Mitgliedstaat niedergelassene juristische Person im Sinne des Artikels 48 des Vertrags, die eine Dienstleistung anbietet oder erbringt;
3. „Dienstleistungsempfänger" jede natürliche Person, die die Staatsangehörigkeit eines Mitgliedstaats besitzt oder die in den Genuss von Rechten aus gemeinschaftlichen Rechtsakten kommt, oder jede in einem Mitgliedstaat niedergelassene juristische Person im Sinne des Artikels 48 des Vertrags, die für berufliche oder andere Zwecke eine Dienstleistung in Anspruch nimmt oder in Anspruch nehmen möchte;
4. „Niederlassungsmitgliedstaat" den Mitgliedstaat, in dessen Hoheitsgebiet der Dienstleistungserbringer niedergelassen ist;
5. „Niederlassung" die tatsächliche Ausübung einer von Artikel 43 des Vertrags erfassten wirtschaftlichen Tätigkeit durch den Dienstleistungserbringer auf unbestimmte Zeit und mittels einer festen Infrastruktur, von der aus die Geschäftstätigkeit der Dienstleistungserbringung tatsächlich ausgeübt wird;
6. „Genehmigungsregelung" jedes Verfahren, das einen Dienstleistungserbringer oder -empfänger verpflichtet, bei einer zuständigen Behörde eine förmliche oder stillschweigende Entscheidung über die Aufnahme oder Ausübung einer Dienstleistungstätigkeit zu erwirken;
7. „Anforderungen" alle Auflagen, Verbote, Bedingungen oder Beschränkungen, die in den Rechts- oder Verwaltungsvorschriften der Mitgliedstaaten festgelegt sind oder sich aus der Rechtsprechung, der Verwaltungspraxis, den Regeln von Berufsverbänden oder den kollektiven Regeln, die von Berufsvereinigungen oder sonstigen Berufsorganisationen in Ausübung ihrer Rechtsautonomie erlassen wurden, ergeben; Regeln, die in von den Sozialpartnern ausgehandelten Tarifverträgen festgelegt wurden, sind als solche keine Anforderungen im Sinne dieser Richtlinie;
8. „zwingende Gründe des Allgemeininteresses" Gründe, die der Gerichtshof in ständiger Rechtsprechung als solche anerkannt hat, einschließlich folgender Gründe: öffentliche Ordnung; öffentliche Sicherheit; Sicherheit der Bevölkerung; öffentliche Gesundheit; Erhaltung des finanziellen Gleichgewichts der Systeme der sozialen Sicherung; Schutz der Verbraucher, der Dienstleistungsempfänger und der Arbeitnehmer; Lauterkeit des Handelsverkehrs; Betrugsbekämpfung; Schutz der Umwelt und der städtischen Umwelt; Tierschutz; geistiges Eigentum; Erhaltung des nationalen

---

[1] **Amtl. Anm.:** ABl L 298 vom 17.10.1989, S. 23. Geändert durch Richtlinie 97/36/EG des Europäischen Parlaments und des Rates (ABl L 202 vom 30.7.1997, S. 60).

historischen und künstlerischen Erbes; Ziele der Sozialpolitik und Ziele der Kulturpolitik;

9. „zuständige Behörde" jede Stelle oder Behörde, die in einem Mitgliedstaat eine Kontroll- oder Regulierungsfunktion für Dienstleistungstätigkeiten innehat, insbesondere Verwaltungsbehörden, einschließlich der als Verwaltungsbehörden fungierenden Gerichte, Berufsverbände und der Berufsvereinigungen oder sonstigen Berufsorganisationen, die im Rahmen ihrer Rechtsautonomie die Aufnahme oder Ausübung einer Dienstleistungstätigkeit kollektiv regeln;
10. „Mitgliedstaat der Dienstleistungserbringung" den Mitgliedstaat, in dem die Dienstleistung von einem in einem anderen Mitgliedstaat niedergelassenen Dienstleistungserbringer erbracht wird;
11. „reglementierter Beruf" eine berufliche Tätigkeit oder eine Gruppe beruflicher Tätigkeiten im Sinne des Artikels 3 Absatz 1 Buchstabe a der Richtlinie 2005/36/EG;
12. „kommerzielle Kommunikation" alle Formen der Kommunikation, die der unmittelbaren oder mittelbaren Förderung des Absatzes von Waren und Dienstleistungen oder des Erscheinungsbildes eines Unternehmens, einer Organisation oder einer natürlichen Person dienen, die eine Tätigkeit in Handel, Gewerbe oder Handwerk oder einen reglementierten Beruf ausübt. Folgende Angaben stellen als solche keine Form der kommerziellen Kommunikation dar:
    a) Angaben, die direkten Zugang zur Tätigkeit des Unternehmens, der Organisation oder der Person ermöglichen, wie insbesondere ein Domain-Name oder eine E-Mail-Adresse;
    b) Angaben in Bezug auf Waren und Dienstleistungen oder das Erscheinungsbild eines Unternehmens, einer Organisation oder einer Person, die unabhängig und insbesondere ohne finanzielle Gegenleistung zusammengestellt werden.

## Kapitel II:   Verwaltungsvereinfachung

### Artikel 5   Vereinfachung der Verfahren

(1) Die Mitgliedstaaten prüfen die für die Aufnahme und die Ausübung einer Dienstleistungstätigkeit geltenden Verfahren und Formalitäten. Sind die nach diesem Absatz geprüften Verfahren und Formalitäten nicht einfach genug, so werden sie von den Mitgliedstaaten vereinfacht.

(2) Die Kommission kann nach dem in Artikel 40 Absatz 2 genannten Verfahren auf Gemeinschaftsebene einheitliche Formblätter einführen. Diese Formblätter sind Zeugnissen, Bescheinigungen und sonstigen vom Dienstleistungserbringer vorzulegenden Dokumenten gleichwertig.

(3) Verlangen die Mitgliedstaaten von einem Dienstleistungserbringer oder -empfänger ein Zeugnis, eine Bescheinigung oder ein sonstiges Dokument zum Nachweis der Erfüllung einer Anforderung, so erkennen die Mitgliedstaaten alle Dokumente eines anderen Mitgliedstaates an, die eine gleichwertige Funktion haben oder aus denen hervorgeht, dass die betreffende Anforderung erfüllt ist. Die Mitgliedstaaten dürfen nicht verlangen, dass Dokumente eines anderen Mitgliedstaates im Original, in beglaubigter Kopie oder in beglaubigter Übersetzung vorgelegt werden, außer in den Fällen, in denen dies in anderen Gemeinschaftsrechtsakten vorgesehen ist, oder wenn zwingende Gründe des Allgemeininteresses, einschließlich der öffentlichen Ordnung und Sicherheit, dies erfordern.

Unterabsatz 1 berührt nicht das Recht der Mitgliedstaaten, nicht beglaubigte Übersetzungen von Dokumenten in einer ihrer Amtssprachen zu verlangen.

(4) Absatz 3 gilt nicht für Dokumente im Sinne des Artikels 7 Absatz 2 und des Artikels 50 der Richtlinie 2005/36/EG, des Artikels 45 Absatz 3 und der Artikel 46, 49 und 50 der Richtlinie 2004/18/EG des Europäischen Parlaments und des Rates vom 31. März 2004 über die Koordinierung der Verfahren zur Vergabe öffentlicher Bauaufträge, Lie-

feraufträge und Dienstleistungsaufträge[1], des Artikels 3 Absatz 2 der Richtlinie 98/5/EG des Europäischen Parlaments und des Rates vom 16. Februar 1998 zur Erleichterung der ständigen Ausübung des Rechtsanwaltsberufs in einem anderen Mitgliedstaat als dem, in dem die Qualifikation erworben wurde[2], der Ersten Richtlinie 68/151/EWG des Rates vom 9. März 1968 zur Koordinierung der Schutzbestimmungen, die in den Mitgliedstaaten den Gesellschaften im Sinne des Artikels 58 Absatz 2 des Vertrages im Interesse der Gesellschafter sowie Dritter vorgeschrieben sind, um diese Bestimmungen gleichwertig zu gestalten[3] und der Elften Richtlinie 89/666/EWG des Rates vom 21. Dezember 1989 über die Offenlegung von Zweigniederlassungen, die in einem Mitgliedstaat von Gesellschaften bestimmter Rechtsformen errichtet wurden, die dem Recht eines anderen Staates unterliegen[4].

### Artikel 6 Einheitliche Ansprechpartner

(1) Die Mitgliedstaaten stellen sicher, dass Dienstleistungserbringer folgende Verfahren und Formalitäten über einheitliche Ansprechpartner abwickeln können:
a) alle Verfahren und Formalitäten, die für die Aufnahme ihrer Dienstleistungstätigkeiten erforderlich sind, insbesondere Erklärungen, Anmeldungen oder die Beantragung von Genehmigungen bei den zuständigen Behörden, einschließlich der Beantragung der Eintragung in Register, Berufsrollen oder Datenbanken oder der Registrierung bei Berufsverbänden oder Berufsorganisationen;
b) die Beantragung der für die Ausübung ihrer Dienstleistungstätigkeit erforderlichen Genehmigungen.

(2) Die Schaffung einheitlicher Ansprechpartner berührt nicht die Verteilung von Zuständigkeiten und Befugnissen zwischen Behörden innerhalb der nationalen Systeme.

### Artikel 7 Recht auf Information

(1) Die Mitgliedstaaten stellen sicher, dass Dienstleistungserbringern und -empfängern über die einheitlichen Ansprechpartner folgende Informationen leicht zugänglich sind:
a) die Anforderungen, die für in ihrem Hoheitsgebiet niedergelassene Dienstleistungserbringer gelten, insbesondere bezüglich der Verfahren und Formalitäten für die Aufnahme und Ausübung von Dienstleistungstätigkeiten;
b) die Angaben über die zuständigen Behörden, einschließlich der für die Ausübung von Dienstleistungstätigkeiten zuständigen Behörden, um eine direkte Kontaktaufnahme mit diesen zu ermöglichen;
c) die Mittel und Bedingungen für den Zugang zu öffentlichen Registern und Datenbanken über Dienstleistungserbringer und Dienstleistungen;
d) die allgemein verfügbaren Rechtsbehelfe im Falle von Streitigkeiten zwischen den zuständigen Behörden und den Dienstleistungserbringern oder -empfängern oder zwischen Dienstleistungserbringern und -empfängern oder zwischen Dienstleistungserbringern;
e) die Angaben zu Verbänden oder Organisationen, die, ohne eine zuständige Behörde zu sein, Dienstleistungserbringer oder -empfänger praktisch unterstützen.

(2) Die Mitgliedstaaten stellen sicher, dass die Dienstleistungserbringer und -empfänger von den zuständigen Behörden auf Anfrage Unterstützung in Form von Informationen über die gewöhnliche Auslegung und Anwendung der maßgeblichen Anforderungen gemäß Absatz 1 Buchstabe a erhalten können. Sofern angebracht, schließt diese Bera-

---

1) **Amtl. Anm.:** ABl L 134 vom 30. 4. 2004, S. 114. Zuletzt geändert durch die Verordnung (EG) Nr. 2083/2005 der Kommission (ABl L 333 vom 20. 12. 2005, S. 28).
2) **Amtl. Anm.:** ABl L 77 vom 14. 3. 1998, S. 36. Geändert durch die Beitrittsakte von 2003.
3) **Amtl. Anm.:** ABl L 65 vom 14. 3. 1968, S. 8. Zuletzt geändert durch die Richtlinie 2003/58/EG des Europäischen Parlaments und des Rates (ABl L 221 vom 4. 9. 2003, S. 13).
4) **Amtl. Anm.:** ABl L 395 vom 30. 12. 1989, S. 36.

tung einen einfachen Schritt-für-Schritt-Leitfaden ein. Die Informationen sind in einfacher und verständlicher Sprache zu erteilen.

(3) Die Mitgliedstaaten stellen sicher, dass die in den Absätzen 1 und 2 genannten Informationen und Unterstützung in einer klaren und unzweideutigen Weise erteilt werden, aus der Ferne und elektronisch leicht zugänglich sind sowie dem neuesten Stand entsprechen.

(4) Die Mitgliedstaaten stellen sicher, dass die einheitlichen Ansprechpartner und die zuständigen Behörden alle Auskunfts- oder Unterstützungsersuchen gemäß den Absätzen 1 und 2 so schnell wie möglich beantworten und den Antragsteller unverzüglich davon in Kenntnis setzen, wenn sein Ersuchen fehlerhaft oder unbegründet ist.

(5) Die Mitgliedstaaten und die Kommission ergreifen begleitende Maßnahmen, um die Bereitschaft der einheitlichen Ansprechpartner zu fördern, die in diesem Artikel genannten Informationen auch in anderen Gemeinschaftssprachen bereitzustellen. Dies berührt nicht die Rechtsvorschriften der Mitgliedstaaten über die Verwendung von Sprachen.

(6) Die Verpflichtung der zuständigen Behörden zur Unterstützung der Dienstleistungserbringer und -empfänger umfasst keine Rechtsberatung in Einzelfällen, sondern betrifft lediglich allgemeine Informationen darüber, wie Anforderungen gewöhnlich ausgelegt oder angewandt werden.

### Artikel 8  Elektronische Verfahrensabwicklung

(1) Die Mitgliedstaaten stellen sicher, dass alle Verfahren und Formalitäten, die die Aufnahme oder die Ausübung einer Dienstleistungstätigkeit betreffen, problemlos aus der Ferne und elektronisch über den betreffenden einheitlichen Ansprechpartner oder bei der betreffenden zuständigen Behörde abgewickelt werden können.

(2) Absatz 1 betrifft nicht die Kontrolle des Ortes der Dienstleistungserbringung oder die Überprüfung der vom Dienstleistungserbringer verwendeten Ausrüstungsgegenstände oder die physische Untersuchung der Eignung oder persönlichen Zuverlässigkeit des Dienstleistungserbringers oder seiner zuständigen Mitarbeiter.

(3) Die Kommission erlässt nach dem in Artikel 40 Absatz 2 genannten Verfahren Durchführungsbestimmungen zu Absatz 1 des vorliegenden Artikels, um die Interoperabilität der Informationssysteme und die Nutzung der elektronischen Verfahren zwischen den Mitgliedstaaten zu erleichtern, wobei auf Gemeinschaftsebene entwickelte gemeinsame Standards berücksichtigt werden.

## Kapitel III:  Niederlassungsfreiheit der Dienstleistungserbringer

### Abschnitt 1:  Genehmigungen

#### Artikel 9  Genehmigungsregelungen

(1) Die Mitgliedstaaten dürfen die Aufnahme und die Ausübung einer Dienstleistungstätigkeit nur dann Genehmigungsregelungen unterwerfen, wenn folgende Voraussetzungen erfüllt sind:

a) die Genehmigungsregelungen sind für den betreffenden Dienstleistungserbringer nicht diskriminierend;

b) die Genehmigungsregelungen sind durch zwingende Gründe des Allgemeininteresses gerechtfertigt;

c) das angestrebte Ziel kann nicht durch ein milderes Mittel erreicht werden, insbesondere weil eine nachträgliche Kontrolle zu spät erfolgen würde, um wirksam zu sein.

(2) Die Mitgliedstaaten nennen in dem in Artikel 39 Absatz 1 genannten Bericht die in ihrer jeweiligen Rechtsordnung vorgesehenen Genehmigungsregelungen und begründen deren Vereinbarkeit mit Absatz 1 des vorliegenden Artikels.

(3) Dieser Abschnitt gilt nicht für diejenigen Aspekte der Genehmigungsregelungen, die direkt oder indirekt durch andere Gemeinschaftsrechtsakte geregelt sind.

### Artikel 10  Voraussetzungen für die Erteilung der Genehmigung

(1) Die Genehmigungsregelungen müssen auf Kriterien beruhen, die eine willkürliche Ausübung des Ermessens der zuständigen Behörden verhindern.

(2) Die in Absatz 1 genannten Kriterien müssen:
a) nicht diskriminierend sein;
b) durch einen zwingenden Grund des Allgemeininteresses gerechtfertigt sein;
c) in Bezug auf diesen Grund des Allgemeininteresses verhältnismäßig sein;
d) klar und unzweideutig sein;
e) objektiv sein;
f) im Voraus bekannt gemacht werden;
g) transparent und zugänglich sein.

(3) Die Voraussetzungen für die Erteilung der Genehmigung für eine neue Niederlassung dürfen nicht zu einer doppelten Anwendung von gleichwertigen oder aufgrund ihrer Zielsetzung im Wesentlichen vergleichbaren Anforderungen und Kontrollen führen, denen der Dienstleistungserbringer bereits in einem anderen oder im selben Mitgliedstaat unterworfen ist. Die in Artikel 28 Absatz 2 genannten Verbindungsstellen und der Dienstleistungserbringer unterstützen die zuständige Behörde durch Übermittlung der im Hinblick auf diese Anforderungen notwendigen Informationen.

(4) Die Genehmigung ermöglicht dem Dienstleistungserbringer die Aufnahme oder die Ausübung der Dienstleistungstätigkeit im gesamten Hoheitsgebiet des betreffenden Mitgliedstaats, einschließlich der Einrichtung von Agenturen, Zweigniederlassungen, Tochtergesellschaften oder Geschäftsstellen, sofern nicht zwingende Gründe des Allgemeininteresses eine Genehmigung für jede einzelne Betriebsstätte oder eine Beschränkung der Genehmigung auf einen bestimmten Teil des Hoheitsgebiets rechtfertigen.

(5) Die Genehmigung wird erteilt, sobald eine angemessene Prüfung ergibt, dass die Genehmigungsvoraussetzungen erfüllt sind.

(6) Abgesehen von dem Fall, in dem eine Genehmigung erteilt wird, sind alle anderen Entscheidungen der zuständigen Behörden, einschließlich der Ablehnung oder des Widerrufs einer Genehmigung, ausführlich zu begründen; sie sind einer Überprüfung durch ein Gericht oder eine andere Rechtsbehelfsinstanz zugänglich.

(7) Dieser Artikel stellt die Verteilung der lokalen oder regionalen Zuständigkeiten der mitgliedstaatlichen Behörden, die solche Genehmigungen erteilen, nicht in Frage.

### Artikel 11  Geltungsdauer der Genehmigung

(1) Die dem Dienstleistungserbringer erteilte Genehmigung darf nicht befristet werden, es sei denn:
a) die Genehmigung wird automatisch verlängert oder hängt lediglich von der fortbestehenden Erfüllung der Anforderungen ab;
b) die Zahl der verfügbaren Genehmigungen ist durch zwingende Gründe des Allgemeininteresses begrenzt,
   oder
c) eine Befristung ist durch einen zwingenden Grund des Allgemeininteresses gerechtfertigt.

(2) Absatz 1 betrifft nicht die Höchstfrist, innerhalb derer der Dienstleistungserbringer nach Erteilung der Genehmigung seine Tätigkeit tatsächlich aufnehmen muss.

(3) Die Mitgliedstaaten verpflichten den Dienstleistungserbringer, den betreffenden in Artikel 6 genannten einheitlichen Ansprechpartner über folgende Änderungen zu informieren:

a) die Gründung von Tochtergesellschaften, deren Tätigkeiten der Genehmigungsregelung unterworfen sind;

b) Änderungen seiner Situation, die dazu führen, dass die Voraussetzungen für die Erteilung der Genehmigung nicht mehr erfüllt sind.

(4) Dieser Artikel lässt die Möglichkeit der Mitgliedstaaten unberührt, Genehmigungen zu widerrufen, wenn die Voraussetzungen für die Erteilung der Genehmigung nicht mehr erfüllt sind.

### Artikel 12  Auswahl zwischen mehreren Bewerbern

(1) Ist die Zahl der für eine bestimmte Dienstleistungstätigkeit verfügbaren Genehmigungen aufgrund der Knappheit der natürlichen Ressourcen oder der verfügbaren technischen Kapazitäten begrenzt, so wenden die Mitgliedstaaten ein neutrales und transparentes Verfahren zur Auswahl der Bewerber an und machen insbesondere die Eröffnung, den Ablauf und den Ausgang des Verfahrens angemessen bekannt.

(2) In den in Absatz 1 genannten Fällen wird die Genehmigung für einen angemessen befristeten Zeitraum gewährt und darf weder automatisch verlängert werden noch dem Dienstleistungserbringer, dessen Genehmigung gerade abgelaufen ist, oder Personen, die in besonderer Beziehung zu diesem Dienstleistungserbringer stehen, irgendeine andere Begünstigung gewähren.

(3) Vorbehaltlich des Absatzes 1 und der Artikel 9 und 10 können die Mitgliedstaaten bei der Festlegung der Regeln für das Auswahlverfahren unter Beachtung des Gemeinschaftsrechts Überlegungen im Hinblick auf die öffentliche Gesundheit, sozialpolitische Ziele, die Gesundheit und Sicherheit von Arbeitnehmern oder Selbstständigen, den Schutz der Umwelt, die Erhaltung des kulturellen Erbes sowie jeden anderen zwingenden Grund des Allgemeininteresses berücksichtigen.

### Artikel 13  Genehmigungsverfahren

(1) Die Genehmigungsverfahren und -formalitäten müssen klar, im Voraus bekannt gemacht und so ausgestaltet sein, dass eine objektive und unparteiische Behandlung der Anträge der Antragsteller gewährleistet ist.

(2) Die Genehmigungsverfahren und -formalitäten dürfen weder abschreckend sein noch die Erbringung der Dienstleistung in unangemessener Weise erschweren oder verzögern. Sie müssen leicht zugänglich sein, und eventuelle dem Antragsteller mit dem Antrag entstehende Kosten müssen vertretbar und zu den Kosten der Genehmigungsverfahren verhältnismäßig sein und dürfen die Kosten der Verfahren nicht übersteigen.

(3) Die Genehmigungsverfahren und -formalitäten müssen sicherstellen, dass Anträge unverzüglich und in jedem Fall binnen einer vorab festgelegten und bekannt gemachten angemessenen Frist bearbeitet werden. Die Frist läuft erst, wenn alle Unterlagen vollständig eingereicht wurden. Die zuständige Behörde kann die Frist einmal für eine begrenzte Dauer verlängern, wenn dies durch die Komplexität der Angelegenheit gerechtfertigt ist. Die Fristverlängerung und deren Ende sind ausreichend zu begründen und dem Antragsteller vor Ablauf der ursprünglichen Frist mitzuteilen.

(4) Wird der Antrag nicht binnen der nach Absatz 3 festgelegten oder verlängerten Frist beantwortet, so gilt die Genehmigung als erteilt. Jedoch kann eine andere Regelung vorgesehen werden, wenn dies durch einen zwingenden Grund des Allgemeininteresses, einschließlich eines berechtigten Interesses Dritter, gerechtfertigt ist.

(5) Für jeden Genehmigungsantrag wird so schnell wie möglich eine Empfangsbestätigung übermittelt. Die Bestätigung muss folgende Angaben enthalten:

a) die in Absatz 3 genannte Frist;

b) die verfügbaren Rechtsbehelfe;

c) gegebenenfalls eine Erklärung, dass die Genehmigung als erteilt gilt, wenn der Antrag nicht binnen der vorgesehenen Frist beantwortet wird.

(6) Im Falle eines unvollständigen Antrags wird der Antragsteller so schnell wie möglich darüber informiert, dass Unterlagen nachzureichen sind und welche Auswirkungen dies möglicherweise auf die in Absatz 3 genannte Frist hat.

(7) Wird ein Antrag wegen Nichtbeachtung der erforderlichen Verfahren oder Formalitäten abgelehnt, so ist der Antragsteller so schnell wie möglich von der Ablehnung in Kenntnis zu setzten.

## Abschnitt 2: Unzulässige oder zu prüfende Anforderungen

### Artikel 14 Unzulässige Anforderungen

Die Mitgliedstaaten dürfen die Aufnahme oder Ausübung einer Dienstleistungstätigkeit in ihrem Hoheitsgebiet nicht von einer der folgenden Anforderungen abhängig machen:

1. diskriminierenden Anforderungen, die direkt oder indirekt auf der Staatsangehörigkeit oder – für Unternehmen – dem satzungsmäßigen Sitz beruhen, insbesondere:
   a) einem Staatsangehörigkeitserfordernis für den Dienstleistungserbringer, seine Beschäftigten, seine Gesellschafter oder die Mitglieder der Geschäftsführung oder Kontrollorgane;
   b) einer Residenzpflicht des Dienstleistungserbringers, seiner Beschäftigten, der Gesellschafter oder der Mitglieder der Geschäftsführung oder Kontrollorgane im betreffenden Hoheitsgebiet;
2. einem Verbot der Errichtung von Niederlassungen in mehr als einem Mitgliedstaat oder der Eintragung in Register oder der Registrierung bei Berufsverbänden oder -vereinigungen in mehr als einem Mitgliedstaat;
3. Beschränkungen der Wahlfreiheit des Dienstleistungserbringers zwischen einer Hauptniederlassung und einer Zweitniederlassung, insbesondere der Verpflichtung für den Dienstleistungserbringer, seine Hauptniederlassung in ihrem Hoheitsgebiet zu unterhalten, oder der Beurteilung der Wahlfreiheit für eine Niederlassung in Form einer Agentur, einer Zweigstelle oder einer Tochtergesellschaft;
4. Bedingungen der Gegenseitigkeit in Bezug auf den Mitgliedstaat, in dem der Dienstleistungserbringer bereits eine Niederlassung unterhält, mit Ausnahme solcher, die durch Gemeinschaftsrechtsakte im Bereich der Energie vorgesehen sind;
5. einer wirtschaftlichen Überprüfung im Einzelfall, bei der die Erteilung der Genehmigung vom Nachweis eines wirtschaftlichen Bedarfs oder einer Marktnachfrage abhängig gemacht wird, oder der Beurteilung der tatsächlichen oder möglichen wirtschaftlichen Auswirkungen der Tätigkeit oder der Bewertung ihrer Eignung für die Verwirklichung wirtschaftlicher, von der zuständigen Behörde festgelegter Programmziele; dieses Verbot betrifft nicht Planungserfordernisse, die keine wirtschaftlichen Ziele verfolgen, sondern zwingenden Gründen des Allgemeininteresses dienen;
6. der direkten oder indirekten Beteiligung von konkurrierenden Marktteilnehmern, einschließlich in Beratungsgremien, an der Erteilung von Genehmigungen oder dem Erlass anderer Entscheidungen der zuständigen Behörden, mit Ausnahme der Berufsverbände und -vereinigungen oder anderen Berufsorganisationen, die als zuständige Behörde fungieren; dieses Verbot gilt weder für die Anhörung von Organisationen wie Handelskammern oder Sozialpartnern zu Fragen, die nicht einzelne Genehmigungsanträge betreffen, noch für die Anhörung der Öffentlichkeit;
7. der Pflicht, eine finanzielle Sicherheit zu stellen oder sich daran zu beteiligen, oder eine Versicherung bei einem Dienstleistungserbringer oder einer Einrichtung, die in ihrem Hoheitsgebiet niedergelassen sind, abzuschließen. Dies berührt weder die Möglichkeit der Mitgliedstaaten, Versicherungen oder finanzielle Sicherheiten als solche zu verlangen, noch Anforderungen, die sich auf die Beteiligung an einem kollektiven Ausgleichsfonds, z. B. für Mitglieder von Berufsverbänden oder -organisationen, beziehen;

8. der Pflicht, bereits vorher während eines bestimmten Zeitraums in den in ihrem Hoheitsgebiet geführten Registern eingetragen gewesen zu sein oder die Tätigkeit vorher während eines bestimmten Zeitraums in ihrem Hoheitsgebiet ausgeübt zu haben.

### Artikel 15 Zu prüfende Anforderungen

(1) Die Mitgliedstaaten prüfen, ob ihre Rechtsordnungen die in Absatz 2 aufgeführten Anforderungen vorsehen, und stellen sicher, dass diese Anforderungen die Bedingungen des Absatzes 3 erfüllen. Die Mitgliedstaaten ändern ihre Rechts- und Verwaltungsvorschriften, um sie diesen Bedingungen anzupassen.

(2) Die Mitgliedstaaten prüfen, ob ihre Rechtsordnung die Aufnahme oder Ausübung einer Dienstleistungstätigkeit von folgenden nicht diskriminierenden Anforderungen abhängig macht:
a) mengenmäßigen oder territorialen Beschränkungen, insbesondere in Form von Beschränkungen aufgrund der Bevölkerungszahl oder bestimmter Mindestentfernungen zwischen Dienstleistungserbringern;
b) der Verpflichtung des Dienstleistungserbringers, eine bestimmte Rechtsform zu wählen;
c) Anforderungen im Hinblick auf die Beteiligungen am Gesellschaftsvermögen;
d) Anforderungen, die die Aufnahme der betreffenden Dienstleistungstätigkeit aufgrund ihrer Besonderheiten bestimmten Dienstleistungserbringern vorbehalten, mit Ausnahme von Anforderungen, die Bereiche betreffen, die von der Richtlinie 2005/36/EG erfasst werden, oder solchen, die in anderen Gemeinschaftsrechtsakten vorgesehen sind;
e) dem Verbot, in ein und demselben Hoheitsgebiet mehrere Niederlassungen zu unterhalten;
f) Anforderungen, die eine Mindestbeschäftigtenzahl verlangen;
g) der Beachtung von festgesetzten Mindest- und/oder Höchstpreisen durch den Dienstleistungserbringer;
h) der Verpflichtung des Dienstleistungserbringers, zusammen mit seiner Dienstleistung bestimmte andere Dienstleistungen zu erbringen.

(3) Die Mitgliedstaaten prüfen, ob die in Absatz 2 genannten Anforderungen folgende Bedingungen erfüllen:
a) Nicht-Diskriminierung: die Anforderungen dürfen weder eine direkte noch eine indirekte Diskriminierung aufgrund der Staatsangehörigkeit oder – bei Gesellschaften – aufgrund des Orts des satzungsmäßigen Sitzes darstellen;
b) Erforderlichkeit: die Anforderungen müssen durch einen zwingenden Grund des Allgemeininteresses gerechtfertigt sein;
c) Verhältnismäßigkeit: die Anforderungen müssen zur Verwirklichung des mit ihnen verfolgten Ziels geeignet sein; sie dürfen nicht über das hinausgehen, was zur Erreichung dieses Ziels erforderlich ist; diese Anforderungen können nicht durch andere weniger einschneidende Maßnahmen ersetzt werden, die zum selben Ergebnis führen.

(4) Die Absätze 1, 2 und 3 gelten für Rechtsvorschriften im Bereich der Dienstleistungen von allgemeinem wirtschaftlichem Interesse nur insoweit, als die Anwendung dieser Absätze die Erfüllung der anvertrauten besonderen Aufgabe nicht rechtlich oder tatsächlich verhindert.

(5) In dem in Artikel 39 Absatz 1 genannten Bericht für die gegenseitige Evaluierung geben die Mitgliedstaaten an:
a) welche Anforderungen sie beabsichtigen beizubehalten und warum sie der Auffassung sind, dass diese die Bedingungen des Absatzes 3 erfüllen;
b) welche Anforderungen sie aufgehoben oder gelockert haben.

(6) Ab dem 28. Dezember 2006 dürfen die Mitgliedstaaten keine neuen Anforderungen der in Absatz 2 genannten Art einführen, es sei denn, diese neuen Anforderungen erfüllen die in Absatz 3 aufgeführten Bedingungen.

(7) Die Mitgliedstaaten teilen der Kommission alle neuen Rechts- und Verwaltungsvorschriften mit, die die in Absatz 6 genannten Anforderungen vorsehen, sowie deren Begründung. Die Kommission bringt den anderen Mitgliedstaaten diese Vorschriften zur Kenntnis. Die Mitteilung hindert die Mitgliedstaaten nicht daran, die betreffenden Vorschriften zu erlassen.

Binnen drei Monaten nach Erhalt der Mitteilung prüft die Kommission die Vereinbarkeit aller neuen Anforderungen mit dem Gemeinschaftsrecht und entscheidet gegebenenfalls, den betroffenen Mitgliedstaat aufzufordern, diese neuen Anforderungen nicht zu erlassen oder aufzuheben.

Die Mitteilung eines Entwurfs für einen nationalen Rechtsakt gemäß der Richtlinie 98/34/EG erfüllt gleichzeitig die in der vorliegenden Richtlinie vorgesehene Verpflichtung zur Mitteilung.

## Kapitel IV: Freier Dienstleistungsverkehr

### Abschnitt 1: Dienstleistungsfreiheit und damit zusammenhängende Ausnahmen

#### Artikel 16 Dienstleistungsfreiheit

(1) Die Mitgliedstaaten achten das Recht der Dienstleistungserbringer, Dienstleistungen in einem anderen Mitgliedstaat als demjenigen ihrer Niederlassung zu erbringen.

Der Mitgliedstaat, in dem die Dienstleistung erbracht wird, gewährleistet die freie Aufnahme und freie Ausübung von Dienstleistungstätigkeiten innerhalb seines Hoheitsgebiets.

Die Mitgliedstaaten dürfen die Aufnahme oder Ausübung einer Dienstleistungstätigkeit in ihrem Hoheitsgebiet nicht von Anforderungen abhängig machen, die gegen folgende Grundsätze verstoßen:

a) Nicht-Diskriminierung: die Anforderung darf weder eine direkte noch eine indirekte Diskriminierung aufgrund der Staatsangehörigkeit oder – bei juristischen Personen – aufgrund des Mitgliedstaats, in dem sie niedergelassen sind, darstellen;

b) Erforderlichkeit: die Anforderung muss aus Gründen der öffentlichen Ordnung, der öffentlichen Sicherheit, der öffentlichen Gesundheit oder des Schutzes der Umwelt gerechtfertigt sein;

c) Verhältnismäßigkeit: die Anforderung muss zur Verwirklichung des mit ihr verfolgten Ziels geeignet sein und darf nicht über das hinausgehen, was zur Erreichung dieses Ziels erforderlich ist.

(2) Die Mitgliedstaaten dürfen die Dienstleistungsfreiheit eines in einem anderen Mitgliedstaat niedergelassenen Dienstleistungserbringers nicht einschränken, indem sie diesen einer der folgenden Anforderungen unterwerfen:

a) der Pflicht, in ihrem Hoheitsgebiet eine Niederlassung zu unterhalten;

b) der Pflicht, bei ihren zuständigen Behörden eine Genehmigung einzuholen; dies gilt auch für die Verpflichtung zur Eintragung in ein Register oder die Mitgliedschaft in einem Berufsverband oder einer Berufsvereinigung in ihrem Hoheitsgebiet, außer in den in dieser Richtlinie oder anderen Rechtsvorschriften der Gemeinschaft vorgesehenen Fällen;

c) dem Verbot, in ihrem Hoheitsgebiet eine bestimmte Form oder Art von Infrastruktur zu errichten, einschließlich Geschäftsräumen oder einer Kanzlei, die der Dienstleistungserbringer zur Erbringung der betreffenden Leistungen benötigt;

d) der Anwendung bestimmter vertraglicher Vereinbarungen zur Regelung der Beziehungen zwischen dem Dienstleistungserbringer und dem Dienstleistungsempfänger, die eine selbstständige Tätigkeit des Dienstleistungserbringers verhindert oder beschränkt;

e) der Pflicht, sich von ihren zuständigen Behörden einen besonderen Ausweis für die Ausübung einer Dienstleistungstätigkeit ausstellen zu lassen;

f) Anforderungen betreffend die Verwendung von Ausrüstungsgegenständen und Materialien, die integraler Bestandteil der Dienstleistung sind, es sei denn, diese Anforderungen sind für den Schutz der Gesundheit und die Sicherheit am Arbeitsplatz notwendig;

g) der in Artikel 19 genannten Beschränkungen des freien Dienstleistungsverkehrs.

(3) Der Mitgliedstaat, in den sich der Dienstleistungserbringer begibt, ist nicht daran gehindert, unter Beachtung des Absatzes 1 Anforderungen in Bezug auf die Erbringung von Dienstleistungen zu stellen, die aus Gründen der öffentlichen Ordnung, der öffentlichen Sicherheit, der öffentlichen Gesundheit oder des Schutzes der Umwelt gerechtfertigt sind. Dieser Mitgliedstaat ist ferner nicht daran gehindert, im Einklang mit dem Gemeinschaftsrecht seine Bestimmungen über Beschäftigungsbedingungen, einschließlich derjenigen in Tarifverträgen, anzuwenden.

(4) Bis zum 28. Dezember 2011 unterbreitet die Kommission nach Konsultation der Mitgliedstaaten und der Sozialpartner auf Gemeinschaftsebene dem Europäischen Parlament und dem Rat einen Bericht über die Anwendung dieses Artikels, in dem sie prüft, ob es notwendig ist, Harmonisierungsmaßnahmen hinsichtlich der unter diese Richtlinie fallenden Dienstleistungstätigkeiten vorzuschlagen.

### Artikel 17 Weitere Ausnahmen von der Dienstleistungsfreiheit

Artikel 16 findet keine Anwendung auf:

1. Dienstleistungen von allgemeinem wirtschaftlichem Interesse, die in einem anderen Mitgliedstaat erbracht werden, unter anderem:

    a) im Postsektor die von der Richtlinie 97/67/EG des Europäischen Parlaments und des Rates vom 15. Dezember 1997 über gemeinsame Vorschriften für die Entwicklung des Binnenmarktes der Postdienste der Gemeinschaft und die Verbesserung der Dienstqualität[1] erfassten Dienstleistungen;

    b) im Elektrizitätssektor die von der Richtlinie 2003/54/EG[2] des Europäischen Parlaments und des Rates vom 26. Juni 2003 über gemeinsame Vorschriften für den Elektrizitätsbinnenmarkt erfassten Dienstleistungen;

    c) im Gassektor die von der Richtlinie 2003/55/EG des Europäischen Parlaments und des Rates vom 26. Juni 2003 über gemeinsame Vorschriften für den Erdgasbinnenmarkt[3] erfassten Dienstleistungen;

    d) die Dienste der Wasserverteilung und -versorgung sowie der Abwasserbewirtschaftung;

    e) Dienste der Abfallbewirtschaftung;

2. die Angelegenheiten, die unter die Richtlinie 96/71/EG fallen;

3. die Angelegenheiten, die unter die Richtlinie 95/46/EG des Europäischen Parlaments und des Rates vom 24. Oktober 1995 zum Schutz natürlicher Personen bei der Verarbeitung personenbezogener Daten und zum freien Datenverkehr[4] fallen;

---

1) **Amtl. Anm.:** ABl L 15 vom 21. 1. 1998, S. 14. Zuletzt geändert durch die Verordnung (EG) Nr. 1882/2003 (ABl L 284 vom 31. 10. 2003, S. 1).

2) **Amtl. Anm.:** ABl L 176 vom 15. 7. 2003, S. 37. Zuletzt geändert durch die Entscheidung 2006/653/EG der Kommission (ABl L 270 vom 29. 9. 2006, S. 72).

3) **Amtl. Anm.:** ABl L 176 vom 15. 7. 2003, S. 57.

4) **Amtl. Anm.:** ABl L 281 vom 23. 11. 1995, S. 31. Geändert durch die Verordnung (EG) Nr. 1882/2003.

4. die Angelegenheiten, die unter die Richtlinie 77/249/EWG des Rates vom 22. März 1977 zur Erleichterung der tatsächlichen Ausübung des freien Dienstleistungsverkehrs der Rechtsanwälte[1] fallen;
5. die gerichtliche Beitreibung von Forderungen;
6. die Angelegenheiten, die unter Titel II der Richtlinie 2005/36/EG fallen, sowie Anforderungen im Mitgliedstaat der Dienstleistungserbringung, die eine Tätigkeit den Angehörigen eines bestimmten Berufs vorbehalten;
7. die Angelegenheiten, die unter die Verordnung (EWG) Nr. 1408/71 fallen;
8. bezüglich Verwaltungsformalitäten betreffend die Freizügigkeit von Personen und ihren Wohnsitz die Angelegenheiten, die unter diejenigen Bestimmungen der Richtlinie 2004/38/EG fallen, die Verwaltungsformalitäten vorsehen, die die Begünstigten bei den zuständigen Behörden des Mitgliedstaates, in dem die Dienstleistung erbracht wird, erfüllen müssen;
9. in Bezug auf Drittstaatsangehörige, die sich im Rahmen einer Dienstleistungserbringung in einen anderen Mitgliedstaat begeben, die Möglichkeit der Mitgliedstaaten, Visa oder Aufenthaltstitel für Drittstaatsangehörige zu verlangen, die nicht dem in Artikel 21 des Übereinkommens zur Durchführung des Übereinkommens von Schengen vom 14. Juni 1985 betreffend den schrittweisen Abbau der Kontrollen an den gemeinsamen Grenzen[2] vorgesehenen System der gegenseitigen Anerkennung unterfallen, oder die Möglichkeit, Drittstaatsangehörige zu verpflichten, sich bei oder nach der Einreise in den Mitgliedstaat der Dienstleistungserbringung bei den dortigen zuständigen Behörden zu melden;
10. bezüglich der Verbringung von Abfällen die Angelegenheiten, die von der Verordnung (EWG) Nr. 259/93 des Rates vom 1. Februar 1993 zur Überwachung und Kontrolle der Verbringung von Abfällen in der, in die und aus der Europäischen Gemeinschaft[3] erfasst werden;
11. die Urheberrechte, die verwandten Schutzrechte, Rechte im Sinne der Richtlinie 87/54/EWG des Rates vom 16. Dezember 1986 über den Rechtsschutz der Topographien von Halbleitererzeugnissen[4] und der Richtlinie 96/9/EG des Europäischen Parlaments und des Rates vom 11. März 1996 über den rechtlichen Schutz von Datenbanken[5] sowie die Rechte an gewerblichem Eigentum;
12. die Handlungen, für die die Mitwirkung eines Notars gesetzlich vorgeschrieben ist;
13. die Angelegenheiten, die unter die Richtlinie 2006/43/EG des Europäischen Parlaments und des Rates vom 17. Mai 2006 über die Prüfung des Jahresabschlusses und des konsolidierten Abschlusses[6] fallen;
14. die Zulassung von Fahrzeugen, die in einem anderen Mitgliedstaat geleast wurden;
15. Bestimmungen betreffend vertragliche und außervertragliche Schuldverhältnisse, einschließlich der Form von Verträgen, die nach den Vorschriften des internationalen Privatrechts festgelegt werden.

**Artikel 18  Ausnahmen im Einzelfall**

(1) Abweichend von Artikel 16 und nur in Ausnahmefällen können die Mitgliedstaaten Maßnahmen gegenüber einem in einem anderen Mitgliedstaat niedergelassenen Dienstleistungserbringer ergreifen, die sich auf die Sicherheit der Dienstleistungen beziehen.

---

1) **Amtl. Anm.:** ABl L 78 vom 26. 3. 1977, S. 17. Zuletzt geändert durch die Beitrittsakte von 2003.
2) **Amtl. Anm.:** ABl L 239 vom 22. 9. 2000, S. 19. Zuletzt geändert durch die Verordnung (EG) Nr. 1160/2005 des Europäischen Parlaments und des Rates (ABl L 191 vom 22. 7. 2005, S. 18).
3) **Amtl. Anm.:** ABl L 30 vom 6. 2. 1993, S. 1. Zuletzt geändert durch die Verordnung (EG) Nr. 2557/2001 der Kommission (ABl L 349 vom 31. 12. 2001, S. 1).
4) **Amtl. Anm.:** ABl L 24 vom 27. 1. 1987, S. 36.
5) **Amtl. Anm.:** ABl L 77 vom 27. 3. 1996, S. 20.
6) **Amtl. Anm.:** ABl L 157 vom 9. 6. 2006, S. 87.

(2) Die in Absatz 1 genannten Maßnahmen können nur unter Einhaltung des in Artikel 35 genannten Amtshilfeverfahrens und bei Vorliegen aller folgenden Voraussetzungen ergriffen werden:
  a) die nationalen Rechtsvorschriften, aufgrund deren die Maßnahme getroffen wird, waren nicht Gegenstand einer Harmonisierung auf Gemeinschaftsebene im Bereich der Sicherheit von Dienstleistungen;
  b) die Maßnahmen bewirken für den Dienstleistungsempfänger einen größeren Schutz als die Maßnahmen, die der Niederlassungsmitgliedstaat aufgrund seiner nationalen Vorschriften ergreifen würde;
  c) der Niederlassungsmitgliedstaat hat keine bzw. im Hinblick auf Artikel 35 Absatz 2 unzureichende Maßnahmen ergriffen;
  d) die Maßnahmen sind verhältnismäßig.

(3) Die Absätze 1 und 2 lassen die in den Gemeinschaftsrechtsakten festgelegten Bestimmungen zur Gewährleistung der Dienstleistungsfreiheit oder zur Gewährung von Ausnahmen von dieser Freiheit unberührt.

## Abschnitt 2:  Rechte der Dienstleistungsempfänger

### Artikel 19  Unzulässige Beschränkungen

Die Mitgliedstaaten dürfen an den Dienstleistungsempfänger keine Anforderungen stellen, die die Inanspruchnahme einer Dienstleistung beschränken, die von einem in einem anderen Mitgliedstaat niedergelassenen Dienstleistungserbringer angeboten wird; dies gilt insbesondere für folgende Anforderungen:
  a) die Pflicht, bei den zuständigen Behörden eine Genehmigung einzuholen oder diesen gegenüber eine Erklärung abzugeben;
  b) diskriminierende Beschränkungen der Möglichkeit zur Erlangung finanzieller Unterstützung, die auf der Tatsache beruhen, dass der Dienstleistungserbringer in einem anderen Mitgliedstaat niedergelassen ist, oder aufgrund des Ortes, an dem die Dienstleistung erbracht wird;

### Artikel 20  Nicht-Diskriminierung

(1) Die Mitgliedstaaten stellen sicher, dass dem Dienstleistungsempfänger keine diskriminierenden Anforderungen auferlegt werden, die auf dessen Staatsangehörigkeit oder Wohnsitz beruhen.

(2) Die Mitgliedstaaten stellen sicher, dass die allgemeinen Bedingungen für den Zugang zu einer Dienstleistung, die der Dienstleistungserbringer bekannt gemacht hat, keine auf der Staatsangehörigkeit oder dem Wohnsitz des Dienstleistungsempfängers beruhenden diskriminierenden Bestimmungen enthalten; dies berührt jedoch nicht die Möglichkeit, Unterschiede bei den Zugangsbedingungen vorzusehen, die unmittelbar durch objektive Kriterien gerechtfertigt sind.

### Artikel 21  Unterstützung der Dienstleistungsempfänger

(1) Die Mitgliedstaaten stellen sicher, dass die Dienstleistungsempfänger in ihrem Wohnsitzstaat folgende Informationen erhalten:
  a) allgemeine Informationen über die in anderen Mitgliedstaaten geltenden Anforderungen bezüglich der Aufnahme und der Ausübung von Dienstleistungtätigkeiten, vor allem solche über den Verbraucherschutz;
  b) allgemeine Informationen über die bei Streitfällen zwischen Dienstleistungserbringer und -empfänger zur Verfügung stehenden Rechtsbehelfe;
  c) Angaben zur Erreichbarkeit der Verbände und Organisationen, die den Dienstleistungserbringer oder -empfänger beraten und unterstützen können, einschließlich der Zentren des Netzes der europäischen Verbraucherzentren.

Sofern angebracht umfasst die Beratung der zuständigen Behörden einen einfachen Schritt-für-Schritt-Leitfaden. Die Informationen und Unterstützung müssen in einer klaren und unzweideutigen Weise erteilt werden, aus der Ferne und elektronisch leicht zugänglich sein und dem neuesten Stand entsprechen.

(2) Die Mitgliedstaaten können die in Absatz 1 genannte Aufgabe den einheitlichen Ansprechpartnern oder jeder anderen Einrichtung, wie beispielsweise den Zentren des Netzes der europäischen Verbraucherzentren, den Verbraucherverbänden oder den Euro Info Zentren, übertragen.

Die Mitgliedstaaten teilen der Kommission die Angaben zur Erreichbarkeit der benannten Einrichtungen mit. Die Kommission leitet sie an die anderen Mitgliedstaaten weiter.

(3) Zur Erfüllung der in den Absätzen 1 und 2 genannten Anforderungen wendet sich die angerufene Einrichtung erforderlichenfalls an die zuständige Einrichtung des betreffenden Mitgliedstaates. Letztere übermittelt die angeforderten Informationen so schnell wie möglich der ersuchenden Einrichtung, die sie an den Dienstleistungsempfänger weiterleitet. Die Mitgliedstaaten stellen sicher, dass diese Einrichtungen einander unterstützen und effizient zusammenarbeiten. Sie treffen gemeinsam mit der Kommission die praktischen Vorkehrungen zur Durchführung des Absatzes 1.

(4) Die Kommission erlässt nach dem in Artikel 40 Absatz 2 genannten Verfahren Durchführungsbestimmungen für die Absätze 1, 2 und 3 des vorliegenden Artikels, die unter Berücksichtigung gemeinsamer Standards die technischen Modalitäten des Austauschs von Informationen zwischen den Einrichtungen der verschiedenen Mitgliedstaaten und insbesondere die Interoperabilität der Informationssysteme regeln.

## Kapitel V: Qualität der Dienstleistungen

### Artikel 22 Informationen über die Dienstleistungserbringer und deren Dienstleistungen

(1) Die Mitgliedstaaten stellen sicher, dass die Dienstleistungserbringer den Dienstleistungsempfängern folgende Informationen zur Verfügung stellen:

a) den Namen des Dienstleistungserbringers, seinen Rechtsstatus und seine Rechtsform, die geografische Anschrift, unter der er niedergelassen ist, und Angaben, die, gegebenenfalls auf elektronischem Weg, eine schnelle Kontaktaufnahme und eine direkte Kommunikation mit ihm ermöglichen;

b) falls der Dienstleistungserbringer in ein Handelsregister oder ein vergleichbares öffentliches Register eingetragen ist, den Namen dieses Registers und die Nummer der Eintragung des Dienstleistungserbringers oder eine gleichwertige in diesem Register verwendete Kennung;

c) falls die Tätigkeit einer Genehmigungsregelung unterliegt, die Angaben zur zuständigen Behörde oder zum einheitlichen Ansprechpartner;

d) falls der Dienstleistungserbringer eine Tätigkeit ausübt, die der Mehrwertsteuer unterliegt, die Identifikationsnummer gemäß Artikel 22 Absatz 1 der Sechsten Richtlinie 77/388/EWG des Rates vom 17. Mai 1977 zur Harmonisierung der Rechtsvorschriften der Mitgliedstaaten über die Umsatzsteuern – Gemeinsames Mehrwertsteuersystem: einheitliche steuerpflichtige Bemessungsgrundlage[1)];

e) bei den reglementierten Berufen den Berufsverband oder eine ähnliche Einrichtung, dem oder der der Dienstleistungserbringer angehört, sowie die Berufsbezeichnung und den Mitgliedstaat, in dem sie verliehen wurde;

f) gegebenenfalls die vom Dienstleistungserbringer verwendeten allgemeinen Geschäftsbedingungen und Klauseln;

g) gegebenenfalls das Vorliegen vom Dienstleistungserbringer verwendeter Vertragsklauseln über das auf den Vertrag anwendbare Recht und/oder den Gerichtsstand;

---

1) **Amtl. Anm.:** ABl L 145 vom 13. 6. 1977, S. 1. Zuletzt geändert durch die Richtlinie 2006/18/EG (ABl L 51 vom 22. 2. 2006, S. 12).

h) gegebenenfalls das Vorliegen einer gesetzlich nicht vorgeschriebenen nachvertraglichen Garantie;
i) den Preis der Dienstleistung, falls der Preis für eine bestimmte Art von Dienstleistung im Vorhinein vom Dienstleistungserbringer festgelegt wurde;
j) die Hauptmerkmale der Dienstleistung, wenn diese nicht bereits aus dem Zusammenhang hervorgehen;
k) Angaben zur Versicherung oder zu den Sicherheiten gemäß Artikel 23 Absatz 1, insbesondere den Namen und die Kontaktdaten des Versicherers oder Sicherungsgebers und den räumlichen Geltungsbereich.

(2) Die Mitgliedstaaten stellen sicher, dass die in Absatz 1 genannten Informationen nach Wahl des Dienstleistungserbringers:
a) vom Dienstleistungserbringer von sich aus mitgeteilt werden;
b) für den Dienstleistungsempfänger am Ort der Leistungserbringung oder des Vertragsabschlusses leicht zugänglich sind;
c) für den Dienstleistungsempfänger elektronisch über eine vom Dienstleistungserbringer angegebene Adresse leicht zugänglich sind;
d) in allen von den Dienstleistungserbringern den Dienstleistungsempfängern zur Verfügung gestellten ausführlichen Informationsunterlagen über die angebotene Dienstleistung enthalten sind.

(3) Die Mitgliedstaaten stellen sicher, dass die Dienstleistungserbringer den Dienstleistungsempfängern auf Anfrage folgende Zusatzinformationen mitteilen:
a) falls der Preis nicht im Vorhinein vom Dienstleistungserbringer festgelegt wurde, den Preis der Dienstleistung oder, wenn kein genauer Preis angegeben werden kann, die Vorgehensweise zur Berechnung des Preises, die es dem Dienstleistungsempfänger ermöglicht, den Preis zu überprüfen, oder einen hinreichend ausführlichen Kostenvoranschlag;
b) bei reglementierten Berufen einen Verweis auf die im Niederlassungsmitgliedstaat geltenden berufsrechtlichen Regeln und wie diese zugänglich sind;
c) Informationen über ihre multidisziplinären Tätigkeiten und Partnerschaften, die in direkter Verbindung zu der fraglichen Dienstleistung stehen, und über die Maßnahmen, die sie ergriffen haben, um Interessenkonflikte zu vermeiden. Diese Informationen müssen in allen ausführlichen Informationsunterlagen der Dienstleistungserbringer über ihre Tätigkeit enthalten sein;
d) Verhaltenskodizes, die für den Dienstleistungserbringer gelten, und die Adresse, unter der diese elektronisch abgerufen werden können, sowie Angaben über die Sprachen, in denen sie vorliegen;
e) falls ein Dienstleistungserbringer einem Verhaltenskodex unterliegt oder einer Handelsvereinigung oder einem Berufsverband angehört, die außergerichtliche Verfahren der Streitbeilegung vorsehen, einschlägige Informationen hierzu. Der Dienstleistungserbringer hat näher anzugeben, wie ausführliche Auskünfte über die Merkmale der außergerichtlichen Verfahren der Streitbeilegung und über die Bedingungen, unter denen die Verfahren angewandt werden, eingeholt werden können.

(4) Die Mitgliedstaaten stellen sicher, dass die Informationen, die der Dienstleistungserbringer gemäß diesem Kapitel zur Verfügung stellen oder mitteilen muss, klar und unzweideutig sind und rechtzeitig vor Abschluss des Vertrages oder, wenn kein schriftlicher Vertrag geschlossen wird, vor Erbringung der Dienstleistung bereitgestellt werden.

(5) Die Informationsanforderungen gemäß diesem Kapitel ergänzen die bereits im Gemeinschaftsrecht vorgesehenen Anforderungen und hindern die Mitgliedstaaten nicht daran, zusätzliche Informationsanforderungen für Dienstleistungserbringer, die in ihrem Hoheitsgebiet niedergelassen sind, vorzuschreiben.

(6) Die Kommission kann nach dem in Artikel 40 Absatz 2 genannten Verfahren den Inhalt der in den Absätzen 1 und 3 des vorliegenden Artikels genannten Informationen

entsprechend den Besonderheiten bestimmter Tätigkeiten präzisieren und die Modalitäten der praktischen Durchführung von Absatz 2 des vorliegenden Artikels präzisieren.

### Artikel 23  Berufshaftpflichtversicherungen und Sicherheiten

(1) Die Mitgliedstaaten können sicherstellen, dass die Dienstleistungserbringer, deren Dienstleistungen ein unmittelbares und besonderes Risiko für die Gesundheit oder Sicherheit des Dienstleistungsempfängers oder eines Dritten oder für die finanzielle Sicherheit des Dienstleistungsempfängers darstellen, eine der Art und dem Umfang des Risikos angemessene Berufshaftpflichtversicherung abschließen oder eine aufgrund ihrer Zweckbestimmung im Wesentlichen vergleichbare Sicherheit oder gleichwertige Vorkehrung vorsehen.

(2) Wenn ein Dienstleistungserbringer sich in ihrem Hoheitsgebiet niederlässt, dürfen die Mitgliedstaaten keine Berufshaftpflichtversicherung oder Sicherheit vom Dienstleistungserbringer verlangen, sofern er bereits durch eine gleichwertige oder aufgrund ihrer Zweckbestimmung und der vorgesehenen Deckung bezüglich des versicherten Risikos, der Versicherungssumme oder einer Höchstgrenze der Sicherheit und möglicher Ausnahmen von der Deckung im Wesentlichen vergleichbare Sicherheit in einem anderen Mitgliedstaat, in dem er bereits niedergelassen ist, abgedeckt ist. Besteht nur eine teilweise Gleichwertigkeit, so können die Mitgliedstaaten eine zusätzliche Sicherheit verlangen, um die nicht gedeckten Risiken abzusichern.
Verlangt ein Mitgliedstaat von einem in seinem Hoheitsgebiet niedergelassenen Dienstleistungserbringer den Abschluss einer Berufshaftpflichtversicherung oder eine andere Sicherheit, so hat er die von in anderen Mitgliedstaaten niedergelassenen Kreditinstituten und Versicherern ausgestellten Bescheinigungen, dass ein solcher Versicherungsschutz besteht, als hinreichenden Nachweis anzuerkennen.

(3) Die Absätze 1 und 2 berühren nicht die in anderen Gemeinschaftsrechtsakten vorgesehenen Berufshaftpflichtversicherungen oder Sicherheiten.

(4) Im Rahmen der Durchführung des Absatzes 1 kann die Kommission nach dem in Artikel 40 Absatz 2 genannten Regelungsverfahren Dienstleistungen benennen, die die in Absatz 1 des vorliegenden Artikels genannten Eigenschaften aufweisen. Die Kommission kann ferner nach dem in Artikel 40 Absatz 3 genannten Verfahren Maßnahmen erlassen, die dazu bestimmt sind, nicht wesentliche Bestimmungen dieser Richtlinie zu ändern, indem sie durch Festlegung gemeinsamer Kriterien ergänzt wird, nach denen festgestellt wird, ob eine Versicherung oder Sicherheit im Sinne des Absatzes 1 des vorliegenden Artikels im Hinblick auf die Art und den Umfang des Risikos angemessen ist.

(5) Im Sinne dieses Artikels bedeutet:
– „unmittelbares und besonderes Risiko" ein Risiko, das sich unmittelbar aus der Erbringung der Dienstleistung ergibt;
– „Gesundheit oder Sicherheit" in Bezug auf einen Dienstleistungsempfänger oder einen Dritten die Verhinderung des Todes oder einer schweren Körperverletzung;
– „finanzielle Sicherheit" in Bezug auf einen Dienstleistungsempfänger die Vermeidung erheblicher Geldverluste oder Einbußen bei Vermögenswerten;
– „Berufshaftpflichtversicherung" eine Versicherung, die ein Dienstleistungserbringer bezüglich seiner potenziellen Haftung gegenüber Dienstleistungsempfängern und gegebenenfalls Dritten, die sich aus der Erbringung der Dienstleistung ergibt, abgeschlossen hat.

### Artikel 24  Kommerzielle Kommunikation für reglementierte Berufe

(1) Die Mitgliedstaaten heben sämtliche absoluten Verbote der kommerziellen Kommunikation für reglementierte Berufe auf.

(2) Die Mitgliedstaaten stellen sicher, dass die kommerzielle Kommunikation durch Angehörige reglementierter Berufe die Anforderungen der berufsrechtlichen Regeln erfüllt, die im Einklang mit dem Gemeinschaftsrecht je nach Beruf insbesondere die Unabhängigkeit, die Würde und die Integrität des Berufsstandes sowie die Wahrung des

Berufsgeheimnisses gewährleisten sollen. Berufsrechtliche Regeln über die kommerzielle Kommunikation müssen nicht diskriminierend, durch einen zwingenden Grund des Allgemeininteresses gerechtfertigt und verhältnismäßig sein.

### Artikel 25   Multidisziplinäre Tätigkeiten

(1) Die Mitgliedstaaten stellen sicher, dass die Dienstleistungserbringer keinen Anforderungen unterworfen werden, die sie verpflichten, ausschließlich eine bestimmte Tätigkeit auszuüben, oder die die gemeinschaftliche oder partnerschaftliche Ausübung unterschiedlicher Tätigkeiten beschränken.

Jedoch können folgende Dienstleistungserbringer solchen Anforderungen unterworfen werden:

a) Angehörige reglementierter Berufe, soweit dies gerechtfertigt ist, um die Einhaltung der verschiedenen Standesregeln im Hinblick auf die Besonderheiten der jeweiligen Berufe sicherzustellen und soweit dies nötig ist, um ihre Unabhängigkeit und Unparteilichkeit zu gewährleisten;

b) Dienstleistungserbringer, die Dienstleistungen auf dem Gebiet der Zertifizierung, der Akkreditierung, der technischen Überwachung oder des Versuchs- oder Prüfwesens erbringen, wenn dies zur Gewährleistung ihrer Unabhängigkeit und Unparteilichkeit erforderlich ist.

(2) Sofern multidisziplinäre Tätigkeiten zwischen den in Absatz 1 Buchstaben a und b genannten Dienstleistungserbringern erlaubt sind, stellen die Mitgliedstaaten sicher, dass

a) Interessenkonflikte und Unvereinbarkeiten zwischen bestimmten Tätigkeiten vermieden werden;

b) die Unabhängigkeit und Unparteilichkeit, die bestimmte Tätigkeiten erfordern, gewährleistet sind;

c) die Anforderungen der Standesregeln für die verschiedenen Tätigkeiten miteinander vereinbar sind, insbesondere im Hinblick auf das Berufsgeheimnis.

(3) Die Mitgliedstaaten nennen in dem in Artikel 39 Absatz 1 genannten Bericht die Dienstleistungserbringer, die den Anforderungen gemäß Absatz 1 des vorliegenden Artikels unterworfen sind, ferner den Inhalt dieser Anforderungen und die Gründe, aus denen sie diese für gerechtfertigt halten.

### Artikel 26   Maßnahmen zur Qualitätssicherung

(1) Die Mitgliedstaaten ergreifen in Zusammenarbeit mit der Kommission begleitende Maßnahmen, um die Dienstleistungserbringer dazu anzuhalten, freiwillig die Qualität der Dienstleistungen zu sichern, insbesondere durch eine der folgenden Methoden:

a) Zertifizierung ihrer Tätigkeiten oder Bewertung durch unabhängige oder akkreditierte Einrichtungen,

b) Erarbeitung eigener Qualitätscharten oder Beteiligung an auf Gemeinschaftsebene erarbeiteten Qualitätscharten oder Gütesiegeln von Berufsverbänden.

(2) Die Mitgliedstaaten stellen sicher, dass den Dienstleistungserbringern und -empfängern die Informationen über die Bedeutung bestimmter Gütesiegel und die Voraussetzungen zur Verleihung der Gütesiegel und sonstiger Qualitätskennzeichnungen für Dienstleistungen leicht zugänglich sind.

(3) Die Mitgliedstaaten ergreifen in Zusammenarbeit mit der Kommission begleitende Maßnahmen, um die Berufsverbände sowie die Handels- und Handwerkskammern und die Verbraucherverbände in ihrem Hoheitsgebiet zu ermutigen, auf Gemeinschaftsebene zusammenzuarbeiten, um die Dienstleistungsqualität zu fördern, insbesondere indem sie die Einschätzung der Kompetenz eines Dienstleistungserbringers erleichtern.

(4) Die Mitgliedstaaten ergreifen in Zusammenarbeit mit der Kommission begleitende Maßnahmen, um, vor allem durch die Verbraucherverbände, eine unabhängige Bewertung der Qualität und Mängel von Dienstleistungen, insbesondere vergleichende Ver-

suchs- oder Prüfverfahren auf Gemeinschaftsebene sowie die Veröffentlichung ihrer Ergebnisse, zu fördern.

(5) Die Mitgliedstaaten fördern in Zusammenarbeit mit der Kommission die Entwicklung von freiwilligen europäischen Standards, um die Vereinbarkeit der von Dienstleistungserbringern aus verschiedenen Mitgliedstaaten erbrachten Dienstleistungen, die Information der Dienstleistungsempfänger und die Qualität der Dienstleistungen zu verbessern.

### Artikel 27  Streitbeilegung

(1) Die Mitgliedstaaten ergreifen die erforderlichen allgemeinen Maßnahmen um sicherzustellen, dass die Dienstleistungserbringer Kontaktdaten, insbesondere eine Postanschrift, eine Faxnummer oder eine E-Mail-Adresse und eine Telefonnummer angeben, an die alle Dienstleistungsempfänger, auch diejenigen, die in einem anderen Mitgliedstaat ansässig sind, direkt eine Beschwerde oder eine Bitte um Information über die erbrachte Dienstleistung richten können. Die Dienstleistungserbringer teilen ihre Firmenanschrift mit, falls diese nicht ihre übliche Korrespondenzanschrift ist.

Die Mitgliedstaaten ergreifen die erforderlichen allgemeinen Maßnahmen um sicherzustellen, dass die Dienstleistungserbringer die in Unterabsatz 1 genannten Beschwerden so schnell wie möglich beantworten und sich um zufrieden stellende Lösungen bemühen.

(2) Die Mitgliedstaaten ergreifen die erforderlichen allgemeinen Maßnahmen um sicherzustellen, dass die Dienstleistungserbringer verpflichtet werden nachzuweisen, dass sie die in dieser Richtlinie vorgesehenen Informationspflichten erfüllen und ihre Informationen zutreffend sind.

(3) Ist es um eine Gerichtsentscheidung zu befolgen notwendig, eine finanzielle Sicherheit zu stellen, so erkennen die Mitgliedstaaten gleichwertige Sicherheiten an, die bei einem in einem anderen Mitgliedstaat niedergelassenen Kreditinstitut oder Versicherer bestellt werden. Solche Kreditinstitute müssen nach Maßgabe der Richtlinie 2006/48/EG zugelassen sein, und solche Versicherer müssen nach Maßgabe der Ersten Richtlinie 73/239/EWG des Rates vom 24. Juli 1973 zur Koordinierung der Rechts- und Verwaltungsvorschriften betreffend die Aufnahme und Ausübung der Tätigkeit der Direktversicherung (mit Ausnahme der Lebensversicherung)[1] bzw. der Richtlinie 2002/83/EG des Europäischen Parlaments und des Rates vom 5. November 2002 über Lebensversicherungen[2] zugelassen sein.

(4) Die Mitgliedstaaten ergreifen die erforderlichen allgemeinen Maßnahmen um sicherzustellen, dass die Dienstleistungserbringer, die Verhaltenskodizes unterworfen sind oder Handelsvereinigungen oder Berufsverbänden angehören, die außergerichtliche Verfahren der Streitbeilegung vorsehen, die Dienstleistungsempfänger davon in Kenntnis setzen und in allen ausführlichen Informationsunterlagen über ihre Tätigkeit darauf hinweisen; dabei ist anzugeben, wie ausführliche Informationen über dieses Streitbeilegungsverfahren und die Bedingungen für seine Inanspruchnahme erlangt werden können.

## Kapitel VI:  Verwaltungszusammenarbeit

### Artikel 28  Amtshilfe – Allgemeine Verpflichtungen

(1) Die Mitgliedstaaten leisten einander Amtshilfe und ergreifen Maßnahmen, die für eine wirksame Zusammenarbeit bei der Kontrolle der Dienstleistungserbringer und ihrer Dienstleistungen erforderlich sind.

---

1) **Amtl. Anm.:** ABl L 228 vom 16.8.1973, S. 3. Zuletzt geändert durch die Richtlinie 2005/68/EG des Europäischen Parlaments und des Rates (ABl L 323 vom 9.12.2005, S. 1).
2) **Amtl. Anm.:** ABl L 345 vom 19.12.2002, S. 1. Zuletzt geändert durch die Richtlinie 2005/68/EG.

(2) Für die Zwecke dieses Kapitels benennen die Mitgliedstaaten eine oder mehrere Verbindungsstellen und teilen den übrigen Mitgliedstaaten und der Kommission die Kontaktdaten dieser Stellen mit. Die Kommission veröffentlicht die Liste der Verbindungsstellen und aktualisiert diese Liste regelmäßig.

(3) Ersuchen um Informationen und um Durchführung von Überprüfungen, Kontrollen und Untersuchungen nach Maßgabe dieses Kapitels müssen ordnungsgemäß begründet sein; insbesondere ist anzugeben, weshalb die betreffenden Informationen angefordert werden. Die ausgetauschten Informationen dürfen nur im Zusammenhang mit der Angelegenheit verwendet werden, für die sie angefordert wurden.

(4) Die Mitgliedstaaten stellen bei Erhalt eines Ersuchens um Amtshilfe von den zuständigen Behörden eines anderen Mitgliedstaats sicher, dass die in ihrem Hoheitsgebiet niedergelassenen Dienstleistungserbringer ihren zuständigen Behörden alle Informationen zur Verfügung stellen, die für die Kontrolle ihrer Tätigkeiten nach Maßgabe ihrer nationalen Gesetze erforderlich sind.

(5) Treten bei der Beantwortung eines Ersuchens um Informationen oder bei der Durchführung von Überprüfungen, Kontrollen und Untersuchungen Schwierigkeiten auf, so informiert der betroffene Mitgliedstaat umgehend den ersuchenden Mitgliedstaat, um eine gemeinsame Lösung zu finden.

(6) Die Mitgliedstaaten stellen die von anderen Mitgliedstaaten oder von der Kommission angeforderten Informationen so schnell wie möglich auf elektronischem Wege zur Verfügung.

(7) Die Mitgliedstaaten stellen sicher, dass die Register, in die die Dienstleistungserbringer eingetragen sind und die von den zuständigen Behörden in ihrem Hoheitsgebiet eingesehen werden können, unter denselben Bedingungen auch von den entsprechenden zuständigen Behörden der anderen Mitgliedstaaten eingesehen werden können.

(8) Die Mitgliedstaaten unterrichten die Kommission über Fälle, in denen andere Mitgliedstaaten ihrer Verpflichtung zur Amtshilfe nicht nachkommen. Soweit erforderlich, ergreift die Kommission geeignete Maßnahmen, einschließlich der Verfahren nach Artikel 226 des Vertrags, um sicherzustellen, dass die betreffenden Mitgliedstaaten ihre Verpflichtungen zur gegenseitigen Amtshilfe erfüllen. Die Kommission informiert die Mitgliedstaaten in regelmäßigen Abständen über das Funktionieren der Bestimmungen über die Amtshilfe.

### Artikel 29  Amtshilfe – Allgemeine Verpflichtungen für den Niederlassungsmitgliedstaat

(1) In Bezug auf Dienstleistungserbringer, die in einem anderen Mitgliedstaat Dienstleistungen erbringen, übermittelt der Niederlassungsmitgliedstaat die von diesem anderen Mitgliedstaat angeforderten Informationen über Dienstleistungserbringer, die in seinem Hoheitsgebiet niedergelassen sind, und bestätigt insbesondere, dass ein Dienstleistungserbringer in seinem Hoheitsgebiet niedergelassen ist und – seines Wissens – seine Tätigkeiten nicht in rechtswidriger Weise ausübt.

(2) Der Niederlassungsmitgliedstaat nimmt die von einem anderen Mitgliedstaat erbetenen Überprüfungen, Kontrollen und Untersuchungen vor und informiert diesen über die Ergebnisse und, gegebenenfalls, über die veranlassten Maßnahmen. Die zuständigen Behörden werden im Rahmen der Befugnisse tätig, die sie in ihrem Mitgliedstaat besitzen. Die zuständigen Behörden können entscheiden, welche Maßnahmen in jedem Einzelfall am besten zu ergreifen sind, um dem Ersuchen eines anderen Mitgliedstaats nachzukommen.

(3) Sobald der Niederlassungsmitgliedstaat tatsächliche Kenntnis von einem Verhalten oder spezifischen Handlungen eines in seinem Hoheitsgebiet niedergelassenen und in anderen Mitgliedstaaten tätigen Dienstleistungserbringers erhält, von denen – seines Wissens – eine ernste Gefahr für die Gesundheit oder die Sicherheit von Personen oder für die Umwelt ausgehen könnte, unterrichtet er so schnell wie möglich alle anderen Mitgliedstaaten sowie die Kommission.

**Artikel 30  Kontrolle durch den Niederlassungsmitgliedstaat im Fall eines vorübergehenden Ortswechsels eines Dienstleistungserbringers in einen anderen Mitgliedstaat**

(1) In Fällen, die nicht von Artikel 31 Absatz 1 erfasst werden, stellt der Niederlassungsmitgliedstaat sicher, dass die Einhaltung seiner Anforderungen gemäß den in seinem nationalen Recht vorgesehenen Kontrollbefugnissen überwacht wird, insbesondere durch Kontrollmaßnahmen am Ort der Niederlassung des Dienstleistungserbringers.

(2) Der Niederlassungsmitgliedstaat kann die Ergreifung von Kontroll- oder Durchführungsmaßnahmen in seinem Hoheitsgebiet nicht aus dem Grund unterlassen, dass die Dienstleistung in einem anderen Mitgliedstaat erbracht wurde oder dort Schaden verursacht hat.

(3) Die in Absatz 1 genannte Verpflichtung bedeutet für den Niederlassungsmitgliedstaat nicht, dass er verpflichtet ist, Prüfungen des Sachverhalts und Kontrollen im Hoheitsgebiet des Mitgliedstaats durchzuführen, in dem die Dienstleistung erbracht wird. Solche Prüfungen und Kontrollen werden auf Ersuchen der Behörden des Niederlassungsmitgliedstaats und im Einklang mit Artikel 31 von den Behörden des Mitgliedstaats durchgeführt, in dem der Dienstleistungserbringer vorübergehend tätig ist.

**Artikel 31  Kontrolle durch den Mitgliedstaat, in dem die Dienstleistung erbracht wird, im Fall eines vorübergehenden Ortswechsels des Dienstleistungserbringers**

(1) In Bezug auf nationale Anforderungen, die gemäß Artikel 16 oder 17 gestellt werden können, ist der Mitgliedstaat der Dienstleistungserbringung für die Kontrolle der Tätigkeit der Dienstleistungserbringer in seinem Hoheitsgebiet zuständig. Im Einklang mit dem Gemeinschaftsrecht:

a) ergreift der Mitgliedstaat der Dienstleistungserbringung alle erforderlichen Maßnahmen um sicherzustellen, dass die Dienstleistungserbringer die Anforderungen über die Aufnahme und Ausübung der betreffenden Tätigkeit erfüllen;

b) führt der Mitgliedstaat der Dienstleistungserbringung die Überprüfungen, Kontrollen und Untersuchungen durch, die für die Kontrolle der erbrachten Dienstleistung erforderlich sind.

(2) Wechselt ein Dienstleistungserbringer vorübergehend in einen anderen Mitgliedstaat, in dem er keine Niederlassung hat, um eine Dienstleistung zu erbringen, so wirken die zuständigen Behörden dieses Mitgliedstaates in Bezug auf andere Anforderungen als die in Absatz 1 genannten gemäß den Absätzen 3 und 4 an der Kontrolle des Dienstleistungserbringers mit.

(3) Auf Ersuchen des Niederlassungsmitgliedstaats nehmen die zuständigen Behörden des Mitgliedstaats der Dienstleistungserbringung die Überprüfungen, Kontrollen und Untersuchungen vor, die notwendig sind, um die Wirksamkeit der Kontrolle des Niederlassungsmitgliedstaats sicherzustellen. Die zuständigen Behörden werden im Rahmen der Befugnisse tätig, die sie in ihrem Mitgliedstaat besitzen. Die zuständigen Behörden können entscheiden, welche Maßnahmen in jedem Einzelfall am besten zu ergreifen sind, um dem Ersuchen des Niederlassungsmitgliedstaats nachzukommen.

(4) Die zuständigen Behörden des Mitgliedstaats der Dienstleistungserbringung können von Amts wegen Überprüfungen, Kontrollen und Untersuchungen vor Ort durchführen, vorausgesetzt, diese Maßnahmen sind nicht diskriminierend, beruhen nicht darauf, dass der Dienstleistungserbringer seine Niederlassung in einem anderen Mitgliedstaat hat und sind verhältnismäßig.

**Artikel 32  Vorwarnungsmechanismus**

(1) Erhält ein Mitgliedstaat Kenntnis von bestimmten Handlungen oder Umständen im Zusammenhang mit einer Dienstleistungstätigkeit, die einen schweren Schaden für die Gesundheit oder Sicherheit von Personen oder für die Umwelt in seinem Hoheitsgebiet oder im Hoheitsgebiet anderer Mitgliedstaaten verursachen könnten, so unterrichtet dieser Mitgliedstaat so schnell wie möglich den Niederlassungsmitgliedstaat, die übrigen betroffenen Mitgliedstaaten und die Kommission hierüber.

(2) Zur Durchführung von Absatz 1 unterstützt die Kommission den Betrieb eines europäischen Netzes der Behörden der Mitgliedstaaten und beteiligt sich daran.

(3) Nach dem in Artikel 40 Absatz 2 genannten Verfahren erlässt die Kommission detaillierte Regeln zur Verwaltung des in Absatz 2 des vorliegenden Artikels genannten Netzes und aktualisiert diese regelmäßig.

### Artikel 33   Informationen über die Zuverlässigkeit von Dienstleistungserbringern

(1) Auf Ersuchen einer zuständigen Behörde eines anderen Mitgliedstaats übermitteln die Mitgliedstaaten unter Beachtung ihres nationalen Rechts Informationen über Disziplinar- oder Verwaltungsmaßnahmen oder strafrechtliche Sanktionen und Entscheidungen wegen Insolvenz oder Konkurs mit betrügerischer Absicht, die von ihren zuständigen Behörden gegen einen Dienstleistungserbringer verhängt wurden und die von direkter Bedeutung für die Kompetenz oder berufliche Zuverlässigkeit des Dienstleistungserbringers sind. Der Mitgliedstaat, der die Informationen zur Verfügung stellt, informiert den Dienstleistungserbringer darüber.

Ersuchen gemäß Unterabsatz 1 müssen hinreichend begründet sein, insbesondere bezüglich der Gründe für den Antrag auf Information.

(2) Die in Absatz 1 genannten Sanktionen und Maßnahmen werden nur mitgeteilt, wenn eine endgültige Entscheidung ergangen ist. Hinsichtlich der anderen in Absatz 1 genannten vollstreckbaren Entscheidungen muss der Mitgliedstaat, der die Informationen übermittelt, angeben, ob es sich um eine endgültige Entscheidung handelt oder ob Rechtsbehelfe dagegen eingelegt wurden und wann voraussichtlich über diese entschieden wird.

Dieser Mitgliedstaat muss darüber hinaus angeben, aufgrund welcher nationaler Rechtsvorschriften der Dienstleistungserbringer verurteilt oder bestraft wurde.

(3) Bei der Anwendung der Absätze 1 und 2 müssen die Vorschriften über den Schutz personenbezogener Daten und die Rechte von in den betreffenden Mitgliedstaaten – auch durch Berufsverbände – verurteilten oder bestraften Personen beachtet werden. Alle diesbezüglichen Informationen, die öffentlich zugänglich sind, müssen den Verbrauchern zugänglich sein.

### Artikel 34   Begleitende Maßnahmen

(1) Die Kommission richtet in Zusammenarbeit mit den Mitgliedstaaten ein elektronisches System für den Austausch von Informationen zwischen den Mitgliedstaaten ein, wobei sie bestehende Informationssysteme berücksichtigt.

(2) Die Mitgliedstaaten ergreifen mit Unterstützung der Kommission begleitende Maßnahmen, um den Austausch der mit der Amtshilfe betrauten Beamten und deren Fortbildung einschließlich Sprach- und Computerkursen zu fördern.

(3) Die Kommission prüft die Erforderlichkeit der Einrichtung eines Mehrjahresprogramms zur Organisation derartiger Beamtenaustausch- und Fortbildungsmaßnahmen.

### Artikel 35   Amtshilfe bei Ausnahmen im Einzelfall

(1) Beabsichtigt ein Mitgliedstaat, eine Maßnahme gemäß Artikel 18 zu ergreifen, so ist unbeschadet der gerichtlichen Verfahren, einschließlich Vorverfahren und Handlungen, die im Rahmen einer strafrechtlichen Ermittlung durchgeführt werden, die in den Absätzen 2 bis 6 des vorliegenden Artikels festgelegte Vorgehensweise einzuhalten.

(2) Der in Absatz 1 genannte Mitgliedstaat ersucht den Niederlassungsmitgliedstaat, Maßnahmen gegen den betreffenden Dienstleistungserbringer zu ergreifen und übermittelt alle zweckdienlichen Informationen über die in Frage stehende Dienstleistung und den jeweiligen Sachverhalt.

Der Niederlassungsmitgliedstaat stellt unverzüglich fest, ob der Dienstleistungserbringer seine Tätigkeit rechtmäßig ausübt und überprüft den Sachverhalt, der Anlass des Ersuchens ist. Er teilt dem ersuchenden Mitgliedstaat unverzüglich mit, welche Maßnahmen getroffen wurden oder beabsichtigt sind, oder aus welchen Gründen keine Maßnahmen getroffen wurden.

(3) Nachdem eine Mitteilung der Angaben gemäß Absatz 2 Unterabsatz 2 durch den Niederlassungsmitgliedstaat erfolgt ist, unterrichtet der ersuchende Mitgliedstaat die Kommission und den Niederlassungsmitgliedstaat über die von ihm beabsichtigten Maßnahmen, wobei er mitteilt:

a) aus welchen Gründen er die vom Niederlassungsmitgliedstaat getroffenen oder beabsichtigten Maßnahmen für unzureichend hält;

b) warum er der Auffassung ist, dass die von ihm beabsichtigten Maßnahmen die Voraussetzungen des Artikels 18 erfüllen.

(4) Die Maßnahmen dürfen frühestens fünfzehn Arbeitstage nach der in Absatz 3 genannten Mitteilung getroffen werden.

(5) Unbeschadet der Möglichkeit des ersuchenden Mitgliedstaates, nach Ablauf der Frist gemäß Absatz 4 die betreffenden Maßnahmen zu ergreifen, muss die Kommission so schnell wie möglich prüfen, ob die mitgeteilten Maßnahmen mit dem Gemeinschaftsrecht vereinbar sind.

Kommt die Kommission zu dem Ergebnis, dass die Maßnahme nicht mit dem Gemeinschaftsrecht vereinbar ist, so erlässt sie eine Entscheidung, in der sie den betreffenden Mitgliedstaat auffordert, von den beabsichtigten Maßnahmen Abstand zu nehmen oder sie unverzüglich aufzuheben.

(6) In dringenden Fällen kann der Mitgliedstaat, der beabsichtigt, eine Maßnahme zu ergreifen, von den Absätzen 2, 3 und 4 abweichen. In diesen Fällen sind die Maßnahmen der Kommission und dem Niederlassungsmitgliedstaat unverzüglich unter Begründung der Dringlichkeit mitzuteilen.

### Artikel 36  Durchführungsmaßnahmen

Die Kommission erlässt nach dem in Artikel 40 Absatz 3 genannten Verfahren die zur Änderung nicht wesentlicher Bestimmungen dieses Kapitels bestimmten Durchführungsmaßnahmen, indem sie es durch Angabe der in den Artikeln 28 und 35 genannten Fristen ergänzt. Die Kommission erlässt ferner nach dem in Artikel 40 Absatz 2 genannten Verfahren die praktischen Regelungen des Informationsaustauschs auf elektronischem Wege zwischen den Mitgliedstaaten und insbesondere die Bestimmungen über die Interoperabilität der Informationssysteme.

## Kapitel VII:  Konvergenzprogramm

### Artikel 37  Verhaltenskodizes auf Gemeinschaftsebene

(1) Die Mitgliedstaaten ergreifen in Zusammenarbeit mit der Kommission begleitende Maßnahmen, um insbesondere Berufsverbände, -organisationen und -vereinigungen zu ermutigen, auf Gemeinschaftsebene im Einklang mit dem Gemeinschaftsrecht Verhaltenskodizes auszuarbeiten, die die Dienstleistungserbringung oder die Niederlassung von Dienstleistungserbringern in einem anderen Mitgliedstaat erleichtern sollen.

(2) Die Mitgliedstaaten stellen sicher, dass die in Absatz 1 genannten Verhaltenskodizes aus der Ferne und elektronisch zugänglich sind.

### Artikel 38  Ergänzende Harmonisierung

Die Kommission prüft bis zum 28. Dezember 2010 die Möglichkeit, Vorschläge für harmonisierende Rechtsakte zu folgenden Punkten vorzulegen:

a) die Aufnahme von Tätigkeiten zur gerichtlichen Beitreibung von Forderungen;

b) private Sicherheitsdienste und Beförderung von Geld und Wertgegenständen.

### Artikel 39  Gegenseitige Evaluierung

(1) Die Mitgliedstaaten legen der Kommission bis zum 28. Dezember 2009 einen Bericht vor, der die folgenden Angaben enthält:

a) Informationen gemäß Artikel 9 Absatz 2 über die Genehmigungsregelungen;
b) Informationen gemäß Artikel 15 Absatz 5 über die zu prüfenden Anforderungen;
c) Informationen gemäß Artikel 25 Absatz 3 über die multidisziplinären Tätigkeiten.

(2) Die Kommission leitet die in Absatz 1 genannten Berichte an die anderen Mitgliedstaaten weiter, die binnen sechs Monaten nach Erhalt zu jedem dieser Berichte ihre Stellungnahme übermitteln. Gleichzeitig konsultiert die Kommission die betroffenen Interessengruppen zu diesen Berichten.

(3) Die Kommission legt die Berichte und Anmerkungen der Mitgliedstaaten dem in Artikel 40 Absatz 1 genannten Ausschuss vor, der dazu Stellung nehmen kann.

(4) Unter Berücksichtigung der in den Absätzen 2 und 3 genannten Stellungnahme legt die Kommission dem Europäischen Parlament und dem Rat spätestens bis zum 28. Dezember 2010 einen zusammenfassenden Bericht vor; diesem fügt sie gegebenenfalls Vorschläge für ergänzende Initiativen bei.

(5) Die Mitgliedstaaten legen der Kommission spätestens bis zum 28. Dezember 2009 einen Bericht über die nationalen Anforderungen vor, deren Anwendung unter Artikel 16 Absatz 1 Unterabsatz 3 und Absatz 3 Satz 1 fallen könnte; in diesem Bericht legen sie die Gründe dar, aus denen die betreffenden Anforderungen ihres Erachtens mit den Kriterien nach Artikel 16 Absatz 1 Unterabsatz 3 und Artikel 16 Absatz 3 Satz 1 vereinbar sind.

Danach übermitteln die Mitgliedstaaten der Kommission alle Änderungen der vorstehend genannten Anforderungen einschließlich neuer Anforderungen und begründen dies.

Die Kommission setzt die anderen Mitgliedstaaten von den übermittelten Anforderungen in Kenntnis. Diese Übermittlung steht dem Erlass der betreffenden Vorschriften durch den jeweiligen Mitgliedstaat nicht entgegen. Die Kommission legt danach jährlich Analysen und Orientierungshinweise in Bezug auf die Anwendung derartiger Vorschriften im Rahmen dieser Richtlinie vor.

### Artikel 40  Ausschussverfahren

(1) Die Kommission wird von einem Ausschuss unterstützt.

(2) Wird auf diesen Absatz Bezug genommen, so gelten die Artikel 5 und 7 des Beschlusses 1999/468/EG unter Beachtung von dessen Artikel 8. Der Zeitraum nach Artikel 5 Absatz 6 des Beschlusses 1999/468/EG wird auf drei Monate festgesetzt.

(3) Wird auf diesen Absatz Bezug genommen, so gelten die Artikel 5a Absätze 1 bis 4 und Artikel 7 des Beschlusses 1999/468/EG unter Beachtung von dessen Artikel 8.

### Artikel 41  Überprüfungsklausel

Die Kommission legt dem Europäischen Parlament und dem Rat bis zum 28. Dezember 2011 und danach alle drei Jahre einen umfassenden Bericht über die Anwendung dieser Richtlinie vor. Im Einklang mit Artikel 16 Absatz 4 geht dieser Bericht insbesondere auf die Anwendung des Artikels 16 ein. Er behandelt ferner die Frage, ob zusätzliche Maßnahmen in Bereichen außerhalb des Anwendungsbereichs dieser Richtlinie erforderlich sind. Er enthält gegebenenfalls Vorschläge für die Anpassung dieser Richtlinie im Hinblick auf die Vollendung des Binnenmarktes für Dienstleistungen.

### Artikel 42  Änderung der Richtlinie 98/27/EG (hier nicht wiedergegeben)

### Artikel 43  Schutz personenbezogener Daten

Bei der Umsetzung und Anwendung dieser Richtlinie und insbesondere der Bestimmungen über Kontrollen werden die Vorschriften zum Schutz personenbezogener Daten, der Richtlinie 95/46/EG und der Richtlinie 2002/58/EG eingehalten.

# Kapitel VIII: Schlussbestimmungen

### Artikel 44　Umsetzung

(1) Die Mitgliedstaaten setzen die erforderlichen Rechts- und Verwaltungsvorschriften in Kraft, die erforderlich sind, um dieser Richtlinie bis spätestens ab dem 28. Dezember 2009 nachzukommen.

Sie teilen der Kommission unverzüglich den Wortlaut dieser Rechtsvorschriften mit.

Wenn die Mitgliedstaaten diese Vorschriften erlassen, nehmen sie in den Vorschriften selbst oder durch einen Hinweis bei der amtlichen Veröffentlichung auf diese Richtlinie Bezug. Die Mitgliedstaaten regeln die Einzelheiten der Bezugnahme.

(2) Die Mitgliedstaaten teilen der Kommission den Wortlaut der wichtigsten innerstaatlichen Rechtsvorschriften mit, die sie auf dem unter diese Richtlinie fallenden Gebiet erlassen.

### Artikel 45　Inkrafttreten

Diese Richtlinie tritt am Tag nach ihrer Veröffentlichung im Amtsblatt der Europäischen Union in Kraft.

### Artikel 46　Adressaten

Diese Richtlinie ist an die Mitgliedstaaten gerichtet.

## 3. Kommunikationsrecht

### a) Richtlinie 2002/21/EG des Europäischen Parlaments und des Rates vom 7. März 2002 über einen gemeinsamen Rechtsrahmen für elektronische Kommunikationsnetze und -dienste (Rahmenrichtlinie) (RL 2002/21/EG)

v. 24. 4. 2002 (ABl Nr. L 108 S. 33)

DAS EUROPÄISCHE PARLAMENT UND DER RAT DER EUROPÄISCHEN UNION –
gestützt auf den Vertrag zur Gründung der Europäischen Gemeinschaft, insbesondere auf Artikel 95,
auf Vorschlag der Kommission[1],
nach Stellungnahme des Wirtschafts- und Sozialausschusses[2],
gemäß dem Verfahren des Artikels 251 des Vertrags[3],
in Erwägung nachstehender Gründe:

(1) Mit dem derzeitigen Rechtsrahmen für Telekommunikation wurden die Bedingungen für einen wirksamen Wettbewerb im Telekommunikationssektor in der Phase des Übergangs von Monopolbetrieben zum vollständigen Wettbewerb geschaffen.

(2) Am 10. November 1999 unterbreitete die Kommission dem Europäischen Parlament, dem Rat, dem Wirtschafts- und Sozialausschuss und dem Ausschuss der Regionen eine Mitteilung mit dem Titel „Entwicklung neuer Rahmenbedingungen für elektronische Kommunikationsinfrastrukturen und zugehörige Dienste – Kommunikationsbericht 1999". Darin überprüfte sie den bestehenden Rechtsrahmen für Telekommunikation gemäß Artikel 8 der Richtlinie 90/387/EWG des Rates vom 28. Juni 1990 zur Verwirklichung des Binnenmarktes für Telekommunikationsdienste durch Einführung eines offenen Netzzugangs (Open Network Provision – ONP)[4]. Sie unterbreitete ferner eine Reihe von politischen Vorschlägen zur öffentlichen Anhörung, die einen neuen Rechtsrahmen für elektronische Kommunikationsinfrastrukturen und zugehörige Dienste betreffen.

(3) Am 26. April 2000 legte die Kommission dem Europäischen Parlament, dem Rat, dem Wirtschafts- und Sozialausschuss und dem Ausschuss der Regionen eine Mitteilung über die Ergebnisse der öffentlichen Anhörung zum Kommunikationsbericht 1999 und Leitlinien für den neuen Rechtsrahmen vor. In der Mitteilung werden die Ergebnisse der öffentlichen Anhörung zusammengefasst und Eckpunkte für die Entwicklung neuer Rahmenbedingungen für elektronische Kommunikationsinfrastrukturen und zugehörige Dienste vorgegeben.

(4) Der Europäische Rat (Lissabon, 23./24. März 2000) wies darauf hin, dass von dem Übergang zu einer digitalen, wissensbasierten Wirtschaft starke Impulse für Wachstum, Wettbewerbsfähigkeit und Beschäftigungsmöglichkeiten ausgehen werden. Er hob insbesondere hervor, dass europäische Unternehmen und Bürger Zugang zu einer kostengünstigen Kommunikationsinfrastruktur von internationalem Rang und zu einer breiten Palette von Dienstleistungen haben müssen.

(5) Angesichts der Verschmelzung von Telekommunikation, Medien und Informationstechnologien sollte für alle Übertragungsnetze und -dienste ein einheitlicher Rechtsrah-

---

1) **Amtl. Anm.:** ABl C 365 E vom 19. 12. 2000, S. 198 und ABl C 270 E vom 25. 9. 2001, S. 199.
2) **Amtl. Anm.:** ABl C 123 vom 25. 4. 2001, S. 56.
3) **Amtl. Anm.:** Stellungnahme des Europäischen Parlaments vom 1. März 2001 (ABl C 277 vom 1. 10. 2001, S. 91). Gemeinsamer Standpunkt des Rates vom 17. September 2001 (ABl C 337 vom 30. 11. 2001, S. 34) und Beschluss des Europäischen Parlaments vom 12. Dezember 2001 (noch nicht im Amtsblatt veröffentlicht). Beschluss des Rates vom 14. Februar 2002.
4) **Amtl. Anm.:** ABl L 192 vom 24. 7. 1990, S. 1. Richtlinie geändert durch die Richtlinie 97/51/EG des Europäischen Parlaments und des Rates (ABl L 295 vom 29. 10. 1997, S. 23).

men gelten. Dieser Rechtsrahmen besteht aus der vorliegenden Richtlinie und folgenden Einzelrichtlinien: der Richtlinie 2002/20/EG des Europäischen Parlaments und des Rates vom 7. März 2002 über die Genehmigung elektronischer Kommunikationsnetze und -dienste (Genehmigungsrichtlinie), der Richtlinie 2002/19/EG des Europäischen Parlaments und des Rates vom 7. März 2002 über den Zugang zu elektronischen Kommunikationsnetzen und zugehörigen Einrichtungen sowie deren Zusammenschaltung (Zugangsrichtlinie), der Richtlinie 2002/22/EG des Europäischen Parlaments und des Rates vom 7. März 2002 über den Universaldienst und Nutzerrechte bei elektronischen Kommunikationsnetzen und -diensten (Universaldienstrichtlinie) und der Richtlinie 97/66/EG des Europäischen Parlaments und des Rates vom 15. Dezember 1997 über die Verarbeitung personenbezogener Daten und den Schutz der Privatsphäre im Bereich der Telekommunikation[1] (nachfolgend „Einzelrichtlinien" genannt). Es ist notwendig, die Regulierung der Übertragung von der Regulierung von Inhalten zu trennen. Dieser Rahmen betrifft daher nicht die Inhalte von Diensten, die über elektronische Kommunikationsnetze und -dienste bereitgestellt werden, wie Rundfunkinhalte oder Finanzdienste und bestimmte Dienste der Informationsgesellschaft; er lässt folglich alle Maßnahmen unberührt, die auf Gemeinschaftsebene oder im Einklang mit dem Gemeinschaftsrecht auf der Ebene der Mitgliedstaaten in Bezug auf diese Dienste getroffen werden, um die kulturelle und sprachliche Vielfalt zu fördern und die Wahrung des Pluralismus der Medien sicherzustellen. Inhalte von Fernsehprogrammen fallen unter die Richtlinie 89/552/EWG des Rates vom 3. Oktober 1989 zur Koordinierung bestimmter Rechts- und Verwaltungsvorschriften der Mitgliedstaaten über die Ausübung der Fernsehtätigkeit[2]. Bei der Trennung der Regulierung von Übertragung und Inhalten sind dennoch die Verbindungen zwischen beiden zu berücksichtigen, insbesondere zur Gewährleistung des Pluralismus der Medien, der kulturellen Vielfalt und des Verbraucherschutzes.

(6) Die audiovisuelle Politik und die Regulierung von Inhalten erfolgen mit Blick auf bestimmte Allgemeininteressen wie freie Meinungsäußerung, Pluralismus der Medien, Unparteilichkeit, kulturelle und sprachliche Vielfalt, soziale Einbeziehung, Verbraucherschutz und Schutz von Minderjährigen. Die Mitteilung der Kommission über Grundsätze und Leitlinien für die audiovisuelle Politik der Gemeinschaft im digitalen Zeitalter sowie die Schlussfolgerungen des Rates vom 6. Juni 2000, in denen diese Mitteilung begrüßt wird, legen die wesentlichen Maßnahmen fest, die von der Gemeinschaft zur Umsetzung ihrer audiovisuellen Politik zu ergreifen sind.

(7) Diese Richtlinie und die Einzelrichtlinien lassen die Möglichkeit für jeden Mitgliedstaat unberührt, die erforderlichen Maßnahmen zu treffen, um den Schutz seiner wesentlichen Sicherheitsinteressen sicherzustellen, die öffentliche Ordnung und die öffentliche Sicherheit zu gewährleisten und die Ermittlung, Aufklärung und Verfolgung von Straftaten zu ermöglichen, wozu unter anderem gehört, dass die nationalen Regulierungsbehörden spezifische und angemessene Verpflichtungen für Anbieter elektronischer Kommunikationsdienste festlegen.

(8) Diese Richtlinie bezieht sich nicht auf Geräte, die in den Geltungsbereich der Richtlinie 1999/5/EG des Europäischen Parlaments und des Rates vom 9. März 1999 über Funkanlagen und Telekommunikationsendeinrichtungen und die gegenseitige Anerkennung ihrer Konformität[3] fallen, gilt jedoch für Verbrauchergeräte, die für Digitalfernsehen verwendet werden. Es ist wichtig, dass die Regulierungsbehörden die Netzbetreiber und die Hersteller von Endeinrichtungen dazu aufrufen, zur Erleichterung des Zugangs von Behinderten zu elektronischen Kommunikationsdiensten zusammenzuarbeiten.

(9) Dienste der Informationsgesellschaft unterliegen der Richtlinie 2000/31/EG des Europäischen Parlaments und des Rates vom 8. Juni 2000 über bestimmte rechtliche Aspekte der Dienste der Informationsgesellschaft, insbesondere des elektronischen Ge-

---

1) **Amtl. Anm.:** ABl L 24 vom 30. 1. 1998, S. 1.
2) **Amtl. Anm.:** ABl L 298 vom 17. 10. 1989, S. 23. Richtlinie geändert durch die Richtlinie 97/36/EG des Europäischen Parlaments und des Rates (ABl L 202 vom 30. 7. 1997, S. 60).
3) **Amtl. Anm.:** ABl L 91 vom 7. 4. 1999, S. 10.

schäftsverkehrs, im Binnenmarkt („Richtlinie über den elektronischen Geschäftsverkehr")[1].

(10) Die Begriffsbestimmung für „Dienste der Informationsgesellschaft" in Artikel 1 der Richtlinie 98/34/EG des Europäischen Parlaments und des Rates vom 22. Juni 1998 über ein Informationsverfahren auf dem Gebiet der Normen und technischen Vorschriften und der Vorschriften für die Dienste der Informationsgesellschaft[2] umfasst einen weiten Bereich von wirtschaftlichen Tätigkeiten, die online erfolgen. Die meisten dieser Tätigkeiten werden vom Geltungsbereich der vorliegenden Richtlinie nicht erfasst, weil sie nicht ganz oder überwiegend in der Übertragung von Signalen über elektronische Kommunikationsnetze bestehen. Sprachtelefonie- und E-Mail-Übertragungsdienste werden von dieser Richtlinie erfasst. Dasselbe Unternehmen, beispielsweise ein Internet-Diensteanbieter, kann sowohl elektronische Kommunikationsdienste, wie den Zugang zum Internet, als auch nicht unter diese Richtlinie fallende Dienste, wie die Bereitstellung von Internet gestützten Inhalten, anbieten.

(11) Nach dem Grundsatz der Trennung hoheitlicher und betrieblicher Funktionen sollten die Mitgliedstaaten die Unabhängigkeit ihrer Regulierungsbehörde(n) garantieren, um die Unparteilichkeit ihrer Beschlüsse sicherzustellen. Die Anforderung der Unabhängigkeit berührt weder die institutionelle Autonomie und die verfassungsmäßigen Verpflichtungen der Mitgliedstaaten noch den Grundsatz der Neutralität im Hinblick auf die Eigentumsordnung in den verschiedenen Mitgliedstaaten nach Artikel 295 des Vertrags. Die nationalen Regulierungsbehörden sollten in Bezug auf Personal, Fachwissen und finanzielle Ausstattung über die zur Wahrnehmung ihrer Aufgaben notwendigen Mittel verfügen.

(12) Jede Partei, die einem Beschluss einer nationalen Regulierungsbehörde unterliegt, sollte das Recht haben, bei einer von den beteiligten Parteien unabhängigen Stelle Rechtsbehelf einzulegen. Diese Stelle kann ein Gericht sein. Ferner sollte jedes Unternehmen, das der Ansicht ist, dass seine Anträge auf Erteilung von Rechten für die Installation von Einrichtungen nicht im Einklang mit den in dieser Richtlinie festgelegten Grundsätzen behandelt worden sind, das Recht haben, gegen solche Entscheidungen zu klagen. Die Kompetenzverteilung in den einzelstaatlichen Rechtssystemen und die Rechte juristischer oder natürlicher Personen nach nationalem Recht bleiben von diesem Beschwerdeverfahren unberührt.

(13) Die nationalen Regulierungsbehörden müssen Informationen von Marktteilnehmern einholen, um ihre Aufgaben effizient erfüllen zu können. Derartige Informationen müssen gegebenenfalls auch im Auftrag der Kommission eingeholt werden können, damit diese ihren Verpflichtungen aus dem Gemeinschaftsrecht nachkommen kann. Informationsersuchen sollten angemessen sein und keine unzumutbare Belastung für Unternehmen darstellen. Die von den nationalen Regulierungsbehörden eingeholten Informationen sollten öffentlich zugänglich sein, sofern es sich entsprechend den einzelstaatlichen Vorschriften für den Zugang der Öffentlichkeit zu Informationen nicht um vertrauliche Informationen handelt und gemeinschaftliche und einzelstaatliche Rechtsvorschriften über das Geschäftsgeheimnis eingehalten werden.

(14) Informationen, die von einer nationalen Regulierungsbehörde gemäß den gemeinschaftlichen und einzelstaatlichen Vorschriften über das Geschäftsgeheimnis als vertraulich angesehen werden, können mit der Kommission und anderen nationalen Regulierungsbehörden nur ausgetauscht werden, wenn sich dies für die Durchführung dieser Richtlinie oder der Einzelrichtlinien als unbedingt erforderlich erweist. Die ausgetauschten Informationen sollten auf den zum Zweck dieses Informationsaustauschs relevanten und angemessenen Umfang beschränkt werden.

(15) Es ist wichtig, dass die nationalen Regulierungsbehörden alle interessierten Parteien zu vorgeschlagenen Beschlüssen konsultieren und ihre Stellungnahmen berücksichti-

---

1) **Amtl. Anm.:** ABl L 178 vom 17. 7. 2000, S. 1.
2) **Amtl. Anm.:** ABl L 204 vom 21. 7. 1998, S. 37. Richtlinie geändert durch die Richtlinie 98/48/EG (ABl L 217 vom 5. 8. 1998, S. 18).

gen, ehe sie einen endgültigen Beschluss fassen. Damit sich Beschlüsse, die auf nationaler Ebene gefasst werden, nicht nachteilig auf den Binnenmarkt oder andere Ziele des Vertrags auswirken, sollten die nationalen Regulierungsbehörden bestimmte Beschlussentwürfe auch der Kommission und anderen nationalen Regulierungsbehörden notifizieren, damit sie hierzu Stellung nehmen können. Die nationalen Regulierungsbehörden sollten die interessierten Parteien zu allen Maßnahmenentwürfen anhören, die sich auf den Handel zwischen Mitgliedstaaten auswirken. In der vorliegenden Richtlinie und in den Einzelrichtlinien ist festgelegt, in welchen Fällen die in den Artikeln 6 und 7 genannten Verfahren zur Anwendung gelangen. Die Kommission sollte nach Konsultation des Kommunikationsausschusses die Möglichkeit haben, eine nationale Regulierungsbehörde aufzufordern, einen Maßnahmenentwurf zurückzuziehen, wenn er die Feststellung relevanter Märkte oder die Feststellung beträchtlicher Marktmacht bei Unternehmen betrifft und die Beschlüsse ein Hemmnis für den Binnenmarkt schaffen würden oder mit gemeinschaftlichen Rechtsvorschriften und insbesondere mit den von den nationalen Regulierungsbehörden zu verfolgenden politischen Zielsetzungen nicht vereinbar wären. Das Notifizierungsverfahren gemäß der Richtlinie 98/34/EG sowie die Rechte, die die Kommission aufgrund des Vertrags in Bezug auf Verstöße gegen das Gemeinschaftsrecht besitzt, bleiben von diesem Verfahren unberührt.

(16) Die nationalen Regulierungsbehörden sollten einheitliche Ziele und Grundsätze verfolgen, um ihre Maßnahmen zu untermauern, und sie sollten bei der Wahrnehmung ihrer Aufgaben innerhalb dieses Rechtsrahmens erforderlichenfalls ihre Maßnahmen mit den Regulierungsbehörden der anderen Mitgliedstaaten abstimmen.

(17) Die Tätigkeiten der aufgrund dieser Richtlinie und der Einzelrichtlinien errichteten nationalen Regulierungsbehörden tragen dazu bei, dass die Ziele umfassenderer Politiken in den Bereichen Kultur, Beschäftigung, Umwelt, sozialer Zusammenhalt, Stadtplanung und Raumordnung erreicht werden können.

(18) Die Verpflichtung der Mitgliedstaaten sicherzustellen, dass die nationalen Regulierungsbehörden die Forderung nach einer technologieneutralen Regulierung weitestgehend berücksichtigen (d. h. dass weder eine bestimmte Technologie vorgeschrieben noch deren Einsatz begünstigt wird), schließt nicht aus, dass angemessene Schritte unternommen werden, um bestimmte spezifische Dienste in gerechtfertigten Fällen zu fördern, wie z. B. das Digitalfernsehen als ein Mittel zur effizienteren Nutzung des Frequenzspektrums.

(19) Funkfrequenzen sind eine wesentliche Voraussetzung für funkgestützte elektronische Kommunikationsdienste und sollten, soweit sie für diese Dienste genutzt werden, von den nationalen Regulierungsbehörden auf der Grundlage harmonisierter Ziele und Grundsätze für ihr Tätigwerden sowie nach objektiven, transparenten und nichtdiskriminierenden Kriterien zugeteilt und zugewiesen werden, wobei den demokratischen, sozialen, sprachlichen und kulturellen Interessen, die mit der Nutzung von Frequenzen verbunden sind, Rechnung getragen werden sollte. Die Zuweisung und Zuteilung von Funkfrequenzen sollte so effizient wie möglich erfolgen. Die Übertragung von Funkfrequenzen kann ein wirksames Mittel zur effizienteren Frequenznutzung darstellen, solange es hinreichende Sicherungsmaßnahmen zum Schutz der öffentlichen Interessen gibt; insbesondere ist die Transparenz und die Beaufsichtigung derartiger Übertragungen sicherzustellen. Die Entscheidung Nr. 676/2002/EG des Europäischen Parlaments und des Rates vom 7. März 2002 über einen Rechtsrahmen für die Frequenzpolitik in der Europäischen Gemeinschaft (Frequenzentscheidung) enthält die Rahmenbedingungen für die Harmonisierung der Frequenznutzung; Maßnahmen, die aufgrund dieser Richtlinie getroffen werden, sollten die im Rahmen der genannten Entscheidung durchgeführten Arbeiten erleichtern.

(20) Der Zugang zu Nummerierungsressourcen nach transparenten, objektiven und nichtdiskriminierenden Kriterien ist eine wesentliche Voraussetzung für den Wettbewerb im Bereich der elektronischen Kommunikation. Alle Bestandteile der nationalen Nummerierungspläne einschließlich der zur Netzadressierung verwendeten Point-Codes (zur Kennzeichnung von Knoten im Wählnetz) sollten von den nationalen Regulierungsbehörden verwaltet werden. Sofern zur Unterstützung der Entwicklung europaweiter

Dienste eine Harmonisierung der Nummerierungsressourcen in der Gemeinschaft erforderlich ist, kann die Kommission im Rahmen ihrer Durchführungsbefugnisse technische Umsetzungsmaßnahmen ergreifen. Sofern dies zur Sicherstellung der uneingeschränkten weltweiten Interoperabilität von Diensten angezeigt ist, sollten die Mitgliedstaaten ihre einzelstaatlichen Standpunkte in internationalen Organisationen und Gremien, in denen nummerierungsrelevante Entscheidungen getroffen werden, im Einklang mit dem Vertrag abstimmen. Mit dieser Richtlinie werden für die nationalen Regulierungsbehörden keine neuen Zuständigkeitsbereiche in Bezug auf die Vergabe von Namen und Adressen im Internet geschaffen.

(21) Die Mitgliedstaaten können für die Zuteilung von Funkfrequenzen sowie von Nummern mit außergewöhnlichem wirtschaftlichem Wert unter anderem wettbewerbsorientierte oder vergleichende Auswahlverfahren vorsehen. Bei der Durchführung solcher Verfahren sollten die nationalen Regulierungsbehörden den Bestimmungen des Artikels 8 Rechnung tragen.

(22) Um die Voraussetzungen für einen lauteren, wirksamen Wettbewerb zu schaffen, sollte sichergestellt werden, dass zügige, nichtdiskriminierende und transparente Verfahren zur Erteilung von Rechten für die Installation von Einrichtungen bestehen. Diese Richtlinie berührt nicht die nationalen Rechtsvorschriften über die Enteignung oder Nutzung von Grundbesitz, die normale Ausübung der Eigentumsrechte, den normalen Gebrauch öffentlichen Grund und Bodens oder den Neutralitätsgrundsatz in Bezug auf die Eigentumsordnung in den Mitgliedstaaten.

(23) Die gemeinsame Nutzung von Einrichtungen kann aus städtebaulichen, gesundheits- oder umweltpolitischen Gründen vorteilhaft sein und sollte von den nationalen Regulierungsbehörden auf der Grundlage freiwilliger Vereinbarungen gefördert werden. In den Fällen, in denen Unternehmen keinen Zugang zu tragfähigen Alternativen haben, ist es unter Umständen angebracht, die gemeinsame Nutzung von Einrichtungen oder Grundbesitz zwingend vorzuschreiben. Hierzu zählt u. a. die physische Kollokation und die gemeinsame Nutzung von Leitungsrohren, Bauwerken, Masten, Antennen oder Antennensystemen. Eine obligatorische gemeinsame Nutzung von Einrichtungen oder Grundbesitz sollte den Unternehmen nur nach einer umfassenden öffentlichen Anhörung vorgeschrieben werden.

(24) Haben Betreiber von Mobiltelefondiensten Türme oder Masten aus Umweltschutzgründen gemeinsam zu nutzen, so kann diese vorgeschriebene gemeinsame Nutzung zu einer Verringerung der für jeden Betreiber aus Gründen der öffentlichen Gesundheit höchstzulässigen Sendeleistung führen; dies wiederum kann es erforderlich machen, dass die Betreiber weitere Sendestationen einrichten, um die landesweite Versorgung sicherzustellen.

(25) Unter bestimmten Umständen sind Vorabverpflichtungen aufzuerlegen, um die Entwicklung eines wettbewerbsorientierten Marktes zu gewährleisten. Die Definition der beträchtlichen Marktmacht in der Richtlinie 97/33/EG des Europäischen Parlaments und des Rates vom 30. Juni 1997 über die Zusammenschaltung in der Telekommunikation im Hinblick auf die Sicherstellung eines Universaldienstes und der Interoperabilität durch Anwendung der Grundsätze für einen offenen Netzzugang (ONP)[1] hat sich in den Anfangsphasen der Marktliberalisierung als Kriterium für Vorabverpflichtungen als sinnvoll erwiesen, sie muss nun jedoch an komplexere, dynamischere Märkte angepasst werden. Daher beruht die in der vorliegenden Richtlinie benutzte Definition auf dem Konzept der beherrschenden Stellung nach der einschlägigen Rechtsprechung des Gerichtshofs und des Gerichts erster Instanz der Europäischen Gemeinschaften.

(26) Bei zwei oder mehr Unternehmen kann davon ausgegangen werden, dass sie gemeinsam eine marktbeherrschende Stellung nicht nur dann einnehmen, wenn strukturelle oder sonstige Beziehungen zwischen ihnen bestehen, sondern auch, wenn die Struktur des betreffenden Marktes als förderlich für koordinierte Effekte angesehen

---

1) **Amtl. Anm.:** ABl L 199 vom 26. 7. 1997, S. 32. Richtlinie geändert durch die Richtlinie 98/61/EG (ABl L 268 vom 3. 10. 1998, S. 37).

wird, das heißt wenn hierdurch ein paralleles oder angeglichenes wettbewerbswidriges Verhalten auf dem Markt gefördert wird.

(27) Vorabverpflichtungen sollten nur auferlegt werden, wenn kein wirksamer Wettbewerb besteht, d. h. auf Märkten, auf denen es ein oder mehrere Unternehmen mit beträchtlicher Marktmacht gibt, und die Instrumente des nationalen und gemeinschaftlichen Wettbewerbsrechts nicht ausreichen, um das Problem zu lösen. Daher ist es erforderlich, dass die Kommission im Einklang mit den Grundsätzen des Wettbewerbsrechts Leitlinien auf Gemeinschaftsebene festlegt, die von den nationalen Regulierungsbehörden bei der Beurteilung der Frage, ob auf einem bestimmten Markt wirksamer Wettbewerb herrscht und eine beträchtliche Marktmacht vorliegt, eingehalten werden müssen. Die nationalen Regulierungsbehörden sollten untersuchen, ob auf dem Markt für bestimmte Produkte oder Dienste in einem bestimmten geografischen Gebiet ein wirksamer Wettbewerb herrscht, wobei sich dieses Gebiet auf die Gesamtheit oder einen Teil des Hoheitsgebiets des betreffenden Mitgliedstaats oder auf als Ganzes betrachtete benachbarte Gebiete von Mitgliedstaaten erstrecken könnte. Die Untersuchung der tatsächlichen Wettbewerbssituation sollte auch eine Klärung der Frage umfassen, ob der Markt potenziell wettbewerbsorientiert ist und somit ob das Fehlen eines wirksamen Wettbewerbs ein dauerhaftes Phänomen ist. In diesen Leitlinien ist auch die Frage neu entstehender Märkte zu behandeln, auf denen der Marktführer über einen beträchtlichen Marktanteil verfügen dürfte, ohne dass ihm jedoch unangemessene Verpflichtungen auferlegt werden sollten. Die Kommission sollte die Leitlinien regelmäßig überprüfen, damit diese in einem sich rasch entwickelnden Markt auf Dauer angemessen sind. Die nationalen Regulierungsbehörden müssen zusammenarbeiten, wenn es sich bei dem betreffenden Markt um einen länderübergreifenden Markt handelt.

(28) Bei der Beurteilung der Frage, ob ein Unternehmen in einem speziellen Markt über beträchtliche Marktmacht verfügt, sollten die nationalen Regulierungsbehörden im Einklang mit dem Gemeinschaftsrecht vorgehen und den Leitlinien der Kommission weitestgehend Rechnung tragen.

(29) Die Gemeinschaft und die Mitgliedstaaten sind in der Welthandelsorganisation Verpflichtungen in Bezug auf Normen und den Rechtsrahmen für Telekommunikationsnetze und -dienste eingegangen.

(30) Die Normung sollte in erster Linie ein marktorientierter Vorgang sein. Es kann jedoch noch immer Situationen geben, in denen es sich empfiehlt, die Einhaltung bestimmter Normen auf Gemeinschaftsebene zu fordern, um die Interoperabilität auf dem Binnenmarkt zu gewährleisten. Auf nationaler Ebene sind die Mitgliedstaaten an die Richtlinie 98/34/EG gebunden. In der Richtlinie 95/47/EG des Europäischen Parlaments und des Rates vom 24. Oktober 1995 über die Anwendung von Normen für die Übertragung von Fernsehsignalen[1] wurden weder ein bestimmtes digitales Fernsehübertragungssystem noch spezielle Dienstanforderungen vorgeschrieben. Über die „Digital Video Broadcasting Group" haben die europäischen Marktteilnehmer eine Familie von Fernsehübertragungssystemen entwickelt, die vom Europäischen Institut für Telekommunikationsnormen (ETSI) genormt und in Empfehlungen der Internationalen Fernmeldeunion umgesetzt wurden. Die obligatorische Anwendung derartiger Normen sollte erst nach einer umfassenden Anhörung vorgeschrieben werden. Die Normungsverfahren im Rahmen dieser Richtlinie lassen die folgenden Richtlinien unberührt: die Richtlinie 1999/5/EG, die Richtlinie 73/23/EWG des Rates vom 19. Februar 1973 zur Angleichung der Rechtsvorschriften der Mitgliedstaaten betreffend elektrische Betriebsmittel zur Verwendung innerhalb bestimmter Spannungsgrenzen[2] und die Richtlinie 89/336/EWG des Rates vom 3. Mai 1989 zur Angleichung der Rechtsvorschriften der Mitgliedstaaten über die elektromagnetische Verträglichkeit[3].

---

1) **Amtl. Anm.:** ABl L 281 vom 23. 11. 1995, S. 51.
2) **Amtl. Anm.:** ABl L 77 vom 26. 3. 1973, S. 29.
3) **Amtl. Anm.:** ABl L 139 vom 23. 5. 1989, S. 19.

(31) Interoperabilität von digitalen interaktiven Fernsehdiensten und erweiterten digitalen Fernsehgeräten auf Ebene der Verbraucher sollten gefördert werden, um den freien Informationsfluss, Medienpluralismus und Zugang zu kultureller Vielfalt zu gewährleisten. Es ist wünschenswert, dass die Verbraucher in der Lage sind, unabhängig vom Übertragungsmodus alle digitalen interaktiven Fernsehdienste zu empfangen, und dazu die technologische Neutralität, die künftige technologische Entwicklung, die Notwendigkeit, dem digitalen Fernsehen zum Durchbruch zu verhelfen, sowie der Stand des Wettbewerbs auf dem Markt für digitale Fernsehdienste im Auge behalten wird. Die Betreiber digitaler interaktiver Fernsehplattformen sollten die Schaffung einer offenen Anwendungsprogrammier-Schnittstelle (API) anstreben, die den von einer europäischen Normungsbehörde beschlossenen Normen und Spezifikationen entspricht. Der Wechsel von bestehenden API zu neuen offenen API sollte gefördert und organisiert werden, beispielsweise durch Vereinbarungen zwischen allen relevanten Marktteilnehmern. Offene API erleichtern die Interoperabilität, d. h. die Übertragbarkeit interaktiver Inhalte zwischen Übertragungsmechanismen und die volle Funktionalität dieser Inhalte bei erweiterten digitalen Fernsehgeräten. Der Notwendigkeit, das Funktionieren der Empfangsausrüstung nicht zu behindern und sie vor schädlichen Attacken, beispielsweise Viren, zu schützen, sollte jedoch Rechnung getragen werden.

(32) Bei Streitigkeiten zwischen Unternehmen in ein und demselben Mitgliedstaat in einem Bereich, der unter diese Richtlinie oder die Einzelrichtlinien fällt, beispielsweise in Bezug auf den Zugang oder die Zusammenschaltung oder in Bezug auf die Mittel zur Übertragung von Teilnehmerverzeichnissen, sollte sich die Beschwerdepartei, die gutgläubig verhandelt hat, aber keine Einigung erzielen konnte, an die nationale Regulierungsbehörde wenden können, damit diese den Streitfall beilegt. Die nationalen Regulierungsbehörden sollten die Möglichkeit haben, den Parteien eine Lösung aufzuerlegen. Greift eine nationale Regulierungsbehörde in die Beilegung von Streitigkeiten zwischen Unternehmen ein, die in einem Mitgliedstaat elektronische Kommunikationsnetze oder -dienste anbieten, so sollte sie anstreben, die Einhaltung der Verpflichtungen aus dieser Richtlinie oder den Einzelrichtlinien sicherzustellen.

(33) Zusätzlich zu den Rechtsbehelfen nach nationalem oder gemeinschaftlichem Recht bedarf es eines einfachen, auf Antrag einer der Parteien einzuleitenden Verfahrens zur Beilegung grenzüberschreitender Streitigkeiten, die außerhalb der Zuständigkeit einer einzelnen nationalen Regulierungsbehörde liegen.

(34) Der mit Artikel 9 der Richtlinie 90/387/EWG eingesetzte „ONP-Ausschuss" und der mit Artikel 14 der Richtlinie 97/13/EG des Europäischen Parlaments und des Rates vom 10. April 1997 über einen gemeinsamen Rahmen für Allgemein- und Einzelgenehmigungen für Telekommunikationsdienste[1)] eingesetzte Genehmigungsausschuss sollten durch einen einzigen Ausschuss abgelöst werden.

(35) Die nationalen Regulierungs- und Wettbewerbsbehörden sollten untereinander die Informationen austauschen, die für die Anwendung der Bestimmungen dieser Richtlinie und der Einzelrichtlinien notwendig sind, damit sie in vollem Umfang zusammenarbeiten können. Hinsichtlich des Informationsaustauschs sollte die einholende Behörde an den gleichen Grad an Vertraulichkeit gebunden sein wie die Auskunft erteilende Behörde.

(36) Die Kommission hat mitgeteilt, dass die beabsichtigt, eine europäische Gruppe der Regulierungsbehörden für elektronische Kommunikationsnetze und -dienste einzurichten, die einen geeigneten Mechanismus zur Stärkung der Zusammenarbeit und der Koordinierung der nationalen Regulierungsbehörden darstellen würde, um die Entwicklung des Binnenmarktes für elektronische Kommunikationsnetze und -dienste zu fördern und eine konsistente Anwendung der in dieser Richtlinie und in den Einzelrichtlinien festgelegten Bestimmungen in allen Mitgliedstaaten zu erreichen, insbesondere in Bereichen, in denen einzelstaatliche Rechtsvorschriften bei der Durchführung gemein-

---

1) **Amtl. Anm.:** ABl L 117 vom 7. 5. 1997, S. 15.

schaftlicher Rechtsvorschriften den einzelstaatlichen Regulierungsbehörden beträchtliche Ermessensspielräume bei der Anwendung der betreffenden Bestimmungen geben.

(37) Die nationalen Regulierungsbehörden sollten miteinander und mit der Kommission auf transparente Weise kooperieren, um in allen Mitgliedstaaten eine konsistente Anwendung der Bestimmungen dieser Richtlinie und der Einzelrichtlinien zu gewährleisten. Diese Zusammenarbeit könnte unter anderem im Kommunikationsausschuss oder in einer europäischen Gruppe der Regulierungsbehörden erfolgen. Die Mitgliedstaaten sollten beschließen, welche Organe einzelstaatliche Regulierungsbehörden im Sinne dieser Richtlinie und der Einzelrichtlinien sind.

(38) Maßnahmen, die den Handel zwischen Mitgliedstaaten beeinträchtigen können, sind Maßnahmen, die unmittelbar oder mittelbar, tatsächlich oder potenziell einen derartigen Einfluss auf das Handelsmuster zwischen Mitgliedstaaten haben können, dass ein Hemmnis für den Binnenmarkt geschaffen wird. Sie umfassen Maßnahmen, die erhebliche Auswirkungen auf Betreiber oder Nutzer in anderen Mitgliedstaaten haben, wozu unter anderem gehören: Maßnahmen, die die Preise für die Nutzer in anderen Mitgliedstaaten beeinflussen, Maßnahmen, die die Möglichkeiten eines in einem anderen Mitgliedstaat niedergelassenen Unternehmens beeinträchtigen, einen elektronischen Kommunikationsdienst anzubieten, insbesondere Maßnahmen, die die Möglichkeit beeinträchtigen, Dienste auf länderübergreifender Basis anzubieten, sowie Maßnahmen, die die Marktstruktur oder den Marktzugang berühren und für Unternehmen in anderen Mitgliedstaaten zu nachteiligen Auswirkungen führen.

(39) Diese Richtlinie sollte regelmäßig überprüft werden, um insbesondere festzustellen, ob sie veränderten technologischen oder marktbezogenen Bedingungen anzupassen ist.

(40) Die zur Durchführung dieser Richtlinie erforderlichen Maßnahmen sollten gemäß dem Beschluss 1999/468/EG des Rates vom 28. Juni 1999 zur Festlegung der Modalitäten für die Ausübung der der Kommission übertragenen Durchführungsbefugnisse[1] erlassen werden.

(41) Da die Ziele der vorgeschlagenen Maßnahmen, nämlich die Schaffung eines harmonisierten Rechtsrahmens für elektronische Kommunikationsdienste und elektronische Kommunikationsnetze sowie für zugehörige Einrichtungen und zugehörige Dienste, auf Ebene der Mitgliedstaaten nicht ausreichend erreicht werden können und daher wegen des Umfangs und der Wirkung der Maßnahmen besser auf Gemeinschaftsebene zu erreichen sind, kann die Gemeinschaft im Einklang mit dem in Artikel 5 des Vertrags niedergelegten Subsidiaritätsprinzip tätig werden. Entsprechend dem in demselben Artikel genannten Verhältnismäßigkeitsprinzip geht diese Richtlinie nicht über das für die Erreichung dieser Ziele erforderliche Maß hinaus.

(42) Bestimmte Richtlinien und Entscheidungen in diesem Bereich sollten aufgehoben werden.

(43) Die Kommission sollte den Übergang von dem bestehenden Rechtsrahmen auf den neuen Rechtsrahmen fortlaufend verfolgen; sie könnte zu gegebener Zeit insbesondere einen Vorschlag zur Aufhebung der Verordnung (EG) Nr. 2887/2000 des Europäischen Parlaments und des Rates vom 18. Dezember 2000 über den entbündelten Zugang zum Teilnehmeranschluss[2] vorlegen –

HABEN FOLGENDE RICHTLINIE ERLASSEN:

## Kapitel I: Geltungsbereich, Zielsetzung und Begriffsbestimmungen

### Artikel 1   Geltungsbereich und Zielsetzung

(1) Mit dieser Richtlinie wird ein harmonisierter Rahmen für die Regulierung elektronischer Kommunikationsdienste und Kommunikationsnetze sowie zugehöriger Einrich-

---

1) **Amtl. Anm.:** ABl L 184 vom 17. 7. 1999, S. 23.
2) **Amtl. Anm.:** ABl L 336 vom 30. 12. 2000, S. 4.

tungen und zugehöriger Dienste vorgegeben. Sie legt die Aufgaben der nationalen Regulierungsbehörden sowie eine Reihe von Verfahren fest, die die gemeinschaftsweit harmonisierte Anwendung des Rechtsrahmens gewährleisten.

(2) Verpflichtungen, die durch innerstaatliche Rechtsvorschriften aufgrund des Gemeinschaftsrechts oder durch Rechtsvorschriften der Gemeinschaft für Dienste auferlegt werden, die mit Hilfe elektronischer Kommunikationsnetze und -dienste erbracht werden, bleiben von dieser Richtlinie und den Einzelrichtlinien unberührt.

(3) Die von der Gemeinschaft oder den Mitgliedstaaten im Einklang mit dem Gemeinschaftsrecht getroffenen Maßnahmen zur Verfolgung von Zielen, die im Interesse der Allgemeinheit liegen, insbesondere in Bezug auf die Regulierung von Inhalten und die audiovisuelle Politik, bleiben von dieser Richtlinie und den Einzelrichtlinien unberührt.

(4) Die Bestimmungen der Richtlinie 1999/5/EG bleiben von dieser Richtlinie und den Einzelrichtlinien unberührt.

**Artikel 2   Begriffsbestimmungen**

Für die Zwecke dieser Richtlinie gelten folgende Begriffsbestimmungen:

a) „elektronisches Kommunikationsnetz": Übertragungssysteme und gegebenenfalls Vermittlungs- und Leitwegeinrichtungen sowie anderweitige Ressourcen, die die Übertragung von Signalen über Kabel, Funk, optische oder andere elektromagnetische Einrichtungen ermöglichen, einschließlich Satellitennetze, feste (leitungs- und paketvermittelte, einschließlich Internet) und mobile terrestrische Netze, Stromleitungssysteme, soweit sie zur Signalübertragung genutzt werden, Netze für Hör- und Fernsehfunk sowie Kabelfernsehnetze, unabhängig von der Art der übertragenen Informationen;

b) „länderübergreifende Märkte": die in Übereinstimmung mit Artikel 15 Absatz 4 festgestellten Märkte, die die Gemeinschaft oder einen wesentlichen Teil davon umfassen;

c) „elektronische Kommunikationsdienste": gewöhnlich gegen Entgelt erbrachte Dienste, die ganz oder überwiegend in der Übertragung von Signalen über elektronische Kommunikationsnetze bestehen, einschließlich Telekommunikations- und Übertragungsdienste in Rundfunknetzen, jedoch ausgenommen Dienste, die Inhalte über elektronische Kommunikationsnetze und -dienste anbieten oder eine redaktionelle Kontrolle über sie ausüben; nicht dazu gehören die Dienste der Informationsgesellschaft im Sinne von Artikel 1 der Richtlinie 98/34/EG, die nicht ganz oder überwiegend in der Übertragung von Signalen über elektronische Kommunikationsnetze bestehen;

d) „öffentliches Kommunikationsnetz": ein elektronisches Kommunikationsnetz, das ganz oder überwiegend zur Bereitstellung öffentlich zugänglicher elektronischer Kommunikationsdienste dient;

e) „zugehörige Einrichtungen": diejenigen mit einem elektronischen Kommunikationsnetz und/oder einem elektronischen Kommunikationsdienst verbundenen Einrichtungen, welche die Bereitstellung von Diensten über dieses Netz und/oder diesen Dienst ermöglichen und/oder unterstützen. Dieser Begriff schließt auch Zugangsberechtigungssysteme und elektronische Programmführer ein;

f) „Zugangsberechtigungssystem": jede technische Maßnahme und/oder Vorrichtung, die den Zugang zu einem geschützten Hörfunk- oder Fernsehdienst in unverschlüsselter Form von einem Abonnement oder einer vorherigen individuellen Erlaubnis abhängig macht;

g) „nationale Regulierungsbehörde": eine oder mehrere Stellen, die von einem Mitgliedstaat mit einer der in dieser Richtlinie und den Einzelrichtlinien festgelegten Regulierungsaufgaben beauftragt werden;

h) „Nutzer": eine natürliche oder juristische Person, die einen öffentlich zugänglichen elektronischen Kommunikationsdienst in Anspruch nimmt oder beantragt;

i) „Verbraucher": jede natürliche Person, die einen öffentlich zugänglichen elektronischen Kommunikationsdienst zu anderen als gewerblichen oder beruflichen Zwecken nutzt oder beantragt;
j) „Universaldienst": ein in der Richtlinie 2002/22/EG (Universaldienstrichtlinie) definiertes Mindestangebot an Diensten von bestimmter Qualität, das allen Nutzern unabhängig von ihrem Standort und, gemessen an den landesspezifischen Bedingungen, zu einem erschwinglichen Preis zur Verfügung steht;
k) „Teilnehmer": jede natürliche oder juristische Person, die mit einem Anbieter öffentlich zugänglicher elektronischer Kommunikationsdienste einen Vertrag über die Bereitstellung derartiger Dienste geschlossen hat;
l) „Einzelrichtlinien": die Richtlinie 2002/20/EG (Genehmigungsrichtlinie), die Richtlinie 2002/19/EG (Zugangsrichtlinie), die Richtlinie 2002/22/EG (Universaldienstrichtlinie) und die Richtlinie 97/66/EG;
m) „Bereitstellung eines elektronischen Kommunikationsnetzes": die Errichtung, den Betrieb, die Kontrolle oder die Zurverfügungstellung eines derartigen Netzes;
n) „Endnutzer": ein Nutzer, der keine öffentlichen Kommunikationsnetze oder öffentlich zugänglichen elektronischen Kommunikationsdienste bereitstellt;
o) „erweiterte digitale Fernsehgeräte": Set-top-Boxen zur Verbindung mit Fernsehgeräten und integrierte digitale Fernsehgeräte zum Empfang digitaler interaktiver Fernsehdienste;
p) „API (Schnittstelle für Anwendungsprogramme)": die Software-Schnittstelle zwischen Anwendungen, die von Sendeanstalten oder Diensteanbietern zur Verfügung gestellt wird, und den Anschlüssen in den erweiterten digitalen Fernsehgeräten für digitale Fernseh- und Rundfunkdienste.

## Kapitel II: Nationale Regulierungsbehörde

### Artikel 3  Nationale Regulierungsbehörden

(1) Die Mitgliedstaaten sorgen dafür, dass alle den nationalen Regulierungsbehörden mit dieser Richtlinie und den Einzelrichtlinien übertragenen Aufgaben von einer zuständigen Stelle wahrgenommen werden.

(2) Die Mitgliedstaaten gewährleisten die Unabhängigkeit der nationalen Regulierungsbehörden, indem sie dafür sorgen, dass sie rechtlich und funktional von allen Unternehmen unabhängig sind, die elektronische Kommunikationsnetze, -geräte oder -dienste anbieten. Wenn Mitgliedstaaten weiterhin an Unternehmen beteiligt sind, die elektronische Kommunikationsnetze und/oder -dienste bereitstellen, oder diese kontrollieren, müssen sie eine wirksame strukturelle Trennung der hoheitlichen Funktion von Tätigkeiten im Zusammenhang mit dem Eigentum oder der Kontrolle sicherstellen.

(3) Die Mitgliedstaaten sorgen dafür, dass die nationalen Regulierungsbehörden ihre Befugnisse unparteiisch und transparent ausüben.

(4) Die Mitgliedstaaten veröffentlichen die von den nationalen Regulierungsbehörden wahrzunehmenden Aufgaben in leicht zugänglicher Form, insbesondere wenn diese Aufgaben mehr als einer Stelle übertragen werden. Die Mitgliedstaaten sorgen gegebenenfalls für die Konsultation und Zusammenarbeit zwischen diesen Behörden sowie zwischen diesen und den für die Anwendung des Wettbewerbs- und des Verbraucherschutzrechts zuständigen nationalen Behörden in Fragen von gemeinsamem Interesse. Ist mehr als eine Behörde für diese Fragen zuständig, so sorgen die Mitgliedstaaten dafür, dass die jeweiligen Aufgaben der einzelnen Behörden in leicht zugänglicher Form veröffentlicht werden.

(5) Die nationalen Regulierungs- und Wettbewerbsbehörden tauschen untereinander Informationen aus, die für die Anwendung der Bestimmungen dieser Richtlinie und der Einzelrichtlinien notwendig sind. Hinsichtlich des Informationsaustauschs ist die einholende Behörde an den gleichen Grad an Vertraulichkeit gebunden wie die Auskunft erteilende Behörde.

(6) Die Mitgliedstaaten teilen der Kommission unter Angabe der jeweiligen Zuständigkeiten alle Aufgaben mit, die den nationalen Regulierungsbehörden aufgrund dieser Richtlinie und der Einzelrichtlinien übertragen werden.

### Artikel 4  Rechtsbehelf

(1) Die Mitgliedstaaten sorgen dafür, dass es auf nationaler Ebene wirksame Verfahren gibt, nach denen jeder Nutzer oder Anbieter elektronischer Kommunikationsnetze und/oder -dienste, der von einer Entscheidung einer nationalen Regulierungsbehörde betroffen ist, bei einer von den beteiligten Parteien unabhängigen Beschwerdestelle Rechtsbehelf gegen diese Entscheidung einlegen kann. Diese Stelle, die auch ein Gericht sein kann, muss über den angemessenen Sachverstand verfügen, um ihrer Aufgabe gerecht zu werden. Die Mitgliedstaaten stellen sicher, dass den Umständen des Falles angemessen Rechnung getragen wird und wirksame Einspruchsmöglichkeiten gegeben sind. Bis zum Abschluss eines Beschwerdeverfahrens bleibt der Beschluss der nationalen Regulierungsbehörde in Kraft, sofern nicht die Beschwerdeinstanz anders entscheidet.

(2) Hat die Beschwerdestelle nach Absatz 1 keinen gerichtlichen Charakter, so sind ihre Entscheidungen stets schriftlich zu begründen. Ferner können diese Entscheidungen in diesem Fall von einem Gericht eines Mitgliedstaats nach Artikel 234 des Vertrags überprüft werden.

### Artikel 5  Bereitstellung von Informationen

(1) Die Mitgliedstaaten sorgen dafür, dass Unternehmen, die elektronische Kommunikationsnetze und -dienste anbieten, den nationalen Regulierungsbehörden alle Informationen auch in Bezug auf finanzielle Aspekte zur Verfügung stellen, die diese Behörden benötigen, um eine Übereinstimmung mit den Bestimmungen dieser Richtlinie und den Einzelrichtlinien oder den auf ihrer Grundlage getroffenen Entscheidungen zu gewährleisten. Die genannten Unternehmen legen diese Informationen auf Anfrage umgehend sowie nach dem Zeitplan und in den Einzelheiten vor, die von der nationalen Regulierungsbehörde verlangt werden. Die von der nationalen Regulierungsbehörde angeforderten Informationen müssen in angemessenem Verhältnis zur Wahrnehmung dieser Aufgabe stehen. Die nationale Regulierungsbehörde muss ihr Ersuchen um Informationen begründen.

(2) Die Mitgliedstaaten sorgen dafür, dass die nationalen Regulierungsbehörden der Kommission auf begründeten Antrag hin die Informationen zur Verfügung stellen, die sie benötigt, um ihre Aufgaben aufgrund des Vertrags wahrzunehmen. Die von der Kommission angeforderten Informationen müssen in angemessenem Verhältnis zur Wahrnehmung dieser Aufgaben stehen. Beziehen sich die bereitgestellten Informationen auf Informationen, die zuvor von Unternehmen auf Anforderung der nationalen Regulierungsbehörde bereitgestellt wurden, so werden die Unternehmen hiervon unterrichtet. Soweit dies notwendig ist und sofern nicht ein ausdrücklicher begründeter gegenteiliger Antrag der übermittelnden Behörde vorliegt, stellt die Kommission die bereitgestellten Informationen einer anderen Behörde eines anderen Mitgliedstaats zur Verfügung.
Die Mitgliedstaaten stellen vorbehaltlich der Bestimmungen des Absatzes 3 sicher, dass die einer nationalen Regulierungsbehörde übermittelten Informationen einer anderen Behörde desselben oder eines anderen Mitgliedstaats auf begründeten Antrag zur Verfügung gestellt werden können, damit erforderlichenfalls diese Behörden ihre Verpflichtungen aus dem Gemeinschaftsrecht erfüllen können.

(3) Werden Informationen von einer nationalen Regulierungsbehörde gemäß den gemeinschaftlichen und einzelstaatlichen Vorschriften über das Geschäftsgeheimnis als vertraulich angesehen, so stellen die Kommission und die betreffenden nationalen Regulierungsbehörden eine entsprechende vertrauliche Behandlung sicher.

(4) Die Mitgliedstaaten sorgen dafür, dass die nationalen Regulierungsbehörden Informationen, die zu einem offenen, wettbewerbsorientierten Markt beitragen, unter Einhaltung der nationalen Vorschriften über den Zugang der Öffentlichkeit zu Informatio-

nen sowie der Rechtsvorschriften der Gemeinschaft und der Mitgliedstaaten zur Wahrung von Geschäftsgeheimnissen veröffentlichen.

(5) Die nationalen Regulierungsbehörden veröffentlichen die Bedingungen für den Zugang der Öffentlichkeit zu Informationen gemäß Absatz 4 einschließlich der Verfahren für dessen Gewährung.

### Artikel 6  Konsultation und Transparenz

Abgesehen von den Fällen nach Artikel 7 Absatz 6, Artikel 20 oder Artikel 21 sorgen die Mitgliedstaaten dafür, dass die nationalen Regulierungsbehörden interessierten Parteien innerhalb einer angemessenen Frist Gelegenheit zur Stellungnahme zum Entwurf von Maßnahmen geben, die sie gemäß dieser Richtlinie oder den Einzelrichtlinien zu treffen gedenken und die beträchtliche Auswirkungen auf den betreffenden Markt haben werden. Die nationalen Regulierungsbehörden veröffentlichen ihre jeweiligen Anhörungsverfahren. Die Mitgliedstaaten sorgen für die Einrichtung einer einheitlichen Informationsstelle, bei der eine Liste aller laufenden Anhörungen aufliegt. Die Ergebnisse des Anhörungsverfahrens werden von der nationalen Regulierungsbehörde der Öffentlichkeit zugänglich gemacht, außer bei vertraulichen Informationen gemäß den Rechtsvorschriften der Gemeinschaft und des jeweiligen Mitgliedstaates über die Vertraulichkeit von Geschäftsgeheimnissen.

### Artikel 7  Konsolidierung des Binnenmarktes für elektronische Kommunikation

(1) Bei der Erfüllung ihrer Aufgaben gemäß dieser Richtlinie und den Einzelrichtlinien tragen die nationalen Regulierungsbehörden den in Artikel 8 genannten Zielen, auch soweit sie sich auf das Funktionieren des Binnenmarktes beziehen, weitestgehend Rechnung.

(2) Die nationalen Regulierungsbehörden tragen zur Entwicklung des Binnenmarktes bei, indem sie miteinander und mit der Kommission auf transparente Weise kooperieren, um in allen Mitgliedstaaten eine kohärente Anwendung der Bestimmungen dieser Richtlinie und der Einzelrichtlinien zu gewährleisten. Zu diesem Zweck versuchen sie insbesondere, Einvernehmen über die geeignetsten Mittel und Wege zur Bewältigung besonderer Situationen auf dem Markt zu erreichen.

(3) Zusätzlich zu der Anhörung nach Artikel 6 stellt eine nationale Regulierungsbehörde, die beabsichtigt, Maßnahmen zu ergreifen, die

a) in den Anwendungsbereich der Artikel 15 oder 16 dieser Richtlinie oder der Artikel 5 oder 8 der Richtlinie 2002/19/EG (Zugangsrichtlinie) oder aber des Artikels 16 der Richtlinie 2002/22/EG (Universaldienstrichtlinie) fallen, und

b) Auswirkungen auf den Handel zwischen Mitgliedstaaten haben werden,

gleichzeitig der Kommission und den nationalen Regulierungsbehörden der anderen Mitgliedstaaten den Entwurf der Maßnahme zusammen mit einer Begründung gemäß Artikel 5 Absatz 3 zur Verfügung und unterrichtet die Kommission und die übrigen nationalen Regulierungsbehörden hiervon. Die nationalen Regulierungsbehörden und die Kommission können nur innerhalb eines Monats oder innerhalb der in Artikel 6 genannten Frist, falls diese länger als ein Monat ist, Stellungnahmen an die betreffende nationalen Regulierungsbehörden richten. Die Einmonatsfrist kann nicht verlängert werden.

(4) Richtet sich eine geplante Maßnahme gemäß Absatz 3 auf

a) die Festlegung eines relevanten Marktes, der sich von jenen unterscheidet, die in der Empfehlung im Einklang mit Artikel 15 Absatz 1 definiert werden, oder

b) die Festlegung, inwieweit ein Unternehmen allein oder zusammen mit anderen eine beträchtliche Marktmacht gemäß Artikel 16 Absätze 3, 4 oder 5 hat,

wobei dies Auswirkungen auf den Handel zwischen den Mitgliedstaaten hätte, und hat die Kommission gegenüber der nationalen Regulierungsbehörde erklärt, dass sie der Auffassung ist, dass der Maßnahmenentwurf ein Hemmnis für den Binnenmarkt schaffen würde, oder hat sie ernsthafte Zweifel an der Vereinbarkeit mit dem Gemeinschaftsrecht und insbesondere den in Artikel 8 genannten Zielen, dann wird der Beschluss über den Maßnahmenentwurf um weitere zwei Monate aufgeschoben. Diese Frist kann nicht verlängert werden. Innerhalb dieses Zeitraums kann die Kommission im Einklang mit dem in Artikel 22 Absatz 2 festgelegten Verfahren beschließen, die betreffende nationale Regulierungsbehörde aufzufordern, den Entwurf zurückzuziehen. In dem Beschluss muss detailliert und objektiv analysiert sein, weshalb die Kommission der Auffassung ist, dass der Maßnahmenentwurf nicht angenommen werden sollte, und es sind zugleich spezifische Vorschläge zur Änderung des Maßnahmenentwurfs vorzulegen.

(5) Die betreffende nationale Regulierungsbehörde trägt den Stellungnahmen der anderen nationalen Regulierungsbehörden und der Kommission weitestgehend Rechnung; sie kann den sich daraus ergebenden Maßnahmenentwurf – außer in den in Absatz 4 genannten Fällen – annehmen und ihn der Kommission übermitteln.

(6) Ist eine nationale Regulierungsbehörde bei Vorliegen außergewöhnlicher Umstände der Ansicht, dass dringend – ohne das Verfahren gemäß den Absätzen 3 und 4 einzuhalten – gehandelt werden muss, um den Wettbewerb zu gewährleisten und die Nutzerinteressen zu schützen, so kann sie umgehend angemessene und einstweilige Maßnahmen erlassen. Sie teilt diese der Kommission und den übrigen nationalen Regulierungsbehörden unverzüglich mit einer vollständigen Begründung mit. Ein Beschluss der nationalen Regulierungsbehörde, diese Maßnahmen dauerhaft zu machen oder ihre Geltungsdauer zu verlängern, unterliegt den Bestimmungen der Absätze 3 und 4.

## Kapitel III: Aufgaben der nationalen Regulierungsbehörden

### Artikel 8    Politische Ziele und regulatorische Grundsätze

(1) Die Mitgliedstaaten sorgen dafür, dass die nationalen Regulierungsbehörden bei der Wahrnehmung der in dieser Richtlinie und den Einzelrichtlinien festgelegten regulatorischen Aufgaben alle angezeigten Maßnahmen treffen, die den in den Absätzen 2, 3 und 4 vorgegebenen Zielen dienen. Die Maßnahmen müssen in angemessenem Verhältnis zu diesen Zielen stehen.

Die Mitgliedstaaten sorgen dafür, dass die nationalen Regulierungsbehörden bei der Wahrnehmung der in dieser Richtlinie und den Einzelrichtlinien festgelegten regulatorischen Aufgaben, insbesondere der Aufgaben, die der Gewährleistung eines wirksamen Wettbewerbs dienen, weitestgehend berücksichtigen, dass die Regulierung technologieneutral sein sollte.

Die nationalen Regulierungsbehörden können im Rahmen ihrer Zuständigkeiten dazu beitragen, dass die Umsetzung von Maßnahmen zur Förderung der kulturellen und sprachlichen Vielfalt sowie des Pluralismus der Medien sichergestellt werden.

(2) Die nationalen Regulierungsbehörden fördern den Wettbewerb bei der Bereitstellung elektronischer Kommunikationsnetze und -dienste sowie zugehöriger Einrichtungen und Dienste, indem sie unter anderem

a) sicherstellen, dass die Nutzer, einschließlich behinderte Nutzer, größtmögliche Vorteile in Bezug auf Auswahl, Preise und Qualität genießen;

b) gewährleisten, dass es keine Wettbewerbsverzerrungen oder -beschränkungen im Bereich der elektronischen Kommunikation gibt;

c) effiziente Infrastrukturinvestitionen fördern und die Innovation unterstützen;

d) für eine effiziente Nutzung der Funkfrequenzen und der Nummerierungsressourcen sorgen und deren effiziente Verwaltung sicherstellen.

(3) Die nationalen Regulierungsbehörden tragen zur Entwicklung des Binnenmarktes bei, indem sie unter anderem

a) verbleibende Hindernisse für die Bereitstellung elektronischer Kommunikationsnetze und -dienste sowie zugehöriger Einrichtungen und Dienste auf europäischer Ebene abbauen;

b) den Aufbau und die Entwicklung transeuropäischer Netze und die Interoperabilität europaweiter Dienste sowie die durchgehende Konnektivität fördern;

c) gewährleisten, dass Anbieter elektronischer Kommunikationsnetze und -dienste unter vergleichbaren Umständen keine diskriminierende Behandlung erfahren;

d) untereinander und mit der Kommission in transparenter Weise zusammenarbeiten, um die Entwicklung einer einheitlichen Regulierungspraxis und die einheitliche Anwendung dieser Richtlinie und der Einzelrichtlinien sicherzustellen.

(4) Die nationalen Regulierungsbehörden fördern die Interessen der Bürger der Europäischen Union, indem sie unter anderem

a) sicherstellen, dass alle Bürger gemäß der Richtlinie 2002/22/EG (Universaldienstrichtlinie) Zugang zum Universaldienst erhalten;

b) einen weit gehenden Verbraucherschutz in den Beziehungen zwischen Kunden und Anbietern gewährleisten, insbesondere durch einfache, kostengünstige Verfahren zur Beilegung von Streitigkeiten; diese Verfahren werden von einer von den Betroffenen unabhängigen Stelle durchgeführt;

c) dazu beitragen, dass ein hohes Datenschutzniveau gewährleistet wird;

d) für die Bereitstellung klarer Informationen sorgen, indem sie insbesondere transparente Tarife und Bedingungen für die Nutzung öffentlich zugänglicher elektronischer Kommunikationsdienste fordern;

e) die Bedürfnisse bestimmter gesellschaftlicher Gruppen, insbesondere behinderter Nutzer, berücksichtigen;

f) sicherstellen, dass die Integrität und Sicherheit der öffentlichen Kommunikationsnetze gewährleistet sind.

**Artikel 9  Verwaltung der Funkfrequenzen für die elektronischen Kommunikationsdienste**

(1) Die Mitgliedstaaten sorgen für die effiziente Verwaltung der Funkfrequenzen für elektronische Kommunikationsdienste in ihrem Hoheitsgebiet im Einklang mit Artikel 8. Sie gewährleisten, dass die Zuteilung und Zuweisung dieser Frequenzen durch die nationalen Regulierungsbehörden auf objektiven, transparenten, nichtdiskriminierenden und angemessenen Kriterien beruhen.

(2) Die Mitgliedstaaten fördern die Harmonisierung der Nutzung von Funkfrequenzen in der Gemeinschaft, um deren effektiven und effizienten Einsatz im Einklang mit der Entscheidung Nr. 676/2002/EG (Frequenzentscheidung) zu gewährleisten.

(3) Die Mitgliedstaaten können Unternehmen die Übertragung von Frequenznutzungsrechten an andere Unternehmen gestatten.

(4) Die Mitgliedstaaten sorgen dafür, dass die Absicht eines Unternehmens, Frequenznutzungsrechte zu übertragen, der für die Frequenzzuteilung zuständigen nationalen Regulierungsbehörde mitgeteilt wird und dass jegliche Übertragung nach von dieser Behörde festgelegten Verfahren erfolgt und öffentlich bekannt gegeben wird. Die nationalen Regulierungsbehörden sorgen dafür, dass der Wettbewerb infolge derartiger Übertragungen nicht verzerrt wird. Soweit die Frequenznutzung durch Anwendung der Entscheidung Nr. 676/2002/EG (Frequenzentscheidung) oder anderweitige Gemeinschaftsmaßnahmen harmonisiert wurde, darf eine solche Übertragung nicht zu einer veränderten Nutzung dieser Frequenzen führen.

**Artikel 10  Vergabe von Nummern, Namen und Adressen**

(1) Die Mitgliedstaaten sorgen dafür, dass die nationalen Regulierungsbehörden die Zuteilung aller nationalen Nummerierungsressourcen und die Verwaltung der nationalen Nummerierungspläne kontrollieren. Sie sorgen für die Bereitstellung adäquater Nummern und Nummerierungsbereiche für alle öffentlich zugänglichen elektronischen Kommunikationsdienste. Die nationalen Regulierungsbehörden legen objektive, transparente und nichtdiskriminierende Verfahren für die Zuteilung der nationalen Nummerierungsressourcen fest.

(2) Die nationalen Regulierungsbehörden sorgen dafür, dass Nummerierungspläne und -verfahren so angewandt werden, dass die Gleichbehandlung aller Anbieter öffent-

lich zugänglicher elektronischer Kommunikationsdienste gewährleistet ist. Die Mitgliedstaaten stellen insbesondere sicher, dass ein Unternehmen, dem ein Nummernbereich zugewiesen wurde, sich gegenüber anderen Anbietern elektronischer Kommunikationsdienste hinsichtlich der Nummernfolgen für den Zugang zu ihren Diensten nicht diskriminierend verhält.

(3) Die Mitgliedstaaten sorgen dafür, dass die nationalen Nummerierungspläne und alle nachträglichen Erweiterungen oder Änderungen veröffentlicht werden, wobei Ausnahmen nur im Falle von Verpflichtungen aus Gründen der Staatssicherheit möglich sind.

(4) Die Mitgliedstaaten unterstützen die Vereinheitlichung der Zuweisung von Nummerierungsressourcen in der Gemeinschaft, wenn dies notwendig ist, um die Entwicklung europaweiter Dienste zu fördern. Die Kommission kann gemäß dem in Artikel 22 Absatz 3 genannten Verfahren in dieser Frage geeignete technische Umsetzungsmaßnahmen beschließen.

(5) Soweit es zur Sicherstellung der vollen globalen Interoperabilität der Dienste angebracht ist, koordinieren die Mitgliedstaaten ihre Standpunkte in internationalen Organisationen und Gremien, in denen Beschlüsse über Aspekte der Vergabe von Nummern, Namen und Adressen in elektronischen Kommunikationsnetzen und -diensten gefasst werden.

### Artikel 11  Wegerechte

(1) Die Mitgliedstaaten sorgen dafür, dass die zuständige Behörde
- bei der Prüfung eines Antrags auf Erteilung von Rechten für die Installation von Einrichtungen auf, über oder unter öffentlichem oder privatem Grundbesitz an ein Unternehmen, das für die Bereitstellung öffentlicher Kommunikationsnetze zugelassen ist, oder
- bei der Prüfung eines Antrags auf Erteilung von Rechten für die Installation von Einrichtungen auf, über oder unter öffentlichem Grundbesitz an ein Unternehmen, das für die Bereitstellung von nicht-öffentlichen elektronischen Kommunikationsnetzen zugelassen ist,

wie folgt verfährt:
- Sie handelt auf der Grundlage transparenter, öffentlich zugänglicher Verfahren, die nichtdiskriminierend und unverzüglich angewandt werden, und
- sie befolgt die Grundsätze der Transparenz und der Nichtdiskriminierung, wenn sie die betreffenden Rechte an Bedingungen knüpft.

Die vorstehend genannten Verfahren können je nachdem, ob der Antragsteller öffentliche Kommunikationsnetze bereitstellt oder nicht, unterschiedlich sein.

(2) Die Mitgliedstaaten sorgen dafür, dass bei öffentlichen Behörden oder Gebietskörperschaften, die an Betreibern elektronischer Kommunikationsnetze und/oder -dienste beteiligt sind oder diese kontrollieren, eine tatsächliche strukturelle Trennung zwischen der für die Erteilung der in Absatz 1 genannten Rechte zuständigen Stelle und den Tätigkeiten im Zusammenhang mit dem Eigentum oder der Kontrolle besteht.

(3) Die Mitgliedstaaten sorgen dafür, dass es wirksame Verfahren gibt, die es Unternehmen erlauben, gegen Entscheidungen über die Erteilung von Rechten für die Installation von Einrichtungen Beschwerde bei einer von den beteiligten Parteien unabhängigen Stelle einzulegen.

### Artikel 12  Kollokation und gemeinsame Nutzung von Einrichtungen

(1) Darf ein Unternehmen, das elektronische Kommunikationsnetze anbietet, nach innerstaatlichem Recht Einrichtungen auf, über oder unter öffentlichem oder privatem Grundbesitz installieren oder kann es ein Verfahren zur Enteignung oder Nutzung von Grundbesitz in Anspruch nehmen, so fördert die nationale Regulierungsbehörde die gemeinsame Nutzung dieser Einrichtungen oder Grundstücke.

(2) Insbesondere wenn Unternehmen aus Gründen des Umweltschutzes, der öffentlichen Gesundheit und Sicherheit oder der Städteplanung und der Raumordnung keinen Zugang zu tragfähigen Alternativen haben, können die Mitgliedstaaten nur nach einer öffentlichen Anhörung von angemessener Dauer, bei der alle interessierten Parteien Gelegenheit zur Meinungsäußerung erhalten müssen, einem Betreiber eines elektronischen Kommunikationsnetzes die gemeinsame Nutzung von Einrichtungen oder Grundbesitz (einschließlich physischer Kollokation) vorschreiben oder Maßnahmen zur Erleichterung der Koordinierung öffentlicher Bauarbeiten treffen. Solche Anordnungen können Regeln für die Umlegung der Kosten bei gemeinsamer Nutzung von Einrichtungen oder Grundbesitz enthalten.

**Artikel 13   Getrennte Rechnungslegung und Finanzberichte**

(1) Die Mitgliedstaaten verpflichten Unternehmen, die öffentliche Kommunikationsnetze oder öffentlich zugängliche elektronische Kommunikationsdienste anbieten und in demselben oder einem anderen Mitgliedstaat besondere oder ausschließliche Rechte für die Erbringung von Diensten in anderen Sektoren besitzen,

a) über die Tätigkeiten im Zusammenhang mit der Bereitstellung elektronischer Kommunikationsnetze oder -dienste in dem Umfang getrennt Buch zu führen, der erforderlich wäre, wenn sie von rechtlich unabhängigen Unternehmen ausgeübt würden, so dass alle Kosten- und Einnahmenbestandteile dieser Tätigkeiten mit den entsprechenden Berechnungsgrundlagen und detaillierten Zurechnungsmethoden, einschließlich einer detaillierten Aufschlüsselung des Anlagevermögens und der strukturbedingten Kosten, offen gelegt werden, oder

b) die Tätigkeiten im Zusammenhang mit der Bereitstellung elektronischer Kommunikationsnetze oder -dienste strukturell auszugliedern.

Die Mitgliedstaaten können beschließen, die Anforderungen von Unterabsatz 1 nicht auf Unternehmen anzuwenden, deren Jahresumsatz aus der Bereitstellung elektronischer Kommunikationsnetze oder -dienste in dem Mitgliedstaat weniger als 50 Millionen EUR beträgt.

(2) Unterliegen Unternehmen, die öffentliche Kommunikationsnetze oder öffentlich zugängliche elektronische Kommunikationsdienste anbieten, nicht den Anforderungen des Gesellschaftsrechts und erfüllen sie nicht die für kleine und mittlere Unternehmen geltenden Kriterien der gemeinschaftsrechtlichen Rechnungslegungsvorschriften, so werden ihre Finanzberichte einer unabhängigen Rechnungsprüfung unterzogen und veröffentlicht. Die Rechnungsprüfung erfolgt nach den einschlägigen Vorschriften der Gemeinschaft und der Mitgliedstaaten.

Dies gilt auch für die in Absatz 1 Buchstabe a) geforderte getrennte Rechnungslegung.

# Kapitel IV:   Allgemeine Bestimmungen

### Artikel 14   Unternehmen mit beträchtlicher Marktmacht

(1) Wenn die nationalen Regulierungsbehörden aufgrund der Einzelrichtlinien nach dem in Artikel 16 genannten Verfahren festzustellen haben, ob Betreiber über beträchtliche Marktmacht verfügen, gelten die Absätze 2 und 3 dieses Artikels.

(2) Ein Unternehmen gilt als ein Unternehmen mit beträchtlicher Marktmacht, wenn es entweder allein oder gemeinsam mit anderen eine der Beherrschung gleichkommende Stellung einnimmt, d.h. eine wirtschaftlich starke Stellung, die es ihm gestattet, sich in beträchtlichem Umfang unabhängig von Wettbewerbern, Kunden und letztlich Verbrauchern zu verhalten.

Bei der Beurteilung der Frage, ob zwei oder mehr Unternehmen auf einem Markt gemeinsam eine beherrschende Stellung einnehmen, handeln die nationalen Regulierungsbehörden insbesondere im Einklang mit dem Gemeinschaftsrecht und berücksichtigen dabei weitestgehend die von der Kommission nach Artikel 15 veröffentlichten „Leitlinien zur Marktanalyse und zur Bewertung beträchtlicher Marktmacht". Die bei dieser Beurteilung heranzuziehenden Kriterien sind in Anhang II dieser Richtlinie aufgeführt.

(3) Verfügt ein Unternehmen auf einem bestimmten Markt über beträchtliche Marktmacht, so kann es auch auf einem benachbarten Markt als Unternehmen mit beträchtlicher Marktmacht angesehen werden, wenn die Verbindungen zwischen beiden Märkten es gestatten, diese von dem einen auf den anderen Markt zu übertragen und damit die gesamte Marktmacht des Unternehmens zu verstärken.

### Artikel 15  Marktdefinitionsverfahren

(1) Nach Anhörung der Öffentlichkeit und der nationalen Regulierungsbehörden erlässt die Kommission eine Empfehlung in Bezug auf relevante Produkt- und Dienstmärkte (nachstehend „Empfehlung" genannt). In der Empfehlung werden gemäß Anhang I der vorliegenden Richtlinie diejenigen Märkte für elektronische Kommunikationsprodukte und -dienste aufgeführt, deren Merkmale die Auferlegung der in den Einzelrichtlinien dargelegten Verpflichtungen rechtfertigen können, und zwar unbeschadet der Märkte, die in bestimmten Fällen nach dem Wettbewerbsrecht definiert werden können. Die Kommission definiert die Märkte im Einklang mit den Grundsätzen des Wettbewerbsrechts.
Die Empfehlung wird regelmäßig von der Kommission überprüft.

(2) Die Kommission veröffentlicht spätestens zum Zeitpunkt des Inkrafttretens dieser Richtlinie Leitlinien zur Marktanalyse und zur Bewertung beträchtlicher Marktmacht (nachstehend „Leitlinien" genannt), die mit den Grundsätzen des Wettbewerbsrechts in Einklang stehen müssen.

(3) Die nationalen Regulierungsbehörden legen unter weitestgehender Berücksichtigung der Empfehlung und der Leitlinien die relevanten Märkte entsprechend den nationalen Gegebenheiten – insbesondere der innerhalb ihres Hoheitsgebiets relevanten geografischen Märkte – im Einklang mit den Grundsätzen des Wettbewerbsrechts fest. Bevor Märkte definiert werden, die von denen in der Empfehlung abweichen, wenden die nationalen Regulierungsbehörden die in den Artikeln 6 und 7 genannten Verfahren an.

(4) Die Kommission kann nach Anhörung der nationalen Regulierungsbehörden nach dem in Artikel 22 Absatz 3 genannten Verfahren eine Entscheidung zur Festlegung länderübergreifender Märkte erlassen.

### Artikel 16  Marktanalyseverfahren

(1) Sobald wie möglich nach der Verabschiedung der Empfehlung oder deren etwaiger Aktualisierung führen die nationalen Regulierungsbehörden unter weitestgehender Berücksichtigung der Leitlinien eine Analyse der relevanten Märkte durch.
Die Mitgliedstaaten sorgen dafür, dass die nationalen Wettbewerbsbehörden gegebenenfalls an dieser Analyse beteiligt werden.

(2) Wenn eine nationale Regulierungsbehörde gemäß den Artikeln 16, 17, 18 oder 19 der Richtlinie 2002/22/EG (Universaldienstrichtlinie) oder nach Artikel 7 oder Artikel 8 der Richtlinie 2002/19/EG (Zugangsrichtlinie) feststellen muss, ob Verpflichtungen für Unternehmen aufzuerlegen, beizubehalten, zu ändern oder aufzuheben sind, ermittelt sie anhand der Marktanalyse gemäß Absatz 1 des vorliegenden Artikels, ob auf einem relevanten Markt wirksamer Wettbewerb herrscht.

(3) Kommt eine nationale Regulierungsbehörde zu dem Schluss, dass dies der Fall ist, so erlegt sie weder eine der spezifischen Verpflichtungen nach Absatz 2 auf noch behält sie diese bei. Wenn bereits bereichsspezifische Verpflichtungen bestehen, werden sie für die Unternehmen auf diesem relevanten Markt aufgehoben. Den betroffenen Parteien ist die Aufhebung der Verpflichtungen innerhalb einer angemessenen Frist im Voraus anzukündigen.

(4) Stellt eine nationale Regulierungsbehörde fest, dass auf einem relevanten Markt kein wirksamer Wettbewerb herrscht, so ermittelt sie Unternehmen mit beträchtlicher Marktmacht auf diesem Markt gemäß Artikel 14 und erlegt diesen Unternehmen geeignete spezifische Verpflichtungen nach Absatz 2 des vorliegenden Artikels auf bzw. ändert diese oder behält diese bei, wenn sie bereits bestehen.

(5) Im Falle länderübergreifender Märkte, die in der Entscheidung nach Artikel 14 Absatz 4 festgelegt wurden, führen die betreffenden nationalen Regulierungsbehörden gemeinsam die Marktanalyse unter weitestgehender Berücksichtigung der Leitlinien durch und stellen einvernehmlich fest, ob in Absatz 2 des vorliegenden Artikels vorgesehene spezifische Verpflichtungen aufzuerlegen, beizubehalten, zu ändern oder aufzuheben sind.

(6) Maßnahmen, die gemäß den Absätzen 3, 4 und 5 getroffen werden, unterliegen den in den Artikeln 6 und 7 genannten Verfahren.

**Artikel 17  Normung**

(1) Die Kommission erstellt nach dem in Artikel 22 Absatz 2 genannten Verfahren ein Verzeichnis von Normen und/oder Spezifikationen, die als Grundlage für die Förderung der einheitlichen Bereitstellung elektronischer Kommunikationsnetze und -dienste sowie zugehöriger Einrichtungen und Dienste dienen, und veröffentlicht es im Amtsblatt der Europäischen Gemeinschaften. Bei Bedarf kann die Kommission gemäß dem in Artikel 22 Absatz 2 genannten Verfahren und nach Anhörung des durch die Richtlinie 98/34/EG eingesetzten Ausschusses die Erstellung von Normen durch die europäischen Normungsorganisationen (Europäisches Komitee für Normung (CEN), Europäisches Komitee für elektronische Normung (Cenelec) und Europäisches Institut für Telekommunikationsnormen (ETSI) veranlassen.

(2) Die Mitgliedstaaten fördern die Anwendung der Normen und/oder Spezifikationen gemäß Absatz 1 für die Bereitstellung von Diensten, technischen Schnittstellen und/oder Netzfunktionen, soweit dies unbedingt notwendig ist, um die Interoperabilität von Diensten zu gewährleisten und den Nutzern eine größere Auswahl zu bieten.

Solange derartige Normen und/oder Spezifikationen nicht gemäß Absatz 1 veröffentlicht sind, fördern die Mitgliedstaaten die Anwendung der von den europäischen Normungsorganisationen erstellten Normen.

Falls keine derartigen Normen bzw. Spezifikationen vorliegen, fördern die Mitgliedstaaten die Anwendung internationaler Normen oder Empfehlungen der Internationalen Fernmeldeunion (ITU), der Internationalen Organisation für Normung (ISO) oder der Internationalen Elektrotechnischen Kommission (IEC).

Bestehen bereits internationale Normen, so rufen die Mitgliedstaaten die europäischen Normungsorganisationen dazu auf, diese Normen bzw. deren einschlägige Bestandteile als Basis für die von ihnen entwickelten Normen zu verwenden, es sei denn, die internationalen Normen bzw. deren einschlägige Bestandteile sind ineffizient.

(3) Wurden die in Absatz 1 genannten Normen und/oder Spezifikationen nicht sachgerecht angewandt, so dass die Interoperabilität der Dienste in einem oder mehreren Mitgliedstaaten nicht gewährleistet ist, so kann die Anwendung dieser Normen und/oder Spezifikationen nach dem Verfahren in Absatz 4 verbindlich vorgeschrieben werden, soweit dies unbedingt notwendig ist, um die Interoperabilität zu gewährleisten und den Nutzern eine größere Auswahl zu bieten.

(4) Beabsichtigt die Kommission, die Anwendung bestimmter Normen und/oder Spezifikationen verbindlich vorzuschreiben, so veröffentlicht sie eine Bekanntmachung im Amtsblatt der Europäischen Gemeinschaften und fordert alle Beteiligten zur Stellungnahme auf. Sie schreibt die Anwendung der einschlägigen Normen gemäß dem in Artikel 22 Absatz 3 genannten Verfahren verbindlich vor, indem sie diese in dem im Amtsblatt der Europäischen Gemeinschaften veröffentlichten Verzeichnis der Normen und/oder Spezifikationen als verbindlich kennzeichnet.

(5) Ist die Kommission der Auffassung, dass die Normen und/oder Spezifikationen gemäß Absatz 1 nicht mehr zur Bereitstellung harmonisierter elektronischer Kommunikationsdienste beitragen oder dem Bedarf der Verbraucher nicht mehr entsprechen oder die technologische Weiterentwicklung behindern, so streicht sie diese gemäß dem in Artikel 22 Absatz 2 genannten Verfahren aus dem Verzeichnis der Normen und/oder Spezifikationen gemäß Absatz 1.

(6) Ist die Kommission der Ansicht, dass die Normen und/oder Spezifikationen gemäß Absatz 4 nicht mehr zur Bereitstellung harmonisierter elektronischer Kommunikationsdienste beitragen oder dem Bedarf der Verbraucher nicht mehr entsprechen oder die technologische Weiterentwicklung behindern, so streicht sie diese gemäß dem in Artikel 22 Absatz 3 genannten Verfahren aus dem Verzeichnis der Normen und/oder Spezifikationen gemäß Absatz 1.

(7) Dieser Artikel findet auf keine der wesentlichen Anforderungen, Schnittstellenspezifikationen oder harmonisierten Normen Anwendung, für die die Bestimmungen der Richtlinie 1999/5/EG gelten.

### Artikel 18  Interoperabilität digitaler interaktiver Fernsehdienste

(1) Um den freien Informationsfluss, die Medienpluralität und die kulturelle Vielfalt zu fördern, setzen sich die Mitgliedstaaten gemäß den Bestimmungen von Artikel 17 Absatz 2 dafür ein,

a) dass die Anbieter digitaler interaktiver Fernsehdienste, die für die Übertragung an die Öffentlichkeit in der Gemeinschaft vorgesehen sind, unabhängig vom Übertragungsmodus eine offene API verwenden;

b) dass die Anbieter aller erweiterter digitaler Fernsehgeräte, die für den Empfang digitaler interaktiver Fernsehdienste auf interaktiven digitalen Fernsehplattformen bestimmt sind, die Mindestanforderungen der einschlägigen Normen und Spezifikationen einer offenen API erfüllen.

(2) Vorbehaltlich von Artikel 5 Absatz 1 Buchstabe b) der Richtlinie 2002/19/EG (Zugangsrichtlinie) setzen sich die Mitgliedstaaten dafür ein, dass die API-Eigentümer alle Informationen, die es den Anbietern von digitalen interaktiven Fernsehdiensten ermöglichen, ihre API-unterstützten Dienste voll funktionsfähig anzubieten, auf faire, angemessene und nichtdiskriminierende Weise und gegen angemessene Vergütung zur Verfügung stellen.

(3) Innerhalb eines Jahres nach Beginn der Anwendung dieser Richtlinie gemäß Artikel 28 Absatz 1 Unterabsatz 2 untersucht die Kommission die Auswirkungen dieses Artikels. Falls Interoperabilität und die Wahlfreiheit der Nutzer nicht angemessen in einem oder mehreren Mitgliedstaaten erzielt wurden, kann die Kommission Maßnahmen gemäß dem in Artikel 17 Absätze 3 und 4 genannten Verfahren ergreifen.

### Artikel 19  Harmonisierungsmaßnahmen

(1) Gibt die Kommission gemäß dem in Artikel 22 Absatz 2 genannten Verfahren Empfehlungen an die Mitgliedstaaten über die harmonisierte Durchführung dieser Richtlinie und der Einzelrichtlinien im Hinblick auf die Verwirklichung der in Artikel 8 genannten Ziele ab, so sorgen die Mitgliedstaaten dafür, dass die nationalen Regulierungsbehörden diesen Empfehlungen bei der Wahrnehmung ihrer Aufgaben weitestgehend Rechnung tragen. Beschließt eine nationale Regulierungsbehörde, sich nicht an eine Empfehlung zu halten, so teilt sie dies unter Angabe ihrer Gründe der Kommission mit.

(2) Stellt die Kommission fest, dass auf nationaler Ebene abweichende Rechtsvorschriften zur Umsetzung von Artikel 10 Absatz 4 ein Hindernis für den Binnenmarkt darstellen, so kann sie gemäß dem in Artikel 22 Absatz 3 genannten Verfahren die geeigneten technischen Durchführungsmaßnahmen treffen.

### Artikel 20  Beilegung von Streitigkeiten zwischen Unternehmen

(1) Ergeben sich im Zusammenhang mit Verpflichtungen aus dieser Richtlinie oder den Einzelrichtlinien Streitigkeiten zwischen Unternehmen, die elektronische Kommunikationsnetze oder -dienste in einem Mitgliedstaat anbieten, so trifft die betreffende nationale Regulierungsbehörde auf Antrag einer Partei und unbeschadet des Absatzes 2 eine verbindliche Entscheidung, damit die Streitigkeit schnellstmöglich, auf jeden Fall aber – außer in Ausnahmesituationen – innerhalb von vier Monaten beigelegt werden kann. Die Mitgliedstaaten verlangen, dass alle Parteien in vollem Umfang mit der nationalen Regulierungsbehörde zusammenarbeiten.

(2) Die Mitgliedstaaten können den nationalen Regulierungsbehörden vorschreiben, die Beilegung von Streitigkeiten durch verbindliche Entscheidungen zu verweigern, wenn es andere Verfahren einschließlich einer Schlichtung gibt, die besser für eine frühzeitige Beilegung der Streitigkeiten im Einklang mit Artikel 8 geeignet wären. Die nationale Regulierungsbehörde unterrichtet die Parteien unverzüglich hiervon. Sind die Streitigkeiten nach vier Monaten noch nicht beigelegt und von der beschwerdeführenden Partei auch nicht vor Gericht gebracht worden, so trifft die betreffende nationale Regulierungsbehörde auf Antrag einer Partei eine verbindliche Entscheidung, damit die Streitigkeit schnellstmöglich, auf jeden Fall aber innerhalb von vier Monaten beigelegt werden kann.

(3) Bei der Beilegung einer Streitigkeit trifft die nationale Regulierungsbehörde Entscheidungen, die auf die Verwirklichung der in Artikel 8 genannten Ziele ausgerichtet sind. Die Verpflichtungen, die die nationale Regulierungsbehörde einem Unternehmen im Rahmen der Streitbeilegung auferlegen kann, stehen im Einklang mit dieser Richtlinie oder den Einzelrichtlinien.

(4) Die Entscheidung der nationalen Regulierungsbehörde wird unter Wahrung des Geschäftsgeheimnisses der Öffentlichkeit zugänglich gemacht. Die betroffenen Parteien erhalten eine vollständige Begründung dieser Entscheidung.

(5) Das Verfahren nach den Absätzen 1, 3 und 4 schließt eine Klage einer Partei bei einem Gericht nicht aus.

## Artikel 21   Beilegung grenzüberschreitender Streitigkeiten

(1) Bei einer grenzüberschreitenden Streitigkeit in einem unter diese Richtlinie oder die Einzelrichtlinien fallenden Bereich zwischen Parteien in verschiedenen Mitgliedstaaten, die in die Zuständigkeit der nationalen Regulierungsbehörde von mindestens zwei Mitgliedstaaten fällt, findet das Verfahren nach den Absätzen 2, 3 und 4 Anwendung.

(2) Jede Partei kann die Streitigkeit den betreffenden nationalen Regulierungsbehörden vorlegen. Die nationalen Regulierungsbehörden koordinieren ihre Maßnahmen, um die Streitigkeit im Einklang mit den in Artikel 8 genannten Zielen beizulegen. Die Verpflichtungen, die die nationale Regulierungsbehörde einem Unternehmen im Rahmen der Streitbeilegung auferlegt, stehen im Einklang mit dieser Richtlinie oder den Einzelrichtlinien.

(3) Die Mitgliedstaaten können den nationalen Regulierungsbehörden vorschreiben, eine Beilegung von Streitigkeiten gemeinsam abzulehnen, wenn es andere Mechanismen einschließlich einer Schlichtung gibt, die sich besser für eine frühzeitige Beilegung der Streitigkeiten im Einklang mit Artikel 8 eignen. Sie unterrichten die Parteien unverzüglich hiervon. Sind die Streitigkeiten nach vier Monaten noch nicht beigelegt und auch nicht von der Abhilfe bemühten Partei vor Gericht gebracht worden, so koordinieren die betreffenden nationalen Regulierungsbehörden auf Antrag aller Parteien ihre Maßnahmen, um die Streitigkeit im Einklang mit Artikel 8 beizulegen.

(4) Das Verfahren nach Absatz 2 hindert keine der Parteien daran, die Gerichte anzurufen.

## Artikel 22   Ausschuss

(1) Die Kommission wird von einem Ausschuss mit der Bezeichnung „Kommunikationsausschuss" unterstützt.

(2) Wird auf diesen Absatz Bezug genommen, so gelten die Artikel 3 und 7 des Beschlusses 1999/468/EG unter Beachtung von dessen Artikel 8.

(3) Wird auf diesen Absatz Bezug genommen, so gelten die Artikel 5 und 7 des Beschlusses 1999/468/EG unter Beachtung von dessen Artikel 8.

Der Zeitraum nach Artikel 5 Absatz 6 des Beschlusses 1999/468/EG wird auf drei Monate festgesetzt.

(4) Der Ausschuss gibt sich eine Geschäftsordnung.

### Artikel 23 Informationsaustausch

(1) Die Kommission übermittelt dem Kommunikationsausschuss alle relevanten Informationen über das Ergebnis der regelmäßigen Konsultationen mit den Vertretern der Netzbetreiber, Diensteanbieter, Nutzer, Verbraucher, Hersteller und Gewerkschaften sowie den Drittländern und internationalen Organisationen.

(2) Der Kommunikationsausschuss fördert unter Berücksichtigung der Politik der Gemeinschaft im Bereich der elektronischen Kommunikation den Informationsaustausch zwischen den Mitgliedstaaten sowie zwischen diesen und der Kommission über den Stand und die Entwicklung der Regulierungstätigkeiten im Bereich der elektronischen Kommunikationsnetze und -dienste.

### Artikel 24 Informationsveröffentlichung

(1) Die Mitgliedstaaten sorgen dafür, dass aktuelle Informationen über die Anwendung dieser Richtlinie und der Einzelrichtlinien so veröffentlicht werden, dass sie allen interessieren Parteien leicht zugänglich sind. Sie veröffentlichen in ihrem nationalen amtlichen Publikationsorgan eine Bekanntmachung, aus der hervorgeht, wie und wann die Informationen veröffentlicht werden. Die erste entsprechende Bekanntmachung wird vor dem Beginn der Anwendung gemäß Artikel 28 Absatz 1 Unterabsatz 2 veröffentlicht; anschließend wird jeweils eine neue Bekanntmachung veröffentlicht, wenn sich die darin enthaltenen Informationen geändert haben.

(2) Die Mitgliedstaaten übermitteln der Kommission eine Kopie jeder dieser Bekanntmachungen zum Zeitpunkt ihrer Veröffentlichung. Die Kommission leitet die Informationen gegebenenfalls an den Kommunikationsausschuss weiter.

### Artikel 25 Überprüfung

Die Kommission überprüft regelmäßig die Anwendung dieser Richtlinie und erstattet dem Europäischen Parlament und dem Rat darüber Bericht, und zwar erstmals spätestens drei Jahre nach dem Zeitpunkt des Beginns der Anwendung dieser Richtlinie gemäß Artikel 28 Absatz 1 Unterabsatz 2. Hierzu kann sie Informationen von den Mitgliedstaaten einholen, die ohne unangemessene Verzögerung zu liefern sind.

## Kapitel V: Schlussbestimmungen

### Artikel 26 Aufhebung von Rechtsakten

Folgende Richtlinien und Entscheidungen werden mit Wirkung vom Beginn der Anwendung der vorliegenden Richtlinie gemäß Artikel 28 Absatz 1 Unterabsatz 2 aufgehoben:

- Richtlinie 90/387/EWG,
- Entscheidung 91/396/EWG des Rates vom 29. Juli 1991 zur Einführung einer einheitlichen europäischen Notrufnummer[1],
- Richtlinie 92/44/EWG des Rates vom 5. Juni 1992 zur Einführung des offenen Netzzugangs bei Mietleitungen[2],
- Entscheidung 92/264/EWG des Rates vom 11. Mai 1992 zur Einführung einer gemeinsamen Vorwahlnummer für den internationalen Fernsprechverkehr in der Gemeinschaft[3],
- Richtlinie 95/47/EG,
- Richtlinie 97/13/EG,
- Richtlinie 97/33/EG,

---

1) **Amtl. Anm.:** ABl L 217 vom 6. 8. 1991, S. 31.
2) **Amtl. Anm.:** ABl L 165 vom 19. 6. 1992, S. 27. Richtlinie zuletzt geändert durch die Entscheidung 98/80/EG der Kommission (ABl L 14 vom 20. 1. 1998, S. 27).
3) **Amtl. Anm.:** ABl L 137 vom 20. 5. 1992, S. 21.

- Richtlinie 98/10/EG des Europäischen Parlaments und des Rates vom 26. Februar 1998 über die Anwendung des offenen Netzzugangs (ONP) beim Sprachtelefondienst und den Universaldienst im Telekommunikationsbereich in einem wettbewerbsorientierten Umfeld[1].

**Artikel 27  Übergangsmaßnahmen**

Die Mitgliedstaaten erhalten alle im einzelstaatlichen Recht vorgesehenen Verpflichtungen nach Artikel 7 der Richtlinie 2002/19/EG (Zugangsrichtlinie) und nach Artikel 16 der Richtlinie 2002/22/EG (Universaldienstrichtlinie) aufrecht, bis eine nationale Regulierungsbehörde gemäß Artikel 16 der vorliegenden Richtlinie über diese Verpflichtungen beschließt.

Betreiber öffentlicher Festtelefonnetze, die von ihrer nationalen Regulierungsbehörde als Betreiber mit beträchtlicher Marktmacht bei der Bereitstellung öffentlicher Festtelefonnetze und -dienste im Rahmen des Anhangs I Teil 1 der Richtlinie 97/33/EG oder der Richtlinie 98/10/EG ausgewiesen wurden, werden für die Zwecke der Verordnung (EG) Nr. 2887/2000 weiterhin als „gemeldete Betreiber" betrachtet, bis das Marktanalyseverfahren nach Artikel 16 abgeschlossen wurde. Anschließend werden diese Betreiber für die Zwecke der Verordnung nicht mehr als „gemeldete Betreiber" angesehen.

**Artikel 28  Umsetzung**

(1) Die Mitgliedstaaten erlassen und veröffentlichen bis zum 24. Juli 2003 die Rechts- und Verwaltungsvorschriften, die erforderlich sind, um dieser Richtlinie nachzukommen. Sie setzen die Kommission unverzüglich hiervon in Kenntnis.

Sie wenden diese Vorschriften ab dem 25. Juli 2003 an.

(2) Wenn die Mitgliedstaaten diese Vorschriften erlassen, nehmen sie in den Vorschriften selbst oder durch einen Hinweis bei der amtlichen Veröffentlichung auf diese Richtlinie Bezug. Die Mitgliedstaaten regeln die Einzelheiten der Bezugnahme.

(3) Die Mitgliedstaaten teilen der Kommission den Wortlaut der innerstaatlichen Rechtsvorschriften sowie aller nachträglichen Änderungen mit, die sie auf dem unter diese Richtlinie fallenden Gebiet erlassen.

**Artikel 29  Inkrafttreten**

Diese Richtlinie tritt am Tag ihrer Veröffentlichung im Amtsblatt der Europäischen Gemeinschaften in Kraft.

**Artikel 30  Adressaten**

Diese Richtlinie ist an die Mitgliedstaaten gerichtet.

---

[1] **Amtl. Anm.:** ABl L 101 vom 1.4.1998, S. 24.

## b) Richtlinie 2002/20/EG des Europäischen Parlaments und des Rates vom 7. März 2002 über die Genehmigung elektronischer Kommunikationsnetze und -dienste (Genehmigungsrichtlinie) (RL 2002/20/EG)

v. 24. 4. 2002 (ABl Nr. L 108 S. 21)

DAS EUROPÄISCHE PARLAMENT UND DER RAT DER EUROPÄISCHEN UNION –

gestützt auf den Vertrag zur Gründung der Europäischen Gemeinschaft, insbesondere auf Artikel 95,

auf Vorschlag der Kommission[1],

nach Stellungnahme des Wirtschafts- und Sozialausschusses[2],

gemäß dem Verfahren des Artikels 251 des Vertrags[3],

in Erwägung nachstehender Gründe:

(1) Die öffentliche Anhörung zu dem Bericht von 1999 über den Rechtsrahmen für Kommunikationsdienste, deren Ergebnisse sich in der Mitteilung der Kommission vom 26. April 2000 widerspiegeln, sowie die Feststellungen der Kommission in ihren Mitteilungen über den Fünften und Sechsten Bericht über die Umsetzung des Reformpakets für den Telekommunikationssektor haben bestätigt, dass eine stärker harmonisierte und weniger schwerfällige Regelung des Marktzugangs für elektronische Kommunikationsnetze und -dienste in der ganzen Gemeinschaft notwendig ist.

(2) Die Konvergenz der unterschiedlichen elektronischen Kommunikationsnetze und -dienste und ihrer Technologien verlangt eine Genehmigungsregelung, die für alle vergleichbaren Dienste in gleicher Weise und unabhängig von der eingesetzten Technologie gilt.

(3) Ziel dieser Richtlinie ist es, einen rechtlichen Rahmen für die freie Bereitstellung elektronischer Kommunikationsnetze und -dienste zu schaffen, wobei diese lediglich den Bestimmungen dieser Richtlinie und etwaigen Einschränkungen gemäß Artikel 46 Absatz 1 des Vertrags, insbesondere Maßnahmen betreffend die öffentliche Ordnung, die öffentliche Sicherheit und die öffentliche Gesundheit unterliegt.

(4) Diese Richtlinie regelt die Genehmigung aller elektronischen Kommunikationsnetze und -dienste unabhängig davon, ob sie für die Allgemeinheit bereitgestellt werden oder nicht. Dies ist wichtig, damit dafür gesorgt ist, dass für beide Gruppen von Anbietern objektive, transparente, nichtdiskriminierende und verhältnismäßige Rechte, Bedingungen und Verfahren gelten.

(5) Diese Richtlinie gilt nur dann für die Einräumung von Rechten für die Nutzung von Funkfrequenzen, wenn die Nutzung mit der Bereitstellung eines elektronischen Kommunikationsnetzes oder -dienstes, normalerweise gegen Entgelt, verbunden ist. Die Eigennutzung von Funkendgeräten auf der Grundlage des nicht ausschließlichen Nutzung bestimmter Funkfrequenzen durch einen Nutzer, die nicht im Zusammenhang mit einer wirtschaftlichen Tätigkeit steht, wie zum Beispiel die Nutzung eines CB-Bands durch Funkamateure, stellt keine Bereitstellung eines elektronischen Kommunikationsnetzes oder -dienstes dar und unterliegt daher nicht dieser Richtlinie. Diese Nutzung wird von der Richtlinie 1999/5/EG des Europäischen Parlaments und des Rates vom 9. März 1999 über Funkanlagen und Telekommunikationsendeinrichtungen und die gegenseitige Anerkennung ihrer Konformität[4] erfasst.

---

1) **Amtl. Anm.:** ABl C 365 E vom 19. 12. 2000, S. 230 und ABl C 270 E vom 25. 9. 2001, S. 182.
2) **Amtl. Anm.:** ABl C 123 vom 25. 4. 2001, S. 55.
3) **Amtl. Anm.:** Stellungnahme des Europäischen Parlaments vom 1. März 2001 (ABl C 277 vom 1. 10. 2001, S. 116), Gemeinsamer Standpunkt des Rates vom 17. September 2001 (ABl C 337 vom 30. 11. 2001, S. 18) und Beschluss des Europäischen Parlaments vom 12. Dezember 2001 (noch nicht im Amtsblatt veröffentlicht). Beschluss des Rates vom 14. Februar 2002.
4) **Amtl. Anm.:** ABl L 91 vom 7. 4. 1999, S. 10.

(6) Die Bestimmungen über den freien Verkehr mit Zugangskontrollsystemen und die freie Bereitstellung von auf derartigen Systemen beruhenden geschützten Diensten sind in der Richtlinie 98/84/EG des Europäischen Parlaments und des Rates vom 20. November 1998 über den rechtlichen Schutz von zugangskontrollierten Diensten und von Zugangskontrolldiensten[1] niedergelegt. Die Genehmigung dieser Systeme und Dienste braucht daher nicht im Rahmen der vorliegenden Richtlinie geregelt zu werden.

(7) Für die Genehmigung elektronischer Kommunikationsnetze und -dienste sollte das am wenigsten schwerfällige Genehmigungssystem gewählt werden, um die Entwicklung neuer elektronischer Kommunikationsdienste und gesamteuropäischer Kommunikationsnetze und -dienste zu fördern und um Anbietern und Nutzern dieser Dienste die Möglichkeit zu geben, von den Größenvorteilen des Binnenmarktes zu profitieren.

(8) Diese Ziele lassen sich am besten durch eine Allgemeingenehmigung für alle elektronischen Kommunikationsnetze und -dienste erreichen, bei der keine ausdrückliche Entscheidung und kein Verwaltungsakt seitens der nationalen Regulierungsbehörde notwendig sind und sich die verfahrensrechtlichen Erfordernisse auf die Notifizierung beschränken. Wenn die Mitgliedstaaten vorschreiben, dass die Anbieter elektronischer Kommunikationsnetze oder -dienste die Aufnahme ihrer Tätigkeit melden müssen, so können sie auch verlangen, dass die Meldung durch eine rechtlich anerkannte postalische oder elektronische Bestätigung des Eingangs der Meldung belegt wird. Diese Bestätigung sollte keinesfalls in einem Verwaltungsakt der nationalen Regulierungsbehörde, bei der die Meldung zu erfolgen hat, bestehen oder einen derartigen Verwaltungsakt erfordern.

(9) Die mit einer Allgemeingenehmigung verbundenen Rechte und Pflichten eines Unternehmens müssen ausdrücklich in diese Genehmigung eingeschlossen werden, damit in der ganzen Gemeinschaft gleiche Wettbewerbsbedingungen gelten und grenzüberschreitende Verhandlungen über die Zusammenschaltung öffentlicher Kommunikationsnetze erleichtert werden.

(10) Die Allgemeingenehmigung berechtigt Unternehmen, die für die Allgemeinheit elektronische Kommunikationsnetze und -dienste bereitstellen, die Zusammenschaltung nach den Bestimmungen der Richtlinie 2002/19/EG des Europäischen Parlaments und des Rates vom 7. März 2002 über den Zugang zu elektronischen Kommunikationsnetzen und zugehörigen Einrichtungen sowie deren Zusammenschaltung (Zugangsrichtlinie) auszuhandeln. Unternehmen, die für andere Abnehmer als die Allgemeinheit elektronische Kommunikationsnetze und -dienste bereitstellen, können die Zusammenschaltung zu kommerziellen Bedingungen aushandeln.

(11) Die Einräumung besonderer Rechte kann auch weiterhin für die Nutzung von Funkfrequenzen und Nummern einschließlich Kurzvorwahl des nationalen Nummernplans notwendig sein. Nutzungsrechte für Nummern können auch aufgrund eines europäischen Nummernplans zugewiesen werden, z. B. der virtuelle Ländercode „3883", der den Mitgliedsländern der Europäischen Konferenz der Verwaltungen für Post und Fernmeldewesen (CEPT) zugewiesen wurde. Diese Nutzungsrechte sollten nur eingeschränkt werden, wenn dies angesichts des begrenzten Frequenzspektrums unumgänglich und zur Sicherung einer effizienten Nutzung desselben notwendig ist.

(12) Mit dieser Richtlinie wird keine Vorentscheidung darüber getroffen, ob Funkfrequenzen unmittelbar den Anbietern elektronischer Kommunikationsnetze oder -dienste oder den Rechtsträgern zugewiesen werden, die diese Netze oder Dienste nutzen. Bei diesen Rechtsträgern kann es sich um Anbieter von Rundfunk- oder Fernsehinhalten handeln. Unbeschadet der von den Mitgliedstaaten festgelegten speziellen Kriterien und Verfahren zur Vergabe von Nutzungsrechten für Funkfrequenzen an Anbieter von Rundfunk- oder Fernsehinhaltsdiensten zur Verfolgung von im allgemeinen Interesse liegenden Zielen im Einklang mit dem Gemeinschaftsrecht sollte das Verfahren zur Zuteilung von Funkfrequenzen unter allen Umständen objektiv, transparent, nichtdiskriminierend und verhältnismäßig sein. Nach der Rechtsprechung des Gerichtshofs müssen nationale

---

1) **Amtl. Anm.:** ABl L 320 vom 28. 11. 1998, S. 54.

Beschränkungen der durch Artikel 49 des Vertrags gewährleisteten Rechte objektiv gerechtfertigt und verhältnismäßig sein und dürfen nicht über das hinausgehen, was zur Erreichung der von den Mitgliedstaaten im Einklang mit dem Gemeinschaftsrecht festgelegten Ziele des Allgemeininteresses erforderlich ist. Die Verantwortung für die Einhaltung der mit dem Recht zur Nutzung einer Funkfrequenz verbundenen Verpflichtungen und der mit der Allgemeingenehmigung verbundenen Bedingungen sollte unter allen Umständen bei dem Unternehmen liegen, dem das Recht zur Nutzung der Funkfrequenz gewährt wurde.

(13) Als Teil des Verfahrens für die Vergabe von Nutzungsrechten für eine Funkfrequenz können die Mitgliedstaaten überprüfen, ob der Antragsteller in der Lage sein wird, die mit diesen Rechten verknüpften Bedingungen zu erfüllen. Zu diesem Zweck kann der Antragsteller aufgefordert werden, die Informationen vorzulegen, die zum Nachweis seiner Fähigkeit, diese Bedingungen zu erfüllen, erforderlich sind. Werden diese Informationen nicht vorgelegt, kann der Antrag auf das Nutzungsrecht für eine Funkfrequenz abgelehnt werden.

(14) Die Mitgliedstaaten sind weder dazu verpflichtet noch daran gehindert, Rechte zur Nutzung von Nummern ihres jeweiligen nationalen Nummerierungsplans oder Rechte zur Installation von Anlagen anderen Unternehmen als den Anbietern elektronischer Kommunikationsnetze oder -dienste zu gewähren.

(15) Die Bedingungen, die an eine Allgemeingenehmigung und an besondere Nutzungsrechte geknüpft werden können, sollten auf das absolut Notwendige beschränkt werden, damit die Anforderungen und Verpflichtungen des Gemeinschaftsrechts und der einzelstaatlichen Rechtsvorschriften, die mit dem Gemeinschaftsrecht im Einklang stehen, erfüllt werden.

(16) Bei elektronischen Kommunikationsnetzen und -diensten, die nicht für die Allgemeinheit bereitgestellt werden, sollten weniger zahlreiche und weniger strenge Bedingungen vorgeschrieben werden als für die elektronischen Kommunikationsnetze und -dienste, die für die Allgemeinheit bereitgestellt werden.

(17) Besondere Pflichten, die Anbietern elektronischer Kommunikationsnetze und -dienste mit beträchtlicher Marktmacht im Sinne der Richtlinie 2002/21/EG des Europäischen Parlaments und des Rates vom 7. März 2002 über einen gemeinsamen Rechtsrahmen für elektronische Kommunikationsnetze und -dienste (Rahmenrichtlinie) nach dem Gemeinschaftsrecht auferlegt werden können, sollten von den mit einer Allgemeingenehmigung verbundenen allgemeinen Rechten und Pflichten getrennt werden.

(18) Die Allgemeingenehmigung sollte nur Bedingungen enthalten, die speziell für den Bereich der elektronischen Kommunikation gelten. Sie sollte nicht an Bedingungen geknüpft werden, die bereits aufgrund anderer, nicht branchenspezifischer nationaler Rechtsvorschriften einzuhalten sind. Die nationalen Regulierungsbehörden können Netzbetreiber und Diensteanbieter jedoch über andere Rechtsvorschriften unterrichten, die ihre Geschäftstätigkeit betreffen, z. B. durch Verweise auf ihren Internet-Seiten.

(19) Der Verpflichtung zur Veröffentlichung der Entscheidungen über die Gewährung von Nutzungsrechten für Frequenzen oder Nummern kann dadurch entsprochen werden, dass diese Entscheidungen über eine Website öffentlich zugänglich gemacht werden.

(20) Das gleiche Unternehmen, beispielsweise ein Kabelnetzbetreiber, kann sowohl einen elektronischen Kommunikationsdienst wie etwa die Übermittlung von Fernsehsignalen als auch Dienste bereitstellen, die nicht unter diese Richtlinie fallen, wie etwa die Vermarktung eines Angebots von Rundfunk- oder Fernsehinhaltsübertragungsdiensten; daher können diesem Unternehmen hinsichtlich seiner Tätigkeit als Anbieter oder Vermittler von Inhalten nach anderen Bestimmungen als nach dieser Richtlinie zusätzliche Verpflichtungen auferlegt werden, ohne dass die im Anhang enthaltene Liste der Bedingungen dadurch berührt würde.

(21) Bei der Gewährung von Nutzungsrechten für Funkfrequenzen oder Nummern oder von Rechten zur Installation von Einrichtungen können die zuständigen Behörden die

Unternehmen, denen sie diese Rechte gewähren, über die einschlägigen Bedingungen in der Allgemeingenehmigung unterrichten.

(22) Ist in einem bestimmten Bereich die Nachfrage nach Funkfrequenzen größer als das verfügbare Angebot, sollte bei der Zuteilung dieser Frequenzen ein ordnungsgemäßes und transparentes Verfahren eingehalten werden, damit unzulässige Diskriminierungen vermieden und diese knappen Güter optimal genutzt werden.

(23) Die nationalen Regulierungsbehörden sollten bei der Festlegung von Kriterien für auf Wettbewerb beruhende oder vergleichende Auswahlverfahren sicherstellen, dass die in Artikel 8 der Richtlinie 2002/21/EG (Rahmenrichtlinie) genannten Ziele erreicht werden. Es stünde daher nicht im Widerspruch zu dieser Richtlinie, wenn die Anwendung objektiver, nicht diskriminierender und verhältnismäßiger Auswahlkriterien zur Förderung des Wettbewerbs dazu führen würde, dass bestimmte Unternehmen von einem wettbewerbsorientierten oder vergleichenden Auswahlverfahren für eine bestimmte Funkfrequenz ausgeschlossen werden.

(24) Wurde auf europäischer Ebene eine harmonisierte Zuteilung von Funkfrequenzen an einzelne Unternehmen vereinbart, sollten die Mitgliedstaaten diese Vereinbarungen bei der Zuteilung von Nutzungsrechten für Funkfrequenzen des nationalen Frequenznutzungsplans genauestens in die Praxis umsetzen.

(25) Die Anbieter elektronischer Kommunikationsnetze und -dienste benötigen möglicherweise eine Bestätigung ihrer mit der Allgemeingenehmigung verbundenen Rechte in Bezug auf die Zusammenschaltung sowie ihrer Wegerechte, um vor allem die Verhandlungen mit anderen regionalen oder lokalen staatlichen Stellen oder mit Diensteanbietern in anderen Mitgliedstaaten leichter führen zu können. Zu diesem Zweck sollten die nationalen Regulierungsbehörden entweder auf Antrag oder ansonsten als automatische Reaktion auf eine Notifizierung im Rahmen der Allgemeingenehmigung hin den Unternehmen eine Erklärung ausstellen. Diese Erklärungen sollten für sich allein noch keinen Anspruch auf Rechte begründen und die Rechte aufgrund der Allgemeingenehmigung, die Nutzungsrechte oder die Inanspruchnahme derartiger Rechte sollten auch nicht von einer Erklärung abhängen.

(26) Wenn Unternehmen der Ansicht sind, dass ihre Anträge auf Erteilung von Rechten für die Installation von Einrichtungen nicht im Einklang mit den in der Richtlinie 2002/21/EG (Rahmenrichtlinie) festgelegten Grundsätzen behandelt worden sind, oder wenn solche Entscheidungen unangemessen verzögert werden, sollten sie das Recht haben, im Einklang mit der genannten Richtlinie gegen solche Entscheidungen oder gegen die Verzögerung solcher Entscheidungen zu klagen.

(27) Die Sanktionen für die Nichterfüllung der an die Allgemeingenehmigung geknüpften Bedingungen sollten dem Versäumnis angemessen sein. Sofern es sich nicht um einen außergewöhnlichen Fall handelt, wäre es unangemessen, einem Unternehmen, das eine oder mehrere der an die Allgemeingenehmigung geknüpften Bedingungen nicht erfüllt, das Recht, elektronische Kommunikationsdienste anzubieten, oder das Nutzungsrecht für Funkfrequenzen oder Nummern zu entziehen oder das betreffende Recht auszusetzen. Dies berührt nicht die Sofortmaßnahmen, die die zuständigen Behörden der Mitgliedstaaten bei einer ernsten Gefährdung der öffentlichen Ordnung, Sicherheit oder Gesundheit oder der wirtschaftlichen und betrieblichen Interessen anderer Unternehmen treffen können. Diese Richtlinie sollte auch nicht die Schadenersatzansprüche berühren, die Unternehmen aufgrund innerstaatlichen Rechts gegeneinander erheben.

(28) Diensteanbieter zu verpflichten, Berichte und Informationen zu liefern, kann sowohl für das Unternehmen als auch für die zuständige nationale Regulierungsbehörde eine Belastung bedeuten. Solche Verpflichtungen sollten daher angemessen und objektiv gerechtfertigt sein und auf das absolut Notwendige beschränkt werden. Es ist nicht nötig, systematisch und regelmäßig den Nachweis der Erfüllung aller an eine Allgemeingenehmigung oder an Nutzungsrechte geknüpften Bedingungen zu verlangen. Die Unternehmen haben das Recht zu erfahren, zu welchem Zweck die von ihnen verlangten Angaben benutzt werden sollen. Die Lieferung von Informationen sollte keine Bedingung für die Gewährung des Marktzugangs sein. Für statistische Zwecke kann von den An-

bietern elektronischer Kommunikationsnetze oder -dienste eine Meldung verlangt werden, wenn sie ihre Tätigkeit einstellen.

(29) Diese Richtlinie sollte nicht die Pflicht der Mitgliedstaaten berühren, alle Informationen zu übermitteln, die zur Verteidigung der Gemeinschaftsinteressen im Zusammenhang mit internationalen Vereinbarungen notwendig sind. Ferner berührt diese Richtlinie nicht die Berichterstattungsverpflichtungen aufgrund von Rechtsvorschriften, die, wie beispielsweise das Wettbewerbsrecht, nicht speziell auf den Bereich der elektronischen Kommunikation abstellen.

(30) Von Anbietern elektronischer Kommunikationsdienste können Verwaltungsabgaben erhoben werden, um die Arbeit der nationalen Regulierungsbehörde bei der Abwicklung des Genehmigungsverfahrens und der Einräumung von Nutzungsrechten zu finanzieren. Diese Abgaben sollten sich auf das beschränken, was zur Deckung der tatsächlichen Verwaltungskosten für diese Arbeit notwendig ist. Zu diesem Zweck sollte bei den Einnahmen und Ausgaben der nationalen Regulierungsbehörden dadurch für Transparenz gesorgt werden, dass die insgesamt eingenommenen Abgaben und die angefallenen Verwaltungskosten jährlich offen gelegt werden. So können die Unternehmen prüfen, ob die Abgaben den Verwaltungskosten entsprechen.

(31) Die Regelungen zur Erhebung von Verwaltungsabgaben sollten den Wettbewerb nicht verzerren und keine Schranken für den Marktzugang errichten. Mit einer Allgemeingenehmigungsregelung wird es, abgesehen von der Gewährung von Nutzungsrechten für Nummern und Funkfrequenzen und von Rechten für die Installation von Einrichtungen, nicht länger möglich sein, einzelnen Unternehmen administrative Kosten und somit Abgaben aufzuerlegen. Alle erhobenen Verwaltungsabgaben sollten mit den Grundsätzen einer Allgemeingenehmigungsregelung vereinbar sein. Ein Beispiel einer fairen, einfachen und transparenten Option für diese Kriterien zur Auferlegung von Abgaben könnte ein am Umsatz orientierter Verteilungsschlüssel sein. Sind die administrativen Kosten sehr gering, so sind möglicherweise Pauschalabgaben oder Abgaben, bei denen Pauschalbasis und umsatzbezogene Komponenten miteinander kombiniert werden, angemessen.

(32) Zusätzlich zu den Verwaltungsabgaben können für Nutzungsrechte an Frequenzen und Nummern Entgelte erhoben werden, um eine optimale Nutzung dieser Güter sicherzustellen. Diese Entgelte sollten die Entwicklung innovativer Dienste und den Wettbewerb auf dem Markt nicht erschweren. Durch diese Richtlinie werden die Zwecke, für die Entgelte für die Nutzungsrechte verwendet werden, nicht berührt. Diese Entgelte können beispielsweise zur Finanzierung derjenigen Tätigkeiten der nationalen Regulierungsbehörden verwendet werden, die nicht über die Verwaltungsabgaben finanziert werden können. Bestehen im Fall von Auswahl- bzw. Vergleichswettbewerben die Entgelte für Frequenznutzungsrechte ausschließlich oder teilweise aus einem Pauschalbetrag, so sollten Zahlungsregelungen sicherstellen, dass diese Entgelte in der Praxis nicht zu einer Auswahl nach Kriterien führen, die nicht in Beziehung zu dem Ziel der optimalen Nutzung von Funkfrequenzen stehen. Die Kommission kann regelmäßig vergleichende Untersuchungen über die optimale Praxis bei der Zuweisung von Funkfrequenzen, der Nummernzuteilung bzw. der Zuteilung von Wegerechten veröffentlichen.

(33) Die Mitgliedstaaten können die mit einer Allgemeingenehmigung und mit Nutzungsrechten verbundenen Rechte, Bedingungen, Verfahren, Gebühren und Entgelte ändern, wenn dies objektiv gerechtfertigt ist. Solche Änderungen sollten allen interessierten Parteien ordnungsgemäß und rechtzeitig mitgeteilt werden, wobei ihnen angemessen Gelegenheit zu geben ist, ihren Standpunkt zu einer solchen Änderung darzulegen.

(34) Zur Erreichung der angestrebten Transparenz müssen Diensteanbieter, Verbraucher und andere interessierte Parteien leichten Zugang erhalten zu allen Informationen über Rechte, Bedingungen, Verfahren, Gebühren, Entgelte und Entscheidungen über die Bereitstellung elektronischer Kommunikationsdienste, über Nutzungsrechte für Funkfrequenzen und Nummern, Rechte zur Installation von Einrichtungen, nationale Frequenznutzungspläne und nationale Nummernpläne. Die nationalen Regulierungsbehörden haben die wichtige Aufgabe, diese Informationen bereitzustellen und ständig zu aktualisieren. Falls diese Rechte von anderen staatlichen Stellen verwaltet werden, sollten

sich die einzelstaatlichen Regulierungsbehörden darum bemühen, ein benutzerfreundliches Instrument für den Zugang zu Informationen über diese Rechte zu schaffen.

(35) Die Kommission sollte kontrollieren, ob der Binnenmarkt mit den in dieser Richtlinie vorgesehenen nationalen Genehmigungsregelungen ordnungsgemäß funktioniert.

(36) Um zu erreichen, dass alle Bestandteile des neuen Regulierungsrahmens für den Sektor der elektronischen Kommunikation gleichzeitig zur Anwendung gelangen, ist es wichtig, dass der Prozess der Umsetzung dieser Richtlinie in einzelstaatliches Recht und der Prozess der Anpassung der bestehenden Genehmigungen an die neuen Regeln parallel erfolgen. Werden jedoch in besonderen Fällen die bei Inkrafttreten dieser Richtlinie gültigen Genehmigungen im Einklang mit dieser Richtlinie durch eine Allgemeingenehmigung und individuelle Nutzungsrechte ersetzt, und würde dies dazu führen, dass die Pflichten der Diensteanbieter, die aufgrund einer gültigen Genehmigung arbeiten, erweitert oder ihre Rechte eingeschränkt werden, so können die Mitgliedstaaten einen zusätzlichen Zeitraum von neun Monaten nach Beginn der Anwendung dieser Richtlinie zur Anpassung dieser Genehmigungen nutzen, sofern sich dies nicht nachteilig auf die Rechte und Pflichten anderer Unternehmen auswirkt.

(37) Unter bestimmten Umständen kann die Aufhebung einer Bedingung für die Genehmigung betreffend den Zugang zu elektronischen Kommunikationsnetzen zu deutlichen Nachteilen für ein oder mehrere Unternehmen führen, für die die Bedingung von Nutzen war. In diesen Fällen kann die Kommission auf Antrag eines Mitgliedstaates weitere Übergangsvereinbarungen billigen.

(38) Da die Ziele der vorgeschlagenen Maßnahmen, nämlich die Harmonisierung und Vereinfachung der Genehmigungsvorschriften und -bedingungen für elektronische Kommunikationsnetze und -dienste, auf Ebene der Mitgliedstaaten nicht in ausreichendem Maße erreicht werden können und daher wegen des Umfangs und der Wirkungen der Maßnahmen besser auf Gemeinschaftsebene zu erreichen sind, kann die Gemeinschaft im Einklang mit dem in Artikel 5 des Vertrags niedergelegten Subsidiaritätsprinzip tätig werden. Entsprechend dem in demselben Artikel ebenfalls genannten Verhältnismäßigkeitsprinzip geht diese Richtlinie nicht über das für die Erreichung dieser Ziele erforderliche Maß hinaus –

HABEN FOLGENDE RICHTLINIE ERLASSEN:

**Artikel 1  Ziel und Geltungsbereich**

(1) Ziel dieser Richtlinie ist es, durch die Harmonisierung und Vereinfachung der Genehmigungsvorschriften und -bedingungen einen Binnenmarkt für elektronische Kommunikationsnetze und -dienste zu errichten, damit deren Bereitstellung in der ganzen Gemeinschaft erleichtert wird.

(2) Diese Richtlinie gilt für Genehmigungen, die für die Bereitstellung elektronischer Kommunikationsnetze und -dienste erteilt werden.

**Artikel 2  Begriffsbestimmungen**

(1) Für die Zwecke dieser Richtlinie gelten die Begriffsbestimmungen in Artikel 2 der Richtlinie 2002/21/EG (Rahmenrichtlinie).

(2) Darüber hinaus gelten folgende Begriffsbestimmungen:
a) „Allgemeingenehmigung": der in einem Mitgliedstaat errichtete rechtliche Rahmen, mit dem gemäß dieser Richtlinie Rechte für die Bereitstellung elektronischer Kommunikationsnetze oder -dienste gewährleistet werden und in dem sektorspezifische Verpflichtungen festgelegt werden, die für alle oder für bestimmte Arten von elektronischen Kommunikationsnetzen und -diensten gelten können;
b) „funktechnische Störung": ein Störeffekt, der für das Funktionieren eines Funknavigationsdienstes oder anderer sicherheitsbezogener Dienste eine Gefahr darstellt oder einen Funkdienst, der im Einklang mit den geltenden gemeinschaftlichen oder einzelstaatlichen Regelungen betrieben wird, anderweitig schwerwiegend beeinträchtigt, behindert oder wiederholt unterbricht.

## Artikel 3 Allgemeingenehmigung für elektronische Kommunikationsnetze und -dienste

(1) Die Mitgliedstaaten gewährleisten die Freiheit, elektronische Kommunikationsnetze und -dienste gemäß den in dieser Richtlinie festgelegten Bedingungen bereitzustellen. Sie dürfen ein Unternehmen nur dann an der Bereitstellung elektronischer Kommunikationsnetze oder -dienste hindern, wenn dies aus den in Artikel 46 Absatz 1 des Vertrags genannten Gründen notwendig ist.

(2) Die Bereitstellung elektronischer Kommunikationsnetze oder die Bereitstellung elektronischer Kommunikationsdienste darf unbeschadet der in Artikel 6 Absatz 2 genannten besonderen Verpflichtungen oder der in Artikel 5 genannten Nutzungsrechte nur von einer Allgemeingenehmigung abhängig gemacht werden. Von dem betreffenden Unternehmen kann eine Meldung gefordert werden, aber nicht verlangt werden, vor Ausübung der mit der Genehmigung verbundenen Rechte eine ausdrückliche Entscheidung oder einen anderen Verwaltungsakt der nationalen Regulierungsbehörde zu erwirken. Nach einer entsprechenden Meldung, sofern diese verlangt wird, kann ein Unternehmen seine Tätigkeit aufnehmen, gegebenenfalls vorbehaltlich der Bestimmungen der Artikel 5, 6 und 7 über die Nutzungsrechte.

(3) Die Meldung im Sinne von Absatz 2 umfasst nicht mehr als die Erklärung einer juristischen oder natürlichen Person gegenüber der nationalen Regulierungsbehörde, dass sie die Absicht hat, mit der Bereitstellung elektronischer Kommunikationsnetze oder -dienste zu beginnen, sowie die Mindestangaben, die nötig sind, damit die nationale Regulierungsbehörde ein Register oder ein Verzeichnis der Anbieter elektronischer Kommunikationsnetze und -dienste führen kann. Diese Angaben müssen sich auf die für die Identifizierung des Diensteanbieters und seiner Kontaktpersonen notwendigen Informationen, wie beispielsweise die Handelsregisternummer, seine Anschrift sowie eine Kurzbeschreibung des Netzes oder des Dienstes und den voraussichtlichen Termin für die Aufnahme der Tätigkeit beschränken.

## Artikel 4 Mindestrechte aufgrund einer Allgemeingenehmigung

(1) Unternehmen, denen gemäß Artikel 3 eine Genehmigung erteilt wurde, haben das Recht,
a) elektronische Kommunikationsnetze und -dienste bereitzustellen;
b) zu veranlassen, dass ihr Antrag auf Erteilung der notwendigen Rechte zur Installation der Einrichtungen gemäß Artikel 11 der Richtlinie 2002/21/EG (Rahmenrichtlinie) geprüft wird.

(2) Wenn diese Unternehmen elektronische Kommunikationsnetze oder -dienste für die Allgemeinheit bereitstellen, haben sie aufgrund der Allgemeingenehmigung ferner das Recht,
a) gemäß der Richtlinie 2002/19/EG (Zugangsrichtlinie) mit anderen Anbietern öffentlich verfügbarer Kommunikationsnetze und -dienste, für die in der Gemeinschaft eine Allgemeingenehmigung erteilt wurde, über eine Zusammenschaltung zu verhandeln und gegebenenfalls den Zugang oder die Zusammenschaltung zu erhalten;
b) gemäß der Richtlinie 2002/22/EG des Europäischen Parlaments und des Rates vom 7. März 2002 über den Universaldienst und Nutzerrechte bei elektronischen Kommunikationsnetzen und -diensten (Universaldienstrichtlinie) die Möglichkeit zu erhalten, für die Erfüllung bestimmter Elemente einer Universaldienstverpflichtung im nationalen Hoheitsgebiet oder in bestimmten Teilen desselben benannt zu werden.

## Artikel 5 Nutzungsrechte für Funkfrequenzen und Nummern

(1) Die Mitgliedstaaten machen die Nutzung von Funkfrequenzen, soweit möglich, vor allem wenn die Gefahr von funktechnischen Störungen unbedeutend ist, nicht von der Erteilung individueller Nutzungsrechte abhängig, sondern schließen die Bedingungen für die Nutzung solcher Funkfrequenzen in die Allgemeingenehmigung ein.

(2) Müssen für Funkfrequenzen und Nummern individuelle Nutzungsrechte erteilt werden, so erteilen die Mitgliedstaaten solche Rechte auf Antrag jedem Unternehmen, das Netze oder Dienste aufgrund einer Allgemeingenehmigung bereitstellt oder nutzt, vorbehaltlich der Artikel 6 und 7 und des Artikels 11 Absatz 1 Buchstabe c) der vorliegenden Richtlinie sowie sonstiger Vorschriften zur Sicherstellung einer effizienten Nutzung dieser Güter entsprechend der Richtlinie 2002/21/EG (Rahmenrichtlinie).

Unbeschadet der von den Mitgliedstaaten festgelegten besonderen Kriterien und Verfahren für die Vergabe von Nutzungsrechten für Funkfrequenzen an die Anbieter von Rundfunk- oder Fernsehinhaltsdiensten zur Verfolgung von im allgemeinen Interesse liegenden Zielen im Einklang mit dem Gemeinschaftsrecht, werden diese Nutzungsrechte im Wege eines offenen, transparenten und nichtdiskriminierenden Verfahrens erteilt. Bei der Erteilung von Nutzungsrechten geben die Mitgliedstaaten an, ob und – im Fall von Funkfrequenzen – unter welchen Bedingungen diese Rechte auf Veranlassung des Rechteinhabers gemäß Artikel 9 der Richtlinie 2002/21/EG (Rahmenrichtlinie) übertragen werden können. Erteilen die Mitgliedstaaten die Nutzungsrechte für eine begrenzte Zeit, muss die Dauer für den betreffenden Dienst angemessen sein.

(3) Entscheidungen über Nutzungsrechte werden von der nationalen Regulierungsbehörde so schnell wie möglich nach Erhalt des vollständigen Antrags getroffen, mitgeteilt und veröffentlicht, und zwar innerhalb von drei Wochen im Fall von Nummern, die im Rahmen des nationalen Nummerierungsplans für spezielle Zwecke vergeben worden sind, und innerhalb von sechs Wochen im Fall von Funkfrequenzen, die im Rahmen des nationalen Frequenzvergabeplans für spezielle Zwecke zugeteilt worden sind. Die letztgenannte Frist lässt geltende internationale Vereinbarungen über die Nutzung von Funkfrequenzen und Erdumlaufpositionen unberührt.

(4) Wurde nach Anhörung der Betroffenen gemäß Artikel 6 der Richtlinie 2002/21/EG (Rahmenrichtlinie) beschlossen, dass Nutzungsrechte für Nummern von außerordentlichem wirtschaftlichen Wert im Wege wettbewerbsorientierter oder vergleichender Auswahlverfahren vergeben werden, können die Mitgliedstaaten die Höchstfrist von drei Wochen um bis zu drei Wochen verlängern.

Für wettbewerbsorientierte oder vergleichende Auswahlverfahren für Funkfrequenzen gilt Artikel 7.

(5) Die Mitgliedstaaten schränken die Zahl der erteilten Nutzungsrechte nur so weit ein, wie dies für eine effiziente Nutzung von Funkfrequenzen gemäß Artikel 7 notwendig ist.

**Artikel 6   Bedingungen bei Allgemeingenehmigungen und Nutzungsrechten für Funkfrequenzen und für Nummern sowie besondere Verpflichtungen**

(1) Die Allgemeingenehmigung für elektronische Kommunikationsnetze oder -dienste und die Nutzungsrechte für Funkfrequenzen und Nutzungsrechte für Nummern können nur an die jeweils in den Teilen A, B und C des Anhangs genannten Bedingungen geknüpft werden. Die Bedingungen müssen in Bezug auf das betreffende Netz oder den betreffenden Dienst objektiv gerechtfertigt, nichtdiskriminierend, verhältnismäßig und transparent sein.

(2) Besondere Verpflichtungen, die Anbietern elektronischer Kommunikationsnetze und -dienste gemäß Artikel 5 Absätze 1 und 2 sowie den Artikeln 6 und 8 der Richtlinie 2002/19/EG (Zugangsrichtlinie) und den Artikeln 16, 17, 18 und 19 der Richtlinie 2002/22/EG (Universaldienstrichtlinie) oder Anbietern, die einen Universaldienst erbringen sollen, gemäß der genannten Richtlinie auferlegt werden können, werden rechtlich von den mit der Allgemeingenehmigung verbundenen Rechten und Pflichten getrennt. Damit für die Unternehmen die Transparenz sichergestellt ist, werden in der Allgemeingenehmigung die Kriterien und Verfahren angegeben, nach denen einzelnen Unternehmen solche besonderen Verpflichtungen auferlegt werden können.

(3) Die Allgemeingenehmigung enthält nur die branchenspezifischen Bedingungen, die in Teil A des Anhangs aufgeführt sind, und greift keine Bedingungen auf, die für die Unternehmen aufgrund anderer innerstaatlicher Rechtsvorschriften gelten.

(4) Die Mitgliedstaaten greifen bei Erteilung der Nutzungsrechte für Funkfrequenzen oder Nummern nicht die Bedingungen der Allgemeingenehmigung auf.

### Artikel 7   Beschränkung der Einräumung von Nutzungsrechten für Funkfrequenzen

(1) Erwägt ein Mitgliedstaat, ob die zu erteilenden Nutzungsrechte für Funkfrequenzen zahlenmäßig beschränkt werden sollen, so hat er unter anderem Folgendes zu beachten:

a) Er trägt der Notwendigkeit gebührend Rechnung, den Nutzen für die Nutzer zu maximieren und den Wettbewerb zu erleichtern;

b) er gibt allen Beteiligten, einschließlich Nutzern und Verbrauchern, die Gelegenheit, zu einer eventuellen Beschränkung gemäß Artikel 6 der Richtlinie 2002/21/EG (Rahmenrichtlinie) Stellung zu nehmen;

c) er veröffentlicht unter Angabe der Gründe jede Entscheidung, die Erteilung von Nutzungsrechten zu beschränken;

d) er fordert nach der Entscheidung für ein bestimmtes Verfahren zur Beantragung von Nutzungsrechten auf, und

e) er überprüft die Beschränkung in angemessenen Abständen oder auf angemessenen Antrag der betroffenen Unternehmen.

(2) Stellt ein Mitgliedstaat fest, dass weitere Nutzungsrechte für Funkfrequenzen erteilt werden können, gibt er dies öffentlich bekannt und fordert zur Beantragung dieser Rechte auf.

(3) Muss die Erteilung von Nutzungsrechten für Funkfrequenzen beschränkt werden, so erteilt der Mitgliedstaat diese Rechte nach objektiven, transparenten, nichtdiskriminierenden und verhältnismäßigen Auswahlkriterien. Bei diesen Auswahlkriterien trägt er der Umsetzung der Ziele nach Artikel 8 der Richtlinie 2002/21/EG (Rahmenrichtlinie) gebührend Rechnung.

(4) Bei wettbewerbsorientierten oder vergleichenden Auswahlverfahren können die Mitgliedstaaten die in Artikel 5 Absatz 3 genannte Höchstfrist von sechs Wochen so lange wie nötig, höchstens jedoch um acht Monate, verlängern, um für alle Beteiligten ein faires, angemessenes, offenes und transparentes Verfahren sicherzustellen.

Diese Fristen lassen geltende internationale Vereinbarungen über die Nutzung von Funkfrequenzen und die Satellitenkoordinierung unberührt.

(5) Dieser Artikel berührt nicht die Übertragung von Nutzungsrechten für Funkfrequenzen gemäß Artikel 9 der Richtlinie 2002/21/EG (Rahmenrichtlinie).

### Artikel 8   Harmonisierte Funkfrequenzzuteilung

Wurden im Einklang mit den internationalen Vereinbarungen und den Gemeinschaftsregeln die Nutzung von Funkfrequenzen harmonisiert, Vereinbarungen über die Zugangsbedingungen und -verfahren getroffen und Unternehmen, denen die Funkfrequenzen zugeteilt werden sollen, ausgewählt, so erteilen die Mitgliedstaaten dementsprechend das Recht auf Nutzung der Funkfrequenzen. Sofern alle mit dem Nutzungsrecht für die Funkfrequenzen verbundenen Bedingungen im Falle eines gemeinsamen Auswahlverfahrens eingehalten wurden, verknüpfen die Mitgliedstaaten damit keine weiteren Bedingungen, zusätzlichen Kriterien oder Verfahren, welche die korrekte Durchführung der gemeinsamen Zuteilung dieser Funkfrequenzen einschränken, verändern oder verzögern würden.

### Artikel 9   Erklärungen zur Erleichterung der Ausübung von Rechten zur Installation von Einrichtungen, von Wege- und von Zusammenschaltungsrechten

Auf Antrag eines Unternehmens stellen die nationalen Regulierungsbehörden innerhalb einer Woche eine standardisierte Erklärung aus, mit der gegebenenfalls bestätigt wird, dass das Unternehmen die Meldung nach Artikel 3 Absatz 2 vorgenommen hat, und in der sie angeben, unter welchen Umständen Unternehmen, die im Rahmen einer Allgemeingenehmigung elektronische Kommunikationsnetze oder -dienste bereitstellen, berechtigt sind, das Recht zur Installation von Einrichtungen, auf Verhandlungen über eine Zusammenschaltung und/oder auf Erhalt eines Zugangs oder einer Zusammenschaltung zu beantragen, um ihnen die Ausübung dieser Rechte zum Beispiel auf anderen staatlichen Ebenen oder gegenüber anderen Unternehmen zu erleichtern. Gegebenenfalls können diese Erklärungen auch automatisch auf die Meldung nach Artikel 3 Absatz 2 hin ausgestellt werden.

**Artikel 10    Erfüllung der Bedingungen von Allgemeingenehmigungen oder Nutzungsrechten sowie der besonderen Verpflichtungen**

(1) Die nationalen Regulierungsbehörden können von Unternehmen, die elektronische Kommunikationsnetze oder -dienste im Rahmen einer Allgemeingenehmigung bereitstellen oder das Recht auf Nutzung von Funkfrequenzen oder Nummern haben, verlangen, die in Artikel 11 genannten Informationen zu liefern, damit sie prüfen können, ob die an die Allgemeingenehmigung oder an Nutzungsrechte geknüpften Bedingungen oder ob die in Artikel 6 Absatz 2 genannten besonderen Verpflichtungen erfüllt sind.

(2) Stellt eine nationale Regulierungsbehörde fest, dass ein Unternehmen eine oder mehrere Bedingungen der Allgemeingenehmigung, der Nutzungsrechte oder in Artikel 6 Absatz 2 genannte besondere Verpflichtungen nicht erfüllt, teilt sie dies dem Unternehmen mit und gibt ihm angemessen Gelegenheit, Stellung zu nehmen oder etwaige Mängel

– innerhalb eines Monats nach der Mitteilung, oder
– innerhalb einer kürzeren, mit dem betreffenden Unternehmen vereinbarten oder bei wiederholten Zuwiderhandlungen von der nationalen Regulierungsbehörde festgelegten Frist, oder
– innerhalb einer längeren, von der nationalen Regulierungsbehörde festgelegten Frist

abzustellen.

(3) Stellt das betreffende Unternehmen die Mängel nicht innerhalb der in Absatz 2 genannten Frist ab, trifft die zuständige Behörde die gebotenen, angemessenen Maßnahmen, damit die Anforderungen erfüllt werden. Diesbezüglich können die Mitgliedstaaten die zuständigen Behörden ermächtigen, gegebenenfalls Geldstrafen zu verhängen. Die Maßnahmen und die Gründe dafür werden dem betreffenden Unternehmen innerhalb einer Woche nach der Entscheidung mitgeteilt; dabei wird dem Unternehmen eine angemessene Frist gesetzt, damit es der Maßnahme entsprechen kann.

(4) Unbeschadet der Absätze 2 und 3 können die Mitgliedstaaten die zuständige Behörde ermächtigen, gegebenenfalls gegen diejenigen Unternehmen Geldstrafen zu verhängen, die der Verpflichtung zur Mitteilung von Angaben gemäß den Verpflichtungen nach Artikel 11 Absatz 1 Buchstabe a) oder b) dieser Richtlinie oder nach Artikel 9 der Richtlinie 2002/19/EG (Zugangsrichtlinie) nicht innerhalb einer von der nationalen Regulierungsbehörde festgesetzten angemessenen Frist nachgekommen sind.

(5) Im Falle schwerer und wiederholter Nichterfüllung der an die Allgemeingenehmigung oder die Nutzungsrechte geknüpften Bedingungen oder der in Artikel 6 Absatz 2 genannten besonderen Verpflichtungen können die nationalen Regulierungsbehörden, sofern die in Absatz 3 des vorliegenden Artikels genannten Maßnahmen zur Sicherstellung der Erfüllung der Anforderungen erfolglos geblieben sind, ein Unternehmen daran hindern, weiterhin elektronische Kommunikationsnetze oder -dienste bereitzustellen, oder die Nutzungsrechte aussetzen oder aberkennen.

(6) Hat die zuständige Behörde Beweise dafür, dass die Nichterfüllung der an die Allgemeingenehmigung oder die Nutzungsrechte geknüpften Bedingungen oder der in Artikel 6 Absatz 2 genannten besonderen Verpflichtungen eine unmittelbare und ernste Gefährdung der öffentlichen Ordnung, Sicherheit oder Gesundheit darstellt oder bei anderen Anbietern oder Nutzern elektronischer Kommunikationsnetze oder -dienste zu ernsten wirtschaftlichen oder betrieblichen Problemen führt, so kann sie ungeachtet der Absätze 2, 3 und 5 in Vorgriff auf die endgültige Entscheidung einstweilige Sofortmaßnahmen treffen, um Abhilfe zu schaffen. Das betreffende Unternehmen erhält anschließend angemessen Gelegenheit, seinen Standpunkt darzulegen und eine Lösung vorzuschla-

gen. Gegebenenfalls kann die zuständige Behörde die einstweiligen Maßnahmen bestätigen.

(7) Die Unternehmen haben das Recht, gegen Maßnahmen, die aufgrund dieses Artikels getroffen werden, nach dem Verfahren des Artikels 4 der Richtlinie 2002/21/EG (Rahmenrichtlinie) einen Rechtsbehelf einzulegen.

### Artikel 11 Informationen für Allgemeingenehmigungen und Nutzungsrechte sowie besondere Verpflichtungen

(1) Unbeschadet der Informations- und Berichtspflichten aufgrund anderer innerstaatlicher Rechtsvorschriften als der Allgemeingenehmigung dürfen die nationalen Regulierungsbehörden von den Unternehmen im Rahmen der Allgemeingenehmigung oder der Nutzungsrechte oder der in Artikel 6 Absatz 2 genannten besonderen Verpflichtungen nur die Informationen verlangen, die angemessen und objektiv gerechtfertigt sind für

a) die systematische oder einzelfallbezogene Überprüfung der Erfüllung der Bedingungen 1 und 2 des Teils A, der Bedingung 6 des Teils B und der Bedingung 7 des Teils C des Anhangs sowie der Erfüllung der in Artikel 6 Absatz 2 genannten Verpflichtungen;

b) die Einzelfallprüfung der Erfüllung der im Anhang genannten Bedingungen, wenn eine Beschwerde eingegangen ist oder die nationale Regulierungsbehörde aus anderen Gründen annimmt, dass eine Bedingung nicht erfüllt ist, oder die nationale Regulierungsbehörde von sich aus Ermittlungen durchführt;

c) Verfahren für Anträge auf Erteilung von Nutzungsrechten und Überprüfung solcher Anträge;

d) die Veröffentlichung von Qualitäts- und Preisvergleichen für Dienste zum Nutzen der Verbraucher;

e) genau angegebene statistische Zwecke;

f) eine Marktanalyse im Sinne der Richtlinie 2002/19/EG (Zugangsrichtlinie) oder der Richtlinie 2002/22/EG (Universaldienstrichtlinie).

Die in Unterabsatz 1 Buchstaben a), b), d), e) und f) genannten Informationen dürfen nicht vor dem Zugang zum Markt oder als Bedingung für den Zugang verlangt werden.

(2) Verlangen die nationalen Regulierungsbehörden von einem Unternehmen die in Absatz 1 genannten Informationen, so teilen sie diesem auch mit, für welchen speziellen Zweck die Informationen benutzt werden sollen.

### Artikel 12 Verwaltungsabgaben

(1) Verwaltungsabgaben, die von Unternehmen verlangt werden, die aufgrund einer Allgemeingenehmigung einen Dienst oder ein Netz bereitstellen oder denen ein Nutzungsrecht gewährt wurde,

a) dienen insgesamt lediglich zur Deckung der administrativen Kosten für die Verwaltung, Kontrolle und Durchsetzung von Allgemeingenehmigungen und Nutzungsrechten sowie der in Artikel 6 Absatz 2 genannten besonderen Verpflichtungen, die die Kosten für internationale Zusammenarbeit, Harmonisierung und Normung, Marktanalyse, Überwachung der Einhaltung und andere Marktkontrollmechanismen sowie für Regulierungstätigkeiten zur Ausarbeitung und Durchsetzung des abgeleiteten Rechts und von Verwaltungsbeschlüssen, beispielsweise von Beschlüssen über den Zugang und die Zusammenschaltung, einschließen können, und

b) werden den einzelnen Unternehmen in einer objektiven, verhältnismäßigen und transparenten Weise auferlegt, bei der die zusätzlichen Verwaltungskosten und zugehörigen Aufwendungen auf ein Mindestmaß reduziert werden.

(2) Erheben die nationalen Regulierungsbehörden Verwaltungsabgaben, so veröffentlichen sie einen jährlichen Überblick über ihre Verwaltungskosten und die insgesamt eingenommenen Abgaben. Entsprechend der Differenz der Gesamtsumme der Abgaben und der Verwaltungskosten werden entsprechende Berichtigungen vorgenommen.

**Artikel 13  Entgelte für Nutzungsrechte und für Rechte für die Installation von Einrichtungen**

Die Mitgliedstaaten können der zuständigen Behörde gestatten, bei Nutzungsrechten für Funkfrequenzen oder Nummern oder bei Rechten für die Installation von Einrichtungen auf, über oder unter öffentlichem oder privatem Grundbesitz Entgelte zu erheben, die eine optimale Nutzung dieser Ressourcen sicherstellen sollen. Die Mitgliedstaaten stellen sicher, dass die Entgelte objektiv gerechtfertigt, transparent, nichtdiskriminierend und ihrem Zweck angemessen sind, und tragen den in Artikel 8 der Richtlinie 2002/21/EG (Rahmenrichtlinie) genannten Zielen Rechnung.

**Artikel 14  Änderung von Rechten und Pflichten**

(1) Die Mitgliedstaaten stellen sicher, dass die Rechte, Bedingungen und Verfahren im Zusammenhang mit den Allgemeingenehmigungen und den Nutzungsrechten oder den Rechten zur Installation von Einrichtungen nur in objektiv gerechtfertigten Fällen und unter Wahrung der Verhältnismäßigkeit geändert werden können. Eine solche Absicht ist in geeigneter Weise anzukündigen, und den Beteiligten, einschließlich Nutzern und Verbrauchern, ist eine ausreichende Frist einzuräumen, um ihren Standpunkt zu den geplanten Änderungen darzulegen; diese Frist beträgt, von außergewöhnlichen Umständen abgesehen, mindestens vier Wochen.

(2) Die Mitgliedstaaten dürfen Rechte zur Installation von Einrichtungen vor Ablauf des Zeitraums, für den sie gewährt worden sind, nicht einschränken oder zurücknehmen, außer in begründeten Fällen oder gegebenenfalls in Einklang mit einschlägigen innerstaatlichen Vorschriften über Entschädigungen für die Zurücknahme von Rechten.

**Artikel 15  Veröffentlichung von Informationen**

(1) Die Mitgliedstaaten stellen sicher, dass alle einschlägigen Informationen über Rechte, Bedingungen, Verfahren, Abgaben, Entgelte und Entscheidungen im Zusammenhang mit Allgemeingenehmigungen und Nutzungsrechten in angemessener Weise veröffentlicht und ständig aktualisiert werden, so dass alle Beteiligten leichten Zugang zu diesen Informationen haben.

(2) Werden die in Absatz 1 genannten Informationen, und zwar insbesondere Informationen über Verfahren und Bedingungen für Rechte zur Installation von Einrichtungen, auf verschiedenen staatlichen Ebenen aufbewahrt, so unternehmen die nationalen Regulierungsbehörden alle zumutbaren Bemühungen, um unter Berücksichtigung der dabei entstehenden Kosten einen benutzerfreundlichen Überblick über die Gesamtheit dieser Informationen, einschließlich der Informationen über die jeweils zuständigen staatlichen Ebenen und ihre Behörden, zu erstellen, damit die Stellung von Anträgen auf Gewährung von Rechten zur Installation von Einrichtungen erleichtert wird.

**Artikel 16  Überprüfungsverfahren**

Die Kommission überprüft regelmäßig das Funktionieren der nationalen Genehmigungsverfahren und die Entwicklung grenzüberschreitender Dienstleistungen innerhalb der Gemeinschaft und erstattet dem Europäischen Parlament und dem Rat Bericht; zum ersten Mal geschieht dies spätestens drei Jahre nach dem Beginn der Anwendung dieser Richtlinie gemäß Artikel 18 Absatz 1 Unterabsatz 2. Zu diesem Zweck kann die Kommission von den Mitgliedstaaten Informationen verlangen, die unverzüglich bereitzustellen sind.

**Artikel 17  Bestehende Genehmigungen**

(1) Die Mitgliedstaaten bringen die Genehmigungen, die am Tag des Inkrafttretens dieser Richtlinie bereits gültig sind, spätestens nach dem in Artikel 18 Absatz 1 Unterabsatz 2 genannten Zeitpunkt für den Beginn der Anwendung dieser Richtlinie mit den Bestimmungen dieser Richtlinie in Einklang.

(2) Führt die Anwendung von Absatz 1 zu einer Einschränkung der Rechte oder einer Erweiterung der Pflichten, die mit den bereits erteilten Genehmigungen verbunden sind,

so können die Mitgliedstaaten deren Gültigkeit für einen Zeitraum von höchstens neun Monaten ab dem in Artikel 18 Absatz 1 Unterabsatz 2 genannten Zeitpunkt des Beginns der Anwendung dieser Richtlinie verlängern, sofern dies die Rechte, die andere Unternehmen aufgrund des Gemeinschaftsrechts genießen, nicht beeinträchtigt. Die Mitgliedstaaten teilen der Kommission diese Verlängerungen unter Angabe der Gründe mit.

(3) Kann der betreffende Mitgliedstaat nachweisen, dass die Abschaffung einer Bedingung für die Genehmigung in Bezug auf den Zugang zu elektronischen Kommunikationsnetzen, die vor dem Zeitpunkt des Inkrafttretens dieser Richtlinie in Kraft war, für die Unternehmen, die über einen angeordneten Zugang zu einem anderen Netz verfügten, zu übermäßigen Schwierigkeiten führt und ist es diesen Unternehmen nicht möglich, vor dem Zeitpunkt des Beginns der Anwendung dieser Richtlinie nach Artikel 18 Absatz 1 Unterabsatz 2 auf dem Verhandlungsweg neue Vereinbarungen zu wirtschaftlich vertretbaren Bedingungen zu erzielen, so kann der Mitgliedstaat die befristete Verlängerung der Geltungsdauer der betreffenden Bedingung(en) beantragen. Derartige Anträge sind bis zum Zeitpunkt des Beginns der Anwendung dieser Richtlinie nach Artikel 18 Absatz 1 Unterabsatz 2 unter genauer Angabe der Bedingung(en) und des Zeitraums, für die bzw. für den die befristete Verlängerung beantragt wird, zu stellen.

Die Mitgliedstaaten unterrichten die Kommission über die Gründe für den Antrag auf eine Verlängerung. Die Kommission prüft derartige Anträge unter Berücksichtigung der besonderen Gegebenheiten des betreffenden Mitgliedstaats und des bzw. der betroffenen Unternehmen sowie die Notwendigkeit der Gewährleistung eines kohärenten Regelungsumfelds auf Gemeinschaftsebene. Sie entscheidet darüber, ob der Antrag genehmigt oder abgelehnt wird, und im Fall einer Entscheidung zur Genehmigung des Antrags entscheidet sie über den Umfang und die Dauer der zu genehmigenden Verlängerung. Die Kommission unterrichtet den betreffenden Mitgliedstaat innerhalb von sechs Monaten nach dem Eingang des Antrags auf Verlängerung. Die betreffenden Entscheidungen werden im *Amtsblatt der Europäischen Gemeinschaften* veröffentlicht.

### Artikel 18   Umsetzung

(1) Die Mitgliedstaaten erlassen und veröffentlichen bis zum 24. Juli 2003 die Rechts- und Verwaltungsvorschriften, die erforderlich sind, um dieser Richtlinie nachzukommen. Sie setzen die Kommission unverzüglich davon in Kenntnis.

Sie wenden diese Bestimmungen ab dem 25. Juli 2003 an.

Wenn die Mitgliedstaaten diese Vorschriften erlassen, nehmen sie in den Vorschriften selbst oder durch einen Hinweis bei der amtlichen Veröffentlichung auf diese Richtlinie Bezug. Die Mitgliedstaaten regeln die Einzelheiten der Bezugnahme.

(2) Die Mitgliedstaaten teilen der Kommission den Wortlaut der innerstaatlichen Rechtsvorschriften sowie aller nachfolgenden Änderungen mit, die sie auf dem unter diese Richtlinie fallenden Gebiet erlassen.

### Artikel 19   Inkrafttreten

Diese Richtlinie tritt am Tag ihrer Veröffentlichung im Amtsblatt der Europäischen Gemeinschaften in Kraft.

### Artikel 20   Adressaten

Diese Richtlinie ist an die Mitgliedstaaten gerichtet.

## c) Richtlinie 2002/22/EG des Europäischen Parlaments und des Rates vom 7. März 2002 über den Universaldienst und Nutzerrechte bei elektronischen Kommunikationsnetzen und -diensten (Universaldienstrichtlinie) (RL 2002/22/EG)

v. 24. 4. 2002 (ABl Nr. L 108 S. 51)

DAS EUROPÄISCHE PARLAMENT UND DER RAT DER EUROPÄISCHEN UNION –

gestützt auf den Vertrag zur Gründung der Europäischen Gemeinschaft, insbesondere Artikel 95,

auf Vorschlag der Kommission[1],

nach Stellungnahme des Wirtschafts- und Sozialausschusses[2],

nach Stellungnahme des Ausschusses der Regionen[3],

gemäß dem Verfahren des Artikels 251 des Vertrags[4],

in Erwägung nachstehender Gründe:

(1) Die Liberalisierung des Telekommunikationssektors und ein zunehmender Wettbewerb und größere Wahlmöglichkeiten bei Kommunikationsdiensten gehen Hand in Hand mit gleichzeitig erfolgenden Maßnahmen zur Schaffung eines harmonisierten Rechtsrahmens, der die Erbringung eines Universaldienstes gewährleistet. Das Konzept des Universaldienstes muss weiterentwickelt werden, um Fortschritten bei der Technik und der Marktentwicklung sowie geänderten Nutzerbedürfnissen zu entsprechen. In dem Rechtsrahmen, der für die 1998 erfolgte vollständige Liberalisierung des Telekommunikationsmarkts geschaffen worden ist, wurden der Mindestumfang der Universaldienstverpflichtungen und Regeln für die Kostenrechnung und die Finanzierung des Universaldienstes festgelegt.

(2) Nach Artikel 153 des Vertrags trägt die Gemeinschaft zum Verbraucherschutz bei.

(3) Die Gemeinschaft und ihre Mitgliedstaaten sind im Zusammenhang mit dem Übereinkommen der Welthandelsorganisation über die Basistelekommunikation Verpflichtungen bezüglich des Rechtsrahmens für Telekommunikationsnetze und -dienste eingegangen. Jedes Mitglied der Welthandelsorganisation hat dabei das Recht, die Art der Universaldienstverpflichtungen festzulegen, die es aufrechtzuerhalten wünscht. Solche Verpflichtungen gelten nicht von vornherein als wettbewerbswidrig, sofern sie auf transparente, nicht diskriminierende und wettbewerbsneutrale Weise gehandhabt werden und keine größeren Lasten auferlegen, als für die Art des vom Mitglied festgelegten Universaldienstes erforderlich ist.

(4) Zu der Gewährleistung des Universaldienstes (d. h. der Bereitstellung eines festgelegten Mindestangebots an Diensten für alle Endnutzer zu einem erschwinglichen Preis) kann auch die Bereitstellung von einigen Diensten für bestimmte Endnutzer zu Preisen gehören, die von denen, die sich aus den üblichen Marktbedingungen ergeben, abweichen. Die Entschädigung der Unternehmen, die für die Bereitstellung solcher Dienste unter diesen Voraussetzungen benannt werden, müssen jedoch nicht zu Wettbewerbsverzerrungen führen, sofern die benannten Unternehmen für die entstandenen spezifischen Nettokosten entschädigt werden und sofern die Nettokostenbelastung wettbewerbsneutral angelastet wird.

(5) In einem Wettbewerbsmarkt sollten bestimmte Verpflichtungen für alle Unternehmen gelten, die öffentlich zugängliche Telefondienste an festen Standorten erbringen,

---

[1] **Amtl. Anm.:** ABl C 365 E vom 19. 12. 2000, S. 238 und ABl C 332 E vom 27. 11. 2001, S. 292.
[2] **Amtl. Anm.:** ABl C 139 vom 11. 5. 2001, S. 15.
[3] **Amtl. Anm.:** ABl C 144 vom 16. 5. 2001, S. 60.
[4] **Amtl. Anm.:** Stellungnahme des Europäischen Parlaments vom 13. Juni 2001 (noch nicht im Amtsblatt veröffentlicht), Gemeinsamer Standpunkt des Rates vom 17. September 2001 (ABl C 337 vom 30. 11. 2001, S. 55) und Beschluss des Europäischen Parlaments vom 12. Dezember 2001 (noch nicht im Amtsblatt veröffentlicht). Beschluss des Rates vom 14. Februar 2002.

andere sollten nur für Unternehmen gelten, die über eine beträchtliche Marktmacht verfügen oder als Universaldienstbetreiber benannt wurden.

(6) Der Netzabschlusspunkt stellt zu Regulierungszwecken die Grenze dar zwischen dem Rechtsrahmen für elektronische Kommunikationsnetze und -dienste und der Regelung für Kommunikationsendeinrichtungen. Die nationale Regulierungsbehörde ist für die Festlegung des Standortes des Netzabschlusspunkts zuständig, die Festlegung erfolgt gegebenenfalls auf der Grundlage eines Vorschlags der betreffenden Unternehmen.

(7) Die Mitgliedstaaten sollten weiterhin dafür sorgen, dass die in Kapitel II beschriebenen Dienste mit der angegebenen Qualität allen Endnutzern in ihrem Hoheitsgebiet, unabhängig von ihrem geografischen Standort und, unter Berücksichtigung der landesspezifischen Gegebenheiten, zu einem erschwinglichen Preis zur Verfügung gestellt werden. Die Mitgliedstaaten können im Zusammenhang mit Universaldienstverpflichtungen in Anbetracht der innerstaatlichen Gegebenheiten spezifische Maßnahmen für Verbraucher in ländlichen oder entlegenen Gebieten ergreifen, um sicherzustellen, dass diese Zugang zu den in Kapitel II beschriebenen Diensten erhalten und dass diese Dienste erschwinglich sind, sowie dafür zu sorgen, dass dieser Zugang insbesondere für ältere Menschen, Behinderte und Personen mit besonderen sozialen Bedürfnissen unter denselben Bedingungen möglich ist. Solche Maßnahmen können auch Maßnahmen einschließen, die direkt auf Verbraucher mit besonderen sozialen Bedürfnissen ausgerichtet sind und mit denen bestimmten Verbrauchern Unterstützung geboten wird, z. B. durch spezifische Maßnahmen wie Schuldenerlass, die nach Einzelprüfung der Anträge ergriffen werden.

(8) Eine grundlegende Anforderung an den Universaldienst besteht darin, den Nutzern auf Antrag einen Anschluss an das öffentliche Telefonnetz an einem festen Standort zu einem erschwinglichen Preis bereitzustellen. Diese Anforderung ist auf einen einzelnen Schmalbandnetzanschluss begrenzt, dessen Bereitstellung von den Mitgliedstaaten auf den Hauptstandort/Hauptwohnsitz des Endnutzers beschränkt werden kann, und erstreckt sich nicht auf das diensteintegrierende digitale Netz (ISDN), das zwei oder mehr gleichzeitig benutzbare Anschlüsse bereitstellt. Es sollte weder Einschränkungen hinsichtlich der technischen Mittel geben, mit denen dieser Anschluss vorgenommen wird, so dass sowohl leitungsgebundene als auch drahtlose Technologien zulässig sind, noch sollte es Einschränkungen dabei geben, welche Unternehmen alle Universaldienstverpflichtungen oder einen Teil davon erbringen. Anschlüsse an das öffentliche Telefonnetz an einem festen Standort sollten Sprach- und Datenkommunikation mit Übertragungsraten ermöglichen, die für den Zugang zu Online-Diensten, wie sie z. B. über das öffentliche Internet angeboten werden, geeignet sind. Die vom jeweiligen Nutzer festgestellte Geschwindigkeit des Internet-Zugangs kann von zahlreichen Faktoren, unter anderem von der Internet-Verbundfähigkeit des Anbieters bzw. der Anbieter sowie von der jeweiligen Anwendung, für die eine Verbindung genutzt wird, abhängen. Die Übertragungsrate, die von einem einzelnen Schmalbandanschluss an das öffentliche Telefonnetz unterstützt wird, hängt sowohl von den Merkmalen der Teilnehmerendeinrichtung als auch von dem Anschluss ab. Daher ist es nicht angezeigt, eine bestimmte Übertragungsrate auf Gemeinschaftsebene festzulegen. Derzeit verfügbare Modems für das Sprachband weisen in der Regel Übertragungsraten von 56 kbit/s auf und passen die Übertragungsrate automatisch an die veränderliche Leitungsqualität an, so dass die tatsächliche Übertragungsrate unter 56 kbit/s liegen kann. Es muss ein gewisser Spielraum geboten werden, damit die Mitgliedstaaten zum einen gegebenenfalls Maßnahmen ergreifen können, um zu gewährleisten, dass die Anschlüsse eine solche Übertragungsrate unterstützen können, und zum anderen gegebenenfalls Übertragungsraten unterhalb dieser Obergrenze von 56 kbit/s zulassen können, damit z. B. die Möglichkeiten der Drahtlostechnologien (einschließlich zellularer Mobilfunknetze) genutzt werden, um einem größeren Anteil der Bevölkerung Universaldienste anzubieten. Von besonderer Bedeutung kann dies für einige Beitrittsländer sein, in denen die Erschließungsdichte der Haushalte mit herkömmlichen Telefonanschlüssen noch relativ niedrig ist. In bestimmten Fällen, in denen der Anschluss an das öffentliche Telefonnetz an einem festen Standort für einen zufrieden stellenden Internetzugang eindeutig nicht ausreicht, sollten die

Mitgliedstaaten in der Lage sein, eine Aufrüstung des Anschlusses entsprechend dem Niveau vorzuschreiben, das der Mehrzahl der Teilnehmer zur Verfügung steht, so dass Übertragungsraten unterstützt werden, die für den Internetzugang ausreichen. Wenn solche besonderen Maßnahmen eine Nettokostenbelastung für die betreffenden Verbraucher verursachen, kann der Nettoeffekt in eine Nettokostenrechnung der Universaldienstverpflichtungen einbezogen werden.

(9) Durch die Bestimmungen dieser Richtlinie wird nicht ausgeschlossen, dass die Mitgliedstaaten für die Bereitstellung der Netz- und Dienstbestandteile des Universaldienstes verschiedene Unternehmen benennen. Die benannten Unternehmen, die die Netzbestandteile stellen, können verpflichtet werden, den Bau und die Wartung in erforderlichen und angemessenen Umfang sicherzustellen, um allen zumutbaren Anträgen auf Anschluss an das öffentliche Telefonnetz an einem festen Standort sowie auf Zugang zu öffentlichen Telefondiensten an einem festen Standort zu entsprechen.

(10) Ein erschwinglicher Preis bedeutet einen Preis, den der Mitgliedstaat unter Berücksichtigung der landesspezifischen Gegebenheiten auf nationaler Ebene festlegt, was auch die Festlegung standortunabhängiger einheitlicher Tarife oder besondere Tarifoptionen zur Abdeckung der Bedürfnisse einkommensschwacher Nutzer umfassen kann. Die Erschwinglichkeit für die einzelnen Verbraucher hängt auch mit ihren Möglichkeiten zusammen, ihre Ausgaben zu überwachen und zu steuern.

(11) Teilnehmerverzeichnisse und ein Auskunftsdienst stellen ein wesentliches Mittel für den Zugang zu öffentlichen Telefondiensten dar und sind Bestandteil der Universaldienstverpflichtung. Nutzer und Verbraucher wünschen vollständige Teilnehmerverzeichnisse und einen Auskunftsdienst, der alle Telefonteilnehmer, die ihren Eintrag nicht gesperrt haben, und ihre Nummern (einschließlich der Festnetz- und Mobilfunknummern) umfasst; sie wünschen ferner, dass diese Informationen ohne Vorzugsbehandlung bereitgestellt werden. Nach der Richtlinie 97/66/EG des Europäischen Parlaments und des Rates vom 15. Dezember 1997 über die Verarbeitung personenbezogener Daten und den Schutz der Privatsphäre im Bereich der Telekommunikation[1] wird das Recht der Teilnehmer auf Privatsphäre hinsichtlich der Aufnahme ihrer personenbezogenen Daten in ein öffentliches Verzeichnis sichergestellt.

(12) Für die Bürger ist es wichtig, dass eine ausreichende Zahl öffentlicher Münz- und Kartentelefone bereitgestellt wird und dass Notrufnummern, insbesondere die einheitliche europäische Notrufnummer 112, von jedem Telefon aus, also auch von öffentlichen Münz- und Kartentelefonen aus, ohne jegliches Zahlungsmittel kostenlos angerufen werden können. Die europäische Notrufnummer 112 ist unzureichend bekannt, weshalb den Bürgern die zusätzliche Sicherheit, die diese Notrufmöglichkeit – insbesondere bei Reisen in anderen Mitgliedstaaten – bietet, nicht zugute kommt.

(13) Die Mitgliedstaaten sollten geeignete Maßnahmen ergreifen, um den Zugang zu allen öffentlichen Telefondiensten an einem festen Standort sowie die Erschwinglichkeit dieser Dienste für behinderte Nutzer und Nutzer mit besonderen sozialen Bedürfnissen zu gewährleisten. Zu den besonderen Maßnahmen für behinderte Nutzer könnten gegebenenfalls die Bereitstellung zugänglicher öffentlicher Telefone, öffentlicher Schreibtelefone oder gleichwertige Maßnahmen für Gehörlose und Sprachgestörte, die kostenlose Bereitstellung von Auskunftsdiensten oder gleichwertige Maßnahmen für Blinde und Sehbehinderte und die auf Antrag erfolgende Bereitstellung von Einzelverbindungsnachweisen in einem alternativen Format für Blinde und Sehbehinderte gehören. Besondere Maßnahmen müssen gegebenenfalls auch getroffen werden, damit behinderte Nutzer und Nutzer mit besonderen sozialen Bedürfnissen die Notrufnummer 112 nutzen können und eine ähnliche Möglichkeit zur Auswahl verschiedener Betreiber oder Diensteanbieter haben wie andere Verbraucher. Im Zusammenhang mit einer Reihe von Parametern sind Dienstqualitätsstandards aufgestellt worden, um die Qualität der für die Teilnehmer erbrachten Dienste zu überprüfen und zu beurteilen, wie effizient die als Universaldienstbetreiber benannten Unternehmen diese Standards erfüllen. Es gibt je-

---

[1] **Amtl. Anm.:** ABl L 24 vom 30. 1. 1998, S. 1.

doch noch keine Dienstqualitätsstandards im Hinblick auf behinderte Nutzer. Leistungsstandards und einschlägige Parameter sollten für behinderte Nutzer aufgestellt werden und sind in Artikel 11 dieser Richtlinie vorgesehen. Darüber hinaus sollte es den nationalen Regulierungsbehörden ermöglicht werden, die Veröffentlichung von Leistungsdaten im Zusammenhang mit der Dienstqualität zu verlangen, wenn solche Standards und Parameter aufgestellt werden. Der Universaldienstbetreiber sollte keine Maßnahmen treffen, mit denen die Nutzer daran gehindert werden, auf das Diensteangebot anderer Betreiber oder Dienstleister in Kombination mit seinen eigenen, als Teil des Universaldienstes erbrachten Diensten zurückzugreifen.

(14) Aufgrund der großen Bedeutung sollte der Zugang zum öffentlichen Telefonnetz und dessen Nutzung an einem festen Standort für jedermann, der dies in zumutbarer Weise beantragt, verfügbar sein. Gemäß dem Subsidiaritätsprinzip ist es Angelegenheit der Mitgliedstaaten, anhand objektiver Kriterien zu entscheiden, welchen Unternehmen Universaldienstverpflichtungen gemäß dieser Richtlinie auferlegt werden, wobei die Fähigkeit und Bereitschaft von Unternehmen, alle oder einen Teil der Universaldienstverpflichtungen zu übernehmen, gegebenenfalls zu berücksichtigen ist. Es ist wichtig, dass die Universaldienstverpflichtungen auf die effizienteste Weise erfüllt werden, damit die Nutzer im allgemeinen Preise zahlen, die den Kosten einer effizienten Erbringung entsprechen. Ebenso wichtig ist, dass Universaldienstanbieter die Integrität des Netzes sowie die Kontinuität und Qualität der Dienste aufrechterhalten. Die Entwicklung eines stärkeren Wettbewerbs und einer größeren Auswahl bietet mehr Möglichkeiten dafür, dass alle oder ein Teil der Universaldienste von anderen Unternehmen als solchen mit beträchtlicher Marktmacht erbracht werden. Universaldienstverpflichtungen könnten daher in bestimmten Fällen Unternehmen auferlegt werden, die den Zugang und die Dienste nachweislich auf die kostengünstigste Weise bereitstellen, und zwar auch im Rahmen von wettbewerbsorientierten oder vergleichenden Auswahlverfahren. Entsprechende Verpflichtungen könnten als Bedingungen von Genehmigungen zur Erbringung öffentlich zugänglicher Dienste aufgenommen werden.

(15) Die Mitgliedstaaten sollten die Situation der Verbraucher bei der Nutzung öffentlich zugänglicher Telefondienste, insbesondere hinsichtlich der Erschwinglichkeit, überwachen. Die Erschwinglichkeit des Telefondienstes steht sowohl mit den Informationen in Zusammenhang, die die Nutzer zu den Kosten der Telefonnutzung erhalten, als auch mit den relativen Kosten für die Nutzung des Telefons im Vergleich zu anderen Diensten, und steht mit der Fähigkeit der Nutzer zur Kontrolle der Ausgaben in Verbindung. Erschwinglichkeit bedeutet daher, den Verbrauchern Rechte zu verschaffen, indem Unternehmen, die als Erbringer von Universaldiensten benannt werden, Verpflichtungen auferlegt werden. Zu diesen Verpflichtungen gehören ein bestimmter Detaillierungsgrad bei Einzelverbindungsnachweisen, die Möglichkeit, bestimmte abgehende Anrufe selektiv zu sperren (z. B. für teure Verbindungen zu Sonderdiensten mit erhöhter Gebühr), die Möglichkeit der Verbraucher, ihre Ausgaben durch Vorauszahlung zu begrenzen und mit vorab entrichteten Anschlussentgelten zu verrechnen. Solche Maßnahmen müssen gegebenenfalls anhand der Marktentwicklungen überprüft und angepasst werden. Nach den derzeitigen Bedingungen ist es nicht erforderlich, Betreibern mit Universaldienstverpflichtungen vorzuschreiben, die Teilnehmer darauf hinzuweisen, wenn eine im Voraus festgelegte Ausgabenhöhe erreicht wurde oder ein ungewöhnliches Nutzungsverhalten festgestellt wird. Bei einer künftigen Überprüfung der entsprechenden gesetzlichen Bestimmungen sollte überlegt werden, ob es nötig ist, die Teilnehmer auf diese Fälle hinzuweisen.

(16) Außer in Fällen wiederholter verspäteter Zahlung oder Nichtzahlung von Rechnungen sollten die Verbraucher von der sofortigen Trennung vom Netz aufgrund von Zahlungsverzug geschützt sein und, insbesondere im Fall strittiger hoher Rechnungen für Mehrwertdienste, weiterhin Zugang zu wesentlichen Telefondiensten haben, solange die Streitigkeit nicht beigelegt ist. Die Mitgliedstaaten könnten die weitere Gewährung des Zugangs davon abhängig machen, dass der Teilnehmer weiterhin die Mietentgelte für die Leitung zahlt.

(17) Qualität und Preis sind Schlüsselfaktoren in einem Wettbewerbsmarkt, und die nationalen Regulierungsbehörden sollten in der Lage sein, von Unternehmen, denen Universaldienstverpflichtungen auferlegt wurden, erzielte Dienstqualität zu überwachen. Die nationalen Regulierungsbehörden sollten bezüglich der Dienstqualität, die von diesen Unternehmen erzielt wird, in der Lage sein, geeignete Maßnahmen zu ergreifen, wo sie dies für erforderlich halten. Die nationalen Regulierungsbehörden sollten auch in der Lage sein, die Dienstqualität, die von anderen Unternehmen erzielt wird, die öffentliche Telefonnetze und/oder öffentlich zugängliche Telefondienste für Benutzer an festen Standorten betreiben, zu überwachen.

(18) Die Mitgliedstaaten sollten bei Bedarf Verfahren für die Finanzierung der Nettokosten von Universaldienstverpflichtungen in den Fällen einrichten, in denen nachgewiesen wird, dass die Verpflichtungen nur mit Verlust oder zu Nettokosten, die außerhalb der üblichen geschäftlichen Standards liegen, erfüllt werden können. Es ist wichtig sicherzustellen, dass die Nettokosten von Universaldienstverpflichtungen ordnungsgemäß berechnet werden und jede Finanzierung möglichst geringe verfälschende Auswirkungen auf den Markt und die Unternehmen hat und mit Artikel 87 und 88 des Vertrags vereinbar ist.

(19) Bei jeder Berechnung der Nettokosten des Universaldienstes sollte den Kosten und Erträgen ebenso wie den immateriellen Vorteilen, die sich aus der Erbringung des Universaldienstes ergeben, angemessen Rechnung getragen werden, doch sollte das allgemeine Ziel kostenorientierter Preisstrukturen nicht beeinträchtigt werden. Nettokosten der Universaldienstverpflichtungen sollten anhand transparenter Verfahren berechnet werden.

(20) Die Berücksichtigung des immateriellen Nutzens bedeutet, dass der finanzielle indirekte Nutzen geschätzt wird, den ein Unternehmen aus seiner Position als Erbringer eines Universaldienstes zieht, und bei der Ermittlung der Gesamtkostenbelastung von den direkten Nettokosten der Universaldienstverpflichtungen abgezogen wird.

(21) Stellt eine Universaldienstverpflichtung eine unzumutbare Belastung für ein Unternehmen dar, so sollten die Mitgliedstaaten Mechanismen zur effektiven Anlastung der Nettokosten festlegen können. Deckung durch öffentliche Mittel ist ein mögliches Verfahren zur Anlastung der Nettokosten der Universaldienstverpflichtungen. Vertretbar ist auch, dass festgestellte Nettokosten von allen Nutzern in transparenter Weise durch Abgaben auf die Unternehmen getragen werden. Die Mitgliedstaaten sollten in der Lage sein, die Nettokosten unterschiedlicher Bestandteile des Universaldienstes durch unterschiedliche Mechanismen zu finanzieren und/oder die Nettokosten einiger oder aller Bestandteile über jeden Mechanismus oder eine Kombination der Mechanismen zu finanzieren. Bei Kostenanlastung durch Abgaben auf die Unternehmen sollten die Mitgliedstaaten sicherstellen, dass das Aufteilungsverfahren auf objektiven und nicht diskriminierenden Kriterien beruht und dem Grundsatz der Verhältnismäßigkeit entspricht. Dieser Grundsatz hindert die Mitgliedstaaten nicht daran, neue Anbieter, die noch keine nennenswerte Marktpräsenz erlangt haben, von dieser Regelung zu befreien. Bei dem Finanzierungsmechanismus sollte gewährleistet sein, dass die Marktteilnehmer nur zur Finanzierung der Universaldienstverpflichtungen beitragen, nicht aber zu anderen Tätigkeiten, die nicht unmittelbar mit der Erfüllung von Universaldienstverpflichtungen zusammenhängen. Bei den Anlastungsmechanismen sollten in allen Fällen die Grundsätze des Gemeinschaftsrechts, bei Aufteilungsmechanismen insbesondere die Grundsätze der Nichtdiskriminierung und der Verhältnismäßigkeit beachtet werden. Bei den Finanzierungsmechanismen sollte sichergestellt sein, dass Nutzer in einem Mitgliedstaat keinen Beitrag zu den Universaldienstkosten in einem anderen Mitgliedstaat leisten, z. B. bei Anrufen von einem Mitgliedstaat in einen anderen.

(22) Beschließt ein Mitgliedstaat, die Nettokosten der Universaldienstverpflichtungen aus öffentlichen Mitteln zu finanzieren, ist dies so zu verstehen, dass dies die Finanzierung aus staatlichen Haushalten einschließlich anderer öffentlicher Finanzierungsquellen, wie beispielsweise staatliche Lotterien, umfasst.

(23) Die Nettokosten der Universaldienstverpflichtungen können auf alle oder auf bestimmte Unternehmensgruppen aufgeteilt werden. Die Mitgliedstaaten tragen dafür

Sorge, dass die Grundsätze der Transparenz, der geringstmöglichen Marktverfälschung, der Nichtdiskriminierung und der Verhältnismäßigkeit durch diesen Aufteilungsmechanismus nicht verletzt werden. Geringstmögliche Marktverfälschung bedeutet, dass die Beiträge so angelastet werden, dass die finanzielle Belastung der Endnutzer möglichst gering gehalten wird, beispielsweise durch eine möglichst breite Streuung der Beiträge.

(24) Die nationalen Regulierungsbehörden sollten sich davon überzeugen, dass diejenigen Unternehmen, die eine Finanzierung für den Universaldienst erhalten, zur Begründung ihres Antrags mit hinreichender Genauigkeit die spezifischen Faktoren angeben, die die Finanzierung erforderlich machen. Die für die Universaldienstverpflichtungen geltenden Kostenrechnungs- und Finanzierungsregelungen der Mitgliedstaaten sollten der Kommission mitgeteilt werden, damit die Vereinbarkeit mit dem Vertrag überprüft wird. Für die benannten Betreiber besteht der Anreiz, die ermittelten Nettokosten der Universaldienstverpflichtungen anzuheben. Deshalb sollten die Mitgliedstaaten bei den zur Finanzierung der Universaldienstverpflichtungen erhobenen Beträgen für effektive Transparenz und Kontrolle sorgen.

(25) Die Kommunikationsmärkte entwickeln sich weiter, und zwar sowohl hinsichtlich der benutzten Dienste als auch hinsichtlich der technischen Mittel, mit denen sie für die Nutzer erbracht werden. Die auf Gemeinschaftsebene festgelegten Universaldienstverpflichtungen sollten daher regelmäßig überprüft werden, damit eine Änderung oder Neufestlegung des Umfangs vorgeschlagen werden kann. Eine solche Überprüfung sollte der gesellschaftlichen, wirtschaftlichen und technischen Entwicklung und auch der Tatsache Rechnung tragen, dass eine Änderung des Umfangs die beiden Kriterien für Dienste erfüllen muss, die der großen Mehrheit der Bevölkerung zur Verfügung stehen, mit dem damit einhergehenden Risiko der sozialen Ausgrenzung derjenigen, die sich diese Dienste nicht leisten können. Bei einer Änderung des Umfangs der Universaldienstverpflichtungen ist darauf zu achten, dass bestimmte technische Varianten anderen gegenüber nicht künstlich bevorzugt werden, dass Unternehmen dieses Sektors keine unverhältnismäßige Finanzlast aufgebürdet wird (wodurch die Marktentwicklung und die Innovation beeinträchtigt würden) und dass etwaige Finanzlasten nicht ungerechterweise einkommensschwachen Verbrauchern aufgebürdet werden. Änderungen des Umfangs bedeuten automatisch, dass etwaige Nettokosten über die in dieser Richtlinie zugelassenen Verfahren finanziert werden können. Den Mitgliedstaaten ist es nicht erlaubt, den Marktbeteiligten Finanzbeiträge für Maßnahmen aufzuerlegen, die nicht Teil der Universaldienstverpflichtungen sind. Einzelnen Mitgliedstaaten bleibt es freigestellt, besondere Maßnahmen (außerhalb der Universaldienstverpflichtungen) aufzuerlegen und sie unter Beachtung des Gemeinschaftsrechts zu finanzieren, nicht jedoch durch Beiträge der Marktbeteiligten.

(26) Ein effektiverer Wettbewerb auf allen Zugangs- und Dienstleistungsmärkten wird den Nutzern mehr Wahlmöglichkeiten bieten. Das Ausmaß des wirksamen Wettbewerbs und der Wahlmöglichkeiten unterscheidet sich innerhalb der Gemeinschaft und innerhalb der Mitgliedstaaten von Gebiet zu Gebiet und je nach Zugangs- und Dienstleistungsmarkt. Beim Zugang und bei bestimmten Diensten sind einige Nutzer möglicherweise ganz oder mit beträchtlicher Marktmacht abhängig. Allgemein ist es aus Gründen der Effizienz und zur Stärkung eines wirksamen Wettbewerbs wichtig, dass die von einem Unternehmen mit beträchtlicher Marktmacht erbrachten Dienste den Kosten entsprechen. Aus Gründen der Effizienz und aus sozialen Gründen sollten die Endnutzertarife die Gegebenheiten sowohl bei der Nachfrage als auch bei den Kosten widerspiegeln, sofern dies nicht zu Wettbewerbsverfälschungen führt. Es besteht das Risiko, dass ein Unternehmen mit beträchtlicher Marktmacht auf eine Weise tätig wird, die den Markteintritt behindert oder den Wettbewerb verfälscht, beispielsweise durch die Berechnung überhöhter Preise, die Festsetzung von Kampfpreisen, die obligatorische Bündelung von Endnutzerdienstleistungen oder die ungerechtfertigte Bevorzugung bestimmter Kunden. Daher sollten die nationalen Regulierungsbehörden die Befugnis haben, einem Unternehmen mit beträchtlicher Marktmacht nach gebührender Prüfung als letztes Mittel Regulierungsmaßnahmen auf Bezug auf Endnutzer aufzuerlegen. Preisobergrenzen, geografische Mittelwerte oder vergleichbare Instrumente, sowie

nicht-regulatorische Maßnahmen wie öffentlich verfügbare Vergleiche von Endnutzertarifen könnten eingesetzt werden, um das Ziel der Förderung eines wirksamen Wettbewerbs, gleichzeitig aber auch das Ziel der Wahrung öffentlicher Interessen, wie die fortdauernde Erschwinglichkeit der öffentlich zugänglichen Telefondienste für bestimmte Verbraucher, zu erreichen. Damit die nationalen Regulierungsbehörden ihre Regulierungsaufgaben in diesem Bereich, einschließlich der Auferlegung von bestimmten Tarifen, wahrnehmen können, müssen ihnen entsprechende Informationen der Kostenrechnung zugänglich sein. Regulierungsmaßnahmen in Bezug auf Dienste für Endnutzer sollten jedoch nur auferlegt werden, wenn die nationalen Regulierungsbehörden der Auffassung sind, dass entsprechende Maßnahmen auf Großkundenebene oder Maßnahmen hinsichtlich der Betreiberauswahl oder Betreibervorauswahl die Erreichung des Ziels der Sicherstellung eines wirksamen Wettbewerbs und der Wahrung öffentlicher Interessen nicht gewährleisten würden.

(27) Erlegt eine nationale Regulierungsbehörde Verpflichtungen zur Anwendung eines Kostenrechnungssystems auf, um die Preiskontrolle zu unterstützen, so kann sie selbst eine jährliche Überprüfung durchführen, um die Einhaltung des Kostenrechnungssystems zu gewährleisten, sofern sie über das erforderliche, qualifizierte Personal verfügt, oder sie kann die Überprüfung von einer anderen qualifizierten, vom Betreiber unabhängigen Stelle durchführen lassen.

(28) Es wird für erforderlich gehalten, dass die geltenden Vorschriften für das Mindestangebot an Mietleitungen nach dem Telekommunikationsrecht der Gemeinschaft, insbesondere der Richtlinie 92/44/EWG des Rates vom 5. Juni 1992 zur Einführung des offenen Netzzugangs bei Mietleitungen[1)] weiterhin so lange angewandt werden, bis die nationalen Regulierungsbehörden nach den Marktanalyseverfahren der Richtlinie 2002/21/EG des Europäischen Parlaments und des Rates vom 7. März 2002 über einen gemeinsamen Rechtsrahmen für elektronische Kommunikationsnetze und -dienste (Rahmenrichtlinie) feststellen, dass diese Vorschriften nicht mehr erforderlich sind, weil sich in ihrem Hoheitsgebiet ein hinreichend wettbewerbsorientierter Markt entwickelt hat. Der Grad an Wettbewerb dürfte zwischen den verschiedenen Mietleitungsmärkten im Rahmen des Mindestangebots und in verschiedenen Teilen des Hoheitsgebietes unterschiedlich sein. Bei der Durchführung ihrer Marktanalyse sollten die nationalen Regulierungsbehörden unter Berücksichtigung ihrer geografischen Dimension gesonderte Bewertungen für jeden Mietleitungsmarkt im Rahmen des Mindestangebots durchführen. Mietleitungsdienste sind Pflichtdienste, die ohne Anspruch auf Entschädigungsmechanismen zu erbringen sind. Die Bereitstellung von Mietleitungen außerhalb des Mindestangebots von Mietleitungen sollte durch allgemeine Vorschriften auf Endnutzerebene statt durch spezifische Anforderungen für die Bereitstellung des Mindestangebots abgedeckt werden.

(29) Die nationalen Regulierungsbehörden können anhand einer Analyse des entsprechenden Marktes von Mobilfunkbetreibern mit beträchtlicher Marktmacht auch verlangen, dass sie ihren Teilnehmern den Zugang zu den Diensten aller zusammengeschalteten Anbieter öffentlich zugänglicher Telefondienste im Einzelwahlverfahren durch Wählen einer Kennzahl oder durch Vorauswahl ermöglichen.

(30) Verträge stellen ein wichtiges Mittel für Nutzer und Verbraucher dar, um ein Mindestmaß an Informationstransparenz und Rechtssicherheit zu gewährleisten. In einem wettbewerblichen Umfeld werden die meisten Diensteanbieter Verträge mit ihren Kunden schließen, weil dies aus wirtschaftlichen Gründen wünschenswert ist. Verbrauchertransaktionen im Zusammenhang mit elektronischen Netzen und Diensten unterliegen zusätzlich zu den Bestimmungen dieser Richtlinie den Anforderungen geltender gemeinschaftsrechtlicher Verbraucherschutzvorschriften für Verträge, insbesondere der Richtlinie 93/13/EWG des Rates vom 5. April 1993 über missbräuchliche Klauseln in Verbraucherverträgen[2)] und der Richtlinie 97/7/EG des Rates und des Europäischen Parlaments

---

[1)] **Amtl. Anm.:** ABl L 165 vom 19. 6. 1992, S. 27. Richtlinie zuletzt geändert durch die Entscheidung 98/80/EG der Kommission (ABl L 14 vom 20. 1. 1998, S. 27).
[2)] **Amtl. Anm.:** ABl L 95 vom 21. 4. 1993, S. 29.

vom 20. Mai 1997 über den Verbraucherschutz bei Vertragsabschlüssen im Fernabsatz[1]). Insbesondere sollten die Verbraucher bei ihren Vertragsbeziehungen mit ihrem unmittelbaren Telefondienstanbieter ein Mindestmaß an Rechtssicherheit in der Weise haben, dass die Vertragsbedingungen, die Dienstqualität, die Kündigungsbedingungen und die Bedingungen für die Einstellung des Dienstes, Entschädigungsregelungen und die Streitbeilegung vertraglich festgelegt sind. In den Fällen, in denen andere Diensteanbieter, die nicht unmittelbare Telefondienstanbieter sind, Verträge mit Verbrauchern schließen, sollten dieselben Informationen auch Bestandteil dieser Verträge sein. Maßnahmen zur Gewährleistung der Transparenz bei Preisen, Tarifen und Bedingungen werden es den Verbrauchern erleichtern, eine optimale Wahl zu treffen und auf diese Weise umfassend vom Wettbewerb zu profitieren.

(31) Endnutzer sollten Zugang zu öffentlich verfügbaren Informationen über Kommunikationsdienste haben. Die Mitgliedstaaten sollten in der Lage sein, die Qualität der Dienste, die in ihrem Hoheitsgebiet angeboten werden, zu überwachen. Die nationalen Regulierungsbehörden sollten in der Lage sein, Informationen zur Qualität der Dienste, die in ihrem Hoheitsgebiet angeboten werden, auf der Grundlage von Kriterien, die eine Vergleichbarkeit zwischen Diensteanbietern und Mitgliedstaaten gewährleisten, systematisch zu sammeln. Unternehmen, die Kommunikationsdienste erbringen und in einem wettbewerblichen Umfeld tätig sind, dürften angemessene und aktuelle Informationen über ihre Dienste der Vermarktung wegen öffentlich zugänglich machen. Die nationalen Regulierungsbehörden sollten dennoch in der Lage sein, die Veröffentlichung solcher Informationen vorzuschreiben, wo solche Informationen der Öffentlichkeit nachweislich nicht zur Verfügung stehen.

(32) Die Endnutzer sollten über die Garantie der Interoperabilität aller Geräte verfügen, die innerhalb der Gemeinschaft für den Digitalfernsehempfang verkauft werden. Die Mitgliedstaaten sollten in der Lage sein, ein Mindestmaß an harmonisierten Normen für solche Geräte vorzuschreiben. Diese Normen könnten von Zeit zu Zeit entsprechend der Weiterentwicklung der Technik und des Markts angepasst werden.

(33) Es ist wünschenswert, dass die Verbraucher bei digitalen Fernsehgeräten eine möglichst umfassende Zusammenschaltung vornehmen können. Die Interoperabilität stellt ein Konzept dar, das sich im Kontext dynamischer Märkte weiterentwickelt. Die Normenorganisationen sollten alles daran setzen, eine Weiterentwicklung geeigneter Normen parallel zu den betreffenden Technologien zu gewährleisten. Ferner ist es wichtig sicherzustellen, dass Fernsehgeräte Anschlüsse für die Übertragung aller erforderlichen Komponenten eines digitalen Signals einschließlich der Audio- und Videodaten, der Zugangskontrollinformationen, der dienstrelevanten Daten, des Befehlssatzes für die Anwendungsprogramm-Schnittstelle (API) angeschlossener Geräte und der Kopierschutzinformationen aufweisen. Mit dieser Richtlinie wird daher sichergestellt, dass der Funktionsumfang der offenen Schnittstelle in Bezug auf Digitalfernsehgeräte nicht durch Netzbetreiber, Diensteanbieter oder Gerätehersteller eingeschränkt wird und sich parallel zur technischen Entwicklung weiterentwickelt. Für die Darstellung und Präsentation digitaler interaktiver Fernsehdienste ist die Herausbildung einer gemeinsamen Norm durch die Marktteilnehmer für die Verbraucher von Vorteil. Im Rahmen des Vertrags können die Mitgliedstaaten und die Kommission politische Initiativen zur Förderung dieser Entwicklung ergreifen.

(34) Die Endnutzer sollten weiterhin Zugang zur Unterstützung durch Vermittlungspersonal haben, ungeachtet des Unternehmens, das den Zugang zum öffentlichen Telefonnetz bereitstellt.

(35) Die Bereitstellung von Auskunftsdiensten und Teilnehmerverzeichnissen ist bereits dem Wettbewerb geöffnet. Die Bestimmungen dieser Richtlinie ergänzen die Richtlinie 97/66/EG durch das Recht der Teilnehmer, die Aufnahme ihrer personenbezogenen Daten in ein gedrucktes oder elektronisches Verzeichnis zu verlangen. Alle Diensteanbieter, die ihren Teilnehmern Telefonnummern zuweisen, sind verpflichtet, einschlägige

---

[1]) **Amtl. Anm.:** ABl L 144 vom 4. 6. 1997, S. 19.

Informationen auf gerechte, kostenorientierte und nicht diskriminierende Weise zur Verfügung zu stellen.

(36) Es ist wichtig, dass alle Nutzer die einheitliche europäische Notrufnummer 112 und etwaige andere nationale Notrufnummern von jedem Telefon aus, also auch von öffentlichen Münz- und Kartentelefonen aus, ohne jegliches Zahlungsmittel kostenlos anrufen können. Die Mitgliedstaaten sollten bereits die erforderlichen organisatorischen Maßnahmen getroffen haben, die der nationalen Organisation des Notrufdienstes am besten angepasst sind, um sicherzustellen, dass Notrufe unter dieser Nummer angemessen beantwortet und bearbeitet werden. Die Angabe des Anruferstandorts, die den Notrufstellen – soweit technisch möglich – zu übermitteln ist, wird den Nutzern des Notrufs 112 einen besseren Schutz und mehr Sicherheit geben und den Notrufstellen die Wahrnehmung ihrer Aufgaben erleichtern, sofern die Übermittlung der Anrufe mit den zugehörigen Daten an die jeweiligen Notrufstellen gewährleistet ist. Die Entgegennahme und die Nutzung derartiger Angaben sollte im Einklang mit den einschlägigen Gemeinschaftsvorschriften über die Verarbeitung personenbezogener Daten erfolgen. Stetige Verbesserungen der Informationstechnik werden es schrittweise ermöglichen, gleichzeitig mehrere Sprachen zu vertretbaren Kosten im Netz zu handhaben. Dies wird den Bürgern Europas, die den Notruf 112 nutzen, weitere Sicherheit bieten.

(37) Der leichte Zugang zu internationalen Telefondiensten ist für die Bürger Europas und die europäischen Unternehmen von entscheidender Bedeutung. Die Vorwahl 00 wurde bereits als internationale Standardauslandsvorwahl für die Gemeinschaft festgelegt. Besondere Regelungen für Verbindungen zwischen benachbarten Orten im grenzüberschreitenden Verkehr zwischen Mitgliedstaaten können eingerichtet oder beibehalten werden. Die ITU hat gemäß der ITU-Empfehlung E.164 die Vorwahl 3883 dem europäischen Telefonnummernraum (ETNS) zugewiesen. Damit die entsprechenden Anrufe mit dem ETNS verbunden werden, sollten die Unternehmen, die öffentliche Telefonnetze betreiben, gewährleisten, dass Anrufe mit der Vorwahl 3883 direkt oder indirekt mit den in den einschlägigen ETSI-Normen angegebenen ETNS-Versorgungsnetzen verbunden werden. Maßgebend für die Verbindungsregelungen sollten die Bestimmungen der Richtlinie 2002/19/EG des Europäischen Parlaments und des Rates vom 7. März 2002 über den Zugang zu elektronischen Kommunikationsnetzen und zugehörigen Einrichtungen sowie deren Zusammenschaltung (Zugangsrichtlinie) sein.

(38) Der Zugang der Endnutzer zu allen Nummerierungsressourcen in der Gemeinschaft stellt eine entscheidende Vorbedingung des Binnenmarktes dar. Er sollte gebührenfreie Dienste, Sonderdienste mit erhöhter Gebühr und andere geografisch nicht gebundene Nummern umfassen, sofern der angerufene Teilnehmer nicht Anrufe aus bestimmten geografischen Gebieten aus kommerziellen Gründen eingeschränkt hat. Die Gebühren für Anrufe von außerhalb des betreffenden Mitgliedstaats müssen nicht dieselben sein wie die für Anrufe aus dem Mitgliedstaat selbst.

(39) Einrichtungen für die Mehrfrequenzwahl und die Anruferidentifizierung sind in modernen Telefonvermittlungsstellen in der Regel vorhanden und können daher immer öfter mit geringem Aufwand oder ohne Aufwand bereitgestellt werden. Die Mehrfrequenzwahl wird immer mehr für die Interaktion der Nutzer mit Sonderdiensten und -einrichtungen, unter anderem Mehrwertdiensten, verwendet; das Fehlen dieser Möglichkeit kann den Nutzer von diesen Diensten ausschließen. Die Mitgliedstaaten brauchen die Bereitstellung solcher Einrichtungen nicht vorzuschreiben, wenn diese bereits verfügbar sind. Die Richtlinie 97/66/EG schützt die Privatsphäre der Nutzer im Rahmen des Einzelverbindungsnachweises, indem ihnen die Möglichkeit gegeben wird, ihr Recht auf Schutz der Privatsphäre mit Hilfe der Funktion „Anruferidentifizierung" wahrzunehmen. Die europaweite Entwicklung dieser Einrichtungen würde den Verbrauchern zugute kommen und wird durch diese Richtlinie gefördert.

(40) Die Nummernübertragbarkeit ist einer der Hauptfaktoren für die Wahlmöglichkeiten der Verbraucher und einen wirksamen Wettbewerb in einem wettbewerbsorientierten Telekommunikationsumfeld, so dass Endnutzer, die dies beantragen, ihre Nummer(n) im öffentlichen Telefonnetz unabhängig vom Unternehmen, das den Dienst erbringt, behalten können sollten. Die Bereitstellung der Nummernübertragung zwischen

Anschlüssen von festen Standorten und nicht festen Standorten wird von dieser Richtlinie nicht abgedeckt. Die Mitgliedstaaten können jedoch Bestimmungen über die Übertragung von Nummern zwischen Netzen, die Dienste an festen Standorten erbringen, und Mobilfunknetzen anwenden.

(41) Der Nutzen der Nummernübertragbarkeit lässt sich dadurch erheblich steigern, dass transparente Tarifinformationen vorliegen, und zwar sowohl für Endnutzer, die ihre Nummern mitnehmen, als auch für Endnutzer, die Teilnehmer anrufen, die die Möglichkeit zur Nummernübertragung genutzt haben. Die nationalen Regulierungsbehörden sollten, soweit dies machbar ist, eine angemessene Tariftransparenz als Teil der Verwirklichung der Nummernübertragbarkeit erleichtern.

(42) Wenn die nationalen Regulierungsbehörden dafür sorgen, dass die Preise für die Zusammenschaltung im Zusammenhang mit der Nummernübertragbarkeit sich an den Kosten orientieren, können sie auch Preise auf vergleichbaren Märkten berücksichtigen.

(43) Gegenwärtig legen die Mitgliedstaaten für die zur öffentlichen Ausstrahlung von Hörfunk- und Fernsehsendungen eingerichteten Netze bestimmte Übertragungspflichten fest. Die Mitgliedstaaten sollten in der Lage sein, in Verfolgung legitimer öffentlicher Interessen den unter ihre Gerichtsbarkeit fallenden Unternehmen angemessene Übertragungspflichten aufzuerlegen; diese sollten jedoch nur auferlegt werden, soweit sie zur Erreichung der von den Mitgliedstaaten im Einklang mit dem Gemeinschaftsrecht klar umrissenen Ziele von allgemeinem Interesse erforderlich sind; sie sollten verhältnismäßig und transparent sein und regelmäßig überprüft werden. Die von den Mitgliedstaaten auferlegten Übertragungspflichten sollten zumutbar sein, das heißt sie sollten unter Berücksichtigung klar umrissener Ziele von allgemeinem Interesse dem Grundsatz der Verhältnismäßigkeit entsprechen und transparent sein; gegebenenfalls könnte hierfür ein angemessenes Entgelt vorgesehen werden. Eine derartige Übertragungspflicht kann die Übermittlung besonderer Dienste, die einen angemessenen Zugang für behinderte Nutzer ermöglichen, einschließen.

(44) Zu den Netzen für die öffentliche Verbreitung von Hörfunk- oder Fernsehsendungen gehören Kabelfernsehnetze, Satellitenrundfunknetze und terrestrische Rundfunknetze. Hierzu können auch andere Netze gehören, sofern diese von einer erheblichen Zahl von Endnutzern als Hauptmittel zum Empfang von Hörfunk- und Fernsehsendungen genutzt werden.

(45) Dienste, die die Bereitstellung von Inhalten wie das Angebot des Verkaufs eines Bündels von Hörfunk- oder Fernsehinhalten umfassen, fallen nicht unter den gemeinsamen Rechtsrahmen für elektronische Kommunikationsnetze und -dienste. Die Anbieter dieser Dienste sollten in Bezug auf diese Tätigkeiten keiner Universaldienstverpflichtung unterliegen. Mit dem Gemeinschaftsrecht zu vereinbarende einzelstaatliche Maßnahmen in Bezug auf diese Dienste bleiben von dieser Richtlinie unberührt.

(46) In Fällen, in denen ein Mitgliedstaat die Erbringung anderer besonderer Dienstleistungen innerhalb seines Hoheitsgebiets sicherstellen will, sollten solche Verpflichtungen auf kosteneffizienter Basis und außerhalb der Universaldienstverpflichtungen auferlegt werden. Dementsprechend können die Mitgliedstaaten im Einklang mit dem Gemeinschaftsrecht weitere Maßnahmen (wie die Erleichterung der Entwicklung von Infrastrukturen oder Diensten in Fällen, in denen der Markt den Bedarf von Endnutzern oder Verbrauchern nicht zufrieden stellend abdeckt) ergreifen. Der Europäische Rat (Lissabon, 23./24. März 2000) hat als Antwort auf die eEurope-Initiative der Kommission die Mitgliedstaaten aufgerufen, für alle Schulen den Zugang zum Internet und zu Multimedia-Angeboten zu gewährleisten.

(47) In einem vom Wettbewerb geprägten Umfeld sollten die Ansichten der Betroffenen, einschließlich der Nutzer und Verbraucher, von den nationalen Regulierungsbehörden berücksichtigt werden, wenn sie mit Endnutzerrechten zusammenhängende Angelegenheiten behandeln. Es sollte wirksame Verfahren für die Beilegung von Streitigkeiten sowohl zwischen Verbrauchern einerseits und Unternehmen, die öffentlich zugängliche Kommunikationsdienste erbringen, andererseits geben. Die Mitgliedstaaten sollten der Empfehlung 98/257/EG der Kommission vom 30. März 1998 betreffend die Grundsätze

für Einrichtungen, die für die außergerichtliche Beilegung von Verbraucherrechtsstreitigkeiten zuständig sind[1], umfassend Rechnung tragen.

(48) Die Ko-Regulierung eignet sich zur Förderung höherer Qualitätsstandards und besserer Dienstleistungsqualität. Ko-Regulierung muss von den gleichen Grundsätzen wie formale Regulierungen bestimmt sein, d. h. sie sollte objektiv, gerechtfertigt, verhältnismäßig, nicht diskriminierend und transparent sein.

(49) Diese Richtlinie sollte Elemente des Verbraucherschutzes wie eindeutige Vertragsbedingungen, Streitbeilegung und Tariftransparenz für die Verbraucher vorsehen. Sie sollte ferner die Ausweitung derartiger Vorteile auf andere Kategorien von Endnutzern, insbesondere kleine und mittlere Unternehmen, fördern.

(50) Die Bestimmungen dieser Richtlinie hindern einen Mitgliedstaat nicht daran, Maßnahmen aufgrund der Artikel 30 und 46 des Vertrags zu treffen, insbesondere aus Gründen der öffentlichen Sicherheit, Ordnung und Sittlichkeit.

(51) Da die Ziele der vorgeschlagenen Maßnahmen, nämlich die Festlegung eines gemeinsamen Niveaus beim Universaldienst in der Telekommunikation für alle europäischen Nutzer und die Harmonisierung der Zugangs- und Nutzungsbedingungen für öffentliche Telefonnetze an einem festen Standort und damit zusammenhängende öffentlich zugängliche Telefondienste, auf Ebene der Mitgliedstaaten nicht ausreichend erreicht werden können und ferner das Ziel, einen harmonisierten Rechtsrahmen für elektronische Kommunikationsdienste, elektronische Kommunikationsnetze und zugehörige Einrichtungen zu schaffen, von den Mitgliedstaaten nicht in ausreichendem Maße erreicht werden kann und diese Ziele daher wegen des Umfangs und der Wirkungen der Maßnahmen besser auf Gemeinschaftsebene zu erreichen sind, kann die Gemeinschaft im Einklang mit dem in Artikel 5 des Vertrags niedergelegten Subsidiaritätsprinzip tätig werden. Entsprechend dem in demselben Artikel genannten Verhältnismäßigkeitsprinzip geht diese Richtlinie nicht über das für die Erreichung dieser Ziele erforderliche Maß hinaus.

(52) Die zur Durchführung dieser Richtlinie erforderlichen Maßnahmen sollten gemäß dem Beschluss 1999/468/EG des Rates vom 28. Juni 1999 zur Festlegung der Modalitäten für die Ausübung der der Kommission übertragenen Durchführungsbefugnisse[2] erlassen werden –

HABEN FOLGENDE RICHTLINIE ERLASSEN:

## Kapitel I: Anwendungsbereich, Ziele und Begriffsbestimmungen

### Artikel 1  Anwendungsbereich und Ziele

(1) Innerhalb des Rahmens der Richtlinie 2002/21/EG (Rahmenrichtlinie) betrifft diese Richtlinie die Bereitstellung elektronischer Kommunikationsnetze und -dienste für Endnutzer. Sie zielt ab auf die Gewährleistung der Verfügbarkeit gemeinschaftsweiter hochwertiger, öffentlich zugänglicher Dienste durch wirksamen Wettbewerb und Angebotsvielfalt und regelt gleichzeitig die Fälle, in denen die Bedürfnisse der Endnutzer durch den Markt nicht ausreichend befriedigt werden können.

(2) Diese Richtlinie begründet die Rechte der Endnutzer und die entsprechenden Pflichten von Unternehmen, die öffentlich zugängliche elektronische Kommunikationsnetze und -dienste bereitstellen. Im Hinblick auf die Gewährleistung eines Universaldienstes in einem Umfeld mit offenen und wettbewerbsorientierten Märkten legt die Richtlinie das Mindestangebot an Diensten mit definierter Qualität fest, zu denen alle Endnutzer unter Berücksichtigung der spezifischen nationalen Gegebenheiten zu einem erschwinglichen Preis und unter Vermeidung von Wettbewerbsverzerrungen Zugang haben. Diese Richtlinie enthält auch Verpflichtungen bezüglich der Bereitstellung bestimmter Pflichtdienste wie der Bereitstellung von Mietleitungen für Endnutzer.

---

1) **Amtl. Anm.:** ABl L 115 vom 17. 4. 1998, S. 31.
2) **Amtl. Anm.:** ABl L 184 vom 17. 7. 1999, S. 23.

**Artikel 2  Begriffsbestimmungen**

Für die Zwecke dieser Richtlinie gelten die Begriffsbestimmungen in Artikel 2 der Richtlinie 2002/21/EG (Rahmenrichtlinie).

Darüber hinaus gelten folgende Begriffsbestimmungen:

a) „öffentliches Münz- oder Kartentelefon": ein der Allgemeinheit zur Verfügung stehendes Telefon, für dessen Nutzung als Zahlungsmittel unter anderem Münzen, Kredit-/Abbuchungskarten oder Guthabenkarten, auch solche mit Einwahlcode, verwendet werden können;

b) „öffentliches Telefonnetz": ein elektronisches Kommunikationsnetz, das zur Bereitstellung öffentlich zugänglicher Telefondienste genutzt wird; es ermöglicht die Übertragung gesprochener Sprache zwischen Netzabschlusspunkten sowie andere Arten der Kommunikation wie Telefax- und Datenübertragung;

c) „öffentlich zugänglicher Telefondienst": ein der Öffentlichkeit zur Verfügung stehender Dienst für das Führen von Inlands- und Auslandsgesprächen und für Notrufe über eine oder mehrere Nummern in einem nationalen oder internationalen Telefonnummernplan; gegebenenfalls kann der Dienst zusätzlich einen oder mehrere der folgenden Dienste einschließen: die Unterstützung durch Vermittlungspersonal, Auskunftsdienste, Teilnehmerverzeichnisse, die Bereitstellung öffentlicher Münz- oder Kartentelefone, die Erbringung des Dienstes gemäß besonderen Bedingungen und die Bereitstellung besonderer Einrichtungen für Kunden mit Behinderungen oder besonderen sozialen Bedürfnissen und/oder die Bereitstellung geografisch nicht gebundener Dienste;

d) „geografisch gebundene Nummer": eine Nummer des nationalen Nummernplans, bei der ein Teil der Ziffernfolge einen geografischen Bezug hat, der für die Leitwegbestimmung von Anrufen zum physischen Standort des Netzabschlusspunktes benutzt wird;

e) „Netzabschlusspunkt": der physische Punkt, an dem einem Teilnehmer der Zugang zu einem öffentlichen Kommunikationsnetz bereitgestellt wird; in Netzen, in denen eine Vermittlung oder Leitwegbestimmung erfolgt, wird der Netzabschlusspunkt anhand einer bestimmten Netzadresse bezeichnet, die mit der Nummer oder dem Namen eines Teilnehmers verknüpft sein kann;

f) „geografisch nicht gebundene Nummer": eine Nummer des nationalen Nummernplans, bei der es sich nicht um eine geografisch gebundene Nummer handelt; dieser Begriff erfasst unter anderem die Nummern für Mobiltelefone, gebührenfreie Dienste und Sonderdienste mit erhöhtem Tarif.

## Kapitel II:  Universaldienstverpflichtungen einschließlich sozialer Verpflichtungen

### Artikel 3  Verfügbarkeit des Universaldienstes

(1) Die Mitgliedstaaten stellen sicher, dass die in diesem Kapitel beschriebenen Dienste mit der angegebenen Qualität allen Endnutzern in ihrem Hoheitsgebiet, unabhängig von ihrem geografischen Standort und, unter Berücksichtigung der landesspezifischen Gegebenheiten, zu einem erschwinglichen Preis zur Verfügung gestellt werden.

(2) Die Mitgliedstaaten legen den effizientesten und am besten geeigneten Ansatz fest, mit dem der Universaldienst sichergestellt werden kann, wobei die Grundsätze der Objektivität, Transparenz, Nichtdiskriminierung und Verhältnismäßigkeit einzuhalten sind. Sie tragen dafür Sorge, Marktverfälschungen zu minimieren, insbesondere die Erbringung von Diensten zu Preisen oder sonstigen Bedingungen, die von normalen wirtschaftlichen Gegebenheiten abweichen, und berücksichtigen dabei die Wahrung des öffentlichen Interesses.

**Artikel 4  Bereitstellung des Zugangs an einem festen Standort**

(1) Die Mitgliedstaaten stellen sicher, dass allen zumutbaren Anträgen auf Anschluss an das öffentliche Telefonnetz an einem festen Standort und auf Zugang zu öffentlichen Telefondiensten an einem festen Standort von mindestens einem Unternehmen entsprochen wird.

(2) Der bereitgestellte Anschluss muss es den Endnutzern ermöglichen, Orts-, Inlands- und Auslandsgespräche zu führen sowie Telefax- und Datenkommunikation mit Übertragungsraten, die für einen funktionalen Internetzugang ausreichen, durchzuführen; zu berücksichtigen sind dabei die von der Mehrzahl der Teilnehmer vorherrschend verwendeten Technologien und die technische Durchführbarkeit.

**Artikel 5  Auskunftsdienste und Teilnehmerverzeichnisse**

(1) Die Mitgliedstaaten stellen sicher, dass
a) den Endnutzern mindestens ein umfassendes Teilnehmerverzeichnis in einer von der zuständigen Behörde gebilligten Form, entweder in gedruckter oder in elektronischer Form oder in beiden, zur Verfügung steht, das regelmäßig und mindestens einmal jährlich aktualisiert wird;
b) allen Endnutzern, einschließlich der Nutzer öffentlicher Münz- oder Kartentelefone, mindestens ein umfassender Telefonauskunftsdienst zur Verfügung steht.

(2) Die in Absatz 1 genannten Verzeichnisse umfassen vorbehaltlich der Bestimmungen von Artikel 11 der Richtlinie 97/66/EG alle Teilnehmer öffentlich zugänglicher Telefondienste.

(3) Die Mitgliedstaaten sorgen dafür, dass Unternehmen, die die in Absatz 1 genannten Dienste erbringen, den Grundsatz der Nichtdiskriminierung bei der Verarbeitung der Informationen, die ihnen von anderen Unternehmen bereitgestellt werden, anwenden.

**Artikel 6  Öffentliche Münz- und Kartentelefone**

(1) Die Mitgliedstaaten stellen sicher, dass die nationalen Regulierungsbehörden den Unternehmen Verpflichtungen auferlegen können, mit denen sichergestellt wird, dass öffentliche Münz- oder Kartentelefone bereitgestellt werden, um die vertretbaren Bedürfnisse der Endnutzer hinsichtlich der geografischen Versorgung, der Zahl der Telefone, der Zugänglichkeit derartiger Telefone für behinderte Nutzer und der Dienstqualität zu erfüllen.

(2) Ein Mitgliedstaat stellt sicher, dass seine nationale Regulierungsbehörde aufgrund einer Anhörung Betroffener gemäß Artikel 33 entscheiden kann, die Verpflichtungen nach Absatz 1 in seinem gesamten Hoheitsgebiet oder einem Teil davon nicht vorzuschreiben, wenn er diese Dienstmerkmale oder vergleichbare Dienste als weithin verfügbar erachtet.

(3) Die Mitgliedstaaten stellen sicher, dass Notrufe von öffentlichen Münz- und Kartentelefonen mit der einheitlichen europäischen Notrufnummer 112 und anderen nationalen Notrufnummern kostenlos und ohne Verwendung eines Zahlungsmittels durchgeführt werden können.

**Artikel 7  Besondere Maßnahmen für behinderte Nutzer**

(1) Die Mitgliedstaaten ergreifen gegebenenfalls besondere Maßnahmen für behinderte Endnutzer, um den Zugang zu öffentlichen Telefondiensten, einschließlich Notruf- und Auskunftsdiensten sowie Teilnehmerverzeichnissen, und deren Erschwinglichkeit sicherzustellen, wobei dieser Zugang dem den anderen Endnutzern eingeräumten Zugang gleichwertig sein muss.

(2) Die Mitgliedstaaten können angesichts der nationalen Gegebenheiten besondere Maßnahmen ergreifen, um sicherzustellen, dass behinderte Endnutzer auch die Wahlmöglichkeit zwischen Betreibern und Diensteanbietern nutzen können, die der Mehrheit der Endnutzer zur Verfügung steht.

### Artikel 8   Benennung von Unternehmen

(1) Die Mitgliedstaaten können ein oder mehrere Unternehmen benennen, die die Erbringung des Universaldienstes gemäß den Artikeln 4, 5, 6 und 7 und – sofern anwendbar – Artikel 9 Absatz 2 gewährleisten, so dass das gesamte Hoheitsgebiet versorgt werden kann. Die Mitgliedstaaten können verschiedene Unternehmen oder Unternehmensgruppen für die Erbringung verschiedener Bestandteile des Universaldienstes und/oder zur Versorgung verschiedener Teile des Hoheitsgebiets benennen.

(2) Verpflichten die Mitgliedstaaten eines oder mehrere Unternehmen zu Universaldiensten im gesamten Hoheitsgebiet oder einem Teil davon, erfolgt dies unter Anwendung eines effizienten, objektiven, transparenten und nicht diskriminierenden Benennungsverfahrens, wobei kein Unternehmen von vornherein von der Benennung ausgeschlossen wird. Diese Benennungsverfahren gewährleisten, dass der Universaldienst auf kostengünstige Weise erbracht wird, und können für die Ermittlung der Nettokosten der Universaldienstverpflichtungen gemäß Artikel 12 herangezogen werden.

### Artikel 9   Erschwinglichkeit der Tarife

(1) Die nationalen Regulierungsbehörden überwachen die Entwicklung und Höhe der Endnutzertarife der Dienste, die gemäß den Artikeln 4, 5, 6 und 7 unter die Universaldienstverpflichtungen fallen und von benannten Unternehmen erbracht werden, insbesondere im Verhältnis zu den nationalen Verbraucherpreisen und Einkommen.

(2) Die Mitgliedstaaten können unter Berücksichtigung der nationalen Gegebenheiten verlangen, dass die benannten Unternehmen den Verbrauchern Tarifoptionen oder Tarifbündel anbieten, die von unter üblichen wirtschaftlichen Gegebenheiten gemachten Angeboten abweichen, insbesondere um sicherzustellen, dass einkommensschwache Personen oder Personen mit besonderen sozialen Bedürfnissen Zugang zum öffentlichen Telefondienst haben und diesen nutzen können.

(3) Die Mitgliedstaaten können – über Vorschriften für die Bereitstellung besonderer Tarifoptionen durch die benannten Unternehmen oder zur Einhaltung von Preisobergrenzen oder der Anwendung geografischer Mittelwerte oder anderer ähnlicher Systeme hinaus – dafür Sorge tragen, dass diejenigen Verbraucher unterstützt werden, die über niedrige Einkommen verfügen oder besondere soziale Bedürfnisse haben.

(4) Die Mitgliedstaaten können Unternehmen, denen Verpflichtungen nach den Artikeln 4, 5, 6 und 7 auferlegt wurden, unter Berücksichtigung der nationalen Gegebenheiten die Anwendung einheitlicher Tarife einschließlich geografischer Mittelwerte im gesamten Hoheitsgebiet oder die Einhaltung von Preisobergrenzen vorschreiben.

(5) Die nationalen Regulierungsbehörden stellen sicher, dass im Falle eines benannten Unternehmens, das zur Bereitstellung besonderer Tarifoptionen, einheitlicher Tarife, einschließlich geografischer Mittelwerte, oder zur Einhaltung von Preisobergrenzen verpflichtet wurde, die Bedingungen vollständig transparent sind und veröffentlicht werden und ihre Anwendung gemäß dem Grundsatz der Nichtdiskriminierung erfolgt. Die nationalen Regulierungsbehörden können verlangen, dass bestimmte Regelungen geändert oder zurückgezogen werden.

### Artikel 10   Ausgabenkontrolle

(1) Die Mitgliedstaaten stellen sicher, dass die benannten Unternehmen bei der Bereitstellung von Einrichtungen und Diensten, die über die in den Artikeln 4, 5, 6 und 7 sowie in Artikel 9 Absatz 2 genannten Einrichtungen und Dienste hinausgehen, die Bedingungen so festlegen, dass der Teilnehmer nicht für Einrichtungen oder Dienste zu zahlen hat, die nicht notwendig oder für den beantragten Dienst nicht erforderlich sind.

(2) Die Mitgliedstaaten stellen sicher, dass die benannten Unternehmen, denen Verpflichtungen nach den Artikeln 4, 5, 6 und 7 und nach Artikel 9 Absatz 2 auferlegt sind, die in Anhang I Teil A aufgeführten besonderen Einrichtungen und Dienste bereitstellen, damit die Teilnehmer ihre Ausgaben überwachen und steuern und so eine nicht gerechtfertigte Abschaltung des Dienstes vermeiden können.

(3) Die Mitgliedstaaten stellen sicher, dass die zuständige Behörde in der Lage ist, von der Anwendung der Anforderungen des Absatzes 2 im gesamten Hoheitsgebiet oder einem Teil davon abzusehen, wenn sie die Dienstmerkmale als weithin verfügbar erachtet.

### Artikel 11   Dienstqualität benannter Unternehmen

(1) Die nationalen Regulierungsbehörden stellen sicher, dass alle benannten Unternehmen, denen Verpflichtungen nach den Artikeln 4, 5, 6 und 7 sowie nach Artikel 9 Absatz 2 auferlegt sind, angemessene und aktuelle Informationen über ihre Leistungen bei der Bereitstellung des Universaldienstes veröffentlichen und dabei die in Anhang III dargelegten Parameter, Definitionen und Messverfahren für die Dienstqualität zugrunde legen. Die veröffentlichten Informationen sind auch der nationalen Regulierungsbehörde vorzulegen.

(2) Die nationalen Regulierungsbehörden können unter anderem zusätzliche Qualitätsstandards festlegen, soweit einschlägige Parameter aufgestellt worden sind, um die Leistung der Unternehmen bei der Erbringungen von Diensten für behinderte Endnutzer und Verbraucher zu bewerten. Die nationalen Regulierungsbehörden stellen sicher, dass Informationen über die Leistung der Unternehmen im Zusammenhang mit diesen Parametern ebenfalls veröffentlicht und den nationalen Regulierungsbehörden zugänglich gemacht werden.

(3) Die nationalen Regulierungsbehörden können darüber hinaus den Inhalt, die Form und die Art der zu veröffentlichenden Informationen festlegen, um sicherzustellen, dass die Endnutzer und Verbraucher Zugang zu umfassenden, vergleichbaren und benutzerfreundlichen Informationen haben.

(4) Die nationalen Regulierungsbehörden können Leistungsziele für Unternehmen mit Universaldienstverpflichtungen, die zumindest Artikel 4 entsprechen, festlegen. Dabei berücksichtigen die nationalen Regulierungsbehörden die Ansichten Betroffener, und zwar insbesondere gemäß Artikel 33.

(5) Die Mitgliedstaaten sorgen dafür, dass die nationalen Regulierungsbehörden in der Lage sind, die Einhaltung dieser Leistungsziele durch die benannten Unternehmen zu überwachen.

(6) Erfüllt ein Unternehmen über einen längeren Zeitraum die Leistungsziele nicht, können besondere Maßnahmen entsprechend der Richtlinie 2002/20/EG des Europäischen Parlaments und des Rates vom 7. März 2002 über die Genehmigung elektronischer Kommunikationsnetze und -dienste (Genehmigungsrichtlinie) getroffen werden. Die nationalen Regulierungsbehörden können unabhängige Nachprüfungen der Leistungsdaten oder ähnliche Begutachtungen anordnen, für deren Kosten das betreffende Unternehmen aufkommt, um die Richtigkeit und Vergleichbarkeit der von Unternehmen mit Universaldienstverpflichtungen bereitgestellten Daten zu gewährleisten.

### Artikel 12   Berechnung der Kosten der Universaldienstverpflichtungen

(1) Wenn nach Auffassung der nationalen Regulierungsbehörden die Bereitstellung des Universaldienstes gemäß den Artikeln 3 bis 10 möglicherweise eine unzumutbare Belastung für die Unternehmen darstellt, die zur Erbringung des Universaldienstes benannt sind, berechnen sie die Nettokosten für die Bereitstellung des Universaldienstes. Zu diesem Zweck

a) berechnet die nationale Regulierungsbehörde die Nettokosten der Universaldienstverpflichtung gemäß Anhang IV Teil A, wobei der den zur Bereitstellung des Universaldienstes benannten Unternehmen entstehende Marktvorteil berücksichtigt wird, oder

b) wendet die nationale Regulierungsbehörde die nach dem Benennungsverfahren gemäß Artikel 8 Absatz 2 ermittelten Nettokosten für die Bereitstellung des Universaldienstes an.

(2) Die zur Berechnung der Nettokosten von Universaldienstverpflichtungen nach Absatz 1 Buchstabe a) dienenden Konten und/oder weiteren Informationen sind von der nationalen Regulierungsbehörde oder einer von den jeweiligen Parteien unabhängigen

und von der nationalen Regulierungsbehörde zugelassenen Behörde zu prüfen oder zu kontrollieren. Die Ergebnisse der Kostenberechnung und die Ergebnisse der Prüfung müssen der Öffentlichkeit zugänglich sein.

### Artikel 13  Finanzierung der Universaldienstverpflichtungen

(1) Wenn die nationalen Regulierungsbehörden auf der Grundlage der Berechnung der Nettokosten nach Artikel 12 feststellen, dass ein Unternehmen unzumutbar belastet wird, beschließen die Mitgliedstaaten auf Antrag eines benannten Unternehmens,

a) ein Verfahren einzuführen, mit dem das Unternehmen für die ermittelten Nettokosten unter transparenten Bedingungen aus öffentlichen Mitteln entschädigt wird, und/oder

b) die Nettokosten der Universaldienstverpflichtungen unter den Betreibern von elektronischen Kommunikationsnetzen und -diensten aufzuteilen.

(2) Wenn die Nettokosten gemäß Absatz 1 Buchstabe b) aufgeteilt werden, haben die Mitgliedstaaten ein Aufteilungsverfahren einzuführen, das von der nationalen Regulierungsbehörde oder einer Stelle verwaltet wird, die von den Begünstigten unabhängig ist und von der nationalen Regulierungsbehörde überwacht wird. Es dürfen nur die gemäß Artikel 12 ermittelten Nettokosten der in den Artikeln 3 bis 10 vorgesehenen Verpflichtungen finanziert werden.

(3) Bei einem Aufteilungsverfahren sind die Grundsätze der Transparenz, der geringstmöglichen Marktverfälschung, der Nichtdiskriminierung und der Verhältnismäßigkeit entsprechend den Grundsätzen des Anhangs IV Teil B einzuhalten. Es steht den Mitgliedstaaten frei, von Unternehmen, deren Inlandsumsatz unterhalb einer bestimmten Grenze liegt, keine Beiträge zu erheben.

(4) Die eventuell im Zusammenhang mit der Aufteilung der Kosten von Universaldienstverpflichtungen erhobenen Entgelte müssen ungebündelt sein und für jedes Unternehmen gesondert erfasst werden. Solche Entgelte dürfen Unternehmen, die im Hoheitsgebiet eines Mitgliedstaats mit Kostenteilung keine Dienste erbringen, nicht auferlegt oder von ihnen erhoben werden.

### Artikel 14  Transparenz

(1) Wird ein Verfahren zur Aufteilung der Nettokosten von Universaldienstverpflichtungen gemäß Artikel 13 eingerichtet, stellen die nationalen Regulierungsbehörden sicher, dass die Grundsätze für die Kostenteilung und die Einzelheiten des angewendeten Verfahrens öffentlich zugänglich sind.

(2) Die nationalen Regulierungsbehörden sorgen vorbehaltlich der gemeinschaftlichen und einzelstaatlichen Rechtsvorschriften über das Geschäftsgeheimnis dafür, dass ein jährlicher Bericht veröffentlicht wird, in dem die berechneten Kosten der Universaldienstverpflichtungen angegeben sind und die Beiträge aller Unternehmen aufgeführt sowie alle etwaigen dem als Universaldienstbetreiber benannten Unternehmen entstehenden Marktvorteile dargelegt werden, soweit ein Fonds eingerichtet wurde und tätig ist.

### Artikel 15  Überprüfung des Umfangs des Universaldienstes

(1) Die Kommission überprüft regelmäßig den Umfang des Universaldienstes, insbesondere im Hinblick auf Vorschläge an das Europäische Parlament und den Rat, mit denen bezweckt wird, den Umfang zu ändern oder neu festzulegen. Eine Überprüfung findet erstmals innerhalb von zwei Jahren nach dem in Artikel 38 Absatz 1 Unterabsatz 2 genannten Zeitpunkt des Beginns der Anwendung dieser Richtlinie und danach alle drei Jahre statt.

(2) Die Überprüfung wird anhand der sozialen, wirtschaftlichen und technischen Entwicklungen vorgenommen, unter anderem unter Berücksichtigung von Mobilität und Übertragungsraten im Zusammenhang mit den von der Mehrzahl der Teilnehmer vorherrschend verwendeten Technologien. Das Überprüfungsverfahren wird gemäß An-

hang V durchgeführt. Die Kommission legt dem Europäischen Parlament und dem Rat einen Bericht über das Ergebnis dieser Überprüfung vor.

## Kapitel III: Regulierungsmaßnahmen in Bezug auf Unternehmen mit beträchtlicher Marktmacht auf speziellen Märkten

**Artikel 16  Überprüfung der Verpflichtungen**

(1) Die Mitgliedstaaten erhalten alle Verpflichtungen für

a) Endnutzertarife für die Bereitstellung des Zugangs zum öffentlichen Telefonnetz und dessen Nutzung nach Artikel 17 der Richtlinie 98/10/EG des Europäischen Parlaments und des Rates vom 26. Februar 1998 über die Anwendung des offenen Netzzugangs (ONP) beim Sprachtelefondienst und den Universaldienst im Telekommunikationsbereich in einem wettbewerbsorientierten Umfeld[1]),

b) die Betreiberauswahl und Betreibervorauswahl nach der Richtlinie 97/33/EG des Europäischen Parlaments und des Rates vom 30. Juni 1997 über die Zusammenschaltung in der Telekommunikation im Hinblick auf die Sicherstellung eines Universaldienstes und der Interoperabilität durch Anwendung der Grundsätze für einen offenen Netzzugang (ONP)[2]),

c) Mietleitungen nach den Artikeln 3, 4, 6, 7, 8 und 10 der Richtlinie 92/44/EWG

so lange aufrecht, bis diese Verpflichtungen einer Überprüfung unterzogen wurden und eine Feststellung gemäß Absatz 3 des vorliegenden Artikels getroffen wurde.

(2) Die Kommission gibt die relevanten Märkte für die Verpflichtungen bezüglich des Endnutzermarktes in der ersten Empfehlung in Bezug auf die relevanten Produkt- und Dienstmärkte und in der Entscheidung zur Festlegung der länderübergreifenden Märkte an, die gemäß Artikel 15 der Richtlinie 2002/21/EG (Rahmenrichtlinie) anzunehmen ist.

(3) Die Mitgliedstaaten stellen sicher, dass die nationalen Regulierungsbehörden möglichst bald nach Inkrafttreten dieser Richtlinie und danach in regelmäßigen Abständen eine Marktanalyse nach Artikel 16 der Richtlinie 2002/21/EG (Rahmenrichtlinie) vornehmen, um festzustellen, ob die Verpflichtungen bezüglich des Endnutzermarktes beibehalten, geändert oder aufgehoben werden sollen. Alle getroffenen Maßnahmen unterliegen dem Verfahren des Artikels 7 der Richtlinie 2002/21/EG (Rahmenrichtlinie).

**Artikel 17  Regulierungsmaßnahmen in Bezug auf Dienste für Endnutzer**

(1) Die Mitgliedstaaten tragen dafür Sorge, dass

a) wenn eine nationale Regulierungsbehörde aufgrund einer nach Artikel 16 Absatz 3 durchgeführten Marktanalyse feststellt, dass auf einem gemäß Artikel 15 der Richtlinie 2002/21/EG (Rahmenrichtlinie) ermittelten Endnutzermarkt kein wirksamer Wettbewerb herrscht, und

b) wenn die nationale Regulierungsbehörde zu der Schlussfolgerung kommt, dass die Verpflichtungen nach der Richtlinie 2002/19/EG (Zugangsrichtlinie) oder nach Artikel 19 der vorliegenden Richtlinie nicht zur Erreichung der in Artikel 8 der Richtlinie 2002/21/EG (Rahmenrichtlinie) vorgegebenen Ziele führen würden,

die nationale Regulierungsbehörde den Unternehmen, die auf diesem Endnutzermarkt gemäß Artikel 14 der Richtlinie 2002/21/EG (Rahmenrichtlinie) als Unternehmen mit beträchtlicher Marktmacht eingestuft werden, geeignete regulatorische Verpflichtungen auferlegt.

(2) Die nach Absatz 1 auferlegten Verpflichtungen sollen der Art des festgestellten Problems entsprechen und angesichts der Ziele nach Artikel 8 der Richtlinie 2002/21/EG

---

1) **Amtl. Anm.:** ABl L 101 vom 1. 4. 1998, S. 24.
2) **Amtl. Anm.:** ABl L 199 vom 26. 7. 1997, S. 32. Richtlinie geändert durch die Richtlinie 98/61/EG (ABl L 268 vom 3. 10. 1998, S. 37).

(Rahmenrichtlinie) verhältnismäßig und gerechtfertigt sein. Zu den auferlegten Verpflichtungen können auch die Anforderungen gehören, dass die Unternehmen keine überhöhten Preise berechnen, den Markteintritt nicht behindern, keine Kampfpreise zur Ausschaltung des Wettbewerbs anwenden, bestimmte Endnutzer nicht unangemessen bevorzugen oder Dienste nicht ungerechtfertigt bündeln. Die nationalen Regulierungsbehörden können diesen Unternehmen geeignete Maßnahmen zur Einhaltung von Obergrenzen bei Endnutzerpreisen, Maßnahmen zur Kontrolle von Einzeltarifen oder Maßnahmen im Hinblick auf kostenorientierte Tarife oder Preise von vergleichbaren Märkten auferlegen, um die Interessen der Endnutzer zu schützen und einen wirksamen Wettbewerb zu fördern.

(3) Die nationalen Regulierungsbehörden übermitteln der Kommission auf Anforderung Informationen über die durchgeführten Regulierungsmaßnahmen für den Endnutzermarkt und gegebenenfalls das von den betreffenden Unternehmen verwendete Kostenrechnungssystem.

(4) Ist ein Unternehmen verpflichtet, seine Endnutzertarife oder andere endnutzerrelevante Aspekte der Regulierung zu unterwerfen, gewährleisten die nationalen Regulierungsbehörden, dass die erforderlichen und geeigneten Kostenrechnungssysteme eingesetzt werden. Die nationalen Regulierungsbehörden können das Format und die anzuwendende Berechnungsmethode vorgeben. Die Einhaltung des Kostenrechnungssystems wird durch eine qualifizierte unabhängige Stelle überprüft. Die nationalen Regulierungsbehörden stellen sicher, dass jährlich eine Erklärung hinsichtlich der Übereinstimmung mit diesen Vorschriften veröffentlicht wird.

(5) Unbeschadet des Artikels 9 Absatz 2 und des Artikels 10 wenden die nationalen Regulierungsbehörden in geografischen Märkten oder Nutzermärkten, auf denen sie einen wirksamen Wettbewerb festgestellt haben, keine Verfahren zur Regulierung des Endnutzermarktes nach Absatz 1 des vorliegenden Artikels an.

**Artikel 18 Regulierungsmaßnahmen in Bezug auf das Mindestangebot an Mietleitungen**

(1) Stellt eine nationale Regulierungsbehörde als Ergebnis einer nach Artikel 16 Absatz 2 durchgeführten Marktanalyse fest, dass auf dem Markt für die Bereitstellung eines Teils oder der Gesamtheit des Mindestangebots an Mietleitungen kein wirksamer Wettbewerb herrscht, so ermittelt sie die Unternehmen, die hinsichtlich der Bereitstellung dieser spezifischen Bestandteile des Mindestangebots an Mietleitungsdiensten im gesamten Hoheitsgebiet oder einem Teil des Hoheitsgebiets über eine beträchtliche Marktmacht verfügen, gemäß Artikel 14 der Richtlinie 2002/21/EG (Rahmenrichtlinie). Die nationale Regulierungsbehörde erlegt diesen Unternehmen in Bezug auf die speziellen Mietleitungsmärkte Verpflichtungen zur Bereitstellung des Mindestangebots an Mietleitungen gemäß dem Verzeichnis von Normen, das nach Artikel 17 der Richtlinie 2002/21/EG (Rahmenrichtlinie) im Amtsblatt der Europäischen Gemeinschaften veröffentlicht wird, sowie die für diese Unternehmen geltenden Bedingungen für die Bereitstellung der speziellen Mietleitungsmärkte gemäß Anhang VII der vorliegenden Richtlinie auf.

(2) Stellt eine nationale Regulierungsbehörde als Ergebnis einer nach Artikel 16 Absatz 3 durchgeführten Marktanalyse fest, dass auf einem relevanten Markt für die Bereitstellung von Mietleitungen im Rahmen des Mindestangebots wirksamer Wettbewerb herrscht, so nimmt sie die in Absatz 1 genannten Verpflichtungen in Bezug auf diese speziellen Mietleitungsmärkte zurück.

(3) Das Mindestangebot an Mietleitungen mit harmonisierten Merkmalen und die entsprechenden Normen werden im Amtsblatt der Europäischen Gemeinschaften als Bestandteil des in Artikel 17 der Richtlinie 2002/21/EG (Rahmenrichtlinie) genannten Verzeichnisses von Normen veröffentlicht. Die Kommission kann erforderliche Änderungen zur Anpassung des Mindestangebots an Mietleitungen an technische Entwicklungen und Veränderungen der Marktnachfrage, einschließlich der möglichen Streichung bestimmter Arten von Mietleitungen aus dem Mindestangebot, gemäß dem Verfahren des Artikels 37 Absatz 2 der vorliegenden Richtlinie vornehmen.

**Artikel 19    Betreiberauswahl und Betreibervorauswahl**

(1) Die nationalen Regulierungsbehörden verpflichten die Unternehmen, die gemäß Artikel 16 Absatz 3 als Unternehmen mit beträchtlicher Marktmacht bei der Bereitstellung des Anschlusses an das öffentliche Telefonnetz und dessen Nutzung an festen Standorten gemeldet wurden, ihren Teilnehmern den Zugang zu den Diensten aller zusammengeschalteten Anbieter öffentlich zugänglicher Telefondienste zu ermöglichen, und zwar

a) sowohl durch Betreiberauswahl im Einzelwahlverfahren durch Wählen einer Kennzahl

b) als auch durch Betreibervorauswahl, wobei jedoch bei jedem Anruf die Möglichkeit besteht, die festgelegte Vorauswahl durch Wählen einer Betreiberkennzahl zu übergehen.

(2) Die Anforderungen der Nutzer hinsichtlich der Bereitstellung dieser Dienstmerkmale in anderen Netzen oder auf andere Art und Weise werden gemäß dem Marktanalyseverfahren nach Artikel 16 der Richtlinie 2002/21/EG (Rahmenrichtlinie) bewertet und gemäß Artikel 12 der Richtlinie 2002/19/EG (Zugangsrichtlinie) umgesetzt.

(3) Die nationalen Regulierungsbehörden sorgen dafür, dass die Gebühren für Zugang und Zusammenschaltung im Zusammenhang mit der Bereitstellung der in Absatz 1 genannten Dienstmerkmale kostenorientiert festgelegt werden, und dass etwaige direkte Gebühren für die Verbraucher diese nicht abschrecken, diese Dienstmerkmale in Anspruch zu nehmen.

## Kapitel IV:    Interessen und Rechte der Endnutzer

**Artikel 20    Verträge**

(1) Die Absätze 2, 3 und 4 gelten unbeschadet der gemeinschaftlichen Verbraucherschutzvorschriften, insbesondere der Richtlinien 97/7/EG und 93/13/EG, und der mit dem Gemeinschaftsrecht im Einklang stehenden einzelstaatlichen Vorschriften.

(2) Die Mitgliedstaaten stellen sicher, dass die Verbraucher bei der Anmeldung zu Diensten, die die Verbindung mit dem öffentlichen Telefonnetz und/oder den Zugang zu diesem Netz bereitstellen, Anspruch auf einen Vertrag mit dem oder den Unternehmen haben, die derartige Dienste bereitstellen. In diesem Vertrag ist mindestens Folgendes aufzuführen:

a) Name und Anschrift des Anbieters;

b) angebotene Dienste und angebotenes Niveau der Dienstqualität sowie die Frist bis zum erstmaligen Anschluss;

c) die Arten der angebotenen Wartungsdienste;

d) Einzelheiten über Preise und Tarife und die Angabe, mit welchen Mitteln aktuelle Informationen über alle anwendbaren Tarife und Wartungsentgelte eingeholt werden können;

e) Vertragslaufzeit, Bedingungen für eine Verlängerung und Beendigung der Dienste und des Vertragsverhältnisses;

f) etwaige Entschädigungs- und Erstattungsregelungen bei Nichteinhaltung der vertraglich vereinbarten Dienstqualität;

g) Verfahren zur Einleitung von Streitbeilegungsverfahren gemäß Artikel 34.

Die Mitgliedstaaten können diese Verpflichtungen auf weitere Endnutzer ausdehnen.

(3) In den Fällen, in denen Verträge zwischen Verbrauchern und anderen Anbietern elektronischer Kommunikationsdienste, die nicht die Verbindung zum öffentlichen Telefonnetz und/oder den Zugang zu diesem Netz bereitstellen, geschlossen werden, müssen die in Absatz 2 genannten Informationen auch Bestandteil dieser Verträge sein. Die Mitgliedstaaten können diese Verpflichtung auf weitere Endnutzer ausdehnen.

(4) Die Teilnehmer haben das Recht, bei der Bekanntgabe beabsichtigter Änderungen der Vertragsbedingungen den Vertrag ohne Zahlung von Vertragsstrafen zu lösen. Den

Teilnehmern sind diese Änderungen mit ausreichender Frist, und zwar mindestens einen Monat zuvor, anzuzeigen; gleichzeitig werden sie über ihr Recht unterrichtet, den Vertrag ohne Zahlung von Vertragsstrafen zu lösen, wenn sie die neuen Bedingungen nicht annehmen.

### Artikel 21  Transparenz und Veröffentlichung von Informationen

(1) Die Mitgliedstaaten stellen sicher, dass für Endnutzer und Verbraucher gemäß den Bestimmungen von Anhang II transparente und aktuelle Informationen über anwendbare Preise und Tarife sowie über Standardkonditionen bezüglich des Zugangs zu öffentlichen Telefondiensten und deren Nutzung zugänglich sind.

(2) Die nationalen Regulierungsbehörden fördern die Bereitstellung von Informationen, beispielsweise durch interaktive Führer, um Endnutzer, soweit angebracht, sowie Verbraucher in die Lage zu versetzen, eine unabhängige Bewertung der Kosten alternativer Anwendungen vorzunehmen.

### Artikel 22  Dienstqualität

(1) Die Mitgliedstaaten stellen sicher, dass die nationalen Regulierungsbehörden – nach Berücksichtigung der Ansichten der Betroffenen – Unternehmen, die öffentlich zugängliche elektronische Kommunikationsdienste bereitstellen, zur Veröffentlichung vergleichbarer, angemessener und aktueller Endnutzerinformationen über die Qualität ihrer Dienste verpflichten können. Die Informationen sind auf Aufforderung vor ihrer Veröffentlichung auch der nationalen Regulierungsbehörde vorzulegen.

(2) Die nationalen Regulierungsbehörden können unter anderem die zu erfassenden Parameter für die Dienstqualität und Inhalt, Form und Art der zu veröffentlichenden Angaben vorschreiben, um sicherzustellen, dass die Endnutzer Zugang zu umfassenden, vergleichbaren und benutzerfreundlichen Informationen haben. Gegebenenfalls können die in Anhang III aufgeführten Parameter, Definitionen und Messverfahren verwendet werden.

### Artikel 23  Integrität des Netzes

Die Mitgliedstaaten treffen alle gebotenen Maßnahmen, um die Integrität von öffentlichen Telefonfestnetzen und – bei einem Vollausfall des Netzes oder in Fällen höherer Gewalt – die Verfügbarkeit von öffentlichen Telefonfestnetzen und von öffentlich zugänglichen Telefondiensten an festen Standorten sicherzustellen. Die Mitgliedstaaten sorgen dafür, dass Unternehmen, die öffentlich zugängliche Telefondienste an festen Standorten bereitstellen, alle angemessenen Maßnahmen zur Gewährleistung des ununterbrochenen Zugangs zu Notdiensten treffen.

### Artikel 24  Interoperabilität der für Verbraucher bestimmten Digitalfernsehgeräte

Die Mitgliedstaaten stellen die Interoperabilität der für Verbraucher bestimmten Digitalfernsehgeräte gemäß Anhang VI sicher.

### Artikel 25  Unterstützung durch Vermittlungspersonal und Teilnehmerauskunftsdienste

(1) Die Mitgliedstaaten stellen sicher, dass Teilnehmer an öffentlich zugänglichen Telefondiensten das Recht auf einen Eintrag in das öffentlich verfügbare Verzeichnis gemäß Artikel 5 Absatz 1 Buchstabe a) haben.

(2) Die Mitgliedstaaten stellen sicher, dass alle Unternehmen, die Teilnehmern Telefonnummern zuweisen, allen zumutbaren Anträgen, die relevanten Informationen zum Zweck der Bereitstellung von öffentlich zugänglichen Auskunftsdiensten und Teilnehmerverzeichnissen in einem vereinbarten Format und zu gerechten, objektiven, kostenorientierten und nicht diskriminierenden Bedingungen zur Verfügung zu stellen, entsprechen.

(3) Die Mitgliedstaaten stellen sicher, dass alle Endnutzer mit Anschluss an das öffentliche Telefonnetz Zugang zur Unterstützung durch Vermittlungspersonal und zu Teilnehmerauskunftsdiensten nach Artikel 5 Absatz 1 Buchstabe b) haben.

(4) Die Mitgliedstaaten halten keine rechtlichen Beschränkungen aufrecht, die Endnutzer in einem Mitgliedstaat daran hindern, unmittelbar auf Teilnehmerauskunftsdienste in einem anderen Mitgliedstaat zuzugreifen.

(5) Die Absätze 1, 2, 3 und 4 gelten vorbehaltlich der gemeinschaftlichen Rechtsvorschriften über den Schutz personenbezogener Daten und der Privatsphäre, insbesondere des Artikels 11 der Richtlinie 97/66/EG.

### Artikel 26  Einheitliche europäische Notrufnummer

(1) Die Mitgliedstaaten stellen sicher, dass alle Endnutzer öffentlich zugänglicher Telefondienste, einschließlich der Nutzer öffentlicher Münz- und Kartentelefone, zusätzlich zu etwaigen anderen nationalen Notrufnummern, die von den nationalen Regulierungsbehörden vorgegeben sind, gebührenfreie Notrufe mit der einheitlichen europäischen Notrufnummer 112 durchführen können.

(2) Die Mitgliedstaaten stellen sicher, dass Notrufe unter der einheitlichen europäischen Notrufnummer 112 angemessen entgegengenommen und auf eine Weise bearbeitet werden, die der nationalen Rettungsdienstorganisation am besten angepasst ist und den technischen Möglichkeiten der Netze entspricht.

(3) Die Mitgliedstaaten stellen sicher, dass die Unternehmen, die öffentliche Telefonnetze betreiben, den Notrufstellen bei allen unter der einheitlichen europäischen Notrufnummer 112 durchgeführten Anrufen Informationen zum Anruferstandort übermitteln, soweit dies technisch möglich ist.

(4) Die Mitgliedstaaten gewährleisten, dass die Bürger angemessen über Bestehen und Nutzung der einheitlichen europäischen Notrufnummer 112 informiert werden.

### Artikel 27  Europäische Telefonvorwahlen

(1) Die Mitgliedstaaten stellen sicher, dass die Vorwahl 00 die Standardvorwahl für Auslandsverbindungen ist. Besondere Regelungen für Verbindungen zwischen benachbarten Orten im grenzüberschreitenden Verkehr zwischen Mitgliedstaaten können eingerichtet oder beibehalten werden. Die Endnutzer öffentlich zugänglicher Telefondienste in den betreffenden Orten sind umfassend über entsprechende Regelungen zu informieren.

(2) Die Mitgliedstaaten stellen sicher, dass alle Unternehmen, die öffentliche Telefonnetze betreiben, alle Anrufe in den europäischen Telefonnummernraum ausführen; die Notwendigkeit, dass ein ein öffentliches Telefonnetz betreibendes Unternehmen sich die Kosten für die Weiterleitung von Anrufen in seinem Netz erstatten lässt, bleibt hiervon unberührt.

### Artikel 28  Geografisch nicht gebundene Nummern

Die Mitgliedstaaten sorgen dafür, dass Endnutzer aus anderen Mitgliedstaaten im Rahmen der technischen und wirtschaftlichen Möglichkeiten Zugang zu geografisch nicht gebundenen Nummern in ihrem Hoheitsgebiet erhalten, sofern der gerufene Teilnehmer nicht Anrufe aus bestimmten geografischen Gebieten aus wirtschaftlichen Gründen eingeschränkt hat.

### Artikel 29  Bereitstellung zusätzlicher Dienstmerkmale

(1) Die Mitgliedstaaten sorgen dafür, dass die nationalen Regulierungsbehörden alle Unternehmen, die öffentliche Telefonnetze betreiben, verpflichten können, den Endnutzern die in Anhang I Teil B aufgeführten Dienstmerkmale vorbehaltlich der technischen Durchführbarkeit und der Wirtschaftlichkeit zur Verfügung zu stellen.

(2) Ein Mitgliedstaat kann entscheiden, dass Absatz 1 in seinem gesamten Hoheitsgebiet oder einem Teil davon nicht anzuwenden ist, wenn er unter Berücksichtigung der

Ansichten der Betroffenen zu der Auffassung gelangt ist, dass in ausreichendem Umfang Zugang zu diesen Dienstmerkmalen besteht.

(3) Unbeschadet des Artikels 10 Absatz 2 können die Mitgliedstaaten die Verpflichtungen nach Anhang I Teil A Buchstabe e) in Bezug auf die Trennung vom Netz als allgemeine Anforderung für alle Unternehmen vorschreiben.

**Artikel 30 Nummernübertragbarkeit**

(1) Die Mitgliedstaaten stellen sicher, dass alle Teilnehmer öffentlich zugänglicher Telefondienste, einschließlich mobiler Dienste, die dies beantragen, ihre Nummer(n) unabhängig von dem Unternehmen, das den Dienst anbietet, wie folgt beibehalten können:

a) im Fall geografisch gebundener Nummern an einem bestimmten Standort und

b) im Fall geografisch nicht gebundener Nummern an jedem Standort.

Dieser Absatz gilt nicht für die Übertragung von Nummern zwischen Netzen, die Dienste an festen Standorten erbringen, und Mobilfunknetzen.

(2) Die nationalen Regulierungsbehörden sorgen dafür, dass die Preise für die Zusammenschaltung im Zusammenhang mit der Nummernübertragbarkeit kostenorientiert sind und etwaige direkte Gebühren für die Verbraucher diese nicht abschrecken, diese Dienstleistung in Anspruch zu nehmen.

(3) Die nationalen Regulierungsbehörden schreiben Endnutzertarife für die Nummernübertragung nicht auf eine Weise vor, die den Wettbewerb verfälscht, etwa durch Festlegung besonderer oder gemeinsamer Endnutzertarife.

**Artikel 31 Übertragungspflichten**

(1) Die Mitgliedstaaten können zur Übertragung bestimmter Hör- und Fernsehrundfunkkanäle und -dienste den unter ihre Gerichtsbarkeit fallenden Unternehmen, die für die öffentliche Verbreitung von Hör- und Fernsehrundfunkdiensten genutzte elektronische Kommunikationsnetze betreiben, zumutbare Übertragungspflichten auferlegen, wenn eine erhebliche Zahl von Endnutzern diese Netze als Hauptmittel zum Empfang von Hörfunk- und Fernsehsendungen nutzen. Solche Verpflichtungen dürfen jedoch nur auferlegt werden, soweit sie zur Erreichung klar umrissener Ziele von allgemeinem Interesse erforderlich sind; sie müssen verhältnismäßig und transparent sein. Sie werden regelmäßig überprüft.

(2) Weder Absatz 1 dieses Artikels noch Artikel 3 Absatz 2 der Richtlinie 2002/19/EG (Zugangsrichtlinie) beeinträchtigt die Möglichkeit der Mitgliedstaaten, in Bezug auf die nach diesem Artikel auferlegten Verpflichtungen gegebenenfalls ein angemessenes Entgelt festzulegen; dabei ist zu gewährleisten, dass bei vergleichbaren Gegebenheiten keine Diskriminierung hinsichtlich der Behandlung der Unternehmen erfolgt, die elektronische Kommunikationsnetze betreiben. Sofern ein Entgelt vorgesehen ist, stellen die Mitgliedstaaten sicher, dass die Erhebung nach dem Grundsatz der Verhältnismäßigkeit und in transparenter Weise erfolgt.

## Kapitel V: Allgemeine und Schlussbestimmungen

**Artikel 32 Zusätzliche Pflichtdienste**

Die Mitgliedstaaten können – zusätzlich zu den Diensten im Rahmen der Universaldienstverpflichtungen nach Kapitel II – nach eigenem Ermessen weitere Dienste in ihrem Hoheitsgebiet öffentlich zugänglich machen, ohne dass in einem solchen Fall jedoch ein Entschädigungsverfahren mit Beteiligung bestimmter Unternehmen vorgeschrieben werden darf.

**Artikel 33 Anhörung Betroffener**

(1) Die Mitgliedstaaten stellen sicher, dass die nationalen Regulierungsbehörden die Ansichten von Endnutzern und Verbrauchern (insbesondere auch von behinderten Nutzern), Herstellern und Unternehmen, die elektronische Kommunikationsnetze und/

oder -dienste bereitstellen, in allen mit Endnutzer- und Verbraucherrechten bei öffentlich zugänglichen elektronischen Kommunikationsdiensten zusammenhängenden Fragen berücksichtigen, soweit dies angemessen ist, insbesondere wenn sie beträchtliche Auswirkungen auf den Markt haben.

(2) Die Betroffenen können unter Leitung der nationalen Regulierungsbehörden gegebenenfalls Verfahren entwickeln, in die Verbraucher, Nutzergruppen und Diensteerbringer eingebunden werden, um die allgemeine Qualität der Dienstleistung zu verbessern, indem unter anderem Verhaltenskodizes und Betriebsstandards entwickelt und überwacht werden.

**Artikel 34    Außergerichtliche Streitbeilegung**

(1) Die Mitgliedstaaten stellen sicher, dass transparente, einfache und kostengünstige außergerichtliche Verfahren zur Beilegung von Streitfällen zur Verfügung stehen, an denen Verbraucher beteiligt sind und die Fragen im Zusammenhang mit dieser Richtlinie betreffen. Die Mitgliedstaaten ergreifen Maßnahmen, um sicherzustellen, dass diese Verfahren eine gerechte und zügige Beilegung von Streitfällen ermöglichen; sie können gegebenenfalls ein Erstattungs- und/oder Entschädigungssystem einführen. Die Mitgliedstaaten können diese Verpflichtungen auf Streitfälle ausweiten, an denen andere Endnutzer beteiligt sind.

(2) Die Mitgliedstaaten stellen sicher, dass ihre Rechtsvorschriften die Einrichtung von Beschwerdestellen und Online-Diensten auf der geeigneten Gebietsebene nicht beeinträchtigen, um den Zugang zur Streitbeilegung für Verbraucher und Endnutzer zu ermöglichen.

(3) Bei Streitfällen, die Beteiligte in verschiedenen Mitgliedstaaten betreffen, koordinieren die Mitgliedstaaten ihre Bemühungen im Hinblick auf die Beilegung.

(4) Dieser Artikel lässt einzelstaatliche gerichtliche Verfahren unberührt.

**Artikel 35    Technische Anpassung**

Erforderliche Änderungen zur Anpassung der Anhänge I, II, III, VI und VII an technische Entwicklungen oder Veränderungen der Marktnachfrage werden von der Kommission nach dem in Artikel 37 Absatz 2 genannten Verfahren vorgenommen.

**Artikel 36    Notifizierung, Überwachung und Überprüfung**

(1) Die nationalen Regulierungsbehörden teilen der Kommission spätestens zu dem in Artikel 38 Absatz 1 Unterabsatz 2 genannten Zeitpunkt für den Beginn der Anwendung dieser Richtlinie und nach späteren Änderungen unverzüglich die Namen der Unternehmen mit, denen Universaldienstverpflichtungen gemäß Artikel 8 Absatz 1 auferlegt wurden.

Die Kommission stellt diese Informationen in einer leicht zugänglichen Form bereit und leitet sie gegebenenfalls an den in Artikel 37 genannten Kommunikationsausschuss weiter.

(2) Die nationalen Regulierungsbehörden melden der Kommission die Namen der Betreiber, von denen im Sinne dieser Richtlinie angenommen wird, dass sie über beträchtliche Marktmacht verfügen, sowie die Verpflichtungen, die ihnen nach dieser Richtlinie auferlegt wurden. Etwaige Änderungen der den Unternehmen auferlegten Verpflichtungen oder bei den von dieser Richtlinie betroffenen Unternehmen sind der Kommission unverzüglich mitzuteilen.

(3) Die Kommission überprüft die Durchführung dieser Richtlinie und erstattet dem Europäischen Parlament und dem Rat regelmäßig darüber Bericht, erstmals spätestens drei Jahre nach Beginn ihrer Anwendung gemäß Artikel 38 Absatz 1 Unterabsatz 2. Die Mitgliedstaaten und die nationalen Regulierungsbehörden übermitteln der Kommission die dazu notwendigen Informationen.

**Artikel 37  Ausschuss**

(1) Die Kommission wird von dem mit Artikel 22 der Richtlinie 2002/21/EG (Rahmenrichtlinie) eingesetzten Kommunikationsausschuss unterstützt.

(2) Wird auf diesen Absatz Bezug genommen, so gelten die Artikel 5 und 7 des Beschlusses 1999/468/EG unter Beachtung von dessen Artikel 8.

Der Zeitraum nach Artikel 5 Absatz 6 des Beschlusses 1999/468/EG wird auf drei Monate festgesetzt.

(3) Der Ausschuss gibt sich eine Geschäftsordnung.

**Artikel 38  Umsetzung**

(1) Die Mitgliedstaaten erlassen und veröffentlichen bis zum 24. Juli 2003 die Rechts- und Verwaltungsvorschriften, die erforderlich sind, um dieser Richtlinie nachzukommen. Sie setzen die Kommission unverzüglich davon in Kenntnis.

Sie wenden diese Vorschriften ab dem 25. Juli 2003 an.

(2) Wenn die Mitgliedstaaten diese Vorschriften erlassen, nehmen sie in den Vorschriften selbst oder durch einen Hinweis bei der amtlichen Veröffentlichung auf diese Richtlinie Bezug. Die Mitgliedstaaten regeln die Einzelheiten der Bezugnahme.

(3) Die Mitgliedstaaten teilen der Kommission den Wortlaut der innerstaatlichen Rechtsvorschriften sowie aller nachträglichen Änderungen der Vorschriften mit, die sie auf dem unter diese Richtlinie fallenden Gebiet erlassen.

**Artikel 39  Inkrafttreten**

Diese Richtlinie tritt am Tag ihrer Veröffentlichung im Amtsblatt der Europäischen Gemeinschaften in Kraft.

**Artikel 40  Adressaten**

Diese Richtlinie ist an die Mitgliedstaaten gerichtet.

## d) Richtlinie 2002/19/EG des Europäischen Parlaments und des Rates vom 7. März 2002 über den Zugang zu elektronischen Kommunikationsnetzen und zugehörigen Einrichtungen sowie deren Zusammenschaltung (Zugangsrichtlinie) (RL 2002/19/EG)

v. 24. 4. 2002 (ABl Nr. L 108 S. 7)

DAS EUROPÄISCHE PARLAMENT UND DER RAT DER EUROPÄISCHEN UNION –

gestützt auf den Vertrag zur Gründung der Europäischen Gemeinschaft, insbesondere auf Artikel 95,

auf Vorschlag der Kommission[1],

nach Stellungnahme des Wirtschafts- und Sozialausschusses[2],

gemäß dem Verfahren des Artikels 251 des Vertrags[3],

in Erwägung nachstehender Gründe:

(1) In der Richtlinie 2002/21/EG des Europäischen Parlaments und des Rates vom 7. März 2002 über einen gemeinsamen Rechtsrahmen für elektronische Kommunikationsnetze und -dienste (Rahmenrichtlinie) werden die Ziele eines Rechtsrahmens für elektronische Kommunikationsnetze und -dienste in der Gemeinschaft festgelegt, der Telekommunikations-Festnetze und Mobilfunknetze, Kabelfernsehnetze, terrestrische Rundfunknetze, Satellitennetze und Netze, die das Internetprotokoll (IP) verwenden, zur Übertragung von Sprache, Faxnachrichten, Daten oder Bildern erfasst. Die Genehmigung für diese Netze kann durch die Mitgliedstaaten entsprechend der Richtlinie 2002/20/EG des Europäischen Parlaments und des Rates vom 7. März 2002 über die Genehmigung elektronischer Kommunikationsnetze und -dienste (Genehmigungsrichtlinie) oder durch frühere Regelungsmaßnahmen erteilt worden sein. Die Bestimmungen der vorliegenden Richtlinie gelten für Netze, die zur Bereitstellung öffentlich zugänglicher Kommunikationsdienste genutzt werden. Diese Richtlinie betrifft Zugangs- und Zusammenschaltungsvereinbarungen zwischen Diensteanbietern. Nichtöffentliche Netze unterliegen keinerlei Verpflichtungen im Rahmen dieser Richtlinie, außer wenn sie Zugänge zu öffentlichen Netzen nutzen und damit den von den Mitgliedstaaten festgelegten Bedingungen unterliegen können.

(2) Dienste, die Inhalte bereitstellen, wie etwa des des Verkaufsangebots eines Pakets von Rundfunk- oder Fernsehinhalten, fallen nicht unter den gemeinsamen Rechtsrahmen für elektronische Kommunikationsnetze und -dienste.

(3) Der Begriff „Zugang" hat eine weit gefasste Bedeutung; daher muss genau definiert werden, in welchem Sinn dieser Begriff ungeachtet seiner Verwendung in anderen Rechtsakten der Gemeinschaft in dieser Richtlinie gebraucht wird. Ein Betreiber kann Eigentümer eines Netzes oder von Infrastruktureinrichtungen sein oder diese ganz oder teilweise mieten.

(4) In der Richtlinie 95/47/EG des Europäischen Parlaments und des Rates vom 24. Oktober 1995 über die Anwendung von Normen für die Übertragung von Fernsehsignalen[4] wurden weder ein bestimmtes Fernsehübertragungssystem noch spezielle Dienstanforderungen vorgeschrieben; so konnten die Marktteilnehmer die Initiative übernehmen und geeignete Systeme entwickeln. Die europäischen Marktteilnehmer haben über die Digital Video Broadcasting Group eine Familie von Fernsehübertragungssystemen entwickelt, die von Sendeanstalten auf der ganzen Welt übernommen wurden. Diese Über-

---

1) **Amtl. Anm.:** ABl C 365 E vom 19. 12. 2000, S. 215 und ABl C 270 E vom 25. 9. 2001, S. 161.
2) **Amtl. Anm.:** ABl C 123 vom 25. 4. 2001, S. 50.
3) **Amtl. Anm.:** Stellungnahme des Europäischen Parlaments vom 1. März 2001 (ABl C 277 vom 1. 10. 2001, S. 72), Gemeinsamer Standpunkt des Rates vom 17. September 2001 (ABl C 337 vom 30. 11. 2001, S. 1) und Beschluss des Europäischen Parlaments vom 12. Dezember 2001 (noch nicht im Amtsblatt veröffentlicht). Beschluss des Rates vom 14. Februar 2002.
4) **Amtl. Anm.:** ABl L 281 vom 23. 11. 1995, S. 51.

tragungssysteme wurden vom Europäischen Institut für Telekommunikationsnormen (ETSI) genormt und in Empfehlungen der internationalen Fernmeldeunion umgesetzt. In Bezug auf den Begriff „Breitbild-Digitalfernsehdienste" ist das Verhältnis 16:9 das Referenzformat für Fernsehdienste und Programme im Breitbildformat; dieses hat sich nun infolge des Beschlusses 93/424/EWG des Rates vom 22. Juli 1993 über einen Aktionsplan zur Einführung fortgeschrittener Fernsehdienste in Europa[1] auf den Märkten der Mitgliedstaaten durchgesetzt.

(5) Auf einem offenen und wettbewerbsorientierten Markt sollten keine Beschränkungen bestehen, die Unternehmen davon abhalten, insbesondere grenzüberschreitende Zugangs- und Zusammenschaltungsvereinbarungen unter Einhaltung der Wettbewerbsregeln des Vertrags untereinander auszuhandeln. Im Zusammenhang mit der Schaffung eines effizienteren, wirklich europaweiten Marktes mit einem wirksamen Wettbewerb, größerer Auswahl und wettbewerbsfähigen Dienstleistungen für die Verbraucher, sollten Unternehmen, die Anträge auf Zugang oder Zusammenschaltung erhalten, derartige Vereinbarungen grundsätzlich auf gewerblicher Grundlage abschließen und nach Treu und Glauben aushandeln.

(6) Auf Märkten, auf denen manche Unternehmen weiterhin eine deutlich stärkere Verhandlungsposition einnehmen als andere und einige Unternehmen zur Erbringung ihrer Dienste auf die von anderen bereitgestellten Infrastrukturen angewiesen sind, empfiehlt es sich, einen Rahmen von Regeln zu erstellen, um das wirksame Funktionieren des Marktes zu gewährleisten. Die nationalen Regulierungsbehörden sollten befugt sein, den Zugang, die Zusammenschaltung und die Interoperabilität von Diensten im Interesse der Nutzer zu angemessenen Bedingungen sicherzustellen, falls dies auf dem Verhandlungsweg nicht erreicht wird. Sie können insbesondere die Gewährleistung des End-zu-End-Verbunds dadurch sicherstellen, dass den Unternehmen, die den Zugang zu den Endnutzern kontrollieren, ausgewogene Verpflichtungen auferlegt werden. Die Kontrolle der Zugangswege kann den Besitz oder die Kontrolle der (festen oder mobilen) physischen Verbindung zu dem Endnutzer und/oder die Fähigkeit implizieren, die nationale Nummer oder die nationalen Nummern, die für den Zugang zu dem jeweiligen Netzendpunkt des Endnutzers erforderlich sind, zu ändern oder zu entziehen. Dies wäre beispielsweise der Fall, wenn Netzbetreiber die Auswahl für die Endnutzer beim Zugang zu Internetportalen und -diensten in unzumutbarer Weise beschränken.

(7) Einzelstaatliche Rechts- oder Verwaltungsvorschriften, in denen die Zugangs- oder Zusammenschaltungsbedingungen von den Tätigkeiten der Partei, die eine Zusammenschaltung wünscht, und insbesondere von der Höhe ihrer Investition in die Netzinfrastruktur – und nicht von den erbrachten Zusammenschaltungs- oder Zugangsdiensten – abhängig gemacht werden, können unter Umständen zu Wettbewerbsverzerrungen führen und daher mit den Wettbewerbsregeln unvereinbar sein.

(8) Netzbetreiber, die den Zugang zu ihren eigenen Kunden kontrollieren, tun dies durch Nummern oder Adressen aus einem veröffentlichten Nummerierungs- oder Adressierungsbereich, die eindeutig identifiziert sind. Andere Netzbetreiber müssen in der Lage sein, diesen Kunden Anrufe zuzustellen, und müssen sich deshalb direkt oder indirekt zusammenschalten können. Die bestehenden Rechte und Pflichten zur Verhandlung über die Zusammenschaltung sollten daher beibehalten werden. Ferner ist es zweckmäßig, die bereits in der Richtlinie 95/47/EG festgelegten Verpflichtungen beizubehalten, wonach die für die Übertragung von Fernsehdiensten genutzten und der Öffentlichkeit zugänglichen vollständig digitalen elektronischen Kommunikationsnetze zur Verteilung von Breitbilddiensten und -programmen geeignet sein müssen, damit die Nutzer diese Programme in dem Format empfangen können, in dem sie gesendet werden.

(9) Interoperabilität ist für die Endnutzer von Nutzen und ein wichtiges Ziel dieses Rechtsrahmens. Die Förderung der Interoperabilität ist eines der Ziele der nationalen Regulierungsbehörden, wie sie in diesem Rechtsrahmen festgelegt sind, der außerdem vorsieht, dass die Kommission als Grundlage für die Förderung der Harmonisierung auf

---

[1] **Amtl. Anm.:** ABl L 196 vom 5. 8. 1993, S. 48.

dem Gebiet der elektronischen Kommunikation ein Verzeichnis von Normen und/oder Spezifikationen für die Bereitstellung von Diensten, technischen Schnittstellen und/ oder Netzfunktionen veröffentlicht. Die Mitgliedstaaten sollten die Anwendung veröffentlichter Normen und/oder Spezifikationen in dem Maße fördern, wie es zur Gewährleistung der Interoperabilität der Dienste und zur Verbesserung der Auswahlmöglichkeiten der Nutzer unbedingt erforderlich ist.

(10) Wettbewerbsregeln allein genügen möglicherweise nicht, um im Zeitalter des digitalen Fernsehens kulturelle Vielfalt und Medienpluralismus sicherzustellen. Mit der Richtlinie 95/47/EG wurde ein erster Rechtsrahmen für die entstehende Digitalfernsehindustrie geschaffen; dieser Rahmen, und insbesondere die Verpflichtung zur Gewährung der Zugangsberechtigung zu fairen, angemessenen und nichtdiskriminierenden Bedingungen, sollte beibehalten werden, um die Verfügbarkeit einer großen Bandbreite an Programmen und Dienstleistungen sicherzustellen. Diese Verpflichtungen sollten aufgrund der technologischen und marktwirtschaftlichen Entwicklungen regelmäßig entweder von einem Mitgliedstaat für seinen einzelstaatlichen Markt oder von der Kommission für die Gemeinschaft überprüft werden, um insbesondere festzustellen, ob es angemessen ist, sie so weit auf neue Gateways wie elektronische Programmführer (EPG) und Anwendungsprogramm-Schnittstellen (API) auszudehnen, wie es erforderlich ist, um für die Endnutzer die Zugänglichkeit bestimmter digitaler Rundfunk- und Fernsehdienste sicherzustellen. Die Mitgliedstaaten können die digitalen Rundfunk- und Fernsehdienste festlegen, zu denen dem Endnutzer durch die von ihnen für erforderlich erachteten Rechts- und Verwaltungsvorschriften Zugang zu gewährleisten ist.

(11) Die Mitgliedstaaten können ihren einzelstaatlichen Regulierungsbehörden ferner gestatten, die Verpflichtungen in Verbindung mit der Zugangsberechtigung zu digitalen Rundfunk- und Fernsehdiensten zu überprüfen, um mittels einer Marktanalyse zu beurteilen, ob die Zugangsbedingungen in Bezug auf Betreiber, die nicht über beträchtliche Marktmacht auf dem relevanten Markt verfügen, geändert oder zurückgenommen werden sollten. Diese Zurücknahme oder Änderung sollte den Zugang der Endnutzer zu solchen Diensten oder die Wahrscheinlichkeit eines wirksamen Wettbewerbs nicht negativ beeinflussen.

(12) Um den Fortbestand der derzeitigen Vereinbarungen zu sichern und Rechtslücken zu vermeiden, muss sichergestellt werden, dass die durch die Artikel 4, 6, 7, 8, 11, 12 und 14 der Richtlinie 97/33/EG des Europäischen Parlaments und des Rates vom 30. Juni 1997 über die Zusammenschaltung in der Telekommunikation im Hinblick auf die Sicherstellung eines Universaldienstes und der Interoperabilität durch Anwendung der Grundsätze für einen offenen Netzzugang (ONP)[1] auferlegten Zugangs- und Zusammenschaltungsverpflichtungen, die Verpflichtungen gemäß Artikel 16 der Richtlinie 98/10/EG des Europäischen Parlaments und des Rates vom 26. Februar 1998 über die Anwendung des offenen Netzzugangs (ONP) beim Sprachtelefondienst und den Universaldienst im Telekommunikationsbereich in einem wettbewerbsorientierten Umfeld[2] in Bezug auf den Sonderzugang und die aus der Richtlinie 92/44/EWG des Rates vom 5. Juni 1992 zur Einführung des offenen Netzzugangs bei Mietleitungen[3] in Bezug auf die Bereitstellung von Mietleitungskapazität erwachsenden Verpflichtungen zunächst in den neuen Rechtsrahmen übernommen, aber einer unverzüglichen Überprüfung aufgrund der auf dem Markt herrschenden Bedingungen unterzogen werden. Eine solche Überprüfung sollte auch auf die von der Verordnung (EG) Nr. 2887/2000 des Europäischen Parlaments und des Rates vom 18. Dezember 2000 über den entbündelten Zugang zum Teilnehmeranschluss[4] erfassten Organisationen erstreckt werden.

---

1) **Amtl. Anm.:** ABl L 199 vom 26.7.1997, S. 32. Richtlinie zuletzt geändert durch die Richtlinie 98/61/EG (ABl L 268 vom 3.10.1998, S. 37).
2) **Amtl. Anm.:** ABl L 101 vom 1.4.1998, S. 24.
3) **Amtl. Anm.:** ABl L 165 vom 19.6.1992, S. 27. Richtlinie zuletzt geändert durch die Entscheidung 98/80/EG der Kommission (ABl L 14 vom 20.1.1998, S. 27).
4) **Amtl. Anm.:** ABl L 366 vom 30.12.2000, S. 4.

(13) Die Überprüfung sollte anhand einer Marktanalyse nach ökonomischen Gesichtspunkten und gestützt auf wettbewerbsrechtliche Methoden vorgenommen werden. Die vorab festgelegten bereichsspezifischen Regeln sollen mit zunehmendem Wettbewerb schrittweise abgebaut werden. Allerdings trägt das Verfahren auch den Übergangsproblemen auf dem Markt wie beispielsweise den Problemen in Verbindung mit dem internationalen Roaming wie auch der Möglichkeit Rechnung, dass beispielsweise im Bereich der Breitbandnetze infolge der technischen Entwicklung neue Engpässe entstehen können, die gegebenenfalls eine Vorabregulierung erfordern. Es ist sehr wohl möglich, dass der Wettbewerb sich auf verschiedenen Marktsegmenten und in verschiedenen Mitgliedstaaten mit unterschiedlicher Geschwindigkeit entwickelt; die nationalen Regulierungsbehörden müssen in der Lage sein, die Regulierungsauflagen dort zu lockern, wo der Wettbewerb zu den gewünschten Ergebnissen führt. Um sicherzustellen, dass Marktteilnehmer unter vergleichbaren Bedingungen in verschiedenen Mitgliedstaaten gleichermaßen behandelt werden, sollte die Kommission gewährleisten können, dass die Bestimmungen dieser Richtlinie einheitlich angewandt werden. Die nationalen Regulierungsbehörden und die mit der Anwendung des Wettbewerbsrechts betrauten nationalen Behörden sollten gegebenenfalls ihre Tätigkeit koordinieren um sicherzustellen, dass die geeignetste Abhilfemaßnahme getroffen wird. Die Gemeinschaft und die Mitgliedstaaten sind im Rahmen des Übereinkommens der Welthandelsorganisation (WTO) über Basis-Telekommunikationsdienste Verpflichtungen in Bezug auf die Zusammenschaltung von Telekommunikationsnetzen eingegangen, die eingehalten werden müssen.

(14) In der Richtlinie 97/33/EG wurde eine Reihe von Verpflichtungen für Unternehmen mit beträchtlicher Marktmacht festgelegt: Transparenz, Gleichbehandlung, getrennte Buchführung, Gewährung des Zugangs und Preiskontrolle, einschließlich Kostenorientierung. Diese Reihe möglicher Verpflichtungen sollte als Möglichkeit beibehalten, gleichzeitig aber auch als Obergrenze der Auflagen für Unternehmen festgeschrieben werden, um eine Überregulierung zu vermeiden. In Ausnahmefällen kann es zur Einhaltung internationaler Verpflichtungen oder des Gemeinschaftsrechts zweckmäßig sein, allen Marktteilnehmern Verpflichtungen in Bezug auf Zugang und Zusammenschaltung aufzuerlegen, wie dies gegenwärtig bei den Zugangsberechtigungssystemen für Digitalfernsehdienste der Fall ist.

(15) Die Auferlegung einer spezifischen Verpflichtung für ein Unternehmen mit beträchtlicher Marktmacht erfordert keine zusätzliche Marktanalyse, sondern eine Begründung dafür, dass die betreffende Verpflichtung im Verhältnis zum festgestellten Problem sinnvoll und angemessen ist.

(16) Transparenz in Bezug auf die Zugangs- und Zusammenschaltungsbedingungen einschließlich der Preise beschleunigt den Verhandlungsprozess, verhindert Streitigkeiten und bietet den Marktteilnehmern die Gewissheit, dass ein bestimmter Dienst ohne Diskriminierung erbracht wird. Die Offenheit und Transparenz in Bezug auf technische Schnittstellen kann von besonderer Bedeutung sein, um Interoperabilität sicherzustellen. Erlegt eine nationale Regulierungsbehörde die Verpflichtung auf, Informationen zu veröffentlichen, so kann sie unter Berücksichtigung der Art und des Zwecks der betreffenden Informationen auch festlegen, wie die Informationen zugänglich zu machen sind – dies kann beispielsweise die Art der Veröffentlichung (auf Papier und/oder elektronisch) betreffen –, und sie kann festlegen, ob die Informationen gebührenfrei erhältlich sind oder nicht.

(17) Der Gleichbehandlungsgrundsatz garantiert, dass Unternehmen mit Marktmacht den Wettbewerb nicht verzerren, insbesondere wenn es sich um vertikal integrierte Unternehmen handelt, die Dienste für andere Anbieter erbringen, mit denen sie auf nachgelagerten Märkten im Wettbewerb stehen.

(18) Durch die getrennte Buchführung können interne Übertragungen ermittelt werden, so dass die nationalen Regulierungsbehörden die Einhaltung der Gleichbehandlungsverpflichtungen überprüfen können. Die Kommission hat hierzu ihre Empfehlung 98/322/

EG vom 8. April 1998 zur Zusammenschaltung in einem liberalisierten Telekommunikationsmarkt (Teil 2 – Getrennte Buchführung und Kostenrechnung)[1] veröffentlicht.

(19) Die Verpflichtung zur Gewährung des Infrastrukturzugangs kann ein angemessenes Mittel zur Belebung des Wettbewerbs sein, doch müssen die nationalen Regulierungsbehörden die Rechte eines Infrastruktureigentümers zur kommerziellen Nutzung seines Eigentums für eigene Zwecke und die Rechte anderer Diensteanbieter auf Zugang zu Einrichtungen, die sie zum Erbringen konkurrierender Dienste benötigen, gegeneinander abwiegen. Wird Betreibern die Verpflichtung auferlegt, angemessenen Anträgen auf Zugang zu Bestandteilen des Netzes und der zugehörigen Infrastruktur bzw. auf Nutzung derselben stattzugeben, so sollten diese Anträge nur aufgrund objektiver Kriterien wie etwa technische Machbarkeit oder die notwendige Aufrechterhaltung der Netzintegrität abgelehnt werden. Wenn der Zugang verweigert wird, kann die beschwerte Partei das in den Artikeln 20 und 21 der Richtlinie 2002/21/EG (Rahmenrichtlinie) genannte Streitbeilegungsverfahren in Anspruch nehmen. Von einem Betreiber, der verpflichtet ist, angeordneten Zugang zu gewähren, kann nicht verlangt werden, Arten des Zugangs bereitzustellen, deren Bereitstellung nicht in seiner Befugnis liegt. Die den Wettbewerb kurzfristig belebende Verpflichtung zur Gewährung des Zugangs sollte nicht dazu führen, dass die Anreize für Wettbewerber zur Investition in Alternativeinrichtungen, die langfristig einen stärkeren Wettbewerb sichern, entfallen. Die Kommission hat eine Mitteilung über die Anwendung der Wettbewerbsregeln auf Zugangsvereinbarungen im Telekommunikationsbereich[2] veröffentlicht, in der diese Fragen behandelt werden. Die nationalen Regulierungsbehörden können im Einklang mit dem Gemeinschaftsrecht dem Betreiber und/oder den Nutznießern von angeordnetem Zugang technische oder betriebsbezogene Bedingungen auferlegen. Insbesondere die Vorgabe technischer Vorschriften sollte mit der Richtlinie 98/34/EG des Europäischen Parlaments und des Rates vom 22. Juni 1998 über ein Informationsverfahren auf dem Gebiet der Normen und technischen Vorschriften und der Vorschriften für die Dienste der Informationsgesellschaft[3] im Einklang stehen.

(20) Preiskontrolle kann notwendig sein, wenn die Marktanalyse ergibt, dass auf bestimmten Märkten der Wettbewerb unzureichend ist. Der rechtliche Eingriff kann relativ zurückhaltend sein und beispielsweise der in Richtlinie 97/33/EG festgelegten Verpflichtung entsprechen, dass die Preise für die Betreiberauswahl angemessen sein müssen; er kann aber auch sehr viel weiter gehen und etwa die Auflage beinhalten, dass die Preise zur umfassenden Rechtfertigung ihrer Höhe kostenorientiert sein müssen, falls der Wettbewerb nicht intensiv genug ist, um überhöhte Preise zu verhindern. Insbesondere Betreiber mit beträchtlicher Marktmacht sollten Verdrängungspreise vermeiden, bei denen Unterschiede zwischen ihren Endverbraucherpreisen und den von Wettbewerbern mit ähnlichem Dienstangebot erhobenen Zusammenschaltungsentgelten, so gestaltet sind, dass ein nachhaltiger Wettbewerb nicht gewährleistet ist. Ermittelt eine nationale Regulierungsbehörde die Kosten, die für die Einrichtung eines nach dieser Richtlinie zugelassenen Dienstes entstehen, so ist eine angemessene Rendite für das eingesetzte Kapital, einschließlich eines angemessenen Betrags für Arbeits- und Aufbaukosten, vorzusehen, wobei erforderlichenfalls eine Anpassung des Kapitalwerts vorgenommen wird, um die aktuelle Bewertung der Vermögenswerte und die betriebliche Effizienz widerzuspiegeln. Die Methode der Kostendeckung sollte auf die Umstände abgestimmt sein und das Erfordernis berücksichtigen, die wirtschaftliche Effizienz und einen nachhaltigen Wettbewerb zu fördern und für die Verbraucher möglichst vorteilhaft zu sein.

(21) Erlegt eine nationale Regulierungsbehörde die Verpflichtung auf, zur Erleichterung der Preiskontrolle eine Kostenrechnungsmethode einzuführen, kann sie, soweit sie über das notwendige qualifizierte Personal verfügt, selbst eine jährliche Prüfung vornehmen, um die Übereinstimmung mit dieser Kostenrechnungsmethode zu gewährleisten, oder

---

1) **Amtl. Anm.:** ABl L 141 vom 13.5.1998, S. 6.
2) **Amtl. Anm.:** ABl C 265 vom 22.8.1998, S. 2.
3) **Amtl. Anm.:** ABl L 204 vom 21.7.1998, S. 37. Richtlinie geändert durch die Richtlinie 98/48/EG (ABl L 217 vom 5.8.1998, S. 18).

sie kann die Prüfung von einer anderen qualifizierten Stelle vornehmen lassen, die von dem betreffenden Betreiber unabhängig ist.

(22) Durch die Veröffentlichung von Informationen seitens der Mitgliedstaaten soll sichergestellt werden, dass die Marktteilnehmer sowie potenzielle Neueinsteiger ihre Rechte und Pflichten kennen und wissen, wo genaue einschlägige Informationen zu finden sind. Veröffentlichungen im nationalen amtlichen Publikationsorgan unterstützen die interessierten Kreise in anderen Mitgliedstaaten bei der Suche nach relevanten Informationen.

(23) Um die Wirksamkeit und die Effizienz des europaweiten Marktes im Bereich der elektronischen Kommunikation sicherzustellen, sollte die Kommission eine Überwachungsfunktion wahrnehmen und Informationen über die Gebühren, die Einfluss auf die Festlegung des Preises für die Endnutzer haben, veröffentlichen.

(24) Die Entwicklung des Marktes der elektronischen Kommunikation mit ihrer zugehörigen Infrastruktur könnte nachteilige Auswirkungen auf die Umwelt und die Landschaft haben. Deshalb sollten die Mitgliedstaaten diese Entwicklung überwachen und gegebenenfalls Maßnahmen ergreifen, um solche Auswirkungen durch geeignete Vereinbarungen und andere Vorkehrungen mit den zuständigen Stellen zu minimieren.

(25) Um festzustellen, ob das Gemeinschaftsrecht korrekt angewandt wird, muss die Kommission wissen, welche Unternehmen als Betreiber mit beträchtlicher Marktmacht gemeldet wurden und welche Verpflichtungen die nationalen Regulierungsbehörden den Marktteilnehmern auferlegt haben. Deshalb ist es erforderlich, dass die Mitgliedstaaten diese Informationen nicht nur auf nationaler Ebene veröffentlichen, sondern auch der Kommission übermitteln. Wenn die Mitgliedstaaten gehalten sind, der Kommission Angaben zu übermitteln, so kann diese Übermittlung auf elektronischem Wege erfolgen, sofern geeignete Authentifizierungsverfahren vereinbart werden.

(26) Angesichts der Geschwindigkeit der technologischen und marktwirtschaftlichen Entwicklungen ist es zweckmäßig, die Umsetzung dieser Richtlinie innerhalb von drei Jahren nach dem Beginn ihrer Anwendung zu überprüfen, um zu ermitteln, ob die angestrebten Ziele erreicht werden.

(27) Die zur Durchführung dieser Richtlinie erforderlichen Maßnahmen sollten gemäß dem Beschluss 1999/468/EG des Rates vom 28. Juni 1999 zur Festlegung der Modalitäten für die Ausübung der der Kommission übertragenen Durchführungsbefugnisse[1]) erlassen werden.

(28) Da die Ziele der vorgeschlagenen Maßnahmen, nämlich die Schaffung eines harmonisierten Rechtsrahmens über die Regelung des Zugangs zu elektronischen Kommunikationsnetzen und zugehörigen Einrichtungen sowie deren Zusammenschaltung, auf Ebene der Mitgliedstaaten nicht ausreichend erreicht werden können und daher wegen des Umfangs und der Wirkung der Maßnahmen besser auf Gemeinschaftsebene zu erreichen sind, kann die Gemeinschaft im Einklang mit dem in Artikel 5 des Vertrags niedergelegten Subsidiaritätsprinzip tätig werden. Entsprechend dem in demselben Artikel genannten Verhältnismäßigkeitsprinzip geht diese Richtlinie nicht über das für die Erreichung dieser Ziele erforderliche Maß hinaus –

HABEN FOLGENDE RICHTLINIE ERLASSEN:

## Kapitel I: Geltungsbereich, Zielsetzung und Begriffsbestimmungen

### Artikel 1   Geltungsbereich und Zielsetzung

(1) Auf der von der Richtlinie 2002/21/EG (Rahmenrichtlinie) geschaffenen Grundlage wird mit der vorliegenden Richtlinie die Regulierung des Zugangs zu elektronischen Kommunikationsnetzen und zugehörigen Einrichtungen sowie deren Zusammenschaltung durch die Mitgliedstaaten harmonisiert. Ziel ist es, in Übereinstimmung mit den

---

[1]) **Amtl. Anm.:** ABl L 184 vom 17. 7. 1999, S. 23.

Grundsätzen des Binnenmarkts einen Rechtsrahmen für die Beziehungen zwischen Netzbetreibern und Diensteanbietern zu schaffen, der einen nachhaltigen Wettbewerb und die Interoperabilität der elektronischen Kommunikationsdienste gewährleistet und die Interessen der Verbraucher fördert.

(2) Mit dieser Richtlinie werden für Betreiber und für Unternehmen, die eine Zusammenschaltung ihrer Netze und zugehörigen Einrichtungen und/oder den Zugang hierzu wünschen, Rechte und Pflichten festgelegt. Ferner werden Ziele für nationale Regulierungsbehörden in Bezug auf den Zugang und die Zusammenschaltung vorgegeben und Verfahren festgelegt, die gewährleisten sollen, dass die von den nationalen Regulierungsbehörden auferlegten Verpflichtungen überprüft und nach Erreichen der angestrebten Ziele gegebenenfalls aufgehoben werden. Der Zugang für Endnutzer fällt nicht unter den Begriff „Zugang" im Sinne dieser Richtlinie.

### Artikel 2  Begriffsbestimmungen

Für die Zwecke dieser Richtlinie gelten die Begriffsbestimmungen in Artikel 2 der Richtlinie 2002/21/EG (Rahmenrichtlinie).

Darüber hinaus gelten folgende Begriffsbestimmungen:

a) „Zugang": die ausschließliche oder nicht ausschließliche Bereitstellung von Einrichtungen und/oder Diensten für ein anderes Unternehmen unter bestimmten Bedingungen, zur Erbringung elektronischer Kommunikationsdienste. Darunter fallen unter anderem: Zugang zu Netzkomponenten und zugehörigen Einrichtungen, wozu auch der feste oder nicht feste Anschluss von Einrichtungen gehören kann (dies beinhaltet insbesondere den Zugang zum Teilnehmeranschluss sowie zu Einrichtungen und Diensten, die erforderlich sind, um Dienste über den Teilnehmeranschluss zu erbringen); Zugang zu physischen Infrastrukturen wie Gebäuden, Leitungen und Masten; Zugang zu einschlägigen Softwaresystemen, einschließlich Systemen für die Betriebsunterstützung; Zugang zur Nummernumsetzung oder zu Systemen, die eine gleichwertige Funktion bieten; Zugang zu Fest- und Mobilfunknetzen, insbesondere um Roaming zu ermöglichen; Zugang zu Zugangsberechtigungssystemen für Digitalfernsehdienste und Zugang zu Diensten für virtuelle Netze.

b) „Zusammenschaltung": die physische und logische Verbindung öffentlicher Kommunikationsnetze, die von demselben oder einem anderen Unternehmen genutzt werden, um Nutzern eines Unternehmens die Kommunikation mit Nutzern desselben oder eines anderen Unternehmens oder den Zugang zu den von einem anderen Unternehmen angebotenen Diensten zu ermöglichen. Dienste können von den beteiligten Parteien erbracht werden oder von anderen Parteien, die Zugang zum Netz haben. Zusammenschaltung ist ein Sonderfall des Zugangs und wird zwischen Betreibern öffentlicher Netze hergestellt.

c) „Betreiber": ein Unternehmen, das ein öffentliches Kommunikationsnetz oder eine zugehörige Einrichtung bereitstellt, oder zur Bereitstellung hiervon befugt ist.

d) „Breitbild-Fernsehdienst": ein Fernsehdienst, der ganz oder teilweise aus Programmen besteht, die zur Darstellung in einem Breitbildformat voller Höhe produziert und bearbeitet wurden. Das 16:9-Format ist das Referenzformat für Breitbild-Fernsehdienste.

e) „Teilnehmeranschluss": die physische Verbindung, mit dem der Netzendpunkt in den Räumlichkeiten des Teilnehmers an den Hauptverteilerknoten oder an eine gleichwertige Einrichtung im festen öffentlichen Fernsprechnetz verbunden wird.

## Kapitel II:  Allgemeine Bestimmungen

### Artikel 3  Allgemeiner Rahmen für Zugang und Zusammenschaltung

(1) Die Mitgliedstaaten stellen sicher, dass für Unternehmen im betreffenden oder einem anderen Mitgliedstaat keine Einschränkungen bestehen, die sie daran hindern, in Übereinstimmung mit dem Gemeinschaftsrecht untereinander Vereinbarungen über technische oder geschäftliche Zugangs- und/oder Zusammenschaltungsregelungen aus-

zuhandeln. Unternehmen, die Zugang oder Zusammenschaltung wünschen, brauchen keine Betriebsgenehmigung für den Mitgliedstaat, in dem der Zugang oder die Zusammenschaltung beantragt wird, sofern sie dort keine Dienste erbringen und Netze betreiben.

(2) Unbeschadet des Artikels 31 der Richtlinie 2002/22/EG des Europäischen Parlaments und des Rates vom 7. März 2002 über den Universaldienst und Nutzerrechte bei elektronischen Kommunikationsnetzen und -diensten (Universaldienstrichtlinie) heben die Mitgliedstaaten Rechts- und Verwaltungsvorschriften auf, mit denen Netzbetreiber verpflichtet werden, bei der Gewährung des Zugangs oder der Zusammenschaltung verschiedener Unternehmen unterschiedliche Bedingungen für gleichwertige Dienste anzubieten, ebenso wie Vorschriften, die ihnen Verpflichtungen auferlegen, die nicht im Zusammenhang mit den tatsächlich bereitgestellten Zugangs- und Zusammenschaltungsdiensten stehen, unbeschadet der Bedingungen, die im Anhang der Richtlinie 2002/20/EG (Genehmigungsrichtlinie) festgelegt sind.

### Artikel 4  Rechte und Pflichten der Unternehmen

(1) Betreiber öffentlicher Kommunikationsnetze sind berechtigt und auf Antrag von hierzu befugten Unternehmen verpflichtet, über die Zusammenschaltung zwecks Erbringung der öffentlich zugänglichen elektronischen Kommunikationsdienste zu verhandeln, um die gemeinschaftsweite Bereitstellung von Diensten sowie deren Interoperabilität zu gewährleisten. Die Betreiber bieten den Unternehmen den Zugang und die Zusammenschaltung zu Bedingungen an, die mit den von der nationalen Regulierungsbehörde gemäß den Artikeln 5, 6, 7 und 8 auferlegten Verpflichtungen in Einklang stehen.

(2) Für die Verteilung von Digitalfernsehdiensten eingerichtete öffentliche elektronische Kommunikationsnetze müssen zur Ausstrahlung von Breitbild-Fernsehdiensten und -programmen geeignet sein. Netzbetreiber, die Breitbild-Fernsehdienste oder -programme empfangen und weiterverteilen, müssen das Breitbildformat beibehalten.

(3) Die Mitgliedstaaten verlangen unbeschadet des Artikels 11 der Richtlinie 2002/20/EG (Genehmigungsrichtlinie), dass Unternehmen, die vor, bei oder nach den Verhandlungen über Zugangs- oder Zusammenschaltungsregelungen Informationen von einem anderen Unternehmen erhalten, diese nur für den Zweck nutzen, für den sie geliefert wurden, und stets die Vertraulichkeit der übermittelten oder gespeicherten Information wahren. Die erhaltenen Informationen dürfen nicht an Dritte, insbesondere andere Abteilungen, Tochterunternehmen oder Geschäftspartner, für die diese Informationen einen Wettbewerbsvorteil darstellen könnten, weitergegeben werden.

### Artikel 5  Befugnisse und Zuständigkeiten der nationalen Regulierungsbehörden in Bezug auf Zugang und Zusammenschaltung

(1) Die nationalen Regulierungsbehörden fördern und garantieren gegebenenfalls entsprechend dieser Richtlinie bei ihren Maßnahmen zur Verwirklichung der in Artikel 8 der Richtlinie 2002/21/EG (Rahmenrichtlinie) festgelegten Ziele einen angemessenen Zugang und eine geeignete Zusammenschaltung sowie die Interoperabilität der Dienste und nehmen ihre Zuständigkeit in einer Weise wahr, die Effizienz fördert, den Wettbewerb stimuliert und den Endnutzern größtmöglichen Nutzen bringt.

Unbeschadet etwaiger Maßnahmen gemäß Artikel 8 in Bezug auf Unternehmen mit beträchtlicher Marktmacht können die nationalen Regulierungsbehörden insbesondere folgende Maßnahmen treffen:

a) In dem zur Gewährleistung des End-zu-End-Verbunds von Diensten erforderlichen Umfang können sie den Unternehmen, die den Zugang zu den Endnutzern kontrollieren, Verpflichtungen auferlegen, wozu in begründeten Fällen auch die Verpflichtung gehören kann, ihre Netze zusammenzuschalten, sofern dies noch nicht geschehen ist.

b) In dem zur Gewährleistung des Zugangs der Endnutzer zu vom Mitgliedstaat festgelegten digitalen Rundfunk- und Fernsehdiensten erforderlichen Umfang können sie die Betreiber dazu verpflichten, zu fairen, ausgewogenen und nichtdiskriminierenden Bedingungen den Zugang zu den in Anhang I Teil II aufgeführten anderen Einrichtungen zu gewähren.

(2) Wenn die nationalen Regulierungsbehörden gemäß Artikel 12 einem Betreiber die Verpflichtung auferlegen, den Zugang bereitzustellen, so können sie unter Beachtung des Gemeinschaftsrechts technische oder betriebliche Bedingungen festlegen, die von dem Betreiber und/oder den Nutznießern der Zugangsgewährung erfüllt werden müssen, soweit dies erforderlich ist, um den normalen Betrieb des Netzes sicherzustellen. Bedingungen, die die Anwendung bestimmter technischer Normen oder Spezifikationen betreffen, müssen Artikel 17 der Richtlinie 2002/21/EG (Rahmenrichtlinie) entsprechen.

(3) Die gemäß den Absätzen 1 und 2 auferlegten Verpflichtungen und Bedingungen müssen objektiv, transparent, verhältnismäßig und nichtdiskriminierend sein; für ihre Anwendung gelten die Verfahren der Artikel 6 und 7 der Richtlinie 2002/21/EG (Rahmenrichtlinie).

(4) In Bezug auf Zugang und Zusammenschaltung stellen die Mitgliedstaaten sicher, dass die nationale Regulierungsbehörde befugt ist, in begründeten Fällen aus eigener Initiative oder, falls keine Übereinkunft zwischen Unternehmen besteht, auf Ersuchen einer der beteiligten Parteien tätig zu werden, um entsprechend der vorliegenden Richtlinie und den Verfahren der Artikel 6 und 7 sowie der Artikel 20 und 21 der Richtlinie 2002/21/EG (Rahmenrichtlinie) die Beachtung der in Artikel 8 derselben Richtlinie aufgeführten politischen Ziele zu gewährleisten.

## Kapitel III: Verpflichtungen für Betreiber und Verfahren der Marktprüfung

### Artikel 6   Zugangsberechtigungssysteme und andere Einrichtungen

(1) Die Mitgliedstaaten stellen sicher, dass in Bezug auf die Zugangsberechtigung für digitale Fernseh- und Rundfunkdienste, die an Zuschauer und Hörer in der Gemeinschaft ausgestrahlt werden, unabhängig von der Art der Übertragung die in Anhang I Teil I festgelegten Bedingungen gelten.

(2) Anhang I kann nach dem in Artikel 14 Absatz 3 genannten Verfahren geändert werden, wenn dies aufgrund kommerzieller und technologischer Entwicklungen angezeigt erscheint.

(3) Unbeschadet des Absatzes 1 können die Mitgliedstaaten ihren nationalen Regulierungsbehörden gestatten, möglichst bald nach dem Inkrafttreten dieser Richtlinie und danach in regelmäßigen Zeitabständen die gemäß diesem Artikel angewandten Bedingungen zu überprüfen, indem sie nach Artikel 16 Absatz 1 der Richtlinie 2002/21/EG (Rahmenrichtlinie) eine Marktanalyse vornehmen, um festzustellen, ob die angewandten Bedingungen beibehalten, geändert oder aufgehoben werden sollen.
Sollten die nationalen Regulierungsbehörden aufgrund der Marktanalyse zu der Auffassung gelangen, dass ein oder mehrere Betreiber nicht über eine beträchtliche Marktmacht auf dem relevanten Markt verfügen, so können sie die Bedingungen in Bezug auf diese Betreiber gemäß den Verfahren der Artikel 6 und 7 der Richtlinie 2002/21/EG (Rahmenrichtlinie) ändern oder aufheben, allerdings nur insoweit, als

- a) die Zugangsmöglichkeiten der Endnutzer zu bestimmten, unter Artikel 31 der Richtlinie 2002/22/EG (Universaldienstrichtlinie) fallenden Rundfunk- und Fernsehübertragungen und Übertragungskanälen und -diensten durch eine derartige Änderung oder Aufhebung nicht negativ beeinflusst werden;
- b) die Aussichten für einen wirksamen Wettbewerb auf den Märkten für
    i. digitale Fernseh- und Rundfunkdienste des Einzelhandels und
    ii. Zugangsberechtigungssysteme und andere zugehörige Einrichtungen
    durch eine derartige Änderung oder Aufhebung nicht negativ beeinflusst werden.

Die Änderung oder Aufhebung von Bedingungen ist den hiervon betroffenen Parteien rechtzeitig anzukündigen.

(4) Die gemäß diesem Artikel angewandten Bedingungen berühren nicht die Fähigkeit der Mitgliedstaaten, Verpflichtungen in Bezug auf die Darstellungsaspekte elektronischer Programmführer und ähnlicher Anzeige- und Orientierungshilfen festzulegen.

### Artikel 7 Überprüfung früherer Verpflichtungen in Bezug auf Zugang und Zusammenschaltung

(1) Die Mitgliedstaaten erhalten alle Verpflichtungen in Bezug auf Zugang und Zusammenschaltung, die vor dem Inkrafttreten dieser Richtlinie gemäß den Artikeln 4, 6, 7, 8, 11, 12 und 14 der Richtlinie 97/33/EG, Artikel 16 der Richtlinie 98/10/EG sowie Artikel 7 und 8 der Richtlinie 92/44/EG für Unternehmen galten, die öffentliche Kommunikationsnetze und/oder -dienste bereitstellen, so lange aufrecht, bis diese Verpflichtungen überprüft wurden und eine Feststellung gemäß Absatz 3 getroffen wurde.

(2) Die Kommission gibt die relevanten Märkte für die in Absatz 1 genannten Verpflichtungen in der ersten Empfehlung über die relevanten Produkt- und Dienstmärkte und in der Entscheidung zur Festlegung länderübergreifender Märkte an, die gemäß Artikel 15 der Richtlinie 2002/21/EG (Rahmenrichtlinie) zu erlassen ist.

(3) Die Mitgliedstaaten stellen sicher, dass die nationalen Regulierungsbehörden möglichst bald nach dem Inkrafttreten dieser Richtlinie und danach in regelmäßigen Abständen eine Marktanalyse nach Artikel 16 der Richtlinie 2002/21/EG (Rahmenrichtlinie) vornehmen, um festzustellen, ob diese Verpflichtungen beibehalten, geändert oder aufgehoben werden sollen. Die Änderung oder Aufhebung von Verpflichtungen ist den hiervon betroffenen Parteien rechtzeitig anzukündigen.

### Artikel 8 Auferlegung, Änderung oder Aufhebung von Verpflichtungen

(1) Die Mitgliedstaaten stellen sicher, dass die nationalen Regulierungsbehörden befugt sind, die in den Artikeln 9 bis 13 genannten Verpflichtungen aufzuerlegen.

(2) Wird ein Betreiber aufgrund einer Marktanalyse nach Artikel 16 der Richtlinie 2002/21/EG (Rahmenrichtlinie) als Betreiber mit beträchtlicher Marktmacht auf einem bestimmten Markt eingestuft, so erlegt die nationale Regulierungsbehörde diesem im erforderlichen Umfang die in den Artikeln 9 bis 13 der vorliegenden Richtlinie genannten Verpflichtungen auf.

(3) Unbeschadet

– der Artikel 5 Absätze 1 und 2 und des Artikels 6,

– der Artikel 12 und 13 der Richtlinie 2002/21/EG (Rahmenrichtlinie), der Bedingung 7 in Teil B des Anhangs der Richtlinie 2002/20/EG (Genehmigungsrichtlinie), die gemäß Artikel 6 Absatz 1 jener Richtlinie angewandt wird, sowie der Artikel 27, 28 und 30 der Richtlinie 2002/22/EG (Universaldienstrichtlinie) oder der einschlägigen Bestimmungen der Richtlinie 97/66/EG des Europäischen Parlaments und des Rates vom 15. Dezember 1997 über die Verarbeitung personenbezogener Daten und den Schutz der Privatsphäre im Bereich der Telekommunikation[1], die Verpflichtungen für Unternehmen enthalten, mit Ausnahme jener, die als Unternehmen mit beträchtlicher Marktmacht eingestuft wurden, oder

– der Notwendigkeit der Einhaltung internationaler Verpflichtungen

erlegen die nationalen Regulierungsbehörden Betreibern, die nicht gemäß Absatz 2 eingestuft wurden, die in den Artikeln 9 bis 13 genannten Verpflichtungen nicht auf.

Wenn eine nationale Regulierungsbehörde unter außergewöhnlichen Umständen beabsichtigt, Betreibern mit beträchtlicher Marktmacht andere als die in den Artikeln 9 bis 13 genannten Verpflichtungen in Bezug auf Zugang und Zusammenschaltung aufzuerlegen, so unterbreitet sie der Kommission einen entsprechenden Antrag. Die

---

[1] **Amtl. Anm.:** ABl L 24 vom 30. 1. 1998, S. 1.

Kommission trifft gemäß Artikel 14 Absatz 2 eine Entscheidung, mit der der nationalen Regulierungsbehörde gestattet oder untersagt wird, diese Maßnahmen zu ergreifen.

(4) Die nach diesem Artikel auferlegten Verpflichtungen müssen der Art des aufgetretenen Problems entsprechen und müssen im Hinblick auf die Ziele des Artikels 8 der Richtlinie 2002/21/EG (Rahmenrichtlinie) angemessen und gerechtfertigt sein. Die Verpflichtungen dürfen nur nach der Anhörung gemäß den Artikeln 6 und 7 jener Richtlinie auferlegt werden.

(5) Im Zusammenhang mit Absatz 3 Unterabsatz 1 dritter Gedankenstrich unterrichten die nationalen Regulierungsbehörden die Kommission gemäß dem Verfahren des Artikels 7 der Richtlinie 2002/21/EG (Rahmenrichtlinie) über ihre Entscheidung, Marktteilnehmern Verpflichtungen aufzuerlegen, diese zu ändern oder aufzuheben.

## Artikel 9   Transparenzverpflichtung

(1) Die nationalen Regulierungsbehörden können Betreibern gemäß Artikel 8 Verpflichtungen zur Transparenz in Bezug auf die Zusammenschaltung und/oder den Zugang auferlegen, wonach diese bestimmte Informationen, z. B. Informationen zur Buchführung, technische Spezifikationen, Netzmerkmale, Bereitstellungs- und Nutzungsbedingungen sowie Tarife, veröffentlichen müssen.

(2) Die nationalen Regulierungsbehörden können insbesondere von Betreibern mit Gleichbehandlungsverpflichtungen die Veröffentlichung eines Standardangebots verlangen, das hinreichend entbündelt ist, um sicherzustellen, dass Unternehmen nicht für Leistungen zahlen müssen, die für den gewünschten Dienst nicht erforderlich sind, und in dem die betreffenden Dienstangebote dem Marktbedarf entsprechend in einzelne Komponenten aufgeschlüsselt und die entsprechenden Bedingungen einschließlich der Tarife angegeben werden. Die nationalen Regulierungsbehörden sind unter anderem befugt, Änderungen des Standardangebots vorzuschreiben, um den nach dieser Richtlinie auferlegten Verpflichtungen zur Geltung zu verhelfen.

(3) Die nationalen Regulierungsbehörden können genau festlegen, welche Informationen mit welchen Einzelheiten in welcher Form zur Verfügung zu stellen sind.

(4) Obliegen einem Betreiber Verpflichtungen nach Artikel 12 hinsichtlich der Entbündelung des Zugangs zur Teilnehmeranschlussleitung mit doppeladrigem Metallkabel, so stellen die nationalen Regulierungsbehörden ungeachtet des Absatzes 3 sicher, dass ein Standardangebot veröffentlicht wird, das mindestens die in Anhang II genannten Komponenten umfasst.

(5) Anhang II kann entsprechend den Marktentwicklungen oder technologischen Entwicklungen nach dem Verfahren des Artikels 14 Absatz 3 geändert werden.

## Artikel 10   Gleichbehandlungsverpflichtung

(1) Eine nationale Regulierungsbehörde kann gemäß Artikel 8 Gleichbehandlungsverpflichtungen in Bezug auf die Zusammenschaltung und/oder den Zugang auferlegen.

(2) Die Gleichbehandlungsverpflichtungen stellen insbesondere sicher, dass der betreffende Betreiber anderen Unternehmen, die gleichartige Dienste erbringen, unter den gleichen Umständen gleichwertige Bedingungen bietet und Dienste und Informationen für Dritte zu den gleichen Bedingungen und mit der gleichen Qualität bereitstellt wie für seine eigenen Produkte oder die seiner Tochter- oder Partnerunternehmen.

## Artikel 11   Verpflichtung zur getrennten Buchführung

(1) Die nationalen Regulierungsbehörden können gemäß Artikel 8 für bestimmte Tätigkeiten im Zusammenhang mit der Zusammenschaltung und/oder dem Zugang eine getrennte Buchführung vorschreiben.

Die nationalen Regulierungsbehörden können insbesondere von einem vertikal integrierten Unternehmen verlangen, seine Großkundenpreise und internen Kostentransfers transparent zu gestalten, unter anderem um sicherzustellen, dass eine etwaige Gleichbehandlungsverpflichtung gemäß Artikel 10 befolgt wird, oder um gegebenenfalls eine unlautere Quersubventionierung zu verhindern. Die nationalen Regulierungsbehörden können das zu verwendende Format und die zu verwendende Buchführungsmethode festlegen.

(2) Um leichter überprüfen zu können, ob die Transparenz- und die Nichtdiskriminierungsverpflichtung eingehalten werden, können die nationalen Regulierungsbehörden unbeschadet des Artikels 5 der Richtlinie 2002/21/EG (Rahmenrichtlinie) verlangen, dass die Buchungsunterlagen einschließlich Daten über die von Dritten erhaltenen Beträge auf Anforderung vorgelegt werden. Die nationalen Regulierungsbehörden können diese Informationen veröffentlichen, soweit dies zu einem offenen, wettbewerbsorientierten Markt beiträgt; dabei sind die Bestimmungen der Mitgliedstaaten und der Gemeinschaft zur Wahrung von Geschäftsgeheimnissen einzuhalten.

### Artikel 12  Verpflichtungen in Bezug auf den Zugang zu bestimmten Netzeinrichtungen und deren Nutzung

(1) Die nationalen Regulierungsbehörden können gemäß Artikel 8 Betreiber dazu verpflichten, berechtigten Anträgen auf Zugang zu bestimmten Netzkomponenten und zugehörigen Einrichtungen und auf deren Nutzung stattzugeben, unter anderem wenn die nationale Regulierungsbehörde der Auffassung ist, dass die Verweigerung des Zugangs oder unangemessene Bedingungen mit ähnlicher Wirkung die Entwicklung eines nachhaltig wettbewerbsorientierten Marktes auf Endverbraucherebene behindern oder den Interessen der Endnutzer zuwiderlaufen würden.

Betreibern darf unter anderem Folgendes auferlegt werden:

a) die Verpflichtung, Dritten Zugang zu bestimmten Netzkomponenten und/oder -einrichtungen, einschließlich des entbündelten Zugangs zum Teilnehmeranschluss, zu gewähren;

b) mit Unternehmen, die einen Antrag auf Zugang stellen, nach Treu und Glauben zu verhandeln;

c) die Verpflichtung, den bereits gewährten Zugang zu Einrichtungen nicht nachträglich zu verweigern;

d) die Verpflichtung, bestimmte Dienste zu Großhandelsbedingungen zwecks Weitervertrieb durch Dritte anzubieten;

e) die Verpflichtung, offenen Zugang zu technischen Schnittstellen, Protokollen oder anderen Schlüsseltechnologien zu gewähren, die für die Interoperabilität von Diensten oder Diensten für virtuelle Netze unverzichtbar sind;

f) die Verpflichtung, Kollokation oder andere Formen der gemeinsamen Nutzung von Einrichtungen wie Gebäuden, Leitungen und Masten zu ermöglichen;

g) die Verpflichtung, bestimmte für die Interoperabilität durchgehender Nutzerdienste notwendige Voraussetzungen zu schaffen, einschließlich der Bereitstellung von Einrichtungen für intelligente Netzdienste oder Roaming in Mobilfunknetzen;

h) die Verpflichtung, Zugang zu Systemen für die Betriebsunterstützung oder ähnlichen Softwaresystemen zu gewähren, die zur Gewährleistung eines fairen Wettbewerbs bei der Bereitstellung von Diensten notwendig sind;

i) die Verpflichtung zur Zusammenschaltung von Netzen oder Netzeinrichtungen.

Die nationalen Regulierungsbehörden können diese Verpflichtungen mit Bedingungen in Bezug auf Fairness, Billigkeit und Rechtzeitigkeit verknüpfen.

(2) Wenn die nationalen Regulierungsbehörden prüfen, ob die Verpflichtungen nach Absatz 1 aufzuerlegen sind, insbesondere bei der Beurteilung der Frage, ob derartige Verpflichtungen in einem angemessenen Verhältnis zu den Zielen gemäß Artikel 8 der Richtlinie 2002/21/EG (Rahmenrichtlinie) stehen, tragen sie insbesondere den folgenden Faktoren Rechnung:

a) technische und wirtschaftliche Tragfähigkeit der Nutzung oder Installation konkurrierender Einrichtungen angesichts des Tempos der Marktentwicklung, wobei die Art und der Typ der Zusammenschaltung und des Zugangs berücksichtigt werden;

b) Möglichkeit der Gewährung des vorgeschlagenen Zugangs angesichts der verfügbaren Kapazität;
c) Anfangsinvestition des Eigentümers der Einrichtung unter Berücksichtigung der Investitionsrisiken;
d) Notwendigkeit zur langfristigen Sicherung des Wettbewerbs;
e) gegebenenfalls gewerbliche Schutzrechte oder Rechte an geistigem Eigentum;
f) Bereitstellung europaweiter Dienste.

**Artikel 13  Verpflichtung zur Preiskontrolle und Kostenrechnung**

(1) Weist eine Marktanalyse darauf hin, dass ein Betreiber aufgrund eines Mangels an wirksamem Wettbewerb seine Preise zum Nachteil der Endnutzer auf einem übermäßig hohen Niveau halten oder Preisdiskrepanzen praktizieren könnte, so kann die nationale Regulierungsbehörde dem betreffenden Betreiber gemäß Artikel 8 hinsichtlich bestimmter Arten von Zusammenschaltung und/oder Zugang Verpflichtungen betreffend die Kostendeckung und die Preiskontrolle einschließlich kostenorientierter Preise auferlegen und ihm bestimmte Auflagen in Bezug auf Kostenrechnungsmethoden erteilen. Die nationalen Regulierungsbehörden tragen den Investitionen des Betreibers Rechnung und ermöglichen ihm eine angemessene Rendite für das entsprechend eingesetzte Kapital, wobei die damit verbundenen Risiken zu berücksichtigen sind.

(2) Die nationalen Regulierungsbehörden stellen sicher, dass alle vorgeschriebenen Kostendeckungsmechanismen und Tarifsysteme die wirtschaftliche Effizienz und einen nachhaltigen Wettbewerb fördern und für die Verbraucher möglichst vorteilhaft sind. In diesem Zusammenhang können die nationalen Regulierungsbehörden auch Preise berücksichtigen, die auf vergleichbaren, dem Wettbewerb geöffneten Märkten gelten.

(3) Wurde ein Betreiber dazu verpflichtet, seine Preise an den Kosten zu orientieren, so obliegt es dem betreffenden Betreiber, gegebenenfalls nachzuweisen, dass die Preise sich aus den Kosten sowie einer angemessenen Investitionsrendite errechnen. Zur Ermittlung der Kosten einer effizienten Leistungsbereitstellung können die nationalen Regulierungsbehörden eine von der Kostenberechnung des Unternehmens unabhängige Kostenrechnung anstellen. Die nationalen Regulierungsbehörden können von einem Betreiber die umfassende Rechtfertigung seiner Preise und gegebenenfalls deren Anpassung verlangen.

(4) Falls im Interesse der Preiskontrolle eine Kostenrechnungsmethode vorgeschrieben wird, stellen die nationalen Regulierungsbehörden sicher, dass eine Beschreibung der Kostenrechnungsmethode öffentlich verfügbar gemacht wird, in der zumindest die wichtigsten Kostenarten und die Regeln der Kostenzuweisung aufgeführt werden. Die Anwendung der Kostenrechnungsmethode wird von einer qualifizierten unabhängigen Stelle überprüft. Eine diesbezügliche Erklärung wird jährlich veröffentlicht.

## Kapitel IV:  Verfahrensvorschriften

**Artikel 14  Ausschuss**

(1) Die Kommission wird von dem mit Artikel 22 der Richtlinie 2002/21/EG (Rahmenrichtlinie) eingesetzten Kommunikationsausschuss unterstützt.

(2) Wird auf diesen Absatz Bezug genommen, so gelten die Artikel 3 und 7 des Beschlusses 1999/468/EG unter Beachtung von dessen Artikel 8.

(3) Wird auf diesen Absatz Bezug genommen, so gelten die Artikel 5 und 7 des Beschlusses 1999/468/EG unter Beachtung von dessen Artikel 8.
Der Zeitraum nach Artikel 5 Absatz 6 des Beschlusses 1999/468/EG wird auf drei Monate festgesetzt.

(4) Der Ausschuss gibt sich eine Geschäftsordnung.

## Artikel 15 Informationsveröffentlichung und -zugang

(1) Die Mitgliedstaaten stellen sicher, dass die spezifischen Verpflichtungen, die Unternehmen gemäß dieser Richtlinie auferlegt werden, unter Angabe der betreffenden Produkte bzw. Dienste und geografischen Märkte veröffentlicht werden. Sie tragen dafür Sorge, dass aktuelle Informationen, sofern es sich nicht um vertrauliche Informationen, insbesondere Geschäftsgeheimnisse, handelt, für alle interessierten Parteien in leicht zugänglicher Form öffentlich zur Verfügung gestellt werden.

(2) Die Mitgliedstaaten übermitteln der Kommission eine Kopie aller veröffentlichten Informationen. Die Kommission stellt diese Informationen in einer unmittelbar zugänglichen Form zur Verfügung und leitet sie gegebenenfalls an den Kommunikationsausschuss weiter.

## Artikel 16 Notifizierung

(1) Die Mitgliedstaaten notifizieren der Kommission spätestens zu dem in Artikel 18 Absatz 1 Unterabsatz 2 genannten Zeitpunkt für den Beginn der Anwendung der Richtlinie die für die Aufgaben gemäß dieser Richtlinie zuständigen nationalen Regulierungsbehörden.

(2) Die nationalen Regulierungsbehörden notifizieren der Kommission die Betreiber, von denen im Sinne dieser Richtlinie angenommen wird, dass sie über beträchtliche Marktmacht verfügen, sowie die Verpflichtungen, die ihnen nach dieser Richtlinie auferlegt wurden. Etwaige Änderungen der den Unternehmen auferlegten Verpflichtungen oder bei den von dieser Richtlinie betroffenen Unternehmen sind der Kommission unverzüglich zu notifizieren.

## Artikel 17 Überprüfungsverfahren

Die Kommission prüft regelmäßig die Durchführung dieser Richtlinie und erstattet dem Europäischen Parlament und dem Rat darüber Bericht, erstmals spätestens drei Jahre nach dem in Artikel 18 Absatz 1 Unterabsatz 2 festgelegten Zeitpunkt des Beginns der Anwendung dieser Richtlinie. Hierzu kann sie Informationen von den Mitgliedstaaten einholen, die ohne unangemessene Verzögerung zu liefern sind.

## Artikel 18 Umsetzung

(1) Die Mitgliedstaaten erlassen und veröffentlichen bis zum 24. Juli 2003 die Rechts- und Verwaltungsvorschriften, die erforderlich sind, um dieser Richtlinie nachzukommen. Sie setzen die Kommission unverzüglich davon in Kenntnis.

Sie wenden diese Bestimmungen ab dem 25. Juli 2003 an.

Wenn die Mitgliedstaaten diese Vorschriften erlassen, nehmen sie in den Vorschriften selbst oder durch einen Hinweis bei der amtlichen Veröffentlichung auf diese Richtlinie Bezug. Die Mitgliedstaaten regeln die Einzelheiten der Bezugnahme.

(2) Die Mitgliedstaaten teilen der Kommission den Wortlaut der innerstaatlichen Rechtsvorschriften sowie aller nachträglichen Änderungen mit, die sie auf dem unter diese Richtlinie fallenden Gebiet erlassen.

## Artikel 19 Inkrafttreten

Diese Richtlinie tritt am Tag ihrer Veröffentlichung im Amtsblatt der Europäischen Gemeinschaften in Kraft.

## Artikel 20 Adressaten

Diese Richtlinie ist an die Mitgliedstaaten gerichtet.

## e) Richtlinie 2000/31/EG des Europäischen Parlaments und des Rates vom 8. Juni 2000 über bestimmte rechtliche Aspekte der Dienste der Informationsgesellschaft, insbesondere des elektronischen Geschäftsverkehrs, im Binnenmarkt („Richtlinie über den elektronischen Geschäftsverkehr") (RL 2000/31/EG)

v. 17. 7. 2000 (ABl Nr. L 178 S. 1)

DAS EUROPÄISCHE PARLAMENT UND DER RAT DER EUROPÄISCHEN UNION –

gestützt auf den Vertrag zur Gründung der Europäischen Gemeinschaft, insbesondere auf Artikel 47 Absatz 2 und die Artikel 55 und 95,

auf Vorschlag der Kommission[1], nach Stellungnahme des Wirtschafts- und Sozialausschusses[2],

gemäß dem Verfahren des Artikels 251 des Vertrags[3]

in Erwägung nachstehender Gründe:

(1) Ziel der Europäischen Union ist es, einen immer engeren Zusammenschluß der europäischen Staaten und Völker zu schaffen, um den wirtschaftlichen und sozialen Fortschritt zu sichern. Der Binnenmarkt umfaßt nach Artikel 14 Absatz 2 des Vertrags einen Raum ohne Binnengrenzen, in dem der freie Verkehr von Waren und Dienstleistungen sowie die Niederlassungsfreiheit gewährleistet sind. Die Weiterentwicklung der Dienste der Informationsgesellschaft in dem Raum ohne Binnengrenzen ist ein wichtiges Mittel, um die Schranken, die die europäischen Völker trennen, zu beseitigen.

(2) Die Entwicklung des elektronischen Geschäftsverkehrs in der Informationsgesellschaft bietet erhebliche Beschäftigungsmöglichkeiten in der Gemeinschaft, insbesondere in kleinen und mittleren Unternehmen, und wird das Wirtschaftswachstum sowie die Investitionen in Innovationen der europäischen Unternehmen anregen; diese Entwicklung kann auch die Wettbewerbsfähigkeit der europäischen Wirtschaft stärken, vorausgesetzt, daß das Internet allen zugänglich ist.

(3) Das Gemeinschaftsrecht und die charakteristischen Merkmale der gemeinschaftlichen Rechtsordnung sind ein wichtiges Instrument, damit die europäischen Bürger und Unternehmen uneingeschränkt und ohne Behinderung durch Grenzen Nutzen aus den Möglichkeiten des elektronischen Geschäftsverkehrs ziehen können. Diese Richtlinie zielt daher darauf ab, ein hohes Niveau der rechtlichen Integration in der Gemeinschaft sicherzustellen, um einen wirklichen Raum ohne Binnengrenzen für die Dienste der Informationsgesellschaft zu verwirklichen.

(4) Es ist wichtig zu gewährleisten, daß der elektronische Geschäftsverkehr die Chancen des Binnenmarktes voll nutzen kann und daß somit ebenso wie mit der Richtlinie 89/552/EWG des Rates vom 3. Oktober 1989 zur Koordinierung bestimmter Rechts- und Verwaltungsvorschriften der Mitgliedstaaten über die Ausübung der Fernsehtätigkeit[4] ein hohes Niveau der gemeinschaftlichen Integration erzielt wird.

(5) Die Weiterentwicklung der Dienste der Informationsgesellschaft in der Gemeinschaft wird durch eine Reihe von rechtlichen Hemmnissen für das reibungslose Funktionieren des Binnenmarktes behindert, die die Ausübung der Niederlassungsfreiheit und des freien Dienstleistungsverkehrs weniger attraktiv machen. Die Hemmnisse bestehen in Unterschieden der innerstaatlichen Rechtsvorschriften sowie in der Rechtsunsicherheit hinsichtlich der auf Dienste der Informationsgesellschaft jeweils anzuwendenden natio-

---

[1] Amtl. Anm.: ABl C 30 vom 5. 2. 1999, S. 4.
[2] Amtl. Anm.: ABl C 169 vom 16. 6. 1999, S. 36.
[3] Amtl. Anm.: Stellungnahme des Europäischen Parlaments vom 6. Mai 1999 (ABl C 279 vom 1. 10. 1999, S. 389). Gemeinsamer Standpunkt des Rates vom 28. Februar 2000 und Beschluss des Europäischen Parlaments vom 4. Mai 2000 (noch nicht im Amtsblatt veröffentlicht).
[4] Amtl. Anm.: ABl L 298 vom 17. 10. 1989, S. 23. Richtlinie geändert durch die Richtlinie 97/36/EG des Europäischen Parlaments und des Rates. (ABl L 202 vom 30. 7. 1997, S. 60).

nalen Regelungen. Solange die innerstaatlichen Rechtsvorschriften in den betreffenden Bereichen nicht koordiniert und angepaßt sind, können diese Hemmnisse gemäß der Rechtsprechung des Gerichtshofes der Europäischen Gemeinschaften gerechtfertigt sein. Rechtsunsicherheit besteht im Hinblick darauf, in welchem Ausmaß die Mitgliedstaaten über Dienste aus einem anderen Mitgliedstaat Kontrolle ausüben dürfen.

(6) In Anbetracht der Ziele der Gemeinschaft, der Artikel 43 und 49 des Vertrags und des abgeleiteten Gemeinschaftsrechts gilt es, die genannten Hemmnisse durch Koordinierung bestimmter innerstaatlicher Rechtsvorschriften und durch Klarstellung von Rechtsbegriffen auf Gemeinschaftsebene zu beseitigen, soweit dies für das reibungslose Funktionieren des Binnenmarktes erforderlich ist. Diese Richtlinie befaßt sich nur mit bestimmten Fragen, die Probleme für das Funktionieren des Binnenmarktes aufwerfen, und wird damit in jeder Hinsicht dem Subsidiaritätsgebot gemäß Artikel 5 des Vertrags gerecht.

(7) Um Rechtssicherheit zu erreichen und das Vertrauen der Verbraucher zu gewinnen, muß diese Richtlinie einen klaren allgemeinen Rahmen für den Binnenmarkt bezüglich bestimmter rechtlicher Aspekte des elektronischen Geschäftsverkehrs festlegen.

(8) Ziel dieser Richtlinie ist es, einen rechtlichen Rahmen zur Sicherstellung des freien Verkehrs von Diensten der Informationsgesellschaft zwischen den Mitgliedstaaten zu schaffen, nicht aber, den Bereich des Strafrechts als solchen zu harmonisieren.

(9) In vieler Hinsicht kann der freie Verkehr von Diensten der Informationsgesellschaft die besondere gemeinschaftsrechtliche Ausprägung eines allgemeineren Grundsatzes darstellen, nämlich des Rechts auf freie Meinungsäußerung im Sinne des Artikels 10 Absatz 1 der von allen Mitgliedstaaten ratifizierten Konvention zum Schutze der Menschenrechte und Grundfreiheiten. Richtlinien, die das Angebot von Diensten der Informationsgesellschaft betreffen, müssen daher sicherstellen, daß diese Tätigkeit gemäß jenem Artikel frei ausgeübt werden kann und nur den Einschränkungen unterliegt, die in Absatz 2 des genannten Artikels und in Artikel 46 Absatz 1 des Vertrages niedergelegt sind. Die grundlegenden Regeln und Prinzipien des einzelstaatlichen Rechts, die die freie Meinungsäußerung betreffen, sollen von dieser Richtlinie unberührt bleiben.

(10) Gemäß dem Grundsatz der Verhältnismäßigkeit sind in dieser Richtlinie nur diejenigen Maßnahmen vorgesehen, die zur Gewährleistung des reibungslosen Funktionierens des Binnenmarktes unerläßlich sind. Damit der Binnenmarkt wirklich zu einem Raum ohne Binnengrenzen für den elektronischen Geschäftsverkehr wird, muß diese Richtlinie in den Bereichen, in denen ein Handeln auf Gemeinschaftsebene geboten ist, ein hohes Schutzniveau für die dem Allgemeininteresse dienenden Ziele, insbesondere für den Jugendschutz, den Schutz der Menschenwürde, den Verbraucherschutz und den Schutz der öffentlichen Gesundheit, gewährleisten. Nach Artikel 152 des Vertrags ist der Schutz der öffentlichen Gesundheit ein wesentlicher Bestandteil anderer Gemeinschaftspolitiken.

(11) Diese Richtlinie läßt das durch Gemeinschaftsrechtsakte eingeführte Schutzniveau, insbesondere für öffentliche Gesundheit und den Verbraucherschutz, unberührt. Unter anderem bilden die Richtlinie 93/13/EWG des Rates vom 5. April 1993 über mißbräuchliche Klauseln in Verbraucherverträgen[1] und die Richtlinie 97/7/EG des Europäischen Parlaments und des Rates vom 20. Mai 1997 über den Verbraucherschutz bei Vertragsabschlüssen im Fernabsatz[2] wichtige Errungenschaften für den Verbraucherschutz im Bereich des Vertragsrechts. Jene Richtlinien gelten voll und ganz auch für die Dienste der Informationsgesellschaft. Zum Rechtsstand auf Gemeinschaftsebene, der uneingeschränkt für die Dienste der Informationsgesellschaft gilt, gehören insbesondere auch die Richtlinien 84/450/EWG des Rates vom 10. September 1984 über irreführende und vergleichende Werbung[3], die Richtlinie 87/102/EWG des Rates vom 22. Dezember 1986

---

1) **Amtl. Anm.:** ABl L 95 vom 21. 4. 1993, S. 29.
2) **Amtl. Anm.:** ABl L 144 vom 4. 6. 1997, S. 19.
3) **Amtl. Anm.:** ABl L 250 vom 19. 9. 1984, S. 17. Richtlinie geändert durch die Richtlinie 97/55/EG des Europäischen Parlaments und des Rates (ABl L 290 vom 23. 10. 1997, S. 18).

zur Angleichung der Rechts- und Verwaltungsvorschriften der Mitgliedstaaten über den Verbraucherkredit[1], die Richtlinie 93/22/EWG des Rates vom 10. Mai 1993 über Wertpapierdienstleistungen[2], die Richtlinie 90/314/EWG des Rates vom 13. Juni 1990 über Pauschalreisen[3], die Richtlinie 98/6/EG des Europäischen Parlaments und des Rates vom 16. Februar 1998 über den Schutz der Verbraucher bei der Angabe der Preise der ihnen angebotenen Erzeugnisse[4], die Richtlinie 92/59/EWG des Rates vom 29. Juni 1992 über die allgemeine Produktsicherheit[5], die Richtlinie 94/47/EG des Europäischen Parlaments und des Rates vom 26. Oktober 1994 zum Schutz der Erwerber im Hinblick auf bestimmte Aspekte von Verträgen über den Erwerb von Teilzeitnutzungsrechten an Immobilien[6], die Richtlinie 98/27/EG des Europäischen Parlaments und des Rates vom 19. Mai 1998 über Unterlassungsklagen zum Schutz der Verbraucherinteressen[7], die Richtlinie 85/374/EWG des Rates vom 25. Juli 1985 zur Angleichung der Rechts- und Verwaltungsvorschriften der Mitgliedstaaten über die Haftung für fehlerhafte Produkte[8], die Richtlinie 1999/44/EG des Europäischen Parlaments und des Rates vom 25. Mai 1999 zu bestimmten Aspekten des Verbrauchsgüterkaufs und der Garantien für Verbrauchsgüter[9], die künftige Richtlinie des Europäischen Parlaments und des Rates über den Fernabsatz von Finanzdienstleistungen an Verbraucher, und die Richtlinie 92/28/EWG des Rates vom 31. März 1992 über die Werbung für Humanarzneimittel[10]. Die vorliegende Richtlinie sollte die im Rahmen des Binnenmarktes angenommene Richtlinie 98/43/EG des Europäischen Parlaments und des Rates vom 6. Juli 1998 zur Angleichung der Rechts- und Verwaltungsvorschriften der Mitgliedstaaten über Werbung und Sponsoring zugunsten von Tabakerzeugnissen[11] und die Richtlinien über den Gesundheitsschutz unberührt lassen. Diese Richtlinie ergänzt die Informationserfordernisse, die durch die vorstehend genannten Richtlinien und insbesondere durch die Richtlinie 97/7/EG eingeführt wurden.

(12) Bestimmte Tätigkeiten müssen aus dem Geltungsbereich dieser Richtlinie ausgenommen werden, da gegenwärtig in diesen Bereichen der freie Dienstleistungsverkehr aufgrund der Bestimmungen des Vertrags bzw. des abgeleiteten Gemeinschaftsrechts nicht sicherzustellen ist. Dieser Ausschluß darf Maßnahmen, die zur Gewährleistung des reibungslosen Funktionierens des Binnenmarkts erforderlich sein könnten, nicht berühren. Das Steuerwesen, insbesondere die Mehrwertsteuer, die auf eine große Zahl von Diensten erhoben wird, die in den Anwendungsbereich dieser Richtlinie fallen, muß von ihrem Anwendungsbereich ausgenommen werden.

(13) Mit dieser Richtlinie sollen weder Regelungen über steuerliche Verpflichtungen festgelegt werden, noch greift sie der Ausarbeitung von Gemeinschaftsrechtsakten zu den steuerlichen Aspekten des elektronischen Geschäftsverkehrs vor.

(14) Der Schutz natürlicher Personen bei der Verarbeitung personenbezogener Daten ist ausschließlich Gegenstand der Richtlinie 95/46/EG des Europäischen Parlaments und des Rates vom 24. Oktober 1995 zum Schutz natürlicher Personen bei der Verarbeitung

---

1) **Amtl. Anm.:** ABl L 42 vom 12. 2. 1987, S. 48. Richtlinie zuletzt geändert durch die Richtlinie 98/7/EG des Europäischen Parlaments und des Rates (ABl L 101 vom 1. 4. 1998, S. 17).
2) **Amtl. Anm.:** ABl L 141 vom 11. 6. 1993, S. 27. Richtlinie zuletzt geändert durch die Richtlinie 97/9/EG des Europäischen Parlaments und des Rates (ABl L 84 vom 26. 3. 1997, S. 22).
3) **Amtl. Anm.:** ABl L 158 vom 23. 6. 1990, S. 59.
4) **Amtl. Anm.:** ABl L 80 vom 18. 3. 1998, S. 27.
5) **Amtl. Anm.:** ABl L 228 vom 11. 8. 1992, S. 24.
6) **Amtl. Anm.:** ABl L 280 vom 29. 10. 1994, S. 83.
7) **Amtl. Anm.:** ABl L 166 vom 11. 6. 1998, S. 51. Richtlinie geändert durch die Richtlinie 1999/44/EG (ABl L 171 vom 7. 7. 1999, S. 12).
8) **Amtl. Anm.:** ABl L 210 vom 7. 8. 1985, S. 29. Richtlinie geändert durch die Richtlinie 1999/34/EG (ABl L 141 vom 4. 6. 1999, S. 20).
9) **Amtl. Anm.:** ABl L 171 vom 7. 7. 1999, S. 12.
10) **Amtl. Anm.:** ABl L 113 vom 30. 4. 1992, S. 13.
11) **Amtl. Anm.:** ABl L 213 vom 30. 7. 1998, S. 9.

personenbezogener Daten und zum freien Datenverkehr[1)] und der Richtlinie 97/66/EG des Europäischen Parlaments und des Rates vom 15. Dezember 1997 über die Verarbeitung personenbezogener Daten und den Schutz der Privatsphäre im Bereich der Telekommunikation[2)], beide Richtlinien sind uneingeschränkt auf die Dienste der Informationsgesellschaft anwendbar. Jene Richtlinien begründen bereits einen gemeinschaftsrechtlichen Rahmen für den Bereich personenbezogener Daten, so daß diese Frage in der vorliegenden Richtlinie nicht geregelt werden muß, um das reibungslose Funktionieren des Binnenmarkts und insbesondere den freien Fluß personenbezogener Daten zwischen den Mitgliedstaaten zu gewährleisten. Die Grundsätze des Schutzes personenbezogener Daten sind bei der Umsetzung und Anwendung dieser Richtlinie uneingeschränkt zu beachten, insbesondere in bezug auf nicht angeforderte kommerzielle Kommunikation und die Verantwortlichkeit von Vermittlern. Die anonyme Nutzung offener Netze wie des Internets kann diese Richtlinie nicht unterbinden.

(15) Die Vertraulichkeit der Kommunikation ist durch Artikel 5 der Richtlinie 97/66/EG gewährleistet. Gemäß jener Richtlinie untersagen die Mitgliedstaaten jede Art des Abfangens oder Überwachens dieser Kommunikation durch andere Personen als Sender und Empfänger, es sei denn, diese Personen sind gesetzlich dazu ermächtigt.

(16) Die Ausklammerung von Gewinnspielen aus dem Anwendungsbereich dieser Richtlinie betrifft nur Glücksspiele, Lotterien und Wetten mit einem einen Geldwert darstellenden Einsatz. Preisausschreiben und Gewinnspiele, mit denen der Verkauf von Waren oder Dienstleistungen gefördert werden soll und bei denen etwaige Zahlungen nur dem Erwerb der angebotenen Waren oder Dienstleistungen dienen, werden hiervon nicht erfaßt.

(17) Das Gemeinschaftsrecht enthält in der Richtlinie 98/34/EG des Europäischen Parlaments und des Rates vom 22. Juni 1998 über ein Informationsverfahren auf dem Gebiet der Normen und technischen Vorschriften und der Vorschriften für die Dienste der Informationsgesellschaft[3)] sowie in der Richtlinie 98/84/EG des Europäischen Parlaments und des Rates vom 20. November 1998 über den rechtlichen Schutz von zugangskontrollierten Diensten und von Zugangskontrolldiensten[4)] bereits eine Definition der Dienste der Informationsgesellschaft. Diese Definition umfaßt alle Dienstleistungen, die in der Regel gegen Entgelt im Fernabsatz mittels Geräten für die elektronische Verarbeitung (einschließlich digitaler Kompression) und Speicherung von Daten auf individuellen Abruf eines Empfängers erbracht werden. Nicht unter diese Definition fallen die Dienstleistungen, auf die in der Liste von Beispielen in Anhang V der Richtlinie 98/34/EG Bezug genommen wird und die ohne Verarbeitung und Speicherung von Daten erbracht werden.

(18) Die Dienste der Informationsgesellschaft umfassen einen weiten Bereich von wirtschaftlichen Tätigkeiten, die online vonstatten gehen. Diese Tätigkeiten können insbesondere im Online-Verkauf von Waren bestehen. Tätigkeiten wie die Auslieferung von Waren als solche oder die Erbringung von Offline-Diensten werden nicht erfaßt. Die Dienste der Informationsgesellschaft beschränken sich nicht nur auf Dienste, bei denen online Verträge geschlossen werden können, sondern erstrecken sich, soweit es sich überhaupt um eine wirtschaftliche Tätigkeit handelt, auch auf Dienste, die nicht von denjenigen vergütet werden, die sie empfangen, wie etwa Online-Informationsdienste, kommerzielle Kommunikation oder Dienste, die Instrumente zur Datensuche, zum Zugang zu Daten und zur Datenabfrage bereitstellen. Zu den Diensten der Informationsgesellschaft zählen auch Dienste, die Informationen über ein Kommunikationsnetz übermitteln, Zugang zu einem Kommunikationsnetz anbieten oder Informationen, die von einem Nutzer des Dienstes stammen, speichern. Fernsehsendungen im Sinne der

---

1) **Amtl. Anm.:** ABl L 281 vom 23. 11. 1995, S. 31.
2) **Amtl. Anm.:** ABl L 24 vom 30. 1. 1998, S. 1.
3) **Amtl. Anm.:** ABl L 204 vom 21. 7. 1998, S. 37. Richtlinie geändert durch die Richtlinie 98/48/EG (ABl L 217 vom 5. 8. 1998, S. 18).
4) **Amtl. Anm.:** ABl L 320 vom 28. 11. 1998, S. 54.

Richtlinie 89/552/EWG und Radiosendungen sind keine Dienste der Informationsgesellschaft, da sie nicht auf individuellen Abruf erbracht werden. Dagegen sind Dienste, die von Punkt zu Punkt erbracht werden, wie Video auf Abruf oder die Verbreitung kommerzieller Kommunikationen mit elektronischer Post, Dienste der Informationsgesellschaft. Die Verwendung der elektronischen Post oder gleichwertiger individueller Kommunikationen zum Beispiel durch natürliche Personen außerhalb ihrer gewerblichen, geschäftlichen oder beruflichen Tätigkeit, einschließlich ihrer Verwendung für den Abschluß von Verträgen zwischen derartigen Personen, ist kein Dienst der Informationsgesellschaft. Die vertragliche Beziehung zwischen einem Arbeitnehmer und seinem Arbeitgeber ist kein Dienst der Informationsgesellschaft. Tätigkeiten, die ihrer Art nach nicht aus der Ferne und auf elektronischem Wege ausgeübt werden können, wie die gesetzliche Abschlußprüfung von Unternehmen oder ärztlicher Rat mit einer erforderlichen körperlichen Untersuchung eines Patienten, sind keine Dienste der Informationsgesellschaft.

(19) Die Bestimmung des Ortes der Niederlassung des Anbieters hat gemäß den in der Rechtsprechung des Gerichtshofs entwickelten Kriterien zu erfolgen, nach denen der Niederlassungsbegriff die tatsächliche Ausübung einer wirtschaftlichen Tätigkeit mittels einer festen Einrichtung auf unbestimmte Zeit umfaßt. Diese Bedingung ist auch erfüllt, wenn ein Unternehmen für einen festgelegten Zeitraum gegründet wird. Erbringt ein Unternehmen Dienstleistungen über eine Web-Site des Internets, so ist es weder dort niedergelassen, wo sich die technischen Mittel befinden, die diese Web-Site beherbergen, noch dort, wo die Web-Site zugänglich ist, sondern an dem Ort, an dem es seine Wirtschaftstätigkeit ausübt. In Fällen, in denen ein Anbieter an mehreren Orten niedergelassen ist, ist es wichtig zu bestimmen, von welchem Niederlassungsort aus der betreffende Dienst erbracht wird. Ist im Falle mehrerer Niederlassungsorte schwierig zu bestimmen, von welchem Ort aus ein bestimmter Dienst erbracht wird, so gilt als solcher der Ort, an dem sich der Mittelpunkt der Tätigkeiten des Anbieters in bezug auf diesen bestimmten Dienst befindet.

(20) Die Definition des Begriffs des Nutzers eines Dienstes umfaßt alle Arten der Inanspruchnahme von Diensten der Informationsgesellschaft sowohl durch Personen, die Informationen in offenen Netzen wie dem Internet anbieten, als auch durch Personen, die im Internet Informationen für private oder berufliche Zwecke suchen.

(21) Eine künftige gemeinschaftliche Harmonisierung auf dem Gebiet der Dienste der Informationsgesellschaft und künftige Rechtsvorschriften, die auf einzelstaatlicher Ebene in Einklang mit dem Gemeinschaftsrecht erlassen werden, bleiben vom Geltungsbereich des koordinierten Bereichs unberührt. Der koordinierte Bereich umfaßt nur Anforderungen betreffend Online-Tätigkeiten, beispielsweise Online-Informationsdienste, Online-Werbung, Online-Verkauf und Online-Vertragsabschluß; er betrifft keine rechtlichen Anforderungen der Mitgliedstaaten bezüglich Waren, beispielsweise Sicherheitsnormen, Kennzeichnungspflichten oder Haftung für Waren, und auch keine Anforderungen der Mitgliedstaaten bezüglich der Lieferung oder Beförderung von Waren, einschließlich der Lieferung von Humanarzneimitteln. Der koordinierte Bereich umfaßt nicht die Wahrnehmung des Vorkaufsrechts durch öffentliche Behörden in bezug auf bestimmte Güter wie beispielsweise Kunstwerke.

(22) Die Aufsicht über Dienste der Informationsgesellschaft hat am Herkunftsort zu erfolgen, um einen wirksamen Schutz der Ziele des Allgemeininteresses zu gewährleisten. Deshalb muß dafür gesorgt werden, daß die zuständige Behörde diesen Schutz nicht allein für die Bürger ihres Landes, sondern für alle Bürger der Gemeinschaft sichert. Um das gegenseitige Vertrauen der Mitgliedstaaten zu fördern, muß die Verantwortlichkeit des Mitgliedstaates des Herkunftsortes der Dienste klar herausgestellt werden. Um den freien Dienstleistungsverkehr und die Rechtssicherheit für Anbieter und Nutzer wirksam zu gewährleisten, sollten die Dienste der Informationsgesellschaft zudem grundsätzlich dem Rechtssystem desjenigen Mitgliedstaates unterworfen werden, in dem der Anbieter niedergelassen ist.

(23) Diese Richtlinie zielt weder darauf ab, zusätzliche Regeln im Bereich des internationalen Privatrechts hinsichtlich des anwendbaren Rechts zu schaffen, noch befaßt sie

sich mit der Zuständigkeit der Gerichte; Vorschriften des anwendbaren Rechts, die durch Regeln des Internationalen Privatrechts bestimmt sind, dürfen die Freiheit zur Erbringung von Diensten der Informationsgesellschaft im Sinne dieser Richtlinie nicht einschränken.

(24) Unbeschadet der Regel, daß Dienste der Informationsgesellschaft an der Quelle zu beaufsichtigen sind, ist es im Zusammenhang mit dieser Richtlinie gerechtfertigt, daß die Mitgliedstaaten unter den in dieser Richtlinie festgelegten Bedingungen Maßnahmen ergreifen dürfen, um den freien Verkehr für Dienste der Informationsgesellschaft einzuschränken.

(25) Nationale Gerichte, einschließlich Zivilgerichte, die mit privatrechtlichen Streitigkeiten befaßt sind, können im Einklang mit den in dieser Richtlinie festgelegten Bedingungen Maßnahmen ergreifen, die von der Freiheit der Erbringung von Diensten der Informationsgesellschaft abweichen.

(26) Die Mitgliedstaaten können im Einklang mit den in dieser Richtlinie festgelegten Bedingungen ihre nationalen strafrechtlichen Vorschriften und Strafprozeßvorschriften anwenden, um Ermittlungs- und andere Maßnahmen zu ergreifen, die zur Aufklärung und Verfolgung von Straftaten erforderlich sind, ohne diese Maßnahmen der Kommission mitteilen zu müssen.

(27) Diese Richtlinie trägt zusammen mit der künftigen Richtlinie des Europäischen Parlaments und des Rates über den Fernabsatz von Finanzdienstleistungen an Verbraucher dazu bei, einen rechtlichen Rahmen für die Online-Erbringung von Finanzdienstleistungen zu schaffen. Diese Richtlinie greift künftigen Initiativen im Bereich der Finanzdienstleistungen, insbesondere in bezug auf die Harmonisierung der Verhaltensregeln für diesen Bereich, nicht vor. Die durch diese Richtlinie geschaffene Möglichkeit für die Mitgliedstaaten, die Freiheit der Erbringung von Diensten der Informationsgesellschaft unter bestimmten Umständen zum Schutz der Verbraucher einzuschränken, erstreckt sich auch auf Maßnahmen im Bereich der Finanzdienstleistungen, insbesondere Maßnahmen zum Schutz von Anlegern.

(28) Die Verpflichtung der Mitgliedstaaten, den Zugang zur Tätigkeit eines Anbieters von Diensten der Informationsgesellschaft keiner Zulassung zu unterwerfen, gilt nicht für Postdienste, die unter die Richtlinie 97/67/EG des Europäischen Parlaments und des Rates vom 15. Dezember 1997 über gemeinsame Vorschriften für die Entwicklung des Binnenmarktes der Postdienste der Gemeinschaft und die Verbesserung der Dienstequalität[1]) fallen und in der materiellen Auslieferung ausgedruckter Mitteilungen der elektronischen Post bestehen; freiwillige Akkreditierungssysteme, insbesondere für Anbieter von Diensten für die Zertifizierung elektronischer Signaturen, sind hiervon ebenfalls nicht betroffen.

(29) Kommerzielle Kommunikationen sind von entscheidender Bedeutung für die Finanzierung der Dienste der Informationsgesellschaft und die Entwicklung vielfältiger neuer und unentgeltlicher Dienste. Im Interesse des Verbraucherschutzes und der Lauterkeit des Geschäftsverkehrs müssen die verschiedenen Formen kommerzieller Kommunikation, darunter Preisnachlässe, Sonderangebote, Preisausschreiben und Gewinnspiele, bestimmten Transparenzerfordernissen genügen. Diese Transparenzerfordernisse lassen die Richtlinie 97/7/EG unberührt. Diese Richtlinie ist ferner ohne Auswirkung auf die Richtlinien, die bereits im Bereich der kommerziellen Kommunikationen bestehen, insbesondere die Richtlinie 98/43/EG.

(30) Die Zusendung nicht angeforderter kommerzieller Kommunikationen durch elektronische Post kann für Verbraucher und Anbieter von Diensten der Informationsgesellschaft unerwünscht sein und das reibungslose Funktionieren interaktiver Netze beeinträchtigen. Die Frage der Zustimmung der Empfänger bestimmter Formen der nicht angeforderten kommerziellen Kommunikation ist nicht Gegenstand dieser Richtlinie, sondern ist, insbesondere in den Richtlinien 97/7/EG und 97/66/EG, bereits geregelt. In Mitgliedstaaten, die nicht angeforderte kommerzielle Kommunikationen über elektronische

---

1) **Amtl. Anm.:** ABl L 15 vom 21. 1. 1998, S. 14.

Post zulassen, sollten geeignete Initiativen der Branche zum Herausfiltern entsprechender Mitteilungen gefördert und erleichtert werden. Darüber hinaus müssen nicht angeforderte kommerzielle Kommunikationen auf jeden Fall klar als solche erkennbar sein, um die Transparenz zu verbessern und die Funktionsfähigkeit derartiger Filtersysteme der Branche zu fördern. Durch elektronische Post zugesandte nicht angeforderte kommerzielle Kommunikationen dürfen keine zusätzlichen Kommunikationskosten für den Empfänger verursachen.

(31) Mitgliedstaaten, die in ihrem Hoheitsgebiet niedergelassenen Diensteanbietern die Versendung nicht angeforderter kommerzieller Kommunikation mit elektronischer Post ohne vorherige Zustimmung des Empfängers gestatten, müssen dafür Sorge tragen, daß die Diensteanbieter regelmäßig sog. Robinson-Listen konsultieren, in die sich natürliche Personen eintragen können, die keine derartigen Informationen zu erhalten wünschen, und daß die Diensteanbieter diese Listen beachten.

(32) Um Hindernisse für die Entwicklung grenzüberschreitender Dienste innerhalb der Gemeinschaft zu beseitigen, die Angehörige der reglementierten Berufe im Internet anbieten könnten, muß die Wahrung berufsrechtlicher Regeln, insbesondere der Regeln zum Schutz der Verbraucher oder der öffentlichen Gesundheit, auf Gemeinschaftsebene gewährleistet sein. Zur Festlegung der für kommerzielle Kommunikation geltenden Berufsregeln sind vorzugsweise gemeinschaftsweit geltende Verhaltenskodizes geeignet. Die Erstellung oder gegebenenfalls die Anpassung solcher Regeln sollte unbeschadet der Autonomie von Berufsvereinigungen und -organisationen gefördert werden.

(33) Diese Richtlinie ergänzt gemeinschaftliche und einzelstaatliche Rechtsvorschriften für reglementierte Berufe, wobei in diesem Bereich ein kohärenter Bestand anwendbarer Regeln beibehalten wird.

(34) Jeder Mitgliedstaat hat seine Rechtsvorschriften zu ändern, in denen Bestimmungen festgelegt sind, die die Verwendung elektronisch geschlossener Verträge behindern könnten; dies gilt insbesondere für Formerfordernisse. Die Prüfung anpassungsbedürftiger Rechtsvorschriften sollte systematisch erfolgen und sämtliche Phasen bis zum Vertragsabschluß umfassen, einschließlich der Archivierung des Vertrages. Diese Änderung sollte bewirken, daß es möglich ist, elektronisch geschlossene Verträge zu verwenden. Die rechtliche Wirksamkeit elektronischer Signaturen ist bereits Gegenstand der Richtlinie 1999/93/EG des Europäischen Parlaments und des Rates vom 13. Dezember 1999 über gemeinschaftliche Rahmenbedingungen für elektronische Signaturen[1]. Die Empfangsbestätigung durch den Diensteanbieter kann darin bestehen, daß dieser die bezahlte Dienstleistung online erbringt.

(35) Diese Richtlinie läßt die Möglichkeit der Mitgliedstaaten unberührt, allgemeine oder spezifische rechtliche Anforderungen für Verträge, die auf elektronischem Wege erfüllt werden können, insbesondere Anforderungen für sichere elektronische Signaturen, aufrechtzuerhalten oder festzulegen.

(36) Die Mitgliedstaaten können Beschränkungen für die Verwendung elektronisch geschlossener Verträge in bezug auf Verträge beibehalten, bei denen die Mitwirkung von Gerichten, Behörden oder öffentliche Befugnisse ausübenden Berufen gesetzlich vorgeschrieben ist. Diese Möglichkeit gilt auch für Verträge, bei denen die Mitwirkung von Gerichten, Behörden oder öffentliche Befugnisse ausübenden Berufen erforderlich ist, damit sie gegenüber Dritten wirksam sind, und für Verträge, bei denen eine notarielle Beurkundung oder Beglaubigung gesetzlich vorgeschrieben ist.

(37) Die Verpflichtung der Mitgliedstaaten, Hindernisse für die Verwendung elektronisch geschlossener Verträge zu beseitigen, betrifft nur Hindernisse, die sich aus rechtlichen Anforderungen ergeben, nicht jedoch praktische Hindernisse, die dadurch entstehen, daß in bestimmten Fällen elektronische Mittel nicht genutzt werden können.

(38) Die Verpflichtung der Mitgliedstaaten, Hindernisse für die Verwendung elektronisch geschlossener Verträge zu beseitigen, ist im Einklang mit den im Gemeinschaftsrecht niedergelegten rechtlichen Anforderungen an Verträge zu erfüllen.

---

[1] **Amtl. Anm.:** ABl L 13 vom 19. 1. 2000, S. 12.

(39) Die in dieser Richtlinie in bezug auf die bereitzustellenden Informationen und die Abgabe von Bestellungen vorgesehenen Ausnahmen von den Vorschriften für Verträge, die ausschließlich durch den Austausch von elektronischer Post oder durch damit vergleichbare individuelle Kommunikation geschlossen werden, sollten nicht dazu führen, daß Anbieter von Diensten der Informationsgesellschaft diese Vorschriften umgehen können.

(40) Bestehende und sich entwickelnde Unterschiede in den Rechtsvorschriften und der Rechtsprechung der Mitgliedstaaten hinsichtlich der Verantwortlichkeit von Diensteanbietern, die als Vermittler handeln, behindern das reibungslose Funktionieren des Binnenmarktes, indem sie insbesondere die Entwicklung grenzüberschreitender Dienste erschweren und Wettbewerbsverzerrungen verursachen. Die Diensteanbieter sind unter bestimmten Voraussetzungen verpflichtet, tätig zu werden, um rechtswidrige Tätigkeiten zu verhindern oder abzustellen. Die Bestimmungen dieser Richtlinie sollten eine geeignete Grundlage für die Entwicklung rasch und zuverlässig wirkender Verfahren zur Entfernung unerlaubter Informationen und zur Sperrung des Zugangs zu ihnen bilden. Entsprechende Mechanismen könnten auf der Grundlage freiwilliger Vereinbarungen zwischen allen Beteiligten entwickelt und sollten von den Mitgliedstaaten gefördert werden. Es liegt im Interesse aller an der Erbringung von Diensten der Informationsgesellschaft Beteiligten, daß solche Verfahren angenommen und umgesetzt werden. Die in dieser Richtlinie niedergelegten Bestimmungen über die Verantwortlichkeit sollten die verschiedenen Beteiligten nicht daran hindern, innerhalb der von den Richtlinien 95/46/EG und 97/66/EG gezogenen Grenzen technische Schutz- und Erkennungssysteme und durch die Digitaltechnik ermöglichte technische Überwachungsgeräte zu entwickeln und wirksam anzuwenden.

(41) Diese Richtlinie schafft ein Gleichgewicht zwischen den verschiedenen Interessen und legt die Grundsätze fest, auf denen Übereinkommen und Standards in dieser Branche basieren können.

(42) Die in dieser Richtlinie hinsichtlich der Verantwortlichkeit festgelegten Ausnahmen decken nur Fälle ab, in denen die Tätigkeit des Anbieters von Diensten der Informationsgesellschaft auf den technischen Vorgang beschränkt ist, ein Kommunikationsnetz zu betreiben und den Zugang zu diesem zu vermitteln, über das von Dritten zur Verfügung gestellte Informationen übermittelt oder zum alleinigen Zweck vorübergehend gespeichert werden, die Übermittlung effizienter zu gestalten. Diese Tätigkeit ist rein technischer, automatischer und passiver Art, was bedeutet, daß der Anbieter eines Dienstes der Informationsgesellschaft weder Kenntnis noch Kontrolle über die weitergeleitete oder gespeicherte Information besitzt.

(43) Ein Diensteanbieter kann die Ausnahmeregelungen für die „reine Durchleitung" und das „Caching" in Anspruch nehmen, wenn er in keiner Weise mit der übermittelten Information in Verbindung steht. Dies bedeutet unter anderem, daß er die von ihm übermittelte Information nicht verändert. Unter diese Anforderung fallen nicht Eingriffe technischer Art im Verlauf der Übermittlung, da sie die Integrität der übermittelten Informationen nicht verändern.

(44) Ein Diensteanbieter, der absichtlich mit einem der Nutzer seines Dienstes zusammenarbeitet, um rechtswidrige Handlungen zu begehen, leistet mehr als „reine Durchleitung" und „Caching" und kann daher den hierfür festgelegten Haftungsausschluß nicht in Anspruch nehmen.

(45) Die in dieser Richtlinie festgelegten Beschränkungen der Verantwortlichkeit von Vermittlern lassen die Möglichkeit von Anordnungen unterschiedlicher Art unberührt. Diese können insbesondere in gerichtlichen oder behördlichen Anordnungen bestehen, die die Abstellung oder Verhinderung einer Rechtsverletzung verlangen, einschließlich der Entfernung rechtswidriger Informationen oder der Sperrung des Zugangs zu ihnen.

(46) Um eine Beschränkung der Verantwortlichkeit in Anspruch nehmen zu können, muß der Anbieter eines Dienstes der Informationsgesellschaft, der in der Speicherung von Information besteht, unverzüglich tätig werden, sobald ihm rechtswidrige Tätigkeiten bekannt oder bewußt werden, um die betreffende Information zu entfernen oder den

Zugang zu ihr zu sperren. Im Zusammenhang mit der Entfernung oder der Sperrung des Zugangs hat er den Grundsatz der freien Meinungsäußerung und die hierzu auf einzelstaatlicher Ebene festgelegten Verfahren zu beachten. Diese Richtlinie läßt die Möglichkeit der Mitgliedstaaten unberührt, spezifische Anforderungen vorzuschreiben, die vor der Entfernung von Informationen oder der Sperrung des Zugangs unverzüglich zu erfüllen sind.

(47) Die Mitgliedstaaten sind nur dann gehindert, den Diensteanbietern Überwachungspflichten aufzuerlegen, wenn diese allgemeiner Art sind. Dies betrifft nicht Überwachungspflichten in spezifischen Fällen und berührt insbesondere nicht Anordnungen, die von einzelstaatlichen Behörden nach innerstaatlichem Recht getroffen werden.

(48) Diese Richtlinie läßt die Möglichkeit unberührt, daß die Mitgliedstaaten von Diensteanbietern, die von Nutzern ihres Dienstes bereitgestellte Informationen speichern, verlangen, die nach vernünftigem Ermessen von ihnen zu erwartende und in innerstaatlichen Rechtsvorschriften niedergelegte Sorgfaltspflicht anzuwenden, um bestimmte Arten rechtswidriger Tätigkeiten aufzudecken und zu verhindern.

(49) Die Mitgliedstaaten und die Kommission haben zur Ausarbeitung von Verhaltenskodizes zu ermutigen. Dies beeinträchtigt nicht die Freiwilligkeit dieser Kodizes und die Möglichkeit der Beteiligten, sich nach freiem Ermessen einem solchen Kodex zu unterwerfen.

(50) Es ist wichtig, daß die vorgeschlagene Richtlinie zur Harmonisierung bestimmter Aspekte des Urheberrechts und der verwandten Schutzrechte in der Informationsgesellschaft und die vorliegende Richtlinie innerhalb des gleichen Zeitrahmens in Kraft treten, so daß zur Frage der Haftung der Vermittler bei Verstößen gegen das Urheberrecht und verwandte Schutzrechte auf Gemeinschaftsebene ein klares Regelwerk begründet wird.

(51) Gegebenenfalls müssen die Mitgliedstaaten innerstaatliche Rechtsvorschriften ändern, die die Inanspruchnahme von Mechanismen zur außergerichtlichen Beilegung von Streitigkeiten auf elektronischem Wege behindern könnten. Diese Änderung muß bewirken, daß diese Mechanismen de facto und de jure tatsächlich wirksam funktionieren können, und zwar auch bei grenzüberschreitenden Rechtsstreitigkeiten.

(52) Die effektive Wahrnehmung der durch den Binnenmarkt gebotenen Freiheiten macht es erforderlich, den Opfern einen wirksamen Zugang zu Möglichkeiten der Beilegung von Streitigkeiten zu gewährleisten. Schäden, die in Verbindung mit den Diensten der Informationsgesellschaft entstehen können, sind durch ihre Schnelligkeit und ihre geographische Ausbreitung gekennzeichnet. Wegen dieser spezifischen Eigenheit und der Notwendigkeit, darüber zu wachen, daß die nationalen Behörden das Vertrauen, das sie sich gegenseitig entgegenbringen müssen, nicht in Frage stellen, verlangt diese Richtlinie von den Mitgliedstaaten, dafür zu sorgen, daß angemessene Klagemöglichkeiten zur Verfügung stehen. Die Mitgliedstaaten sollten prüfen, ob ein Bedürfnis für die Schaffung eines Zugangs zu gerichtlichen Verfahren auf elektronischem Wege besteht.

(53) Die Richtlinie 98/27/EG, die auf Dienste der Informationsgesellschaft anwendbar ist, sieht einen Mechanismus für Unterlassungsklagen zum Schutz kollektiver Verbraucherinteressen vor. Dieser Mechanismus trägt zum freien Verkehr von Diensten der Informationsgesellschaft bei, indem er ein hohes Niveau an Verbraucherschutz gewährleistet.

(54) Die in dieser Richtlinie vorgesehenen Sanktionen lassen andere nach einzelstaatlichem Recht vorgesehene Sanktionen oder Rechtsbehelfe unberührt. Die Mitgliedstaaten sind nicht verpflichtet, strafrechtliche Sanktionen für Zuwiderhandlungen gegen innerstaatliche Rechtsvorschriften, die aufgrund dieser Richtlinie erlassen wurden, vorzusehen.

(55) Diese Richtlinie läßt das Recht unberührt, das für die sich aus Verbraucherverträgen ergebenden vertraglichen Schuldverhältnisse gilt. Dementsprechend kann diese Richtlinie nicht dazu führen, daß dem Verbraucher der Schutz entzogen wird, der ihm von den zwingenden Vorschriften für vertragliche Verpflichtungen nach dem Recht des Mitgliedstaates, in dem er seinen gewöhnlichen Wohnsitz hat, gewährt wird.

(56) Im Hinblick auf die in dieser Richtlinie vorgesehene Ausnahme für vertragliche Schuldverhältnisse in bezug auf Verbraucherverträge ist zu beachten, daß diese Schuldverhältnisse auch Informationen zu den wesentlichen Elementen des Vertrags erfassen; dazu gehören auch die Verbraucherrechte, die einen bestimmenden Einfluß auf die Entscheidung zum Vertragschluß haben.

(57) Nach ständiger Rechtsprechung des Gerichtshofs ist ein Mitgliedstaat weiterhin berechtigt, Maßnahmen gegen einen in einem anderen Mitgliedstaat niedergelassenen Diensteanbieter zu ergreifen, dessen Tätigkeit ausschließlich oder überwiegend auf das Hoheitsgebiet des ersten Mitgliedstaates ausgerichtet ist, wenn die Niederlassung gewählt wurde, um die Rechtsvorschriften zu umgehen, die auf den Anbieter Anwendung fänden, wenn er im Hoheitsgebiet des ersten Mitgliedstaats niedergelassen wäre.

(58) Diese Richtlinie soll keine Anwendung auf Dienste von Anbietern finden, die in einem Drittland niedergelassen sind. Angesichts der globalen Dimension des elektronischen Geschäftsverkehrs ist jedoch dafür Sorge zu tragen, daß die gemeinschaftlichen Vorschriften mit den internationalen Regeln in Einklang stehen. Die Ergebnisse der Erörterungen über rechtliche Fragen in internationalen Organisationen (unter anderem WTO, OECD, UNCITRAL) bleiben von dieser Richtlinie unberührt.

(59) Trotz der globalen Natur elektronischer Kommunikationen ist eine Koordinierung von nationalen Regulierungsmaßnahmen auf der Ebene der Europäischen Union notwendig, um eine Fragmentierung des Binnenmarktes zu vermeiden und einen angemessenen europäischen Rechtsrahmen zu schaffen. Diese Koordinierung sollte auch zur Herausbildung einer gemeinsamen und starken Verhandlungsposition in internationalen Gremien beitragen.

(60) Im Sinne der ungehinderten Entwicklung des elektronischen Geschäftsverkehrs muß dieser Rechtsrahmen klar, unkompliziert und vorhersehbar sowie vereinbar mit den auf internationaler Ebene geltenden Regeln sein, um die Wettbewerbsfähigkeit der europäischen Industrie nicht zu beeinträchtigen und innovative Maßnahmen in diesem Sektor nicht zu behindern.

(61) Damit der elektronische Markt in einem globalisierten Umfeld wirksam funktionieren kann, bedarf es einer Abstimmung zwischen der Europäischen Union und den großen nichteuropäischen Wirtschaftsräumen mit dem Ziel, die Rechtsvorschriften und Verfahren kompatibel zu gestalten.

(62) Die Zusammenarbeit mit Drittländern sollte im Bereich des elektronischen Geschäftsverkehrs intensiviert werden, insbesondere mit den beitrittswilligen Ländern, den Entwicklungsländern und den übrigen Handelspartnern der Europäischen Union.

(63) Die Annahme dieser Richtlinie hält die Mitgliedstaaten nicht davon ab, den verschiedenen sozialen, gesellschaftlichen und kulturellen Auswirkungen Rechnung zu tragen, zu denen das Entstehen der Informationsgesellschaft führt. Insbesondere darf sie nicht Maßnahmen verhindern, die die Mitgliedstaaten im Einklang mit dem Gemeinschaftsrecht erlassen könnten, um soziale, kulturelle und demokratische Ziele unter Berücksichtigung ihrer sprachlichen Vielfalt, der nationalen und regionalen Besonderheiten sowie ihres Kulturerbes zu erreichen und den Zugang der Öffentlichkeit zu der breitestmöglichen Palette von Diensten der Informationsgesellschaft zu gewährleisten und zu erhalten. Im Zuge der Entwicklung der Informationsgesellschaft muß auf jeden Fall sichergestellt werden, daß die Bürger der Gemeinschaft Zugang zu dem in einem digitalen Umfeld vermittelten europäischen Kulturerbe erhalten können.

(64) Die elektronische Kommunikation stellt für die Mitgliedstaaten ein hervorragendes Instrument zur Bereitstellung von öffentlichen Dienstleistungen in den Bereichen Kultur, Bildung und Sprache dar.

(65) Wie der Rat in seiner Entschließung vom 19. Januar 1999 über die Verbraucherdimension der Informationsgesellschaft[1] festgestellt hat, muß dem Schutz der Verbraucher in diesem Bereich besondere Aufmerksamkeit gewidmet werden. Die Kommission

---

1) **Amtl. Anm.:** ABl C 23 vom 28. 1. 1999, S. 1.

wird untersucht, in welchem Umfang die bestehenden Regeln des Verbraucherschutzes im Zusammenhang mit der Informationsgesellschaft unzulänglich sind, und gegebenenfalls die Lücken in der bestehenden Gesetzgebung sowie die Aspekte, die ergänzende Maßnahmen erforderlich machen könnten, aufzeigen. Gegebenenfalls sollte die Kommission spezifische zusätzliche Vorschläge unterbreiten, um die festgestellten Unzulänglichkeiten zu beheben –
HABEN FOLGENDE RICHTLINIE ERLASSEN:

RL 2000/31/EG

## Kapitel I: Allgemeine Bestimmungen

### Artikel 1   Zielsetzung und Anwendungsbereich

(1) Diese Richtlinie soll einen Beitrag zum einwandfreien Funktionieren des Binnenmarktes leisten, indem sie den freien Verkehr von Diensten der Informationsgesellschaft zwischen den Mitgliedstaaten sicherstellt.

(2) Diese Richtlinie sorgt, soweit dies für die Erreichung des in Absatz 1 genannten Ziels erforderlich ist, für eine Angleichung bestimmter für die Dienste der Informationsgesellschaft geltender innerstaatlicher Regelungen, die den Binnenmarkt, die Niederlassung der Diensteanbieter, kommerzielle Kommunikationen, elektronische Verträge, die Verantwortlichkeit von Vermittlern, Verhaltenskodizes, Systeme zur außergerichtlichen Beilegung von Streitigkeiten, Klagemöglichkeiten sowie die Zusammenarbeit zwischen den Mitgliedstaaten betreffen.

(3) Diese Richtlinie ergänzt das auf die Dienste der Informationsgesellschaft anwendbare Gemeinschaftsrecht und läßt dabei das Schutzniveau insbesondere für die öffentliche Gesundheit und den Verbraucherschutz, wie es sich aus Gemeinschaftsrechtsakten und einzelstaatlichen Rechtsvorschriften zu deren Umsetzung ergibt, unberührt, soweit die Freiheit, Dienste der Informationsgesellschaft anzubieten, dadurch nicht eingeschränkt wird.

(4) Diese Richtlinie schafft weder zusätzliche Regeln im Bereich des internationalen Privatrechts, noch befaßt sie sich mit der Zuständigkeit der Gerichte.

(5) Diese Richtlinie findet keine Anwendung auf
a) den Bereich der Besteuerung,
b) Fragen betreffend die Dienste der Informationsgesellschaft, die von den Richtlinien 95/46/EG und 97/66/EG erfaßt werden,
c) Fragen betreffend Vereinbarungen oder Verhaltensweisen, die dem Kartellrecht unterliegen,
d) die folgenden Tätigkeiten der Dienste der Informationsgesellschaft:
   – Tätigkeiten von Notaren oder Angehörigen gleichwertiger Berufe, soweit diese eine unmittelbare und besondere Verbindung zur Ausübung öffentlicher Befugnisse aufweisen;
   – Vertretung eines Mandanten und Verteidigung seiner Interessen vor Gericht;
   – Gewinnspiele mit einem einen Geldwert darstellenden Einsatz bei Glücksspielen, einschließlich Lotterien und Wetten.

(6) Maßnahmen auf gemeinschaftlicher oder einzelstaatlicher Ebene, die unter Wahrung des Gemeinschaftsrechts der Förderung der kulturellen und sprachlichen Vielfalt und dem Schutz des Pluralismus dienen, bleiben von dieser Richtlinie unberührt.

### Artikel 2   Begriffsbestimmungen

Im Sinne dieser Richtlinie bezeichnet der Ausdruck
a) „Dienste der Informationsgesellschaft" Dienste im Sinne von Artikel 1 Nummer 2 der Richtlinie 98/34/EG in der Fassung der Richtlinie 98/48/EG;
b) „Diensteanbieter" jede natürliche oder juristische Person, die einen Dienst der Informationsgesellschaft anbietet;

c) „niedergelassener Diensteanbieter" ein Anbieter, der mittels einer festen Einrichtung auf unbestimmte Zeit eine Wirtschaftstätigkeit tatsächlich ausübt; Vorhandensein und Nutzung technischer Mittel und Technologien, die zum Anbieten des Dienstes erforderlich sind, begründen allein keine Niederlassung des Anbieters;

d) „Nutzer" jede natürliche oder juristische Person, die zu beruflichen oder sonstigen Zwecken einen Dienst der Informationsgesellschaft in Anspruch nimmt, insbesondere um Informationen zu erlangen oder zugänglich zu machen;

e) „Verbraucher" jede natürliche Person, die zu Zwecken handelt, die nicht zu ihren gewerblichen, geschäftlichen oder beruflichen Tätigkeiten gehören;

f) „kommerzielle Kommunikation" alle Formen der Kommunikation, die der unmittelbaren oder mittelbaren Förderung des Absatzes von Waren und Dienstleistungen oder des Erscheinungsbilds eines Unternehmens, einer Organisation oder einer natürlichen Person dienen, die eine Tätigkeit in Handel, Gewerbe oder Handwerk oder einen reglementierten Beruf ausübt; die folgenden Angaben stellen als solche keine Form der kommerziellen Kommunikation dar:

- Angaben, die direkten Zugang zur Tätigkeit des Unternehmens bzw. der Organisation oder Person ermöglichen, wie insbesondere ein Domain-Name oder eine Adresse der elektronischen Post;

- Angaben in bezug auf Waren und Dienstleistungen oder das Erscheinungsbild eines Unternehmens, einer Organisation oder Person, die unabhängig und insbesondere ohne finanzielle Gegenleistung gemacht werden;

g) „reglementierter Beruf" alle Berufe im Sinne von Artikel 1 Buchstabe d) der Richtlinie 89/48/EWG des Rates vom 21. Dezember 1988 über eine allgemeine Regelung zur Anerkennung der Hochschuldiplome, die eine mindestens dreijährige Berufsausbildung abschließen[1]), oder im Sinne von Artikel 1 Buchstabe f) der Richtlinie 92/51/EWG des Rates vom 18. Juni 1992 über eine zweite allgemeine Regelung zur Anerkennung beruflicher Befähigungsnachweise in Ergänzung zur Richtlinie 89/48/EWG[2]);

h) „koordinierter Bereich" die für die Anbieter von Diensten der Informationsgesellschaft und die Dienste der Informationsgesellschaft in den Rechtssystemen der Mitgliedstaaten festgelegten Anforderungen, ungeachtet der Frage, ob sie allgemeiner Art oder speziell für sie bestimmt sind.

   i. Der koordinierte Bereich betrifft vom Diensteanbieter zu erfüllende Anforderungen in bezug auf

   - die Aufnahme der Tätigkeit eines Dienstes der Informationsgesellschaft, beispielsweise Anforderungen betreffend Qualifikationen, Genehmigung oder Anmeldung;

   - die Ausübung der Tätigkeit eines Dienstes der Informationsgesellschaft, beispielsweise Anforderungen betreffend das Verhalten des Diensteanbieters, Anforderungen betreffend Qualität oder Inhalt des Dienstes, einschließlich der auf Werbung und Verträge anwendbaren Anforderungen, sowie Anforderungen betreffend die Verantwortlichkeit des Diensteanbieters.

   ii. Der koordinierte Bereich umfaßt keine Anforderungen wie

   - Anforderungen betreffend die Waren als solche;

   - Anforderungen betreffend die Lieferung von Waren;

   - Anforderungen betreffend Dienste, die nicht auf elektronischem Wege erbracht werden.

---

1) **Amtl. Anm.:** ABl L 19 vom 24. 1. 1989, S. 16.
2) **Amtl. Anm.:** ABl L 209 vom 24. 7. 1992, S. 25. Richtlinie zuletzt geändert durch die Richtlinie 97/38/EWG der Kommission (ABl L 184 vom 12. 7. 1997, S. 31).

**Artikel 3  Binnenmarkt**

(1) Jeder Mitgliedstaat trägt dafür Sorge, daß die Dienste der Informationsgesellschaft, die von einem in seinem Hoheitsgebiet niedergelassenen Diensteanbieter erbracht werden, den in diesem Mitgliedstaat geltenden innerstaatlichen Vorschriften entsprechen, die in den koordinierten Bereich fallen.

(2) Die Mitgliedstaaten dürfen den freien Verkehr von Diensten der Informationsgesellschaft aus einem anderen Mitgliedstaat nicht aus Gründen einschränken, die in den koordinierten Bereich fallen.

(3) Die Absätze 1 und 2 finden keine Anwendung auf die im Anhang genannten Bereiche.

(4) Die Mitgliedstaaten können Maßnahmen ergreifen, die im Hinblick auf einen bestimmten Dienst der Informationsgesellschaft von Absatz 2 abweichen, wenn die folgenden Bedingungen erfüllt sind:

a) Die Maßnahmen

  i. sind aus einem der folgenden Gründe erforderlich:
  - Schutz der öffentlichen Ordnung, insbesondere Verhütung, Ermittlung, Aufklärung und Verfolgung von Straftaten, einschließlich des Jugendschutzes und der Bekämpfung der Hetze aus Gründen der Rasse, des Geschlechts, des Glaubens oder der Nationalität, sowie von Verletzungen der Menschenwürde einzelner Personen,
  - Schutz der öffentlichen Gesundheit,
  - Schutz der öffentlichen Sicherheit, einschließlich der Wahrung nationaler Sicherheits- und Verteidigungsinteressen,
  - Schutz der Verbraucher, einschließlich des Schutzes von Anlegern;

  ii. betreffen einen bestimmten Dienst der Informationsgesellschaft, der die unter Ziffer i) genannten Schutzziele beeinträchtigt oder eine ernsthafte und schwerwiegende Gefahr einer Beeinträchtigung dieser Ziele darstellt;

  iii. stehen in einem angemessenen Verhältnis zu diesen Schutzzielen.

b) Der Mitgliedstaat hat vor Ergreifen der betreffenden Maßnahmen unbeschadet etwaiger Gerichtsverfahren, einschließlich Vorverfahren und Schritten im Rahmen einer strafrechtlichen Ermittlung,
  - den in Absatz 1 genannten Mitgliedstaat aufgefordert, Maßnahmen zu ergreifen, und dieser hat dem nicht Folge geleistet oder die von ihm getroffenen Maßnahmen sind unzulänglich;
  - die Kommission und den in Absatz 1 genannten Mitgliedstaat über seine Absicht, derartige Maßnahmen zu ergreifen, unterrichtet.

(5) Die Mitgliedstaaten können in dringlichen Fällen von den in Absatz 4 Buchstabe b) genannten Bedingungen abweichen. In diesem Fall müssen die Maßnahmen so bald wie möglich und unter Angabe der Gründe, aus denen der Mitgliedstaat der Auffassung ist; daß es sich um einen dringlichen Fall handelt, der Kommission und dem in Absatz 1 genannten Mitgliedstaat mitgeteilt werden.

(6) Unbeschadet der Möglichkeit des Mitgliedstaates, die betreffenden Maßnahmen durchzuführen, muß die Kommission innerhalb kürzestmöglicher Zeit prüfen, ob die mitgeteilten Maßnahmen mit dem Gemeinschaftsrecht vereinbar sind; gelangt sie zu dem Schluß, daß die Maßnahme nicht mit dem Gemeinschaftsrecht vereinbar ist, so fordert sie den betreffenden Mitgliedstaat auf, davon Abstand zu nehmen, die geplanten Maßnahmen zu ergreifen, bzw. bereits ergriffene Maßnahmen unverzüglich einzustellen.

# Kapitel II: Grundsätze

## Abschnitt 1: Niederlassung und Informationspflichten

### Artikel 4 Grundsatz der Zulassungsfreiheit

(1) Die Mitgliedstaaten stellen sicher, daß die Aufnahme und die Ausübung der Tätigkeit eines Anbieters von Diensten der Informationsgesellschaft nicht zulassungspflichtig ist und keiner sonstigen Anforderung gleicher Wirkung unterliegt.

(2) Absatz 1 gilt unbeschadet der Zulassungsverfahren, die nicht speziell und ausschließlich Dienste der Informationsgesellschaft betreffen oder die in den Anwendungsbereich der Richtlinie 97/13/EG des Europäischen Parlaments und des Rates vom 10. April 1997 über einen gemeinsamen Rahmen für Allgemein- und Einzelgenehmigungen für Telekommunikationsdienste[1] fallen.

### Artikel 5 Allgemeine Informationspflichten

(1) Zusätzlich zu den sonstigen Informationsanforderungen nach dem Gemeinschaftsrecht stellen die Mitgliedstaaten sicher, daß der Diensteanbieter den Nutzern des Dienstes und den zuständigen Behörden zumindest die nachstehend aufgeführten Informationen leicht, unmittelbar und ständig verfügbar macht:

a) den Namen des Diensteanbieters;
b) die geographische Anschrift, unter der der Diensteanbieter niedergelassen ist;
c) Angaben, die es ermöglichen, schnell mit dem Diensteanbieter Kontakt aufzunehmen und unmittelbar und effizient mit ihm zu kommunizieren, einschließlich seiner Adresse der elektronischen Post;
d) wenn der Diensteanbieter in ein Handelsregister oder ein vergleichbares öffentliches Register eingetragen ist, das Handelsregister, in das der Diensteanbieter eingetragen ist, und seine Handelsregisternummer oder eine gleichwertige in diesem Register verwendete Kennung;
e) soweit für die Tätigkeit eine Zulassung erforderlich ist, die Angaben zur zuständigen Aufsichtsbehörde;
f) hinsichtlich reglementierter Berufe:
   – gegebenenfalls der Berufsverband, die Kammer oder eine ähnliche Einrichtung, dem oder der der Diensteanbieter angehört,
   – die Berufsbezeichnung und der Mitgliedstaat, in der sie verliehen worden ist;
   – eine Verweisung auf die im Mitgliedstaat der Niederlassung anwendbaren berufsrechtlichen Regeln und Angaben dazu, wie sie zugänglich sind;
g) in Fällen, in denen der Diensteanbieter Tätigkeiten ausübt, die der Mehrwertsteuer unterliegen, die Identifikationsnummer gemäß Artikel 22 Absatz 1 der Sechsten Richtlinie 77/388/EWG des Rates vom 17. Mai 1977 zur Harmonisierung der Rechtsvorschriften der Mitgliedstaaten über die Umsatzsteuer – Gemeinsames Mehrwertsteuersystem: einheitliche steuerpflichtige Bemessungsgrundlage[2].

(2) Zusätzlich zu den sonstigen Informationsanforderungen nach dem Gemeinschaftsrecht tragen die Mitgliedstaaten zumindest dafür Sorge, daß, soweit Dienste der Informationsgesellschaft auf Preise Bezug nehmen, diese klar und unzweideutig ausgewiesen werden und insbesondere angegeben wird, ob Steuern und Versandkosten in den Preisen enthalten sind.

---

1) **Amtl. Anm.:** ABl L 117 vom 7. 5. 1997, S. 15.
2) **Amtl. Anm.:** ABl L 145 vom 13. 6. 1977, S. 1. Richtlinie zuletzt geändert durch die Richtlinie 1999/85/EG (ABl L 277 vom 28. 10. 1999, S. 34).

## Abschnitt 2: Kommerzielle Kommunikationen

### Artikel 6 Informationspflichten

Zusätzlich zu den sonstigen Informationsanforderungen nach dem Gemeinschaftsrecht stellen die Mitgliedstaaten sicher, daß kommerzielle Kommunikationen, die Bestandteil eines Dienstes der Informationsgesellschaft sind oder einen solchen Dienst darstellen, zumindest folgende Bedingungen erfüllen:

a) Kommerzielle Kommunikationen müssen klar als solche zu erkennen sein;
b) die natürliche oder juristische Person, in deren Auftrag kommerzielle Kommunikationen erfolgen, muß klar identifizierbar sein;
c) soweit Angebote zur Verkaufsförderung wie Preisnachlässe, Zugaben und Geschenke im Mitgliedstaat der Niederlassung des Diensteanbieters zulässig sind, müssen sie klar als solche erkennbar sein, und die Bedingungen für ihre Inanspruchnahme müssen leicht zugänglich sein sowie klar und unzweideutig angegeben werden;
d) soweit Preisausschreiben oder Gewinnspiele im Mitgliedstaat der Niederlassung des Diensteanbieters zulässig sind, müssen sie klar als solche erkennbar sein, und die Teilnahmebedingungen müssen leicht zugänglich sein sowie klar und unzweideutig angegeben werden.

### Artikel 7 Nicht angeforderte kommerzielle Kommunikationen

(1) Zusätzlich zu den sonstigen Anforderungen des Gemeinschaftsrechts stellen Mitgliedstaaten, die nicht angeforderte kommerzielle Kommunikation mittels elektronischer Post zulassen, sicher, daß solche kommerziellen Kommunikationen eines in ihrem Hoheitsgebiet niedergelassenen Diensteanbieters bei Eingang beim Nutzer klar und unzweideutig als solche erkennbar sind.

(2) Unbeschadet der Richtlinien 97/7/EG und 97/66/EG ergreifen die Mitgliedstaaten Maßnahmen um sicherzustellen, daß Diensteanbieter, die nicht angeforderte kommerzielle Kommunikation durch elektronische Post übermitteln, regelmäßig sog. Robinson-Listen konsultieren, in die sich natürliche Personen eintragen können, die keine derartigen kommerziellen Kommunikationen zu erhalten wünschen, und daß die Diensteanbieter diese Listen beachten.

### Artikel 8 Reglementierte Berufe

(1) Die Mitgliedstaaten stellen sicher, daß die Verwendung kommerzieller Kommunikationen, die Bestandteil eines von einem Angehörigen eines reglementierten Berufs angebotenen Dienstes der Informationsgesellschaft sind oder einen solchen Dienst darstellen, gestattet ist, soweit die berufsrechtlichen Regeln, insbesondere zur Wahrung von Unabhängigkeit, Würde und Ehre des Berufs, des Berufsgeheimnisses und eines lauteren Verhaltens gegenüber Kunden und Berufskollegen, eingehalten werden.

(2) Unbeschadet der Autonomie von Berufsvereinigungen und -organisationen ermutigen die Mitgliedstaaten und die Kommission die Berufsvereinigungen und -organisationen dazu, Verhaltenskodizes auf Gemeinschaftsebene aufzustellen, um zu bestimmen, welche Arten von Informationen im Einklang mit den in Absatz 1 genannten Regeln zum Zwecke der kommerziellen Kommunikation erteilt werden können.

(3) Bei der Ausarbeitung von Vorschlägen für Gemeinschaftsinitiativen, die erforderlich werden könnten, um das Funktionieren des Binnenmarktes im Hinblick auf die in Absatz 2 genannten Informationen zu gewährleisten, trägt die Kommission den auf Gemeinschaftsebene geltenden Verhaltenskodizes gebührend Rechnung und handelt in enger Zusammenarbeit mit den einschlägigen Berufsvereinigungen und -organisationen.

(4) Diese Richtlinie findet zusätzlich zu den Gemeinschaftsrichtlinien betreffend den Zugang zu und die Ausübung von Tätigkeiten im Rahmen der reglementierten Berufe Anwendung.

## Abschnitt 3: Abschluß von Verträgen auf elektronischem Weg

### Artikel 9 Behandlung von Verträgen

(1) Die Mitgliedstaaten stellen sicher, daß ihr Rechtssystem den Abschluß von Verträgen auf elektronischem Wege ermöglicht. Die Mitgliedstaaten stellen insbesondere sicher, daß ihre für den Vertragsabschluß geltenden Rechtsvorschriften weder Hindernisse für die Verwendung elektronischer Verträge bilden noch dazu führen, daß diese Verträge aufgrund des Umstandes, daß sie auf elektronischem Wege zustande gekommen sind, keine rechtliche Wirksamkeit oder Gültigkeit haben.

(2) Die Mitgliedstaaten können vorsehen, daß Absatz 1 auf alle oder bestimmte Verträge einer der folgenden Kategorien keine Anwendung findet:

a) Verträge, die Rechte an Immobilien mit Ausnahme von Mietrechten begründen oder übertragen;

b) Verträge, bei denen die Mitwirkung von Gerichten, Behörden oder öffentliche Befugnisse ausübenden Berufen gesetzlich vorgeschrieben ist;

c) Bürgschaftsverträge und Verträge über Sicherheiten, die von Personen außerhalb ihrer gewerblichen, geschäftlichen oder beruflichen Tätigkeit eingegangen werden;

d) Verträge im Bereich des Familienrechts oder des Erbrechts.

(3) Die Mitgliedstaaten teilen der Kommission mit, für welche der in Absatz 2 genannten Kategorien sie Absatz 1 nicht anwenden. Die Mitgliedstaaten übermitteln der Kommission alle fünf Jahre einen Bericht über die Anwendung des Absatzes 2, aus dem hervorgeht, aus welchen Gründen es ihres Erachtens weiterhin gerechtfertigt ist, auf die unter Absatz 2 Buchstabe b) fallende Kategorie Absatz 1 nicht anzuwenden.

### Artikel 10 Informationspflichten

(1) Zusätzlich zu den sonstigen Informationspflichten aufgrund des Gemeinschaftsrechts stellen die Mitgliedstaaten sicher, daß – außer im Fall abweichender Vereinbarungen zwischen Parteien, die nicht Verbraucher sind – vom Diensteanbieter zumindest folgende Informationen klar, verständlich und unzweideutig erteilt werden, bevor des Nutzer des Dienstes die Bestellung abgibt:

a) die einzelnen technischen Schritte, die zu einem Vertragsabschluß führen;

b) Angaben dazu, ob der Vertragstext nach Vertragsabschluß vom Diensteanbieter gespeichert wird und ob er zugänglich sein wird;

c) die technischen Mittel zur Erkennung und Korrektur von Eingabefehlern vor Abgabe der Bestellung;

d) die für den Vertragsabschluß zur Verfügung stehenden Sprachen.

(2) Die Mitgliedstaaten stellen sicher, daß – außer im Fall abweichender Vereinbarungen zwischen Parteien, die nicht Verbraucher sind – der Diensteanbieter alle einschlägigen Verhaltenskodizes angibt, denen er sich unterwirft, einschließlich Informationen darüber, wie diese Kodizes auf elektronischem Wege zugänglich sind.

(3) Die Vertragsbestimmungen und die allgemeinen Geschäftsbedingungen müssen dem Nutzer so zur Verfügung gestellt werden, daß er sie speichern und reproduzieren kann.

(4) Die Absätze 1 und 2 gelten nicht für Verträge, die ausschließlich durch den Austausch von elektronischer Post oder durch damit vergleichbare individuelle Kommunikation geschlossen werden.

### Artikel 11 Abgabe einer Bestellung

(1) Die Mitgliedstaaten stellen sicher, daß – außer im Fall abweichender Vereinbarungen zwischen Parteien, die nicht Verbraucher sind – im Fall einer Bestellung durch einen Nutzer auf elektronischem Wege folgende Grundsätze gelten:

– Der Diensteanbieter hat den Eingang der Bestellung des Nutzers unverzüglich auf elektronischem Wege zu bestätigen;

– Bestellung und Empfangsbestätigung gelten als eingegangen, wenn die Parteien, für die sie bestimmt sind, sie abrufen können.

(2) Die Mitgliedstaaten stellen sicher, daß – außer im Fall abweichender Vereinbarungen zwischen Parteien, die nicht Verbraucher sind – der Diensteanbieter dem Nutzer angemessene, wirksame und zugängliche technische Mittel zur Verfügung stellt, mit denen er Eingabefehler vor Abgabe der Bestellung erkennen und korrigieren kann.

(3) Absatz 1 erster Gedankenstrich und Absatz 2 gelten nicht für Verträge, die ausschließlich durch den Austausch von elektronischer Post oder durch vergleichbare individuelle Kommunikation geschlossen werden.

## Abschnitt 4: Verantwortlichkeit der Vermittler

### Artikel 12  Reine Durchleitung

(1) Die Mitgliedstaaten stellen sicher, daß im Fall eines Dienstes der Informationsgesellschaft, der darin besteht, von einem Nutzer eingegebene Informationen in einem Kommunikationsnetz zu übermitteln oder Zugang zu einem Kommunikationsnetz zu vermitteln, der Diensteanbieter nicht für die übermittelten Informationen verantwortlich ist, sofern er

a) die Übermittlung nicht veranlaßt,

b) den Adressaten der übermittelten Informationen nicht auswählt und

c) die übermittelten Informationen nicht auswählt oder verändert.

(2) Die Übermittlung von Informationen und die Vermittlung des Zugangs im Sinne von Absatz 1 umfassen auch die automatische kurzzeitige Zwischenspeicherung der übermittelten Informationen, soweit dies nur zur Durchführung der Übermittlung im Kommunikationsnetz geschieht und die Information nicht länger gespeichert wird, als es für die Übermittlung üblicherweise erforderlich ist.

(3) Dieser Artikel läßt die Möglichkeit unberührt, daß ein Gericht oder eine Verwaltungsbehörde nach den Rechtssystemen der Mitgliedstaaten vom Diensteanbieter verlangt, die Rechtsverletzung abzustellen oder zu verhindern.

### Artikel 13  Caching

(1) Die Mitgliedstaaten stellen sicher, daß im Fall eines Dienstes der Informationsgesellschaft, der darin besteht, von einem Nutzer eingegebene Informationen in einem Kommunikationsnetz zu übermitteln, der Diensteanbieter nicht für die automatische, zeitlich begrenzte Zwischenspeicherung verantwortlich ist, die dem alleinigen Zweck dient, die Übermittlung der Information an andere Nutzer auf deren Anfrage effizienter zu gestalten, sofern folgende Voraussetzungen erfüllt sind:

a) Der Diensteanbieter verändert die Information nicht;

b) der Diensteanbieter beachtet die Bedingungen für den Zugang zu der Information;

c) der Diensteanbieter beachtet die Regeln für die Aktualisierung der Information, die in weithin anerkannten und verwendeten Industriestandards festgelegt sind;

d) der Diensteanbieter beeinträchtigt nicht die erlaubte Anwendung von Technologien zur Sammlung von Daten über die Nutzung der Information, die in weithin anerkannten und verwendeten Industriestandards festgelegt sind;

e) der Diensteanbieter handelt zügig, um eine von ihm gespeicherte Information zu entfernen oder den Zugang zu ihr zu sperren, sobald er tatsächliche Kenntnis davon erhält, daß die Information am ursprünglichen Ausgangsort der Übertragung aus dem Netz entfernt wurde oder der Zugang zu ihr gesperrt wurde oder ein Gericht oder eine Verwaltungsbehörde die Entfernung oder Sperrung angeordnet hat.

(2) Dieser Artikel läßt die Möglichkeit unberührt, daß ein Gericht oder eine Verwaltungsbehörde nach den Rechtssystemen der Mitgliedstaaten vom Diensteanbieter verlangt, die Rechtsverletzung abzustellen oder zu verhindern.

**Artikel 14  Hosting**

(1) Die Mitgliedstaaten stellen sicher, daß im Fall eines Dienstes der Informationsgesellschaft, der in der Speicherung von durch einen Nutzer eingegebenen Informationen besteht, der Diensteanbieter nicht für die im Auftrag eines Nutzers gespeicherten Informationen verantwortlich ist, sofern folgende Voraussetzungen erfüllt sind:

a) Der Anbieter hat keine tatsächliche Kenntnis von der rechtswidrigen Tätigkeit oder Information, und, in bezug auf Schadenersatzansprüche, ist er sich auch keiner Tatsachen oder Umstände bewußt, aus denen die rechtswidrige Tätigkeit oder Information offensichtlich wird, oder

b) der Anbieter wird, sobald er diese Kenntnis oder dieses Bewußtsein erlangt, unverzüglich tätig, um die Information zu entfernen oder den Zugang zu ihr zu sperren.

(2) Absatz 1 findet keine Anwendung, wenn der Nutzer dem Diensteanbieter untersteht oder von ihm beaufsichtigt wird.

(3) Dieser Artikel läßt die Möglichkeit unberührt, daß ein Gericht oder eine Verwaltungsbehörde nach den Rechtssystemen der Mitgliedstaaten vom Diensteanbieter verlangt, die Rechtsverletzung abzustellen oder zu verhindern, oder daß die Mitgliedstaaten Verfahren für die Entfernung einer Information oder die Sperrung des Zugangs zu ihr festlegen.

**Artikel 15  Keine allgemeine Überwachungspflicht**

(1) Die Mitgliedstaaten erlegen Anbietern von Diensten im Sinne der Artikel 12, 13 und 14 keine allgemeine Verpflichtung auf, die von ihnen übermittelten oder gespeicherten Informationen zu überwachen oder aktiv nach Umständen zu forschen, die auf eine rechtswidrige Tätigkeit hinweisen.

(2) Die Mitgliedstaaten können Anbieter von Diensten der Informationsgesellschaft dazu verpflichten, die zuständigen Behörden unverzüglich über mutmaßliche rechtswidrige Tätigkeiten oder Informationen der Nutzer ihres Dienstes zu unterrichten, oder dazu verpflichten, den zuständigen Behörden auf Verlangen Informationen zu übermitteln, anhand deren die Nutzer ihres Dienstes, mit denen sie Vereinbarungen über die Speicherung geschlossen haben, ermittelt werden können.

# Kapitel III:  Umsetzung

**Artikel 16  Verhaltenskodizes**

(1) Die Mitgliedstaaten und die Kommission ermutigen

a) die Handels-, Berufs- und Verbraucherverbände und -organisationen, auf Gemeinschaftsebene Verhaltenkodizes aufzustellen, die zur sachgemäßen Anwendung der Artikel 5 bis 15 beitragen;

b) zur freiwilligen Übermittlung der Entwürfe für Verhaltenskodizes auf der Ebene der Mitgliedstaaten oder der Gemeinschaft an die Kommission;

c) zur elektronischen Abrufbarkeit der Verhaltenskodizes in den Sprachen der Gemeinschaft;

d) die Handels-, Berufs- und Verbraucherverbände und -organisationen, die Mitgliedstaaten und die Kommission darüber zu unterrichten, zu welchen Ergebnissen sie bei der Bewertung der Anwendung ihrer Verhaltenskodizes und von deren Auswirkungen auf die Praktiken und Gepflogenheiten des elektronischen Geschäftsverkehrs gelangen;

e) zur Aufstellung von Verhaltenskodizes zum Zwecke des Jugendschutzes und des Schutzes der Menschenwürde.

(2) Die Mitgliedstaaten und die Kommission ermutigen dazu, die Verbraucherverbände und -organisationen bei der Ausarbeitung und Anwendung von ihre Interessen berührenden Verhaltenskodizes im Sinne von Absatz 1 Buchstabe a) zu beteiligen. Gegebenenfalls sind Vereinigungen zur Vertretung von Sehbehinderten und allgemein von Behinderten zu hören, um deren besonderen Bedürfnissen Rechnung zu tragen.

## Artikel 17 Außergerichtliche Beilegung von Streitigkeiten

(1) Die Mitgliedstaaten stellen sicher, daß ihre Rechtsvorschriften bei Streitigkeiten zwischen einem Anbieter eines Dienstes der Informationsgesellschaft und einem Nutzer des Dienstes die Inanspruchnahme der nach innerstaatlichem Recht verfügbaren Verfahren zur außergerichtlichen Beilegung, auch auf geeignetem elektronischem Wege, nicht erschweren.

(2) Die Mitgliedstaaten ermutigen Einrichtungen zur außergerichtlichen Beilegung von Streitigkeiten, insbesondere in Fragen des Verbraucherrechts, so vorzugehen, daß angemessene Verfahrensgarantien für die Beteiligten gegeben sind.

(3) Die Mitgliedstaaten ermutigen Einrichtungen zur außergerichtlichen Beilegung von Streitigkeiten, die Kommission über signifikante Entscheidungen, die sie hinsichtlich der Dienste der Informationsgesellschaft erlassen, zu unterrichten und ihr alle sonstigen Informationen über Praktiken und Gepflogenheiten des elektronischen Geschäftsverkehrs zu übermitteln.

## Artikel 18 Klagemöglichkeiten

(1) Die Mitgliedstaaten stellen sicher, daß die nach innerstaatlichem Recht verfügbaren Klagemöglichkeiten im Zusammenhang mit Diensten der Informationsgesellschaft es ermöglichen, daß rasch Maßnahmen, einschließlich vorläufiger Maßnahmen, getroffen werden können, um eine mutmaßliche Rechtsverletzung abzustellen und zu verhindern, daß den Betroffenen weiterer Schaden entsteht.

(2) Der Anhang der Richtlinie 98/27/EG wird durch folgende Nummer ergänzt:

„11. Richtlinie 2000/31/EG des Europäischen Parlaments und des Rates vom 8. Juni 2000 über bestimmte rechtliche Aspekte der Dienste der Informationsgesellschaft, insbesondere des elektronischen Geschäftsverkehrs, im Binnenmarkt (,Richtlinie über den elektronischen Geschäftsverkehr') (ABl L 178 vom 17. 7. 2000, S. 1)."

## Artikel 19 Zusammenarbeit

(1) Die Mitgliedstaaten müssen geeignete Aufsichts- und Untersuchungsinstrumente für die wirksame Umsetzung dieser Richtlinie besitzen und stellen sicher, daß die Diensteanbieter ihnen die erforderlichen Informationen zur Verfügung stellen.

(2) Die Mitgliedstaaten arbeiten mit den anderen Mitgliedstaaten zusammen; hierzu benennen sie eine oder mehrere Verbindungsstellen, deren Anschrift sie den anderen Mitgliedstaaten und der Kommission mitteilen.

(3) Die Mitgliedstaaten kommen Amtshilfe- und Auskunftsbegehren anderer Mitgliedstaaten oder der Kommission im Einklang mit ihren innerstaatlichen Rechtsvorschriften so rasch wie möglich nach, auch auf geeignetem elektronischem Wege.

(4) Die Mitgliedstaaten richten Verbindungsstellen ein, die zumindest auf elektronischem Wege zugänglich sind und bei denen Nutzer von Diensten und Diensteanbieter

a) allgemeine Informationen über ihre vertraglichen Rechte und Pflichten sowie über die bei Streitfällen zur Verfügung stehenden Beschwerde- und Rechtsbehelfsmechanismen, einschließlich der praktischen Aspekte der Inanspruchnahme dieser Mechanismen, erhalten können;

b) Anschriften von Behörden, Vereinigungen und Organisationen erhalten können, von denen sie weitere Informationen oder praktische Unterstützung bekommen können.

(5) Die Mitgliedstaaten ermutigen dazu, die Kommission über alle signifikanten behördlichen und gerichtlichen Entscheidungen, die in ihrem Hoheitsgebiet über Streitigkeiten im Zusammenhang mit Diensten der Informationsgesellschaft ergehen, sowie über die Praktiken und Gepflogenheiten des elektronischen Geschäftsverkehrs zu unterrichten. Die Kommission teilt derartige Entscheidungen den anderen Mitgliedstaaten mit.

**Artikel 20  Sanktionen**

Die Mitgliedstaaten legen die Sanktionen fest, die bei Verstößen gegen die einzelstaatlichen Vorschriften zur Umsetzung dieser Richtlinie anzuwenden sind, und treffen alle geeigneten Maßnahmen, um ihre Durchsetzung sicherzustellen. Die Sanktionen müssen wirksam, verhältnismäßig und abschreckend sein.

## Kapitel IV:  Schlussbestimmungen

### Artikel 21  Überprüfung

(1) Die Kommission legt dem Europäischen Parlament, dem Rat und dem Wirtschafts- und Sozialausschuß vor dem 17. Juli 2003 und danach alle zwei Jahre einen Bericht über die Anwendung dieser Richtlinie vor und unterbreitet gegebenenfalls Vorschläge für die Anpassung dieser Richtlinie an die rechtlichen, technischen und wirtschaftlichen Entwicklungen im Bereich der Dienste der Informationsgesellschaft, insbesondere in bezug auf die Verbrechensverhütung, den Jugendschutz, den Verbraucherschutz und das einwandfreie Funktionieren des Binnenmarktes.

(2) Im Hinblick auf das etwaige Erfordernis einer Anpassung dieser Richtlinie wird in dem Bericht insbesondere untersucht, ob Vorschläge in bezug auf die Haftung der Anbieter von Hyperlinks und von Instrumenten zur Lokalisierung von Informationen, Verfahren zur Meldung und Entfernung rechtswidriger Inhalte („notice and take down"-Verfahren) und eine Haftbarmachung im Anschluß an die Entfernung von Inhalten erforderlich sind. In dem Bericht ist auch zu untersuchen, ob angesichts der technischen Entwicklungen zusätzliche Bedingungen für die in den Artikeln 12 und 13 vorgesehene Haftungsfreistellung erforderlich sind und ob die Grundsätze des Binnenmarkts auf nicht angeforderte kommerziellen Kommunikationen mittels elektronischer Post angewendet werden können.

### Artikel 22  Umsetzung

(1) Die Mitgliedstaaten setzen die erforderlichen Rechts- und Verwaltungsvorschriften in Kraft, um dieser Richtlinie vor dem 17. Januar 2002 nachzukommen. Sie setzen die Kommission unverzüglich davon in Kenntnis.

(2) Wenn die Mitgliedstaaten die in Absatz 1 genannten Vorschriften erlassen, nehmen sie in den Vorschriften selbst oder durch einen Hinweis bei der amtlichen Veröffentlichung auf diese Richtlinie Bezug. Die Mitgliedstaaten regeln die Einzelheiten der Bezugnahme.

### Artikel 23  Inkrafttreten

Diese Richtlinie tritt am Tag ihrer Veröffentlichung im Amtsblatt der Europäischen Gemeinschaften in Kraft.

### Artikel 24  Adressaten

Diese Richtlinie ist an die Mitgliedstaaten gerichtet.

## f) Richtlinie 2002/58/EG des Europäischen Parlaments und des Rates vom 12. Juli 2002 über die Verarbeitung personenbezogener Daten und den Schutz der Privatsphäre in der elektronischen Kommunikation (Datenschutzrichtlinie für elektronische Kommunikation) (RL 2002/58/EG)

v. 31. 7. 2002 (ABl Nr. L 201 S. 37)

DAS EUROPÄISCHE PARLAMENT UND DER RAT DER EUROPÄISCHEN UNION –

gestützt auf den Vertrag zur Gründung der Europäischen Gemeinschaft, insbesondere auf Artikel 95,

auf Vorschlag der Kommission[1],

nach Stellungnahme des Wirtschafts- und Sozialausschusses[2],

nach Anhörung des Ausschusses der Regionen,

gemäß dem Verfahren des Artikels 251 des Vertrags[3],

in Erwägung nachstehender Gründe:

(1) Die Richtlinie 95/46/EG des Europäischen Parlaments und des Rates vom 24. Oktober 1995 zum Schutz natürlicher Personen bei der Verarbeitung personenbezogener Daten und zum freien Datenverkehr[4] schreibt vor, dass die Mitgliedstaaten die Rechte und Freiheiten natürlicher Personen bei der Verarbeitung personenbezogener Daten und insbesondere ihr Recht auf Privatsphäre sicherstellen, um in der Gemeinschaft den freien Verkehr personenbezogener Daten zu gewährleisten.

(2) Ziel dieser Richtlinie ist die Achtung der Grundrechte; sie steht insbesondere im Einklang mit den durch die Charta der Grundrechte der Europäischen Union anerkannten Grundsätzen. Insbesondere soll mit dieser Richtlinie gewährleistet werden, dass die in den Artikeln 7 und 8 jener Charta niedergelegten Rechte uneingeschränkt geachtet werden.

(3) Die Vertraulichkeit der Kommunikation wird nach den internationalen Menschenrechtsübereinkünften, insbesondere der Europäischen Konvention zum Schutze der Menschenrechte und Grundfreiheiten, und den Verfassungen der Mitgliedstaaten garantiert.

(4) Mit der Richtlinie 97/66/EG des Europäischen Parlaments und des Rates vom 15. Dezember 1997 über die Verarbeitung personenbezogener Daten und den Schutz der Privatsphäre im Bereich der Telekommunikation[5] wurden die Grundsätze der Richtlinie 95/46/EG in spezielle Vorschriften für den Telekommunikationssektor umgesetzt. Die Richtlinie 97/66/EG muss an die Entwicklungen der Märkte und Technologien für elektronische Kommunikationsdienste angepasst werden, um den Nutzern öffentlich zugänglicher elektronischer Kommunikationsdienste unabhängig von der zugrunde liegenden Technologie den gleichen Grad des Schutzes personenbezogener Daten und der Privatsphäre zu bieten. Jene Richtlinie ist daher aufzuheben und durch die vorliegende Richtlinie zu ersetzen.

(5) Gegenwärtig werden öffentliche Kommunikationsnetze in der Gemeinschaft mit fortschrittlichen neuen Digitaltechnologien ausgestattet, die besondere Anforderungen an den Schutz personenbezogener Daten und der Privatsphäre des Nutzers mit sich brin-

---

1) **Amtl. Anm.:** ABl C 365 E vom 19. 12. 2000, S. 223.
2) **Amtl. Anm.:** ABl C 123 vom 25. 4. 2001, S. 53.
3) **Amtl. Anm.:** Stellungnahme des Europäischen Parlaments vom 13. November 2001 (noch nicht im Amtsblatt veröffentlicht), Gemeinsamer Standpunkt des Rates vom 28. Januar 2002 (ABl C 113 E vom 14. 5. 2002, S. 39) und Beschluss des Europäischen Parlaments vom 30. Mai 2002 (noch nicht im Amtsblatt veröffentlicht). Beschluss des Rates vom 25. Juni 2002.
4) **Amtl. Anm.:** ABl L 281 vom 23. 11. 1995, S. 31.
5) **Amtl. Anm.:** ABl L 24 vom 30. 1. 1998, S. 1.

gen. Die Entwicklung der Informationsgesellschaft ist durch die Einführung neuer elektronischer Kommunikationsdienste gekennzeichnet. Der Zugang zu digitalen Mobilfunknetzen ist für breite Kreise möglich und erschwinglich geworden. Diese digitalen Netze verfügen über große Kapazitäten und Möglichkeiten zur Datenverarbeitung. Die erfolgreiche grenzüberschreitende Entwicklung dieser Dienste hängt zum Teil davon ab, inwieweit die Nutzer darauf vertrauen, dass ihre Privatsphäre unangetastet bleibt.

(6) Das Internet revolutioniert die herkömmlichen Marktstrukturen, indem es eine gemeinsame, weltweite Infrastruktur für die Bereitstellung eines breiten Spektrums elektronischer Kommunikationsdienste bietet. Öffentlich zugängliche elektronische Kommunikationsdienste über das Internet eröffnen neue Möglichkeiten für die Nutzer, bilden aber auch neue Risiken in Bezug auf ihre personenbezogenen Daten und ihre Privatsphäre.

(7) Für öffentliche Kommunikationsnetze sollten besondere rechtliche, ordnungspolitische und technische Vorschriften zum Schutz der Grundrechte und Grundfreiheiten natürlicher Personen und der berechtigten Interessen juristischer Personen erlassen werden, insbesondere im Hinblick auf die zunehmenden Fähigkeiten zur automatischen Speicherung und Verarbeitung personenbezogener Daten über Teilnehmer und Nutzer.

(8) Die von den Mitgliedstaaten erlassenen rechtlichen, ordnungspolitischen und technischen Bestimmungen zum Schutz personenbezogener Daten, der Privatsphäre und der berechtigten Interessen juristischer Personen im Bereich der elektronischen Kommunikation sollten harmonisiert werden, um Behinderungen des Binnenmarktes der elektronischen Kommunikation nach Artikel 14 des Vertrags zu beseitigen. Die Harmonisierung sollte sich auf die Anforderungen beschränken, die notwendig sind, um zu gewährleisten, dass die Entstehung und die Weiterentwicklung neuer elektronischer Kommunikationsdienste und -netze zwischen Mitgliedstaaten nicht behindert werden.

(9) Die Mitgliedstaaten, die betroffenen Anbieter und Nutzer sowie die zuständigen Stellen der Gemeinschaft sollten bei der Einführung und Weiterentwicklung der entsprechenden Technologien zusammenarbeiten, soweit dies zur Anwendung der in dieser Richtlinie vorgesehenen Garantien erforderlich ist; als Ziele zu berücksichtigen sind dabei insbesondere die Beschränkung der Verarbeitung personenbezogener Daten auf das erforderliche Mindestmaß und die Verwendung anonymer oder pseudonymer Daten.

(10) Im Bereich der elektronischen Kommunikation gilt die Richtlinie 95/46/EG vor allem für alle Fragen des Schutzes der Grundrechte und Grundfreiheiten, die von der vorliegenden Richtlinie nicht spezifisch erfasst werden, einschließlich der Pflichten des für die Verarbeitung Verantwortlichen und der Rechte des Einzelnen. Die Richtlinie 95/46/EG gilt für nicht öffentliche Kommunikationsdienste.

(11) Wie die Richtlinie 95/46/EG gilt auch die vorliegende Richtlinie nicht für Fragen des Schutzes der Grundrechte und Grundfreiheiten in Bereichen, die nicht unter das Gemeinschaftsrecht fallen. Deshalb hat sie keine Auswirkungen auf das bestehende Gleichgewicht zwischen dem Recht des Einzelnen auf Privatsphäre und der Möglichkeit der Mitgliedstaaten, Maßnahmen nach Artikel 15 Absatz 1 dieser Richtlinie zu ergreifen, die für den Schutz der öffentlichen Sicherheit, für die Landesverteidigung, für die Sicherheit des Staates (einschließlich des wirtschaftlichen Wohls des Staates, soweit die Tätigkeiten die Sicherheit des Staates berühren) und für die Durchsetzung strafrechtlicher Bestimmungen erforderlich sind. Folglich betrifft diese Richtlinie nicht die Möglichkeit der Mitgliedstaaten zum rechtmäßigen Abfangen elektronischer Nachrichten oder zum Ergreifen anderer Maßnahmen, sofern dies erforderlich ist, um einen dieser Zwecke zu erreichen, und sofern dies im Einklang mit der Europäischen Konvention zum Schutze der Menschenrechte und Grundfreiheiten in ihrer Auslegung durch die Urteile des Europäischen Gerichtshofs für Menschenrechte erfolgt. Diese Maßnahmen müssen sowohl geeignet sein als auch in einem strikt angemessenen Verhältnis zum intendierten Zweck stehen und ferner innerhalb einer demokratischen Gesellschaft notwendig sein sowie angemessenen Garantien gemäß der Europäischen Konvention zum Schutze der Menschenrechte und Grundfreiheiten entsprechen.

(12) Bei den Teilnehmern eines öffentlich zugänglichen elektronischen Kommunikationsdienstes kann es sich um natürliche oder juristische Personen handeln. Diese Richtlinie zielt durch Ergänzung der Richtlinie 95/46/EG darauf ab, die Grundrechte natürlicher Personen, insbesondere ihr Recht auf Privatsphäre, sowie die berechtigten Interessen juristischer Personen zu schützen. Aus dieser Richtlinie ergibt sich keine Verpflichtung der Mitgliedstaaten, die Richtlinie 95/46/EG auf den Schutz der berechtigten Interessen juristischer Personen auszudehnen, der im Rahmen der geltenden gemeinschaftlichen und einzelstaatlichen Rechtsvorschriften sichergestellt ist.

(13) Das Vertragsverhältnis zwischen einem Teilnehmer und einem Diensteanbieter kann zu einer regelmäßigen oder einmaligen Zahlung für den erbrachten oder zu erbringenden Dienst führen. Auch vorbezahlte Karten gelten als eine Form des Vertrags.

(14) Standortdaten können sich beziehen auf den Standort des Endgeräts des Nutzers nach geografischer Länge, Breite und Höhe, die Übertragungsrichtung, den Grad der Genauigkeit der Standortinformationen, die Identifizierung des Netzpunktes, an dem sich das Endgerät zu einem bestimmten Zeitpunkt befindet, und den Zeitpunkt, zu dem die Standortinformationen erfasst wurden.

(15) Eine Nachricht kann alle Informationen über Namen, Nummern oder Adressen einschließen, die der Absender einer Nachricht oder der Nutzer einer Verbindung für die Zwecke der Übermittlung der Nachricht bereitstellt. Der Begriff „Verkehrsdaten" kann alle Formen einschließen, in die diese Informationen durch das Netz, über das die Nachricht übertragen wird, für die Zwecke der Übermittlung umgewandelt werden. Verkehrsdaten können sich unter anderem auf die Leitwege, die Dauer, den Zeitpunkt oder die Datenmenge einer Nachricht, das verwendete Protokoll, den Standort des Endgeräts des Absenders oder Empfängers, das Netz, von dem die Nachricht ausgeht bzw. an das es gesendet wird, oder den Beginn, das Ende oder die Dauer einer Verbindung beziehen. Sie können auch das Format betreffen, in dem die Nachricht über das Netz weitergeleitet wird.

(16) Eine Information, die als Teil eines Rundfunkdienstes über ein öffentliches Kommunikationsnetz weitergeleitet wird, ist für einen potenziell unbegrenzten Personenkreis bestimmt und stellt keine Nachricht im Sinne dieser Richtlinie dar. Kann jedoch ein einzelner Teilnehmer oder Nutzer, der eine derartige Information erhält, beispielsweise durch einen Videoabruf-Dienst identifiziert werden, so ist die weitergeleitete Information als Nachricht im Sinne dieser Richtlinie zu verstehen.

(17) Für die Zwecke dieser Richtlinie sollte die Einwilligung des Nutzers oder Teilnehmers unabhängig davon, ob es sich um eine natürliche oder eine juristische Person handelt, dieselbe Bedeutung haben wie der in der Richtlinie 95/46/EG definierte und dort weiter präzisierte Begriff „Einwilligung der betroffenen Person". Die Einwilligung kann in jeder geeigneten Weise gegeben werden, wodurch der Wunsch des Nutzers in einer spezifischen Angabe zum Ausdruck kommt, die sachkundig und in freier Entscheidung erfolgt; hierzu zählt auch das Markieren eines Feldes auf einer Internet-Website.

(18) Dienste mit Zusatznutzen können beispielsweise die Beratung hinsichtlich der billigsten Tarifpakete, Navigationshilfen, Verkehrsinformationen, Wettervorhersage oder touristische Informationen umfassen.

(19) Die Anwendung bestimmter Anforderungen für die Anzeige des rufenden und angerufenen Anschlusses sowie für die Einschränkung dieser Anzeige und für die automatische Weiterschaltung zu Teilnehmeranschlüssen, die an analoge Vermittlungen angeschlossen sind, sollte in besonderen Fällen nicht zwingend vorgeschrieben werden, wenn sich die Anwendung als technisch nicht machbar erweist oder einen unangemessen hohen wirtschaftlichen Aufwand erfordert. Für die Beteiligten ist es wichtig, in solchen Fällen in Kenntnis gesetzt zu werden, und die Mitgliedstaaten müssen sie deshalb der Kommission anzeigen.

(20) Diensteanbieter sollen geeignete Maßnahmen ergreifen, um die Sicherheit ihrer Dienste, erforderlichenfalls zusammen mit dem Netzbetreiber, zu gewährleisten, und die Teilnehmer über alle besonderen Risiken der Verletzung der Netzsicherheit unterrichten. Solche Risiken können vor allem bei elektronischen Kommunikationsdiensten

auftreten, die über ein offenes Netz wie das Internet oder den analogen Mobilfunk bereitgestellt werden. Der Diensteanbieter muss die Teilnehmer und Nutzer solcher Dienste unbedingt vollständig über die Sicherheitsrisiken aufklären, gegen die er selbst keine Abhilfe bieten kann. Diensteanbieter, die öffentlich zugängliche elektronische Kommunikationsdienste über das Internet anbieten, sollten die Nutzer und Teilnehmer über Maßnahmen zum Schutz ihrer zu übertragenden Nachrichten informieren, wie z.B. den Einsatz spezieller Software oder von Verschlüsselungstechniken. Die Anforderung, die Teilnehmer über besondere Sicherheitsrisiken aufzuklären, entbindet einen Diensteanbieter nicht von der Verpflichtung, auf eigene Kosten unverzüglich geeignete Maßnahmen zu treffen, um einem neuen, unvorhergesehenen Sicherheitsrisiko vorzubeugen und den normalen Sicherheitsstandard des Dienstes wiederherzustellen. Abgesehen von den nominellen Kosten, die dem Teilnehmer bei Erhalt oder Abruf der Information entstehen, beispielsweise durch das Laden einer elektronischen Post, sollte die Bereitstellung der Informationen über Sicherheitsrisiken für die Teilnehmer kostenfrei sein. Die Bewertung der Sicherheit erfolgt unter Berücksichtigung des Artikels 17 der Richtlinie 95/46/EG.

(21) Es sollten Maßnahmen getroffen werden, um den unerlaubten Zugang zu Nachrichten – und zwar sowohl zu ihrem Inhalt als auch zu mit ihnen verbundenen Daten – zu verhindern und so die Vertraulichkeit der mit öffentlichen Kommunikationsnetzen und öffentlich zugänglichen elektronischen Kommunikationsdiensten erfolgenden Nachrichtenübertragung zu schützen. Nach dem Recht einiger Mitgliedstaaten ist nur der absichtliche unberechtigte Zugriff auf die Kommunikation untersagt.

(22) Mit dem Verbot der Speicherung von Nachrichten und zugehörigen Verkehrsdaten durch andere Personen als die Nutzer oder ohne deren Einwilligung soll die automatische, einstweilige und vorübergehende Speicherung dieser Informationen insoweit nicht untersagt werden, als diese Speicherung einzig und allein zum Zwecke der Durchführung der Übertragung in dem elektronischen Kommunikationsnetz erfolgt und die Information nicht länger gespeichert wird, als dies für die Übertragung und zum Zwecke der Verkehrsabwicklung erforderlich ist, und die Vertraulichkeit der Nachrichten gewahrt bleibt. Wenn dies für eine effizientere Weiterleitung einer öffentlich zugänglichen Information an andere Empfänger des Dienstes auf ihr Ersuchen hin erforderlich ist, sollte diese Richtlinie dem nicht entgegenstehen, dass die Information länger gespeichert wird, sofern diese Information der Öffentlichkeit auf jeden Fall uneingeschränkt zugänglich wäre und Daten, die einzelne, die Information anfordernde Teilnehmer oder Nutzer betreffen, gelöscht würden.

(23) Die Vertraulichkeit von Nachrichten sollte auch im Rahmen einer rechtmäßigen Geschäftspraxis sichergestellt sein. Falls erforderlich und rechtlich zulässig, können Nachrichten zum Nachweis einer kommerziellen Transaktion aufgezeichnet werden. Diese Art der Verarbeitung fällt unter die Richtlinie 95/46/EG. Die von der Nachricht betroffenen Personen sollten vorab von der Absicht der Aufzeichnung, ihrem Zweck und der Dauer ihrer Speicherung in Kenntnis gesetzt werden. Die aufgezeichnete Nachricht sollte so schnell wie möglich und auf jeden Fall spätestens mit Ablauf der Frist gelöscht werden, innerhalb deren die Transaktion rechtmäßig angefochten werden kann.

(24) Die Endgeräte von Nutzern elektronischer Kommunikationsnetze und in diesen Geräten gespeicherte Informationen sind Teil der Privatsphäre der Nutzer, die dem Schutz aufgrund der Europäischen Konvention zum Schutze der Menschenrechte und Grundfreiheiten unterliegt. So genannte „Spyware", „Web-Bugs", „Hidden Identifiers" und ähnliche Instrumente können ohne das Wissen des Nutzers in dessen Endgerät eindringen, um Zugang zu Informationen zu erlangen, oder die Nutzeraktivität zurückzuverfolgen und können eine ernsthafte Verletzung der Privatsphäre dieser Nutzer darstellen. Die Verwendung solcher Instrumente sollte nur für rechtmäßige Zwecke mit dem Wissen der betreffenden Nutzer gestattet sein.

(25) Solche Instrumente, z.B. so genannte „Cookies", können ein legitimes und nützliches Hilfsmittel sein, um die Wirksamkeit von Website-Gestaltung und Werbung zu untersuchen und die Identität der an Online-Transaktionen beteiligten Nutzer zu überprüfen. Dienen solche Instrumente, z.B. „Cookies", einem rechtmäßigen Zweck, z.B. der

Erleichterung der Bereitstellung von Diensten der Informationsgesellschaft, so sollte deren Einsatz unter der Bedingung zugelassen werden, dass die Nutzer gemäß der Richtlinie 95/46/EG klare und genaue Informationen über den Zweck von Cookies oder ähnlichen Instrumenten erhalten, d. h., der Nutzer muss wissen, dass bestimmte Informationen auf dem von ihm benutzten Endgerät platziert werden. Die Nutzer sollten die Gelegenheit haben, die Speicherung eines Cookies oder eines ähnlichen Instruments in ihrem Endgerät abzulehnen. Dies ist besonders bedeutsam, wenn auch andere Nutzer Zugang zu dem betreffenden Endgerät haben und damit auch zu dort gespeicherten Daten, die sensible Informationen privater Natur beinhalten. Die Auskunft und das Ablehnungsrecht können einmalig für die Nutzung verschiedener in dem Endgerät des Nutzers während derselben Verbindung zu installierender Instrumente angeboten werden und auch die künftige Verwendung derartiger Instrumente umfassen, die während nachfolgender Verbindungen vorgenommen werden können. Die Modalitäten für die Erteilung der Informationen oder für den Hinweis auf das Verweigerungsrecht und die Einholung der Zustimmung sollten so benutzerfreundlich wie möglich sein. Der Zugriff auf spezifische Website-Inhalte kann nach wie vor davon abhängig gemacht werden, dass ein Cookie oder ein ähnliches Instrument von einer in Kenntnis der Sachlage gegebenen Einwilligung abhängig gemacht wird, wenn der Einsatz zu einem rechtmäßigen Zweck erfolgt.

(26) Teilnehmerdaten, die in elektronischen Kommunikationsnetzen zum Verbindungsaufbau und zur Nachrichtenübertragung verarbeitet werden, enthalten Informationen über das Privatleben natürlicher Personen und betreffen ihr Recht auf Achtung ihrer Kommunikationsfreiheit, oder sie betreffen berechtigte Interessen juristischer Personen. Diese Daten dürfen nur für einen begrenzten Zeitraum und nur insoweit gespeichert werden, wie dies für die Erbringung des Dienstes, für die Gebührenabrechnung und für Zusammenschaltungszahlungen erforderlich ist. Jede weitere Verarbeitung solcher Daten, die der Betreiber des öffentlich zugänglichen elektronischen Kommunikationsdienstes zum Zwecke der Vermarktung elektronischer Kommunikationsdienste oder für die Bereitstellung von Diensten mit Zusatznutzen vornehmen möchte, darf nur unter der Bedingung gestattet werden, dass der Teilnehmer dieser Verarbeitung auf der Grundlage genauer, vollständiger Angaben des Betreibers des öffentlich zugänglichen elektronischen Kommunikationsdienstes über die Formen der von ihm beabsichtigten weiteren Verarbeitung und über das Recht des Teilnehmers, seine Einwilligung zu dieser Verarbeitung nicht zu erteilen oder zurückzuziehen, zugestimmt hat. Verkehrsdaten, die für die Vermarktung von Kommunikationsdiensten oder für die Bereitstellung von Diensten mit Zusatznutzen verwendet wurden, sollten ferner nach der Bereitstellung des Dienstes gelöscht oder anonymisiert werden. Diensteanbieter sollen die Teilnehmer stets darüber auf dem Laufenden halten, welche Art von Daten sie verarbeiten und für welche Zwecke und wie lange das geschieht.

(27) Der genaue Zeitpunkt des Abschlusses der Übermittlung einer Nachricht, nach dem die Verkehrsdaten außer zu Fakturierungszwecken gelöscht werden sollten, kann von der Art des bereitgestellten elektronischen Kommunikationsdienstes abhängen. Bei einem Sprach-Telefonanruf beispielsweise ist die Übermittlung abgeschlossen, sobald einer der Teilnehmer die Verbindung beendet. Bei der elektronischen Post ist die Übermittlung dann abgeschlossen, wenn der Adressat die Nachricht – üblicherweise vom Server seines Diensteanbieters – abruft.

(28) Die Verpflichtung, Verkehrsdaten zu löschen oder zu anonymisieren, sobald sie für die Übertragung einer Nachricht nicht mehr benötigt werden, steht nicht im Widerspruch zu im Internet angewandten Verfahren wie dem Caching von IP-Adressen im Domain-Namen-System oder dem Caching einer IP-Adresse, die einer physischen Adresse zugeordnet ist, oder der Verwendung von Informationen über den Nutzer zum Zwecke der Kontrolle des Rechts auf Zugang zu Netzen oder Diensten.

(29) Der Diensteanbieter kann Verkehrsdaten in Bezug auf Teilnehmer und Nutzer in Einzelfällen verarbeiten, um technische Versehen oder Fehler bei der Übertragung von Nachrichten zu ermitteln. Für Fakturierungszwecke notwendige Verkehrsdaten dürfen ebenfalls vom Diensteanbieter verarbeitet werden, um Fälle von Betrug, die darin beste-

hen, die elektronischen Kommunikationsdienste ohne entsprechende Bezahlung nutzen, ermitteln und abstellen zu können.

(30) Die Systeme für die Bereitstellung elektronischer Kommunikationsnetze und -dienste sollten so konzipiert werden, dass so wenig personenbezogene Daten wie möglich benötigt werden. Jedwede Tätigkeit im Zusammenhang mit der Bereitstellung elektronischer Kommunikationsdienste, die über die Übermittlung einer Nachricht und die Fakturierung dieses Vorgangs hinausgeht, sollte auf aggregierten Verkehrsdaten basieren, die nicht mit Teilnehmern oder Nutzern in Verbindung gebracht werden können. Können diese Tätigkeiten nicht auf aggregierte Daten gestützt werden, so sollten sie als Dienste mit Zusatznutzen angesehen werden, für die die Einwilligung des Teilnehmers erforderlich ist.

(31) Ob die Einwilligung in die Verarbeitung personenbezogener Daten im Hinblick auf die Erbringung eines speziellen Dienstes mit Zusatznutzen beim Nutzer oder beim Teilnehmer eingeholt werden muss, hängt von den zu verarbeitenden Daten, von der Art des zu erbringenden Dienstes und von der Frage ab, ob es technisch, verfahrenstechnisch und vertraglich möglich ist, zwischen der einen elektronischen Kommunikationsdienst in Anspruch nehmenden Einzelperson und der an diesem Dienst teilnehmenden juristischen oder natürlichen Person zu unterscheiden.

(32) Vergibt der Betreiber eines elektronischen Kommunikationsdienstes oder eines Dienstes mit Zusatznutzen die für die Bereitstellung dieser Dienste erforderliche Verarbeitung personenbezogener Daten an eine andere Stelle weiter, so sollten diese Weitervergabe und die anschließende Datenverarbeitung in vollem Umfang den Anforderungen in Bezug auf die für die Verarbeitung Verantwortlichen und die Auftragsverarbeiter im Sinne der Richtlinie 95/46/EG entsprechen. Erfordert die Bereitstellung eines Dienstes mit Zusatznutzen die Weitergabe von Verkehrsdaten oder Standortdaten von dem Betreiber eines elektronischen Kommunikationsdienstes an einen Betreiber eines Dienstes mit Zusatznutzen, so sollten die Teilnehmer oder Nutzer, auf die sich die Daten beziehen, ebenfalls in vollem Umfang über diese Weitergabe unterrichtet werden, bevor sie in die Verarbeitung der Daten einwilligen.

(33) Durch die Einführung des Einzelgebührennachweises hat der Teilnehmer mehr Möglichkeiten erhalten, die Richtigkeit der vom Diensteanbieter erhobenen Entgelte zu überprüfen, gleichzeitig kann dadurch aber eine Gefahr für die Privatsphäre der Nutzer öffentlicher elektronischer Kommunikationsdienste entstehen. Um die Privatsphäre des Nutzers zu schützen, müssen die Mitgliedstaaten daher darauf hinwirken, dass bei den elektronischen Kommunikationsdiensten beispielsweise alternative Funktionen entwickelt werden, die den anonymen oder rein privaten Zugang zu öffentlich zugänglichen elektronischen Kommunikationsdiensten ermöglichen, beispielsweise Telefonkarten und Möglichkeiten der Zahlung per Kreditkarte. Zu dem gleichen Zweck können die Mitgliedstaaten die Anbieter auffordern, ihren Teilnehmern eine andere Art von ausführlicher Rechnung anzubieten, in der eine bestimmte Anzahl von Ziffern der Rufnummer unkenntlich gemacht ist.

(34) Im Hinblick auf die Rufnummernanzeige ist es erforderlich, das Recht des Anrufers zu wahren, die Anzeige der Rufnummer des Anschlusses, von dem aus der Anruf erfolgt, zu unterdrücken, ebenso wie das Recht des Angerufenen, Anrufe von nicht identifizierten Anschlüssen abzuweisen. Es ist gerechtfertigt, in Sonderfällen die Unterdrückung der Rufnummernanzeige aufzuheben. Bestimmte Teilnehmer, insbesondere telefonische Beratungsdienste und ähnliche Einrichtungen, haben ein Interesse daran, die Anonymität ihrer Anrufer zu gewährleisten. Im Hinblick auf die Anzeige der Rufnummer des Angerufenen ist es erforderlich, das Recht und das berechtigte Interesse des Angerufenen zu wahren, die Anzeige der Rufnummer des Anschlusses, mit dem der Anrufer tatsächlich verbunden ist, zu unterdrücken; dies gilt besonders für den Fall weitergeschalteter Anrufe. Die Betreiber öffentlich zugänglicher elektronischer Kommunikationsdienste sollten ihre Teilnehmer über die Möglichkeit der Anzeige der Rufnummer des Anrufenden und des Angerufenen, über alle Dienste, die auf der Grundlage der Anzeige der Rufnummer des Anrufenden und des Angerufenen angeboten werden, sowie über die verfügbaren Funktionen zur Wahrung der Vertraulichkeit unterrichten. Die Teilneh-

mer können dann sachkundig die Funktionen auswählen, die sie zur Wahrung der Vertraulichkeit nutzen möchten. Die Funktionen zur Wahrung der Vertraulichkeit, die anschlussbezogen angeboten werden, müssen nicht unbedingt als automatischer Netzdienst zur Verfügung stehen, sondern können von dem Betreiber des öffentlich zugänglichen elektronischen Kommunikationsdienstes auf einfachen Antrag bereitgestellt werden.

(35) In digitalen Mobilfunknetzen werden Standortdaten verarbeitet, die Aufschluss über den geografischen Standort des Endgeräts des mobilen Nutzers geben, um die Nachrichtenübertragung zu ermöglichen. Solche Daten sind Verkehrsdaten, die unter Artikel 6 dieser Richtlinie fallen. Doch können digitale Mobilfunknetze zusätzlich auch in der Lage sein, Standortdaten zu verarbeiten, die genauer sind als es für die Nachrichtenübertragung erforderlich wäre und die für die Bereitstellung von Diensten mit Zusatznutzen verwendet werden, wie z. B. persönliche Verkehrsinformationen und Hilfen für den Fahrzeugführer. Die Verarbeitung solcher Daten für die Bereitstellung von Diensten mit Zusatznutzen soll nur dann gestattet werden, wenn die Teilnehmer darin eingewilligt haben. Selbst dann sollten sie die Möglichkeit haben, die Verarbeitung von Standortdaten auf einfache Weise und gebührenfrei zeitweise zu untersagen.

(36) Die Mitgliedstaaten können die Rechte der Nutzer und Teilnehmer auf Privatsphäre in Bezug auf die Rufnummernanzeige einschränken, wenn dies erforderlich ist, um belästigende Anrufe zurückzuverfolgen; in Bezug auf Rufnummernanzeige und Standortdaten kann dies geschehen, wenn es erforderlich ist, Notfalldiensten zu ermöglichen, ihre Aufgaben so effektiv wie möglich zu erfüllen. Hierzu können die Mitgliedstaaten besondere Vorschriften erlassen, um die Anbieter von elektronischen Kommunikationsdiensten zu ermächtigen, einen Zugang zur Rufnummernanzeige und zu Standortdaten ohne vorherige Einwilligung der betreffenden Nutzer oder Teilnehmer zu verschaffen.

(37) Es sollten Vorkehrungen getroffen werden, um die Teilnehmer vor eventueller Belästigung durch die automatische Weiterschaltung von Anrufen durch andere zu schützen. In derartigen Fällen muss der Teilnehmer durch einfachen Antrag beim Betreiber des öffentlich zugänglichen elektronischen Kommunikationsdienstes die Weiterschaltung von Anrufen auf sein Endgerät unterbinden können.

(38) Die Verzeichnisse der Teilnehmer elektronischer Kommunikationsdienste sind weit verbreitet und öffentlich. Das Recht auf Privatsphäre natürlicher Personen und das berechtigte Interesse juristischer Personen erfordern daher, dass die Teilnehmer bestimmen können, ob ihre persönlichen Daten – und gegebenenfalls welche – in einem Teilnehmerverzeichnis veröffentlicht werden. Die Anbieter öffentlicher Verzeichnisse sollten die darin aufzunehmenden Teilnehmer über die Zwecke des Verzeichnisses und eine eventuelle besondere Nutzung elektronischer Fassungen solcher Verzeichnisse informieren; dabei ist insbesondere an in die Software eingebettete Suchfunktionen gedacht, etwa die umgekehrte Suche, mit deren Hilfe Nutzer des Verzeichnisses den Namen und die Anschrift eines Teilnehmers allein aufgrund dessen Telefonnummer herausfinden können.

(39) Die Verpflichtung zur Unterrichtung der Teilnehmer über den Zweck bzw. die Zwecke öffentlicher Verzeichnisse, in die ihre personenbezogenen Daten aufzunehmen sind, sollte demjenigen auferlegt werden, der die Daten für die Aufnahme erhebt. Können die Daten an einen oder mehrere Dritte weitergegeben werden, so sollte der Teilnehmer über diese Möglichkeit und über den Empfänger oder die Kategorien möglicher Empfänger unterrichtet werden. Voraussetzung für die Weitergabe sollte sein, dass die Daten nicht für andere Zwecke als diejenigen verwendet werden, für die sie erhoben wurden. Wünscht derjenige, der die Daten beim Teilnehmer erhebt, oder ein Dritter, an den die Daten weitergegeben wurden, diese Daten zu einem weiteren Zweck zu verwenden, so muss entweder der ursprüngliche Datenerheber oder der Dritte, an den die Daten weitergegeben wurden, die erneute Einwilligung des Teilnehmers einholen.

(40) Es sollten Vorkehrungen getroffen werden, um die Teilnehmer gegen die Verletzung ihrer Privatsphäre durch unerbetene Nachrichten für Zwecke der Direktwerbung, insbesondere durch automatische Anrufsysteme, Faxgeräte und elektronische Post, einschließlich SMS, zu schützen. Diese Formen von unerbetenen Werbenachrichten können

RL 2002/58/EG

zum einen relativ leicht und preiswert zu versenden sein und zum anderen eine Belastung und/oder einen Kostenaufwand für den Empfänger bedeuten. Darüber hinaus kann in einigen Fällen ihr Umfang auch Schwierigkeiten für die elektronischen Kommunikationsnetze und die Endgeräte verursachen. Bei solchen Formen unerbetener Nachrichten zum Zweck der Direktwerbung ist es gerechtfertigt, zu verlangen, die Einwilligung der Empfänger einzuholen, bevor ihnen solche Nachrichten gesandt werden. Der Binnenmarkt verlangt einen harmonisierten Ansatz, damit für die Unternehmen und die Nutzer einfache, gemeinschaftsweite Regeln gelten.

(41) Im Rahmen einer bestehenden Kundenbeziehung ist es vertretbar, die Nutzung elektronischer Kontaktinformationen zuzulassen, damit ähnliche Produkte oder Dienstleistungen angeboten werden; dies gilt jedoch nur für dasselbe Unternehmen, das auch die Kontaktinformationen gemäß der Richtlinie 95/46/EG erhalten hat. Bei der Erlangung der Kontaktinformationen sollte der Kunde über deren weitere Nutzung zum Zweck der Direktwerbung klar und eindeutig unterrichtet werden und die Möglichkeit erhalten, diese Verwendung abzulehnen. Diese Möglichkeit sollte ferner mit jeder weiteren als Direktwerbung gesendeten Nachricht gebührenfrei angeboten werden, wobei Kosten für die Übermittlung der Ablehnung nicht unter die Gebührenfreiheit fallen.

(42) Sonstige Formen der Direktwerbung, die für den Absender kostspieliger sind und für die Teilnehmer und Nutzer keine finanziellen Kosten mit sich bringen, wie Sprach-Telefonanrufe zwischen Einzelpersonen, können die Beibehaltung eines Systems rechtfertigen, bei dem die Teilnehmer oder Nutzer die Möglichkeit erhalten, zu erklären, dass sie solche Anrufe nicht erhalten möchten. Damit das bestehende Niveau des Schutzes der Privatsphäre nicht gesenkt wird, sollten die Mitgliedstaaten jedoch einzelstaatliche Systeme beibehalten können, bei denen solche an Teilnehmer und Nutzer gerichtete Anrufe nur gestattet werden, wenn diese vorher ihre Einwilligung gegeben haben.

(43) Zur Erleichterung der wirksamen Durchsetzung der Gemeinschaftsvorschriften für unerbetene Nachrichten zum Zweck der Direktwerbung ist es notwendig, die Verwendung falscher Identitäten oder falscher Absenderadressen oder Anrufernummern beim Versand unerbetener Nachrichten zum Zweck der Direktwerbung zu untersagen.

(44) Bei einigen elektronischen Postsystemen können die Teilnehmer Absender und Betreffzeile einer elektronischen Post sehen und darüber hinaus diese Post löschen, ohne die gesamte Post oder deren Anlagen herunterladen zu müssen; dadurch lassen sich die Kosten senken, die möglicherweise mit dem Herunterladen unerwünschter elektronischer Post oder deren Anlagen verbunden sind. Diese Verfahren können in bestimmten Fällen zusätzlich zu den in dieser Richtlinie festgelegten allgemeinen Verpflichtungen von Nutzen bleiben.

(45) Diese Richtlinie berührt nicht die Vorkehrungen der Mitgliedstaaten, mit denen die legitimen Interessen juristischer Personen gegen unerbetene Direktwerbungsnachrichten geschützt werden sollen. Errichten die Mitgliedstaaten ein Register der juristischen Personen – großenteils gewerbetreibende Nutzer –, die derartige Nachrichten nicht erhalten möchten („opt-out Register"), so gilt Artikel 7 der Richtlinie 2000/31/EG des Europäischen Parlaments und des Rates vom 8. Juni 2000 über bestimmte rechtliche Aspekte der Dienste der Informationsgesellschaft, insbesondere des elektronischen Geschäftsverkehrs, im Binnenmarkt („Richtlinie über den elektronischen Geschäftsverkehr")[1] in vollem Umfang.

(46) Die Funktion für die Bereitstellung elektronischer Kommunikationsdienste kann in das Netz oder in irgendeinen Teil des Endgeräts des Nutzers, auch in die Software, eingebaut sein. Der Schutz personenbezogener Daten und der Privatsphäre des Nutzers öffentlich zugänglicher elektronischer Kommunikationsdienste sollte nicht von der Konfiguration der für die Bereitstellung des Dienstes notwendigen Komponenten oder von der Verteilung der erforderlichen Funktionen auf diese Komponenten abhängen. Die Richtlinie 95/46/EG gilt unabhängig von der verwendeten Technologie für alle Formen der Verarbeitung personenbezogener Daten. Bestehen neben allgemeinen Vorschriften

---

1) **Amtl. Anm.:** ABl L 178 vom 17. 7. 2000, S. 1.

für die Komponenten, die für die Bereitstellung elektronischer Kommunikationsdienste notwendig sind, auch noch spezielle Vorschriften für solche Dienste, dann erleichtert dies nicht unbedingt den technologieunabhängigen Schutz personenbezogener Daten und der Privatsphäre. Daher könnten sich Maßnahmen als notwendig erweisen, mit denen die Hersteller bestimmter Arten von Geräten, die für elektronische Kommunikationsdienste benutzt werden, verpflichtet werden, in ihren Produkten von vornherein Sicherheitsfunktionen vorzusehen, die den Schutz personenbezogener Daten und der Privatsphäre des Nutzers und Teilnehmers gewährleisten. Der Erlass solcher Maßnahmen in Einklang mit der Richtlinie 1999/5/EG des Europäischen Parlaments und des Rates vom 9. März 1999 über Funkanlagen und Telekommunikationsendeinrichtungen und die gegenseitige Anerkennung ihrer Konformität[1] gewährleistet, dass die aus Gründen des Datenschutzes erforderliche Einführung von technischen Merkmalen elektronischer Kommunikationsgeräte einschließlich der Software harmonisiert wird, damit sie der Verwirklichung des Binnenmarktes nicht entgegensteht.

(47) Das innerstaatliche Recht sollte Rechtsbehelfe für den Fall vorsehen, dass die Rechte der Benutzer und Teilnehmer nicht respektiert werden. Gegen jede – privatem oder öffentlichem Recht unterliegende – Person, die den nach dieser Richtlinie getroffenen einzelstaatlichen Maßnahmen zuwiderhandelt, sollten Sanktionen verhängt werden.

(48) Bei der Anwendung dieser Richtlinie ist es sinnvoll, auf die Erfahrung der gemäß Artikel 29 der Richtlinie 95/46/EG eingesetzten Datenschutzgruppe aus Vertretern der für den Schutz personenbezogener Daten zuständigen Kontrollstellen der Mitgliedstaaten zurückzugreifen.

(49) Zur leichteren Einhaltung der Vorschriften dieser Richtlinie bedarf es einer Sonderregelung für die Datenverarbeitungen, die zum Zeitpunkt des Inkrafttretens der nach dieser Richtlinie erlassenen innerstaatlichen Vorschriften bereits durchgeführt werden –
HABEN FOLGENDE RICHTLINIE ERLASSEN:

### Artikel 1  Geltungsbereich und Zielsetzung

(1) Diese Richtlinie dient der Harmonisierung der Vorschriften der Mitgliedstaaten, die erforderlich sind, um einen gleichwertigen Schutz der Grundrechte und Grundfreiheiten, insbesondere des Rechts auf Privatsphäre, in Bezug auf die Verarbeitung personenbezogener Daten im Bereich der elektronischen Kommunikation sowie den freien Verkehr dieser Daten und von elektronischen Kommunikationsgeräten und -diensten in der Gemeinschaft zu gewährleisten.

(2) Die Bestimmungen dieser Richtlinie stellen eine Detaillierung und Ergänzung der Richtlinie 95/46/EG im Hinblick auf die in Absatz 1 genannten Zwecke dar. Darüber hinaus regeln sie den Schutz der berechtigten Interessen von Teilnehmern, bei denen es sich um juristische Personen handelt.

(3) Diese Richtlinie gilt nicht für Tätigkeiten, die nicht in den Anwendungsbereich des Vertrags zur Gründung der Europäischen Gemeinschaft fallen, beispielsweise Tätigkeiten gemäß den Titeln V und VI des Vertrags über die Europäische Union, und auf keinen Fall für Tätigkeiten betreffend die öffentliche Sicherheit, die Landesverteidigung, die Sicherheit des Staates (einschließlich seines wirtschaftlichen Wohls, wenn die Tätigkeit die Sicherheit des Staates berührt) und die Tätigkeiten des Staates im strafrechtlichen Bereich.

### Artikel 2  Begriffsbestimmungen

Sofern nicht anders angegeben, gelten die Begriffsbestimmungen der Richtlinie 95/46/EG und der Richtlinie 2002/21/EG des Europäischen Parlaments und des Rates vom 7. März 2002 über einen gemeinsamen Rechtsrahmen für elektronische Kommunikationsnetze und -dienste („Rahmenrichtlinie")[2] auch für diese Richtlinie.

---

1) **Amtl. Anm.:** ABl L 91 vom 7. 4. 1999, S. 10.
2) **Amtl. Anm.:** ABl L 108 vom 24. 4. 2002, S. 33.

Weiterhin bezeichnet im Sinne dieser Richtlinie der Ausdruck

a) „Nutzer" eine natürliche Person, die einen öffentlich zugänglichen elektronischen Kommunikationsdienst für private oder geschäftliche Zwecke nutzt, ohne diesen Dienst notwendigerweise abonniert zu haben;

b) „Verkehrsdaten" Daten, die zum Zwecke der Weiterleitung einer Nachricht an ein elektronisches Kommunikationsnetz oder zum Zwecke der Fakturierung dieses Vorgangs verarbeitet werden;

c) „Standortdaten" Daten, die in einem elektronischen Kommunikationsnetz verarbeitet werden und die den geografischen Standort des Endgeräts eines Nutzers eines öffentlich zugänglichen elektronischen Kommunikationsdienstes angeben;

d) „Nachricht" jede Information, die zwischen einer endlichen Zahl von Beteiligten über einen öffentlich zugänglichen elektronischen Kommunikationsdienst ausgetauscht oder weitergeleitet wird. Dies schließt nicht Informationen ein, die als Teil eines Rundfunkdienstes über ein elektronisches Kommunikationsnetz an die Öffentlichkeit weitergeleitet werden, soweit die Informationen nicht mit dem identifizierbaren Teilnehmer oder Nutzer, der sie erhält, in Verbindung gebracht werden können;

e) „Anruf" eine über einen öffentlich zugänglichen Telefondienst aufgebaute Verbindung, die eine zweiseitige Echtzeit-Kommunikation ermöglicht;

f) „Einwilligung" eines Nutzers oder Teilnehmers die Einwilligung der betroffenen Person im Sinne von Richtlinie 95/46/EG;

g) „Dienst mit Zusatznutzen" jeden Dienst, der die Bearbeitung von Verkehrsdaten oder anderen Standortdaten als Verkehrsdaten in einem Maße erfordert, das über das für die Übermittlung einer Nachricht oder die Fakturierung dieses Vorgangs erforderliche Maß hinausgeht;

h) „elektronische Post" jede über ein öffentliches Kommunikationsnetz verschickte Text-, Sprach-, Ton- oder Bildnachricht, die im Netz oder im Endgerät des Empfängers gespeichert werden kann, bis sie von diesem abgerufen wird.

**Artikel 3   Betroffene Dienste**

(1) Diese Richtlinie gilt für die Verarbeitung personenbezogener Daten in Verbindung mit der Bereitstellung öffentlich zugänglicher elektronischer Kommunikationsdienste in öffentlichen Kommunikationsnetzen in der Gemeinschaft.

(2) Die Artikel 8, 10 und 11 gelten für Teilnehmeranschlüsse, die an digitale Vermittlungsstellen angeschlossen sind, und – soweit dies technisch machbar ist und keinen unverhältnismäßigen wirtschaftlichen Aufwand erfordert – für Teilnehmeranschlüsse, die an analoge Vermittlungsstellen angeschlossen sind.

(3) Die Mitgliedstaaten teilen der Kommission die Fälle mit, in denen eine Einhaltung der Anforderungen der Artikel 8, 10 und 11 technisch nicht machbar wäre oder einen unverhältnismäßigen wirtschaftlichen Aufwand erfordern würde.

**Artikel 4   Betriebssicherheit**

(1) Der Betreiber eines öffentlich zugänglichen elektronischen Kommunikationsdienstes muss geeignete technische und organisatorische Maßnahmen ergreifen, um die Sicherheit seiner Dienste zu gewährleisten; die Netzsicherheit ist hierbei erforderlichenfalls zusammen mit dem Betreiber des öffentlichen Kommunikationsnetzes zu gewährleisten. Diese Maßnahmen müssen unter Berücksichtigung des Standes der Technik und der Kosten ihrer Durchführung ein Sicherheitsniveau gewährleisten, das angesichts des bestehenden Risikos angemessen ist.

(2) Besteht ein besonderes Risiko der Verletzung der Netzsicherheit, muss der Betreiber eines öffentlich zugänglichen elektronischen Kommunikationsdienstes die Teilnehmer über dieses Risiko und – wenn das Risiko außerhalb des Anwendungsbereichs der vom Diensteanbieter zu treffenden Maßnahmen liegt – über mögliche Abhilfen, einschließlich der voraussichtlich entstehenden Kosten, unterrichten.

## Artikel 5  Vertraulichkeit der Kommunikation

(1) Die Mitgliedstaaten stellen die Vertraulichkeit der mit öffentlichen Kommunikationsnetzen und öffentlich zugänglichen Kommunikationsdiensten übertragenen Nachrichten und der damit verbundenen Verkehrsdaten durch innerstaatliche Vorschriften sicher. Insbesondere untersagen sie das Mithören, Abhören und Speichern sowie andere Arten des Abfangens oder Überwachens von Nachrichten und der damit verbundenen Verkehrsdaten durch andere Personen als die Nutzer, wenn keine Einwilligung der betroffenen Nutzer vorliegt, es sei denn, dass diese Personen gemäß Artikel 15 Absatz 1 gesetzlich dazu ermächtigt sind. Diese Bestimmung steht – unbeschadet des Grundsatzes der Vertraulichkeit – der für die Weiterleitung einer Nachricht erforderlichen technischen Speicherung nicht entgegen.

(2) Absatz 1 betrifft nicht das rechtlich zulässige Aufzeichnen von Nachrichten und der damit verbundenen Verkehrsdaten, wenn dies im Rahmen einer rechtmäßigen Geschäftspraxis zum Nachweis einer kommerziellen Transaktion oder einer sonstigen geschäftlichen Nachricht geschieht.

(3) Die Mitgliedstaaten stellen sicher, dass die Benutzung elektronischer Kommunikationsnetze für die Speicherung von Informationen oder den Zugriff auf Informationen, die im Endgerät eines Teilnehmers oder Nutzers gespeichert sind, nur unter der Bedingung gestattet ist, dass der betreffende Teilnehmer oder Nutzer gemäß der Richtlinie 95/46/EG klare und umfassende Informationen insbesondere über die Zwecke der Verarbeitung erhält und durch den für diese Verarbeitung Verantwortlichen auf das Recht hingewiesen wird, diese Verarbeitung zu verweigern. Dies steht einer technischen Speicherung oder dem Zugang nicht entgegen, wenn der alleinige Zweck die Durchführung oder Erleichterung der Übertragung einer Nachricht über ein elektronisches Kommunikationsnetz ist oder, soweit dies unbedingt erforderlich ist, um einen vom Teilnehmer oder Nutzer ausdrücklich gewünschten Dienst der Informationsgesellschaft zur Verfügung zu stellen.

## Artikel 6  Verkehrsdaten

(1) Verkehrsdaten, die sich auf Teilnehmer und Nutzer beziehen und vom Betreiber eines öffentlichen Kommunikationsnetzes oder eines öffentlich zugänglichen Kommunikationsdienstes verarbeitet und gespeichert werden, sind unbeschadet der Absätze 2, 3 und 5 des vorliegenden Artikels und des Artikels 15 Absatz 1 zu löschen oder zu anonymisieren, sobald sie für die Übertragung einer Nachricht nicht mehr benötigt werden.

(2) Verkehrsdaten, die zum Zwecke der Gebührenabrechnung und der Bezahlung von Zusammenschaltungen erforderlich sind, dürfen verarbeitet werden. Diese Verarbeitung ist nur bis zum Ablauf der Frist zulässig, innerhalb deren die Rechnung rechtlich angefochten oder der Anspruch auf Zahlung geltend gemacht werden kann.

(3) Der Betreiber eines öffentlich zugänglichen elektronischen Kommunikationsdienstes kann die in Absatz 1 genannten Daten zum Zwecke der Vermarktung elektronischer Kommunikationsdienste oder zur Bereitstellung von Diensten mit Zusatznutzen im dazu erforderlichen Maß und innerhalb des dazu oder zur Vermarktung erforderlichen Zeitraums verarbeiten, sofern der Teilnehmer oder der Nutzer, auf den sich die Daten beziehen, seine Einwilligung gegeben hat. Der Nutzer oder der Teilnehmer hat die Möglichkeit, seine Einwilligung zur Verarbeitung der Verkehrsdaten jederzeit zurückzuziehen.

(4) Der Diensteanbieter muss dem Teilnehmer oder Nutzer mitteilen, welche Arten von Verkehrsdaten für die in Absatz 2 genannten Zwecke verarbeitet werden und wie lange das geschieht; bei einer Verarbeitung für die in Absatz 3 genannten Zwecke muss diese Mitteilung erfolgen, bevor um Einwilligung ersucht wird.

(5) Die Verarbeitung von Verkehrsdaten gemäß den Absätzen 1, 2, 3 und 4 darf nur durch Personen erfolgen, die auf Weisung der Betreiber öffentlicher Kommunikationsnetze und öffentlich zugänglicher Kommunikationsdienste handeln und die für Gebührenabrechnungen oder Verkehrsabwicklung, Kundenanfragen, Betrugsermittlung, die Vermarktung der elektronischen Kommunikationsdienste oder für die Bereitstellung ei-

nes Dienstes mit Zusatznutzen zuständig sind; ferner ist sie auf das für diese Tätigkeiten erforderliche Maß zu beschränken.

(6) Die Absätze 1, 2, 3 und 5 gelten unbeschadet der Möglichkeit der zuständigen Gremien, in Einklang mit den geltenden Rechtsvorschriften für die Beilegung von Streitigkeiten, insbesondere Zusammenschaltungs- oder Abrechnungsstreitigkeiten, von Verkehrsdaten Kenntnis zu erhalten.

### Artikel 7  Einzelgebührennachweis

(1) Die Teilnehmer haben das Recht, Rechnungen ohne Einzelgebührennachweis zu erhalten.

(2) Die Mitgliedstaaten wenden innerstaatliche Vorschriften an, um das Recht der Teilnehmer, Einzelgebührennachweise zu erhalten, und das Recht anrufender Nutzer und angerufener Teilnehmer auf Vertraulichkeit miteinander in Einklang zu bringen, indem sie beispielsweise sicherstellen, dass diesen Nutzern und Teilnehmern genügend andere, den Schutz der Privatsphäre fördernde Methoden für die Kommunikation oder Zahlungen zur Verfügung stehen.

### Artikel 8  Anzeige der Rufnummer des Anrufers und des Angerufenen und deren Unterdrückung

(1) Wird die Anzeige der Rufnummer des Anrufers angeboten, so muss der Diensteanbieter dem anrufenden Nutzer die Möglichkeit geben, die Rufnummernanzeige für jeden Anruf einzeln auf einfache Weise und gebührenfrei zu verhindern. Dem anrufenden Teilnehmer muss diese Möglichkeit anschlussbezogen zur Verfügung stehen.

(2) Wird die Anzeige der Rufnummer des Anrufers angeboten, so muss der Diensteanbieter dem angerufenen Teilnehmer die Möglichkeit geben, die Anzeige der Rufnummer eingehender Anrufe auf einfache Weise und für jede vertretbare Nutzung dieser Funktion gebührenfrei zu verhindern.

(3) Wird die Anzeige der Rufnummer des Anrufers angeboten und wird die Rufnummer vor der Herstellung der Verbindung angezeigt, so muss der Diensteanbieter dem angerufenen Teilnehmer die Möglichkeit geben, eingehende Anrufe, bei denen die Rufnummernanzeige durch den anrufenden Nutzer oder Teilnehmer verhindert wurde, auf einfache Weise und gebührenfrei abzuweisen.

(4) Wird die Anzeige der Rufnummer des Angerufenen angeboten, so muss der Diensteanbieter dem angerufenen Teilnehmer die Möglichkeit geben, die Anzeige seiner Rufnummer beim anrufenden Nutzer auf einfache Weise und gebührenfrei zu verhindern.

(5) Absatz 1 gilt auch für aus der Gemeinschaft kommende Anrufe in Drittländern. Die Absätze 2, 3 und 4 gelten auch für aus Drittländern kommende Anrufe.

(6) Wird die Anzeige der Rufnummer des Anrufers und/oder des Angerufenen angeboten, so stellen die Mitgliedstaaten sicher, dass die Betreiber öffentlich zugänglicher elektronischer Kommunikationsdienste die Öffentlichkeit hierüber und über die in den Absätzen 1, 2, 3 und 4 beschriebenen Möglichkeiten unterrichten.

### Artikel 9  Andere Standortdaten als Verkehrsdaten

(1) Können andere Standortdaten als Verkehrsdaten in Bezug auf die Nutzer oder Teilnehmer von öffentlichen Kommunikationsnetzen oder öffentlich zugänglichen Kommunikationsdiensten verarbeitet werden, so dürfen diese Daten nur im zur Bereitstellung von Diensten mit Zusatznutzen erforderlichen Maß und innerhalb des dafür erforderlichen Zeitraums verarbeitet werden, wenn sie anonymisiert wurden oder wenn die Nutzer oder Teilnehmer ihre Einwilligung gegeben haben. Der Diensteanbieter muss den Nutzern oder Teilnehmern vor Einholung ihrer Einwilligung mitteilen, welche Arten anderer Standortdaten als Verkehrsdaten verarbeitet werden, für welche Zwecke und wie lange das geschieht, und ob die Daten zum Zwecke der Bereitstellung des Dienstes mit Zusatznutzen an einen Dritten weitergegeben werden. Die Nutzer oder Teilnehmer können ihre Einwilligung zur Verarbeitung anderer Standortdaten als Verkehrsdaten jederzeit zurückziehen.

(2) Haben die Nutzer oder Teilnehmer ihre Einwilligung zur Verarbeitung von anderen Standortdaten als Verkehrsdaten gegeben, dann müssen sie auch weiterhin die Möglichkeit haben, die Verarbeitung solcher Daten für jede Verbindung zum Netz oder für jede Übertragung einer Nachricht auf einfache Weise und gebührenfrei zeitweise zu untersagen.

(3) Die Verarbeitung anderer Standortdaten als Verkehrsdaten gemäß den Absätzen 1 und 2 muss auf das für die Bereitstellung des Dienstes mit Zusatznutzen erforderliche Maß sowie auf Personen beschränkt werden, die im Auftrag des Betreibers des öffentlichen Kommunikationsnetzes oder öffentlich zugänglichen Kommunikationsdienstes oder des Dritten, der den Dienst mit Zusatznutzen anbietet, handeln.

**Artikel 10   Ausnahmen**

Die Mitgliedstaaten stellen sicher, dass es transparente Verfahren gibt, nach denen der Betreiber eines öffentlichen Kommunikationsnetzes und/oder eines öffentlich zugänglichen elektronischen Kommunikationsdienstes

a) die Unterdrückung der Anzeige der Rufnummer des Anrufers vorübergehend aufheben kann, wenn ein Teilnehmer beantragt hat, dass böswillige oder belästigende Anrufe zurückverfolgt werden; in diesem Fall werden nach innerstaatlichem Recht die Daten mit der Rufnummer des anrufenden Teilnehmers vom Betreiber des öffentlichen Kommunikationsnetzes und/oder des öffentlich zugänglichen elektronischen Kommunikationsdienstes gespeichert und zur Verfügung gestellt;

b) die Unterdrückung der Anzeige der Rufnummer des Anrufers aufheben und Standortdaten trotz der vorübergehenden Untersagung oder fehlenden Einwilligung durch den Teilnehmer oder Nutzer verarbeiten kann, und zwar anschlussbezogen für Einrichtungen, die Notrufe bearbeiten und dafür von einem Mitgliedstaat anerkannt sind, einschließlich Strafverfolgungsbehörden, Ambulanzdiensten und Feuerwehren, zum Zwecke der Beantwortung dieser Anrufe.

**Artikel 11   Automatische Anrufweiterschaltung**

Die Mitgliedstaaten stellen sicher, dass jeder Teilnehmer die Möglichkeit hat, auf einfache Weise und gebührenfrei die von einer dritten Partei veranlasste automatische Anrufweiterschaltung zum Endgerät des Teilnehmers abzustellen.

**Artikel 12   Teilnehmerverzeichnisse**

(1) Die Mitgliedstaaten stellen sicher, dass die Teilnehmer gebührenfrei und vor Aufnahme in das Teilnehmerverzeichnis über den Zweck bzw. die Zwecke von gedruckten oder elektronischen, der Öffentlichkeit unmittelbar oder über Auskunftsdienste zugänglichen Teilnehmerverzeichnissen, in die ihre personenbezogenen Daten aufgenommen werden können, sowie über weitere Nutzungsmöglichkeiten aufgrund der in elektronischen Fassungen der Verzeichnisse eingebetteten Suchfunktionen informiert werden.

(2) Die Mitgliedstaaten stellen sicher, dass die Teilnehmer Gelegenheit erhalten festzulegen, ob ihre personenbezogenen Daten – und ggf. welche – in ein öffentliches Verzeichnis aufgenommen werden, sofern diese Daten für den vom Anbieter des Verzeichnisses angegebenen Zweck relevant sind, und diese Daten prüfen, korrigieren oder löschen dürfen. Für die Nicht-Aufnahme in einer der Öffentlichkeit zugängliches Teilnehmerverzeichnis oder die Prüfung, Berichtigung oder Streichung personenbezogener Daten aus einem solchen Verzeichnis werden keine Gebühren erhoben.

(3) Die Mitgliedstaaten können verlangen, dass eine zusätzliche Einwilligung der Teilnehmer eingeholt wird, wenn ein öffentliches Verzeichnis anderen Zwecken als der Suche nach Einzelheiten betreffend die Kommunikation mit Personen anhand ihres Namens und gegebenenfalls eines Mindestbestands an anderen Kennzeichen dient.

(4) Die Absätze 1 und 2 gelten für Teilnehmer, die natürliche Personen sind. Die Mitgliedstaaten tragen im Rahmen des Gemeinschaftsrechts und der geltenden einzelstaatlichen Rechtsvorschriften außerdem dafür Sorge, dass die berechtigten Interessen ande-

rer Teilnehmer als natürlicher Personen in Bezug auf ihre Aufnahme in öffentliche Verzeichnisse ausreichend geschützt werden.

### Artikel 13   Unerbetene Nachrichten

(1) Die Verwendung von automatischen Anrufsystemen ohne menschlichen Eingriff (automatische Anrufmaschinen), Faxgeräten oder elektronischer Post für die Zwecke der Direktwerbung darf nur bei vorheriger Einwilligung der Teilnehmer gestattet werden.

(2) Ungeachtet des Absatzes 1 kann eine natürliche oder juristische Person, wenn sie von ihren Kunden im Zusammenhang mit dem Verkauf eines Produkts oder einer Dienstleistung gemäß der Richtlinie 95/46/EG deren elektronische Kontaktinformationen für elektronische Post erhalten hat, diese zur Direktwerbung für eigene ähnliche Produkte oder Dienstleistungen verwenden, sofern die Kunden klar und deutlich die Möglichkeit erhalten, eine solche Nutzung ihrer elektronischen Kontaktinformationen bei deren Erhebung und bei jeder Übertragung gebührenfrei und problemlos abzulehnen, wenn der Kunde diese Nutzung nicht von vornherein abgelehnt hat.

(3) Die Mitgliedstaaten ergreifen geeignete Maßnahmen, um – gebührenfrei für die Teilnehmer – sicherzustellen, dass außer in den in den Absätzen 1 und 2 genannten Fällen unerbetene Nachrichten zum Zweck der Direktwerbung, die entweder ohne die Einwilligung der betreffenden Teilnehmer erfolgen oder an Teilnehmer gerichtet sind, die keine solchen Nachrichten erhalten möchten, nicht gestattet sind; welche dieser Optionen gewählt wird, ist im innerstaatlichen Recht zu regeln.

(4) Auf jeden Fall verboten ist die Praxis des Versendens elektronischer Nachrichten zu Zwecken der Direktwerbung, bei der die Identität des Absenders, in dessen Auftrag die Nachricht übermittelt wird, verschleiert oder verheimlicht wird oder bei der keine gültige Adresse vorhanden ist, an die der Empfänger eine Aufforderung zur Einstellung solcher Nachrichten richten kann.

(5) Die Absätze 1 und 3 gelten für Teilnehmer, die natürliche Personen sind. Die Mitgliedstaaten tragen im Rahmen des Gemeinschaftsrechts und der geltenden einzelstaatlichen Rechtsvorschriften außerdem dafür Sorge, dass die berechtigten Interessen anderer Teilnehmer als natürlicher Personen in Bezug auf unerbetene Nachrichten ausreichend geschützt werden.

### Artikel 14   Technische Merkmale und Normung

(1) Bei der Durchführung der Bestimmungen dieser Richtlinie stellen die Mitgliedstaaten vorbehaltlich der Absätze 2 und 3 sicher, dass keine zwingenden Anforderungen in Bezug auf spezifische technische Merkmale für Endgeräte oder sonstige elektronische Kommunikationsgeräte gestellt werden, die deren Inverkehrbringen und freien Vertrieb in und zwischen den Mitgliedstaaten behindern können.

(2) Soweit die Bestimmungen dieser Richtlinie nur mit Hilfe spezifischer technischer Merkmale elektronischer Kommunikationsnetze durchgeführt werden können, unterrichten die Mitgliedstaaten die Kommission darüber gemäß der Richtlinie 98/34/EG des Europäischen Parlaments und des Rates vom 22. Juni 1998 über ein Informationsverfahren auf dem Gebiet der Normen und technischen Vorschriften und der Vorschriften für die Dienste der Informationsgesellschaft[1].

(3) Erforderlichenfalls können gemäß der Richtlinie 1999/5/EG und dem Beschluss 87/95/EWG des Rates vom 22. Dezember 1986 über die Normung auf dem Gebiet der Informationstechnik und der Telekommunikation[2] Maßnahmen getroffen werden, um sicherzustellen, dass Endgeräte in einer Weise gebaut sind, die mit dem Recht der Nutzer auf Schutz und Kontrolle der Verwendung ihrer personenbezogenen Daten vereinbar ist.

---

1) **Amtl. Anm.:** ABl L 204 vom 21. 7. 1998, S. 37. Richtlinie geändert durch die Richtlinie 98/48/EG (ABl L 217 vom 5. 8. 1998, S. 18).

2) **Amtl. Anm.:** ABl L 36 vom 7. 2. 1987. Beschluss zuletzt geändert durch die Beitrittsakte von 1994.

**Artikel 15  Anwendung einzelner Bestimmungen der Richtlinie 95/46/EG**

(1) Die Mitgliedstaaten können Rechtsvorschriften erlassen, die die Rechte und Pflichten gemäß Artikel 5, Artikel 6, Artikel 8 Absätze 1, 2, 3 und 4 sowie Artikel 9 dieser Richtlinie beschränken, sofern eine solche Beschränkung gemäß Artikel 13 Absatz 1 der Richtlinie 95/46/EG für die nationale Sicherheit, (d. h. die Sicherheit des Staates), die Landesverteidigung, die öffentliche Sicherheit sowie die Verhütung, Ermittlung, Feststellung und Verfolgung von Straftaten oder des unzulässigen Gebrauchs von elektronischen Kommunikationssystemen in einer demokratischen Gesellschaft notwendig, angemessen und verhältnismäßig ist. Zu diesem Zweck können die Mitgliedstaaten unter anderem durch Rechtsvorschriften vorsehen, dass Daten aus den in diesem Absatz aufgeführten Gründen während einer begrenzten Zeit aufbewahrt werden. Alle in diesem Absatz genannten Maßnahmen müssen den allgemeinen Grundsätzen des Gemeinschaftsrechts einschließlich den in Artikel 6 Absätze 1 und 2 des Vertrags über die Europäische Union niedergelegten Grundsätzen entsprechen.

(2) Die Bestimmungen des Kapitels III der Richtlinie 95/46/EG über Rechtsbehelfe, Haftung und Sanktionen gelten im Hinblick auf innerstaatliche Vorschriften, die nach der vorliegenden Richtlinie erlassen werden, und im Hinblick auf die aus dieser Richtlinie resultierenden individuellen Rechte.

(3) Die gemäß Artikel 29 der Richtlinie 95/46/EG eingesetzte Datenschutzgruppe nimmt auch die in Artikel 30 jener Richtlinie festgelegten Aufgaben im Hinblick auf die von der vorliegenden Richtlinie abgedeckten Aspekte, nämlich den Schutz der Grundrechte und der Grundfreiheiten und der berechtigten Interessen im Bereich der elektronischen Kommunikation wahr.

**Artikel 16  Übergangsbestimmungen**

(1) Artikel 12 gilt nicht für Ausgaben von Teilnehmerverzeichnissen, die vor dem Inkrafttreten der nach dieser Richtlinie erlassenen innerstaatlichen Vorschriften bereits in gedruckter oder in netzunabhängiger elektronischer Form produziert oder in Verkehr gebracht wurden.

(2) Sind die personenbezogenen Daten von Teilnehmern von Festnetz- oder Mobil-Sprachtelefondiensten in ein öffentliches Teilnehmerverzeichnis gemäß der Richtlinie 95/46/EG und gemäß Artikel 11 der Richtlinie 97/66/EG aufgenommen worden, bevor die nach der vorliegenden Richtlinie erlassenen innerstaatlichen Rechtsvorschriften in Kraft treten, so können die personenbezogenen Daten dieser Teilnehmer in der gedruckten oder elektronischen Fassung, einschließlich Fassungen mit Umkehrsuchfunktionen, in diesem öffentlichen Verzeichnis verbleiben, sofern die Teilnehmer nach Erhalt vollständiger Informationen über die Zwecke und Möglichkeiten gemäß Artikel 12 nicht etwas anderes wünschen.

**Artikel 17  Umsetzung**

(1) Die Mitgliedstaaten setzen vor dem 31. Oktober 2003 die Rechtsvorschriften in Kraft, die erforderlich sind, um dieser Richtlinie nachzukommen. Sie setzen die Kommission unverzüglich davon in Kenntnis.
Wenn die Mitgliedstaaten diese Vorschriften erlassen, nehmen sie in den Vorschriften selbst oder durch einen Hinweis bei der amtlichen Veröffentlichung auf diese Richtlinie Bezug. Die Mitgliedstaaten regeln die Einzelheiten der Bezugnahme.

(2) Die Mitgliedstaaten teilen der Kommission den Wortlaut der innerstaatlichen Rechts-Vorschriften mit, die sie auf dem unter diese Richtlinie fallenden Gebiet erlassen, sowie aller späteren Änderungen dieser Vorschriften.

**Artikel 18  Überprüfung**

Die Kommission unterbreitet dem Europäischen Parlament und dem Rat spätestens drei Jahre nach dem in Artikel 17 Absatz 1 genannten Zeitpunkt einen Bericht über die Durchführung dieser Richtlinie und ihre Auswirkungen auf die Wirtschaftsteilnehmer und Verbraucher, insbesondere in Bezug auf die Bestimmungen über unerbetene Nachrichten, unter Berücksichtigung des internationalen Umfelds. Hierzu kann die Kommission von den Mitgliedstaaten Informationen einholen, die ohne unangemessene Verzögerung zu liefern sind. Gegebenenfalls unterbreitet die Kommission unter Berücksichtigung der Ergebnisse des genannten Berichts, etwaiger Änderungen in dem betreffenden Sektor sowie etwaiger weiterer Vorschläge, die sie zur Verbesserung der Wirksamkeit dieser Richtlinie für erforderlich hält, Vorschläge zur Änderung dieser Richtlinie.

**Artikel 19  Aufhebung**

Die Richtlinie 97/66/EG wird mit Wirkung ab dem in Artikel 17 Absatz 1 genannten Zeitpunkt aufgehoben.

Verweisungen auf die aufgehobene Richtlinie gelten als Verweisungen auf die vorliegende Richtlinie.

**Artikel 20  Inkrafttreten**

Diese Richtlinie tritt am Tag ihrer Veröffentlichung im Amtsblatt der Europäischen Gemeinschaften in Kraft.

**Artikel 21  Adressaten**

Diese Richtlinie ist an alle Mitgliedstaaten gerichtet.

# 4. Banken- und Versicherungsrecht

## a) Richtlinie 2006/49 des Europäischen Parlaments und des Rates vom 14. Juni 2006 über die angemessene Eigenkapitalausstattung von Wertpapierfirmen und Kreditinstituten (RL 2006/49/EG)

v. 30. 6. 2006 (ABl Nr. L 177 S. 201)

Die Richtlinie 2006/49/EG des Europäischen Parlaments und des Rates vom 14. Juni 2006 über die angemessene Eigenkapitalausstattung von Wertpapierfirmen und Kreditinstituten v. 30. 6. 2006 (ABl Nr. L 177 S. 201) wurde geändert durch die Richtlinie 2008/23/EG des Europäischen Parlaments und des Rates vom 11. März 2008 zur Änderung der Richtlinie 2006/49/EG über die angemessene Eigenkapitalausstattung von Wertpapierfirmen und Kreditinstituten im Hinblick auf die der Kommission übertragenen Durchführungsbefugnisse v. 19. 3. 2008 (ABl Nr. L 76 S. 54).

DAS EUROPÄISCHE PARLAMENT UND DER RAT DER EUROPÄISCHEN UNION –
gestützt auf den Vertrag zur Gründung der Europäischen Gemeinschaft, insbesondere auf Artikel 47 Absatz 2,
auf Vorschlag der Kommission,
nach Stellungnahme des Europäischen Wirtschafts- und Sozialausschusses[1],
nach Stellungnahme der Europäischen Zentralbank[2],
nach Anhörung des Ausschusses der Regionen,
gemäß dem Verfahren des Artikels 251 des Vertrags[3],
in Erwägung nachstehender Gründe:

(1) Die Richtlinie 93/6/EWG des Rates vom 15. März 1993 über die angemessene Eigenkapitalausstattung von Wertpapierfirmen und Kreditinstituten[4] wurde mehrfach erheblich geändert. Anlässlich neuerlicher Änderungen empfiehlt sich aus Gründen der Klarheit eine Neufassung.

(2) Eines der Ziele der Richtlinie 2004/39/EG des Europäischen Parlaments und des Rates vom 21. April 2004 über Märkte für Finanzinstrumente[5] ist es, dass Wertpapierfirmen, die von den zuständigen Behörden ihres Herkunftsmitgliedstaats zugelassen wurden und von diesen beaufsichtigt werden, in anderen Mitgliedstaaten uneingeschränkt Zweigniederlassungen gründen und Dienstleistungen erbringen können. Die genannte Richtlinie sieht daher eine Koordinierung der Rechtsvorschriften über die Zulassung und die Ausübung der Tätigkeit von Wertpapierfirmen vor.

(3) In der Richtlinie 2004/39/EG sind jedoch weder gemeinsame Normen für die Eigenmittel von Wertpapierfirmen vorgesehen noch wird die Höhe des Anfangskapitals dieser Firmen oder ein gemeinsamer Rahmen für die Überwachung der Risiken, denen diese Firmen ausgesetzt sind, festgelegt.

(4) Es ist zweckmäßig, eine Harmonisierung nur soweit vorzunehmen, wie dies zur Gewährleistung der gegenseitigen Anerkennung der Zulassung und der Aufsichtssysteme unbedingt erforderlich und hinreichend ist; um die gegenseitige Anerkennung innerhalb des Rahmens des Finanzbinnenmarktes zu bewerkstelligen, sollten Maßnahmen ergriffen werden, mit denen die Definition der Eigenmittel von Wertpapierfirmen, die Festlegung der Höhe des Anfangskapitals und die Festlegung eines gemeinsamen Rahmens für die Kontrolle der Risiken, denen Wertpapierfirmen ausgesetzt sind, koordiniert werden.

---

1) **Amtl. Anm.:** ABl C 234 vom 22. 9. 2005, S. 8.
2) **Amtl. Anm.:** ABl C 52 vom 2. 3. 2005, S. 37.
3) **Amtl. Anm.:** Standpunkt des Europäischen Parlaments vom 28. September 2005 (noch nicht im Amtsblatt veröffentlicht) und Beschluss des Rates vom 7. Juni 2006.
4) **Amtl. Anm.:** ABl L 141 vom 11. 6. 1993, S. 1. Zuletzt geändert durch Richtlinie 2005/1/EG des Europäischen Parlaments und des Rates (ABl L 79 vom 24. 3. 2005, S. 9).
5) **Amtl. Anm.:** ABl L 145 vom 30. 4. 2004, S. 1.

(5) Da die Ziele dieser Richtlinie, nämlich die Festlegung der Kapitaladäquanzanforderungen für Wertpapierfirmen und Kreditinstitute sowie der Vorschriften für ihre Berechnung und ihre Beaufsichtigung auf Ebene der Mitgliedstaaten nicht ausreichend verwirklicht werden können und daher wegen des Umfangs und der Wirkungen der vorgeschlagenen Maßnahme besser auf Gemeinschaftsebene zu verwirklichen sind, kann die Gemeinschaft im Einklang mit dem in Artikel 5 des Vertrags festgelegten Subsidiaritätsprinzip tätig werden. Entsprechend dem in demselben Artikel genannten Grundsatz der Verhältnismäßigkeit geht diese Richtlinie nicht über das für die Erreichung ihrer Ziele erforderliche Maß hinaus.

(6) Für das Anfangskapital sollte je nach der Bandbreite der den Wertpapierfirmen gestatteten Tätigkeiten eine unterschiedliche Höhe festgesetzt werden.

(7) Bereits bestehende Wertpapierfirmen sollten ihre Geschäftätigkeit unter bestimmten Voraussetzungen fortsetzen können, auch wenn sie nicht den Mindestbetrag an Anfangskapital nachweisen können, der für neu gegründete Wertpapierfirmen vorgeschrieben ist.

(8) Die Mitgliedstaaten sollten darüber hinaus strengere Vorschriften als in dieser Richtlinie vorgesehen erlassen können.

(9) Das reibungslose Funktionieren des Binnenmarktes erfordert nicht nur Rechtsvorschriften, sondern auch eine enge und regelmäßige Zusammenarbeit sowie eine erheblich verstärkte Konvergenz der Regulierungs- und Aufsichtspraktiken der zuständigen Behörden der Mitgliedstaaten.

(10) In der Mitteilung der Kommission vom 11. Mai 1999 mit dem Titel „Umsetzung des Finanzmarktrahmens: Aktionsplan" werden verschiedene Ziele genannt, die zur Vollendung des Binnenmarktes für Finanzdienstleistungen verwirklicht werden müssen. Der Europäische Rat von Lissabon vom 23. und 24. März 2000 hat das Ziel vorgegeben, den Aktionsplan bis 2005 umzusetzen. Die Neufassung der Eigenmittelbestimmungen ist ein wesentliches Element des Aktionsplans.

(11) Da die Wertpapierfirmen in Bezug auf ihre Handelsbuchtätigkeit den gleichen Risiken ausgesetzt sind wie die Kreditinstitute, sollten die relevanten Bestimmungen der Richtlinie 2006/48/EG des Europäischen Parlaments und des Rates vom 14. Juni 2006 über die Aufnahme und Ausübung der Tätigkeit der Kreditinstitute auch entsprechend auf Wertpapierfirmen angewandt werden.

(12) Die Eigenmittel von Wertpapierfirmen oder Kreditinstituten (nachfolgend unter dem Oberbegriff „Institute" zusammengefasst) können der Absorbierung von Verlusten dienen, die nicht durch ausreichende Gewinnvolumina unterlegt sind, um so die Kontinuität der Geschäftätigkeit der Institute sowie den Anlegerschutz zu gewährleisten. Die Eigenmittel dienen den zuständigen Behörden auch als ein wichtiger Maßstab, insbesondere wenn es um die Bewertung der Solvenz der Institute geht, aber auch für andere Aufsichtszwecke. Darüber hinaus treten Institute im Binnenmarkt in direkten Wettbewerb miteinander. Um das Finanzsystem der Gemeinschaft zu stärken und Wettbewerbsverzerrungen zu vermeiden, ist es zweckmäßig, gemeinsame Basisstandards für Eigenmittel festzulegen.

(13) Für die in Erwägungsgrund 12 genannten Zwecke ist es zweckmäßig, die Definition der Eigenmittel in der Richtlinie 2006/48/EG als Grundlage zu nehmen und zusätzliche besondere Regeln einzuführen, mit denen dem unterschiedlichen Anwendungsbereich der marktrisikobezogenen Eigenkapitalanforderungen Rechnung getragen wird.

(14) Gemeinsame Regeln für die Beaufsichtigung und Überwachung der unterschiedlichen Arten von Risiken von Kreditinstituten wurden bereits in der Richtlinie 2000/12/EG festgelegt.

(15) Diesbezüglich sollten die Bestimmungen zu den Mindesteigenkapitalanforderungen im Zusammenhang mit anderen spezifischen Instrumenten gesehen werden, die ebenfalls der Harmonisierung der grundlegenden Techniken für die Beaufsichtigung der Institute dienen.

(16) Es ist erforderlich, gemeinsame Regeln für die Marktrisiken von Kreditinstituten zu entwickeln und einen ergänzenden Rahmen für die Beaufsichtigung der Risiken zu schaffen, denen die Institute ausgesetzt sind, und zwar insbesondere der Marktrisiken einschließlich der Positionsrisiken, der Gegenparteiausfall- und Lieferrisiken und der Fremdwährungsrisiken.

(17) Es ist erforderlich, den Begriff „Handelsbuch" einzuführen, der Wertpapierpositionen und Positionen in anderen Finanzinstrumenten umfasst, die zum Zweck des Handels gehalten werden und bei denen in erster Linie Marktrisiken und Risiken im Zusammenhang mit bestimmten Finanzdienstleistungen für Kunden bestehen.

(18) Zur Verringerung des Verwaltungsaufwands für Institute, bei denen Handelsbuchgeschäfte sowohl absolut als auch relativ nur einen geringen Umfang haben, sollten solche Institute statt der Anforderungen der Anhänge I und II dieser Richtlinie die Richtlinie 2006/48/EG anwenden können.

(19) Es ist wichtig, dass bei der Kontrolle des Abwicklungs- und Lieferrisikos bereits bestehende Systeme berücksichtigt werden, die einen angemessenen Schutz und damit eine Minderung dieser Risiken bieten.

(20) In jedem Fall sollten die Institute die Bestimmungen dieser Richtlinie hinsichtlich der Deckung des Fremdwährungsrisikos aller ihrer Umsätze erfüllen. Für die Deckung von Positionen in eng verbundenen Währungen sollten niedrigere Kapitalanforderungen gelten, wobei die enge Verbundenheit entweder statistisch erwiesen sein oder sich aus bindenden zwischenstaatlichen Vereinbarungen ergeben muss.

(21) Die Eigenkapitalanforderungen für Warenhändler, einschließlich für jene Händler, die derzeit von den Anforderungen der Richtlinie 2004/39/EG ausgenommen sind, werden gegebenenfalls in Verbindung mit der Überprüfung der genannten Ausnahme gemäß Artikel 65 Absatz 3 jener Richtlinie überprüft.

(22) Die Liberalisierung der Gas- und Elektrizitätsmärkte ist sowohl in wirtschaftlicher als auch in politischer Hinsicht ein bedeutendes Ziel für die Gemeinschaft. Daher sollten die Eigenkapitalanforderungen und sonstigen Aufsichtsregeln, die auf in diesen Märkten tätige Unternehmen angewandt werden sollen, angemessen sein und die Verwirklichung der Liberalisierung nicht ungebührlich behindern. Das Ziel der Liberalisierung sollte insbesondere bei der Durchführung der in Erwägungsgrund 21 genannten Überprüfungen berücksichtigt werden.

(23) Das Bestehen interner Systeme zur Überwachung und Kontrolle der Zinsrisiken aller Umsätze der Institute ist für die Minimierung dieser Risiken von besonderer Wichtigkeit. Diese Systeme sollten daher von den zuständigen Behörden überwacht werden.

(24) Da die Richtlinie 2006/48/EG keine gemeinsamen Regeln für die Überwachung und Kontrolle von Großrisiken bei Geschäften aufstellt, bei denen in erster Linie Marktrisiken bestehen, ist es zweckmäßig, solche Regeln vorzusehen.

(25) Die Institute tragen ein erhebliches operationelles Risiko, das durch Eigenkapital unterlegt werden muss. In diesem Zusammenhang ist es wichtig, der Verschiedenheit der Institute in der EU Rechnung zu tragen, indem alternative Ansätze vorgesehen werden.

(26) In der Richtlinie 2006/48/EG wird der Grundsatz der Konsolidierung aufgestellt. Es werden keine gemeinsamen Regeln für die Konsolidierung bei Finanzinstituten festgelegt, bei deren Geschäftstätigkeit in erster Linie Marktrisiken bestehen.

(27) Um für die Institute einer Gruppe ein angemessenes Maß an Solvenz zu gewährleisten, ist es unerlässlich, dass die Mindesteigenkapitalanforderungen auf der Grundlage der konsolidierten Finanzsituation der Gruppe gelten. Um sicherzustellen, dass die Eigenmittel innerhalb der Gruppe angemessen verteilt werden und bei Bedarf zum Schutz der Einlagen über sie verfügt werden kann, sollten die Mindesteigenkapitalanforderungen für die einzelnen Institute einer Gruppe gelten, es sei denn, dieses Ziel kann auch auf anderem Wege effektiv erreicht werden.

(28) Die Richtlinie 2006/48/EG gilt nicht für Gruppen, die eine Wertpapierfirma/Wertpapierfirmen, jedoch kein Kreditinstitut umfassen. Für die Einführung der Beaufsichti-

gung von Wertpapierfirmen auf konsolidierter Basis sollte deshalb ein gemeinsamer Rahmen geschaffen werden.

(29) Die Institute sollten gewährleisten, dass sie über ausreichendes internes Eigenkapital verfügen, das den Risiken, denen sie ausgesetzt sind oder ausgesetzt sein könnten, im Hinblick auf die Quantität, Qualität und Streuung angemessen ist. Aus diesem Grund sollten die Institute über Strategien und Verfahren verfügen, mit denen sie die Angemessenheit ihrer internen Eigenkapitalausstattung bewerten und diese auf einem ausreichend hohen Stand halten können.

(30) Die zuständigen Behörden sollten die Adäquanz der Eigenmittel der Institute unter Zugrundelegung der Risiken, denen diese Institute ausgesetzt sind, bewerten.

(31) Der Ausschuss der europäischen Bankaufsichtsbehörden sollte im Interesse eines reibungslos funktionierenden Bankbinnenmarktes zu einer gemeinschaftsweit kohärenten Anwendung dieser Richtlinie und einer Annäherung der Aufsichtspraktiken in der Gemeinschaft beitragen und den Organen der Gemeinschaft jährlich über die erzielten Fortschritte Bericht erstatten.

(32) Um die Effizienz des Binnenmarktes zu steigern, ist es unabdingbar, dass eine deutlich höhere Konvergenz bei der Umsetzung und der Anwendung der Bestimmungen des harmonisierten Gemeinschaftsrechts gegeben ist.

(33) Aus dem gleichen Grund und um zu gewährleisten, dass in mehreren Mitgliedstaaten tätige Institute aus der Gemeinschaft durch die weiterhin bestehenden Zulassungs- und Aufsichtspflichten der Behörden der einzelnen Mitgliedstaaten nicht unverhältnismäßig stark belastet werden, muss die Zusammenarbeit zwischen den zuständigen Behörden deutlich verbessert werden. In diesem Zusammenhang sollte die Rolle der konsolidierenden Aufsichtsbehörde gestärkt werden.

(34) Um die Effizienz des Binnenmarkts zu steigern und für die Bürger der Union ein angemessenes Maß an Transparenz zu gewährleisten, ist es notwendig, dass die zuständigen Behörden öffentlich bekannt machen, wie sie diese Richtlinie umgesetzt haben, und dabei so verfahren, dass ein aussagekräftiger Vergleich möglich ist.

(35) Um die Marktdisziplin zu stärken und die Institute zu veranlassen, ihre Marktstrategie, ihre Risikosteuerung und ihr internes Management zu verbessern, sollten auch für die Institute angemessene Offenlegungspflichten vorgesehen werden.

(36) Die für die Umsetzung dieser Richtlinie erforderlichen Maßnahmen sollten gemäß dem Beschluss 1999/468/EC des Rates vom 28. Juni 1999 zur Festlegung der Modalitäten für die Ausübung der der Kommission übertragenen Durchführungsbefugnisse[1] angenommen werden.

(37) In seiner Entschließung vom 5. Februar 2002 zu der Umsetzung der Rechtsvorschriften im Bereich der Finanzdienstleistungen[2] forderte das Europäische Parlament, dass das Europäische Parlament und der Rat eine gleichberechtigte Rolle bei der Überwachung der Art und Weise haben sollten, wie die Kommission ihre Exekutivfunktion ausübt, um die legislativen Befugnisse des Europäischen Parlaments gemäß Artikel 251 des Vertrags widerzuspiegeln. In der feierlichen Erklärung, die ihr Präsident am gleichen Tag vor dem Europäischen Parlament abgab, unterstützte die Kommission diese Forderung. Am 11. Dezember 2002 schlug die Kommission Änderungen zu dem Beschluss 1999/468/EG vor und legte am 22. April 2004 einen geänderten Vorschlag vor. Nach Auffassung des Europäischen Parlaments werden mit diesem Vorschlag seine legislativen Vorrechte nicht gewahrt. Das Europäische Parlament und der Rat sollten aus der Sicht des Europäischen Parlaments die Gelegenheit haben, die Übertragung von Durchführungsbefugnissen auf die Kommission innerhalb eines bestimmten Zeitraums zu bewerten. Es ist deshalb angemessen, den Zeitraum zu begrenzen, während dem die Kommission Durchführungsmaßnahmen annehmen kann.

---

1) **Amtl. Anm.:** ABl L 184 vom 17. 7. 1999, S. 23.
2) **Amtl. Anm.:** ABl C 284 E vom 21. 11. 2002, S. 115.

(38) Das Europäische Parlament sollte über einen Zeitraum von drei Monaten ab der ersten Übermittlung des Entwurfs von Änderungen und Durchführungsmaßnahmen verfügen, damit es diese prüfen und seine Stellungnahme dazu abgeben kann. In dringenden und hinreichend begründeten Fällen sollte es allerdings möglich sein, diesen Zeitraum zu verkürzen. Nimmt das Europäische Parlament innerhalb dieses Zeitraums eine Entschließung an, so sollte die Kommission den Entwurf von Änderungen oder Maßnahmen erneut prüfen.

(39) Um eine Störung der Märkte zu verhindern und das globale Eigenkapitalniveau zu wahren, ist es zweckmäßig, spezifische Übergangsbestimmungen vorzusehen.

(40) Diese Richtlinie steht im Einklang mit den Grundrechten und den Grundsätzen, die insbesondere mit der Charta der Grundrechte der Europäischen Union als allgemeine Grundsätze des Gemeinschaftsrechts anerkannt wurden.

(41) Die Pflicht zur Umsetzung dieser Richtlinie in nationales Recht sollte sich auf die Bestimmungen beschränken, die eine wesentliche Änderung gegenüber den bisherigen Richtlinien darstellen. Die Pflicht zur Umsetzung der unveränderten Bestimmungen ergibt sich bereits aus den bisherigen Richtlinien.

(42) Von dieser Richtlinie unberührt bleiben sollte die Pflicht der Mitgliedstaaten zur fristgerechten Umsetzung der in Anhang VIII Teil B genannten Richtlinien in nationales Recht –

HABEN FOLGENDE RICHTLINIE ERLASSEN:

## Kapitel I: Gegenstand, Anwendungsbereich und Begriffsbestimmungen

### Abschnitt 1: Gegenstand und Anwendungsbereich

**Artikel 1**

1. Diese Richtlinie legt die Kapitaladäquanzanforderungen für Wertpapierfirmen und Kreditinstitute fest sowie die Vorschriften für ihre Berechnung und ihre Beaufsichtigung. Die Mitgliedstaaten wenden die in dieser Richtlinie enthaltenen Vorschriften auf Wertpapierfirmen und Kreditinstitute im Sinne des Artikels 3 an.

2. Die Mitgliedstaaten können für Wertpapierfirmen und Kreditinstitute, die von ihnen zugelassen wurden, zusätzliche oder strengere Vorschriften vorsehen.

**Artikel 2**

1. Vorbehaltlich der Artikel 18, 20, 22 bis 32, 34 und 39 dieser Richtlinie gelten die Artikel 68 bis 73 der Richtlinie 2006/48/EG für Wertpapierfirmen entsprechend. Bei der Anwendung der Artikel 70 bis 72 der Richtlinie 2006/48/EG auf Wertpapierfirmen ist jede Bezugnahme auf ein Mutterkreditinstitut in einem Mitgliedstaat als Bezugnahme auf eine Mutterwertpapierfirma in einem Mitgliedstaat und jede Bezugnahme auf ein EU-Mutterkreditinstitut als Bezugnahme auf eine EU-Mutterwertpapierfirma zu verstehen.

Hat ein Kreditinstitut eine Mutterwertpapierfirma in einem Mitgliedstaat als Mutterunternehmen, so unterliegt ausschließlich diese Mutterwertpapierfirma den Anforderungen auf konsolidierter Basis gemäß den Artikeln 71 bis 73 der Richtlinie 2006/48/EG.

Hat eine Wertpapierfirma ein Mutterkreditinstitut in einem Mitgliedstaat als Mutterunternehmen, so unterliegt ausschließlich dieses Mutterkreditinstitut den Anforderungen auf konsolidierter Basis gemäß den Artikeln 71 bis 73 der Richtlinie 2006/48/EG.

Hat eine Finanzholdinggesellschaft sowohl ein Kreditinstitut als auch eine Wertpapierfirma als Tochter, gelten für das Kreditinstitut die Anforderungen auf der Grundlage der konsolidierten Finanzsituation der Finanzholdinggesellschaft.

2. Gehört einer Gruppe gemäß Absatz 1 kein Kreditinstitut an, so wird die Richtlinie 2006/48/EG wie folgt angewandt:

a) Jede Bezugnahme auf Kreditinstitute ist als eine Bezugnahme auf Wertpapierfirmen zu verstehen.
b) In Artikel 125 und Artikel 140 Absatz 2 der Richtlinie 2006/48/EG sind alle Bezugnahmen auf andere Artikel jener Richtlinie 2006/48/EG als eine Bezugnahme auf die Richtlinie 2004/39/EG zu verstehen.
c) In Artikel 39 Absatz 3 der Richtlinie 2006/48/EG sind die Bezugnahmen auf den Europäischen Bankenausschuss als Bezugnahmen auf den Rat und die Kommission zu verstehen.
d) Abweichend von Artikel 140 Absatz 1 der Richtlinie 2006/48/EG erhält für den Fall, dass eine Gruppe kein Kreditinstitut umfasst, der erste Satz jenes Artikels folgende Fassung: „Wenn eine Wertpapierfirma, eine Finanzholdinggesellschaft oder ein gemischtes Unternehmen ein oder mehrere Tochterunternehmen kontrolliert, bei denen es sich um Versicherungsunternehmen handelt, arbeiten die zuständigen Behörden und die mit der amtlichen Beaufsichtigung der Versicherungsunternehmen betrauten Behörden eng zusammen."

## Abschnitt 2: Begriffsbestimmungen

### Artikel 3

1. Für diese Richtlinie gelten folgende Begriffsbestimmungen:
a) „Kreditinstitute" sind Kreditinstitute im Sinne von Artikel 4 Absatz 1 der Richtlinie 2006/48/EG;
b) „Wertpapierfirmen" sind Unternehmen im Sinne des Artikels 4 Absatz 1 Nummer 1 der Richtlinie 2004/39/EG, die den Vorschriften jener Richtlinie unterliegen, mit Ausnahme
   i. der Kreditinstitute,
   ii. der unter Buchstabe p definierten lokalen Firmen, und
   iii. der Firmen, die lediglich befugt sind, die Dienstleistung der Anlageberatung zu erbringen und/oder Aufträge von Anlegern entgegen zu nehmen und weiter zu leiten, ohne dass sie Geld oder Wertpapiere ihrer Kunden halten, und die aufgrund dessen zu keiner Zeit zu Schuldnern dieser Kunden werden können;
c) „Institute" sind Kreditinstitute und Wertpapierfirmen;
d) „anerkannte Drittland-Wertpapierfirmen" sind Firmen, die die folgenden Bedingungen erfüllen:
   i. Firmen, die unter die Definition der Wertpapierfirmen fallen würden, wenn sie ihren Sitz in der Gemeinschaft hätten;
   ii. Firmen, die in einem Drittland zugelassen sind; und
   iii. Firmen, die Aufsichtsregeln unterliegen und diese einhalten, welche nach Auffassung der zuständigen Behörden mindestens genauso streng sind wie die durch diese Richtlinie festgelegten Aufsichtsregeln;
e) „Finanzinstrumente" sind Verträge, die für eine der beteiligten Seiten einen finanziellen Vermögenswert und für die andere Seite eine finanzielle Verbindlichkeit oder ein Eigenkapitalinstrument schaffen;
f) eine „Mutterwertpapierfirma in einem Mitgliedstaat" ist eine Wertpapierfirma, die ein Institut oder ein Finanzinstitut zur Tochter hat oder die eine Beteiligung an solchen Instituten hält und die selbst keine Tochter eines in dem gleichen Mitgliedstaat zugelassenen Instituts ist bzw. einer Finanzholdinggesellschaft, die in dem gleichen Mitgliedstaat errichtet wurde;
g) eine „EU-Mutterwertpapierfirma" ist eine Mutterwertpapierfirma in einem Mitgliedstaat, die nicht die Tochter eines in einem Mitgliedstaat zugelassenen Instituts ist bzw. einer Finanzholdinggesellschaft, die in einem Mitgliedstaat errichtet wurde;

h) „nicht börsengehandelte Derivate (OTC)" sind Geschäfte, die in der Liste im Anhang IV der Richtlinie 2006/48/EG aufgelistet sind und bei denen es sich nicht um jene Geschäfte handelt, die im Sinne von Anhang III Teil 2 Nummer 6 jener Richtlinie mit einem Forderungswert von Null bewertet werden;

i) ein „geregelter Markt" ist ein Markt, im Sinne von Artikel 4 Absatz 1 Nummer 14 der Richtlinie 2004/39/EG;

j) „Wandelanleihen" sind Wertpapiere, die dem Inhaber das Recht einräumen, diese gegen ein anderes Wertpapier umzutauschen;

k) „ein Optionsschein" ist ein Wertpapier, das dem Inhaber das Recht verleiht, einen Basiswert bis zum Ablauf der Optionsfrist oder am Fälligkeitstag des Optionsscheins zu einem festen Preis zu erwerben, wobei die Transaktion durch die Lieferung des Basiswertes selbst oder durch Barzahlung abgewickelt werden kann;

l) „Bestandsfinanzierung" sind Positionen, bei denen Warenbestände auf Termin verkauft und die Finanzierungskosten bis zum Zeitpunkt des Terminverkaufs festgeschrieben wurden;

m) „Pensionsgeschäfte" und „umgekehrte Pensionsgeschäfte" sind Vereinbarungen, durch die ein Institut oder seine Gegenpartei Wertpapiere oder Waren oder garantierte Rechtsansprüche auf Wertpapiere oder Waren überträgt, wenn diese Garantie von einer anerkannten Börse, welche die Rechte auf die Wertpapiere oder Waren innehat, gegeben wird und die Vereinbarung es dem Institut nicht erlaubt, ein bestimmtes Wertpapier oder eine bestimmte Ware mehr als einer Gegenpartei auf einmal zu übertragen und oder zu verpfänden; die Übertragung erfolgt in Verbindung mit der Verpflichtung zur Rücknahme dieser Wertpapiere oder Waren – oder von Wertpapieren oder Waren der gleichen Art – zu einem festen Preis zu einem vom Pensionsgeber festgesetzten – oder noch festzusetzenden – späteren Zeitpunkt; für das Institut, das die Wertpapiere oder Waren veräußert, ist dies ein Pensionsgeschäft und für das Institut, das die Wertpapiere oder Waren erwirbt, ein umgekehrtes Pensionsgeschäft;

n) „Wertpapierverleihgeschäfte" oder „Warenverleihgeschäfte" und „Wertpapierleihgeschäfte" oder „Warenleihgeschäfte" sind Geschäfte, durch die ein Institut oder seine Gegenpartei Wertpapiere bzw. Waren gegen entsprechende Sicherheiten überträgt; diese Übertragung erfolgt in Verbindung mit der Verpflichtung, dass die die Wertpapiere bzw. Waren entleihende Partei zu einem späteren Zeitpunkt oder auf Ersuchen der übertragenden Partei gleichwertige Papiere bzw. Waren zurückgibt; für das Institut, das Wertpapiere oder Waren überträgt, ist dies ein Wertpapierverleihgeschäft oder ein Warenverleihgeschäft und für das Institut, dem sie übertragen werden, ein Wertpapierleihgeschäft oder ein Warenleihgeschäft;

o) ein „amtlicher Makler" ist ein Mitglied der Börse und/oder der Clearingstelle und steht in einer direkten vertraglichen Beziehung zur zentralen Gegenpartei (Träger der Einrichtung);

p) eine „lokale Firma" ist eine Firma, die auf Finanztermin- oder Options- bzw. anderen Derivatemärkten oder auf Kassamärkten für eigene Rechnung tätig ist, und zwar mit dem alleinigen Ziel der Absicherung von Positionen auf den Derivatemärkten, oder die für Rechnung anderer Mitglieder derselben Märkte handelt und die über eine Garantie seitens der Clearingmitglieder der genannten Märkte verfügt, wobei die Verantwortung für die Erfüllung der von einer solchen Firma abgeschlossenen Geschäfte von Clearingmitgliedern der gleichen Märkte übernommen wird;

q) der „Delta-Faktor" ist die voraussichtliche Änderung des Optionspreises im Verhältnis zu einer geringen Preisschwankung des zugrunde liegenden Instruments;

r) „Eigenmittel" sind die Eigenmittel im Sinne der Richtlinie 2006/48/EG; und

s) „Kapital" sind die Eigenmittel.

Im Sinne der Anwendung der Beaufsichtigung auf konsolidierter Basis schließt der Begriff „Wertpapierfirma" Drittland-Wertpapierfirmen ein.

Für die Zwecke von Buchstabe e des ersten Unterabsatzes umfassen Finanzinstrumente sowohl Primärfinanzinstrumente als auch Kassainstrumente sowie derivative Finanzinstrumente, deren Wert sich aus dem Kurs eines zu Grunde liegenden Finanzinstruments, aus einem Satz, einem Index oder dem Kurs eines anderen Basiswertes berechnet, und umfassen zumindest die Instrumente, die in Abschnitt C von Anhang I der Richtlinie 2004/39/EG spezifiziert sind.

2. Die Begriffe „Mutterunternehmen", „Tochterunternehmen", „Vermögensverwaltungsgesellschaft" und „Finanzinstitut" decken Unternehmen im Sinne des Artikels 4 der Richtlinie 2006/48/EG ab.

Die Begriffe „Finanzholdinggesellschaft", „Mutterfinanzholdinggesellschaft in einem Mitgliedstaat", „EU-Mutterfinanzholdinggesellschaft" und „Nebendienstleistungsunternehmen" decken Unternehmen im Sinne von Artikel 4 der Richtlinie 2006/48/EG ab, wobei jede Bezugnahme auf Kreditinstitute als Bezugnahme auf Institute zu verstehen ist.

3. Für die Anwendung der Richtlinie 2006/48/EG auf Gruppen, die unter den Artikel 2 Absatz 1 fallen und denen kein Kreditinstitut angehört, gelten die folgenden Begriffsbestimmungen:

a) eine „Finanzholdinggesellschaft" ist ein Finanzinstitut, das keine gemischte Finanzholdinggesellschaft im Sinne der Richtlinie 2002/87/EG des Europäischen Parlaments und des Rates vom 16. Dezember 2002 über die zusätzliche Beaufsichtigung der Kreditinstitute, Versicherungsunternehmen und Wertpapierfirmen eines Finanzkonglomerats[1]) ist und dessen Tochterunternehmen ausschließlich oder hauptsächlich Wertpapierfirmen oder andere Finanzinstitute sind, wobei mindestens eines dieser Tochterunternehmen eine Wertpapierfirma ist;

b) ein „gemischtes Unternehmen" ist ein Mutterunternehmen, das keine Finanzholdinggesellschaft, keine Wertpapierfirma und keine gemischte Finanzholdinggesellschaft im Sinne der Richtlinie 2002/87/EG ist und zu dessen Tochterunternehmen mindestens eine Wertpapierfirma gehört; und

c) „zuständige Behörden" sind die nationalen Behörden, die gesetzlich oder von Regulierungsseite zur Beaufsichtigung von Wertpapierfirmen befugt sind.

## Kapitel II: Anfangskapital

### Artikel 4

Für diese Richtlinie gelten als „Anfangskapital" die in Artikel 57 Buchstaben a und b der Richtlinie 2006/48/EG genannten Bestandteile.

### Artikel 5

1. Wertpapierfirmen, die nicht auf eigene Rechnung mit Finanzinstrumenten handeln oder feste Übernahmeverpflichtungen in Bezug auf Finanzinstrumente eingehen, wohl aber im Kundenauftrag Gelder und/oder Wertpapiere verwalten und eine oder mehrere der folgenden Dienstleistungen anbieten, müssen ein Anfangskapital von mindestens 125 000 EUR aufweisen:

a) Entgegennahme und Weiterleitung der von Anlegern erteilten Aufträge über Finanzinstrumente,

b) Ausführung der von Anlegern erteilten Aufträge über Finanzinstrumente, oder

c) Verwaltung individueller Anlage-Portfolios, bestehend aus Finanzinstrumenten.

2. Die zuständigen Behörden können Wertpapierfirmen, die Aufträge von Anlegern über Finanzinstrumente ausführen, gestatten, diese auf eigene Rechnung zu halten, sofern die folgenden Bedingungen erfüllt sind:

---

[1]) **Amtl. Anm.:** ABl L 35 vom 11. 2. 2003, S. 1. Zuletzt geändert durch die Richtlinie 2005/1/EG.

a) diese Positionen werden nur übernommen, weil die Wertpapierfirma nicht in der Lage ist, den erhaltenen Auftrag genau abzudecken;
b) der Gesamtmarktwert aller solcher Positionen beträgt höchstens 15 % des Anfangskapitals der Firma;
c) die Anforderungen nach den Artikeln 18, 20 und 28 sind erfüllt; und
d) die Übernahme solcher Positionen erfolgt nur ausnahmsweise und vorübergehend und keinesfalls für länger, als dies für die Durchführung der betreffenden Transaktion unbedingt erforderlich ist.

Das Halten von Nicht-Handelsbuchpositionen in Finanzinstrumenten zwecks Anlage von Eigenmitteln gilt nicht als Handel im Sinne der Dienstleistungen des Absatzes 1 oder im Sinne von Absatz 3.

3. Die Mitgliedstaaten können den in Absatz 1 genannten Betrag auf 50 000 EUR senken, wenn eine Firma weder dafür zugelassen ist, für Kunden Geld oder Wertpapiere zu halten, noch auf eigene Rechnung handeln oder feste Übernahmeverpflichtungen eingehen darf.

### Artikel 6

Lokale Firmen müssen ein Anfangskapital von 50 000 EUR haben, sofern sie die Niederlassungsfreiheit in Anspruch nehmen oder Dienstleistungen gemäß den Artikeln 31 und 32 der Richtlinie 2004/39/EG erbringen.

### Artikel 7

Wertpapierfirmen im Sinne von Artikel 3 Absatz 1 Buchstabe b Ziffer iii müssen
a) ein Anfangskapital von 50 000 EUR haben oder
b) über eine für das gesamte Gemeinschaftsgebiet geltende Berufshaftpflichtversicherung oder eine vergleichbare Garantie für Haftungsfälle aus beruflichem Verschulden verfügen, die eine Haftungssumme von mindestens 1 000 000 EUR für jeden einzelnen Schadensfall und eine Gesamtsumme von mindestens 1 500 000 EUR für sämtliche Schadensfälle eines Kalenderjahrs vorsieht, oder
c) eine Kombination aus Anfangskapital und Berufshaftpflichtversicherung aufweisen, die ein Deckungsniveau ermöglicht, welches dem der unter den Buchstaben a oder b genannten gleichwertig ist.

Die in Absatz 1 genannten Beträge werden regelmäßig von der Kommission überprüft, um den Veränderungen im von Eurostat veröffentlichten Europäischen Verbraucherpreisindex Rechnung zu tragen; die Überprüfung erfolgt im Einklang mit und zum gleichen Zeitpunkt wie die aufgrund von Artikel 4 Absatz 7 der Richtlinie 2002/92/EG des Europäischen Parlaments und des Rates vom 9. Dezember 2002 über Versicherungsvermittlung[1]) vorgenommenen Anpassungen.

### Artikel 8

Ist eine Firma im Sinne von Artikel 3 Absatz 1 Buchstabe b Ziffer iii auch unter der Richtlinie 2002/92/EG eingetragen, so muss sie den Anforderungen des Artikels 4 Absatz 3 jener Richtlinie genügen und außerdem
a) ein Anfangskapital von 25 000 EUR haben oder
b) über eine für das gesamte Gemeinschaftsgebiet geltende Berufshaftpflichtversicherung oder eine vergleichbare Garantie für Haftungsausfälle aus beruflichem Verschulden verfügen, die eine Haftungssumme von mindestens 500 000 EUR für jeden einzelnen Schadensfall und eine Gesamtsumme von mindestens 750 000 EUR für sämtliche Schadensfälle eines Kalenderjahrs vorsieht, oder

---

1) **Amtl. Anm.:** ABl L 9 vom 15. 1. 2003, S. 3.

c) eine Kombination aus Anfangskapital und Berufshaftpflichtversicherung aufweisen, die ein Deckungsniveau ermöglicht, welches dem der unter den Buchstaben a oder b genannten gleichwertig ist.

**Artikel 9**

Die nicht in den Artikeln 5 bis 8 erwähnten Wertpapierfirmen haben ein Anfangskapital von 730 000 EUR.

**Artikel 10**

1. Abweichend von Artikel 5 Absätze 1 und 3, Artikel 6 und Artikel 9, können die Mitgliedstaaten die Zulassung von Wertpapierfirmen und unter Artikel 6 fallenden Firmen, die bereits vor dem 31. Dezember 1995 bestanden haben, verlängern, wenn die Eigenmittel dieser Firmen geringer sind als das für sie in Artikel 5 Absätze 1 und 3, Artikel 6 und Artikel 9 vorgeschriebene Anfangskapital.

Die Eigenmittel dieser Firmen oder Wertpapierfirmen dürfen nicht unter den nach dem in der Richtlinie 93/6/EWG enthaltenen Bekanntgabedatum berechneten höchsten Bezugswert absinken. Der Bezugswert ist der durchschnittliche tägliche Betrag der Eigenmittel während eines Zeitraums von sechs Monaten vor dem Berechnungsstichtag. Er wird alle sechs Monate für den vorausgegangenen Sechsmonatszeitraum berechnet.

2. Übernimmt eine andere natürliche oder juristische Person die Kontrolle einer unter Absatz 1 fallenden Firma als die, die diese Firma zuvor kontrolliert hat, müssen die Eigenmittel dieser Firma mindestens den in Artikel 5 Absätze 1 und 3, Artikel 6 und Artikel 9 für sie vorgeschriebenen Betrag erreichen, außer bei einer mit Zustimmung der zuständigen Behörden erfolgten ersten Übertragung im Wege der Erbfolge nach dem 31. Dezember 1995, jedoch nur für die Dauer von höchstens zehn Jahren ab dem Tag dieser Übertragung.

3. Wenn unter bestimmten Umständen und mit Zustimmung der zuständigen Behörden ein Zusammenschluss von zwei oder mehr Wertpapierfirmen und/oder unter Artikel 6 fallenden Firmen erfolgt, müssen die Eigenmittel der durch den Zusammenschluss entstandenen Firma nicht den in Artikel 5 Absätze 1 und 3, Artikel 6 und Artikel 9 für sie vorgeschriebenen Betrag erreichen. Solange der in Artikel 5 Absätze 1 und 3, Artikel 6 und Artikel 9 genannte Betrag nicht erreicht sind, dürfen die Eigenmittel der neuen Firma jedoch nicht niedriger sein als die Summe der Eigenmittel der zusammengeschlossenen Firmen zum Zeitpunkt des Zusammenschlusses.

4. Die Eigenmittel von Wertpapierfirmen und unter Artikel 6 fallenden Firmen dürfen nicht unter den gemäß Artikel 5 Absätze 1 und 3, Artikel 6 und Artikel 9 sowie gemäß den Absätzen 1 und 3 des vorliegenden Artikels vorgeschriebenen Betrag absinken.

Wenn die Eigenmittel dieser Firmen oder Wertpapierfirmen unter diesen Betrag absinken, können die zuständigen Behörden, sofern die Umstände dies rechtfertigen, diesen Firmen eine begrenzte Frist einräumen, ihren Pflichten nachzukommen; andernfalls müssen diese Firmen ihre Tätigkeit einstellen.

## Kapitel III: Handelsbuch

**Artikel 11**

1. Das Handelsbuch eines Instituts besteht aus sämtlichen Positionen in Finanzinstrumenten und Waren, die entweder mit Handelsabsicht oder aber zur Absicherung bestimmter Bestandteile des Handelsbuchs gehalten werden; letztere dürfen keinen restriktiven Bestimmungen in Bezug auf ihre Marktfähigkeit unterliegen, oder sie müssen absicherbar sein.

2. Bei Positionen, die mit Handelsabsicht gehalten werden, handelt es sich um jene, die absichtlich zum kurzfristigen Wiederverkauf gehalten werden und/oder bei denen die Absicht besteht, aus derzeitigen oder in Kürze erwarteten Kursunterschieden zwischen dem Ankaufs- und dem Verkaufskurs oder aus anderen Kurs- oder Zinsschwankungen Profit zu ziehen. Der Begriff „Positionen" umfasst Eigenhandelspositionen so-

wie Positionen, die sich aus der Kundenbetreuung und aus dem „market making" ergeben.

3. Die Handelsabsicht wird anhand der Strategien, Vorschriften und Verfahren nachgewiesen, die vom Institut aufgestellt wurden, um die Position oder das Portfolio im Sinne von Anhang VII Teil A zu verwalten.

4. Die Institute führen Systeme und Kontrollen ein, die der Verwaltung ihres Handelsbuchs im Sinne von Anhang VII Teile B und D dienen.

5. In das Handelsbuch können interne Absicherungen aufgenommen werden; in diesem Fall gelangt Anhang VII Teil C zur Anwendung.

## Kapitel IV: Eigenmittel

**Artikel 12**

„Ursprüngliche Eigenmittel" sind die Summe der in Artikel 57 Buchstaben a bis c der Richtlinie 2006/48/EG aufgeführten Mittel, abzüglich der Summe der in Artikel 57 Buchstaben i bis k jener Richtlinie aufgeführten Mittel.

Die Kommission legt dem Europäischen Parlament und dem Rat bis zum 1. Januar 2009 einen geeigneten Vorschlag zur Änderung dieses Kapitels vor.

**Artikel 13**

1. Vorbehaltlich der Absätze 2 bis 5 dieses Artikels und der Artikel 14 bis 17, werden die Eigenmittel von Wertpapierfirmen und Kreditinstituten gemäß der Richtlinie 2006/48/EG festgelegt.

Der Unterabsatz 1 findet zudem auf Wertpapierfirmen Anwendung, die nicht eine der Rechtsformen nach Artikel 1 Absatz 1 der Vierten Richtlinie 78/660/EWG des Rates vom 25. Juli 1978 über den Jahresabschluss von Gesellschaften bestimmter Rechtsformen[1] besitzen.

2. Abweichend von Absatz 1 können die zuständigen Behörden den Instituten, die den Kapitalanforderungen gemäß den Artikeln 21 und 28 bis 32 und den Anhängen I und III bis VI unterliegen, zu diesem alleinigen Zweck die Verwendung einer alternativen Festlegung der Eigenmittel gestatten. Kein Bestandteil der zu diesem Zweck genutzten Eigenmittel darf gleichzeitig zur Erfüllung anderer Kapitalanforderungen verwendet werden.

Diese alternative Festlegung umfasst die Summe der nachstehend in diesem Unterabsatz unter den Buchstaben a bis c aufgeführten Posten, abzüglich des unter Buchstabe d aufgeführten Postens, wobei dieser Abzug in das Ermessen der zuständigen Behörde gestellt ist:

a) die Eigenmittel gemäß der Definition der Richtlinie 2006/48/EG unter Ausschluss lediglich der Posten gemäß Artikel 57 Buchstaben l bis p jener Richtlinie bei den Wertpapierfirmen, die den nachstehend unter Buchstabe d aufgeführten Posten von dem Gesamtbetrag der unter den Buchstaben a bis c aufgeführten Posten abzuziehen haben;

b) die Nettogewinne des Instituts aus dem Handelsbuch nach Abzug aller vorsehbaren Abgaben oder der Dividenden, abzüglich der Nettoverluste aus seinen anderen Geschäften, sofern keiner dieser Beträge bereits unter Buchstabe a dieses Unterabsatzes gemäß Artikel 57 Buchstaben b oder k der Richtlinie 2006/48/EG berücksichtigt wurde;

c) das nachrangige Darlehenskapital und/oder die unter Absatz 5 dieses Artikels genannten Kapitalbestandteile nach Maßgabe der in den Absätzen 3 und 4 dieses Artikels und Artikel 14 genannten Bedingungen; und

d) die schwer realisierbaren Aktiva im Sinne von Artikel 15.

---

[1] **Amtl. Anm.:** ABl L 222 vom 14. 8. 1978, S. 11. Zuletzt geändert durch die Richtlinie 2003/51/EG des Europäischen Parlaments und des Rates (ABl L 178 vom 17. 7. 2003, S. 16).

3. Das in Absatz 2 Unterabsatz 2 Buchstabe c genannte nachrangige Darlehenskapital muss eine ursprüngliche Laufzeit von mindestens zwei Jahren haben. Es muss vollständig eingezahlt sein, und der Darlehensvertrag darf keine Klausel enthalten, nach der das Darlehen unter bestimmten anderen Umständen als der Liquidation des Instituts vor dem vereinbarten Rückzahlungstermin rückzahlbar ist, es sei denn die zuständigen Behörden genehmigen die Rückzahlung. Auf dieses nachrangige Darlehenskapital dürfen weder Tilgungs- noch Zinszahlungen geleistet werden, wenn dies zur Folge hätte, dass die Eigenmittel des Instituts unter 100 % des Gesamtbetrags seiner Eigenkapitalanforderungen absinken würden.

Außerdem unterrichtet jedes Institut die zuständigen Behörden von allen Rückzahlungen auf dieses nachrangige Darlehenskapital, sobald die Eigenmittel des Instituts unter 120 % des Gesamtbetrags seiner Eigenkapitalanforderungen absinken.

4. Das in Absatz 2 Unterabsatz 2 Buchstabe c genannte nachrangige Darlehenskapital darf einen Höchstbetrag von 150 % der zur Erfüllung der Anforderungen noch verbleibenden ursprünglichen Eigenmittel nicht überschreiten, wobei die Anforderungen gemäß den Artikeln 21 und 28 bis 32 sowie gemäß den Anhängen I bis VI berechnet werden, und darf sich diesem Höchstbetrag nur dann nähern, wenn dies nach Auffassung der zuständigen Behörden aufgrund besonderer Umstände gerechtfertigt ist.

5. Die zuständigen Behörden können den Instituten erlauben, das in Absatz 2 Unterabsatz 2 Buchstabe c genannte nachrangige Darlehenskapital durch die in Artikel 57 Buchstaben d bis h der Richtlinie 2006/48/EG genannten Kapitalbestandteile zu ersetzen.

**Artikel 14**

1. Die zuständigen Behörden können den Wertpapierfirmen erlauben, den in Artikel 13 Absatz 4 festgelegten Höchstbetrag des nachrangigen Darlehenskapitals zu überschreiten, wenn sie es unter aufsichtsrechtlichen Gesichtspunkten für angemessen halten und der Gesamtbetrag des nachrangigen Darlehenskapitals und der in Artikel 13 Absatz 5 genannten Kapitalbestandteile nicht über 200 % der zur Erfüllung der Anforderungen gemäß Artikel 21 und 28 bis 32 sowie den Anhängen I und III bis VI noch verbleibenden ursprünglichen Eigenmittel liegt oder nicht über 250 % desselben Betrags in dem Fall liegt, in dem die Wertpapierfirmen bei der Berechnung ihrer Eigenmittel den in Artikel 13 Absatz 2 Buchstabe d aufgeführten Posten abziehen.

2. Die zuständigen Behörden können eine Überschreitung des Höchstbetrags für nachrangiges Darlehenskapital gemäß Artikel 13 Absatz 4 durch ein Kreditinstitut gestatten, wenn sie es unter aufsichtsrechtlichen Gesichtspunkten für angemessen halten und der Gesamtbetrag des nachrangigen Darlehenskapitals und der in Artikel 57 Buchstaben d bis h der Richtlinie 2006/48/EG genannten Kapitalbestandteile nicht über 250 % der zur Erfüllung der Anforderungen gemäß Artikel 28 bis 32 sowie den Anhängen I und III bis VI der vorliegenden Richtlinie noch verbleibenden ursprünglichen Eigenmittel liegt.

**Artikel 15**

Zu den schwer realisierbaren Aktiva im Sinne von Artikel 13 Absatz 2 Unterabsatz 2 Buchstabe d zählen die folgenden Posten:

a) Sachanlagen, ausgenommen Grundstücke und Gebäude, insoweit sie gegen die damit gesicherten Darlehen aufgerechnet werden können;

b) Beteiligungen an, einschließlich nachrangiger Forderungen gegenüber, Kredit- oder Finanzinstituten, die Teil des Eigenkapitals dieser Institute sein können, sofern sie nicht gemäß Artikel 57 Buchstaben l bis p der Richtlinie 2006/48/EG oder gemäß Artikel 16 Buchstabe d der vorliegenden Richtlinie abgezogen worden sind.

c) nicht leicht realisierbare Beteiligungen an und sonstige Anlagen in Unternehmen, die keine Kredit- oder Finanzinstitute sind;

d) Fehlbeträge in Tochtergesellschaften;

e) Einlagen mit Ausnahme von Einlagen, die innerhalb von 90 Tagen eingefordert werden können; ausgenommen sind ferner Zahlungen auf Terminkontrakte mit Einschüssen oder Optionskontrakte;

f) Darlehen und sonstige fällige Beträge, die nicht innerhalb von 90 Tagen rückzahlbar sind; und

g) Warenbestände, sofern diese nicht bereits Gegenstand der Eigenkapitalanforderungen sind und diese zumindest so streng wie die in den Artikeln 18 und 20 genannten sind.

Wird im Sinne von Buchstabe b eine befristete Beteiligung an einem Kredit- oder Finanzinstitut im Rahmen einer finanziellen Stützungsaktion zur Sanierung und Rettung dieses Instituts gehalten, so können die zuständigen Behörden von der Anwendung dieses Artikels absehen. Ebenso können sie von der Anwendung dieses Artikels bei Kapitalanteilen absehen, die Teil des Handelsbuchs der betreffenden Wertpapierfirma sind.

### Artikel 16

Bei Wertpapierfirmen, die einer Unternehmensgruppe angehören, für die die Ausnahmeregelung gemäß Artikel 22 gilt, erfolgt die Berechnung der Eigenmittel nach den Artikeln 13 bis 15 wie folgt:

a) die in Artikel 13 Absatz 2 Buchstabe d genannten schwer realisierbaren Aktiva werden abgezogen;

b) der in Artikel 13 Absatz 2 Buchstabe a genannte Ausschluss umfasst nicht Kapitalbestandteile nach Artikel 57 Buchstaben l bis p der Richtlinie 2006/48/EG, welche eine Wertpapierfirma in Unternehmen besitzt, die unter die Konsolidierung gemäß Artikel 2 Absatz 1 der vorliegenden Richtlinie fallen;

c) die in Artikel 66 Absatz 1 Buchstaben a und b der Richtlinie 2006/48/EG genannten Beschränkungen werden berechnet, indem von den ursprünglichen Eigenmitteln die in Artikel 57 Buchstaben l bis p jener Richtlinie genannten Kapitalbestandteile im Sinne von Buchstabe b des vorliegenden Artikels abgezogen werden, die zu den ursprünglichen Eigenmitteln dieser Unternehmen gehören; und

d) die in Artikel 57 Buchstaben l bis p der Richtlinie 2006/48/EG genannten Kapitalbestandteile im Sinne von Buchstabe c des vorliegenden Artikels werden von den ursprünglichen Eigenmitteln abgezogen und nicht von der Summe aller Kapitalbestandteile, wie in Artikel 66 Absatz 2 jener Richtlinie vorgeschrieben, vor allem bei Anwendung der Artikel 13 Absätze 4 und 5 sowie Artikel 14 der vorliegenden Richtlinie.

### Artikel 17

1. Berechnet ein Institut risikogewichtete Forderungsbeträge für die Zwecke von Anhang II der vorliegenden Richtlinie gemäß den Artikeln 84 bis 89 der Richtlinie 2006/48/EG, so gilt für die Berechnung gemäß Anhang VII Teil 1 Nummer 4 der Richtlinie 2006/48/EG Folgendes:

a) Wertberichtigungen, die vorgenommen werden, um der Kreditqualität der Gegenpartei Rechnung zu tragen, können in die Summe der Wertberichtigungen und Rückstellungen einbezogen werden, die für die in Anhang II genannten Risiken gemacht werden; und

b) vorbehaltlich der Zustimmung seitens der zuständigen Behörden wird – sofern das Kreditrisiko der Gegenpartei bei der Bewertung einer Position des Handelsbuchs angemessen berücksichtigt wurde – der erwartete Verlustbetrag für das Gegenparteiausfallrisiko mit Null bewertet.

Für die Zwecke von Buchstabe a werden für solche Institute derartige Wertberichtigungen nur in Übereinstimmung mit diesem Absatz den Eigenmitteln zugerechnet.

2. Für die Zwecke dieses Artikels finden die Artikel 153 und 154 der Richtlinie 2006/48/EG Anwendung.

# Kapitel V:

## Abschnitt 1: Deckung der Risiken

### Artikel 18

1. Die Institute halten ständige Eigenmittel in einer Höhe, die mindestens der Summe der folgenden Elemente entspricht:
   a) die gemäß den Methoden und Optionen der Artikel 28 bis 32 sowie gemäß den Anhängen I, II und VI sowie gegebenenfalls gemäß Anhang V errechneten Eigenkapitalanforderungen für ihr Handelsbuch, und
   b) die gemäß den Methoden und Optionen der Anhänge III und IV sowie gegebenenfalls des Anhangs V errechneten Eigenkapitalanforderungen für ihre gesamten Geschäfte.

2. Abweichend von Absatz 1 können die zuständigen Behörden den Instituten gestatten, die Kapitalanforderungen für ihr Handelsbuch gemäß Artikel 75 Buchstabe a der Richtlinie 2006/48/EG sowie den Nummern 6, 7 und 9 des Anhangs II der vorliegenden Richtlinie zu berechnen, sofern der Umfang der Handelsbuchgeschäfte die folgenden Bedingungen erfüllt:
   a) der Anteil der Handelsbuchgeschäfte dieser Institute überschreitet in der Regel nicht 5 % ihres gesamten Geschäftsvolumens,
   b) die Gesamtsumme der Positionen des Handelsbuchs übersteigt in der Regel nicht 15 Millionen EUR, und
   c) der Anteil der Handelsbuchgeschäfte dieser Institute überschreitet zu keiner Zeit 6 % ihres gesamten Geschäftsvolumens, und die Gesamtsumme der Positionen ihres Handelsbuchs übersteigt zu keiner Zeit 20 Millionen EUR.

3. Zur Berechnung des Anteils der Handelsbuchgeschäfte am gesamten Geschäftsvolumen gemäß Absatz 2 Buchstaben a und c können die zuständigen Behörden die Gesamtsumme der bilanz- und außerbilanzmäßigen Geschäfte oder die Gewinn- und Verlustrechnung oder die Eigenmittel der betreffenden Institute einzeln oder in Verbindung miteinander heranziehen. Bei der Berechnung der Gesamtsumme der bilanz- und außerbilanzmäßigen Geschäfte wird für Schuldtitel deren Marktpreis oder Nennwert und für Aktien der Marktpreis angesetzt; Derivate werden entsprechend dem Nominalwert oder dem Marktpreis der ihnen zugrunde liegenden Instrumente bewertet. Kauf- und Verkaufspositionen werden ungeachtet ihres Vorzeichens addiert.

4. Überschreitet ein Institut längere Zeit eine oder beide der in Absatz 2 Buchstaben a und b genannten Obergrenzen oder eine oder beide der in Absatz 2 Buchstabe c genannten Obergrenzen, so hat es hinsichtlich seiner Handelsbuchgeschäfte den Anforderungen nach Absatz 1 Buchstabe a nachzukommen und dies der zuständigen Behörde zu melden.

### Artikel 19

1. Für die Zwecke der Nummer 14 des Anhangs I können Schuldtitel, die von den in Anhang I Tabelle 1 aufgeführten Stellen ausgegeben werden, vorbehaltlich des Ermessens der nationalen Behörden, mit 0 % gewichtet werden, sofern diese Schuldtitel auf die einheimische Währung lauten und aus dieser finanziert werden.

2. Abweichend von den Nummern 13 und 14 des Anhangs I können die Mitgliedstaaten für Schuldverschreibungen, die unter Anhang VI Teil 1 Nummern 68 bis 70 der Richtlinie 2006/48/EG fallen, eine Eigenkapitalunterlegung für das spezifische Risiko vorschreiben, die der Eigenkapitalunterlegung für qualifizierte Aktiva mit der gleichen Restlaufzeit wie die genannten Schuldverschreibungen entspricht, allerdings vermindert um die in Anhang VI Teil 1 Nummer 71 jener Richtlinie genannten Prozentsätze.

3. Wenn wie in Nummer 52 des Anhangs I ausgeführt ist, eine zuständige Behörde einen Drittland-Organismus für gemeinsame Anlagen (OGA) als zulässig anerkennt, kann sich die zuständige Behörde eines anderen Mitgliedstaats diese Anerkennung zu Nutze machen, ohne eine eigene Bewertung vornehmen zu müssen.

### Artikel 20

1. Vorbehaltlich der Absätze 2, 3 und 4 dieses Artikels und Artikel 34 dieser Richtlinie gelten für Wertpapierfirmen die Anforderungen von Artikel 75 der Richtlinie 2006/48/EG.

2. Abweichend von Absatz 1 können die zuständigen Behörden den Wertpapierfirmen, die nicht zur Erbringung der Wertpapierdienstleistungen im Sinne der Nummern 3 und 6 des Anhangs I Abschnitt A der Richtlinie 2004/39/EG befugt sind, gestatten, Eigenmittel auszuweisen, die zumindest dem Höheren der nachfolgend genannten Beträge entsprechen oder über diesem liegen:

   a) der Summe der unter den Buchstaben a bis c in Artikel 75 der Richtlinie 2006/48/EG genannten Eigenkapitalanforderungen; und
   b) dem in Artikel 21 der vorliegenden Richtlinie festgelegten Betrag.

3. Abweichend von Absatz 1 können die zuständigen Behörden Wertpapierfirmen, die zwar ein Anfangskapital im Sinne von Artikel 9 halten, aber unter eine der nachfolgend genannten Kategorien fallen, gestatten, Eigenmittel auszuweisen, die stets zumindest den Eigenkapitalanforderungen entsprechen (oder höher liegen), die gemäß den Anforderungen der Buchstaben a bis c in Artikel 75 der Richtlinie 2006/48/EG berechnet werden, zuzüglich des Betrags, der in Artikel 21 der vorliegenden Richtlinie festgelegt ist:

   a) Wertpapierfirmen, die für eigene Rechnung ausschließlich zum Zwecke der Erfüllung oder Ausführung eines Kundenauftrags oder des möglichen Zugangs zu einem Clearing- und Abwicklungssystem oder einer anerkannten Börse handeln, sofern sie kommissionsweise tätig sind oder einen Kundenauftrag ausführen, und
   b) Wertpapierfirmen, die
      i. keine Kundengelder oder -wertpapiere halten;
      ii. nur Handel für eigene Rechnung treiben;
      iii. keine externen Kunden haben;
      iv. ihre Geschäfte unter der Verantwortung eines Clearinginstituts ausführen und abwickeln lassen, wobei letzteres die Garantie dafür übernimmt.

4. Die in den Absätzen 2 und 3 genannten Wertpapierfirmen unterliegen weiterhin allen anderen Bestimmungen auf dem Gebiet des operationellen Risikos, die in Anhang V der Richtlinie 2006/48/EG genannt werden;

5. Artikel 21 findet ausschließlich auf Wertpapierfirmen Anwendung, auf die die Absätze 2 oder 3 oder der Artikel 46 angewandt werden, und zwar in der darin jeweils beschriebenen Art.

### Artikel 21

Wertpapierfirmen müssen eine Eigenkapitalunterlegung aufweisen, die einem Viertel ihrer fixen Gemeinkosten im Vorjahr entspricht.

Die zuständigen Behörden können diese Anforderung bei einer gegenüber dem Vorjahr erheblich veränderten Geschäftstätigkeit einer Firma berichtigen.

Firmen, die ihre Geschäftstätigkeit seit weniger als einem Jahr (einschließlich des Tages der Aufnahme der Geschäftstätigkeit) ausüben, müssen eine Eigenkapitalanforderung in Höhe von einem Viertel der im Unternehmensplan vorgesehenen fixen Gemeinkosten erfüllen, sofern nicht die zuständigen Behörden eine Anpassung dieses Plans verlangen.

### Abschnitt 2:  Anwendung der Anforderungen auf konsolidierter Basis

### Artikel 22

1. Die zuständigen Behörden, die mit der Wahrnehmung der Überwachung von unter Artikel 2 fallenden Gruppen auf konsolidierter Basis betraut bzw. dazu ermächtigt sind, können im Einzelfall von der Anwendung der Eigenkapitalanforderungen auf konsolidierter Basis abweichen, wenn

a) jede einer solchen Gruppe angehörende EU-Wertpapierfirma die in Artikel 16 festgeschriebene Eigenmittelberechnung verwendet;
b) alle einer solchen Gruppe angehörenden Wertpapierfirmen in die Kategorien fallen, die in Artikel 20 Absätze 2 und 3 genannt werden;
c) jede einer solchen Gruppe angehörende EU-Wertpapierfirma den in den Artikeln 18 und 20 genannten Anforderungen auf Einzelbasis nachkommt und gleichzeitig von ihren Eigenmitteln sämtliche Eventualverbindlichkeiten gegenüber Wertpapierfirmen, Finanzinstituten, Vermögensverwaltungsgesellschaften und Gesellschaften, die Nebendienstleistungen erbringen, in Abzug bringt, die ansonsten konsolidiert würden; und
d) jede Finanzholdinggesellschaft, die die Mutterfinanzholdinggesellschaft einer Wertpapierfirma in einer solchen Gruppe in einem Mitgliedstaat ist, zumindest soviel Eigenkapital hält, das hier als die Summe aus den Buchstaben a bis h in Artikel 57 der Richtlinie 2006/48/EG verstanden wird, wie die Summe des vollen Buchwertes aus Beteiligungen, nachrangigen Forderungen und Instrumenten im Sinne von Artikel 57 jener Richtlinie an bzw. gegenüber Wertpapierfirmen, Finanzinstituten, Vermögensverwaltungsgesellschaften und Gesellschaften, die Nebendienstleistungen erbringen, die ansonsten konsolidiert würden, und der Gesamtsumme aus sämtlichen Eventualverbindlichkeiten gegenüber Wertpapierfirmen, Finanzinstituten, Vermögensverwaltungsgesellschaften und Gesellschaften, die Nebendienstleistungen erbringen, die ansonsten konsolidiert würden.

Wenn die Kriterien im ersten Unterabsatz erfüllt sind, müssen die EU-Wertpapierfirmen über Systeme zur Überwachung und Kontrolle der Herkunft des Kapitals und der Finanzausstattung verfügen, die sich die Finanzholdinggesellschaften, Wertpapierfirmen, Finanzinstitute, Vermögensverwaltungsgesellschaften und Gesellschaften, die Nebendienstleistungen erbringen, innerhalb der Gruppe zu Nutze machen.

2. Abweichend von Absatz 1 können die zuständigen Behörden einer Finanzholdinggesellschaft, die die Mutterfinanzholdinggesellschaft einer Wertpapierfirma in einer solchen Gruppe in einem Mitgliedstaat ist, gestatten, einen niedrigen Wert anzusetzen als den, der in Absatz 1 Buchstabe d genannt ist. Allerdings darf er nicht unter der Summe der Anforderungen liegen, die in den Artikeln 18 und 20 auf Einzelbasis für Wertpapierfirmen, Finanzinstitute, Vermögensverwaltungsgesellschaften und Gesellschaften, die Nebendienstleistungen erbringen, festgeschrieben sind und die ansonsten konsolidiert würden, und der Gesamtsumme aus sämtlichen Eventualverbindlichkeiten gegenüber Wertpapierfirmen, Finanzinstituten, Vermögensverwaltungsgesellschaften und Gesellschaften, die Nebendienstleistungen erbringen, die ansonsten konsolidiert würden. Im Sinne dieses Absatzes handelt es sich bei der Eigenkapitalanforderung für Wertpapierfirmen aus Drittländern, Finanzinstitute, Vermögensverwaltungsgesellschaften und Gesellschaften, die Nebendienstleistungen erbringen, um eine fiktive Eigenkapitalanforderung.

**Artikel 23**

Die zuständigen Behörden verlangen von den Wertpapierfirmen einer nach Artikel 22 freigestellten Gruppe, dass diese sie über die Risiken unterrichten, welche ihre Finanzlage gefährden könnten, einschließlich der Risiken aufgrund der Zusammensetzung und der Herkunft ihres Kapitals und ihrer Finanzausstattung. Gelangen die zuständigen Behörden daraufhin zu der Auffassung, dass die Finanzlage dieser Wertpapierfirmen ungenügend abgesichert ist, so machen sie diesen Auflagen und schreiben ihnen erforderlichenfalls auch Beschränkungen des Kapitaltransfers zu anderen Gruppenteilen vor.

Verzichten die zuständigen Behörden auf die Beaufsichtigung auf konsolidierter Basis nach Artikel 22, so ergreifen sie andere geeignete Maßnahmen zur Überwachung der Risiken, insbesondere der Großrisiken, in der gesamten Gruppe, einschließlich der Unternehmen, die nicht in einem Mitgliedstaat ansässig sind.

Weichen die zuständigen Behörden von der Anwendung der Eigenkapitalanforderungen auf konsolidierter Basis nach Artikel 22 ab, gelten die Anforderungen von Artikel 123 und Titel V Kapitel 5 der Richtlinie 2006/48/EG auf Einzelbasis, und für die Beaufsichtigung von Wertpapierfirmen auf Einzelbasis gelten die Anforderungen von Artikel 124 jener Richtlinie.

### Artikel 24

1. Abweichend von Artikel 2 Absatz 2 können die zuständigen Behörden die Wertpapierfirmen von der in jenem Artikel festgeschriebenen konsolidierten Eigenkapitalanforderung ausnehmen, sofern alle Wertpapierfirmen in der Gruppe der Kategorie von Wertpapierfirmen angehören, auf die in Artikel 20 Absatz 2 Bezug genommen wird, und die Gruppe keine Kreditinstitute umfasst.

2. Sind die Anforderungen von Absatz 1 erfüllt, so ist eine Mutterwertpapierfirma in einem Mitgliedstaat gehalten, Eigenmittel auf konsolidierter Basis in einem Umfang auszuweisen, der stets dem höheren der beiden nachfolgend genannten Beträge entspricht, die auf der Grundlage der konsolidierten Finanzsituation der Mutterwertpapierfirma berechnet werden und im Einklang mit Abschnitt 3 dieses Kapitels stehen, oder über diesem liegt:

a) der Summe der in Artikel 75 Buchstaben a bis c der Richtlinie 2006/48/EG genannten Eigenkapitalanforderungen; und

b) dem in Artikel 21 der vorliegenden Richtlinie genannten Betrag.

3. Sind die Anforderungen von Absatz 1 erfüllt, so ist eine von einer Finanzholdinggesellschaft kontrollierte Wertpapierfirma gehalten, Eigenmittel auf konsolidierter Basis in einem Umfang auszuweisen, der stets dem höheren der beiden nachfolgend genannten Beträge entspricht, die auf der Grundlage der konsolidierten Finanzsituation der Finanzholdinggesellschaft berechnet werden und im Einklang mit Abschnitt 3 dieses Kapitels stehen, oder über diesem liegt:

a) der Summe der in Artikel 75 Buchstaben a bis c der Richtlinie 2006/48/EG genannten Eigenkapitalanforderungen; und

b) dem in Artikel 21 der vorliegenden Richtlinie genannten Betrag.

### Artikel 25

Abweichend von Artikel 2 Absatz 2 können die zuständigen Behörden die Wertpapierfirmen von der in jenem Artikel festgeschriebenen konsolidierten Eigenkapitalanforderung ausnehmen, sofern alle Wertpapierfirmen in der Gruppe der Kategorie von Wertpapierfirmen angehören, auf die in Artikel 20 Absätze 2 und 3 Bezug genommen wird, und die Gruppe keine Kreditinstitute umfasst.

Sind die Anforderungen von Absatz 1 erfüllt, so ist eine Mutterwertpapierfirma in einem Mitgliedstaat gehalten, Eigenmittel auf konsolidierter Basis in einem Umfang auszuweisen, der stets der Summe aus den in Artikel 75 Buchstaben a bis c der Richtlinie 2006/48/EG genannten Anforderungen und dem in Artikel 21 der vorliegenden Richtlinie genannten Betrag entspricht oder über diesem liegt, wobei die Berechnung auf der Grundlage der konsolidierten Finanzsituation der Mutterwertpapierfirma und im Einklang mit Abschnitt 3 dieses Kapitels erfolgt.

Sind die Anforderungen von Absatz 1 erfüllt, so ist eine von einer Finanzholdinggesellschaft kontrollierte Wertpapierfirma gehalten, Eigenmittel auf konsolidierter Basis in einem Umfang auszuweisen, der stets der Summe aus den in Artikel 75 Buchstaben a bis c der Richtlinie 2006/48/EG genannten Anforderungen und dem in Artikel 21 der vorliegenden Richtlinie genannten Betrag entspricht oder über diesem liegt, wobei die Berechnung auf der Grundlage der konsolidierten Finanzsituation der Finanzholdinggesellschaft und im Einklang mit Abschnitt 3 dieses Kapitels erfolgt.

## Abschnitt 3: Berechnung der Anforderungen auf konsolidierter Basis

### Artikel 26

1. Sofern die Ausnahmeregelung nach Artikel 22 nicht in Anspruch genommen wird, können die zuständigen Behörden für die Berechnung der Eigenkapitalanforderungen

gemäß den Anhängen I und V und der Kundenrisiken gemäß den Artikeln 28 bis 32 und Anhang VI auf konsolidierter Basis zulassen, dass Positionen im Handelsbuch eines Instituts gegen Positionen im Handelsbuch eines anderen Instituts nach den Vorschriften der Artikel 28 bis 32 und der Anhänge I, V und VI aufgerechnet werden.

Ferner können die zuständigen Behörden zulassen, dass Devisenpositionen eines Instituts gegen Devisenpositionen eines anderen Instituts nach den Vorschriften des Anhangs III und/oder des Anhangs V aufgerechnet werden. Des Weiteren können sie zulassen, dass Warenpositionen eines Instituts gegen Warenpositionen eines anderen Instituts nach den Vorschriften des Anhangs IV und/oder des Anhangs V aufgerechnet werden.

2. Die zuständigen Behörden können das Aufrechnen von Positionen des Handelsbuchs und von Devisen- oder Warenpositionen von in Drittländern niedergelassenen Unternehmen zulassen, sofern folgende Bedingungen gleichzeitig erfüllt sind:

a) diese Unternehmen sind in einem Drittland zugelassen und entsprechen entweder der in Artikel 4 Absatz 1 der Richtlinie 2006/48/EG genannten Definition für Kreditinstitute oder sind anerkannte Wertpapierfirmen eines Drittlands;

b) diese Unternehmen erfüllen auf Einzelbasis Eigenkapitalanforderungen, die den in dieser Richtlinie vorgeschriebenen gleichwertig sind; und

c) in den betreffenden Drittländern bestehen keine Vorschriften, durch die der Mitteltransfer innerhalb der Gruppe erheblich beeinträchtigt werden könnte.

3. Die zuständigen Behörden können die Aufrechnung nach Absatz 1 zwischen in dem betreffenden Mitgliedstaat zugelassenen Instituten einer Unternehmensgruppe ebenfalls gestatten, sofern

a) das Kapital innerhalb der Gruppe angemessen aufgeteilt ist; und

b) der regulatorische, gesetzliche oder vertragliche Rahmen für die Tätigkeit der Institute so beschaffen ist, dass der gegenseitige finanzielle Beistand innerhalb der Gruppe gesichert ist.

4. Ferner können die zuständigen Behörden die Aufrechnung nach Absatz 1 zwischen Instituten einer Unternehmensgruppe, die die Voraussetzungen nach Absatz 3 erfüllen, und einem anderen, der gleichen Gruppe angehörenden Institut, das in einem anderen Mitgliedstaat zugelassen worden ist, gestatten, sofern dieses Institut gehalten ist, seine Kapitalanforderungen nach den Artikeln 18, 20 und 28 auf Einzelbasis zu erfüllen.

### Artikel 27

1. Bei der Berechnung der Eigenmittel auf konsolidierter Basis ist Artikel 65 der Richtlinie 2006/48/EG anzuwenden.

2. Die für die Beaufsichtigung auf konsolidierter Basis zuständigen Behörden können die Gültigkeit der nach Kapitel IV auf die betreffenden Institute anwendbaren speziellen Eigenmitteldefinitionen bei der Berechnung der konsolidierten Eigenmittel anerkennen.

## Abschnitt 4: Überwachung und Kontrolle von Grosskrediten

### Artikel 28

1. Die Institute überwachen und kontrollieren ihre Großkredite gemäß den Artikeln 106 bis 118 der Richtlinie 2006/48/EG.

2. Abweichend von Absatz 1 überwachen und kontrollieren Institute, die die Eigenkapitalanforderungen für ihr Handelsbuch gemäß den Anhängen I und II sowie gegebenenfalls gemäß Anhang V berechnen, ihre Großkredite gemäß den Artikeln 106 bis 118 der Richtlinie 2006/48/EG vorbehaltlich der Änderungen gemäß den Artikeln 29 bis 32 der vorliegenden Richtlinie.

3. Bis zum 31. Dezember 2007 legt die Kommission dem Europäischen Parlament und dem Rat einen Bericht über die Anwendung dieses Abschnitts vor und unterbreitet gegebenenfalls geeignete Vorschläge.

**Artikel 29**

1. Die aus dem Handelsbuch herrührenden Risiken gegenüber Einzelkunden werden durch Addition der nachstehend aufgeführten Werte berechnet:
   a) eines etwaigen Überschusses – falls positiv – der Kaufpositionen des Instituts über seine Verkaufspositionen in allen von dem betreffenden Kunden begebenen Finanzinstrumenten, wobei die Nettoposition in jedem dieser Instrumente nach den Verfahren des Anhangs I ermittelt wird;
   b) des Nettorisikos im Fall der Übernahmegarantie für Schuldtitel oder Aktien; und
   c) der Risiken, die aus den in Anhang II genannten Geschäften, Vereinbarungen und Kontrakten mit den betreffenden Kunden herrühren, wobei diese Risiken nach dem in demselben Anhang festgelegten Verfahren für die Berechnung der Forderungswerte berechnet werden.

Für die Zwecke von Buchstabe b wird das Nettorisiko berechnet, indem die mit einer Übernahmegarantie versehenen, von Dritten gezeichneten oder von Dritten auf der Grundlage einer förmlichen Vereinbarung mitgarantierten Positionen abgezogen werden, vermindert um die in Anhang I Nummer 41 genannten Faktoren.

Für die Zwecke von Buchstabe b und bis zu einer weitergehenden Koordinierung machen die zuständigen Behörden es den Instituten zur Auflage, Systeme zur Überwachung und Kontrolle ihrer Übernahmegarantierisiken von dem Zeitpunkt, zu dem die Verpflichtung übernommen wird, bis zum ersten Arbeitstag einzurichten, wobei der Art der auf den betreffenden Märkten eingegangenen Risiken Rechnung zu tragen ist.

Für die Zwecke von Buchstabe c werden die Artikel 84 bis 89 der Richtlinie 2006/48/EG von dem Verweis in Nummer 6 des Anhangs II der vorliegenden Richtlinie ausgenommen.

2. Die Risiken aus dem Handelsbuch gegenüber Gruppen verbundener Kunden werden durch Addition der gemäß Absatz 1 berechneten Risiken gegenüber den Einzelkunden einer Gruppe ermittelt.

**Artikel 30**

1. Die Gesamtrisiken gegenüber Einzelkunden oder Gruppen verbundener Kunden werden berechnet, indem die Risiken aus dem Handelsbuch und die aus dem Nicht-Handelsbuch herrührenden Risiken addiert werden; dabei finden die Artikel 112 bis 117 der Richtlinie 2006/48/EG Anwendung.

Zur Berechnung des Risikos aus dem Nicht-Handelsbuch veranschlagen die Institute die Risiken, die sich aus Aktiva ergeben, die nach Artikel 13 Absatz 2 Unterabsatz 2 Buchstabe d von ihren Eigenmitteln abgezogen wurden, mit Null.

2. Das nach Absatz 4 berechnete Gesamtrisiko der Institute gegenüber Einzelkunden und Gruppen verbundener Kunden ist gemäß Artikel 110 der Richtlinie 2006/48/EG zu melden.

Außer im Fall von Pensionsgeschäften, Wertpapier- oder Warenverleihgeschäften oder Wertpapier- oder Warenleihgeschäften wird bei der Berechnung der Risiken aus Großkrediten gegenüber Einzelkunden und Gruppen verbundener Kunden für Meldezwecke die Anerkennung der Kreditrisikominderung nicht berücksichtigt.

3. Die Summe der Risiken gegenüber einem Einzelkunden oder einer Gruppe verbundener Kunden gemäß Absatz 1 unterliegt den Obergrenzen gemäß den Artikeln 111 bis 117 der Richtlinie 2006/48/EG.

4. Abweichend von Absatz 3 können die zuständigen Behörden zulassen, dass Vermögenswerte, die Forderungen und sonstige Risiken gegenüber anerkannten Drittland-Wertpapierfirmen sowie anerkannten Clearingstellen und Börsen für Finanzinstrumente darstellen, genauso behandelt werden, wie dies für Risiken gegenüber Instituten in Artikel 113 Absatz 3 Buchstabe i, Artikel 115 Absatz 2 und Artikel 116 der Richtlinie 2006/48/EG vorgesehen ist.

## Artikel 31

Die zuständigen Behörden können zulassen, dass die in den Artikeln 111 bis 117 der Richtlinie 2006/48/EG genannten Obergrenzen überschritten werden, wenn die folgenden Bedingungen erfüllt sind:
a) das auf das Nicht-Handelsbuch entfallende Risiko gegenüber dem Einzelkunden oder der Kundengruppe überschreitet nicht die in den Artikeln 111 bis 117 der Richtlinie 2006/48/EG genannten und unter Berücksichtigung der Eigenmittel im Sinne jener Richtlinie berechneten Obergrenzen, so dass sich die Überschreitung allein aus dem Handelsbuch ergibt;
b) das Institut erfüllt in Bezug auf die Überschreitung der Obergrenzen nach Artikel 111 Absätze 1 und 2 der Richtlinie 2006/48/EG eine zusätzliche Kapitalanforderung, die gemäß Anhang VI jener Richtlinie berechnet wird;
c) dauert die Überschreitung höchstens zehn Tage an, so darf das Handelsbuchrisiko gegenüber dem Kunden oder der Kundengruppe 500 % der Eigenmittel des Instituts nicht überschreiten;
d) alle Überschreitungen, die länger als zehn Tage andauern, dürfen zusammen 600 % der Eigenmittel des Instituts nicht überschreiten; und
e) die Institute melden den zuständigen Behörden vierteljährlich alle Fälle, in denen die in Artikel 111 Absätze 1 und 2 der Richtlinie 2006/48/EG festgelegten Obergrenzen in den vorangegangenen drei Monaten überschritten worden sind.

In jedem der in Buchstabe e genannten Fälle, in denen die Obergrenzen überschritten worden sind, wird die Höhe der Überschreitung und der Name des betreffenden Kunden mitgeteilt.

## Artikel 32

1. Die zuständigen Behörden entwickeln Verfahren, damit die Institute die zusätzlichen Kapitalanforderungen, die sie normalerweise für Risiken jenseits der in Artikel 111 Absätze 1 und 2 der Richtlinie 2006/48/EG festgelegten Obergrenzen bei einer Risikodauer von mehr als zehn Tagen erfüllen müssten, nicht vorsätzlich umgehen können, indem sie die betreffenden Risiken vorübergehend auf eine andere Gesellschaft innerhalb oder außerhalb der gleichen Gruppe übertragen und/oder Scheingeschäfte tätigen, um das Risiko innerhalb der Zehn-Tages-Frist abzulösen und ein neues Risiko einzugehen.

Die zuständigen Behörden teilen dem Rat und der Kommission diese Verfahren mit.

Die Institute arbeiten weiterhin mit Systemen, die sicherstellen, dass alle Übertragungen, die die im ersten Unterabsatz genannte Wirkung haben, unverzüglich den zuständigen Behörden mitgeteilt werden.

2. Die zuständigen Behörden können den Instituten, die die alternative Festlegung der Eigenmittel nach Artikel 13 Absatz 2 verwenden dürfen, gestatten, diese Festlegung auch bei der Anwendung von Artikel 30 Absätze 2 und 3 sowie Artikel 31 zu verwenden, sofern die betroffenen Institute gehalten sind, den Verpflichtungen gemäß den Artikeln 110 bis 117 der Richtlinie 2006/48/EG hinsichtlich der Risiken, die sich nicht aus dem Handelsbuch ergeben, durch Verwendung von Eigenmitteln im Sinne jener Richtlinie nachzukommen.

## Abschnitt 5: Bewertung der Positionen zu Meldezwecken

### Artikel 33

1. Alle Handelsbuchpositionen unterliegen Bewertungsregeln nach dem Grundsatz der Vorsicht, wie sie in Anhang VII Teil B spezifiziert sind. Gemäß diesen Regeln stellen die Institute sicher, dass jeder für eine Handelsbuchposition ausgewiesene Wert angemessen den derzeitigen Marktwert berücksichtigt. Dieser Wert muss einen angemessenen Grad an Sicherheit widerspiegeln, der der dynamischen Wesensart der Handelsbuchpositionen, den Anforderungen der aufsichtlichen Solidität und der Funktionswei-

se und dem Zweck der Eigenkapitalanforderungen im Hinblick auf die Handelsbuchpositionen Rechnung trägt.

2. Die Handelsbuchpositionen werden zumindest einmal täglich neu bewertet.

3. Sind die Marktpreise nicht ohne weiteres zu ermitteln, so können die zuständigen Behörden davon absehen, die Einhaltung der Absätze 1 und 2 zu verlangen; sie schreiben den Instituten die Verwendung alternativer Bewertungsverfahren vor, sofern diese Verfahren dem Kriterium der Vorsicht gerecht werden und von den zuständigen Behörden genehmigt wurden.

## Abschnitt 6: Risikomanagement und Kapitalbewertung

### Artikel 34

Die zuständigen Behörden schreiben vor, dass jede Wertpapierfirma sowohl die Anforderungen in Artikel 13 der Richtlinie 2004/39/EG als auch die Anforderungen in den Artikeln 22 und 123 der Richtlinie 2006/48/EG, vorbehaltlich der Bestimmungen über die Anwendungsstufen in den Artikeln 68 bis 73 der letztgenannten Richtlinie, zu erfüllen hat.

## Abschnitt 7: Meldepflichten

### Artikel 35

1. Die Mitgliedstaaten machen es den Wertpapierfirmen und Kreditinstituten zur Auflage, den zuständigen Behörden des Herkunftsmitgliedstaats alle erforderlichen Informationen zur Verfügung zu stellen, damit beurteilt werden kann, ob die in Übereinstimmung mit dieser Richtlinie erlassenen Vorschriften eingehalten werden. Die Mitgliedstaaten stellen außerdem sicher, dass die internen Kontrollverfahren sowie die Verwaltung und das Rechnungswesen der Institute es gestatten, die Einhaltung der genannten Vorschriften jederzeit zu überprüfen.

2. Die Wertpapierfirmen erstatten den zuständigen Behörden in der von diesen festgelegten Form im Fall der von Artikel 9 erfassten Firmen mindestens einmal im Monat, im Fall der von Artikel 5 Absatz 1 erfassten Firmen mindestens alle drei Monate und im Fall der von Artikel 5 Absatz 3 erfassten Firmen mindestens alle sechs Monate Bericht.

3. Ungeachtet des Absatzes 2, nehmen die von Artikel 5 Absatz 1 und Artikel 9 erfassten Wertpapierfirmen Meldungen auf konsolidierter oder unterkonsolidierter Basis nur alle sechs Monate vor.

4. Die Kreditinstitute haben den zuständigen Behörden in der von diesen festgelegten Form in den Zeitabständen Bericht zu erstatten, die in der Richtlinie 2006/48/EG vorgesehen sind.

5. Die zuständigen Behörden verpflichten die Institute, unverzüglich jeden Fall zu melden, in dem deren Gegenparteien bei Pensionsgeschäften und umgekehrten Pensionsgeschäften oder Wertpapier- und Warenverleihgeschäften sowie Wertpapier- und Warenleihgeschäften ihren Verpflichtungen nicht nachgekommen sind.

# Kapitel VI:

## Abschnitt 1: Zuständige Behörden

### Artikel 36

1. Die Mitgliedstaaten benennen die Behörden, welche für die in dieser Richtlinie vorgesehenen Aufgaben zuständig sind. Sie setzen die Kommission unter Angabe etwaiger Aufgabenteilungen davon in Kenntnis.

2. Die zuständigen Behörden sind Behörden oder Stellen, die nach nationalem Recht oder von den Behörden als Teil des im betreffenden Mitgliedstaat bestehenden Aufsichtssystems offiziell anerkannt sind.

3. Die zuständigen Behörden sind mit allen zur Erfüllung ihrer Aufgaben notwendigen Befugnissen ausgestattet; sie müssen insbesondere überwachen können, wie sich das jeweilige Handelsbuch zusammensetzt.

## Abschnitt 2: Beaufsichtigung

### Artikel 37

1. Titel V Kapitel 4 der Richtlinie 2006/48/EG gilt entsprechend für die Beaufsichtigung von Wertpapierfirmen nach Maßgabe des Folgenden:
   a) Verweise auf Artikel 6 der Richtlinie 2006/48/EG werden als Verweise auf Artikel 5 der Richtlinie 2004/39/EG verstanden;
   b) Verweise auf Artikel 22 und 123 der Richtlinie 2006/48/EG werden als Verweise auf Artikel 34 der vorliegenden Richtlinie verstanden; und
   c) Verweise auf Artikel 44 bis 52 der Richtlinie 2006/48/EG werden als Verweise auf Artikel 54 und 58 der Richtlinie 2004/39/EG verstanden.

Hat eine EU-Mutterfinanzholdinggesellschaft sowohl ein Kreditinstitut als auch eine Wertpapierfirma zur Tochter, ist Titel V Kapitel 4 der Richtlinie 2006/48/EG hinsichtlich der Beaufsichtigung von Instituten so anwendbar, als ob Bezugnahmen auf Kreditinstitute Bezugnahmen auf Institute wären.

2. Die in Artikel 129 Absatz 2 der Richtlinie 2006/48/EG genannten Anforderungen gelten auch für die Anerkennung der internen Modelle der Institute im Rahmen von Anhang V der vorliegenden Richtlinie, wenn ein diesbezüglicher Antrag von einem EU-Mutterkreditinstitut und dessen Tochtergesellschaft oder einer EU-Mutterwertpapierfirma und deren Tochtergesellschaften oder gemeinsam von den Tochtergesellschaften einer EU-Mutterfinanzholdinggesellschaft eingereicht wird.

Der in Unterabsatz 1 genannte Anerkennungszeitraum beträgt sechs Monate.

### Artikel 38

1. Die zuständigen Behörden der Mitgliedstaaten arbeiten bei der Erfüllung der in dieser Richtlinie vorgesehenen Aufgaben eng zusammen; dies gilt insbesondere dann, wenn Wertpapierdienstleistungen auf der Grundlage der Dienstleistungsfreiheit oder durch Errichtung von Zweigniederlassungen erbracht werden.

Die zuständigen Behörden liefern einander auf Anfrage sämtliche Informationen, die geeignet sind, die Überwachung der angemessenen Eigenkapitalausstattung von Instituten, insbesondere der Einhaltung der in dieser Richtlinie genannten Vorschriften, zu erleichtern.

2. Der in dieser Richtlinie vorgesehene Informationsaustausch zwischen den zuständigen Behörden unterliegt den folgenden Verpflichtungen in Bezug auf das Berufsgeheimnis:
   a) für Wertpapierfirmen gelten die in den Artikeln 54 und 58 der Richtlinie 2004/39/EG vorgesehenen Verpflichtungen; und
   b) für Kreditinstitute gelten die in den Artikeln 44 bis 52 der Richtlinie 2006/48/EG vorgesehenen Verpflichtungen.

# Kapitel VII: Offenlegung

### Artikel 39

Die Anforderungen von Titel V, Kapitel 5 der Richtlinie 2006/48/EG gelten auch für Wertpapierfirmen.

# Kapitel VIII

## Abschnitt 1

### Artikel 40

Im Hinblick auf die Berechnung der Mindesteigenkapitalanforderungen für das Gegenparteiausfallrisiko im Rahmen dieser Richtlinie und die Berechnung der Mindesteigenkapitalanforderungen für das Kreditrisiko im Rahmen der Richtlinie 2006/48/EG sowie unbeschadet der Bestimmungen der Nummer 6 des Teils 2 von Anhang III jener Richtlinie werden Risiken gegenüber anerkannten Drittland-Wertpapierfirmen und Risiken gegenüber anerkannten Clearinghäusern und Börsen wie Risiken gegenüber Instituten behandelt.

RL 2006/49/EG

## Abschnitt 2: Durchführungsbefugnisse

### Artikel 41

1. Die Kommission befindet über technische Anpassungen in den folgenden Bereichen:
   a) die Klärung der Begriffsbestimmungen in Artikel 3 zwecks einheitlicher Anwendung dieser Richtlinie;
   b) die Klärung der Begriffsbestimmungen in Artikel 3, um der Entwicklung auf den Finanzmärkten Rechnung zu tragen;
   c) die Anpassung des nach den Artikeln 5 bis 9 erforderlichen Anfangskapitals sowie des in Artikel 18 Absatz 2 festgelegten Betrags zur Berücksichtigung wirtschaftlicher und währungspolitischer Entwicklungen;
   d) die Anpassung der Kategorien von Wertpapierfirmen in Artikel 20 Absätze 2 und 3, um den Entwicklungen auf den Finanzmärkten Rechnung zu tragen;
   e) die Klärung der Anforderung in Artikel 21 zwecks einheitlicher Anwendung dieser Richtlinie;
   f) die Abstimmung der Terminologie und der Begriffsbestimmungen mit späteren Rechtsvorschriften über Institute und damit zusammenhängende Bereiche;
   g) die Anpassung der technischen Bestimmungen in den Anhängen I bis VII infolge von Entwicklungen auf den Finanzmärkten, der Risikobewertung, bei den Rechnungslegungsstandards und -anforderungen, mit denen gemeinschaftsrechtlichen Vorschriften Rechnung getragen wird oder die die Konvergenz der Aufsichtspraktiken betreffen; und
   h) technische Anpassungen zur Berücksichtigung der Ergebnisse der in Artikel 65 Absatz 3 der Richtlinie 2004/39/EG genannten Überprüfung.

2. Die in Absatz 1 genannten Maßnahmen zur Änderung nicht wesentlicher Bestimmungen dieser Richtlinie werden nach dem in Artikel 42 Absatz 2 genannten Regelungsverfahren mit Kontrolle erlassen.

### Artikel 42

1. Die Kommission wird vom Europäischen Bankenausschuss unterstützt, der durch den Beschluss 2004/10/EG[1] der Kommission vom 5. November 2003 eingesetzt wurde (nachfolgend als „der Ausschuss" bezeichnet).

2. Wird auf diesen Absatz Bezug genommen, so gelten Artikel 5a Absätze 1 bis 4 und Artikel 7 des Beschlusses 1999/468/EG unter Beachtung von dessen Artikel 8. Der Zeitraum nach Artikel 5 Absatz 6 des Beschlusses 1999/468/EG wird auf drei Monate festgesetzt.

---

1) **Amtl. Anm.:** ABl L 3 vom 7.1.2004, S. 36.

3. Bis 31. Dezember 2010 und danach mindestens alle drei Jahre überprüft die Kommission die Vorschriften für ihre Durchführungsbefugnisse und legt dem Europäischen Parlament und dem Rat einen Bericht über das Funktionieren dieser Befugnisse vor. In dem Bericht wird insbesondere geprüft, ob die Kommission Änderungen zu dieser Richtlinie vorschlagen muss, um den angemessenen Umfang der ihr übertragenen Durchführungsbefugnisse zu gewährleisten. Die Schlussfolgerung, ob eine Änderung erforderlich ist oder nicht, muss eine detaillierte Begründung enthalten. Erforderlichenfalls wird dem Bericht ein Legislativvorschlag zur Änderung der Vorschriften für die Übertragung der Durchführungsbefugnisse an die Kommission beigefügt.

4. (weggefallen)

## Abschnitt 3: Übergangsbestimmungen

### Artikel 43

Artikel 152 Absätze 1 bis 7 der Richtlinie 2006/48/EG gilt in Übereinstimmung mit Artikel 2 und Kapitel V Abschnitte 2 und 3 der vorliegenden Richtlinie für Wertpapierfirmen, die risikogewichtete Forderungsbeträge für die Zwecke des Anhangs II der vorliegenden Richtlinie berechnen; dies erfolgt in Übereinstimmung mit den Artikeln 84 bis 89 der Richtlinie 2006/48/EG; das Gleiche gilt auch für Wertpapierfirmen, die den fortgeschrittenen Messansatz („Advanced Measurement Approach") gemäß Artikel 105 jener Richtlinie der Berechnung ihrer Eigenkapitalanforderungen für das operationelle Risiko zu Grunde legen.

### Artikel 44

Bis zum 31. Dezember 2012 können die Mitgliedstaaten für Wertpapierfirmen, deren relevanter Indikator für das Geschäftsfeld „Handel und Verkauf" zumindest 50 % der gesamten einschlägigen Indikatoren für sämtliche Geschäftsfelder ausmacht, die gemäß Artikel 20 dieser Richtlinie und Anhang X Teil 2 Nummern 1 bis 4 der Richtlinie 2006/48/EG berechnet werden, einen Prozentsatz von 15 % für das Geschäftsfeld „Handel und Verkauf" anwenden.

### Artikel 45

1. Die zuständigen Behörden können den Wertpapierfirmen gestatten, die in Artikel 111 der Richtlinie 2006/48/EG genannten Obergrenzen für Großkredite zu überschreiten. Die Wertpapierfirmen müssen solche Überschreitungen bei der Berechnung ihrer Eigenkapitalanforderungen nach Artikel 75 Buchstabe b jener Richtlinie für die über diese Grenzen hinausgehenden Großrisiken nicht berücksichtigen. Dieser Ermessensspielraum kann bis zum 31. Dezember 2010 oder bis zum Inkrafttreten etwaiger Änderungen nach Artikel 119 der Richtlinie 2006/48/EG mit Auswirkungen auf die Behandlung von Großkrediten, je nachdem, welches der frühere Zeitpunkt ist, in Anspruch genommen werden. Um diesen Ermessensspielraum in Anspruch nehmen zu können, müssen die folgenden Bedingungen erfüllt sein:

   a) die Wertpapierfirma erbringt Wertpapierdienstleistungen oder übt Anlagetätigkeiten in Verbindung mit den in Anhang I Abschnitt C Nummern 5, 6, 7, 9 und 10 der Richtlinie 2004/39/EG genannten Finanzinstrumenten aus;

   b) die Wertpapierfirma erbringt diese Wertpapierdienstleistungen oder übt solche Anlagetätigkeiten nicht für oder im Namen von Kleinanlegern aus;

   c) die Überschreitung der im Eingangsteil dieses Absatzes genannten Obergrenzen erfolgt in Verbindung mit Forderungen aus Kontrakten, die Finanzinstrumente nach Buchstabe a sind und Waren oder Basiswerte gemäß Anhang I Abschnitt C Nummer 10 der Richtlinie 2004/39/EG (MiFID) betreffen sowie gemäß den Anhängen III und IV der Richtlinie 2006/48/EG berechnet werden, oder in Verbindung mit Forderungen aus Kontrakten, die die Lieferung von Waren oder Emissionsrechten betreffen; und

d) die Wertpapierfirma verfügt über eine dokumentierte Strategie für die Verwaltung und insbesondere die Kontrolle und Beschränkung von Risiken, die sich aus der Konzentration von Krediten ergeben. Die Wertpapierfirma unterrichtet die zuständigen Behörden unverzüglich über diese Strategie sowie alle wesentlichen Änderungen dieser Strategie. Die Wertpapierfirma trifft die erforderlichen Vorkehrungen, um eine kontinuierliche Überwachung der Bonität der Kreditnehmer nach Maßgabe ihrer Bedeutung für das Konzentrationsrisiko sicherzustellen. Die Wertpapierfirma muss aufgrund dieser Vorkehrungen in der Lage sein, angemessen und rechtzeitig auf eine Verschlechterung der Bonität zu reagieren.

2. Überschreitet eine Wertpapierfirma die gemäß der in Absatz 1 Buchstabe d genannten Strategie festgelegten internen Obergrenzen, so muss sie die zuständige Behörde unverzüglich über Art und Umfang der Überschreitung sowie über die Gegenpartei unterrichten.

RL 2006/49/EG

### Artikel 46

Abweichend von Artikel 20 Absatz 1 können die zuständigen Behörden bis zum 31. Dezember 2011 von Fall zu Fall entscheiden, die Eigenkapitalanforderungen gemäß Artikel 75 Buchstabe d der Richtlinie 2006/48/EG in Bezug auf Wertpapierfirmen, auf die Artikel 20 Absätze 2 und 3 keine Anwendung finden, deren gesamte Handelsbuchpositionen 50 Millionen EUR nie übersteigen und deren durchschnittliche Zahl der relevanten Arbeitnehmer während des Geschäftsjahres nicht über 100 liegt, nicht anzuwenden.

Stattdessen ist die Eigenkapitalanforderung mindestens der niedrigere Wert:

a) der Eigenkapitalanforderungen gemäß Artikel 75 Buchstabe d der Richtlinie 2006/48/EG; und

b) von 12/88 des höheren Wertes des Folgenden:
   i. der Summe der Eigenkapitalanforderungen gemäß Artikel 75 Buchstaben a bis c der Richtlinie 2006/48/EG; und
   ii. des in Artikel 21 der vorliegenden Richtlinie festgelegten Betrags, ungeachtet des Artikels 20 Absatz 5.

Wenn Buchstabe b Anwendung findet, wird eine inkrementelle Erhöhung zumindest auf jährlicher Grundlage angewandt.

Die Anwendung dieser Ausnahme darf nicht zu einer Verringerung des Gesamtumfangs der Eigenkapitalanforderungen für eine Wertpapierfirma im Vergleich zu den Anforderungen am 31. Dezember 2006 führen, es sei denn, eine derartige Verringerung ist durch eine Verringerung des Geschäftsvolumens der Wertpapierfirma aufsichtsrechtlich gerechtfertigt.

### Artikel 47

Bis zum 31. Dezember 2009 oder bis zu einem von den zuständigen Behörden auf Einzelfallbasis festgelegten früheren Zeitpunkt können Finanzinstitute, die vor dem 1. Januar 2007 eine besondere Risikomodell-Anerkennung gemäß Anhang V Nummer 1 erhalten haben, für die Zwecke dieser Anerkennung die Nummern 4 und 8 des Anhangs V der Richtlinie 93/6/EWG in ihrer Fassung vor dem 1. Januar 2007 anwenden.

### Artikel 48

1. Die in dieser Richtlinie und in der Richtlinie 2006/48/EG enthaltenen Bestimmungen über die Eigenkapitalanforderungen gelten nicht für Wertpapierfirmen, deren Haupttätigkeit ausschließlich in der Erbringung von Investitionsdienstleistungen oder Tätigkeiten im Zusammenhang mit den Finanzinstrumenten gemäß Anhang I Abschnitt C Nummern 5, 6, 7, 9 und 10 der Richtlinie 2004/39/EG besteht und für die die

Richtlinie 93/22/EWG[1] am 31. Dezember 2006 nicht galt. Diese Ausnahme gilt bis zum 31. Dezember 2010 oder bis zum Inkrafttreten von Änderungen gemäß den Absätzen 2 oder 3, je nachdem, welches der frühere Zeitpunkt ist.

2. Die Kommission erstattet dem Europäischen Parlament und dem Rat auf der Grundlage öffentlicher Konsultationen und unter Berücksichtigung der mit den zuständigen Behörden geführten Gespräche im Rahmen der in Artikel 65 Absatz 3 der Richtlinie 2004/39/EG geforderten Überprüfung Bericht über

a) eine angemessene Regelung für die aufsichtsrechtliche Überwachung von Wertpapierfirmen, deren Haupttätigkeit ausschließlich in der Erbringung von Investitionsdienstleistungen oder Tätigkeiten im Zusammenhang mit den warenunterlegten Derivaten oder Derivatkontrakten gemäß Anhang I Abschnitt C Nummern 5, 6, 7, 9 und 10 der Richtlinie 2004/39/EG besteht, und

b) die Zweckmäßigkeit einer Änderung der Richtlinie 2004/39/EG im Hinblick auf die Schaffung einer weiteren Kategorie von Wertpapierfirmen, deren Haupttätigkeit ausschließlich in der Erbringung von Investitionsdienstleistungen oder Tätigkeiten im Zusammenhang mit den Finanzinstrumenten gemäß Anhang I Abschnitt C Nummern 5, 6, 7, 9 und 10 der Richtlinie 2004/39/EG besteht, die die Versorgung mit Energie (einschließlich Strom, Kohle, Gas und Öl) betreffen.

3. Auf der Grundlage des in Absatz 2 genannten Berichts legt die Kommission gegebenenfalls Vorschläge für entsprechende Änderungen dieser Richtlinie und der Richtlinie 2006/48/EG vor.

### Abschnitt 4: Schlussbestimmungen

#### Artikel 49

1. Spätestens bis zum 31. Dezember 2006 erlassen und veröffentlichen die Mitgliedstaaten die Rechts- und Verwaltungsvorschriften, die erforderlich sind, um den Artikeln 2, 3, 11, 13, 17, 18, 19, 20, 22, 23, 24, 25, 29, 30, 33, 34, 35, 37, 39, 40, 41, 43, 44 und 50 sowie den Anhängen I, II, III, V und VII nachzukommen. Sie teilen der Kommission den Wortlaut dieser Vorschriften unverzüglich mit und übermitteln ihr zugleich eine Entsprechungstabelle zwischen den genannten Vorschriften und dieser Richtlinie.

Sie wenden die Vorschriften ab dem 1. Januar 2007 an.

Wenn die Mitgliedstaaten diese Vorschriften erlassen, nehmen sie in diesen Vorschriften selbst oder durch einen Hinweis bei der amtlichen Veröffentlichung auf diese Richtlinie Bezug. Auch nehmen sie einen Hinweis dahingehend auf, dass Verweise in bestehenden Rechts- und Verwaltungsvorschriften auf die Richtlinien, die mittels der vorliegenden Richtlinie aufgehoben werden, als Verweise auf diese Richtlinie zu verstehen sind.

2. Die Mitgliedstaaten teilen der Kommission den Wortlaut der wichtigsten innerstaatlichen Rechtsvorschriften mit, die sie auf dem unter diese Richtlinie fallenden Gebiet erlassen.

#### Artikel 50

1. Artikel 152 Absätze 8 bis 14 der Richtlinie 2006/48/EG findet für die Zwecke dieser Richtlinie entsprechend Anwendung, vorbehaltlich der folgenden Bestimmungen, die Anwendung finden, wenn der in Artikel 152 Absatz 8 der Richtlinie 2006/48/EG genannte Ermessensspielraum in Anspruch genommen wird:

a) Verweise in Anhang II Nummer 7 der vorliegenden Richtlinie auf die Richtlinie 2006/48/EG sind als Verweise auf die Richtlinie 2000/12/EG in der Fassung vor dem 1. Januar 2007 zu verstehen; und

b) Anhang II Nummer 4 der vorliegenden Richtlinie findet Anwendung in der Fassung vor dem 1. Januar 2007.

---

[1] **Amtl. Anm.:** Richtlinie 93/22/EWG des Rates vom 10. Mai 1993 über Wertpapierdienstleistungen (ABl L 141 vom 11. 6. 1993, S. 27). Zuletzt geändert durch die Richtlinie 2002/87/EG.

2. Artikel 157 Absatz 3 der Richtlinie 2006/48/EG wird für die Zwecke der Artikel 18 und 20 der vorliegenden Richtlinie entsprechend angewandt.

**Artikel 51**

Bis 1. Januar 2011 überprüft die Kommission die Anwendung dieser Richtlinie, erstattet über die Anwendung Bericht und legt ihren Bericht zusammen mit geeigneten Änderungsvorschlägen dem Europäischen Parlament und dem Rat vor.

**Artikel 52**

Die Richtlinie 93/6/EWG, geändert durch die Richtlinien, die in Anhang VIII Teil A aufgelistet sind, wird unbeschadet der Verpflichtungen der Mitgliedstaaten bezüglich der fristgerechten Umsetzung der in Anhang VIII Teil B genannten Richtlinien in nationales Recht aufgehoben.

Verweisungen auf die aufgehobenen Richtlinien gelten als Verweisungen auf die vorliegende Richtlinie und sind nach der Entsprechungstabelle in Anhang IX zu lesen.

**Artikel 53**

Diese Richtlinie tritt am zwanzigsten Tag nach ihrer Veröffentlichung im Amtsblatt der Europäischen Union in Kraft.

**Artikel 54**

Diese Richtlinie ist an die Mitgliedstaaten gerichtet.

## b) Richtlinie 2006/48/EG des Europäischen Parlaments und des Rates vom 14. Juni 2006 über die Aufnahme und Ausübung der Tätigkeit der Kreditinstitute (RL 2006/48/EG)

v. 30. 6. 2006 (ABl Nr. L 177 S. 1)

Die Richtlinie 2006/48/EG des Europäischen Parlaments und des Rates vom 14. Juni 2006 über die Aufnahme und Ausübung der Tätigkeit der Kreditinstitute v. 30. 6. 2006 (ABl Nr. L 177 S. 1) wurde geändert durch die Richtlinie 2008/24/EG des Europäischen Parlaments und des Rates vom 11. März 2008 zur Änderung der Richtlinie 2006/48/EG über die Aufnahme und Ausübung der Tätigkeit der Kreditinstitute im Hinblick auf die der Kommission übertragenen Durchführungsbefugnisse v. 20. 3. 2008 (ABl Nr. L 81 S. 38).

DAS EUROPÄISCHE PARLAMENT UND DER RAT DER EUROPÄISCHEN UNION –

gestützt auf den Vertrag zur Gründung der Europäischen Gemeinschaft, insbesondere auf Artikel 47 Absatz 2 Sätze 1 und 3,

auf Vorschlag der Kommission,

nach Stellungnahme des Europäischen Wirtschafts- und Sozialausschusses[1],

nach Stellungnahme der Europäischen Zentralbank[2],

gemäß dem Verfahren des Artikels 251 des EG-Vertrags[3],

in Erwägung nachstehender Gründe:

(1) Die Richtlinie 2000/12/EG des Europäischen Parlaments und des Rates vom 20. März 2000 über die Aufnahme und Ausübung der Tätigkeit der Kreditinstitute[4] ist mehrmals in wesentlichen Punkten geändert worden. Da nun weitere Änderungen an dieser Richtlinie vorgenommen werden sollen, sollte sie aus Gründen der Klarheit neugefasst werden.

(2) Um die Aufnahme und Ausübung der Tätigkeit der Kreditinstitute zu erleichtern, müssen die störendsten Unterschiede zwischen den Rechts- und Verwaltungsvorschriften der Mitgliedstaaten beseitigt werden, welche die aufsichtsrechtliche Stellung dieser Institute bestimmen.

(3) Diese Richtlinie ist unter dem zweifachen Aspekt der Niederlassungsfreiheit und des freien Dienstleistungsverkehrs im Bankensektor das wesentliche Instrument für die Verwirklichung des Binnenmarktes.

(4) In der Mitteilung der Kommission vom 11. Mai 1999 mit dem Titel „Umsetzung des Finanzmarktrahmens: Aktionsplan" werden verschiedene Ziele genannt, die zur Vollendung des Binnenmarktes für Finanzdienstleistungen verwirklicht werden müssen. Der Europäische Rat vom 23. und 24. März 2000 in Lissabon hat das Ziel vorgegeben, den Aktionsplan bis 2005 umzusetzen. Die Neufassung der Eigenmittelbestimmungen ist ein wesentliches Element des Aktionsplans.

(5) Die Koordinierungsmaßnahmen in Bezug auf die Kreditinstitute sollten zum Schutz der Sparer und zur Schaffung gleicher Bedingungen für den Wettbewerb unter diesen Kreditinstituten für den gesamten Kreditsektor gelten. Jedoch sollten objektive Unterschiede in ihrem Status und ihrer Aufgabenstellung nach den nationalen Vorschriften berücksichtigt werden.

(6) Daher ist es notwendig, den Anwendungsbereich der Koordinierungsmaßnahmen möglichst weit auszudehnen und alle Institute zu erfassen, die rückzahlbare Gelder des Publikums sowohl in Form von Einlagen als auch in anderen Formen, zum Beispiel die laufende Ausgabe von Schuldverschreibungen und ähnlichen Wertpapieren, entgegen-

---

1) **Amtl. Anm.:** ABl C 234 vom 22. 9. 2005, S. 8.
2) **Amtl. Anm.:** ABl C 52 vom 2. 3. 2005, S. 37.
3) **Amtl. Anm.:** Stellungnahme des Europäischen Parlaments vom 28. September 2005 (noch nicht im Amtsblatt veröffentlicht) und Beschluss des Rates vom 7. Juni 2006.
4) **Amtl. Anm.:** ABl L 126 vom 26. 5. 2000, S. 1. Zuletzt geändert durch die Richtlinie 2006/29/EG (ABl L 70 vom 9. 3. 2006, S. 50).

nehmen und Kredite für eigene Rechnung gewähren. Allerdings sollten Ausnahmen für gewisse Kreditinstitute vorgesehen werden, auf die diese Richtlinie keine Anwendung finden kann. Diese Richtlinie sollte die Anwendung nationaler Rechtsvorschriften nicht beeinträchtigen, welche besondere zusätzliche Genehmigungen vorsehen, durch die es den Kreditinstituten ermöglicht wird, spezifische Tätigkeiten auszuüben oder bestimmte Arten von Geschäften zu tätigen.

(7) Die Harmonisierung sollte sich auf das Wesentliche beschränken und nur so weit gehen, wie notwendig und ausreichend ist, um zur gegenseitigen Anerkennung der Zulassung und der Bankenaufsichtssysteme zu gelangen, die die Gewährung einer einzigen Zulassung für die gesamte Gemeinschaft und die Anwendung des Grundsatzes der Kontrolle durch den Herkunftsmitgliedstaat ermöglichen. Aus diesem Grunde sollte die Forderung, einen Geschäftsplan vorzulegen, nur als ein Faktor angesehen werden, der die zuständigen Behörden in die Lage versetzt, aufgrund einer präziseren Information nach objektiven Kriterien zu entscheiden. Allerdings sollte hinsichtlich der Anforderungen an die Rechtsformen der Kreditinstitute hinsichtlich des Schutzes von Bankbezeichnungen eine gewisse Flexibilität möglich sein.

(8) Da die Ziele dieser Richtlinie, nämlich die Festlegung von Vorschriften für die Aufnahme und Ausübung der Tätigkeit der Kreditinstitute und deren Beaufsichtigung auf Ebene der Mitgliedstaaten nicht ausreichend verwirklicht werden können und wegen des Umfangs und der Wirkungen dieser Maßnahme besser auf Gemeinschaftsebene zu verwirklichen sind, kann die Gemeinschaft im Einklang mit dem in Artikel 5 des Vertrags festgelegten Subsidiaritätsprinzip tätig werden. Entsprechend dem in demselben Artikel genannten Grundsatz der Verhältnismäßigkeit geht diese Richtlinie nicht über das für die Erreichung dieser Ziele erforderliche Maß hinaus.

(9) Um dem Sparer ähnliche Sicherheiten zu bieten und gerechte Bedingungen für den Wettbewerb zwischen vergleichbaren Gruppen von Kreditinstituten zu gewährleisten, müssen an die Kreditinstitute gleichwertige finanzielle Anforderungen gestellt werden. Bis zu einer weiteren Koordinierung sollten strukturelle Relationen festgelegt werden, die es im Rahmen der Zusammenarbeit zwischen den nationalen Behörden ermöglichen, die Lage vergleichbarer Gruppen von Kreditinstituten nach einheitlichen Methoden zu beobachten. Dieses Vorgehen soll die schrittweise Angleichung der von den Mitgliedstaaten festgelegten und angewandten Koeffizientensysteme erleichtern. Dabei muss jedoch zwischen den Koeffizienten, die eine ordnungsgemäße Geschäftsführung der Kreditinstitute gewährleisten sollen, und den Koeffizienten mit wirtschafts- und währungspolitischer Zielsetzung unterschieden werden.

(10) Die Grundsätze der gegenseitigen Anerkennung und der Kontrolle durch den Herkunftsmitgliedstaat machen es erforderlich, dass die zuständigen Behörden eines jeden Mitgliedstaats die Zulassung in den Fällen nicht erteilen oder sie entziehen, in denen aus Umständen wie dem Inhalt des Geschäftsplans, dem geographischen Tätigkeitsbereich oder der tatsächlich ausgeübten Tätigkeit unzweifelhaft hervorgeht, dass das Kreditinstitut die Rechtsordnung eines Mitgliedstaats in der Absicht gewählt hat, sich den strengeren Anforderungen eines anderen Mitgliedstaats zu entziehen, in dem es den überwiegenden Teil seiner Tätigkeit auszuüben beabsichtigt oder ausübt. Sofern dies nicht unzweifelhaft aus den Umständen hervorgeht, sich die Mehrheit der Aktiva der Unternehmen einer Bankengruppe jedoch in einem anderen Mitgliedstaat befindet, dessen zuständige Behörden die Beaufsichtigung auf konsolidierter Basis ausüben, sollte im Zusammenhang mit den Artikeln 125 und 126 die Zuständigkeit für die Ausübung der Beaufsichtigung auf konsolidierter Basis nur mit der Zustimmung der besagten zuständigen Behörden geändert werden. Ein Kreditinstitut, das eine juristische Person ist, sollte in dem Mitgliedstaat zugelassen werden, in dem sich sein satzungsmäßiger Sitz befindet. Ein Kreditinstitut, das keine juristische Person ist, sollte seine Hauptverwaltung in dem Mitgliedstaat haben, in dem es zugelassen worden ist. Im Übrigen sollten die Mitgliedstaaten verlangen, dass die Hauptverwaltung eines Kreditinstituts sich stets in seinem Herkunftsmitgliedstaat befindet und dass es dort tatsächlich tätig ist.

(11) Die zuständigen Behörden sollten ein Kreditinstitut nicht zulassen oder dessen Zulassung aufrechterhalten, wenn enge Verbindungen zwischen diesem Institut und ande-

ren natürlichen oder juristischen Personen die Behörden bei der ordnungsgemäßen Erfüllung ihrer Beaufsichtigungsaufgaben behindern können. Entsprechend sollten auch bereits zugelassene Kreditinstitute die zuständigen Behörden nicht behindern.

(12) Die Bezugnahme auf die ordnungsgemäße Erfüllung der Beaufsichtigungsaufgabe durch die Aufsichtsbehörden umfasst auch die Beaufsichtigung auf konsolidierter Basis, der ein Kreditinstitut unterliegen sollte, wenn in den Gemeinschaftsbestimmungen eine solche Art der Beaufsichtigung vorgesehen ist. In diesem Fall sollte für die Behörden, bei denen die Zulassung beantragt wird, feststellbar sein, welche Behörde für die Beaufsichtigung dieser Kreditinstitute auf konsolidierter Basis zuständig ist.

(13) Diese Richtlinie eröffnet den Mitgliedstaaten und/oder den zuständigen Behörden die Möglichkeit, Eigenkapitalanforderungen auf individueller und konsolidierter Grundlage anzuwenden und auf die Anwendung dieser Anforderungen auf individueller Grundlage zu verzichten, falls sie dies für angebracht halten. Beaufsichtigungen auf individueller, konsolidierter und grenzüberschreitender Grundlage stellen nützliche Instrumente zur Überwachung von Kreditinstituten dar. Diese Richtlinie sollte den zuständigen Behörden die Möglichkeit eröffnen, grenzüberschreitend tätige Institute zu unterstützen, indem sie ihnen die Zusammenarbeit erleichtert. Die zuständigen Behörden sollten insbesondere weiterhin die Artikel 42, 131 und 141 zur Koordinierung ihrer Tätigkeiten und Informationsersuchen nutzen.

(14) In ihrem Herkunftsmitgliedstaat zugelassene Kreditinstitute sollten die Gesamtheit oder einen Teil der in der Liste in Anhang I aufgeführten Tätigkeiten überall in der Gemeinschaft durch die Errichtung einer Zweigniederlassung oder im Wege der Dienstleistung ausüben dürfen.

(15) Die Mitgliedstaaten können für Kreditinstitute, die von ihren zuständigen Behörden zugelassen wurden, auch strengere Bestimmungen als in Artikel 9 Absatz 1 Unterabsatz 1 und Absatz 2 sowie in den Artikeln 12, 19 bis 21, 44 bis 52, 75 und 120 bis 122 vorgesehen festlegen. Ferner können die Mitgliedstaaten vorschreiben, dass Artikel 123 auf individueller oder anderer Basis einzuhalten ist und die in Artikel 73 Absatz 2 genannte Teilkonsolidierung auf anderen Ebenen innerhalb einer Gruppe anzuwenden ist.

(16) Es ist angebracht, die gegenseitige Anerkennung auf die in der Liste des Anhangs I enthaltenen Tätigkeiten auszudehnen, wenn diese Tätigkeiten von einem Finanzinstitut, das ein Tochterunternehmen eines Kreditinstituts ist, ausgeübt werden, sofern das Tochterunternehmen in die auf konsolidierter Basis erfolgende Beaufsichtigung des Mutterunternehmens einbezogen ist und strengen Bedingungen genügt.

(17) Der Aufnahmemitgliedstaat sollte bei der Ausübung des Niederlassungsrechts und beim freien Dienstleistungsverkehr die Einhaltung spezifischer Anforderungen seiner Rechtsvorschriften von Unternehmen, die im Herkunftsmitgliedstaat nicht als Kreditinstitute zugelassen sind, oder für Tätigkeiten, die nicht in der Liste aufgeführt sind, verlangen können, soweit diese Bestimmungen mit dem Gemeinschaftsrecht vereinbar und durch das Allgemeininteresse begründet sind und soweit diese Kreditinstitute oder Tätigkeiten nicht gleichwertigen Regeln aufgrund der Rechtsvorschriften des Herkunftsmitgliedstaats unterliegen.

(18) Die Mitgliedstaaten sollten zudem darauf achten, dass die Tätigkeiten, die unter die gegenseitige Anerkennung fallen, ohne Behinderung auf die gleiche Weise wie im Herkunftsmitgliedstaat ausgeübt werden können, soweit sie nicht im Gegensatz zu den im Aufnahmemitgliedstaat geltenden gesetzlichen Bestimmungen des Allgemeininteresses stehen.

(19) Die Regelung für Zweigstellen von Kreditinstituten mit Sitz außerhalb der Gemeinschaft sollte in allen Mitgliedstaaten gleich sein. Es kommt vor allem darauf an, dass diese Regelung für solche Zweigstellen nicht günstiger als für Zweigstellen von Instituten aus einem anderen Mitgliedstaat ist. Die Gemeinschaft sollte mit Drittländern Abkommen schließen können, welche die Anwendung von Bestimmungen vorsehen, nach denen diesen Zweigstellen in ihrem gesamten Hoheitsgebiet die gleiche Behandlung gewährt wird. Die Zweigstellen von Kreditinstituten mit Sitz außerhalb der Gemeinschaft sollten nur in dem Mitgliedstaat, in dem sie errichtet sind, nicht jedoch in den anderen

Mitgliedstaaten, in den Genuss des freien Dienstleistungsverkehrs gemäß Artikel 49 Absatz 2 des Vertrages bzw. der Niederlassungsfreiheit kommen.

(20) Zwischen der Gemeinschaft und Drittländern sollten auf der Grundlage der Gegenseitigkeit Abkommen abgeschlossen werden, um eine Durchführung der konsolidierten Beaufsichtigung in einem größtmöglichen geographischen Rahmen zu ermöglichen.

(21) Die Verantwortung für die Überwachung der finanziellen Solidität und insbesondere der Solvenz eines Kreditinstituts sollte bei dessen Herkunftsmitgliedstaat liegen. Die zuständigen Aufsichtsbehörden des Aufnahmemitgliedstaats sollten für die Überwachung der Liquidität der Zweigniederlassungen und die Geldpolitik zuständig sein. Die Überwachung der Marktrisiken sollte Gegenstand einer engen Zusammenarbeit der zuständigen Behörden des Herkunfts- und des Aufnahmemitgliedstaats sein.

(22) Für ein harmonisches Funktionieren des Binnenmarktes für das Bankenwesen bedarf es über die gesetzlichen Normen hinaus einer engen und regelmäßigen Zusammenarbeit der zuständigen Behörden der Mitgliedstaaten sowie einer erheblichen Annäherung ihrer Beaufsichtigungspraktiken. Vor allem zu diesem Zweck sollten die Erörterung von Problemen, die ein einzelnes Kreditinstitut betreffen, und der Informationsaustausch im Ausschuss der europäischen Bankaufsichtsbehörden stattfinden, der durch den Beschluss 2004/5/EG der Kommission[1)] eingesetzt wurde. Dieser gegenseitige Informationsaustausch sollte gleichwohl nicht die bilaterale Zusammenarbeit ersetzen. Unbeschadet ihrer eigenen Kontrollbefugnisse sollte die zuständige Behörde des Aufnahmemitgliedstaats entweder auf eigene Initiative in Dringlichkeitsfällen oder auf Veranlassung der zuständigen Behörden des Herkunftsmitgliedstaats nachprüfen können, ob die Tätigkeit eines Kreditinstituts auf dem Hoheitsgebiet des Aufnahmemitgliedstaats gesetzeskonform ausgeübt wird, den Grundsätzen einer ordnungsgemäßen Verwaltung und Rechnungslegung entspricht und einer angemessenen internen Kontrolle unterliegt.

(23) Es empfiehlt sich, einen Informationsaustausch zwischen den zuständigen Behörden und den Behörden oder Einrichtungen zu gestatten, die aufgrund ihrer Funktion zur Stärkung des Finanzsystems beitragen. Um die Vertraulichkeit der übermittelten Informationen zu wahren, sollte der Adressatenkreis eng begrenzt bleiben.

(24) Bestimmte rechtswidrige Handlungen wie z. B. Betrugsdelikte, Insiderdelikte usw. könnten, selbst wenn sie andere Unternehmen als Kreditinstitute betreffen, die Stabilität des Finanzsystems und seine Integrität beeinträchtigen. Es muss festgelegt werden, unter welchen Bedingungen in solchen Fällen ein Austausch von Informationen zulässig ist.

(25) Wenn vorgesehen ist, dass Informationen nur mit ausdrücklicher Zustimmung der zuständigen Behörden weitergegeben werden dürfen, sollten diese ihre Zustimmung gegebenenfalls von der Einhaltung strenger Bedingungen abhängig machen können.

(26) Der Austausch von Informationen zwischen den zuständigen Behörden auf der einen Seite und den Zentralbanken und anderen Einrichtungen mit ähnlichen Aufgaben in ihrer Eigenschaft als Währungsbehörden und gegebenenfalls anderen mit der Überwachung der Zahlungssysteme betrauten Behörden auf der anderen Seite sollte ebenfalls zugelassen werden.

(27) Zur verstärkten Beaufsichtigung von Kreditinstituten und zum besseren Schutz von Kunden von Kreditinstituten sollten Abschlussprüfer die zuständigen Behörden unverzüglich unterrichten müssen, wenn sie bei der Wahrnehmung ihrer Aufgabe Kenntnis von bestimmten Tatsachen erhalten, die die finanzielle Lage eines Kreditinstituts oder dessen Geschäftsorganisation oder Rechnungswesen ernsthaft beeinträchtigen könnten. Zu demselben Zweck sollten die Mitgliedstaaten ferner vorsehen, dass diese Verpflichtung auf jeden Fall besteht, wenn solche Tatsachen von einem Abschlussprüfer bei der Wahrnehmung seiner Aufgabe bei einem Unternehmen festgestellt werden, das enge Verbindungen zu einem Kreditinstitut hat. Durch die Verpflichtung der Abschlussprüfer, den zuständigen Behörden gegebenenfalls bestimmte, ein Kreditinstitut betreffende

---

1) **Amtl. Anm.:** ABl L 3 vom 7. 1. 2004, S. 28.

Tatsachen und Beschlüsse, die sie bei Wahrnehmung ihrer Aufgabe bei einem anderen Unternehmen festgestellt haben, zu melden, sollte sich weder die Art ihrer Aufgabe bei diesem Unternehmen noch die Art und Weise, in der sie diese Aufgabe bei diesem Unternehmen wahrzunehmen haben, ändern.

(28) Für bestimmte Eigenmittelbestandteile sollten Kriterien festgelegt werden, die ein Kreditinstitut für die Anwendung eines bestimmten Ansatzes erfüllen muss, wobei es den Mitgliedstaaten freisteht, strengere Bestimmungen anzuwenden.

(29) Diese Richtlinie unterscheidet nach der Qualität der Bestandteile der Eigenmittel zum einen die Bestandteile, die die Basiseigenmittel bilden, und zum anderen die Bestandteile, die die ergänzenden Eigenmittel bilden.

(30) Um der Tatsache Rechnung zu tragen, dass die Bestandteile, die die ergänzenden Eigenmittel bilden, eine andere Qualität haben als diejenigen, die die Basiseigenmittel bilden, sollten sie nicht zu einem Satz von mehr als 100 % der Basiseigenmittel in die Eigenmittel einbezogen werden. Darüber hinaus sollte die Einbeziehung bestimmter Bestandteile der ergänzenden Eigenmittel auf die Hälfte der Basiseigenmittel begrenzt werden.

(31) Um Wettbewerbsverzerrungen zu vermeiden, sollten öffentliche Kreditinstitute Garantien des jeweiligen Mitgliedstaats oder von Gebietskörperschaften bei der Berechnung der Eigenmittel nicht berücksichtigen.

(32) Wenn es im Zuge der Aufsicht notwendig ist, den Umfang der konsolidierten Eigenmittel eines Kreditinstitutkonzerns zu ermitteln, sollte die Berechnung gemäß der vorliegenden Richtlinie erfolgen.

(33) Die Bilanzierungstechnik, die für die Berechnung der Eigenmittel samt ihrer Angemessenheit für das Risiko eines Kreditinstituts sowie für die Bewertung der Konzentration von Krediten im Einzelnen anzuwenden ist, sollte den Bestimmungen der Richtlinie 86/635/EWG des Rates vom 8. Dezember 1986 über den Jahresabschluss und den konsolidierten Abschluss von Banken und anderen Finanzinstituten[1], die eine Reihe von Anpassungen der Bestimmungen der Siebenten Richtlinie 83/349/EWG des Rates vom 13. Juni 1983 über den konsolidierten Abschluss[2] enthält, oder der Verordnung (EG) Nr. 1606/2002 des Europäischen Parlaments und des Rates vom 19. Juli 2002 betreffend die Anwendung internationaler Rechnungslegungsstandards[3] Rechnung tragen, je nach dem, welche Bestimmungen nach nationalem Recht für die Rechnungslegung der Kreditinstitute verbindlich sind.

(34) Mindesteigenkapitalanforderungen spielen bei der Beaufsichtigung von Kreditinstituten und der gegenseitigen Anerkennung von Aufsichtstechniken eine wichtige Rolle. In diesem Zusammenhang sollten die Mindesteigenkapitalvorschriften in Verbindung mit anderen Instrumenten gesehen werden, die ebenfalls zur Harmonisierung der grundlegenden Techniken für die Beaufsichtigung von Kreditinstituten beitragen.

(35) Um eine Verzerrung des Wettbewerbs zu verhindern und das Bankensystem im Binnenmarkt zu stärken, sollten gemeinsame Mindesteigenkapitalanforderungen festgelegt werden.

(36) Bei der Festlegung dieser Mindesteigenkapitalanforderungen sollte im Interesse einer angemessenen Solvenz auf eine risikogerechte Gewichtung der Aktiva und außerbilanziellen Positionen geachtet werden.

(37) Hierzu hat der Baseler Ausschuss für Bankenaufsicht am 26. Juni 2004 eine Rahmenvereinbarung über die Internationale Konvergenz der Kapitalmessung und Eigenkapitalanforderungen verabschiedet. Die Bestimmungen in dieser Richtlinie über die Mindesteigenkapitalanforderungen der Kreditinstitute sowie die Mindesteigenkapitalbestimmungen in der Richtlinie 2006/49/EG des Europäischen Parlaments und des Rates

---

1) **Amtl. Anm.**: ABl L 372 vom 31. 12. 1986, S. 1. Zuletzt geändert durch die Richtlinie 2003/51/EG des Europäischen Parlaments und des Rates (ABl L 178 vom 17. 7. 2003, S. 16).
2) **Amtl. Anm.**: ABl L 193 vom 18. 7. 1983, S. 1. Zuletzt geändert durch die Richtlinie 2003/51/EG.
3) **Amtl. Anm.**: ABl L 243 vom 11. 9. 2002, S. 1.

vom 14. Juni 2006 über die angemessene Eigenkapitalausstattung von Wertpapierfirmen und Kreditinstituten bilden ein Äquivalent zu den Bestimmungen der Baseler Rahmenvereinbarung.

(38) Der Vielfalt der Kreditinstitute in der Gemeinschaft sollte unbedingt Rechnung getragen werden; zu diesem Zweck sollten für die Kreditinstitute für die Ermittlung ihrer Mindesteigenkapitalanforderungen für das Kreditrisiko verschiedene Ansätze mit unterschiedlich hohem Grad an Risikoempfindlichkeit und Differenziertheit vorgesehen werden. Durch den Einsatz externer Ratings und institutseigener Schätzungen einzelner Kreditrisikoparameter gewinnen die Bestimmungen zum Kreditrisiko erheblich an Risikoempfindlichkeit und aufsichtsrechtlicher Solidität. Den Kreditinstituten sollten angemessene Anreize zu einer Umstellung auf Ansätze mit höherer Risikoempfindlichkeit gegeben werden. Wenn die Kreditinstitute in Anwendung der Ansätze dieser Richtlinie zur Ermittlung des Kreditrisikos ihre Schätzungen vorlegen, müssen sie ihre Datenverarbeitungserfordernisse auf das legitime Datenschutzinteresse ihrer Kunden gemäß den geltenden gemeinschaftlichen Datenschutzvorschriften abstimmen; die Verfahren der Kreditinstitute zur Kreditrisikomessung und zum Kreditrisikomanagement sollten dabei verbessert werden, um Methoden zur Festlegung der aufsichtsrechtlichen Eigenkapitalerfordernisse an Kreditinstitute zu entwickeln, die den differenzierten Verfahren der einzelnen Kreditinstitute Rechnung tragen. Die Verarbeitung der Daten sollte gemäß den Vorschriften für die Übermittlung personenbezogener Daten erfolgen, die in der Richtlinie 95/46/EG des Europäischen Parlaments und des Rates vom 24. Oktober 1995 zum Schutz natürlicher Personen bei der Verarbeitung personenbezogener Daten und zum freien Datenverkehr[1]) festgelegt sind. In diesem Zusammenhang umfasst die Datenverarbeitung im Bereich der Kreditvergabe und dem Kreditmanagement gegenüber Kunden auch Entwicklung und Validierung von Systemen zum Kreditrisikomanagement und zur Kreditrisikomessung. Das dient sowohl zur Verwirklichung des berechtigten Interesses der Kreditinstitute als auch der Zielsetzung der Richtlinie, verbesserte Methoden zur Risikomessung und -steuerung anzuwenden und diese auch für regulatorische Eigenkapitalzwecke zu nutzen.

(39) Bei der Verwendung sowohl externer als auch institutseigener Schätzungen bzw. interner Ratings sollte berücksichtigt werden, dass derzeit nur letztere von einem Unternehmen, das einem europäischen Anerkennungsverfahren unterliegt, nämlich dem Finanzinstitut selbst, erstellt werden. Im Falle der externen Ratings erfolgt ein Rückgriff auf die Produkte so genannter anerkannter Ratingagenturen, die in Europa derzeit keinem Anerkennungsverfahren unterliegen. Aufgrund der Bedeutung externer Ratings für die Berechnung der Eigenkapitalanforderungen im Rahmen dieser Richtlinie ist es notwendig, einen angemessenen künftigen Anerkennungs- und Beaufsichtigungsprozess für Ratingagenturen im Auge zu behalten.

(40) Die Mindesteigenkapitalanforderungen sollten in einem angemessenen Verhältnis zu den jeweiligen Risiken stehen. Insbesondere sollten sie der risikomindernden Wirkung einer großen Zahl relativ kleiner Kredite Rechnung tragen.

(41) Die Bestimmungen dieser Richtlinie berücksichtigen den Grundsatz der Verhältnismäßigkeit, da sie insbesondere den Unterschieden zwischen den Kreditinstituten in Bezug auf Größe und Umfang der getätigten Geschäfte und deren Tätigkeitsbereich Rechnung tragen. Die Wahrung des Grundsatzes der Verhältnismäßigkeit bedeutet auch, dass für Retailforderungen möglichst einfache Rating-Verfahren, auch im auf internen Ratings basierenden Ansatz („IRB-Ansatz"), anerkannt werden.

(42) Der „evolutive" Charakter dieser Richtlinie ermöglicht es den Kreditinstituten, zwischen drei Ansätzen unterschiedlicher Komplexität zu wählen. Um insbesondere kleinen Kreditinstituten die Möglichkeit zu bieten, sich für den risikosensibleren IRB-Ansatz zu entscheiden, sollten die zuständigen Behörden die Bestimmungen von Artikel 89 Absatz 1 Buchstaben a und b anwenden, wann immer dies zweckmäßig erscheint. Diese

---

1) **Amtl. Anm.:** ABl L 281 vom 23.11.1995, S. 31. Geändert durch die Verordnung (EG) Nr. 1882/2003 (ABl L 284 vom 31.10.2003, S. 1).

Bestimmungen sollten so zu verstehen sein, dass die in Artikel 86 Absatz 1 Buchstaben a und b genannten Forderungsklassen alle ihnen in dieser Richtlinie – direkt oder indirekt – zugeordneten Forderungen einschließen. Die zuständigen Behörden sollten bei der Beaufsichtigung grundsätzlich nicht zwischen den drei Ansätzen unterscheiden, d. h., Kreditinstitute, die den Standardansatz anwenden, sollten nicht allein aus diesem Grund einer strengeren Aufsicht unterliegen.

(43) Kreditrisikominderungstechniken sollten verstärkt anerkannt werden, wobei der rechtliche Rahmen insgesamt gewährleisten muss, dass die Solvenz nicht durch eine unzulässige Anerkennung beeinträchtigt wird. Im Rahmen des Möglichen sollten die bisher schon in den jeweiligen Mitgliedstaaten banküblichen Sicherheiten zur Minderung von Kreditrisiken im Standardansatz, jedoch auch in den anderen Ansätzen anerkannt werden.

(44) Um zu gewährleisten, dass sich die Risiken und risikomindernden Effekte der Verbriefungen und Anlagen von Kreditinstituten angemessen in deren Mindesteigenkapitalanforderungen niederschlagen, müssen Bestimmungen erlassen werden, die eine risikogerechte und aufsichtsrechtlich solide Behandlung dieser Transaktionen und Anlagen garantieren.

(45) Kreditinstitute tragen ein erhebliches operationelles Risiko, das durch Eigenkapital unterlegt werden muss. Der Vielfalt der Kreditinstitute in der Gemeinschaft sollte unbedingt Rechnung getragen werden; zu diesem Zweck sollten die Kreditinstitute für die Ermittlung ihrer Mindesteigenkapitalanforderungen für das operationelle Risiko zwischen verschiedenen Ansätzen mit unterschiedlich hohem Grad an Risikoempfindlichkeit und Differenziertheit wählen können. Den Kreditinstituten sollten angemessene Anreize zu einer Umstellung auf Ansätze mit höherer Risikoempfindlichkeit gegeben werden. Da die Techniken für Messung und Management des operationellen Risikos noch in Entwicklung befindlich sind, sollten diese Vorschriften regelmäßig überprüft und bei Bedarf aktualisiert werden, was auch für die Eigenkapitalanforderungen für unterschiedliche Geschäftsfelder und die Anerkennung von Risikominderungstechniken gilt. Ein besonderes Augenmerk sollte hier der Berücksichtigung von Versicherungen in den einfachen Ansätzen zur Berechnung der Eigenkapitalanforderungen für das operationelle Risiko gelten.

(46) Um für die Kreditinstitute einer Gruppe ein angemessenes Maß an Solvenz zu gewährleisten, müssen die Mindesteigenkapitalanforderungen unbedingt auf konsolidierter Basis gelten. Um sicherzustellen, dass die Eigenmittel angemessen innerhalb der Gruppe verteilt werden und bei Bedarf zum Schutz der Einlagen über sie verfügt werden kann, sollten die Mindesteigenkapitalanforderungen für die einzelnen Kreditinstitute einer Gruppe gelten, es sei denn, dieses Ziel kann auch auf anderem Wege erreicht werden.

(47) Es ist angebracht, die wichtigsten Aufsichtsregelungen für Großkredite von Kreditinstituten zu harmonisieren. Die Mitgliedstaaten sollten die Möglichkeit haben, strengere Vorschriften als die in dieser Richtlinie vorgesehenen einzuführen.

(48) Die Überwachung und Kontrolle von Krediten eines Kreditinstituts sollte Bestandteil der Bankaufsicht sein. Die übermäßige Konzentration von Krediten auf einen einzigen Kunden oder eine Gruppe von verbundenen Kunden kann deshalb ein unannehmbares Verlustrisiko zur Folge haben. Eine derartige Situation kann für die Solvabilität eines Kreditinstituts als abträglich angesehen werden.

(49) Da die Kreditinstitute auf dem Binnenmarkt unmittelbar miteinander im Wettbewerb stehen, sollten die bankaufsichtsrechtlichen Vorschriften gemeinschaftsweit gleichwertig sein.

(50) Auch wenn es sinnvoll ist, für die Festlegung von Obergrenzen für Großkredite die Definition des Risikobegriffs auf die für die Festlegung der Mindesteigenkapitalanforderungen für das Kreditrisiko verwendete Definition zu stützen, ist es nicht sinnvoll, grundsätzlich die Gewichtungen oder die Risikograde zu übernehmen. Diese Gewichtungen und Risikograde dienen dazu, eine allgemeine Solvabilitätsanforderung zur Abdeckung des Kreditrisikos der Kreditinstitute aufzustellen. Um die maximalen Verlust-

risiken eines Kreditinstituts in Bezug auf einen Kunden oder eine Gruppe verbundener Kunden zu begrenzen, sollten Vorschriften für die Bestimmung von Großkrediten erlassen werden, die den Nominalwert des Kredits ohne Anwendung von Gewichtungen oder Risikograden zugrundelegen.

(51) Auch wenn es bis zur Änderung der Bestimmungen über Großkredite im Interesse einer Limitierung der Berechnungsvorgaben gestattet sein sollte, die Wirkungen der Kreditrisikominderung in ähnlicher Weise anzuerkennen wie bei der Festlegung von Mindesteigenkapitalanforderungen, so ist doch zu bedenken, dass die Bestimmungen zur Kreditrisikominderung auf ein generell diversifiziertes Kreditrisiko bei Ausleihungen an eine große Zahl von Gegenparteien abstellen. Aus diesem Grund sollten bei der Festlegung von Obergrenzen für Großkredite, die die durch einen einzelnen Kunden oder eine Gruppe verbundener Kunden maximal verursachbaren Verluste begrenzen sollen, die Wirkungen derartiger Techniken nur bei gleichzeitigen aufsichtsrechtlichen Schutzmaßnahmen anerkannt werden dürfen.

(52) Wenn ein Kreditinstitut seinem Mutterunternehmen oder anderen Tochterunternehmen dieses Mutterunternehmens Kredite gewährt, ist besondere Vorsicht geboten. Die Kreditgewährung eines Kreditinstituts sollte völlig autonom, nach Prinzipien einer soliden Bankgeschäftsführung und ohne Berücksichtigung sonstiger Gesichtspunkte erfolgen. Im Falle einer Einflussnahme zum Schaden einer umsichtigen und soliden Geschäftsführung eines Kreditinstituts durch eine Person, die direkt oder indirekt eine qualifizierte Beteiligung an einem Kreditinstitut hält, sollten die zuständigen Behörden die erforderlichen Maßnahmen ergreifen, um diesen Zustand zu beenden. Für Großkredite eines Kreditinstituts an Unternehmen der eigenen Gruppe sollten spezifische Normen, einschließlich strengerer Obergrenzen, vorgesehen werden. Von einer Anwendung dieser Normen kann jedoch abgesehen werden, wenn die Muttergesellschaft eine Finanzholding oder ein Kreditinstitut ist oder die anderen Tochtergesellschaften Kreditinstitute, Finanzinstitute oder Anbieter von Nebendienstleistungen sind und all diese Unternehmen in die Beaufsichtigung des Kreditinstituts auf konsolidierter Basis einbezogen werden.

(53) Die Kreditinstitute sollten gewährleisten, dass sie über ausreichendes internes Eigenkapital verfügen, das den Risiken, denen sie ausgesetzt sind oder ausgesetzt sein können, im Hinblick auf die Quantität, Qualität und Streuung angemessen ist. Aus diesem Grund sollten die Kreditinstitute über Strategien und Verfahren verfügen, mit denen sie die Angemessenheit ihrer Eigenkapitalausstattung bewerten und diese auf einem ausreichend hohen Stand halten können.

(54) Die zuständigen Behörden müssen sich davon überzeugen, dass Kreditinstitute über eine ihren aktuellen und etwaigen künftigen Risiken angemessene Organisation und Eigenmittelausstattung verfügen.

(55) Der Ausschuss der europäischen Bankaufsichtsbehörden sollte im Interesse eines reibungslos funktionierenden Binnenmarktes für das Bankwesen zu einer gemeinschaftsweit kohärenten Anwendung dieser Richtlinie und einer Annäherung der Beaufsichtigungspraktiken in der Gemeinschaft beitragen und den Gemeinschaftsorganen jährlich einen Bericht über die erzielten Fortschritte vorlegen.

(56) Aus dem gleichen Grund und um zu gewährleisten, dass in mehreren Mitgliedstaaten tätige Kreditinstitute aus der Gemeinschaft durch die weiterhin auf Einzelmitgliedstaatsebene bestehenden Zulassungs- und Beaufsichtigungspflichten der Behörden nicht unverhältnismäßig stark belastet werden, muss die Zusammenarbeit zwischen den zuständigen Behörden deutlich verbessert werden. In diesem Zusammenhang sollte die Rolle der konsolidierenden Aufsichtsbehörde gestärkt werden. Der Ausschuss der europäischen Bankaufsichtsbehörden sollte diese Zusammenarbeit fördern und verbessern.

(57) Die Beaufsichtigung der Kreditinstitute auf konsolidierter Basis hat insbesondere den Schutz der Kreditinstitutskunden und die Sicherung der Stabilität des Finanzsystems zum Ziel.

(58) Damit die Beaufsichtigung auf konsolidierter Basis wirksam ist, sollte sie auf alle Bankengruppen angewendet werden, so auch auf Unternehmen, deren Mutterunterneh-

men kein Kreditinstitut ist. Die zuständigen Behörden sollten mit den für eine solche Beaufsichtigung erforderlichen rechtlichen Instrumenten ausgestattet werden.

(59) Bei Unternehmensgruppen, die in mehreren Bereichen tätig sind und deren Mutterunternehmen mindestens ein Tochterunternehmen kontrolliert, das ein Kreditinstitut ist, sollten die zuständigen Behörden in der Lage sein, die finanzielle Situation des Kreditinstituts im Rahmen der Gruppe beurteilen zu können. Die zuständigen Behörden sollten zumindest über Möglichkeiten verfügen, für alle Unternehmen der Gruppe die erforderlichen Informationen zu erhalten, die zur Erfüllung ihrer Aufgabe notwendig sind. Bei Unternehmensgruppen, die in unterschiedlichen Bereichen des Finanzwesens tätig sind, sollte eine Zusammenarbeit zwischen den Behörden, die für die Beaufsichtigung der einzelnen finanziellen Sektoren verantwortlich sind, herbeigeführt werden. Bis zu einer späteren Koordinierung sollten die Mitgliedstaaten zur Erreichung der Zielsetzung dieser Richtlinie geeignete Konsolidierungstechniken vorschreiben können

(60) Die Mitgliedstaaten sollten für bestimmte Gruppenstrukturen, in denen sie die Ausübung der Banktätigkeiten für ungeeignet halten, die Bankzulassung verweigern oder zurückziehen können, insbesondere weil sie diese Tätigkeiten nicht mehr in zufrieden stellender Weise beaufsichtigen können. Die zuständigen Behörden sollten diesbezüglich über die notwendigen Befugnisse verfügen, um eine umsichtige und ordnungsgemäße Geschäftsführung der Kreditinstitute zu gewährleisten.

(61) Um die Effizienz des Binnenmarktes für das Bankwesen zu steigern und für die Bürger der Gemeinschaft ein angemessenes Maß an Transparenz zu gewährleisten, müssen die zuständigen Behörden öffentlich bekannt machen, wie sie diese Richtlinie umgesetzt haben und dabei so verfahren, dass ein aussagekräftiger Vergleich möglich ist.

(62) Um die Marktdisziplin zu stärken und die Kreditinstitute zu veranlassen, ihre Marktstrategie, ihre Risikosteuerung und ihr internes Management zu verbessern, sollten auch für sie angemessene Offenlegungspflichten vorgesehen werden.

(63) Die Prüfung der Fragen auf den Gebieten, die unter die vorliegende Richtlinie sowie andere Richtlinien über die Tätigkeit der Kreditinstitute fallen, macht es besonders im Hinblick auf eine weiterreichende Koordinierung notwendig, dass die zuständigen Behörden und die Kommission zusammenarbeiten.

(64) Die zur Durchführung dieser Richtlinie erforderlichen Maßnahmen sollten gemäß dem Beschluss 1999/468/EG des Rates vom 28. Juni 1999 zur Festlegung der Modalitäten für die Ausübung der der Kommission übertragenen Durchführungsbefugnisse[1] erlassen werden.

(65) In seiner Entschließung vom 5. Februar 2002[2] zu der Umsetzung der Rechtsvorschriften im Bereich der Finanzdienstleistungen forderte das Europäische Parlament, dass das Parlament und der Rat eine gleichberechtigte Rolle bei der Überwachung der Art und Weise haben sollten, wie die Kommission ihre Exekutivfunktion ausübt, um die gesetzgeberischen Befugnisse des Parlaments gemäß Artikel 251 des Vertrags wiederzuspiegeln. In der feierlichen Erklärung, die ihr Präsident am gleichen Tag vor dem Parlament abgab, unterstützte die Kommission diese Forderung. Am 11. Dezember 2002 schlug die Kommission Änderungen zu dem Beschluss 1999/468/EG vor und unterbreitete am 22. 4. 2004 dann einen geänderten Vorschlag. Nach Auffassung des Europäischen Parlaments werden mit diesem Vorschlag seine gesetzgeberischen Vorrechte nicht gewahrt. Das Europäische Parlament und der Rat sollten aus der Sicht des Europäischen Parlaments die Gelegenheit haben, die Übertragung von Durchführungsbefugnissen auf die Kommission innerhalb eines bestimmten Zeitraums zu bewerten. Es ist deshalb angemessen, den Zeitraum zu begrenzen, innerhalb dessen die Kommission Durchführungsmaßnahmen annehmen kann.

(66) Das Europäische Parlament sollte über einen Zeitraum von drei Monaten ab der ersten Übermittlung des Entwurfs von Änderungen und Durchführungsmaßnahmen ver-

---

1) **Amtl. Anm.:** ABl L 184 vom 17. 7. 1999, S. 23.
2) **Amtl. Anm.:** ABl C 284 E vom 21. 11. 2002, S. 115.

fügen, damit es diese prüfen und seine Stellungnahme dazu abgeben kann. In dringenden und hinreichend begründeten Fällen sollte es allerdings möglich sein, diesen Zeitraum zu verkürzen. Nimmt das Europäische Parlament innerhalb dieses Zeitraums eine Entschließung an, so sollte die Kommission den Entwurf von Änderungen oder Maßnahmen erneut prüfen.

(67) Um eine Störung der Märkte zu verhindern und das globale Eigenkapitalniveau zu wahren, ist es zweckmäßig, besondere Übergangsbestimmungen vorzusehen.

(68) In Anbetracht der Risikoempfindlichkeit der Mindesteigenkapitalvorschriften sollte regelmäßig überprüft werden, ob diese sich signifikant auf den Konjunkturzyklus auswirken. Die Kommission sollte dem Europäischen Parlament und dem Rat unter Berücksichtigung des Beitrags der Europäischen Zentralbank darüber Bericht erstatten.

(69) Die Überwachung der für die Liquiditätsrisiken notwendigen Instrumente sollte ebenfalls harmonisiert werden.

(70) Diese Richtlinie berücksichtigt die Grundrechte und beachtet die Grundsätze, die insbesondere mit der Charta der Grundrechte der Europäischen Union als allgemeine Grundsätze des Gemeinschaftsrechts anerkannt werden.

(71) Die Pflicht zur Umsetzung dieser Richtlinie in nationales Recht betrifft nur jene Bestimmungen, die im Vergleich zu den bisherigen Richtlinien inhaltlich geändert wurden. Die Pflicht zur Umsetzung der inhaltlich unveränderten Bestimmungen ergibt sich aus den bisherigen Richtlinien.

(72) Diese Richtlinie sollte die Pflichten der Mitgliedstaaten hinsichtlich der in Anhang XIII Teil B genannten Fristen für die Umsetzung in nationales Recht und für die Anwendung dieser Richtlinie unberührt lassen –

HABEN FOLGENDE RICHTLINIE ERLASSEN:

## Titel I: Gegenstand, Anwendungsbereich und Begriffsbestimmungen

### Artikel 1

1. Diese Richtlinie legt Vorschriften für die Aufnahme und Ausübung der Tätigkeit der Kreditinstitute und deren Beaufsichtigung fest.
2. Artikel 39 und Titel V Kapitel 4 Abschnitt 1 gelten für alle Finanzholdinggesellschaften und gemischten Unternehmen mit Sitz in der Gemeinschaft.
3. Die Unternehmen, die nach Artikel 2 dauerhaft ausgeschlossen sind, werden – mit Ausnahme der Zentralbanken der Mitgliedstaaten – für die Anwendung von Artikel 39 und Titel V Kapitel 4 Abschnitt 1 wie Finanzinstitute behandelt.

### Artikel 2

Diese Richtlinie gilt nicht für:
- die Zentralbanken der Mitgliedstaaten,
- Postscheckämter,
- in Belgien das „Institut de Réescompte et de Garantie/Herdiscontering- en Waarborginstituut",
- in Dänemark den „Dansk Eksportfinansieringsfond", den „Danmarks Skibskreditfond", den „Dansk Landbrugs Realkreditfond" und den „KommuneKredit",
- in Deutschland die „Kreditanstalt für Wiederaufbau", Unternehmen, die auf Grund des Wohnungsgemeinnützigkeitsgesetzes als Organe der staatlichen Wohnungspolitik anerkannt sind und nicht überwiegend Bankgeschäfte betreiben, sowie Unternehmen, die auf Grund dieses Gesetzes als gemeinnützige Wohnungsunternehmen anerkannt sind,
- in Griechenland die „Ταμείο Παρακαταθηκών καὶ Δανείων (Tamio Parakatathikon kai Danion),"

- in Spanien das „Instituto de Crédito Oficial",
- in Frankreich die „Caisse des dépôts et consignations",
- in Irland die „credit unions" und „friendly societies",
- in Italien die „Cassa depositi e prestiti",
- in Lettland die „krājaizdevu sabiedrības", d. h. die Unternehmen, die nach dem „krājaizdevu sabiedrību likums" als genossenschaftliche Unternehmen anerkannt sind, die Finanzdienstleistungen nur ihren Mitgliedern anbieten,
- in Litauen andere „kredito unijos" als der „Centrinė kredito unija",
- in Ungarn die „Magyar Fejlesztési Bank Rt." und die „Magyar Export-Import Bank Rt.",
- in den Niederlanden die „Nederlandse Investeringsbank voor Ontwikkelingslanden NV", die „NV Noordelijke Ontwikkelingsmaatschappij", die „NV Industriebank Limburgs Instituut voor Ontwikkeling en Financiering" und die „Overijsselse Ontwikkelingsmaatschappij NV",
- in Österreich Unternehmen, die als gemeinnützige Bauvereine anerkannt sind, und die „Österreichische Kontrollbank AG",
- in Polen die „Spółdzielcze Kasy Oszczędnościowo-Kreditowe" und die „Bank Gospodarstwa Krajowego".
- in Portugal die „Caixas Económicas", die seit dem 1. Januar 1986 bestehen, mit Ausnahme derjenigen, die die Form von Aktiengesellschaften haben, und der „Caixa Económica Montepio Geral",
- in Finnland die „Teollisen yhteistyön rahasto Oy/Fonden för industriellt samarbete AB" und die „Finnvera Oyj/Finnvera Abp",
- in Schweden die „Svenska Skeppshypotekskassan",
- im Vereinigten Königreich die „National Savings Bank", die „Commonwealth Development Finance Company Ltd", die „Agricultural Mortgage Corporation Ltd", die „Scottish Agricultural Securities Corporation Ltd", die „Crown Agents for overseas governments and administrations", „credit unions" und „municipal banks".

**Artikel 3**

1. Waren ein oder mehrere Kreditinstitute zum 15. Dezember 1977 im gleichen Mitgliedstaat niedergelassen und zu diesem Zeitpunkt ständig einer Zentralorganisation zugeordnet, die sie überwacht und die in dem betreffenden Mitgliedstaat niedergelassen ist, so können sie von den Anforderungen nach Artikel 7 und Artikel 11 Absatz 1 befreit werden, sofern spätestens zum 15. Dezember 1979 die nationalen Rechtsvorschriften vorgesehen haben, dass:
   a) die Verbindlichkeiten der Zentralorganisation und der ihr angeschlossenen Institute gemeinsame Verbindlichkeiten sind oder die Verbindlichkeiten der angeschlossenen Institute von der Zentralorganisation in vollem Umfang garantiert werden,
   b) die Zahlungsfähigkeit und die Liquidität der Zentralorganisation sowie aller angeschlossenen Institute insgesamt auf der Grundlage konsolidierter Abschlüsse überwacht werden,
   c) die Leiter der Zentralorganisation befugt sind, den Leitern der angeschlossenen Institute Weisungen zu erteilen.

Auf Kreditinstitute mit örtlichem Tätigkeitsfeld, die sich nach dem 15. Dezember 1977 gemäß Unterabsatz 1 ständig einer Zentralorganisation anschließen, können die unter Unterabsatz 1 festgelegten Bedingungen angewandt werden, wenn es sich um eine normale Erweiterung des von dieser Zentralorganisation abhängigen Netzes handelt.

Im Falle von anderen Kreditinstituten als diejenigen, die in neu eingedeichten Gebieten errichtet werden bzw. aus der Verschmelzung von bereits bestehenden, der Zentralorganisation unterstehenden Instituten hervorgegangen sind oder die von solchen abgetrennt wurden, kann die Kommission gemäß dem in Artikel 151 Absatz 2 genannten Verfahren zusätzliche Vorschriften für die Anwendung des Unterabsatzes 2 festlegen, die auch den

Widerruf von den in Unterabsatz 1 genannten Ausnahmen umfassen können, wenn sie der Auffassung ist, dass die Eingliederung neuer Institute, die von den in Unterabsatz 2 genannten Vereinbarungen profitieren, unter Umständen negative Auswirkungen auf den Wettbewerb zeitigt.

2. Die in Absatz 1 Unterabsatz 1 genannten Kreditinstitute können ebenfalls von der Anwendung der Artikel 9 und 10 und des Titels V Kapitel 2 Abschnitte 2, 3, 4, 5 und 6 sowie des Kapitels 3 ausgenommen werden, sofern die Gesamtheit, bestehend aus der Zentralorganisation und den ihr zugeordneten Kreditinstituten – unbeschadet der Anwendung der genannten Vorschriften auf die Zentralorganisation selbst –, diesen Vorschriften auf konsolidierter Basis unterliegt.

Bei derartigen Ausnahmen sind die Artikel 16, 23, 24 und 25, der Artikel 26 Absätze 1 bis 3 und die Artikel 28 bis 37 auf die aus der Zentralorganisation und den ihr zugeordneten Instituten bestehende Gesamtheit anzuwenden.

**Artikel 4**

Für die Zwecke dieser Richtlinie gelten die folgenden Begriffsbestimmungen:
1. „Kreditinstitut":
   a) ein Unternehmen, dessen Tätigkeit darin besteht, Einlagen oder andere rückzahlbare Gelder des Publikums entgegenzunehmen und Kredite für eigene Rechnung zu gewähren, oder
   b) ein E-Geld-Institut im Sinne der Richtlinie 2000/46/EG[1]);
2. „Zulassung": ein Hoheitsakt gleich welcher Form, der die Befugnis gibt, die Tätigkeit eines Kreditinstituts auszuüben;
3. „Zweigstelle": eine Betriebsstelle, die einen rechtlich unselbständigen Teil eines Kreditinstituts bildet und unmittelbar sämtliche Geschäfte oder einen Teil der Geschäfte betreibt, die mit der Tätigkeit eines Kreditinstituts verbunden sind;
4. „zuständige Behörden": diejenigen nationalen Behörden, die aufgrund von Rechts- oder Verwaltungsvorschriften die Beaufsichtigungsbefugnis über Kreditinstitute haben;
5. „Finanzinstitut": ein Unternehmen, das kein Kreditinstitut ist und dessen Haupttätigkeit darin besteht, Beteiligungen zu erwerben oder eines oder mehrere der Geschäfte zu betreiben, die unter den Nummern 2 bis 12 der im Anhang I enthaltenen Liste aufgeführt sind;
6. „Institute", für die Zwecke von Kapitel 2 Titel V Abschnitte 2 und 3: Institute im Sinne von Artikel 3 Absatz 1 Buchstabe c der Richtlinie 2006/49/EG;
7. „Herkunftsmitgliedstaat": der Mitgliedstaat, in dem gemäß den Artikeln 6 bis 9 und 11 bis 14 ein Kreditinstitut zugelassen ist;
8. „Aufnahmemitgliedstaat": der Mitgliedstaat, in dem ein Kreditinstitut eine Zweigstelle hat oder Dienstleistungen erbringt;
9. „Kontrolle": das Verhältnis zwischen einer Muttergesellschaft und einer Tochtergesellschaft, gemäß der Definition in Artikel 1 der Richtlinie 83/349/EWG, oder ein gleich geartetes Verhältnis zwischen einer natürlichen oder juristischen Person und einem Unternehmen;
10. „Beteiligung" für die Zwecke des Artikels 57 Buchstabe o und p, der Artikel 71 bis 73 und des Kapitels 4 Titel V: eine Beteiligung im Sinne von Artikel 17 Satz 1 der Vierten Richtlinie 78/660/EWG des Rates vom 25. Juli 1978 über Jahresabschlüsse bestimmter Arten von Unternehmen[2]) oder das direkte oder indirekte

---

1) **Amtl. Anm.**: Richtlinie 2000/46/EG des Europäischen Parlaments und des Rates vom 18. September 2000 über die Aufnahme, Ausübung und Beaufsichtigung der Tätigkeit von E-Geld-Instituten (ABl L 275 vom 27. 10. 2000, S. 39).
2) **Amtl. Anm.**: ABl L 222 vom 14. 8. 1978, S. 11. Zuletzt geändert durch die Richtlinie 2003/51/EG.

Halten von mindestens 20 % der Stimmrechte oder des Kapitals an einem Unternehmen;

11. „qualifizierte Beteiligung": das direkte oder indirekte Halten von wenigstens 10 % des Kapitals oder der Stimmrechte eines Unternehmens oder die Möglichkeit der Wahrnehmung eines maßgeblichen Einflusses auf seine Geschäftsführung;

12. „Mutterunternehmen":

    a) ein Mutterunternehmen im Sinne der Artikel 1 und 2 der Richtlinie 83/349/EWG, oder

    b) für die Zwecke der Artikel 71 bis 73 und des Titels V Kapitel 2 Abschnitt 5 und Kapitel 4 ein Mutterunternehmen im Sinne von Artikel 1 Absatz 1 der Richtlinie 83/349/EWG sowie jedes Unternehmen, das nach Auffassung der zuständigen Behörden tatsächlich einen beherrschenden Einfluss auf ein anderes Unternehmen ausübt;

13. „Tochterunternehmen":

    a) ein Tochterunternehmen im Sinne der Artikel 1 und 2 der Richtlinie 83/349/EWG;

    b) für die Zwecke der Artikel 71 bis 73 und des Titels V Kapitel 2 Abschnitt 5 und Kapitel 4 ein Tochterunternehmen im Sinne von Artikel 1 Absatz 1 der Richtlinie 83/349/EWG sowie jedes Unternehmen, auf das ein Mutterunternehmen nach Auffassung der zuständigen Behörden tatsächlich einen beherrschenden Einfluss ausübt.

    Jedes Tochterunternehmen eines Tochterunternehmens wird auch als Tochterunternehmen des Mutterunternehmens, das sich an der Spitze dieser Unternehmen befindet, betrachtet;

14. „Mutterkreditinstitut in einem Mitgliedstaat": ein Kreditinstitut, das ein Kredit- oder Finanzinstitut als Tochter hat oder eine Beteiligung an einem solchen hält und selbst nicht Tochtergesellschaft eines anderen, in demselben Mitgliedstaat zugelassenen Kreditinstituts oder einer in demselben Mitgliedstaat errichteten Finanzholdinggesellschaft ist;

15. „Mutterfinanzholdinggesellschaft in einem Mitgliedstaat": eine Finanzholdinggesellschaft, die nicht Tochtergesellschaft eines in demselben Mitgliedstaat zugelassenen Kreditinstituts oder einer in demselben Mitgliedstaat errichteten Finanzholdinggesellschaft ist;

16. „EU-Mutterkreditinstitut": ein Mutterkreditinstitut in einem Mitgliedstaat, das nicht Tochtergesellschaft eines anderen, in einem der Mitgliedstaaten zugelassenen Kreditinstituts oder einer in einem der Mitgliedstaaten errichteten Finanzholdinggesellschaft ist;

17. „EU-Mutterfinanzholdinggesellschaft": eine Mutterfinanzholdinggesellschaft in einem Mitgliedstaat, die nicht Tochtergesellschaft eines in einem der Mitgliedstaaten zugelassenen Kreditinstituts ist oder einer in einem der Mitgliedstaaten errichteten anderen Finanzholdinggesellschaft ist;

18. „öffentliche Stellen": Nicht-gewerbliche Verwaltungseinrichtungen, die von Zentralstaaten, Gebietskörperschaften oder von Behörden, die in den Augen der zuständigen Behörden die gleichen Aufgaben wie regionale und lokale Behörden wahrnehmen, getragen werden, oder im Besitz von Zentralstaaten befindliche Unternehmen ohne Erwerbszweck, für die eine einer ausdrücklichen Garantie gleichstehende Haftung gilt, einschließlich selbst verwalteter Einrichtungen des öffentlichen Rechts, die einer öffentlichen Beaufsichtigung unterliegen;

19. „Finanzholdinggesellschaft": ein Finanzinstitut, das keine gemischte Finanzholdinggesellschaft im Sinne des Artikels 2 Absatz 15 der Richtlinie 2002/87/EG[1]) ist und dessen Tochterunternehmen ausschließlich oder hauptsächlich Kreditinstitute oder andere Finanzinstitute sind, wobei mindestens eines dieser Tochterunternehmen ein Kreditinstitut ist;
20. „gemischtes Unternehmen": ein Mutterunternehmen, das keine Finanzholdinggesellschaft, kein Kreditinstitut und keine gemischte Finanzholdinggesellschaft im Sinne des Artikels 2 Absatz 15 der Richtlinie 2002/87/EG ist und zu dessen Tochterunternehmen mindestens ein Kreditinstitut gehört;
21. „Anbieter von Nebendienstleistungen": ein Unternehmen, dessen Haupttätigkeit die Immobilienverwaltung, die Verwaltung von Rechenzentren oder ähnliche Tätigkeiten umfasst und die den Charakter einer Nebentätigkeit im Verhältnis zur Haupttätigkeit eines oder mehrerer Kreditinstitute hat;
22. „operationelles Risiko": das Risiko von Verlusten, die durch die Unangemessenheit oder das Versagen von internen Verfahren, Menschen und Systemen oder durch externe Ereignisse verursacht werden, einschließlich Rechtsrisiken;
23. „Zentralbanken" schließen soweit nichts anderes angegeben ist auch die Europäische Zentralbank ein;
24. „Verwässerungsrisiko": das Risiko, dass sich ein Forderungsbetrag einer angekauften Forderung durch bare oder unbare Ansprüche des Forderungsschuldners vermindert;
25. „Ausfallwahrscheinlichkeit": Wahrscheinlichkeit des Ausfalls einer Gegenpartei im Laufe eines Jahres;
26. „Verlust" im Sinne von Titel V Kapitel 2 Abschnitt 3: wirtschaftlicher Verlust einschließlich wesentlicher Diskontierungseffekte sowie wesentlicher direkter und indirekter Kosten der Beitreibung;
27. „Verlustquote bei Ausfall (LGD)": Höhe des Verlusts in Prozent der Forderung zum Zeitpunkt des Ausfalls der Gegenpartei;
28. „Umrechnungsfaktor": Verhältnis zwischen dem gegenwärtig nicht in Anspruch genommenen Betrag einer Zusage, der bei Ausfall in Anspruch genommen sein und ausstehen wird, zu dem gegenwärtig nicht in Anspruch genommenen Betrag dieser Zusage, wobei sich der Umfang der Zusage nach dem mitgeteilten Limit bestimmt, es sei denn, das nicht mitgeteilte Limit ist höher;
29. „Erwarteter Verlust (EL)" im Sinne von Titel V Kapitel 2 Abschnitt 3: Höhe des Verlusts, der bei einem etwaigen Ausfall der Gegenpartei oder bei Verwässerung im Laufe eines Jahres zu erwarten ist, in Prozent der Forderung zum Zeitpunkt des Ausfalls;
30. „Kreditrisikominderung": ein Verfahren, das ein Kreditinstitut einsetzt, um das mit einer oder mehreren Forderungen seines Bestands verbundene Kreditrisiko herabzusetzen;
31. „Besicherung mit Sicherheitsleistung": Verfahren der Kreditrisikominderung, bei dem sich das mit der Forderung eines Kreditinstituts verbundene Kreditrisiko dadurch vermindert, dass das Institut das Recht hat, bei Ausfall der Gegenpartei oder bei bestimmten anderen, mit der Gegenpartei zusammenhängenden Kreditereignissen bestimmte Vermögensgegenstände oder Beträge zu verwerten, ihren Transfer oder ihre Bereitstellung zu erwirken oder sie einzubehalten oder aber den Forderungsbetrag auf die Differenz zwischen dem Forderungsbetrag und dem Betrag einer Forderung gegen das Kreditinstitut herabzusetzen bzw. diesen durch diese Differenz zu ersetzen;

---

1) **Amtl. Anm.:** Richtlinie 2002/87/EG des Europäischen Parlaments und des Rates vom 16. Dezember 2002 über die zusätzliche Beaufsichtigung der Kreditinstitute, Versicherungsunternehmen und Wertpapierfirmen eines Finanzkonglomerats (ABl L 35 vom 11.2.2003, S. 1). Geändert durch die Richtlinie 2005/1/EG.

32. „Absicherung ohne Sicherheitsleistung": Verfahren der Kreditrisikominderung, bei dem sich das mit der Forderung eines Kreditinstituts verbundene Kreditrisiko durch die Zusage eines Dritten vermindert, bei Ausfall der Gegenpartei oder bestimmten anderen Kreditereignissen eine Zahlung zu leisten;
33. „Pensionsgeschäft": jedes Geschäft im Rahmen einer Vereinbarung, die unter die Definition von „Pensionsgeschäft" oder „umgekehrtes Pensionsgeschäft" des Artikels 3 Absatz 1 Buchstabe m der Richtlinie 2006/49/EG fällt;
34. „Wertpapier- oder Warenleihgeschäft": jedes Geschäft, das unter die Definition von „Wertpapierverleihgeschäft", „Warenverleihgeschäft", „Wertpapierleihgeschäft" oder „Warenleihgeschäft" des Artikels 3 Absatz 1 Buchstabe n der Richtlinie 2006/49/EG fällt;
35. „bargeldnahes Instrument": ein vom ausleihenden Kreditinstitut ausgestelltes Einlagenzertifikat oder ähnliches Instrument;
36. „Verbriefung": Transaktion oder Struktur mit nachstehend genannten Charakteristika, bei dem das mit einer Forderung oder einem Pool von Forderungen verbundene Kreditrisiko in Tranchen unterteilt wird:
    a) die im Rahmen dieser Transaktion oder dieser Struktur getätigten Zahlungen hängen von der Erfüllung der Forderung oder der im Pool enthaltenen Forderungen ab, und
    b) die Rangfolge der Tranchen entscheidet über die Verteilung der Verluste während der Laufzeit der Transaktion oder der Struktur;
37. „traditionelle Verbriefung": Verbriefung, bei der die verbrieften Forderungen wirtschaftlich auf eine Zweckgesellschaft übertragen werden, welche Wertpapiere emittiert. Dabei überträgt das originierende Kreditinstitut das Eigentum an den verbrieften Forderungen oder gibt Unterbeteiligungen ab. Die ausgegebenen Wertpapiere stellen für das originierende Kreditinstitut keine Zahlungsverpflichtung dar;
38. „synthetische Verbriefung": Verbriefung, bei der die Unterteilung in Tranchen durch Kreditderivate oder Garantien erreicht wird und der Forderungspool in der Bilanz des originierenden Kreditinstituts verbleibt;
39. „Tranche": vertraglich festgelegtes Segment des mit ein oder mehreren Forderungen verbundenen Kreditrisikos, wobei eine Position in diesem Segment – lässt man Sicherheiten, die von Dritten direkt für die Inhaber von Positionen in diesem oder anderen Segmenten gestellt werden, außer Acht – mit einem größeren oder geringeren Verlustrisiko behaftet ist als eine Position gleicher Höhe in jedem anderen dieser Segmente;
40. „Verbriefungsposition": eine Risikoposition in einer Verbriefung;
41. „Originator":
    a) ein Unternehmen, das entweder selbst oder über verbundene Unternehmen direkt oder indirekt an der ursprünglichen Vereinbarung beteiligt war, die die Verpflichtungen oder potenziellen Verpflichtungen des Schuldners bzw. potenziellen Schuldners begründet und deren Forderungen nun Gegenstand der Verbriefung sind, oder
    b) ein Unternehmen, das Forderungen eines Dritten erwirbt, diese in seiner Bilanz ausweist und dann verbrieft;
42. „Sponsor": Kreditinstitut, bei dem es sich nicht um einen Originator handelt, das ein forderungsgedecktes Geldmarktpapier-Programm oder ein anderes Verbriefungsprogramm, bei dem Forderungen Dritter aufgekauft werden, auflegt und verwaltet;
43. „Bonitätsverbesserung": vertragliche Vereinbarung, durch die die Kreditqualität einer Verbriefungsposition gegenüber einem Stand ohne eine solche Vereinbarung verbessert wird; dazu zählen auch Verbesserungen, die durch nachrangigere Verbriefungstranchen und andere Arten der Besicherung erzielt werden;

44. „Zweckgesellschaft": eine Treuhandgesellschaft oder ein sonstiges Unternehmen, die kein Kreditinstitut ist und zur Durchführung einer oder mehrerer Verbriefungen errichtet wurde, deren Tätigkeit auf das zu diesem Zweck Notwendige beschränkt ist, deren Struktur darauf ausgelegt ist, die eigenen Verpflichtungen von denen des originierenden Kreditinstituts zu trennen, und deren wirtschaftliche Eigentümer die damit verbundenen Rechte uneingeschränkt verpfänden oder veräußern können;

45. „Gruppe verbundener Kunden":
    a) zwei oder mehr natürliche oder juristische Personen, die – wenn nicht das Gegenteil nachgewiesen wird – im Hinblick auf den Kredit insofern eine Einheit bilden, als eine von ihnen zu einer direkten oder indirekten Kontrolle über die andere oder die anderen befugt ist;
    b) zwei oder mehr natürliche oder juristische Personen, zwischen denen kein Kontrollverhältnis gemäß Buchstabe a besteht, die aber im Hinblick auf den Kredit als Einheit anzusehen sind, da zwischen ihnen Abhängigkeiten bestehen, die es wahrscheinlich erscheinen lassen, dass, wenn einer dieser Kunden in finanzielle Schwierigkeiten gerät, die anderen oder alle auf Rückzahlungsschwierigkeiten stoßen;

46. „enge Verbindung": eine Situation, in der zwei oder mehr natürliche oder juristische Personen auf eine der folgenden Weisen miteinander verbunden sind:
    a) über eine Beteiligung in Form des direkten Haltens oder des Haltens im Wege der Kontrolle von mindestens 20 % der Stimmrechte oder des Kapitals an einem Unternehmen;
    b) durch Kontrolle;
    c) aufgrund der Tatsache, dass beide oder alle über ein Kontrollverhältnis dauerhaft mit ein und derselben dritten Person verbunden sind;

47. „anerkannte Börsen": Börsen, die von den zuständigen Behörden als solche anerkannt sind und die folgenden Bedingungen erfüllen:
    a) sie haben einen regelmäßigen Geschäftsbetrieb, oder
    b) sie verfügen über eine von den betreffenden Behörden des Börsensitzlandes erlassene oder genehmigte Börsenordnung, in der die Bedingungen für den Börsenbetrieb und den Börsenzugang sowie die Voraussetzungen festgelegt sind, die ein Kontrakt erfüllen muss, um tatsächlich an der Börse gehandelt werden zu können, und
    c) sie verfügen über einen Clearingmechanismus, der für die in Anhang IV aufgeführten Geschäfte die tägliche Berechnung der Einschussforderungen vorsieht und damit nach Auffassung der zuständigen Behörden einen angemessenen Schutz bietet.

### Artikel 5

Die Mitgliedstaaten untersagen Personen oder Unternehmen, die keine Kreditinstitute sind, die Tätigkeit der Entgegennahme von Einlagen oder anderen rückzahlbaren Geldern des Publikums gewerbsmäßig zu betreiben.

Von Absatz 1 ausgenommen ist die Entgegennahme von Einlagen oder anderen rückzahlbaren Geldern durch einen Mitgliedstaat, durch Gebietskörperschaften eines Mitgliedstaats oder durch öffentliche internationale Einrichtungen, denen ein oder mehrere Mitgliedstaaten angehören, sowie für die in den nationalen und gemeinschaftlichen Rechtsvorschriften ausdrücklich genannten Fälle, sofern diese Tätigkeiten Regelungen und Kontrollen unterworfen sind, die den Schutz von Einlegern und Anlegern bezwecken und auf diese Fälle anwendbar sind.

## Titel II: Bedingungen für die Aufnahme der Tätigkeit der Kreditinstitute und Ihre Ausübung

### Artikel 6

Die Mitgliedstaaten sehen vor, dass die Kreditinstitute vor Aufnahme ihrer Tätigkeit eine Zulassung erhalten müssen. Unbeschadet der Artikel 7 bis 12 legen sie die Zulassungsbedingungen fest und teilen sie der Kommission mit.

### Artikel 7

Die Mitgliedstaaten sehen vor, dass dem Zulassungsantrag ein Geschäftsplan beizufügen ist, aus dem insbesondere die Art der geplanten Geschäfte und der organisatorische Aufbau des Kreditinstituts hervorgehen.

### Artikel 8

Die Mitgliedstaaten dürfen nicht vorsehen, dass bei der Prüfung des Zulassungsantrags auf die wirtschaftlichen Bedürfnisse des Marktes abgestellt wird.

### Artikel 9

1. Unbeschadet anderer allgemeiner Bedingungen, die nationale Rechtsvorschriften vorsehen, erteilen die zuständigen Behörden keine Zulassung, wenn das Kreditinstitut nicht über getrennte Eigenmittel verfügt oder wenn das Anfangskapital weniger als 5 Millionen EUR beträgt.

Das „Anfangskapital" umfasst Kapital und Rücklagen im Sinne von Artikel 57 Buchstaben a und b.

Die Mitgliedstaaten können die weitere Tätigkeit der bereits am 15. Dezember 1979 bestehenden Kreditinstitute, welche die Bedingung hinsichtlich der getrennten Eigenmittel nicht erfüllen, zulassen. Sie können diese Unternehmen von der Pflicht befreien, die Bedingung von Artikel 11 Absatz 1 Unterabsatz 1 zu erfüllen.

2. Besondere Kategorien von Kreditinstituten, deren Anfangskapital geringer als der in Absatz 1 genannte Betrag ist, können von den Mitgliedstaaten jedoch unter folgenden Bedingungen zugelassen werden:

a) Das Anfangskapital beträgt mindestens 1 Million EUR.

b) Die betreffenden Mitgliedstaaten teilen der Kommission mit, aus welchen Gründen sie von dieser Möglichkeit Gebrauch machen, und

c) Jedes Kreditinstitut, das nicht über das in Absatz 1 angegebene Mindestkapital verfügt, wird namentlich in der in Artikel 14 genannten Liste aufgeführt.

### Artikel 10

1. Die Eigenmittel eines Kreditinstituts dürfen das gemäß Artikel 9 bei seiner Zulassung geforderte Anfangskapital nicht unterschreiten.

2. Die Mitgliedstaaten können beschließen, dass die Kreditinstitute, die am 1. Januar 1993 bereits bestanden, deren Eigenmittel jedoch die in Artikel 9 für das Anfangskapitel festgesetzten Beträge nicht erreichten, ihre Tätigkeiten weiterhin ausüben können. In diesem Fall dürfen die Eigenmittel nicht unter den am 22. Dezember 1989 erreichten Höchstbetrag absinken.

3. Wenn die Kontrolle über ein Kreditinstitut, welches unter die in Absatz 2 genannte Gruppe fällt, von einer anderen natürlichen oder juristischen Person als derjenigen übernommen wird, welche zuvor die Kontrolle über das Kreditinstitut ausgeübt hat, so müssen die Eigenmittel dieses Kreditinstituts mindestens den in Artikel 9 für das Anfangskapital genannten Betrag erreichen.

4. Unter bestimmten besonderen Umständen und mit Einverständnis der zuständigen Behörden dürfen bei einem Zusammenschluss von zwei oder mehreren Kreditinstituten, die unter die in Absatz 2 genannte Gruppe fallen, die Eigenmittel des aus dem Zusammenschluss hervorgehenden Kreditinstituts so lange nicht unter den zum Zeitpunkt des

Zusammenschlusses vorhandenen Gesamtbetrag der Eigenmittel der zusammen geschlossenen Kreditinstitute absinken, wie die in Artikel 9 genannten Beträge nicht erreicht worden sind.

5. Sollten die Eigenmittel in den in den Absätzen 1, 2 und 4 genannten Fällen abnehmen, können die zuständigen Behörden, sofern es die Umstände rechtfertigen, eine begrenzte Frist einräumen, damit das betreffende Kreditinstitut seine Lage mit den geltenden Vorschriften in Einklang bringen oder seine Tätigkeit einstellen kann.

**Artikel 11**

1. Die zuständigen Behörden erteilen dem Kreditinstitut die Zulassung nur unter der Bedingung, dass die Zahl der Personen, welche die Geschäftstätigkeit des Kreditinstituts tatsächlich bestimmen, mindestens zwei beträgt.

Sie erteilen die Zulassung nicht, wenn diese Personen nicht die notwendige Zuverlässigkeit oder angemessene Erfahrung besitzen, um diese Aufgaben wahrzunehmen.

2. Die Mitgliedstaaten verlangen, dass

a) sich bei Kreditinstituten, bei denen es sich um juristische Personen handelt und die gemäß dem für sie geltenden nationalen Recht einen satzungsmäßigen Sitz haben, die Hauptverwaltung im gleichen Mitgliedstaat befindet wie dieser Sitz, und

b) sich bei anderen Kreditinstituten die Hauptverwaltung in dem Mitgliedstaat befindet, der die Zulassung erteilt hat und in dem sie effektiv tätig sind.

**Artikel 12**

1. Die zuständigen Behörden erteilen die Zulassung für die Aufnahme der Tätigkeit eines Kreditinstituts nur, wenn ihnen die Identität und der Beteiligungsbetrag der direkten oder indirekten Aktionäre oder Gesellschafter, die als juristische oder natürliche Personen eine qualifizierte Beteiligung an dem Kreditinstitut halten, mitgeteilt wurden.

Bei der Bestimmung einer qualifizierten Beteiligung im Rahmen dieses Artikels werden die in Artikel 92 der Richtlinie 2001/34/EG des Europäischen Parlaments und des Rates vom 28. Mai 2001 über die Zulassung von Wertpapieren zur amtlichen Börsennotierung und über die hinsichtlich dieser Wertpapiere zu veröffentlichenden Informationen[1] erwähnten Stimmrechte berücksichtigt.

2. Die zuständigen Behörden erteilen die Zulassung nicht, wenn sie nicht davon überzeugt sind, dass die Aktionäre oder Gesellschafter den im Interesse der Gewährleistung einer soliden und umsichtigen Führung des Kreditinstituts zu stellenden Ansprüchen genügen.

3. Bestehen zwischen dem Kreditinstitut und anderen natürlichen oder juristischen Personen enge Verbindungen, so erteilen die zuständigen Behörden die Zulassung nur dann, wenn diese Verbindungen sie nicht bei der ordnungsgemäßen Erfüllung ihrer Beaufsichtigungsaufgabe behindern.

Ferner erteilen die zuständigen Behörden die Zulassung nicht, wenn sie bei der ordnungsgemäßen Erfüllung ihrer Beaufsichtigungsaufgabe durch die Rechts- und Verwaltungsvorschriften eines Drittlandes, denen eine oder mehrere natürliche oder juristische Personen unterstehen, zu denen das Kreditinstitut enge Verbindungen besitzt, oder durch Schwierigkeiten bei deren Anwendung behindert werden.

Die zuständigen Behörden verlangen, dass die Kreditinstitute ihnen die angeforderten Angaben übermitteln, damit sie sich davon überzeugen können, dass die Bedingungen dieses Absatzes auf Dauer erfüllt werden.

**Artikel 13**

Jede Entscheidung, die Zulassung nicht zu erteilen, wird begründet und dem Antragsteller binnen sechs Monaten nach Eingang des Antrags oder, wenn dieser unvollständig ist, binnen sechs Monaten nach Übermittlung der für den Beschluss erforderlichen An-

---

1) **Amtl. Anm.:** ABl L 184 vom 6. 7. 2001, S. 1. Zuletzt geändert durch die Richtlinie 2005/1/EG.

gaben durch den Antragsteller bekannt gegeben. Auf jeden Fall wird binnen zwölf Monaten nach Antragseingang entschieden.

### Artikel 14
Jede Zulassung wird der Kommission mitgeteilt.

Jedes Kreditinstitut, dem eine Zulassung erteilt wurde, wird namentlich in einer Liste aufgeführt. Die Kommission sorgt dafür, dass diese Liste im Amtsblatt der Europäischen Union veröffentlicht und auf dem jeweils neuesten Stand gehalten wird.

### Artikel 15
1. Bevor sie einem Kreditinstitut die Zulassung erteilt, konsultiert die zuständige Behörde in nachstehend genannten Fällen die zuständigen Behörden des anderen Mitgliedstaats:
   a) das betreffende Kreditinstitut ist ein Tochterunternehmen eines in einem anderen Mitgliedstaat zugelassenen Kreditinstituts;
   b) das betreffende Kreditinstitut ist ein Tochterunternehmen des Mutterunternehmens eines in einem anderen Mitgliedstaat zugelassenen Kreditinstituts, oder
   c) das betreffende Kreditinstitut wird von den gleichen natürlichen oder juristischen Personen kontrolliert wie ein in einem anderen Mitgliedstaat zugelassenes Kreditinstitut.

2. Bevor sie einem Kreditinstitut die Zulassung erteilt, konsultiert die zuständige Behörde in nachstehend genannten Fällen die für die Beaufsichtigung von Versicherungsunternehmen oder Wertpapierfirmen zuständige Behörde eines betroffenen Mitgliedstaats:
   a) das Kreditinstitut ist ein Tochterunternehmen eines in der Gemeinschaft zugelassenen Versicherungsunternehmens oder einer in der Gemeinschaft zugelassenen Wertpapierfirma;
   b) das Kreditinstitut ist ein Tochterunternehmen des Mutterunternehmens eines in der Gemeinschaft zugelassenen Versicherungsunternehmens oder einer in der Gemeinschaft zugelassenen Wertpapierfirma, oder
   c) das Kreditinstitut wird von derselben natürlichen oder juristischen Person kontrolliert wie ein in der Gemeinschaft zugelassenes Versicherungsunternehmen oder eine in der Gemeinschaft zugelassene Wertpapierfirma.

3. Die jeweils zuständigen Behörden im Sinne der Absätze 1 und 2 konsultieren einander insbesondere, wenn sie die Eignung der Aktionäre in Bezug auf die Ansprüche einer umsichtigen Geschäftsführung sowie den Leumund und die Erfahrung der Geschäftsleiter eines anderen Unternehmens derselben Gruppe überprüfen. Sie tauschen alle Informationen hinsichtlich Eignung der Aktionäre und des Leumunds und der Erfahrung der Geschäftsleiter aus, die für die Erteilung der Zulassung und die laufende Überprüfung der Einhaltung der Bedingungen für die Ausübung der Tätigkeit von Belang sind.

### Artikel 16
Die Aufnahmemitgliedstaaten dürfen für Zweigstellen von in anderen Mitgliedstaaten zugelassenen Kreditinstituten keine Zulassung sowie kein Dotationskapital verlangen. Die Errichtung und Überwachung dieser Zweigstellen erfolgen gemäß den Artikeln 22 und 25, Artikel 26 Absätze 1 bis 3, den Artikeln 29 bis 37 und Artikel 40.

### Artikel 17
1. Die zuständigen Behörden können einem Kreditinstitut die erteilte Zulassung nur dann entziehen, wenn das Institut:
   a) von der Zulassung binnen zwölf Monaten keinen Gebrauch macht, ausdrücklich auf sie verzichtet oder seit mehr als sechs Monaten seine Tätigkeit eingestellt hat, es sei denn, dass der betreffende Mitgliedstaat in diesen Fällen das Erlöschen der Zulassung vorsieht;

b) die Zulassung aufgrund falscher Erklärungen oder auf andere ordnungswidrige Weise erhalten hat;
c) die an die Zulassung geknüpften Voraussetzungen nicht mehr erfüllt;
d) nicht mehr über ausreichende Eigenmittel verfügt oder nicht mehr die Gewähr für die Erfüllung seiner Verpflichtungen gegenüber seinen Gläubigern, insbesondere für die Sicherheit der ihm anvertrauten Vermögenswerte, bietet;
e) wenn ein anderer in den nationalen Rechtsvorschriften vorgesehener Fall für den Entzug vorliegt, oder

2. Jeder Entzug einer Zulassung wird begründet und den Betroffenen mitgeteilt. Der Entzug wird der Kommission gemeldet.

### Artikel 18

Ungeachtet etwaiger Vorschriften des Aufnahmemitgliedstaats über die Verwendung der Worte „Bank", „Sparkasse" oder anderer Bankbezeichnungen können die Kreditinstitute für die Ausübung ihrer Tätigkeit im gesamten Gebiet der Gemeinschaft denselben Namen verwenden wie in ihrem Sitzland. Besteht die Gefahr einer Verwechslung, so können die Aufnahmeländer der Klarheit wegen einen erläuternden Zusatz zu der Bezeichnung vorschreiben.

### Artikel 19

1. Die Mitgliedstaaten schreiben vor, dass jede natürliche oder juristische Person, die beabsichtigt, an einem Kreditinstitut eine qualifizierte Beteiligung direkt oder indirekt zu halten, zuvor die zuständigen Behörden unterrichtet und den Betrag dieser Beteiligung mitteilt. Jede natürliche oder juristische Person unterrichtet ebenfalls die zuständigen Behörden, wenn sie beabsichtigt, den Betrag ihrer qualifizierten Beteiligung derart zu erhöhen, dass die Schwellen von 20 %, 33 % oder 50 % der Stimmrechte oder des Kapitals erreicht oder überschritten würden oder das Kreditinstitut ihr Tochterunternehmen würde.

Unbeschadet des Absatzes 2 können die zuständigen Behörden binnen einer Frist von höchstens drei Monaten ab der in den Unterabsätzen 1 und 2 vorgesehenen Unterrichtung Einspruch gegen diese Absicht erheben, wenn sie nicht davon überzeugt sind, dass die betreffende Person den im Interesse der Gewährleistung einer soliden und umsichtigen Führung des Kreditinstituts zu stellenden Ansprüchen genügt. Erheben die zuständigen Behörden keinen Einspruch, so können sie einen Termin festsetzen, bis zu dem diese Absichten verwirklicht werden müssen.

2. Soll eine Beteiligung im Sinne des Absatzes 1 von einem Kreditinstitut, einem Versicherungsunternehmen oder einer Wertpapierfirma, das/die in einem anderen Mitgliedstaat zugelassen ist, von dem Mutterunternehmen eines solchen Unternehmens oder von einer natürlichen oder juristischen Person, die ein solches Unternehmen kontrolliert, erworben werden und würde das Kreditinstitut, an dem die Beteiligung erworben werden soll, durch diesen Erwerb zu einem Tochterunternehmen des Erwerbers oder fiele unter seine Kontrolle, so geht der Bewertung des Erwerbs die in Artikel 15 vorgesehene Konsultation voraus.

### Artikel 20

Die Mitgliedstaaten schreiben vor, dass jede natürliche oder juristische Person, die beabsichtigt, ihre an einem Kreditinstitut direkt oder indirekt gehaltene qualifizierte Beteiligung aufzugeben, zuvor die zuständigen Behörden unterrichtet und den geplanten Betrag ihrer Beteiligung mitteilt. Jede natürliche oder juristische Person unterrichtet die zuständigen Behörden ebenfalls, wenn sie beabsichtigt, den Betrag ihrer qualifizierten Beteiligung derart zu senken, dass die Schwellen von 20 %, 33 % oder 50 % der Stimmrechte oder des Kapitals unterschritten würden oder das Kreditinstitut nicht mehr ihr Tochterunternehmen wäre.

## Artikel 21

1. Erhält ein Kreditinstitut Kenntnis davon, dass aufgrund eines Erwerbs oder einer Veräußerung einer Beteiligung an seinem Kapital die in Artikel 19 Absatz 1 und Artikel 20 genannten Schwellen über- oder unterschritten werden, so unterrichtet es die zuständigen Behörden über diesen Erwerb/diese Veräußerung.

Ferner unterrichtet es die zuständigen Behörden mindestens einmal jährlich über die Identität der Aktionäre oder Gesellschafter, die qualifizierte Beteiligungen halten, sowie über deren Betrag, wie er sich insbesondere aus den anlässlich der jährlichen Hauptversammlung der Aktionäre oder Gesellschafter getroffenen Feststellungen oder aus den im Rahmen der Pflichten der börsennotierten Gesellschaften erhaltenen Informationen ergibt.

2. Die Mitgliedstaaten schreiben vor, dass, falls der durch die in Artikel 19 Absatz 1 genannten Personen ausgeübte Einfluss sich zum Schaden einer umsichtigen und soliden Geschäftsführung des Instituts auswirken könnte, die zuständigen Behörden die erforderlichen Maßnahmen ergreifen, um diesen Zustand zu beenden. Diese Maßnahmen können in einstweiligen Verfügungen, Sanktionen für die Institutsleiter oder der Suspendierung des Stimmrechts für Aktien oder Anteile, die von den betreffenden Aktionären oder Gesellschaftern gehalten werden, bestehen.

Ähnliche Maßnahmen gelten für natürliche oder juristische Personen, die ihren in Artikel 19 Absatz 1 festgelegten Verpflichtungen zur vorherigen Unterrichtung nicht nachkommen.

Für den Fall, dass eine Beteiligung trotz Einspruchs der zuständigen Behörden erworben wurde, sehen die Mitgliedstaaten unbeschadet der von ihnen zu verhängenden Sanktionen vor, dass die entsprechenden Stimmrechte ausgesetzt werden oder dass die Stimmrechtsausübung ungültig ist oder für nichtig erklärt werden kann.

3. Bei der Bestimmung einer qualifizierten Beteiligung und der anderen in diesem Artikel genannten Beteiligungsquoten werden die in Artikel 92 der Richtlinie 2001/34/EG erwähnten Stimmrechte berücksichtigt.

## Artikel 22

1. Die zuständigen Behörden des Herkunftsmitgliedstaats verlangen, dass jedes Kreditinstitut über eine solide Unternehmenssteuerung verfügt, wozu eine klare Organisationsstruktur mit genau abgegrenzten, transparenten und kohärenten Verantwortungsbereichen, wirksame Verfahren zur Ermittlung, Steuerung, Überwachung und Meldung der Risiken, denen es ausgesetzt ist oder ausgesetzt sein könnte, sowie angemessene interne Kontrollmechanismen, einschließlich solider Verwaltungs- und Rechnungslegungsverfahren, zählen.

2. Die in Absatz 1 genannten Regeln, Verfahren und Mechanismen müssen umfassend und der Art, dem Umfang und der Komplexität der Geschäfte des Kreditinstituts angemessen sein. Sie tragen den in Anhang V festgelegten technischen Kriterien Rechnung.

## Titel III: Bestimmungen über die Niederlassungsfreiheit und den freien Dienstleistungsverkehr

### Abschnitt 1: Kreditinstitute

## Artikel 23

Die Mitgliedstaaten sehen vor, dass die in der Liste in Anhang I aufgeführten Tätigkeiten in ihrem Hoheitsgebiet gemäß Artikel 25, Artikel 26 Absätze 1 bis 3, Artikel 28 Absätze 1 und 2 sowie den Artikeln 29 bis 37 sowohl über eine Zweigstelle als auch im Wege des Dienstleistungsverkehrs von jedem Kreditinstitut ausgeübt werden können, das durch die zuständigen Behörden eines anderen Mitgliedstaats zugelassen ist und kontrolliert wird, soweit die betreffenden Tätigkeiten durch die Zulassung abgedeckt sind.

## Abschnitt 2: Finanzinstitute

### Artikel 24

1. Die Mitgliedstaaten sehen vor, dass die in der Liste im Anhang I aufgeführten Tätigkeiten in ihrem Hoheitsgebiet gemäß Artikel 25, Artikel 26 Absätze 1 bis 3, Artikel 28 Absätze 1 und 2 sowie den Artikeln 29 bis 37 sowohl über eine Zweigstelle als auch im Wege des Dienstleistungsverkehrs von jedem Finanzinstitut eines anderen Mitgliedstaats ausgeübt werden können, das ein Tochterunternehmen eines Kreditinstituts oder ein gemeinsames Tochterunternehmen mehrerer Kreditinstitute ist, dessen Satzung die Ausübung dieser Tätigkeiten gestattet und das alle nachfolgenden Voraussetzungen erfüllt:

a) Das (die) Mutterunternehmen ist (sind) in dem Mitgliedstaat, dessen Recht auf das Finanzinstitut Anwendung findet, als Kreditinstitut zugelassen;

b) die betreffenden Tätigkeiten werden tatsächlich im Hoheitsgebiet desselben Mitgliedstaats ausgeübt;

c) das (die) Mutterunternehmen hält (halten) mindestens 90 % der mit den Anteilen oder Aktien des Finanzinstituts verbundenen Stimmrechte;

d) die Muttergesellschaft(en) macht/machen gegenüber den zuständigen Behörden die umsichtige Geschäftsführung des Finanzinstituts glaubhaft und verbürgen sich mit Zustimmung der zuständigen Behörden ihres Herkunftsmitgliedstaats gesamtschuldnerisch für die von dem Finanzinstitut eingegangenen Verpflichtungen, und

e) das Finanzinstitut ist gemäß Titel V, Kapitel 4, Abschnitt 1 insbesondere für die in Frage kommenden Tätigkeiten tatsächlich in die dem (den) Mutterunternehmen auferlegte Beaufsichtigung auf konsolidierter Basis einbezogen, und zwar insbesondere hinsichtlich der in Artikel 75 festgelegten Mindesteigenmittelanforderungen, der Kontrolle der Großkredite und der in den Artikeln 120 bis 122 vorgesehenen Begrenzung der Beteiligung.

Die zuständigen Behörden des Herkunftsmitgliedstaats prüfen, ob diese Voraussetzungen erfüllt sind; in diesem Fall stellen sie dem Finanzinstitut eine Bescheinigung aus, welche der in den Artikeln 25 und 28 genannten Mitteilung beizufügen ist.

Die zuständigen Behörden des Herkunftsmitgliedstaats gewährleisten die Aufsicht über das Finanzinstitut gemäß Artikel 10 Absatz 1 und den Artikeln 19 bis 22, 40, 42 bis 52 und 54.

2. Wenn ein in Absatz 1 Unterabsatz 1 genanntes Finanzinstitut eine der festgelegten Voraussetzungen nicht mehr erfüllt, setzt der Herkunftsmitgliedstaat die zuständigen Behörden des Aufnahmemitgliedstaats hiervon in Kenntnis und die Tätigkeit des betreffenden Finanzinstituts fällt unter die Rechtsvorschriften des Aufnahmemitgliedstaats.

3. Die Absätze 1 und 2 finden auf Tochterunternehmen eines Finanzinstituts im Sinne von Absatz 1 Unterabsatz 1 entsprechende Anwendung.

## Abschnitt 3: Ausübung des Niederlassungsrechts

### Artikel 25

1. Jedes Kreditinstitut, das eine Zweigstelle im Hoheitsgebiet eines anderen Mitgliedstaats errichten möchte, teilt dies der zuständigen Behörde seines Herkunftsmitgliedstaats mit.

2. Die Mitgliedstaaten schreiben vor, dass ein Kreditinstitut, das eine Zweigstelle in einem anderen Mitgliedstaat errichten möchte, zusammen mit der Mitteilung gemäß Absatz 1 Folgendes anzugeben hat:

a) den Mitgliedstaat, in dessen Hoheitsgebiet es eine Zweigstelle errichten möchte;

b) einen Geschäftsplan, in dem insbesondere die Art der vorgesehenen Geschäfte und die Organisationsstruktur der Zweigstelle angegeben sind;

c) die Anschrift, unter der die Unterlagen des Kreditinstituts im Aufnahmemitgliedstaat angefordert werden können, und

d) die Namen der Personen, die die Geschäftsführung der Zweigstelle übernehmen sollen.

3. Sofern die zuständige Behörde des Herkunftsmitgliedstaats in Anbetracht des betreffenden Vorhabens keinen Grund hat, die Angemessenheit der Verwaltungsstrukturen und der Finanzlage des betreffenden Kreditinstituts anzuzweifeln, übermittelt sie die Angaben gemäß Absatz 2 innerhalb von drei Monaten nach Eingang sämtlicher Angaben der zuständigen Behörde des Aufnahmemitgliedstaats und teilt dies dem betreffenden Kreditinstitut mit.

Die zuständige Behörde des Herkunftsmitgliedstaats teilt ebenfalls die Höhe der Eigenmittel und die Summe der Eigenkapitalanforderungen nach Artikel 75 des Kreditinstituts mit.

Abweichend von Unterabsatz 2 teilt die zuständige Behörde des Herkunftsmitgliedstaats in dem in Artikel 24 genannten Fall die Höhe der Eigenmittel des Finanzinstituts und die Summe der konsolidierten Eigenmittelausstattung und der konsolidierten Eigenkapitalanforderungen nach Artikel 75 von dessen Mutterkreditinstitut mit.

4. Erweigert die zuständige Behörde des Herkunftsmitgliedstaats die Übermittlung der in Absatz 2 genannten Angaben an die zuständige Behörde des Aufnahmemitgliedstaats, so nennt sie dem betroffenen Kreditinstitut innerhalb von drei Monaten nach Eingang sämtlicher Angaben die Gründe dafür.

Bei einer solchen Weigerung oder bei Nichtäußerung können die Gerichte des Herkunftsmitgliedstaats angerufen werden.

### Artikel 26

1. Bevor die Zweigstelle des Kreditinstituts ihre Tätigkeiten aufnimmt, verfügt die zuständige Behörde des Aufnahmemitgliedstaats nach Eingang der in Artikel 25 genannten Mitteilung über einen Zeitraum von zwei Monaten zur Vorbereitung der Beaufsichtigung des Kreditinstituts gemäß Abschnitt 5 und gegebenenfalls zur Angabe der Bedingungen, die für die Ausübung dieser Tätigkeiten im Aufnahmemitgliedstaat aus Gründen des Allgemeininteresses gelten.

2. Nach Eingang einer Mitteilung der zuständigen Behörde des Aufnahmemitgliedstaats oder – bei Nichtäußerung – nach Ablauf der in Absatz 1 genannten Frist kann die Zweigstelle errichtet werden und ihre Tätigkeiten aufnehmen.

3. Im Fall einer Änderung des Inhalts von gemäß Artikel 25 Absatz 2 Buchstaben b, c oder d übermittelten Angaben teilt das Kreditinstitut den zuständigen Behörden im Herkunfts- und im Aufnahmemitgliedstaat die betreffende Änderung mindestens einen Monat vor deren Durchführung schriftlich mit, damit sich die zuständige Behörde des Herkunftsmitgliedstaats gemäß Artikel 25 und die zuständige Behörde des Aufnahmemitgliedstaats gemäß Absatz 1 des vorliegenden Artikels zu dieser Änderung äußern können.

4. Bei Zweigstellen, die ihre Tätigkeit gemäß den Vorschriften des Aufnahmemitgliedstaats bereits vor dem 1. Januar 1993 aufgenommen haben, wird vermutet, dass Gegenstand des in Artikel 25 und in den Absätzen 1 und 2 des vorliegenden Artikels vorgesehenen Verfahrens waren. Ab 1. Januar 1993 gelten für sie die Vorschriften von Absatz 3 des vorliegenden Artikels und der Artikel 23 und 34 sowie der Abschnitte 2 und 5.

### Artikel 27

Hat ein Kreditinstitut mit Sitz in einem anderen Mitgliedstaat in ein und demselben Mitgliedstaat mehrere Betriebsstellen errichtet, so werden diese als eine einzige Zweigstelle betrachtet.

## Abschnitt 4: Ausübung des freien Dienstleistungsverkehrs

### Artikel 28

1. Jedes Kreditinstitut, das seine Tätigkeiten erstmals im Hoheitsgebiet eines anderen Mitgliedstaats im Rahmen des freien Dienstleistungsverkehrs ausüben möchte, teilt der zuständigen Behörde des Herkunftsmitgliedstaats diejenigen in der Liste im Anhang I aufgeführten Tätigkeiten mit, die es ausüben möchte.

2. Die zuständige Behörde des Herkunftsmitgliedstaats bringt der zuständigen Behörde des Aufnahmemitgliedstaats die in Absatz 1 genannte Mitteilung innerhalb eines Monats nach deren Eingang zur Kenntnis.

3. Dieser Artikel beeinträchtigt nicht die von dem Kreditinstitut vor dem 1. Januar 1993 erworbenen Rechte zur Erbringung von Dienstleistungen.

## Abschnitt 5: Befugnisse der zuständigen Behörden des Aufnahmemitgliedstaats

### Artikel 29

Der Aufnahmemitgliedstaat kann für statistische Zwecke verlangen, dass jedes Kreditinstitut mit einer Zweigstelle in seinem Hoheitsgebiet den zuständigen Behörden des Aufnahmemitgliedstaats in regelmäßigen Abständen einen Bericht über die in seinem Hoheitsgebiet getätigten Geschäfte erstattet.

Der Aufnahmemitgliedstaat kann zwecks Ausübung der ihm gemäß Artikel 41 obliegenden Pflichten von den Zweigstellen von Kreditinstituten aus anderen Mitgliedstaaten die gleichen Informationen wie von den nationalen Kreditinstituten verlangen.

### Artikel 30

1. Stellen die zuständigen Behörden des Aufnahmemitgliedstaats fest, dass ein Kreditinstitut, das eine Zweigstelle in ihrem Hoheitsgebiet hat oder dort Dienstleistungen erbringt, die Rechtsvorschriften nicht beachtet, die in Anwendung der eine Zuständigkeit der Behörden des Aufnahmemitgliedstaats beinhaltenden Bestimmungen dieser Richtlinie von diesem Staat erlassen wurden, so fordern die Behörden das betreffende Kreditinstitut auf, die vorschriftswidrige Situation zu beenden.

2. Kommt das Kreditinstitut der Aufforderung nicht nach, so setzen die zuständigen Behörden des Aufnahmemitgliedstaats die zuständigen Behörden des Herkunftsmitgliedstaats davon in Kenntnis.

Die zuständigen Behörden des Herkunftsmitgliedstaats treffen unverzüglich die geeigneten Maßnahmen, damit das betreffende Kreditinstitut die vorschriftswidrige Situation beendet. Die Art dieser Maßnahmen ist den zuständigen Behörden des Aufnahmemitgliedstaats mitzuteilen.

3. Verletzt das Kreditinstitut trotz der vom Herkunftsmitgliedstaat getroffenen Maßnahmen – oder wenn sich die betreffenden Maßnahmen als unzureichend erweisen oder der betreffende Staat keine Maßnahmen getroffen hat – weiter die in Absatz 1 genannten Rechtsvorschriften des Aufnahmemitgliedstaats, so kann dieser nach Unterrichtung der zuständigen Behörden des Herkunftsmitgliedstaats geeignete Maßnahmen ergreifen, um weitere Unregelmäßigkeiten zu verhindern oder zu ahnden; soweit erforderlich, kann er auch die Aufnahme neuer Geschäftstätigkeiten durch dieses Kreditinstitut in seinem Hoheitsgebiet untersagen. Die Mitgliedstaaten sorgen dafür, dass die für diese Maßnahmen erforderlichen Schriftstücke in ihrem Hoheitsgebiet den Kreditinstituten zugestellt werden können.

### Artikel 31

Die Artikel 29 und 30 berühren nicht die Befugnis des Aufnahmemitgliedstaats, geeignete Maßnahmen zu ergreifen, um Unregelmäßigkeiten in seinem Gebiet zu verhindern oder zu ahnden, die den gesetzlichen Bestimmungen zuwiderlaufen, die er aus Gründen des Allgemeininteresses erlassen hat. Dies umfasst auch die Möglichkeit, einem Kreditinstitut, bei dem Unregelmäßigkeiten vorkommen, die Aufnahme neuer Geschäftstätigkeiten in seinem Hoheitsgebiet zu untersagen.

**Artikel 32**

Jede Maßnahme gemäß Artikel 30 Absätze 2 und 3 oder Artikel 31, die Sanktionen und Einschränkungen des Dienstleistungsverkehrs enthält, wird ordnungsgemäß begründet und dem betreffenden Kreditinstitut mitgeteilt. Gegen jede dieser Maßnahmen können die Gerichte des Mitgliedstaats angerufen werden, von dem sie getroffen wurden.

**Artikel 33**

In dringenden Fällen können die zuständigen Behörden des Aufnahmemitgliedstaats vor der Einleitung des in Artikel 30 vorgesehenen Verfahrens die Sicherungsmaßnahmen ergreifen, die zum Schutz der Interessen der Einleger, Investoren oder sonstigen Personen, denen Dienstleistungen erbracht werden, notwendig sind. Die Kommission und die zuständigen Behörden der anderen interessierten Mitgliedstaaten werden von solchen Maßnahmen umgehend unterrichtet.

Die Kommission kann nach Anhörung der zuständigen Behörden der interessierten Mitgliedstaaten beschließen, dass der betreffende Mitgliedstaat die Maßnahmen zu ändern oder aufzuheben hat.

**Artikel 34**

Der Aufnahmemitgliedstaat kann in Ausübung der ihm kraft dieser Richtlinie übertragenen Befugnisse geeignete Maßnahmen treffen, um Unregelmäßigkeiten in seinem Hoheitsgebiet zu ahnden oder zu verhindern. Dies umfasst die Möglichkeit, einem Kreditinstitut, bei dem Unregelmäßigkeiten vorkommen, die Aufnahme neuer Geschäftstätigkeiten in seinem Hoheitsgebiet zu untersagen.

**Artikel 35**

Bei Widerruf der Zulassung werden die zuständigen Behörden des Aufnahmemitgliedstaats davon unterrichtet; sie treffen entsprechende Maßnahmen, damit das betreffende Kreditinstitut nicht neue Tätigkeiten im Gebiet dieses Mitgliedstaats aufnimmt und die Interessen der Einleger gewahrt werden.

**Artikel 36**

Die Mitgliedstaaten teilen der Kommission die Anzahl und die Art der Fälle mit, in denen eine Weigerung gemäß Artikel 25 und Artikel 26 Absätze 1 bis 3 vorliegt oder Maßnahmen nach Artikel 30 Absatz 3 getroffen worden sind.

**Artikel 37**

Dieser Abschnitt hindert Kreditinstitute mit Sitz in einem anderen Mitgliedstaat nicht daran, ihre Dienstleistungen über alle verfügbaren Kommunikationskanäle im Aufnahmemitgliedstaat anzubieten, vorbehaltlich etwaiger für Form und Inhalt dieser Werbung geltender Bestimmungen, die aus Gründen des Allgemeininteresses gerechtfertigt sind.

# Titel IV: Beziehungen zu Drittländern

**Abschnitt 1:  Meldung in Bezug auf Drittlandsunternehmen und Bedingungen des Zugangs zu den Märkten dieser Länder**

**Artikel 38**

1. Die Mitgliedstaaten wenden auf Zweigstellen von Kreditinstituten mit Sitz außerhalb der Gemeinschaft für die Aufnahme und die Ausübung ihrer Tätigkeit keine Bestimmungen an, welche diese Zweigstellen günstiger stellen würden als die Zweigstellen von Kreditinstituten mit Sitz in der Gemeinschaft.

2. Die zuständigen Behörden teilen der Kommission und dem Europäischen Bankenausschuss die Zulassung von Zweigstellen mit, die sie den Kreditinstituten mit Sitz außerhalb der Gemeinschaft erteilen.

3. Unbeschadet Absatz 1 kann die Gemeinschaft in Abkommen, die mit einem oder mehreren Drittländern geschlossen werden, die Anwendung von Bestimmungen vereinbaren, die den Zweigstellen eines Kreditinstitut mit Sitz außerhalb der Gemeinschaft die gleiche Behandlung im gesamten Gebiet der Gemeinschaft einräumen.

## Abschnitt 2: Zusammenarbeit mit den zuständigen Behörden von Drittländern im Bereich der Beaufsichtigung auf konsolidierter Basis

### Artikel 39

1. Die Kommission kann auf Antrag eines Mitgliedstaats oder aufgrund eigener Initiative dem Rat Vorschläge unterbreiten, um mit einem oder mehreren Drittländern für nachstehende Kreditinstitute Abkommen über die Einzelheiten der Beaufsichtigung auf konsolidierter Basis auszuhandeln:
   a) Kreditinstitute, deren Mutterunternehmen ihren Sitz in Drittländern haben, oder
   b) Kreditinstitute mit Sitz in einem Drittland, deren Mutterunternehmen ein Kreditinstitut oder eine Finanzholdinggesellschaft mit Sitz in der Gemeinschaft ist.

2. In den Abkommen gemäß Absatz 1 wird insbesondere sichergestellt,
   a) dass die zuständigen Behörden der Mitgliedstaaten die Informationen erhalten können, die erforderlich sind, um Kreditinstitute oder Finanzholdinggesellschaften, die innerhalb der Gemeinschaft niedergelassen sind und außerhalb der Gemeinschaft eine Tochtergesellschaft in Form eines Kredit- oder Finanzinstituts haben oder an solchen Kredit- und Finanzinstituten eine Beteiligung halten, auf der Basis der konsolidierten Finanzlage zu beaufsichtigen, und
   b) dass die zuständigen Behörden von Drittländern die Informationen erhalten können, die erforderlich sind, um Muttergesellschaften mit Sitz in ihrem Hoheitsgebiet zu beaufsichtigen, die in einem oder mehreren Mitgliedstaaten eine Tochtergesellschaft in Form eines Kreditinstituts oder eines Finanzinstituts haben oder Beteiligungen an solchen Kredit- oder Finanzinstituten halten.

3. Unbeschadet Artikel 300 Absatz 1 und Absatz 2 des Vertrags kann die Kommission mit Unterstützung des Europäischen Bankenausschusses das Ergebnis der nach Absatz 1 geführten Verhandlungen sowie die sich daraus ergebende Lage prüfen.

## Titel V: Grundsätze und technische Instrumente für Bankaufsicht und die Offenlegung

### Kapitel 1: Grundsätze der Bankenaufsicht

#### Abschnitt 1: Befugnisse von Herkunfts- und Aufnahmemitgliedstaat

### Artikel 40

1. Die Bankenaufsicht über ein Kreditinstitut einschließlich der Tätigkeiten, die es gemäß den Artikeln 23 und 24 ausübt, obliegt den zuständigen Behörden des Herkunftsmitgliedstaats; die Bestimmungen dieser Richtlinie, die eine Zuständigkeit der zuständigen Behörde des Aufnahmemitgliedstaats vorsehen, bleiben hiervon unberührt.

2. Absatz 1 steht einer Aufsicht auf konsolidierter Basis nach dieser Richtlinie nicht entgegen.

## Artikel 41

Bis zur weiteren Koordinierung bleibt der Aufnahmemitgliedstaat in Zusammenarbeit mit der zuständigen Behörde des Herkunftsmitgliedstaats mit der Überwachung der Liquidität der Zweigniederlassung eines Kreditinstituts beauftragt.

Unbeschadet der für die Stärkung des europäischen Währungssystems erforderlichen Maßnahmen behält der Aufnahmemitgliedstaat die volle Zuständigkeit für die Maßnahmen zur Durchführung seiner Währungspolitik.

Diese Maßnahmen dürfen keine diskriminierende oder restriktive Behandlung aufgrund der Zulassung des Kreditinstituts in einem anderen Mitgliedstaat enthalten.

## Artikel 42

Bei der Überwachung der Tätigkeit der Kreditinstitute, die über eine Zweigniederlasung in einem oder mehreren anderen Mitgliedstaaten als ihrem Sitzland Geschäfte betreiben, arbeiten die zuständigen Behörden der betreffenden Mitgliedstaaten eng zusammen. Sie teilen einander alle Informationen über die Leitung, die Verwaltung und die Eigentumsverhältnisse mit, welche die Aufsicht über die Kreditinstitute und die Prüfung der Voraussetzungen für ihre Zulassung betreffen, sowie alle Informationen, die geeignet sind, die Aufsicht über diese Institute, insbesondere in Bezug auf Liquidität, Solvenz, Einlagensicherheit und Begrenzung von Großkrediten, Organisation von Verwaltung und Rechnungslegung und interne Kontrolle zu erleichtern.

## Artikel 43

1. Die Aufnahmemitgliedstaaten sehen vor, dass im Fall eines in einem anderen Mitgliedstaat zugelassenen Kreditinstituts, das seine Tätigkeit über eine Zweigniederlassung ausübt, die zuständigen Behörden des Herkunftsmitgliedstaats – nach vorheriger Unterrichtung der zuständigen Behörden des Aufnahmemitgliedstaats – selbst oder durch ihre Beauftragten die Prüfung der in Artikel 42 genannten Informationen vor Ort vornehmen können.

2. Die zuständigen Behörden des Herkunftsmitglieds können für die Prüfung der Zweigniederlassungen auch auf eines der anderen in Artikel 141 vorgesehenen Verfahren zurückgreifen.

3. Von den Absätzen 1 und 2 unberührt bleibt das Recht der zuständigen Behörden des Aufnahmemitgliedstaats, in Ausübung der ihnen aufgrund dieser Richtlinie obliegenden Aufgaben vor Ort Prüfungen von in ihrem Hoheitsgebiet errichteten Zweigniederlassungen vorzunehmen.

## Abschnitt 2: Informationsaustausch und Berufsgeheimnis

### Artikel 44

1. Die Mitgliedstaaten schreiben vor, dass alle Personen, die für die zuständigen Behörden tätig sind oder waren, sowie die von den zuständigen Behörden beauftragten Wirtschaftsprüfer und Sachverständigen dem Berufsgeheimnis unterliegen.

Vertrauliche Informationen, die sie in ihrer beruflichen Eigenschaft erhalten, dürfen an keine Person oder Behörde weitergegeben werden, es sei denn, in zusammengefasster oder allgemeiner Form, so dass die einzelnen Institute nicht zu erkennen sind; dies gilt nicht für Fälle, die unter das Strafrecht fallen.

In Fällen, in denen für ein Kreditinstitut durch Gerichtsbeschluss das Konkursverfahren eröffnet oder die Zwangsabwicklung eingeleitet worden ist, können jedoch vertrauliche Informationen, die sich nicht auf Dritte beziehen, welche an Versuchen zur Rettung des Kreditinstituts beteiligt sind, in zivilgerichtlichen Verfahren weitergegeben werden.

2. Absatz 1 steht dem Informationsaustausch der zuständigen Behörden der einzelnen Mitgliedstaaten gemäß dieser Richtlinie sowie anderen für die Kreditinstitute geltenden Richtlinien nicht entgegen. Die Informationen fallen unter das Berufsgeheimnis gemäß Absatz 1.

**Artikel 45**

Eine zuständige Behörde, die aufgrund des Artikels 44 vertrauliche Informationen erhält, darf diese nur im Rahmen ihrer Aufgaben und nur für folgende Zwecke verwenden:
a) zur Prüfung der Zulassungsbedingungen für Kreditinstitute und zur leichteren Überwachung der Bedingungen der Tätigkeitsausübung auf der Basis des einzelnen Instituts und auf konsolidierter Basis, insbesondere hinsichtlich der Liquidität, der Solvenz, der Großkredite, der verwaltungsmäßigen und buchhalterischen Organisation und der internen Kontrolle,
b) zur Verhängung von Sanktionen,
c) im Rahmen eines Verwaltungsverfahrens über die Anfechtung einer Entscheidung der zuständigen Behörde,
d) im Rahmen von Gerichtsverfahren, die aufgrund von Artikel 55 oder aufgrund besonderer Bestimmungen, die in dieser Richtlinie sowie in anderen auf dem Gebiet der Kreditinstitute erlassenen Richtlinien vorgesehen sind, eingeleitet werden.

**Artikel 46**

Die Mitgliedstaaten können mit den zuständigen Behörden von Drittländern oder mit Drittlandsbehörden oder -stellen im Sinne von Artikel 47 und Artikel 48 Absatz 1 Kooperationsvereinbarungen zum Austausch von Informationen nur treffen, wenn der Schutz der mitgeteilten Informationen durch das Berufsgeheimnis mindestens ebenso gewährleistet ist wie nach Artikel 44 Absatz 1. Dieser Informationsaustausch muss der Erfüllung der aufsichtsrechtlichen Aufgaben der genannten Behörden oder Stellen dienen.

Wenn die Informationen aus einem anderen Mitgliedstaat stammen, dürfen sie nur mit ausdrücklicher Zustimmung der zuständigen Behörden, die diese Informationen mitgeteilt haben, und gegebenenfalls nur für Zwecke weitergegeben werden, denen diese Behörden zugestimmt haben.

**Artikel 47**

Artikel 44 Absatz 1 und Artikel 45 stehen einem Informationsaustausch der zuständigen Behörden innerhalb eines Mitgliedstaats – wenn es dort mehrere zuständige Behörden gibt – oder zwischen den Mitgliedstaaten und den im Folgenden genannten Stellen nicht entgegen, wenn dieser im Rahmen der ihnen übertragenen Aufsichtsfunktionen stattfindet:
a) Stellen, die im öffentlichen Auftrag mit der Überwachung anderer Finanzinstitute und der Versicherungsgesellschaften betraut sind, sowie die mit der Überwachung der Finanzmärkte betrauten Stellen;
b) Organe, die bei der Liquidation oder dem Konkurs von Kreditinstituten oder ähnlichen Verfahren befasst werden;
c) Personen, die mit der gesetzlichen Kontrolle der Rechnungslegung des betreffenden Kreditinstituts und der sonstigen Finanzinstitute betraut sind.

Die Artikel 44 Absatz 1 und 45 stehen einer Übermittlung der Informationen, die die mit der Führung der Einlagensicherungssysteme betrauten Stellen zur Erfüllung ihrer Aufgabe benötigen, nicht entgegen.

In beiden Fällen fallen die übermittelten Informationen unter das Berufsgeheimnis nach Artikel 44 Absatz 1.

**Artikel 48**

1. Ungeachtet der Artikel 44 bis 46 können die Mitgliedstaaten einen Informationsaustausch zwischen den zuständigen Behörden und folgenden Stellen zulassen:
a) den Behörden, denen die Beaufsichtigung der Organe, die mit der Liquidation oder dem Konkurs von Kreditunternehmen oder ähnlichen Verfahren befasst werden, obliegt, und

b) den Behörden, denen die Beaufsichtigung der Personen, die mit der gesetzlichen Kontrolle der Rechnungslegung von Versicherungsunternehmen, Kreditinstituten, Wertpapierfirmen und sonstigen Finanzinstituten betraut sind, obliegt.

In diesen Fällen schreiben die Mitgliedstaaten zumindest die Einhaltung folgender Bedingungen vor:
  a) Die Informationen sind zur Erfüllung der Beaufsichtigungsaufgabe nach Unterabsatz 1 bestimmt;
  b) die in diesem Rahmen erhaltenen Informationen fallen unter das in Artikel 44 Absatz 1 genannte Berufsgeheimnis, und
  c) wenn die Informationen aus einem anderen Mitgliedstaat stammen, werden sie nur mit ausdrücklicher Zustimmung der zuständigen Behörden, die diese Informationen mitgeteilt haben, und gegebenenfalls nur für Zwecke weitergegeben, denen diese Behörde zugestimmt hat.

Die Mitgliedstaaten teilen der Kommission und den anderen Mitgliedstaaten mit, welche Stellen Informationen gemäß diesem Absatz erhalten dürfen.

2. Ungeachtet der Artikel 44 bis 46 können die Mitgliedstaaten zur Stärkung des Finanzsystems und zur Wahrung seiner Integrität den Austausch von Informationen zwischen den zuständigen Behörden und den kraft Gesetzes für die Aufdeckung und Aufklärung von Verstößen gegen das Gesellschaftsrecht zuständigen Behörden oder Organen zulassen.

In diesen Fällen schreiben die Mitgliedstaaten zumindest die Einhaltung folgender Bedingungen vor:
  a) Die Informationen sind zur Erfüllung der Aufgabe nach Unterabsatz 1 bestimmt;
  b) die in diesem Rahmen erhaltenen Informationen fallen unter das in Artikel 44 Absatz 1 genannte Berufsgeheimnis, und
  c) wenn die Informationen aus einem anderen Mitgliedstaat stammen, dürfen sie nur mit ausdrücklicher Zustimmung der zuständigen Behörden, die diese Informationen mitgeteilt haben, und gegebenenfalls nur für Zwecke weitergegeben werden, denen diese Behörden zugestimmt haben.

Wenn in einem Mitgliedstaat die in Unterabsatz 1 genannten Behörden oder Organe bei der ihnen übertragenen Aufdeckung oder Aufklärung von Verstößen besonders befähigte und entsprechend beauftragte Personen hinzuziehen, die nicht dem öffentlichen Dienst angehören, so kann die in Unterabsatz 1 vorgesehene Möglichkeit des Austausches von Informationen unter den in Unterabsatz 2 genannten Bedingungen auf die betreffenden Personen ausgedehnt werden.

Für die Anwendung des Unterabsatzes 3 teilen die in Unterabsatz 1 genannten Behörden oder Organe den zuständigen Behörden, die die Informationen erteilt haben, mit, an welche Personen die betreffenden Informationen weitergegeben werden sollen und welches deren genaue Aufgabe ist.

Die Mitgliedstaaten teilen der Kommission und den anderen Mitgliedstaaten mit, welche Behörden oder Organe Informationen gemäß diesem Artikel erhalten dürfen.

Die Kommission erstellt einen Bericht über die Anwendung dieses Artikels.

**Artikel 49**

Dieser Abschnitt hindert die zuständigen Behörden nicht daran, den nachstehend genannten Stellen für die Zwecke ihrer Aufgaben Informationen zu übermitteln:
  a) Zentralbanken und anderen Einrichtungen mit ähnlichen Aufgaben in ihrer Eigenschaft als Währungsbehörden, und
  b) gegebenenfalls anderen staatlichen Behörden, die mit der Überwachung der Zahlungssysteme betraut sind.

Dieser Abschnitt hindert diese Behörden oder Einrichtungen nicht daran, den zuständigen Behörden die Informationen übermitteln, die diese für die Zwecke des Artikels 45 benötigen.

Die in diesem Rahmen erhaltenen Informationen fallen unter das in Artikel 44 Absatz 1 genannte Berufsgeheimnis.

**Artikel 50**

Unbeschadet des Artikels 44 Absatz 1 und des Artikels 45 können die Mitgliedstaaten durch Gesetz die Weitergabe bestimmter Informationen an andere Dienststellen ihrer Zentralbehörden, die für die Rechtsvorschriften über die Überwachung der Kreditinstitute, der Finanzinstitute, der Wertpapierdienstleistungen und der Versicherungsgesellschaften zuständig sind, sowie an die von diesen Dienststellen beauftragten Inspektoren gestatten.

Diese Informationen können jedoch nur geliefert werden, wenn sich dies aus Gründen der Bankenaufsicht als erforderlich erweist.

**Artikel 51**

Die Mitgliedstaaten schreiben vor, dass die Informationen, die sie aufgrund von Artikel 44 Absatz 2 und Artikel 47 oder im Wege der in Artikel 43 Absätze 1 und 2 genannten Prüfungen vor Ort erlangen, nicht Gegenstand der in Artikel 50 genannten Weitergabe sein dürfen, es sei denn, das ausdrückliche Einverständnis der zuständigen Behörde, die die Informationen erteilt hat, oder der zuständigen Behörde des Mitgliedstaats, in dem die Überprüfung vor Ort durchgeführt worden ist, liegt vor.

**Artikel 52**

Dieser Abschnitt hindert die zuständigen Behörden eines Mitgliedstaates nicht daran, die in den Artikeln 44 bis 46 genannten Informationen einer Clearingstelle oder einer ähnlichen, gesetzlich für die Erbringung von Clearing- oder Abwicklungsdienstleistungen auf einem ihrer nationalen Märkte anerkannten Stelle zu übermitteln, sofern diese Informationen ihrer Auffassung nach erforderlich sind, um das ordnungsgemäße Funktionieren dieser Stellen im Fall von Verstößen – oder auch nur möglichen Verstößen – der Marktteilnehmer sicherzustellen. Die in diesem Rahmen übermittelten Informationen fallen unter das in Artikel 44 Absatz 1 genannte Berufsgeheimnis.

Die Mitgliedstaaten tragen jedoch dafür Sorge, dass die gemäß Artikel 44 Absatz 2 erhaltenen Informationen in dem im vorliegenden Artikel genannten Fall nur mit der ausdrücklichen Zustimmung der zuständigen Behörden, die die Informationen übermittelt haben, weitergegeben werden dürfen.

**Abschnitt 3: Pflichten der Personen, die mit der gesetzlichen Kontrolle der Jahres- und konsolidierten Abschlüsse betraut sind**

**Artikel 53**

1. Die Mitgliedstaaten sehen zumindest vor, dass jede gemäß der Richtlinie 84/253/EWG[1] zugelassene Person, die bei einem Kreditinstitut die in Artikel 51 der Richtlinie 78/660/EWG, in Artikel 37 der Richtlinie 83/349/EWG oder in Artikel 31 der Richtlinie 85/611/EWG[2] beschriebenen Aufgaben oder andere gesetzliche Aufgaben erfüllt, die Verpflichtung hat, den zuständigen Behörden unverzüglich alle Tatsachen oder Entscheidungen, die dieses Kreditinstitut betreffen, zu melden, von denen sie bei der Wahrnehmung dieser Aufgaben Kenntnis erhalten hat und die

---

1) **Amtl. Anm.:** Achte Richtlinie 84/253 des Rates vom 10. April 1984 aufgrund von Artikel 54 Absatz 3 Buchstabe g des Vertrages über die Zulassung der mit der Pflichtprüfung der Rechnungslegungsunterlagen beauftragten Personen (ABl L 126 vom 12.5.1984, S. 20).

2) **Amtl. Anm.:** Richtlinie 85/611/EWG des Rates vom 20. Dezember 1985 zur Koordinierung der Rechts- und Verwaltungsvorschriften betreffend bestimmte Organismen für gemeinsame Anlagen in Wertpapieren (OGA) (ABl L 375 vom 31.12.1985, S. 3). Zuletzt geändert durch die Richtlinie 2005/1/EG.

a) eine Verletzung der Rechts- oder Verwaltungsvorschriften darstellen können, welche die Zulassungsbedingungen regeln oder im Besonderen für die Ausübung der Tätigkeit der Kreditinstitute gelten;
b) die Fortsetzung der Tätigkeit des Kreditinstituts beeinträchtigen können, oder
c) die Ablehnung der Bestätigung ordnungsgemäßer Rechnungslegung oder Vorbehalte nach sich ziehen können.

Die Mitgliedstaaten sehen zumindest vor, dass die betreffende Person auch zur Meldung sämtlicher Tatsachen oder Entscheidungen verpflichtet ist, von denen sie bei Wahrnehmung einer der in Unterabsatz 1 genannten Aufgaben in einem Unternehmen Kenntnis erhält, das aufgrund eines Kontrollverhältnisses zu dem Kreditinstitut, bei dem sie diese Aufgabe wahrnimmt, in enger Verbindung steht.

2. Machen die gemäß der Richtlinie 84/253/EWG zugelassenen Personen den zuständigen Behörden in gutem Glauben Mitteilung über die in Absatz 1 genannten Tatsachen oder Entscheidungen, so gilt dies nicht als Verletzung einer vertraglich oder durch Rechts- oder Verwaltungsvorschriften geregelten Bekanntmachungsbeschränkung und zieht für diese Personen keinerlei nachteilige Folgen nach sich.

## Abschnitt 4: Sanktionsbefugnis und Recht auf Einlegung von Rechtsmitteln

### Artikel 54

Unbeschadet des Verfahrens zum Entzug der Zulassung und der strafrechtlichen Bestimmungen sehen die Mitgliedstaaten vor, dass ihre zuständigen Behörden bei Verstößen gegen die Rechts- und Verwaltungsvorschriften auf dem Gebiet der Kontrolle oder der Ausübung der Tätigkeit gegen die Kreditinstitute oder ihre verantwortlichen Geschäftsführer Sanktionen verhängen oder Maßnahmen ergreifen können, damit die festgestellten Verstöße abgestellt oder ihre Ursachen beseitigt werden.

### Artikel 55

Die Mitgliedstaaten sehen vor, dass gegen Entscheidungen, die gegenüber einem Kreditinstitut in Anwendung der gemäß der vorliegenden Richtlinie erlassenen Rechts- und Verwaltungsvorschriften getroffen werden, Rechtsmittel eingelegt werden können. Dies gilt auch für den Fall, dass über einen Zulassungsantrag, der alle aufgrund der geltenden Vorschriften erforderlichen Angaben enthält, nicht binnen sechs Monaten nach seinem Eingang entschieden wird.

## Kapitel 2: Technische Instrumente der Bankenaufsicht

## Abschnitt 1: Eigenmittel

### Artikel 56

Wenn ein Mitgliedstaat durch Rechts- oder Verwaltungsvorschriften oder hoheitliche Maßnahmen zur Durchführung gemeinschaftlicher Rechtsvorschriften für die Bankenaufsicht zur Überwachung eines bereits tätigen Kreditinstituts Bestimmungen trifft, in denen er einen Eigenmittelbegriff verwendet oder sich auf einen solchen Begriff bezieht, so bringt er den dabei verwendeten oder in Bezug genommenen Eigenmittelbegriff mit demjenigen Begriff der Eigenmittel in Übereinstimmung, der in den Artikeln 57 bis 61 und 63 bis 66 definiert ist.

### Artikel 57

Vorbehaltlich der Beschränkungen nach Artikel 66 umfassen die nicht konsolidierten Eigenmittel der Kreditinstitute die nachstehend aufgeführten Bestandteile:
a) das Kapital im Sinne des Artikels 22 der Richtlinie 86/635/EWG, zuzüglich des Emissionsagiokontos, jedoch unter Ausschluss der kumulativen Vorzugsaktien;
b) die Rücklagen im Sinne des Artikels 23 der Richtlinie 86/635/EWG sowie die unter Zuweisung des endgültigen Ergebnisses vorgetragenen Ergebnisse;

c) den Fonds für allgemeine Bankrisiken im Sinne des Artikels 38 der Richtlinie 86/635/EWG;

d) die Neubewertungsrücklagen im Sinne des Artikels 33 der Richtlinie 78/660/EWG;

e) die Wertberichtigungen im Sinne des Artikels 37 Absatz 2 der Richtlinie 86/635/EWG;

f) die sonstigen Bestandteile im Sinne des Artikels 63;

g) die Haftsummen der Mitglieder genossenschaftlicher Kreditinstitute und die gesamtschuldnerischen Haftsummen der Kreditnehmer bestimmter Institute, die die Form von Fonds haben, im Sinne des Artikels 64 Absatz 1, und

h) die kumulativen Vorzugsaktien mit fester Laufzeit sowie die nachrangigen Darlehen im Sinne des Artikels 64 Absatz 3.

Folgende Posten sind gemäß Artikel 66 abzuziehen:

i) der Bestand des Kreditinstituts an eigenen Aktien zum Buchwert;

j) immaterielle Anlagewerte im Sinne des Artikels 4 Nummer 9 (Aktiva) der Richtlinie 86/635/EWG;

k) materielle negative Ergebnisse im laufenden Geschäftsjahr;

l) Beteiligungen an anderen Kreditinstituten und Finanzinstituten von mehr als 10 % ihres Kapitals;

m) nachrangige Forderungen und Kapitalbestandteile im Sinne des Artikels 63 und des Artikels 64 Absatz 3, die das Kreditinstitut an anderen Kreditinstituten und Finanzinstituten, an deren Kapital es zu jeweils mehr als 10 %. beteiligt ist, hält;

n) Beteiligungen an anderen Kreditinstituten und Finanzinstituten von höchstens 10 % ihres Kapitals sowie nachrangige Forderungen und Kapitalbestandteile im Sinne des Artikels 63 und des Artikels 64 Absatz 3, die das Kreditinstitut an anderen als den unter den Buchstaben l und m genannten Kreditinstituten und Finanzinstituten hält, sofern diese Beteiligungen, nachrangigen Forderungen und Kapitalbestandteile zusammengenommen 10 % der Eigenmittel des Kreditinstituts übersteigen, die vor Abzug der unter den Buchstaben l bis p genannten Bestandteile berechnet wurden;

o) Beteiligungen im Sinne des Artikels 4 Nummer 10 des Kreditinstituts an:

   i. Versicherungsunternehmen im Sinne des Artikels 6 der Ersten Richtlinie 73/239/EWG[1], des Artikels 4 der Richtlinie 2002/83/EG[2] oder des Artikels 1 Buchstabe b der Richtlinie 98/78/EG[3],

   ii. Rückversicherungsunternehmen im Sinne des Artikels 1 Buchstabe c der Richtlinie 98/78/EG, oder

   iii. Versicherungsholdinggesellschaften im Sinne des Artikels 1 Buchstabe i der Richtlinie 98/78/EG;

p) die folgenden Posten des Kreditinstituts in Bezug auf die unter Buchstabe o genannten Unternehmen, an denen es eine Beteiligung hält:

---

1) **Amtl. Anm.:** Erste Richtlinie 73/239/EWG des Rates vom 24. Juli 1973 zur Koordinierung der Rechts- und Verwaltungsvorschriften betreffend die Aufnahme und Ausübung der Tätigkeit der Direktversicherung (mit Ausnahme der Lebensversicherung) (ABl L 228 vom 16. 8. 1973, S. 3) Zuletzt geändert durch die Richtlinie 2005/1/EG.

2) **Amtl. Anm.:** Richtlinie 2002/83/EG des Europäischen Parlaments und des Rates vom 5. November 2002 über Lebensversicherungen (ABl L 345 vom 19. 12. 2002, S. 1). Zuletzt geändert durch die Richtlinie 2005/1/EG.

3) **Amtl. Anm.:** Richtlinie 98/78/EG des Europäischen Parlaments und des Rates vom 27. Oktober 1998 über die zusätzliche Beaufsichtigung der einer Versicherungsgruppe angehörenden Versicherungsunternehmen (ABl L 330 vom 5. 12. 1998, S. 1). Zuletzt geändert durch die Richtlinie 2005/1/EG.

i. Kapitalbestandteile im Sinne des Artikels 16 Absatz 3 der Richtlinie 73/239/EWG, und

ii. Kapitalbestandteile im Sinne des Artikels 27 Absatz 3 der Richtlinie 2002/83/EG;

q) bei Kreditinstituten, die die risikogewichteten Forderungsbeträge gemäß Abschnitt 3 Unterabsatz 2 ermitteln, die Beträge, die bei der Berechnung nach Anhang VII Teil 1 Nummer 36 in Abzug gebracht werden, sowie die erwarteten Verlustbeträge, die sich aus der Berechnung nach Anhang VII Teil 1 Nummern 32 und 33 ergeben, und

r) der nach Anhang IX Teil 4 ermittelte Forderungsbetrag von Verbriefungspositionen, die gemäß Anhang IX Teil 4 mit einem Risikogewicht von 1 250 % angesetzt werden.

Für die Zwecke des Buchstaben b können die Mitgliedstaaten die Berücksichtigung von Zwischengewinnen vor dem endgültigen Beschluss nur dann genehmigen, wenn diese Gewinne von für die Buchprüfung zuständigen Personen überprüft wurden und wenn gegenüber den zuständigen Behörden hinreichend nachgewiesen wurde, dass es sich dabei um den gemäß den Grundsätzen der Richtlinie 86/635/EWG ermittelten Nettobetrag nach Abzug aller vorhersehbaren Abgaben und der Dividenden handelt.

Bei einem Kreditinstitut, das der Originator einer Verbriefung ist, sind die Nettogewinne aus der Kapitalisierung der künftigen Erträge der verbrieften Forderungen, die die Bonität von Verbriefungspositionen verbessern, von dem unter Buchstabe b genannten Kapitalbestandteil ausgenommen.

## Artikel 58

Werden vorübergehend Anteile eines anderen Kreditinstituts, Finanzinstituts, Versicherungs- oder Rückversicherungsunternehmens oder eines anderen Versicherungsholdinggesellschaft gehalten, um das betreffende Unternehmen zum Zwecke der Sanierung und Rettung finanziell zu stützen, so kann die zuständige Behörde von einer Anwendung der Bestimmungen über den Abzug gemäß Artikel 57 Buchstaben l bis p absehen.

## Artikel 59

Alternativ zum Abzug der in Artikel 57 Buchstaben o und p genannten Kapitalbestandteile können die Mitgliedstaaten ihren Kreditinstituten gestatten, die in Anhang I der Richtlinie 2002/87/EG genannten Methoden 1, 2 oder 3 entsprechend anzuwenden. Die Methode 1 (Berechnung auf der Grundlage des konsolidierten Abschlusses) darf nur angewandt werden, wenn die zuständige Behörde sich davon überzeugt hat, dass Umfang und Niveau des integrierten Managements und der internen Kontrollen in Bezug auf die in den Konsolidierungskreis einbezogenen Unternehmen zufrieden stellend ist. Die gewählte Methode ist auf Dauer einheitlich anzuwenden.

## Artikel 60

Die Mitgliedstaaten können vorsehen, dass Kreditinstitute, die einer Beaufsichtigung auf konsolidierter Basis gemäß Kapitel 4, Abschnitt 1 oder der zusätzlichen Beaufsichtigung nach der Richtlinie 2002/87/EG unterliegen, bei der Berechnung der Eigenmittel des einzelnen Kreditunternehmens die Posten gemäß Artikel 57 Buchstaben l bis p in Bezug auf Kreditinstitute, Finanzinstitute, Versicherungs- oder Rückversicherungsunternehmen oder Versicherungsholdinggesellschaften nicht in Abzug bringen müssen, wenn diese Unternehmen in den Konsolidierungskreis einbezogen sind oder einer zusätzlichen Beaufsichtigung unterliegen.

Diese Bestimmung gilt für alle durch Rechtsakte der Gemeinschaft harmonisierten Aufsichtsregeln.

## Artikel 61

Der Eigenmittelbegriff nach Artikel 57 Buchstaben a bis h umfasst eine Höchstzahl von Bestandteilen und Beträgen. Den Mitgliedstaaten wird anheim gestellt, ob sie diese

Bestandteile verwenden, niedrigere Obergrenzen festlegen oder andere als die in Artikel 57 Buchstaben i bis r aufgeführten Bestandteile abziehen wollen.

Die in Artikel 57 Buchstaben a bis e aufgeführten Bestandteile müssen dem Kreditinstitut uneingeschränkt und sogleich für die Risiko- und Verlustdeckung zur Verfügung stehen, sobald sich die betreffenden Risiken oder Verluste ergeben. Ihr Betrag muss im Zeitpunkt seiner Berechnung frei von jeder vorhersehbaren Steuerschuld sein oder angepasst werden, sofern die betreffenden Steuern den Betrag verringern, bis zu dem die genannten Bestandteile für die Risiko- oder Verlustdeckung verwandt werden können.

## Artikel 62

Die Mitgliedstaaten können der Kommission über ihre Fortschritte im Hinblick auf die Festlegung einer gemeinsamen Eigenmitteldefinition berichten. Ausgehend von diesen Berichten legt die Kommission dem Europäischen Parlament und dem Rat bei Bedarf, bis 1. Januar 2009 einen Vorschlag zur Änderung dieses Abschnitts vor.

## Artikel 63

1. Der in einem Mitgliedstaat verwendete Eigenmittelbegriff kann sonstige Bestandteile dann einschließen, wenn sie, unabhängig von ihrer rechtlichen oder buchungstechnischen Bezeichnung, folgende Merkmale aufweisen:
   a) Das Kreditinstitut kann frei über sie verfügen, um normale geschäftliche Risiken abzudecken, wenn die Verluste und Wertminderungen noch nicht festgestellt wurden;
   b) sie sind aus den internen Unterlagen ersichtlich, und
   c) ihre Höhe ist von der Geschäftsleitung des Kreditinstituts festgestellt, von unabhängigen Buchprüfern geprüft, den zuständigen Aufsichtsbehörden offen gelegt und ihrer Überwachung unterworfen worden.

2. Als sonstige Bestandteile können auch Titel mit unbestimmter Laufzeit und andere Kapitalbestandteile zugelassen werden, die folgende Bedingungen erfüllen:
   a) Sie sind nicht auf Initiative des Inhabers oder ohne vorherige Zustimmung der zuständigen Behörde rückzahlbar;
   b) die Schuldvereinbarung stellt sicher, dass das Kreditinstitut die Möglichkeit hat, eine Zinszahlung auf die Schuld aufzuschieben;
   c) die Forderungen des Kreditgebers gegenüber dem kreditnehmenden Institut sind den Forderungen aller nichtnachrangigen Gläubiger vollständig nachrangig, und
   d) die Urkunden über die Ausgabe der Titel stellen sicher, dass die Schulden und ungezahlten Zinsen Verluste ausgleichen können, während gleichzeitig das Kreditinstitut in der Lage sein muss, weiterzuarbeiten;
   e) es werden lediglich die tatsächlich einbezahlten Beträge berücksichtigt.

Zu diesen Titeln mit unbestimmter Laufzeit und anderen Kapitalbestandteilen kommen außerdem die kumulativen Vorzugsaktien, die nicht unter Artikel 57 Buchstabe h fallen.

3. Bei Kreditinstituten, die die risikogewichteten Forderungsbeträge gemäß Abschnitt 3 Unterabsatz 2 ermitteln, können die Beträge, die bei der Berechnung nach Anhang VII Teil 1 Nummer 36 hinzuaddiert werden, bis zu einer Höhe von 0,6 % der nach Unterabsatz 2 errechneten risikogewichteten Forderungsbeträge als sonstige Bestandteile akzeptiert werden. Bei diesen Kreditinstituten dürfen die in die Berechnung nach Anhang VII Teil 1 Nummer 36 einbezogenen Wertberichtigungen und Rückstellungen sowie Wertberichtigungen und Rückstellungen für die in Artikel 57 Buchstabe e genannten Forderungen nur gemäß diesem Absatz in die Eigenmittel aufgenommen werden. Nicht in die risikogewichteten Forderungsbeträge einbezogen werden zu diesem Zweck die Beträge, die für Verbriefungspositionen mit einem Risikogewicht von 1 250 % ermittelt werden.

**Artikel 64**

1. Bei den Haftsummen der Mitglieder genossenschaftlicher Kreditinstitute im Sinne des Artikels 57 Buchstabe g handelt es sich um das noch nicht eingeforderte Kapital dieser Genossenschaften sowie um die zusätzlichen, nicht rückzahlbaren Beträge, die deren Mitglieder bei Verlusten des betreffenden Kreditinstituts laut Satzung nachschießen müssen; in diesem Fall müssen diese Beträge unverzüglich eingefordert werden können.

Den vorstehend genannten Bestandteilen gleichgestellt sind die gesamtschuldnerischen Haftsummen der Kreditnehmer bei Kreditinstituten in der Form von Fonds.

Die Gesamtheit dieser Bestandteile kann in die Eigenmittel einbezogen werden, wenn sie entsprechend den nationalen Rechtsvorschriften in die Eigenmittel dieser Institute einbezogen wurden.

2. Die Mitgliedstaaten beziehen Garantien, welche sie oder ihre Behörden den öffentlich-rechtlichen Kreditinstituten gewähren, nicht in die Eigenmittel dieser Institute ein.

3. Die Mitgliedstaaten oder die zuständigen Behörden können kumulative Vorzugsaktien mit fester Laufzeit und nachrangige Darlehen im Sinne des Artikels 57 Buchstabe h in die Eigenmittel einbeziehen, wenn vereinbart worden ist, dass diese Darlehen bei einem Konkurs oder einer Liquidation des Kreditinstituts im Verhältnis zu den Forderungen aller anderen Gläubiger einen Nachrang einnehmen und nicht zurückgezahlt werden, solange nicht die anderen zu diesem Zeitpunkt bestehenden Schulden getilgt sind.

Die nachrangigen Darlehen erfüllen zusätzlich dazu folgende Kriterien:

a) es werden lediglich die tatsächlich einbezahlten Mittel berücksichtigt;
b) sie haben eine Ursprungslaufzeit von mindestens fünf Jahren, nach deren Ablauf sie rückzahlbar werden können;
c) ihre Einbeziehung in die Eigenmittel wird mindestens in den fünf Jahren vor dem Rückzahlungstermin schrittweise zurückgeführt, und
d) die Darlehensvereinbarung darf keine Klauseln enthalten, wonach die Schuld unter anderen Umständen als einer Auflösung des Kreditinstituts vor dem vereinbarten Rückzahlungstermin rückzahlbar wird.

Ist eine Laufzeit nicht festgelegt, so sind für die Zwecke von Unterabsatz 2 Buchstabe b fünf Jahre Kündigungsfrist für die betreffenden Darlehen vorzusehen, es sei denn, die betreffenden Mittel werden nicht länger als Eigenmittelbestandteile angesehen oder für die vorzeitige Rückzahlung wird die vorherige Zustimmung der zuständigen Behörden ausdrücklich verlangt. Die zuständigen Behörden können diese Zustimmung erteilen, sofern der Wunsch vom Emittenten ausgeht und die Solvabilität des Kreditinstituts hierdurch nicht beeinträchtigt wird.

4. Die Kreditinstitute beziehen in ihre Eigenmittel weder die zum Fair Value angesetzten Rücklagen für Gewinne oder Verluste aus Cash-flow-Sicherungsgeschäften für Finanzinstrumente, die zu amortisierten Kosten bewertet werden, noch etwaige, durch Veränderungen bei der eigenen Bonität bedingte Gewinne oder Verluste aus ihren zum Fair Value bewerteten Verbindlichkeiten ein.

**Artikel 65**

1. Wenn die Berechnung auf einer konsolidierten Grundlage erfolgen muss, werden die in Artikel 57 aufgeführten Bestandteile gemäß den Bestimmungen des Kapitels 4 Abschnitt 1 in Höhe ihrer konsolidierten Beträge berücksichtigt. Außerdem können bei der Berechnung der Eigenmittel folgende Bestandteile zu den konsolidierten Rücklagen hinzugerechnet werden, sofern sie Passiva sind:

a) die Anteile anderer Gesellschafter im Sinne des Artikels 21 der Richtlinie 83/349/EWG im Fall der Anwendung der Methode der vollständigen Konsolidierung;
b) der Unterschiedsbetrag der ersten Konsolidierung im Sinne der Artikel 19, 30 und 31 der Richtlinie 83/349/EWG;

c) die Umrechnungsdifferenzen, die nach Artikel 39 Absatz 6 der Richtlinie 86/635/EWG in den konsolidierten Rücklagen enthalten sein können, und

d) der Unterschied, der sich durch die Ausweisung bestimmter Beteiligungen nach der in Artikel 33 der Richtlinie 83/349/EWG angegebenen Methode ergibt.

2. Sind die in Absatz 1 Buchstaben a bis d genannten Bestandteile Aktiva, so werden sie bei der Berechnung der konsolidierten Eigenmittel in Abzug gebracht.

**Artikel 66**

1. Die in Artikel 57 Buchstaben d bis h aufgeführten Bestandteile unterliegen folgenden Beschränkungen:

a) Die Summe der Bestandteile der Buchstaben d bis h ist auf höchstens 100 % der Summe der Bestandteile der Buchstaben a, b und c abzüglich der Bestandteile der Buchstaben i bis k beschränkt, und

b) die Summe der Bestandteile der Buchstaben g bis h ist auf höchstens 50 % der Summe der Bestandteile der Buchstaben a, b und c abzüglich der Bestandteile der Buchstaben i bis k beschränkt.

2. Die Summe der Bestandteile in Artikel 57 Buchstaben l bis r wird zur Hälfte von der Summe der Bestandteile in Artikel 57 Buchstaben a bis c abzüglich der Bestandteile der Buchstaben i bis k und zur Hälfte von den Bestandteilen der Buchstaben d bis h unter Anwendung der Beschränkungen gemäß Absatz 1 dieses Artikels abgezogen. Sofern die Hälfte der Summe der Bestandteile der Buchstaben l bis r die Summe der Bestandteile des Artikels 57 Buchstaben d bis h übersteigt, ist dieser Mehrbetrag von der Summe der Bestandteile des Artikels 57 Buchstaben a bis c abzüglich der Bestandteile der Buchstaben i bis k abzuziehen. Die Bestandteile des Artikels 57 Buchstabe r sind nicht abzuziehen, sofern sie in die Berechnung der risikogewichteten Forderungsbeträge, die für die Zwecke des Artikels 75 gemäß Anhang IX Teil 4 vorgenommen werden, einbezogen wurden.

3. Für die Zwecke der Abschnitte 5 und 6 wird dieser Abschnitt ohne die in Artikel 57 unter den Buchstaben q und r und in Artikel 63 Absatz 3 genannten Bestandteile gelesen.

4. Die zuständigen Behörden können den Kreditinstituten gestatten, die in Absatz 1 festgelegten Beschränkungen unter außergewöhnlichen, zeitlich befristeten Umständen zu überschreiten.

**Artikel 67**

Die Einhaltung der in diesem Abschnitt vorgesehenen Bedingungen muss zur Zufriedenheit den zuständigen Behörden nachgewiesen werden.

## Abschnitt 2: Bestimmungen für die Behandlung von Risiken

## Unterabschnitt 1: Anwendungsbereich

**Artikel 68**

1. Jedes Kreditinstitut kommt den in den Artikeln 22 und 75 und in Abschnitt 5 festgelegten Pflichten auf Einzelbasis nach.

2. Jedes Kreditinstitut, das im Mitgliedstaat seiner Zulassung und Beaufsichtigung weder ein Tochterunternehmen noch ein Mutterunternehmen ist, und jedes Kreditinstitut, das nicht in die Konsolidierung nach Artikel 73 einbezogen ist, kommt den in den Artikeln 120 und 123 festgelegten Pflichten auf Einzelbasis nach.

3. Jedes Kreditinstitut, das weder ein Mutter- noch ein Tochterunternehmen ist, und jedes Kreditinstitut, das nicht in die Konsolidierung nach Artikel 73 einbezogen ist, kommt den in Kapitel 5 festgelegten Pflichten auf Einzelbasis nach.

**Artikel 69**

1. Die Mitgliedstaaten können beschließen, Tochterunternehmen eines Kreditinstituts von der Anwendung des Artikels 68 Absatz 1 auszunehmen, wenn sowohl das Tochterunternehmen als auch das Kreditinstitut von dem betreffenden Mitgliedstaat zugelassen und beaufsichtigt werden, das Tochterunternehmen in die konsolidierte Beaufsichtigung des Mutterkreditinstituts einbezogen ist und alle nachstehenden Bedingungen erfüllt sind, so dass eine angemessene Verteilung der Eigenmittel auf Mutter und Töchter gewährleistet ist:

- a) ein substanzielles tatsächliches oder rechtliches Hindernis für die unverzügliche Übertragung von Eigenmitteln oder die Rückzahlung von Verbindlichkeiten durch das Mutterunternehmen ist weder vorhanden noch abzusehen;
- b) entweder das Mutterunternehmen erfüllt die Anforderungen der zuständigen Behörde in Bezug auf die umsichtige Führung des Tochterunternehmens und hat mit Zustimmung der zuständigen Behörde erklärt, dass es für die von seinem Tochterunternehmen eingegangenen Verpflichtungen bürgt, oder die durch das Tochterunternehmen verursachten Risiken sind von untergeordneter Bedeutung;
- c) die Risikobewertungs-, -mess- und -kontrollverfahren des Mutterunternehmens schließen das Tochterunternehmen ein, und
- d) das Mutterunternehmen hält über 50 % der mit den Anteilen oder Aktien des Tochterunternehmens verbundenen Stimmrechte und/oder ist zur Bestellung oder Abberufung der Mehrheit der Mitglieder des Leitungsorgans des Tochterunternehmens nach Artikel 11 berechtigt.

2. Die Mitgliedstaaten können von der in Absatz 1 genannten Möglichkeit Gebrauch machen, wenn es sich bei dem Mutterunternehmen um eine Finanzholdinggesellschaft handelt, die in dem gleichen Mitgliedstaat wie das Kreditinstitut errichtet wurde und beide der gleichen Aufsicht unterliegen, was insbesondere für die in Artikel 71 Absatz 1 festgelegten Standards gilt.

3. Die Mitgliedstaaten können beschließen, Artikel 68 Absatz 1 nicht auf ein Mutterkreditinstitut in einem Mitgliedstaat anzuwenden, in dem das Kreditinstitut der Genehmigung und Beaufsichtigung durch den betreffenden Mitgliedstaat unterliegt und es auf konsolidierter Basis in die Beaufsichtigung eingebunden ist, sofern folgende zwei Voraussetzungen erfüllt sind, um zu gewährleisten, dass die Eigenmittel angemessen zwischen dem Mutterunternehmen und den Tochterunternehmen aufgeteilt werden:

- a) es bestehen keine vorhandenen oder absehbaren substanziellen tatsächlichen oder rechtlichen Hindernisse für eine sofortige Übertragung von Eigenmitteln oder die Erstattung von Verbindlichkeiten an das Mutterkreditinstitut in einem Mitgliedstaat, und
- b) die für eine konsolidierte Beaufsichtigung erforderlichen Verfahren der Risikobewertung, der Messung und Kontrolle betreffen das Mutterkreditinstitut in einem Mitgliedstaat;

Die zuständige Behörde, die diese Bestimmung anwendet, unterrichtet die zuständigen Behörden aller anderen Mitgliedstaaten.

4. Unbeschadet der allgemeinen Regelung(en) in Artikel 144 veröffentlichen die zuständigen Behörden derjenigen Mitgliedstaaten, die von ihrem Ermessen nach Absatz 3 Gebrauch machen, in der in Artikel 144 angegebenen Weise die folgenden Informationen:

- a) die Kriterien, nach denen festgelegt wird, dass ein substanzielles tatsächliches oder rechtliches Hindernis für die unverzügliche Übertragung von Eigenmitteln oder Begleichung von Verbindlichkeiten weder vorhanden noch abzusehen ist;
- b) die Anzahl der Mutterkreditinstitute, zu deren Gunsten das Ermessen gemäß Absatz 3 ausgeübt wird, sowie die Anzahl derer, die über Tochterunternehmen in einem Drittland verfügen, und

c) aggregiert für den Mitgliedstaat:
   i. den Gesamtbetrag der auf konsolidierter Basis ermittelten Eigenmittel des Mutterkreditinstituts in einem Mitgliedstaat, zu dessen Gunsten das Ermessen gemäß Absatz 3 ausgeübt wird, die in Tochterunternehmen in einem Drittstaat gehalten werden;
   ii. den prozentualen Anteil an den auf konsolidierter Basis ermittelten Gesamteigenmitteln von Mutterkreditinstituten in dem Mitgliedstaat, zu dessen Gunsten das Ermessen gemäß Absatz 3 ausgeübt wird, in Form von Eigenmitteln, die in Tochterunternehmen in einem Drittstaat gehalten werden, und
   iii. den prozentualen Anteil an derartigen auf konsolidierter Basis ermittelten und nach Artikel 75 vorgeschriebenen Mindesteigenmitteln von Mutterkreditunternehmen in diesem Mitgliedstaat, zu dessen Gunsten das Ermessen gemäß Absatz 3 ausgeübt wird, in Form von Eigenmitteln, die in Tochterunternehmen in einem Drittstaat gehalten werden.

**Artikel 70**

1. Die zuständigen Behörden können vorbehaltlich der Absätze 2 bis 4 Mutterkreditinstituten auf Einzelfallbasis gestatten, in ihre Berechnung nach Artikel 68 Absatz 1 Tochterunternehmen einzubeziehen, wenn die in Artikel 69 Absatz 1 Buchstaben c und d genannten Bedingungen erfüllt sind und die wesentlichen Forderungen oder Verbindlichkeiten des Tochterunternehmens gegenüber diesem Mutterkreditinstitut bestehen.

2. Die Behandlung gemäß Absatz 1 ist nur zulässig, sofern das Mutterkreditinstitut den zuständigen Behörden in vollem Umfang die Umstände und Vorkehrungen, einschließlich rechtlich wirksamer Vereinbarungen offen legt, wonach ein substanzielles praktisches oder rechtliches Hindernis für die unverzügliche Übertragung von Eigenmitteln oder die Begleichung von Verbindlichkeiten auf Antrag des Tochterunternehmens bei dem Mutterunternehmen oder zu jedem beliebigen Zeitpunkt derzeit weder vorhanden noch abzusehen ist.

3. Macht eine zuständige Behörde von ihrem Ermessen gemäß Absatz 1 Gebrauch, so unterrichtet sie regelmäßig, mindestens aber einmal jährlich die zuständigen Behörden der übrigen Mitgliedstaaten über die Anwendung von Absatz 1 sowie über die Umstände und Vorkehrungen nach Absatz 2. Befindet sich das Tochterunternehmen in einem Drittland, so unterrichten die zuständigen Behörden auch die zuständigen Behörden dieses Drittlandes in gleicher Weise.

4. Unbeschadet der allgemeinen Regelungen in Artikel 144 veröffentlicht eine zuständige Behörde, die von ihrem Ermessen gemäß Absatz 1 Gebrauch macht, in der in Artikel 144 angegebenen Weise die folgenden Informationen:
a) die Kriterien, nach denen festgelegt wird, dass ein substanzielles, praktisches oder rechtliches Hindernis für die unverzügliche Übertragung von Eigenmitteln oder Begleichung von Verbindlichkeiten weder vorhanden noch abzusehen ist;
b) die Anzahl der Mutterkreditinstitute, zu deren Gunsten das Ermessen gemäß Absatz 3 ausgeübt wird, sowie die Anzahl derer, die über Tochterunternehmen in einem Drittland verfügen, und
c) aggregiert für den Mitgliedstaat:
   i. den Gesamtbetrag der Eigenmittel der Mutterkreditinstitute in einem Mitgliedstaat die in Tochterunternehmen in Drittländern gehalten werden, zu deren Gunsten das Ermessen gemäß Absatz 3 ausgeübt wird,
   ii. den prozentualen Anteil der Eigenmittel, die in Tochterunternehmen in Drittländern gehalten werden, an den Gesamteigenmitteln der Mutterkreditinstitute, zu deren Gunsten das Ermessen gemäß Absatz 3 ausgeübt wird, und
   iii. den prozentualen Anteil der Eigenmittel, die in Tochterunternehmen in Drittländern gehalten werden, am Gesamtbetrag der gemäß Artikel 75 vorgeschriebenen Mindesteigenmittel der Mutterkreditinstitute, zu deren Gunsten das Ermessen gemäß Absatz 3 ausgeübt wird.

## Artikel 71

1. Unbeschadet der Artikel 68 bis 70 kommen Mutterkreditinstitute in einem Mitgliedstaat den in den Artikeln 75, 120 und 123 sowie in Abschnitt 5 niedergelegten Pflichten in dem in Artikel 133 festgelegten Umfang und der dort festgelegten Weise nach und legen zu diesem Zweck ihre konsolidierte Finanzlage zugrunde.

2. Unbeschadet der Artikel 68 bis 70 kommen Kreditinstitute, die von einer Mutterfinanzholdinggesellschaft in einem Mitgliedstaat kontrolliert werden, den in den Artikeln 75, 120 und 123 sowie in Abschnitt 5 niedergelegten Pflichten in dem in Artikel 133 festgelegten Umfang und der dort festgelegten Weise nach und legen zu diesem Zweck die konsolidierte Finanzlage dieser Finanzholdinggesellschaft zugrunde.

Kontrolliert eine Mutterfinanzholdinggesellschaft in einem Mitgliedstaat mehr als ein Kreditinstitut, so gilt Unterabsatz 1 nur für diejenigen von ihnen, die nach den Artikeln 125 und 126 einer Beaufsichtigung auf konsolidierter Basis unterliegen.

## Artikel 72

1. EU-Mutterkreditinstitute kommen den in Kapitel 5 festgelegten Pflichten auf der Grundlage ihrer konsolidierten Finanzlage nach.

Bedeutende Tochterunternehmen von EU-Mutterkreditinstituten legen die in Anhang XII Teil 1 Nummer 5 genannten Informationen auf Einzelbasis oder auf unterkonsolidierter Basis offen.

2. Kreditinstitute, die von einer EU-Mutterfinanzholdinggesellschaft kontrolliert werden, kommen den in Kapitel 5 festgelegten Pflichten auf der Basis der konsolidierten Finanzlage dieser Finanzholdinggesellschaft nach.

Bedeutende Tochterunternehmen von EU-Mutterfinanzholdinggesellschaften legen die in Anhang XII Teil 1 Nummer 5 genannten Informationen auf Einzelbasis oder auf unterkonsolidierter Basis offen.

3. Die nach den Artikeln 125 und 126 für die Beaufsichtigung auf konsolidierter Basis zuständigen Behörden können beschließen, Kreditinstitute, deren Mutterunternehmen ihren Sitz in einem Drittland haben und auf konsolidierter Basis vergleichbare Informationen über diese Kreditinstitute offen legen, ganz oder teilweise von der Anwendung der Absätze 1 und 2 auszunehmen.

## Artikel 73

1. Die Mitgliedstaaten oder die in Anwendung der Artikel 125 und 126 für die Beaufsichtigung auf konsolidierter Basis zuständigen Behörden können auf die Einbeziehung von Kreditinstituten, Finanzinstituten oder Anbietern von Nebendienstleistungen, die Tochterunternehmen sind oder an denen eine Beteiligung gehalten wird, in die Konsolidierung verzichten,

   a) wenn das betreffende Unternehmen seinen Sitz in einem Drittland hat, in dem der Übermittlung der notwendigen Informationen rechtliche Hindernisse im Wege stehen;

   b) wenn das betreffende Unternehmen nach Auffassung der zuständigen Behörden im Hinblick auf die Ziele der Bankenaufsicht nur von untergeordneter Bedeutung ist und in jedem Fall, wenn die Bilanzsumme des betreffenden Unternehmens niedriger als der kleinere der folgenden zwei Beträge ist:

      i. 10 Millionen EUR, oder

      ii. 1 % der Bilanzsumme des Mutterunternehmens oder des Unternehmens, das die Beteiligung hält;

   c) wenn nach Auffassung der zuständigen Behörden, die mit der Beaufsichtigung auf konsolidierter Basis beauftragt sind, eine Konsolidierung der Finanzlage des betreffenden Unternehmens in Bezug auf die Ziele der Bankenaufsicht ungeeignet oder irreführend wäre.

   Wenn in den in Unterabsatz 1 Buchstabe b genannten Fällen mehrere Unternehmen die dort genannten Kriterien erfüllen, werden sie dennoch in die Konsolidierung einbezogen, soweit sie in Bezug auf die erwähnten Ziele zusammen genommen von nicht unerheblicher Bedeutung sind.

2. Die zuständigen Behörden schreiben Tochterkreditinstituten vor, die in den Artikeln 75, 120 und 123 sowie die in Abschnitt 5 festgelegten Anforderungen auf unterkonsolidierter Basis anzuwenden, wenn sie oder ihr Mutterunternehmen – sollte es sich dabei um eine Finanzholdinggesellschaft handeln – in einem Drittland ein Kredit- oder Finanzinstitut oder eine Vermögensverwaltungsgesellschaft im Sinne von Artikel 2 Nummer 5 der Richtlinie 2002/87/EG als Tochterunternehmen haben oder eine Beteiligung an einem solchen Unternehmen halten.

3. Die zuständigen Behörden schreiben den unter diese Richtlinie fallenden Mutter- und Tochterunternehmen vor, den in Artikel 22 festgelegten Pflichten auf konsolidierter oder unterkonsolidierter Basis nachzukommen, um zu gewährleisten, dass deren Regelungen, Verfahren und Mechanismen kohärent und gut aufeinander abgestimmt sind und alle für die Aufsicht relevanten Daten und Informationen vorgelegt werden können.

### Unterabschnitt 2: Berechnung der Anforderungen

#### Artikel 74

1. Sofern nichts anderes bestimmt ist, werden Aktiva und außerbilanzielle Geschäfte nach dem gemäß der Verordnung (EG) Nr. 1606/2002 und der Richtlinie 86/635/EWG für Kreditinstitute geltenden Bilanzierungsrahmen bewertet.

2. Unbeschadet der Anforderungen der Artikel 68 bis 72 erfolgen die Berechnungen, mit denen überprüft wird, ob die Kreditinstitute den in Artikel 75 festgelegten Pflichten nachkommen, mindestens zweimal jährlich.

Die Kreditinstitute leiten ihre Ergebnisse samt allen erforderlichen Teildaten an die zuständigen Behörden weiter.

### Unterabschnitt 3: Eigenmitteluntergrenze

#### Artikel 75

Unbeschadet des Artikels 136 schreiben die Mitgliedstaaten den Kreditinstituten vor, dass ihre Eigenmittelausstattung jederzeit gleich der Summe der nachstehenden Eigenkapitalanforderungen sein oder darüber hinausgehen muss:

a) 8 % sämtlicher nach Abschnitt 3 errechneter risikogewichteter Forderungsbeträge für das Kredit- und Verwässerungsrisiko in all ihren Geschäftsfeldern mit Ausnahme des Handelsbuchs und illiquider Aktiva, sofern diese gemäß Artikel 13 Absatz 2 Buchstabe d der Richtlinie 2006/49/EG von den Eigenmitteln abgezogen wurden;

b) die nach Artikel 18 und Kapitel V Abschnitt 4 der Richtlinie 2006/49/EG ermittelten Eigenkapitalanforderungen für die mit dem Handelsbuch verbundenen Positionsrisiken, Abwicklungsrisiken, Gegenparteiausfallrisiken und – wenn die in den Artikel 111 bis 117 festgelegten Obergrenzen überschritten werden dürfen – für die über diese Grenzen hinausgehenden Großrisiken;

c) die nach Artikel 18 der Richtlinie 2006/49/EG ermittelten Eigenkapitalanforderungen für das Fremdwährungs- und Warenpositionsrisiko in allen Geschäftsfeldern;

d) die nach Abschnitt 4 ermittelten Eigenkapitalanforderungen für das operationelle Risiko in allen Geschäftsfeldern.

### Abschnitt 3: Mindesteigenkapitalanforderungen für Kreditrisiken

#### Artikel 76

Zur Berechnung ihrer risikogewichteten Forderungsbeträge für die Zwecke des Artikels 75 Buchstabe a wenden die Kreditinstitute entweder den in den Artikeln 78 bis 83 vorgesehenen Standardansatz oder – sollten die zuständigen Behörden dies gemäß Artikel 84 gestattet haben – den in den Artikeln 84 bis 89 vorgesehenen auf internen Ratings basierenden Ansatz an.

**Artikel 77**
„Forderung" bezeichnet in diesem Abschnitt einen Aktivposten oder einen außerbilanziellen Posten.

## Unterabschnitt 1: Standardansatz

**Artikel 78**

1. Vorbehaltlich des Absatzes 2 ist der Forderungswert eines Aktivpostens dessen Bilanzwert und der Forderungswert eines in Anhang II aufgeführten außerbilanziellen Geschäfts ein prozentualer Anteil seines Werts, nämlich 100 %, wenn es sich um eine Position mit hohem Risiko handelt, 50 %, wenn es sich um eine Position mit mittlerem Risiko handelt, 20 %, wenn es sich um eine Position mit mittlerem/niedrigem Risiko handelt und 0 %, wenn es sich um eine Position mit niedrigem Risiko handelt. Die im ersten Satz genannten außerbilanziellen Geschäfte werden den in Anhang II genannten Risikokategorien zugeordnet. Wendet ein Kreditinstitut die umfassende Methode zur Berücksichtigung finanzieller Sicherheiten nach Anhang VIII Teil 3 an, so wird bei Forderungen in Form von Wertpapieren oder Waren, die im Rahmen eines Pensions- oder Wertpapier- oder Warenleihgeschäfts veräußert, hinterlegt oder verliehen werden, und von Lombardgeschäften der Forderungswert der um die nach Maßgabe des Anhangs VIII Teil 3 Nummern 34 bis 59 als für solche Wertpapiere und Waren angemessen anzusehende Volatilitätsanpassung heraufgesetzt.

2. Der Forderungswert eines in Anhang IV aufgeführten Derivats wird nach Anhang III ermittelt, wobei den Auswirkungen von Schuldumwandlungsverträgen und sonstigen Netting-Vereinbarungen für die Zwecke dieser Methoden nach Maßgabe des Anhangs III Rechnung getragen wird. Der Forderungswert von Pensionsgeschäften, Wertpapier- oder Warenleihgeschäften, Geschäften mit langer Abwicklungsfrist und Lombardgeschäften kann entweder nach Anhang III oder nach Anhang VIII bestimmt werden.

3. Ist eine Forderung durch eine Sicherheitsleistung besichert, kann der Forderungswert für diese Position nach Unterabschnitt 3 geändert werden.

4. Ungeachtet Nummer 2 wird der von den zuständigen Behörden festgelegte Forderungswert eines ausstehenden Kreditausfallrisikos gegenüber einer zentralen Gegenpartei gemäß Anhang III Teil 2 Nummer 6 festgesetzt, vorausgesetzt, die Gegenparteiausfallrisiko-Positionen der zentralen Gegenpartei mit allen angeschlossenen Teilnehmern werden täglich voll besichert.

**Artikel 79**

1. Jede Forderung wird einer der folgenden Forderungsklassen zugeordnet:
a) Forderungen oder Eventualforderungen an Zentralstaaten oder Zentralbanken,
b) Forderungen oder Eventualforderungen an Gebietskörperschaften,
c) Forderungen oder Eventualforderungen an Verwaltungseinrichtungen und nichtgewerbliche Unternehmen,
d) Forderungen oder Eventualforderungen an multilaterale Entwicklungsbanken,
e) Forderungen oder Eventualforderungen an internationale Organisationen,
f) Forderungen oder Eventualforderungen an Institute,
g) Forderungen oder Eventualforderungen an Unternehmen,
h) Retail-Forderungen oder Eventual-Retailforderungen,
i) Durch Immobilien besicherte Forderungen oder Eventualforderungen,
j) überfällige Posten,
k) Posten mit hohem Risiko,

l)  Forderungen in Form von gedeckten Schuldverschreibungen,
m) Verbriefungspositionen,
n)  kurzfristige Forderungen an Kreditinstitute und Unternehmen,
o)  Forderungen in Form von Anteilen an Organismen für Gemeinsame Anlagen (OGA), oder
p)  sonstige Posten.

2. Um den in Absatz 1 Buchstabe h genannten Retail-Forderungen zugeordnet werden zu können, muss eine Forderung die folgenden Voraussetzungen erfüllen:
a)  sie richtet sich entweder an eine Einzelperson/an Einzelpersonen oder ein kleines oder mittleres Unternehmen;
b)  sie ist eine von vielen Forderungen mit ähnlichen Merkmalen, so dass die Risiken dieser Ausleihungen erheblich reduziert werden, und
c)  der dem Kreditinstitut sowie den Mutterunternehmen und deren Tochtergesellschaften von dem Kunden oder der Gruppe verbundener Kunden insgesamt geschuldete Betrag einschließlich etwaiger überfälliger Forderungen, mit Ausnahme von Forderungen oder Eventualforderungen, die durch Wohneigentum besichert sind, geht nach dem Wissen des Kreditinstituts nicht über 1 Mio. EUR hinaus. Das Kreditinstitut unternimmt angemessene Schritte zur Erlangung dieses Wissens.

Wertpapiere können nicht der Forderungsklasse der Retail-Forderungen zugeordnet werden.

3. Der Zeitwert von Retail-Mindestleasingzahlungen kann der Retail-Forderungsklasse zugeordnet werden.

**Artikel 80**

1. Zur Berechnung der risikogewichteten Forderungsbeträge werden allen Forderungen – sofern sie nicht von den Eigenmitteln abgezogen werden – Risikogewichte nach Anhang VI Teil 1 zugeteilt. Die Zuteilung der Risikogewichte richtet sich nach der Kategorie, der die Forderung zugeordnet wird, und – soweit in Anhang VI Teil 1 vorgesehen – nach deren Qualität. Zur Bewertung der Kreditqualität können gemäß den Artikeln 81 bis 83 die Ratings von Ratingagenturen oder gemäß Anhang VI Teil 1 die Ratings von Exportversicherungsagenturen herangezogen werden.

2. Für die Zuteilung eines Risikogewichts gemäß Absatz 1 wird der Forderungswert mit dem nach diesem Unterabschnitt festgelegten oder ermittelten Risikogewicht multipliziert.

3. Bei Forderungen an Institute entscheiden die Mitgliedstaaten, ob für die Berechnung der risikogewichteten Forderungsbeträge gemäß Anhang VI, die Bonität des Zentralstaats, in dem das Institut seinen Sitz hat, oder die Bonität des Instituts der Gegenpartei zugrunde gelegt wird.

4. Unbeschadet des Absatzes 1 kann das Risikogewicht einer Forderung bei entsprechender Besicherung gemäß Unterabschnitt 3 geändert werden.

5. Für verbriefte Forderungen werden die risikogewichteten Forderungsbeträge gemäß Unterabschnitt 4 ermittelt.

6. Forderungen, für die dieser Unterabschnitt keine Bestimmungen zur Berechnung der risikogewichteten Forderungsbeträge enthält, wird ein Risikogewicht von 100 % zugeteilt.

7. Mit Ausnahme von Forderungen, die Verbindlichkeiten in Form der in Artikel 57 Buchstaben a bis h genannten Positionen begründen, können die zuständigen Behörden Forderungen eines Kreditinstituts gegenüber einer Gegenpartei, die sein Mutterunternehmen, sein Tochterunternehmen oder ein Tochterunternehmen seines Mutterunternehmens oder ein Unternehmen ist, mit dem es durch eine Beziehung im Sinne von Artikel 12 Absatz 1 der Richtlinie 83/349/EWG verbunden ist, unter folgenden Voraussetzungen von Absatz 1 ausnehmen:

a) die Gegenpartei ist ein Institut oder eine Finanzholdinggesellschaft, ein Finanzinstitut, eine Vermögensverwaltungsgesellschaft oder ein Anbieter von Nebendienstleistungen und unterliegt angemessenen Aufsichtsvorschriften;
b) die Gegenpartei ist in dieselbe Vollkonsolidierung einbezogen wie das Kreditinstitut;
c) die Gegenpartei unterliegt den gleichen Risikobewertungs-, -mess- und -kontrollverfahren wie das Kreditinstitut;
d) die Gegenpartei hat ihren Sitz in dem gleichen Mitgliedstaat wie das Kreditinstitut, und
e) ein substantielles tatsächliches oder rechtliches Hindernis für die unverzügliche Übertragung von Eigenmitteln von der Gegenpartei auf das Kreditinstitut oder die Rückzahlung von Verbindlichkeiten an das Kreditinstitut durch die Gegenpartei ist weder vorhanden noch abzusehen.

In einem solchen Fall wird ein Risikogewicht von 0 % zugeteilt.

8. Mit Ausnahme von Forderungen, die Verbindlichkeiten in Form der in Artikel 57 Buchstaben a bis h genannten Positionen begründen, können die zuständigen Behörden Forderungen gegenüber Gegenparteien, die Mitglied des selben institutsbezogenen Sicherungssystems sind wie das Kredit gebende Kreditinstitut von den Anforderungen gemäß Absatz 1 ausnehmen, wenn folgende Voraussetzungen erfüllt sind:

a) die Anforderungen gemäß Absatz 7 Buchstaben a, d und e;
b) das Kreditinstitut und die Gegenpartei haben eine vertragliche oder satzungsmäßige Haftungsvereinbarung geschlossen, die sie absichert und insbesondere bei Bedarf ihre Liquidität und Solvenz zur Vermeidung einer Insolvenz sicherstellt (im Folgenden als institutsbezogenes Sicherungssystem bezeichnet);
c) die Haftungsvereinbarung stellt sicher, dass das institutsbezogene Sicherungssystem im Rahmen seiner Verpflichtung die notwendige Unterstützung aus sofort verfügbaren Mitteln gewähren kann;
d) das institutsbezogene Sicherungssystem verfügt über geeignete und einheitlich geregelte Systeme für die Überwachung und Einstufung der Risiken (die einen vollständigen Überblick über die Risikosituationen der einzelnen Mitglieder und das institutsbezogene Sicherungssystem insgesamt liefert) mit entsprechenden Möglichkeiten der Einflussnahme; diese Systeme müssen eine angemessene Überwachung von Forderungsausfällen gemäß Anhang VII Teil 4 Nummer 44 sicherstellen;
e) das institutsbezogene Sicherungssystem führt eine eigene Risikobewertung durch, die den einzelnen Mitgliedern mitgeteilt wird;
f) das institutsbezogene Sicherungssystem veröffentlicht mindestens einmal jährlich entweder einen konsolidierten Bericht mit einer Bilanz, einer Gewinn- und Verlustrechnung, einem Lagebericht und einem Risikobericht über das institutsbezogene Sicherungssystem insgesamt oder einen Bericht mit einer aggregierten Bilanz, einer aggregierten Gewinn- und Verlustrechnung, einem Lagebericht und einem Risikobericht zum institutsbezogenen Sicherungssystem insgesamt;
g) die Mitglieder des institutsbezogenen Sicherungssystems sind verpflichtet, ihre Absicht, aus dem System auszuscheiden, mindestens 24 Monate im Voraus anzuzeigen;
h) die mehrfache Nutzung von Bestandteilen, die für die Berechnung von Eigenmitteln in Frage kommen ("Mehrfachbelegung"), sowie jegliche unangemessene Bildung von Eigenmitteln zwischen den Mitgliedern des institutsbezogenen Sicherungssystems gemäß Buchstabe b wird unterlassen;
i) das institutsbezogene Sicherungssystem stützt sich auf eine breite Mitgliedschaft von Kreditinstituten mit einem überwiegend homogenen Geschäftsprofil, und
j) die Angemessenheit der Systeme gemäß Buchstabe d wird von den einschlägigen zuständigen Behörden bestätigt und regelmäßig überwacht.

In einem solchen Fall wird ein Risikogewicht von 0 % zugeteilt.

**Artikel 81**

1. Ein externes Rating kann nur dann für die Bestimmung des Risikogewichts einer Forderung nach Artikel 80 herangezogen werden, wenn die Ratingagentur, von der diese Bewertung stammt, von den zuständigen Behörden für diesen Zweck anerkannt wurde (nachstehend als „anerkannte Ratingagentur" bezeichnet).

2. Die zuständigen Behörden erkennen eine Ratingagentur für die Zwecke des Artikels 80 nur an, wenn sie sich davon überzeugt haben, dass deren Rating-Methode Objektivität, Unabhängigkeit und Transparenz gewährleistet, sie kontinuierlich überprüft wird und die erstellten Ratings zuverlässig und transparent sind. Zu diesem Zweck tragen die zuständigen Behörden den technischen Kriterien in Anhang VI Teil 2 Rechnung.

3. Wurde eine Ratingagentur von den zuständigen Behörden eines Mitgliedstaats anerkannt, so können die zuständigen Behörden eines anderen Mitgliedstaats sie ohne eigene Prüfung ebenfalls anerkennen.

4. Die zuständigen Behörden machen Informationen über das Anerkennungsverfahren und eine Liste der anerkannten Ratingagenturen öffentlich zugänglich.

**Artikel 82**

1. Die zuständigen Behörden legen unter Berücksichtigung der technischen Kriterien in Anhang VI Teil 2 fest, welchen der in Teil 1 jenes Anhangs genannten Bonitätsstufen die jeweiligen Ratings einer anerkannten Ratingagentur zuzuordnen sind. Bei dieser Zuordnung wird objektiv und kohärent verfahren.

2. Wenn die zuständigen Behörden eines Mitgliedstaats eine Zuordnung gemäß Absatz 1 vorgenommen haben, können die zuständigen Behörden eines anderen Mitgliedstaats diese ohne eigenes Zuordnungsverfahren anerkennen.

**Artikel 83**

1. Werden für die Berechnung der risikogewichteten Forderungsbeträge eines Kreditinstituts die Ratings von Ratingagenturen herangezogen, so werden diese kohärent und in Einklang mit Anhang VI Teil 3 verwendet. Eine selektive Nutzung einzelner Ratings ist nicht zulässig.

2. Die Kreditinstitute verwenden in Auftrag gegebene Ratings. Mit Erlaubnis der zuständigen Behörde können sie jedoch auch ohne Auftrag erstellte Ratings verwenden.

## Unterabschnitt 2: Auf internen Ratings basierender Ansatz (IRB-Ansatz)

**Artikel 84**

1. Nach diesem Unterabschnitt können die zuständigen Behörden Kreditinstituten gestatten, ihre risikogewichteten Forderungsbeträge anhand interner Ratings („IRB-Ansatz") zu berechnen. Jedes Kreditinstitut muss dazu eine ausdrückliche Erlaubnis einholen.

2. Diese Erlaubnis wird nur erteilt, wenn die zuständige Behörde sich davon überzeugt hat, dass die Systeme, die das Kreditinstitut zur Steuerung und Einstufung seiner Kreditrisiken einsetzt, solide sind, integer umgesetzt werden und insbesondere die folgenden Standards in Übereinstimmung mit Anhang VII Teil 4 erfüllen:

a) die Rating-Systeme des Kreditinstituts ermöglichen eine aussagekräftige Beurteilung von Schuldner- und Geschäftscharakteristika, eine aussagekräftige Risikodifferenzierung und präzise, kohärente quantitative Risikoschätzungen;

b) die bei der Berechnung der Eigenkapitalanforderungen verwendeten internen Ratings und Ausfall- und Verlustschätzungen sowie die dazugehörigen Systeme und Verfahren sind im Risikomanagement und Entscheidungsprozess, bei der Kreditvergabeentscheidung, der internen Kapitalallokation und der Corporate Governance des Kreditinstituts von wesentlicher Bedeutung;

RL 2006/48/EG

c) das Kreditinstitut hat eine Abteilung „Kreditrisikokontrolle", die für die internen Ratingsysteme zuständig ist, über das notwendige Maß an Unabhängigkeit verfügt und vor ungebührlicher Einflussnahme geschützt ist;
d) das Kreditinstitut sammelt und speichert alle maßgeblichen Daten, die für eine zuverlässige Kreditrisikomessung und ein zuverlässiges Kreditrisikomanagement von Bedeutung sind, und
e) das Kreditinstitut führt über seine Ratingsysteme Buch, dokumentiert die Gründe für deren Ausgestaltung und validiert diese Systeme.

Wenden ein EU-Mutterkreditinstitut und seine Tochterunternehmen oder eine EU-Mutterfinanzholdinggesellschaft und ihre Tochterunternehmen den IRB-Ansatz einheitlich an, so können die zuständigen Behörden gestatten, dass die in Anhang VII Teil 4 genannten Mindestanforderungen von Mutter und Töchtern gemeinsam erfüllt werden.

3. Ein Kreditinstitut, das eine Genehmigung zur Anwendung des IRB-Ansatzes beantragt, weist nach, dass es für die betreffenden IRB-Forderungsklassen seit mindestens drei Jahren Ratingsysteme verwendet, die den in Anhang VII Teil 4 für die interne Risikomessung und das interne Risikomanagement genannten Mindestanforderungen im Großen und Ganzen entsprechen.

4. Ein Kreditinstitut, das eine Genehmigung zur Verwendung eigener LGD-Schätzungen und/oder eigener Umrechnungsfaktoren beantragt, weist nach, dass es seine LGD-Schätzungen und Umrechnungsfaktoren seit mindestens drei Jahren in einer Weise verwendet, die den in Anhang VII, Teil 4 für die Nutzung eigener Schätzungen genannten Mindestanforderungen im Großen und Ganzen entspricht.

5. Wenn ein Kreditinstitut die in diesem Unterabschnitt genannten Anforderungen nicht mehr erfüllt, legt es der zuständigen Behörde entweder einen Plan vor, aus dem hervorgeht, dass es die Anforderungen bald wieder einhalten wird, oder es weist nach, dass die Abweichungen keine nennenswerten Auswirkungen haben.

6. Wollen das EU-Mutterkreditinstitut und seine Tochterunternehmen oder die EU-Mutterfinanzholdinggesellschaft und ihre Tochterunternehmen den IRB-Ansatz anwenden, arbeiten die für die einzelnen juristischen Personen zuständigen Behörden den Artikeln 129 bis 132 entsprechend eng zusammen.

## Artikel 85

1. Unbeschadet des Artikels 89 wenden Kreditinstitute und alle Mutterunternehmen mit ihren Tochtergesellschaften den IRB-Ansatz auf alle Forderungen an.

Soweit von den zuständigen Behörden genehmigt, kann die Umstellung schrittweise erfolgen, d. h. innerhalb eines Geschäftsfelds von einer der in Artikel 86 genannten Forderungsklasse zur nächsten, innerhalb einer Gruppe von Geschäftsfeldern zu Geschäftsfeld oder bei der Verwendung eigener LGD-Schätzungen oder Umrechnungsfaktoren zur Berechnung der Risikogewichte von Forderungen an Unternehmen, Institute, Zentralstaaten und Zentralbanken.

Bei der in Artikel 86 genannten Forderungsklasse der Retail-Forderungen kann die Umstellung schrittweise für die Kategorien, denen die verschiedenen in Anhang VII Teil 1 Nummern 10 bis 13 genannten Korrelationen entsprechen, erfolgen.

2. Die in Absatz 1 dargelegte Umstellung erstreckt sich über einen angemessenen, mit den zuständigen Behörden zu vereinbarenden Zeitraum. Die Umstellung erfolgt unter strengen Auflagen, die von den zuständigen Behörden festgelegt werden. Diese Auflagen müssen sicherstellen, dass der in Absatz 1 eingeräumte Spielraum nicht selektiv dazu genutzt wird, für die noch nicht in den IRB-Ansatz einbezogenen Forderungsklassen und Geschäftsfelder oder beim Einsatz eigener Schätzungen von LGD und/oder Umrechnungsfaktoren niedrigere Mindesteigenkapitalanforderungen zu erreichen.

3. Kreditinstitute, die für eine Forderungsklasse nach dem IRB-Ansatz verfahren, verwenden diesen ebenfalls für die Forderungsklasse der Beteiligungspositionen.

4. Vorbehaltlich der Absätze 1 bis 3 des vorliegenden Artikels und des Artikels 89 kommen Kreditinstitute, denen nach Artikel 84 die Anwendung des IRB-Ansatzes gestattet

wurde, für die Berechnung der risikogewichteten Forderungsbeträge nicht auf Unterabschnitt 1 zurück, es sei denn, sie können dafür triftige Gründe nennen und die zuständigen Behörden genehmigen dies.

5. Vorbehaltlich der Absätze 1 und 2 des vorliegenden Artikels und des Artikels 89 kommen Kreditinstitute, denen nach Artikel 87 Absatz 9 die Verwendung eigener Schätzungen für LGD und Umrechnungsfaktoren gestattet wurde, nicht auf die in Artikel 87 Absatz 8 genannten LGD-Werte und Umrechnungsfaktoren zurück, es sei denn, sie können dafür triftige Gründe nennen und die zuständigen Behörden genehmigen dies.

**Artikel 86**

1. Jede Forderung wird einer der folgenden Forderungsklassen zugeordnet:
a) Forderungen oder Eventualforderungen an Zentralstaaten und Zentralbanken,
b) Forderungen oder Eventualforderungen an Institute,
c) Forderungen oder Eventualforderungen an Unternehmen,
d) Retail-Forderungen oder Eventual-Retailforderungen,
e) Beteiligungspositionen,
f) Verbriefungspositionen, oder
g) Sonstige Aktiva, bei denen es sich nicht um Kreditverpflichtungen handelt.

2. Die folgenden Forderungen werden wie Forderungen an Zentralstaaten und Zentralbanken behandelt:
a) Forderungen an regionale Gebietskörperschaften, lokale Behörden oder öffentliche Stellen die im Rahmen von Unterabschnitt 1 wie Forderungen an Zentralstaaten behandelt werden, und
b) Forderungen an multilaterale Entwicklungsbanken und internationale Organisationen, die im Rahmen von Unterabschnitt 1 ein Risikogewicht von 0 % erhalten.

3. Die folgenden Forderungen werden wie Forderungen an Institute behandelt:
a) Forderungen an Gebietskörperschaften, die im Rahmen von Unterabschnitt 1 nicht wie Forderungen an Zentralstaaten behandelt werden;
b) Forderungen an öffentliche Stellen, die im Rahmen von Unterabschnitt 1 wie Forderungen an Institute behandelt werden, und
c) Forderungen an multilaterale Entwicklungsbanken, die im Rahmen von Unterabschnitt 1 nicht das Risikogewicht 0 % erhalten.

4. Um der in Absatz 1 Buchstabe d genannten Retail-Forderungsklasse zugeordnet werden zu können, müssen Forderungen die folgenden Kriterien erfüllen:
a) sie richten sich entweder an eine Einzelperson/an Einzelpersonen oder ein kleines oder mittleres Unternehmen, wobei in letztgenanntem Fall der dem Kreditinstitut und gegebenenfalls den Mutterunternehmen und deren Tochtergesellschaften von dem Kunden oder der Gruppe verbundener Kunden insgesamt geschuldete Betrag, einschließlich etwaiger in der Vergangenheit fälliger Forderungen, jedoch mit Ausnahme von Forderungen oder Eventualforderungen, die durch Wohneigentum besichert sind, nach Wissen des Kreditinstituts nicht über 1 Mio. EUR hinausgehen darf; das Kreditinstitut hat angemessene Schritte unternommen, um sich von der Richtigkeit seines Kenntnisstands zu überzeugen;
b) sie werden im kreditinstitutsinternen Risikomanagement im Zeitverlauf kohärent und durchgängig behandelt;
c) sie werden nicht genauso individuell wie Forderungen in der Forderungsklasse „Forderungen an Unternehmen" gemanagt, und
d) sie sind alle Teil einer größeren Zahl ähnlich gemanagter Forderungen.

Der Zeitwert von Retail-Mindestleasingzahlungen kann der Retail-Forderungsklasse zugeordnet werden.

5. Die folgenden Forderungen werden als Beteiligungspositionen eingestuft:
a) nicht rückzahlbare Forderungen, die einen nachrangigen Restanspruch auf das Vermögen oder die Einkünfte des Emittenten beinhalten, und
b) rückzahlbare Forderungen, die in ihrer wirtschaftlichen Substanz den unter Buchstabe a genannten Forderungen ähneln.

6. Innerhalb der Forderungsklasse „Forderungen an Unternehmen" werden Forderungen mit nachfolgend genannten Charakteristika von den Kreditinstituten getrennt als Spezialfinanzierungen erfasst:
a) die Forderung richtet sich gegen eine speziell zur Finanzierung und/oder zum Betrieb von Objekten errichtete Gesellschaft;
b) die vertraglichen Vereinbarungen verschaffen dem Kreditgeber einen erheblichen Einfluss auf den betreffenden Vermögensgegenstand und die aus ihm resultierenden Einkünfte, und
c) die Rückzahlung der Forderung speist sich in erster Linie aus den Einkünften, die mit den finanzierten Objekten erzielt werden, und weniger auf die davon unabhängige Zahlungsfähigkeit eines auf einer breiten Basis agierenden Unternehmens.

7. Jede Forderung, die nicht den in Absatz 1 Buchstaben a und b sowie d bis f genannten Forderungsklassen zugeordnet ist, wird der unter Buchstabe c jenes Absatzes genannten Forderungsklasse zugeordnet.

8. Die in Absatz 1 Buchstabe g genannte Forderungsklasse schließt auch den Restwert von Leasingobjekten ein, falls dieser nicht in dem in Anhang VII Teil 3 Nummer 4 definierten Leasing-Forderungswert enthalten ist.

9. Bei der Einordnung seiner Forderungen in die verschiedenen Forderungsklassen verfährt das Kreditinstitut nach einer angemessenen, im Zeitverlauf konsistenten Methode.

**Artikel 87**

1. Die risikogewichteten Forderungsbeträge für das Kreditrisiko von Forderungen, die unter eine der in Artikel 86 Absatz 1 Buchstaben a bis e oder g genannten Forderungsklassen fallen, werden – sofern sie nicht von den Eigenmitteln abgezogen werden – nach Anhang VII Teil 1 Nummern 1 bis 27 berechnet.

2. Die risikogewichteten Forderungsbeträge für das Verwässerungsrisiko bei angekauften Forderungen werden nach Anhang VII Teil 1 Nummer 28 berechnet. Nimmt das Kreditinstitut bei erworbenen Forderungen bezüglich des Ausfallrisikos und des Verwässerungsrisikos uneingeschränkt den Verkäufer der erworbenen Forderungen in Anspruch, so brauchen die Bestimmungen der Artikel 87 und 88 über erworbene Forderungen nicht angewandt zu werden. Die Forderung kann stattdessen als abgesicherte Forderung behandelt werden.

3. Die risikogewichteten Forderungsbeträge für das Kredit- und das Verwässerungsrisiko werden anhand der mit der jeweiligen Forderung verbundenen Parameter berechnet. Dazu zählen die PD, die LGD, die Restlaufzeit (M) und der Forderungswert. PD und LGD können nach Maßgabe des Anhangs VII Teil 2 gesondert oder gemeinsam berücksichtigt werden.

4. Unbeschadet des Absatzes 3 werden mit Genehmigung der zuständigen Behörden die risikogewichteten Forderungsbeträge für das Kreditrisiko, das mit allen unter Artikel 86 Absatz 1 Buchstabe e fallenden Forderungen verbunden ist, nach Anhang VII Teil 1 Nummern 17 bis 26 berechnet. Die zuständigen Behörden gestatten einem Kreditinstitut nur, nach Anhang VII Teil 1 Nummern 25 und 26 zu verfahren, wenn das Kreditinstitut die in Anhang VII Teil 4 Nummern 115 bis 123 genannten Mindestanforderungen erfüllt.

5. Unbeschadet des Absatzes 3 können die risikogewichteten Forderungsbeträge für das mit Spezialfinanzierungen verbundene Kreditrisiko nach Anhang VII Teil 1 Nummer 6 berechnet werden. Die zuständigen Behörden veröffentlichen für die Kreditinstitute Leitlinien für die Zuordnung von Risikogewichten zu Spezialfinanzierungen im

Rahmen des Anhangs VII Teil 1 Nummer 6 und genehmigen die von den Kreditinstituten zu diesem Zweck angewandten Methoden.

6. Für Forderungen der in Artikel 86 Absatz 1 Buchstaben a bis d genannten Forderungsklassen führen die Kreditinstitute nach Maßgabe des Artikels 84 und des Anhangs VII Teil 4 ihre eigenen PD-Schätzungen durch.

7. Für Forderungen der in Artikel 86 Absatz 1 Buchstabe d genannten Forderungsklasse führen die Kreditinstitute nach Maßgabe des Artikels 84 und des Anhangs VII Teil 4 ihre eigenen LGD-Schätzungen und Schätzungen der Umrechnungsfaktoren durch.

8. Auf Forderungen der in Artikel 86 Absatz 1 Buchstaben a bis c genannten Forderungsklassen wenden die Kreditinstitute die in Anhang VII Teil 2 Nummer 8 angegebenen LGD-Werte und die in Anhang VII Teil 3 Nummer 11 Buchstaben a bis c angegebenen Umrechnungsfaktoren an.

9. Unbeschadet des Absatzes 8 können die zuständigen Behörden den Kreditinstituten gestatten, für alle Forderungen der in Artikel 86 Absatz 1 Buchstaben a bis c genannten Forderungsklassen nach Maßgabe des Artikels 84 und des Anhangs VII Teil 4 eigene LGD-Schätzungen und Schätzungen der Umrechnungsfaktoren zu verwenden.

10. Die risikogewichteten Forderungsbeträge für verbriefte Forderungen und Forderungen der in Artikel 86 Absatz 1 Buchstabe f genannten Forderungsklasse werden nach Unterabschnitt 4 berechnet.

11. Erfüllen Forderungen in Gestalt eines Organismus für Gemeinsame Anlagen (OGA) die in Anhang VI Teil 1 Nummern 77 und 78 genannten Kriterien und sind dem Kreditinstitut alle zugrunde liegenden Forderungen des OGA bekannt, so berechnet das Kreditinstitut die risikogewichteten Forderungsbeträge und die erwarteten Verlustbeträge für die dem OGA zugrunde liegenden Forderungen nach den in diesem Unterabschnitt beschriebenen Verfahren.

Werden die Bedingungen, die zur Anwendung der in diesem Unterabschnitt beschriebenen Verfahren notwendig sind, von dem Kreditinstitut nicht erfüllt, so werden die risikogewichteten Forderungsbeträge und geschätzten Verlustbeträge wie folgt ermittelt:

a) bei Forderungen der in Artikel 86 Absatz 1 Buchstabe e genannten Forderungsklasse nach der in Anhang VII Teil 1 Nummern 19 bis 21 beschriebenen Methode. Ist das Kreditinstitut nicht in der Lage, zu diesem Zweck zwischen privaten, börsengehandelten und sonstigen Beteiligungspositionen zu unterscheiden, so behandelt es die betreffenden Forderungen als sonstige Beteiligungspositionen;

b) bei allen anderen zugrunde liegenden Forderungen nach der in Unterabschnitt 1 beschriebenen Methode, die für diese Zwecke wie folgt geändert wird:

   i. die Forderungen werden der passenden Forderungsklasse zugeordnet und erhalten das Risikogewicht einer Stufe über der Bonitätsstufe, der die Forderung normalerweise zugeordnet würde, und

   ii. Forderungen, die den höheren Bonitätsstufen zugeordnet werden und normalerweise ein Risikogewicht von 150 % erhalten würden, werden mit einem Risikogewicht von 200 % belegt.

12. Wenn Forderungen in Gestalt eines OGA die in Anhang VI Teil 1 Nummern 77 und 78 genannten Kriterien nicht erfüllen oder dem Kreditinstitut nicht alle zugrunde liegenden Forderungen des OGA bekannt sind, schaut das Kreditinstitut auf die dem OGA zugrunde liegenden Forderungen durch und berechnet die risikogewichteten Forderungs- und erwarteten Verlustbeträge nach dem in Anhang VII Teil 1 Nummern 19 bis 21 beschriebenen Verfahren. Ist das Kreditinstitut nicht in der Lage, zu diesem Zweck zwischen privaten, börsengehandelten und sonstigen Beteiligungspositionen zu unterscheiden, so behandelt es die betreffenden Forderungen als sonstige Beteiligungspositionen. Forderungen, bei denen es sich nicht um Beteiligungspositionen handelt, werden für diese Zwecke einer der in Anhang VII Teil 1 Nummer 19 genannten Forderungsklassen (private, börsengehandelte oder sonstige Beteiligungspositionen), unbekannte Forderungen der Klasse „sonstige Beteiligungspositionen" zugeordnet.

Alternativ zu der oben beschriebenen Methode können Kreditinstitute eigene Berechnungen vornehmen oder Berechnungen der durchschnittlichen gewichteten Forderungsbeträge der dem OGA zugrunde liegenden Forderungen von Dritten verwenden, sofern durch angemessene Maßnahmen für die Richtigkeit der Berechnung gesorgt ist, und die Beträge wie folgt ermittelt werden:

a) bei Forderungen der in Artikel 86 Absatz 1 Buchstabe e genannten Forderungsklasse nach der in Anhang VII Teil 1 Nummern 19 bis 21 beschriebenen Methode. Ist das Kreditinstitut nicht in der Lage, für diese Zwecke zwischen privaten, börsengehandelten und sonstigen Beteiligungspositionen zu unterscheiden, so behandelt es die betreffenden Forderungen wie sonstige Beteiligungspositionen, oder

b) bei allen anderen zugrunde liegenden Forderungen nach der in Unterabschnitt 1 beschriebenen Methode, die für diese Zwecke wie folgt geändert wird:
   i. die Forderungen werden der passenden Forderungsklasse zugeordnet und erhalten das Risikogewicht einer Stufe über der Bonitätsstufe, der die Forderung normalerweise zugeordnet würde, und
   ii. Forderungen, die den höheren Bonitätsstufen zugeordnet werden und normalerweise ein Risikogewicht von 150 % erhalten würden, werden mit einem Risikogewicht von 200 % belegt.

## Artikel 88

1. Bei Forderungen einer der in Artikel 86 Absatz 1 Buchstaben a bis e genannten Forderungsklasse werden die erwarteten Verlustbeträge nach der Methode in Anhang VII Teil 1 Nummern 29 bis 35 ermittelt.

2. Bei der Berechnung der erwarteten Verlustbeträge nach Anhang VII Teil 1 Nummern 29 bis 35 werden für jede Forderung die gleichen PD-, LGD- und Forderungswerte zugrunde gelegt wie bei der Berechnung der risikogewichteten Forderungsbeträge gemäß Artikel 87. Bei Forderungsausfällen, bei denen die Kreditinstitute ihre eigenen LGD-Schätzungen zugrunde legen, entspricht der erwartete Verlust („EL") der genauesten Schätzung des Kreditinstituts für den durch den Forderungsausfall zu erwartenden Verlust („$EL_{BE}$") gemäß Anhang VII Teil 4 Nummer 80.

3. Bei Verbriefungspositionen werden die erwarteten Verlustbeträge nach Unterabschnitt 4 ermittelt.

4. Bei Forderungen der in Artikel 86 Absatz 1 Buchstabe g genannten Forderungsklasse ist der erwartete Verlustbetrag gleich Null.

5. Bei angekauften Forderungen werden die im Zusammenhang mit dem Verwässerungsrisiko erwarteten Verlustbeträge nach den in Anhang VII Teil 1 Nummer 35 beschriebenen Methoden ermittelt.

6. Bei den in Artikel 87 Absätze 11 und 12 genannten Forderungen werden die erwarteten Verlustbeträge nach den in Anhang VII Teil 1 Nummern 29 bis 35 beschriebenen Methoden ermittelt.

## Artikel 89

1. Bei entsprechender Genehmigung der zuständigen Behörden können Kreditinstitute, die bei der Ermittlung der risikogewichteten Forderungsbeträge und der erwarteten Verlustbeträge für eine oder mehrere Forderungsklassen nach dem IRB-Ansatz verfahren dürfen, Unterabschnitt 1 anwenden auf:

a) die in Artikel 86 Absatz 1 Buchstabe a genannte Forderungsklasse, wenn die Zahl der in diesem Zusammenhang wesentlichen Gegenparteien begrenzt ist und die Einrichtung eines Rating-Systems für diese Gegenparteien für das Kreditinstitut mit einem unverhältnismäßig großen Aufwand verbunden wäre;

b) die in Artikel 86 Absatz 1 Buchstabe b genannte Forderungsklasse, wenn die Zahl der in diesem Zusammenhang wesentlichen Gegenparteien begrenzt ist und die Einrichtung eines Rating-Systems für diese Gegenparteien für das Kreditinstitut mit einem unverhältnismäßig großen Aufwand verbunden wäre;

c) Forderungen in zweitrangigen Geschäftsfeldern sowie Forderungsklassen von nicht wesentlichem Umfang, deren Risikoprofil als unerheblich angesehen wird;
d) Forderungen an Zentralstaaten (Herkunftsmitgliedstaat) und deren Gebietskörperschaften und Verwaltungseinrichtungen, wenn
   i. die Forderungen an diesen Zentralstaat und die genannten anderen Forderungen aufgrund spezieller öffentlicher Regelungen nicht mit unterschiedlich hohen Risiken verbunden sind, und
   ii. Forderungen an den Zentralstaat im Rahmen von Unterabschnitt 1 ein Risikogewicht von 0 % zugewiesen wird;
e) Forderungen eines Kreditinstituts gegenüber seinem Mutterunternehmen, einem Tochterunternehmen oder einer Tochter seines Mutterunternehmens, wenn die Gegenpartei ein Kreditinstitut oder eine Finanzholdinggesellschaft, ein Finanzinstitut, eine Vermögensverwaltungsgesellschaft oder ein Anbieter von Nebendienstleistungen ist und angemessenen Aufsichtsvorschriften unterliegt, oder ein verbundenes Unternehmen im Sinne von Artikel 12 Absatz 1 der Richtlinie 83/349/EWG ist, und Forderungen zwischen Kreditinstituten, die den Anforderungen von Artikel 80 Absatz 8 genügen;
f) Beteiligungen an Gesellschaften, deren Forderungen im Rahmen von Unterabschnitt 1 mit einem Risikogewicht von 0 % angesetzt werden (dazu zählen auch die öffentlich geförderten Gesellschaften, die ein Risikogewicht von Null erhalten können);
g) Beteiligungen im Rahmen staatlicher Programme zur Förderung bestimmter Wirtschaftszweige, durch die das Kreditinstitut erhebliche Subventionen für die Beteiligungspositionen erhält und die Programme einer gewissen staatlichen Aufsicht und gewissen Beschränkungen unterliegen. Dieser Ausschluss ist zusammengenommen auf 10 % der Basiseigenmittel und der ergänzenden Eigenmittel beschränkt;
h) Forderungen gemäß Anhang VI Teil 1 Nummer 40, die die dort angeführten Bedingungen erfüllen, oder
i) staatliche und staatlich rückversicherte Garantien nach Anhang VIII Teil 2 Nummer 19.

Dieser Absatz hindert die zuständigen Behörden anderer Mitgliedstaaten nicht daran zu gestatten, dass Unterabschnitt 1 auf Beteiligungen angewandt wird, die in anderen Mitgliedstaaten für eine solche Behandlung zugelassen sind.

2. Für die Zwecke des Absatzes 1 werden die Beteiligungen eines Kreditinstituts als wesentlich angesehen, wenn ihr Gesamtwert ohne die unter Absatz 1 genannten Beteiligungen im Rahmen von in Absatz 1 Buchstabe g genannten staatlichen Programmen im Durchschnitt des Vorjahres mehr als 10 % der Eigenmittel des Kreditinstituts beträgt. Liegt die Zahl dieser Beteiligungen unter 10, so liegt diese Schwelle bei 5 % der Eigenmittel.

## Unterabschnitt 3: Kreditrisikominderung

### Artikel 90

In diesem Unterabschnitt bezeichnet „kreditgebendes Kreditinstitut" das Kreditinstitut, das die betreffende Forderung hält, gleich ob sich diese von einem Kredit ableitet oder nicht.

### Artikel 91

Kreditinstitute, die den Standardansatz nach den Artikeln 78 bis 83 anwenden oder gemäß den Artikeln 84 bis 89 nach dem IRB-Ansatz verfahren, aber keine eigenen LGD-Schätzungen und Schätzungen von Umrechnungsfaktoren gemäß den Artikel 87 und 88 verwenden, können bei der Ermittlung risikogewichteter Forderungsbeträge für die Zwecke des Artikels 75 Buchstabe a oder gegebenenfalls erwarteter Verlustbeträge für die in Artikel 57 Buchstabe q und Artikel 63 Absatz 3 genannte Berechnung nach Maßgabe dieses Unterabschnitts die Kreditrisikominderung anerkennen.

**Artikel 92**

1. Das zur Besicherung eingesetzte Verfahren gewährleistet zusammen mit den von dem kreditgebenden Kreditinstitut getroffenen Maßnahmen, Schritten, Verfahren und Strategien eine rechtswirksame Besicherung, die in allen relevanten Rechtsordnungen rechtswirksam ist und durchgesetzt werden kann.

2. Das kreditgebende Kreditinstitut ergreift alle Maßnahmen, die erforderlich sind, um die Rechtswirksamkeit der Besicherung zu gewährleisten und damit verbundene Risiken abzusichern.

3. Bei einer Besicherung mit Sicherheitsleistung können als Sicherheit nur Vermögensgegenstände mit ausreichender Liquidität anerkannt werden, deren Wert über einen längeren Zeitraum hinweg so stabil ist, dass sie mit Blick auf das Verfahren, das zur Ermittlung der risikogewichteten Forderungsbeträge eingesetzt wird, und auf das zulässige Maß an Anerkennung eine angemessene Besicherung darstellen. In Frage kommen für diese Zwecke ausschließlich die in Anhang VIII Teil 1 genannten Vermögensgegenstände.

4. Bei einer Besicherung mit Sicherheitsleistung hat das kreditgebende Kreditinstitut das Recht, bei Ausfall, Insolvenz oder Konkurs des Schuldners bzw. gegebenenfalls des Sicherheitenverwahrers – oder einem anderen in der entsprechenden Vereinbarung genannten Kreditereignis – die als Sicherheit zur Verfügung gestellten Vermögensgegenstände zeitnah zu liquidieren oder einzubehalten. Der Wert der als Sicherheit zur Verfügung gestellten Vermögensgegenstände darf nicht in ungebührlich hohem Maße an die Bonität des Schuldners gekoppelt sein.

5. Bei einer Absicherung ohne Sicherheitsleistung können nur Zusagen eines ausreichend zuverlässigen Sicherheitenstellers anerkannt werden, die in allen relevanten Rechtsordnungen rechtswirksam sind und durchgesetzt werden können und in Anbetracht des Verfahrens, das zur Ermittlung der risikogewichteten Forderungsbeträge eingesetzt wird, und des zulässigen Maßes an Anerkennung eine angemessene Besicherung darstellen. In Frage kommen für diese Zwecke ausschließlich die in Anhang VIII Teil 1 genannten Sicherheitensteller und Besicherungsvereinbarungen.

6. Die in Anhang VIII Teil 2 aufgeführten Mindestanforderungen werden eingehalten.

**Artikel 93**

1. Wenn die in Artikel 92 genannten Anforderungen erfüllt sind, können die Verfahren zur Berechnung der risikogewichteten Forderungsbeträge und gegebenenfalls der erwarteten Verlustbeträge nach Maßgabe des Anhangs VIII Teile 3 bis 6 geändert werden.

2. Eine Forderung, für die eine Kreditrisikominderung erreicht wird, darf keinesfalls einen höheren risikogewichteten Forderungsbetrag oder höheren erwarteten Verlustbetrag ergeben als eine Forderung ohne Kreditrisikominderung, die in allen anderen Punkten identisch ist.

3. Trägt der risikogewichtete Forderungsbetrag der Besicherung im Rahmen der Artikel 78 bis 83 bzw. 84 bis 89 bereits Rechnung, so wird die Besicherung in diesem Unterabschnitt nicht weiter anerkannt.

## Unterabschnitt 4: Verbriefung

**Artikel 94**

Berechnet ein Kreditinstitut die risikogewichteten Forderungsbeträge für die Forderungsklasse, der die verbrieften Forderungen nach Artikel 79 zuzuordnen wären, nach dem in den Artikeln 78 bis 83 dargelegten Standardansatz, so ermittelt es den risikogewichteten Forderungsbetrag für eine Verbriefungsposition nach Anhang IX Teil 4 Nummern 1 bis 36.

In allen anderen Fällen ermittelt es den risikogewichteten Forderungsbetrag nach Anhang IX Teil 4 Nummern 1 bis 5 und 37 bis 76.

**Artikel 95**

1. Wurde das aus verbrieften Forderungen resultierende Kreditrisiko vom originierenden Kreditinstitut unter den in Anhang IX Teil 2 genannten Bedingungen zu einem großen Teil weitergegeben, so kann dieses Kreditinstitut
   a) bei einer traditionellen Verbriefung die von ihm verbrieften Forderungen von seiner Berechnung der risikogewichteten Forderungsbeträge und gegebenenfalls der Berechnung der erwarteten Verlustbeträge ausnehmen, und
   b) bei einer synthetischen Verbriefung die risikogewichteten Forderungsbeträge und gegebenenfalls die erwarteten Verlustbeträge nach Anhang IX Teil 2 berechnen.

2. Findet Absatz 1 Anwendung, so ermittelt das originierende Kreditinstitut die risikogewichteten Forderungsbeträge für Verbriefungspositionen, die es in einer Verbriefung hält, gemäß Anhang IX.

Gelingt es dem originierenden Kreditinstitut nicht, das Kreditrisiko gemäß Absatz 1 zu einem großen Teil weiterzugeben, so braucht es für keine in der betreffenden Verbriefung enthaltene Position risikogewichtete Forderungsbeträge zu ermitteln.

**Artikel 96**

1. Zur Ermittlung des risikogewichteten Forderungsbetrags einer Verbriefungsposition wird dem Forderungswert der Position gemäß Anhang IX ein Risikogewicht zugewiesen, welches sich nach der Kreditqualität der Verbriefungsposition richtet. Die Kreditqualität kann entweder durch das Rating einer Ratingagentur oder auf andere Weise, wie in Anhang IX beschrieben, bestimmt werden.

2. Besteht eine Verbriefungsposition aus verschiedenen Verbriefungstranchen, so werden die zu jeweils einer Tranche gehörigen Teile dieser Verbriefungsposition als gesonderte Positionen betrachtet. Die Sicherungssteller bei Verbriefungspositionen werden als Investoren in diese Verbriefungspositionen betrachtet. Verbriefungspositionen schließen auch Forderungen aus einer Verbriefung ein, die aus Zinssatz- oder Wechselkursderivaten resultieren.

3. Ist eine Verbriefungsposition besichert – gleich ob mit oder ohne Sicherheitsleistung – so kann das für diese Position angesetzte Risikogewicht nach den Artikeln 90 bis 93 (zu lesen in Verbindung mit Anhang IX) geändert werden.

4. Der risikogewichtete Forderungsbetrag wird vorbehaltlich des Artikels 57 Buchstabe r und des Artikels 66 Absatz 2 bei der Ermittlung sämtlicher risikogewichteter Forderungsbeträge für die Zwecke des Artikels 75 Buchstabe a mitberücksichtigt.

**Artikel 97**

1. Das Rating einer Ratingagentur darf zur Bestimmung des Risikogewichts einer Verbriefungsposition gemäß Artikel 96 nur herangezogen werden, wenn die betreffende Ratingagentur von den zuständigen Behörden für diese Zwecke anerkannt wurde (im Folgenden als „anerkannte Ratingagentur" bezeichnet).

2. Die zuständigen Behörden erkennen eine Ratingagentur für die Zwecke des Absatzes 1 nur an, wenn sie sich unter Berücksichtigung der technischen Kriterien in Anhang VI Teil 2 davon überzeugt haben, dass diese die Anforderungen des Artikels 81 erfüllt und beispielsweise durch hohe Marktakzeptanz ihre Eignung für den Bereich der Verbriefung nachweisen kann.

3. Wurde eine Ratingagentur von den zuständigen Behörden eines Mitgliedstaats für die Zwecke des Absatzes 1 anerkannt, so können die zuständigen Behörden anderer Mitgliedstaaten sie für diese Zwecke ohne eigene Prüfung ebenfalls anerkennen.

4. Die zuständigen Behörden machen Informationen über das Anerkennungsverfahren und eine Liste der anerkannten Ratingagenturen öffentlich zugänglich.

5. Für die Zwecke des Absatzes 1 verwendet werden dürfen nur Ratings anerkannter Ratingagenturen, die den in Anhang IX Teil 3 genannten Grundsätzen der Glaubwürdigkeit und Transparenz genügen.

**Artikel 98**

1. Damit für Verbriefungspositionen Risikogewichte angesetzt werden können, legen die zuständigen Behörden fest, welchen der in Anhang IX genannten Bonitätsstufen das jeweilige Rating einer anerkannten Ratingagentur zugeordnet werden soll. Bei dieser Zuordnung wird objektiv und durchgängig verfahren.

2. Haben die zuständigen Behörden eines Mitgliedstaats eine Zuordnung gemäß Absatz 1 vorgenommen, so können die zuständigen Behörden eines anderen Mitgliedstaats diese ohne eigenes Zuordnungsverfahren anerkennen

**Artikel 99**

Werden für die Berechnung der risikogewichteten Forderungsbeträge eines Kreditinstituts die Ratings von Ratingagenturen herangezogen, so werden diese durchgängig und in Einklang mit Anhang VI Teil 3 verwendet. Eine Selektion einzelner Ratings ist nicht zulässig.

**Artikel 100**

1. Bei einer Verbriefung revolvierender Forderungen mit Klauseln über eine vorzeitige Rückzahlung ermittelt das originierende Kreditinstitut für das Risiko, dass sich ihr Kreditrisiko nach Inanspruchnahme der Klausel zur vorzeitigen Rückzahlung erhöhen könnte, gemäß Anhang IX einen zusätzlichen risikogewichteten Forderungsbetrag.

2. Für diese Zwecke ist eine „revolvierende Forderung" eine Position, bei der die Kreditinanspruchnahme bis zu einem von dem Kreditinstitut gesetzten Limit durch Inanspruchnahmen und Rückzahlungen nach dem freien Ermessen des Kunden schwanken darf, und ist eine Klausel über die vorzeitige Rückzahlung eine vertragliche Bestimmung, wonach die Positionen der Investoren beim Eintritt bestimmter Ereignisse vor der eigentlichen Fälligkeit der emittierten Wertpapiere zurückgezahlt werden müssen.

**Artikel 101**

1. Ein Originator, der in Bezug auf eine Verbriefung die risikogewichteten Forderungsbeträge gemäß Artikel 95 berechnet hat, oder ein Sponsor unterstützt eine Verbriefung nicht über seine vertraglichen Verpflichtungen hinaus, um so die potenziellen oder tatsächlichen Verluste der Investoren abzuschwächen.

2. Verstößt ein Originator oder Sponsor bei einer Verbriefung gegen Absatz 1, so schreibt die zuständige Behörde ihm vor, für alle verbrieften Forderungen mindestens so viel Eigenkapital vorzuhalten, wie er es ohne Verbriefung hätte vorsehen müssen. Das Kreditinstitut macht öffentlich bekannt, dass es eine außervertragliche Unterstützung gewährt hat und welche Auswirkungen auf seine Eigenkapitalausstattung sich hieraus ergeben.

**Abschnitt 4: Mindesteigenkapitalanforderungen zur Absicherung des operationellen Risikos**

**Artikel 102**

1. Die zuständigen Behörden schreiben den Kreditinstituten zur Absicherung ihres operationellen Risikos eine Eigenkapitalausstattung gemäß den Artikeln 103, 104 und 105 vor.

2. Unbeschadet Absatz 4 kehren Kreditinstitute, die nach Artikel 104 verfahren, nicht zu dem in Artikel 103 beschriebenen Verfahren zurück, es sei denn, sie können dafür triftige Gründe nennen und die zuständigen Behörden genehmigen dies.

3. Unbeschadet Absatz 4 kehren Kreditinstitute, die nach Artikel 105 verfahren, nicht zu den in den Artikeln 103 bzw. 104 beschriebenen Verfahren zurück, es sei denn, sie können dafür triftige Gründe nennen und die zuständigen Behörden genehmigen dies.

4. Die zuständigen Behörden können den Kreditinstituten gestatten, die Verfahren nach Maßgabe des Anhangs X Teil 4 miteinander zu kombinieren.

**Artikel 103**

Beim Basisindikatoransatz wird als Eigenkapital zur Unterlegung des operationellen Risikos ein gewisser Prozentsatz eines nach den Regelungen des Anhangs X Teil 1 maßgeblichen Indikators vorgeschrieben.

**Artikel 104**

1. Beim Standardansatz ordnen die Kreditinstitute ihre Tätigkeiten gemäß Anhang X Teil 2 einer Reihe von Geschäftsfeldern zu.

2. Für jedes dieser Geschäftsfelder ermitteln die Kreditinstitute das zur Unterlegung des operationellen Risikos erforderliche Eigenkapital, bei dem es sich um einen gewissen Prozentsatz eines nach den Regelungen des Anhangs X Teil 2 maßgeblichen Indikators handelt.

3. Die zuständigen Behörden können einem Kreditinstitut unter bestimmten Bedingungen gestatten, gemäß Anhang X Teil 2 Nummern 8 bis 14, in bestimmten Geschäftsfeldern für die Ermittlung der Eigenkapitalanforderung für das operationelle Risiko einen alternativen maßgeblichen Indikator zu verwenden.

4. Beim Standardansatz ist die Eigenkapitalunterlegung für das operationelle Risiko die Summe der Eigenkapitalanforderungen für das operationelle Risiko in den einzelnen Geschäftsfeldern.

5. Die Regelungen für den Standardansatz sind Anhang X Teil 2 zu entnehmen.

6. Den Standardansatz anwenden dürfen nur Kreditinstitute, die die in Anhang X Teil 2 genannten Kriterien erfüllen.

**Artikel 105**

1. Die Kreditinstitute können fortgeschrittene Messansätze (sog. AMA), die auf ihrem eigenen System für die Messung des operationellen Risikos basieren, nur verwenden, wenn die zuständigen Behörden die Verwendung dieser Modelle für die Berechnung der Eigenkapitalanforderungen ausdrücklich genehmigt haben.

2. Die Kreditinstitute überzeugen die für die zuständigen Behörden davon, dass sie die in Anhang X Teil 3 genannten Voraussetzungen erfüllen.

3. Soll ein fortgeschrittener Messansatz von einem EU-Mutterkreditinstitut und seinen Tochterunternehmen oder den Tochterunternehmen einer EU-Mutterfinanzholdinggesellschaft verwendet werden, so arbeiten die für die einzelnen juristischen Personen zuständigen Behörden gemäß den Artikeln 129 bis 132 eng zusammen. Der Antrag trägt dabei den in Anhang X Teil 3 genannten Bestandteilen Rechnung.

4. Verwenden ein EU-Mutterkreditinstitut und seine Tochterunternehmen oder ein EU-Mutterfinanzinstitut und seine Tochterunternehmen oder die Tochterunternehmen einer EU-Mutterfinanzholdinggesellschaft einen gemeinsamen fortgeschrittenen Messansatz, so können die zuständigen Behörden gestatten, dass die in Anhang X Teil 3 genannten Voraussetzungen von Mutter und Töchtern gemeinsam erfüllt werden.

## Abschnitt 5: Grosskredite

**Artikel 106**

1. „Kredite" sind für die Zwecke dieses Abschnitts alle Aktiva und außerbilanzmäßigen Geschäfte im Sinne von Abschnitt 3 Unterabschnitt 1 ohne Anwendung der in den genannten Bestimmungen vorgesehenen Risikogewichte und -grade.

Forderungen, die aus den in Anhang IV genannten Positionen resultieren, werden nach einer der in Anhang III vorgesehenen Methoden berechnet. Für die Zwecke dieses Abschnitts findet auch Anhang III Teil 2 Nummer 2 Anwendung.

Alle durch das Eigenkapital zu 100 % abgedeckten Posten können mit Zustimmung der zuständigen Behörden bei der Bestimmung der Kredite unberücksichtigt bleiben, soweit dieses Eigenkapital bei der Bestimmung des Eigenkapitals des Kreditinstituts für die Zwecke des Artikels 75 oder bei der Berechnung der sonstigen in dieser Richtlinie sowie in anderen gemeinschaftlichen Rechtsakten vorgesehenen Überwachungskoeffizienten nicht berücksichtigt wird.

2. Kredite umfassen nicht folgende Kredite:

a) im Fall von Wechselkursgeschäften nicht die Kredite, die im Rahmen des üblichen Abrechnungsverfahrens im Zeitraum von 48 Stunden nach Leistung der Zahlung vergeben werden, oder

b) im Fall von Wertpapiergeschäften nicht die Kredite, die im Rahmen des üblichen Abrechnungsverfahrens im Zeitraum von 5 Arbeitstagen nach Leistung der Zahlung oder nach Lieferung der Wertpapiere – je nachdem, welches der frühere Termin ist – vergeben werden.

**Artikel 107**

Für die Zwecke dieses Abschnitts bezeichnet der Begriff „Kreditinstitut"

a) ein Kreditinstitut einschließlich seiner Zweigniederlassungen in einem Drittland, und

b) alle privaten oder öffentlichen Unternehmen einschließlich ihrer Zweigniederlassungen, die der Definition von „Kreditinstitut" entsprechen und in einem Drittland zugelassen worden sind.

**Artikel 108**

Ein Kredit eines Kreditinstituts an einen Kunden oder eine Gruppe verbundener Kunden ist ein „Großkredit", wenn sein Wert 10 % der Eigenmittel des Kreditinstituts erreicht oder überschreitet.

**Artikel 109**

Die zuständigen Behörden verlangen, dass jedes Kreditinstitut ordnungsgemäße Verwaltungs- und Rechnungslegungsverfahren sowie angemessene interne Kontrollmechanismen zur Ermittlung und Erfassung aller Großkredite und ihrer späteren Änderungen gemäß dieser Richtlinie und zur Überwachung der Übereinstimmung dieser Kredite mit der eigenen Kreditpolitik des Kreditinstituts hat.

**Artikel 110**

1. Großkredite werden von dem Kreditinstitut bei den zuständigen Behörden gemeldet.

Die Mitgliedstaaten sehen vor, dass diese Meldung wahlweise nach einer der beiden folgenden Methoden erfolgt:

a) Meldung aller Großkredite mindestens einmal jährlich und im Verlauf des Jahres Meldung aller neuen Großkredite sowie jeder Erhöhung bestehender Großkredite um mindestens 20 % im Vergleich zur letzten Meldung, oder

b) Meldung aller Großkredite mindestens viermal jährlich.

2. Außer bei Kreditinstituten, die bei der Berechnung des Forderungswerts für die Zwecke von Artikel 111 Absätze 1, 2 und 3 in Bezug auf die Anerkennung von Sicherheiten Artikel 114 in Anspruch nehmen, können die gemäß Artikel 113 Absatz 3 Buchstaben a bis d und f bis h ausgenommenen Kredite von der Meldepflicht nach Absatz 1 und der Frequenz der Meldungen nach Absatz 1 Buchstabe b des vorliegenden Artikels befreit werden. Für die in Artikel 113 Absatz 3 Buchstaben e und i sowie in den Arti-

keln 115 und 116 genannten Kredite kann die Häufigkeit der Meldungen nach Absatz 1 Buchstabe b auf zweimal jährlich gesenkt werden.

Beruft sich ein Kreditinstitut auf diesen Absatz 2, so bewahrt es die Belege für die angeführten Gründe ein Jahr lang nach dem Eintreten des die Freistellung begründenden Tatbestands auf, damit die zuständigen Stellen deren Rechtmäßigkeit überprüfen können.

3. Die Mitgliedstaaten können von Kreditinstituten verlangen, dass sie ihre Forderungen an Sicherheitsemittenten auf mögliche Konzentrationen prüfen und gegebenenfalls entsprechende Maßnahmen ergreifen oder ihrer zuständigen Behörde etwaige wesentliche Feststellungen mitteilen.

### Artikel 111

1. Ein Kreditinstitut darf einem Kunden oder einer Gruppe verbundener Kunden keinen Kredit einräumen, dessen Gesamtbetrag 25 % der Eigenmittel des Kreditinstituts überschreitet.

2. Wenn es sich bei dem Kunden oder der Gruppe verbundener Kunden um das Mutterunternehmen oder ein Tochterunternehmen des Kreditinstituts und/oder eine oder mehrere der Tochtergesellschaften dieses Mutterunternehmens handelt, verringert sich der in Absatz 1 genannte Prozentsatz auf 20 %. Die Mitgliedstaaten können jedoch die diesen Kunden gewährten Kredite von der Begrenzung auf 20 % ausnehmen, wenn sie für diese Kredite eine besondere Beaufsichtigung durch andere Maßnahmen oder Verfahren vorsehen. Sie informieren die Kommission und den Europäischen Bankenausschuss über den Inhalt dieser Maßnahmen und Verfahren.

3. Der aggregierte Wert der Großkredite eines Kreditinstituts darf 800 % seiner Eigenmittel nicht überschreiten.

4. Die Kreditinstitute müssen in Bezug auf die von ihnen vergebenen Kredite zu jedem Zeitpunkt die in den Absätzen 1, 2 und 3 genannten Obergrenzen beachten. Werden bei einem Kredit diese Obergrenzen jedoch ausnahmsweise überschritten, so ist dies unverzüglich den zuständigen Behörden zu melden, die, sofern es die Umstände rechtfertigen, eine begrenzte Frist einräumen können, bis zu deren Ablauf das betreffende Kreditinstitut die Obergrenzen einhalten muss.

### Artikel 112

1. Für die Zwecke der Artikel 113 bis 117 umfasst der Begriff „Garantie" auch die nach den Artikeln 90 bis 93 anerkannten Kreditderivate außer Credit linked notes.

2. In Fällen, in denen eine Besicherung mit oder ohne Sicherheitsleistung nach den Artikeln 113 bis 117 anerkannt werden darf, müssen vorbehaltlich Absatz 3 die in den Artikeln 90 bis 93 für die Berechnung der risikogewichteten Forderungsbeträge nach den Artikeln 78 bis 83 genannten Voraussetzungen und sonstigen Mindestanforderungen erfüllt sein.

3. Verfährt ein Kreditinstitut nach Artikel 114 Absatz 2, so kann die Besicherung mit Sicherheitsleistung nur anerkannt werden, wenn die entsprechenden Anforderungen der Artikel 84 bis 89 erfüllt sind.

### Artikel 113

1. Die Mitgliedstaaten können strengere als die in Artikel 111 vorgesehenen Obergrenzen vorsehen.

2. Die Mitgliedstaaten können die von einem Kreditinstitut vergebenen Kredite an die Muttergesellschaft, andere Tochtergesellschaften derselben und eigene Tochtergesellschaften, sofern diese in die Beaufsichtigung auf konsolidierter Basis einbezogen sind, welcher das Kreditinstitut gemäß der vorliegenden Richtlinie oder nach gleichwertigen Normen eines Drittlandes auch selbst unterliegt, ganz oder teilweise von der Anwendung des Artikels 111 Absätze 1, 2 und 3 ausnehmen.

3. Die Mitgliedstaaten können folgende Kredite ganz oder teilweise von der Anwendung des Artikels 111 ausnehmen:
   a) Aktiva in Form von Forderungen an Zentralstaaten oder Zentralbanken, denen nach den Artikeln 78 bis 83 unbesichert ein Risikogewicht von 0 % zugewiesen würde;
   b) Aktiva in Form von Forderungen an internationale Organisationen oder multilaterale Entwicklungsbanken, denen, nach den Artikeln 78 bis 83 unbesichert ein Risikogewicht von 0 % zugewiesen würde;
   c) Aktiva in Form von Forderungen, die ausdrücklich durch Zentralstaaten, Zentralbanken, internationale Organisationen, multilaterale Entwicklungsbanken oder öffentliche Stellen garantiert sind, und bei denen unbesicherten Forderungen an den Garantiesteller nach den Artikeln 78 bis 83 ein Risikogewicht von 0 % zugewiesen würde;
   d) sonstige Kredite an Zentralstaaten, Zentralbanken, internationale Organisationen, multilaterale Entwicklungsbanken oder öffentliche Stellen bzw. von diesen garantierte Kredite, bei denen unbesicherten Forderungen an den Kreditnehmer oder den Garantiesteller nach den Artikeln 78 bis 83 mit ein Risikogewicht von 0 % zugewiesen würde;
   e) Aktiva in Form von Forderungen und sonstige Kredite an nicht unter Buchstabe a genannte Zentralstaaten oder Zentralbanken, die auf die Währung des Kreditnehmers lauten und, soweit dies vorgesehen ist, gegebenenfalls in dieser finanziert sind;
   f) Aktiva und sonstige Kredite, die nach Auffassung der zuständigen Behörden hinreichend durch Sicherheiten in Form von Schuldverschreibungen abgesichert sind, die von Zentralstaaten oder Zentralbanken, internationalen Organisationen, multilateralen Entwicklungsbanken, Gebietskörperschaften oder öffentlichen Stellen emittiert wurden und eine Forderung an den Emittenten begründen, denen nach den Artikeln 78 bis 83 ein Risikogewicht von 0 % zugewiesen würde;
   g) Aktiva und sonstige Kredite, die nach Auffassung der zuständigen Behörden hinreichend durch Sicherheiten in Form einer Bareinlage bei dem kreditgebenden Kreditinstitut oder bei einem Kreditinstitut, das Muttergesellschaft oder ein Tochterunternehmen des kreditgebenden Instituts ist, abgesichert sind;
   h) Aktiva und sonstige Kredite, die nach Auffassung der zuständigen Behörden hinreichend durch Sicherheiten in Form von Einlagenzertifikaten abgesichert sind, die vom kreditgebenden Kreditinstitut oder einem Kreditinstitut, das das Mutterunternehmen oder ein Tochterunternehmen des kreditgebenden Kreditinstitut ist, ausgestellt und bei einem derselben hinterlegt sind;
   i) Aktiva in Form von Forderungen und sonstige Kredite an Institute mit einer Laufzeit von bis zu einem Jahr, die keine Eigenmittel darstellen;
   j) Aktiva in Form von Forderungen und sonstige Kredite mit einer Laufzeit von bis zu einem Jahr an Institute, die keine Kreditinstitute sind, jedoch die Bedingungen von Anhang VI Teil 1 Nummer 85 erfüllen, wenn diese Forderungen entsprechend den dort vorgesehenen Bedingungen abgesichert sind;
   k) Handelspapiere und ähnliche Wertpapiere mit einer Laufzeit von bis zu einem Jahr, die von einem anderen Kreditinstitut ausgestellt sind;
   l) gedeckte Schuldverschreibungen im Sinne von Anhang VI Teil 1 Nummern 68 bis 70;
   m) bis zu weiteren Koordinierungsmaßnahmen die Beteiligungen an den in Artikel 122 Absatz 1 genannten Versicherungsunternehmen bis zu höchstens 40 % der Eigenmittel des Kreditinstituts, das die Beteiligung erwirbt;
   n) Aktiva in Form von Forderungen an regionale Kreditinstitute oder Zentralkreditinstitute, denen das kreditgebende Kreditinstitut aufgrund von Rechts- oder Satzungsvorschriften im Rahmen einer Vereinigung angeschlossen ist und die nach diesen Vorschriften beauftragt sind, den Liquiditätsausgleich innerhalb dieser Vereinigung vorzunehmen;

o) Forderungen, die nach Auffassung der zuständigen Behörden hinreichend durch Sicherheiten in Form von anderen als den in Buchstabe f genannten Wertpapieren abgesichert sind;
p) Kredite, die nach Auffassung der zuständigen Behörden hinreichend durch Hypotheken auf Wohneigentum oder Anteile an finnischen Wohnungsbaugesellschaften im Sinne des finnischen Gesetzes von 1991 über Wohnungsbaugesellschaften oder nachfolgender entsprechender Gesetze gesichert sind, wie auch Leasinggeschäfte, bei denen der vermietete Wohnraum so lange vollständig das Eigentum des Leasinggebers bleibt, wie der Mieter seine Kaufoption nicht ausgeübt hat, und zwar in allen Fällen bis zu 50 % des Wertes des betreffenden Wohneigentums;
q) folgende Kredite, wenn diese nach den Artikeln 78 bis 83 mit einem Risikogewicht von 50 % angesetzt würden, bis maximal 50 % des Werts der betreffenden Immobilie:
   i. Kredite, die durch Hypotheken auf Büro- oder sonstige Gewerbeimmobilien oder durch Anteile an finnischen Wohnungsbaugesellschaften besichert sind, welche ihre Tätigkeit auf der Grundlage des finnischen Wohnungsbaugesellschaftsgesetzes von 1991 oder entsprechender späterer Rechtsvorschriften über Büro- oder sonstige Gewerbeimmobilien ausüben, und
   ii. Immobilienleasinggeschäfte, die Büro- oder sonstige Gewerbeimmobilien betreffen.

   Für die Zwecke von Ziffer ii können die zuständigen Behörden der Mitgliedstaaten Kreditinstituten bis zum 31. Dezember 2011 gestatten, 100 % des Werts der betreffenden Immobilie anzuerkennen. Diese Behandlung wird bei Ablauf der genannten Frist überprüft. Die Mitgliedstaaten unterrichten die Kommission, inwieweit sie von dieser Vorzugsbehandlung Gebrauch machen.
r) 50 % der außerbilanzmäßigen Geschäfte mit mittlerem/niedrigem Risiko gemäß Anhang II;
s) mit Zustimmung der zuständigen Behörden andere als die auf gewährte Kredite gegebenen Garantien, die auf Rechts- oder Verwaltungsvorschriften beruhen und die von Kreditgarantiegemeinschaften, die den Status eines Kreditinstituts besitzen, den ihnen angeschlossenen Kunden geboten werden, wobei das Risikogewicht mit 20 % angesetzt wird, und
t) außerbilanzmäßige Geschäfte mit geringem Risiko gemäß Anhang II, sofern mit dem betreffenden Kunden bzw. der betreffenden Gruppe verbundener Kunden eine Vereinbarung getroffen wurde, wonach die Kredite nur vergeben werden dürfen, wenn festgestellt wurde, dass sie nicht oberhalb der gemäß Artikel 111 Absätze 1 bis 3 geltenden Grenzen liegen.

Ebenfalls unter Buchstabe g fallen Barmittel, die im Rahmen einer von dem Kreditinstitut emittierten credit linked note entgegengenommen werden, sowie Darlehen und Einlagen einer Gegenpartei an das bzw. bei dem Kreditinstitut, die einer nach den Artikeln 90 bis 93 anerkannten Nettingvereinbarung unterliegen.

Für die Zwecke des Buchstabens o werden als Sicherheit dienende Wertpapiere zum Marktwert bewertet; ihr Wert muss den Wert der abgesicherten Kredite übersteigen, und sie müssen an einer Börse notiert oder auf einem Markt tatsächlich gehandelt und regelmäßig notiert werden, der durch die Vermittlung anerkannter Berufsmakler betrieben wird und nach Auffassung der zuständigen Behörden des Herkunftsmitgliedstaats des Kreditinstituts die Möglichkeit bietet, einen objektiven Kurswert festzustellen, mit dessen Hilfe der Marktwertüberschuss der betreffenden Papiere jederzeit überprüft werden kann. Der erforderliche Marktwertüberschuss beläuft sich auf 100 %. Er beträgt jedoch 150 % bei Aktien und 50 % bei Schuldverschreibungen von Instituten und von anderen als den unter Buchstabe f genannten Gebietskörperschaften eines Mitgliedstaats und bei Schuldverschreibungen multilateraler Entwicklungsbanken, die nicht nach den Artikeln 78 bis 83 ein Risikogewicht von 0 % zugewiesen bekommen. Besicherungen, deren Laufzeit nicht mit der Kreditlaufzeit übereinstimmt, werden nicht anerkannt. Die als Sicherheit gegebenen Wertpapiere dürfen nicht Teil der Eigenmittel der Institute sein.

Für die Zwecke des Buchstaben p wird der Wert dieser Immobilie nach strikten Schätzungsnormen, die durch Rechts- oder Verwaltungsvorschriften festgelegt sind, in nach Auffassung der zuständigen Behörde zufrieden stellender Weise berechnet. Die Schätzung wird mindestens einmal pro Jahr durchgeführt. Im Sinne des Buchstabens p gilt als Wohneigentum das Wohneigentum, das vom Kreditnehmer gegenwärtig oder künftig selbst genutzt oder vermietet wird.

Die Mitgliedstaaten unterrichten die Kommission über jede nach Buchstabe s gewährte Freistellung, damit gewährleistet ist, dass keine Wettbewerbsverzerrungen entstehen.

### Artikel 114

1. Vorbehaltlich Absatz 3 können die Mitgliedstaaten Kreditinstituten, die im Rahmen der Artikel 90 bis 93 die umfassende Methode zur Berücksichtigung finanzieller Sicherheiten anwenden, alternativ zu den nach Artikel 113 Absatz 3 Buchstaben f, g, h und o zulässigen völligen oder teilweisen Freistellungen gestatten, bei der Berechnung des Werts ihrer Forderungen für die Zwecke von Artikel 111 Absätze 1 bis 3 einen niedrigeren Wert als den des Kredits anzusetzen, solange dieser der vollständig angepassten Wert der von dem Kreditinstitut an den Kunden oder die Gruppe verbundener Kunden insgesamt vergebenen Kredite nicht unterschreitet.

„Vollständig angepasster Forderungswert" bedeutet in diesem Zusammenhang, dass der Wert gemäß den Artikeln 90 bis 93 unter Berücksichtigung der Kreditrisikominderung, der Volatilitätsanpassungen sowie etwaiger Laufzeitinkongruenzen (E*) berechnet wurde.

Wird dieser Absatz auf ein Kreditinstitut angewandt, so gelten die Buchstaben f, g, h und o des Artikels 113 Absatz 3 für dieses Kreditinstitut nicht.

2. Vorbehaltlich des Absatzes 3 kann einem Kreditinstitut, das nach den Artikeln 84 bis 89 für eine Forderungsklasse eigene LGD-Schätzungen und Umrechnungsfaktoren verwenden darf, für den Fall, dass es die Wirkungen von Finanzsicherheiten auf sein Risiko zur Zufriedenheit der zuständigen Behörden getrennt von anderen LGD-relevanten Aspekten schätzen kann, gestattet werden, diese Wirkungen bei der Berechnung des Werts der Forderungen für die Zwecke des Artikels 111 Absätze 1 bis 3 anzuerkennen.

Die zuständigen Behörden überzeugen sich davon, dass sich die Schätzungen des Kreditinstituts zur Herabsetzung des Forderungswerts für die Zwecke des Artikels 111 eignen.

Darf ein Kreditinstitut in Bezug auf die Auswirkungen von Finanzsicherheiten seine eigenen Schätzungen verwenden, so verfährt es dabei in einer Weise, die mit dem für die Berechnung der Eigenkapitalanforderungen angewandten Ansatz in Einklang steht.

Einem Kreditinstitut, das nach den Artikeln 84 bis 89 für eine Forderungsklasse eigene LGD-Schätzungen und Umrechnungsfaktoren verwenden darf und den Wert seiner Forderungen nicht nach der in Unterabsatz 1 genannten Methode berechnet, darf gestattet werden, den Wert seiner Forderungen nach Absatz 1 oder nach Artikel 113 Absatz 3 Buchstabe o zu ermitteln. Ein Kreditinstitut wendet nur eine der beiden Methoden an.

3. Ein Kreditinstitut, das bei der Berechnung des Werts seiner Forderungen für die Zwecke des Artikels 111 Absätze 1 bis 3 nach den Absätzen 1 und 2 verfahren darf, führt in Bezug auf seine Kreditrisikokonzentrationen regelmäßig Stresstests durch, die auch den Veräußerungswert etwaiger Sicherheiten einschließen.

Getestet wird bei diesen Stresstests auf Risiken, die aus möglichen Veränderungen der Marktbedingungen resultieren, welche die Angemessenheit der Eigenmittelausstattung des Kreditinstituts in Frage stellen könnten, sowie auf Risiken, die mit der Veräußerung von Sicherheiten in Krisensituationen verbunden sind.

Das Kreditinstitut überzeugt die zuständigen Behörden davon, dass seine Stresstests für die Abschätzung der genannten Risiken angemessen und geeignet sind.

Sollte ein solcher Stresstest darauf hindeuten, dass eine Sicherheit einen geringeren Veräußerungswert hat als im Rahmen der Absätze 1 und 2 eigentlich berücksichtigt werden dürfte, so wird der bei der Berechnung des Forderungswerts für die Zwecke des Artikels 111 Absätze 1 bis 3 anerkennungsfähige Wert der Sicherheit entsprechend herabgesetzt.

Diese Kreditinstitute sehen in ihren Strategien zur Steuerung des Konzentrationsrisikos Folgendes vor:

a) Vorschriften und Verfahren zur Steuerung der Risiken, die sich aus unterschiedlichen Laufzeiten von Kredit und etwaigen Besicherungen für diesen Kredit ergeben;

b) Vorschriften und Verfahren für den Fall, dass ein Stresstest darauf hindeutet, dass eine Sicherheit einen geringeren Veräußerungswert hat, als im Rahmen der Absätze 1 und 2 berücksichtigt wurde, und

c) Vorschriften und Verfahren für das Konzentrationsrisiko, das sich aus der Anwendung von Kreditrisikominderungstechniken, insbesondere aus großen indirekten Kreditrisiken (z. B. wenn als Sicherheit nur die Wertpapiere eines einzigen Emittenten hereingenommen wurden), ergibt.

4. Werden die Auswirkungen von Sicherheiten gemäß den Absätzen 1 oder 2 anerkannt, so können die Mitgliedstaaten jeden abgesicherten Teil eines Kredits als Forderung an den Emittenten der Sicherheit und nicht an den Kunden behandeln.

### Artikel 115

1. Die Mitgliedstaaten können bei der Anwendung des Artikels 111 Absätze 1 bis 3 den Aktiva in Form von Forderungen an Gebietskörperschaften der Mitgliedstaaten, denen nach den Artikeln 78 bis 83 ein Risikogewicht von 20 % zugewiesen würde, sowie den anderen an diesen Gebietskörperschaften bestehenden bzw. von ihnen abgesicherten Krediten, denen nach den Artikeln 78 bis 83 ein Risikogewicht von 20 % zugewiesen würde, ein Risikogewicht von 20 % zuweisen. Für Aktiva in Form von Forderungen an Gebietskörperschaften, denen nach den Artikeln 78 bis 83 ein Risikogewicht von 20 % zugewiesen würde, sowie für andere gegenüber diesen Gebietskörperschaften bestehende bzw. von ihnen abgesicherte Kredite, denen nach den Artikeln 78 bis 83 ein Risikogewicht von 20 % zugewiesen würde, können die Mitgliedstaaten diesen Satz jedoch auf 0 % herabsetzen.

2. Die Mitgliedstaaten können bei der Anwendung des Artikels 111 Absätze 1 bis 3 für Aktiva in Form von Forderungen und auf sonstige Kredite an Institute, die eine Laufzeit von mehr als einem Jahr, aber nicht mehr als drei Jahren haben ein Risikogewicht von 20 % zuweisen, sowie ein Risikogewicht von 50 % für Aktiva in Form von Forderungen an Institute mit einer Laufzeit von mehr als drei Jahren zuweisen, sofern Letztere durch Schuldtitel eines Instituts verbrieft sind und sofern diese Schuldtitel nach Auffassung der zuständigen Behörden auf einem von berufsmäßigen Händlern gebildeten Markt tatsächlich handelbar sind und dort einer täglichen Kursfestsetzung unterliegen oder sofern ihre Ausgabe von den zuständigen Behörden des Herkunftsmitgliedstaats des Instituts, welches die Schuldtitel ausgegeben hat, genehmigt wurde. In keinem Fall können diese Aktiva Eigenmittel darstellen.

### Artikel 116

Abweichend von Artikel 113 Absatz 3 Buchstabe i und Artikel 115 Absatz 2 können die Mitgliedstaaten Aktiva in Form von Forderungen und sonstigen Krediten an Kreditinstitute unabhängig von deren Laufzeit ein Risikogewicht von 20 % zuweisen.

### Artikel 117

1. Wenn ein Dritter einen Kredit an einen Kunden garantiert oder wenn der Kredit durch Sicherheiten in Form von durch einen Dritten begebenen Wertpapieren unter den in Artikel 113 Absatz 3 Buchstabe o genannten Bedingungen garantiert ist, können die Mitgliedstaaten den Kredit

a) als einen Kredit ansehen, der an den Garantiesteller und nicht an den Kunden vergeben wurde, oder

b) als einen Kredit ansehen, der an den Dritten und nicht an den Kunden vergeben wurde, wenn der in Artikel 113 Absatz 3 Buchstabe o definierte Kredit nach den dort genannten Bedingungen durch eine Sicherheit garantiert ist.

2. Verfahren die Mitgliedstaaten nach Absatz 1 Buchstabe a, so gilt:

a) wenn die Garantie auf eine andere Währung lautet als der Kredit, wird der Betrag des Kredits, der durch diese Garantie als abgesichert gilt, nach den in Anhang VIII enthaltenen Bestimmungen über die Behandlung von Währungsinkongruenzen bei einer Absicherung einer Forderung ohne Sicherheitsleistung ermittelt;

b) bei einer Differenz zwischen der Laufzeit des Kredits und der Laufzeit der Sicherheit wird nach den Bestimmungen über die Behandlung von Laufzeitinkongruenzen in Anhang VIII verfahren, und

c) eine partielle Absicherung kann bei einer Behandlung gemäß Anhang VIII anerkannt werden.

### Artikel 118

Ist ein Kreditinstitut nach Artikel 69 Absatz 1 auf Einzelbasis oder unterkonsolidierter Basis von den in diesem Abschnitt festgelegten Pflichten freigestellt, oder werden auf ein Mutterkreditinstitut in einem Mitgliedstaat die Bestimmungen des Artikels 70 angewandt, so sind Maßnahmen zu ergreifen, die eine angemessene Risikoverteilung innerhalb der Gruppe ermöglichen.

### Artikel 119

Die Kommission legt dem Europäischen Parlament und dem Rat bis zum 31. Dezember 2007 einen Bericht vor, in dem sie die Funktionsweise dieses Abschnitts bewertet und gegebenenfalls zweckdienliche Vorschläge unterbreitet.

## Abschnitt 6: Qualifizierte Beteiligungen ausserhalb des Finanzbereichs

### Artikel 120

1. Ein Kreditinstitut darf an einem Unternehmen, das weder ein Kreditinstitut noch ein Finanzinstitut ist, noch ein Unternehmen, dessen Tätigkeit in direkter Verlängerung zu der Banktätigkeit steht oder eine Hilfstätigkeit in Bezug auf diese darstellt wie das Leasing, das Factoring, die Verwaltung von Investmentfonds oder von Rechenzentren oder eine ähnliche Tätigkeit, keine qualifizierte Beteiligung halten, deren Betrag 15 % seiner Eigenmittel überschreitet.

2. Der Gesamtbetrag der qualifizierten Beteiligungen an anderen Unternehmen als Kreditinstituten, Finanzinstituten oder Unternehmen, deren Tätigkeit in direkter Verlängerung zu der Banktätigkeit steht oder eine Hilfstätigkeit in Bezug auf diese darstellt wie das Leasing, das Factoring, die Verwaltung von Investmentfonds oder von Rechenzentren oder eine ähnliche Tätigkeit, darf 60 % der Eigenmittel des Kreditinstituts nicht überschreiten.

3. Die in den Absätzen 1 und 2 festgelegten Grenzen dürfen nur unter außerordentlichen Umständen überschritten werden. In diesem Fall verlangen die zuständigen Behörden jedoch, dass das Kreditinstitut seine Eigenmittel erhöht oder andere Maßnahmen mit gleicher Wirkung ergreift.

### Artikel 121

Die Aktien oder Anteile, die sich nur vorübergehend für eine finanzielle Stützungsaktion zur Sanierung oder Rettung eines Unternehmens oder aber aufgrund einer Platzierungsverpflichtung für die Wertpapiere während der normalen Dauer einer derartigen Verpflichtung oder aber im eigenen Namen, aber für fremde Rechnung im Besitz des Kreditinstituts befinden, werden für die Berechnung der in Artikel 120 Absätze 1 und 2 festgelegten Grenzen nicht in die qualifizierten Beteiligungen einbezogen. Aktien oder

Anteile, die nicht den Charakter von Finanzanlagen im Sinne von Artikel 35 Absatz 2 der Richtlinie 86/635/EWG haben, sind nicht in die Berechnung einzubeziehen.

**Artikel 122**

1. Die Mitgliedstaaten brauchen die in Artikel 120 Absätze 1 und 2 vorgesehenen Beschränkungen nicht auf Beteiligungen an Versicherungsunternehmen im Sinne der Richtlinien 73/239/EWG und 2002/83/EG oder an Rückversicherungsunternehmen im Sinne der Richtlinie 98/78/EG anzuwenden.

2. Die Mitgliedstaaten können vorsehen, dass die zuständigen Behörden die in Artikel 120 Absätze 1 und 2 festgelegten Grenzen nicht anwenden, wenn sie vorsehen, dass die über die genannten Grenzen hinausgehenden qualifizierten Beteiligungen durch Eigenmittel zu 100 % abgedeckt sind und diese Eigenmittel für die gemäß Artikel 75 erforderliche Berechnung nicht berücksichtigt werden. Werden die in Artikel 120 Absätze 1 und 2 genannten Sätze beide überschritten, so ist der höhere Betrag der die beiden Sätze überschreitenden Beteiligungen durch Eigenmittel abzudecken.

## Kapitel 3: Kreditinstitutseigene Verfahren zur Bewertung der Eigenkapitalausstattung

**Artikel 123**

Die Kreditinstitute verfügen über solide, wirksame und umfassende Strategien und Verfahren, mit denen sie die Höhe, die Zusammensetzung und die Verteilung des internen Eigenkapitals, das sie zur quantitativen und qualitativen Absicherung ihrer aktuellen und etwaigen künftigen Risiken für angemessen halten, kontinuierlich bewerten und auf einem ausreichend hohen Stand halten können.

Diese Strategien und Verfahren werden regelmäßig intern überprüft, um zu gewährleisten, dass sie der Art, dem Umfang und der Komplexität der Geschäfte des Kreditinstituts stets angemessen sind und keinen Aspekt außer Acht lassen.

## Kapitel 4: Beaufsichtigung und Offenlegung durch die zuständigen Behörden

### Abschnitt 1: Beaufsichtigung

**Artikel 124**

1. Die zuständigen Behörden überprüfen unter Berücksichtigung der technischen Kriterien in Anhang XI die Regelungen, Strategien, Verfahren und Mechanismen, die die Kreditinstitute zur Einhaltung dieser Richtlinie geschaffen haben, und bewerten deren aktuelle und etwaige künftige Risiken.

2. Der Umfang der in Absatz 1 genannten Überprüfung und Bewertung deckt sich mit dem Geltungsbereich dieser Richtlinie.

3. Die zuständigen Behörden stellen auf der Grundlage der in Absatz 1 genannten Überprüfung und Bewertung fest, ob die von den Kreditinstituten geschaffenen Regelungen, Strategien, Verfahren und Mechanismen und ihre Eigenmittelausstattung ein solides Risikomanagement und eine solide Risikoabdeckung gewährleisten.

4. Die zuständigen Behörden legen unter Berücksichtigung der Größe, der Relevanz der Geschäfte des betreffenden Kreditinstituts für das Finanzsystem, der Art dieser Geschäfte, ihres Umfangs und ihrer Komplexität die Häufigkeit und die Intensität der in Absatz 1 genannten Überprüfung und Bewertung fest und tragen dabei dem Grundsatz der Verhältnismäßigkeit Rechnung. Überprüfung und Bewertung werden mindestens einmal jährlich auf den neuesten Stand gebracht.

5. Die von den zuständigen Behörden durchgeführte Überprüfung und Bewertung umfasst auch das Zinsänderungsrisiko, dem die Kreditinstitute bei nicht unter das Handelsbuch fallenden Geschäften ausgesetzt sind. Bei Instituten, deren wirtschaftlicher Wert bei einer plötzlichen und unerwarteten Zinsänderung, deren Höhe von den zustän-

digen Behörden festzusetzen ist und die nicht von Kreditinstitut zu Kreditinstitut variieren darf, um mehr als 20 % ihrer Eigenmittel absinkt, werden Maßnahmen ergriffen.

### Artikel 125

1. Wenn das Mutterunternehmen ein Mutterkreditinstitut in einem Mitgliedstaat oder ein EU-Mutterkreditinstitut ist, wird die Beaufsichtigung auf konsolidierter Basis von den zuständigen Behörden, die diesem Kreditinstitut die in Artikel 6 erwähnte Zulassung erteilt haben, ausgeübt.

2. Wenn ein Kreditinstitut als Mutterunternehmen eine Mutterfinanzholdinggesellschaft in einem Mitgliedstaat oder eine EU-Mutterfinanzholdinggesellschaft hat, wird die Beaufsichtigung auf konsolidierter Basis von den zuständigen Behörden, die diesem Kreditinstitut die in Artikel 6 erwähnte Zulassung erteilt haben, ausgeübt.

### Artikel 126

1. Wenn in mehr als einem Mitgliedstaat zugelassene Kreditinstitute als Mutterunternehmen dieselbe Mutterfinanzholdinggesellschaft in einem Mitgliedstaat oder dieselbe EU-Mutterfinanzholdinggesellschaft haben, wird die Beaufsichtigung auf konsolidierter Basis von den zuständigen Behörden des Kreditinstituts ausgeübt, das in dem Mitgliedstaat zugelassen wurde, in dem die Finanzholdinggesellschaft ihren Sitz hat.

Haben in mehr als einem Mitgliedstaat zugelassene Kreditinstitute als Mutterunternehmen mehr als eine Finanzholdinggesellschaft mit Sitz in unterschiedlichen Mitgliedstaaten, und befindet sich in jedem dieser Mitgliedstaaten ein Kreditinstitut, so wird die Beaufsichtigung auf konsolidierter Basis von der für das Kreditinstitut mit der höchsten Bilanzsumme zuständigen Behörde ausgeübt.

2. Ist eine Finanzholdinggesellschaft Mutter von mehr als einem in der Gemeinschaft zugelassenen Kreditinstitut, von denen keines im Sitzland der Finanzholdinggesellschaft zugelassen wurde, so wird die Beaufsichtigung auf konsolidierter Basis von der Behörde wahrgenommen, die das Kreditinstitut mit der höchsten Bilanzsumme zugelassen hat, das für die Zwecke dieser Richtlinie als das von einer EU-Mutterfinanzholdinggesellschaft kontrollierte Kreditinstitut betrachtet wird.

3. In Fällen, in denen die Anwendung der in den Absätzen 1 und 2 genannten Kriterien für bestimmte Kreditinstitute und die relative Bedeutung ihrer Geschäfte in verschiedenen Ländern unangemessen wäre, können die zuständigen Behörden einvernehmlich von diesen Kriterien abweichen und für die Beaufsichtigung auf konsolidierter Basis eine andere Behörde benennen. Die zuständigen Behörden geben dem EU-Mutterkreditinstitut, der EU-Mutterfinanzholdinggesellschaft oder dem Kreditinstitut mit der höchsten Bilanzsumme vor einer solchen Entscheidung Gelegenheit zur Stellungnahme.

4. Die zuständigen Behörden melden der Kommission jede im Rahmen von Absatz 3 getroffene Vereinbarung.

### Artikel 127

1. Die Mitgliedstaaten treffen alle Maßnahmen, die sich als notwendig erweisen, um Finanzholdinggesellschaften gegebenenfalls in die Beaufsichtigung auf konsolidierter Basis einzubeziehen. Unbeschadet des Artikels 135 bedeutet die Konsolidierung der Finanzlage der Finanzholdinggesellschaft keinesfalls, dass die zuständigen Behörden gehalten sind, die Finanzholdinggesellschaft auf der Basis der Einzelbetrachtung zu beaufsichtigen.

2. Wenn die zuständigen Behörden eines Mitgliedstaats ein Kreditinstitut, das ein Tochterunternehmen ist, in einem der in Artikel 73 Absatz 1 Buchstaben b und c genannten Fälle nicht in die Beaufsichtigung auf konsolidierter Basis einbeziehen, können die zuständigen Behörden des Mitgliedstaats, in dem dieses Tochterunternehmen ansässig ist, von dem Mutterunternehmen die Informationen verlangen, die ihnen die Beaufsichtigung dieses Kreditinstituts erleichtern.

3. Die Mitgliedstaaten sehen vor, dass ihre zuständigen Behörden, die die Beaufsichtigung auf konsolidierter Basis ausüben, von den Tochterunternehmen eines Kreditinstituts oder einer Finanzholdinggesellschaft, die nicht in die Beaufsichtigung auf konsolidierter Basis einbezogen sind, die in Artikel 137 genannten Informationen verlangen können. Dabei finden die dort vorgesehenen Verfahren zur Übermittlung und Nachprüfung der Informationen Anwendung.

**Artikel 128**

Gibt es in den Mitgliedstaaten mehr als eine für die Beaufsichtigung der Kredit- und Finanzinstitute zuständige Behörde, so ergreifen die Mitgliedstaaten die für die Koordinierung dieser Behörden erforderlichen Maßnahmen.

**Artikel 129**

1. Neben ihren Verpflichtungen aufgrund der Bestimmungen dieser Richtlinie übernimmt die Behörde, die für die Beaufsichtigung von EU-Mutterkreditinstituten und von Kreditinstituten, die von EU-Mutterfinanzholdinggesellschaften kontrolliert werden, auf konsolidierter Basis zuständig ist, folgende Aufgaben:

a) sie koordiniert in Normal- und Krisensituationen die Sammlung und Verbreitung zweckdienlicher und wesentlicher Informationen, und

b) sie plant und koordiniert die Aufsichtstätigkeiten in Normal- und Krisensituationen, einschließlich der in Artikel 124 genannten Tätigkeiten, bei denen sie mit den jeweils zuständigen Behörden zusammenarbeitet.

2. Ersucht ein EU-Mutterkreditinstitut mit seinen Tochterunternehmen oder die Gesamtheit der Tochterunterunternehmen einer EU-Finanzholdinggesellschaft um eine Erlaubnis gemäß Artikel 84 Absatz 1, Artikel 87 Absatz 9 oder Artikel 105 oder Anhang III Teil 6, so entscheiden die zuständigen Behörden nach umfassender Abstimmung gemeinsam darüber, ob diesem Antrag stattgegeben wird und an welche Bedingungen die Erlaubnis gegebenenfalls geknüpft werden sollte.

Die in Unterabsatz 1 genannten Anträge werden ausschließlich an die in Absatz 1 genannte zuständige Behörde gerichtet.

Die zuständigen Behörden setzen alles daran, innerhalb von sechs Monaten zu einer gemeinsamen Entscheidung über den Antrag zu gelangen. Diese gemeinsame Entscheidung wird dem Antragsteller zusammen mit einer vollständigen Begründung durch die zuständige Behörde gemäß Absatz 1 zugeleitet.

Der in Unterabsatz 3 genannte Zeitraum beginnt mit dem Datum des Eingangs des vollständigen Antrags bei der zuständigen Behörde gemäß Absatz 1. Diese leitet den vollständigen Antrag unverzüglich an die übrigen zuständigen Behörden weiter.

Liegt innerhalb von sechs Monaten keine gemeinsame Entscheidung der zuständigen Behörden vor, so entscheidet die in Absatz 1 genannte zuständige Behörde allein über den Antrag. Diese Entscheidung wird in einem Dokument, das die vollständige Begründung enthält und die von den anderen zuständigen Behörden innerhalb des Zeitraums von sechs Monaten geäußerten Standpunkte und Vorbehalte berücksichtigt, dargelegt. Die Entscheidung wird dem Antragsteller und den übrigen zuständigen Behörden durch die zuständige Behörde gemäß Absatz 1 zugeleitet.

Die Entscheidungen gemäß den Unterabsätzen 3 und 5 werden als maßgeblich anerkannt und von den zuständigen Behörden in den betroffenen Mitgliedstaaten angewendet.

**Artikel 130**

1. Bei Eintritt einer Krisensituation innerhalb einer Bankengruppe, die die Stabilität und Integrität des Finanzsystems in einem der Mitgliedstaaten, in dem Unternehmen der Gruppe zugelassen wurden, untergraben könnte, alarmiert die für die Beaufsichtigung auf konsolidierter Basis zuständige Behörde vorbehaltlich des Kapitels 1 Abschnitt 2 so rasch wie möglich die in Artikel 49 Buchstabe a und in Artikel 50 genannten Behörden. Diese Verpflichtung gilt für alle Behörden, die nach den Artikeln 125 und 126

für die Beaufsichtigung einer bestimmten Gruppe zuständig sind, sowie die in Artikel 129 Absatz 1 genannte zuständige Behörde. So weit wie möglich nutzt die zuständige Behörde bestehende Informationskanäle.

2. Benötigt die für die Beaufsichtigung auf konsolidierter Basis zuständige Behörde Informationen, die bereits einer anderen zuständigen Behörde erteilt wurden, so nimmt diese wann immer möglich zu Letzterer Kontakt auf, um zu vermeiden, dass die anderen an der Beaufsichtigung beteiligten Behörden doppelt informiert werden.

**Artikel 131**

Um die Beaufsichtigung zu erleichtern und eine wirksame Aufsicht zu errichten, schließen die für die Beaufsichtigung auf konsolidierter Basis zuständige Behörde und die anderen zuständigen Behörden schriftliche Koordinierungs- und Kooperationsvereinbarungen.

Im Rahmen dieser Vereinbarungen können der für die Beaufsichtigung auf konsolidierter Basis zuständigen Behörde zusätzliche Aufgaben übertragen und Verfahren für die Beschlussfassung und die Zusammenarbeit mit anderen zuständigen Behörden festgelegt werden.

Die für die Zulassung eines Tochterunternehmens eines Mutterunternehmens, das ein Kreditinstitut ist, zuständigen Behörden können im Wege einer bilateralen Übereinkunft ihre Verantwortung für die Beaufsichtigung auf die zuständigen Behörden, die das Mutterunternehmen zugelassen haben und beaufsichtigen, übertragen, damit diese gemäß dieser Richtlinie die Beaufsichtigung des Tochterunternehmens übernehmen. Die Kommission wird über das Bestehen und den Inhalt derartiger Übereinkünfte unterrichtet. Sie übermittelt diese Informationen den zuständigen Behörden der anderen Mitgliedstaaten und dem Europäischen Bankenausschuss.

**Artikel 132**

1. Die zuständigen Behörden arbeiten eng zusammen. Sie übermitteln einander alle Informationen, die für die Wahrnehmung der ihnen durch diese Richtlinie übertragenen Aufsichtsfunktionen wesentlich oder zweckdienlich sind. Zu diesem Zweck übermitteln die zuständigen Behörden auf Verlangen alle zweckdienlichen Informationen und legen auf eigene Initiative alle wesentlichen Informationen vor.

Informationen gemäß Unterabsatz 1 gelten als zweckdienlich, wenn sie die Beurteilung der finanziellen Solidität eines Kreditinstituts oder eines Finanzinstituts in einem anderen Mitgliedstaat wesentlich beeinflussen könnten.

Insbesondere übermitteln die Behörden, die für die Beaufsichtigung auf konsolidierter Basis von EU-Mutterkreditinstituten und von Kreditinstituten, die von EU-Mutterfinanzholdinggesellschaften kontrolliert werden, zuständig sind, den zuständigen Behörden in anderen Mitgliedstaaten, die die Töchter dieser Mutterunternehmen beaufsichtigen, alle zweckdienlichen Informationen. Bei der Bestimmung des Umfangs der Informationsübermittlung wird der Bedeutung dieser Tochterunternehmen für das Finanzsystem der betreffenden Mitgliedstaaten Rechnung getragen.

Die in Unterabsatz 1 genannten wesentlichen Informationen umfassen insbesondere Folgendes:

a) Offenlegung der Gruppenstruktur aller größeren Kreditinstitute einer Gruppe (mit allen größeren in dieser Gruppe vertretenen Kreditinstituten) und Nennung der für diese Kreditinstitute zuständigen Behörden;

b) Angabe der Verfahren, nach denen bei den Kreditinstituten einer Gruppe Informationen gesammelt und diese Informationen überprüft werden;

c) ungünstige Entwicklungen bei Kreditinstituten oder anderen Unternehmen einer Gruppe, die den Kreditinstituten ernsthaft schaden könnten, und

d) größere Sanktionen und außergewöhnliche Maßnahmen, die die zuständigen Behörden gemäß dieser Richtlinie getroffen haben, einschließlich der Verhängung einer zusätzlichen Eigenkapitalanforderung nach Artikel 136 und einer etwaigen Beschränkung der Möglichkeit der Berechnung der Eigenkapitalanforderungen nach Artikel 105 mittels eines fortgeschrittenen Messansatzes.

2. Die Behörde, die für die Beaufsichtigung der von einem EU-Mutterkreditinstitut kontrollierten Kreditinstitute zuständig ist, setzt sich wann immer möglich mit der in Artikel 129 Absatz 1 genannten Behörde in Verbindung, wenn sie Informationen über die Umsetzung der in dieser Richtlinie genannten Ansätze und Methoden benötigt und Letztere bereits über diese verfügen könnte.

3. Vor einer Entscheidung, die für die Aufsichtstätigkeiten einer anderen zuständigen Behörde von Bedeutung ist, konsultieren die betreffenden Behörden einander in Bezug auf folgende Punkte:

a) Änderungen in der Aktionärs-, Organisations- oder Führungsstruktur der Kreditinstitute einer Gruppe, die von den zuständigen Behörden gebilligt oder zugelassen werden müssen, und

b) größere Sanktionen oder außergewöhnliche Maßnahmen der zuständigen Behörden einschließlich der Verhängung einer zusätzlichen Eigenkapitalanforderung nach Artikel 136 und einer etwaigen Beschränkung der Möglichkeit der Berechnung der Eigenkapitalanforderungen nach Artikel 105 mittels eines fortgeschrittenen Messansatzes.

Bei der Anwendung des Buchstabens b wird stets die für die Beaufsichtigung auf konsolidierter Basis zuständige Behörde konsultiert.

In Notfällen oder in Fällen, in denen eine solche Konsultation die Wirksamkeit der Entscheidung in Frage stellen könnte, kann eine zuständige Behörde beschließen, von einer Konsultation abzusehen. In diesem Fall setzt die zuständige Behörde die anderen zuständigen Behörden unverzüglich davon in Kenntnis.

**Artikel 133**

1. Die für die Beaufsichtigung auf konsolidierter Basis zuständigen Behörden verlangen zum Zwecke der Beaufsichtigung die vollständige Konsolidierung der Kreditinstitute und der Finanzinstitute, die Tochterunternehmen des Mutterunternehmens sind.

Sind die zuständigen Behörden der Auffassung, dass sich die Haftung des Mutterunternehmens, das einen Kapitalanteil hält, aufgrund der Haftung der anderen Aktionäre oder Gesellschafter – wenn diese ausreichend solvent sind – auf diesen Kapitalanteil beschränkt, so können sie auch nur eine anteilmäßige Konsolidierung verlangen. Die Verantwortlichkeit der anderen Aktionäre oder Gesellschafter wird – gegebenenfalls durch eine schriftliche Erklärung – ausdrücklich festgelegt.

Sind Unternehmen untereinander durch eine Beziehung im Sinne des Artikels 12 Absatz 1 der Richtlinie 83/349/EWG verbunden, so bestimmen die zuständigen Behörden, in welcher Form die Konsolidierung erfolgt.

2. Die für die Beaufsichtigung auf konsolidierter Basis zuständigen Behörden verlangen die anteilmäßige Konsolidierung der Beteiligungen, die an Kreditinstituten und Finanzinstituten gehalten werden, welche von einem Unternehmen, das in die Konsolidierung einbezogen ist, gemeinsam mit einem oder mehreren nicht in die Konsolidierung einbezogenen Unternehmen geleitet werden, wenn sich daraus eine beschränkte Haftung der betreffenden Unternehmen nach Maßgabe ihres Kapitalanteils ergibt.

3. In den anderen als den in den Absätzen 1 und 2 erwähnten Fällen von Beteiligungen oder sonstigen Kapitalbeziehungen entscheiden die zuständigen Behörden, ob und in welcher Form die Konsolidierung zu erfolgen hat. Sie können insbesondere die Anwendung der Äquivalenzmethode gestatten oder vorschreiben. Die Anwendung dieser Methode bedeutet jedoch nicht, dass die betreffenden Unternehmen in die Beaufsichtigung auf konsolidierter Basis einbezogen werden.

**Artikel 134**

1. Unbeschadet des Artikels 133 bestimmen die zuständigen Behörden, ob und in welcher Form die Konsolidierung vorzunehmen ist, wenn

a) ein Kreditinstitut nach Auffassung der zuständigen Behörden einen erheblichen Einfluss auf ein oder mehrere Kredit- oder Finanzinstitute ausübt, ohne jedoch eine Beteiligung an diesen Instituten zu halten oder andere Kapitalbeziehungen zu diesen Instituten zu haben, und

b) zwei oder mehr Kredit- oder Finanzinstitute einer einheitlichen Leitung unterstehen, ohne dass diese vertraglich oder satzungsmäßig formalisiert ist.

Die zuständigen Behörden können insbesondere die Anwendung der Methode des Artikels 12 der Richtlinie 83/349/EWG gestatten oder vorschreiben. Die Anwendung dieser Methode bedeutet jedoch nicht, dass die betreffenden Unternehmen in die Beaufsichtigung auf konsolidierter Basis einbezogen werden.

2. Ist die Beaufsichtigung auf konsolidierter Basis nach den Artikeln 125 und 126 vorgeschrieben, so werden Anbieter von Nebendienstleistungen und Vermögensverwaltungsgesellschaften im Sinne der Richtlinie 2002/87/EG in den gleichen Fällen und nach den gleichen Methoden wie in Artikel 133 Absatz 1 vorgeschrieben in die Konsolidierung einbezogen.

## Artikel 135

Die Mitgliedstaaten schreiben vor, dass die Personen, die die Geschäfte einer Finanzholdinggesellschaft tatsächlich führen, ausreichend gut beleumundet sein und über ausreichende Erfahrung für diese Aufgaben verfügen müssen.

## Artikel 136

1. Die zuständigen Behörden verpflichten jedes Kreditinstitut, das den Anforderungen dieser Richtlinie nicht genügt, frühzeitig die notwendigen Abhilfemaßnahmen zu treffen.

Zu diesem Zweck haben die zuständigen Behörden u. a. die folgenden Möglichkeiten:

a) sie können die Kreditinstitute verpflichten, mehr Eigenmittel vorzuhalten als die in Artikel 75 festgelegte Mindestausstattung;

b) sie können die Verstärkung der in den Artikeln 22 und 123 vorgesehenen Regelungen, Prozesse, Mechanismen und Strategien verlangen;

c) sie können von den Kreditinstituten verlangen, eine spezielle Risikovorsorge zu treffen oder in Bezug auf die Eigenkapitalanforderungen für ihre Aktiva eine spezielle Behandlung vorzusehen;

d) sie können den Geschäftsbereich, die Tätigkeiten oder das Netzwerk von Kreditinstituten einschränken, und

e) sie können die Herabsetzung des mit den Tätigkeiten, Produkten und Systemen von Kreditinstituten verbundenen Risikos verlangen.

Diese Maßnahmen werden vorbehaltlich des Kapitels 1 Abschnitt 2 getroffen.

2. Die zuständigen Behörden belegen zumindest die Kreditinstitute, die den Anforderungen der Artikel 22, 109 und 123 nicht genügen oder bei denen in Bezug auf Artikel 124 Absatz 3 ein negatives Ergebnis festgestellt wurde, mit einer speziellen, über die in Artikel 75 festgelegte Mindestausstattung hinausgehenden Eigenkapitalanforderung, wenn andere Maßnahmen allein nicht dazu führen dürften, die Regeln, Verfahren, Mechanismen und Strategien innerhalb eines angemessenen Zeitraums ausreichend zu verbessern.

## Artikel 137

1. Bis zur späteren Koordinierung der Konsolidierungsmethoden sehen die Mitgliedstaaten vor, dass in dem Fall, in dem es sich bei dem Mutterunternehmen eines oder mehrerer Kreditinstitute um ein gemischtes Unternehmen handelt, die für die Zulassung und Beaufsichtigung dieser Kreditinstitute zuständigen Behörden von dem gemischten Unternehmen und seinen Tochterunternehmen entweder dadurch, dass sie sich unmittelbar an sie wenden, oder über die Tochterunternehmen in Form von Kreditinstituten

alle Informationen verlangen, die zur Beaufsichtigung der Tochterunternehmen in Form von Kreditinstituten zweckdienlich sind.

2. Die Mitgliedstaaten sehen vor, dass ihre zuständigen Behörden die von den gemischten Unternehmen und ihren Tochterunternehmen erhaltenen Informationen vor Ort nachprüfen oder von externen Prüfern nachprüfen lassen können. Ist das gemischte Unternehmen oder eines seiner Tochterunternehmen ein Versicherungsunternehmen, so kann auch auf das Verfahren des Artikels 140 Absatz 1 zurückgegriffen werden. Hat das gemischte Unternehmen oder eines seiner Tochterunternehmen einen Sitz in einem anderen Mitgliedstaat als dem, in dem das Tochterunternehmen in Form eines Kreditinstituts ansässig ist, so gilt für die Nachprüfung der Angaben vor Ort das Verfahren des Artikels 141.

### Artikel 138

1. Unbeschadet des Kapitels 2 Abschnitt 5 gewährleisten die Mitgliedstaaten für den Fall, dass das Mutterunternehmen eines oder mehrerer Kreditinstitute ein gemischtes Unternehmen ist, dass die für die Beaufsichtigung dieser Kreditinstitute zuständigen Behörden die Transaktionen zwischen dem Kreditinstitut und dem gemischten Unternehmen und seinen Tochterunternehmen generell beaufsichtigen.

2. Die zuständigen Behörden schreiben den Kreditinstituten ein angemessenes Risikomanagement und angemessene interne Kontrollmechanismen, einschließlich eines ordnungsgemäßen Berichtswesens und ordnungsgemäßer Rechnungslegungsverfahren vor, damit die Transaktionen mit dem Mutterunternehmen, d. h. dem gemischten Unternehmen, und deren Tochterunternehmen angemessen ermittelt, quantifiziert, überwacht und kontrolliert werden können. Die zuständigen Behörden schreiben den Kreditinstituten vor, über Artikel 110 hinaus jede weitere bedeutende Transaktion mit diesen Unternehmen zu melden. Diese Verfahren und bedeutenden Transaktionen werden von den zuständigen Behörden überwacht.

Gefährden solche gruppeninternen Transaktionen die Finanzlage eines Kreditinstituts, leitet die für die Beaufsichtigung des Instituts zuständige Behörde angemessene Maßnahmen ein.

### Artikel 139

1. Die Mitgliedstaaten ergreifen die notwendigen Maßnahmen, um sicherzustellen, dass keine rechtlichen Hindernisse bestehen, die die in die Beaufsichtigung auf konsolidierter Basis einbezogenen Unternehmen, gemischte Unternehmen und ihre Tochterunternehmen oder die in Artikel 127 Absatz 3 genannten Tochterunternehmen am Austausch von Informationen hindern, die für die Beaufsichtigung gemäß den Artikeln 124 bis 138 und dem vorliegenden Artikel zweckdienlich sind.

2. Falls das Mutterunternehmen und ein oder mehrere Kreditinstitute, die Tochterunternehmen sind, sich in verschiedenen Mitgliedstaaten befinden, übermitteln die zuständigen Behörden jedes Mitgliedstaats einander die Informationen, die zweckdienlich sind, um die Beaufsichtigung auf konsolidierter Basis zu ermöglichen oder zu erleichtern.

Falls die zuständigen Behörden des Mitgliedstaats, in dem das Mutterunternehmen seinen Sitz hat, die Beaufsichtigung auf konsolidierter Basis gemäß der Artikel 125 und 126 nicht selbst durchführen, können sie von den mit dieser Beaufsichtigung beauftragten zuständigen Behörden ersucht werden, von dem Mutterunternehmen die Informationen, die für die Beaufsichtigung auf konsolidierter Basis zweckdienlich sind, zu verlangen und sie an diese Behörden weiterzuleiten.

3. Die Mitgliedstaaten gestatten, dass ihre zuständigen Behörden die in Absatz 2 erwähnten Informationen austauschen, wobei die Beschaffung oder der Besitz von Informationen im Falle der Finanzholdinggesellschaften, der Finanzinstitute oder der Anbieter von Nebendienstleistungen keinesfalls bedeutet, dass die zuständigen Behörden gehalten sind, diese Institute oder Unternehmen auf der Basis der Einzelbetrachtung zu beaufsichtigen.

Die Mitgliedstaaten gestatten, dass ihre zuständigen Behörden die in Artikel 137 genannten Informationen austauschen, wobei die Beschaffung oder der Besitz von Informationen keinesfalls bedeutet, dass die zuständigen Behörden eine Aufsichtsfunktion über dieses gemischte Unternehmen und seine Tochterunternehmen, die keine Kreditinstitute sind, oder über die in Artikel 127 Absatz 3 genannten Tochterunternehmen ausüben.

### Artikel 140

1. Wenn ein Kreditinstitut, eine Finanzholdinggesellschaft oder ein gemischtes Unternehmen ein oder mehrere Tochterunternehmen kontrolliert, bei denen es sich um ein Versicherungsunternehmen oder einer Zulassung unterworfene Wertpapierdienstleistungsunternehmen handelt, arbeiten die zuständigen Behörden und die mit der amtlichen Beaufsichtigung der Versicherungsunternehmen oder der Wertpapierdienstleistungsunternehmen betrauten Behörden eng zusammen. Unbeschadet ihrer jeweiligen Befugnisse teilen sich diese Behörden alle Informationen mit, die geeignet sind, die Erfüllung ihrer Aufgabe zu erleichtern und eine Beaufsichtigung der Tätigkeit und der finanziellen Situation aller Unternehmen, die ihrer Aufsicht unterliegen, zu ermöglichen.

2. Die im Rahmen der Beaufsichtigung auf konsolidierter Basis erlangten Informationen und insbesondere der in dieser Richtlinie vorgesehene Informationsaustausch zwischen den zuständigen Behörden unterliegen dem Berufsgeheimnis gemäß Kapitel 1 Abschnitt 2.

3. Die für die Beaufsichtigung auf konsolidierter Basis zuständigen Behörden erstellen eine Liste der in Artikel 71 Absatz 2 genannten Finanzholdinggesellschaften. Die Liste wird den zuständigen Behörden der anderen Mitgliedstaaten und der Kommission übermittelt.

### Artikel 141

Falls die zuständigen Behörden eines Mitgliedstaats in Anwendung dieser Richtlinie in bestimmten Fällen die Informationen über ein Kreditinstitut, eine Finanzholdinggesellschaft, ein Finanzinstitut, einen Anbieter von Nebendienstleistungen, ein gemischtes Unternehmen, eine Tochtergesellschaft gemäß Artikel 137 oder eine Tochtergesellschaft gemäß Artikel 127 Absatz 3 mit Sitz in einem anderen Mitgliedstaat nachprüfen wollen, ersuchen sie die zuständigen Behörden des anderen Mitgliedstaats um diese Nachprüfung. Die ersuchten zuständigen Behörden entsprechen dem Ersuchen im Rahmen ihrer Befugnisse, indem sie die Nachprüfung entweder selbst vornehmen oder die ersuchenden zuständigen Behörden zu ihrer Durchführung ermächtigen oder gestatten, dass die Nachprüfung von einem Wirtschaftsprüfer oder Sachverständigen durchgeführt wird. Die ersuchende Behörde kann auf Wunsch bei der Nachprüfung zugegen sein, wenn sie diese nicht selbst vornimmt.

### Artikel 142

Die Mitgliedstaaten sehen vor, dass – unbeschadet ihrer strafrechtlichen Bestimmungen – gegen die Finanzholdinggesellschaften und gemischten Unternehmen oder deren verantwortliche Geschäftsleiter, die gegen die gemäß den Artikeln 124 bis 141 und dem vorliegenden Artikel erlassenen Rechts- oder Verwaltungsvorschriften verstoßen, mit Sanktionen oder Maßnahmen mit dem Ziel vorgegangen werden kann, die festgestellten Verstöße oder deren Ursachen abzustellen. Die zuständigen Behörden arbeiten eng zusammen, um den Erfolg dieser Sanktionen oder Maßnahmen zu sichern, vor allem dann, wenn der Sitz einer Finanzholdinggesellschaft oder eines gemischten Unternehmens sich nicht an dem Ort der Hauptverwaltung oder Hauptniederlassung befindet.

### Artikel 143

1. Unterliegt ein Kreditinstitut, dessen Mutterunternehmen ein Kreditinstitut oder eine Finanzholdinggesellschaft mit Sitz in einem Drittland ist, nicht der Beaufsichtigung auf konsolidierter Basis gemäß den Artikeln 125 und 126, so überprüfen die zuständigen Behörden, ob das Kreditinstitut von der zuständigen Drittlandsbehörde auf

konsolidierter Basis beaufsichtigt wird und diese Aufsicht den Grundsätzen dieser Richtlinie entspricht.

Die zuständige Behörde, die in dem in Absatz 3 genannten Fall für die Beaufsichtigung auf konsolidierter Basis zuständig wäre, nimmt diese Überprüfung auf Wunsch des Mutterunternehmens oder eines der in der Gemeinschaft zugelassenen beaufsichtigten Unternehmens oder von sich aus vor. Sie konsultiert die anderen jeweils zuständigen Behörden.

2. Der Europäische Bankenausschuss kann allgemeine Orientierungen in der Frage geben, ob die von zuständigen Behörden in Drittländern ausgeübte Konsolidierungsaufsicht in Bezug auf Kreditinstitute, deren Mutterunternehmen seinen Sitz in einem Drittland hat, die Ziele der Beaufsichtigung auf konsolidierter Basis im Sinne dieses Kapitels erreichen kann. Der Ausschuss überprüft diese Orientierungen regelmäßig und berücksichtigt dabei Änderungen bei der Ausübung der Beaufsichtigung auf konsolidierter Basis durch die betreffenden zuständigen Behörden.

Die mit der Überprüfung gemäß Absatz 1 Unterabsatz 1 betraute zuständige Behörde berücksichtigt jedwede dieser Orientierungen. Zu diesem Zweck konsultiert sie den Ausschuss, bevor sie entscheidet.

3. Findet keine gleichwertige Beaufsichtigung statt, wenden die Mitgliedstaaten analog die Bestimmungen dieser Richtlinie auf das Kreditinstitut an oder gestatten ihren zuständigen Behörden, zu angemessenen anderen Aufsichtstechniken zu greifen, wenn diese die Erreichung der mit der Beaufsichtigung von Kreditinstituten auf konsolidierter Basis verfolgten Ziele gewährleisten.

Die für die Beaufsichtigung auf konsolidierter Basis zuständige Behörde muss diesen Aufsichtstechniken nach Anhörung der beteiligten zuständigen Behörden zugestimmt haben.

Die zuständigen Behörden können insbesondere verlangen, dass eine Finanzholdinggesellschaft mit Sitz in der Gemeinschaft gegründet wird, und die Bestimmungen über die Beaufsichtigung auf konsolidierter Basis auf den konsolidierten Abschluss dieser Holding anwenden.

Die Aufsichtstechniken sind dafür ausgelegt, die in diesem Kapitel festgelegten Ziele der Beaufsichtigung auf konsolidierter Basis zu erreichen, und werden den anderen jeweils zuständigen Behörden und der Kommission mitgeteilt.

## Abschnitt 2: Offenlegungspflichten der zuständigen Behörden

### Artikel 144

Die zuständigen Behörden veröffentlichen die folgenden Informationen:
a) den Wortlaut der Rechts- und Verwaltungsvorschriften und allgemeinen Leitlinien, die in ihrem Mitgliedstaat im Bereich der Finanzdienstleistungsaufsicht verabschiedet wurden;
b) die Art und Weise, in der die im Gemeinschaftsrecht eröffneten Optionen und Ermessensspielräume genutzt werden;
c) die allgemeinen Kriterien und Methoden, nach denen sie bei der in Artikel 124 genannten Überprüfung und Bewertung verfahren, und
d) unbeschadet der Bestimmungen des Kapitels 1 Abschnitt 2 aggregierte statistische Daten zu zentralen Aspekten der Umsetzung der aufsichtsrechtlichen Rahmenvorschriften in den einzelnen Mitgliedstaaten.

Die nach Absatz 1 gelieferten Angaben müssen einen aussagekräftigen Vergleich der Vorgehensweisen der zuständigen Behörden der verschiedenen Mitgliedstaaten ermöglichen. Die Angaben werden in einem gemeinsamen Format veröffentlicht und regelmäßig aktualisiert. Die Angaben sind über eine einzige Zugangsadresse elektronisch abrufbar.

## Kapitel 5: Offenlegungspflichten der Kreditinstitute

### Artikel 145

1. Vorbehaltlich der Bestimmungen des Artikels 146 veröffentlichen die Kreditinstitute für die Zwecke dieser Richtlinie die in Anhang XII Teil 2 genannten Informationen.

2. Die in Anhang XII Teil 3 genannten Instrumente und Methoden können von den zuständigen Behörden nur im Rahmen von Kapitel 2 Abschnitt 3 Unterabschnitte 2 und 3 und Artikel 105 anerkannt werden, wenn die Kreditinstitute die in diesem Anhang genannten Informationen veröffentlichen.

3. Die Kreditinstitute legen in einem formellen Verfahren fest, wie sie ihren in den Absätzen 1 und 2 festgelegten Offenlegungspflichten nachkommen wollen; sie verfügen über Vorschriften, anhand deren sie die Angemessenheit ihrer Angaben beurteilen können, wozu auch die Überprüfung der Angaben selbst und der Häufigkeit ihrer Veröffentlichung zählt.

4. Die Kreditinstitute sind aufgefordert, ihre Ratingentscheidungen den KMU und den anderen Unternehmen, die Kredite beantragt haben, in nachvollziehbarer Weise schriftlich offen zu legen. Sollte eine Selbstverpflichtung der Wirtschaft nur unzureichend Wirkung zeigen, so sind auf nationaler Ebene gesetzliche Maßnahmen zu ergreifen. Die diesbezüglichen Verwaltungskosten der Kreditinstitute müssen in einem angemessenen Verhältnis zur Höhe des Kredits stehen.

### Artikel 146

1. Unbeschadet des Artikels 145 kann ein Kreditinstitut von der Offenlegung einer oder mehrerer der in Anhang XII Teil 2 genannten Informationen absehen, wenn diese in Anbetracht des in Anhang XII Teil 1 Nummer 1 genannten Kriteriums nicht als wesentlich anzusehen sind.

2. Unbeschadet des Artikels 145 kann ein Kreditinstitut von der Offenlegung eines oder mehrerer Bestandteile der in Anhang XII Teile 2 und 3 genannten Informationen absehen, wenn diese in Anbetracht der in Anhang XII Teil 1 Nummern 2 und 3 genannten Kriterien als geheim oder vertraulich einzustufen ist bzw. sind.

3. In den in Absatz 2 genannten Ausnahmefällen weist das betreffende Kreditinstitut bei der Offenlegung der restlichen Informationen darauf hin, dass die betreffenden Bestandteile nicht veröffentlicht wurden, begründet dies und veröffentlicht allgemeinere Angaben zu den geforderten Informationsbestandteilen, wenn diese in Anbetracht der in Anhang XII Teil 1 Nummern 2 und 3 genannten Kriterien nicht als geheim oder vertraulich einzustufen sind.

### Artikel 147

1. Die in Artikel 145 vorgeschriebenen Angaben werden von den Kreditinstituten mindestens einmal jährlich veröffentlicht. Die Veröffentlichung erfolgt so früh wie möglich.

2. Die Kreditinstitute entscheiden ferner, ob in Anbetracht der in Anhang XII Teil 1 Nummer 4 genannten Kriterien eine häufigere Veröffentlichung als gemäß Absatz 1 erforderlich ist.

### Artikel 148

1. Die Kreditinstitute können selbst bestimmen, in welchem Medium und an welcher Stelle sie ihren in Artikel 145 festgelegten Offenlegungspflichten nachkommen wollen und mit welchen Mitteln die dort vorgesehene Überprüfung stattfinden soll. Alle Angaben sollten soweit wie möglich in einem Medium oder an einer Stelle veröffentlicht werden.

2. Werden die gleichen Angaben von den Kreditinstituten bereits im Rahmen von Rechnungslegungs-, Börsen- oder sonstigen Vorschriften veröffentlicht, so können die Anforderungen des Artikels 145 als erfüllt angesehen werden. Sollten die Angaben nicht in den Jahresabschluss aufgenommen werden, so geben die Kreditinstitute ihre Fundstelle an.

**Artikel 149**

Unbeschadet der Artikel 146 bis 148 ermächtigen die Mitgliedstaaten die zuständigen Behörden, den Kreditinstituten vorzuschreiben:
a) eine oder mehrere der in Anhang XII Teile 2 und 3 genannten Angaben zu veröffentlichen;
b) eine oder mehrere der Angaben mehr als einmal jährlich zu veröffentlichen und Fristen für diese Veröffentlichung zu setzen;
c) die Angaben anstatt im Jahresabschluss in speziellen anderen Medien und an speziellen anderen Stellen zu veröffentlichen, und
d) für die Überprüfung der nicht von der Jahresabschlussprüfung abgedeckten Angaben auf besondere Verfahren zurückzugreifen.

## Titel VI: Ausübungsbefugnisse

**Artikel 150**

1. Hinsichtlich der Eigenmittel werden unbeschadet des von der Kommission nach Artikel 62 vorzulegenden Vorschlags die nachstehend genannten technischen Anpassungen, die eine Änderung nicht wesentlicher Bestimmungen dieser Richtlinie bewirken, nach dem in Artikel 151 Absatz 2 genannten Regelungsverfahren mit Kontrolle erlassen.
a) Klärung der Definitionen zwecks Berücksichtigung der bei der Anwendung dieser Richtlinie auf den Finanzmärkten beobachteten Entwicklungen;
b) Klärung der Definitionen, um eine einheitliche Anwendung dieser Richtlinie sicherzustellen;
c) Anpassung der Terminologie und der Formulierung der Definitionen an spätere Rechtsakte, die sich auf die Kreditinstitute und damit verbundene Bereiche beziehen;
d) technische Anpassungen an der Liste in Artikel 2;
e) Änderung des nach Artikel 9 erforderlichen Anfangskapitals zur Berücksichtigung wirtschaftlicher und währungspolitischer Entwicklungen;
f) Erweiterung oder terminologische Anpassung der in den Artikeln 23 und 24 genannten, im Anhang I enthaltenen Liste zur Berücksichtigung von Entwicklungen auf den Finanzmärkten;
g) in Artikel 42 aufgeführte Bereiche, in denen die zuständigen Behörden Informationen austauschen;
h) technische Anpassungen an den Artikeln 56 bis 67 und in Artikel 74 infolge von Entwicklungen bei Rechnungslegungsstandards oder -anforderungen, die gemeinschaftsrechtlichen Vorschriften Rechnung tragen, oder im Hinblick auf die Konvergenz der Beaufsichtigungspraktiken;
i) Änderung der Liste der Forderungsklassen in den Artikeln 79 und 86 zur Berücksichtigung der Entwicklungen auf den Finanzmärkten;
j) inflationsbedingte Änderung des in Artikel 79 Absatz 2 Buchstabe c, Artikel 86 Absatz 4 Buchstabe a, Anhang VII Teil 1 Nummer 5 sowie Anhang VII Teil 2 Nummer 15 genannten Betrags;
k) Liste und Klassifizierung der außerbilanzmäßigen Geschäfte in den Anhängen II und IV und ihre Behandlung bei der Bestimmung der Forderungsbeträge für die Zwecke von Titel V Kapitel 2 Abschnitt 3, oder
l) Anpassung der Bestimmungen der Anhänge V bis XII an Entwicklungen auf den Finanzmärkten (insbesondere neue Finanzprodukte) oder bei Rechnungslegungsstandards oder -anforderungen, mit denen gemeinschaftsrechtlichen Vorschriften Rechnung getragen wird, oder im Hinblick auf die Konvergenz der Beaufsichtigungspraktiken.

2. Die Kommission kann genannten Verfahren die folgenden Durchführungsmaßnahmen erlassen:
a) Quantifizierung der in Artikel 124 Absatz 5 genannten plötzlichen und unerwarteten Zinsänderungen;
b) vorübergehende Herabsetzung der Mindesteigenkapitalausstattung nach Artikel 75 und/oder der in Titel V Kapitel 2 Abschnitt 3 vorgesehenen Risikogewichte zur Berücksichtigung von besonderen Situationen;
c) unbeschadet des in Artikel 119 genannten Berichts Klarstellung der Ausnahmeregelungen in Artikel 111 Absatz 4, Artikel 113, Artikel 115 und Artikel 116;
d) Ausführung der zentralen Aspekte, zu denen nach Artikel 144 Absatz 1 Buchstabe d aggregierte statistische Daten zu veröffentlichen sind, oder
e) genaue Angabe des Formats, des Aufbaus, der Inhalte und des Zeitpunkts der jährlichen Offenlegung der in Artikel 144 genannten Angaben.

Die unter den Buchstaben a, b, c und f genannten Maßnahmen zur Änderung nicht wesentlicher Bestimmungen dieser Richtlinie durch Ergänzung werden nach dem in Artikel 151 Absatz 2 genannten Regelungsverfahren mit Kontrolle erlassen. Die unter den Buchstaben d und e genannten Maßnahmen werden nach dem in Artikel 151 Absatz 2a genannten Verfahren erlassen.

3. (weggefallen)
4. (weggefallen)

**Artikel 151**

1. Die Kommission wird vom Europäischen Bankenausschuss unterstützt, der durch den Beschluss 2004/10/EG[1] eingesetzt worden ist.

2. Wird auf diesen Absatz Bezug genommen, so gelten Artikel 5a Absätze 1 bis 4 und Artikel 7 des Beschlusses 1999/468/EG unter Beachtung von dessen Artikel 8.

2a. Wird auf diesen Absatz Bezug genommen, so gelten die Artikel 5 und 7 des Beschlusses 1999/468/EG unter Beachtung von dessen Artikel 8.

Die Frist nach Artikel 5 Absatz 6 des Beschlusses 1999/468/EG wird auf drei Monate festgesetzt.

3. Bis 31. Dezember 2010 und danach mindestens alle drei Jahre überprüft die Kommission die Vorschriften für ihre Durchführungsbefugnisse und legt dem Europäischen Parlament und dem Rat einen Bericht über das Funktionieren dieser Befugnisse vor. In dem Bericht wird insbesondere geprüft, ob die Kommission Änderungen zu dieser Richtlinie vorschlagen muss, um den angemessenen Umfang der ihr übertragenen Durchführungsbefugnisse zu gewährleisten. Die Schlussfolgerung, ob eine Änderung erforderlich ist oder nicht, muss eine detaillierte Begründung enthalten. Erforderlichenfalls wird dem Bericht ein Legislativvorschlag zur Änderung der Vorschriften für die Übertragung der Durchführungsbefugnisse an die Kommission beigefügt.

## Titel VII: Übergangs- und Schlussbestimmungen
### Kapitel 1: Übergangsbestimmungen
**Artikel 152**

1. Kreditinstitute, die ihre risikogewichteten Forderungsbeträge nach den Artikeln 84 bis 89 errechnen sorgen dafür, dass ihre Eigenmittelausstattung im ersten, zweiten und dritten Zwölfmonatszeitraum nach dem 31. Dezember 2006 zu keiner Zeit die in den Absätzen 3, 4 und 5 genannten Beträge unterschreitet.

2. Kreditinstitute, die Eigenkapitalanforderungen für das operationelle Risiko, wie in Artikel 105 dargelegt, mit Hilfe fortgeschrittener Messansätze ermitteln, sorgen dafür,

---
[1] **Amtl. Anm.:** ABl L 3 vom 7. 1. 2004, S. 36.

dass ihre Eigenmittelausstattung im zweiten und dritten Zwölfmonatszeitraum nach dem 31. Dezember 2006 zu keiner Zeit die in den Absätzen 4 und 5 genannten Beträge unterschreitet.

3. In dem in Absatz 1 genannten ersten Zwölfmonatszeitraum entspricht diese Eigenkapitalausstattung 95 % des Betrags, den das Kreditinstitut nach Artikel 4 der Richtlinie 93/6/EWG des Rates vom 15. März 1993 über die angemessene Eigenkapitalausstattung von Wertpapierfirmen und Kreditinstituten[1]) in der für sie und für die Richtlinie 2000/12/EG bis zum 1. Januar 2007 geltenden Fassung in diesem Zeitraum insgesamt als Mindesteigenkapital vorhalten müsste.

4. In dem in Absatz 1 genannten zweiten Zwölfmonatszeitraum entspricht diese Eigenkapitalausstattung 90 % des Betrags, den das Kreditinstitut nach Artikel 4 der Richtlinie 93/6/EWG in der für sie und für die Richtlinie 2000/12/EG bis zum 1. Januar 2007 geltenden Fassung in diesem Zeitraum insgesamt als Mindesteigenkapital vorhalten müsste.

5. In dem in Absatz 1 genannten dritten Zwölfmonatszeitraum entspricht diese Eigenkapitalausstattung 80 % des Betrags, den das Kreditinstitut nach Artikel 4 der Richtlinie 93/6/EWG in der für sie und für die Richtlinie 2000/12/EG bis zum 1. Januar 2007 geltenden Fassung in diesem Zeitraum insgesamt als Mindesteigenkapital vorhalten müsste.

6. Um Unterschieden bei der Eigenmittelberechnung nach den Richtlinien 2000/12/EG und 93/6/EWG in der bis zum 1. Januar 2007 geltenden Fassung und der Eigenmittelberechnung gemäß dieser Richtlinie, bei der erwartete und unerwartete Verluste im Rahmen der Artikel 84 bis 89 gesondert behandelt werden, Rechnung zu tragen, erfolgt die Erfüllung der Anforderungen der Absätze 1 bis 4 auf Basis der voll angepassten Eigenmittelbeträge, in denen diese Unterschiede berücksichtigt werden.

7. Für die Zwecke der Absätze 1 bis 6 gelten die Artikel 68 bis 73.

8. Die Kreditinstitute können bis zum 1. Januar 2008 anstelle der Artikel des Titels V Kapitel 2 Abschnitt 3 Unterabschnitt 1 (Standardansatz) die Artikel 42 bis 46 der Richtlinie 2000/12/EG in der Fassung vor dem 1. Januar 2007 anwenden.

9. Wird die in Absatz 8 genannte Möglichkeit in Anspruch genommen, so gilt in Bezug auf die Richtlinie 2000/12/EG Folgendes:
a) es gelten die Bestimmungen der Artikel 42 bis 46 dieser Richtlinie in der bis zum 1. Januar 2007 geltenden Fassung;
b) der in Artikel 42 Absatz 1 dieser Richtlinie genannte „risikogewichtete Wert" bedeutet „risikogewichteter Forderungsbetrag";
c) die nach Artikel 42 Absatz 2 dieser Richtlinie ermittelten Werte werden als risikogewichtete Forderungsbeträge betrachtet;
d) „Kreditderivate" werden in die Liste der Geschäfte „mit hohem Kreditrisiko" in Anhang II dieser Richtlinie aufgenommen, und
e) die Behandlung nach Artikel 43 Absatz 3 dieser Richtlinie gilt für die in Anhang IV dieser Richtlinie genannten Derivate unabhängig davon, ob es sich dabei um bilanz- oder außerbilanzmäßige Geschäfte handelt, und die nach Anhang III ermittelten Werte werden als risikogewichtete Forderungsbeträge betrachtet.

10. Wird die in Absatz 7 genannte Möglichkeit in Anspruch genommen, so gilt in Bezug auf Forderungen, bei denen der Standardansatz zum Einsatz kommt, Folgendes:
a) Titel V Kapitel 2 Abschnitt 3 Unterabschnitt 3 (Anerkennung von Kreditrisikominderung) findet keine Anwendung.
b) Titel V Kapitel 2 Abschnitt 3 Unterabschnitt 4 (Behandlung von Verbriefungen) kann von den zuständigen Behörden außer Kraft gesetzt werden.

11. Wird die in Absatz 8 genannte Möglichkeit in Anspruch genommen, so wird die in Artikel 75 Buchstabe d vorgesehene Eigenkapitalanforderung für das operationelle Risi-

---

[1]) **Amtl. Anm.:** ABl L 141 vom 11. 6. 1993, S. 1. Zuletzt geändert durch die Richtlinie 2005/1/EG.

ko prozentual herabgesetzt, wobei der Prozentsatz dem Verhältnis zwischen dem Wert der Forderungen des Kreditinstituts, für die unter Rückgriff auf die in Absatz 8 genannte Möglichkeit risikogewichtete Forderungsbeträge ermittelt werden, und dem Gesamtwert seiner Forderungen entspricht.

12. Nimmt ein Kreditinstitut bei der Ermittlung der risikogewichteten Forderungsbeträge für all seine Forderungen die in Absatz 8 genannte Möglichkeit in Anspruch, so können die Artikel 48 bis 50 der Richtlinie 2000/12/EG (Großkredite) angewandt werden, wie sie vor dem 1. Januar 2007 bestanden;

13. Wird die in Absatz 8 genannte Möglichkeit in Anspruch genommen, so sind Verweise auf die Artikel 46 bis 52 dieser Richtlinie als Verweise auf die Artikel 42 bis 46 der Richtlinie 2000/12/EG zu lesen wie sie vor dem 1. Januar 2007 bestanden.

14. Wird das in Absatz 8 genannte Wahlrecht ausgeübt, finden die Artikel 123, 124, 145 und 149 vor dem dort genannten Datum keine Anwendung.

### Artikel 153

Die zuständigen Behörden können bis zum 31. Dezember 2012 gestatten, dass bei der Berechnung der risikogewichteten Forderungsbeträge von Immobilienleasinggeschäften, die Büro- oder sonstige gewerbliche Räume in ihrem Hoheitsgebiet betreffen und die in Anhang VI Teil 1 Nummer 54 genannten Kriterien erfüllen, ein Risikogewicht von 50 % angesetzt wird, ohne dass dabei Anhang VI Teil 1 Nummern 55 und 56 zur Anwendung gelangt.

Bis zum 31. Dezember 2010 können die zuständigen Behörden – wenn für die Zwecke des Anhangs VI der besicherte Teil eines überfälligen Darlehens bestimmt werden soll – andere Sicherheiten als die nach den Artikeln 90 bis 93 zulässigen anerkennen.

Bei der Berechnung der risikogewichteten Forderungsbeträge im Sinne von Anhang VI Teil 1 Nummer 4 wird bis 31. Dezember 2012 Forderungen an die Zentralstaaten oder Zentralbanken der Mitgliedstaaten, die auf die Landeswährung eines Mitgliedstaats lauten und in dieser Währung refinanziert sind, die gleiche Risikogewichtung zugewiesen wie Forderungen, die auf die eigene Landeswährung lauten und in dieser Währung refinanziert sind.

### Artikel 154

1. Bis zum 31. Dezember 2011 können die zuständigen Behörden eines jeden Mitgliedstaats für die Zwecke von Anhang VI Teil 1 Nummer 61 für die in Anhang VI Teil 1 Nummern 12 bis 17 und 41 bis 43 genannten Forderungen an Gegenparteien, die in ihrem Hoheitsgebiet niedergelassen sind, die Anzahl von Rückstandstagen auf bis zu 180 festsetzen, wenn die regionalen Voraussetzungen eine derartige Anpassung rechtfertigen. Die jeweilige Anzahl kann je nach Produktlinie unterschiedlich sein.

Die zuständigen Behörden, die ihre Ermessensbefugnis gemäß dem ersten Unterabsatz in Bezug auf Forderungen an Gegenparteien, die in ihrem Hoheitsgebiet niedergelassen sind, nicht wahrnehmen, können eine höhere Anzahl von Tagen für Forderungen an Gegenparteien festlegen, die im Hoheitsgebiet anderer Mitgliedstaaten niedergelassen sind, deren zuständige Behörden diese Ermessensbefugnis ausgeübt haben. Die spezifische Anzahl von Tagen liegt zwischen 90 Tagen und der Anzahl von Tagen, die die anderen zuständigen Behörden für Forderungen an derartige Gegenparteien in ihrem eigenen Hoheitsgebiet festgelegt haben.

2. Für Kreditinstitute, die eine Genehmigung zur Anwendung des IRB-Ansatzes vor 2010 beantragen, kann der in Artikel 84 Absatz 3 vorgesehene Dreijahreszeitraum bis zum 31. Dezember 2009 auf einen Zeitraum von mindestens einem Jahr verringert werden.

3. Für Kreditinstitute, die eine Genehmigung zur Verwendung eigener LGD-Schätzungen und/oder eigener Umrechnungsfaktoren beantragen, kann der nach Artikel 84 Absatz 4 vorgesehene Dreijahreszeitraum bis zum 31. Dezember 2008 auf zwei Jahre verringert werden.

4. Die zuständigen Behörden eines jeden Mitgliedstaats können es den Kreditinstituten bis zum 31. Dezember 2012 gestatten, Beteiligungen nach der Art, wie sie in Artikel 57 Buchstabe o dargelegt sind, und die vor dem 20. Juli 2006 erworben wurden, gemäß Artikel 38 der Richtlinie 2000/12/EG in der Fassung, die dieser Artikel vor dem 1. Januar 2007 hatte, zu behandeln.

5. Bis zum 31. Dezember 2010 liegt die forderungsgewichtete durchschnittliche LGD aller durch Wohnimmobilien besicherter Retailforderungen ohne Garantie eines Zentralstaates nicht unter 10 %.

6. Die zuständigen Behörden der Mitgliedstaaten können bestimmte Beteiligungspositionen, die am 31. Dezember 2007 von Kreditinstituten und EU-Tochterunternehmen von Kreditinstituten in diesem Mitgliedstaat gehalten werden, bis zum 31. Dezember 2017 von der Behandlung im IRB-Ansatz ausnehmen.

Die ausgenommene Position bemisst sich nach der Anzahl der Anteile zum 31. Dezember 2007 und jeder weiteren unmittelbar aus diesem Besitz resultierenden Zunahme der Anteile, solange diese nicht die Beteiligungsquote an diesem Unternehmen erhöht.

Erhöht sich durch einen Anteilserwerb die Beteiligungsquote an einem bestimmten Unternehmen, so wird der über die bisherige Beteiligungsquote hinausgehende Anteil nicht von der Ausnahmeregelung abgedeckt. Ebenso wenig gilt die Ausnahmeregelung für Beteiligungen, die zwar ursprünglich unter die Regelung fielen, zwischenzeitlich jedoch verkauft und anschließend wieder zurückgekauft wurden.

Die Eigenkapitalanforderungen für die unter diese Übergangsbestimmung fallenden Beteiligungspositionen werden nach Titel V Kapitel 2 Abschnitt 3 Unterabschnitt 1 ermittelt.

7. Für Forderungen an Unternehmen können die zuständigen Behörden jedes Mitgliedstaats bis zum 31. Dezember 2011 die Anzahl der Tage festlegen, ab der alle Kreditinstitute ihres Landes Forderungen an derartige Gegenparteien mit Sitz in diesem Mitgliedstaat nach der Definition des „Ausfalls" in Anhang VII Teil 4 Nummer 44 als überfällig anzusehen haben. Diese Zahl kann zwischen 90 und 180 Tagen betragen, sollte dies aufgrund der lokalen Gegebenheiten sinnvoll erscheinen. Für Forderungen an derartige Gegenparteien mit Sitz in einem anderen Mitgliedstaat darf die von den zuständigen Behörden festgesetzte Anzahl von Tagen nicht über die von den zuständigen Behörden des betreffenden Mitgliedstaats gesetzte Anzahl hinausgehen.

**Artikel 155**

Bis zum 31. Dezember 2012 können die Mitgliedstaaten für Kreditinstitute, bei denen der Indikator für das Geschäftsfeld Handel („Trading and Sales") bei mindestens 50 % der nach Anhang X Teil 2 Nummern 1 bis 7 für alle Geschäftsfelder insgesamt ermittelten Indikatoren liegt, für das Geschäftsfeld Handel einen Wert von 15 % ansetzen.

## Kapitel 2:   Schlussbestimmungen

**Artikel 156**

Die Kommission überprüft in Zusammenarbeit mit den Mitgliedstaaten und unter Berücksichtigung des Beitrags der Europäischen Zentralbank in regelmäßigen Abständen, ob sich diese Richtlinie insgesamt gesehen zusammen mit der Richtlinie 2006/49/EG signifikant auf den Konjunkturzyklus auswirkt und prüft anhand dessen, ob Abhilfemaßnahmen gerechtfertigt sind.

Auf der Grundlage dieser Analyse und unter Berücksichtigung des Beitrags der Europäischen Zentralbank erstellt die Kommission alle zwei Jahre einen Bericht und leitet ihn – gegebenenfalls zusammen mit angemessenen Vorschlägen – an das Europäische Parlament und den Rat weiter. Beiträge seitens der kreditnehmenden und kreditgebenden Wirtschaft sind bei der Erstellung des Berichts ausreichend zu würdigen.

Bis 1. Januar 2012 überprüft die Kommission die Anwendung dieser Richtlinie mit besonderer Beachtung aller Aspekte der Artikel 68 bis 73, 80 Absätze 7 und 8 sowie 129 und erstellt einen einschlägigen Bericht, den sie dem Europäischen Parlament und dem Rat gegebenenfalls zusammen mit geeigneten Vorschlägen vorlegt.

### Artikel 157

1. Die Mitgliedstaaten erlassen und veröffentlichen vor dem 31. Dezember 2006 die Rechts- und Verwaltungsvorschriften, die erforderlich sind, um den Artikeln 4, 22, 57, 61 bis 64, 66, 68 bis 106, 108, 110 bis 115, 117 bis 119, 123 bis 127, 129 bis 132, 133, 136, 144 bis 149 und 152 bis 155 sowie den Anhängen II, III und V bis XII nachzukommen. Sie teilen der Kommission unverzüglich den Wortlaut dieser Rechtsvorschriften mit und fügen eine Tabelle über die Entsprechungen zwischen diesen Rechtsvorschriften und der vorliegenden Richtlinie bei.

Unbeschadet des Absatzes 2 wenden die Mitgliedstaaten diese Vorschriften ab dem 1. Januar 2007 an.

Wenn die Mitgliedstaaten diese Vorschriften erlassen, nehmen sie in diesen Vorschriften selbst oder durch einen Hinweis bei der amtlichen Veröffentlichung auf diese Richtlinie Bezug. In diese Vorschriften fügen sie die Erklärung ein, dass Verweise in den geltenden Rechts- und Verwaltungsvorschriften auf die durch diese Richtlinie geänderten Richtlinien als Verweise auf diese Richtlinie gelten. Die Mitgliedstaaten regeln die Einzelheiten dieser Bezugnahme und die Formulierung dieser Erklärung.

2. Die Mitgliedstaaten teilen der Kommission den Wortlaut der wichtigsten innerstaatlichen Rechtsvorschriften mit, die sie auf dem unter diese Richtlinie fallenden Gebiet erlassen.

3. Die Mitgliedstaaten wenden die Rechts- und Verwaltungsvorschriften, die erforderlich sind, um Artikel 87 Absatz 9 und Artikel 105 nachzukommen, ab dem 1. Januar 2008, jedoch nicht früher.

### Artikel 158

1. Die Richtlinie 2000/12/EG in der Fassung der in Anhang XV Teil A aufgeführten Richtlinien wird unbeschadet der Pflichten der Mitgliedstaaten hinsichtlich der im Anhang XV Teil B genannten Umsetzungsfristen aufgehoben.

2. Bezugnahmen auf die aufgehobenen Richtlinien gelten als Bezugnahmen auf die vorliegende Richtlinie und sind entsprechend der Übereinstimmungstabelle im Anhang XIV zu lesen.

### Artikel 159

Diese Richtlinie tritt am 20. Tag nach ihrer Veröffentlichung im *Amtsblatt der Europäischen Union in Kraft.*

### Artikel 160

Diese Richtlinie ist an die Mitgliedstaaten gerichtet.

Geschehen zu Straßburg am 14. Juni 2006.

## c) Richtlinie 2004/39/EG des Europäischen Parlaments und des Rates vom 21. April 2004 über Märkte für Finanzinstrumente, zur Änderung der Richtlinien 85/611/EWG und 93/6/EWG des Rates und der Richtlinie 2000/12/EG des Europäischen Parlaments und des Rates und zur Aufhebung der Richtlinie 93/22/EWG des Rates (RL 2004/39/EG)

### v. 30. 4. 2004 (ABl Nr. L 145 S. 1)

Die Richtlinie 2004/39/EG des Europäischen Parlaments und des Rates vom 21. April 2004 über Märkte für Finanzinstrumente, zur Änderung der Richtlinien 85/611/EWG und 93/6/EWG des Rates und der Richtlinie 2000/12/EG des Europäischen Parlaments und des Rates und zur Aufhebung der Richtlinie 93/22/EWG des Rates v. 30. 4. 2004 (ABl Nr. L 145 S. 1) wurde geändert durch die Berichtigung der Richtlinie 2004/39/EG des Europäischen Parlaments und des Rates vom 21. April 2004 über Märkte für Finanzinstrumente, zur Änderung der Richtlinien 85/611/EWG und 93/6/EWG des Rates und der Richtlinie 2000/12/EG des Europäischen Parlaments und des Rates und zur Aufhebung der Richtlinie 93/22/EWG des Rates v. 16. 2. 2005 (ABl Nr. L 45 S. 18); Richtlinie 2006/31/EG des Europäischen Parlaments und des Rates vom 5. April 2006 zur Änderung der Richtlinie 2004/39/EG über Märkte für Finanzinstrumente in Bezug auf bestimmte Fristen v. 27. 4. 2006 (ABl Nr. L 114 S. 60); Richtlinie 2007/44/EG des Europäischen Parlaments und des Rates vom 5. September 2007 zur Änderung der Richtlinie 92/49/EWG des Rates sowie der Richtlinien 2002/83/EG, 2004/39/EG, 2005/68/EG und 2006/48/EG in Bezug auf Verfahrensregeln und Bewertungskriterien für die aufsichtsrechtliche Beurteilung des Erwerbs und der Erhöhung von Beteiligungen im Finanzsektor v. 21. 9. 2007 (ABl Nr. L 247 S. 1); Richtlinie 2008/10/EG des Europäischen Parlaments und des Rates vom 11. März 2008 zur Änderung der Richtlinie 2004/39/EG über Märkte für Finanzinstrumente im Hinblick auf die der Kommission übertragenen Durchführungsbefugnisse v. 19. 3. 2008 (ABl Nr. L 76 S. 33).

DAS EUROPÄISCHE PARLAMENT UND DER RAT DER EUROPÄISCHEN UNION –

gestützt auf den Vertrag zur Gründung der Europäischen Gemeinschaft, insbesondere auf Artikel 47 Absatz 2,

auf Vorschlag der Kommission[1],

nach Stellungnahme des Europäischen Wirtschafts- und Sozialausschusses[2],

nach Stellungnahme der Europäischen Zentralbank[3],

gemäß dem Verfahren des Artikels 251 des Vertrags[4],

in Erwägung nachstehender Gründe:

(1) Die Richtlinie 93/22/EWG des Rates vom 10. Mai 1993 über Wertpapierdienstleistungen[5] zielte darauf ab, die Bedingungen festzulegen, unter denen zugelassene Wertpapierfirmen und Banken in anderen Mitgliedstaaten auf der Grundlage der Zulassung und der Aufsicht durch den Herkunftsstaat spezifische Dienstleistungen erbringen oder Zweigniederlassungen errichten konnten. Zu diesem Zweck wurden mit jener Richtlinie die Erstzulassung und die Tätigkeitsbedingungen von Wertpapierfirmen, einschließlich der Wohlverhaltensregeln, harmonisiert. Mit jener Richtlinie wurden auch einige Bedingungen für den Betrieb geregelter Märkte harmonisiert.

(2) In den letzten Jahren wurden immer mehr Anleger auf den Finanzmärkten aktiv; ihnen wird ein immer komplexeres und umfangreicheres Spektrum an Dienstleistungen und Finanzinstrumenten angeboten. Angesichts dieser Entwicklungen sollte der Rechtsrahmen der Gemeinschaft das volle Angebot der anlegerorientierten Tätigkeiten abdecken. Folglich ist es erforderlich, eine Harmonisierung in dem Umfang vorzunehmen,

---

1) **Amtl. Anm.:** ABl C 71 E vom 25. 3. 2003, S. 62.
2) **Amtl. Anm.:** ABl C 220 vom 16. 9. 2003, S. 1.
3) **Amtl. Anm.:** ABl C 144 vom 20. 6. 2003, S. 6.
4) **Amtl. Anm.:** Stellungnahme des Europäischen Parlaments vom 25. September 2003 (noch nicht im Amtsblatt veröffentlicht), Gemeinsamer Standpunkt des Rates vom 8. Dezember 2003 (ABl C 60 E vom 9. 3. 2004, S. 1) und Standpunkt des Europäischen Parlaments vom 30. März 2004 (noch nicht im Amtsblatt veröffentlicht). Beschluss des Rates vom 7. April 2004.
5) **Amtl. Anm.:** ABl L 141 vom 11. 6. 1993, S. 27. Zuletzt geändert durch die Richtlinie 2002/87/EG des Europäischen Parlaments und des Rates (ABl L 35 vom 11. 2. 2003, S. 1).

der notwendig ist, um Anlegern ein hohes Schutzniveau zu bieten und Wertpapierfirmen das Erbringen von Dienstleistungen in der gesamten Gemeinschaft im Rahmen des Binnenmarkts auf der Grundlage der Herkunftslandaufsicht zu gestatten. In Anbetracht dessen sollte die Richtlinie 93/22/EWG durch eine neue Richtlinie ersetzt werden.

(3) Angesichts der wachsenden Abhängigkeit der Anleger von persönlichen Empfehlungen ist es zweckmäßig, die Erbringung von Anlageberatungen als eine Wertpapierdienstleistung aufzunehmen, die einer Zulassung bedarf.

(4) Es ist zweckmäßig, in die Liste der Finanzinstrumente bestimmte Waren- und sonstige Derivate aufzunehmen, die so konzipiert sind und gehandelt werden, dass sie unter aufsichtsrechtlichen Aspekten traditionellen Finanzinstrumenten vergleichbar sind.

(5) Es ist erforderlich, die Ausführung von Geschäften mit Finanzinstrumenten – unabhängig von den für den Abschluss dieser Geschäfte verwendeten Handelsmethoden – umfassend zu regeln, damit bei der Ausführung der entsprechenden Anlegeraufträge eine hohe Qualität gewährleistet ist und die Integrität und Gesamteffizienz des Finanzsystems gewahrt werden. Es sollte ein kohärenter und risikosensibler Rahmen zur Regelung der wichtigsten Arten der derzeit auf dem europäischen Finanzmarkt vertretenen Auftragsausführungssysteme geschaffen werden. Es ist erforderlich, einer aufkommenden neuen Generation von Systemen des organisierten Handels neben den geregelten Märkten Rechnung zu tragen, die Pflichten unterworfen werden sollten, die auch weiterhin ein wirksames und ordnungsgemäßes Funktionieren der Finanzmärkte gewährleisten. Um einen angemessenen Rechtsrahmen zu schaffen, sollte eine neue Wertpapierdienstleistung, die sich auf den Betrieb von MTF bezieht, vorgesehen werden.

(6) Es sollten Begriffsbestimmungen für den geregelten Markt und das MTF eingeführt und eng aneinander angelehnt werden, um der Tatsache Rechnung zu tragen, dass beide die Funktion des organisierten Handels erfüllen. Die Begriffsbestimmungen sollten bilaterale Systeme ausschließen, bei denen eine Wertpapierfirma jedes Geschäft für eigene Rechnung tätigt und nicht als risikolose Gegenpartei zwischen Käufer und Verkäufer steht. Der Begriff „System" umfasst sowohl die Märkte, die aus einem Regelwerk und einer Handelsplattform bestehen, als auch solche, die ausschließlich auf der Grundlage eines Regelwerks funktionieren. Geregelte Märkte und MTF müssen keine „technischen" Systeme für das Zusammenführen von Aufträgen betreiben. Ein Markt, der nur aus einem Regelwerk besteht, das Fragen in Bezug auf die Mitgliedschaft, die Zulassung von Finanzinstrumenten zum Handel, den Handel zwischen Mitgliedern, die Meldung von Geschäften und gegebenenfalls die Transparenzpflichten regelt, ist ein geregelter Markt oder ein MTF im Sinne dieser Richtlinie; Geschäfte, die nach diesen Regeln abgeschlossen werden, gelten als an einem geregelten Markt oder über ein MTF geschlossene Geschäfte. Der Begriff „Interesse am Kauf und Verkauf" ist im weiten Sinne zu verstehen und schließt Aufträge, Kursofferten und Interessenbekundungen ein. Die Anforderung, wonach die Interessen innerhalb des Systems und nach den nichtdiskretionären, vom Betreiber des Systems festgelegten Regeln zusammengeführt werden müssen, bedeutet, dass die Zusammenführung nach den Regeln des Systems oder mit Hilfe der Protokolle oder internen Betriebsverfahren des Systems (einschließlich der in Computersoftware enthaltenen Verfahren) erfolgt. Der Begriff „nichtdiskretionär" bedeutet, dass diese Regeln der Wertpapierfirma, die ein MTF betreibt, keinerlei Ermessensspielraum im Hinblick auf die möglichen Wechselwirkungen zwischen Interessen einräumen. Den Begriffsbestimmungen zufolge müssen Interessen in einer Weise zusammengeführt werden, die zu einem Vertrag führt, d. h. die Ausführung erfolgt nach den Regeln des Systems oder über dessen Protokolle oder interne Betriebsverfahren.

(7) Ziel dieser Richtlinie ist, Wertpapierfirmen zu erfassen, die im Rahmen ihrer üblichen beruflichen oder gewerblichen Tätigkeit Wertpapierdienstleistungen erbringen und/oder Anlagetätigkeiten ausüben. Ihr Anwendungsbereich sollte deshalb keine Personen erfassen, die eine andere berufliche Tätigkeit ausüben.

(8) Personen, die ihr eigenes Vermögen verwalten, und Unternehmen, die keine Wertpapierdienstleistungen erbringen und/oder Anlagetätigkeiten nur im Handel für eigene Rechnung vornehmen, es sei denn, sie sind Marketmaker oder sie treiben in organisierter und systematischer Weise häufig für eigene Rechnung außerhalb eines geregelten Mark-

tes oder eine MTF Handel, indem sie ein für Dritte zugängliches System anbieten, um mit ihnen Geschäfte durchzuführen, sollten nicht in den Anwendungsbereich dieser Richtlinie fallen.

(9) Verweise auf „Personen" im Text sollten so verstanden werden, dass damit sowohl natürliche als auch juristische Personen gemeint sind.

(10) Versicherungsunternehmen, deren Tätigkeit von den zuständigen Aufsichtsbehörden in geeigneter Weise überwacht wird und die der Richtlinie 64/225/EWG des Rates vom 25. Februar 1964 zur Aufhebung der Beschränkungen der Niederlassungsfreiheit und des freien Dienstleistungsverkehrs auf dem Gebiet der Rückversicherung und Retrozession[1], der Ersten Richtlinie 73/239/EWG des Rates vom 24. Juli 1973 zur Koordinierung der Rechts- und Verwaltungsvorschriften betreffend die Aufnahme und Ausübung der Tätigkeit der Direktversicherung (mit Ausnahme der Lebensversicherung)[2] sowie der Richtlinie 2002/83/EG des Rates vom 5. November 2002 über Lebensversicherungen[3] unterliegen, sollten ausgeschlossen sein.

(11) Personen, die keine Dienstleistungen für Dritte erbringen, sondern deren Tätigkeit darin besteht, Wertpapierdienstleistungen ausschließlich für ihre Mutterunternehmen, ihre Tochterunternehmen oder andere Tochterunternehmen ihrer Mutterunternehmen zu erbringen, sollten nicht von dieser Richtlinie erfasst werden.

(12) Personen, die im Rahmen ihrer beruflichen Tätigkeit Wertpapierdienstleistungen nur gelegentlich erbringen, sollten ebenfalls vom Anwendungsbereich dieser Richtlinie ausgenommen werden, sofern diese Tätigkeit geregelt ist und die betreffende Regelung die gelegentliche Erbringung von Wertpapierdienstleistungen nicht ausschließt.

(13) Personen, deren Wertpapierdienstleistungen ausschließlich in der Verwaltung eines Systems der Arbeitnehmerbeteiligung bestehen und deshalb keine Wertpapierdienstleistungen für Dritte erbringen, sollten nicht von dieser Richtlinie erfasst werden.

(14) Es ist erforderlich, Zentralbanken und andere Stellen mit ähnlichen Aufgaben sowie die staatlichen Stellen, die für die staatliche Schuldenverwaltung – einschließlich der Platzierung staatlicher Schuldtitel – zuständig oder daran beteiligt sind, aus dem Anwendungsbereich der Richtlinie auszunehmen; Stellen mit öffentlicher Kapitalbeteiligung, deren Aufgabe gewerblicher Art ist oder mit der Übernahme von Beteiligungen zusammenhängt, sind nicht auszunehmen.

(15) Es ist erforderlich, Organismen für gemeinsame Anlagen und Pensionsfonds, unabhängig davon, ob sie auf Gemeinschaftsebene koordiniert worden sind, sowie die Verwahr- und Verwaltungsgesellschaften derartiger Organismen aus dem Anwendungsbereich der Richtlinie auszunehmen, da für sie besondere, unmittelbar auf ihre Tätigkeit zugeschnittene Regeln gelten.

(16) Die Ausnahmen gemäß dieser Richtlinie können nur die Personen in Anspruch nehmen, die die Voraussetzungen für diese Ausnahmen auf Dauer erfüllen. Insbesondere sollte für Personen, deren Wertpapierdienstleistungen oder Anlagetätigkeiten vom Geltungsbereich dieser Richtlinie ausgenommen sind, weil es sich dabei auf Ebene der Unternehmensgruppe um Nebentätigkeiten zu ihrer Haupttätigkeit handelt, die Ausnahmeregelung für Nebentätigkeiten nicht mehr gelten, wenn die betreffenden Dienstleistungen oder Tätigkeiten nicht mehr nur eine Nebentätigkeit zu ihrer Haupttätigkeit darstellen.

(17) Aus Gründen des Anlegerschutzes und der Stabilität des Finanzsystems sollten Personen, die die unter diese Richtlinie fallenden Wertpapierdienstleistungen erbringen und/oder Anlagetätigkeiten ausüben, der Zulassung durch ihren Herkunftsmitgliedstaat unterliegen.

---

1) **Amtl. Anm.:** ABl L 56 vom 4. 4. 1964, S. 878. Geändert durch die Beitrittsakte von 1972.
2) **Amtl. Anm.:** ABl L 228 vom 16. 8. 1973, S. 3. Zuletzt geändert durch die Richtlinie 2002/87/EG.
3) **Amtl. Anm.:** ABl L 345 vom 19. 12. 2002, S. 1.

(18) Gemäß der Richtlinie 2000/12/EG des Europäischen Parlaments und des Rates vom 20. März 2000 über die Aufnahme und Ausübung der Tätigkeit der Kreditinstitute[1] zugelassene Kreditinstitute sollten keine weitere Zulassung gemäß dieser Richtlinie benötigen, um Wertpapierdienstleistungen erbringen oder Anlagetätigkeiten ausüben zu dürfen. Beschließt ein Kreditinstitut, Wertpapierdienstleistungen zu erbringen oder Anlagetätigkeiten auszuüben, so überprüfen die zuständigen Behörden vor der Erteilung der Zulassung, dass es die einschlägigen Bestimmungen der vorliegenden Richtlinie einhält.

(19) Eine Wertpapierfirma, die eine oder mehrere von ihrer Zulassung nicht abgedeckte Wertpapierdienstleistungen oder Anlagetätigkeiten erbringt, sollte keine zusätzliche Zulassung gemäß dieser Richtlinie benötigen, wenn sie diese nicht regelmäßig erbringt bzw. ausübt.

(20) Für die Zwecke dieser Richtlinie sollte die Tätigkeit der Annahme und Übermittlung von Aufträgen auch die Zusammenführung von zwei oder mehr Anlegern umfassen, durch die ein Geschäftsabschluss zwischen diesen Anlegern ermöglicht wird.

(21) Im Zusammenhang mit der bevorstehenden Änderung des Eigenkapitalrahmens im Rahmen von Basel II erkennen die Mitgliedstaaten an, dass es notwendig ist, erneut zu prüfen, ob Wertpapierfirmen, die sich deckende Kundenaufträge im eigenen Namen und auf eigene Rechnung ausführen, als Auftraggeber tätig werden, und insofern zusätzlichen Eigenkapitalbestimmungen unterliegen müssen.

(22) Die Grundsätze der gegenseitigen Anerkennung und der Kontrolle durch den Herkunftsmitgliedstaat erfordern, dass die zuständigen Behörden des Mitgliedstaats die Zulassung entweder nicht erteilen oder entziehen sollten, wenn aus Umständen wie dem Inhalt des Geschäftsplans, der geografischen Ansiedlung oder der tatsächlich ausgeübten Tätigkeit unzweifelhaft hervorgeht, dass eine Wertpapierfirma die Rechtsordnung eines Mitgliedstaats in der Absicht gewählt hat, sich den strengeren Normen eines anderen Mitgliedstaats zu entziehen, in dessen Hoheitsgebiet sie den überwiegenden Teil ihrer Tätigkeit ausübt oder auszuüben beabsichtigt. Eine Wertpapierfirma, die eine juristische Person ist, sollte in dem Mitgliedstaat zugelassen werden, in dem sie ihren Sitz hat. Eine Wertpapierfirma, die keine juristische Person ist, sollte in dem Mitgliedstaat zugelassen werden, in dem sich ihre Hauptverwaltung befindet. Im Übrigen sollten die Mitgliedstaaten verlangen, dass die Hauptverwaltung einer Wertpapierfirma sich stets in ihrem Herkunftsmitgliedstaat befindet und dort tatsächlich tätig ist.

(23) Eine in ihrem Herkunftsmitgliedstaat zugelassene Wertpapierfirma sollte berechtigt sein, in der gesamten Gemeinschaft Wertpapierdienstleistungen zu erbringen oder Anlagetätigkeiten auszuüben, ohne eine gesonderte Zulassung der zuständigen Behörde des Mitgliedstaats, in dem sie diese Leistungen zu erbringen oder Tätigkeiten auszuüben wünscht, einholen zu müssen.

(24) Da bestimmte Wertpapierfirmen von bestimmten Verpflichtungen gemäß der Richtlinie 93/6/EWG des Rates vom 15. März 1993 über die angemessene Eigenkapitalausstattung von Wertpapierfirmen und Kreditinstituten[2] ausgenommen sind, sollten sie zu einer Mindestkapitalausstattung oder zum Abschluss einer Berufshaftpflichtversicherung oder einer Kombination von beiden verpflichtet sein. Bei den Anpassungen der Beträge dieser Versicherung sollte den Anpassungen Rechnung getragen werden, die im Rahmen der Richtlinie 2002/92/EG des Europäischen Parlaments und des Rates vom 9. Dezember 2002 über Versicherungsvermittlung[3] vorgenommen werden. Diese besondere Behandlung für die Zwecke der angemessenen Eigenkapitalausstattung sollte von Beschlüssen in Bezug auf die zweckmäßige Behandlung dieser Firmen im Rahmen der künftigen Änderungen der Rechtsvorschriften der Gemeinschaft über die angemessene Eigenkapitalausstattung nicht berührt werden.

(25) Da der Anwendungsbereich der Aufsichtsvorschriften auf jene Rechtspersönlichkeiten beschränkt werden sollte, die aufgrund der Tatsache, dass sie ein professionelles

---

1) **Amtl. Anm.:** ABl L 126 vom 26. 5. 2000, S. 1. Zuletzt geändert durch die Richtlinie 2002/87/EG.
2) **Amtl. Anm.:** ABl L 141 vom 11. 6. 1993, S. 1. Zuletzt geändert durch die Richtlinie 2002/87/EG.
3) **Amtl. Anm.:** ABl L 9 vom 15. 1. 2003, S. 3.

Handelsbuch führen, Quelle eines Gegenparteirisikos für andere Marktteilnehmer sind, sollten Rechtspersönlichkeiten vom Anwendungsbereich dieser Richtlinie ausgenommen werden, die als Nebengeschäft zu ihrem Hauptgeschäft für eigene Rechnung mit Finanzinstrumenten, einschließlich Warenderivaten im Sinne dieser Richtlinie, handeln oder Wertpapierdienstleistungen in Bezug auf Warenderivate für die Kunden ihres Hauptgeschäfts erbringen, sofern dies auf Ebene der Unternehmensgruppe eine Nebentätigkeit zu ihrer Haupttätigkeit darstellt und die Haupttätigkeit nicht in der Erbringung von Wertpapierdienstleistungen im Sinne dieser Richtlinie besteht.

(26) Um die Eigentumsrechte des Anlegers an Wertpapieren und andere eigentumsähnliche Rechte sowie seine Rechte an den der Wertpapierfirma anvertrauten Geldern zu schützen, sollten diese Rechte insbesondere von den Rechten der Wertpapierfirma abgegrenzt werden. Dieser Grundsatz sollte eine Wertpapierfirma jedoch nicht hindern, im eigenen Namen, aber im Interesse des Anlegers zu handeln, wenn dies aufgrund der besonderen Natur des Geschäfts erforderlich ist und der Anleger dazu seine Zustimmung erteilt hat, z. B. bei Wertpapierleihgeschäften.

(27) Überträgt ein Kunde im Einklang mit dem Gemeinschaftsrecht und insbesondere der Richtlinie 2002/47/EG des Europäischen Parlaments und des Rates vom 6. Juni 2002 über Finanzsicherheiten[1)] zur Besicherung oder sonstigen Absicherung bestehender oder künftiger, tatsächlicher, möglicher oder voraussichtlicher Verpflichtungen das uneingeschränkte Eigentum an Finanzinstrumenten oder Geldern auf eine Wertpapierfirma, so sollten diese Finanzinstrumente oder Gelder ebenfalls als nicht länger dem Kunden gehörend betrachtet werden.

(28) Die Verfahren für die Zulassung von Zweigniederlassungen von in Drittländern zugelassenen Wertpapierfirmen in der Gemeinschaft sollten auf diese Firmen weiterhin Anwendung finden. Diese Zweigniederlassungen sollten nur in dem Mitgliedstaat, in dem sie errichtet sind, nicht jedoch in den anderen Mitgliedstaaten, das Recht des freien Dienstleistungsverkehrs gemäß Artikel 49 Absatz 2 des Vertrags oder der Niederlassungsfreiheit in Anspruch nehmen können. Für die Fälle, in denen die Gemeinschaft nicht durch bilaterale oder multilaterale Verpflichtungen gebunden ist, ist es zweckmäßig, ein Verfahren vorzusehen, mit dem sichergestellt wird, dass die Wertpapierfirmen der Gemeinschaft in den betreffenden Drittländern eine Behandlung nach dem Prinzip der Gegenseitigkeit erfahren.

(29) Das immer größere Spektrum von Tätigkeiten, die viele Wertpapierfirmen gleichzeitig ausführen, hat das Potenzial für Interessenkonflikte zwischen diesen verschiedenen Tätigkeiten und den Interessen der Kunden erhöht. Daher ist es erforderlich, Bestimmungen vorzusehen, die sicherstellen, dass solche Konflikte die Interessen der Kunden nicht beeinträchtigen.

(30) Eine Wertpapierdienstleistung sollte als auf Veranlassung eines Kunden erbracht angesehen werden, es sei denn, der Kunde fordert diese Leistung als Reaktion auf eine an ihn persönlich gerichtete Mitteilung der Wertpapierfirma oder im Namen dieser Firma an, mit der er zum Kauf eines bestimmten Finanzinstruments oder zum Abschluss eines bestimmten Geschäfts aufgefordert wird oder bewogen werden soll. Eine Wertpapierdienstleistung kann auch dann als auf Veranlassung des Kunden erbracht betrachtet werden, wenn der Kunde auf der Grundlage einer beliebigen Mitteilung, die Werbung oder ein Kaufangebot gleich welcher Art für Finanzinstrumente enthält und sich an das Publikum generell oder eine größere Gruppe oder Gattung von Kunden oder potenziellen Kunden richtet, diese Dienstleistung anfordert.

(31) Ein Ziel dieser Richtlinie ist der Anlegerschutz. Die Vorkehrungen zum Schutz der Anleger sollten den Eigenheiten jeder Anlegerkategorie (Kleinanleger, professionelle Kunden, Gegenparteien) angepasst sein.

(32) Abweichend vom Grundsatz der Zulassung, Überwachung und Durchsetzung der Verpflichtungen, in Bezug auf den Betrieb von Zweigniederlassungen durch das Herkunftsland, ist es zweckmäßig, dass die zuständige Behörde des Aufnahmemitglied-

---

[1)] **Amtl. Anm.:** ABl L 168 vom 27. 6. 2002, S. 43.

staats für die Einhaltung bestimmter Verpflichtungen dieser Richtlinie in Bezug auf Geschäfte, die über eine Zweigniederlassung in dem Hoheitsgebiet, in dem sich die Niederlassung befindet, getätigt werden, verantwortlich ist, da diese Behörde aufgrund der größeren Nähe zu der Zweigniederlassung besser in der Lage ist, Verstöße gegen die Vorschriften für den Geschäftsbetrieb der Zweigniederlassung aufzudecken und zu ahnden.

(33) Um zu gewährleisten, dass Kundenaufträge zu den für den Kunden günstigsten Konditionen ausgeführt werden, müssen die Wertpapierfirmen wirksam zur „bestmöglichen Ausführung" verpflichtet werden. Diese Verpflichtung sollte für Wertpapierfirmen gelten, die dem Kunden gegenüber vertraglich oder im Rahmen eines Vermittlungsgeschäfts verpflichtet sind.

(34) Nach dem Gebot des fairen Wettbewerbs müssen Marktteilnehmer und Anleger in der Lage sein, die Kurse zu vergleichen, die von Handelsplätzen (d. h. geregelten Märkten, MTF und Zwischenhändlern) zu veröffentlichen sind. Zu diesem Zweck wird empfohlen, dass die Mitgliedstaaten alle Hindernisse beseitigen, die auf europäischer Ebene einer Konsolidierung der einschlägigen Informationen und ihrer Veröffentlichung entgegenstehen.

(35) Bei Aufnahme der Geschäftsbeziehung mit dem Kunden könnte die Wertpapierfirma den Kunden oder potenziellen Kunden auffordern, zugleich den Grundsätzen der Auftragsausführung und der Möglichkeit zuzustimmen, dass seine Aufträge außerhalb eines geregelten Marktes oder MTF ausgeführt werden dürfen.

(36) Personen, die für mehr als eine Wertpapierfirma Wertpapierdienstleistungen erbringen, sollten nicht als vertraglich gebundener Vermittler, sondern als Wertpapierfirma gelten, wenn sie der Begriffsbestimmung dieser Richtlinie entsprechen; dies gilt nicht für bestimmte Personen, die ausgenommen werden können.

(37) Von dieser Richtlinie unberührt bleiben sollte das Recht von vertraglich gebundenen Vermittlern, unter andere Richtlinien fallende Tätigkeiten und verbundene Tätigkeiten in Bezug auf Finanzdienstleistungen oder -produkte, die nicht unter diese Richtlinie fallen, auszuüben, selbst wenn dies im Namen von Teilen derselben Finanzgruppe geschieht.

(38) Die Bedingungen für die Ausübung von Tätigkeiten außerhalb der Geschäftsräume der Wertpapierfirma (Haustürgeschäfte) sollten nicht von dieser Richtlinie erfasst werden.

(39) Die zuständigen Behörden der Mitgliedstaaten sollten von einer Registrierung absehen oder die Registrierung entziehen, wenn aus der tatsächlich ausgeübten Tätigkeit unzweifelhaft hervorgeht, dass ein vertraglich gebundener Vermittler die Rechtsordnung eines Mitgliedstaats in der Absicht gewählt hat, sich den strengeren Normen eines anderen Mitgliedstaats zu entziehen, in dem er den überwiegenden Teil seiner Tätigkeit auszuüben beabsichtigt oder ausübt.

(40) Für die Zwecke dieser Richtlinie sollten geeignete Gegenparteien wie Kunden eingestuft werden.

(41) Um zu gewährleisten, dass die Wohlverhaltensregeln (einschließlich der Vorschriften über die bestmögliche Ausführung und Bearbeitung von Kundenaufträgen) in Bezug auf Anleger, die diesen Schutz am dringendsten benötigen, angewandt werden und um einer gemeinschaftsweit fest etablierten Marktpraxis Rechnung zu tragen, sollte klargestellt werden, dass bei zwischen geeigneten Gegenparteien abgeschlossenen oder angebahnten Geschäften von einer Anwendung dieser Regeln abgesehen werden kann.

(42) Bei Geschäften mit geeigneten Gegenparteien sollte die Pflicht zur Veröffentlichung von Kunden-Limitaufträgen nur gelten, wenn die betreffende Gegenpartei einen Limitauftrag zur Ausführung ausdrücklich an eine Wertpapierfirma schickt.

(43) Die Mitgliedstaaten schützen das Recht natürlicher Personen auf Schutz der Privatsphäre bei der Verarbeitung personenbezogener Daten im Einklang mit der Richtlinie 95/46/EG des Europäischen Parlaments und des Rates vom 24. Oktober 1995 zum

Schutz natürlicher Personen bei der Verarbeitung personenbezogener Daten und zum freien Datenverkehr.[1)]

(44) In Anbetracht des zweifachen Ziels, die Anleger zu schützen und gleichzeitig ein reibungsloses Funktionieren der Wertpapiermärkte zu gewährleisten, muss für die Transparenz der Geschäfte gesorgt werden sowie dafür, dass die zu diesem Zweck festgelegten Regeln für Wertpapierfirmen gelten, wenn sie auf den Märkten tätig sind. Um Anleger und Marktteilnehmer in die Lage zu versetzen, jederzeit die Konditionen eines von ihnen ins Auge gefassten Aktiengeschäfts zu beurteilen und die Bedingungen, zu denen es ausgeführt wurde, im Nachhinein zu überprüfen, sollten allgemeine Regeln für die Veröffentlichung von Angaben zu abgeschlossenen Aktiengeschäften sowie für die Bekanntmachung von Einzelheiten zu aktuellen Möglichkeiten des Handels mit Aktien festgelegt werden. Solche Regeln sind erforderlich, um eine effektive Integration der Aktienmärkte der Mitgliedstaaten sicherzustellen, die Effizienz des globalen Kursbildungsprozesses bei Eigenkapitalinstrumenten zu steigern und die effektive Einhaltung der Pflicht zur „bestmöglichen Ausführung" zu fördern. Dies erfordert eine umfassende Transparenzregelung für alle Aktiengeschäfte, unabhängig davon, ob eine Wertpapierfirma diese auf bilateraler Basis oder über geregelte Märkte oder MTF ausführt. Die sich aus dieser Richtlinie ergebenden Verpflichtungen von Wertpapierfirmen zur Offenlegung eines Geld- und Briefkurses und zur Ausführung eines Auftrags zu dem gebotenen Kurs befreit eine Wertpapierfirma nicht von der Verpflichtung, einen Auftrag an einen anderen Handelsplatz weiterzuleiten, wenn eine solche Internalisierung die Firma daran hindern könnte, den Verpflichtungen zur „bestmöglichen Ausführung" nachzukommen.

(45) Die Mitgliedstaaten sollten die Meldeverpflichtungen dieser Richtlinie für Geschäfte auch auf Finanzinstrumente ausdehnen können, die nicht zum Handel an einem geregelten Markt zugelassen sind.

(46) Ein Mitgliedstaat kann beschließen, die in dieser Richtlinie festgelegten Transparenzvorschriften für den Vor- und Nachhandel auf andere Finanzinstrumente als Aktien auszudehnen. Diese Transparenzvorschriften sollten dann für alle Wertpapierfirmen, deren Herkunftsmitgliedstaat der betreffende Mitgliedstaat ist, gelten, und zwar sowohl für ihre Geschäftstätigkeit im Hoheitsgebiet dieses Mitgliedstaats als auch für ihre grenzüberschreitenden Geschäfte im Rahmen der Dienstleistungsfreiheit. Diese Transparenzvorschriften sollten auch für die Geschäfte gelten, die im Hoheitsgebiet des betreffenden Mitgliedstaats von dort ansässigen Zweigniederlassungen von in anderen Mitgliedstaaten zugelassenen Wertpapierfirmen getätigt werden.

(47) Alle Wertpapierfirmen sollten gemeinschaftsweit gleichermaßen die Möglichkeit haben, Mitglied eines geregelten Markts zu werden oder Zugang zu diesem Markt zu erhalten. Unabhängig von den in den Mitgliedstaaten bestehenden Formen der organisatorischen Abwicklung von Geschäften ist es wichtig, alle technischen und rechtlichen Beschränkungen für den Zugang zu geregelten Märkten aufzuheben.

(48) Um den Abschluss grenzüberschreitender Geschäfte zu erleichtern, sollte Wertpapierfirmen gemeinschaftsweit Zugang zu Clearing- und Abrechnungssystemen verschafft werden, unabhängig davon, ob die Geschäfte über geregelte Märkte in den betreffenden Mitgliedstaaten geschlossen wurden. Wertpapierfirmen, die unmittelbar an Abrechnungssystemen in anderen Mitgliedstaaten teilnehmen möchten, sollten die für eine Mitgliedschaft erforderlichen betrieblichen und gewerblichen Anforderungen sowie die zur Aufrechterhaltung eines reibungslosen und ordnungsgemäßen Funktionierens der Finanzmärkte erlassenen Aufsichtsmaßnahmen erfüllen.

(49) Die Zulassung zum Betrieb eines geregelten Markts sollte sich auf alle Tätigkeiten erstrecken, die direkt mit der Anzeige, der Abwicklung, der Ausführung, der Bestätigung und der Meldung von Aufträgen ab dem Auftragseingang beim geregelten Markt bis zur Weiterleitung zwecks anschließendem Abschluss zusammenhängen, sowie auf Tätigkeiten im Zusammenhang mit der Zulassung von Finanzinstrumenten zum Handel. Dies sollte auch Geschäfte einschließen, die über bestimmte, von dem geregelten Markt

---

1) **Amtl. Anm.:** ABl L 281 vom 23.11.1995, S. 31.

benannte Marketmaker innerhalb des Systems eines geregelten Markts nach den für dieses System geltenden Regeln geschlossen werden. Nicht alle von Mitgliedern oder Teilnehmern eines geregelten Marktes oder des MTF geschlossenen Geschäfte sind als innerhalb des Systems des geregelten Marktes oder des MTF geschlossen anzusehen. Geschäfte, die Mitglieder oder Teilnehmer auf bilateraler Basis abschließen und die nicht allen Anforderungen dieser Richtlinie an einen geregelten Markt oder ein MTF genügen, sollten im Sinne der Begriffsbestimmung des systematischen Internalisierers als außerhalb eines geregelten Marktes oder eines MTF geschlossen gelten. In diesem Fall sollte die Pflicht der Wertpapierfirmen zur Veröffentlichung verbindlicher Kursofferten Anwendung finden, sofern die Bedingungen dieser Richtlinie erfüllt sind.

(50) Systematische Internalisierer können entscheiden, ob sie nur Kleinanlegern, nur professionellen Kunden oder beiden Zugang zu ihren Kursofferten geben. Innerhalb dieser Kategorien von Kunden sollten sie keine Unterschiede machen dürfen.

(51) Artikel 27 verpflichtet systematische Internalisierer nicht, verbindliche Kurse in Bezug auf Geschäfte zu veröffentlichen, die über die Standardmarktgröße hinausgehen.

(52) Betreibt eine Wertpapierfirma sowohl in Bezug auf Aktien als auch hinsichtlich anderer Finanzinstrumente systematische Internalisierung, sollte die Verpflichtung zur Kursangabe unbeschadet Erwägung 46 nur in Bezug auf Aktien Anwendung finden.

(53) Mit dieser Richtlinie wird nicht beabsichtigt, die Anwendung von Vorhandelstransparenzanforderungen auf Geschäfte auf OTC-Basis vorzuschreiben, zu deren Merkmalen gehört, dass sie ad hoc und unregelmäßig erfolgen, zwischen Gegenparteien im Großhandel ausgeführt werden und Teil einer Geschäftsbeziehung sind, die selbst wiederum von Geschäften charakterisiert wird, die über die Standardmarktgröße hinausgehen, und dass die Geschäfte außerhalb der von der betreffenden Wertpapierfirma für ihr Geschäft als systematischer Internalisierer gewöhnlich verwendeten Systeme ausgeführt werden.

(54) Die Standardmarktgröße für eine Klasse von Aktien darf in keinem signifikanten Missverhältnis zu einer in dieser Klasse enthaltenen Aktie stehen.

(55) Bei der Überarbeitung der Richtlinie 93/6/EWG sollten Mindestanforderungen für die Eigenkapitalausstattung festgelegt werden, denen geregelte Märkte genügen müssen, um zugelassen zu werden; dabei sollte die besondere Beschaffenheit der mit solchen Märkten verbundenen Risiken berücksichtigt werden.

(56) Die Betreiber geregelter Märkte sollten im Einklang mit den einschlägigen Bestimmungen dieser Richtlinie auch ein MTF betreiben können.

(57) Die Bestimmungen dieser Richtlinie in Bezug auf die Zulassung von Finanzinstrumenten zum Handel nach den vom geregelten Markt erlassenen Regeln sollten die Anwendung der Richtlinie 2001/34/EG des Europäischen Parlaments und des Rates vom 28. Mai 2001 über die Zulassung von Wertpapieren zur amtlichen Börsennotierung und über die hinsichtlich dieser Wertpapiere zu veröffentlichenden Informationen[1] unberührt lassen. Es sollte einem geregelten Markt nicht verwehrt sein, die Emittenten von Wertpapieren oder Finanzinstrumenten, deren Zulassung zum Handel er in Betracht zieht, strengeren Anforderungen als denen dieser Richtlinie zu unterwerfen.

(58) Die Mitgliedstaaten sollten für die Durchsetzung der vielfältigen Verpflichtungen gemäß dieser Richtlinie mehrere zuständige Behörden benennen können. Um die Unabhängigkeit von der Wirtschaft zu garantieren und Interessenkonflikte zu vermeiden, sollte es sich dabei um staatliche Stellen handeln. Die Mitgliedstaaten sollten im Einklang mit ihrem nationalen Recht die angemessene finanzielle Ausstattung der zuständigen Behörde gewährleisten. Die Benennung staatlicher Behörden sollte die Möglichkeit einer Übertragung von Aufgaben, bei der die Verantwortung bei der zuständigen Behörde verbleibt, nicht ausschließen.

---

[1] **Amtl. Anm.:** ABl L 184 vom 6.7.2001, S. 1. Zuletzt geändert durch die Richtlinie 2003/71/EG des Europäischen Parlaments und des Rates (ABl L 345 vom 31.12.2003, S. 64).

(59) Vertrauliche Informationen, die die Kontaktstelle eines Mitgliedstaates von der Kontaktstelle eines anderen Mitgliedstaates erhält, sollten nicht als rein inländische Informationen angesehen werden.

(60) Die Befugnisse der zuständigen Behörden müssen stärker aneinander angeglichen werden, um so die Voraussetzungen für ein vergleichbares Maß der Durchsetzung der Anwendung der Richtlinie auf dem gesamten integrierten Finanzmarkt zu schaffen. Ein gemeinsamer Mindestkatalog von Befugnissen, verbunden mit einer angemessenen Mittelausstattung sollte eine wirksame Überwachung garantieren.

(61) Zum Schutz der Kunden und unbeschadet ihres Rechts auf Anrufung eines Gerichts sollten die Mitgliedstaaten staatliche oder private Stellen, deren Aufgabe die außergerichtliche Beilegung von Streitfällen ist, dazu ermutigen, bei der Lösung grenzüberschreitender Streitfälle zusammenzuarbeiten und dabei der Empfehlung 98/257/EG der Kommission vom 30. März 1998 über die Grundsätze für Einrichtungen, die für die außergerichtliche Beilegung von Verbraucherrechtsstreitigkeiten zuständig sind[1], Rechnung tragen. Die Mitgliedstaaten sollten ermutigt werden, bei der Umsetzung der Bestimmungen über Beschwerde- und Schlichtungsverfahren für die außergerichtliche Streitbeilegung möglichst auf bestehende grenzübergreifende Systeme für die Zusammenarbeit, insbesondere das Beschwerdenetz für den Finanzdienstleistungssektor (FIN-Net), zurückzugreifen.

(62) Bei jedem Informationsaustausch und jeder Informationsübermittlung zwischen zuständigen Behörden, anderen Behörden, Stellen oder Personen sollten die Vorschriften über die Übermittlung personenbezogener Daten an Drittländer gemäß der Richtlinie 95/46/EG eingehalten werden.

(63) Die Bestimmungen über den Austausch von Informationen zwischen den zuständigen Behörden der Mitgliedstaaten sowie deren gegenseitige Verpflichtung zur Amtshilfe und Zusammenarbeit müssen verstärkt werden. In Anbetracht zunehmender grenzüberschreitender Tätigkeiten sollten die zuständigen Behörden einander die für die Wahrnehmung ihrer Aufgaben zweckdienlichen Informationen übermitteln, um eine wirksame Anwendung dieser Richtlinie auch in Situationen zu gewährleisten, in denen Verstöße oder mutmaßliche Verstöße für die Behörden in zwei oder mehreren Mitgliedstaaten von Bedeutung sein können. Bei diesem Informationsaustausch ist die strikte Wahrung des Berufsgeheimnisses erforderlich, um die reibungslose Übermittlung dieser Informationen und den Schutz individueller Rechte zu gewährleisten.

(64) Am 17. Juli 2000 hat der Rat den Ausschuss der Weisen über die Regulierung der europäischen Wertpapiermärkte eingesetzt. In seinem Schlussbericht regte der Ausschuss der Weisen die Einführung eines neuen Rechtsetzungsverfahrens an und schlug zu diesem Zweck ein Vier-Stufen-Konzept vor, bestehend aus Rahmenprinzipien, Durchführungsmaßnahmen, Zusammenarbeit und Durchsetzung. Während in Stufe 1, der Richtlinie, lediglich allgemeine Rahmenprinzipien festgeschrieben werden sollten, sollten die technischen Umsetzungsmaßnahmen in Stufe 2 von der Kommission unter Mithilfe eines Ausschusses festgelegt werden.

(65) In der vom Europäischen Rat in Stockholm am 23. März 2001 angenommenen Entschließung wurde der Schlussbericht des Ausschusses der Weisen und das darin vorgeschlagene Vier-Stufen-Konzept, das die gemeinschaftliche Rechtsetzung im Wertpapierbereich effizienter und transparenter machen soll, gebilligt.

(66) Nach Auffassung des Europäischen Rates in Stockholm sollte häufiger auf die Durchführungsmaßnahmen der Stufe 2 zurückgegriffen werden, um sicherzustellen, dass die technischen Bestimmungen mit Marktentwicklung und Aufsichtspraktiken Schritt halten; ferner sollten für alle Etappen der Stufe 2 Fristen gesetzt werden.

(67) Das Europäische Parlament hat in seiner Entschließung vom 5. Februar 2002 zur Umsetzung der Rechtsvorschriften für Finanzdienstleistungen den Bericht des Ausschusses der Weisen auf der Grundlage der von der Kommission am gleichen Tag vor dem Parlament abgegebenen feierlichen Erklärung und des Schreibens des für den Bin-

---

1) **Amtl. Anm.:** ABl L 115 vom 17. 4. 1998, S. 31.

nenmarkt zuständigen Mitglieds der Kommission vom 2. Oktober 2001 an die Vorsitzende des Ausschusses des Parlaments für Wirtschaft und Währung bezüglich der Sicherung der Rolle des Europäischen Parlaments in diesem Prozess gebilligt.

(68) Die zur Durchführung dieser Richtlinie erforderlichen Maßnahmen sollten gemäß dem Beschluss 1999/468/EG des Rates vom 28. Juni 1999 zur Festlegung der Modalitäten für die Ausübung der der Kommission übertragenen Durchführungsbefugnisse[1] erlassen werden.

(69) Das Europäische Parlament sollte über einen Zeitraum von drei Monaten ab der ersten Übermittlung des Entwurfs für Änderungen und Durchführungsmaßnahmen verfügen, um diese prüfen und seinen Standpunkt dazu darlegen zu können. In dringenden und hinreichend begründeten Fällen sollte diese Frist jedoch verkürzt werden können. Nimmt das Europäische Parlament innerhalb dieser Frist eine Entschließung an, so sollte die Kommission den Entwurf von Änderungen oder Maßnahmen erneut prüfen.

(70) Um den weiteren Entwicklungen auf den Finanzmärkten Rechnung zu tragen, sollte die Kommission dem Europäischen Parlament und dem Rat Berichte über die Anwendung der Bestimmungen über die Berufshaftpflichtversicherung, den Geltungsbereich der Transparenzregeln und die mögliche Zulassung von auf Warenderivate spezialisierten Händlern als Wertpapierfirmen vorlegen.

(71) Das Ziel der Schaffung eines integrierten Finanzmarktes, in dem die Anleger wirksam geschützt und Effizienz und Integrität des gesamten Marktes gesichert sind, erfordert die Festlegung gemeinsamer rechtlicher Anforderungen für Wertpapierfirmen unabhängig von ihrem Zulassungsort in der Gemeinschaft und für die Funktionsweise geregelter Märkte und anderer Handelssysteme, um zu verhindern, dass mangelnde Transparenz oder Störungen auf einem Markt das reibungslose Funktionieren des europäischen Finanzsystems insgesamt beeinträchtigen. Da dieses Ziel besser auf Gemeinschaftsebene zu erreichen ist, kann die Gemeinschaft im Einklang mit dem in Artikel 5 des Vertrags festgelegten Subsidiaritätsprinzip tätig werden. Entsprechend dem in demselben Artikel genannten Verhältnismäßigkeitsprinzip geht diese Richtlinie nicht über das für die Erreichung dieses Ziels erforderliche Maß hinaus –

HABEN FOLGENDE RICHTLINIE ERLASSEN:

## Titel I: Begriffsbestimmungen und Anwendungsbereich

**Artikel 1  Anwendungsbereich**

(1) Diese Richtlinie gilt für Wertpapierfirmen und geregelte Märkte.

(2) Folgende Bestimmungen gelten auch für Kreditinstitute, die gemäß der Richtlinie 2000/12/EG zugelassen sind, wenn sie eine oder mehrere Wertpapierdienstleistungen erbringen und/oder Anlagetätigkeiten ausüben:

- Artikel 2 Absatz 2, die Artikel 11, 13 und 14
- Titel II Kapitel II, ausgenommen Artikel 23 Absatz 2 Unterabsatz 2
- Titel II Kapitel III, ausgenommen Artikel 31 Absätze 2 bis 4 und Artikel 32 Absätze 2 bis 6 und Absätze 8 und 9
- die Artikel 48 bis 53, die Artikel 57, 61 und 62 und
- Artikel 71 Absatz 1.

**Artikel 2  Ausnahmen**

(1) Diese Richtlinie gilt nicht für

a) Versicherungsunternehmen im Sinne von Artikel 1 der Richtlinie 73/239/EWG oder Versicherungsunternehmen im Sinne von Artikel 1 der Richtlinie 2002/83/EG sowie Unternehmen, die die in der Richtlinie 64/225/EWG genannten Rückversicherungs- und Retrozessionstätigkeiten ausüben;

---

[1] **Amtl. Anm.:** ABl L 184 vom 17. 7. 1999, S. 23.

b) Personen, die Wertpapierdienstleistungen ausschließlich für ihr Mutterunternehmen, ihre Tochterunternehmen oder andere Tochterunternehmen ihres Mutterunternehmens erbringen;
c) Personen, die nur gelegentlich Wertpapierdienstleistungen im Rahmen ihrer beruflichen Tätigkeit erbringen, wenn diese Tätigkeit durch Rechts- oder Verwaltungsvorschriften oder Standesregeln geregelt ist, die die Erbringung dieser Dienstleistung nicht ausschließen;
d) Personen, deren Wertpapierdienstleistung oder Anlagetätigkeit nur im Handel für eigene Rechnung besteht, sofern sie keine Marketmaker sind oder in organisierter und systematischer Weise häufig für eigene Rechnung außerhalb eines geregelten Marktes oder eines MTF Handel treiben, indem sie ein für Dritte zugängliches System anbieten, um mit ihnen Geschäfte durchzuführen;
e) Personen, deren Wertpapierdienstleistungen ausschließlich in der Verwaltung von Systemen der Arbeitnehmerbeteiligung bestehen;
f) Personen, die als einzige Wertpapierdienstleistungen sowohl die Verwaltung von Systemen der Arbeitnehmerbeteiligung als auch Wertpapierdienstleistungen ausschließlich für ihre Mutterunternehmen, ihre Tochterunternehmen oder andere Tochterunternehmen ihrer Mutterunternehmen erbringen;
g) die Mitglieder des Europäischen Systems der Zentralbanken und andere nationale Stellen mit ähnlichen Aufgaben sowie andere staatliche Stellen, die für die staatliche Schuldenverwaltung zuständig oder daran beteiligt sind;
h) Organismen für gemeinsame Anlagen und Pensionsfonds, unabhängig davon, ob sie auf Gemeinschaftsebene koordiniert werden, sowie die Verwahrer und Verwalter solcher Organismen;
i) Personen, die für eigene Rechnung mit Finanzinstrumenten handeln oder Wertpapierdienstleistungen in Bezug auf Warenderivate oder die in Anhang I Abschnitt C Nummer 10 aufgeführten Derivatkontrakte für die Kunden ihrer Haupttätigkeit erbringen, sofern dies auf Ebene der Unternehmensgruppe eine Nebentätigkeit zu ihrer Haupttätigkeit darstellt und diese Haupttätigkeit weder in der Erbringung von Wertpapierdienstleistungen im Sinne der vorliegenden Richtlinie noch in der Erbringung von Bankdienstleistungen im Sinne der Richtlinie 2000/12/EG besteht;
j) Personen, die im Rahmen einer anderen, nicht unter diese Richtlinie fallenden beruflichen Tätigkeit Anlageberatung betreiben, sofern eine solche Beratung nicht besonders vergütet wird;
k) Personen, deren Haupttätigkeit im Handel für eigene Rechnung mit Waren und/oder Warenderivaten besteht. Diese Ausnahme gilt nicht, wenn die Personen, die Handel auf eigene Rechung mit Waren und/oder Warenderivaten betreiben, Teil einer Gruppe sind, deren Haupttätigkeit im Erbringen von Wertpapierdienstleistungen im Sinne der vorliegenden Richtlinie bzw. von Bankdienstleistungen im Sinne der Richtlinie 2000/12/EG besteht;
l) Firmen, deren Wertpapierdienstleistung und/oder Anlagetätigkeit ausschließlich darin besteht, für eigene Rechnung auf Finanztermin- oder Optionsmärkten oder sonstigen Derivatemärkten und auf Kassamärkten nur zur Absicherung von Positionen auf Derivatemärkten tätig zu werden oder für Rechnung anderer Mitglieder dieser Märkte tätig zu werden oder für diese einen Preis zu machen, und die durch eine Garantie von Clearingmitgliedern der gleichen Märkte abgedeckt sind; die Verantwortung für die Erfüllung der von solchen Firmen abgeschlossenen Geschäfte wird von Clearingmitgliedern der gleichen Märkte übernommen;
m) Vereinigungen, die von dänischen und finnischen Pensionsfonds mit dem ausschließlichen Ziel gegründet wurden, die Vermögenswerte von Pensionsfonds zu verwalten, die Mitglieder dieser Vereinigungen sind;
n) „agenti di cambio", deren Tätigkeiten und Aufgaben in Artikel 201 des italienischen Gesetzesdekrets Nr. 58 vom 24. Februar 1998 geregelt sind.

(2) Die durch diese Richtlinie verliehenen Rechte erfassen nicht die Erbringung von Dienstleistungen als Gegenpartei bei Geschäften, die von staatlichen Stellen der staatlichen Schuldenverwaltung oder von Mitgliedern des Europäischen Systems der Zentralbanken in Wahrnehmung ihrer Aufgaben gemäß dem Vertrag und dem Statut des Europäischen Systems der Zentralbanken und der Europäischen Zentralbank oder in Wahrnehmung vergleichbarer Aufgaben gemäß nationalen Vorschriften getätigt werden.

(3) Um den Entwicklungen auf den Finanzmärkten Rechnung zu tragen und die einheitliche Anwendung dieser Richtlinie sicherzustellen, kann die Kommission für die Ausnahmen gemäß Buchstaben c, i und k Kriterien festlegen, nach denen sich bestimmt, wann eine Tätigkeit auf Ebene der Unternehmensgruppe als Nebentätigkeit zur Haupttätigkeit gilt und wann eine Tätigkeit als nur gelegentlich erbracht gilt. Diese Maßnahmen zur Änderung nicht wesentlicher Bestimmungen dieser Richtlinie durch Ergänzung werden nach dem in Artikel 64 Absatz 2 genannten Regelungsverfahren mit Kontrolle erlassen.

**Artikel 3  Fakultative Ausnahmen**

(1) Die Mitgliedstaaten können beschließen, dass diese Richtlinie nicht für Personen gilt, für die sie Herkunftsmitgliedstaat sind, und die

– nicht berechtigt sind, Gelder oder Wertpapiere von Kunden zu halten und die sich aus diesem Grund zu keinem Zeitpunkt gegenüber ihren Kunden in einer Debet-Position befinden dürfen, und

– nicht zur Erbringung von Wertpapierdienstleistungen berechtigt sind, außer zur Annahme und Übermittlung von Aufträgen in Bezug auf übertragbare Wertpapiere und Anteilen von Organismen für gemeinsame Anlagen sowie zur Anlageberatung in Bezug auf solche Finanzinstrumente und

– bei der Erbringung dieser Dienstleistung Aufträge nur übermitteln dürfen an

　i. gemäß dieser Richtlinie zugelassene Wertpapierfirmen,

　ii. gemäß der Richtlinie 2000/12/EG zugelassene Kreditinstitute,

　iii. in einem Drittland zugelassene Zweigniederlassungen von Wertpapierfirmen oder Kreditinstituten, die Aufsichtsbestimmungen unterliegen und einhalten, die nach Auffassung der zuständigen Behörden mindestens genauso streng sind wie diejenigen der vorliegenden Richtlinie, der Richtlinie 2000/12/EG oder der Richtlinie 93/6/EWG,

　iv. Organismen für gemeinsame Anlagen, die nach dem Recht eines Mitgliedstaats ihre Anteile öffentlich vertreiben dürfen, sowie die Leiter solcher Organismen,

　v. Investmentgesellschaften mit festem Kapital im Sinne des Artikels 15 Absatz 4 der Zweiten Richtlinie 77/91/EWG des Rates vom 13. Dezember 1976 zur Koordinierung der Schutzbestimmungen, die in den Mitgliedstaaten den Gesellschaften im Sinne des Artikels 58 Absatz 2 des Vertrags im Interesse der Gesellschafter sowie Dritter für die Gründung der Aktiengesellschaft sowie für die Erhaltung und Änderung ihres Kapitals vorgeschrieben sind, um diese Bestimmungen gleichwertig zu gestalten[1], deren Wertpapiere an einem geregelten Markt in einem Mitgliedstaat notiert oder gehandelt werden,

sofern die Tätigkeiten dieser Firmen auf nationaler Ebene geregelt sind.

(2) Personen, die gemäß Absatz 1 aus dem Anwendungsbereich dieser Richtlinie ausgeschlossen sind, können die Freiheit der Wertpapierdienstleistung und/oder Anlagetätigkeit oder die Freiheit der Errichtung von Zweigniederlassungen gemäß den Artikeln 31 und 32 nicht in Anspruch nehmen.

---

[1] **Amtl. Anm.:** ABl L 26 vom 31. 1. 1977, S. 1. Zuletzt geändert durch die Beitrittsakte von 1994.

**Artikel 4  Begriffsbestimmungen**

(1) Für die Zwecke dieser Richtlinie bezeichnet der Ausdruck
1. Wertpapierfirma: jede juristische Person, die im Rahmen ihrer üblichen beruflichen oder gewerblichen Tätigkeit gewerbsmäßig eine oder mehrere Wertpapierdienstleistungen für Dritte erbringt und/oder eine oder mehrere Anlagetätigkeiten ausübt.

   Die Mitgliedstaaten können als Wertpapierfirma auch Unternehmen, die keine juristischen Personen sind, definieren, sofern
   
   a) ihre Rechtsform Dritten ein Schutzniveau bietet, das dem von juristischen Personen gebotenen Schutz gleichwertig ist, und
   
   b) sie einer gleichwertigen und ihrer Rechtsform angemessenen Aufsicht unterliegen.
   
   Erbringt eine natürliche Person jedoch Dienstleistungen, die das Halten von Geldern oder übertragbaren Wertpapieren Dritter umfassen, so kann sie nur dann als Wertpapierfirma im Sinne dieser Richtlinie gelten, wenn sie unbeschadet der sonstigen Anforderungen der vorliegenden Richtlinie und der Richtlinie 93/6/EWG folgende Bedingungen erfüllt:
   
   a) Die Eigentumsrechte Dritter an Wertpapieren und Geldern müssen insbesondere im Falle der Insolvenz der Firma oder ihrer Eigentümer, einer Pfändung, einer Aufrechnung oder anderer von den Gläubigern der Firma oder ihrer Eigentümer geltend gemachter Ansprüche gewahrt werden;
   
   b) die Firma muss Vorschriften zur Überwachung ihrer Solvenz einschließlich der ihrer Eigentümer unterworfen sein;
   
   c) der Jahresabschluss der Firma muss von einer oder mehreren nach nationalem Recht zur Rechnungsprüfung befugten Person(en) geprüft werden;
   
   d) hat eine Firma nur einen Eigentümer, so muss dieser entsprechende Vorkehrungen zum Schutz der Anleger für den Fall treffen, dass die Firma ihre Geschäftstätigkeit aufgrund seines Ablebens, seiner Geschäftsunfähigkeit oder einer vergleichbaren Gegebenheit einstellt.

2. Wertpapierdienstleistungen und Anlagetätigkeiten: jede in Anhang I Abschnitt A genannte Dienstleistung und Tätigkeit, die sich auf eines der Instrumente in Anhang I Abschnitt C bezieht.

   Die Kommission legt Folgendes fest:
   
   – in Anhang I Abschnitt C Nummer 7 genannten Derivatkontrakte, die Merkmale anderer derivativer Finanzinstrumente aufweisen, wobei unter anderem berücksichtigt wird, ob Clearing und Abwicklung über anerkannte Clearingstellen erfolgen oder ob eine Margin-Einschusspflicht besteht;
   
   – die in Anhang I Abschnitt C Nummer 10 genannten Derivatkontrakte, die Merkmale anderer derivativer Finanzinstrumente aufweisen, wobei unter anderem berücksichtigt wird, ob sie auf einem geregelten Markt oder einem MTF gehandelt werden, ob Clearing und Abwicklung über anerkannte Clearingstellen erfolgen oder ob eine Margin-Einschusspflicht besteht;

3. Nebendienstleistung: jede in Anhang I Abschnitt B genannte Dienstleistung.

4. Anlageberatung: die Abgabe persönlicher Empfehlungen an einen Kunden entweder auf dessen Aufforderung oder auf Initiative der Wertpapierfirma, die sich auf ein oder mehrere Geschäfte mit Finanzinstrumenten beziehen.

5. Ausführung von Aufträgen im Namen von Kunden: die Tätigkeit zum Abschluss von Vereinbarungen, ein oder mehrere Finanzinstrumente im Namen von Kunden zu kaufen oder zu verkaufen.

6. Handel für eigene Rechnung: den Handel unter Einsatz des eigenen Kapitals, der zum Abschluss von Geschäften mit einem oder mehreren Finanzinstrumenten führt.

7. Systematischer Internalisierer: eine Wertpapierfirma, die in organisierter und systematischer Weise häufig regelmäßig Handel für eigene Rechnung durch Ausführung von Kundenaufträgen außerhalb eines geregelten Marktes oder eines MTF treibt.
8. Marketmaker: eine Person, die an den Finanzmärkten auf kontinuierlicher Basis ihre Bereitschaft anzeigt, durch den An- und Verkauf von Finanzinstrumenten unter Einsatz des eigenen Kapitals Handel für eigene Rechnung zu von ihr gestellten Kursen zu betreiben.
9. Portfolioverwaltung: die Verwaltung von Portfolios auf Einzelkundenbasis mit einem Ermessensspielraum im Rahmen eines Mandats des Kunden, sofern diese Portfolios ein oder mehrere Finanzinstrumente enthalten.
10. Kunde: jede natürliche oder juristische Person, für die eine Wertpapierfirma Wertpapierdienstleistungen und/oder Nebendienstleistungen erbringt.
11. Professioneller Kunde: einen Kunden, der die in Anhang II genannten Kriterien erfüllt. ·
12. Kleinanleger: einen Kunden, der kein professioneller Kunde ist.
13. Marktbetreiber: eine Person oder Personen, die das Geschäft eines geregelten Marktes verwaltet/verwalten und/oder betreibt/betreiben. Marktbetreiber kann der geregelte Markt selbst sein.
14. Geregelter Markt: ein von einem Marktbetreiber betriebenes und/oder verwaltetes multilaterales System, das die Interessen einer Vielzahl Dritter am Kauf und Verkauf von Finanzinstrumenten innerhalb des Systems und nach seinen nichtdiskretionären Regeln in einer Weise zusammenführt oder das Zusammenführen fördert, die zu einem Vertrag in Bezug auf Finanzinstrumente führt, die gemäß den Regeln und/oder den Systemen des Marktes zum Handel zugelassen wurden, sowie eine Zulassung erhalten hat und ordnungsgemäß und gemäß den Bestimmungen des Titels III funktioniert.
15. Multilaterales Handelssystem (MTF): ein von einer Wertpapierfirma oder einem Marktbetreiber betriebenes multilaterales System, das die Interessen einer Vielzahl Dritter am Kauf und Verkauf von Finanzinstrumenten innerhalb des Systems und nach nichtdiskretionären Regeln in einer Weise zusammenführt, die zu einem Vertrag gemäß den Bestimmungen des Titels II führt.
16. Limitauftrag: einen Auftrag zum Kauf oder Verkauf eines Finanzinstruments innerhalb eines festgelegten Kurslimits oder besser und in einem festgelegten Umfang.
17. Finanzinstrument: die in Anhang I Abschnitt C genannten Instrumente.
18. Übertragbare Wertpapiere: die Gattungen von Wertpapieren, die auf dem Kapitalmarkt gehandelt werden können, mit Ausnahme von Zahlungsinstrumenten, wie
    a) Aktien und andere, Aktien oder Anteilen an Gesellschaften, Personengesellschaften oder anderen Rechtspersönlichkeiten gleichzustellende Wertpapiere sowie Aktienzertifikate;
    b) Schuldverschreibungen oder andere verbriefte Schuldtitel, einschließlich Zertifikaten (Hinterlegungsscheinen) für solche Wertpapiere;
    c) alle sonstigen Wertpapiere, die zum Kauf oder Verkauf solcher Wertpapiere berechtigen oder zu einer Barzahlung führen, die anhand von übertragbaren Wertpapieren, Währungen, Zinssätzen oder -erträgen, Waren oder anderen Indizes oder Messgrößen bestimmt wird.
19. Geldmarktinstrumente: die üblicherweise auf dem Geldmarkt gehandelten Gattungen von Instrumenten, wie Schatzanweisungen, Einlagenzertifikate und Commercial Papers, mit Ausnahme von Zahlungsinstrumenten.
20. Herkunftsmitgliedstaat:
    a) Im Falle von Wertpapierfirmen:
        i. wenn die Wertpapierfirma eine natürliche Person ist, der Mitgliedstaat, in dem sich ihre Hauptverwaltung befindet;

ii. wenn die Wertpapierfirma eine juristische Person ist, der Mitgliedstaat, in dem sie ihren Sitz hat;

iii. wenn die Wertpapierfirma gemäß dem für sie maßgebenden nationalen Recht keinen Sitz hat, der Mitgliedstaat, in dem sich ihre Hauptverwaltung befindet.

b) Im Falle eines geregelten Marktes: der Mitgliedstaat, in dem der geregelte Markt registriert ist oder – sofern er gemäß dem Recht dieses Mitgliedstaats keinen Sitz hat – der Mitgliedstaat, in dem sich die Hauptverwaltung des geregelten Marktes befindet.

21. Aufnahmemitgliedstaat: einen Mitgliedstaat, der nicht der Herkunftsmitgliedstaat ist und in dem eine Wertpapierfirma eine Zweigniederlassung hat oder Dienstleistungen erbringt und/oder Tätigkeiten ausübt, oder ein Mitgliedstaat, in dem ein geregelter Markt geeignete Vorkehrungen bietet, um in diesem Mitgliedstaat niedergelassenen Fernmitgliedern oder -teilnehmern den Zugang zum Handel über sein System zu erleichtern.

22. Zuständige Behörde: die Behörde, die von jedem Mitgliedstaat gemäß Artikel 48 benannt wird, sofern diese Richtlinie nichts anderes bestimmt.

23. Kreditinstitute: Kreditinstitute im Sinne der Richtlinie 2000/12/EG.

24. OGAW-Verwaltungsgesellschaft: eine Verwaltungsgesellschaft im Sinne der Richtlinie 85/611/EWG des Rates vom 20. Dezember 1985 zur Koordinierung der Rechts- und Verwaltungsvorschriften betreffend bestimmte Organismen für gemeinsame Anlagen in Wertpapieren (OGAW)[1].

25. Vertraglich gebundener Vermittler: eine natürliche oder juristische Person, die unter unbeschränkter und vorbehaltsloser Haftung einer einzigen Wertpapierfirma, für die sie tätig ist, Wertpapier- und/oder Nebendienstleistungen für Kunden oder potenzielle Kunden erbringt, Weisungen oder Aufträge des Kunden in Bezug auf Wertpapierdienstleistungen oder Finanzinstrumente annimmt und weiterleitet, Finanzinstrumente platziert und/oder Kunden oder potenzielle Kunden bezüglich dieser Finanzinstrumente oder Dienstleistungen berät.

26. Zweigniederlassung: eine Betriebsstelle, die nicht die Hauptverwaltung ist, die einen rechtlich unselbstständigen Teil einer Wertpapierfirma bildet und Wertpapierdienstleistungen, gegebenenfalls auch Nebendienstleistungen, erbringt und/oder Anlagetätigkeiten ausübt, für die der Wertpapierfirma eine Zulassung erteilt wurde; alle Geschäftsstellen einer Wertpapierfirma mit Hauptverwaltung in einem anderen Mitgliedstaat, die sich in ein und demselben Mitgliedstaat befinden, gelten als eine einzige Zweigniederlassung.

27. Qualifizierte Beteiligung: das direkte oder indirekte Halten einer Beteiligung an einer Wertpapierfirma von mindestens 10 % des Kapitals oder der Stimmrechte gemäß den Artikeln 9 und 10 der Richtlinie 2004/109/EG[2] unter Berücksichtigung der Voraussetzungen für das Zusammenrechnen der Beteiligungen nach Artikel 12 Absätze 4 und 5 jener Richtlinie oder die Möglichkeit der Ausübung eines maßgeblichen Einflusses auf die Geschäftsführung einer Wertpapierfirma, an der eine direkte oder indirekte Beteiligung gehalten wird.

28. Mutterunternehmen: ein Mutterunternehmen im Sinne der Artikel 1 und 2 der Siebten Richtlinie 83/349/EWG des Rates vom 13. Juni 1983 über den konsolidierten Abschluss[3].

---

1) **Amtl. Anm.:** ABl L 375 vom 31. 12. 1985, S. 3. Zuletzt geändert durch die Richtlinie 2001/108/EG des Europäischen Parlaments und des Rates (ABl L 41 vom 13. 2. 2002, S. 35).

2) **Amtl. Anm.:** Richtlinie 2004/109/EG des Europäischen Parlaments und des Rates vom 15. Dezember 2004 zur Harmonisierung der Transparenzanforderungen in Bezug auf Informationen über Emittenten, deren Wertpapiere zum Handel auf einem geregelten Markt zugelassen sind (ABl L 390 vom 31. 12. 2004, S. 38).

3) **Amtl. Anm.:** ABl L 193 vom 18. 7. 1983, S. 1. Zuletzt geändert durch die Richtlinie 2003/51/EG des Europäischen Parlaments und des Rates (ABl L 178 vom 17. 7. 2003, S. 16).

29. Tochterunternehmen: ein Tochterunternehmen im Sinne der Artikel 1 und 2 der Richtlinie 83/349/EWG, einschließlich aller Tochterunternehmen eines Tochterunternehmens des an der Spitze stehenden Mutterunternehmens.
30. Kontrolle: die Kontrolle im Sinne des Artikels 1 der Richtlinie 83/349/EWG.
31. Enge Verbindungen: eine Situation, in der zwei oder mehr natürliche oder juristische Personen verbunden sind durch
    a) Beteiligung, d. h. das direkte Halten oder das Halten im Wege der Kontrolle von mindestens 20 % der Stimmrechte oder des Kapitals an einem Unternehmen,
    b) Kontrolle, d. h. das Verhältnis zwischen einem Mutterunternehmen und einem Tochterunternehmen in allen Fällen des Artikels 1 Absätze 1 und 2 der Richtlinie 83/349/EWG oder ein ähnliches Verhältnis zwischen einer natürlichen oder juristischen Person und einem Unternehmen; jedes Tochterunternehmen eines Tochterunternehmens wird ebenfalls als Tochterunternehmen des Mutterunternehmens angesehen, das an der Spitze dieser Unternehmen steht.

    Eine Situation, in der zwei oder mehr natürliche oder juristische Personen mit ein und derselben Person durch ein Kontrollverhältnis dauerhaft verbunden sind, gilt ebenfalls als enge Verbindung zwischen diesen Personen.

(2) Um den Entwicklungen auf den Finanzmärkten Rechnung zu tragen und die einheitliche Anwendung dieser Richtlinie sicherzustellen, kann die Kommission die Begriffsbestimmungen in Absatz 1 des vorliegenden Artikels präzisieren.

Die Maßnahmen gemäß diesem Artikel zur Änderung nicht wesentlicher Bestimmungen dieser Richtlinie durch Ergänzung werden nach dem in Artikel 64 Absatz 2 genannten Regelungsverfahren mit Kontrolle erlassen.

## Titel II: Zulassung von Wertpapierfirmen und Bedingungen für die Ausübung der Tätigkeit

### Kapitel 1: Zulassungsbedingungen und -verfahren

#### Artikel 5 Zulassungsanforderung

(1) Jeder Mitgliedstaat schreibt vor, dass die Erbringung von Wertpapierdienstleistungen oder die Ausübung von Anlagetätigkeiten als übliche berufliche oder gewerbliche Tätigkeit der vorherigen Zulassung gemäß diesem Kapitel bedarf. Diese Zulassung wird von der gemäß Artikel 48 benannten zuständigen Behörde des Herkunftsmitgliedstaates erteilt.

(2) Abweichend von Absatz 1 gestatten die Mitgliedstaaten allen Marktbetreibern, ein MTF zu betreiben, sofern zuvor festgestellt wurde, dass sie den Bestimmungen dieses Kapitels – mit Ausnahme der Artikel 11 und 15 – nachkommen.

(3) Die Mitgliedstaaten erstellen ein Register sämtlicher Wertpapierfirmen. Dieses Register ist öffentlich zugänglich und enthält Informationen über die Dienstleistungen und/oder Tätigkeiten, für die die Wertpapierfirma zugelassen ist. Das Register wird regelmäßig aktualisiert.

(4) Jeder Mitgliedstaat schreibt vor, dass

– jede Wertpapierfirma, die eine juristische Person ist, ihre Hauptverwaltung im selben Mitgliedstaat hat wie ihren Sitz,

– jede Wertpapierfirma, die keine juristische Person ist, oder jede Wertpapierfirma, die eine juristische Person ist, aber gemäß dem für sie geltenden nationalen Recht keinen Sitz hat, ihre Hauptverwaltung in dem Mitgliedstaat hat, in dem sie ihre Geschäftstätigkeit tatsächlich ausübt.

(5) Im Falle von Wertpapierfirmen, die lediglich Anlageberatungen vornehmen oder die Dienstleistung der Entgegennahme und Weiterleitung von Aufträgen unter den Bedingungen des Artikels 3 erbringen, können die Mitgliedstaaten der zuständigen Behörde gestatten, Verwaltungs-, Vorbereitungs- oder Nebenaufgaben im Zusammenhang mit

der Erteilung der Zulassung im Einklang mit den Bedingungen des Artikels 48 Absatz 2 zu übertragen.

### Artikel 6  Umfang der Zulassung

(1) Der Herkunftsmitgliedstaat stellt sicher, dass in der Zulassung die Wertpapierdienstleistungen oder Anlagetätigkeiten spezifiziert werden, die die Wertpapierfirma erbringen bzw. ausüben darf. Die Zulassung kann sich auch auf eine oder mehrere der in Anhang I Abschnitt B genannten Nebendienstleistungen erstrecken. Die Zulassung wird auf keinen Fall lediglich für die Erbringung von Nebendienstleistungen erteilt.

(2) Eine Wertpapierfirma, die um eine Zulassung zur Ausweitung ihrer Tätigkeit auf zusätzliche Wertpapierdienstleistungen oder Anlagetätigkeiten oder Nebendienstleistungen ersucht, die bei der Erstzulassung nicht vorgesehen waren, stellt einen Antrag auf Ausweitung ihrer Zulassung.

(3) Die Zulassung ist in der gesamten Gemeinschaft gültig und gestattet einer Wertpapierfirma, Wertpapierdienstleistungen oder Anlagetätigkeiten, für die ihr eine Zulassung erteilt wurde, in der gesamten Gemeinschaft zu erbringen bzw. auszuüben; dies kann entweder durch Errichtung einer Zweigniederlassung oder im Rahmen des freien Dienstleistungsverkehrs geschehen.

### Artikel 7  Verfahren für die Erteilung der Zulassung und die Ablehnung von Anträgen auf Zulassung

(1) Die zuständige Behörde erteilt eine Zulassung erst dann, wenn ihr hinreichend nachgewiesen wurde, dass der Antragsteller sämtliche Anforderungen der Vorschriften zur Durchführung dieser Richtlinie erfüllt.

(2) Die Wertpapierfirma übermittelt sämtliche Informationen, einschließlich eines Geschäftsplans, aus dem unter anderem die Art der geplanten Geschäfte und der organisatorische Aufbau hervorgehen, damit die zuständige Behörde sich davon überzeugen kann, dass die Wertpapierfirma bei der Erstzulassung alle erforderlichen Vorkehrungen getroffen hat, um den Verpflichtungen gemäß diesem Kapitel nachzukommen.

(3) Dem Antragsteller wird binnen sechs Monaten nach Einreichung eines vollständigen Antrags mitgeteilt, ob eine Zulassung erteilt wird oder nicht.

### Artikel 8  Entzug der Zulassung

Die zuständige Behörde kann einer Wertpapierfirma die Zulassung entziehen, wenn diese Wertpapierfirma

a) nicht binnen zwölf Monaten von der Zulassung Gebrauch macht, ausdrücklich auf sie verzichtet oder in den sechs vorhergehenden Monaten keine Wertpapierdienstleistungen erbracht oder Anlagetätigkeit ausgeübt hat, es sei denn, der betreffende Mitgliedstaat sieht in diesen Fällen das Erlöschen der Zulassung vor;

b) die Zulassung aufgrund falscher Erklärungen oder auf sonstige rechtswidrige Weise erhalten hat;

c) die Voraussetzungen, auf denen die Zulassung beruht, wie etwa die Erfüllung der Anforderungen der Richtlinie 93/6/EWG, nicht mehr erfüllt;

d) in schwerwiegender Weise systematisch gegen die Bestimmungen zur Durchführung dieser Richtlinie verstoßen hat, die die Bedingungen für die Ausübung der Tätigkeit einer Wertpapierfirma regeln;

e) einen der Fälle erfüllt, in denen das nationale Recht bezüglich Angelegenheiten, die außerhalb des Anwendungsbereichs dieser Richtlinie liegen, den Entzug vorsieht.

### Artikel 9  Personen, die die Geschäfte tatsächlich leiten

(1) Die Mitgliedstaaten schreiben vor, dass die Personen, die die Geschäfte einer Wertpapierfirma tatsächlich leiten, gut beleumdet sind und über ausreichende Erfahrung verfügen, um die solide und umsichtige Führung der Wertpapierfirma sicherzustellen.

Handelt es sich bei dem Marktbetreiber, der die Zulassung für den Betrieb eines MTF beantragt, und den Personen, die die Geschäfte des MTF tatsächlich leiten, um dieselben Personen, wie die, die die Geschäfte des geregelten Marktes tatsächlich leiten, so wird davon ausgegangen, dass diese Personen die Anforderungen des Unterabsatzes 1 erfüllen.

(2) Die Mitgliedstaaten schreiben vor, dass die Wertpapierfirma der zuständigen Behörde sämtliche Veränderungen in der Geschäftsleitung zusammen mit allen Informationen übermittelt, die erforderlich sind, um zu beurteilen, ob neue zur Leitung der Firma bestellte Personen gut beleumdet sind und über ausreichende Erfahrung verfügen.

(3) Die zuständige Behörde verweigert die Zulassung, wenn sie nicht davon überzeugt ist, dass die Personen, die die Geschäfte der Wertpapierfirma tatsächlich leiten werden, gut beleumdet sind oder über ausreichende Erfahrung verfügen, oder wenn objektive und nachweisbare Gründe für die Vermutung vorliegen, dass die vorgeschlagenen Veränderungen in der Geschäftsleitung der Firma deren solide und umsichtige Führung gefährden.

(4) Die Mitgliedstaaten schreiben vor, dass die Leitung von Wertpapierfirmen von mindestens zwei Personen wahrgenommen wird, die die Anforderungen des Absatzes 1 erfüllen.

Abweichend von Unterabsatz 1 können die Mitgliedstaaten Wertpapierfirmen, die natürliche Personen sind, oder Wertpapierfirmen, die juristische Personen sind, aber in Übereinstimmung mit ihrer Satzung und den nationalen Rechtsvorschriften von einer einzigen natürlichen Person geführt werden, die Zulassung erteilen. Die Mitgliedstaaten schreiben jedoch vor, dass alternative Regelungen bestehen, die die solide und umsichtige Führung solcher Wertpapierfirmen gewährleisten.

## Artikel 10  Aktionäre und Mitglieder mit qualifizierten Beteiligungen

(1) Die zuständigen Behörden erteilen einer Wertpapierfirma erst dann die Zulassung zur Erbringung von Wertpapierdienstleistungen oder zur Ausübung von Anlagetätigkeiten, wenn ihnen die Namen der natürlichen oder juristischen Personen, die als Aktionäre oder Mitglieder direkt oder indirekt qualifizierte Beteiligungen halten, sowie die Höhe der jeweiligen Beteiligungen mitgeteilt wurden.

Die zuständigen Behörden verweigern die Zulassung, wenn sie angesichts der Notwendigkeit, die solide und umsichtige Führung einer Wertpapierfirma zu gewährleisten, nicht von der Geeignetheit der Aktionäre oder Mitglieder, die qualifizierte Beteiligungen halten, überzeugt sind.

Bestehen zwischen der Wertpapierfirma und anderen natürlichen oder juristischen Personen enge Verbindungen, so erteilt die zuständige Behörde die Zulassung nur, wenn diese Verbindungen die zuständige Behörde nicht an der ordnungsgemäßen Wahrnehmung ihrer Überwachungsfunktionen hindern.

(2) Die zuständige Behörde verweigert die Zulassung, wenn die Rechts- oder Verwaltungsvorschriften eines Drittlandes, die für eine oder mehrere natürliche oder juristische Personen gelten, zu der bzw. denen das Unternehmen enge Verbindungen hat, oder Schwierigkeiten bei deren Anwendung die zuständige Behörde daran hindern, ihre Überwachungsfunktionen ordnungsgemäß wahrzunehmen.

(3) Die Mitgliedstaaten schreiben vor, dass eine natürliche oder juristische Person oder gemeinsam handelnde natürliche oder juristische Personen (im Folgenden „interessierter Erwerber"), die beschlossen hat bzw. haben, an einer Wertpapierfirma eine qualifizierte Beteiligung direkt oder indirekt zu erwerben oder eine derartige qualifizierte Beteiligung direkt oder indirekt zu erhöhen, mit der Folge, dass ihr Anteil an den Stimmrechten oder am Kapital 20 %, 30 % oder 50 % erreichen oder überschreiten würde oder die Wertpapierfirma ihr Tochterunternehmen würde (im Folgenden „beabsichtigter Erwerb"), den für die Wertpapierfirma, an der eine qualifizierte Beteiligung erworben oder erhöht werden soll, zuständigen Behörden zuerst schriftlich diese Tatsache unter Angabe des Umfangs der geplanten Beteiligung zusammen mit den in Artikel 10b Absatz 4 genannten einschlägigen Informationen anzuzeigen hat bzw. haben.

Die Mitgliedstaaten schreiben vor, dass eine natürliche oder juristische Person, die beschlossen hat, ihre an einer Wertpapierfirma direkt oder indirekt gehaltene qualifizierte Beteiligung zu veräußern, zuerst die zuständigen Behörden schriftlich unterrichtet und den Umfang der geplanten Beteiligung anzeigt. Diese natürliche oder juristische Person hat den zuständigen Behörden ebenfalls anzuzeigen, wenn sie beschlossen hat, ihre qualifizierte Beteiligung so zu verringern, dass ihr Anteil an den Stimmrechten oder am Kapital 20 %, 30 % oder 50 % unterschreiten würde oder die Wertpapierfirma nicht mehr ihr Tochterunternehmen wäre.

Die Mitgliedstaaten können davon absehen, die 30 %-Schwelle anzuwenden, wenn sie nach Artikel 9 Absatz 3 Buchstabe a der Richtlinie 2004/109/EG eine Schwelle von einem Drittel anwenden.

Bei der Prüfung, ob die in diesem Artikel festgelegten Kriterien für eine qualifizierte Beteiligung erfüllt sind, berücksichtigen die Mitgliedstaaten nicht die Stimmrechte oder Kapitalanteile, die Wertpapierfirmen oder Kreditinstitute möglicherweise infolge einer Übernahme der Emission von Finanzinstrumenten und/oder Platzierung von Finanzinstrumenten mit fester Übernahmeverpflichtung im Sinne des Anhangs I Abschnitt A Nummer 6 halten, vorausgesetzt, diese Rechte werden zum einen nicht ausgeübt oder anderweitig benutzt, um in die Geschäftsführung des Emittenten einzugreifen, und zum anderen innerhalb eines Jahres nach dem Zeitpunkt des Erwerbs veräußert.

(4) Die jeweils zuständigen Behörden arbeiten bei der Beurteilung des Erwerbs nach Maßgabe des Artikels 10b Absatz 1 (im Folgenden „Beurteilung") eng zusammen, wenn es sich bei dem interessierten Erwerber um eine der nachfolgenden natürlichen oder juristischen Personen handelt:

a) ein Kreditinstitut, ein Lebens-, Schaden- oder Rückversicherungsunternehmen, eine Wertpapierfirma oder eine OGAW-Verwaltungsgesellschaft, das bzw. die in einem anderen Mitgliedstaat oder anderen Sektor als dem, in dem der Erwerb beabsichtigt wird, zugelassen ist;

b) ein Mutterunternehmen eines Kreditinstituts, eines Lebens-, Schaden- oder Rückversicherungsunternehmens, einer Wertpapierfirma oder einer OGAW-Verwaltungsgesellschaft, das bzw. die in einem anderen Mitgliedstaat oder anderen Sektor als dem, in dem der Erwerb beabsichtigt wird, zugelassen ist; oder

c) eine natürliche oder juristische Person, die ein Kreditinstitut, ein Lebens-, Schaden- oder Rückversicherungsunternehmen, eine Wertpapierfirma oder eine OGAW-Verwaltungsgesellschaft kontrolliert, das bzw. die in einem anderen Mitgliedstaat oder anderen Sektor als dem, in dem der Erwerb beabsichtigt wird, zugelassen ist.

Die zuständigen Behörden tauschen untereinander unverzüglich die Informationen aus, die für die Beurteilung des Erwerbs wesentlich oder relevant sind. Dabei teilen die zuständigen Behörden einander alle einschlägigen Informationen auf Anfrage mit und übermitteln alle wesentlichen Informationen von sich aus. In der Entscheidung der zuständigen Behörde, die die Wertpapierfirma zugelassen hat, an der der Erwerb beabsichtigt wird, sind alle Bemerkungen oder Vorbehalte seitens der für den interessierten Erwerber zuständigen Behörde zu vermerken.

(5) Die Mitgliedstaaten schreiben vor, dass eine Wertpapierfirma die zuständige Behörde unverzüglich davon zu unterrichten hat, wenn sie von einem Erwerb oder einer Abtretung von Beteiligungen an ihrem Kapital Kenntnis erhält, aufgrund deren diese Beteiligungen einen der in Absatz 3 Unterabsatz 1 genannten Schwellenwerte über- oder unterschreiten.

Ferner teilt eine Wertpapierfirma der zuständigen Behörde mindestens einmal jährlich die Namen der Aktionäre und Mitglieder, die qualifizierte Beteiligungen halten, sowie die jeweiligen Beteiligungsbeträge mit, die zum Beispiel aus den Mitteilungen anlässlich der Jahreshauptversammlung der Aktionäre und Mitglieder oder aus den Pflichtmeldungen der Gesellschaften hervorgehen, deren übertragbare Wertpapiere zum Handel an einem geregelten Markt zugelassen sind.

(6) Die Mitgliedstaaten schreiben vor, dass die zuständige Behörde, falls der Einfluss der in Absatz 1 Unterabsatz 1 genannten Personen die umsichtige und solide Geschäfts-

führung der Wertpapierfirma gefährden könnte, die erforderlichen Maßnahmen ergreift, um diesen Zustand zu beenden.

Diese Maßnahmen können Anträge auf einstweilige Verfügungen und/oder die Verhängung von Sanktionen gegen die Direktoren und die Zuständigen der Geschäftsleitung oder die Suspendierung des Stimmrechts der Aktien und Anteile, die von den betreffenden Aktionären oder Mitgliedern gehalten werden, umfassen.

Vergleichbare Maßnahmen werden in Bezug auf Personen ergriffen, die ihrer Pflicht zur vorherigen Unterrichtung der zuständigen Behörden beim Erwerb oder der Erhöhung einer qualifizierten Beteiligung nicht nachkommen. Wird eine Beteiligung trotz Einspruchs der zuständigen Behörden erworben, so sehen die Mitgliedstaaten unbeschadet der von ihnen zu verhängenden Sanktionen entweder vor, dass die entsprechenden Stimmrechte ausgesetzt werden oder die Stimmrechtsausübung ungültig ist oder für nichtig erklärt werden kann.

**Artikel 10a  Beurteilungszeitraum**

(1) Die zuständigen Behörden bestätigen dem interessierten Erwerber umgehend, in jedem Fall jedoch innerhalb von zwei Arbeitstagen nach Erhalt der Anzeige nach Artikel 10 Absatz 3 Unterabsatz 1 sowie dem etwaigen anschließenden Erhalt der in Absatz 2 dieses Artikels genannten Informationen schriftlich deren Eingang.

Die zuständigen Behörden verfügen über maximal 60 Arbeitstage ab dem Datum der schriftlichen Bestätigung des Eingangs der Anzeige und aller von dem Mitgliedstaat verlangten Unterlagen, die der Anzeige nach Maßgabe der in Artikel 10b Absatz 4 genannten Liste beizufügen sind (im Folgenden „Beurteilungszeitraum"), um die Beurteilung vorzunehmen.

Die zuständigen Behörden teilen dem interessierten Erwerber zum Zeitpunkt der Bestätigung des Eingangs der Anzeige den Zeitpunkt des Ablaufs des Beurteilungszeitraums mit.

(2) Die zuständigen Behörden können erforderlichenfalls bis spätestens am 50. Arbeitstag des Beurteilungszeitraums weitere Informationen anfordern, die für den Abschluss der Beurteilung notwendig sind. Diese Anforderung ergeht schriftlich unter Angabe der zusätzlich benötigten Informationen.

Der Beurteilungszeitraum wird für die Dauer vom Zeitpunkt der Anforderung von Informationen durch die zuständigen Behörden bis zum Eingang der entsprechenden Antwort des interessierten Erwerbers unterbrochen. Diese Unterbrechung darf 20 Arbeitstage nicht überschreiten. Es liegt im Ermessen der zuständigen Behörden, weitere Ergänzungen oder Klarstellungen zu den Informationen anzufordern, doch darf dies nicht zu einer Unterbrechung des Beurteilungszeitraums führen.

(3) Die zuständigen Behörden können die Unterbrechung nach Absatz 2 Unterabsatz 2 bis auf 30 Arbeitstage ausdehnen, wenn der interessierte Erwerber

a) außerhalb der Gemeinschaft ansässig ist oder beaufsichtigt wird oder

b) eine natürliche oder juristische Person ist, die nicht einer Beaufsichtigung nach dieser Richtlinie oder den Richtlinien 85/611/EWG, 92/49/EWG[1], 2002/83/EG, 2005/68/EG[2] oder 2006/48/EG[3] unterliegt.

---

1) **Amtl. Anm.:** Richtlinie 92/49/EWG des Rates vom 18. Juni 1992 zur Koordinierung der Rechts- und Verwaltungsvorschriften für die Direktversicherung (mit Ausnahme der Lebensversicherung) (Dritte Richtlinie Schadenversicherung) (ABl L 228 vom 11. 8. 1992, S. 1). Zuletzt geändert durch die Richtlinie 2007/44/EG des Europäischen Parlaments und des Rates (ABl L 247 vom 21. 9. 2007, S. 1).

2) **Amtl. Anm.:** Richtlinie 2005/68/EG des Europäischen Parlaments und des Rates vom 16. November 2005 über die Rückversicherung (ABl L 323 vom 9. 12. 2005, S. 1). Geändert durch die Richtlinie 2007/44/EG.

3) **Amtl. Anm.:** Richtlinie 2006/48/EG des Europäischen Parlaments und des Rates vom 14. Juni 2006 über die Aufnahme und Ausübung der Tätigkeit der Kreditinstitute (Neufassung) (ABl L 177 vom 30. 6. 2006, S. 1). Zuletzt geändert durch die Richtlinie 2007/44/EG.

(4) Entscheiden die zuständigen Behörden nach Abschluss der Beurteilung, Einspruch gegen den beabsichtigten Erwerb zu erheben, so setzen sie den interessierten Erwerber davon innerhalb von zwei Arbeitstagen und unter Einhaltung des Beurteilungszeitraums schriftlich unter Angabe der Gründe für die Entscheidung in Kenntnis. Vorbehaltlich einzelstaatlicher Rechtsvorschriften kann eine Begründung der Entscheidung auf Antrag des interessierten Erwerbers der Öffentlichkeit zugänglich gemacht werden. Diese Bestimmung hindert die Mitgliedstaaten nicht daran, den zuständigen Behörden zu gestatten, die Entscheidungsgründe auch ohne entsprechenden Antrag des interessierten Erwerbers der Öffentlichkeit zugänglich zu machen.

(5) Erheben die zuständigen Behörden gegen den beabsichtigten Erwerb innerhalb des Beurteilungszeitraums schriftlich keinen Einspruch, so gilt dieser als genehmigt.

(6) Die zuständigen Behörden können eine Frist für den Abschluss eines beabsichtigten Erwerbs festlegen und diese Frist gegebenenfalls verlängern.

(7) Die Mitgliedstaaten dürfen an die Anzeige eines direkten oder indirekten Erwerbs von Stimmrechten oder Kapital an die zuständigen Behörden und die Genehmigung eines derartigen Erwerbs durch diese Behörden keine strengeren Anforderungen stellen, als in dieser Richtlinie vorgesehen ist.

**Artikel 10b  Beurteilung**

(1) Bei der Beurteilung der Anzeige nach Artikel 10 Absatz 3 und der Informationen nach Artikel 10a Absatz 2 haben die zuständigen Behörden im Interesse einer soliden und umsichtigen Führung der Wertpapierfirma, an der der Erwerb beabsichtigt wird, und unter Berücksichtigung des voraussichtlichen Einflusses des interessierten Erwerbers auf die Wertpapierfirma die Eignung des interessierten Erwerbers und die finanzielle Solidität des beabsichtigten Erwerbs im Hinblick auf sämtliche folgende Kriterien zu prüfen:

a) die Zuverlässigkeit des interessierten Erwerbers;
b) die Zuverlässigkeit und die Erfahrung einer jeden Person, die die Geschäfte der Wertpapierfirma infolge des beabsichtigten Erwerbs leiten wird;
c) die finanzielle Solidität des interessierten Erwerbers, insbesondere in Bezug auf die Art der tatsächlichen und geplanten Geschäfte der Wertpapierfirma, an der der Erwerb beabsichtigt wird;
d) die Tatsache, ob die Wertpapierfirma in der Lage sein und bleiben wird, den Aufsichtsanforderungen aufgrund dieser Richtlinie und gegebenenfalls aufgrund anderer Richtlinien, insbesondere der Richtlinien 2002/87/EG[1] und 2006/49/EG[2] zu genügen, und insbesondere der Tatsache, ob die Gruppe, zu der sie gehören wird, über eine Struktur verfügt, die es ermöglicht, eine wirksame Beaufsichtigung auszuüben, einen wirksamen Austausch von Informationen zwischen den zuständigen Behörden durchzuführen und die Aufteilung der Zuständigkeiten zwischen den zuständigen Behörden zu bestimmen;
e) die Tatsache, ob ein hinreichender Verdacht besteht, dass im Zusammenhang mit dem beabsichtigten Erwerb Geldwäsche oder Terrorismusfinanzierung im Sinne des Artikels 1 der Richtlinie 2005/60/EG[3] stattfinden, stattgefunden haben oder ob

---

1) **Amtl. Anm.:** Richtlinie 2002/87/EG des Europäischen Parlaments und des Rates vom 16. Dezember 2002 über die zusätzliche Beaufsichtigung der Kreditinstitute, Versicherungsunternehmen und Wertpapierfirmen eines Finanzkonglomerats (ABl L 35 vom 11. 2. 2003, S. 1). Geändert durch die Richtlinie 2005/1/EG (ABl L 79 vom 24. 3. 2005, S. 9).

2) **Amtl. Anm.:** Richtlinie 2006/49/EG des Europäischen Parlaments und des Rates vom 14. Juni 2006 über die angemessene Eigenkapitalausstattung von Wertpapierfirmen und Kreditinstituten (Neufassung) (ABl L 177 vom 30. 6. 2006, S. 201).

3) **Amtl. Anm.:** Richtlinie 2005/60/EG des Europäischen Parlaments und des Rates vom 26. Oktober 2005 zur Verhinderung der Nutzung des Finanzsystems zum Zwecke der Geldwäsche und der Terrorismusfinanzierung (ABl L 309 vom 25. 11. 2005, S. 15).

diese Straftaten versucht wurden bzw. ob der beabsichtigte Erwerb das Risiko eines solchen Verhaltens erhöhen könnte.

Um künftigen Entwicklungen Rechnung zu tragen und eine einheitliche Anwendung dieser Richtlinie zu gewährleisten, kann die Kommission nach dem in Artikel 64 Absatz 2 genannten Verfahren Durchführungsmaßnahmen zur Anpassung der in Unterabsatz 1 des vorliegenden Absatzes festgelegten Kriterien erlassen.

(2) Die zuständigen Behörden können gegen den beabsichtigten Erwerb nur dann Einspruch erheben, wenn es dafür vernünftige Gründe auf der Grundlage der in Absatz 1 genannten Kriterien gibt oder die vom interessierten Erwerber vorgelegten Informationen unvollständig sind.

(3) Die Mitgliedstaaten dürfen weder Vorbedingungen an die Höhe der zu erwerbenden Beteiligung knüpfen noch ihren zuständigen Behörden gestatten, bei der Prüfung des beabsichtigten Erwerbs auf die wirtschaftlichen Bedürfnisse des Marktes abzustellen.

(4) Die Mitgliedstaaten veröffentlichen eine Liste, in der die Informationen genannt werden, die für die Beurteilung erforderlich sind und die den zuständigen Behörden zum Zeitpunkt der Anzeige nach Artikel 10 Absatz 3 zu übermitteln sind. Der Umfang der beizubringenden Informationen hat der Art des interessierten Erwerbers und der Art des beabsichtigten Erwerbs angemessen und angepasst zu sein. Die Mitgliedstaaten fordern keine Informationen an, die für die aufsichtsrechtliche Beurteilung nicht relevant sind.

(5) Werden der zuständigen Behörde zwei oder mehrere Vorhaben betreffend den Erwerb oder die Erhöhung von qualifizierten Beteiligungen an ein und derselben Wertpapierfirma angezeigt, so hat die Behörde unbeschadet des Artikels 10a Absätze 1, 2 und 3 alle interessierten Erwerber auf nicht diskriminierende Art und Weise zu behandeln.

### Artikel 11  Mitgliedschaft in einem zugelassenen Anlegerentschädigungssystem

Die zuständige Behörde überprüft, ob eine Rechtspersönlichkeit, die einen Antrag auf Zulassung als Wertpapierfirma gestellt hat, bei der Zulassung die Anforderungen der Richtlinie 97/9/EG des Europäischen Parlaments und des Rates vom 3. März 1997 über Systeme für die Entschädigung der Anleger[1] erfüllt.

### Artikel 12  Anfangskapitalausstattung

Die Mitgliedstaaten stellen sicher, dass die zuständigen Behörden eine Zulassung nicht erteilen, wenn die Wertpapierfirma nicht über ausreichendes Anfangskapital gemäß den Anforderungen der Richtlinie 93/6/EWG verfügt, das für die jeweilige Wertpapierdienstleistung oder Anlagetätigkeit vorgeschrieben ist.

Bis zur Revision der Richtlinie 93/6/EWG gelten für Wertpapierfirmen im Sinne des Artikels 67 die Eigenkapitalanforderungen jenes Artikels.

### Artikel 13  Organisatorische Anforderungen

(1) Der Herkunftsmitgliedstaat schreibt vor, dass Wertpapierfirmen die organisatorischen Anforderungen der Absätze 2 bis 8 erfüllen.

(2) Eine Wertpapierfirma sieht angemessene Strategien und Verfahren vor, die ausreichen, um sicherzustellen, dass die Firma, ihre Geschäftsleitung, Beschäftigten und vertraglich gebundenen Vermittler den Verpflichtungen gemäß dieser Richtlinie sowie den einschlägigen Vorschriften für persönliche Geschäfte dieser Personen nachkommen.

(3) Eine Wertpapierfirma muss auf Dauer wirksame organisatorische und verwaltungsmäßige Vorkehrungen für angemessene Maßnahmen treffen, um zu verhindern, dass Interessenkonflikte im Sinne des Artikels 18 den Kundeninteressen schaden.

(4) Eine Wertpapierfirma trifft angemessene Vorkehrungen, um die Kontinuität und Regelmäßigkeit der Wertpapierdienstleistungen und Anlagetätigkeiten zu gewährleis-

---

[1] **Amtl. Anm.:** ABl L 84 vom 26. 3. 1997, S. 22.

ten. Zu diesem Zweck greift sie auf geeignete und verhältnismäßige Systeme, Ressourcen und Verfahren zurück.

(5) Eine Wertpapierfirma stellt sicher, dass beim Rückgriff auf Dritte zur Wahrnehmung betrieblicher Aufgaben, die für die kontinuierliche und zufrieden stellende Erbringung bzw. Ausübung von Dienstleistungen für Kunden und Anlagetätigkeiten ausschlaggebend sind, angemessene Vorkehrungen getroffen werden, um unnötige zusätzliche Geschäftsrisiken zu vermeiden. Die Auslagerung wichtiger betrieblicher Aufgaben darf nicht dergestalt erfolgen, dass die Qualität der internen Kontrolle und die Fähigkeit der beaufsichtigenden Stelle zu überprüfen, ob das Unternehmen sämtlichen Anforderungen genügt, wesentlich beeinträchtigt werden.

Eine Wertpapierfirma muss über eine ordnungsgemäße Verwaltung und Buchhaltung, interne Kontrollmechanismen, effiziente Verfahren zur Risikobewertung sowie wirksame Kontroll- und Sicherheitsmechanismen für Datenverarbeitungssysteme verfügen.

(6) Eine Wertpapierfirma sorgt dafür, dass Aufzeichnungen über alle ihre Dienstleistungen und Geschäfte geführt werden, die ausreichen, um der zuständigen Behörde zu ermöglichen, die Einhaltung der Anforderungen dieser Richtlinie zu überprüfen und sich vor allem zu vergewissern, dass die Wertpapierfirma sämtlichen Verpflichtungen gegenüber den Kunden oder potenziellen Kunden nachgekommen ist.

(7) Eine Wertpapierfirma, die Kunden gehörende Finanzinstrumente hält, trifft geeignete Vorkehrungen, um deren Eigentumsrechte – insbesondere für den Fall der Insolvenz der Wertpapierfirma – an diesen Instrumenten zu schützen und zu verhindern, dass die Finanzinstrumente eines Kunden ohne dessen ausdrückliche Zustimmung für eigene Rechnung verwendet werden.

(8) Eine Wertpapierfirma, die Kunden gehörende Gelder hält, trifft geeignete Vorkehrungen, um die Rechte der Kunden zu schützen und – außer im Falle von Kreditinstituten – zu verhindern, dass die Gelder der Kunden für eigene Rechnung verwendet werden.

(9) Im Falle von Zweigniederlassungen von Wertpapierfirmen ist die zuständige Behörde des Mitgliedstaats, in dem sich die Zweigniederlassung befindet, unbeschadet der direkten Zugriffsmöglichkeit der zuständigen Behörde des Herkunftsmitgliedstaats der Wertpapierfirma auf diese Aufzeichnungen, für die Kontrolle der Einhaltung von Absatz 6 in Bezug auf die von der Zweigniederlassung getätigten Geschäfte verantwortlich.

(10) Um den technischen Entwicklungen auf den Finanzmärkten Rechnung zu tragen und die einheitliche Anwendung der Absätze 2 bis 9 sicherzustellen, erlässt die Kommission Durchführungsmaßnahmen, die festlegen, welche konkreten organisatorischen Anforderungen Wertpapierfirmen vorzuschreiben sind, die verschiedene Wertpapierdienstleistungen, Anlagetätigkeiten und/oder Nebendienstleistungen oder entsprechende Kombinationen erbringen oder ausüben. Diese Maßnahmen zur Änderung nicht wesentlicher Bestimmungen dieser Richtlinie durch Ergänzung werden nach dem in Artikel 64 Absatz 2 genannten Regelungsverfahren mit Kontrolle erlassen.

### Artikel 14  Handel und Abschluss von Geschäften über MTF

(1) Die Mitgliedstaaten schreiben vor, dass Wertpapierfirmen oder Marktbetreiber, die ein MTF betreiben, neben der Einhaltung der Anforderungen des Artikel 13 transparente und nichtdiskretionäre Regeln und Verfahren für einen fairen und ordnungsgemäßen Handel sowie objektive Kriterien für die wirksame Ausführung von Aufträgen festlegen.

(2) Die Mitgliedstaaten schreiben vor, dass Wertpapierfirmen oder Marktbetreiber, die ein MTF betreiben, transparente Regeln für die Kriterien aufstellen, nach denen sich bestimmt, welche Finanzinstrumente innerhalb ihrer Systeme gehandelt werden können.

Die Mitgliedstaaten schreiben vor, dass Wertpapierfirmen oder Marktbetreiber, die ein MTF betreiben, gegebenenfalls ausreichende öffentlich zugängliche Informationen bereitstellen oder den Zugang zu solchen Informationen ermöglichen, damit seine Nutzer sich ein Urteil über die Anlagemöglichkeiten bilden können, wobei sowohl die Art der Nutzer als auch die Art der gehandelten Instrumente zu berücksichtigen ist.

(3) Die Mitgliedstaaten stellen sicher, dass die Artikel 19, 21 und 22 nicht für Geschäfte gelten, die nach den für ein MTF geltenden Regeln zwischen dessen Mitgliedern oder Teilnehmern oder zwischen dem MTF und seinen Mitgliedern oder Teilnehmern in Bezug auf die Nutzung des MTF geschlossen werden. Die Mitglieder oder Teilnehmer des MTF müssen allerdings den Verpflichtungen der Artikel 19, 21 und 22 in Bezug auf ihre Kunden nachkommen, wenn sie im Namen ihrer Kunden deren Aufträge innerhalb des Systems eines MTF ausführen.

(4) Die Mitgliedstaaten schreiben vor, dass Wertpapierfirmen oder Marktbetreiber, die ein MTF betreiben, transparente, auf objektiven Kriterien beruhende Regeln festlegen und einhalten, die den Zugang zu dem System regeln. Diese Regeln müssen den Bedingungen des Artikels 42 Absatz 3 genügen.

(5) Die Mitgliedstaaten schreiben vor, dass Wertpapierfirmen oder Marktbetreiber, die ein MTF betreiben, seine Nutzer klar über ihre jeweilige Verantwortung für die Abrechnung der über das System abgewickelten Geschäfte informieren. Die Mitgliedstaaten schreiben vor, dass Wertpapierfirmen oder Marktbetreiber, die ein MTF betreiben, die erforderlichen Vorkehrungen getroffen haben müssen, um die wirksame Abrechnung der innerhalb der Systeme des MTF geschlossenen Geschäfte zu erleichtern.

(6) Wird ein übertragbares Wertpapier, das zum Handel an einem geregelten Markt zugelassen wurde, auch ohne Zustimmung des Emittenten über ein MTF gehandelt, so entstehen dem Emittenten dadurch keine Verpflichtungen in Bezug auf die erstmalige, laufende oder punktuelle Veröffentlichung von Finanzinformationen für das MTF.

(7) Die Mitgliedstaaten schreiben vor, dass Wertpapierfirmen oder Marktbetreiber, die ein MTF betreiben, unverzüglich jeder Anweisung ihrer zuständigen Behörde aufgrund von Artikel 50 Absatz 1 nachkommen, ein Finanzinstrument vom Handel auszuschließen oder den Handel damit auszusetzen.

### Artikel 15  Beziehungen zu Drittländern

(1) Die Mitgliedstaaten teilen der Kommission alle allgemeinen Schwierigkeiten mit, auf die ihre Wertpapierfirmen bei ihrer Niederlassung oder bei der Erbringung von Wertpapierdienstleistungen und/oder Anlagetätigkeiten in einem Drittland stoßen.

(2) Stellt die Kommission aufgrund der ihr gemäß Absatz 1 übermittelten Informationen fest, dass ein Drittland Wertpapierfirmen der Gemeinschaft keinen effektiven Marktzugang gewährt, der demjenigen vergleichbar ist, den die Gemeinschaft den Wertpapierfirmen dieses Drittlands gewährt, so kann die Kommission dem Rat Vorschläge unterbreiten, um ein geeignetes Mandat für Verhandlungen mit dem Ziel zu erhalten, für die Wertpapierfirmen der Gemeinschaft vergleichbare Wettbewerbsmöglichkeiten zu erreichen. Der Rat beschließt hierüber mit qualifizierter Mehrheit.

(3) Stellt die Kommission aufgrund der ihr gemäß Absatz 1 übermittelten Informationen fest, dass Wertpapierfirmen der Gemeinschaft in einem Drittland keine Inländerbehandlung derart erfahren, dass sie nicht die gleichen Wettbewerbsmöglichkeiten erhalten wie inländische Wertpapierfirmen, und dass die Bedingungen für einen effektiven Marktzugang nicht gegeben sind, so kann die Kommission Verhandlungen zur Änderung der Situation aufnehmen.

Im Falle des Unterabsatzes 1 kann die Kommission nach dem in Artikel 64 Absatz 3 genannten Regelungsverfahren jederzeit und zusätzlich zur Einleitung von Verhandlungen beschließen, dass die zuständigen Behörden der Mitgliedstaaten ihre Entscheidungen über bereits eingereichte oder künftige Anträge auf Zulassung und über den Erwerb von Beteiligungen direkter oder indirekter, dem Recht des betreffenden Drittlands unterliegender Mutterunternehmen beschränken oder aussetzen müssen. Solche Beschränkungen oder Aussetzungen dürfen weder bei der Gründung von Tochterunternehmen durch in der Gemeinschaft ordnungsgemäß zugelassene Wertpapierfirmen oder ihre Tochterunternehmen noch beim Erwerb von Beteiligungen an Wertpapierfirmen der Gemeinschaft durch solche Wertpapierfirmen oder Tochterunternehmen angewandt werden. Die Laufzeit solcher Maßnahmen darf drei Monate nicht überschreiten.

Vor Ablauf der in Unterabsatz 2 genannten Frist von drei Monaten kann die Kommission aufgrund der Verhandlungsergebnisse nach dem in Artikel 64 Absatz 3 genannten Regelungsverfahren die Fortführung dieser Maßnahmen beschließen.

(4) Stellt die Kommission das Vorliegen einer in Absatz 2 oder 3 genannten Situation fest, so teilen ihr die Mitgliedstaaten auf Verlangen Folgendes mit:
a) jeden Antrag auf Zulassung einer Wertpapierfirma, die direkt oder indirekt Tochterunternehmen eines Mutterunternehmens ist, das dem Recht des betreffenden Drittlands unterliegt;
b) jede ihnen nach Artikel 10 Absatz 3 gemeldete Absicht eines solchen Mutterunternehmens, eine Beteiligung an einer Wertpapierfirma der Gemeinschaft zu erwerben, wodurch letztere dessen Tochterunternehmen würde.

Diese Mitteilungspflicht endet, sobald ein Abkommen mit dem betreffenden Drittland geschlossen wurde oder wenn die in Absatz 3 Unterabsätze 2 und 3 genannten Maßnahmen nicht mehr zur Anwendung kommen.

(5) Die nach diesem Artikel getroffenen Maßnahmen müssen mit den Verpflichtungen der Gemeinschaft vereinbar sein, die sich aus bi- oder multilateralen internationalen Abkommen über die Aufnahme oder Ausübung der Tätigkeiten von Wertpapierfirmen ergeben.

## Kapitel II: Bedingungen für die Ausübung der Tätigkeit von Wertpapierfirmen

### Abschnitt 1: Allgemeine Bestimmungen

### Artikel 16  Regelmäßige Überprüfung der Voraussetzungen für die Erstzulassung

(1) Die Mitgliedstaaten schreiben vor, dass eine in ihrem Hoheitsgebiet zugelassene Wertpapierfirma die Voraussetzungen für die Erstzulassung gemäß Kapitel I dieses Titels jederzeit erfüllen muss.

(2) Die Mitgliedstaaten schreiben vor, dass die zuständigen Behörden durch geeignete Methoden überwachen, dass Wertpapierfirmen ihren Verpflichtungen gemäß Absatz 1 nachkommen. Sie schreiben vor, dass Wertpapierfirmen den zuständigen Behörden alle wichtigen Änderungen der Voraussetzungen für die Erteilung der Erstzulassung melden.

(3) Im Falle von Wertpapierfirmen, die lediglich Anlageberatung betreiben, können die Mitgliedstaaten der zuständigen Behörde gestatten, Verwaltungs-, Vorbereitungs- oder Nebenaufgaben im Zusammenhang mit der Überprüfung der Voraussetzungen für die Erteilung der Erstzulassung gemäß den Bedingungen des Artikels 48 Absatz 2 übertragen.

### Artikel 17  Allgemeine Verpflichtung zur laufenden Überwachung

(1) Die Mitgliedstaaten stellen sicher, dass die zuständigen Behörden die Tätigkeit von Wertpapierfirmen überwachen, um die Einhaltung der Bedingungen für die Ausübung der Tätigkeit gemäß dieser Richtlinie zu beurteilen. Die Mitgliedstaaten stellen sicher, dass geeignete Maßnahmen vorhanden sind, damit die zuständigen Behörden die notwendigen Informationen erhalten, um die Einhaltung dieser Bedingungen durch die Wertpapierfirmen zu prüfen.

(2) Im Falle von Wertpapierfirmen, die lediglich Anlageberatung betreiben, können die Mitgliedstaaten der zuständigen Behörde gestatten, Verwaltungs-, Vorbereitungs- oder Nebenaufgaben im Zusammenhang mit der regelmäßigen Überwachung der betrieblichen Voraussetzungen gemäß den Bedingungen des Artikels 48 Absatz 2 zu übertragen.

### Artikel 18  Interessenkonflikte

(1) Die Mitgliedstaaten schreiben vor, dass Wertpapierfirmen alle angemessenen Vorkehrungen treffen, um Interessenkonflikte zwischen ihnen selbst, einschließlich ihrer

Geschäftsleitung, ihren Beschäftigten und vertraglich gebundenen Vermittlern oder anderen Personen, die mit ihnen direkt oder indirekt durch Kontrolle verbunden sind, und ihren Kunden oder zwischen ihren Kunden untereinander zu erkennen, die bei der Erbringung von Wertpapierdienstleistungen oder Nebendienstleistungen oder einer Kombination davon entstehen.

(2) Reichen die von der Wertpapierfirma gemäß Artikel 13 Absatz 3 getroffenen organisatorischen oder verwaltungsmäßigen Vorkehrungen zur Regelung von Interessenkonflikten nicht aus, um nach vernünftigem Ermessen zu gewährleisten, dass das Risiko der Beeinträchtigung von Kundeninteressen vermieden wird, so legt die Wertpapierfirma dem Kunden die allgemeine Art und/oder die Quellen von Interessenkonflikten eindeutig dar, bevor sie Geschäfte in seinem Namen tätigt.

(3) Um den technischen Entwicklungen auf den Finanzmärkten Rechnung zu tragen und die einheitliche Anwendung der Absätze 1 und 2 sicherzustellen, erlässt die Kommission Durchführungsmaßnahmen, um

a) die Maßnahmen zu bestimmen, die von Wertpapierfirmen nach vernünftigem Ermessen erwartet werden können, um Interessenkonflikte zu erkennen, zu vermeiden, zu regeln und/oder offen zu legen, wenn sie verschiedene Arten von Wertpapierdienstleistungen und Nebendienstleistungen oder Kombinationen davon erbringen;

b) geeignete Kriterien festzulegen, anhand derer die Typen von Interessenkonflikten bestimmt werden können, die den Interessen der Kunden oder potenziellen Kunden der Wertpapierfirma schaden könnten.

Die Maßnahmen gemäß Unterabsatz 1 zur Änderung nicht wesentlicher Bestimmungen dieser Richtlinie durch Ergänzung werden nach dem in Artikel 64 Absatz 2 genannten Regelungsverfahren mit Kontrolle erlassen.

## Abschnitt 2: Bestimmungen zum Anlegerschutz

### Artikel 19  Wohlverhaltensregeln bei der Erbringung von Wertpapierdienstleistungen für Kunden

(1) Die Mitgliedstaaten schreiben vor, dass eine Wertpapierfirma bei der Erbringung von Wertpapierdienstleistungen und/oder gegebenenfalls Nebendienstleistungen für ihre Kunden ehrlich, redlich und professionell im bestmöglichen Interesse ihrer Kunden handelt und insbesondere den Grundsätzen der Absätze 2 bis 8 genügt.

(2) Alle Informationen, einschließlich Marketing-Mitteilungen, die die Wertpapierfirma an Kunden oder potenzielle Kunden richtet, müssen redlich, eindeutig und nicht irreführend sein. Marketing-Mitteilungen müssen eindeutig als solche erkennbar sein.

(3) Kunden und potenziellen Kunden sind in verständlicher Form angemessene Informationen zur Verfügung zu stellen über

- die Wertpapierfirma und ihre Dienstleistungen,
- Finanzinstrumente und vorgeschlagene Anlagestrategien; dies sollte auch geeignete Leitlinien und Warnhinweise zu den mit einer Anlage in diese Finanzinstrumente oder mit diesen Anlagestrategien verbundenen Risiken umfassen,
- Ausführungsplätze und
- Kosten und Nebenkosten,

so dass sie nach vernünftigem Ermessen die genaue Art und die Risiken der Wertpapierdienstleistungen und des speziellen Typs von Finanzinstrument, der ihnen angeboten wird, verstehen können und somit auf informierter Grundlage Anlageentscheidungen treffen können. Diese Informationen können in standardisierter Form zur Verfügung gestellt werden.

(4) Erbringt die Wertpapierfirma Anlageberatung- oder Portfolio-Management, so holt sie die notwendigen Informationen über die Kenntnisse und Erfahrung des Kunden oder potenziellen Kunden im Anlagebereich in Bezug auf den speziellen Produkttyp oder den speziellen Typ der Dienstleistung, seine finanziellen Verhältnisse und seine An-

lageziele ein, um ihr zu ermöglichen, dem Kunden oder potenziellen Kunden für ihn geeignete Wertpapierdienstleistungen und Finanzinstrumente zu empfehlen.

(5) Die Mitgliedstaaten stellen sicher, dass Wertpapierfirmen bei anderen als den in Absatz 4 genannten Finanzdienstleistungen Kunden oder potenzielle Kunden um Angaben zu ihren Kenntnissen und Erfahrungen im Anlagebereich in Bezug auf den speziellen Typ der angebotenen oder angeforderten Produkte oder Dienstleistungen bitten, um beurteilen zu können, ob die in Betracht gezogenen Wertpapierdienstleistungen oder Produkte für den Kunden angemessen sind.

Gelangt die Wertpapierfirma aufgrund der gemäß Unterabsatz 1 erhaltenen Informationen zu der Auffassung, dass das Produkt oder die Dienstleistung für den Kunden oder potenziellen Kunden nicht geeignet ist, so warnt sie den Kunden oder potenziellen Kunden. Diese Warnung kann in standardisierter Form erfolgen.

Lehnt der Kunde oder potenzielle Kunde es ab, die in Unterabsatz 1 genannten Angaben zu machen, oder macht er unzureichende Angaben zu seinen Kenntnissen und Erfahrungen, so warnt die Wertpapierfirma den Kunden oder potenziellen Kunden, dass eine solche Entscheidung es ihr nicht ermöglicht zu beurteilen, ob die in Betracht gezogene Wertpapierdienstleistung oder das in Betracht gezogene Produkt für ihn geeignet ist. Diese Warnung kann in standardisierter Form erfolgen.

(6) Die Mitgliedstaaten gestatten Wertpapierfirmen, deren Wertpapierdienstleistungen lediglich in der Ausführung von Kundenaufträgen und/oder der Annahme und Übermittlung von Kundenaufträgen mit oder ohne Nebendienstleistungen bestehen, solche Wertpapierdienstleistungen für ihre Kunden zu erbringen, ohne zuvor die Angaben gemäß Absatz 5 einholen oder bewerten zu müssen, wenn alle der nachstehenden Voraussetzungen erfüllt sind:

– die betreffenden Dienstleistungen beziehen sich auf Aktien, die zum Handel an einem geregelten Markt oder an einem gleichwertigen Markt eines Drittlandes zugelassen sind, Geldmarktinstrumente, Schuldverschreibungen oder sonstige verbriefte Schuldtitel (ausgenommen Schuldverschreibungen oder verbriefte Schuldtitel, in die ein Derivat eingebettet ist), OGAW und andere nicht komplexe Finanzinstrumente. Ein Markt eines Drittlandes gilt als einem geregelten Markt gleichwertig, wenn er Vorschriften unterliegt, die den unter Titel III festgelegten Vorschriften gleichwertig sind. Die Kommission veröffentlicht eine Liste der Märkte, die als gleichwertig zu betrachten sind. Diese Liste wird in regelmäßigen Abständen aktualisiert;

– die Dienstleistung wird auf Veranlassung des Kunden oder potenziellen Kunden erbracht;

– der Kunde oder potenzielle Kunde wurde eindeutig darüber informiert, dass die Wertpapierfirma bei der Erbringung dieser Dienstleistung die Eignung der Instrumente oder Dienstleistungen, die erbracht oder angeboten werden, nicht prüfen muss und der Kunde daher nicht in den Genuss des Schutzes der einschlägigen Wohlverhaltensregeln kommt; diese Warnung kann in standardisierter Form erfolgen;

– die Wertpapierfirma kommt ihren Pflichten gemäß Artikel 18 nach.

(7) Die Wertpapierfirma erstellt eine Aufzeichnung, die das Dokument oder die Dokumente mit den Vereinbarungen zwischen der Firma und dem Kunden enthält, die die Rechte und Pflichten der Parteien sowie die sonstigen Bedingungen, zu denen die Wertpapierfirma Dienstleistungen für den Kunden erbringt, festlegt. Die Rechte und Pflichten der Vertragsparteien können durch Verweisung auf andere Dokumente oder Rechtstexte aufgenommen werden.

(8) Die Wertpapierfirma muss dem Kunden in geeigneter Form über die für ihre Kunden erbrachten Dienstleistungen Bericht erstatten. Diese Berichte enthalten gegebenenfalls die Kosten, die mit den im Namen des Kunden durchgeführten Geschäften und den erbrachten Dienstleistungen verbunden sind.

(9) Wird eine Wertpapierdienstleistung als Teil eines Finanzprodukts angeboten, das in Bezug auf die Bewertung des Risikos für den Kunden und/oder die Informationspflichten bereits anderen Bestimmungen des Gemeinschaftsrechts oder gemeinsamen

europäischen Normen für Kreditinstitute und Verbraucherkredite unterliegt, so unterliegt diese Dienstleistung nicht zusätzlich den Anforderungen dieses Artikels.

(10) Um den erforderlichen Anlegerschutz und die einheitliche Anwendung der Absätze 1 bis 8 sicherzustellen, erlässt die Kommission Durchführungsmaßnahmen, um zu gewährleisten, dass Wertpapierfirmen bei der Erbringung von Wertpapierdienstleistungen oder Nebendienstleistungen für ihre Kunden den darin festgelegten Grundsätzen genügen. In diesen Durchführungsmaßnahmen sind folgende Aspekte zu berücksichtigen:

a) die Art der den Kunden oder potenziellen Kunden angebotenen oder für diese erbrachten Dienstleistung(en) unter Berücksichtigung von Typ, Gegenstand, Umfang und Häufigkeit der Geschäfte;

b) die Art der angebotenen oder in Betracht gezogenen Finanzinstrumente;

c) die Tatsache, ob es sich bei den Kunden oder potenziellen Kunden um Kleinanleger oder professionelle Anleger handelt.

Die Maßnahmen gemäß Unterabsatz 1 zur Änderung nicht wesentlicher Bestimmungen dieser Richtlinie durch Ergänzung werden nach dem in Artikel 64 Absatz 2 genannten Regelungsverfahren mit Kontrolle erlassen.

### Artikel 20  Erbringung von Dienstleistungen über eine andere Wertpapierfirma

Die Mitgliedstaaten gestatten einer Wertpapierfirma, die über eine andere Wertpapierfirma eine Anweisung erhält, Wertpapierdienstleistungen oder Nebendienstleistungen im Namen eines Kunden zu erbringen, sich auf Kundeninformationen zu stützen, die von letzterer Firma weitergeleitet werden. Die Verantwortung für die Vollständigkeit und Richtigkeit der weitergeleiteten Anweisungen verbleibt bei der Wertpapierfirma, die die Anweisungen übermittelt.

Die Wertpapierfirma, die eine Anweisung erhält, auf diese Art Dienstleistungen im Namen eines Kunden zu erbringen, darf sich auch auf Empfehlungen in Bezug auf die Dienstleistung oder das Geschäft verlassen, die dem Kunden von einer anderen Wertpapierfirma gegeben wurden. Die Verantwortung für die Eignung der Empfehlungen oder der Beratung für den Kunden verbleibt bei der Wertpapierfirma, welche die Anweisungen übermittelt.

Die Verantwortung für die Erbringung der Dienstleistung oder den Abschluss des Geschäfts auf der Grundlage solcher Angaben oder Empfehlungen im Einklang mit den einschlägigen Bestimmungen dieses Titels verbleibt bei der Wertpapierfirma, die die Kundenanweisungen oder -aufträge über eine andere Wertpapierfirma erhält.

### Artikel 21  Verpflichtung zur kundengünstigsten Ausführung von Aufträgen

(1) Die Mitgliedstaaten schreiben vor, dass Wertpapierfirmen bei der Ausführung von Aufträgen unter Berücksichtigung des Kurses, der Kosten, der Schnelligkeit, der Wahrscheinlichkeit der Ausführung und Abwicklung des Umfangs, der Art und aller sonstigen, für die Auftragsausführung relevanten Aspekte alle angemessenen Maßnahmen ergreifen, um das bestmögliche Ergebnis für ihre Kunden zu erreichen. Liegt jedoch eine ausdrückliche Weisung des Kunden vor, so führt die Wertpapierfirma den Auftrag gemäß dieser ausdrücklichen Weisung aus.

(2) Die Mitgliedstaaten schreiben vor, dass Wertpapierfirmen wirksame Vorkehrungen für die Einhaltung von Absatz 1 treffen und anwenden. Die Mitgliedstaaten schreiben insbesondere vor, dass Wertpapierfirmen Grundsätze der Auftragsausführung festlegen und anwenden, die es ihnen erlaubt, für die Aufträge ihrer Kunden das bestmögliche Ergebnis in Einklang mit Absatz 1 zu erzielen.

(3) Die Grundsätze der Auftragsausführung enthält für jede Gattung von Finanzinstrumenten Angaben zu den verschiedenen Handelsplätzen, an denen die Wertpapierfirma Aufträge ihrer Kunden ausführt, und die Faktoren, die für die Wahl des Ausführungsplatzes ausschlaggebend sind. Es werden zumindest die Handelsplätze genannt, an denen die Wertpapierfirma gleich bleibend die bestmöglichen Ergebnisse bei der Ausführung von Kundenaufträgen erzielen kann.

Die Mitgliedstaaten schreiben vor, dass Wertpapierfirmen ihre Kunden über ihre Grundsätze der Auftragsausführung in geeigneter Form informieren. Die Mitgliedstaaten schreiben vor, dass Wertpapierfirmen die vorherige Zustimmung ihrer Kunden zu ihrer Ausführungspolitik einholen.

Für den Fall, dass die Grundsätze der Auftragsausführung vorsehen, dass Aufträge außerhalb eines geregelten Marktes oder eines MTF ausgeführt werden dürfen, schreiben die Mitgliedstaaten vor, dass die Wertpapierfirma ihre Kunden oder potenziellen Kunden insbesondere auf diese Möglichkeit hinweisen muss. Die Mitgliedstaaten schreiben vor, dass Wertpapierfirmen die vorherige ausdrückliche Zustimmung der Kunden einholen, bevor sie Kundenaufträge außerhalb eines geregelten Marktes oder eines MTF ausführen. Wertpapierfirmen können diese Zustimmung entweder in Form einer allgemeinen Vereinbarung oder zu jedem Geschäft einzeln einholen.

(4) Die Mitgliedstaaten schreiben vor, dass Wertpapierfirmen die Effizienz ihrer Vorkehrungen zur Auftragsausführung und ihre Ausführungspolitik überwachen, um Mängel festzustellen und gegebenenfalls zu beheben. Insbesondere prüfen sie regelmäßig, ob die in der Ausführungspolitik genannten Handelsplätze das bestmögliche Ergebnis für die Kunden erbringen oder ob die Vorkehrungen zur Auftragsausführung geändert werden müssen. Die Mitgliedstaaten schreiben vor, dass Wertpapierfirmen ihren Kunden wesentliche Änderungen ihrer Vorkehrungen zur Auftragsausführung oder ihrer Ausführungspolitik mitteilen.

(5) Die Mitgliedstaaten schreiben Wertpapierfirmen vor, ihren Kunden auf deren Anfragen nachzuweisen, dass sie deren Aufträge im Einklang mit den Ausführungsgrundsätzen der Firma ausgeführt haben.

(6) Um den für die Anleger erforderlichen Schutz und das ordnungsgemäße Funktionieren der Märkte zu gewährleisten und die einheitliche Anwendung der Absätze 1, 3 und 4 sicherzustellen, erlässt die Kommission Durchführungsmaßnahmen, die Folgendes betreffen:

a) die Kriterien, nach denen die relative Bedeutung der verschiedenen Faktoren bestimmt wird, die gemäß Absatz 1 herangezogen werden können, um das bestmögliche Ergebnis unter Berücksichtigung des Umfangs und der Art des Auftrags und des Kundentyps – Kleinanleger oder professioneller Kunde – zu ermitteln;

b) Faktoren, die eine Wertpapierfirma heranziehen kann, um ihre Ausführungsvorkehrungen zu überprüfen und um zu prüfen, unter welchen Umständen eine Änderung dieser Vorkehrungen angezeigt wäre. Insbesondere die Faktoren zur Bestimmung, welche Handelsplätze Wertpapierfirmen ermöglichen, bei der Ausführung von Kundenaufträgen auf Dauer die bestmöglichen Ergebnisse zu erzielen;

c) Art und Umfang der Informationen über die Ausführungspolitik, die den Kunden gemäß Absatz 3 zur Verfügung zu stellen sind.

Die Maßnahmen gemäß Unterabsatz 1 zur Änderung nicht wesentlicher Bestimmungen dieser Richtlinie durch Ergänzung werden nach dem in Artikel 64 Absatz 2 genannten Regelungsverfahren mit Kontrolle erlassen.

### Artikel 22 Vorschriften für die Bearbeitung von Kundenaufträgen

(1) Die Mitgliedstaaten schreiben vor, dass Wertpapierfirmen, die zur Ausführung von Aufträgen im Namen von Kunden berechtigt sind, Verfahren und Systeme einrichten, die die unverzügliche, redliche und rasche Ausführung von Kundenaufträgen im Verhältnis zu anderen Kundenaufträgen oder den Handelsinteressen der Wertpapierfirma gewährleisten.

Diese Verfahren oder Systeme ermöglichen es, dass ansonsten vergleichbare Kundenaufträge gemäß dem Zeitpunkt ihres Eingangs bei der Wertpapierfirma ausgeführt werden.

(2) Die Mitgliedstaaten schreiben vor, dass Wertpapierfirmen bei Kundenlimitaufträgen in Bezug auf Aktien, die zum Handel an einem geregelten Markt zugelassen sind, die zu den vorherrschenden Marktbedingungen nicht unverzüglich ausgeführt werden, Maßnahmen ergreifen, um die schnellstmögliche Ausführung dieser Aufträge dadurch zu erleichtern, dass sie sie unverzüglich und auf eine Art und Weise bekannt machen,

die für andere Marktteilnehmer leicht zugänglich ist, sofern der Kunde nicht ausdrücklich eine anders lautende Anweisung gibt. Die Mitgliedstaaten können beschließen, dass eine Wertpapierfirma dieser Pflicht genügt, wenn sie die Kundenlimitaufträge an einen geregelten Markt und/oder ein MTF weiterleitet. Die Mitgliedstaaten sehen vor, dass die zuständigen Behörden von dieser Verpflichtung zur Bekanntmachung eines Limitauftrags im Sinne von Artikel 44 Absatz 2 absehen können, wenn dieser im Vergleich zum marktüblichen Geschäftsumfang sehr groß ist.

(3) Um zu gewährleisten, dass die Maßnahmen für den Anlegerschutz und das faire und ordnungsgemäße Funktionieren der Märkte den technischen Entwicklungen auf den Finanzmärkten Rechnung tragen und um die einheitliche Anwendung der Absätze 1 und 2 sicherzustellen, erlässt die Kommission Durchführungsmaßnahmen, die Folgendes festlegen:

a) die Bedingungen und die Art der Verfahren und Systeme für die unverzügliche, redliche und rasche Ausführung von Kundenaufträgen, sowie die Situationen oder Geschäftsarten, in denen bzw. bei denen Wertpapierfirmen sinnvollerweise von der unverzüglichen Ausführung abweichen können, um günstigere Bedingungen für Kunden zu erwirken;

b) die verschiedenen Methoden, die eine Wertpapierfirma anwenden kann, um ihrer Verpflichtung nachzukommen, dem Markt Kundenlimitaufträge, die nicht unverzüglich ausgeführt werden können, bekannt zu machen.

Die Maßnahmen gemäß Unterabsatz 1 zur Änderung nicht wesentlicher Bestimmungen dieser Richtlinie durch Ergänzung werden nach dem in Artikel 64 Absatz 2 genannten Regelungsverfahren mit Kontrolle erlassen.

**Artikel 23 Verpflichtungen von Wertpapierfirmen bei der Heranziehung von vertraglich gebundenen Vermittlern**

(1) Die Mitgliedstaaten können beschließen, einer Wertpapierfirma zu gestatten, vertraglich gebundene Vermittler für die Förderung des Dienstleistungsgeschäfts der Wertpapierfirma, das Hereinholen neuer Geschäfte oder die Entgegennahme der Aufträge von Kunden oder potenziellen Kunden sowie die Übermittlung dieser Aufträge, das Platzieren von Finanzinstrumenten sowie für Beratungen in Bezug auf die von der Wertpapierfirma angebotenen Finanzinstrumente und Dienstleistungen heranzuziehen.

(2) Die Mitgliedstaaten schreiben vor, dass eine Wertpapierfirma, die beschließt, einen vertraglich gebundenen Vermittler heranzuziehen, für jedes Handeln oder Unterlassen des vertraglich gebundenen Vermittlers uneingeschränkt haftet, wenn er im Namen der Firma tätig ist. Die Mitgliedstaaten schreiben der Wertpapierfirma vor, sicherzustellen, dass ein vertraglich gebundener Vermittler mitteilt, in welcher Eigenschaft er handelt und welche Firma er vertritt, wenn er mit Kunden oder potenziellen Kunden Kontakt aufnimmt oder bevor er mit diesen Geschäfte abschließt.

Die Mitgliedstaaten können gemäß Artikel 13 Absätze 6, 7 und 8 vertraglich gebundenen Vermittlern, die in ihrem Hoheitsgebiet registriert sind, gestatten, für die Wertpapierfirma, für die sie tätig sind und unter deren uneingeschränkter Verantwortung in ihrem Hoheitsgebiet oder – bei grenzüberschreitenden Geschäften – im Hoheitsgebiet eines Mitgliedstaats, der vertraglich gebundenen Vermittlern die Verwaltung von Kundengeldern gestattet, Gelder und/oder Finanzinstrumente von Kunden zu verwalten.

Die Mitgliedstaaten schreiben vor, dass die Wertpapierfirmen die Tätigkeiten ihrer vertraglich gebundenen Vermittler überwachen, um zu gewährleisten, dass sie diese Richtlinie auf Dauer einhalten, wenn sie über vertraglich gebundene Vermittler tätig werden.

(3) Mitgliedstaaten, die Wertpapierfirmen gestatten, vertraglich gebundene Vermittler heranzuziehen, richten ein öffentliches Register ein. Vertraglich gebundene Vermittler werden in das öffentliche Register des Mitgliedstaats eingetragen, in dem sie niedergelassen sind.

Hat der Mitgliedstaat, in dem der vertraglich gebundene Vermittler niedergelassen ist, gemäß Absatz 1 festgelegt, dass von der zuständigen Behörde zugelassene Wertpapierfirmen nicht berechtigt sind, vertraglich gebundene Vermittler heranzuziehen, so werden diese vertraglich gebundenen Vermittler bei der zuständigen Behörde des Herkunftsmitgliedstaats der Wertpapierfirma, für die sie tätig sind, registriert.

Die Mitgliedstaaten stellen sicher, dass vertraglich gebundene Vermittler nur dann in das öffentliche Register eingetragen werden, wenn feststeht, dass sie ausreichend gut beleumdet sind und über angemessene allgemeine, kaufmännische und berufliche Kenntnisse verfügen, um alle einschlägigen Informationen über die angebotene Dienstleistung korrekt an den Kunden oder den potenziellen Kunden weiterleiten zu können.

Die Mitgliedstaaten können beschließen, dass Wertpapierfirmen überprüfen dürfen, ob die von ihnen herangezogenen vertraglich gebundenen Vermittler ausreichend gut beleumdet sind und über die Kenntnisse gemäß Unterabsatz 3 verfügen.

Das Register wird regelmäßig aktualisiert. Es steht der Öffentlichkeit zur Einsichtnahme offen.

(4) Die Mitgliedstaaten schreiben vor, dass Wertpapierfirmen, die vertraglich gebundene Vermittler heranziehen, durch geeignete Maßnahmen sicherstellen, dass die nicht in den Anwendungsbereich dieser Richtlinie fallenden Tätigkeiten des vertraglich gebundenen Vermittlers keine nachteiligen Auswirkungen auf die Tätigkeiten haben, die der vertraglich gebundene Vermittler im Namen der Wertpapierfirma ausübt.

Die Mitgliedstaaten können den zuständigen Behörden gestatten, mit Wertpapierfirmen und Kreditinstituten, deren Verbänden und sonstigen Rechtspersönlichkeiten bei der Registrierung von vertraglich gebundenen Vermittlern und der Überwachung der Einhaltung der Anforderungen nach Absatz 3 durch die vertraglich gebundenen Vermittler zusammenarbeiten. Insbesondere können vertraglich gebundene Vermittler durch Wertpapierfirmen, Kreditinstitute oder deren Verbände und sonstige Rechtspersönlichkeiten unter der Aufsicht der zuständigen Behörde registriert werden.

(5) Die Mitgliedstaaten schreiben vor, dass Wertpapierfirmen nur vertraglich gebundene Vermittler heranziehen dürfen, die in den öffentlichen Registern gemäß Absatz 3 geführt werden.

(6) Die Mitgliedstaaten können für in ihrem Hoheitsgebiet registrierte vertraglich gebundene Vermittler striktere Anforderungen als die dieses Artikels oder zusätzliche Anforderungen vorsehen.

## Artikel 24  Geschäfte mit geeigneten Gegenparteien

(1) Die Mitgliedstaaten stellen sicher, dass Wertpapierfirmen, die zur Ausführung von Aufträgen im Namen von Kunden und/oder zum Handel für eigene Rechnung und/oder zur Entgegennahme und Weiterleitung von Aufträgen berechtigt sind, Geschäfte mit geeigneten Gegenparteien anbahnen oder abschließen können, ohne in Bezug auf diese Geschäfte oder auf Nebendienstleistungen in direktem Zusammenhang mit diesen Geschäften den Auflagen der Artikel 19 und 21 und des Artikels 22 Absatz 1 genügen zu müssen.

(2) Die Mitgliedstaaten erkennen für die Zwecke dieses Artikels Wertpapierfirmen, Kreditinstitute, Versicherungsgesellschaften, OGAW und ihre Verwaltungsgesellschaften, Pensionsfonds und ihre Verwaltungsgesellschaften, sonstige zugelassene oder nach dem Gemeinschaftsrecht oder den Rechtsvorschriften eines Mitgliedstaats einer Aufsicht unterliegende Finanzinstitute, Unternehmen, die gemäß Artikel 2 Absatz 1 Buchstaben k und l von der Anwendung dieser Richtlinie ausgenommen sind, nationale Regierungen und deren Einrichtungen, einschließlich öffentlicher Stellen der staatlichen Schuldenverwaltung, Zentralbanken und supranationale Organisationen als geeignete Gegenparteien an.

Die Einstufung als geeignete Gegenpartei gemäß Unterabsatz 1 berührt nicht das Recht solcher Rechtspersönlichkeiten, entweder generell oder für jedes einzelne Geschäft eine Behandlung als Kunde zu beantragen, für dessen Geschäfte mit der Wertpapierfirma die Artikel 19, 21 und 22 gelten.

(3) Die Mitgliedstaaten können auch andere Unternehmen als geeignete Gegenparteien anerkennen, die im Voraus festgelegte proportionale Anforderungen einschließlich quantitativer Schwellenwerte erfüllen. Im Falle eines Geschäfts mit potenziellen Gegen-

parteien, die verschiedenen Rechtsordnungen angehören, trägt die Wertpapierfirma dem Status des anderen Unternehmens Rechnung, der sich nach den Rechtsvorschriften oder Maßnahmen des Mitgliedstaats bestimmt, in dem das Unternehmen ansässig ist.

Die Mitgliedstaaten stellen sicher, dass die Wertpapierfirma, die Geschäfte gemäß Absatz 1 mit solchen Unternehmen abschließt, die ausdrückliche Zustimmung der potenziellen Gegenpartei einholt, als geeignete Gegenpartei behandelt zu werden. Die Mitgliedstaaten gestatten der Wertpapierfirma, diese Zustimmung entweder in Form einer allgemeinen Vereinbarung oder für jedes einzelne Geschäft einzuholen.

(4) Die Mitgliedstaaten können Rechtspersönlichkeiten von Drittländern, die den in Absatz 2 genannten Kategorien von Rechtspersönlichkeiten gleichwertig sind, als zulässige Gegenparteien anerkennen.

Die Mitgliedstaaten können auch Unternehmen von Drittländern, wie denen nach Absatz 3, unter denselben Voraussetzungen und bei Erfüllung derselben Anforderungen wie denen des Absatzes 3 als zulässige Gegenparteien anerkennen.

(5) Um die einheitliche Anwendung der Absätze 2, 3 und 4 angesichts der sich ändernden Marktpraktiken sicherzustellen und das effiziente Funktionieren des Binnenmarktes zu erleichtern, kann die Kommission Durchführungsmaßnahmen erlassen, die Folgendes festlegen:

a) die Verfahren zur Beantragung einer Behandlung als Kunde gemäß Absatz 2;
b) die Verfahren zur Einholung der ausdrücklichen Zustimmung potenzieller Gegenparteien gemäß Absatz 3;
c) die im Voraus festgelegten proportionalen Anforderungen einschließlich der quantitativen Schwellenwerte, nach denen ein Unternehmen als geeignete Gegenpartei gemäß Absatz 3 anerkannt werden kann.

Die Maßnahmen gemäß Unterabsatz 1 zur Änderung nicht wesentlicher Bestimmungen dieser Richtlinie durch Ergänzung werden nach dem in Artikel 64 Absatz 2 genannten Regelungsverfahren mit Kontrolle erlassen.

## Abschnitt 3:   Markttransparenz und -integrität

### Artikel 25   Pflicht zur Wahrung der Marktintegrität, Meldung von Geschäften und Führung von Aufzeichnungen

(1) Unbeschadet der Zuweisung der Zuständigkeiten für die Durchsetzung der Richtlinie 2003/6/EG des Europäischen Parlaments und des Rates vom 28. Januar 2003 über Insider-Geschäfte und Marktmanipulation (Marktmissbrauch)[1] stellen die Mitgliedstaaten durch geeignete Maßnahmen sicher, dass die zuständige Behörde die Tätigkeiten von Wertpapierfirmen überwachen kann, um sicherzustellen, dass diese ehrlich, redlich, professionell und in einer Weise handeln, die die Integrität des Marktes fördert.

(2) Die Mitgliedstaaten schreiben vor, dass Wertpapierfirmen die einschlägigen Daten über die Geschäfte mit Finanzinstrumenten, die sie entweder für eigene Rechnung oder im Namen ihrer Kunden getätigt haben, mindestens fünf Jahre zur Verfügung der zuständigen Behörde halten. Im Falle von im Namen von Kunden ausgeführter Geschäfte enthalten die Aufzeichnungen sämtliche Angaben zur Identität des Kunden sowie die gemäß der Richtlinie 91/308/EWG des Rates vom 10. Juni 1991 zur Verhinderung der Nutzung des Finanzsystems zum Zwecke der Geldwäsche[2] geforderten Angaben.

(3) Die Mitgliedstaaten schreiben vor, dass Wertpapierfirmen, die Geschäfte mit zum Handel an einem geregelten Markt zugelassenen Finanzinstrumenten tätigen, der zuständigen Behörde die Einzelheiten dieser Geschäfte so schnell wie möglich und spätestens am Ende des folgenden Werktages melden. Diese Verpflichtung gilt unabhängig davon, ob solche Geschäfte über einen geregelten Markt ausgeführt wurden oder nicht.

---

1) **Amtl. Anm.:** ABl L 96 vom 12. 4. 2003, S. 16.
2) **Amtl. Anm.:** ABl L 166 vom 28. 6. 1991, S. 77. Zuletzt geändert durch die Richtlinie 2001/97/EG des Europäischen Parlaments und des Rates (ABl L 344 vom 28. 12. 2001, S. 76).

Die zuständigen Behörden treffen im Einklang mit Artikel 58 die notwendigen Vorkehrungen, um sicherzustellen, dass diese Informationen auch der zuständigen Behörde des für die betreffenden Finanzinstrumente unter Liquiditätsaspekten wichtigsten Marktes übermittelt werden.

(4) Die Meldungen müssen insbesondere die Bezeichnung und die Zahl der erworbenen oder veräußerten Instrumente, Datum und Uhrzeit des Abschlusses, den Kurs und die Möglichkeit zur Feststellung der Wertpapierfirma enthalten.

(5) Die Mitgliedstaaten schreiben vor, dass die Meldungen entweder von der Wertpapierfirma selbst, einem in ihrem Namen handelnden Dritten oder von einem durch die zuständige Behörde anerkannten System zur Abwicklung oder Meldung von Wertpapiergeschäften oder von dem geregelten Markt oder dem MTF, über deren Systeme das Geschäft abgewickelt wurde, an die zuständige Behörde zu senden sind. Werden Geschäfte der zuständigen Behörde von einem geregelten Markt, einem MTF oder einem von der zuständigen Behörde anerkannten System zur Abwicklung oder Meldung von Wertpapiergeschäften unmittelbar gemeldet, so kann von der Verpflichtung der Wertpapierfirma gemäß Absatz 3 abgesehen werden.

(6) Werden Meldungen im Sinne des vorliegenden Artikels gemäß Artikel 32 Absatz 7 an die zuständige Behörde des Aufnahmemitgliedstaats gesandt, so leitet diese sie an die zuständigen Behörden des Herkunftsmitgliedstaats der Wertpapierfirma weiter, es sei denn diese beschließen, dass sie die Übermittlung dieser Information nicht wünschen.

(7) Um zu gewährleisten, dass die Maßnahmen zum Schutze der Marktintegrität zur Berücksichtigung der technischen Entwicklungen auf den Finanzmärkten angepasst werden und um die einheitliche Anwendung der Absätze 1 bis 5 sicherzustellen, kann die Kommission Durchführungsmaßnahmen erlassen, die die Methoden und Vorkehrungen für die Meldung von Finanzgeschäften, die Form und den Inhalt dieser Meldungen und die Kriterien für die Definition eines einschlägigen Marktes gemäß Absatz 3 festlegen. Diese Maßnahmen zur Änderung nicht wesentlicher Bestimmungen dieser Richtlinie durch Ergänzung werden nach dem in Artikel 64 Absatz 2 genannten Regelungsverfahren mit Kontrolle erlassen.

### Artikel 26 Überwachung der Einhaltung der Regeln des MTF und anderer rechtlicher Verpflichtungen

(1) Die Mitgliedstaaten schreiben vor, dass Wertpapierfirmen und Marktbetreiber, die ein MTF betreiben, für das MTF auf Dauer wirksame Vorkehrungen und Verfahren für die regelmäßige Überwachung der Einhaltung der Regeln des MTF durch dessen Nutzer festlegen. Wertpapierfirmen und Marktbetreiber, die ein MTF betreiben, überwachen die von ihren Nutzern innerhalb ihrer Systeme abgeschlossenen Geschäfte, um Verstöße gegen diese Regeln, marktstörende Handelsbedingungen oder Verhaltensweisen, die auf Marktmissbrauch hindeuten könnten, zu erkennen.

(2) Die Mitgliedstaaten schreiben vor, dass Wertpapierfirmen und Marktbetreiber, die ein MTF betreiben, der zuständigen Behörde schwerwiegende Verstöße gegen seine Regeln oder marktstörende Handelsbedingungen oder Verhaltensweisen, die auf Marktmissbrauch hindeuten könnten, melden. Die Mitgliedstaaten schreiben ferner vor, dass Wertpapierfirmen und Marktbetreiber, die ein MTF betreiben, der Behörde, die für die Ermittlung und Verfolgung von Marktmissbrauch zuständig ist, die einschlägigen Informationen unverzüglich übermitteln und sie bei Ermittlungen wegen Marktmissbrauchs innerhalb oder über ihre Systeme und dessen Verfolgung in vollem Umfang unterstützen.

### Artikel 27 Pflicht der Wertpapierfirmen zur Veröffentlichung verbindlicher Kursofferten

(1) Die Mitgliedstaaten schreiben systematischen Internalisierern in Aktien vor, verbindliche Kursofferten für die an einem geregelten Markt gehandelten Aktien zu veröffentlichen, für die sie systematische Internalisierung betreiben und für die es einen li-

quiden Markt gibt. Für Aktien, für die kein liquider Markt besteht, bieten systematische Internalisierer ihren Kunden auf Anfrage Quotierungen an.

Die Bestimmungen dieses Artikels gelten für systematische Internalisierer bei der Ausführung von Aufträgen bis zur Standardmarktgröße. Systematische Internalisierer, die nur Aufträge über der Standardmarktgröße ausführen, unterliegen den Bestimmungen dieses Artikels nicht.

Die systematischen Internalisierer können die Größe bzw. Größen festlegen, zu denen sie Kursofferten angeben. Für eine bestimmte Aktie umfasst jede Offerte einen verbindlichen Geld- und/oder Briefkurs bzw. -kurse für eine Größe bzw. für Größen bis zur Standardmarktgröße für die Aktienklasse, der die Aktie angehört. Der Kurs bzw. die Kurse müssen die vorherrschenden Marktbedingungen für die betreffende Aktie widerspiegeln.

Aktien werden auf der Grundlage des arithmetischen Durchschnittswertes der Aufträge, die im Markt für diese Aktie ausgeführt werden, in Klassen zusammengefasst. Die Standardmarktgröße für jede Aktienklasse ist eine Größe, die repräsentativ für den arithmetischen Durchschnittswert der Aufträge ist, die an dem Markt für die Aktien der jeweiligen Aktienklasse ausgeführt werden.

Der Markt für jede Aktie besteht aus allen Aufträgen, die in der Europäischen Union im Hinblick auf diese Aktie ausgeführt werden, ausgenommen jene, die im Vergleich zur normalen Marktgröße für diese Aktie ein großes Volumen aufweisen.

(2) Die zuständige Behörde des unter Liquiditätsaspekten wichtigsten Marktes, wie in Artikel 25 definiert, legt mindestens einmal jährlich für jede Aktie auf der Grundlage des arithmetischen Durchschnittswertes der Aufträge, die im Markt für diese Aktie ausgeführt werden, die jeweilige Aktienklasse fest. Diese Information wird allen Marktteilnehmern bekannt gegeben.

(3) Systematische Internalisierer veröffentlichen ihre Kursofferten regelmäßig und kontinuierlich während der üblichen Handelszeiten. Sie sind berechtigt, ihre Offerten jederzeit zu aktualisieren. Sie dürfen ferner im Falle außergewöhnlicher Marktbedingungen ihre Offerten zurückziehen.

Die Kursofferten sind den übrigen Marktteilnehmern zu angemessenen kaufmännischen Bedingungen in leicht zugänglicher Weise bekannt zu machen.

Systematische Internalisierer führen die Aufträge von Kleinanlegern in Bezug auf die Aktien, für die sie systematische Internalisierung betreiben, zu den zum Zeitpunkt des Auftragseingangs gebotenen Kursen aus und kommen den Bestimmungen des Artikels 21 nach.

Systematische Internalisierer führen die Aufträge professioneller Kunden in Bezug auf die Aktien, für die sie systematische Internalisierung betreiben, zu den zum Zeitpunkt des Auftragseingangs gebotenen Kursen aus. Sie können diese Aufträge jedoch in begründeten Fällen zu besseren Kursen ausführen, sofern diese Kurse innerhalb einer veröffentlichten, marktnahen Bandbreite liegen und die Aufträge größer sind als die übliche Auftragsgröße von Kleinanlegern.

Darüber hinaus können systematische Internalisierer Aufträge professioneller Kunden zu anderen als den von ihnen angebotenen Kursen ausführen, ohne die Auflagen von Unterabsatz 4 einhalten zu müssen, wenn es sich dabei um Geschäfte handelt, bei denen die Ausführung in verschiedenen Wertpapieren Teil ein und desselben Geschäfts ist, oder um Aufträge, für die andere Bedingungen als der jeweils geltende Marktkurs anwendbar sind.

Wenn ein systematischer Internalisierer, der nur eine Kursofferte angibt oder dessen höchste Kursofferte unter der standardmäßigen Marktgröße liegt, einen Auftrag von einem Kunden erhält, der über seiner Quotierungsgröße liegt, jedoch unter der Standardmarktgröße, kann er sich dafür entscheiden, den Teil des Auftrags auszuführen, der seine Quotierungsgröße übersteigt, sofern er zu dem quotierten Kurs ausgeführt wird, außer in den Fällen, in denen gemäß den beiden vorangehenden Unterabsätzen etwas anderes zulässig ist. Gibt ein systematischer Internalisierer Kursofferten in verschiedenen

Größen an, und erhält er einen Auftrag, den er ausführen will, der zwischen diesen Größen liegt, so führt er den Auftrag gemäß den Bestimmungen des Artikels 22 zu einem der quotierten Kurse aus, außer in den Fällen, in denen gemäß den beiden vorangehenden Unterabsätzen etwas anderes zulässig ist.

(4) Die zuständigen Behörden prüfen:
a) dass die Wertpapierfirmen die Geld- und/oder Briefkurse, die sie gemäß Absatz 1 veröffentlichen, regelmäßig aktualisieren und Kurse anbieten, die den allgemeinen Marktbedingungen entsprechen,
b) dass die Wertpapierfirmen die Bedingungen für die Kursverbesserungen gemäß Absatz 3 Unterabsatz 4 erfüllen.

(5) Systematische Internalisierer dürfen entsprechend ihrer Geschäftspolitik und in objektiver, nicht diskriminierender Weise entscheiden, welchen Anlegern sie Zugang zu ihren Kursofferten geben. Zu diesem Zweck verfügen sie über eindeutige Standards für den Zugang zu ihren Kursofferten. Systematische Internalisierer können es ablehnen, mit Anlegern eine Geschäftsbeziehung aufzunehmen, oder sie können eine solche beenden, wenn dies aufgrund wirtschaftlicher Erwägungen wie der Bonität des Anlegers, des Gegenparteirisikos und der Abwicklung des Geschäfts erfolgt.

(6) Um das Risiko aufgrund einer Häufung von Geschäften mit ein und demselben Kunden zu beschränken, sind systematische Internalisierer berechtigt, die Zahl der Geschäfte, die sie zu den veröffentlichten Bedingungen mit demselben Kunden abzuschließen bereit sind, in nicht diskriminierender Weise zu beschränken. Sie dürfen ferner – in nicht diskriminierender Weise und gemäß den Bestimmungen des Artikels 22 – die Gesamtzahl der gleichzeitig ausgeführten Geschäfte verschiedener Kunden beschränken, sofern dies nur dann zugelassen wird, wenn die Zahl und/oder der Umfang der Aufträge der Kunden erheblich über der Norm liegt.

(7) Um die einheitliche Anwendung der Absätze 1 bis 6 in einer Weise sicherzustellen, die eine effiziente Bewertung der Aktien unterstützt und es den Wertpapierfirmen ermöglicht, für ihre Kunden die besten Geschäftskonditionen zu erzielen, erlässt die Kommission Durchführungsmaßnahmen, in denen Folgendes festgelegt wird:
a) die Kriterien für die Anwendung der Absätze 1 und 2;
b) die Kriterien dafür, wann eine Offerte regelmäßig und kontinuierlich veröffentlicht wird und leicht zugänglich ist, sowie die Mittel und Wege, mit denen Wertpapierfirmen ihrer Pflicht zur Bekanntmachung ihrer Kursofferte nachkommen können, die folgende Möglichkeiten umfassen:
   i. über das System jedes geregelten Marktes, an dem das besagte Instrument zum Handel zugelassen ist;
   ii. durch einen Dritten;
   iii. mittels eigener Vorkehrungen.
c) die allgemeinen Kriterien zur Festlegung der Geschäfte, bei denen die Ausführung in verschiedenen Wertpapieren Teil eines Geschäfts ist, oder von Aufträgen, die anderen Bedingungen als denen der jeweils geltenden Marktpreise unterliegen;
d) die allgemeinen Kriterien dafür, was als außergewöhnliche Marktbedingungen zu betrachten ist, die die Zurücknahme von Kursofferten zulassen, sowie die Bedingungen für die Aktualisierung von Quotierungen;
e) die Kriterien, nach denen beurteilt wird, was die übliche Ordergröße von Kleinanlegern ist;
f) die Kriterien dafür, was gemäß Absatz 6 als erheblich über der Norm liegend zu betrachten ist;
g) die Kriterien dafür, wann die Kurse innerhalb einer veröffentlichten, marktnahen Bandbreite liegen.

Die Maßnahmen gemäß Unterabsatz 1 zur Änderung nicht wesentlicher Bestimmungen dieser Richtlinie durch Ergänzung werden nach dem in Artikel 64 Absatz 2 genannten Regelungsverfahren mit Kontrolle erlassen.

## Artikel 28 Veröffentlichungen der Wertpapierfirmen nach dem Handel

(1) Die Mitgliedstaaten schreiben mindestens vor, dass Wertpapierfirmen, die entweder für eigene Rechnung oder im Namen von Kunden Geschäfte mit zum Handel an einem geregelten Markt zugelassenen Aktien außerhalb eines geregelten Marktes oder eines MTF tätigen, den Umfang der Geschäfte sowie den Kurs und den Zeitpunkt, zu dem bzw. an dem diese Geschäfte zum Abschluss gebracht wurden, veröffentlichen. Diese Informationen sind so weit wie möglich auf Echtzeitbasis zu angemessenen kaufmännischen Bedingungen und in einer Weise zu veröffentlichen, die den anderen Marktteilnehmern einen leichten Zugang ermöglicht.

(2) Die Mitgliedstaaten schreiben vor, dass die gemäß Absatz 1 veröffentlichten Informationen und die Fristen, innerhalb deren sie zu veröffentlichen sind, den gemäß Artikel 45 festgelegten Anforderungen genügen. Sehen die gemäß Artikel 45 festgelegten Maßnahmen eine spätere Meldung für bestimmte Kategorien von Aktiengeschäften vor, so besteht diese Möglichkeit mutatis mutandis für diese Geschäfte auch, wenn sie außerhalb eines geregelten Marktes oder eines MTF abgeschlossen werden.

(3) Um ein transparentes und ordnungsgemäßes Funktionieren der Märkte und die einheitliche Anwendung von Absatz 1 sicherzustellen, erlässt die Kommission Durchführungsmaßnahmen, die

a) festlegen, auf welche Weise Wertpapierfirmen ihrer Pflicht gemäß Absatz 1 nachkommen können, einschließlich folgender Möglichkeiten:
   i. über das System jedes geregelten Marktes, an dem das besagte Instrument zum Handel zugelassen ist oder über das System eines MTF, über das die betreffende Aktie gehandelt wird;
   ii. über die zuständigen Stellen eines Dritten;
   iii. mittels eigener Vorkehrungen;
b) klären, inwieweit die Verpflichtung gemäß Absatz 1 für Geschäfte gilt, die die Verwendung von Aktien zum Zwecke der Besicherung, der Beleihung oder für andere Zwecke, bei denen der Umtausch von Aktien durch andere Faktoren als den aktuellen Marktkurs der Aktie bestimmt wird, umfassen.

Die Maßnahmen gemäß Unterabsatz 1 zur Änderung nicht wesentlicher Bestimmungen dieser Richtlinie durch Ergänzung werden nach dem in Artikel 64 Absatz 2 genannten Regelungsverfahren mit Kontrolle erlassen.

## Artikel 29 Vorhandels-Transparenzvorschriften für MTF

(1) Die Mitgliedstaaten schreiben mindestens vor, dass Wertpapierfirmen und Marktbetreiber, die ein MTF betreiben, die aktuellen Geld- und Briefkurse und die Tiefe der Handelspositionen zu diesen Kursen veröffentlichen, die über ihre Systeme für zum Handel an einem geregelten Markt zugelassene Aktien mitgeteilt werden. Die Mitgliedstaaten schreiben vor, dass diese Informationen der Öffentlichkeit zu angemessenen kaufmännischen Bedingungen und kontinuierlich während der üblichen Geschäftszeiten zur Verfügung gestellt werden.

(2) Die Mitgliedstaaten sehen vor, dass die zuständigen Behörden in den gemäß Absatz 3 festgelegten Fällen je nach Marktmodell oder Art und Umfang der Aufträge Wertpapierfirmen oder Marktbetreiber, die ein MTF betreiben, von der Pflicht zur Veröffentlichung der Angaben gemäß Absatz 1 ausnehmen können. Die zuständigen Behörden können insbesondere bei Geschäften, die im Vergleich zum marktüblichen Geschäftsumfang für die betreffende Aktie oder den betreffenden Aktientyp ein großes Volumen aufweisen, von der Veröffentlichungspflicht absehen.

(3) Um die einheitliche Anwendung der Absätze 1 und 2 sicherzustellen, erlässt die Kommission Durchführungsmaßnahmen in Bezug auf

a) die Bandbreite der Geld- und Briefkurse oder Kursofferten bestimmter Marketmaker sowie die Markttiefe zu diesen Kursen, die zu veröffentlichen sind;
b) Umfang oder Art der Aufträge, bei denen gemäß Absatz 2 von der Veröffentlichung vor dem Handel abgesehen werden kann;

c) das Marktmodell, für das gemäß Absatz 2 von der Veröffentlichung vor dem Handel abgesehen werden kann und insbesondere die Anwendbarkeit dieser Verpflichtung auf die Handelsmethoden eines MTF, das Geschäfte nach seinen Regeln unter Bezugnahme auf Kurse abschließt, die außerhalb des MTF oder durch periodische Auktion gestellt werden.

Sofern nicht die Besonderheit des MTF etwas anderes rechtfertigt, entsprechen diese Durchführungsmaßnahmen inhaltlich denjenigen, die gemäß Artikel 44 für geregelte Märkte erlassen werden.

Die Maßnahmen gemäß Unterabsatz 1 zur Änderung nicht wesentlicher Bestimmungen dieser Richtlinie durch Ergänzung werden nach dem in Artikel 64 Absatz 2 genannten Regelungsverfahren mit Kontrolle erlassen.

### Artikel 30  Nachhandels-Transparenzvorschriften für MTF

(1) Die Mitgliedstaaten schreiben mindestens vor, dass Wertpapierfirmen und Marktbetreiber, die ein MTF betreiben, Kurs, Umfang und Zeitpunkt der Geschäfte veröffentlichen, die gemäß den Regeln und über die Systeme des MTF in Bezug auf Aktien abgeschlossen werden, die zum Handel auf einem geregelten Markt zugelassen sind. Die Mitgliedstaaten schreiben vor, dass die Einzelheiten dieser Geschäfte zu angemessenen kaufmännischen Bedingungen und so weit wie möglich auf Echtzeitbasis zu veröffentlichen sind. Diese Anforderung gilt nicht für die Einzelheiten von über ein MTF abgeschlossenen Geschäften, die über die Systeme eines geregelten Marktes veröffentlicht werden.

(2) Die Mitgliedstaaten sehen vor, dass die zuständige Behörde Wertpapierfirmen oder Marktbetreibern, die ein MTF betreiben, gestatten kann, Einzelheiten von Geschäften je nach deren Art und Umfang zu einem späteren Zeitpunkt zu veröffentlichen. Die zuständigen Behörden können, insbesondere bei Geschäften, die im Vergleich zum marktüblichen Geschäftsumfang bei der betreffenden Aktie oder Aktiengattung ein großes Volumen aufweisen, eine spätere Veröffentlichung gestatten. Die Mitgliedstaaten schreiben vor, dass ein MTF vorab die Genehmigung der zuständigen Behörde zu vorgeschlagenen Vorkehrungen für die verzögerte Veröffentlichung einholen muss und dass Marktteilnehmer und Anlegerpublikum auf diese Vorkehrungen deutlich hingewiesen werden.

(3) Um ein effizientes und ordnungsgemäßes Funktionieren der Finanzmärkte und die einheitliche Anwendung der Absätze 1 und 2 sicherzustellen, erlässt die Kommission Durchführungsmaßnahmen in Bezug auf

a) Umfang und Inhalt der Angaben, die der Öffentlichkeit zur Verfügung gestellt werden müssen;

b) die Voraussetzungen, unter denen Wertpapierfirmen oder Marktbetreiber, die ein MTF betreiben, Angaben zu Geschäften zu einem späteren Zeitpunkt veröffentlichen dürfen, und die Kriterien, anhand deren entschieden wird, bei welchen Geschäften aufgrund ihres Umfangs oder der betroffenen Aktiengattung eine verzögerte Veröffentlichung zulässig ist.

Sofern nicht die Besonderheit des MTF etwas anderes rechtfertigt, entsprechen diese Durchführungsmaßnahmen inhaltlich denjenigen, die gemäß Artikel 45 für geregelte Märkte erlassen werden.

Die Maßnahmen gemäß Unterabsatz 1 zur Änderung nicht wesentlicher Bestimmungen dieser Richtlinie durch Ergänzung werden nach dem in Artikel 64 Absatz 2 genannten Regelungsverfahren mit Kontrolle erlassen.

## Kapitel III:  Rechte von Wertpapierfirmen

### Artikel 31  Freiheit der Wertpapierdienstleistung und der Anlagetätigkeit

(1) Die Mitgliedstaaten stellen sicher, dass jede Wertpapierfirma, die von den zuständigen Behörden eines anderen Mitgliedstaats im Einklang mit dieser Richtlinie und bei Kreditinstituten im Einklang mit der Richtlinie 2000/12/EG zugelassen und beaufsichtigt wird, in ihrem Hoheitsgebiet ungehindert Wertpapierdienstleistungen und/oder An-

lagetätigkeiten sowie Nebendienstleistungen erbringen bzw. ausüben kann, sofern diese Dienstleistungen und Tätigkeiten durch ihre Zulassung gedeckt sind. Nebendienstleistungen dürfen nur in Verbindung mit einer Wertpapierdienstleistung und/oder Anlagetätigkeit erbracht werden.

Die Mitgliedstaaten erlegen diesen Wertpapierfirmen oder Kreditinstituten in den von der vorliegenden Richtlinie erfassten Bereichen keine zusätzlichen Anforderungen auf.

(2) Jede Wertpapierfirma, die im Hoheitsgebiet eines anderen Mitgliedstaats erstmals Dienstleistungen erbringen oder Anlagetätigkeiten ausüben möchte oder die Palette ihrer dort angebotenen Dienstleistungen oder Tätigkeiten ändern möchte, übermittelt der zuständigen Behörde ihres Herkunftsmitgliedstaats folgende Angaben:

 a) den Mitgliedstaat, in dem sie ihre Tätigkeit auszuüben beabsichtigt,

 b) einen Geschäftsplan, aus dem insbesondere ihre beabsichtigten Wertpapierdienstleistungen und/oder Anlagetätigkeiten sowie Nebendienstleistungen hervorgehen, und ob sie beabsichtigt, im Hoheitsgebiet des Mitgliedstaats, in dem sie Dienstleistungen zu erbringen beabsichtigt, vertraglich gebundene Vermittler heranzuziehen.

Beabsichtigt die Wertpapierfirma, vertraglich gebundene Vermittler heranzuziehen, so teilt die zuständige Behörde des Herkunftsmitgliedstaats der Wertpapierfirma auf Ersuchen der zuständigen Behörde des Aufnahmemitgliedstaats innerhalb einer angemessenen Frist den bzw. die Namen der vertraglich gebundenen Vermittler mit, die die Wertpapierfirma in jenem Mitgliedstaat heranzuziehen beabsichtigt. Der Aufnahmemitgliedstaat kann die entsprechenden Angaben veröffentlichen.

(3) Die zuständige Behörde des Herkunftsmitgliedstaats leitet diese Angaben innerhalb eines Monats nach Erhalt an die gemäß Artikel 56 Absatz 1 als Kontaktstelle benannte zuständige Behörde des Aufnahmemitgliedstaats weiter. Die Wertpapierfirma kann dann im Aufnahmemitgliedstaat die betreffende(n) Wertpapierdienstleistung(en) erbringen.

(4) Bei einer Änderung der nach Absatz 2 übermittelten Angaben teilt die Wertpapierfirma der zuständigen Behörde des Herkunftsmitgliedstaats diese Änderung mindestens einen Monat vor Durchführung der Änderung schriftlich mit. Die zuständige Behörde des Herkunftsmitgliedstaats setzt die zuständige Behörde des Aufnahmemitgliedstaats von diesen Änderungen in Kenntnis.

(5) Die Mitgliedstaaten gestatten Wertpapierfirmen und Marktbetreibern aus anderen Mitgliedstaaten, die ein MTF betreiben, ohne weitere rechtliche oder verwaltungstechnische Auflagen, in ihrem Hoheitsgebiet geeignete Systeme bereitzustellen, um Fernnutzern oder -teilnehmern in ihrem Hoheitsgebiet den Zugang zu ihren Systemen sowie deren Nutzung zu erleichtern.

(6) Die Wertpapierfirma oder der Marktbetreiber, der ein MTF betreibt, teilt der zuständigen Behörde ihres/seines Herkunftsmitgliedstaats mit, in welchem Mitgliedstaat sie/er derartige Systeme bereitzustellen beabsichtigt. Die zuständige Behörde des Herkunftsmitgliedstaats des MTF übermittelt diese Angaben innerhalb eines Monats an den Mitgliedstaat, in dem das MTF derartige Systeme bereitstellen möchte.

Die zuständige Behörde des Herkunftsmitgliedstaats des MTF übermittelt der zuständigen Behörde des Aufnahmemitgliedstaats des MTF auf deren Ersuchen innerhalb einer angemessenen Frist die Namen der Mitglieder oder Teilnehmer des in jenem Mitgliedstaat niedergelassenen MTF.

### Artikel 32 Errichtung einer Zweigniederlassung

(1) Die Mitgliedstaaten stellen sicher, dass in ihrem Hoheitsgebiet Wertpapierdienstleistungen und/oder Anlagetätigkeiten sowie Nebendienstleistungen im Einklang mit dieser Richtlinie und der Richtlinie 2000/12/EG durch die Errichtung einer Zweigniederlassung erbracht bzw. ausgeübt werden können, sofern diese Dienstleistungen und Tätigkeiten von der der Wertpapierfirma oder dem Kreditinstitut im Herkunftsmitgliedstaat erteilten Zulassung abgedeckt sind. Nebendienstleistungen dürfen nur in Verbindung mit einer Wertpapierdienstleistung und/oder Anlagetätigkeit erbracht werden.

Mit Ausnahme der nach Absatz 7 zulässigen Auflagen sehen die Mitgliedstaaten keine zusätzlichen Anforderungen an die Errichtung und den Betrieb einer Zweigniederlassung in den von dieser Richtlinie erfassten Bereichen vor.

(2) Die Mitgliedstaaten schreiben jeder Wertpapierfirma, die im Hoheitsgebiet eines anderen Mitgliedstaats eine Zweigniederlassung errichten möchte, vor, die zuständige Behörde ihres Herkunftsmitgliedstaats zuvor davon in Kenntnis zu setzen und dieser folgende Angaben zu übermitteln:

a) die Mitgliedstaaten, in deren Hoheitsgebiet die Errichtung einer Zweigniederlassung geplant ist;

b) einen Geschäftsplan, aus dem unter anderem die Art der angebotenen Wertpapierdienstleistungen und/oder Anlagetätigkeiten sowie Nebendienstleistungen und die Organisationsstruktur der Zweigniederlassung hervorgeht und ob sie beabsichtigt, vertraglich gebundene Vermittler heranzuziehen;

c) die Anschrift, unter der im Aufnahmemitgliedstaat Unterlagen angefordert werden können;

d) die Namen der Geschäftsführer der Zweigniederlassung.

Zieht eine Wertpapierfirma einen vertraglich gebundenen Vermittler heran, der in einem anderen Mitgliedstaat als ihrem Herkunftsmitgliedstaat ansässig ist, so wird dieser vertraglich gebundene Vermittler der Zweigniederlassung gleichgestellt und unterliegt den für Zweigniederlassungen geltenden Bestimmungen dieser Richtlinie.

(3) Sofern die zuständige Behörde des Herkunftsmitgliedstaats in Anbetracht der geplanten Tätigkeiten keinen Grund hat, die Angemessenheit der Verwaltungsstrukturen oder der Finanzlage der Wertpapierfirma anzuzweifeln, übermittelt sie die Angaben innerhalb von drei Monaten nach Eingang sämtlicher Angaben der gemäß Artikel 56 Absatz 1 als Kontaktstelle benannten zuständigen Behörde des Aufnahmemitgliedstaats und teilt dies der betreffenden Wertpapierfirma mit.

(4) Zusätzlich zu den Angaben gemäß Absatz 2 übermittelt die zuständige Behörde des Herkunftsmitgliedstaats der zuständigen Behörde des Aufnahmemitgliedstaats genaue Angaben zu dem anerkannten Anlegerentschädigungssystem, dem die Wertpapierfirma gemäß der Richtlinie 97/9/EG angeschlossen ist. Im Falle einer Änderung dieser Angaben teilt die zuständige Behörde des Herkunftsmitgliedstaats dies der zuständigen Behörde des Aufnahmemitgliedstaats mit.

(5) Verweigert die zuständige Behörde des Herkunftsmitgliedstaats die Übermittlung der Angaben an die zuständige Behörde des Aufnahmemitgliedstaats, so nennt sie der betroffenen Wertpapierfirma innerhalb von drei Monaten nach Eingang sämtlicher Angaben die Gründe dafür.

(6) Nach Eingang einer Mitteilung der zuständigen Behörde des Aufnahmemitgliedstaats oder bei deren Nichtäußerung spätestens nach zwei Monaten nach Weiterleitung der Mitteilung durch die zuständige Behörde des Herkunftsmitgliedstaats, kann die Zweigniederlassung errichtet werden und ihre Tätigkeit aufnehmen.

(7) Der zuständigen Behörde des Mitgliedstaats in dem sich die Zweigniederlassung befindet, obliegt es, zu gewährleisten, dass die Zweigniederlassung bei Erbringung ihrer Leistungen im Hoheitsgebiet dieses Staates den Verpflichtungen nach den Artikeln 19, 21, 22, 25, 27 und 28 sowie den im Einklang damit erlassenen Maßnahmen nachkommt.

Die zuständige Behörde des Mitgliedstaats, in dem sich die Zweigniederlassung befindet, hat das Recht, die von der Zweigniederlassung getroffenen Vorkehrungen zu überprüfen und Änderungen zu verlangen, die zwingend notwendig sind, um der zuständigen Behörde zu ermöglichen, die Einhaltung der Verpflichtungen gemäß den Artikeln 19, 21, 22, 25, 27 und 28 sowie den im Einklang damit erlassenen Maßnahmen in Bezug auf die Dienstleistungen und/oder Aktivitäten der Zweigniederlassung in ihrem Hoheitsgebiet zu überwachen.

(8) Jeder Mitgliedstaat sieht vor, dass die zuständige Behörde des Herkunftsmitgliedstaats einer Wertpapierfirma, die in einem anderen Mitgliedstaat zugelassen ist und in seinem Hoheitsgebiet eine Zweigniederlassung errichtet hat, in Wahrnehmung ihrer

Pflichten und nach Unterrichtung der zuständigen Behörde des Aufnahmemitgliedstaats vor Ort Ermittlungen in dieser Zweigniederlassung vornehmen kann.

(9) Bei einer Änderung der nach Absatz 2 übermittelten Angaben teilt die Wertpapierfirma der zuständigen Behörde des Herkunftsmitgliedstaats diese Änderung mindestens einen Monat vor Durchführung der Änderung schriftlich mit. Die zuständige Behörde des Aufnahmemitgliedstaats wird von der zuständigen Behörde des Herkunftsmitgliedstaats ebenfalls über diese Änderung in Kenntnis gesetzt.

### Artikel 33    Zugang zu geregelten Märkten

(1) Die Mitgliedstaaten schreiben vor, dass Wertpapierfirmen aus anderen Mitgliedstaaten, die zur Ausführung von Kundenaufträgen oder zum Handel auf eigene Rechnung berechtigt sind, auf eine der nachstehend genannten Arten Mitglied der in ihrem Hoheitsgebiet ansässigen geregelten Märkte werden können oder zu diesen Märkten Zugang haben:

a) unmittelbar durch Errichtung von Zweigniederlassungen in den Aufnahmemitgliedstaaten;

b) in Fällen, in denen die Handelsabläufe und -systeme des betreffenden Marktes für Geschäftsabschlüsse keine physische Anwesenheit erfordern, durch Fernmitgliedschaft in dem geregelten Markt oder Fernzugang zu diesem ohne im Herkunftsmitgliedstaat des geregelten Marktes niedergelassen sein zu müssen.

(2) Die Mitgliedstaaten erlegen Wertpapierfirmen, die das Recht gemäß Absatz 1 in Anspruch nehmen, in den von dieser Richtlinie erfassten Bereichen keine zusätzlichen rechtlichen oder verwaltungstechnischen Auflagen auf.

### Artikel 34    Zugang zu zentralen Gegenparteien, Clearing- und Abrechnungssystemen sowie Recht auf Wahl eines Abrechnungssystems

(1) Die Mitgliedstaaten schreiben vor, dass Wertpapierfirmen aus anderen Mitgliedstaaten in ihrem Hoheitsgebiet für den Abschluss von Geschäften mit Finanzinstrumenten oder die Vorkehrungen zum Abschluss von Geschäften mit Finanzinstrumenten das Recht auf Zugang zu zentralen Gegenparteien, Clearing- und Abrechnungssystemen haben.

Die Mitgliedstaaten schreiben vor, dass für den Zugang dieser Wertpapierfirmen zu diesen Einrichtungen dieselben nicht diskriminierenden, transparenten und objektiven Kriterien gelten wie für inländische Teilnehmer. Die Mitgliedstaaten beschränken die Nutzung dieser Einrichtungen nicht auf Clearing und Abrechnung von Geschäften mit Finanzinstrumenten, die auf einem geregelten Markt oder über ein MTF in ihrem Hoheitsgebiet getätigt werden.

(2) Die Mitgliedstaaten schreiben vor, dass geregelte Märkte in ihrem Hoheitsgebiet allen ihren Mitgliedern oder Teilnehmern das Recht auf Wahl des Systems einräumen, über das die auf diesem geregelten Markt getätigten Geschäfte mit Finanzmarkinstrumenten abgerechnet werden, vorausgesetzt

a) die Verbindungen und Vereinbarungen zwischen dem gewählten Abrechnungssystem und jedem anderen System oder jeder anderen Einrichtung bestehen, die für eine effiziente und wirtschaftliche Abrechnung des betreffenden Geschäfts erforderlich sind, und

b) die für die Überwachung des geregelten Marktes zuständige Behörde der Auffassung ist, dass die technischen Voraussetzungen für die Abrechnung der auf dem geregelten Markt getätigten Geschäfte durch ein anderes Abrechnungssystem als das von dem geregelten Markt gewählte ein reibungsloses und ordnungsgemäßes Funktionieren der Finanzmärkte ermöglichen.

Diese Beurteilung der für den geregelten Markt zuständigen Behörde lässt die Zuständigkeit der nationalen Zentralbanken als Aufsichtsorgan von Abrechnungssystemen oder anderer Aufsichtsbehörden solcher Systeme unberührt. Die zuständige Behörde berücksichtigt die von diesen Stellen bereits ausgeübte Aufsicht, um unnötige Doppelkontrollen zu vermeiden.

(3) Die Rechte der Wertpapierfirmen gemäß den Absätzen 1 und 2 lassen das Recht der Betreiber zentraler Gegenpartei-, Clearing- oder Wertpapierabrechnungssysteme, aus berechtigten gewerblichen Gründen die Bereitstellung der angeforderten Dienstleistungen zu verweigern, unberührt.

**Artikel 35 Vereinbarungen mit einer zentralen Gegenpartei und über Clearing und Abrechnung in Bezug auf MTF**

(1) Die Mitgliedstaaten hindern Wertpapierfirmen und Marktbetreiber, die ein MTF betreiben, nicht daran, mit einer zentralen Gegenpartei oder Clearingstelle und einem Abwicklungssystem eines anderen Mitgliedstaats geeignete Vereinbarungen über Clearing und/oder Abwicklung einiger oder aller Geschäfte, die von Marktteilnehmern innerhalb ihrer Systeme getätigt werden, zu schließen.

(2) Die zuständigen Behörden von Wertpapierfirmen und Marktbetreibern, die ein MTF betreiben, dürfen die Nutzung einer zentralen Gegenpartei, einer Clearingstelle und/oder eines Abwicklungssystems in einem anderen Mitgliedstaat nicht untersagen, es sei denn, dies ist für die Aufrechterhaltung des ordnungsgemäßen Funktionierens dieses geregelten Markts unumgänglich; die Bedingungen des Artikels 34 Absatz 2 für den Rückgriff auf Abwicklungssysteme sind zu berücksichtigen.

Zur Vermeidung unnötiger Doppelkontrollen berücksichtigt die zuständige Behörde die von den nationalen Zentralbanken als Aufsichtsorgan von Clearing- und Abwicklungssystemen oder anderen für diese Systeme zuständigen Aufsichtsbehörden ausgeübte Aufsicht über das Clearing- und Abwicklungssystem.

## Titel III: Geregelte Märkte

### Artikel 36 Zulassung und anwendbares Recht

(1) Die Mitgliedstaaten lassen nur diejenigen Systeme als geregelten Markt zu, die den Bestimmungen dieses Titels genügen.

Die Zulassung als geregelter Markt wird nur erteilt, wenn die zuständige Behörde sich davon überzeugt hat, dass sowohl der Marktbetreiber als auch die Systeme des geregelten Marktes zumindest den Anforderungen dieses Titels genügen.

Handelt es sich bei einem geregelten Markt um eine juristische Person, die von einem anderen Marktbetreiber als dem geregelten Markt selbst verwaltet oder betrieben wird, legen die Mitgliedstaaten fest, welche der verschiedenen Verpflichtungen des Marktbetreibers nach dieser Richtlinie von dem geregelten Markt und welche vom Marktbetreiber zu erfüllen sind.

Der Betreiber des geregelten Marktes stellt alle Angaben, einschließlich eines Geschäftsplans, aus dem unter anderem die Arten der in Betracht gezogenen Geschäfte und die Organisationsstruktur hervorgehen, zur Verfügung, damit die zuständige Behörde prüfen kann, ob der geregelte Markt bei der Erstzulassung alle erforderlichen Vorkehrungen getroffen hat, um seinen Verpflichtungen gemäß diesem Titel nachzukommen.

(2) Die Mitgliedstaaten schreiben vor, dass der Betreiber des geregelten Marktes die mit der Organisation und dem Betrieb des geregelten Marktes zusammenhängenden Aufgaben unter der Aufsicht der zuständigen Behörde wahrnimmt. Die Mitgliedstaaten stellen sicher, dass die zuständigen Behörden die geregelten Märkte regelmäßig auf die Einhaltung der Bestimmungen dieses Titels hin überprüfen. Sie stellen ferner sicher, dass die zuständigen Behörden überwachen, ob die geregelten Märkte jederzeit die Voraussetzungen für die Erstzulassung nach diesem Titel erfüllen.

(3) Die Mitgliedstaaten stellen sicher, dass der Marktbetreiber dafür verantwortlich ist, zu gewährleisten, dass der geregelte Markt, den er verwaltet, den Anforderungen dieses Titels genügt.

Die Mitgliedstaaten stellen ferner sicher, dass der Marktbetreiber die Rechte wahrnehmen darf, die dem von ihm verwalteten geregelten Markt durch diese Richtlinie zustehen.

(4) Unbeschadet etwaiger einschlägiger Bestimmungen der Richtlinie 2003/6/EG unterliegt der nach den Systemen des geregelten Marktes betriebene Handel dem öffentlichen Recht des Herkunftsmitgliedstaats des geregelten Marktes.

(5) Die zuständige Behörde kann einem geregelten Markt die Zulassung entziehen, wenn dieser

a) nicht binnen zwölf Monaten von der Zulassung Gebrauch macht, ausdrücklich auf die Zulassung verzichtet oder in den sechs vorhergehenden Monaten nicht tätig gewesen ist, es sei denn, der betreffende Mitgliedstaat sieht in diesen Fällen das Erlöschen der Zulassung vor;

b) die Zulassung aufgrund falscher Erklärungen oder auf sonstige rechtswidrige Weise erhalten hat;

c) die Voraussetzungen, auf denen die Zulassung beruhte, nicht mehr erfüllt;

d) in schwerwiegender Weise systematisch gegen die Bestimmungen zur Durchführung dieser Richtlinie verstoßen hat;

e) einen der Fälle erfüllt, in denen das nationale Recht den Entzug vorsieht.

### Artikel 37  Anforderungen an die Leitung des geregelten Marktes

(1) Die Mitgliedstaaten schreiben vor, dass die Personen, die die Geschäfte und den Betrieb des geregelten Marktes tatsächlich leiten, gut beleumdet sein und über ausreichende Erfahrung verfügen müssen, um eine solide und umsichtige Verwaltung und Führung des geregelten Marktes zu gewährleisten. Die Mitgliedstaaten schreiben dem Betreiber des geregelten Marktes ferner vor, der zuständigen Behörde die Namen derjenigen, die die Geschäfte und den Betrieb des geregelten Marktes tatsächlich leiten, und nachfolgende personelle Veränderungen mitzuteilen.

Die zuständige Behörde verweigert die Genehmigung vorgeschlagener Änderungen, wenn objektive und nachweisbare Gründe für die Vermutung vorliegen, dass sie die solide und umsichtige Verwaltung und Führung des geregelten Marktes erheblich gefährden.

(2) Die Mitgliedstaaten stellen sicher, dass bei der Zulassung eines geregelten Marktes die Personen, die die Geschäfte und den Betrieb eines bereits gemäß dieser Richtlinie zugelassenen geregelten Marktes tatsächlich leiten, als mit den in Absatz 1 festgelegten Anforderungen in Einklang stehend betrachtet werden.

### Artikel 38  Anforderungen an Personen mit wesentlichem Einfluss auf die Verwaltung des geregelten Marktes

(1) Die Mitgliedstaaten schreiben vor, dass die Personen, die direkt oder indirekt tatsächlich wesentlichen Einfluss auf die Verwaltung des geregelten Marktes nehmen können, die zu diesem Zweck erforderliche Eignung besitzen müssen.

(2) Die Mitgliedstaaten schreiben vor, dass der Betreiber des geregelten Marktes,

a) der zuständigen Behörde Angaben zu den Eigentumsverhältnissen des geregelten Marktes und/oder des Marktbetreibers, insbesondere die Namen aller Parteien, die wesentlichen Einfluss auf seine Geschäftsführung nehmen können, und die Höhe ihrer Beteiligung vorlegt und diese Informationen veröffentlicht;

b) die zuständige Behörde über jede Eigentumsübertragung, die den Kreis derjenigen verändert, die wesentlichen Einfluss auf die Führung des geregelten Marktes nehmen, unterrichtet und diese Übertragung veröffentlicht.

(3) Die zuständige Behörde verweigert die Genehmigung vorgeschlagener Änderungen der Mehrheitsbeteiligung des geregelten Marktes und/oder des Marktbetreibers, wenn objektive und nachweisbare Gründe für die Vermutung vorliegen, dass sie die solide und umsichtige Verwaltung des geregelten Marktes gefährden.

## Artikel 39  Organisatorische Anforderungen

Die Mitgliedstaaten schreiben vor, dass der geregelte Markt,

a) Vorkehrungen trifft, mit denen sich etwaige nachteilige Auswirkungen von Interessenkonflikten zwischen dem geregelten Markt, seinen Eigentümern oder seinem Betreiber und dem einwandfreien Funktionieren des geregelten Marktes auf den Betrieb des geregelten Marktes oder seine Teilnehmer klar erkennen und regeln lassen, und zwar insbesondere dann, wenn solche Interessenkonflikte die Erfüllung von Aufgaben, die dem geregelten Markt von der zuständigen Behörde übertragen wurden, behindern könnten;
b) angemessen für die Verwaltung seiner Risiken ausgestattet ist, angemessene Vorkehrungen und Systeme zur Ermittlung aller für seinen Betrieb wesentlichen Risiken schafft und wirksame Maßnahmen zur Begrenzung dieser Risiken trifft;
c) Vorkehrungen für eine solide Verwaltung der technischen Abläufe des Systems, einschließlich wirksamer Notmaßnahmen für den Fall eines Systemzusammenbruchs trifft;
d) transparente und nichtdiskretionäre Regeln und Verfahren für einen fairen und ordnungsgemäßen Handel sowie objektive Kriterien für eine effiziente Auftragsausführung festlegt;
e) wirksame Vorkehrungen trifft, die einen reibungslosen und rechtzeitigen Abschluss der innerhalb seiner Systeme ausgeführten Geschäfte erleichtern;
f) bei der Zulassung und fortlaufend über ausreichende Finanzmittel verfügt, um sein ordnungsgemäßes Funktionieren zu erleichtern, wobei der Art und dem Umfang der an dem geregelten Markt geschlossenen Geschäfte sowie dem Spektrum und der Höhe der Risiken, denen er ausgesetzt ist, Rechnung zu tragen ist.

RL 2004/39/EG

## Artikel 40  Zulassung von Finanzinstrumenten zum Handel

(1) Die Mitgliedstaaten schreiben vor, dass geregelte Märkte über klare und transparente Regeln für die Zulassung von Finanzinstrumenten zum Handel verfügen müssen.

Diese Regeln gewährleisten, dass alle zum Handel an einem geregelten Markt zugelassenen Finanzinstrumente fair, ordnungsgemäß und effizient gehandelt werden können und, im Falle übertragbarer Wertpapiere, frei handelbar sind.

(2) Bei Derivaten stellen diese Regeln insbesondere sicher, dass die Ausgestaltung des Derivatgeschäfts eine ordnungsgemäße Kursbildung sowie eine wirksame Abrechnung ermöglicht.

(3) Zusätzlich zu den Verpflichtungen der Absätze 1 und 2 schreiben die Mitgliedstaaten dem geregelten Markt vor, auf Dauer wirksame Vorkehrungen zur Prüfung zu treffen, ob die Emittenten von übertragbaren Wertpapieren, die zum Handel an dem geregelten Markt zugelassen sind, ihren gemeinschaftsrechtlichen Verpflichtungen bezüglich erstmaliger, laufender oder punktueller Veröffentlichungsverpflichtungen nachkommen.

Die Mitgliedstaaten stellen sicher, dass der geregelte Markt Vorkehrungen trifft, die seinen Mitgliedern oder Teilnehmern den Zugang zu den nach Gemeinschaftsrecht veröffentlichten Informationen erleichtern.

(4) Die Mitgliedstaaten stellen sicher, dass geregelte Märkte die notwendigen Vorkehrungen treffen, um die von ihnen zum Handel zugelassenen Finanzinstrumente regelmäßig auf Erfüllung der Zulassungsanforderungen hin zu überprüfen.

(5) Ein zum Handel an einem geregelten Markt zugelassenes übertragbares Wertpapier kann in der Folge auch ohne Zustimmung des Emittenten im Einklang mit den einschlägigen Bestimmungen der Richtlinie 2003/71/EG des Europäischen Parlaments und des Rates vom 4. November 2003 betreffend den Prospekt, der beim öffentlichen Angebot

von Wertpapieren oder bei deren Zulassung zum Handel zu veröffentlichen ist[1]) zum Handel an anderen geregelten Märkten zugelassen werden. Der geregelte Markt unterrichtet den Emittenten darüber, dass seine Wertpapiere an dem betreffenden geregelten Markt gehandelt werden. Der Emittent ist nicht verpflichtet, die Angaben gemäß Absatz 3 dem geregelten Markt, der seine Wertpapiere ohne seine Zustimmung zum Handel zugelassen hat, direkt zu übermitteln.

(6) Um die einheitliche Anwendung der Absätze 1 bis 5 zu gewährleisten, erlässt die Kommission Durchführungsmaßnahmen, in denen

a) die Eigenschaften verschiedener Kategorien von Instrumenten festgelegt werden, die vom geregelten Markt bei der Prüfung der Frage zu berücksichtigen sind, ob ein Instrument in einer Art und Weise begeben wurde, die den Bedingungen des Absatzes 1 Unterabsatz 2 für die Zulassung zum Handel in den von ihm betriebenen Marktsegmenten entspricht;

b) die Vorkehrungen präzisiert werden, die der geregelte Markt durchführen muss, damit davon ausgegangen wird, dass er seiner Verpflichtung zur Prüfung, ob der Emittent eines übertragbaren Wertpapiers seine gemeinschaftsrechtlichen Verpflichtungen bezüglich erstmaliger, laufender oder punktueller Veröffentlichungsverpflichtungen erfüllt;

c) die Vorkehrungen präzisiert werden, die der geregelte Markt gemäß Absatz 3 zu treffen hat, um seinen Mitgliedern oder Teilnehmern den Zugang zu Informationen zu erleichtern, die gemäß den Auflagen des Gemeinschaftsrechts veröffentlicht wurden.

Die Maßnahmen gemäß Unterabsatz 1 zur Änderung nicht wesentlicher Bestimmungen dieser Richtlinie durch Ergänzung werden nach dem in Artikel 64 Absatz 2 genannten Regelungsverfahren mit Kontrolle erlassen.

### Artikel 41  Aussetzung des Handels und Ausschluss von Instrumenten vom Handel

(1) Unbeschadet des Rechts der zuständigen Behörde gemäß Artikel 50 Absatz 2 Buchstaben j und k, die Aussetzung des Handels mit einem Instrument oder dessen Ausschluss vom Handel zu verlangen, kann der Betreiber des geregelten Marktes den Handel mit einem Finanzinstrument, das den Regeln des geregelten Marktes nicht mehr entspricht, aussetzen oder dieses Instrument vom Handel ausschließen, sofern die Anlegerinteressen oder das ordnungsgemäße Funktionieren des Marktes durch eine solche Maßnahme nicht erheblich geschädigt werden.

Ungeachtet der Möglichkeit der Betreiber geregelter Märkte die Betreiber anderer geregelter Märkte direkt zu unterrichten, schreiben die Mitgliedstaaten vor, dass der Betreiber eines geregelten Marktes, der den Handel mit einem Finanzinstrument aussetzt oder vom Handel ausschließt, seine Entscheidung veröffentlicht und der zuständigen Behörde die einschlägigen Informationen übermittelt. Die zuständige Behörde unterrichtet die zuständigen Behörden anderer Mitgliedstaaten.

(2) Eine zuständige Behörde, die für ein Finanzinstrument an einem oder mehreren geregelten Märkten die Aussetzung des Handels oder den Ausschluss vom Handel verlangt, veröffentlicht ihre Entscheidung unverzüglich und unterrichtet die zuständigen Behörden der anderen Mitgliedstaaten. Die zuständigen Behörden der anderen Mitgliedstaaten verlangen die Aussetzung des Handels mit dem betreffenden Finanzinstrument oder dessen Ausschluss vom Handel an dem geregelten Markt und MTF, die ihrer Zuständigkeit unterliegen, außer wenn die Anlegerinteressen oder das ordnungsgemäße Funktionieren des Marktes dadurch erheblich geschädigt werden könnten.

---

[1] **Amtl. Anm.:** ABl L 345 vom 31. 12. 2003, S. 64.

**Artikel 42  Zugang zum geregelten Markt**

(1) Die Mitgliedstaaten schreiben vor, dass der geregelte Markt auf Dauer transparente, nicht diskriminierende und auf objektiven Kriterien beruhende Regeln für den Zugang zu dem geregelten Markt oder die Mitgliedschaft darin festlegt.

(2) In diesen Regeln wird festgelegt, welche Pflichten den Mitgliedern oder Teilnehmern erwachsen aus

a) der Einrichtung und Verwaltung des geregelten Marktes,

b) den Regeln für die am Markt getätigten Geschäfte,

c) den Standesregeln, zu deren Einhaltung die Mitarbeiter der am Markt tätigen Wertpapierfirmen oder Kreditinstitute verpflichtet sind,

d) den für andere Mitglieder oder Teilnehmer als Wertpapierfirmen und Kreditinstitute gemäß Absatz 3 festgelegten Bedingungen,

e) den Regeln und Verfahren für das Clearing und die Abrechnung der am geregelten Markt getätigten Geschäfte.

(3) Geregelte Märkte können als Mitglieder oder Teilnehmer Wertpapierfirmen, nach der Richtlinie 2000/12/EG zugelassene Kreditinstitute sowie andere Personen zulassen, die

a) die notwendige Eignung besitzen,

b) über ausreichende Fähigkeiten und Kompetenzen für den Handel verfügen,

c) über die gegebenenfalls erforderlichen organisatorischen Grundlagen verfügen,

d) über ausreichende Mittel verfügen, um ihre Funktion auszufüllen, wobei den etwaigen finanziellen Vorkehrungen Rechnung zu tragen ist, die der geregelte Markt gegebenenfalls getroffen hat, um die angemessene Abrechnung der Geschäfte zu gewährleisten.

(4) Die Mitgliedstaaten stellen sicher, dass Mitglieder und Teilnehmer in Bezug auf Geschäfte, die an einem geregelten Markt geschlossen werden, den Verpflichtungen der Artikel 19, 21 und 22 nicht nachkommen müssen. Allerdings müssen die Mitglieder und Teilnehmer des geregelten Marktes die Verpflichtungen gemäß den Artikeln 19, 21 und 22 in Bezug auf ihre Kunden einhalten, wenn sie für diese Aufträge an einem geregelten Markt ausführen.

(5) Die Mitgliedstaaten stellen sicher, dass die Regeln für den Zugang zu dem geregelten Markt oder die Mitgliedschaft darin die direkte oder die Fernteilnahme von Wertpapierfirmen und Kreditinstituten vorsehen.

(6) Die Mitgliedstaaten gestatten geregelten Märkten aus anderen Mitgliedstaaten ohne weitere rechtliche oder verwaltungstechnische Auflagen, in ihrem Hoheitsgebiet angemessene Systeme bereitzustellen, um Fernmitgliedern oder -teilnehmern in ihrem Hoheitsgebiet den Zugang zu diesen Märkten und den Handel an ihnen zu erleichtern.

Der geregelte Markt teilt der zuständigen Behörde seines Herkunftsmitgliedstaats mit, in welchem Mitgliedstaat er derartige Systeme bereitzustellen beabsichtigt. Die zuständige Behörde des Herkunftsmitgliedstaats übermittelt diese Angaben innerhalb eines Monats an den Mitgliedstaat, in dem der geregelte Markt derartige Systeme bereitstellen möchte.

Die zuständige Behörde des Herkunftsmitgliedstaats des geregelten Marktes übermittelt der zuständigen Behörde des Aufnahmemitgliedstaats auf deren Ersuchen innerhalb einer angemessenen Frist die Namen der Mitglieder oder Teilnehmer des im Herkunftsmitgliedstaat niedergelassenen geregelten Marktes.

(7) Die Mitgliedstaaten schreiben vor, dass der Betreiber des geregelten Marktes der zuständigen Behörde des geregelten Marktes regelmäßig das Verzeichnis der Mitglieder und Teilnehmer des geregelten Marktes übermittelt.

**Artikel 43 Überwachung der Einhaltung der Regeln des geregeltes Marktes und anderer rechtlicher Verpflichtungen**

(1) Die Mitgliedstaaten schreiben vor, dass geregelte Märkte auf Dauer wirksame Vorkehrungen und Verfahren zur regelmäßigen Überwachung der Einhaltung ihrer Regeln durch ihre Mitglieder und Teilnehmer festlegen. Geregelte Märkte überwachen die von ihren Mitgliedern oder Teilnehmern innerhalb ihrer Systeme geschlossenen Geschäfte, um Verstöße gegen diese Regeln, marktstörende Handelsbedingungen oder Verhaltensweisen, die auf Marktmissbrauch hindeuten könnten, zu erkennen.

(2) Die Mitgliedstaaten schreiben den Betreibern geregelter Märkte vor, der zuständigen Behörde des geregelten Marktes schwerwiegende Verstöße gegen ihre Regeln oder marktstörende Handelsbedingungen oder Verhaltensweisen, die auf Marktmissbrauch hindeuten könnten, zu melden. Die Mitgliedstaaten schreiben dem Betreiber eines geregelten Marktes ferner vor, der Behörde, die für die Ermittlung und Verfolgung von Marktmissbrauch zuständig ist, die einschlägigen Informationen unverzüglich zu übermitteln und sie bei Ermittlungen wegen Marktmissbrauchs innerhalb oder über die Systeme des geregelten Marktes und dessen Verfolgung in vollem Umfang zu unterstützen.

**Artikel 44 Vorhandels-Transparenzvorschriften für geregelte Märkte**

(1) Die Mitgliedstaaten schreiben mindestens vor, dass geregelte Märkte die aktuellen Geld- und Briefkurse und die Tiefe der Handelspositionen zu diesen Kursen veröffentlichen, die über ihre Systeme für zum Handel zugelassene Aktien mitgeteilt werden. Die Mitgliedstaaten schreiben vor, dass diese Informationen der Öffentlichkeit zu angemessenen kaufmännischen Bedingungen und kontinuierlich während der üblichen Geschäftszeiten zur Verfügung gestellt werden müssen.

Geregelte Märkte können Wertpapierfirmen, die ihre Aktienkurse gemäß Artikel 27 veröffentlichen müssen, zu angemessenen kaufmännischen Bedingungen und in nicht diskriminierender Weise Zugang zu den Systemen geben, die sie für die Veröffentlichung der Informationen nach Unterabsatz 1 verwenden.

(2) Die Mitgliedstaaten sehen vor, dass die zuständigen Behörden in den gemäß Absatz 3 festgelegten Fällen je nach Marktmodell oder Art und Umfang der Aufträge geregelte Märkte von der Verpflichtung zur Veröffentlichung der Informationen gemäß Absatz 1 ausnehmen können. Die zuständigen Behörden können insbesondere bei Geschäften, die im Vergleich zum marktüblichen Geschäftsumfang bei der betreffenden Aktie oder dem betreffenden Aktientyp ein großes Volumen aufweisen, von dieser Verpflichtung absehen.

(3) Um die einheitliche Anwendung der Absätze 1 und 2 zu gewährleisten, erlässt die Kommission Durchführungsmaßnahmen in Bezug auf

a) die Bandbreite der Geld- und Briefkurse oder Kursofferten bestimmter Marketmaker sowie die Markttiefe zu diesen Kursen, die zu veröffentlichen sind;

b) Umfang oder Art der Aufträge, bei denen gemäß Absatz 2 von der Veröffentlichung vor dem Handel abgesehen werden kann;

c) das Marktmodell, für das gemäß Absatz 2 von der Veröffentlichung vor dem Handel abgesehen werden kann, und insbesondere die Anwendbarkeit dieser Verpflichtung auf die Handelsmethoden geregelter Märkte, die Geschäfte nach ihren Regeln unter Bezugnahme auf Kurse abschließen, die außerhalb des geregelten Marktes oder durch periodische Auktion gestellt werden.

Die Maßnahmen gemäß Unterabsatz 1 zur Änderung nicht wesentlicher Bestimmungen dieser Richtlinie durch Ergänzung werden nach dem in Artikel 64 Absatz 2 genannten Regelungsverfahren mit Kontrolle erlassen.

**Artikel 45 Nachhandels-Transparenzvorschriften für geregelte Märkte**

(1) Die Mitgliedstaaten schreiben mindestens vor, dass geregelte Märkte Kurs, Umfang und Zeitpunkt der Geschäfte veröffentlichen, die in Bezug auf zum Handel zugelassene Aktien abgeschlossen wurden. Die Mitgliedstaaten schreiben vor, dass die Einzel-

heiten dieser Geschäfte zu angemessenen kaufmännischen Bedingungen und soweit wie möglich auf Echtzeitbasis zu veröffentlichen sind.

Geregelte Märkte können Wertpapierfirmen, die gemäß Artikel 28 Einzelheiten ihrer Aktiengeschäfte veröffentlichen müssen, zu angemessenen kaufmännischen Bedingungen und in nicht diskriminierender Weise Zugang zu den Systemen geben, die sie für die Veröffentlichung der Informationen nach Unterabsatz 1 verwenden.

(2) Die Mitgliedstaaten sehen vor, dass die zuständige Behörde geregelten Märkten gestatten kann, die Einzelheiten von Geschäften je nach deren Art und Umfang zu einem späteren Zeitpunkt zu veröffentlichen. Die zuständigen Behörden können eine verzögerte Veröffentlichung insbesondere bei Geschäften gestatten, die im Vergleich zum marktüblichen Geschäftsumfang bei der betreffenden Aktie oder Aktiengattung ein großes Volumen aufweisen. Die Mitgliedstaaten schreiben vor, dass ein geregelter Markt vorab die Genehmigung der zuständigen Behörde zu vorgeschlagenen Vorkehrungen für die verzögerte Veröffentlichung einholen muss und ferner, dass Marktteilnehmer und Anlegerpublikum auf diese Vorkehrungen deutlich hingewiesen werden.

(3) Um ein effizientes und ordnungsgemäßes Funktionieren der Finanzmärkte zu gewährleisten und die einheitliche Anwendung der Absätze 1 und 2 sicherzustellen, erlässt die Kommission Durchführungsmaßnahmen in Bezug auf:

a) Umfang und Inhalt der Angaben, die der Öffentlichkeit zur Verfügung gestellt werden müssen;
b) die Voraussetzungen, unter denen ein geregelter Markt Angaben zu Geschäften zu einem späteren Zeitpunkt veröffentlichen darf, und die Kriterien, anhand deren entschieden wird, bei welchen Geschäften aufgrund ihres Umfangs oder der betroffenen Aktiengattung eine verzögerte Veröffentlichung zulässig ist.

Die Maßnahmen gemäß Unterabsatz 1 zur Änderung nicht wesentlicher Bestimmungen dieser Richtlinie durch Ergänzung werden nach dem in Artikel 64 Absatz 2 genannten Regelungsverfahren mit Kontrolle erlassen.

## Artikel 46 Vereinbarungen mit einer zentralen Gegenpartei und über Clearing und Abrechnung

(1) Die Mitgliedstaaten hindern geregelte Märkte nicht daran, mit einer zentralen Gegenpartei oder Clearingstelle und einem Abrechnungssystem eines anderen Mitgliedstaats zweckmäßige Vereinbarungen über Clearing und/oder Abrechnung einiger oder aller Geschäfte, die von Marktteilnehmern innerhalb ihrer Systeme getätigt werden, zu schließen.

(2) Die für einen geregelten Markt zuständige Behörde darf die Nutzung einer zentralen Gegenpartei, einer Clearingstelle und/oder eines Abwicklungssystems in einem anderen Mitgliedstaat nicht untersagen, es sei denn, dies ist für die Aufrechterhaltung des ordnungsgemäßen Funktionierens dieses geregelten Markts unumgänglich; die Bedingungen des Artikels 34 Absatz 2 für den Rückgriff auf Abwicklungssysteme sind zu berücksichtigen.

Zur Vermeidung unnötiger Doppelkontrollen berücksichtigt die zuständige Behörde die von den nationalen Zentralbanken als Aufsichtsorgane von Clearing- und Abwicklungssystemen oder anderen für diese Systeme zuständigen Aufsichtsbehörden ausgeübte Aufsicht über das Clearing- und Abwicklungssystem.

## Artikel 47 Verzeichnis geregelter Märkte

Jeder Mitgliedstaat erstellt ein Verzeichnis der geregelten Märkte, für die er der Herkunftsmitgliedstaat ist, und übermittelt dieses Verzeichnis den übrigen Mitgliedstaaten und der Kommission. Die gleiche Mitteilung erfolgt bei jeder Änderung dieses Verzeichnisses. Die Kommission veröffentlicht ein Verzeichnis aller geregelten Märkte im *Amtsblatt der Europäischen Union* und aktualisiert es mindestens einmal jährlich. Die Kommission veröffentlicht dieses Verzeichnis ferner auf ihrer Website und aktualisiert es dort nach jeder von den Mitgliedstaaten mitgeteilten Änderung.

## Titel IV: Zuständige Behörden
### Kapitel I: Benennung, Befugnisse, und Rechtsbehelfe
#### Artikel 48 Benennung der zuständigen Behörden

(1) Jeder Mitgliedstaat benennt die zuständigen Behörden, die für die Wahrnehmung der verschiedenen Aufgaben gemäß den einzelnen Bestimmungen dieser Richtlinie verantwortlich sind. Die Mitgliedstaaten teilen der Kommission und den zuständigen Behörden der anderen Mitgliedstaaten den Namen der für die Wahrnehmung dieser Aufgaben verantwortlichen zuständigen Behörden sowie jede etwaige Aufgabenteilung mit.

(2) Unbeschadet der Möglichkeit, in den in Artikel 5 Absatz 5, Artikel 16 Absatz 3, Artikel 17 Absatz 2 und Artikel 23 Absatz 4 ausdrücklich genannten Fällen anderen Stellen Aufgaben zu übertragen, muss es sich bei den zuständigen Behörden im Sinne von Absatz 1 um staatliche Stellen handeln.

Eine Übertragung von Aufgaben auf andere Stellen als die Behörden gemäß Absatz 1 darf weder mit der Ausübung der Staatsgewalt noch mit einem Ermessensspielraum bei Entscheidungen verbunden sein. Die Mitgliedstaaten schreiben vor, dass die zuständigen Behörden vor einer Übertragung durch zweckmäßige Vorkehrungen sicherstellen, dass die Stelle, der Aufgaben übertragen werden sollen, über die notwendigen Kapazitäten und Mittel verfügt, um diese tatsächlich wahrnehmen zu können, und dass eine Übertragung nur stattfindet, wenn eine klar definierte und dokumentierte Regelung für die Wahrnehmung übertragener Aufgaben existiert, in der die Aufgaben und die Bedingungen für ihre Wahrnehmung dargelegt sind. Zu diesen Bedingungen gehört eine Klausel, die die betreffende Stelle verpflichtet, so zu handeln und organisiert zu sein, dass Interessenkonflikte vermieden werden und die in Wahrnehmung der übertragenen Aufgaben erhaltenen Informationen nicht in unredlicher Weise oder zur Verhinderung des Wettbewerbs verwendet werden. In jedem Fall sind die gemäß Absatz 1 benannte(n) zuständige(n) Behörde(n) in letzter Instanz für die Überwachung der Einhaltung dieser Richtlinie und der zu ihrer Durchführung erlassenen Maßnahmen zuständig.

Die Mitgliedstaaten teilen der Kommission und den zuständigen Behörden der anderen Mitgliedstaaten alle Vereinbarungen über eine Übertragung von Aufgaben, einschließlich der genauen, für diese Übertragung geltenden Bedingungen, mit.

(3) Die Kommission veröffentlicht mindestens einmal jährlich im Amtsblatt der Europäischen Union ein Verzeichnis der zuständigen Behörden im Sinne der Absätze 1 und 2 und aktualisiert es regelmäßig auf ihrer Website.

#### Artikel 49 Zusammenarbeit zwischen Behörden ein und desselben Mitgliedstaats

Benennt ein Mitgliedstaat für die Durchsetzung einer Bestimmung dieser Richtlinie mehr als eine zuständige Behörde, so müssen die jeweiligen Aufgaben klar abgegrenzt werden und die betreffenden Behörden eng zusammenarbeiten.

Jeder Mitgliedstaat gewährleistet, dass eine solche Zusammenarbeit auch zwischen den im Sinne dieser Richtlinie zuständigen Behörden und den in diesem Mitgliedstaat für die Überwachung der Kreditinstitute, sonstigen Finanzinstitute, Pensionsfonds, OGAW, Versicherungs- und Rückversicherungsvermittler und Versicherungsunternehmen zuständigen Behörden stattfindet.

Die Mitgliedstaaten schreiben vor, dass die zuständigen Behörden untereinander alle Informationen austauschen, die für die Wahrnehmung ihrer Aufgaben und Verantwortlichkeiten wesentlich oder von Belang sind.

#### Artikel 50 Befugnisse der zuständigen Behörden

(1) Die zuständigen Behörden sind mit allen für die Wahrnehmung ihrer Aufgaben notwendigen Überwachungs- und Ermittlungsbefugnissen auszustatten. Sie üben diese Befugnisse innerhalb der Grenzen ihres nationalen Rechts entweder

a) direkt oder

b) in Zusammenarbeit mit anderen Behörden oder

c) in eigener Zuständigkeit, durch Übertragung von Aufgaben auf Stellen, denen gemäß Artikel 48 Absatz 2 Aufgaben übertragen wurden, oder
d) durch Antrag bei den zuständigen Justizbehörden

aus.

(2) Die Befugnisse gemäß Absatz 1 werden in Einklang mit dem nationalen Recht ausgeübt und umfassen zumindest das Recht,
a) Unterlagen aller Art einzusehen und Kopien von ihnen zu erhalten,
b) von jeder Person Auskünfte zu verlangen und, falls notwendig, eine Person vorzuladen und zu vernehmen,
c) Ermittlungen vor Ort durchzuführen,
d) bereits existierende Aufzeichnungen von Telefongesprächen und Datenübermittlungen anzufordern,
e) vorzuschreiben, dass Praktiken, die gegen die nach dieser Richtlinie erlassenen Vorschriften verstoßen, unterbunden werden;
f) das Einfrieren und/oder die Beschlagnahme von Vermögenswerten zu verlangen,
g) ein vorübergehendes Verbot der Ausübung der Berufstätigkeit zu verlangen,
h) von den Wirtschaftsprüfern zugelassener Wertpapierfirmen und geregelter Märkte die Erteilung von Auskünften zu verlangen,
i) jede Maßnahme zu erlassen, um zu gewährleisten, dass zugelassene Wertpapierfirmen und geregelte Märkte weiterhin den rechtlichen Anforderungen genügen,
j) die Aussetzung des Handels mit einem Finanzinstrument zu verlangen,
k) den Ausschluss eines Finanzinstruments vom Handel zu verlangen, unabhängig davon, ob dieser auf einem geregelten Markt oder über ein anderes Handelssystem stattfindet,
l) eine Sache zwecks strafrechtlicher Verfolgung an ein Gericht zu verweisen,
m) Überprüfungen oder Ermittlungen durch Wirtschaftsprüfer oder Sachverständige vornehmen zu lassen.

### Artikel 51  Verwaltungssanktionen

(1) Unbeschadet der Verfahren für den Entzug der Zulassung oder des Rechts der Mitgliedstaaten, strafrechtliche Sanktionen zu verhängen, sorgen die Mitgliedstaaten entsprechend ihrem nationalen Recht dafür, dass bei Verstößen gegen die gemäß dieser Richtlinie erlassenen Vorschriften gegen die verantwortlichen Personen, geeignete Verwaltungsmaßnahmen ergriffen oder im Verwaltungsverfahren zu erlassende Sanktionen verhängt werden können. Die Mitgliedstaaten sorgen dafür, dass diese Maßnahmen wirksam, verhältnismäßig und abschreckend sind.

(2) Die Mitgliedstaaten legen fest, welche Sanktionen bei Unterlassung der Zusammenarbeit in einem Ermittlungsverfahren nach Artikel 50 zu verhängen sind.

(3) Die Mitgliedstaaten sehen vor, dass die zuständige Behörde jede Maßnahme oder Sanktion, die bei einem Verstoß gegen die nach dieser Richtlinie erlassenen Vorschriften verhängt wird, bekannt machen kann, sofern eine solche Bekanntgabe die Stabilität der Finanzmärkte nicht ernstlich gefährdet oder den Beteiligten keinen unverhältnismäßig hohen Schaden zufügt.

### Artikel 52  Recht auf Einlegung eines Rechtsbehelfs

(1) Die Mitgliedstaaten stellen sicher, dass jede Entscheidung, die im Rahmen der nach dieser Richtlinie erlassenen Rechts- oder Verwaltungsvorschriften getroffen wird, ordnungsgemäß begründet wird und die Gerichte angerufen werden können. Ein Recht auf Anrufung der Gerichte besteht auch, wenn über einen Antrag auf Zulassung, der alle erforderlichen Angaben enthält, innerhalb von sechs Monaten nach Einreichung nicht entschieden wurde.

(2) Die Mitgliedstaaten sehen vor, dass eine oder mehrere der folgenden nach nationalem Recht bestimmten Stellen gemäß dem nationalen Recht im Interesse von Verbrauchern die Gerichte oder die zuständigen Verwaltungsinstanzen anrufen kann bzw. können, um dafür zu sorgen, dass die nationalen Vorschriften zur Durchführung dieser Richtlinie angewandt werden:

a) staatliche Stellen oder ihre Vertreter;
b) Verbraucherverbände, die ein berechtigtes Interesse am Schutz der Verbraucher haben;
c) Berufsverbände, die ein berechtigtes Interesse daran haben, sich für den Schutz ihrer Mitglieder einzusetzen.

### Artikel 53 Außergerichtliches Verfahren für Anlegerbeschwerden

(1) Die Mitgliedstaaten fördern die Einrichtung effizienter und wirksamer Beschwerde- und Schlichtungsverfahren für die außergerichtliche Beilegung von Streitfällen von Verbrauchern über die von Wertpapierfirmen erbrachten Wertpapier- und Nebendienstleistungen und greifen dabei gegebenenfalls auf bestehende Einrichtungen zurück.

(2) Die Mitgliedstaaten stellen sicher, dass diese Einrichtungen nicht durch Rechts- oder Verwaltungsvorschriften daran gehindert werden, bei der Beilegung grenzüberschreitender Streitfälle wirksam zusammenzuarbeiten.

### Artikel 54 Berufsgeheimnis

(1) Die Mitgliedstaaten stellen sicher, dass die zuständigen Behörden, alle Personen, die für diese oder für Stellen, denen nach Artikel 48 Absatz 2 Aufgaben übertragen wurden, tätig sind oder waren, sowie die von den zuständigen Behörden beauftragten Wirtschaftsprüfer und Sachverständigen dem Berufsgeheimnis unterliegen. Diese dürfen vertrauliche Informationen, die sie in ihrer beruflichen Eigenschaft erhalten, an keine Person oder Behörde weitergeben, es sei denn in zusammengefasster oder allgemeiner Form, so dass die einzelnen Wertpapierfirmen, Marktbetreiber, geregelten Märkte oder anderen Personen nicht zu erkennen sind; davon unberührt bleiben Fälle, die unter das Strafrecht oder andere Bestimmungen dieser Richtlinie fallen.

(2) Wurde gegen eine Wertpapierfirma, einen Marktbetreiber oder einen geregelten Markt durch Gerichtsbeschluss das Konkursverfahren eröffnet oder ihre Zwangsabwicklung eingeleitet, so dürfen vertrauliche Informationen, die sich nicht auf Dritte beziehen, in zivil- oder handelsrechtlichen Verfahren weitergegeben werden, sofern dies für das betreffende Verfahren erforderlich ist.

(3) Unbeschadet der Fälle, die unter das Strafrecht fallen, dürfen die zuständigen Behörden, Stellen oder andere natürliche oder juristische Personen als die zuständigen Behörden vertrauliche Informationen, die sie gemäß dieser Richtlinie erhalten, nur zur Wahrnehmung ihrer Verantwortlichkeiten und Aufgaben – im Falle der zuständigen Behörden – innerhalb des Geltungsbereichs dieser Richtlinie oder – im Falle anderer Behörden, Stellen, natürlicher oder juristischer Personen – für die Zwecke, für die die Information übermittelt wurde, und/oder bei Verwaltungs- oder Gerichtsverfahren, die sich speziell auf die Wahrnehmung dieser Aufgaben beziehen, verwenden. Gibt die zuständige Behörde oder andere Behörde, Stelle oder Person, die die Information übermittelt, jedoch ihre Zustimmung, so darf die Behörde, die die Information erhält, diese für andere Zwecke verwenden.

(4) Vertrauliche Informationen, die gemäß dieser Richtlinie empfangen, ausgetauscht oder übermittelt werden, unterliegen den Vorschriften dieses Artikels über das Berufsgeheimnis. Dieser Artikel steht dem allerdings nicht entgegen, dass die zuständigen Behörden im Einklang mit dieser Richtlinie und mit anderen, für Wertpapierfirmen, Kreditinstitute, Pensionsfonds, OGAW, Versicherungs- und Rückversicherungsvermittler, Versicherungsunternehmen, geregelte Märkte oder Marktbetreiber geltenden Richtlinien vertrauliche Informationen mit Zustimmung der die Informationen übermittelnden zuständigen Behörde oder anderen Behörden, Stellen und sonstigen juristischen oder natürlichen Personen austauschen oder solche übermitteln.

(5) Dieser Artikel steht dem Austausch oder der Übermittlung vertraulicher Informationen, die nicht von der zuständigen Behörde eines anderen Mitgliedstaats empfangen wurden, durch die zuständigen Behörden im Einklang mit den jeweils maßgebenden nationalem Recht nicht entgegen.

### Artikel 55 Beziehungen zu Wirtschaftsprüfern

(1) Die Mitgliedstaaten sehen zumindest vor, dass jede im Rahmen der Achten Richtlinie 84/253/EWG des Rates vom 10. April 1984 über die Zulassung der mit der Pflichtprüfung der Rechnungslegungsunterlagen beauftragten Personen[1] zugelassene Person, die in einer Wertpapierfirma die Tätigkeit gemäß Artikel 51 der Vierten Richtlinie 78/660/EWG des Rates vom 25. Juli 1978 über den Jahresabschluss von Gesellschaften bestimmter Rechtsformen[2], Artikel 37 der Richtlinie 83/349/EWG oder Artikel 31 der Richtlinie 85/611/EWG oder eine andere gesetzlich vorgeschriebene Tätigkeit ausübt, verpflichtet ist, den zuständigen Behörden unverzüglich jeden dieses Unternehmen betreffenden Sachverhalt oder Beschluss zu melden, von dem sie in Ausübung ihrer Tätigkeit Kenntnis erlangt hat und der

a) einen erheblichen Verstoß gegen die Rechts- oder Verwaltungsvorschriften, die die Zulassungsvoraussetzungen enthalten oder die Ausübung der Tätigkeit von Wertpapierfirmen regeln, darstellen könnte;

b) den Fortbestand der Wertpapierfirma in Frage stellen könnte;

c) dazu führen könnte, dass der Prüfungsvermerk verweigert oder unter einen Vorbehalt gestellt wird.

Diese Person ist ferner zur Meldung jedes Sachverhalts oder Beschlusses verpflichtet, von dem sie in Ausübung einer der Tätigkeiten gemäß Unterabsatz 1 in einem Unternehmen Kenntnis erlangt, das in enger Verbindung zu der Wertpapierfirma steht, in der sie diese Tätigkeit ausübt.

(2) Meldet eine im Rahmen der Richtlinie 84/253/EWG zugelassene Person den zuständigen Behörden nach Treu und Glauben einen der in Absatz 1 genannten Sachverhalte oder Beschlüsse, so stellt dies keinen Verstoß gegen eine etwaige vertragliche oder rechtliche Beschränkung der Informationsweitergabe dar und zieht für diese Person keinerlei Haftung nach sich.

### Kapitel II: Zusammenarbeit zwischen den zuständigen Behörden verschiedener Mitgliedstaaten

### Artikel 56 Pflicht zur Zusammenarbeit

(1) Die zuständigen Behörden der einzelnen Mitgliedstaaten arbeiten zusammen, wann immer dies zur Wahrnehmung der in dieser Richtlinie festgelegten Aufgaben erforderlich ist und machen dazu von den ihnen entweder durch diese Richtlinie oder das nationale Recht übertragenen Befugnissen Gebrauch.

Die zuständigen Behörden leisten den zuständigen Behörden der anderen Mitgliedstaaten Amtshilfe. Sie tauschen insbesondere Informationen aus und arbeiten bei Ermittlungen oder der Überwachung zusammen.

Zur Erleichterung und Beschleunigung der Zusammenarbeit und insbesondere des Informationsaustauschs benennen die Mitgliedstaaten für die Zwecke dieser Richtlinie eine einzige zuständige Behörde als Kontaktstelle. Die Mitgliedstaaten teilen der Kommission und den anderen Mitgliedstaaten die Namen der Behörden mit, die Ersuchen um Austausch von Informationen oder um Zusammenarbeit gemäß diesem Absatz entgegennehmen dürfen.

---

1) **Amtl. Anm.:** ABl L 126 vom 12. 5. 1984, S. 20.
2) **Amtl. Anm.:** ABl L 222 vom 14. 8. 1978, S. 11. Zuletzt geändert durch die Richtlinie 2003/51/EG des Europäischen Parlaments und des Rates (ABl L 178 vom 17. 7. 2003, S. 16).

(2) Haben die Geschäfte eines geregelten Marktes mit Vorkehrungen in einem Aufnahmemitgliedstaat in Anbetracht der Lage an den Wertpapiermärkten des Aufnahmemitgliedstaats wesentliche Bedeutung für das Funktionieren der Wertpapiermärkte und den Anlegerschutz in diesem Mitgliedstaat erlangt, so treffen die zuständigen Behörden des Herkunfts- und des Aufnahmemitgliedstaats des geregelten Marktes angemessene Vorkehrungen für die Zusammenarbeit.

(3) Die Mitgliedstaaten ergreifen die notwendigen verwaltungstechnischen und organisatorischen Maßnahmen, um die Amtshilfe gemäß Absatz 1 zu erleichtern.

Die zuständigen Behörden können für die Zwecke der Zusammenarbeit von ihren Befugnissen Gebrauch machen, auch wenn die Verhaltensweise, die Gegenstand der Ermittlung ist, keinen Verstoß gegen eine in dem betreffenden Mitgliedstaat geltende Vorschrift darstellt.

(4) Hat eine zuständige Behörde begründeten Anlass zu der Vermutung, dass Unternehmen, die nicht ihrer Aufsicht unterliegen, im Hoheitsgebiet eines anderen Mitgliedstaats gegen die Bestimmungen dieser Richtlinie verstoßen oder verstoßen haben, so teilt sie dies der zuständigen Behörde des anderen Mitgliedstaats so genau wie möglich mit. Letztere ergreift geeignete Maßnahmen. Sie unterrichtet die zuständige Behörde, von der sie die Mitteilung erhalten hat, über den Ausgang dieser Maßnahmen und soweit wie möglich über wesentliche zwischenzeitlich eingetretene Entwicklungen. Die Befugnisse der zuständigen Behörde, die die Information übermittelt hat, werden durch diesen Absatz nicht berührt.

(5) Um die einheitliche Anwendung des Absatzes 2 zu gewährleisten, kann die Kommission Durchführungsmaßnahmen zur Festlegung der Kriterien erlassen, nach denen sich bestimmt, ob die Geschäfte eines geregelten Marktes in einem Aufnahmemitgliedstaat als von wesentlicher Bedeutung für das Funktionieren der Wertpapiermärkte und den Anlegerschutz in diesem Mitgliedstaat angesehen werden können. Diese Maßnahmen zur Änderung nicht wesentlicher Bestimmungen dieser Richtlinie durch Ergänzung werden nach dem in Artikel 64 Absatz 2 genannten Regelungsverfahren mit Kontrolle erlassen.

### Artikel 57  Zusammenarbeit bei der Überwachung, Überprüfung vor Ort oder bei Ermittlungen

Die zuständige Behörde eines Mitgliedstaats kann die zuständige Behörde eines anderen Mitgliedstaats um Zusammenarbeit bei einer Überwachung oder einer Überprüfung vor Ort oder einer Ermittlung ersuchen. Im Falle von Wertpapierfirmen, die Fernmitglieder eines geregelten Marktes sind, kann die zuständige Behörde des geregelten Marktes sich auch direkt an diese wenden, wobei sie die zuständige Behörde des Herkunftsmitgliedstaats des Fernmitglieds davon in Kenntnis setzt.

Erhält eine zuständige Behörde ein Ersuchen um eine Überprüfung vor Ort oder eine Ermittlung, so wird sie im Rahmen ihrer Befugnisse tätig, indem sie

a) die Überprüfungen oder Ermittlungen selbst vornimmt; oder

b) der ersuchenden Behörde die Durchführung der Überprüfung oder Ermittlung gestattet oder

c) Wirtschaftsprüfern oder Sachverständigen die Durchführung der Überprüfung oder Ermittlung gestattet.

### Artikel 58  Informationsaustausch

(1) Die gemäß Artikel 56 Absatz 1 für die Zwecke dieser Richtlinie als Kontaktstellen benannten zuständigen Behörden der Mitgliedstaaten übermitteln einander unverzüglich die für die Wahrnehmung der Aufgaben der gemäß Artikel 48 Absatz 1 benannten zuständigen Behörden erforderlichen Informationen, die in den Bestimmungen zur Durchführung der Richtlinie genannt sind.

Zuständige Behörden, die Informationen mit anderen zuständigen Behörden austauschen, können bei der Übermittlung darauf hinweisen, dass diese nur mit ihrer ausdrücklichen Zustimmung veröffentlicht werden dürfen, in welchem Fall sie nur für die Zwecke, für die die Zustimmung erteilt wurde, ausgetauscht werden dürfen.

(2) Die als Kontaktstelle benannte zuständige Behörde darf gemäß Absatz 1 und gemäß Artikeln 55 und 63 empfangene Informationen an die in Artikel 49 genannten Behörden weiterleiten. Außer in gebührend begründeten Fällen dürfen sie diese Informationen nur mit ausdrücklicher Zustimmung der Behörden, die sie übermittelt haben, und nur für die Zwecke, für die diese Behörden ihre Zustimmung gegeben haben, an andere Stellen oder natürliche oder juristische Personen weitergeben. In diesem Fall unterrichtet die betreffende Kontaktstelle unverzüglich die Kontaktstelle, von der die Information stammt.

(3) Die in Artikel 49 genannten Behörden sowie andere Stellen oder natürliche oder juristische Personen, die vertrauliche Informationen nach Absatz 1 oder nach den Artikeln 55 und 63 erhalten, dürfen diese in Wahrnehmung ihrer Aufgaben insbesondere nur für folgende Zwecke verwenden:

a) zur Prüfung, ob die Zulassungsbedingungen für Wertpapierfirmen erfüllt sind, und zur leichteren Überwachung der Ausübung der Tätigkeit auf Einzelfirmen- oder auf konsolidierter Basis, insbesondere hinsichtlich der in der Richtlinie 93/6/EWG vorgesehenen Eigenkapitalanforderungen, der verwaltungsmäßigen und buchhalterischen Organisation und der internen Kontrollmechanismen,
b) zur Überwachung des reibungslosen Funktionierens der Handelsplätze,
c) zur Verhängung von Sanktionen,
d) im Rahmen von Verwaltungsverfahren über die Anfechtung von Entscheidungen der zuständigen Behörden,
e) im Rahmen von Gerichtsverfahren aufgrund von Artikel 52 oder
f) im Rahmen außergerichtlicher Verfahren für Anlegerbeschwerden gemäß Artikel 53.

(4) Die Kommission kann nach dem in Artikel 64 Absatz 3 genannten Regelungsverfahren Durchführungsmaßnahmen in Bezug auf Verfahren für den Informationsaustausch zwischen zuständigen Behörden erlassen.

(5) Dieser Artikel sowie die Artikel 54 und 63 stehen dem nicht entgegen, dass die zuständigen Behörden den Zentralbanken, dem Europäischen System der Zentralbanken und der Europäischen Zentralbank in ihrer Eigenschaft als Währungsbehörden sowie gegebenenfalls anderen staatlichen Behörden, die mit der Überwachung der Zahlungssysteme betraut sind, zur Erfüllung ihrer Aufgaben vertrauliche Informationen übermitteln; ebenso wenig stehen sie dem entgegen, dass diese Behörden oder Stellen den zuständigen Behörden die Informationen übermitteln, die diese zur Erfüllung ihrer Aufgaben gemäß dieser Richtlinie benötigen.

### Artikel 59  Ablehnung der Zusammenarbeit

Eine zuständige Behörde kann ein Ersuchen auf Zusammenarbeit bei der Durchführung einer Ermittlung, einer Überprüfung vor Ort oder einer Überwachung nach Artikel 57 oder auf Austausch von Informationen nach Artikel 58 nur ablehnen, wenn

a) die Ermittlung, Überprüfung vor Ort, Überwachung oder Austausch der Information die Souveränität, die Sicherheit oder die öffentliche Ordnung des ersuchten Staates beeinträchtigen könnte;
b) aufgrund derselben Handlungen und gegen dieselben Personen bereits ein Verfahren vor einem Gericht des ersuchten Mitgliedstaats anhängig ist;
c) im ersuchten Mitgliedstaat gegen die betreffenden Personen aufgrund derselben Handlungen bereits ein rechtskräftiges Urteil Staat ergangen ist.

Im Falle einer Ablehnung teilt die zuständige Behörde dies der ersuchenden zuständigen Behörde mit und übermittelt ihr möglichst genaue Informationen.

**Artikel 60  Konsultation zwischen den Behörden vor einer Zulassung**

(1) Die zuständigen Behörden des anderen betroffenen Mitgliedstaats werden konsultiert, bevor einer Wertpapierfirma die Zulassung erteilt wird, die

a) Tochterunternehmen einer Wertpapierfirma oder eines Kreditinstituts ist, die/das in einem anderen Mitgliedstaat zugelassen ist; oder

b) Tochterunternehmen des Mutterunternehmens einer Wertpapierfirma oder eines Kreditinstituts ist, die/das in einem anderen Mitgliedstaat zugelassen ist; oder

c) von denselben natürlichen oder juristischen Personen kontrolliert wird wie eine Wertpapierfirma oder ein Kreditinstitut, die/das in einem anderen Mitgliedstaat zugelassen ist.

(2) Die zuständige Behörde des für die Überwachung von Kreditinstituten oder Versicherungsunternehmen zuständigen Mitgliedstaats wird konsultiert, bevor einer Wertpapierfirma die Zulassung erteilt wird, die

a) Tochterunternehmen eines in der Gemeinschaft zugelassenen Kreditinstituts oder Versicherungsunternehmens ist; oder

b) Tochterunternehmen des Mutterunternehmens eines in der Gemeinschaft zugelassenen Kreditinstituts oder Versicherungsunternehmens ist, oder

c) von derselben natürlichen oder juristischen Person kontrolliert wird wie ein in der Gemeinschaft zugelassenes Kreditinstitut oder Versicherungsunternehmen.

(3) Die zuständigen Behörden im Sinne der Absätze 1 und 2 konsultieren einander insbesondere, wenn sie die Eignung der Aktionäre oder Mitglieder und den Leumund und die Erfahrung der Personen, die die Geschäfte eines anderen Unternehmens derselben Gruppe tatsächlich leiten, überprüfen. Sie übermitteln einander alle Informationen hinsichtlich der Eignung der Aktionäre oder Mitglieder und des Leumunds und der Erfahrung der Personen, die die Geschäfte tatsächlich leiten, die für die anderen zuständigen Behörden bei der Erteilung der Zulassung und der laufenden Überprüfung der Einhaltung der Bedingungen für die Ausübung der Tätigkeit von Belang sind.

**Artikel 61  Befugnisse der Aufnahmemitgliedstaaten**

(1) Die Aufnahmemitgliedstaaten können für statistische Zwecke verlangen, dass alle Wertpapierfirmen mit Zweigniederlassungen in ihrem Hoheitsgebiet ihnen in regelmäßigen Abständen über die Tätigkeit dieser Zweigniederlassungen Bericht erstatten.

(2) Die Aufnahmemitgliedstaaten können in Ausübung der ihnen mit dieser Richtlinie übertragenen Befugnisse von den Zweigniederlassungen der Wertpapierfirmen die Angaben verlangen, die erforderlich sind, um in den Fällen des Artikels 32 Absatz 7 die Einhaltung der auf diese Firmen anwendbaren Normen der Aufnahmemitgliedstaaten durch diese Firmen zu kontrollieren. Diese Anforderungen dürfen nicht strenger sein als die Anforderungen, die diese Mitgliedstaaten den niedergelassenen Firmen zur Überwachung der Einhaltung derselben Normen auferlegen.

**Artikel 62  Von den Aufnahmemitgliedstaaten zu treffende Sicherungsmaßnahmen**

(1) Hat die zuständige Behörde des Aufnahmemitgliedstaats klare und nachweisliche Gründe zu der Annahme, dass eine in ihrem Hoheitsgebiet im Rahmen des freien Dienstleistungsverkehrs tätige Wertpapierfirma gegen die Verpflichtungen verstößt, die ihr aus den nach dieser Richtlinie erlassenen Vorschriften erwachsen, oder dass eine Wertpapierfirma mit einer Zweigniederlassung in ihrem Hoheitsgebiet gegen Verpflichtungen verstößt, die ihr aus den nach dieser Richtlinie erlassenen Vorschriften erwachsen, die der zuständigen Behörde des Aufnahmemitgliedstaats keine Zuständigkeit übertragen, so teilt sie ihre Erkenntnisse der zuständigen Behörde des Herkunftsmitgliedstaats mit.

Verhält sich die Wertpapierfirma trotz der von der zuständigen Behörde des Herkunftsmitgliedstaats ergriffenen Maßnahmen oder weil diese Maßnahmen unzureichend sind, weiterhin auf eine Art und Weise, die den Interessen der Anleger des Aufnahmemitgliedstaats oder dem ordnungsgemäßen Funktionieren der Märkte eindeutig abträglich ist, so ergreift die zuständige Behörde des Aufnahmemitgliedstaats nach vorheriger Unterrichtung der zuständigen Behörde des Herkunftsmitgliedstaats alle geeigneten Maßnahmen, um den Schutz der Anleger und das ordnungsgemäße Funktionieren der Märkte zu gewährleisten. Zu diesen Maßnahmen gehört auch die Möglichkeit, der betreffenden Wertpapierfirmen neue Geschäfte in ihren Hoheitsgebieten zu untersagen. Die Kommission wird von diesen Maßnahmen unverzüglich in Kenntnis gesetzt.

(2) Stellen die zuständigen Behörden eines Aufnahmemitgliedstaats fest, dass eine Wertpapierfirma, die eine Zweigniederlassung in ihrem Hoheitsgebiet hat, die Rechts- oder Verwaltungsvorschriften nicht beachtet, die in Anwendung der die Zuständigkeit der Behörden des Aufnahmemitgliedstaats regelnden Bestimmungen dieser Richtlinie in diesem Staat erlassen wurden, so fordern die Behörden die betreffende Wertpapierfirma auf, die vorschriftswidrige Situation zu beenden.

Kommt die Wertpapierfirma der Aufforderung nicht nach, so treffen die zuständigen Behörden des Aufnahmemitgliedstaats alle geeigneten Maßnahmen, damit die betreffende Wertpapierfirma die vorschriftswidrige Situation beendet. Die Art dieser Maßnahmen ist den zuständigen Behörden des Herkunftsmitgliedstaats mitzuteilen.

Verletzt die Wertpapierfirma trotz der von dem Aufnahmemitgliedstaat getroffenen Maßnahmen weiter die in Unterabsatz 1 genannten Rechts- oder Verwaltungsvorschriften des Aufnahmemitgliedstaats, so kann dieser nach Unterrichtung der zuständigen Behörden des Herkunftsmitgliedstaats geeignete Maßnahmen ergreifen, um weitere Verstöße zu verhindern oder zu ahnden; soweit erforderlich, kann er der Wertpapierfirma auch neue Geschäfte in seinem Hoheitsgebiet untersagen. Die Kommission wird von diesen Maßnahmen unverzüglich in Kenntnis gesetzt.

(3) Hat die zuständige Behörde des Aufnahmemitgliedstaats eines geregelten Marktes oder eines MTF klare und nachweisbare Gründe für die Annahme, dass der betreffende geregelte Markt oder das betreffende MTF gegen die Verpflichtungen verstößt, die ihm aus den nach dieser Richtlinie erlassenen Vorschriften erwachsen, so teilt sie ihre Erkenntnisse der zuständigen Behörde des Herkunftsmitgliedstaats des geregelten Marktes oder des MTF mit.

Handelt der geregelte Markt oder das MTF trotz der von der zuständigen Behörde des Herkunftsmitgliedstaats getroffenen Maßnahmen oder weil sich diese Maßnahmen als unzureichend erweisen weiterhin in einer Weise, die die Interessen der Anleger des Aufnahmemitgliedstaats oder das ordnungsgemäße Funktionieren der Märkte eindeutig gefährdet, so ergreift die zuständige Behörde des Aufnahmemitgliedstaats nach Unterrichtung der zuständigen Behörde des.Herkunftsmitgliedstaats alle geeigneten Maßnahmen, um die Anlegerinteressen zu schützen und das ordnungsgemäße Funktionieren der Märkte zu gewährleisten. Zu diesen Maßnahmen gehört auch die Möglichkeit, dem geregelten Markt oder MTF zu untersagen, sein System Fernmitgliedern oder -teilnehmern in dem betreffenden Aufnahmemitgliedstaat zugänglich zu machen. Die Kommission wird von diesen Maßnahmen unverzüglich in Kenntnis gesetzt.

(4) Jede Maßnahme gemäß den Absätzen 1, 2 oder 3, die Sanktionen oder Einschränkungen der Tätigkeit einer Wertpapierfirma oder eines geregelten Marktes beinhaltet, ist ordnungsgemäß zu begründen und der betreffenden Wertpapierfirma oder geregelten Markt mitzuteilen.

## Kapitel III: Zusammenarbeit mit Drittländern

### Artikel 63  Informationsaustausch mit Drittländern

(1) Die Mitgliedstaaten können Kooperationsvereinbarungen über den Informationsaustausch mit den zuständigen Behörden von Drittländern schließen, sofern gewährleistet ist, dass die übermittelten Informationen zumindest in dem in Artikel 54 vorgeschriebenen Umfang dem Berufsgeheimnis unterliegen. Ein derartiger Informationsaustausch muss der Wahrnehmung der Aufgaben dieser zuständigen Behörden dienen.

Die Mitgliedstaaten dürfen im Einklang mit Kapitel IV der Richtlinie 95/46/EG personenbezogene Daten an ein Drittland weiterleiten.

Die Mitgliedstaaten können ferner Kooperationsvereinbarungen über den Informationsaustausch mit Behörden, Stellen und natürlichen oder juristischen Personen von Drittländern schließen, die dafür zuständig sind

i. Kreditinstitute, sonstige Finanzeinrichtungen, Versicherungsunternehmen und die Finanzmärkte zu beaufsichtigen,

ii. Abwicklungen, Insolvenzverfahren und ähnliche Verfahren bei Wertpapierfirmen durchzuführen,

iii. in Wahrnehmung ihrer Aufsichtsbefugnisse die Pflichtprüfung der Rechnungslegungsunterlagen von Wertpapierfirmen und sonstigen Finanzinstituten, Kreditinstituten und Versicherungsunternehmen vorzunehmen oder in Wahrnehmung ihrer Aufgaben Entschädigungssysteme zu verwalten,

iv. die an der Abwicklung und an Insolvenzverfahren oder ähnlichen Verfahren in Bezug auf Wertpapierfirmen beteiligten Stellen zu beaufsichtigen,

v. die Personen zu beaufsichtigen, die die Pflichtprüfung der Rechnungslegungsunterlagen von Versicherungsunternehmen, Kreditinstituten, Wertpapierfirmen und sonstigen Finanzinstituten vornehmen,

sofern gewährleistet ist, dass die übermittelten Informationen zumindest in dem in Artikel 54 vorgeschriebenen Umfang dem Berufsgeheimnis unterliegen. Ein derartiger Informationsaustausch muss der Wahrnehmung der Aufgaben dieser Behörden, Stellen, natürlichen oder juristischen Personen dienen.

(2) Stammen die Informationen aus einem anderen Mitgliedstaat, so dürfen sie nur mit ausdrücklicher Zustimmung der zuständigen Behörden, die diese übermittelt haben, und gegebenenfalls nur für die Zwecke, für die diese Behörden ihre Zustimmung gegeben haben, weitergegeben werden. Dies gilt auch für Informationen, die von den zuständigen Behörden eines Drittlandes übermittelt werden.

## Titel V: Schlussbestimmungen

### Artikel 64  Ausschussverfahren

(1) Die Kommission wird von dem durch den Beschluss 2001/528/EG der Kommission[1] eingesetzten Europäischen Wertpapierausschuss (nachstehend „Ausschuss" genannt) unterstützt.

(2) Wird auf diesen Absatz Bezug genommen, so gelten Artikel 5a Absätze 1 bis 4 und Artikel 7 des Beschlusses 1999/468/EG unter Beachtung von dessen Artikel 8.

(2a) Die wesentlichen Bestimmungen dieser Richtlinie dürfen durch beschlossene Durchführungsmaßnahmen nicht geändert werden.

(3) Wird auf diesen Absatz Bezug genommen, so gelten die Artikel 5 und 7 des Beschlusses 1999/468/EG unter Beachtung von dessen Artikel 8.

Die Frist nach Artikel 5 Absatz 6 des Beschlusses 1999/468/EG wird auf drei Monate festgesetzt.

(4) Bis 31. Dezember 2010 und danach mindestens alle drei Jahre überprüft die Kommission die Vorschriften für ihre Durchführungsbefugnisse und legt dem Europäischen Parlament und dem Rat einen Bericht über das Funktionieren dieser Befugnisse vor. In dem Bericht wird insbesondere geprüft, ob die Kommission Änderungen zu dieser Richtlinie vorschlagen muss, um den angemessenen Umfang der ihr übertragenen Durchführungsbefugnisse zu gewährleisten. Die Schlussfolgerung, ob eine Änderung erforderlich ist oder nicht, muss eine detaillierte Begründung enthalten. Erforderlichenfalls wird dem Bericht ein Legislativvorschlag zur Änderung der Vorschriften für die Übertragung der Durchführungsbefugnisse an die Kommission beigefügt.

---

1) **Amtl. Anm.:** ABl L 191 vom 13. 7. 2001, S. 45.

**Artikel 65   Berichte und Überprüfung**

(1) Bis zum 31. Oktober 2007 erstattet die Kommission dem Europäischen Parlament und dem Rat auf der Grundlage einer öffentlichen Konsultation und angesichts der Beratungen mit den zuständigen Behörden Bericht über eine mögliche Ausdehnung des Anwendungsbereichs der vor- und nachbörslichen Transparenzvorschriften dieser Richtlinie auf Geschäfte mit anderen Gattungen von Finanzinstrumenten als Aktien.

(2) Bis zum 31. Oktober 2008 legt die Kommission dem Europäischen Parlament und dem Rat einen Bericht über die Anwendung von Artikel 27 vor.

(3) Bis zum 30. April 2008 erstattet die Kommission dem Europäischen Parlament und dem Rat auf der Grundlage öffentlicher Konsultationen und angesichts der Beratungen mit den zuständigen Behörden Bericht über

a) die Zweckmäßigkeit des Beibehaltens der Ausnahme nach Artikel 2 Absatz 1 Buchstabe k für Unternehmen, deren Haupttätigkeit im Handel für eigene Rechnung mit Warenderivaten besteht;

b) angemessene inhaltliche und formale Anforderungen für die Zulassung und die Überwachung derartiger Unternehmen als Wertpapierfirmen im Sinne dieser Richtlinie;

c) die Zweckmäßigkeit von Regeln für das Heranziehen von vertraglich gebundenen Vermittlern für Wertpapierdienstleistungen und/oder Anlagetätigkeiten, insbesondere in Bezug auf ihre Überwachung;

d) die Zweckmäßigkeit des Beibehaltens der Ausnahme nach Artikel 2 Absatz 1 Buchstabe i.

(4) Bis zum 30. April 2008 unterbreitet die Kommission dem Europäischen Parlament und dem Rat einen Bericht über die Fortschritte bei der Beseitigung der Hindernisse, die der Konsolidierung der Informationen, die von Handelsplätzen zu veröffentlichen sind, auf europäischer Ebene entgegenstehen.

(5) Auf der Grundlage der in den Absätzen 1 bis 4 genannten Berichte kann die Kommission entsprechende Änderungen dieser Richtlinie vorschlagen.

(6) Bis zum 31. Oktober 2006 erstattet die Kommission dem Europäischen Parlament und dem Rat angesichts der Beratungen mit den zuständigen Behörden Bericht über die Zweckmäßigkeit des Beibehaltens der den Vermittlern durch Gemeinschaftsrecht vorgeschriebenen Berufshaftpflichtversicherung.

**Artikel 66   Änderung der Richtlinie 85/611/EWG** (hier nicht wiedergegeben)

**Artikel 67   Änderung der Richtlinie 93/6/EWG** (hier nicht wiedergegeben)

**Artikel 68   Änderung der Richtlinie 2000/12/EG** (hier nicht wiedergegeben)

**Artikel 69   Aufhebung der Richtlinie 93/22/EWG**

Die Richtlinie 93/22/EWG wird mit Wirkung vom 1. November 2007 aufgehoben. Bezugnahmen auf die Richtlinie 93/22/EWG gelten als Bezugnahmen auf die vorliegende Richtlinie. Bezugnahmen auf Begriffsbestimmungen oder Artikel der Richtlinie 93/22/EWG gelten als Bezugnahmen auf die entsprechenden Begriffsbestimmungen oder Artikel der vorliegenden Richtlinie.

**Artikel 70   Umsetzung**

Die Mitgliedstaaten erlassen die Rechts- und Verwaltungsvorschriften, die erforderlich sind, um dieser Richtlinie ab dem 31. Januar 2007 nachzukommen. Sie setzen die Kommission unverzüglich davon in Kenntnis.
Sie wenden diese Vorschriften ab dem 1. November 2007 an.
Wenn die Mitgliedstaaten diese Vorschriften erlassen, nehmen sie in den Vorschriften selbst oder durch einen Hinweis bei der amtlichen Veröffentlichung auf diese Richtlinie Bezug. Die Mitgliedstaaten regeln die Einzelheiten der Bezugnahme.

## Artikel 71  Übergangsbestimmungen

(1) Wertpapierfirmen, die bereits vor dem 1. November 2007 in ihrem Herkunftsmitgliedstaat eine Zulassung für die Erbringung von Wertpapierdienstleistungen besaßen, gelten auch für die Zwecke dieser Richtlinie als zugelassen, wenn das Recht der betreffenden Mitgliedstaaten für die Aufnahme dieser Tätigkeiten die Erfüllung von Voraussetzungen vorsieht, die denen der Artikel 9 bis 14 vergleichbar sind.

(2) Ein geregelter Markt oder ein Marktbetreiber, der bereits vor dem 1. November 2007 in seinem Herkunftsmitgliedstaat eine Zulassung besaß, gilt auch für die Zwecke dieser Richtlinie als zugelassen, wenn das Recht des betreffenden Mitgliedstaates vorschreibt, dass der geregelte Markt bzw. der Marktbetreiber Bedingungen erfüllen muss, die denen des Titels III vergleichbar sind.

(3) Vertraglich gebundene Vermittler, die bereits vor dem 1. November 2007 in einem öffentlichen Register eingetragen waren, gelten auch für die Zwecke dieser Richtlinie als eingetragen, wenn vertraglich gebundene Vermittler nach dem Recht der betreffenden Mitgliedstaaten Voraussetzungen erfüllen müssen, die denen des Artikels 23 vergleichbar sind.

(4) Angaben, die vor dem 1. November 2007 für die Zwecke der Artikel 17, 18 oder 30 der Richtlinie 93/22/EWG übermittelt wurden, gelten als für die Zwecke der Artikel 31 und 32 der vorliegenden Richtlinie übermittelt.

(5) Jedes bestehende System, das unter die Begriffsbestimmung eines multilateralen Handelssystems fällt und von einem Marktbetreiber eines geregelten Marktes betrieben wird, wird auf Antrag des Marktbetreibers des geregelten Marktes als multilaterales Handelssystem zugelassen, sofern es Anforderungen erfüllt, die den Anforderungen dieser Richtlinie an die Zulassung und den Betrieb multilateraler Handelssysteme gleichwertig sind, und sofern der betreffende Antrag innerhalb von achtzehn Monaten nach dem 1. November 2007 gestellt wird.

(6) Wertpapierfirmen können bestehende professionelle Kunden auch weiterhin als solche behandeln, vorausgesetzt, dass diese Kategorisierung durch die Wertpapierfirma auf der Grundlage einer angemessenen Bewertung des Sachverstands, der Erfahrungen und der Kenntnisse des Kunden vorgenommen wurde, was in vernünftigem Rahmen die Sicherheit schafft, dass der Kunde angesichts des Wesens der geplanten Geschäfte oder Dienstleistungen in der Lage ist, seine eigenen Anlageentscheidungen zu treffen, und die damit einhergehenden Risiken versteht. Diese Wertpapierfirmen informieren ihre Kunden über die Voraussetzungen, die die Richtlinie für die Kategorisierung von Kunden aufstellt.

## Artikel 72  Inkrafttreten

Diese Richtlinie tritt am Tag ihrer Veröffentlichung im *Amtsblatt der Europäischen Union* in Kraft.

## Artikel 73  Adressaten

Diese Richtlinie ist an die Mitgliedstaaten gerichtet.

## d) Richtlinie 2002/92/EG des Europäischen Parlaments und des Rates vom 9. Dezember 2002 über Versicherungsvermittlung (RL 2002/92/EG)

### v. 15.1.2003 (ABl Nr. L 9 S. 3)

DAS EUROPÄISCHE PARLAMENT UND DER RAT DER EUROPÄISCHEN UNION –

gestützt auf den Vertrag zur Gründung der Europäischen Gemeinschaft, insbesondere auf Artikel 47 Absatz 2 und Artikel 55,

auf Vorschlag der Kommission[1],

nach Stellungnahme des Wirtschafts- und Sozialausschusses[2],

gemäß dem Verfahren des Artikels 251 des Vertrags[3],

in Erwägung nachstehender Gründe:

(1) Versicherungs- und Rückversicherungsvermittler spielen beim Vertrieb von Versicherungs- und Rückversicherungsprodukten in der Gemeinschaft eine zentrale Rolle.

(2) Mit der Richtlinie 77/92/EWG des Rates vom 13. Dezember 1976 über Maßnahmen zur Erleichterung der tatsächlichen Ausübung der Niederlassungsfreiheit und des freien Dienstleistungsverkehrs für die Tätigkeiten des Versicherungsagenten und des Versicherungsmaklers (aus ISIC-Gruppe 630), insbesondere Übergangsmaßnahmen für solche Tätigkeiten[4], wurde ein erster Schritt unternommen, um Versicherungsagenten und -maklern die Ausübung der Niederlassungs- und Dienstleistungsfreiheit zu erleichtern.

(3) Die Richtlinie 77/92/EWG sollte ursprünglich so lange gültig bleiben, bis Bestimmungen, die die einzelstaatlichen Vorschriften über die Aufnahme und Ausübung der Tätigkeit von Versicherungsagenten und -maklern koordinieren, in Kraft treten.

(4) Die Empfehlung 92/48/EWG der Kommission vom 18. Dezember 1991 über Versicherungsvermittler[5] wurde von den Mitgliedstaaten weitgehend befolgt und trug zur Angleichung der einzelstaatlichen Vorschriften über die beruflichen Anforderungen und die Eintragung von Versicherungsvermittlern bei.

(5) Jedoch bestehen zwischen den einzelstaatlichen Vorschriften immer noch erhebliche Unterschiede, die für die Aufnahme und Ausübung der Tätigkeit von Versicherungs- und Rückversicherungsvermittlern im Binnenmarkt Hindernisse mit sich bringen. Daher ist es angezeigt, die Richtlinie 77/92/EWG durch eine neue Richtlinie zu ersetzen.

(6) Versicherungs- und Rückversicherungsvermittler sollten in der Lage sein, die vom Vertrag gewährleisteten Rechte der Niederlassungsfreiheit und des freien Dienstleistungsverkehrs in Anspruch zu nehmen.

(7) Dass Versicherungsvermittler nicht in der Lage sind, uneingeschränkt überall in der Gemeinschaft tätig zu werden, beeinträchtigt das reibungslose Funktionieren des einheitlichen Versicherungsmarktes.

(8) Die Koordinierung der einzelstaatlichen Vorschriften über die beruflichen Anforderungen, die an Personen zu stellen sind, welche die Tätigkeit der Versicherungsvermittlung aufnehmen und ausüben, und über die Eintragung dieser Personen kann daher sowohl zur Vollendung des Binnenmarktes für Finanzdienstleistungen als auch zur Verbesserung des Verbraucherschutzes in diesem Bereich beitragen.

---

1) **Amtl. Anm.:** ABl C 29 E vom 30.1.2001, S. 245.
2) **Amtl. Anm.:** ABl C 221 vom 7.8.2001, S. 121.
3) **Amtl. Anm.:** Stellungnahme des Europäischen Parlaments vom 14. November 2001 (ABl C 140 E vom 13.6.2002, S. 167), Gemeinsamer Standpunkt des Rates vom 18. März 2002 (ABl C 145 E vom 18.6.2002, S. 1) und Beschluss des Europäischen Parlaments vom 13. Juni 2002 (noch nicht im Amtsblatt veröffentlicht). Beschluss des Rates vom 28. Juni 2002.
4) **Amtl. Anm.:** ABl L 26 vom 31.1.1977, S. 14. Richtlinie zuletzt geändert durch die Beitrittsakte von 1994.
5) **Amtl. Anm.:** ABl L 19 vom 28.1.1992, S. 32.

(9) Versicherungsprodukte können von verschiedenen Kategorien von Personen oder Einrichtungen wie Versicherungsagenten, Versicherungsmaklern und „Allfinanzunternehmen" vertrieben werden. Aus Gründen der Gleichbehandlung all dieser Akteure und des Kundenschutzes sollte sich diese Richtlinie auf all diese Personen oder Einrichtungen beziehen.

(10) Diese Richtlinie enthält eine Definition des vertraglich gebundenen Versicherungsvermittlers, die den Besonderheiten bestimmter Märkte der Mitgliedstaaten Rechnung trägt und darauf abzielt, die auf derartige Vermittler anwendbaren Eintragungsbedingungen festzulegen. Diese Definition soll ähnlichen Definitionen von Versicherungsvermittlern in den Mitgliedstaaten nicht entgegenstehen, die zwar für Rechnung und im Namen eines Versicherungsunternehmens und unter dessen uneingeschränkter Verantwortung handeln, jedoch berechtigt sind, Prämien und Beträge, die gemäß den in dieser Richtlinie vorgesehenen finanziellen Garantien für die Kunden bestimmt sind, entgegenzunehmen.

(11) Diese Richtlinie sollte Personen betreffen, deren Tätigkeit darin besteht, für Dritte Versicherungsvermittlungsdienstleistungen für eine Gegenleistung zu erbringen, die finanzieller Art sein oder jede andere Form eines wirtschaftlichen Vorteils annehmen kann, der zwischen den Parteien vereinbart wurde und an die Leistung geknüpft ist.

(12) Diese Richtlinie sollte nicht Personen betreffen, die eine andere Berufstätigkeit, z. B. als Steuerexperte oder Buchhalter, ausüben und im Rahmen dieser anderen Berufstätigkeit gelegentlich über Versicherungsschutz beraten oder lediglich allgemeine Informationen über Versicherungsprodukte erteilen, sofern diese Tätigkeit nicht zum Ziel hat, dem Kunden bei dem Abschluss oder der Abwicklung eines Versicherungs- oder Rückversicherungsvertrags behilflich zu sein, Schadensfälle eines Versicherungs- oder Rückversicherungsunternehmens berufsmäßig zu verwalten oder Schäden zu regulieren oder Sachverständigenarbeit zu leisten.

(13) Diese Richtlinie sollte unter bestimmten, genau festgelegten Bedingungen nicht auf Personen Anwendung finden, die Versicherungsvermittlung als Nebentätigkeit betreiben.

(14) Versicherungs- und Rückversicherungsvermittler sollten bei der zuständigen Behörde des Mitgliedstaats, in dem sie ihren Wohnsitz oder ihre Hauptverwaltung haben, eingetragen werden, sofern sie strengen beruflichen Anforderungen in Bezug auf Sachkompetenz, Leumund, Berufshaftpflichtschutz und finanzielle Leistungsfähigkeit genügen.

(15) Durch die Eintragung sollten Versicherungs- und Rückversicherungsvermittler die Möglichkeit erhalten, in anderen Mitgliedstaaten nach den Grundsätzen der Niederlassungsfreiheit und des freien Dienstleistungsverkehrs tätig zu werden, sofern zwischen den zuständigen Behörden ein entsprechendes Verfahren zur Unterrichtung stattgefunden hat.

(16) Angemessene Sanktionen sind erforderlich, damit gegen Personen, die die Tätigkeit der Versicherungs- oder Rückversicherungsvermittlung ausüben, ohne eingetragen zu sein, gegen Versicherungs- und Rückversicherungsunternehmen, die die Dienste nicht eingetragener Vermittler in Anspruch nehmen, und gegen Vermittler, die den gemäß dieser Richtlinie erlassenen innerstaatlichen Rechtsvorschriften nicht nachkommen, vorgegangen werden kann.

(17) Zusammenarbeit und Informationsaustausch zwischen den zuständigen Behörden sind von entscheidender Bedeutung, um die Verbraucher zu schützen und die Solidität des Versicherungs- und Rückversicherungsgeschäfts im Binnenmarkt sicherzustellen.

(18) Für den Verbraucher kommt es entscheidend darauf an, zu wissen, ob er mit einem Vermittler zu tun hat, der ihn über Produkte eines breiten Spektrums von Versicherungsunternehmen oder über Produkte einer bestimmten Anzahl von Versicherungsunternehmen berät.

(19) In dieser Richtlinie sollten die Informationspflichten der Versicherungsvermittler gegenüber den Kunden festgelegt werden. Ein Mitgliedstaat kann zu diesem Punkt strengere Bestimmungen beibehalten oder erlassen, die den Versicherungsvermittlern, die ihre Vermittlungstätigkeit in seinem Hoheitsgebiet ausüben, ungeachtet ihres Wohn-

sitzes, auferlegt werden, sofern diese strengeren Bestimmungen mit dem Gemeinschaftsrecht – einschließlich der Richtlinie 2000/31/EG des Europäischen Parlaments und des Rates vom 8. Juni 2000 über bestimmte rechtliche Aspekte der Dienste der Informationsgesellschaft, insbesondere des elektronischen Geschäftsverkehrs, im Binnenmarkt („Richtlinie über den elektronischen Geschäftsverkehr")[1] – vereinbar sind.

(20) Erklärt der Vermittler, dass er über Produkte eines breiten Spektrums von Versicherungsunternehmen berät, so sollte er eine unparteiische und ausreichend breit gefächerte Untersuchung der auf dem Markt angebotenen Produkte durchführen. Außerdem sollten alle Vermittler die Gründe für ihren Vorschlag erläutern.

(21) Dieser Informationsbedarf ist geringer, wenn der Kunde ein Unternehmen ist, das sich gegen gewerbliche und industrielle Risiken versichern oder rückversichern will.

(22) In den Mitgliedstaaten muss es angemessene und wirksame Beschwerde- und Abhilfeverfahren zur Beilegung von Streitigkeiten zwischen Versicherungsvermittlern und Verbrauchern geben; dabei sollte gegebenenfalls auf bestehende Verfahren zurückgegriffen werden.

(23) Unbeschadet des Rechts der Kunden, vor den Gerichten Klage zu erheben, sollten die Mitgliedstaaten die zur außergerichtlichen Beilegung von Streitfällen eingerichteten öffentlich-rechtlichen oder privat-rechtlichen Einrichtungen dazu anhalten, bei der Lösung grenzübergreifender Streitfälle zusammenzuarbeiten. Eine derartige Zusammenarbeit könnte insbesondere darauf abzielen, dem Verbraucher zu gestatten, die in seinem Wohnsitzstaat eingerichteten außergerichtlichen Stellen mit Beschwerden über die in anderen Mitgliedstaaten niedergelassenen Vermittler zu befassen. Durch die Einrichtung des FIN-NET-Netzes erhalten die Verbraucher mehr Unterstützung, wenn sie grenzüberschreitende Dienste in Anspruch nehmen. Die Bestimmungen hinsichtlich der Verfahren sollten der Empfehlung 98/257/EG der Kommission vom 30. März 1998 betreffend die Grundsätze für Einrichtungen, die für die außergerichtliche Beilegung von Verbraucherrechtsstreitigkeiten zuständig sind[2], Rechnung tragen.

(24) Die Richtlinie 77/92/EWG sollte daher aufgehoben werden –
HABEN FOLGENDE RICHTLINIE ERLASSEN:

## Kapitel I: Anwendungsbereich und Begriffsbestimmungen

### Artikel 1 Anwendungsbereich

(1) Mit dieser Richtlinie werden Vorschriften für die Aufnahme und Ausübung der Versicherungs- und Rückversicherungsvermittlung durch natürliche oder juristische Personen, die in einem Mitgliedstaat niedergelassen sind oder sich dort niederlassen möchten, festgelegt.

(2) Diese Richtlinie findet nicht auf Personen Anwendung, die Vermittlungsdienste für Versicherungsverträge anbieten, wenn sämtliche nachstehenden Bedingungen erfüllt sind:
a) für den betreffenden Versicherungsvertrag sind nur Kenntnisse des angebotenen Versicherungsschutzes erforderlich;
b) bei dem Versicherungsvertrag handelt es sich nicht um einen Lebensversicherungsvertrag;
c) der Versicherungsvertrag deckt keine Haftpflichtrisiken ab;
d) die betreffende Person betreibt die Versicherungsvermittlung nicht hauptberuflich;
e) die Versicherung stellt eine Zusatzleistung zur Lieferung einer Ware bzw. der Erbringung einer Dienstleistung durch einen beliebigen Anbieter dar, wenn mit der Versicherung Folgendes abgedeckt wird:

---

1) **Amtl. Anm.**: ABl L 178 vom 17. 7. 2000, S. 1.
2) **Amtl. Anm.**: ABl L 115 vom 17. 4. 1998, S. 31.

i. das Risiko eines Defekts, eines Verlusts oder einer Beschädigung von Gütern, die von dem betreffenden Anbieter geliefert werden; oder

ii. Beschädigung oder Verlust von Gepäck und andere Risiken im Zusammenhang mit einer bei dem betreffenden Anbieter gebuchten Reise, selbst wenn die Versicherung Lebensversicherungs- oder Haftpflichtrisiken abdeckt, vorausgesetzt, dass die Deckung zusätzlich zur Hauptversicherungsdeckung für Risiken im Zusammenhang mit dieser Reise gewährt wird;

f) die Jahresprämie übersteigt nicht 500 EUR, und der Versicherungsvertrag hat eine Gesamtlaufzeit, eventuelle Verlängerungen inbegriffen, von höchstens fünf Jahren.

(3) Die Richtlinie gilt nicht für Versicherungs- und Rückversicherungsvermittlungsdienstleistungen, die im Zusammenhang mit Risiken und Verpflichtungen erbracht werden, die außerhalb der Gemeinschaft bestehen bzw. eingegangen worden sind.

Diese Richtlinie berührt nicht die Rechtsvorschriften eines Mitgliedstaats über die Versicherungsvermittlungstätigkeit, die von Versicherungs- und Rückversicherungsvermittlern ausgeübt wird, die in einem Drittland niedergelassen sind und im Wege des freien Dienstleistungsverkehrs in seinem Hoheitsgebiet tätig sind, unter der Voraussetzung, dass die Gleichbehandlung aller Personen sichergestellt ist, die die Tätigkeit der Versicherungsvermittlung auf diesem Markt ausüben oder zu deren Ausübung befugt sind.

Diese Richtlinie regelt weder Versicherungsvermittlungstätigkeiten in Drittländern noch Tätigkeiten von Versicherungs- oder Rückversicherungsunternehmen der Gemeinschaft im Sinne der Ersten Richtlinie 73/239/EWG des Rates vom 24. Juli 1973 zur Koordinierung der Rechts- und Verwaltungsvorschriften betreffend die Aufnahme und Ausübung der Tätigkeit der Direktversicherung (mit Ausnahme der Lebensversicherung)[1] und der Ersten Richtlinie 79/267/EWG des Rates vom 5. März 1979 zur Koordinierung der Rechts- und Verwaltungsvorschriften über die Aufnahme und Ausübung der Direktversicherung (Lebensversicherung)[2], die durch Versicherungsvermittler in Drittländern ausgeübt werden.

**Artikel 2  Begriffsbestimmungen**

Im Sinne dieser Richtlinie bezeichnet der Ausdruck:

1. „Versicherungsunternehmen" ein Unternehmen, dem die behördliche Zulassung gemäß Artikel 6 der Richtlinie 73/239/EWG bzw. Artikel 6 der Richtlinie 79/267/EWG erteilt wurde;

2. „Rückversicherungsunternehmen" ein Unternehmen, das weder ein Versicherungsunternehmen noch ein Versicherungsunternehmen eines Drittlands ist und dessen Haupttätigkeit darin besteht, von einem Versicherungsunternehmen, einem Versicherungsunternehmen eines Drittlands oder anderen Rückversicherungsunternehmen abgegebene Risiken zu übernehmen;

3. „Versicherungsvermittlung" das Anbieten, Vorschlagen oder Durchführen anderer Vorbereitungsarbeiten zum Abschließen von Versicherungsverträgen oder das Abschließen von Versicherungsverträgen oder das Mitwirken bei deren Verwaltung und Erfüllung, insbesondere im Schadensfall.

Diese Tätigkeiten gelten nicht als Versicherungsvermittlung, wenn sie von einem Versicherungsunternehmen oder einem Angestellten eines Versicherungsunternehmens, der unter der Verantwortung des Versicherungsunternehmens tätig wird, ausgeübt werden.

Die beiläufige Erteilung von Auskünften im Zusammenhang mit einer anderen beruflichen Tätigkeit, sofern diese Tätigkeit nicht zum Ziel hat, den Kunden beim Ab-

---

1) **Amtl. Anm.:** ABl L 228 vom 16.8.1973, S. 3. Richtlinie zuletzt geändert durch die Richtlinie 2002/13/EG des Europäischen Parlaments und des Rates (ABl L 77 vom 20.3.2002, S. 17).

2) **Amtl. Anm.:** ABl L 63 vom 13.3.1979, S. 1. Richtlinie zuletzt geändert durch die Richtlinie 2002/12/EG des Europäischen Parlaments und des Rates (ABl L 77 vom 20.3.2002, S. 11).

schluss oder der Handhabung eines Versicherungsvertrags zu unterstützen, oder die berufsmäßige Verwaltung der Schadensfälle eines Versicherungsunternehmens oder die Schadensregulierung und Sachverständigenarbeit im Zusammenhang mit Schadensfällen gelten ebenfalls nicht als Versicherungsvermittlung;

4. „Rückversicherungsvermittlung" das Anbieten, Vorschlagen oder Durchführen anderer Vorbereitungsarbeiten zum Abschließen von Rückversicherungsverträgen oder das Abschließen von Rückversicherungsverträgen oder das Mitwirken bei deren Verwaltung und Erfüllung, insbesondere im Schadensfall.

   Diese Tätigkeiten gelten nicht als Rückversicherungsvermittlung, wenn sie von einem Rückversicherungsunternehmen oder einem Angestellten eines Rückversicherungsunternehmens, der unter der Verantwortung des Rückversicherungsunternehmens tätig wird, ausgeübt werden.

   Die beiläufige Erteilung von Auskünften im Zusammenhang mit einer anderen beruflichen Tätigkeit, sofern diese Tätigkeit nicht zum Ziel hat, den Kunden beim Abschluss oder der Handhabung eines Rückversicherungsvertrags zu unterstützen, oder die berufsmäßige Verwaltung der Schadensfälle eines Rückversicherungsunternehmens oder die Schadensregulierung und Sachverständigenarbeit im Zusammenhang mit Schadensfällen gelten ebenfalls nicht als Rückversicherungsvermittlung;

5. „Versicherungsvermittler" jede natürliche oder juristische Person, die die Tätigkeit der Versicherungsvermittlung gegen Vergütung aufnimmt oder ausübt;

6. „Rückversicherungsvermittler" jede natürliche oder juristische Person, die die Tätigkeit der Rückversicherungsvermittlung gegen Vergütung aufnimmt oder ausübt;

7. „vertraglich gebundener Versicherungsvermittler" jede Person, die eine Tätigkeit der Versicherungsvermittlung im Namen und für Rechnung eines Versicherungsunternehmens oder – wenn die Versicherungsprodukte nicht in Konkurrenz zueinander stehen – mehrerer Versicherungsunternehmen ausübt, die jedoch weder die Prämien noch die für den Kunden bestimmten Beträge in Empfang nimmt und hinsichtlich der Produkte der jeweiligen Versicherungsunternehmen unter deren uneingeschränkter Verantwortung handelt.

   Jede Person, die Versicherungsvermittlung zusätzlich zu ihrer Hauptberufstätigkeit ausübt und weder Prämien noch für den Kunden bestimmten Beträge in Empfang nimmt, gilt ebenfalls als vertraglich gebundener Versicherungsvermittler, der hinsichtlich der Produkte des jeweiligen Versicherungsunternehmens unter der Verantwortung eines oder mehrerer Versicherungsunternehmen handelt, wenn die Versicherung eine Ergänzung der im Rahmen dieser Haupttätigkeit gelieferten Waren oder erbrachten Dienstleistungen darstellt;

8. „Großrisiken" Risiken im Sinne von Artikel 5 Buchstabe d) der Richtlinie 73/239/EWG;

9. „Herkunftsmitgliedstaat"
   a) wenn der Vermittler eine natürliche Person ist: der Mitgliedstaat, in dem diese Person ihren Wohnsitz hat und ihre Tätigkeit ausübt;
   b) wenn der Vermittler eine juristische Person ist: der Mitgliedstaat, in dem diese Person ihren satzungsmäßigen Sitz hat, oder, wenn sie gemäß dem für sie geltenden einzelstaatlichen Recht keinen satzungsmäßigen Sitz hat, der Mitgliedstaat, in dem ihr Hauptverwaltungssitz liegt;

10. „Aufnahmemitgliedstaat" der Mitgliedstaat, in dem ein Versicherungs- oder Rückversicherungsvermittler eine Zweigniederlassung hat oder Dienstleistungen erbringt;

11. „zuständige Behörden" die Behörden, die jeder Mitgliedstaat gemäß Artikel 6 benennt;

12. „dauerhafter Datenträger" jedes Medium, das es dem Verbraucher ermöglicht, persönlich an ihn gerichtete Informationen so zu speichern, dass diese während eines für den Informationszweck angemessenen Zeitraums abgerufen werden können, und das die unveränderte Wiedergabe der gespeicherten Daten ermöglicht.

Dazu gehören insbesondere Disketten, CD-ROMs, DVDs und die Festplatten von Computern, auf denen elektronische Post gespeichert wird, jedoch nicht eine Internet-Website, es sei denn, diese Site entspricht den in Absatz 1 enthaltenen Kriterien.

## Kapitel II: Anforderungen in Bezug auf die Eintragung

### Artikel 3  Eintragung

(1) Versicherungs- und Rückversicherungsvermittler sind bei der zuständigen Behörde nach Artikel 7 Absatz 2 in ihrem Herkunftsmitgliedstaat einzutragen.

Unbeschadet des Unterabsatzes 1 können die Mitgliedstaaten vorsehen, dass die Versicherungs- und Rückversicherungsunternehmen oder andere Einrichtungen mit den zuständigen Behörden bei der Eintragung von Versicherungs- und Rückversicherungsvermittlern und bei der Anwendung der Anforderungen nach Artikel 4 auf die betreffenden Vermittler zusammenarbeiten können. Insbesondere können vertraglich gebundene Versicherungsvermittler von einem Versicherungsunternehmen oder einem Zusammenschluss von Versicherungsunternehmen unter der Aufsicht einer zuständigen Behörde eingetragen werden.

Den Mitgliedstaaten steht es frei, die Anforderung nach den Unterabsätzen 1 und 2 nicht auf alle natürlichen Personen anzuwenden, die in einem Unternehmen arbeiten und die Tätigkeit der Versicherungs- oder Rückversicherungsvermittlung ausüben.

Juristische Personen werden von den Mitgliedstaaten eingetragen; im Register sind ferner die Namen der natürlichen Personen, die im Rahmen des Leitungsorgans für die Vermittlungstätigkeiten verantwortlich sind, anzugeben.

(2) Die Mitgliedstaaten können mehr als ein Register für Versicherungs- und Rückversicherungsvermittler einrichten, sofern sie Kriterien für die Eintragung der Vermittler festlegen.

Die Mitgliedstaaten sorgen für die Einrichtung einer einzigen Auskunftsstelle, die einen leichten und schnellen Zugang zu den Informationen aus diesen verschiedenen Registern ermöglicht, die auf elektronischem Wege erstellt und ständig auf dem neuesten Stand gehalten werden. Diese Auskunftsstelle ermöglicht ebenfalls die Identifizierung der zuständigen Behörden jedes Mitgliedstaats nach Absatz 1 Unterabsatz 1. Im Register werden außerdem das Land bzw. die Länder verzeichnet, in dem bzw. in denen der Vermittler im Rahmen der Niederlassungsfreiheit oder des freien Dienstleistungsverkehrs tätig ist.

(3) Die Mitgliedstaaten sorgen dafür, dass die Eintragung von Versicherungs- und Rückversicherungsvermittlern, einschließlich von vertraglich gebundenen Versicherungsvermittlern, von der Erfüllung der beruflichen Anforderungen gemäß Artikel 4 abhängig gemacht wird.

Die Mitgliedstaaten sorgen ferner dafür, dass Versicherungs- und Rückversicherungsvermittler, einschließlich von vertraglich gebundenen Versicherungsvermittlern, die diese Anforderungen nicht mehr erfüllen, aus dem Register gestrichen werden. Die Gültigkeit der Eintragung wird von der zuständigen Behörde regelmäßig überprüft. Bei Bedarf unterrichtet der Herkunftsmitgliedstaat den Aufnahmemitgliedstaat auf geeignetem Weg von dieser Streichung.

(4) Die zuständigen Behörden können dem Versicherungs- oder Rückversicherungsvermittler ein Dokument ausstellen, das es jeder Person, die ein Interesse daran hat, ermöglicht, durch Einsichtnahme in das oder die Register nach Absatz 2 zu prüfen, ob der Vermittler ordnungsgemäß eingetragen ist.

Dieses Dokument enthält mindestens die Informationen nach Artikel 12 Absatz 1 Buchstaben a) und b) und im Fall einer juristischen Person den (die) Namen der in Absatz 1 Unterabsatz 4 des vorliegenden Artikels genannten natürlichen Person(en).

Der Mitgliedstaat verlangt, dass dieses Dokument der zuständigen Behörde, die es ausgestellt hat, zurückgegeben wird, sobald der Versicherungs- oder Rückversicherungsvermittler nicht mehr eingetragen ist.

(5) Eingetragene Versicherungsvermittler und Rückversicherungsvermittler dürfen die Tätigkeit der Versicherungsvermittlung und der Rückversicherungsvermittlung in der Gemeinschaft im Rahmen der Niederlassungsfreiheit und des freien Dienstleistungsverkehrs aufnehmen und ausüben.

(6) Die Mitgliedstaaten achten darauf, dass die Versicherungsunternehmen nur die Versicherungs- und Rückversicherungsvermittlungsdienste der eingetragenen Versicherungs- und Rückversicherungsvermittler und der in Artikel 1 Absatz 2 genannten Personen in Anspruch nehmen.

**Artikel 4   Berufliche Anforderungen**

(1) Versicherungs- und Rückversicherungsvermittler müssen über die vom Herkunftsmitgliedstaat des Vermittlers festgelegten angemessenen Kenntnisse und Fertigkeiten verfügen.

Die Herkunftsmitgliedstaaten können die Anforderungen, die an die Kenntnisse und Fertigkeiten gestellt werden, an die Tätigkeit der Versicherungs- und Rückversicherungsvermittler und die von ihnen vertriebenen Produkte anpassen, insbesondere dann, wenn die Versicherungsvermittlung nicht die Hauptberufstätigkeit des Vermittlers ist. In diesem Fall darf der Betreffende eine Tätigkeit der Versicherungsvermittlung nur ausüben, wenn ein Versicherungsvermittler, der die Anforderungen dieses Artikels erfüllt, oder ein Versicherungsunternehmen die uneingeschränkte Haftung für sein Handeln übernommen hat.

Die Mitgliedstaaten können für die in Artikel 3 Absatz 1 Unterabsatz 2 genannten Fälle vorsehen, dass das Versicherungsunternehmen prüft, ob die Kenntnisse und Fertigkeiten der betreffenden Vermittler den Anforderungen nach Unterabsatz 1 des vorliegenden Absatzes entsprechen, und ihnen gegebenenfalls eine Ausbildung verschafft, die den Anforderungen im Zusammenhang mit den von ihnen vertriebenen Produkten entspricht.

Den Mitgliedstaaten steht es frei, die Anforderung nach Unterabsatz 1 nicht auf alle natürlichen Personen anzuwenden, die in einem Unternehmen arbeiten und die Tätigkeit der Versicherungs- oder Rückversicherungsvermittlung ausüben. Die Mitgliedstaaten sorgen dafür, dass ein vertretbarer Anteil der dem Leitungsorgan eines solchen Unternehmens angehörigen Personen, die für die Vermittlung von Versicherungsprodukten verantwortlich sind, sowie alle anderen, direkt bei der Versicherungs- oder Rückversicherungsvermittlung mitwirkenden Personen nachweislich über die für die Erfüllung ihrer Aufgaben erforderlichen Kenntnisse und Fertigkeiten verfügen.

(2) Versicherungs- und Rückversicherungsvermittler müssen einen guten Leumund besitzen. Als Mindestanforderung dürfen sie nicht im Zusammenhang mit schwerwiegenden Straftaten in den Bereichen Eigentums- oder Finanzkriminalität ins Strafregister oder ein gleichwertiges einzelstaatliches Register eingetragen und sollten nie in Konkurs gegangen sein, es sei denn, sie sind gemäß nationalem Recht rehabilitiert worden.

Die Mitgliedstaaten können den Versicherungsunternehmen gemäß den Bestimmungen des Artikels 3 Absatz 1 Unterabsatz 2 gestatten, den guten Leumund der Versicherungsvermittler zu überprüfen.

Den Mitgliedstaaten steht es frei, die Anforderung nach Unterabsatz 1 nicht auf alle natürlichen Personen anzuwenden, die in einem Unternehmen arbeiten und die Tätigkeit der Versicherungs- und Rückversicherungsvermittlung ausüben. Die Mitgliedstaaten sorgen dafür, dass das Leitungsorgan dieses Unternehmens sowie alle Beschäftigten, die direkt an der Versicherungs- oder Rückversicherungsvermittlung mitwirken, diese Anforderung erfüllen.

(3) Versicherungs- und Rückversicherungsvermittler schließen eine für das gesamte Gebiet der Gemeinschaft geltende Berufshaftpflichtversicherung oder eine andere gleichwertige, die Haftpflicht bei Verletzung beruflicher Sorgfaltspflichten abdeckende Garantie in Höhe von mindestens 1 000 000 EUR für jeden einzelnen Schadensfall und von 1 500 000 EUR für alle Schadensfälle eines Jahres ab, soweit eine solche Versicherung oder gleichwertige Garantie nicht bereits von einem Versicherungsunternehmen,

Rückversicherungsunternehmen oder anderen Unternehmen gestellt wird, in dessen Namen der Versicherungs- oder Rückversicherungsvermittler handelt oder für das der Versicherungs- oder Rückversicherungsvermittler zu handeln befugt ist, oder dieses Unternehmen die uneingeschränkte Haftung für das Handeln des Vermittlers übernommen hat.

(4) Die Mitgliedstaaten ergreifen alle erforderlichen Maßnahmen, um die Kunden dagegen zu schützen, dass der Versicherungsvermittler nicht in der Lage ist, die Prämie an das Versicherungsunternehmen oder den Erstattungsbetrag oder eine Prämienvergütung an den Versicherten weiterzuleiten.

Dabei kann es sich um eine oder mehrere der folgenden Maßnahmen handeln:

a) Rechtsvorschriften oder vertragliche Bestimmungen, nach denen vom Kunden an den Vermittler gezahlte Gelder so behandelt werden, als seien sie direkt an das Unternehmen gezahlt worden, während Gelder, die das Unternehmen an den Vermittler zahlt, erst dann so behandelt werden, als seien sie an den Verbraucher gezahlt worden, wenn der Verbraucher sie tatsächlich erhält;

b) Vorschriften, nach denen Versicherungsvermittler über eine finanzielle Leistungsfähigkeit zu verfügen haben, die jederzeit 4 % der Summe ihrer jährlichen Prämieneinnahmen, mindestens jedoch 15 000 EUR, entspricht;

c) Vorschriften, nach denen Kundengelder über streng getrennte Kundenkonten weitergeleitet werden müssen und diese Konten im Fall des Konkurses nicht zur Entschädigung anderer Gläubiger herangezogen werden dürfen;

d) Vorschriften, nach denen ein Garantiefonds eingerichtet werden muss.

(5) Die Ausübung der Tätigkeit der Versicherungs- und Rückversicherungsvermittlung setzt voraus, dass die beruflichen Anforderungen nach diesem Artikel dauerhaft erfüllt sind.

(6) Die Mitgliedstaaten können die in diesem Artikel genannten Anforderungen für die innerhalb ihres Hoheitsgebiets eingetragenen Versicherungs- und Rückversicherungsvermittler verschärfen und weitere Anforderungen hinzufügen.

(7) Die Beträge nach den Absätzen 3 und 4 werden regelmäßig überprüft, um den von Eurostat veröffentlichten Änderungen des Europäischen Verbraucherpreisindexes Rechnung zu tragen. Diese Beträge werden erstmals fünf Jahre nach Inkrafttreten dieser Richtlinie überprüft und anschließend alle fünf Jahre nach der vorherigen Überprüfung.

Die Beträge werden automatisch angepasst, indem der Grundbetrag in Euro um die prozentuale Änderung des genannten Indexes in der Zeit zwischen dem Inkrafttreten dieser Richtlinie und dem Zeitpunkt der ersten Überprüfung oder in der Zeit zwischen dem Zeitpunkt der letzten Überprüfung und dem der neuen Überprüfung erhöht und auf den nächsthöheren vollen Euro aufgerundet wird.

### Artikel 5  Bestandsschutz

Die Mitgliedstaaten können vorsehen, dass Personen, die vor September 2000 eine Vermittlungstätigkeit ausübten, in ein Register eingetragen waren und über ein Ausbildungs- und Erfahrungsniveau verfügten, das dem in dieser Richtlinie geforderten Niveau vergleichbar ist, nach Erfüllung der Anforderungen des Artikels 4 Absätze 3 und 4 automatisch in das anzulegende Register eingetragen werden.

### Artikel 6  Mitteilung der Niederlassung und des Erbringens von Dienstleistungen in anderen Mitgliedstaaten

(1) Jeder Versicherungs- oder Rückversicherungsvermittler, der erstmalig in einem oder mehreren Mitgliedstaaten im Rahmen des freien Dienstleistungsverkehrs oder der Niederlassungsfreiheit tätig werden will, teilt dies den zuständigen Behörden des Herkunftsmitgliedstaats mit.

Innerhalb eines Monats nach dieser Mitteilung teilen diese zuständigen Behörden den zuständigen Behörden der Aufnahmemitgliedstaaten, die dies wünschen, die Absicht des Versicherungs- oder Rückversicherungsvermittlers mit und unterrichten gleichzeitig den betreffenden Vermittler darüber.

Der Versicherungs- oder Rückversicherungsvermittler kann seine Tätigkeit einen Monat nach dem Zeitpunkt aufnehmen, zu dem er von den zuständigen Behörden des Herkunftsmitgliedstaats von der Mitteilung nach Unterabsatz 2 unterrichtet worden ist. Der betreffende Vermittler kann seine Tätigkeit jedoch sofort aufnehmen, wenn der Aufnahmemitgliedstaat keinen Wert auf diese Information legt.

(2) Die Mitgliedstaaten teilen der Kommission mit, ob sie nach Absatz 1 informiert werden möchten. Die Kommission teilt dies ihrerseits den Mitgliedstaaten mit.

(3) Die zuständigen Behörden des Aufnahmemitgliedstaats können Maßnahmen treffen, um sicherzustellen, dass die Bedingungen, unter denen die Tätigkeit aus Gründen des Allgemeininteresses im Hoheitsgebiet ihres Mitgliedstaats auszuüben ist, in geeigneter Weise veröffentlicht werden.

### Artikel 7 Zuständige Behörden

(1) Die Mitgliedstaaten benennen die zuständigen Behörden, die befugt sind, die Anwendung dieser Richtlinie sicherzustellen. Sie setzen die Kommission unter Angabe etwaiger Aufgabenteilungen davon in Kenntnis.

(2) Bei den Behörden gemäß Absatz 1 muss es sich entweder um staatliche Stellen oder um Einrichtungen handeln, die nach nationalem Recht oder von nach nationalem Recht ausdrücklich dazu befugten staatlichen Stellen anerkannt sind. Dabei darf es sich nicht um Versicherungs- oder Rückversicherungsunternehmen handeln.

(3) Die zuständigen Behörden sind mit allen zur Erfüllung ihrer Aufgabe erforderlichen Befugnissen auszustatten. Gibt es in einem Mitgliedstaat mehrere zuständige Behörden, so sorgt der betreffende Mitgliedstaat dafür, dass diese eng zusammenarbeiten, damit sie ihre jeweiligen Aufgaben wirkungsvoll erfüllen können.

### Artikel 8 Sanktionen

(1) Die Mitgliedstaaten sehen angemessene Sanktionen für den Fall vor, dass eine Person, die die Tätigkeit der Versicherungs- oder Rückversicherungsvermittlung ausübt, nicht in einem Mitgliedstaat eingetragen ist und nicht unter Artikel 1 Absatz 2 fällt.

(2) Die Mitgliedstaaten sehen angemessene Sanktionen für den Fall vor, dass ein Versicherungs- oder Rückversicherungsunternehmen Versicherungs- oder Rückversicherungsvermittlungsdienstleistungen von Personen in Anspruch nimmt, die nicht in einem Mitgliedstaat eingetragen sind und nicht unter Artikel 1 Absatz 2 fallen.

(3) Die Mitgliedstaaten sehen angemessene Sanktionen für den Fall vor, dass ein Versicherungs- oder Rückversicherungsvermittler nationale Rechtsvorschriften nicht einhält, die aufgrund dieser Richtlinie erlassen wurden.

(4) Diese Richtlinie berührt nicht die Befugnis der Aufnahmemitgliedstaaten, geeignete Maßnahmen zu ergreifen, um in ihrem Hoheitsgebiet begangene Verstöße gegen die von ihnen aus Gründen des Allgemeininteresses erlassenen Rechts- und Verwaltungsvorschriften zu verhindern oder zu ahnden. Dazu gehört auch die Möglichkeit, einem Versicherungs- oder Rückversicherungsvermittler, der sich vorschriftswidrig verhält, weitere Tätigkeiten in ihrem Hoheitsgebiet zu untersagen.

(5) Jede angenommene Maßnahme, die Sanktionen oder eine Einschränkung der Tätigkeiten eines Versicherungs- oder Rückversicherungsvermittlers beinhaltet, ist ordnungsgemäß zu begründen und dem betreffenden Vermittler mitzuteilen. Bei jeder derartigen Maßnahme ist vorzusehen, dass in dem Mitgliedstaat, von dem sie ergriffen wurde, Klage erhoben werden kann.

### Artikel 9 Informationsaustausch zwischen den Mitgliedstaaten

(1) Die zuständigen Behörden der verschiedenen Mitgliedstaaten arbeiten zusammen, um die ordnungsgemäße Anwendung dieser Richtlinie zu gewährleisten.

(2) Die zuständigen Behörden tauschen Informationen über die Versicherungs- und Rückversicherungsvermittler aus, gegen die eine Sanktion gemäß Artikel 8 Absatz 3 oder eine Maßnahme gemäß Artikel 8 Absatz 4 verhängt wurde, sofern diese Informationen geeignet sind, zur Streichung dieser Vermittler aus dem Register zu führen. Außerdem können die zuständigen Behörden auf Antrag einer Behörde alle einschlägigen Informationen untereinander austauschen.

(3) Alle Personen, die im Rahmen dieser Richtlinie zur Entgegennahme oder Erteilung von Informationen verpflichtet sind, unterliegen dem Berufsgeheimnis in derselben Weise, wie dies in Artikel 16 der Richtlinie 92/49/EWG des Rates vom 18. Juni 1992 zur Koordinierung der Rechts- und Verwaltungsvorschriften für die Direktversicherung (mit Ausnahme der Lebensversicherung) sowie zur Änderung der Richtlinien 73/239/EWG und 88/357/EWG (Dritte Richtlinie Schadensversicherung)[1] und in Artikel 15 der Richtlinie 92/96/EWG des Rates vom 10. November 1992 zur Koordinierung der Rechts- und Verwaltungsvorschriften für die Direktversicherung (Lebensversicherung) sowie zur Änderung der Richtlinien 79/267/EWG und 90/619/EWG (Dritte Richtlinie Lebensversicherung)[2] vorgesehen ist.

**Artikel 10   Beschwerden**

Die Mitgliedstaaten sorgen für die Einrichtung von Verfahren, die es Kunden und anderen Betroffenen, insbesondere Verbraucherschutzverbänden, ermöglichen, Beschwerden über Versicherungs- und Rückversicherungsvermittler einzulegen. Beschwerden sind in jedem Fall zu beantworten.

**Artikel 11   Außergerichtliche Beilegung von Streitigkeiten**

(1) Die Mitgliedstaaten fördern die Schaffung angemessener und wirksamer Beschwerde- und Abhilfeverfahren zur außergerichtlichen Beilegung von Streitigkeiten zwischen Versicherungsvermittlern und Kunden, gegebenenfalls durch Rückgriff auf bestehende Stellen.

(2) Die Mitgliedstaaten fördern die Zusammenarbeit der entsprechenden Stellen bei der Beilegung grenzübergreifender Streitigkeiten.

# Kapitel III:   Informationspflichten der Vermittler

### Artikel 12   Vom Versicherungsvermittler zu erteilende Auskünfte

(1) Vor Abschluss jedes ersten Versicherungsvertrags und nötigenfalls bei Änderung oder Erneuerung des Vertrags teilt der Versicherungsvermittler dem Kunden zumindest Folgendes mit:

a) seinen Namen und seine Anschrift;

b) in welches Register er eingetragen wurde und auf welche Weise sich die Eintragung überprüfen lässt;

c) ob er eine direkte oder indirekte Beteiligung von über 10 % an den Stimmrechten oder am Kapital eines bestimmten Versicherungsunternehmens besitzt;

d) ob ein bestimmtes Versicherungsunternehmen oder das Mutterunternehmen eines bestimmten Versicherungsunternehmens eine direkte oder indirekte Beteiligung von über 10 % an den Stimmrechten oder am Kapital des Versicherungsvermittlers besitzt;

e) Angaben über die in Artikel 10 genannten Verfahren, die es den Kunden und anderen Betroffenen ermöglichen, Beschwerden über Versicherungsvermittler einzurei-

---

1) **Amtl. Anm.:** ABl L 228 vom 11. 8. 1992, S. 1. Richtlinie zuletzt geändert durch die Richtlinie 2000/64/EG des Europäischen Parlaments und des Rates (ABl L 290 vom 17. 11. 2000, S. 27).

2) **Amtl. Anm.:** ABl L 360 vom 9. 12. 1992, S. 1. Richtlinie zuletzt geändert durch die Richtlinie 2000/64/EG des Europäischen Parlaments und des Rates.

chen, sowie gegebenenfalls über die in Artikel 11 genannten außergerichtlichen Beschwerde- und Abhilfeverfahren.

Außerdem teilt der Versicherungsvermittler dem Kunden in Bezug auf den angebotenen Vertrag mit,

i. ob er seinen Rat gemäß der in Absatz 2 vorgesehenen Verpflichtung auf eine ausgewogene Untersuchung stützt, oder

ii. ob er vertraglich verpflichtet ist, Versicherungsvermittlungsgeschäfte ausschließlich mit einem oder mehreren Versicherungsunternehmen zu tätigen. In diesem Fall teilt er dem Kunden auf Antrag auch die Namen dieser Versicherungsunternehmen mit, oder

iii. ob er nicht vertraglich verpflichtet ist, Versicherungsvermittlungsgeschäfte ausschließlich mit einem oder mehreren Versicherungsunternehmen zu tätigen, und seinen Rat nicht gemäß der in Absatz 2 vorgesehenen Verpflichtung auf eine ausgewogene Untersuchung stützt. In diesem Fall teilt er dem Kunden auf Antrag auch die Namen derjenigen Versicherungsunternehmen mit, mit denen er Versicherungsgeschäfte tätigen darf und auch tätigt.

In den Fällen, in denen vorgesehen ist, dass die betreffende Information nur auf Antrag des Kunden zu erteilen ist, ist Letzterer von dem Recht, diese Information zu beantragen, in Kenntnis zu setzen.

(2) Teilt der Versicherungsvermittler dem Kunden mit, dass er auf der Grundlage einer objektiven Untersuchung berät, so ist er verpflichtet, seinen Rat auf eine Untersuchung einer hinreichenden Zahl von auf dem Markt angebotenen Versicherungsverträgen zu stützen, so dass er gemäß fachlichen Kriterien eine Empfehlung dahin gehend abgeben kann, welcher Versicherungsvertrag geeignet wäre, die Bedürfnisse des Kunden zu erfüllen.

(3) Vor Abschluss eines Versicherungsvertrags hat der Versicherungsvermittler, insbesondere anhand der vom Kunden gemachten Angaben, zumindest dessen Wünsche und Bedürfnisse sowie die Gründe für jeden diesem zu einem bestimmten Versicherungsprodukt erteilten Rat genau anzugeben. Diese Angaben sind der Komplexität des angebotenen Versicherungsvertrags anzupassen.

(4) Die in den Absätzen 1, 2 und 3 genannten Auskünfte brauchen weder bei der Vermittlung von Versicherungen für Großrisiken noch bei der Rückversicherungsvermittlung erteilt zu werden.

(5) Die Mitgliedstaaten können hinsichtlich der nach Absatz 1 zu erteilenden Auskünfte strengere Vorschriften beibehalten oder erlassen, sofern sie mit dem Gemeinschaftsrecht vereinbar sind.

Die Mitgliedstaaten teilen der Kommission die in Unterabsatz 1 genannten einzelstaatlichen Vorschriften mit.

Um mit allen geeigneten Mitteln ein hohes Maß an Transparenz zu schaffen, sorgt die Kommission dafür, dass die ihr zugeleiteten Informationen über die einzelstaatlichen Vorschriften auch den Verbrauchern und den Versicherungsvermittlern mitgeteilt werden.

## Artikel 13  Einzelheiten der Auskunftserteilung

(1) Die den Kunden nach Artikel 12 zustehenden Auskünfte sind folgendermaßen zu erteilen:

a) auf Papier oder auf einem anderen, dem Kunden zur Verfügung stehenden und zugänglichen dauerhaften Datenträger;

b) in klarer, genauer und für den Kunden verständlicher Form;

c) in einer Amtssprache des Mitgliedstaats, in dem die Verpflichtung eingegangen wird, oder in jeder anderen von den Parteien vereinbarten Sprache.

(2) Abweichend von Absatz 1 Buchstabe a) dürfen die in Artikel 12 genannten Auskünfte mündlich erteilt werden, wenn der Kunde dies wünscht oder wenn eine Sofort-

deckung erforderlich ist. In diesen Fällen werden die Auskünfte dem Kunden gemäß Absatz 1 unmittelbar nach Abschluss des Versicherungsvertrags erteilt.

(3) Handelt es sich um einen Telefonverkauf, so entsprechen die vor dem Abschluss dem Kunden erteilten Auskünfte den Gemeinschaftsvorschriften über den Fernabsatz von Finanzdienstleistungen an Verbraucher. Ferner werden die Auskünfte dem Kunden gemäß Absatz 1 unmittelbar nach Abschluss des Versicherungsvertrags erteilt.

## Kapitel IV: Schlussbestimmungen

### Artikel 14 Anrufung der Gerichte

Die Mitgliedstaaten sorgen dafür, dass gegen Entscheidungen, die bezüglich eines Versicherungs- oder Rückversicherungsvermittlers oder eines Versicherungsunternehmens aufgrund von gemäß dieser Richtlinie erlassenen Rechts- und Verwaltungsvorschriften ergehen, ein Gericht angerufen werden kann.

### Artikel 15 Aufhebung

Die Richtlinie 77/92/EWG wird mit Wirkung ab dem in Artikel 16 Absatz 1 genannten Zeitpunkt aufgehoben.

### Artikel 16 Umsetzung

(1) Die Mitgliedstaaten setzen die erforderlichen Rechts- und Verwaltungsvorschriften in Kraft, um dieser Richtlinie spätestens ab dem 15. Januar 2005 nachzukommen. Sie setzen die Kommission unverzüglich davon in Kenntnis.

Bei Erlass dieser Vorschriften nehmen die Mitgliedstaaten in den Vorschriften selbst oder durch einen Hinweis bei der amtlichen Veröffentlichung auf diese Richtlinie Bezug. Die Mitgliedstaaten regeln die Einzelheiten der Bezugnahme.

(2) Die Mitgliedstaaten teilen der Kommission den Wortlaut der Rechts- und Verwaltungsvorschriften mit, die sie auf dem unter diese Richtlinie fallenden Gebiet erlassen. Gleichzeitig übermitteln sie eine Tabelle, aus der hervorgeht, welche innerstaatlichen Vorschriften den einzelnen Artikeln dieser Richtlinie entsprechen.

### Artikel 17 Inkrafttreten

Diese Richtlinie tritt am Tag ihrer Veröffentlichung im Amtsblatt der Europäischen Gemeinschaften in Kraft.

### Artikel 18 Adressaten

Diese Richtlinie ist an alle Mitgliedstaaten gerichtet.

# 5. Vergaberecht

## a) Richtlinie 2004/18/EG des Europäischen Parlaments und des Rates vom 31. März 2004 über die Koordinierung der Verfahren zur Vergabe öffentlicher Bauaufträge, Lieferaufträge und Dienstleistungsaufträge (RL 2004/18/EG)

### v. 30. 4. 2004 (ABl Nr. L 134 S. 114)

Die Richtlinie 2004/18/EG des Europäischen Parlaments und des Rates vom 31. März 2004 über die Koordinierung der Verfahren zur Vergabe öffentlicher Bauaufträge, Lieferaufträge und Dienstleistungsaufträge v. 30. 4. 2004 (ABl Nr. L 134 S. 114) wurde geändert durch die Verordnung (EG) Nr. 1874/2004 der Kommission vom 28. Oktober 2004 zur Änderung der Richtlinien 2004/17/EG und 2004/18/EG des Europäischen Parlaments und des Rates im Hinblick auf die Schwellenwerte für die Anwendung auf Verfahren zur Auftragsvergabe v. 28. 10. 2004 (ABl Nr. L 326 S. 17); Berichtigung der Richtlinie 2004/18/EG des Europäischen Parlaments und des Rates vom 31. März 2004 über die Koordinierung der Verfahren zur Vergabe öffentlicher Bauaufträge, Lieferaufträge und Dienstleistungsaufträge v. 26. 11. 2004 (ABl. Nr. L 351 S. 44); Richtlinie 2005/51/EG der Kommission vom 7. September 2005 zur Änderung von Anhang XX der Richtlinie 2004/17/EG und von Anhang VIII der Richtlinie 2004/18/EG des Europäischen Parlaments und des Rates über öffentliche Aufträge v. 1. 10. 2005 (ABl Nr. L 257 S. 127); Richtlinie 2005/75/EG des Europäischen Parlaments und des Rates vom 16. November 2005 zur Berichtigung der Richtlinie 2004/18/EG über die Koordinierung der Verfahren zur Vergabe öffentlicher Bauaufträge, Lieferaufträge und Dienstleistungsaufträge v. 9. 12. 2005 (ABl Nr. L 323 S. 55); Verordnung (EG) Nr. 2083/2005 der Kommission vom 19. Dezember 2005 zur Änderung der Richtlinien 2004/17/EG und 2004/18/EG des Europäischen Parlaments und des Rates im Hinblick auf die Schwellenwerte für die Anwendung auf Verfahren zur Auftragsvergabe v. 20. 12. 2005 (ABl Nr. L 333 S. 28); Richtlinie 2006/97/EG des Rates vom 20. November 2006 zur Anpassung bestimmter Richtlinien im Bereich freier Warenverkehr anlässlich des Beitritts Bulgariens und Rumäniens v. 20. 12. 2006 (ABl Nr. L 363 S. 107); Verordnung (EG) Nr. 213/2008 der Kommission vom 28. November 2007 zur Änderung der Verordnung (EG) Nr. 2195/2002 des Europäischen Parlaments und des Rates über das Gemeinsame Vokabular für öffentliche Aufträge (CPV) und der Vergaberichtlinien des Europäischen Parlaments und des Rates 2004/17/EG und 2004/18/EG im Hinblick auf die Überarbeitung des Vokabulars v. 15. 3. 2008 (ABl Nr. L 74 S. 1).

DAS EUROPÄISCHE PARLAMENT UND DER RAT DER EUROPÄISCHEN UNION –

gestützt auf den Vertrag zur Gründung der Europäischen Gemeinschaft, insbesondere auf Artikel 47 Absatz 2, Artikel 55 und Artikel 95,

auf Vorschlag der Kommission[1],

nach Stellungnahme des Europäischen Wirtschafts- und Sozialausschusses[2],

nach Stellungnahme des Ausschusses der Regionen[3],

gemäß dem Verfahren des Artikels 251 des Vertrags[4], aufgrund des vom Vermittlungsausschuss am 9. Dezember 2003 gebilligten gemeinsamen Entwurfs,

in Erwägung nachstehender Gründe:

(1) Anlässlich weiterer Änderungen der Richtlinie 92/50/EWG des Rates vom 18. Juni 1992 über die Koordinierung der Verfahren zur Vergabe öffentlicher Dienstleistungsaufträge[5], der Richtlinie 93/36/EWG des Rates vom 14. Juni 1993 über die Koordinierung der Verfahren zur Vergabe öffentlicher Lieferaufträge[6] und der Richtlinie 93/37/EWG

---

1) **Amtl. Anm.:** ABl C 29 E vom 30. 1. 2001, S. 11 und ABl C 203 E vom 27. 8. 2002, S. 210.
2) **Amtl. Anm.:** ABl C 193 vom 10. 7. 2001, S. 7.
3) **Amtl. Anm.:** ABl C 144 vom 16. 5. 2001, S. 23.
4) **Amtl. Anm.:** Stellungnahme des Europäischen Parlaments vom 17. Januar 2002 (ABl C 271 E vom 7. 11. 2002, S. 176), Gemeinsamer Standpunkt des Rates vom 20. März 2003 (ABl C 147 E vom 24. 6. 2003, S. 1), Standpunkt des Europäischen Parlaments vom 2. Juli 2003 (noch nicht im Amtsblatt veröffentlicht). Legislative Entschließung des Parlaments vom 29. Januar 2004 (noch nicht im Amtsblatt veröffentlicht) und Beschluss des Rates vom 2. Februar 2004.
5) **Amtl. Anm.:** ABl L 209 vom 24. 7. 1992, S. 1. Zuletzt geändert durch die Richtlinie 2001/78/EG der Kommission (ABl L 285 vom 29. 10. 2001, S. 1).
6) **Amtl. Anm.:** ABl L 199 vom 9. 8. 1993, S. 1. Zuletzt geändert durch die Richtlinie 2001/78/EG der Kommission.

des Rates vom 14. Juni 1993 über die Koordinierung der Verfahren zur Vergabe öffentlicher Bauaufträge[1)] mit dem Ziel, die Texte zu vereinfachen und zu modernisieren, so wie dies sowohl von den öffentlichen Auftraggebern als auch von den Wirtschaftsteilnehmern als Reaktion auf das Grünbuch der Kommission vom 27. November 1996 angeregt wurde, empfiehlt sich aus Gründen der Klarheit eine Neufassung in einem einzigen Text. Die vorliegende Richtlinie gründet sich auf die Rechtsprechung des Gerichtshofs, insbesondere auf die Urteile zu den Zuschlagskriterien, wodurch klargestellt wird, welche Möglichkeiten die öffentlichen Auftraggeber haben, auf Bedürfnisse der betroffenen Allgemeinheit, einschließlich im ökologischen und/oder sozialen Bereich, einzugehen, sofern derartige Kriterien im Zusammenhang mit dem Auftragsgegenstand stehen, dem öffentlichen Auftraggeber keine unbeschränkte Wahlfreiheit einräumen, ausdrücklich erwähnt sind und den in Erwägungsgrund 2 genannten grundlegenden Prinzipien entsprechen.

(2) Die Vergabe von Aufträgen in den Mitgliedstaaten auf Rechnung des Staates, der Gebietskörperschaften und anderer Einrichtungen des öffentlichen Rechts ist an die Einhaltung der im Vertrag niedergelegten Grundsätze gebunden, insbesondere des Grundsatzes des freien Warenverkehrs, des Grundsatzes der Niederlassungsfreiheit und des Grundsatzes der Dienstleistungsfreiheit sowie der davon abgeleiteten Grundsätze wie z. B. des Grundsatzes der Gleichbehandlung, des Grundsatzes der Nichtdiskriminierung, des Grundsatzes der gegenseitigen Anerkennung, des Grundsatzes der Verhältnismäßigkeit und des Grundsatzes der Transparenz. Für öffentliche Aufträge, die einen bestimmten Wert überschreiten, empfiehlt sich indessen die Ausarbeitung von auf diesen Grundsätzen beruhenden Bestimmungen zur gemeinschaftlichen Koordinierung der nationalen Verfahren für die Vergabe solcher Aufträge, um die Wirksamkeit dieser Grundsätze und die Öffnung des öffentlichen Beschaffungswesens für den Wettbewerb zu garantieren. Folglich sollten diese Koordinierungsbestimmungen nach Maßgabe der genannten Regeln und Grundsätze sowie gemäß den anderen Bestimmungen des Vertrags ausgelegt werden.

(3) Die Koordinierungsbestimmungen sollten die in den einzelnen Mitgliedstaaten geltenden Verfahren und Verwaltungspraktiken so weit wie möglich berücksichtigen.

(4) Die Mitgliedstaaten sollten dafür sorgen, dass die Teilnahme einer Einrichtung des öffentlichen Rechts als Bieter in einem Verfahren zur Vergabe öffentlicher Aufträge keine Wettbewerbsverzerrungen gegenüber privatrechtlichen Bietern verursacht.

(5) Nach Artikel 6 des Vertrags müssen die Erfordernisse des Umweltschutzes bei der Festlegung und Durchführung der in Artikel 3 des Vertrags genannten Gemeinschaftspolitiken und -maßnahmen insbesondere zur Förderung einer nachhaltigen Entwicklung einbezogen werden. Diese Richtlinie stellt daher klar, wie die öffentlichen Auftraggeber zum Umweltschutz und zur Förderung einer nachhaltigen Entwicklung beitragen können, und garantiert ihnen gleichzeitig, dass sie für ihre Aufträge ein optimales Preis/Leistungsverhältnis erzielen können.

(6) Keine Bestimmung dieser Richtlinie sollte dem Erlass oder der Durchsetzung von Maßnahmen entgegenstehen, die zum Schutz der öffentlichen Sittlichkeit, Ordnung und Sicherheit oder zum Schutz der Gesundheit und des Lebens von Menschen und Tieren oder der Gesundheit von Pflanzen, insbesondere im Hinblick auf eine nachhaltige Entwicklung, notwendig sind, sofern diese Maßnahmen mit dem Vertrag im Einklang stehen.

(7) Mit dem Beschluss 94/800/EG des Rates vom 22. Dezember 1994 über den Abschluss der Übereinkünfte im Rahmen der multilateralen Verhandlungen der Uruguay-Runde (1986–1994) im Namen der Europäischen Gemeinschaft in Bezug auf die in ihre Zuständigkeiten fallenden Bereiche[2)] wurde unter anderem das WTO-Übereinkommen über das öffentliche Beschaffungswesen, nachstehend „Übereinkommen" genannt, genehmigt,

---

1) **Amtl. Anm.:** ABl L 199 vom 9. 8. 1993, S. 54. Zuletzt geändert durch die Richtlinie 2001/78/EG der Kommission.
2) **Amtl. Anm.:** ABl L 336 vom 23. 12. 1994, S. 1.

das zum Ziel hat, einen multilateralen Rahmen ausgewogener Rechte und Pflichten im öffentlichen Beschaffungswesen festzulegen, um den Welthandel zu liberalisieren und auszuweiten.

Aufgrund der internationalen Rechte und Pflichten, die sich für die Gemeinschaft aus der Annahme des Übereinkommens ergeben, sind auf Bieter und Erzeugnisse aus Drittländern, die dieses Übereinkommen unterzeichnet haben, die darin enthaltenen Regeln anzuwenden. Das Übereinkommen hat keine unmittelbare Wirkung. Es ist daher angebracht, dass die unter das Übereinkommen fallenden öffentlichen Auftraggeber, die der vorliegenden Richtlinie nachkommen und sie auf Wirtschaftsteilnehmer aus Drittländern anwenden, die das Übereinkommen unterzeichnet haben, sich damit im Einklang mit dem Übereinkommen befinden. Diese Koordinierungsbestimmungen sollten den Wirtschaftsteilnehmern in der Gemeinschaft die gleichen günstigen Teilnahmebedingungen bei der Vergabe öffentlicher Aufträge garantieren, wie sie auch den Wirtschaftsteilnehmern aus Drittländern, die das Übereinkommen unterzeichnet haben, gewährt werden.

RL 2004/18/EG

(8) Bevor ein Verfahren zur Vergabe eines öffentlichen Auftrags eingeleitet wird, können die öffentlichen Auftraggeber unter Rückgriff auf einen „technischen Dialog" eine Stellungnahme einholen bzw. entgegennehmen, die bei der Erstellung der Verdingungsunterlagen[1)] verwendet werden kann, vorausgesetzt, dass diese Stellungnahme den Wettbewerb nicht ausschaltet.

(9) Angesichts der für die öffentlichen Bauaufträge kennzeichnenden Vielfalt der Aufgaben sollte der öffentliche Auftraggeber sowohl die getrennte als auch die gemeinsame Vergabe von öffentlichen Aufträgen für die Ausführung und Planung der Bauvorhaben vorsehen können. Diese Richtlinie bezweckt nicht, eine gemeinsame oder eine getrennte Vergabe vorzuschreiben. Die Entscheidung über eine getrennte oder die gemeinsame Vergabe des öffentlichen Auftrags muss sich an qualitativen und wirtschaftlichen Kriterien orientieren, die in den einzelstaatlichen Vorschriften festgelegt werden können.

(10) Ein öffentlicher Auftrag gilt nur dann als öffentlicher Bauauftrag, wenn er speziell die Ausführung der in Anhang I genannten Tätigkeiten zum Gegenstand hat; er kann sich jedoch auf andere Leistungen erstrecken, die für die Ausführung dieser Tätigkeiten erforderlich sind. Öffentliche Dienstleistungsaufträge, insbesondere im Bereich der Grundstücksverwaltung, können unter bestimmten Umständen Bauleistungen umfassen. Sofern diese Bauleistungen jedoch nur Nebenarbeiten im Verhältnis zum Hauptgegenstand des Vertrags darstellen und eine mögliche Folge oder eine Ergänzung des letzteren sind, rechtfertigt die Tatsache, dass der Vertrag diese Bauleistungen umfasst, nicht eine Einstufung des Vertrags als öffentlicher Bauauftrag.

(11) Es sollten eine gemeinschaftliche Definition der Rahmenvereinbarungen sowie spezifische Vorschriften für die Rahmenvereinbarungen, die für in den Anwendungsbereich dieser Richtlinie fallende Aufträge geschlossen werden, vorgesehen werden. Nach diesen Vorschriften kann ein öffentlicher Auftraggeber, wenn er eine Rahmenvereinbarung gemäß den Vorschriften dieser Richtlinie insbesondere über Veröffentlichung, Fristen und Bedingungen für die Abgabe von Angeboten abschließt, während der Laufzeit der Rahmenvereinbarung Aufträge auf der Grundlage dieser Rahmenvereinbarung entweder durch Anwendung der in der Rahmenvereinbarung enthaltenen Bedingungen oder, falls nicht alle Bedingungen im Voraus in dieser Vereinbarung festgelegt wurden, durch erneute Eröffnung des Wettbewerbs zwischen den Parteien der Rahmenvereinbarung in Bezug auf die nicht festgelegten Bedingungen vergeben. Bei der Wiedereröffnung des Wettbewerbs sollten bestimmte Vorschriften eingehalten werden, um die erforderliche Flexibilität und die Einhaltung der allgemeinen Grundsätze, insbesondere des Grundsatzes der Gleichbehandlung, zu gewährleisten. Aus diesen Gründen sollte die Laufzeit der Rahmenvereinbarung begrenzt werden und sollte vier Jahre nicht überschreiten dürfen, außer in von den öffentlichen Auftraggebern ordnungsgemäß begründeten Fällen.

---

1) **Amtl. Anm.:** in Österreich: Ausschreibungsunterlagen.

(12) Es werden fortlaufend bestimmte neue Techniken der Online-Beschaffung entwickelt. Diese Techniken ermöglichen es, den Wettbewerb auszuweiten und die Effizienz des öffentlichen Beschaffungswesens – insbesondere durch eine Verringerung des Zeitaufwands und die durch die Verwendung derartiger neuer Techniken erzielten Einsparungseffekte – zu verbessern. Die öffentlichen Auftraggeber können Techniken der Online-Beschaffung einsetzen, solange bei ihrer Verwendung die Vorschriften dieser Richtlinie und die Grundsätze der Gleichbehandlung, der Nichtdiskriminierung und der Transparenz eingehalten werden. Insofern können Bieter insbesondere in den Fällen, in denen im Zuge der Durchführung einer Rahmenvereinbarung ein erneuter Aufruf zum Wettbewerb erfolgt oder ein dynamisches Beschaffungssystem zum Einsatz kommt, ihr Angebot in Form ihres elektronischen Katalogs einreichen, sofern sie die vom öffentlichen Auftraggeber gewählten Kommunikationsmittel gemäß Artikel 42 verwenden.

(13) In Anbetracht des Umstands, dass sich Online-Beschaffungssysteme rasch verbreiten, sollten schon jetzt geeignete Vorschriften erlassen werden, die es den öffentlichen Auftraggebern ermöglichen, die durch diese Systeme gebotenen Möglichkeiten umfassend zu nutzen. Deshalb sollte ein vollelektronisch arbeitendes dynamisches Beschaffungssystem für Beschaffungen marktüblicher Leistungen definiert und präzise Vorschriften für die Einrichtung und die Arbeitsweise eines solchen Systems festgelegt werden, um sicherzustellen, dass jeder Wirtschaftsteilnehmer, der sich daran beteiligen möchte, gerecht behandelt wird. Jeder Wirtschaftsteilnehmer sollte sich an einem solchen System beteiligen können, sofern er ein vorläufiges Angebot im Einklang mit den Verdingungsunterlagen einreicht und die Eignungskriterien[1] erfüllt. Dieses Beschaffungsverfahren ermöglicht es den öffentlichen Auftraggebern, durch die Einrichtung eines Verzeichnisses von bereits ausgewählten Bietern und den die neuen Bietern eingeräumte Möglichkeit, sich daran zu beteiligen, dank der eingesetzten elektronischen Mittel über ein besonders breites Spektrum von Angeboten zu verfügen, und somit durch Ausweitung des Wettbewerbs eine optimale Verwendung der öffentlichen Mittel zu gewährleisten.

(14) Elektronische Auktionen stellen eine Technik dar, die sich noch stärker verbreiten wird; deshalb sollten diese Auktionen im Gemeinschaftsrecht definiert und speziellen Vorschriften unterworfen werden, um sicherzustellen, dass sie unter uneingeschränkter Wahrung der Grundsätze der Gleichbehandlung, der Nichtdiskriminierung und der Transparenz ablaufen. Dazu ist vorzusehen, dass diese elektronischen Auktionen nur Aufträge für Bauleistungen, Lieferungen oder Dienstleistungen betreffen, für die präzise Spezifikationen erstellt werden können. Dies kann insbesondere bei wiederkehrenden Liefer-, Bau- und Dienstleistungsaufträgen der Fall sein. Zu dem selben Zweck muss es auch möglich sein, die jeweilige Rangfolge der Bieter zu jedem Zeitpunkt der elektronischen Auktion festzustellen. Der Rückgriff auf elektronische Auktionen bietet den öffentlichen Auftraggebern die Möglichkeit, die Bieter zur Vorlage neuer, nach unten korrigierter Preise aufzufordern, und – sofern das wirtschaftlich günstigste Angebot den Zuschlag erhalten soll – auch andere als die preisbezogenen Angebotskomponenten zu verbessern. Zur Wahrung des Grundsatzes der Transparenz dürfen allein diejenigen Komponenten Gegenstand elektronischer Auktionen sein, die auf elektronischem Wege – ohne Eingreifen und/oder Beurteilung seitens des öffentlichen Auftraggebers – automatisch bewertet werden können, d. h. nur die Komponenten, die quantifizierbar sind, so dass sie in Ziffern oder in Prozentzahlen ausgedrückt werden können. Hingegen sollten diejenigen Aspekte der Angebote, bei denen nichtquantifizierbare Komponenten zu beurteilen sind, nicht Gegenstand von elektronischen Auktionen sein. Folglich sollten bestimmte Bau- und Dienstleistungsaufträge, bei denen eine geistige Leistung zu erbringen ist – wie z. B. die Konzeption von Bauarbeiten-, nicht Gegenstand von elektronischen Auktionen sein.

(15) In den Mitgliedstaaten haben sich verschiedene zentrale Beschaffungsverfahren entwickelt. Mehrere öffentliche Auftraggeber haben die Aufgabe, für andere öffentliche Auftraggeber Ankäufe zu tätigen oder öffentliche Aufträge zu vergeben/Rahmenverein-

---

[1] **Amtl. Anm.:** In Österreich kann dieser Begriff auch Auswahlkriterien umfassen.

barungen zu schließen. In Anbetracht der großen Mengen, die beschafft werden, tragen diese Verfahren zur Verbesserung des Wettbewerbs und zur Rationalisierung des öffentlichen Beschaffungswesens bei. Daher sollte der Begriff der für öffentliche Auftraggeber tätigen zentralen Beschaffungsstelle im Gemeinschaftsrecht definiert werden. Außerdem sollte unter Einhaltung der Grundsätze der Nichtdiskriminierung und der Gleichbehandlung definiert werden, unter welchen Voraussetzungen davon ausgegangen werden kann, dass öffentliche Auftraggeber, die Bauleistungen, Waren und/oder Dienstleistungen über eine zentrale Beschaffungsstelle beziehen, diese Richtlinie eingehalten haben.

(16) Zur Berücksichtigung der unterschiedlichen Gegebenheiten in den Mitgliedstaaten sollte es in das Ermessen derselben gestellt werden, zu entscheiden, ob für die öffentlichen Auftraggeber die Möglichkeit vorgesehen werden soll, auf Rahmenvereinbarungen, zentrale Beschaffungsstellen, dynamische Beschaffungssysteme, elektronische Auktionen und Verhandlungsverfahren, wie sie in dieser Richtlinie vorgesehen und geregelt sind, zurückzugreifen.

(17) Eine Vielzahl von Schwellenwerten für die Anwendung der gegenwärtig in Kraft befindlichen Koordinierungsbestimmungen erschwert die Arbeit der öffentlichen Auftraggeber. Im Hinblick auf die Währungsunion ist es darüber hinaus angebracht, in Euro ausgedrückte Schwellenwerte festzulegen. Folglich sollten Schwellenwerte in Euro festgesetzt werden, die die Anwendung dieser Bestimmungen vereinfachen und gleichzeitig die Einhaltung der im Übereinkommen genannten Schwellenwerte sicherstellen, die in Sonderziehungsrechten ausgedrückt sind. Vor diesem Hintergrund sind die in Euro ausgedrückten Schwellenwerte regelmäßig zu überprüfen, um sie gegebenenfalls an mögliche Kursschwankungen des Euro gegenüber dem Sonderziehungsrecht anzupassen.

(18) Der Dienstleistungsbereich lässt sich für die Anwendung der Regeln dieser Richtlinie und zur Beobachtung am besten durch eine Unterteilung in Kategorien in Anlehnung an bestimmte Positionen einer gemeinsamen Nomenklatur beschreiben und in zwei Anhängen, II Teil A und II Teil B, nach der für sie geltenden Regelung zusammenfassen. Für die in Anhang II Teil B genannten Dienstleistungen sollten die Bestimmungen dieser Richtlinie unbeschadet der Anwendung besonderer gemeinschaftsrechtlicher Bestimmungen für die jeweiligen Dienstleistungen gelten.

(19) Die volle Anwendung dieser Richtlinie auf Dienstleistungsaufträge sollte für eine Übergangszeit auf Aufträge beschränkt werden, bei denen ihre Bestimmungen dazu beitragen, alle Möglichkeiten für eine Zunahme des grenzüberschreitenden Handels voll auszunutzen. Aufträge für andere Dienstleistungen sollten in diesem Übergangszeitraum beobachtet werden, bevor die volle Anwendung dieser Richtlinie beschlossen werden kann. Es ist daher ein entsprechendes Beobachtungsinstrument zu schaffen. Dieses Instrument sollte gleichzeitig den Betroffenen die einschlägigen Informationen zugänglich machen.

(20) Öffentliche Aufträge, die von öffentlichen Auftraggebern aus den Bereichen Wasser, Energie, Verkehr und Postdienste vergeben werden und die Tätigkeiten in diesen Bereichen betreffen, fallen unter die Richtlinie 2004/17/EG des Europäischen Parlaments und des Rates vom 31. März 2004 zur Koordinierung der Auftragsvergabe durch Auftraggeber im Bereich der Wasser-, Energie- und Verkehrsversorgung sowie der Postdienste. Dagegen müssen Aufträge, die von öffentlichen Auftraggebern im Rahmen der Nutzung von Dienstleistungen im Bereich der Seeschifffahrt, Küstenschifffahrt oder Binnenschifffahrt vergeben werden, in den Anwendungsbereich der vorliegenden Richtlinie fallen.

(21) Da infolge der gemeinschaftlichen Rechtsvorschriften zur Liberalisierung des Telekommunikationssektors auf den Telekommunikationsmärkten inzwischen wirksamer Wettbewerb herrscht, müssen öffentliche Aufträge in diesem Bereich aus dem Anwendungsbereich der vorliegenden Richtlinie ausgeklammert werden, sofern sie allein mit dem Ziel vergeben werden, den Auftraggebern bestimmte Tätigkeiten auf den Telekommunikationsmärkten zu ermöglichen. Zur Definition dieser Tätigkeiten wurden die Begriffsbestimmungen der Artikel 1, 2 und 8 der Richtlinie 93/38/EWG des Rates vom 14. Juni 1993 zur Koordinierung der Auftragsvergabe durch Auftraggeber im Bereich

der Wasser-, Energie- und Verkehrsversorgung sowie im Telekommunikationssektor[1] übernommen, was bedeutet, dass die vorliegende Richtlinie nicht für Aufträge gilt, die nach Artikel 8 der Richtlinie 93/38/EWG von deren Anwendungsbereich ausgenommen worden sind.

(22) Es sollte vorgesehen werden, dass in bestimmten Fällen von der Anwendung der Maßnahmen zur Koordinierung der Verfahren aus Gründen der Staatssicherheit oder der staatlichen Geheimhaltung abgesehen werden kann, oder wenn besondere Vergabeverfahren zur Anwendung kommen, die sich aus internationalen Übereinkünften ergeben, die die Stationierung von Truppen betreffen oder für internationale Organisationen gelten.

(23) Gemäß Artikel 163 des Vertrags trägt unter anderem die Unterstützung der Forschung und der technischen Entwicklung dazu bei, die wissenschaftlichen und technischen Grundlagen der gemeinschaftlichen Industrie zu stärken; die Öffnung der öffentlichen Dienstleistungsmärkte hat einen Anteil an der Erreichung dieses Zieles. Die Mitfinanzierung von Forschungsprogrammen sollte nicht Gegenstand dieser Richtlinie sein; nicht unter diese Richtlinie fallen deshalb Aufträge über Forschungs- und Entwicklungsdienstleistungen, mit Ausnahme derer, deren Ergebnisse ausschließlich Eigentum des öffentlichen Auftraggebers für die Nutzung bei der Ausübung seiner eigenen Tätigkeit sind, sofern die Dienstleistung vollständig durch den öffentlichen Auftraggeber vergütet wird.

(24) Dienstleistungsaufträge, die den Erwerb oder die Miete von unbeweglichem Vermögen oder Rechten daran betreffen, weisen Merkmale auf, die die Anwendung von Vorschriften über die Vergabe von öffentlichen Aufträgen unangemessen erscheinen lassen.

(25) Bei der Vergabe öffentlicher Aufträge über bestimmte audiovisuelle Dienstleistungen im Fernseh- und Rundfunkbereich sollten besondere kulturelle und gesellschaftspolitische Erwägungen berücksichtigt werden können, die die Anwendung von Vergabevorschriften unangemessen erscheinen lassen. Aus diesen Gründen muss eine Ausnahme für die öffentlichen Dienstleistungsaufträge vorgesehen werden, die den Ankauf, die Entwicklung, die Produktion oder die Koproduktion gebrauchsfertiger Programme sowie andere Vorbereitungsdienste zum Gegenstand haben, wie z. B. Dienste im Zusammenhang mit den für die Programmproduktion erforderlichen Drehbüchern oder künstlerischen Leistungen, sowie Aufträge betreffend die Ausstrahlungszeit von Sendungen. Diese Ausnahme sollte jedoch nicht für die Bereitstellung des für die Produktion, die Koproduktion und die Ausstrahlung dieser Programme erforderlichen technischen Materials gelten. Als Sendung sollte die Übertragung und Verbreitung durch jegliches elektronische Netzwerk gelten.

(26) Schiedsgerichts- und Schlichtungsdienste werden normalerweise von Organisationen oder Personen übernommen, deren Bestellung oder Auswahl in einer Art und Weise erfolgt, die sich nicht nach Vergabevorschriften für öffentliche Aufträge richten kann.

(27) Entsprechend dem Übereinkommen gehören Instrumente der Geld-, Wechselkurs-, öffentlichen Kredit- oder Geldreservepolitik sowie andere Politiken, die Geschäfte mit Wertpapieren oder anderen Finanzinstrumenten mit sich bringen, insbesondere Geschäfte, die der Geld- oder Kapitalbeschaffung der öffentlichen Auftraggeber dienen, nicht zu den finanziellen Dienstleistungen im Sinne der vorliegenden Richtlinie. Verträge über Emission, Verkauf, Ankauf oder Übertragung von Wertpapieren oder anderen Finanzinstrumenten sind daher nicht erfasst. Dienstleistungen der Zentralbanken sind gleichermaßen ausgeschlossen.

(28) Beruf und Beschäftigung sind Schlüsselelemente zur Gewährleistung gleicher Chancen für alle und tragen zur Eingliederung in die Gesellschaft bei. In diesem Zusammenhang tragen geschützte Werkstätten und geschützte Beschäftigungsprogramme wirksam zur Eingliederung oder Wiedereingliederung von Menschen mit Behinderungen in den Arbeitsmarkt bei. Derartige Werkstätten sind jedoch möglicherweise nicht in

---

1) **Amtl. Anm.:** ABl L 199 vom 9. 8. 1993, S. 84. Zuletzt geändert durch die Richtlinie 2001/78/EG des Europäischen Parlaments und des Rates (ABl L 285 vom 29. 10. 2001, S. 1).

der Lage, unter normalen Wettbewerbsbedingungen Aufträge zu erhalten. Es ist daher angemessen, vorzusehen, dass Mitgliedstaaten das Recht, an Verfahren zur Vergabe öffentlicher Aufträge teilzunehmen, derartigen Werkstätten oder die Ausführung eines Auftrags geschützten Beschäftigungsprogrammen vorbehalten können.

(29) Die von öffentlichen Beschaffern erarbeiteten technischen Spezifikationen sollten es erlauben, die öffentlichen Beschaffungsmärkte für den Wettbewerb zu öffnen. Hierfür muss es möglich sein, Angebote einzureichen, die die Vielfalt technischer Lösungsmöglichkeiten widerspiegeln. Damit dies gewährleistet ist, müssen einerseits Leistungs- und Funktionsanforderungen in technischen Spezifikationen erlaubt sein, und andererseits müssen im Falle der Bezugnahme auf eine europäische Norm – oder wenn eine solche nicht vorliegt, auf eine nationale Norm – Angebote auf der Grundlage gleichwertiger Lösungen vom öffentlichen Auftraggeber geprüft werden. Die Bieter sollten die Möglichkeit haben, die Gleichwertigkeit ihrer Lösungen mit allen ihnen zur Verfügung stehenden Nachweisen zu belegen. Die öffentlichen Auftraggeber müssen jede Entscheidung, dass die Gleichwertigkeit in einem bestimmten Fall nicht gegeben ist, begründen können. Öffentliche Auftraggeber, die für die technischen Spezifikationen eines Auftrags Umweltanforderungen festlegen möchten, können die Umwelteigenschaften – wie eine bestimmte Produktionsmethode – und/oder Auswirkungen bestimmter Warengruppen oder Dienstleistungen auf die Umwelt festlegen. Sie können – müssen aber nicht – geeignete Spezifikationen verwenden, die in Umweltgütezeichen wie z. B. dem Europäischen Umweltgütezeichen, (pluri)nationalen Umweltgütezeichen oder anderen Umweltgütezeichen definiert sind, sofern die Anforderungen an das Gütezeichen auf der Grundlage von wissenschaftlich abgesicherten Informationen im Rahmen eines Verfahrens ausgearbeitet und erlassen werden, an dem interessierte Kreise – wie z. B. staatliche Stellen, Verbraucher, Hersteller, Händler und Umweltorganisationen – teilnehmen können, und sofern das Gütezeichen für alle interessierten Parteien zugänglich und verfügbar ist. Die öffentlichen Auftraggeber sollten, wo immer dies möglich ist, technische Spezifikationen festlegen, die das Kriterium der Zugänglichkeit für Personen mit einer Behinderung oder das Kriterium der Konzeption für alle Benutzer berücksichtigen. Die technischen Spezifikationen sind klar festzulegen, so dass alle Bieter wissen, was die Anforderungen des öffentlichen Auftraggebers umfassen.

(30) Zusätzliche Angaben über die Aufträge müssen entsprechend den Gepflogenheiten in den Mitgliedstaaten in den Verdingungsunterlagen für jeden einzelnen Auftrag bzw. in allen gleichwertigen Unterlagen enthalten sein.

(31) Für öffentliche Auftraggeber, die besonders komplexe Vorhaben durchführen, kann es – ohne dass ihnen dies anzulasten wäre – objektiv unmöglich sein, die Mittel zu bestimmen, die ihren Bedürfnissen gerecht werden können, oder zu beurteilen, was der Markt an technischen bzw. finanziellen/rechtlichen Lösungen bieten kann. Eine derartige Situation kann sich insbesondere bei der Durchführung bedeutender integrierter Verkehrsinfrastrukturprojekte, großer Computernetzwerke oder Vorhaben mit einer komplexen und strukturierten Finanzierung ergeben, deren finanzielle und rechtliche Konstruktion nicht im Voraus vorgeschrieben werden kann. Daher sollte für Fälle, in denen es nicht möglich sein sollte, derartige Aufträge unter Anwendung offener oder nichtoffener Verfahren zu vergeben, ein flexibles Verfahren vorgesehen werden, das sowohl den Wettbewerb zwischen Wirtschaftsteilnehmern gewährleistet als auch dem Erfordernis gerecht wird, dass der öffentliche Auftraggeber alle Aspekte des Auftrags mit jedem Bewerber erörtern kann. Dieses Verfahren darf allerdings nicht in einer Weise angewandt werden, durch die der Wettbewerb eingeschränkt oder verzerrt wird, insbesondere indem grundlegende Elemente geändert oder dem ausgewählten Bieter neue wesentliche Elemente auferlegt werden oder indem andere Bieter als derjenige, der das wirtschaftlich günstigste Angebot abgegeben hat, einbezogen werden.

(32) Um den Zugang von kleinen und mittleren Unternehmen zu öffentlichen Aufträgen zu fördern, sollten Bestimmungen über Unteraufträge vorgesehen werden.

(33) Bedingungen für die Ausführung eines Auftrags sind mit dieser Richtlinie vereinbar, sofern sie nicht unmittelbar oder mittelbar zu einer Diskriminierung führen und in der Bekanntmachung oder in den Verdingungsunterlagen angegeben sind. Sie können ins-

besondere dem Ziel dienen, die berufliche Ausbildung auf den Baustellen sowie die Beschäftigung von Personen zu fördern, deren Eingliederung besondere Schwierigkeiten bereitet, die Arbeitslosigkeit zu bekämpfen oder die Umwelt zu schützen. In diesem Zusammenhang sind z. B. unter anderem die – für die Ausführung des Auftrags geltenden – Verpflichtungen zu nennen, Langzeitarbeitslose einzustellen oder Ausbildungsmaßnahmen für Arbeitnehmer oder Jugendliche durchzuführen, oder die Bestimmungen der grundlegenden Übereinkommen der Internationalen Arbeitsorganisation (IAO), für den Fall, dass diese nicht in innerstaatliches Recht umgesetzt worden sind, im Wesentlichen einzuhalten, oder ein Kontingent von behinderten Personen einzustellen, das über dem nach nationalem Recht vorgeschriebenen Kontingent liegt.

(34) Die im Bereich der Arbeitsbedingungen und der Sicherheit am Arbeitsplatz geltenden nationalen und gemeinschaftlichen Gesetze, Regelungen und Tarifverträge sind während der Ausführung eines öffentlichen Auftrags anwendbar, sofern derartige Vorschriften sowie ihre Anwendung mit dem Gemeinschaftsrecht vereinbar sind. Für grenzüberschreitende Situationen, in denen Arbeitnehmer eines Mitgliedstaats Dienstleistungen in einem anderen Mitgliedstaat zur Ausführung eines öffentlichen Auftrags erbringen, enthält die Richtlinie 96/71/EG des Europäischen Parlaments und des Rates vom 16. Dezember 1996 über die Entsendung von Arbeitnehmern im Rahmen der Erbringung von Dienstleistungen[1] die Mindestbedingungen, die im Aufnahmeland in Bezug auf die entsandten Arbeitnehmer einzuhalten sind. Enthält das nationale Recht entsprechende Bestimmungen, so kann die Nichteinhaltung dieser Verpflichtungen als eine schwere Verfehlung oder als ein Delikt betrachtet werden, das die berufliche Zuverlässigkeit des Wirtschaftsteilnehmers in Frage stellt und dessen Ausschluss vom Verfahren zur Vergabe eines öffentlichen Auftrags zur Folge haben kann.

(35) Angesichts der neuen Informations- und Kommunikationstechnologien und der Erleichterungen, die sie für die Bekanntmachung von Aufträgen und hinsichtlich der Effizienz und Transparenz der Vergabeverfahren mit sich bringen können, ist es angebracht, die elektronischen Mittel den klassischen Mitteln zur Kommunikation und zum Informationsaustausch gleichzusetzen. Soweit möglich, sollten das gewählte Mittel und die gewählte Technologie mit den in den anderen Mitgliedstaaten verwendeten Technologien kompatibel sein.

(36) Damit auf dem Gebiet des öffentlichen Auftragswesens ein wirksamer Wettbewerb entsteht, ist es erforderlich, dass die Bekanntmachungen der öffentlichen Auftraggeber der Mitgliedstaaten gemeinschaftsweit veröffentlicht werden. Die Angaben in diesen Bekanntmachungen müssen es den Wirtschaftsteilnehmern in der Gemeinschaft erlauben zu beurteilen, ob die vorgeschlagenen Aufträge für sie von Interesse sind. Zu diesem Zweck sollten sie hinreichend über den Auftragsgegenstand und die Auftragsbedingungen informiert werden. Es ist daher wichtig, für veröffentlichte Bekanntmachungen durch geeignete Mittel, wie die Verwendung von Standardformularen sowie die Verwendung des durch die Verordnung (EG) Nr. 2195/2002 des Europäischen Parlaments und des Rates[2] als Referenzklassifikation für öffentliche Aufträge vorgesehenen Gemeinsamen Vokabulars für öffentliche Aufträge (Common Procurement Vocabulary, CPV), eine bessere Publizität zu gewährleisten. Bei den nichtoffenen Verfahren sollte die Bekanntmachung es den Wirtschaftsteilnehmern der Mitgliedstaaten insbesondere ermöglichen, ihr Interesse an den Aufträgen dadurch zu bekunden, dass sie sich bei den öffentlichen Auftraggebern um eine Aufforderung bewerben, unter den vorgeschriebenen Bedingungen ein Angebot einzureichen.

(37) Die Richtlinie 1999/93/EG des Europäischen Parlaments und des Rates vom 13. Dezember 1999 über gemeinschaftliche Rahmenbedingungen für elektronische Signaturen[3] und die Richtlinie 2000/31/EG des Europäischen Parlaments und des Rates vom 8. Juni 2000 über bestimmte rechtliche Aspekte der Dienste der Informationsgesell-

---

1) **Amtl. Anm.:** ABl L 18 vom 21. 1. 1997 S. 1.
2) **Amtl. Anm.:** ABl L 340 vom 16. 12. 2002, S. 1.
3) **Amtl. Anm.:** ABl L 13 vom 19. 1. 2000, S. 12.

schaft, insbesondere des elektronischen Geschäftsverkehrs, im Binnenmarkt („Richtlinie über den elektronischen Geschäftsverkehr")[1]) sollten für die elektronische Übermittlung von Informationen im Rahmen der vorliegenden Richtlinie gelten. Die Verfahren zur Vergabe öffentlicher Aufträge und die für Wettbewerbe geltenden Vorschriften erfordern einen höheren Grad an Sicherheit und Vertraulichkeit als in den genannten Richtlinien vorgesehen ist. Daher sollten die Vorrichtungen für den elektronischen Eingang von Angeboten, Anträgen auf Teilnahme und von Plänen und Vorhaben besonderen zusätzlichen Anforderungen genügen. Zu diesem Zweck sollte die Verwendung elektronischer Signaturen, insbesondere fortgeschrittener elektronischer Signaturen, so zeitnah wie möglich gefördert werden. Ferner könnten Systeme der freiwilligen Akkreditierung günstige Rahmenbedingungen dafür bieten, dass sich das Niveau der Zertifizierungsdienste für diese Vorrichtungen erhöht.

(38) Der Einsatz elektronischer Mittel spart Zeit. Dementsprechend ist beim Einsatz dieser elektronischen Mittel eine Verkürzung der Mindestfristen vorzusehen, unter der Voraussetzung, dass sie mit den auf gemeinschaftlicher Ebene vorgesehenen spezifischen Übermittlungsmodalitäten vereinbar sind.

(39) Die Prüfung der Eignung der Bieter im Rahmen von offenen Verfahren und der Bewerber im Rahmen von nichtoffenen Verfahren und von Verhandlungsverfahren mit Veröffentlichung einer Bekanntmachung sowie im Rahmen des wettbewerblichen Dialogs und deren Auswahl sollten unter transparenten Bedingungen erfolgen. Zu diesem Zweck sind nichtdiskriminierende Kriterien festzulegen, anhand deren die öffentlichen Auftraggeber die Bewerber auswählen können, sowie die Mittel, mit denen die Wirtschaftsteilnehmer nachweisen können, dass sie diesen Kriterien genügen. Im Hinblick auf die Transparenz sollte der öffentliche Auftraggeber gehalten sein, bei einer Aufforderung zum Wettbewerb für einen Auftrag die Eignungskriterien zu nennen, die er anzuwenden gedenkt, sowie gegebenenfalls die Fachkompetenz, die er von den Wirtschaftsteilnehmern fordert, um sie zum Vergabeverfahren zuzulassen.

(40) Ein öffentlicher Auftraggeber kann die Zahl der Bewerber im nichtoffenen Verfahren und im Verhandlungsverfahren mit Veröffentlichung einer Bekanntmachung sowie beim wettbewerblichen Dialog begrenzen. Solch eine Begrenzung sollte auf der Grundlage objektiver Kriterien erfolgen, die in der Bekanntmachung anzugeben sind. Diese objektiven Kriterien setzen nicht unbedingt Gewichtungen voraus. Hinsichtlich der Kriterien betreffend die persönliche Lage des Wirtschaftsteilnehmers kann ein allgemeiner Verweis in der Bekanntmachung auf die in Artikel 45 genannten Fälle ausreichen.

(41) Im Rahmen des wettbewerblichen Dialogs und der Verhandlungsverfahren mit Veröffentlichung einer Bekanntmachung empfiehlt es sich, aufgrund der eventuell erforderlichen Flexibilität sowie der mit diesen Vergabemethoden verbundenen zu hohen Kosten den öffentlichen Auftraggebern die Möglichkeit zu bieten, eine Abwicklung des Verfahrens in sukzessiven Phasen vorzusehen, so dass die Anzahl der Angebote, die noch Gegenstand des Dialogs oder der Verhandlungen sind, auf der Grundlage von vorher angegebenen Zuschlagskriterien schrittweise reduziert wird. Diese Reduzierung sollte – sofern die Anzahl der geeigneten Lösungen oder Bewerber es erlaubt – einen wirksamen Wettbewerb gewährleisten.

(42) Soweit für die Teilnahme an einem Verfahren zur Vergabe eines öffentlichen Auftrags oder an einem Wettbewerb der Nachweis einer bestimmten Qualifikation gefordert wird, sind die einschlägigen Gemeinschaftsvorschriften über die gegenseitige Anerkennung von Diplomen, Prüfungszeugnissen und sonstigen Befähigungsnachweisen anzuwenden.

(43) Es sind Vorkehrungen zu treffen, um der Vergabe öffentlicher Aufträge an Wirtschaftsteilnehmer, die sich an einer kriminellen Vereinigung beteiligt oder der Bestechung oder des Betrugs zu Lasten der finanziellen Interessen der Europäischen Gemeinschaften oder der Geldwäsche schuldig gemacht haben, vorzubeugen. Die öffentlichen Auftraggeber sollten gegebenenfalls von den Bewerbern/Bietern geeignete Unterlagen

---

1) **Amtl. Anm.:** ABl L 178 vom 17. 7. 2000, S. 1.

anfordern und, wenn sie Zweifel in Bezug auf die persönliche Lage dieser Bewerber/Bieter hegen, die zuständigen Behörden des betreffenden Mitgliedstaates um Mitarbeit ersuchen können. Diese Wirtschaftsteilnehmer sollten ausgeschlossen werden, wenn dem öffentlichen Auftraggeber bekannt ist, dass es eine nach einzelstaatlichem Recht ergangene endgültige und rechtskräftige gerichtliche Entscheidung zu derartigen Straftaten gibt. Enthält das nationale Recht entsprechende Bestimmungen, so kann ein Verstoß gegen das Umweltrecht oder gegen Rechtsvorschriften über unrechtmäßige Absprachen bei öffentlichen Aufträgen, der mit einem rechtskräftigen Urteil oder einem Beschluss gleicher Wirkung geahndet wurde, als Delikt, das die berufliche Zuverlässigkeit des Wirtschaftsteilnehmers in Frage stellt, oder als schwere Verfehlung betrachtet werden.

Die Nichteinhaltung nationaler Bestimmungen zur Umsetzung der Richtlinien 2000/78/EG[1] und 76/207/EWG[2] des Rates zur Gleichbehandlung von Arbeitnehmern, die mit einem rechtskräftigen Urteil oder einem Beschluss gleicher Wirkung sanktioniert wurde, kann als Verstoß, der die berufliche Zuverlässigkeit des Wirtschaftsteilnehmers in Frage stellt, oder als schwere Verfehlung betrachtet werden.

(44) In geeigneten Fällen, in denen die Art der Arbeiten und/oder Dienstleistungen es rechtfertigt, dass bei Ausführung des öffentlichen Auftrags Umweltmanagementmaßnahmen oder -systeme zur Anwendung kommen, kann die Anwendung solcher Maßnahmen bzw. Systeme vorgeschrieben werden. Umweltmanagementsysteme können unabhängig von ihrer Registrierung gemäß den Gemeinschaftsvorschriften wie die Verordnung (EG) Nr. 761/2001 (EMAS)[3] als Nachweis für die technische Leistungsfähigkeit des Wirtschaftsteilnehmers zur Ausführung des Auftrags dienen. Darüber hinaus sollte eine Beschreibung der von dem Wirtschaftsteilnehmer angewandten Maßnahmen zur Gewährleistung desselben Umweltschutzniveaus alternativ zu den registrierten Umweltmanagementsystemen als Beweismittel akzeptiert werden.

(45) Diese Richtlinie sieht vor, dass die Mitgliedstaaten offizielle Verzeichnisse von Bauunternehmern, Lieferanten oder Dienstleistungserbringern oder eine Zertifizierung durch öffentliche oder privatrechtliche Stellen einführen können, und regelt auch die Wirkungen einer solchen Eintragung in ein Verzeichnis oder einer solchen Bescheinigung im Rahmen eines Verfahrens zur Vergabe eines öffentlichen Auftrags in einem anderen Mitgliedstaat. Hinsichtlich der offiziellen Verzeichnisse der zugelassenen Wirtschaftsteilnehmer muss die Rechtsprechung des Gerichtshofes in den Fällen berücksichtigt werden, in denen sich ein Wirtschaftsteilnehmer, der zu einer Gruppe gehört, der wirtschaftlichen, finanziellen oder technischen Kapazitäten anderer Unternehmen der Gruppe bedient, um seinen Antrag auf Eintragung in das Verzeichnis zu stützen. In diesem Fall hat der Wirtschaftsteilnehmer den Nachweis dafür zu erbringen, dass er während der gesamten Geltungsdauer der Eintragung effektiv über diese Kapazitäten verfügt. Für diese Eintragung kann ein Mitgliedstaat daher ein zu erreichendes Leistungsniveau und, wenn sich der betreffende Wirtschaftsteilnehmer beispielsweise auf die Finanzkraft eines anderen Unternehmens der Gruppe stützt, insbesondere die Übernahme einer erforderlichenfalls gesamtschuldnerischen Verpflichtung durch das zuletzt genannte Unternehmen vorschreiben.

---

1) **Amtl. Anm.:** Richtlinie 2000/78/EG des Rates vom 27. November 2000 zur Festlegung eines allgemeinen Rahmens für die Verwirklichung der Gleichbehandlung in Beschäftigung und Beruf (ABl L 303 vom 2. 12. 2000, S. 16).

2) **Amtl. Anm.:** Richtlinie 76/207/EWG des Rates vom 9. Februar 1976 zur Verwirklichung des Grundsatzes der Gleichbehandlung von Männern und Frauen hinsichtlich des Zugangs zur Beschäftigung, zur Berufsbildung und zum beruflichen Aufstieg sowie in Bezug auf die Arbeitsbedingungen (ABl L 39 vom 14. 2. 1976, S. 40). Geändert durch die Richtlinie 2002/73/EG des Europäischen Parlaments und des Rates (ABl L 269 vom 5. 10. 2002, S. 15).

3) **Amtl. Anm.:** Verordnung (EG) Nr. 761/2001 des Europäischen Parlaments und des Rates vom 19. März 2001 über die freiwillige Beteiligung von Organisationen an einem Gemeinschaftssystem für das Umweltmanagement und die Umweltbetriebsprüfung (EMAS) (ABl L 114 vom 24. 4. 2001, S. 1).

(46) Die Zuschlagserteilung sollte auf der Grundlage objektiver Kriterien erfolgen, die die Einhaltung der Grundsätze der Transparenz, der Nichtdiskriminierung und der Gleichbehandlung gewährleisten und sicherstellen, dass die Angebote unter wirksamen Wettbewerbsbedingungen bewertet werden. Dementsprechend sind nur zwei Zuschlagskriterien zuzulassen: das des „niedrigsten Preises" und das des „wirtschaftlich günstigsten Angebots".

Um bei der Zuschlagserteilung die Einhaltung des Gleichbehandlungsgrundsatzes sicherzustellen, ist die – in der Rechtsprechung anerkannte – Verpflichtung zur Sicherstellung der erforderlichen Transparenz vorzusehen, damit sich jeder Bieter angemessen über die Kriterien und Modalitäten unterrichten kann, anhand deren das wirtschaftlich günstigste Angebot ermittelt wird. Die öffentlichen Auftraggeber haben daher die Zuschlagskriterien und deren jeweilige Gewichtung anzugeben, und zwar so rechtzeitig, dass diese Angaben den Bietern bei der Erstellung ihrer Angebote bekannt sind. Die öffentlichen Auftraggeber können in begründeten Ausnahmefällen, die zu rechtfertigen sie in der Lage sein sollten, auf die Angabe der Gewichtung der Zuschlagskriterien verzichten, wenn diese Gewichtung insbesondere aufgrund der Komplexität des Auftrags nicht im Vorhinein vorgenommen werden kann. In diesen Fällen sollten sie diese Kriterien in der absteigenden Reihenfolge ihrer Bedeutung angeben.

Beschließen die öffentlichen Auftraggeber, dem wirtschaftlich günstigsten Angebot den Zuschlag zu erteilen, so bewerten sie die Angebote unter dem Gesichtspunkt des besten Preis-Leistungs-Verhältnisses. Zu diesem Zweck legen sie die wirtschaftlichen und qualitativen Kriterien fest, anhand deren insgesamt das für den öffentlichen Auftraggeber wirtschaftlich günstigste Angebot bestimmt werden kann. Die Festlegung dieser Kriterien hängt insofern vom Auftragsgegenstand ab, als sie es ermöglichen müssen, das Leistungsniveau jedes einzelnen Angebots im Verhältnis zu dem in den technischen Spezifikationen beschriebenen Auftragsgegenstand zu bewerten sowie das Preis-Leistungs-Verhältnis jedes Angebots zu bestimmen.

Damit die Gleichbehandlung gewährleistet ist, sollten die Zuschlagskriterien einen Vergleich und eine objektive Bewertung der Angebote ermöglichen. Wenn diese Voraussetzungen erfüllt sind, versetzen die wirtschaftlichen und qualitativen Zuschlagskriterien wie auch die Kriterien über die Erfüllung der Umwelterfordernisse den öffentlichen Auftraggeber in die Lage, auf Bedürfnisse der betroffenen Allgemeinheit, so wie es in den Leistungsbeschreibungen festgelegt ist, einzugehen. Unter denselben Voraussetzungen kann ein öffentlicher Auftraggeber auch Kriterien zur Erfüllung sozialer Anforderungen anwenden, die insbesondere den – in den vertraglichen Spezifikationen festgelegten – Bedürfnissen besonders benachteiligter Bevölkerungsgruppen entsprechen, denen die Nutznießer/Nutzer der Bauleistungen, Lieferungen oder Dienstleistungen angehören.

(47) Bei öffentlichen Dienstleistungsaufträgen dürfen die Zuschlagskriterien nicht die Anwendung nationaler Bestimmungen beeinträchtigen, die die Vergütung bestimmter Dienstleistungen, wie beispielsweise die Vergütung von Architekten, Ingenieuren und Rechtsanwälten, regeln oder – bei Lieferaufträgen – die Anwendung nationaler Bestimmungen, die feste Preise für Schulbücher festlegen, beeinträchtigen.

(48) Bestimmte technische Vorschriften, insbesondere diejenigen bezüglich der Bekanntmachungen, der statistischen Berichte sowie der verwendeten Nomenklaturen und die Vorschriften hinsichtlich des Verweises auf diese Nomenklaturen müssen nach Maßgabe der Entwicklung der technischen Erfordernisse angenommen und geändert werden. Auch die Verzeichnisse der öffentlichen Auftraggeber in den Anhängen müssen aktualisiert werden. Zu diesem Zweck ist ein flexibles und rasches Beschlussverfahren einzuführen.

(49) Die zur Durchführung dieser Richtlinie erforderlichen Maßnahmen sollten gemäß dem Beschluss 1999/468/EG des Rates vom 28. Juni 1999 zur Festlegung der Modalitäten

für die Ausübung der der Kommission übertragenen Durchführungsbefugnisse[1] erlassen werden.

(50) Die Verordnung (EWG, Euratom) Nr. 1182/71 des Rates vom 3. Juni 1971 zur Festlegung der Regeln für die Fristen, Daten und Termine[2] sollte für die Berechnung der in der vorliegenden Richtlinie genannten Fristen gelten.

(51) Diese Richtlinie sollte die Pflichten der Mitgliedstaaten betreffend die in Anhang XI aufgeführten Fristen für die Umsetzung und Anwendung der Richtlinien 92/50/EWG, 93/36/EWG und 93/37/EWG unberührt lassen –
HABEN FOLGENDE RICHTLINIE ERLASSEN:

## Titel I: Definitionen und allgemeine Grundsätze

### Artikel 1  Definitionen

(1) Für die Zwecke dieser Richtlinie gelten die Definitionen der Absätze 2 bis 15.

(2) a) „Öffentliche Aufträge" sind zwischen einem oder mehreren Wirtschaftsteilnehmern und einem oder mehreren öffentlichen Auftraggebern geschlossene schriftliche entgeltliche Verträge über die Ausführung von Bauleistungen, die Lieferung von Waren oder die Erbringung von Dienstleistungen im Sinne dieser Richtlinie.

b) „Öffentliche Bauaufträge" sind öffentliche Aufträge über entweder die Ausführung oder gleichzeitig die Planung und die Ausführung von Bauvorhaben im Zusammenhang mit einer der in Anhang I genannten Tätigkeiten oder eines Bauwerks oder die Erbringung einer Bauleistung durch Dritte, gleichgültig mit welchen Mitteln, gemäß den vom öffentlichen Auftraggeber genannten Erfordernissen. Ein „Bauwerk" ist das Ergebnis einer Gesamtheit von Tief- oder Hochbauarbeiten, das seinem Wesen nach eine wirtschaftliche oder technische Funktion erfüllen soll.

c) „Öffentliche Lieferaufträge" sind andere öffentliche Aufträge als die unter Buchstabe b genannten; sie betreffen den Kauf, das Leasing, die Miete, die Pacht oder den Ratenkauf, mit oder ohne Kaufoption, von Waren.

Ein öffentlicher Auftrag über die Lieferung von Waren, der das Verlegen und Anbringen lediglich als Nebenarbeiten umfasst, gilt als öffentlicher Lieferauftrag.

d) „Öffentliche Dienstleistungsaufträge" sind öffentliche Aufträge über die Erbringung von Dienstleistungen im Sinne von Anhang II, die keine öffentlichen Bau- oder Lieferaufträge sind.

Ein öffentlicher Auftrag, der sowohl Waren als auch Dienstleistungen im Sinne von Anhang II umfasst, gilt als „öffentlicher Dienstleistungsauftrag", wenn der Wert der betreffenden Dienstleistungen den Wert der in den Auftrag einbezogenen Waren übersteigt.

Ein öffentlicher Auftrag über die Erbringung von Dienstleistungen im Sinne von Anhang II, der Tätigkeiten im Sinne von Anhang I lediglich als Nebenarbeiten im Verhältnis zum Hauptauftragsgegenstand umfasst, gilt als öffentlicher Dienstleistungsauftrag.

(3) „Öffentliche Baukonzessionen" sind Verträge, die von öffentlichen Bauaufträgen nur insoweit abweichen, als die Gegenleistung für die Bauleistungen ausschließlich in dem Recht zur Nutzung des Bauwerks oder in diesem Recht zuzüglich der Zahlung eines Preises besteht.

(4) „Dienstleistungskonzessionen" sind Verträge, die von öffentlichen Dienstleistungsaufträgen nur insoweit abweichen, als die Gegenleistung für die Erbringung der

---

[1] **Amtl. Anm.:** ABl L 184 vom 17. 7. 1999, S. 23.
[2] **Amtl. Anm.:** ABl L 124 vom 8. 6. 1971, S. 1.

Dienstleistungen ausschließlich in dem Recht zur Nutzung der Dienstleistung oder in diesem Recht zuzüglich der Zahlung eines Preises besteht.

(5) Eine „Rahmenvereinbarung" ist eine Vereinbarung zwischen einem oder mehreren öffentlichen Auftraggebern und einem oder mehreren Wirtschaftsteilnehmern, die zum Ziel hat, die Bedingungen für die Aufträge, die im Laufe eines bestimmten Zeitraums vergeben werden sollen, festzulegen, insbesondere in Bezug auf den Preis und gegebenenfalls die in Aussicht genommene Menge.

(6) Ein „dynamisches Beschaffungssystem" ist ein vollelektronisches Verfahren für Beschaffungen von marktüblichen Leistungen, bei denen die allgemein auf dem Markt verfügbaren Merkmale den Anforderungen des öffentlichen Auftraggebers genügen; dieses Verfahren ist zeitlich befristet und steht während der gesamten Verfahrensdauer jedem Wirtschaftsteilnehmer offen, der die Eignungskriterien erfüllt und ein erstes Angebot im Einklang mit den Verdingungsunterlagen unterbreitet hat.

(7) Eine „elektronische Auktion" ist ein iteratives Verfahren, bei dem mittels einer elektronischen Vorrichtung nach einer ersten vollständigen Bewertung der Angebote jeweils neue, nach unten korrigierte Preise und/oder neue, auf bestimmte Komponenten der Angebote abstellende Werte vorgelegt werden, und das eine automatische Klassifizierung dieser Angebote ermöglicht. Folglich dürfen bestimmte Bau- und Dienstleistungsaufträge, bei denen eine geistige Leistung zu erbringen ist – wie z.B. die Konzeption von Bauarbeiten –, nicht Gegenstand von elektronischen Auktionen sein.

(8) Die Begriffe „Unternehmer", „Lieferant" und „Dienstleistungserbringer" bezeichnen natürliche oder juristische Personen, öffentliche Einrichtungen oder Gruppen dieser Personen und/oder Einrichtungen, die auf dem Markt die Ausführung von Bauleistungen, die Errichtung von Bauwerken, die Lieferung von Waren bzw. die Erbringung von Dienstleistungen anbieten.

Der Begriff „Wirtschaftsteilnehmer" umfasst sowohl Unternehmer als auch Lieferanten und Dienstleistungserbringer. Er dient ausschließlich der Vereinfachung des Textes.

Ein Wirtschaftsteilnehmer, der ein Angebot vorgelegt hat, wird als „Bieter" bezeichnet. Derjenige, der sich um eine Aufforderung zur Teilnahme an einem nichtoffenen Verfahren, einem Verhandlungsverfahren oder einem wettbewerblichen Dialog beworben hat, wird als „Bewerber" bezeichnet.

(9) „Öffentliche Auftraggeber" sind der Staat, die Gebietskörperschaften, die Einrichtungen des öffentlichen Rechts und die Verbände, die aus einer oder mehreren dieser Körperschaften oder Einrichtungen des öffentlichen Rechts bestehen.

Als „Einrichtung des öffentlichen Rechts" gilt jede Einrichtung, die

a) zu dem besonderen Zweck gegründet wurde, im Allgemeininteresse liegende Aufgaben nicht gewerblicher Art zu erfüllen,

b) Rechtspersönlichkeit besitzt und

c) überwiegend vom Staat, von Gebietskörperschaften oder von anderen Einrichtungen des öffentlichen Rechts finanziert wird, hinsichtlich ihrer Leitung der Aufsicht durch Letztere unterliegt oder deren Verwaltungs-, Leitungs- oder Aufsichtsorgan mehrheitlich aus Mitgliedern besteht, die vom Staat, von den Gebietskörperschaften oder von anderen Einrichtungen des öffentlichen Rechts ernannt worden sind.

Die nicht erschöpfenden Verzeichnisse der Einrichtungen und Kategorien von Einrichtungen des öffentlichen Rechts, die die in Unterabsatz 2 Buchstaben a, b und c genannten Kriterien erfüllen, sind in Anhang III enthalten. Die Mitgliedstaaten geben der Kommission regelmäßig die Änderungen ihrer Verzeichnisse bekannt.

(10) Eine „zentrale Beschaffungsstelle" ist ein öffentlicher Auftraggeber, der

– für öffentliche Auftraggeber bestimmte Waren und/oder Dienstleistungen erwirbt oder

– öffentliche Aufträge vergibt oder Rahmenvereinbarungen über Bauleistungen, Waren oder Dienstleistungen für öffentliche Auftraggeber schließt.

(11) a) „Offene Verfahren" sind Verfahren, bei denen alle interessierten Wirtschaftsteilnehmer ein Angebot abgeben können.

b) „Nichtoffene Verfahren" sind Verfahren, bei denen sich alle Wirtschaftsteilnehmer um die Teilnahme bewerben können und bei denen nur die vom öffentlichen Auftraggeber aufgeforderten Wirtschaftsteilnehmer ein Angebot abgeben können.

c) Der „wettbewerbliche Dialog" ist ein Verfahren, bei dem sich alle Wirtschaftsteilnehmer um die Teilnahme bewerben können und bei dem der öffentliche Auftraggeber einen Dialog mit den zu diesem Verfahren zugelassenen Bewerbern führt, um eine oder mehrere seinen Bedürfnissen entsprechende Lösungen herauszuarbeiten, auf deren Grundlage bzw. Grundlagen die ausgewählten Bewerber zur Angebotsabgabe aufgefordert werden.

Für die Zwecke des Rückgriffs auf das in Unterabsatz 1 genannte Verfahren gilt ein öffentlicher Auftrag als „besonders komplex", wenn der öffentliche Auftraggeber

– objektiv nicht in der Lage ist, die technischen Mittel gemäß Artikel 23 Absatz 3 Buchstaben b, c oder d anzugeben, mit denen seine Bedürfnisse und seine Ziele erfüllt werden können und/oder

– objektiv nicht in der Lage ist, die rechtlichen und/oder finanziellen Konditionen eines Vorhabens anzugeben.

d) „Verhandlungsverfahren" sind Verfahren, bei denen der öffentliche Auftraggeber sich an Wirtschaftsteilnehmer seiner Wahl wendet und mit einem oder mehreren von ihnen über die Auftragsbedingungen verhandelt.

e) „Wettbewerbe" sind Auslobungsverfahren, die dazu dienen, dem öffentlichen Auftraggeber insbesondere auf den Gebieten der Raumplanung, der Stadtplanung, der Architektur und des Bauwesens oder der Datenverarbeitung einen Plan oder eine Planung zu verschaffen, deren Auswahl durch ein Preisgericht aufgrund vergleichender Beurteilung mit oder ohne Verteilung von Preisen erfolgt.

(12) Der Begriff „schriftlich" umfasst jede aus Wörtern oder Ziffern bestehende Darstellung, die gelesen, reproduziert und mitgeteilt werden kann. Darin können auch elektronisch übermittelte und gespeicherte Informationen enthalten sein.

(13) „Elektronisch" ist ein Verfahren, bei dem elektronische Geräte für die Verarbeitung (einschließlich digitaler Kompression) und Speicherung von Daten zum Einsatz kommen und bei dem Informationen über Kabel, über Funk, mit optischen Verfahren oder mit anderen elektromagnetischen Verfahren übertragen, weitergeleitet und empfangen werden.

(14) Das „Gemeinsame Vokabular für öffentliche Aufträge", nachstehend „CPV" (Common Procurement Vocabulary) genannt, bezeichnet die mit der Verordnung (EG) Nr. 2195/2002 angenommene, auf öffentliche Aufträge anwendbare Referenzklassifikation; es gewährleistet zugleich die Übereinstimmung mit den übrigen bestehenden Klassifikationen.

Sollte es aufgrund etwaiger Abweichungen zwischen der CPV-Nomenklatur und der NACE-Nomenklatur nach Anhang I oder zwischen der CPV-Nomenklatur und der CPC-Nomenklatur (vorläufige Fassung) nach Anhang II zu unterschiedlichen Auslegungen bezüglich des Anwendungsbereichs der vorliegenden Richtlinie kommen, so hat jeweils die NACE-Nomenklatur bzw. die CPC-Nomenklatur Vorrang.

(15) Für die Zwecke von Artikel 13, von Artikel 57 Buchstabe a und von Artikel 68 Buchstabe b bezeichnet der Ausdruck

a) „öffentliches Telekommunikationsnetz" die öffentliche Telekommunikationsinfrastruktur, mit der Signale zwischen definierten Netzabschlusspunkten über Draht, über Richtfunk, auf optischem oder anderem elektromagnetischen Wege übertragen werden können;

b) „Netzabschlusspunkt" die Gesamtheit der physischen Verbindungen und technischen Zugangsspezifikationen, die Teil des öffentlichen Telekommunikationsnetzes sind und für den Zugang zu diesem Netz und zur effizienten Kommunikation mittels dieses Netzes erforderlich sind;

c) „öffentliche Telekommunikationsdienste" Telekommunikationsdienste, mit deren Erbringung die Mitgliedstaaten ausdrücklich insbesondere eine oder mehrere Fernmeldeorganisationen betraut haben;

d) „Telekommunikationsdienste" Dienste, die ganz oder teilweise in der Übertragung und Weiterleitung von Signalen auf dem Telekommunikationsnetz durch Telekommunikationsverfahren bestehen, mit Ausnahme von Rundfunk und Fernsehen.

**Artikel 2  Grundsätze für die Vergabe von Aufträgen**

Die öffentlichen Auftraggeber behandeln alle Wirtschaftsteilnehmer gleich und nichtdiskriminierend und gehen in transparenter Weise vor.

**Artikel 3  Zuerkennung besonderer oder ausschließlicher Rechte: Nichtdiskriminierungsklausel**

Wenn ein öffentlicher Auftraggeber einer Einrichtung, die kein öffentlicher Auftraggeber ist, besondere oder ausschließliche Rechte zur Ausführung einer Tätigkeit des öffentlichen Dienstleistungsbereichs zuerkennt, muss in dem Rechtsakt über die Zuerkennung dieses Rechts bestimmt sein, dass die betreffende Einrichtung bei der Vergabe von Lieferaufträgen an Dritte im Rahmen dieser Tätigkeit den Grundsatz der Nichtdiskriminierung aus Gründen der Staatsangehörigkeit beachten muss.

## Titel II: Vorschriften für öffentliche Aufträge

### Kapitel I: Allgemeine Bestimmungen

**Artikel 4  Wirtschaftsteilnehmer**

(1) Bewerber oder Bieter, die gemäß den Rechtsvorschriften des Mitgliedstaats, in dem sie ihre Niederlassung haben, zur Erbringung der betreffenden Leistung berechtigt sind, dürfen nicht allein deshalb zurückgewiesen werden, weil sie gemäß den Rechtsvorschriften des Mitgliedstaats, in dem der Auftrag vergeben wird, eine natürliche oder eine juristische Person sein müssten.

Bei öffentlichen Dienstleistungs- und Bauaufträgen sowie bei öffentlichen Lieferaufträgen, die zusätzliche Dienstleistungen und/oder Arbeiten wie Verlegen und Anbringen umfassen, können juristische Personen jedoch verpflichtet werden, in ihrem Angebot oder ihrem Antrag auf Teilnahme die Namen und die beruflichen Qualifikationen der Personen anzugeben, die für die Erbringung der betreffenden Leistung verantwortlich sein sollen.

(2) Angebote oder Anträge auf Teilnahme können auch von Gruppen von Wirtschaftsteilnehmern eingereicht werden. Die öffentlichen Auftraggeber können nicht verlangen, dass nur Gruppen von Wirtschaftsteilnehmern, die eine bestimmte Rechtsform haben, ein Angebot oder einen Antrag auf Teilnahme einreichen können; allerdings kann von der ausgewählten Gruppe von Wirtschaftsteilnehmern verlangt werden, dass sie eine bestimmte Rechtsform annimmt, wenn ihr der Zuschlag erteilt worden ist, sofern dies für die ordnungsgemäße Durchführung des Auftrags erforderlich ist.

**Artikel 5  Bedingungen aus den im Rahmen der Welthandelsorganisation geschlossenen Übereinkommen**

Bei der Vergabe öffentlicher Aufträge durch die öffentlichen Auftraggeber wenden die Mitgliedstaaten untereinander Bedingungen an, die ebenso günstig sind wie diejenigen, die sie gemäß dem Übereinkommen Wirtschaftsteilnehmern aus Drittländern einräumen. Zu diesem Zweck konsultieren die Mitgliedstaaten einander in dem in Artikel 77 genannten Beratenden Ausschuss für öffentliches Auftragswesen über die Maßnahmen, die aufgrund des Übereinkommens zu treffen sind.

### Artikel 6  Vertraulichkeit

Unbeschadet der Bestimmungen dieser Richtlinie – insbesondere der Artikel 35 Absatz 4 und Artikel 41, die die Pflichten im Zusammenhang mit der Bekanntmachung vergebener Aufträge und der Unterrichtung der Bewerber und Bieter regeln – gibt ein öffentlicher Auftraggeber nach Maßgabe des innerstaatlichen Rechts, dem er unterliegt, keine ihm von den Wirtschaftsteilnehmern übermittelten und von diesen als vertraulich eingestuften Informationen weiter, wozu insbesondere technische und Betriebsgeheimnisse sowie die vertraulichen Aspekte der Angebote selbst gehören.

## Kapitel II:  Anwendungsbereich

## Abschnitt 1:  Schwellenwerte

### Artikel 7  Schwellenwerte für öffentliche Aufträge

Diese Richtlinie gilt für die Vergabe öffentlicher Aufträge, die nicht aufgrund der Ausnahmen nach den Artikeln 10 und 11 und nach den Artikeln 12 bis 18 ausgeschlossen sind und deren geschätzter Wert netto ohne Mehrwertsteuer (MwSt) die folgenden Schwellenwerte erreicht oder überschreitet:

a) 137 000 EUR bei öffentlichen Liefer- und Dienstleistungsaufträgen, die von den in Anhang IV genannten zentralen Regierungsbehörden als öffentlichen Auftraggebern vergeben werden und die nicht unter Buchstabe b dritter Gedankenstrich fallen; bei öffentlichen Lieferaufträgen, die von öffentlichen Auftraggebern im Verteidigungsbereich vergeben werden, gilt dies nur für Aufträge über Waren, die in Anhang V erfasst sind;

b) 211 000 EUR

– bei öffentlichen Liefer- und Dienstleistungsaufträgen, die von anderen als den in Anhang IV genannten öffentlichen Auftraggebern vergeben werden;

– bei öffentlichen Lieferaufträgen, die von den in Anhang IV genannten öffentlichen Auftraggebern im Verteidigungsbereich vergeben werden, sofern es sich um Aufträge über Waren handelt, die nicht in Anhang V aufgeführt sind;

– bei öffentlichen Dienstleistungsaufträgen, die von öffentlichen Auftraggebern für die in Anhang II Teil A Kategorie 8 genannten Dienstleistungen, für die in Anhang II Teil A Kategorie 5 genannten Dienstleistungen im Telekommunikationsbereich, deren CPV-Positionen den CPC-Referenznummern 7524, 7525 und 7526 entsprechen, und/oder für die in Anhang II Teil B genannten Dienstleistungen vergeben werden;

c) 5 278 000 EUR bei öffentlichen Bauaufträgen.

### Artikel 8  Aufträge, die zu mehr als 50 % von öffentlichen Auftraggebern subventioniert werden

Die Bestimmungen dieser Richtlinie finden Anwendung auf die Vergabe von

a) Bauaufträgen, die zu mehr als 50 % von öffentlichen Auftraggebern direkt subventioniert werden und deren geschätzter Wert netto ohne MwSt mindestens 5 278 000 EUR beträgt,

– wenn diese Bauaufträge Tiefbauarbeiten im Sinne des Anhangs I betreffen;

– wenn diese Bauaufträge die Errichtung von Krankenhäusern, Sport-, Erholungs- und Freizeitanlagen, Schulen und Hochschulen sowie Verwaltungsgebäuden zum Gegenstand haben;

b) Dienstleistungsaufträgen, die zu mehr als 50 % von öffentlichen Auftraggebern direkt subventioniert werden und deren geschätzter Wert ohne MwSt mindestens 211 000 EUR beträgt, wenn diese Aufträge mit einem Bauauftrag im Sinne des Buchstabens a verbunden sind.

Die Mitgliedstaaten treffen die erforderlichen Maßnahmen, damit die die Subvention gewährenden öffentlichen Auftraggeber für die Einhaltung dieser Richtlinie Sorge tragen, wenn diese Aufträge nicht von ihnen selbst, sondern von einer oder mehreren anderen Einrichtungen vergeben werden, bzw. selbst diese Richtlinie einhalten, wenn sie selbst im Namen und für Rechnung dieser anderen Einrichtungen diese Aufträge vergeben.

**Artikel 9** Methoden zur Berechnung des geschätzten Wertes von öffentlichen Aufträgen, von Rahmenvereinbarungen und von dynamischen Beschaffungssystemen

(1) Grundlage für die Berechnung des geschätzten Auftragswertes ist der Gesamtwert ohne MwSt, der vom öffentlichen Auftraggeber voraussichtlich zu zahlen ist. Bei dieser Berechnung ist der geschätzte Gesamtwert einschließlich aller Optionen und der etwaigen Verlängerungen des Vertrags zu berücksichtigen.

Wenn der öffentliche Auftraggeber Prämien oder Zahlungen an Bewerber oder Bieter vorsieht, hat er diese bei der Berechnung des geschätzten Auftragswertes zu berücksichtigen.

(2) Für die Schätzung ist der Wert zum Zeitpunkt der Absendung der Bekanntmachung gemäß Artikel 35 Absatz 2 oder, falls eine solche Bekanntmachung nicht erforderlich ist, zum Zeitpunkt der Einleitung des Vergabeverfahrens durch den öffentlichen Auftraggeber maßgeblich.

(3) Ein Bauvorhaben oder ein Beschaffungsvorhaben mit dem Ziel, eine bestimmte Menge von Waren und/oder Dienstleistungen zu beschaffen, darf nicht zu dem Zwecke aufgeteilt werden, das Vorhaben der Anwendung dieser Richtlinie zu entziehen.

(4) Bei der Berechnung des geschätzten Auftragswerts von öffentlichen Bauaufträgen wird außer dem Wert der Bauleistungen auch der geschätzte Gesamtwert der für die Ausführung der Bauleistungen nötigen und vom öffentlichen Auftraggeber dem Unternehmer zur Verfügung gestellten Lieferungen berücksichtigt.

(5) a) Kann ein Bauvorhaben oder die beabsichtigte Beschaffung von Dienstleistungen zu Aufträgen führen, die gleichzeitig in Losen vergeben werden, so ist der geschätzte Gesamtwert aller dieser Lose zugrunde zu legen.

Erreicht oder übersteigt der kumulierte Wert der Lose den in Artikel 7 genannten Schwellenwert, so gilt diese Richtlinie für die Vergabe jedes Loses.

Der öffentliche Auftraggeber kann jedoch von dieser Bestimmung abweichen, wenn es sich um Lose handelt, deren geschätzter Gesamtwert ohne MwSt bei Dienstleistungen unter 80 000 EUR und bei Bauleistungen unter 1 000 000 EUR liegt, sofern der kumulierte Wert dieser Lose 20 % des kumulierten Werts aller Lose nicht übersteigt.

b) Kann ein Vorhaben zum Zweck des Erwerbs gleichartiger Waren zu Aufträgen führen, die gleichzeitig in Losen vergeben werden, so wird bei der Anwendung von Artikel 7 Buchstaben a und b der geschätzte Gesamtwert aller dieser Lose berücksichtigt.

Erreicht oder übersteigt der kumulierte Wert der Lose den in Artikel 7 genannten Schwellenwert, so gilt die Richtlinie für die Vergabe jedes Loses.

Der öffentliche Auftraggeber kann jedoch von dieser Bestimmung abweichen, wenn es sich um Lose handelt, deren geschätzter Gesamtwert ohne MwSt unter 80 000 EUR liegt, sofern der kumulierte Wert dieser Lose 20 % des kumulierten Wertes aller Lose nicht übersteigt.

(6) Bei öffentlichen Lieferaufträgen für Leasing, Miete, Pacht oder Ratenkauf von Waren wird der geschätzte Auftragswert wie folgt berechnet:
  a) bei zeitlich begrenzten öffentlichen Aufträgen mit höchstens zwölf Monaten Laufzeit auf der Basis des geschätzten Gesamtwerts für die Laufzeit des Auftrags oder, bei einer Laufzeit von mehr als zwölf Monaten, auf der Basis des Gesamtwerts einschließlich des geschätzten Restwerts;
  b) bei öffentlichen Aufträgen mit unbestimmter Laufzeit oder bei Aufträgen, deren Laufzeit nicht bestimmt werden kann, auf der Basis des Monatswerts multipliziert mit 48.

(7) Bei regelmäßig wiederkehrenden öffentlichen Aufträgen oder Daueraufträgen über Lieferungen oder Dienstleistungen wird der geschätzte Auftragswert wie folgt berechnet:
  a) entweder auf der Basis des tatsächlichen Gesamtwerts entsprechender aufeinander folgender Aufträge aus den vorangegangenen zwölf Monaten oder dem vorangegangenen Haushaltsjahr; dabei sind voraussichtliche Änderungen bei Mengen oder Kosten während der auf den ursprünglichen Auftrag folgenden zwölf Monate nach Möglichkeit zu berücksichtigen;
  b) oder auf der Basis des geschätzten Gesamtwerts aufeinander folgender Aufträge, die während der auf die erste Lieferung folgenden zwölf Monate bzw. während des Haushaltsjahres, soweit dieses länger als zwölf Monate ist, vergeben werden.

Die Wahl der Methode zur Berechnung des geschätzten Wertes eines öffentlichen Auftrags darf nicht in der Absicht erfolgen, die Anwendung dieser Richtlinie zu umgehen.

(8) Bei Dienstleistungsaufträgen wird der geschätzte Auftragswert wie folgt berechnet:
a) je nach Art der Dienstleistung:
  i. bei Versicherungsleistungen: auf der Basis der Versicherungsprämie und sonstiger Entgelte;
  ii. bei Bank- und anderen Finanzdienstleistungen: auf der Basis der Gebühren, Provisionen und Zinsen sowie anderer vergleichbarer Vergütungen;
  iii. bei Aufträgen über Planungsarbeiten: auf der Basis der Gebühren, Provisionen sowie anderer vergleichbarer Vergütungen;
b) bei Aufträgen, für die kein Gesamtpreis angegeben wird:
  i. bei zeitlich begrenzten Aufträgen mit einer Laufzeit von bis zu 48 Monaten: auf der Basis des geschätzten Gesamtwerts für die Laufzeit des Vertrages;
  ii. bei Verträgen mit unbestimmter Laufzeit oder mit einer Laufzeit von mehr als 48 Monaten: auf der Basis des Monatswerts multipliziert mit 48.

(9) Der zu berücksichtigende Wert einer Rahmenvereinbarung oder eines dynamischen Beschaffungssystems ist gleich dem geschätzten Gesamtwert ohne MwSt aller für die gesamte Laufzeit der Rahmenvereinbarung oder des dynamischen Beschaffungssystems geplanten Aufträge.

## Abschnitt 2: Besondere Sachverhalte

### Artikel 10  Aufträge im Verteidigungsbereich

Diese Richtlinie gilt, vorbehaltlich des Artikels 296 des Vertrags, für die Vergabe öffentlicher Aufträge durch öffentliche Auftraggeber im Verteidigungsbereich.

### Artikel 11  Vergabe von öffentlichen Aufträgen und Abschluss von Rahmenvereinbarungen durch zentrale Beschaffungsstellen

(1) Die Mitgliedstaaten können festlegen, dass die öffentlichen Auftraggeber Bauleistungen, Waren und/oder Dienstleistungen durch zentrale Beschaffungsstellen erwerben dürfen.

(2) Bei öffentlichen Auftraggebern, die Bauleistungen, Waren und/oder Dienstleistungen durch eine zentrale Beschaffungsstelle gemäß Artikel 1 Absatz 10 erwerben, wird vermutet, dass sie diese Richtlinie eingehalten haben, sofern diese zentrale Beschaffungsstelle sie eingehalten hat.

## Abschnitt 3: Aufträge, die nicht unter die Richtlinie fallen

### Artikel 12  Aufträge im Bereich der Wasser-, Energie- und Verkehrsversorgung und der Postdienste

Diese Richtlinie gilt weder für öffentliche Aufträge im Bereich der Richtlinie 2004/17/EG, die von öffentlichen Auftraggebern vergeben werden, die eine oder mehrere Tätigkeiten gemäß Artikel 3 bis 7 der genannten Richtlinie ausüben, und die der Durchführung dieser Tätigkeiten dienen, noch für öffentliche Aufträge, die gemäß Artikel 5 Absatz 2, Artikel 19, Artikel 26 und Artikel 30 der genannten Richtlinie nicht in ihren Geltungsbereich fallen.

Diese Richtlinie gilt jedoch weiterhin für öffentliche Aufträge, die von öffentlichen Auftraggebern vergeben werden, die eine oder mehrere Tätigkeiten gemäß Artikel 6 der Richtlinie 2004/17/EG ausüben, und die der Durchführung dieser Tätigkeiten dienen, solange der betreffende Mitgliedstaat von der in Artikel 71 Absatz 1 Unterabsatz 2 der genannten Richtlinie vorgesehenen Möglichkeit Gebrauch macht, um die Anwendung der Maßnahmen zu verschieben.

### Artikel 13  Besondere Ausnahmen im Telekommunikationsbereich

Die vorliegende Richtlinie gilt nicht für öffentliche Aufträge, die hauptsächlich den Zweck haben, dem öffentlichen Auftraggeber die Bereitstellung oder den Betrieb öffentlicher Telekommunikationsnetze oder die Bereitstellung eines oder mehrerer Telekommunikationsdienste für die Öffentlichkeit zu ermöglichen.

### Artikel 14  Aufträge, die der Geheimhaltung unterliegen oder bestimmte Sicherheitsmaßnahmen erfordern

Diese Richtlinie gilt nicht für öffentliche Aufträge, die für geheim erklärt werden oder deren Ausführung nach den in dem betreffenden Mitgliedstaat geltenden Rechts- und Verwaltungsvorschriften besondere Sicherheitsmaßnahmen erfordert, oder wenn der Schutz wesentlicher Sicherheitsinteressen dieses Mitgliedstaats es gebietet.

### Artikel 15  Aufträge, die auf der Grundlage internationaler Vorschriften vergeben werden

Diese Richtlinie gilt nicht für öffentliche Aufträge, die anderen Verfahrensregeln unterliegen und aufgrund
- a) einer gemäß dem Vertrag geschlossenen internationalen Übereinkunft zwischen einem Mitgliedstaat und einem oder mehreren Drittländern über Lieferungen, Bauleistungen oder Dienstleistungen für ein von den Unterzeichnerstaaten gemeinsam zu verwirklichendes oder zu nutzendes Projekt; jede Übereinkunft wird der Kommission mitgeteilt, die hierzu den in Artikel 77 genannten Beratenden Ausschuss für öffentliches Auftragswesen anhören kann;
- b) einer internationalen Übereinkunft im Zusammenhang mit der Stationierung von Truppen, die Unternehmen eines Mitgliedstaats oder eines Drittstaats betrifft;
- c) des besonderen Verfahrens einer internationalen Organisation

vergeben werden.

### Artikel 16  Besondere Ausnahmen

Diese Richtlinie findet keine Anwendung auf öffentliche Dienstleistungsaufträge, die Folgendes zum Gegenstand haben:
- a) Erwerb oder Miete von Grundstücken oder vorhandenen Gebäuden oder anderem unbeweglichen Vermögen oder Rechte daran ungeachtet der Finanzmodalitäten die-

ser Aufträge; jedoch fallen Finanzdienstleistungsverträge jeder Form, die gleichzeitig, vor oder nach dem Kauf- oder Mietvertrag abgeschlossen werden, unter diese Richtlinie;
b) Kauf, Entwicklung, Produktion oder Koproduktion von Programmen, die zur Ausstrahlung durch Rundfunk- oder Fernsehanstalten bestimmt sind, sowie die Ausstrahlung von Sendungen;
c) Schiedsgerichts- und Schlichtungstätigkeiten;
d) Finanzdienstleistungen im Zusammenhang mit der Ausgabe, dem Verkauf, dem Ankauf oder der Übertragung von Wertpapieren oder anderen Finanzinstrumenten, insbesondere Geschäfte, die der Geld- oder Kapitalbeschaffung der öffentlichen Auftraggeber dienen, sowie Dienstleistungen der Zentralbanken;
e) Arbeitsverträge;
f) Forschungs- und Entwicklungsdienstleistungen, deren Ergebnisse nicht ausschließlich Eigentum des öffentlichen Auftraggebers für seinen Gebrauch bei der Ausübung seiner eigenen Tätigkeit sind, sofern die Dienstleistung vollständig durch den öffentlichen Auftraggeber vergütet wird.

## Artikel 17  Dienstleistungskonzessionen

Unbeschadet der Bestimmungen des Artikels 3 gilt diese Richtlinie nicht für Dienstleistungskonzessionen gemäß Artikel 1 Absatz 4.

## Artikel 18  Dienstleistungsaufträge, die aufgrund eines ausschließlichen Rechts vergeben werden

Diese Richtlinie gilt nicht für öffentliche Dienstleistungsaufträge, die von einem öffentlichen Auftraggeber an einen anderen öffentlichen Auftraggeber oder an einen Verband von öffentlichen Auftraggebern aufgrund eines ausschließlichen Rechts vergeben werden, das dieser aufgrund veröffentlichter, mit dem Vertrag übereinstimmender Rechts- oder Verwaltungsvorschriften innehat.

## Abschnitt 4:  Sonderregelung

### Artikel 19  Vorbehaltene Aufträge

Die Mitgliedstaaten können im Rahmen von Programmen für geschützte Beschäftigungsverhältnisse vorsehen, dass nur geschützte Werkstätten an den Verfahren zur Vergabe öffentlicher Aufträge teilnehmen oder solche Aufträge ausführen dürfen, sofern die Mehrheit der Arbeitnehmer Behinderte sind, die aufgrund der Art oder der Schwere ihrer Behinderung keine Berufstätigkeit unter normalen Bedingungen ausüben können. Diese Bestimmung wird in der Bekanntmachung angegeben.

## Kapitel III:  Regelungen für öffentliche Dienstleistungsaufträge

### Artikel 20  Aufträge über Dienstleistungen gemäß Anhang II Teil A

Aufträge über Dienstleistungen gemäß Anhang II Teil A werden nach den Artikeln 23 bis 55 vergeben.

### Artikel 21  Aufträge über Dienstleistungen gemäß Anhang II Teil B

Aufträge über Dienstleistungen gemäß Anhang II Teil B unterliegen nur Artikel 23 und Artikel 35 Absatz 4.

### Artikel 22  Gemischte Aufträge über Dienstleistungen gemäß Anhang II Teil A und gemäß Anhang II Teil B

Aufträge sowohl über Dienstleistungen gemäß Anhang II Teil A als auch über Dienstleistungen gemäß Anhang II Teil B werden nach den Artikeln 23 bis 55 vergeben, wenn der Wert der Dienstleistungen gemäß Anhang II Teil A höher ist als derjenige der Dienstleistungen gemäß Anhang II Teil B. In allen anderen Fällen wird der Auftrag nach Artikel 23 und Artikel 35 Absatz 4 vergeben.

## Kapitel IV: Besondere Vorschriften über die Verdingungsunterlagen und die Auftragsunterlagen

### Artikel 23 Technische Spezifikationen

(1) Die technischen Spezifikationen im Sinne von Anhang VI Nummer 1 sind in den Auftragsunterlagen, wie der Bekanntmachung, den Verdingungsunterlagen oder den zusätzlichen Dokumenten, enthalten. Wo immer dies möglich ist, sollten diese technischen Spezifikationen so festgelegt werden, dass den Zugangskriterien für Behinderte oder der Konzeption für alle Benutzer Rechnung getragen wird.

(2) Die technischen Spezifikationen müssen allen Bietern gleichermaßen zugänglich sein und dürfen die Öffnung der öffentlichen Beschaffungsmärkte für den Wettbewerb nicht in ungerechtfertigter Weise behindern.

(3) Unbeschadet zwingender einzelstaatlicher Vorschriften, soweit diese mit dem Gemeinschaftsrecht vereinbar sind, sind die technischen Spezifikationen wie folgt zu formulieren:

a) entweder unter Bezugnahme auf die in Anhang VI definierten technischen Spezifikationen in der Rangfolge nationale Normen, mit denen europäische Normen umgesetzt werden, europäische technische Zulassungen, gemeinsame technische Spezifikationen, internationale Normen und andere technische Bezugsysteme, die von den europäischen Normungsgremien erarbeitet wurden oder, falls solche Normen und Spezifikationen fehlen, mit Bezugnahme auf nationale Normen, nationale technische Zulassungen oder nationale technische Spezifikationen für die Planung, Berechnung und Ausführung von Bauwerken und den Einsatz von Produkten. Jede Bezugnahme ist mit dem Zusatz „oder gleichwertig" zu versehen;

b) oder in Form von Leistungs- oder Funktionsanforderungen; diese können Umwelteigenschaften umfassen. Die Anforderungen sind jedoch so genau zu fassen, dass sie den Bietern ein klares Bild vom Auftragsgegenstand vermitteln und dem öffentlichen Auftraggeber die Erteilung des Zuschlags ermöglichen;

c) oder in Form von Leistungs- oder Funktionsanforderungen gemäß Buchstabe b unter Bezugnahme auf die Spezifikationen gemäß Buchstabe a als Mittel zur Vermutung der Konformität mit diesen Leistungs- oder Funktionsanforderungen;

d) oder mit Bezugnahme auf die Spezifikationen gemäß Buchstabe a hinsichtlich bestimmter Merkmale und die Bezugnahme auf die Leistungs- oder Funktionsanforderungen gemäß Buchstabe b hinsichtlich anderer Merkmale.

(4) Macht der öffentliche Auftraggeber von der Möglichkeit Gebrauch, auf die in Absatz 3 Buchstabe a genannten Spezifikationen zu verweisen, so kann er ein Angebot nicht mit der Begründung ablehnen, die angebotenen Waren und Dienstleistungen entsprächen nicht den von ihm herangezogenen Spezifikationen, sofern der Bieter in seinem Angebot dem öffentlichen Auftraggeber mit geeigneten Mitteln nachweist, dass die von ihm vorgeschlagenen Lösungen den Anforderungen der technischen Spezifikation, auf die Bezug genommen wurde, gleichermaßen entsprechen.

Als geeignetes Mittel kann eine technische Beschreibung des Herstellers oder ein Prüfbericht einer anerkannten Stelle gelten.

(5) Macht der öffentliche Auftraggeber von der Möglichkeit nach Absatz 3 Gebrauch, die technischen Spezifikationen in Form von Leistungs- oder Funktionsanforderungen zu formulieren, so darf er ein Angebot über Bauleistungen, Waren oder Dienstleistungen, die einer nationalen Norm, mit der eine europäische Norm umgesetzt wird, oder einer europäischen technischen Zulassung, einer gemeinsamen technischen Spezifikation, einer internationalen Norm oder einem technischen Bezugsystem, das von den europäischen Normungsgremien erarbeitet wurde, entsprechen, nicht zurückweisen, wenn diese Spezifikationen die von ihm geforderten Leistungs- oder Funktionsanforderungen betreffen.

RL 2004/18/EG

Der Bieter muss in seinem Angebot mit allen geeigneten Mitteln dem öffentlichen Auftraggeber nachweisen, dass die der Norm entsprechende jeweilige Bauleistung, Ware oder Dienstleistung den Leistungs- oder Funktionsanforderungen des öffentlichen Auftraggebers entspricht.

Als geeignetes Mittel kann eine technische Beschreibung des Herstellers oder ein Prüfbericht einer anerkannten Stelle gelten.

(6) Schreiben die öffentlichen Auftraggeber Umwelteigenschaften in Form von Leistungs- oder Funktionsanforderungen gemäß Absatz 3 Buchstabe b vor, so können sie die detaillierten Spezifikationen oder gegebenenfalls Teile davon verwenden, die in europäischen, (pluri-)nationalen Umweltgütezeichen oder anderen Umweltgütezeichen definiert sind, wenn

– sie sich zur Definition der Merkmale der Waren oder Dienstleistungen eignen, die Gegenstand des Auftrags sind,

– die Anforderungen an das Gütezeichen auf der Grundlage von wissenschaftlich abgesicherten Informationen ausgearbeitet werden;

– die Umweltgütezeichen im Rahmen eines Verfahrens erlassen werden, an dem interessierte Kreise – wie z. B. staatliche Stellen, Verbraucher, Hersteller, Händler und Umweltorganisationen – teilnehmen können,

– und wenn das Gütezeichen für alle Betroffenen zugänglich und verfügbar ist.

Die öffentlichen Auftraggeber können angeben, dass bei Waren oder Dienstleistungen, die mit einem Umweltgütezeichen ausgestattet sind, vermutet wird, dass sie den in den Verdingungsunterlagen festgelegten technischen Spezifikationen genügen; sie müssen jedes andere geeignete Beweismittel, wie technische Unterlagen des Herstellers oder Prüfberichte anerkannter Stellen, akzeptieren.

(7) „Anerkannte Stellen" im Sinne dieses Artikels sind die Prüf- und Eichlaboratorien sowie die Inspektions- und Zertifizierungsstellen, die mit den anwendbaren europäischen Normen übereinstimmen.

Die öffentlichen Auftraggeber erkennen Bescheinigungen von in anderen Mitgliedstaaten ansässigen anerkannten Stellen an.

(8) Soweit es nicht durch den Auftragsgegenstand gerechtfertigt ist, darf in technischen Spezifikationen nicht auf eine bestimmte Produktion oder Herkunft oder ein besonderes Verfahren oder auf Marken, Patente, Typen, einen bestimmten Ursprung oder eine bestimmte Produktion verwiesen werden, wenn dadurch bestimmte Unternehmen oder bestimmte Produkte begünstigt oder ausgeschlossen werden. Solche Verweise sind jedoch ausnahmsweise zulässig, wenn der Auftragsgegenstand nach den Absätzen 3 und 4 nicht hinreichend genau und allgemein verständlich beschrieben werden kann; solche Verweise sind mit dem Zusatz „oder gleichwertig" zu versehen.

### Artikel 24 Varianten

(1) Bei Aufträgen, die nach dem Kriterium des wirtschaftlich günstigsten Angebots vergeben werden, können die öffentlichen Auftraggeber es zulassen, dass die Bieter Varianten vorlegen.

(2) Die öffentlichen Auftraggeber geben in der Bekanntmachung an, ob Varianten zulässig sind; fehlt eine entsprechende Angabe, so sind keine Varianten zugelassen.

(3) Lassen die öffentlichen Auftraggeber Varianten zu, so nennen sie in den Verdingungsunterlagen die Mindestanforderungen, die Varianten erfüllen müssen, und geben an, in welcher Art und Weise sie einzureichen sind.

(4) Die öffentlichen Auftraggeber berücksichtigen nur Varianten, die die von ihnen verlangten Mindestanforderungen erfüllen.

Bei den Verfahren zur Vergabe öffentlicher Liefer- oder Dienstleistungsaufträge dürfen öffentliche Auftraggeber, die Varianten zugelassen haben, eine Variante nicht allein deshalb zurückweisen, weil sie, wenn sie den Zuschlag erhalten sollte, entweder zu einem Dienstleistungsauftrag anstatt zu einem öffentlichen Lieferauftrag bzw. zu einem Lieferauftrag anstatt zu einem öffentlichen Dienstleistungsauftrag führen würde.

**Artikel 25  Unteraufträge**

In den Verdingungsunterlagen kann der öffentliche Auftraggeber den Bieter auffordern oder er kann von einem Mitgliedstaat verpflichtet werden, den Bieter aufzufordern, ihm in seinem Angebot den Teil des Auftrags, den der Bieter gegebenenfalls im Wege von Unteraufträgen an Dritte zu vergeben gedenkt, sowie die bereits vorgeschlagenen Unterauftragnehmer bekannt zu geben.

Die Haftung des hauptverantwortlichen Wirtschaftsteilnehmers bleibt von dieser Bekanntgabe unberührt.

**Artikel 26  Bedingungen für die Auftragsausführung**

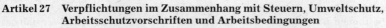

Die öffentlichen Auftraggeber können zusätzliche Bedingungen für die Ausführung des Auftrags vorschreiben, sofern diese mit dem Gemeinschaftsrecht vereinbar sind und in der Bekanntmachung oder in den Verdingungsunterlagen angegeben werden. Die Bedingungen für die Ausführung eines Auftrags können insbesondere soziale und umweltbezogene Aspekte betreffen.

**Artikel 27  Verpflichtungen im Zusammenhang mit Steuern, Umweltschutz, Arbeitsschutzvorschriften und Arbeitsbedingungen**

(1) Ein öffentlicher Auftraggeber kann in den Verdingungsunterlagen die Stelle(n) angeben, bei der (denen) die Bewerber oder Bieter die erforderlichen Auskünfte über ihre Verpflichtungen im Zusammenhang mit Steuern und dem Umweltschutz sowie über die Verpflichtungen erhalten, die sich aus den Vorschriften über Arbeitsschutz und Arbeitsbedingungen ergeben können, die in dem Mitgliedstaat, in der Region oder an dem Ort gelten, an dem die Leistungen zu erbringen sind, und die während der Ausführung des Auftrags auf die ausgeführten Bauaufträge oder die erbrachten Dienstleistungen anzuwenden sind; der öffentliche Auftraggeber kann auch durch einen Mitgliedstaat zu dieser Angabe verpflichtet werden.

(2) Ein öffentlicher Auftraggeber, der die Auskünfte nach Absatz 1 erteilt, verlangt von den Bietern oder Bewerbern eines Vergabeverfahrens die Angabe, dass sie bei der Ausarbeitung ihres Angebots den Verpflichtungen aus den am Ort der Leistungserbringung geltenden Vorschriften über Arbeitsschutz und Arbeitsbedingungen Rechnung getragen haben.

Unterabsatz 1 steht der Anwendung des Artikels 54 über die Prüfung ungewöhnlich niedriger Angebote nicht entgegen.

## Kapitel V:  Verfahren

**Artikel 28  Anwendung des offenen und des nichtoffenen Verfahrens, des Verhandlungsverfahrens und des wettbewerblichen Dialogs**

Für die Vergabe ihrer öffentlichen Aufträge wenden die öffentlichen Auftraggeber die einzelstaatlichen Verfahren in einer für die Zwecke dieser Richtlinie angepassten Form an.

Sie vergeben diese Aufträge im Wege des offenen oder des nichtoffenen Verfahrens. Unter den besonderen in Artikel 29 ausdrücklich genannten Umständen können die öffentlichen Auftraggeber ihre öffentlichen Aufträge im Wege des wettbewerblichen Dialogs vergeben. In den Fällen und unter den Umständen, die in den Artikeln 30 und 31 ausdrücklich genannt sind, können sie auf ein Verhandlungsverfahren mit oder ohne Veröffentlichung einer Bekanntmachung zurückgreifen.

**Artikel 29  Wettbewerblicher Dialog**

(1) Bei besonders komplexen Aufträgen können die Mitgliedstaaten vorsehen, dass der öffentliche Auftraggeber, falls seines Erachtens die Vergabe eines öffentlichen Auftrags im Wege eines offenen oder nichtoffenen Verfahrens nicht möglich ist, den wettbewerblichen Dialog gemäß diesem Artikel anwenden kann.

Die Vergabe eines öffentlichen Auftrags darf ausschließlich nach dem Kriterium des wirtschaftlich günstigsten Angebots erfolgen.

(2) Die öffentlichen Auftraggeber veröffentlichen eine Bekanntmachung, in der sie ihre Bedürfnisse und Anforderungen formulieren, die sie in dieser Bekanntmachung und/oder in einer Beschreibung näher erläutern.

(3) Die öffentlichen Auftraggeber eröffnen mit den nach den einschlägigen Bestimmungen der Artikeln 44 bis 52 ausgewählten Bewerbern einen Dialog, dessen Ziel es ist, die Mittel, mit denen ihre Bedürfnisse am besten erfüllt werden können, zu ermitteln und festzulegen. Bei diesem Dialog können sie mit den ausgewählten Bewerbern alle Aspekte des Auftrags erörtern.

Die öffentlichen Auftraggeber tragen dafür Sorge, dass alle Bieter bei dem Dialog gleich behandelt werden. Insbesondere enthalten sie sich jeder diskriminierenden Weitergabe von Informationen, durch die bestimmte Bieter gegenüber anderen begünstigt werden könnten.

Die öffentlichen Auftraggeber dürfen Lösungsvorschläge oder vertrauliche Informationen eines teilnehmenden Bewerbers nicht ohne dessen Zustimmung an die anderen Teilnehmer weitergeben.

(4) Die öffentlichen Auftraggeber können vorsehen, dass das Verfahren in verschiedenen aufeinander folgenden Phasen abgewickelt wird, um so die Zahl der in der Dialogphase zu erörternden Lösungen anhand der in der Bekanntmachung oder in der Beschreibung angegebenen Zuschlagskriterien zu verringern. In der Bekanntmachung oder in der Beschreibung ist anzugeben, ob diese Möglichkeit in Anspruch genommen wird.

(5) Der öffentliche Auftraggeber setzt den Dialog fort, bis er – erforderlichenfalls nach einem Vergleich – die Lösung bzw. die Lösungen ermitteln kann, mit denen seine Bedürfnisse erfüllt werden können.

(6) Nachdem die öffentlichen Auftraggeber den Dialog für abgeschlossen erklären und die Teilnehmer entsprechend informiert haben, fordern sie diese auf, auf der Grundlage der eingereichten und in der Dialogphase näher ausgeführten Lösungen ihr endgültiges Angebot einzureichen. Diese Angebote müssen alle zur Ausführung des Projekts erforderlichen Einzelheiten enthalten.

Auf Verlangen des öffentlichen Auftraggebers können Klarstellungen, Präzisierungen und Feinabstimmungen zu diesen Angeboten gemacht werden. Diese Präzisierungen, Klarstellungen, Feinabstimmungen oder Ergänzungen dürfen jedoch keine Änderung der grundlegenden Elemente des Angebots oder der Ausschreibung zur Folge haben, die den Wettbewerb verfälschen oder sich diskriminierend auswirken könnte.

(7) Die öffentlichen Auftraggeber beurteilen die eingereichten Angebote anhand der in der Bekanntmachung oder in der Beschreibung festgelegten Zuschlagskriterien und wählen das wirtschaftlich günstigste Angebot gemäß Artikel 53 aus.

Auf Wunsch des öffentlichen Auftraggebers darf der Bieter, dessen Angebot als das wirtschaftlich günstigste ermittelt wurde, ersucht werden, bestimmte Aspekte des Angebots näher zu erläutern oder im Angebot enthaltene Zusagen zu bestätigen, sofern dies nicht dazu führt, dass wesentliche Aspekte des Angebots oder der Ausschreibung geändert werden, und sofern dies nicht die Gefahr von Wettbewerbsverzerrungen oder Diskriminierungen mit sich bringt.

(8) Die öffentlichen Auftraggeber können Prämien oder Zahlungen an die Teilnehmer am Dialog vorsehen.

### Artikel 30 Fälle, die das Verhandlungsverfahren mit Veröffentlichung einer Bekanntmachung rechtfertigen

(1) Der öffentliche Auftraggeber kann in folgenden Fällen Aufträge im Verhandlungsverfahren vergeben, nachdem er eine Bekanntmachung veröffentlicht hat:

    a) wenn im Rahmen eines offenen oder nichtoffenen Verfahrens oder eines wettbewerblichen Dialogs keine ordnungsgemäßen Angebote oder nur Angebote abgegeben worden sind, die nach den innerstaatlichen, mit den Artikeln 4, 24, 25 und 27 sowie mit Kapitel VII zu vereinbarenden Vorschriften unannehmbar sind, sofern die ursprünglichen Auftragsbedingungen nicht grundlegend geändert werden.

Die öffentlichen Auftraggeber brauchen keine Bekanntmachung zu veröffentlichen, wenn sie in das betreffende Verhandlungsverfahren alle die Bieter und nur die Bieter einbeziehen, die die Kriterien der Artikel 46 bis 52 erfüllen und die im Verlauf des vorangegangenen offenen oder nichtoffenen Verfahrens oder wettbewerblichen Dialogs Angebote eingereicht haben, die den formalen Voraussetzungen für das Vergabeverfahren entsprechen;

b) in Ausnahmefällen, wenn es sich um Bauleistungen, Lieferungen oder Dienstleistungen handelt, die ihrer Natur nach oder wegen der damit verbundenen Risiken eine vorherige globale Preisgestaltung nicht zulassen;

c) bei Dienstleistungen, insbesondere bei Dienstleistungen der Kategorie 6 von Anhang II Teil A, und bei geistig-schöpferischen Dienstleistungen wie Bauplanungsdienstleistungen, sofern die zu erbringende Dienstleistung so beschaffen ist, dass vertragliche Spezifikationen nicht so genau festgelegt werden können, dass der Auftrag durch die Wahl des besten Angebots in Übereinstimmung mit den Vorschriften über offene und nichtoffene Verfahren vergeben werden kann;

d) bei öffentlichen Bauaufträgen, wenn es sich um Bauleistungen handelt, die ausschließlich zu Forschungs-, Versuchs- oder Entwicklungszwecken und nicht mit dem Ziel der Gewährleistung der Rentabilität oder der Deckung der Forschungs- und Entwicklungskosten durchgeführt werden.

(2) In den in Absatz 1 genannten Fällen verhandelt der öffentliche Auftraggeber mit den Bietern über die von diesen unterbreiteten Angebote, um sie entsprechend den in der Bekanntmachung, den Verdingungsunterlagen und etwaigen zusätzlichen Unterlagen angegebenen Anforderungen anzupassen und das beste Angebot im Sinne von Artikel 53 Absatz 1 zu ermitteln.

(3) Der öffentliche Auftraggeber trägt dafür Sorge, dass alle Bieter bei den Verhandlungen gleich behandelt werden. Insbesondere enthält er sich jeder diskriminierenden Weitergabe von Informationen, durch die bestimmte Bieter gegenüber anderen begünstigt werden könnten.

(4) Der öffentliche Auftraggeber kann vorsehen, dass das Verhandlungsverfahren in verschiedenen aufeinander folgenden Phasen abgewickelt wird, um so die Zahl der Angebote, über die verhandelt wird, anhand der in der Bekanntmachung oder in den Verdingungsunterlagen angegebenen Zuschlagskriterien zu verringern. In der Bekanntmachung oder in den Verdingungsunterlagen ist anzugeben, ob diese Möglichkeit in Anspruch genommen wird.

**Artikel 31 Fälle, die das Verhandlungsverfahren ohne Veröffentlichung einer Bekanntmachung rechtfertigen**

Öffentliche Auftraggeber können in folgenden Fällen Aufträge im Verhandlungsverfahren ohne vorherige Bekanntmachung vergeben:

1. Bei öffentlichen Bau-, Liefer- und Dienstleistungsaufträgen,
    a) wenn im Rahmen eines offenen oder nichtoffenen Verfahrens keine oder keine geeigneten Angebote oder keine Bewerbungen abgegeben worden sind, sofern die ursprünglichen Auftragsbedingungen nicht grundlegend geändert werden; der Kommission muss in diesem Fall ein Bericht vorgelegt werden, wenn sie dies wünscht;
    b) wenn der Auftrag aus technischen oder künstlerischen Gründen oder aufgrund des Schutzes von Ausschließlichkeitsrechten nur von einem bestimmten Wirtschaftsteilnehmer ausgeführt werden kann;
    c) soweit dies unbedingt erforderlich ist, wenn dringliche, zwingende Gründe im Zusammenhang mit Ereignissen, die die betreffenden öffentlichen Auftraggeber nicht voraussehen konnten, es nicht zulassen, die Fristen einzuhalten, die für die

offenen, die nichtoffenen oder die in Artikel 30 genannten Verhandlungsverfahren mit Veröffentlichung einer Bekanntmachung vorgeschrieben sind. Die angeführten Umstände zur Begründung der zwingenden Dringlichkeit dürfen auf keinen Fall den öffentlichen Auftraggebern zuzuschreiben sein.

2. Bei öffentlichen Lieferaufträgen:
   a) wenn es sich um Erzeugnisse handelt, die ausschließlich zu Forschungs-, Versuchs-, Untersuchungs- oder Entwicklungszwecken hergestellt werden, wobei unter diese Bestimmung nicht eine Serienfertigung zum Nachweis der Marktfähigkeit des Erzeugnisses oder zur Deckung der Forschungs- und Entwicklungskosten fällt;
   b) bei zusätzlichen Lieferungen des ursprünglichen Unternehmers, die entweder zur teilweisen Erneuerung von gelieferten marktüblichen Waren oder Einrichtungen oder zur Erweiterung von Lieferungen oder bestehenden Einrichtungen bestimmt sind, wenn ein Wechsel des Unternehmers dazu führen würde, dass der öffentliche Auftraggeber Waren mit unterschiedlichen technischen Merkmalen kaufen müsste und dies eine technische Unvereinbarkeit oder unverhältnismäßige technische Schwierigkeiten bei Gebrauch und Wartung mit sich bringen würde; die Laufzeit dieser Aufträge sowie der Daueraufträge darf in der Regel drei Jahre nicht überschreiten;
   c) bei auf einer Warenbörse notierten und gekauften Waren;
   d) wenn Waren zu besonders günstigen Bedingungen bei Lieferanten, die ihre Geschäftstätigkeit endgültig einstellen, oder bei Insolvenz/Konkursverwaltern oder Liquidatoren im Rahmen eines Insolvenz/Konkurs-, Vergleichs- oder Ausgleichsverfahren oder eines in den Rechts- oder Verwaltungsvorschriften eines Mitgliedstaats vorgesehenen gleichartigen Verfahrens erworben werden.

3. Bei öffentlichen Dienstleistungsaufträgen, wenn im Anschluss an einen Wettbewerb der Auftrag gemäß den einschlägigen Bestimmungen an den Gewinner oder an einen der Gewinner des Wettbewerbs vergeben werden muss; im letzteren Fall müssen alle Gewinner des Wettbewerbs zur Teilnahme an den Verhandlungen aufgefordert werden.

4. Bei öffentlichen Bau- und Dienstleistungsaufträgen:
   a) für zusätzliche Bau- oder Dienstleistungen, die weder in dem der Vergabe zugrunde liegenden Entwurf noch im ursprünglich geschlossenen Vertrag vorgesehen sind, die aber wegen eines unvorhergesehenen Ereignisses zur Ausführung der darin beschriebenen Bau- oder Dienstleistung erforderlich sind, sofern der Auftrag an den Wirtschaftsteilnehmer vergeben wird, der diese Bau- oder Dienstleistung erbringt:
      – wenn sich diese zusätzlichen Bau- oder Dienstleistungen in technischer und wirtschaftlicher Hinsicht nicht ohne wesentlichen Nachteil für den öffentlichen Auftraggeber vom ursprünglichen Auftrag trennen lassen
      
      oder
      
      – wenn diese Bau- oder Dienstleistungen zwar von der Ausführung des ursprünglichen Auftrags getrennt werden können, aber für dessen Vollendung unbedingt erforderlich sind;
      
      der Gesamtwert der Aufträge für die zusätzlichen Bau- oder Dienstleistungen darf jedoch 50 % des Wertes des ursprünglichen Auftrags nicht überschreiten;
   b) bei neuen Bau- oder Dienstleistungen, die in der Wiederholung gleichartiger Bau- oder Dienstleistungen bestehen, die durch den gleichen öffentlichen Auftraggeber an den Auftragnehmer vergeben werden, der den ursprünglichen Auftrag erhalten hat, sofern sie einem Grundentwurf entsprechen und dieser Entwurf Gegenstand des ursprünglichen Auftrags war, der nach einem offenen oder einem nichtoffenen Verfahren vergeben wurde.
   
   Die Möglichkeit der Anwendung dieses Verfahrens wird bereits beim Aufruf zum Wettbewerb für das erste Vorhaben angegeben; der für die Fortführung der Bau-

oder Dienstleistungen in Aussicht genommene Gesamtauftragswert wird vom öffentlichen Auftraggeber bei der Anwendung des Artikels 7 berücksichtigt.

Dieses Verfahren darf jedoch nur binnen drei Jahren nach Abschluss des ursprünglichen Auftrags angewandt werden.

### Artikel 32  Rahmenvereinbarungen

(1) Die Mitgliedstaaten können für die öffentlichen Auftraggeber die Möglichkeit des Abschlusses von Rahmenvereinbarungen vorsehen.

(2) Für den Abschluss einer Rahmenvereinbarung befolgen die öffentlichen Auftraggeber die Verfahrensvorschriften dieser Richtlinie in allen Phasen bis zur Zuschlagserteilung der Aufträge, die auf diese Rahmenvereinbarung gestützt sind. Für die Auswahl der Parteien einer Rahmenvereinbarung gelten die Zuschlagskriterien gemäß Artikel 53.

Aufträge, die auf einer Rahmenvereinbarung beruhen, werden nach den in den Absätzen 3 und 4 beschriebenen Verfahren vergeben. Diese Verfahren sind nur zwischen dem öffentlichen Auftraggeber und den Wirtschaftsteilnehmern anzuwenden, die von Anbeginn an an der Rahmenvereinbarung beteiligt sind.

Bei der Vergabe der auf einer Rahmenvereinbarung beruhenden Aufträge dürfen die Parteien keinesfalls substanzielle Änderungen an den Bedingungen dieser Rahmenvereinbarung vornehmen; dies ist insbesondere in dem in Absatz 3 genannten Fall zu beachten.

Mit Ausnahme von Sonderfällen, in denen dies insbesondere aufgrund des Gegenstands der Rahmenvereinbarung gerechtfertigt werden kann, darf die Laufzeit der Rahmenvereinbarung vier Jahre nicht überschreiten.

Der öffentliche Auftraggeber darf das Instrument der Rahmenvereinbarung nicht missbräuchlich oder in einer Weise anwenden, durch die der Wettbewerb behindert, eingeschränkt oder verfälscht wird.

(3) Wird eine Rahmenvereinbarung mit einem einzigen Wirtschaftsteilnehmer geschlossen, so werden die auf dieser Rahmenvereinbarung beruhenden Aufträge entsprechend den Bedingungen der Rahmenvereinbarung vergeben.

Für die Vergabe der Aufträge kann der öffentliche Auftraggeber den an der Rahmenvereinbarung beteiligten Wirtschaftsteilnehmer schriftlich konsultieren und ihn dabei auffordern, sein Angebot erforderlichenfalls zu vervollständigen.

(4) Wird eine Rahmenvereinbarung mit mehreren Wirtschaftsteilnehmern geschlossen, so müssen mindestens drei Parteien beteiligt sein, sofern eine ausreichend große Zahl von Wirtschaftsteilnehmern die Eignungskriterien und/oder eine ausreichend große Zahl von zulässigen Angeboten die Zuschlagskriterien erfüllt.

Die Vergabe von Aufträgen, die auf einer mit mehreren Wirtschaftsteilnehmern geschlossenen Rahmenvereinbarung beruhen, erfolgt

- entweder nach den Bedingungen der Rahmenvereinbarung ohne erneuten Aufruf zum Wettbewerb
- oder, sofern nicht alle Bedingungen in der Rahmenvereinbarung festgelegt sind, nach erneutem Aufruf der Parteien zum Wettbewerb zu denselben Bedingungen, die erforderlichenfalls zu präzisieren sind, oder gegebenenfalls nach anderen, in den Verdingungsunterlagen der Rahmenvereinbarung genannten Bedingungen, und zwar nach folgendem Verfahren:
  a) Vor Vergabe jedes Einzelauftrags konsultieren die öffentlichen Auftraggeber schriftlich die Wirtschaftsteilnehmer, die in der Lage sind, den Auftrag auszuführen.
  b) Die öffentlichen Auftraggeber setzen eine hinreichende Frist für die Abgabe der Angebote für jeden Einzelauftrag; dabei berücksichtigen sie unter anderem die Komplexität des Auftragsgegenstands und die für die Übermittlung der Angebote erforderliche Zeit.

c) Die Angebote sind schriftlich einzureichen, ihr Inhalt ist bis zum Ablauf der Einreichungsfrist geheim zu halten.
d) Die öffentlichen Auftraggeber vergeben die einzelnen Aufträge an den Bieter, der auf der Grundlage der in den Verdingungsunterlagen der Rahmenvereinbarung aufgestellten Zuschlagskriterien das jeweils beste Angebot vorgelegt hat.

### Artikel 33  Dynamische Beschaffungssysteme

(1) Die Mitgliedstaaten können vorsehen, dass die öffentlichen Auftraggeber auf dynamische Beschaffungssysteme zurückgreifen können.

(2) Zur Einrichtung eines dynamischen Beschaffungssystems befolgen die öffentlichen Auftraggeber die Vorschriften des offenen Verfahrens in allen Phasen bis zur Erteilung des Zuschlags auf den im Rahmen dieses Systems zu vergebenden Auftrag. Alle Bieter, welche die Eignungskriterien erfüllen und ein unverbindliches Angebot im Einklang mit den Verdingungsunterlagen und den etwaigen zusätzlichen Dokumenten unterbreitet haben, werden zur Teilnahme am System zugelassen; die unverbindlichen Angebote können jederzeit nachgebessert werden, sofern sie dabei mit den Verdingungsunterlagen vereinbar bleiben. Die öffentlichen Auftraggeber verwenden bei der Einrichtung des Systems und bei der Vergabe der Aufträge in dessen Rahmen ausschließlich elektronische Mittel gemäß Artikel 42 Absätze 2 bis 5.

(3) Zur Einrichtung des dynamischen Beschaffungssystems verfahren die öffentlichen Auftraggeber wie folgt:
a) Sie veröffentlichen eine Bekanntmachung, in der sie präzisieren, dass es sich um ein dynamisches Beschaffungssystem handelt;
b) in den Verdingungsunterlagen präzisieren sie unter anderem die Art der in Betracht gezogenen Anschaffungen, die Gegenstand dieses Systems sind, sowie alle erforderlichen Informationen betreffend das Beschaffungssystem, die verwendete elektronische Ausrüstung und die technischen Vorkehrungen und Merkmale der Verbindung;
c) sie gewähren auf elektronischem Wege ab dem Zeitpunkt der Veröffentlichung der Bekanntmachung und bis zur Beendigung des Systems freien, unmittelbaren und uneingeschränkten Zugang zu den Verdingungsunterlagen und zu jedwedem zusätzlichen Dokument und geben in der Bekanntmachung die Internet-Adresse an, unter der diese Dokumente abgerufen werden können.

(4) Die öffentlichen Auftraggeber räumen während der gesamten Laufzeit des dynamischen Beschaffungssystems jedem Wirtschaftsteilnehmer die Möglichkeit ein, ein unverbindliches Angebot zu unterbreiten, um gemäß Absatz 2 zur Teilnahme am System zugelassen zu werden. Sie schließen die Evaluierung binnen einer Frist von höchstens 15 Tagen ab dem Zeitpunkt der Vorlage des unverbindlichen Angebots ab. Sie können die Evaluierung jedoch verlängern, sofern nicht zwischenzeitlich ein Aufruf zum Wettbewerb erfolgt.
Der öffentliche Auftraggeber unterrichtet den Bieter gemäß Unterabsatz 1 unverzüglich darüber, ob er zur Teilnahme am dynamischen Beschaffungssystem zugelassen oder sein unverbindliches Angebot abgelehnt wurde.

(5) Für jeden Einzelauftrag hat ein gesonderter Aufruf zum Wettbewerb zu erfolgen. Vor diesem Aufruf zum Wettbewerb veröffentlichen die öffentlichen Auftraggeber eine vereinfachte Bekanntmachung, in der alle interessierten Wirtschaftsteilnehmer aufgefordert werden, ein unverbindliches Angebot nach Absatz 4 abzugeben, und zwar binnen einer Frist, die nicht weniger als 15 Tage ab dem Versand der vereinfachten Bekanntmachung betragen darf. Die öffentlichen Auftraggeber nehmen den Aufruf zum Wettbewerb erst dann vor, wenn alle fristgerecht eingegangenen unverbindlichen Angebote ausgewertet wurden.

(6) Die öffentlichen Auftraggeber fordern alle zur Teilnahme am System zugelassenen Bieter zur Einreichung von Angeboten für alle im Rahmen des Systems zu vergebenden Aufträge auf. Für die Einreichung der Angebote legen sie eine hinreichend lange Frist fest.

Sie vergeben den Auftrag an den Bieter, der nach den in der Bekanntmachung für die Einrichtung des dynamischen Beschaffungssystems aufgestellten Zuschlagskriterien das beste Angebot vorgelegt hat. Diese Kriterien können gegebenenfalls in der in Unterabsatz 1 genannten Aufforderung präzisiert werden.

(7) Mit Ausnahme von Sonderfällen, die in angemessener Weise zu rechtfertigen sind, darf die Laufzeit eines dynamischen Beschaffungssystems vier Jahre nicht überschreiten.

Die öffentlichen Auftraggeber dürfen dieses System nicht in einer Weise anwenden, durch die der Wettbewerb behindert, eingeschränkt oder verfälscht wird.

Den betreffenden Wirtschaftsteilnehmern oder den am System teilnehmenden Parteien dürfen keine Bearbeitungsgebühren in Rechnung gestellt werden.

### Artikel 34   Öffentliche Bauaufträge:   besondere Regelungen für den sozialen Wohnungsbau

Im Fall öffentlicher Bauaufträge, die sich auf die Gesamtplanung und den Bau von Wohneinheiten im Rahmen des sozialen Wohnungsbaus erstrecken und bei denen die Planung wegen des Umfangs, der Komplexität und der voraussichtlichen Dauer der Arbeiten von Anfang an in enger Zusammenarbeit in einer Arbeitsgemeinschaft aus Beauftragten der öffentlichen Auftraggeber, Sachverständigen und dem für die Ausführung des Vorhabens vorgesehenen Unternehmer durchgeführt werden muss, kann ein besonderes Vergabeverfahren angewandt werden, um sicherzustellen, dass der zur Aufnahme in die Arbeitsgemeinschaft am besten geeignete Unternehmer ausgewählt wird.

Die öffentlichen Auftraggeber geben in der Bekanntmachung insbesondere eine möglichst genaue Beschreibung der auszuführenden Arbeiten, damit die daran interessierten Unternehmer das auszuführende Vorhaben richtig beurteilen können. Außerdem geben sie in dieser Bekanntmachung gemäß den in den Artikeln 46 bis 52 genannten Eignungskriterien an, welche persönlichen, technischen, wirtschaftlichen und finanziellen Anforderungen die Bewerber erfüllen müssen.

Wird ein solches Verfahren in Anspruch genommen, so wendet der öffentliche Auftraggeber die Artikel 2, 35, 36, 38, 39, 41, 42, 43 und 45 bis 52 an.

## Kapitel VI:   Vorschriften über die Veröffentlichung und die Transparenz

## Abschnitt 1:   Veröffentlichung der Bekanntmachungen

### Artikel 35   Bekanntmachungen

(1) Die öffentlichen Auftraggeber teilen im Rahmen einer Vorinformation, die von der Kommission oder von ihnen selbst in ihrem „Beschafferprofil" nach Anhang VIII Nummer 2 Buchstabe b veröffentlicht wird, Folgendes mit:

a) bei Lieferungen den geschätzten Gesamtwert der Aufträge oder der Rahmenvereinbarungen, aufgeschlüsselt nach Warengruppen, die sie in den kommenden 12 Monaten vergeben wollen, wenn der geschätzte Gesamtwert nach Maßgabe der Artikel 7 und 9 mindestens 750 000 EUR beträgt.

   Die Warengruppen werden vom öffentlichen Auftraggeber unter Bezugnahme auf die Positionen des CPV festgelegt;

b) bei Dienstleistungen den geschätzten Gesamtwert der Aufträge oder der Rahmenvereinbarungen, die sie in den kommenden 12 Monaten vergeben bzw. abschließen wollen, aufgeschlüsselt nach den in Anhang II Teil A genannten Kategorien, wenn dieser geschätzte Gesamtwert nach Maßgabe der Artikel 7 und 9 mindestens 750 000 EUR beträgt;

c) bei Bauleistungen die wesentlichen Merkmale der Aufträge oder der Rahmenvereinbarungen, die sie vergeben bzw. abschließen wollen, wenn deren geschätzter Wert nach Maßgabe des Artikels 9 mindestens den in Artikel 7 genannten Schwellenwert erreicht.

Die unter den Buchstaben a und b genannten Bekanntmachungen werden so bald wie möglich nach Beginn des Haushaltsjahres an die Kommission gesandt oder im Beschafferprofil veröffentlicht.

Die unter Buchstabe c genannte Bekanntmachung wird so bald wie möglich nach der Entscheidung, mit der die den beabsichtigten Bauaufträgen oder Rahmenvereinbarungen zugrunde liegende Planung genehmigt wird, an die Kommission gesandt oder im Beschafferprofil veröffentlicht.

Veröffentlicht ein öffentlicher Auftraggeber eine Vorinformation in seinem Beschafferprofil, so meldet er der Kommission zuvor auf elektronischem Wege die Veröffentlichung einer Vorinformation in einem Beschafferprofil, unter Beachtung der Angaben in Anhang VIII Nummer 3 zu Format und Verfahren bei der Übermittlung von Bekanntmachungen.

Die Veröffentlichung der unter den Buchstaben a, b und c genannten Bekanntmachungen ist nur verpflichtend, wenn der öffentliche Auftraggeber von der Möglichkeit einer Verkürzung der Fristen für den Eingang der Angebote gemäß Artikel 38 Absatz 4 Gebrauch machen möchte.

Dieser Absatz gilt nicht für Verhandlungsverfahren ohne vorherige Veröffentlichung einer Bekanntmachung.

(2) Ein öffentlicher Auftraggeber, der einen öffentlichen Auftrag oder eine Rahmenvereinbarung im Wege eines offenen, eines nichtoffenen oder – in den in Artikel 30 genannten Fällen – eines Verhandlungsverfahrens mit Veröffentlichung einer Bekanntmachung oder – in den in Artikel 29 genannten Fällen – im Wege eines wettbewerblichen Dialogs vergeben will, teilt seine Absicht durch eine Bekanntmachung mit.

(3) Ein öffentlicher Auftraggeber, der ein dynamisches Beschaffungssystem einrichten will, teilt seine Absicht durch eine Bekanntmachung mit.

Ein öffentlicher Auftraggeber, der auf der Grundlage eines dynamischen Beschaffungssystems einen Auftrag vergeben will, teilt seine Absicht durch eine vereinfachte Bekanntmachung mit.

(4) Ein öffentlicher Auftraggeber, der einen öffentlichen Auftrag vergeben oder eine Rahmenvereinbarung geschlossen hat, sendet spätestens 48 Tage nach der Vergabe des Auftrags beziehungsweise nach Abschluss der Rahmenvereinbarung eine Bekanntmachung mit den Ergebnissen des Vergabeverfahrens ab.

Bei Rahmenvereinbarungen im Sinne von Artikel 32 brauchen die öffentlichen Auftraggeber nicht für jeden Einzelauftrag, der aufgrund dieser Vereinbarung vergeben wird, eine Bekanntmachung mit den Ergebnissen des jeweiligen Vergabeverfahrens abzusenden.

Der öffentliche Auftraggeber verschickt spätestens 48 Tage nach jeder Auftragsvergabe eine Bekanntmachung mit dem Ergebnis der Vergabe der Einzelaufträge, die im Rahmen eines dynamischen Beschaffungssystems vergeben werden. Er kann diese Bekanntmachungen jedoch auf Quartalsbasis zusammenfassen. In diesem Fall versendet er die Zusammenstellung spätestens 48 Tage nach Quartalsende.

Bei öffentlichen Dienstleistungsaufträgen des Anhangs II Teil B gibt der öffentliche Auftraggeber in seiner Bekanntmachung an, ob er mit der Veröffentlichung einverstanden ist. Für diese Dienstleistungsaufträge legt die Kommission nach dem in Artikel 77 Absatz 2 genannten Verfahren die Regeln fest, nach denen auf der Grundlage dieser Bekanntmachungen statistische Berichte zu erstellen und zu veröffentlichen sind.

Bestimmte Angaben über die Auftragsvergabe oder den Abschluss der Rahmenvereinbarungen müssen jedoch nicht veröffentlicht werden, wenn die Offenlegung dieser Angaben den Gesetzesvollzug behindern, dem öffentlichen Interesse zuwiderlaufen, die berechtigten geschäftlichen Interessen öffentlicher oder privater Wirtschaftsteilnehmer schädigen oder den lauteren Wettbewerb zwischen ihnen beeinträchtigen würde.

## Artikel 36 Abfassung und Modalitäten für die Veröffentlichung der Bekanntmachungen

(1) Die Bekanntmachungen enthalten die in Anhang VII Teil A aufgeführten Informationen und gegebenenfalls jede andere vom öffentlichen Auftraggeber für sinnvoll erachtete Angabe gemäß dem jeweiligen Muster der Standardformulare, die von der Kommission gemäß dem in Artikel 77 Absatz 2 genannten Verfahren angenommen werden.

(2) Die von den öffentlichen Auftraggebern an die Kommission gesendeten Bekanntmachungen werden entweder auf elektronischem Wege unter Beachtung der Angaben in Anhang VIII Nummer 3 zu Muster und Verfahren bei der Übermittlung oder auf anderem Wege übermittelt. Bei dem beschleunigten Verfahren nach Artikel 38 Absatz 8 sind die Bekanntmachungen unter Beachtung der Angaben in Anhang VIII Nummer 3 zu Muster und Verfahren bei der Übermittlung entweder per Fax oder auf elektronischem Wege zu übermitteln.

Die Bekanntmachungen werden gemäß den technischen Merkmalen für die Veröffentlichung in Anhang VIII Nummer 1 Buchstaben a und b veröffentlicht.

(3) Bekanntmachungen, die gemäß dem Muster und unter Beachtung der Verfahren bei der Übermittlung nach Anhang VIII Nummer 3 auf elektronischem Wege erstellt und übermittelt wurden, werden spätestens fünf Tage nach ihrer Absendung veröffentlicht. Bekanntmachungen, die nicht gemäß dem Muster und unter Beachtung der Verfahren bei der Übermittlung nach Anhang VIII Nummer 3 auf elektronischem Wege übermittelt wurden, werden spätestens zwölf Tage nach ihrer Absendung oder bei dem beschleunigten Verfahren nach Artikel 38 Absatz 8 nicht später als fünf Tage nach ihrer Absendung veröffentlicht.

(4) Die Bekanntmachungen werden ungekürzt in einer vom öffentlichen Auftraggeber hierfür gewählten Amtssprache der Gemeinschaft veröffentlicht, wobei nur der in dieser Originalsprache veröffentlichte Text verbindlich ist. Eine Zusammenfassung der wichtigsten Bestandteile einer jeden Bekanntmachung wird in den anderen Amtssprachen veröffentlicht.

Die Kosten für die Veröffentlichung der Bekanntmachungen durch die Kommission gehen zulasten der Gemeinschaft.

(5) Die Bekanntmachungen und ihr Inhalt dürfen auf nationaler Ebene nicht vor dem Tag ihrer Absendung an die Kommission veröffentlicht werden.

Die auf nationaler Ebene veröffentlichten Bekanntmachungen dürfen nur die Angaben enthalten, die in den an die Kommission abgesendeten Bekanntmachungen enthalten sind oder in einem Beschafferprofil gemäß Artikel 35 Absatz 1 Unterabsatz 1 veröffentlicht wurden, und müssen zusätzlich auf das Datum der Absendung der Bekanntmachung an die Kommission bzw. der Veröffentlichung im Beschafferprofil hinweisen.

Die Vorinformationen dürfen nicht in einem Beschafferprofil veröffentlicht werden, bevor die Ankündigung dieser Veröffentlichung an die Kommission abgesendet wurde; das Datum der Absendung muss angegeben werden.

(6) Der Inhalt der Bekanntmachungen, die nicht auf elektronischem Wege gemäß dem Muster und unter Beachtung der Verfahren bei der Übermittlung nach Anhang VIII Nummer 3 abgesendet werden, ist auf ca. 650 Worte beschränkt.

(7) Die öffentlichen Auftraggeber müssen den Tag der Absendung der Bekanntmachungen nachweisen können.

(8) Die Kommission stellt dem öffentlichen Auftraggeber eine Bestätigung der Veröffentlichung der übermittelten Informationen aus, in der das Datum dieser Veröffentlichung angegeben ist. Diese Bestätigung dient als Nachweis der Veröffentlichung.

## Artikel 37 Freiwillige Veröffentlichung

Die öffentlichen Auftraggeber können gemäß Artikel 36 Bekanntmachungen über öffentliche Aufträge veröffentlichen, die nicht der Veröffentlichungspflicht gemäß dieser Richtlinie unterliegen.

## Abschnitt 2: Fristen

### Artikel 38  Fristen für den Eingang der Anträge auf Teilnahme und der Angebote

(1) Bei der Festsetzung der Fristen für den Eingang der Angebote und der Anträge auf Teilnahme berücksichtigt der öffentliche Auftraggeber unbeschadet der in diesem Artikel festgelegten Mindestfristen insbesondere die Komplexität des Auftrags und die Zeit, die für die Ausarbeitung der Angebote erforderlich ist.

(2) Bei offenen Verfahren beträgt die Frist für den Eingang der Angebote mindestens 52 Tage, gerechnet ab dem Tag der Absendung der Bekanntmachung.

(3) Bei nichtoffenen Verfahren, den in Artikel 30 genannten Verhandlungsverfahren mit Veröffentlichung einer Bekanntmachung und dem wettbewerblichen Dialog

 a) beträgt die Frist für den Eingang der Anträge auf Teilnahme mindestens 37 Tage, gerechnet ab dem Tag der Absendung der Bekanntmachung;

 b) beträgt die Frist für den Eingang der Angebote bei den nichtoffenen Verfahren mindestens 40 Tage, gerechnet ab dem Tag der Absendung der Aufforderung zur Angebotsabgabe.

(4) Hat der öffentliche Auftraggeber eine Vorinformation veröffentlicht, kann die Frist für den Eingang der Angebote nach Absatz 2 und Absatz 3 Buchstabe b im Allgemeinen auf 36 Tage, jedoch auf keinen Fall auf weniger als 22 Tage, verkürzt werden.

Diese Frist beginnt an dem Tag der Absendung der Bekanntmachung bei offenen Verfahren und gerechnet ab dem Tag der Absendung der Aufforderung zur Angebotsabgabe bei nichtoffenen Verfahren zu laufen.

Die in Unterabsatz 1 genannte verkürzte Frist ist zulässig, sofern die Vorinformation alle die für die Bekanntmachung nach Anhang VII Teil A geforderten Informationen – soweit diese zum Zeitpunkt der Veröffentlichung der Bekanntmachung vorlagen – enthielt und die Vorinformation spätestens 52 Tage und frühestens 12 Monate vor dem Tag der Absendung der Bekanntmachung zur Veröffentlichung übermittelt wurde.

(5) Bei Bekanntmachungen, die gemäß dem Muster und unter Beachtung der Verfahren bei der Übermittlung nach Anhang VIII Nummer 3 elektronisch erstellt und versandt werden, können in offenen Verfahren die in den Absätzen 2 und 4 genannten Fristen für den Eingang der Angebote und in den nichtoffenen und Verhandlungsverfahren sowie beim wettbewerblichen Dialog die in Absatz 3 Buchstabe a genannte Frist für den Eingang der Anträge auf Teilnahme um 7 Tage verkürzt werden.

(6) Die in Absatz 2 und Absatz 3 Buchstabe b genannten Fristen für den Eingang der Angebote können um 5 Tage verkürzt werden, wenn der öffentliche Auftraggeber ab der Veröffentlichung der Bekanntmachung die Verdingungsunterlagen und alle zusätzlichen Unterlagen entsprechend den Angaben in Anhang VIII auf elektronischem Wege frei, direkt und vollständig verfügbar macht; in der Bekanntmachung ist die Internet-Adresse anzugeben, unter der diese Unterlagen abrufbar sind.

Diese Verkürzung kann mit der in Absatz 5 genannten Verkürzung kumuliert werden.

(7) Wurden, aus welchem Grund auch immer, die Verdingungsunterlagen und die zusätzlichen Unterlagen oder Auskünfte, obwohl sie rechtzeitig angefordert wurden, nicht innerhalb der in den Artikeln 39 und 40 festgesetzten Fristen zugesandt bzw. erteilt oder können die Angebote nur nach einer Ortsbesichtigung oder Einsichtnahme in Anlagen zu den Verdingungsunterlagen vor Ort erstellt werden, so sind die Fristen entsprechend zu verlängern, und zwar so, dass alle betroffenen Wirtschaftsteilnehmer von allen Informationen, die für die Erstellung des Angebotes notwendig sind, Kenntnis nehmen können.

(8) Bei nichtoffenen Verfahren und den in Artikel 30 genannten Verhandlungsverfahren mit Veröffentlichung einer Bekanntmachung kann der öffentliche Auftraggeber, wenn die Dringlichkeit die Einhaltung der in dem vorliegenden Artikel vorgesehenen Mindestfristen unmöglich macht, folgende Fristen festlegen:

 a) mindestens 15 Tage für den Eingang der Anträge auf Teilnahme, gerechnet ab dem Tag der Absendung der Bekanntmachung, beziehungsweise mindestens 10 Tage,

wenn die Bekanntmachung gemäß dem Muster und unter Beachtung der Modalitäten nach Anhang VIII Nummer 3 elektronisch übermittelt wurde,
b) bei nichtoffenen Verfahren mindestens 10 Tage für den Eingang der Angebote, gerechnet ab dem Tag der Absendung der Aufforderung zur Angebotsabgabe.

**Artikel 39 Offene Verfahren: Verdingungsunterlagen, zusätzliche Unterlagen und Auskünfte**

(1) Wenn der öffentliche Auftraggeber bei offenen Verfahren nicht die Verdingungsunterlagen und alle zusätzlichen Unterlagen auf elektronischem Weg gemäß Artikel 38 Absatz 6 frei, direkt und vollständig verfügbar macht, werden die Verdingungsunterlagen und zusätzlichen Unterlagen den Wirtschaftsteilnehmern binnen sechs Tagen nach Eingang des Antrags zugesandt, sofern dieser Antrag rechtzeitig vor dem Schlusstermin für den Eingang der Angebote eingegangen ist.

(2) Zusätzliche Auskünfte zu den Verdingungsunterlagen und den zusätzlichen Unterlagen erteilen der öffentliche Auftraggeber oder die zuständigen Stellen, sofern sie rechtzeitig angefordert worden sind, spätestens sechs Tage vor dem Schlusstermin für den Eingang der Angebote.

## Abschnitt 3: Inhalt und Übermittlung von Informationen

**Artikel 40 Aufforderung zur Angebotsabgabe, zur Teilnahme am Dialog oder zur Verhandlung**

(1) Bei nichtoffenen Verfahren, beim wettbewerblichen Dialog und bei Verhandlungsverfahren mit Veröffentlichung einer Bekanntmachung gemäß Artikel 30 fordert der öffentliche Auftraggeber die ausgewählten Bewerber gleichzeitig schriftlich auf, ihre Angebote einzureichen oder zu verhandeln oder – im Falle des wettbewerblichen Dialogs – am Dialog teilzunehmen.

(2) Die Aufforderung an die Bewerber enthält Folgendes:
– entweder die Verdingungsunterlagen bzw. die Beschreibung und alle zusätzlichen Unterlagen
– oder die Angabe des Zugriffs auf die Verdingungsunterlagen und die anderen im ersten Gedankenstrich angegebenen Unterlagen, wenn sie nach Artikel 38 Absatz 6 auf elektronischem Wege unmittelbar zugänglich gemacht werden.

(3) Wenn eine andere Einrichtung als der für das Vergabeverfahren zuständige öffentliche Auftraggeber die Verdingungsunterlagen, die Beschreibung und/oder die zusätzlichen Unterlagen bereithält, ist in der Aufforderung die Anschrift der Stelle, bei der diese Unterlagen bzw. diese Beschreibung angefordert werden können, und gegebenenfalls der Termin anzugeben, bis zu dem sie angefordert werden können; ferner sind der Betrag und die Bedingungen für die Zahlung des Betrags anzugeben, der für den Erhalt der Unterlagen zu entrichten ist. Die zuständigen Stellen schicken diese Unterlagen den Wirtschaftsteilnehmern nach Erhalt der Anfrage unverzüglich zu.

(4) Die zusätzlichen Informationen über die Verdingungsunterlagen, die Beschreibung bzw. die zusätzlichen Unterlagen werden vom öffentlichen Auftraggeber bzw. von den zuständigen Stellen spätestens sechs Tage vor Ablauf der für die Einreichung von Angeboten festgelegten Frist übermittelt, sofern die Anfrage rechtzeitig eingegangen ist. Bei nichtoffenen Verfahren oder beschleunigten Verhandlungsverfahren beträgt diese Frist vier Tage.

(5) Die Aufforderung zur Angebotsabgabe, zur Verhandlung bzw. – im Falle des wettbewerblichen Dialogs – zur Teilnahme am Dialog enthält mindestens Folgendes:
a) einen Hinweis auf die veröffentlichte Bekanntmachung;
b) den Tag, bis zu dem die Angebote eingehen müssen, die Anschrift der Stelle, bei der sie einzureichen sind, sowie die Sprache(n), in der (denen) sie abzufassen sind;
c) beim wettbewerblichen Dialog den Termin und den Ort des Beginns der Konsultationsphase sowie die verwendete(n) Sprache(n);

d) die Bezeichnung der gegebenenfalls beizufügenden Unterlagen entweder zum Beleg der vom Bewerber gemäß Artikel 44 abgegebenen nachprüfbaren Erklärungen oder als Ergänzung der in demselben Artikel vorgesehenen Auskünfte, wobei keine anderen als die in den Artikeln 47 und 48 genannten Anforderungen gestellt werden dürfen;

e) die Gewichtung der Zuschlagskriterien oder gegebenenfalls die absteigende Reihenfolge der Bedeutung dieser Kriterien, wenn sie nicht in der Bekanntmachung, den Verdingungsunterlagen oder der Beschreibung enthalten sind.

Bei Aufträgen, die nach dem Verfahren des Artikels 29 vergeben werden, dürfen in der Aufforderung zur Teilnahme am Dialog die in Buchstabe b des vorliegenden Absatzes genannten Angaben jedoch nicht erscheinen, sondern sind in der Aufforderung zur Angebotsabgabe aufzuführen.

### Artikel 41    Unterrichtung der Bewerber und Bieter

(1) Der öffentliche Auftraggeber teilt den Bewerbern und Bietern schnellstmöglich, auf Antrag auch schriftlich, seine Entscheidungen über den Abschluss einer Rahmenvereinbarung, die Zuschlagserteilung oder die Zulassung zur Teilnahme an einem dynamischen Beschaffungssystem mit, einschließlich der Gründe, aus denen beschlossen wurde, auf den Abschluss einer Rahmenvereinbarung oder die Vergabe eines Auftrags, für den eine Ausschreibung stattgefunden hat, zu verzichten und das Verfahren erneut einzuleiten bzw. kein dynamisches Beschaffungssystem einzurichten.

(2) Auf Verlangen der betroffenen Partei unterrichtet der öffentliche Auftraggeber unverzüglich

- jeden nicht erfolgreichen Bewerber über die Gründe für die Ablehnung seiner Bewerbung,
- jeden nicht berücksichtigten Bieter über die Gründe für die Ablehnung seines Angebots; dazu gehört in den Fällen des Artikels 23 Absätze 4 und 5 eine Unterrichtung über die Gründe für seine Entscheidung, dass keine Gleichwertigkeit vorliegt oder dass die Bauarbeiten, Lieferungen oder Dienstleistungen nicht den Leistungs- oder Funktionsanforderungen entsprechen,
- jeden Bieter, der ein ordnungsgemäßes Angebot eingereicht hat, über die Merkmale und Vorteile des ausgewählten Angebots sowie über den Namen des Zuschlagsempfängers oder der Parteien der Rahmenvereinbarung.

Der Beantwortungszeitraum darf eine Frist von 15 Tagen ab Eingang der schriftlichen Anfrage auf keinen Fall überschreiten.

(3) Die öffentlichen Auftraggeber können jedoch beschließen, bestimmte in Absatz 1 genannte Angaben über die Zuschlagserteilung, den Abschluss von Rahmenvereinbarungen oder die Zulassung zu einem dynamischen Beschaffungssystem nicht mitzuteilen, wenn die Offenlegung dieser Angaben den Gesetzesvollzug behindern, dem öffentlichen Interesse zuwiderlaufen, die berechtigten geschäftlichen Interessen öffentlicher oder privater Wirtschaftsteilnehmer schädigen oder den lauteren Wettbewerb zwischen ihnen beeinträchtigen würde.

## Abschnitt 4:    Mitteilungen

### Artikel 42    Vorschriften über Mitteilungen

(1) Jede Mitteilung sowie jede in diesem Titel genannte Übermittlung von Informationen kann nach Wahl des öffentlichen Auftraggebers per Post, per Fax, auf elektronischem Wege gemäß den Absätzen 4 und 5, auf telefonischem Wege in den in Absatz 6 genannten Fällen und unter den dort aufgeführten Bedingungen oder durch eine Kombination dieser Kommunikationsmittel erfolgen.

(2) Die gewählten Kommunikationsmittel müssen allgemein verfügbar sein; sie dürfen daher nicht dazu führen, dass der Zugang der Wirtschaftsteilnehmer zum Vergabeverfahren beschränkt wird.

(3) Bei der Mitteilung bzw. Übermittlung und Speicherung von Informationen sind die Integrität der Daten und die Vertraulichkeit der Angebote und der Anträge auf Teilnahme zu gewährleisten; der öffentliche Auftraggeber darf vom Inhalt der Angebote und der Anträge auf Teilnahme erst nach Ablauf der Frist für ihre Einreichung Kenntnis erhalten.

(4) Die für die elektronische Übermittlung zu verwendenden Mittel und ihre technischen Merkmale dürfen keinen diskriminierenden Charakter haben und müssen allgemein zugänglich sowie mit den allgemein verbreiteten Erzeugnissen der Informations- und Kommunikationstechnologie kompatibel sein.

(5) Für die Vorrichtungen zur Übermittlung und für den elektronischen Eingang von Angeboten sowie für die Vorrichtungen für den elektronischen Eingang der Anträge auf Teilnahme gelten die folgenden Bestimmungen:

a) Die Informationen über die Spezifikationen, die für die elektronische Übermittlung der Angebote und Anträge auf Teilnahme erforderlich sind, einschließlich der Verschlüsselung, müssen den interessierten Parteien zugänglich sein. Außerdem müssen die Vorrichtungen, die für den elektronischen Eingang der Angebote und Anträge auf Teilnahme verwendet werden, den Anforderungen des Anhangs X genügen.

b) Die Mitgliedstaaten können unter Beachtung des Artikels 5 der Richtlinie 1999/93/EG verlangen, dass elektronisch übermittelte Angebote mit einer fortgeschrittenen elektronischen Signatur gemäß Artikel 5 Absatz 1 der genannten Richtlinie zu versehen sind.

c) Die Mitgliedstaaten können Systeme der freiwilligen Akkreditierung einführen oder beibehalten, die zu einem verbesserten Angebot von Zertifizierungsdiensten für diese Vorrichtungen führen sollen.

d) Bieter und Bewerber sind verpflichtet, vor Ablauf der vorgeschriebenen Frist für die Vorlage der Angebote und Anträge auf Teilnahme die in den Artikeln 45 bis 50 und 52 genannten Unterlagen, Bescheinigungen und Erklärungen einzureichen, wenn diese nicht auf elektronischem Wege verfügbar sind.

(6) Die nachfolgenden Bestimmungen gelten für die Übermittlung der Anträge auf Teilnahme:

a) Anträge auf Teilnahme am Vergabeverfahren können schriftlich oder telefonisch gestellt werden.

b) Werden Anträge auf Teilnahme telefonisch gestellt, sind diese vor Ablauf der Frist für den Eingang der Anträge schriftlich zu bestätigen.

c) Die öffentlichen Auftraggeber können verlangen, dass per Fax gestellte Anträge auf Teilnahme per Post oder auf elektronischem Wege bestätigt werden, sofern dies für das Vorliegen eines gesetzlich gültigen Nachweises erforderlich ist. In diesem Fall geben die öffentlichen Auftraggeber in der Bekanntmachung diese Anforderung zusammen mit der Frist für die Übermittlung der Bestätigung an.

## Abschnitt 5: Vergabevermerke

### Artikel 43  Inhalt der Vergabevermerke

Die öffentlichen Auftraggeber fertigen über jeden vergebenen Auftrag, jede Rahmenvereinbarung und jede Einrichtung eines dynamischen Beschaffungssystems einen Vergabevermerk an, der mindestens Folgendes umfasst:

a) den Namen und die Anschrift des öffentlichen Auftraggebers, Gegenstand und Wert des Auftrags, der Rahmenvereinbarung oder des dynamischen Beschaffungssystems;

b) die Namen der berücksichtigten Bewerber oder Bieter und die Gründe für ihre Auswahl;

c) die Namen der nicht berücksichtigten Bewerber oder Bieter und die Gründe für die Ablehnung;

d) die Gründe für die Ablehnung von ungewöhnlich niedrigen Angeboten;
e) den Namen des erfolgreichen Bieters und die Gründe für die Auswahl seines Angebots sowie – falls bekannt – den Anteil am Auftrag oder an der Rahmenvereinbarung, den der Zuschlagsempfänger an Dritte weiterzugeben beabsichtigt;
f) bei Verhandlungsverfahren die in den Artikeln 30 und 31 genannten Umstände, die die Anwendung dieses Verfahrens rechtfertigen;
g) bei dem wettbewerblichen Dialog die in Artikel 29 genannten Umstände, die die Anwendung dieses Verfahrens rechtfertigen;
h) gegebenenfalls die Gründe, aus denen der öffentliche Auftraggeber auf die Vergabe eines Auftrags, den Abschluss einer Rahmenvereinbarung oder die Einrichtung eines dynamischen Beschaffungssystems verzichtet hat.

Die öffentlichen Auftraggeber treffen geeignete Maßnahmen, um den Ablauf der mit elektronischen Mitteln durchgeführten Vergabeverfahren zu dokumentieren.

Der Vermerk bzw. sein wesentlicher Inhalt wird der Kommission auf deren Ersuchen mitgeteilt.

## Kapitel VII: Ablauf des Verfahrens

### Abschnitt 1: Allgemeine Bestimmungen

**Artikel 44  Überprüfung der Eignung und Auswahl der Teilnehmer, Vergabe des Auftrags**

(1) Die Auftragsvergabe erfolgt aufgrund der in den Artikeln 53 und 55 festgelegten Kriterien unter Berücksichtigung des Artikels 24, nachdem die öffentlichen Auftraggeber die Eignung der Wirtschaftsteilnehmer, die nicht aufgrund von Artikel 45 und 46 ausgeschlossen wurden, geprüft haben; diese Eignungsprüfung erfolgt nach den in den Artikeln 47 bis 52 genannten Kriterien der wirtschaftlichen und finanziellen Leistungsfähigkeit sowie der beruflichen und technischen Fachkunde und gegebenenfalls nach den in Absatz 3 genannten nichtdiskriminierenden Vorschriften und Kriterien.

(2) Die öffentlichen Auftraggeber können Mindestanforderungen an die Leistungsfähigkeit gemäß den Artikeln 47 und 48 stellen, denen die Bewerber und Bieter genügen müssen.

Der Umfang der Informationen gemäß den Artikeln 47 und 48 sowie die für einen bestimmten Auftrag gestellten Mindestanforderungen an die Leistungsfähigkeit müssen mit dem Auftragsgegenstand zusammenhängen und ihm angemessen sein.

Die Mindestanforderungen werden in der Bekanntmachung angegeben.

(3) Bei den nichtoffenen Verfahren, beim Verhandlungsverfahren mit Veröffentlichung einer Bekanntmachung und beim wettbewerblichen Dialog können die öffentlichen Auftraggeber die Zahl an Bewerbern, die sie zur Abgabe von Angeboten auffordern bzw. zu Verhandlungen oder zum wettbewerblichen Dialog einladen werden, begrenzen, sofern geeignete Bewerber in ausreichender Zahl zur Verfügung stehen. Die öffentlichen Auftraggeber geben in der Bekanntmachung die von ihnen vorgesehenen objektiven und nicht diskriminierenden Kriterien oder Vorschriften, die vorgesehene Mindestzahl und gegebenenfalls auch die Höchstzahl an einzuladenden Bewerbern an.

Bei nichtoffenen Verfahren beträgt die Anzahl mindestens fünf Bewerber. Beim Verhandlungsverfahren mit Veröffentlichung einer Bekanntmachung und beim wettbewerblichen Dialog beträgt die Anzahl mindestens drei Bewerber. In jedem Fall muss die Zahl der eingeladenen Bewerber ausreichend hoch sein, damit ein echter Wettbewerb gewährleistet ist.

Die öffentlichen Auftraggeber laden eine Anzahl von Bewerbern ein, die zumindest der im Voraus bestimmten Mindestzahl an Bewerbern entspricht. Sofern die Zahl von Bewerbern, die die Eignungskriterien und Mindestanforderungen erfüllen, unter der Mindestzahl liegt, kann der öffentliche Auftraggeber das Verfahren fortführen, indem er den oder die Bewerber einlädt, die über die geforderte Leistungsfähigkeit verfügen. Der öffentliche Auftraggeber kann andere Wirtschaftsteilnehmer, die sich nicht um die Teilnahme beworben haben, oder Bewerber, die nicht über die geforderte Leistungsfähigkeit verfügen, nicht zu demselben Verfahren zulassen.

(4) Machen die öffentlichen Auftraggeber von der in Artikel 29 Absatz 4 und in Artikel 30 Absatz 4 vorgesehenen Möglichkeit Gebrauch, die Zahl der zu erörternden Lösungen oder der Angebote, über die verhandelt wird, zu verringern, so tun sie dies aufgrund der Zuschlagskriterien, die sie in der Bekanntmachung, in den Verdingungsunterlagen oder in der Beschreibung angegeben haben. In der Schlussphase müssen noch so viele Angebote vorliegen, dass ein echter Wettbewerb gewährleistet ist, sofern eine ausreichende Anzahl von Lösungen oder geeigneten Bewerbern vorliegt.

## Abschnitt 2: Eignungskriterien

### Artikel 45   Persönliche Lage des Bewerbers bzw. Bieters

(1) Ein Bewerber oder Bieter ist von der Teilnahme an einem Vergabeverfahren auszuschließen, wenn der öffentliche Auftraggeber Kenntnis davon hat, dass dieser Bewerber oder Bieter aus einem der nachfolgenden Gründe rechtskräftig verurteilt worden ist:

- a) Beteiligung an einer kriminellen Organisation im Sinne von Artikel 2 Absatz 1 der gemeinsamen Maßnahme 98/773/JI des Rates[1],
- b) Bestechung im Sinne von Artikel 3 des Rechtsakts des Rates vom 26. Mai 1997[2] und von Artikel 3 Absatz 1 der gemeinsamen Maßnahme 98/742/JI des Rates[3],
- c) Betrug im Sinne von Artikel 1 des Übereinkommens über den Schutz der finanziellen Interessen der Europäischen Gemeinschaften[4],
- d) Geldwäsche im Sinne von Artikel 1 der Richtlinie 91/308/EWG des Rates vom 10. Juni 1991 zur Verhinderung der Nutzung des Finanzsystems zum Zwecke der Geldwäsche[5].

Die Mitgliedstaaten legen im Einklang mit ihren nationalen Rechtsvorschriften und unter Beachtung des Gemeinschaftsrechts die Bedingungen für die Anwendung dieses Absatzes fest.

Sie können Ausnahmen von der in Unterabsatz 1 genannten Verpflichtung aus zwingenden Gründen des Allgemeininteresses zulassen.

Zum Zwecke der Anwendung dieses Absatzes verlangen die öffentlichen Auftraggeber gegebenenfalls von den Bewerbern oder Bietern die Vorlage der in Absatz 3 genannten Unterlagen, und sie können die nach ihrem Ermessen erforderlichen Informationen über die persönliche Lage dieser Bewerber oder Bieter bei den zuständigen Behörden einholen, wenn sie Bedenken in Bezug auf die persönliche Lage dieser Bewerber oder Bieter haben. Betreffen die Informationen einen Bewerber oder Bieter, der in einem anderen Staat als der öffentliche Auftraggeber ansässig ist, so kann dieser die zuständigen Behörden um Mitarbeit ersuchen. Nach Maßgabe des nationalen Rechts des Mitgliedstaats, in dem der Bewerber oder Bieter ansässig ist, betreffen diese Ersuchen juristische und/oder natürliche Personen, gegebenenfalls auch die jeweiligen Unternehmensleiter oder jede andere Person, die befugt ist, den Bewerber oder Bieter zu vertreten, in seinem Namen Entscheidungen zu treffen oder ihn zu kontrollieren.

(2) Von der Teilnahme am Vergabeverfahren kann jeder Wirtschaftsteilnehmer ausgeschlossen werden,

---

1) **Amtl. Anm.:** ABl L 351 vom 29. 1. 1998, S. 1.
2) **Amtl. Anm.:** ABl C 195 vom 25. 6. 1997, S. 1.
3) **Amtl. Anm.:** ABl L 358 vom 31. 12. 1998, S. 2.
4) **Amtl. Anm.:** ABl C 316 vom 27. 11. 1995, S. 48.
5) **Amtl. Anm.:** ABl L 166 vom 28. 6. 1991, S. 77. Geändert durch die Richtlinie 2001/97/EG des Europäischen Parlaments und des Rates (ABl L 344 vom 28. 12. 2001, S. 76).

a) der sich im Insolvenz-/Konkursverfahren oder einem gerichtlichen Ausgleichsverfahren oder in Liquidation befindet oder seine gewerbliche Tätigkeit eingestellt hat oder sich in einem Vergleichsverfahren oder Zwangsvergleich oder aufgrund eines in den einzelstaatlichen Rechtsvorschriften vorgesehenen gleichartigen Verfahrens in einer entsprechenden Lage befindet;
b) gegen den ein Insolvenz-/Konkursverfahren oder ein gerichtliches Ausgleichsverfahren oder ein Vergleichsverfahren oder ein Zwangsvergleich eröffnet wurde oder gegen den andere in den einzelstaatlichen Rechtsvorschriften vorgesehene gleichartige Verfahren eingeleitet worden sind;
c) die aufgrund eines nach den Rechtsvorschriften des betreffenden Landes rechtskräftigen Urteils wegen eines Deliktes bestraft worden sind, das ihre berufliche Zuverlässigkeit in Frage stellt;
d) die im Rahmen ihrer beruflichen Tätigkeit eine schwere Verfehlung begangen haben, die vom öffentlichen Auftraggeber nachweislich festgestellt wurde;
e) die ihre Verpflichtung zur Zahlung der Sozialbeiträge nach den Rechtsvorschriften des Landes, in dem sie niedergelassen sind, oder des Landes des öffentlichen Auftraggebers nicht erfüllt haben;
f) die ihre Verpflichtung zur Zahlung der Steuern und Abgaben nach den Rechtsvorschriften des Landes, in dem sie niedergelassen sind, oder des Landes des öffentlichen Auftraggebers nicht erfüllt haben;
g) die sich bei der Erteilung von Auskünften, die gemäß diesem Abschnitt eingeholt werden können, in erheblichem Maße falscher Erklärungen schuldig gemacht oder diese Auskünfte nicht erteilt haben.

Die Mitgliedstaaten legen nach Maßgabe ihrer innerstaatlichen Rechtsvorschriften und unter Beachtung des Gemeinschaftsrechts die Bedingungen für die Anwendung dieses Absatzes fest.

(3) Als ausreichenden Nachweis dafür, dass die in Absatz 1 und Absatz 2 Buchstaben a, b, c, e oder f genannten Fälle auf den Wirtschaftsteilnehmer nicht zutreffen, akzeptiert der öffentliche Auftraggeber

a) im Fall von Absatz 1 und Absatz 2 Buchstaben a, b und c einen Auszug aus dem Strafregister oder – in Ermangelung eines solchen – eine gleichwertige Urkunde einer zuständigen Gerichts- oder Verwaltungsbehörde des Ursprungs- oder Herkunftslands, aus der hervorgeht, dass diese Anforderungen erfüllt sind;
b) im Fall von Absatz 2 Buchstaben e oder f eine von der zuständigen Behörde des betreffenden Mitgliedstaates ausgestellte Bescheinigung.

Wird eine Urkunde oder Bescheinigung von dem betreffenden Land nicht ausgestellt oder werden darin nicht alle in Absatz 1 und Absatz 2 Buchstaben a, b oder c vorgesehenen Fälle erwähnt, so kann sie durch eine eidesstattliche Erklärung oder in den Mitgliedstaaten, in denen es keine eidesstattliche Erklärung gibt, durch eine förmliche Erklärung ersetzt werden, die der betreffende Wirtschaftsteilnehmer vor einer zuständigen Gerichts- oder Verwaltungsbehörde, einem Notar oder einer dafür qualifizierten Berufsorganisation des Ursprungs- oder Herkunftslands abgibt.

(4) Die Mitgliedstaaten benennen die für die Ausgabe der Urkunden, Bescheinigungen oder Erklärungen nach Absatz 3 zuständigen Behörden und Stellen und unterrichten davon die Kommission. Die datenschutzrechtlichen Bestimmungen bleiben von dieser Mitteilung unberührt.

### Artikel 46  Befähigung zur Berufsausübung

Jeder Wirtschaftsteilnehmer, der sich an einem Auftrag beteiligen möchte, kann aufgefordert werden, nachzuweisen, dass er im Berufs- oder Handelsregister seines Herkunftslandes vorschriftsmäßig eingetragen ist, bzw. eine Erklärung unter Eid oder eine Bescheinigung vorzulegen; für die Vergabe öffentlicher Bauaufträge gelten die Angaben in Anhang IX Teil A, für die Vergabe öffentlicher Lieferaufträge gelten die Angaben in Anhang IX Teil B und für die Vergabe öffentlicher Dienstleistungsaufträge gelten die

Angaben in Anhang IX Teil C, und zwar nach Maßgabe der Bedingungen, die im Mitgliedstaat seiner Niederlassung gelten.

Müssen Bewerber oder Bieter eine bestimmte Berechtigung besitzen oder Mitglieder einer bestimmten Organisation sein, um die betreffende Dienstleistung in ihrem Ursprungsmitgliedstaat erbringen zu können, so kann der öffentliche Auftraggeber bei der Vergabe öffentlicher Dienstleistungsaufträge den Nachweis ihrer Berechtigung oder Mitgliedschaft verlangen.

### Artikel 47  Wirtschaftliche und finanzielle Leistungsfähigkeit

(1) Die finanzielle und wirtschaftliche Leistungsfähigkeit des Wirtschaftsteilnehmers kann in der Regel durch einen oder mehrere der nachstehenden Nachweise belegt werden:

a) entsprechende Bankerklärungen oder gegebenenfalls Nachweis einer entsprechenden Berufshaftpflichtversicherung;
b) Vorlage von Bilanzen oder Bilanzauszügen, falls deren Veröffentlichung in dem Land, in dem der Wirtschaftsteilnehmer ansässig ist, gesetzlich vorgeschrieben ist;
c) eine Erklärung über den Gesamtumsatz und gegebenenfalls den Umsatz für den Tätigkeitsbereich, der Gegenstand der Ausschreibung ist, höchstens in den letzten drei Geschäftsjahren, entsprechend dem Gründungsdatum oder dem Datum der Tätigkeitsaufnahme des Wirtschaftsteilnehmers, sofern entsprechende Angaben verfügbar sind.

(2) Ein Wirtschaftsteilnehmer kann sich gegebenenfalls für einen bestimmten Auftrag auf die Kapazitäten anderer Unternehmen ungeachtet des rechtlichen Charakters der zwischen ihm und diesen Unternehmen bestehenden Verbindungen stützen. Er muss in diesem Falle dem öffentlichen Auftraggeber gegenüber nachweisen, dass ihm die erforderlichen Mittel zur Verfügung stehen, indem er beispielsweise die diesbezüglichen Zusagen dieser Unternehmen vorlegt.

(3) Unter denselben Voraussetzungen können sich Gemeinschaften von Wirtschaftsteilnehmern nach Artikel 4 auf die Kapazitäten der Mitglieder der Gemeinschaften oder anderer Unternehmen stützen.

(4) Die öffentlichen Auftraggeber geben in der Bekanntmachung oder in der Aufforderung zur Angebotsabgabe an, welche der in Absatz 1 genannten Nachweise sowie welche anderen Nachweise vorzulegen sind.

(5) Kann ein Wirtschaftsteilnehmer aus einem berechtigten Grund die vom öffentlichen Auftraggeber geforderten Nachweise nicht beibringen, so kann er den Nachweis seiner finanziellen und wirtschaftlichen Leistungsfähigkeit durch Vorlage jedes anderen vom öffentlichen Auftraggeber für geeignet erachteten Belegs erbringen.

### Artikel 48  Technische und/oder berufliche Leistungsfähigkeit

(1) Die technische und/oder berufliche Leistungsfähigkeit des Wirtschaftsteilnehmers wird gemäß den Absätzen 2 und 3 bewertet und überprüft.

(2) Der Nachweis der technischen Leistungsfähigkeit des Wirtschaftsteilnehmers kann je nach Art, Menge oder Umfang und Verwendungszweck der Bauleistungen, der zu liefernden Erzeugnisse oder der Dienstleistungen wie folgt erbracht werden:

a) i. durch eine Liste der in den letzten fünf Jahren erbrachten Bauleistungen, wobei für die wichtigsten Bauleistungen Bescheinigungen über die ordnungsgemäße Ausführung beizufügen sind. Aus diesen Bescheinigungen muss Folgendes hervorgehen: der Wert der Bauleistung sowie Zeit und Ort der Bauausführung und die Angabe, ob die Arbeiten fachgerecht und ordnungsgemäß ausgeführt wurden; gegebenenfalls leitet die zuständige Behörde diese Bescheinigungen direkt dem öffentlichen Auftraggeber zu;

ii. durch eine Liste der in den letzten drei Jahren erbrachten wesentlichen Lieferungen oder Dienstleistungen mit Angabe des Werts, des Liefer- bzw. Erbringungszeitpunkts sowie des öffentlichen oder privaten Empfängers. Die Lieferungen und Dienstleistungen werden wie folgt nachgewiesen:

- durch eine von der zuständigen Behörde ausgestellte oder beglaubigte Bescheinigung, wenn es sich bei dem Empfänger um einen öffentlichen Auftraggeber handelte;
- wenn es sich bei dem Empfänger um einen privaten Erwerber handelt, durch eine vom Erwerber ausgestellte Bescheinigung oder, falls eine derartige Bescheinigung nicht erhältlich ist, durch eine einfache Erklärung des Wirtschaftsteilnehmers;

b) durch Angabe der technischen Fachkräfte oder der technischen Stellen, unabhängig davon, ob sie dem Unternehmen des Wirtschaftsteilnehmers angehören oder nicht, und zwar insbesondere derjenigen, die mit der Qualitätskontrolle beauftragt sind, und bei öffentlichen Bauaufträgen derjenigen, über die der Unternehmer für die Ausführung des Bauwerks verfügt;

c) durch die Beschreibung der technischen Ausrüstung des Lieferanten oder Dienstleistungserbringers, seiner Maßnahmen zur Qualitätssicherung und seiner Untersuchungs- und Forschungsmöglichkeiten;

d) sind die zu liefernden Erzeugnisse oder die zu erbringenden Dienstleistungen komplexer Art oder sollen sie ausnahmsweise einem besonderen Zweck dienen, durch eine Kontrolle, die vom öffentlichen Auftraggeber oder in dessen Namen von einer zuständigen amtlichen Stelle durchgeführt wird, die sich dazu bereit erklärt und sich in dem Land befindet, in dem der Lieferant oder Dienstleistungserbringer ansässig ist; diese Kontrolle betrifft die Produktionskapazität des Lieferanten bzw. die technische Leistungsfähigkeit des Dienstleistungserbringers und erforderlichenfalls seine Untersuchungs- und Forschungsmöglichkeiten sowie die von ihm für die Qualitätskontrolle getroffenen Vorkehrungen;

e) durch Studiennachweise und Bescheinigungen über die berufliche Befähigung des Dienstleistungserbringers oder Unternehmers und/oder der Führungskräfte des Unternehmens, insbesondere der für die Erbringung der Dienstleistungen oder für die Ausführung der Bauleistungen verantwortlichen Personen;

f) bei öffentlichen Bau- und Dienstleistungsaufträgen, und zwar nur in den entsprechenden Fällen durch Angabe der Umweltmanagementmaßnahmen, die der Wirtschaftsteilnehmer bei der Ausführung des Auftrags gegebenenfalls anwenden will;

g) durch eine Erklärung, aus der die durchschnittliche jährliche Beschäftigtenzahl des Dienstleistungserbringers oder des Unternehmers und die Zahl seiner Führungskräfte in den letzten drei Jahren ersichtlich ist;

h) durch eine Erklärung, aus der hervorgeht, über welche Ausstattung, welche Geräte und welche technische Ausrüstung der Dienstleistungserbringer oder Unternehmer für die Ausführung des Auftrags verfügt;

i) durch die Angabe, welche Teile des Auftrags der Dienstleistungserbringer unter Umständen als Unteraufträge zu vergeben beabsichtigt;

j) hinsichtlich der zu liefernden Erzeugnisse:

 i. durch Muster, Beschreibungen und/oder Fotografien, wobei die Echtheit auf Verlangen des öffentlichen Auftraggebers nachweisbar sein muss;

 ii. durch Bescheinigungen, die von als zuständig anerkannten Instituten oder amtlichen Stellen für Qualitätskontrolle ausgestellt wurden und in denen bestätigt wird, dass die durch entsprechende Bezugnahmen genau bezeichneten Erzeugnisse bestimmten Spezifikationen oder Normen entsprechen;

(3) Ein Wirtschaftsteilnehmer kann sich gegebenenfalls für einen bestimmten Auftrag auf die Kapazitäten anderer Unternehmen ungeachtet des rechtlichen Charakters der zwischen ihm und diesen Unternehmen bestehenden Verbindungen stützen. Er muss in diesem Falle dem öffentlichen Auftraggeber gegenüber nachweisen, dass ihm für die Ausführung des Auftrags die erforderlichen Mittel zur Verfügung stehen, indem er bei-

spielsweise die Zusage dieser Unternehmen vorlegt, dass sie dem Wirtschaftsteilnehmer die erforderlichen Mittel zur Verfügung stellen.

(4) Unter denselben Voraussetzungen können sich Gemeinschaften von Wirtschaftsteilnehmern nach Artikel 4 auf die Leistungsfähigkeit der Mitglieder der Gemeinschaften oder anderer Unternehmen stützen.

(5) Bei der Vergabe öffentlicher Aufträge, die die Lieferung von Waren, für die Verlege- oder Anbringarbeiten erforderlich sind, die Erbringung von Dienstleistungen und/oder Bauleistungen zum Gegenstand haben, kann die Eignung der Wirtschaftsteilnehmer zur Erbringung dieser Leistungen oder zur Ausführung der Verlege- und Anbringarbeiten insbesondere anhand ihrer Fachkunde, Leistungsfähigkeit, Erfahrung und Zuverlässigkeit beurteilt werden.

(6) Der öffentliche Auftraggeber gibt in der Bekanntmachung oder in der Aufforderung zur Angebotsabgabe an, welche der in Absatz 2 genannten Nachweise vorzulegen sind.

### Artikel 49    Qualitätssicherungsnormen

Verlangen die öffentlichen Auftraggeber zum Nachweis dafür, dass der Wirtschaftsteilnehmer bestimmte Qualitätssicherungsnormen erfüllt, die Vorlage von Bescheinigungen unabhängiger Stellen, so nehmen sie auf Qualitätssicherungsverfahren Bezug, die den einschlägigen europäischen Normen genügen und von entsprechenden Stellen zertifiziert sind, die den europäischen Zertifizierungsnormen entsprechen. Gleichwertige Bescheinigungen von Stellen aus anderen Mitgliedstaaten sind anzuerkennen. Die öffentlichen Auftraggeber erkennen auch andere gleichwertige Nachweise für Qualitätssicherungsmaßnahmen an.

### Artikel 50    Normen für Umweltmanagement

Verlangen die öffentlichen Auftraggeber in den in Artikel 48 Absatz 2 Buchstabe f genannten Fällen zum Nachweis dafür, dass der Wirtschaftsteilnehmer bestimmte Normen für das Umweltmanagement erfüllt, die Vorlage von Bescheinigungen unabhängiger Stellen, so nehmen sie auf das Gemeinschaftssystem für das Umweltmanagement und die Umweltbetriebsprüfung (EMAS) oder auf Normen für das Umweltmanagement Bezug, die auf den einschlägigen europäischen oder internationalen Normen beruhen und von entsprechenden Stellen zertifiziert sind, die dem Gemeinschaftsrecht oder gemäß einschlägigen europäischen oder internationalen Zertifizierungsnormen entsprechen. Gleichwertige Bescheinigungen von Stellen in anderen Mitgliedstaaten sind anzuerkennen. Die öffentlichen Auftraggeber erkennen auch andere Nachweise für gleichwertige Umweltmanagement-Maßnahmen an, die von den Wirtschaftsteilnehmern vorgelegt werden.

### Artikel 51    Zusätzliche Unterlagen und Auskünfte

Der öffentliche Auftraggeber kann Wirtschaftsteilnehmer auffordern, die in Anwendung der Artikel 45 bis 50 vorgelegten Bescheinigungen und Dokumente zu vervollständigen oder zu erläutern.

### Artikel 52    Amtliche Verzeichnisse zugelassener Wirtschaftsteilnehmer und Zertifizierung durch öffentlich-rechtliche oder privatrechtliche Stellen

(1) Die Mitgliedstaaten können entweder amtliche Verzeichnisse zugelassener Bauunternehmer, Lieferanten oder Dienstleistungserbringer oder eine Zertifizierung durch öffentlich-rechtliche oder privatrechtliche Stellen einführen.

Die Mitgliedstaaten passen die Bedingungen für die Eintragung in diese Verzeichnisse sowie für die Ausstellung der Bescheinigungen durch die Zertifizierungsstellen an Artikel 45 Absatz 1 und Absatz 2 Buchstaben a bis d und g, Artikel 46, Artikel 47 Absätze 1, 4 und 5, Artikel 48 Absätze 1, 2, 5 und 6, Artikel 49 und gegebenenfalls Artikel 50 an.

Die Mitgliedstaaten passen die Bedingungen ferner an die Bestimmungen des Artikels 47 Absatz 2 und Artikels 48 Absatz 3 an, sofern Anträge auf Eintragung von Wirtschaftsteilnehmern gestellt werden, die zu einer Gruppe gehören und sich auf die von anderen Unternehmen der Gruppe bereitgestellten Kapazitäten stützen. Diese Wirtschaftsteilnehmer müssen in diesem Falle gegenüber der das amtliche Verzeichnis herausgebenden Behörde nachweisen, dass sie während der gesamten Geltungsdauer der Bescheinigung über ihre Eintragung in ein amtliches Verzeichnis über diese Kapazitäten verfügen und dass die Eignungskriterien, die nach den in Unterabsatz 2 genannten Artikeln vorgeschrieben sind und auf die sie sich für ihre Eintragung berufen, von den betreffenden anderen Unternehmen in diesem Zeitraum fortlaufend erfüllt werden.

(2) Wirtschaftsteilnehmer, die in solchen amtlichen Verzeichnissen eingetragen sind oder über eine Bescheinigung verfügen, können dem öffentlichen Auftraggeber bei jeder Vergabe eine Bescheinigung der zuständigen Stelle über die Eintragung oder die von der zuständigen Zertifizierungsstelle ausgestellte Bescheinigung vorlegen. In diesen Bescheinigungen sind die Nachweise, aufgrund deren die Eintragung in das Verzeichnis/die Zertifizierung erfolgt ist, sowie die sich aus dem Verzeichnis ergebende Klassifizierung anzugeben.

(3) Die von den zuständigen Stellen bescheinigte Eintragung in die amtlichen Verzeichnisse bzw. die von der Zertifizierungsstelle ausgestellte Bescheinigung stellt für die öffentlichen Auftraggeber der anderen Mitgliedstaaten nur eine Eignungsvermutung in Bezug auf Artikel 45 Absatz 1 und Absatz 2 Buchstaben a bis d und g, Artikel 46, Artikel 47 Absatz 1 Buchstaben b und c sowie Artikel 48 Absatz 2 Buchstabe a Ziffer i und Buchstaben b, e, g und h für Bauunternehmer, Absatz 2 Buchstabe a Ziffer ii und Buchstaben b, c, d und j für Lieferanten sowie Absatz 2 Buchstabe a Ziffer ii und Buchstaben c bis i für Dienstleistungserbringer dar.

(4) Die Angaben, die den amtlichen Verzeichnissen bzw. der Zertifizierung zu entnehmen sind, können nicht ohne Begründung in Zweifel gezogen werden. Hinsichtlich der Zahlung der Sozialbeiträge und der Zahlung von Steuern und Abgaben kann bei jeder Vergabe von jedem in das Verzeichnis eingetragenen Wirtschaftsteilnehmer eine zusätzliche Bescheinigung verlangt werden.

Öffentliche Auftraggeber aus anderen Mitgliedstaaten wenden die Bestimmungen von Absatz 3 und des Unterabsatzes 1 des vorliegenden Absatzes nur zugunsten von Wirtschaftsteilnehmern an, die in dem Mitgliedstaat ansässig sind, in dem das amtliche Verzeichnis geführt wird.

(5) Für die Eintragung von Wirtschaftsteilnehmern aus anderen Mitgliedstaaten in ein amtliches Verzeichnis bzw. für ihre Zertifizierung durch die in Absatz 1 genannten Stellen können nur die für inländische Wirtschaftsteilnehmer vorgesehenen Nachweise und Erklärungen gefordert werden, in jedem Fall jedoch nur diejenigen, die in den Artikeln 45 bis 49 und gegebenenfalls in Artikel 50 genannt sind.

Eine solche Eintragung oder Zertifizierung kann jedoch den Wirtschaftsteilnehmern aus anderen Mitgliedstaaten nicht zur Bedingung für ihre Teilnahme an einer öffentlichen Ausschreibung gemacht werden. Die öffentlichen Auftraggeber erkennen gleichwertige Bescheinigungen von Stellen in anderen Mitgliedstaaten an. Sie erkennen auch andere gleichwertige Nachweise an.

(6) Die Wirtschaftsteilnehmer können jederzeit die Eintragung in ein amtliches Verzeichnis oder die Ausstellung der Bescheinigung beantragen. Sie sind innerhalb einer angemessen kurzen Frist von der Entscheidung der zuständigen Zertifizierungsstelle bzw. der Stelle, die das amtliche Verzeichnis führt, zu unterrichten.

(7) Die in Absatz 1 genannten Zertifizierungsstellen sind Stellen, die die europäischen Normen für die Zertifizierung erfüllen.

(8) Mitgliedstaaten, die amtliche Verzeichnisse führen oder über Zertifizierungsstellen im Sinne von Absatz 1 verfügen, sind gehalten, der Kommission und den übrigen Mitgliedstaaten die Anschrift der Stelle mitzuteilen, bei der die Anträge eingereicht werden können.

## Abschnitt 3: Auftragsvergabe

### Artikel 53 Zuschlagskriterien

(1) Der öffentliche Auftraggeber wendet unbeschadet der für die Vergütung von bestimmten Dienstleistungen geltenden einzelstaatlichen Rechts- und Verwaltungsvorschriften bei der Erteilung des Zuschlags folgende Kriterien an:

a) entweder – wenn der Zuschlag auf das aus Sicht des öffentlichen Auftraggebers wirtschaftlich günstigste Angebot erfolgt – verschiedene mit dem Auftragsgegenstand zusammenhängende Kriterien, z. B. Qualität, Preis, technischer Wert, Ästhetik, Zweckmäßigkeit, Umwelteigenschaften, Betriebskosten, Rentabilität, Kundendienst und technische Hilfe, Lieferzeitpunkt und Lieferungs- oder Ausführungsfrist

b) oder ausschließlich das Kriterium des niedrigsten Preises.

(2) Unbeschadet des Unterabsatzes 3 gibt der öffentliche Auftraggeber im Fall von Absatz 1 Buchstabe a in der Bekanntmachung oder den Verdingungsunterlagen oder – beim wettbewerblichen Dialog – in der Beschreibung an, wie er die einzelnen Kriterien gewichtet, um das wirtschaftlich günstigste Angebot zu ermitteln.

Diese Gewichtung kann mittels einer Marge angegeben werden, deren größte Bandbreite angemessen sein muss.

Kann nach Ansicht des öffentlichen Auftraggebers die Gewichtung aus nachvollziehbaren Gründen nicht angegeben werden, so gibt der öffentliche Auftraggeber in der Bekanntmachung oder in den Verdingungsunterlagen oder – beim wettbewerblichen Dialog – in der Beschreibung die Kriterien in der absteigenden Reihenfolge ihrer Bedeutung an.

### Artikel 54 Durchführung von elektronischen Auktionen

(1) Die Mitgliedstaaten können festlegen, dass die öffentlichen Auftraggeber elektronische Auktionen durchführen dürfen.

(2) Bei der Verwendung des offenen und nichtoffenen Verfahrens sowie des Verhandlungsverfahrens im Fall des Artikels 30 Absatz 1 Buchstabe a können die öffentlichen Auftraggeber beschließen, dass der Vergabe eines öffentlichen Auftrags eine elektronische Auktion vorausgeht, sofern die Spezifikationen des Auftrags hinreichend präzise beschrieben werden können.

Eine elektronische Auktion kann unter den gleichen Bedingungen bei einem erneuten Aufruf zum Wettbewerb der Parteien einer Rahmenvereinbarung nach Artikel 32 Absatz 4 Unterabsatz 2 zweiter Gedankenstrich und bei einem Aufruf zum Wettbewerb hinsichtlich der im Rahmen des in Artikel 33 genannten dynamischen Beschaffungssystems zu vergebenden Aufträge durchgeführt werden.

Die elektronische Auktion erstreckt sich

– entweder allein auf die Preise, wenn der Zuschlag für den Auftrag zum niedrigsten Preis erteilt wird,

– oder auf die Preise und/oder die Werte der in den Verdingungsunterlagen genannten Angebotskomponenten, wenn das wirtschaftlich günstigste Angebot den Zuschlag für den Auftrag erhält.

(3) Öffentliche Auftraggeber, die die Durchführung einer elektronischen Auktion beschließen, weisen in der Bekanntmachung darauf hin.

Die Verdingungsunterlagen enthalten unter anderem folgende Informationen:

a) die Komponenten, deren Werte Gegenstand der elektronischen Auktion sein werden, sofern diese Komponenten in der Weise quantifizierbar sind, dass sie in Ziffern oder in Prozentangaben ausgedrückt werden können;

b) gegebenenfalls die Obergrenzen der Werte, die unterbreitet werden können, wie sie sich aus den Spezifikationen des Auftragsgegenstandes ergeben;

c) die Informationen, die den Bietern im Laufe der elektronischen Auktion zur Verfügung gestellt werden, sowie den Termin, an dem sie ihnen gegebenenfalls zur Verfügung gestellt werden;
d) die relevanten Angaben zum Ablauf der elektronischen Auktion;
e) die Bedingungen, unter denen die Bieter Gebote tätigen können, und insbesondere die Mindestabstände, die bei diesen Geboten gegebenenfalls einzuhalten sind;
f) die relevanten Angaben zur verwendeten elektronischen Vorrichtung und zu den technischen Modalitäten und Merkmalen der Anschlussverbindung.

(4) Vor der Durchführung einer elektronischen Auktion nehmen die öffentlichen Auftraggeber anhand des bzw. der Zuschlagskriterien und der dafür festgelegten Gewichtung eine erste vollständige Evaluierung der Angebote vor.

Alle Bieter, die zulässige Angebote unterbreitet haben, werden gleichzeitig auf elektronischem Wege aufgefordert, neue Preise und/oder Werte vorzulegen; die Aufforderung enthält sämtliche relevanten Angaben betreffend die individuelle Verbindung zur verwendeten elektronischen Vorrichtung sowie das Datum und die Uhrzeit des Beginns der elektronischen Auktion. Die elektronische Auktion kann mehrere aufeinander folgende Phasen umfassen. Sie darf frühestens zwei Arbeitstage nach der Versendung der Aufforderungen beginnen.

(5) Erfolgt der Zuschlag auf das wirtschaftlich günstigste Angebot, so wird der Aufforderung das Ergebnis einer vollständigen Bewertung des Angebots des betreffenden Bieters, die entsprechend der Gewichtung nach Artikel 53 Absatz 2 Unterabsatz 1 durchgeführt wurde, beigefügt.

In der Aufforderung ist ebenfalls die mathematische Formel vermerkt, der zufolge bei der elektronischen Auktion die automatischen Neureihungen entsprechend den vorgelegten neuen Preisen und/oder den neuen Werten vorgenommen wird. Aus dieser Formel geht auch die Gewichtung aller Kriterien für die Ermittlung des wirtschaftlich günstigsten Angebots hervor, so wie sie in der Bekanntmachung oder in den Verdingungsunterlagen angegeben ist; zu diesem Zweck sind etwaige Margen durch einen im Voraus festgelegten Wert auszudrücken.

Sind Varianten zulässig, so muss für jede einzelne Variante getrennt eine Formel angegeben werden.

(6) Die öffentlichen Auftraggeber übermitteln allen Bietern im Laufe einer jeden Phase der elektronischen Auktion unverzüglich zumindest die Informationen, die erforderlich sind, damit den Bietern jederzeit ihr jeweiliger Rang bekannt ist. Sie können ferner zusätzliche Informationen zu anderen vorgelegten Preisen oder Werten übermitteln, sofern dies in den Verdingungsunterlagen angegeben ist. Darüber hinaus können sie jederzeit die Zahl der Teilnehmer an der Phase der Auktion bekannt geben. Sie dürfen jedoch keinesfalls während der Phasen der elektronischen Auktion die Identität der Bieter bekannt geben.

(7) Die öffentlichen Auftraggeber schließen die elektronische Auktion nach einer oder mehreren der folgenden Vorgehensweisen ab:
a) Sie geben in der Aufforderung zur Teilnahme an der Auktion das Datum und die Uhrzeit an, die von vornherein festgelegt wurden;
b) sie schließen das Verfahren ab, wenn keine neuen Preise oder neuen Werte mehr eingehen, die den Anforderungen an die Mindestabstände gerecht werden. In diesem Falle geben die öffentlichen Auftraggeber in der Aufforderung zur Teilnahme an der Auktion die Frist an, die sie ab dem Erhalt der letzten Vorlage bis zum Abschluss der elektronischen Auktion verstreichen lassen;
c) sie schließen das Verfahren ab, wenn die Auktionsphasen in der Anzahl, die in der Aufforderung zur Teilnahme an der Auktion angegeben war, durchgeführt wurden.

Wenn die öffentlichen Auftraggeber beschlossen haben, die elektronische Auktion gemäß Buchstabe c, gegebenenfalls kombiniert mit dem Verfahren nach Buchstabe b, abzuschließen, wird in der Aufforderung zur Teilnahme an der Auktion der Zeitplan für jede Auktionsphase angegeben.

(8) Nach Abschluss der elektronischen Auktion vergibt der öffentliche Auftraggeber den Auftrag gemäß Artikel 53 entsprechend den Ergebnissen der elektronischen Auktion.

Öffentliche Auftraggeber dürfen elektronische Auktionen nicht missbräuchlich oder dergestalt durchführen, dass der Wettbewerb ausgeschaltet, eingeschränkt oder verfälscht wird, oder dergestalt, dass der Auftragsgegenstand, wie er im Zuge der Veröffentlichung der Bekanntmachung ausgeschrieben und in den Verdingungsunterlagen definiert worden ist, verändert wird.

**Artikel 55   Ungewöhnlich niedrige Angebote**

(1) Erwecken im Fall eines bestimmten Auftrags Angebote den Eindruck, im Verhältnis zur Leistung ungewöhnlich niedrig zu sein, so muss der öffentliche Auftraggeber vor Ablehnung dieser Angebote schriftlich Aufklärung über die Einzelposten des Angebots verlangen, wo er dies für angezeigt hält.

Die betreffenden Erläuterungen können insbesondere Folgendes betreffen:
a) die Wirtschaftlichkeit des Bauverfahrens, des Fertigungsverfahrens oder der Erbringung der Dienstleistung,
b) die gewählten technischen Lösungen und/oder alle außergewöhnlich günstigen Bedingungen, über die der Bieter bei der Durchführung der Bauleistungen, der Lieferung der Waren oder der Erbringung der Dienstleistung verfügt,
c) die Originalität der Bauleistungen, der Lieferungen oder der Dienstleistungen wie vom Bieter angeboten,
d) die Einhaltung der Vorschriften über Arbeitsschutz und Arbeitsbedingungen, die am Ort der Leistungserbringung gelten,
e) die etwaige Gewährung einer staatlichen Beihilfe an den Bieter.

(2) Der öffentliche Auftraggeber prüft – in Rücksprache mit dem Bieter – die betreffende Zusammensetzung und berücksichtigt dabei die gelieferten Nachweise.

(3) Stellt der öffentliche Auftraggeber fest, dass ein Angebot ungewöhnlich niedrig ist, weil der Bieter eine staatliche Beihilfe erhalten hat, so darf er das Angebot allein aus diesem Grund nur nach Rücksprache mit dem Bieter ablehnen, sofern dieser binnen einer von dem öffentlichen Auftraggeber festzulegenden ausreichenden Frist nicht nachweisen kann, dass die betreffende Beihilfe rechtmäßig gewährt wurde. Lehnt der öffentliche Auftraggeber ein Angebot unter diesen Umständen ab, so teilt er dies der Kommission mit.

## Titel III:   Vorschriften im Bereich öffentlicher Baukonzessionen

### Kapitel I:   Vorschriften für öffentliche Baukonzessionen

#### Artikel 56   Anwendungsbereich

Dieses Kapitel gilt für alle von öffentlichen Auftraggebern geschlossenen Verträge über öffentliche Baukonzessionen, sofern der Wert dieser Verträge mindestens 5 278 000 EUR beträgt.

Dieser Wert wird nach den für öffentliche Bauaufträge geltenden Regeln, wie sie in Artikel 9 festgelegt sind, berechnet.

#### Artikel 57   Ausschluss vom Anwendungsbereich

Dieser Titel findet keine Anwendung auf öffentliche Baukonzessionen,
a) die für öffentliche Bauaufträge gemäß den Artikeln 13, 14 oder 15 vergeben werden;
b) die von öffentlichen Auftraggebern, die eine oder mehrere Tätigkeiten gemäß den Artikeln 3 bis 7 der Richtlinie 2004/17/EG zum Zwecke der Durchführung dieser Tätigkeiten vergeben werden.

Diese Richtlinie findet jedoch weiterhin auf öffentliche Baukonzessionen Anwendung, die von öffentlichen Auftraggebern, die eine oder mehrere der in Artikel 6 der Richtlinie 2004/17/EG genannten Tätigkeiten ausüben, für diese Tätigkeiten ausgeschrieben werden, solange der betreffende Mitgliedstaat die in Artikel 71 Absatz 1 Unterabsatz 2 der genannten Richtlinie vorgesehene Möglichkeit, deren Anwendung zu verschieben, in Anspruch nimmt.

### Artikel 58 Veröffentlichung der Bekanntmachung betreffend öffentliche Baukonzessionen

(1) Ein öffentlicher Auftraggeber, der eine öffentliche Baukonzession vergeben will, teilt seine Absicht in einer Bekanntmachung mit.

(2) Die Bekanntmachungen betreffend öffentliche Baukonzessionen enthalten die in Anhang VII Teil C aufgeführten Informationen und gegebenenfalls jede andere vom öffentlichen Auftraggeber für sinnvoll erachtete Angabe gemäß den jeweiligen Mustern der Standardformulare, die von der Kommission nach dem in Artikel 77 Absatz 2 genannten Verfahren angenommen werden.

(3) Die Bekanntmachungen werden gemäß Artikel 36 Absätze 2 bis 8 veröffentlicht.

(4) Artikel 37 betreffend die Veröffentlichung der Bekanntmachungen gilt auch für öffentliche Baukonzessionen.

### Artikel 59 Fristen

Vergeben die öffentlichen Auftraggeber eine öffentliche Baukonzession, so beträgt die Frist für die Bewerbung um die Konzession mindestens 52 Tage, gerechnet ab dem Tag der Absendung der Bekanntmachung, mit Ausnahme der Fälle des Artikels 38 Absatz 5. Artikel 38 Absatz 7 findet Anwendung.

### Artikel 60 Unteraufträge

Der öffentliche Auftraggeber kann

a) entweder vorschreiben, dass der Konzessionär einen Mindestsatz von 30 % des Gesamtwerts der Arbeiten, die Gegenstand der Baukonzession sind, an Dritte vergibt, wobei vorzusehen ist, dass die Bewerber diesen Prozentsatz erhöhen können; der Mindestsatz muss im Baukonzessionsvertrag angegeben werden;

b) oder die Konzessionsbewerber auffordern, in ihren Angeboten selbst anzugeben, welchen Prozentsatz – sofern ein solcher besteht – des Gesamtwertes der Arbeiten, die Gegenstand der Baukonzession sind, sie an Dritte vergeben wollen.

### Artikel 61 Vergabe von Aufträgen für zusätzliche Arbeiten an den Konzessionär

Diese Richtlinie gilt nicht für zusätzliche Arbeiten, die weder im ursprünglichen Konzessionsentwurf noch im ursprünglichen Vertrag vorgesehen sind, die jedoch wegen eines unvorhergesehenen Ereignisses zur Ausführung der Bauleistungen in der beschriebenen Form erforderlich geworden sind und die der öffentliche Auftraggeber an den Konzessionär vergibt, sofern die Vergabe an den Wirtschaftsteilnehmer erfolgt, der die betreffende Bauleistung erbringt, und zwar

– wenn sich diese zusätzlichen Arbeiten in technischer und wirtschaftlicher Hinsicht nicht ohne wesentlichen Nachteil für die öffentlichen Auftraggeber vom ursprünglichen Auftrag trennen lassen oder

– wenn diese Arbeiten zwar von der Ausführung des ursprünglichen Auftrags getrennt werden können, aber für dessen Verbesserung unbedingt erforderlich sind.

Der Gesamtwert der vergebenen Aufträge für die zusätzlichen Arbeiten darf jedoch 50 % des Wertes für die ursprünglichen Arbeiten, die Gegenstand der Konzession sind, nicht überschreiten.

## Kapitel II: Vorschriften über Aufträge, die von öffentlichen Auftraggebern als Konzessionären vergeben werden

### Artikel 62  Anwendbare Vorschriften

Ist der Konzessionär selbst öffentlicher Auftraggeber im Sinne des Artikels 1 Absatz 9, so muss er bei der Vergabe von Bauleistungen an Dritte die Vorschriften dieser Richtlinie über die Vergabe öffentlicher Bauaufträge beachten.

## Kapitel III: Vorschriften über Aufträge, die von Konzessionären vergeben werden, die nicht öffentliche Auftraggeber sind

### Artikel 63  Vorschriften über die Veröffentlichung:  Schwellenwerte und Ausnahmen

(1) Die Mitgliedstaaten tragen dafür Sorge, dass öffentliche Baukonzessionäre, die nicht öffentliche Auftraggeber sind, bei den von ihnen an Dritte vergebenen Aufträgen die in Artikel 64 enthaltenen Bekanntmachungsvorschriften anwenden, wenn der Auftragswert mindestens 5 278 000 EUR beträgt.

Eine Bekanntmachung ist nicht erforderlich bei Bauaufträgen, die die in Artikel 31 genannten Bedingungen erfüllen.

Der Wert der Aufträge wird gemäß den in Artikel 9 festgelegten Regelungen für öffentliche Bauaufträge berechnet.

(2) Unternehmen, die sich zusammengeschlossen haben, um die Konzession zu erhalten, sowie mit den betreffenden Unternehmen verbundene Unternehmen gelten nicht als Dritte.

Ein „verbundenes Unternehmen" ist ein Unternehmen, auf das der Konzessionär unmittelbar oder mittelbar einen beherrschenden Einfluss ausüben kann, das seinerseits einen beherrschenden Einfluss auf den Konzessionär ausüben kann oder das ebenso wie der Konzessionär dem beherrschenden Einfluss eines dritten Unternehmens unterliegt, sei es durch Eigentum, finanzielle Beteiligung oder sonstige Bestimmungen, die die Tätigkeit der Unternehmen regeln. Ein beherrschender Einfluss wird vermutet, wenn ein Unternehmen unmittelbar oder mittelbar

a) die Mehrheit des gezeichneten Kapitals eines anderen Unternehmens besitzt oder

b) über die Mehrheit der mit den Anteilen eines anderen Unternehmens verbundenen Stimmrechte verfügt oder

c) mehr als die Hälfte der Mitglieder des Verwaltungs-, Leitungs- oder Aufsichtsorgans eines anderen Unternehmens bestellen kann.

Die vollständige Liste dieser Unternehmen ist der Bewerbung um eine Konzession beizufügen. Diese Liste ist auf den neuesten Stand zu bringen, falls sich später in den Beziehungen zwischen den Unternehmen Änderungen ergeben.

### Artikel 64  Veröffentlichung der Bekanntmachung

(1) Öffentliche Baukonzessionäre, die nicht öffentliche Auftraggeber sind und einen Bauauftrag an Dritte vergeben wollen, teilen ihre Absicht in einer Bekanntmachung mit.

(2) Die Bekanntmachungen enthalten die in Anhang VII Teil C aufgeführten Informationen und gegebenenfalls jede andere vom öffentlichen Baukonzessionär für sinnvoll erachtete Angabe gemäß den jeweiligen Mustern der Standardformulare, die von der Kommission nach dem in Artikel 77 Absatz 2 genannten Verfahren angenommen werden.

(3) Die Bekanntmachungen werden gemäß Artikel 36 Absätze 2 bis 8 veröffentlicht.

(4) Artikel 37 betreffend die freiwillige Veröffentlichung von Bekanntmachungen ist ebenfalls anzuwenden.

**Artikel 65** Fristen für den Eingang der Anträge auf Teilnahme und für den Eingang der Angebote

Bei der Vergabe von Bauaufträgen setzen öffentliche Baukonzessionäre, die nicht öffentliche Auftraggeber sind, die Frist für den Eingang der Anträge auf Teilnahme auf nicht weniger als 37 Tage, gerechnet ab dem Tag der Absendung der Bekanntmachung, und die Frist für den Eingang der Angebote auf nicht weniger als 40 Tage, gerechnet ab dem Tag der Absendung der Bekanntmachung oder der Aufforderung zur Einreichung eines Angebots, fest.

Artikel 38 Absätze 5, 6 und 7 findet Anwendung.

## Titel IV: Vorschriften über Wettbewerbe im Dienstleistungsbereich

### Artikel 66 Allgemeine Bestimmungen

(1) Die auf die Durchführung eines Wettbewerbs anwendbaren Regeln müssen den Artikeln 66 bis 74 entsprechen und sind den an der Teilnahme am Wettbewerb Interessierten mitzuteilen.

(2) Die Zulassung zur Teilnahme an einem Wettbewerb darf nicht beschränkt werden

a) auf das Gebiet eines Mitgliedstaats oder einen Teil davon;

b) aufgrund der Tatsache, dass nach dem Recht des Mitgliedstaats, in dem der Wettbewerb organisiert wird, nur natürliche oder nur juristische Personen teilnehmen dürften.

### Artikel 67 Anwendungsbereich

(1) Die Wettbewerbe werden gemäß diesem Titel durchgeführt, und zwar

a) von öffentlichen Auftraggebern, die zentrale Regierungsbehörden im Sinne des Anhangs IV sind, ab einem Schwellenwert von mindestens 137 000 EUR,

b) von öffentlichen Auftraggebern, die nicht zu den in Anhang IV genannten gehören, ab einem Schwellenwert von mindestens 211 000 EUR,

c) von allen öffentlichen Auftraggebern ab einem Schwellenwert von mindestens 211 000 EUR, wenn die Wettbewerbe die in Anhang II Teil A Kategorie 8 genannten Dienstleistungen, die in Kategorie 5 genannten Dienstleistungen in Fernmeldewesen, deren CPV-Positionen den CPC-Referenznummern 7524, 7525 und 7526 entsprechen, und/oder die in Anhang II Teil B genannten Dienstleistungen betreffen.

(2) Dieser Titel findet Anwendung auf

a) Wettbewerbe, die im Rahmen der Vergabe eines öffentlichen Dienstleistungsauftrags durchgeführt werden;

b) Wettbewerbe mit Preisgeldern oder Zahlungen an die Teilnehmer.

In den Fällen nach Buchstabe a ist der Schwellenwert der geschätzte Wert des öffentlichen Dienstleistungsauftrags ohne MwSt einschließlich etwaiger Preisgelder und/oder Zahlungen an die Teilnehmer.

In den Fällen nach Buchstabe b ist der Schwellenwert der Gesamtwert dieser Preisgelder und Zahlungen, einschließlich des geschätzten Wertes des öffentlichen Dienstleistungsauftrags ohne MwSt, der später nach Artikel 31 Absatz 3 vergeben werden könnte, sofern der öffentliche Auftraggeber eine derartige Vergabe in der Bekanntmachung des Wettbewerbs nicht ausschließt.

### Artikel 68 Ausschluss vom Anwendungsbereich

Dieser Titel findet keine Anwendung auf

a) Wettbewerbe für Dienstleistungen im Sinne der Richtlinie 2004/17/EG, die von öffentlichen Auftraggebern, die eine oder mehrere Tätigkeiten gemäß den Artikeln 3 bis 7 der genannten Richtlinie ausüben, zum Zwecke der Ausübung dieser Tätigkeiten durchgeführt werden, und auf Wettbewerbe, die nicht unter die genannte Richtlinie fallen;

Diese Richtlinie findet jedoch weiterhin auf Wettbewerbe für Dienstleistungen Anwendung, die von öffentlichen Auftraggebern, die eine oder mehrere der in Artikel 6 der Richtlinie 2004/17/EG genannten Tätigkeiten ausüben, für diese Tätigkeiten ausgeschrieben werden, solange der betreffende Mitgliedstaat die in Artikel 71 Absatz 1 Unterabsatz 2 der genannten Richtlinie vorgesehene Möglichkeit, deren Anwendung zu verschieben, in Anspruch nimmt.

b) Wettbewerbe, die in den in den Artikeln 13, 14 und 15 der vorliegenden Richtlinie genannten Fällen für öffentliche Dienstleistungsaufträge durchgeführt werden.

### Artikel 69  Bekanntmachungen

(1) Öffentliche Auftraggeber, die einen Wettbewerb durchführen wollen, teilen ihre Absicht in einer Wettbewerbsbekanntmachung mit.

(2) Öffentliche Auftraggeber, die einen Wettbewerb durchgeführt haben, übermitteln eine Bekanntmachung über die Ergebnisse des Wettbewerbs gemäß Artikel 36 und müssen einen Nachweis über das Datum der Absendung vorlegen können.

Angaben über das Ergebnis des Wettbewerbs brauchen jedoch nicht veröffentlicht zu werden, wenn ihre Offenlegung den Gesetzesvollzug behindern, dem öffentlichen Interesse zuwiderlaufen oder die legitimen geschäftlichen Interessen öffentlicher oder privater Unternehmen schädigen oder den lauteren Wettbewerb zwischen den Dienstleistungserbringern beeinträchtigen würde.

(3) Artikel 37 betreffend die Bekanntmachungen findet auch auf Wettbewerbe Anwendung.

### Artikel 70  Abfassen von Bekanntmachungen über Wettbewerbe und Modalitäten ihrer Veröffentlichung

(1) Die Bekanntmachungen gemäß Artikel 69 enthalten die in Anhang VII Teil D aufgeführten Informationen gemäß den jeweiligen Mustern der Standardformulare, die von der Kommission nach dem in Artikel 77 Absatz 2 genannten Verfahren beschlossen werden.

(2) Die Bekanntmachungen werden gemäß Artikel 36 Absätze 2 bis 8 veröffentlicht.

### Artikel 71  Kommunikationsmittel

(1) Artikel 42 Absätze 1, 2 und 4 gilt für jede Übermittlung von Informationen über Wettbewerbe.

(2) Die Übermittlung, der Austausch und die Speicherung von Informationen erfolgen dergestalt, dass Vollständigkeit und Vertraulichkeit aller von den Teilnehmern des Wettbewerbs übermittelten Informationen gewährleistet sind und das Preisgericht vom Inhalt der Pläne und Entwürfe erst Kenntnis erhält, wenn die Frist für ihre Vorlage verstrichen ist.

(3) Für die Vorrichtungen, die für den elektronischen Empfang der Pläne und Entwürfe verwendet werden, gelten die folgenden Bestimmungen:

a) Die Informationen über die Spezifikationen, die für den elektronischen Empfang der Pläne und Entwürfe erforderlich sind, einschließlich der Verschlüsselung, müssen den interessierten Parteien zugänglich sein. Außerdem müssen die Vorrichtungen, die für den elektronischen Empfang der Pläne und Entwürfe verwendet werden, den Anforderungen des Anhangs X genügen;

b) die Mitgliedstaaten können Systeme der freiwilligen Akkreditierung, die zu einem verbesserten Angebot von Zertifizierungsdiensten für diese Vorrichtungen führen sollen, einführen oder beibehalten.

### Artikel 72 Auswahl der Wettbewerbsteilnehmer

Bei Wettbewerben mit beschränkter Teilnehmerzahl legen die öffentlichen Auftraggeber eindeutige und nichtdiskriminierende Eignungskriterien fest. In jedem Fall muss die Zahl der Bewerber, die zur Teilnahme am Wettbewerb aufgefordert werden, ausreichen, um einen echten Wettbewerb zu gewährleisten.

### Artikel 73 Zusammensetzung des Preisgerichts

Das Preisgericht darf nur aus natürlichen Personen bestehen, die von den Teilnehmern des Wettbewerbs unabhängig sind. Wird von den Wettbewerbsteilnehmern eine bestimmte berufliche Qualifikation verlangt, muss mindestens ein Drittel der Preisrichter über dieselbe oder eine gleichwertige Qualifikation verfügen.

### Artikel 74 Entscheidungen des Preisgerichts

(1) Das Preisgericht ist in seinen Entscheidungen und Stellungnahmen unabhängig.

(2) Die von den Bewerbern vorgelegten Pläne und Entwürfe werden unter Wahrung der Anonymität und nur aufgrund der Kriterien, die in der Wettbewerbsbekanntmachung genannt sind, geprüft.

(3) Es erstellt über die Rangfolge der von ihm ausgewählten Projekte einen von den Preisrichtern zu unterzeichnenden Bericht, in dem auf die einzelnen Wettbewerbsarbeiten eingegangen wird und die Bemerkungen des Preisgerichts sowie gegebenenfalls noch zu klärende Fragen aufgeführt sind.

(4) Die Anonymität ist bis zur Stellungnahme oder zur Entscheidung des Preisgerichts zu wahren.

(5) Die Bewerber können bei Bedarf aufgefordert werden, zur Klärung bestimmter Aspekte der Wettbewerbsarbeiten Antworten auf Fragen zu erteilen, die das Preisgericht in seinem Protokoll festgehalten hat.

(6) Über den Dialog zwischen den Preisrichtern und den Bewerbern ist ein umfassendes Protokoll zu erstellen.

## Titel V: Statistische Pflichten, Durchführungsbefugnisse und Schlussbestimmungen

### Artikel 75 Statistische Pflichten

Um eine Einschätzung der Ergebnisse der Anwendung dieser Richtlinie zu ermöglichen, übermitteln die Mitgliedstaaten der Kommission spätestens am 31. Oktober jeden Jahres eine statistische Aufstellung gemäß Artikel 76 der von den öffentlichen Auftraggebern im Vorjahr vergebenen Aufträge, und zwar getrennt nach öffentlichen Liefer-, Dienstleistungs- und Bauaufträgen.

### Artikel 76 Inhalt der statistischen Aufstellung

(1) Für jeden in Anhang IV aufgeführten öffentlichen Auftraggeber enthält die statistische Aufstellung mindestens
   a) die Anzahl und den Wert der vergebenen Aufträge im Sinne dieser Richtlinie;
   b) die Anzahl und den Gesamtwert der Aufträge, die aufgrund der Ausnahmeregelung des Übereinkommens vergeben wurden.

Soweit möglich werden die Daten gemäß Unterabsatz 1 Buchstabe a aufgeschlüsselt:
   a) nach den jeweiligen Vergabeverfahren,
   b) und für jedes Verfahren nach den Bauleistungen gemäß der in Anhang I aufgeführten Einteilung, nach Waren und Dienstleistungen gemäß den in Anhang II aufgeführten Kategorien der CPV-Nomenklatur,
   c) nach der Staatsangehörigkeit des Wirtschaftsteilnehmers, an den der Auftrag vergeben wurde.

Werden die Aufträge im Verhandlungsverfahren vergeben, so werden die Daten gemäß Unterabsatz 1 Buchstabe a auch nach den in den Artikeln 30 und 31 genannten Fallgruppen aufgeschlüsselt und enthalten die Anzahl und den Wert der vergebenen Aufträge nach Staatszugehörigkeit der erfolgreichen Bieter zu einem Mitgliedstaat oder einem Drittstaat.

(2) Für jede Kategorie von öffentlichen Auftraggebern, die nicht in Anhang IV genannt sind, enthält die statistische Aufstellung mindestens

a) die Anzahl und den Wert der vergebenen Aufträge, aufgeschlüsselt gemäß Absatz 1 Unterabsatz 2,

b) den Gesamtwert der Aufträge, die aufgrund der Ausnahmeregelung des Übereinkommens vergeben wurden.

(3) Die statistische Aufstellung enthält alle weiteren statistischen Informationen, die gemäß dem Übereinkommen verlangt werden.

Die in Unterabsatz 1 genannten Informationen werden nach dem in Artikel 77 Absatz 2 genannten Verfahren festgelegt.

### Artikel 77   Beratender Ausschuss

(1) Die Kommission wird von dem Beratenden Ausschuss für öffentliches Auftragswesen, nachfolgend „Ausschuss" genannt, unterstützt, der mit Artikel 1 des Beschlusses 71/306/EWG[1]) eingesetzt wurde.

(2) Wird auf diesen Absatz Bezug genommen, so gelten die Artikel 3 und 7 des Beschlusses 1999/468/EG unter Beachtung von dessen Artikel 8.

(3) Der Ausschuss gibt sich eine Geschäftsordnung.

### Artikel 78   Neufestsetzung der Schwellenwerte

(1) Die Kommission überprüft die in Artikel 7 genannten Schwellenwerte alle zwei Jahre ab Inkrafttreten der Richtlinie und setzt diese, soweit erforderlich, nach dem in Artikel 77 Absatz 2 genannten Verfahren neu fest.

Die Berechnung dieser Schwellenwerte beruht auf dem durchschnittlichen Tageskurs des Euro ausgedrückt in SZR während der 24 Monate, die am letzten Augusttag enden, der der Neufestsetzung zum 1. Januar vorausgeht. Der so neu festgesetzte Schwellenwert wird, sofern erforderlich, auf volle Tausend Euro abgerundet, um die Einhaltung der geltenden Schwellenwerte zu gewährleisten, die in dem Übereinkommen vorgesehen sind und in SZR ausgedrückt werden.

(2) Anlässlich der in Absatz 1 genannten Neufestsetzung passt die Kommission nach dem in Artikel 77 Absatz 2 genannten Verfahren:

a) die Schwellenwerte in Artikel 8 Absatz 1 Buchstabe a, in Artikel 56 und in Artikel 63 Absatz 1 Unterabsatz 1 an die neu festgesetzten und für die öffentlichen Bauaufträge geltenden Schwellenwerte an;

b) die Schwellenwerte in Artikel 67 Absatz 1 Buchstabe a an den neu festgesetzten Schwellenwert an, die für Dienstleistungsaufträge gilt, die von öffentlichen Auftraggebern des Anhangs IV vergeben werden;

c) die Schwellenwerte in Artikel 8 Absatz 1 Buchstabe b und in Artikel 67 Absatz 1 Buchstaben b und c an den neu festgesetzten Schwellenwert an, der für Dienstleistungsaufträge gilt, die von anderen öffentlichen Auftraggebern des Anhangs IV genannten vergeben werden.

(3) Der Gegenwert der gemäß Absatz 1 festgesetzten Schwellenwerte in den Währungen der Mitgliedstaaten, die nicht an der Währungsunion teilnehmen, wird grundsätzlich alle zwei Jahre ab dem 1. Januar 2004 überprüft. Die Berechnung dieses Gegenwertes beruht auf dem durchschnittlichen Tageskurs dieser Währungen in Euro in den

---

1) **Amtl. Anm.:** ABl L 185 vom 16. 8. 1971, S. 15. Beschluss geändert durch Beschluss 77/63/EWG (ABl L 13 vom 15. 1. 1977, S. 15).

24 Monaten, die am letzten Augusttag enden, der der Neufestsetzung zum 1. Januar vorausgeht.

(4) Die in Absatz 1 genannten neu festgesetzten Schwellenwerte und ihr in Absatz 3 genannter Gegenwert in den Währungen der Mitgliedstaaten werden von der Kommission im Amtsblatt der Europäischen Union zu Beginn des Monats November, der auf die Neufestsetzung folgt, veröffentlicht.

### Artikel 79 Änderungen

Die Kommission kann nach dem in Artikel 77 Absatz 2 genannten Verfahren Folgendes ändern:

a) die technischen Modalitäten der in Artikel 78 Absatz 1 Unterabsatz 2 und Absatz 3 genannten Berechnungsmethoden;

b) die Modalitäten für Erstellung, Übermittlung, Eingang, Übersetzung, Erhebung und Verteilung der in den Artikeln 35, 58, 64 und 69 genannten Bekanntmachungen sowie der in Artikel 35 Absatz 4 Unterabsatz 4 sowie der in Artikel 75 und 76 genannten statistischen Aufstellungen;

c) die Modalitäten für die Bezugnahme auf bestimmte Positionen der CPV-Klassifikation in den Bekanntmachungen;

d) die in Anhang III genannten Verzeichnisse der Einrichtungen und Kategorien von Einrichtungen des öffentlichen Rechts, sofern aufgrund von Mitteilungen der Mitgliedstaaten die betreffenden Änderungen sich als notwendig erweisen;

e) die in Anhang IV enthaltenen Verzeichnisse der zentralen Regierungsbehörden, nach Maßgabe der Anpassungen, die notwendig sind, um dem Übereinkommen nachzukommen;

f) die Referenznummern der in Anhang I genannten Klassifikation, sofern der materielle Anwendungsbereich dieser Richtlinie davon unberührt bleibt, und die Modalitäten für die Bezugnahme in den Bekanntmachungen auf bestimmte Positionen dieser Klassifikation;

g) die Referenznummern der in Anhang II genannten Klassifikation, sofern der materielle Anwendungsbereich dieser Richtlinie davon unberührt bleibt, und die Modalitäten für die Bezugnahme auf bestimmte Positionen dieser Klassifikation in den Bekanntmachungen innerhalb der in den genannten Anhängen aufgeführten Dienstleistungskategorien;

h) die Modalitäten der Übermittlung und Veröffentlichung von Daten nach Anhang VIII aus Verwaltungsgründen oder wegen Anpassung an den technischen Fortschritt;

i) die Modalitäten und technischen Merkmale der Vorrichtungen für den elektronischen Empfang gemäß Anhang X Buchstaben a, f und g.

### Artikel 80 Umsetzung

(1) Die Mitgliedstaaten erlassen die erforderlichen Rechts- und Verwaltungsvorschriften, um dieser Richtlinie spätestens am 31. Januar 2006 nachzukommen. Sie unterrichten die Kommission unverzüglich davon.

Bei Erlass dieser Vorschriften nehmen die Mitgliedstaaten in diesen selbst oder durch einen Hinweis bei der amtlichen Veröffentlichung auf diese Richtlinie Bezug. Die Mitgliedstaaten regeln die Einzelheiten dieser Bezugnahme.

(2) Die Mitgliedstaaten teilen der Kommission den Wortlaut der wichtigsten innerstaatlichen Rechtsvorschriften mit, die sie auf dem unter diese Richtlinie fallenden Gebiet erlassen.

### Artikel 81 Kontrollmechanismen

Gemäß der Richtlinie 89/665/EWG des Rates vom 21. Dezember 1989 zur Koordinierung der Rechts- und Verwaltungsvorschriften für die Anwendung der Nachprüfungsverfahren im Rahmen der Vergabe öffentlicher Liefer- und Bauaufträge[1] stellen die Mitgliedstaaten die Anwendung der vorliegenden Richtlinie durch wirksame, zugängliche und transparente Mechanismen sicher.

Zu diesem Zweck können sie unter anderem eine unabhängige Stelle benennen oder einrichten.

**Artikel 82    Aufhebungen**

Die Richtlinie 92/50/EWG, mit Ausnahme ihres Artikels 41, und die Richtlinien 93/36/EWG und 93/37/EWG werden unbeschadet der Verpflichtungen der Mitgliedstaaten hinsichtlich der Umsetzungs- und Anwendungsfristen in Anhang XI mit Wirkung ab dem in Artikel 80 genannten Datum aufgehoben.

Bezugnahmen auf die aufgehobenen Richtlinien gelten als Bezugnahmen auf die vorliegende Richtlinie und sind nach Maßgabe der Entsprechungstabelle in Anhang XII zu lesen.

**Artikel 83    Inkrafttreten**

Diese Richtlinie tritt am Tag ihrer Veröffentlichung im Amtsblatt der Europäischen Union in Kraft.

**Artikel 84    Adressaten**

Diese Richtlinie ist an die Mitgliedstaaten gerichtet.

---

1) **Amtl. Anm.:** ABl L 395 vom 30. 12. 1989, S. 33. Geändert durch die Richtlinie 92/50/EWG.

## b) Richtlinie 2004/17/EG des Europäischen Parlaments und des Rates vom 31. März 2004 zur Koordinierung der Zuschlagserteilung durch Auftraggeber im Bereich der Wasser-, Energie- und Verkehrsversorgung sowie der Postdienste (RL 2004/17/EG)

v. 30. 4. 2004 (ABl Nr. L 134 S. 1)

Die Richtlinie 2004/17/EG des Europäischen Parlaments und des Rates vom 31. März 2004 zur Koordinierung der Zuschlagserteilung durch Auftraggeber im Bereich der Wasser-, Energie- und Verkehrsversorgung sowie der Postdienste v. 30. 4. 2004 (ABl Nr. L 134 S. 1) wurde geändert durch die Berichtigung der Richtlinie 2004/17/EG des Europäischen Parlaments und des Rates vom 31. März 2004 zur Koordinierung der Zuschlagserteilung durch Auftraggeber im Bereich der Wasser-, Energie- und Verkehrsversorgung sowie der Postdienste v. 3. 12. 2004 (ABl Nr. L 358 S. 35); Verordnung (EG) Nr. 1874/2004 der Kommission vom 28. Oktober 2004 zur Änderung der Richtlinien 2004/17/EG und 2004/18/EG des Europäischen Parlaments und des Rates im Hinblick auf die Schwellenwerte für die Anwendung auf Verfahren zur Auftragsvergabe v. 29. 10. 2004 (ABl Nr. L 326 S. 17); Richtlinie 2005/51/EG der Kommission vom 7. September 2005 zur Änderung von Anhang XX der Richtlinie 2004/17/EG und von Anhang VIII der Richtlinie 2004/18/EG des Europäischen Parlaments und des Rates über öffentliche Aufträge v. 1. 10. 2005 (ABl Nr. L 257 S. 127); Berichtigung der Richtlinie 2004/17/EG des Europäischen Parlaments und des Rates vom 31. März 2004 zur Koordinierung der Zuschlagserteilung durch Auftraggeber im Bereich der Wasser-, Energie- und Verkehrsversorgung sowie der Postdienste v. 24. 11. 2005 (ABl Nr. L 305 S. 46); Verordnung (EG) Nr. 2083/2005 der Kommission vom 19. Dezember 2005 zur Änderung der Richtlinien 2004/17/EG und 2004/18/EG des Europäischen Parlaments und des Rates im Hinblick auf die Schwellenwerte für die Anwendung auf Verfahren zur Auftragsvergabe v. 20. 12. 2005 (ABl Nr. L 333 S. 28); Richtlinie 2006/99/EG des Rates vom 20. November 2006 zur Anpassung bestimmter Richtlinien im Bereich Gesellschaftsrecht anlässlich des Beitritts Bulgariens und Rumäniens v. 20. 12. 2006 (ABl Nr. L 363 S. 107); Verordnung (EG) Nr. 213/2008 der Kommission vom 28. November 2007 zur Änderung der Verordnung (EG) Nr. 2195/2002 des Europäischen Parlaments und des Rates über das Gemeinsame Vokabular für öffentliche Aufträge (CPV) und der Vergaberichtlinien des Europäischen Parlaments und des Rates 2004/17/EG und 2004/18/EG im Hinblick auf die Überarbeitung des Vokabulars v. 15. 3. 2008 (ABl Nr. L 74 S. 1).

DAS EUROPÄISCHE PARLAMENT UND DER RAT DER EUROPÄISCHEN UNION –

gestützt auf den Vertrag zur Gründung der Europäischen Gemeinschaft, insbesondere auf Artikel 47 Absatz 2 und die Artikel 55 und 95,

auf Vorschlag der Kommission[1],

nach Stellungnahme des Europäischen Wirtschafts- und Sozialausschusses[2],

nach Stellungnahme des Ausschusses der Regionen[3],

nach dem Verfahren des Artikels 251 EG-Vertrag[4], aufgrund des vom Vermittlungsausschuss am 9. Dezember 2003 gebilligten gemeinsamen Entwurfs,

in Erwägung nachstehender Gründe:

(1) Anlässlich neuer Änderungen der Richtlinie 93/38/EWG des Rates vom 14. Juni 1993 zur Koordinierung der Zuschlagserteilung durch Auftraggeber im Bereich der Wasser-, Energie- und Verkehrsversorgung sowie im Telekommunikationssektor[5], die notwendig sind, um den Forderungen nach Vereinfachung und Modernisierung zu entsprechen, die sowohl von Auftraggebern als auch von Wirtschaftsteilnehmern in ihren Reaktionen auf das Grünbuch der Kommission vom 27. November 1996 geäußert wurden, sollte die Richtlinie im Interesse der Klarheit neu gefasst werden. Die vorliegende Richtlinie grün-

---

1) **Amtl. Anm.:** ABl C 29 E vom 30. 1. 2001, S. 112 und ABl C 203 E vom 27. 8. 2002, S. 183.
2) **Amtl. Anm.:** ABl C 193 vom 10. 7. 2001, S. 1.
3) **Amtl. Anm.:** ABl C 144 vom 16. 5. 2001, S. 23.
4) **Amtl. Anm.:** Stellungnahme des Europäischen Parlaments vom 17. Januar 2002 (ABl C 271 E vom 7. 11. 2002, S. 293). Gemeinsamer Standpunkt des Rates vom 20. März 2003 (ABl C 147 E vom 24. 6. 2003, S. 1) und Standpunkt des Europäischen Parlaments vom 2. Juli 2003 (noch nicht im Amtsblatt veröffentlicht). Legislative Entschließung des Europäischen Parlaments vom 29. Januar 2004 (noch nicht im Amtsblatt veröffentlicht) und Beschluss des Rates vom 2. Februar 2004.
5) **Amtl. Anm.:** ABl L 199 vom 9. 8. 1993, S. 84. Zuletzt geändert durch die Richtlinie 2001/78/EG der Kommission (ABl L 285 vom 29. 10. 2001, S. 1).

det sich auf die Rechtsprechung des Gerichtshofs, insbesondere auf die Urteile zu den Zuschlagskriterien, wodurch klargestellt wird, welche Möglichkeiten die Auftraggeber haben, auf Bedürfnisse der betroffenen Allgemeinheit, einschließlich im ökologischen oder sozialen Bereich, einzugehen, sofern derartige Kriterien im Zusammenhang mit dem Auftragsgegenstand stehen, dem öffentlichen Auftraggeber keine unbeschränkte Wahlfreiheit einräumen, ausdrücklich erwähnt sind und den in Erwägungsgrund 9 genannten grundlegenden Prinzipien entsprechen.

(2) Ein wichtiger Grund für die Einführung von Vorschriften zur Koordinierung der Vergabeverfahren in diesen Sektoren ist die Vielzahl von Möglichkeiten, über die einzelstaatliche Behörden verfügen, um das Verhalten der Auftraggeber zu beeinflussen, unter anderem durch die Beteiligung an deren Kapital und die Vertretung in deren Verwaltungs-, Geschäftsführungs- oder Aufsichtsorganen.

(3) Ein weiterer wichtiger Grund, der eine Koordinierung der Vergabeverfahren durch Auftraggeber in diesen Sektoren notwendig macht, ist die Abschottung der Märkte, in denen sie tätig sind, was darauf zurückzuführen ist, dass die Mitgliedstaaten für die Versorgung, die Bereitstellung oder das Betreiben von Netzen, mit denen die betreffenden Dienstleistungen erbracht werden, besondere oder ausschließliche Rechte gewähren.

(4) Die Gemeinschaftsvorschriften, insbesondere die Verordnungen (EWG) Nr. 3975/87 des Rates vom 14. Dezember 1987 über die Einzelheiten der Anwendung der Wettbewerbsregeln auf Luftfahrtunternehmen[1)] und (EWG) Nr. 3976/87 des Rates vom 14. Dezember 1987 zur Anwendung von Artikel 85 Absatz 3 des Vertrages auf bestimmte Gruppen von Vereinbarungen und aufeinander abgestimmten Verhaltensweisen im Luftverkehr[2)] zielen auf mehr Wettbewerb zwischen den Luftverkehrsgesellschaften ab. Es erscheint daher nicht angemessen, diese Auftraggeber in die vorliegende Richtlinie einzubeziehen. In Anbetracht des Wettbewerbs im Seeverkehr der Gemeinschaft wäre es ebenfalls nicht angemessen, die Aufträge, die in diesem Sektor vergeben werden, der vorliegenden Richtlinie zu unterwerfen.

(5) Der Anwendungsbereich der Richtlinie 93/38/EWG umfasst gegenwärtig bestimmte Aufträge, die von Auftraggebern im Telekommunikationssektor vergeben werden. Zur Liberalisierung dieses Sektors wurde ein Rechtsrahmen geschaffen, der im Vierten Bericht über die Umsetzung des Reformpakets für den Telekommunikationssektor vom 25. November 1998 genannt wird. Eine Folge davon war, dass in diesem Sektor de facto und de jure echter Wettbewerb herrscht. Angesichts dieser Lage hat die Kommission zur Information eine Liste der Telekommunikationsdienstleistungen[3)] veröffentlicht, die gemäß Artikel 8 der genannten Richtlinie bereits aus deren Anwendungsbereich ausgenommen werden können. Im Siebten Bericht über die Umsetzung des Reformpakets für den Telekommunikationssektor vom 26. November 2001 wurden zusätzliche Fortschritte bestätigt. Es ist deshalb nicht länger notwendig, die Beschaffungstätigkeit von Auftraggebern dieses Sektors zu regeln.

(6) Es ist daher insbesondere nicht länger angebracht, den mit der Richtlinie 90/531/EWG des Rates vom 17. September 1990 betreffend die Zuschlagserteilung durch Auftraggeber im Bereich der Wasser-, Energie- und Verkehrsversorgung sowie im Telekommunikationssektor[4)] eingerichteten Beratenden Ausschuss für Aufträge im Telekommunikationssektor beizubehalten.

(7) Dennoch sollte die Entwicklung im Telekommunikationssektor auch weiterhin beobachtet und die Situation überprüft werden, wenn festgestellt wird, dass in diesem Sektor kein wirksamer Wettbewerb mehr herrscht.

---

1) **Amtl. Anm.:** ABl L 374 vom 31. 12. 1987, S. 1. Zuletzt geändert durch die Verordnung (EG) Nr. 1/2003 (ABl L 1 vom 4. 1. 2003, S. 1).
2) **Amtl. Anm.:** ABl 374 vom 31. 12. 1987, S. 9. Zuletzt geändert durch die Verordnung (EG) Nr. 1/2003.
3) **Amtl. Anm.:** ABl C 156 vom 3. 6. 1999, S. 3.
4) **Amtl. Anm.:** ABl L 297 vom 29. 10. 1990, S. 1. Zuletzt geändert durch die Richtlinie 94/22/EG des Europäischen Parlaments und des Rates (ABl L 164 vom 30. 6. 1994, S. 3).

(8) Ausgeschlossen vom Anwendungsbereich der Richtlinie 93/38/EWG sind Beschaffungen von Sprachtelefon-, Telex-, Mobilfunk-, Funkruf- und Satellitenkommunikationsdiensten. Sie wurden ausgeschlossen, um der Tatsache Rechnung zu tragen, dass sie in einem bestimmten geografischen Gebiet oft nur von einem einzigen Anbieter bereitgestellt werden, weil dort kein wirksamer Wettbewerb herrscht oder weil besondere oder ausschließliche Rechte bestehen. Mit der Einführung eines wirksamen Wettbewerbs im Telekommunikationssektor verlieren diese Ausnahmeregelungen ihre Berechtigung. Es ist daher erforderlich, auch die Beschaffung dieser Telekommunikationsdienste in den Anwendungsbereich der vorliegenden Richtlinie einzubeziehen.

(9) Um zu gewährleisten, dass die Vergabe von Aufträgen durch Auftraggeber im Bereich der Wasser-, Energie- und Verkehrsversorgung sowie der Postdienste für den Wettbewerb geöffnet wird, ist es ratsam, Bestimmungen für eine Gemeinschaftskoordinierung von Aufträgen, die über einen bestimmten Wert hinausgehen, festzulegen. Diese Koordinierung gründet sich auf die Anforderungen der Artikel 14, 28 und 49 des Vertrags sowie des Artikels 97 Euratom-Vertrag, nämlich auf den Grundsatz der Gleichbehandlung bzw. der Nichtdiskriminierung, die davon nur eine besondere Ausprägung ist, den Grundsatz der gegenseitigen Anerkennung, den Grundsatz der Verhältnismäßigkeit und den Grundsatz der Transparenz. In Anbetracht der Art der von dieser Koordinierung betroffenen Sektoren sollte diese unter Wahrung der Anwendung der genannten Grundsätze einen Rahmen für faire Handelspraktiken schaffen und ein Höchstmaß an Flexibilität ermöglichen.

Für Aufträge, deren Wert unter dem Schwellenwert für die Anwendung der Bestimmungen über die Gemeinschaftskoordinierung liegt, sei auf die Rechtsprechung des Gerichtshofs verwiesen, der zufolge die genannten Vorschriften und Grundsätze der Verträge Anwendung finden.

(10) Um bei der Anwendung der Vergabevorschriften in den Bereichen der Wasser-, Energie- und Verkehrsversorgung sowie der Postdienste eine wirkliche Marktöffnung und ein angemessenes Gleichgewicht zu erreichen, dürfen die von der Richtlinie erfassten Auftraggeber nicht aufgrund ihrer Rechtsstellung definiert werden. Es sollte daher sichergestellt werden, dass die Gleichbehandlung von Auftraggebern im öffentlichen Sektor und Auftraggebern im privaten Sektor gewahrt bleibt. Es ist auch gemäß Artikel 295 des Vertrags dafür zu sorgen, dass die Eigentumsordnungen in den Mitgliedstaaten unberührt bleiben.

(11) Die Mitgliedstaaten sollten dafür sorgen, dass die Teilnahme einer Einrichtung des öffentlichen Rechts als Bieter in einem Verfahren zur Vergabe eines Auftrags keine Wettbewerbsverzerrungen gegenüber privatrechtlichen Bietern verursacht.

(12) Nach Artikel 6 des Vertrags sind die Erfordernisse des Umweltschutzes bei der Festlegung und Durchführung der in Artikel 3 des Vertrags genannten Gemeinschaftspolitiken und -maßnahmen insbesondere zur Förderung einer nachhaltigen Entwicklung einzubeziehen. Diese Richtlinie stellt daher klar, wie die Auftraggeber zum Umweltschutz und zur Förderung einer nachhaltigen Entwicklung beitragen können, und garantiert ihnen gleichzeitig, dass sie für ihre Aufträge ein optimales Preis-Leistungs-Verhältnis erzielen können.

(13) Keine Bestimmung dieser Richtlinie sollte dem Erlass oder der Durchsetzung von Maßnahmen entgegenstehen, die zum Schutz der öffentlichen Sittlichkeit, Ordnung und Sicherheit oder zum Schutz der Gesundheit und des Lebens von Menschen und Tieren oder der Gesundheit von Pflanzen, insbesondere im Hinblick auf eine nachhaltige Entwicklung, notwendig sind, sofern diese Maßnahmen mit dem Vertrag im Einklang stehen.

(14) Mit dem Beschluss 94/800/EG des Rates vom 22. Dezember 1994 über den Abschluss der Übereinkünfte im Rahmen der multilateralen Verhandlungen der Uruguay-Runde (1986–1994) im Namen der Europäischen Gemeinschaft in Bezug auf die in ihre Zuständigkeiten fallenden Bereiche[1] wurde unter anderem das WTO-Übereinkommen über das

---

1) **Amtl. Anm.:** ABl L 336 vom 23. 12. 1994, S. 1.

öffentliche Beschaffungswesen, nachstehend „Übereinkommen", genehmigt, das zum Ziel hat, einen multilateralen Rahmen ausgewogener Rechte und Pflichten im öffentlichen Beschaffungswesen festzulegen, um den Welthandel zu liberalisieren und auszuweiten. Aufgrund der internationalen Rechte und Pflichten, die sich für die Gemeinschaft aus der Annahme des Übereinkommens ergeben, sind auf Bieter und Erzeugnisse aus Drittländern, die dieses Übereinkommen unterzeichnet haben, die darin enthaltenen Regeln anzuwenden. Das Übereinkommen hat keine unmittelbare Wirkung. Die unter das Übereinkommen fallenden Auftraggeber, die der vorliegenden Richtlinie nachkommen und diese auf Wirtschaftsteilnehmer aus Drittländern anwenden, die das Übereinkommen unterzeichnet haben, sollten sich damit im Einklang mit dem Übereinkommen befinden. Die vorliegende Richtlinie sollte den Wirtschaftsteilnehmern in der Gemeinschaft die gleichen günstigen Teilnahmebedingungen bei der Vergabe öffentlicher Aufträge garantieren, wie sie auch den Wirtschaftsteilnehmern aus Drittländern, die das Übereinkommen unterzeichnet haben, gewährt werden.

(15) Bevor ein Verfahren zur Vergabe eines Auftrags eingeleitet wird, können die Auftraggeber unter Rückgriff auf einen „technischen Dialog" eine Stellungnahme einholen bzw. entgegennehmen, die bei der Erstellung der Verdingungsunterlagen[1)] verwendet werden kann; dies setzt jedoch voraus, dass diese Stellungnahme den Wettbewerb nicht ausschaltet.

(16) Angesichts der für die Bauaufträge kennzeichnenden Vielfalt der Aufgaben sollten die Auftraggeber sowohl die getrennte als auch die gemeinsame Vergabe von Aufträgen für die Planung und die Ausführung von Bauleistungen vorsehen können. Diese Richtlinie bezweckt nicht, eine gemeinsame oder eine getrennte Vergabe vorzuschreiben. Die Entscheidung über eine getrennte oder die gemeinsame Vergabe des Auftrags sollte sich an qualitativen und wirtschaftlichen Kriterien orientieren, die in den einzelstaatlichen Vorschriften festgelegt werden können.

Ein Auftrag kann nur dann als Bauauftrag gelten, wenn er die Ausführung der in Anhang XII genannten Tätigkeiten zum Gegenstand hat, und zwar auch dann, wenn er sich auf andere Leistungen erstreckt, die für die Ausführung dieser Tätigkeiten erforderlich sind. Öffentliche Dienstleistungsaufträge, insbesondere im Bereich der Grundstücksverwaltung, können unter bestimmten Umständen Bauleistungen umfassen. Sofern diese Bauleistungen jedoch nur Nebenarbeiten im Verhältnis zum Hauptgegenstand des Auftrags darstellen und eine mögliche Folge oder eine Ergänzung des letzteren sind, rechtfertigt die Tatsache, dass der Auftrag diese Bauleistungen umfasst, nicht eine Einstufung des Auftrags als Bauauftrag.

Als Grundlage für die Veranschlagung des Werts eines Bauauftrags sollten der Wert der eigentlichen Bauleistungen sowie gegebenenfalls der geschätzte Wert der Lieferungen und Dienstleistungen herangezogen werden, die die Auftraggeber den Unternehmern zur Verfügung stellen, sofern diese Dienstleistungen oder Lieferungen für die Ausführung der betreffenden Bauleistungen erforderlich sind. Für die Zwecke dieses Absatzes sollte davon ausgegangen werden, dass die betreffenden Dienstleistungen vom Auftraggeber mit seinem eigenen Personal erbracht werden. Andererseits unterliegt die Berechnung des Werts von Dienstleistungsaufträgen den auf Dienstleistungsaufträge anwendbaren Vorschriften, unabhängig davon, ob die betreffenden Dienstleistungen dem Unternehmer für die anschließende Ausführung von Bauarbeiten zur Verfügung gestellt werden oder nicht.

(17) Der Dienstleistungsbereich lässt sich für die Anwendung der Verfahrensregeln dieser Richtlinie und zur Beobachtung am besten durch eine Unterteilung in Kategorien in Anlehnung an eine Nomenklatur gemeinsamer Positionen beschreiben und nach der für sie jeweils geltenden Regelung in zwei Anhängen, XVII Teil A und XVII Teil B, zusammenfassen. Für die in Anhang XVII Teil B genannten Dienstleistungen sollten die einschlägigen Bestimmungen dieser Richtlinie unbeschadet der Anwendung be-

---

1) **Amtl. Anm.:** In Österreich: Ausschreibungsunterlagen.

sonderer gemeinschaftsrechtlicher Bestimmungen für die jeweiligen Dienstleistungen gelten.

(18) Die volle Anwendung dieser Richtlinie auf Dienstleistungsaufträge sollte während eines Übergangszeitraums auf Aufträge beschränkt werden, bei denen ihre Vorschriften dazu beitragen, das volle Wachstumspotenzial grenzüberschreitenden Handels auszuschöpfen. Aufträge für andere Dienstleistungen sollten während dieses Übergangszeitraums beobachtet werden, bevor die vollständige Anwendung der Richtlinie beschlossen werden kann. Dazu ist ein entsprechendes Beobachtungsinstrument zu definieren. Dieses Instrument sollte gleichzeitig den interessierten Kreisen die einschlägigen Informationen zugänglich machen.

(19) Hemmnisse für den freien Dienstleistungsverkehr sollten vermieden werden. Dienstleistungserbringer können deshalb sowohl natürliche als auch juristische Personen sein. Diese Richtlinie lässt jedoch die Anwendung von nationalen Vorschriften über die Bedingungen für die Ausübung einer Tätigkeit oder eines Berufs unberührt, sofern diese Vorschriften mit dem Gemeinschaftsrecht vereinbar sind.

(20) Es werden fortlaufend bestimmte neue Techniken der Online-Beschaffung entwickelt. Diese Techniken ermöglichen es, den Wettbewerb auszuweiten und die Effizienz des öffentlichen Beschaffungswesens – insbesondere durch eine Verringerung des Zeitaufwands und die durch die Verwendung derartiger neuer Techniken erzielten Einsparungseffekte – zu verbessern. Die Auftraggeber können Online-Beschaffungstechniken einsetzen, solange bei ihrer Verwendung die Vorschriften dieser Richtlinie und die Grundsätze der Gleichbehandlung, der Nichtdiskriminierung und der Transparenz eingehalten werden. Insofern kann ein Bieter insbesondere im Falle einer Rahmenvereinbarung oder der Anwendung eines dynamischen Beschaffungssystems sein Angebot in Form eines elektronischen Katalogs übermitteln, wenn er das von dem Auftraggeber gemäß Artikel 48 gewählte Kommunikationsmittel gemäß Artikel 48 verwendet.

(21) In Anbetracht des Umstands, dass sich Online-Beschaffungssysteme rasch verbreiten, sollten schon jetzt geeignete Vorschriften erlassen werden, die es den Auftraggebern ermöglichen, die durch diese Systeme gebotenen Möglichkeiten umfassend zu nutzen. Deshalb sollte ein vollelektronisch arbeitendes dynamisches Beschaffungssystem für Beschaffungen marktüblicher Leistungen definiert und präzise Vorschriften für die Einrichtung und die Arbeitsweise eines solchen Systems festgelegt werden, um sicherzustellen, dass jeder Wirtschaftsteilnehmer, der sich daran beteiligen möchte, gerecht behandelt wird. Jeder Wirtschaftsteilnehmer sollte sich an einem solchen System beteiligen können, sofern er ein vorläufiges Angebot im Einklang mit den Verdingungsunterlagen einreicht und die Eignungskriterien[1] erfüllt. Dieses Beschaffungsverfahren ermöglicht es den Auftraggebern, durch die Einrichtung eines Verzeichnisses von bereits ausgewählten Bietern und die neuen Bietern eingeräumte Möglichkeit, sich daran zu beteiligen, dank der eingesetzten elektronischen Mittel über ein besonders breites Spektrum von Angeboten zu verfügen, und somit durch Ausweitung des Wettbewerbs eine optimale Verwendung der Mittel zu gewährleisten.

(22) Da sich der Einsatz der Technik elektronischer Auktionen noch stärker verbreiten wird, sollten diese Auktionen im Gemeinschaftsrecht definiert und speziellen Vorschriften unterworfen werden, um sicherzustellen, dass sie unter uneingeschränkter Wahrung der Grundsätze der Gleichbehandlung, der Nichtdiskriminierung und der Transparenz ablaufen. Dazu ist vorzusehen, dass diese elektronischen Auktionen nur Aufträge für Bauleistungen, Lieferungen oder Dienstleistungen betreffen, für die präzise Spezifikationen erstellt werden können. Dies kann insbesondere bei wiederkehrenden Liefer-, Bau- und Dienstleistungsaufträgen der Fall sein. Zu dem selben Zweck sollte es auch möglich sein, dass die jeweilige Rangfolge der Bieter zu jedem Zeitpunkt der elektronischen Auktion festgestellt werden kann. Der Rückgriff auf elektronische Auktionen bietet den Auftraggebern die Möglichkeit, die Bieter zur Vorlage neuer, nach unten korrigierter Preise aufzufordern, und – sofern das wirtschaftlich günstigste Angebot den

---

1) **Amtl. Anm.:** in Österreich kann dieser Begriff auch Auswahlkriterien umfassen.

Zuschlag erhalten soll – auch andere als die preisbezogenen Angebotskomponenten zu verbessern. Zur Wahrung des Grundsatzes der Transparenz dürfen allein diejenigen Komponenten Gegenstand elektronischer Auktionen werden, die auf elektronischem Wege – ohne Eingreifen des und/oder Beurteilung durch den Auftraggeber – automatisch bewertet werden können, d. h. nur die Komponenten, die quantifizierbar sind, so dass sie in Ziffern oder in Prozentangaben ausgedrückt werden können. Hingegen sollten diejenigen Aspekte der Angebote, bei denen nichtquantifizierbare Komponenten zu beurteilen sind, nicht Gegenstand von elektronischen Auktionen sein. Folglich sollten bestimmte Bau- und Dienstleistungsaufträge, bei denen geistige Leistungen zu erbringen sind – wie z. B. die Konzeption von Bauarbeiten – nicht Gegenstand von elektronischen Auktionen sein.

(23) In den Mitgliedstaaten haben sich verschiedene zentrale Beschaffungsverfahren entwickelt. Mehrere öffentliche Auftraggeber haben die Aufgabe, für Auftraggeber Ankäufe zu tätigen oder Aufträge zu vergeben/Rahmenvereinbarungen zu schließen. In Anbetracht der großen Mengen, die beschafft werden, tragen diese Verfahren zur Verbesserung des Wettbewerbs und zur Rationalisierung des öffentlichen Beschaffungswesens bei. Daher sollte der Begriff der für Auftraggeber tätigen zentralen Beschaffungsstellen im Gemeinschaftsrecht definiert werden. Außerdem sollte unter Einhaltung der Grundsätze der Nichtdiskriminierung und der Gleichbehandlung definiert werden, unter welchen Voraussetzungen davon ausgegangen werden kann, dass Auftraggeber, die Bauleistungen, Waren und/oder Dienstleistungen über eine zentrale Beschaffungsstelle beziehen, diese Richtlinie eingehalten haben.

(24) Zur Berücksichtigung der unterschiedlichen Gegebenheiten in den Mitgliedstaaten sollte es in das Ermessen derselben gestellt werden zu entscheiden, ob für die Auftraggeber die Möglichkeit vorgesehen werden soll, auf zentrale Beschaffungsstellen, dynamische Beschaffungssysteme oder elektronische Auktionen, wie sie in dieser Richtlinie vorgesehen und geregelt sind, zurückzugreifen.

(25) Eine angemessene Definition der besonderen und der ausschließlichen Rechte ist geboten. Diese Definition hat zur Folge, dass es für sich genommen noch kein besonderes und ausschließliches Recht im Sinne dieser Richtlinie darstellt, wenn ein Auftraggeber zum Bau eines Netzes oder der Einrichtung von Flughafen- bzw. Hafenanlagen Vorteil aus Enteignungsverfahren oder Nutzungsrechten ziehen kann oder Netzeinrichtungen auf, unter oder über dem öffentlichen Wegenetz anbringen darf. Auch die Tatsache, dass ein Auftraggeber ein Netz mit Trinkwasser, Elektrizität, Gas oder Wärme versorgt, das seinerseits von einem Auftraggeber betrieben wird, der von einer zuständigen Behörde des betreffenden Mitgliedstaats gewährte besondere oder ausschließliche Rechte genießt, stellt für sich betrachtet noch kein besonderes und ausschließliches Recht im Sinne der vorliegenden Richtlinie dar. Räumt ein Mitgliedstaat einer begrenzten Zahl von Unternehmen in beliebiger Form, auch über Konzessionen, Rechte auf der Grundlage objektiver, verhältnismäßiger und nicht diskriminierender Kriterien ein, die allen interessierten Kreisen, die sie erfüllen, die Möglichkeit zur Inanspruchnahme solcher Rechte bietet, so dürfen diese ebenso wenig als besondere oder ausschließliche Rechte betrachtet werden.

(26) Es ist zweckmäßig, dass die Auftraggeber bei ihren wasserwirtschaftlichen Tätigkeiten gemeinsame Vergabevorschriften anwenden und dass diese Vorschriften auch dann gelten, wenn die Auftraggeber im Sinne dieser Richtlinie Aufträge für Vorhaben in den Bereichen Wasserbau, Bewässerung, Entwässerung, Ableitung sowie Klärung von Abwässern vergeben. Die Vergabevorschriften der Art, die für die Lieferaufträge vorgeschlagen wird, sind allerdings für die Beschaffung von Wasser ungeeignet angesichts der Notwendigkeit, sich aus in der Nähe des Verwendungsorts gelegenen Quellen zu versorgen.

(27) Bestimmte Auftraggeber, die öffentliche Busverkehrsdienste betreiben, waren bereits von der Richtlinie 93/38/EWG ausgenommen. Solche Auftraggeber sollten auch vom Anwendungsbereich der vorliegenden Richtlinie ausgenommen sein. Um eine Vielzahl von besonderen Regelungen, die sich nur auf bestimmte Sektoren beziehen, zu vermeiden, sollte das allgemeine Verfahren zur Berücksichtigung der Folgen der Öffnung

RL 2004/17/EG

für den Wettbewerb auch für alle Busverkehrsdienste betreibenden Auftraggeber gelten, die nicht nach Artikel 2 Absatz 4 der Richtlinie 93/38/EWG aus deren Anwendungsbereich ausgenommen sind.

(28) Angesichts der fortschreitenden Liberalisierung der Postdienste in der Gemeinschaft und der Tatsache, dass diese Dienste über ein Netz von Auftraggebern, öffentlichen Unternehmen und anderen Unternehmen erbracht werden, empfiehlt es sich, auf Aufträge, die von Auftraggebern vergeben werden, die selbst Postdienste anbieten, die Bestimmungen der vorliegenden Richtlinie, einschließlich Artikel 30, anzuwenden, die unter Wahrung der in Erwägungsgrund 9 genannten Grundsätze einen Rahmen für faire Handelspraktiken schaffen und eine größere Flexibilität als die Richtlinie 2004/18/EG des Europäischen Parlaments und des Rates vom 31. März 2004 über die Koordinierung der Verfahren zur Vergabe öffentlicher Bauaufträge, Lieferaufträge und Dienstleistungsaufträge gestatten. Bei der Definition der entsprechenden Tätigkeiten sollten die Begriffsbestimmungen der Richtlinie 97/67/EG des Europäischen Parlaments und des Rates vom 15. Dezember 1997 über gemeinsame Vorschriften für die Entwicklung des Binnenmarktes der Postdienste der Gemeinschaft und die Verbesserung der Dienstequalität[1]) berücksichtigt werden.

Unabhängig von ihrer Rechtsstellung unterliegen Stellen, die Postdienste anbieten, derzeit nicht den Bestimmungen der Richtlinie 93/38/EWG. Die Anpassung der Zuschlagserteilungsverfahren an diese Richtlinie könnte für diese Auftraggeber daher mehr Zeit erfordern als für Auftraggeber, die den betreffenden Bestimmungen bereits unterliegen und ihre Verfahren lediglich an die durch diese Richtlinie bewirkten Änderungen anpassen müssen. Es sollte deshalb zulässig sein, die Anwendung dieser Richtlinie aufzuschieben, damit genügend zusätzliche Zeit für die Anpassung zur Verfügung steht. Angesichts der unterschiedlichen Verhältnisse bei den Auftraggebern sollte es den Mitgliedstaaten möglich sein, den im Bereich der Postdienste tätigen Auftraggebern einen Übergangszeitraum für die Anwendung dieser Richtlinie einzuräumen.

(29) Um die Erfordernisse in mehreren Tätigkeitsbereichen zu erfüllen, können Aufträge vergeben werden, die unterschiedlichen rechtlichen Regelungen unterworfen sein können. Es sollte klargestellt werden, dass für die rechtliche Regelung, die für einen mehrere Tätigkeiten umfassenden Einzelauftrag anzuwenden ist, die Vorschriften gelten sollten, die auf die Tätigkeit anzuwenden sind, auf die der Auftrag in erster Linie abzielt. Die Ermittlung der Tätigkeit, auf die der Auftrag in erster Linie abzielt, könnte auf einer Analyse der Erfordernisse, zu deren Erfüllung der betreffende Auftrag vergeben werden soll, beruhen, welche vom Auftraggeber erstellt wird, um den Auftragswert zu veranschlagen und die Verdingungsunterlagen zu erstellen. In bestimmten Fällen, beispielsweise beim Ankauf eines einzelnen Geräts für die Fortsetzung von Tätigkeiten, für die keine Informationen verfügbar sind, die eine Veranschlagung des jeweiligen Auslastungsgrades ermöglichen, könnte es objektiv unmöglich sein, die Tätigkeit zu ermitteln, auf die der Auftrag in erster Linie abzielt. Es sollte festgelegt werden, welche Vorschriften in diesen Fällen anzuwenden sind.

(30) Unbeschadet der internationalen Verpflichtungen der Gemeinschaft sollte die Anwendung der vorliegenden Richtlinie vereinfacht werden, insbesondere durch Vereinfachung der Schwellenwerte und durch Anwendung der Bestimmungen über die Informationen über die im Vergabeverfahren getroffenen Entscheidungen und sich daraus ergebende Tatsachen, die den Teilnehmern mitzuteilen sind, auf alle Auftraggeber gleichermaßen, unabhängig davon, in welchem Bereich sie tätig sind. Darüber hinaus sollten in der Währungsunion diese Schwellenwerte in Euro festgelegt werden; so dass die Anwendung dieser Bestimmungen vereinfacht und gleichzeitig die Einhaltung der im Übereinkommen festgelegten und in Sonderziehungsrechten (SZR) ausgedrückten Schwellenwerte sichergestellt wird. In diesem Zusammenhang sollten die in Euro ausgedrückten Schwellenwerte regelmäßig überprüft werden, um sie gegebenenfalls an mögliche Kursschwankungen des Euro gegenüber dem SZR anzupassen. Zudem müssen

---

1) **Amtl. Anm.:** ABl L 15 vom 21.1.1998, S. 14. Zuletzt geändert durch Verordnung (EG) Nr. 1882/2003 (ABl L 284 vom 31.10.2003, S. 1).

die für Wettbewerbe geltenden Schwellenwerte mit den Schwellenwerten für Dienstleistungsaufträge identisch sein.

(31) Es sollte vorgesehen werden, dass in bestimmten Fällen von der Anwendung der Maßnahmen zur Koordinierung der Verfahren aus Gründen der Staatssicherheit oder der staatlichen Geheimhaltung abgesehen werden kann, oder wenn besondere Vergabeverfahren zur Anwendung kommen, die sich aus internationalen Übereinkünften ergeben, die die Stationierung von Truppen betreffen oder für internationale Organisationen gelten.

(32) Eine Ausnahme sollte für bestimmte Dienstleistungs-, Liefer- und Bauaufträge gemacht werden, die an ein verbundenes Unternehmen vergeben werden, dessen Haupttätigkeit darin besteht, diese Dienstleistungen, Lieferungen und Arbeiten der Unternehmensgruppe bereitzustellen, der es angehört, und nicht darin, sie auf dem Markt anzubieten. Für bestimmte Dienstleistungs-, Liefer- und Bauaufträge, die von einem Auftraggeber an ein Joint Venture vergeben werden, an dem er beteiligt ist und das aus mehreren Auftraggebern gebildet wurde, um die von dieser Richtlinie erfassten Tätigkeiten auszuüben, sollte ebenfalls eine Ausnahme gemacht werden. Jedoch sollte sichergestellt werden, dass durch diese Ausnahmeregelung keine Wettbewerbsverzerrungen zugunsten von Unternehmen oder Joint Ventures entstehen, die mit dem Auftraggeber verbunden sind; es sollten geeignete Vorschriften erlassen werden, die insbesondere auf Folgendes abzielen: die Höchstgrenzen, bis zu denen die Unternehmen einen Teil ihres Umsatzes auf dem Markt erzielen können und bei deren Überschreiten sie nicht mehr die Möglichkeit haben, Aufträge ohne Ausschreibung zu erhalten, die Zusammensetzung von Joint Ventures sowie die Stabilität der Beziehungen zwischen diesen gemeinsamen Unternehmen und den Auftraggebern, aus denen sie sich zusammensetzen.

(33) Dienstleistungsaufträge über den Erwerb oder die Miete bzw. Pacht von unbeweglichem Vermögen oder Rechten daran weisen Merkmale auf, die die Anwendung von Vorschriften über die Vergabe von Aufträgen unangemessen erscheinen lassen.

(34) Schiedsgerichts- und Schlichtungsdienste werden im Allgemeinen von Organisationen oder Personen übernommen, deren Bestimmung oder Auswahl nicht durch Vergabevorschriften geregelt werden kann.

(35) Entsprechend dem Übereinkommen gehören Aufträge, die sich auf die Ausgabe, den Ankauf, den Verkauf oder die Übertragung von Wertpapieren oder anderen Finanzinstrumenten beziehen, nicht zu den finanziellen Dienstleistungen im Sinne der vorliegenden Richtlinie; dies gilt insbesondere für Geschäfte, die der Geld- oder Kapitalbeschaffung der Auftraggeber dienen.

(36) Diese Richtlinie sollte ausschließlich für die Erbringung auftragsgebundener Dienstleistungen gelten.

(37) Nach Artikel 163 des Vertrags trägt unter anderem die Unterstützung der Forschung und technologischen Entwicklung dazu bei, die wissenschaftlichen und technologischen Grundlagen der Industrie der Gemeinschaft zu stärken, und die Öffnung der Dienstleistungsaufträge hat einen Anteil an der Erreichung dieses Zieles. Die Mitfinanzierung von Forschungsprogrammen sollte nicht Gegenstand dieser Richtlinie sein: Nicht unter diese Richtlinie fallen deshalb Aufträge über Forschungs- und Entwicklungsdienstleistungen, deren Ergebnisse nicht ausschließlich Eigentum des Auftraggebers für die Nutzung bei der Ausübung seiner eigenen Tätigkeit sind, sofern die Dienstleistung vollständig durch den Auftraggeber vergütet wird.

(38) Um eine Ausweitung von besonderen Regelungen, die sich nur auf bestimmte Sektoren beziehen, zu vermeiden, sollte die gegenwärtig geltende Sonderregelung des Artikels 3 der Richtlinie 93/38/EWG und Artikel 12 der Richtlinie 94/22/EG des Europäischen Parlaments und des Rates vom 30. Mai 1994 über die Erteilung und Nutzung von Genehmigungen zur Prospektion, Exploration und Gewinnung von Kohlenwasserstoffen[1)], für Auftraggeber, die ein geografisch abgegrenztes Gebiet nutzen, um dort nach Erdöl, Gas, Kohle oder anderen Festbrennstoffen zu suchen oder diese Stoffe zu fördern,

---

1) **Amtl. Anm.:** ABl L 164 vom 30. 6. 1994, S. 3.

durch das allgemeine Verfahren ersetzt werden, das es ermöglicht, unmittelbar dem Wettbewerb ausgesetzte Sektoren von der Richtlinie auszunehmen. Es ist jedoch sicherzustellen, dass folgende Rechtsakte davon unberührt bleiben: Die Entscheidung 93/676/EG der Kommission vom 10. Dezember 1993, wonach die Nutzung eines geografisch abgegrenzten Gebiets zum Zwecke der Suche nach oder der Förderung von Erdöl oder Gas in den Niederlanden keine Tätigkeit im Sinne von Artikel 2 Absatz 2 Buchstabe b) Ziffer i) der Richtlinie 90/531/EWG des Rates darstellt und die diese Tätigkeit ausübenden Auftraggeber in den Niederlanden keine besonderen oder ausschließlichen Rechte im Sinne von Artikel 2 Absatz 3 Buchstabe b) dieser Richtlinie besitzen[1], die Entscheidung 97/367/EG der Kommission vom 30. Mai 1997, wonach die Nutzung eines geografisch abgegrenzten Gebiets zum Zweck der Suche nach oder der Förderung von Erdöl oder Gas im Vereinigten Königreich nicht als Tätigkeit im Sinne von Artikel 2 Absatz 2 Buchstabe b) Ziffer i) der Richtlinie 93/38/EWG des Rates gilt und die eine solche Tätigkeit ausübenden Auftraggeber im Vereinigten Königreich nicht als im Besitz von besonderen oder ausschließlichen Rechten im Sinne von Artikel 2 Absatz 3 Buchstabe b) der genannten Richtlinie gelten[2], die Entscheidung 2002/205/EG der Kommission vom 4. März 2002 über einen Antrag Österreichs, das spezielle Regime in Artikel 3 der Richtlinie 93/38/EWG anzuwenden[3] und die Entscheidung 2004/74/EG der Kommission über einen Antrag Deutschlands, das spezielle Regime in Artikel 3 der Richtlinie 93/38/EWG anzuwenden[4].

(39) Beruf und Beschäftigung sind Schlüsselelemente zur Gewährleistung gleicher Chancen für alle und tragen zur Eingliederung in die Gesellschaft bei. In diesem Zusammenhang tragen geschützte Werkstätten und geschützte Beschäftigungsprogramme wirksam zur Eingliederung oder Wiedereingliederung von Menschen mit Behinderungen in den Arbeitsmarkt bei. Derartige Werkstätten sind jedoch möglicherweise nicht in der Lage, unter normalen Wettbewerbsbedingungen Aufträge zu erhalten. Es ist daher angemessen, vorzusehen, dass Mitgliedstaaten das Recht, an Verfahren zur Vergabe von Aufträgen teilzunehmen, derartigen Werkstätten, oder die Ausführung eines Auftrags geschützten Beschäftigungsprogrammen vorbehalten können.

(40) Die vorliegende Richtlinie sollte weder für Aufträge gelten, die die Ausübung einer der in Artikel 3 bis 7 genannten Tätigkeiten ermöglichen sollen, noch für Wettbewerbe zur Ausübung einer solchen Tätigkeit, wenn diese Tätigkeit in dem Mitgliedstaat, in dem sie ausgeübt wird, auf Märkten ohne Zugangsbeschränkungen dem direkten Wettbewerb ausgesetzt ist. Es sollte daher ein Verfahren eingeführt werden, das auf alle unter diese Richtlinie fallenden Sektoren anwendbar ist und es ermöglicht, die Auswirkungen einer aktuellen oder künftigen Liberalisierung zu berücksichtigen. Ein solches Verfahren sollte den betroffenen Auftraggebern Rechtssicherheit bieten und eine angemessene Entscheidungsfindung ermöglichen, so dass innerhalb kurzer Fristen eine einheitliche Anwendung des einschlägigen Gemeinschaftsrechts gewährleistet ist.

(41) Der unmittelbare Einfluss des Wettbewerbs sollte nach objektiven Kriterien festgestellt werden, wobei die besonderen Merkmale des betreffenden Sektors zu berücksichtigen sind. Die Umsetzung und Anwendung gemeinschaftlicher Rechtsvorschriften zur Liberalisierung eines bestimmten Sektors oder Teilsektors gelten als hinreichende Vermutung für den freien Zugang zu dem betreffenden Markt. Entsprechende angemessene Rechtsvorschriften sollten in einem Anhang aufgeführt werden, der von der Kommission aktualisiert werden kann. Bei der Aktualisierung trägt die Kommission insbesondere dem Umstand Rechnung, dass eventuell Maßnahmen verabschiedet wurden, die eine echte Öffnung von Sektoren, für die in Anhang XI noch keine Rechtsvorschriften aufgeführt sind, für den Wettbewerb bewirken; dazu zählt z. B. die Öffnung des Schienenverkehrs für den Wettbewerb. Geht der freie Zugang zu einem Markt nicht auf

---

1) **Amtl. Anm.:** ABl L 316 vom 17. 12. 1993, S. 41.
2) **Amtl. Anm.:** ABl L 156 vom 13. 6. 1997, S. 55.
3) **Amtl. Anm.:** ABl L 68 vom 12. 3. 2002, S. 31.
4) **Amtl. Anm.:** ABl L 16 vom 23. 1. 2004, S. 57.

die Anwendung einschlägigen Gemeinschaftsrechts zurück, sollte dieser freie Zugang de jure und de facto nachgewiesen werden. Im Hinblick darauf stellt die Anwendung einer Richtlinie, wie beispielsweise der Richtlinie 94/22/EG, durch einen Mitgliedstaat, durch die ein bestimmter Sektor liberalisiert wird, auf einen anderen Sektor wie beispielsweise den Kohlesektor einen Sachverhalt dar, der für die Zwecke des Artikels 30 zu berücksichtigen ist.

(42) Die von den Auftraggebern erarbeiteten technischen Spezifikationen sollten es erlauben, die öffentlichen Beschaffungsmärkte für den Wettbewerb zu öffnen. Hierfür sollte es möglich sein, Angebote einzureichen, die die Vielfalt technischer Lösungsmöglichkeiten widerspiegeln. Damit dies gewährleistet ist, sollten einerseits Leistungs- und Funktionsanforderungen in technischen Spezifikationen erlaubt sein, und andererseits sollten im Falle der Bezugnahme auf eine europäische Norm, oder wenn eine solche nicht vorliegt, auf eine nationale Norm, Angebote auf der Grundlage anderer gleichwertiger Lösungen, die die Anforderungen des Auftraggebers erfüllen und auch hinsichtlich der Sicherheitsanforderungen gleichwertig sind, von den Auftraggebern berücksichtigt werden. Die Bieter sollten die Möglichkeit haben, die Gleichwertigkeit ihrer Lösung mit allen ihnen zu Gebote stehenden Nachweisen zu belegen. Die Auftraggeber sollten jede Entscheidung, dass die Gleichwertigkeit in einem bestimmten Fall nicht gegeben ist, begründen können. Auftraggeber, die für die technischen Spezifikationen eines Auftrags Umweltanforderungen festlegen möchten, können die Umwelteigenschaften – wie eine bestimmte Produktionsmethode – und/oder Auswirkungen bestimmter Warengruppen oder Dienstleistungen auf die Umwelt festlegen. Sie können – müssen aber nicht – geeignete Spezifikationen verwenden, die in Umweltgütezeichen definiert sind, wie z. B. im Europäischen Umweltgütezeichen, in (pluri-)nationalen Umweltgütezeichen oder anderen Umweltgütezeichen, sofern die Anforderungen an das Gütezeichen auf der Grundlage von wissenschaftlich abgesicherten Informationen im Rahmen eines Verfahrens ausgearbeitet und erlassen werden, an dem interessierte Kreise – wie z. B. staatliche Stellen, Verbraucher, Hersteller, Einzelhändler und Umweltorganisationen – teilnehmen können, und sofern das Gütezeichen für alle interessierten Parteien zugänglich und verfügbar ist. Die Auftraggeber sollten, wo immer dies möglich ist, technische Spezifikationen festlegen, die das Kriterium der Zugänglichkeit für Personen mit einer Behinderung oder das Kriterium der Konzeption für alle Benutzer berücksichtigen. Die technischen Spezifikationen sind klar festzulegen, so dass alle Bieter wissen, was die Anforderungen des Auftraggebers umfassen.

(43) Um die Beteiligung von kleinen und mittleren Unternehmen an öffentlichen Aufträgen zu fördern, ist es angebracht, Bestimmungen über Unteraufträge vorzusehen.

(44) Die Bedingungen für die Ausführung eines Auftrags sind mit der Richtlinie vereinbar, wenn sie nicht unmittelbar oder mittelbar zu einer Diskriminierung führen und in der als Aufruf zum Wettbewerb dienenden Bekanntmachung oder in den Verdingungsunterlagen angegeben sind. Sie können insbesondere dem Ziel dienen, die berufliche Ausbildung auf den Baustellen sowie die Beschäftigung von Personen zu fördern, deren Eingliederung besondere Schwierigkeiten bereitet, die Arbeitslosigkeit zu bekämpfen oder die Umwelt zu schützen. So können unter anderem z. B. die – während der Ausführung des Auftrags geltenden – Verpflichtungen genannt werden, Langzeitarbeitslose einzustellen oder Ausbildungsmaßnahmen für Arbeitnehmer oder Jugendliche durchzuführen, oder die Bestimmungen der grundlegenden Übereinkommen der Internationalen Arbeitsorganisation (IAO), für den Fall, dass diese nicht in innerstaatliches Recht umgesetzt worden sind, im Wesentlichen einzuhalten, oder ein Kontingent von behinderten Personen einzustellen, das über dem nach innerstaatlichem Recht vorgeschriebenen Kontingent liegt.

(45) Die im Bereich der Arbeitsbedingungen und der Sicherheit am Arbeitsplatz geltenden nationalen und gemeinschaftlichen Gesetze, Regelungen und Tarifverträge sind während der Ausführung eines Auftrags anwendbar, sofern derartige Vorschriften sowie ihre Anwendung mit dem Gemeinschaftsrecht vereinbar sind. Für grenzüberschreitende Situationen, in denen Arbeitnehmer eines Mitgliedstaats zur Ausführung eines Auftrags Dienstleistungen in einem anderen Mitgliedstaat erbringen, legt die Richtlinie 96/71/EG

des Europäischen Parlaments und des Rates vom 16. Dezember 1996 über die Entsendung von Arbeitnehmern im Rahmen der Erbringung von Dienstleistungen[1] die Mindestbedingungen fest, die der Aufnahmestaat in Bezug auf die entsandten Arbeitnehmer einzuhalten hat. Enthält das nationale Recht entsprechende Bestimmungen, so kann die Nichteinhaltung dieser Verpflichtungen als eine schwere Verfehlung oder als ein Verstoß betrachtet werden, der die berufliche Zuverlässigkeit des Wirtschaftsteilnehmers in Frage stellt und dessen Ausschluss von dem Verfahren zur Vergabe eines Auftrags zur Folge haben kann.

(46) Angesichts der neuen Informations- und Kommunikationstechnologie und der Erleichterungen, die sie für die Bekanntmachung von Aufträgen und die Effizienz und Transparenz der Vergabeverfahren mit sich bringen können, ist es angebracht, die elektronischen Mittel den klassischen Mitteln zur Kommunikation und zum Informationsaustausch gleichzusetzen. Soweit möglich sollten das gewählte Mittel und die gewählte Technologie mit den in den anderen Mitgliedstaaten verwendeten Technologien kompatibel sein.

(47) Der Einsatz elektronischer Vorrichtungen spart Zeit. Dementsprechend ist es angebracht, beim Einsatz dieser elektronischen Vorrichtungen eine Verkürzung der Mindestfristen vorzusehen, jedoch unter der Voraussetzung, dass sie mit den auf Gemeinschaftsebene vorgesehenen spezifischen Übertragungsmodalitäten vereinbar sind. Es ist jedoch sicherzustellen, dass die Kumulierung der Fristverkürzungen nicht zu unverhältnismäßig kurzen Fristen führt.

(48) Die Richtlinie 1999/93/EG des Europäischen Parlaments und des Rates vom 13. Dezember 1999 über gemeinschaftliche Rahmenbedingungen für elektronische Signaturen[2] und die Richtlinie 2000/31/EG des Europäischen Parlaments und des Rates vom 8. Juni 2000 über bestimmte rechtliche Aspekte der Dienste der Informationsgesellschaft, insbesondere des elektronischen Geschäftsverkehrs, im Binnenmarkt („Richtlinie über den elektronischen Geschäftsverkehr")[3] sollten für die elektronische Übermittlung von Informationen im Rahmen der vorliegenden Richtlinie gelten. Die Verfahren zur Vergabe öffentlicher Aufträge und die für Wettbewerbe geltenden Vorschriften erfordern einen höheren Grad an Sicherheit und Vertraulichkeit als in den genannten Richtlinien vorgesehen ist. Daher sollten die Vorrichtungen für den elektronischen Eingang von Angeboten, Anträgen auf Teilnahme und von Plänen und Vorhaben besonderen zusätzlichen Anforderungen genügen. Zu diesem Zweck sollte die Verwendung elektronischer Signaturen, insbesondere fortgeschrittener elektronischer Signaturen, so weit wie möglich gefördert werden. Ferner können Systeme der freiwilligen Akkreditierung günstige Rahmenbedingungen dafür bieten, dass sich das Niveau der Zertifizierungsdienste für diese Vorrichtungen erhöht.

(49) Es ist zweckmäßig, die Teilnehmer an einem Vergabeverfahren über Entscheidungen über den Abschluss einer Rahmenvereinbarung oder die Zuschlagserteilung oder den Verzicht auf das Verfahren möglichst kurzfristig zu unterrichten, um zu vermeiden, dass die Einreichung von Anträgen auf Überprüfung unmöglich wird; die Unterrichtung sollte daher möglichst rasch und generell innerhalb von 15 Tagen nach der Entscheidung erfolgen.

(50) Es sollte klargestellt werden, dass Auftraggeber, die die Eignungskriterien in einem offenen Verfahren festlegen, dies entsprechend objektiven Kriterien und Regeln tun müssen, wie auch die Eignungskriterien in den nichtoffenen Verfahren und Verhandlungsverfahren objektiv sein sollten. Diese objektiven Regeln und Kriterien implizieren ebenso wie die Eignungskriterien nicht unbedingt Gewichtungen.

(51) Es ist wichtig, die Rechtsprechung des Gerichtshofs zu den Fällen zu berücksichtigen, in denen sich ein Wirtschaftsteilnehmer auf die wirtschaftlichen, finanziellen oder technischen Kapazitäten anderer Unternehmen beruft, unabhängig davon, in welchem

---

[1] **Amtl. Anm.:** ABl L 18 vom 21. 1. 1997, S. 1.
[2] **Amtl. Anm.:** ABl L 13 vom 19. 1. 2000, S. 12.
[3] **Amtl. Anm.:** ABl L 178 vom 17. 7. 2000, S. 1.

Rechtsverhältnis er zu diesen Unternehmen steht, um die Eignungskriterien zu erfüllen oder im Rahmen von Prüfungssystemen seinen Antrag auf Prüfung zu stützen. In dem zuletzt genannten Fall hat der Wirtschaftsteilnehmer den Nachweis dafür zu erbringen, dass er während der gesamten Geltungsdauer der Prüfung tatsächlich über diese Kapazitäten verfügt. Für diese Prüfung kann ein Auftraggeber daher ein zu erreichendes Leistungsniveau, und, wenn sich der betreffende Wirtschaftsteilnehmer beispielsweise auf die Finanzkraft eines anderen Auftraggebers stützt, insbesondere die Übernahme einer gegebenenfalls gesamtschuldnerischen Verpflichtung durch den anderen Auftraggeber vorschreiben.

Die Prüfungssysteme sollten entsprechend objektiven Regeln und Kriterien verwaltet werden, die sich – nach Wahl des Auftraggebers – auf die Kapazitäten des Wirtschaftsteilnehmers und/oder die besonderen Merkmale der von dem System erfassten Arbeiten, Lieferungen oder Dienstleistungen beziehen können. Zum Zweck der Prüfung kann der Auftraggeber eigene Kontrollen durchführen, um die Merkmale der betreffenden Arbeiten, Lieferungen oder Dienstleistungen insbesondere unter dem Gesichtspunkt der Kompatibilität und der Sicherheit zu beurteilen.

(52) Soweit für die Teilnahme an einem Vergabeverfahren oder einem Wettbewerb der Nachweis einer bestimmten Qualifikation gefordert wird, werden die einschlägigen Gemeinschaftsvorschriften über die gegenseitige Anerkennung von Diplomen, Prüfungszeugnissen und sonstigen Befähigungsnachweisen angewandt.

(53) In geeigneten Fällen, in denen die Art der Arbeiten und/oder Dienstleistungen es rechtfertigt, dass bei Ausführung des Auftrags Umweltmanagementmaßnahmen oder -systeme zur Anwendung kommen, kann die Anwendung solcher Maßnahmen bzw. Systeme vorgeschrieben werden. Umweltmanagementsysteme können unabhängig von ihrer Registrierung gemäß den Gemeinschaftsvorschriften wie der Verordnung (EG) Nr. 761/2001 (EMAS)[1] als Nachweis für die technische Leistungsfähigkeit des Wirtschaftsteilnehmers zur Ausführung des Auftrags dienen. Darüber hinaus sollte eine Beschreibung der von dem Wirtschaftsteilnehmer angewandten Maßnahmen zur Gewährleistung desselben Umweltschutzniveaus alternativ zu den registrierten Umweltmanagementsystemen als Beweismittel akzeptiert werden.

(54) Es sollten Vorkehrungen getroffen werden, um der Vergabe von öffentlichen Aufträgen an Wirtschaftsteilnehmer, die sich an einer kriminellen Vereinigung beteiligt oder der Bestechung oder des Betrugs zu Lasten der finanziellen Interessen der Gemeinschaft oder der Geldwäsche schuldig gemacht haben, vorzubeugen. Da Auftraggeber, die nicht öffentliche Auftraggeber sind, möglicherweise keinen Zugang zu sicheren Beweisen für derartige Sachverhalte haben, sollte es diesen Auftraggebern überlassen werden, die Ausschlusskriterien gemäß Artikel 45 Absatz 1 der Richtlinie 2004/18/EG anzuwenden oder nicht. Infolgedessen sollten nur die Auftraggeber zur Anwendung von Artikel 45 Absatz 1 verpflichtet sein. Die Auftraggeber sollten gegebenenfalls von den Prüfungsantragstellern, Bewerbern oder Bietern einschlägige Unterlagen anfordern und, wenn sie Zweifel in Bezug auf die persönliche Lage dieser Wirtschaftsteilnehmer hegen, die zuständigen Behörden des betreffenden Mitgliedstaates um Mitarbeit ersuchen können. Diese Wirtschaftsteilnehmer sollten ausgeschlossen werden, wenn dem Auftraggeber bekannt ist, dass es eine nach einzelstaatlichem Recht ergangene rechtskräftige gerichtliche Entscheidung im Zusammenhang mit derartigen Straftaten gibt.

Enthält das nationale Recht entsprechende Bestimmungen, so kann ein Verstoß gegen das Umweltrecht oder gegen Rechtsvorschriften betreffend unrechtmäßige Absprachen im Auftragswesen, der mit einem rechtskräftigen Urteil oder einem Beschluss gleicher Wirkung sanktioniert wurde, als Verstoß, der die berufliche Zuverlässigkeit des Wirtschaftsteilnehmers in Frage stellt, oder als schwere Verfehlung betrachtet werden.

---

1) **Amtl. Anm.:** Verordnung (EG) Nr. 761/2001 des Europäischen Parlaments und des Rates vom 19. März 2001 über die freiwillige Beteiligung von Organisationen an einem Gemeinschaftssystem für Umweltmanagement und die Umweltbetriebsprüfung (EMA) (ABl L 114 vom 24. 4. 2001, S. 1).

Die Nichteinhaltung nationaler Bestimmungen zur Umsetzung der Richtlinien 2000/78/EG[1]) und 76/207/EWG[2]) des Rates zur Gleichbehandlung von Arbeitnehmern, die mit einem rechtskräftigen Urteil oder einem Beschluss gleicher Wirkung sanktioniert wurde, kann als Verstoß, der die berufliche Zuverlässigkeit des Wirtschaftsteilnehmers in Frage stellt, oder als schwere Verfehlung betrachtet werden.

(55) Der Zuschlag muss nach objektiven Kriterien erteilt werden, die die Beachtung der Grundsätze der Transparenz, Nichtdiskriminierung und Gleichbehandlung gewährleisten und sicherstellen, dass die Angebote unter wirksamen Wettbewerbsbedingungen bewertet werden. Dementsprechend sollten nur zwei Zuschlagskriterien zugelassen werden: das des „niedrigsten Preises" und das des „wirtschaftlich günstigsten Angebots".

Um bei der Zuschlagserteilung die Einhaltung des Gleichbehandlungsgrundsatzes sicherzustellen, ist die – in der Rechtsprechung anerkannte – Verpflichtung zur Sicherstellung der erforderlichen Transparenz vorzusehen, damit sich jeder Bieter angemessen über die Kriterien und Modalitäten unterrichten kann, anhand deren das wirtschaftlich günstigste Angebot ermittelt wird. Die Auftraggeber haben daher die Zuschlagskriterien und deren jeweilige Gewichtung anzugeben, und zwar so rechtzeitig, dass diese Angaben den Bietern bei der Erstellung ihrer Angebote bekannt sind. Die Auftraggeber können in begründeten Ausnahmefällen, die zu rechtfertigen sie in der Lage sein müssen, auf die Angabe der Gewichtung der Zuschlagskriterien verzichten, wenn diese Gewichtung insbesondere aufgrund der Komplexität des Auftrags nicht im Vorhinein vorgenommen werden kann. In diesen Fällen müssen sie diese Kriterien in der absteigenden Reihenfolge ihrer Bedeutung angeben.

Beschließen die Auftraggeber, dem wirtschaftlich günstigsten Angebot den Zuschlag zu erteilen, so sollten sie die Angebote unter dem Gesichtspunkt des besten Preis-Leistungs-Verhältnisses bewerten. Zu diesem Zweck sollten sie die wirtschaftlichen und qualitativen Kriterien festlegen, anhand deren insgesamt das für den Auftraggeber wirtschaftlich günstigste Angebot bestimmt werden kann. Die Festlegung dieser Kriterien hängt insofern vom Auftragsgegenstand ab, als sie es ermöglichen müssen, das Leistungsniveau jedes einzelnen Angebots im Verhältnis zu dem in den technischen Spezifikationen beschriebenen Auftragsgegenstand zu bewerten sowie das Preis-Leistungs-Verhältnis jedes Angebots zu bestimmen. Damit die Gleichbehandlung gewährleistet ist, müssen die Zuschlagskriterien einen Vergleich und eine objektive Bewertung der Angebote ermöglichen. Wenn diese Voraussetzungen erfüllt sind, versetzen die wirtschaftlichen und qualitativen Zuschlagskriterien, wie z. B. Kriterien zur Erfüllung von Umweltanforderungen, den Auftraggeber in die Lage, auf Bedürfnisse der betroffenen Allgemeinheit, die in den Leistungsbeschreibungen festgelegt ist, einzugehen. Unter denselben Voraussetzungen kann ein Auftraggeber auch Kriterien zur Erfüllung sozialer Anforderungen anwenden, die insbesondere den – in den vertraglichen Spezifikationen festgelegten – Bedürfnissen besonders benachteiligter Bevölkerungsgruppen entsprechen, denen die Nutznießer/Nutzer der Bauleistungen, Lieferungen oder Dienstleistungen angehören.

(56) Die Zuschlagskriterien sollten nicht die Anwendung nationaler Bestimmungen beeinflussen, die die Vergütung bestimmter Dienstleistungen, wie die Dienstleistung von Architekten, Ingenieuren oder Rechtsanwälten, regeln.

---

1) **Amtl. Anm.:** Richtlinie 2000/78/EG des Rates vom 27. November 2000 zur Festlegung eines allgemeinen Rahmens für die Verwirklichung der Gleichbehandlung in Beschäftigung und Beruf (ABl L 303 vom 2. 12. 2000, S. 16).
2) **Amtl. Anm.:** Richtlinie 76/207/EWG des Rates vom 9. Februar 1976 zur Verwirklichung des Grundsatzes der Gleichbehandlung von Männern und Frauen hinsichtlich des Zugangs zur Beschäftigung, zur Berufsbildung und zum beruflichen Aufstieg sowie in Bezug auf die Arbeitsbedingungen (ABl L 39 vom 14. 2. 1976, S. 40). Geändert durch die Richtlinie 2002/73/EG (ABl L 269 vom 5. 10. 2002, S. 15).

(57) Die Verordnung (EWG, Euratom) Nr. 1182/71 des Rates vom 3. Juni 1971 zur Festlegung der Regeln für die Fristen, Daten und Termine[1] sollte für die Berechnung der in der vorliegenden Richtlinie genannten Fristen gelten.

(58) Die vorliegende Richtlinie sollte unbeschadet der internationalen Verpflichtungen der Gemeinschaft oder der Mitgliedstaaten gelten und nicht die Anwendung anderer Bestimmungen des Vertrags, insbesondere der Artikel 81 und 86, berühren.

(59) Die Richtlinie sollte nicht die Frist gemäß Anhang XXV berühren, innerhalb deren die Mitgliedstaaten zur Umsetzung und Anwendung der Richtlinie 93/38/EWG verpflichtet sind.

(60) Die zur Durchführung dieser Richtlinie erforderlichen Maßnahmen sollten gemäß dem Beschluss 1999/468/EG des Rates vom 28. Juni 1999 zur Festlegung der Modalitäten für die Ausübung der der Kommission übertragenen Durchführungsbefugnisse[2] erlassen werden –

HABEN FOLGENDE RICHTLINIE ERLASSEN:

## Titel I: Allgemeine Bestimmungen für Aufträge und Wettbewerbe

### Kapitel I: Grundbegriffe

**Artikel 1 Definitionen**

(1) Für die Zwecke dieser Richtlinie gelten die Definitionen dieses Artikels.

(2) a) „Liefer-, Bau- und Dienstleistungsaufträge" sind zwischen einem oder mehreren der in Artikel 2 Absatz 2 aufgeführten Auftraggeber und einem oder mehreren Unternehmern, Lieferanten oder Dienstleistern geschlossene entgeltliche schriftliche Verträge.

b) „Bauaufträge" sind Aufträge über entweder die Ausführung oder gleichzeitig die Planung und die Ausführung von Bauvorhaben im Zusammenhang mit einer der in Anhang XII genannten Tätigkeiten oder eines Bauwerks oder die Erbringung einer Bauleistung durch Dritte, gleichgültig mit welchen Mitteln, gemäß den vom Auftraggeber genannten Erfordernissen. Ein „Bauwerk" ist das Ergebnis einer Gesamtheit von Tief- oder Hochbauarbeiten, das seinem Wesen nach eine wirtschaftliche oder technische Funktion erfüllen soll.

c) „Lieferaufträge" sind andere Aufträge als die unter Buchstabe b) genannten; sie betreffen den Kauf, das Leasing, die Miete, die Pacht oder den Ratenkauf, mit oder ohne Kaufoption, von Waren.

Ein Auftrag über die Lieferung von Waren, der das Verlegen und Anbringen lediglich als Nebenarbeiten umfasst, gilt als „Lieferauftrag".

d) „Dienstleistungsaufträge" sind Aufträge über die Erbringung von Dienstleistungen im Sinne von Anhang XVII, die keine Bau- oder Lieferaufträge sind.

Ein Auftrag, der sowohl Waren als auch Dienstleistungen im Sinne von Anhang XVII umfasst, gilt als „Dienstleistungsauftrag", wenn der Wert der betreffenden Dienstleistungen den Wert der in den Auftrag einbezogenen Waren übersteigt.

Ein Auftrag über die Erbringung von Dienstleistungen im Sinne von Anhang XVII, der Tätigkeiten im Sinne von Anhang XII lediglich als Nebenarbeiten im Verhältnis zum Hauptauftragsgegenstand umfasst, gilt als Dienstleistungsauftrag.

(3) a) „Baukonzession" ist ein Vertrag, der von einem Bauauftrag nur insoweit abweicht, als die Gegenleistung für die Bauleistungen ausschließlich in dem

---

1) **Amtl. Anm.:** ABl L 124 vom 8. 6. 1971, S. 1.
2) **Amtl. Anm.:** ABl L 184 vom 17. 7. 1999, S. 23.

Recht zur Nutzung des Bauwerks oder in diesem Recht zuzüglich der Zahlung eines Preises besteht.

b) „Dienstleistungskonzession" ist ein Vertrag, der von einem Diensteistungsauftrag nur insoweit abweicht, als die Gegenleistung für die Erbringung der Dienstleistungen ausschließlich in dem Recht zur Nutzung der Dienstleistung oder in diesem Recht zuzüglich der Zahlung eines Preises besteht.

(4) „Rahmenvereinbarung" ist eine Vereinbarung zwischen einem oder mehreren Auftraggebern im Sinne des Artikels 2 Absatz 2 und einem oder mehreren Wirtschaftsteilnehmern, die zum Ziel hat, die Bedingungen für die Aufträge, die im Laufe eines bestimmten Zeitraums vergeben werden sollen, festzulegen, insbesondere in Bezug auf den Preis und gegebenenfalls die in Aussicht genommenen Mengen.

(5) „Dynamisches Beschaffungssystem" ist ein vollelektronisches Verfahren für Beschaffungen von marktüblichen Leistungen, bei denen die allgemein auf dem Markt verfügbaren Merkmale den Anforderungen des Auftraggebers genügen; dieses Verfahren ist zeitlich befristet und steht während der gesamten Verfahrensdauer jedem Wirtschaftsteilnehmer offen, der die Eignungskriterien erfüllt und ein erstes Angebot im Einklang mit den Verdingungsunterlagen unterbreitet hat.

(6) Eine „elektronische Auktion" ist ein iteratives Verfahren, bei dem mittels einer elektronischen Vorrichtung nach einer ersten vollständigen Bewertung der Angebote jeweils neue, nach unten korrigierte Preise und/oder neue, auf bestimmte Komponenten der Angebote abstellende Werte vorgelegt werden, und das eine automatische Klassifizierung dieser Angebote ermöglicht. Folglich dürfen bestimmte Bau- und Dienstleistungsaufträge, bei denen eine geistige Leistung zu erbringen ist – wie z. B. die Konzeption von Bauarbeiten –, nicht Gegenstand von elektronischen Auktionen sein.

(7) „Unternehmer", „Lieferant" und „Dienstleistungserbringer" sind entweder natürliche oder juristische Personen oder Auftraggeber im Sinne von Artikel 2 Absatz 2 Buchstabe a) oder b) oder Gruppen dieser Personen und/oder Einrichtungen, die auf dem Markt die Ausführung von Bauleistungen, die Errichtung von Bauwerken, die Lieferung von Waren bzw. die Erbringung von Dienstleistungen anbieten.

Der Begriff „Wirtschaftsteilnehmer" umfasst sowohl Unternehmer als auch Lieferanten und Dienstleistungserbringer. Er dient ausschließlich der Vereinfachung des Textes.

„Bieter" ist ein Wirtschaftsteilnehmer, der ein Angebot vorlegt, ein „Bewerber" derjenige, der sich um eine Aufforderung zur Teilnahme an einem nichtoffenen Verfahren oder Verhandlungsverfahren bewirbt.

(8) „Zentrale Beschaffungsstelle" ist ein öffentlicher Auftraggeber im Sinne von Artikel 2 Absatz 1 Buchstabe a) oder ein öffentlicher Auftraggeber im Sinne von Artikel 1 Absatz 9 der Richtlinie 2004/18/EG, der

– für Auftraggeber bestimmte Waren und/oder Dienstleistungen erwirbt oder

– öffentliche Aufträge vergibt oder Rahmenvereinbarungen über Bauleistungen, Waren oder Dienstleistungen für Auftraggeber schließt.

(9) „Offene, nichtoffene und Verhandlungsverfahren" sind die von den Auftraggebern angewandten Vergabeverfahren, bei denen

a) im Fall des offenen Verfahrens alle interessierten Wirtschaftsteilnehmer ein Angebot abgeben können,

b) im Fall des nichtoffenen Verfahrens sich alle Wirtschaftsteilnehmer um die Teilnahme bewerben können und nur die vom Auftraggeber aufgeforderten Bewerber ein Angebot abgeben können,

c) im Fall von Verhandlungsverfahren der Auftraggeber sich an Wirtschaftsteilnehmer seiner Wahl wendet und mit einem oder mehreren von ihnen über die Auftragsbedingungen verhandelt,

(10) „Wettbewerbe" sind Auslobungsverfahren, die dazu dienen, dem Auftraggeber insbesondere auf den Gebieten der Raumplanung, der Stadtplanung, der Architektur und des Bauwesens oder der Datenverarbeitung einen Plan oder eine Planung zu ver-

schaffen, deren Auswahl durch ein Preisgericht aufgrund vergleichender Beurteilung mit oder ohne Verteilung von Preisen erfolgt.

(11) „Schriftlich" ist jede aus Wörtern oder Ziffern bestehende Darstellung, die gelesen, reproduziert und mitgeteilt werden kann. Darin können auch elektronisch übermittelte und gespeicherte Informationen enthalten sein.

(12) „Elektronisch" ist ein Verfahren, bei dem elektronische Geräte für die Verarbeitung (einschließlich digitaler Kompression) und Speicherung von Daten zum Einsatz kommen und bei dem Informationen über Kabel, über Funk, mit optischen Verfahren oder mit anderen elektromagnetischen Verfahren übertragen, weitergeleitet und empfangen werden.

(13) Das „Gemeinsame Vokabular für öffentliche Aufträge", nachstehend „CPV" (Common Procurement Vocabulary) genannt, bezeichnet die mit der Verordnung (EG) Nr. 2195/2002 des Europäischen Parlaments und des Rates vom 5. November 2002 über das Gemeinsame Vokabular für öffentliche Aufträge[1)] angenommene, auf öffentliche Aufträge anwendbare Referenzklassifikation; es gewährleistet zugleich die Übereinstimmung mit den übrigen bestehenden Klassifikationen.

Sollte es aufgrund etwaiger Abweichungen zwischen der CPV-Nomenklatur und der NACE-Nomenklatur nach Anhang XII oder zwischen der CPV-Nomenklatur und der CPC-Nomenklatur (vorläufige Fassung) nach Anhang XVII zu unterschiedlichen Auslegungen bezüglich des Anwendungsbereichs der vorliegenden Richtlinie kommen, so hat jeweils die NACE-Nomenklatur bzw. die CPC-Nomenklatur Vorrang.

## Kapitel II: Definition der Auftraggeber und Tätigkeiten

### Abschnitt 1: Stellen

#### Artikel 2  Auftraggeber

(1) Im Sinne dieser Richtlinie bezeichnet der Ausdruck:

a) „öffentlicher Auftraggeber" den Staat, die Gebietskörperschaften, die Einrichtungen des öffentlichen Rechts und die Verbände, die aus einer oder mehreren dieser Körperschaften oder Einrichtungen des öffentlichen Rechts bestehen.

Als „Einrichtung des öffentlichen Rechts" gilt jede Einrichtung, die

- zu dem besonderen Zweck gegründet wurde, im Allgemeininteresse liegende Aufgaben nicht gewerblicher Art zu erfüllen,
- Rechtspersönlichkeit besitzt und
- überwiegend vom Staat, von den Gebietskörperschaften oder von anderen Einrichtungen des öffentlichen Rechts finanziert wird, hinsichtlich ihrer Leistung der Aufsicht durch Letztere unterliegt, oder deren Verwaltungs-, Leitungs- oder Aufsichtsorgan mehrheitlich aus Mitgliedern besteht, die vom Staat, von den Gebietskörperschaften oder von anderen Einrichtungen des öffentlichen Rechts ernannt worden sind;

b) „öffentliches Unternehmen" jedes Unternehmen, auf das der Auftraggeber aufgrund von Eigentum, finanzieller Beteiligung oder der für das Unternehmen geltenden Vorschriften unmittelbar oder mittelbar einen beherrschenden Einfluss ausüben kann.

Es wird vermutet, dass der Auftraggeber einen beherrschenden Einfluss auf ein Unternehmen ausübt, wenn er unmittelbar oder mittelbar

- die Mehrheit des gezeichneten Kapitals des Unternehmens hält oder
- über die Mehrheit der mit den Anteilen am Unternehmen verbundenen Stimmrechte verfügt oder

---

1) Amtl. Anm.: ABl L 340 vom 16.12.2002, S. 2.

– mehr als die Hälfte der Mitglieder des Verwaltungs-, Leitungs- oder Aufsichtsorgans des Unternehmens ernennen kann.

(2) Diese Richtlinie gilt für Auftraggeber, die

a) öffentliche Auftraggeber oder öffentliche Unternehmen sind und eine Tätigkeit im Sinne der Artikel 3 bis 7 ausüben, oder,

b) wenn sie keine öffentlichen Auftraggeber oder keine öffentlichen Unternehmen sind, eine Tätigkeit im Sinne der Artikel 3 bis 7 oder mehrere dieser Tätigkeiten auf der Grundlage von besonderen oder ausschließlichen Rechten ausüben, die von einer zuständigen Behörde eines Mitgliedstaats gewährt wurden.

(3) „Besondere oder ausschließliche Rechte" im Sinne dieser Richtlinie sind Rechte, die von einer zuständigen Behörde eines Mitgliedstaats mittels Rechts- oder Verwaltungsvorschriften gewährt wurden und dazu führen, dass die Ausübung einer der in den Artikeln 3 bis 7 genannten Tätigkeiten einem oder mehreren Unternehmen vorbehalten wird und dass die Möglichkeit anderer Unternehmen, diese Tätigkeit auszuüben, erheblich beeinträchtigt wird.

## Abschnitt 2: Tätigkeiten

### Artikel 3  Gas, Wärme und Elektrizität

(1) Im Bereich von Gas und Wärme fallen unter diese Richtlinie:

a) die Bereitstellung und das Betreiben fester Netze zur Versorgung der Allgemeinheit im Zusammenhang mit der Erzeugung, der Fortleitung und der Abgabe von Gas und Wärme,

b) die Einspeisung von Gas oder Wärme in diese Netze.

(2) Die Einspeisung von Gas oder Wärme in Netze zur Versorgung der Allgemeinheit durch einen Auftraggeber, der kein öffentlicher Auftraggeber ist, gilt nicht als Tätigkeit im Sinne des Absatzes 1, sofern

a) die Erzeugung von Gas oder Wärme durch den betreffenden Auftraggeber sich zwangsläufig aus der Ausübung einer Tätigkeit ergibt, die nicht unter die Absätze 1 oder 3 oder die Artikel 4 bis 7 fällt, und

b) die Einspeisung in das öffentliche Netz nur darauf abzielt, diese Erzeugung wirtschaftlich zu nutzen und bei Zugrundelegung des Mittels der letzten drei Jahre einschließlich des laufenden Jahres nicht mehr als 20 % des Umsatzes des Auftraggebers ausmacht.

(3) Im Bereich der Elektrizität fallen unter diese Richtlinie:

a) die Bereitstellung und das Betreiben fester Netze zur Versorgung der Allgemeinheit im Zusammenhang mit der Erzeugung, der Fortleitung und der Abgabe von Elektrizität,

b) die Einspeisung von Elektrizität in diese Netze.

(4) Die Einspeisung von Elektrizität in Netze zur Versorgung der Allgemeinheit durch einen Auftraggeber, der kein öffentlicher Auftraggeber ist, gilt nicht als Tätigkeit im Sinne des Absatzes 3, sofern

a) die Erzeugung von Elektrizität durch den betreffenden Auftraggeber erfolgt, weil sie für die Ausübung einer Tätigkeit erforderlich ist, die nicht unter die Absätze 1 oder 3 oder die Artikel 4 bis 7 fällt, und

b) die Einspeisung in das öffentliche Netz nur von dem Eigenverbrauch des betreffenden Auftraggebers abhängt und bei Zugrundelegung des Mittels der letzten drei Jahre einschließlich des laufenden Jahres nicht mehr als 30 % der gesamten Energieerzeugung des Auftraggebers ausmacht.

**Artikel 4 Wasser**

(1) Unter diese Richtlinie fallen folgende Tätigkeiten:
a) die Bereitstellung und das Betreiben fester Netze zur Versorgung der Allgemeinheit im Zusammenhang mit der Gewinnung, der Fortleitung und der Abgabe von Trinkwasser,
b) die Einspeisung von Trinkwasser in diese Netze.

(2) Diese Richtlinie findet auch auf die Vergabe von Aufträgen und die Durchführung von Wettbewerben durch Auftraggeber Anwendung, die eine Tätigkeit im Sinne des Absatzes 1 ausüben, wenn diese Aufträge
a) mit Wasserbauvorhaben sowie Bewässerungs- und Entwässerungsvorhaben im Zusammenhang stehen, sofern die zur Trinkwasserversorgung bestimmte Wassermenge mehr als 20 % der mit den entsprechenden Vorhaben bzw. Bewässerungs- oder Entwässerungsanlagen zur Verfügung gestellten Gesamtwassermenge ausmacht, oder
b) mit der Ableitung oder Klärung von Abwässern im Zusammenhang stehen.

(3) Die Einspeisung von Trinkwasser in Netze zur Versorgung der Allgemeinheit durch einen Auftraggeber, der kein öffentlicher Auftraggeber ist, gilt nicht als Tätigkeit im Sinne des Absatzes 1, sofern
a) die Erzeugung von Trinkwasser durch den betreffenden Auftraggeber erfolgt, weil sie für die Ausübung einer Tätigkeit erforderlich ist, die nicht unter Artikel 3 bis 7 fällt und
b) die Einspeisung in das öffentliche Netz nur von dem Eigenverbrauch des betreffenden Auftraggebers abhängt und bei Zugrundelegung des Mittels der letzten drei Jahre einschließlich des laufenden Jahres nicht mehr als 30 % der gesamten Trinkwassererzeugung des Auftraggebers ausmacht.

**Artikel 5 Verkehrsleistungen**

(1) Unter diese Richtlinie fallen die Bereitstellung oder das Betreiben von Netzen zur Versorgung der Allgemeinheit mit Verkehrsleistungen per Schiene, automatische Systeme, Straßenbahn, Trolleybus, Bus oder Kabel.
Im Verkehrsbereich gilt ein Netz als vorhanden, wenn die Verkehrsleistung gemäß den von einer zuständigen Behörde eines Mitgliedstaats festgelegten Bedingungen erbracht wird; dazu gehören die Festlegung der Strecken, die Transportkapazitäten und die Fahrpläne.

(2) Die vorliegende Richtlinie gilt nicht für Stellen, die Busverkehrsleistungen für die Allgemeinheit erbringen, die vom Anwendungsbereich der Richtlinie 93/38/EWG nach deren Artikel 2 Absatz 4 ausgenommen worden sind.

**Artikel 6 Postdienste**

(1) Unter diese Richtlinie fällt die Bereitstellung von Postdiensten oder – unter den Bedingungen nach Absatz 2 Buchstabe c) – von anderen Diensten als Postdiensten.

(2) Für die Zwecke dieser Richtlinie und unbeschadet der Richtlinie 97/67/EG gelten folgende Definitionen:
a) „Postsendung" ist eine adressierte Sendung in der endgültigen Form, in der sie befördert wird, ungeachtet ihres Gewichts. Neben Briefsendungen handelt es sich dabei z.B. um Bücher, Kataloge, Zeitungen und Zeitschriften sowie um Postpakete, die Waren mit oder ohne Handelswert enthalten, ungeachtet ihres Gewichts;
b) „Postdienste" sind Dienste, die die Abholung, das Sortieren, den Transport und die Zustellung von Postsendungen betreffen. Diese Dienste umfassen:
  – „reservierte Postdienste": Postdienste, die nach Artikel 7 der Richtlinie 97/67/EG reserviert sind oder reserviert werden können;
  – „sonstige Postdienste": Postdienste, die nach Artikel 7 der Richtlinie 97/67/EG nicht reserviert werden können;

c) „andere Dienste als Postdienste" sind Dienstleistungen, die in den folgenden Bereichen erbracht werden:
- Managementdienste für Postversandstellen (Dienste vor dem Versand und nach dem Versand, wie beispielsweise „Mailroom-Management");
- Mehrwertdienste, die mit elektronischen Mitteln verknüpft sind und gänzlich mit diesen Mitteln erbracht werden (wie die abgesicherte Übermittlung von verschlüsselten Dokumenten per E-Mail, Adressenverwaltungsdienste und die Übermittlung von registrierten E-Mail-Sendungen);
- Dienste, die nicht unter Buchstabe a) erfasste Sendungen wie etwa nicht adressierte Postwurfsendungen betreffen;
- Finanzdienstleistungen gemäß den in Kategorie 6 von Anhang XVII Teil A und in Artikel 24 Buchstabe c) getroffenen Festlegungen, insbesondere Postanweisungen und -überweisungen;
- philatelistische Dienstleistungen und
- logistische Dienstleistungen (Dienstleistungen, bei denen die materielle Auslieferung und/oder Lagerung mit anderen nicht postalischen Aufgaben kombiniert wird),

sofern diese Dienste von einer Einrichtung erbracht werden, die auch Postdienste im Sinne des Buchstabens b) erster oder zweiter Gedankenstrich erbringt, und die Voraussetzungen des Artikels 30 Absatz 1 bezüglich der unter diese Gedankenstriche fallenden Dienstleistungen nicht erfüllt sind.

### Artikel 7 Aufsuchen und Förderung von Erdöl, Gas, Kohle und anderen festen Brennstoffen sowie Häfen und Flughäfen

Unter diese Richtlinie fallen Tätigkeiten zur Nutzung eines geografisch abgegrenzten Gebietes zum Zwecke

a) des Aufsuchens und der Förderung von Erdöl, Gas, Kohle und anderen festen Brennstoffen oder

b) der Bereitstellung von Flughäfen, Häfen und anderen Verkehrsendeinrichtungen für Beförderungsunternehmen im Luft-, See- oder Binnenschiffsverkehr.

### Artikel 8 Verzeichnis der Auftraggeber

Die nicht erschöpfenden Verzeichnisse der Auftraggeber im Sinne dieser Richtlinie sind in den Anhängen I bis X aufgeführt. Die Mitgliedstaaten geben der Kommission regelmäßig die Änderungen ihrer Verzeichnisse bekannt.

### Artikel 9 Aufträge, die mehrere Tätigkeiten betreffen

(1) Für einen Auftrag zur Durchführung mehrerer Tätigkeiten gelten die Vorschriften für die Tätigkeit, die den Hauptgegenstand darstellt.

Die Wahl zwischen der Vergabe eines einzigen Auftrags und der Vergabe mehrerer getrennter Aufträge darf jedoch nicht mit der Zielsetzung erfolgen, die Anwendung dieser Richtlinie oder gegebenenfalls der Richtlinie 2004/18/EG zu umgehen.

(2) Unterliegt eine der Tätigkeiten, die der Auftrag umfasst, der vorliegenden Richtlinie, die andere Tätigkeit jedoch der genannten Richtlinie 2004/18/EG und ist es objektiv nicht möglich, festzustellen, welche Tätigkeit den Hauptgegenstand des Auftrags darstellt, so ist der Auftrag gemäß den Bestimmungen der genannten Richtlinie 2004/18/EG zu vergeben.

(3) Unterliegt eine der Tätigkeiten, die der Auftrag umfasst, der vorliegenden Richtlinie, die andere Tätigkeit jedoch weder der vorliegenden Richtlinie noch der genannten Richtlinie 2004/18/EG und ist es objektiv nicht möglich, festzustellen, welche Tätigkeit den Hauptgegenstand des Auftrags darstellt, so ist der Auftrag gemäß den Bestimmungen der vorliegenden Richtlinie zu vergeben.

## Kapitel III: Allgemeine Grundsätze

**Artikel 10  Grundsätze für die Vergabe von Aufträgen**

Die Auftraggeber behandeln alle Wirtschaftsteilnehmer gleich und nichtdiskriminierend und gehen in transparenter Weise vor.

## Titel II: Vorschriften für Aufträge

### Kapitel I: Allgemeine Bestimmungen

**Artikel 11  Wirtschaftsteilnehmer**

(1) Bewerber oder Bieter, die gemäß den Rechtsvorschriften des Mitgliedstaats, in dem sie ansässig sind, zur Erbringung der betreffenden Leistung berechtigt sind, dürfen nicht allein deshalb zurückgewiesen werden, weil sie gemäß den Rechtsvorschriften des Mitgliedstaats, in dem der Auftrag vergeben wird, natürliche oder juristische Personen sein müssten.

Bei Dienstleistungs- und Bauaufträgen sowie bei Lieferaufträgen, die zusätzliche Dienstleistungen und/oder Arbeiten wie Verlegen und Anbringen umfassen, können juristische Personen jedoch verpflichtet werden, in ihrem Angebot oder ihrem Antrag auf Teilnahme die Namen und die beruflichen Qualifikationen der Personen anzugeben, die für die Durchführung des betreffenden Auftrags verantwortlich sein sollen.

(2) Angebote oder Anträge auf Teilnahme können auch von Gruppen von Wirtschaftsteilnehmern eingereicht werden. Die Auftraggeber können nicht verlangen, dass nur Gruppen von Wirtschaftsteilnehmern, die eine bestimmte Rechtsform haben, ein Angebot oder einen Antrag auf Teilnahme einreichen können; allerdings kann von der ausgewählten Gruppe von Wirtschaftsteilnehmern verlangt werden, dass sie eine bestimmte Rechtsform annimmt, wenn ihr der Zuschlag erteilt worden ist, sofern dies für die ordnungsgemäße Durchführung des Auftrags erforderlich ist.

**Artikel 12  Bedingungen aus den im Rahmen der Welthandelsorganisation geschlossenen Übereinkommen**

Bei der Vergabe von Aufträgen durch die Auftraggeber wenden die Mitgliedstaaten untereinander Bedingungen an, die ebenso günstig sind wie diejenigen, die sie gemäß dem Übereinkommen Wirtschaftsteilnehmern aus Drittländern einräumen. Zu diesem Zweck konsultieren die Mitgliedstaaten einander im Beratenden Ausschuss für öffentliches Auftragswesen über die Maßnahmen, die aufgrund des Übereinkommens zu treffen sind.

**Artikel 13  Vertraulichkeit**

(1) Die Auftraggeber können die Übermittlung technischer Spezifikationen an interessierte Wirtschaftsteilnehmer, die Prüfung und die Auswahl von Wirtschaftsteilnehmern und die Zuschlagserteilung mit Auflagen zum Schutz der Vertraulichkeit der von ihnen zur Verfügung gestellten Informationen verbinden.

(2) Unbeschadet der Bestimmungen dieser Richtlinie – insbesondere der Artikel 43 und 49, die die Pflichten im Zusammenhang mit der Bekanntmachung vergebener Aufträge und der Unterrichtung der Bewerber und Bieter regeln – gibt ein Auftraggeber nach Maßgabe des innerstaatlichen Rechts, dem er unterliegt, keine ihm von den Wirtschaftsteilnehmern übermittelten und von diesen als vertraulich eingestuften Informationen weiter, wozu insbesondere technische und Betriebsgeheimnisse sowie die vertraulichen Aspekte der Angebote selbst gehören.

**Artikel 14  Rahmenvereinbarungen**

(1) Die Auftraggeber können eine Rahmenvereinbarung als Auftrag im Sinne von Artikel 1 Absatz 2 ansehen und gemäß dieser Richtlinie schließen.

(2) Haben die Auftraggeber eine Rahmenvereinbarung gemäß dieser Richtlinie geschlossen, so können sie bei der Vergabe von Aufträgen, denen diese Rahmenvereinbarung zugrunde liegt, Artikel 40 Absatz 3 Buchstabe i) in Anspruch nehmen.

(3) Ist eine Rahmenvereinbarung nicht gemäß dieser Richtlinie geschlossen worden, so können die Auftraggeber Artikel 40 Absatz 3 Buchstabe i) nicht in Anspruch nehmen.

(4) Die Auftraggeber dürfen Rahmenvereinbarungen nicht dazu missbrauchen, den Wettbewerb zu verhindern, einzuschränken oder zu verfälschen.

### Artikel 15  Dynamische Beschaffungssysteme

(1) Die Mitgliedstaaten können vorsehen, dass die Auftraggeber auf dynamische Beschaffungssysteme zurückgreifen können.

(2) Zur Einrichtung eines dynamischen Beschaffungssystems befolgen die Auftraggeber die Vorschriften des offenen Verfahrens in allen Phasen bis zur Erteilung des Zuschlags für den im Rahmen dieses Systems zu erteilenden Auftrag. Alle Bieter, welche die Eignungskriterien erfüllen und ein unverbindliches Angebot im Einklang mit den Verdingungsunterlagen und den etwaigen zusätzlichen Dokumenten unterbreitet haben, werden zur Teilnahme am System zugelassen; die unverbindlichen Angebote können jederzeit nachgebessert werden, sofern sie dabei mit den Verdingungsunterlagen vereinbar bleiben. Die Auftraggeber verwenden bei der Einrichtung des Systems und bei der Vergabe der Aufträge in dessen Rahmen ausschließlich elektronische Mittel gemäß Artikel 48 Absätze 2 bis 5.

(3) Zur Einrichtung des dynamischen Beschaffungssystems verfahren die Auftraggeber wie folgt:

a) Sie veröffentlichen eine Bekanntmachung, in der sie präzisieren, dass es sich um ein dynamisches Beschaffungssystem handelt;

b) in den Verdingungsunterlagen geben sie u. a. die Art der in Betracht gezogenen Anschaffungen an, die Gegenstand dieses Systems sind, sowie alle erforderlichen Informationen betreffend das Beschaffungssystem, die verwendete elektronische Ausrüstung und die technischen Vorkehrungen und Merkmale der Verbindung;

c) sie gewähren auf elektronischem Wege ab dem Zeitpunkt der Veröffentlichung der Bekanntmachung und bis zur Beendigung des Systems freien, unmittelbaren und uneingeschränkten Zugang zu den Verdingungsunterlagen und zu jedem zusätzlichen Dokument und geben in der Bekanntmachung die Internet-Adresse an, unter der diese Dokumente abgerufen werden können.

(4) Die Auftraggeber räumen während der gesamten Laufzeit des dynamischen Beschaffungssystems jedem Wirtschaftsteilnehmer die Möglichkeit ein, ein unverbindliches Angebot zu unterbreiten, um gemäß Absatz 2 zur Teilnahme am System zugelassen zu werden. Sie schließen die Evaluierung binnen einer Frist von höchstens 15 Tagen ab dem Zeitpunkt der Vorlage des unverbindlichen Angebots ab. Sie können die Evaluierung jedoch verlängern, sofern nicht zwischenzeitlich ein Aufruf zum Wettbewerb erfolgt.

Die Auftraggeber unterrichten den Bieter gemäß Unterabsatz 1 unverzüglich darüber, ob er zur Teilnahme am dynamischen Beschaffungssystem zugelassen oder sein unverbindliches Angebot abgelehnt wurde.

(5) Für jeden Einzelauftrag hat ein gesonderter Aufruf zum Wettbewerb zu erfolgen. Vor diesem Aufruf zum Wettbewerb veröffentlichen die Auftraggeber eine vereinfachte Bekanntmachung, in der alle interessierten Wirtschaftsteilnehmer aufgefordert werden, ein unverbindliches Angebot nach Absatz 4 abzugeben, und zwar binnen einer Frist, die nicht weniger als 15 Tage ab dem Versand der vereinfachten Bekanntmachung betragen darf. Die Auftraggeber nehmen den Aufruf zum Wettbewerb erst dann vor, wenn alle fristgerecht eingegangenen unverbindlichen Angebote ausgewertet wurden.

(6) Die Auftraggeber fordern alle zur Teilnahme am System zugelassenen Bieter zur Einreichung von Angeboten für alle im Rahmen des Systems zu vergebenden Aufträge auf. Für die Einreichung der Angebote legen sie eine hinreichend lange Frist fest.

Sie vergeben den Auftrag an den Bieter, der nach den in der Bekanntmachung für die Einrichtung des dynamischen Beschaffungssystems aufgestellten Zuschlagskriterien das beste Angebot vorgelegt hat. Diese Kriterien können gegebenenfalls in der in Unterabsatz 1 genannten Aufforderung präzisiert werden.

(7) Mit Ausnahme von Sonderfällen, die in angemessener Weise zu rechtfertigen sind, darf die Laufzeit eines dynamischen Beschaffungssystems vier Jahre nicht überschreiten.

Die Auftraggeber dürfen dieses System nicht in einer Weise anwenden, durch die der Wettbewerb verhindert, eingeschränkt oder verfälscht wird.

Den betreffenden Wirtschaftsteilnehmern oder den am System teilnehmenden Parteien dürfen keine Bearbeitungsgebühren in Rechnung gestellt werden.

## Kapitel II: Schwellenwerte und Ausnahmen

## Abschnitt 1: Schwellenwerte

### Artikel 16  Schwellenwerte für öffentliche Aufträge

Diese Richtlinie gilt für Aufträge, die nicht aufgrund der Ausnahme nach den Artikeln 19 bis 26 oder nach Artikel 30 in Bezug auf die Ausübung der betreffenden Tätigkeit ausgeschlossen sind und deren geschätzter Wert ohne Mehrwertsteuer (MwSt.) die folgenden Schwellenwerte nicht unterschreitet:

a)   422 000 EUR bei Liefer- und Dienstleistungsaufträgen;
b)  5 278 000 EUR bei Bauaufträgen.

### Artikel 17  Methoden zur Berechnung des geschätzten Wertes von Aufträgen, von Rahmenvereinbarungen und von dynamischen Beschaffungssystemen

(1) Grundlage für die Berechnung des geschätzten Auftragswertes ist der Gesamtwert ohne MWSt, der vom Auftraggeber voraussichtlich zu zahlen ist. Bei dieser Berechnung ist der geschätzte Gesamtwert einschließlich aller Optionen und der etwaigen Verlängerungen des Vertrags zu berücksichtigen.

Wenn der Auftraggeber Prämien oder Zahlungen an Bewerber oder Bieter vorsieht, hat er diese bei der Berechnung des geschätzten Auftragswertes zu berücksichtigen.

(2) Die Auftraggeber dürfen die Anwendung dieser Richtlinie nicht dadurch umgehen, dass sie Bauvorhaben oder Beschaffungsvorhaben einer bestimmten Menge von Waren und/oder Dienstleistungen aufteilen oder für die Berechnung des geschätzten Auftragswertes besondere Verfahren anwenden.

(3) Der zu berücksichtigende geschätzte Wert einer Rahmenvereinbarung oder eines dynamischen Beschaffungssystems ist gleich dem geschätzten Gesamtwert ohne MWSt aller für die gesamte Laufzeit der Rahmenvereinbarung oder des Beschaffungssystems geplanten Aufträge.

(4) Für die Anwendung des Artikels 16 beziehen die Auftraggeber den Wert der Bauarbeiten sowie aller für die Ausführung der Arbeiten erforderlichen Waren und Dienstleistungen, die sie dem Unternehmer zur Verfügung stellen, in den geschätzten Wert der Bauaufträge ein.

(5) Der Wert der Waren oder Dienstleistungen, die für die Ausführung eines bestimmten Bauauftrags nicht erforderlich sind, darf nicht zum Wert dieses Bauauftrags hinzugefügt werden, wenn durch die Einbeziehung die Beschaffung dieser Waren oder Dienstleistungen von der Anwendung dieser Richtlinie entzogen würde.

(6) a) Kann ein Bauvorhaben oder die beabsichtigte Beschaffung von Dienstleistungen zu Aufträgen führen, die gleichzeitig in Losen vergeben werden, so ist der geschätzte Gesamtwert aller dieser Lose zugrunde zu legen.

Erreicht oder übersteigt der kumulierte Wert der Lose den in Artikel 16 genannten Schwellenwert, so gilt diese Richtlinie für die Vergabe jedes Loses.

Der Auftraggeber kann jedoch von dieser Bestimmung abweichen, wenn es sich um Lose handelt, deren geschätzter Wert ohne MwSt. bei Dienstleistungen unter 80 000 EUR und bei Bauleistungen unter 1 000 000 EUR liegt, sofern der kumulierte Wert dieser Lose 20 % des kumulierten Werts aller Lose nicht übersteigt.

b) Kann ein Vorhaben zum Zweck des Erwerbs gleichartiger Waren zu Aufträgen führen, die gleichzeitig in Losen vergeben werden, so wird bei der Anwendung von Artikel 16 der geschätzte Gesamtwert aller dieser Lose berücksichtigt.

Erreicht oder übersteigt der kumulierte Wert der Lose den in Artikel 16 genannten Schwellenwert, so gilt diese Richtlinie für die Vergabe jedes Loses.

Der Auftraggeber kann jedoch von dieser Bestimmung abweichen, wenn es sich um Lose handelt, deren geschätzter Wert ohne MwSt. unter 80 000 EUR liegt, sofern der kumulierte Wert dieser Lose 20 % des kumulierten Wertes aller Lose nicht übersteigt.

(7) Bei regelmäßig wiederkehrenden Aufträgen oder Daueraufträgen über Lieferungen oder Dienstleistungen wird der geschätzte Auftragswert wie folgt berechnet:

a) entweder auf der Basis des tatsächlichen Gesamtwerts entsprechender aufeinander folgender Aufträge aus den vorangegangenen zwölf Monaten oder dem vorangegangenen Haushaltsjahr; dabei sind voraussichtliche Änderungen bei Mengen oder Kosten während der auf den ursprünglichen Auftrag folgenden zwölf Monate nach Möglichkeit zu berücksichtigen;

b) oder auf der Basis des geschätzten Gesamtwerts aufeinander folgender Aufträge, die während der auf die erste Lieferung folgenden zwölf Monate bzw. während des Haushaltsjahres, soweit dieses länger als zwölf Monate ist, vergeben werden.

(8) Die Berechnung des geschätzten Wertes eines Auftrags, der sowohl Dienstleistungen als auch Lieferungen umfasst, erfolgt auf der Grundlage des Gesamtwertes der Dienstleistungen und Lieferungen ohne Berücksichtigung ihrer jeweiligen Anteile. Diese Berechnung umfasst den Wert der Arbeiten für das Verlegen und Anbringen.

(9) Bei Lieferaufträgen für Leasing, Miete, Pacht oder Ratenkauf von Waren wird der geschätzte Auftragswert wie folgt berechnet:

a) bei zeitlich begrenzten Aufträgen mit höchstens zwölf Monaten Laufzeit auf der Basis des geschätzten Gesamtwerts für die Laufzeit des Auftrags oder, bei einer Laufzeit von mehr als zwölf Monaten, auf der Basis des Gesamtwerts einschließlich des geschätzten Restwerts,

b) bei Aufträgen mit unbestimmter Laufzeit oder bei Aufträgen, deren Laufzeit nicht bestimmt werden kann, auf der Basis des Monatswerts multipliziert mit 48.

(10) Bei der Berechnung des geschätzten Auftragswertes von Dienstleistungsaufträgen sind gegebenenfalls folgende Beträge zu berücksichtigen:

a) bei Versicherungsleistungen die Versicherungsprämie und andere vergleichbare Vergütungen,

b) bei Bank- und anderen Finanzdienstleistungen die Gebühren, Provisionen, Zinsen und andere vergleichbare Vergütungen,

c) bei Aufträgen über Planungsarbeiten die Gebühren, Provisionen und andere vergleichbare Vergütungen.

(11) Bei Dienstleistungsaufträgen, für die kein Gesamtpreis angegeben wird, ist Berechnungsgrundlage für den geschätzten Auftragswert

a) bei zeitlich begrenzten Aufträgen mit einer Laufzeit von bis zu 48 Monaten der Gesamtwert für die gesamte Laufzeit dieser Aufträge;

b) bei Aufträgen mit unbestimmter Laufzeit oder mit einer Laufzeit von mehr als 48 Monaten der Monatswert multipliziert mit 48.

## Abschnitt 2: Aufträge und Konzessionen sowie Aufträge, für die besondere Regelungen gelten

### Unterabschnitt 1:

**Artikel 18 Bau- oder Dienstleistungskonzessionen**

Diese Richtlinie gilt nicht für die Bau- oder Dienstleistungskonzessionen, die von Auftraggebern, die eine oder mehrere Tätigkeiten gemäß den Artikeln 3 bis 7 ausüben, zum Zwecke der Durchführung dieser Tätigkeiten vergeben werden.

### Unterabschnitt 2: Ausnahmebestimmungen, die auf alle Auftraggeber und auf alle Aufträge anwendbar sind

**Artikel 19 Aufträge, die zum Zwecke der Weiterveräußerung oder der Vermietung an Dritte vergeben werden**

(1) Diese Richtlinie gilt nicht für Aufträge, die zum Zwecke der Weiterveräußerung oder der Vermietung an Dritte vergeben werden, vorausgesetzt, dass dem Auftraggeber kein besonderes oder ausschließliches Recht zum Verkauf oder zur Vermietung des Auftragsgegenstands zusteht und dass andere Einrichtungen die Möglichkeit haben, ihn unter gleichen Bedingungen wie der Auftraggeber zu verkaufen oder zu vermieten.

(2) Die Auftraggeber teilen der Kommission auf deren Verlangen alle Kategorien von Waren und Tätigkeiten mit, die ihres Erachtens unter die Ausnahmeregelung nach Absatz 1 fallen. Die Kommission kann Listen der Kategorien von Waren und Tätigkeiten, die ihres Erachtens unter die Ausnahmeregelung fallen, in regelmäßigen Abständen im Amtsblatt der Europäischen Union zur Information veröffentlichen. Hierbei wahrt sie die Vertraulichkeit der sensiblen geschäftlichen Angaben, soweit die Auftraggeber dies bei der Übermittlung der Informationen geltend machen.

**Artikel 20 Aufträge, die zu anderen Zwecken als der Durchführung einer unter die Richtlinie fallenden Tätigkeit oder zur Durchführung einer unter die Richtlinie fallenden Tätigkeit in einem Drittland vergeben werden**

(1) Diese Richtlinie gilt nicht für Aufträge, die die Auftraggeber zu anderen Zwecken als der Durchführung ihrer in den Artikeln 3 bis 7 beschriebenen Tätigkeiten oder zur Durchführung derartiger Tätigkeiten in einem Drittland in einer Weise vergeben, die nicht mit der physischen Nutzung eines Netzes oder geografischen Gebiets in der Gemeinschaft verbunden ist.

(2) Die Auftraggeber teilen der Kommission auf deren Verlangen alle Tätigkeiten mit, die ihres Erachtens unter die Ausnahmeregelung nach Absatz 1 fallen. Die Kommission kann Listen der Tätigkeitskategorien, die ihres Erachtens unter die Ausnahmeregelung fallen, in regelmäßigen Abständen im Amtsblatt der Europäischen Union zur Information veröffentlichen. Hierbei wahrt sie die Vertraulichkeit der sensiblen geschäftlichen Angaben, soweit die Auftraggeber dies bei der Übermittlung der Informationen geltend machen.

**Artikel 21 Aufträge, die der Geheimhaltung unterliegen oder bestimmte Sicherheitsmaßnahmen erfordern**

Diese Richtlinie gilt nicht für Aufträge, die von den Mitgliedstaaten für geheim erklärt werden oder deren Ausführung nach den in dem betreffenden Mitgliedstaat geltenden Rechts- oder Verwaltungsvorschriften besondere Sicherheitsmaßnahmen erfordert, oder wenn der Schutz grundlegender Sicherheitsinteressen dieses Mitgliedstaats es gebietet.

**Artikel 22 Aufträge, die auf der Grundlage internationaler Vorschriften vergeben werden**

Diese Richtlinie gilt nicht für Aufträge, die anderen Verfahrensregeln unterliegen und aufgrund:

a) einer gemäß dem Vertrag geschlossenen internationalen Übereinkunft zwischen einem Mitgliedstaat und einem oder mehreren Drittländern über Lieferungen, Bauleistungen, Dienstleistungen oder Wettbewerbe für ein von den Unterzeichnerstaaten gemeinsam zu verwirklichendes oder zu nutzendes Projekt; jede Übereinkunft wird der Kommission mitgeteilt, die hierzu den in Artikel 68 genannten Beratenden Ausschuss für öffentliches Auftragswesen anhören kann;
b) einer internationalen Übereinkunft im Zusammenhang mit der Stationierung von Truppen, die die Unternehmen eines Mitgliedstaats oder eines Drittstaats betrifft;
c) des besonderen Verfahrens einer internationalen Organisation

vergeben werden.

### Artikel 23  Aufträge, die an ein verbundenes Unternehmen, ein gemeinsames Unternehmen oder an einen Auftraggeber vergeben werden, der an einem gemeinsamen Unternehmen beteiligt ist

(1) Ein „verbundenes Unternehmen" im Sinne dieses Artikels ist jedes Unternehmen, dessen Jahresabschluss gemäß der Siebenten Richtlinie 83/349/EWG des Rates vom 13. Juni 1983 aufgrund von Artikel 44 Absatz 2 Buchstabe g) des Vertrags über den konsolidierten Abschluss[1)2)] mit demjenigen des Auftraggebers konsolidiert wird; im Fall von Auftraggebern, die nicht unter diese Richtlinie fallen, sind verbundene Unternehmen diejenigen, auf die der Auftraggeber unmittelbar oder mittelbar einen beherrschenden Einfluss im Sinne von Artikel 2 Absatz 1 Buchstabe b) ausüben kann oder die einen beherrschenden Einfluss auf den Auftraggeber ausüben können oder die ebenso wie der Auftraggeber dem beherrschenden Einfluss eines anderen Unternehmens unterliegen, sei es aufgrund der Eigentumsverhältnisse, der finanziellen Beteiligung oder der für das Unternehmen geltenden Vorschriften.

(2) Sofern die in Absatz 3 festgelegten Bedingungen erfüllt sind, gilt diese Richtlinie nicht für Aufträge,
a) die ein Auftraggeber an ein mit ihm verbundenes Unternehmen vergibt oder
b) die ein gemeinsames Unternehmen, das mehrere Auftraggeber ausschließlich zur Durchführung von Tätigkeiten im Sinne der Artikel 3 bis 7 gebildet haben, an ein Unternehmen vergibt, das mit einem dieser Auftraggeber verbunden ist.

(3) Absatz 2 gilt
a) für Dienstleistungsaufträge, sofern mindestens 80 % des von dem verbundenen Unternehmen während der letzten drei Jahre mit Dienstleistungsaufträgen erzielten durchschnittlichen Umsatzes aus der Erbringung von Dienstleistungen für die mit ihm verbundenen Unternehmen stammen;
b) für Lieferaufträge, sofern mindestens 80 % des von dem verbundenen Unternehmen während der letzten drei Jahre mit Lieferaufträgen erzielten durchschnittlichen Umsatzes aus der Erbringung von Lieferungen für die mit ihm verbundenen Unternehmen stammen;
c) für Bauaufträge, sofern mindestens 80 % des von dem verbundenen Unternehmen während der letzten drei Jahre mit Bauaufträgen erzielten durchschnittlichen Umsatzes aus der Erbringung von Bauleistungen für die mit ihm verbundenen Unternehmen stammen.

Liegen für die letzten drei Jahre keine Umsatzzahlen vor, weil das verbundene Unternehmen gerade gegründet wurde oder erst vor kurzem seine Tätigkeit aufgenommen hat, genügt es, wenn das Unternehmen, vor allem durch Prognosen über die Tätigkeits-

---

1) **Amtl. Anm.:** ABl L 193 vom 18. 7. 1983, S. 1. Zuletzt geändert durch die Richtlinie 2001/65/EG des Europäischen Parlaments und des Rates (ABl L 283 vom 27. 10. 2001, S. 28).

2) **Amtl. Anm.:** Anmerkung des Herausgebers: Der Titel der Richtlinie ist angepasst worden, um der Umnummerierung der Artikel des Vertrags gemäß Artikel 12 des Vertrags von Amsterdam Rechnung zu tragen; die ursprüngliche Bezugnahme galt Artikel 54 Absatz 3 Buchstabe g) des Vertrags.

entwicklung, glaubhaft macht, dass die Erreichung des unter Buchstabe a), b) oder c) genannten Umsatzziels wahrscheinlich ist.

Werden gleiche oder gleichartige Dienstleistungen, Lieferungen oder Bauarbeiten von mehr als einem mit dem Auftraggeber verbundenen Unternehmen erbracht, so werden die oben genannten Prozentsätze unter Berücksichtigung des Gesamtumsatzes errechnet, den diese verbundenen Unternehmen mit der Erbringung von Dienstleistungen, Lieferungen bzw. Bauarbeiten erzielen.

(4) Diese Richtlinie gilt nicht für Aufträge,
   a) die ein gemeinsames Unternehmen, das mehrere Auftraggeber ausschließlich zur Durchführung von Tätigkeiten im Sinne der Artikel 3 bis 7 gebildet haben, an einen dieser Auftraggeber vergibt oder
   b) die ein Auftraggeber an ein solches gemeinsames Unternehmen vergibt, an dem er beteiligt ist,

sofern das gemeinsame Unternehmen errichtet wurde, um die betreffende Tätigkeit während eines Zeitraums von mindestens drei Jahren durchzuführen, und in dem Rechtsakt zur Gründung des gemeinsamen Unternehmens festgelegt wird, dass die dieses Unternehmen bildenden Auftraggeber dem Unternehmen zumindest während des gleichen Zeitraums angehören werden.

(5) Die Auftraggeber erteilen der Kommission auf deren Verlangen folgende Auskünfte bezüglich der Anwendung der Absätze 2, 3 und 4:
   a) die Namen der betreffenden Unternehmen oder gemeinsamen Unternehmen,
   b) die Art und Wert der jeweiligen Aufträge,
   c) die Angaben, die nach Auffassung der Kommission erforderlich sind, um zu belegen, dass die Beziehungen zwischen dem Auftraggeber und dem Unternehmen oder gemeinsamen Unternehmen, an das die Aufträge vergeben werden, den Anforderungen dieses Artikels genügen.

**Unterabschnitt 3: Ausnahmebestimmungen, die auf alle Auftraggeber, jedoch nur auf Dienstleistungsaufträge anwendbar sind**

**Artikel 24 Aufträge für Dienstleistungen, die vom Anwendungsbereich dieser Richtlinie ausgeschlossen sind**

Diese Richtlinie gilt nicht für Dienstleistungsaufträge, die Folgendes zum Gegenstand haben:
   a) Erwerb oder Miete von Grundstücken oder vorhandenen Gebäuden oder anderem unbeweglichen Vermögen oder Rechte daran ungeachtet der Finanzmodalitäten dieser Aufträge; jedoch fallen Finanzdienstleistungsverträge jeder Form, die gleichzeitig, vor oder nach dem Kauf- oder Mietvertrag abgeschlossen werden, unter diese Richtlinie;
   b) Schiedsgerichts- und Schlichtungstätigkeiten;
   c) Finanzdienstleistungen im Zusammenhang mit der Ausgabe, dem Verkauf, dem Ankauf oder der Übertragung von Wertpapieren oder anderen Finanzinstrumenten, insbesondere Geschäfte, die der Geld- oder Kapitalbeschaffung der Auftraggeber dienen;
   d) Arbeitsverträge;
   e) Forschungs- und Entwicklungsdienstleistungen, deren Ergebnisse nicht ausschließlich Eigentum des Auftraggebers für seinen Gebrauch bei der Ausübung seiner eigenen Tätigkeit sind, sofern die Dienstleistung vollständig durch den Auftraggeber vergütet wird.

**Artikel 25  Dienstleistungsaufträge, die aufgrund eines ausschließlichen Rechts vergeben werden**

Diese Richtlinie gilt nicht für Dienstleistungsaufträge, die an eine Stelle, die selbst ein öffentlicher Auftraggeber im Sinne des Artikels 2 Absatz 1 Buchstabe a) ist, oder an einen Zusammenschluss öffentlicher Auftraggeber aufgrund eines ausschließlichen Rechts vergeben werden, das diese Stelle oder dieser Zusammenschluss aufgrund veröffentlichter, mit dem Vertrag übereinstimmender Rechts- oder Verwaltungsvorschriften innehat.

## Unterabschnitt 4: Ausnahmebestimmungen, die nur auf bestimmte Auftraggeber anwendbar sind

**Artikel 26  Aufträge, die von bestimmten Auftraggebern zur Beschaffung von Wasser und zur Lieferung von Energie oder Brennstoffen zur Energieerzeugung vergeben werden**

Diese Richtlinie gilt nicht für

a) Aufträge zur Beschaffung von Wasser, die von Auftraggebern, die eine oder beide der in Artikel 4 Absatz 1 bezeichneten Tätigkeiten ausüben, vergeben werden.

b) Aufträge zur Lieferung von Energie oder von Brennstoffen zur Energieerzeugung, die von Auftraggebern, die eine der in Artikel 3 Absatz 1, Artikel 3 Absatz 3 oder Artikel 7 Buchstabe a) bezeichneten Tätigkeiten ausüben, vergeben werden.

## Unterabschnitt 5: Aufträge, für die besondere Vorschriften gelten, Vorschriften über zentrale Beschaffungsstellen sowie das allgemeine Verfahren bei unmittelbarem Einfluss des Wettbewerbs

**Artikel 27  Aufträge, für die besondere Vorschriften gelten**

Das Königreich der Niederlande, das Vereinigte Königreich, die Republik Österreich und die Bundesrepublik Deutschland sorgen unbeschadet des Artikels 30 durch entsprechende Genehmigungsbedingungen oder sonstige geeignete Maßnahmen dafür, dass jeder Auftraggeber, der in den Bereichen tätig ist, die in den Entscheidungen 93/676/EG, 97/367/EG, 2002/205/EG und 2004/74/EG genannt werden,

a) den Grundsatz der Nichtdiskriminierung und der wettbewerbsorientierten Zuschlagserteilung bei der Vergabe der Liefer-, Bau- und Dienstleistungsaufträge beachtet, insbesondere hinsichtlich der den Wirtschaftsteilnehmern zur Verfügung gestellten Informationen über seine Absicht, einen Auftrag zu vergeben;

b) der Kommission Auskunft erteilt unter den Bedingungen, die diese in der Entscheidung 93/327/EWG der Kommission vom 13. Mai 1993 zur Festlegung der Voraussetzungen, unter denen die öffentlichen Auftraggeber, die geografisch abgegrenzte Gebiete zum Zwecke der Suche oder Förderung von Erdöl, Gas, Kohle oder anderen Festbrennstoffen nutzen, der Kommission Auskunft über die von ihnen vergebenen Aufträge zu erteilen haben festgelegt hat.

**Artikel 28  Vorbehaltene Aufträge**

Die Mitgliedstaaten können im Rahmen von Programmen für geschützte Beschäftigungsverhältnisse vorsehen, dass nur geschützte Werkstätten an den Verfahren zur Vergabe von Aufträgen teilnehmen oder solche Aufträge ausführen dürfen, sofern die Mehrheit der Arbeitnehmer Behinderte sind, die aufgrund der Art oder der Schwere ihrer Behinderung keine Berufstätigkeit unter normalen Bedingungen ausüben können.

In der Bekanntmachung, die als Aufruf zum Wettbewerb dient, ist auf diesen Artikel Bezug zu nehmen.

**Artikel 29  Vergabe von Aufträgen und Abschluss von Rahmenvereinbarungen durch zentrale Beschaffungsstellen**

(1) Die Mitgliedstaaten können festlegen, dass die Auftraggeber Bauleistungen, Waren und/oder Dienstleistungen durch zentrale Beschaffungsstellen erwerben dürfen.

(2) Bei Auftraggebern, die Bauleistungen, Waren und/oder Dienstleistungen durch eine zentrale Beschaffungsstelle gemäß Artikel 1 Absatz 8 erwerben, wird vermutet, dass sie diese Richtlinie eingehalten haben, sofern diese zentrale Beschaffungsstelle diese oder – gegebenenfalls – die Richtlinie 2004/18/EG eingehalten hat.

**Artikel 30  Verfahren zur Feststellung, ob eine bestimmte Tätigkeit unmittelbar dem Wettbewerb ausgesetzt ist**

(1) Aufträge, die die Ausübung einer Tätigkeit im Sinne der Artikel 3 bis 7 ermöglichen sollen, fallen nicht unter diese Richtlinie, wenn die Tätigkeit in dem Mitgliedstaat, in dem sie ausgeübt wird, auf Märkten mit freiem Zugang unmittelbar dem Wettbewerb ausgesetzt ist.

(2) Ob eine Tätigkeit im Sinne von Absatz 1 unmittelbar dem Wettbewerb ausgesetzt ist, wird nach Kriterien festgestellt, die mit den Wettbewerbsbestimmungen des Vertrags in Einklang stehen, wie den Merkmalen der betreffenden Waren und Dienstleistungen, dem Vorhandensein alternativer Waren und Dienstleistungen, den Preisen und dem tatsächlichen oder möglichen Vorhandensein mehrerer Anbieter der betreffenden Waren und Dienstleistungen.

(3) Der Zugang zu einem Markt gilt als frei im Sinne von Absatz 1, wenn der betreffende Mitgliedstaat die in Anhang XI genannten Vorschriften des Gemeinschaftsrechts umgesetzt hat und anwendet.

Kann der freie Zugang zu einem Markt nicht gemäß Unterabsatz 1 vermutet werden, so muss der Nachweis erbracht werden, dass der Zugang zu diesem Markt de jure und de facto frei ist.

(4) Ist ein Mitgliedstaat der Ansicht, dass Absatz 1 unter Beachtung der Absätze 2 und 3 auf eine bestimmte Tätigkeit anwendbar ist, so unterrichtet er die Kommission hiervon und teilt ihr alle sachdienlichen Informationen mit, insbesondere über Gesetze, Verordnungen, Verwaltungsvorschriften, Vereinbarungen und Absprachen, die Aufschluss darüber geben, ob die in Absatz 1 genannten Bedingungen erfüllt sind, und ergänzt diese Informationen gegebenenfalls um die Stellungnahme einer für die betreffende Tätigkeit zuständigen unabhängigen nationalen Behörde.

Aufträge, die die Ausübung der betreffenden Tätigkeit ermöglichen sollen, fallen nicht mehr unter diese Richtlinie, wenn die Kommission

– eine Entscheidung angenommen hat, mit der die Anwendbarkeit von Absatz 1 gemäß Absatz 6 sowie innerhalb der dort festgelegten Frist festgestellt wird,

– oder keine Entscheidung über diese Anwendbarkeit innerhalb der betreffenden Frist angenommen hat.

Gilt der Zugang zu einem Markt jedoch als frei im Sinne von Absatz 3 Unterabsatz 1 und hat eine für die betreffende Tätigkeit zuständige unabhängige nationale Behörde die Anwendbarkeit von Absatz 1 festgestellt, so fallen Aufträge, die die Ausübung der betreffenden Tätigkeit ermöglichen sollen, nicht mehr unter diese Richtlinie, wenn die Kommission nicht durch eine gemäß Absatz 6 sowie innerhalb der dort festgelegten Frist angenommene Entscheidung festgestellt hat, dass Absatz 1 nicht anwendbar ist.

(5) Wenn die Rechtsvorschriften des betreffenden Mitgliedstaates dergleichen vorsehen, können die Auftraggeber beantragen, dass die Kommission durch Entscheidung gemäß Absatz 6 die Anwendbarkeit von Absatz 1 auf eine bestimmte Tätigkeit feststellt. In diesem Fall informiert die Kommission den betroffenen Mitgliedstaat unverzüglich darüber.

Der betroffene Mitgliedstaat teilt der Kommission unter Berücksichtigung der Absätze 2 und 3 alle sachdienlichen Informationen mit, insbesondere über Gesetze, Verordnungen, Verwaltungsvorschriften, Vereinbarungen und Absprachen, die Aufschluss darüber geben, ob die in Absatz 1 genannten Bedingungen erfüllt sind, und ergänzt diese Informationen gegebenenfalls um die Stellungnahme einer für die betreffende Tätigkeit zuständigen unabhängigen nationalen Behörde.

Die Kommission kann ein Verfahren für eine Entscheidung, mit der die Anwendbarkeit von Absatz 1 auf eine bestimmte Tätigkeit festgestellt wird, auch auf eigene Veranlassung einleiten. In diesem Falle unterrichtet die Kommission unverzüglich den betreffenden Mitgliedstaat.

Trifft die Kommission binnen der in Absatz 6 genannten Frist keine Entscheidung über die Anwendbarkeit von Absatz 1 auf eine bestimmte Tätigkeit, so gilt Absatz 1 als anwendbar.

(6) Die Kommission entscheidet über eine Mitteilung oder einen Antrag gemäß diesem Artikel nach dem in Artikel 68 Absatz 2 genannten Verfahren binnen drei Monaten ab dem Tag, an dem der ersten Arbeitstag nach dem Tag, an dem ihr die Mitteilung oder der Antrag zugegangen ist. Diese Frist kann jedoch in hinreichend begründeten Fällen einmalig um höchstens drei Monate verlängert werden, und zwar insbesondere, wenn die Angaben in der Mitteilung oder im Antrag oder in den beigefügten Unterlagen unvollständig oder unzutreffend sind oder sich die dargestellten Sachverhalte wesentlich ändern. Diese Verlängerung ist auf einen Monat begrenzt, wenn eine für die betreffende Tätigkeit zuständige unabhängige nationale Behörde die Anwendbarkeit von Absatz 1 in den Fällen gemäß Absatz 4 Unterabsatz 3 festgestellt hat.

Läuft für eine Tätigkeit in einem Mitgliedstaat bereits ein Verfahren im Sinne dieses Artikels, so gelten Anträge betreffend dieselbe Tätigkeit in demselben Mitgliedstaat, die zu einem späteren Zeitpunkt, jedoch vor Ablauf der durch den ersten Antrag eröffneten Frist eingehen, nicht als Neuanträge und werden im Rahmen des ersten Antrags bearbeitet.

Die Kommission legt die Einzelheiten der Anwendung der Absätze 4, 5 und 6 gemäß dem in Artikel 68 Absatz 2 genannten Verfahren fest.

Dazu gehören mindestens:

a) die Bekanntgabe des Termins, zu dem die dreimonatige Frist nach Unterabsatz 1 zu laufen beginnt, sowie – bei Verlängerung der Frist – des Beginns und der Dauer dieser Verlängerung im Amtsblatt zu Informationszwecken;

b) die Bekanntgabe der etwaigen Anwendbarkeit von Absatz 1 gemäß Absatz 4 Unterabsatz 2 bzw. 3 oder Absatz 5 Unterabsatz 4, und

c) die Einzelheiten der Übermittlung etwaiger Stellungnahmen einer für die betreffende Tätigkeit zuständigen unabhängigen Behörde zu relevanten Fragen im Sinne der Absätze 1 und 2.

## Kapitel III: Bestimmungen für Dienstleistungsaufträge

### Artikel 31   Dienstleistungsaufträge gemäß Anhang XVII Teil A

Aufträge über Dienstleistungen gemäß Anhang XVII Teil A werden nach den Artikeln 34 bis 59 vergeben.

### Artikel 32   Dienstleistungsaufträge gemäß Anhang XVII Teil B

Aufträge über Dienstleistungen gemäß Anhang XVII Teil B unterliegen nur den Artikeln 34 und 43.

### Artikel 33   Gemischte Aufträge über Dienstleistungen gemäß Anhang XVII Teil A und gemäß Anhang XVII Teil B

Aufträge sowohl über Dienstleistungen gemäß Anhang XVII Teil A als auch über Dienstleistungen gemäß Anhang XVII Teil B werden nach Maßgabe der Artikel 34 bis 59 vergeben, wenn der Wert der Dienstleistungen gemäß Anhang XVII Teil A höher ist als derjenige der Dienstleistungen gemäß Anhang XVII Teil B. In allen anderen Fällen werden die Aufträge nach Maßgabe der Artikel 34 und 43 vergeben.

# Kapitel IV: Besondere Vorschriften über die Verdingungsunterlagen und die Auftragsunterlagen

## Artikel 34 Technische Spezifikationen

(1) Die technischen Spezifikationen im Sinne von Anhang XXI Nummer 1 sind in der Auftragsdokumentation, wie der Bekanntmachung, den Auftragsunterlagen oder den zusätzlichen Dokumenten, enthalten. Wenn möglich, sollten diese technischen Spezifikationen das Kriterium der Zugänglichkeit für Personen mit einer Behinderung oder das Kriterium der Konzeption für alle Benutzer berücksichtigen.

(2) Die technischen Spezifikationen müssen allen Bietern gleichermaßen zugänglich sein und dürfen die Öffnung der öffentlichen Beschaffungsmärkte für den Wettbewerb nicht in ungerechtfertigter Weise behindern.

(3) Unbeschadet zwingender einzelstaatlicher technischer Vorschriften, soweit diese mit dem Gemeinschaftsrecht vereinbar sind, sind die technischen Spezifikationen wie folgt zu formulieren:

a) entweder mit Bezugnahme auf die in Anhang XXI definierten technischen Spezifikationen in der Rangfolge nationaler Normen, mit denen europäische Normen umgesetzt werden, europäische technische Zulassungen, gemeinsame technische Spezifikationen, internationale Normen und andere technische Bezugsysteme, die von den europäischen Normungsgremien erarbeitet wurden, oder, falls solche Normen und Spezifikationen fehlen, mit Bezugnahme auf nationale Normen, nationale technische Zulassungen oder nationale technische Spezifikationen für die Planung, Berechnung und Ausführung von Bauwerken und den Einsatz von Produkten. Jede Bezugnahme ist mit dem Zusatz „oder gleichwertig" zu versehen;

b) oder in Form von Leistungs- oder Funktionsanforderungen; die letztgenannten können auch Umwelteigenschaften umfassen. Die Anforderungen sind jedoch so genau zu fassen, dass sie den Bietern ein klares Bild vom Auftragsgegenstand vermitteln und dem Auftraggeber die Erteilung des Zuschlags ermöglichen;

c) oder in Form von Leistungs- oder Funktionsanforderungen gemäß Buchstabe b) unter Bezugnahme auf die Spezifikationen gemäß Buchstabe a), wobei zur Vermutung der Konformität mit diesen Leistungs- oder Funktionsanforderungen auf die Spezifikationen nach Buchstabe a) Bezug zu nehmen ist;

d) oder mit Bezugnahme auf die Spezifikationen gemäß Buchstabe a) hinsichtlich bestimmter Merkmale und mit Bezugnahme auf die Leistungs- oder Funktionsanforderungen gemäß Buchstabe b) hinsichtlich anderer Merkmale.

(4) Macht der Auftraggeber von der Möglichkeit Gebrauch, auf die in Absatz 3 Buchstabe a) genannten Spezifikationen zu verweisen, so kann er ein Angebot nicht mit der Begründung ablehnen, die angebotenen Waren und Dienstleistungen entsprächen nicht den von ihm herangezogenen Spezifikationen, sofern der Bieter in seinem Angebot dem Auftraggeber mit geeigneten Mitteln nachweist, dass die von ihm vorgeschlagenen Lösungen den Anforderungen der technischen Spezifikation, auf die Bezug genommen wurde, gleichermaßen entsprechen.

Als geeignetes Mittel kann eine technische Beschreibung des Herstellers oder ein Prüfbericht einer anerkannten Stelle gelten.

(5) Macht der Auftraggeber von der Möglichkeit nach Absatz 3 Gebrauch, die technischen Spezifikationen in Form von Leistungs- oder Funktionsanforderungen zu formulieren, so darf er ein Angebot über Waren, Dienstleistungen oder Bauleistungen, die einer nationalen Norm, mit der eine europäische Norm umgesetzt wird, oder einer europäischen technischen Zulassung, einer gemeinsamen technischen Spezifikation, einer internationalen Norm oder einem technischen Bezugssystem, das von den europäischen Normungsgremien erarbeitet wurde, entsprechen, nicht zurückweisen, wenn diese Spezifikationen die von ihm geforderten Leistungs- und Funktionsanforderungen betreffen. Der Bieter weist in seinem Angebot mit allen geeigneten Mitteln dem Auftraggeber nach, dass die der Norm entsprechende jeweilige Ware, Dienstleistung oder Bauleistung den Leistungs- oder Funktionsanforderungen des Auftraggebers entspricht.

Als geeignetes Mittel kann eine technische Beschreibung des Herstellers oder ein Prüfbericht einer anerkannten Stelle gelten.

(6) Schreiben die Auftraggeber Umwelteigenschaften in Form von Leistungs- oder Funktionsanforderungen gemäß Absatz 3 Buchstabe b) vor, so können sie die detaillierten Spezifikationen oder gegebenenfalls Teile davon verwenden, die in europäischen, (pluri-)nationalen oder anderen Umweltgütezeichen definiert sind, wenn
- diese Spezifikationen sich zur Definition der Merkmale der Waren oder Dienstleistungen eignen, die Gegenstand des Auftrags sind,
- die Anforderungen an das Gütezeichen auf der Grundlage von wissenschaftlich abgesicherten Informationen ausgearbeitet werden,
- die Umweltgütezeichen im Rahmen eines Verfahrens erlassen werden, an dem alle interessierten Kreise – wie staatliche Stellen, Verbraucher, Hersteller, Handels- und Umweltorganisationen – teilnehmen können, und
- die Gütezeichen für alle Betroffenen zugänglich sind.

Die Auftraggeber können angeben, dass bei Waren oder Dienstleistungen, die mit einem Umweltgütezeichen ausgestattet sind, vermutet wird, dass sie den in den Verdingungsunterlagen festgelegten technischen Spezifikationen genügen; sie müssen jedes andere geeignete Beweismittel, wie z. B. technische Unterlagen des Herstellers oder einen Prüfbericht einer anerkannten Stelle, akzeptieren.

(7) „Anerkannte Stellen" im Sinne dieses Artikels sind die Prüf- und Eichlaboratorien sowie die Inspektions- und Zertifizierungsstellen, die mit den anwendbaren europäischen Normen übereinstimmen.

Die Auftraggeber erkennen Bescheinigungen von in anderen Mitgliedstaaten ansässigen anerkannten Stellen an.

(8) Soweit es nicht durch den Auftragsgegenstand gerechtfertigt ist, darf in technischen Spezifikationen nicht auf eine bestimmte Produktion oder Herkunft oder ein besonderes Verfahren oder auf Marken, Patente, Typen, einen bestimmten Ursprung oder eine bestimmte Produktion verwiesen werden, wenn dadurch bestimmte Unternehmen oder bestimmte Produkte begünstigt oder ausgeschlossen werden. Solche Verweise sind jedoch ausnahmsweise zulässig, wenn der Auftragsgegenstand nach den Absätzen 3 und 4 nicht hinreichend genau und allgemein verständlich beschrieben werden kann; solche Verweise sind mit dem Zusatz „oder gleichwertig" zu versehen.

### Artikel 35 Mitteilung der technischen Spezifikationen

(1) Die Auftraggeber teilen den an einem Auftrag interessierten Wirtschaftsteilnehmern auf Antrag die technischen Spezifikationen mit, die regelmäßig in ihren Liefer-, Bau- oder Dienstleistungsaufträgen genannt werden oder die sie bei Aufträgen, die Gegenstand der regelmäßigen nicht verbindlichen Bekanntmachungen im Sinne von Artikel 41 Absatz 1 sind, benutzen wollen.

(2) Soweit sich solche technischen Spezifikationen aus Unterlagen ergeben, die interessierten Wirtschaftsteilnehmern zur Verfügung stehen, genügt eine Bezugnahme auf diese Unterlagen.

### Artikel 36 Varianten

(1) Bei Aufträgen, die nach dem Kriterium des wirtschaftlich günstigsten Angebots vergeben werden, können die Auftraggeber von Bietern vorgelegte Varianten berücksichtigen, die den von ihnen festgelegten Mindestanforderungen entsprechen.

Die Auftraggeber geben in den Spezifikationen an, ob sie Varianten zulassen, und nennen bei Zulässigkeit von Varianten die Mindestanforderungen, die Varianten erfüllen müssen, und geben an, in welcher Art und Weise sie einzureichen sind.

(2) Bei den Verfahren zur Vergabe von Liefer- oder Dienstleistungsaufträgen dürfen Auftraggeber, die gemäß Absatz 1 Varianten zugelassen haben, eine Variante nicht allein deshalb zurückweisen, weil sie, wenn sie den Zuschlag erhalten sollte, entweder zu ei-

nem Dienstleistungsauftrag anstatt zu einem Lieferauftrag oder zu einem Lieferauftrag anstatt zu einem Dienstleistungsauftrag führen würde.

**Artikel 37  Unteraufträge**

In den Auftragsunterlagen kann der Auftraggeber den Bieter auffordern oder von einem Mitgliedstaat verpflichtet werden, den Bieter aufzufordern, ihm in seinem Angebot den Teil des Auftrags, den der Bieter gegebenenfalls im Wege von Unteraufträgen an Dritte zu vergeben gedenkt, sowie die bereits vorgeschlagenen Unterauftragnehmer bekannt zu geben. Die Haftung des hauptverantwortlichen Wirtschaftsteilnehmers bleibt von dieser Bekanntgabe unberührt.

**Artikel 38  Bedingungen für die Auftragsausführung**

Die Auftraggeber können zusätzliche Bedingungen für die Ausführung des Auftrags vorschreiben, sofern diese mit dem Gemeinschaftsrecht vereinbar sind und in der Bekanntmachung, die als Aufruf zum Wettbewerb dient, oder in den Verdingungsunterlagen angegeben werden. Die Bedingungen für die Ausführung eines Auftrags können insbesondere soziale und umweltbezogene Aspekte betreffen.

**Artikel 39  Verpflichtungen im Zusammenhang mit Steuern, Umweltschutz, Arbeitsschutzvorschriften und Arbeitsbedingungen**

(1) Der Auftraggeber kann in den Auftragsunterlagen die Stelle(n) angeben, bei der (denen) die Bewerber oder Bieter die erforderlichen Auskünfte über die Verpflichtungen im Zusammenhang mit der steuerlichen Behandlung und dem Umweltschutz erhalten können sowie über die Verpflichtungen, die sich aus den Vorschriften über Arbeitsschutz und Arbeitsbedingungen ergeben, die in dem Mitgliedstaat, in der Region oder an dem Ort gelten, an dem die Leistungen zu erbringen sind, und die während der Ausführung des Auftrags auf die vor Ort ausgeführten Bauleistungen oder die erbrachten Dienstleistungen anzuwenden sind; der Auftraggeber kann auch durch einen Mitgliedstaat zu dieser Angabe verpflichtet werden.

(2) Der Auftraggeber, der die Auskünfte nach Absatz 1 erteilt, verlangt von den Bietern oder Bewerbern eines Vergabeverfahrens die Angabe, dass sie bei der Ausarbeitung ihres Angebots den Verpflichtungen aus den am Ort der Leistungserbringung geltenden Vorschriften über Arbeitsschutz und Arbeitsbedingungen Rechnung getragen haben.

Unterabsatz 1 steht der Anwendung des Artikels 57 nicht entgegen.

## Kapitel V:  Verfahren

**Artikel 40  Anwendung des offenen, des nichtoffenen und des Verhandlungsverfahrens**

(1) Die Auftraggeber wenden bei der Vergabe ihrer Liefer-, Bau- und Dienstleistungsaufträge die Verfahren in einer für die Zwecke dieser Richtlinie angepassten Form an.

(2) Die Auftraggeber können jedes der in Artikel 1 Absatz 9 Buchstaben a), b) oder c) bezeichneten Verfahren wählen, vorausgesetzt, dass vorbehaltlich des Absatzes 3 des vorliegenden Artikels ein Aufruf zum Wettbewerb gemäß Artikel 42 durchgeführt wird.

(3) Die Auftraggeber können in den folgenden Fällen auf ein Verfahren ohne vorherigen Aufruf zum Wettbewerb zurückgreifen:
a) wenn im Rahmen eines Verfahrens mit vorherigem Aufruf zum Wettbewerb kein Angebot oder kein geeignetes Angebot oder keine Bewerbung abgegeben worden ist, sofern die ursprünglichen Bedingungen des Auftrags nicht wesentlich geändert werden;
b) wenn ein Auftrag nur zum Zweck von Forschung, Versuchen, Untersuchungen oder Entwicklung und nicht mit dem Ziel der Gewinnerzielung oder der Deckung der Forschungs- und Entwicklungskosten vergeben wird, und sofern die Vergabe eines derartigen Auftrags einer wettbewerblichen Vergabe von Folgeaufträgen, die insbesondere diese Ziele verfolgen, nicht vorgreift;

c) wenn der Auftrag wegen seiner technischen oder künstlerischen Besonderheiten oder aufgrund des Schutzes von ausschließlichen Rechten nur von einem bestimmten Wirtschaftsteilnehmer ausgeführt werden kann;

d) soweit zwingend erforderlich und wenn bei äußerster Dringlichkeit im Zusammenhang mit Ereignissen, die die Auftraggeber nicht voraussehen konnten, es nicht möglich ist, die in den offenen, den nichtoffenen oder den Verhandlungsverfahren mit vorherigem Aufruf zum Wettbewerb vorgesehenen Fristen einzuhalten;

e) im Fall von Lieferaufträgen bei zusätzlichen, vom ursprünglichen Lieferanten durchzuführenden Lieferungen, die entweder zur teilweisen Erneuerung von gängigen Lieferungen oder Einrichtungen oder zur Erweiterung von Lieferungen oder bestehenden Einrichtungen bestimmt sind, wenn ein Wechsel des Lieferanten den Auftraggeber zum Kauf von Material unterschiedlicher technischer Merkmale zwänge und dies eine technische Unvereinbarkeit oder unverhältnismäßige technische Schwierigkeiten bei Gebrauch und Wartung mit sich brächte;

f) bei zusätzlichen Bau- oder Dienstleistungen, die weder in dem der Vergabe zugrunde liegenden Entwurf noch im zuerst vergebenen Auftrag vorgesehen waren, die aber wegen eines unvorhergesehenen Ereignisses zur Ausführung dieses Auftrags erforderlich sind, sofern der Auftrag an den Bauunternehmer oder Dienstleistungserbringer vergeben wird, der den ersten Auftrag ausführt,

– wenn sich diese zusätzlichen Bau- oder Dienstleistungen in technischer oder wirtschaftlicher Hinsicht nicht ohne wesentlichen Nachteil für die Auftraggeber vom Hauptauftrag trennen lassen oder

– wenn diese zusätzlichen Arbeiten oder Dienstleistungen zwar von der Ausführung des ersten Auftrags getrennt werden können, aber für dessen weitere Ausführungsstufen unbedingt erforderlich sind;

g) bei neuen Bauaufträgen, die in der Wiederholung gleichartiger Bauleistungen bestehen, die vom selben Auftraggeber an den Unternehmer vergeben werden, der den ersten Auftrag erhalten hat, sofern sie einem Grundentwurf entsprechen und dieser Entwurf Gegenstand eines ersten Auftrags war, der nach einem Aufruf zum Wettbewerb vergeben wurde; die Möglichkeit der Anwendung dieses Verfahrens muss bereits bei der Ausschreibung des ersten Bauabschnitts angegeben werden; der für die Fortsetzung der Bauarbeiten in Aussicht genommene Gesamtauftragswert wird vom Auftraggeber bei der Anwendung der Artikel 16 und 17 berücksichtigt;

h) wenn es sich um die Lieferung von Waren handelt, die an Rohstoffbörsen notiert und gekauft werden;

i) bei Aufträgen, die aufgrund einer Rahmenvereinbarung vergeben werden sollen, sofern die in Artikel 14 Absatz 2 genannte Bedingung erfüllt ist;

j) bei Gelegenheitskäufen, wenn Waren aufgrund einer besonders günstigen Gelegenheit, die sich für einen sehr kurzen Zeitraum ergeben hat, zu einem Preis beschafft werden können, der erheblich unter den marktüblichen Preisen liegt;

k) beim Kauf von Waren zu besonders günstigen Bedingungen von einem Lieferanten, der seine Geschäftstätigkeit endgültig aufgibt, oder bei Verwaltern von Konkursen, Vergleichen mit Gläubigern oder ähnlichen im einzelstaatlichen Recht vorgesehenen Verfahren;

l) wenn der betreffende Dienstleistungsauftrag im Anschluss an einen gemäß dieser Richtlinie durchgeführten Wettbewerb nach den einschlägigen Bestimmungen an den Gewinner oder einen der Gewinner des Wettbewerbs vergeben wird; im letzten Fall sind alle Gewinner des Wettbewerbs zur Teilnahme an Verhandlungen einzuladen.

# Kapitel VI: Veröffentlichung und Transparenz

## Abschnitt 1: Veröffentlichung der Bekanntmachungen

### Artikel 41 Regelmäßige nichtverbindliche Bekanntmachungen und Bekanntmachungen über das Bestehen eines Prüfungssystems

(1) Die Auftraggeber teilen mindestens einmal jährlich in regelmäßigen nichtverbindlichen Bekanntmachungen gemäß Anhang XV Teil A, die von der Kommission oder von ihnen selbst in ihrem „Beschafferprofil" nach Anhang XX Absatz 2 Buchstabe b) veröffentlicht werden, Folgendes mit:

a) bei Lieferungen den geschätzten Gesamtwert der Aufträge oder der Rahmenvereinbarungen, aufgeschlüsselt nach Warengruppen, die sie in den kommenden zwölf Monaten vergeben wollen, wenn der geschätzte Gesamtwert nach Maßgabe der Artikel 16 und 17 mindestens 750 000 EUR beträgt.

Die Warengruppe wird von den Auftraggebern unter Bezugnahme auf die Positionen des CPV festgelegt;

b) bei Dienstleistungen den geschätzten Gesamtwert der Aufträge oder der Rahmenvereinbarungen, die sie in den kommenden zwölf Monaten vergeben bzw. abschließen wollen, aufgeschlüsselt nach den in Anhang XVII Teil A genannten Kategorien, wenn dieser geschätzte Gesamtwert nach Maßgabe der Artikel 16 und 17 mindestens 750 000 EUR beträgt;

c) bei Bauaufträgen die wesentlichen Merkmale der Aufträge oder der Rahmenvereinbarungen, die sie in den kommenden zwölf Monaten vergeben bzw. abschließen wollen, wenn deren geschätzter Wert nach Maßgabe des Artikels 17 mindestens den in Artikel 16 genannten Schwellenwert erreicht.

Die unter den Buchstaben a) und b) genannten Bekanntmachungen werden nach Beginn des Haushaltsjahres unverzüglich an die Kommission gesendet oder im Beschafferprofil veröffentlicht.

Die unter Buchstabe c) genannte Bekanntmachung wird nach der Entscheidung, mit der die den beabsichtigten Bauaufträgen oder Rahmenvereinbarungen zugrunde liegende Planung genehmigt wird, unverzüglich an die Kommission gesendet oder im Beschafferprofil veröffentlicht.

Veröffentlichen Auftraggeber eine regelmäßige nichtverbindliche Bekanntmachung in ihrem Beschafferprofil, so melden sie der Kommission auf elektronischem Wege unter Beachtung der Angaben in Anhang XX Absatz 3 zu Format und Verfahren bei der Übermittlung die Veröffentlichung einer regelmäßigen nichtverbindlichen Bekanntmachung in einem Beschafferprofil.

Die Bekanntmachung gemäß den Buchstaben a), b) und c) sind nur dann zwingend vorgeschrieben, wenn die Auftraggeber die Möglichkeit wahrnehmen, die Frist für den Eingang von Angeboten gemäß Artikel 45 Absatz 4 zu verkürzen.

Dieser Absatz gilt nicht für Verfahren ohne vorherigen Aufruf zum Wettbewerb.

(2) Die Auftraggeber können regelmäßige nichtverbindliche Bekanntmachungen insbesondere im Zusammenhang mit bedeutenden Vorhaben veröffentlichen oder durch die Kommission veröffentlichen lassen; sie brauchen keine Informationen zu enthalten, die bereits in einer vorangegangenen regelmäßigen nichtverbindlichen Bekanntmachung enthalten waren, sofern deutlich darauf hingewiesen wird, dass es sich hierbei um zusätzliche Bekanntmachungen handelt.

(3) Entscheiden sich die Auftraggeber für die Einführung eines Prüfungssystems gemäß Artikel 53, so ist dieses Gegenstand einer Bekanntmachung nach Anhang XIV, die über den Zweck des Prüfungssystems und darüber informiert, wie die Prüfungsregeln angefordert werden können. Beträgt die Laufzeit des Systems mehr als drei Jahre, so ist die Bekanntmachung jährlich zu veröffentlichen. Bei kürzerer Laufzeit genügt eine Bekanntmachung zu Beginn des Verfahrens.

## Artikel 42 Bekanntmachungen, die als Aufruf zum Wettbewerb dienen

(1) Bei Liefer-, Bau- und Dienstleistungsaufträgen kann ein Aufruf zum Wettbewerb erfolgen

a) durch Veröffentlichung einer regelmäßigen nichtverbindlichen Bekanntmachung gemäß Anhang XV Teil A oder

b) durch Veröffentlichung einer Bekanntmachung über das Bestehen eines Prüfungssystems gemäß Anhang XIV oder

c) durch Veröffentlichung einer Bekanntmachung gemäß Anhang XIII Teil A, Teil B oder Teil C.

(2) Bei dynamischen Beschaffungssystemen erfolgt der Aufruf zum Wettbewerb für die Einrichtung des Systems über eine Bekanntmachung gemäß Absatz 1 Buchstabe c), für die Vergabe von Aufträgen auf der Grundlage eines solchen Systems dagegen über eine vereinfachte Bekanntmachung gemäß Anhang XIII Teil D.

(3) Erfolgt der Aufruf zum Wettbewerb durch Veröffentlichung einer regelmäßigen nichtverbindlichen Bekanntmachung, so

a) müssen in der Bekanntmachung die Lieferungen, Bauarbeiten oder Dienstleistungen, die Gegenstand des zu vergebenden Auftrags sein werden, genannt werden;

b) muss die Bekanntmachung den Hinweis enthalten, dass dieser Auftrag im nichtoffenen Verfahren oder im Verhandlungsverfahren ohne spätere Veröffentlichung eines Aufrufs zum Wettbewerb vergeben wird, sowie die Aufforderung an die interessierten Wirtschaftsteilnehmer, ihr Interesse schriftlich mitzuteilen; und

c) muss die Bekanntmachung gemäß Anhang XX spätestens 12 Monate vor dem Zeitpunkt der Absendung der Aufforderung im Sinne des Artikels 47 Absatz 5 veröffentlicht werden. Der Auftraggeber hält im Übrigen die in Artikel 45 vorgesehenen Fristen ein.

## Artikel 43 Bekanntmachungen über vergebene Aufträge

(1) Auftraggeber, die einen Auftrag vergeben oder eine Rahmenvereinbarung geschlossen haben, senden spätestens zwei Monate nach der Zuschlagserteilung beziehungsweise nach Abschluss der Rahmenvereinbarung gemäß den Bedingungen, die von der Kommission nach dem in Artikel 68 Absatz 2 genannten Verfahren festzulegen sind, eine Bekanntmachung über die Zuschlagserteilung gemäß Anhang XVI ab.

Bei Aufträgen, die innerhalb einer Rahmenvereinbarung gemäß Artikel 14 Absatz 2 vergeben werden, brauchen die Auftraggeber nicht für jeden Einzelauftrag, der aufgrund der Rahmenvereinbarung vergeben wird, eine Bekanntmachung mit den Ergebnissen des Vergabeverfahrens abzusenden.

Die Auftraggeber verschicken spätestens zwei Monate nach jeder Zuschlagserteilung eine Bekanntmachung über die Aufträge, die im Rahmen eines dynamischen Beschaffungssystems vergeben wurden. Sie können diese Bekanntmachungen jedoch quartalsweise zusammenfassen. In diesem Fall versenden sie die Zusammenstellung spätestens zwei Monate nach Quartalsende.

(2) Die gemäß Anhang XVI übermittelten, zur Veröffentlichung bestimmten Angaben sind gemäß Anhang XX zu veröffentlichen. Dabei berücksichtigt die Kommission alle in geschäftlicher Hinsicht sensiblen Angaben, auf die die Auftraggeber bei der Übermittlung der Angaben über die Anzahl der eingegangenen Angebote, die Identität der Wirtschaftsteilnehmer und die Preise hinweisen.

(3) Vergeben Auftraggeber einen Dienstleistungsauftrag für Forschung und Entwicklung („F&E-Auftrag") im Rahmen eines Verfahrens ohne Aufruf zum Wettbewerb gemäß Artikel 40 Absatz 3 Buchstabe b), so können sie die gemäß Anhang XVI zu liefernden Angaben über Art und Umfang der zu erbringenden Dienstleistungen auf den Vermerk „Forschungs- und Entwicklungsdienstleistungen" beschränken.

Vergeben ein Auftraggeber einen Auftrag für Forschung und Entwicklung, der nicht im Rahmen eines Verfahrens ohne Aufruf zum Wettbewerb gemäß Artikel 40 Absatz 3 Buchstabe b) vergeben werden kann, so können sie die gemäß Anhang XVI zu liefernden

Angaben über Art und Umfang der Dienstleistungen aus Gründen der Vertraulichkeit im Geschäftsverkehr beschränken.

In diesen Fällen achten sie darauf, dass die nach diesem Absatz veröffentlichten Angaben zumindest ebenso detailliert sind wie diejenigen, die in der Bekanntmachung des Aufrufs zum Wettbewerb gemäß Artikel 42 Absatz 1 veröffentlicht werden.

Setzen die Auftraggeber ein Prüfungssystem ein, so haben sie in diesen Fällen darauf zu achten, dass die Angaben zumindest ebenso detailliert sind wie die Kategorie im Verzeichnis der geprüften Dienstleistungserbringer gemäß Artikel 53 Absatz 7.

(4) Im Falle von Aufträgen über die in Anhang XVII Teil B genannten Dienstleistungen geben die Auftraggeber in ihrer Bekanntmachung an, ob sie mit der Veröffentlichung einverstanden sind.

(5) Die Angaben gemäß Anhang XVI, die als nicht für die Veröffentlichung bestimmt gekennzeichnet sind, werden nur in vereinfachter Form gemäß Anhang XX zu statistischen Zwecken veröffentlicht.

## Artikel 44  Abfassung und Modalitäten für die Veröffentlichung der Bekanntmachungen

(1) Die Bekanntmachungen enthalten die in den Anhängen XIII, XIV, XV Teil A, XV Teil B und XVI aufgeführten Informationen und gegebenenfalls jede andere vom Auftraggeber für sinnvoll erachtete Angabe gemäß dem jeweiligen Muster der Standardformulare, die von der Kommission gemäß den in Artikel 68 Absatz 2 genannten Verfahren angenommen werden.

(2) Die von den Auftraggebern an die Kommission gesendeten Bekanntmachungen werden entweder auf elektronischem Wege unter Beachtung der Muster und Verfahren bei der Übermittlung nach Anhang XX Absatz 3 oder auf anderem Wege übermittelt.

Die in den Artikeln 41, 42 und 43 genannten Bekanntmachungen werden gemäß den technischen Merkmalen für die Veröffentlichung in Anhang XX Nummer 1 Buchstaben a) und b) veröffentlicht.

(3) Bekanntmachungen, die gemäß dem Muster und unter Beachtung der Verfahren bei der Übermittlung in Anhang XX Nummer 3 auf elektronischem Wege erstellt und übermittelt wurden, werden spätestens fünf Tage nach ihrer Absendung veröffentlicht.

Bekanntmachungen, die nicht gemäß dem Muster und unter Beachtung der Verfahren bei der Übermittlung in Anhang XX Nummer 3 auf elektronischem Wege übermittelt wurden, werden spätestens zwölf Tage nach ihrer Absendung veröffentlicht. Jedoch wird in Ausnahmefällen die in Artikel 42 Absatz 1 Buchstabe c genannte Bekanntmachung auf Verlangen des Auftraggebers innerhalb von fünf Tagen veröffentlicht, sofern sie per Fax übermittelt worden ist.

(4) Die Bekanntmachungen werden ungekürzt in einer vom Auftraggeber hierfür gewählten Amtssprache der Gemeinschaft veröffentlicht, wobei nur der in dieser Originalsprache veröffentlichte Text verbindlich ist. Eine Zusammenfassung der wichtigsten Bestandteile einer jeden Bekanntmachung wird in den anderen Amtssprachen veröffentlicht.

Die Kosten für die Veröffentlichung der Bekanntmachung durch die Kommission gehen zulasten der Gemeinschaft.

(5) Die Bekanntmachungen und ihr Inhalt dürfen auf nationaler Ebene nicht vor dem Tag ihrer Absendung an die Kommission veröffentlicht werden.

Die auf nationaler Ebene veröffentlichten Bekanntmachungen dürfen nur die Angaben enthalten, die in den an die Kommission abgesendeten Bekanntmachungen enthalten sind oder in einem Beschafferprofil gemäß Artikel 41 Absatz 1 Unterabsatz 1 veröffentlicht wurden, und müssen zusätzlich auf das Datum der Absendung der Bekanntmachung an die Kommission bzw. der Veröffentlichung im Beschafferprofil hinweisen.

Die regelmäßigen nichtverbindlichen Bekanntmachungen dürfen nicht in einem Beschafferprofil veröffentlicht werden, bevor die Ankündigung dieser Veröffentlichung an die Kommission abgesendet wurde; das Datum der Absendung ist anzugeben.

(6) Die Auftraggeber tragen dafür Sorge, dass die den Tag der Absendung nachweisen können.

(7) Die Kommission stellt dem Auftraggeber eine Bestätigung der Veröffentlichung der übermittelten Informationen aus, in der das Datum dieser Veröffentlichung angegeben ist. Diese Bestätigung dient als Nachweis für die Veröffentlichung.

(8) Der Auftraggeber kann gemäß den Absätzen 1 bis 7 Bekanntmachungen über Aufträge veröffentlichen, die nicht der Veröffentlichungspflicht nach dieser Richtlinie unterliegen.

## Abschnitt 2: Fristen

### Artikel 45  Fristen für den Eingang der Anträge auf Teilnahme und der Angebote

(1) Bei der Festsetzung der Fristen für den Eingang der Angebote und der Anträge auf Teilnahme berücksichtigen die Auftraggeber unbeschadet der in diesem Artikel festgelegten Mindestfristen insbesondere die Komplexität des Auftrags und die Zeit, die für die Ausarbeitung der Angebote erforderlich ist.

(2) Bei offenen Verfahren beträgt die Frist für den Eingang der Angebote mindestens 52 Tage, gerechnet ab dem Tag der Absendung der Bekanntmachung.

(3) Bei nichtoffenen Verfahren und Verhandlungsverfahren mit vorherigem Aufruf zum Wettbewerb gilt folgende Regelung:

a) Die Frist für den Eingang von Teilnahmeanträgen aufgrund einer gemäß Artikel 42 Absatz 1 Buchstabe c) veröffentlichten Bekanntmachung oder einer Aufforderung durch die Auftraggeber gemäß Artikel 47 Absatz 5 beträgt grundsätzlich mindestens 37 Tage gerechnet ab dem Tag der Absendung der Bekanntmachung oder der Aufforderung; sie darf auf keinen Fall kürzer sein als 22 Tage, wenn die Bekanntmachung nicht auf elektronischem Wege oder per Fax zur Veröffentlichung übermittelt wurde, bzw. nicht kürzer als 15 Tage, wenn sie auf solchem Wege übermittelt wurde.

b) Die Frist für den Eingang von Angeboten kann im gegenseitigen Einvernehmen zwischen dem Auftraggeber und den ausgewählten Bewerbern festgelegt werden, vorausgesetzt, dass allen Bewerbern dieselbe Frist für die Erstellung und Einreichung der Angebote eingeräumt wird.

c) Ist eine einvernehmliche Festlegung der Frist für den Eingang der Angebote nicht möglich, setzt der Auftraggeber eine Frist fest, die grundsätzlich mindestens 24 Tage beträgt, die aber keinesfalls kürzer sein darf als 10 Tage, gerechnet ab der Aufforderung zur Einreichung eines Angebots.

(4) Hat der Auftraggeber gemäß Anhang XX eine regelmäßige nichtverbindliche Bekanntmachung gemäß Artikel 41 Absatz 1 veröffentlicht, beträgt die Frist für den Eingang der Angebote im offenen Verfahren grundsätzlich mindestes 36 Tage, keinesfalls jedoch weniger als 22 Tage, gerechnet ab dem Tag der Absendung der Bekanntmachung. Die verkürzten Fristen sind zulässig, sofern die nichtverbindliche regelmäßige Bekanntmachung neben den nach Anhang XV Teil A Abschnitt I geforderten Informationen alle in Anhang XV Teil A Abschnitt II geforderten Informationen enthielt – soweit letztere zum Zeitpunkt der Veröffentlichung der Bekanntmachung vorliegen – und sofern spätestens 52 Tage und frühestens 12 Monate vor dem Tag der Absendung der in Artikel 42 Absatz 1 Buchstabe c) vorgesehenen Bekanntmachung zur Veröffentlichung übermittelt wurde.

(5) Bei Bekanntmachungen, die unter Beachtung der Angaben in Anhang XX Nummer 3 zu Muster und Übermittlungsmodalitäten elektronisch erstellt und versandt werden, können die Frist für den Eingang der Anträge auf Teilnahme im nichtoffenen und im Verhandlungsverfahren und die Frist für den Eingang der Angebote im offenen Verfahren um 7 Tage verkürzt werden.

(6) Macht der Auftraggeber gemäß Anhang XX ab dem Tag der Veröffentlichung der Bekanntmachung, die als Aufruf zum Wettbewerb dient, die Auftrags- und alle zusätzlichen Unterlagen uneingeschränkt, unmittelbar und vollständig elektronisch zugänglich,

so kann die Frist für den Eingang von Angeboten im offenen und nichtoffenen Verfahren sowie im Verhandlungsverfahren um weitere fünf Tage verkürzt werden, es sei denn, es handelt sich um eine gemäß Absatz 3 Buchstabe b) im gegenseitigen Einvernehmen festgelegte Frist. In der Bekanntmachung ist die Internet-Adresse anzugeben, unter der diese Unterlagen abrufbar sind.

(7) Im offenen Verfahren darf die Kumulierung der Verkürzungen gemäß den Absätzen 4, 5 und 6 keinesfalls zu einer Frist für den Eingang von Angeboten führen, die, gerechnet ab dem Tag der Absendung der Bekanntmachung, kürzer ist als 15 Tage.

Wurde die Bekanntmachung jedoch nicht per Fax oder auf elektronischem Weg übermittelt, darf die Kumulierung der Verkürzungen gemäß den Absätzen 4, 5 und 6 im offenen Verfahren keinesfalls zu einer Frist für den Eingang von Angeboten führen, die, gerechnet ab dem Tag der Absendung der Bekanntmachung, kürzer ist als 22 Tage.

(8) Die Kumulierung der Verkürzungen gemäß den Absätzen 4, 5 und 6 darf keinesfalls zu einer Frist für den Eingang von Teilnahmeanträgen aufgrund einer gemäß Artikel 42 Absatz 1 Buchstabe c) veröffentlichten Bekanntmachung oder einer Aufforderung durch den Auftraggeber gemäß Artikel 47 Absatz 5 führen, die, gerechnet ab dem Tag der Absendung der Bekanntmachung oder der Aufforderung, kürzer ist als 15 Tage.

Beim nichtoffenen Verfahren und beim Verhandlungsverfahren darf die Kumulierung der Verkürzungen gemäß den Absätzen 4, 5 und 6 keinesfalls zu einer Frist für den Eingang der Angebote führen, die, gerechnet ab dem Tag der Aufforderung zur Angebotsabgabe, kürzer ist als 10 Tage, es sei denn, es handelt sich um eine gemäß Absatz 3 Buchstabe b) im gegenseitigen Einvernehmen festgelegte Frist.

(9) Wurden, aus welchem Grund auch immer, die Verdingungsunterlagen und die zusätzlichen Unterlagen oder Auskünfte, obwohl sie rechtzeitig angefordert wurden, nicht innerhalb der in den Artikeln 46 und 47 festgesetzten Fristen zugesandt bzw. erteilt oder können die Angebote nur nach einer Ortsbesichtigung oder Einsichtnahme in zusätzliche Unterlagen zu den Verdingungsunterlagen vor Ort erstellt werden, so sind die Fristen für den Eingang der Angebote angemessen zu verlängern – es sei denn, es handelt sich um eine gemäß Absatz 3 Buchstabe b) im gegenseitigen Einvernehmen festgelegte Frist –, so dass alle betroffenen Wirtschaftsteilnehmer von allen für die Erstellung eines Angebots erforderlichen Informationen Kenntnis nehmen können.

(10) Anhang XXII enthält eine Tabelle, in der die in diesem Artikel festgelegten Fristen zusammengefasst sind.

### Artikel 46  Offene Verfahren: Verdingungsunterlagen, zusätzliche Unterlagen und Auskünfte

(1) Machen Auftraggeber bei offenen Verfahren nicht die Verdingungsunterlagen und alle zusätzlichen Unterlagen auf elektronischem Weg gemäß Artikel 45 Absatz 6 uneingeschränkt, unmittelbar und vollständig verfügbar, so werden die Verdingungsunterlagen und zusätzlichen Unterlagen den Wirtschaftsteilnehmern binnen 6 Tagen nach Eingang des Antrags zugesandt, sofern dieser Antrag rechtzeitig vor dem Fristende für den Eingang der Angebote eingegangen ist.

(2) Zusätzliche Auskünfte zu den Verdingungsunterlagen erteilen der Auftraggeber oder die zuständigen Stellen, sofern sie rechtzeitig angefordert worden sind, spätestens sechs Tage vor dem Fristende für den Eingang der Angebote.

### Artikel 47  Aufforderung zur Angebotsabgabe oder zur Verhandlung

(1) Bei nichtoffenen Verfahren und bei Verhandlungsverfahren fordert der Auftraggeber die ausgewählten Bewerber gleichzeitig schriftlich auf, ihre Angebote einzureichen oder zu verhandeln. Die Aufforderung an die Bewerber enthält Folgendes:
– entweder eine Kopie der Verdingungsunterlagen und der zusätzlichen Unterlagen,
– oder einen Hinweis auf den Zugang zu den im ersten Gedankenstrich genannten Verdingungsunterlagen und die zusätzlichen Unterlagen, wenn sie gemäß Artikel 45 Absatz 6 auf elektronischem Wege unmittelbar zugänglich gemacht werden.

(2) Hält eine andere Einrichtung als der für das Vergabeverfahren zuständige Auftraggeber die Verdingungsunterlagen und/oder zusätzliche Unterlagen bereit, so werden die Anschrift der Stelle, bei der diese Verdingungsunterlagen und zusätzlichen Unterlagen angefordert werden können, und gegebenenfalls der Termin, bis zu dem sie angefordert werden können, angegeben; ferner sind der Betrag und die Bedingungen für die Zahlung des Betrags anzugeben, der für den Erhalt der Unterlagen zu entrichten ist. Die zuständigen Stellen schicken diese Unterlagen den Wirtschaftsteilnehmern nach Erhalt der Anfrage unverzüglich zu.

(3) Die zusätzlichen Informationen über die Verdingungsunterlagen bzw. die zusätzlichen Unterlagen werden vom Auftraggeber bzw. von den zuständigen Stellen spätestens sechs Tage vor dem für die Einreichung von Angeboten festgelegten Ausschlusstermin übermittelt, sofern die Anfrage rechtzeitig eingegangen ist.

(4) Die Aufforderung zur Angebotsabgabe umfasst außerdem zumindest

a) gegebenenfalls den Tag, bis zu dem die zusätzlichen Unterlagen angefordert werden können, sowie den Betrag und die Bedingungen für die Zahlung des Betrages, der für diese Unterlagen zu entrichten ist;

b) den Tag, bis zu dem die Angebote eingehen müssen, die Anschrift der Stelle, bei der sie einzureichen sind, sowie die Sprache/Sprachen, in der/denen sie abzufassen sind;

c) einen Hinweis auf alle veröffentlichten Bekanntmachungen;

d) gegebenenfalls die Bezeichnung der beizufügenden Unterlagen;

e) die Kriterien für die Zuschlagserteilung, wenn sie nicht in der als Aufruf zum Wettbewerb verwendeten Bekanntmachung über das Bestehen eines Prüfungssystems enthalten sind;

f) die relative Gewichtung der Zuschlagskriterien oder gegebenenfalls die nach ihrer Bedeutung eingestufte Reihenfolge dieser Kriterien, wenn diese Angaben nicht in der Bekanntmachung, der Bekanntmachung über das Bestehen eines Prüfungssystems oder in den Verdingungsunterlagen enthalten sind.

(5) Erfolgt ein Aufruf zum Wettbewerb mittels einer regelmäßigen nichtverbindlichen Bekanntmachung, so fordert der Auftraggeber später alle Bewerber auf, ihr Interesse auf der Grundlage von genauen Angaben über den betreffenden Auftrag zu bestätigen, bevor mit der Auswahl der Bieter oder der Teilnehmer an einer Verhandlung begonnen wird.

Diese Aufforderung umfasst zumindest folgende Angaben:

a) Art und Umfang, einschließlich aller Optionen auf zusätzliche Aufträge, und, sofern möglich, eine Einschätzung der Frist für die Ausübung dieser Optionen; bei wiederkehrenden Aufträgen Art und Umfang und, sofern möglich, das voraussichtliche Datum der Veröffentlichung der Bekanntmachungen zukünftiger Aufrufe zum Wettbewerb für die Bauarbeiten, Lieferungen oder Dienstleistungen, die Gegenstand des Auftrags sein sollen;

b) Art des Verfahrens: nichtoffenes Verfahren oder Verhandlungsverfahren;

c) gegebenenfalls Zeitpunkt, zu dem die Lieferung bzw. die Bauarbeiten oder Dienstleistungen beginnen bzw. abgeschlossen werden;

d) Anschrift und letzter Tag für die Vorlage des Antrags auf Aufforderung zur Angebotsabgabe sowie Sprache oder Sprachen, in der/denen die Angebote abzugeben sind;

e) Anschrift der Stelle, die den Zuschlag erteilt und die Auskünfte gibt, die für den Erhalt der Verdingungsunterlagen und anderer Unterlagen notwendig sind;

f) alle wirtschaftlichen und technischen Anforderungen, finanziellen Garantien und Angaben, die von den Wirtschaftsteilnehmern verlangt werden;

g) Höhe und Zahlungsbedingungen der für die Vergabeunterlagen zu entrichtenden Beträge;

h) Art des Auftrags, der Gegenstand der Ausschreibung ist: Kauf, Leasing, Miete oder Mietkauf oder eine Kombination dieser Arten und

i) die Zuschlagskriterien sowie deren relative Gewichtung oder gegebenenfalls die nach ihrer Bedeutung eingestufte Reihenfolge dieser Kriterien, wenn diese Angaben nicht in der Bekanntmachung oder in den Verdingungsunterlagen oder in der Aufforderung zur Abgabe eines Angebots oder zu Verhandlungen enthalten sind.

## Abschnitt 3: Mitteilungen

### Artikel 48 Bestimmungen über Mitteilungen

(1) Jede Mitteilung sowie jede in diesem Titel genannte Übermittlung von Informationen kann nach Wahl des Auftraggebers per Post, per Fax, auf elektronischem Wege gemäß den Absätzen 4 und 5, auf telefonischem Wege in den in Absatz 6 genannten Fällen und unter den dort aufgeführten Bedingungen oder durch eine Kombination dieser Kommunikationsmittel erfolgen.

(2) Das gewählte Kommunikationsmittel muss allgemein verfügbar sein, so dass der Zugang der Wirtschaftsteilnehmer zum Vergabeverfahren nicht beschränkt wird.

(3) Bei der Mitteilung bzw. bei Austausch und Speicherung von Informationen sind die Vollständigkeit der Daten sowie die Vertraulichkeit der Angebote und der Anträge auf Teilnahme zu gewährleisten; der Auftraggeber darf vom Inhalt der Angebote und der Anträge auf Teilnahme erst nach Ablauf der Frist für ihre Einreichung Kenntnis nehmen.

(4) Die für die elektronische Übermittlung zu verwendenden Vorrichtungen und ihre technischen Merkmale dürfen keinen diskriminierenden Charakter haben und müssen allgemein zugänglich sowie mit den allgemein verbreiteten Erzeugnissen der Informations- und Kommunikationstechnologie kompatibel sein.

(5) Für die Übermittlung und die Vorrichtungen für den elektronischen Eingang der Angebote sowie für die Vorrichtungen für den elektronischen Eingang der Anträge auf Teilnahme gelten die folgenden Bestimmungen:

a) Die Informationen über die Spezifikationen, die für die elektronische Übermittlung der Angebote und Anträge auf Teilnahme erforderlich sind, einschließlich Verschlüsselung, müssen den interessierten Parteien zugänglich sein. Außerdem müssen die Vorrichtungen, die für den elektronischen Eingang der Angebote und Anträge auf Teilnahme verwendet werden, den Anforderungen des Anhangs XXIV genügen.

b) Die Mitgliedstaaten können unter Beachtung des Artikels 5 der Richtlinie 1999/93/EG verlangen, dass elektronisch übermittelte Angebote mit einer fortgeschrittenen elektronischen Signatur gemäß Artikel 5 Absatz 1 der genannten Richtlinie zu versehen sind.

c) Die Mitgliedstaaten können Systeme der freiwilligen Akkreditierung einführen oder beibehalten, die zu einem verbesserten Angebot von Zertifizierungsdiensten für diese Vorrichtungen führen sollen.

d) Bieter und Bewerber sind verpflichtet, vor Ablauf der vorgeschriebenen Frist für die Vorlage der Angebote und Anträge auf Teilnahme die in Artikel 52 Absatz 2, Artikel 52 Absatz 3, Artikel 53 und Artikel 54 genannten Unterlagen, Bescheinigungen und Erklärungen einzureichen, wenn diese nicht auf elektronischem Wege verfügbar sind.

(6) Folgende Bestimmungen gelten für die Übermittlung der Anträge auf Teilnahme:

a) Anträge auf Teilnahme am Vergabeverfahren können schriftlich oder fernmündlich gestellt werden.

b) Werden Anträge auf Teilnahme fernmündlich gestellt, sind diese vor Ablauf der Frist für den Eingang der Anträge schriftlich zu bestätigen.

c) Die Auftraggeber können verlangen, dass per Fax gestellte Anträge auf Teilnahme auf dem Postweg oder auf elektronischem Wege bestätigt werden, damit ein gesetzlich gültiger Nachweis vorliegt. Eine solche Anforderung ist, zusammen mit der Frist für die Übermittlung der Bestätigung per Post oder auf elektronischem Wege, vom Auftraggeber in der als Aufruf zum Wettbewerb verwendeten Bekanntmachung oder in der Aufforderung gemäß Artikel 47 Absatz 5 anzugeben.

### Artikel 49   Unterrichtung der Prüfungsantragsteller, Bewerber und Bieter

(1) Die Auftraggeber informieren die beteiligten Wirtschaftsteilnehmer schnellstmöglich, auf Antrag auch schriftlich, über ihre Entscheidungen über den Abschluss einer Rahmenvereinbarung, die Zuschlagserteilung oder die Zulassung zur Teilnahme an einem dynamischen Beschaffungssystem, einschließlich der Gründe, aus denen beschlossen wurde, auf den Abschluss einer Rahmenvereinbarung oder die Vergabe eines als Aufruf zum Wettbewerb dienenden Auftrags zu verzichten oder das Verfahren erneut einzuleiten bzw. kein dynamisches Beschaffungssystem einzurichten.

(2) Auf Verlangen der betroffenen Partei unterrichtet der Auftraggeber unverzüglich

– jeden nicht erfolgreichen Bewerber über die Gründe für die Ablehnung seiner Bewerbung,

– jeden nicht berücksichtigten Bieter über die Gründe für die Ablehnung seines Angebots; dazu gehört in den Fällen nach Artikel 34 Absätze 4 und 5 auch eine Unterrichtung über die Gründe für seine Entscheidung, dass keine Gleichwertigkeit vorliegt oder dass die Bauarbeiten, Lieferungen oder Dienstleistungen nicht den Leistungs- oder Funktionsanforderungen entsprechen,

– jeden Bieter, der ein ordnungsgemäßes Angebot eingereicht hat, über die Merkmale und Vorteile des ausgewählten Angebots sowie über den Namen des Zuschlagsempfängers oder der Parteien der Rahmenvereinbarung.

Der Beantwortungszeitraum darf eine Frist von 15 Tagen ab Eingang der schriftlichen Anfrage auf keinen Fall überschreiten.

Die Auftraggeber können jedoch beschließen, bestimmte in Absatz 1 genannte Angaben über die Zuschlagserteilung oder den Abschluss von Rahmenvereinbarungen bzw. die Zulassung zur Teilnahme an einem dynamischen Beschaffungssystem nicht mitzuteilen, wenn die Offenlegung dieser Angaben den Gesetzesvollzug behindern, in sonstiger Weise dem öffentlichen Interesse zuwiderlaufen, die berechtigten geschäftlichen Interessen öffentlicher oder privater Wirtschaftsteilnehmer – einschließlich der Interessen des Wirtschaftsteilnehmers, dem der Auftrag erteilt wurde – schädigen oder den lauteren Wettbewerb zwischen ihnen beeinträchtigen würde.

(3) Die Auftraggeber, die ein Prüfungssystem einrichten und verwalten, unterrichten die Antragsteller innerhalb einer Frist von sechs Monaten über die Entscheidung, die sie zur Qualifikation der Antragsteller getroffen haben.

Kann die Entscheidung über die Qualifikation nicht innerhalb von vier Monaten nach Eingang eines Prüfungsantrags getroffen werden, so hat der Auftraggeber dem Antragsteller spätestens 2 Monate nach Eingang des Antrags die Gründe für eine längere Bearbeitungszeit mitzuteilen und anzugeben, wann über die Annahme oder die Ablehnung seines Antrags entschieden wird.

(4) Negative Entscheidungen über die Qualifikation werden den Antragstellern schnellstmöglich, in jedem Falle aber innerhalb von höchstens fünfzehn Tagen nach der Entscheidung, unter Angabe von Gründen mitgeteilt. Die Gründe müssen sich auf die in Artikel 53 Absatz 2 genannten Prüfungskriterien beziehen.

(5) Auftraggeber, die ein Prüfungssystem einrichten oder verwalten, dürfen einem Wirtschaftsteilnehmer die Qualifikation nur aus Gründen aberkennen, die auf den in Artikel 53 Absatz 2 genannten Zuschlagskriterien beruhen. Die beabsichtigte Aberkennung der Qualifikation muss dem betreffenden Wirtschaftsteilnehmer mindestens 15 Tage vor dem für die Aberkennung der Qualifikation vorgesehenen Termin schriftlich unter Angabe der Gründe hierfür mitgeteilt werden.

**Artikel 50  Aufbewahrung der Unterlagen über vergebene Aufträge**

(1) Die Auftraggeber bewahren sachdienliche Unterlagen über jeden Auftrag auf, die es ihnen zu einem späteren Zeitpunkt ermöglichen, Entscheidungen zu begründen, die Folgendes betreffen:

a) Qualifikation und Auswahl der Wirtschaftsteilnehmer sowie Zuschlagserteilung,

b) Rückgriff auf Verfahren ohne vorherigen Aufruf zum Wettbewerb gemäß Artikel 40 Absatz 3,

c) Nichtanwendung der Kapitel III bis VI dieses Titels aufgrund der Ausnahmebestimmungen von Titel I Kapitel II und von Kapitel II des vorliegenden Titels.

Die Auftraggeber treffen geeignete Maßnahmen, um den Ablauf der mit elektronischen Mitteln durchgeführten Vergabeverfahren zu dokumentieren.

(2) Die Unterlagen müssen mindestens 4 Jahre lang ab der Zuschlagserteilung aufbewahrt werden, damit der Auftraggeber der Kommission in dieser Zeit auf Anfrage die erforderlichen Auskünfte erteilen kann.

## Kapitel VII:  Ablauf des Verfahrens

### Artikel 51  Allgemeine Bestimmungen

(1) Die Auswahl der Bewerber in den Vergabeverfahren ist wie folgt geregelt:

a) Haben die Auftraggeber gemäß Artikel 54 Absätze 1, 2 oder 4 Regeln und Kriterien für den Ausschluss von Bietern oder Bewerbern aufgestellt, so schließen sie Wirtschaftsteilnehmer, die diese Regeln und Kriterien erfüllen, aus.

b) Die Auftraggeber wählen Bieter und Bewerber nach den gemäß Artikel 54 festgelegten objektiven Regeln und Kriterien aus.

c) In nichtoffenen Verfahren und in Verhandlungsverfahren mit einem Aufruf zum Wettbewerb verringern die Auftraggeber gegebenenfalls nach Artikel 54 die Zahl der gemäß den Buchstaben a) und b) ausgewählten Bewerber.

(2) Erfolgt der Aufruf zum Wettbewerb durch eine Bekanntmachung über das Bestehen eines Prüfungssystems und zum Zwecke der Auswahl von Bewerbern in Vergabeverfahren Einzelaufträge, die Gegenstand des Aufrufs zum Wettbewerb sind, so gilt Folgendes:

a) Die Auftraggeber prüfen die Wirtschaftsteilnehmer gemäß Artikel 53.

b) Sie wenden die Bestimmungen des Absatzes 1, die für nichtoffene Verfahren oder Verhandlungsverfahren relevant sind, auf die geprüften Wirtschaftsteilnehmer an.

(3) Die Auftraggeber prüfen die Übereinstimmung der von den ausgewählten Bietern vorgelegten Angebote mit den für sie geltenden Vorschriften und Anforderungen und vergeben den Auftrag nach den Kriterien der Artikel 55 und 57.

## Abschnitt 1:  Prüfung und qualitative Auswahl

### Artikel 52  Gegenseitige Anerkennung im Zusammenhang mit administrativen, technischen oder finanziellen Bedingungen sowie betreffend Zertifikate, Nachweise und Prüfbescheinigungen

(1) Bei der Auswahl der Teilnehmer an einem nichtoffenen Verfahren oder einem Verhandlungsverfahren dürfen die Auftraggeber mit ihrer Entscheidung über die Qualifikation sowie bei der Überarbeitung der Kriterien und Regeln nicht

a) bestimmten Wirtschaftsteilnehmern administrative, technische oder finanzielle Verpflichtungen auferlegen, die sie anderen nicht auferlegt hätten,

b) Prüfungen oder Nachweise verlangen, die sich mit bereits vorliegenden objektiven Nachweisen überschneiden.

(2) Verlangen Auftraggeber zum Nachweis dafür, dass der Wirtschaftsteilnehmer bestimmte Qualitätssicherungsnormen erfüllt, die Vorlage von Bescheinigungen unabhängiger Stellen, so nehmen sie auf Qualitätssicherungsverfahren Bezug, die den einschlä-

gigen europäischen Normen genügen und von entsprechenden Stellen gemäß den europäischen Zertifizierungsnormen zertifiziert sind.

Die Auftraggeber erkennen gleichwertige Bescheinigungen von Stellen aus anderen Mitgliedstaaten an. Sie erkennen auch andere Nachweise für gleichwertige Qualitätssicherungsmaßnahmen von den Wirtschaftsteilnehmern an.

(3) Bei Bau- und Dienstleistungsaufträgen können die Auftraggeber zur Überprüfung der technischen Leistungsfähigkeit des Wirtschaftsteilnehmers in bestimmten Fällen einen Hinweis auf die Umweltmanagementmaßnahmen verlangen, die der Wirtschaftsteilnehmer bei der Ausführung des Auftrags anwenden kann. Verlangen die Auftraggeber zum Nachweis dafür, dass der Wirtschaftsteilnehmer bestimmte Normen für das Umweltmanagement erfüllt, die Vorlage von Bescheinigungen unabhängiger Stellen, so nehmen sie auf das EMAS oder auf Normen für das Umweltmanagement Bezug, die auf den einschlägigen europäischen oder internationalen Normen beruhen und von entsprechenden Stellen gemäß dem Gemeinschaftsrecht oder gemäß einschlägigen europäischen oder internationalen Zertifizierungsnormen zertifiziert sind.

Die Auftraggeber erkennen gleichwertige Bescheinigungen von Stellen aus anderen Mitgliedstaaten an. Daneben erkennen sie auch andere Nachweise über gleichwertige Qualitätssicherungsmaßnahmen von den Wirtschaftsteilnehmern an.

### Artikel 53 Prüfungssysteme

(1) Auftraggeber, die dies wünschen, können ein Prüfungssystem für Wirtschaftsteilnehmer einrichten und verwalten.

Auftraggeber, die ein Prüfungssystem einrichten oder verwalten, stellen sicher, dass die Wirtschaftsteilnehmer jederzeit eine Prüfung verlangen können.

(2) Das System nach Absatz 1 kann verschiedene Prüfungsstufen umfassen.

Es wird auf der Grundlage objektiver Prüfkriterien und -regeln gehandhabt, die von dem Auftraggeber aufgestellt werden.

Umfassen diese Kriterien und Regeln technische Spezifikationen, kommt Artikel 34 zur Anwendung. Diese Kriterien und Regeln können bei Bedarf aktualisiert werden.

(3) Die in Absatz 2 genannten Prüfkriterien und -regeln können auch die in Artikel 45 der Richtlinie 2004/18/EG aufgeführten Ausschlusskriterien gemäß den darin genannten Bedingungen beinhalten.

Handelt es sich um einen Auftraggeber im Sinne von Artikel 2 Absatz 1 Buchstabe a), umfassen diese Kriterien und Regeln die in Artikel 45 Absatz 1 der Richtlinie 2004/18/EG genannten Ausschlusskriterien.

(4) Enthalten die in Absatz 2 genannten Prüfungskriterien und -regeln Anforderungen an die wirtschaftliche und finanzielle Leistungsfähigkeit des Wirtschaftsteilnehmers, kann sich dieser gegebenenfalls auf die Leistungsfähigkeit anderer Unternehmen stützen, unabhängig von dem Rechtsverhältnis, in dem er zu diesen Unternehmen steht. In diesem Fall muss er dem Auftraggeber nachweisen, dass er während der gesamten Gültigkeit des Prüfungssystems über diese Ressourcen verfügt, beispielsweise durch eine entsprechende Verpflichtungserklärung dieser Unternehmen.

Unter denselben Bedingungen kann sich auch eine in Artikel 11 genannte Gruppe von Wirtschaftsteilnehmern auf die Fähigkeiten der einzelnen Mitglieder der Gruppe oder anderer Unternehmen stützen.

(5) Umfassen die in Absatz 2 genannten Prüfungskriterien und -regeln Anforderungen an die technischen und/oder beruflichen Fähigkeiten des Wirtschaftsteilnehmers, so kann sich dieser gegebenenfalls auf die Kapazitäten anderer Unternehmen stützen, unabhängig von dem Rechtsverhältnis, in dem er zu diesen Unternehmen steht. In diesem Fall muss er dem Auftraggeber nachweisen, dass er während der gesamten Gültigkeit des Prüfungssystems über diese Ressourcen verfügt, beispielsweise durch eine entsprechende Verpflichtungserklärung dieser Unternehmen, dem Wirtschaftsteilnehmer die erforderlichen Ressourcen zur Verfügung zu stellen.

Unter denselben Bedingungen kann sich auch eine in Artikel 11 genannte Gruppe von Wirtschaftsteilnehmern auf die Kapazitäten der einzelnen Mitglieder der Gruppe oder anderer Unternehmen stützen.

(6) Die Prüfungskriterien und -regeln nach Absatz 2 werden interessierten Wirtschaftsteilnehmern auf Antrag zur Verfügung gestellt. Die Überarbeitung dieser Kriterien und Regeln wird interessierten Wirtschaftsteilnehmern mitgeteilt.

Entspricht das Prüfungssystem bestimmter anderer Auftraggeber oder Stellen nach Ansicht eines Auftraggebers dessen Anforderungen, so teilt er den interessierten Wirtschaftsteilnehmern die Namen dieser dritten Auftraggeber oder Stellen mit.

(7) Es wird ein Verzeichnis der geprüften Wirtschaftsteilnehmer geführt; es kann in Kategorien nach Auftragsarten, für deren Durchführung die Prüfung Gültigkeit hat, aufgegliedert werden.

(8) Wenn Auftraggeber ein Prüfungssystem einrichten oder verwalten, müssen sie insbesondere die Bestimmungen des Artikels 41 Absatz 3 (Bekanntmachungen über das Bestehen eines Prüfungssystems), des Artikels 49 Absätze 3, 4 und 5 (Unterrichtung der die Prüfung beantragenden Wirtschaftsteilnehmer), des Artikels 51 Absatz 2 (Auswahl der Bewerber, wenn ein Aufruf zum Wettbewerb durch eine Bekanntmachung über das Bestehen eines Prüfungssystems erfolgt) sowie des Artikels 52 (gegenseitige Anerkennung im Zusammenhang mit administrativen, technischen oder finanziellen Bedingungen sowie betreffend Zertifikate, Nachweise und Prüfbescheinigungen) einhalten.

(9) Erfolgt ein Aufruf zum Wettbewerb durch Veröffentlichung einer Bekanntmachung über das Bestehen eines Prüfungssystems, so werden die Bieter in einem nichtoffenen Verfahren oder die Teilnehmer an einem Verhandlungsverfahren unter den Bewerbern ausgewählt, die sich im Rahmen eines solchen Systems qualifiziert haben.

**Artikel 54   Eignungskriterien**

(1) Auftraggeber, die die Eignungskriterien in einem offenen Verfahren festlegen, müssen dies entsprechend den objektiven Kriterien und Regeln tun, die den interessierten Wirtschaftsteilnehmern zugänglich sind.

(2) Auftraggeber, die die Bewerber für die Teilnahme an einem nichtoffenen Verfahren oder an einem Verhandlungsverfahren auswählen, richten sich dabei nach den objektiven Regeln und Kriterien, die sie festgelegt haben und die den interessierten Wirtschaftsteilnehmern zugänglich sind.

(3) In nichtoffenen Verfahren und in Verhandlungsverfahren können sich die Kriterien auf die objektive Notwendigkeit des Auftraggebers gründen, die Zahl der Bewerber so weit zu verringern, dass ein angemessenes Verhältnis zwischen den Besonderheiten des Vergabeverfahrens und den zu seiner Durchführung erforderlichen Ressourcen sichergestellt ist. Es sind jedoch so viele Bewerber zu berücksichtigen, dass ein angemessener Wettbewerb gewährleistet ist.

(4) Die in den Absätzen 1 und 2 genannten Kriterien können die in Artikel 45 der Richtlinie 2004/18/EG genannten Ausschlussgründe gemäß den darin genannten Bedingungen umfassen.

Handelt es sich bei dem Auftraggeber um einen öffentlichen Auftraggeber im Sinne von Artikel 2 Absatz 1 Buchstabe a), so umfassen die in den Absätzen 1 und 2 dieses Artikels genannten Kriterien die in Artikel 45 Absatz 1 der Richtlinie 2004/18/EG aufgeführten Ausschlusskriterien.

(5) Umfassen die in Absatz 1 und 2 genannten Kriterien Anforderungen an die wirtschaftliche und finanzielle Leistungsfähigkeit des Wirtschaftsteilnehmers, kann sich dieser gegebenenfalls und bei einem bestimmten Auftrag auf die Kapazitäten anderer Unternehmen stützen, unabhängig von dem Rechtsverhältnis, in dem er zu diesen Unternehmen steht. In diesem Fall weist er dem Auftraggeber nach, dass er über die notwendigen Ressourcen verfügt, beispielsweise durch eine entsprechende Verpflichtungserklärung dieser Unternehmen.

Unter denselben Bedingungen kann sich auch eine in Artikel 11 genannte Gruppe von Wirtschaftsteilnehmern auf die Kapazitäten der einzelnen Mitglieder der Gruppe oder anderer Unternehmen stützen.

(6) Umfassen die in Absatz 2 genannten Kriterien und Regeln Anforderungen an die technischen und/oder beruflichen Fähigkeiten des Wirtschaftsteilnehmers, kann er sich gegebenenfalls auf die Kapazitäten anderer Unternehmen stützen, unabhängig von dem Rechtsverhältnis, in dem er zu diesen Unternehmen steht. In diesem Fall muss er dem Auftraggeber nachweisen, dass er über die notwendigen Mittel verfügt, beispielsweise durch eine entsprechende Verpflichtungserklärung dieser Unternehmen.

Unter denselben Bedingungen kann sich auch eine in Artikel 11 genannte Gruppe von Wirtschaftsteilnehmern auf die Kapazitäten der einzelnen Mitglieder der Gruppe oder anderer Unternehmen stützen.

## Abschnitt 2: Zuschlagserteilung

### Artikel 55 Zuschlagskriterien

(1) Unbeschadet nationaler Rechts- und Verwaltungsvorschriften über die Vergütung bestimmter Dienstleistungen sind die für die Zuschlagserteilung maßgebenden Kriterien

a) entweder, wenn der Zuschlag auf das aus Sicht des Auftraggebers wirtschaftlich günstigste Angebot erfolgt, verschiedene mit dem Auftragsgegenstand zusammenhängende Kriterien wie: Lieferfrist bzw. Ausführungsdauer, Betriebskosten, Rentabilität, Qualität, Ästhetik und Zweckmäßigkeit, Umwelteigenschaften, technischer Wert, Kundendienst und technische Hilfe, Zusagen hinsichtlich der Ersatzteile, Versorgungssicherheit, Preis, oder

b) ausschließlich der niedrigste Preis.

(2) Unbeschadet des Unterabsatzes 3 gibt der Auftraggeber im Fall von Absatz 1 Buchstabe a) an, wie er die einzelnen Kriterien gewichtet, die er ausgewählt hat, um das wirtschaftlich günstigste Angebot zu ermitteln.

Diese Gewichtung kann mittels einer Marge angegeben werden, deren größte Bandbreite angemessen sein muss.

Kann nach Ansicht des Auftraggebers die Gewichtung aus nachvollziehbaren Gründen nicht angegeben werden, so gibt der Auftraggeber die Kriterien in der absteigenden Reihenfolge ihrer Bedeutung an.

Die relative Gewichtung oder die nach der Bedeutung eingestufte Reihenfolge der Kriterien wird – soweit erforderlich – in der als Aufruf zum Wettbewerb verwendeten Bekanntmachung, in der Aufforderung zur Interessensbestätigung gemäß Artikel 47 Absatz 5, in der Aufforderung zur Angebotsabgabe oder zur Verhandlung oder in den Verdingungsunterlagen angegeben.

### Artikel 56 Durchführung von elektronischen Auktionen

(1) Die Mitgliedstaaten können vorschreiben, dass die Auftraggeber elektronische Auktionen durchführen dürfen.

(2) Bei der Verwendung des offenen und nichtoffenen Verfahrens sowie des Verhandlungsverfahrens mit vorherigem Aufruf zum Wettbewerb kann der Auftraggeber beschließen, dass der Vergabe eines Auftrags eine elektronische Auktion vorausgeht, sofern die Spezifikationen des Auftrags hinreichend präzise beschrieben werden können.

Eine elektronische Auktion kann unter den gleichen Bedingungen bei einem Aufruf zum Wettbewerb für die im Rahmen des in Artikel 15 genannten dynamischen Beschaffungssystems zu vergebenden Aufträge durchgeführt werden.

Die elektronische Auktion erstreckt sich

a) entweder allein auf die Preise, wenn der Zuschlag für den Auftrag zum niedrigsten Preis erteilt wird,

b) oder auf die Preise und/oder die Auftragswerte der in den Verdingungsunterlagen genannten Angebotskomponenten, wenn das wirtschaftlich günstigste Angebot den Zuschlag für den Auftrag erhält.

(3) Ein Auftraggeber, der die Durchführung einer elektronischen Auktion beschließt, weist in der als Aufruf zum Wettbewerb verwendeten Bekanntmachung darauf hin.

Die Verdingungsunterlagen enthalten unter anderem folgende Einzelheiten:

a) die Komponenten, deren Auftragswerte Gegenstand der elektronischen Auktion sein werden, sofern diese Komponenten in der Weise quantifizierbar sind, dass sie in Ziffern oder in Prozentangaben ausgedrückt werden können;

b) gegebenenfalls die Obergrenzen der Auftragswerte, die unterbreitet werden können, wie sie sich aus den Spezifikationen des Auftragsgegenstandes ergeben;

c) die Informationen, die den Bietern im Laufe der elektronischen Auktion zur Verfügung gestellt werden, sowie gegebenenfalls den Termin, an dem sie ihnen zur Verfügung gestellt werden;

d) die relevanten Angaben zum Ablauf der elektronischen Auktion;

e) die Bedingungen, unter denen die Bieter Gebote abgeben können, und insbesondere die Mindestabstände, die bei Abgabe dieser Gebote gegebenenfalls einzuhalten sind;

f) die relevanten Angaben zu der verwendeten elektronischen Vorrichtung und zu den technischen Modalitäten und Merkmalen der Anschlussverbindung.

(4) Vor der Durchführung der elektronischen Auktion nehmen die Auftraggeber anhand des bzw. der Zuschlagskriterien und der dafür festgelegten Gewichtung eine erste vollständige Evaluierung der Angebote vor.

Alle Bieter, die zulässige Angebote unterbreitet haben, werden zur gleichen Zeit auf elektronischem Wege aufgefordert, neue Preise und/oder Auftragswerte vorzulegen; die Aufforderung enthält sämtliche relevanten Angaben betreffend die individuelle Verbindung zur verwendeten elektronischen Vorrichtung sowie das Datum und die Uhrzeit des Beginns der elektronischen Auktion. Die elektronische Auktion kann mehrere aufeinander folgende Phasen umfassen. Sie darf frühestens zwei Arbeitstage nach der Versendung der Aufforderungen beginnen.

(5) Erfolgt der Zuschlag auf das wirtschaftlich günstigste Angebot, so wird der Aufforderung das Ergebnis der vollständigen Bewertung des jeweiligen Angebots, die entsprechend der Gewichtung nach Artikel 55 Absatz 2 Unterabsatz 1 durchgeführt wurde, beigefügt.

In der Aufforderung ist ebenfalls die mathematische Formel vermerkt, nach der bei der elektronischen Auktion die automatische Neuordnung entsprechend den vorgelegten neuen Preisen und/oder den neuen Werten vorgenommen wird. Aus dieser Formel geht auch die Gewichtung aller Kriterien für die Ermittlung des wirtschaftlich günstigsten Angebots hervor, so wie sie in der Bekanntmachung, die als Aufruf zum Wettbewerb dient, oder in den Verdingungsunterlagen angegeben ist; zu diesem Zweck werden etwaige Margen durch einen im Voraus festgelegten Wert ausgedrückt.

Sind Varianten zulässig, so muss für jede einzelne Variante getrennt eine Formel angegeben werden.

(6) Die Auftraggeber übermitteln allen Bietern im Laufe einer jeden Phase der elektronischen Auktion ständig und unverzüglich die Informationen, die erforderlich sind, damit den Bietern jederzeit ihr jeweiliger Rang bekannt ist; sie können ferner zusätzliche Informationen zu anderen vorgelegten Preisen oder Werten übermitteln, sofern dies in den Verdingungsunterlagen angegeben ist; darüber hinaus können sie jederzeit die Zahl der Teilnehmer an der Phase der Auktion bekannt geben; sie dürfen jedoch keinesfalls während der Phasen der elektronischen Auktion die Identität der Bieter bekannt geben.

(7) Die Auftraggeber schließen die elektronische Auktion nach einem oder mehreren der folgenden Verfahren ab:

a) sie geben in der Aufforderung zur Teilnahme an der Auktion das Datum und die Uhrzeit an, die von vornherein festgelegt wurden;

b) sie schließen das Verfahren ab, wenn keine Preise oder neuen Werte mehr eingehen, die den Anforderungen an die Mindestabstände gerecht werden. In diesem Falle geben die Auftraggeber in der Aufforderung zur Teilnahme an der Auktion die Frist an, die sie ab dem Erhalt der letzten Vorlage bis zum Abschluss der elektronischen Auktion verstreichen lassen;

c) sie schließen das Verfahren ab, wenn die Auktionsphasen in der Anzahl, die in der Aufforderung zur Teilnahme an der Auktion angegeben war, durchgeführt wurden.

Wenn die Auftraggeber beschlossen haben, die elektronische Auktion gemäß Buchstabe c), gegebenenfalls kombiniert mit dem Verfahren nach Buchstabe b), abzuschließen, wird in der Aufforderung zur Teilnahme an der Auktion der Zeitplan für jede Auktionsphase angegeben.

(8) Nach Abschluss der elektronischen Auktion vergeben die Auftraggeber den Auftrag gemäß Artikel 55 entsprechend den Ergebnissen der elektronischen Auktion.

(9) Auftraggeber dürfen nicht missbräuchlich oder dergestalt elektronische Auktionen durchführen, dass der Wettbewerb ausgeschaltet, eingeschränkt oder verfälscht wird, oder dergestalt, dass der Auftragsgegenstand, wie er im Zuge der Veröffentlichung der Bekanntmachung ausgeschrieben und in den Verdingungsunterlagen definiert worden ist, verändert wird.

**Artikel 57   Ungewöhnlich niedrige Angebote**

(1) Erscheinen im Fall eines bestimmten Auftrags Angebote im Verhältnis zur Leistung ungewöhnlich niedrig, so muss der Auftraggeber vor Ablehnung dieser Angebote schriftlich Aufklärung über die Bestandteile des Angebots verlangen, wo er dies für angezeigt hält.

Die betreffenden Erläuterungen können insbesondere Folgendes betreffen:

a) die Wirtschaftlichkeit des Fertigungsverfahrens, der Erbringung der Dienstleistung oder des Bauverfahrens,

b) die technischen Lösungen und/oder außergewöhnlich günstigen Bedingungen, über die der Bieter bei der Lieferung der Waren, der Erbringung der Dienstleistung oder der Durchführung der Bauleistungen verfügt,

c) die Originalität der vom Bieter angebotenen Lieferungen, Dienstleistungen oder Bauleistungen,

d) die Einhaltung der Vorschriften über Arbeitsschutz und Arbeitsbedingungen, die am Ort der Lieferung, Dienstleistung oder Bauleistungen gelten,

e) die etwaige Gewährung einer staatlichen Beihilfe an den Bieter.

(2) Der Auftraggeber prüft die betreffende Zusammensetzung und berücksichtigt dabei die gelieferten Nachweise, indem er mit dem Bieter Rücksprache hält.

(3) Stellt der Auftraggeber fest, dass ein Angebot ungewöhnlich niedrig ist, weil der Bieter eine staatliche Beihilfe erhalten hat, so darf er das Angebot allein aus diesem Grund nur nach Rücksprache mit dem Bieter ablehnen, sofern dieser binnen einer von dem Auftraggeber festzulegenden ausreichenden Frist nicht nachweisen kann, dass die betreffende Beihilfe rechtmäßig gewährt wurde. Lehnt der Auftraggeber ein Angebot unter diesen Umständen ab, so teilt er dies der Kommission mit.

## Abschnitt 3: Angebote, die Erzeugnisse aus Drittländern und Beziehungen mit diesen umfassen

### Artikel 58 Angebote, die Erzeugnisse aus Drittländern umfassen

(1) Dieser Artikel gilt für Angebote, die Erzeugnisse mit Ursprung in Drittländern umfassen, mit denen die Gemeinschaft keine Übereinkunft in einem multilateralen oder bilateralen Rahmen geschlossen hat, durch die ein tatsächlicher Zugang der Unternehmen der Gemeinschaft zu den Märkten dieser Drittländer unter vergleichbaren Bedingungen gewährleistet wird. Er gilt unbeschadet der Verpflichtungen der Gemeinschaft oder ihrer Mitgliedstaaten gegenüber Drittländern.

(2) Ein im Hinblick auf die Vergabe eines Lieferauftrages eingereichtes Angebot kann zurückgewiesen werden, wenn der gemäß der Verordnung (EWG) Nr. 2913/92 des Rates vom 12. Oktober 1992 zur Festlegung des Zollkodex der Gemeinschaften[1] bestimmte Anteil der Erzeugnisse mit Ursprung in Drittländern mehr als 50 % des Gesamtwertes der in dem Angebot enthaltenen Erzeugnisse beträgt. Im Sinne dieses Artikels gilt Software, die in der Ausstattung für Telekommunikationsnetze verwendet wird, als Erzeugnis.

(3) Sind zwei oder mehrere Angebote gemäß den in Artikel 55 aufgestellten Zuschlagskriterien gleichwertig, so ist vorbehaltlich des Unterabsatzes 2 das Angebot zu bevorzugen, das gemäß Absatz 2 nicht zurückgewiesen werden kann. Die Preise solcher Angebote gelten im Sinne dieses Artikels als gleichwertig, sofern sie um nicht mehr als 3 % voneinander abweichen.

Ein Angebot ist jedoch dann nicht gemäß Unterabsatz 1 zu bevorzugen, wenn seine Annahme den Auftraggeber zum Erwerb von Ausrüstungen zwingen würde, die andere technische Merkmale als bereits genutzte Ausrüstungen haben und dies zu Inkompatibilität oder technischen Schwierigkeiten bei Betrieb und Wartung oder zu unverhältnismäßigen Kosten führen würde.

(4) Im Sinne dieses Artikels werden bei der Bestimmung des Anteils der aus Drittländern stammenden Erzeugnisse gemäß Absatz 2 diejenigen Drittländer nicht berücksichtigt, auf die der Geltungsbereich dieser Richtlinie durch einen Beschluss des Rates gemäß Absatz 1 ausgedehnt worden ist.

(5) Die Kommission unterbreitet dem Rat – erstmalig im zweiten Halbjahr des ersten Jahres nach Inkrafttreten dieser Richtlinie – einen jährlichen Bericht über die Fortschritte bei den multilateralen bzw. bilateralen Verhandlungen über den Zugang von Unternehmen der Gemeinschaft zu den Märkten von Drittländern in den unter diese Richtlinie fallenden Bereichen, über alle durch diese Verhandlungen erzielten Ergebnisse sowie über die tatsächliche Anwendung aller geschlossenen Übereinkünfte.

Ausgehend von diesen Entwicklungen kann der Rat diesen Artikel auf Vorschlag der Kommission mit qualifizierter Mehrheit ändern.

### Artikel 59 Beziehungen zu Drittländern im Bereich der Bau-, Lieferungs- und Dienstleistungsaufträge

(1) Die Mitgliedstaaten informieren die Kommission über alle allgemeinen Schwierigkeiten rechtlicher oder faktischer Art, auf die ihre Unternehmen bei der Bewerbung um Dienstleistungsaufträge in Drittländern stoßen und die ihnen von ihren Unternehmen gemeldet werden.

(2) Die Kommission legt dem Rat bis spätestens 31. Dezember 2005 und anschließend in regelmäßigen Abständen einen Bericht über den Zugang zu Dienstleistungsaufträgen in Drittländern vor; dieser Bericht umfasst auch den Stand der Verhandlungen mit den betreffenden Drittländern, insbesondere im Rahmen der Welthandelsorganisationen.

---

1) **Amtl. Anm.:** ABl L 302 vom 19.10.1992, S. 1. Zuletzt geändert durch Verordnung (EG) Nr. 2700/2000 des Europäischen Parlaments und des Rates (ABl L 311 vom 12.12.2000, S. 17).

(3) Die Kommission versucht Probleme durch Intervention in einem Drittland zu bereinigen, wenn sie aufgrund der in Absatz 2 genannten Berichte oder aufgrund anderer Informationen feststellt, dass das betreffende Drittland bei Vergabe von Dienstleistungsaufträgen

a) Unternehmen aus der Gemeinschaft keinen effektiven Zugang bietet, der mit dem in der Gemeinschaft gewährten Zugang für Unternehmen aus dem betreffenden Drittland vergleichbar ist,

b) Unternehmen aus der Gemeinschaft keine Inländerbehandlung oder nicht die gleichen Wettbewerbsmöglichkeiten wie inländischen Unternehmen bietet oder

c) Unternehmen aus anderen Drittländern gegenüber Unternehmen aus der Gemeinschaft bevorzugt.

(4) Die Mitgliedstaaten informieren die Kommission über alle Schwierigkeiten rechtlicher oder faktischer Art, auf die ihre Unternehmen stoßen bzw. die ihre Unternehmen ihnen melden und die auf die Nichteinhaltung der in Anhang XXIII aufgeführten Vorschriften des internationalen Arbeitsrechts zurückzuführen sind, wenn diese Unternehmen sich um Aufträge in Drittländern beworben haben.

(5) Die Kommission kann unter den in den Absätzen 3 und 4 genannten Bedingungen dem Rat jederzeit vorschlagen, die Vergabe von Dienstleistungsaufträgen an folgende Unternehmen während eines in einer entsprechenden Entscheidung festzulegenden Zeitraums einzuschränken oder auszusetzen:

a) Unternehmen, die dem Recht des betreffenden Drittlandes unterliegen;

b) mit den in Buchstabe a) bezeichneten Unternehmen verbundene Unternehmen, die ihren Sitz in der Gemeinschaft haben, die jedoch nicht in unmittelbarer und tatsächlicher Verbindung mit der Wirtschaft eines Mitgliedstaats stehen;

c) Unternehmen, die Angebote für Dienstleistungen mit Ursprung in dem betreffenden Drittland einreichen.

Der Rat entscheidet unverzüglich mit qualifizierter Mehrheit.

Die Kommission kann diese Maßnahmen entweder aus eigener Veranlassung oder auf Antrag eines Mitgliedstaats vorschlagen.

(6) Dieser Artikel lässt die Verpflichtungen der Gemeinschaft gegenüber Drittländern unberührt, die sich aus internationalen Übereinkommen über das öffentliche Beschaffungswesen – insbesondere aus von im Rahmen der WTO geschlossenen Übereinkommen – ergeben.

## Titel III: Vorschriften über Wettbewerbe im Dienstleistungsbereich

### Artikel 60    Allgemeine Bestimmung

(1) Die Bestimmungen für die Durchführung eines Wettbewerbs müssen Absatz 2 dieses Artikels, Artikel 61 und den Artikeln 63 bis 66 entsprechen und sind den an der Teilnahme am Wettbewerb Interessierten mitzuteilen.

(2) Die Zulassung zur Teilnahme an einem Wettbewerb darf nicht beschränkt werden

a) auf das Gebiet eines Mitgliedstaats oder einen Teil davon,

b) aufgrund der Tatsache, dass nach dem Recht des Mitgliedstaats, in dem der Wettbewerb organisiert wird, nur natürliche oder nur juristische Personen teilnehmen dürften.

### Artikel 61    Schwellenwerte

(1) Dieser Titel findet auf Wettbewerbe Anwendung, die im Rahmen von Vergabeverfahren für Dienstleistungsaufträge durchgeführt werden, deren geschätzter Wert ohne MwSt. mindestens 422 000 EUR beträgt.

Im Sinne dieses Absatzes bezeichnet der Begriff „Schwellenwert" den geschätzten Wert des Dienstleistungsauftrags ohne MWSt einschließlich etwaiger Preisgelder und/oder Zahlungen an die Teilnehmer.

(2) Dieser Titel findet auf sämtliche Wettbewerbe Anwendung, bei denen der Gesamtbetrag der Preisgelder und Zahlungen an Teilnehmer mindestens 422 000 EUR beträgt.

Im Sinne dieses Absatzes bezeichnet der Begriff „Schwellenwert" den Gesamtwert dieser Preisgelder und Zahlungen, einschließlich des geschätzten Wertes des Dienstleistungsauftrags ohne MwSt., der später nach Artikel 40 Absatz 3 vergeben werden könnte, sofern der Auftraggeber eine derartige Vergabe in der Wettbewerbsbekanntmachung nicht ausschließt.

### Artikel 62  Ausgenommene Wettbewerbe

Dieser Titel findet keine Anwendung auf Wettbewerbe,
1. die für Dienstleistungsaufträge in denselben Fällen durchgeführt werden, die in den Artikeln 20, 21 und 22 für Dienstleistungsaufträge genannt sind;
2. die in dem betreffenden Mitgliedstaat zur Durchführung einer Tätigkeit organisiert werden, auf die Artikel 30 Absatz 1 gemäß einer Entscheidung der Kommission anwendbar ist oder gemäß Absatz 4 Unterabsätze 2 oder 3 oder Absatz 5 Unterabsatz 4 desselben Artikels als anwendbar gilt.

### Artikel 63  Vorschriften über die Veröffentlichung und die Transparenz

(1) Auftraggeber, die einen Wettbewerb durchführen wollen, rufen mittels einer Bekanntmachung zum Wettbewerb auf. Auftraggeber, die einen Wettbewerb durchgeführt haben, übermitteln eine Bekanntmachung über die Ergebnisse. Der Aufruf zum Wettbewerb enthält die in Anhang XVIII aufgeführten Informationen, und die Bekanntmachung der Ergebnisse eines Wettbewerbs enthält die in Anhang XIX aufgeführten Informationen gemäß dem Format der Standardvordrucke, die von der Kommission nach dem in Artikel 68 Absatz 2 genannten Verfahren beschlossen werden.

Die Bekanntmachung der Ergebnisse eines Wettbewerbs wird der Kommission binnen zwei Monaten nach Abschluss des Wettbewerbs gemäß den von der Kommission nach dem Verfahren des Artikels 68 Absatz 2 festzulegenden Bedingungen übermittelt. Dabei trägt die Kommission allen in geschäftlicher Hinsicht sensiblen Aspekten Rechnung, auf die die Auftraggeber bei der Übermittlung der Angaben über die Anzahl der eingegangenen Pläne und Entwürfe, die Identität der Wirtschaftsteilnehmer und die angebotenen Preise hinweisen.

(2) Artikel 44 Absätze 2 bis 8 gilt ferner für Bekanntmachungen betreffend Wettbewerbe.

### Artikel 64  Kommunikationsmittel

(1) Artikel 48 Absätze 1, 2 und 4 gilt für alle Mitteilungen im Zusammenhang mit Wettbewerben.

(2) Die Übermittlung, der Austausch und die Speicherung von Informationen erfolgen dergestalt, dass Vollständigkeit und Vertraulichkeit der von den Teilnehmern des Wettbewerbs übermittelten Informationen gewährleistet sind und das Preisgericht vom Inhalt der Pläne und Entwürfe erst Kenntnis erhält, wenn die Frist für ihre Vorlage verstrichen ist.

(3) Für die Vorrichtungen für den elektronischen Eingang der Pläne und Entwürfe gelten die folgenden Bestimmungen:
   a) die Informationen über die Spezifikationen, die für die elektronische Übermittlung der Pläne und Entwürfe erforderlich sind, einschließlich Verschlüsselung, müssen den betroffenen Parteien zugänglich sein. Außerdem müssen die Vorrichtungen für den elektronischen Eingang der Pläne und Entwürfe den Anforderungen des Anhangs XXIV genügen;

b) die Mitgliedstaaten können Systeme der freiwilligen Akkreditierung einführen oder beibehalten, die zu einem erhöhten Angebot von Zertifizierungsdiensten für diese Vorrichtungen führen sollen.

**Artikel 65   Durchführung des Wettbewerbs, Auswahl der Teilnehmer und das Preisgericht**

(1) Bei der Durchführung von Wettbewerben wenden die Auftraggeber dieser Richtlinie entsprechende Verfahren an.

(2) Bei Wettbewerben mit beschränkter Teilnehmerzahl legen die Auftraggeber eindeutige und nichtdiskriminierende Auswahlkriterien fest. In jedem Fall muss die Zahl der Bewerber, die zur Teilnahme aufgefordert werden, ausreichen, um einen echten Wettbewerb zu gewährleisten.

(3) Das Preisgericht darf nur aus natürlichen Personen bestehen, die von den Teilnehmern des Wettbewerbs unabhängig sind. Wird von den Wettbewerbsteilnehmern eine bestimmte berufliche Qualifikation verlangt, so muss mindestens ein Drittel der Preisrichter über dieselbe oder eine gleichwertige Qualifikation verfügen.

**Artikel 66   Entscheidungen des Preisgerichts**

(1) Das Preisgericht ist in seinen Entscheidungen und Stellungnahmen unabhängig.

(2) Es prüft die von den Bewerbern vorgelegten Pläne und Wettbewerbsarbeiten unter Wahrung der Anonymität und nur anhand der Kriterien, die in der Wettbewerbsbekanntmachung genannt sind.

(3) Es erstellt über die Rangfolge der von ihm ausgewählten Projekte einen von den Preisrichtern zu unterzeichnenden Bericht, in dem auf die einzelnen Wettbewerbsarbeiten eingegangen wird und die Bemerkungen des Preisgerichts sowie gegebenenfalls noch zu klärende Fragen aufgeführt sind.

(4) Bis zur Stellungnahme oder zur Entscheidung des Preisgerichts ist Anonymität zu wahren.

(5) Die Bewerber können bei Bedarf aufgefordert werden, zur Klärung bestimmter Aspekte der Wettbewerbsarbeiten Antworten auf Fragen zu erteilen, die das Preisgericht in seinem Protokoll festgehalten hat.

(6) Über den Dialog zwischen den Preisrichtern und den Bewerbern wird ein umfassendes Protokoll erstellt.

# Titel IV:   Statistische Pflichten, Durchführungsbefugnisse und Schlussbestimmungen

**Artikel 67   Statistische Pflichten**

(1) Die Mitgliedstaaten tragen entsprechend den Modalitäten, die nach dem in Artikel 68 Absatz 2 genannten Verfahren festzulegen sind, dafür Sorge, dass die Kommission jährlich einen statistischen Bericht über den nach Mitgliedstaat und Tätigkeitskategorie der Anhänge I bis X aufgeschlüsselten Gesamtwert der vergebenen Aufträge erhält, die unterhalb der in Artikel 16 festgelegten Schwellenwerte liegen, die jedoch, durch die Bestimmungen dieser Richtlinie erfasst wären, wenn es diese Schwellenwerte nicht gäbe.

(2) Im Zusammenhang mit den Tätigkeitskategorien in den Anhängen II, III, V, IX und X tragen die Mitgliedstaaten dafür Sorge, dass die Kommission entsprechend den Modalitäten, die nach dem Verfahren des Artikels 68 Absatz 2 festzulegen sind, spätestens am 31. Oktober 2004 und danach jeweils vor dem 31. Oktober jedes Jahres eine statistische Aufstellung der im Vorjahr vergebenen Aufträge erhält. Diese statistische Aufstellung enthält sämtliche Angaben, die erforderlich sind, um die ordnungsgemäße Anwendung des Abkommens zu überprüfen.

Die nach Unterabsatz 1 geforderten Angaben betreffen nicht Aufträge, die F&E-Dienstleistungen der Kategorie 8 des Anhangs XVII Teil A, Fernmeldedienstleistungen der Kategorie 5 XVII Teil A des Fernmeldewesens mit den CPC-Referenznummern 7524, 7525 und 7526 und Dienstleistungen des Anhangs XVII Teil B zum Gegenstand haben.

(3) Die Modalitäten nach den Absätzen 1 und 2 werden so festgelegt, dass sichergestellt ist, dass
- a) Aufträge von geringerer Bedeutung im Interesse einer verwaltungsmäßigen Vereinfachung ausgeschlossen werden können, ohne dass dadurch die Brauchbarkeit der Statistiken in Frage gestellt wird;
- b) die Vertraulichkeit der übermittelten Angaben gewahrt wird.

**Artikel 68  Ausschussverfahren**

(1) Die Kommission wird von dem mit Artikel 1 des Beschlusses 71/306/EWG des Rates[1] eingesetzten Beratenden Ausschuss für öffentliches Auftragswesen (nachstehend „Ausschuss" genannt) unterstützt.

(2) Wird auf diesen Absatz Bezug genommen, so gelten die Artikel 3 und 7 des Beschlusses 1999/468/EG unter Beachtung von dessen Artikel 8.

(3) Der Ausschuss gibt sich eine Geschäftsordnung.

**Artikel 69  Neufestsetzung der Schwellenwerte**

(1) Die Kommission überprüft die in Artikel 16 genannten Schwellenwerte alle zwei Jahre ab dem 30. April 2004 und setzt sie – gegebenenfalls unter Berücksichtigung von Unterabsatz 2 – nach dem in Artikel 68 Absatz 2 genannten Verfahren neu fest.

Die Berechnung dieser Schwellenwerte beruht auf dem durchschnittlichen Tageskurs des Euro ausgedrückt in Sonderziehungsrechten während der 24 Monate, die am letzten Augusttag enden, der der Neufestsetzung zum 1. Januar vorausgeht. Der so neu festgesetzte Schwellenwert wird, sofern erforderlich, auf volle Tausend Euro abgerundet, um die Einhaltung der geltenden Schwellenwerte zu gewährleisten, die in dem Übereinkommen vorgesehen sind und in SZR ausgedrückt werden.

(2) Anlässlich der in Absatz 1 genannten Neufestsetzung passt die Kommission nach dem in Artikel 68 Absatz 2 genannten Verfahren die in Artikel 61 (Wettbewerbe) festgesetzten Schwellenwerte an die für Dienstleistungsaufträge geltenden Schwellenwerte an.

Der Gegenwert der gemäß Absatz 1 festgesetzten Schwellenwerte in den nationalen Währungen der Mitgliedstaaten, die nicht an der Währungsunion teilnehmen, wird grundsätzlich alle zwei Jahre ab dem 1. Januar 2004 überprüft. Die Berechnung dieses Wertes beruht auf dem durchschnittlichen Tageskurs dieser Währungen in Euro, während des Zeitraums von 24 Monaten, der am letzten Augusttag endet, der der Neufestsetzung mit Wirkung zum 1. Januar vorausgeht.

(3) Die gemäß Absatz 1 neu festgesetzten Schwellenwerte, ihr Gegenwert in den nationalen Währungen sowie die angepassten Schwellenwerte gemäß Absatz 2 werden von der Kommission im Amtsblatt der Europäischen Union zu Beginn des Monats November nach ihrer Neufestsetzung veröffentlicht.

**Artikel 70  Änderungen**

Die Kommission kann nach dem in Artikel 68 Absatz 2 genannten Verfahren Folgendes ändern:
- a) die Listen der Auftraggeber in den Anhängen I bis X, so dass sie den in den Artikeln 2 bis 7 genannten Kriterien entsprechen;
- b) die Verfahren für Erstellung, Übermittlung, Eingang, Übersetzung, Erhebung und Verteilung der in den Artikeln 41, 42, 43 und 63 genannten Bekanntmachungen;

---

1) **Amtl. Anm.:** ABl L 185 vom 16. 8. 1971, S. 15. Geändert durch Beschluss 77/62/EWG (ABl L 13 vom 15. 1. 1977, S. 15).

c) die Modalitäten für gezielte Bezugnahmen auf bestimmte Positionen der CPV-Klassifikation in den Bekanntmachungen;
d) die Referenznummern der Nomenklatur, auf die in Anhang XVII Bezug genommen wird, sofern der materielle Anwendungsbereich der Richtlinie davon unberührt bleibt, und die Modalitäten für die Bezugnahme in den Bekanntmachungen auf bestimmte Positionen dieser Klassifikation innerhalb der im Anhang aufgeführten Dienstleistungskategorien;
e) die Referenznummern der Nomenklatur gemäß Anhang XI, sofern der materielle Anwendungsbereich der Richtlinie davon unberührt bleibt, und die Modalitäten für die Bezugnahme auf bestimmte Positionen dieser Klassifikation in den Bekanntmachungen;
f) Anhang XI;
g) das Verfahren des Anhangs XX für die Übermittlung und Veröffentlichung von Daten aus Verwaltungsgründen oder zur Anpassung an den technischen Fortschritt;
h) die Modalitäten und technischen Merkmale der Vorrichtungen für den elektronischen Eingang gemäß Anhang XXIV Buchstaben a), f) und g);
i) aus den in Artikel 67 Absatz 3 genannten Gründen der Verwaltungsvereinfachung die Verfahren für Anwendung und Erstellung, Übermittlung, Eingang, Übersetzung, Erhebung und Verteilung der in Artikel 67 Absätze 1 und 2 genannten statistischen Aufstellungen;
j) die technischen Modalitäten der in Artikel 69 Absatz 1 und Absatz 2 Unterabsatz 2 genannten Berechnungsmethoden.

### Artikel 71   Umsetzung

(1) Die Mitgliedstaaten erlassen die erforderlichen Rechts- und Verwaltungsvorschriften, um dieser Richtlinie spätestens am 31. Januar 2006 nachzukommen. Sie setzen die Kommission unverzüglich davon in Kenntnis.

Zur Anwendung der Vorschriften, die erforderlich sind, um Artikel 6 dieser Richtlinie nachzukommen, können die Mitgliedstaaten einen zusätzlichen Zeitraum von bis zu 35 Monaten nach Ablauf der in Unterabsatz 1 vorgesehenen Frist in Anspruch nehmen.

Wenn die Mitgliedstaaten diese Vorschriften erlassen, nehmen sie in den Vorschriften selbst oder durch einen Hinweis bei ihrer amtlichen Veröffentlichung auf diese Richtlinie Bezug. Die Mitgliedstaaten regeln die Einzelheiten dieser Bezugnahme.

Artikel 30 ist ab dem 30. April 2004 anwendbar.

(2) Die Mitgliedstaaten teilen der Kommission den Wortlaut der wichtigsten innerstaatlichen Rechtsvorschriften mit, die sie auf dem unter diese Richtlinie fallenden Gebiet erlassen.

### Artikel 72   Kontrollmechanismen

Gemäß der Richtlinie 92/13/EWG des Rates vom 25. Februar 1992 zur Koordinierung der Rechts- und Verwaltungsvorschriften für die Anwendung der Gemeinschaftsvorschriften über die Auftragsvergabe durch Auftraggeber im Bereich der Wasser-, Energie- und Verkehrsversorgung sowie im Telekommunikationssektor[1] gewährleisten die Mitgliedstaaten die Anwendung der vorliegenden Richtlinie durch wirksame, zugängliche und transparente Mechanismen.

Zu diesem Zweck können sie unter anderem eine unabhängige Stelle benennen oder einrichten.

---

1) **Amtl. Anm.**: ABl L 76 vom 23. 3. 1992, S. 14. Zuletzt geändert durch die Beitrittsakte 1994.

**Artikel 73  Aufhebungen**

Die Richtlinie 93/38/EWG wird unbeschadet der Verpflichtungen der Mitgliedstaaten im Zusammenhang mit den Fristen für die Umsetzung in innerstaatliches Recht nach Anhang XXV aufgehoben.

Verweise auf die aufgehobene Richtlinie gelten als Verweise auf die vorliegende Richtlinie und sind gemäß der Entsprechungstabelle in Anhang XXVI zu lesen.

**Artikel 74  Inkrafttreten**

Diese Richtlinie tritt am Tag ihrer Veröffentlichung im Amtsblatt der Europäischen Union in Kraft.

**Artikel 75  Adressaten**

Diese Richtlinie ist an alle Mitgliedstaaten gerichtet.

## III. Verkehrsrecht

## 1. Güter- und Personenverkehr

**a) Richtlinie 96/26/EG des Rates vom 29. April 1996 über den Zugang zum Beruf des Güter- und Personenkraftverkehrsunternehmers im innerstaatlichen und grenzüberschreitenden Verkehr sowie über die gegenseitige Anerkennung der Diplome, Prüfungszeugnisse und sonstigen Befähigungsnachweise für die Beförderung von Gütern und die Beförderung von Personen im Straßenverkehr und über Maßnahmen zur Förderung der tatsächlichen Inanspruchnahme der Niederlassungsfreiheit der betreffenden Verkehrsunternehmer (RL 96/26/EG)**

v. 23. 5. 1996 (ABl Nr. L 124 S. 1)

### Titel I: Zugang zum Beruf des Kraftverkehrsunternehmers

**Artikel 1**

(1) Für den Zugang zu den Berufen des Kraftverkehrsunternehmers gelten die Vorschriften, die die Mitgliedstaaten in Übereinstimmung mit den gemeinsamen Regeln dieser Richtlinie erlassen.

(2) Im Sinne dieser Richtlinie gilt als

- „Beruf des Güterkraftverkehrsunternehmers" die Tätigkeit jedes Unternehmens, das im gewerblichen Verkehr die Güterbeförderung mit Kraftfahrzeugen oder mit Fahrzeugkombinationen ausführt;
- „Beruf des Personenkraftverkehrsunternehmers" die Tätigkeit jedes Unternehmens, das eine der Öffentlichkeit oder bestimmten Benutzergruppen angebotene Personenbeförderung gegen Vergütung durch die beförderte Person oder durch den Veranstalter der Beförderung ausführt, und zwar mit Kraftfahrzeugen, welche nach ihrer Bauart und ihrer Ausstattung geeignet und dazu bestimmt sind, mehr als neun Personen – einschließlich Fahrer – zu befördern;
- „Unternehmen" jede natürliche Person, jede juristische Person mit oder ohne Erwerbszweck, jede Vereinigung oder jeder Zusammenschluß von Personen ohne Rechtspersönlichkeit und mit oder ohne Erwerbszweck sowie jedes staatliche Organ, unabhängig davon, ob dieses über eine eigene Rechtspersönlichkeit verfügt oder von einer Behörde mit Rechtspersönlichkeit abhängt;
- „ordentlicher Wohnsitz" der Ort, an dem eine Person wegen persönlicher und beruflicher Bindungen oder – im Fall einer Person ohne berufliche Bindungen – wegen persönlicher Bindungen, die enge Beziehungen zwischen der Person und dem Wohnort erkennen lassen, gewöhnlich, d. h. während mindestens 185 Tagen im Kalenderjahr, wohnt.

Als ordentlicher Wohnsitz einer Person, deren berufliche Bindungen an einem anderen Ort als dem ihrer persönlichen Bindungen liegen und die sich daher abwechselnd an verschiedenen Orten in zwei oder mehr Mitgliedstaaten aufhalten muß, gilt jedoch der Ort ihrer persönlichen Bindungen, sofern sie regelmäßig dorthin zurückkehrt. Diese Voraussetzung entfällt, wenn sich die Person in einem Mitgliedstaat zur Ausführung eines Auftrags von bestimmter Dauer aufhält. Der Besuch einer Universität oder einer Schule hat keine Verlegung des ordentlichen Wohnsitzes zur Folge.

## Artikel 2

(1) Diese Richtlinie gilt nicht für Unternehmen, die den Beruf des Güterkraftverkehrsunternehmers mit Kraftfahrzeugen oder Fahrzeugkombinationen ausüben, deren zulässiges Gesamtgewicht 3,5t nicht überschreitet. Die Mitgliedstaaten können diese Schwelle jedoch für alle oder einen Teil der Beförderungskategorien herabsetzen.

(2) a) Die Mitgliedstaaten können nach Anhörung der Kommission Güterkraftverkehrsunternehmen, die ausschließlich innerstaatliche Beförderungen durchführen, von der Anwendung aller oder eines Teils der Bestimmungen dieser Richtlinie ausnehmen, wenn diese Beförderungen aufgrund

 – der Art der beförderten Ware oder

 – der geringen Entfernung

 nur eine geringe Auswirkung auf den Verkehrsmarkt haben.

 Im Falle unvorhergesehener Ereignisse können die Mitgliedstaaten bis zum Abschluß der Anhörung der Kommission eine befristete Ausnahmegenehmigung erteilen.

 b) Die Mitgliedstaaten können nach Unterrichtung der Kommission Güterkraftverkehrsunternehmern, die Fahrzeuge mit einem zulässigen Gesamtgewicht von mehr als 3,5t und weniger als 6t einsetzen und die ausschließlich im Nahverkehr tätig sind, von der Anwendung aller oder eines Teils der Bestimmungen dieser Richtlinie ausnehmen, da diese aufgrund der zurückgelegten Entfernung nur eine geringe Auswirkung auf den Verkehrsmarkt haben.

(3) Die Mitgliedstaaten können nach Anhörung der Kommission Unternehmen, die ausschließlich bestimmte Beförderungen von Reisenden mit Kraftfahrzeugen zu nichtkommerziellen Zwecken durchführen oder deren Haupttätigkeit nicht im Personenkraftverkehr besteht, von der Anwendung aller oder eines Teils der Bestimmungen dieser Richtlinie ausnehmen, sofern ihre Tätigkeit sich nur in geringem Maße auf den Verkehrsmarkt auswirkt.

## Artikel 3

(1) Unternehmen, die den Beruf des Kraftverkehrsunternehmers ausüben wollen, müssen

 a) zuverlässig sein,

 b) die entsprechende finanzielle Leistungsfähigkeit besitzen,

 c) die Voraussetzung der fachlichen Eignung erfüllen.

Ist der Antragsteller eine natürliche Person und erfüllt er nicht die in Unterabsatz 1 Buchstabe c) geforderte Voraussetzung, so können die zuständigen Behörden ihn dennoch zur Ausübung des Berufs des Kraftverkehrsunternehmers zulassen, sofern er diesen eine andere Person benennt, welche die unter den Buchstaben a) und c) geforderten Voraussetzungen erfüllt und den Verkehrsbetrieb ständig und tatsächlich leitet.

Ist der Antragsteller keine natürliche Person, so muß

– die unter Buchstabe a) geforderte Voraussetzung von der oder den Personen erfüllt werden, die das Verkehrsunternehmen ständig und tatsächlich leiten. Die Mitgliedstaaten können verlangen, daß auch andere Angehörige des Unternehmens diese Voraussetzung erfüllen;

– die unter Buchstabe c) geforderte Voraussetzung von der oder einer der unter dem ersten Gedankenstrich genannten Personen erfüllt werden.

(2) Die Mitgliedstaaten legen die Bedingungen fest, die von den in ihrem Hoheitsgebiet niedergelassenen Unternehmen erfüllt werden müssen, um der Voraussetzung der Zuverlässigkeit zu entsprechen.

Sie schreiben vor, daß diese Voraussetzung nicht bzw. nicht mehr als erfüllt gilt, wenn die natürliche Person oder die natürlichen Personen, die gemäß Absatz 1 diese Voraussetzung erfüllen müssen,

a) Gegenstand einer schweren strafrechtlichen Verurteilung, auch wegen Verstößen im Bereich der wirtschaftlichen Betätigung, waren;

b) aufgrund der geltenden Vorschriften für zur Ausübung des Berufes des Kraftverkehrsunternehmers ungeeignet erklärt wurden;

c) wegen schwerer Verstöße gegen die Vorschriften über

- die für den Berufszweig geltenden Entlohnungs- und Arbeitsbedingungen oder
- die Güterbeförderung bzw. die Personenbeförderung auf der Straße, insbesondere über die Lenk- und Ruhezeiten der Fahrer, die Gewichte und Abmessungen der Nutzkraftfahrzeuge, die Sicherheit im Straßenverkehr und die Sicherheit der Fahrzeuge und den Umweltschutz sowie die sonstigen Vorschriften in bezug auf die Berufspflichten

verurteilt worden sind.

In den unter den Buchstaben a), b) und c) genannten Fällen gilt die Voraussetzung der Zuverlässigkeit so lange als nicht erfüllt, wie eine Rehabilitierung oder eine andere Maßnahme gleicher Wirkung gemäß den einschlägigen einzelstaatlichen Vorschriften nicht erfolgt ist.

(3) a) Die Voraussetzung der finanziellen Leistungsfähigkeit ist gegeben, wenn die zur ordnungsgemäßen Inbetriebnahme und Führung des Unternehmens erforderlichen finanziellen Mittel verfügbar sind.

b) Bei der Beurteilung der finanziellen Leistungsfähigkeit berücksichtigt die zuständige Behörde den Jahresabschluß des Unternehmers, falls ein solcher erstellt wurde; die verfügbaren Mittel einschließlich Bankguthaben, mögliche Überziehungskredite und Darlehen, als Sicherheit für das Unternehmen verfügbare Guthaben und Vermögensgegenstände; die Kosten, einschließlich der Erwerbskosten oder Anzahlungen für Fahrzeuge, Grundstücke und Gebäude, Anlagen und Ausrüstungen, sowie das Betriebskapital.

c) Das Unternehmen muß über ein Eigenkapital und Reserven verfügen, die sich mindestens auf 9 000 Euro für das erste Fahrzeug und auf 5 000 Euro für jedes weitere Fahrzeug belaufen.

Für die Zwecke dieser Richtlinie wird der Wert des Euro in den nicht an der dritten Stufe der Währungsunion teilnehmenden Landeswährungen alle fünf Jahre festgesetzt. Dabei werden die am ersten Arbeitstag im Oktober geltenden und im *Amtsblatt der Europäischen Gemeinschaften* veröffentlichten Wechselkurse zugrunde gelegt. Sie treten am 1. Januar des darauffolgenden Kalenderjahres in Kraft.

d) Die zuständige Behörde kann als Nachweis für die Zwecke der Buchstaben a), b) und c) die Bestätigung oder Versicherung einer Bank oder eines anderen entsprechend befähigten Instituts gelten lassen oder verlangen. Diese Bestätigung oder Versicherung kann in Form einer Bankgarantie, gegebenenfalls eines Pfandes oder einer Bürgschaft oder in gleichartiger Form gegeben werden.

e) Die Buchstaben b), c) und d) gelten nur für Unternehmen, die in einem Mitgliedstaat aufgrund einer nationalen Rechtsvorschrift ab 1. Januar 1990 die Genehmigung zur Ausübung des Berufs des Kraftverkehrsunternehmers erhalten.

(4) a) Die Voraussetzung der fachlichen Eignung ist erfüllt, wenn die dem Ausbildungsniveau gemäß Anhang I entsprechenden Kenntnisse in den in diesem Anhang aufgeführten Sachgebieten nachgewiesen wurden. Dieser Nachweis wird mittels einer obligatorischen schriftlichen Prüfung und gegebenenfalls einer ergänzenden mündlichen Prüfung erbracht, wie in Anhang I beschrieben, die von der vom jeweiligen Mitgliedstaat für diesen Zweck benannten Behörde oder Stelle durchgeführt werden.

b) Die Mitgliedstaaten können die Bewerber, die eine praktische Erfahrung von mindestens fünf Jahren in leitender Funktion in einem Verkehrsunternehmen nachweisen, von der Prüfung befreien, sofern diese Bewerber sich einer Kontrollprüfung unterziehen, deren Modalitäten von den Mitgliedstaaten nach Anhang I festgelegt werden.

c) Die Mitgliedstaaten können die Inhaber bestimmter Hochschul- oder Fachschuldiplome, die gründliche Kenntnisse in den in der Liste in Anhang I aufgeführten Sachgebieten gewährleisten, von der Prüfung in den von den Diplomen abgedeckten Sachgebieten befreien; diese Diplome werden von den Mitgliedstaaten eigens bezeichnet.

d) Als Nachweis der fachlichen Eignung muß eine Bescheinigung vorgelegt werden, die von der unter Buchstabe a) genannten Behörde oder Stelle ausgestellt worden ist. Diese Bescheinigung wird nach dem Modell des Anhangs Ia erstellt.

e) Im Fall von Bewerbern, die die tatsächliche und dauerhafte Leitung von Unternehmen wahrnehmen wollen, die nur im innerstaatlichen Verkehr tätig sind, können die Mitgliedstaaten vorsehen, daß die für die Feststellung der fachlichen Eignung zu berücksichtigenden Kenntnisse lediglich die Sachgebiete des innerstaatlichen Verkehrs betreffen. In diesem Fall wird in der Bescheinigung über die fachliche Eignung (Modell in Anhang Ia) angegeben, daß der Inhaber der Bescheinigung nur zur tatsächlichen und dauerhaften Leitung von Unternehmen befugt ist, die lediglich Beförderungen innerhalb des Mitgliedstaats vornehmen, der die Bescheinigung erteilt hat.

f) Nach Anhörung der Kommission kann ein Mitgliedstaat verlangen, daß jede natürliche Person, die Inhaber eines Befähigungsnachweises ist, der von der zuständigen Behörde eines anderen Mitgliedstaats nach dem 1. Oktober 1999 ausgestellt wurde, während die betreffende Person ihren ordentlichen Wohnsitz im Hoheitsgebiet des ersten Mitgliedstaats hatte, sich einer zusätzlichen Prüfung zu unterziehen hat, die von der von dem ersten Mitgliedstaat für diesen Zweck benannten Behörde oder Stelle durchgeführt wird. Gegenstand der zusätzlichen Prüfung sind die spezifischen Kenntnisse über die nationalen Aspekte des Berufs des Verkehrsunternehmers in dem ersten Mitgliedstaat.

Dieser Buchstabe gilt für einen Zeitraum von drei Jahren ab dem 1. Oktober 1999. Der Rat kann diesen Zeitraum auf Vorschlag der Kommission gemäß dem Vertrag um höchstens fünf Jahre verlängern. Er gilt nur für natürliche Personen, die zum Zeitpunkt der Erteilung des Befähigungsnachweises gemäß Unterabsatz 1 nie zuvor einen entsprechenden Nachweis in einem Mitgliedstaat erworben haben.

## Artikel 4

Die Mitgliedstaaten legen die Bedingungen fest, unter denen ein Kraftverkehrsunternehmen abweichend von Artikel 3 Absatz 1 im Falle des Ablebens oder der Erwerbs- oder Geschäftsunfähigkeit der natürlichen Person, die die Tätigkeit des Verkehrsunternehmers ausübt, oder der natürlichen Person, die die in Artikel 3 Absatz 1 Buchstaben a) und c) geforderten Voraussetzungen erfüllt, einstweilig während eines Zeitraums von höchstens einem Jahr – der in ausreichend begründeten Sonderfällen um höchstens sechs Monate verlängert werden kann – fortgeführt werden darf.

Die zuständigen Behörden der Mitgliedstaaten können jedoch ausnahmsweise in bestimmten Sonderfällen die Fortführung des Verkehrsunternehmens durch eine Person, die die Voraussetzung der fachlichen Eignung nach Artikel 3 Absatz 1 Buchstabe c) nicht erfüllt, aber eine praktische Berufserfahrung von mindestens drei Jahren in der laufenden Geschäftsführung dieses Unternehmens besitzt, endgültig zulassen.

## Artikel 5

(1) Unternehmen, die nachweisen, daß sie den Beruf des Güterkraftverkehrs- bzw. des Personenkraftverkehrsunternehmers im innerstaatlichen und/oder im grenzüberschreitenden Verkehr vor dem

- 1. Januar 1978 für Belgien, Dänemark, Deutschland, Frankreich, Irland, Italien, Luxemburg, die Niederlande und das Vereinigte Königreich,
- 1. Januar 1984 für Griechenland,
- 1. Januar 1986 für Spanien und Portugal,
- 3. Oktober 1989 für das Gebiet der ehemaligen Deutschen Demokratischen Republik,
- 1. Januar 1995 für Österreich, Finnland und Schweden,

in einem Mitgliedstaat aufgrund einer innerstaatlichen Regelung ausüben durften, sind davon befreit, nachzuweisen, daß sie den jeweils entsprechenden Bestimmungen des Artikels 3 genügen.

(2) Natürliche Personen, die

- nach dem 31. Dezember 1974 und vor dem 1. Januar 1978 für Belgien, Dänemark, Deutschland, Frankreich, Irland, Italien, Luxemburg, die Niederlande und das Vereinigte Königreich,
- nach dem 31. Dezember 1980 und vor dem 1. Januar 1984 für Griechenland,
- nach dem 31. Dezember 1982 und vor dem 1. Januar 1986 für Spanien und Portugal,
- nach dem 2. Oktober 1989 und vor dem 1. Januar 1992 für das Gebiet der ehemaligen Deutschen Demokratischen Republik,
- nach dem 31. Dezember 1994 und vor dem 1. Januar 1997 für Österreich, Finnland und Schweden,

entweder

- die Genehmigung erhalten haben, den Beruf des Güterkraftverkehrs- bzw. des Personenkraftverkehrsunternehmers auszuüben, ihre fachliche Eignung aber aufgrund einer einzelstaatlichen Regelung nicht nachweisen mußten

oder

- benannt worden sind, um den Verkehrsbetrieb tatsächlich und ständig zu leiten,

müssen jedoch vor dem

- 1. Januar 1980 für Belgien, Dänemark, Deutschland, Frankreich, Irland, Italien, Luxemburg, die Niederlande und das Vereinigte Königreich,
- 1. Januar 1986 für Griechenland,
- 1. Januar 1988 für Spanien und Portugal,
- 1. Juli 1992 für das Gebiet der ehemaligen Deutschen Demokratischen Republik,
- 1. Januar 1997 für Österreich, Finnland und Schweden,

die Voraussetzungen der fachlichen Eignung nach Artikel 3 Absatz 4 erfüllt haben.

Das gleiche Erfordernis gilt in dem in Artikel 3 Absatz 1 Unterabsatz 3 genannten Fall.

(3)

a) Alle Unternehmen, denen vor dem 1. Oktober 1999 eine Genehmigung zur Ausübung des Berufs eines Kraftverkehrsunternehmers erteilt wurde, müssen in bezug auf die von ihnen zu diesem Zeitpunkt eingesetzten Fahrzeuge spätestens am 1. Oktober 2001 die Anforderungen des Artikels 3 Absatz 3 erfüllen.

Sie müssen jedoch in bezug auf jede nach dem 1. Oktober 1999 vorgenommene Vergrößerung des Fahrzeugparks die Anforderungen des Artikels 3 Absatz 3 erfüllen.

b) Die Unternehmen, die vor dem 1. Oktober 1999 den Beruf des Güterkraftverkehrsunternehmers mit Fahrzeugen ausüben, deren zulässiges Gesamtgewicht mehr als 3,5t und weniger als 6t beträgt, müssen die Anforderungen des Artikels 3 Absatz 3 spätestens am 1. Oktober 2001 erfüllen.

### Artikel 6

(1) Die Entscheidungen, die von den zuständigen Behörden der Mitgliedstaaten aufgrund der gemäß dieser Richtlinie getroffenen Maßnahmen erlassen werden und durch

die ein Antrag auf Zulassung zum Beruf des Kraftverkehrsunternehmers abgelehnt wird, müssen mit Gründen versehen sein.

Die Mitgliedstaaten stellen sicher, daß sich die zuständigen Behörden regelmäßig und mindestens alle fünf Jahre vergewissern, daß die Unternehmen die Voraussetzungen der Zuverlässigkeit, der finanziellen Leistungsfähigkeit und der fachlichen Eignung noch erfüllen.

Sollte diese finanzielle Leistungsfähigkeit zum Zeitpunkt der Beurteilung nicht gegeben sein, die wirtschaftliche Lage des Unternehmens jedoch annehmen lassen, daß die Voraussetzung der finanziellen Leistungsfähigkeit in absehbarer Zukunft auf der Grundlage eines Finanzplans erneut und auf Dauer erfüllt wird, können die zuständigen Behörden eine zusätzliche Frist einräumen, die nicht länger als ein Jahr sein darf.

(2) Die Mitgliedstaaten gewährleisten, daß die zuständigen Behörden die Zulassung zum Beruf des Kraftverkehrsunternehmers zurücknehmen, wenn sie feststellen, daß die Voraussetzungen nach Artikel 3 Absatz 1 Buchstabe a), b) oder c) nicht mehr erfüllt sind, wobei sie jedoch gegebenenfalls eine ausreichende Frist für die Einstellung einer Ersatzperson gewähren müssen.

(3) Die Mitgliedstaaten sorgen dafür, daß die unter diese Richtlinie fallenden Unternehmen die Möglichkeit haben, im Falle der in den Absätzen 1 und 2 genannten Entscheidungen ihre Interessen in geeigneter Weise geltend zu machen.

### Artikel 7

(1) Sind von nicht gebietsansässigen Verkehrsunternehmen Verstöße gegen die Vorschriften für das Güter- bzw. das Personenkraftverkehrsgewerbe begangen worden und könnten diese zu einem Entzug der Genehmigung zur Ausübung des Berufs des Kraftverkehrsunternehmers führen, so unterrichten die Mitgliedstaaten den Mitgliedstaat, in dem das Kraftverkehrsunternehmen seinen Sitz hat, über alle ihnen vorliegenden Informationen über diese Verstöße sowie über die von ihnen zur Ahndung getroffenen Maßnahmen.

(2) Die Mitgliedstaaten leisten einander bei der Durchführung dieser Richtlinie gegenseitig Amtshilfe.

## Titel II: Gegenseitige Anerkennung der Diplome, Prüfungszeugnisse und sonstigen Befähigungsnachweise

### Artikel 8

(1) Die Mitgliedstaaten erlassen in bezug auf die Niederlassung der in Titel I des Allgemeinen Programms zur Aufhebung der Beschränkungen der Niederlassungsfreiheit[1] genannten natürlichen Personen und Gesellschaften in ihrem Hoheitsgebiet für die unter diese Richtlinie fallenden Tätigkeiten die in dieser Richtlinie festgelegten Maßnahmen.

(2) Unbeschadet der Absätze 3 und 4 erkennt der Aufnahmemitgliedstaat hinsichtlich des Zugangs zum Beruf des Kraftverkehrsunternehmers als ausreichenden Nachweis für die Zuverlässigkeit - die Vorlage eines Strafregisterauszugs oder, in Ermangelung dessen, die Vorlage einer von einer hierfür zuständigen Justiz- oder Verwaltungsbehörde des Heimat- oder Herkunftslandes des Kraftverkehrsunternehmers ausgestellten gleichwertigen Bescheinigung an, aus der hervorgeht, daß diese Anforderungen erfüllt sind.

(3) Werden in einem Mitgliedstaat an die eigenen Staatsangehörigen besondere Anforderungen in bezug auf ihre Zuverlässigkeit gestellt, deren Nachweis aus der in Absatz 2 genannten Bescheinigung nicht hervorgeht, so erkennt dieser Staat als ausreichenden Nachweis für die Staatsangehörigen der anderen Mitgliedstaaten die Bescheinigung einer zuständigen Justiz- oder Verwaltungsbehörde des Heimat- oder Herkunftslandes an,

---

1) **Amtl. Anm.:** ABl 2 vom 15. 1. 1962, S. 36/62.

aus der hervorgeht, daß diese Anforderungen erfüllt sind. Diese Bescheinigungen müssen die spezifischen Tatsachen betreffen, die im Aufnahmeland berücksichtigt werden.

(4) Wird eine gemäß den Absätzen 2 oder 3 geforderte Bescheinigung im Heimat- oder Herkunftsland nicht ausgestellt, so kann sie durch eine eidesstattliche Erklärung oder durch eine förmliche Erklärung ersetzt werden, die der Betreffende vor einer hierfür zuständigen Justiz- oder Verwaltungsbehörde, oder gegebenenfalls bei einem Notar des Heimat- oder Herkunftslandes abgegeben hat, der eine beglaubigte Bescheinigung dieser eidesstattlichen oder förmlichen Erklärung ausstellt.

(5) Die gemäß den Absätzen 2 und 3 ausgestellten Bescheinigungen dürfen bei ihrer Vorlage nicht älter als drei Monate sein. Dies gilt auch für die gemäß Absatz 4 abgegebenen Erklärungen.

## Artikel 9

(1) Ist im Aufnahmemitgliedstaat der Nachweis der finanziellen Leistungsfähigkeit anhand einer Bescheinigung zu erbringen, so erkennt dieser Staat entsprechende Bescheinigungen von Banken des Heimat- oder Herkunftslandes oder von sonstigen, von diesem Land benannten Institutionen als den in seinem eigenen Hoheitsgebiet ausgestellten Bescheinigungen gleichwertig.

(2) Stellt ein Mitgliedstaat an seine Staatsangehörigen bestimmte Anforderungen in bezug auf ihre finanzielle Leistungsfähigkeit, deren Nachweis nicht durch die in Absatz 1 genannte Bescheinigung erbracht werden kann, so erkennt dieser Mitgliedstaat als ausreichenden Nachweis für die Staatsangehörigen der übrigen Mitgliedstaaten eine von einer hierfür zuständigen Verwaltungsbehörde des Heimat- oder Herkunftslandes ausgestellte Bescheinigung an, aus der hervorgeht, daß diese Anforderungen erfüllt sind. Diese Bescheinigungen müssen die spezifischen Tatsachen betreffen, die im Aufnahmeland berücksichtigt werden.

## Artikel 10

(1) Die Mitgliedstaaten erkennen als ausreichenden Nachweis der fachlichen Eignung die in Artikel 3 Absatz 4 Unterabsatz 4 genannten, von einem anderen Mitgliedstaat ausgestellten Bescheinigungen an.

(2) In bezug auf die Unternehmen, die in Griechenland vor dem 1. Januar 1981 oder in den anderen Mitgliedstaaten vor dem 1. Januar 1975 aufgrund von einzelstaatlichen Rechtsvorschriften befugt waren, den Beruf des Güter- oder Personenkraftverkehrsunternehmers im innerstaatlichen und/oder grenzüberschreitenden Verkehr auszuüben, erkennen die Mitgliedstaaten – sofern diese Unternehmen Gesellschaften gemäß Artikel 58 des Vertrags sind – als ausreichenden Nachweis der fachlichen Eignung die Bescheinigung an, daß die betreffende Tätigkeit während eines Zeitraums von drei Jahren in einem Mitgliedstaat tatsächlich ausgeübt wurde. Die Ausübung dieser Tätigkeit darf nicht mehr als fünf Jahre vor dem Zeitpunkt der Vorlage der Bescheinigung beendet worden sein.

Wenn es sich um eine juristische Person handelt, so wird die tatsächliche Ausübung der Tätigkeit für eine der natürlichen Personen bescheinigt, die die Beförderungstätigkeit des Unternehmens tatsächlich leiten.

(3) Bescheinigungen, die Kraftverkehrsunternehmern vor dem 1. Oktober 1999 gemäß den geltenden Bestimmungen als Nachweis der fachlichen Eignung ausgestellt wurden und bis zu diesem Zeitpunkt gültig waren, sind den gemäß den Bestimmungen dieser Richtlinie ausgestellten Bescheinigungen gleichgestellt.

(4) Abweichend von Absatz 3 gelten Bescheinigungen, die Verkehrsunternehmern vor dem Tag des Beitritts in der Tschechischen Republik erteilt wurden, nur dann als gleichwertig mit den nach den Bestimmungen dieser Richtlinie ausgestellten Bescheinigungen, wenn sie:

– Unternehmern im grenzüberschreitenden Güter- und Personenkraftverkehr gemäß dem Gesetz über den Straßenverkehr Nr. 111/1994 Sb, geändert durch das Gesetz Nr. 150/2000 Sb, nach dem 1. Juli 2000 ausgestellt worden sind;

– Unternehmern im innerstaatlichen Güter- und Personenkraftverkehr gemäß dem Gesetz über den Straßenverkehr Nr. 111/1994 Sb, geändert durch das Gesetz Nr. 150/2000 Sb, nach dem 1. Januar 2003 ausgestellt worden sind.

(5) Abweichend von Absatz 3 gelten Bescheinigungen, die Verkehrsunternehmern vor dem Tag des Beitritts in Estland erteilt wurden, nur dann als gleichwertig mit den nach den Bestimmungen dieser Richtlinie ausgestellten Bescheinigungen, wenn sie:

– Unternehmern im grenzüberschreitenden und innerstaatlichen Güterkraftverkehr gemäß dem Gesetz über den Straßenverkehr vom 7. Juni 2000 (RT I 2000, 54, 346) nach dem 1. Oktober 2000 ausgestellt worden sind;

– Unternehmern im grenzüberschreitenden und innerstaatlichen Personenkraftverkehr gemäß dem Gesetz über den öffentlichen Verkehr vom 26. Januar 2000 (RT I 2000, 10, 58) nach dem 1. Oktober 2000 ausgestellt worden sind.

(6) Abweichend von Absatz 3 gelten Bescheinigungen, die Verkehrsunternehmern vor dem Tag des Beitritts in Lettland erteilt wurden, nur dann als gleichwertig mit den nach den Bestimmungen dieser Richtlinie ausgestellten Bescheinigungen, wenn sie:

– Unternehmern im grenzüberschreitenden und im innerstaatlichen Güter- und Personenkraftverkehr gemäß dem Gesetz über die Beförderung auf der Straße und der Verordnung Nr. 9 des Verkehrsministeriums vom 6. Februar 2001 über die Prüfungskommission zur Ausstellung von Bescheinigungen über die berufliche Befähigung im innerstaatlichen und im grenzüberschreitenden Güter- und Personenkraftverkehr nach dem 1. Oktober 2002 ausgestellt worden sind.

(7) Abweichend von Absatz 3 gelten Bescheinigungen, die Verkehrsunternehmern vor dem Tag des Beitritts in Litauen erteilt wurden, nur dann als gleichwertig mit den nach den Bestimmungen dieser Richtlinie ausgestellten Bescheinigungen, wenn sie

– Unternehmern im grenzüberschreitenden und im innerstaatlichen Güter- und Personenkraftverkehr gemäß der Anweisung Nr. 3–22 des Ministers für Verkehr und Kommunikation vom 13. Januar 2003 betreffend die Prüfung von Personen, die erlaubnispflichtige Tätigkeiten im Straßenverkehr ausüben, nach dem 17. Januar 2003 ausgestellt worden sind.

(8) Abweichend von Absatz 3 gelten Bescheinigungen, die Verkehrsunternehmern vor dem Tag des Beitritts in Ungarn erteilt wurden, nur dann als gleichwertig mit den nach den Bestimmungen dieser Richtlinie ausgestellten Bescheinigungen, wenn sie:

– Unternehmern im grenzüberschreitenden Güterkraftverkehr gemäß dem Regierungserlass Nr. 20/1991 (I. 29.) Korm. zur Änderung des Erlasses Nr. 89/1988 (XII. 20.) MT des Ministeriums nach dem 1. Februar 1991 ausgestellt worden sind;

– Unternehmern im innerstaatlichen Güterkraftverkehr gemäß Regierungserlass Nr. 31/1995 (III. 24.) Korm. zur Änderung des Erlasses Nr. 89/1988 (XII. 20.) MT des Ministerrates nach dem 1. April 1995 ausgestellt worden sind;

– Unternehmern im Güterkraftverkehr gemäß Regierungserlass Nr. 68/2001 (IV. 20.) Korm. zur Änderung des Erlasses Nr. 89/1988 (XII. 20.) MT des Ministerrates nach dem 1. Mai 2001 ausgestellt worden sind;

– Unternehmern im Personenkraftverkehr gemäß Erlass Nr. 49/2001 (XII. 22.) KöViM des Ministers für Verkehr und Wasserwirtschaft nach dem 1. Januar 2002 ausgestellt worden sind.

(9) Abweichend von Absatz 3 gelten Bescheinigungen, die Verkehrsunternehmern vor dem Tag des Beitritts in Polen erteilt wurden, nur dann als gleichwertig mit den nach den Bestimmungen dieser Richtlinie ausgestellten Bescheinigungen, wenn sie Güter- und Personenkraftverkehrsunternehmern im grenzüberschreitenden und innerstaatlichen Verkehr gemäß dem Straßenverkehrsgesetz vom 6. September 2001 nach dem 1. Januar 2002 ausgestellt worden sind.

(10) Abweichend von Absatz 3 gelten Bescheinigungen, die Verkehrsunternehmern vor dem Tag des Beitritts in der Slowakei erteilt wurden, nur dann als gleichwertig mit den nach den Bestimmungen dieser Richtlinie ausgestellten Bescheinigungen, wenn sie Güter- und Personenkraftverkehrsunternehmern im grenzüberschreitenden und inner-

staatlichen Verkehr gemäß dem Gesetz über den Straßenverkehr Nr. 168/1996, geändert am 19. August 2002, nach dem 1. September 2002 ausgestellt worden sind.

(11) Abweichend von Absatz 3 gelten Bescheinigungen, die Verkehrsunternehmern vor dem Tag des Beitritts in Bulgarien erteilt wurden, nur dann als gleichwertig mit den nach den Bestimmungen dieser Richtlinie ausgestellten Bescheinigungen, wenn sie:
- im grenzüberschreitenden Güterkraftverkehr und Personenkraftverkehr tätigen Unternehmern gemäß der Verordnung Nr. 11 vom 31. Oktober 2002 über die grenzüberschreitende Personen- und Güterbeförderung im Straßenverkehr (Staatsblatt Nr. 108 vom 19. November 2002) ab dem 19. November 2002 ausgestellt wurden;
- im innerstaatlichen Güterkraftverkehr und Personenkraftverkehr tätigen Unternehmern gemäß der Verordnung Nr. 33 vom 3. November 1999 über die öffentliche Personen- und Güterbeförderung im Straßenverkehr im Hoheitsgebiet Bulgariens in der am 30. Oktober 2002 geänderten Fassung (Staatsblatt Nr. 108 vom 19. November 2002) ab dem 19. November 2002 ausgestellt wurden.

(12) Abweichend von Absatz 3 gelten Bescheinigungen, die Verkehrsunternehmern vor dem Tag des Beitritts in Rumänien erteilt wurden, nur dann als gleichwertig mit den nach den Bestimmungen dieser Richtlinie ausgestellten Bescheinigungen, wenn sie Güter- und Personenkraftverkehrsunternehmern im grenzüberschreitenden und innerstaatlichen Verkehr gemäß der Verfügung Nr. 761/1999 des Verkehrsministers vom 21. Dezember 1999 über die Ernennung, Ausbildung und berufliche Anerkennung von Personen, die dauerhaft und tatsächlich eine koordinierende Tätigkeit im Kraftverkehr ausüben, nach dem 28. Januar 2000 ausgestellt worden sind.

### Artikel 10a

Die Mitgliedstaaten legen Sanktionen für Verstöße gegen die gemäß dieser Richtlinie erlassenen einzelstaatlichen Bestimmungen fest und treffen alle erforderlichen Maßnahmen, um die Anwendung dieser Sanktionen sicherzustellen. Die festgelegten Sanktionen haben wirksam, verhältnismäßig und abschreckend zu sein.

### Artikel 10b

Die Mitgliedstaaten erkennen ab dem 1. Oktober 1999 als ausreichenden Nachweis der fachlichen Eignung die Bescheinigungen an, die dem Modell des Anhangs Ia entsprechen und von der von dem jeweiligen anderen Mitgliedstaat für diesen Zweck benannten Behörde oder Stelle ausgestellt worden sind.

Die in Artikel 10 Absätze 4 bis 12 genannten Bescheinigungen über die fachliche Eignung können von den betreffenden Mitgliedstaaten erneut in der in Anhang Ia wiedergegebenen Form ausgestellt werden.

## Titel III: Schlußbestimmungen

### Artikel 11

Die Mitgliedstaaten bestimmen die für die Ausstellung der in Artikel 8 Absatz 2 und in Artikel 9 sowie der in Artikel 10 Absatz 2 genannten Bescheinigungen zuständigen Behörden und Stellen. Sie setzen die anderen Mitgliedstaaten und die Kommission hiervon unverzüglich in Kenntnis.

### Artikel 12

Die Artikel 8 bis 11 sind auch auf Staatsangehörige der Mitgliedstaaten anwendbar, die gemäß der Verordnung (EWG) Nr. 1612/68 des Rates vom 15. Oktober 1968 über die Freizügigkeit der Arbeitnehmer innerhalb der Gemeinschaft[1] den Beruf des Kraftverkehrsunternehmers als abhängig Beschäftigte ausüben sollen.

---

1) **Amtl. Anm.:** ABl L 257 vom 19.10.1968, S. 2. Verordnung zuletzt geändert durch die Verordnung (EWG) Nr. 2434/92 (ABl L 245 vom 26.8.1992, S. 1).

**Artikel 13**

(1) Die Mitgliedstaaten treffen nach Anhörung der Kommission die Maßnahmen, die erforderlich sind, um dieser Richtlinie spätestens bis zu den in Anhang II Teil B angegebenen Zeitpunkten nachzukommen.

(2) Die Mitgliedstaaten teilen der Kommission den Wortlaut der innerstaatlichen Rechtsvorschriften mit, die sie auf dem unter diese Richtlinie fallenden Gebiet erlassen.

**Artikel 14**

Die in Anhang II Teil A aufgeführten Richtlinien werden aufgehoben, unbeschadet der Pflichten der Mitgliedstaaten hinsichtlich der in Anhang II Teil B genannten Umsetzungs- und Anwendungsfristen.

Bezugnahmen auf die genannten Richtlinien gelten als Bezugnahmen auf die vorliegende Richtlinie und sind nach Maßgabe der Entsprechungstabelle im Anhang III zu lesen.

**Artikel 15**

Diese Richtlinie ist an die Mitgliedstaaten gerichtet.

## b) Verordnung (EWG) Nr. 881/92 des Rates vom 26. März 1992 über den Zugang zum Güterkraftverkehrsmarkt in der Gemeinschaft für Beförderungen aus oder nach einem Mitgliedstaat oder durch einen oder mehrere Mitgliedstaaten (VO EWG Nr. 881/92)

v. 9. 4. 1992 (ABl Nr. L 95 S. 1)

### Artikel 1

(1) Diese Verordnung gilt für den grenzüberschreitenden gewerblichen Güterkraftverkehr auf den im Gebiet der Gemeinschaft zurückgelegten Wegstrecken.

(2) Bei Beförderungen aus einem Mitgliedstaat nach einem Drittland und umgekehrt gilt diese Verordnung für die in dem Mitgliedstaat, in dem die Be- oder Entladung stattfindet, zurückgelegte Wegstrecke, sobald das hierfür erforderliche Abkommen zwischen der Gemeinschaft und dem betreffenden Drittland geschlossen ist.

(3) Bis zum Abschluß von Abkommen zwischen der Gemeinschaft und den betroffenen Drittländern werden folgende Vorschriften von dieser Verordnung nicht berührt:
- die in bilateralen Abkommen zwischen Mitgliedstaaten und den jeweiligen Drittländern enthaltenen Vorschriften über die in Absatz 2 genannten Beförderungen. Die Mitgliedstaaten bemühen sich jedoch um eine Anpassung dieser Abkommen, damit der Grundsatz der Nichtdiskriminierung zwischen gemeinschaftlichen Transportunternehmern gewahrt bleibt;
- die in bilateralen Abkommen zwischen Mitgliedstaaten enthaltenen Vorschriften über die in Absatz 2 genannten Beförderungen, die es aufgrund bilateraler Genehmigungen oder einer freizügigen Regelung gestatten, daß Be- oder Entladungen in einem Mitgliedstaat auch von Transportunternehmen durchgeführt werden, die nicht in diesem Mitgliedstaat niedergelassen sind.

### Artikel 2

Im Sinne dieser Verordnung gelten als
- „Fahrzeug": ein in einem Mitgliedstaat amtlich zugelassenes Kraftfahrzeug oder eine Fahrzeugkombination, bei der zumindest das Kraftfahrzeug in einem Mitgliedstaat amtlich zugelassen ist, sofern sie ausschließlich für die Güterbeförderung bestimmt sind;
- „grenzüberschreitender Verkehr":
  - Fahrten eines Fahrzeugs mit oder ohne Durchfahrt durch einen oder mehrere Mitgliedstaaten oder ein oder mehrere Drittländer, bei denen sich der Ausgangspunkt und der Bestimmungsort in zwei verschiedenen Mitgliedstaaten befinden,
  - Fahrten eines Fahrzeugs mit oder ohne Durchfahrt durch einen oder mehrere Mitgliedstaaten oder ein oder mehrere Drittländer, bei denen sich der Ausgangspunkt in einem Mitgliedstaat und der Bestimmungsort in einem Drittland oder umgekehrt befindet,
  - Fahrten eines Fahrzeugs zwischen Drittländern mit Durchfahrt durch das Gebiet eines oder mehrerer Mitgliedstaaten,
  - Leerfahrten in Verbindung mit diesen Beförderungen;
- „Fahrer": die Person, die ein Fahrzeug führt oder in diesem Fahrzeug befördert wird, um es bei Bedarf führen zu können.

### Artikel 3

(1) Der grenzüberschreitende Verkehr unterliegt einer Gemeinschaftslizenz in Verbindung – sofern der Fahrer Staatsangehöriger eines Drittstaats ist – mit einer Fahrerbescheinigung.

(2) Die Gemeinschaftslizenz wird von einem Mitgliedstaat gemäß den Artikeln 5 und 7 jedem gewerblichen Güterkraftverkehrsunternehmer erteilt, der

- in einem Mitgliedstaat (nachstehend „Niederlassungsmitgliedstaat" genannt) gemäß dessen Rechtsvorschriften niedergelassen ist;
- in diesem Mitgliedstaat gemäß den Rechtsvorschriften der Gemeinschaft und dieses Mitgliedstaats über den Zugang zum Beruf des Verkehrsunternehmers zur Durchführung des grenzüberschreitenden Güterkraftverkehrs berechtigt ist.

(3) Die Fahrerbescheinigung wird von einem Mitgliedstaat gemäß Artikel 6 jedem Verkehrsunternehmer ausgestellt, der
- Inhaber einer Gemeinschaftslizenz ist und der
- in diesem Mitgliedstaat Fahrer, die Staatsangehörige eines Drittlandes sind, rechtmäßig beschäftigt oder Fahrer rechtmäßig einsetzt, die Staatsangehörige eines Drittstaats sind und ihm als Arbeitskraft gemäß den Bestimmungen zur Verfügung gestellt werden, die in diesem Mitgliedstaat für die Beschäftigung und die Berufsausbildung von Fahrern durch
- Rechts- und Verwaltungsvorschriften und
- gegebenenfalls Tarifverträge nach den in diesem Mitgliedstaat geltenden Vorschriften

festgelegt wurden.

### Artikel 4

(1) Die Gemeinschaftslizenz gemäß Artikel 3 ersetzt – soweit es vorhanden ist – das von den zuständigen Behörden des Niederlassungsmitgliedstaats ausgestellte Dokument, in dem bescheinigt wird, daß der Transportunternehmer zum grenzüberschreitenden Güterkraftverkehrsmarkt zugelassen ist.

Sie ersetzt für die unter diese Verordnung fallenden Beförderungen auch die gemeinschaftlichen bzw. die unter Mitgliedstaaten ausgetauschten bilateralen Genehmigungen, die bis zum Inkrafttreten dieser Verordnung erforderlich sind.

(2) Die Fahrerbescheinigung gemäß Artikel 3 bestätigt, dass im Rahmen einer Beförderung auf der Straße, für die eine Gemeinschaftslizenz besteht, der diese Beförderung durchführende Fahrer, der Staatsangehöriger eines Drittstaats ist, in dem Mitgliedstaat, in dem der Verkehrsunternehmer ansässig ist, gemäß den Rechts- und Verwaltungsvorschriften und gegebenenfalls, je nach den Vorschriften dieses Mitgliedstaats, gemäß den Tarifverträgen über die Bedingungen für die Beschäftigung und Berufsausbildung von Fahrern beschäftigt ist, um dort Beförderungen auf der Straße vorzunehmen.

### Artikel 5

(1) Die Gemeinschaftslizenz gemäß Artikel 3 wird von den zuständigen Behörden des Niederlassungsmitgliedstaats ausgestellt.

(2) Die Mitgliedstaaten händigen dem Inhaber das Original der Gemeinschaftslizenz, das von dem Transportunternehmen aufbewahrt wird, sowie so viele beglaubigte Abschriften aus, wie dem Inhaber der Gemeinschaftslizenz Fahrzeuge als volles Eigentum oder aufgrund eines anderen Rechts, insbesondere aus Ratenkauf-, Miet- oder Leasingvertrag, zur Verfügung stehen.

(3) Die Gemeinschaftslizenz muß dem Muster in Anhang I entsprechen. In diesem Anhang ist auch die Verwendung der Gemeinschaftslizenz geregelt.

(4) Die Gemeinschaftslizenz wird auf den Namen des Transportunternehmers ausgestellt. Sie darf von diesem nicht an Dritte übertragen werden. Eine beglaubigte Abschrift der Gemeinschaftslizenz muß im Fahrzeug mitgeführt werden und ist den Kontrollberechtigten auf Verlangen vorzuzeigen.

(5) Die Gemeinschaftslizenz wird für einen Zeitraum von fünf Jahren ausgestellt; sie kann jeweils für denselben Zeitraum erneuert werden.

## Artikel 6

(1) Die Fahrerbescheinigung gemäß Artikel 3 wird von den zuständigen Behörden des Niederlassungsmitgliedstaats des Verkehrsunternehmens ausgestellt.

(2) Die Fahrerbescheinigung wird von dem Mitgliedstaat auf Antrag des Inhabers der Gemeinschaftslizenz für jeden Fahrer ausgestellt, der Staatsangehöriger eines Drittstaats ist und den er rechtmäßig beschäftigt bzw. der ihm gemäß den Rechts- und Verwaltungsvorschriften und gegebenenfalls, je nach den Vorschriften dieses Mitgliedstaats, gemäß den Tarifverträgen über die in diesem Mitgliedstaat geltenden Bedingungen für die Beschäftigung und Berufsausbildung von Fahrern rechtmäßig zur Verfügung gestellt wird. Mit der Fahrerbescheinigung wird bestätigt, dass der darin genannte Fahrer unter den in Artikel 4 festgelegten Bedingungen beschäftigt ist.

(3) Die Fahrerbescheinigung muss dem Muster in Anhang III entsprechen. In diesem Anhang werden auch die Bedingungen für die Verwendung der Fahrerbescheinigung festgelegt. Die Mitgliedstaaten treffen alle sachdienlichen Vorkehrungen, um die Fälschung von Fahrerbescheinigungen auszuschließen. Sie unterrichten die Kommission hierüber.

(4) Die Fahrerbescheinigung ist Eigentum des Verkehrsunternehmers, der sie dem darin genannten Fahrer zur Verfügung stellt, wenn dieser Fahrer ein Fahrzeug im Verkehr mit einer dem Verkehrsunternehmer erteilten Gemeinschaftslizenz führt. Eine beglaubigte Abschrift der Fahrerbescheinigung ist in den Geschäftsräumen des Verkehrsunternehmers aufzubewahren. Die Fahrerbescheinigung ist den Kontrollberechtigten auf Verlangen vorzuzeigen.

(5) Die Geltungsdauer der Fahrerbescheinigung wird vom ausstellenden Mitgliedstaat festgesetzt; sie beträgt höchstens fünf Jahre. Die Fahrerbescheinigung gilt nur, solange die Bedingungen, unter denen sie ausgestellt wurde, erfüllt sind. Die Mitgliedstaaten ergreifen die erforderlichen Maßnahmen, damit der Verkehrsunternehmer sie unverzüglich der ausstellenden Behörde zurückgibt, wenn diese Bedingungen nicht mehr erfüllt sind.

## Artikel 7

(1) Bei Vorlage eines Antrags auf Erteilung einer Gemeinschaftslizenz und spätestens fünf Jahre nach der Erteilung sowie im weiteren Verlauf mindestens alle fünf Jahre prüfen die zuständigen Behörden des Niederlassungsmitgliedstaats, ob der Transportunternehmer die Voraussetzungen des Artikels 3 Absatz 2 erfüllt bzw. weiterhin erfüllt.

(2) Die zuständigen Behörden des Niederlassungsmitgliedstaats überprüfen regelmäßig, ob die Bedingungen des Artikels 3 Absatz 3, unter denen eine Fahrerbescheinigung ausgestellt wurde, weiterhin erfüllt sind; hierzu führen sie jedes Jahr Kontrollen in Bezug auf mindestens 20 % der in diesem Mitgliedstaat ausgestellten gültigen Bescheinigungen durch.

## Artikel 8

(1) Sind die in Artikel 3 Absatz 2 bzw. Absatz 3 genannten Voraussetzungen nicht erfüllt, so lehnen die zuständigen Behörden des Niederlassungsmitgliedstaats die Erteilung oder Erneuerung der Gemeinschaftslizenz bzw. der Fahrerbescheinigung durch eine mit Gründen versehene Entscheidung ab.

(2) Die zuständigen Behörden entziehen die Gemeinschaftslizenz bzw. die Fahrerbescheinigung, wenn der Inhaber

– die Voraussetzungen des Artikels 3 Absatz 2 bzw. Absatz 3 nicht mehr erfüllt;
– zu Tatsachen, die für die Erteilung der Gemeinschaftslizenz bzw. der Fahrerbescheinigung erheblich waren, unrichtige Angaben gemacht hat.

(3) Bei schweren Verstößen oder bei wiederholten leichten Verstößen gegen die Beförderungsbestimmungen können die zuständigen Behörden des Niederlassungsmitgliedstaats dem Verkehrsunternehmer, der gegen die Bestimmungen verstoßen hat, insbesondere zeitweilig oder teilweise die beglaubigten Abschriften der Gemeinschaftslizenz

entziehen und die Fahrerbescheinigungen entziehen. Diese Sanktionen richten sich danach, wie schwerwiegend der vom Inhaber einer Gemeinschaftslizenz begangene Verstoß ist und über wie viele beglaubigte Abschriften der Lizenz er für seinen grenzüberschreitenden Güterkraftverkehr verfügt.

(4) Bei schweren Verstößen oder bei wiederholten leichten Verstößen im Sinne eines Missbrauchs von Fahrerbescheinigungen können die zuständigen Behörden des Niederlassungsmitgliedstaats des Verkehrsunternehmers, der gegen die Bestimmungen verstoßen hat, angemessene Sanktionen verhängen, die unter anderem in Folgendem bestehen:

– Aussetzung der Ausstellung von Fahrerbescheinigungen,
– Entzug von Fahrerbescheinigungen,
– zusätzlichen Bedingungen für die Ausstellung von Fahrerbescheinigungen, um einen Missbrauch zu verhindern,
– zeitweiliger oder teilweiser Entzug der beglaubigten Abschriften der Gemeinschaftslizenz.

Diese Sanktionen richten sich danach, wie schwerwiegend der vom Inhaber einer Gemeinschaftslizenz begangene Verstoß ist.

## Artikel 9

(1) Die Mitgliedstaaten garantieren, daß jeder, der eine Gemeinschaftslizenz beantragt oder besitzt, gegen die Entscheidung der zuständigen Behörden des Niederlassungsmitgliedstaats, durch die ihm die Lizenz verweigert oder entzogen wird, Berufung einlegen kann.

(2) Die Mitgliedstaaten garantieren, dass jeder Inhaber einer Gemeinschaftslizenz gegen die Entscheidung der zuständigen Behörden des Niederlassungsmitgliedstaats, durch die ihm eine Fahrerbescheinigung verweigert oder entzogen oder die Ausstellung von Fahrerbescheinigungen zusätzlichen Bedingungen unterworfen wird, Rechtsmittel einlegen kann.

## Artikel 10

Die Mitgliedstaaten unterrichten die Kommission spätestens am 31. Januar jedes Jahres von der Anzahl der Transportunternehmer, die am 31. Dezember des vorangegangenen Jahres Inhaber einer Gemeinschaftslizenz waren, und von der Anzahl der beglaubigten Abschriften für die zu diesem Zeitpunkt zugelassenen Fahrzeuge.

## Artikel 11

(1) Die Mitgliedstaaten gewähren einander Amtshilfe bei der Durchführung dieser Verordnung und deren Überwachung.

(2) Erhalten die zuständigen Behörden eines Mitgliedstaats davon Kenntnis, daß eine Zuwiderhandlung gegen diese Verordnung von einem Transportunternehmer eines anderen Mitgliedstaats begangen wurde, so unterrichtet der Mitgliedstaat, in dessen Hoheitsgebiet die Zuwiderhandlung festgestellt worden ist, hiervon die zuständigen Behörden des Niederlassungsmitgliedstaats, und er kann die zuständigen Behörden des Niederlassungsmitgliedstaats ersuchen, die Zuwiderhandlung gemäß dieser Verordnung zu ahnden.

(3) Bei schweren oder wiederholten leichten Verstößen gegen die Beförderungsbestimmungen prüfen die zuständigen Behörden des Niederlassungsmitgliedstaats die Einzelheiten der Anwendung der Sanktionen nach Artikel 8 Absätze 3 und 4 und unterrichten die zuständigen Behörden des Mitgliedstaats, in dessen Hoheitsgebiet die Zuwiderhandlungen festgestellt wurden, von ihrer Entscheidung.

## Artikel 11a

Die Kommission prüft die Auswirkungen der Beschränkung der Verpflichtung, eine Fahrerbescheinigung mit sich zu führen, auf Fahrer, die Staatsangehörige eines Drittstaats sind, und unterbreitet, wenn dies hinreichend begründet ist, einen Vorschlag zur Änderung dieser Verordnung.

**Artikel 12**

Es werden aufgehoben:
- die Verordnung (EWG) Nr. 3164/76;
- Artikel 4 der Richtlinie 75/130/EWG des Rates vom 17. Februar 1975 über die Festlegung gemeinsamer Regeln für bestimmte Beförderungen im kombinierten Güterverkehr Schiene/Straße zwischen den Mitgliedstaaten[1)];
- die Richtlinie 65/269/EWG des Rates vom 13. Mai 1965 zur Vereinheitlichung gewisser Regeln betreffend die Genehmigungen für den Güterkraftverkehr zwischen den Mitgliedstaaten[2)];
- die Entscheidung 80/48/EWG des Rates vom 20. Dezember 1979 zur Anpassung der Kapazität für den gewerblichen Güterkraftverkehr zwischen den Mitgliedstaaten[3)].

**Artikel 13**

Die Erste Richtlinie des Rates vom 23. Juli 1962 wird wie folgt geändert:

1. Der Titel erhält folgende Fassung: „Erste Richtlinie des Rates vom 23. Juli 1962 über die Aufstellung gemeinsamer Regeln für bestimmte Beförderungen im Güterkraftverkehr".
2. Artikel 1 erhält folgende Fassung:

   „*Artikel 1*

   (1) Die Mitgliedstaaten liberalisieren unter den in Absatz 2 festgelegten Bedingungen die im Anhang aufgeführten internationalen Beförderungen im gewerblichen Güterkraftverkehr oder im Werkverkehr aus und nach ihrem eigenen Hoheitsgebiet oder im Durchgang durch ihr eigenes Hoheitsgebiet.

   (2) Leerfahrten im Zusammenhang mit den im Anhang aufgeführten Beförderungen werden von allen die Gemeinschaftslizenz betreffenden Regelungen sowie allen Beförderungsgenehmigungen befreit."
3. Anhang II wird gestrichen; Anhang I erhält die Fassung des Anhangs II der vorliegenden Verordnung.

**Artikel 14**

Die Mitgliedstaaten teilen der Kommission die zur Durchführung dieser Verordnung getroffenen Maßnahmen mit.

**Artikel 15**

Diese Verordnung tritt am Tag nach ihrer Veröffentlichung im Amtsblatt der Europäischen Gemeinschaften in Kraft.

---

1) **Amtl. Anm.:** ABl L 48 vom 22. 2. 1975, S. 31. Richtlinie zuletzt geändert durch die Richtlinie 91/224/ EWG (ABl L 103 vom 23. 4. 1991, S. 1).
2) **Amtl. Anm.:** ABl 88 vom 24. 5. 1965, S. 1469/65. Richtlinie zuletzt geändert durch die Richtlinie 85/ 505/EWG (ABl L 309 vom 21. 11. 1985, S. 27).
3) **Amtl. Anm.:** ABl L 18 vom 24. 1. 1980, S. 21.

## c) Verordnung (EG) Nr. 12/98 des Rates vom 11. Dezember 1997 über die Bedingungen für die Zulassung von Verkehrsunternehmern zum Personenkraftverkehr innerhalb eines Mitgliedstaats, in dem sie nicht ansässig sind (VO EG Nr. 12/98)

v. 8. 1. 1998 (ABl Nr. L 4 S. 10)

### Artikel 1

Jeder gewerbliche Personenkraftverkehrsunternehmer, der Inhaber der Gemeinschaftslizenz nach Artikel 3a der Verordnung (EWG) Nr. 684/92 des Rates vom 16. März 1992 zur Einführung gemeinsamer Regeln für den grenzüberschreitenden Personenverkehr mit Kraftomnibussen[1] ist, wird unter den in der vorliegenden Verordnung festgesetzten Voraussetzungen und ohne Diskriminierung aufgrund seiner Staatsangehörigkeit oder seines Niederlassungsorts zur zeitweiligen innerstaatlichen Personenbeförderung in einem anderen Mitgliedstaat, nachstehend „Aufnahmemitgliedstaat" genannt, zugelassen, ohne dort über einen Unternehmenssitz oder eine Niederlassung verfügen zu müssen.

Diese innerstaatliche Beförderung wird nachstehend „Kabotagebeförderung" genannt.

### Artikel 2

Im Sinne dieser Verordnung bezeichnet der Ausdruck
1. „Linienverkehr" die regelmäßige Beförderung von Fahrgästen auf einer bestimmten Verkehrsverbindung, wobei Fahrgäste an vorher festgelegten Haltestellen aufgenommen oder abgesetzt werden können. Linienverkehr ist ungeachtet einer etwaigen Buchungspflicht für jedermann zugänglich.

   Die Regelmäßigkeit des Linienverkehrs wird nicht dadurch berührt, daß die Betriebsbedingungen des Linienverkehrs angepaßt werden;
2. „Sonderform des Linienverkehrs" der Linienverkehr für bestimmte Gruppen von Fahrgästen, unter Ausschluß anderer Fahrgäste, auf einer bestimmten Verkehrsverbindung, wobei die Fahrgäste an vorher festgelegten Haltestellen aufgenommen oder abgesetzt werden können.

   Zu den Sonderformen des Linienverkehrs zählen insbesondere:
   a) die Beförderung von Arbeitnehmern zwischen Wohnort und Arbeitsstätte,
   b) die Beförderung von Schülern und Studenten zwischen Wohnort und Lehranstalt,
   c) die Beförderung von Angehörigen der Streitkräfte und ihren Familien zwischen Herkunftsland und Stationierungsort.

   Die Regelmäßigkeit der Sonderformen des Linienverkehrs wird nicht dadurch berührt, daß der Ablauf der Fahrten wechselnden Bedürfnissen der Nutzer angepaßt wird;
3. „Gelegenheitsverkehr" die Verkehrsdienste, die nicht der Begriffsbestimmung des Linienverkehrs einschließlich der Sonderformen des Linienverkehrs entsprechen und für die insbesondere kennzeichnend ist, daß auf Initiative eines Auftraggebers oder des Verkehrsunternehmers selbst vorab gebildete Fahrgastgruppen befördert werden. Diese Dienste verlieren die Eigenschaft des Gelegenheitsverkehrs auch dann nicht, wenn sie mit einer gewissen Häufigkeit durchgeführt werden;
4. „Fahrzeuge" die Kraftfahrzeuge, die nach ihrer Bauart und Ausstattung geeignet und dazu bestimmt sind, mehr als neun Personen – einschließlich des Fahrers – zu befördern.

---

[1] **Amtl. Anm.:** ABl L 74 vom 20. 3. 1992, S. 1. Verordnung geändert durch die Verordnung (EG) Nr. 11/98.

**Artikel 3**

Die Kabotagebeförderung ist für folgende Verkehrsformen zugelassen:
1. die Sonderformen des Linienverkehrs, sofern hierfür ein Vertrag zwischen dem Veranstalter und dem Verkehrsunternehmer besteht;
2. den Gelegenheitsverkehr;
3. den Linienverkehr, sofern dieser von einem im Aufnahmemitgliedstaat nicht ansässigen Verkehrsunternehmer im Rahmen eines grenzüberschreitenden Linienverkehrsdienstes entsprechend der Verordnung (EWG) Nr. 684/92 durchgeführt wird.

Die Kabotagebeförderung darf nicht unabhängig von diesem grenzüberschreitenden Verkehrsdienst durchgeführt werden.

Stadt- und Vorortdienste sind vom Geltungsbereich dieser Nummer ausgeschlossen. Der Ausdruck „Stadt- und Vorortverkehrsdienste" bezeichnet Verkehrsdienste, die die Verkehrsbedürfnisse sowohl in einem Stadtgebiet oder einem Ballungsraum als auch zwischen einem Stadtgebiet und seinem Umland befriedigen.

**Artikel 4**

(1) Vorbehaltlich der Anwendung der Gemeinschaftsregelung unterliegt die Durchführung der Kabotagebeförderung nach Artikel 3 den Rechts- und Verwaltungsvorschriften des Aufnahmemitgliedstaats in folgenden Bereichen:

a) für den Beförderungsvertrag geltende Preise und Bedingungen;

b) Fahrzeuggewichte und -abmessungen; diese Gewichte und Abmessungen dürfen gegebenenfalls die im Niederlassungsmitgliedstaat des Verkehrsunternehmers geltenden Gewichte und Abmessungen, keinesfalls aber die in der Konformitätsbescheinigung vermerkten technischen Normen überschreiten;

c) Vorschriften für die Beförderung bestimmter Personengruppen, und zwar Schüler, Kinder und Körperbehinderte;

d) Lenk- und Ruhezeiten;

e) Mehrwertsteuer (MwSt.) auf die Beförderungsdienstleistungen. Dabei gelten für Leistungen gemäß Artikel 1 dieser Verordnung die Bestimmungen des Artikels 21 Absatz 1 Buchstabe a) der Richtlinie 77/388/EWG des Rates vom 17. Mai 1977 über die Harmonisierung der Rechtsvorschriften der Mitgliedstaaten über die Umsatzsteuern – Gemeinsames Mehrwertsteuersystem: einheitliche steuerpflichtige Bemessungsgrundlage[1]).

(2) Für die Durchführung der Kabotagebeförderung bei den Diensten gemäß Artikel 3 Nummer 3 gelten vorbehaltlich der Anwendung gemeinschaftlicher Rechtsvorschriften die Rechts- und Verwaltungsvorschriften des Aufnahmemitgliedstaats über die Erteilung der Genehmigungen, die Ausschreibungsverfahren, die zu bedienenden Verbindungen, die Regelmäßigkeit, Beständigkeit und Häufigkeit des Verkehrs sowie über die Streckenführung.

(3) Für die bei der Kabotagebeförderung eingesetzten Fahrzeuge gelten dieselben technischen Bau- und Ausrüstungsnormen wie für die zum grenzüberschreitenden Verkehr zugelassenen Fahrzeuge.

(4) Die in den Absätzen 1 und 2 genannten einzelstaatlichen Vorschriften werden von den Mitgliedstaaten auf die nichtansässigen Verkehrsunternehmer unter denselben Bedingungen wie gegenüber ihren eigenen Staatsangehörigen angewandt, damit jede offenkundige oder versteckte Diskriminierung aufgrund der Staatsangehörigkeit oder des Niederlassungsorts tatsächlich ausgeschlossen ist.

(5) Wird festgestellt, daß aufgrund der Erfahrungen das Verzeichnis der in Absatz 1 genannten Bereiche, in denen die Vorschriften des Aufnahmemitgliedstaats gelten, zu

---

1) **Amtl. Anm.:** ABl L 145 vom 13. 6. 1977, S. 1. Richtlinie zuletzt geändert durch die Richtlinie 96/95/EG (ABl L 338 vom 28. 12. 1996, S. 89).

ändern ist, so beschließt der Rat mit qualifizierter Mehrheit auf Vorschlag der Kommission.

**Artikel 5**

Die Gemeinschaftslizenz oder eine beglaubigte Abschrift ist im Fahrzeug mitzuführen und den Kontrollberechtigten auf Verlangen vorzuzeigen.

**Artikel 6**

(1) Bei Kabotagebeförderung im Gelegenheitsverkehr ist im Fahrzeug ein Kontrollpapier, das Fahrtenblatt, mitzuführen, das den Kontrollberechtigten auf Verlangen vorzuzeigen ist.

(2) Das Fahrtenblatt, dessen Muster von der Kommission nach dem Verfahren des Artikels 8 festgelegt wird, muß folgende Angaben enthalten:
 a) Ausgangs- und Bestimmungsort des Verkehrsdienstes,
 b) Zeitpunkt des Beginns und der Beendigung des Verkehrsdienstes.

(3) Die Fahrtenblätter werden in Heften ausgegeben, die einen amtlichen Vermerk der zuständigen Behörde oder Stelle des Niederlassungsmitgliedstaats tragen. Das Muster des Fahrtenblatthefts wird von der Kommission nach dem Verfahren des Artikels 8 festgelegt.

(4) Bei den Sonderformen des Linienverkehrs gilt der Vertrag zwischen dem Verkehrsunternehmer und dem Veranstalter des Verkehrsdienstes oder eine beglaubigte Abschrift des Vertrags als Kontrollpapier.
Das Fahrtenblatt wird jedoch in Form einer monatlichen Aufstellung ausgefüllt.

(5) Die verwendeten Fahrtenblätter sind an die zuständige Behörde oder Stelle des Niederlassungsmitgliedstaats gemäß den von dieser festzulegenden Bedingungen zurückzusenden.

**Artikel 7**

(1) Die zuständige Behörde oder Stelle eines jeden Mitgliedstaats übermittelt der Kommission nach jedem Vierteljahr innerhalb einer Frist von drei Monaten, die die Kommission im Fall des Artikels 9 auf einen Monat verkürzen kann, die Angaben über die in dem betreffenden Vierteljahr von den ansässigen Verkehrsunternehmern als Sonderformen des Linienverkehrs oder als Gelegenheitsverkehr durchgeführten Kabotagefahrten.
Diese Mitteilung erfolgt mittels einer Übersicht nach dem Muster, das die Kommission nach dem Verfahren des Artikels 8 festlegt.

(2) Die zuständige Behörde des Aufnahmemitgliedstaats übermittelt der Kommission einmal jährlich eine statistische Übersicht über die Zahl der Genehmigungen für Kabotagedienste, die als Linienverkehr nach Artikel 3 Nummer 3 durchgeführt werden.

(3) Die Kommission legt den Mitgliedstaaten umgehend zusammenfassende Übersichten vor, die sie anhand der ihr gemäß Absatz 1 übermittelten Angaben erstellt.

**Artikel 8**

Wird auf das Verfahren dieses Artikels verwiesen, so wird die Kommission von dem beratenden Ausschuß nach Artikel 10 unterstützt.
Der Vertreter der Kommission legt dem Ausschuß einen Entwurf der zu treffenden Maßnahmen vor. Der Ausschuß gibt – gegebenenfalls nach Abstimmung – seine Stellungnahme zu diesem Entwurf innerhalb einer Frist ab, die der Vorsitzende unter Berücksichtigung der Dringlichkeit der betreffenden Frage festlegen kann.
Die Stellungnahme wird in das Protokoll des Ausschusses aufgenommen; darüber hinaus hat jeder Mitgliedstaat das Recht zu verlangen, daß sein Standpunkt im Protokoll festgehalten wird.

Die Kommission berücksichtigt soweit wie möglich die Stellungnahme des Ausschusses. Sie unterrichtet den Ausschuß darüber, inwieweit sie seine Stellungnahme berücksichtigt hat.

**Artikel 9**

(1) Im Fall einer ernsten Marktstörung im innerstaatlichen Verkehr innerhalb eines bestimmten geographischen Gebiets, die auf die Kabotage zurückzuführen ist oder durch sie verschärft wird, kann sich jeder Mitgliedstaat an die Kommission wenden, damit Schutzmaßnahmen getroffen werden; der Mitgliedstaat macht der Kommission dabei die erforderlichen Angaben und teilt ihr mit, welche Maßnahmen er bezüglich der in seinem Hoheitsgebiet ansässigen Verkehrsunternehmer zu treffen gedenkt.

(2) Im Sinne des Absatzes 1 bezeichnet der Ausdruck

- „ernste Marktstörung im innerstaatlichen Verkehr innerhalb eines bestimmten geographischen Gebiets" das Auftreten spezifischer Probleme auf diesem Markt, die zu einem möglicherweise anhaltenden deutlichen Angebotsüberhang führen können, der das finanzielle Gleichgewicht und das Überleben zahlreicher Unternehmen im Personenkraftverkehr gefährden würde;
- „geographisches Gebiet" ein Gebiet, das das gesamte Hoheitsgebiet eines Mitgliedstaats oder einen Teil davon umfaßt oder sich auf das gesamte Hoheitsgebiet anderer Mitgliedstaaten oder auf einen Teil davon erstreckt.

(3) Die Kommission prüft den Fall und entscheidet nach Anhörung des in Artikel 10 genannten beratenden Ausschusses innerhalb eines Monats nach Eingang des Antrags des Mitgliedstaats, ob Schutzmaßnahmen erforderlich sind, und ordnet diese gegebenenfalls an.

Die gemäß diesem Artikel getroffenen Maßnahmen bleiben höchstens sechs Monate in Kraft; ihre Geltungsdauer kann einmal um höchstens sechs Monate verlängert werden.

Die Kommission teilt den Mitgliedstaaten und dem Rat die gemäß diesem Absatz getroffenen Entscheidungen unverzüglich mit.

(4) Beschließt die Kommission Schutzmaßnahmen, die einen oder mehrere Mitgliedstaaten betreffen, so sind die zuständigen Behörden der betreffenden Mitgliedstaaten gehalten, Maßnahmen gleicher Wirkung bezüglich der in ihrem Hoheitsgebiet ansässigen Verkehrsunternehmer zu ergreifen; sie setzen die Kommission davon in Kenntnis.

Diese Maßnahmen werden spätestens ab demselben Tag wie die von der Kommission beschlossenen Schutzmaßnahmen angewandt.

(5) Jeder Mitgliedstaat kann den Rat mit der Entscheidung der Kommission nach Absatz 3 befassen, und zwar binnen 30 Tagen nach der Mitteilung dieser Entscheidung.

Der Rat kann mit qualifizierter Mehrheit innerhalb von 30 Tagen nach dem Zeitpunkt, zu dem er von einem Mitgliedstaat befaßt wurde oder – bei Befassung durch mehrere Mitgliedstaaten – ab dem Zeitpunkt der ersten Befassung einen anderslautenden Beschluß fassen.

Für den Beschluß des Rates gelten die Gültigkeitsbegrenzungen nach Absatz 3 Unterabsatz 2.

Die zuständigen Behörden der betreffenden Mitgliedstaaten sind gehalten, Maßnahmen gleicher Wirkung gegenüber den in ihrem Hoheitsgebiet ansässigen Verkehrsunternehmern zu ergreifen; sie setzen die Kommission hiervon in Kenntnis.

Beschließt der Rat innerhalb der in Unterabsatz 2 genannten Frist nicht, so wird die Entscheidung der Kommission endgültig.

(6) Ist die Kommission der Auffassung, daß die Geltungsdauer der nach Absatz 3 getroffenen Maßnahmen verlängert werden muß, so unterbreitet sie dem Rat einen Vorschlag; der Rat beschließt hierüber mit qualifizierter Mehrheit.

**Artikel 10**

(1) Die Kommission wird von einem beratenden Ausschuß unterstützt, der sich aus Vertretern der Mitgliedstaaten zusammensetzt und in dem der Vertreter der Kommission den Vorsitz führt.

Der Ausschuß, der nach den Verfahren des Artikels 8 tätig wird, unterstützt die Kommission bei der Erstellung der Muster für die Fahrtenblätter, die Fahrtenblätterhefte und die Übersichten im Sinne der Artikel 6 und 7.

(2) Aufgabe des Ausschusses ist außerdem die Beratung der Kommission
- bei einem Antrag eines Mitgliedstaats gemäß Artikel 9 Absatz 1,
- bei den zur Behebung der ernsten Marktstörung bestimmten Maßnahmen nach Artikel 9, insbesondere hinsichtlich der praktischen Durchführung dieser Maßnahmen.

(3) Der Ausschuß gibt sich eine Geschäftsordnung.

**Artikel 11**

(1) Die Mitgliedstaaten leisten einander Amtshilfe bei der Anwendung dieser Verordnung.

(2) Unbeschadet einer etwaigen strafrechtlichen Verfolgung kann der Aufnahmemitgliedstaat gegen einen nichtansässigen Verkehrsunternehmer, der anläßlich einer Kabotagebeförderung in seinem Hoheitsgebiet gegen diese Verordnung oder gegen gemeinschaftliche oder einzelstaatliche Verkehrsvorschriften verstoßen hat, Sanktionen verhängen.

Diese Sanktionen werden unter Ausschluß jeder Diskriminierung gemäß Absatz 3 verhängt.

(3) Die in Absatz 2 genannten Sanktionen können insbesondere in einer Verwarnung oder, bei schweren oder wiederholten geringfügigen Verstößen, in einem zeitweiligen Verbot von Kabotagebeförderungen in dem Aufnahmemitgliedstaat, in dem der Verstoß begangen wurde, bestehen.

Bei Vorlage einer gefälschten Gemeinschaftslizenz, einer gefälschten Genehmigung oder einer gefälschten beglaubigten Abschrift wird diese sofort eingezogen und gegebenenfalls baldmöglichst der zuständigen Behörde des Niederlassungsmitgliedstaats des Verkehrsunternehmers übermittelt.

(4) Die zuständigen Behörden des Aufnahmemitgliedstaats unterrichten die zuständigen Behörden des Niederlassungsmitgliedstaats über die festgestellten Verstöße und die gegen den Verkehrsunternehmer verhängten Sanktionen; bei schweren oder wiederholten geringfügigen Verstößen können sie bei dieser Unterrichtung die Verhängung einer Sanktion beantragen.

Bei schweren oder wiederholten geringfügigen Verstößen prüfen die zuständigen Behörden des Niederlassungsmitgliedstaats, ob eine angemessene Sanktion gegen den betreffenden Verkehrsunternehmer angewandt werden sollte; sie berücksichtigen dabei eine möglicherweise im Aufnahmemitgliedstaat verhängte Sanktion und vergewissern sich, daß die gegen den betreffenden Verkehrsunternehmer verhängten Sanktionen insgesamt in einem angemessenen Verhältnis zu dem Verstoß oder den Verstößen stehen.

Die von den zuständigen Behörden des Niederlassungsmitgliedstaats nach Anhörung der zuständigen Behörden des Aufnahmemitgliedstaats verhängte Sanktion kann auch den Entzug der Genehmigung zur Ausübung des Berufs des Personenkraftverkehrsunternehmers umfassen.

Die zuständigen Behörden des Niederlassungsmitgliedstaats können ferner den betreffenden Verkehrsunternehmer in Anwendung ihrer innerstaatlichen Rechtsvorschriften vor eine zuständige nationale Instanz laden.

Sie unterrichten die zuständigen Behörden des Aufnahmemitgliedstaats über die gemäß diesem Absatz getroffenen Entscheidungen.

**Artikel 12**

Die Mitgliedstaaten stellen sicher, daß die Verkehrsunternehmer die Möglichkeit haben, Rechtsmittel gegen jede gegen sie verhängte verwaltungsrechtliche Sanktion einzulegen.

**Artikel 13**

(1) Die Kommission erstattet dem Europäischen Parlament und dem Rat vor dem 30. Juni 1998 Bericht über die Ergebnisse der Anwendung der Verordnung (EWG) Nr. 2454/92 und über das Funktionieren der Linienverkehrsdienste in den Mitgliedstaaten.

(2) Die Kommission erstattet dem Europäischen Parlament und dem Rat spätestens am 31. Dezember 1999 Bericht über die Anwendung dieser Verordnung, insbesondere über die Auswirkungen der Kabotagebeförderung auf den innerstaatlichen Verkehrsmarkt.

**Artikel 14**

Die Mitgliedstaaten erlassen rechtzeitig die erforderlichen Rechts- und Verwaltungsvorschriften zur Durchführung dieser Verordnung. Sie teilen diese der Kommission mit.

**Artikel 15**

Diese Verordnung tritt am Tag nach ihrer Veröffentlichung im Amtsblatt der Europäischen Gemeinschaften in Kraft.

Sie gilt ab 11. Juni 1999.

Diese Verordnung ist in allen ihren Teilen verbindlich und gilt unmittelbar in jedem Mitgliedstaat.

## 2. Gefahrentransport
**Richtlinie 94/55/EG des Rates vom 21. November 1994 zur Angleichung der Rechtsvorschriften der Mitgliedstaaten für den Gefahrguttransport auf der Straße (RL 94/55/EG)**

v. 12.12.1994 (ABl Nr. L 319 S. 7)

Die Richtlinie 94/55/EG des Rates vom 21. November 1994 zur Angleichung der Rechtsvorschriften der Mitgliedstaaten für den Gefahrguttransport auf der Straße v. 12.12.1994 (ABl Nr. L 319 S. 7) wurde geändert durch die Berichtigung der Richtlinie 94/55/EG des Rates vom 21. November 1994 zur Angleichung der Rechtsvorschriften der Mitgliedstaaten für den Gefahrguttransport auf der Straße v. 19.2.1999 (ABl Nr. L 45 S. 55).

### Kapitel I: Geltungsbereich, Definitionen und allgemeine Bestimmungen

**Artikel 1**

(1) Diese Richtlinie gilt für die Beförderung gefährlicher Güter auf der Straße innerhalb eines Mitgliedstaats oder von einem Mitgliedstaat in einen anderen. Sie gilt nicht für die Beförderung gefährlicher Güter mit Fahrzeugen, die den Streitkräften eines Mitgliedstaats gehören oder für die diese Streitkräfte verantwortlich sind.

(2) Diese Richtlinie beeinträchtigt nicht das Recht der Mitgliedstaaten, unter Einhaltung des Gemeinschaftsrechts Vorschriften zu erlassen, die folgendes betreffen:
a) die innerstaatliche und grenzüberschreitende Beförderung gefährlicher Güter in ihrem Gebiet mit Fahrzeugen, die nicht unter diese Richtlinie fallen;
b) besondere Verkehrsregeln für die innerstaatliche und grenzüberschreitende Beförderung gefährlicher Güter;
c) die Qualitätssicherung der Unternehmen bei innerstaatlichen Beförderungen gemäß Anlage C Abschnitt 1.

Eine Ausweitung des Geltungsbereichs der einzelstaatlichen Bestimmungen betreffend die in diesem Buchstaben genannten Anforderungen ist nicht zulässig.

Die Anwendbarkeit der genannten Bestimmungen endet, wenn in gemeinschaftlichen Rechtsvorschriften entsprechende Maßnahmen verbindlich vorgeschrieben werden.

Binnen zwei Jahren nach Inkrafttreten einer europäischen Norm über die Qualitätssicherung beim Gefahrguttransport legt die Kommission dem Europäischen Parlament und dem Rat einen Bericht mit einer Bewertung der von diesem Buchstaben erfaßten Sicherheitsaspekte sowie einen entsprechenden Vorschlag zur Verlängerung oder Aufhebung dieser Bestimmung vor.

Eine Ausweitung des Geltungsbereichs der einzelstaatlichen Bestimmungen betreffend diese Anforderungen ist nicht zulässig.

Die Anwendbarkeit der genannten Bestimmungen endet, falls in gemeinschaftlichen Rechtsvorschriften entsprechende Maßnahmen verbindlich vorgeschrieben werden.

Vor dem 31. Dezember 1998 legt die Kommission dem Rat einen Bericht vor, in dem eine Bewertung der in diesem Buchstaben behandelten Sicherheitsaspekte vorgenommen wird; dem Bericht wird ein entsprechender Vorschlag entweder zu ihrer Verlängerung oder zu ihrer Aufhebung beigefügt.

**Artikel 2**

Im Sinne dieser Richtlinie bezeichnet der Ausdruck
– „ADR" das Europäische Übereinkommen über die internationale Beförderung gefährlicher Güter auf der Straße, das am 30. September 1957 in Genf geschlossen wurde, in der jeweils geltenden Fassung;

- „Fahrzeug", mit Ausnahme von Schienenfahrzeugen, land- und forstwirtschaftlichen Zug- und Arbeitsmaschinen sowie allen Arbeitsmaschinen, alle zur Teilnahme am Straßenverkehr bestimmten vollständigen oder unvollständigen Kraftfahrzeuge mit mindestens vier Rädern und einer bauartbedingten Höchstgeschwindigkeit von mehr als 25 km/h sowie ihre Anhänger;
- „gefährliche Güter" die Stoffe und Gegenstände, deren Beförderung auf der Straße nach den Anlagen A und B dieser Richtlinie verboten oder nur unter bestimmten Bedingungen gestattet ist;
- „Beförderung" jede Beförderung, die ganz oder teilweise auf den öffentlichen Straßen im Gebiet eines Mitgliedstaats mit einem Fahrzeug erfolgt, einschließlich der von den Anlagen A und B erfaßten Tätigkeiten des Ein- und Ausladens der Güter, und zwar unbeschadet der in den Rechtsvorschriften der Mitgliedstaaten hinsichtlich dieser Tätigkeiten vorgesehenen Verantwortlichkeiten.

Beförderungen, die ausschließlich innerhalb eines geschlossenen Betriebsgeländes stattfinden, fallen nicht darunter.

### Artikel 3

(1) Gefährliche Güter, deren Beförderung gemäß den Anlagen A und B dieser Richtlinie verboten ist, dürfen nicht auf der Straße befördert werden, soweit Artikel 6 nichts anderes bestimmt.

(2) Die Beförderung anderer in Anlage A aufgeführter gefährlicher Güter ist vorbehaltlich der übrigen Bestimmungen dieser Richtlinie gestattet, wenn die in den Anlagen A und B genannten Bedingungen erfüllt sind, insbesondere die Vorschriften für

a) die Verpackung und Kennzeichnung der betreffenden Güter,

b) den Bau, die Ausrüstung und den Betrieb des Fahrzeugs, das die betreffenden Güter befördert.

## Kapitel II: Abweichungen, Einschränkungen und Ausnahmen

### Artikel 4

Jeder Mitgliedstaat kann für Beförderungen, die nur mit in seinem Gebiet zugelassenen Fahrzeugen durchgeführt werden, alle innerstaatlichen Rechtsvorschriften für den Gefahrgutverkehr auf der Straße, die den Empfehlungen der Vereinten Nationen für die Beförderung gefährlicher Güter entsprechen, so lange beibehalten, bis diese Empfehlungen in die geänderten Anlagen A und B dieser Richtlinie Eingang gefunden haben. Jeder Mitgliedstaat teilt dies der Kommission mit.

### Artikel 5

(1) Unbeschadet anderer Rechtsvorschriften der Gemeinschaft, namentlich bezüglich des Marktzugangs, behält jeder Mitgliedstaat das Recht, die Beförderung bestimmter gefährlicher Güter in seinem Gebiet zu regeln oder zu verbieten, jedoch nur aus anderen Gründen als dem der Transportsicherheit, insbesondere aus Gründen der nationalen Sicherheit oder des Umweltschutzes.

(2) Vorschriften, die ein Mitgliedstaat für den Betrieb von Fahrzeugen im grenzüberschreitenden Verkehr durch sein Gebiet erläßt und die gemäß der in Anlage C Abschnitt 2 genannten Sonderbestimmung gestattet sind, sind in ihrem Anwendungsbereich örtlich beschränkt, gelten für den innerstaatlichen wie auch für den grenzüberschreitenden Verkehr und dürfen keine Diskriminierung zur Folge haben.

(3) a) Jeder Mitgliedstaat kann für den Transport mit in seinem Gebiet registrierten oder zum Verkehr zugelassenen Fahrzeugen strengere Vorschriften anwenden, sofern es sich nicht um Konstruktionsvorschriften handelt.

b) Die Mitgliedstaaten können jedoch bis zu einer etwaigen Änderung der in Anlage C Abschnitt 3 genannten Sonderbestimmung ihre besonderen einzelstaatlichen Vorschriften betreffend den Schwerpunkt der in ihrem Gebiet zugelassenen Tankwagen beibehalten; im Falle von Tankwagen, die von der in Anlage C Abschnitt 3 genannten Sonderbestimmung erfasst werden, gilt dies im Einklang mit der geänderten Fassung des ADR, die ab 1. Juli 2001 anwendbar ist, längstens bis zum 30. Juni 2001 und im Falle von anderen Tankwagen längstens bis zum 30. Juni 2005.

c) Die Mitgliedstaaten, in denen regelmäßig Umgebungstemperaturen von weniger als − 20° C auftreten, können jedoch bezüglich der Einsatztemperaturen von Materialien für Kunststoffverpackungen, Tanks und ihre Ausrüstung, die für den innerstaatlichen Gefahrguttransport auf der Straße bestimmt sind, strengere Vorschriften festlegen, bis Bestimmungen über die angemessenen Referenztemperaturen für verschiedene Klimazonen in die Anlagen aufgenommen worden sind.

(4) Vertritt ein Mitgliedstaat die Auffassung, daß sich die geltenden Sicherheitsvorschriften bei einem Unfall oder Zwischenfall als für die Einschränkung der von der Beförderung ausgehenden Gefahren unzureichend herausgestellt haben, und besteht dringender Handlungsbedarf, so teilt er der Kommission die beabsichtigten Maßnahmen mit, solange sich diese noch im Entwurfsstadium befinden. Die Kommission beschließt nach dem Verfahren des Artikels 9, ob die Genehmigung der Durchführung dieser Maßnahmen zweckdienlich ist, und legt ihre Dauer fest.

(5) Die Mitgliedstaaten können diejenigen nationalen Vorschriften beibehalten, die am 31. Dezember 1996 gelten und folgende Bereiche betreffen:
- die Beförderung von Gütern der Klasse 1.1,
- die Beförderung von giftigen instabilen und/oder brennbaren Gasen der Klasse 2,
- die Beförderung von Gütern, die Dioxine oder Furane enthalten

oder
- die Beförderung von flüssigen Stoffen der Klassen 3, 4.2, 4.3, 5.1, 6.1 oder 8, die nicht unter die Gruppen b oder c dieser Klassen fallen, in Tanks oder Tankcontainern mit einem Fassungsraum von mehr als 3 000 l.

Diese Vorschriften können sich nur auf folgende Maßnahmen beziehen:
- das Verbot, diese Beförderungen auf der Straße durchzuführen, wenn ein Eisenbahn- oder Schiffstransport möglich ist.
- die Verpflichtung, bestimmte geeignete Fahrwege zu benutzen,

oder
- jede andere Vorschrift über Verpackungen von Gütern, die Dioxine oder Furane enthalten.

Eine Ausweitung oder Verschärfung dieser Vorschriften ist nicht zulässig. Die Mitgliedstaaten teilen der Kommission solche nationalen Regelungen mit; die Kommission unterrichtet hiervon die anderen Mitgliedstaaten.

## Artikel 6

(1) Jeder Mitgliedstaat kann gefährliche Güter, die nach den internationalen Vorschriften für den See- oder Lufttransport eingestuft, verpackt und gekennzeichnet sind, für den Straßentransport in seinem Gebiet zulassen, wenn der Transport zum Teil auf dem See- oder Luftweg erfolgt.

(2) Die Bestimmungen der Anlagen A und B über die bei der Kennzeichnung und in den erforderlichen Unterlagen zu verwendenden Sprachen gelten nicht im Fall von Beförderungsleistungen, die sich auf das Gebiet eines einzigen Mitgliedstaats beschränken. Die Mitgliedstaaten können bei den in ihrem Gebiet durchgeführten Beförderungen die Verwendung anderer Sprachen, als in den Anlagen vorgesehen ist, gestatten.

(3) Jeder Mitgliedstaat kann in seinem Gebiet die Verwendung von vor dem 1. Januar 1997 gebauten Fahrzeugen gestatten, die nicht dieser Richtlinie entsprechen, aber nach den am 31. Dezember 1996 geltenden einzelstaatlichen Vorschriften gebaut wurden, sofern diese Fahrzeuge auf dem erforderlichen Sicherheitsstand gehalten werden.

Tanks und Fahrzeuge, die ab dem 1. Januar 1997 gebaut wurden und den Bestimmungen der Anlage B nicht entsprechen, die aber nach den zum Zeitpunkt ihres Baus geltenden Vorschriften dieser Richtlinie gebaut wurden, können bis zu einem nach dem Verfahren des Artikels 9 festzulegenden Termin weiterhin für die innerstaatliche Beförderung verwendet werden.

(4) Jeder Mitgliedstaat kann seine am 31. Dezember 1996 bestehenden, von den Anhänge A und B abweichenden Rechtsvorschriften für die Konstruktion, die Verwendung und die Bedingungen für die Beförderung neuer Druckfässer und Flaschenbündel im Sinne der in Anhang C Abschnitt 4 genannten Sonderbestimmung und entsprechende Vorschriften für neue Tanks so lange beibehalten, bis ein Verweis auf Konstruktions- und Verwendungsnormen für Tanks, Druckfässer und Flaschenbündel mit gleicher bindender Wirkung wie die Bestimmungen dieser Richtlinie in die Anhänge A und B aufgenommen worden ist, längstens jedoch bis zum 30. Juni 2003. Vor dem 1. Juli 2003 gebaute Druckfässer, Flaschenbündel und Tanks sowie vor dem 1. Juli 2001 gebaute sonstige Behälter, die auf dem erforderlichen Sicherheitsstand gehalten werden, können unter den ursprünglichen Bedingungen weiterverwendet werden.

Diese Termine müssen für Behälter und Tanks, für die es keine ausführlichen technischen Vorschriften gibt oder für die in den Anlagen A und B keine ausreichenden Verweise auf die einschlägigen europäischen Normen aufgenommen wurden, verschoben werden.

Die in Unterabsatz 2 genannten Behälter und Tanks und der letzte Termin für den Beginn der Anwendung dieser Richtlinie in Bezug auf diese Behälter und Tanks werden nach dem Verfahren des Artikels 9 festgelegt.

(5) Jeder Mitgliedstaat kann von den Anlagen A und B abweichende einzelstaatliche Rechtsvorschriften hinsichtlich der Referenztemperatur für den Transport von Flüssiggas und Flüssiggasmischungen in seinem Gebiet so lange beibehalten, bis im Rahmen europäischer Normen Vorschriften bezüglich der Referenztemperaturen für die verschiedenen Klimazonen festgelegt und in die Anlagen A und B Verweise auf diese Normen aufgenommen worden sind.

(6) Jeder Mitgliedstaat kann die Verwendung von Verpackungen, die vor dem 1. Januar 1997 hergestellt, aber nicht entsprechend dem ADR zugelassen worden sind, für den Transport in seinem Gebiet unter der Voraussetzung gestatten, daß das Herstellungsdatum auf den Verpackungen angegeben ist, die Verpackungen die Prüfungen nach den am 31. Dezember 1996 geltenden innerstaatlichen Vorschriften bestehen könnten und auf dem erforderlichen Sicherheitsstand gehalten werden (dies kann gegebenenfalls Prüfungen und Kontrollen einschließen); dies gilt für Großpackmittel aus Metall und Fässer aus Metall mit einem Fassungsvermögen von mehr als 50 l während höchstens 15 Jahren ab Herstellungsdatum, für sonstige Verpackungen aus Metall und alle Kunststoffverpackungen während höchstens fünf Jahren ab Herstellungsdatum, längstens jedoch bis zum 31. Dezember 1998; im Falle von Kunststoffverpackungen mit einem Fassungsvermögen von nicht mehr als 20 l kann dieser Termin längstens bis zum 30. Juni 2001 verschoben werden.

(7) Jeder Mitgliedstaat kann bis zum 31. Dezember 1998 zulassen, daß bestimmte gefährliche Güter, die vor dem 1. Januar 1997 verpackt wurden, in seinem Gebiet befördert werden, sofern diese Güter entsprechend den vor dem 1. Januar 1997 geltenden einzelstaatlichen Rechtsvorschriften eingestuft, verpackt und gekennzeichnet sind.

(8) Gelten in einem Mitgliedstaat am 31. Dezember 1996 Rechtsvorschriften, denen zufolge nicht die in Anlage B vorgesehene Nummer zur Kennzeichnung der Gefahr, sondern ein Sofortmaßnahmencode anzugeben ist, so kann der betreffende Mitgliedstaat diese Vorschriften für den innerstaatlichen Verkehr, soweit dabei in seinem Gebiet zugelassene Fahrzeuge eingesetzt werden, weiterhin anwenden.

(9) Die Mitgliedstaaten können unter der Voraussetzung, dass sie dies der Kommission zuvor – spätestens bis zum 31. Dezember 2002 oder bis zwei Jahre nach dem spätesten Zeitpunkt der Anwendung der geänderten Fassungen der Anlagen A und B dieser Richtlinie – mitteilen, weniger strenge Vorschriften als die der Anlagen für Beförderungen er-

lassen, die auf ihr Gebiet beschränkt sind und nur geringe Mengen bestimmter gefährlicher Güter, mit Ausnahme von Stoffen mit mittlerer und hoher Radioaktivität, betreffen.

Die Mitgliedstaaten können unter der Voraussetzung, dass sie dies der Kommission zuvor – spätestens bis zum 31. Dezember 2002 oder bis zwei Jahre nach dem spätesten Zeitpunkt der Anwendung der geänderten Fassungen der Anlagen A und B dieser Richtlinie – mitteilen, für die örtlich begrenzte Beförderung in ihrem Gebiet Bestimmungen erlassen, die von den Bestimmungen der Anlagen abweichen.

Die in den Unterabsätzen 1 und 2 vorgesehenen Ausnahmeregelungen sind unterschiedslos anzuwenden.

Ungeachtet der vorstehenden Bestimmungen können die Mitgliedstaaten unter der Voraussetzung, dass sie dies der Kommission zuvor mitteilen, jederzeit Vorschriften annehmen, die denen ähnlich sind, die von anderen Mitgliedstaaten auf der Grundlage dieses Absatzes angenommen wurden.

Die Kommission prüft, ob die Bedingungen dieses Absatzes erfüllt sind, und entscheidet nach dem Verfahren des Artikels 9, ob die betreffenden Mitgliedstaaten diese Ausnahmeregelungen erlassen können.

(10) Die Mitgliedstaaten können unter der Voraussetzung, daß die Sicherheit nicht beeinträchtigt wird, befristete Abweichungen von den Anlagen A und B genehmigen, damit in ihrem Gebiet die Versuche durchgeführt werden können, die zur Änderung dieser Anlagen im Hinblick auf ihre Anpassung an die technische und industrielle Entwicklung erforderlich sind. Die Kommission ist hiervon in Kenntnis zu setzen. Sie unterrichtet die anderen Mitgliedstaaten.

Die befristeten Abweichungen müssen von den zuständigen Behörden der Mitgliedstaaten auf der Grundlage der in Anlage C Abschnitt 5 genannten Sonderbestimmungen in Form einer multilateralen Übereinkunft vereinbart werden, und die Behörde, die die Initiative hierzu ergreift, muß den zuständigen Behörden aller Mitgliedstaaten den Beitritt vorschlagen. Die Kommission ist hiervon in Kenntnis zu setzen.

Die Abweichungen nach den Unterabsätzen 1 und 2 müssen angewandt werden, ohne daß es zu einer Diskriminierung aufgrund der Staatsangehörigkeit oder des Ortes der Niederlassung des Versenders, des Straßengüterverkehrsunternehmers oder des Empfängers kommt; die Regelungen über die Abweichung haben eine Laufzeit von höchstens fünf Jahren, die nicht verlängert werden darf.

(11) Die Mitgliedstaaten können ausschließlich in ihrem Gebiet geltende Genehmigungen für ausnahmsweise Beförderungen von Gefahrgut erteilen, die entweder nach den Anlagen A und B verboten sind oder die unter anderen Bedingungen als denen der Anlagen durchgeführt werden, sofern es sich bei diesen ausnahmsweisen Beförderungen um Beförderungen handelt, die klar bestimmt und befristet sind.

(12) Unbeschadet des Absatzes 2 können die Mitgliedstaaten bis zum 31. Dezember 1998 die mit anderen Mitgliedstaaten unter Einhaltung des ADR geschlossenen geltenden Abkommen ohne Diskriminierung des Versenders, des Straßengüterverkehrsunternehmers oder des Empfängers aufgrund von Staatsangehörigkeit oder Ort der Niederlassung anwenden. Die übrigen Abweichungen, die nach den in Anlage C Abschnitt 5 genannten Sonderbestimmungen zulässig sind, müssen den Anforderungen des Absatzes 10 entsprechen.

## Artikel 7

Vorbehaltlich der einzelstaatlichen und gemeinschaftlichen Bestimmungen über den Marktzugang ist die Benutzung von in Drittländern registrierten oder zum Verkehr zugelassenen Fahrzeugen für die grenzüberschreitende Beförderung gefährlicher Güter in der Gemeinschaft zulässig, sofern diese Beförderung im Einklang mit den Bestimmungen des ADR erfolgt.

## Kapitel III: Schlußbestimmungen

### Artikel 8

Änderungen, die zur Anpassung der Anlagen A, B und C an den wissenschaftlichen und technischen Fortschritt auf den unter diese Richtlinie fallenden Gebieten zur Berücksichtigung von Änderungen der Anlagen zum ADR notwendig sind, werden nach dem Verfahren des Artikels 9 beschlossen.

### Artikel 9

(1) Die Kommission wird von einem Ausschuss für den Gefahrguttransport unterstützt.

(2) Wird auf diesen Artikel Bezug genommen, so gelten die Artikel 5 und 7 des Beschlusses 1999/468/EG unter Beachtung von dessen Artikel 8.
Der Zeitraum nach Artikel 5 Absatz 6 des Beschlusses 1999/468/EG wird auf drei Monate festgesetzt.

(3) Der Ausschuss gibt sich eine Geschäftsordnung.

### Artikel 10

(1) Die Mitgliedstaaten erlassen die erforderlichen Rechts- und Verwaltungsvorschriften, um dieser Richtlinie vor dem 1. Januar 1997 nachzukommen. Sie setzen die Kommission unverzüglich davon in Kenntnis.
Wenn die Mitgliedstaaten diese Vorschriften erlassen, nehmen sie in den Vorschriften selbst oder durch einen Hinweis bei der amtlichen Veröffentlichung auf diese Richtlinie Bezug. Die Mitgliedstaaten regeln die Einzelheiten dieser Bezugnahme.

(2) Die Mitgliedstaaten teilen der Kommission den Wortlaut der innerstaatlichen Rechtsvorschriften mit, die sie auf dem unter diese Richtlinie fallenden Gebiet erlassen.

### Artikel 11

(1) Die Richtlinie 89/684/EWG wird zum 1. Januar 1997 aufgehoben.

(2) Die von den Mitgliedstaaten gemäß Artikel 4 Absatz 2 der genannten Richtlinie ausgestellten vorläufigen Bescheinigungen ausschließlich für innerstaatliche Beförderungen bleiben bis zum 31. Dezember 1996 gültig. Die gemäß Artikel 4 Absatz 4 der genannten Richtlinie ausgestellten Bescheinigungen können bis zum Ablauf ihrer Gültigkeit, längstens jedoch bis zum 1. Juli 1997, für die Beförderung gefährlicher Güter in Tanks sowie die Beförderung von Explosivstoffen und längstens bis zum 1. Januar 2000 für die Beförderung sonstiger gefährlicher Güter weiterbenutzt werden.

### Artikel 12

Diese Richtlinie ist an die Mitgliedstaaten gerichtet.

# 3. Luftverkehr

## a) Verordnung (EG) Nr. 549/2004 des Europäischen Parlaments und des Rates vom 10. März 2004 zur Festlegung des Rahmens für die Schaffung eines einheitlichen europäischen Luftraums („Rahmenverordnung") (VO EG Nr. 549/2004)

v. 31. 3. 2004 (ABl Nr. L 96 S. 1)

### Artikel 1 Ziel und Geltungsbereich

(1) Mit der Initiative des einheitlichen europäischen Luftraums wird das Ziel verfolgt, die derzeitigen Sicherheitsstandards und die Gesamteffizienz des allgemeinen Flugverkehrs in Europa zu verbessern, die Kapazität so zu optimieren, dass den Anforderungen aller Luftraumnutzer entsprochen wird, und Verspätungen zu minimieren. Im Rahmen der Verwirklichung dieses Ziels wird mit dieser Verordnung angestrebt, einen harmonisierten Rechtsrahmen für die Schaffung eines einheitlichen europäischen Luftraums bis zum 31. Dezember 2004 festzulegen.

(2) Die Anwendung dieser Verordnung und der in Artikel 3 genannten Maßnahmen lässt die hoheitliche Gewalt der Mitgliedstaaten über ihren Luftraum und die Anforderungen der Mitgliedstaaten in Bezug auf die öffentliche Ordnung, die öffentliche Sicherheit und Verteidigungsfragen nach Maßgabe des Artikels 13 unberührt. Diese Verordnung und die genannten Maßnahmen erstrecken sich nicht auf militärische Einsätze oder militärische Übungen.

(3) Die Anwendung dieser Verordnung und der in Artikel 3 genannten Maßnahmen lässt die Rechte und Pflichten der Mitgliedstaaten im Rahmen des Abkommens von Chicago über die internationale Zivilluftfahrt von 1944 unberührt.

(4) Es wird davon ausgegangen, dass die Anwendung dieser Verordnung und der in Artikel 3 genannten Maßnahmen auf den Flughafen von Gibraltar den jeweiligen Rechtsstandpunkt des Königreichs Spanien und des Vereinigten Königreichs hinsichtlich der Streitigkeit über die Staatshoheit über das Gebiet, in dem der Flughafen gelegen ist, nicht berührt.

(5) Die Anwendung dieser Verordnung und der in Artikel 3 genannten Maßnahmen auf den Flughafen von Gibraltar wird ausgesetzt, bis die Vereinbarungen in der gemeinsamen Erklärung der Außenminister des Königreichs Spanien und des Vereinigten Königreichs vom 2. Dezember 1987 wirksam werden. Die Regierungen Spaniens und des Vereinigten Königreichs werden den Rat über den entsprechenden Zeitpunkt des Wirksamwerdens in Kenntnis setzen.

### Artikel 2 Begriffsbestimmungen

Für die Zwecke dieser Verordnung und der in Artikel 3 genannten Maßnahmen gelten folgende Begriffsbestimmungen:

1. „Flugverkehrskontrolldienst" bezeichnet einen Dienst, dessen Aufgabe es ist,
   a) Zusammenstöße zu verhindern
      - zwischen Luftfahrzeugen untereinander und
      - auf dem Rollfeld zwischen Luftfahrzeugen und Hindernissen und
   b) einen raschen und geordneten Ablauf des Flugverkehrs zu gewährleisten.
2. „Flugplatzkontrolldienst" bezeichnet den Flugverkehrskontrolldienst für den Flugplatzverkehr.
3. „Flugberatungsdienst" bezeichnet einen innerhalb des festgelegten Versorgungsgebietes eingerichteten Dienst, der für die Bereitstellung von Luftfahrtinformationen und -daten zuständig ist, die für die sichere, geordnete und reibungslose Abwicklung von Flügen notwendig sind.

4. „Flugsicherungsdienste" bezeichnet Flugverkehrsdienste, Kommunikations-, Navigations- und Überwachungsdienste, Flugwetterdienste sowie Flugberatungsdienste.

5. „Flugsicherungsorganisation" bezeichnet eine öffentliche oder private Stelle, die Flugsicherungsdienste für den allgemeinen Flugverkehr erbringt.

6. „Luftraumblock" bezeichnet einen Luftraum mit festgelegten Abmessungen in Raum und Zeit, in dem Flugsicherungsdienste erbracht werden.

7. „Luftraummanagement" bezeichnet eine Planungsfunktion, die vorrangig dem Zweck dient, die Nutzung des vorhandenen Luftraums durch dynamische Zeitzuteilung (Timesharing) und, zu bestimmten Zeiten, durch Trennung des Luftraums für verschiedene Kategorien von Luftraumnutzern auf der Grundlage kurzfristiger Erfordernisse zu maximieren.

8. „Luftraumnutzer" bezeichnet alle im Rahmen des allgemeinen Flugverkehrs betriebenen Luftfahrzeuge.

9. „Verkehrsflussregelung" bezeichnet eine Funktion, die mit dem Ziel eingerichtet wird, zu einem sicheren, geordneten und reibungslosen Verkehrsfluss beizutragen, indem sichergestellt wird, dass die Kapazität der Flugverkehrskontrolle so weit wie möglich ausgeschöpft wird und dass das Verkehrsaufkommen mit den Kapazitäten vereinbar ist, die die entsprechenden Flugsicherungsorganisationen angegeben haben.

10. „Flugverkehrsmanagement" bezeichnet die Zusammenfassung der bordseitigen und bodenseitigen Funktionen (Flugverkehrsdienste, Luftraummanagement und Verkehrsflussregelung), die für die sichere und effiziente Bewegung von Luftfahrzeugen in allen Betriebsphasen erforderlich sind.

11. „Flugverkehrsdienste" bezeichnet wechselweise Fluginformationsdienste, Flugalarmdienste, Flugverkehrsberatungsdienste und Flugverkehrskontrolldienste (Bezirks-, Anflug- und Flugplatzkontrolldienste).

12. „Bezirkskontrolldienst" bezeichnet einen Flugverkehrskontrolldienst für kontrollierte Flüge in einem Luftraumblock.

13. „Anflugkontrolldienst" bezeichnet einen Flugverkehrskontrolldienst für ankommende oder abfliegende kontrollierte Flüge.

14. „Dienstebündel" bezeichnet zwei oder mehr Flugsicherungsdienste.

15. „Zeugnis" bezeichnet eine von einem Mitgliedstaat in beliebiger Form gemäß einzelstaatlichen Rechtsvorschriften ausgestellte Urkunde, mit der bescheinigt wird, dass eine Flugsicherungsorganisation die Anforderungen für die Erbringung eines bestimmten Dienstes erfüllt.

16. „Kommunikationsdienste" bezeichnet feste und bewegliche Flugfernmeldedienste zur Sicherstellung von Boden/Boden-, Bord/Boden- und Bord/Bord-Kommunikationsverbindungen für die Zwecke der Flugverkehrskontrolle.

17. „Europäisches Flugverkehrsmanagementnetz" bezeichnet die Gesamtheit der in Anhang I der Verordnung (EG) Nr. 552/2004 des Europäischen Parlaments und des Rates vom 10. März 2004 über die Interoperabilität des europäischen Flugverkehrsmanagementnetzes („Interoperabilitäts-Verordnung") aufgeführten Systeme, die die Erbringung von Flugsicherungsdiensten in der Gemeinschaft ermöglicht; darin eingeschlossen sind die Schnittstellen an Grenzen zu Drittländern.

18. „Betriebskonzept" bezeichnet die Kriterien für den betrieblichen Einsatz des europäischen Flugverkehrsmanagementnetzes oder von Teilen davon.

19. „Komponenten" bezeichnet sowohl materielle Objekte wie Geräte als auch immaterielle Objekte wie Software, von denen die Interoperabilität des europäischen Flugverkehrsmanagementnetzes abhängt.

20. „Eurocontrol" bezeichnet die Europäische Organisation für die Sicherung der Luftfahrt, die durch das Internationale Übereinkommen über Zusammenarbeit zur Sicherung der Luftfahrt vom 13. Dezember 1960[1]) gegründet wurde.

21. „Grundsätze zur Festsetzung der Gebührenerhebungsgrundlage für Streckennavigationsdienste und zur Berechnung der Gebührensätze von Eurocontrol" bezeichnet die Grundsätze in dem von Eurocontrol herausgegebenen Dokument Nr. 99. 60. 01/01 vom 1. August 1999.

22. „Flexible Luftraumnutzung" bezeichnet ein Konzept für das Luftraummanagement, das im Gebiet der Europäischen Zivilluftfahrt-Konferenz gemäß der Eurocontrol-Veröffentlichung „Airspace Management Handbook for the Application of the Concept of the Flexible Use of Airspace" (1. Ausgabe vom 5. Februar 1996) angewendet wird.

23. „Fluginformationsgebiet" bezeichnet einen Luftraum mit festgelegten Abmessungen, in dem Fluginformationsdienste und Flugalarmdienste erbracht werden.

24. „Flugfläche" bezeichnet eine Fläche konstanten Luftdrucks, die auf den Druckwert 1 013,2 Hektopascal bezogen und durch bestimmte Druckabstände von anderen derartigen Flächen getrennt ist.

25. „Funktionaler Luftraumblock" bezeichnet einen nach betrieblichen Anforderungen festgelegten Luftraumblock, bei dem der Notwendigkeit eines stärker integrierten Luftraummanagements über bestehende Grenzen hinweg Rechnung getragen wird.

26. „Allgemeiner Flugverkehr" bezeichnet alle Bewegungen von zivilen Luftfahrzeugen sowie alle Bewegungen von Staatsluftfahrzeugen (einschließlich Luftfahrzeugen der Streitkräfte, des Zolls und der Polizei), soweit diese Bewegungen nach den Verfahren der ICAO erfolgen.

27. „ICAO" bezeichnet die mit dem Abkommen von Chicago über die internationale Zivilluftfahrt von 1944 gegründete Internationale Zivilluftfahrt-Organisation.

28. „Interoperabilität" bezeichnet eine Gesamtheit von funktionalen, technischen und betrieblichen Eigenschaften, die für Systeme und Komponenten des europäischen Flugverkehrsmanagementnetzes und für die Verfahren für dessen Betrieb vorgeschrieben sind, um dessen sicheren, nahtlosen und effizienten Betrieb zu ermöglichen. Interoperabilität wird dadurch erzielt, dass bei Systemen und Komponenten für die Einhaltung der grundlegenden Anforderungen gesorgt wird.

29. „Wetterdienste" bezeichnet die Einrichtungen und Dienste, die die Luftfahrt mit Wettervorhersagen, Wettermeldungen und Wetterbeobachtungen sowie mit anderen Wetterinformationen und -daten versorgen, die von Staaten für Luftfahrtzwecke bereitgestellt werden.

30. „Navigationsdienste" bezeichnet die Einrichtungen und Dienste, die Luftfahrzeuge mit Positions- und Zeitinformationen versorgen.

31. „Betriebsdaten" bezeichnet die Informationen in allen Flugphasen, die von Flugsicherungsorganisationen, Luftraumnutzern, Flughafenbetreibern und anderen Beteiligten für betriebliche Entscheidungen benötigt werden.

32. „Verfahren" bezeichnet im Rahmen der Interoperabilitäts-Verordnung eine Standardmethode für den technischen oder betrieblichen Einsatz von Systemen im Zusammenhang mit vereinbarten und validierten Betriebskonzepten, die eine einheitliche Anwendung im gesamten europäischen Flugverkehrsmanagementnetz erfordern.

33. „Indienststellung" bezeichnet die erste betriebliche Nutzung nach der anfänglichen Installation oder nach einer Umrüstung eines Systems.

---

[1]) **Amtl. Anm.:** Übereinkommen geändert durch das Änderungsprotokoll vom 12. Februar 1981 und revidiert durch das Protokoll vom 27. Juni 1997.

34. „Streckennetz" bezeichnet ein Netz festgelegter Strecken zur Kanalisierung des allgemeinen Flugverkehrs, wie dies für die Erbringung von Flugverkehrskontrolldiensten erforderlich ist.
35. „Streckenführung" bezeichnet den ausgewählten Streckenverlauf, dem ein Luftfahrzeug während des Fluges folgen muss.
36. „Nahtloser Betrieb" bezeichnet den Betrieb des europäischen Flugverkehrsmanagementnetzes in der Weise, dass das Netz aus Nutzersicht wie eine einzige Einheit arbeitet.
37. „Sektor" bezeichnet einen Teil eines Kontrollbezirks und/oder eines Fluginformationsgebiets (im oberen Luftraum).
38. „Überwachungsdienste" bezeichnet die Einrichtungen und Dienste, die zur Ermittlung der jeweiligen Position von Luftfahrzeugen verwendet werden, um so eine sichere Staffelung zu ermöglichen.
39. „System" bezeichnet die Zusammenfassung bord- und bodengestützter Komponenten sowie weltraumgestützte Ausrüstungen; es bietet Unterstützung für Flugsicherungsdienste in allen Flugphasen.
40. „Umrüstung" bezeichnet Änderungsarbeiten, die eine Änderung der betrieblichen Merkmale eines Systems bewirken.

### Artikel 3  Tätigkeitsbereiche der Gemeinschaft

(1) Mit dieser Verordnung wird ein harmonisierter Rechtsrahmen für die Schaffung des einheitlichen europäischen Luftraums in Verbindung mit

a) der Verordnung (EG) Nr. 551/2004 des Europäischen Parlaments und des Rates vom 10. März 2004 über die Ordnung und Nutzung des Luftraums im einheitlichen europäischen Luftraum (Luftraum-Verordnung),

b) der Verordnung (EG) Nr. 550/2004 des Europäischen Parlaments und des Rates vom 10. März 2004 über die Erbringung von Flugsicherungsdiensten im einheitlichen europäischen Luftraum (Flugsicherungsdienste-Verordnung) und

c) der Verordnung (EG) Nr. 552/2004 des Europäischen Parlaments und des Rates vom 10. März 2004 über die Interoperabilität des europäischen Flugverkehrsmanagementnetzes (Interoperabilitäts-Verordnung)

sowie in Verbindung mit den Durchführungsvorschriften festgelegt, die von der Kommission auf der Grundlage der vorliegenden Verordnung und der vorstehend genannten Verordnungen erlassen werden.

(2) Die in Absatz 1 genannten Maßnahmen gelten vorbehaltlich der Bestimmungen dieser Verordnung.

### Artikel 4  Nationale Aufsichtsbehörden

(1) In den Mitgliedstaaten werden eine oder mehrere Stellen als nationale Aufsichtsbehörde benannt oder eingerichtet, die die Aufgaben wahrnehmen, die dieser Behörde aufgrund dieser Verordnung und der in Artikel 3 genannten Maßnahmen übertragen werden.

(2) Die nationalen Aufsichtsbehörden sind von den Flugsicherungsorganisationen unabhängig. Diese Unabhängigkeit ist durch eine ausreichende Trennung – zumindest auf funktionaler Ebene – zwischen nationalen Aufsichtsbehörden und Flugsicherungsorganisationen sicherzustellen. Die Mitgliedstaaten sorgen dafür, dass die nationalen Aufsichtsbehörden ihre Befugnisse unparteiisch und transparent ausüben.

(3) Die Mitgliedstaaten teilen der Kommission die Namen und Anschriften der nationalen Aufsichtsbehörden und etwaige Änderungen dazu sowie diejenigen Maßnahmen mit, die sie getroffen haben, um Absatz 2 nachzukommen.

## Artikel 5  Ausschussverfahren

(1) Die Kommission wird von dem Ausschuss für den einheitlichen Luftraum (nachstehend „Ausschuss" genannt) unterstützt, der sich aus zwei Vertretern jedes Mitgliedstaats zusammensetzt und in dem ein Vertreter der Kommission den Vorsitz führt. Der Ausschuss sorgt für eine angemessene Berücksichtigung der Interessen aller Kategorien von Nutzern.

(2) Wird auf diesen Absatz Bezug genommen, so gelten die Artikel 3 und 7 des Beschlusses 1999/468/EG unter Beachtung von dessen Artikel 8.

(3) Wird auf diesen Absatz Bezug genommen, so gelten die Artikel 5 und 7 des Beschlusses 1999/468/EG unter Beachtung von dessen Artikel 8.

Die Frist nach Artikel 5 Absatz 6 des Beschlusses 1999/468/EG wird auf einen Monat festgesetzt.

(4) Der Ausschuss gibt sich eine Geschäftsordnung.

## Artikel 6  Industry Consultation Body

Unbeschadet der Aufgaben des Ausschusses und von Eurocontrol richtet die Kommission ein „Industry Consultation Body" ein, dem Flugsicherungsorganisationen, Verbände der Luftraumnutzer, Flughäfen, die Herstellerindustrie und Vertretungsorgane des Fachpersonals angehören. Dieses Gremium hat ausschließlich die Aufgabe, die Kommission hinsichtlich der technischen Aspekte der Schaffung eines einheitlichen europäischen Luftraums zu beraten.

## Artikel 7  Beziehungen zu europäischen Drittländern

Die Gemeinschaft strebt die Ausdehnung des einheitlichen europäischen Luftraums auf Staaten an, die nicht Mitglied der Europäischen Union sind, und unterstützt diese Ausdehnung. Zu diesem Zweck bemüht sie sich entweder im Rahmen von Abkommen mit benachbarten Drittländern oder im Rahmen von Eurocontrol darum, den Geltungsbereich dieser Verordnung und der in Artikel 3 genannten Maßnahmen auf diese Länder auszudehnen.

## Artikel 8  Durchführungsvorschriften

(1) Zur Ausarbeitung von Durchführungsvorschriften nach Artikel 3, die in die Zuständigkeit von Eurocontrol fallen, erteilt die Kommission Eurocontrol Aufträge, in denen die durchzuführenden Arbeiten und der zugehörige Zeitplan angegeben sind. In diesem Zusammenhang bemüht sie sich, die Regelungen von Eurocontrol zur Anhörung der Beteiligten möglichst sinnvoll anzuwenden, soweit diese Regelungen der Praxis der Kommission in Bezug auf Transparenz und Anhörungsverfahren entsprechen und nicht in Widerspruch zu ihren institutionellen Verpflichtungen stehen. Die Kommission wird nach dem in Artikel 5 Absatz 2 genannten Verfahren tätig.

(2) Auf der Grundlage der nach Absatz 1 durchgeführten Arbeiten werden nach dem in Artikel 5 Absatz 3 genannten Verfahren Entscheidungen über die Anwendung der Ergebnisse dieser Arbeiten in der Gemeinschaft und über die Frist für ihre Umsetzung getroffen. Diese Entscheidungen werden im *Amtsblatt der Europäischen Union* veröffentlicht.

(3) Falls Eurocontrol einen ihr gemäß Absatz 1 erteilten Auftrag nicht annehmen kann oder falls die Kommission im Benehmen mit dem Ausschuss zu der Auffassung gelangt, dass

a) die auf der Grundlage dieses Auftrags durchgeführten Arbeiten angesichts des festgelegten Zeitplans keine zufrieden stellenden Fortschritte machen oder

b) die Ergebnisse der durchgeführten Arbeiten nicht angemessen sind,

kann die Kommission nach dem in Artikel 5 Absatz 3 genannten Verfahren Alternativmaßnahmen ergreifen, um die Ziele des betreffenden Auftrags zu erreichen.

(4) Zur Ausarbeitung von Durchführungsvorschriften nach Artikel 3, die nicht in die Zuständigkeit von Eurocontrol fallen, wird die Kommission nach dem in Artikel 5 Absatz 3 genannten Verfahren tätig.

### Artikel 9  Strafmaßnahmen

Die Strafmaßnahmen, die die Mitgliedstaaten für von Luftraumnutzern und Dienstleistern begangene Verstöße gegen diese Verordnung und gegen die in Artikel 3 genannten Maßnahmen festlegen, müssen wirksam, verhältnismäßig und abschreckend sein.

### Artikel 10  Anhörung der Beteiligten

Die Mitgliedstaaten, die gemäß ihren innerstaatlichen Rechtsvorschriften tätig werden, und die Kommission richten Anhörungsverfahren für eine angemessene Einbeziehung der Beteiligten bei der Verwirklichung des einheitlichen europäischen Luftraums ein.

Zu diesen Beteiligten können zählen:
- Flugsicherungsorganisationen,
- Luftraumnutzer,
- Flughäfen,
- die Herstellerindustrie und
- Vertretungsorgane des Fachpersonals.

Die Anhörung der Beteiligten erstreckt sich insbesondere auf die Entwicklung und Einführung neuer Konzepte und Technologien im europäischen Flugverkehrsmanagementnetz.

### Artikel 11  Leistungsüberprüfung

(1) Die Kommission sorgt für die Leistungsüberprüfung und den Leistungsvergleich in der Flugsicherung und stützt sich dabei auf den Sachverstand von Eurocontrol.

(2) Die Prüfung der für die Zwecke des Absatzes 1 gesammelten Informationen zielt auf Folgendes ab:
a) Ermöglichung der Vergleichbarkeit und der Verbesserung der Erbringung von Flugsicherungsdiensten,
b) Unterstützung der Flugsicherungsorganisationen bei der Erbringung der benötigten Dienstleistungen,
c) Verbesserung des Anhörungsverfahrens zwischen Luftraumnutzern, Flugsicherungsorganisationen und Flughäfen,
d) Ermöglichung der Ermittlung und Förderung vorbildlicher Praktiken, einschließlich der Verbesserung der Sicherheit, der Effizienz und der Kapazität.

(3) Unbeschadet des Rechts der Öffentlichkeit auf Zugang zu Dokumenten der Kommission gemäß der Verordnung (EG) Nr. 1049/2001 des Europäischen Parlaments und des Rates vom 30. Mai 2001 über den Zugang der Öffentlichkeit zu Dokumenten des Europäischen Parlaments, des Rates und der Kommission[1] erlässt die Kommission nach dem in Artikel 5 Absatz 3 genannten Verfahren Maßnahmen zur Verbreitung der in Absatz 2 genannten Informationen an interessierte Kreise.

### Artikel 12  Überwachung, Beobachtung und Methoden zur Bewertung der Auswirkungen

(1) Die Überwachung, die Beobachtung und die Methoden zur Bewertung der Auswirkungen stützen sich auf die Vorlage jährlicher Berichte der Mitgliedstaaten über die Durchführung der aufgrund dieser Verordnung getroffenen Maßnahmen und die gemäß Artikel 3 zu treffenden Maßnahmen.

---

1) ABl L 145 vom 31. 5. 2001, S. 43.

(2) Die Kommission unterzieht die Anwendung dieser Verordnung und der in Artikel 3 genannten Maßnahmen einer regelmäßigen Überprüfung und erstattet dem Europäischen Parlament und dem Rat Bericht, und zwar erstmals bis zum 20. April 2007 und in der Folge alle drei Jahre. Hierzu kann die Kommission von den Mitgliedstaaten Informationen anfordern, die über die Informationen hinausgehen, die die Mitgliedstaaten in ihren Berichten gemäß Absatz 1 vorgelegt haben.

(3) Zur Erarbeitung der in Absatz 2 genannten Berichte holt die Kommission die Stellungnahme des Ausschusses.

(4) Die Berichte umfassen eine unter Bezugnahme auf die ursprünglichen Ziele und den künftigen Bedarf vorgenommene Bewertung der Ergebnisse, die mit den aufgrund dieser Verordnung ergriffenen Maßnahmen erreicht wurden, einschließlich angemessener Informationen über die Entwicklungen in dem Sektor, insbesondere unter wirtschaftlichen, sozialen, beschäftigungspolitischen und technologischen Aspekten, sowie über die Qualität des Dienstes.

### Artikel 13   Schutzmaßnahmen

Diese Verordnung steht der Anwendung von Maßnahmen eines Mitgliedstaats nicht entgegen, soweit diese zur Wahrung von vitalen sicherheits- oder verteidigungspolitischen Interessen notwendig sind. Dies sind insbesondere Maßnahmen, die zwingend erforderlich sind

– zur Überwachung des gemäß den regionalen ICAO-Luftfahrt-Übereinkommen in seine Zuständigkeit fallenden Luftraums, einschließlich der Fähigkeit, alle diesen Luftraum nutzenden Luftfahrzeuge zu erfassen, zu identifizieren und zu bewerten, um die Sicherheit von Flügen zu gewährleisten, sowie Maßnahmen zur Erfüllung sicherheits- und verteidigungsbezogener Erfordernisse zu ergreifen,

– bei schwerwiegenden innerstaatlichen Störungen der öffentlichen Sicherheit und Ordnung,

– im Kriegsfall oder im Fall von ernsten, eine Kriegsgefahr darstellenden internationalen Spannungen,

– zur Erfüllung der internationalen Verpflichtungen eines Mitgliedstaats im Hinblick auf die Aufrechterhaltung des Friedens und der internationalen Sicherheit,

– zur Durchführung militärischer Einsätze und Übungen, einschließlich der notwendigen Übungsmöglichkeiten.

### Artikel 14   Inkrafttreten

Diese Verordnung tritt am zwanzigsten Tag nach ihrer Veröffentlichung im Amtsblatt der Europäischen Union in Kraft.

## b) Verordnung (EG) Nr. 551/2004 des Europäischen Parlaments und des Rates vom 10. März 2004 über die Ordnung und Nutzung des Luftraums im einheitlichen europäischen Luftraum („Luftraum-Verordnung")
## (VO EG Nr. 551/2004)
v. 31. 3. 2004 (ABl Nr. L 96 S. 20)

## Kapitel I: Allgemeine Bestimmungen

### Artikel 1  Ziel und Geltungsbereich

(1) Im Geltungsbereich der Rahmenverordnung betrifft die vorliegende Verordnung die Ordnung und Nutzung des Luftraums im einheitlichen europäischen Luftraum. Ziel dieser Verordnung ist die Unterstützung des Konzepts eines schrittweise stärker integriert betriebenen Luftraums im Rahmen der gemeinsamen Verkehrspolitik und die Festlegung gemeinsamer Gestaltungs-, Planungs- und Verwaltungsverfahren zur Sicherstellung einer effizienten und sicheren Durchführung des Flugverkehrsmanagements.

(2) Der Luftraum ist so zu nutzen, dass die Erbringung von Flugsicherungsdiensten als kohärentes und konsistentes Ganzes gemäß der Verordnung (EG) Nr. 550/2004 des Europäischen Parlaments und des Rates vom 10. März 2004 über die Erbringung von Flugsicherungsdiensten im einheitlichen europäischen Luftraum („Flugsicherungsdienste-Verordnung") unterstützt wird.

(3) Unbeschadet des Artikels 10 gilt diese Verordnung für den Luftraum innerhalb der ICAO-Regionen EUR und AFI, in dem die Mitgliedstaaten für die Erbringung von Flugverkehrsdiensten gemäß der Flugsicherungsdienste-Verordnung zuständig sind. Die Mitgliedstaaten können die vorliegende Verordnung auch auf den in ihrem Zuständigkeitsbereich liegenden Luftraum innerhalb anderer ICAO-Gebiete anwenden, sofern sie die Kommission und die anderen Mitgliedstaaten davon unterrichten.

(4) Die Fluginformationsgebiete (Flight Information Regions), die sich innerhalb des Luftraums befinden, für den diese Verordnung gilt, werden im Amtsblatt der Europäischen Union veröffentlicht.

## Kapitel II:  Luftraumarchitektur

### Artikel 2  Trennfläche

Trennfläche zwischen dem oberen und dem unteren Luftraum ist die Flugfläche 285. Abweichungen von der Trennfläche, die aufgrund betrieblicher Anforderungen gerechtfertigt sind, können im Einvernehmen mit den betroffenen Mitgliedstaaten nach dem in Artikel 5 Absatz 3 der Rahmenverordnung genannten Verfahren beschlossen werden.

### Artikel 3  Europäisches Fluginformationsgebiet für den oberen Luftraum (EUIR)

(1) Die Gemeinschaft und ihre Mitgliedstaaten streben die Einrichtung eines einzigen europäischen Fluginformationsgebietes für den oberen Luftraum (European Upper Flight Information Region, EUIR) und dessen Anerkennung durch die ICAO an. Hierzu legt die Kommission in Bezug auf Angelegenheiten, die in die Zuständigkeit der Gemeinschaft fallen, dem Rat gemäß Artikel 300 des Vertrags spätestens zwei Jahre nach dem Inkrafttreten dieser Verordnung eine Empfehlung vor.

(2) Das EUIR wird so gestaltet, dass es den Luftraum umfasst, der gemäß Artikel 1 Absatz 3 in die Zuständigkeit der Mitgliedstaaten fällt; es kann auch den Luftraum von europäischen Drittstaaten umfassen.

(3) Die Festlegung des EUIR erfolgt unbeschadet der Zuständigkeit der Mitgliedstaaten für die Benennung von Dienstleistern für Flugverkehrsdienste für den Luftraum in ihrem Zuständigkeitsbereich gemäß Artikel 8 Absatz 1 der Flugsicherungsdienste-Verordnung.

(4) Die Mitgliedstaaten sind gegenüber der ICAO weiterhin für die geografisch abgegrenzten Fluginformationsgebiete für den oberen Luftraum und für die Fluginformationsgebiete verantwortlich, die ihnen die ICAO zum Zeitpunkt des Inkrafttretens dieser Verordnung zugewiesen hatte.

(5) Unbeschadet der Veröffentlichung von Luftfahrtinformationen durch die Mitgliedstaaten und in Übereinstimmung mit dieser Veröffentlichung koordiniert die Kommission in enger Zusammenarbeit mit Eurocontrol und unter Berücksichtigung der einschlägigen ICAO-Anforderungen die Entwicklung eines einzigen Luftfahrthandbuches für das EUIR.

### Artikel 4   Luftraumklassifizierung

Die Kommission und die Mitgliedstaaten gestalten das EUIR im Einklang mit einer schrittweisen Harmonisierung der Luftraumklassifizierung, mit der eine nahtlose Erbringung von Flugsicherungsdiensten im Rahmen des einheitlichen europäischen Luftraums sichergestellt werden soll. Dieses gemeinsame Vorgehen beruht auf einer vereinfachten Anwendung der Luftraumklassifizierung entsprechend den Festlegungen innerhalb der Luftraumstrategie von Eurocontrol für die Staaten der European Civil Aviation Conference gemäß den ICAO-Normen.

Die erforderlichen Durchführungsvorschriften in diesem Bereich werden nach dem Verfahren des Artikels 8 der Rahmenverordnung erlassen.

### Artikel 5   Umstrukturierung des oberen Luftraums

(1) Im Hinblick auf größtmögliche Kapazität und Effizienz des Flugverkehrsmanagementnetzes innerhalb des einheitlichen europäischen Luftraums und zur Aufrechterhaltung eines hohen Sicherheitsniveaus wird der obere Luftraum in funktionale Luftraumblöcke umstrukturiert.

(2) Für funktionale Luftraumblöcke gelten unter anderem folgende Kriterien:
a) Untermauerung durch eine Sicherheitsanalyse;
b) Ermöglichung einer optimalen Nutzung des Luftraums unter Berücksichtigung des Verkehrsflusses;
c) Nachweis des Gesamtzusatznutzens, einschließlich der optimalen Nutzung technischer und personeller Mittel, anhand von Kosten-Nutzen-Analysen;
d) Gewährleistung einer reibungslosen und flexiblen Übergabe der Zuständigkeit für die Flugverkehrskontrolle zwischen den Flugverkehrsdienststellen;
e) Sicherstellung der Kompatibilität zwischen den Strukturen des oberen und des unteren Luftraums;
f) Einhaltung der Bedingungen, die sich aus regionalen Übereinkünften im Rahmen der ICAO ergeben;
g) Einhaltung der zum Zeitpunkt des Inkrafttretens dieser Verordnung bestehenden regionalen Übereinkünfte, insbesondere derjenigen, die europäische Drittländer einbeziehen.

(3) Gemeinsame allgemeine Grundsätze für die Festlegung und Änderung funktionaler Luftraumblöcke werden nach dem Verfahren des Artikels 8 der Rahmenverordnung aufgestellt.

(4) Die Festlegung eines funktionalen Luftraumblocks erfolgt ausschließlich im gegenseitigen Einvernehmen aller Mitgliedstaaten, die für einen Teil des Luftraums innerhalb des Blocks zuständig sind, oder durch eine Erklärung eines Mitgliedstaats, falls der im Block enthaltene Luftraum vollständig in seine Zuständigkeit fällt. Der bzw. die betreffenden Mitgliedstaaten handeln erst nach Anhörung der betroffenen Parteien, einschließlich der Kommission und der anderen Mitgliedstaaten.

(5) Falls sich ein funktionaler Luftraumblock auf einen Luftraum bezieht, der ganz oder teilweise in die Zuständigkeit von zwei oder mehr Mitgliedstaaten fällt, enthält die Vereinbarung zur Festlegung des Blocks die erforderlichen Bestimmungen darüber, wie

der Block geändert werden kann und wie ein Mitgliedstaat aus einem Block ausscheiden kann, sowie Übergangsbestimmungen.

(6) Bei Unstimmigkeiten zwischen zwei oder mehr Mitgliedstaaten bezüglich eines grenzüberschreitenden funktionalen Luftraumblocks, der Luftraum unter ihrer Zuständigkeit betrifft, können die betreffenden Mitgliedstaaten diese Angelegenheit gemeinsam dem Ausschuss für den einheitlichen Luftraum zur Stellungnahme unterbreiten. Die Stellungnahme ist an die betreffenden Mitgliedstaaten gerichtet. Unbeschadet des Absatzes 4 berücksichtigen die Mitgliedstaaten diese Stellungnahme in ihrem Bemühen um eine Lösung.

(7) Die in den Absätzen 4 und 5 genannten Entscheidungen sind der Kommission zwecks Veröffentlichung im Amtsblatt der Europäischen Union mitzuteilen. Bei der Veröffentlichung ist anzugeben, wann die entsprechende Entscheidung in Kraft tritt.

### Artikel 6  Optimierte Strecken- und Sektorgestaltung im oberen Luftraum

(1) Es werden gemeinsame Grundsätze und Kriterien für die Strecken- und Sektorgestaltung festgelegt, um eine sichere, wirtschaftlich effiziente und umweltfreundliche Nutzung des Luftraums zu gewährleisten. Die Sektorgestaltung muss unter anderem auf die Streckengestaltung abgestimmt sein.

(2) Die Durchführungsvorschriften in den unter Absatz 1 fallenden Bereichen werden nach dem Verfahren des Artikels 8 der Rahmenverordnung erlassen.

(3) Entscheidungen über die Festlegung oder Änderung von Strecken und Sektoren bedürfen der Zustimmung der Mitgliedstaaten, die für den von diesen Entscheidungen betroffenen Luftraum zuständig sind.

## Kapitel III: Flexible Luftraumnutzung im einheitlichen europäischen Luftraum

### Artikel 7  Flexible Luftraumnutzung

(1) Unter Berücksichtigung der Organisation militärischer Belange in ihrem Zuständigkeitsbereich stellen die Mitgliedstaaten die einheitliche Anwendung des Konzepts der flexiblen Luftraumnutzung im einheitlichen europäischen Luftraum, wie es von der ICAO beschrieben und von Eurocontrol entwickelt wurde, sicher, um das Luftraummanagement und das Flugverkehrsmanagement im Rahmen der gemeinsamen Verkehrspolitik zu erleichtern.

(2) Die Mitgliedstaaten erstatten der Kommission jährlich Bericht über die im Rahmen der gemeinsamen Verkehrspolitik erfolgende Anwendung des Konzepts der flexiblen Luftraumnutzung auf den Luftraum in ihrem Zuständigkeitsbereich.

(3) Erweist es sich insbesondere aufgrund der Berichte der Mitgliedstaaten als notwendig, die Anwendung des Konzepts der flexiblen Luftraumnutzung im einheitlichen europäischen Luftraum zu verbessern und zu harmonisieren, so sind nach dem Verfahren des Artikels 8 der Rahmenverordnung Durchführungsvorschriften im Rahmen der gemeinsamen Verkehrspolitik zu erlassen.

### Artikel 8  Zeitweilige Aussetzung

(1) In Fällen, in denen die Anwendung des Artikels 7 mit erheblichen betrieblichen Schwierigkeiten verbunden ist, können die Mitgliedstaaten die Anwendung zeitweilig unter der Bedingung aussetzen, dass sie dies der Kommission und den anderen Mitgliedstaaten unverzüglich mitteilen.

(2) Nach der Einführung einer zeitweiligen Aussetzung der Anwendung können nach dem Verfahren des Artikels 8 der Rahmenverordnung für den Luftraum im Zuständigkeitsbereich des betroffenen Mitgliedstaates bzw. der betroffenen Mitgliedstaaten Anpassungen der gemäß Artikel 7 Absatz 3 erlassenen Vorschriften vorgenommen werden.

**Artikel 9 Verkehrsflussregelung**

(1) Nach dem Verfahren des Artikels 8 der Rahmenverordnung werden Durchführungsvorschriften für die Verkehrsflussregelung festgelegt, um die verfügbaren Kapazitäten bei der Luftraumnutzung zu optimieren und die Verfahren der Verkehrsflussregelung zu verbessern. Diese Vorschriften beruhen auf Transparenz und Effizienz, damit eine flexible und zeitgerechte Kapazitätsbereitstellung im Einklang mit den Empfehlungen des regionalen ICAO-Flugsicherungsplans, Europäische Region, sichergestellt ist.

(2) Die Durchführungsvorschriften fördern betriebliche Entscheidungen von Flugsicherungsorganisationen, Flughafenbetreibern und Luftraumnutzern; sie erstrecken sich auf die folgenden Bereiche:
a) Flugplanung,
b) Nutzung der verfügbaren Luftraumkapazität in allen Flugphasen, einschließlich der Zuweisung von Zeitnischen, und
c) Nutzung der Strecken durch den allgemeinen Flugverkehr, einschließlich
  – der Erstellung einer einzigen Veröffentlichung zur Strecken- und Verkehrsausrichtung,
  – Möglichkeiten zur Umleitung von allgemeinem Flugverkehr aus überlasteten Gebieten und
  – Prioritätsregeln für die Luftraumnutzung durch den allgemeinen Flugverkehr, insbesondere zu Zeiten hoher Auslastung und in Krisen.

# Kapitel IV: Schlussbestimmungen

### Artikel 10 Überprüfung

Im Rahmen der regelmäßigen Überprüfung gemäß Artikel 12 Absatz 2 der Rahmenverordnung erstellt die Kommission eine Prospektivstudie über die Bedingungen für die künftige Anwendung der in den Artikeln 3, 5 und 6 genannten Konzepte auf den unteren Luftraum.

Auf der Grundlage der Ergebnisse der Studie und entsprechend dem erzielten Fortschritt legt die Kommission dem Europäischen Parlament und dem Rat spätestens zum 31. Dezember 2006 einen Bericht und gegebenenfalls einen Vorschlag vor, in dem die Ausweitung der Anwendung dieser Konzepte auf den unteren Luftraum oder sonstige Maßnahmen vorgesehen werden. Wird eine solche Ausweitung in Betracht gezogen, sollten die einschlägigen Entscheidungen vorzugsweise vor dem 31. Dezember 2009 getroffen werden.

### Artikel 11 Inkrafttreten

Diese Verordnung tritt am zwanzigsten Tag nach ihrer Veröffentlichung im Amtsblatt der Europäischen Union in Kraft.

## c) Verordnung (EG) Nr. 300/2008 des Europäischen Parlaments und des Rates vom 11. März 2008 über gemeinsame Vorschriften für die Sicherheit in der Zivilluftfahrt und zur Aufhebung der Verordnung EG Nr. 2320/2002 (VO EG Nr. 300/2008)

v. 9. 4. 2008 (ABl Nr. L 97 S. 72)

**Artikel 1 Ziele**

(1) Diese Verordnung legt gemeinsame Vorschriften für den Schutz der Zivilluftfahrt vor unrechtmäßigen Eingriffen fest, die die Sicherheit der Zivilluftfahrt gefährden.

Sie bildet außerdem die Grundlage für eine gemeinsame Auslegung des Anhangs 17 des Abkommens von Chicago über die internationale Zivilluftfahrt.

(2) Die in Absatz 1 genannten Ziele sollen erreicht werden durch

a) die Festlegung gemeinsamer Vorschriften und Grundstandards für die Luftsicherheit;

b) Mechanismen für die Überwachung der Einhaltung der Vorschriften und Grundstandards.

**Artikel 2 Geltungsbereich**

(1) Diese Verordnung gilt für

a) alle nicht ausschließlich für militärische Zwecke genutzten Flughäfen oder Teile von Flughäfen im Hoheitsgebiet eines Mitgliedstaats;

b) alle Betreiber, einschließlich Luftfahrtunternehmen, die Dienstleistungen an den unter Buchstabe a genannten Flughäfen erbringen;

c) alle Stellen, die Luftsicherheitsstandards anwenden und an Standorten innerhalb oder außerhalb des Flughafengeländes tätig sind und für oder über die unter Buchstabe a genannten Flughäfen Güter liefern und/oder Dienstleistungen erbringen.

(2) Die Anwendung dieser Verordnung auf den Flughafen von Gibraltar erfolgt unbeschadet der Rechtsstandpunkte des Königreichs Spanien und des Vereinigten Königreichs in der strittigen Frage der Souveränität über das Gebiet, in dem der Flughafen liegt.

**Artikel 3 Begriffsbestimmungen**

Im Sinne dieser Verordnung bezeichnet der Ausdruck

1. „Zivilluftfahrt" Flüge von Zivilluftfahrzeugen, ausgenommen Flüge von Staatsluftfahrzeugen im Sinne des Artikels 3 des Abkommens von Chicago über die internationale Zivilluftfahrt;

2. „Luftsicherheit" die Kombination von Maßnahmen und personellen und materiellen Ressourcen, die dazu dienen, die Zivilluftfahrt vor unrechtmäßigen Eingriffen zu schützen, die die Sicherheit der Zivilluftfahrt gefährden;

3. „Betreiber" eine Person, eine Organisation oder ein Unternehmen, die bzw. das Luftverkehrsaktivitäten durchführt oder anbietet;

4. „Luftfahrtunternehmen" ein Lufttransportunternehmen mit einer gültigen Betriebsgenehmigung oder einer gleichwertigen Genehmigung;

5. „gemeinschaftliches Luftfahrtunternehmen" ein Luftfahrtunternehmen, das über eine gültige Betriebsgenehmigung verfügt, die von einem Mitgliedstaat gemäß der Verordnung (EWG) Nr. 2407/92 des Rates vom 23. Juli 1992 über die Erteilung von Betriebsgenehmigungen an Luftfahrtunternehmen[1](1) erteilt wurde;

6. „Stelle" eine Person, eine Organisation oder ein Unternehmen, die bzw. das kein Betreiber ist;

---

1) **Amtl. Anm.:** ABl L 240 vom 24. 8. 1992, S. 1.

7. „verbotene Gegenstände" Waffen, Sprengstoffe oder andere gefährliche Geräte, Gegenstände oder Stoffe, die für unrechtmäßige Eingriffe verwendet werden können, die die Sicherheit der Zivilluftfahrt gefährden;
8. „Kontrolle" den Einsatz technischer oder sonstiger Mittel, die dazu dienen, verbotene Gegenstände zu identifizieren und/oder aufzuspüren;
9. „Sicherheitskontrolle" die Anwendung von Mitteln, mit denen die Einschleusung verbotener Gegenstände verhindert werden kann;
10. „Zugangskontrolle" die Anwendung von Mitteln, mit denen das Eindringen unbefugter Personen und/oder unbefugter Fahrzeuge verhindert werden kann;
11. „Luftseite" die Bewegungsflächen eines Flughafens, angrenzendes Gelände und angrenzende Gebäude bzw. Teile davon, zu denen der Zugang beschränkt ist;
12. „Landseite" den Bereich eines Flughafens, angrenzendes Gelände und angrenzende Gebäude bzw. Teile davon, bei denen es sich nicht um die Luftseite handelt;
13. „Sicherheitsbereich" den Teil der Luftseite, für den nicht nur eine Zugangsbeschränkung besteht, sondern weitere Luftsicherheitsstandards gelten;
14. „abgegrenzter Bereich" den Bereich, der entweder von den Sicherheitsbereichen oder, wenn der abgegrenzte Bereich selbst ein Sicherheitsbereich ist, von anderen Sicherheitsbereichen eines Flughafens durch eine Zugangskontrolle abgetrennt ist;
15. „Zuverlässigkeitsüberprüfung" die dokumentierte Überprüfung der Identität einer Person, einschließlich etwaiger Vorstrafen, als Teil der Beurteilung der persönlichen Eignung für den unbegleiteten Zugang zu Sicherheitsbereichen;
16. „umsteigende Fluggäste, umgeladenes Gepäck, umgeladene Fracht oder umgeladene Post" Fluggäste, Gepäck, Frachtstücke oder Post, die mit einem anderen Luftfahrzeug abfliegen als dem, mit dem sie angekommen sind;
17. „weiterfliegende Fluggäste, weiterfliegendes Gepäck und weiterfliegende Fracht oder weiterfliegende Post" Fluggäste, Gepäck, Frachtstücke oder Post, die mit demselben Luftfahrzeug abfliegen, mit dem sie angekommen sind;
18. „potenziell gefährlicher Fluggast" einen Fluggast, bei dem es sich um eine abgeschobene Person, eine Person, der die Einreise verweigert wurde, oder um eine in Gewahrsam befindliche Person handelt;
19. „Handgepäck" Gepäck, das in der Kabine eines Luftfahrzeugs befördert werden soll;
20. „aufgegebenes Gepäck" Gepäck, das im Frachtraum eines Luftfahrzeugs befördert werden soll;
21. „begleitetes aufgegebenes Gepäck" Gepäck, das im Frachtraum eines Luftfahrzeugs befördert wird und von einem Fluggast aufgegeben worden ist, der an Bord desselben Luftfahrzeugs mitfliegt;
22. „Post von Luftfahrtunternehmen" Postsendungen, deren Absender und Empfänger Luftfahrtunternehmen sind;
23. „Material von Luftfahrtunternehmen" Material, dessen Versender und Empfänger Luftfahrtunternehmen sind oder das von einem Luftfahrtunternehmen verwendet wird;
24. „Post" Briefsendungen und andere Gegenstände, die nicht Post von Luftfahrtunternehmen sind, und die entsprechend den Regeln des Weltpostvereins einem Postdienst übergeben wurden und an einen solchen geliefert werden sollen;
25. „Fracht" Gegenstände, die in einem Luftfahrzeug befördert werden sollen und bei denen es sich nicht um Gepäck, Post, Material von Luftfahrtunternehmen, Post von Luftfahrtunternehmen oder Bordvorräte handelt;
26. „reglementierter Beauftragter" Luftfahrtunternehmen, Agenturen, Spediteure oder sonstige Stellen, die die Sicherheitskontrollen für Fracht oder Post gewährleisten;
27. „bekannter Versender" einen Versender von Fracht oder Post zur Versendung auf eigene Rechnung, dessen Verfahren gemeinsamen Sicherheitsvorschriften und -stan-

dards entsprechen, die es gestatten, die betreffende Fracht oder Post auf dem Luftweg zu befördern;
28. „geschäftlicher Versender" einen Versender von Fracht oder Post zur Versendung auf eigene Rechnung, dessen Verfahren gemeinsamen Sicherheitsvorschriften und -standards entsprechen, die es gestatten, die betreffende Fracht oder Post mit Nurfracht- bzw. Nurpost-Luftfahrzeugen zu befördern;
29. „Luftfahrzeug-Sicherheitskontrolle" die Untersuchung der Innenbereiche des Luftfahrzeugs, zu denen Fluggäste Zugang gehabt haben können, sowie die Untersuchung des Frachtraums des Luftfahrzeugs mit dem Ziel, verbotene Gegenstände aufzuspüren und unrechtmäßige Eingriffe im Zusammenhang mit dem Luftfahrzeug festzustellen;
30. „Luftfahrzeug-Sicherheitsdurchsuchung" die Untersuchung des Innenraums und der zugänglichen Außenteile des Luftfahrzeugs mit dem Ziel, verbotene Gegenstände aufzuspüren und unrechtmäßige Eingriffe, die die Sicherheit des Luftfahrzeugs gefährden, festzustellen;
31. „begleitender Sicherheitsbeamter" eine Person, die von einem Staat dazu beschäftigt ist, in einem Luftfahrzeug eines Luftfahrtunternehmens, dem der Staat eine Genehmigung erteilt hat, mitzufliegen, um das Luftfahrzeug und die an Bord befindlichen Fluggäste vor unrechtmäßigen Eingriffen, die die Sicherheit des Fluges gefährden, zu schützen.

**Artikel 4  Gemeinsame Grundstandards**

(1) Die gemeinsamen Grundstandards für den Schutz der Zivilluftfahrt vor unrechtmäßigen Eingriffen, die die Sicherheit der Zivilluftfahrt gefährden, sind im Anhang festgelegt.

Zusätzliche gemeinsame Grundstandards, die bei Inkrafttreten dieser Verordnung nicht vorgesehen waren, sind nach dem Verfahren des Artikels 251 des Vertrags in den Anhang aufzunehmen.

(2) Die allgemeinen Maßnahmen zur Änderung nicht wesentlicher Bestimmungen der in Absatz 1 genannten gemeinsamen Grundstandards durch Ergänzung werden nach dem in Artikel 19 Absatz 3 genannten Regelungsverfahren mit Kontrolle erlassen.

Diese allgemeinen Maßnahmen betreffen

a) die zulässigen Verfahren für die Kontrolle;
b) die Kategorien von Gegenständen, die verboten werden können;
c) bei Zugangskontrollen die Gründe für die Gewährung des Zugangs zur Luftseite und zu Sicherheitsbereichen;
d) zulässige Verfahren für die Überprüfung von Fahrzeugen, Luftfahrzeug-Sicherheitskontrollen und Luftfahrzeug-Sicherheitsdurchsuchungen;
e) Kriterien für die Anerkennung der Gleichwertigkeit der Sicherheitsstandards von Drittländern;
f) Bedingungen, unter denen Fracht und Post kontrolliert oder anderen Sicherheitskontrollen unterzogen werden müssen, sowie die Prozedur für die Zulassung oder Benennung von reglementierten Beauftragten, bekannten Versendern und geschäftlichen Versendern;
g) Bedingungen, unter denen Post oder Material von Luftfahrtunternehmen geprüft oder anderen Sicherheitskontrollen unterzogen werden müssen;
h) Bedingungen, unter denen Bordvorräte und Flughafenlieferungen geprüft oder anderen Sicherheitskontrollen unterzogen werden müssen, sowie das Verfahren für die Zulassung oder Benennung von reglementierten Lieferanten und bekannten Lieferanten;
i) Kriterien zur Festlegung sensibler Teile der Sicherheitsbereiche;
j) Kriterien für die Einstellung von Personal und Schulungsmethoden;

k) Bedingungen, unter denen besondere Sicherheitsverfahren angewendet werden können oder unter denen keine Sicherheitskontrollen erforderlich sind; und

l) alle allgemeinen Maßnahmen zur Änderung nicht wesentlicher Bestimmungen der in Absatz 1 genannten gemeinsamen Grundstandards durch Ergänzung, die zum Zeitpunkt des Inkrafttretens der Verordnung nicht vorgesehen waren.

In Fällen äußerster Dringlichkeit kann die Kommission auf das in Artikel 19 Absatz 4 genannte Dringlichkeitsverfahren zurückgreifen.

(3) Detaillierte Maßnahmen für die Durchführung der gemeinsamen Grundstandards nach Absatz 1 und der allgemeinen Maßnahmen nach Absatz 2 werden nach dem in Artikel 19 Absatz 2 genannten Regelungsverfahren festgelegt.

a) Vorschriften und Verfahren für die Kontrolle;
b) eine Liste der verbotenen Gegenstände;
c) Vorschriften und Verfahren für die Zugangskontrolle;
d) Vorschriften und Verfahren für die Überprüfung von Fahrzeugen, Luftfahrzeug-Sicherheitskontrollen und Luftfahrzeug-Sicherheitsdurchsuchungen;
e) Beschlüsse über die Anerkennung der Gleichwertigkeit der in einem Drittland geltenden Sicherheitsstandards;
f) bei Fracht und Post Verfahren für die Zulassung oder Benennung von reglementierten Beauftragten, bekannten Versendern und geschäftlichen Versendern sowie deren Pflichten;
g) Vorschriften und Verfahren für die Sicherheitskontrollen bei Post oder Material von Luftfahrtunternehmen;
h) bei Bordvorräten und Flughafenlieferungen Verfahren für die Zulassung oder Benennung von reglementierten Lieferanten und bekannten Lieferanten;
i) die Festlegung sensibler Teile der Sicherheitsbereiche;
j) die Einstellung und Schulung von Personal;
k) besondere Sicherheitsverfahren oder die Freistellung von Sicherheitskontrollen;
l) technische Spezifikationen und Zulassungsverfahren sowie den Einsatz von Sicherheitsausrüstung;
m) Vorschriften und Verfahren betreffend potenziell gefährliche Fluggäste.

(4) Die Kommission legt durch Änderung dieser Verordnung mittels eines Beschlusses, der nach dem in Artikel 19 Absatz 3 genannten Regelungsverfahren mit Kontrolle erlassen wird, die Kriterien für die Bedingungen fest, unter denen die Mitgliedstaaten von den gemeinsamen Grundstandards nach Absatz 1 abweichen und auf der Grundlage einer örtlichen Risikobewertung alternative Sicherheitsmaßnahmen treffen können, die einen angemessenen Schutz gewährleisten. Solche alternativen Maßnahmen sind durch die Luftfahrzeuggröße oder die Art, den Umfang oder die Häufigkeit der Flüge oder anderer einschlägiger Tätigkeiten zu begründen.

In Fällen äußerster Dringlichkeit kann die Kommission auf das in Artikel 19 Absatz 4 genannte Dringlichkeitsverfahren zurückgreifen.

Die Mitgliedstaaten unterrichten die Kommission von diesen Maßnahmen.

(5) Die Mitgliedstaaten gewährleisten die Anwendung der gemeinsamen Grundstandards nach Absatz 1 in ihrem Hoheitsgebiet. Hat ein Mitgliedstaat Grund zu der Annahme, dass es durch eine Sicherheitsverletzung zu einer Beeinträchtigung des Sicherheitsniveaus der Luftfahrt gekommen ist, so stellt er sicher, dass rasch geeignete Maßnahmen getroffen werden, damit die Sicherheitsverletzung abgestellt und die Sicherheit der Zivilluftfahrt weiter gewährleistet wird.

## Artikel 5  Sicherheitskosten

Vorbehaltlich der einschlägigen Vorschriften des Gemeinschaftsrechts kann jeder Mitgliedstaat bestimmen, unter welchen Umständen und in welchem Umfang die Kosten der nach dieser Verordnung ergriffenen Sicherheitsmaßnahmen von dem Staat, den

Flughafeneinrichtungen, den Luftfahrtunternehmen, anderen verantwortlichen Stellen oder Nutzern zu tragen sind. Soweit angemessen können die Mitgliedstaaten und die Nutzer im Einklang mit dem Gemeinschaftsrecht zu den Kosten von nach dieser Verordnung getroffenen strengeren Sicherheitsmaßnahmen beitragen. Abgaben oder Umlagen für Sicherheitskosten beziehen sich so weit wie möglich unmittelbar auf die Kosten für die Erbringung der fraglichen Sicherheitsleistungen und werden so berechnet, dass sie nur die entstandenen Kosten decken.

### Artikel 6 Anwendung strengerer Maßnahmen durch die Mitgliedstaaten

(1) Die Mitgliedstaaten können strengere Maßnahmen als die in Artikel 4 genannten gemeinsamen Grundstandards anwenden. Sie handeln dabei auf der Grundlage einer Risikobewertung und in Übereinstimmung mit dem Gemeinschaftsrecht. Diese Maßnahmen müssen relevant, objektiv, nichtdiskriminierend und dem jeweiligen Risiko angemessen sein.

(2) Die Mitgliedstaaten unterrichten die Kommission über derartige Maßnahmen so bald wie möglich nach deren Anwendung. Die Kommission übermittelt diese Informationen den anderen Mitgliedstaaten.

(3) Die Mitgliedstaaten müssen die Kommission nicht unterrichten, wenn die betreffenden Maßnahmen auf einen bestimmten Flug zu einem bestimmten Zeitpunkt begrenzt sind.

### Artikel 7 Von Drittländern verlangte Sicherheitsmaßnahmen

(1) Unbeschadet bilateraler Abkommen, bei denen die Gemeinschaft Vertragspartei ist, unterrichten die Mitgliedstaaten die Kommission über die von einem Drittland geforderten Maßnahmen, wenn diese in Bezug auf Flüge von einem Flughafen in einem Mitgliedstaat nach diesem Drittland oder über dieses Drittland von den in Artikel 4 genannten gemeinsamen Grundstandards abweichen.

(2) Die Kommission prüft auf Ersuchen des betreffenden Mitgliedstaats oder von sich aus die Anwendung der gemäß Absatz 1 mitgeteilten Maßnahmen und kann nach dem in Artikel 19 Absatz 2 genannten Regelungsverfahren eine geeignete Antwort an das betreffende Drittland ausarbeiten.

(3) Die Absätze 1 und 2 gelten nicht, wenn

a) der betreffende Mitgliedstaat die betreffenden Maßnahmen im Einklang mit Artikel 6 anwendet oder

b) die Anforderungen des Drittlands auf einen bestimmten Flug an einem bestimmten Datum begrenzt sind.

### Artikel 8 Kooperation mit der Internationalen Zivilluftfahrt-Organisation

Unbeschadet des Artikels 300 des Vertrags kann die Kommission mit der Internationalen Zivilluftfahrt-Organisation (ICAO) Vereinbarungen über Audits treffen, um Überschneidungen bei der Überwachung der Einhaltung von Anhang 17 des Abkommens von Chicago über die internationale Zivilluftfahrt durch die Mitgliedstaaten zu vermeiden.

### Artikel 9 Zuständige Behörde

Sind in einem Mitgliedstaat zwei oder mehr Einrichtungen für die Sicherheit der Zivilluftfahrt zuständig, so benennt der Mitgliedstaat eine einzige Behörde (nachstehend „zuständige Behörde" genannt), die für die Koordinierung und Überwachung der Durchführung der in Artikel 4 genannten gemeinsamen Grundstandards zuständig ist.

### Artikel 10 Nationales Sicherheitsprogramm für die Zivilluftfahrt

(1) Jeder Mitgliedstaat stellt ein nationales Sicherheitsprogramm für die Zivilluftfahrt auf, wendet es an und entwickelt es fort.

Dieses Programm legt die Zuständigkeiten für die Durchführung der in Artikel 4 genannten gemeinsamen Grundstandards fest und beschreibt die zu diesem Zweck von den Betreibern und Stellen verlangten Maßnahmen.

(2) Die zuständige Behörde stellt Betreibern und Stellen, die nach Ansicht der Behörde ein legitimes Interesse haben, die betreffenden Teile ihres nationalen Programms für die Sicherheit der Zivilluftfahrt in dem jeweils nötigen Umfang in schriftlicher Form zur Verfügung.

**Artikel 11   Nationales Qualitätskontrollprogramm**

(1) Jeder Mitgliedstaat stellt ein nationales Qualitätskontrollprogramm auf, wendet es an und entwickelt es fort.

Dieses Programm ermöglicht es den Mitgliedstaaten, die Qualität der Sicherheit der Zivilluftfahrt zu überprüfen und so die Einhaltung dieser Verordnung sowie des nationalen Sicherheitsprogramms für die Zivilluftfahrt zu überwachen.

(2) Die Spezifikationen für das nationale Qualitätskontrollprogramm werden angenommen, indem diese Verordnung durch Hinzufügung eines Anhangs nach dem in Artikel 19 Absatz 3 genannten Regelungsverfahren mit Kontrolle geändert wird.

In Fällen äußerster Dringlichkeit kann die Kommission auf das in Artikel 19 Absatz 4 genannte Dringlichkeitsverfahren zurückgreifen.

Das Programm ermöglicht es, Mängel rasch aufzuspüren und zu beheben. Es sieht außerdem vor, dass alle Flughäfen, Betreiber und für die Durchführung von Sicherheitsstandards zuständigen Stellen im Hoheitsgebiet des betreffenden Mitgliedstaats regelmäßig direkt von der zuständigen Behörde oder unter ihrer Aufsicht überwacht werden.

**Artikel 12   Programm für die Flughafensicherheit**

(1) Jeder Flughafenbetreiber stellt ein Programm für die Flughafensicherheit auf, wendet es an und entwickelt es fort.

Dieses Programm beschreibt die Methoden und Verfahren, die der Flughafenbetreiber anzuwenden hat, um die Bestimmungen dieser Verordnung sowie die Anforderungen des nationalen Sicherheitsprogramms für die Zivilluftfahrt des Mitgliedstaats, in dem der Flughafen gelegen ist, zu erfüllen.

Das Programm enthält auch Bestimmungen über die interne Qualitätssicherung, die beschreiben, wie die Einhaltung dieser Methoden und Verfahren von dem Flughafenbetreiber zu überwachen ist.

(2) Das Programm für die Flughafensicherheit ist der zuständigen Behörde vorzulegen, die gegebenenfalls weitere Maßnahmen treffen kann.

**Artikel 13   Sicherheitsprogramm für Luftfahrtunternehmen**

(1) Jedes Luftfahrtunternehmen stellt ein Sicherheitsprogramm für Luftfahrtunternehmen auf, wendet es an und entwickelt es fort.

Dieses Programm beschreibt die Methoden und Verfahren, die das Luftfahrtunternehmen anzuwenden hat, um die Bestimmungen dieser Verordnung sowie die Anforderungen des nationalen Sicherheitsprogramms für die Zivilluftfahrt des Mitgliedstaats, von dem aus es seine Dienstleistungen erbringt, zu erfüllen.

Das Programm enthält auch Bestimmungen über die interne Qualitätssicherung, die beschreiben, wie die Einhaltung dieser Methoden und Verfahren von dem Luftfahrtunternehmen zu überwachen ist.

(2) Auf Ersuchen ist das Sicherheitsprogramm des Luftfahrtunternehmens der zuständigen Behörde vorzulegen, die gegebenenfalls weitere Maßnahmen treffen kann.

(3) Hat die zuständige Behörde des Mitgliedstaats, der die Betriebsgenehmigung erteilt hat, das Sicherheitsprogramm des gemeinschaftlichen Luftfahrtunternehmens gebilligt, so erkennen alle anderen Mitgliedstaaten an, dass dieses Luftfahrtunternehmen die Anforderungen des Absatzes 1 erfüllt. Dies lässt das Recht der Mitgliedstaaten unberührt, von einem Luftfahrtunternehmen nähere Auskünfte zur Durchführung folgender Maßnahmen bzw. Verfahren zu verlangen:

a) Sicherheitsmaßnahmen, die der betreffende Mitgliedstaat gemäß Artikel 6 anwendet, und/oder
b) örtliche Verfahren, die auf den angeflogenen Flughäfen gelten.

### Artikel 14 Sicherheitsprogramm für Stellen

(1) Jede Stelle, die nach dem in Artikel 10 genannten nationalen Sicherheitsprogramm für die Zivilluftfahrt Luftsicherheitsstandards anzuwenden hat, stellt ein Sicherheitsprogramm auf, wendet es an und entwickelt es fort.

Dieses Programm beschreibt die Methoden und Verfahren, die die betreffende Stelle anzuwenden hat, um in dem betreffenden Mitgliedstaat die Anforderungen des nationalen Sicherheitsprogramms für die Zivilluftfahrt dieses Mitgliedstaats zu erfüllen.

Das Programm enthält auch Bestimmungen über die interne Qualitätssicherung, die beschreiben, wie die Einhaltung dieser Methoden und Verfahren von der Stelle selbst zu überwachen ist.

(2) Auf Ersuchen ist das Sicherheitsprogramm der Stelle, die Luftsicherheitsstandards anwendet, der zuständigen Behörde vorzulegen, die gegebenenfalls weitere Maßnahmen treffen kann.

### Artikel 15 Kommissionsinspektionen

(1) Die Kommission führt in Zusammenarbeit mit der zuständigen Behörde des betreffenden Mitgliedstaats Inspektionen durch, einschließlich Inspektionen von Flughäfen, Betreibern und Stellen, die Luftsicherheitsstandards anwenden, um die Anwendung dieser Verordnung durch die Mitgliedstaaten zu überwachen und gegebenenfalls Empfehlungen zur Verbesserung der Luftsicherheit auszusprechen. Zu diesem Zweck meldet die zuständige Behörde der Kommission schriftlich alle Zivilflughäfen in ihrem Hoheitsgebiet, die nicht unter Artikel 4 Absatz 4 fallen.

Die Verfahren für die Durchführung von Kommissionsinspektionen werden nach dem in Artikel 19 Absatz 2 genannten Regelungsverfahren erlassen.

(2) Kommissionsinspektionen von Flughäfen, Betreibern und Stellen, die Luftsicherheitsstandards anwenden, erfolgen unangekündigt. Die Kommission unterrichtet den betreffenden Mitgliedstaat rechtzeitig vor solchen Inspektionen.

(3) Jeder Inspektionsbericht der Kommission wird der zuständigen Behörde des betreffenden Mitgliedstaats übermittelt, die in ihrer Antwort die Maßnahmen zur Behebung festgestellter Mängel darlegt.

Der Bericht und die Antwort der zuständigen Behörde werden anschließend den zuständigen Behörden aller anderen Mitgliedstaaten übermittelt.

### Artikel 16 Jährlicher Bericht

Die Kommission legt dem Europäischen Parlament, dem Rat und den Mitgliedstaaten jährlich einen Bericht vor, der sie von der Anwendung dieser Verordnung und von ihren Auswirkungen auf die Verbesserung der Luftsicherheit in Kenntnis set

### Artikel 17 Beratergruppe der Beteiligten

Unbeschadet der Rolle des in Artikel 19 genannten Ausschusses setzt die Kommission eine Beratergruppe der Beteiligten für die Sicherheit in der Luftfahrt ein, die sich aus europäischen Vertretungsorganisationen zusammensetzt, die sich mit der Sicherheit in der Luftfahrt befassen oder unmittelbar davon betroffen sind. Alleinige Aufgabe dieser Gruppe ist es, die Kommission zu beraten. Der in Artikel 19 genannte Ausschuss unterrichtet die Beratergruppe der Beteiligten während des gesamten Regelungsverfahrens.

### Artikel 18 Verbreitung von Informationen

Die Kommission veröffentlicht in der Regel Maßnahmen, die sich unmittelbar auf die Fluggäste auswirken. Folgende Dokumente gelten jedoch als „EU-Verschlusssachen"" im Sinne des Beschlusses 2001/844/EG, EGKS, Euratom:

a) die in Artikel 4 Absätze 3 und 4, Artikel 6 Absatz 1 und Artikel 7 Absatz 1 genannten Maßnahmen und Verfahren, wenn sie sensible Sicherheitsinformationen enthalten;

b) die Inspektionsberichte der Kommission und die Antworten der zuständigen Behörden im Sinne des Artikels 15 Absatz 3.

**Artikel 19   Ausschussverfahren**

(1) Die Kommission wird von einem Ausschuss unterstützt.

(2) Wird auf diesen Absatz Bezug genommen, so gelten die Artikel 5 und 7 des Beschlusses 1999/468/EG unter Beachtung von dessen Artikel 8.

Der Zeitraum nach Artikel 5 Absatz 6 des Beschlusses 1999/468/EG wird auf einen Monat festgesetzt.

(3) Wird auf diesen Absatz Bezug genommen, so gelten Artikel 5a Absätze 1 bis 4 und Artikel 7 des Beschlusses 1999/468/EG unter Beachtung von dessen Artikel 8.

(4) Wird auf diesen Absatz Bezug genommen, so gelten Artikel 5a Absätze 1, 2, 4 und 6 sowie Artikel 7 des Beschlusses 1999/468/EG unter Beachtung von dessen Artikel 8.

**Artikel 20   Abkommen zwischen der Gemeinschaft und Drittländern**

Gegebenenfalls könnten im Einklang mit dem Gemeinschaftsrecht im Rahmen von Luftverkehrsabkommen zwischen der Gemeinschaft und einem Drittland gemäß Artikel 300 des Vertrags Abkommen, in denen anerkannt wird, dass die in dem Drittland geltenden Sicherheitsstandards den Gemeinschaftsstandards entsprechen, in Betracht gezogen werden, um dem Ziel näherzukommen, dass bei allen Flügen zwischen der Europäischen Union und Drittländern nur eine einmalige Sicherheitskontrolle stattfindet.

**Artikel 21   Sanktionen**

Die Mitgliedstaaten legen die Regeln für Sanktionen bei Verstößen gegen die Bestimmungen dieser Verordnung fest und treffen die erforderlichen Maßnahmen für deren Anwendung. Die vorgesehenen Sanktionen müssen wirksam, verhältnismäßig und abschreckend sein.

**Artikel 22   Bericht der Kommission über die Finanzierung**

Die Kommission legt bis zum 31. Dezember 2008 einen Bericht über die Grundprinzipien für die Finanzierung der Kosten für Sicherheitsmaßnahmen in der Zivilluftfahrt vor. In diesem Bericht wird darauf eingegangen, welche Maßnahmen ergriffen werden müssen, um zu gewährleisten, dass die Sicherheitsabgaben ausschließlich zur Bestreitung der Sicherheitskosten verwendet werden, und um die Transparenz dieser Abgaben zu verbessern. Ferner wird darauf eingegangen, welche Prinzipien notwendig sind, um einen unverzerrten Wettbewerb zwischen Flughäfen und Luftfahrtunternehmen sicherzustellen, sowie auf die verschiedenen Verfahren zur Gewährleistung des Verbraucherschutzes hinsichtlich der Aufteilung der Kosten für die Sicherheitsmaßnahmen zwischen Steuerzahlern und Nutzern. Gegebenenfalls wird dem Bericht der Kommission ein Legislativvorschlag beigefügt

**Artikel 23   Aufhebung**

Die Verordnung (EG) Nr. 2320/2002 wird aufgehoben.

**Artikel 24   Inkrafttreten**

(1) Diese Verordnung tritt am zwanzigsten Tag nach ihrer Veröffentlichung im Amtsblatt der Europäischen Union in Kraft.

(2) Sie gilt ab dem Zeitpunkt, der in den Durchführungsvorschriften angegeben ist, die nach den in Artikel 4 Absätze 2 und 3 genannten Verfahren erlassen werden, spätestens jedoch 24 Monate nach ihrem Inkrafttreten.

(3) Abweichend von Absatz 2 gelten Artikel 4 Absätze 2, 3 und 4, Artikel 8, Artikel 11 Absatz 2, Artikel 15 Absatz 1 Unterabsatz 2, sowie die Artikel 17, 19 und 22 ab dem Tag des Inkrafttretens dieser Verordnung.

Diese Verordnung ist in allen ihren Teilen verbindlich und gilt unmittelbar in jedem Mitgliedstaat.

## d) Verordnung (EG) Nr. 622/2003 der Kommission vom 4. April 2003 zur Festlegung von Maßnahmen für die Durchführung der gemeinsamen grundlegenden Normen für die Luftsicherheit (VO EG Nr. 622/2003)

v. 5. 4. 2003 (ABl Nr. L 89 S. 9)

### Artikel 1  Ziel

In dieser Verordnung werden die notwendigen Maßnahmen für die Durchführung und technische Anpassung gemeinsamer grundlegender Normen für die Luftsicherheit festgelegt, die in nationale Sicherheitsprogramme für die Zivilluftfahrt aufzunehmen sind.

### Artikel 2  Begriffsbestimmungen

Im Sinne dieser Verordnung gelten die folgenden Begriffsbestimmungen:

– „Nationales Sicherheitsprogramm für die Zivilluftfahrt" sind diejenigen Verordnungen, Praktiken und Verfahren, die von den Mitgliedstaaten gemäß Artikel 5 der Verordnung (EG) Nr. 2320/2002 durchgeführt werden, um die Sicherheit der Zivilluftfahrt in ihrem Hoheitsgebiet zu gewährleisten.

– „Zuständige Behörde" ist die nach Artikel 5 Absatz 2 der Verordnung (EG) Nr. 2320/2002 von einem Mitgliedstaat benannte nationale Behörde, die für die Koordinierung und Überwachung der Durchführung des nationalen Sicherheitsprogramms für die Zivilluftfahrt zuständig ist.

### Artikel 3  Vertraulichkeit

Die in Artikel 1 genannten Maßnahmen sind im Anhang dargelegt.

Diese Maßnahmen sind geheim zu halten und dürfen nicht veröffentlicht werden. Sie sind nur Personen, die von einem Mitgliedstaat oder der Kommission ordnungsgemäß dazu befugt wurden, zugänglich zu machen.

### Artikel 3a  Neue technische Verfahren und Prozesse

(1) Die Mitgliedstaaten können technische Verfahren oder Prozesse für die Sicherheitskontrolle statt der im Anhang aufgeführten unter folgenden Voraussetzungen zulassen:

a) sie dienen dazu, eine neue Form der Durchführung der betreffenden Sicherheitskontrollen zu bewerten, und

b) sie haben keine negativen Auswirkungen auf das erreichte Gesamtniveau der Sicherheit.

(2) Mindestens vier Monate vor der geplanten Einführung unterrichtet der betreffende Mitgliedstaat die Kommission und die übrigen Mitgliedstaaten schriftlich über das neue Verfahren bzw. den neuen Prozess, den er zuzulassen gedenkt, und fügt eine Bewertung bei, aus der hervorgeht, wie garantiert werden soll, dass bei Anwendung des neuen Verfahrens bzw. Prozesses die Anforderung von Absatz 1 Buchstabe b erfüllt wird. Diese Mitteilung muss auch ausführliche Angaben zu dem/den Standort(en) enthalten, wo das Verfahren oder der Prozess angewandt werden soll, und zur vorgesehenen Dauer der Bewertung.

(3) Erhält der Mitgliedstaat von der Kommission eine positive Antwort oder keine Antwort binnen drei Monaten nach Eingang der schriftlichen Mitteilung, kann er die Einführung des neuen Verfahrens oder Prozesses gestatten.

Hat die Kommission Zweifel daran, dass das neue Verfahren oder der neue Prozess die Einhaltung des Gesamtniveaus der Luftsicherheit in der Gemeinschaft ausreichend gewährleistet, so teilt sie dies dem betreffenden Mitgliedstaat innerhalb von drei Monaten nach Erhalt der in Absatz 2 genannten Mitteilung unter Angabe ihrer Vorbehalte mit. In diesem Fall kann der betreffende Mitgliedstaat das Verfahren bzw. den Prozess erst dann einführen, wenn die Bedenken der Kommission ausgeräumt sind.

(4) Die Höchstdauer für die Bewertung eines technischen Verfahrens oder Prozesses beträgt 18 Monate. Dieser Zeitraum kann von der Kommission um höchstens zwölf Monate verlängert werden, wenn der betreffende Mitgliedstaat hierfür eine angemessene Rechtfertigung liefert.

(5) Während der Bewertungszeit legt die zuständige Behörde des betreffenden Mitgliedstaates der Kommission in Abständen von höchstens sechs Monaten Fortschrittsberichte über die Bewertung vor. Die Kommission unterrichtet die übrigen Mitgliedstaaten über den Inhalt dieser Berichte.

(6) Der Bewertungszeitraum darf keinesfalls länger sein als 30 Monate.

**Artikel 4   Notifizierung**

Die Mitgliedstaaten teilen der Kommission schriftlich mit, für welche Flughäfen sie die Möglichkeiten von Artikel 4 Absatz 3 Buchstabe a) oder c) der Verordnung (EG) Nr. 2320/2002 in Anspruch genommen haben.

**Artikel 5   Ausgleichsmaßnahmen**

Die Mitgliedstaaten unterrichten die Kommission schriftlich von Ausgleichsmaßnahmen, die gemäß Ziffer 4.2 des Anhangs der Verordnung (EG) Nr. 2320/2002 ergriffen werden.

**Artikel 6**

Diese Verordnung tritt am 19. April 2003 in Kraft.

Diese Verordnung ist in allen ihren Teilen verbindlich und gilt unmittelbar in jedem Mitgliedstaat.

### e) Verordnung (EWG) Nr. 2407/92 des Rates vom 23. Juli 1992 über die Erteilung von Betriebsgenehmigungen an Luftfahrtunternehmen (VO EWG Nr. 2407/92)

v. 24. 8. 1992 (ABl Nr. L 240 S. 1)

Die Verordnung (EWG) Nr. 2407/92 des Rates vom 23. Juli 1992 über die Erteilung von Betriebsgenehmigungen an Luftfahrtunternehmen v. 24. 8. 1992 (ABl Nr. L 240 S. 1) wurde geändert durch die Berichtigung der Verordnung (EWG) Nr. 2407/92 des Rates vom 23. Juli 1992 über die Erteilung von Betriebsgenehmigungen an Luftfahrtunternehmen v. 23. 2. 1993 (ABl Nr. L 45 S. 30).

### Artikel 1

(1) Diese Verordnung betrifft die Voraussetzungen für die Erteilung und die Aufrechterhaltung von Betriebsgenehmigungen durch die Mitgliedstaaten an in der Gemeinschaft niedergelassene Luftfahrtunternehmen.

(2) Die Beförderung von Fluggästen, Post und/oder Fracht mit Luftfahrzeugen ohne Motorantrieb und/oder mit ultraleichten Motorflugzeugen sowie Rundflüge, mit denen keine Beförderung zwischen verschiedenen Flughäfen verbunden ist, fallen nicht unter diese Verordnung. Für diese Fälle gelten die einzelstaatlichen Rechtsvorschriften für Betriebsgenehmigungen, soweit vorhanden, sowie die gemeinschaftlichen und die einzelstaatlichen Rechtsvorschriften für das Luftverkehrsbetreiberzeugnis. (Air Operator's Certificate, AOC).

### Artikel 2

Im Sinne dieser Verordnung bedeutet

a) „Unternehmen" jede natürliche oder juristische Person mit oder ohne Gewinnerzielungsabsicht sowie jede amtliche Einrichtung, unabhängig davon, ob diese eine eigene Rechtspersönlichkeit besitzt oder nicht;

b) „Luftfahrtunternehmen"ein Lufttransportunternehmen mit einer gültigen Betriebsgenehmigung;

c) „Betriebsgenehmigung"eine Genehmigung, die einem Unternehmen vom zuständigen Mitgliedstaat erteilt wird und das Unternehmen je nach den Angaben in der Genehmigung berechtigt, Fluggäste, Post und/oder Fracht im gewerblichen Luftverkehr zu befördern;

d) „Luftverkehrsbetreiberzeugnis (AOC)" eine von den zuständigen Behörden der Mitgliedstaaten einem Unternehmen oder einer Gruppe von Unternehmen ausgestellte Urkunde, in der dem betreffenden Luftverkehrsbetreiber bescheinigt wird, daß er über die fachliche Eignung und Organisation verfügt, um den sicheren Betrieb von Luftfahrzeugen für die im Zeugnis genannten Luftverkehrstätigkeiten zu gewährleisten;

e) „Wirtschaftsplan" eine genaue Beschreibung der vom Luftfahrtunternehmen beabsichtigten gewerblichen Tätigkeiten in dem betreffenden Zeitraum, insbesondere in bezug auf die Marktentwicklung und die Investitionsvorhaben einschließlich ihrer finanziellen und wirtschaftlichen Auswirkungen;

f) „Ertragsrechnung" eine genaue Aufstellung der Erträge und Aufwendungen für den betreffenden Zeitraum mit einer Aufschlüsselung in luftverkehrsspezifische und andere Tätigkeiten sowie in finanzielle und nichtfinanzielle Bestandteile;

g) „tatsächliche Kontrolle" eine Beziehung, die durch Rechte, Verträge oder andere Mittel, die einzeln oder zusammen und unter Berücksichtigung der tatsächlichen und rechtlichen Umstände die Möglichkeit bieten, unmittelbar oder mittelbar einen bestimmenden Einfluß auf das Unternehmen auszuüben, begründet ist, insbesondere durch

a) das Recht, die Gesamtheit oder Teile des Vermögens des Unternehmens zu nutzen;

b) Rechte oder Verträge, die einen bestimmenden Einfluß auf die Zusammensetzung, das Abstimmungsverhalten oder die Beschlüsse der Organe des Unternehmens oder in anderer Weise einen bestimmenden Einfluß auf die Führung des Geschäfts des Unternehmens gewähren.

**Artikel 3**

(1) Unbeschadet von Artikel 5 Absatz 5 erteilen die Mitgliedstaaten Betriebsgenehmigungen nicht oder erhalten ihre Gültigkeit nicht aufrecht, wenn die Voraussetzungen dieser Verordnung nicht erfüllt sind.

(2) Ein Unternehmen, das die Voraussetzungen dieser Verordnung erfüllt, hat Anspruch auf Erteilung einer Betriebsgenehmigung. Mit einer solchen Genehmigung werden keinerlei Rechte auf Zugang zu bestimmten Strecken oder Märkten erteilt.

(3) Unbeschadet von Artikel 1 Absatz 2 darf ein in der Gemeinschaft niedergelassenes Unternehmen im Gebiet der Gemeinschaft Fluggäste, Post und/oder Fracht im gewerblichen Luftverkehr nur befördern, wenn ihm eine entsprechende Betriebsgenehmigung erteilt worden ist.

## Betriebsgenehmigung

**Artikel 4**

(1) Ein Mitgliedstaat erteilt einem Luftfahrtunternehmen eine Betriebsgenehmigung nur,
- a) wenn die Hauptniederlassung und, soweit vorhanden, der eingetragene Sitz des Unternehmens sich in diesem Mitgliedstaat befinden und
- b) wenn dessen Haupttätigkeit der Luftverkehr ist, sei es allein oder in Verbindung mit jeder sonstigen Form des gewerblichen Betriebs von Luftfahrzeugen oder der Instandsetzung und Wartung von Luftfahrzeugen.

(2) Unbeschadet der Abkommen und Übereinkommen, bei denen die Gemeinschaft Vertragspartei ist, muß das Unternehmen sich derzeit und auch weiterhin unmittelbar oder über Mehrheitsbeteiligung im Eigentum von Mitgliedstaaten und/oder von Staatsangehörigen der Mitgliedstaaten befinden. Es muß zu jeder Zeit von diesen Staaten oder deren Staatsangehörigen tatsächlich kontrolliert werden.

(3)
- a) Unbeschadet der Absätze 2 und 4 behalten die Luftfahrtunternehmen, die gemäß Anhang I der Verordnungen (EWG) Nr. 2343/90 und (EWG) Nr. 294/91 des Rates vom 4. Februar 1991 über den Betrieb von Luftfrachtdiensten zwischen Mitgliedstaaten[1] bereits anerkannt sind, ihre Rechte im Rahmen dieser Verordnung und der mit ihr zusammenhängenden Verordnungen, solange sie den übrigen Verpflichtungen aufgrund dieser Verordnung nachkommen und nach wie vor unmittelbar oder mittelbar durch dieselben Drittländer und/oder Staatsangehörige desselben Drittlands kontrolliert werden, die diese Kontrolle zum Zeitpunkt der Annahme dieser Verordnung ausübten. Diese Kontrolle kann jedoch jederzeit den Mitgliedstaaten und/oder Staatsangehörigen der Mitgliedstaaten übertragen werden.
- b) Die Möglichkeiten für den Kauf oder Verkauf von Anteilen gemäß Buchstabe a) gelten nicht für Staatsangehörige, die an einem Luftfahrtunternehmen eines Drittlands ein erhebliches Interesse haben.

(4) Jedes Unternehmen, das unmittelbar oder mittelbar einen Anteil am maßgeblichen Aktienbesitz an einem Luftfahrtunternehmen hält, muß die Voraussetzungen des Absatzes 2 erfüllen.

(5) Ein Luftfahrtunternehmen muß dem für die Betriebsgenehmigung zuständigen Mitgliedstaat auf Verlangen jederzeit nachweisen können, daß es die Voraussetzungen dieses Artikels erfüllt. Die Kommission prüft auf Ersuchen eines Mitgliedstaats, ob die Voraussetzungen dieses Artikels erfüllt werden, und trifft erforderlichenfalls eine Entscheidung.

---

1) **Amtl. Anm.:** ABl L 36 vom 8. 2. 1991, S. 1.

**Artikel 5**

(1) Ein Lufttransportunternehmen, das einen erstmaligen Antrag auf Erteilung einer Betriebsgenehmigung stellt, muß
   a) den zuständigen Behörden des Mitgliedstaats, der die Genehmigung erteilt, glaubhaft nachweisen können, daß es seinen unter realistischen Annahmen festgelegten derzeitigen und möglichen Verpflichtungen während eines Zeitraums von 24 Monaten nach Aufnahme der Tätigkeit jederzeit nachkommen kann;
   b) den zuständigen Behörden des Mitgliedstaats, der die Genehmigung erteilt, glaubhaft nachweisen können, daß es für seine unter realistischen Annahmen ermittelten fixen und variablen Kosten der Tätigkeit gemäß seinen Wirtschaftsplänen während eines Zeitraums von drei Monaten nach Aufnahme der Tätigkeit ohne Berücksichtigung von Betriebseinnahmen aufkommen kann.

(2) Für die Zwecke des Absatzes 1 unterbreitet der Antragsteller einen Wirtschaftsplan für mindestens die ersten beiden Jahre der Tätigkeit. Aus dem Wirtschaftsplan müssen ferner die finanziellen Verflechtungen zwischen dem Antragsteller und sonstigen gewerblichen Tätigkeiten hervorgehen, an denen der Antragsteller entweder direkt oder über verbundene Unternehmen beteiligt ist. Der Antragsteller hat ferner alle sachdienlichen Auskünfte, insbesondere die Angaben gemäß Abschnitt A des Anhangs, beizubringen.

(3) Ein Luftfahrtunternehmen meldet der Genehmigungsbehörde im voraus Pläne für den Betrieb eines neuen Linienverkehrs oder eines Gelegenheitsverkehrs nach einem Kontinent oder in ein Gebiet der Welt, die bisher nicht angeflogen wurden, Änderungen der Art oder der Anzahl der eingesetzten Luftfahrzeuge oder eine wesentliche Änderung der Größenordnung ihrer Tätigkeiten. Sie meldet ferner im voraus alle beabsichtigten Zusammenschlüsse oder Übernahmen, und sie meldet der Genehmigungsbehörde binnen vierzehn Tagen jede Änderung des Eigentums an Einzelbeteiligungen, die 10% oder mehr des gesamten Beteiligungskapitals des Luftfahrtunternehmens oder seiner Mutter- oder der letztlichen Dachgesellschaft ausmachen. Die Unterbreitung eines zwölfmonatigen Wirtschaftsplans zwei Monate vor dem Bezugszeitraum stellt in bezug auf die in diesem Wirtschaftsplan enthaltenen Änderungen des laufenden Betriebs und/oder seiner Bestandteile eine ausreichende Meldung im Sinne dieses Absatzes dar.

(4) Ist die Genehmigungsbehörde der Auffassung, daß die gemäß Absatz 3 gemeldeten Änderungen für die Finanzlage des Luftfahrtunternehmens von erheblicher Bedeutung sind, so verlangt sie, daß ein überarbeiteter Wirtschaftsplan, in den die betreffenden Änderungen eingeflossen sind und der einen Zeitraum von mindestens zwölf Monaten ab seiner Erstellung abdeckt, sowie alle sachdienlichen Auskünfte einschließlich der Angaben gemäß Abschnitt B des Anhangs vorgelegt werden, damit beurteilt werden kann, ob das Luftfahrtunternehmen seinen bestehenden und möglichen Verpflichtungen während dieses zwölfmonatigen Zeitraums nachkommen kann. Die Entscheidung der Genehmigungsbehörde bezüglich dieses überarbeiteten Wirtschaftsplans ergeht innerhalb von drei Monaten nach Vorlage aller erforderlichen Angaben.

(5) Die Genehmigungsbehörden können jederzeit und in jedem Fall, in dem es klare Hinweise dafür gibt, daß ein von ihnen genehmigtes Luftfahrtunternehmen finanzielle Probleme hat, die finanzielle Leistungsfähigkeit des Unternehmens bewerten und die Genehmigung aussetzen oder widerrufen, wenn sie nicht mehr davon überzeugt sind, daß das Luftfahrtunternehmen während eines Zeitraums von zwölf Monaten seinen tatsächlichen und möglichen Verpflichtungen nachkommen kann. Die Genehmigungsbehörden können in Fällen, in denen das Luftfahrtunternehmen eine finanzielle Umstrukturierung vornimmt, auch eine vorläufige Genehmigung erteilen, sofern die Sicherheit nicht beeinträchtigt ist.

(6) Das Luftfahrtunternehmen muß seinen Genehmigungsbehörden in jedem Geschäftsjahr ohne unangemessene Verzögerung den geprüften Abschluß für das vorangegangene Geschäftsjahr vorlegen. Das Luftfahrtunternehmen muß jederzeit auf Anfrage der Genehmigungsbehörden die für die Anwendung des Absatzes 5 erforderlichen Auskünfte, insbesondere die Angaben gemäß Abschnitt C des Anhangs, beibringen.

(7) a) Die Absätze 1, 2, 3, 4 und 6 gelten nicht für Luftfahrtunternehmen, die ausschließlich Luftfahrzeuge unter zehn Tonnen Starthöchstgewicht und/oder mit weniger als zwanzig Sitzplätzen betreiben. Derartige Luftfahrtunternehmen müssen jederzeit in der Lage sein, den Nachweis zu erbringen, daß ihr Nettokapital sich auf mindestens 80 000 ECU beläuft, oder aber auf Aufforderung der Genehmigungsbehörde die für die Anwendung des Absatzes 5 erforderlichen Auskünfte vorzulegen. Ein Mitgliedstaat kann jedoch die Absätze 1, 2, 3, 4 und 6 auf die Luftfahrtunternehmen anwenden, denen er eine Betriebsgenehmigung erteilt hat und die einen Linienverkehr betreiben oder deren Umsatz 3 Millionen ECU jährlich überschreitet.

b) Die Kommission kann nach Konsultation der Mitgliedstaaten gegebenenfalls die in Buchstabe a) genannten Beträge erhöhen, wenn die wirtschaftliche Entwicklung eine solche Entscheidung notwendig macht. Eine solche Änderung wird im Amtsblatt der Europäischen Gemeinschaften veröffentlicht.

c) Jeder Mitgliedstaat kann innerhalb eines Monats den Rat mit der Entscheidung der Kommission befassen. Der Rat kann unter außergewöhnlichen Umständen innerhalb eines Monats mit qualifizierter Mehrheit eine anderslautende Entscheidung treffen.

## Artikel 6

(1) Die zuständige Behörde eines Mitgliedstaats, die für die Erteilung einer Betriebsgenehmigung von Personen, die auf Dauer die tatsächliche Leitung der Geschäfte des Unternehmens übernehmen, ein Führungszeugnis oder eine Bescheinigung darüber, daß die Betreffenden nicht in Konkurs geraten sind, verlangt oder die Genehmigung bei schwerwiegendem standeswidrigen Verhalten oder bei einer strafbaren Handlung aussetzt oder widerruft, erkennt bei Angehörigen anderer Mitgliedstaaten die von den zuständigen Behörden des Heimat- oder Herkunftsmitgliedstaats ausgestellten Bescheinigungen, aus denen hervorgeht, daß diesen Anforderungen Genüge geleistet wird, als ausreichenden Nachweis an.

Werden von den zuständigen Stellen des Heimat- oder Herkunftsmitgliedstaats die in Unterabsatz 1 genannten Dokumente nicht ausgestellt, so werden sie durch eine eidesstattliche Erklärung – oder in den Mitgliedstaaten, in denen es keine eidesstattliche Erklärung gibt, durch eine feierliche Erklärung – ersetzt, die der Betreffende vor einer zuständigen Justiz- oder Verwaltungsbehörde oder gegebenenfalls vor einem Notar oder einer entsprechend bevollmächtigten Berufsorganisation des Heimat- oder Herkunftsmitgliedstaats abgegeben hat, die eine diese eidesstattliche oder feierliche Erklärung bestätigende Bescheinigung ausstellen.

(2) Die zuständige Behörde des Mitgliedstaats kann verlangen, daß die Nachweise und Bescheinigungen nach Absatz 1 bei ihrer Vorlage nicht älter als drei Monate sind.

## Artikel 7

Ein Luftfahrtunternehmen muß gegen die im Rahmen seiner Haftpflicht zu ersetzenden Schäden, die insbesondere Fluggästen, an Gepäck, an Fracht, an Post und Dritten durch Unfälle entstehen können, versichert sein.

## Artikel 8

(1) Für die Erteilung oder Aufrechterhaltung einer Betriebsgenehmigung wird nicht vorgeschrieben, daß ein Luftfahrtunternehmen Eigentümer von Luftfahrzeugen sein muß; die Mitgliedstaaten verlangen jedoch, daß Luftfahrtunternehmen, denen sie eine Betriebsgenehmigung erteilt haben, entweder als Eigentümer oder im Rahmen einer Form eines Leasingvertrags über mindestens ein Luftfahrzeug verfügen.

(2) a) Unbeschadet des Absatzes 3 ist ein Luftfahrzeug, das von einem Luftfahrtunternehmen eingesetzt wird, je nach Wahl des Mitgliedstaats, der die Be-

triebsgenehmigung erteilt, in dessen nationales Register oder innerhalb der Gemeinschaft einzutragen.

b) Ist ein Leasingvertrag für ein innerhalb der Gemeinschaft eingetragenes Luftfahrzeug nach Artikel 10 als annehmbar befunden worden, so verlangt der Mitgliedstaat nicht, daß dieses Luftfahrzeug in seinem Register eingetragen wird, sofern dadurch bauliche Veränderungen an dem Luftfahrzeug erforderlich würden.

(3) Bei Leasingverträgen mit kurzer Laufzeit, die vom Luftfahrtunternehmen zur Deckung eines vorübergehenden Bedarfs geschlossen werden, oder unter außergewöhnlichen Umständen kann ein Mitgliedstaat Ausnahmen von Absatz 2 Buchstabe a) zulassen.

(4) Bei der Anwendung von Absatz 2 Buchstabe a) genehmigt ein Mitgliedstaat vorbehaltlich der geltenden Rechtsvorschriften, einschließlich der Vorschriften über die Erteilung von Lufttüchtigkeitszeugnissen unverzüglich und ohne Erhebung diskriminierender Eintragungsgebühren die Eintragung von Luftfahrzeugen, die Eigentum von Staatsangehörigen anderer Mitgliedstaaten sind, in seinem nationalen Register sowie die Umtragung aus den Registern anderer Mitgliedstaaten. Außer den üblichen Eintragungsgebühren wird auf die Umschreibung von Luftfahrzeugen keine zusätzliche Gebühr erhoben.

## Luftverkehrsbetreiberzeugnisse (AOC)

### Artikel 9

(1) Voraussetzung für die Erteilung und die jederzeitige Gültigkeit einer Betriebsgenehmigung ist der Besitz eines gültigen Luftverkehrsbetreiberzeugnisses, in dem die unter die Betriebsgenehmigung fallenden Tätigkeiten festgelegt sind und das den Kriterien der einschlägigen Verordnung des Rates entspricht.

(2) Bis zum Beginn der Anwendung der Verordnung gemäß Absatz 1 gelten die einzelstaatlichen Regelungen für das Luftverkehrsbetreiberzeugnis oder gleichwertige Zeugnisse für Luftverkehrsbetreiber.

### Artikel 10

(1) Damit die Einhaltung der Sicherheitsstandards und der rechtlichen Verantwortlichkeiten gewährleistet wird, holt ein Luftfahrtunternehmen, das ein Luftfahrzeug eines anderen Unternehmens benutzt oder einem anderen Unternehmen ein Luftfahrzeug überlässt, von der zuständigen Genehmigungsbehörde im voraus die Genehmigung für den Betrieb ein. Die Genehmigungsbedingungen sind Teil des Leasingvertrags zwischen den Parteien.

(2) Die Mitgliedstaaten genehmigen einem Luftfahrtunternehmen, dem sie eine Betriebsgenehmigung erteilt haben, Leasingverträge über Luftfahrzeuge mit Besatzung nur unter der Voraussetzung, daß Sicherheitsanforderungen erfüllt sind, die denen des Artikels 9 entsprechen.

## Allgemeine Bestimmungen

### Artikel 11

(1) Betriebsgenehmigungen gelten so lange, wie das Luftfahrtunternehmen den Verpflichtungen nach dieser Verordnung nachkommt. Ein Mitgliedstaat kann jedoch vorschreiben, daß ein Jahr nach Erteilung einer neuen Genehmigung und danach alle fünf Jahre eine Überprüfung stattfindet.

(2) Hat ein Luftfahrtunternehmen sechs Monate lang den Betrieb eingestellt oder hat es innerhalb von sechs Monaten nach Erteilung der Betriebsgenehmigung seinen Betrieb nicht aufgenommen, so entscheidet der zuständige Mitgliedstaat, ob die Betriebsgenehmigung erneut zur Genehmigung vorzulegen ist.

(3) Bei einer Änderung eines oder mehrerer Umstände, die sich auf die rechtlichen Gegebenheiten des betreffenden Unternehmens auswirken, und insbesondere im Falle von Unternehmenszusammenschlüssen oder -übernahmen, die Luftfahrtunternehmen betreffen, denen die Mitgliedstaaten eine Betriebsgenehmigung erteilt haben, entscheiden die Mitgliedstaaten, ob die Betriebsgenehmigung erneut zur Genehmigung vorzulegen ist. Das oder die betreffenden Luftfahrtunternehmen können ihren Betrieb fortsetzen, es sei denn, die Genehmigungsbehörde gelangt zu der Auffassung, daß die Sicherheit gefährdet ist, und begründet dies.

## Artikel 12

Ein Mitgliedstaat darf nicht zulassen, daß ein Luftfahrtunternehmen, gegen das ein Insolvenzverfahren oder ein ähnliches Verfahren eingeleitet wird, seine Betriebsgenehmigung behält, wenn die zuständige Stelle des betreffenden Mitgliedstaats davon überzeugt ist, daß realistische Aussichten auf eine erfolgversprechende Sanierung innerhalb vertretbarer Zeit nicht gegeben sind.

## Artikel 13

(1) Die Verfahren für die Erteilung von Betriebsgenehmigungen werden von dem betroffenen Mitgliedstaat bekanntgemacht; die Kommission wird hiervon unterrichtet.

(2) Der betroffene Mitgliedstaat entscheidet unter Berücksichtigung aller verfügbaren Fakten so bald wie möglich – spätestens jedoch drei Monate nach Erhalt aller erforderlichen Informationen – über den Antrag. Die Entscheidung wird dem antragstellenden Unternehmen mitgeteilt. Eine Ablehnung des Antrags ist zu begründen.

(3) Ein Lufttransportunternehmen, dessen Antrag auf Erteilung einer Betriebsgenehmigung abgelehnt worden ist, kann die Kommission anrufen. Gelangt die Kommission zu der Auffassung, daß die Anforderungen dieser Verordnung nicht erfüllt worden sind, äußert sie sich unbeschadet des Artikels 169 des Vertrages zur richtigen Auslegung der Verordnung.

(4) Die Entscheidungen der Mitgliedstaaten über die Erteilung oder den Widerruf von Betriebsgenehmigungen werden im Amtsblatt der Europäischen Gemeinschaften veröffentlicht.

## Artikel 14

(1) Die Kommission kann zur Erfüllung der ihr durch Artikel 4 übertragenen Aufgaben von den betroffenen Mitgliedstaaten alle erforderlichen Auskünfte einholen. Sie stellen sicher, daß Luftfahrtunternehmen, denen sie eine Betriebsgenehmigung erteilt haben, solche Auskünfte ebenfalls erteilen.

(2) Werden die verlangten Auskünfte nicht innerhalb der von der Kommission festgesetzten Frist oder nicht vollständig erteilt, so fordert die Kommission diese im Wege einer an den betroffenen Mitgliedstaat gerichteten Entscheidung an. Die Entscheidung bezeichnet die verlangten Auskünfte und setzt eine angemessene Frist für deren Erteilung.

(3) Werden Auskünfte nach Absatz 2 nicht innerhalb der festgesetzten Frist erteilt oder hat das Luftfahrtunternehmen nicht anderweitig nachgewiesen, daß es den Anforderungen des Artikels 4 genügt, so unterrichtet die Kommission – außer bei Vorliegen besonderer Umstände – umgehend alle Mitgliedstaaten über die Lage. Bis zur Unterrichtung durch die Kommission über die Vorlage von Nachweisen, daß die betreffenden Anforderungen erfüllt sind, können die Mitgliedstaaten alle Marktzugangsrechte aussetzen, auf die das Luftverkehrsunternehmen nach der Verordnung Nr. 2408/92 des Rates vom 23. Juli 1992 über den Zugang von Luftfahrtunternehmen der Gemeinschaft zu Strecken des innergemeinschaftlichen Flugverkehrs Anspruch hat.

### Artikel 15

Zusätzlich zu den Bestimmungen dieser Verordnung muß das Luftfahrtunternehmen auch die mit dem Gemeinschaftsrecht zu vereinbarenden Bestimmungen des einzelstaatlichen Rechts beachten.

### Artikel 16

Unbeschadet von Artikel 3 Absatz 1 bleiben die in einem Mitgliedstaat zum Zeitpunkt des Inkrafttretens dieser Verordnung geltenden Betriebsgenehmigungen vorbehaltlich der ihnen zugrundeliegenden Rechtsvorschriften für die Dauer von höchstens einem Jahr gültig; hiervon ausgenommen ist Artikel 4 Absatz 1 Buchstabe b), für den ein Zeitraum von höchstens drei Jahren gilt; innerhalb dieser Zeiträume treffen die Luftfahrtunternehmen, die solche Betriebsgenehmigungen besitzen, die erforderlichen Vorkehrungen, um allen Vorschriften dieser Verordnung nachzukommen. Im Sinne dieses Artikels werden als Lufttransportunternehmen mit Betriebsgenehmigung auch die Lufttransportunternehmen betrachtet, die zum Zeitpunkt des Inkrafttretens dieser Verordnung rechtmäßig mit einem gültigen Luftverkehrsbetreiberzeugnis tätig waren, jedoch keine solche Betriebsgenehmigungen besaßen.

Artikel 4 Absätze 2, 3, 4 und 5 und Artikel 9 bleiben von diesem Artikel unberührt; Luftfahrtunternehmen, die vor Inkrafttreten dieser Verordnung aufgrund von Ausnahmen tätig waren, können dies während eines nicht über die genannten Fristen hinausgehenden Zeitraums jedoch auch weiterhin tun, bis die Mitgliedstaaten geprüft haben, ob die Bedingungen des Artikels 4 erfüllt werden.

### Artikel 17

Bevor die Mitgliedstaaten Rechts- und Verwaltungsvorschriften zur Durchführung dieser Verordnung erlassen, konsultieren sie die Kommission; sie unterrichten die Kommission über die getroffenen Maßnahmen.

### Artikel 18

(1) Die Mitgliedstaaten und die Kommission arbeiten bei der Durchführung dieser Verordnung zusammen.

(2) Die in Anwendung dieser Verordnung erteilten vertraulichen Auskünfte unterliegen der Geheimhaltungspflicht.

### Artikel 19

Diese Verordnung tritt am 1. Januar 1993 in Kraft.

Diese Verordnung ist in allen ihren Teilen verbindlich und gilt unmittelbar in jedem Mitgliedstaat.

## f) Verordnung (EWG) Nr. 2408/92 des Rates vom 23. Juli 1992 über den Zugang von Luftfahrtunternehmen der Gemeinschaft zu Strecken des innergemeinschaftlichen Flugverkehrs (VO EWG Nr. 2408/92)
### v. 24. 8. 1992 (ABl Nr. L 240 S. 8)

Die Verordnung (EWG) Nr. 2408/92 des Rates vom 23. Juli 1992 über den Zugang von Luftfahrtunternehmen der Gemeinschaft zu Strecken des innergemeinschaftlichen Flugverkehrs v. 24. 8. 1992 (ABl Nr. L 240 S. 8) wurde geändert durch die Berichtigung der Verordnung (EWG) Nr. 2408/92 des Rates vom 23. Juli 1992 über den Zugang von Luftfahrtunternehmen der Gemeinschaft zu Strecken des innergemeinschaftlichen Flugverkehrs v. 23. 1. 1993 (ABl Nr. L 15 S. 33); Berichtigung der Verordnung (EWG) Nr. 2408/92 des Rates vom 23. Juli 1992 über den Zugang von Luftfahrtunternehmen der Gemeinschaft zu Strecken des innergemeinschaftlichen Flugverkehrs v. 23. 2. 1993 (ABl Nr. L 45 S. 30).

**Artikel 1**

(1) Diese Verordnung betrifft den Zugang zu Strecken in der Gemeinschaft im Linienflug- und im Gelegenheitsflugverkehr.

(2) Die Anwendung dieser Verordnung auf den Flugplatz Gibraltar erfolgt unbeschadet der Rechtsstandpunkte des Königreichs Spanien und des Vereinigten Königreichs in der strittigen Frage der Souveränität über das Gebiet, auf dem sich der Flugplatz befindet.

(3) Die Anwendung dieser Verordnung auf den Flugplatz Gibraltar wird bis zur Anwendung der Regelung ausgesetzt, die in der gemeinsamen Erklärung der Minister für auswärtige Angelegenheiten des Königreichs Spanien und des Vereinigten Königreichs vom 2. Dezember 1987 enthalten ist. Die Regierungen des Königreichs Spanien und des Vereinigten Königreichs werden den Rat über den Zeitpunkt der Anwendung unterrichten.

(4) Flugplätze auf den griechischen Inseln sowie auf den atlantischen Inseln, die die autonome Region Azoren bilden, sind bis zum 30. Juni 1993 von der Anwendung dieser Verordnung ausgenommen. Falls der Rat auf Vorschlag der Kommission nicht anders entscheidet, gilt diese Ausnahme für einen weiteren Zeitraum von fünf Jahren und kann danach nochmals um fünf Jahre verlängert werden.

**Artikel 2**

Im Sinne dieser Verordnung bedeutet
a) „Luftfahrtunternehmen" ein Lufttransportunternehmen mit einer gültigen Betriebsgenehmigung;
b) „Luftfahrtunternehmen der Gemeinschaft" ein Luftfahrtunternehmen mit einer gültigen Betriebsgenehmigung, die von einem Mitgliedstaat gemäß der Verordnung (EWG) Nr. 2407/92 des Rates von 23. Juli 1992 über die Erteilung von Betriebsgenehmigungen an Luftfahrtunternehmen ausgestellt wurde;
c) „Flugdienst" einen Flug oder eine Folge von Flügen zur gewerblichen Beförderung von Fluggästen, Fracht und/oder Post;
d) „Linienflugverkehr" eine Folge von Flügen mit folgenden Merkmalen:
   i. Sie werden mit Luftfahrzeugen zur gewerblichen Beförderung von Fluggästen, Fracht und/oder Post durchgeführt, wobei für jeden Flug der Öffentlichkeit Sitzplätze zum Einzelkauf – entweder bei dem Luftfahrtunternehmen oder bei dessen bevollmächtigten Agenturen – angeboten werden;
   ii. sie dienen der Beförderung zwischen zwei oder mehr Flughäfen entweder
      1. nach einem veröffentlichten Flugplan oder
      2. in Form von so regelmäßigen oder häufigen Flügen, daß es sich erkennbar um eine systematische Folge von Flügen handelt;
e) „Flug" einen Abflug von einem bestimmten Flughafen nach einem bestimmten Zielflughafen;

f) „Verkehrsrecht" das Recht eines Luftfahrtunternehmens zur Beförderung von Fluggästen, Fracht und/oder Post auf einem Flugdienst zwischen zwei Flughäfen der Gemeinschaft;

g) „Nur-Sitzplatz-Verkauf" den Verkauf ausschließlich von Sitzplätzen – ohne Zusatzleistungen wie Unterbringung – durch das Luftfahrtunternehmen, seine bevollmächtigten Agenturen oder einen Charterer unmittelbar an die Öffentlichkeit;

h) „betroffener Mitgliedstaat/betroffene Mitgliedstaaten" den oder die Mitgliedstaaten, in dem oder zwischen denen der betreffende Flugverkehr durchgeführt wird;

i) „beteiligter Mitgliedstaat/beteiligte Mitgliedstaaten" den oder die betroffenen Mitgliedstaaten und den oder die Mitgliedstaaten, in dem oder in denen den jeweiligen Luftfahrtunternehmen, die den Flugverkehr durchführen, eine Betriebserlaubnis erteilt wurde;

j) „Registrierungsstaat" den Mitgliedstaat, in dem die Betriebsgenehmigung gemäß Buchstabe b) ausgestellt worden ist;

k) „Flughafen" jeden Platz in einem Mitgliedstaat, der für den gewerblichen Luftverkehr offensteht;

l) „Regionalflughafen" jeden Flughafen, der nicht als Flughafen der Kategorie 1 im Verzeichnis des Anhangs I aufgeführt ist;

m) „Flughafensystem" zwei oder mehr Flughäfen, die, wie in Anhang II angegeben, als Einheit dieselbe Stadt oder dasselbe Ballungsgebiet bedienen;

n) „Kapazität" die Anzahl von Sitzplätzen, die im Linienflugverkehr auf einer Strecke während eines bestimmten Zeitraums jedermann angeboten werden;

o) „gemeinwirtschaftliche Verpflichtung" die Verpflichtung eines Luftfahrtunternehmen, auf Strecken, für die ihm ein Mitgliedstaat eine Genehmigung erteilt hat, alle erforderlichen Vorkehrungen zu treffen, damit der Flugverkehr auf diesen Strecken in bezug auf Kontinuität, Regelmäßigkeit, Kapazität und Preisgestaltung festen Standards genügt, die das Luftfahrtunternehmen unter rein wirtschaftlichen Gesichtspunkten nicht einhalten würde.

## Artikel 3

(1) Vorbehaltlich dieser Verordnung wird Luftfahrtunternehmen der Gemeinschaft von den betroffenen Mitgliedstaaten die Genehmigung erteilt, Verkehrsrechte auf Strecken in der Gemeinschaft auszuüben.

(2) Ungeachtet des Absatzes 1 ist ein Mitgliedstaat vor dem 1. April 1997 nicht gehalten, Luftfahrtunternehmen der Gemeinschaft, denen in einem anderen Mitgliedstaat eine Betriebsgenehmigung erteilt wurde, Kabotagerechte in seinem Hoheitsgebiet einzuräumen, sofern

i. die Verkehrsrechte nicht für einen Linienflugdienst in Anspruch genommen werden, der eine Erweiterung eines Flugdienstes von oder eine Vorstufe eines Flugdienstes nach dem Registrierungsstaat des Luftfahrtunternehmens darstellt;

ii. das Luftfahrtunternehmen für den Kabotageflugdienst mehr als 50 % seiner Kapazität einsetzt, die pro Flugplanperiode für den Flugdienst, dessen Erweiterung oder Vorstufe der Kabotageflugdienst bildet, vorhanden ist.

(3) Ein Luftfahrtunternehmen, das Kabotageflugdienste gemäß Absatz 2 betreibt, übermittelt dem oder den beteiligten Mitgliedstaaten auf Wunsch alle zur Durchführung der Bestimmungen jenes Absatzes erforderlichen Informationen.

(4) Ungeachtet des Absatzes 1 kann ein Mitgliedstaat vor dem 1. April 1997 ohne Diskriminierung aus Gründen der Staatsangehörigkeit des Eigentümers und der Identität des Luftfahrtunternehmens – gleichviel, ob dieses die betreffenden Strecken bereits bedient oder erst einen Antrag für diese Strecken gestellt hat – für Luftfahrtunternehmen, denen er eine Betriebsgenehmigung gemäß der Verordnung (EWG) Nr. 2407/92 erteilt hat, den Zugang zu Strecken innerhalb seines Hoheitsgebiets regeln; die sonstigen Rechtsvorschriften der Gemeinschaft, insbesondere die Wettbewerbsregeln, bleiben unberührt.

**Artikel 4**

(1) a) Ein Mitgliedstaat kann, nach Konsultationen mit den anderen betroffenen Mitgliedstaaten und nach Unterrichtung der Kommission und der auf dieser Strecke tätigen Luftfahrtunternehmen, im Linienflugverkehr zu einem Flughafen, der ein Rand- oder ein Entwicklungsgebiet seines Hoheitsgebiets bedient, oder auf einer wenig frequentierten Strecke zu einem Regionalflughafen seines Hoheitsgebiets – wobei die jeweilige Strecke für die wirtschaftliche Entwicklung des Gebiets, in dem der Flughafen liegt, als unabdingbar gilt und soweit dies für die angemessene Bedienung dieser Strecke im Linienflugverkehr erforderlich ist – gemeinwirtschaftliche Verpflichtungen auferlegen, die in bezug auf Kontinuität, Regelmäßigkeit, Kapazität und Preisgestaltung festen Standards genügen, die Luftfahrtunternehmen unter rein wirtschaftlichen Gesichtspunkten nicht einhalten würden. Die Kommission veröffentlicht gemeinwirtschaftliche Verpflichtungen im Amtsblatt der Europäischen Gemeinschaften.

b) Zur Beurteilung der Angemessenheit eines Linienflugverkehrs werden von den Mitgliedstaaten folgende Kriterien herangezogen:
   i. das öffentliche Interesse;
   ii. die Frage, ob – insbesondere für die Inselgebiete – auf andere Verkehrsarten zurückgegriffen werden kann und inwieweit diese Verkehrsarten den betreffenden Beförderungsbedarf decken können;
   iii. die den Benutzern angebotenen Flugpreise und Bedingungen;
   iv. das Angebot aller Luftfahrtunternehmen zusammen, die diese Strecke bedienen oder zu bedienen beabsichtigen.

c) Falls durch andere Verkehrsarten eine angemessene und ununterbrochene Bedienung einer Strecke nicht sichergestellt ist, können die betroffenen Mitgliedstaaten im Rahmen der gemeinwirtschaftlichen Verpflichtungen vorsehen, daß Luftfahrtunternehmen, die die Strecke bedienen wollen, eine Garantie dafür bieten müssen, daß sie die Strecke während eines festzulegenden Zeitraums entsprechend den sonstigen Bedingungen der gemeinwirtschaftlichen Verpflichtung bedienen werden.

d) Sofern auf einer Strecke noch kein Luftfahrtunternehmen den Linienflugverkehr entsprechend den für diese Strecke bestehenden gemeinwirtschaftlichen Verpflichtungen aufgenommen hat oder im Begriff ist aufzunehmen, kann ein Mitgliedstaat den Zugang zu dieser Strecke für die Dauer von bis zu drei Jahren einem einzigen Luftfahrtunternehmen vorbehalten; danach muß die Lage erneut geprüft werden. Das Recht zur Durchführung solcher Dienste wird im Wege der öffentlichen Ausschreibung allen Luftfahrtunternehmen der Gemeinschaft, die zur Durchführung solcher Verkehre berechtigt sind, für eine Strecke oder für mehrere solche Strecken angeboten.

Die Ausschreibung wird im Amtsblatt der Europäischen Gemeinschaften veröffentlicht, wobei die Frist für die Einreichung von Geboten mindestens einen Monat ab dem Tag der Veröffentlichung betragen muß. Die Gebote der Luftfahrtunternehmen werden den anderen betroffenen Mitgliedstaaten und der Kommission unverzüglich übermittelt.

e) Die Ausschreibung und der anschließende Vertrag müssen unter anderem die folgenden Punkte enthalten:
   i. die im Rahmen der gemeinwirtschaftlichen Verpflichtung einzuhaltenden Standards;
   ii. Regeln für die Änderung und Beendigung des Vertrages, insbesondere zur Berücksichtigung unvorhersehbarer Umstände;
   iii. die Geltungsdauer des Vertrages;
   iv. Strafen bei Vertragsverletzungen.

f) Der Zuschlag erfolgt möglichst rasch; dabei sind die Angemessenheit des Leistungsangebots einschließlich der den Benutzern angebotenen Preise und Bedingungen sowie die gegebenenfalls von dem oder den betroffenen Mitgliedstaaten zu zahlende Ausgleichsleistung zu berücksichtigen.

g) Unbeschadet des Buchstaben f) darf der Zuschlag frühestens zwei Monate nach dem Tag der Einreichung des Gebotes erfolgen, um den übrigen Mitgliedstaaten Gelegenheit zur Stellungnahme zu geben.

h) Ein Mitgliedstaat darf einem Luftfahrtunternehmen, das den Zuschlag gemäß Buchstabe f) erhalten hat, einen Ausgleich für die Einhaltung der Standards der nach diesem Absatz auferlegten gemeinwirtschaftlichen Verpflichtung leisten; die Höhe dieser Ausgleichsleistung richtet sich nach den mit dem Flugdienst verbundenen Kosten und Einnahmen.

i) Die Mitgliedstaaten treffen die erforderlichen Maßnahmen, um sicherzustellen, daß gemäß diesem Artikel getroffene Entscheidungen wirksam und insbesondere so rasch wie möglich überprüft werden können, wenn es um einen Verstoß dieser Entscheidungen gegen Gemeinschaftsrecht oder einzelstaatliche Durchführungsvorschriften geht.

j) Besteht eine gemeinwirtschaftliche Verpflichtung gemäß den Buchstaben a) und c), so dürfen Luftfahrtunternehmen Nur-Sitzplatz-Verkäufe nur anbieten, wenn der betreffende Flugdienst der gemeinwirtschaftlichen Verpflichtung in allen Punkten gerecht wird. Ein solcher Flugverkehr gilt als Linienflugverkehr.

k) Buchstabe d) gilt nicht, wenn ein anderer betroffener Mitgliedstaat für die Erfüllung der gleichen gemeinwirtschaftlichen Verpflichtung eine zufriedenstellende Alternativlösung anbietet.

(2) Absatz 1 Buchstabe d) gilt nicht für Strecken, auf denen durch andere Verkehrsarten eine angemessene und ununterbrochene Bedienung mit einer Kapazität von mehr als 30 000 Sitzplätzen pro Jahr gewährleistet werden kann.

(3) Die Kommission führt auf Antrag eines Mitgliedstaats, der der Auffassung ist, daß der Zugang zu einer Strecke durch Absatz 1 in unvertretbarer Weise eingeschränkt ist, oder von sich aus eine Untersuchung durch und entscheidet binnen zwei Monaten nach Antragseingang unter Berücksichtigung aller maßgeblichen Faktoren darüber, ob Absatz 1 für die betreffende Strecke weiterhin gelten soll.

(4) Die Kommission teilt dem Rat und den Mitgliedstaaten ihre Entscheidung mit. Jeder Mitgliedstaat kann den Rat binnen Monatsfrist mit der Entscheidung der Kommission befassen. Der Rat kann binnen Monatsfrist mit qualifizierter Mehrheit anders entscheiden.

## Artikel 5

Auf Inlandstrecken, für die zum Zeitpunkt des Inkrafttretens dieser Verordnung durch Gesetz oder Vertrag eine ausschließliche Genehmigung erteilt wurde und auf denen durch andere Verkehrsarten eine angemessene und ununterbrochene Bedienung nicht gewährleistet werden kann, darf diese Genehmigung bis zu ihrem Erlöschen, längstens jedoch für drei Jahre, weiterhin in Anspruch genommen werden.

## Artikel 6

(1) Abweichend von Artikel 3 kann ein Mitgliedstaat, sofern ein Luftfahrtunternehmen, dem er eine Betriebsgenehmigung erteilt hat, die Beförderung von Fluggästen im Linienflugverkehr mit Luftfahrzeugen mit höchstens 80 Sitzen auf einer neuen Strecke zwischen Regionalflughäfen mit einer Kapazität von höchstens 30 000 Sitzplätzen pro Jahr aufnimmt, anderen Luftfahrtunternehmen für die Dauer von zwei Jahren die Durchführung dieses Linienflugverkehrs verweigern, es sei denn, daß hierfür Luftfahrzeuge mit höchstens 80 Sitzen eingesetzt oder zwischen den betreffenden Flughäfen auf jedem Flug höchstens 80 Sitzplätze zum Verkauf angeboten werden.

(2) Artikel 4 Absätze 3 und 4 findet auf Absatz 1 dieses Artikels Anwendung.

**Artikel 7**

Die betroffenen Mitgliedstaaten erteilen Luftfahrtunternehmen der Gemeinschaft die Erlaubnis, Flugdienste betrieblich zu verbinden und die gleiche Flugnummer zu verwenden.

**Artikel 8**

(1) Diese Verordnung berührt nicht das Recht eines Mitgliedstaats, ohne Diskriminierung aus Gründen der Staatsangehörigkeit oder der Identität des Luftfahrtunternehmens die Aufteilung des Verkehrs auf die einzelnen Flughäfen eines Flughafensystems zu regeln.

(2) Die Ausübung von Verkehrsrechten unterliegt den veröffentlichten gemeinschaftlichen, einzelstaatlichen, regionalen oder örtlichen Vorschriften in den Bereichen Sicherheit, Umweltschutz und Zuweisung von Start- und Landezeiten.

(3) Die Kommission prüft auf Antrag eines Mitgliedstaats oder von sich aus die Anwendung der Absätze 1 und 2 und entscheidet innerhalb eines Monats ab Antragseingang nach Anhörung des in Artikel 11 genannten Ausschusses darüber, ob der Mitgliedstaat die Maßnahme weiterhin anwenden darf. Die Kommission teilt dem Rat und den Mitgliedstaaten ihre Entscheidung mit.

(4) Jeder Mitgliedstaat kann den Rat binnen Monatsfrist mit der Entscheidung der Kommission befassen. Der Rat kann binnen Monatsfrist mit qualifizierter Mehrheit unter außergewöhnlichen Umständen anders entscheiden.

(5) Beschließt ein Mitgliedstaat die Einrichtung eines neuen Flughafensystems oder Änderungen an einem bestehenden Flughafensystem, so teilt er dies den übrigen Mitgliedstaaten und der Kommission mit. Hat sich die Kommission davon überzeugt, daß die Flughäfen als ein zusammenhängendes System dieselbe Stadt oder dasselbe Ballungsgebiet bedienen, so veröffentlicht sie einen überarbeiteten Anhang II im Amtsblatt der Europäischen Gemeinschaften.

**Artikel 9**

(1) Im Fall von ernsthafter Überlastung und/oder Umweltproblemen kann der verantwortliche Mitgliedstaat vorbehaltlich dieses Artikels die Ausübung von Verkehrsrechten von bestimmten Bedingungen abhängig machen, einschränken oder verweigern, insbesondere wenn andere Verkehrsträger Dienstleistungen in ausreichendem Umfang zur Verfügung stellen können.

(2) Maßnahmen, die von einem Mitgliedstaat gemäß Absatz 1 ergriffen werden,

– dürfen keine Diskriminierung aus Gründen der Staatsangehörigkeit oder der Identität von Luftfahrtunternehmen beinhalten;

– haben eine begrenzte Geltungsdauer, die drei Jahre nicht überschreiten darf, und sind nach deren Ablauf zu überprüfen;

– dürfen die Ziele dieser Verordnung nicht unangemessen beeinträchtigen;

– dürfen den Wettbewerb zwischen Luftfahrtunternehmen nicht unangemessen verzerren;

– dürfen nicht einschränkender sein, als zur Lösung der Probleme erforderlich ist.

(3) Hält ein Mitgliedstaat eine Maßnahme gemäß Absatz 1 für erforderlich, so unterrichtet er die übrigen Mitgliedstaaten und die Kommission mindestens drei Monate vor dem Inkrafttreten der Maßnahme mit einer entsprechenden Begründung. Die Maßnahme kann durchgeführt werden, sofern nicht ein betroffener Mitgliedstaat die Maßnahme binnen einem Monat nach Unterrichtung anficht oder die Kommission sie zur weiteren Prüfung nach Absatz 4 aufgreift.

(4) Die Kommission prüft auf Antrag eines Mitgliedstaats oder von sich aus die Maßnahme gemäß Absatz 1. Greift die Kommission innerhalb eines Monats nach Unterrichtung gemäß Absatz 3 die Maßnahme zur weiteren Prüfung auf, so gibt sie gleichzeitig an, ob die Maßnahme während der Prüfung ganz oder teilweise durchgeführt werden kann, wobei insbesondere die Möglichkeit unumkehrbarer Folgen zu berücksichtigen ist.

Nach Anhörung des in Artikel 11 genannten Ausschusses entscheidet die Kommission einen Monat nach Erhalt aller erforderlichen Informationen, ob die Maßnahme angemessen ist und im Einklang mit dieser Verordnung steht bzw. mit anderen Gemeinschaftsvorschriften vereinbar ist. Sie teilt ihre Entscheidung dem Rat und den Mitgliedstaaten mit. Bis zu dieser Entscheidung kann die Kommission über Übergangsmaßnahmen beschließen, die auch die völlige oder teilweise Aussetzung der Maßnahme umfassen können, wobei insbesondere die Möglichkeit unumkehrbarer Folgen zu berücksichtigen ist.

(5) Abweichend von den Absätzen 3 und 4 darf ein Mitgliedstaat im Fall plötzlich auftretender kurzfristiger Probleme die erforderlichen Maßnahmen ergreifen, sofern diese mit Absatz 2 vereinbar sind. Die Kommission und die Mitgliedstaaten sind unverzüglich mit der entsprechenden Begründung von diesen Maßnahmen zu unterrichten. Dauern die Probleme, die diese Maßnahmen erforderlich machen, länger als 14 Tage an, muß der Mitgliedstaat dies der Kommission und den übrigen Mitgliedstaaten mitteilen und darf die Maßnahme nach Zustimmung der Kommission für weitere Zeiträume von jeweils bis zu 14 Tagen fortführen. Die Kommission kann auf Antrag des oder der Mitgliedstaaten oder von sich aus diese Maßnahme aussetzen, wenn diese die Anforderungen nach den Absätzen 1 und 2 nicht erfüllen oder mit anderen Gemeinschaftsvorschriften nicht vereinbar ist.

(6) Jeder Mitgliedstaat kann den Rat binnen Monatsfrist mit der Entscheidung der Kommission gemäß Absatz 4 oder 5 befassen. Dieser kann binnen Monatsfrist mit qualifizierter Mehrheit unter außergewöhnlichen Umständen anders entscheiden.

(7) Wird durch eine nach diesem Artikel getroffene Entscheidung eines Mitgliedstaats die Tätigkeit eines Luftfahrtunternehmens der Gemeinschaft auf einer innergemeinschaftlichen Strecke eingeschränkt, so gelten dieselben Bedingungen oder Beschränkungen für alle übrigen Luftfahrtunternehmen der Gemeinschaft auf derselben Strecke. Beinhaltet die Entscheidung die Ablehnung neuer oder zusätzlicher Dienste, so werden alle Anträge von Luftfahrtunternehmen der Gemeinschaft für neue oder zusätzliche Dienste auf dieser Strecke in gleicher Weise behandelt.

(8) Unbeschadet des Artikels 8 Absatz 1 darf ein Mitgliedstaat – außer mit der Zustimmung des oder der beteiligten Mitgliedstaaten – einem Luftfahrtunternehmen nicht gestatten, zwischen einem bestimmten Flughafen in seinem Hoheitsgebiet und einem anderen Mitgliedstaat

a) einen neuen Flugdienst einzurichten oder
b) die Flugfrequenz eines bestehenden Flugdienstes zu erhöhen, solange es einem Luftfahrtunternehmen, dem von dem betreffenden anderen Mitgliedstaat die Betriebsgenehmigung erteilt worden ist, auf der Grundlage der Regeln über die Zuweisung von Start- und Landezeiten nach Artikel 8 Absatz 2 nicht erlaubt ist, einen neuen Flugdienst zu dem betreffenden Flughafen einzurichten oder die Flugfrequenz bereits bestehender Flugdienste zu diesem Flughafen zu erhöhen; dies gilt, bis eine Verordnung über einen Verhaltenskodex für die Zuweisung von Start- und Landezeiten, der auf dem allgemeinen Grundsatz der Nichtdiskriminierung aus Gründen der Staatsangehörigkeit beruht, vom Rat erlassen und in Kraft getreten ist.

### Artikel 10

(1) Für Flugdienste gemäß dieser Verordnung gelten nur noch die in den Artikeln 8 und 9 sowie in diesem Artikel angeführten Kapazitätsbeschränkungen.

(2) Hat die Anwendung von Absatz 1 zu einer erheblichen finanziellen Schädigung des oder der in einem Mitgliedstaat zugelassenen Linienflugunternehmen geführt, so prüft die Kommission auf Antrag dieses Mitgliedstaats den Sachverhalt und entscheidet auf der Grundlage aller maßgeblichen Faktoren, einschließlich der Marktlage und insbesondere der Frage, ob die Chancen von Luftfahrtunternehmen dieses Mitgliedstaats, sich erfolgreich auf dem Markt zu behaupten, in der gegebenen Situation übermäßig beeinträchtigt sind, sowie der finanziellen Lage des oder der betreffenden Luftfahrtunter-

nehmen und des erzielten Auslastungsgrads, ob die Kapazität im Linienflugverkehr von und nach diesem Staat vorübergehend eingefroren werden soll.

(3) Die Kommission teilt ihre Entscheidung dem Rat und den Mitgliedstaaten mit. Jeder Mitgliedstaat kann den Rat binnen Monatsfrist mit der Entscheidung der Kommission befassen. Dieser kann binnen Monatsfrist mit qualifizierter Mehrheit unter außergewöhnlichen Umständen anders entscheiden.

**Artikel 11**

(1) Die Kommission wird von einem Ausschuss unterstützt.

(2) Der Ausschuss berät die Kommission bei der Anwendung der Artikel 9 und 10.

(3) Im Übrigen kann der Ausschuss von der Kommission zu jeder anderen Frage angehört werden, die die Anwendung dieser Verordnung betrifft.

(4) Wird auf diesen Artikel Bezug genommen, so gelten die Artikel 3 und 7 des Beschlusses 1999/468/EG[1)] unter Beachtung von dessen Artikel 8.

(5) Der Ausschuss gibt sich eine Geschäftsordnung.

**Artikel 12**

(1) Die Kommission kann zur Erfüllung der ihr durch diese Verordnung übertragenen Aufgaben von den betroffenen Mitgliedstaaten alle erforderlichen Auskünfte einholen; diese haben sicherzustellen, daß Luftfahrtunternehmen, denen sie eine Betriebsgenehmigung erteilt haben, solche Auskünfte ebenfalls erteilen

(2) Werden die verlangten Auskünfte innerhalb der von der Kommission festgesetzten Frist nicht oder nicht vollständig erteilt, so fordert die Kommission diese im Wege einer an den betroffenen Mitgliedstaat gerichteten Entscheidung an. Die Entscheidung bezeichnet die verlangten Auskünfte und setzt eine angemessene Frist für deren Erteilung.

**Artikel 13**

Die Kommission veröffentlicht bis zum 1. April 1994 und anschließend in regelmäßigen Abständen einen Bericht über die Durchführung dieser Verordnung.

**Artikel 14**

(1) Die Mitgliedstaaten und die Kommission arbeiten bei der Durchführung dieser Verordnung zusammen.

(2) Die in Anwendung dieser Verordnung erteilten vertraulichen Auskünfte unterliegen der Geheimhaltungspflicht.

**Artikel 15**

Die Verordnungen (EWG) Nr. 2343/90 und (EWG) Nr. 294/91 werden mit Ausnahme des Artikels 2 Buchstabe e) Ziffer ii) und des Anhangs I der Verordnung (EWG) Nr. 2343/90, in der Auslegung des Anhangs III der vorliegenden Verordnung, sowie des Artikels 2 Buchstabe b) und des Anhangs der Verordnung (EWG) Nr. 294/91 aufgehoben.

**Artikel 16**

Diese Verordnung tritt am 1. Januar 1993 in Kraft.

Diese Verordnung ist in allen ihren Teilen verbindlich und gilt unmittelbar in jedem Mitgliedstaat.

---

1) **Amtl. Anm.:** Beschluss 1999/468/EG des Rates vom 28. Juni 1999 zur Festlegung der Modalitäten für die Ausübung der der Kommission übertragenen Durchführungsbefugnisse (ABl L 184 vom 17.7.1999, S. 23).

### g) Verordnung (EG) Nr. 550/2004 des Europäischen Parlaments und des Rates vom 10. März 2004 über die Erbringung von Flugsicherungsdiensten im einheitlichen europäischen Luftraum („Flugsicherungsdienste-Verordnung") (VO EG Nr. 550/2004)

v. 31. 3. 2004 (ABl Nr. L 96 S. 10)

## Kapitel I: Allgemeine Bestimmungen

### Artikel 1 Ziel und Geltungsbereich

(1) Im Geltungsbereich der Rahmenverordnung betrifft die vorliegende Verordnung die Erbringung von Flugsicherungsdiensten im einheitlichen europäischen Luftraum. Ziel dieser Verordnung ist die Festlegung gemeinsamer Anforderungen für eine sichere und effiziente Erbringung von Flugsicherungsdiensten in der Gemeinschaft.

(2) Diese Verordnung gilt für die Erbringung von Flugsicherungsdiensten für den allgemeinen Flugverkehr nach Maßgabe und im Rahmen des Geltungsbereichs der Rahmenverordnung.

### Artikel 2 Aufgaben der nationalen Aufsichtsbehörden

(1) Die in Artikel 4 der Rahmenverordnung genannten nationalen Aufsichtsbehörden gewährleisten eine angemessene Beaufsichtigung bei der Anwendung dieser Verordnung, insbesondere hinsichtlich des sicheren und effizienten Betriebs von Flugsicherungsorganisationen, die Dienste im Zusammenhang mit dem Luftraum erbringen, für den der Mitgliedstaat zuständig ist, der die betreffende Behörde benannt oder errichtet hat.

(2) Zu diesem Zweck veranlasst jede nationale Aufsichtsbehörde geeignete Inspektionen und Erhebungen, um die Erfüllung der Anforderungen dieser Verordnung zu überprüfen. Die betroffenen Flugsicherungsorganisationen erleichtern die Durchführung dieser Arbeiten.

(3) Im Falle funktionaler Luftraumblöcke, die sich über einen Luftraum erstrecken, für den mehr als ein Mitgliedstaat zuständig ist, schließen die betroffenen Mitgliedstaaten eine Vereinbarung über die in diesem Artikel vorgesehene Beaufsichtigung der Flugsicherungsorganisationen, die Dienste im Zusammenhang mit diesen funktionalen Luftraumblöcken erbringen. Die Mitgliedstaaten können eine Vereinbarung über die in diesem Artikel vorgesehene Beaufsichtigung einer Flugsicherungsorganisation schließen, die Dienste in einem anderen Mitgliedstaat als dem erbringt, in dem sich die Hauptbetriebsstätte der Flugsicherungsorganisation befindet.

(4) Die nationalen Aufsichtsbehörden treffen geeignete Vorkehrungen für eine enge Zusammenarbeit untereinander, um eine angemessene Beaufsichtigung von Flugsicherungsorganisationen sicherzustellen, die im Besitz eines gültigen Zeugnisses eines Mitgliedstaats sind und auch Dienste in Bezug auf den Luftraum erbringen, für den ein anderer Mitgliedstaat zuständig ist. Diese Zusammenarbeit umfasst auch Regelungen für das Vorgehen in Fällen, in denen eine Nichteinhaltung der geltenden gemeinsamen Anforderungen nach Artikel 6 oder der Bedingungen nach Anhang II vorliegt.

### Artikel 3 Anerkannte Organisationen

(1) Die nationalen Aufsichtsbehörden können entscheiden, anerkannte Organisationen, die die Anforderungen des Anhangs I erfüllen, ganz oder teilweise mit der Durchführung der in Artikel 2 Absatz 2 genannten Inspektionen und Erhebungen zu beauftragen.

(2) Eine von einer nationalen Aufsichtsbehörde erteilte Anerkennung gilt gemeinschaftsweit für einen verlängerbaren Zeitraum von drei Jahren. Die nationalen Aufsichtsbehörden können jede anerkannte Organisation mit Sitz in der Gemeinschaft mit der Durchführung der genannten Inspektionen und Erhebungen beauftragen.

**Artikel 4  Sicherheitsanforderungen**

Die Kommission bestimmt und billigt nach dem in Artikel 5 Absatz 3 der Rahmenverordnung genannten Verfahren die im Rahmen des Geltungsbereichs der vorliegenden Verordnung relevanten Eurocontrol-Sicherheitsanforderungen (Eurocontrol Safety Regulatory Requirements, ESARR) und nachfolgenden Änderungen dieser Anforderungen, die nach dem Gemeinschaftsrecht verbindlich sein sollen. Die Veröffentlichung im *Amtsblatt der Europäischen Union* erfolgt in Form einer Verweisung auf diese ESARR-Anforderungen.

**Artikel 5  Zulassung von Fluglotsen**

Die Kommission legt dem Europäischen Parlament und dem Rat zum frühestmöglichen Zeitpunkt nach dem Inkrafttreten dieser Verordnung, sofern dies angezeigt ist, einen Vorschlag zur Zulassung von Fluglotsen vor.

## Kapitel II:  Regeln für die Erbringung von Diensten

**Artikel 6  Gemeinsame Anforderungen**

Gemeinsame Anforderungen für die Erbringung von Flugsicherungsdiensten werden nach dem in Artikel 5 Absatz 3 der Rahmenverordnung genannten Verfahren festgelegt. Die gemeinsamen Anforderungen umfassen folgende Punkte:
- technische und betriebliche Fähigkeiten und Eignung;
- Systeme und Verfahren für das Sicherheits- und Qualitätsmanagement;
- Meldesysteme;
- Qualität der Dienste;
- Finanzkraft;
- Haftung und Versicherungsschutz;
- Eigentums- und Organisationsstruktur, einschließlich der Vermeidung von Interessenkonflikten;
- Personal, einschließlich einer angemessenen Personalplanung;
- Sicherheit.

**Artikel 7  Zertifizierung von Flugsicherungsorganisationen**

(1) Die Erbringung jeglicher Flugsicherungsdienste in der Gemeinschaft unterliegt einer Zertifizierung durch die Mitgliedstaaten.

(2) Die Anträge auf Zertifizierung sind bei der nationalen Aufsichtsbehörde des Mitgliedstaats zu stellen, in dem der Antragsteller seine Hauptbetriebsstätte und gegebenenfalls seinen eingetragenen Sitz hat.

(3) Die nationalen Aufsichtsbehörden erteilen den Flugsicherungsorganisationen Zeugnisse, sofern diese die in Artikel 6 genannten gemeinsamen Anforderungen erfüllen. Zeugnisse können einzeln für jede Kategorie von Flugsicherungsdiensten gemäß der Definition in Artikel 2 der Rahmenverordnung oder für ein Bündel solcher Dienste erteilt werden; dies gilt auch für die Fälle, in denen eine Flugsicherungsorganisation ungeachtet ihres rechtlichen Status ihre eigenen Kommunikations-, Navigations- und Überwachungssysteme betreibt und instand hält. Die Zeugnisse werden regelmäßig überprüft.

(4) In den Zeugnissen sind die Rechte und Pflichten der Flugsicherungsorganisationen anzugeben, einschließlich des diskriminierungsfreien Zugangs zu Diensten für Luftraumnutzer, unter besonderer Berücksichtigung des Sicherheitsaspekts. Die Zertifizierung kann lediglich an die in Anhang II genannten Bedingungen geknüpft werden. Die Bedingungen müssen sachlich gerechtfertigt, diskriminierungsfrei, verhältnismäßig und transparent sein.

(5) Unbeschadet des Absatzes 1 können die Mitgliedstaaten die Erbringung von Flugsicherungsdiensten im gesamten ihrer Zuständigkeit unterstehenden Luftraum oder ei-

nem Teil davon ohne Zertifizierung zulassen, wenn der Erbringer dieser Dienste diese in erster Linie für Luftfahrzeugbewegungen außerhalb des allgemeinen Flugverkehrs anbietet. In diesen Fällen unterrichtet der betreffende Mitgliedstaat die Kommission und die anderen Mitgliedstaaten über seine Entscheidung und über die Maßnahmen, die zur Sicherstellung einer größtmöglichen Einhaltung der gemeinsamen Anforderungen getroffen wurden.

(6) Unbeschadet des Artikels 8 und vorbehaltlich des Artikels 9 eröffnet die Erteilung eines Zeugnisses den Flugsicherungsorganisationen die Möglichkeit, ihre Dienstleistungen anderen Flugsicherungsorganisationen, Luftraumnutzern und Flughäfen in der Gemeinschaft anzubieten.

(7) Die nationalen Aufsichtsbehörden überwachen die Einhaltung der gemeinsamen Anforderungen und der an die Zeugnisse geknüpften Bedingungen. Die Einzelheiten dieser Überwachung werden in die jährlichen Berichte aufgenommen, die die Mitgliedstaaten gemäß Artikel 12 Absatz 1 der Rahmenverordnung vorlegen. Stellt eine nationale Aufsichtsbehörde fest, dass der Inhaber eines Zeugnisses diese Anforderungen oder Bedingungen nicht mehr erfüllt, so trifft sie unter Gewährleistung der Aufrechterhaltung der Dienste geeignete Maßnahmen. Diese Maßnahmen können den Entzug des Zeugnisses einschließen.

(8) Ein Mitgliedstaat erkennt das in einem anderen Mitgliedstaat gemäß diesem Artikel erteilte Zeugnis an.

(9) Unter außergewöhnlichen Umständen können die Mitgliedstaaten den Zeitpunkt, zu dem sie diesem Artikel nachkommen, über die in Artikel 19 Absatz 2 genannte Frist hinaus um sechs Monate verschieben. Die Mitgliedstaaten teilen der Kommission eine derartige Verlängerung unter Angabe der Gründe mit.

### Artikel 8    Benennung von Dienstleistern für Flugverkehrsdienste

(1) Die Mitgliedstaaten sorgen für die Erbringung von Flugverkehrsdiensten auf ausschließlicher Grundlage innerhalb bestimmter Luftraumblöcke in Bezug auf den Luftraum in ihrem Zuständigkeitsbereich. Hierzu benennen die Mitgliedstaaten einen Dienstleister für Flugverkehrsdienste, der im Besitz eines in der Gemeinschaft gültigen Zeugnisses ist.

(2) Die Mitgliedstaaten legen die Rechte und Pflichten der benannten Dienstleister fest. Die Pflichten können Bedingungen für die zeitnahe Bereitstellung relevanter Informationen umfassen, die zur Identifizierung aller Luftfahrzeugbewegungen im Luftraum in ihrem Zuständigkeitsbereich geeignet sind.

(3) Es liegt im Ermessen der Mitgliedstaaten, einen Dienstleister auszuwählen, sofern dieser die in den Artikeln 6 und 7 genannten Anforderungen und Bedingungen erfüllt.

(4) In Bezug auf funktionale Luftraumblöcke, die nach Artikel 5 der Luftraum-Verordnung festgelegt wurden und sich über den Luftraum im Zuständigkeitsbereich mehrerer Mitgliedstaaten erstrecken, benennen die betreffenden Mitgliedstaaten spätestens einen Monat vor der Umsetzung des Luftraumblocks gemeinsam einen oder mehrere Dienstleister für Flugverkehrsdienste.

(5) Die Mitgliedstaaten unterrichten die Kommission und die anderen Mitgliedstaaten unverzüglich über alle im Rahmen dieses Artikels getroffenen Entscheidungen hinsichtlich der Benennung von Dienstleistern für Flugverkehrsdienste innerhalb bestimmter Luftraumblöcke in Bezug auf den Luftraum in ihrem Zuständigkeitsbereich.

### Artikel 9    Benennung von Dienstleistern für Wetterdienste

(1) Die Mitgliedstaaten können einen Dienstleister für Wetterdienste benennen, der die Gesamtheit oder einen Teil der Wetterdaten auf ausschließlicher Grundlage in Bezug auf die Gesamtheit oder einen Teil des Luftraums in ihrem Zuständigkeitsbereich bereitstellt; hierbei sind Sicherheitserwägungen zu berücksichtigen.

(2) Die Mitgliedstaaten unterrichten die Kommission und die anderen Mitgliedstaaten unverzüglich über alle im Rahmen dieses Artikels getroffenen Entscheidungen hinsichtlich der Benennung eines Dienstleisters für Wetterdienste.

**Artikel 10   Beziehungen zwischen Dienstleistern**

(1) Flugsicherungsorganisationen können die Dienste anderer in der Gemeinschaft zertifizierter Dienstleister in Anspruch nehmen.

(2) Die Flugsicherungsorganisationen formalisieren ihre Arbeitsbeziehungen durch schriftliche Vereinbarungen oder gleichwertige rechtliche Abmachungen, in denen die besonderen Aufgaben und Funktionen festgelegt sind, die die einzelnen Dienstleister übernehmen, und die einen Austausch von Betriebsdaten zwischen sämtlichen Dienstleistern im Hinblick auf den allgemeinen Flugverkehr ermöglichen. Diese Vereinbarungen oder Abmachungen werden der bzw. den betreffenden nationalen Aufsichtsbehörden mitgeteilt.

(3) In Fällen, in denen die Erbringung von Flugverkehrsdiensten betroffen ist, ist die Zustimmung der betreffenden Mitgliedstaaten erforderlich. In Fällen, in denen die Erbringung von Wetterdiensten betroffen ist, ist die Zustimmung der betreffenden Mitgliedstaaten erforderlich, falls sie einen Dienstleister auf ausschließlicher Grundlage gemäß Artikel 9 Absatz 1 benannt haben.

**Artikel 11   Beziehungen zu militärischen Stellen**

Die Mitgliedstaaten ergreifen im Rahmen der gemeinsamen Verkehrspolitik die notwendigen Maßnahmen, um sicherzustellen, dass zwischen den zuständigen zivilen und militärischen Stellen schriftliche Vereinbarungen oder gleichwertige rechtliche Abmachungen für die Verwaltung bestimmter Luftraumblöcke geschlossen werden.

**Artikel 12   Transparenz der Rechnungslegung**

(1) Ungeachtet ihrer Eigentumsverhältnisse oder Rechtsform erstellen und veröffentlichen Flugsicherungsorganisationen ihre Rechnungslegung und lassen diese von einer unabhängigen Stelle prüfen. Die Rechnungslegung muss den von der Gemeinschaft angenommenen internationalen Rechnungslegungsstandards entsprechen. Wenn aufgrund des Rechtsstatus des Dienstleisters eine uneingeschränkte Einhaltung der internationalen Rechnungslegungsstandards nicht möglich ist, hat der Dienstleister eine weitest mögliche Einhaltung anzustreben.

(2) Auf jeden Fall veröffentlichen Flugsicherungsorganisationen einen jährlichen Geschäftsbericht und unterziehen sich regelmäßig einer unabhängigen Prüfung.

(3) Erbringen Flugsicherungsorganisationen Dienstebündel, so weisen sie in ihren internen Konten die jeweiligen Kosten und Einnahmen für die Flugsicherungsdienste aus, und zwar untergliedert gemäß den Grundsätzen zur Festsetzung der Gebührenerhebungsgrundlage für Streckennavigationsdienste und zur Berechnung der Gebührensätze von Eurocontrol, und führen gegebenenfalls konsolidierte Konten für andere, nicht flugsicherungsbezogene Dienste, wie dies erforderlich wäre, wenn die betreffenden Dienste von verschiedenen Unternehmen erbracht würden.

(4) Die Mitgliedstaaten benennen die zuständigen Behörden, die berechtigt sind, die Rechnungslegung von Dienstleistern einzusehen, die Dienste in Bezug auf den Luftraum in ihrem Zuständigkeitsbereich erbringen.

(5) Die Mitgliedstaaten können die Übergangsbestimmungen des Artikels 9 der Verordnung (EG) Nr. 1606/2002 des Europäischen Parlaments und des Rates vom 19. Juli 2002 betreffend die Anwendung internationaler Rechnungslegungsstandards[1] auf Flugsicherungsorganisationen anwenden, die in den Geltungsbereich der genannten Verordnung fallen.

**Artikel 13   Zugang zu Daten und Datenschutz**

(1) Im Hinblick auf den allgemeinen Flugverkehr sind relevante Betriebsdaten zur Erfüllung der betrieblichen Erfordernisse der Beteiligten in Echtzeit zwischen allen Flug-

---

1) **Amtl. Anm.:** ABl L 243 vom 11. 9. 2002, S. 1.

sicherungsorganisationen, Luftraumnutzern und Flughäfen auszutauschen. Die Daten dürfen nur für Betriebszwecke verwendet werden.

(2) Der Zugang zu relevanten Betriebsdaten wird den zuständigen Behörden, zertifizierten Flugsicherungsorganisationen, Luftraumnutzern und Flughäfen diskriminierungsfrei eingeräumt.

(3) Zertifizierte Flugsicherungsorganisationen, Luftraumnutzer und Flughäfen legen Standardbedingungen für den Zugang zu ihren anderen relevanten Betriebsdaten, die nicht von Absatz 1 erfasst werden, fest. Diese Standardbedingungen sind von den nationalen Aufsichtsbehörden zu genehmigen. Die Einzelbestimmungen für derartige Bedingungen werden gegebenenfalls nach dem in Artikel 5 Absatz 3 der Rahmenverordnung genannten Verfahren festgelegt.

## Kapitel III: Gebührenregelungen

### Artikel 14   Allgemeines

Es wird eine Gebührenregelung für Flugsicherungsdienste gemäß den Anforderungen der Artikel 15 und 16 ausgearbeitet, die zu größerer Transparenz hinsichtlich der Festlegung, Auferlegung und Durchsetzung von Gebühren für Luftraumnutzer beiträgt. Die Gebührenregelung muss mit Artikel 15 des Abkommens von Chicago über die internationale Zivilluftfahrt von 1944 und mit dem Gebührensystem von Eurocontrol für Streckennavigationsgebühren in Einklang stehen.

### Artikel 15   Grundsätze

(1) Die Gebührenregelung beinhaltet die Erfassung der Kosten von Flugsicherungsdiensten, die Flugsicherungsorganisationen bei ihrer Tätigkeit für Luftraumnutzer entstehen. Die Regelung ordnet diese Kosten den Nutzerkategorien zu.

(2) Bei der Festlegung der Erhebungsgrundlage für Gebühren sind die folgenden Grundsätze anzuwenden:

a) Die auf die Luftraumnutzer aufzuteilenden Kosten sind die gesamten Kosten der Erbringung von Flugsicherungsdiensten, einschließlich einer angemessenen Verzinsung von Anlageinvestitionen und Abschreibung von Vermögensgegenständen, sowie die Kosten der Instandhaltung, des Betriebs, der Leitung und der Verwaltung.

b) Die in diesem Zusammenhang zu berücksichtigenden Kosten sind die anfallenden Kosten bezüglich der Einrichtungen und Dienste, die gemäß dem regionalen ICAO-Flugsicherungsplan (ICAO Regional Air Navigation Plan), europäische Region, bereitgestellt und betrieben werden. Sie können auch die den nationalen Aufsichtsbehörden und/oder anerkannten Organisationen entstehenden Kosten sowie andere Kosten umfassen, die dem jeweiligen Mitgliedstaat und Dienstleister in Bezug auf die Erbringung von Flugsicherungsdiensten entstehen.

c) Die Kosten unterschiedlicher Flugsicherungsdienste sind gemäß Artikel 12 Absatz 3 getrennt anzugeben.

d) Eine Quersubventionierung zwischen unterschiedlichen Flugsicherungsdiensten ist nur bei Vorliegen objektiver Gründen zulässig und sofern sie eindeutig ausgewiesen wird.

e) Die Transparenz der Erhebungsgrundlage für Gebühren ist zu gewährleisten. Es sind Durchführungsvorschriften für die Bereitstellung von Informationen durch die Dienstleister festzulegen, damit die Prognosen, Ist-Kosten und Erträge der Dienstleister geprüft werden können. Informationen sind regelmäßig zwischen den nationalen Aufsichtsbehörden, Dienstleistern, Luftraumnutzern, der Kommission und Eurocontrol auszutauschen.

(3) Unbeschadet des Gebührensystems von Eurocontrol für Streckennavigationsgebühren beachten die Mitgliedstaaten bei der Festlegung der Gebühren gemäß Absatz 2 die folgenden Grundsätze:

a) Gebühren für die Verfügbarkeit von Flugsicherungsdiensten sind zu diskriminierungsfreien Bedingungen festzulegen. Bei den Gebühren, die verschiedenen Luftraumnutzern für die Nutzung desselben Dienstes auferlegt werden, darf nicht nach der Staatszugehörigkeit oder der Kategorie des Luftraumnutzers unterschieden werden.
b) Eine Freistellung bestimmter Nutzer, insbesondere von Leichtflugzeugen und Staatsluftfahrzeugen, ist zulässig, sofern die hierdurch entstehenden Kosten nicht an andere Nutzer weitergegeben werden.
c) Flugsicherungsdienste können Erträge erwirtschaften, mit denen eine Überdeckung aller direkten und indirekten Betriebskosten erzielt wird und die eine angemessene Kapitalverzinsung ergeben, die zu notwendigen Anlageinvestitionen beitragen kann.
d) Die Gebühren müssen die Kosten der Flugsicherungsdienste und -einrichtungen, die für die Luftraumnutzer bereitgestellt werden, widerspiegeln; der relativen produktiven Kapazität der verschiedenen betroffenen Luftfahrzeugtypen ist dabei Rechnung zu tragen.
e) Die Gebühren müssen eine sichere, effiziente und wirksame Erbringung von Flugsicherungsdiensten im Hinblick auf ein hohes Sicherheitsniveau und im Hinblick auf Kosteneffizienz und eine integrierte Erbringung von Diensten fördern. Zu diesem Zweck kann über die Gebühren Folgendes bewirkt werden:
  – Mechanismen, einschließlich Anreizen, die als finanzielle Vor- und Nachteile ausgestaltet sind, mit denen Flugsicherungsorganisationen und/oder Luftraumnutzer veranlasst werden, unter Beibehaltung eines optimalen Sicherheitsniveaus Verbesserungen der Verkehrsflussregelung, wie Kapazitätserhöhungen und Abbau von Verspätungen, zu fördern. Die Entscheidung, ob diese Mechanismen zur Anwendung kommen, verbleibt ausschließlich in der Zuständigkeit jedes einzelnen Mitgliedstaats;
  – Einnahmen zugunsten von Vorhaben, mit denen bestimmte Kategorien von Luftraumnutzern und/oder Flugsicherungsorganisationen unterstützt werden sollen, um so die kollektive Infrastruktur für die Flugsicherung, die Erbringung von Flugsicherungsdiensten und die Luftraumnutzung zu verbessern.

(4) Die Durchführungsvorschriften für die unter die Absätze 1, 2 und 3 fallenden Bereiche werden nach dem Verfahren des Artikels 8 der Rahmenverordnung festgelegt.

## Artikel 16  Überprüfung der Gebühren

(1) Die Kommission trägt dafür Sorge, dass die Einhaltung der in Artikel 14 und 15 genannten Grundsätze und Regeln in Zusammenarbeit mit den Mitgliedstaaten fortlaufend überprüft wird. Die Kommission ist bestrebt, die notwendigen Verfahren einzurichten, um auf die Fachkompetenz von Eurocontrol zurückzugreifen.

(2) Die Kommission führt auf Antrag eines oder mehrerer Mitgliedstaaten, die der Auffassung sind, dass die genannten Grundsätze und Regeln nicht ordnungsgemäß angewendet wurden, oder von sich aus eine Untersuchung der behaupteten Nichteinhaltung oder Nichtanwendung der betreffenden Grundsätze und/oder Regeln durch. Innerhalb von zwei Monaten nach Erhalt eines Antrags und nach Anhörung des betreffenden Mitgliedstaats und des Ausschusses für den einheitlichen Luftraum nach dem in Artikel 5 Absatz 2 der Rahmenverordnung genannten Verfahren trifft die Kommission eine Entscheidung über die Anwendung der Artikel 14 und 15 und darüber, ob die betreffende Praxis weiterhin angewendet werden darf.

(3) Die Kommission richtet ihre Entscheidung an die Mitgliedstaaten und unterrichtet den Dienstleister hiervon, soweit er rechtlich betroffen ist. Jeder Mitgliedstaat kann den Rat innerhalb eines Monats mit der Entscheidung der Kommission befassen. Der Rat kann innerhalb eines Monats mit qualifizierter Mehrheit eine anders lautende Entscheidung treffen.

## Kapitel IV: Schlussbestimmungen

### Artikel 17  Anpassung an den technischen Fortschritt

(1) Um die Verordnung an technische Entwicklungen anzupassen, können die Anhänge nach dem in Artikel 5 Absatz 3 der Rahmenverordnung genannten Verfahren geändert werden.

(2) Die Kommission veröffentlicht die auf der Grundlage dieser Verordnung erlassenen Durchführungsvorschriften im Amtsblatt der Europäischen Union.

### Artikel 18  Vertraulichkeit

(1) Weder die nationalen Aufsichtsbehörden, die im Einklang mit ihren nationalen Rechtsvorschriften tätig werden, noch die Kommission dürfen Informationen vertraulicher Art weitergeben, insbesondere Informationen über Flugsicherungsorganisationen, deren Geschäftsbeziehungen oder Kostenbestandteile.

(2) Absatz 1 berührt nicht das Recht auf Offenlegung durch nationale Aufsichtsbehörden in den Fällen, in denen dies für die Erfüllung ihrer Aufgaben wesentlich ist, wobei die Offenlegung verhältnismäßig sein muss und den berechtigten Interessen von Flugsicherungsorganisationen am Schutz ihrer Geschäftsgeheimnisse Rechnung zu tragen hat.

(3) Darüber hinaus steht Absatz 1 der Weitergabe von Informationen über die Bedingungen und das Leistungsniveau der Diensterbringung, die keine Angaben vertraulicher Art umfassen, nicht entgegen.

### Artikel 19  Inkrafttreten

(1) Diese Verordnung tritt am zwanzigsten Tag nach ihrer Veröffentlichung im Amtsblatt der Europäischen Union in Kraft.

(2) Die Artikel 7 und 8 treten jedoch erst ein Jahr nach Veröffentlichung der in Artikel 6 genannten gemeinsamen Anforderungen im Amtsblatt der Europäischen Union in Kraft.

## h) Richtlinie 2004/36/EG des Europäischen Parlaments und des Rates vom 21. April 2004 über die Sicherheit von Luftfahrzeugen aus Drittstaaten, die Flughäfen in der Gemeinschaft anfliegen (RL 2004/36/EG)

v. 30. 4. 2004 (ABl Nr. L 143 S. 76)

Die Richtlinie 2004/36/EG des Europäischen Parlaments und des Rates vom 21. April 2004 über die Sicherheit von Luftfahrzeugen aus Drittstaaten, die Flughäfen in der Gemeinschaft anfliegen v. 30. 4. 2004 (ABl Nr. L 143 S. 76) wurde geändert durch die Verordnung (EG) Nr. 2111/2005 des Europäischen Parlaments und des Rates vom 14. Dezember 2005 über die Erstellung einer gemeinschaftlichen Liste der Luftfahrtunternehmen, gegen die in der Gemeinschaft eine Betriebsuntersagung ergangen ist, sowie über die Unterrichtung von Fluggästen über die Identität des ausführenden Luftfahrtunternehmens und zur Aufhebung des Artikels 9 der Richtlinie 2004/36/EG v. 27. 12. 2005 (ABl Nr. L 344 S. 15) ; Richtlinie 2008/49/EG der Kommission vom 16. April 2008 zur Änderung von Anhang II der Richtlinie 2004/36/EG des Europäischen Parlaments und des Rates in Bezug auf die Kriterien für die Durchführung von Vorfeldinspektionen an Luftfahrzeugen, die Flughäfen in der Gemeinschaft anfliegen v. 19. 4. 2008 (ABl Nr. L 109 S. 17).

### Artikel 1 Anwendungsbereich und Ziel

(1) Im Rahmen der Gesamtstrategie der Gemeinschaft, die in der Festlegung und Aufrechterhaltung eines einheitlichen, hohen Niveaus der zivilen Luftverkehrssicherheit in Europa besteht, wird mit dieser Richtlinie ein harmonisiertes Konzept zur wirksamen Durchsetzung internationaler Sicherheitsstandards innerhalb der Gemeinschaft eingeführt, indem die Regeln und Verfahren für Vorfeldinspektionen von Luftfahrzeugen aus Drittstaaten, die Flughäfen in den Mitgliedstaaten anfliegen, harmonisiert werden.

(2) Diese Richtlinie berührt nicht das Recht der Mitgliedstaaten, von dieser Richtlinie nicht erfasste Inspektionen durchzuführen und im Einklang mit dem Gemeinschaftsrecht und dem Völkerrecht Luftfahrzeugen, die ihre Flughäfen anfliegen, den Weiterflug oder künftigen Einflug zu verbieten oder ihnen Bedingungen aufzuerlegen.

(3) Staatsluftfahrzeuge im Sinne des Abkommens von Chicago und Luftfahrzeuge mit einer höchstzulässigen Startmasse von weniger als 5 700 kg, die nicht im gewerbsmäßigen Luftverkehr betrieben werden, fallen nicht unter diese Richtlinie.

(4) Die Anwendung dieser Richtlinie auf den Flughafen Gibraltar erfolgt unbeschadet der Rechtsstandpunkte des Königreichs Spanien und des Vereinigten Königreichs in der strittigen Frage der Souveränität über das Gebiet, auf dem sich der Flughafen befindet.

(5) Die Anwendung dieser Richtlinie auf den Flughafen Gibraltar wird bis zum Wirksamwerden der Regelung ausgesetzt, die in der Gemeinsamen Erklärung der Minister für auswärtige Angelegenheiten des Königreichs Spanien und des Vereinigten Königreichs vom 2. Dezember 1987 enthalten ist. Die Regierungen Spaniens und des Vereinigten Königreichs unterrichten den Rat über diesen Zeitpunkt des Wirksamwerdens.

### Artikel 2 Begriffsbestimmungen

Im Sinne dieser Richtlinie bezeichnet der Ausdruck

a) „Flugverbot" das förmliche Verbot, mit dem einem Luftfahrzeug das Verlassen eines Flughafens untersagt wird, und das Ergreifen der erforderlichen Schritte zum Festhalten des Luftfahrzeugs;

b) „internationale Sicherheitsstandards" die Sicherheitsstandards gemäß dem Abkommen von Chicago und seiner Anhänge in der zum Zeitpunkt der Inspektion geltenden Fassung;

c) „Vorfeldinspektion" die Untersuchung von Luftfahrzeugen aus Drittstaaten gemäß Anhang II;

d) „Luftfahrzeug aus einem Drittstaat" ein Luftfahrzeug, das nicht unter der Kontrolle einer zuständigen Behörde eines Mitgliedstaats verwendet oder betrieben wird.

## Artikel 3 Erhebung von Informationen

Die Mitgliedstaaten richten ein Verfahren zur Erhebung aller Informationen ein, die für die Erreichung des in Artikel 1 festgelegten Ziels als nützlich erachtet werden; dazu gehören

a) wichtige Sicherheitsinformationen, die insbesondere
   - aus Pilotenberichten,
   - aus Berichten von Instandhaltungsbetrieben,
   - aus Berichten über besondere Vorkommnisse,
   - durch sonstige, von den zuständigen Behörden der Mitgliedstaaten unabhängige Stellen,
   - aus Beschwerden
   
   gewonnen werden;

b) Informationen über Maßnahmen, die im Anschluss an eine Vorfeldinspektion ergriffen werden, wie
   - Verhängung eines Flugverbots für ein Luftfahrzeug,
   - Verweigerung der Einflugerlaubnis in einen Mitgliedstaat für ein Luftfahrzeug oder einen Betreiber,
   - geforderte Abhilfemaßnahmen,
   - Kontakte mit der für den Betreiber zuständigen Behörde;

c) nachträgliche Informationen über den Betreiber wie
   - durchgeführte Abhilfemaßnahmen,
   - erneutes Auftreten von Unregelmäßigkeiten.

Diese Informationen werden auf einem Standardberichtsformular festgehalten, das die im Musterformular in Anhang I aufgeführten Positionen enthält.

## Artikel 4 Vorfeldinspektion

(1) Jeder Mitgliedstaat stellt die geeigneten Mittel bereit, um sicherzustellen, dass Luftfahrzeuge aus Drittstaaten, die auf einem seiner für den internationalen Luftverkehr geöffneten Flughäfen landen und bei denen der Verdacht der Nichteinhaltung internationaler Sicherheitsstandards besteht, Vorfeldinspektionen unterzogen werden. Bei der Durchführung dieser Verfahren richtet die zuständige Behörde ihre besondere Aufmerksamkeit auf Luftfahrzeuge,

- zu denen Hinweise auf einen schlechten Instandhaltungszustand oder offensichtliche Schäden oder Mängel eingegangen sind,
- bei denen seit dem Einflug in den Luftraum eines Mitgliedstaats außergewöhnliche Manöver beobachtet wurden, die zu schwerwiegenden Sicherheitsbedenken Anlass geben,
- bei denen im Rahmen einer früheren Vorfeldinspektion Mängel festgestellt wurden, die zu schwerwiegenden Bedenken hinsichtlich der Einhaltung internationaler Sicherheitsstandards durch das betreffende Luftfahrzeug Anlass gaben, und bei denen der Mitgliedstaat befürchtet, dass die Mängel nicht behoben wurden,
- bei denen Anzeichen dafür vorliegen, dass die zuständigen Behörden des Eintragungsstaats möglicherweise keine ordnungsgemäße Sicherheitsaufsicht ausüben, oder
- wenn die nach Artikel 3 erhobenen Informationen zu Bedenken hinsichtlich des Betreibers Anlass geben oder wenn im Rahmen einer früheren Vorfeldinspektion an einem Luftfahrzeug, das von demselben Betreiber eingesetzt wird, Mängel festgestellt wurden.

(2) Die Mitgliedstaaten können Regeln festlegen, nach denen Vorfeldinspektionen auch ohne Vorliegen eines besonderen Verdachts nach einem Stichprobenverfahren durchgeführt werden, sofern diese Regeln mit dem Gemeinschaftsrecht und dem Völker-

recht im Einklang stehen. Ein derartiges Verfahren ist jedoch auf eine nichtdiskriminierende Weise durchzuführen.

(3) Die Mitgliedstaaten stellen sicher, dass im Rahmen von Artikel 8 Absatz 3 beschlossene angemessene Vorfeldinspektionen und andere Überwachungsmaßnahmen durchgeführt werden.

(4) Die Vorfeldinspektion wird nach dem Verfahren des Anhangs II durchgeführt; dazu wird ein Vorfeldinspektionsbericht verwendet, der zumindest die im Musterformular in Anhang II aufgeführten Positionen enthält. Nach Abschluss der Vorfeldinspektion wird der verantwortliche Luftfahrzeugführer oder ein Vertreter des Betreibers des Luftfahrzeugs vom Ergebnis der Vorfeldinspektion in Kenntnis gesetzt und, sofern erhebliche Mängel festgestellt wurden, wird der Bericht dem Betreiber des Luftfahrzeugs und den betreffenden zuständigen Behörden übermittelt.

(5) Bei der Durchführung einer Vorfeldinspektion gemäß dieser Richtlinie bemüht sich die betreffende zuständige Behörde nach besten Kräften, eine unverhältnismäßige Verspätung des inspizierten Luftfahrzeugs zu vermeiden.

## Artikel 5  Informationsaustausch

(1) Die zuständigen Behörden der Mitgliedstaaten beteiligen sich an einem gegenseitigen Informationsaustausch. Die betreffenden Informationen umfassen auf Anforderung einer zuständigen Behörde eine Liste der für den internationalen Luftverkehr geöffneten Flughäfen des betreffenden Mitgliedstaats, wobei für jedes Kalenderjahr die Zahl der durchgeführten Vorfeldinspektionen und die Zahl der Flugbewegungen von Luftfahrzeugen aus Drittstaaten an jedem auf der Liste aufgeführten Flughafen anzugeben ist.

(2) Alle in Artikel 3 genannten Standardberichte und die in Artikel 4 Absatz 4 genannten Vorfeldinspektionsberichte werden der Kommission und auf Anforderung den zuständigen Behörden der Mitgliedstaaten und der Europäischen Agentur für Flugsicherheit (EASA) unverzüglich zur Verfügung gestellt.

(3) Ergibt ein Standardbericht, dass mögliche Sicherheitsrisiken bestehen, oder ein Vorfeldinspektionsbericht, dass ein Luftfahrzeug nicht den internationalen Sicherheitsstandards genügt und möglicherweise eine Bedrohung für die Sicherheit darstellen kann, so wird der Bericht unverzüglich an alle zuständigen Behörden der Mitgliedstaaten und die Kommission übermittelt.

## Artikel 6  Schutz und Weitergabe von Informationen

(1) Die Mitgliedstaaten ergreifen gemäß ihren einzelstaatlichen Rechtsvorschriften die erforderlichen Maßnahmen zur Gewährleistung einer angemessenen Vertraulichkeit der Informationen, die sie gemäß Artikel 5 erhalten. Sie nutzen diese Informationen ausschließlich für die Zwecke dieser Richtlinie.

(2) Die Kommission veröffentlicht jährlich einen zusammenfassenden Bericht, der der Öffentlichkeit und der beteiligten Wirtschaft zugänglich ist und eine Analyse aller gemäß Artikel 5 erhaltenen Informationen enthält. Die Analyse muss einfach und leicht verständlich sein und angeben, ob ein erhöhtes Sicherheitsrisiko für Fluggäste vorliegt. Die Quelle dieser Informationen ist in der Analyse anonymisiert.

(3) Unbeschadet des Rechts der Öffentlichkeit auf Zugang zu Dokumenten der Kommission gemäß der Verordnung (EG) Nr. 1049/2001 beschließt die Kommission von sich aus nach dem in Artikel 10 Absatz 2 genannten Verfahren Maßnahmen zur Weitergabe der in Absatz 1 genannten Informationen an interessierte Kreise sowie die Bedingungen hierfür. Grundlage dieser Maßnahmen, die allgemein oder einzelfallbezogen sein können, ist die Notwendigkeit,

- Personen und Stellen die Informationen bereitzustellen, die sie zur Verbesserung der zivilen Luftverkehrssicherheit benötigen;
- die Weitergabe von Informationen auf das für die Zwecke ihrer Nutzer unbedingt erforderliche Maß zu beschränken, damit eine angemessene Vertraulichkeit dieser Informationen gewährleistet ist.

(4) Werden freiwillig Hinweise auf Mängel von Luftfahrzeugen gegeben, so werden die Vorfeldinspektionsberichte nach Artikel 4 Absatz 4 bezüglich der Quelle dieser Hinweise anonymisiert.

### Artikel 7   Flugverbot

(1) Besteht aufgrund der Nichteinhaltung der internationalen Sicherheitsstandards ein eindeutiges Risiko für die Luftverkehrssicherheit, so sollte der Betreiber des Luftfahrzeugs vor dem Abflug Maßnahmen zur Mängelbehebung ergreifen. Ist die zuständige Behörde, die die Vorfeldinspektion durchführt, nicht davon überzeugt, dass vor dem Abflug eine Mängelbehebung vorgenommen wird, so spricht sie ein Flugverbot für das Luftfahrzeug aus, bis die Gefahr beseitigt ist, und unterrichtet unverzüglich die zuständigen Behörden des betreffenden Betreibers und des Eintragungsstaats des Luftfahrzeugs.

(2) Die zuständige Behörde des Mitgliedstaats, die die Inspektion durchführt, kann in Abstimmung mit dem Staat, der für den Betrieb des betreffenden Luftfahrzeugs verantwortlich ist, oder dem Eintragungsstaat des betreffenden Luftfahrzeugs die erforderlichen Bedingungen festlegen, unter denen zugelassen werden kann, dass das Luftfahrzeug zu einem anderen Flughafen fliegt, auf dem eine Behebung der Mängel möglich ist. Wirkt sich der Mangel auf die Gültigkeit des Lufttüchtigkeitszeugnisses des Luftfahrzeugs aus, darf das Flugverbot nur aufgehoben werden, wenn der Betreiber die Genehmigung des bzw. der Staaten erhalten hat, die auf dem betreffenden Flug überflogen werden.

### Artikel 8   Maßnahmen zur Erhöhung der Sicherheit und Durchführungsmaßnahmen

(1) Die Mitgliedstaaten unterrichten die Kommission über die praktischen Maßnahmen zur Durchführung der Artikel 3, 4 und 5.

(2) Auf der Grundlage der gemäß Absatz 1 gesammelten Informationen kann die Kommission nach dem in Artikel 10 Absatz 2 genannten Verfahren die geeigneten Maßnahmen treffen, um die Durchführung der Artikel 3, 4 und 5 zu erleichtern; dazu gehören zum Beispiel

- die Erstellung eines Verzeichnisses der zu erhebenden Informationen,
- die genaue Festlegung des Inhalts von Vorfeldinspektionen und der dafür geltenden Verfahren,
- die Festlegung des Formats für die Datenspeicherung und -weitergabe,
- die Einrichtung oder Unterstützung der jeweiligen Stellen, die für die Verwaltung und Nutzung der für die Erhebung und den Austausch von Informationen erforderlichen Instrumente zuständig sind.

(3) Auf der Grundlage der gemäß den Artikeln 3, 4 und 5 erhaltenen Informationen kann nach dem in Artikel 10 Absatz 2 genannten Verfahren entschieden werden, angemessene Vorfeldinspektionen und andere Überwachungsmaßnahmen, insbesondere bei einem bestimmten Betreiber oder bei Betreibern eines bestimmten Drittstaates, durchzuführen, bis die zuständige Behörde des betreffenden Drittstaates zufrieden stellende Maßnahmen zur Mängelbeseitigung erlassen hat.

(4) Die Kommission kann alle geeigneten Maßnahmen ergreifen, um mit Drittstaaten zusammenzuarbeiten und diese bei der Verbesserung ihrer Möglichkeiten bei der Aufsicht der Luftverkehrssicherheit zu unterstützen.

### Artikel 9   (weggefallen)

### Artikel 10   Ausschussverfahren

(1) Die Kommission wird von dem durch Artikel 12 der Verordnung (EWG) Nr. 3922/91 eingesetzten Ausschuss unterstützt.

(2) Wird auf diesen Absatz Bezug genommen, so gelten die Artikel 5 und 7 des Beschlusses 1999/468/EG unter Beachtung von dessen Artikel 8.

Der Zeitraum nach Artikel 5 Absatz 6 des Beschlusses 1999/468/EG wird auf drei Monate festgesetzt.

(3) Wird auf diesen Absatz Bezug genommen, so gelten die Artikel 3 und 7 des Beschlusses 1999/468/EG unter Beachtung von dessen Artikel 8.

(4) Der Ausschuss gibt sich eine Geschäftsordnung.

(5) Der Ausschuss kann von der Kommission außerdem zu jeder Angelegenheit gehört werden, die die Anwendung dieser Richtlinie betrifft.

### Artikel 11  Umsetzung der Richtlinie

Die Mitgliedstaaten setzen die Rechts- und Verwaltungsvorschriften in Kraft, die erforderlich sind, um dieser Richtlinie bis zum 30. April 2006 nachzukommen. Sie setzen die Kommission unverzüglich davon in Kenntnis.

Wenn die Mitgliedstaaten diese Vorschriften erlassen, nehmen sie in den Vorschriften selbst oder durch einen Hinweis bei der amtlichen Veröffentlichung auf diese Richtlinie Bezug. Die Mitgliedstaaten regeln die Einzelheiten der Bezugnahme.

### Artikel 12  Änderung der Anhänge

Die Anhänge dieser Richtlinie können nach dem in Artikel 10 Absatz 2 genannten Verfahren geändert werden.

### Artikel 13  Bericht

Bis zum 30. April 2008 unterbreitet die Kommission dem Europäischen Parlament und dem Rat einen Bericht über die Anwendung dieser Richtlinie, insbesondere des Artikels 9, in dem unter anderem den Entwicklungen in der Gemeinschaft und in internationalen Gremien Rechnung getragen wird. Zusammen mit diesem Bericht können Vorschläge für eine Änderung dieser Richtlinie vorgelegt werden.

### Artikel 14  In-Kraft-Treten

Diese Richtlinie tritt am Tag ihrer Veröffentlichung im Amtsblatt der Europäischen Union in Kraft.

### Artikel 15

Diese Richtlinie ist an die Mitgliedstaaten gerichtet.

### i) Verordnung (EG) Nr. 216/2008 des Europäischen Parlaments und des Rates vom 20. Februar 2008 zur Festlegung gemeinsamer Vorschriften für die Zivilluftfahrt und zur Errichtung einer Europäischen Agentur für Flugsicherheit, zur Aufhebung der Richtlinie 91/670/EWG des Rates, der Verordnung (EG) Nr. 1592/2002 und der Richtlinie 2004/36/EG (VO EG Nr. 216/2008)

v. 19. 3. 2008 (ABl Nr. L 79 S. 1)

## Kapitel I: Grundsätze

### Artikel 1 Geltungsbereich

(1) Diese Verordnung gilt für

a) die Konstruktion, die Herstellung, die Instandhaltung und den Betrieb von luftfahrttechnischen Erzeugnissen, Teilen und Ausrüstungen sowie für Personen und Organisationen, die mit der Konstruktion, Herstellung und Instandhaltung dieser Erzeugnisse, Teile und Ausrüstungen befasst sind;

b) Personen und Organisationen, die mit dem Betrieb von Luftfahrzeugen befasst sind.

(2) Diese Verordnung gilt nicht für Fälle, in denen in Absatz 1 genannte Erzeugnisse, Teile, Ausrüstungen, Personen und Organisationen einer militär-, zoll- oder polizeidienstlichen oder ähnlichen Verwendung dienen. Die Mitgliedstaaten verpflichten sich, dafür zu sorgen, dass bei diesen dienstlichen Verwendungen so weit als durchführbar den Zielen dieser Verordnung gebührend Rechnung getragen wird.

### Artikel 2 Ziele

(1) Hauptziel dieser Verordnung ist die Schaffung und die Aufrechterhaltung eines einheitlichen, hohen Niveaus der zivilen Flugsicherheit in Europa.

(2) In den von dieser Verordnung erfassten Bereichen bestehen folgende weitere Ziele:

a) die Sicherstellung eines einheitlichen und hohen Niveaus des Umweltschutzes;

b) die Erleichterung des freien Waren-, Personen- und Dienstleistungsverkehrs;

c) die Steigerung der Kostenwirksamkeit bei den Regulierungs- und Zulassungsverfahren und die Vermeidung von Doppelarbeit auf nationaler und europäischer Ebene;

d) die Unterstützung der Mitgliedstaaten bei der Erfüllung ihrer Verpflichtungen, die sich aus dem Abkommen von Chicago ergeben, indem eine Grundlage für die gemeinsame Auslegung und einheitliche Durchführung seiner Bestimmungen geschaffen und gewährleistet wird, dass die Bestimmungen des Abkommens in dieser Verordnung und den entsprechenden Durchführungsvorschriften gebührend berücksichtigt werden;

e) die weltweite Verbreitung der Standpunkte der Gemeinschaft zu zivilen Flugsicherheitsstandards und -vorschriften durch Aufnahme einer geeigneten Zusammenarbeit mit Drittländern und internationalen Organisationen;

f) die Schaffung gleicher Ausgangsbedingungen für alle Beteiligten im Luftverkehrsbinnenmarkt.

(3) Die Mittel zur Erreichung der in den Absätzen 1 und 2 genannten Ziele sind

a) die Erarbeitung, Annahme und einheitliche Anwendung aller notwendigen Rechtsvorschriften;

b) die ohne weitere Anforderungen erfolgende Anerkennung von Zeugnissen, Lizenzen, Genehmigungsscheinen oder anderen Urkunden, die Erzeugnissen, Personen und Stellen gemäß dieser Verordnung und den zu ihrer Durchführung erlassenen Vorschriften erteilt wurden;

c) die Errichtung einer unabhängigen Europäischen Agentur für Flugsicherheit (im Folgenden als „Agentur" bezeichnet);
d) die einheitliche Umsetzung aller notwendigen Rechtsvorschriften durch die einzelstaatlichen Luftfahrtbehörden und die Agentur im Rahmen ihrer jeweiligen Aufgabenbereiche.

## Artikel 3  Begriffsbestimmungen

Im Sinne dieser Verordnung bezeichnet der Ausdruck
a) „fortlaufende Aufsicht" die Aufgaben, die durchzuführen sind, um zu überprüfen, ob die Bedingungen, unter denen ein Zeugnis erteilt wurde, während der Geltungsdauer des Zeugnisses jederzeit weiterhin erfüllt sind, sowie die Ergreifung von Schutzmaßnahmen;
b) „Abkommen von Chicago" das am 7. Dezember 1944 in Chicago unterzeichnete Abkommen über die Internationale Zivilluftfahrt und seine Anhänge;
c) „Erzeugnis" ein Luftfahrzeug, einen Motor oder einen Propeller;
d) „Teile und Ausrüstungen" ein Instrument, eine Vorrichtung, einen Mechanismus, ein Teil, ein Gerät, eine Armatur oder ein Zubehörteil, einschließlich Kommunikationseinrichtungen, der/die/das für den Betrieb oder die Kontrolle eines Luftfahrzeugs im Flugbetrieb verwendet wird oder verwendet werden soll und in ein Luftfahrzeug eingebaut oder an ein Luftfahrzeug angebaut ist; dazu gehören auch Teile einer Flugzeugzelle, eines Motors oder eines Propellers;
e) „Zulassung" jede Form der Anerkennung, dass ein Erzeugnis, ein Teil oder eine Ausrüstung, eine Organisation oder eine Person die geltenden Vorschriften, einschließlich der Bestimmungen dieser Verordnung und ihrer Durchführungsbestimmungen, erfüllt, sowie die Ausstellung des entsprechenden Zeugnisses, mit dem diese Übereinstimmung bescheinigt wird;
f) „qualifizierte Stelle" eine Stelle, der unter der Kontrolle und Verantwortung der Agentur oder einer nationalen Luftfahrtbehörde von der Agentur bzw. Luftfahrtbehörde eine spezielle Zulassungsaufgabe übertragen werden darf;
g) „Zeugnis" einen Genehmigungsschein, einen Erlaubnisschein oder eine andere Urkunde, die als Ergebnis der Zulassung ausgestellt wird;
h) „Betreiber" eine juristische oder natürliche Person, die ein oder mehrere Luftfahrzeuge betreibt oder zu betreiben beabsichtigt;
i) „gewerbliche Tätigkeit" den Betrieb eines Luftfahrzeugs gegen Entgelt oder sonstige geldwerte Gegenleistungen, der der Öffentlichkeit zur Verfügung steht oder der, wenn er nicht der Öffentlichkeit zur Verfügung steht, im Rahmen eines Vertrags zwischen einem Betreiber und einem Kunden erbracht wird, wobei der Kunde keine Kontrolle über den Betreiber ausübt;
j) „technisch kompliziertes motorgetriebenes Luftfahrzeug"
   i. ein Flächenflugzeug
      – mit einer höchstzulässigen Startmasse über 5 700 kg oder
      – zugelassen für eine höchste Fluggastsitzanzahl von mehr als 19 oder
      – zugelassen für den Betrieb mit einer Flugbesatzung von mindestens zwei Piloten oder
      – ausgerüstet mit einer oder mehreren Strahlturbinen oder mit mehr als einem Turboprop-Triebwerk oder
   ii. einen zugelassenen Hubschrauber
      – für eine höchste Startmasse über 3 175 kg oder
      – für eine höchste Fluggastsitzanzahl von mehr als 9 oder
      – für den Betrieb mit einer Flugbesatzung von mindestens zwei Piloten oder
   iii. ein Kipprotor-Luftfahrzeug;

k) „Flugsimulationsübungsgerät" jede Art von Gerät, mit dem Flugbedingungen am Boden simuliert werden; dazu gehören Flugsimulatoren, Flugübungsgeräte, Flug- und Navigationsverfahrens- Übungsgeräte sowie Basisinstrumentenübungsgeräte;

l) „Berechtigung" einen Vermerk in einer Lizenz, mit dem Rechte, besondere Bedingungen oder Einschränkungen im Zusammenhang mit dieser Lizenz festgelegt werden.

## Kapitel II: Grundlegende Anforderungen

### Artikel 4 Grundsatzregelungen und Anwendbarkeit

(1) Luftfahrzeuge, einschließlich eingebauter Erzeugnisse, Teile und Ausrüstungen, die

a) von einer Organisation konstruiert oder hergestellt werden, über die die Agentur oder ein Mitgliedstaat die Sicherheitsaufsicht ausübt, oder

b) in einem Mitgliedstaat registriert sind, es sei denn, die behördliche Sicherheitsaufsicht hierfür wurde an ein Drittland delegiert und sie werden nicht von einem Gemeinschaftsbetreiber eingesetzt, oder

c) in einem Drittland registriert sind und von einem Betreiber eingesetzt werden, über den ein Mitgliedstaat die Betriebsaufsicht ausübt, oder von einem Betreiber, der in der Gemeinschaft niedergelassen oder ansässig ist, auf Strecken in die, innerhalb der oder aus der Gemeinschaft eingesetzt werden, oder

d) in einem Drittland registriert sind oder in einem Mitgliedstaat registriert sind, der die behördliche Sicherheitsaufsicht hierfür an ein Drittland delegiert hat, und von einem Drittlandsbetreiber auf Strecken in die, innerhalb der oder aus der Gemeinschaft eingesetzt werden,

müssen dieser Verordnung entsprechen.

(2) Personen, die mit dem Betrieb von Luftfahrzeugen im Sinne von Absatz 1 Buchstabe b, c oder d befasst sind, müssen dieser Verordnung nachkommen.

(3) Der Betrieb von Luftfahrzeugen im Sinne von Absatz 1 Buchstabe b, c oder d muss dieser Verordnung entsprechen.

(4) Absatz 1 gilt nicht für die in Anhang II aufgeführten Luftfahrzeuge.

(5) Die Absätze 2 und 3 gelten nicht für die in Anhang II aufgeführten Luftfahrzeuge mit Ausnahme von Luftfahrzeugen nach Anhang II Buchstabe a Ziffer ii sowie Buchstaben d und h, die im gewerblichen Luftverkehr eingesetzt werden.

(6) Diese Verordnung lässt die Rechte von Drittländern aus internationalen Übereinkünften, insbesondere aus dem Abkommen von Chicago, unberührt.

### Artikel 5 Lufttüchtigkeit

(1) Luftfahrzeuge im Sinne des Artikels 4 Absatz 1 Buchstaben a, b und c müssen die in Anhang I festgelegten grundlegenden Anforderungen für die Lufttüchtigkeit erfüllen.

(2) Für Luftfahrzeuge im Sinne des Artikels 4 Absatz 1 Buchstabe b und daran angebrachte Erzeugnisse, Teile und Ausrüstungen ist der Nachweis für die Erfüllung dieser Anforderungen wie folgt zu erbringen:

a) Für Erzeugnisse muss eine Musterzulassung vorliegen. Die Musterzulassung und die Änderungsgenehmigungen, einschließlich der zusätzlichen Musterzulassungen, werden erteilt, wenn der Antragsteller nachgewiesen hat, dass das Erzeugnis der Musterzulassungsgrundlage nach Artikel 20 entspricht, die festgelegt wurde, um die Erfüllung der grundlegenden Anforderungen nach Absatz 1 sicherzustellen, und wenn das Erzeugnis keine Merkmale oder Eigenschaften aufweist, die die Betriebssicherheit beeinträchtigen. Die Musterzulassung gilt für das Erzeugnis einschließlich aller eingebauten Teile und Ausrüstungen.

b) Für Teile und Ausrüstungen können spezielle Zeugnisse erteilt werden, wenn nachgewiesen wird, dass sie die Einzelspezifikationen für die Lufttüchtigkeit erfüllen, die festgelegt wurden, um die Einhaltung der grundlegenden Anforderungen gemäß Absatz 1 sicherzustellen.

c) Für jedes Luftfahrzeug ist ein individuelles Lufttüchtigkeitszeugnis auszustellen, wenn nachgewiesen wird, dass es der in seiner Musterzulassung genehmigten Musterbauart entspricht und dass die einschlägigen Unterlagen, Inspektionen und Prüfungen belegen, dass das Luftfahrzeug die Voraussetzungen für einen sicheren Betrieb erfüllt. Das Lufttüchtigkeitszeugnis gilt, solange es nicht ausgesetzt, entzogen oder widerrufen wird und solange das Luftfahrzeug entsprechend den grundlegenden Anforderungen für die Erhaltung der Lufttüchtigkeit gemäß Anhang I Abschnitt 1.d und entsprechend den in Absatz 5 genannten Maßnahmen instand gehalten wird.

d) Für die Instandhaltung von Erzeugnissen, Teilen und Ausrüstungen zuständige Organisationen müssen nachweisen, dass sie über die Befähigung und die Mittel zur Wahrnehmung der Verantwortlichkeiten verfügen, die mit ihren Sonderrechten verbunden sind. Sofern nichts anderes gestattet wurde, werden diese Befähigung und diese Mittel durch das Ausstellen einer Organisationszulassung anerkannt. Die der zugelassenen Organisation gewährten Sonderrechte und der Geltungsbereich der Zulassung werden in den Zulassungsbedingungen aufgeführt.

e) Für den Entwurf und die Herstellung von Erzeugnissen, Teilen und Ausrüstungen zuständige Organisationen müssen nachweisen, dass sie über die Befähigung und die Mittel zur Wahrnehmung der Verantwortlichkeiten verfügen, die mit ihren Sonderrechten verbunden sind. Sofern nichts anderes gestattet wurde, werden diese Befähigung und diese Mittel durch das Ausstellen einer Organisationszulassung anerkannt. Die der zugelassenen Organisation gewährten Sonderrechte und der Geltungsbereich der Zulassung werden in den Zulassungsbedingungen aufgeführt.

Zusätzlich gilt Folgendes:

f) Von dem für die Freigabe eines Erzeugnisses, eines Teils oder einer Ausrüstung nach Instandsetzung verantwortlichen Personal kann verlangt werden, dass es im Besitz eines geeigneten Zeugnisses (Personalzeugnis) ist.

g) Die Befähigung von Organisationen für Instandhaltungsausbildung, die mit ihren Sonderrechten verbundenen Verantwortlichkeiten in Bezug auf die Ausstellung der in Buchstabe f genannten Zeugnisse wahrzunehmen, kann durch Ausstellung einer Zulassung anerkannt werden.

(3) Luftfahrzeuge im Sinne von Artikel 4 Absatz 1 Buchstabe a und daran angebrachte Erzeugnisse, Teile und Ausrüstungen müssen Absatz 2 Buchstaben a, b und e des vorliegenden Artikels entsprechen.

(4) Abweichend von den Absätzen 1 und 2 gilt Folgendes:

a) Eine Fluggenehmigung kann erteilt werden, wenn nachgewiesen wird, dass mit dem Luftfahrzeug Flüge unter Normalbedingungen sicher durchgeführt werden können. Sie wird mit angemessenen Beschränkungen, insbesondere zum Schutz der Sicherheit von Dritten, erteilt.

b) Ein eingeschränktes Lufttüchtigkeitszeugnis kann für Luftfahrzeuge ausgestellt werden, für die keine Musterzulassung nach Absatz 2 Buchstabe a erteilt wurde. In diesem Fall muss nachgewiesen werden, dass das Luftfahrzeug besondere Spezifikationen für die Lufttüchtigkeit erfüllt, wobei Abweichungen von den grundlegenden Anforderungen gemäß Absatz 1 dennoch eine angemessene Sicherheit im Verhältnis zu dem jeweiligen Zweck gewährleisten. In den in Absatz 5 genannten Maßnahmen wird festgelegt, für welche Luftfahrzeuge diese eingeschränkten Zeugnisse ausgestellt werden können und welche Einschränkungen für den Einsatz dieser Luftfahrzeuge gelten.

c) Wenn es die Anzahl von Luftfahrzeugen des gleichen Typs, für die ein eingeschränktes Lufttüchtigkeitszeugnis ausgestellt werden kann, rechtfertigt, kann eine eingeschränkte Musterzulassung erteilt werden; in diesem Fall wird eine angemessene Musterzulassungsgrundlage festgelegt.

(5) Die Maßnahmen zur Änderung nicht wesentlicher Bestimmungen dieses Artikels durch Ergänzung werden nach dem in Artikel 65 Absatz 4 genannten Regelungsverfahren mit Kontrolle erlassen. In diesen Maßnahmen wird insbesondere Folgendes festgelegt:

a) Bedingungen für die Erstellung der für ein Erzeugnis geltenden Musterzulassungsgrundlage und für deren Mitteilung an einen Antragsteller;

b) Bedingungen für die Erstellung der für Teile und Ausrüstungen geltenden Einzelspezifikationen für die Lufttüchtigkeit und für deren Mitteilung an einen Antragsteller;

c) Bedingungen für die Erstellung der besonderen Spezifikationen für die Lufttüchtigkeit, die für Luftfahrzeuge gelten, für die ein eingeschränktes Lufttüchtigkeitszeugnis ausgestellt werden kann, und für deren Mitteilung an einen Antragsteller;

d) Bedingungen für die Heraus- und Weitergabe der verbindlichen Informationen, um die Erhaltung der Lufttüchtigkeit von Erzeugnissen sicherzustellen;

e) Bedingungen für Erteilung, Beibehaltung, Änderung, Aussetzung oder Widerruf von Musterzulassungen, eingeschränkten Musterzulassungen, Änderungsgenehmigungen für Musterzulassungen, individuellen Lufttüchtigkeitszeugnissen, eingeschränkten Lufttüchtigkeitszeugnissen, Fluggenehmigungen und Zeugnissen für Erzeugnisse, Teile oder Ausrüstungen, einschließlich folgender Aspekte:

  i. Vorschriften für die Gültigkeitsdauer dieser Zulassungen bzw. Zeugnisse und ihre Verlängerung, sofern diese befristet sind;

  ii. Einschränkungen für die Ausstellung von Fluggenehmigungen. Diese Einschränkungen sollten insbesondere Folgendes betreffen:
  – Zweck des Flugs;
  – Luftraum für den jeweiligen Flug;
  – Qualifikation der Flugbesatzung;
  – Beförderung von nicht zur Flugbesatzung gehörenden Personen;

  iii. Luftfahrzeuge, für die eingeschränkte Lufttüchtigkeitszeugnisse ausgestellt werden können, sowie entsprechende Einschränkungen;

  iv. Mindestlehrplan für die Ausbildung des Personals, das berechtigt ist, die Instandhaltung zu bescheinigen, um die Einhaltung von Absatz 2 Buchstabe f sicherzustellen;

  v. Mindestlehrplan für den Erwerb einer Pilotenberechtigung und die Zulassung der betreffenden Simulatoren, um die Einhaltung von Artikel 7 sicherzustellen;

  vi. gegebenenfalls Basis-Mindestausrüstungsliste und zusätzliche Spezifikationen für die Lufttüchtigkeit für die jeweilige Art des Betriebs, um die Einhaltung von Artikel 8 sicherzustellen;

f) Bedingungen für Erteilung, Beibehaltung, Änderung, Aussetzung oder Widerruf von Zulassungen für Organisationen, die nach Absatz 2 Buchstaben d, e und g erforderlich sind, und Voraussetzungen, unter denen diese Zulassungen nicht verlangt zu werden brauchen;

g) Bedingungen für Erteilung, Beibehaltung, Änderung, Aussetzung oder Widerruf von Zeugnissen für Personal, die nach Absatz 2 Buchstabe f erforderlich sind;

h) Verantwortlichkeiten der Inhaber von Zulassungen bzw. Zeugnissen;

i) die Art und Weise, in der die Einhaltung der grundlegenden Anforderungen bei den in Absatz 1 genannten Luftfahrzeugen, die nicht von den Absätzen 2 oder 4 erfasst werden, nachgewiesen wird;

j) die Art und Weise, in der die Einhaltung der grundlegenden Anforderungen bei Luftfahrzeugen im Sinne von Artikel 4 Absatz 1 Buchstabe c nachgewiesen wird.

(6) Bei dem Erlass der in Absatz 5 genannten Maßnahmen achtet die Kommission besonders darauf, dass diese

a) dem Stand der Technik und den bestbewährten Verfahren auf dem Gebiet der Lufttüchtigkeit entsprechen;
b) den weltweiten Erfahrungen im Luftfahrtbetrieb sowie dem wissenschaftlichen und technischen Fortschritt Rechnung tragen;
c) eine unmittelbare Reaktion auf erwiesene Ursachen von Unfällen und ernsten Zwischenfällen ermöglichen;
d) Luftfahrzeugen im Sinne von Artikel 4 Absatz 1 Buchstabe c keine Anforderungen auferlegen, die mit den Verpflichtungen der Mitgliedstaaten im Rahmen der Internationalen Zivilluftfahrt-Organisation (ICAO) unvereinbar sind.

### Artikel 6    Grundlegende Anforderungen für den Umweltschutz

(1) Erzeugnisse, Teile und Ausrüstungen müssen den Umweltschutzanforderungen der Änderung 8 von Band I und Änderung 5 von Band II des Anhangs 16 des Abkommens von Chicago in der am 24. November 2005 geltenden Fassung, mit Ausnahme der Anlagen zu Anhang 16, entsprechen.

(2) Maßnahmen zur Änderung nicht wesentlicher Bestimmungen der Bedingungen des Absatzes 1, um diese mit nachfolgenden Änderungen des Abkommens von Chicago und seiner Anhänge, die nach Annahme dieser Verordnung in Kraft treten und in allen Mitgliedstaaten anzuwenden sind, in Einklang zu bringen, sofern durch diese Anpassungen der Geltungsbereich dieser Verordnung nicht erweitert wird, werden nach dem in Artikel 65 Absatz 5 genannten Regelungsverfahren mit Kontrolle erlassen.

(3) Maßnahmen zur Änderung nicht wesentlicher Bestimmungen der Bedingungen des Absatzes 1 durch Ergänzung werden nach dem in Artikel 65 Absatz 5 genannten Regelungsverfahren mit Kontrolle erlassen, wobei erforderlichenfalls der Inhalt der in Absatz 1 genannten Anlagen herangezogen wird.

### Artikel 7    Piloten

(1) Piloten, die mit dem Führen von Luftfahrzeugen im Sinne von Artikel 4 Absatz 1 Buchstaben b und c befasst sind, sowie Flugsimulationsübungsgeräte, Personen und Organisationen, die bei der Ausbildung, Prüfung, Kontrolle und flugmedizinischen Untersuchung dieser Piloten eingesetzt werden bzw. mitwirken, müssen den in Anhang III aufgeführten einschlägigen „grundlegenden Anforderungen" genügen.

(2) Außer im Rahmen der Ausbildung darf eine Person die Funktion des Piloten nur dann ausüben, wenn sie im Besitz einer Lizenz und eines ärztlichen Zeugnisses ist, die der auszuführenden Tätigkeit entsprechen.

Einer Person wird nur dann eine Lizenz erteilt, wenn sie die Vorschriften, die zur Sicherstellung der Erfüllung der grundlegenden Anforderungen an theoretische Kenntnisse, praktische Fertigkeiten, Sprachkenntnisse und Erfahrung gemäß Anhang III erlassen wurden, erfüllt.

Einer Person wird ein ärztliches Zeugnis nur dann ausgestellt, wenn sie die Vorschriften, die zur Sicherstellung der Erfüllung der grundlegenden Anforderungen an die flugmedizinische Tauglichkeit gemäß Anhang III erlassen wurden, erfüllt. Dieses ärztliche Zeugnis kann von flugmedizinischen Sachverständigen oder flugmedizinischen Zentren ausgestellt werden.

Ungeachtet des Unterabsatzes 3 kann im Falle einer Pilotenlizenz für Freizeitflugverkehr ein Arzt für Allgemeinmedizin, dem der Gesundheitszustand des Antragstellers hinreichend genau bekannt ist, im Einklang mit den detaillierten Durchführungsbestimmungen, die nach dem in Artikel 65 Absatz 3 genannten Verfahren erlassen werden, als flugmedizinischer Sachverständiger fungieren, wenn dies nach nationalem Recht zulässig ist; die Durchführungsbestimmungen stellen sicher, dass das Sicherheitsniveau aufrechterhalten wird.

Die dem Piloten gewährten Sonderrechte sowie der Geltungsbereich der Lizenz und des ärztlichen Zeugnisses sind in der Lizenz und dem Zeugnis zu vermerken.

Die Anforderungen der Unterabsätze 2 und 3 können durch Anerkennung von Lizenzen und ärztlichen Zeugnissen erfüllt werden, die von einem Drittland oder in dessen Namen erteilt wurden, sofern es sich um Piloten handelt, die mit dem Führen von Luftfahrzeugen im Sinne von Artikel 4 Absatz 1 Buchstabe c befasst sind.

(3) Die Befähigung der Ausbildungseinrichtungen für Piloten und der flugmedizinischen Zentren, die mit ihren Sonderrechten verbundenen Verantwortlichkeiten in Bezug auf die Ausstellung von Lizenzen und ärztlichen Zeugnissen wahrzunehmen, wird durch Ausstellung einer Zulassung anerkannt.

Ausbildungseinrichtungen für Piloten oder flugmedizinischen Zentren wird eine Zulassung erteilt, wenn die betreffende Organisation die Vorschriften, die zur Sicherstellung der Erfüllung der entsprechenden grundlegenden Anforderungen gemäß Anhang III erlassen wurden, erfüllt.

Die durch die Zulassung gewährten Sonderrechte sind darin zu vermerken.

(4) Für die Pilotenausbildung verwendete Flugsimulationsübungsgeräte müssen zugelassen sein. Das entsprechende Zeugnis wird erteilt, wenn nachgewiesen ist, dass das Gerät die Vorschriften, die zur Sicherstellung der Erfüllung der entsprechenden grundlegenden Anforderungen gemäß Anhang III erlassen wurden, erfüllt.

(5) Personen, die für die Flugausbildung oder die Flugsimulatorausbildung oder die Bewertung der Befähigung eines Piloten verantwortlich sind, sowie flugmedizinische Sachverständige müssen im Besitz eines entsprechenden Zeugnisses sein. Dieses Zeugnis wird erteilt, wenn nachgewiesen ist, dass die betreffende Person die Vorschriften, die zur Sicherstellung der Erfüllung der entsprechenden grundlegenden Anforderungen gemäß Anhang III erlassen wurden, erfüllt.

Die durch das Zeugnis gewährten Sonderrechte sind darin zu vermerken.

(6) Die Maßnahmen zur Änderung nicht wesentlicher Bestimmungen dieses Artikels durch Ergänzung werden nach dem in Artikel 65 Absatz 4 genannten Regelungsverfahren mit Kontrolle erlassen. In diesen Maßnahmen wird insbesondere Folgendes festgelegt:

a) die verschiedenen Berechtigungen für Pilotenlizenzen und die für die unterschiedlichen Arten von Tätigkeiten geeigneten ärztlichen Zeugnisse;

b) die Bedingungen für Erteilung, Beibehaltung, Änderung, Einschränkung, Aussetzung oder Widerruf der Lizenzen, Berechtigungen für Lizenzen, ärztlichen Zeugnisse, Zulassungen und Zeugnisse im Sinne der Absätze 2, 3, 4 und 5 und die Voraussetzungen, unter denen diese Zulassungen und Zeugnisse nicht verlangt zu werden brauchen;

c) die Sonderrechte und Verantwortlichkeiten der Inhaber der Lizenzen, Berechtigungen für Lizenzen, ärztlichen Zeugnisse, Zulassungen und Zeugnisse im Sinne der Absätze 2, 3, 4 und 5;

d) die Bedingungen für die Umwandlung bestehender nationaler Pilotenlizenzen und nationaler Flugingenieurlizenzen in Pilotenlizenzen sowie die Bedingungen für die Umwandlung nationaler ärztlicher Zeugnisse in allgemein anerkannte ärztliche Zeugnisse;

e) unbeschadet der Bestimmungen bilateraler Abkommen, die in Einklang mit Artikel 12 geschlossen wurden, die Bedingungen für die Anerkennung von Lizenzen aus Drittländern;

f) die Voraussetzungen, unter denen Piloten von Luftfahrzeugen nach Anhang II Buchstabe a Ziffer ii sowie Buchstaben d und f, die im gewerblichen Luftverkehr eingesetzt werden, den in Anhang III aufgeführten einschlägigen grundlegenden Anforderungen genügen.

(7) Beim Erlass der in Absatz 6 genannten Maßnahmen achtet die Kommission besonders darauf, dass diese dem Stand der Technik einschließlich der bewährten Verfahren und dem wissenschaftlichen und technischen Fortschritt auf dem Gebiet der Pilotenausbildung entsprechen.

Diese Maßnahmen umfassen auch Bestimmungen für die Ausstellung aller Arten von Pilotenlizenzen und Berechtigungen, die nach dem Abkommen von Chicago erforderlich sind, und für die Ausstellung einer Pilotenlizenz für Freizeitflugverkehr, die nichtgewerblichen Flugverkehr unter Nutzung eines Luftfahrzeugs mit einer höchstzulässigen Startmasse von bis zu 2 000 kg abdeckt, das die in Artikel 3 Buchstabe j genannten Kriterien nicht erfüllt.

### Artikel 8  Flugbetrieb

(1) Der Betrieb von Luftfahrzeugen im Sinne von Artikel 4 Absatz 1 Buchstaben b und c muss den in Anhang IV aufgeführten grundlegenden Anforderungen genügen.

(2) Sofern in den Durchführungsbestimmungen nichts anderes festgelegt ist, müssen Betreiber, die eine gewerbliche Tätigkeit ausüben, nachweisen, dass sie über die Befähigung und die Mittel zur Wahrnehmung der Verantwortlichkeiten verfügen, die mit ihren Sonderrechten verbunden sind. Diese Befähigung und diese Mittel werden durch das Ausstellen eines Zeugnisses anerkannt. Die dem Betreiber gewährten Sonderrechte sowie der Umfang des Betriebs sind darin zu vermerken.

(3) Sofern in den Durchführungsbestimmungen nichts anderes festgelegt ist, müssen Betreiber, die mit dem nichtgewerblichen Betrieb von technisch komplizierten motorgetriebenen Luftfahrzeugen befasst sind, ihre Befähigung und ihre Mittel zur Wahrnehmung der Verantwortlichkeiten, die mit dem Betrieb der Luftfahrzeuge verbunden sind, in einer Erklärung angeben.

(4) Flugbegleiter, die mit dem Betrieb von Luftfahrzeugen im Sinne von Artikel 4 Absatz 1 Buchstaben b und c befasst sind, müssen den in Anhang IV festgelegten grundlegenden Anforderungen genügen. Im Rahmen des gewerblichen Flugbetriebs eingesetzte Flugbegleiter müssen im Besitz einer Bescheinigung sein, wie sie ursprünglich in OPS 1.1005 Buchstabe d in Anhang III Abschnitt O der Verordnung (EG) Nr. 1899/2006 des Europäischen Parlaments und des Rates vom 12. Dezember 2006 zur Änderung der Verordnung (EWG) Nr. 3922/91 des Rates zur Harmonisierung der technischen Vorschriften und der Verwaltungsverfahren in der Zivilluftfahrt[1] beschrieben ist; nach Ermessen des Mitgliedstaats kann diese Bescheinigung von zugelassenen Betreibern oder Ausbildungseinrichtungen ausgestellt werden.

(5) Die Maßnahmen zur Änderung nicht wesentlicher Bestimmungen dieses Artikels durch Ergänzung werden nach dem in Artikel 65 Absatz 4 genannten Regelungsverfahren mit Kontrolle erlassen. In diesen Maßnahmen wird insbesondere Folgendes festgelegt:

a) die Bedingungen für den Betrieb eines Luftfahrzeugs gemäß den in Anhang IV aufgeführten grundlegenden Anforderungen;

b) die Bedingungen für Erteilung, Beibehaltung, Änderung, Einschränkung, Aussetzung oder Widerruf der in Absatz 2 genannten Zeugnisse sowie die Bedingungen, unter denen ein Zeugnis durch eine Erklärung über die Befähigung und die Mittel des Betreibers zur Wahrnehmung der Verantwortlichkeiten, die mit dem Betrieb eines Luftfahrzeugs verbunden sind, ersetzt wird;

c) die Sonderrechte und Verantwortlichkeiten der Inhaber von Zeugnissen;

d) die Bedingungen und Verfahren für die Erklärung der in Absatz 3 genannten Betreiber und für deren Beaufsichtigung sowie die Bedingungen, unter denen eine Erklärung durch einen Nachweis der durch das Ausstellen eines Zeugnisses anerkannten Befähigung und Mittel zur Wahrnehmung der Verantwortlichkeiten, die mit den Sonderrechten des Betreibers verbunden sind, ersetzt wird;

e) die Bedingungen für Erteilung, Beibehaltung, Änderung, Einschränkung, Aussetzung oder Widerruf der in Absatz 4 genannten Flugbegleiterbescheinigungen;

f) die Bedingungen für die Anordnung eines Betriebsverbots, einer Betriebseinschränkung oder bestimmter Betriebsauflagen aus Sicherheitsgründen.

---

1) **Amtl. Anm.:** ABl L 377 vom 27. 12. 2006, S. 1.

g) die Voraussetzungen, unter denen Luftfahrzeuge nach Anhang II Buchstabe a Ziffer ii sowie Buchstaben d und h, die im gewerblichen Luftverkehr eingesetzt werden, den in Anhang IV aufgeführten einschlägigen grundlegenden Anforderungen genügen.

(6) Für die in Absatz 5 genannten Maßnahmen gilt Folgendes:
- Sie entsprechen dem Stand der Technik und den bewährten Verfahren auf dem Gebiet des Flugbetriebs;
- sie legen die verschiedenen Betriebsarten fest und berücksichtigen entsprechende Anforderungen und Nachweise der Einhaltung, die der Komplexität des Betriebs und dem damit verbundenen Risiko angemessen sind;
- sie tragen den weltweiten Erfahrungen im Luftfahrtbetrieb sowie dem wissenschaftlichen und technischen Fortschritt Rechnung;
- sie werden in Bezug auf die gewerbliche Beförderung mit Flächenflugzeugen und unbeschadet des dritten Gedankenstrichs zunächst auf der Grundlage der gemeinsamen technischen Anforderungen und Verwaltungsverfahren, die in Anhang III der Verordnung (EWG) Nr. 3922/91 festgelegt sind, ausgearbeitet;
- sie beruhen auf einer Risikobewertung und sind der Größe sowie dem Umfang des Flugbetriebs angemessen;
- sie ermöglichen eine unmittelbare Reaktion auf erwiesene Ursachen von Unfällen und ernsten Zwischenfällen;
- sie erlegen Luftfahrzeugen im Sinne von Artikel 4 Absatz 1 Buchstabe c keine Anforderungen auf, die mit den ICAO-Verpflichtungen der Mitgliedstaaten unvereinbar sind.

**Artikel 9 Von einem Drittlandsbetreiber auf Strecken in die, innerhalb der oder aus der Gemeinschaft eingesetzte Luftfahrzeuge**

(1) In Artikel 4 Absatz 1 Buchstabe d genannte Luftfahrzeuge sowie ihre Besatzung und ihr Betrieb müssen die geltenden ICAO-Normen erfüllen. Sind diesbezügliche Normen nicht vorhanden, müssen diese Luftfahrzeuge und ihr Betrieb die in den Anhängen I, III und IV festgelegten Anforderungen erfüllen, sofern diese Anforderungen den Rechten dritter Länder aufgrund internationaler Übereinkünfte nicht zuwiderlaufen.

(2) Betreiber, die mit dem gewerblichen Betrieb von Luftfahrzeugen befasst sind und dabei Luftfahrzeuge nach Absatz 1 einsetzen, müssen nachweisen, dass sie über die Befähigung und die Mittel verfügen, um die Anforderungen nach Absatz 1 zu erfüllen.
Die Anforderung nach Unterabsatz 1 kann erfüllt werden, indem von einem Drittland oder in dessen Namen ausgestellte Zeugnisse anerkannt werden.
Die Befähigung und Mittel nach Unterabsatz 1 werden durch das Ausstellen einer Genehmigung anerkannt. Die dem Betreiber gewährten Sonderrechte sowie der Umfang des Betriebs sind darin zu vermerken.

(3) Betreiber, die mit dem nichtgewerblichen Betrieb von technisch komplizierten motorgetriebenen Luftfahrzeugen befasst sind und dabei Luftfahrzeuge nach Absatz 1 einsetzen, können verpflichtet werden, ihre Befähigung und ihre Mittel zur Wahrnehmung der Verantwortlichkeiten, die mit dem Betrieb dieses Luftfahrzeugs verbunden sind, in einer Erklärung anzugeben.

(4) Die Maßnahmen zur Änderung nicht wesentlicher Bestimmungen dieses Artikels durch Ergänzung werden nach dem in Artikel 65 Absatz 4 genannten Regelungsverfahren mit Kontrolle erlassen. In diesen Maßnahmen wird insbesondere Folgendes festgelegt:
a) das Verfahren, nach dem gestattet werden kann, dass in Artikel 4 Absatz 1 Buchstabe d genannte Luftfahrzeuge oder Besatzungsmitglieder, die nicht über ein den ICAO-Normen entsprechendes Lufttüchtigkeitszeugnis bzw. eine entsprechende Lizenz verfügen, für Flüge in die, innerhalb der oder aus der Gemeinschaft eingesetzt werden;

b) die Bedingungen für den Betrieb eines Luftfahrzeugs in Einklang mit Absatz 1;

c) unbeschadet der Verordnung (EG) Nr. 2111/2005 und ihrer Durchführungsbestimmungen die Bedingungen für Erteilung, Beibehaltung, Änderung, Einschränkung, Aussetzung oder Widerruf der Betreibergenehmigung nach Absatz 2, wobei die vom Eintragungsstaat oder vom Betreiberstaat ausgestellten Zeugnisse berücksichtigt werden;

d) die Sonderrechte und Verantwortlichkeiten der Inhaber von Genehmigungen;

e) die Bedingungen und Verfahren für die Erklärung der in Absatz 3 genannten Betreiber und für deren Beaufsichtigung;

f) die Bedingungen für die Anordnung eines Betriebsverbots, einer Betriebseinschränkung oder bestimmter Betriebsauflagen aus Sicherheitsgründen gemäß Artikel 22 Absatz 1.

(5) Bei der Annahme der in Absatz 4 genannten Maßnahmen achtet die Kommission besonders darauf, dass

a) gegebenenfalls von der ICAO empfohlene Praktiken und Anleitungen angewandt werden;

b) die Anforderungen nicht über die Anforderungen hinausgehen, die an die in Artikel 4 Absatz 1 Buchstabe b genannten Luftfahrzeuge und die Betreiber derartiger Luftfahrzeuge gestellt werden;

c) gegebenenfalls Maßnahmen angewandt werden, die nach Artikel 5 Absatz 5 und Artikel 8 Absatz 5 erlassen wurden;

d) das Verfahren zur Erlangung der Genehmigungen in allen Fällen einfach, angemessen, kostengünstig und wirksam ist und Anforderungen und Nachweise der Einhaltung vorsieht, die der Komplexität der Tätigkeiten und dem damit verbundenen Risiko angemessen sind. Bei dem Verfahren wird insbesondere Folgendes berücksichtigt:

   i. die Ergebnisse des ICAO-Programms zur universellen Bewertung der Sicherheitsaufsicht;

   ii. Informationen aus Vorfeldinspektionen und -aufzeichnungen des Programms über die Sicherheitsuntersuchung für ausländische Luftfahrzeuge (SAFA) und

   iii. sonstige anerkannte Informationen über Sicherheitsaspekte in Bezug auf den betreffenden Betreiber.

**Artikel 10   Aufsicht und Durchsetzung**

(1) Die Mitgliedstaaten, die Kommission und die Agentur arbeiten zusammen, um zu gewährleisten, dass alle von dieser Verordnung erfassten Erzeugnisse, Personen oder Organisationen ihre Vorschriften und Durchführungsbestimmungen erfüllen.

(2) Zur Anwendung des Absatzes 1 führen die Mitgliedstaaten zusätzlich zu ihrer Aufsicht über die von ihnen erteilten Zulassungen bzw. Zeugnisse Untersuchungen, einschließlich Vorfeldinspektionen, durch und ergreifen alle Maßnahmen, die erforderlich sind, um die Fortsetzung von Verstößen zu verhindern; zu diesen Maßnahmen gehören auch Startverbote für Luftfahrzeuge.

(3) Zur Anwendung des Absatzes 1 führt die Agentur Untersuchungen nach Artikel 24 Absatz 2 und Artikel 55 durch.

(4) Um den zuständigen Behörden das Ergreifen geeigneter Durchsetzungsmaßnahmen wie etwa Einschränkung, Aussetzung oder Widerruf der von ihnen erteilten Zulassungen bzw. Zeugnisse zu erleichtern, tauschen die Mitgliedstaaten, die Kommission und die Agentur Informationen über die festgestellten Verstöße aus.

(5) Die Maßnahmen zur Änderung nicht wesentlicher Bestimmungen dieses Artikels durch Ergänzung werden nach dem in Artikel 65 Absatz 4 genannten Regelungsverfahren mit Kontrolle erlassen. In diesen Maßnahmen wird insbesondere Folgendes festgelegt:

a) die Bedingungen für die Erhebung, den Austausch und die Verbreitung von Informationen;

b) die Bedingungen für die Durchführung von Vorfeldinspektionen, einschließlich systematischer Vorfeldinspektionen;

c) die Bedingungen für die Anordnung eines Startverbots für Luftfahrzeuge, die den Anforderungen dieser Verordnung oder ihrer Durchführungsbestimmungen nicht genügen.

**Artikel 11    Anerkennung von Zulassungen bzw. Zeugnissen**

(1) Die Mitgliedstaaten erkennen ohne weitere technische Anforderungen oder Bewertungen Zulassungen bzw. Zeugnisse an, die gemäß dieser Verordnung erteilt wurden. Wurde die ursprüngliche Anerkennung für einen bestimmten Zweck oder bestimmte Zwecke erteilt, bezieht sich eine nachfolgende Anerkennung ausschließlich auf dieselben Zwecke.

(2) Die Kommission kann von sich aus oder auf Antrag eines Mitgliedstaats oder der Agentur das in Artikel 65 Absatz 7 genannte Verfahren einleiten, um zu entscheiden, ob nach dieser Verordnung erteilte Zulassungen bzw. Zeugnisse tatsächlich dieser Verordnung und ihren Durchführungsbestimmungen entsprechen.
Im Fall der Nichteinhaltung oder nicht wirksamen Einhaltung verlangt die Kommission vom Aussteller der Zulassung bzw. des Zeugnisses, geeignete Abhilfemaßnahmen und Schutzmaßnahmen zu ergreifen, z. B. durch Einschränkung oder Aussetzung der Zulassung bzw. des Zeugnisses. Darüber hinaus gilt Absatz 1 ab dem Zeitpunkt, zu dem die Entscheidung der Kommission den Mitgliedstaaten mitgeteilt wird, nicht mehr für diese Zulassung bzw. dieses Zeugnis.

(3) Hat die Kommission ausreichende Nachweise, dass geeignete Abhilfemaßnahmen vom Aussteller nach Absatz 2 ergriffen worden sind, um den Fall der Nichteinhaltung oder nicht wirksamen Einhaltung anzugehen, und dass keine Schutzmaßnahmen mehr erforderlich sind, so entscheidet sie, dass Absatz 1 wieder für diese Zulassung bzw. dieses Zeugnis gilt. Diese Bestimmungen gelten ab dem Zeitpunkt, zu dem die Entscheidung den Mitgliedstaaten mitgeteilt wird.

(4) Bis zum Erlass der erforderlichen Maßnahmen nach Artikel 5 Absatz 5, Artikel 7 Absatz 6 und Artikel 9 Absatz 4 und unbeschadet des Artikels 69 Absatz 4 können Zulassungen bzw. Zeugnisse, die nicht gemäß dieser Verordnung erteilt werden können, auf der Grundlage geltender einzelstaatlicher Vorschriften erteilt werden.

(5) Bis zum Erlass der Maßnahmen nach Artikel 8 Absatz 5 und unbeschadet des Artikels 69 Absatz 4 können Zulassungen bzw. Zeugnisse, die nicht gemäß dieser Verordnung erteilt werden können, auf der Grundlage geltender einzelstaatlicher Vorschriften oder gegebenenfalls auf der Grundlage der einschlägigen Anforderungen der Verordnung (EWG) Nr. 3922/91 erteilt werden.

(6) Dieser Artikel gilt unbeschadet der Verordnung (EG) Nr. 2111/2005 und ihrer Durchführungsbestimmungen.

**Artikel 12    Anerkennung von Zulassungen bzw. Zeugnissen aus Drittländern**

(1) Abweichend von den Bestimmungen dieser Verordnung und ihrer Durchführungsbestimmungen können die Agentur oder die Luftfahrtbehörden der Mitgliedstaaten auf der Grundlage von Zulassungen bzw. Zeugnissen, die von Luftfahrtbehörden eines Drittlands erteilt wurden, gemäß zwischen der Gemeinschaft und dem betreffenden Land geschlossenen Abkommen über die gegenseitige Anerkennung Zulassungen bzw. Zeugnisse erteilen.

(2)

a) Wenn die Gemeinschaft kein derartiges Abkommen geschlossen hat, kann ein Mitgliedstaat oder die Agentur auf der Grundlage von Bescheinigungen, die von den zuständigen Behörden eines Drittlands erteilt wurden, in Anwendung eines Abkommens, das vor Inkrafttreten der zugehörigen Bestimmungen dieser Verordnung zwischen diesem Mitgliedstaat und dem betreffenden Drittland geschlossen und der Kommission und den übrigen Mitgliedstaaten mitgeteilt wurde, Zulassungen bzw. Zeugnisse erteilen. Die Agentur kann derartige Zulassungen bzw. Zeugnisse in Anwendung eines zwischen einem der Mitgliedstaaten und dem betreffenden Drittland geschlossenen Abkommens auch im Namen eines Mitgliedstaats erteilen.

b) Wenn die Kommission der Auffassung ist, dass
   - die Bestimmungen eines Abkommens zwischen einem Mitgliedstaat und einem Drittland kein Sicherheitsniveau gewährleisten, das dem durch diese Verordnung und ihre Durchführungsbestimmungen festgelegten Sicherheitsniveau gleichwertig ist, und/oder
   - ein derartiges Abkommen ohne zwingende Sicherheitsgründe zwischen Mitgliedstaaten diskriminierend wirken würde oder der gemeinsamen Außenpolitik gegenüber einem Drittland zuwiderläuft,
   
   kann sie nach dem in Artikel 65 Absatz 2 genannten Verfahren von dem betreffenden Mitgliedstaat verlangen, gemäß Artikel 307 des Vertrags das Abkommen zu ändern, dessen Anwendung auszusetzen oder es zu kündigen.

c) Die Mitgliedstaaten treffen die erforderlichen Maßnahmen, um Abkommen so bald wie möglich nach Inkrafttreten eines Abkommens zwischen der Gemeinschaft und dem betreffenden Drittland zu kündigen, soweit diese Abkommen vom letztgenannten Abkommen geregelte Bereiche betreffen.

### Artikel 13  Qualifizierte Stellen

Die Agentur bzw. die betreffende nationale Luftfahrtbehörde stellen bei der Übertragung einer bestimmten Zulassungsaufgabe an eine qualifizierte Stelle sicher, dass diese Stelle die Kriterien des Anhangs V erfüllt.

### Artikel 14  Flexibilitätsbestimmungen

(1) Die Bestimmungen dieser Verordnung und ihre Durchführungsbestimmungen hindern einen Mitgliedstaat nicht daran, bei einem Sicherheitsproblem, das von dieser Verordnung erfasste Erzeugnisse, Personen oder Organisationen betrifft, unverzüglich tätig zu werden.

Der Mitgliedstaat teilt der Agentur, der Kommission und den anderen Mitgliedstaaten unverzüglich die getroffenen Maßnahmen und die Gründe hierfür mit.

(2)
a) Die Agentur prüft, ob das Sicherheitsproblem im Rahmen der ihr nach Artikel 18 Buchstabe d übertragenen Befugnisse behoben werden kann. Ist dies der Fall, so trifft sie innerhalb eines Monats nach ihrer Unterrichtung gemäß Absatz 1 die geeigneten Entscheidungen.

b) Kommt die Agentur zu dem Ergebnis, dass das Sicherheitsproblem nicht gemäß Buchstabe a behoben werden kann, so gibt sie innerhalb der unter Buchstabe a genannten Frist eine Empfehlung gemäß Artikel 18 Buchstabe b, ob diese Verordnung oder ihre Durchführungsvorschriften geändert werden sollten und ob die mitgeteilten Maßnahmen aufgehoben oder beibehalten werden sollten.

(3) Die Maßnahmen zur Änderung nicht wesentlicher Bestimmungen dieser Verordnung, unter anderem durch Ergänzung, im Zusammenhang mit der Frage, ob ein unzureichendes Sicherheitsniveau oder ein Mangel dieser Verordnung oder ihrer Durchführungsbestimmungen die Einleitung ihrer Änderung rechtfertigen und ob die nach Absatz 1 getroffenen Maßnahmen weiter angewandt werden können, werden nach dem in Artikel 65 Absatz 6 genannten Regelungsverfahren mit Kontrolle erlassen. In solchen Fällen werden die Maßnahmen, für die dann Artikel 11 gilt, gegebenenfalls von allen Mitgliedstaaten angewandt. Werden die Maßnahmen für ungerechtfertigt erachtet, so werden sie von dem betreffenden Mitgliedstaat widerrufen.

(4) Die Mitgliedstaaten können im Fall unvorhergesehener und dringender betrieblicher Umstände oder betrieblicher Bedürfnisse von beschränkter Dauer Freistellungen

von den grundlegenden Anforderungen dieser Verordnung und ihrer Durchführungsbestimmungen erteilen, sofern keine Beeinträchtigung des Sicherheitsniveaus eintritt. Der Agentur, der Kommission und den anderen Mitgliedstaaten sind derartige Freistellungen mitzuteilen, wenn sie wiederholt oder für Zeiträume von mehr als zwei Monaten erteilt werden.

(5) Die Agentur prüft, ob die von einem Mitgliedstaat mitgeteilten Freistellungen weniger restriktiv sind als die geltenden Gemeinschaftsbestimmungen, und gibt innerhalb eines Monats nach ihrer Unterrichtung darüber eine Empfehlung gemäß Artikel 18 Buchstabe b, ob die Freistellungen dem allgemeinen Sicherheitsziel dieser Verordnung oder anderer Rechtsvorschriften der Gemeinschaft entsprechen.

Wenn eine Freistellung den allgemeinen Sicherheitszielen dieser Verordnung oder anderer Gemeinschaftsvorschriften nicht entspricht, trifft die Kommission nach dem in Artikel 65 Absatz 7 genannten Verfahren die Entscheidung, die Freistellung nicht zu gestatten. In diesem Fall widerruft der betreffende Mitgliedstaat die Freistellung.

(6) Lässt sich ein Schutzniveau, das dem durch die Anwendung der Durchführungsbestimmungen erreichten Niveau gleichwertig ist, mit anderen Mitteln erreichen, können die Mitgliedstaaten ohne Diskriminierung aufgrund der Staatsangehörigkeit eine Genehmigung in Abweichung von diesen Durchführungsbestimmungen erteilen.

In diesen Fällen teilt der betreffende Mitgliedstaat der Agentur und der Kommission mit, dass er beabsichtigt, eine solche Genehmigung zu erteilen, und legt die Gründe für die Notwendigkeit einer Abweichung von der betreffenden Bestimmung sowie die Bedingungen zur Gewährleistung eines gleichwertigen Schutzniveaus dar.

(7) Innerhalb von zwei Monaten nach ihrer Unterrichtung gemäß Absatz 6 gibt die Agentur eine Empfehlung gemäß Artikel 18 Buchstabe b, ob eine nach Absatz 6 vorgeschlagene Genehmigung die dort festgelegten Kriterien erfüllt.

Die Maßnahmen zur Änderung nicht wesentlicher Bestimmungen dieser Verordnung durch Ergänzung um zu entscheiden, ob die vorgeschlagene Genehmigung erteilt werden kann werden nach dem in Artikel 65 Absatz 4 genannten Regelungsverfahren mit Kontrolle innerhalb einen Monats nach Empfang der Empfehlung der Agentur erlassen. In diesem Fall teilt die Kommission ihre Entscheidung allen Mitgliedstaaten mit, die dann ebenfalls zur Anwendung der betreffenden Maßnahme berechtigt sind. Artikel 15 findet auf die betreffende Maßnahme Anwendung.

### Artikel 15   Informationsnetz

(1) Die Kommission, die Agentur und die nationalen Luftfahrtbehörden tauschen die Informationen aus, die ihnen bei der Anwendung dieser Verordnung und ihrer Durchführungsbestimmungen zugänglich sind. Stellen, die mit der Untersuchung von Unfällen und Zwischenfällen oder mit der Analyse von Vorfällen in der Zivilluftfahrt betraut sind, haben das Recht auf Zugang zu diesen Informationen.

(2) Unbeschadet des Rechts der Öffentlichkeit auf Zugang zu Kommissionsdokumenten gemäß der Verordnung (EG) Nr. 1049/2001 erlässt die Kommission nach dem in Artikel 65 Absatz 3 genannten Verfahren Maßnahmen für die von ihr auf eigene Initiative betriebene Weitergabe der Informationen nach Absatz 1 des vorliegenden Artikels an interessierte Kreise. Grundlage dieser Maßnahmen, die allgemein oder für den Einzelfall erfolgen können, ist die Notwendigkeit,

a) für Personen und Organisationen die Informationen bereitzustellen, die sie zur Verbesserung der Flugsicherheit benötigen;

b) die Weitergabe von Informationen auf das für die Zwecke ihrer Nutzer unbedingt erforderliche Maß zu beschränken, um eine angemessene Vertraulichkeit dieser Informationen sicherzustellen.

(3) Die nationalen Luftfahrtbehörden ergreifen entsprechend ihren nationalen Rechtsvorschriften die erforderlichen Maßnahmen, um eine angemessene Vertraulichkeit der Informationen sicherzustellen, die sie gemäß Absatz 1 erhalten haben.

(4) Zur Unterrichtung der Öffentlichkeit über das allgemeine Sicherheitsniveau veröffentlicht die Agentur jährlich einen Sicherheitsbericht. Ab Inkrafttreten der Maßnahmen nach Artikel 7 Absatz 5 enthält dieser Sicherheitsbericht eine Auswertung aller gemäß Artikel 7 eingegangenen Informationen. Diese Auswertung muss einfach und verständlich abgefasst sein und deutlich machen, ob erhöhte Sicherheitsrisiken bestehen. Die Informationsquellen werden in dieser Auswertung nicht offen gelegt.

**Artikel 16  Schutz der Informationsquellen**

(1) Werden Hinweise nach Artikel 15 Absatz 1 von einer natürlichen Person der Kommission oder der Agentur freiwillig gegeben, so wird die Quelle dieser Informationen nicht offen gelegt. Werden die Hinweise einer nationalen Behörde gegeben, so genießt die Quelle dieser Informationen Schutz nach einzelstaatlichem Recht.

(2) Unbeschadet der geltenden strafrechtlichen Vorschriften verzichten die Mitgliedstaaten auf die Einleitung von Verfahren in Fällen eines nicht vorsätzlichen oder versehentlichen Verstoßes gegen Rechtsvorschriften, von denen sie ausschließlich aufgrund einer Meldung gemäß dieser Verordnung und ihren Durchführungsbestimmungen Kenntnis erlangen.
Dies gilt nicht für Fälle grober Fahrlässigkeit.

(3) Unbeschadet der geltenden strafrechtlichen Vorschriften und entsprechend den innerstaatlichen Rechtsvorschriften und ihrer Rechtspraxis stellen die Mitgliedstaaten sicher, dass Beschäftigte, die in Anwendung dieser Verordnung und ihrer Durchführungsbestimmungen Hinweise geben, keine Nachteile seitens ihres Arbeitgebers erfahren.
Dies gilt nicht für Fälle grober Fahrlässigkeit.

(4) Dieser Artikel gilt unbeschadet der einzelstaatlichen Vorschriften über den Zugang der Justizbehörden zu Informationen.

## Kapitel III:  Europäische Agentur für Flugsicherheit

### Abschnitt I:  Aufgaben

**Artikel 17  Errichtung und Funktionen der Agentur**

(1) Zur Durchführung dieser Verordnung wird eine Europäische Agentur für Flugsicherheit errichtet.

(2) Um die ordnungsgemäße Aufrechterhaltung und Weiterentwicklung der zivilen Flugsicherheit zu gewährleisten, erfüllt die Agentur folgende Funktionen:
a) Sie nimmt alle unter Artikel 1 Absatz 1 fallenden Aufgaben wahr und erstellt Gutachten zu allen einschlägigen Angelegenheiten.
b) Sie unterstützt die Kommission durch die Ausarbeitung von Maßnahmen, die zur Durchführung dieser Verordnung zu treffen sind; wenn es sich hierbei um technische Vorschriften und insbesondere um Bau- und Konstruktionsvorschriften sowie um Vorschriften in Bezug auf operationelle Aspekte handelt, darf die Kommission deren Inhalt nicht ohne vorherige Koordinierung mit der Agentur ändern; ferner leistet die Agentur die erforderliche technische, wissenschaftliche und verwaltungstechnische Unterstützung zur Erfüllung der Aufgaben der Kommission.
c) Sie ergreift die erforderlichen Maßnahmen im Rahmen der Befugnisse, die ihr durch diese Verordnung oder andere gemeinschaftliche Rechtsvorschriften übertragen werden.
d) Sie führt die zur Erfüllung ihrer Aufgaben nötigen Inspektionen und Untersuchungen durch.
e) Sie nimmt in ihren Zuständigkeitsbereichen im Namen der Mitgliedstaaten Funktionen und Aufgaben wahr, die ihnen durch geltende internationale Übereinkünfte, insbesondere durch das Abkommen von Chicago, zugewiesen werden.

**Artikel 18 Tätigkeiten der Agentur**

Die Agentur nimmt, soweit angezeigt, folgende Tätigkeiten wahr:
a) Sie richtet Stellungnahmen an die Kommission.
b) Sie gibt zur Anwendung des Artikels 14 Empfehlungen ab, die an die Kommission gerichtet sind.
c) Sie erarbeitet Zulassungsspezifikationen, einschließlich Lufttüchtigkeitskodizes und annehmbarer Nachweisverfahren, sowie jegliche Anleitungen für die Anwendung dieser Verordnung und ihrer Durchführungsbestimmungen.
d) Sie trifft die angemessenen Entscheidungen zur Anwendung der Artikel 20, 21, 22, 23, 54 und 55.
e) Sie legt Berichte über die gemäß Artikel 24 Absatz 1 und Artikel 54 durchgeführten Inspektionen zur Kontrolle der Normung vor.

**Artikel 19 Stellungnahmen, Zulassungsspezifikationen und Anleitungen**

(1) Zur Unterstützung der Kommission bei der Ausarbeitung von Vorschlägen für die Grundsatzregelungen, die Anwendbarkeit und die grundlegenden Anforderungen, die dem Europäischen Parlament und dem Rat vorzulegen sind, und bei dem Erlass der Durchführungsbestimmungen erstellt die Agentur entsprechende Entwürfe. Die Agentur übermittelt diese Entwürfe als Stellungnahme an die Kommission.

(2) Die Agentur erarbeitet unter Beachtung des Artikels 52 und der von der Kommission erlassenen Durchführungsbestimmungen
a) Zulassungsspezifikationen, einschließlich Lufttüchtigkeitskodizes und annehmbarer Nachweisverfahren, und
b) sonstige Anleitungen,

die im Zulassungsverfahren verwendet werden.

Diese Unterlagen spiegeln den Stand der Technik und die bestbewährten Verfahren in den betreffenden Bereichen wider; sie werden unter Berücksichtigung der weltweiten Erfahrungen im Flugbetrieb sowie des wissenschaftlichen und technischen Fortschritts aktualisiert.

**Artikel 20 Lufttüchtigkeitszeugnis und Umweltzeugnis**

(1) In Bezug auf die in Artikel 4 Absatz 1 Buchstaben a und b genannten Erzeugnisse, Teile und Ausrüstungen nimmt die Agentur gegebenenfalls und nach den Vorgaben des Abkommens von Chicago oder seiner Anhänge im Namen der Mitgliedstaaten die Funktionen und Aufgaben des Entwurfs-, Herstellungs- oder Eintragungsstaats wahr, soweit diese die Entwurfsgenehmigung betreffen. Sie wird hierzu insbesondere wie folgt tätig:
a) Für jedes Erzeugnis, für das eine Musterzulassung oder die Änderung einer Musterzulassung beantragt wird, erstellt die Agentur die Musterzulassungsgrundlage und teilt diese mit. Diese umfasst den anzuwendenden Lufttüchtigkeitskodex, die Bestimmungen, für die ein gleichwertiges Sicherheitsniveau anerkannt wurde, und die besonderen technischen Einzelspezifikationen, die erforderlich sind, wenn aufgrund der Konstruktionsmerkmale eines bestimmten Erzeugnisses oder aufgrund der Betriebspraxis Bestimmungen des Lufttüchtigkeitskodex nicht mehr angemessen oder nicht mehr geeignet sind, um die Erfüllung der grundlegenden Anforderungen zu gewährleisten.
b) Für jedes Erzeugnis, für das ein eingeschränktes Lufttüchtigkeitszeugnis beantragt wird, erstellt die Agentur die besonderen Lufttüchtigkeitsspezifikationen und teilt diese mit.
c) Für jedes Teil oder jede Ausrüstung, für die ein Zeugnis beantragt wird, erstellt die Agentur die genauen Lufttüchtigkeitsspezifikationen und teilt diese mit.
d) Für jedes Erzeugnis, für das gemäß Artikel 6 ein Umweltzeugnis erforderlich ist, erstellt die Agentur die jeweiligen Umweltvorschriften und teilt diese mit.

e) Die Agentur führt selbst oder durch nationale Luftfahrtbehörden oder qualifizierte Stellen Untersuchungen im Zusammenhang mit der Zulassung von Erzeugnissen, Teilen und Ausrüstungen durch.
f) Die Agentur erteilt die einschlägigen Musterzulassungen oder zugehörige Änderungszulassungen.
g) Die Agentur stellt Zeugnisse für Teile und Ausrüstungen aus.
h) Die Agentur stellt die einschlägigen Umweltzeugnisse aus.
i) Die Agentur ändert oder widerruft die einschlägigen Zeugnisse oder setzt diese aus, wenn die Voraussetzungen, unter denen die Zeugnisse ausgestellt wurden, nicht mehr gegeben sind, oder wenn die juristische oder natürliche Person, die Inhaber des Zeugnisses ist, die Verpflichtungen, die ihr durch diese Verordnung oder ihre Durchführungsbestimmungen auferlegt werden, nicht erfüllt.
j) Die Agentur sorgt für die Erhaltung der Lufttüchtigkeitsfunktionen im Zusammenhang mit den ihrer Aufsicht unterliegenden Erzeugnissen, Teilen und Ausrüstungen; hierzu zählt auch, dass sie ohne unangemessene Verzögerung auf ein Sicherheitsproblem reagiert und die einschlägigen vorgeschriebenen Informationen heraus- und weitergibt.
k) Die Agentur erstellt in Bezug auf Luftfahrzeuge, für die eine Fluggenehmigung erteilt werden soll, Lufttüchtigkeitsstandards und -verfahren zur Einhaltung des Artikels 4 Absatz 4 Buchstabe a.
l) Die Agentur erteilt Luftfahrzeugen im Benehmen mit dem Mitgliedstaat, in dem die Luftfahrzeuge registriert sind oder registriert werden sollen, Fluggenehmigungen zum Zwecke der unter Aufsicht der Agentur erfolgenden Zulassung.

(2) In Bezug auf Organisationen wird die Agentur wie folgt tätig:
a) Sie führt selbst oder durch nationale Luftfahrtbehörden oder qualifizierte Stellen Inspektionen und Überprüfungen (Audits) der von ihr zugelassenen Organisationen durch.
b) Sie sorgt für die Ausstellung und Verlängerung der Zeugnisse für
   i. Entwurfsorganisationen oder
   ii. im Hoheitsgebiet der Mitgliedstaaten ansässige Produktionsorganisationen, wenn dies von dem betreffenden Mitgliedstaat beantragt wird, oder
   iii. außerhalb des Hoheitsgebiets der Mitgliedstaaten ansässige Produktions- und Instandhaltungsorganisationen.
c) Sie ändert oder widerruft die einschlägigen Zeugnisse von Organisationen oder setzt diese aus, wenn die Voraussetzungen, unter denen die Zeugnisse ausgestellt wurden, nicht mehr gegeben sind oder wenn die betreffende Organisation die Verpflichtungen, die ihr durch diese Verordnung oder ihre Durchführungsbestimmungen auferlegt werden, nicht erfüllt.

## Artikel 21   Pilotenzulassung

(1) In Bezug auf die in Artikel 7 Absatz 1 genannten Bediensteten und Organisationen wird die Agentur wie folgt tätig:
a) Sie führt selbst oder über nationale Luftfahrtbehörden oder qualifizierte Stellen Untersuchungen und Überprüfungen (Audits) der von ihr zugelassenen Organisationen sowie gegebenenfalls des betreffenden Personals durch.
b) Sie sorgt für die Ausstellung und Verlängerung der Zeugnisse für außerhalb des Hoheitsgebiets der Mitgliedstaaten ansässige Ausbildungseinrichtungen für Piloten und flugmedizinische Zentren sowie gegebenenfalls deren Personal.
c) Sie ändert, begrenzt oder widerruft die einschlägigen Zeugnisse oder setzt diese aus, wenn die Voraussetzungen, unter denen die Zeugnisse von ihr ausgestellt wurden, nicht mehr gegeben sind oder wenn die juristische oder natürliche Person, die Inhaber des Zeugnisses ist, die Verpflichtungen, die ihr durch diese Verordnung oder ihre Durchführungsbestimmungen auferlegt werden, nicht erfüllt.

(2) In Bezug auf die in Artikel 7 Absatz 1 genannten Flugsimulationsübungsgeräte wird die Agentur wie folgt tätig:
a) Sie führt selbst oder über nationale Luftfahrtbehörden oder qualifizierte Stellen technische Inspektionen der von ihr zugelassenen Geräte durch.
b) Sie erteilt und verlängert die Zeugnisse für
   i. Flugsimulationsübungsgeräte, die von durch die Agentur zugelassenen Ausbildungseinrichtungen eingesetzt werden, oder
   ii. im Hoheitsgebiet der Mitgliedstaaten befindliche Flugsimulationsübungsgeräte, wenn der betreffende Mitgliedstaat darum ersucht, oder
   iii. außerhalb des Hoheitsgebiets der Mitgliedstaaten befindliche Flugsimulationsübungsgeräte.
c) Sie ändert, begrenzt oder widerruft die einschlägigen Zeugnisse oder setzt diese aus, wenn die Voraussetzungen, unter denen die Zeugnisse ausgestellt wurden, nicht mehr gegeben sind oder wenn die juristische oder natürliche Person, die Inhaber des Zeugnisses ist, die Verpflichtungen, die ihr durch diese Verordnung oder ihre Durchführungsbestimmungen auferlegt werden, nicht erfüllt.

### Artikel 22   Zulassung für den Flugbetrieb

(1) Die Agentur reagiert ohne unangemessene Verzögerung auf ein die Sicherheit des Flugbetriebs betreffendes Problem, indem sie die Abhilfemaßnahmen bestimmt und die zugehörigen Informationen – auch an die Mitgliedstaaten – verbreitet.

(2) In Bezug auf die Beschränkung der Flugzeiten wird wie folgt verfahren:
a) Die Agentur erarbeitet die einschlägigen Zulassungsspezifikationen, um die Erfüllung der grundlegenden Anforderungen sicherzustellen, sowie gegebenenfalls die entsprechenden Durchführungsbestimmungen. Als Grundlage umfassen die Durchführungsbestimmungen alle wesentlichen Vorgaben des Unterabschnitts Q des Anhangs III der Verordnung (EWG) Nr. 3922/91 unter Berücksichtigung der neuesten wissenschaftlichen und technischen Erkenntnisse;
b) ein Mitgliedstaat kann einzelne Flugzeitspezifikationspläne genehmigen, die von den Zulassungsspezifikationen nach Buchstabe a abweichen. Der betroffene Mitgliedstaat setzt in diesem Fall unverzüglich die Agentur, die Kommission und die anderen Mitgliedstaaten davon in Kenntnis, dass er beabsichtigt, einen solchen Einzelplan zu genehmigen;
c) bei Erhalt der Mitteilung beurteilt die Agentur innerhalb eines Monats den Einzelplan auf der Grundlage einer wissenschaftlichen und medizinischen Bewertung. Danach kann der betreffende Mitgliedstaat die Zulassung wie mitgeteilt erlassen, außer in dem Fall, dass die Agentur den Plan mit diesem Mitgliedstaat erörtert und Änderungen dazu vorgeschlagen hat. Sollte der Mitgliedstaat mit diesen Änderungen einverstanden sein, so kann er die Zulassung entsprechend erteilen;
d) im Falle unvorhergesehener und dringender betrieblicher Umstände oder betrieblicher Bedürfnisse von beschränkter Dauer und mit einmaligem Charakter können vorübergehend Abweichungen zu den Zulassungsspezifikationen angewandt werden, bis die Agentur ihre Stellungnahme abgegeben hat;
e) ist ein Mitgliedstaat mit den Schlussfolgerungen der Agentur zu einem Einzelplan nicht einverstanden, so verweist er die Angelegenheit zur Entscheidung nach dem in Artikel 65 Absatz 3 genannten Verfahren darüber, ob dieser Plan den Sicherheitszielen dieser Verordnung entspricht, an die Kommission;
f) der Inhalt der Einzelpläne, die für die Agentur annehmbar sind oder zu denen die Kommission eine positive Entscheidung nach Buchstabe e getroffen hat, wird veröffentlicht.

### Artikel 23   Drittlandsbetreiber

(1) In Bezug auf Betreiber von Luftfahrzeugen nach Artikel 4 Absatz 1 Buchstabe d, die eine gewerbliche Tätigkeit ausüben, wird die Agentur wie folgt tätig:

a) Sie führt selbst oder über nationale Luftfahrtbehörden oder qualifizierte Stellen Inspektionen und Überprüfungen (Audits) durch.

b) Sie erteilt und verlängert die in Artikel 9 Absatz 2 genannten Genehmigungen, es sei denn, ein Mitgliedstaat nimmt die Funktionen und Aufgaben des Betreiberstaats für diese Betreiber wahr.

c) Sie ändert, beschränkt oder widerruft die einschlägige Genehmigung oder setzt diese aus, wenn die Voraussetzungen, unter denen sie von ihr ausgestellt wurde, nicht mehr gegeben sind oder wenn die betreffende Organisation die Verpflichtungen, die ihr durch diese Verordnung oder ihre Durchführungsbestimmungen auferlegt werden, nicht erfüllt.

(2) In Bezug auf die in Artikel 4 Absatz 1 Buchstabe d genannten Luftfahrzeugbetreiber, die keine gewerbliche Tätigkeit ausüben, wird die Agentur wie folgt tätig:

a) Sie nimmt die Erklärungen nach Artikel 9 Absatz 3 entgegen und

b) nimmt selbst oder über nationale Luftfahrtbehörden oder qualifizierte Stellen die Aufsicht über Betreiber wahr, von denen sie eine Erklärung erhalten hat.

(3) In Bezug auf Luftfahrzeuge nach Artikel 4 Absatz 1 Buchstabe d erteilt die Agentur Genehmigungen nach Artikel 9 Absatz 4 Buchstabe a.

**Artikel 24  Überwachung der Anwendung der Vorschriften**

(1) Die Agentur führt Inspektionen zur Kontrolle der Normung in den von Artikel 1 Absatz 1 erfassten Bereichen durch, um zu überprüfen, ob die zuständigen nationalen Behörden diese Verordnung und ihre Durchführungsbestimmungen anwenden, und erstattet der Kommission Bericht.

(2) Die Agentur führt Untersuchungen von Unternehmen durch, um die Anwendung dieser Verordnung und ihrer Durchführungsbestimmungen zu überwachen.

(3) Die Agentur bewertet die Auswirkungen der Anwendung dieser Verordnung und ihrer Durchführungsbestimmungen; dabei trägt sie den in Artikel 2 genannten Zielen Rechnung.

(4) Die Agentur wird zur Anwendung des Artikels 10 gehört und gibt Empfehlungen ab, die an die Kommission gerichtet sind.

(5) Für die Arbeitsweise der Agentur bei der Wahrnehmung der in den Absätzen 1, 3 und 4 genannten Aufgaben werden Anforderungen nach dem in Artikel 65 Absatz 2 genannten Verfahren festgelegt; den Grundsätzen der Artikel 52 und 53 ist hierbei Rechnung zu tragen.

**Artikel 25  Geldbußen und Zwangsgelder**

(1) Unbeschadet der Artikel 20 und 55 kann die Kommission auf Anforderung der Agentur:

a) den Personen und den Unternehmen, denen die Agentur eine Zulassung bzw. ein Zeugnis ausgestellt hat, Geldbußen auferlegen, wenn sie vorsätzlich oder fahrlässig gegen diese Verordnung und ihre Durchführungsbestimmungen verstoßen haben;

b) gegen die Personen und Unternehmen, denen die Agentur eine Zulassung bzw. ein Zeugnis ausgestellt hat, Zwangsgelder verhängen, die sich ab dem in der Entscheidung festgesetzten Zeitpunkt berechnen, um diese Personen und Unternehmen zu veranlassen, die Vorschriften dieser Verordnung und ihrer Durchführungsbestimmungen einzuhalten.

(2) Die Geldbußen und Zwangsgelder nach Absatz 1 müssen abschreckend sein und zur Schwere des Falles und der Wirtschaftskraft des betreffenden Inhabers der Zulassung bzw. des Zeugnisses in einem angemessenen Verhältnis stehen, wobei die Frage, in welchem Ausmaß die Sicherheit beeinträchtigt wurde, besonders berücksichtigt wird. Die Höhe der Geldbußen beträgt höchstens 4 % der Jahreseinnahmen oder des Umsatzes des Inhabers der Zulassung. Die Höhe der Zwangsgelder beträgt höchstens 2,5 % der Tagesdurchschnittseinnahmen oder des Umsatzes des Inhabers der Zulassung.

(3) Die Kommission erlässt nach dem in Artikel 65 Absatz 3 genannten Verfahren die Durchführungsbestimmungen für die Anwendung dieses Artikels. Darin legt sie insbesondere fest:
a) die detaillierten Kriterien für die Festlegung der Höhe der Geldbuße oder des Zwangsgeldes und
b) die Verfahren für Untersuchungen, damit verbundene Maßnahmen und die Berichterstattung sowie die Verfahrensregeln zur Beschlussfassung einschließlich zum Recht auf Verteidigung, auf Akteneinsicht, auf Rechtsvertretung, auf Vertraulichkeit und zeitweilige Regelungen sowie die Bemessung und den Einzug von Geldbußen und Zwangsgeldern.

(4) Bei Klagen gegen Entscheidungen, mit denen die Kommission eine Geldbuße oder ein Zwangsgeld festgesetzt hat, hat der Gerichtshof der Europäischen Gemeinschaften die Befugnis zur unbeschränkten Nachprüfung der Entscheidung. Er kann die festgesetzte Geldbuße oder das festgesetzte Zwangsgeld aufheben, herabsetzen oder erhöhen.

(5) Entscheidungen nach Absatz 1 sind nicht strafrechtlicher Art.

### Artikel 26  Forschung

(1) Unbeschadet des Gemeinschaftsrechts kann die Agentur Forschungstätigkeiten entwickeln und finanzieren, soweit sie sich ausschließlich auf Verbesserungsmaßnahmen in ihrem Zuständigkeitsbereich beziehen.

(2) Die Agentur koordiniert ihre Forschungs- und Entwicklungstätigkeiten mit denen der Kommission und der Mitgliedstaaten, um sicherzustellen, dass die entsprechenden Politiken und Maßnahmen miteinander vereinbar sind.

(3) Die Ergebnisse der von der Agentur finanzierten Forschung werden veröffentlicht, sofern die Agentur diese nicht als vertraulich einstuft.

### Artikel 27  Internationale Beziehungen

(1) Die Agentur unterstützt die Gemeinschaft und die Mitgliedstaaten in deren Beziehungen zu Drittländern nach Maßgabe des Gemeinschaftsrechts. Insbesondere leistet sie Hilfe bei der Harmonisierung der Vorschriften und der gegenseitigen Anerkennung von Genehmigungen, mit denen die ordnungsgemäße Einhaltung von Vorschriften bescheinigt wird.

(2) Die Agentur kann mit den Luftfahrtbehörden von Drittländern und den internationalen Organisationen, die für von dieser Verordnung erfasste Bereiche zuständig sind, im Rahmen von Arbeitsvereinbarungen mit diesen Stellen und im Einklang mit den einschlägigen Bestimmungen des Vertrags zusammenarbeiten. Diese Vereinbarungen bedürfen der vorherigen Zustimmung der Kommission.

(3) Die Agentur unterstützt die Mitgliedstaaten bei der Einhaltung ihrer internationalen Verpflichtungen, insbesondere der Verpflichtungen aus dem Abkommen von Chicago.

## Abschnitt II:  Innerer Aufbau

### Artikel 28  Rechtsstellung, Sitz und Außenstellen

(1) Die Agentur ist eine Einrichtung der Gemeinschaft. Sie besitzt Rechtspersönlichkeit.

(2) Die Agentur besitzt in jedem Mitgliedstaat die weitestgehende Rechts- und Geschäftsfähigkeit, die juristischen Personen nach dessen Rechtsvorschriften zuerkannt ist. Sie kann insbesondere bewegliches und unbewegliches Vermögen erwerben und veräußern und ist vor Gericht parteifähig.

(3) Die Agentur kann in den Mitgliedstaaten vorbehaltlich deren Zustimmung eigene Außenstellen einrichten.

(4) Die Agentur wird von ihrem Exekutivdirektor vertreten.

**Artikel 29   Personal**

(1) Die Bestimmungen des Statuts der Beamten der Europäischen Gemeinschaften, der Beschäftigungsbedingungen für die sonstigen Bediensteten der Europäischen Gemeinschaften und der im gegenseitigen Einvernehmen der Organe der Europäischen Gemeinschaften erlassenen Regelungen zur Durchführung dieses Statuts und der Beschäftigungsbedingungen gelten für das Personal der Agentur unbeschadet der Anwendung des Artikels 39 der vorliegenden Verordnung auf die Mitglieder der Beschwerdekammer.

(2) Unbeschadet des Artikels 42 übt die Agentur gegenüber ihrem Personal die der Anstellungsbehörde durch das Statut der Beamten und die Beschäftigungsbedingungen übertragenen Befugnisse aus.

(3) Das Personal der Agentur besteht aus einer streng begrenzten Zahl von Beamten, die von der Kommission oder den Mitgliedstaaten für leitende Funktionen abgestellt oder abgeordnet werden. Das übrige Personal besteht aus anderen Bediensteten, die die Agentur entsprechend ihrem Bedarf einstellt.

**Artikel 30   Vorrechte und Befreiungen**

Auf die Agentur findet das dem Vertrag zur Gründung der europäischen Gemeinschaften und dem Vertrag über die Gründung der Europäischen Atomgemeinschaft beigefügte Protokoll über die Vorrechte und Befreiungen der Europäischen Gemeinschaften Anwendung.

**Artikel 31   Haftung**

(1) Die vertragliche Haftung der Agentur bestimmt sich nach dem Recht, das auf den betreffenden Vertrag anzuwenden ist.

(2) Für Entscheidungen aufgrund einer Schiedsklausel in einem von der Agentur geschlossenen Vertrag ist der Gerichtshof der Europäischen Gemeinschaften zuständig.

(3) Im Bereich der außervertraglichen Haftung ersetzt die Agentur den durch ihre Dienststellen oder Bediensteten in Ausübung ihrer Amtstätigkeit verursachten Schaden nach den allgemeinen Rechtsgrundsätzen, die den Rechtsordnungen der Mitgliedstaaten gemeinsam sind.

(4) Für Streitsachen über den Schadensersatz nach Absatz 3 ist der Gerichtshof der Europäischen Gemeinschaften zuständig.

(5) Die persönliche Haftung der Bediensteten gegenüber der Agentur bestimmt sich nach den Vorschriften des Statuts bzw. der für sie geltenden Beschäftigungsbedingungen.

**Artikel 32   Veröffentlichung von Dokumenten**

(1) Unbeschadet der auf der Grundlage von Artikel 290 des Vertrags gefassten Beschlüsse werden die folgenden Dokumente in allen Amtssprachen der Gemeinschaft erstellt:
a) der in Artikel 15 Absatz 4 genannte Sicherheitsbericht;
b) an die Kommission gemäß Artikel 19 Absatz 1 gerichtete Stellungnahmen;
c) der in Artikel 33 Absatz 2 Buchstabe b genannte jährliche allgemeine Tätigkeitsbericht und das in Artikel 33 Absatz 2 Buchstabe c genannte Arbeitsprogramm.

(2) Die für die Arbeit der Agentur erforderlichen Übersetzungen werden vom Übersetzungszentrum für die Einrichtungen der Europäischen Union angefertigt.

**Artikel 33   Einrichtung und Befugnisse des Verwaltungsrats**

(1) Die Agentur verfügt über einen Verwaltungsrat.

(2) Der Verwaltungsrat
a) ernennt den Exekutivdirektor sowie auf Vorschlag des Exekutivdirektors die Direktoren gemäß Artikel 39;

b) nimmt den Jahresbericht über die Tätigkeit der Agentur an und übermittelt ihn spätestens am 15. Juni dem Europäischen Parlament, dem Rat, der Kommission, dem Rechnungshof und den Mitgliedstaaten; im Namen der Agentur übermittelt er dem Europäischen Parlament und dem Rat (im Folgenden als „Haushaltsbehörde" bezeichnet) jährlich alle einschlägigen Informationen zu den Ergebnissen der Bewertungsverfahren und insbesondere Informationen bezüglich der Auswirkungen oder Folgen von Änderungen bei den der Agentur übertragenen Aufgaben;

c) legt nach Stellungnahme der Kommission vor dem 30. September jeden Jahres das Arbeitsprogramm der Agentur für das darauf folgende Jahr fest und übermittelt es dem Europäischen Parlament, dem Rat, der Kommission und den Mitgliedstaaten; das Arbeitsprogramm wird unbeschadet des jährlichen Haushaltsverfahrens der Gemeinschaft und ihres Gesetzgebungsprogramms in den einschlägigen Bereichen der Flugsicherheit festgelegt; die Stellungnahme der Kommission wird dem Arbeitsprogramm beigefügt;

d) legt im Benehmen mit der Kommission Leitlinien für die Übertragung von Zulassungsaufgaben an nationale Luftfahrtbehörden und qualifizierte Stellen fest;

e) legt Verfahren für die Entscheidungen des Exekutivdirektors gemäß den Artikeln 52 und 53 fest;

f) nimmt seine Aufgaben im Zusammenhang mit dem Haushalt der Agentur gemäß den Artikeln 59, 60 und 63 wahr;

g) ernennt die Mitglieder der Beschwerdekammer gemäß Artikel 41;

h) übt die Disziplinargewalt über den Exekutivdirektor sowie, im Einvernehmen mit dem Exekutivdirektor, über die Direktoren aus;

i) nimmt zu den in Artikel 64 Absatz 1 genannten Gebühren und Entgelten Stellung;

j) gibt sich eine Geschäftsordnung;

k) beschließt über die für die Agentur geltende Sprachenregelung;

l) ergänzt gegebenenfalls die Liste der in Artikel 32 Absatz 1 genannten Dokumente;

m) legt die Organisationsstruktur der Agentur fest und bestimmt die Personalpolitik der Agentur.

(3) Der Verwaltungsrat kann den Exekutivdirektor in allen Fragen beraten, die eng mit der strategischen Entwicklung der Flugsicherheit, einschließlich der Forschungstätigkeiten nach Artikel 26, zusammenhängen.

(4) Der Verwaltungsrat setzt ein beratendes Gremium der interessierten Kreise ein, das anzuhören ist, bevor er Entscheidungen in den in Absatz 2 Buchstaben c, e, f und i genannten Bereichen trifft. Er kann auch beschließen, das beratende Gremium zu anderen in den Absätzen 2 und 3 genannten Fragen anzuhören. Die Stellungnahme des beratenden Gremiums ist für den Verwaltungsrat nicht bindend.

(5) Der Verwaltungsrat kann Arbeitsgremien einsetzen, die ihn bei der Ausführung seiner Funktionen, einschließlich der Vorbereitung seiner Entscheidungen und der Überwachung ihrer Umsetzung, unterstützen.

### Artikel 34  Zusammensetzung des Verwaltungsrats

(1) Der Verwaltungsrat setzt sich aus einem Vertreter jedes Mitgliedstaats und einem Vertreter der Kommission zusammen. Die Mitglieder werden auf der Grundlage ihrer anerkannten Erfahrungen und Verpflichtungen im Bereich der Zivilluftfahrt, ihrer Führungskompetenzen und ihres Sachverstandes, die für die weitere Förderung der in dieser Verordnung festgesetzten Ziele erforderlich sind, ausgewählt. Der zuständige Ausschuss des Europäischen Parlaments ist entsprechend umfassend zu unterrichten.

Jeder Mitgliedstaat ernennt ein Mitglied des Verwaltungsrats sowie je einen Stellvertreter, der das Mitglied in dessen Abwesenheit vertritt. Die Kommission ernennt ebenfalls ihren Vertreter und dessen Stellvertreter. Die Amtszeit beträgt fünf Jahre. Die Wiederernennung ist einmal zulässig.

(2) Die Teilnahme von Vertretern europäischer Drittländer und die Bedingungen für die Teilnahme werden gegebenenfalls in den in Artikel 66 genannten Vereinbarungen geregelt.

(3) Das in Artikel 33 Absatz 4 genannte beratende Gremium bestellt vier seiner Mitglieder als Beobachter im Verwaltungsrat. Sie stellen eine möglichst breite Vertretung der in diesem beratenden Gremium vertretenen unterschiedlichen Auffassungen sicher. Ihre Amtszeit beträgt dreißig Monate; sie kann einmal verlängert werden.

### Artikel 35   Vorsitz des Verwaltungsrats

(1) Der Verwaltungsrat wählt aus dem Kreis seiner Mitglieder einen Vorsitzenden und einen stellvertretenden Vorsitzenden. Der stellvertretende Vorsitzende tritt im Fall der Verhinderung des Vorsitzenden von Amts wegen an dessen Stelle.

(2) Die Amtszeit des Vorsitzenden bzw. des stellvertretenden Vorsitzenden endet, wenn der Vorsitzende bzw. stellvertretende Vorsitzende nicht mehr dem Verwaltungsrat angehört. Vorbehaltlich dieser Bestimmung beträgt die Amtszeit des Vorsitzenden und des stellvertretenden Vorsitzenden drei Jahre. Wiederwahl ist einmal zulässig.

### Artikel 36   Sitzungen

(1) Der Verwaltungsrat wird von seinem Vorsitzenden einberufen.

(2) Der Exekutivdirektor der Agentur nimmt an den Beratungen teil.

(3) Der Verwaltungsrat hält jährlich mindestens zwei ordentliche Sitzungen ab. Darüber hinaus tritt er auf Veranlassung seines Vorsitzenden oder auf Antrag mindestens eines Drittels seiner Mitglieder zusammen.

(4) Der Verwaltungsrat kann alle Personen, deren Stellungnahme von Interesse sein kann, als Beobachter zur Teilnahme an den Sitzungen einladen.

(5) Die Mitglieder des Verwaltungsrats können sich vorbehaltlich der Bestimmungen der Geschäftsordnung von Beratern oder Sachverständigen unterstützen lassen.

(6) Die Sekretariatsgeschäfte des Verwaltungsrats werden von der Agentur wahrgenommen.

### Artikel 37   Abstimmungen

(1) Unbeschadet des Artikels 39 Absatz 1 fasst der Verwaltungsrat seine Beschlüsse mit Zweidrittelmehrheit seiner Mitglieder. Auf Antrag eines Mitglieds des Verwaltungsrats wird der in Artikel 33 Absatz 2 Buchstabe k genannte Beschluss einstimmig gefasst.

(2) Jedes gemäß Artikel 34 Absatz 1 ernannte Mitglied hat eine Stimme. Bei Abwesenheit eines Mitglieds ist sein Stellvertreter berechtigt, dessen Stimmrecht auszuüben. Die Beobachter und der Exekutivdirektor nehmen an Abstimmungen nicht teil.

(3) In der Geschäftsordnung werden detaillierte Vorschriften für Abstimmungen festgelegt, insbesondere die Bedingungen, unter denen ein Mitglied im Namen eines anderen handeln kann, sowie gegebenenfalls Bestimmungen über die Beschlussfähigkeit.

### Artikel 38   Aufgaben und Befugnisse des Exekutivdirektors

(1) Die Agentur wird von ihrem Exekutivdirektor geleitet, der in der Wahrnehmung seiner Aufgaben völlig unabhängig ist. Unbeschadet der Zuständigkeiten der Kommission und des Verwaltungsrats darf der Exekutivdirektor Anweisungen von Regierungen oder einer sonstigen Stelle weder anfordern noch entgegennehmen.

(2) Das Europäische Parlament oder der Rat können den Exekutivdirektor auffordern, über die Ausführung seiner Aufgaben Bericht zu erstatten.

(3) Der Exekutivdirektor hat die folgenden Aufgaben und Befugnisse:

a) Er billigt die Maßnahmen der Agentur nach Artikel 18 innerhalb der in dieser Verordnung sowie in den Durchführungsbestimmungen und sonstigen anwendbaren Rechtsvorschriften festgelegten Grenzen.

b) Er entscheidet über Inspektionen und Untersuchungen gemäß den Artikeln 54 und 55.
c) Er überträgt Zulassungsaufgaben an nationale Luftfahrtbehörden oder qualifizierte Stellen gemäß den vom Verwaltungsrat festgelegten Leitlinien.
d) Er übernimmt gemäß Artikel 27 Aufgaben im internationalen Bereich und im Bereich der technischen Zusammenarbeit mit Drittländern.
e) Er unternimmt alle erforderlichen Schritte, einschließlich des Erlasses interner Verwaltungsvorschriften und der Veröffentlichung von Mitteilungen, um das Funktionieren der Agentur gemäß dieser Verordnung zu gewährleisten.
f) Er erstellt jährlich einen Entwurf des allgemeinen Tätigkeitsberichts und legt ihn dem Verwaltungsrat vor.
g) Er übt gegenüber den Bediensteten der Agentur die in Artikel 29 Absatz 2 niedergelegten Befugnisse aus.
h) Er stellt den Voranschlag der Einnahmen und Ausgaben der Agentur gemäß Artikel 59 auf und führt den Haushaltsplan gemäß Artikel 60 durch.
i) Er kann vorbehaltlich der nach dem in Artikel 65 Absatz 2 genannten Verfahren zu erlassenden Vorschriften seine Befugnisse anderen Bediensteten der Agentur übertragen.
j) Er kann mit Zustimmung des Verwaltungsrats eine Entscheidung über die Einrichtung von Außenstellen in den Mitgliedstaaten nach Artikel 28 Absatz 3 treffen.
k) Er sorgt für die Ausarbeitung und Durchführung des jährlichen Arbeitsprogramms.
l) Er leistet den Unterstützungsersuchen der Kommission Folge.

## Artikel 39  Ernennung von Bediensteten in leitender Funktion

(1) Der Exekutivdirektor wird aufgrund seiner Leistung und nachgewiesener, für die Zivilluftfahrt relevante Befähigung und Erfahrung ernannt. Der Exekutivdirektor wird vom Verwaltungsrat auf Vorschlag der Kommission ernannt oder entlassen. Der Verwaltungsrat entscheidet mit der Dreiviertelmehrheit seiner Mitglieder. Vor seiner Ernennung kann der vom Verwaltungsrat ausgewählte Bewerber aufgefordert werden, vor dem bzw. den zuständigen Ausschüssen des Europäischen Parlaments eine Erklärung abzugeben und Fragen von deren Mitgliedern zu beantworten.

(2) Der Exekutivdirektor kann von einem oder mehreren Direktoren unterstützt werden. Bei Abwesenheit oder Verhinderung des Exekutivdirektors nimmt einer der Direktoren seine Aufgaben wahr.

(3) Die Direktoren der Agentur werden aufgrund ihrer Leistung und nachgewiesener, für die Zivilluftfahrt relevante Befähigung und Erfahrung ernannt. Die Direktoren werden auf Vorschlag des Exekutivdirektors vom Verwaltungsrat ernannt oder entlassen.

(4) Die Amtszeit des Exekutivdirektors und der Direktoren beträgt fünf Jahre. Die Amtszeit der Direktoren ist verlängerbar, die Amtszeit des Exekutivdirektors kann jedoch nur einmal verlängert werden.

## Artikel 40  Befugnisse der Beschwerdekammern

(1) In der Agentur werden eine oder mehrere Beschwerdekammern eingerichtet.

(2) Die Beschwerdekammern sind für Entscheidungen über Beschwerden gegen die in Artikel 44 genannten Entscheidungen zuständig.

(3) Die Beschwerdekammern werden bei Bedarf einberufen. Die Zahl der Beschwerdekammern und die Arbeitsaufteilung werden von der Kommission nach dem in Artikel 65 Absatz 3 genannten Verfahren festgelegt.

## Artikel 41  Zusammensetzung der Beschwerdekammern

(1) Eine Beschwerdekammer besteht aus einem Vorsitzenden und zwei weiteren Mitgliedern.

(2) Dem Vorsitzenden und den weiteren Mitgliedern sind Stellvertreter beigegeben, die sie bei Abwesenheit vertreten.

(3) Der Vorsitzende, die weiteren Mitglieder und deren Stellvertreter werden vom Verwaltungsrat anhand einer von der Kommission festgelegten Liste qualifizierter Bewerber ernannt.

(4) Die Beschwerdekammer kann zwei zusätzliche Mitglieder hinzuziehen, die sie anhand der in Absatz 3 genannten Liste auswählt, wenn sie der Ansicht ist, dass die Art der Beschwerde dies erfordert.

(5) Die erforderlichen Qualifikationen der Mitglieder jeder Beschwerdekammer, die Befugnisse der einzelnen Mitglieder in der Vorphase der Entscheidungen sowie die Abstimmungsregeln werden von der Kommission nach dem in Artikel 65 Absatz 3 genannten Verfahren festgelegt.

### Artikel 42   Mitglieder der Beschwerdekammern

(1) Die Amtszeit der Mitglieder der Beschwerdekammern einschließlich der Vorsitzenden und der Stellvertreter beträgt fünf Jahre. Wiederernennung ist zulässig.

(2) Die Mitglieder der Beschwerdekammern genießen Unabhängigkeit. Bei ihren Entscheidungen sind sie an keinerlei Weisungen gebunden.

(3) Die Mitglieder der Beschwerdekammern dürfen in der Agentur keine sonstigen Tätigkeiten ausüben. Die Tätigkeit als Mitglied einer Beschwerdekammer kann nebenberuflich ausgeübt werden.

(4) Die Mitglieder der Beschwerdekammern dürfen während ihrer jeweiligen Amtszeit nur aus schwer wiegenden Gründen von der Kommission nach Stellungnahme des Verwaltungsrats durch einen entsprechenden Beschluss ihres Amtes enthoben oder aus der Liste qualifizierter Bewerber gestrichen werden.

### Artikel 43   Ausschluss und Ablehnung

(1) Die Mitglieder der Beschwerdekammern dürfen nicht an einem Beschwerdeverfahren mitwirken, das ihre persönlichen Interessen berührt oder wenn sie vorher als Vertreter eines an diesem Verfahren Beteiligten tätig gewesen sind oder wenn sie an der Entscheidung in der Vorinstanz mitgewirkt haben.

(2) Ist ein Mitglied einer Beschwerdekammer aus einem der in Absatz 1 aufgeführten Gründen oder aus einem sonstigen Grund der Ansicht, an einem Beschwerdeverfahren nicht mitwirken zu können, so teilt es dies der Beschwerdekammer mit.

(3) Die Mitglieder der Beschwerdekammern können von jedem am Beschwerdeverfahren Beteiligten aus einem der in Absatz 1 genannten Gründen oder wegen der Besorgnis der Befangenheit abgelehnt werden. Die Ablehnung ist nicht zulässig, wenn der am Beschwerdeverfahren Beteiligte Verfahrenshandlungen vorgenommen hat, obwohl er den Ablehnungsgrund kannte. Die Ablehnung darf nicht mit der Staatsangehörigkeit der Mitglieder begründet werden.

(4) Die Beschwerdekammern entscheiden über das Vorgehen in den Fällen der Absätze 2 und 3 ohne Mitwirkung des betroffenen Mitglieds. Das betroffene Mitglied wird bei dieser Entscheidung durch seinen Stellvertreter in der Beschwerdekammer ersetzt.

### Artikel 44   Beschwerdefähige Entscheidungen

(1) Entscheidungen der Agentur nach den Artikeln 20, 21, 22, 23, 55 oder 64 sind mit der Beschwerde anfechtbar.

(2) Eine Beschwerde nach Absatz 1 des vorliegenden Artikels hat keine aufschiebende Wirkung. Die Agentur kann jedoch, wenn die Umstände dies nach ihrer Auffassung gestatten, den Vollzug der angefochtenen Entscheidung aussetzen.

(3) Eine Entscheidung, die ein Verfahren gegenüber einem Beteiligten nicht abschließt, ist nur zusammen mit der Endentscheidung beschwerdefähig, sofern nicht in der Entscheidung die gesonderte Beschwerde vorgesehen ist.

### Artikel 45   Beschwerdeberechtigte

Jede natürliche oder juristische Person kann gegen die an sie ergangenen Entscheidungen sowie gegen diejenigen Entscheidungen Beschwerde einlegen, die, obwohl sie als an eine andere Person gerichtete Entscheidung ergangen sind, sie unmittelbar und individuell betreffen. Die Verfahrensbeteiligten sind in dem Beschwerdeverfahren parteifähig.

### Artikel 46   Frist und Form

Die Beschwerde ist zusammen mit der Begründung innerhalb von zwei Monaten nach Bekanntgabe der Maßnahmen an die betreffende Person oder, sofern eine solche Bekanntgabe nicht erfolgt ist, innerhalb von zwei Monaten ab dem Zeitpunkt, zu dem die betreffende Person von der Maßnahme Kenntnis erlangt hat, schriftlich bei der Agentur einzulegen.

### Artikel 47   Abhilfe

(1) Erachtet der Exekutivdirektor die Beschwerde als zulässig und begründet, so hat er die Entscheidung zu korrigieren. Dies gilt nicht, wenn dem Beschwerdeführer ein anderer am Beschwerdeverfahren Beteiligter gegenübersteht.

(2) Wird die Entscheidung innerhalb eines Monats nach Eingang der Beschwerdebegründung nicht korrigiert, so entscheidet die Agentur umgehend, ob sie gemäß Artikel 44 Absatz 2 Satz 2 den Vollzug der angefochtenen Entscheidung aussetzt, und legt die Beschwerde der Beschwerdekammer vor.

### Artikel 48   Prüfung der Beschwerde

(1) Ist die Beschwerde zulässig, so prüft die Beschwerdekammer, ob die Beschwerde begründet ist.

(2) Bei der Prüfung der Beschwerde nach Absatz 1 geht die Beschwerdekammer zügig vor. Sie fordert die am Beschwerdeverfahren Beteiligten so oft wie erforderlich auf, innerhalb bestimmter Fristen eine Stellungnahme zu ihren Bescheiden oder zu den Schriftsätzen der anderen am Beschwerdeverfahren Beteiligten einzureichen. Die am Beschwerdeverfahren Beteiligten haben das Recht, mündliche Erklärungen abzugeben.

### Artikel 49   Beschwerdeentscheidungen

Die Beschwerdekammer wird entweder im Rahmen der Zuständigkeit der Agentur tätig oder verweist die Angelegenheit an die zuständige Stelle der Agentur zurück. Diese ist an die Entscheidung der Beschwerdekammer gebunden.

### Artikel 50   Klagen vor dem Gerichtshof

(1) Beim Gerichtshof der Europäischen Gemeinschaften kann Klage erhoben werden, um die Nichtigerklärung von für Dritte rechtsverbindlichen Akten der Agentur zu erwirken, um eine ungerechtfertigte Untätigkeit feststellen zu lassen oder um für Schäden, die die Agentur in Ausübung ihrer Tätigkeiten verursacht hat, Schadenersatz zu erlangen.

(2) Nichtigkeitsklagen beim Gerichtshof der Europäischen Gemeinschaften gegen Entscheidungen der Agentur gemäß den Artikeln 20, 21, 22, 23, 55 oder 64 sind erst zulässig, nachdem der interne Rechtsweg der Agentur ausgeschöpft wurde.

(3) Die Agentur hat die Maßnahmen zu ergreifen, die sich aus dem Urteil des Gerichtshofs der Europäischen Gemeinschaften ergeben.

### Artikel 51   Unmittelbare Klage

Die Mitgliedstaaten und die Gemeinschaftsorgane können beim Gerichtshof unmittelbar Klage gegen Entscheidungen der Agentur erheben.

## Abschnitt III: Arbeitsweise

**Artikel 52  Verfahren für die Erarbeitung von Stellungnahmen, Zulassungsspezifikationen und Anleitungen**

(1) So bald wie möglich nach Inkrafttreten dieser Verordnung legt der Verwaltungsrat transparente Verfahren für die Erarbeitung von Stellungnahmen, Zulassungsspezifikationen und Anleitungen nach Artikel 18 Buchstaben a und c fest.

Die Verfahren umfassen Folgendes:

a) Heranziehung des in den Luftfahrtbehörden der Mitgliedstaaten vorhandenen Sachverstandes;
b) soweit erforderlich, Einbeziehung geeigneter Sachverständiger aus den betroffenen Kreisen;
c) Gewährleistung dafür, dass die Agentur Dokumente veröffentlicht und die betroffenen Kreise auf breiter Grundlage nach einem Zeitplan und einem Verfahren anhört, das die Agentur auch dazu verpflichtet, schriftlich zum Anhörungsprozess Stellung zu nehmen.

(2) Erarbeitet die Agentur nach Artikel 19 Stellungnahmen, Zulassungsspezifikationen und Anleitungen, die von den Mitgliedstaaten anzuwenden sind, so sieht sie ein Verfahren für die Anhörung der Mitgliedstaaten vor. Zu diesem Zweck kann sie eine Arbeitsgruppe einrichten, in die jeder Mitgliedstaat einen Sachverständigen entsenden kann.

(3) Die in Artikel 18 Buchstaben a und c genannten Maßnahmen sowie die Verfahren, die nach Absatz 1 des vorliegenden Artikels festgelegt werden, werden in einer amtlichen Veröffentlichung der Agentur veröffentlicht.

(4) Es werden besondere Verfahren festgelegt, mit denen Sofortmaßnahmen der Agentur als Reaktion auf ein Sicherheitsproblem geregelt und die einschlägigen betroffenen Kreise über die von ihnen zu treffenden Maßnahmen unterrichtet werden.

**Artikel 53  Verfahren für Einzelentscheidungen**

(1) Der Verwaltungsrat legt transparente Verfahren für Einzelentscheidungen nach Artikel 18 Buchstabe d fest.

Im Rahmen dieser Verfahren

a) wird gewährleistet, dass natürliche oder juristische Personen, an die sich die Entscheidung richten soll, und alle anderen Kreise, die unmittelbar und individuell betroffen sind, angehört werden;
b) wird die Bekanntgabe der Entscheidung an natürliche oder juristische Personen sowie die Veröffentlichung der Entscheidung geregelt;
c) werden die natürliche oder juristische Person, an die die Entscheidung gerichtet ist, und andere an dem Verfahren Beteiligte über die der betreffenden Person nach dieser Verordnung zur Verfügung stehenden Rechtsbehelfe unterrichtet.
d) wird gewährleistet, dass die Entscheidung begründet wird.

(2) Der Verwaltungsrat legt unter gebührender Beachtung des Beschwerdeverfahrens Verfahren für die Einzelheiten der Bekanntmachung von Entscheidungen fest.

(3) Es werden besondere Verfahren festgelegt, mit denen Sofortmaßnahmen der Agentur als Reaktion auf ein Sicherheitsproblem geregelt und die einschlägigen betroffenen Kreise über die von ihnen zu treffenden Maßnahmen unterrichtet werden.

**Artikel 54  Inspektionen in den Mitgliedstaaten**

(1) Unbeschadet der der Kommission durch den Vertrag übertragenen Durchführungsbefugnisse unterstützt die Agentur die Kommission bei der Überwachung der Anwendung dieser Verordnung und ihrer Durchführungsbestimmungen, indem sie bei den zuständigen Behörden der Mitgliedstaaten Inspektionen zur Kontrolle der Normung gemäß Artikel 24 Absatz 1 durchführt. Zu diesem Zweck sind die nach dieser Verordnung

bevollmächtigten Bediensteten und die Personen, die von den an den Inspektionen beteiligten nationalen Behörden abgestellt sind, befugt, im Einklang mit den Rechtsvorschriften des jeweiligen Mitgliedstaats

a) einschlägige Aufzeichnungen, Daten, Verfahrensanweisungen und sonstiges Material zu prüfen, das für die Erreichung eines Flugsicherheitsniveaus gemäß dieser Verordnung relevant ist;
b) Kopien oder Auszüge dieser Aufzeichnungen, Daten, Verfahrensanweisungen und sonstigen Materials anzufertigen;
c) mündliche Erklärungen an Ort und Stelle anzufordern;
d) einschlägige Räumlichkeiten, Grundstücke oder Verkehrsmittel zu betreten.

(2) Die Bediensteten der Agentur, die zu den Inspektionen nach Absatz 1 bevollmächtigt sind, üben ihre Befugnisse unter Vorlage einer schriftlichen Vollmacht aus, in der Gegenstand und Zweck der Inspektion sowie das Datum ihres Beginns angegeben sind. Die Agentur unterrichtet den betreffenden Mitgliedstaat rechtzeitig über die bevorstehende Inspektion und die Identität der bevollmächtigten Bediensteten.

(3) Der betreffende Mitgliedstaat unterwirft sich den Inspektionen und stellt sicher, dass betroffene Stellen und Personen bei den Inspektionen mitarbeiten.

(4) Wird aufgrund einer Inspektion gemäß diesem Artikel die Inspektion eines Unternehmens oder einer Unternehmensvereinigung erforderlich, so gilt Artikel 55. Widersetzt sich ein Unternehmen einer solchen Inspektion, so leistet der betreffende Mitgliedstaat den von der Agentur bevollmächtigten Bediensteten die notwendige Unterstützung, um ihnen die Durchführung der Inspektion zu ermöglichen.

(5) Berichte, die gemäß diesem Artikel erstellt wurden, werden in der (den) Amtssprache(n) des Mitgliedstaats vorgelegt, in dem die Inspektion stattgefunden hat.

### Artikel 55    Untersuchung in Unternehmen

(1) Die Agentur kann selbst alle notwendigen Untersuchungen von Unternehmen nach den Artikeln 7, 20, 21, 22, 23 sowie Artikel 24 Absatz 2 durchführen oder die nationalen Luftfahrtbehörden oder qualifizierte Stellen damit betrauen. Diese Untersuchungen erfolgen im Einklang mit den Rechtsvorschriften der Mitgliedstaaten, in denen sie durchzuführen sind. Zu diesem Zweck sind die nach dieser Verordnung bevollmächtigten Personen befugt,

a) einschlägige Aufzeichnungen, Daten, Verfahrensanweisungen und sonstiges Material zu prüfen, das für die Erfüllung der Aufgaben der Agentur relevant ist;
b) Kopien oder Auszüge dieser Aufzeichnungen, Daten, Verfahrensanweisungen und sonstigen Materials anzufertigen;
c) mündliche Erklärungen an Ort und Stelle anzufordern;
d) einschlägige Räumlichkeiten, Grundstücke oder Verkehrsmittel der Unternehmen zu betreten;
e) Inspektionen von Luftfahrzeugen in Zusammenarbeit mit den Mitgliedstaaten durchzuführen.

(2) Die zu den Untersuchungen nach Absatz 1 bevollmächtigten Personen üben ihre Befugnisse unter Vorlage einer schriftlichen Vollmacht aus, in der Gegenstand und Zweck der Untersuchung angegeben sind.

(3) Die Agentur unterrichtet den betreffenden Mitgliedstaat, in dessen Hoheitsgebiet die Untersuchung erfolgen soll, rechtzeitig über die bevorstehende Untersuchung und die Identität der bevollmächtigten Personen. Bedienstete des betreffenden Mitgliedstaats unterstützen auf Antrag der Agentur die bevollmächtigten Personen bei der Durchführung ihrer Aufgaben.

### Artikel 56    Jährliches Arbeitsprogramm

Das jährliche Arbeitsprogramm bezweckt, die fortlaufende Verbesserung der europäischen Flugsicherheit zu fördern, und trägt den Zielen, dem Auftrag und den Aufgaben der Agentur, die in dieser Verordnung festgelegt sind, Rechnung. Es wird klar angegeben, welche Aufträge und Aufgaben der Agentur im Vergleich zum Vorjahr hinzugefügt, geändert oder zurückgenommen worden sind.

Bei der Gestaltung des jährlichen Arbeitsprogramms wird die Methode zugrunde gelegt, die von der Kommission im Rahmen des maßnahmenbezogenen Managements (ABM) verwendet wird.

### Artikel 57  Jahresbericht

Im Jahresbericht wird dargelegt, wie die Agentur ihr jährliches Arbeitsprogramm umgesetzt hat. Es wird klar angegeben, welche Aufträge und Aufgaben der Agentur im Vergleich zum Vorjahr hinzugefügt, geändert oder zurückgenommen worden sind.

Darin werden die von der Agentur durchgeführten Maßnahmen aufgezeigt und deren Ergebnisse im Hinblick auf die vorgegebenen Ziele und den dafür festgelegten Zeitplan, die mit diesen Maßnahmen verbundenen Risiken, den Ressourceneinsatz und die allgemeine Arbeitsweise der Agentur bewertet.

### Artikel 58  Transparenz und Kommunikation

(1) Die Verordnung (EG) Nr. 1049/2001 findet auf die Dokumente der Agentur Anwendung.

(2) Die Agentur kann von sich aus die Kommunikation in ihren Aufgabenbereichen übernehmen. Sie stellt insbesondere sicher, dass zusätzlich zu der Veröffentlichung nach Artikel 52 Absatz 3 die Öffentlichkeit und die betroffenen Kreise rasch objektive, zuverlässige und leicht verständliche Informationen über ihre Arbeit erhalten.

(3) Jede natürliche oder juristische Person kann sich in jeder der in Artikel 314 des Vertrags genannten Sprachen schriftlich an die Agentur wenden. Die natürliche oder juristische Person hat Anspruch auf eine Antwort in derselben Sprache.

(4) Die Informationen, von denen die Agentur nach dieser Verordnung Kenntnis erhält, unterliegen der Verordnung (EG) Nr. 45/2001 des Europäischen Parlaments und des Rates vom 18. Dezember 2000 zum Schutz natürlicher Personen bei der Verarbeitung personenbezogener Daten durch die Organe und Einrichtungen der Gemeinschaft und zum freien Datenverkehr[1)].

## Abschnitt IV:  Finanzvorschriften

### Artikel 59  Haushalt

(1) Die Einnahmen der Agentur setzen sich zusammen aus
a) einem Beitrag der Gemeinschaft,
b) einem Beitrag jedes europäischen Drittlands, mit dem die Gemeinschaft Übereinkünfte gemäß Artikel 66 geschlossen hat,
c) den Gebühren, die Antragsteller und Inhaber von Zulassungen bzw. Zeugnissen und Genehmigungen der Agentur zahlen,
d) Entgelten für Veröffentlichungen, Ausbildungsmaßnahmen und sonstige von der Agentur erbrachte Dienstleistungen sowie
e) allen freiwilligen Finanzbeiträgen von Mitgliedstaaten, Drittländern oder anderen Einrichtungen, sofern diese Beiträge die Unabhängigkeit und Unparteilichkeit der Agentur nicht beeinträchtigen.

(2) Die Ausgaben der Agentur umfassen die Ausgaben für Personal-, Verwaltungs-, Infrastruktur- und Betriebsaufwendungen.

(3) Einnahmen und Ausgaben sind auszugleichen.

---

[1)] **Amtl. Anm.:** ABl L 8 vom 12. 1. 2001, S. 1.

(4) Der Haushalt für Vorschriftenerstellung und die für Zertifizierungstätigkeiten erhobenen und eingezogenen Gebühren müssen getrennt im Haushalt der Agentur ausgewiesen werden.

(5) Auf der Grundlage eines Entwurfs eines Voranschlags der Einnahmen und Ausgaben stellt der Verwaltungsrat jedes Jahr den Voranschlag der Einnahmen und Ausgaben der Agentur für das folgende Haushaltsjahr auf.

(6) Der in Absatz 4 genannte Voranschlag umfasst auch einen vorläufigen Stellenplan und wird der Kommission und den Staaten, mit denen die Gemeinschaft Übereinkünfte gemäß Artikel 66 geschlossen hat, zusammen mit dem vorläufigen Arbeitsprogramm spätestens am 31. März durch den Verwaltungsrat zugeleitet.

(7) Die Kommission übermittelt den Voranschlag zusammen mit dem Vorentwurf des Gesamthaushaltsplans der Europäischen Union der Haushaltsbehörde.

(8) Die Kommission setzt auf der Grundlage des Voranschlags die von ihr für erforderlich erachteten Mittelansätze für den Stellenplan und den Betrag des Zuschusses aus dem Gesamthaushaltsplan in den Vorentwurf des Gesamthaushaltsplans der Europäischen Union ein, den sie gemäß Artikel 272 des Vertrags der Haushaltsbehörde vorlegt.

(9) Die Haushaltsbehörde bewilligt die Mittel für den Zuschuss für die Agentur. Die Haushaltsbehörde stellt den Stellenplan der Agentur fest.

(10) Der Haushaltsplan wird vom Verwaltungsrat festgestellt. Er wird endgültig, wenn der Gesamthaushaltsplan der Europäischen Union endgültig festgestellt ist. Er wird gegebenenfalls entsprechend angepasst.

(11) Der Verwaltungsrat unterrichtet die Haushaltsbehörde schnellstmöglich über alle von ihm geplanten Vorhaben, die erhebliche finanzielle Auswirkungen auf die Finanzierung des Haushaltsplans haben könnten, was insbesondere für Immobilienvorhaben wie die Anmietung oder den Erwerb von Gebäuden gilt. Er setzt die Kommission von diesen Vorhaben in Kenntnis.

Hat ein Teil der Haushaltsbehörde mitgeteilt, dass er eine Stellungnahme abgeben will, so übermittelt er diese Stellungnahme dem Verwaltungsrat innerhalb von sechs Wochen nach der Unterrichtung über das Vorhaben.

### Artikel 60  Ausführung und Kontrolle des Haushaltsplans

(1) Der Exekutivdirektor führt den Haushaltsplan der Agentur aus.

(2) Spätestens am 1. März nach dem Ende des Haushaltsjahres übermittelt der Rechnungsführer der Agentur dem Rechnungsführer der Kommission die vorläufigen Rechnungen zusammen mit dem Bericht über die Haushaltsführung und das Finanzmanagement für das abgeschlossene Haushaltsjahr. Der Rechnungsführer der Kommission konsolidiert die vorläufigen Rechnungen der Organe und dezentralisierten Einrichtungen gemäß Artikel 128 der Verordnung (EG, Euratom) Nr. 1605/2002 des Rates vom 25. Juni 2002 über die Haushaltsordnung für den Gesamthaushaltsplan der Europäischen Gemeinschaften[1].

(3) Spätestens am 31. März nach dem Ende des Haushaltsjahrs übermittelt der Rechnungsführer der Kommission dem Rechnungshof die vorläufigen Rechnungen der Agentur zusammen mit dem Bericht über die Haushaltsführung und das Finanzmanagement für das abgeschlossene Haushaltsjahr. Der Bericht über die Haushaltsführung und das Finanzmanagement für das Haushaltsjahr geht auch dem Europäischen Parlament und dem Rat zu.

(4) Nach Eingang der Bemerkungen des Rechnungshofes zu den vorläufigen Rechnungen der Agentur gemäß Artikel 129 der Verordnung (EG, Euratom) Nr. 1605/2002 stellt der Exekutivdirektor in eigener Verantwortung die endgültigen Jahresabschlüsse der Agentur auf und legt sie dem Verwaltungsrat zur Stellungnahme vor.

---

1) **Amtl. Anm.:** ABl L 248 vom 16. 9. 2002, S. 1. Zuletzt geändert durch die Verordnung (EG) Nr. 1525/2007 (ABl L 343 vom 27. 12. 2007, S. 9).

(5) Der Verwaltungsrat gibt eine Stellungnahme zu den endgültigen Jahresabschlüssen der Agentur ab.

(6) Der Exekutivdirektor leitet diese endgültigen Jahresabschlüsse zusammen mit der Stellungnahme des Verwaltungsrats spätestens am 1. Juli nach dem Ende Haushaltsjahrs dem Europäischen Parlament, dem Rat, der Kommission und dem Rechnungshof zu.

(7) Die endgültigen Jahresabschlüsse werden veröffentlicht.

(8) Der Exekutivdirektor übermittelt dem Rechnungshof spätestens am 30. September eine Antwort auf seine Bemerkungen. Diese Antwort geht auch dem Verwaltungsrat zu.

(9) Der Exekutivdirektor unterbreitet dem Europäischen Parlament auf dessen Anfrage hin gemäß Artikel 146 Absatz 3 der Verordnung (EG, Euratom) Nr. 1605/2002 alle Informationen, die für die ordnungsgemäße Abwicklung des Entlastungsverfahrens für das betreffende Haushaltsjahr erforderlich sind.

(10) Auf Empfehlung des Rates, der mit qualifizierter Mehrheit beschließt, erteilt das Europäische Parlament dem Exekutivdirektor vor dem 30. April des Jahres N + 2 Entlastung zur Ausführung des Haushaltsplans für das Jahr N.

### Artikel 61   Betrugsbekämpfung

(1) Zur Bekämpfung von Betrug, Korruption und sonstigen rechtswidrigen Handlungen finden die Vorschriften der Verordnung (EG) Nr. 1073/1999 des Europäischen Parlaments und des Rates vom 25. Mai 1999 über die Untersuchungen des Europäischen Amtes für Betrugsbekämpfung (OLAF)[1] ohne Einschränkung Anwendung.

(2) Die Agentur tritt der Interinstitutionellen Vereinbarung vom 25. Mai 1999 zwischen dem Europäischen Parlament, dem Rat der Europäischen Union und der Kommission der Europäischen Gemeinschaften über die internen Untersuchungen des Europäischen Amtes für Betrugsbekämpfung (OLAF)[2] bei und erlässt unverzüglich die entsprechenden Vorschriften, die für sämtliche Mitarbeiter der Agentur gelten.

(3) Die Finanzierungsbeschlüsse sowie die sich daraus ergebenden Durchführungsverträge und -instrumente sehen ausdrücklich vor, dass der Rechnungshof und das OLAF erforderlichenfalls eine Vor-Ort-Kontrolle bei den Empfängern der Mittel der Agentur sowie bei den verteilenden Stellen durchführen können.

### Artikel 62   Bewertung

(1) Der Verwaltungsrat gibt vor Ablauf von drei Jahren nach der Aufnahme der Arbeit durch die Agentur und danach alle fünf Jahre eine unabhängige externe Bewertung der Durchführung dieser Verordnung in Auftrag.

(2) Im Rahmen der Bewertung ist zu prüfen, wie effizient die Agentur ihren Auftrag erfüllt. Desgleichen ist zu beurteilen, inwieweit diese Verordnung, die Agentur und ihre Arbeitsweise zu einem hohen Niveau der zivilen Flugsicherheit beigetragen haben. Bei der Bewertung werden die Standpunkte der beteiligten Kreise auf europäischer wie auf nationaler Ebene berücksichtigt.

(3) Die Ergebnisse der Bewertung werden dem Verwaltungsrat übermittelt; dieser legt der Kommission Empfehlungen für Änderungen dieser Verordnung, der Agentur und deren Arbeitsweise vor, die diese zusammen mit ihrer Stellungnahme und geeigneten Vorschlägen dem Europäischen Parlament und dem Rat übermitteln kann. Gegebenenfalls ist ein Aktionsplan mit Zeitplan beizufügen. Die Ergebnisse und die Empfehlungen sind zu veröffentlichen.

### Artikel 63   Finanzvorschriften

Der Verwaltungsrat erlässt nach Konsultation der Kommission die für die Agentur geltende Finanzregelung. Diese darf von der Verordnung (EG, Euratom) Nr. 2343/2002

---

1) **Amtl. Anm.:** ABl L 136 vom 31. 5. 1999, S. 1.
2) **Amtl. Anm.:** ABl L 136 vom 31. 5. 1999, S. 15.

der Kommission vom 19. November 2002 betreffend die Rahmenfinanzregelung für Einrichtungen gemäß Artikel 185 der Verordnung (EG, Euratom) Nr. 1605/2002 des Rates über die Haushaltsordnung für den Gesamthaushaltsplan der Europäischen Gemeinschaften[1] nur abweichen, wenn besondere Merkmale der Funktionsweise der Agentur es erfordern und nachdem die Kommission dem zugestimmt hat.

### Artikel 64  Gebühren und Entgelte

(1) Die Maßnahmen zur Änderung nicht wesentlicher Bestimmungen dieses Artikels durch Ergänzung in Bezug auf die Gebührenordnung werden nach dem in Artikel 65 Absatz 4 genannten Regelungsverfahren mit Kontrolle erlassen.

(2) Die Kommission konsultiert den Verwaltungsrat zum Entwurf der Maßnahmen gemäß Absatz 1.

(3) Die Maßnahmen gemäß Absatz 1 bestimmen insbesondere die Tatbestände, für die nach Artikel 59 Absatz 1 Buchstaben c und d Gebühren und Entgelte zu entrichten sind, die Höhe der Gebühren und Entgelte und die Art der Entrichtung.

(4) Gebühren und Entgelte werden erhoben für
a) die Ausstellung und Verlängerung von Zulassungen bzw. Zeugnissen sowie die damit zusammenhängenden Tätigkeiten der fortlaufenden Aufsicht;
b) die Erbringung von Dienstleistungen; dabei sind die tatsächlichen Kosten der Erbringung im Einzelfall zugrunde zu legen;
c) die Bearbeitung von Beschwerden.

Alle Gebühren und Entgelte werden in Euro ausgedrückt und sind in Euro zahlbar.

(5) Die Höhe der Gebühren und Entgelte ist so zu bemessen, dass die Einnahmen hieraus grundsätzlich die vollen Kosten der erbrachten Leistungen decken. Diese Gebühren und Entgelte, einschließlich der 2007 eingenommenen, sind zweckgebundene Einnahmen der Agentur.

## Kapitel IV:  Schlussbestimmungen

### Artikel 65  Ausschuss

(1) Die Kommission wird von einem Ausschuss unterstützt.

(2) Wird auf diesen Absatz Bezug genommen, so gelten die Artikel 3 und 7 des Beschlusses 1999/468/EG unter Beachtung von dessen Artikel 8.

(3) Wird auf diesen Absatz Bezug genommen, so gelten die Artikel 5 und 7 des Beschlusses 1999/468/EG unter Beachtung von dessen Artikel 8.

Der Zeitraum nach Artikel 5 Absatz 6 des Beschlusses 1999/468/EG wird auf einen Monat festgesetzt.

(4) Wird auf diesen Absatz Bezug genommen, so gelten Artikel 5a Absätze 1 bis 4 und Artikel 7 des Beschlusses 1999/468/EG unter Beachtung von dessen Artikel 8.

(5) Wird auf diesen Absatz Bezug genommen, so gelten Artikel 5a Absätze 1 bis 4 und Absatz 5 Buchstabe b sowie Artikel 7 des Beschlusses 1999/468/EG unter Beachtung von dessen Artikel 8.

Die Zeiträume nach Artikel 5a Absatz 3 Buchstabe c, Absatz 4 Buchstabe b und Absatz 4 Buchstabe e des Beschlusses 1999/468/EG werden auf 20 Tage festgesetzt.

(6) Wird auf diesen Absatz Bezug genommen, so gelten Artikel 5a Absatz 1, Absatz 2, Absatz 4, Absatz 5 Buchstabe b und Absatz 6 und Artikel 7 des Beschlusses 1999/468/EG unter Beachtung von dessen Artikel 8.

(7) Wird auf diesen Absatz Bezug genommen, so gilt Artikel 6 des Beschlusses 1999/468/EG.

---

1) **Amtl. Anm.:** ABl L 357 vom 31. 12. 2002, S. 72.

Vor der Beschlussfassung hört die Kommission den in Absatz 1 des vorliegenden Artikels genannten Ausschuss.

Der Zeitraum nach Artikel 6 Buchstabe b des Beschlusses 1999/468/EG wird auf drei Monate festgesetzt.

Befasst ein Mitgliedstaat den Rat mit einem Beschluss der Kommission, so kann der Rat mit qualifizierter Mehrheit binnen drei Monaten einen anders lautenden Beschluss fassen.

### Artikel 66   Beteiligung europäischer Drittländer

Die Agentur steht der Beteiligung europäischer Drittländer offen, die Vertragsparteien des Abkommens von Chicago sind und mit der Europäischen Gemeinschaft Übereinkünfte geschlossen haben, nach denen sie das Gemeinschaftsrecht auf dem von dieser Verordnung und ihren Durchführungsbestimmungen erfassten Gebiet übernehmen und anwenden.

Gemäß den einschlägigen Bestimmungen dieser Übereinkünfte werden Vereinbarungen erarbeitet, die unter anderem Art und Umfang der Beteiligung dieser Länder an den Arbeiten der Agentur sowie detaillierte Regeln dafür, einschließlich Bestimmungen zu Finanzbeiträgen und Personal, festlegen.

### Artikel 67   Aufnahme der Tätigkeiten der Agentur

(1) Die Agentur nimmt die ihr nach Artikel 20 obliegenden Zulassungsaufgaben ab dem 28. September 2003 auf. Bis zu diesem Zeitpunkt wenden die Mitgliedstaaten weiterhin die einschlägigen Rechts- und Verwaltungsvorschriften an.

(2) Während einer zusätzlichen Übergangszeit von 42 Monaten ab dem in Absatz 1 genannten Zeitpunkt können die Mitgliedstaaten abweichend von den Artikeln 5, 6, 12 und 20 unter den Bedingungen, die die Kommission in den entsprechenden Maßnahmen festlegt, weiterhin Zulassungen bzw. Zeugnisse und Genehmigungen ausstellen. Für den Fall, dass die Mitgliedstaaten in diesem Zusammenhang Zulassungen bzw. Zeugnisse auf der Grundlage von Zulassungen bzw. Zeugnissen ausstellen, die Drittländer erteilt haben, wird in den Maßnahmen der Kommission den in Artikel 12 Absatz 2 Buchstaben b und c niedergelegten Grundsätzen gebührend Rechnung getragen.

### Artikel 68   Sanktionen

Die Mitgliedstaaten legen Sanktionen für Verstöße gegen diese Verordnung und ihre Durchführungsbestimmungen fest. Die Sanktionen müssen wirksam, verhältnismäßig und abschreckend sein.

### Artikel 69   Aufhebung

(1) Die Verordnung (EG) Nr. 1592/2002 wird unbeschadet des Unterabsatzes 2 aufgehoben.

Bezugnahmen auf die aufgehobene Verordnung gelten als Bezugnahmen auf die vorliegende Verordnung und sind nach der Entsprechungstabelle in Anhang VI zu lesen.

(2) Die Richtlinie 91/670/EWG wird mit Inkrafttreten der in Artikel 7 Absatz 6 genannten Maßnahmen aufgehoben.

(3) Anhang III der Verordnung (EWG) Nr. 3922/91 wird mit Inkrafttreten der entsprechenden in Artikel 8 Absatz 5 genannten Maßnahmen gestrichen.

(4) Für Erzeugnisse, Teile und Ausrüstungen, Organisationen und Personen, deren Zulassung gemäß den in den Absätzen 1, 2 und 3 des vorliegenden Artikels genannten Vorschriften erteilt oder anerkannt worden ist, gilt Artikel 11.

(5) Die Richtlinie 2004/36/EG wird mit Inkrafttreten der in Artikel 10 Absatz 5 der vorliegenden Verordnung genannten Maßnahmen unbeschadet der in Artikel 8 Absatz 2 jener Richtlinie genannten Durchführungsbestimmungen aufgehoben.

**Artikel 70 Inkrafttreten**

Diese Verordnung tritt am zwanzigsten Tag nach ihrer Veröffentlichung im *Amtsblatt der Europäischen Union* in Kraft.

Die Artikel 5, 6, 7, 8, 9 und 10 gelten ab den in den jeweiligen Durchführungsbestimmungen vorgesehenen Zeitpunkten, spätestens aber ab 8. April 2012.

Diese Verordnung ist in allen ihren Teilen verbindlich und gilt unmittelbar in jedem Mitgliedstaat.

# IV. Beihilfenrecht

## 1. Verordnung (EG) Nr. 659/1999 des Rates vom 22. März 1999 über besondere Vorschriften für die Anwendung von Artikel 93 des EG-Vertrags (VO EG Nr. 659/1999)

v. 27. 3. 1999 (ABl Nr. L 83 S. 1)

Die Verordnung (EG) Nr. 659/1999 des Rates vom 22. März 1999 über besondere Vorschriften für die Anwendung von Artikel 93 des EG-Vertrags v. 27. 3. 1999 (ABl Nr. L 83 S. 1) wurde geändert durch die Akte über die Bedingungen des Beitritts der Tschechischen Republik, der Republik Estland, der Republik Zypern, der Republik Lettland, der Republik Litauen, der Republik Ungarn, der Republik Malta, der Republik Polen, der Republik Slowenien und der Slowakischen Republik und die Anpassungen der die Europäische Union begründenden Verträge - Anhang II: Liste nach Artikel 20 der Beitrittsakte – 5. Wettbewerbspolitik v. 23. 9. 2003 (ABl EG Nr. L 236 S. 344); Verordnung (EG) Nr. 1791/2006 des Rates vom 20. November 2006 zur Anpassung einiger Verordnungen, Beschlüsse und Entscheidungen in den Bereichen freier Warenverkehr, Freizügigkeit, Gesellschaftsrecht, Wettbewerbspolitik, Landwirtschaft (einschließlich des Veterinär- und Pflanzenschutzrechts), Verkehrspolitik, Steuerwesen, Statistik, Energie, Umwelt, Zusammenarbeit in den Bereichen Justiz und Inneres, Zollunion, Außenbeziehungen, Gemeinsame Außen- und Sicherheitspolitik und Organe anlässlich des Beitritts Bulgariens und Rumäniens v. 20. 12. 2006 (ABl Nr. L 363 S. 1).

DER RAT DER EUROPÄISCHEN UNION –

gestützt auf den Vertrag zur Gründung der Europäischen Gemeinschaft, insbesondere auf Artikel 94,

auf Vorschlag der Kommission,

nach Stellungnahme des Europäischen Parlaments,

nach Stellungnahme des Wirtschafts- und Sozialausschusses,

in Erwägung nachstehender Gründe:

(1) Unbeschadet der besonderen Verfahrensregeln in Verordnungen für bestimmte Sektoren, sollte diese Verordnung für Beihilfen in allen Sektoren gelten. Im Hinblick auf die Anwendung der Artikel 77 und 92 des Vertrags ist die Kommission nach Artikel 93 des Vertrags insbesondere für Entscheidungen über die Vereinbarkeit staatlicher Beihilfen mit dem Gemeinsamen Markt zuständig; dies gilt für die Überprüfung bestehender Beihilferegelungen, die Einführung oder Umgestaltung von Beihilfen und die Nichtbefolgung ihrer Entscheidungen oder der Anmeldungspflicht.

(2) Die Kommission hat in Übereinstimmung mit der Rechtsprechung des Gerichtshofs der Europäischen Gemeinschaften bei der Anwendung von Artikel 93 des Vertrags eine kohärente Praxis entwickelt und festgelegt und in einer Reihe von Mitteilungen bestimmte Verfahrensvorschriften und -grundsätze niedergelegt. Diese Praxis sollte mittels einer Verordnung kodifiziert und verstärkt werden, um wirksame und effiziente Verfahren nach Artikel 93 des Vertrags zu gewährleisten.

(3) Eine Verfahrensverordnung über die Anwendung von Artikel 93 des Vertrags wird die Transparenz und Rechtssicherheit erhöhen.

(4) Zur Gewährleistung von Rechtssicherheit sollte festgelegt werden, unter welchen Umständen staatliche Beihilfen als bestehende Beihilfen zu betrachten sind. Die Vollendung und Vertiefung des Binnenmarkts ist ein schrittweiser Prozess, der sich in der ständigen Entwicklung der Politik im Bereich der staatlichen Beihilfen widerspiegelt. In der Folge dieser Entwicklungen können bestimmte Maßnahmen, die zum Zeitpunkt ihrer Einführung keine staatlichen Beihilfen darstellten, zu Beihilfen geworden sein.

(5) Nach Artikel 93 Absatz 3 des Vertrags müssen alle Vorhaben zur Gewährung neuer Beihilfen bei der Kommission angemeldet werden und dürfen nicht durchgeführt werden, bevor die Kommission eine abschließende Entscheidung erlassen hat.

(6) Nach Artikel 5 des Vertrags sind die Mitgliedstaaten verpflichtet, mit der Kommission zusammenzuarbeiten und ihr alle zur Erfüllung ihrer Verpflichtungen aus dieser Verordnung erforderlichen Informationen bereitzustellen.

(7) Die Frist, innerhalb derer die Kommission die vorläufige Prüfung angemeldeter Beihilfen beendet haben muss, sollte festgesetzt werden auf zwei Monate nach Erhalt einer vollständigen Anmeldung oder nach Erhalt einer gebührend begründeten Erklärung des betreffenden Mitgliedstaats, wonach dieser die Anmeldung als vollständig erachtet, da die von der Kommission erbetenen zusätzlichen Auskünfte nicht verfügbar sind oder bereits erteilt wurden. Diese Prüfung sollte aus Gründen der Rechtssicherheit durch eine Entscheidung abgeschlossen werden.

(8) In allen Fällen, in denen die Kommission nach der vorläufigen Prüfung nicht auf die Vereinbarkeit der Beihilfe mit dem Gemeinsamen Markt schließen kann, sollte das förmliche Prüfverfahren eröffnet werden, damit die Kommission alle zur Beurteilung der Vereinbarkeit der Beihilfe zweckdienlichen Auskünfte einholen kann und die Beteiligten ihre Stellungnahmen abgeben können. Die Rechte der Beteiligten können im Rahmen des förmlichen Prüfverfahrens nach Artikel 93 Absatz 2 des Vertrags am besten gewährleistet werden.

(9) Nachdem die Kommission die Stellungnahmen der Beteiligten gewürdigt hat, sollte sie ihre Prüfung durch eine abschließende Entscheidung beenden, sobald alle Bedenken ausgeräumt sind. Sollte diese Prüfung nach einem Zeitraum von 18 Monaten nach Eröffnung des Verfahrens nicht beendet sein, so empfiehlt es sich, dass der betreffende Mitgliedstaat die Möglichkeit hat, eine Entscheidung zu beantragen, die die Kommission innerhalb von zwei Monaten treffen muss.

(10) Um eine korrekte und wirksame Anwendung der Vorschriften über staatliche Beihilfen zu gewährleisten, sollte die Kommission die Möglichkeit haben, eine Entscheidung, die auf unrichtigen Auskünften beruht, zu widerrufen.

(11) Um die Einhaltung von Artikel 93 des Vertrags, insbesondere der Anmeldepflicht und des Durchführungsverbots in dessen Absatz 3, zu gewährleisten, sollte die Kommission alle rechtswidrigen Beihilfen überprüfen. Im Interesse der Transparenz und Rechtssicherheit sollten die in diesen Fällen zu befolgenden Verfahren festgelegt werden. Ist ein Mitgliedstaat der Anmeldepflicht oder dem Durchführungsverbot nicht nachgekommen, so sollte die Kommission an keine Fristen gebunden sein.

(12) Bei rechtswidrigen Beihilfen sollte die Kommission das Recht haben, alle für ihre Entscheidung sachdienlichen Auskünfte einzuholen und gegebenenfalls sofort den unverfälschten Wettbewerb wiederherzustellen. Daher ist es angezeigt, dass sie gegenüber dem betreffenden Mitgliedstaat einstweilige Maßnahmen erlassen kann. Bei diesen einstweiligen Maßnahmen kann es sich um Anordnungen zur Auskunftserteilung sowie zur Aussetzung oder Rückforderung einer Beihilfe handeln. Die Kommission sollte bei Nichtbefolgung einer Anordnung zur Auskunftserteilung ihre Entscheidung auf die ihr vorliegenden Informationen stützen und bei Nichtbefolgung einer Aussetzungs- oder Rückforderungsanordnung den Gerichtshof der Europäischen Gemeinschaften nach Artikel 93 Absatz 2 Unterabsatz 2 des Vertrags unmittelbar anrufen können.

(13) Bei rechtswidrigen Beihilfen, die mit dem Gemeinsamen Markt nicht vereinbar sind, muss wirksamer Wettbewerb wiederhergestellt werden. Dazu ist es notwendig, die betreffende Beihilfe einschließlich Zinsen unverzüglich zurückzufordern. Die Rückforderung hat nach den Verfahrensvorschriften des nationalen Rechts zu erfolgen. Die Anwendung dieser Verfahren sollte jedoch die Wiederherstellung eines wirksamen Wettbewerbs durch Verhinderung der sofortigen und tatsächlichen Vollstreckung der Kommissionsentscheidung nicht erschweren. Um zu diesem Ergebnis zu gelangen, sollten die Mitgliedstaaten alle erforderlichen Maßnahmen zur Gewährleistung der Wirksamkeit der Kommissionsentscheidung treffen.

(14) Aus Gründen der Rechtssicherheit sollte in Bezug auf rechtswidrige Beihilfen eine Frist von zehn Jahren festgesetzt werden, nach deren Ablauf keine Rückforderung mehr angeordnet werden kann.

(15) Die missbräuchliche Anwendung von Beihilfen kann sich auf die Funktionsweise des Binnenmarkts in ähnlicher Weise wie eine rechtswidrige Beihilfe auswirken und sollte demnach in ähnlicher Weise behandelt werden. Im Gegensatz zu rechtswidrigen Beihilfen handelt es sich bei Beihilfen, die gegebenenfalls in missbräuchlicher Weise an-

gewandt worden sind, um Beihilfen, die die Kommission zu einem früheren Zeitpunkt genehmigt hat. Deswegen sollte die Kommission bei der missbräuchlichen Anwendung von Beihilfen keine Rückforderungsanordnung erlassen können.

(16) Es sind alle Möglichkeiten festzulegen, über die Dritte verfügen, um ihre Interessen bei Verfahren für staatliche Beihilfen zu vertreten.

(17) Die Kommission ist nach Artikel 93 Absatz 1 des Vertrags verpflichtet, fortlaufend in Zusammenarbeit mit den Mitgliedstaaten alle bestehenden Beihilferegelungen zu überprüfen. Im Interesse der Transparenz und Rechtssicherheit ist es angezeigt, den Rahmen dieser Zusammenarbeit festzulegen.

(18) Die Kommission sollte zur Gewährleistung der Vereinbarkeit der bestehenden Beihilferegelungen mit dem Gemeinsamen Markt nach Artikel 93 Absatz 1 des Vertrags zweckdienliche Maßnahmen vorschlagen, wenn eine solche Regelung nicht oder nicht mehr mit dem Gemeinsamen Markt vereinbar ist, und das Verfahren nach Artikel 93 Absatz 2 des Vertrags eröffnen, wenn der betreffende Mitgliedstaat die vorgeschlagenen Maßnahmen nicht durchführen will.

(19) Damit die Kommission die Befolgung ihrer Entscheidungen wirksam überwachen kann und ihre Zusammenarbeit mit den Mitgliedstaaten bei der fortlaufenden Überprüfung aller bestehenden Beihilferegelungen nach Artikel 93 Absatz 1 des Vertrags erleichtert wird, muss für alle bestehenden Beihilferegelungen eine allgemeine Berichterstattungspflicht eingeführt werden.

(20) Hat die Kommission ernsthafte Bedenken, ob ihre Entscheidungen befolgt werden, sollte sie über zusätzliche Instrumente verfügen, um die Informationen einholen zu können, die für die Nachprüfung der tatsächlichen Befolgung ihrer Entscheidungen erforderlich sind. In dieser Hinsicht stellen Nachprüfungen vor Ort ein geeignetes und nützliches Instrument dar, und zwar insbesondere in Fällen, in denen Beihilfen missbräuchlich angewandt worden sein könnten. Deshalb muss die Kommission dazu ermächtigt werden, Nachprüfungen vor Ort durchzuführen, und die zuständigen Behörden der Mitgliedstaaten müssen mit ihr zusammenarbeiten, wenn ein Unternehmen sich einer solchen Nachprüfung vor Ort widersetzt.

(21) Im Interesse der Transparenz und Rechtssicherheit sollten die Entscheidungen der Kommission der Öffentlichkeit zugänglich gemacht werden; gleichzeitig gilt weiterhin der Grundsatz, dass Entscheidungen über staatliche Beihilfen an den betreffenden Mitgliedstaat gerichtet werden. Deswegen ist es zweckmäßig, alle Entscheidungen, die die Interessen der Beteiligten beeinträchtigen könnten, in vollständiger oder zusammengefasster Form zu veröffentlichen oder für die Beteiligten Kopien derjenigen Entscheidungen bereitzuhalten, die nicht veröffentlicht oder nicht in vollständiger Form veröffentlicht wurden. Die Kommission sollte bei der Veröffentlichung ihrer Entscheidungen die Vorschriften über das Berufsgeheimnis nach Artikel 214 des Vertrags befolgen.

(22) Die Kommission sollte in enger Zusammenarbeit mit den Mitgliedstaaten Durchführungsvorschriften zu den in dieser Verordnung genannten Verfahren erlassen können. Für die Zusammenarbeit zwischen der Kommission und den zuständigen Behörden der Mitgliedstaaten sollte ein Beratender Ausschuss für staatliche Beihilfen eingesetzt werden, der konsultiert wird, bevor die Kommission Durchführungsvorschriften erlässt. –

HAT FOLGENDE VERORDNUNG ERLASSEN:

# Kapitel I: Allgemeines

### Artikel 1  Definitionen

Im Sinne dieser Verordnung bezeichnet der Ausdruck
- a) „Beihilfen" alle Maßnahmen, die die Voraussetzungen des Artikels 92 Absatz 1 des Vertrags erfüllen;

b) „bestehende Beihilfen"
   i. unbeschadet der Artikel 144 und 172 der Akte über den Beitritt Österreichs, Finnlands und Schwedens alle Beihilfen, die vor Inkrafttreten des Vertrags in dem entsprechenden Mitgliedstaat bestanden, also Beihilferegelungen und Einzelbeihilfen, die vor Inkrafttreten des Vertrags eingeführt worden sind und auch nach dessen Inkrafttreten noch anwendbar sind;
   ii. genehmigte Beihilfen, also Beihilferegelungen und Einzelbeihilfen, die von der Kommission oder vom Rat genehmigt wurden;
   iii. Beihilfen, die gemäß Artikel 4 Absatz 6 dieser Verordnung oder vor Erlass dieser Verordnung, aber gemäß diesem Verfahren als genehmigt gelten;
   iv. Beihilfen, die gemäß Artikel 15 als bereits bestehende Beihilfen gelten;
   v. Beihilfen, die als bestehende Beihilfen gelten, weil nachgewiesen werden kann, dass sie zu dem Zeitpunkt, zu dem sie eingeführt wurden, keine Beihilfe waren und später aufgrund der Entwicklung des Gemeinsamen Marktes zu Beihilfen wurden, ohne dass sie eine Änderung durch den betreffenden Mitgliedstaat erfahren haben. Werden bestimmte Maßnahmen im Anschluss an die Liberalisierung einer Tätigkeit durch gemeinschaftliche Rechtsvorschriften zu Beihilfen, so gelten derartige Maßnahmen nach dem für die Liberalisierung festgelegten Termin nicht als bestehende Beihilfen;
c) „neue Beihilfen" alle Beihilfen, also Beihilferegelungen und Einzelbeihilfen, die keine bestehenden Beihilfen sind, einschließlich Änderungen bestehender Beihilfen;
d) „Beihilferegelung" eine Regelung, wonach Unternehmen, die in der Regelung in einer allgemeinen und abstrakten Weise definiert werden, ohne nähere Durchführungsmaßnahmen Einzelbeihilfen gewährt werden können, beziehungsweise eine Regelung, wonach einem oder mehreren Unternehmen nicht an ein bestimmtes Vorhaben gebundene Beihilfen für unbestimmte Zeit und/oder in unbestimmter Höhe gewährt werden können;
e) „Einzelbeihilfen" Beihilfen, die nicht aufgrund einer Beihilferegelung gewährt werden, und einzelne anmeldungspflichtige Zuwendungen aufgrund einer Beihilferegelung;
f) „rechtswidrige Beihilfen" neue Beihilfen, die unter Verstoß gegen Artikel 93 Absatz 3 des Vertrags eingeführt werden;
g) „missbräuchliche Anwendung von Beihilfen" Beihilfen, die der Empfänger unter Verstoß gegen eine Entscheidung nach Artikel 4 Absatz 3 oder Artikel 7 Absätze 3 oder 4 dieser Verordnung verwendet;
h) „Beteiligte" Mitgliedstaaten, Personen, Unternehmen oder Unternehmensvereinigungen, deren Interessen aufgrund der Gewährung einer Beihilfe beeinträchtigt sein können, insbesondere der Beihilfeempfänger, Wettbewerber und Berufsverbände.

## Kapitel II: Verfahren bei angemeldeten Beihilfen

### Artikel 2   Anmeldung neuer Beihilfen

(1) Soweit die Verordnungen nach Artikel 94 des Vertrags oder nach anderen einschlägigen Vertragsvorschriften nichts anderes vorsehen, teilen die Mitgliedstaaten der Kommission ihre Vorhaben zur Gewährung neuer Beihilfen rechtzeitig mit. Die Kommission unterrichtet den betreffenden Mitgliedstaat unverzüglich vom Eingang einer Anmeldung.

(2) Der betreffende Mitgliedstaat übermittelt der Kommission in seiner Anmeldung alle sachdienlichen Auskünfte, damit diese eine Entscheidung nach den Artikeln 4 und 7 erlassen kann (nachstehend „vollständige Anmeldung" genannt).

**Artikel 3  Durchführungsverbot**

Anmeldungspflichtige Beihilfen nach Artikel 2 Absatz 1 dürfen nicht eingeführt werden, bevor die Kommission eine diesbezügliche Genehmigungsentscheidung erlassen hat oder die Beihilfe als genehmigt gilt.

**Artikel 4  Vorläufige Prüfung der Anmeldung und Entscheidungen der Kommission**

(1) Die Kommission prüft die Anmeldung unmittelbar nach deren Eingang. Unbeschadet des Artikels 8 erlässt die Kommission eine Entscheidung nach den Absätzen 2, 3 oder 4.

(2) Gelangt die Kommission nach einer vorläufigen Prüfung zu dem Schluss, dass die angemeldete Maßnahme keine Beihilfe darstellt, so stellt sie dies durch Entscheidung fest.

(3) Stellt die Kommission nach einer vorläufigen Prüfung fest, dass die angemeldete Maßnahme, insoweit sie in den Anwendungsbereich des Artikels 92 Absatz 1 des Vertrags fällt, keinen Anlass zu Bedenken hinsichtlich ihrer Vereinbarkeit mit dem Gemeinsamen Markt gibt, so entscheidet sie, dass die Maßnahme mit dem Gemeinsamen Markt vereinbar ist (nachstehend „Entscheidung, keine Einwände zu erheben" genannt). In der Entscheidung wird angeführt, welche Ausnahmevorschrift des Vertrags zur Anwendung gelangt ist.

(4) Stellt die Kommission nach einer vorläufigen Prüfung fest, dass die angemeldete Maßnahme Anlass zu Bedenken hinsichtlich ihrer Vereinbarkeit mit dem Gemeinsamen Markt gibt, so entscheidet sie, das Verfahren nach Artikel 93 Absatz 2 des Vertrags zu eröffnen (nachstehend „Entscheidung über die Eröffnung des förmlichen Prüfverfahrens" genannt).

(5) Die Entscheidungen nach den Absätzen 2, 3 und 4 werden innerhalb von zwei Monaten erlassen. Diese Frist beginnt am Tag nach dem Eingang der vollständigen Anmeldung. Die Anmeldung gilt als vollständig, wenn die Kommission innerhalb von zwei Monaten nach Eingang der Anmeldung oder nach Eingang der von ihr – gegebenenfalls – angeforderten zusätzlichen Informationen keine weiteren Informationen anfordert. Die Frist kann mit Zustimmung der Kommission und des betreffenden Mitgliedstaats verlängert werden. Die Kommission kann bei Bedarf kürzere Fristen setzen.

(6) Hat die Kommission innerhalb der in Absatz 5 genannten Frist keine Entscheidung nach den Absätzen 2, 3 oder 4 erlassen, so gilt die Beihilfe als von der Kommission genehmigt. Der betreffende Mitgliedstaat kann daraufhin die betreffenden Maßnahmen durchführen, nachdem er die Kommission hiervon in Kenntnis gesetzt hat, es sei denn, dass diese innerhalb einer Frist von 15 Arbeitstagen nach Erhalt der Benachrichtigung eine Entscheidung nach diesem Artikel erlässt.

**Artikel 5  Auskunftsersuchen**

(1) Vertritt die Kommission die Auffassung, dass die von dem betreffenden Mitgliedstaat vorgelegten Informationen über eine Maßnahme, die nach Artikel 2 angemeldet wurde, unvollständig sind, so fordert sie alle sachdienlichen ergänzenden Auskünfte an. Hat ein Mitgliedstaat auf ein derartiges Ersuchen geantwortet, so unterrichtet die Kommission den Mitgliedstaat vom Eingang der Antwort.

(2) Wird eine von dem betreffenden Mitgliedstaat verlangte Auskunft innerhalb der von der Kommission festgesetzten Frist nicht oder nicht vollständig erteilt, so übermittelt die Kommission ein Erinnerungsschreiben, in dem sie eine zusätzliche Frist für die Auskunftserteilung festsetzt.

(3) Die Anmeldung gilt als zurückgezogen, wenn die angeforderten Auskünfte nicht innerhalb der festgesetzten Frist vorgelegt werden, es sei denn, dass entweder diese Frist mit Zustimmung der Kommission und des betreffenden Mitgliedstaats vor ihrem Ablauf verlängert worden ist oder dass der betreffende Mitgliedstaat der Kommission vor Ablauf der festgesetzten Frist in einer ordnungsgemäß begründeten Erklärung mitteilt, dass er die Anmeldung als vollständig betrachtet, weil die angeforderten ergänzenden Informationen nicht verfügbar oder bereits übermittelt worden sind. In diesem Fall be-

ginnt die in Artikel 4 Absatz 5 genannte Frist am Tag nach dem Eingang der Erklärung. Gilt die Anmeldung als zurückgezogen, so teilt die Kommission dies dem Mitgliedstaat mit.

### Artikel 6  Förmliches Prüfverfahren

(1) Die Entscheidung über die Eröffnung des förmlichen Prüfverfahrens enthält eine Zusammenfassung der wesentlichen Sach- und Rechtsfragen, eine vorläufige Würdigung des Beihilfecharakters der geplanten Maßnahme durch die Kommission und Ausführungen über ihre Bedenken hinsichtlich der Vereinbarkeit mit dem Gemeinsamen Markt. Der betreffende Mitgliedstaat und die anderen Beteiligten werden in dieser Entscheidung zu einer Stellungnahme innerhalb einer Frist von normalerweise höchstens einem Monat aufgefordert. In ordnungsgemäß begründeten Fällen kann die Kommission diese Frist verlängern.

(2) Die von der Kommission erhaltenen Stellungnahmen werden dem betreffenden Mitgliedstaat mitgeteilt. Ersucht ein Beteiligter um Nichtbekanntgabe seiner Identität mit der Begründung, dass ihm daraus ein Schaden entstehen könnte, so wird die Identität des Beteiligten dem betreffenden Mitgliedstaat nicht bekannt gegeben. Der betreffende Mitgliedstaat kann sich innerhalb einer Frist von normalerweise höchstens einem Monat zu den Stellungnahmen äußern. In ordnungsgemäß begründeten Fällen kann die Kommission diese Frist verlängern.

### Artikel 7  Entscheidungen der Kommission über den Abschluss des förmlichen Prüfverfahrens

(1) Das förmliche Prüfverfahren wird unbeschadet des Artikels 8 durch eine Entscheidung nach den Absätzen 2 bis 5 dieses Artikels abgeschlossen.

(2) Gelangt die Kommission zu dem Schluss, dass die angemeldete Maßnahme, gegebenenfalls nach entsprechenden Änderungen durch den betreffenden Mitgliedstaat, keine Beihilfe darstellt, so stellt sie dies durch Entscheidung fest.

(3) Stellt die Kommission fest, dass, gegebenenfalls nach Änderung durch den betreffenden Mitgliedstaat, die Bedenken hinsichtlich der Vereinbarkeit der angemeldeten Maßnahme mit dem Gemeinsamen Markt ausgeräumt sind, so entscheidet sie, dass die Beihilfe mit dem Gemeinsamen Markt vereinbar ist (nachstehend „Positiventscheidung" genannt). In der Entscheidung wird angeführt, welche Ausnahmevorschrift des Vertrags zur Anwendung gelangt ist.

(4) Die Kommission kann eine Positiventscheidung mit Bedingungen und Auflagen verbinden, die ihr ermöglichen, die Beihilfe für mit dem Gemeinsamen Markt vereinbar zu erklären bzw. die Befolgung ihrer Entscheidung zu überwachen (nachstehend „mit Bedingungen und Auflagen verbundene Entscheidung" genannt).

(5) Gelangt die Kommission zu dem Schluss, dass die angemeldete Beihilfe mit dem Gemeinsamen Markt unvereinbar ist, so entscheidet sie, dass diese Beihilfe nicht eingeführt werden darf (nachstehend „Negativentscheidung" genannt).

(6) Entscheidungen nach den Absätzen 2, 3, 4 und 5 werden erlassen, sobald die in Artikel 4 Absatz 4 genannten Bedenken ausgeräumt sind. Die Kommission bemüht sich darum, eine Entscheidung möglichst innerhalb von 18 Monaten nach Eröffnung des Prüfverfahrens zu erlassen. Diese Frist kann von der Kommission und dem betreffenden Mitgliedstaat einvernehmlich verlängert werden.

(7) Ist die Frist nach Absatz 6 abgelaufen, so erlässt die Kommission auf Wunsch des betreffenden Mitgliedstaats innerhalb von zwei Monaten auf der Grundlage der ihr zur Verfügung stehenden Informationen eine Entscheidung. Reichen die ihr vorgelegten Informationen nicht aus, um die Vereinbarkeit festzustellen, so erlässt die Kommission gegebenenfalls eine Negativentscheidung.

## Artikel 8 Rücknahme der Anmeldung

(1) Der betreffende Mitgliedstaat kann die Anmeldung im Sinne des Artikels 2 innerhalb einer angemessenen Frist, bevor die Kommission eine Entscheidung nach Artikel 4 oder nach Artikel 7 erlassen hat, zurücknehmen.

(2) In Fällen, in denen die Kommission das förmliche Prüfverfahren eingeleitet hat, wird dieses eingestellt.

## Artikel 9 Widerruf einer Entscheidung

Die Kommission kann, nachdem sie dem betreffenden Mitgliedstaat Gelegenheit zur Stellungnahme gegeben hat, eine nach Artikel 4 Absätze 2 oder 3 oder nach Artikel 7 Absätze 2, 3 oder 4 erlassene Entscheidung widerrufen, wenn diese auf während des Verfahrens übermittelten unrichtigen Informationen beruht, die ein für die Entscheidung ausschlaggebender Faktor waren. Vor dem Widerruf einer Entscheidung und dem Erlass einer neuen Entscheidung eröffnet die Kommission das förmliche Prüfverfahren nach Artikel 4 Absatz 4. Die Artikel 6, 7 und 10, Artikel 11 Absatz 1 sowie die Artikel 13, 14 und 15 gelten entsprechend.

# Kapitel III: Verfahren bei rechtswidrigen Beihilfen

## Artikel 10 Prüfung, Auskunftsersuchen und Anordnung zur Auskunftserteilung

(1) Befindet sich die Kommission im Besitz von Informationen gleich welcher Herkunft über angebliche rechtswidrige Beihilfen, so prüft sie diese Informationen unverzüglich.

(2) Gegebenenfalls verlangt die Kommission von dem betreffenden Mitgliedstaat Auskünfte. In diesem Fall gelten Artikel 2 Absatz 2 und Artikel 5 Absätze 1 und 2 entsprechend.

(3) Werden von dem betreffenden Mitgliedstaat trotz eines Erinnerungsschreibens nach Artikel 5 Absatz 2 die verlangten Auskünfte innerhalb der von der Kommission festgesetzten Frist nicht oder nicht vollständig erteilt, so fordert die Kommission die Auskünfte durch Entscheidung an (nachstehend „Anordnung zur Auskunftserteilung" genannt). Die Entscheidung bezeichnet die angeforderten Auskünfte und legt eine angemessene Frist zur Erteilung dieser Auskünfte fest.

## Artikel 11 Anordnung zur Aussetzung oder einstweiligen Rückforderung der Beihilfe

(1) Die Kommission kann, nachdem sie dem betreffenden Mitgliedstaat Gelegenheit zur Äußerung gegeben hat, eine Entscheidung erlassen, mit der dem Mitgliedstaat aufgegeben wird, alle rechtswidrigen Beihilfen so lange auszusetzen, bis die Kommission eine Entscheidung über die Vereinbarkeit der Beihilfe mit dem Gemeinsamen Markt erlassen hat (nachstehend „Aussetzungsanordnung" genannt).

(2) Die Kommission kann, nachdem sie dem betreffenden Mitgliedstaat Gelegenheit zur Äußerung gegeben hat, eine Entscheidung erlassen, mit der dem Mitgliedstaat aufgegeben wird, alle rechtswidrigen Beihilfen einstweilig zurückzufordern, bis die Kommission eine Entscheidung über die Vereinbarkeit der Beihilfe mit dem Gemeinsamen Markt erlassen hat (nachstehend „Rückforderungsanordnung" genannt), sofern folgende Kriterien erfüllt sind:

- Nach geltender Praxis bestehen hinsichtlich des Beihilfecharakters der betreffenden Maßnahme keinerlei Zweifel, und
- ein Tätigwerden ist dringend geboten, und
- ein erheblicher und nicht wiedergutzumachender Schaden für einen Konkurrenten ist ernsthaft zu befürchten.

Die Rückforderung erfolgt nach dem Verfahren des Artikels 14 Absätze 2 und 3. Nachdem die Beihilfe wieder eingezogen worden ist, erlässt die Kommission eine Entscheidung innerhalb der für angemeldete Beihilfen geltenden Fristen.

Die Kommission kann den Mitgliedstaat ermächtigen, die Rückerstattung der Beihilfe mit der Zahlung einer Rettungsbeihilfe an das betreffende Unternehmen zu verbinden.

Dieser Absatz gilt nur für die nach dem Inkrafttreten dieser Verordnung gewährten rechtswidrigen Beihilfen.

### Artikel 12 Nichtbefolgung einer Anordnung

Kommt der betreffende Mitgliedstaat einer Aussetzungs- oder Rückforderungsanordnung nicht nach, so kann die Kommission die Prüfung aufgrund der ihr vorliegenden Informationen fortsetzen sowie den Gerichtshof der Europäischen Gemeinschaften unmittelbar mit der Angelegenheit befassen und um die Feststellung ersuchen, dass die Nichtbefolgung der Anordnung einen Verstoß gegen den Vertrag darstellt.

### Artikel 13 Entscheidungen der Kommission

(1) Nach Prüfung einer etwaigen rechtswidrigen Beihilfe ergeht eine Entscheidung nach Artikel 4 Absätze 2, 3 oder 4. Bei Entscheidungen zur Eröffnung eines förmlichen Prüfverfahrens wird das Verfahren durch eine Entscheidung nach Artikel 7 abgeschlossen. Bei Nichtbefolgung der Anordnung zur Auskunftserteilung wird die Entscheidung auf der Grundlage der verfügbaren Informationen erlassen.

(2) Bei etwaigen rechtswidrigen Beihilfen ist die Kommission – unbeschadet des Artikels 11 Absatz 2 – nicht an die in Artikel 4 Absatz 5 und Artikel 7 Absätze 6 und 7 genannte Frist gebunden.

(3) Artikel 9 gilt entsprechend.

### Artikel 14 Rückforderung von Beihilfen

(1) In Negativentscheidungen hinsichtlich rechtswidriger Beihilfen entscheidet die Kommission, dass der betreffende Mitgliedstaat alle notwendigen Maßnahmen ergreift, um die Beihilfe vom Empfänger zurückzufordern (nachstehend „Rückforderungsentscheidung" genannt). Die Kommission verlangt nicht die Rückforderung der Beihilfe, wenn dies gegen einen allgemeinen Grundsatz des Gemeinschaftsrechts verstoßen würde.

(2) Die aufgrund einer Rückforderungsentscheidung zurückzufordernde Beihilfe umfasst Zinsen, die nach einem von der Kommission festgelegten angemessenen Satz berechnet werden. Die Zinsen sind von dem Zeitpunkt, ab dem die rechtswidrige Beihilfe dem Empfänger zur Verfügung stand, bis zu ihrer tatsächlichen Rückzahlung zahlbar.

(3) Unbeschadet einer Entscheidung des Gerichtshofes der Europäischen Gemeinschaften nach Artikel 185 des Vertrags erfolgt die Rückforderung unverzüglich und nach den Verfahren des betreffenden Mitgliedstaats, sofern hierdurch die sofortige und tatsächliche Vollstreckung der Kommissionsentscheidung ermöglicht wird. Zu diesem Zweck unternehmen die betreffenden Mitgliedstaaten im Fall eines Verfahrens vor nationalen Gerichten unbeschadet des Gemeinschaftsrechts alle in ihren jeweiligen Rechtsordnungen verfügbaren erforderlichen Schritte einschließlich vorläufiger Maßnahmen.

### Artikel 15 Frist

(1) Die Befugnisse der Kommission zur Rückforderung von Beihilfen gelten für eine Frist von zehn Jahren.

(2) Diese Frist beginnt mit dem Tag, an dem die rechtswidrige Beihilfe dem Empfänger entweder als Einzelbeihilfe oder im Rahmen einer Beihilferegelung gewährt wird. Jede Maßnahme, die die Kommission oder ein Mitgliedstaat auf Antrag der Kommission bezüglich der rechtswidrigen Beihilfe ergreift, stellt eine Unterbrechung der Frist dar. Nach jeder Unterbrechung läuft die Frist von neuem an. Die Frist wird ausgesetzt, solange die Entscheidung der Kommission Gegenstand von Verhandlungen vor dem Gerichtshof der Europäischen Gemeinschaften ist.

(3) Jede Beihilfe, für die diese Frist ausgelaufen ist, gilt als bestehende Beihilfe.

# Kapitel IV: Verfahren bei missbräuchlicher Anwendung von Beihilfen

### Artikel 16  Missbräuchliche Anwendung von Beihilfen

Unbeschadet des Artikels 23 kann die Kommission bei missbräuchlicher Anwendung von Beihilfen das förmliche Prüfverfahren nach Artikel 4 Absatz 4 eröffnen, wobei die Artikel 6, 7, 9 und 10 sowie Artikel 11 Absatz 1 und die Artikel 12, 13, 14 und 15 entsprechend gelten.

# Kapitel V:  Verfahren bei bestehenden Beihilferegelungen

### Artikel 17  Zusammenarbeit nach Artikel 93 Absatz 1 des Vertrags

(1) Für die Überprüfung bestehender Beihilferegelungen in Zusammenarbeit mit dem betreffenden Mitgliedstaat holt die Kommission nach Artikel 93 Absatz 1 des Vertrags bei diesem alle erforderlichen Auskünfte ein.

(2) Gelangt die Kommission zur vorläufigen Auffassung, dass eine bestehende Beihilferegelung nicht oder nicht mehr mit dem Gemeinsamen Markt vereinbar ist, so setzt sie den betreffenden Mitgliedstaat hiervon in Kenntnis und gibt ihm Gelegenheit zur Stellungnahme innerhalb einer Frist von einem Monat. In ordnungsgemäß begründeten Fällen kann die Kommission diese Frist verlängern.

### Artikel 18  Vorschlag zweckdienlicher Maßnahmen

Gelangt die Kommission aufgrund der von dem betreffenden Mitgliedstaat nach Artikel 17 übermittelten Auskünfte zu dem Schluss, dass die bestehende Beihilferegelung mit dem Gemeinsamen Markt nicht oder nicht mehr vereinbar ist, so schlägt sie dem betreffenden Mitgliedstaat zweckdienliche Maßnahmen vor. Der Vorschlag kann insbesondere in Folgendem bestehen:

a) inhaltliche Änderung der Beihilferegelung oder
b) Einführung von Verfahrensvorschriften oder
c) Abschaffung der Beihilferegelung.

### Artikel 19  Rechtsfolgen eines Vorschlags zweckdienlicher Maßnahmen

(1) Wenn der betreffende Mitgliedstaat den vorgeschlagenen Maßnahmen zustimmt und die Kommission hiervon in Kenntnis setzt, hält die Kommission dies fest und unterrichtet den Mitgliedstaat hiervon. Der Mitgliedstaat ist aufgrund seiner Zustimmung verpflichtet, die zweckdienlichen Maßnahmen durchzuführen.

(2) Wenn der betreffende Mitgliedstaat den vorgeschlagenen Maßnahmen nicht zustimmt und die Kommission trotz der von dem Mitgliedstaat vorgebrachten Argumente weiterhin die Auffassung vertritt, dass diese Maßnahmen notwendig sind, so leitet sie das Verfahren nach Artikel 4 Absatz 4 ein. Die Artikel 6, 7 und 9 gelten entsprechend.

# Kapitel VI:  Beteiligte

### Artikel 20  Rechte der Beteiligten

(1) Jeder Beteiligte kann nach der Entscheidung der Kommission zur Eröffnung des förmlichen Prüfverfahrens eine Stellungnahme nach Artikel 6 abgeben. Jeder Beteiligte, der eine solche Stellungnahme abgegeben hat, und jeder Empfänger einer Einzelbeihilfe erhält eine Kopie der von der Kommission gemäß Artikel 7 getroffenen Entscheidung.

(2) Jeder Beteiligte kann der Kommission Mitteilung über mutmaßlich rechtswidrige Beihilfen und über eine mutmaßlich missbräuchliche Anwendung von Beihilfen machen. Bestehen für die Kommission in Anbetracht der ihr vorliegenden Informationen keine ausreichenden Gründe, zu dem Fall eine Auffassung zu vertreten, so unterrichtet sie den betreffenden Beteiligten hiervon. Trifft die Kommission in einem Fall, zu dem ihr eine

solche Mitteilung zugegangen ist, eine Entscheidung, so übermittelt sie dem betreffenden Beteiligten eine Kopie der Entscheidung.

(3) Jeder Beteiligte erhält auf Antrag eine Kopie jeder nach den Artikeln 4 und 7, nach Artikel 10 Absatz 3 und Artikel 11 getroffenen Entscheidung.

## Kapitel VII: Überwachung

### Artikel 21 Jahresberichte

(1) Die Mitgliedstaaten unterbreiten der Kommission Jahresberichte über alle bestehenden Beihilferegelungen, für die keine besonderen Berichterstattungspflichten aufgrund einer mit Bedingungen und Auflagen verbundenen Entscheidung nach Artikel 7 Absatz 4 auferlegt wurden.

(2) Versäumt es der betreffende Mitgliedstaat trotz eines Erinnerungsschreibens, einen Jahresbericht zu übermitteln, so kann die Kommission hinsichtlich der betreffenden Beihilferegelung nach Artikel 18 verfahren.

### Artikel 22 Nachprüfung vor Ort

(1) Hat die Kommission ernsthafte Zweifel hinsichtlich der Einhaltung einer Entscheidung, keine Einwände zu erheben, einer Positiventscheidung oder einer mit Bedingungen und Auflagen verbundenen Entscheidung in Bezug auf Einzelbeihilfen, so gestattet der betreffende Mitgliedstaat, nachdem er Gelegenheit zur Stellungnahme erhalten hat, der Kommission eine Nachprüfung vor Ort.

(2) Die von der Kommission beauftragten Bediensteten verfügen über folgende Befugnisse, um die Einhaltung der betreffenden Entscheidung zu überprüfen:

a) Sie dürfen alle Räumlichkeiten und Grundstücke des betreffenden Unternehmens betreten;

b) sie dürfen mündliche Erklärungen an Ort und Stelle anfordern;

c) sie dürfen die Bücher und sonstigen Geschäftsunterlagen prüfen sowie Kopien anfertigen oder verlangen.

Die Kommission wird gegebenenfalls von unabhängigen Sachverständigen unterstützt.

(3) Die Kommission unterrichtet den betreffenden Mitgliedstaat rechtzeitig schriftlich von der Nachprüfung vor Ort und nennt die von ihr beauftragten Bediensteten und Sachverständigen. Erhebt der betreffende Mitgliedstaat ordnungsgemäß begründete Einwände gegen die Wahl der Sachverständigen durch die Kommission, so werden die Sachverständigen im Einvernehmen mit dem Mitgliedstaat ernannt. Die mit der Nachprüfung vor Ort beauftragten Bediensteten und Sachverständigen legen einen schriftlichen Prüfungsauftrag vor, in dem Gegenstand und Zweck der Nachprüfung bezeichnet werden.

(4) Bedienstete des Mitgliedstaats, in dessen Hoheitsgebiet die Nachprüfung vorgenommen werden soll, können der Nachprüfung beiwohnen.

(5) Die Kommission übermittelt dem Mitgliedstaat eine Kopie aller Berichte, die aufgrund der Nachprüfung erstellt wurden.

(6) Widersetzt sich ein Unternehmen einer durch eine Kommissionsentscheidung nach diesem Artikel angeordneten Nachprüfung, so gewährt der betreffende Mitgliedstaat den Bediensteten und Sachverständigen der Kommission die erforderliche Unterstützung, damit diese ihre Nachprüfung durchführen können. Zu diesem Zweck ergreifen die Mitgliedstaaten nach Anhörung der Kommission innerhalb von 18 Monaten nach Inkrafttreten dieser Verordnung alle erforderlichen Maßnahmen.

### Artikel 23 Nichtbefolgung von Entscheidungen und Urteilen

(1) Kommt der betreffende Mitgliedstaat mit Bedingungen und Auflagen verbundenen Entscheidungen oder Negativentscheidungen, insbesondere in den in Artikel 14 genannten Fällen, nicht nach, so kann die Kommission nach Artikel 93 Absatz 2 des Vertrags den Gerichtshof der Europäischen Gemeinschaften unmittelbar anrufen.

(2) Vertritt die Kommission die Auffassung, dass der betreffende Mitgliedstaat einem Urteil des Gerichtshofs der Europäischen Gemeinschaften nicht nachgekommen ist, so kann sie in der Angelegenheit nach Artikel 171 des Vertrags weiter verfahren.

## Kapitel VIII: Gemeinsame Vorschriften

### Artikel 24  Berufsgeheimnis

Die Kommission und die Mitgliedstaaten, ihre Beamten und anderen Bediensteten, einschließlich der von der Kommission ernannten unabhängigen Sachverständigen, geben unter das Berufsgeheimnis fallende Informationen, die sie in Anwendung dieser Verordnung erhalten haben, nicht preis.

### Artikel 25  Entscheidungsempfänger

Entscheidungen nach den Kapiteln II, III, IV, V und VII sind an den betreffenden Mitgliedstaat gerichtet. Die Kommission teilt dem betreffenden Mitgliedstaat diese Entscheidungen unverzüglich mit und gibt ihm Gelegenheit, der Kommission mitzuteilen, welche Informationen seiner Ansicht nach unter das Geschäfts- und Betriebsgeheimnis fallen.

### Artikel 26  Veröffentlichung der Entscheidungen

(1) Die Kommission veröffentlicht im Amtsblatt der Europäischen Gemeinschaften eine Zusammenfassung ihrer Entscheidungen nach Artikel 4 Absätze 2 und 3 und Artikel 18 in Verbindung mit Artikel 19 Absatz 1. In dieser Zusammenfassung wird darauf hingewiesen, dass eine Kopie der Entscheidung in ihrer/ihren verbindlichen Sprachfassung/en erhältlich ist.

(2) Die Kommission veröffentlicht im Amtsblatt der Europäischen Gemeinschaften ihre Entscheidungen nach Artikel 4 Absatz 4 in der jeweiligen verbindlichen Sprachfassung. In den Amtsblättern, die in einer anderen Sprache als derjenigen der verbindlichen Sprachfassung erscheinen, wird die verbindliche Sprachfassung zusammen mit einer aussagekräftigen Zusammenfassung in der Sprache des jeweiligen Amtsblatts veröffentlicht.

(3) Die Kommission veröffentlicht im Amtsblatt der Europäischen Gemeinschaften ihre Entscheidungen nach Artikel 7.

(4) In Fällen, in denen Artikel 4 Absatz 6 oder Artikel 8 Absatz 2 anwendbar sind, wird eine kurze Mitteilung im Amtsblatt der Europäischen Gemeinschaften veröffentlicht.

(5) Der Rat kann einstimmig beschließen, Entscheidungen nach Artikel 93 Absatz 2 Unterabsatz 3 des Vertrags im Amtsblatt der Europäischen Gemeinschaften zu veröffentlichen.

### Artikel 27  Durchführungsvorschriften

Die Kommission kann nach dem Verfahren des Artikels 29 Durchführungsvorschriften zu Form, Inhalt und anderen Einzelheiten der Anmeldungen und Jahresberichte, zu den Einzelheiten und zur Berechnung der Fristen sowie zu den Zinsen nach Artikel 14 Absatz 2 erlassen.

### Artikel 28  Beratender Ausschuss für staatliche Beihilfen

Es wird ein Beratender Ausschuss für staatliche Beihilfen, nachstehend „Ausschuss" genannt, eingesetzt, der sich aus Vertretern der Mitgliedstaaten zusammensetzt und in dem der Vertreter der Kommission den Vorsitz führt.

### Artikel 29  Konsultierung des Ausschusses

(1) Die Kommission konsultiert den Ausschuss vor dem Erlass von Durchführungsvorschriften nach Artikel 27.

(2) Die Konsultierung des Ausschusses erfolgt im Rahmen einer Tagung, die von der Kommission einberufen wird. Der Einberufung sind die zu prüfenden Entwürfe und Dokumente beigefügt. Die Tagung findet frühestens zwei Monate nach Übermittlung der Einberufung statt. Diese Frist kann in dringenden Fällen verkürzt werden.

(3) Der Vertreter der Kommission unterbreitet dem Ausschuss einen Entwurf der zur treffenden Maßnahmen. Der Ausschuss gibt – gegebenenfalls nach Abstimmung – seine Stellungnahme zu diesem Entwurf innerhalb einer Frist ab, die der Vorsitzende unter Berücksichtigung der Dringlichkeit der betreffenden Frage festsetzen kann.

(4) Die Stellungnahme wird in das Protokoll aufgenommen; darüber hinaus hat jeder Mitgliedstaat das Recht zu verlangen, dass sein Standpunkt im Protokoll festgehalten wird. Der Ausschuss kann empfehlen, dass diese Stellungnahme im Amtsblatt der Europäischen Gemeinschaften veröffentlicht wird.

(5) Die Kommission berücksichtigt so weit wie möglich die Stellungnahme des Ausschusses. Sie unterrichtet den Ausschuss darüber, inwieweit sie seine Stellungnahme berücksichtigt hat.

**Artikel 30  Inkrafttreten**

Diese Verordnung tritt am 20. Tag nach ihrer Veröffentlichung im Amtsblatt der Europäischen Gemeinschaften in Kraft.

## 2. Verordnung (EG) Nr. 794/2004 der Kommission zur Durchführung der Verordnung (EG) Nr. 659/1999 des Rates über besondere Vorschriften für die Anwendung von Artikel 93 des EG-Vertrags (VO EG Nr. 794/2004)

v. 21. 4. 2004 (ABl Nr. L 140 S. 1)

Die Verordnung (EG) Nr. 794/2004 der Kommission zur Durchführung der Verordnung (EG) Nr. 659/ 1999 des Rates über besondere Vorschriften für die Anwendung von Artikel 93 des EG-Vertrags v. 30. 4. 2004 (ABl Nr. L 140 S. 1) wurde geändert durch die Berichtigung der Verordnung (EG) Nr. 794/ 2004 der Kommission vom 21. April 2004 zur Durchführung der Verordnung (EG) Nr. 659/1999 des Rates über besondere Vorschriften für die Anwendung von Artikel 93 des EG-Vertrags v. 30. 4. 2004 (ABl Nr. L 140 S. 1); Berichtigung der Verordnung (EG) Nr. 794/2004 der Kommission vom 21. April 2004 zur Durchführung der Verordnung (EG) Nr. 659/1999 des Rates über besondere Vorschriften für die Anwendung von Artikel 93 des EG-Vertrags v. 28. 1. 2005 (ABl Nr. L 25 S. 74); Verordnung (EG) Nr. 1627/2006 der Kommission vom 24. Oktober 2006 zur Änderung der Verordnung (EG) Nr. 794/2004 hinsichtlich der Standardformulare für die Notifizierung von Beihilfen v. 1. 11. 2006 (ABl Nr. L 302 S. 10); Verordnung (EG) Nr. 1935/2006 der Kommission vom 20. Dezember 2006 zur Änderung der Verordnung (EG) Nr. 794/2004 zur Durchführung der Verordnung (EG) Nr. 659/1999 des Rates über besondere Vorschriften für die Anwendung von Artikel 93 des EG-Vertrags v. 30. 12. 2006 (ABl Nr. L 407 S. 1); Berichtigung der Verordnung (EG) Nr. 1935/2006 der Kommission vom 20. Dezember 2006 zur Änderung der Verordnung (EG) Nr. 794/2004 zur Durchführung der Verordnung (EG) Nr. 659/1999 des Rates über besondere Vorschriften für die Anwendung von Artikel 93 des EG-Vertrags v. 15. 2. 2007 (ABl Nr. L 44 S. 3); Verordnung (EG) Nr. 271/2008 der Kommission vom 30. Januar 2008 zur Änderung der Verordnung (EG) Nr. 794/2004 zur Durchführung der Verordnung (EG) Nr. 659/1999 des Rates über besondere Vorschriften für die Anwendung von Artikel 93 des EG-Vertrags v. 25. 3. 2008 (ABl Nr. L 82 S. 1).

DIE KOMMISSION DER EUROPÄISCHEN GEMEINSCHAFTEN –

gestützt auf den Vertrag zur Gründung der Europäischen Gemeinschaft,

gestützt auf die Verordnung (EG) Nr. 659/1999 des Rates vom 22. März 1999 über besondere Vorschriften für die Anwendung von Artikel 93 des EG-Vertrags[1], insbesondere auf Artikel 27,

nach Anhörung des Beratenden Ausschusses für staatliche Beihilfen,

in Erwägung nachstehender Gründe:

(1) Um den Mitgliedstaaten die Anmeldung staatlicher Beihilfen sowie die Überprüfung dieser Beihilfen durch die Kommission zu erleichtern, ist es wünschenswert, ein Anmeldeformular vorzuschreiben. Dieses Anmeldeformular sollte möglichst umfassend sein.

(2) Im Standard-Anmeldeformular sowie im Meldebogen und in den Ergänzungsbögen sollten sämtliche Leitlinien und Gemeinschaftsrahmen im Bereich staatlicher Beihilfen erfasst werden. Sie sollten im Hinblick auf Änderungen dieser Dokumente revidiert oder ersetzt werden.

(3) Für bestimmte Änderungen einer bestehenden Beihilfe sollte ein vereinfachtes Anmeldeverfahren eingeführt werden. Anmeldungen im vereinfachten Verfahren sollten nur akzeptiert werden, wenn die Kommission in regelmäßigen Abständen über die Anwendung der betreffenden bestehenden Beihilfe unterrichtet wurde.

(4) Im Interesse der Rechtssicherheit sollte klargestellt werden, dass geringfügige Erhöhungen bis zu 20 % der Ausgangsmittel für eine Beihilferegelung, mit denen insbesondere der Inflation Rechnung getragen wird, bei der Kommission nicht angemeldet werden müssen, da dies kaum etwas an der ursprünglichen Bewertung der Vereinbarkeit der Beihilferegelung durch die Kommission ändern dürfte, sofern die sonstigen Voraussetzungen der Beihilferegelung unverändert bleiben.

(5) Nach Artikel 21 der Verordnung (EG) Nr. 659/1999 unterbreiten die Mitgliedstaaten der Kommission Jahresberichte über alle bestehenden Beihilferegelungen und gewähren unabhängig von einer genehmigten Beihilferegelung Einzelhilfen, für die keine besonderen Berichterstattungspflichten aufgrund einer mit Bedingungen und Auflagen verbundenen Entscheidung auferlegt wurden.

---

[1] **Amtl. Anm.:** ABl L 83 vom 27. 3. 1999, S. 1; Verordnung geändert durch die Akte über den Beitritt 2003.

(6) Damit die Kommission ihre Pflichten zur Überwachung der Beihilfen erfüllen kann, benötigt sie genaue Angaben der Mitgliedstaaten über Art und Höhe der von ihnen im Rahmen bestehender Beihilferegelungen gewährten Beihilfen. Die Erfahrung zeigt, dass die Verfahren zur Anmeldung staatlicher Beihilfen bei der Kommission, die zur Zeit in dem im Schreiben der Kommission an die Mitgliedstaaten vom 2. August 1995 enthaltenen „gemeinsamen Berichterstattungs- und Notifizierungsverfahren aufgrund des EG-Vertrags und des WTO-Übereinkommens" beschrieben sind, vereinfacht und verbessert werden können. Der Teil des gemeinsamen Verfahrens, der die Berichterstattungspflichten der Mitgliedstaaten bei der Anmeldung von Beihilfen nach Artikel 25 des am 21. Juli 1995 angenommenen WTO-Übereinkommens über Subventionen und Ausgleichsmaßnahmen sowie nach Artikel XVI des Allgemeinen Zoll- und Handelsabkommens (GATT) von 1994 betrifft, wird von der vorliegenden Verordnung nicht erfasst.

(7) Anhand der in den Jahresberichten verlangten Angaben soll die Kommission die Gesamtbeihilfeniveaus überwachen und einen Überblick über die Auswirkungen der einzelnen Beihilfearten auf den Wettbewerb gewinnen können. Hierzu sollte die Kommission die Mitgliedstaaten außerdem ad hoc um zusätzliche Angaben zu bestimmten Fragen ersuchen können. Die Auswahl dieser Fragen sollte im Voraus mit den Mitgliedstaaten abgesprochen werden.

(8) Von der jährlichen Berichterstattung werden die gegebenenfalls für die Überprüfung der Frage, ob bei einzelnen Beihilfemaßnahmen das Gemeinschaftsrecht eingehalten wird, erforderlichen Angaben nicht erfasst. Die Kommission sollte daher weiterhin das Recht haben, Verpflichtungen von den Mitgliedstaaten zu verlangen oder die Entscheidungen, mit denen um zusätzliche Auskünfte ersucht wird, mit Auflagen zu versehen.

(9) Die Fristen für die Verordnung (EG) Nr. 659/1999 sind gemäß der Verordnung (EWG, Euratom) Nr. 1182/71 des Rates vom 3. Juni 1971 zur Festlegung der Regeln für die Fristen, Daten und Termine[1], ergänzt durch die in der vorliegenden Verordnung festgelegten besonderen Vorschriften, zu berechnen. Insbesondere sind die Ereignisse zu bestimmen, die die bei Verfahren staatlicher Beihilfen anzuwendenden Fristen auslösen. Die in dieser Verordnung genannten Bestimmungen sollten auf Fristen Anwendung finden, die zum Zeitpunkt des Inkrafttretens dieser Verordnung festgelegt, jedoch noch nicht abgelaufen sind.

(10) Die Rückforderung einer Beihilfe dient dazu, die vor der rechtswidrig gewährten staatlichen Beihilfe bestehende Situation wiederherzustellen. Um für Gleichbehandlung zu sorgen, ist der Vorteil unabhängig vom Ergebnis gegebenenfalls anschließend von dem Unternehmen getroffener Geschäftsentscheidungen objektiv von dem Zeitpunkt an zu bemessen, ab dem die Beihilfe dem begünstigten Unternehmen zur Verfügung stand.

(11) Entsprechend der allgemeinen Finanzpraxis ist es angezeigt, den Zinssatz für die Rückforderung als effektiven Jahreszins festzulegen.

(12) Umfang und Häufigkeit der Interbankgeschäfte führen zu einem durchweg messbaren und statistisch erheblichen Zinssatz, der daher die Grundlage für den Zins bei Rückforderungsentscheidungen darstellen sollte. Der Interbank-Swap-Satz sollte jedoch angepasst werden, um die allgemeinen Niveaus erhöhter Geschäftsrisiken außerhalb des Bankensektors widerzuspiegeln. Auf der Grundlage der Angaben über die Interbank-Swap-Sätze sollte die Kommission für jeden Mitgliedstaat einen einheitlichen Zinssatz bei Rückforderungsentscheidungen festsetzen. Im Interesse von Rechtssicherheit und Gleichbehandlung ist es angezeigt, das Verfahren, nach dem der Zinssatz zu berechnen ist, genau anzugeben und vorzuschreiben, dass der jeweils bei Rückforderungsentscheidungen anzuwendende Zinssatz sowie die zuvor geltenden einschlägigen Sätze veröffentlicht werden.

(13) Eine staatliche Beihilfe kann als Faktor gelten, der den mittelfristigen Finanzbedarf des Empfängerunternehmens senkt. Im Einklang mit der allgemeinen Finanzpraxis kann deshalb als mittelfristig ein Zeitraum von fünf Jahren festgelegt werden. Der Zins

---

[1] **Amtl. Anm.:** ABl L 124 vom 8. 6. 1971, S. 1.

bei Rückforderungsentscheidungen sollte daher einem für fünf Jahre festgelegten effektiven Jahreszins entsprechen.

(14) Angesichts des Ziels, die vor der rechtswidrig gewährten Beihilfe bestehende Situation wiederherzustellen und entsprechend der gängigen Finanzpraxis sollte der von der Kommission zu bestimmende Zinssatz bei Rückforderungsentscheidungen jährlich nach der Zinseszinsformel berechnet werden. Aus den gleichen Gründen sollte der im ersten Jahr des Rückforderungszeitraums geltende Zinssatz während der ersten fünf Jahre des Rückforderungszeitraums angewandt werden und der im sechsten Jahr des Rückforderungszeitraums anzuwendende Zinssatz in den darauf folgenden fünf Jahren.

(15) Diese Verordnung sollte auf die nach ihrem Inkrafttreten bekannt gegebenen Rückforderungsentscheidungen Anwendung finden –

HAT FOLGENDE VERORDNUNG ERLASSEN:

## Kapitel I: Gegenstand und Anwendungsbereich

### Artikel 1  Gegenstand und Anwendungsbereich

(1) In dieser Verordnung sind Form, Inhalt und andere Einzelheiten der Anmeldungen und Jahresberichte gemäß Verordnung (EG) Nr. 659/1999 genau festgelegt. Sie enthält auch Bestimmungen über die Berechnung der Fristen in allen Verfahren staatlicher Beihilfen sowie den bei der Rückforderung rechtswidriger Beihilfen anzuwendenden Zinssatz.

(2) Diese Verordnung findet Anwendung auf Beihilfen in allen Wirtschaftsbereichen.

## Kapitel II: Anmeldungen

### Artikel 2  Anmeldeformulare

Unbeschadet der sich aus der Entscheidung 2002/871/EG der Kommission[1] für die Mitgliedstaaten ergebenden Verpflichtungen zur Anmeldung von Kohlebeihilfen erfolgt die Anmeldung neuer Beihilfen nach Artikel 2 Absatz 1 der Verordnung (EG) Nr. 659/1999, außer solchen gemäß Artikel 4 Absatz 2 der vorliegenden Verordnung, auf dem Anmeldeformular in Anhang I Teil I der vorliegenden Verordnung.

Für die Würdigung der Maßnahme gemäß Verordnungen, Leitlinien, Gemeinschaftsrahmen und anderen für staatliche Beihilfen geltenden Bestimmungen erforderliche ergänzende Auskünfte werden mit den Ergänzungsbögen in Anhang I Teil III geliefert.

Bei einer Änderung oder Ersetzung der einschlägigen Leitlinien oder Gemeinschaftsrahmen ändert die Kommission die Formulare und Bögen entsprechend.

### Artikel 3  Übermittlung der Anmeldung

(1) Die Anmeldung wird der Kommission im Wege der elektronischen Validierung durch die von dem Mitgliedstaat benannte Person übermittelt. Eine auf diese Weise validierte Anmeldung gilt als von dem Ständigen Vertreter übersandt.

(2) Die Kommission richtet ihre Schreiben an den Ständigen Vertreter des betreffenden Mitgliedstaats bzw. an eine von diesem Mitgliedstaat benannte andere Anschrift.

(3) Ab dem 1. Juli 2008 sind die Anmeldungen elektronisch über die Web-Anwendung State Aid Notification Interactive (SANI) zu übermitteln.

Alle Schreiben im Zusammenhang mit einer Anmeldung sind elektronisch über das gesicherte E-Mail-System Public Key Infrastructure (PKI) zu übermitteln.

(4) In Ausnahmefällen kann für die Übermittlung der Anmeldung oder von Schreiben im Zusammenhang mit einer Anmeldung aufgrund einer Vereinbarung zwischen der Kommission und dem betreffenden Mitgliedstaat ein anderer Kommunikationskanal als die in Absatz 3 genannten Kommunikationskanäle benutzt werden.

---

[1] **Amtl. Anm.**: ABl L 300 vom 5. 11. 2002, S. 42.

Ohne eine solche Vereinbarung gelten Anmeldungen und Schreiben im Zusammenhang mit einer Anmeldung, die der Kommission von einem Mitgliedstaat über einen anderen Kommunikationskanal als die in Absatz 3 genannten Kommunikationskanäle übersandt werden, nicht als der Kommission übermittelt.

(5) Enthält die Anmeldung oder der Schriftwechsel im Zusammenhang mit einer Anmeldung vertrauliche Informationen, so kennzeichnet der betreffende Mitgliedstaat diese deutlich und legt die Gründe für ihre Einstufung als vertraulich dar.

(6) Die Mitgliedstaaten geben bei jeder Beihilfe, die einem Endbegünstigten gewährt wird, die Identifikationsnummer für staatliche Beihilfen an, die die betreffende Beihilferegelung von der Kommission erhalten hat.

Unterabsatz 1 gilt nicht für Beihilfen, die im Wege steuerlicher Maßnahmen gewährt werden.

**Artikel 4 Anmeldung bestimmter Änderungen bestehender Beihilfen im vereinfachten Verfahren**

(1) Für den Zweck von Artikel 1 Buchstabe c) der Verordnung (EG) Nr. 659/1999 ist die Änderung einer bestehenden Beihilfe jede Änderung, außer einer Änderung rein formaler oder verwaltungstechnischer Art, die keinen Einfluss auf die Würdigung der Vereinbarkeit der Beihilfemaßnahme mit dem Gemeinsamen Markt haben kann. Eine Erhöhung der Ausgangsmittel für eine bestehende Beihilfe bis zu 20 % wird jedoch nicht als Änderung einer bestehenden Beihilfe angesehen.

(2) Folgende Änderungen bestehender Beihilfen werden auf dem Anmeldeformular für das vereinfachte Verfahren in Anhang II mitgeteilt:
a) über 20 %ige Erhöhungen der Mittel für eine genehmigte Beihilferegelung;
b) die Verlängerung einer bestehenden genehmigten Beihilferegelung bis zu sechs Jahren, mit oder ohne Erhöhung der Fördermittel;
c) die Verschärfung der Kriterien für die Anwendung einer genehmigten Beihilferegelung, die Herabsetzung der Beihilfeintensität oder der förderfähigen Ausgaben.

Die Kommission setzt alles daran, für die auf dem vereinfachten Anmeldeformular mitgeteilten Beihilfen innerhalb eines Monats eine Entscheidung zu erlassen.

(3) Die Anmeldung im vereinfachten Verfahren wird nicht zur Meldung von Änderungen von Beihilferegelungen angewandt, für die die Mitgliedstaaten keine Jahresberichte nach Artikel 5, 6 und 7 vorgelegt haben, es sei denn, die Jahresberichte für die Jahre, für die Beihilfen gewährt wurden, werden gemeinsam mit der Anmeldung übermittelt.

## Kapitel III: Jahresberichte

### Artikel 5 Form und Inhalt von Jahresberichten

(1) Unbeschadet der Unterabsätze 2 und 3 des vorliegenden Absatzes und zusätzlicher besonderer Berichterstattungspflichten, die aufgrund einer mit Bedingungen und Auflagen verbundenen Entscheidung nach Artikel 7 Absatz 4 der Verordnung (EG) Nr. 659/1999 auferlegt wurden, sowie unbeschadet der Einhaltung der von den Mitgliedstaaten gegebenenfalls eingegangen Verpflichtungen im Zusammenhang mit einer Entscheidung zur Genehmigung einer Beihilfe stellen die Mitgliedstaaten auf der Grundlage des Standardberichtsformulars in Anhang III A die Jahresberichte über bestehende Beihilferegelungen gemäß Artikel 21 Absatz 1 der Verordnung (EG) Nr. 659/1999 für jedes ganze Kalenderjahr der Anwendung der Regelung oder einen Teil davon zusammen.

Die Jahresberichte über bestehende Beihilferegelungen für die Herstellung, Verarbeitung und Vermarktung der in Anhang I EG-Vertrag aufgeführten Agrarerzeugnisse werden jedoch auf der Grundlage des Formulars in Anhang III B zusammengestellt.

Die Jahresberichte über bestehende Beihilferegelungen für die Erzeugung, Verarbeitung und Vermarktung der in Anhang I EG-Vertrag aufgeführten Fischereierzeugnisse werden mit Hilfe des Formulars in Anhang III C erstellt.

(2) Die Kommission kann von den Mitgliedstaaten zusätzliche Angaben zu bestimmten Fragen verlangen, die im Voraus mit den Mitgliedstaaten abzusprechen sind.

**Artikel 6    Übermittlung und Veröffentlichung von Jahresberichten**

(1) Jeder Mitgliedstaat unterbreitet der Kommission spätestens am 30. Juni des Jahres nach dem Berichtszeitraum seine Jahresberichte in elektronischer Form.

In begründeten Fällen können Mitgliedstaaten Schätzungen vorlegen, vorausgesetzt, die richtigen Daten werden spätestens mit den Angaben für das nachfolgende Jahr unterbreitet.

(2) Die Kommission veröffentlicht jedes Jahr einen Beihilfenanzeiger, der eine Zusammenfassung der im Vorjahr in den Jahresberichten übermittelten Auskünfte enthält.

**Artikel 7    Rechtlicher Status der Jahresberichte**

Die Unterbreitung der Jahresberichte stellt weder die Erfüllung der Pflicht zur Anmeldung von Beihilfemaßnahmen vor ihrer Inkraftsetzung gemäß Artikel 88 Absatz 3 EG-Vertrag dar, noch greift sie dem Ergebnis der Prüfung angeblich rechtswidriger Beihilfen gemäß dem in Kapitel III der Verordnung (EG) Nr. 659/1999 festgelegten Verfahren in irgendeiner Weise vor.

## Kapitel IV:    Fristen

### Artikel 8    Fristenberechnung

(1) Die in der Verordnung (EG) Nr. 659/1999 und in der vorliegenden Verordnung oder von der Kommission gemäß Artikel 88 EG-Vertrag festgesetzten Fristen werden gemäß der Verordnung (EWG, Euratom) Nr. 1182/71 und den in den Absätzen 2 bis 5 des vorliegenden Artikels genannten besonderen Vorschriften berechnet. Im Konfliktfall hat die vorliegende Verordnung Vorrang

(2) Die Fristen werden nach Monaten oder Arbeitstagen bestimmt.

(3) In Bezug auf die Fristen für das Handeln der Kommission ist der Eingang der Anmeldung bzw. des Schreibens nach Artikel 3 Absätze 1 und 3 dieser Verordnung das für die Zwecke des Artikels 3 Absatz 1 der Verordnung (EWG, Euratom) Nr. 1182/71 maßgebende Ereignis.

(4) In Bezug auf die Fristen für das Handeln der Mitgliedstaaten ist der Eingang der Anmeldung bzw. des Schreibens der Kommission nach Artikel 3 Absatz 2 dieser Verordnung das für die Zwecke des Artikels 3 Absatz 1 der Verordnung (EWG, Euratom) Nr. 1182/71 maßgebende Ereignis.

(5) In Bezug auf den Termin für die Übermittlung der Stellungnahmen durch Dritte und die von dem Verfahren nicht unmittelbar betroffenen Mitgliedstaaten nach Eröffnung des förmlichen Prüfverfahrens gemäß Artikel 6 Absatz 1 der Verordnung (EG) Nr. 659/1999 ist die Veröffentlichung der Mitteilung über die Eröffnung des Verfahrens im Amtsblatt der Europäischen Union das maßgebliche Ereignis für den Zweck des Artikels 3 Absatz 1 der Verordnung (EWG, Euratom) Nr. 1182/71.

(6) Ersuchen um Fristverlängerung müssen begründet und mindestens 2 Tage vor Fristablauf schriftlich an die Anschrift übermittelt werden, die von der die Frist festsetzenden Partei bezeichnet wurde.

## Kapitel V:    Bei der Rückforderung rechtswidriger Beihilfen anzuwendender Zinssatz

### Artikel 9    Methode für die Festsetzung des Zinssatzes

(1) Soweit per Entscheidung nicht anders bestimmt, entspricht der Zinssatz, der bei der Rückforderung einer unter Verstoß gegen Artikel 88 Absatz 3 EG-Vertrag gewährten staatlichen Beihilfe anzuwenden ist, dem effektiven Jahreszins, der für jedes Kalenderjahr im Voraus von der Kommission festgesetzt wird.

(2) Zur Berechnung des Zinssatzes wird der Geldmarktsatz für ein Jahr um 100 Basispunkte erhöht. Liegt dieser Satz nicht vor, so wird der Geldmarktsatz für drei Monate oder, falls auch dieser nicht vorliegt, die Rendite staatlicher Schuldverschreibungen für die Berechnung verwendet.

(3) Bei Fehlen zuverlässiger Daten zum Geldmarktsatz bzw. zur Rendite staatlicher Schuldverschreibungen und gleichwertiger Daten oder unter außergewöhnlichen Umständen kann die Kommission den Rückforderungszinssatz in enger Zusammenarbeit mit den betreffenden Mitgliedstaaten nach einer anderen Methode auf der Grundlage der ihr vorliegenden Angaben festsetzen.

(4) Der Rückforderungszinssatz wird einmal jährlich angepasst. Der Basissatz wird auf der Grundlage des Geldmarktsatzes für ein Jahr im September, Oktober und November des betreffenden Jahres berechnet. Der berechnete Satz gilt für das gesamte folgende Jahr.

(5) Um erheblichen plötzlichen Schwankungen Rechnung zu tragen, wird zusätzlich immer dann eine Aktualisierung vorgenommen, wenn der über die drei Vormonate berechnete Durchschnittssatz um mehr als 15 v. H. vom geltenden Satz abweicht. Dieser neue Satz tritt am ersten Tag des zweiten Monats in Kraft, der auf den für die Berechnung verwendeten Monat folgt.

**Artikel 10  Veröffentlichung**

Die Kommission veröffentlicht die geltenden und maßgebliche frühere bei Rückforderungsentscheidungen angewandte Zinssätze im Amtsblatt der Europäischen Union und zu Informationszwecken im Internet.

**Artikel 11  Anwendung des Zinssatzes**

(1) Anzuwenden ist der zu dem Zeitpunkt, ab dem die rechtswidrige Beihilfe dem Empfänger das erste Mal zur Verfügung gestellt wurde, geltende Zinssatz.

(2) Der Zinssatz wird bis zur Rückzahlung der Beihilfe nach der Zinseszinsformel berechnet. Für die im Vorjahr aufgelaufenen Zinsen sind in jedem folgenden Jahr Zinsen fällig.

(3) Der in Absatz 1 genannte Zinssatz gilt während des gesamten Zeitraums bis zum Tag der Rückzahlung. Liegt jedoch mehr als ein Jahr zwischen dem Tag, an dem die rechtswidrige Beihilfe dem Empfänger zum ersten Mal zur Verfügung gestellt wurde, und dem Tag der Rückzahlung der Beihilfe, so wird der Zinssatz ausgehend von dem zum Zeitpunkt der Neuberechnung geltenden Satz jährlich neu berechnet.

## Kapitel VI:  Schlussbestimmungen

**Artikel 12  Überprüfung**

Die Kommission überprüft 4 Jahre nach Inkrafttreten in Absprache mit den Mitgliedstaaten die Anwendung dieser Verordnung.

**Artikel 13  Inkrafttreten**

Diese Verordnung tritt am zwanzigsten Tag nach ihrer Veröffentlichung im Amtsblatt der Europäischen Union in Kraft.

Kapitel II gilt für die der Kommission mehr als 5 Monate nach Inkrafttreten dieser Verordnung übermittelten Anmeldungen.

Kapitel III gilt für Jahresberichte über Beihilfen, die vom 1. Januar 2003 an gewährt wurden.

Kapitel IV gilt für alle Fristen, die zum Zeitpunkt des Inkrafttretens dieser Verordnung festgesetzt, jedoch noch nicht abgelaufen sind.

Artikel 9 und 11 finden bei allen Rückforderungsentscheidungen Anwendung, die nach dem Zeitpunkt des Inkrafttretens dieser Verordnung bekannt gegeben wurden.

## 3. Verordnung (EG) Nr. 1998/2006 der Kommission vom 15. Dezember 2006 über die Anwendung der Artikel 87 und 88 EG-Vertrag auf „De-minimis"-Beihilfen (VO EG Nr. 1998/2006)

v. 28. 12. 2006 (ABl Nr. L 379 S. 5)

DIE KOMMISSION DER EUROPÄISCHEN GEMEINSCHAFTEN –

gestützt auf den Vertrag zur Gründung der Europäischen Gemeinschaft,

gestützt auf die Verordnung (EG) Nr. 994/98 des Rates vom 7. Mai 1998 über die Anwendung der Artikel 92 und 93 des Vertrags zur Gründung der Europäischen Gemeinschaft auf bestimmte Gruppen horizontaler Beihilfen[1], insbesondere auf Artikel 2,

nach Veröffentlichung des Entwurfs dieser Verordnung[2],

nach Anhörung des Beratenden Ausschusses für staatliche Beihilfen,

in Erwägung nachstehender Gründe:

(1) Durch die Verordnung (EG) Nr. 994/98 wird die Kommission ermächtigt, durch Verordnung einen Schwellenwert festzusetzen, bis zu dem Beihilfen als Maßnahmen angesehen werden, die nicht alle Tatbestandsmerkmale des Artikels 87 Absatz 1 EG-Vertrag erfüllen und daher auch nicht dem Anmeldeverfahren gemäß Artikel 88 Absatz 3 EG-Vertrag unterliegen.

(2) Die Kommission hat in zahlreichen Entscheidungen die Artikel 87 und 88 EG-Vertrag angewandt und dabei insbesondere den Begriff der Beihilfe im Sinne des Artikels 87 Absatz 1 EG-Vertrag näher ausgeführt. Die Kommission hat ferner, zuerst in der Mitteilung über De-minimis-Beihilfen[3] und anschließend in ihrer Verordnung (EG) Nr. 69/2001 vom 12. Januar 2001 über die Anwendung der Artikel 87 und 88 EG-Vertrag auf „De-minimis"-Beihilfen[4], ihre Politik im Hinblick auf den Höchstbetrag, bis zu dem Artikel 87 Absatz 1 als nicht anwendbar angesehen werden kann, erläutert. Angesichts der Erfahrungen bei der Anwendung der Verordnung und unter Berücksichtigung der Entwicklung der Inflation und des Bruttoinlandsprodukts in der Gemeinschaft bis und einschließlich 2006 und angesichts der voraussichtlichen Entwicklung bis zum Ablauf der Geltungsdauer dieser Verordnung erscheint es zweckmäßig, die Verordnung (EG) Nr. 69/2001 in einigen Punkten zu ändern und durch eine neue Verordnung zu ersetzen.

(3) Da für die Bereiche der primären Produktion von Agrarerzeugnissen, Fischerei und Aquakultur Sondervorschriften gelten und die Gefahr besteht, dass dort selbst geringere als die in dieser Verordnung festgesetzten Beihilfebeträge die Tatbestandsmerkmale des Artikels 87 Absatz 1 EG-Vertrag erfüllen könnten, sollten die fraglichen Sektoren vom Anwendungsbereich dieser Verordnung ausgenommen werden. Vor dem Hintergrund der Entwicklungen im Transportsektor, insbesondere der Restrukturierung zahlreicher Transportaktivitäten im Zuge der Liberalisierung, ist es nicht länger angemessen, den Transportsektor vom Geltungsbereich der De-minimis-Verordnung auszuschließen. Der Geltungsbereich dieser Verordnung sollte daher auf die Gesamtheit des Transportsektors ausgeweitet werden. Die allgemeine De-minimis-Höchstgrenze sollte jedoch angepasst werden, um der im Durchschnitt kleinen Größe von Unternehmen, die im Straßengüterverkehr und Straßenpersonenverkehr tätig sind, Rechnung zu tragen. Aus denselben Gründen und vor dem Hintergrund der Überkapazitäten in diesem Sektor sowie der Zielsetzungen der Transportpolitik hinsichtlich Verkehrsstauung und Gütertransport sollten Beihilfen für den Erwerb von Fahrzeugen für den Straßengütertransport durch Unternehmen des gewerblichen Straßengütertransports ausgeschlossen werden. Dies stellt die positive Haltung der Kommission zu Beihilfen für sauberere und umweltfreundlichere Fahrzeuge im Rahmen von anderen EG-Rechtsakten nicht in Frage. Ange-

---

1) **Amtl. Anm.:** ABl L 142 vom 14. 5. 1998, S. 1.
2) **Amtl. Anm.:** ABl C 137 vom 10. 6. 2006, S. 4.
3) **Amtl. Anm.:** ABl C 68 vom 6. 3. 1996, S. 9.
4) **Amtl. Anm.:** ABl L 10 vom 13. 1. 2001, S. 30.

sichts der Verordnung (EG) Nr. 1407/2002 des Rates vom 23. Juli 2002 über staatliche Beihilfen für den Steinkohlenbergbau[1]) sollte die vorliegende Verordnung auch nicht auf den Kohlesektor anwendbar sein.

(4) Aufgrund der Ähnlichkeiten zwischen der Verarbeitung und Vermarktung von landwirtschaftlichen und nichtlandwirtschaftlichen Erzeugnissen sollte diese Verordnung unter bestimmten Voraussetzungen auch für die Verarbeitung und Vermarktung landwirtschaftlicher Erzeugnisse gelten. Nicht als Verarbeitung und Vermarktung hingegen die in den Betrieben vorgenommene notwendige Vorbereitung des Erzeugnisses für den Erstverkauf, wie Ernte, Mähen und Dreschen von Getreide, Verpackung von Eiern usw., sowie der Erstverkauf an Wiederverkäufer oder Verarbeitungsunternehmen gelten. Nach Inkrafttreten dieser Verordnung sollten Beihilfen an Unternehmen, die landwirtschaftliche Erzeugnisse verarbeiten oder vermarkten, nicht mehr durch die Verordnung (EG) Nr. 1860/2004 der Kommission vom 6. Oktober 2004 über die Anwendung der Artikel 87 und 88 EG-Vertrag auf De-minimis-Beihilfen im Agrar- und Fischereisektor[2]) geregelt werden. Die Verordnung (EG) Nr. 1860/2004 sollte deshalb entsprechend geändert werden.

(5) Nach der Rechtsprechung des Gerichtshofs der Europäischen Gemeinschaften sind die Mitgliedstaaten verpflichtet, sobald die Gemeinschaft eine Regelung über die Errichtung einer gemeinsamen Marktorganisation für einen bestimmten Agrarsektor erlassen hat, sich aller Maßnahmen zu enthalten, die diese Regelung untergraben oder Ausnahmen von ihr schaffen. Aus diesem Grund sollten Beihilfen, deren Höhe sich nach dem Preis oder der Menge der angebotenen oder erworbenen Erzeugnisse richtet, vom Anwendungsbereich dieser Verordnung ausgenommen werden. Ebenfalls ausgenommen werden sollten De-minimis-Beihilfen, die an die Verpflichtung gebunden sind, die Beihilfe mit den Primärerzeugern zu teilen.

(6) De-minimis-Ausfuhrbeihilfen oder De-minimis-Beihilfen, die heimische Erzeugnisse gegenüber Importwaren begünstigen, sollten nicht freigestellt werden. Die Verordnung sollte insbesondere nicht für Beihilfen zur Finanzierung des Aufbaus und des Betriebs eines Vertriebsnetzes in anderen Ländern gelten. Beihilfen, die die Teilnahme an Messen, die Durchführung von Studien oder die Inanspruchnahme von Beratungsdiensten zwecks Lancierung eines neuen oder eines bestehenden Produkts auf einem neuen Markt ermöglichen sollen, stellen in der Regel keine Ausfuhrbeihilfen dar.

(7) Aufgrund von Schwierigkeiten bei der Festlegung des Bruttosubventionsäquivalents von Beihilfen an Unternehmen in Schwierigkeiten im Sinne der Leitlinien der Gemeinschaft für staatliche Beihilfen zur Rettung und Umstrukturierung von Unternehmen in Schwierigkeiten[3]) sollte diese Verordnung für solche Unternehmen nicht anwendbar sein.

(8) Die Erfahrungen der Kommission haben gezeigt, dass Beihilfen, die einen Gesamtbetrag von 200 000 EUR innerhalb von drei Jahren nicht übersteigen, den Handel zwischen Mitgliedstaaten nicht beeinträchtigen und/oder den Wettbewerb nicht verfälschen oder zu verfälschen drohen. Sie fallen daher nicht unter Artikel 87 Absatz 1 EG-Vertrag. Für Unternehmen, die im Straßentransportsektor tätig sind, sollte diese Höchstgrenze auf 100 000 EUR festgesetzt werden.

(9) Bei den hier zugrunde gelegten Jahren handelt es sich um die Steuerjahre, die für das Unternehmen in dem betreffenden Mitgliedstaat maßgebend sind. Der Dreijahreszeitraum ist fließend, d. h. bei jeder Neubewilligung einer De-minimis-Beihilfe ist die Gesamtsumme der im laufenden Steuerjahr sowie in den vorangegangenen zwei Steuerjahren gewährten De-minimis-Beihilfen festzustellen. Zu berücksichtigen sind auch von einem Mitgliedstaat gewährte Beihilfen, selbst wenn sie ganz oder teilweise aus Mitteln gemeinschaftlicher Herkunft finanziert werden. Es sollte nicht möglich sein, über den

---

1) **Amtl. Anm.:** ABl L 205 vom 2. 8. 2002, S. 1.
2) **Amtl. Anm.:** ABl L 325 vom 28. 10. 2004, S. 4.
3) **Amtl. Anm.:** ABl C 244 vom 1. 10. 2004, S. 2.

zulässigen Höchstbetrag hinaus gehende Beihilfebeträge in mehrere kleinere Tranchen aufzuteilen, um so in den Anwendungsbereich dieser Verordnung zu gelangen.

(10) Im Einklang mit den Grundsätzen für die Gewährung von Beihilfen, die unter Artikel 87 Absatz 1 EG-Vertrag fallen, sollte als Bewilligungszeitpunkt der Zeitpunkt gelten, zu dem das Unternehmen nach dem anwendbaren einzelstaatlichen Recht einen Rechtsanspruch auf die Beihilfe erwirbt.

(11) Um eine Umgehung der in verschiedenen EG-Rechtsakten vorgegebenen Beihilfehöchstintensitäten zu verhindern, sollten De-minimis-Beihilfen nicht mit anderen staatlichen Beihilfen für dieselben förderbaren Aufwendungen kumuliert werden, wenn die aus der Kumulierung resultierende Förderintensität diejenige Förderintensität übersteigen würde, die in einer Gruppenfreistellungsverordnung oder in einer von der Kommission verabschiedeten Entscheidung hinsichtlich der besonderen Merkmale eines jeden Falles festgelegt wurde.

(12) Aus Gründen der Transparenz, Gleichbehandlung und korrekten Anwendung des De-minimis-Höchstbetrages sollten alle Mitgliedstaaten dieselbe Berechnungsmethode anwenden. Um diese Berechnung zu vereinfachen, sollten in Übereinstimmung mit der bisherigen Praxis bei Anwendung der De-minimis-Regelung Beihilfen, die nicht in Form einer Barzuwendung gewährt werden, in ihr Bruttosubventionsäquivalent umgerechnet werden. Die Berechnung des Subventionsäquivalents anderer transparenter Beihilfeformen als einer in Form eines Zuschusses oder in mehreren Tranchen gewährten Beihilfe sollte auf der Grundlage der zum Bewilligungszeitpunkt geltenden marktüblichen Zinssätze erfolgen. Im Interesse einer einheitlichen, transparenten und unkomplizierten Anwendung der Vorschriften über staatliche Beihilfen sollten für die Zwecke dieser Verordnung die Referenzzinssätze herangezogen werden, die von der Kommission in regelmäßigen Abständen anhand objektiver Kriterien Amtsblatt der Europäischen Union ermittelt und im sowie im Internet veröffentlicht werden. Es kann jedoch erforderlich sein, zusätzliche Basispunkte auf den Mindestsatz aufzuschlagen in Abhängigkeit von den gestellten Sicherheiten oder der Risikoposition des Beihilfeempfängers.

(13) Im Interesse der Transparenz, der Gleichbehandlung und einer wirksamen Überwachung sollte diese Verordnung nur für transparente De-minimis-Beihilfen gelten. Eine Beihilfe ist dann transparent, wenn sich ihr Bruttosubventionsäquivalent im Voraus genau berechnen lässt, ohne dass eine Risikobewertung erforderlich ist. Eine solche präzise Berechnung ist beispielsweise bei Zuschüssen, Zinszuschüssen und begrenzten Steuerbefreiungen möglich. Beihilfen in Form von Kapitalzuführungen der Öffentlichen Hand sollten nur dann als transparente De-minimis-Beihilfen gelten, wenn der Gesamtbetrag des zugeführten Kapitals unter dem zulässigen De-minimis-Höchstbetrag liegt. Risikokapitalbeihilfen im Sinne der Leitlinien der Gemeinschaft für staatliche Beihilfen zur Förderung von Risikokapitalinvestitionen in kleine und mittlere Unternehmen[1] sollten nur dann als transparente De-minimis-Beihilfen angesehen werden, wenn die betreffende Risikokapitalregelung für jedes Zielunternehmen Kapitalzuführungen nur bis zum De-minimis-Höchstbetrag vorsieht. Beihilfen in Form von Darlehen sollten als transparente De-minimis-Beihilfen behandelt werden, wenn das Bruttosubventionsäquivalent auf der Grundlage der zum Bewilligungszeitpunkt geltenden marktüblichen Zinssätze berechnet worden ist

(14) Die vorliegende Verordnung schließt die Möglichkeit nicht aus, dass eine Maßnahme, die von den Mitgliedstaaten beschlossen wird, aus anderen als den in der Verordnung dargelegten Gründen nicht als Beihilfe im Sinne des Artikel 87 Absatz 1 EG-Vertrag gilt, so z. B. wenn Kapitalzuführungen im Einklang mit dem Prinzip des Privatinvestors beschlossen werden.

(15) Es ist erforderlich, Rechtssicherheit zu schaffen für Bürgschaftsregelungen, die keine Beeinträchtigung des Handels oder Verzerrung des Wettbewerbs bewirken können und hinsichtlich derer ausreichend Daten verfügbar sind, um jegliche möglichen Wir-

---

[1] **Amtl. Anm.:** Leitlinien der Gemeinschaft für staatliche Beihilfen zur Förderung von Risikokapitalinvestitionen in kleine und mittlere Unternehmen (ABl C 194 vom 18. 8. 2006, S. 2).

kungen verlässlich festzustellen. Diese Verordnung sollte deshalb die allgemeine De-minimis-Obergrenze von EUR 200 000 in eine bürgschaftsspezifische Obergrenze übertragen auf der Grundlage des verbürgten Betrages des durch die Bürgschaft besicherten Einzeldarlehens. Diese Obergrenze wird nach einer Methode zur Berechnung des Beihilfebetrags in Bürgschaftsregelungen für Darlehen zugunsten leistungsfähiger Unternehmen ermittelt. Diese Methode und die Daten, die zur Berechnung der bürgschaftsspezifischen Obergrenze genutzt werden, sollten Unternehmen in Schwierigkeiten im Sinne der Gemeinschaftsrichtlinien über Beihilfen für Unternehmen in Schwierigkeiten oder in der Umstrukturierung ausschließen. Diese spezifische Obergrenze sollte nicht anwendbar sein auf individuelle Einzelbeihilfen außerhalb einer Bürgschaftsregelung, auf Beihilfen für Unternehmen in Schwierigkeiten oder auf Bürgschaften für Transaktionen, die nicht auf einem Darlehensverhältnis beruhen, wie zum Beispiel Bürgschaften hinsichtlich Eigenkapitalmaßnahmen. Die spezifische Obergrenze sollte bestimmt werden auf der Grundlage der Feststellung, dass unter Berücksichtigung eines Faktors von 13 % (Nettoausfallquote), der das Szenario des ungünstigsten anzunehmenden Falles für Bürgschaftsregelungen in der Gemeinschaft darstellt, das Bruttosubventionsäquivalent einer Bürgschaft in Höhe von EUR 1 500 000 als identisch mit dem De-minimis-Höchstbetrag angesehen werden kann. Für Unternehmen des Straßentransportsektors sollte eine verminderte Obergrenze von EUR 750 000 gelten. Diese speziellen Obergrenzen sollten lediglich auf Bürgschaften anwendbar sein, deren Verbürgungsanteil bis zu 80 % des zugrunde liegenden Darlehens beträgt. Zur Bestimmung des Bruttosubventionsäquivalents einer Bürgschaft sollten Mitgliedstaaten zudem die Möglichkeit haben, eine Methode anzuwenden, die der Kommission in Rahmen einer Kommissionsverordnung im Bereich Staatlicher Beihilfen, wie zum Beispiel im Rahmen der Verordnung Nr. 1628/2006 der Kommission vom 24. Oktober 2006 über die Anwendung der Artikel 87 und 88 EG-Vertrag auf regionale Investitionsbeihilfen[1], angezeigt und von der Kommission genehmigt wurde, wenn die genehmigte Methode ausdrücklich auf die Art der Bürgschaften und die Art der zu Grunde liegenden Transaktionen im Zusammenhang mit der Anwendung der vorliegenden Verordnung Bezug nimmt.

(16) Nach Anzeige durch einen Mitgliedstaat kann die Kommission prüfen, ob eine Beihilfemaßnahme, die nicht in einer Barzuwendung, einem Darlehen, einer Bürgschaft, einer Kapitalzuführung oder einer Risikokapitalmaßnahme besteht, zu einem Bruttosubventionsäquivalent führt, das die De-minimis-Höchstgrenze nicht überschreitet und daher von den Bestimmungen dieser Verordnung gedeckt sein könnte.

(17) Die Kommission hat dafür zu sorgen, dass die Vorschriften über staatliche Beihilfen und insbesondere die Bedingungen, unter denen eine De-minimis-Beihilfe gewährt wird, eingehalten werden. Gemäß dem in Artikel 10 EG-Vertrag verankerten Grundsatz der Zusammenarbeit sind die Mitgliedstaaten gehalten, der Kommission die Erfüllung dieser Aufgabe zu erleichtern, indem sie durch geeignete Vorkehrungen sicherstellen, dass der ein und demselben Unternehmen im Rahmen der De-minimis-Regelung gewährte Gesamtbeihilfebetrag innerhalb eines Zeitraums von drei Steuerjahren den Höchstbetrag von 200 000 EUR nicht überschreitet. Hierzu sollten die Mitgliedstaaten bei Gewährung einer De-minimis-Beihilfe dem betreffenden Unternehmen unter Bezugnahme auf diese Verordnung den Beihilfebetrag mitteilen und darauf hinweisen, dass es sich um eine De-minimis-Beihilfe handelt. Der betreffende Mitgliedstaat sollte die Beihilfe erst gewähren, nachdem er eine Erklärung des Unternehmens erhalten hat, in der alle anderen in dem betreffenden Steuerjahr sowie in den vorangegangenen zwei Steuerjahren erhaltenen De-minimis-Beihilfen angegeben sind, und nachdem er sorgfältig geprüft hat, dass der De-minimis-Höchstbetrag durch die neue Beihilfe nicht überschritten wird. Um die Einhaltung der Höchstgrenze sicherzustellen, sollte es alternativ möglich sein ein Zentralregister einzurichten. Im Falle von Bürgschaftsregelungen, die vom Europäischen Investmentfonds eingerichtet wurden, kann letzterer selbst eine Liste von Beihilfebegünstigten erstellen und die Mitgliedstaaten veranlassen, die Beihilfebegünstigten über die erhaltene De-minimis-Beihilfe zu informieren.

---

1) **Amtl. Anm.:** ABl L 302 vom 1. 11. 2006, S. 29.

(18) Die Verordnung (EG) Nr. 69/2001 tritt am 31. Dezember 2006 außer Kraft. Die neue Verordnung sollte deshalb ab 1. Januar 2007 gelten. In Anbetracht der Tatsache, dass Verordnung (EG) Nr. 69/2001 nicht für den Transportsektor galt und dieser bisher nicht den Bestimmungen zu De-minimis-Beihilfen unterlag, und in Anbetracht der sehr begrenzten auf den Sektor der Verarbeitung und Vermarktung von landwirtschaftlichen Erzeugnissen anwendbaren De-minimis-Beträge sowie vorausgesetzt, dass bestimmte Bedingungen erfüllt sind, sollte diese Verordnung für vor ihrem Inkrafttreten gewährte Beihilfen an Unternehmen im Transportsektor sowie im Sektor der Verarbeitung und Vermarktung von landwirtschaftlichen Erzeugnissen gelten. Des Weiteren lässt die vorliegende Verordnung Einzelbeihilfen unberührt, die auf der Grundlage der Verordnung (EG) Nr. 69/2001 innerhalb deren Geltungsdauer gewährt worden sind.

(19) Aufgrund der bisherigen Erfahrungen der Kommission und der Tatsache, dass die Politik im Bereich der staatlichen Beihilfen im Allgemeinen in regelmäßigen Abständen neu überdacht werden muss, sollte die Geltungsdauer dieser Verordnung beschränkt werden. Für den Fall, dass diese Verordnung nach Ablauf dieses Zeitraums nicht verlängert wird, ist für alle unter diese Verordnung fallenden De-minimis-Beihilfen eine sechsmonatige Anpassungsfrist vorzusehen –

HAT FOLGENDE VERORDNUNG ERLASSEN:

**Artikel 1  Anwendungsbereich**

(1) Diese Verordnung gilt für Beihilfen an Unternehmen in allen Wirtschaftsbereichen mit folgenden Ausnahmen:
a) Beihilfen an Unternehmen, die in der Fischerei und der Aquakultur im Sinne der Verordnung (EG) Nr. 104/2000[1)] tätig sind;
b) Beihilfen an Unternehmen, die in der Primärerzeugung der in Anhang I EG-Vertrag aufgeführten landwirtschaftlichen Erzeugnisse tätig sind;
c) Beihilfen an Unternehmen, die in der Verarbeitung und Vermarktung von in Anhang I EG-Vertrag aufgeführten landwirtschaftlichen Erzeugnissen tätig sind, und zwar in folgenden Fällen:
  i. wenn sich der Beihilfebetrag nach dem Preis oder der Menge der von Primärerzeugern erworbenen Erzeugnisse oder nach dem Preis oder der Menge der von den betreffenden Unternehmen angebotenen Erzeugnisse richtet,
  ii. oder wenn die Beihilfe davon abhängig ist, dass sie ganz oder teilweise an die Primärerzeuger (Landwirte) weitergegeben wird;
d) Beihilfen für exportbezogene Tätigkeiten, die auf Mitgliedstaaten oder Drittländer ausgerichtet sind, d. h. Beihilfen, die unmittelbar mit den ausgeführten Mengen, mit der Errichtung und dem Betrieb eines Vertriebsnetzes oder mit anderen laufenden exportbezogenen Ausgaben in Zusammenhang stehen;
e) Beihilfen, die von der Verwendung heimischer Erzeugnisse zu Lasten von Importwaren abhängig gemacht werden;
f) Beihilfen an Unternehmen, die im Steinkohlenbergbau gemäß der Verordnung (EG) Nr. 1407/2002 über staatliche Beihilfen für den Steinkohlenbergbau tätig sind;
g) Beihilfen für den Erwerb von Fahrzeugen für den Straßengütertransport an Unternehmen des gewerblichen Straßengütertransports;
h) Beihilfen an Unternehmen in Schwierigkeiten.

(2) Im Sinne dieser Verordnung gelten folgende Begriffsbestimmungen:
a) „Landwirtschaftliche Erzeugnisse": Erzeugnisse des Anhangs I EG-Vertrag ausgenommen Fischereierzeugnisse;
b) „Verarbeitung eines landwirtschaftlichen Erzeugnisses": jede Einwirkung auf ein landwirtschaftliches Erzeugnis, woraus ein Erzeugnis entsteht, das auch unter den Begriff des landwirtschaftlichen Erzeugnisses fällt; mit Ausnahme der landwirt-

---

1) Amtl. Anm.: ABl L 17 vom 21. 1. 2000, S. 22.

schaftlichen Maßnahmen zur Vorbereitung eines Tier- oder Pflanzenproduktes für den Erstverkauf.

c) „Vermarktung eines landwirtschaftlichen Erzeugnisses": Besitz oder Ausstellung eines Produkts zum Zwecke des Verkaufs, Angebots zum Verkauf, der Lieferung oder einer anderen Methode des Inverkehrbringens, ausgenommen des Erstverkaufs eines Primärerzeugers an Wiederverkäufer und Verarbeiter sowie aller Aktivitäten zur Vorbereitung eines Erzeugnisses für diesen Erstverkauf; der Verkauf eines landwirtschaftlichen Erzeugnisses durch einen Primärerzeuger an Endverbraucher gilt als Vermarktung, wenn dieser Verkauf in gesonderten, diesem Zweck vorbehaltenen Räumlichkeiten stattfindet.

## Artikel 2   De-minimis-Beihilfen

(1) Beihilfen, die die Voraussetzungen der Absätze 2 bis 5 dieses Artikels erfüllen, gelten als Maßnahmen, die nicht alle Tatbestandsmerkmale von Artikel 87 Absatz 1 EG-Vertrag erfüllen, und unterliegen daher nicht der Anmeldepflicht nach Artikel 88 Absatz 3 EG-Vertrag.

(2) Die Gesamtsumme der einem Unternehmen gewährten De-minimis-Beihilfen darf in einem Zeitraum von drei Steuerjahren 200 000 EUR nicht übersteigen. Der Gesamtbetrag der De-minimis-Beihilfe an ein Unternehmen, das im Bereich des Straßentransportsektors tätig ist, darf in einem Zeitraum von drei Steuerjahren 100 000 EUR nicht überschreiten. Diese Höchstbeträge gelten für De-minimis-Beihilfen gleich welcher Art und Zielsetzung und unabhängig davon, ob die von dem Mitgliedstaat gewährte Beihilfe ganz oder teilweise aus Gemeinschaftsmitteln finanziert wird. Der Zeitraum bestimmt sich nach den Steuerjahren, die für das Unternehmen in dem betreffenden Mitgliedstaat maßgebend sind.

Übersteigt der Beihilfegesamtbetrag einer Beihilfemaßnahme diesen Höchstbetrag, kann der Rechtsvorteil dieser Verordnung auch nicht für einen Bruchteil der Beihilfe in Anspruch genommen werden, der diesen Höchstbetrag nicht überschreitet. Der Rechtsvorteil dieser Verordnung kann in diesem Fall für eine solche Beihilfemaßnahme weder zum Zeitpunkt der Beihilfegewährung noch zu einem späteren Zeitpunkt in Anspruch genommen werden.

(3) Der in Absatz 2 festgesetzte Höchstbetrag bezieht sich auf den Fall einer Barzuwendung. Bei den eingesetzten Beträgen sind die Bruttobeträge, d. h. die Beträge vor Abzug von Steuern und sonstigen Abgaben, zugrunde zu legen. Wird die Beihilfe nicht als Zuschuss, sondern in anderer Form gewährt, bestimmt sich die Höhe der Beihilfe nach ihrem Bruttosubventionsäquivalent.

In mehreren Tranchen gezahlte Beihilfen werden zum Zeitpunkt ihrer Gewährung abgezinst. Der Zinssatz, der für die Abzinsung und die Berechnung des Bruttosubventionsäquivalents anzusetzen ist, ist der zum Zeitpunkt der Gewährung geltende Referenzsatz.

(4) Diese Verordnung gilt nur für Beihilfen, die in einer Form gewährt werden, für die das Bruttosubventionsäquivalent im Voraus genau berechnet werden kann, ohne dass eine Risikobewertung erforderlich ist („transparente Beihilfen"). Insbesondere

a) Beihilfen in Form von Darlehen werden als transparente De-minimis-Beihilfen behandelt, wenn das Bruttosubventionsäquivalent auf der Grundlage der zum Bewilligungszeitpunkt geltenden marktüblichen Zinssätze berechnet worden ist.

b) Beihilfen in Form von Kapitalzuführungen gelten nicht als transparente De-minimis-Beihilfen, es sei denn, der Gesamtbetrag der zugeführten öffentlichen Mittel liegt unter dem De-minimis-Höchstbetrag.

c) Beihilfen in Form von Risikokapitalmaßnahmen gelten nicht als transparente Deminimis-Beihilfen, es sei denn, die betreffende Risikokapitalregelung sieht vor, dass jedem Zielunternehmen nur Kapital bis in Höhe des De-minimis-Höchstbetrags zur Verfügung gestellt wird.

d) Auf der Grundlage einer Bürgschaftsregelung gewährte Einzelbeihilfen an Unternehmen, die nicht in Schwierigkeiten sind, werden dann als transparente De-minimis-Beihilfen behandelt, wenn der verbürgte Teil des Darlehens, für das im Rahmen dieser Regelung eine Einzelbürgschaft gewährt wird, insgesamt 1 500 000 EUR je Unternehmen nicht übersteigt. Auf der Grundlage einer Bürgschaftsregelung gewährte Einzelbeihilfen an Unternehmen des Straßentransportsektors, die nicht in Schwierigkeiten sind, werden als transparente De-minimis-Beihilfen behandelt, wenn der verbürgte Anteil des Darlehens, für das im Rahmen dieser Regelung eine Einzelbürgschaft gewährt wird, insgesamt 750 000 EUR je Unternehmen nicht übersteigt. Stellt der verbürgte Teil des zugrunde liegenden Darlehens lediglich einen gegebenen Anteil dieses Höchstbetrages dar, so ergibt sich das Bruttosubventionsäquivalent der Bürgschaft, indem man diesen gegebenen Anteil auf den jeweils anzuwendenden und in Artikel 2 Absatz 2 festgelegten Höchstbetrag bezieht. Der Verbürgungsanteil des zugrunde liegenden Darlehens darf 80 % nicht übersteigen. Bürgschaftsregelungen werden zudem als transparent angesehen, wenn i) vor ihrer Inkraftsetzung die Methode zur Bestimmung des Bruttosubventionsäquivalents von Bürgschaften der Kommission im Rahmen einer Kommissionsverordnung im Bereich Staatlicher Beihilfen angezeigt und von der Kommission genehmigt wurde und ii) die genehmigte Methode ausdrücklich auf die Art der Garantien und die Art der zu Grunde liegenden Transaktionen im Zusammenhang mit der Anwendung der vorliegenden Verordnung Bezug nimmt.

(5) De-minimis-Beihilfen dürfen nicht mit anderen Beihilfen für dieselben förderbaren Aufwendungen kumuliert werden, wenn die aus der Kumulierung resultierende Förderintensität diejenige Förderintensität übersteigen würde, die in einer Gruppenfreistellungsverordnung oder in einer von der Kommission verabschiedeten Entscheidung hinsichtlich der besonderen Merkmale eines jeden Falles festgelegt wurde.

## Artikel 3  Überwachung

(1) Beabsichtigt ein Mitgliedstaat, einem Unternehmen eine De-minimis-Beihilfe zu gewähren, teilt er diesem Unternehmen schriftlich die voraussichtliche Höhe der Beihilfe (ausgedrückt als Bruttosubventionsäquivalent) mit und setzt es unter ausdrücklichen Verweis auf diese Verordnung mit Angabe ihres Titels und der Fundstelle im Amtsblatt der Europäischen Union davon in Kenntnis, dass es sich um eine De-minimis-Beihilfe handelt. Wird die De-minimis-Beihilfe auf der Grundlage einer Regelung verschiedenen Unternehmen gewährt, die Einzelbeihilfen in unterschiedlicher Höhe erhalten, kann der betreffende Mitgliedstaat seiner Informationspflicht dadurch nachkommen, dass er den Unternehmen einen Festbetrag mitteilt, der dem auf der Grundlage der Regelung gewährten Beihilfehöchstbetrag entspricht. In diesem Fall ist für die Feststellung, ob der Beihilfehöchstbetrag in Artikel 2 Absatz 2 eingehalten worden ist, dieser Festbetrag maßgebend. Vor Gewährung der Beihilfe hat das betreffende Unternehmen seinerseits schriftlich in Papierform oder in elektronischer Form jede De-minimis-Beihilfe anzugeben, die es in den vorangegangenen zwei Steuerjahren sowie im laufenden Steuerjahr erhalten hat.

Der betreffende Mitgliedstaat gewährt eine neue De-minimis-Beihilfe erst, nachdem er sich vergewissert hat, dass der Gesamtbetrag der De-minimis-Beihilfen, den das Unternehmen in dem Mitgliedstaat in dem betreffenden Steuerjahr sowie in den zwei vorangegangenen Steuerjahren erhalten hat, den in Artikel 2 Absatz 2 genannten Höchstbetrag nicht überschreitet.

(2) Verfügt ein Mitgliedstaat über ein Zentralregister mit vollständigen Informationen über sämtliche von staatlicher Seite gewährten De-minimis-Beihilfen in diesem Mitgliedstaat, wird Absatz 1 Unterabsatz 1 von dem Zeitpunkt an, zu dem das Register einen Zeitraum von drei Jahren erfasst, nicht mehr angewendet.

Wenn ein Mitgliedstaat Beihilfen in Form einer Bürgschaft auf der Basis einer Bürgschaftsregelung gewährt, die durch EU-Budget unter dem Mandat des Europäischen Investitionsfonds finanziert wird, ist der erste Unterabsatz von Absatz 1 dieses Artikels nicht anzuwenden.

In solchen Fällen wird folgendes Überwachungssystem angewendet:
a) der Europäischen Investitionsfonds erstellt, jährlich auf der Basis von Informationen, die Finanzintermediäre dem EIF übermitteln müssen, eine Liste der Beihilfebegünstigten sowie des Bruttosubventionsäquivalents eines jeden Beihilfebegünstigten. Der Europäischen Investitionsfonds übersendet diese Informationen dem betreffenden Mitgliedstaat sowie der Kommission; und
b) der betreffende Mitgliedstaat leitet diese Informationen innerhalb von drei Monaten nach Erhalt vom Europäischen Investmentfonds an die endgültigen Beihilfebegünstigten weiter; und
c) der betreffende Mitgliedstaat erhält eine Erklärung von jedem Beihilfebegünstigten, dass der erhaltene Gesamtbetrag an De-minimis-Beihilfen nicht den in Artikel 2 Absatz 2 festgelegten De-minimis-Höchstbetrag überschreitet. Wird der De-minimis-Höchstbetrag für einen oder mehrere Beihilfebegünstigte überschritten, stellt der betreffende Mitgliedstaat sicher, dass die Beihilfemaßnahme, die zur Überschreitung des De-minimis-Höchstbetrages geführt hat, der Kommission entweder angezeigt oder vom Beihilfebegünstigten zurückgezahlt wird.

(3) Die Mitgliedstaaten sammeln und registrieren sämtliche mit der Anwendung dieser Verordnung zusammenhängenden Informationen. Die Aufzeichnungen müssen Aufschluss darüber geben, ob die Bedingungen für die Anwendung der Verordnung erfüllt worden sind. Die Aufzeichnungen über De-minimis-Einzelbeihilfen sind vom Zeitpunkt ihrer Gewährung an zehn Jahre lang aufzubewahren; bei Beihilferegelungen beträgt die Aufbewahrungsfrist zehn Jahre ab dem Zeitpunkt, zu dem letztmals eine Einzelbeihilfe nach der betreffenden Regelung gewährt wurde. Der betreffende Mitgliedstaat übermittelt der Kommission auf deren schriftliches Ersuchen hin innerhalb von zwanzig Arbeitstagen oder einer von ihr in dem Auskunftsersuchen festgesetzten längeren Frist alle Informationen, die diese benötigt, um zu beurteilen, ob diese Verordnung eingehalten wurde; hierzu zählt insbesondere der Gesamtbetrag der De-minimis-Beihilfen, die ein Unternehmen erhalten hat.

### Artikel 4  Änderung

Artikel 2 der Verordnung (EG) Nr. 1860/2004 wird wie folgt geändert:
a) In Absatz 1 werden die Worte „Verarbeitung und Vermarktung" gestrichen;
b) Absatz 3 wird gestrichen.

### Artikel 5  Übergangsbestimmungen

(1) Diese Verordnung gilt auch für Beihilfen, die vor ihrem Inkrafttreten an Unternehmen des Transportsektors sowie an Unternehmen, die im Sektor der Verarbeitung und Vermarktung von landwirtschaftlichen Erzeugnissen tätig sind, gewährt wurden, sofern die Beihilfen die Voraussetzungen in Artikel 1 und 2 erfüllen. Beihilfen, die diese Voraussetzungen nicht erfüllen, werden von der Kommission nach den geltenden Rahmenvorschriften, Leitlinien, Mitteilungen und Bekanntmachungen beurteilt.

(2) Zwischen dem 2. Februar 2001 und 30. Juni 2007 gewährte De-minimis-Einzelbeihilfen, die die Voraussetzungen der Verordnung (EG) Nr. 69/2001 erfüllen, werden als Maßnahmen angesehen, die nicht alle Tatbestandsmerkmale von Artikel 87 Absatz 1 EG-Vertrag erfüllen und daher nicht der Anmeldepflicht nach Artikel 88 Absatz 3 EG-Vertrag unterliegen.

(3) Nach Ablauf der Geltungsdauer dieser Verordnung können De-minimis-Beihilfen, die die Voraussetzungen dieser Verordnung erfüllen, noch weitere sechs Monate angewandt werden.

### Artikel 6  Inkrafttreten und Geltungsdauer

Diese Verordnung tritt am Tag nach ihrer Veröffentlichung im Amtsblatt der Europäischen Union in Kraft.

Sie gilt vom 1. Januar 2007 bis 31. Dezember 2013.

## 4. Verordnung (EG) Nr. 1628/2006 der Kommission vom 24. Oktober 2006 über die Anwendung der Artikel 87 und 88 EG-Vertrag auf regionale Investitionsbeihilfen der Mitgliedstaaten (VO EG Nr. 1628/2006)

v. 1. 11. 2006 (ABl Nr. L 302 S. 29)

DIE KOMMISSION DER EUROPÄISCHEN GEMEINSCHAFTEN –

gestützt auf den Vertrag zur Gründung der Europäischen Gemeinschaft,

gestützt auf die Verordnung (EG) Nr. 994/98 des Rates vom 7. Mai 1998 über die Anwendung der Artikel 92 und 93 des Vertrags zur Gründung der Europäischen Gemeinschaft auf bestimmte Gruppen horizontaler Beihilfen[1], insbesondere auf Artikel 1 Absatz 1 Buchstabe a Ziffer i sowie Buchstabe b,

nach Veröffentlichung des Verordnungsentwurfs[2],

nach Anhörung des Beratenden Ausschusses für staatliche Beihilfen,

in Erwägung nachstehender Gründe:

(1) Durch die Verordnung (EG) Nr. 994/98 wird die Kommission ermächtigt, gemäß Artikel 87 EG-Vertrag zu erklären, dass Beihilfen, die in Einklang mit der von der Kommission für jeden Mitgliedstaat zur Gewährung von Regionalbeihilfen genehmigten Fördergebietskarte stehen, unter bestimmten Voraussetzungen mit dem Gemeinsamen Markt vereinbar sind und nicht der Anmeldepflicht nach Artikel 88 Absatz 3 EG-Vertrag unterliegen.

(2) Die Kommission hat in zahlreichen Entscheidungen die Artikel 87 und 88 EG-Vertrag auf regionale Investitionsbeihilferegelungen in Fördergebieten angewandt und ihre diesbezügliche Politik insbesondere in den Leitlinien für staatliche Beihilfen mit regionaler Zielsetzung 2007–2013[3], sowie in der Verordnung (EG) Nr. 70/2001 der Kommission vom 12. Januar 2001 über die Anwendung der Artikel 87 und 88 EG-Vertrag auf staatliche Beihilfen an kleine und mittlere Unternehmen[4] dargelegt. Angesichts der umfangreichen Erfahrungen der Kommission mit der Anwendung der Artikel 87 und 88 EG-Vertrag auf regionale Investitionsbeihilfen und der auf dieser Grundlage herausgegebenen allgemeinen Leitlinien für staatliche Beihilfen mit regionaler Zielsetzung ist es im Hinblick auf eine wirksame Überwachung und eine Vereinfachung der Verwaltung angezeigt, dass die Kommission von den ihr durch Verordnung (EG) Nr. 994/98 verliehenen Befugnissen Gebrauch macht, ohne dabei die eigenen Kontrollmöglichkeiten zu schwächen.

(3) Einzelstaatliche Regionalbeihilfen sollen die Nachteile strukturschwacher Gebiete ausgleichen und fördern so den wirtschaftlichen, sozialen und territorialen Zusammenhalt der Mitgliedstaaten und der Gemeinschaft als Ganzes. Einzelstaatliche regionale Investitionsbeihilfen sollen die umweltverträgliche Entwicklung der besonders benachteiligten Gebiete durch Investitionsförderung und Schaffung von Arbeitsplätzen unterstützen. Sie fördern die Erweiterung, Rationalisierung, Modernisierung und Diversifizierung der Wirtschaftstätigkeit von Unternehmen sowie die Ansiedlung neuer Betriebe in benachteiligten Gebieten.

(4) Ob eine Beihilfe nach dieser Verordnung mit dem Gemeinsamen Markt vereinbar ist, hängt von der Beihilfeintensität bzw. dem als Subventionsäquivalent ausgedrückten Beihilfebetrag ab. Die Berechnung des Subventionsäquivalents einer in mehreren Tranchen gewährten Beihilfe erfolgt auf Grundlage der zum Gewährungszeitpunkt geltenden marktüblichen Zinssätze. Im Interesse einer einheitlichen, transparenten und unkomplizierten Anwendung der Beihilfevorschriften sollten für die Zwecke dieser Ver-

---

1) **Amtl. Anm.:** ABl L 142 vom 14. 5. 1998, S. 1.
2) **Amtl. Anm.:** ABl C 120 vom 20. 5. 2006, S. 2.
3) **Amtl. Anm.:** ABl C 54 vom 4. 3. 2006, S. 13.
4) **Amtl. Anm.:** ABl L 10 vom 13. 1. 2001, S. 33. Verordnung zuletzt geändert durch die Verordnung (EG) Nr. 1040/2006 (ABl L 187 vom 8. 7. 2006, S. 8).

ordnung als marktübliche Zinssätze die Referenzzinssätze gelten, die von der Kommission in regelmäßigen Abständen anhand objektiver Kriterien ermittelt und im Amtsblatt der Europäischen Union sowie im Internet veröffentlicht werden.

(5) Um Transparenz und eine wirksame Überwachung zu gewährleisten, sollte diese Verordnung nur für transparente regionale Investitionsbeihilferegelungen gelten. Dabei handelt es sich um Beihilferegelungen, bei denen es möglich ist, das Bruttosubventionsäquivalent als Prozentsatz der förderfähigen Ausgaben ex ante ohne Risikobewertung genau zu berechnen (z. B. Zuschüsse, Zinsvergünstigungen, begrenzte fiskalische Maßnahmen). Öffentliche Darlehen sollten als transparent angesehen werden, wenn sie durch normale Sicherheiten gedeckt sind und kein anormales Risiko beinhalten und somit als nicht mit einer staatlichen Bürgschaft verbunden gelten. Grundsätzlich sollten Beihilferegelungen, die staatliche Bürgschaften oder mit einer staatlichen Bürgschaft verbundene öffentliche Darlehen vorsehen, als nicht transparent angesehen werden. Allerdings sollten solche Beihilferegelungen als transparent angesehen werden, wenn nach Annahme dieser Verordnung die für die Berechnung der Beihilfeintensität der staatlichen Bürgschaft verwendete Methode vor Umsetzung der Regelung bei der Kommission angemeldet und von ihr genehmigt wird. Die Methode wird von der Kommission gemäß der Mitteilung der Kommission über die Anwendung der Artikel 87 und 88 EG-Vertrag auf staatliche Beihilfen in Form von Haftungsverpflichtungen und Bürgschaften[1] geprüft. Öffentliche Beteiligungen und Beihilfen zu Risikokapitalmaßnahmen sollten nicht als transparente Beihilfen angesehen werden. Nicht transparente Regionalbeihilferegelungen sind stets bei der Kommission anzumelden. Anmeldungen nicht transparenter Regionalbeihilferegelungen werden von der Kommission insbesondere anhand der Kriterien geprüft, die in den Leitlinien für staatliche Beihilfen mit regionaler Zielsetzung 2007-2013 vorgegeben sind.

(6) Diese Verordnung sollte auch auf Ad-hoc-Beihilfen Anwendung finden, d. h. auf Einzelbeihilfen, die nicht auf der Grundlage einer Beihilferegelung gewährt werden, wenn die Ad-hoc-Beihilfe dazu verwendet wird, eine Beihilfe zu ergänzen, die auf der Grundlage einer transparenten Regionalbeihilferegelung gewährt wurde, und die Ad-hoc-Komponente 50 % der gesamten für die Investition zu gewährenden Beihilfe nicht überschreitet. Es sollte daran erinnert werden, dass Einzelbeihilfen an kleine und mittlere Unternehmen, die gemäß Artikel 3 Absatz 1 der Verordnung (EG) Nr. 70/2001 außerhalb einer Beihilferegelung gewährt werden, nach Artikel 87 Absatz 3 EG-Vertrag mit dem Gemeinsamen Markt vereinbar und von der Anmeldepflicht des Artikels 88 Absatz 3 EG-Vertrag ausgenommen sind.

(7) Beihilfen, die alle einschlägigen Freistellungskriterien dieser Verordnung erfüllen, sollten von der Anmeldepflicht freigestellt werden. In nach dieser Verordnung freigestellten Regionalbeihilferegelungen sollte ausdrücklich auf diese Verordnung verwiesen werden.

(8) Diese Verordnung sollte keine Anwendung auf bestimmte Wirtschaftssektoren finden, für die besondere Vorschriften gelten. Beihilfen, die in diesen Sektoren gewährt werden, unterliegen weiterhin der Anmeldepflicht gemäß Artikel 88 Absatz 3 EG-Vertrag. Dies gilt für die Kohle- und Stahlindustrie, den Kunstfasersektor und den Schiffbau sowie für die Fischerei und Aquakultur. Im Agrarsektor sollte diese Verordnung keine Anwendung auf Tätigkeiten finden, die die Primärerzeugung von in Anhang I EG-Vertrag aufgeführten landwirtschaftlichen Erzeugnissen zum Gegenstand haben. Sie sollte auf die Verarbeitung und Vermarktung von landwirtschaftlichen Erzeugnissen mit Ausnahme der Herstellung oder Vermarktung von Milch oder Milcherzeugnisse imitierenden oder substituierenden Erzeugnissen gemäß Artikel 3 Absatz 2 der Verordnung (EWG) Nr. 1898/87 des Rates vom 2. Juli 1987 über den Schutz der Bezeichnung der Milch und Milcherzeugnisse bei ihrer Vermarktung Anwendung finden[2]. Landwirtschaftliche Maßnahmen zur Vorbereitung eines Produktes für den Erstverkauf sowie der

---

1) **Amtl. Anm.:** ABl C 71 vom 11. 3. 2000, S. 14.
2) **Amtl. Anm.:** ABl L 182 vom 3. 7. 1987, S. 36. Verordnung zuletzt geändert durch die Beitrittsakte von 1994.

Erstverkauf an Wiederverkäufer und Verarbeiter sollten nicht als Verarbeitung oder Vermarktung in diesem Sinne angesehen werden. Es ist sicherzustellen, dass die in Artikel 28 Absatz 3 der Verordnung (EG) Nr. 1698/2005 des Rates vom 20. September 2005 über die Förderung der Entwicklung des ländlichen Raums durch den Europäischen Landwirtschaftsfonds für die Entwicklung des ländlichen Raums (ELER)[1] genannten Beihilfeintensitäten zugunsten von Unternehmen, die landwirtschaftliche Erzeugnisse verarbeiten und vermarkten, stets erreicht werden können.

(9) Eine ablehnendere Haltung nimmt die Kommission grundsätzlich gegenüber Beihilfen für einzelne Wirtschaftszweige ein. Investitionsbeihilferegelungen für bestimmte Wirtschaftstätigkeiten innerhalb des Industrie- oder Dienstleistungssektors sollten daher nicht durch diese Verordnung von der Anmeldepflicht ausgenommen werden. Regionale Investitionsbeihilferegelungen, die auf Tourismustätigkeiten ausgerichtet sind, sollten jedoch nicht als Regelungen für bestimmte Wirtschaftszweige betrachtet werden und sollten von dem Anmeldeerfordernis in Artikel 88 Absatz 3 EG-Vertrag freigestellt werden, sofern die Beihilfe alle Voraussetzungen dieser Verordnung erfüllt.

(10) Beihilfen für Beratung und sonstige Unternehmensdienstleistungen an kleine und mittlere Unternehmen gemäß Artikel 5 Buchstabe a der Verordnung (EG) Nr. 70/2001 sind nach Artikel 87 Absatz 3 EG-Vertrag mit dem Gemeinsamen Markt vereinbar und von der Anmeldepflicht des Artikels 88 Absatz 3 EG-Vertrag ausgenommen. Sie sollten daher nicht in den Anwendungsbereich dieser Verordnung fallen.

(11) Nach gängiger Praxis der Kommission und um sicherzustellen, dass die Beihilfen angemessen und auf das notwendige Maß beschränkt sind, sollten die Schwellenwerte in Form von Beihilfeintensitäten bezogen auf die verschiedenen förderfähigen Kosten und nicht in Form absoluter Höchstbeträge ausgedrückt werden.

(12) Die Freistellung von Beihilferegelungen oder Einzelbeihilfen nach Maßgabe dieser Verordnung sollte von einer Reihe weiterer Voraussetzungen abhängig gemacht werden. Gemäß Artikel 87 Absatz 3 Buchstabe c EG-Vertrag dürfen die Beihilfen keinesfalls ausschließlich eine fortlaufende oder regelmäßige Senkung der von den begünstigten Unternehmen üblicherweise zu tragenden Betriebskosten bewirken und müssen in einem angemessenen Verhältnis zu den Nachteilen stehen, die mit ihnen ausgeglichen werden sollen, um den von der Gemeinschaft angestrebten sozioökonomischen Nutzen zu erzielen. Deshalb sollte der Geltungsbereich dieser Verordnung auf Regionalbeihilfen für Erstinvestitionen im Sinne dieser Verordnung begrenzt werden. Regionalbeihilferegelungen, die Betriebsbeihilfen vorsehen, unterliegen weiterhin der Anmeldepflicht nach Artikel 88 Absatz 3 EG-Vertrag. Beihilfen für neu gegründete kleine Unternehmen, die keine Investitions- oder Beratungsbeihilfen darstellen, unterliegen weiterhin der Anmeldepflicht nach Artikel 88 Absatz 3 EG-Vertrag.

(13) Da die Kommission sicherstellen muss, dass die genehmigten Beihilfen die Handels- und Wettbewerbsbedingungen nicht entgegen dem allgemeinen Interesse beeinträchtigen, sollte eine Investitionsbeihilfe zugunsten eines Beihilfeempfängers, der einer Rückforderung aufgrund einer früheren Kommissionsentscheidung über die Unrechtmäßigkeit und Unvereinbarkeit der Beihilfe mit dem Gemeinsamen Markt nicht Folge geleistet hat, vom Geltungsbereich dieser Verordnung ausgeschlossen werden. Daher unterliegen solche Beihilfen weiterhin der Anmeldepflicht gemäß Artikel 88 Absatz 3 EG-Vertrag.

(14) Um Anlageinvestitionen gegenüber Investitionen zugunsten des Faktors Arbeit nicht zu begünstigen, sollten Investitionsbeihilfen sowohl auf Grundlage der Investitionskosten als auch der Kosten der Schaffung neuer Arbeitsplätze im Rahmen des Investitionsvorhabens berechnet werden können.

(15) Beihilfen größeren Umfangs sollten vor ihrer Gewährung weiterhin von der Kommission einzeln geprüft werden. Dementsprechend sollte die vorliegende Freistellungsverordnung nicht auf Beihilfen anwendbar sein, die einen bestimmten Schwellenwert zugunsten eines einzelnen Unternehmens oder einer einzelnen Betriebsstätte im Rahmen

---

[1] **Amtl. Anm.:** ABl L 277 vom 21. 10. 2005, S. 1.

einer bestehenden Beihilferegelung überschreiten, sondern es gilt insoweit weiterhin das Verfahren nach Artikel 88 Absatz 3 EG-Vertrag. Um zu verhindern, dass ein großes Investitionsvorhaben künstlich in Teilvorhaben untergliedert wird, um den Bestimmungen dieser Leitlinien zu entgehen, sollte ein großes Investitionsvorhaben als Einzelinvestition gelten, wenn die Erstinvestition in einem Zeitraum von drei Jahren von einem oder mehreren Unternehmen vorgenommen wird und festes Vermögen betrifft, das eine wirtschaftlich unteilbare Einheit bildet. Bei der Beurteilung der wirtschaftlichen Unteilbarkeit berücksichtigt die Kommission die technischen, funktionellen und strategischen Verbindungen sowie die unmittelbare räumliche Nähe. Die wirtschaftliche Unteilbarkeit wird unabhängig von den Eigentumsverhältnissen beurteilt. Bei der Prüfung, ob ein großes Investitionsvorhaben eine Einzelinvestition darstellt, spielt es daher keine Rolle, ob das Vorhaben von einem Unternehmen oder von mehr als einem Unternehmen durchgeführt wird, die sich die Investitionskosten teilen oder die Kosten separater Investitionen innerhalb des gleichen Investitionsvorhabens tragen (beispielsweise bei einem Gemeinschaftsunternehmen).

(16) Es ist sicherzustellen, dass Regionalbeihilfen einen echten Anreiz für Investitionen bieten, die andernfalls nicht in Fördergebieten getätigt würden und einen Anreiz zur Entwicklung neuer Tätigkeiten geben. Daher sollten die zuständigen Behörden vor Einleitung der Arbeiten an einem beihilfegeförderten Vorhaben schriftlich bestätigen, dass das Projekt prima facie die Förderkriterien erfüllt. Eine „schriftliche Bestätigung" sollte so verstanden werden, dass sie auch eine Mitteilung per Fax oder E-Mail einschließt.

(17) Angesichts der Besonderheiten von Regionalbeihilfen sollten Beihilfen, die mit anderen Beihilfen auf staatlicher, regionaler oder lokaler Ebene oder mit Fördermitteln der Gemeinschaft im Zusammenhang mit denselben förderfähigen Kosten kumuliert werden, nur bis zu den in dieser Verordnung angegebenen Schwellenwerten freigestellt werden. Nach dieser Verordnung freigestellte regionale Investitionsbeihilfen sollten in Bezug auf dieselben förderfähigen Kosten nicht mit De-minimis-Beihilfen im Sinne der Verordnung (EG) Nr. 69/2001 der Kommission vom 12. Januar 2001 über die Anwendung der Artikel 87 und 88 EG-Vertrag auf „De-minimis"-Beihilfen[1] kumuliert werden, wenn durch eine solche Kumulierung die in der Verordnung festgelegten Beihilfehöchstintensitäten überschritten würden.

(18) Diese Verordnung sollte nicht auf Beihilfen für ausfuhrbezogene Tätigkeiten anwendbar sein, die auf Mitgliedstaaten oder Drittländer ausgerichtet sind, insbesondere Beihilfen, die unmittelbar mit den Ausfuhrmengen, mit der Errichtung und dem Betrieb eines Vertriebsnetzes oder mit anderen laufenden exportbezogenen Ausgaben in Zusammenhang stehen, sowie auf Beihilfen, die von der Verwendung heimischer Erzeugnisse zulasten von Importwaren abhängig gemacht werden.

(19) Zum Zwecke der Transparenz und einer wirksamen Überwachung im Sinne von Artikel 3 der Verordnung (EG) Nr. 994/98 bietet sich die Verwendung eines Standardvordrucks an, mit dem die Mitgliedstaaten die Kommission mit Blick auf die Veröffentlichung im Amtsblatt der Europäischen Union in Kurzform über die Einführung einer Beihilferegelung gemäß dieser Verordnung oder die Gewährung einer Ad-hoc-Beihilfe unterrichten. Aus denselben Gründen sollten den Mitgliedstaaten auch Vorgaben in Bezug auf die Unterlagen gemacht werden, die sie über die nach dieser Verordnung freigestellten Beihilfen zur Verfügung halten müssen. Um von den zuständigen Stellen leichter bearbeitet werden zu können, sind die Kurzinformationen auch in EDV-gestützter Form vorzulegen, da die entsprechende Technologie inzwischen nahezu überall vorhanden ist. Im Hinblick auf eine größere Transparenz der Regionalförderung in einer erweiterten Gemeinschaft sollten die Mitgliedstaaten den vollständigen Wortlaut der Beihilferegelung veröffentlichen und der Kommission die Internetadresse der Veröffentlichung mitteilen.

(20) Angesichts der bisherigen Erfahrungen der Kommission und der Tatsache, dass die Politik im Bereich der staatlichen Beihilfen im Allgemeinen in regelmäßigen Abständen

---

[1] **Amtl. Anm.**: ABl L 10 vom 13. 1. 2001, S. 30.

neu überdacht werden muss, ist es angezeigt, die Geltungsdauer dieser Verordnung zu beschränken.

(21) Die Verordnung lässt die Verpflichtung der Mitgliedstaaten unberührt, Einzelbeihilfen anzumelden, wenn sonstige Vorschriften für die Gewährung staatlicher Beihilfen dies erfordern; dies gilt insbesondere für die Verpflichtung, Beihilfen zugunsten eines Unternehmens, das Rettungs- oder Umstrukturierungsbeihilfen im Sinne der Leitlinien der Gemeinschaft für staatliche Beihilfen zur Rettung und Umstrukturierung von Unternehmen in Schwierigkeiten[1] erhält, anzumelden oder die Kommission hiervon zu unterrichten –

HAT FOLGENDE VERORDNUNG ERLASSEN:

### Artikel 1  Anwendungsbereich

(1) Diese Verordnung gilt für transparente regionale Investitionsbeihilferegelungen, die eine staatliche Beihilfe im Sinne von Artikel 87 Absatz 1 EG-Vertrag darstellen.

Sie kann auch auf Ad-hoc-Beihilfen Anwendung finden, die staatliche Beihilfen im Sinne von Artikel 87 Absatz 1 EG-Vertrag darstellen, wenn die Ad-hoc-Beihilfe dazu verwendet wird, eine Beihilfe zu ergänzen, die auf der Grundlage einer transparenten Regionalbeihilferegelung gewährt wurde, und die Ad-hoc-Komponente 50 % der gesamten für die Investition zu gewährenden Beihilfe nicht überschreitet.

(2) Diese Verordnung ist nicht auf folgende Wirtschaftszweige anwendbar:
a) Fischerei und Aquakultur,
b) Schiffbau,
c) Kohleindustrie,
d) Stahlindustrie,
e) Kunstfasersektor.

Sie gilt nicht für Tätigkeiten, die die Primärerzeugung von in Anhang I des Vertrags aufgeführten landwirtschaftlichen Erzeugnissen zum Gegenstand haben. Sie gilt für die Verarbeitung und Vermarktung von landwirtschaftlichen Erzeugnissen mit Ausnahme der Herstellung oder Vermarktung von Milch oder Milcherzeugnisse imitierenden oder substituierenden Erzeugnissen gemäß Artikel 3 Absatz 2 der Verordnung (EWG) Nr. 1898/87.

(3) Diese Verordnung ist nicht anwendbar auf folgende Beihilfekategorien:
a) Beihilfen für ausfuhrbezogene Tätigkeiten, die auf Mitgliedstaaten oder Drittländer ausgerichtet sind, insbesondere Beihilfen, die unmittelbar mit den Ausfuhrmengen, mit der Errichtung und dem Betrieb eines Vertriebsnetzes oder mit anderen laufenden exportbezogenen Ausgaben in Zusammenhang stehen;
b) Beihilfen, die von der Verwendung heimischer Erzeugnisse zulasten von Importwaren abhängig gemacht werden.

### Artikel 2  Begriffsbestimmungen

(1) Im Sinne dieser Verordnung bezeichnet der Ausdruck
a) „Beihilfe": alle Maßnahmen, die die Voraussetzungen des Artikels 87 Absatz 1 EG-Vertrag erfüllen;
b) „kleine und mittlere Unternehmen (KMU)": kleine und mittlere Unternehmen gemäß Anhang I der Verordnung (EG) Nr. 70/2001;
c) „Erstinvestition":
  i. eine Investition in materielle und immaterielle Anlagewerte bei der Errichtung einer neuen Betriebsstätte, der Erweiterung einer bestehenden Betriebsstätte, der Diversifizierung der Produktion einer Betriebsstätte in neue, zusätzliche Pro-

---

[1] **Amtl. Anm.:** ABl C 244 vom 1. 10. 2004, S. 2.

dukte oder der Vornahme einer grundlegenden Änderung des Gesamt-Produktionsverfahrens einer bestehenden Betriebsstätte oder

ii. den Erwerb von unmittelbar mit einer Betriebsstätte verbundenen Vermögenswerten, wenn die Betriebsstätte geschlossen wurde oder geschlossen worden wäre, wenn die Übernahme nicht erfolgt wäre, und wenn sie von einem unabhängigen Investor erworben werden.

Die Übernahme der Anteile eines Unternehmens alleine gilt nicht als Erstinvestition;

d) „Ad-hoc-Beihilfe": eine Einzelbeihilfe, die nicht auf der Grundlage einer Beihilferegelung gewährt wird;

e) „materielle Anlagewerte": Grundstücke, Gebäude und Werkanlagen/Maschinen;

f) „immaterielle Anlagewerte": der Technologietransfer durch Erwerb von Patentrechten, Lizenzen, Know-how oder nicht patentiertem Fachwissen;

g) „großes Investitionsvorhaben": eine Erstinvestition in Anlagen mit förderfähigen Ausgaben von über 50 Mio. EUR, berechnet auf Grundlage der zum Zeitpunkt der Gewährung der Beihilfe geltenden Preise und Wechselkurse. Ein großes Investitionsvorhaben gilt als Einzelinvestition, wenn die Erstinvestition in einem Zeitraum von drei Jahren von einem oder mehreren Unternehmen vorgenommen wird und festes Vermögen betrifft, das eine wirtschaftliche Einheit bildet;

h) „Bruttosubventionsäquivalent (BSÄ)": der abgezinste Wert der Beihilfe im prozentualen Verhältnis zum abgezinsten Wert der förderfähigen Investitionskosten;

i) „transparente regionale Investitionsbeihilferegelungen": regionale Investitionsbeihilferegelungen, bei denen das Bruttosubventionsäquivalent als exakter Prozentsatz der förderfähigen Ausgaben berechnet werden kann, ohne dass ex ante eine Risikobewertung vorgenommen werden muss (z. B. Regelungen, in deren Rahmen Zuschüsse, Zinsvergünstigungen, begrenzte fiskalische Maßnahmen eingesetzt werden);

j) „Beginn der Arbeiten": entweder die Aufnahme der Bauarbeiten oder die erste rechtlich bindende Verpflichtung zur Bestellung von Anlagen, wobei Durchführbarkeitsstudien ausgeschlossen sind, je nachdem welches Datum früher liegt;

k) „Arbeitsplatzschaffung": Nettoerhöhung der Zahl der jährlichen Arbeitseinheiten (JAE) einer Betriebsstätte im Verhältnis zum Durchschnitt der vorangegangenen zwölf Monate; JAE ist die Zahl der während eines Jahres vollzeitlich Beschäftigten, wobei Teilzeitarbeit oder Saisonarbeit JAE-Bruchteile darstellen;

l) „Lohnkosten": sämtliche Kosten, die der Beihilfeempfänger für den fraglichen Arbeitsplatz tatsächlich zu zahlen hat, zusammengesetzt aus Bruttolöhnen vor Steuern und Sozialversicherungs-Pflichtbeiträgen;

m) „durch ein Investitionsvorhaben direkt geschaffene Arbeitsplätze": die Arbeitsplätze, die in den ersten drei Jahren nach Abschluss der Investition in dem Tätigkeitsbereich geschaffen wurden, auf den sich die Investition bezieht, darunter auch Arbeitsplätze, die im Anschluss an eine höhere Auslastung der durch die Investition errichteten Kapazität geschaffen wurden;

n) „landwirtschaftliche Erzeugnisse":

i. in Anhang I EG-Vertrag genannte Erzeugnisse, ausgenommen Fischerei- und Aquakulturerzeugnisse gemäß der Verordnung (EG) Nr. 104/2000 des Rates[1];

ii. Erzeugnisse der KN-Codes 4502, 4503 und 4504 (Korkerzeugnisse);

iii. Erzeugnisse zur Imitation oder Substitution von Milch und Milcherzeugnissen im Sinne von Artikel 3 Absatz 2 der Verordnung (EWG) Nr. 1898/87;

o) „Erzeugnisse zur Imitation oder Substitution von Milch und Milcherzeugnissen": Erzeugnisse, die mit Milch und/oder Milcherzeugnissen verwechselt werden kön-

---

1) **Amtl. Anm.:** ABl L 17 vom 21.1.2000, S. 22.

nen, die allerdings eine andere Zusammensetzung haben, insofern sie nicht aus Milch stammende Fette und/oder Proteine enthalten, mit oder ohne Milcheiweiß („andere Erzeugnisse als Milcherzeugnisse" im Sinne von Artikel 3 Absatz 2 der Verordnung (EWG) Nr. 1898/87);

p) „Verarbeitung von Agrarerzeugnissen": die Einwirkung auf ein Agrarerzeugnis, aus der ein Erzeugnis hervorgeht, das ebenfalls ein landwirtschaftliches Erzeugnis ist, mit Ausnahme der landwirtschaftlichen Maßnahmen zur Vorbereitung eines Tier- oder Pflanzenprodukts für den Erstverkauf;

q) „Vermarktung eines Agrarerzeugnisses": Besitz oder Ausstellung eines Produkts zwecks Verkauf, Angebots zum Verkauf, Lieferung oder einer anderen Methode des Inverkehrbringens auf dem Markt, ausgenommen des Erstverkaufs eines Primärerzeugers an Wiederverkäufer und Verarbeiter sowie aller Aktivitäten zur Vorbereitung eines Erzeugnisses für diesen Erstverkauf; der Verkauf eines landwirtschaftlichen Erzeugnisses durch einen Primärerzeuger an Endverbraucher gilt nur als Vermarktung, wenn dieser Verkauf in gesonderten, diesem Zweck vorbehaltenen Räumlichkeiten stattfindet.

r) „Tourismustätigkeiten": folgende Geschäftstätigkeiten im Sinne der NACE Rev. 1.1[1]):

i. NACE 55: Hotel- und Gaststättengewerbe;

ii. NACE 63.3: Reisebüros und Reiseveranstalter;

iii. NACE 92: Kultur, Sport und Unterhaltung.

(2) Regelungen, in denen öffentliche Darlehen eingesetzt werden, gelten in der Regel als transparente regionale Investitionsbeihilfen im Sinne von Absatz 1 Buchstabe i, wenn sie durch normale Sicherheiten gedeckt sind und kein anormales Risiko beinhalten und somit davon ausgegangen wird, dass sie kein Element einer staatlichen Bürgschaft enthalten; Regelungen, in denen staatliche Bürgschaften oder öffentliche Darlehen mit einer staatlichen Bürgschaft eingesetzt werden, werden als transparent angesehen, wenn die für die Berechnung der Beihilfeintensität der staatlichen Bürgschaft verwendete Methode vor Umsetzung der Regelung nach Annahme dieser Verordnung bei der Kommission angemeldet und von ihr genehmigt wird. Öffentliche Beteiligungen und in Risikokapitalmaßnahmen enthaltene Beihilfen werden nicht als transparent angesehen.

**Artikel 3   Freistellungsvoraussetzungen**

(1) Transparente regionale Investitionsbeihilferegelungen, die allen Bedingungen dieser Verordnung entsprechen, sind im Sinne von Artikel 87 Absatz 3 EG-Vertrag mit dem Gemeinsamen Markt vereinbar und unterliegen nicht der Anmeldepflicht nach Artikel 88 Absatz 3 EG-Vertrag, wenn sie folgende Voraussetzungen erfüllen:

a) Die nach solchen Regelungen gewährten Beihilfen erfüllen sämtliche Freistellungsvoraussetzungen dieser Verordnung.

b) In der Regelung wird unter Angabe des Titels sowie der Fundstelle im Amtsblatt der Europäischen Union ausdrücklich auf diese Verordnung verwiesen.

(2) Beihilfen bis zu dem gemäß Artikel 7 Buchstabe e festgelegten Betrag, die auf Grundlage der in Absatz 1 genannten Regelungen gewährt werden, sind im Sinne von Artikel 87 Absatz 3 EG-Vertrag mit dem Gemeinsamen Markt vereinbar und unterliegen nicht der Anmeldepflicht nach Artikel 88 Absatz 3 EG-Vertrag, wenn sie alle Voraussetzungen dieser Verordnung unmittelbar erfüllen.

(3) Ad-hoc-Beihilfen, die lediglich verwendet werden, um Beihilfen zu ergänzen, die auf Grundlage transparenter regionaler Investitionsbeihilferegelungen gewährt wurden und 50 % der gesamten für die Investition zu gewährenden Beihilfe nicht überschreiten, sind im Sinne von Artikel 87 Absatz 3 EG-Vertrag mit dem Gemeinsamen Markt vereinbar und werden von der Anmeldepflicht nach Artikel 88 Absatz 3 EG-Ver-

---

1) **Amtl. Anm.**: Klassifizierung von wirtschaftlichen Tätigkeiten in der Europäischen Gemeinschaft.

trag freigestellt, sofern die gewährte Ad-hoc-Beihilfe sämtliche Bedingungen dieser Verordnung erfüllt.

**Artikel 4 Beihilfen für Erstinvestitionen**

(1) Beihilfen für Erstinvestitionen sind im Sinne von Artikel 87 Absatz 3 EG-Vertrag mit dem Gemeinsamen Markt vereinbar und unterliegen nicht der Anmeldepflicht nach Artikel 88 Absatz 3 EG-Vertrag, sofern

- a) die Beihilfe in Fördergebieten gewährt wird, wie in der genehmigten Fördergebietskarte des betreffenden Mitgliedstaats für den Zeitraum 2007–2013 ausgewiesen, und
- b) die Bruttobeihilfeintensität die Beihilfeobergrenze für Regionalbeihilfen nicht überschreitet, die zum Zeitpunkt der Beihilfegewährung nach der für den betreffenden Mitgliedstaat für den Zeitraum 2007–2013 genehmigten Fördergebietskarte für das Gebiet gilt, in dem die Investition getätigt wird.

Abgesehen von Beihilfen zugunsten großer Investitionsvorhaben und von Transportbeihilfen können die in Buchstabe b vorgesehenen Höchstsätze der Beihilfen für Erstinvestitionen für kleine Unternehmen um 20 Prozentpunkte und die Höchstsätze der Beihilfen für mittlere Unternehmen um 10 Prozentpunkte heraufgesetzt werden.

(2) Zusätzlich zu den in dieser Verordnung festgelegten allgemeinen Voraussetzungen für eine Freistellung müssen Beihilfen für Erstinvestitionen folgende besondere Voraussetzungen erfüllen:

- a) Die Investition muss in der betreffenden Region mindestens fünf Jahre bzw. im Fall von KMU drei Jahre erhalten bleiben, nachdem die gesamte Investition abgeschlossen ist.
- b) Um beihilfefähig zu sein, müssen die immateriellen Aktiva
  - i. nur in der Betriebsstätte genutzt werden, die die Beihilfe erhält,
  - ii. als abschreibungsfähige Aktivposten angesehen werden,
  - iii. bei einem Dritten zu Marktbedingungen erworben worden sein,
  - iv. von dem Unternehmen auf der Aktivseite bilanziert werden und mindestens fünf Jahre lang (bei KMU drei Jahre) in der Betriebsstätte des Regionalbeihilfeempfängers verbleiben.
- c) wird die Beihilfe auf Grundlage der Kosten der materiellen oder immateriellen Investition oder im Falle von Übernahmen auf Grundlage der Erwerbskosten der mit einer Betriebsstätte verbundenen Vermögenswerte berechnet, muss der Beihilfeempfänger einen Eigenbeitrag von mindestens 25 % leisten, entweder aus eigenen Mitteln oder über Fremdfinanzierung, der keinerlei öffentliche Förderung enthält. Überschreitet jedoch die im Rahmen der Fördergebietskarte des betreffenden Mitgliedstaats genehmigte Beihilfehöchstintensität 75 %, gegebenenfalls einschließlich der in Absatz 1 Unterabsatz 2 genannten Aufschläge, so wird der finanzielle Beitrag des Beihilfeempfängers entsprechend reduziert.

Die Bedingung in Absatz 1 Buchstabe a verhindert nicht die Ersetzung einer Anlage oder eines Ausrüstungsgegenstandes, die bzw. der infolge des raschen technologischen Wandels innerhalb des unter diesem Buchstaben genannten Zeitraums veraltet ist, sofern die Wirtschaftstätigkeit für den Mindestzeitraum in dem betreffenden Gebiet erhalten bleibt.

(3) Bemessungsgrundlage für die in Absatz 1 genannten Obergrenzen sind entweder die förderfähigen materiellen oder immateriellen Investitionskosten oder die prognostizierten Lohnkosten für investitionsgebundene Arbeitsplätze, die für die eingestellte Person während eines Zeitraums von zwei Jahren anfallen, oder eine Mischung aus beiden, wobei die Beihilfe jedoch den günstigsten Beihilfebetrag, der sich aus der Anwendung der einen oder anderen Bemessungsgrundlage ergibt, nicht überschreiten darf.

(4) Dabei wird der Wert der Investitionskosten zum Zeitpunkt der Gewährung der Beihilfe herangezogen. Wird die Beihilfe in mehreren Tranchen ausgezahlt, wird der abdiskontierte Wert zum Zeitpunkt der Gewährung zugrunde gelegt. Für die Abzinsung

wird der Referenzsatz zum Zeitpunkt der Gewährung zugrunde gelegt. Wird die Beihilfe in Form einer vollständigen oder teilweisen Befreiung von künftigen Steuern gewährt, werden vorbehaltlich der Einbehaltung einer bestimmten im BSA definierten Beihilfeintensität für die Abzinsung der Beihilfetranchen die jeweiligen Referenzzinssätze zu dem Zeitpunkt verwendet, zu dem die verschiedenen Steuerbegünstigungen wirksam werden.

(5) Beim Erwerb einer Betriebsstätte dürfen die Kosten für den Erwerb der Vermögenswerte von Dritten nur berücksichtigt werden, wenn diese Transaktion unter Marktbedingungen vorgenommen wurde. Geht der Erwerb mit einer anderen Erstinvestition einher, sind die diesbezüglichen Aufwendungen zu den Kaufkosten hinzuzurechnen.

(6) Kosten für Leasing von anderen Aktiva als Grundstücken oder Gebäuden können nur berücksichtigt werden, wenn der Leasingvertrag die Form eines Finanzierungsleasings hat und die Verpflichtung enthält, zum Laufzeitende das betreffende Ausrüstungsgut zu erwerben. Verträge über das Leasing von Grundstücken oder Gebäuden müssen eine Laufzeit von mindestens fünf Jahren nach dem voraussichtlichen Abschluss des Investitionsvorhabens haben, beziehungsweise bei KMU eine Laufzeit von mindestens drei Jahren.

(7) Im Verkehrssektor sind die Ausgaben für den Erwerb von Beförderungsmitteln (bewegliche Aktiva) von der Gewährung von Beihilfen für Erstinvestitionen ausgenommen.

(8) Außer im Falle von KMU oder Betriebsstättenübernahmen sind die erworbenen Aktiva neu. Bei Betriebsstättenübernahmen werden Anlagewerte, für deren Erwerb bereits vor der Übernahme Beihilfen gewährt wurden, abgezogen. Bei KMU können auch die Kosten der Investitionen in immaterielle Anlagewerte in voller Höhe berücksichtigt werden. Bei Großunternehmen sind diese Kosten nur bis zu einer Obergrenze von 50 % der förderbaren Gesamtausgaben für das Projekt beihilfefähig.

(9) Wird die Beihilfe auf Grundlage der Lohnkosten berechnet, sind folgende Voraussetzungen zu erfüllen:

a) Die Arbeitsplätze müssen unmittelbar durch ein Investitionsvorhaben geschaffen werden.

b) Die Arbeitsplatzschaffung muss innerhalb von drei Jahren nach Abschluss der Investition stattfinden und mindestens fünf Jahre lang bzw. im Fall von KMU drei Jahre lang erhalten bleiben.

(10) Abweichend von Absatz 1 können die Höchstbeihilfeintensitäten für Investitionen in die Verarbeitung und Vermarktung landwirtschaftlicher Erzeugnisse wie folgt erhöht werden:

a) auf 50 % der beihilfefähigen Investitionen in Fördergebieten gemäß Artikel 87 Absatz 3 Buchstabe a EG-Vertrag und auf 40 % der beihilfefähigen Investitionen in anderen Regionen, die gemäß der für den betreffenden Mitgliedstaat für den Zeitraum 2007–2013 genehmigten Fördergebietskarte Anspruch auf Regionalbeihilfe haben, wenn es sich bei dem Beihilfeempfänger um ein kleines oder mittleres Unternehmen handelt;

b) auf 25 % der beihilfefähigen Investitionen in Fördergebieten gemäß Artikel 87 Absatz 3 Buchstabe a EG-Vertrag und auf 20 % der beihilfefähigen Investitionen in anderen Regionen, die gemäß der für den betreffenden Mitgliedstaat für den Zeitraum 2007–2013 genehmigten Fördergebietskarte Anspruch auf Regionalbeihilfe haben, wenn der Beihilfeempfänger weniger als 750 Angestellte und/oder einen Umsatz von weniger als 200 Mio. EUR gemäß der in der Empfehlung 2003/361/EG der Kommission[1] dargelegten Berechnungsweise hat und sämtliche anderen Bedingungen dieser Empfehlung erfüllt.

---

1) **Amtl. Anm.:** ABl L 124 vom 20. 5. 2003, S. 36.

### Artikel 5 Notwendigkeit der Beihilfe

(1) Bezogen auf Anträge auf Gewährung von Regionalbeihilfen, die den nationalen Behörden nach dem 1. Januar 2007 vorgelegt werden, gilt die Freistellung aufgrund dieser Verordnung nur für auf Grundlage von regionalen Investitionsbeihilferegelungen gewährte Beihilfen, wenn der Beihilfeempfänger vor Beginn der Arbeiten an dem Vorhaben einen Beihilfeantrag an die innerstaatliche oder regionale Behörde gestellt hat und diese Behörde schriftlich unter dem Vorbehalt des Endergebnisses einer detaillierten Prüfung bestätigt hat, dass das Vorhaben die in der Regelung vorgegebenen Förderkriterien erfüllt. Die Beihilferegelung muss einen ausdrücklichen Verweis auf diese beiden Kriterien enthalten. Beginnen die Arbeiten, bevor die in diesem Artikel festgelegten Voraussetzungen erfüllt sind, kommt das gesamte Vorhaben nicht für eine Regionalförderung in Betracht.

(2) Absatz 1 findet keine Anwendung auf Beihilferegelungen, aufgrund derer bestimmte Steuern für beihilfefähige Aufwendungen automatisch und ohne jeglichen behördlichen Ermessensspielraum erlassen oder reduziert werden.

### Artikel 6 Kumulierung

(1) Die in Artikel 4 genannten Beihilfeobergrenzen gelten für den Gesamtbeihilfebetrag für ein Vorhaben, unabhängig davon, ob die öffentliche Förderung aus lokalen, regionalen, nationalen oder Gemeinschaftsmitteln finanziert wird.

(2) In Bezug auf dieselben förderfähigen Kosten oder dasselbe Investitionsvorhaben dürfen nach dieser Verordnung freigestellte Beihilfen nicht mit sonstigen Beihilfen im Sinne des Artikels 87 Absatz 1 EG-Vertrag oder anderen Gemeinschaftsmitteln oder nationalen Fördermitteln kumuliert werden, wenn dadurch die nach dieser Verordnung zulässige Beihilfeintensität überschritten wird.

(3) Gemäß dieser Verordnung freigestellte regionale Investitionsbeihilfen dürfen in Bezug auf dieselben förderfähigen Kosten nicht mit De-minimis-Beihilfen im Sinne der Verordnung (EG) Nr. 69/2001 kumuliert werden, wenn durch eine solche Kumulierung die in der Verordnung festgelegten Beihilfehöchstintensitäten überschritten würden.

### Artikel 7 Anmeldepflichtige Beihilfen

Folgende Beihilfen werden nicht auf Grundlage dieser Freistellungsverordnung von der Anmeldepflicht freigestellt und sind gemäß Artikel 88 Absatz 3 EG-Vertrag weiterhin anmeldepflichtig:

a) nichttransparente regionale Investitionsbeihilferegelungen;
b) Regionalbeihilferegelungen für bestimmte Wirtschaftstätigkeiten innerhalb des Industrie- oder Dienstleistungssektors; regionale Investitionsbeihilferegelungen, die auf Tourismustätigkeiten ausgerichtet sind, werden nicht als Regelungen für bestimmte Wirtschaftszweige betrachtet;
c) Regionalbeihilferegelungen, die Betriebsbeihilfen vorsehen;
d) Regionalbeihilferegelungen, die andere Beihilfen als Investitions- oder Beratungsbeihilfen für neu gegründete kleine Unternehmen vorsehen;
e) Regionalbeihilfen zugunsten großer Investitionsvorhaben auf Grundlage bestehender Beihilferegelungen, wenn der Gesamtförderbetrag aus sämtlichen Quellen 75 % des Beihilfehöchstbetrags überschreitet, den eine Investition mit förderfähigen Ausgaben in Höhe von 100 Mio. EUR erhalten könnte, wenn die zum Zeitpunkt der Beihilfegewährung geltende, in der genehmigten Fördergebietskarte festgelegte Standardbeihilfeobergrenze für große Unternehmen angewandt würde;
f) Andere Ad-hoc-Regionalbeihilfen als diejenigen, die gemäß Artikel 3 Absatz 1 der Verordnung (EG) Nr. 70/2001 und Artikel 3 Absatz 3 dieser Verordnung freigestellt sind;
g) Investitionsbeihilfen zugunsten eines Beihilfeempfängers, der einer Rückforderungsanordnung aufgrund einer früheren Kommissionsentscheidung über die Unrechtmäßigkeit und Unvereinbarkeit der Beihilfe mit dem Gemeinsamen Markt nicht Folge geleistet hat.

**Artikel 8  Transparenz und Überwachung**

(1) Die Mitgliedstaaten übermitteln der Kommission binnen 20 Arbeitstagen nach Erlass einer Beihilferegelung oder Gewährung einer Einzelbeihilfe im Sinne dieser Freistellungsverordnung eine Kurzbeschreibung der Beihilfe nach dem in Anhang I vorgeschriebenen Muster, die im Amtsblatt der Europäischen Union veröffentlicht wird. Die Kurzbeschreibung ist auf elektronischem Weg in EDV-gestützter Form zu übermitteln.

(2) Wird eine Regionalbeihilfe auf Grundlage bestehender Beihilferegelungen für große Investitionen gewährt, die den Schwellenwert für die Einzelanmeldung gemäß Artikel 7 Buchstabe e unterschreitet, übermitteln die Mitgliedstaaten der Kommission binnen 20 Arbeitstagen ab dem Tag der Beihilfegewährung durch die zuständige Behörde die in dem Musterformular in Anhang II enthaltenen Angaben auf elektronischem Wege. Die Kommission veröffentlicht diese zusammenfassenden Angaben im Internet unter folgender Anschrift: http://ec.europa.eu/comm/competition/.

(3) Die Mitgliedstaaten halten ausführliche Aufzeichnungen über die nach dieser Verordnung freigestellten Beihilferegelungen und die danach bewilligten Einzelbeihilfen zur Verfügung. Die Unterlagen müssen belegen, dass die in der Verordnung festgelegten Freistellungsvoraussetzungen erfüllt sind und dass es sich bei dem begünstigten Unternehmen um ein KMU handelt, wenn der Anspruch auf Beihilfe hiervon abhängt. Die Aufzeichnungen im Zusammenhang mit einer Beihilferegelung müssen während zehn Jahren vom Zeitpunkt der letzten auf Grundlage dieser Regelung bewilligten Beihilfe an gerechnet zur Verfügung gehalten werden. Die Kommission kann von dem betreffenden Mitgliedstaat schriftlich, innerhalb einer Frist von 20 Arbeitstagen oder der in der Anforderung angegebenen längeren Frist, alle Informationen anfordern, die ihrer Ansicht nach nötig sind, um zu beurteilen, ob die Voraussetzungen für eine Freistellung erfüllt sind.

(4) Die Mitgliedstaaten legen der Kommission in der in Kapitel III der Verordnung (EG) Nr. 794/2004[1] vorgegebenen Form einen Jahresbericht über die Anwendung dieser Verordnung vor, unabhängig davon, ob sich die Anwendung über ein ganzes Kalenderjahr oder nur Teile hiervon erstreckt.

(5) Die Mitgliedstaaten veröffentlichen den vollständigen Wortlaut der Beihilferegelung und teilen der Kommission die Internetadresse der Veröffentlichung mit. Diese Informationen sind in den Jahresbericht gemäß Absatz 4 aufzunehmen. Vorhaben, für die vor Veröffentlichung der Beihilferegelung Kosten angefallen sind, können nicht mit Regionalbeihilfen gefördert werden.

**Artikel 9  Inkrafttreten und Geltungsdauer**

(1) Diese Verordnung tritt am zwanzigsten Tag nach ihrer Veröffentlichung im Amtsblatt der Europäischen Union in Kraft. Sie findet Anwendung auf Beihilferegelungen, die nach dem 31. Dezember 2006 in Kraft treten oder wirksam werden.

Sie gilt bis zum 31. Dezember 2013.

(2) Zum Zeitpunkt des Inkrafttretens dieser Verordnung anhängige Anmeldungen werden nach den Bestimmungen dieser Verordnung geprüft. Vor Inkrafttreten dieser Verordnung ohne Genehmigung der Kommission und unter Verstoß gegen die Anmeldepflicht gemäß Artikel 88 Absatz 3 EG-Vertrag eingeführte Beihilferegelungen sowie auf der Grundlage solcher Regelungen gewährte Beihilfen sind im Sinne von Artikel 87 Absatz 3 EG-Vertrag mit dem Gemeinsamen Markt vereinbar und werden durch diese Verordnung freigestellt, sofern sie sämtliche Voraussetzungen dieser Verordnung erfüllen.

Nach Ablauf der Geltungsdauer dieser Verordnung bleiben die danach freigestellten Beihilferegelungen noch bis zum Tag des Ablaufs der genehmigten Fördergebietskarten freigestellt.

---

1) **Amtl. Anm.:** ABl L 140 vom 30. 4. 2004, S. 1.

## 5. Richtlinie 98/29/EG des Rates vom 7. Mai 1998 zur Harmonisierung der wichtigsten Bestimmungen über die Exportkreditversicherung zur Deckung mittel- und langfristiger Geschäfte (RL 98/29/EG)

v. 19. 5. 1998 (ABl Nr. L 148 S. 22)

DER RAT DER EUROPÄISCHEN UNION –

gestützt auf den Vertrag zur Gründung der Europäischen Gemeinschaft,

insbesondere auf Artikel 113,

auf Vorschlag der Kommission,

in Erwägung nachstehender Gründe:

(1) Die mittel- und langfristige Exportkreditversicherung spielt eine entscheidende Rolle im internationalen Handel und stellt ein wichtiges handelspolitisches Instrument dar.

(2) Die mittel- und langfristige Exportkreditversicherung spielt eine wichtige Rolle im Handel mit den Entwicklungsländern und fördert somit deren Integration in die Weltwirtschaft, die ein Ziel der Entwicklungspolitik der Gemeinschaft ist.

(3) Die Unterschiede zwischen den derzeit existierenden öffentlichen mittel- und langfristigen Exportkreditversicherungssystemen in den Mitgliedstaaten in bezug auf die wichtigsten Deckungsbedingungen, die Entgelte und die Deckungspolitik können zu Wettbewerbsverzerrungen zwischen Unternehmen in der Gemeinschaft führen.

(4) Die Maßnahmen aufgrund dieser Richtlinie sollten nicht über das hinausgehen, was zur Erreichung einer Harmonisierung erforderlich ist, die sicherstellt, daß die Exportpolitik auf einheitlichen Grundsätzen beruht und der Wettbewerb zwischen Unternehmen in der Gemeinschaft nicht verfälscht wird.

(5) Um die derzeit existierenden Wettbewerbsverzerrungen zu verringern, ist es wünschenswert, die verschiedenen öffentlichen Exportkreditversicherungssysteme nach Maßgabe des Artikels 112 des Vertrags auf der Grundlage einheitlicher Grundsätze so zu harmonisieren, daß sie integraler Bestandteil der gemeinsamen Handelspolitik werden.

(6) Die von den Regierungen (oder besonderen Institutionen unter der Kontrolle der Regierungen) bereitgestellten Exportkreditbürgschaften oder Exportkreditversicherungsprogramme, deren Entgeltsätze zur Deckung der langfristigen Kosten und Verluste unangemessen sind, werden in dem im Rahmen der multilateralen Handelsverhandlungen der Uruguay-Runde (1986 – 1994) abgeschlossenen Übereinkommen über Subventionen und Ausgleichsmaßnahmen[1] als verbotene Exportsubventionen eingestuft, insbesondere nach Artikel 3 Absatz 1 Buchstabe a) und Anhang I Buchstabe j) des Übereinkommens.

(7) Das von den Kreditversicherern in Rechnung gestellte Entgelt sollte dem gedeckten Risiko entsprechen.

(8) Die Harmonisierung würde die Zusammenarbeit unter den im Auftrag des Staates oder mit Unterstützung des Staates handelnden Kreditversicherern fördern und die Zusammenarbeit zwischen Unternehmen in der Gemeinschaft entsprechend dem Artikel 130 des Vertrags intensivieren.

(9) Sowohl die Harmonisierung als auch die Zusammenarbeit sind wichtige und entscheidende Faktoren für die Wettbewerbsfähigkeit der Gemeinschaftsexporte auf Drittlandmärkten.

(10) Das im Juni 1985 vom Europäischen Rat angenommene Weißbuch der Kommission über die Vollendung des Binnenmarkts unterstreicht die Bedeutung eines der Zusammenarbeit zwischen den Unternehmen in der Gemeinschaft förderlichen Umfelds.

(11) Mit Beschluß vom 27. September 1960[2] setzte der Rat einen Arbeitskreis zur Koordinierung der Politik auf dem Gebiet der Kreditversicherung, der Bürgschaften und der Finanzkredite ein.

---

1) **Amtl. Anm.:** ABl L 336 vom 23. 12. 1994, S. 156.
2) **Amtl. Anm.:** ABl 66 vom 27. 10. 1960, S. 1339/60.

(12) Am 15. Mai 1991 beauftragte dieser Arbeitskreis Sachverständige aus allen damaligen Mitgliedstaaten, die als Sachverständigengruppe für den Binnenmarkt 1992 am 27. März 1992, am 11. Juni 1993 und am 9. Februar 1994 Berichte mit einer Reihe von Vorschlägen vorlegten.

(13) Mit der Entscheidung 93/112/EWG[1] hat der Rat das OECD-Übereinkommen über Leitlinien für öffentlich unterstützte Exportkredite in Gemeinschaftsrecht umgesetzt.

(14) Die Richtlinie 70/509/EWG des Rates vom 27. Oktober 1970 über die Einführung einer Gemeinsamen Kreditversicherungspolice für mittel- und langfristige Ausfuhrgeschäfte mit öffentlichen Käufern[2] und die Richtlinie 70/510/EWG des Rates vom 27. Oktober 1970 über die Einführung einer gemeinsamen Kreditversicherungspolice für mittel- und langfristige Ausfuhrgeschäfte mit privaten Käufern[3] sollten durch diese Richtlinie ersetzt werden.

(15) Diese ersten Maßnahmen zur Harmonisierung der Exportkreditversicherung sind als ein Schritt zur Angleichung der verschiedenen Systeme der Mitgliedstaaten anzusehen –

HAT FOLGENDE RICHTLINIE ERLASSEN:

### Artikel 1  Geltungsbereich

Diese Richtlinie findet Anwendung auf die Deckung von Geschäften im Zusammenhang mit dem Export von Waren und/oder Dienstleistungen mit Ursprung in einem Mitgliedstaat, sofern diese Unterstützung mittelbar oder unmittelbar auf Rechnung oder mit Unterstützung eines oder mehrerer Mitgliedstaaten gewährt wird und die Risikolaufzeit, d. h. die Rückzahlungszeit einschließlich der Herstellungszeit insgesamt mindestens zwei Jahre beträgt.

Diese Richtlinie findet keine Anwendung auf die Deckung von Bietungs-, Vorauszahlungs-, Ausführungs- und Einbehaltsrückzahlungsgarantien. Sie findet auch keine Anwendung auf die Deckung von Risiken im Zusammenhang mit Baugerät und -material, wenn dieses der Erfüllung des Handelsvertrags vor Ort dient.

### Artikel 2  Verpflichtungen der Mitgliedstaaten

Die Mitgliedstaaten stellen sicher, daß Einrichtungen, die mittelbar oder unmittelbar auf Rechnung eines Mitgliedstaats oder mit Unterstützung eines Mitgliedstaates als Vertreter der Regierung oder unter ihrer Aufsicht und/oder als Bevollmächtigte der die Deckung gewährenden Regierungen Deckung in Form von Exportkreditversicherungen oder -bürgschaften oder Refinanzierungskrediten gewähren – im folgenden Versicherer genannt –, Geschäfte im Zusammenhang mit dem Export von Waren und/oder Dienstleistungen im Einklang mit den Bestimmungen des Anhangs versichern, sofern diese Geschäfte auf Länder außerhalb der Gemeinschaft gerichtet sind und die Finanzierung durch Besteller- oder Lieferantenkredit oder Barzahlung vorgesehen ist.

### Artikel 3  Durchführungsbeschlüsse

Die im Anhang unter Nummer 46 genannten Beschlüsse werden von der Kommission nach dem Verfahren des Artikels 4 gefaßt.

---

1) **Amtl. Anm.:** ABl L 44 vom 22. 2. 1993, S. 1. Entscheidung zuletzt geändert durch die Entscheidung 97/530/EG (ABl L 216 vom 8. 8. 1997, S. 77).
2) **Amtl. Anm.:** ABl L 254 vom 23. 11. 1970, S. 1. Richtlinie zuletzt geändert durch die Beitrittsakte von 1994.
3) **Amtl. Anm.:** ABl L 254 vom 23. 11. 1970, S. 26. Richtlinie zuletzt geändert durch die Beitrittsakte von 1994.

### Artikel 4  Ausschuss

(1) Die Kommission wird von einem Ausschuss unterstützt.

(2) Wird auf diesen Artikel Bezug genommen, so gelten die Artikel 4 und 7 des Beschlusses 1999/468/EG[1].
Der Zeitraum nach Artikel 4 Absatz 3 des Beschlusses 1999/468/EG wird auf einen Monat festgesetzt.

(3) Der Ausschuss gibt sich eine Geschäftsordnung.

### Artikel 5  Bericht und Überprüfung

Die Kommission unterbreitet dem Rat bis zum 31. Dezember 2001 einen Bericht über die bei der Durchführung der Bestimmungen dieser Richtlinie gesammelten Erfahrungen und die dabei erreichte Konvergenz.

### Artikel 6  Verhältnis zu anderen Verfahren

Die in dieser Richtlinie festgelegten Verfahren ergänzen die in der Entscheidung 73/391/EWG[2] festgelegten Verfahren.

### Artikel 7  Aufhebung

Die Richtlinien 70/509/EWG und 70/510/EWG werden aufgehoben.

### Artikel 8  Umsetzung

Die Mitgliedstaaten erlassen die erforderlichen Rechts- und Verwaltungsvorschriften, um dieser Richtlinie vor dem 1. April 1999 nachzukommen. Sie setzen die Kommission unverzüglich davon in Kenntnis.

Bei dem Erlaß dieser Vorschriften nehmen die Mitgliedstaaten in diesen selbst oder durch einen Hinweis bei der amtlichen Veröffentlichung auf diese Richtlinie Bezug. Die Mitgliedstaaten regeln die Einzelheiten dieser Bezugnahme.

### Artikel 9  Inkrafttreten

Diese Richtlinie tritt am zwanzigsten Tag nach ihrer Veröffentlichung im Amtsblatt der Europäischen Gemeinschaften in Kraft.

### Artikel 10  Adressaten

Diese Richtlinie ist an die Mitgliedstaaten gerichtet.

---

1) **Amtl. Anm.:** ABl L 184 vom 17. 7. 1999, S. 23.
2) **Amtl. Anm.:** ABl L 346 vom 17. 12. 1973, S. 1. Entscheidung geändert durch die Entscheidung 76/641/EWG (ABl L 223 vom 16. 8. 1976, S. 25).

## 6. Verordnung (EG) Nr. 994/98 des Rates vom 7. Mai 1998 über die Anwendung der Artikel 92 und 93 des Vertrags zur Gründung der Europäischen Gemeinschaft auf bestimmte Gruppen horizontaler Beihilfen (VO EG Nr. 994/98)

v. 7. 5. 1998 (ABl Nr. L 142 S. 1)

DER RAT DER EUROPÄISCHEN UNION –

gestützt auf den Vertrag zur Gründung der Europäischen Gemeinschaft, insbesondere auf Artikel 94,

auf Vorschlag der Kommission[1],

nach Anhörung des Europäischen Parlaments[2],

nach Stellungnahme des Wirtschafts- und Sozialausschusses[3],

in Erwägung nachstehender Gründe:

(1) Gemäß Artikel 94 des Vertrags kann der Rat alle zweckdienlichen Durchführungsverordnungen zu den Artikeln 92 und 93 erlassen und insbesondere die Bedingungen für die Anwendung des Artikels 93 Absatz 3 sowie diejenigen Arten von Beihilfen festlegen, die von diesem Verfahren ausgenommen sind.

(2) Nach dem Vertrag ist die Beurteilung dessen, ob die Beihilfen mit dem Gemeinsamen Markt vereinbar sind, im wesentlichen Aufgabe der Kommission.

(3) Für das reibungslose Funktionieren des Binnenmarkts ist eine rigorose und effiziente Anwendung der Wettbewerbsvorschriften im Bereich der staatlichen Beihilfen erforderlich.

(4) Die Kommission hat die Artikel 92 und 93 des Vertrags mittels zahlreicher Entscheidungen durchgeführt und ihre Vorgehensweise in einer Anzahl von Bekanntmachungen dargelegt. In Anbetracht der erheblichen Erfahrungen der Kommission bei der Anwendung der Artikel 92 und 93 des Vertrags und der von ihr auf der Grundlage dieser Bestimmungen angenommenen allgemeinen Texte ist es im Hinblick auf eine wirksame Überwachung und aus Gründen der Verwaltungsvereinfachung – ohne die Kontrolle der Kommission dadurch zu schwächen – angezeigt, die Kommission zu ermächtigen, in den Gebieten, auf denen sie über ausreichende Erfahrung verfügt, um allgemeine Vereinbarkeitskriterien festzulegen, mittels Verordnungen zu erklären, daß bestimmte Gruppen von Beihilfen mit dem Gemeinsamen Markt gemäß einer oder mehrerer der Bestimmungen des Artikels 92 Absätze 2 und 3 des Vertrags zu vereinbaren und von dem Verfahren nach Artikel 93 Absatz 3 freigestellt werden.

(5) Gruppenfreistellungsverordnungen erhöhen die Transparenz und Rechtssicherheit, und sie können von den nationalen Gerichten unbeschadet der Artikel 5 und 177 des Vertrags direkt angewandt werden.

(6) Die Kommission sollte bei dem Erlaß von Verordnungen zur Freistellung bestimmter Gruppen von Beihilfen von der Anmeldungspflicht nach Artikel 93 Absatz 3 des Vertrags den Zweck der Beihilfe, die Gruppen von Begünstigten, die Schwellenwerte, mit denen die freigestellten Beihilfen auf bestimmte Höchstintensitäten bezogen auf eine Reihe förderbarer Kosten oder Höchstbeträge begrenzt werden, die Bedingungen für die Kumulierung der Beihilfen und die Bedingungen der Überwachung festlegen, um die Vereinbarkeit der von dieser Verordnung erfaßten Beihilfen mit dem Gemeinsamen Markt zu gewährleisten.

(7) Die Kommission sollte ermächtigt werden, beim Erlaß von Verordnungen zur Freistellung bestimmter Gruppen von Beihilfen von der Anmeldungspflicht nach Artikel 93

---

1) **Amtl. Anm.:** ABl C 262 vom 28. 8. 1997, S. 6.
2) **Amtl. Anm.:** ABl C 138 vom 4. 5. 1998.
3) **Amtl. Anm.:** ABl C 129 vom 27. 4. 1998, S. 70.

Absatz 3 zusätzliche Bedingungen aufzuerlegen, um die Vereinbarkeit der von dieser Verordnung erfaßten Beihilfen mit dem Gemeinsamen Markt zu gewährleisten.

(8) Es kann zweckdienlich sein, Schwellenwerte oder sonstige geeignete Bedingungen für die Anmeldung einzelner Beihilfen festzusetzen, damit die Kommission die Auswirkungen bestimmter Beihilfen auf den Wettbewerb und den Handel zwischen Mitgliedstaaten sowie deren Vereinbarkeit mit dem Gemeinsamen Markt einzeln prüfen kann.

(9) In Anbetracht der Entwicklung und Funktionsweise des Gemeinsamen Marktes sollte die Kommission ermächtigt werden, mittels einer Verordnung festzulegen, daß bestimmte Beihilfen nicht allen Bedingungen des Artikels 92 Absatz 1 des Vertrags entsprechen und deshalb von dem Anmeldungsverfahren gemäß Artikel 93 Absatz 3 des Vertrags freigestellt sind, sofern die einem Unternehmen über einen bestimmten Zeitraum gewährten Beihilfen einen festgesetzten Betrag nicht überschreiten.

(10) Nach Artikel 93 Absatz 1 des Vertrags ist die Kommission verpflichtet, in Zusammenarbeit mit den Mitgliedstaaten alle bestehenden Beihilferegelungen fortlaufend zu überprüfen. Zur Erfüllung dieser Verpflichtung und um ein höchstmögliches Maß an Transparenz und eine angemessene Überwachung zu gewährleisten, ist es angezeigt, daß die Kommission für die Errichtung eines zuverlässigen Systems der Aufzeichnung und Speicherung von Angaben über die Anwendung von Kommissionsverordnungen sorgt, zu dem alle Mitgliedstaaten Zugang haben, und daß sie von den Mitgliedstaaten die erforderlichen Angaben über die Durchführung der von der Anmeldungspflicht freigestellten Beihilfen zur gemeinsamen Erörterung und Auswertung mit den Mitgliedstaaten im Beratenden Ausschuß erhält. Es ist ferner angezeigt, daß die Kommission die Vorlage derartiger Angaben erforderlichenfalls anfordern kann, um die Wirksamkeit ihrer Überprüfung gewährleisten zu können.

(11) Die Überwachung der Gewährung von Beihilfen bedingt eine Vielzahl äußerst komplexer sachlicher, rechtlicher und wirtschaftlicher Erwägungen in einem sich ständig verändernden Umfeld. Die Kommission sollte deshalb regelmäßig die Gruppen von Beihilfen überprüfen, die von der Anmeldungspflicht freizustellen sind. Sie sollte in der Lage sein, ihre gemäß dieser Verordnung erlassenen Verordnungen aufzuheben oder zu ändern, wenn sich die Umstände hinsichtlich eines zu ihrem Erlaß grundlegenden Sachverhalts geändert haben oder wenn die Fortentwicklung oder Funktionsweise des Gemeinsamen Marktes dies erfordert.

(12) Die Kommission sollte in enger und ständiger Verbindung mit den Mitgliedstaaten in der Lage sein, den Umfang der Freistellungsverordnungen und der darin enthaltenen Bedingungen genau festzulegen. Um die Zusammenarbeit zwischen der Kommission und den zuständigen Behörden der Mitgliedstaaten zu gewährleisten, ist ein Beratender Ausschuß für staatliche Beihilfen einzusetzen, der konsultiert wird, bevor die Kommission Verordnungen gemäß dieser Verordnung erläßt –

HAT FOLGENDE VERORDNUNG ERLASSEN:

### Artikel 1 Gruppenfreistellungen

(1) Die Kommission kann mittels Verordnungen, die nach dem Verfahren des Artikels 8 dieser Verordnung und nach Artikel 92 des Vertrags erlassen wurden, erklären, daß folgende Gruppen von Beihilfen mit dem Gemeinsamen Markt zu vereinbaren sind und nicht der Anmeldungsverpflichtung nach Artikel 93 Absatz 3 des Vertrags unterliegen:

a) Beihilfen zugunsten von:
   i. kleinen und mittleren Unternehmen,
   ii. Forschung und Entwicklung,
   iii. Umweltschutzmaßnahmen,
   iv. Beschäftigung und Ausbildung,
b) Beihilfen im Einklang mit den von der Kommission für jeden Mitgliedstaat zur Gewährung von Regionalbeihilfen genehmigten Fördergebieten.

(2) In den Verordnungen nach Absatz 1 ist für jede Gruppe von Beihilfen folgendes festzulegen:
a) der Zweck der Beihilfe,
b) die Gruppen von Begünstigten,
c) die entweder als Beihilfeintensitäten in bezug auf eine Reihe bestimmter förderbarer Kosten oder als Beihilfehöchstbeträge ausgedrückten Schwellenwerte,
d) die Bedingungen für die Kumulierung der Beihilfen,
e) die Bedingungen der Überwachung nach Artikel 3.

(3) Außerdem können in den Verordnungen nach Absatz 1 insbesondere
a) Schwellenwerte oder sonstige Bedingungen für die Anmeldung von Einzelbeihilfen festgesetzt werden,
b) bestimmte Wirtschaftszweige vom Anwendungsbereich der Verordnungen ausgenommen werden,
c) zusätzliche Bedingungen für die Vereinbarkeit der nach solchen Verordnungen freigestellten Beihilfen vorgesehen werden.

**Artikel 2  De minimis**
(1) Die Kommission kann mittels nach dem Verfahren des Artikels 8 dieser Verordnung erlassener Verordnungen feststellen, daß in Anbetracht der Entwicklung und Funktionsweise des Gemeinsamen Marktes bestimmte Beihilfen nicht alle Tatbestandsmerkmale des Artikels 92 Absatz 1 erfüllen und deshalb von der Anmeldungsverpflichtung nach Artikel 93 Absatz 3 freigestellt sind, sofern die einem Unternehmen über einen bestimmten Zeitraum gewährten Beihilfen nicht einen festgesetzten Betrag überschreiten.

(2) Die Mitgliedstaaten erteilen auf Ersuchen der Kommission jederzeit zusätzliche Angaben zu den nach Absatz 1 freigestellten Beihilfen.

**Artikel 3  Transparenz und Überwachung**
(1) Beim Erlaß von Verordnungen nach Artikel 1 erlegt die Kommission den Mitgliedstaaten genaue Regeln zur Gewährleistung der Transparenz und der Überwachung der gemäß diesen Verordnungen von der Anmeldungspflicht freigestellten Beihilfen auf. Diese Regeln haben insbesondere die in den Absätzen 2, 3 und 4 festgelegten Anforderungen zum Gegenstand.

(2) Sobald Beihilferegelungen oder außerhalb einer Regelung gewährte Einzelbeihilfen, die gemäß den genannten Verordnungen freigestellt sind, angewandt werden, übermitteln die Mitgliedstaaten der Kommission im Hinblick auf die Veröffentlichung im Amtsblatt der Europäischen Gemeinschaften eine Zusammenfassung der Angaben zu diesen freigestellten Beihilferegelungen oder Einzelbeihilfen.

(3) Die Mitgliedstaaten zeichnen alle Angaben zur Durchführung der Gruppenfreistellungen auf und speichern sie. Liegen der Kommission Angaben vor, die Zweifel an der ordnungsgemäßen Durchführung einer Freistellungsverordnung aufkommen lassen, teilen die Mitgliedstaaten ihr alle Angaben mit, die sie für die Beurteilung der Vereinbarkeit einer Beihilfe mit der genannten Verordnung für notwendig erachtet.

(4) Die Mitgliedstaaten übermitteln der Kommission mindestens einmal jährlich gemäß den besonderen Anforderungen der Kommission – vorzugsweise in automatisierter Form – einen Bericht über die Durchführung der Gruppenfreistellungen. Die Kommission gewährt allen Mitgliedstaaten Zugang zu diesen Berichten. Einmal jährlich werden diese Berichte von dem in Artikel 7 genannten Beratenden Ausschuß erörtert und ausgewertet.

**Artikel 4  Geltungsdauer und Änderung der Verordnungen**
(1) Die gemäß den Artikeln 1 und 2 erlassenen Verordnungen gelten für einen festgesetzten Zeitraum. Die Beihilferegelungen, die aufgrund einer gemäß den Artikeln 1 und 2 erlassenen Verordnung freigestellt sind, sind für die Geltungsdauer der genannten

VO EG Nr. 994/98

Verordnung sowie für die Dauer der in den Absätzen 2 und 3 vorgesehenen Anpassungsfrist freigestellt.

(2) Die gemäß den Artikeln 1 und 2 erlassenen Verordnungen können aufgehoben oder geändert werden, wenn sich die Umstände in bezug auf einen für ihren Erlaß grundlegenden Sachverhalt geändert haben oder wenn die fortschreitende Entwicklung oder das Funktionieren des Gemeinsamen Marktes dies erfordern. In diesem Fall wird in der neuen Verordnung eine Anpassungsfrist von sechs Monaten für die Änderung der unter die ursprüngliche Verordnung fallenden Beihilferegelungen festgesetzt.

(3) Die gemäß den Artikeln 1 und 2 erlassenen Verordnungen sehen eine Frist gemäß Absatz 2 für den Fall vor, daß ihre Anwendung bei Ablauf ihrer Geltungsdauer nicht verlängert wird.

### Artikel 5  Auswertungsbericht

Alle fünf Jahre legt die Kommission dem Europäischen Parlament und dem Rat einen Bericht über die Anwendung dieser Verordnung vor. Dem in Artikel 7 genannten Beratenden Ausschuß wird ein Berichtsentwurf zur Prüfung unterbreitet.

### Artikel 6  Anhörung von Interessierten

Beabsichtigt die Kommission den Erlaß einer Verordnung, so veröffentlicht sie den Verordnungsentwurf, um sämtlichen interessierten Personen und Einrichtungen Gelegenheit zu geben, sich innerhalb einer von der Kommission festzusetzenden angemessenen Frist zu äußern, die auf keinen Fall kürzer als ein Monat ist.

### Artikel 7  Beratender Ausschuß

Es wird ein Ausschuß mit beratender Funktion, nachstehend „Beratender Ausschuß für staatliche Beihilfen" genannt, eingesetzt, der sich aus Vertretern der Mitgliedstaaten zusammensetzt und in dem der Vertreter der Kommission den Vorsitz führt.

### Artikel 8  Konsultierung des Beratenden Ausschusses

(1) Die Kommission konsultiert den Beratenden Ausschuß für staatliche Beihilfen

a) vor der Veröffentlichung eines Verordnungsentwurfs,

b) vor dem Erlaß einer Verordnung.

(2) Die Konsultierung des Ausschusses erfolgt im Rahmen einer Tagung, die von der Kommission einberufen wird. Der Einberufung sind die zu prüfenden Entwürfe und Dokumente beigefügt. Die Tagung findet frühestens zwei Monate nach Übermittlung der Einberufung statt.
Diese Frist kann im Falle von Konsultierungen nach Absatz 1 Buchstabe b) sowie in dringenden Fällen oder im Falle einer einfachen Verlängerung der Geltungsdauer einer Verordnung verkürzt werden.

(3) Der Vertreter der Kommission unterbreitet dem Ausschuß einen Entwurf der zu treffenden Maßnahmen. Der Ausschuß gibt – gegebenenfalls nach Abstimmung – seine Stellungnahme zu diesem Entwurf innerhalb einer Frist ab, die der Vorsitzende unter Berücksichtigung der Dringlichkeit der betreffenden Frage festsetzen kann.

(4) Die Stellungnahme wird in das Protokoll des Ausschusses aufgenommen; darüber hinaus hat jeder Mitgliedstaat das Recht zu verlangen, daß sein Standpunkt im Protokoll festgehalten wird. Der Beratende Ausschuß kann empfehlen, daß diese Stellungnahme im Amtsblatt der Europäischen Gemeinschaften veröffentlicht wird.

(5) Die Kommission berücksichtigt so weit wie möglich die Stellungnahme des Ausschusses. Sie unterrichtet den Ausschuß darüber, inwieweit sie seine Stellungnahme berücksichtigt hat.

### Artikel 9  Schlußbestimmungen

Diese Verordnung tritt am Tag nach ihrer Veröffentlichung im Amtsblatt der Europäischen Gemeinschaften in Kraft.

# V. Öffentliche Unternehmen

**Richtlinie 2006/111/EG der Kommission vom 16. November 2006 über die Transparenz der finanziellen Beziehungen zwischen den Mitgliedstaaten und den öffentlichen Unternehmen sowie über die finanzielle Transparenz innerhalb bestimmter Unternehmen (RL 2006/111/EG)**

v. 17. 11. 2006 (ABl Nr. L 318 S. 17)

DIE KOMMISSION DER EUROPÄISCHEN GEMEINSCHAFTEN –

gestützt auf den Vertrag zur Gründung der Europäischen Gemeinschaft, insbesondere auf Artikel 86 Absatz 3,

in Erwägung nachstehender Gründe:

(1) Die Richtlinie 80/723/EWG der Kommission vom 25. Juni 1980 über die Transparenz der finanziellen Beziehungen zwischen den Mitgliedstaaten und den öffentlichen Unternehmen sowie über die finanzielle Transparenz innerhalb bestimmter Unternehmen[1] ist mehrfach und in wesentlichen Punkten geändert worden. Aus Gründen der Übersichtlichkeit und Klarheit empfiehlt es sich daher, die genannte Richtlinie zu kodifizieren.

(2) Die öffentlichen Unternehmen spielen in der Volkswirtschaft der Mitgliedstaaten eine wichtige Rolle.

(3) Die Mitgliedstaaten gewähren manchmal einzelnen Unternehmen besondere oder ausschließliche Rechte, oder sie leisten Zahlungen oder eine andere Art des Ausgleichs an einzelne Unternehmen, die mit der Erbringung von Dienstleistungen von allgemeinem wirtschaftlichem Interesse betraut sind. Diese Unternehmen stehen häufig im Wettbewerb mit anderen Unternehmen.

(4) Gemäß seinem Artikel 295 lässt der EG-Vertrag die Eigentumsordnung in den verschiedenen Mitgliedstaaten unberührt. Bei der Anwendung der Wettbewerbsregeln sollte keine unbegründete Unterscheidung zwischen öffentlichen und privaten Unternehmen getroffen werden. Diese Richtlinie sollte auf öffentliche und auf private Unternehmen anwendbar sein.

(5) Aufgrund des EG-Vertrags hat die Kommission die Pflicht, dafür Sorge zu tragen, dass die Mitgliedstaaten weder öffentlichen noch privaten Unternehmen Beihilfen gewähren, die mit dem Gemeinsamen Markt unvereinbar sind.

(6) Die Vielschichtigkeit der finanziellen Beziehungen der öffentlichen Hand zu den öffentlichen Unternehmen kann jedoch die Erfüllung dieser Aufgabe behindern.

(7) Eine angemessene und wirkungsvolle Anwendung der Beihilfevorschriften des EG-Vertrags auf öffentliche und private Unternehmen ist nur dann möglich, wenn diese finanziellen Beziehungen transparent gemacht werden.

(8) Im Bereich der öffentlichen Unternehmen sollte diese Transparenz im Übrigen ermöglichen, eindeutig zwischen dem Tätigwerden des Staates als öffentliche Hand und als Eigentümer zu unterscheiden.

(9) Artikel 86 Absatz 1 EG-Vertrag legt den Mitgliedstaaten in Bezug auf öffentliche Unternehmen und auf Unternehmen, denen sie besondere oder ausschließliche Rechte gewähren, Verpflichtungen auf. Artikel 86 Absatz 2 EG-Vertrag gilt für Unternehmen, die mit Dienstleistungen von allgemeinem wirtschaftlichem Interesse betraut sind. Artikel 86 Absatz 3 EG-Vertrag sieht vor, dass die Kommission auf die Anwendung dieses Artikels achtet und gibt ihr die zu diesem Zweck erforderlichen besonderen Mittel. Um die Anwendung von Artikel 86 EG-Vertrag sicherzustellen, bedarf die Kommission der hierfür erforderlichen Informationen. Dies bedingt die Festlegung der Voraussetzungen für die Herstellung von Transparenz.

---

[1] **Amtl. Anm.:** ABl L 195 vom 29. 7. 1980, S. 35. Richtlinie zuletzt geändert durch die Richtlinie 2005/81/EG (ABl L 312 vom 29. 11. 2005, S. 47).

(10) Es ist angebracht klarzustellen, was unter „öffentlicher Hand" und „öffentliches Unternehmen" zu verstehen ist.

(11) Die Mitgliedstaaten haben einen unterschiedlichen Verwaltungsgebietsaufbau. Diese Richtlinie sollte für die öffentliche Hand der Mitgliedstaaten auf allen Verwaltungsebenen gelten.

(12) Die öffentliche Hand kann einen beherrschenden Einfluss auf das Verhalten der öffentlichen Unternehmen nicht nur dann ausüben, wenn sie Eigentümer ist oder eine Mehrheitsbeteiligung besitzt, sondern auch wegen der Befugnisse, die sie in den Verwaltungs-, Leitungs- oder Aufsichtsorganen aufgrund der Satzung oder wegen der Streuung der Aktien besitzt.

(13) Die Bereitstellung öffentlicher Mittel für öffentliche Unternehmen kann sowohl mittelbar als auch unmittelbar erfolgen. Daher sollte die Transparenz ohne Rücksicht auf die Art und Weise der Bereitstellung der öffentlichen Mittel gewährleistet werden. Hierzu gehört gegebenenfalls auch eine angemessene Kenntnis der Gründe für die Bereitstellung der Mittel sowie ihre tatsächliche Verwendung.

(14) Komplexe Situationen aufgrund der verschiedenen Formen öffentlicher und privater Unternehmen, denen besondere oder ausschließliche Rechte gewährt oder die Erbringung von Dienstleistungen von allgemeinem wirtschaftlichem Interesse übertragen wurde, das Ausmaß der Tätigkeiten, die von einem einzigen Unternehmen ausgeübt werden können und der unterschiedliche Grad an Marktliberalisierung in den einzelnen Mitgliedstaaten können solcherart sein, dass sie die Anwendung der Wettbewerbsregeln und insbesondere von Artikel 86 EG-Vertrag erschweren. Die Mitgliedstaaten und die Kommission benötigen deshalb eingehende Angaben über die interne Finanzstruktur und den Aufbau dieser Unternehmen, und dabei vor allem getrennte und zuverlässige Bücher über die verschiedenen von ein und demselben Unternehmen ausgeübten Tätigkeiten.

(15) Aus den Büchern sollten die Unterschiede zwischen den einzelnen Tätigkeiten, die mit jeder Tätigkeit verbundenen Kosten und Einnahmen, die Verfahren der Zuordnung und Zuweisung von Kosten und Einnahmen hervorgehen. Getrennte Bücher sollten zum einen für die Waren und Dienstleistungen vorhanden sein, in Bezug auf die ein Mitgliedstaat besondere oder ausschließliche Rechte gewährt oder das Unternehmen mit der Erbringung einer Dienstleistung von allgemeinem wirtschaftlichem Interesse betraut hat, und zum anderen für jede sonstige Ware oder Dienstleistung, in Bezug auf die das Unternehmen tätig ist. Die Verpflichtung, getrennte Bücher zu führen, sollte nicht für Unternehmen gelten, deren Tätigkeiten auf die Erbringung von Dienstleistungen von allgemeinem wirtschaftlichem Interesse beschränkt ist und die keine Tätigkeiten außerhalb dieser Dienstleistungen ausüben. Die getrennte Buchführung innerhalb des Bereichs der Dienstleistungen von allgemeinem wirtschaftlichem Interesse oder innerhalb des Bereichs der besonderen oder ausschließlichen Rechte sollte nur vorgeschrieben werden, wenn dies für die Zuweisung der Kosten und Einnahmen zwischen diesen Dienstleistungen und Waren und den Waren und Dienstleistungen außerhalb der Dienstleistungen von allgemeinem wirtschaftlichem Interesse oder der besonderen oder ausschließlichen Rechte erforderlich ist.

(16) Das wirksamste Mittel, um eine angemessene und wirksame Anwendung der Wettbewerbsregeln auf diese Unternehmen zu gewährleisten, besteht darin, dass die Mitgliedstaaten verpflichtet werden, dafür Sorge zu tragen, dass die betreffenden Unternehmen getrennte Bücher führen. Die Kommission hat in einer Mitteilung von 1996[1], ergänzt durch eine Mitteilung von 2001[2], über die Leistungen der Daseinsvorsorge in Europa die Bedeutung dieser Leistungen hervorgehoben. Zu berücksichtigen ist dabei die Bedeutung der Sektoren, in denen gegebenenfalls Dienstleistungen von allgemeinem wirtschaftlichem Interesse erbracht werden, die starke Marktposition der betreffenden Unternehmen und die hohe Störungsanfälligkeit des Wettbewerbs, der auf den gerade

---

1) **Amtl. Anm.:** ABl C 281 vom 26. 9. 1996, S. 3.
2) **Amtl. Anm.:** ABl C 17 vom 19. 1. 2001, S. 4.

erst liberalisierten Märkten im Entstehen ist. Gemäß dem Grundsatz der Verhältnismäßigkeit ist es notwendig und für die Verwirklichung des grundlegenden Zieles der Transparenz angemessen, Regeln für eine getrennte Buchführung festzulegen. Diese Richtlinie geht entsprechend Artikel 5 Absatz 3 EG-Vertrag nicht über das zur Erreichung der Ziele erforderliche Maß hinaus.

(17) In einigen Sektoren verpflichten von der Gemeinschaft erlassene Vorschriften die Mitgliedstaaten und bestimmte Unternehmen, getrennte Bücher zu führen. Es ist erforderlich, die Gleichbehandlung für sämtliche Wirtschaftstätigkeiten innerhalb der Gemeinschaft zu gewährleisten und das Erfordernis getrennter Buchführung auf alle vergleichbaren Sachlagen auszudehnen. Mit dieser Richtlinie sollten keine Bestimmungen geändert werden, die für denselben Zweck mit anderen gemeinschaftlichen Vorschriften eingeführt wurden, und sie sollte nicht auf die Tätigkeiten von Unternehmen anwendbar sein, die von diesen Vorschriften erfasst werden.

(18) Quantitative Ausschlüsse sollten vorgesehen werden. So sollten öffentliche Unternehmen ausgeschlossen werden, bei denen wegen ihrer geringen wirtschaftlichen Bedeutung der Verwaltungsaufwand, der mit den Maßnahmen verbunden ist, nicht gerechtfertigt erscheint. In Anbetracht der potenziell geringen Auswirkungen auf den Handel zwischen Mitgliedstaaten ist es gegenwärtig nicht erforderlich, die Führung getrennter Bücher bei der Erbringung bestimmter Arten von Dienstleistungen zu verlangen.

(19) Diese Richtlinie lässt die übrigen Vorschriften des EG-Vertrags, insbesondere dessen Artikel 86 Absatz 2, 88 und 296, sowie alle anderen Vorschriften über die Mitteilung von Informationen durch die Mitgliedstaaten an die Kommission unberührt.

(20) In Fällen, wo der Ausgleich für die Erbringung von Dienstleistungen von allgemeinem wirtschaftlichem Interesse für einen angemessenen Zeitraum im Rahmen eines offenen, transparenten und nicht diskriminierenden Verfahrens festgesetzt wurde, ist es nicht erforderlich, die Führung getrennter Bücher zu verlangen.

(21) Da es sich um Unternehmen handelt, die im Wettbewerb mit anderen Unternehmen tätig sind, sollte das Geschäftsgeheimnis bei den erhaltenen Angaben gewahrt werden.

(22) Ein Berichterstattungssystem auf der Grundlage nachträglicher Kontrollen der Finanzströme zwischen öffentlicher Hand und öffentlichen Unternehmen des verarbeitenden Gewerbes würde der Kommission die Erfüllung ihrer Aufgaben ermöglichen. Dieses Kontrollsystem sollte spezifische Finanzinformationen umfassen.

(23) Um die administrative Belastung der Mitgliedstaaten möglichst gering zu halten, sollte dieses Berichterstattungssystem sowohl öffentlich zugängliche Daten als auch Informationen umfassen, die Mehrheitsaktionären zugänglich sind. Die Vorlage von konsolidierten Berichten sollte zulässig sein. Die größte wettbewerbsverzerrende Wirkung im Gemeinsamen Markt haben unzulässige Beihilfen an große Unternehmen des verarbeitenden Gewerbes. Das Berichterstattungssystem kann deshalb zunächst auf Unternehmen mit einem Jahresumsatz von mehr als 250 Mio. EUR beschränkt werden.

(24) Diese Richtlinie sollte die Verpflichtung der Mitgliedstaaten hinsichtlich der Fristen für die Umsetzung in innerstaatliches Recht der in Anhang I Teil B aufgeführten Richtlinien unberührt lassen –

HAT FOLGENDE RICHTLINIE ERLASSEN:

## Artikel 1

(1) Die Mitgliedstaaten gewährleisten unter den in dieser Richtlinie vorgesehenen Bedingungen die Transparenz der finanziellen Beziehungen zwischen der öffentlichen Hand und den öffentlichen Unternehmen, indem sie offen legen:

a) die unmittelbare Bereitstellung öffentlicher Mittel durch die öffentliche Hand für öffentliche Unternehmen;

b) die Bereitstellung öffentlicher Mittel durch die öffentliche Hand über öffentliche Unternehmen oder Finanzinstitute;

c) die tatsächliche Verwendung dieser öffentlichen Mittel.

(2) Unbeschadet besonderer gemeinschaftsrechtlicher Vorschriften gewährleisten die Mitgliedstaaten, dass die Finanz- und Organisationsstruktur der Unternehmen, die zur Erstellung einer getrennten Buchführung verpflichtet sind, sich in den getrennten Büchern genau widerspiegelt, so dass Folgendes klar ersichtlich wird:
a) eine nach den verschiedenen Geschäftsbereichen getrennte Aufstellung der Kosten und Erlöse;
b) eine genaue Angabe der Methode, nach der die Kosten und Erlöse den verschiedenen Geschäftsbereichen zugeordnet und zugewiesen werden.

## Artikel 2

Im Sinne dieser Richtlinie sind:
a) „öffentliche Hand": alle Bereiche der öffentlichen Hand, inklusive Staat sowie regionale, lokale und alle anderen Gebietskörperschaften;
b) „öffentliches Unternehmen": jedes Unternehmen, auf das die öffentliche Hand aufgrund Eigentums, finanzieller Beteiligung, Satzung oder sonstiger Bestimmungen, die die Tätigkeit des Unternehmens regeln, unmittelbar oder mittelbar einen beherrschenden Einfluss ausüben kann.

Es wird vermutet, dass ein beherrschender Einfluss ausgeübt wird, wenn die öffentliche Hand unmittelbar oder mittelbar:
   i. die Mehrheit des gezeichneten Kapitals des Unternehmens besitzt oder
   ii. über die Mehrheit der mit den Anteilen des Unternehmens verbundenen Stimmrechte verfügt oder
   iii. mehr als die Hälfte der Mitglieder des Verwaltungs-, Leistungs- oder Aufsichtsorgans des Unternehmens bestellen kann;
c) „öffentliches Unternehmen des verarbeitenden Gewerbes": jedes Unternehmen, dessen Haupttätigkeit – definiert als Tätigkeit, die mindestens 50 % des gesamten Jahresumsatzes ausmacht – die Verarbeitung ist, d. h. dessen Tätigkeiten unter Abschnitt D – Verarbeitendes Gewerbe, Unterabschnitte DA bis einschließlich DN, der NACE-(Rev. 1)-Klassifizierung[1] fallen;
d) „Unternehmen, die verpflichtet sind, getrennte Bücher zu führen": Inhaber besonderer oder ausschließlicher von einem Mitgliedstaat gemäß Artikel 86 Absatz 1 EG-Vertrag verliehener Rechte, die mit der Erbringung einer Dienstleistung von allgemeinem wirtschaftlichem Interesse im Sinne von Artikel 86 Absatz 2 EG-Vertrag betraut sind, einen Ausgleich in unterschiedlicher Form in Bezug auf diese Dienstleistung erhalten und die andere Tätigkeiten ausüben;
e) „verschiedene Geschäftsbereiche": auf der einen Seite alle Produkte oder Dienstleistungen, für die ein Unternehmen besondere oder ausschließliche Rechte erhalten hat, oder alle Dienstleistungen von allgemeinem wirtschaftlichem Interesse, mit denen ein Unternehmen betraut worden ist sowie auf der anderen Seite jedes andere getrennte Produkt oder jede andere Dienstleistung des Unternehmens;
f) „ausschließliche Rechte": Rechte, die ein Mitgliedstaat einem Unternehmen durch Rechts- oder Verwaltungsvorschriften gewährt, wenn der Mitgliedstaat die Leistung eines Dienstes oder einer Tätigkeit in einem bestimmten Gebiet einem einzigen Unternehmen vorbehält;
g) „besondere Rechte": Rechte, die ein Mitgliedstaat durch Rechts- oder Verwaltungsvorschriften einer begrenzten Zahl von Unternehmen in einem bestimmten Gebiet gewährt, wenn der Staat:
   i. die Zahl dieser Unternehmen auf zwei oder mehrere Unternehmen begrenzt, ohne sich dabei an objektive, angemessene und nicht diskriminierende Kriterien zu halten, um eine Leistung zu erbringen oder eine Tätigkeit zu betreiben, oder

---

[1] **Amtl. Anm.:** ABl L 83 vom 3. 4. 1993, S. 1.

ii. mehrere konkurrierende Unternehmen nach anderen als solchen Kriterien bestimmt, um eine Leistung zu erbringen oder eine Tätigkeit zu betreiben, oder

iii. einem oder mehreren Unternehmen nach anderen als solchen Kriterien durch Rechts- oder Verwaltungsvorschriften besondere Vorteile einräumt, die die Fähigkeit anderer Unternehmen, die gleiche Tätigkeit in demselben Gebiet unter gleichen Bedingungen zu leisten, wesentlich beeinträchtigen.

## Artikel 3

Die finanziellen Beziehungen zwischen der öffentlichen Hand und den öffentlichen Unternehmen, deren Transparenz gemäß Artikel 1 Absatz 1 zu gewährleisten ist, betreffen insbesondere:

a) Ausgleich von Betriebsverlusten,
b) Kapitaleinlagen oder Kapitalausstattungen,
c) nicht rückzahlbare Zuschüsse oder Darlehen zu Vorzugsbedingungen,
d) Gewährung von finanziellen Vergünstigungen durch Verzicht auf Gewinne oder Nichteinziehung von Schuldforderungen,
e) Verzicht auf eine normale Verzinsung der eingesetzten öffentlichen Mittel,
f) Ausgleich von durch die öffentliche Hand auferlegten Belastungen.

## Artikel 4

(1) Zur Gewährleistung der Transparenz gemäß Artikel 1 Absatz 2 ergreifen die Mitgliedstaaten die notwendigen Maßnahmen, um sicherzustellen, dass bei jedem Unternehmen, das zu einer getrennten Buchführung verpflichtet ist,

a) die internen Konten, die den verschiedenen Geschäftsbereichen entsprechen, getrennt geführt werden,
b) alle Kosten und Erlöse auf der Grundlage einheitlich angewandter und objektiv gerechtfertigter Kostenrechnungsgrundsätze korrekt zugeordnet und zugewiesen werden,
c) die Kostenrechnungsgrundsätze, die der getrennten Buchführung zugrunde liegen, eindeutig bestimmt sind.

(2) Absatz 1 gilt nur für die Geschäftsbereiche, die nicht bereits von anderen Spezialvorschriften der Gemeinschaft erfasst sind; die Verpflichtungen der Mitgliedstaaten und Unternehmen aus dem EG-Vertrag oder aus solchen Spezialvorschriften bleiben hiervon unberührt.

## Artikel 5

(1) Hinsichtlich der in Artikel 1 Absatz 1 genannten Transparenz findet diese Richtlinie keine Anwendung auf die finanziellen Beziehungen zwischen der öffentlichen Hand und

a) öffentlichen Unternehmen, welche die Erbringung von Dienstleistungen betreffen, die den Handel zwischen Mitgliedstaaten nicht merklich zu beeinträchtigen geeignet sind;
b) Zentralbanken;
c) öffentlichen Kreditanstalten hinsichtlich der Anlage öffentlicher Mittel seitens der öffentlichen Hand zu normalen Marktbedingungen;
d) öffentlichen Unternehmen mit einem Jahresnettoumsatz von weniger als insgesamt 40 Mio. EUR in den beiden Rechnungsjahren, die der Bereitstellung oder der Verwendung der in Artikel 1 Absatz 1 genannten Mittel vorangehen. Bei den öffentlichen Kreditanstalten entspricht diese Grenze einer Bilanzsumme von 800 Mio. EUR.

(2) Soweit die Transparenz im Sinne von Artikel 1 Absatz 2 gemeint ist, gilt diese Richtlinie nicht für

a) Unternehmen, welche die Erbringung von Dienstleistungen betreffen, die den Handel zwischen Mitgliedstaaten nicht merklich zu beeinträchtigen geeignet sind;
b) Unternehmen mit einem Jahresnettoumsatz von weniger als 40 Mio. EUR in den beiden Rechnungsjahren, die einem Jahr vorangehen, in dem sie ein von einem Mitgliedstaat gewährtes besonderes oder ausschließliches Recht im Sinne von Artikel 86 Absatz 1 hatten oder mit der Erbringung einer Dienstleistung von allgemeinem wirtschaftlichem Interesse gemäß Artikel 86 Absatz 2 EG-Vertrag betraut waren; bei öffentlichen Kreditanstalten entspricht diese Grenze einer Bilanzsumme von 800 Mio. EUR;
c) Unternehmen, die mit der Erbringung von Dienstleistungen von allgemeinem wirtschaftlichen Interesse im Sinne von Artikel 86 Absatz 2 EG-Vertrag betraut wurden, sofern der ihnen gewährte Ausgleich in jeglicher Form für einen angemessenen Zeitraum im Rahmen eines offenen, transparenten und nicht diskriminierenden Verfahrens festgesetzt wurde.

### Artikel 6

(1) Die Mitgliedstaaten treffen die erforderlichen Maßnahmen, damit die Angaben über finanzielle Beziehungen im Sinne von Artikel 1 Absatz 1 der Kommission fünf Jahre lang vom Ende des Rechnungsjahres an gerechnet zur Verfügung stehen, in dem die öffentlichen Mittel den öffentlichen Unternehmen zur Verfügung gestellt wurden. Wurden die öffentlichen Mittel in einem späteren Rechnungsjahr verwendet, so beginnt die Fünfjahresfrist jedoch am Ende dieses Rechnungsjahres.

(2) Die Mitgliedstaaten sorgen dafür, dass die Angaben über die Finanz- und Organisationsstruktur von Unternehmen im Sinne von Artikel 1 Absatz 2 der Kommission fünf Jahre lang vom Ende des Wirtschaftsjahres an gerechnet, auf das sich die Angaben beziehen, zur Verfügung stehen.

(3) In den Fällen, in denen die Kommission dies für erforderlich hält, teilen die Mitgliedstaaten der Kommission auf Verlangen die Angaben im Sinne der Absätze 1 und 2 sowie Angaben zu ihrer Beurteilung und insbesondere die verfolgten Ziele mit.

### Artikel 7

Die Kommission darf die Angaben, die ihr gemäß Artikel 6 Absatz 3 zur Kenntnis gelangt sind und die ihrem Wesen nach unter das Berufsgeheimnis fallen, nicht preisgeben.

Absatz 1 steht der Veröffentlichung von Übersichten oder Zusammenfassungen nicht entgegen, sofern sie keine Angaben über einzelne öffentliche Unternehmen im Sinne dieser Richtlinie enthalten.

### Artikel 8

(1) Mitgliedstaaten, deren öffentliche Unternehmen im verarbeitenden Gewerbe tätig sind, liefern der Kommission bestimmte finanzielle Informationen gemäß den Absätzen 2 und 3 auf jährlicher Basis nach dem Zeitplan gemäß Absatz 5.

(2) Die gemäß Absatz 4 für jedes öffentliche Unternehmen des verarbeitenden Gewerbes angeforderten Informationen betreffen den Lagebericht und den Jahresabschluss nach der Definition der Richtlinie 78/660/EWG des Rates[1]. Der Jahresabschluss und der Lagebericht umfassen neben der Bilanz und der Gewinn- und Verlustrechnung Erläuterungen, Angaben zur Rechnungsführungspolitik, Erklärungen der Direktoren und Bereichs- und Tätigkeitsberichte. Außerdem sollten Angaben zu den Aktionärsversammlungen und alle anderen zweckdienlichen Informationen geliefert werden.

---

1) **Amtl. Anm.:** ABl L 222 vom 14. 8. 1978, S. 11.

Die Berichte sind für jedes einzelne öffentliche Unternehmen getrennt sowie für die Holdinggesellschaft oder die Unterholdinggesellschaft, in der verschiedene öffentliche Unternehmen konsolidiert sind, vorzulegen, wenn die Holdinggesellschaft oder die Unterholdinggesellschaft aufgrund ihres konsolidierten Umsatzes als Unternehmen des verarbeitenden Gewerbes eingestuft wird.

(3) Außer den in Absatz 2 genannten Angaben sind folgende Angaben zu machen, soweit sie nicht im Lagebericht und im Jahresabschluss jedes öffentlichen Unternehmens offengelegt sind:

a) Bereitstellung von Aktienkapital oder eigenkapitalähnlichem Quasikapital mit Angabe der Konditionen dieser Kapitalbereitstellung (gewöhnliche Anteile, Vorzugsanteile, Nachzugsanteile oder Wandelanteile und Zinssätze, damit verbundene Dividenden- oder Umwandlungsrechte);

b) nichtrückzahlbare oder nur unter bestimmten Voraussetzungen rückzahlbare Zuschüsse;

c) Gewährung von Darlehen einschließlich Überziehungskrediten und Vorschüssen auf Kapitalzuführungen an das Unternehmen mit Angabe der Zinssätze, der Konditionen und etwaiger Sicherheiten, die das Unternehmen dem Darlehensgeber stellt;

d) zur Finanzierung von Darlehen übernommene Bürgschaften der öffentlichen Hand (mit Angabe der Konditionen und aller vom Unternehmen hierfür gezahlten Kosten);

e) ausgeschüttete Dividenden und einbehaltene Gewinne;

f) jede andere Form staatlicher Intervention, insbesondere Erlass von Beträgen, die öffentliche Unternehmen dem Staat schulden (einschließlich des Erlasses der Rückzahlung von Darlehen oder Zuschüssen und der Zahlung von Körperschaftsteuern, Sozialabgaben oder ähnlicher Belastungen).

Das in Buchstabe a genannte Aktienkapital umfasst vom Staat unmittelbar zugeführtes Aktienkapital sowie von einer öffentlichen Holdinggesellschaft oder einem anderen öffentlichen Unternehmen einschließlich Finanzinstitute innerhalb wie auch außerhalb ein und derselben Gruppe einem bestimmten öffentlichen Unternehmen zugeführtes Kapital. Das jeweilige Verhältnis zwischen Kapitalgeber und Kapitalempfänger ist anzugeben.

(4) Die nach den Absätzen 2 und 3 verlangten Angaben werden für alle öffentlichen Unternehmen beigebracht, deren Umsatz im jeweils letzten Geschäftsjahr 250 Mio. EUR überschritten hat.

Die Auskünfte sind getrennt für jedes öffentliche Unternehmen einschließlich solcher in anderen Mitgliedstaaten zu erteilen und umfassen gegebenenfalls auch Angaben über alle Geschäfte innerhalb und zwischen Gruppen verschiedener öffentlicher Unternehmen sowie unmittelbar zwischen öffentlichen Unternehmen und der öffentlichen Hand.

Bestimmte öffentliche Unternehmen teilen ihre Tätigkeiten in verschiedene rechtlich selbständige Firmen auf. Die Kommission ist bereit, für solche Unternehmen einen gemeinsamen konsolidierten Bericht zu akzeptieren. Dieser konsolidierte Bericht sollte die wirtschaftliche Lage einer in denselben oder eng verwandten Bereichen tätigen Unternehmensgruppe widerspiegeln. Konsolidierte Berichte von verschiedenartigen, reinen Finanzholdings sind nicht ausreichend.

(5) Die nach den Absätzen 2 und 3 verlangten Informationen sind der Kommission auf jährlicher Grundlage vorzulegen.

Die Informationen sind binnen 15 Arbeitstagen nach dem Zeitpunkt der Veröffentlichung des Lageberichts des betreffenden öffentlichen Unternehmens vorzulegen. In jedem Fall und speziell für Unternehmen, die keinen Lagebericht veröffentlichen, sind die verlangten Informationen spätestens neun Monate nach Ende des Geschäftsjahrs des betreffenden Unternehmens vorzulegen.

(6) Zwecks Beurteilung der Zahl der unter dieses Berichterstattungssystem fallenden Unternehmen übermitteln die Mitgliedstaaten der Kommission ein Verzeichnis der von

diesem Artikel erfassten Unternehmen nebst ihrem Umsatz. Dieses Verzeichnis ist bis zum 31. März jedes Jahres auf den neuesten Stand zu bringen.

(7) Die Mitgliedstaaten stellen der Kommission alle zusätzlichen Informationen zur Verfügung, die diese zur Ergänzung einer vollständigen Beurteilung der vorgelegten Angaben für notwendig erachtet.

**Artikel 9**

Die Kommission unterrichtet die Mitgliedstaaten regelmäßig über die Ergebnisse der Anwendung dieser Richtlinie.

**Artikel 10**

Die Richtlinie 80/723/EWG, in der Fassung der in Anhang I Teil A aufgeführten Richtlinien, wird unbeschadet der Verpflichtung der Mitgliedstaaten hinsichtlich der in Anhang I Teil B genannten Fristen für die Umsetzung in innerstaatliches Recht aufgehoben.

Bezugnahmen auf die aufgehobene Richtlinie gelten als Bezugnahmen auf die vorliegende Richtlinie und sind nach Maßgabe der Entsprechungstabelle in Anhang II zu lesen.

**Artikel 11**

Diese Richtlinie tritt am 20. Dezember 2006 in Kraft.

**Artikel 12**

Diese Richtlinie ist an die Mitgliedstaaten gerichtet.

# VI. Handelspolitik

## Verordnung (EG) Nr. 1334/2000 des Rates vom 22. Juni 2000 über eine Gemeinschaftsregelung für die Kontrolle der Ausfuhr von Gütern und Technologie mit doppeltem Verwendungszweck (VO EG Nr. 1334/2000)

### v. 30. 6. 2000 (ABl Nr. L 159 S. 1)

Die Verordnung (EG) Nr. 1334/2000 des Rates vom 22. Juni 2000 über eine Gemeinschaftsregelung für die Kontrolle der Ausfuhr von Gütern und Technologie mit doppeltem Verwendungszweck v. 30. 6. 2000 (ABl Nr. L 159 S. 1) wurde geändert durch die Berichtigung der Verordnung (EG) Nr. 1334/2000 des Rates vom 22. Juni 2000 über eine Gemeinschaftsregelung für die Kontrolle der Ausfuhr von Gütern und Technologien mit doppeltem Verwendungszweck v. 15. 7. 2000 (ABl Nr. L 176 S. 52).

DER RAT DER EUROPÄISCHEN UNION –

gestützt auf den Vertrag zur Gründung der Europäischen Gemeinschaft, insbesondere auf Artikel 133,

auf Vorschlag der Kommission[1],

in Erwägung nachstehender Gründe:

(1) Güter mit doppeltem Verwendungszweck (einschließlich Software und Technologie) sollten bei ihrer Ausfuhr aus der Gemeinschaft wirksam kontrolliert werden.

(2) Ein wirksames gemeinsames Ausfuhrkontrollsystem für Güter mit doppeltem Verwendungszweck ist erforderlich, um sicherzustellen, daß die internationalen Verpflichtungen und Verantwortlichkeiten der Mitgliedstaaten, insbesondere hinsichtlich der Nichtverbreitung, und die der Europäischen Union eingehalten werden.

(3) Das Bestehen eines gemeinsamen Kontrollsystems und harmonisierter Konzepte für die Durchführung und Überwachung in allen Mitgliedstaaten ist eine Voraussetzung für den freien Verkehr von Gütern mit doppeltem Verwendungszweck innerhalb der Gemeinschaft.

(4) Die geltende Ausfuhrkontrollregelung für Güter mit doppeltem Verwendungszweck, die durch die Verordnung (EG) Nr. 3381/94[2] sowie den Beschluß 94/942/GASP[3] geschaffen wurde, muß weiter harmonisiert werden, um weiterhin die wirksame Anwendung der Kontrollen zu gewährleisten.

(5) Gemeinsame Listen von Gütern mit doppeltem Verwendungszweck, von Bestimmungszielen und Leitlinien sind wesentliche Bestandteile eines wirksamen Ausfuhrkontrollsystems. Diese Listen, die mit dem Beschluß 94/942/GASP und nachfolgenden Änderungen aufgestellt wurden, sollten in diese Verordnung aufgenommen werden.

(6) Für Entscheidungen über Anträge auf Ausfuhrgenehmigungen sind die nationalen Behörden zuständig. Einzelstaatliche Vorschriften und Beschlüsse, die Ausfuhren von Gütern mit doppeltem Verwendungszweck betreffen, müssen im Rahmen der gemeinsamen Handelspolitik, insbesondere der Verordnung (EWG) Nr. 2603/69 des Rates vom 20. Dezember 1969 zur Festlegung einer gemeinsamen Ausfuhrregelung[4] erlassen werden.

(7) Entscheidungen zur Aktualisierung der gemeinsamen Liste von Gütern mit doppeltem Verwendungszweck müssen voll und ganz im Einklang mit den Auflagen und Verpflichtungen stehen, die jeder Mitgliedstaat als Mitglied der jeweiligen internationalen Nichtverbreitungsregime und Ausfuhrkontrollvereinbarungen oder durch die Ratifizierung einschlägiger internationaler Verträge übernommen hat.

---

1) **Amtl. Anm.:** ABl C 399 vom 21. 12. 1998, S. 1.
2) **Amtl. Anm.:** ABl L 367 vom 31. 12. 1994, S. 1. Verordnung geändert durch die Verordnung (EG) Nr. 837/95 (ABl L 90 vom 21. 4. 1995, S. 1).
3) **Amtl. Anm.:** ABl L 367 vom 31. 12. 1994, S. 8. Beschluß zuletzt geändert durch den Beschluß 2000/243/GASP (ABl L 82 vom 1. 4. 2000, S. 1).
4) **Amtl. Anm.:** ABl L 324 vom 27. 12. 1969, S. 25. Verordnung zuletzt geändert durch die Verordnung (EWG) Nr. 3918/91 (ABl L 372 vom 31. 12. 1991, S. 31).

(8) Die Übertragung von Software und Technologie mittels elektronischer Medien, Telefax und Telefon nach Bestimmungszielen außerhalb der Gemeinschaft sollte ebenfalls kontrolliert werden.

(9) Der Wiederausfuhr und der Endverwendung ist besondere Aufmerksamkeit zu schenken.

(10) Am 22. September 1998 haben Vertreter der Mitgliedstaaten und der Europäischen Kommission Zusatzprotokolle zu den jeweiligen Übereinkünften über Sicherungsmaßnahmen zwischen den Mitgliedstaaten, der Europäischen Atomgemeinschaft und der Internationalen Atomenergie-Organisation unterzeichnet, in denen die Mitgliedstaaten unter anderem verpflichtet werden, Informationen in bezug auf genau festgelegte Ausrüstung und nichtnukleares Material bereitzustellen.

(11) Die Gemeinschaft hat mit der Verordnung (EWG) Nr. 2913/92 des Rates vom 12. Oktober 1992 zur Festlegung des Zollkodex der Gemeinschaften[1] und der Verordnung (EWG) Nr. 2454/93 der Kommission[2] zur Durchführung der Verordnung (EWG) Nr. 2913/92 ein Regelwerk mit Zollvorschriften angenommen, die unter anderem Bestimmungen über die Ausfuhr und Wiederausfuhr von Waren enthalten. Durch die vorliegende Verordnung werden Befugnisse im Rahmen und nach Maßgabe des Zollkodex der Gemeinschaften und seiner Durchführungsbestimmungen in keiner Weise eingeschränkt.

(12) Gemäß Artikel 30 des Vertrags behalten die Mitgliedstaaten bis zu einer weitergehenden Harmonisierung innerhalb der durch diesen Artikel gesetzten Grenzen das Recht, die Verbringung von bestimmten Gütern mit doppeltem Verwendungszweck innerhalb der Europäischen Gemeinschaft zum Schutz der öffentlichen Ordnung und öffentlichen Sicherheit Kontrollen zu unterziehen. Diese Kontrollen werden, soweit sie mit der Wirksamkeit der Kontrollen von Ausfuhren aus der Gemeinschaft im Zusammenhang stehen, vom Rat regelmäßig überprüft.

(13) Um sicherzustellen, daß diese Verordnung ordnungsgemäß angewandt wird, sollte jeder Mitgliedstaat Maßnahmen treffen, um den zuständigen Behörden die erforderlichen Befugnisse einzuräumen.

(14) Jeder Mitgliedstaat sollte festlegen, welche Sanktionen bei Verstößen gegen die Bestimmungen dieser Verordnung zu verhängen sind.

(15) Das Europäische Parlament hat in seiner Entschließung vom 13. April 1999[3] Seine Auffassung zum Ausdruck gebracht.

(16) Die Verordnung (EG) Nr. 3381/94 sollte dementsprechend aufgehoben werden –
HAT FOLGENDE VERORDNUNG ERLASSEN:

## Kapitel I: Gegenstand und Begriffsbestimmungen

### Artikel 1

Mit dieser Verordnung wird ein Gemeinschaftssystem für die Kontrolle der Ausfuhr von Gütern mit doppeltem Verwendungszweck festgelegt.

### Artikel 2

Im Sinne dieser Verordnung bezeichnet der Begriff

a) „Güter mit doppeltem Verwendungszweck" Güter, einschließlich Datenverarbeitungsprogramme und Technologie, die sowohl für zivile als auch für militärische Zwecke verwendet werden können; darin eingeschlossen sind alle Waren, die so-

---

1) **Amtl. Anm.:** ABl L 302 vom 19. 10. 1992, S. 1. Verordnung zuletzt geändert durch die Verordnung (EG) Nr. 955/1999 des Europäischen Parlaments und des Rates (ABl L 119 vom 7. 5. 1999, S. 1).
2) **Amtl. Anm.:** ABl L 253 vom 11. 10. 1993, S. 1. Verordnung zuletzt geändert durch die Verordnung (EG) Nr. 1662/1999 (ABl L 197 vom 29. 7. 1999, S. 25).
3) **Amtl. Anm.:** ABl C 219 vom 30. 7. 1999, S. 34.

wohl für nichtexplosive Zwecke als auch für jedwede Form der Unterstützung bei der Herstellung von Kernwaffen oder sonstigen Kernsprengkörpern verwendet werden können;

b) „Ausfuhr"
  i. ein Ausfuhrverfahren im Sinne des Artikels 161 des Zollkodex der Gemeinschaften,
  ii. eine Wiederausfuhr im Sinne des Artikels 182 des Zollkodex der Gemeinschaften,
  iii. die Übertragung von Software oder Technologie mittels elektronischer Medien, Telefax oder Telefon nach einem Bestimmungsziel außerhalb der Gemeinschaft; für die mündliche Weitergabe von Technologie über das Telefon gilt dies nur insofern, als die Technologie in einem Dokument enthalten ist und der betreffende Teil des Dokuments am Telefon verlesen oder am Telefon so beschrieben wird, daß im wesentlichen das gleiche Ergebnis erzielt wird;

c) „Ausführer" jede natürliche oder juristische Person, für die eine Ausfuhranmeldung abgegeben wird, d. h. die Person, die zum Zeitpunkt der Entgegennahme der Anmeldung Vertragspartner des Empfängers im Drittland ist und über die Versendung der Güter aus dem Zollgebiet der Gemeinschaft bestimmt. Wenn kein Ausfuhrvertrag geschlossen wurde oder wenn der Vertragspartner nicht für sich selbst handelt, ist ausschlaggebend, wer die Versendung der Güter aus dem Zollgebiet der Gemeinschaft tatsächlich bestimmt.

Als „Ausführer" gilt auch jede natürliche oder juristische Person, die entscheidet, Software oder Technologie mittels elektronischer Medien, Telefax oder Telefon nach einem Bestimmungsziel außerhalb der Gemeinschaft zu übertragen.

Stehen nach dem Ausfuhrvertrag die Verfügungsrechte über die Güter mit doppeltem Verwendungszweck einer außerhalb der Gemeinschaft niedergelassenen Person zu, so gilt als Ausführer die in der Gemeinschaft niedergelassene Vertragspartei;

d) „Ausfuhranmeldung" die Rechtshandlung, durch die eine Person in der vorgeschriebenen Form und Weise den Willen bekundet, Güter mit doppeltem Verwendungszweck zu einem Ausfuhrverfahren anzumelden.

## Kapitel II: Anwendungsbereich

### Artikel 3

(1) Die Ausfuhr der in Anhang I aufgeführten Güter mit doppeltem Verwendungszweck ist genehmigungspflichtig.

(2) Gemäß Artikel 4 oder Artikel 5 kann auch für die Ausfuhr von bestimmten, nicht in Anhang I aufgeführten Gütern mit doppeltem Verwendungszweck nach allen oder bestimmten Bestimmungszielen eine Genehmigung vorgeschrieben werden.

(3) Diese Verordnung gilt nicht für die Erbringung von Dienstleistungen oder die Weitergabe von Technologie, wenn diese Erbringung oder Übertragung mit einem Grenzübertritt natürlicher Personen verbunden ist.

(4) Diese Verordnung gilt nicht für Güter mit doppeltem Verwendungszweck, die durch das Gebiet der Gemeinschaft lediglich durchgeführt werden, also Güter, die nicht einer anderen zollrechtlich zulässigen Behandlung oder Verwendung aus dem externen Versandverfahren zugeführt werden oder die lediglich in eine Freizone oder ein Freilager verbracht werden, wo sie nicht in bewilligten Bestandsaufzeichnungen erfaßt werden müssen.

### Artikel 4

(1) Die Ausfuhr von Gütern mit doppeltem Verwendungszweck, die nicht in Anhang I aufgeführt sind, ist genehmigungspflichtig, wenn der Ausführer von den zuständigen Behörden des Mitgliedstaats, in dem er niedergelassen ist, davon unterrichtet worden ist, daß diese Güter ganz oder teilweise bestimmt sind oder bestimmt sein können zur

Verwendung im Zusammenhang mit der Entwicklung, der Herstellung, der Handhabung, dem Betrieb, der Wartung, der Lagerung, der Ortung, der Identifizierung oder der Verbreitung von chemischen, biologischen oder Kernwaffen oder sonstigen Kernsprengkörpern oder zur Entwicklung, Herstellung, Wartung oder Lagerung von Flugkörpern für derartige Waffen.

(2) Die Ausfuhr von Gütern mit doppeltem Verwendungszweck, die nicht in Anhang I aufgeführt sind, ist auch genehmigungspflichtig, wenn gegen das Käuferland oder das Bestimmungsland ein Waffenembargo aufgrund eines vom Rat festgelegten Gemeinsamen Standpunkts oder einer vom Rat verabschiedeten Gemeinsamen Aktion oder einer Entscheidung der OSZE oder ein Waffenembargo aufgrund einer verbindlichen Resolution des VN-Sicherheitsrates verhängt wurde und wenn der Ausführer von den in Absatz 1 genannten Behörden davon unterrichtet worden ist, daß diese Güter ganz oder teilweise für eine militärische Endverwendung bestimmt sind oder bestimmt sein können. Als „militärische Endverwendung" im Sinne dieses Absatzes gilt

a) der Einbau in militärische Güter, die in der Militärliste der Mitgliedstaaten aufgeführt sind;

b) die Verwendung von Herstellungs-, Test- oder Analyseausrüstung sowie Bestandteilen hierfür für die Entwicklung, die Herstellung oder die Wartung von militärischen Gütern, die in der obengenannten Liste aufgeführt sind;

c) die Verwendung von unfertigen Erzeugnissen in einer Anlage für die Herstellung von militärischen Gütern, die in der obengenannten Liste aufgeführt sind.

(3) Die Ausfuhr von Gütern mit doppeltem Verwendungszweck, die nicht in Anhang I aufgeführt sind, ist auch genehmigungspflichtig, wenn der Ausführer von den in Absatz 1 genannten Behörden davon unterrichtet worden ist, daß diese Güter ganz oder teilweise für die Verwendung als Bestandteile von militärischen Gütern bestimmt sind oder bestimmt sein können, die in der nationalen Militärliste aufgeführt sind und aus dem Hoheitsgebiet dieses Mitgliedstaats ohne Genehmigung oder unter Verstoß gegen eine aufgrund innerstaatlicher Rechtsvorschriften dieses Mitgliedstaats erteilte Genehmigung ausgeführt wurden.

(4) Ist einem Ausführer bekannt, daß Güter mit doppeltem Verwendungszweck, die er ausführen möchte und die nicht in Anhang I aufgeführt sind, ganz oder teilweise für eine der Verwendungen im Sinne der Absätze 1, 2 und 3 bestimmt sind, so hat er die in Absatz 1 genannten Behörden davon zu unterrichten; diese entscheiden, ob die Ausfuhr dieser Güter genehmigungspflichtig sein soll.

(5) Ein Mitgliedstaat kann einzelstaatliche Rechtsvorschriften erlassen oder beibehalten, in denen für die Ausfuhr von Gütern mit doppeltem Verwendungszweck, die nicht in Anhang I aufgeführt sind, eine Genehmigungspflicht vorgeschrieben wird, wenn der Ausführer Grund zu der Annahme hat, daß diese Güter ganz oder teilweise für einen der in Absatz 1 genannten Verwendungszwecke bestimmt sind oder bestimmt sein können.

(6) Ein Mitgliedstaat, der gemäß den Absätzen 1 bis 5 für die Ausfuhr eines Gutes mit doppeltem Verwendungszweck, das nicht in Anhang I aufgeführt ist, eine Genehmigungspflicht vorschreibt, teilt dies, soweit angebracht, den anderen Mitgliedstaaten und der Kommission mit. Die anderen Mitgliedstaaten berücksichtigen diese Information gebührend und unterrichten soweit möglich ihre Zollbehörden und anderen zuständigen nationalen Behörden.

(7) Artikel 9 Absätze 2 und 3 gelten für Fälle im Zusammenhang mit Gütern mit doppeltem Verwendungszweck, die nicht in Anhang I aufgeführt sind.

(8) Diese Verordnung läßt das Recht der Mitgliedstaaten unberührt, einzelstaatliche Maßnahmen gemäß Artikel 11 der Verordnung (EWG) Nr. 2603/69 zu ergreifen.

**Artikel 5**

(1) Ein Mitgliedstaat kann die Ausfuhr von Gütern mit doppeltem Verwendungszweck, die nicht in Anhang I aufgeführt sind, aus Gründen der öffentlichen Sicherheit oder aus Menschenrechtserwägungen untersagen oder hierfür eine Genehmigungspflicht vorschreiben.

(2) Die Mitgliedstaaten unterrichten die Kommission unverzüglich nach deren Erlaß über die gemäß Absatz 1 erlassenen Maßnahmen und geben dabei die genauen Gründe für diese Maßnahmen an.

(3) Die Mitgliedstaaten unterrichten ferner die Kommission unverzüglich über alle Änderungen der gemäß Absatz 1 erlassenen Maßnahmen.

(4) Die Kommission veröffentlicht die ihr gemäß den Absätzen 2 und 3 mitgeteilten Maßnahmen im *Amtsblatt der Europäischen Gemeinschaften*, Reihe C.

## Kapitel III: Ausfuhrgenehmigung

### Artikel 6

(1) Mit dieser Verordnung wird für bestimmte Ausfuhren eine Allgemeine Ausfuhrgenehmigung der Gemeinschaft gemäß Anhang II geschaffen.

(2) Für alle anderen nach dieser Verordnung genehmigungspflichtigen Ausfuhren wird die Genehmigung von den zuständigen Behörden des Mitgliedstaats erteilt, in dem der Ausführer niedergelassen ist. Vorbehaltlich der Einschränkung des Absatzes 3 kann diese Genehmigung in Form einer Einzelgenehmigung, einer Globalgenehmigung oder einer Allgemeingenehmigung erteilt werden.

Die Genehmigung ist in der gesamten Gemeinschaft gültig.

Die Genehmigung kann gegebenenfalls von bestimmten Voraussetzungen und Nebenbestimmungen abhängig gemacht werden, beispielsweise von der Verpflichtung zur Vorlage einer Endverbleibserklärung.

(3) Die in Anhang II, Teil 2, aufgeführten Güter dürfen nicht in eine Allgemeingenehmigung aufgenommen werden.

(4) Die Mitgliedstaaten geben in den Allgemeingenehmigungen an, daß diese nicht verwendet werden dürfen, wenn der Ausführer von seinen Behörden davon unterrichtet worden ist, daß die betreffenden Güter ganz oder teilweise für eine der Verwendungen im Sinne des Artikels 4 Absätze 1, 2 und 3 bestimmt sind oder bestimmt sein können, oder wenn dem Ausführer bekannt ist, daß die Güter für die obengenannten Verwendungszwecke bestimmt sind.

(5) Die Mitgliedstaaten müssen nationale Rechtsvorschriften erlassen oder beibehalten, wonach einem bestimmten Ausführer für eine Art oder Kategorie von Gütern mit doppeltem Verwendungszweck eine Globalgenehmigung erteilt werden kann, die für die Ausfuhren in ein oder mehrere genau festgelegte Länder gültig sein kann.

(6) Die Mitgliedstaaten übermitteln der Kommission eine Liste der Behörden, die für die Erteilung von Ausfuhrgenehmigungen für Güter mit doppeltem Verwendungszweck zuständig sind.

Die Kommission veröffentlicht die List dieser Behörden im *Amtsblatt der Europäischen Gemeinschaften*, Reihe C.

### Artikel 7

(1) Wenn sich die Güter mit doppeltem Verwendungszweck, für die eine Einzelausfuhrgenehmigung beantragt wird, für ein in Anhang II nicht aufgeführtes Bestimmungsziel oder – im Fall der im Anhang IV aufgeführten Güter mit doppeltem Verwendungszweck – für alle Bestimmungsziele in einem oder mehreren anderen Mitgliedstaaten als dem oder denjenigen, in dem bzw. denen der Antrag gestellt wurde, befinden oder befinden werden, ist dies in dem Antrag anzugeben. Die zuständigen Behörden des Mitgliedstaats, in dem die Genehmigung beantragt wurde, konsultieren unverzüglich die zuständigen Behörden des betreffenden Mitgliedstaats bzw. der betreffenden Mitgliedstaaten unter Übermittlung der sachdienlichen Angaben. Der konsultierte Mitgliedstaat bzw. die konsultierten Mitgliedstaaten teilen innerhalb von zehn Arbeitstagen etwaige Einwände gegen die Erteilung einer solchen Genehmigung mit, die den Mitgliedstaat, in dem der Antrag gestellt worden ist, binden.

Wenn innerhalb von zehn Arbeitstagen keine Einwände eingehen, so wird davon ausgegangen, daß der bzw. die konsultierten Mitgliedstaaten keine Einwände haben.

In Ausnahmefällen kann jeder konsultierte Mitgliedstaat die Verlängerung der Zehntagesfrist beantragen. Die Verlängerung darf jedoch 30 Arbeitstage nicht überschreiten.

(2) Wenn eine Ausfuhr den wesentlichen Sicherheitsinteressen eines Mitgliedstaats schaden könnte, kann dieser einen anderen Mitgliedstaat ersuchen, keine Ausfuhrgenehmigung zu erteilen oder, wenn eine derartige Genehmigung bereits erteilt worden ist, im deren Ungültigkeitserklärung, Aussetzung, Abänderung, Rücknahme oder Widerruf ersuchen. Der Mitgliedstaat, an den ein solches Ersuchen gerichtet wird, nimmt mit dem ersuchenden Mitgliedstaat unverzüglich unverbindliche Konsultationen auf, die innerhalb von zehn Arbeitstagen abgeschlossen sein müssen.

### Artikel 8

Bei der Entscheidung, ob eine Ausfuhrgenehmigung gemäß dieser Verordnung erteilt wird, berücksichtigen die Mitgliedstaaten alle sachdienlichen Erwägungen, und zwar unter anderem folgende Punkte:

a) die Verpflichtungen und Bindungen, die jeder Mitgliedstaat als Mitglied der jeweiligen internationalen Nichtverbreitungsregime und Ausfuhrkontrollvereinbarungen oder durch die Ratifizierung einschlägiger internationaler Verträge übernommen hat;

b) ihre Verpflichtungen im Rahmen von Sanktionen, die aufgrund eines vom Rat festgelegten Gemeinsamen Standpunkts oder einer vom Rat verabschiedeten Gemeinsamen Aktion oder aufgrund einer Entscheidung der OSZE oder aufgrund einer verbindlichen Resolution des VN-Sicherheitsrats verhängt wurden;

c) Überlegungen der nationalen Außen- und Sicherheitspolitik, einschließlich der Aspekte, die vom Verhaltenskodex der Europäischen Union für Waffenausfuhren erfaßt werden;

d) Überlegungen über die beabsichtigte Endverwendung und die Gefahr einer Umlenkung.

### Artikel 9

(1) Die Ausführer übermitteln den zuständigen Behörden alle erforderlichen Angaben zu ihrem Antrag auf Erteilung einer Ausfuhrgenehmigung.

(2) Die zuständigen Behörden können in Übereinstimmung mit dieser Verordnung die Erteilung einer Ausfuhrgenehmigung verweigern und eine von ihnen bereits erteilte Ausfuhrgenehmigung für ungültig erklären, aussetzen, abändern, zurücknehmen oder widerrufen. Im Fall der Verweigerung, der Ungültigkeitserklärung, der Aussetzung, der wesentlichen Einschränkung, der Rücknahme oder des Widerrufs einer Genehmigung unterrichten sie die zuständigen Behörden der anderen Mitgliedstaaten und die Kommission entsprechend und tauschen die sachdienlichen Informationen mit den anderen Mitgliedstaaten und der Kommission aus; dabei ist die Vertraulichkeit dieser Angaben gemäß Artikel 15 Absatz 3 zu wahren.

(3) Bevor ein Mitgliedstaat eine Ausfuhrgenehmigung erteilt, die von einem oder mehreren anderen Mitgliedstaaten für einen im wesentlichen identischen Vorgang innerhalb der letzten drei Jahre verweigert wurde, konsultiert er zunächst den bzw. die Mitgliedstaaten, die den bzw. die abschlägigen Bescheide erteilt haben. Beschließt der Mitgliedstaat nach diesen Konsultationen dennoch, eine Genehmigung zu erteilen, so unterrichtet er die anderen Mitgliedstaaten und die Kommission und macht dabei alle einschlägigen Angaben zur Begründung der Entscheidung.

### Artikel 10

(1) Für die Ausstellung aller Einzelgenehmigungen und Globalgenehmigungen ist ein Formblatt zu verwenden, das mit dem Muster in Anhang IIIa im Einklang steht.

(2) Auf Antrag des Ausführers werden Globalgenehmigungen, die mengenmäßige Beschränkungen enthalten, aufgeteilt.

(3) Gemäß Artikel 6 Absatz 2 erteilte Allgemeingenehmigungen werden entsprechend den nationalen Rechtsvorschriften und Gepflogenheiten veröffentlicht. Sie werden gemäß den Angaben in Anhang IIIb ausgestellt.

## Kapitel IV: Aktualisierung der Listen von Gütern mit doppeltem Verwendungszweck

### Artikel 11

Die Listen von Gütern mit doppeltem Verwendungszweck in Anhang I und Anhang IV werden im Einklang mit den einschlägigen Verpflichtungen und Bindungen und deren Änderungen aktualisiert, die jeder Mitgliedstaat als Mitglied der internationalen Nichtverbreitungsregime und Ausfuhrkontrollvereinbarungen oder durch die Ratifizierung einschlägiger internationaler Verträge übernommen hat.

## Kapitel V: Zollverfahren

### Artikel 12

(1) Bei der Erledigung der Zollformalitäten für die Ausfuhr von Gütern mit doppeltem Verwendungszweck bei der für die Bearbeitung der Ausfuhranmeldung zuständigen Zollstelle erbringt der Ausführer den Nachweis, daß die Ausfuhr ordnungsgemäß genehmigt worden ist.

(2) Von dem Ausführer kann eine Übersetzung aller Belege in eine Amtssprache des Mitgliedstaats verlangt werden, in dem die Ausfuhranmeldung vorgelegt wird.

(3) Ein Mitgliedstaat kann außerdem unbeschadet der Befugnisse, die ihm im Rahmen und nach Maßgabe des Zollkodex der Gemeinschaften übertragen wurden, während eines Zeitraums, der die in Absatz 4 genannten Zeiträume nicht überschreitet, das Verfahren zur Ausfuhr aus seinem Hoheitsgebiet aussetzen oder erforderlichenfalls auf andere Weise verhindern, daß in Anhang I aufgeführte Güter mit doppeltem Verwendungszweck, für die eine gültige Ausfuhrgenehmigung vorliegt, die Gemeinschaft von seinem Hoheitsgebiet aus verlassen, wenn er Grund zu der Annahme hat, daß

a) bei Erteilung der Genehmigung sachdienliche Informationen nicht berücksichtigt wurden oder

b) die Lage sich seit Erteilung der Genehmigung wesentlich verändert hat.

(4) In dem in Absatz 3 genannten Fall sind die zuständigen Behörden des Mitgliedstaats, der die Ausfuhrgenehmigung erteilt hat, unverzüglich zu konsultieren, damit sie Maßnahmen gemäß Artikel 9 Absatz 2 treffen können. Wenn diese zuständigen Behörden beschließen, die Genehmigung aufrechtzuerhalten, ergeht ihre Antwort innerhalb von zehn Arbeitstagen, wobei diese Frist auf ihren Antrag hin unter außergewöhnlichen Umständen auf 30 Arbeitstage verlängert werden kann. Wird die Genehmigung aufrechterhalten oder ist innerhalb von zehn Arbeitstagen keine Antwort eingegangen, so werden die Güter mit doppeltem Verwendungszweck unverzüglich freigegeben. Der Mitgliedstaat, der die Genehmigung erteilt hat, unterrichtet die anderen Mitgliedstaaten und die Kommission.

### Artikel 13

(1) Die Mitgliedstaaten können vorsehen, daß die Zollformalitäten für die Ausfuhr von Gütern mit doppeltem Verwendungszweck nur bei dazu ermächtigen Zollstellen erledigt werden können.

(2) Nehmen die Mitgliedstaaten die in Absatz 1 gebotene Möglichkeit in Anspruch, so teilen sie der Kommission mit, welche Zollstellen von ihnen ordnungsgemäß ermächtigt worden sind. Die Kommission veröffentlicht diese Angaben im *Amtsblatt der Europäischen Gemeinschaften*, Reihe C.

## Artikel 14

Die Bestimmungen der Artikel 463 bis 470 und des Artikels 843 der Verordnung (EWG) Nr. 2454/93 gelten für Beschränkungen der Ausfuhr, der Wiederausfuhr und des Verlassens des Zollgebiets von Gütern mit doppeltem Verwendungszweck, deren Ausfuhr nach dieser Verordnung genehmigungspflichtig ist.

## Kapitel VI: Zusammenarbeit der Verwaltungen

### Artikel 15

(1) Die Mitgliedstaten treffen in Verbindung mit der Kommission alle zweckdienlichen Maßnahmen für eine direkte Zusammenarbeit und einen Informationsaustausch zwischen den zuständigen Behörden, um auf diese Weise insbesondere die Gefahr auszuschließen, daß eine etwaige unterschiedliche Anwendung der Ausfuhrkontrollen für Güter mit doppeltem Verwendungszweck zu Handelsverlagerungen und so zu Schwierigkeiten für einen oder mehrere Mitgliedstaaten führen kann.

(2) Die Mitgliedstaaten treffen alle zweckdienlichen Maßnahmen für eine direkte Zusammenarbeit und einen Informationsaustausch zwischen den zuständigen Behörden über Endverwender, bei denen Sicherheitsbedenken bestehen, damit die von dieser Verordnung betroffenen Ausführer einheitliche Leitlinien erhalten.

(3) Unbeschadet des Artikels 18 findet die Verordnung (EG) Nr. 515/97 des Rates vom 13. März 1997 über die gegenseitige Amtshilfe zwischen Verwaltungsbehörden der Mitgliedstaaten und die Zusammenarbeit dieser Behörden mit der Kommission im Hinblick auf die ordnungsgemäße Anwendung der Zoll- und der Agrarregelung[1] entsprechende Anwendung, insbesondere was die Vertraulichkeit der Angaben betrifft.

## Kapitel VII: Kontrollmaßnahmen

### Artikel 16

(1) Die Ausführer entsprechend den geltenden Verwaltungspraktiken des betreffenden Mitgliedstaats ausführliche Register oder Aufzeichnungen über ihre Ausfuhren zu führen. Diese Register oder Aufzeichnungen müssen insbesondere Geschäftspapiere wie Rechnungen, Ladungsverzeichnisse, Beförderungs- oder sonstige Versandpapiere enthalten, anhand deren folgendes festgestellt werden kann:

a) die Bezeichnung der Güter mit doppeltem Verwendungszweck,

b) die Menge dieser Güter,

c) Name und Anschrift des Ausführers und des Empfängers,

d) soweit bekannt, die Endverwendung und der Endverwender der Güter mit doppeltem Verwendungszweck.

(2) Die Register oder Aufzeichnungen und die Papiere nach Absatz 1 sind nach Ende des Kalenderjahres, in dem die Ausfuhr erfolgt ist, mindestens drei Jahre lang aufzubewahren. Sie sind auf Verlangen den zuständigen Behörden des Mitgliedstaats, in dem der Ausführer niedergelassen ist, vorzulegen.

### Artikel 17

Um die ordnungsgemäße Anwendung dieser Verordnung sicherzustellen, trifft jeder Mitgliedstaat die erforderlichen Maßnahmen, damit seine zuständigen Behörden

a) Auskünfte über jede Bestellung oder jedes Geschäft im Zusammenhang mit Gütern mit doppeltem Verwendungszweck einholen können und

b) die einwandfreie Durchführung der Ausfuhrkontrollmaßnahmen überprüfen können, wobei dies insbesondere die Befugnis umfassen kann, sich Zugang zu den Geschäftsräumen von an Ausfuhrgeschäften beteiligten Personen zu verschaffen.

---

1) **Amtl. Anm.:** ABl L 82 vom 22. 3. 1997, S. 1.

# Kapitel VIII: Allgemeine und Schlußbestimmungen

## Artikel 18

(1) Es wird eine Koordinierungsgruppe eingesetzt, in der der Vertreter der Kommission den Vorsitz führt. Jeder Mitgliedstaat entsendet einen Vertreter in die Koordinierungsgruppe.

Die Koordinierungsgruppe prüft alle Fragen im Zusammenhang mit der Anwendung dieser Verordnung, die entweder vom Vorsitzenden oder von einem Vertreter eines Mitgliedstaats vorgelegt werden, und unter anderem folgende Punkte:

a) die Maßnahmen, die von den Mitgliedstaaten ergriffen werden sollten, um die Ausführer über ihre Verpflichtungen aufgrund dieser Verordnung zu unterrichten;

b) Leitlinien für Formblätter für Ausfuhrgenehmigungen.

(2) Die Koordinierungsgruppe kann Organisationen, die von dieser Verordnung betroffene Ausführer vertreten, konsultieren, wann immer sie dies für erforderlich hält.

## Artikel 19

Jeder Mitgliedstaat trifft geeignete Maßnahmen, um die ordnungsgemäße Durchführung aller Bestimmungen dieser Verordnung sicherzustellen. Er legt insbesondere Sanktionen fest, die bei einem Verstoß gegen diese Verordnung und ihre Durchführungsvorschriften zu verhängen sind. Die Sanktionen müssen wirksam, verhältnismäßig und abschreckend sein.

## Artikel 20

Jeder Mitgliedstaat unterrichtet die Kommission über die Rechts- und Verwaltungsvorschriften, die er zur Durchführung dieser Verordnung erläßt, einschließlich der Maßnahmen gemäß Artikel 19. Die Kommission übermittelt diese Angaben den übrigen Mitgliedstaaten. Die Kommission legt dem Europäischen Parlament und dem Rat alle drei Jahre einen Bericht über die Anwendung dieser Verordnung vor. Die Mitgliedstaaten übermitteln der Kommission alle sachdienlichen Angaben zur Ausarbeitung dieses Berichts.

## Artikel 21

(1) Die innergemeinschaftliche Verbringung der in Anhang IV aufgeführten Güter mit doppeltem Verwendungszweck ist genehmigungspflichtig. Für die in Anhang IV Teil 2 aufgeführten Güter darf keine Allgemeingenehmigung erteilt werden.

(2)

a) Ein Mitgliedstaat kann für die Verbringung von anderen Gütern mit doppeltem Verwendungszweck aus seinem Hoheitsgebiet in einen anderen Mitgliedstaat in den Fällen eine Genehmigungspflicht vorschreiben, in denen zum Zeitpunkt der Verbringung

- dem Verbringer bekannt ist, daß das endgültige Bestimmungsziel der betreffenden Güter außerhalb der Gemeinschaft liegt;
- die Ausfuhr dieser Güter nach diesem endgültigen Bestimmungsziel einer Genehmigungspflicht gemäß Artikel 3, 4 oder 5 in dem Mitgliedstaat, aus dem die Güter verbracht werden sollen, unterliegt und für eine derartige Ausfuhr unmittelbar von seinem Hoheitsgebiet aus keine Allgemeingenehmigung oder Globalgenehmigung vorliegt;
- die Güter in dem Mitgliedstaat, in den sie verbracht werden sollen, keiner Verarbeitung oder Bearbeitung im Sinne des Artikels 24 des Zollkodex der Gemeinschaften unterzogen werden sollen.

b) Der Antrag auf Genehmigung der Verbringung ist in dem Mitgliedstaat zu stellen, aus dem die Güter mit doppeltem Verwendungszweck verbracht werden sollen.

c) In den Fällen, in denen die nachfolgende Ausfuhr der Güter mit doppeltem Verwendungszweck im Rahmen der Konsultationsverfahren gemäß Artikel 7 von dem Mitgliedstaat, aus dem die Güter verbracht werden sollen; bereits befürwortet wurde, wird die Genehmigung für die Verbringung dem Verbringer unverzüglich ausgestellt, es sei denn, die Umstände haben sich wesentlich geändert.

d) Ein Mitgliedstaat, der Rechtsvorschiften erläßt, in denen eine derartige Genehmigungspflicht vorgeschrieben wird, unterrichtet die Kommission und die anderen Mitgliedstaaten über die von ihm getroffenen Maßnahmen. Die Kommission veröffentlicht diese Angaben im *Amtsblatt der Europäischen Gemeinschaften*, Reihe C.

(3) Die Maßnahmen gemäß den Absätzen 1 und 2 dürfen keine Durchführung von Kontrollen an den Binnengrenzen der Gemeinschaft beinhalten, sondern lediglich Kontrollen, die als Teil der üblichen Kontrollverfahren in nichtdiskriminierender Weise im gesamten Gebiet der Gemeinschaft durchgeführt werden.

(4) Die Durchführung der Maßnahmen gemäß den Absätzen 1 und 2 darf auf keinen Fall dazu führen, daß die Verbringung von einem Mitgliedstaat in einen anderen Mitgliedstaat strengeren Bedingungen unterliegt als die Ausfuhren der gleichen Güter nach Drittstaaten.

(5) Die Papiere und Aufzeichnungen zur innergemeinschaftlichen Verbringung der in Anhang I aufgeführten Güter mit doppeltem Verwendungszweck sind nach Ende des Kalenderjahres, in dem die Verbringung stattgefunden hat, mindestens drei Jahre lang aufzubewahren und den zuständigen Behörden des Mitgliedstaats, aus dem diese Güter verbracht wurden, auf Verlangen vorzulegen.

(6) Ein Mitgliedstaat kann in seinen innerstaatlichen Rechtsvorschriften vorschreiben, daß bei einer aus diesem Mitgliedstaat erfolgenden innergemeinschaftlichen Verbringung von Gütern, die in Anhang I Kategorie 5 Teil 2, nicht aber in Anhang IV aufgeführt sind, den zuständigen Behörden dieses Mitgliedstaats zusätzliche Angaben zu diesen Gütern vorzulegen sind.

(7) In den einschlägigen Geschäftspapieren in bezug auf die innergemeinschaftliche Verbringung der in Anhang I aufgeführten Güter mit doppeltem Verwendungszweck ist ausdrücklich zu vermerken, daß diese Güter bei der Ausfuhr aus der Gemeinschaft einer Kontrolle unterliegen. Zu diesen einschlägigen Geschäftspapieren zählen insbesondere Kaufverträge, Auftragsbestätigungen, Rechnungen oder Versandanzeigen.

**Artikel 22**

Diese Verordnung berührt nicht
- die Anwendung von Artikel 296 des Vertrags zur Gründung der Europäischen Gemeinschaft,
- die Anwendung des Vertrags zur Gründung der Europäischen Atomgemeinschaft.

**Artikel 23**

Die Verordnung (EG) Nr. 3381/94 wird aufgehoben.

Für Anträge auf Erteilung einer Ausfuhrgenehmigung, die vor dem Inkrafttreten der vorliegenden Verordnung gestellt wurden, gelten jedoch weiterhin die einschlägigen Bestimmungen der Verordnung (EG) Nr. 3381/94.

**Artikel 24**

Diese Verordnung tritt am 90. Tag nach ihrer Veröffentlichung im *Amtsblatt der Europäischen Gemeinschaften* in Kraft.

# VII. Energierecht

## 1. Verordnung (EG) Nr. 1228/2003 des Europäischen Parlaments und des Rates vom 26. Juni 2003 über die Netzzugangsbedingungen für den grenzüberschreitenden Stromhandel (VO EG Nr. 1228/2003)

v. 15. 7. 2003 (ABl Nr. L 176 S. 1)

DAS EUROPÄISCHE PARLAMENT UND DER RAT DER EUROPÄISCHEN UNION –

gestützt auf den Vertrag zur Gründung der Europäischen Gemeinschaft, insbesondere auf Artikel 95,

auf Vorschlag der Kommission[1],

nach Stellungnahme des Europäischen Wirtschafts- und Sozialausschusses[2],

nach Anhörung des Ausschusses der Regionen,

gemäß dem Verfahren des Artikels 251 des Vertrags[3],

in Erwägung nachstehender Gründe:

(1) Die Richtlinie 96/92/EG des Europäischen Parlaments und des Rates vom 19. Dezember 1996 betreffend gemeinsame Vorschriften für den Elektrizitätsbinnenmarkt[4] war ein wichtiger Schritt zur Vollendung des Elektrizitätsbinnenmarkts.

(2) Der Europäische Rat hat auf seiner Tagung am 23. und 24. März 2000 in Lissabon dazu aufgerufen, zügig an der Vollendung des Binnenmarktes sowohl im Elektrizitäts- als auch im Gassektor zu arbeiten und die Liberalisierung in diesen Sektoren zu beschleunigen, um in diesen Bereichen einen voll funktionsfähigen Binnenmarkt zu verwirklichen.

(3) Die Schaffung eines echten Elektrizitätsbinnenmarkts sollte durch eine Intensivierung des Stromhandels gefördert werden, der derzeit im Vergleich zu anderen Wirtschaftszweigen unterentwickelt ist.

(4) Für die Tarifgestaltung bei der grenzüberschreitenden Übertragung und die Zuweisung verfügbarer Verbindungskapazitäten sollten faire, kostenorientierte, transparente und unmittelbar geltende Regeln eingeführt werden, die einem Vergleich zwischen effizienten Netzbetreibern aus strukturell vergleichbaren Gebieten Rechnung tragen und die Bestimmungen der Richtlinie 96/92/EG ergänzen, damit für grenzüberschreitende Transaktionen ein effektiver Zugang zu den Übertragungsnetzen gewährleistet ist.

(5) Der Rat (Energie) hat am 30. Mai 2000 in seinen Schlussfolgerungen die Kommission, die Mitgliedstaaten und die nationalen Regulierungsbehörden und Verwaltungen aufgefordert, für die rechtzeitige Durchführung von Engpassmanagementmaßnahmen und in Verbindung mit den Europäischen Übertragungsnetzbetreibern (ETSO) für die zügige Einführung eines stabilen längerfristigen Tarifierungssystems, von dem die geeigneten Kostenaufteilungssignale an die Marktteilnehmer ausgehen, zu sorgen.

(6) Das Europäische Parlament hat in seiner Entschließung vom 6. Juli 2000 zum Zweiten Bericht der Kommission über den Stand der Liberalisierung der Energiemärkte Netznutzungsbedingungen in den Mitgliedstaaten verlangt, die den grenzüberschreitenden Handel mit Strom nicht behindern, und die Kommission aufgefordert, konkrete Vorschläge zur Überwindung der bestehenden innergemeinschaftlichen Handelshemmnisse zu unterbreiten.

---

1) **Amtl. Anm.:** ABl C 240 E vom 28. 8. 2001, S. 72 und ABl C 227 E vom 24. 9. 2002, S. 440.
2) **Amtl. Anm.:** ABl C 36 vom 8. 2. 2002, S. 10.
3) **Amtl. Anm.:** Stellungnahme des Europäischen Parlaments vom 13. März 2002 (ABl C 47 E vom 27. 2. 2003, S. 379), Gemeinsamer Standpunkt des Rates vom 3. Februar 2003 (ABl C 50 E vom 4. 3. 2003, S. 1) und Beschluss des Europäischen Parlaments vom 4. Juni 2003 (noch nicht im Amtsblatt veröffentlicht).
4) **Amtl. Anm.:** ABl L 27 vom 30. 1. 1997, S. 20.

(7) Es ist wichtig, dass Drittländer, die Teil des europäischen Stromnetzes sind, den in dieser Verordnung enthaltenen Regeln und den nach dieser Verordnung erlassenen Leitlinien entsprechen, damit das effektive Funktionieren des Binnenmarktes verbessert wird.

(8) In dieser Verordnung sollten die Grundsätze der Tarifierung und Kapazitätszuweisung festgelegt und gleichzeitig der Erlass von Leitlinien vorgesehen werden, die die einschlägigen Grundsätze und Methoden näher ausführen, um eine rasche Anpassung an veränderte Gegebenheiten zu ermöglichen.

(9) In einem offenen, vom Wettbewerb geprägten Markt sollten Übertragungsnetzbetreiber für die Kosten, die durch grenzüberschreitende Stromflüsse über ihre Netze entstehen, von den Betreibern der Übertragungsnetze, aus denen die grenzüberschreitenden Stromflüsse stammen, und der Netze, in denen diese Stromflüsse enden, einen Ausgleich erhalten.

(10) Die zum Ausgleich zwischen den Übertragungsnetzbetreibern geleisteten Zahlungen und verbuchten Einnahmen sollten bei der Festsetzung der nationalen Netztarife berücksichtigt werden.

(11) Der für den Zugang zu einem jenseits der Grenze bestehenden Netz tatsächlich zu zahlende Betrag kann je nach den beteiligten Übertragungsnetzbetreibern und infolge der unterschiedlich gestalteten Tarifierungssysteme der Mitgliedstaaten erheblich variieren. Eine gewisse Harmonisierung ist daher zur Vermeidung von Handelsverzerrungen erforderlich.

(12) Es wäre ein geeignetes System langfristiger standortbezogener Preissignale erforderlich, das auf dem Grundsatz beruht, dass die Höhe der Netzzugangsentgelte das Verhältnis zwischen Erzeugung und Verbrauch in der betroffenen Region berücksichtigen sollte, was durch eine Differenzierung der von den Erzeugern und/oder Verbrauchern zu entrichtenden Netzzugangsentgelte auszuführen ist.

(13) Entfernungsabhängige Tarife oder, soweit geeignete standortbezogene Preissignale vorhanden sind, ein spezieller, nur von Exporteuren oder Importeuren zu zahlender Tarif, der zusätzlich zu dem generellen Entgelt für den Zugang zum nationalen Netz verlangt wird, wären nicht zweckmäßig.

(14) Voraussetzung für einen funktionierenden Wettbewerb im Binnenmarkt sind diskriminierungsfreie und transparente Entgelte für die Netznutzung einschließlich der Verbindungsleitungen im Übertragungsnetz. Auf diesen Leitungen sollte unter Einhaltung der Sicherheitsstandards für einen sicheren Netzbetrieb eine möglichst große Kapazität zur Verfügung stehen.

(15) Es ist wichtig, zu verhindern, dass unterschiedliche Sicherheits-, Betriebs- und Planungsstandards, die von Übertragungsnetzbetreibern in den Mitgliedstaaten verwendet werden, zu einer Wettbewerbsverzerrung führen. Darüber hinaus sollten verfügbare Übertragungskapazitäten und die Sicherheits-, Planungs- und Betriebsstandards, die sich auf die verfügbaren Übertragungskapazitäten auswirken, für die Marktteilnehmer transparent sein.

(16) Die Verwendung von Einnahmen aus einem Engpassmanagement sollte nach bestimmten Regeln erfolgen, es sei denn, die spezifische Art der betreffenden Verbindungsleitung rechtfertigt eine Ausnahme von diesen Regeln.

(17) Engpässe sollten auf unterschiedliche Weise bewältigt werden dürfen, sofern die verwendeten Methoden den Übertragungsnetzbetreibern und Marktteilnehmern die richtigen wirtschaftlichen Signale geben und auf Marktmechanismen beruhen.

(18) Für das reibungslose Funktionieren des Binnenmarktes sollten Verfahren vorgesehen werden, nach denen die Kommission Entscheidungen und Leitlinien unter anderem für die Tarifierung und Kapazitätszuweisung erlassen kann und die gleichzeitig die Beteiligung der Regulierungsbehörden der Mitgliedstaaten an diesem Prozess – gegebenenfalls durch ihren europäischen Verband – gewährleisten. Den Regulierungsbehörden kommt, zusammen mit anderen einschlägigen Behörden der Mitgliedstaaten, im Hin-

blick auf ihren Beitrag zum reibungslosen Funktionieren des Elektrizitätsbinnenmarktes eine wichtige Rolle zu.

(19) Die Mitgliedstaaten und die zuständigen nationalen Behörden sollten dazu verpflichtet sein, der Kommission einschlägige Informationen zu liefern. Diese Informationen sollten von der Kommission vertraulich behandelt werden. Soweit erforderlich, sollte die Kommission die Möglichkeit haben, einschlägige Informationen unmittelbar von den betreffenden Unternehmen anzufordern, vorausgesetzt, dass die zuständigen nationalen Behörden informiert sind.

(20) Nationale Regulierungsbehörden sollten für die Einhaltung dieser Verordnung und der auf ihrer Grundlage erlassenen Leitlinien sorgen.

(21) Die Mitgliedstaaten sollten festlegen, welche Sanktionen bei einem Verstoß gegen diese Verordnung zu verhängen sind, und für ihre Durchsetzung sorgen. Die Sanktionen müssen wirksam, verhältnismäßig und abschreckend sein.

(22) Da das Ziel der beabsichtigten Maßnahmen, nämlich die Schaffung eines harmonisierten Rahmens für den grenzüberschreitenden Stromhandel, auf Ebene der Mitgliedstaaten nicht erreicht werden kann und daher wegen des Umfangs und der Wirkungen der Maßnahmen besser auf Gemeinschaftsebene zu erreichen ist, kann die Gemeinschaft im Einklang mit dem in Artikel 5 des Vertrags niedergelegten Subsidiaritätsprinzip tätig werden. Entsprechend den in demselben Artikel genannten Verhältnismäßigkeitsprinzip geht diese Verordnung nicht über das für die Erreichung dieses Ziels erforderliche Maß hinaus.

(23) Die zur Durchführung dieser Verordnung erforderlichen Maßnahmen sollten gemäß dem Beschluss 1999/468/EG des Rates vom 28. Juni 1999 zur Festlegung der Modalitäten für die Ausübung der der Kommission übertragenen Durchführungsbefugnisse[1] erlassen werden –

HABEN FOLGENDE VERORDNUNG ERLASSEN:

### Artikel 1  Gegenstand und Geltungsbereich

Ziel dieser Verordnung ist die Festlegung gerechter Regeln für den grenzüberschreitenden Stromhandel und somit eine Verbesserung des Wettbewerbs auf dem Elektrizitätsbinnenmarkt unter Berücksichtigung der Besonderheiten nationaler und regionaler Märkte. Dies beinhaltet die Schaffung eines Ausgleichsmechanismus für grenzüberschreitende Stromflüsse und die Festlegung harmonisierter Grundsätze für die Entgelte für die grenzüberschreitende Übertragung und für die Zuweisung der auf den Verbindungsleitungen zwischen nationalen Übertragungsnetzen verfügbaren Kapazitäten.

### Artikel 2  Begriffsbestimmungen

(1) Für die Zwecke dieser Verordnung gelten die in Artikel 2 der Richtlinie 2003/54/EG des Europäischen Parlaments und des Rates vom 26. Juni 2003 über gemeinsame Vorschriften für den Elektrizitätsbinnenmarkt und zur Aufhebung der Richtlinie 96/92/EG aufgeführten Begriffsbestimmungen mit Ausnahme der Bestimmung des Begriffs „Verbindungsleitung", die durch folgende Begriffsbestimmung ersetzt wird:

„Verbindungsleitung" bezeichnet eine Übertragungsleitung, die eine Grenze zwischen Mitgliedstaaten überquert oder überspannt und die nationalen Übertragungsnetze der Mitgliedstaaten verbindet.

(2) Ferner bezeichnet der Ausdruck

a) „Regulierungsbehörden" die Regulierungsbehörden nach Artikel 23 Absatz 1 der Richtlinie 2003/54/EG;

b) „grenzüberschreitender Stromfluss" das physikalische Durchströmen einer elektrischen Energiemenge durch ein Übertragungsnetz eines Mitgliedstaats aufgrund der Auswirkungen der Tätigkeit von Erzeugern und/oder Verbrauchern außerhalb dieses Mitgliedstaats auf dessen Übertragungsnetz. Sind Übertragungsnetze von zwei

---

[1] **Amtl. Anm.:** ABl L 184 vom 17. 7. 1999, S. 23.

oder mehr Mitgliedstaaten ganz oder teilweise Teil eines einzigen Regelblocks, so wird ausschließlich für die Zwecke des Ausgleichsmechanismus zwischen Übertragungsnetzbetreibern gemäß Artikel 3 der Regelblock in seiner Gesamtheit als Teil des Übertragungsnetzes eines der betreffenden Mitgliedstaaten angesehen, um zu verhindern, dass Stromflüsse innerhalb von Regelblöcken als grenzüberschreitende Stromflüsse angesehen werden und Ausgleichszahlungen gemäß Artikel 3 auslösen. Die Regulierungsbehörden der betroffenen Mitgliedstaaten können beschließen, als Teil welches betroffenen Mitgliedstaats der Regelblock in seiner Gesamtheit angesehen wird;

c) „Engpass" eine Situation, in der eine Verbindung zwischen nationalen Übertragungsnetzen wegen unzureichender Kapazität der Verbindungsleitungen und/oder der betreffenden nationalen Übertragungsnetze nicht alle Stromflüsse im Rahmen des von den Marktteilnehmern gewünschten internationalen Handels bewältigen kann;

d) „deklarierte Ausfuhr" die Einspeisung von Strom in einem Mitgliedstaat auf der Grundlage einer vertraglichen Vereinbarung, wonach dessen gleichzeitige entsprechende Entnahme („deklarierte Einfuhr") in einem anderen Mitgliedstaat oder einem Drittland erfolgt;

e) „deklarierter Transit" den Fall, dass eine „deklarierte Ausfuhr" von Strom stattfindet und der angegebene Transaktionspfad ein Land einbezieht, in dem weder die Einspeisung noch die gleichzeitige entsprechende Entnahme des Stroms erfolgt;

f) „deklarierte Einfuhr" die Entnahme von Strom in einem Mitgliedstaat oder einem Drittland bei gleichzeitiger Einspeisung von Strom („deklarierte Ausfuhr") in einem anderen Mitgliedstaat;

g) „neue Verbindungsleitung" eine Verbindungsleitung, die zum Zeitpunkt des Inkrafttretens dieser Verordnung noch nicht fertig gestellt ist.

**Artikel 3 Ausgleichsmechanismus zwischen Übertragungsnetzbetreibern**

(1) Übertragungsnetzbetreiber erhalten einen Ausgleich für die Kosten, die durch grenzüberschreitende Stromflüsse über ihre Netze entstehen.

(2) Den in Absatz 1 genannten Ausgleich leisten die Betreiber der nationalen Übertragungsnetze, aus denen die grenzüberschreitenden Stromflüsse stammen, und der Netze, in denen diese Stromflüsse enden.

(3) Die Ausgleichszahlungen werden regelmäßig für einen bestimmten Zeitraum in der Vergangenheit geleistet. Die Zahlungen werden, wenn nötig, nachträglich den tatsächlich entstandenen Kosten angepasst.

Der erste Zeitraum, für den Ausgleichszahlungen zu leisten sind, wird in den Leitlinien nach Artikel 8 festgesetzt.

(4) Die Kommission entscheidet nach dem Verfahren des Artikels 13 Absatz 2 über die Höhe der zu leistenden Ausgleichszahlungen.

(5) Die Größe der durchgeleiteten grenzüberschreitenden Stromflüsse und die Größe der als aus nationalen Übertragungsnetzen stammend und/oder dort endend festgestellten grenzüberschreitenden Stromflüsse werden auf der Grundlage der in einem bestimmten Zeitraum tatsächlich gemessenen materiellen Leistungsflüsse bestimmt.

(6) Die infolge der Durchleitung grenzüberschreitender Stromflüsse entstandenen Kosten werden auf der Grundlage der zu erwartenden langfristigen durchschnittlichen zusätzlichen Kosten ermittelt, wobei Verluste, Investitionen in neue Infrastrukturen und ein angemessener Teil der Kosten der vorhandenen Infrastruktur zu berücksichtigen sind, soweit diese Infrastruktur zur Übertragung grenzüberschreitender Stromflüsse genutzt wird, wobei insbesondere zu berücksichtigen ist, dass die Versorgungssicherheit zu gewährleisten ist. Bei der Ermittlung der entstandenen Kosten werden anerkannte Standardkostenberechnungsverfahren verwendet. Nutzen, der in einem Netz infolge der Durchleitung grenzüberschreitender Stromflüsse entsteht, ist zur Verringerung des erhaltenen Ausgleichs zu berücksichtigen.

**Artikel 4 Netzzugangsentgelte**

(1) Die Entgelte, die die Netzbetreiber für den Zugang zu den Netzen berechnen, müssen transparent sein, der Notwendigkeit der Netzsicherheit Rechnung tragen und die tatsächlichen Kosten insofern widerspiegeln, als sie denen eines effizienten und strukturell vergleichbaren Netzbetreibers entsprechen, und ohne Diskriminierung angewandt werden. Diese Entgelte dürfen nicht entfernungsabhängig sein.

(2) Den Erzeugern und Verbrauchern („Last") kann ein Entgelt für den Zugang zu den Netzen in Rechnung gestellt werden. Der Anteil, den die Erzeuger an dem gesamten Netzentgelt tragen, muss vorbehaltlich der Notwendigkeit geeigneter und wirksamer standortbezogener Preissignale niedriger als der Anteil der Verbraucher sein. Gegebenenfalls müssen von der Höhe der den Erzeugern und/oder Verbrauchern berechneten Tarife standortbezogene Preissignale auf europäischer Ebene ausgehen und diese den Umfang der verursachten Netzverluste und Engpässe und Investitionskosten für Infrastrukturen berücksichtigen. Dies hindert die Mitgliedstaaten nicht daran, in ihrem Hoheitsgebiet standortbezogene Preissignale vorzusehen oder bestimmte Mechanismen anzuwenden, um sicherzustellen, dass die von den Verbrauchern („Last") zu tragenden Netzzugangsentgelte in ihrem gesamten Hoheitsgebiet einheitlich sind.

(3) Bei der Festsetzung der Netzzugangsentgelte ist Folgendes zu berücksichtigen:
- die im Rahmen des Ausgleichsmechanismus zwischen Übertragungsnetzbetreibern geleisteten Zahlungen und verbuchten Einnahmen;
- die tatsächlich geleisteten und eingegangenen Zahlungen sowie die für künftige Zeiträume erwarteten Zahlungen, die auf der Grundlage vergangener Zeiträume geschätzt werden.

(4) Sind geeignete und wirksame standortbezogene Preissignale gemäß Absatz 2 vorhanden, so werden die den Erzeugern und Verbrauchern für den Zugang zu den Netzen in Rechnung gestellten Entgelte, wie in dem zugrunde liegenden Geschäftsvertrag vorgesehen, unabhängig von den Herkunfts- und Bestimmungsländern des Stroms berechnet. Dies gilt unbeschadet etwaiger Entgelte für deklarierte Ausfuhren und deklarierte Einfuhren aufgrund des in Artikel 6 genannten Engpassmanagements.

(5) Für einzelne Transaktionen für deklarierten Stromtransit wird kein besonderes Netzentgelt verlangt.

**Artikel 5 Informationen über Verbindungskapazitäten**

(1) Die Übertragungsnetzbetreiber richten Verfahren für die Koordinierung und den Informationsaustausch ein, um die Netzsicherheit im Rahmen des Engpassmanagements zu gewährleisten.

(2) Die von den Übertragungsnetzbetreibern verwendeten Sicherheits-, Betriebs- und Planungsstandards werden öffentlich bekannt gemacht. Zu den veröffentlichten Informationen gehört ein allgemeines Modell für die Berechnung der Gesamtübertragungskapazität und der Sicherheitsmarge, das auf den elektrischen und physikalischen Netzmerkmalen beruht. Derartige Modelle müssen durch die Regulierungsbehörden genehmigt werden.

(3) Die Übertragungsnetzbetreiber veröffentlichen die für jeden Tag geschätzte verfügbare Übertragungskapazität unter Angabe etwaiger bereits reservierter Kapazitäten. Diese Veröffentlichungen erfolgen zu bestimmten Zeitpunkten vor dem Übertragungstag und umfassen auf jeden Fall Schätzungen für die nächste Woche und den nächsten Monat, sowie quantitative Angaben darüber, wie verlässlich die verfügbare Kapazität voraussichtlich bereitgestellt werden kann.

**Artikel 6 Allgemeine Grundsätze für das Engpassmanagement**

(1) Netzengpässen wird mit nicht diskriminierenden marktorientierten Lösungen begegnet, von denen wirksame wirtschaftliche Signale an die Marktteilnehmer und beteiligten Übertragungsnetzbetreiber ausgehen. Netzengpässe werden vorzugsweise durch nicht transaktionsbezogene Methoden bewältigt, d. h. durch Methoden, die keinen Unterschied zwischen den Verträgen einzelner Marktteilnehmer machen.

(2) Transaktionen dürfen nur in Notfällen eingeschränkt werden, in denen der Übertragungsnetzbetreiber schnell handeln muss und ein Redispatching oder Countertrading nicht möglich ist. Jedes diesbezügliche Verfahren muss nicht diskriminierend angewendet werden.

Abgesehen von Fällen höherer Gewalt werden Marktteilnehmer, denen Kapazitäten zugewiesen wurden, für jede Einschränkung entschädigt.

(3) Den Marktteilnehmern wird unter Beachtung der Sicherheitsstandards für den sicheren Netzbetrieb die maximale Kapazität der Verbindungsleitungen und/oder der die grenzüberschreitenden Stromflüsse betreffenden Übertragungsnetze zur Verfügung gestellt.

(4) Die Marktteilnehmer teilen den betreffenden Übertragungsnetzbetreibern rechtzeitig vor dem jeweiligen Betriebszeitraum mit, ob sie die zugewiesene Kapazität zu nutzen gedenken. Zugewiesene Kapazitäten, die nicht in Anspruch genommen werden, gehen nach einem offenen, transparenten und nicht diskriminierenden Verfahren an den Markt zurück.

(5) Die Übertragungsnetzbetreiber saldieren, soweit technisch möglich, die auf der überlasteten Verbindungsleitung in gegenläufiger Richtung beanspruchten Kapazitäten, um diese Leitung bis zu ihrer maximalen Kapazität zu nutzen. Unter vollständiger Berücksichtigung der Netzsicherheit dürfen Transaktionen, die mit einer Entlastung verbunden sind, in keinem Fall abgelehnt werden.

(6) Einnahmen aus der Zuweisung von Verbindungen sind für einen oder mehrere der folgenden Zwecke zu verwenden:

a) Gewährleistung der tatsächlichen Verfügbarkeit der zugewiesenen Kapazität;
b) Netzinvestitionen für den Erhalt oder Ausbau von Verbindungskapazitäten;
c) als Einkünfte, die von den Regulierungsbehörden bei der Genehmigung der Berechnungsmethode für die Tarife und/oder bei der Beurteilung der Frage, ob die Tarife geändert werden sollten, zu berücksichtigen sind.

### Artikel 7 Neue Verbindungsleitungen

(1) Neue Gleichstrom-Verbindungsleitungen können auf Antrag von den Bestimmungen des Artikels 6 Absatz 6 der vorliegenden Verordnung sowie des Artikels 20 und des Artikels 23 Absätze 2, 3 und 4 der Richtlinie 2003/54/EG unter folgenden Voraussetzungen ausgenommen werden:

a) Durch die Investition wird der Wettbewerb in der Stromversorgung verbessert;
b) das mit der Investition verbundene Risiko ist so hoch, dass die Investition ohne die Gewährung einer Ausnahme nicht getätigt würde;
c) die Verbindungsleitung muss Eigentum einer natürlichen oder juristischen Person sein, die zumindest der Rechtsform nach von den Netzbetreibern getrennt ist, in deren Netzen die entsprechende Verbindungsleitung gebaut wird;
d) von den Nutzern dieser Verbindungsleitung werden Entgelte verlangt;
e) seit der teilweisen Marktöffnung gemäß Artikel 19 der Richtlinie 96/92/EG dürfen keine Anteile der Kapital- oder Betriebskosten der Verbindungsleitung über irgendeine Komponente der Entgelte für die Nutzung der Übertragungs- oder Verteilernetze, die durch diese Verbindungsleitung miteinander verbunden werden, gedeckt worden sein;
f) die Ausnahme wirkt sich nicht nachteilig auf den Wettbewerb oder das effektive Funktionieren des Elektrizitätsbinnenmarkts oder das effiziente Funktionieren des regulierten Netzes aus, an das die Verbindungsleitung angeschlossen ist.

(2) Absatz 1 gilt in Ausnahmefällen auch für Wechselstrom-Verbindungsleitungen, sofern die Kosten und die Risiken der betreffenden Investition im Vergleich zu den Kosten und Risiken, die normalerweise bei einer Verbindung zweier benachbarter nationaler Übertragungsnetze durch eine Wechselstrom-Verbindungsleitung auftreten, besonders hoch sind.

(3) Absatz 1 gilt auch für erhebliche Kapazitätserhöhungen bei vorhandenen Verbindungsleitungen.

(4) a) Die Regulierungsbehörde kann von Fall zu Fall über Ausnahmen nach den Absätzen 1 und 2 entscheiden. Die Mitgliedstaaten können jedoch vorsehen, dass die Regulierungsbehörden ihre Stellungnahme zu dem Antrag auf Gewährung einer Ausnahme der zuständigen Stelle des Mitgliedstaats zur förmlichen Entscheidung vorzulegen haben. Diese Stellungnahme wird zusammen mit der Entscheidung veröffentlicht.

b) i. Die Ausnahme kann sich auf die Gesamtkapazität oder nur einen Teil der Kapazität der neuen Verbindungsleitung oder der vorhandenen Verbindungsleitung mit erheblich erhöhter Kapazität erstrecken.

ii. Bei der Entscheidung über die Gewährung einer Ausnahme wird in jedem Einzelfall der Notwendigkeit Rechnung getragen, Bedingungen für die Dauer der Ausnahme und den nicht diskriminierenden Zugang zu der Verbindungsleitung aufzuerlegen.

iii. Bei den Entscheidungen nach den Ziffern i und ii werden insbesondere die neu zu schaffende Kapazität, der erwartete Zeithorizont des Vorhabens und die einzelstaatlichen Gegebenheiten berücksichtigt.

c) Die zuständige Behörde kann bei Gewährung einer Ausnahme die Regeln und/oder Mechanismen für das Kapazitätsmanagement und die Kapazitätszuweisung billigen oder festlegen.

d) Die Entscheidung zur Gewährung einer Ausnahme – einschließlich der in Buchstabe b genannten Bedingungen – ist ordnungsgemäß zu begründen und zu veröffentlichen.

e) Jede Entscheidung zur Gewährung einer Ausnahme wird nach Konsultation der anderen betroffenen Mitgliedstaaten oder Regulierungsbehörden getroffen.

(5) Die zuständige Behörde teilt der Kommission unverzüglich die Entscheidung zusammen mit allen für die Entscheidung bedeutsamen Informationen mit. Diese Informationen können der Kommission in einer Zusammenfassung übermittelt werden, die der Kommission eine fundierte Entscheidung ermöglicht.

Die Informationen müssen insbesondere Folgendes enthalten:

– eine ausführliche Begründung der durch die Regulierungsbehörde oder den Mitgliedstaat gewährten Ausnahme, einschließlich finanzieller Informationen, die die Notwendigkeit der Ausnahme rechtfertigen;

– eine Untersuchung bezüglich der Auswirkungen der Gewährung der Ausnahme auf den Wettbewerb und das effektive Funktionieren des Elektrizitätsbinnenmarkts;

– eine Begründung der Geltungsdauer der Ausnahme sowie des Anteils an der Gesamtkapazität der Verbindungsleitung, für den die Ausnahme gewährt wird;

– das Ergebnis der Konsultation der betroffenen Mitgliedstaaten bzw. Regulierungsbehörden.

Die Kommission kann binnen zwei Monaten nach Eingang einer Mitteilung verlangen, dass die betreffende Regulierungsbehörde bzw. der betreffende Mitgliedstaat die Entscheidung über die Gewährung der Ausnahme ändert oder widerruft. Die Zweimonatsfrist kann um einen weiteren Monat verlängert werden, wenn die Kommission zusätzliche Informationen anfordert.

Kommt die betreffende Regulierungsbehörde bzw. der betreffende Mitgliedstaat der Aufforderung nicht binnen vier Wochen nach, so wird nach dem Verfahren des Artikels 13 Absatz 3 eine endgültige Entscheidung getroffen.

Die Kommission behandelt wirtschaftlich sensible Informationen vertraulich.

**Artikel 8 Leitlinien**

(1) Gemäß dem Verfahren des Artikels 13 Absatz 2 erlässt und ändert die Kommission gegebenenfalls Leitlinien zu den in den Absätzen 2 und 3 aufgeführten Fragen hinsichtlich des Ausgleichsmechanismus zwischen Übertragungsnetzbetreibern in Übereinstimmung mit den Grundsätzen der Artikel 3 und 4. Beim erstmaligen Erlass dieser Leitlinien trägt die Kommission dafür Sorge, dass sie in einem einzigen Entwurf einer Maßnahme zumindest die in Absatz 2 Buchstaben a und d und in Absatz 3 aufgeführten Fragen erfassen.

(2) Die Leitlinien enthalten:
a) Einzelheiten des Verfahrens zur Ermittlung der zu Ausgleichszahlungen für grenzüberschreitende Stromflüsse verpflichteten Übertragungsnetzbetreiber, einschließlich der Aufteilung zwischen den Betreibern von nationalen Übertragungsnetzen, aus denen grenzüberschreitende Stromflüsse stammen, und von Netzen, in denen diese Stromflüsse enden, gemäß Artikel 3 Absatz 2;
b) Einzelheiten des einzuhaltenden Zahlungsverfahrens einschließlich der Festlegung des ersten Zeitraums, für den Ausgleichszahlungen zu leisten sind, gemäß Artikel 3 Absatz 3 Unterabsatz 2;
c) Einzelheiten der Methoden für die Bestimmung der durchgeleiteten grenzüberschreitenden Stromflüsse, für die nach Artikel 3 Ausgleichszahlungen zu leisten sind, sowohl hinsichtlich der Mengen als auch der Art der Flüsse, und die Feststellung der Größe dieser Flüsse als aus Übertragungsnetzen einzelner Mitgliedstaaten stammend und/oder dort endend gemäß Artikel 3 Absatz 5;
d) Einzelheiten der Methode für die Ermittlung des Nutzens und der Kosten, die infolge der Durchleitung grenzüberschreitender Stromflüsse entstanden sind, gemäß Artikel 3 Absatz 6;
e) Einzelheiten der Behandlung von Stromflüssen, die aus Ländern außerhalb des Europäischen Wirtschaftsraums stammen oder in diesen Ländern enden, im Rahmen des Ausgleichsmechanismus zwischen Übertragungsnetzbetreibern;
f) Beteiligung nationaler, durch Gleichstromleitungen miteinander verbundener Netze gemäß Artikel 3.

(3) Die Leitlinien enthalten ferner geeignete Regeln für eine schrittweise Harmonisierung der zugrunde liegenden Grundsätze für die Festsetzung der nach den nationalen Tarifsystemen von Erzeugern und Verbrauchern (Last) zu zahlenden Entgelte, einschließlich der Einbeziehung des Ausgleichsmechanismus zwischen Übertragungsnetzbetreibern in die nationalen Netzentgelte und der Vermittlung geeigneter und wirksamer standortbezogener Preissignale, nach den in Artikel 4 dargelegten Grundsätzen.

Die Leitlinien sehen geeignete und wirksame harmonisierte standortbezogene Preissignale auf europäischer Ebene vor.

Eine Harmonisierung in dieser Hinsicht hindert die Mitgliedstaaten nicht daran, bestimmte Mechanismen anzuwenden, um sicherzustellen, dass die von den Verbrauchern (Last) zu tragenden Netzzugangsentgelte in ihrem gesamten Hoheitsgebiet vergleichbar sind.

(4) Die Kommission ändert gegebenenfalls gemäß dem Verfahren des Artikels 13 Absatz 2 die im Anhang aufgeführten Leitlinien für die Verwaltung und Zuweisung verfügbarer Übertragungskapazität von Verbindungsleitungen zwischen nationalen Netzen nach den Grundsätzen der Artikel 5 und 6, insbesondere um detaillierte Leitlinien für alle in der Praxis angewandten Kapazitätszuweisungsmethoden einzubeziehen und um sicherzustellen, dass sich die Weiterentwicklung der Engpassmanagement-Mechanismen im Einklang mit den Zielen des Binnenmarktes vollzieht. Gegebenenfalls werden im Rahmen solcher Änderungen gemeinsame Regeln über Mindestsicherheits- und -betriebsstandards für die Netznutzung und den Netzbetrieb nach Artikel 5 Absatz 2 festgelegt.

Bei Erlass oder Änderung von Leitlinien trägt die Kommission dafür Sorge, dass diese das Mindestmaß an Harmonisierung bewirken, das zur Erreichung der Ziele dieser Verordnung erforderlich ist, und nicht über das für diesen Zweck erforderliche Maß hinausgehen.

Bei Erlass oder Änderung von Leitlinien gibt die Kommission an, welche Maßnahmen sie hinsichtlich der Übereinstimmung der Regeln in Drittländern, die Teil des europäischen Stromnetzes sind, mit den betreffenden Leitlinien ergriffen hat.

**Artikel 9  Regulierungsbehörden**

Bei der Wahrnehmung ihrer Aufgaben sorgen die Regulierungsbehörden für die Einhaltung dieser Verordnung und der gemäß Artikel 8 festgelegten Leitlinien. Soweit dies zur Verwirklichung der Ziele dieser Verordnung angebracht ist, arbeiten sie untereinander und mit der Kommission zusammen.

**Artikel 10  Übermittlung von Informationen und Vertraulichkeit**

(1) Die Mitgliedstaaten und die Regulierungsbehörden übermitteln der Kommission auf Anforderung alle für die Zwecke des Artikels 3 Absatz 4 und des Artikels 8 erforderlichen Informationen.

Insbesondere übermitteln die Regulierungsbehörden für die Zwecke des Artikels 3 Absätze 4 und 6 regelmäßig Informationen über die den nationalen Übertragungsnetzbetreibern tatsächlich entstandenen Kosten sowie die Daten und alle relevanten Informationen zu den Stromflüssen in den Netzen der Übertragungsnetzbetreiber und zu den Netzkosten.

Unter Berücksichtigung der Komplexität der angeforderten Informationen und der Dringlichkeit, mit der sie benötigt werden, setzt die Kommission eine angemessene Frist für die Übermittlung der Informationen.

(2) Wenn der betroffene Mitgliedstaat oder die betroffene Regulierungsbehörde die Informationen nicht innerhalb der gemäß Absatz 1 gesetzten Frist übermittelt, kann die Kommission alle Informationen, die für die Zwecke des Artikels 3 Absatz 4 und des Artikels 8 erforderlich sind, unmittelbar von den jeweiligen Unternehmen anfordern.

Fordert die Kommission von einem Unternehmen Informationen an, so übermittelt sie den Regulierungsbehörden des Mitgliedstaats, in dessen Hoheitsgebiet sich der Sitz des Unternehmens befindet, gleichzeitig eine Abschrift dieser Anforderung.

(3) In ihrer Anforderung gibt die Kommission die Rechtsgrundlage, die Frist für die Übermittlung der Informationen, den Zweck der Anforderung sowie die in Artikel 12 Absatz 2 für den Fall der Erteilung unrichtiger, unvollständiger oder irreführender Auskünfte vorgesehenen Sanktionen an. Die Kommission setzt dabei eine angemessene Frist unter Berücksichtigung der Komplexität der angeforderten Informationen und der Dringlichkeit, mit der sie benötigt werden.

(4) Die Inhaber der Unternehmen oder ihre Vertreter und bei juristischen Personen die nach Gesetz oder Satzung zu ihrer Vertretung bevollmächtigten Personen erteilen die verlangten Auskünfte. Ordnungsgemäß bevollmächtigte Rechtsanwälte können die Auskünfte im Auftrag ihrer Mandanten erteilen, wobei die Mandanten in vollem Umfang haften, falls die erteilten Auskünfte unvollständig, unrichtig oder irreführend sind.

(5) Wird eine von einem Unternehmen verlangte Auskunft innerhalb einer von der Kommission gesetzten Frist nicht oder nicht vollständig erteilt, so kann die Kommission die Information durch Entscheidung anfordern. In der Entscheidung werden die angeforderten Informationen bezeichnet und eine angemessene Frist für ihre Übermittlung bestimmt. Sie enthält einen Hinweis auf die in Artikel 12 Absatz 2 vorgesehenen Sanktionen. Sie enthält ferner einen Hinweis auf das Recht, vor dem Gerichtshof der Europäischen Gemeinschaften gegen die Entscheidung Klage zu erheben.

Die Kommission übermittelt den Regulierungsbehörden des Mitgliedstaates, in dessen Hoheitsgebiet sich der Wohnsitz der Person oder der Sitz des Unternehmens befindet, gleichzeitig eine Abschrift ihrer Entscheidung.

(6) Die aufgrund dieser Verordnung angeforderten Informationen werden nur für die Zwecke des Artikels 3 Absatz 4 und des Artikels 8 verwendet.

Die Kommission darf die Informationen, die sie im Rahmen dieser Verordnung erhalten hat und die ihrem Wesen nach unter das Geschäftsgeheimnis fallen, nicht preisgeben.

### Artikel 11  Recht der Mitgliedstaaten, detailliertere Maßnahmen vorzusehen

Diese Verordnung berührt nicht die Rechte der Mitgliedstaaten, Maßnahmen beizubehalten oder einzuführen, die detailliertere Bestimmungen als diese Verordnung und die Leitlinien nach Artikel 8 enthalten.

### Artikel 12  Sanktionen

(1) Die Mitgliedstaaten legen unbeschadet des Absatzes 2 fest, welche Sanktionen bei einem Verstoß gegen die Bestimmungen dieser Verordnung zu verhängen sind, und treffen alle zu ihrer Durchsetzung erforderlichen Maßnahmen. Die vorgesehenen Sanktionen müssen wirksam, verhältnismäßig und abschreckend sein. Die Mitgliedstaaten teilen der Kommission die entsprechenden Bestimmungen spätestens bis 1. Juli 2004 mit und melden ihr unverzüglich spätere Änderungen, die diese betreffen.

(2) Die Kommission kann Unternehmen durch Entscheidung Geldbußen bis zu einem Höchstbetrag von 1 % des im vorausgegangenen Geschäftsjahr erzielten Gesamtumsatzes auferlegen, wenn sie vorsätzlich oder fahrlässig bei der Erteilung einer nach Artikel 10 Absatz 3 verlangten Auskunft unrichtige, unvollständige oder irreführende Angaben oder die Angaben nicht innerhalb der in einer Entscheidung nach Artikel 10 Absatz 5 Unterabsatz 1 gesetzten Frist machen.

Bei der Festsetzung der Höhe der Geldbuße ist die Schwere der Nichteinhaltung der Anforderungen des Unterabsatzes 1 zu berücksichtigen.

(3) Sanktionen nach Absatz 1 und Entscheidungen nach Absatz 2 sind nicht strafrechtlicher Art.

### Artikel 13  Ausschuss

(1) Die Kommission wird von einem Ausschuss unterstützt.

(2) Wird auf diesen Absatz Bezug genommen, so gelten die Artikel 5 und 7 des Beschlusses 1999/468/EG unter Beachtung von dessen Artikel 8.

Der Zeitraum nach Artikel 5 Absatz 6 des Beschlusses 1999/468/EG wird auf drei Monate festgesetzt.

(3) Wird auf diesen Absatz Bezug genommen, so gelten die Artikel 3 und 7 des Beschlusses 1999/468/EG unter Beachtung von dessen Artikel 8.

(4) Der Ausschuss gibt sich eine Geschäftsordnung.

### Artikel 14  Bericht der Kommission

Die Kommission überwacht die Anwendung dieser Verordnung. Sie legt dem Europäischen Parlament und dem Rat spätestens drei Jahre nach Inkrafttreten dieser Verordnung einen Bericht über die Erfahrungen bei ihrer Anwendung vor. In dem Bericht ist insbesondere zu analysieren, in welchem Umfang die Verordnung gewährleisten konnte, dass der grenzüberschreitende Stromaustausch unter nicht diskriminierenden und kostenorientierten Netzzugangsbedingungen stattfindet und somit zur Angebotsvielfalt für die Kunden in einem gut funktionierenden Binnenmarkt und zur langfristigen Versorgungssicherheit beiträgt, und inwieweit wirksame standortbezogene Preissignale vorhanden sind. Der Bericht kann gegebenenfalls geeignete Vorschläge und/oder Empfehlungen enthalten.

### Artikel 15  Inkrafttreten

Diese Verordnung tritt am zwanzigsten Tag nach ihrer Veröffentlichung im Amtsblatt der Europäischen Union in Kraft.

Sie gilt ab dem 1. Juli 2004.

## 2. Verordnung (EG) Nr. 1775/2005 des Europäischen Parlaments und des Rates vom 28. September 2005 über die Bedingungen für den Zugang zu den Erdgasfernleitungsnetzen (VO EG Nr. 1775/2005)

v. 3. 11. 2005 (ABl Nr. L 289 S. 1)

DAS EUROPÄISCHE PARLAMENT UND DER RAT DER EUROPÄISCHEN UNION –

gestützt auf den Vertrag zur Gründung der Europäischen Gemeinschaft, insbesondere auf Artikel 95,

auf Vorschlag der Kommission,

nach Stellungnahme des Europäischen Wirtschafts- und Sozialausschusses[1],

nach Anhörung des Ausschusses der Regionen,

gemäß dem Verfahren des Artikels 251 des Vertrags[2],

in Erwägung nachstehender Gründe:

(1) Die Richtlinie 2003/55/EG des Europäischen Parlaments und des Rates vom 26. Juni 2003 über gemeinsame Vorschriften für den Erdgasbinnenmarkt[3] hat einen wesentlichen Beitrag zur Schaffung eines Erdgasbinnenmarkts geleistet. Um die verbleibenden Hindernisse für die Vollendung des Binnenmarkts, insbesondere hinsichtlich des Erdgashandels, anzugehen, müssen nun strukturelle Änderungen am Regulierungsrahmen vorgenommen werden. Zusätzliche technische Regeln sind erforderlich, insbesondere hinsichtlich der Dienstleistungen für den Netzzugang Dritter, die Grundsätze der Kapazitätszuweisungsmechanismen, die Verfahren für das Engpassmanagement und die Anforderungen an die Transparenz.

(2) Die Erfahrung mit der Umsetzung und Überwachung des ersten Pakets von Leitlinien für die gute Praxis, das 2002 vom Europäischen Erdgasregulierungsforum (im Folgenden „Forum" genannt) angenommen wurde, zeigt, dass diese rechtlich durchsetzbar sein müssen, damit die vollständige Umsetzung der in den Leitlinien festgelegten Regeln in allen Mitgliedstaaten gewährleistet ist und damit in der Praxis eine Mindestgarantie für gleiche Marktzugangsbedingungen gegeben ist.

(3) Ein zweites Paket gemeinsamer Regeln mit dem Titel „Zweite Leitlinien für die gute Praxis", wurde auf der Tagung des Forums vom 24. und 25. September 2003 angenommen; das Ziel der vorliegenden Verordnung ist, auf der Grundlage jener Leitlinien Grundprinzipien und Regeln für den Netzzugang und für Dienstleistungen für den Netzzugang Dritter, für das Engpassmanagement, für die Transparenz, den Ausgleich von Mengenabweichungen und den Handel mit Kapazitätsrechten festzulegen.

(4) Artikel 15 der Richtlinie 2003/55/EG gestattet den gleichzeitigen Betrieb eines Fernleitungsnetzes und eines Verteilernetzes durch ein und denselben Betreiber. Die in dieser Verordnung festgelegten Regeln machen somit keine Neuorganisation der nationalen Fernleitungs- und Verteilernetze erforderlich, die den einschlägigen Bestimmungen der Richtlinie 2003/55/EG und insbesondere Artikel 15 entsprechen.

(5) Hochdruckfernleitungen, die lokale Verteiler an das Erdgasnetz anschließen und nicht in erster Linie im Zusammenhang mit der lokalen Erdgasverteilung benutzt werden, fallen in den Anwendungsbereich dieser Verordnung.

(6) Die Kriterien für die Festlegung der Tarife für den Netzzugang müssen angegeben werden, um sicherzustellen, dass sie dem Grundsatz der Nichtdiskriminierung und den Erfordernissen eines gut funktionierenden Binnenmarktes vollständig entsprechen, die erforderliche Netzintegrität in vollem Umfang berücksichtigen und die Ist-Kosten wi-

---

1) **Amtl. Anm.:** ABl C 241 vom 28. 9. 2004, S. 31.
2) **Amtl. Anm.:** Stellungnahme des Europäischen Parlaments vom 20. April 2004 (ABl C 104 E vom 30. 4. 2004, S. 306), Gemeinsamer Standpunkt des Rates vom 12. November 2004 (ABl C 25 E vom 1. 2. 2005, S. 44) und Standpunkt des Europäischen Parlaments vom 8. März 2005 (noch nicht im Amtsblatt veröffentlicht). Beschluss des Rates vom 12. Juli 2005.
3) **Amtl. Anm.:** ABl L 176 vom 15. 7. 2003, S. 57.

derspiegeln, soweit diese Kosten denen eines effizienten und strukturell vergleichbaren Netzbetreibers entsprechen, transparent sind und gleichzeitig eine angemessene Kapitalrendite umfassen, sowie gegebenenfalls die Tarifvergleiche der Regulierungsbehörden berücksichtigen.

(7) Bei der Berechnung der Tarife für den Netzzugang müssen die Ist-Kosten, soweit diese Kosten denen eines effizienten und strukturell vergleichbaren Netzbetreibers entsprechen und transparent sind, sowie die Notwendigkeit, angemessene Kapitalrenditen und Anreize für den Bau neuer Infrastrukturen zu bieten, berücksichtigt werden. In dieser Hinsicht und insbesondere, wenn ein tatsächlicher Leitungswettbewerb zwischen verschiedenen Fernleitungen gegeben ist, sind Tarifvergleiche durch die Regulierungsbehörden als relevante Methode zu berücksichtigen.

(8) Die Verwendung von marktorientierten Verfahren, wie etwa Versteigerungen, zur Festlegung von Tarifen muss mit den Bestimmungen der Richtlinie 2003/55/EG vereinbar sein.

(9) Ein gemeinsamer Mindestbestand an Dienstleistungen für den Netzzugang Dritter ist nötig, damit in der Praxis in der gesamten Gemeinschaft ein gemeinsamer Mindeststandard für den Netzzugang gegeben und sichergestellt ist, dass die Dienstleistungen für den Netzzugang Dritter in ausreichendem Umfang kompatibel sind, und damit die aus einem gut funktionierenden Erdgasbinnenmarkt resultierenden Nutzeffekte ausgeschöpft werden können.

(10) Im Kontext des nicht diskriminierenden Netzzugangs für Fernleitungsnetzbetreiber ist unter harmonisierten Transportverträgen nicht zu verstehen, dass die Bedingungen in den Transportverträgen eines bestimmten Fernleitungsnetzbetreibers eines Mitgliedstaats mit den Bedingungen in den Transportverträgen eines anderen Fernleitungsnetzbetreibers dieses oder eines anderen Mitgliedstaats identisch sein müssen, es sei denn, dass Mindestanforderungen festgelegt sind, denen alle Transportverträge genügen müssen.

(11) Das Engpassmanagement bei vertraglich bedingten Netzengpässen ist im Hinblick auf die Vollendung des Erdgasbinnenmarktes ein wichtiges Thema. Es müssen gemeinsame Regeln für den Ausgleich zwischen der notwendigen Freigabe ungenutzter Kapazitäten gemäß dem Grundsatz „use it or lose it" einerseits und dem Recht der Kapazitätsinhaber, die Kapazität im Bedarfsfall zu nutzen, andererseits entwickelt werden, wobei gleichzeitig die Liquidität der Kapazitäten verbessert werden muss.

(12) Wenngleich physische Netzengpässe in der Gemeinschaft derzeit selten ein Problem sind, könnten sie in der Zukunft zu einem solchen werden. Daher müssen Grundprinzipien dafür festgelegt werden, wie in solchen Fällen die Kapazitäten auf überlasteten Netzen zugewiesen werden.

(13) Für den tatsächlichen Zugang zu den Erdgasnetzen benötigen die Netznutzer Informationen insbesondere über die technischen Anforderungen und die verfügbare Kapazität, damit sie die Geschäftsmöglichkeiten wahrnehmen können, die im Rahmen des Binnenmarktes entstehen. Für solche Transparenzanforderungen sind gemeinsame Mindeststandards erforderlich. Die Veröffentlichung solcher Informationen kann auf unterschiedliche Weise, auch mit elektronischen Mitteln erfolgen.

(14) Von den Fernleitungsnetzbetreibern betriebene, nicht diskriminierende und transparente Ausgleichssysteme für Erdgas sind wichtige Mechanismen, insbesondere für neue Marktteilnehmer, die möglicherweise größere Schwierigkeiten als bereits in einem relevanten Markt etablierte Unternehmen haben, ihr gesamtes Verkaufsportfolio auszugleichen. Daher müssen Regeln festgelegt werden, die gewährleisten, dass die Fernleitungsnetzbetreiber solche Mechanismen in einer Weise handhaben, die mit nicht diskriminierenden, transparenten und effektiven Netzzugangsbedingungen vereinbar ist.

(15) Der Handel mit primären Kapazitätsrechten spielt bei der Entwicklung eines wettbewerbsoffenen Marktes und für die Entstehung von Liquidität eine wichtige Rolle. Diese Verordnung sollte daher Grundregeln hierfür festlegen.

(16) Um ein angemessenes Maß an Liquidität auf dem Kapazitätsmarkt zu gewährleisten, muss sichergestellt werden, dass Unternehmen, die Kapazitätsrechte erwerben, die-

se an andere zugelassene Unternehmen verkaufen können. Dieser Ansatz steht jedoch einem System nicht entgegen, in dem vertraglich festgelegt ist, dass während eines bestimmten, auf nationaler Ebene vorgegebenen Zeitraums nicht genutzte Kapazitäten dem Markt verbindlich wieder zur Verfügung gestellt werden.

(17) Die nationalen Regulierungsbehörden sollten die Einhaltung der Regeln dieser Verordnung und der gemäß dieser Verordnung erlassenen Leitlinien gewährleisten.

(18) In den Leitlinien im Anhang dieser Verordnung sind spezielle, ausführliche Umsetzungsregeln festgelegt, die auf dem Zweiten Leitlinien für die gute Praxis beruhen. Diese Regeln werden im Laufe der Zeit unter Berücksichtigung der Besonderheiten der nationalen Erdgasnetze gegebenenfalls weiterzuentwickeln sein.

(19) Wenn die Kommission Änderungen der im Anhang dieser Verordnung enthaltenen Leitlinien vorschlägt, sollte sie sicherstellen, dass alle von diesen Leitlinien betroffenen und durch Fachverbände vertretenen einschlägigen Kreise und die Mitgliedstaaten zuvor im Rahmen des Forums angehört werden, und sollte von der Gruppe der europäischen Regulierungsbehörden für Elektrizität und Erdgas sachdienliche Beiträge anfordern.

(20) Die Mitgliedstaaten und die zuständigen nationalen Behörden sollten dazu verpflichtet sein, der Kommission einschlägige Informationen zur Verfügung zu stellen. Informationen dieser Art sollten von der Kommission vertraulich behandelt werden.

(21) Diese Verordnung und die gemäß dieser Verordnung erlassenen Leitlinien berühren nicht die Anwendung der Wettbewerbsvorschriften der Gemeinschaft.

(22) Die zur Durchführung dieser Verordnung erforderlichen Maßnahmen sollten gemäß dem Beschluss 1999/468/EG des Rates vom 28. Juni 1999 zur Festlegung der Modalitäten für die Ausübung der der Kommission übertragenen Durchführungsbefugnisse[1] erlassen werden.

(23) Da das Ziel dieser Verordnung, nämlich die Festlegung gerechter Regeln für die Bedingungen für den Zugang zu Erdgasfernleitungsnetzen, auf Ebene der Mitgliedstaaten nicht ausreichend erreicht werden kann und daher wegen des Umfangs und der Wirkungen der Maßnahme besser auf Gemeinschaftsebene zu erreichen ist, kann die Gemeinschaft im Einklang mit dem in Artikel 5 des Vertrags niedergelegten Subsidiaritätsprinzip tätig werden. Entsprechend dem in demselben Artikel genannten Verhältnismäßigkeitsprinzip geht diese Verordnung nicht über das für die Erreichung dieses Ziels erforderliche Maß hinaus –

HABEN FOLGENDE VERORDNUNG ERLASSEN:

### Artikel 1  Gegenstand und Anwendungsbereich

(1) Ziel dieser Verordnung ist die Festlegung nicht diskriminierender Regeln für die Bedingungen für den Zugang zu Erdgasfernleitungsnetzen unter Berücksichtigung der Besonderheiten nationaler und regionaler Märkte, um das reibungslose Funktionieren des Erdgasbinnenmarkts sicherzustellen.

Dieses Ziel umfasst die Festlegung von harmonisierten Grundsätzen für die Tarife oder für die bei ihrer Berechnung zugrunde gelegten Methoden, für den Zugang zum Netz, die Einrichtung von Dienstleistungen für den Netzzugang Dritter und harmonisierte Grundsätze für die Kapazitätszuweisung und das Engpassmanagement, die Festlegung der Anforderungen an die Transparenz, Regeln für den Ausgleich von Mengenabweichungen und Ausgleichsentgelte sowie die Erleichterung des Kapazitätshandels.

(2) Die Mitgliedstaaten können in Einklang mit der Richtlinie 2003/55/EG eine Rechtspersönlichkeit oder Stelle einrichten, die eine oder mehrere der normalerweise dem Fernleitungsnetzbetreiber zugewiesenen Funktionen übernimmt, der die Anforderungen dieser Verordnung zu erfüllen hat.

---

[1] **Amtl. Anm.:** ABl L 184 vom 17. 7. 1999, S. 23.

**Artikel 2 Begriffsbestimmungen**

(1) Im Sinne dieser Verordnung bezeichnet der Ausdruck

1. „Fernleitung" den Transport von Erdgas durch ein hauptsächlich Hochdruckfernleitungen umfassendes Netz, mit Ausnahme von vorgelagerten Rohrleitungsnetzen und des in erster Linie im Zusammenhang mit der lokalen Erdgasverteilung benutzten Teils von Hochdruckfernleitungen, zum Zweck der Belieferung von Kunden, jedoch mit Ausnahme der Versorgung;
2. „Transportvertrag" einen Vertrag, den der Fernleitungsnetzbetreiber mit einem Netznutzer im Hinblick auf die Durchführung der Fernleitung geschlossen hat;
3. „Kapazität" den maximalen Lastfluss, der in Norm-Kubikmetern pro Zeiteinheit oder in Energieeinheiten pro Zeiteinheit ausgedrückt wird, auf den der Netznutzer gemäß den Bestimmungen des Transportvertrags Anspruch hat;
4. „nicht genutzte Kapazität" eine verbindliche Kapazität, die ein Netznutzer im Rahmen eines Transportvertrags zwar erworben, aber zum Zeitpunkt des vertraglich festgelegten Fristablaufs nicht nominiert hat;
5. „Engpassmanagement" das Management des Kapazitätsportfolios des Fernleitungsnetzbetreibers zur optimalen und maximalen Nutzung der technischen Kapazität und zur rechtzeitigen Feststellung künftiger Engpass- und Sättigungsstellen;
6. „Sekundärmarkt" den Markt für die auf andere Weise als auf dem Primärmarkt gehandelte Kapazität;
7. „Nominierung" die vorherige Meldung des tatsächlichen Lastflusses, den der Netznutzer in das Netz ein- oder aus diesem ausspeisen will, an den Fernleitungsnetzbetreiber;
8. „Renominierung" die nachträgliche Meldung einer korrigierten Nominierung;
9. „Netzintegrität" jedwede auf ein Fernleitungsnetz, einschließlich der erforderlichen Fernleitungsanlagen, bezogene Situation, in der Erdgasdruck und Erdgasqualität innerhalb der von dem Fernleitungsnetzbetreiber festgelegten Mindest- und Höchstgrenzen bleiben, so dass der Erdgasferntransport technisch gewährleistet ist;
10. „Ausgleichsperiode" den Zeitraum, innerhalb dessen jeder Netznutzer die Entnahme einer in Energieeinheiten ausgedrückten Erdgasmenge durch die Einspeisung der gleichen Erdgasmenge in das Fernleitungsnetz gemäß dem Transportvertrag oder dem Netzcode ausgleichen muss;
11. „Netznutzer" einen Kunden oder einen potenziellen Kunden eines Fernleitungsnetzbetreibers und Fernleitungsnetzbetreiber selbst, sofern diese ihre Funktionen im Zusammenhang mit der Fernleitung wahrnehmen müssen;
12. „unterbrechbare Dienstleistungen" Dienstleistungen, die der Fernleitungsnetzbetreiber in Bezug auf unterbrechbare Kapazität anbietet;
13. „unterbrechbare Kapazität" die Erdgasfernleitungskapazität, die von dem Fernleitungsnetzbetreiber gemäß den im Transportvertrag festgelegten Bedingungen unterbrochen werden kann;
14. „langfristige Dienstleistungen" Dienstleistungen, die der Fernleitungsnetzbetreiber für eine Dauer von einem Jahr oder mehr anbietet;
15. „kurzfristige Dienstleistungen" Dienstleistungen, die der Fernleitungsnetzbetreiber für eine Dauer von weniger als einem Jahr anbietet;
16. „verbindliche Kapazität" Erdgasfernleitungskapazität, die von dem Fernleitungsnetzbetreiber vertraglich als nicht unterbrechbare Kapazität zugesichert wurde;
17. „verbindliche Dienstleistungen" Dienstleistungen, die der Fernleitungsnetzbetreiber in Bezug auf verbindliche Kapazität anbietet;
18. „technische Kapazität" die verbindliche Höchstkapazität, die der Fernleitungsnetzbetreiber den Netznutzern unter Berücksichtigung der Netzintegrität und der betrieblichen Anforderungen des Fernleitungsnetzes anbieten kann;

19. „kontrahierte Kapazität" die Kapazität, die der Fernleitungsnetzbetreiber einem Netznutzer durch einen Transportvertrag zugewiesen hat;
20. „verfügbare Kapazität" den Teil der technischen Kapazität, die nicht zugewiesen wurde und dem Netz aktuell noch zur Verfügung steht;
21. „vertraglich bedingter Engpass" eine Situation, in der das Ausmaß der Nachfrage nach verbindlicher Kapazität die technische Kapazität übersteigt;
22. „Primärmarkt" den Markt für die vom Fernleitungsnetzbetreiber direkt gehandelte Kapazität;
23. „physischer Engpass" eine Situation, in der das Ausmaß der Nachfrage nach tatsächlichen Lieferungen die technische Kapazität zu einem bestimmten Zeitpunkt übersteigt.

(2) Ferner gelten die für die Anwendung dieser Verordnung einschlägigen Begriffsbestimmungen des Artikels 2 der Richtlinie 2003/55/EG mit Ausnahme der Begriffsbestimmung von „Fernleitung" in Artikel 2 Nummer 3 der Richtlinie 2003/55/EG.

### Artikel 3  Tarife für den Netzzugang

(1) Die von den Regulierungsbehörden gemäß Artikel 25 Absatz 2 der Richtlinie 2003/55/EG genehmigten Tarife oder Methoden zu ihrer Berechnung, die die Fernleitungsnetzbetreiber anwenden, sowie die gemäß Artikel 18 Absatz 1 der genannten Richtlinie veröffentlichten Tarife müssen transparent sein, der Notwendigkeit der Netzintegrität und deren Verbesserung Rechnung tragen, die Ist-Kosten widerspiegeln, soweit diese Kosten denen eines effizienten und strukturell vergleichbaren Netzbetreibers entsprechen, transparent sind und gleichzeitig eine angemessene Kapitalrendite umfassen, sowie gegebenenfalls die Tarifvergleiche der Regulierungsbehörden berücksichtigen. Die Tarife oder die Methoden zu ihrer Berechnung müssen nicht diskriminierend angewandt werden.

Die Mitgliedstaaten können beschließen, dass die Tarife auch mittels marktorientierter Verfahren wie Versteigerungen festgelegt werden können, vorausgesetzt, dass diese Verfahren und die damit verbundenen Einkünfte von der Regulierungsbehörde genehmigt werden.

Die Tarife oder die Methoden zu ihrer Berechnung müssen den effizienten Gashandel und Wettbewerb erleichtern, während sie gleichzeitig Quersubventionen zwischen den Netznutzern vermeiden und Anreize für Investitionen und zur Aufrechterhaltung oder Herstellung der Interoperabilität der Fernleitungsnetze bieten.

(2) Durch die Tarife für den Netzzugang darf weder die Marktliquidität eingeschränkt noch der Handel über die Grenzen verschiedener Fernleitungsnetze hinweg verzerrt werden. Hemmen Unterschiede der Tarifstrukturen oder der Ausgleichsmechanismen den Handel zwischen Fernleitungsnetzen, so arbeiten die Fernleitungsnetzbetreiber unbeschadet des Artikels 25 Absatz 2 der Richtlinie 2003/55/EG in enger Zusammenarbeit mit den einschlägigen nationalen Behörden aktiv auf die Konvergenz der Tarifstrukturen und der Entgelterhebungsgrundsätze hin, auch im Zusammenhang mit Ausgleichsregelungen.

### Artikel 4  Dienstleistungen für den Netzzugang Dritter

(1) Die Fernleitungsnetzbetreiber
a) stellen sicher, dass sie allen Netznutzern Dienstleistungen auf nicht diskriminierender Grundlage anbieten. Bietet ein Fernleitungsnetzbetreiber verschiedenen Kunden dieselbe Dienstleistung an, so legt er dabei gleichwertige vertragliche Bedingungen zugrunde, indem er entweder harmonisierte Transportverträge oder einen gemeinsamen Netzcode benutzt, die von der zuständigen Behörde nach dem in Artikel 25 der Richtlinie 2003/55/EG genannten Verfahren genehmigt worden sind;

b) stellen sowohl verbindliche als auch unterbrechbare Dienstleistungen für den Netzzugang Dritter bereit. Der Preis der unterbrechbaren Kapazität spiegelt die Wahrscheinlichkeit einer Unterbrechung wider;

c) bieten den Netznutzern sowohl lang- als auch kurzfristige Dienstleistungen an.

(2) Transportverträge, die mit unüblichen Anfangsterminen oder mit einer kürzeren Laufzeit als der eines Jahresstandardtransportvertrags unterzeichnet werden, dürfen nicht zu willkürlich höheren oder niedrigeren Tarifen führen, die nicht gemäß den Grundsätzen des Artikels 3 Absatz 1 den Marktwert der Dienstleistung widerspiegeln.

(3) Gegebenenfalls können Dienstleistungen für den Netzzugang Dritter unter dem Vorbehalt angemessener Garantien der Netznutzer bezüglich ihrer Kreditwürdigkeit erbracht werden. Diese Garantien dürfen keine ungerechtfertigten Marktzugangshemmnisse darstellen und müssen nicht diskriminierend, transparent und verhältnismäßig sein.

**Artikel 5   Grundsätze der Kapazitätszuweisungsmechanismen und Verfahren für das Engpassmanagement**

(1) Den Marktteilnehmern wird in allen in Artikel 6 Absatz 3 genannten maßgeblichen Punkten die größtmögliche Kapazität zur Verfügung gestellt, wobei auf die Netzintegrität und einen effizienten Netzbetrieb geachtet wird.

(2) Die Fernleitungsnetzbetreiber veröffentlichen nicht diskriminierende und transparente Kapazitätszuweisungsmechanismen und setzen diese um; diese müssen

a) angemessene ökonomische Signale für die effiziente und maximale Nutzung der technischen Kapazität liefern und Investitionen in neue Infrastruktur erleichtern;

b) die Kompatibilität mit den Marktmechanismen einschließlich Spotmärkten und „Trading Hubs" sicherstellen und gleichzeitig flexibel und in der Lage sein, sich einem geänderten Marktumfeld anzupassen;

c) mit den Netzzugangsregelungen der Mitgliedstaaten kompatibel sein.

(3) Schließen Fernleitungsnetzbetreiber neue Transportverträge ab oder handeln sie laufende Verträge neu aus, so berücksichtigen diese Verträge folgende Grundsätze:

a) Im Falle vertraglich bedingter Engpässe bietet der Fernleitungsnetzbetreiber ungenutzte Kapazität auf dem Primärmarkt zumindest auf „Day-ahead"-Basis (für den folgenden Gastag) und als unterbrechbare Kapazität an;

b) Netznutzer, die ihre ungenutzte, kontrahierte Kapazität auf dem Sekundärmarkt weiterverkaufen oder verpachten wollen, sind hierzu berechtigt. Die Mitgliedstaaten können eine Benachrichtigung oder Unterrichtung des Fernleitungsnetzbetreibers durch die Netznutzer verlangen.

(4) Bleiben Kapazitäten im Rahmen bestehender Transportverträge ungenutzt und entsteht ein vertraglich bedingter Engpass, so wenden die Fernleitungsnetzbetreiber Absatz 3 an, es sei denn, dadurch würde gegen die Anforderungen bestehender Transportverträge verstoßen. Würde dadurch gegen bestehende Transportverträge verstoßen, so richten die Fernleitungsnetzbetreiber nach Rücksprache mit den zuständigen Behörden gemäß Absatz 3 ein Gesuch an die Netznutzer für die Nutzung der ungenutzten Kapazität auf dem Sekundärmarkt.

(5) Im Falle physischer Engpässe wenden die Fernleitungsnetzbetreiber oder gegebenenfalls die Regulierungsbehörden nicht diskriminierende, transparente Kapazitätszuweisungsmechanismen an.

**Artikel 6   Transparenzanforderungen**

(1) Die Fernleitungsnetzbetreiber veröffentlichen ausführliche Informationen über die von ihnen angebotenen Dienstleistungen und die einschlägigen Bedingungen sowie die technischen Informationen, die die Netznutzer für den tatsächlichen Netzzugang benötigen.

(2) Zur Sicherstellung transparenter, objektiver, nicht diskriminierender Tarife und zur Erleichterung einer effizienten Nutzung des Erdgasnetzes, veröffentlichen die Fern-

leitungsnetzbetreiber oder die zuständigen nationalen Behörden angemessen und ausreichend detaillierte Informationen über die Tarifbildung, die entsprechenden Methoden und die Tarifstruktur.

(3) Hinsichtlich der angebotenen Dienstleistungen veröffentlicht jeder Fernleitungsnetzbetreiber für alle maßgeblichen Punkte, einschließlich Ein- und Ausspeisepunkte, regelmäßig und kontinuierlich und in einer nutzerfreundlichen, standardisierten Weise numerische Informationen über die technischen, kontrahierten und verfügbaren Kapazitäten.

(4) Die maßgeblichen Punkte eines Fernleitungsnetzes, zu denen Informationen zu veröffentlichen sind, werden von den zuständigen Behörden nach Konsultation der Netznutzer genehmigt.

(5) Ist ein Fernleitungsnetzbetreiber der Ansicht, dass er aus Gründen der Vertraulichkeit nicht berechtigt ist, alle erforderlichen Daten zu veröffentlichen, so ersucht er die zuständigen Behörden, die Einschränkung der Veröffentlichung für den betreffenden Punkt oder die betreffenden Punkte zu genehmigen.

Die zuständigen Behörden erteilen oder verweigern die Genehmigung auf Einzelfallbasis, wobei sie insbesondere der Notwendigkeit des legitimen Schutzes von Geschäftsgeheimnissen und dem Ziel der Schaffung eines wettbewerbsoffenen Erdgasbinnenmarkts Rechnung tragen. Wird die Genehmigung erteilt, so wird die verfügbare Kapazität ohne die Angabe der numerischen Daten, die der Vertraulichkeit zuwiderlaufen würden, veröffentlicht.

Eine Genehmigung im Sinne dieses Absatzes wird nicht erteilt, wenn drei oder mehr Netznutzer Kapazität an demselben Punkt kontrahiert haben.

(6) Die Fernleitungsnetzbetreiber machen die durch diese Verordnung vorgeschriebenen Informationen in sinnvoller, quantifizierbar deutlicher und leicht zugänglicher Weise ohne Diskriminierung bekannt.

## Artikel 7   Ausgleichsregeln und Ausgleichsentgelte

(1) Die Ausgleichsregeln werden auf gerechte, nicht diskriminierende und transparente Weise konzipiert und beruhen auf objektiven Kriterien. Die Ausgleichsregeln spiegeln die tatsächlichen Netzerfordernisse unter Berücksichtigung der dem Fernleitungsnetzbetreiber zur Verfügung stehenden Ressourcen wider.

(2) Im Falle nicht marktorientierter Ausgleichssysteme werden die Toleranzwerte in einer Weise bestimmt, die entweder dem saisonalen Charakter entspricht oder zu einem Toleranzwert führt, der höher ist als der sich aus dem saisonalen Charakter ergebende Toleranzwert, und die die tatsächlichen technischen Möglichkeiten des Fernleitungsnetzes widerspiegelt. Die Toleranzwerte spiegeln die tatsächlichen Netzerfordernisse unter Berücksichtigung der dem Fernleitungsnetzbetreiber zur Verfügung stehenden Ressourcen wider.

(3) Die Ausgleichsentgelte sind nach Möglichkeit kostenorientiert und bieten angemessene Anreize für die Netznutzer, ihre Ein- und Ausspeisung von Erdgas auszugleichen. Sie vermeiden Quersubventionen zwischen den Netznutzern und behindern nicht den Markteintritt neuer Marktteilnehmer.

Die Methoden zur Berechnung der Ausgleichsentgelte sowie die endgültigen Tarife werden von den zuständigen Behörden oder gegebenenfalls dem Fernleitungsnetzbetreiber veröffentlicht.

(4) Die Fernleitungsnetzbetreiber können Strafentgelte von den Netznutzern erheben, deren Einspeisung in das und Ausspeisung aus dem Fernleitungsnetz nicht gemäß den in Absatz 1 genannten Ausgleichsregeln ausgeglichen ist.

(5) Strafentgelte, die die tatsächlich entstandenen Ausgleichskosten, soweit diese Kosten denen eines effizienten und strukturell vergleichbaren Netzbetreibers entsprechen und transparent sind, übersteigen, werden bei der Tarifgestaltung in einer Weise berücksichtigt, die nicht das Interesse am Ausgleich mindert, und von den zuständigen Behörden genehmigt.

(6) Damit die Netznutzer rechtzeitig Abhilfemaßnahmen ergreifen können, stellen die Fernleitungsnetzbetreiber ausreichende, rechtzeitig erscheinende und zuverlässige Online-Informationen über den Ausgleichsstatus der Netznutzer bereit. Der Stand der bereitgestellten Informationen spiegelt den Informationsstand wider, über den die Fernleitungsnetzbetreiber verfügen. Sofern Entgelte für die Bereitstellung von Informationen dieser Art erhoben werden, werden diese Entgelte von den zuständigen Behörden genehmigt und vom Fernleitungsnetzbetreiber veröffentlicht.

(7) Die Mitgliedstaaten stellen sicher, dass sich die Fernleitungsnetzbetreiber bemühen, die Ausgleichssysteme zu harmonisieren und die Strukturen und die Höhe der Ausgleichsentgelte zu straffen, um den Erdgashandel zu erleichtern.

### Artikel 8 Handel mit Kapazitätsrechten

Jeder Fernleitungsnetzbetreiber ergreift angemessene Maßnahmen, damit Kapazitätsrechte frei gehandelt werden können und dieser Handel erleichtert wird. Jeder Betreiber entwickelt auf dem Primärmarkt harmonisierte Transportverträge und Verfahren, um den sekundären Kapazitätshandel zu erleichtern, und anerkennt den Transfer primärer Kapazitätsrechte, sofern dieser durch die Netznutzer mitgeteilt wurde. Die harmonisierten Transportverträge und Verfahren werden den Regulierungsbehörden mitgeteilt.

### Artikel 9 Leitlinien

(1) Gegebenenfalls bestimmen Leitlinien, die für das zur Erreichung des Ziels dieser Verordnung erforderliche Mindestmaß an Harmonisierung sorgen, Folgendes:

a) die Einzelheiten der Dienstleistungen für den Netzzugang Dritter gemäß Artikel 4, einschließlich der Art und Dauer der Dienstleistungen und anderer Anforderungen an diese;

b) die Einzelheiten der Grundsätze der Kapazitätszuweisungsmechanismen und der Anwendung von Engpassmanagementverfahren bei vertraglich bedingten Engpässen gemäß Artikel 5;

c) die Einzelheiten der Definition der technischen Informationen, die die Netznutzer für den tatsächlichen Zugang zum Netz benötigen, und der Definition aller für die Transparenzanforderungen maßgeblichen Punkte gemäß Artikel 6, einschließlich der für alle maßgeblichen Punkte zu veröffentlichenden Informationen und des Zeitplans für die Veröffentlichung dieser Informationen.

(2) Leitlinien zu den in Absatz 1 aufgeführten Punkten sind im Anhang enthalten. Sie können von der Kommission geändert werden; dies geschieht nach dem in Artikel 14 Absatz 2 genannten Verfahren.

(3) Die Anwendung und Änderung von Leitlinien, die gemäß dieser Richtlinie angenommen wurden, spiegelt die Unterschiede zwischen den nationalen Erdgasnetzen wider und erfordert daher keine einheitlichen detaillierten Bedingungen für den Netzzugang Dritter auf Gemeinschaftsebene. Es können jedoch Mindestanforderungen festgelegt werden, um nicht diskriminierende und transparente Netzzugangsbedingungen zu erreichen, die für einen Erdgasbinnenmarkt erforderlich sind und die dann unter Berücksichtigung der Unterschiede zwischen den nationalen Erdgasnetzen entsprechend angewandt werden können.

### Artikel 10 Regulierungsbehörden

Bei der Wahrnehmung ihrer Aufgaben aufgrund dieser Verordnung sorgen die nach Artikel 25 der Richtlinie 2003/55/EG eingerichteten Regulierungsbehörden der Mitgliedstaaten für die Einhaltung dieser Verordnung und der gemäß Artikel 9 dieser Verordnung angenommenen Leitlinien.

Soweit angebracht, arbeiten sie untereinander und mit der Kommission zusammen.

### Artikel 11   Übermittlung von Informationen

Die Mitgliedstaaten und die Regulierungsbehörden übermitteln der Kommission auf Anforderung alle für die Zwecke des Artikels 9 erforderlichen Informationen.

Unter Berücksichtigung der Komplexität der angeforderten Informationen und der Dringlichkeit, mit der sie benötigt werden, setzt die Kommission eine angemessene Frist für die Übermittlung der Informationen.

### Artikel 12   Recht der Mitgliedstaaten, detailliertere Maßnahmen vorzusehen

Diese Verordnung berührt nicht die Rechte der Mitgliedstaaten, Maßnahmen beizubehalten oder einzuführen, die detailliertere Bestimmungen als diese Verordnung und die in Artikel 9 genannten Leitlinien enthalten.

### Artikel 13   Sanktionen

(1) Die Mitgliedstaaten legen fest, welche Sanktionen bei einem Verstoß gegen die Bestimmungen dieser Verordnung zu verhängen sind, und treffen alle zu ihrer Durchsetzung erforderlichen Maßnahmen. Die vorgesehenen Sanktionen müssen wirksam, verhältnismäßig und abschreckend sein. Die Mitgliedstaaten teilen der Kommission die entsprechenden Bestimmungen spätestens bis zum 1. Juli 2006 mit und melden ihr unverzüglich spätere Änderungen, die diese betreffen.

(2) Sanktionen nach Absatz 1 sind nicht strafrechtlicher Art.

### Artikel 14   Ausschussverfahren

(1) Die Kommission wird von dem durch Artikel 30 der Richtlinie 2003/55/EG eingesetzten Ausschuss unterstützt.

(2) Wird auf diesen Absatz Bezug genommen, so gelten die Artikel 5 und 7 des Beschlusses 1999/468/EG unter Beachtung von dessen Artikel 8.
Der Zeitraum nach Artikel 5 Absatz 6 des Beschlusses 1999/468/EG wird auf drei Monate festgesetzt.

(3) Der Ausschuss gibt sich eine Geschäftsordnung.

### Artikel 15   Bericht der Kommission

Die Kommission überwacht die Anwendung dieser Verordnung. In ihrem Bericht nach Artikel 31 Absatz 3 der Richtlinie 2003/55/EG berichtet die Kommission auch über die Erfahrungen bei der Anwendung dieser Verordnung. In dem Bericht wird insbesondere geprüft, in welchem Umfang die Verordnung nicht diskriminierende und kostenorientierte Bedingungen für den Zugang zu Erdgasfernleitungsnetzen gewährleisten und somit einen Beitrag zur Wahlmöglichkeit für die Kunden in einem gut funktionierenden Binnenmarkt und zur langfristigen Versorgungssicherheit leisten konnte. Der Bericht kann erforderlichenfalls geeignete Vorschläge und/oder Empfehlungen enthalten.

### Artikel 16   Ausnahmeregelungen

Diese Verordnung gilt nicht für

a) in den Mitgliedstaaten liegende Erdgasfernleitungsnetze für die Dauer der gemäß Artikel 28 der Richtlinie 2003/55/EG gewährten Ausnahmen; Mitgliedstaaten, denen gemäß Artikel 28 der Richtlinie 2003/55/EG Ausnahmen gewährt wurden, können bei der Kommission für einen Zeitraum von bis zu zwei Jahren, beginnend ab dem Zeitpunkt, zu dem die in diesem Buchstaben genannte Ausnahme ausläuft, eine zeitweilige Ausnahmeregelung in Bezug auf die Anwendung dieser Verordnung beantragen;

b) die in Artikel 22 Absätze 1 und 2 der Richtlinie 2003/55/EG genannten Verbindungsleitungen zwischen den Mitgliedstaaten und erheblichen Kapazitätsaufstockungen bei vorhandenen Infrastrukturen und Änderungen dieser Infrastrukturen, die die Erschließung neuer Gasversorgungsquellen ermöglichen, die von den Bestimmungen der Artikel 18, 19, 20 und 25 Absätze 2, 3 und 4 der genannten Richtlinie ausgenommen sind, solange sie von den in diesem Buchstaben genannten Bestimmungen ausgenommen bleiben;

c) Erdgasfernleitungsnetze, für die Ausnahmen gemäß Artikel 27 der Richtlinie 2003/55/EG gewährt worden sind.

**Artikel 17 Inkrafttreten**

Diese Verordnung tritt am zwanzigsten Tag nach ihrer Veröffentlichung im *Amtsblatt der Europäischen Union* in Kraft.

Sie gilt ab dem 1. Juli 2006 mit Ausnahme von Artikel 9 Absatz 2 Satz 2, der ab dem 1. Januar 2007 gilt.

Diese Verordnung ist in allen ihren Teilen verbindlich und gilt unmittelbar in jedem Mitgliedstaat.

## 3. Richtlinie 2003/54/EG des Europäischen Parlaments und des Rates vom 26. Juni 2003 über gemeinsame Vorschriften für den Elektrizitätsbinnenmarkt und zur Aufhebung der Richtlinie 96/92/EG (RL 2003/54/EG)

### v. 15. 7. 2003 (ABl Nr. L 176 S. 37)

Die Richtlinie 2003/54/EG des Europäischen Parlaments und des Rates vom 26. Juni 2003 über gemeinsame Vorschriften für den Elektrizitätsbinnenmarkt und zur Aufhebung der Richtlinie 96/92/EG v. 15. 7. 2003 (ABl Nr. L 176 S. 37) wurde geändert durch die Richtlinie 2004/85/EG des Rates vom 28. Juni 2004 zur Änderung der Richtlinie 2003/54/EG des Europäischen Parlaments und des Rates hinsichtlich der Anwendung bestimmter Vorschriften auf Estland v. 7. 7. 2004 (ABl Nr. L 236 S. 10); Richtlinie 2008/3/EG des Europäischen Parlaments und des Rates vom 15. Januar 2008 zur Änderung der Richtlinie 2003/54/EG hinsichtlich der Anwendung bestimmter Vorschriften auf Estland v. 22. 1. 2008 (ABl Nr. L 17 S. 6).

DAS EUROPÄISCHE PARLAMENT UND DER RAT DER EUROPÄISCHEN UNION –

gestützt auf den Vertrag zur Gründung der Europäischen Gemeinschaft, insbesondere auf Artikel 47 Absatz 2, Artikel 55 und Artikel 95,

auf Vorschlag der Kommission[1],

nach Stellungnahme des Europäischen Wirtschafts- und Sozialausschusses[2],

nach Anhörung des Ausschusses der Regionen,

gemäß dem Verfahren des Artikels 251 des Vertrags[3],

in Erwägung nachstehender Gründe:

(1) Die Richtlinie 96/92/EG des Europäischen Parlaments und des Rates vom 19. Dezember 1996 betreffend gemeinsame Vorschriften für den Elektrizitätsbinnenmarkt[4] hat einen wesentlichen Beitrag zur Schaffung eines Elektrizitätsbinnenmarkts geleistet.

(2) Die bei der Durchführung dieser Richtlinie gewonnenen Erfahrungen zeugen von dem Nutzen, der sich aus dem Elektrizitätsbinnenmarkt ergeben kann, in Form von Effizienzsteigerungen, Preissenkungen, einer höheren Dienstleistungsqualität und einer größeren Wettbewerbsfähigkeit. Nach wie vor bestehen jedoch schwerwiegende Mängel und weit reichende Möglichkeiten zur Verbesserung der Funktionsweise der Märkte, insbesondere sind konkrete Maßnahmen erforderlich, um gleiche Ausgangsbedingungen bei der Elektrizitätserzeugung sicherzustellen und die Gefahr einer Marktbeherrschung und von Verdrängungspraktiken zu verringern, durch Sicherstellung nichtdiskriminierender Übertragungs- und Verteilungstarife durch einen Netzzugang auf der Grundlage von Tarifen, die vor ihrem Inkrafttreten veröffentlicht werden, sowie durch Sicherstellung des Schutzes der Rechte kleiner und benachteiligter Kunden und der Offenlegung der Informationen über die bei der Elektrizitätserzeugung eingesetzten Energieträger, sowie gegebenenfalls der Bezugnahme auf Quellen, die Angaben zu deren Umweltauswirkungen enthalten.

(3) Der Europäische Rat hat auf seiner Tagung am 23. und 24. März 2000 in Lissabon dazu aufgerufen, zügig an der Vollendung des Binnenmarktes sowohl im Elektrizitäts- als auch im Gassektor zu arbeiten und die Liberalisierung in diesen Sektoren zu beschleunigen, um in diesen Bereichen einen voll funktionsfähigen Binnenmarkt zu verwirklichen. In seiner Entschließung vom 6. Juli 2000 zum zweiten Bericht der Kommission an das Europäische Parlament und den Rat über den Stand der Liberalisierung der Energiemärkte forderte das Europäische Parlament die Kommission auf, einen detail-

---

1) **Amtl. Anm.:** ABl C 240 E vom 28. 8. 2001, S. 60, und ABl C 227 E vom 24. 9. 2002, S. 393.
2) **Amtl. Anm.:** ABl C 36 vom 8. 2. 2002, S. 10.
3) **Amtl. Anm.:** Stellungnahme des Europäischen Parlaments vom 13. März 2002 (ABl C 47 E vom 27. 2. 2003, S. 350), Gemeinsamer Standpunkt des Rates vom 3. Februar 2003 (ABl C 50 E vom 4. 3. 2003, S. 15) und Beschluss des Europäischen Parlaments vom 4. Juni 2003 (noch nicht im Amtsblatt veröffentlicht).
4) **Amtl. Anm.:** ABl L 27 vom 30. 1. 1997, S. 20.

lierten Zeitplan festzulegen, innerhalb dessen genau beschriebene Ziele verwirklicht werden müssen, um stufenweise zu einer völligen Liberalisierung der Energiemärkte zu gelangen.

(4) Die Freiheiten, die der Vertrag den europäischen Bürgern garantiert (freier Waren- und Dienstleistungsverkehr und Niederlassungsfreiheit), sind nur in einem vollständig geöffneten Markt möglich, der allen Verbrauchern die freie Wahl ihrer Lieferanten und allen Anbietern die freie Belieferung ihrer Kunden gestattet.

(5) Die Haupthindernisse für einen voll funktionsfähigen und wettbewerbsorientierten Binnenmarkt hängen unter anderem mit dem Netzzugang, der Tarifierung und einer unterschiedlichen Marktöffnung in den verschiedenen Mitgliedstaaten zusammen.

(6) Ein funktionierender Wettbewerb setzt voraus, dass der Netzzugang nichtdiskriminierend, transparent und zu angemessenen Preisen gewährleistet ist.

(7) Zur Vollendung des Elektrizitätsbinnenmarkts ist ein nichtdiskriminierender Zugang zum Netz des Übertragungs- oder des Verteilernetzbetreibers von größter Bedeutung. Ein Übertragungs- oder Verteilernetzbetreiber kann aus einem oder mehreren Unternehmen bestehen.

(8) Um einen effizienten und nichtdiskriminierenden Netzzugang zu gewährleisten, ist es angezeigt, dass die Übertragungs- und Verteilernetze durch unterschiedliche Rechtspersonen betrieben werden, wenn vertikal integrierte Unternehmen bestehen. Die Kommission sollte von den Mitgliedstaaten zur Verwirklichung dieser Voraussetzung entwickelte Maßnahmen gleicher Wirkung prüfen und gegebenenfalls Vorschläge zur Änderung dieser Richtlinie vorlegen. Der Übertragungs- und Verteilernetzbetreiber sollte ferner über wirksame Entscheidungsbefugnisse in Bezug auf Vermögenswerte verfügen, die zur Wartung, dem Betrieb und der Entwicklung von Netzen erforderlich sind, wenn die betreffenden Vermögenswerte sich im Eigentum vertikal integrierter Unternehmen befinden und von diesen betrieben werden.

Es ist notwendig, dass die Unabhängigkeit der Übertragungsnetzbetreiber und der Verteilernetzbetreiber gewährleistet wird, insbesondere mit Blick auf Erzeugungs- und Lieferinteressen. Deshalb müssen auch zwischen Übertragungs- und Verteilernetzbetreibern und Erzeugungs-/Versorgungsunternehmen voneinander unabhängige Managementstrukturen geschaffen werden.

Es muss jedoch zwischen einer solchen rechtlichen Trennung und der Entflechtung hinsichtlich der Eigentumsverhältnisse unterschieden werden. Die rechtliche Trennung bedingt keine Änderung der Eigentümerschaft an den Vermögenswerten, und der Geltung ähnlicher oder identischer Beschäftigungsbedingungen im gesamten vertikal integrierten Unternehmen steht nichts entgegen. Jedoch sollte ein nichtdiskriminierender Entscheidungsprozess durch organisatorische Maßnahmen zur Unabhängigkeit des zuständigen Entscheidungsträgers sichergestellt werden.

(9) Im Fall kleiner Netze müssen die Hilfsdienste möglicherweise von Übertragungsnetzbetreibern bereitgestellt werden, die mit dem kleinen Netz einen Verbund bilden.

(10) Diese Richtlinie befasst sich nicht mit Eigentumsfragen, es wird jedoch darauf hingewiesen, dass es sich im Falle eines Unternehmens, das im Übertragungs- oder Verteilungsbereich tätig und hinsichtlich seiner Rechtsform von den Unternehmen getrennt ist, die Erzeugungs- und/oder Liefertätigkeiten ausüben, bei den benannten Netzbetreibern um dasselbe Unternehmen handeln kann, das auch Eigentümer der Infrastruktur ist.

(11) Damit kleine Verteilerunternehmen finanziell und administrativ nicht unverhältnismäßig stark belastet werden, sollten die Mitgliedstaaten die Möglichkeit haben, solche Unternehmen erforderlichenfalls von den Vorschriften für die rechtliche Entflechtung der Verteilung auszunehmen.

(12) Die Genehmigungsverfahren sollten nicht zu einem Verwaltungsaufwand führen, der in keinem Verhältnis zur Größe und zur möglichen Wirkung der Elektrizitätserzeuger steht.

(13) Es sollten weitere Maßnahmen ergriffen werden, um sicherzustellen, dass die Tarife für den Netzzugang transparent und nichtdiskriminierend sind. Diese Tarife sollten unterschiedslos für alle Netzbenutzer gelten.

(14) Um einem in einem Mitgliedstaat ansässigen Elektrizitätsunternehmen den Abschluss von Verträgen zu erleichtern, die die Versorgung von zugelassenen Kunden in einem anderen Mitgliedstaat betreffen, sollten die Mitgliedstaaten und, wo angemessen, die nationalen Regulierungsbehörden auf einheitlichen Bedingungen und auf den gleichen Grad an Zulassungsfähigkeit im gesamten Binnenmarkt hinarbeiten.

(15) Der wirksamen Regulierung durch eine oder mehrere nationale Regulierungsbehörden kommt eine Schlüsselrolle bei der Gewährleistung eines nichtdiskriminierenden Netzzugangs zu. Die Mitgliedstaaten legen die Aufgaben, Zuständigkeiten und administrativen Befugnisse der Regulierungsbehörden fest. Es ist wichtig, dass die Regulierungsbehörden in allen Mitgliedstaaten über die gleichen Mindestzuständigkeiten verfügen. Diese Regulierungsbehörden sollten befugt sein, die Tarife oder wenigstens die Methoden zur Berechnung der Tarife für die Übertragung und Verteilung festzulegen oder zu genehmigen. Um Unsicherheiten und kosten und zeitaufwändige Streitigkeiten zu vermeiden, sollten diese Tarife veröffentlicht werden, bevor sie Gültigkeit erlangen.

(16) Die Kommission hat mitgeteilt, dass sie beabsichtigt, eine europäische Gruppe der Regulierungsbehörden für Elektrizität und Gas einzurichten, die einen geeigneten Beratungsmechanismus zur Stärkung der Zusammenarbeit und der Koordinierung der nationalen Regulierungsbehörden darstellen würde, um die Entwicklung des Binnenmarkts für Elektrizität und Gas zu fördern und in allen Mitgliedstaaten zu einer konsistenten Anwendung der Bestimmungen beizutragen, die in der vorliegenden Richtlinie, der Richtlinie 2003/55/EG des Europäischen Parlaments und des Rates vom 26. Juni 2003 über gemeinsame Vorschriften für den Erdgasbinnenmarkt und der Verordnung (EG) Nr. 1228/2003 des Europäischen Parlaments und des Rates vom 26. Juni 2003 über die Netzzugangsbedingungen für den grenzüberschreitenden Stromhandel festgelegt sind.

(17) Zur Sicherstellung eines effektiven Marktzugangs für alle Marktteilnehmer, einschließlich neuer Marktteilnehmer, bedarf es nichtdiskriminierender, kostenorientierter Ausgleichsmechanismen. Sobald der Elektrizitätsmarkt einen ausreichenden Liquiditätsstand erreicht hat, sollte dies durch den Aufbau transparenter Marktmechanismen für die Lieferung und den Bezug von Elektrizität zur Deckung des Ausgleichsbedarfs realisiert werden. Solange derartige liquide Märkte fehlen, sollten die nationalen Regulierungsbehörden aktiv darauf hinwirken, dass die Tarife für Ausgleichsleistungen nichtdiskriminierend und kostenorientiert sind. Gleichzeitig sollten geeignete Anreize gegeben werden, um die Einspeisung und Abnahme von Elektrizität auszugleichen und das System nicht zu gefährden.

(18) Die nationalen Regulierungsbehörden sollten die Möglichkeit haben, die Tarife oder die Tarifberechnungsmethoden auf der Grundlage eines Vorschlags des Übertragungsnetzbetreibers oder des (der) Verteilernetzbetreiber(s) oder auf der Grundlage eines zwischen diesen Betreibern und den Netzbenutzern abgestimmten Vorschlags festzulegen oder zu genehmigen. Dabei sollten die nationalen Regulierungsbehörden sicherstellen, dass die Tarife für die Übertragung und Verteilung nichtdiskriminierend und kostenorientiert sind und die langfristig durch dezentrale Elektrizitätserzeugung und Nachfragesteuerung vermiedenen Netzgrenzkosten berücksichtigen.

(19) Überall in der Gemeinschaft sollten Industrie und Handel, einschließlich der kleinen und mittleren Unternehmen, sowie die Bürger, die von den wirtschaftlichen Vorteilen des Binnenmarktes profitieren, aus Gründen der Gerechtigkeit und der Wettbewerbsfähigkeit und indirekt zur Schaffung von Arbeitsplätzen auch ein hohes Verbraucherschutzniveau genießen können, und, soweit die Mitgliedstaaten dies für angemessen halten; Kleinunternehmen sollten außerdem in den Genuss gemeinwirtschaftlicher Leistungen kommen können, insbesondere hinsichtlich Versorgungssicherheit und angemessener Tarife.

(20) Die Elektrizitätskunden sollten ihr Versorgungsunternehmen frei wählen können. Dennoch sollte die Vollendung des Binnenmarkts für Elektrizität schrittweise erfolgen, um der Branche Gelegenheit zur Anpassung zu geben und sicherzustellen, dass effiziente Maßnahmen und Regelungen zum Schutz der Verbraucherinteressen getroffen werden und gewährleistet ist, dass die Verbraucher tatsächlich das Recht auf freie Wahl ihres Versorgungsunternehmens haben.

(21) Durch die schrittweise Öffnung des Marktes zum freien Wettbewerb sollten die Unterschiede zwischen den Mitgliedstaaten so schnell wie möglich beseitigt werden. Bei der Durchführung dieser Richtlinie sollten Transparenz und Sicherheit gewährleistet sein.

(22) Fast alle Mitgliedstaaten haben sich dafür entschieden, den Wettbewerb im Elektrizitätserzeugungsmarkt durch ein transparentes Genehmigungsverfahren zu gewährleisten. Die Mitgliedstaaten sollten jedoch die Möglichkeit vorsehen, zur Versorgungssicherheit durch eine Ausschreibung oder ein vergleichbares Verfahren für den Fall beizutragen, dass sich im Wege des Genehmigungsverfahrens keine ausreichenden Elektrizitätserzeugungskapazitäten schaffen lassen. Die Mitgliedstaaten sollten die Möglichkeit haben, im Interesse des Umweltschutzes und der Förderung neuer, noch nicht ausgereifter Technologien Kapazitäten auf der Grundlage veröffentlichter Kriterien auszuschreiben. Die neuen Kapazitäten schließen unter anderem erneuerbare Energien und Kraft-Wärme-Kopplung (KWK) ein.

(23) Im Interesse der Versorgungssicherheit sollte das Gleichgewicht zwischen Angebot und Nachfrage in den einzelnen Mitgliedstaaten beobachtet und anschließend ein Gesamtbericht über die Versorgungssicherheit in der Gemeinschaft angefertigt werden, in dem die zwischen verschiedenen Gebieten bestehende Verbindungskapazität berücksichtigt wird. Die Beobachtung sollte so frühzeitig erfolgen, dass die geeigneten Maßnahmen getroffen werden können, wenn die Versorgungssicherheit gefährdet sein sollte. Der Aufbau und der Erhalt der erforderlichen Netzinfrastruktur einschließlich der Verbundmöglichkeiten sollten zu einer stabilen Elektrizitätsversorgung beitragen. Der Aufbau und der Erhalt der erforderlichen Netzinfrastruktur einschließlich der Verbundmöglichkeiten und der dezentralen Elektrizitätserzeugung sind wichtige Elemente, um eine stabile Elektrizitätsversorgung sicherzustellen.

(24) Die Mitgliedstaaten sollten dafür Sorge tragen, dass Haushalts-Kunden und, soweit die Mitgliedstaaten dies für angezeigt halten, Kleinunternehmen das Recht auf Versorgung mit Elektrizität einer bestimmten Qualität zu leicht vergleichbaren, transparenten und angemessenen Preisen haben. Damit gewährleistet ist, dass die Qualität gemeinwirtschaftlicher Leistungen in der Gemeinschaft weiterhin hohen Standards entspricht, sollten die Mitgliedstaaten die Kommission regelmäßig über die Erreichung der Ziele dieser Richtlinie getroffenen Maßnahmen unterrichten. Die Kommission sollte regelmäßig einen Bericht veröffentlichen, in dem die Maßnahmen der Mitgliedstaaten zur Erreichung gemeinwirtschaftlicher Ziele untersucht und in ihrer Wirksamkeit verglichen werden, um Empfehlungen für Maßnahmen auszusprechen, die auf einzelstaatlicher Ebene zur Gewährleistung einer hohen Qualität der gemeinwirtschaftlichen Leistungen zu ergreifen sind. Die Mitgliedstaaten sollten die erforderlichen Maßnahmen zum Schutz benachteiligter Kunden auf dem Elektrizitätsbinnenmarkt treffen. Die Maßnahmen können nach den jeweiligen Gegebenheiten in den entsprechenden Mitgliedstaaten unterschiedlich sein und spezifische Maßnahmen für die Begleichung von Stromrechnungen oder allgemeinere Maßnahmen innerhalb des Sozialsicherungssystems beinhalten. Wird die Grundversorgung auch kleinen Unternehmen angeboten, so können die Maßnahmen zur Gewährleistung dieses Angebots für Haushalts-Kunden und kleine Unternehmen unterschiedlich ausfallen.

(25) Die Kommission hat mitgeteilt, dass sie beabsichtigt, Maßnahmen insbesondere mit Blick auf den Anwendungsbereich der Kennzeichnungsvorschriften zu ergreifen, insbesondere über die Art und Weise, in der Informationen über die Umweltauswirkungen zumindest unter dem Aspekt der bei der Elektrizitätserzeugung aus verschiedenen Energieträgern entstehenden $CO_2$-Emissionen und radioaktive Abfälle in transparenter, leicht zugänglicher und vergleichbarer Weise in der gesamten Europäischen Union ver-

fügbar gemacht werden könnten, sowie über die Art und Weise, in der die in den Mitgliedstaaten ergriffenen Maßnahmen, um die Richtigkeit der von den Versorgungsunternehmen gemachten Angaben zu kontrollieren, vereinfacht werden könnten.

(26) Die Erfüllung gemeinwirtschaftlicher Verpflichtungen ist eine grundlegende Anforderung dieser Richtlinie, und es ist wichtig, dass in dieser Richtlinie von allen Mitgliedstaaten einzuhaltende gemeinsame Mindestnormen festgelegt werden, die den Zielen des Verbraucherschutzes, der Versorgungssicherheit, des Umweltschutzes und einer gleichwertigen Wettbewerbsintensität in allen Mitgliedstaaten Rechnung tragen. Gemeinwirtschaftliche Verpflichtungen müssen unter Berücksichtigung der einzelstaatlichen Gegebenheiten aus nationaler Sicht ausgelegt werden können, wobei das Gemeinschaftsrecht einzuhalten ist.

(27) Die Mitgliedstaaten können einen Versorger letzter Instanz benennen. Hierbei kann es sich um die Verkaufsabteilung eines vertikal integrierten Unternehmens handeln, das auch die Tätigkeit der Verteilung ausübt, sofern die Entflechtungsanforderungen erfüllt sind.

(28) Die von den Mitgliedstaaten zur Erreichung der Ziele des sozialen und wirtschaftlichen Zusammenhalts ergriffenen Maßnahmen können insbesondere die Schaffung geeigneter wirtschaftlicher Anreize, gegebenenfalls unter Einsatz aller auf einzelstaatlicher Ebene oder Gemeinschaftsebene vorhandenen Instrumente, umfassen. Zu diesen Instrumenten können auch Haftungsregelungen zur Absicherung der erforderlichen Investitionen zählen.

(29) Soweit die von den Mitgliedstaaten zur Erfüllung gemeinwirtschaftlicher Verpflichtungen getroffenen Maßnahmen staatliche Beihilfen nach Artikel 87 Absatz 1 des Vertrags darstellen, sind sie der Kommission gemäß Artikel 88 Absatz 3 des Vertrags mitzuteilen.

(30) Es hat sich erwiesen, dass die Verpflichtung, die Kommission über die etwaige Verweigerung einer Baugenehmigung für neue Erzeugungsanlagen zu unterrichten, unnötigen Verwaltungsaufwand bedeutet, so dass auf die entsprechende Bestimmung verzichtet werden sollte.

(31) Da das Ziel der beabsichtigten Maßnahme, nämlich die Schaffung eines voll funktionierenden Elektrizitätsbinnenmarkts, auf dem fairer Wettbewerb herrscht, auf Ebene der Mitgliedstaaten nicht ausreichend erreicht werden kann und daher wegen des Umfangs und der Wirkungen der Maßnahme besser auf Gemeinschaftsebene zu erreichen ist, kann die Gemeinschaft im Einklang mit dem in Artikel 5 des Vertrags niedergelegten Subsidiaritätsprinzip tätig werden. Entsprechend dem in demselben Artikel genannten Verhältnismäßigkeitsprinzip geht diese Richtlinie nicht über das für die Erreichung dieses Ziels erforderliche Maß hinaus.

(32) Aufgrund der Erfahrungen mit der Anwendung der Richtlinie 90/547/EWG des Rates vom 29. Oktober 1990 über den Transit von Elektrizitätslieferungen über große Netze[1]) sollten Maßnahmen zur Sicherstellung einheitlicher und nichtdiskriminierender Regelungen für den Zugang zu Übertragungsleitungen getroffen werden, die auch für die Beförderung von Elektrizität über innergemeinschaftliche Grenzen hinweg gelten. Zur Sicherstellung einer einheitlichen Handhabung des Zugangs zu den Elektrizitätsnetzen auch im Falle des Transits sollte jene Richtlinie aufgehoben werden.

(33) Wegen des Umfangs der Änderungen der Richtlinie 96/92/EG sollten die betreffenden Bestimmungen aus Gründen der Klarheit und der Rationalisierung neu gefasst werden.

(34) Die vorliegende Richtlinie respektiert die grundlegenden Rechte und beachtet die insbesondere in der Charta der Grundrechte der Europäischen Union verankerten Grundsätze –

HABEN FOLGENDE RICHTLINIE ERLASSEN:

---

1) **Amtl. Anm.:** ABl L 313 vom 13.11.1990, S. 30. Zuletzt geändert durch die Richtlinie 98/75/EG der Kommission (ABl L 276 vom 13.10.1998, S. 9).

## Kapitel I: Anwendungsbereich und Begriffsbestimmungen

### Artikel 1  Anwendungsbereich

Mit dieser Richtlinie werden gemeinsame Vorschriften für die Elektrizitätserzeugung, übertragung, verteilung und versorgung erlassen. Sie regelt die Organisation und Funktionsweise des Elektrizitätssektors, den Marktzugang, die Kriterien und Verfahren für die Ausschreibungen und die Vergabe von Genehmigungen sowie den Betrieb der Netze.

### Artikel 2  Begriffsbestimmungen

Im Sinne dieser Richtlinie bezeichnet der Ausdruck

1. „Erzeugung" die Produktion von Elektrizität;
2. „Erzeuger" eine natürliche oder juristische Person, die Elektrizität erzeugt;
3. „Übertragung" den Transport von Elektrizität über ein Höchstspannungs und Hochspannungsverbundnetz zum Zwecke der Belieferung von Endkunden oder Verteilern, jedoch mit Ausnahme der Versorgung;
4. „Übertragungsnetzbetreiber" eine natürliche oder juristische Person, die verantwortlich ist für den Betrieb, die Wartung sowie erforderlichenfalls den Ausbau des Übertragungsnetzes in einem bestimmten Gebiet und gegebenenfalls der Verbindungsleitungen zu anderen Netzen sowie für die Sicherstellung der langfristigen Fähigkeit des Netzes, eine angemessene Nachfrage nach Übertragung von Elektrizität zu befriedigen;
5. „Verteilung" den Transport von Elektrizität mit hoher, mittlerer oder niedriger Spannung über Verteilernetze zum Zwecke der Belieferung von Kunden, jedoch mit Ausnahme der Versorgung;
6. „Verteilernetzbetreiber" eine natürliche oder juristische Person, die verantwortlich ist für den Betrieb, die Wartung sowie erforderlichenfalls den Ausbau des Verteilernetzes in einem bestimmten Gebiet und gegebenenfalls der Verbindungsleitungen zu anderen Netzen sowie für die Sicherstellung der langfristigen Fähigkeit des Netzes, eine angemessene Nachfrage nach Verteilung von Elektrizität zu befriedigen;
7. „Kunden" Großhändler und Endkunden, die Elektrizität kaufen;
8. „Großhändler" alle natürlichen und juristischen Personen, die Elektrizität zum Zwecke des Weiterverkaufs innerhalb oder außerhalb des Netzes, in dem sie ansässig sind, kaufen;
9. „Endkunden" Kunden, die Elektrizität für den eigenen Verbrauch kaufen;
10. „Haushalts-Kunden" Kunden, die Elektrizität für den Eigenverbrauch im Haushalt kaufen; dies schließt gewerbliche und berufliche Tätigkeiten nicht mit ein;
11. „Nicht-Haushalts-Kunden" natürliche oder juristische Personen, die Elektrizität für andere Zwecke als den Eigenverbrauch im Haushalt kaufen; hierzu zählen auch Erzeuger und Großhändler;
12. „zugelassene Kunden" Kunden, denen es gemäß Artikel 21 dieser Richtlinie frei steht, Elektrizität von einem Lieferanten ihrer Wahl zu kaufen;
13. „Verbindungsleitungen" Anlagen, die zur Verbundschaltung von Elektrizitätsnetzen dienen;
14. „Verbundnetz" eine Anzahl von Übertragungs- und Verteilernetzen, die durch eine oder mehrere Verbindungsleitungen miteinander verbunden sind;
15. „Direktleitung" entweder eine Leitung, die einen einzelnen Produktionsstandort mit einem einzelnen Kunden verbindet, oder eine Leitung, die einen Elektrizitätserzeuger und ein Elektrizitätsversorgungsunternehmen zum Zwecke der direkten Versorgung mit ihrer eigenen Betriebsstätte, Tochterunternehmen und zugelassenen Kunden verbindet;
16. „wirtschaftlicher Vorrang" die Rangfolge der Elektrizitätsversorgungsquellen nach wirtschaftlichen Gesichtspunkten;

17. „Hilfsdienste" sämtliche zum Betrieb eines Übertragungs oder Verteilernetzes erforderlichen Dienste;
18. „Netzbenutzer" natürliche oder juristische Personen, die Elektrizität in ein Übertragungs oder Verteilernetz einspeisen oder daraus versorgt werden;
19. „Versorgung" den Verkauf einschließlich des Weiterverkaufs von Elektrizität an Kunden;
20. „integriertes Elektrizitätsunternehmen" ein vertikal oder horizontal integriertes Unternehmen;
21. „vertikal integriertes Unternehmen" ein Unternehmen oder eine Gruppe von Unternehmen, deren gegenseitige Beziehungen in Artikel 3 Absatz 3 der Verordnung (EWG) Nr. 4064/89 des Rates vom 21. Dezember 1989 über die Kontrolle von Unternehmenszusammenschlüssen festgelegt[1] sind, wobei das betreffende Unternehmen bzw. die betreffende Gruppe mindestens eine der Funktionen Übertragung oder Verteilung und mindestens eine der Funktionen Erzeugung von oder Versorgung mit Elektrizität wahrnimmt;
22. „verbundene Unternehmen" verbundene Unternehmen im Sinne von Artikel 41 der Siebenten Richtlinie 83/349/EWG des Rates vom 13. Juni 1983 aufgrund von Artikel 44 Absatz 2 Buchstabe g)[2] des Vertrags über den konsolidierten Abschluss[3] und/oder assoziierte Unternehmen im Sinne von Artikel 33 Absatz 1 derselben Richtlinie und/oder Unternehmen, die denselben Aktionären gehören;
23. „horizontal integriertes Unternehmen" ein Unternehmen, das mindestens eine der Funktionen kommerzielle Erzeugung, Übertragung, Verteilung von oder Versorgung mit Elektrizität wahrnimmt und das außerdem eine weitere Tätigkeit außerhalb des Elektrizitätsbereichs ausübt;
24. „Ausschreibungsverfahren" das Verfahren, durch das ein geplanter zusätzlicher Bedarf und geplante Ersatzkapazitäten durch Lieferungen aus neuen oder bestehenden Erzeugungsanlagen abgedeckt werden;
25. „langfristige Planung" die langfristige Planung des Bedarfs an Investitionen in Erzeugungs-, Übertragungs- und Verteilungskapazität zur Deckung der Elektrizitätsnachfrage des Netzes und zur Sicherung der Versorgung der Kunden;
26. „kleines, isoliertes Netz" ein Netz mit einem Verbrauch von weniger als 3 000 GWh im Jahr 1996, das bis zu einem Wert von weniger als 5 % seines Jahresverbrauchs mit anderen Netzen in Verbund geschaltet werden kann;
27. „isoliertes Kleinstnetz" ein Netz mit einem Verbrauch von weniger als 500 GWh im Jahr 1996, das nicht mit anderen Netzen verbunden ist;
28. „Sicherheit" sowohl die Sicherheit der Elektrizitätsversorgung und -bereitstellung als auch die Betriebssicherheit;
29. „Energieeffizienz/Nachfragesteuerung" ein globales oder integriertes Konzept zur Steuerung der Höhe und des Zeitpunkts des Elektrizitätsverbrauchs, das den Primärenergieverbrauch senken und Spitzenlasten verringern soll, indem Investitionen zur Steigerung der Energieeffizienz oder anderen Maßnahmen wie unterbrechbaren Lieferverträgen Vorrang vor Investitionen zur Steigerung der Erzeugungskapazität eingeräumt wird, wenn sie unter Berücksichtigung der positiven Auswirkungen eines geringeren Energieverbrauchs auf die Umwelt und der damit verbundenen

---

[1] **Amtl. Anm.:** ABl L 395 vom 30. 12. 1989, S. 1. Zuletzt geändert durch die Verordnung (EG) Nr. 1310/97 (ABl L 180 vom 9. 7. 1997, S. 1).

[2] **Amtl. Anm.:** Der Titel der Richtlinie 83/349/EWG wurde angepasst, um der gemäß Artikel 12 des Vertrags von Amsterdam vorgenommenen Umnummerierung des Vertrags zur Gründung der Europäischen Gemeinschaft Rechnung zu tragen; die ursprüngliche Bezugnahme betraf Artikel 54 Absatz 3 Buchstabe g.

[3] **Amtl. Anm.:** ABl L 193 vom 18. 7. 1983, S. 1. Zuletzt geändert durch die Richtlinie 2001/65/EG des Europäischen Parlaments und des Rates (ABl L 283 vom 27. 10. 2001, S. 28).

Aspekte einer größeren Versorgungssicherheit und geringerer Verteilungskosten die wirksamste und wirtschaftlichste Option darstellen;

30. „erneuerbare Energiequelle" eine erneuerbare, nichtfossile Energiequelle (Wind, Sonne, Erdwärme, Wellen und Gezeitenenergie, Wasserkraft, Biomasse, Deponiegas, Klärgas und Biogas);
31. „dezentrale Erzeugungsanlage" eine an das Verteilernetz angeschlossene Erzeugungsanlage.

## Kapitel II: Allgemeine Vorschriften für die Organisation des Sektors

### Artikel 3   Gemeinwirtschaftliche Verpflichtungen und Schutz der Kunden

(1) Die Mitgliedstaaten tragen entsprechend ihrem institutionellen Aufbau und unter Beachtung des Subsidiaritätsprinzips dafür Sorge, dass Elektrizitätsunternehmen unbeschadet des Absatzes 2 nach den in dieser Richtlinie festgelegten Grundsätzen und im Hinblick auf die Errichtung eines wettbewerbsorientierten, sicheren und unter ökologischen Aspekten nachhaltigen Elektrizitätsmarkts betrieben werden und dass diese Unternehmen hinsichtlich der Rechte und Pflichten nicht diskriminiert werden.

(2) Die Mitgliedstaaten können unter uneingeschränkter Beachtung der einschlägigen Bestimmungen des Vertrags, insbesondere des Artikels 86, den Elektrizitätsunternehmen im Allgemeinen wirtschaftlichen Interesse Verpflichtungen auferlegen, die sich auf Sicherheit, einschließlich Versorgungssicherheit, Regelmäßigkeit, Qualität und Preis der Versorgung sowie Umweltschutz, einschließlich Energieeffizienz und Klimaschutz, beziehen können. Solche Verpflichtungen müssen klar festgelegt, transparent, nichtdiskriminierend und überprüfbar sein und den gleichberechtigten Zugang von Elektrizitätsunternehmen in der Europäischen Union zu den nationalen Verbrauchern sicherstellen. In Bezug auf die Versorgungssicherheit, die Energieeffizienz/Nachfragesteuerung sowie zur Erreichung der Umweltziele im Sinne dieses Absatzes können die Mitgliedstaaten eine langfristige Planung vorsehen, wobei die Möglichkeit zu berücksichtigen ist, dass Dritte Zugang zum Netz erhalten wollen.

(3) Die Mitgliedstaaten tragen dafür Sorge, dass alle Haushalts-Kunden und, soweit die Mitgliedstaaten dies für angezeigt halten, Kleinunternehmen, nämlich Unternehmen, die weniger als 50 Personen beschäftigen und einen Jahresumsatz oder eine Jahresbilanzsumme von höchstens 10 Mio. EUR haben, in ihrem Hoheitsgebiet über eine Grundversorgung verfügen, also das Recht auf Versorgung mit Elektrizität einer bestimmten Qualität zu angemessenen, leicht und eindeutig vergleichbaren und transparenten Preisen haben. Zur Gewährleistung der Bereitstellung der Grundversorgung können die Mitgliedstaaten einen Versorger letzter Instanz benennen. Die Mitgliedstaaten erlegen Verteilerunternehmen die Verpflichtung auf, Kunden nach Modalitäten, Bedingungen und Tarifen an ihr Netz anzuschließen, die nach dem Verfahren des Artikels 23 Absatz 2 festgelegt worden sind. Diese Richtlinie hindert die Mitgliedstaaten nicht daran, die Marktstellung der privaten sowie der kleinen und mittleren Verbraucher zu stärken, indem sie die Möglichkeiten des freiwilligen Zusammenschlusses zur Vertretung dieser Verbrauchergruppe fördern.

Unterabsatz 1 wird in transparenter und nichtdiskriminierender Weise umgesetzt, wobei die Öffnung des Marktes gemäß Artikel 21 nicht behindert werden darf.

(4) Wenn ein Mitgliedstaat für die Erfüllung der Verpflichtungen nach den Absätzen 2 und 3 einen finanziellen Ausgleich, andere Arten von Gegenleistungen oder Alleinrechte gewährt, muss dies auf nichtdiskriminierende, transparente Weise geschehen.

(5) Die Mitgliedstaaten ergreifen geeignete Maßnahmen zum Schutz der Endkunden und tragen insbesondere dafür Sorge, dass für schutzbedürftige Kunden ein angemessener Schutz besteht, einschließlich Maßnahmen zur Vermeidung eines Ausschlusses von der Versorgung. In diesem Zusammenhang können die Mitgliedstaaten Maßnahmen zum Schutz von Endkunden in abgelegenen Gebieten treffen. Die Mitgliedstaaten gewährleisten einen hohen Verbraucherschutz, insbesondere in Bezug auf die Transparenz der

Vertragsbedingungen, allgemeine Informationen und Streitbeilegungsverfahren. Die Mitgliedstaaten stellen sicher, dass zugelassene Kunden tatsächlich zu einem neuen Lieferanten wechseln können. Zumindest im Fall der Haushalts-Kunden schließen solche Maßnahmen die in Anhang A aufgeführten Maßnahmen ein.

(6) Die Mitgliedstaaten stellen sicher, dass Elektrizitätsversorgungsunternehmen auf oder als Anlage zu ihren Rechnungen und in an Endkunden gerichtetem Werbematerial Folgendes angeben:

a) den Anteil der einzelnen Energiequellen am Gesamtenergieträgermix, den der Lieferant im vorangegangenen Jahr verwendet hat;

b) zumindest Verweise auf bestehende Informationsquellen, wie Internetseiten, bei denen Informationen über die Umweltauswirkungen – zumindest in Bezug auf $CO_2$-Emissionen und radioaktiven Abfall aus der durch den Gesamtenergieträgermix des Lieferanten im vorangegangenen Jahr erzeugten Elektrizität – öffentlich zur Verfügung stehen.

Bei Elektrizitätsmengen, die über eine Strombörse bezogen oder von einem Unternehmen mit Sitz außerhalb der Gemeinschaft eingeführt werden, können die von der Strombörse oder von dem betreffenden Unternehmen für das Vorjahr vorgelegten Gesamtzahlen zugrunde gelegt werden.

Die Mitgliedstaaten ergreifen die notwendigen Maßnahmen, um dafür zu sorgen, dass die Informationen, die von den Versorgungsunternehmen gemäß diesem Artikel an ihre Kunden weitergegeben werden, verlässlich sind.

(7) Die Mitgliedstaaten ergreifen geeignete Maßnahmen zur Erreichung der Ziele des sozialen und wirtschaftlichen Zusammenhalts sowie des Umweltschutzes wozu auch Energieeffizienz-/Nachfragesteuerungsmaßnahmen und Maßnahmen zur Bekämpfung von Klimaveränderungen gehören können und der Versorgungssicherheit. Diese Maßnahmen können insbesondere die Schaffung geeigneter wirtschaftlicher Anreize für den Aufbau und den Erhalt der erforderlichen Netzinfrastruktur einschließlich der Verbindungsleitungskapazitäten gegebenenfalls unter Einsatz aller auf einzelstaatlicher Ebene oder auf Gemeinschaftsebene vorhandenen Instrumente umfassen.

(8) Die Mitgliedstaaten können beschließen, die Artikel 6, 7, 20 und 22 nicht anzuwenden, soweit ihre Anwendung die Erfüllung der den Elektrizitätsunternehmen übertragenen gemeinwirtschaftlichen Verpflichtungen de jure oder de facto verhindern würde und soweit die Entwicklung des Handelsverkehrs nicht in einem Ausmaß beeinträchtigt wird, das den Interessen der Gemeinschaft zuwiderläuft. Im Interesse der Gemeinschaft liegt insbesondere der Wettbewerb um zugelassene Kunden in Übereinstimmung mit dieser Richtlinie und Artikel 86 des Vertrags.

(9) Bei der Umsetzung dieser Richtlinie unterrichten die Mitgliedstaaten die Kommission über alle Maßnahmen, die sie zur Gewährleistung der Grundversorgung und Erfüllung gemeinwirtschaftlicher Verpflichtungen, einschließlich des Verbraucher und des Umweltschutzes, getroffen haben, und deren mögliche Auswirkungen auf den nationalen und internationalen Wettbewerb, und zwar unabhängig davon, ob für diese Maßnahmen eine Ausnahme von dieser Richtlinie erforderlich ist oder nicht. Sie unterrichten die Kommission anschließend alle zwei Jahre über Änderungen der Maßnahmen unabhängig davon, ob für diese Maßnahmen eine Ausnahme von dieser Richtlinie erforderlich ist oder nicht.

### Artikel 4   Monitoring der Versorgungssicherheit

Die Mitgliedstaaten sorgen für ein Monitoring der Versorgungssicherheit. Soweit die Mitgliedstaaten es für angebracht halten, können sie diese Aufgabe den in Artikel 23 Absatz 1 genannten Regulierungsbehörden übertragen. Dieses Monitoring betrifft insbesondere das Verhältnis zwischen Angebot und Nachfrage auf dem heimischen Markt, die erwartete Nachfrageentwicklung, die in der Planung und im Bau befindlichen zusätzlichen Kapazitäten, die Qualität und den Umfang der Netzwartung sowie Maßnahmen zur Bedienung von Nachfragespitzen und zur Bewältigung von Ausfällen eines oder mehrerer Versorger. Die zuständigen Behörden veröffentlichen alle zwei Jahre spätestens zum 31. Juli einen Bericht über die bei dem Monitoring dieser Aspekte gewonnenen Erkenntnisse und etwaige getroffene oder geplante diesbezügliche Maßnahmen und übermitteln ihn unverzüglich der Kommission.

**Artikel 5 Technische Vorschriften**

Die Mitgliedstaaten tragen dafür Sorge, dass Kriterien für die technische Betriebssicherheit festgelegt und für den Netzanschluss von Erzeugungsanlagen, Verteilernetzen, Anlagen direkt angeschlossener Kunden, Verbindungsleitungen und Direktleitungen technische Vorschriften mit Mindestanforderungen an die Auslegung und den Betrieb ausgearbeitet und veröffentlicht werden. Diese technischen Vorschriften müssen die Interoperabilität der Netze sicherstellen sowie objektiv und nichtdiskriminierend sein. Sie werden der Kommission gemäß Artikel 8 der Richtlinie 98/34/EG des Europäischen Parlaments und des Rates vom 22. Juni 1998 über ein Informationsverfahren auf dem Gebiet der Normen und technischen Vorschriften und der Vorschriften für die Dienste der Informationsgesellschaft[1] mitgeteilt.

## Kapitel III: Erzeugung

**Artikel 6 Genehmigungsverfahren für neue Kapazitäten**

(1) Für den Bau neuer Erzeugungsanlagen beschließen die Mitgliedstaaten ein Genehmigungsverfahren, das nach objektiven, transparenten und nichtdiskriminierenden Kriterien anzuwenden ist.

(2) Die Mitgliedstaaten legen die Kriterien für die Erteilung von Genehmigungen zum Bau von Erzeugungsanlagen in ihrem Hoheitsgebiet fest. Die Kriterien können folgende Aspekte erfassen:

a) Sicherheit und Sicherung des elektrischen Netzes der Anlagen und zugehörigen Ausrüstungen;
b) Schutz der Gesundheit der Bevölkerung und der öffentlichen Sicherheit;
c) Umweltschutz;
d) Flächennutzung und Standortwahl;
e) Gebrauch von öffentlichem Grund und Boden;
f) Energieeffizienz;
g) Art der Primärenergieträger;
h) spezifische Merkmale des Antragstellers, wie technische, wirtschaftliche und finanzielle Leistungsfähigkeit;
i) Einhaltung der nach Artikel 3 getroffenen Maßnahmen.

(3) Die Mitgliedstaaten sorgen dafür, dass bei den Genehmigungsverfahren für kleine und/oder dezentrale Erzeugungsanlagen ihrer begrenzten Größe und ihrer möglichen Auswirkung Rechnung getragen wird.

(4) Die Genehmigungsverfahren und die Kriterien werden öffentlich bekannt gemacht. Die Gründe für die Verweigerung einer Genehmigung sind dem Antragsteller mitzuteilen. Sie müssen objektiv, nichtdiskriminierend, stichhaltig und hinreichend belegt sein. Dem Antragsteller müssen Rechtsmittel zur Verfügung stehen.

**Artikel 7 Ausschreibung neuer Kapazitäten**

(1) Die Mitgliedstaaten tragen dafür Sorge, dass neue Kapazitäten oder Energieeffizienz-/Nachfragesteuerungsmaßnahmen im Interesse der Versorgungssicherheit über ein Ausschreibungsverfahren oder ein hinsichtlich Transparenz und Nichtdiskriminierung gleichwertiges Verfahren auf der Grundlage veröffentlichter Kriterien bereitgestellt bzw. getroffen werden können. Diese Verfahren kommen jedoch nur in Betracht,

---

[1] **Amtl. Anm.:** ABl L 204 vom 21.7.1998, S. 37. Geändert durch die Richtlinie 98/48/EG (ABl L 217 vom 5.8.1998, S. 18).

wenn die Versorgungssicherheit durch die im Wege des Genehmigungsverfahrens geschaffenen Erzeugungskapazitäten bzw. die getroffenen Energieeffizienz-/Nachfragesteuerungsmaßnahmen allein nicht gewährleistet ist.

(2) Die Mitgliedstaaten können im Interesse des Umweltschutzes und der Förderung neuer Technologien, die sich in einem frühen Entwicklungsstadium befinden, die Möglichkeit dafür schaffen, dass neue Kapazitäten auf der Grundlage veröffentlichter Kriterien ausgeschrieben werden. Diese Ausschreibung kann sich sowohl auf neue Kapazitäten als auch auf Energieeffizienz-/Nachfragesteuerungsmaßnahmen erstrecken. Ein Ausschreibungsverfahren kommt jedoch nur in Betracht, wenn die Erreichung der betreffenden Ziele durch die im Wege des Genehmigungsverfahrens geschaffenen Erzeugungskapazitäten bzw. die getroffenen Maßnahmen allein nicht gewährleistet ist.

(3) Die Einzelheiten des Ausschreibungsverfahrens für Erzeugungskapazitäten und Energieeffizienz-/Nachfragesteuerungsmaßnahmen werden mindestens sechs Monate vor Ablauf der Ausschreibungsfrist im *Amtsblatt der Europäischen Union* veröffentlicht.

Die Ausschreibungsbedingungen werden jedem interessierten Unternehmen, das seinen Sitz im Gebiet eines Mitgliedstaats hat, rechtzeitig zur Verfügung gestellt, damit es auf die Ausschreibung antworten kann.

Zur Gewährleistung eines transparenten und nichtdiskriminierenden Verfahrens enthalten die Ausschreibungsbedingungen eine genaue Beschreibung der Spezifikationen des Auftrags und des von den Bietern einzuhaltenden Verfahrens sowie eine vollständige Liste der Kriterien für die Auswahl der Bewerber und die Auftragsvergabe, einschließlich der von der Ausschreibung erfassten Anreize wie z. B. Beihilfen. Die Spezifikationen können sich auch auf die in Artikel 6 Absatz 2 genannten Aspekte erstrecken.

(4) Im Falle einer Ausschreibung für benötigte Produktionskapazitäten müssen auch Angebote für langfristig garantierte Lieferungen von Strom aus bestehenden Produktionseinheiten in Betracht gezogen werden, sofern damit eine Deckung des zusätzlichen Bedarfs möglich ist.

(5) Die Mitgliedstaaten benennen eine Behörde, eine öffentliche Stelle oder eine von der Erzeugung, Übertragung und Verteilung von Elektrizität sowie von der Elektrizitätsversorgung unabhängige private Stelle, bei der es sich um die in Artikel 23 Absatz 1 genannte Regulierungsbehörde handeln kann und die für die Durchführung, Überwachung und Kontrolle des in den Absätzen 1 bis 4 beschriebenen Ausschreibungsverfahrens zuständig ist. Ist ein Übertragungsnetzbetreiber in seinen Eigentumsverhältnissen völlig unabhängig von anderen, nicht mit dem Übertragungsnetz zusammenhängenden Tätigkeitsbereichen, kann der Übertragungsnetzbetreiber als für die Durchführung, Überwachung und Kontrolle des Ausschreibungsverfahrens zuständige Stelle benannt werden. Diese Behörde oder Stelle trifft alle erforderlichen Maßnahmen, um die Vertraulichkeit der in den Angeboten gemachten Angaben zu gewährleisten.

## Kapitel IV: Betrieb des Übertragungsnetzes

### Artikel 8   Benennung von Übertragungsnetzbetreibern

Die Mitgliedstaaten oder von diesen dazu aufgeforderte Unternehmen, die Eigentümer von Übertragungsnetzen sind, benennen für einen Zeitraum, den die Mitgliedstaaten unter Effizienzerwägungen und unter Berücksichtigung der wirtschaftlichen Verhältnisse festlegen, einen oder mehrere Übertragungsnetzbetreiber. Die Mitgliedstaaten sorgen dafür, dass die Übertragungsnetzbetreiber die Artikel 9 bis 12 einhalten.

### Artikel 9   Aufgaben der Übertragungsnetzbetreiber

Jeder Übertragungsnetzbetreiber ist verantwortlich,
a) auf lange Sicht die Fähigkeit des Netzes, eine angemessene Nachfrage nach Übertragung von Elektrizität zu befriedigen, sicherzustellen;
b) durch entsprechende Übertragungskapazität und Zuverlässigkeit des Netzes zur Versorgungssicherheit beizutragen;

RL 2003/54/EG

c) die Energieübertragung durch das Netz unter Berücksichtigung des Austauschs mit anderen Verbundnetzen zu regeln. Daher ist es Sache des Übertragungsnetzbetreibers, ein sicheres, zuverlässiges und effizientes Elektrizitätsnetz zu unterhalten und in diesem Zusammenhang für die Bereitstellung aller unentbehrlichen Hilfsdienste zu sorgen, sofern diese Bereitstellung unabhängig von jedwedem anderen Übertragungsnetz ist, mit dem das Netz einen Verbund bildet;

d) dem Betreiber eines anderen Netzes, mit dem sein eigenes Netz verbunden ist, ausreichende Informationen bereitzustellen, um den sicheren und effizienten Betrieb, den koordinierten Ausbau und die Interoperabilität des Verbundnetzes sicherzustellen;

e) sich jeglicher Diskriminierung von Netzbenutzern oder Kategorien von Netzbenutzern, insbesondere zugunsten der mit ihm verbundenen Unternehmen, zu enthalten;

f) den Netzbenutzern die Informationen zur Verfügung zu stellen, die sie für einen effizienten Netzzugang benötigen.

## Artikel 10 Entflechtung von Übertragungsnetzbetreibern

(1) Gehört der Übertragungsnetzbetreiber zu einem vertikal integrierten Unternehmen, so muss er zumindest hinsichtlich seiner Rechtsform, Organisation und Entscheidungsgewalt unabhängig von den übrigen Tätigkeitsbereichen sein, die nicht mit der Übertragung zusammenhängen. Diese Bestimmungen begründen keine Verpflichtung, eine Trennung in Bezug auf das Eigentum des vertikal integrierten Unternehmens an Vermögenswerten des Übertragungsnetzes vorzunehmen.

(2) Um die Unabhängigkeit eines Übertragungsnetzbetreibers gemäß Absatz 1 sicherzustellen, sind die folgenden Mindestkriterien anzuwenden:

a) In einem integrierten Elektrizitätsunternehmen dürfen die für die Leitung des Übertragungsnetzbetreibers zuständigen Personen nicht betrieblichen Einrichtungen des integrierten Elektrizitätsunternehmens angehören, die direkt oder indirekt für den laufenden Betrieb in den Bereichen Elektrizitätserzeugung, -verteilung und -versorgung zuständig sind;

b) es sind geeignete Maßnahmen zu treffen, damit die berufsbedingten Interessen der für die Leitung des Übertragungsnetzbetreibers zuständigen Personen so berücksichtigt werden, dass ihre Handlungsunabhängigkeit gewährleistet ist;

c) der Übertragungsnetzbetreiber hat in Bezug auf Vermögenswerte, die für den Betrieb, die Wartung oder den Ausbau des Netzes erforderlich sind, tatsächliche Entscheidungsbefugnisse, die er unabhängig von dem integrierten Elektrizitätsunternehmen ausübt. Dies sollte geeigneten Koordinierungsmechanismen nicht entgegenstehen, mit denen sichergestellt wird, dass die wirtschaftlichen Befugnisse des Mutterunternehmens und seine Aufsichtsrechte über das Management im Hinblick auf die gemäß Artikel 23 Absatz 2 indirekt geregelte Rentabilität eines Tochterunternehmens geschützt werden. Dies ermöglicht es dem Mutterunternehmen insbesondere, den jährlichen Finanzplan oder ein gleichwertiges Instrument des Übertragungsnetzbetreibers zu genehmigen und generelle Grenzen für die Verschuldung seines Tochterunternehmens festzulegen. Dies erlaubt es dem Mutterunternehmen nicht, Weisungen bezüglich des laufenden Betriebs oder einzelner Entscheidungen über den Bau oder die Modernisierung von Übertragungsleitungen zu erteilen, die über den Rahmen des genehmigten Finanzplans oder eines gleichwertigen Instruments nicht hinausgehen;

d) der Übertragungsnetzbetreiber stellt ein Gleichbehandlungsprogramm auf, aus dem hervorgeht, welche Maßnahmen zum Ausschluss diskriminierenden Verhaltens getroffen werden, und gewährleistet die ausreichende Überwachung der Einhaltung dieses Programms. In dem Programm ist festgelegt, welche besonderen Pflichten die Mitarbeiter im Hinblick auf die Erreichung dieses Ziels haben. Die für die Überwachung des Gleichbehandlungsprogramms zuständige Person oder Stelle legt der in Artikel 23 Absatz 1 genannten Regulierungsbehörde jährlich einen Bericht über die getroffenen Maßnahmen vor, der veröffentlicht wird.

**Artikel 11  Inanspruchnahme und Ausgleich von Kapazitäten**

(1) Unbeschadet der Elektrizitätslieferung aufgrund vertraglicher Verpflichtungen einschließlich der Verpflichtungen aus den Ausschreibungsbedingungen ist der Betreiber des Übertragungsnetzes verantwortlich für die Inanspruchnahme der Erzeugungsanlagen in seinem Gebiet und für die Nutzung der Verbindungsleitungen mit den anderen Netzen, soweit er diese Funktion hat.

(2) Die Einspeisung aus den Erzeugungsanlagen und die Nutzung der Verbindungsleitungen erfolgen auf der Grundlage von Kriterien, die der betreffende Mitgliedstaat genehmigen kann, die objektiv und veröffentlicht sein sowie auf nichtdiskriminierende Weise angewandt werden müssen, damit ein einwandfreies Funktionieren des Elektrizitätsbinnenmarkts gewährleistet wird. Bei den Kriterien werden der wirtschaftliche Vorrang von Strom aus verfügbaren Erzeugungsanlagen oder aus dem Transfer aus Verbindungsleitungen sowie die sich für das Netz ergebenden technischen Beschränkungen berücksichtigt.

(3) Ein Mitgliedstaat kann dem Netzbetreiber zur Auflage machen, dass er bei der Inanspruchnahme von Erzeugungsanlagen solchen den Vorrang gibt, in denen erneuerbare Energieträger oder Abfälle eingesetzt werden oder die nach dem Prinzip der Kraft-Wärme-Kopplung arbeiten.

(4) Ein Mitgliedstaat kann aus Gründen der Versorgungssicherheit anordnen, dass Elektrizität bis zu einer Menge, die 15 % der in einem Kalenderjahr zur Deckung des gesamten Elektrizitätsverbrauchs des betreffenden Mitgliedstaats notwendigen Primärenergie nicht überschreitet, vorrangig aus Erzeugungsanlagen abgerufen wird, die einheimische Primärenergieträger als Brennstoffe einsetzen.

(5) Die Mitgliedstaaten können den Übertragungsnetzbetreibern zur Auflage machen, bei der Wartung und dem Ausbau des Übertragungsnetzes, einschließlich der Verbindungskapazitäten, bestimmte Mindestanforderungen einzuhalten.

(6) Soweit sie diese Funktion haben, beschaffen sich die Übertragungsnetzbetreiber die Energie, die sie zur Deckung von Energieverlusten und Kapazitätsreserven in ihrem Netz verwenden, nach transparenten, nichtdiskriminierenden und marktorientierten Verfahren.

(7) Die von den Übertragungsnetzbetreibern festgelegten Ausgleichsregelungen für das Elektrizitätsnetz müssen objektiv, transparent und nichtdiskriminierend sein, einschließlich der Regelungen über die von den Netzbenutzern für Energieungleichgewichte zu zahlenden Entgelte. Die Bedingungen für die Erbringung dieser Leistungen durch die Übertragungsnetzbetreiber einschließlich Regelungen und Tarife werden gemäß einem mit Artikel 23 Absatz 2 zu vereinbarenden Verfahren in nichtdiskriminierender Weise und kostenorientiert festgelegt und veröffentlicht.

**Artikel 12  Vertraulichkeitsanforderungen für Übertragungsnetzbetreiber**

Unbeschadet des Artikels 18 oder sonstiger gesetzlicher Verpflichtungen zur Offenlegung von Informationen wahrt der Übertragungsnetzbetreiber die Vertraulichkeit wirtschaftlich sensibler Informationen, von denen er bei der Ausübung seiner Geschäftstätigkeit Kenntnis erlangt. Offen gelegte Informationen über seine eigenen Tätigkeiten, die wirtschaftliche Vorteile bringen können, werden in nichtdiskriminierender Weise zur Verfügung gestellt.

# Kapitel V:  Betrieb des Verteilernetzes

## Artikel 13  Benennung von Verteilernetzbetreibern

Die Mitgliedstaaten oder von diesen dazu aufgeforderte Unternehmen, die Eigentümer von Verteilernetzen sind oder die für sie verantwortlich sind, benennen für einen Zeitraum, den die Mitgliedstaaten unter Effizienzerwägungen und unter Berücksichtigung der wirtschaftlichen Verhältnisse festlegen, einen oder mehrere Verteilernetzbetreiber. Die Mitgliedstaaten sorgen dafür, dass die Verteilernetzbetreiber die Artikel 14 bis 16 einhalten.

## Artikel 14  Aufgaben der Verteilernetzbetreiber

(1) Der Verteilernetzbetreiber unterhält in seinem Gebiet ein sicheres, zuverlässiges und effizientes Elektrizitätsverteilernetz unter Beachtung des Umweltschutzes.

(2) Der Verteilernetzbetreiber hat sich jeglicher Diskriminierung von Netzbenutzern oder Kategorien von Netzbenutzern, insbesondere zugunsten der mit ihm verbundenen Unternehmen, zu enthalten.

(3) Der Verteilernetzbetreiber stellt den Netzbenutzern die Informationen bereit, die sie für einen effizienten Netzzugang benötigen.

(4) Ein Mitgliedstaat kann dem Verteilernetzbetreiber zur Auflage machen, dass er bei der Inanspruchnahme von Erzeugungsanlagen solchen den Vorrang gibt, in denen erneuerbare Energieträger oder Abfälle eingesetzt werden oder die nach dem Prinzip der Kraft-Wärme-Kopplung arbeiten.

(5) Soweit sie diese Funktion haben, beschaffen sich die Verteilernetzbetreiber die Energie, die sie zur Deckung von Energieverlusten und Kapazitätsreserven in ihrem Netz verwenden, nach transparenten, nichtdiskriminierenden und marktorientierten Verfahren. Durch diese Anforderung wird die Nutzung von Elektrizität, die auf der Grundlage von vor dem 1. Januar 2002 geschlossenen Verträgen erworben wurde, nicht berührt.

(6) Sofern den Verteilernetzbetreibern der Ausgleich des Verteilernetzes obliegt, müssen die von ihnen zu diesem Zweck festgelegten Regelungen objektiv, transparent und nichtdiskriminiert sein, einschließlich der Regelungen über die von den Netzbenutzern für Energieungleichgewichte zu zahlenden Entgelte. Die Bedingungen für die Erbringung dieser Leistungen durch die Verteilernetzbetreiber einschließlich Regelungen und Tarife werden gemäß einem mit Artikel 23 Absatz 2 zu vereinbarenden Verfahren in nichtdiskriminierender Weise und kostenorientiert festgelegt und veröffentlicht.

(7) Bei der Planung des Verteilernetzausbaus berücksichtigen die Verteilernetzbetreiber Energieeffizienz-/Nachfragesteuerungsmaßnahmen und/oder dezentrale Erzeugungsanlagen, durch die sich die Notwendigkeit einer Nachrüstung oder eines Kapazitätsersatzes erübrigen könnte.

## Artikel 15  Entflechtung von Verteilernetzbetreibern

(1) Gehört der Verteilernetzbetreiber zu einem vertikal integrierten Unternehmen, so muss er zumindest hinsichtlich seiner Rechtsform, Organisation und Entscheidungsgewalt unabhängig von den übrigen Tätigkeitsbereichen sein, die nicht mit der Verteilung zusammenhängen. Diese Bestimmungen begründen keine Verpflichtung, eine Trennung in Bezug auf das Eigentum des vertikal integrierten Unternehmens an Vermögenswerten des Verteilernetzes vorzunehmen.

(2) Gehört der Verteilernetzbetreiber zu einem vertikal integrierten Unternehmen, so muss er zusätzlich zu den Anforderungen des Absatzes 1 hinsichtlich seiner Organisation und Entscheidungsgewalt unabhängig von den übrigen Tätigkeitsbereichen sein, die nicht mit der Verteilung zusammenhängen. Um dies zu erreichen, sind die folgenden Mindestkriterien anzuwenden:

a) In einem integrierten Elektrizitätsunternehmen dürfen die für die Leitung des Verteilernetzbetreibers zuständigen Personen nicht betrieblichen Einrichtungen des integrierten Elektrizitätsunternehmens angehören, die direkt oder indirekt für den laufenden Betrieb in den Bereichen Elektrizitätserzeugung, übertragung und versorgung zuständig sind;

b) es sind geeignete Maßnahmen zu treffen, damit die berufsbedingten Interessen der für die Leitung des Verteilernetzbetreibers zuständigen Personen so berücksichtigt werden, dass ihre Handlungsunabhängigkeit gewährleistet ist;

c) der Verteilernetzbetreiber hat in Bezug auf Vermögenswerte, die für den Betrieb, die Wartung oder den Ausbau des Netzes erforderlich sind, tatsächliche Entscheidungsbefugnisse, die er unabhängig von dem integrierten Elektrizitätsunternehmen ausübt. Dies sollte geeigneten Koordinierungsmechanismen nicht entgegenstehen, mit denen sichergestellt wird, dass die wirtschaftlichen Befugnisse des Mutterunternehmens und seine Aufsichtsrechte über das Management im Hinblick auf die gemäß Artikel 23 Absatz 2 indirekt geregelte Rentabilität eines Tochterunternehmens geschützt werden. Dies ermöglicht es dem Mutterunternehmen insbesondere, den jährlichen Finanzplan oder ein gleichwertiges Instrument des Verteilernetzbetreibers zu genehmigen und generelle Grenzen für die Verschuldung seines Tochterunternehmens festzulegen. Dies erlaubt es dem Mutterunternehmen nicht, Weisungen bezüglich des laufenden Betriebs oder einzelner Entscheidungen über den Bau oder die Modernisierung von Verteilerleitungen zu erteilen, die über den Rahmen des genehmigten Finanzplans oder eines gleichwertigen Instruments nicht hinausgehen;

d) der Verteilernetzbetreiber stellt ein Gleichbehandlungsprogramm auf, aus dem hervorgeht, welche Maßnahmen zum Ausschluss diskriminierenden Verhaltens getroffen werden, und gewährleistet die ausreichende Überwachung der Einhaltung dieses Programms. In dem Programm ist festgelegt, welche besonderen Pflichten die Mitarbeiter im Hinblick auf die Erreichung dieses Ziels haben. Die für die Überwachung des Gleichbehandlungsprogramms zuständige Person oder Stelle legt der in Artikel 23 Absatz 1 genannten Regulierungsbehörde jährlich einen Bericht über die getroffenen Maßnahmen vor, der veröffentlicht wird.

Die Mitgliedstaaten können beschließen, die Absätze 1 und 2 nicht auf integrierte Elektrizitätsunternehmen anzuwenden, die weniger als 100 000 angeschlossene Kunden oder kleine isolierte Netze beliefern.

### Artikel 16   Vertraulichkeitsanforderungen für Verteilernetzbetreiber

Unbeschadet des Artikels 18 oder sonstiger gesetzlicher Verpflichtungen zur Offenlegung von Informationen wahrt der Verteilernetzbetreiber die Vertraulichkeit wirtschaftlich sensibler Informationen, von denen er bei der Ausübung seiner Geschäftstätigkeit Kenntnis erlangt, und verhindert, dass Informationen über seine eigenen Tätigkeiten, die wirtschaftliche Vorteile bringen können, in diskriminierender Weise offen gelegt werden.

### Artikel 17   Kombinationsnetzbetreiber

Artikel 10 Absatz 1 und Artikel 15 Absatz 1 stehen dem gemeinsamen Betrieb des Übertragungs- und Verteilernetzes durch einen Netzbetreiber nicht entgegen, sofern dieser hinsichtlich seiner Rechtsform, Organisation und Entscheidungsgewalt unabhängig von den übrigen Tätigkeitsbereichen ist, die nicht mit dem Betrieb des Übertragungs- bzw. Verteilernetzes zusammenhängen, und sofern er die in den Buchstaben a) bis d) aufgeführten Anforderungen erfüllt. Diese Bestimmungen begründen keine Verpflichtung, eine Trennung in Bezug auf das Eigentum des vertikal integrierten Unternehmens an Vermögenswerten des Kombinationsnetzes vorzunehmen.

a) In einem integrierten Elektrizitätsunternehmen dürfen die für die Leitung des Kombinationsnetzbetreibers zuständigen Personen nicht betrieblichen Einrichtungen des integrierten Elektrizitätsunternehmens angehören, die direkt oder indirekt für den laufenden Betrieb in den Bereichen Elektrizitätserzeugung und -versorgung zuständig sind;

b) es sind geeignete Maßnahmen zu treffen, damit die berufsbedingten Interessen der für die Leitung des Kombinationsnetzbetreibers zuständigen Personen so berücksichtigt werden, dass ihre Handlungsunabhängigkeit gewährleistet ist;

c) der Kombinationsnetzbetreiber hat in Bezug auf Vermögenswerte, die für den Betrieb, die Wartung und den Ausbau des Netzes erforderlich sind, tatsächliche Entscheidungsbefugnisse, die er unabhängig von dem integrierten Elektrizitätsunternehmen ausübt. Dies sollte geeigneten Koordinierungsmechanismen nicht entgegenstehen, mit denen sichergestellt wird, dass die wirtschaftlichen Befugnisse des Mutterunternehmens und seine Aufsichtsrechte über das Management im Hinblick auf die gemäß Artikel 23 Absatz 2 indirekt geregelte Rentabilität eines Tochterunternehmens geschützt werden. Dies ermöglicht es dem Mutterunternehmen insbesondere, den jährlichen Finanzplan oder ein gleichwertiges Instrument des Kombinationsnetzbetreibers zu genehmigen und generelle Grenzen für die Verschuldung seines Tochterunternehmens festzulegen. Dies erlaubt es dem Mutterunternehmen nicht, Weisungen bezüglich des laufenden Betriebs oder einzelner Entscheidungen über den Bau oder die Modernisierung von Übertragungs- und Verteilerleitungen zu erteilen, die über den Rahmen des genehmigten Finanzplans oder eines gleichwertigen Instruments nicht hinausgehen;

d) der Kombinationsnetzbetreiber stellt ein Gleichbehandlungsprogramm auf, aus dem hervorgeht, welche Maßnahmen zum Ausschluss diskriminierenden Verhaltens getroffen werden, und gewährleistet die ausreichende Überwachung der Einhaltung dieses Programms. In dem Programm ist festgelegt, welche besonderen Pflichten die Mitarbeiter im Hinblick auf die Erreichung dieses Ziels haben. Die für die Überwachung des Gleichbehandlungsprogramms zuständige Person oder Stelle legt der in Artikel 23 Absatz 1 genannten Regulierungsbehörde jährlich einen Bericht über die getroffenen Maßnahmen vor, der veröffentlicht wird.

## Kapitel VI: Entflechtung und Transparenz der Rechnungslegung

### Artikel 18 Recht auf Einsichtnahme in die Rechnungslegung

(1) Die Mitgliedstaaten oder jede von ihnen benannte zuständige Behörde, einschließlich der in Artikel 23 genannten Regulierungsbehörden, haben, soweit dies zur Wahrnehmung ihrer Aufgaben erforderlich ist, das Recht auf Einsichtnahme in die in Artikel 19 genannte Rechnungslegung der Elektrizitätsunternehmen.

(2) Die Mitgliedstaaten und die von ihnen benannten zuständigen Behörden, einschließlich der in Artikel 23 genannten Regulierungsbehörden, wahren die Vertraulichkeit wirtschaftlich sensibler Informationen. Die Mitgliedstaaten können die Offenlegung derartiger Informationen vorsehen, wenn dies zur Wahrnehmung der Aufgaben der zuständigen Behörden erforderlich ist.

### Artikel 19 Entflechtung der Rechnungslegung

(1) Die Mitgliedstaaten treffen die erforderlichen Maßnahmen, um sicherzustellen, dass die Rechnungslegung der Elektrizitätsunternehmen gemäß den Absätzen 2 und 3 erfolgt.

(2) Ungeachtet ihrer Eigentumsverhältnisse oder ihrer Rechtsform erstellen und veröffentlichen die Elektrizitätsunternehmen ihre Jahresabschlüsse und lassen diese überprüfen, und zwar gemäß den nationalen Rechtsvorschriften über die Jahresabschlüsse von Gesellschaften, die im Rahmen der Vierten Richtlinie 78/660/EWG des Rates vom 25. Juli 1978 aufgrund von Artikel 44 Absatz 2 Buchstabe g)[1)] des Vertrags über den Jahresabschluss von Gesellschaften bestimmter Rechtsform[2)] erlassen worden sind.

Unternehmen, die zur Veröffentlichung ihrer Jahresabschlüsse gesetzlich nicht verpflichtet sind, halten in ihrer Hauptverwaltung eine Ausfertigung des Jahresabschlusses zur öffentlichen Einsichtnahme bereit.

(3) Zur Vermeidung von Diskriminierung, Quersubventionen und Wettbewerbsverzerrungen führen Elektrizitätsunternehmen in ihrer internen Rechnungslegung jeweils getrennte Konten für ihre Übertragungs- und Verteilungstätigkeiten in derselben Weise, wie sie dies tun müssten, wenn die betreffenden Tätigkeiten von separaten Unternehmen ausgeführt würden. Sie führen auch Konten für andere, nicht mit den Bereichen Übertragung und Verteilung zusammenhängende elektrizitätswirtschaftliche Tätigkeiten,

---

1) **Amtl. Anm.:** Der Titel der Richtlinie 78/660/EWG wurde angepasst, um der gemäß Artikel 12 des Vertrags von Amsterdam vorgenommenen Umnummerierung des Vertrags zur Gründung der Europäischen Gemeinschaft Rechnung zu tragen; die ursprüngliche Bezugnahme betraf Artikel 54 Absatz 3 Buchstabe g).

2) **Amtl. Anm.:** ABl L 222 vom 14. 8. 1978, S. 11. Zuletzt geändert durch die Richtlinie 2001/65/EG des Europäischen Parlaments und des Rates (ABl L 283 vom 27. 10. 2001, S. 28).

wobei diese Konten konsolidiert sein können. Bis zum 1. Juli 2007 führen sie jeweils getrennte Konten für die Versorgung zugelassener und nicht zugelassener Kunden. Einnahmen aus dem Eigentum am Übertragungs- bzw. Verteilernetz weisen sie in den Konten gesondert aus. Gegebenenfalls führen sie konsolidierte Konten für ihre Aktivitäten außerhalb des Elektrizitätsbereichs. Diese interne Rechnungslegung schließt für jede Tätigkeit sowie eine Bilanz sowie eine Gewinn- und Verlustrechnung ein.

(4) Bei der Überprüfung gemäß Absatz 2 wird insbesondere untersucht, ob die Verpflichtung zur Vermeidung von Diskriminierung und Quersubventionen gemäß Absatz 3 eingehalten wird.

## Kapitel VII: Organisation des Netzzugangs

### Artikel 20 Zugang Dritter

(1) Die Mitgliedstaaten gewährleisten die Einführung eines Systems für den Zugang Dritter zu den Übertragungs- und Verteilernetzen auf der Grundlage veröffentlichter Tarife; die Zugangsregelung gilt für alle zugelassenen Kunden und wird nach objektiven Kriterien und ohne Diskriminierung zwischen den Netzbenutzern angewandt. Die Mitgliedstaaten stellen sicher, dass diese Tarife oder die Methoden zu ihrer Berechnung vor deren Inkrafttreten gemäß Artikel 23 genehmigt werden und dass die Tarife und – soweit nur die Methoden einer Genehmigung unterliegen – die Methoden vor ihrem Inkrafttreten veröffentlicht werden.

(2) Der Betreiber eines Übertragungs- oder Verteilernetzes kann den Netzzugang verweigern, wenn er nicht über die nötige Kapazität verfügt. Die Verweigerung ist hinreichend substanziiert zu begründen, insbesondere unter Berücksichtigung des Artikels 3. Die Mitgliedstaaten stellen gegebenenfalls sicher, dass der Übertragungs- bzw. Verteilernetzbetreiber bei einer Verweigerung des Netzzugangs aussagekräftige Informationen darüber bereitstellt, welche Maßnahmen zur Verstärkung des Netzes erforderlich wären. Der um solche Informationen ersuchenden Partei kann eine angemessene Gebühr in Rechnung gestellt werden, die die Kosten für die Bereitstellung dieser Informationen widerspiegelt.

### Artikel 21 Marktöffnung und Gegenseitigkeit

(1) Die Mitgliedstaaten stellen sicher, dass zugelassene Kunden sind:
a) bis zum 1. Juli 2004 alle zugelassenen Kunden entsprechend Artikel 19 Absätze 1 bis 3 der Richtlinie 96/92/EG. Die Mitgliedstaaten veröffentlichen bis zum 31. Januar jeden Jahres die Kriterien für die Definition dieser zugelassenen Kunden;
b) spätestens ab dem 1. Juli 2004 alle Nicht-Haushalts-Kunden;
c) ab dem 1. Juli 2007 alle Kunden.

(2) Ungleichgewichte bei der Öffnung der Elektrizitätsmärkte werden wie folgt vermieden:
a) Elektrizitätslieferverträge mit einem zugelassenen Kunden aus dem Netz eines anderen Mitgliedstaats dürfen nicht untersagt werden, wenn der Kunde in beiden betreffenden Netzen als zugelassener Kunde betrachtet wird;
b) in Fällen, in denen Geschäfte nach Buchstabe a mit der Begründung abgelehnt werden, dass der Kunde nur in einem der beiden Netze als zugelassener Kunde gilt, kann die Kommission auf Antrag des Mitgliedstaats, in dem der zugelassene Kunde ansässig ist, unter Berücksichtigung der Marktlage und des gemeinsamen Interesses der ablehnenden Partei auferlegen, die gewünschten Lieferungen auszuführen.

### Artikel 22 Direktleitungen

(1) Die Mitgliedstaaten treffen die erforderlichen Maßnahmen, damit
a) alle Elektrizitätserzeuger und alle Elektrizitätsversorgungsunternehmen, die in ihrem Hoheitsgebiet ansässig sind, ihre eigenen Betriebsstätten, Tochterunternehmen und zugelassenen Kunden über eine Direktleitung versorgen können;

b) jeder zugelassene Kunde in ihrem Hoheitsgebiet von einem Erzeuger und einem Versorgungsunternehmen über eine Direktleitung versorgt werden kann.

(2) Die Mitgliedstaaten legen die Kriterien für die Erteilung von Genehmigungen für den Bau von Direktleitungen in ihrem Hoheitsgebiet fest. Diese Kriterien müssen objektiv und nichtdiskriminierend sein.

(3) Die Möglichkeit der Elektrizitätsversorgung über eine Direktleitung gemäß Absatz 1 berührt nicht die Möglichkeit, Elektrizitätslieferverträge gemäß Artikel 20 zu schließen.

(4) Die Mitgliedstaaten können die Genehmigung zur Errichtung einer Direktleitung entweder von der Verweigerung des Netzzugangs auf der Grundlage – soweit anwendbar – des Artikels 20 oder von der Einleitung eines Streitbeilegungsverfahrens gemäß Artikel 23 abhängig machen.

(5) Die Mitgliedstaaten können die Genehmigung zur Errichtung einer Direktleitung verweigern, wenn die Erteilung einer solchen Genehmigung den Bestimmungen des Artikels 3 zuwiderlaufen würde. Die Verweigerung ist hinreichend substanziert zu begründen.

**Artikel 23   Regulierungsbehörden**

(1) Die Mitgliedstaaten betrauen eine oder mehrere zuständige Stellen mit der Aufgabe als Regulierungsbehörde. Diese Behörden müssen von den Interessen der Elektrizitätswirtschaft vollkommen unabhängig sein. Sie haben durch Anwendung dieses Artikels zumindest die Aufgabe, Nichtdiskriminierung, echten Wettbewerb und ein effizientes Funktionieren des Markts sicherzustellen und ein Monitoring insbesondere in Bezug auf folgende Aspekte durchzuführen:

a) Regeln für das Management und die Zuweisung von Verbindungskapazitäten im Benehmen mit der Regulierungsbehörde oder den Regulierungsbehörden der Mitgliedstaaten, mit denen ein Verbund besteht;

b) etwaige Mechanismen zur Behebung von Kapazitätsengpässen im nationalen Elektrizitätsnetz;

c) von Übertragungs- und Verteilerunternehmen benötigte Zeit für die Herstellung von Anschlüssen und für Reparaturen;

d) Veröffentlichung angemessener Informationen über Verbindungsleitungen, Netznutzung und Kapazitätszuweisung für interessierte Parteien durch die Übertragungs- und Verteilernetzbetreiber unter Berücksichtigung der Notwendigkeit, nicht aggregierte Informationen als vertrauliche Geschäftsinformationen zu behandeln;

e) tatsächliche Entflechtung der Rechnungslegung entsprechend Artikel 19 zur Verhinderung von Quersubventionen zwischen den Erzeugungs-, Übertragungs-, Verteilungs- und Versorgungstätigkeiten;

f) Bedingungen und Tarife für den Anschluss neuer Elektrizitätserzeuger, um zu gewährleisten, dass diese objektiv, transparent und nichtdiskriminierend sind, unter besonderer Berücksichtigung der Kosten und der Vorteile der verschiedenen Technologien zur Elektrizitätserzeugung aus erneuerbaren Energiequellen, der dezentralen Erzeugung und der Kraft-Wärme-Kopplung;

g) Umfang, in dem die Übertragungs- und Verteilernetzbetreiber ihren Aufgaben gemäß den Artikeln 9 und 14 nachkommen;

h) Ausmaß von Transparenz und Wettbewerb.

Die durch diesen Artikel eingesetzten Stellen veröffentlichen einen Jahresbericht über das Ergebnis ihrer Monitoring-Tätigkeiten gemäß den Buchstaben a) bis h);

(2) Den Regulierungsbehörden obliegt es, zumindest die Methoden zur Berechnung oder Festlegung folgender Bedingungen vor deren Inkrafttreten festzulegen oder zu genehmigen:

a) die Bedingungen für den Anschluss an und den Zugang zu den nationalen Netzen, einschließlich der Tarife für die Übertragung und die Verteilung. Diese Tarife oder

Methoden sind so zu gestalten, dass die notwendigen Investitionen in die Netze so vorgenommen werden können, dass die Lebensfähigkeit der Netze gewährleistet ist.

b) die Bedingungen für die Erbringung von Ausgleichsleistungen.

(3) Unbeschadet des Absatzes 2 können die Mitgliedstaaten vorsehen, dass die Regulierungsbehörden der zuständigen Stelle des Mitgliedstaats die Tarife bzw. zumindest die in Absatz 2 genannten Methoden sowie die in Absatz 4 genannten Änderungen zur förmlichen Entscheidung vorzulegen haben. Die zuständige Stelle ist in einem solchen Fall befugt, den von der Regulierungsbehörde vorgelegten Entwurf einer Entscheidung zu billigen oder abzulehnen. Diese Tarife bzw. Methoden und Änderungen werden zusammen mit der förmlichen Annahmeentscheidung veröffentlicht. Jede förmliche Ablehnung des Entwurfs einer Entscheidung wird ebenfalls veröffentlicht, einschließlich der Begründung.

(4) Die Regulierungsbehörden sind befugt, falls erforderlich von den Betreibern der Übertragungs- und Verteilernetze zu verlangen, die in den Absätzen 1, 2 und 3 genannten Bedingungen, Tarife, Regeln, Mechanismen und Methoden zu ändern, um sicherzustellen, dass diese angemessen sind und nichtdiskriminierend angewendet werden.

(5) Jeder Betroffene, der hinsichtlich der in den Absätzen 1, 2 und 4 genannten Punkte eine Beschwerde gegen einen Übertragungs- oder Verteilernetzbetreiber hat, kann damit die Regulierungsbehörde befassen, die als Streitbeilegungsstelle innerhalb von zwei Monaten nach Eingang der Beschwerde eine Entscheidung trifft. Diese Frist kann um zwei Monate verlängert werden, wenn die Regulierungsbehörde zusätzliche Informationen anfordert. Mit Zustimmung des Beschwerdeführers ist eine weitere Verlängerung dieser Frist möglich. Eine solche Entscheidung ist verbindlich, bis sie gegebenenfalls aufgrund eines Rechtsbehelfs aufgehoben wird.

Betrifft eine Beschwerde die Tarife für den Anschluss größerer neuer Erzeugungsanlagen, so kann die Regulierungsbehörde die Zweimonatsfrist verlängern.

(6) Jeder Betroffene, der hinsichtlich einer gemäß den Absätzen 2, 3 oder 4 getroffenen Entscheidung über die Methoden oder, soweit die Regulierungsbehörde eine Anhörungspflicht hat, hinsichtlich der vorgeschlagenen Methoden beschwerdeberechtigt ist, kann längstens binnen zwei Monaten bzw. innerhalb einer von den Mitgliedstaaten festgelegten kürzeren Frist nach Veröffentlichung der Entscheidung bzw. des Vorschlags für eine Entscheidung eine Beschwerde im Hinblick auf die Überprüfung der Entscheidung einlegen. Eine Beschwerde hat keine aufschiebende Wirkung.

(7) Die Mitgliedstaaten treffen Maßnahmen, um sicherzustellen, dass die Regulierungsbehörden in der Lage sind, ihren Verpflichtungen nach den Absätzen 1 bis 5 effizient und zügig nachzukommen.

(8) Die Mitgliedstaaten schaffen geeignete und wirksame Mechanismen für die Regulierung, die Kontrolle und die Sicherstellung von Transparenz, um den Missbrauch einer marktbeherrschenden Stellung zum Nachteil insbesondere der Verbraucher sowie Verdrängungspraktiken zu verhindern. Die Mechanismen tragen den Bestimmungen des Vertrags, insbesondere Artikel 82, Rechnung.

Bis zum Jahr 2010 unterbreiten die zuständigen Behörden der Mitgliedstaaten der Kommission jährlich zum 31. Juli in Übereinstimmung mit dem Wettbewerbsrecht einen Bericht über Marktbeherrschung, Verdrängungspraktiken und wettbewerbsfeindliches Verhalten. In diesem Bericht werden auch Veränderungen der Eigentumsverhältnisse untersucht; außerdem werden die konkreten Maßnahmen festgehalten, die auf nationaler Ebene getroffen wurden, um eine ausreichende Vielfalt an Marktteilnehmern zu garantieren, oder die konkreten Maßnahmen, um Verbindungskapazität und Wettbewerb zu fördern. Ab dem Jahr 2010 unterbreiten die zuständigen Behörden einen solchen Bericht alle zwei Jahre.

(9) Die Mitgliedstaaten sorgen dafür, dass bei Verstößen gegen die in dieser Richtlinie vorgesehenen Geheimhaltungsvorschriften geeignete Maßnahmen, einschließlich der nach nationalem Recht vorgesehenen Verwaltungs- oder Strafverfahren, gegen die verantwortlichen natürlichen oder juristischen Personen ergriffen werden.

(10) Bei grenzüberschreitenden Streitigkeiten ist die Regulierungsbehörde entscheidungsbefugt, die für den Netzbetreiber, der die Netznutzung oder den Netzzugang verweigert, zuständig ist.

(11) Beschwerden nach den Absätzen 5 und 6 lassen die nach dem Gemeinschaftsrecht und den einzelstaatlichen Rechtsvorschriften möglichen Rechtsbehelfe unberührt.

(12) Die nationalen Regulierungsbehörden tragen zur Entwicklung des Binnenmarktes und zur Schaffung gleicher Wettbewerbsbedingungen durch transparente Zusammenarbeit untereinander und mit der Kommission bei.

## Kapitel VIII: Schlussbestimmungen

### Artikel 24  Schutzmaßnahmen

Treten plötzliche Marktkrisen im Energiesektor auf oder ist die Sicherheit von Personen, Geräten oder Anlagen oder die Unversehrtheit des Netzes gefährdet, so kann ein Mitgliedstaat vorübergehend die notwendigen Schutzmaßnahmen treffen.

Diese Maßnahmen dürfen nur die geringstmöglichen Störungen im Funktionieren des Binnenmarktes hervorrufen und nicht über das zur Behebung der plötzlich aufgetretenen Schwierigkeiten unbedingt erforderliche Maß hinausgehen.

Der betreffende Mitgliedstaat teilt diese Maßnahmen unverzüglich den anderen Mitgliedstaaten und der Kommission mit; diese kann beschließen, dass der betreffende Mitgliedstaat diese Maßnahmen zu ändern oder aufzuheben hat, soweit sie den Wettbewerb verfälschen und den Handel in einem Umfang beeinträchtigen, der dem gemeinsamen Interesse zuwiderläuft.

### Artikel 25  Überwachung von Elektrizitätseinfuhren

Die Mitgliedstaaten unterrichten die Kommission alle drei Monate über in den vorangegangenen drei Monaten getätigte Elektrizitätseinfuhren (in Form physikalisch geflossener Energiemengen) aus Drittländern.

### Artikel 26  Ausnahmeregelungen

(1) Die Mitgliedstaaten, die nach Inkrafttreten dieser Richtlinie nachweisen können, dass sich für den Betrieb ihrer kleinen, isolierten Netze erhebliche Probleme ergeben, können Ausnahmeregelungen zu den einschlägigen Bestimmungen der Kapitel IV, V, VI und VII sowie des Kapitels III im Falle von isolierten Kleinstnetzen, soweit die Umrüstung, Modernisierung und Erweiterung bestehender Kapazität betroffen ist, beantragen, die ihnen von der Kommission gewährt werden können. Vor einer entsprechenden Entscheidung unterrichtet die Kommission die Mitgliedstaaten über diese Anträge unter Wahrung der Vertraulichkeit. Die Entscheidung wird im *Amtsblatt der Europäischen Union* veröffentlicht. Dieser Artikel gilt auch für Luxemburg.

(2) Ein Mitgliedstaat, der nach Inkrafttreten dieser Richtlinie aus technischen Gründen erhebliche Schwierigkeiten hat, seinen Markt für bestimmte begrenzte Gruppen der in Artikel 21 Absatz 1 Buchstabe b genannten gewerblichen Kunden zu öffnen, kann eine Ausnahme von dieser Bestimmung beantragen; diese kann ihm von der Kommission für einen Zeitraum von bis zu 18 Monaten ab dem in Artikel 30 Absatz 1 genannten Zeitpunkt gewährt werden. Der Ausnahmezeitraum endet in jedem Fall zu dem in Artikel 21 Absatz 1 Buchstabe c) genannten Zeitpunkt.

(3) Estland wird eine befristete Ausnahmeregelung für die Anwendung von Artikel 21 Absatz 1 Buchstaben b und c bis zum 31. Dezember 2012 gewährt. Estland ergreift die Maßnahmen, die notwendig sind, um die Öffnung seines Strommarktes zu gewährleisten. Diese Öffnung wird schrittweise im Referenzzeitraum durchgeführt und am 1. Januar 2013 zur vollständigen Marktöffnung führen. Am 1. Januar 2009 macht die Marktöffnung mindestens 35 % des Verbrauchs aus. Estland teilt der Kommission jährlich die Verbrauchsschwellen mit, die die Endverbraucher berechtigen, als zugelassene Kunden behandelt zu werden.

## Artikel 27 Überprüfungsverfahren

Falls die Kommission in dem Bericht nach Artikel 28 Absatz 3 feststellt, dass aufgrund der effektiven Verwirklichung des Netzzugangs in einem Mitgliedstaat, die in jeder Hinsicht einen tatsächlichen, nichtdiskriminierenden und ungehinderten Netzzugang bewirkt, bestimmte in dieser Richtlinie vorgesehene Vorschriften für Unternehmen (einschließlich der Vorschriften für die rechtliche Entflechtung von Verteilernetzbetreibern) nicht in einem ausgewogenen Verhältnis zum verfolgten Ziel stehen, kann der betreffende Mitgliedstaat bei der Kommission einen Antrag auf Freistellung von der Einhaltung der betreffenden Vorschrift einreichen.

Der Mitgliedstaat übermittelt den Antrag unverzüglich der Kommission zusammen mit allen relevanten Angaben, die für den Nachweis erforderlich sind, dass die in dem Bericht getroffene Feststellung, wonach ein tatsächlicher Netzzugang sichergestellt ist, auch weiterhin zutreffen wird.

Innerhalb von drei Monaten nach Erhalt einer Mitteilung nimmt die Kommission zu dem Antrag des betreffenden Mitgliedstaats Stellung und legt dem Europäischen Parlament und dem Rat gegebenenfalls Vorschläge zur Änderung der betreffenden Bestimmungen der Richtlinie vor. Die Kommission kann in den Vorschlägen zur Änderung der Richtlinie vorschlagen, den betreffenden Mitgliedstaat von spezifischen Anforderungen auszunehmen, sofern dieser Mitgliedstaat erforderlichenfalls Maßnahmen durchführt, die in gleicher Weise wirksam sind.

## Artikel 28 Berichterstattung

(1) Die Kommission überwacht und überprüft die Anwendung dieser Richtlinie und legt dem Europäischen Parlament und dem Rat vor Ablauf des ersten Jahres nach Inkrafttreten dieser Richtlinie und danach jedes Jahr einen Gesamtbericht über die erzielten Fortschritte vor. In diesem Bericht wird mindestens Folgendes behandelt:

a) die bei der Schaffung eines vollendeten und einwandfrei funktionierenden Elektrizitätsbinnenmarktes gesammelten Erfahrungen und erzielten Fortschritte sowie die noch bestehenden Hindernisse, einschließlich der Aspekte Marktbeherrschung, Marktkonzentration, Verdrängungspraktiken oder wettbewerbsfeindliches Verhalten und ihre Auswirkung unter dem Aspekt der Marktverzerrung;

b) die Frage, inwieweit sich die Entflechtungs- und Tarifierungsbestimmungen dieser Richtlinie als geeignet erwiesen haben, einen gerechten und nichtdiskriminierenden Zugang zum Elektrizitätsnetz der Gemeinschaft und eine gleichwertige Wettbewerbsintensität zu gewährleisten, und welche wirtschaftlichen, umweltbezogenen und sozialen Auswirkungen die Öffnung des Elektrizitätsmarktes auf die Kunden hat;

c) eine Untersuchung der Fragen, die mit der Kapazität des Elektrizitätsnetzes und der Sicherheit der Stromversorgung in der Gemeinschaft und insbesondere mit dem bestehenden und dem erwarteten Gleichgewicht zwischen Angebot und Nachfrage zusammenhängen, unter Berücksichtigung der zwischen verschiedenen Gebieten bestehenden realen Austauschkapazitäten des Netzes;

d) besondere Aufmerksamkeit wird den Maßnahmen der Mitgliedstaaten zur Bedienung von Nachfragespitzen und zur Bewältigung von Ausfällen eines oder mehrerer Versorger gewidmet;

e) die Anwendung der Ausnahme nach Artikel 15 Absatz 2 im Hinblick auf eine etwaige Überprüfung der Schwelle;

f) eine allgemeine Bewertung der Fortschritte in den bilateralen Beziehungen zu Drittländern, die Elektrizität erzeugen und exportieren oder durchleiten, einschließlich der Fortschritte bei Marktintegration, sozialen und umweltbezogenen Auswirkungen des Elektrizitätshandels und Zugang zu den Netzen dieser Drittländer;

g) die Frage, ob ein Harmonisierungsbedarf besteht, der nicht mit den Bestimmungen dieser Richtlinie zusammenhängt;

h) die Frage, wie die Mitgliedstaaten die Bestimmungen des Artikels 3 Absatz 6 zur Energiekennzeichnung in die Praxis umgesetzt haben und wie etwaige Empfehlungen der Kommission hierzu berücksichtigt wurden.

Gegebenenfalls kann dieser Bericht auch Empfehlungen enthalten, insbesondere zur Tragweite und den Modalitäten der Kennzeichnungsvorschriften, einschließlich beispielsweise der Art und Weise, wie auf bestehende Referenzquellen und den Inhalt dieser Quellen Bezug genommen wird, und insbesondere über die Art und Weise, in der Informationen über die Umweltauswirkungen zumindest unter dem Aspekt der bei der Elektrizitätserzeugung aus verschiedenen Energieträgern entstehenden $CO_2$-Emissionen und radioaktiven Abfälle in transparenter, leicht zugänglicher und vergleichbarer Weise in der gesamten Europäischen Union verfügbar gemacht werden könnten, sowie über die Art und Weise, in der die in den Mitgliedstaaten ergriffenen Maßnahmen, um die Richtigkeit der von den Versorgungsunternehmen gemachten Angaben zu kontrollieren, vereinfacht werden könnten, und Maßnahmen, um negativen Auswirkungen von Marktbeherrschung und Marktkonzentration entgegenzuwirken.

(2) Alle zwei Jahre werden in dem Bericht nach Absatz 1 ferner die verschiedenen in den Mitgliedstaaten zur Erfüllung gemeinwirtschaftlicher Verpflichtungen getroffenen Maßnahmen analysiert und auf ihre Wirksamkeit und insbesondere ihre Auswirkungen auf den Wettbewerb auf dem Elektrizitätsmarkt untersucht. Gegebenenfalls kann der Bericht Empfehlungen für Maßnahmen enthalten, die auf einzelstaatlicher Ebene zur Gewährleistung eines hohen Standards der gemeinwirtschaftlichen Leistungen oder zur Verhinderung einer Marktabschottung zu ergreifen sind.

(3) Die Kommission legt dem Europäischen Parlament und dem Rat spätestens am 1. Januar 2006 einen detaillierten Bericht über die Fortschritte bei der Schaffung des Elektrizitätsbinnenmarktes vor. In dem Bericht wird insbesondere Folgendes geprüft:

- das Bestehen eines nichtdiskriminierenden Netzzugangs,
- die Wirksamkeit der Regulierung,
- die Entwicklung der Verbindungsinfrastruktur und der Stand der Versorgungssicherheit in der Gemeinschaft,
- die Frage, inwieweit der volle Nutzen der Marktöffnung Kleinunternehmen und Privathaushalten zugute kommt, insbesondere im Hinblick auf die Qualitätsstandards der gemeinwirtschaftlichen Leistungen und der Grundversorgung,
- die Frage, inwieweit die Märkte in der Praxis tatsächlich wettbewerbsoffen sind, einschließlich der Aspekte Marktbeherrschung, Marktkonzentration, Verdrängungspraktiken oder wettbewerbsfeindliches Verhalten,
- die Frage, inwieweit die Kunden tatsächlich den Versorger wechseln und die Tarife neu aushandeln,
- die Preisentwicklungen, auch bei den Endkundenpreisen, im Verhältnis zum Grad der Marktöffnung,
- die bei der Anwendung der Richtlinie gewonnenen Erfahrungen, was die tatsächliche Unabhängigkeit von Netzbetreibern in vertikal integrierten Unternehmen betrifft, sowie die Frage, ob neben der funktionalen Unabhängigkeit und der Trennung der Rechnungslegung weitere Maßnahmen konzipiert wurden, die in ihrer Wirkung der rechtlichen Entflechtung gleichkommen.

Gegebenenfalls unterbreitet die Kommission dem Europäischen Parlament und dem Rat Vorschläge insbesondere mit dem Ziel, hohe Qualitätsstandards der gemeinwirtschaftlichen Leistungen zu gewährleisten.

Gegebenenfalls unterbreitet die Kommission dem Europäischen Parlament und dem Rat Vorschläge insbesondere mit dem Ziel, die uneingeschränkte und tatsächliche Unabhängigkeit von Verteilernetzbetreibern bis zum 1. Juli 2007 sicherzustellen. Falls erforderlich, beziehen sich diese Vorschläge in Übereinstimmung mit dem Wettbewerbsrecht auch auf Maßnahmen zur Behandlung von Problemen der Marktbeherrschung, Marktkonzentration, Verdrängungspraktiken oder des wettbewerbsfeindlichen Verhaltens.

**Artikel 29   Aufhebung von Rechtsvorschriften**

Die Richtlinie 90/547/EWG wird mit Wirkung zum 1. Juli 2004 aufgehoben.

Die Richtlinie 96/92/EG wird zum 1. Juli 2004 aufgehoben; die Verpflichtungen der Mitgliedstaaten hinsichtlich der Fristen für ihre Umsetzung und Anwendung werden davon nicht berührt. Verweisungen auf die aufgehobene Richtlinie gelten als Verweisungen auf die vorliegende Richtlinie und sind nach der Entsprechungstabelle in Anhang B zu lesen.

**Artikel 30   Umsetzung**

(1) Die Mitgliedstaaten setzen die Rechts- und Verwaltungsvorschriften in Kraft, die erforderlich sind, um dieser Richtlinie spätestens am 1. Juli 2004 nachzukommen. Sie setzen die Kommission unverzüglich davon in Kenntnis.

(2) Die Mitgliedstaaten können die Umsetzung von Artikel 15 Absatz 1 bis zum 1. Juli 2007 zurückstellen. Die Anforderungen des Artikels 15 Absatz 2 bleiben hiervon unberührt.

(3) Wenn die Mitgliedstaaten diese Vorschriften erlassen, nehmen sie in den Vorschriften selbst oder durch einen Hinweis bei der amtlichen Veröffentlichung auf diese Richtlinie Bezug. Die Mitgliedstaaten regeln die Einzelheiten der Bezugnahme.

**Artikel 31   Inkrafttreten**

Diese Richtlinie tritt am zwanzigsten Tag nach ihrer Veröffentlichung im Amtsblatt der Europäischen Union in Kraft.

**Artikel 32   Adressaten**

Diese Richtlinie ist an die Mitgliedstaaten gerichtet.

## 4. Richtlinie 2004/67/EG des Rates vom 26. April 2004 über Maßnahmen zur Gewährleistung der sicheren Erdgasversorgung (RL 2004/67/EG)

v. 29. 4. 2004 (ABl Nr. L 127 S. 92)

DER RAT DER EUROPÄISCHEN UNION –

gestützt auf den Vertrag zur Gründung der Europäischen Gemeinschaft, insbesondere auf Artikel 100,

auf Vorschlag der Kommission[1],

nach Stellungnahme des Europäischen Wirtschafts- und Sozialausschusses[2],

nach Anhörung des Ausschusses der Regionen,

nach Stellungnahme des Europäischen Parlaments[3],

in Erwägung nachstehender Gründe:

(1) Dem Erdgas kommt bei der Energieversorgung der Gemeinschaft zunehmende Bedeutung zu; daher dürfte die Europäische Union, wie im Grünbuch „Hin zu einer europäischen Strategie für Energieversorgungssicherheit" erwähnt, längerfristig in zunehmendem Maße auf Erdgasimporte aus Versorgungsquellen außerhalb der EU angewiesen sein.

(2) Gemäß der Richtlinie 98/30/EG des Europäischen Parlaments und des Rates vom 22. Juni 1998 betreffend gemeinsame Vorschriften für den Erdgasbinnenmarkt[4] und der Richtlinie 2003/55/EG des Europäischen Parlaments und des Rates vom 26. Juni 2003 über gemeinsame Vorschriften für den Erdgasbinnenmarkt und zur Aufhebung der Richtlinie 98/30/EG[5] wird der Erdgasmarkt der Gemeinschaft gegenwärtig liberalisiert. Bei der Versorgungssicherheit könnte infolgedessen jede Schwierigkeit, die zu einem Rückgang der Erdgasversorgung führt, ernste Störungen in der Wirtschaftstätigkeit der Gemeinschaft verursachen; es ist daher in zunehmendem Maße notwendig, die Sicherheit der Erdgasversorgung zu gewährleisten.

(3) Für die Vollendung des Erdgasbinnenmarkts bedarf es eines gemeinsamen Mindestkonzepts für die Versorgungssicherheit, insbesondere durch transparente und diskriminierungsfreie Versorgungssicherheitspolitiken, die den Anforderungen eines solchen Marktes gerecht werden, damit Marktverzerrungen vermieden werden. Daher ist es von entscheidender Bedeutung, dass allen Marktteilnehmern klare Rollen und Zuständigkeiten zugewiesen werden, um die sichere Gasversorgung und das einwandfreie Funktionieren des Binnenmarktes zu gewährleisten.

(4) Die den Unternehmen auferlegten Verpflichtungen zur Sicherstellung der Versorgung sollten das reibungslose Funktionieren des Binnenmarktes nicht beeinträchtigen und den Marktteilnehmern auf dem Gasmarkt, einschließlich neuer und kleiner Marktteilnehmer, keine unvertretbaren und unverhältnismäßig hohen Belastungen auferlegen.

(5) Im Hinblick auf den wachsenden Erdgasmarkt in der Europäischen Union ist es wichtig, dass die Sicherheit der Erdgasversorgung insbesondere für die Privathaushalte aufrechterhalten wird.

(6) Der Industrie und gegebenenfalls den Mitgliedstaaten steht ein breites Spektrum an Instrumenten zur Verfügung, um den Verpflichtungen zur Sicherstellung der Versorgung nachzukommen. Bilaterale Vereinbarungen zwischen Mitgliedstaaten könnten eine der Möglichkeiten darstellen, um – unter Wahrung der Bestimmungen des Vertrags und des abgeleiteten Rechts, insbesondere des Artikels 3 Absatz 2 der Richtlinie 2003/55/EG – ei-

---

1) **Amtl. Anm.:** ABl C 331 vom 31. 12. 2002, S. 262.
2) **Amtl. Anm.:** ABl C 133 vom 6. 6. 2003, S. 16.
3) **Amtl. Anm.:** Stellungnahme noch nicht im Amtsblatt veröffentlicht.
4) **Amtl. Anm.:** ABl L 204 vom 21. 7. 1998, S. 1.
5) **Amtl. Anm.:** ABl L 176 vom 15. 7. 2003, S. 57.

nen Beitrag zur Einhaltung der Mindeststandards für die Versorgungssicherheit zu leisten.

(7) Mindestrichtziele für die Gasspeicherung könnten entweder auf nationaler Ebene oder vom Industriesektor festgelegt werden. Es wird davon ausgegangen, dass dies keine zusätzlichen Investitionsverpflichtungen mit sich bringen sollte.

(8) Angesichts der Bedeutung der Sicherstellung der Erdgasversorgung, u. a. im Wege langfristiger Verträge, muss die Kommission die Entwicklungen auf dem Erdgasmarkt auf der Grundlage von Berichten, die sie von Mitgliedstaaten erhält, beobachten.

(9) Zur Deckung der steigenden Nachfrage nach Erdgas und zur Diversifizierung der Gasversorgung als Voraussetzung für einen wettbewerbsorientierten Gasbinnenmarkt wird die Gemeinschaft in den nächsten Jahrzehnten erhebliche zusätzliche Erdgasmengen mobilisieren müssen, von denen ein Großteil aus weit entfernten Quellen stammen wird und über weite Entfernungen transportiert werden muss.

(10) Die Gemeinschaft verbindet ein starkes gemeinsames Interesse mit Erdgasliefer- und Transitländern, das darin besteht, die Kontinuität der Investitionen in die Gasversorgungsinfrastruktur sicherzustellen.

(11) Bei der Sicherstellung der Gasversorgung Europas haben langfristige Verträge bisher eine sehr wichtige Rolle gespielt, was auch in Zukunft der Fall sein wird. Das gegenwärtige Niveau der langfristigen Verträge auf Gemeinschaftsebene ist angemessen, und es wird davon ausgegangen, dass diese Verträge auch weiterhin einen beachtlichen Beitrag zur Gesamtgasversorgung leisten, da die Unternehmen diese Verträge nach wie vor in ihren Bestand an Lieferverträgen aufnehmen.

(12) Bei der Entwicklung liquider Handelsplattformen und durch Gasabgabeprogramme auf innerstaatlicher Ebene wurden erhebliche Fortschritte erzielt. Dieser Trend wird sich vermutlich fortsetzen.

(13) Der Aufbau einer wirklichen Solidarität zwischen Mitgliedstaaten in größeren Versorgungskrisen ist umso mehr von entscheidender Bedeutung, als die Mitgliedstaaten im Bereich der Versorgungssicherheit zunehmend voneinander abhängig werden.

(14) Diese Richtlinie berührt jedoch nicht die Hoheitsrechte der Mitgliedstaaten über ihre eigenen natürlichen Ressourcen.

(15) Es sollte eine Koordinierungsgruppe „Erdgas" eingesetzt werden, die im Fall einer größeren Gasversorgungsunterbrechung die Koordinierung der Maßnahmen zur Sicherstellung der Versorgung auf Gemeinschaftsebene erleichtern sollte und die ferner die Mitgliedstaaten bei der Koordinierung einzelstaatlicher Maßnahmen unterstützen kann. Zudem sollte sie regelmäßig Informationen über die Sicherheit der Erdgasversorgung austauschen und die Aspekte prüfen, die bei einer größeren Gasversorgungsunterbrechung von Bedeutung sind.

(16) Die Mitgliedstaaten sollten nationale Notfallbestimmungen erlassen und veröffentlichen.

(17) Diese Richtlinie sollte Bestimmungen für den Fall einer größeren Gasversorgungsunterbrechung enthalten; die absehbare Dauer einer derartigen Versorgungsunterbrechung müsste sich dabei über einen erheblichen Zeitraum mit einer Dauer von mindestens acht Wochen erstrecken.

(18) Für das Vorgehen im Fall einer größeren Gasversorgungsunterbrechung sollte in dieser Richtlinie ein Mechanismus vorgesehen sein, der sich auf ein Drei-Phasen-Konzept stützt. In der ersten Phase käme die Reaktion der Branche auf die Versorgungsunterbrechung zum Tragen; erweist sich das als unzureichend, sollten die Mitgliedstaaten Maßnahmen ergreifen, um die Versorgungsunterbrechung zu beheben. Angemessene Maßnahmen auf Gemeinschaftsebene sollten erst ergriffen werden, wenn die in den ersten zwei Phasen ergriffenen Maßnahmen nicht zu einem Erfolg geführt haben.

(19) Da das Ziel dieser Richtlinie, nämlich beim Eintreten einer größeren Versorgungsunterbrechung eine ausreichend sichere Erdgasversorgung zu gewährleisten und gleichzeitig zu einem einwandfreien Funktionieren des Gasbinnenmarkts beizutragen, von den Mitgliedstaaten nicht in allen Fällen ausreichend erreicht werden kann, was ins-

besondere auch auf die zunehmende gegenseitige Abhängigkeit der Mitgliedstaaten bei der Sicherstellung der Erdgasversorgung zurückzuführen ist, und da sich dieses Ziel wegen des Umfangs und der Wirkungen der Maßnahmen somit besser auf Gemeinschaftsebene erreichen lässt, kann die Gemeinschaft gemäß dem in Artikel 5 des Vertrags niedergelegten Subsidiaritätsgrundsatz tätig werden. Entsprechend dem in demselben Artikel genannten Grundsatz der Verhältnismäßigkeit geht diese Richtlinie nicht über das zum Erreichen dieses Ziels erforderliche Maß hinaus –
HAT FOLGENDE RICHTLINIE ERLASSEN:

### Artikel 1  Ziel

Mit dieser Richtlinie werden Maßnahmen zur Gewährleistung einer ausreichend sicheren Erdgasversorgung getroffen. Diese Maßnahmen tragen zudem zu einem einwandfreien Funktionieren des Gasbinnenmarkts bei. In dieser Richtlinie werden gemeinsame Rahmenbedingungen festgelegt, nach denen die Mitgliedstaaten eine allgemeine, transparente und nicht diskriminierende, mit den Anforderungen eines wettbewerbsorientierten Gasbinnenmarkts im Einklang stehende Versorgungssicherheitspolitik entwickeln, die allgemeinen Funktionen und Zuständigkeiten der einzelnen Marktteilnehmer genauer definieren und spezielle, nicht diskriminierende Verfahren zur Gewährleistung der Gasversorgungssicherheit einführen.

### Artikel 2  Begriffsbestimmungen

Im Sinne dieser Richtlinie bezeichnet der Ausdruck
1. „langfristiger Erdgasliefervertrag" einen Liefervertrag für Erdgas mit einer Laufzeit von über zehn Jahren;
2. „größere Versorgungsunterbrechung" eine Situation, in der für die Gemeinschaft die Gefahr besteht, dass mehr als 20 % ihrer Gasversorgung aus Drittländern ausfällt und die Lage auf Gemeinschaftsebene voraussichtlich mit einzelstaatlichen Maßnahmen nicht angemessen geregelt werden kann.

### Artikel 3  Politik zur Sicherstellung der Gasversorgung

(1) Bei der Ausrichtung ihrer allgemeinen Politik auf die Gewährleistung einer ausreichend sicheren Erdgasversorgung definieren die Mitgliedstaaten die Funktionen und Zuständigkeiten der einzelnen Marktteilnehmer bei der Umsetzung dieser Politik und legen adäquate Mindeststandards für die Versorgungssicherheit fest, die von den Marktteilnehmern auf dem Gasmarkt des betreffenden Mitgliedstaats einzuhalten sind. Diese Standards sind auf nicht diskriminierende Weise und transparent anzuwenden; sie sind zu veröffentlichen.

(2) Die Mitgliedstaaten unternehmen geeignete Schritte, um zu gewährleisten, dass die in dieser Richtlinie genannten Maßnahmen den Marktteilnehmern auf dem Gasmarkt keine unvertretbaren und unverhältnismäßig hohen Belastungen auferlegen und mit den Erfordernissen eines wettbewerbsorientierten Erdgasbinnenmarktes vereinbar sind.

(3) Eine nicht erschöpfende Liste der Instrumente zur Gewährleistung der sicheren Erdgasversorgung ist im Anhang enthalten.

### Artikel 4  Versorgungssicherheit für bestimmte Kunden

(1) Die Mitgliedstaaten tragen dafür Sorge, dass Privathaushalte in ihrem Hoheitsgebiet zumindest in folgenden Fällen in ausreichendem Maße geschützt sind:
a) bei einer partiellen Unterbrechung der nationalen Gasversorgung während eines Zeitraums, der von den Mitgliedstaaten unter Berücksichtigung der nationalen Gegebenheiten festzulegen ist,
b) bei extrem kalten Temperaturen während eines auf einzelstaatlicher Ebene festzulegenden Spitzenverbrauchszeitraums und

c) bei außergewöhnlich hoher Gasnachfrage in extremen Kaltwetterperioden, wie sie statistisch gesehen einmal in 20 Jahren auftreten.

Diese Kriterien werden in dieser Richtlinie als „Versorgungssicherheitsstandards" bezeichnet.

(2) Die Mitgliedstaaten können den Geltungsbereich von Absatz 1 insbesondere auf kleine und mittlere Unternehmen sowie auf andere Kunden ausdehnen, die ihre Energieversorgung nicht von Erdgas auf andere Energiequellen umstellen können; dies gilt auch für Maßnahmen für die Sicherheit ihres nationalen Stromnetzes, sofern dieses von Erdgas abhängt.

(3) In einer nicht erschöpfenden Liste im Anhang sind Beispiele von Instrumenten aufgeführt, auf die zur Einhaltung der Versorgungssicherheitsstandards zurückgegriffen werden kann.

(4) Die Mitgliedstaaten können zudem unter gebührender Beachtung der geologischen Gegebenheiten in ihrem Hoheitsgebiet und der wirtschaftlichen und technischen Durchführbarkeit die Maßnahmen ergreifen, die erforderlich sind, um sicherzustellen, dass die Gasspeicheranlagen in ihrem Hoheitsgebiet in ausreichendem Maße zur Einhaltung der Versorgungssicherheitsstandards beitragen.

(5) Sofern eine hinreichende Verbindung besteht, können die Mitgliedstaaten in Zusammenarbeit mit einem anderen Mitgliedstaat, einschließlich im Wege bilateraler Vereinbarungen, geeignete Maßnahmen ergreifen, um unter Rückgriff auf die Gasspeicheranlagen in diesem anderen Mitgliedstaat die Einhaltung der Versorgungssicherheitsstandards zu erreichen. Diese Maßnahmen, insbesondere bilaterale Vereinbarungen, dürfen nicht das reibungslose Funktionieren des Gasbinnenmarkts behindern.

(6) Die Mitgliedstaaten können Mindestrichtziele für einen möglichen künftigen Beitrag der innerhalb oder außerhalb des Mitgliedstaats gelegenen Speicheranlagen zur Versorgungssicherheit festlegen oder die Industrie verpflichten, dies zu tun. Diese Ziele sind zu veröffentlichen.

**Artikel 5  Berichterstattung**

(1) In dem Bericht, den die Mitgliedstaaten gemäß Artikel 5 der Richtlinie 2003/55/EG veröffentlichen, behandeln sie auch die folgenden Punkte:
a) wettbewerbliche Auswirkungen der gemäß den Artikeln 3 und 4 ergriffenen Maßnahmen auf alle Gasmarktteilnehmer;
b) Umfang der Bevorratungskapazität;
c) Anteil langfristiger Erdgaslieferverträge, die von den in ihrem Hoheitsgebiet ansässigen und registrierten Unternehmen geschlossen worden sind, und insbesondere deren Restlaufzeit, wobei diese Angaben sich auf Informationen der betreffenden Unternehmen unter Ausschluss vertraulicher Geschäftsdaten stützen, sowie Grad der Liquidität des Erdgasmarkts;
d) ordnungspolitische Rahmenbedingungen zur Schaffung angemessener Anreize für neue Investitionen in die Exploration, Förderung, Speicherung und Verflüssigung sowie den Transport von Erdgas, wobei auch Artikel 22 der Richtlinie 2003/55/EG zu berücksichtigen ist, soweit diese von dem betreffenden Mitgliedstaat umgesetzt wurde.

(2) Diese Informationen werden von der Kommission in den Berichten, die sie gemäß Artikel 31 der Richtlinie 2003/55/EG erstellt, in Anbetracht der Auswirkungen der genannten Richtlinie auf die Gemeinschaft insgesamt sowie auf das effiziente und sichere Funktionieren des Erdgasbinnenmarktes insgesamt geprüft.

**Artikel 6  Überwachung**

(1) Die Kommission verfolgt auf der Grundlage der Berichte gemäß Artikel 5 Absatz 1,
a) wie viele neue langfristige Gaseinfuhrverträge mit Drittländern geschlossen werden,
b) ob bei der Gasversorgung ausreichende Liquidität besteht,

c) über wie viel Arbeitsgas und Entnahmekapazität die Erdgasspeicher verfügen,
d) bis zu welchem Grade die nationalen Erdgasnetze der Mitgliedstaaten untereinander vernetzt sind,
e) welches die absehbare Gasversorgungslage ist, die sich aus der Nachfrage, der Versorgungsautonomie und den vorhandenen Versorgungsquellen auf Gemeinschaftsebene für bestimmte geografische Gebiete in der Gemeinschaft ergibt.

(2) Wenn die Kommission zu dem Schluss kommt, dass die Gaslieferungen in der Gemeinschaft nicht ausreichen werden, um langfristig die absehbare Gasnachfrage zu decken, kann sie gemäß dem Vertrag Vorschläge unterbreiten.

(3) Bis zum 19. Mai 2008 legt die Kommission dem Europäischen Parlament und dem Rat einen Analysebericht über die Erfahrungen mit der Anwendung dieses Artikels vor.

### Artikel 7  Koordinierungsgruppe „Erdgas"

(1) Es wird eine Koordinierungsgruppe „Erdgas" (nachstehend „Gruppe" genannt) eingesetzt, die die Abstimmung der Versorgungssicherheitsmaßnahmen erleichtern soll.

(2) Die Gruppe setzt sich aus Vertretern der Mitgliedstaaten sowie der Interessenverbände der Gasindustrie und der betreffenden Verbraucherverbände zusammen; sie steht unter dem Vorsitz der Kommission.

(3) Die Gruppe gibt sich eine Geschäftsordnung.

### Artikel 8  Nationale Notfallmaßnahmen

(1) Die Mitgliedstaaten arbeiten vorsorglich nationale Notfallmaßnahmen aus, passen diese gegebenenfalls an und teilen sie der Kommission mit. Sie veröffentlichen ihre nationalen Notfallmaßnahmen.

(2) Bei den Notfallmaßnahmen tragen die Mitgliedstaaten dafür Sorge, dass den Marktteilnehmern gegebenenfalls ausreichende Möglichkeiten zu einer ersten Reaktion auf die Notsituation eingeräumt werden.

(3) Vorbehaltlich des Artikels 4 Absatz 1 können die Mitgliedstaaten Situationen, die wegen ihres Ausmaßes und Ausnahmecharakters aus ihrer Sicht mit nationalen Maßnahmen nicht hinreichend bewältigt werden können, dem Vorsitzenden der Gruppe melden.

### Artikel 9  Gemeinschaftsmechanismus

(1) Bei Eintreten einer Situation, die zu einer größeren, über einen erheblichen Zeitraum andauernden Gasversorgungsunterbrechung führen kann, oder einer Situation, die von einem Mitgliedstaat gemäß Artikel 8 Absatz 3 gemeldet wurde, beruft die Kommission auf Antrag eines Mitgliedstaats oder von sich aus so rasch wie möglich eine Sitzung der mit Artikel 7 eingesetzten Gruppe ein.

(2) Die Gruppe prüft die Maßnahmen, die auf nationaler Ebene zur Bewältigung der größeren Versorgungsunterbrechung ergriffen wurden, und unterstützt die Mitgliedstaaten gegebenenfalls bei der Abstimmung dieser Maßnahmen.

(3) Dabei berücksichtigt die Gruppe in vollem Umfang die Maßnahmen, die
a) von der Erdgasindustrie als erste Reaktion auf die größere Versorgungsunterbrechung ergriffen wurden,
b) von den Mitgliedstaaten u. a. gemäß Artikel 4 ergriffen wurden, einschließlich der einschlägigen bilateralen Vereinbarungen.

(4) Wenn die auf nationaler Ebene ergriffenen Maßnahmen nach Absatz 3 zur Bewältigung der Folgen einer Situation im Sinne von Absatz 1 nicht ausreichen, so kann die Kommission in Absprache mit der Gruppe den Mitgliedstaaten Orientierungshilfen für weitere Maßnahmen zur Unterstützung der von der größeren Gasversorgungsunterbrechung besonders betroffenen Mitgliedstaaten geben.

(5) Wenn die auf nationaler Ebene ergriffenen Maßnahmen nach Absatz 4 zur Bewältigung der Folgen einer Situation im Sinne von Absatz 1 nicht ausreichen, so kann die Kommission dem Rat einen Vorschlag für weitere erforderliche Maßnahmen vorlegen.

(6) Alle in diesem Artikel genannten Maßnahmen auf Gemeinschaftsebene müssen Bestimmungen enthalten, mit denen eine gerechte und billige Entschädigung der Unternehmen, die von den zu ergreifenden Maßnahmen betroffen sind, sichergestellt wird.

### Artikel 10   Überwachung der Umsetzung

(1) Die Kommission erstattet bis zum 19. Mai 2008 auf der Grundlage der Umsetzungsweise der Richtlinie durch die Mitgliedstaaten Bericht über die Wirksamkeit der nach den Artikeln 3 und 4 angewendeten Instrumente und deren Auswirkungen auf den Erdgasbinnenmarkt sowie über die Entwicklung des Wettbewerbs auf dem Erdgasbinnenmarkt.

(2) Auf der Grundlage der Ergebnisse dieser Überwachung kann die Kommission gegebenenfalls Empfehlungen oder Vorschläge für weitere Maßnahmen zur Förderung der Versorgungssicherheit unterbreiten.

### Artikel 11   Umsetzung

Die Mitgliedstaaten setzen die Rechts- und Verwaltungsvorschriften in Kraft, die erforderlich sind, um dieser Richtlinie spätestens bis zum 19 Mai 2006 nachzukommen. Sie teilen der Kommission unverzüglich den Wortlaut dieser Vorschriften mit und übermitteln ihr eine Tabelle der Entsprechungen zwischen diesen Vorschriften und den Bestimmungen dieser Richtlinie.

Wenn die Mitgliedstaaten diese Vorschriften erlassen, nehmen sie in den Vorschriften selbst oder durch einen Hinweis bei der amtlichen Veröffentlichung auf diese Richtlinie Bezug. Die Mitgliedstaaten regeln die Einzelheiten der Bezugnahme.

### Artikel 12   Inkrafttreten

Diese Richtlinie tritt am zwanzigsten Tag nach ihrer Veröffentlichung im Amtsblatt der Europäischen Union in Kraft.

### Artikel 13

Diese Richtlinie ist an die Mitgliedstaaten gerichtet.

## 5. Richtlinie 2005/89/EG des Europäischen Parlaments und des Rates vom 18. Januar 2006 über Maßnahmen zur Gewährleistung der Sicherheit der Elektrizitätsversorgung und von Infrastrukturinvestitionen (RL 2005/89/EG)

v. 4. 2. 2006 (ABl Nr. L 33 S. 22)

DAS EUROPÄISCHE PARLAMENT UND DER RAT DER EUROPÄISCHEN UNION –

gestützt auf den Vertrag zur Gründung der Europäischen Gemeinschaft, insbesondere auf Artikel 95,

auf Vorschlag der Kommission,

nach Stellungnahme des Europäischen Wirtschafts- und Sozialausschusses[1)],

nach Anhörung des Ausschusses der Regionen,

gemäß dem Verfahren des Artikels 251 des Vertrags[2)],

in Erwägung nachstehender Gründe:

(1) Die Richtlinie 2003/54/EG des Europäischen Parlaments und des Rates vom 26. Juni 2003 über gemeinsame Vorschriften für den Elektrizitätsbinnenmarkt[3)] war ein äußerst wichtiger Beitrag zur Schaffung des Elektrizitätsbinnenmarktes. Die Gewährleistung einer hohen Sicherheit der Elektrizitätsversorgung ist eine Grundvoraussetzung für das erfolgreiche Funktionieren des Binnenmarktes; nach der genannten Richtlinie können die Mitgliedstaaten den Elektrizitätsunternehmen gemeinwirtschaftliche Verpflichtungen auferlegen, unter anderem im Hinblick auf die Versorgungssicherheit. Diese gemeinwirtschaftlichen Verpflichtungen sollten so genau und präzise wie möglich definiert werden und sollten nicht zur Schaffung von Erzeugungskapazitäten in einem Umfang führen, der über das zur Verhinderung unzumutbarer Unterbrechungen der Elektrizitätsversorgung der Endverbraucher notwendige Maß hinausgeht.

(2) Die Nachfrage nach Elektrizität wird im Allgemeinen auf der Grundlage von Szenarien, die von den Übertragungsnetzbetreibern oder anderen hierfür befähigten Stellen auf Ersuchen eines Mitgliedstaats erstellt werden, mittelfristig prognostiziert.

(3) Ein wettbewerbsorientierter Elektrizitätsbinnenmarkt in der Europäischen Union erfordert transparente und diskriminierungsfreie Politiken für die Sicherheit der Elektrizitätsversorgung, die mit den Erfordernissen eines solchen Marktes vereinbar ist. Das Fehlen einer entsprechenden Politik in einzelnen Mitgliedstaaten oder das Bestehen erheblicher Unterschiede zwischen den Politiken verschiedener Mitgliedstaaten würde Wettbewerbsverzerrungen nach sich ziehen. Die Festlegung klarer Rollen und Zuständigkeiten für die zuständigen Behörden und die Mitgliedstaaten selbst sowie für alle betroffenen Marktteilnehmer ist daher von wesentlicher Bedeutung, um die Sicherheit der Elektrizitätsversorgung und ein reibungsloses Funktionieren des Binnenmarkts zu gewährleisten sowie gleichzeitig die Entstehung von Hindernissen für neue Marktteilnehmer, wie etwa Elektrizitätserzeugungs- oder Versorgungsunternehmen in einem Mitgliedstaat, die vor kurzem ihre Tätigkeit in diesem Mitgliedstaat aufgenommen haben und von Verzerrungen im Elektrizitätsbinnenmarkt sowie ernster Schwierigkeiten für Marktteilnehmer einschließlich Unternehmen mit geringen Marktanteilen wie etwa Erzeugungs- oder Versorgungsunternehmen mit einem sehr geringen Anteil am jeweiligen Gemeinschaftsmarkt zu verhindern.

---

1) **Amtl. Anm.:** ABl C 120 vom 20. 5. 2005, S. 119.
2) **Amtl. Anm.:** Stellungnahme des Europäischen Parlaments vom 5. Juli 2005 (noch nicht im Amtsblatt veröffentlicht) und Beschluss des Rates vom 1. Dezember 2005.
3) **Amtl. Anm.:** ABl L 176 vom 15. 7. 2003, S. 37. Geändert durch die Richtlinie 2004/85/EG des Rates (ABl L 236 vom 7. 7. 2004, S. 10).

(4) Die Entscheidung Nr. 1229/2003/EG des Europäischen Parlaments und des Rates[1]) legt eine Reihe von Leitlinien für die Gemeinschaftspolitik über die transeuropäischen Netze im Energiebereich fest. Die Verordnung (EG) Nr. 1228/2003 des Europäischen Parlaments und des Rates vom 26. Juni 2003 über die Netzzugangsbedingungen für den grenzüberschreitenden Stromhandel[2]) enthält unter anderem allgemeine Grundsätze und detaillierte Vorschriften für das Engpassmanagement.

(5) Sofern es aus technischen Gründen erforderlich ist, ist bei der Förderung der Elektrizitätserzeugung aus erneuerbaren Energiequellen sicherzustellen, dass die damit verbundene Reservekapazität zur Erhaltung der Zuverlässigkeit und Sicherheit des Netzes zur Verfügung steht.

(6) Um den umweltpolitischen Verpflichtungen der Gemeinschaft nachzukommen und ihre Abhängigkeit von importierter Energie zu mindern, ist es wichtig, die Langzeitwirkungen der steigenden Elektrizitätsnachfrage zu berücksichtigen.

(7) Die Zusammenarbeit zwischen nationalen Übertragungssystembetreibern in Fragen der Netzsicherheit sowie bei der Festlegung von Übertragungskapazitäten, der Bereitstellung von Informationen und der Netzmodellierung ist von ausschlaggebender Bedeutung für die Entwicklung eines gut funktionierenden Binnenmarktes und könnte weiter verbessert werden. Mangelnde Koordinierung bei der Netzsicherheit beeinträchtigt die Entwicklung gleicher Wettbewerbsbedingungen.

(8) Der vorrangige Zweck der einschlägigen technischen Regeln und Empfehlungen, wie etwa derjenigen des Betriebshandbuchs der UCTE (Union for the Coordination of Transmission of Electricity), und ähnlicher Regeln und Empfehlungen, die von NORDEL, dem Baltic Grid Code und für die Systeme des Vereinigten Königreichs und Irlands entwickelt worden sind, besteht darin, den technischen Betrieb der zusammen geschalteten Netze zu unterstützen und somit dazu beizutragen, den notwendigen unterbrechungsfreien Betrieb des Netzes bei einem Systemausfall an einer oder mehreren Stellen im Netz aufrechtzuerhalten und die durch das Auffangen einer solchen Versorgungsunterbrechung entstehenden Kosten auf ein Minimum zu beschränken.

(9) Die Übertragungs- und Verteilernetzbetreiber sollten verpflichtet sein, in Bezug auf die Häufigkeit und Dauer von Versorgungsunterbrechungen hochwertige Dienstleistungen für den Endverbraucher zu erbringen.

(10) Etwaige Maßnahmen, mit denen gewährleistet werden soll, dass angemessene Erzeugungskapazitätsreserven vorgehalten werden, sollten marktorientiert und nicht diskriminierend sein; diese Maßnahmen könnten vertragliche Garantien und Vereinbarungen, kapazitätsbezogene Optionen oder kapazitätsbezogene Verpflichtungen einschließen. Diese Maßnahmen könnten auch durch andere nicht diskriminierende Instrumente wie Kapazitätszahlungen ergänzt werden.

(11) Um zu gewährleisten, dass angemessene Vorabinformationen zur Verfügung stehen, sollten die Mitgliedstaaten Maßnahmen veröffentlichen, die ergriffen werden, um ein Gleichgewicht zwischen Angebot und Nachfrage bei den tatsächlichen und potenziellen Investoren im Erzeugungssektor und bei den Elektrizitätsverbrauchern aufrechtzuerhalten.

(12) Unbeschadet der Artikel 86, 87 und 88 des Vertrags ist es wichtig, dass die Mitgliedstaaten einen klaren, angemessenen und stabilen Rahmen schaffen, der die Sicherheit der Elektrizitätsversorgung erleichtert und zu Investitionen in Erzeugungskapazität und Bedarfssteuerungstechniken führt. Daneben ist es wichtig, dass geeignete Maßnahmen zur Gewährleistung eines gesetzlichen Rahmens getroffen werden, der Anreize für Investitionen in neue Verbindungsleitungen insbesondere zwischen den Mitgliedstaaten schafft.

---

1) **Amtl. Anm.:** ABl L 176 vom 15. 7. 2003, S. 11.
2) **Amtl. Anm.:** ABl L 176 vom 15. 7. 2003, S. 1. Geändert durch die Verordnung (EG) Nr. 1223/2004 des Rates (ABl L 233 vom 2. 7. 2004, S. 3).

(13) Der Europäische Rat von Barcelona am 15. und 16. März 2002 hat einen Verbundgrad zwischen den Mitgliedstaaten vereinbart. Geringe Verbundgrade führen zu einer Fragmentierung des Marktes und behindern die Entwicklung des Wettbewerbs. Das Bestehen angemessener physikalischer Verbindungsleitungskapazität – unabhängig davon, ob sie grenzüberschreitend ist oder nicht – ist eine notwendige, aber nicht ausreichende Voraussetzung für die volle Entfaltung des Wettbewerbs. Im Interesse der Endverbraucher sollten die potenziellen Vorteile neuer Verbundvorhaben und die Kosten dieser Vorhaben in einem angemessenen Verhältnis zueinander stehen.

(14) Es ist wichtig, die maximal vorhandenen Übertragungskapazitäten zu bestimmen, die ohne Verstoß gegen die Sicherheitsanforderungen des Netzbetriebs möglich sind; es ist auch wichtig, beim Verfahren der Kapazitätsberechnung und -zuteilung volle Transparenz zu gewährleisten. So könnte die bestehende Kapazität besser genutzt werden und es würden keine falschen Knappheitssignale an den Markt gesandt, was zur Verwirklichung eines voll wettbewerbsfähigen Binnenmarkts im Sinne der Richtlinie 2003/54/EG beitragen wird.

(15) Die Übertragungs- und Verteilernetzbetreiber bedürfen für ihre Investitionsentscheidungen sowie für die Wartung und Erneuerung der Netze eines sachgerechten und stabilen gesetzlichen Rahmens.

(16) Gemäß Artikel 4 der Richtlinie 2003/54/EG müssen die Mitgliedstaaten die Sicherheit der Elektrizitätsversorgung überwachen und einen Bericht darüber vorlegen. Dieser Bericht sollte die für die Versorgungssicherheit relevanten kurz-, mittel- und langfristigen Aspekte umfassen, einschließlich der Absicht der Übertragungsnetzbetreiber, in das Netz zu investieren. Bei der Erstellung dieses Berichts wird von den Mitgliedstaaten erwartet, dass sie sich auf Informationen und Beurteilungen stützen, die von den Übertragungsnetzbetreibern sowohl einzeln als auch kollektiv – auch auf europäischer Ebene – schon erstellt wurden.

(17) Die Mitgliedstaaten sollten die wirksame Durchführung dieser Richtlinie gewährleisten.

(18) Da die Ziele dieser Richtlinie, nämlich eine sichere Elektrizitätsversorgung auf der Grundlage eines fairen Wettbewerbs und die Schaffung eines voll funktionsfähigen Elektrizitätsbinnenmarkts, auf Ebene der Mitgliedstaaten nicht ausreichend erreicht werden können und daher wegen des Umfangs und der Wirkung der Maßnahme besser auf Gemeinschaftsebene zu erreichen sind, kann die Gemeinschaft im Einklang mit dem in Artikel 5 des Vertrags niedergelegten Subsidiaritätsprinzip tätig werden. Entsprechend dem in demselben Artikel genannten Verhältnismäßigkeitsgrundsatz geht diese Richtlinie nicht über das für die Erreichung dieser Ziele erforderliche Maß hinaus –

HABEN FOLGENDE RICHTLINIE ERLASSEN:

### Artikel 1 Anwendungsbereich

(1) In dieser Richtlinie werden Maßnahmen zur Gewährleistung der Sicherheit der Elektrizitätsversorgung festgelegt, um das ordnungsgemäße Funktionieren des Elektrizitätsbinnenmarktes sicherzustellen sowie

a) einen angemessenen Umfang an Erzeugungskapazität,

b) ein angemessenes Gleichgewicht zwischen Angebot und Nachfrage, und

c) einen angemessenen Grad der Zusammenschaltung zwischen Mitgliedstaaten zum Zwecke der Entwicklung des Binnenmarktes.

(2) Die Richtlinie gibt einen Rahmen vor, in dem die Mitgliedstaaten transparente, stabile und diskriminierungsfreie Politiken für die Sicherheit der Elektrizitätsversorgung erstellen, die mit den Erfordernissen eines wettbewerbsorientierten Elektrizitätsbinnenmarktes vereinbar sind.

## Artikel 2 Begriffsbestimmungen

Für die Zwecke dieser Richtlinie gelten die Begriffsbestimmungen des Artikels 2 der Richtlinie 2003/54/EG. Darüber hinaus bezeichnet der Ausdruck

a) „Regulierungsbehörde" die gemäß Artikel 23 der Richtlinie 2003/54/EG benannten Regulierungsbehörden in den Mitgliedstaaten;
b) „Sicherheit der Elektrizitätsversorgung" die Fähigkeit eines Elektrizitätssystems, die Endverbraucher gemäß dieser Richtlinie mit Elektrizität zu versorgen;
c) „Betriebssicherheit des Netzes" den unterbrechungsfreien Betrieb des Übertragungs- und gegebenenfalls des Verteilungsnetzes unter vorhersehbaren Bedingungen;
d) „Gleichgewicht zwischen Angebot und Nachfrage" die Deckung des vorhersehbaren Bedarfs der Endverbraucher an Elektrizität, ohne dass Maßnahmen zur Senkung des Verbrauchs durchgesetzt werden müssen.

## Artikel 3 Allgemeine Bestimmungen

(1) Die Mitgliedstaaten gewährleisten eine hohe Sicherheit der Elektrizitätsversorgung, indem sie die zur Förderung eines stabilen Investitionsklimas erforderlichen Maßnahmen ergreifen, die Aufgaben und Zuständigkeiten der zuständigen Behörden gegebenenfalls einschließlich der Regulierungsbehörden und aller relevanten Marktteilnehmer festlegen und entsprechende Informationen veröffentlichen. Zu den relevanten Marktteilnehmern gehören unter anderem die Betreiber von Übertragungs- und Verteilungsnetzen, die Elektrizitätserzeuger, die Versorgungsunternehmen und die Endverbraucher.

(2) Bei der Durchführung der in Absatz 1 genannten Maßnahmen berücksichtigen die Mitgliedstaaten folgende Aspekte:

a) die Bedeutung der Gewährleistung einer unterbrechungsfreien Elektrizitätsversorgung,
b) die Bedeutung eines transparenten und stabilen gesetzlichen Rahmens,
c) den Binnenmarkt und die Möglichkeiten einer grenzüberschreitenden Zusammenarbeit im Hinblick auf die Sicherheit der Elektrizitätsversorgung,
d) die Notwendigkeit einer regelmäßigen Wartung und erforderlichenfalls Erneuerung der Übertragungs- und Verteilungsnetze zur Erhaltung der Leistungsfähigkeit des Netzes,
e) die Bedeutung der Sicherstellung der ordnungsgemäßen Umsetzung der Richtlinie 2001/77/EG des Europäischen Parlaments und des Rates vom 27. September 2001 zur Förderung der Stromerzeugung aus erneuerbaren Energiequellen im Elektrizitätsbinnenmarkt[1] und der Richtlinie 2004/8/EG des Europäischen Parlaments und des Rates vom 11. Februar 2004 über die Förderung einer am Nutzwärmebedarf orientierten Kraft-Wärme-Kopplung im Energiebinnenmarkt[2], soweit sich deren Bestimmungen auf die Sicherheit der Elektrizitätsversorgung beziehen,
f) die Notwendigkeit der Gewährleistung ausreichender Übertragungs- und Erzeugungskapazitätsreserven für einen stabilen Betrieb,
und
g) die Bedeutung der Förderung der Schaffung von liquiden Großhandelsmärkten.

(3) Bei der Durchführung der in Absatz 1 genannten Maßnahmen können die Mitgliedstaaten ferner folgende Aspekte berücksichtigen:

a) das Ausmaß der Diversifizierung bei der Elektrizitätserzeugung auf der nationalen oder relevanten regionalen Ebene,

---

[1] **Amtl. Anm.:** ABl L 283 vom 27. 10. 2001, S. 33. Geändert durch die Beitrittsakte von 2003.
[2] **Amtl. Anm.:** ABl L 52 vom 21. 2. 2004, S. 50.

b) die Bedeutung der Reduzierung der Langzeitwirkungen einer steigenden Elektrizitätsnachfrage,

c) die Bedeutung der Förderung der Energieeffizienz und die Einführung neuer Technologien, insbesondere für die Bedarfssteuerung, zur Nutzung erneuerbarer Energietechnologien sowie für die dezentrale Erzeugung,
und

d) die Bedeutung der Beseitigung administrativer Hürden für Investitionen in Infrastruktur und Erzeugungskapazität.

(4) Die Mitgliedstaaten stellen sicher, dass die gemäß dieser Richtlinie getroffenen Maßnahmen nicht diskriminierend sind und keine unzumutbare Belastung für die Marktteilnehmer einschließlich neuer Marktteilnehmer und Unternehmen mit geringen Marktanteilen darstellen. Daneben berücksichtigen die Mitgliedstaaten – noch vor ihrer Annahme – die Auswirkungen der Maßnahmen auf die Kosten von Elektrizität für den Endverbraucher.

(5) Bei der Gewährleistung eines angemessenen Grades der Zusammenschaltung zwischen Mitgliedstaaten im Sinne des Artikels 1 Absatz 1 Buchstabe c ist folgenden Aspekten besondere Aufmerksamkeit zu widmen:

a) der spezifischen geografischen Lage jedes Mitgliedstaats,

b) der Aufrechterhaltung eines angemessenen Gleichgewichts zwischen den Kosten für den Bau neuer Verbindungsleitungen und dem Nutzen für die Endverbraucher,
und

c) der Sicherstellung einer besonders effizienten Nutzung bestehender Verbindungsleitungen.

## Artikel 4  Betriebssicherheit der Netze

(1) a) Die Mitgliedstaaten oder die zuständigen Behörden stellen sicher, dass die Übertragungsnetzbetreiber Mindestbetriebsregeln und -verpflichtungen für die Netzsicherheit festlegen.

Vor der Festlegung dieser Regeln und Verpflichtungen halten sie Rücksprache mit den betreffenden Akteuren in den jeweiligen Ländern, mit denen eine Zusammenschaltung besteht.

b) Ungeachtet des Buchstabens a Unterabsatz 1 können die Mitgliedstaaten von den Übertragungsnetzbetreibern verlangen, den zuständigen Behörden solche Regeln und Verpflichtungen zur Genehmigung vorzulegen.

c) Die Mitgliedstaaten stellen sicher, dass die Übertragungs- und gegebenenfalls Verteilungsnetzbetreiber die Mindestbetriebsregeln und -verpflichtungen für die Netzsicherheit einhalten.

d) Die Mitgliedstaaten verpflichten die Übertragungsnetzbetreiber, einen angemessenen Grad der Betriebssicherheit des Netzes aufrechtzuerhalten.

Zu diesem Zweck halten die Übertragungsnetzbetreiber angemessene technische Übertragungskapazitätsreserven zur Gewährleistung der Betriebssicherheit des Netzes vor und arbeiten mit den betreffenden Übertragungsnetzbetreibern, mit denen sie zusammengeschaltet sind, zusammen.

Das Maß an vorhersehbaren Umständen, unter denen die Sicherheit aufrechtzuerhalten ist, ist in den Vorschriften für die Betriebssicherheit des Netzes festgelegt.

e) Die Mitgliedstaaten gewährleisten insbesondere, dass zusammengeschaltete Übertragungs- und gegebenenfalls Verteilernetzbetreiber gemäß den Mindestbetriebsregeln rechtzeitig und effizient Informationen über den Betrieb der Netze austauschen. Die gleichen Regeln gelten gegebenenfalls für Übertragungs- und Verteilernetzbetreiber, die mit Netzbetreibern außerhalb der Gemeinschaft zusammengeschaltet sind.

(2) Die Mitgliedstaaten oder die zuständigen Behörden gewährleisten, dass die Übertragungs- und gegebenenfalls Verteilungsnetzbetreiber Leistungsziele für die Versorgungsqualität und die Netzsicherheit festlegen und einhalten. Diese Ziele bedürfen der Genehmigung durch die Mitgliedstaaten oder die zuständigen Behörden; die deren Verwirklichung überwachen. Die Ziele müssen objektiv, transparent und nicht diskriminierend sein und werden veröffentlicht.

(3) Ergreifen die Mitgliedstaaten die in Artikel 24 der Richtlinie 2003/54/EG und in Artikel 6 der Verordnung (EG) Nr. 1228/2003 genannten Schutzmaßnahmen, so unterscheiden sie nicht zwischen grenzüberschreitenden und nationalen Verträgen.

(4) Die Mitgliedstaaten gewährleisten, dass Versorgungskürzungen in Notfällen anhand von im Voraus festgelegten Kriterien für das Auffangen von Schwankungen durch Übertragungsnetzbetreiber erfolgen. Sicherungsmaßnahmen werden in enger Abstimmung mit anderen relevanten Übertragungsnetzbetreibern ergriffen, wobei einschlägige bilaterale Vereinbarungen, einschließlich Vereinbarungen über den Austausch von Informationen, einzuhalten sind.

## Artikel 5  Erhaltung des Gleichgewichts zwischen Angebot und Nachfrage

(1) Die Mitgliedstaaten treffen geeignete Maßnahmen zur Aufrechterhaltung des Gleichgewichts zwischen der Elektrizitätsnachfrage und der vorhandenen Erzeugungskapazität.

Insbesondere sind die Mitgliedstaaten gehalten,
- a) unbeschadet der besonderen Erfordernisse kleiner isolierter Netze die Schaffung eines Marktrahmens für Großabnehmer zu fördern, von dem geeignete Preissignale für Erzeugung und Verbrauch ausgehen,
- b) die Übertragungsnetzbetreiber zu verpflichten, die Verfügbarkeit angemessener Erzeugungskapazitätsreserven für Ausgleichszwecke zu gewährleisten und/oder gleichwertige marktgestützte Maßnahmen zu beschließen.

(2) Unbeschadet der Artikel 87 und 88 des Vertrags können die Mitgliedstaaten auch die folgenden, nicht erschöpfenden Maßnahmen treffen:
- a) Vorschriften, die neue Erzeugungskapazitäten und den Markteintritt neuer Marktteilnehmer fördern,
- b) Abbau von Hindernissen für die Anwendung von Verträgen mit Unterbrechungsklauseln,
- c) Abbau von Hindernissen für den Abschluss von Verträgen variierender Länge für Erzeuger und Kunden,
- d) Förderung der Einführung von Technologien im Bereich der Echtzeit-Nachfragesteuerung wie etwa fortschrittliche Messsysteme,
- e) Förderung von Energieeinsparungsmaßnahmen,
- f) Ausschreibungsverfahren oder hinsichtlich Transparenz und Nichtdiskriminierung gleichwertige Verfahren nach Artikel 7 Absatz 1 der Richtlinie 2003/54/EG.

(3) Die Mitgliedstaaten veröffentlichen die gemäß diesem Artikel getroffenen Maßnahmen und sorgen für eine möglichst weit reichende Bekanntmachung.

## Artikel 6  Netzinvestitionen

(1) Die Mitgliedstaaten schaffen einen gesetzlichen Rahmen,
- a) von dem sowohl für Übertragungsnetzbetreiber als auch für Verteilernetzbetreiber Investitionssignale ausgehen, die diese Betreiber dazu veranlassen, ihre Netze auszubauen, um die vorhersehbare Marktnachfrage zu decken;
- b) der die Instandhaltung und erforderlichenfalls die Erneuerung ihrer Netze erleichtert.

(2) Unbeschadet der Verordnung (EG) Nr. 1228/2003 können die Mitgliedstaaten auch Händler-Investitionen in Verbindungsleitungen ermöglichen.

Die Mitgliedstaaten sorgen dafür, dass Entscheidungen über Investitionen in Verbindungsleitungen in enger Abstimmung zwischen den relevanten Übertragungsnetzbetreibern getroffen werden.

### Artikel 7 Berichterstattung

(1) Die Mitgliedstaaten gewährleisten, dass der in Artikel 4 der Richtlinie 2003/54/EG genannte Bericht darauf eingeht, inwieweit das Elektrizitätssystem die gegenwärtige und die prognostizierte Nachfrage nach Elektrizität abdecken kann, und auch folgende Aspekte umfasst:

a) Betriebssicherheit der Netze,

b) prognostiziertes Verhältnis zwischen Angebot und Nachfrage für den nächsten Fünfjahreszeitraum,

c) prognostizierte Sicherheit der Elektrizitätsversorgung für den Zeitraum von 5 bis 15 Jahren nach dem Datum des Berichts,
und

d) bekannte Investitionsabsichten der Übertragungsnetzbetreiber oder aller anderen Parteien für die nächsten fünf Kalenderjahre oder länger im Hinblick auf die Bereitstellung von grenzüberschreitender Verbindungsleitungskapazität.

(2) Die Mitgliedstaaten oder die zuständigen Behörden erstellen den Bericht in enger Zusammenarbeit mit den Übertragungsnetzbetreibern. Die Übertragungsnetzbetreiber beraten sich erforderlichenfalls mit angrenzenden Übertragungsnetzbetreibern.

(3) Das in Absatz 1 Buchstabe d genannte Kapitel des Berichts, das sich auf die Investitionen in Verbindungsleitungen bezieht, trägt Folgendem Rechnung:

a) den Grundsätzen des Engpassmanagements gemäß der Verordnung (EG) Nr. 1228/2003,

b) vorhandenen und geplanten Übertragungsleitungen,

c) der erwarteten Entwicklung bei Erzeugung, Lieferung, grenzüberschreitendem Handel und Verbrauch unter Berücksichtigung von Bedarfssteuerungsmaßnahmen, sowie

d) den regionalen, nationalen und europäischen Zielen für die nachhaltige Entwicklung, einschließlich der Projekte im Rahmen der Achsen für vorrangige Vorhaben in Anhang I der Entscheidung Nr. 1229/2003/EG.

Die Mitgliedstaaten sorgen dafür, dass die Übertragungsnetzbetreiber Informationen über ihre Investitionsabsichten oder die ihnen bekannten Investitionsabsichten anderer Parteien hinsichtlich der Bereitstellung grenzüberschreitender Verbindungskapazität bereitstellen.

Die Mitgliedstaaten können zudem die Übertragungsnetzbetreiber verpflichten, Informationen über mit dem Bau innerstaatlicher Leitungen zusammenhängende Investitionen zu übermitteln, die sich materiell auf die Bereitstellung grenzüberschreitender Verbindungsleitungen auswirken.

(4) Die Mitgliedstaaten oder die zuständigen Behörden stellen sicher, dass den Übertragungsnetzbetreibern und/oder den zuständigen Behörden der erforderliche Zugang zu den einschlägigen Daten bei der Durchführung dieser Aufgabe erleichtert wird.

Es ist zu gewährleisten, dass vertrauliche Informationen nicht weitergegeben werden.

(5) Auf der Grundlage der in Absatz 1 Buchstabe d genannten Informationen, die sie von den zuständigen Behörden erhält, erstattet die Kommission den Mitgliedstaaten, den zuständigen Behörden und der durch den Beschluss 2003/796/EG der Kommission[1] eingesetzten Gruppe der europäischen Regulierungsbehörden für Elektrizität und Erdgas Bericht über die geplanten Investitionen und ihren Beitrag zu dem in Artikel 1 Absatz 1 dargelegten Zielen.

---

[1] **Amtl. Anm.:** ABl L 296 vom 14. 11. 2003, S. 34.

Dieser Bericht kann mit der in Artikel 28 Absatz 1 Buchstabe c der Richtlinie 2003/54/EG vorgesehenen Berichterstattung kombiniert werden und ist zu veröffentlichen.

**Artikel 8  Umsetzung**

(1) Die Mitgliedstaaten setzen die Rechts- und Verwaltungsvorschriften in Kraft, die erforderlich sind, um dieser Richtlinie spätestens am 24. Februar 2008 nachzukommen. Sie unterrichten die Kommission unverzüglich davon.

Bei Erlass dieser Vorschriften nehmen die Mitgliedstaaten in den Vorschriften selbst oder durch einen Hinweis bei der amtlichen Veröffentlichung auf diese Richtlinie Bezug. Die Mitgliedstaaten regeln die Einzelheiten dieser Bezugnahme.

(2) Die Mitgliedstaaten teilen der Kommission bis zum 1. Dezember 2007 den Wortlaut der innerstaatlichen Rechtsvorschriften mit, die sie auf dem unter diese Richtlinie fallenden Gebiet erlassen.

**Artikel 9  Berichterstattung**

Die Kommission beaufsichtigt und überprüft die Anwendung dieser Richtlinie und legt dem Europäischen Parlament und dem Rat spätestens am 24. Februar 2010 einen Fortschrittsbericht vor.

**Artikel 10  Inkrafttreten**

Diese Richtlinie tritt am zwanzigsten Tag nach ihrer Veröffentlichung im *Amtsblatt der Europäischen Union* in Kraft.

**Artikel 11  Adressaten**

Diese Richtlinie ist an die Mitgliedstaaten gerichtet.

## 6. Richtlinie 2006/32/EG des Europäischen Parlaments und des Rates vom 5. April 2006 über Endenergieeffizienz und Energiedienstleistungen und zur Aufhebung der Richtlinie 93/76/EWG des Rates (RL 2006/32/EG)

v. 27. 4. 2006 (ABl Nr. L 114 S. 64)

DAS EUROPÄISCHE PARLAMENT UND DER RAT DER EUROPÄISCHEN UNION –

gestützt auf den Vertrag zur Gründung der Europäischen Gemeinschaft, insbesondere Artikel 175 Absatz 1,

auf Vorschlag der Kommission,

nach Stellungnahme des Europäischen Wirtschafts- und Sozialausschusses[1],

nach Stellungnahme des Ausschusses der Regionen[2],

gemäß dem Verfahren des Artikels 251 des Vertrags[3],

in Erwägung nachstehender Gründe:

(1) In der Europäischen Gemeinschaft besteht die Notwendigkeit, die Endenergieeffizienz zu steigern, die Energienachfrage zu steuern und die Erzeugung erneuerbarer Energie zu fördern, da es kurz- bis mittelfristig verhältnismäßig wenig Spielraum für eine andere Einflussnahme auf die Bedingungen der Energieversorgung und -verteilung, sei es durch den Aufbau neuer Kapazitäten oder durch die Verbesserung der Übertragung und Verteilung, gibt. Diese Richtlinie trägt daher zu einer Verbesserung der Versorgungssicherheit bei.

(2) Eine verbesserte Endenergieeffizienz wird auch zur Senkung des Primärenergieverbrauchs, zur Verringerung des Ausstoßes von $CO_2$ und anderen Treibhausgasen und somit zur Verhütung eines gefährlichen Klimawandels beitragen. Diese Emissionen nehmen weiter zu, was die Einhaltung der in Kyoto eingegangenen Verpflichtungen immer mehr erschwert. Menschliche Tätigkeiten, die dem Energiebereich zuzuordnen sind, verursachen 78 % der Treibhausgasemissionen der Gemeinschaft. In dem durch den Beschluss Nr. 1600/2002/EG des Europäischen Parlaments und des Rates[4] aufgestellten Sechsten Umweltaktionsprogramm der Gemeinschaft werden weitere Emissionsminderungen für erforderlich erachtet, um das langfristige Ziel der Klimarahmenkonvention der Vereinten Nationen zu erreichen, nämlich eine Stabilisierung der Konzentration von Treibhausgasen in der Atmosphäre auf einem Niveau, das gefährliche anthropogene Störungen des Klimasystems ausschließt. Deshalb sind konkrete Konzepte und Maßnahmen erforderlich.

(3) Eine verbesserte Endenergieeffizienz wird eine kostenwirksame und wirtschaftlich effiziente Nutzung der Energieeinsparpotenziale ermöglichen. Maßnahmen zur Verbesserung der Energieeffizienz könnten diese Energieeinsparungen herbeiführen und der Europäischen Gemeinschaft dadurch helfen, ihre Abhängigkeit von Energieimporten zu verringern. Außerdem kann die Einführung von energieeffizienteren Technologien die Innovations- und Wettbewerbsfähigkeit der Europäischen Gemeinschaft steigern, wie in der Lissabonner Strategie hervorgehoben wird.

(4) In der Mitteilung der Kommission über die Durchführung der ersten Phase des Europäischen Programms zur Klimaänderung wurde eine Richtlinie zum Energienachfragemanagement als eine der vorrangigen Maßnahmen hinsichtlich des Klimawandels genannt, die auf Gemeinschaftsebene zu treffen sind.

---

1) **Amtl. Anm.:** ABl C 120 vom 20. 5. 2005, S. 115.
2) **Amtl. Anm.:** ABl C 318 vom 22. 12. 2004, S. 19.
3) **Amtl. Anm.:** Stellungnahme des Europäischen Parlaments vom 7. Juni 2005 (noch nicht im Amtsblatt veröffentlicht), Gemeinsamer Standpunkt des Rates vom 23. September 2005 (ABl C 275 E vom 8. 11. 2005, S. 19) und Standpunkt des Europäischen Parlaments vom 13. Dezember 2005 (noch nicht im Amtsblatt veröffentlicht). Beschluss des Rates vom 14. März 2006.
4) **Amtl. Anm.:** ABl L 242 vom 10. 9. 2002, S. 1.

(5) Diese Richtlinie steht in Einklang mit der Richtlinie 2003/54/EG des Europäischen Parlaments und des Rates vom 26. Juni 2003 über gemeinsame Vorschriften für den Elektrizitätsbinnenmarkt[1] sowie der Richtlinie 2003/55/EG des Europäischen Parlaments und des Rates vom 26. Juni 2003 über gemeinsame Vorschriften für den Erdgasbinnenmarkt[2], die die Möglichkeit bieten, Energieeffizienz und Nachfragesteuerung als Alternative zu neuen Lieferkapazitäten und für Zwecke des Umweltschutzes zu nutzen, so dass es den Behörden der Mitgliedstaaten unter anderem möglich ist, neue Kapazitäten auszuschreiben oder sich für Energieeffizienzmaßnahmen und nachfrageseitige Maßnahmen, einschließlich Systemen für Einsparzertifikate, zu entscheiden.

(6) Diese Richtlinie lässt Artikel 3 der Richtlinie 2003/54/EG unberührt, wonach die Mitgliedstaaten sicherstellen müssen, dass alle Haushalts-Kunden und, soweit die Mitgliedstaaten dies für angezeigt halten, Kleinunternehmen über eine Grundversorgung verfügen, d. h. in ihrem Hoheitsgebiet das Recht auf Versorgung mit Elektrizität einer bestimmten Qualität zu angemessenen, leicht und eindeutig vergleichbaren und transparenten Preisen haben.

(7) Ziel dieser Richtlinie ist es daher nicht nur, die Angebotsseite von Energiedienstleistungen weiter zu fördern, sondern auch stärkere Anreize für die Nachfrageseite zu schaffen. Aus diesem Grund sollte in jedem Mitgliedstaat der öffentliche Sektor mit gutem Beispiel hinsichtlich Investitionen, Instandhaltung und anderer Ausgaben für Energie verbrauchende Geräte, Energiedienstleistungen und andere Energieeffizienzmaßnahmen vorangehen. Der öffentliche Sektor sollte deshalb aufgefordert werden, dem Aspekt der Energieeffizienzverbesserung bei seinen Investitionen, Abschreibungsmöglichkeiten und Betriebshaushalten Rechnung zu tragen. Außerdem sollte der öffentliche Sektor bestrebt sein, Energieeffizienzkriterien bei öffentlichen Ausschreibungsverfahren anzuwenden, was gemäß der Richtlinie 2004/17/EG des Europäischen Parlaments und des Rates vom 31. März 2004 zur Koordinierung der Zuschlagserteilung durch Auftraggeber im Bereich der Wasser-, Energie- und Verkehrsversorgung sowie der Postdienste[3] sowie aufgrund der Richtlinie 2004/18/EG des Europäischen Parlaments und des Rates vom 31. März 2004 über die Koordinierung der Verfahren zur Vergabe öffentlicher Bauaufträge, Lieferaufträge und Dienstleistungsaufträge[4] zulässig ist; diese Praxis wird grundsätzlich durch das Urteil des Gerichtshofs der Europäischen Gemeinschaften vom 17. September 2002 in der Rechtssache C-513/99[5] bestätigt. In Anbetracht der sehr unterschiedlichen Verwaltungsstrukturen in den einzelnen Mitgliedstaaten sollten die verschiedenen Arten von Maßnahmen, die der öffentliche Sektor ergreifen kann, auf der geeigneten nationalen, regionalen und/oder lokalen Ebene getroffen werden.

(8) Der öffentliche Sektor kann auf vielerlei Weise seiner Vorbildfunktion gerecht werden: Neben den in den Anhängen III und VI genannten Maßnahmen kann er beispielsweise Pilotprojekte im Bereich der Energieeffizienz initiieren oder energieeffizientes Verhalten von Bediensteten fördern usw. Zur Erzielung des erwünschten Multiplikatoreffekts sollten dem einzelnen Bürger und/oder Unternehmen auf wirksame Weise einige solcher Maßnahmen unter Hervorhebung der Kostenvorteile zur Kenntnis gebracht werden.

(9) Die Liberalisierung der Einzelhandelsmärkte für Endkunden in den Bereichen Elektrizität, Erdgas, Steinkohle und Braunkohle, Brennstoffe und in einigen Fällen auch Fernheizung und -kühlung haben fast ausschließlich zu Effizienzverbesserungen und

---

1) **Amtl. Anm.:** ABl L 176 vom 15. 7. 2003, S. 37. Geändert durch die Richtlinie 2004/85/EG des Rates (ABl L 236 vom 7. 7. 2004, S. 10).
2) **Amtl. Anm.:** ABl L 176 vom 15. 7. 2003, S. 57.
3) **Amtl. Anm.:** ABl L 134 vom 30. 4. 2004, S. 1. Zuletzt geändert durch die Verordnung (EG) Nr. 2083/2005 der Kommission (ABl L 333 vom 20. 12. 2005, S. 28).
4) **Amtl. Anm.:** ABl L 134 vom 30. 4. 2004, S. 114. Zuletzt geändert durch die Verordnung (EG) Nr. 2083/2005.
5) **Amtl. Anm.:** C-513/99: Concordia Bus Finland Oy Ab, früher Stagecoach Finland Oy Ab gegen Helsingin kaupunki und HKL-Bussiliikenne Slg. 2002, I-7213.

Kostensenkungen bei der Energieerzeugung, -umwandlung und -verteilung geführt. Die Liberalisierung hat nicht zu wesentlichem Wettbewerb bei Produkten und Dienstleistungen geführt, der eine höhere Energieeffizienz auf der Nachfrageseite hätte bewirken können.

(10) In seiner Entschließung vom 7. Dezember 1998 über Energieeffizienz in der Europäischen Gemeinschaft[1)] hat der Rat für die Gemeinschaft als Ganzes die Zielvorgabe der Verbesserung der Energieintensität des Endverbrauchs bis zum Jahr 2010 um einen zusätzlichen Prozentpunkt jährlich gebilligt.

(11) Die Mitgliedstaaten sollten daher nationale Richtziele festlegen, um die Endenergieeffizienz zu fördern und das weitere Wachstum und die Bestandsfähigkeit des Markts für Energiedienstleistungen zu gewährleisten und dadurch zur Umsetzung der Lissabonner Strategie beizutragen. Die Festlegung nationaler Richtziele zur Förderung der Endenergieeffizienz sorgt für effektive Synergien mit anderen Rechtsvorschriften der Gemeinschaft, die bei ihrer Umsetzung zur Erreichung dieser nationalen Zielvorgaben beitragen werden.

(12) Diese Richtlinie erfordert Maßnahmen der Mitgliedstaaten, wobei die Erreichung ihrer Ziele davon abhängt, wie sich solche Maßnahmen auf die Endverbraucher auswirken. Das Endergebnis der von den Mitgliedstaaten getroffenen Maßnahmen hängt von vielen externen Faktoren ab, die das Verhalten der Verbraucher hinsichtlich ihres Energieverbrauchs und ihrer Bereitschaft, Energiesparmethoden anzuwenden und energiesparende Geräte zu verwenden, beeinflussen. Selbst wenn sich die Mitgliedstaaten sich verpflichten, Anstrengungen zur Erreichung des festgelegten Richtwerts von 9 % zu unternehmen, handelt es sich bei dem nationalen Energieeinsparziel lediglich um ein Richtziel, das für die Mitgliedstaaten keine rechtlich erzwingbare Verpflichtung zur Erreichung dieses Zielwerts beinhaltet.

(13) Im Rahmen ihrer Anstrengungen zur Erzielung ihres nationalen Richtziels können die Mitgliedstaaten sich selbst ein höheres Ziel als 9 % setzen.

(14) Ein Austausch von Informationen, Erfahrungen und vorbildlichen Praktiken auf allen Ebenen, einschließlich insbesondere des öffentlichen Sektors, wird einer erhöhten Energieeffizienz zugute kommen. Daher sollten die Mitgliedstaaten die im Zusammenhang mit dieser Richtlinie ergriffenen Maßnahmen auflisten und deren Wirkungen so weit wie möglich in Energieeffizienz-Aktionsplänen überprüfen.

(15) Bei der Steigerung der Energieeffizienz durch technische, wirtschaftliche und/oder Verhaltensänderungen sollten größere Umweltbelastungen vermieden und soziale Prioritäten beachtet werden.

(16) Die Finanzierung des Angebots und die Kosten für die Nachfrageseite spielen für die Energiedienstleistungen eine wichtige Rolle. Die Schaffung von Fonds, die die Durchführung von Energieeffizienzprogrammen und anderen Energieeffizienzmaßnahmen subventionieren und die Entwicklung eines Marktes für Energiedienstleistungen fördern, ist daher ein wichtiges Instrument zur diskriminierungsfreien Anschubfinanzierung eines solchen Marktes.

(17) Eine bessere Endenergieeffizienz kann erreicht werden, indem die Verfügbarkeit und die Nachfrage von Energiedienstleistungen gesteigert oder andere Energieeffizienzverbesserungsmaßnahmen getroffen werden.

(18) Damit das Energiesparpotenzial in bestimmten Marktsegmenten wie z. B. Haushalten, für die im Allgemeinen keine Energieaudits gewerblich angeboten werden, ausgeschöpft werden kann, sollten die Mitgliedstaaten für die Verfügbarkeit von Energieaudits sorgen.

(19) In den Schlussfolgerungen des Rates vom 5. Dezember 2000 wird die Förderung der Energiedienstleistungen durch die Entwicklung einer Gemeinschaftsstrategie als vorrangiger Bereich für Maßnahmen zur Verbesserung der Energieeffizienz genannt.

---

[1)] **Amtl. Anm.:** ABl C 394 vom 17. 12. 1998, S. 1.

(20) Energieverteiler, Verteilernetzbetreiber und Energieeinzelhandelsunternehmen können die Energieeffizienz in der Gemeinschaft verbessern, wenn die von ihnen angebotenen Energiedienstleistungen sich auf einen effizienten Endverbrauch erstrecken, wie etwa in den Bereichen Gebäudeheizung, Warmwasserbereitung, Kühlung, Produktherstellung, Beleuchtung und Antriebstechnik. Die Gewinnmaximierung wird für Energieverteiler, Verteilernetzbetreiber und Energieeinzelhandelsunternehmen damit enger mit dem Verkauf von Energiedienstleistungen an möglichst viele Kunden verknüpft, statt mit dem Verkauf von möglichst viel Energie an den einzelnen Kunden. Die Mitgliedstaaten sollten bestrebt sein, jegliche Wettbewerbsverzerrung in diesem Bereich zu vermeiden, um allen Anbietern von Energiedienstleistungen gleiche Voraussetzungen zu bieten; sie können mit dieser Aufgabe jedoch die jeweilige einzelstaatliche Regulierungsbehörde beauftragen.

(21) Um die Durchführung von Energiedienstleistungen und Energieeffizienzmaßnahmen nach dieser Richtlinie zu erleichtern, sollten die Mitgliedstaaten unter umfassender Berücksichtigung der nationalen Gliederung der Marktteilnehmer im Energiesektor entscheiden können, ob sie den Energieverteilern, den Verteilernetzbetreibern oder den Energieeinzelhandelsunternehmen oder gegebenenfalls zwei oder allen drei dieser Marktteilnehmer die Erbringung dieser Dienstleistungen und die Mitwirkung an diesen Maßnahmen vorschreiben.

(22) Die Inanspruchnahme von Drittfinanzierungen ist eine praktische Innovation, die gefördert werden sollte. Hierbei vermeidet der Nutzer eigene Investitionskosten, indem er einen Teil des Geldwerts der mit der Drittfinanzierung erzielten Energieeinsparungen zur Begleichung der von dritter Seite getragenen Investitionskosten und des Zinsaufwands verwendet.

(23) Um die Tarife und sonstigen Regelungen für netzgebundene Energie so zu gestalten, dass ein effizienter Energieendverbrauch stärker gefördert wird, sollten ungerechtfertigte Anreize für einen höheren Energieverbrauch beseitigt werden.

(24) Die Förderung des Marktes für Energiedienstleistungen kann durch vielerlei Mittel, einschließlich solcher nichtfinanzieller Art, erreicht werden.

(25) Die Energiedienstleistungen, Energieeffizienzprogramme und anderen Energieeffizienzmaßnahmen, die zur Erreichung der Energieeinsparziele eingerichtet werden, können durch freiwillige Vereinbarungen zwischen den Beteiligten und von den Mitgliedstaaten benannten öffentlichen Stellen unterstützt und/oder durchgeführt werden.

(26) Die unter diese Richtlinie fallenden freiwilligen Vereinbarungen sollten transparent sein und gegebenenfalls Informationen zumindest zu den folgenden Punkten enthalten: quantifizierte und zeitlich gestaffelte Ziele, Überwachung und Berichterstattung.

(27) Die Bereiche Kraftstoff und Verkehr müssen ihren besonderen Verpflichtungen für Energieeffizienz und Energieeinsparungen gerecht werden.

(28) Bei der Festlegung von Energieeffizienzmaßnahmen sollten Effizienzsteigerungen infolge der allgemeinen Verwendung kosteneffizienter technologischer Innovationen (z. B. elektronischer Messgeräte) berücksichtigt werden. Im Rahmen dieser Richtlinie gehören zu individuellen Zählern zu wettbewerbsorientierten Preisen auch exakte Wärmemesser.

(29) Damit die Endverbraucher besser fundierte Entscheidungen in Bezug auf ihren individuellen Energieverbrauch treffen können, sollten sie mit ausreichenden Informationen über diesen Verbrauch und mit weiteren zweckdienlichen Informationen versorgt werden, wie etwa Informationen über verfügbare Energieeffizienzmaßnahmen, Endverbraucher-Vergleichsprofilen oder objektiven technischen Spezifikationen für energiebetriebene Geräte, einschließlich „Faktor-Vier"-Systemen oder ähnlicher Einrichtungen. Es wird daran erinnert, dass einige solcher nützlichen Informationen den Endkunden bereits gemäß Artikel 3 Absatz 6 der Richtlinie 2003/54/EG zur Verfügung gestellt werden sollten. Die Verbraucher sollten zusätzlich aktiv ermutigt werden, ihre Zählerstände regelmäßig zu überprüfen.

(30) Alle Arten von Informationen im Hinblick auf die Energieeffizienz sollten bei den einschlägigen Zielgruppen in geeigneter Form, auch über die Abrechnungen, weite Ver-

breitung finden. Dazu können auch Informationen über den finanziellen und rechtlichen Rahmen, Aufklärungs- und Werbekampagnen und der umfassende Austausch vorbildlicher Praktiken auf allen Ebenen gehören.

(31) Mit Erlass dieser Richtlinie werden alle substanziellen Bestimmungen der Richtlinie 93/76/EWG des Rates vom 13. September 1993 zur Begrenzung der Kohlendioxidemissionen durch eine effizientere Energienutzung (SAVE)[1] von anderen gemeinschaftlichen Rechtsvorschriften abgedeckt, so dass die Richtlinie 93/76/EWG aufgehoben werden sollte.

(32) Da die Ziele dieser Richtlinie, nämlich die Förderung der Endenergieeffizienz und die Entwicklung eines Markts für Energiedienstleistungen, auf Ebene der Mitgliedstaaten nicht ausreichend erreicht werden können und daher besser auf Gemeinschaftsebene zu erreichen sind, kann die Gemeinschaft im Einklang mit dem Subsidiaritätsprinzip nach Artikel 5 des Vertrags tätig werden. Entsprechend dem in demselben Artikel genannten Grundsatz der Verhältnismäßigkeit geht diese Richtlinie nicht über das für die Erreichung dieser Ziele erforderliche Maß hinaus.

(33) Die zur Durchführung dieser Richtlinie erforderlichen Maßnahmen sollten gemäß dem Beschluss 1999/468/EG des Rates vom 28. Juni 1999 zur Festlegung der Modalitäten für die Ausübung der der Kommission übertragenen Durchführungsbefugnisse[2] erlassen werden –

HABEN FOLGENDE RICHTLINIE ERLASSEN:

## Kapitel I: Gegenstand und Anwendungsbereich

### Artikel 1 Zweck

Zweck dieser Richtlinie ist es, die Effizienz der Endenergienutzung in den Mitgliedstaaten durch folgende Maßnahmen kostenwirksam zu steigern:

a) Festlegung der erforderlichen Richtziele sowie der erforderlichen Mechanismen, Anreize und institutionellen, finanziellen und rechtlichen Rahmenbedingungen zur Beseitigung vorhandener Markthindernisse und -mängel, die der effizienten Endenergienutzung entgegenstehen;

b) Schaffung der Voraussetzungen für die Entwicklung und Förderung eines Markts für Energiedienstleistungen und für die Erbringung von anderen Maßnahmen zur Verbesserung der Energieeffizienz für die Endverbraucher.

### Artikel 2 Anwendungsbereich

Diese Richtlinie gilt für

a) Anbieter von Energieeffizienzmaßnahmen, Energieverteiler, Verteilernetzbetreiber und Energieeinzelhandelsunternehmen. Die Mitgliedstaaten können jedoch kleine Energieverteiler, kleine Verteilernetzbetreiber und kleine Energieeinzelhandelsunternehmen von der Anwendung der Artikel 6 und 13 ausnehmen;

b) Endkunden. Diese Richtlinie gilt jedoch nicht für diejenigen Unternehmen, die an den in Anhang I der Richtlinie 2003/87/EG des Europäischen Parlaments und des Rates vom 13. Oktober 2003 über ein System für den Handel mit Treibhausgasemissionszertifikaten in der Gemeinschaft[3] aufgelisteten Kategorien von Tätigkeiten beteiligt sind;

c) die Streitkräfte, aber nur soweit ihre Anwendung nicht mit der Art und dem Hauptzweck der Tätigkeit der Streitkräfte kollidiert, und mit Ausnahme von Material, das ausschließlich für militärische Zwecke verwendet wird.

---

1) **Amtl. Anm.:** ABl L 237 vom 22. 9. 1993, S. 28.
2) **Amtl. Anm.:** ABl L 184 vom 17. 7. 1999, S. 23.
3) **Amtl. Anm.:** ABl L 275 vom 25. 10. 2003, S. 32. Geändert durch die Richtlinie 2004/101/EG (ABl L 338 vom 13. 11. 2004, S. 18).

**Artikel 3   Begriffsbestimmungen**

Im Sinne dieser Richtlinie gelten folgende Begriffsbestimmungen:

a) „Energie": alle handelsüblichen Energieformen, einschließlich Elektrizität, Erdgas (einschließlich verflüssigtem Erdgas) und Flüssiggas, Brennstoff für Heiz- und Kühlzwecke (einschließlich Fernheizung und -kühlung), Stein- und Braunkohle, Torf, Kraftstoffe (ausgenommen Flugzeugtreibstoffe und Bunkeröle für die Seeschifffahrt) und Biomasse im Sinne der Richtlinie 2001/77/EG des Europäischen Parlaments und des Rates vom 27. September 2001 zur Förderung der Stromerzeugung aus erneuerbaren Energien im Elektrizitätsbinnenmarkt[1];

b) „Energieeffizienz": das Verhältnis von Ertrag an Leistung, Dienstleistungen, Waren oder Energie zu Energieeinsatz;

c) „Energieeffizienzverbesserung": die Steigerung der Endenergieeffizienz durch technische, wirtschaftliche und/oder Verhaltensänderungen;

d) „Energieeinsparungen": die eingesparte Energiemenge, die durch Messung und/oder Schätzung des Verbrauchs vor und nach der Umsetzung einer oder mehrerer Energieeffizienzmaßnahmen und bei gleichzeitiger Normalisierung zur Berücksichtigung der den Energieverbrauch negativ beeinflussenden äußeren Bedingungen ermittelt wird;

e) „Energiedienstleistung": der physikalische Nutzeffekt, der Nutzwert oder die Vorteile als Ergebnis der Kombination von Energie mit energieeffizienter Technologie und/oder mit Maßnahmen, die die erforderlichen Betriebs-, Instandhaltungs- und Kontrollaktivitäten zur Erbringung der Dienstleistung beinhalten können; sie wird auf der Grundlage eines Vertrags erbracht und führt unter normalen Umständen erwiesenermaßen zu überprüfbaren und mess- oder schätzbaren Energieeffizienzverbesserungen und/oder Primärenergieeinsparungen;

f) „Energieeffizienzmechanismen": von Regierungen oder öffentlichen Stellen eingesetzte allgemeine Instrumente zur Schaffung flankierender Rahmenbedingungen oder von Anreizen für Marktteilnehmer bei Erbringung und Inanspruchnahme von Energiedienstleistungen und anderen Energieeffizienzmaßnahmen;

g) „Energieeffizienzprogramme": Tätigkeiten, die auf bestimmte Gruppen von Endkunden gerichtet sind und in der Regel zu überprüfbaren und mess- oder schätzbaren Energieeffizienzverbesserungen führen;

h) „Energieeffizienzmaßnahmen": alle Maßnahmen, die in der Regel zu überprüfbaren und mess- oder schätzbaren Energieeffizienzverbesserungen führen;

i) „Energiedienstleister": eine natürliche oder juristische Person, die Energiedienstleistungen und/oder andere Energieeffizienzmaßnahmen in den Einrichtungen oder Räumlichkeiten eines Verbrauchers erbringt bzw. durchführt und dabei in gewissem Umfang finanzielle Risiken trägt. Das Entgelt für die erbrachten Dienstleistungen richtet sich (ganz oder teilweise) nach der Erzielung von Energieeffizienzverbesserungen und der Erfüllung der anderen vereinbarten Leistungskriterien;

j) „Energieleistungsvertrag": eine vertragliche Vereinbarung zwischen dem Nutzer und dem Erbringer (normalerweise einem Energiedienstleister) einer Energieeffizienzmaßnahme, wobei die Erstattung der Kosten der Investitionen in eine derartige Maßnahme im Verhältnis zu dem vertraglich vereinbarten Umfang der Energieeffizienzverbesserung erfolgt;

k) „Drittfinanzierung": eine vertragliche Vereinbarung, an der neben dem Energielieferanten und dem Nutzer einer Energieeffizienzmaßnahme ein Dritter beteiligt ist, der die Finanzmittel für diese Maßnahme bereitstellt und dem Nutzer eine Gebühr berechnet, die einem Teil der durch die Energieeffizienzmaßnahme erzielten Energieeinsparungen entspricht. Dritter kann auch der Energiedienstleister sein;

---

1) **Amtl. Anm.:** ABl L 283 vom 27. 10. 2001, S. 33. Geändert durch die Beitrittsakte von 2003.

l) „Energieaudit": ein systematisches Verfahren zur Erlangung ausreichender Informationen über das bestehende Energieverbrauchsprofil eines Gebäudes oder einer Gebäudegruppe, eines Betriebsablaufs in der Industrie und/oder einer Industrieanlage oder privater oder öffentlicher Dienstleistungen, zur Ermittlung und Quantifizierung der Möglichkeiten für kostenwirksame Energieeinsparungen und Erfassung der Ergebnisse in einem Bericht;

m) „Finanzinstrumente für Energieeinsparungen": alle Finanzierungsinstrumente wie Fonds, Subventionen, Steuernachlässe, Darlehen, Drittfinanzierungen, Energieleistungsverträge, Verträge über garantierte Energieeinsparungen, Energie-Outsourcing und andere ähnliche Verträge, die von öffentlichen oder privaten Stellen zur teilweisen bzw. vollen Deckung der anfänglichen Projektkosten für die Durchführung von Energieeffizienzmaßnahmen auf dem Markt bereitgestellt werden;

n) „Endkunde": eine natürliche oder juristische Person, die Energie für den eigenen Endverbrauch kauft;

o) „Energieverteiler": eine natürliche oder juristische Person, die für den Transport von Energie zur Abgabe an Endkunden und an Verteilerstationen, die Energie an Endkunden verkaufen, verantwortlich ist. Von dieser Definition sind die von Buchstabe p erfassten Verteilernetzbetreiber im Elektrizitäts- und Erdgassektor ausgenommen;

p) „Verteilernetzbetreiber": eine natürliche oder juristische Person, die für den Betrieb, die Wartung sowie erforderlichenfalls den Ausbau des Verteilernetzes für Elektrizität oder Erdgas in einem bestimmten Gebiet und gegebenenfalls der Verbindungsleitungen zu anderen Netzen verantwortlich ist sowie für die Sicherstellung der langfristigen Fähigkeit des Netzes, eine angemessene Nachfrage nach Verteilung von Elektrizität oder Erdgas zu befriedigen;

q) „Energieeinzelhandelsunternehmen": eine natürliche oder juristische Person, die Energie an Endkunden verkauft;

r) „Kleinversorger, kleiner Verteilernetzbetreiber und kleines Energieeinzelhandelsunternehmen": eine natürliche oder juristische Person, die Endkunden mit Energie versorgt oder Energie an Endkunden verkauft und dabei einen Umsatz erzielt, der unter dem Äquivalent von 75 GWh an Energie pro Jahr liegt, oder weniger als zehn Personen beschäftigt oder dessen Jahresumsatz und/oder Jahresbilanz 2 000 000 EUR nicht übersteigt;

s) „Einsparzertifikate": von unabhängigen Zertifizierungsstellen ausgestellte Zertifikate, die die von Marktteilnehmern aufgrund von Energieeffizienzmaßnahmen geltend gemachten Energieeinsparungen bestätigen.

## Kapitel II: Energieeinsparziel

### Artikel 4 Allgemeines Ziel

(1) Die Mitgliedstaaten legen für das neunte Jahr der Anwendung dieser Richtlinie einen generellen nationalen Energieeinsparrichtwert von 9 % fest, der aufgrund von Energiedienstleistungen und anderen Energieeffizienzmaßnahmen zu erreichen ist, und streben dessen Verwirklichung an. Die Mitgliedstaaten erlassen kostenwirksame, praktikable und angemessene Maßnahmen, die zur Erreichung dieses Ziels beitragen sollen.

Dieser nationale Energieeinsparrichtwert ist gemäß den Vorschriften und der Methodik in Anhang I festzulegen und zu berechnen. Zum Vergleich der Energieeinsparungen und zur Umrechnung in vergleichbare Einheiten sind die Umrechnungsfaktoren in Anhang II zu verwenden, sofern nicht für die Verwendung anderer Umrechnungsfaktoren triftige Gründe vorliegen. Beispiele für geeignete Energieeffizienzmaßnahmen sind in Anhang III aufgeführt. Ein allgemeiner Rahmen für die Messung und Überprüfung von Energieeinsparungen ist in Anhang IV vorgegeben. Die nationalen Energieeinsparungen im Vergleich zum nationalen Energieeinsparrichtwert sind vom 1. Januar 2008 an zu messen.

(2) Im Hinblick auf den ersten gemäß Artikel 14 vorzulegenden Energieeffizienz-Aktionsplan (EEAP) legt jeder Mitgliedstaat für das dritte Jahr der Anwendung dieser Richtlinie einen nationalen Energieeinsparrichtwert als Zwischenziel und eine Übersicht über ihre Strategie zur Erreichung der Zwischenziele und der generellen Richtwerte fest. Dieses Zwischenziel muss realistisch und mit dem in Absatz 1 genannten generellen nationalen Energieeinsparrichtwert vereinbar sein.

Die Kommission gibt eine Stellungnahme dazu ab, ob der als Zwischenziel gesetzte nationale Richtwert realistisch erscheint und im Einklang mit dem generellen Richtwert ist.

(3) Jeder Mitgliedstaat legt Programme und Maßnahmen zur Verbesserung der Energieeffizienz fest.

(4) Die Mitgliedstaaten übertragen einer oder mehreren neuen oder bestehenden Behörden oder Stellen die Gesamtkontrolle und Gesamtverantwortung für die Aufsicht über den in Bezug auf Absatz 1 festgelegten Rahmen. Diese Stellen überprüfen danach die Energieeinsparungen, die aufgrund von Energiedienstleistungen und anderen Energieeffizienzmaßnahmen, einschließlich bereits getroffener nationaler Energieeffizienzmaßnahmen, erzielt wurden und erfassen die Ergebnisse in einem Bericht.

(5) Nach Überprüfung und entsprechender Berichterstattung über die ersten drei Jahre der Anwendung dieser Richtlinie prüft die Kommission, ob ein Vorschlag für eine Richtlinie vorgelegt werden sollte, um das Marktkonzept der Energieeffizienzverbesserung durch „Einsparzertifikate" weiter zu entwickeln.

## Artikel 5    Endenergieeffizienz im öffentlichen Sektor

(1) Die Mitgliedstaaten stellen sicher, dass der öffentliche Sektor eine Vorbildfunktion im Zusammenhang mit dieser Richtlinie übernimmt. Zu diesem Zweck unterrichten sie in wirksamer Weise die Bürger und/oder gegebenenfalls Unternehmen über die Vorbildfunktion und die Maßnahmen des öffentlichen Sektors.

Die Mitgliedstaaten sorgen dafür, dass der öffentliche Sektor Energieeffizienzmaßnahmen ergreift, deren Schwerpunkt auf kostenwirksamen Maßnahmen liegt, die in kürzester Zeit zu den umfassendsten Energieeinsparungen führen. Diese Maßnahmen werden auf der geeigneten nationalen, regionalen und/oder lokalen Ebene getroffen und können in Gesetzgebungsinitiativen und/oder freiwilligen Vereinbarungen gemäß Artikel 6 Absatz 2 Buchstabe b oder anderen Vorhaben mit gleichwertiger Wirkung bestehen. Unbeschadet des nationalen und gemeinschaftlichen Vergaberechts

- werden aus der in Anhang VI aufgeführten Liste zumindest zwei Maßnahmen herangezogen;
- erleichtern die Mitgliedstaaten diesen Prozess, indem sie Leitlinien zur Energieeffizienz und zu Energieeinsparungen als mögliches Bewertungskriterium bei der Ausschreibung öffentlicher Aufträge veröffentlichen.

Die Mitgliedstaaten erleichtern und ermöglichen den Austausch vorbildlicher Praktiken zwischen den Einrichtungen des öffentlichen Sektors, beispielsweise zu energieeffizienten öffentlichen Beschaffungspraktiken, und zwar sowohl auf nationaler wie internationaler Ebene; zu diesem Zweck arbeitet die in Absatz 2 genannte Stelle mit der Kommission im Hinblick auf den Austausch der vorbildlichen Praxis gemäß Artikel 7 Absatz 3 zusammen.

(2) Die Mitgliedstaaten übertragen einer oder mehreren neuen oder bestehenden Stellen die Verantwortung für die Verwaltung, Leitung und Durchführung der Aufgaben zur Einbeziehung von Energieeffizienzbelangen gemäß Absatz 1. Dabei kann es sich um die gleichen Behörden oder Stellen wie in Artikel 4 Absatz 4 handeln.

# Kapitel III: Förderung von Endenergieeffizienz und Energiedienstleistung

## Artikel 6 Energieverteiler, Verteilernetzbetreiber und Energieeinzelhandelsunternehmen

(1) Die Mitgliedstaaten stellen sicher, dass Energieverteiler, Verteilernetzbetreiber und/oder Energieeinzelhandelsunternehmen

a) den in Artikel 4 Absatz 4 genannten Behörden oder Stellen oder einer anderen benannten Stelle auf Ersuchen – jedoch höchstens einmal pro Jahr – aggregierte statistische Daten über ihre Endkunden bereitstellen, sofern die letztgenannte Stelle die erhaltenen Daten an die zuerst genannten Behörden oder Stellen weiterleitet. Diese Daten müssen ausreichen, um Energieeffizienzprogramme ordnungsgemäß zu gestalten und durchzuführen und um Energiedienstleistungen und andere Energieeffizienzmaßnahmen zu fördern und zu überwachen. Sie können vergangenheitsbezogene Informationen umfassen und müssen aktuelle Informationen zu Endkundenverbrauch und gegebenenfalls Lastprofilen, Kundensegmentierung und Kundenstandorten umfassen, wobei die Integrität und Vertraulichkeit von Angaben privaten Charakters bzw. von schützenswerten Geschäftsinformationen unter Beachtung des geltenden Gemeinschaftsrechts zu wahren ist;

b) alle Handlungen unterlassen, die die Nachfrage nach Energiedienstleistungen und anderen Energieeffizienzmaßnahmen und deren Erbringung bzw. Durchführung behindern oder die Entwicklung von Märkten für Energiedienstleistungen und andere Energieeffizienzmaßnahmen beeinträchtigen könnten. Die betroffenen Mitgliedstaaten ergreifen die erforderlichen Maßnahmen, um solche Handlungen bei deren Auftreten zu unterbinden.

(2) Die Mitgliedstaaten

a) wählen eine oder mehrere der folgenden, von den Energieverteilern, Verteilernetzbetreibern und/oder Energieeinzelhandelsunternehmen entweder unmittelbar und/oder mittelbar über andere Erbringer von Energiedienstleistungen oder Energieeffizienzmaßnahmen einzuhaltenden Vorgaben aus:

i. Förderung von Energiedienstleistungen mit wettbewerbsorientierter Preisgestaltung und Sicherstellung des entsprechenden Angebots für ihre Endkunden oder

ii. Förderung von unabhängig durchgeführten Energieaudits mit wettbewerbsorientierter Preisgestaltung und/oder von Energieeffizienzmaßnahmen im Einklang mit Artikel 9 Absatz 2 und Artikel 12 und Sicherstellung der entsprechenden Verfügbarkeit für ihre Endkunden oder

iii. Beteiligung an den Fonds und Finanzierungsverfahren des Artikels 11. Die Höhe dieser Beteiligung muss zumindest den geschätzten Kosten eines der Leistungsangebote nach diesem Absatz entsprechen und mit den in Artikel 4 Absatz 4 genannten Behörden oder Stellen vereinbart werden; und/oder

b) stellen sicher, dass freiwillige Vereinbarungen und/oder andere marktorientierte Instrumente wie Einsparzertifikate bestehen oder geschlossen werden, die eine gleichwertige Wirkung wie eine oder mehrere der Vorgaben gemäß Buchstabe a entfalten. Freiwillige Vereinbarungen unterliegen der Beurteilung, Aufsicht und fortlaufenden Kontrolle der Mitgliedstaaten, damit gewährleistet ist, dass sie in der Praxis eine gleichwertige Wirkung wie eine oder mehrere der Vorgaben gemäß Buchstabe a entfalten.

Zu diesem Zweck werden in den freiwilligen Vereinbarungen klare und eindeutige Ziele sowie Überwachungs- und Berichterstattungsanforderungen genannt, und zwar im Zusammenhang mit Verfahren, aus denen sich überarbeitete und/oder zusätzliche Maßnahmen ergeben können, wenn die Ziele nicht – oder voraussichtlich nicht – erreicht werden. Zur Gewährleistung der Transparenz werden die freiwilligen Vereinbarungen, bevor sie Anwendung finden, öffentlich zugänglich gemacht und veröffentlicht, soweit geltende Vertraulichkeitsbestimmungen dies zulassen, und mit einer Aufforderung an die Betroffenen zur Abgabe von Kommentaren versehen.

(3) Die Mitgliedstaaten stellen sicher, dass ausreichende Anreize, gleiche Wettbewerbsbedingungen und faire Voraussetzungen für andere Marktteilnehmer als Energieverteiler, Verteilernetzbetreiber und Energieeinzelhandelsunternehmen wie Energiedienstleister, Energieanlagenbauer und Energieberater bestehen, damit die in Absatz 2 Buchstabe a Ziffern i und ii genannten Energiedienstleistungen, Energieaudits und Energieeffizienzmaßnahmen unabhängig angeboten und erbracht werden können.

(4) Die Mitgliedstaaten können Verteilernetzbetreibern gemäß den Absätzen 2 und 3 nur dann Zuständigkeiten übertragen, wenn dies mit den Vorschriften über die Entflechtung der Rechnungslegung gemäß Artikel 19 Absatz 3 der Richtlinie 2003/54/EG und Artikel 17 Absatz 3 der Richtlinie 2003/55/EG im Einklang steht.

(5) Die Umsetzung dieses Artikels lässt gemäß den Richtlinien 2003/54/EG und 2003/55/EG gewährte abweichende Regelungen oder Ausnahmen unberührt.

### Artikel 7  Verfügbarkeit von Informationen

(1) Die Mitgliedstaaten stellen sicher, dass die Informationen über Energieeffizienzmechanismen und die zur Erreichung der nationalen Energieeinsparrichtwerte festgelegten finanziellen und rechtlichen Rahmenbedingungen transparent sind und den relevanten Marktteilnehmern umfassend zur Kenntnis gebracht werden.

(2) Die Mitgliedstaaten sorgen dafür, dass größere Anstrengungen zur Förderung der Endenergieeffizienz unternommen werden. Sie schaffen geeignete Bedingungen und Anreize, damit die Marktbeteiligten den Endkunden mehr Information und Beratung über Endenergieeffizienz zur Verfügung zu stellen.

(3) Die Kommission sorgt dafür, dass Informationen über vorbildliche Energieeinsparpraxis in den Mitgliedstaaten ausgetauscht werden und umfassend Verbreitung finden.

### Artikel 8  Verfügbarkeit von Qualifikations-, Zulassungs- und Zertifizierungssystemen

Soweit die Mitgliedstaaten es für notwendig erachten, stellen sie zur Erreichung eines hohen Niveaus an technischer Kompetenz, Objektivität und Zuverlässigkeit sicher, dass geeignete Qualifikations-, Zulassungs- und/oder Zertifizierungssysteme für die Anbieter der in Artikel 6 Absatz 2 Buchstabe a Ziffern i und ii genannten Energiedienstleistungen, Energieaudits und anderen Energieeffizienzmaßnahmen bereitstehen.

### Artikel 9  Finanzinstrumente für Energieeinsparungen

(1) Die Mitgliedstaaten heben nicht eindeutig dem Steuerrecht zuzuordnende nationale Rechtsvorschriften auf oder ändern sie, wenn diese die Nutzung von Finanzinstrumenten auf dem Markt für Energiedienstleistungen und andere Energieeffizienzmaßnahmen unnötigerweise oder unverhältnismäßig behindern oder beschränken.

(2) Die Mitgliedstaaten stellen vorhandenen oder potenziellen Abnehmern von Energiedienstleistungen und anderen Energieeffizienzmaßnahmen aus dem öffentlichen und privaten Sektor Musterverträge für diese Finanzinstrumente zur Verfügung. Diese können von der in Artikel 4 Absatz 4 genannten Behörde oder Stelle ausgegeben werden.

### Artikel 10  Energieeffizienztarife und sonstige Regelungen für netzgebundene Energie

(1) Die Mitgliedstaaten stellen sicher, dass in Übertragungs- und Verteilungstarifen enthaltene Anreize, die das Volumen verteilter oder übertragener Energie unnötig erhöhen, beseitigt werden. In diesem Zusammenhang können die Mitgliedstaaten nach Artikel 3 Absatz 2 der Richtlinie 2003/54/EG und Artikel 3 Absatz 2 der Richtlinie 2003/55/EG Elektrizitäts- bzw. Gasunternehmen gemeinwirtschaftliche Verpflichtungen in Bezug auf die Energieeffizienz auferlegen.

(2) Die Mitgliedstaaten können Systemkomponenten und Tarifstrukturen, mit denen soziale Ziele verfolgt werden, genehmigen, sofern alle störenden Auswirkungen auf das Übertragungs- und Verteilungssystem auf das erforderliche Mindestmaß begrenzt werden und in keinem unangemessenen Verhältnis zu den sozialen Zielen stehen.

### Artikel 11 Fonds und Finanzierungsverfahren

(1) Unbeschadet der Artikel 87 und 88 des Vertrags können die Mitgliedstaaten einen oder mehrere Fonds einrichten, die die Durchführung von Energieeffizienzprogrammen und anderen Energieeffizienzmaßnahmen subventionieren und die Entwicklung eines Markts für Energieeffizienzmaßnahmen fördern. Zu diesen Maßnahmen zählen auch die Förderung von Energieaudits, von Finanzinstrumenten für Energieeinsparungen und gegebenenfalls einer verbesserten Verbrauchserfassung und informativen Abrechnung. Zielgruppen für die Fonds sind auch Endnutzersektoren mit höheren Transaktionskosten und höherem Risiko.

(2) Werden Fonds eingerichtet, so können daraus Zuschüsse, Darlehen, Bürgschaften und/oder andere Arten der Finanzierung, die mit einer Ergebnisgarantie verbunden sind, bereitgestellt werden.

(3) Die Fonds stehen allen Anbietern von Energieeffizienzmaßnahmen, wie Energiedienstleistern, unabhängigen Energieberatern, Energieverteilern, Verteilernetzbetreibern, Energieeinzelhandelsunternehmen und Anlagenbauern offen. Die Mitgliedstaaten können entscheiden, ob sie die Fonds allen Endkunden zugänglich machen. Ausschreibungen oder gleichwertige Verfahren, bei denen völlige Transparenz gewährleistet ist, sind unter umfassender Beachtung der geltenden vergaberechtlichen Vorschriften durchzuführen. Die Mitgliedstaaten stellen sicher, dass diese Fonds in Ergänzung und nicht in Konkurrenz zu gewerblich finanzierten Energieeffizienzmaßnahmen eingesetzt werden.

### Artikel 12 Energieaudits

(1) Die Mitgliedstaaten stellen sicher, dass wirksame, hochwertige Energieauditprogramme, mit denen mögliche Energieeffizienzmaßnahmen ermittelt werden sollen und die von unabhängigen Anbietern durchgeführt werden, für alle Endverbraucher, einschließlich kleinerer Haushalte und gewerblicher Abnehmer und kleiner und mittlerer Industriekunden, zur Verfügung stehen.

(2) Marktsegmente, in denen höhere Transaktionskosten anfallen, und nicht komplexe Anlagen können durch andere Maßnahmen, z. B. durch Fragebögen und über das Internet verfügbare und/oder per Post an die Kunden gesandte Computerprogramme abgedeckt werden. Die Mitgliedstaaten sorgen unter Berücksichtigung von Artikel 11 Absatz 1 für die Verfügbarkeit von Energieaudits für Marktsegmente, für die keine Energieaudits gewerblich angeboten werden.

(3) Bei Zertifizierungen gemäß Artikel 7 der Richtlinie 2002/91/EG des Europäischen Parlaments und des Rates vom 16. Dezember 2002 über die Gesamtenergieeffizienz von Gebäuden[1] ist davon auszugehen, dass sie Energieaudits, die die Anforderungen der Absätze 1 und 2 des vorliegenden Artikels erfüllen und Energieaudits nach Anhang VI Buchstabe e der vorliegenden Richtlinie gleichzusetzen sind. Darüber hinaus ist bei Audits, die im Rahmen von Regelungen auf der Grundlage freiwilliger Vereinbarungen zwischen Organisationen von Betroffenen und einer von dem jeweiligen Mitgliedstaat benannten und seiner Aufsicht und fortlaufenden Kontrolle gemäß Artikel 6 Absatz 2 Buchstabe b der vorliegenden Richtlinie unterliegenden Stelle zustande kommen, gleichermaßen davon auszugehen, dass sie die Anforderungen der Absätze 1 und 2 des vorliegenden Artikels erfüllen.

### Artikel 13 Erfassung und informative Abrechnung des Energieverbrauchs

(1) Soweit es technisch machbar, finanziell vertretbar und im Vergleich zu den potenziellen Energieeinsparungen angemessen ist, stellen die Mitgliedstaaten sicher, dass alle Endkunden in den Bereichen Strom, Erdgas, Fernheizung und/oder -kühlung und Warmbrauchwasser individuelle Zähler zu wettbewerbsorientierten Preisen erhalten, die den tatsächlichen Energieverbrauch des Endkunden und die tatsächliche Nutzungszeit widerspiegeln.

---

1) **Amtl. Anm.:** ABl L 1 vom 4. 1. 2003, S. 65.

Soweit bestehende Zähler ersetzt werden, sind stets solche individuellen Zähler zu wettbewerbsorientierten Preisen zu liefern, außer in Fällen, in denen dies technisch nicht machbar oder im Vergleich zu den langfristig geschätzten potenziellen Einsparungen nicht kostenwirksam ist. Soweit neue Gebäude mit neuen Anschlüssen ausgestattet oder soweit Gebäude größeren Renovierungen im Sinne der Richtlinie 2002/91/EG unterzogen werden, sind stets solche individuellen Zähler zu wettbewerbsorientierten Preisen zu liefern.

(2) Die Mitgliedstaaten stellen gegebenenfalls sicher, dass die von den Energieverteilern, Verteilernetzbetreibern und Energieeinzelhandelsunternehmen vorgenommene Abrechnung den tatsächlichen Energieverbrauch auf klare und verständliche Weise wiedergibt. Mit der Abrechnung werden geeignete Angaben zur Verfügung gestellt, die dem Endkunden ein umfassendes Bild der gegenwärtigen Energiekosten vermitteln. Die Abrechnung auf der Grundlage des tatsächlichen Verbrauchs wird so häufig durchgeführt, dass die Kunden in der Lage sind, ihren eigenen Energieverbrauch zu steuern.

(3) Die Mitgliedstaaten stellen sicher, dass Energieverteiler, Verteilernetzbetreiber oder Energieeinzelhandelsunternehmen den Endkunden in oder zusammen mit Abrechnungen, Verträgen, Transaktionen und/oder an Verteilerstationen ausgestellten Quittungen folgende Informationen auf klare und verständliche Weise zur Verfügung stellen:
a) geltende tatsächliche Preise und tatsächlicher Energieverbrauch;
b) Vergleich des gegenwärtigen Energieverbrauchs des Endkunden mit dem Energieverbrauch im selben Zeitraum des Vorjahres, vorzugsweise in grafischer Form;
c) soweit dies möglich und von Nutzen ist, Vergleich mit einem normierten oder durch Vergleichstests ermittelten Durchschnittsenergieverbraucher derselben Verbraucherkategorie;
d) Kontaktinformationen für Verbraucherorganisationen, Energieagenturen oder ähnliche Einrichtungen, einschließlich Internetadressen, von denen Angaben über angebotene Energieeffizienzmaßnahmen, Endverbraucher-Vergleichsprofile und/oder objektive technische Spezifikationen von energiebetriebenen Geräten erhalten werden können.

# Kapitel IV: Schlussbestimmungen

### Artikel 14 Berichterstattung

(1) Mitgliedstaaten, die bei Inkrafttreten dieser Richtlinie – gleichviel zu welchem Zweck – bereits Berechnungsmethoden zur Bestimmung von Energieeinsparungen anwenden, die den in Anhang IV beschriebenen Berechnungsarten ähneln, können der Kommission angemessen detaillierte Informationen darüber übermitteln. Diese Übermittlung erfolgt so früh wie möglich, vorzugsweise bis zum 17. November 2006. Diese Informationen ermöglichen der Kommission die gebührende Berücksichtigung bestehender Verfahrensweisen.

(2) Die Mitgliedstaaten legen der Kommission die folgenden EEAP vor:
- einen ersten EEAP spätestens zum 30. Juni 2007;
- einen zweiten EEAP spätestens zum 30. Juni 2011;
- einen dritten EEAP spätestens zum 30. Juni 2014.

In allen EEAP werden die Energieeffizienzmaßnahmen dargelegt, die vorgesehen sind, um die in Artikel 4 Absätze 1 und 2 genannten Ziele zu erreichen und die Bestimmungen über die Vorbildfunktion des öffentlichen Sektors sowie über die Bereitstellung von Information und die Beratung für die Endkunden gemäß Artikel 5 Absatz 1 und Artikel 7 Absatz 2 zu erfüllen.

Der zweite und dritte EEAP
- enthält eine sorgfältige Analyse und Bewertung des vorangegangenen Aktionsplans;
- enthält eine Aufstellung der Endergebnisse bezüglich des Erreichens der in Artikel 4 Absätze 1 und 2 genannten Energieeinsparziele;

- enthält Pläne für zusätzliche Maßnahmen, mit denen einer feststehenden oder erwarteten Nichterfüllung der Zielvorgabe begegnet wird, und Angaben über die erwarteten Auswirkungen solcher Maßnahmen;
- verwendet zunehmend gemäß Artikel 15 Absatz 4 harmonisierte Effizienz-Indikatoren und -Benchmarks sowohl bei der Bewertung bisheriger Maßnahmen als auch bei der Schätzung der Auswirkungen geplanter künftiger Maßnahmen;
- beruht auf verfügbaren Daten, die durch Schätzwerte ergänzt werden.

(3) Spätestens am 17 Mai 2008 veröffentlicht die Kommission eine Kosten-Nutzen-Bewertung, in der die Berührungspunkte zwischen den auf Endenergieeffizienz bezogenen Normen, Rechtsvorschriften, Konzepten und Maßnahmen der EU untersucht werden.

(4) Die EEAP werden nach dem in Artikel 16 Absatz 2 genannten Verfahren bewertet:
- Der erste EEAP wird vor dem 1. Januar 2008 überprüft;
- der zweite EEAP wird vor dem 1. Januar 2012 überprüft;
- der dritte EEAP wird vor dem 1. Januar 2015 überprüft.

(5) Auf der Grundlage der EEAP bewertet die Kommission, welche Fortschritte die Mitgliedstaaten bei der Erfüllung ihrer nationalen Energieeinsparrichtwerte erreicht haben. Die Kommission veröffentlicht einen Bericht mit ihren Schlussfolgerungen
- zu den ersten EEAP vor dem 1. Januar 2008;
- zu den zweiten EEAP vor dem 1. Januar 2012;
- zu den dritten EEAP vor dem 1. Januar 2015.

Diese Berichte enthalten Informationen über einschlägige Maßnahmen auf Gemeinschaftsebene einschließlich der geltenden und der künftigen Rechtsvorschriften. In den Berichten wird das in Artikel 15 Absatz 4 genannte Benchmarking-System berücksichtigt und die vorbildliche Praxis aufgezeigt, und es werden Fälle aufgeführt, in denen die Mitgliedstaaten und/oder die Kommission nicht ausreichende Fortschritte erzielen; die Berichte können Empfehlungen enthalten.

Auf den zweiten Bericht folgen, soweit angemessen und erforderlich, Vorschläge an das Europäische Parlament und den Rat für zusätzliche Maßnahmen, einschließlich einer etwaigen Verlängerung der Dauer der Anwendung der Ziele. Falls der Bericht zu dem Ergebnis kommt, dass nicht ausreichende Fortschritte im Hinblick auf das Erreichen der nationalen Richtziele gemacht worden sind, gehen diese Vorschläge auf die Ziele unter quantitativem und qualitativem Aspekt ein.

### Artikel 15   Überprüfung und Anpassung der Rahmenbedingungen

(1) Die in den Anhängen II, III, IV und V genannten Werte und Berechnungsmethoden sind nach dem in Artikel 16 Absatz 2 genannten Verfahren an den technischen Fortschritt anzupassen.

(2) Vor dem 1. Januar 2008 nimmt die Kommission nach dem in Artikel 16 Absatz 2 genannten Verfahren bei Bedarf eine Präzisierung und Ergänzung der Nummern 2 bis 6 des Anhangs IV vor und berücksichtigt dabei den allgemeinen Rahmen von Anhang IV.

(3) Die Kommission erhöht vor dem 1. Januar 2012 nach dem in Artikel 16 Absatz 2 genannten Verfahren den im harmonisierten Rechenmodell verwendeten Prozentsatz der harmonisierten Bottom-up-Berechnungen gemäß Anhang IV Nummer 1 unbeschadet der von den Mitgliedstaaten verwendeten Modelle, in denen bereits ein höherer Prozentsatz Anwendung findet. Das neue harmonisierte Rechenmodell mit einem signifikant höheren Prozentanteil an Bottom-up-Berechnungen wird erstmals ab dem 1. Januar 2012 angewandt.

Soweit praktisch durchführbar, wird bei der Ermittlung der gesamten Einsparungen während der gesamten Geltungsdauer der Richtlinie dieses harmonisierte Rechenmodell verwendet, jedoch unbeschadet der von den Mitgliedstaaten verwendeten Modelle, in denen ein höherer Prozentanteil an Bottom-up-Berechnungen gegeben ist.

(4) Bis zum 30. Juni 2008 erarbeitet die Kommission nach dem in Artikel 16 Absatz 2 genannten Verfahren harmonisierte Energieeffizienz-Indikatoren und auf diesen beru-

hende Benchmarks und berücksichtigt dabei verfügbare Daten oder Daten, die sich in Bezug auf die einzelnen Mitgliedstaaten kostengünstig erfassen lassen. Bei der Ausarbeitung dieser harmonisierten Energieeffizienz-Indikatoren und -Benchmarks zieht die Kommission als Bezugspunkt die als Orientierung dienende Liste in Anhang V heran. Die Mitgliedstaaten beziehen diese Indikatoren und Benchmarks stufenweise in die statistischen Daten ein, die sie in ihre EEAP gemäß Artikel 14 aufnehmen, und benutzen sie als eines ihrer Instrumente für Entscheidungen über künftige vorrangige Bereiche der EEAP.

Die Kommission unterbreitet dem Europäischen Parlament und dem Rat spätestens am 17. Mai 2011 einen Bericht über die Fortschritte bei der Festlegung von Indikatoren und Benchmarks.

### Artikel 16   Ausschuss

(1) Die Kommission wird von einem Ausschuss unterstützt.

(2) Wird auf diesen Absatz Bezug genommen, so gelten die Artikel 5 und 7 des Beschlusses 1999/468/EG unter Beachtung von dessen Artikel 8.

Der Zeitraum nach Artikel 5 Absatz 6 des Beschlusses 1999/468/EG wird auf drei Monate festgesetzt.

(3) Der Ausschuss gibt sich eine Geschäftsordnung.

### Artikel 17   Aufhebung

Die Richtlinie 93/76/EWG wird aufgehoben.

### Artikel 18   Umsetzung

(1) Die Mitgliedstaaten setzen die Rechts- und Verwaltungsvorschriften in Kraft, die erforderlich sind, um dieser Richtlinie bis 17. Mai 2008 nachzukommen, mit Ausnahme der Bestimmungen von Artikel 14 Absätze 1, 2 und 4, deren Umsetzung spätestens am 17. Mai 2006 erfolgt. Sie setzen die Kommission unverzüglich davon in Kenntnis.

Wenn die Mitgliedstaaten diese Vorschriften erlassen, nehmen sie in den Vorschriften selbst oder durch einen Hinweis bei der amtlichen Veröffentlichung auf diese Richtlinie Bezug. Die Mitgliedstaaten regeln die Einzelheiten der Bezugnahme.

(2) Die Mitgliedstaaten teilen der Kommission den Wortlaut der wichtigsten innerstaatlichen Rechtsvorschriften mit, die sie auf dem unter diese Richtlinie fallenden Gebiet erlassen.

### Artikel 19   Inkrafttreten

Diese Richtlinie tritt am zwanzigsten Tag nach ihrer Veröffentlichung im *Amtsblatt der Europäischen Union* in Kraft.

### Artikel 20   Adressaten

Diese Richtlinie ist an die Mitgliedstaaten gerichtet.

# VIII. Umweltrecht

## 1. Umweltverfahrensrecht

### a) Richtlinie 2003/4/EG des Europäischen Parlaments und des Rates vom 28. Januar 2003 über den Zugang der Öffentlichkeit zu Umweltinformationen und zur Aufhebung der Richtlinie 90/313/EWG des Rates (RL 2003/4/EG)

v. 14. 2. 2003 (ABl Nr. L 41 S. 26)

DAS EUROPÄISCHE PARLAMENT UND DER RAT DER EUROPÄISCHEN UNION –
gestützt auf den Vertrag zur Gründung der Europäischen Gemeinschaft, insbesondere auf Artikel 175 Absatz 1,
auf Vorschlag der Kommission[1],
nach Stellungnahme des Europäischen Wirtschafts- und Sozialausschusses[2],
nach Stellungnahme des Ausschusses der Regionen[3],
gemäß dem Verfahren des Artikels 251 des Vertrags[4], aufgrund des vom Vermittlungsausschuss am 8. November 2002 gebilligten gemeinsamen Entwurfs,
in Erwägung nachstehender Gründe:

(1) Der erweiterte Zugang der Öffentlichkeit zu umweltbezogenen Informationen und die Verbreitung dieser Informationen tragen dazu bei, das Umweltbewusstsein zu schärfen, einen freien Meinungsaustausch und eine wirksamere Teilnahme der Öffentlichkeit an Entscheidungsverfahren in Umweltfragen zu ermöglichen und letztendlich so den Umweltschutz zu verbessern.

(2) Die Richtlinie 90/313/EWG des Rates vom 7. Juni 1990 über den freien Zugang zu Informationen über die Umwelt[5] hat durch die Einführung von Maßnahmen zur Ausübung des Rechts auf Zugang der Öffentlichkeit zu Umweltinformationen einen Wandlungsprozess hinsichtlich der Art und Weise, in der Behörden mit Offenheit und Transparenz umgehen, eingeleitet, der ausgebaut und fortgesetzt werden sollte. Die vorliegende Richtlinie erweitert den bisher aufgrund der Richtlinie 90/313/EWG gewährten Zugang.

(3) Nach Artikel 8 der genannten Richtlinie sind die Mitgliedstaaten verpflichtet, der Kommission über ihre Erfahrungen Bericht zu erstatten; auf dieser Grundlage erstellt die Kommission einen Bericht an das Europäische Parlament und den Rat und fügt ihm etwaige Vorschläge zur Änderung der Richtlinie bei, die sie für zweckmäßig hält.

(4) In dem Bericht gemäß Artikel 8 der genannten Richtlinie werden konkrete Probleme bei der praktischen Anwendung der Richtlinie genannt.

(5) Am 25. Juni 1998 unterzeichnete die Europäische Gemeinschaft das Übereinkommen der UN-Wirtschaftskommission für Europa über den Zugang zu Informationen, die Öffentlichkeitsbeteiligung an Entscheidungsverfahren und den Zugang zu Gerichten in Umweltangelegenheiten („Übereinkommen von Aarhus"). Die Bestimmungen des Ge-

---

1) **Amtl. Anm.:** ABl C 337 E vom 28. 11. 2000, S. 156 und ABl C 240 E vom 28. 8. 2001, S. 289.
2) **Amtl. Anm.:** ABl C 116 vom 20. 4. 2001, S. 43.
3) **Amtl. Anm.:** ABl C 148 vom 18. 5. 2001, S. 9.
4) **Amtl. Anm.:** Stellungnahme des Europäischen Parlaments vom 14. März 2001 (ABl C 343 vom 5. 12. 2001, S. 165), Gemeinsamer Standpunkt des Rates vom 28. Januar 2002 (ABl C 113 E vom 14. 5. 2002, S. 1) und Beschluss des Europäischen Parlaments vom 30. Mai 2002 (noch nicht im Amtsblatt veröffentlicht). Beschluss des Rates vom 16. Dezember 2002 und Beschluss des Europäischen Parlaments vom 18. Dezember 2002.
5) **Amtl. Anm.:** ABl L 158 vom 23. 6. 1990, S. 56.

meinschaftsrechts müssen im Hinblick auf den Abschluss des Übereinkommens durch die Europäische Gemeinschaft mit dem Übereinkommen übereinstimmen.

(6) Im Interesse größerer Transparenz ist es zweckmäßig, die Richtlinie 90/313/EWG nicht zu ändern, sondern zu ersetzen. Auf diese Weise wird den Betroffenen ein einheitlicher, klarer und zusammenhängender Rechtstext vorgelegt.

(7) Die Unterschiede der in den Mitgliedstaaten geltenden Vorschriften über den Zugang zu umweltbezogenen Informationen im Besitz der Behörden können in der Gemeinschaft zu einer Ungleichheit hinsichtlich des Zugangs zu solchen Informationen oder hinsichtlich der Wettbewerbsbedingungen führen.

(8) Es muss gewährleistet werden, dass jede natürliche oder juristische Person ohne Geltendmachung eines Interesses ein Recht auf Zugang zu bei Behörden vorhandenen oder für diese bereitgehaltenen Umweltinformationen hat.

(9) Ferner ist es notwendig, dass Behörden Umweltinformationen insbesondere unter Verwendung von Informations- und Kommunikationstechnologien so umfassend wie möglich öffentlich zugänglich machen und verbreiten. Die zukünftige Entwicklung dieser Technologien sollte bei der Berichterstattung über diese Richtlinie und bei ihrer Überprüfung berücksichtigt werden.

(10) Die Bestimmung des Begriffs „Umweltinformationen" sollte dahin gehend präzisiert werden, dass Informationen jeder Form zu folgenden Bereichen erfasst werden: Zustand der Umwelt; Faktoren, Maßnahmen oder Tätigkeiten, die Auswirkungen auf die Umwelt haben oder haben können oder die dem Schutz der Umwelt dienen; Kosten/Nutzen-Analysen und wirtschaftliche Analysen im Rahmen solcher Maßnahmen oder Tätigkeiten; außerdem Informationen über den Zustand der menschlichen Gesundheit und Sicherheit einschließlich der Kontamination der Lebensmittelkette, Lebensbedingungen der Menschen, Kulturstätten und Bauwerke, soweit sie von einem der genannten Aspekte betroffen sind oder betroffen sein können.

(11) Um dem in Artikel 6 des Vertrags festgelegten Grundsatz, wonach die Erfordernisse des Umweltschutzes bei der Festlegung und Durchführung der Gemeinschaftspolitiken und -maßnahmen einzubeziehen sind, Rechnung zu tragen, sollte die Bestimmung des Begriffs „Behörden" so erweitert werden, dass davon Regierungen und andere Stellen der öffentlichen Verwaltung auf nationaler, regionaler oder lokaler Ebene erfasst werden, unabhängig davon, ob sie spezifische Zuständigkeiten für die Umwelt wahrnehmen oder nicht. Die Begriffsbestimmung sollte ebenfalls auf andere Personen oder Stellen ausgedehnt werden, die im Rahmen des einzelstaatlichen Rechts umweltbezogene Aufgaben der öffentlichen Verwaltung erfüllen, sowie auf andere Personen oder Stellen, die unter deren Aufsicht tätig sind und öffentliche Zuständigkeiten im Umweltbereich haben oder entsprechende Aufgaben wahrnehmen.

(12) Umweltinformationen, die materiell von anderen Stellen für Behörden bereitgehalten werden, sollten ebenfalls in den Geltungsbereich dieser Richtlinie fallen.

(13) Umweltinformationen sollten Antragstellern so rasch wie möglich und innerhalb einer angemessenen Frist zugänglich gemacht werden, wobei vom Antragsteller genannte Fristen berücksichtigt werden sollten.

(14) Die Behörden sollten Umweltinformationen in der vom Antragsteller gewünschten Form bzw. dem gewünschten Format zugänglich machen, es sei denn, die Informationen sind bereits in einer anderen Form bzw. einem anderen Format öffentlich zugänglich oder es erscheint sinnvoll, sie in einer anderen Form bzw. einem anderen Format zugänglich zu machen. Ferner sollten die Behörden verpflichtet sein, sich in angemessener Weise darum zu bemühen, dass bei ihnen vorhandene oder für sie bereitgehaltene Umweltinformationen in unmittelbar reproduzierbaren und mit elektronischen Mitteln zugänglichen Formen bzw. Formaten vorliegen.

(15) Die Mitgliedstaaten sollten die praktischen Vorkehrungen treffen, nach denen derartige Informationen wirksam zugänglich gemacht werden. Diese Vorkehrungen stellen sicher, dass die Information wirksam und leicht zugänglich ist und für die Öffentlichkeit zunehmend durch öffentliche Telekommunikationsnetze einschließlich öffentlich zu-

gänglicher Listen der Behörden und Verzeichnisse oder Listen über bei Behörden vorhandene oder für sie bereitgehaltene Umweltinformationen zugänglich wird.

(16) Das Recht auf Information beinhaltet, dass die Bekanntgabe von Informationen die allgemeine Regel sein sollte und dass Behörden befugt sein sollten, Anträge auf Zugang zu Umweltinformationen in bestimmten, genau festgelegten Fällen abzulehnen. Die Gründe für die Verweigerung der Bekanntgabe sollten eng ausgelegt werden, wobei das öffentliche Interesse an der Bekanntgabe gegen das Interesse an der Verweigerung der Bekanntgabe abgewogen werden sollten. Die Gründe für die Verweigerung von Informationen sind dem Antragsteller innerhalb der in dieser Richtlinie festgelegten Frist mitzuteilen.

(17) Behörden sollten Umweltinformationen auszugsweise zugänglich machen, sofern es möglich ist, unter die Ausnahmebestimmungen fallende von anderen gewünschten Informationen zu trennen.

(18) Die Behörden sollten für die Übermittlung von Umweltinformationen eine Gebühr erheben können, die jedoch angemessen sein sollte. Dies beinhaltet, dass die Gebühr grundsätzlich die tatsächlichen Kosten der Anfertigung des betreffenden Materials nicht übersteigen darf. Fälle, in denen eine Vorauszahlung verlangt wird, sollten beschränkt werden. In besonderen Fällen, in denen die Behörden Umweltinformationen zu kommerziellen Zwecken zugänglich machen und in denen dies notwendig ist, um die weitere Sammlung und Veröffentlichung solcher Informationen zu gewährleisten, wird eine marktübliche Gebühr als angemessen angesehen; es kann eine Vorauszahlung verlangt werden. Ein Gebührenverzeichnis sollte zusammen mit Informationen über die Umstände, unter denen eine Gebühr erhoben oder erlassen werden kann, veröffentlicht und den Antragstellern zugänglich gemacht werden.

(19) Antragsteller sollten die Handlungen oder Unterlassungen von Behörden in Bezug auf einen Antrag auf dem Verwaltungs- oder Rechtsweg anfechten können.

(20) Behörden sollten sich darum bemühen sicherzustellen, dass bei einer Zusammenstellung von Umweltinformationen durch sie oder für sie die Informationen verständlich, exakt und vergleichbar sind. Da dies ein wichtiger Faktor für die Bewertung der Qualität der bereitgestellten Information ist, sollte das zur Erhebung der Informationen angewandte Verfahren ebenfalls auf Antrag offen gelegt werden.

(21) Um das allgemeine Umweltbewusstsein zu erhöhen und den Umweltschutz zu verbessern, sollten die Behörden für ihre Aufgaben relevante Umweltinformationen, insbesondere – sofern verfügbar – unter Verwendung von Computer-Telekommunikation und/oder elektronischer Technologien, soweit angemessen zugänglich machen und verbreiten.

(22) Diese Richtlinie sollte alle vier Jahre nach ihrem Inkrafttreten vor dem Hintergrund der gewonnenen Erfahrungen und nach Vorlage der entsprechenden Berichte der Mitgliedstaaten bewertet und auf dieser Grundlage überarbeitet werden. Die Kommission sollte dem Europäischen Parlament und dem Rat einen Bewertungsbericht vorlegen.

(23) Da die Ziele dieser Richtlinie auf Ebene der Mitgliedstaaten nicht ausreichend erreicht werden können und daher besser auf Gemeinschaftsebene zu erreichen sind, kann die Gemeinschaft im Einklang mit dem in Artikel 5 des Vertrags niedergelegten Subsidiaritätsprinzip tätig werden. Entsprechend dem Verhältnismäßigkeitsprinzip nach demselben Artikel geht die Richtlinie nicht über das für die Erreichung dieser Ziele erforderliche Maß hinaus.

(24) Die Bestimmungen dieser Richtlinie berühren nicht das Recht der Mitgliedstaaten, Vorschriften beizubehalten oder einzuführen, die der Öffentlichkeit einen breiteren Zugang zu Informationen gestatten, als in dieser Richtlinie vorgesehen –

HABEN FOLGENDE RICHTLINIE ERLASSEN:

**Artikel 1 Ziele**

Mit dieser Richtlinie werden folgende Ziele verfolgt:

a) die Gewährleistung des Rechts auf Zugang zu Umweltinformationen, die bei Behörden vorhanden sind oder für sie bereitgehalten werden, und die Festlegung der grundlegenden Voraussetzungen und praktischer Vorkehrungen für die Ausübung dieses Rechts sowie

b) die Sicherstellung, dass Umweltinformationen selbstverständlich zunehmend öffentlich zugänglich gemacht und verbreitet werden, um eine möglichst umfassende und systematische Verfügbarkeit und Verbreitung von Umweltinformationen in der Öffentlichkeit zu erreichen. Dafür wird die Verwendung insbesondere von Computer-Telekommunikation und/oder elektronischen Technologien gefördert, soweit diese verfügbar sind.

**Artikel 2 Begriffsbestimmungen**

Im Sinne dieser Richtlinie bezeichnet der Ausdruck:

1. „Umweltinformationen" sämtliche Informationen in schriftlicher, visueller, akustischer, elektronischer oder sonstiger materieller Form über

   a) den Zustand von Umweltbestandteilen wie Luft und Atmosphäre, Wasser, Boden, Land, Landschaft und natürliche Lebensräume einschließlich Feuchtgebiete, Küsten- und Meeresgebiete, die Artenvielfalt und ihre Bestandteile, einschließlich genetisch veränderter Organismen, sowie die Wechselwirkungen zwischen diesen Bestandteilen,

   b) Faktoren wie Stoffe, Energie, Lärm und Strahlung oder Abfall einschließlich radioaktiven Abfalls, Emissionen, Ableitungen oder sonstiges Freisetzen von Stoffen in die Umwelt, die sich auf die unter Buchstabe a) genannten Umweltbestandteile auswirken oder wahrscheinlich auswirken,

   c) Maßnahmen (einschließlich Verwaltungsmaßnahmen), wie z. B. Politiken, Gesetze, Pläne und Programme, Umweltvereinbarungen und Tätigkeiten, die sich auf die unter den Buchstaben a) und b) genannten Umweltbestandteile und -faktoren auswirken oder wahrscheinlich auswirken, sowie Maßnahmen oder Tätigkeiten zum Schutz dieser Elemente,

   d) Berichte über die Umsetzung des Umweltrechts,

   e) Kosten/Nutzen-Analysen und sonstige wirtschaftliche Analysen und Annahmen, die im Rahmen der unter Buchstabe c) genannten Maßnahmen und Tätigkeiten verwendet werden, und

   f) den Zustand der menschlichen Gesundheit und Sicherheit gegebenenfalls einschließlich der Kontamination der Lebensmittelkette, Bedingungen für menschliches Leben sowie Kulturstätten und Bauwerke in dem Maße, in dem sie vom Zustand der unter Buchstabe a) genannten Umweltbestandteile oder – durch diese Bestandteile – von den unter den Buchstaben b) und c) aufgeführten Faktoren, Maßnahmen oder Tätigkeiten betroffen sind oder sein können;

2. „Behörde"

   a) die Regierung oder eine andere Stelle der öffentlichen Verwaltung, einschließlich öffentlicher beratender Gremien, auf nationaler, regionaler oder lokaler Ebene,

   b) natürliche oder juristische Personen, die aufgrund innerstaatlichen Rechts Aufgaben der öffentlichen Verwaltung, einschließlich bestimmter Pflichten, Tätigkeiten oder Dienstleistungen im Zusammenhang mit der Umwelt, wahrnehmen, und

   c) natürliche oder juristische Personen, die unter der Kontrolle einer unter Buchstabe a) genannten Stelle oder einer unter Buchstabe b) genannten Person im Zusammenhang mit der Umwelt öffentliche Zuständigkeiten haben, öffentliche Aufgaben wahrnehmen oder öffentliche Dienstleistungen erbringen.

RL 2003/4/EG

Die Mitgliedstaaten können vorsehen, dass diese Begriffsbestimmung keine Gremien oder Einrichtungen umfasst, soweit sie in gerichtlicher oder gesetzgebender Eigenschaft handeln. Wenn ihre verfassungsmäßigen Bestimmungen zum Zeitpunkt der Annahme dieser Richtlinie kein Überprüfungsverfahren im Sinne von Artikel 6 vorsehen, können die Mitgliedstaaten diese Gremien oder Einrichtungen von dieser Begriffsbestimmung ausnehmen;

3. „bei einer Behörde vorhandene Informationen" Umweltinformationen, die sich in ihrem Besitz befinden und die von dieser Behörde erstellt worden oder bei ihr eingegangen sind;
4. „für eine Behörde bereitgehaltene Informationen" Umweltinformationen, die materiell von einer natürlichen oder juristischen Person für eine Behörde bereitgehalten werden;
5. „Antragsteller" eine natürliche oder juristische Person, die Zugang zu Umweltinformationen beantragt;
6. „Öffentlichkeit" eine oder mehrere natürliche oder juristische Personen und, in Übereinstimmung mit den innerstaatlichen Rechtsvorschriften oder der innerstaatlichen Praxis, deren Vereinigungen, Organisationen oder Gruppen.

### Artikel 3 Zugang zu Umweltinformationen auf Antrag

(1) Die Mitgliedstaaten gewährleisten, dass Behörden gemäß den Bestimmungen dieser Richtlinie verpflichtet sind, die bei ihnen vorhandenen oder für sie bereitgehaltenen Umweltinformationen allen Antragstellern auf Antrag zugänglich zu machen, ohne dass diese ein Interesse geltend zu machen brauchen.

(2) Umweltinformationen sind dem Antragsteller vorbehaltlich des Artikels 4 und unter Berücksichtigung etwaiger vom Antragsteller angegebener Termine wie folgt zugänglich zu machen:

a) so bald wie möglich, spätestens jedoch innerhalb eines Monats nach Eingang des Antrags bei der Behörde nach Absatz 1 oder
b) innerhalb von zwei Monaten nach Eingang des Antrags bei der Behörde, falls die Information derart umfangreich und komplex ist, dass die unter Buchstabe a) genannte einmonatige Frist nicht eingehalten werden kann. In diesem Fall ist dem Antragsteller die Verlängerung der Frist unter Angabe von Gründen so bald wie möglich, in jedem Fall jedoch vor Ablauf der einmonatigen Frist, mitzuteilen.

(3) Ist ein Antrag zu allgemein formuliert, so fordert die Behörde den Antragsteller sobald wie möglich, spätestens jedoch innerhalb der in Absatz 2 Buchstabe a) vorgesehenen Frist, auf, den Antrag zu präzisieren, und unterstützt ihn dabei, indem sie ihn beispielsweise über die Nutzung der in Absatz 5 Buchstabe c) genannten öffentlichen Verzeichnisse unterrichtet. Die Behörden können in Fällen, in denen ihnen dies angemessen erscheint, den Antrag gemäß Artikel 4 Absatz 1 Buchstabe c) ablehnen.

(4) Falls ein Antragsteller eine Behörde ersucht, ihm Umweltinformationen in einer bestimmten Form oder einem bestimmten Format (beispielsweise als Kopie) zugänglich zu machen, so entspricht die Behörde diesem Antrag, es sei denn,

a) die Informationen sind bereits in einer anderen, den Antragstellern leicht zugänglichen Form bzw. einem anderen, den Antragstellern leicht zugänglichen Format, insbesondere gemäß Artikel 7, öffentlich verfügbar, oder
b) es ist für die Behörde angemessen, die Informationen in einer anderen Form bzw. einem anderen Format zugänglich zu machen; in diesem Fall sind die Gründe für die Wahl dieser anderen Form bzw. dieses anderen Formats anzugeben.

Zur Durchführung dieses Absatzes bemühen sich die Behörden in angemessener Weise darum, dass die bei ihnen vorhandenen oder für sie bereitgehaltenen Umweltinformationen in unmittelbar reproduzierbaren und über Computer-Telekommunikationsnetze oder andere elektronische Mittel zugänglichen Formen oder Formaten vorliegen.

Die Gründe, aus denen es abgelehnt wird, die Informationen auszugsweise oder vollständig in der gewünschten Form oder dem gewünschten Format zugänglich zu machen, sind dem Antragsteller innerhalb der in Absatz 2 Buchstabe a) genannten Frist mitzuteilen.

(5) Zur Durchführung dieses Artikels tragen die Mitgliedstaaten dafür Sorge, dass
a) Beamte verpflichtet werden, die Öffentlichkeit in dem Bemühen um Zugang zu Informationen zu unterstützen,
b) Listen von Behörden öffentlich zugänglich sind und
c) die praktischen Vorkehrungen festgelegt werden, um sicherzustellen, dass das Recht auf Zugang zu Umweltinformationen wirksam ausgeübt werden kann, wie:
   – Benennung von Auskunftsbeamten,
   – Aufbau und Unterhaltung von Einrichtungen zur Einsichtnahme in die gewünschten Informationen,
   – Verzeichnisse oder Listen betreffend Umweltinformationen im Besitz von Behörden oder Informationsstellen mit klaren Angaben, wo solche Informationen zu finden sind.

Die Mitgliedstaaten stellen sicher, dass die Behörden die Öffentlichkeit angemessen über die ihr aus dieser Richtlinie erwachsenden Rechte unterrichten und hierzu in angemessenem Umfang Informationen, Orientierung und Beratung bieten.

## Artikel 4  Ausnahmen

(1) Die Mitgliedstaaten können vorsehen, dass ein Antrag auf Zugang zu Umweltinformationen in folgenden Fällen abgelehnt wird:
a) Die gewünschte Information ist nicht bei der Behörde, an die der Antrag gerichtet ist, vorhanden und wird auch nicht für diese bereitgehalten. In diesem Fall leitet die Behörde, falls ihr bekannt ist, dass die betreffende Information bei einer anderen Behörde vorhanden ist oder für diese bereitgehalten wird, den Antrag möglichst rasch an diese andere Behörde weiter und setzt den Antragsteller hiervon in Kenntnis oder informiert ihn darüber, bei welcher Behörde er diese Informationen ihres Erachtens beantragen kann.
b) Der Antrag ist offensichtlich missbräuchlich.
c) Der Antrag ist unter Berücksichtigung von Artikel 3 Absatz 3 zu allgemein formuliert.
d) Der Antrag betrifft Material, das gerade vervollständigt wird, oder noch nicht abgeschlossene Schriftstücke oder noch nicht aufbereitete Daten.
e) Der Antrag betrifft interne Mitteilungen, wobei das öffentliche Interesse an einer Bekanntgabe dieser Informationen zu berücksichtigen ist.

Wird die Ablehnung damit begründet, dass der Antrag Material betrifft, das gerade vervollständigt wird, so benennt die Behörde die Stelle, die das Material vorbereitet, sowie den voraussichtlichen Zeitpunkt der Fertigstellung.

(2) Die Mitgliedstaaten können vorsehen, dass ein Antrag auf Zugang zu Umweltinformationen abgelehnt wird, wenn die Bekanntgabe negative Auswirkungen hätte auf:
a) die Vertraulichkeit der Beratungen von Behörden, sofern eine derartige Vertraulichkeit gesetzlich vorgesehen ist;
b) internationale Beziehungen, die öffentliche Sicherheit oder die Landesverteidigung;
c) laufende Gerichtsverfahren, die Möglichkeiten einer Person, ein faires Verfahren zu erhalten, oder die Möglichkeiten einer Behörde, Untersuchungen strafrechtlicher oder disziplinarischer Art durchzuführen;
d) Geschäfts- oder Betriebsgeheimnisse, sofern diese durch einzelstaatliches oder gemeinschaftliches Recht geschützt sind, um berechtigte wirtschaftliche Interessen, einschließlich des öffentlichen Interesses an der Wahrung der Geheimhaltung von statistischen Daten und des Steuergeheimnisses, zu schützen;
e) Rechte an geistigem Eigentum;

f) die Vertraulichkeit personenbezogener Daten und/oder Akten über eine natürliche Person, sofern diese der Bekanntgabe dieser Informationen an die Öffentlichkeit nicht zugestimmt hat und sofern eine derartige Vertraulichkeit nach innerstaatlichem oder gemeinschaftlichem Recht vorgesehen ist;

g) die Interessen oder den Schutz einer Person, die die beantragte Information freiwillig zur Verfügung gestellt hat, ohne dazu gesetzlich verpflichtet zu sein oder verpflichtet werden zu können, es sei denn, dass diese Person der Herausgabe der betreffenden Information zugestimmt hat;

h) den Schutz der Umweltbereiche, auf die sich die Informationen beziehen, wie z. B. die Aufenthaltsorte seltener Tierarten.

Die in den Absätzen 1 und 2 genannten Ablehnungsgründe sind eng auszulegen, wobei im Einzelfall das öffentliche Interesse an der Bekanntgabe zu berücksichtigen ist. In jedem Einzelfall wird das öffentliche Interesse an der Bekanntgabe gegen das Interesse an der Verweigerung der Bekanntgabe abgewogen. Die Mitgliedstaaten dürfen aufgrund des Absatzes 2 Buchstaben a), d), f), g) und h) nicht vorsehen, dass ein Antrag abgelehnt werden kann, wenn er sich auf Informationen über Emissionen in die Umwelt bezieht.

Die Mitgliedstaaten stellen in diesem Rahmen und für die Anwendung der Bestimmung des Buchstaben f) sicher, dass die Anforderungen der Richtlinie 95/46/EG des Europäischen Parlaments und des Rates vom 24. Oktober 1995 zum Schutz natürlicher Personen bei der Verarbeitung personenbezogener Daten und zum freien Datenverkehr[1] eingehalten werden.

(3) Sieht ein Mitgliedstaat Ausnahmen vor, so kann er einen öffentlich zugänglichen Kriterienkatalog erarbeiten, anhand dessen die betreffende Behörde über die Behandlung eines Antrags entscheiden kann.

(4) Bei den Behörden vorhandene oder für diese bereitgehaltene Umweltinformationen, zu denen Zugang beantragt wurde, sind auszugsweise zugänglich zu machen, sofern es möglich ist, unter die Ausnahmebestimmungen von Absatz 1 Buchstaben d) und e) oder Absatz 2 fallende Informationen von den anderen beantragten Informationen zu trennen.

(5) Die Weigerung, beantragte Informationen auszugsweise oder vollständig zugänglich zu machen, ist dem Antragsteller in Schriftform oder auf elektronischem Wege, wenn der Antrag selbst schriftlich gestellt wurde oder wenn der Antragsteller darum ersucht hat, innerhalb der in Artikel 3 Absatz 2 Buchstabe a) oder gegebenenfalls Buchstabe b) genannten Frist mitzuteilen. In der Mitteilung sind die Gründe für die Verweigerung der Information zu nennen, und der Antragsteller ist über das Beschwerdeverfahren nach Artikel 6 zu unterrichten.

### Artikel 5  Gebühren

(1) Der Zugang zu öffentlichen Verzeichnissen oder Listen, die gemäß Artikel 3 Absatz 5 eingerichtet und geführt werden, und die Einsichtnahme in die beantragten Informationen an Ort und Stelle sind gebührenfrei.

(2) Die Behörden können für die Bereitstellung von Umweltinformationen eine Gebühr erheben, die jedoch eine angemessene Höhe nicht überschreiten darf.

(3) Sofern Gebühren erhoben werden, veröffentlichen die Behörden ein entsprechendes Gebührenverzeichnis sowie Informationen über die Umstände, unter denen eine Gebühr erhoben oder erlassen werden kann, und machen dies den Antragstellern zugänglich.

### Artikel 6  Zugang zu den Gerichten

(1) Die Mitgliedstaaten stellen sicher, dass ein Antragsteller, der der Ansicht ist, sein Antrag auf Zugang zu Informationen sei von einer Behörde nicht beachtet, fälschlicherweise (ganz oder teilweise) abgelehnt, unzulänglich beantwortet oder auf andere Weise

---

1) **Amtl. Anm.:** ABl L 281 vom 23. 11. 1995, S. 31.

nicht in Übereinstimmung mit den Artikeln 3, 4 oder 5 bearbeitet worden, Zugang zu einem Verfahren hat, in dessen Rahmen die Handlungen oder Unterlassungen der betreffenden Behörde von dieser oder einer anderen Behörde geprüft oder von einer auf gesetzlicher Grundlage geschaffenen unabhängigen und unparteiischen Stelle auf dem Verwaltungsweg überprüft werden können. Dieses Verfahren muss zügig verlaufen und darf keine oder nur geringe Kosten verursachen.

(2) Ferner stellen die Mitgliedstaaten sicher, dass der Antragsteller neben dem Überprüfungsverfahren nach Absatz 1 auch Zugang zu einem Überprüfungsverfahren, in dessen Rahmen die Handlungen oder Unterlassungen der Behörde überprüft werden können, und zwar vor einem Gericht oder einer anderen auf gesetzlicher Grundlage geschaffenen unabhängigen und unparteiischen Stelle hat, deren Entscheidungen endgültig sein können. Die Mitgliedstaaten können des Weiteren vorsehen, dass Dritte, die durch die Offenlegung von Informationen belastet werden, ebenfalls Rechtsbehelfe einlegen können.

(3) Nach Absatz 2 getroffene endgültige Entscheidungen sind für die Behörde, die über die Informationen verfügt, verbindlich. Die Entscheidung ist schriftlich zu begründen, zumindest dann, wenn der Zugang zu Informationen nach diesem Artikel abgelehnt wird.

**Artikel 7   Verbreitung von Umweltinformationen**

(1) Die Mitgliedstaaten ergreifen die notwendigen Maßnahmen, um sicherzustellen, dass Behörden die für ihre Aufgaben relevanten und bei ihnen vorhandenen oder für sie bereitgehaltenen Umweltinformationen aufbereiten, damit eine aktive und systematische Verbreitung in der Öffentlichkeit erfolgen kann, insbesondere unter Verwendung von Computer-Telekommunikation und/oder elektronischen Technologien, soweit diese verfügbar sind.

Die unter Verwendung von Computer-Telekommunikation und/oder elektronischen Technologien zugänglich gemachten Informationen müssen nicht Daten umfassen, die vor Inkrafttreten dieser Richtlinie erhoben wurden, es sei denn, diese Daten sind bereits in elektronischer Form vorhanden.

Die Mitgliedstaaten sorgen dafür, dass Umweltinformationen zunehmend in elektronischen Datenbanken zugänglich gemacht werden, die der Öffentlichkeit über öffentliche Telekommunikationsnetze leicht zugänglich sind.

(2) Die Informationen, die zugänglich zu machen und zu verbreiten sind, werden gegebenenfalls aktualisiert und umfassen zumindest Folgendes:

a) den Wortlaut völkerrechtlicher Verträge, Übereinkünfte und Vereinbarungen sowie gemeinschaftlicher, nationaler, regionaler oder lokaler Rechtsvorschriften über die Umwelt oder mit Bezug zur Umwelt;
b) Politiken, Pläne und Programme mit Bezug zur Umwelt;
c) Berichte über die Fortschritte bei der Umsetzung der unter Buchstaben a) und b) genannten Punkte, sofern solche Berichte von den Behörden in elektronischer Form ausgearbeitet worden sind oder bereitgehalten werden;
d) Umweltzustandsberichte nach Absatz 3;
e) Daten oder Zusammenfassungen von Daten aus der Überwachung von Tätigkeiten, die sich auf die Umwelt auswirken oder wahrscheinlich auswirken;
f) Genehmigungen, die erhebliche Auswirkungen auf die Umwelt haben, und Umweltvereinbarungen oder einen Hinweis darauf, wo diese Informationen im Rahmen von Artikel 3 beantragt oder gefunden werden können;
g) Umweltverträglichkeitsprüfungen und Risikobewertungen betreffend die in Artikel 2 Nummer 1 Buchstabe a) genannten Umweltbestandteile oder einen Hinweis darauf, wo diese Informationen im Rahmen von Artikel 3 beantragt oder gefunden werden können.

(3) Unbeschadet aller aus dem Gemeinschaftsrecht erwachsenden spezifischen Pflichten zur Berichterstattung ergreifen die Mitgliedstaaten die erforderlichen Maßnahmen,

um sicherzustellen, dass in regelmäßigen Abständen von nicht mehr als vier Jahren nationale und gegebenenfalls regionale bzw. lokale Umweltzustandsberichte veröffentlicht werden; diese Berichte müssen Informationen über die Umweltqualität sowie über Umweltbelastungen enthalten.

(4) Unbeschadet aller aus dem Gemeinschaftsrecht erwachsenden spezifischen Verpflichtungen treffen die Mitgliedstaaten die erforderlichen Vorkehrungen, um zu gewährleisten, dass Behörden im Fall einer unmittelbaren Bedrohung der menschlichen Gesundheit oder der Umwelt unabhängig davon, ob diese Folge menschlicher Tätigkeit ist oder eine natürliche Ursache hat, sämtliche ihnen vorliegenden oder für sie bereitgehaltenen Informationen unmittelbar und unverzüglich verbreiten, die es der eventuell betroffenen Öffentlichkeit ermöglichen könnten, Maßnahmen zur Abwendung oder Begrenzung von Schäden infolge dieser Bedrohung zu ergreifen.

(5) Für die Verpflichtungen nach diesem Artikel können die Ausnahmen gemäß Artikel 4 Absätze 1 und 2 Anwendung finden.

(6) Die Mitgliedstaaten können die Anforderungen dieses Artikels erfüllen, indem sie Verknüpfungen zu Internet-Seiten einrichten, auf denen die Informationen zu finden sind.

### Artikel 8  Qualität von Umweltinformationen

(1) Soweit möglich, gewährleisten die Mitgliedstaaten, dass alle Informationen, die von ihnen oder für sie zusammengestellt werden, aktuell, exakt und vergleichbar sind.

(2) Auf Antrag beantworten die Behörden Anträge auf Informationen nach Artikel 2 Nummer 1 Buchstabe b), indem sie dem Antragsteller mitteilen, wo – sofern verfügbar – Informationen über die zur Erhebung der Informationen angewandten Messverfahren, einschließlich der Verfahren zur Analyse, Probenahme und Vorbehandlung der Proben, gefunden werden können, oder indem sie auf ein angewandtes standardisiertes Verfahren hinweisen.

### Artikel 9  Überprüfungsverfahren

(1) Die Mitgliedstaaten erstatten bis zum 14. Februar 2009 Bericht über die bei der Anwendung der Richtlinie gewonnenen Erfahrungen.

Sie übermitteln der Kommission ihren Bericht bis zum 14. August 2009

Spätestens am 14. Februar 2004 übermittelt die Kommission den Mitgliedstaaten ein Dokument, in dem sie den Mitgliedstaaten klare Vorgaben für deren Berichterstattung macht.

(2) Auf der Grundlage der Erfahrungen und unter Berücksichtigung der Entwicklungen im Bereich der Computer-Telekommunikation und/oder der elektronischen Technologien erstellt die Kommission einen Bericht an das Europäische Parlament und den Rat und fügt ihm etwaige Änderungsvorschläge bei.

### Artikel 10  Umsetzung

Die Mitgliedstaaten setzen die Rechts- und Verwaltungsvorschriften in Kraft, die erforderlich sind, um dieser Richtlinie bis zum 14. Februar 2005 nachzukommen. Sie setzen die Kommission unverzüglich davon in Kenntnis.

Wenn die Mitgliedstaaten diese Vorschriften erlassen, nehmen sie in den Vorschriften selbst oder durch einen Hinweis bei der amtlichen Veröffentlichung auf diese Richtlinie Bezug. Die Mitgliedstaaten regeln die Einzelheiten der Bezugnahme.

### Artikel 11  Aufhebung

Die Richtlinie 90/313/EWG wird zum 14. Februar 2005 aufgehoben.

Bezugnahmen auf die aufgehobene Richtlinie gelten als Bezugnahmen auf die vorliegende Richtlinie und sind nach Maßgabe der Entsprechungstabelle im Anhang zu lesen.

**Artikel 12  Inkrafttreten**
Diese Richtlinie tritt am Tag ihrer Veröffentlichung im Amtsblatt der Europäischen Union in Kraft.

**Artikel 13  Adressaten**
Diese Richtlinie ist an alle Mitgliedstaaten gerichtet.

## b) Richtlinie 96/61/EG des Rates vom 24. September 1996 über die integrierte Vermeidung und Verminderung der Umweltverschmutzung (RL 96/61/EG)

### v. 10. 10. 1996 (ABl Nr. L 257 S. 26)

Die Richtlinie 96/61/EG des Rates vom 24. September 1996 über die integrierte Vermeidung und Verminderung der Umweltverschmutzung v. 10. 10. 1996 (ABl Nr. L 257 S. 26) wurde geändert durch die Berichtigung v. 26. 11. 1996 (ABl Nr. L 302 S. 28); Richtlinie 2003/35/EG des Europäischen Parlaments und des Rates vom 26. Mai 2003 v. 25. 6. 2003 (ABl Nr. L 156 S. 17); Richtlinie 2003/87/EG des Europäischen Parlaments und des Rates v. 25. 10. 2003 (ABl Nr. L 275 S. 32); Verordnung (EG) Nr. 1882/2003 des Europäischen Parlaments und des Rates vom 29. September 2003 v. 31. 10. 2003 (ABL Nr. L 284 S. 1); Verordnung (EG) Nr. 166/2006 des Europäischen Parlaments und des Rates vom 18. Januar 2006 v. 4. 2. 2006 (ABl Nr. L 33 S. 1).

DER RAT DER EUROPÄISCHEN UNION –

gestützt auf den Vertrag zur Gründung der Europäischen Gemeinschaft, insbesondere auf Artikel 130s Absatz 1,

auf Vorschlag der Kommission[1],

nach Stellungnahme des Wirtschafts- und Sozialausschusses[2],

gemäß dem Verfahren des Artikels 189c des Vertrags[3],

in Erwägung nachstehender Gründe:

(1) Die Ziele und Prinzipien der gemeinschaftlichen Umweltpolitik, so wie sie in Artikel 130r des Vertrags festgelegt sind, sind insbesondere auf die Vermeidung, Verminderung und, soweit wie möglich, auf die Beseitigung der Verschmutzung durch Maßnahmen, vorzugsweise an der Quelle selbst, sowie auf eine umsichtige Bewirtschaftung der Ressourcen an Rohstoffen gerichtet, wobei das Verursacher- und Vorsorgeprinzip gelten.

(2) Im fünften Umweltaktionsprogramm, dessen allgemeines Konzept vom Rat und den im Rat vereinigten Vertretern der Regierungen der Mitgliedstaaten in ihrer Entschließung vom 1. Februar 1993[4] gebilligt wurde, wird der integrierten Verminderung der Umweltverschmutzung eine bedeutende Rolle bei der Herstellung eines dauerhaften und umweltgerechten Gleichgewichts zwischen menschlicher Tätigkeit und sozioökonomischer Entwicklung, den Ressourcen und der Regenerationsfähigkeit der Natur eingeräumt.

(3) Die Durchführung des integrierten Konzepts zur Verminderung der Umweltverschmutzung erfordert Maßnahmen auf Gemeinschaftsebene, um die bestehenden Gemeinschaftsvorschriften auf dem Gebiet der Vermeidung und Verminderung der Umweltverschmutzung durch Industrieanlagen zu ändern und zu ergänzen.

(4) Mit der Richtlinie 84/360/EWG des Rates vom 28. Juni 1984 zur Bekämpfung der Luftverunreinigung durch Industrieanlagen[5] wurde ein allgemeiner Rahmen eingeführt, dem zufolge vor der Inbetriebnahme oder einer wesentlichen Änderung einer Industrieanlage, die Luftverschmutzung verursachen kann, eine Genehmigung erforderlich ist.

(5) Die Richtlinie 76/464/EWG des Rates vom 4. Mai 1976 betreffend die Verschmutzung infolge der Ableitung bestimmter gefährlicher Stoffe in die Gewässer der Gemeinschaft[6] unterwirft Einleitungen dieser Stoffe einer Genehmigungspflicht.

---

1) **Amtl. Anm.**: ABl C 311 vom 17. 11. 1993, S. 6 und ABl C 165 vom 1. 7. 1995, S. 9.
2) **Amtl. Anm.**: ABl C 195 vom 18. 7. 1995, S. 54.
3) **Amtl. Anm.**: Stellungnahme des Europäischen Parlaments vom 14. Dezember 1994 (ABl C 18 vom 23. 1. 1995), gemeinsamer Standpunkt des Rates vom 27. November 1995 (ABl C 87 vom 25. 3. 1996, S. 8) und Beschluß des Europäischen Parlaments vom 22. Mai 1996 (ABl C 166 vom 10. 6. 1996).
4) **Amtl. Anm.**: ABl C 138 vom 17. 5. 1993, S. 1.
5) **Amtl. Anm.**: ABl L 188 vom 16. 7. 1984, S. 20. Richtlinie geändert durch die Richtlinie 91/692/EWG (ABl L 377 vom 31. 12. 1991, S. 48).
6) **Amtl. Anm.**: ABl L 129 vom 18. 5. 1976, S. 23. Richtlinie geändert durch die Richtlinie 91/692/EWG.

(6) Während es Rechtsvorschriften der Gemeinschaft über die Bekämpfung der Luftverschmutzung und die Vermeidung oder größtmögliche Verminderung der Einleitung gefährlicher Stoffe in die Gewässer gibt, fehlte es an vergleichbaren Gemeinschaftsvorschriften zur Vermeidung oder Verminderung der Emissionen in den Boden.

(7) Getrennte Konzepte, die lediglich der isolierten Verminderung der Emissionen in Luft, Wasser oder Boden dienen, können dazu führen, daß die Verschmutzung von einem Umweltmedium auf ein anderes verlagert wird, anstatt die Umwelt insgesamt zu schützen.

(8) Das Ziel des integrierten Konzepts der Verminderung der Verschmutzung besteht darin, Emissionen in Luft, Wasser und Boden unter Einbeziehung der Abfallwirtschaft soweit wie möglich zu vermeiden und, wo dies nicht möglich ist, zu vermindern, um ein hohes Schutzniveau für die Umwelt insgesamt zu erreichen.

(9) Diese Richtlinie legt einen allgemeinen Rahmen mit Grundsätzen zur integrierten Vermeidung und Verminderung der Umweltverschmutzung fest. Es sind die Maßnahmen vorgesehen, die für die integrierte Vermeidung und Verminderung der Umweltverschmutzung erforderlich sind, damit ein hohes Schutzniveau für die Umwelt insgesamt erreicht wird. Die Umsetzung des Grundsatzes der nachhaltigen und umweltgerechten Entwicklung wird durch ein integriertes Konzept zur Verminderung der Umweltverschmutzung gefördert.

(10) Die Bestimmungen dieser Richtlinie gelten unbeschadet der Bestimmungen der Richtlinie 85/337/EWG des Rates vom 27. Juni 1985 über die Umweltverträglichkeitsprüfung bei bestimmten öffentlichen und privaten Projekten[1]. Ergeben sich aus der Anwendung der letztgenannten Richtlinie bestimmte Angaben oder Ergebnisse und sind diese bei der Erteilung der Genehmigung zu berücksichtigen, so beeinträchtigt die vorliegende Richtlinie die Durchführung der genannten Richtlinie nicht.

(11) Die Mitgliedstaaten treffen die erforderlichen Maßnahmen, die sicherstellen, daß der Betreiber den allgemeinen Prinzipien bestimmter Grundpflichten genügt. Im Hinblick darauf reicht es aus, daß die zuständigen Behörden diese allgemeinen Prinzipien bei der Festlegung der Genehmigungsauflagen berücksichtigen.

(12) Die nach dieser Richtlinie getroffenen Maßnahmen müssen in den bestehenden Anlagen im Fall einiger dieser Maßnahmen nach einer bestimmten Frist, andernfalls mit Beginn der Anwendung dieser Richtlinie angewendet werden.

(13) Der Betreiber einer Anlage soll Umwelterwägungen anstellen, um die Verschmutzungsprobleme effizienter und wirtschaftlicher angehen zu können. Diese Punkte sollen der zuständigen Behörde mitgeteilt werden, damit sich diese vor Erteilung einer Genehmigung vergewissern kann, ob alle geeigneten vorbeugenden oder der Verminderung der Verschmutzung dienenden Maßnahmen vorgesehen wurden. Dabei können starke Unterschiede zwischen den Genehmigungsverfahren zu einem unterschiedlichen Niveau des Umweltschutzes und der öffentlichen Bewußtseinsbildung führen. Die Anträge auf Genehmigung entsprechend dieser Richtlinie müssen deshalb ein Mindestmaß an Angaben umfassen.

(14) Eine vollständige Koordinierung zwischen den zuständigen Behörden hinsichtlich der Genehmigungsverfahren und -auflagen wird dazu beitragen, das höchstmögliche Schutzniveau für die Umwelt insgesamt zu erreichen.

(15) Die zuständige Behörde erteilt oder ändert nur dann eine Genehmigung, wenn integrierte Umweltschutzmaßnahmen in bezug auf Luft, Wasser und Boden vorgesehen worden sind.

(16) Die Genehmigung umfaßt alle zur Erfüllung der Genehmigungsvoraussetzungen erforderlichen Maßnahmen, um so ein hohes Schutzniveau für die Umwelt insgesamt zu erreichen. Diese Maßnahmen können unbeschadet des Genehmigungsverfahrens auch Gegenstand allgemeiner bindender Vorschriften sein.

---

1) **Amtl. Anm.:** ABl L 175 vom 5. 7. 1985, S. 40.

(17) Emissionsgrenzwerte, äquivalente Parameter oder äquivalente technische Maßnahmen sind auf die besten verfügbaren Techniken zu stützen, ohne daß dabei die Anwendung einer bestimmten Technik oder Technologie vorgeschrieben würde; zu berücksichtigen sind die technische Beschaffenheit der betroffenen Anlage, ihr geographischer Standort sowie die örtlichen Umweltbedingungen. In allen Fällen sehen die Genehmigungsauflagen Bestimmungen zur weitestgehenden Verminderung der weiträumigen oder grenzüberschreitenden Umweltverschmutzung vor und gewährleisten ein hohes Schutzniveau für die Umwelt insgesamt.

(18) Es ist Aufgabe der Mitgliedstaaten festzulegen, wie nötigenfalls die technische Beschaffenheit der betroffenen Anlage, ihr geographischer Standort sowie die örtlichen Umweltbedingungen berücksichtigt werden können.

(19) Macht eine Umweltqualitätsnorm strengere Auflagen erforderlich, als sie mit der besten verfügbaren Technik erfüllbar sind, so sind insbesondere in der Genehmigung zusätzliche Auflagen enthalten, unbeschadet sonstiger Maßnahmen, die im Hinblick auf die Einhaltung der Umweltqualitätsnormen getroffen werden können.

(20) Da sich auch die besten verfügbaren Techniken – insbesondere aufgrund des technischen Fortschritts – im Laufe der Zeit ändern, muß die zuständige Behörde solche Entwicklungen verfolgen oder darüber informiert sein.

(21) Änderungen einer Anlage können ihrerseits zur Verschmutzung führen. Daher ist es notwendig, alle Änderungen, die Auswirkungen auf die Umwelt haben können, der zuständigen Behörde mitzuteilen. Eine wesentliche Änderung einer Anlage ist im Einklang mit dieser Richtlinie einem vorherigen Genehmigungsverfahren zu unterwerfen.

(22) Die Genehmigungsauflagen müssen regelmäßig überprüft und gegebenenfalls aktualisiert werden. Unter bestimmten Bedingungen sind sie auf jeden Fall zu überprüfen.

(23) Um die Öffentlichkeit über den Betrieb der Anlage und die möglichen Auswirkungen auf die Umwelt zu unterrichten und die Transparenz des Genehmigungsverfahrens überall in der Gemeinschaft zu gewährleisten, muß sie vor einer Entscheidung Zugang haben zu den Informationen über Genehmigungsanträge für neue Anlagen oder wesentliche Änderungen sowie zu den Genehmigungen selbst, deren Aktualisierungen und den damit verbundenen Überwachungsdaten.

(24) Ein Verzeichnis der wichtigsten Emissionen und der dafür verantwortlichen Quellen kann als ein bedeutendes Instrument angesehen werden, das insbesondere einen Vergleich der verschmutzenden Tätigkeiten in der Gemeinschaft ermöglicht. Die Kommission erstellt dieses Verzeichnis mit Unterstützung eines Regelungsausschusses.

(25) Die Entwicklung und der Austausch von Informationen auf Gemeinschaftsebene über die besten verfügbaren Techniken werden dazu beitragen, das Ungleichgewicht auf technologischer Ebene in der Gemeinschaft auszugleichen, die weltweite Verbreitung der in der Gemeinschaft festgesetzten Grenzwerte und der angewandten Techniken zu fördern und die Mitgliedstaaten bei der wirksamen Durchführung dieser Richtlinien zu unterstützen.

(26) Es sind regelmäßig Berichte über die Durchführung und die Wirksamkeit dieser Richtlinie auszuarbeiten.

(27) Diese Richtlinie erstreckt sich auf solche Anlagen, die ein großes Potential zur Umweltverschmutzung und damit auch zu grenzüberschreitender Verschmutzung haben. Eine grenzüberschreitende Konsultation findet daher statt, wenn Genehmigungsanträge für den Betrieb einer neuen Anlage oder für wesentliche Änderungen einer Anlage gestellt werden, welche erheblich nachteilige Umweltauswirkungen haben können. Die entsprechenden Genehmigungsanträge sollten der Öffentlichkeit des möglicherweise betroffenen Mitgliedstaats zugänglich sein.

(28) Es kann festgestellt werden, daß für bestimmte Kategorien von Anlagen und Schadstoffen, die unter diese Richtlinie fallen, auf Gemeinschaftsebene Emissionsgrenzwerte festgelegt werden müssen. Im Einklang mit den Bestimmungen des Vertrags setzt der Rat diese Emissionsgrenzwerte fest.

(29) Die Bestimmungen dieser Richtlinie gelten unbeschadet der Gemeinschaftsvorschriften über Sicherheit und Gesundheitsschutz am Arbeitsplatz –
HAT FOLGENDE RICHTLINIE ERLASSEN:

### Artikel 1  Zweck und Geltungsbereich

Diese Richtlinie bezweckt die integrierte Vermeidung und Verminderung der Umweltverschmutzung infolge der in Anhang I genannten Tätigkeiten. Sie sieht Maßnahmen zur Vermeidung und, sofern dies nicht möglich ist, zur Verminderung von Emissionen aus den genannten Tätigkeiten in Luft, Wasser und Boden – darunter auch den Abfall betreffende Maßnahmen – vor, um unbeschadet der Richtlinie 85/337/EWG sowie der sonstigen einschlägigen Gemeinschaftsbestimmungen ein hohes Schutzniveau für die Umwelt insgesamt zu erreichen.

### Artikel 2  Begriffsbestimmungen

Im Sinne dieser Richtlinie bezeichnet der Ausdruck

1. „Stoff" chemische Elemente und ihre Verbindungen, ausgenommen radioaktive Stoffe im Sinne der Richtlinie 80/836/Euratom[1] und genetisch modifizierte Organismen im Sinne der Richtlinie 90/219/EWG[2] und der Richtlinie 90/220/EWG[3];
2. „Umweltverschmutzung" die durch menschliche Tätigkeiten direkt oder indirekt bewirkte Freisetzung von Stoffen, Erschütterungen, Wärme oder Lärm in Luft, Wasser oder Boden, die der menschlichen Gesundheit oder der Umweltqualität schaden oder zu einer Schädigung von Sachwerten bzw. zu einer Beeinträchtigung oder Störung von Annehmlichkeiten und anderen legitimen Nutzungen der Umwelt führen können;
3. „Anlage" eine ortsfeste technische Einheit, in der eine oder mehrere der in Anhang I genannten Tätigkeiten sowie andere unmittelbar damit verbundene Tätigkeiten durchgeführt werden, die mit den an diesem Standort durchgeführten Tätigkeiten in einem technischen Zusammenhang stehen und die die Auswirkungen auf die Emissionen und die Umweltverschmutzung haben können;
4. „bestehende Anlage" eine Anlage, die in Betrieb ist oder die im Rahmen der vor Beginn der Anwendung dieser Richtlinie bestehenden Rechtsvorschriften zugelassen worden oder nach Ansicht der zuständigen Behörde Gegenstand eines vollständigen Genehmigungsantrags gewesen ist, sofern die zuletzt genannte Anlage spätestens ein Jahr nach dem Beginn der Anwendung dieser Richtlinie in Betrieb genommen wird;
5. „Emission" die von Punktquellen oder diffusen Quellen der Anlage ausgehende direkte oder indirekte Freisetzung von Stoffen, Erschütterungen, Wärme oder Lärm in die Luft, das Wasser oder den Boden;
6. „Emissionsgrenzwert" die im Verhältnis zu bestimmten spezifischen Parametern ausgedrückte Masse, die Konzentration und/oder das Niveau einer Emission, die in einem oder mehreren Zeiträumen nicht überschritten werden dürfen. Die Emissionsgrenzwerte können auch für bestimmte Gruppen, Familien oder Kategorien von Stoffen, insbesondere für die in Anhang III genannten, festgelegt werden.

---

1) **Amtl. Anm.:** Richtlinie 80/836/Euratom des Rates vom 15. Juli 1980 zur Änderung der Richtlinien, mit denen die Grundnormen für den Gesundheitsschutz der Bevölkerung und der Arbeitskräfte gegen die Gefahren ionisierender Strahlungen festgelegt wurden (ABl L 246 vom 17. 9. 1980, S. 1). Richtlinie geändert durch die Richtlinie 84/467/EWG (ABl L 265 vom 5. 10. 1984, S. 4).

2) **Amtl. Anm.:** Richtlinie 90/219/EWG des Rates vom 23. April 1990 über die Anwendung genetisch veränderter Mikroorganismen in geschlossenen Systemen (ABl L 117 vom 8. 5. 1990, S. 1). Richtlinie geändert durch die Richtlinie 94/51/EG der Kommission (ABl L 297 vom 18. 11. 1994, S. 29).

3) **Amtl. Anm.:** Richtlinie 90/220/EWG des Rates vom 23. April 1990 über die absichtliche Freisetzung genetisch veränderter Organismen in die Umwelt (ABl L 117 vom 8. 5. 1990, S. 15). Richtlinie geändert durch die Richtlinie 94/15/EG der Kommission (ABl L 103 vom 22. 4. 1994, S. 20).

Die Emissionsgrenzwerte bei Stoffen gelten normalerweise an dem Punkt, an dem die Emissionen die Anlage verlassen, wobei eine etwaige Verdünnung bei der Festsetzung der Grenzwerte nicht berücksichtigt wird. Bei der indirekten Einleitung in das Wasser kann die Wirkung einer Kläranlage bei der Festsetzung der Emissionsgrenzwerte der Anlage berücksichtigt werden, sofern ein insgesamt gleichwertiges Umweltschutzniveau sichergestellt wird und es nicht zu einer höheren Belastung der Umwelt kommt, und zwar unbeschadet der Richtlinie 76/464/EWG und der zu ihrer Durchführung erlassenen Richtlinien;

7. „Umweltqualitätsnorm" die Gesamtheit von Anforderungen, die zu einem gegebenen Zeitpunkt in einer gegebenen Umwelt oder einem bestimmten Teil davon nach den Rechtsvorschriften der Gemeinschaft erfüllt werden müssen;

8. „zuständige Behörde" die Behörde bzw. Behörden oder Einrichtungen, die kraft der Rechtsvorschriften der Mitgliedstaaten mit der Erfüllung der aus dieser Richtlinie erwachsenden Aufgaben betraut ist bzw. sind;

9. „Genehmigung" der Teil oder die Gesamtheit einer schriftlichen Entscheidung oder mehrerer solcher Entscheidungen, mit der (denen) eine Genehmigung zum Betrieb einer Anlage oder eines Anlagenteils vorbehaltlich bestimmter Auflagen erteilt wird, mit denen sichergestellt werden soll, daß die Anlage den Anforderungen dieser Richtlinie entspricht. Eine Genehmigung kann für eine oder mehrere Anlagen oder Anlagenteile gelten, die denselben Standort haben und von demselben Betreiber betrieben werden;

10. a) „Änderung des Betriebs" eine Änderung der Beschaffenheit oder der Funktionsweise oder eine Erweiterung der Anlage, die Auswirkungen auf die Umwelt haben kann;

    b) „wesentliche Änderung" eine Änderung des Betriebs, die nach Auffassung der zuständigen Behörde erhebliche nachteilige Auswirkungen auf den Menschen oder die Umwelt haben kann.

    Im Sinne dieser Begriffsbestimmung gilt jede Änderung oder Erweiterung des Betriebs als wesentlich, wenn die Änderung oder Erweiterung für sich genommen die Schwellenwerte, sofern solche in Anhang I festgelegt sind, erreicht;

11. „beste verfügbare Techniken" den effizientesten und fortschrittlichsten Entwicklungsstand der Tätigkeiten und entsprechenden Betriebsmethoden, der spezielle Techniken als praktisch geeignet erscheinen läßt, grundsätzlich als Grundlage für die Emissionsgrenzwerte zu dienen, um Emissionen in und Auswirkungen auf die gesamte Umwelt allgemein zu vermeiden oder, wenn dies nicht möglich ist, zu vermindern;

    – „Techniken" sowohl die angewandte Technologie als auch die Art und Weise, wie die Anlage geplant, gebaut, gewartet, betrieben und stillgelegt wird;

    – „verfügbar" die Techniken, die in einem Maßstab entwickelt sind, der unter Berücksichtigung des Kosten/Nutzen-Verhältnisses die Anwendung unter in dem betreffenden industriellen Sektor wirtschaftlich und technisch vertretbaren Verhältnissen ermöglicht, gleich, ob diese Techniken innerhalb des betreffenden Mitgliedstaats verwendet oder hergestellt werden, sofern sie zu vertretbaren Bedingungen für den Betreiber zugänglich sind;

    – „beste" die Techniken, die am wirksamsten zur Erreichung eines allgemein hohen Schutzniveaus für die Umwelt insgesamt sind.

    Bei der Festlegung der besten verfügbaren Techniken sind die in Anhang IV aufgeführten Punkte besonders zu berücksichtigen;

12. „Betreiber" jede natürliche oder juristische Person, die die Anlage betreibt oder besitzt oder der – sofern in den nationalen Rechtsvorschriften vorgesehen – die ausschlaggebende wirtschaftliche Verfügungsmacht über den technischen Betrieb der Anlage übertragen worden ist;

13. „Öffentlichkeit" eine oder mehrere natürliche oder juristische Personen und, in Übereinstimmung mit den innerstaatlichen Rechtsvorschriften oder der innerstaatlichen Praxis, deren Vereinigungen, Organisationen oder Gruppen;
14. „betroffene Öffentlichkeit" die von einer Entscheidung über die Erteilung oder Aktualisierung einer Genehmigung oder von Genehmigungsauflagen betroffene oder wahrscheinlich betroffene Öffentlichkeit oder die Öffentlichkeit mit einem Interesse daran; im Sinne dieser Begriffsbestimmung haben Nichtregierungsorganisationen, die sich für den Umweltschutz einsetzen und alle nach innerstaatlichem Recht geltenden Voraussetzungen erfüllen, ein Interesse.

### Artikel 3  Allgemeine Prinzipien der Grundpflichten der Betreiber

Die Mitgliedstaaten treffen die erforderlichen Vorkehrungen, damit die zuständigen Behörden sich vergewissern, daß die Anlage so betrieben wird, daß

a) alle geeigneten Vorsorgemaßnahmen gegen Umweltverschmutzungen, insbesondere durch den Einsatz der besten verfügbaren Techniken, getroffen werden;

b) keine erheblichen Umweltverschmutzungen verursacht werden;

c) die Entstehung von Abfällen entsprechend der Richtlinie 75/442/EWG des Rates vom 15. Juli 1975 über Abfälle[1]) vermieden wird; andernfalls werden sie verwertet oder, falls dies aus technischen oder wirtschaftlichen Gründen nicht möglich ist, beseitigt, wobei Auswirkungen auf die Umwelt zu vermeiden oder zu vermindern sind;

d) Energie effizient verwendet wird;

e) die notwendigen Maßnahmen ergriffen werden, um Unfälle zu verhindern und deren Folgen zu begrenzen;

f) bei einer endgültigen Stillegung die erforderlichen Maßnahmen getroffen werden, um jegliche Gefahr einer Umweltverschmutzung zu vermeiden und um einen zufriedenstellenden Zustand des Betriebsgeländes wiederherzustellen.

Für die Einhaltung der Vorschriften dieses Artikels reicht es aus, wenn die Mitgliedstaaten sicherstellen, daß die zuständigen Behörden bei der Festlegung der Genehmigungsauflagen die in diesem Artikel angeführten allgemeinen Prinzipien berücksichtigen.

### Artikel 4  Genehmigung neuer Anlagen

Unbeschadet der in der Richtlinie 88/609/EWG des Rates vom 24. November 1988 zur Begrenzung von Schadstoffemissionen von Großfeuerungsanlagen in die Luft[2]) vorgesehenen Ausnahmen treffen die Mitgliedstaaten die erforderlichen Maßnahmen, um sicherzustellen, daß keine neue Anlage ohne eine Genehmigung gemäß dieser Richtlinie betrieben wird.

### Artikel 5  Genehmigungsauflagen für bestehende Anlagen

(1) Die Mitgliedstaaten treffen die erforderlichen Maßnahmen, damit die zuständigen Behörden durch Genehmigung gemäß den Artikeln 6 und 8 oder in geeigneter Weise durch Überprüfung und, soweit angemessen, durch Aktualisierung der Auflagen dafür sorgen, daß bestehende Anlagen unbeschadet anderer besonderer Gemeinschaftsvorschriften spätestens acht Jahre nach Beginn der Anwendung dieser Richtlinie in Übereinstimmung mit den Anforderungen der Artikel 3, 7, 9, 10 und 13 sowie des Artikels 14 erster und zweiter Gedankenstrich und des Artikels 15 Absatz 2 betrieben werden.

(2) Die Mitgliedstaaten treffen die erforderlichen Maßnahmen, um die Artikel 1, 2, 11 und 12, den Artikel 14 dritter Gedankenstrich, den Artikel 15 Absätze, 1, 3 und 4 sowie

---

1) **Amtl. Anm.:** ABl L 194 vom 25. 7. 1975, S. 39. Richtlinie zuletzt geändert durch die Richtlinie 91/692/EWG (ABl L 377 vom 31. 12. 1991, S. 48).

2) **Amtl. Anm.:** ABl L 336 vom 7. 12. 1988, S. 1. Richtlinie geändert durch die Richtlinie 90/656/EWG (ABl L 353 vom 17. 12. 1990, S. 59).

die Artikel 16 und 17 und den Artikel 18 Absatz 2 von Beginn der Anwendbarkeit dieser Richtlinie an auf bestehende Anlagen anzuwenden.

### Artikel 6  Genehmigungsantrag

(1) Die Mitgliedstaaten treffen die erforderlichen Maßnahmen, damit ein Genehmigungsantrag an eine zuständige Behörde eine Beschreibung von folgendem erhält:
- Anlage sowie Art und Umfang ihrer Tätigkeiten;
- Roh- und Hilfsstoffe, sonstige Stoffe und Energie, die in der Anlage verwendet oder erzeugt werden;
- Quellen der Emissionen aus der Anlage;
- Zustand des Anlagengeländes;
- Art und Menge der vorhersehbaren Emissionen aus der Anlage in jedes einzelne Umweltmedium sowie Feststellung von erheblichen Auswirkungen der Emissionen auf die Umwelt;
- vorgesehene Technologie und sonstige Techniken zur Vermeidung der Emissionen aus der Anlage oder, sofern dies nicht möglich ist, Verminderung derselben;
- erforderlichenfalls Maßnahmen zur Vermeidung und Verwertung der von der Anlage erzeugten Abfälle;
- sonstige vorgesehene Maßnahmen zur Erfüllung der Vorschriften bezüglich der allgemeinen Prinzipien der Grundpflichten der Betreiber gemäß Artikel 3;
- vorgesehene Maßnahmen zur Überwachung der Emissionen in die Umwelt;
- die wichtigsten vom Antragsteller gegebenenfalls geprüften Alternativen in einer Übersicht.

Der Genehmigungsantrag muß ferner eine nichttechnische Zusammenfassung der unter den obenstehenden Gedankenstrichen genannten Angaben erhalten.

(2) Wenn Angaben gemäß den Anforderungen der Richtlinie 85/337/EWG oder ein Sicherheitsbericht gemäß der Richtlinie 82/501/EWG des Rates vom 24. Juni 1982 über die Gefahren schwerer Unfälle bei bestimmten Industrietätigkeiten[1] oder sonstige Informationen in Erfüllung anderer Rechtsvorschriften eine der Anforderungen dieses Artikels erfüllen, können sie in den Antrag aufgenommen oder diesem beigefügt werden.

### Artikel 7  Integriertes Konzept bei der Erteilung der Genehmigung

Die Mitgliedstaaten treffen die erforderlichen Maßnahmen für eine vollständige Koordinierung des Genehmigungsverfahrens und der Genehmigungsauflagen, wenn bei diesem Verfahren mehrere zuständige Behörden mitwirken, um ein wirksames integriertes Konzept aller für diese Verfahren zuständigen Behörden sicherzustellen.

### Artikel 8  Entscheidungen

Unbeschadet sonstiger Anforderungen aufgrund einzelstaatlicher oder gemeinschaftlicher Vorschriften erteilt die zuständige Behörde eine Genehmigung mit Auflagen, die sicherstellen, daß die Anlage den Anforderungen dieser Richtlinie entspricht; ist dies nicht der Fall, lehnt sie die Genehmigung ab.
In den neu erteilten oder geänderten Genehmigungen sind die für den Schutz von Luft, Wasser und Boden im Sinne dieser Richtlinie vorgesehenen Vorkehrungen anzugeben.

### Artikel 9  Genehmigungsauflagen

(1) Die Mitgliedstaaten sorgen dafür, daß die Genehmigung alle Maßnahmen umfaßt, die zur Erfüllung der in Artikel 3 und 10 genannten Genehmigungsvoraussetzungen notwendig sind, um durch den Schutz von Luft, Wasser und Boden zu einem hohen Schutzniveau für die Umwelt insgesamt beizutragen.

---

1) **Amtl. Anm.:** ABl L 230 vom 5. 8. 1982, S. 1. Richtlinie zuletzt geändert durch die Richtlinie 91/692/EWG (ABl L 377 vom 31. 12. 1991, S. 48).

(2) Handelt es sich um eine neue Anlage oder um eine wesentliche Änderung, für die Artikel 4 der Richtlinie 85/337/EWG gilt, so sind im Rahmen des Verfahrens zur Erteilung der Genehmigung alle einschlägigen Angaben oder Ergebnisse zu berücksichtigen, die aufgrund der Artikel 5, 6 und 7 jener Richtlinie vorliegen.

(3) Die Genehmigung muß Emissionsgrenzwerte für die Schadstoffe, namentlich die Schadstoffe der Liste in Anhang III, enthalten, die von der betreffenden Anlage unter Berücksichtigung der Art der Schadstoffe und der Gefahr einer Verlagerung der Verschmutzung von einem Medium auf ein anderes (Wasser, Luft, Boden) in relevanter Menge emittiert werden können. Erforderlichenfalls enthält die Genehmigung geeignete Auflagen zum Schutz des Bodens und des Grundwassers sowie Maßnahmen zur Behandlung der von der Anlage erzeugten Abfälle. Gegebenenfalls können die Grenzwerte durch äquivalente Parameter bzw. äquivalente technische Maßnahmen erweitert oder ersetzt werden.

Bei den Anlagen des Anhangs I Nummer 6.6 werden für die Emissionsgrenzwerte nach diesem Absatz die praktischen Modalitäten berücksichtigt, die an diese Anlagekategorien angepaßt sind.

Sind Treibhausgasemissionen einer Anlage in Anhang I der Richtlinie 2003/87/EG des Europäischen Parlaments und des Rates vom 13. Oktober 2003 über ein System für den Handel mit Treibhausgasemissionszertifikaten in der Gemeinschaft und zur Änderung der Richtlinie 96/61/EG des Rates[1]) in Zusammenhang mit einer in dieser Anlage durchgeführten Tätigkeit aufgeführt, so enthält die Genehmigung keine Emissionsgrenzwerte für direkte Emissionen dieses Gases, es sei denn, dies ist erforderlich, um sicherzustellen, dass keine erhebliche lokale Umweltverschmutzung bewirkt wird.

Den Mitgliedstaaten steht es frei, für die in Anhang I der Richtlinie 2003/87/EG aufgeführten Tätigkeiten keine Energieeffizienzanforderungen in Bezug auf Verbrennungseinheiten oder andere Einheiten am Standort, die Kohlendioxid ausstoßen, festzulegen.

Falls erforderlich, wird die Genehmigung durch die zuständigen Behörden entsprechend geändert.

Die vorstehenden drei Unterabsätze gelten nicht für Anlagen, die gemäß Artikel 27 der Richtlinie 2003/87/EG vorübergehend aus dem System für den Handel mit Treibhausgasemissionszertifikaten in der Gemeinschaft ausgeschlossen sind.

(4) Die in Absatz 3 genannten Emissionsgrenzwerte, äquivalenten Parameter und äquivalenten technischen Maßnahmen sind vorbehaltlich des Artikels 10 auf die besten verfügbaren Techniken zu stützen, ohne daß die Anwendung einer bestimmten Technik oder Technologie vorgeschrieben wird; hierbei sind die technische Beschaffenheit der betreffenden Anlage, ihr geographischer Standort und die jeweiligen örtlichen Umweltbedingungen zu berücksichtigen. In jedem Fall sehen die Genehmigungsauflagen Vorkehrungen zur weitestgehenden Verminderung der weiträumigen oder grenzüberschreitenden Umweltverschmutzung vor und stellen ein hohes Schutzniveau für die Umwelt insgesamt sicher.

(5) Die Genehmigung enthält angemessene Anforderungen für die Überwachung der Emissionen, in denen die Meßmethodik, Meßhäufigkeit und das Bewertungsverfahren festgelegt sind, sowie eine Verpflichtung, der zuständigen Behörde die erforderlichen Daten für die Prüfung der Einhaltung der Genehmigungsauflagen zu liefern.

Bei den Anlagen des Anhangs I Nummer 6.6 können die Vorkehrungen nach vorliegendem Absatz einer Kosten-Nutzen-Analyse Rechnung tragen.

(6) Die Genehmigung enthält Maßnahmen im Hinblick auf andere als normale Betriebsbedingungen. Dabei sind das Anfahren, das unbeabsichtigte Austreten von Stoffen, Störungen, kurzzeitiges Abfahren sowie die endgültige Stillegung des Betriebs in angemessener Weise zu berücksichtigen, soweit eine Gefahr für die Umwelt damit verbunden sein könnte.

---

1) **Amtl. Anm.:** ABl L 275 vom 25.10.2003, S. 32.

Die Genehmigung kann ferner vorübergehende Ausnahmen von den Anforderungen des Absatzes 4 enthalten, sofern in einem von der zuständigen Behörde genehmigten Sanierungsplan die Einhaltung dieser Anforderungen binnen sechs Monaten sichergestellt und durch das Vorhaben eine Verminderung der Umweltverschmutzung erreicht wird.

(7) Die Genehmigung kann andere spezielle Auflagen für die Zwecke dieser Richtlinie enthalten, die die Mitgliedstaaten oder die zuständige Behörde als zweckmäßig erachten.

(8) Unbeschadet der Verpflichtung zur Durchführung eines Genehmigungsverfahrens im Sinne dieser Richtlinie können die Mitgliedstaaten bestimmte Anforderungen für bestimmte Kategorien von Anlagen in Form von allgemeinen bindenden Vorschriften statt in Genehmigungsauflagen festlegen, sofern dabei ein integriertes Konzept und ein gleichwertiges hohes Schutzniveau für die Umwelt gewährleistet werden.

### Artikel 10   Beste verfügbare Techniken und Umweltqualitätsnormen

Erfordert eine Umweltqualitätsnorm strengere Auflagen, als durch die Anwendung der besten verfügbaren Techniken zu erfüllen sind, so werden unbeschadet anderer Maßnahmen, die zur Einhaltung der Umweltqualitätsnormen ergriffen werden können, insbesondere zusätzliche Auflagen in der Genehmigung vorgesehen.

### Artikel 11   Entwicklung in den besten verfügbaren Techniken

Die Mitgliedstaaten sorgen dafür, daß die zuständige Behörde die Entwicklungen bei den besten verfügbaren Techniken verfolgt oder darüber unterrichtet wird.

### Artikel 12   Änderungen der Anlagen durch die Betreiber

(1) Die Mitgliedstaaten treffen die erforderlichen Maßnahmen, damit der Betreiber der zuständigen Behörde beabsichtigte Änderungen des Betriebs im Sinne von Artikel 2 Nummer 10 Buchstabe a) mitteilt. Gegebenenfalls aktualisiert die zuständige Behörde die Genehmigung oder die Auflagen.

(2) Die Mitgliedstaaten treffen die erforderlichen Maßnahmen, damit keine vom Betreiber beabsichtigte wesentliche Änderung des Betriebs im Sinne von Artikel 2 Nummer 10 Buchstabe b) ohne eine gemäß dieser Richtlinie erteilte Genehmigung vorgenommen wird. Der Genehmigungsantrag und die Entscheidung der zuständigen Behörde müssen diejenigen Anlagenteile und in Artikel 6 genannten Aspekte umfassen, die von der Änderung betroffen sein können. Die einschlägigen Vorschriften des Artikels 3 und der Artikel 6 bis 10 sowie des Artikels 15 Absätze 1, 2 und 4 sind entsprechend anzuwenden.

### Artikel 13   Überprüfung und Aktualisierung der Genehmigungsauflagen durch die zuständige Behörde

(1) Die Mitgliedstaaten treffen die erforderlichen Maßnahmen, damit die zuständigen Behörden die Genehmigungsauflagen regelmäßig überprüfen und gegebenenfalls auf den neuesten Stand bringen.

(2) Die Überprüfung wird auf jeden Fall vorgenommen, wenn

- die durch die Anlage verursachte Umweltverschmutzung so stark ist, daß die in der Genehmigung festgelegten Emissionsgrenzwerte überprüft oder neue Emissionsgrenzwerte vorgesehen werden müssen;
- wesentliche Veränderungen in den besten verfügbaren Techniken eine erhebliche Verminderung der Emissionen ermöglichen, ohne unverhältnismäßig hohe Kosten zu verursachen;
- die Betriebssicherheit des Verfahrens oder der Tätigkeit die Anwendung anderer Techniken erfordert;
- neue Rechtsvorschriften der Gemeinschaft oder des betreffenden Mitgliedstaats dies erforderlich machen.

**Artikel 14  Einhaltung der Genehmigungsauflagen**

Die Mitgliedstaaten treffen die erforderlichen Maßnahmen, um sicherzustellen, daß
- die Auflagen einer Genehmigung vom Betreiber in seiner Anlage eingehalten werden;
- der Betreiber die zuständige Behörde regelmäßig über die Ergebnisse der Überwachung der Emissionen der betreffenden Anlage und unverzüglich über alle Störfälle und Unfälle mit erheblichen Umweltauswirkungen unterrichtet;
- die Betreiber von Anlagen den Vertretern der zuständigen Behörde jede notwendige Unterstützung dabei gewähren, etwaige Überprüfungen der Anlage bzw. Probenahmen durchzuführen und die zur Erfüllung ihrer Pflichten im Rahmen dieser Richtlinie erforderlichen Informationen zu sammeln.

**Artikel 15  Zugang zu Informationen und Beteiligung der Öffentlichkeit am Genehmigungsverfahren**

(1) Die Mitgliedstaaten stellen sicher, dass die betroffene Öffentlichkeit frühzeitig und in effektiver Weise die Möglichkeit erhält, sich an folgenden Verfahren zu beteiligen:
- Erteilung einer Genehmigung für neue Anlagen;
- Erteilung einer Genehmigung für wesentliche Änderungen des Betriebs einer Anlage;
- Aktualisierung der Genehmigung oder der Genehmigungsauflagen für eine Anlage im Einklang mit Artikel 13 Absatz 2 erster Gedankenstrich.

Für diese Beteiligung gilt das in Anhang V genannte Verfahren.

(2) Die Ergebnisse der entsprechend den Genehmigungsauflagen gemäß Artikel 9 erforderlichen Überwachung der Emissionen, die bei der zuständigen Behörde vorliegen, müssen der Öffentlichkeit zur Verfügung stehen.

(3) (weggefallen)

(4) Die Absätze 1, 2 und 3 gelten vorbehaltlich der Einschränkungen in Artikel 3 Absätze 2 und 3 der Richtlinie 90/313/EWG.

(5) Wurde eine Entscheidung getroffen, so unterrichtet die zuständige Behörde die Öffentlichkeit nach den entsprechenden Verfahren und macht ihr folgende Informationen zugänglich:
a) den Inhalt der Entscheidung einschließlich einer Kopie der Genehmigung und etwaiger Genehmigungsauflagen sowie späterer Aktualisierungen und
b) nach Prüfung der von der betroffenen Öffentlichkeit vorgebrachten Bedenken und Meinungen die Gründe und Erwägungen, auf denen die Entscheidung beruht, einschließlich Angaben über das Verfahren zur Beteiligung der Öffentlichkeit.

**Artikel 15a  Zugang zu Gerichten**

Die Mitgliedstaaten stellen im Rahmen ihrer innerstaatlichen Rechtsvorschriften sicher, dass Mitglieder der betroffenen Öffentlichkeit, die
a) ein ausreichendes Interesse haben oder alternativ
b) eine Rechtsverletzung geltend machen, sofern das Verwaltungsverfahrensrecht bzw. Verwaltungsprozessrecht eines Mitgliedstaats dies als Voraussetzung erfordert,

Zugang zu einem Überprüfungsverfahren vor einem Gericht oder einer anderen auf gesetzlicher Grundlage geschaffenen unabhängigen und unparteiischen Stelle haben, um die materiellrechtliche und verfahrensrechtliche Rechtmäßigkeit von Entscheidungen, Handlungen oder Unterlassungen anzufechten, für die die Bestimmungen dieser Richtlinie über die Öffentlichkeitsbeteiligung gelten.

Die Mitgliedstaaten legen fest, in welchem Verfahrensstadium die Entscheidungen, Handlungen oder Unterlassungen angefochten werden können.

Was als ausreichendes Interesse und als Rechtsverletzung gilt, bestimmen die Mitgliedstaaten im Einklang mit dem Ziel, der betroffenen Öffentlichkeit einen weiten Zugang zu Gerichten zu gewähren. Zu diesem Zweck gilt das Interesse jeder Nichtregierungsorganisation, welche die in Artikel 2 Absatz 14 genannten Voraussetzungen erfüllt, als ausreichend im Sinne von Absatz 1 Buchstabe a) dieses Artikels. Derartige Organisationen gelten auch als Träger von Rechten, die – im Sinne von Absatz 1 Buchstabe b) dieses Artikels – verletzt werden können.

Dieser Artikel schließt die Möglichkeit eines vorangehenden Überprüfungsverfahrens bei einer Verwaltungsbehörde nicht aus und lässt das Erfordernis einer Ausschöpfung der verwaltungsbehördlichen Überprüfungsverfahren vor der Einleitung gerichtlicher Überprüfungsverfahren unberührt, sofern ein derartiges Erfordernis nach innerstaatlichem Recht besteht.

Die betreffenden Verfahren werden fair, gerecht, zügig und nicht übermäßig teuer durchgeführt.

Um die Effektivität dieses Artikels zu fördern, stellen die Mitgliedstaaten sicher, dass der Öffentlichkeit praktische Informationen über den Zugang zu verwaltungsbehördlichen und gerichtlichen Überprüfungsverfahren zugänglich gemacht werden.

### Artikel 16    Informationsaustausch

(1) Im Hinblick auf einen Informationsaustausch treffen die Mitgliedstaaten die erforderlichen Maßnahmen, um der Kommission alle drei Jahre – das erste Mal innerhalb von achtzehn Monaten nach dem Zeitpunkt der Anwendung dieser Richtlinie – die verfügbaren repräsentativen Daten über die für Kategorien von industriellen Tätigkeiten des Anhangs I festgelegten Emissionsgrenzwerte und gegebenenfalls die besten verfügbaren Techniken, von denen die Emissionsgrenzwerte insbesondere entsprechend den Bestimmungen des Artikels 9 abgeleitet sind, mitzuteilen. Für die späteren Mitteilungen werden die Angaben nach den in Absatz 3 des vorliegenden Artikels vorgesehenen Verfahren ergänzt.

(2) Die Kommission führt einen Informationsaustausch zwischen den Mitgliedstaaten und der betroffenen Industrie über die besten verfügbaren Techniken, die damit verbundenen Überwachungsmaßnahmen und die Entwicklungen auf diesem Gebiet durch. Alle drei Jahre veröffentlicht die Kommission die Ergebnisse des Informationsaustausches.

(3) Es werden entsprechend den Artikeln 5 und 6 der Richtlinie 91/692/EWG Berichte über die Durchführung dieser Richtlinie und über ihre Wirksamkeit, verglichen mit anderen gemeinschaftlichen Umweltschutzinstrumenten, erstellt. Der erste Bericht erstreckt sich über einen Zeitraum von drei Jahren von dem in Artikel 21 vorgesehenen Beginn der Anwendung dieser Richtlinie an. Die Kommission unterbreitet diesen Bericht dem Rat, gegebenenfalls zusammen mit Vorschlägen.

(4) Die Mitgliedstaaten errichten oder benennen die für den Informationsaustausch im Rahmen der Absätze 1, 2 und 3 zuständige(n) Behörde(n) und unterrichten hierüber die Kommission.

### Artikel 17    Grenzüberschreitende Auswirkungen

(1) Stellt ein Mitgliedstaat fest, dass der Betrieb einer Anlage erhebliche nachteilige Auswirkungen auf die Umwelt eines anderen Mitgliedstaats haben könnte, oder stellt ein Mitgliedstaat, der möglicherweise davon erheblich berührt wird, ein entsprechendes Ersuchen, so teilt der Mitgliedstaat, in dessen Hoheitsgebiet die Genehmigung nach Artikel 4 oder Artikel 12 Absatz 2 beantragt wurde, dem anderen Mitgliedstaat die nach Anhang V erforderlichen oder bereitgestellten Angaben zum gleichen Zeitpunkt mit, zu dem er sie seinen eigenen Staatsangehörigen zur Verfügung stellt. Diese Angaben dienen als Grundlage für notwendige Konsultationen im Rahmen der bilateralen Beziehungen beider Mitgliedstaaten auf der Basis von Gegenseitigkeit und Gleichwertigkeit.

(2) Die Mitgliedstaaten sorgen im Rahmen ihrer bilateralen Beziehungen dafür, daß in den in Absatz 1 genannten Fällen die Anträge auch der Öffentlichkeit des möglicherweise betroffenen Mitgliedstaats während eines angemessenen Zeitraums zugänglich gemacht werden, damit sie dazu Stellung nehmen kann, bevor die zuständige Behörde ihre Entscheidung trifft.

(3) Die zuständige Behörde berücksichtigt die Ergebnisse der Konsultationen nach den Absätzen 1 und 2, wenn sie über den Antrag entscheidet.

(4) Die zuständige Behörde setzt alle nach Absatz 1 konsultierten Mitgliedstaaten von der Entscheidung über den Antrag in Kenntnis und übermittelt ihnen die in Artikel 15 Absatz 5 genannten Informationen. Jeder konsultierte Mitgliedstaat ergreift die erforderlichen Maßnahmen um sicherzustellen, dass diese Informationen der betroffenen Öffentlichkeit in seinem Hoheitsgebiet in geeigneter Weise zugänglich sind.

**Artikel 18  Gemeinschaftliche Emissionsgrenzwerte**

(1) Auf Vorschlag der Kommission legt der Rat entsprechend den im Vertrag vorgesehenen Verfahren Emissionsgrenzwerte fest für

– die Kategorien von Anlagen gemäß Anhang I, außer der Abfalldeponien nach den Nummern 5.1 und 5.4 dieses Anhangs, und

– die Schadstoffe gemäß Anhang III,

wenn sich insbesondere aufgrund des Informationsaustauschs gemäß Artikel 16 herausgestellt hat, daß die Gemeinschaft tätig werden muß.

(2) Wurden keine Emissionsgrenzwerte aufgrund dieser Richtlinie festgelegt, so gelten mindestens die einschlägigen Emissionsgrenzwerte, die in den in Anhang II genannten Richtlinien und den anderen gemeinschaftlichen Vorschriften festgelegt sind, für die in Anhang I genannten Anlagen als Emissionsgrenzwerte nach dieser Richtlinie.

Unbeschadet der Vorschriften dieser Richtlinie werden die einschlägigen technischen Vorschriften für Abfalldeponien nach Anhang I Nummern 5.1 und 5.4 vom Rat auf Vorschlag der Kommission entsprechend den im Vertrag vorgesehenen Verfahren festgelegt.

**Artikel 19  Ausschussverfahren**

(1) Die Kommission wird von einem Ausschuss unterstützt.

(2) Wird auf diesen Artikel Bezug genommen, so gelten die Artikel 5 und 7 des Beschlusses 1999/468/EG[1)] unter Beachtung von dessen Artikel 8.
Der Zeitraum nach Artikel 5 Absatz 6 des Beschlusses 1999/468/EG wird auf drei Monate festgesetzt.

(3) Der Ausschuss gibt sich eine Geschäftsordnung.

**Artikel 20  Übergangsbestimmungen**

(1) Die Bestimmungen der Richtlinie 84/360/EWG, der Artikel 3 und 5 sowie des Artikels 6 Absatz 3 und des Artikels 7 Absatz 2 der Richtlinie 76/464/EWG sowie die einschlägigen das Genehmigungssystem betreffenden Bestimmungen der in Anhang II aufgeführten Richtlinien – unbeschadet der Ausnahmen nach der Richtlinie 88/609/EWG – gelten so lange für unter Anhang I fallende bestehende Anlagen, wie die in Artikel 5 der vorliegenden Richtlinie genannten erforderlichen Maßnahmen von den zuständigen Behörden nicht getroffen worden sind.

(2) Die einschlägigen das Genehmigungssystem betreffenden Bestimmungen der in Absatz 1 genannten Richtlinien gelten ab dem Zeitpunkt der Anwendung der vorliegenden Richtlinien nicht mehr für neue Anlagen, die unter Anhang I fallen.

(3) Die Richtlinie 84/360/EWG wird elf Jahre nach dem Inkrafttreten der vorliegenden Richtlinie aufgehoben.

Sind die in den Artikeln 4, 5 bzw. 12 vorgesehenen Maßnahmen für eine Anlage getroffen worden, so gilt die in Artikel 6 Absatz 3 der Richtlinie 76/464/EWG vorgesehene Ausnahme nicht mehr für die unter die vorliegende Richtlinie fallenden Anlagen.

Der Rat ändert auf Vorschlag der Kommission gegebenenfalls die entsprechenden Bestimmungen der in Anhang II genannten Richtlinien, um sie bis zu dem in Unterabsatz 1

---

1) **Amtl. Anm.:** Beschluss 1999/468/EG des Rates vom 28. Juni 1999 zur Festlegung der Modalitäten für die Ausübung der der Kommission übertragenen Durchführungsbefugnisse (ABl L 184 vom 17.7.1999, S. 23).

genannten Zeitpunkt der Aufhebung der Richtlinie 84/360/EWG an die Anforderungen der vorliegenden Richtlinie anzupassen.

**Artikel 21 Anwendung**

(1) Die Mitgliedstaaten erlassen die erforderlichen Rechts- und Verwaltungsvorschriften, um dieser Richtlinie bis spätestens drei Jahre nach ihrem Inkrafttreten nachzukommen. Sie setzen die Kommission unverzüglich davon in Kenntnis.

Wenn die Mitgliedstaaten diese Vorschriften erlassen, nehmen sie in diesen Vorschriften selbst oder durch einen Hinweis bei der amtlichen Veröffentlichung auf diese Richtlinie Bezug. Die Mitgliedstaaten regeln die Einzelheiten der Bezugnahme.

(2) Die Mitgliedstaaten teilen der Kommission den Wortlaut der wichtigsten einzelstaatlichen Rechtsvorschriften mit, die sie auf dem unter diese Richtlinie fallenden Gebiet erlassen.

**Artikel 22**

Diese Richtlinie tritt am zwanzigsten Tag nach ihrer Veröffentlichung in Kraft.

**Artikel 23**

Diese Richtlinie ist an die Mitgliedstaaten gerichtet.

## c) Richtlinie 85/337/EWG des Rates vom 27. Juni 1985 über die Umweltverträglichkeitsprüfung bei bestimmten öffentlichen und privaten Projekten (RL 85/337/EWG)

### v. 5.7.1985 (ABl Nr. L 175 S. 40)

Die Richtlinie 85/337/EWG des Rates vom 27. Juni 1985 über die Umweltverträglichkeitsprüfung bei bestimmten öffentlichen und privaten Projekten v. 5.7.1985 (ABl Nr. L 175 S. 40) wurde geändert durch Richtlinie 97/11/EG des Rates vom 3. März 1997 zur Änderung der Richtlinie 85/337/EWG über die Umweltverträglichkeitsprüfung bei bestimmten öffentlichen und privaten Projekten v. 14.3.1997 (ABl Nr. L 73 S. 5); Richtlinie 2003/35/EG des Europäischen Parlaments und des Rates vom 26. Mai 2003 über die Beteiligung der Öffentlichkeit bei der Ausarbeitung bestimmter umweltbezogener Pläne und Programme und zur Änderung der Richtlinien 85/337/EWG und 96/61/EG des Rates in Bezug auf die Öffentlichkeitsbeteiligung und den Zugang zu Gerichten v. 25.6.2003 (ABl Nr. L 156 S. 17).

DER RAT DER EUROPÄISCHEN GEMEINSCHAFTEN –

gestützt auf den Vertrag zur Gründung der Europäischen Wirtschaftsgemeinschaft, insbesondere auf die Artikel 100 und 235,

auf Vorschlag der Kommission[1],

nach Stellungnahme des Europäischen Parlaments[2],

nach Stellungnahme des Wirtschafts- und Sozialausschusses[3],

in Erwägung nachstehender Gründe:

In den Aktionsprogrammen der Europäischen Gemeinschaften für den Umweltschutz von 1973[4] und 1977[5] sowie im Aktionsprogramm von 1983[6], dessen allgemeine Leitlinien der Rat der Europäischen Gemeinschaften und die Vertreter der Regierungen der Mitgliedstaaten genehmigt hatten, wurde betont, daß die beste Umweltpolitik darin besteht, Umweltbelastungen von vornherein zu vermeiden, statt sie erst nachträglich in ihren Auswirkungen zu bekämpfen. In ihnen wurde bekräftigt, daß bei allen technischen Planungs- und Entscheidungsprozessen die Auswirkungen auf die Umwelt so früh wie möglich berücksichtigt werden müssen. Zu diesem Zweck wurde die Einführung von Verfahren zur Abschätzung dieser Auswirkungen vorgesehen.

Die unterschiedlichen Rechtsvorschriften, die in den einzelnen Mitgliedstaaten für die Umweltverträglichkeitsprüfung bei öffentlichen und privaten Projekten gelten, können zu ungleichen Wettbewerbsbedingungen führen und sich somit unmittelbar auf das Funktionieren des Gemeinsamen Marktes auswirken. Es ist daher eine Angleichung der Rechtsvorschriften nach Artikel 100 des Vertrages vorzunehmen.

Es erscheint ferner erforderlich, eines der Ziele der Gemeinschaft im Bereich des Schutzes der Umwelt und der Lebensqualität zu verwirklichen.

Da die hierfür erforderlichen Befugnisse im Vertrag nicht vorgesehen sind, ist Artikel 235 des Vertrages zur Anwendung zu bringen.

Zur Ergänzung und Koordinierung der Genehmigungsverfahren für öffentliche und private Projekte, die möglicherweise erhebliche Auswirkungen auf die Umwelt haben, sollten allgemeine Grundsätze für Umweltverträglichkeitsprüfungen aufgestellt werden. Die Genehmigung für öffentliche und private Projekte, bei denen mit erheblichen Auswirkungen auf die Umwelt zu rechnen ist, sollt erst nach vorheriger Beurteilung der möglichen erheblichen Umweltauswirkungen dieser Projekte erteilt werden. Diese Beurteilung hat von seiten des Projektträgers anhand sachgerechter Angaben zu erfolgen,

---

1) **Amtl. Anm.:** ABl C 169 vom 9.7.1980, S. 14.
2) **Amtl. Anm.:** ABl C 66 vom 15.3.1982, S. 89.
3) **Amtl. Anm.:** ABl C 185 vom 27.7.1981, S. 8.
4) **Amtl. Anm.:** ABl C 112 vom 20.12.1973, S. 1.
5) **Amtl. Anm.:** ABl C 139 vom 13.6.1977, S. 1.
6) **Amtl. Anm.:** ABl C 46 vom 17.2.1983, S. 1.

die gegebenenfalls von den Behörden und der Öffentlichkeit ergänzt werden können, die möglicherweise von dem Projekt betroffen sind.

Es erscheint erforderlich, eine Harmonisierung der Grundsätze für die Umweltverträglichkeitsprüfung vorzunehmen, insbesondere hinsichtlich der Art der zu prüfenden Projekte, der Hauptauflagen für den Projektträger und des Inhalts der Prüfung. Projekte bestimmter Klassen haben erhebliche Auswirkungen auf die Umwelt und sind grundsätzlich einer systematischen Prüfung zu unterziehen.

Projekte anderer Klassen haben nicht unter allen Umständen zwangsläufig erhebliche Auswirkungen auf die Umwelt; sie sind einer Prüfung zu unterziehen, wenn dies nach Auffassung der Mitgliedstaaten ihrem Wesen nach erforderlich ist.

Bei Projekten, die einer Prüfung unterzogen werden, sind bestimmte Mindestangaben über das Projekt und seine Umweltauswirkungen zu machen.

Die Umweltauswirkungen eines Projekts müssen mit Rücksicht auf folgende Bestrebungen beurteilt werden: die menschliche Gesundheit zu schützen, durch eine Verbesserung der Umweltbedingungen zur Lebensqualität beizutragen, für die Erhaltung der Artenvielfalt zu sorgen und die Reproduktionsfähigkeit des Ökosystems als Grundlage allen Lebens zu erhalten.

Es ist hingegen nicht angebracht, diese Richtlinie auf Projekte anzuwenden, die im einzelnen durch einen besonderen einzelstaatlichen Gesetzgebungsakt genehmigt werden, da die mit dieser Richtlinie verfolgten Ziele einschließlich des Ziels der Bereitstellung von Informationen im Wege des Gesetzgebungsverfahrens erreicht werden.

Im übrigen kann es sich in Ausnahmefällen als sinnvoll erweisen, ein spezifisches Projekt von den in dieser Richtlinie vorgesehenen Prüfungsverfahren zu befreien, sofern die Kommission hiervon in geeigneter Weise unterrichtet wird –

HAT FOLGENDE RICHTLINIE ERLASSEN:

**Artikel 1**

(1) Gegenstand dieser Richtlinie ist die Umweltverträglichkeitsprüfung bei öffentlichen und privaten Projekten, die möglicherweise erhebliche Auswirkungen auf die Umwelt haben.

(2) Im Sinne dieser Richtlinie sind:

Projekt:
- die Errichtung von baulichen oder sonstigen Anlagen,
- sonstige Eingriffe in Natur und Landschaft. einschließlich derjenigen zum Abbau von Bodenschätzen;

Projektträger:
Person, die die Genehmigung für ein privates Projekt beantragt oder die Behörde, die ein Projekt betreiben will;

Genehmigung:
Entscheidung der zuständigen Behörde oder der zuständigen Behörden, aufgrund deren der Projektträger das Recht zur Durchführung des Projekts erhält;

Öffentlichkeit:
eine oder mehrere natürliche oder juristische Personen und, in Übereinstimmung mit den innerstaatlichen Rechtsvorschriften oder der innerstaatlichen Praxis, deren Vereinigungen, Organisationen oder Gruppen;

betroffene Öffentlichkeit:
die von umweltbezogenen Entscheidungsverfahren gemäß Artikel 2 Absatz 2 betroffene oder wahrscheinlich betroffene Öffentlichkeit oder die Öffentlichkeit mit einem Interesse daran; im Sinne dieser Begriffsbestimmung haben Nichtregierungsorganisationen, die sich für den Umweltschutz einsetzen und alle nach innerstaatlichem Recht geltenden Voraussetzungen erfüllen, ein Interesse.

(3) Die zuständige(n) Behörde(n) ist (sind) die Behörde(n), die von den Mitgliedstaaten für die Durchführung der sich aus dieser Richtlinie ergebenden Aufgaben bestimmt wird (werden).

(4) Die Mitgliedstaaten können – auf Grundlage einer Einzelfallbetrachtung, sofern eine solche nach innerstaatlichem Recht vorgesehen ist – entscheiden, diese Richtlinie nicht auf Projekte anzuwenden, die Zwecken der Landesverteidigung dienen, wenn sie der Auffassung sind, dass sich eine derartige Anwendung negativ auf diese Zwecke auswirken würde.

(5) Diese Richtlinie gilt nicht für Projekte, die im einzelnen durch einen besonderen einzelstaatlichen Gesetzgebungsakt genehmigt werden, da die mit dieser Richtlinie verfolgten Ziele einschließlich des Ziels der Bereitstellung von Informationen im Wege des Gesetzgebungsverfahrens erreicht werden.

**Artikel 2**

(1) Die Mitgliedstaaten treffen die erforderlichen Maßnahmen, damit vor Erteilung der Genehmigung die Projekte, bei denen unter anderem aufgrund ihrer Art, ihrer Größe oder ihres Standortes mit erheblichen Auswirkungen auf die Umwelt zu rechnen ist, einer Genehmigungspflicht unterworfen und einer Prüfung in bezug auf ihre Auswirkungen unterzogen werden. Diese Projekte sind in Artikel 4 definiert.

(2) Die Umweltverträglichkeitsprüfung kann in den Mitgliedstaaten im Rahmen der bestehenden Verfahren zur Genehmigung der Projekte durchgeführt werden oder, falls solche nicht bestehen, im Rahmen anderer Verfahren oder der Verfahren, die einzuführen sind, um den Zielen dieser Richtlinie zu entsprechen.

(2a) Die Mitgliedstaaten können ein einheitliches Verfahren für die Erfüllung der Anforderungen dieser Richtlinie und der Richtlinie des Rates 96/61/EG vom 24. September 1996 über die integrierte Vermeidung und Verminderung der Umweltverschmutzung vorsehen.

(3) Unbeschadet des Artikels 7 können die Mitgliedstaaten in Ausnahmefällen ein einzelnes Projekt ganz oder teilweise von den Bestimmungen dieser Richtlinie ausnehmen. In diesem Fall müssen die Mitgliedstaaten:

a) prüfen, ob eine andere Form der Prüfung angemessen ist;
b) der betroffenen Öffentlichkeit die im Rahmen anderer Formen der Prüfung nach Buchstabe a) gewonnenen Informationen, die Informationen betreffend diese Ausnahme und die Gründe für die Gewährung der Ausnahme zugänglich machen;
c) die Kommission vor Erteilung der Genehmigung über die Gründe für die Gewährung dieser Ausnahme unterrichten und ihr die Informationen übermitteln die sie gegebenenfalls ihren eigenen Staatsangehörigen zur Verfügung stellen.

Die Kommission übermittelt den anderen Mitgliedstaaten unverzüglich die ihr zugegangenen Unterlagen.

Die Kommission erstattet dem Rat jährlich über die Anwendung dieses Absatzes Bericht.

**Artikel 3**

Die Umweltverträglichkeitsprüfung identifiziert, beschreibt und bewertet in geeigneter Weise nach Maßgabe eines jeden Einzelfalls gemäß den Artikeln 4 bis 11 die unmittelbaren und mittelbaren Auswirkungen eines Projekts auf folgende Faktoren:

– Mensch, Fauna und Flora,
– Boden, Wasser, Luft, Klima und Landschaft,
– Sachgüter und kulturelles Erbe,
– die Wechselwirkung zwischen den unter dem ersten, dem zweiten und dem dritten Gedankenstrich genannten Faktoren.

## Artikel 4

(1) Projekte des Anhangs I werden vorbehaltlich des Artikels 2 Absatz 3 einer Prüfung gemäß den Artikeln 5 bis 10 unterzogen.

(2) Bei Projekten des Anhangs II bestimmen die Mitgliedstaaten vorbehaltlich des Artikels 2 Absatz 3 anhand

a) einer Einzelfalluntersuchung oder

b) der von den Mitgliedstaaten festgelegten Schwellenwerte bzw. Kriterien,

ob das Projekt einer Prüfung gemäß den Artikeln 5 bis 10 unterzogen werden muss. Die Mitgliedstaaten können entscheiden, beide unter den Buchstaben a) und b) genannten Verfahren anzuwenden.

(3) Bei der Einzelfalluntersuchung oder der Festlegung von Schwellenwerten bzw. Kriterien im Sinne des Absatzes 2 sind die relevanten Auswahlkriterien des Anhangs III zu berücksichtigen.

(4) Die Mitgliedstaaten stellen sicher, dass die gemäß Absatz 2 getroffenen Entscheidungen der zuständigen Behörden der Öffentlichkeit zugänglich gemacht werden.

## Artikel 5

(1) Bei Projekten, die nach Artikel 4 einer Umweltverträglichkeitsprüfung gemäß den Artikeln 5 bis 10 unterzogen werden müssen, ergreifen die Mitgliedstaaten die erforderlichen Maßnahmen, um sicherzustellen, dass der Projektträger die in Anhang IV genannten Angaben in geeigneter Form vorlegt, soweit

a) die Mitgliedstaaten der Auffassung sind, dass die Angaben in einem bestimmten Stadium des Genehmigungsverfahrens und in Anbetracht der besonderen Merkmale eines bestimmten Projekts oder einer bestimmten Art von Projekten und der möglicherweise beeinträchtigten Umwelt von Bedeutung sind;

b) die Mitgliedstaaten der Auffassung sind, dass von dem Projektträger unter anderem unter Berücksichtigung des Kenntnisstandes und der Prüfungsmethoden billigerweise verlangt werden kann, dass er die Angaben zusammenstellt.

(2) Die Mitgliedstaaten treffen die erforderlichen Maßnahmen, um sicherzustellen, dass die zuständige Behörde eine Stellungnahme dazu abgibt, welche Angaben vom Projektträger gemäß Absatz 1 vorzulegen sind, sofern der Projektträger vor Einreichung eines Genehmigungsantrags darum ersucht. Die zuständige Behörde hört vor Abgabe ihrer Stellungnahme den Projektträger sowie in Artikel 6 Absatz 1 genannte Behörden an. Die Abgabe einer Stellungnahme gemäß diesem Absatz hindert die Behörde nicht daran, den Projektträger in der Folge um weitere Angaben zu ersuchen.

Die Mitgliedstaaten können von den zuständigen Behörden die Abgabe einer solchen Stellungnahme verlangen, unabhängig davon, ob der Projektträger dies beantragt hat.

(3) Die vom Projektträger gemäß Absatz 1 vorzulegenden Angaben umfassen mindestens folgendes:

- eine Beschreibung des Projekts nach Standort, Art und Umfang;
- eine Beschreibung der Maßnahmen, mit denen erhebliche nachteilige Auswirkungen vermieden, verringert und soweit möglich ausgeglichen werden sollen;
- die notwendigen Angaben zur Feststellung und Beurteilung der Hauptauswirkungen, die das Projekt voraussichtlich auf die Umwelt haben wird;
- eine Übersicht über die wichtigsten anderweitigen vom Projektträger geprüften Lösungsmöglichkeiten und Angabe der wesentlichen Auswahlgründe im Hinblick auf die Umweltauswirkungen;
- eine nichttechnische Zusammenfassung der unter den obenstehenden Gedankenstrichen genannten Angaben.

(4) Die Mitgliedstaaten sorgen erforderlichenfalls dafür, dass die Behörden, die über relevante Informationen, insbesondere hinsichtlich des Artikels 3, verfügen, diese dem Projektträger zur Verfügung stellen.

**Artikel 6**

(1) Die Mitgliedstaaten treffen die erforderlichen Maßnahmen, damit die Behörden, die in ihrem umweltbezogenen Aufgabenbereich von dem Projekt berührt sein könnten, die Möglichkeit haben, ihre Stellungnahme zu den Angaben des Projektträgers und zu dem Antrag auf Genehmigung abzugeben. Zu diesem Zweck bestimmen die Mitgliedstaaten allgemein oder von Fall zu Fall die Behörden, die anzuhören sind. Diesen Behörden werden die nach Artikel 5 eingeholten Informationen mitgeteilt. Die Einzelheiten der Anhörung werden von den Mitgliedstaaten festgelegt.

(2) Die Öffentlichkeit wird durch öffentliche Bekanntmachung oder auf anderem geeignetem Wege, wie durch elektronische Medien, soweit diese zur Verfügung stehen, frühzeitig im Rahmen umweltbezogener Entscheidungsverfahren gemäß Artikel 2 Absatz 2, spätestens jedoch, sobald die Informationen nach vernünftigem Ermessen zur Verfügung gestellt werden können, über Folgendes informiert:

a) den Genehmigungsantrag;
b) die Tatsache, dass das Projekt Gegenstand einer Umweltverträglichkeitsprüfung ist, und gegebenenfalls die Tatsache, dass Artikel 7 Anwendung findet;
c) genaue Angaben zu den jeweiligen Behörden, die für die Entscheidung zuständig sind, bei denen relevante Informationen erhältlich sind bzw. bei denen Stellungnahmen oder Fragen eingereicht werden können, sowie zu vorgesehenen Fristen für die Übermittlung von Stellungnahmen oder Fragen;
d) die Art möglicher Entscheidungen, oder, soweit vorhanden, den Entscheidungsentwurf;
e) die Angaben über die Verfügbarkeit der Informationen, die gemäß Artikel 5 eingeholt wurden;
f) die Angaben, wann, wo und in welcher Weise die relevanten Informationen zugänglich gemacht werden;
g) Einzelheiten zu den Vorkehrungen für die Beteiligung der Öffentlichkeit nach Absatz 5 dieses Artikels.

(3) Die Mitgliedstaaten stellen sicher, dass der betroffenen Öffentlichkeit innerhalb eines angemessenen zeitlichen Rahmens Folgendes zugänglich gemacht wird:

a) alle Informationen, die gemäß Artikel 5 eingeholt wurden;
b) in Übereinstimmung mit den nationalen Rechtsvorschriften die wichtigsten Berichte und Empfehlungen, die der bzw. den zuständigen Behörden zu dem Zeitpunkt vorliegen, zu dem die betroffene Öffentlichkeit nach Absatz 2 dieses Artikels informiert wird;
c) in Übereinstimmung mit den Bestimmungen der Richtlinie 2003/4/EG des Europäischen Parlaments und des Rates vom 28. Januar 2003 über den Zugang der Öffentlichkeit zu Umweltinformationen[1] andere als die in Absatz 2 dieses Artikels genannten Informationen, die für die Entscheidung nach Artikel 8 von Bedeutung sind und die erst zugänglich werden, nachdem die betroffene Öffentlichkeit nach Absatz 2 dieses Artikels informiert wurde.

(4) Die betroffene Öffentlichkeit erhält frühzeitig und in effektiver Weise die Möglichkeit, sich an den umweltbezogenen Entscheidungsverfahren gemäß Artikel 2 Absatz 2 zu beteiligen, und hat zu diesem Zweck das Recht, der zuständigen Behörde bzw. den zuständigen Behörden gegenüber Stellung zu nehmen und Meinungen zu äußern, wenn alle Optionen noch offen stehen und bevor die Entscheidung über den Genehmigungsantrag getroffen wird.

(5) Die genauen Vorkehrungen für die Unterrichtung der Öffentlichkeit (beispielsweise durch Anschläge innerhalb eines gewissen Umkreises oder Veröffentlichung in Lokalzeitungen) und Anhörung der betroffenen Öffentlichkeit (beispielsweise durch Auffor-

---

1) **Amtl. Anm.**: ABl EG L 41 vom 14. 2. 2003, S. 26.

derung zu schriftlichen Stellungnahmen oder durch eine öffentliche Anhörung) werden von den Mitgliedstaaten festgelegt.

(6) Der Zeitrahmen für die verschiedenen Phasen muss so gewählt werden, dass ausreichend Zeit zur Verfügung steht, um die Öffentlichkeit zu informieren, und dass der betroffenen Öffentlichkeit ausreichend Zeit zur effektiven Vorbereitung und Beteiligung während des umweltbezogenen Entscheidungsverfahrens vorbehaltlich der Bestimmungen dieses Artikels gegeben wird.

### Artikel 7

(1) Stellt ein Mitgliedstaat fest, dass ein Projekt erhebliche Auswirkungen auf die Umwelt eines anderen Mitgliedstaats haben könnte, oder stellt ein Mitgliedstaat, der möglicherweise davon erheblich betroffen ist, einen entsprechenden Antrag, so übermittelt der Mitgliedstaat, in dessen Hoheitsgebiet das Projekt durchgeführt werden soll, dem betroffenen Mitgliedstaat so bald wie möglich, spätestens aber zu dem Zeitpunkt, zu dem er in seinem eigenen Land die Öffentlichkeit unterrichtet, unter anderem

a) eine Beschreibung des Projekts zusammen mit allen verfügbaren Angaben über dessen mögliche grenzüberschreitende Auswirkungen,

b) Angaben über die Art der möglichen Entscheidung

und räumt dem anderen Mitgliedstaat eine angemessene Frist für dessen Mitteilung ein, ob er an dem umweltbezogenen Entscheidungsverfahren gemäß Artikel 2 Absatz 2 teilzunehmen wünscht oder nicht; ferner kann er die in Absatz 2 dieses Artikels genannten Angaben beifügen.

(2) Teilt ein Mitgliedstaat nach Erhalt der in Absatz 1 genannten Angaben mit, dass er an dem umweltbezogenen Entscheidungsverfahren gemäß Artikel 2 Absatz 2 teilzunehmen beabsichtigt, so übermittelt der Mitgliedstaat, in dessen Hoheitsgebiet das Projekt durchgeführt werden soll, sofern noch nicht geschehen, dem betroffenen Mitgliedstaat die nach Artikel 6 Absatz 2 erforderlichen und nach Artikel 6 Absatz 3 Buchstaben a) und b) bereitgestellten Informationen.

(3) Ferner haben die beteiligten Mitgliedstaaten, soweit sie jeweils berührt sind,

a) dafür Sorge zu tragen, dass die Angaben gemäß den Absätzen 1 und 2 innerhalb einer angemessenen Frist den in Artikel 6 Absatz 1 genannten Behörden sowie der betroffenen Öffentlichkeit im Hoheitsgebiet des möglicherweise von dem Projekt erheblich betroffenen Mitgliedstaats zur Verfügung gestellt werden, und

b) sicherzustellen, dass diesen Behörden und der betroffenen Öffentlichkeit Gelegenheit gegeben wird, der zuständigen Behörde des Mitgliedstaats, in dessen Hoheitsgebiet das Projekt durchgeführt werden soll, vor der Genehmigung des Projekts innerhalb einer angemessenen Frist ihre Stellungnahme zu den vorgelegten Angaben zuzuleiten.

(4) Die beteiligten Mitgliedstaaten nehmen Konsultationen auf, die unter anderem die potentiellen grenzüberschreitenden Auswirkungen des Projekts und die Maßnahmen zum Gegenstand haben, die der Verringerung oder Vermeidung dieser Auswirkungen dienen sollen, und vereinbaren einen angemessenen Zeitrahmen für die Dauer der Konsultationsphase.

(5) Die Einzelheiten der Durchführung dieses Artikels können von den betroffenen Mitgliedstaaten festgelegt werden; sie müssen derart beschaffen sein, dass die betroffene Öffentlichkeit im Hoheitsgebiet des betroffenen Mitgliedstaats die Möglichkeit erhält, effektiv an den umweltbezogenen Entscheidungsverfahren gemäß Artikel 2 Absatz 2 für das Projekt teilzunehmen.

### Artikel 8

Die Ergebnisse der Anhörungen und die gemäß den Artikeln 5, 6 und 7 eingeholten Angaben sind beim Genehmigungsverfahren zu berücksichtigen.

## Artikel 9

(1) Wurde eine Entscheidung über die Erteilung oder die Verweigerung einer Genehmigung getroffen, so gibt (geben) die zuständige(n) Behörde(n) dies der Öffentlichkeit nach den entsprechenden Verfahren bekannt und macht (machen) ihr folgende Angaben zugänglich:

– den Inhalt der Entscheidung und die gegebenenfalls mit der Entscheidung verbundenen Bedingungen;
– nach Prüfung der von der betroffenen Öffentlichkeit vorgebrachten Bedenken und Meinungen die Hauptgründe und -erwägungen, auf denen die Entscheidung beruht, einschließlich Angaben über das Verfahren zur Beteiligung der Öffentlichkeit;
– erforderlichenfalls eine Beschreibung der wichtigsten Maßnahmen, mit denen erhebliche nachteilige Auswirkungen vermieden, verringert und, soweit möglich, ausgeglichen werden sollen.

(2) Die zuständige(n) Behörde(n) unterrichtet (unterrichten) die gemäß Artikel 7 konsultierten Mitgliedstaaten und übermittelt (übermitteln) ihnen die in Absatz 1 dieses Artikels genannten Angaben.

Die konsultierten Mitgliedstaaten stellen sicher, dass diese Informationen der betroffenen Öffentlichkeit in ihrem eigenen Hoheitsgebiet in geeigneter Weise zugänglich gemacht werden.

## Artikel 10

Die Bestimmungen dieser Richtlinie berühren nicht die Verpflichtung der zuständigen Behörden, die von den einzelstaatlichen Rechts- und Verwaltungsvorschriften und der herrschenden Rechtspraxis auferlegten Beschränkungen zur Wahrung der gewerblichen und handelsbezogenen Geheimnisse einschließlich des geistigen Eigentums und des öffentlichen Interesses zu beachten.

Soweit Artikel 7 Anwendung findet, unterliegen die Übermittlung von Angaben an einen anderen Mitgliedstaat und der Empfang von Angaben eines anderen Mitgliedstaats den Beschränkungen, die in dem Mitgliedstaat gelten, in dem das Projekt durchgeführt werden soll.

## Artikel 10a

Die Mitgliedstaaten stellen im Rahmen ihrer innerstaatlichen Rechtsvorschriften sicher, dass Mitglieder der betroffenen Öffentlichkeit, die

a) ein ausreichendes Interesse haben oder alternativ
b) eine Rechtsverletzung geltend machen, sofern das Verwaltungsverfahrensrecht bzw. Verwaltungsprozessrecht eines Mitgliedstaats dies als Voraussetzung erfordert,

Zugang zu einem Überprüfungsverfahren vor einem Gericht oder einer anderen auf gesetzlicher Grundlage geschaffenen unabhängigen und unparteiischen Stelle haben, um die materiellrechtliche und verfahrensrechtliche Rechtmäßigkeit von Entscheidungen, Handlungen oder Unterlassungen anzufechten, für die die Bestimmungen dieser Richtlinie über die Öffentlichkeitsbeteiligung gelten.

Die Mitgliedstaaten legen fest, in welchem Verfahrensstadium die Entscheidungen, Handlungen oder Unterlassungen angefochten werden können.

Was als ausreichendes Interesse und als Rechtsverletzung gilt, bestimmen die Mitgliedstaaten im Einklang mit dem Ziel, der betroffenen Öffentlichkeit einen weiten Zugang zu Gerichten zu gewähren. Zu diesem Zweck gilt das Interesse jeder Nichtregierungsorganisation, welche die in Artikel 1 Absatz 2 genannten Voraussetzungen erfüllt, als ausreichend im Sinne von Absatz 1 Buchstabe a) dieses Artikels. Derartige Organisationen gelten auch als Träger von Rechten, die im Sinne von Absatz 1 Buchstabe b) dieses Artikels verletzt werden können.

Dieser Artikel schließt die Möglichkeit eines vorausgehenden Überprüfungsverfahrens bei einer Verwaltungsbehörde nicht aus und lässt das Erfordernis einer Ausschöpfung der verwaltungsbehördlichen Überprüfungsverfahren vor der Einleitung gerichtlicher

Überprüfungsverfahren unberührt, sofern ein derartiges Erfordernis nach innerstaatlichem Recht besteht.

Die betreffenden Verfahren werden fair, gerecht, zügig und nicht übermäßig teuer durchgeführt.

Um die Effektivität dieses Artikels zu fördern, stellen die Mitgliedstaaten sicher, dass der Öffentlichkeit praktische Informationen über den Zugang zu verwaltungsbehördlichen und gerichtlichen Überprüfungsverfahren zugänglich gemacht werden.

### Artikel 11

(1) Die Mitgliedstaaten und die Kommission tauschen Angaben über ihre Erfahrungen bei der Anwendung dieser Richtlinie aus.

(2) Insbesondere teilen die Mitgliedstaaten der Kommission gemäß Artikel 4 Absatz 2 die für die Auswahl der betreffenden Projekte gegebenenfalls festgelegten Kriterien und/oder Schwellenwerte mit.

(3) Fünf Jahre nach Bekanntgabe dieser Richtlinie übermittelt die Kommission dem Europäischen Parlament und dem Rat einen Bericht über deren Anwendung und Nutzeffekt. Der Bericht stützt sich auf diesen Informationsaustausch.

(4) Die Kommission unterbreitet dem Rat auf der Grundlage dieses Informationsaustauschs zusätzliche Vorschläge, falls dies sich im Hinblick auf eine hinreichend koordinierte Anwendung dieser Richtlinie als notwendig erweist.

### Artikel 12

(1) Die Mitgliedstaaten treffen die erforderlichen Maßnahmen, um dieser Richtlinie innerhalb von drei Jahren nach ihrer Bekanntgabe nachzukommen.

(2) Die Mitgliedstaaten teilen der Kommission den Wortlaut der innerstaatlichen Rechtsvorschriften mit, die sie auf dem unter diese Richtlinie fallenden Gebiet erlassen.

### Artikel 13

(gestrichen)

### Artikel 14

Diese Richtlinie ist an die Mitgliedstaaten gerichtet.

## 2. Immissionsschutzrecht

### a) Richtlinie 96/82/EG des Rates vom 9. Dezember 1996 zur Beherrschung der Gefahren bei schweren Unfällen mit gefährlichen Stoffen (RL 96/82/EG)

#### v. 14.1.1997 (ABl Nr. L 10 S. 13)

Die Richtlinie 96/82/EG des Rates vom 9. Dezember 1996 zur Beherrschung der Gefahren bei schweren Unfällen mit gefährlichen Stoffen v. 14.1.1997 (ABl Nr. L 10 S. 13) wurde geändert durch die Verordnung (EG) Nr. 1882/2003 des Europäischen Parlaments und des Rates vom 29. September 2003 zur Anpassung der Bestimmungen über die Ausschüsse zur Unterstützung der Kommission bei der Ausübung von deren Durchführungsbefugnissen, die in Rechtsakten vorgesehen sind, für die das Verfahren des Artikels 251 des EG-Vertrags gilt, an den Beschluss 1999/468/EG des Rates v. 31.10.2003 (ABl Nr. L 284 S. 1); Richtlinie 2003/105/EG des Europäischen Parlaments und des Rates vom 16. Dezember 2003 zur Änderung der Richtlinie 96/82/EG des Rates zur Beherrschung der Gefahren bei schweren Unfällen mit gefährlichen Stoffen v. 31.12.2003 (ABl Nr. L 345 S. 97).

DER RAT DER EUROPÄISCHEN UNION –

gestützt auf den Vertrag zur Gründung der Europäischen Gemeinschaft, insbesondere auf Artikel 130s Absatz 1,

auf Vorschlag der Kommission[1],

nach Stellungnahme des Wirtschafts- und Sozialausschusses[2],

gemäß dem Verfahren des Artikels 189 C des Vertrags[3],

in Erwägung nachstehender Gründe:

(1) Die Richtlinie 82/501/EWG des Rates vom 24. Juni 1982 über die Gefahren schwerer Unfälle bei bestimmten Industrietätigkeiten[4] betrifft die Verhütung schwerer Unfälle, die durch bestimmte Industrietätigkeiten verursacht werden könnten, sowie die Begrenzung der Unfallfolgen für Mensch und Umwelt.

(2) Nach den in Artikel 130 R Absätze 1 und 2 des Vertrages verankerten und in den Aktionsprogrammen der Europäischen Gemeinschaft für den Umweltschutz[5] erläuterten Zielen und Grundsätzen der Umweltpolitik der Gemeinschaft geht es insbesondere darum, durch vorbeugende Maßnahmen die Qualität der Umwelt zu erhalten und die Gesundheit des Menschen zu schützen.

(3) Der Rat und die im Rat vereinigten Vertreter der Regierungen der Mitgliedstaaten haben in ihrer Entschließung zum Vierten Aktionsprogramm für den Umweltschutz[6] auf die Notwendigkeit einer wirksamen Durchführung der Richtlinie 82/501/EWG hingewiesen und deren Überarbeitung verlangt, die gegebenenfalls die Erweiterung ihres Anwendungsbereichs sowie eine Verstärkung des entsprechenden Informationsaustauschs zwischen den Mitgliedstaaten einschließt. Im Fünften Aktionsprogramm, dessen Konzept der Rat und die im Rat vereinigten Vertreter der Regierungen der Mitgliedstaaten in ihrer Entschließung vom 1. Februar 1993[7] gebilligt haben, wird außerdem ein besseres Risiko- und Unfallmanagement gefordert.

---

1) **Amtl. Anm.:** ABl C 106 vom 14.4.1994, S. 4 und ABl C 238 vom 13.9.1995, S. 4.
2) **Amtl. Anm.:** ABl C 295 vom 22.10.1994, S. 83.
3) **Amtl. Anm.:** Stellungnahme des Europäischen Parlaments vom 16. Februar 1995 (ABl C 56 vom 6.3.1995, S. 80), gemeinsamer Standpunkt des Rates vom 19. März 1996 (ABl C 120 vom 24.4.1996, S. 20) und Beschluß des Europäischen Parlaments vom 15. Juli 1996 (ABl C 261 vom 9.9.1996, S. 24).
4) **Amtl. Anm.:** ABl L 230 vom 5.8.1982, S. 1. Richtlinie zuletzt geändert durch die Richtlinie 91/692/EWG (ABl L 377 vom 31.12.1991, S. 48).
5) **Amtl. Anm.:** ABl C 112 vom 20.12.1973, S. 1. ABl C 139 vom 13.6.1977, S. 1. ABl C 46 vom 17.2.1983, S. 1. ABl C 70 vom 18.3.1987, S. 1. ABl C 138 vom 17.5.1993, S. 1.
6) **Amtl. Anm.:** ABl C 328 vom 7.12.1987, S. 3.
7) **Amtl. Anm.:** ABl C 138 vom 17.5.1993.

(4) Angesichts der Unfälle von Bhopal und Mexiko City, die aufgezeigt haben, welche Gefahren von gefährlichen Anlagen in der Nähe von Wohnvierteln ausgehen können, haben der Rat und die im Rat vereinigten Vertreter der Regierungen der Mitgliedstaaten mit ihrer Entschließung vom 16. Oktober 1989 die Kommission aufgefordert, in die Richtlinie 82/501/EWG Bestimmungen über die Überwachung der Flächennutzungsplanung im Fall der Genehmigung neuer Anlagen und des Entstehens von Ansiedlungen in der Nähe bestehender Anlagen aufzunehmen.

(5) In der letztgenannten Entschließung wurde die Kommission aufgefordert, mit den Mitgliedstaaten auf ein gegenseitiges Verständnis und eine stärkere Harmonisierung der einzelstaatlichen Grundsätze und Verfahrensweisen für Sicherheitsberichte hinzuarbeiten.

(6) Es sollte ein Erfahrungsaustausch über die verschiedenen Ansätze bei der Begrenzung der Gefahren bei schweren Unfällen stattfinden. Die Kommission und die Mitgliedstaaten sollten ihre Beziehungen zu den zuständigen internationalen Organisationen fortführen und sich bemühen, auch gegenüber Drittländern Maßnahmen vorzusehen, die den in dieser Richtlinie vorgesehenen Maßnahmen gleichwertig sind.

(7) In dem Übereinkommen über die grenzüberschreitenden Wirkungen von Industrieunfällen der Wirtschaftskommission für Europa der Vereinten Nationen sind Maßnahmen zur Verhütung von Industrieunfällen mit potentiell grenzüberschreitenden Wirkungen, zur Förderung der Bereitschaft gegenüber solchen Unfällen, zur Bekämpfung ihrer Folge sowie eine internationale Zusammenarbeit auf diesem Gebiet vorgesehen.

(8) Die Richtlinie 82/501/EWG stellte einen ersten Harmonisierungsschritt dar. Die genannte Richtlinie ist zu ändern und zu ergänzen, um in der gesamten Gemeinschaft kohärent und wirksam ein hohes Schutzniveau sicherzustellen. Die derzeitige Harmonisierung beschränkt sich auf Maßnahmen, die für ein wirkungsvolleres System zur Verhütung schwerer Unfälle mit weitreichenden Folgen und zur Begrenzung der Unfallfolgen erforderlich sind.

(9) Schwere Unfälle können Folgen haben, die über die Grenzen des jeweiligen Mitgliedstaats hinausreichen. Die ökologischen und wirtschaftlichen Kosten eines Unfalls werden nicht nur von dem davon betroffenen Betrieb, sondern auch von den betreffenden Mitgliedstaaten getragen. Daher müssen Maßnahmen getroffen werden, durch die in der gesamten Gemeinschaft ein hohes Schutzniveau sichergestellt wird.

(10) Die Bestimmungen dieser Richtlinie gelten unbeschadet bestehender Gemeinschaftsvorschriften über den Gesundheitsschutz und die Sicherheit am Arbeitsplatz.

(11) Die Verwendung einer Liste, in der bestimmte Anlagen im einzelnen beschrieben sind, andere mit gleichem Gefahrenpotential jedoch nicht, ist ein ungeeignetes Verfahren und kann dazu führen, daß potentielle Gefahrenquellen, die zu schweren Unfällen führen können, von den Rechtsvorschriften nicht erfaßt werden. Der Anwendungsbereich der Richtlinie 82/501/EWG muß daher in dem Sinne geändert werden, daß die Bestimmungen für alle Betriebe gelten, in denen gefährliche Stoffe in einer Menge vorhanden sind, die ausreicht, um die Gefahr eines schweren Unfalls zu begründen.

(12) Die Mitgliedstaaten können unter Einhaltung des Vertrags und in Übereinstimmung mit den einschlägigen Rechtsvorschriften der Gemeinschaft für die vom Anwendungsbereich dieser Richtlinie ausgenommenen Tätigkeiten im Zusammenhang mit der Beförderung in Hafenbecken, Kaianlagen und Verschiebebahnhöfen geeignete Maßnahmen beibehalten oder erlassen, um einen Sicherheitsgrad zu gewährleisten, der dem in dieser Richtlinie festgelegten Sicherheitsgrad entspricht.

(13) Bei der Beförderung gefährlicher Stoffe durch Rohrleitungen können ebenfalls größere Unfälle entstehen. Die Kommission sollte nach Erfassung und Aufarbeitung der Informationen über die in der Gemeinschaft vorhandenen Mechanismen zur Regelung dieser Tätigkeiten und das Vorkommen solcher Zwischenfälle eine Mitteilung ausarbeiten, in der die Lage und die geeignetsten Instrumente für etwaige diesbezügliche Eingriffe beschrieben werden.

(14) Die Mitgliedstaaten können unter Einhaltung des Vertrags und in Übereinstimmung mit den einschlägigen Rechtsvorschriften der Gemeinschaft Maßnahmen in bezug auf

die vom Anwendungsbereich dieser Richtlinie ausgenommenen Abfalldeponien beibehalten oder erlassen.

(15) Eine Analyse der in der Gemeinschaft gemeldeten schweren Unfälle zeigt, daß in den meisten Fällen Management- bzw. organisatorische Mängel die Ursache waren. Es müssen deshalb auf Gemeinschaftsebene grundlegende Prinzipien für die Managementsysteme festgelegt werden, die geeignet sein müssen, den Gefahren schwerer Unfälle vorzubeugen und sie zu verringern und die Unfallfolgen zu begrenzen.

(16) Unterschiede zwischen den Regelungen für die Inspektion der Betriebe durch die zuständigen Behörden können unterschiedliche Schutzgrade zur Folge haben. Die grundlegenden Anforderungen für die von den Mitgliedstaaten anzuwendenden Inspektionssysteme müssen auf Gemeinschaftsebene festgelegt werden.

(17) Zum Nachweis dafür, daß die Betriebe, in denen gefährliche Stoffe in erheblichen Mengen vorhanden sind, alles Erforderliche unternommen haben, um schwere Unfälle zu verhüten, die gegebenenfalls von solchen Unfällen Betroffenen vorzubereiten und die in einem solchen Fall notwendigen Maßnahmen zu ergreifen, muß der Betreiber der zuständigen Behörde Informationen in Form eines Sicherheitsberichts mit ausführlichen Angaben über den Betrieb, die vorhandenen gefährlichen Stoffe, die Anlagen oder Lager, die möglichen schweren Unfälle und die bestehenden Managementsysteme liefern, um der Gefahr schwerer Unfälle vorzubeugen bzw. sie zu verringern und damit die erforderlichen Schritte zur Schadensbegrenzung eingeleitet werden können.

(18) Um die Gefahr von Domino-Effekten zu verringern, sind in dem Fall, in dem aufgrund des Standorts und der Nähe von Betrieben eine erhöhte Wahrscheinlichkeit oder Möglichkeit schwerer Unfälle besteht oder diese Unfälle folgenschwerer sein können, ein geeigneter Informationsaustausch und eine Zusammenarbeit im Hinblick auf die Unterrichtung der Öffentlichkeit vorzusehen.

(19) Um den Zugang zu umweltbezogenen Informationen zu fördern, muß die Öffentlichkeit in die von den Betreibern vorgelegten Sicherheitsberichte Einsicht nehmen können, und alle Personen, die von einem schweren Unfall betroffen sein könnten, müssen ausreichend darüber informiert werden, was in einem solchen Fall zu tun ist.

(20) Zur Sicherung der Notfallbereitschaft für Betriebe, in denen gefährliche Stoffe in erheblichen Mengen vorhanden sind, müssen externe und interne Notfallpläne aufgestellt und ein System eingeführt werden, das sicherstellt, daß diese Pläne erprobt und erforderlichenfalls überarbeitet werden und daß sie zur Ausführung gebracht werden, sobald es zu einem schweren Unfall kommt oder damit gerechnet werden muß.

(21) Zu den internen Notfallplänen eines Betriebs muß das Personal gehört werden, während zu den externen Notfallplänen die Öffentlichkeit gehört werden muß.

(22) Damit Wohngebiete, öffentlich genutzte Gebiete und unter dem Gesichtspunkt des Naturschutzes besonders wertvolle bzw. besonders empfindliche Gebiete besser vor den Gefahren schwerer Unfälle geschützt werden können, müssen die Mitgliedstaaten in ihren Politiken hinsichtlich der Zuweisung oder Nutzung von Flächen und/oder anderen einschlägigen Politiken berücksichtigen, daß langfristig zwischen diesen Gebieten und gefährlichen Industrieansiedlungen ein angemessener Abstand gewahrt bleiben muß und daß bei bestehenden Betrieben ergänzende technische Maßnahmen vorgesehen werden, damit es zu keiner stärkeren Gefährdung der Bevölkerung kommt.

(23) Um sicherzustellen, daß bei Eintreten eines schweren Unfalls angemessene Bekämpfungsmaßnahmen getroffen werden, hat der Betreiber unverzüglich die zuständigen Behörden zu unterrichten und die zur Beurteilung der Unfallfolgen notwendigen Informationen zu übermitteln.

(24) Zwecks Einführung eines Informationsaustauschs und Verhütung künftiger ähnlicher Unfälle unterrichten die Mitgliedstaaten die Kommission von in ihrem Hoheitsgebiet eingetretenen schweren Unfällen, so daß die Kommission die Gefahren schwerer Unfälle analysieren und ein System zur Weitergabe von Informationen speziell über schwere Unfälle und die daraus zu gewinnenden Erkenntnisse einrichten kann. Dieser Informationsaustausch sollte sich auch auf „Beinaheunfälle" erstrecken, die nach An-

sicht der Mitgliedstaaten für die Verhütung schwerer Unfälle und die Begrenzung ihrer Folgen von Interesse sind –
HAT FOLGENDE RICHTLINIE ERLASSEN:

### Artikel 1  Gegenstand der Richtlinie

Diese Richtlinie bezweckt die Verhütung schwerer Unfälle mit gefährlichen Stoffen und die Begrenzung der Unfallfolgen für Mensch und Umwelt, um auf abgestimmte und wirksame Weise in der ganzen Gemeinschaft ein hohes Schutzniveau zu gewährleisten.

### Artikel 2  Anwendungsbereich

(1) Diese Richtlinie gilt für Betriebe, in denen gefährliche Stoffe in Mengen vorhanden sind, die den in Anhang I Teil 1 Spalte 2 und Teil 2 Spalte 2 genannten Mengen entsprechen oder darüber liegen; eine Ausnahme bilden die Artikel 9, 11 und 13, die für alle Betriebe gelten, in denen gefährliche Stoffe in Mengen vorhanden sind, die den in Anhang I Teil 1 Spalte 3 und Teil 2 Spalte 3 genannten Mengen entsprechen oder darüber liegen.

Im Sinne dieser Richtlinie bedeutet „Vorhandensein von gefährlichen Stoffen" ihr tatsächliches oder vorgesehenes Vorhandensein im Betrieb oder das Vorhandensein von gefährlichen Stoffen, soweit davon auszugehen ist, daß sie bei einem außer Kontrolle geratenen industriellen chemischen Verfahren anfallen, und zwar in Mengen, die den in Anhang I Teile 1 und 2 genannten Mengenschwellen entsprechen oder darüber liegen.

(2) Diese Richtlinie gilt unbeschadet bestehender Gemeinschaftsvorschriften für die Arbeitsumwelt, insbesondere der Richtlinie 89/391/EWG des Rates vom 12. Juni 1989 über die Durchführung von Maßnahmen zur Verbesserung der Sicherheit und des Gesundheitsschutzes der Arbeitnehmer bei der Arbeit[1].

### Artikel 3  Begriffsbestimmungen

Im Sinne dieser Richtlinie bezeichnet der Ausdruck

1. „Betrieb" den gesamten unter der Aufsicht eines Betreibers stehenden Bereich, in dem gefährliche Stoffe in einer oder in mehreren Anlagen, einschließlich gemeinsamer oder verbundener Infrastrukturen und Tätigkeiten vorhanden sind;
2. „Anlage" eine technische Einheit innerhalb eines Betriebs, in der gefährliche Stoffe hergestellt, verwendet, gehandhabt oder gelagert werden. Sie umfaßt alle Einrichtungen, Bauwerke, Rohrleitungen, Maschinen, Werkzeuge, Privatgleisanschlüsse, Hafenbecken, Umschlageinrichtungen, Anlegebrücken, Lager oder ähnliche, auch schwimmende Konstruktionen, die für den Betrieb der Anlage erforderlich sind;
3. „Betreiber" jede natürliche oder juristische Person, die den Betrieb oder die Anlage betreibt oder besitzt oder, wenn dies in den einzelstaatlichen Rechtsvorschriften vorgesehen ist, der maßgebliche wirtschaftliche Verfügungsgewalt hinsichtlich des technischen Betriebs übertragen worden ist;
4. „gefährliche Stoffe" Stoffe, Gemische oder Zubereitungen, die in Anhang I Teil 1 aufgeführt sind oder die in Anhang I Teil 2 festgelegten Kriterien erfüllen und als Rohstoff, Endprodukt, Nebenprodukt, Rückstand oder Zwischenprodukt vorhanden sind, einschließlich derjenigen, bei denen vernünftigerweise davon auszugehen ist, daß sie bei einem Unfall anfallen;
5. „schwerer Unfall" ein Ereignis – z. B. eine Emission, einen Brand oder eine Explosion größeren Ausmaßes –, das sich aus unkontrollierten Vorgängen in einem unter diese Richtlinie fallenden Betrieb ergibt, das unmittelbar oder später innerhalb oder außerhalb des Betriebs zu einer ernsten Gefahr für die menschliche Gesundheit und/oder die Umwelt führt und bei dem ein oder mehrere gefährliche Stoffe beteiligt sind;

---

[1] **Amtl. Anm.:** ABl L 183 vom 29. 6. 1989, S. 1.

6. „Gefahr" das Wesen eines gefährlichen Stoffes oder einer konkreten Situation, das darin besteht, der menschlichen Gesundheit und/oder der Umwelt Schaden zufügen zu können;
7. „Risiko" die Wahrscheinlichkeit, daß innerhalb einer bestimmten Zeitspanne oder unter bestimmten Umständen eine bestimmte Wirkung eintritt;
8. „Lagerung" das Vorhandensein einer Menge gefährlicher Stoffe zum Zweck der Einlagerung, der Hinterlegung zur sicheren Aufbewahrung oder der Lagerhaltung.

**Artikel 4 Ausnahmen**

Diese Richtlinie gilt nicht für
a) militärische Einrichtungen, Anlagen oder Lager;
b) durch ionisierende Strahlung entstehende Gefahren;
c) die Beförderung gefährlicher Stoffe und deren zeitlich begrenzte Zwischenlagerung auf der Straße, der Schiene, den Binnenwasserstraßen, dem See- oder Luftweg außerhalb der unter diese Richtlinie fallenden Betriebe, einschließlich des Be- und Entladens sowie des Umladens von einem Verkehrsträger auf einen anderen Verkehrsträger in Hafenbecken, Kaianlagen oder Verschiebebahnhöfen;
d) die Beförderung gefährlicher Stoffe in Rohrleitungen, einschließlich der Pumpstationen, außerhalb der unter diese Richtlinie fallenden Betriebe;
e) die Gewinnung (Erkundung, Abbau und Aufbereitung) von Mineralien im Bergbau, in Steinbrüchen oder durch Bohrung, ausgenommen chemische und thermische Aufbereitungsmaßnahmen und die mit diesen Maßnahmen in Verbindung stehende Lagerung, die gefährliche Stoffe gemäß Anhang I beinhalten;
f) die Offshore-Erkundung und -Gewinnung von Mineralien, einschließlich Kohlenwasserstoffen;
g) Abfalldeponien, ausgenommen in Betrieb befindliche Bergebeseitigungseinrichtungen, einschließlich Bergeteichen oder Absetzbecken, die gefährliche Stoffe gemäß Anhang I enthalten, insbesondere wenn sie in Verbindung mit der chemischen und thermischen Aufbereitung von Mineralien verwendet werden.

**Artikel 5 Allgemeine Betreiberpflichten**

(1) Die Mitgliedstaaten sorgen dafür, daß der Betreiber verpflichtet ist, alle notwendigen Maßnahmen zu ergreifen, um schwere Unfälle zu verhüten und deren Folgen für Mensch und Umwelt zu begrenzen.

(2) Die Mitgliedstaaten sorgen dafür, daß der Betreiber verpflichtet ist, der zuständigen Behörde im Sinne von Artikel 16, nachstehend „zuständige Behörde" genannt, jederzeit insbesondere im Hinblick auf die Inspektionen und Kontrollen gemäß Artikel 18 nachzuweisen, daß er alle erforderlichen Maßnahmen im Sinne dieser Richtlinie getroffen hat.

**Artikel 6 Mitteilung**

(1) Die Mitgliedstaaten sorgen dafür, daß der Betreiber verpflichtet ist, der zuständigen Behörde innerhalb folgender Fristen eine schriftliche Mitteilung zu übermitteln:
– bei neuen Betrieben innerhalb einer angemessenen Frist vor Beginn des Baus oder der Inbetriebnahme;
– bei bestehenden Betrieben innerhalb eines Jahres ab dem in Artikel 24 Absatz 1 genannten Zeitpunkt;
– bei Betrieben, die später in den Anwendungsbereich dieser Richtlinie fallen, innerhalb von drei Monaten nach dem Zeitpunkt, zu dem diese Richtlinie gemäß Artikel 2 Absatz 1 Unterabsatz 1 für den betreffenden Betrieb gilt.

(2) Die Mitteilung gemäß Absatz 1 enthält folgende Angaben:
a) Name oder Firma des Betreibers sowie vollständige Anschrift des betreffenden Betriebs;

b) eingetragener Firmensitz und vollständige Anschrift des Betreibers;
c) Name oder Funktion der für den Betrieb verantwortlichen Person, falls von der unter Buchstabe a) genannten Person abweichend;
d) ausreichende Angaben zur Identifizierung der gefährlichen Stoffe oder der Kategorie gefährlicher Stoffe;
e) Menge und physikalische Form des gefährlichen Stoffs/der gefährlichen Stoffe;
f) Tätigkeit oder beabsichtigte Tätigkeit in der Anlage oder dem Lager;
g) unmittelbare Umgebung des Betriebs (Faktoren, die einen schweren Unfall auslösen oder dessen Folgen verschlimmern können).

(3) Für bestehende Betriebe, für die der Betreiber zum Zeitpunkt des Inkrafttretens dieser Richtlinie aufgrund einzelstaatlicher Vorschriften der zuständigen Behörde bereits alle Informationen nach Absatz 2 mitgeteilt hat, ist die Mitteilung nach Absatz 1 nicht erforderlich.

(4) Im Fall
- einer wesentlichen Vergrößerung der in der Mitteilung des Betreibers gemäß Absatz 2 angegebenen Menge und einer wesentlichen Änderung der Beschaffenheit oder der physikalischen Form des vorhandenen gefährlichen Stoffes gegenüber den Angaben in der genannten Mitteilung oder einer Änderung der Verfahren, bei denen dieser Stoff eingesetzt wird, oder
- einer Änderung eines Betriebs oder einer Anlage, aus der sich erhebliche Auswirkungen auf die Gefahren im Zusammenhang mit schweren Unfällen ergeben könnten, oder
- einer endgültigen Schließung der Anlage

unterrichtet der Betreiber unverzüglich die zuständige Behörde über die Änderung.

### Artikel 7   Konzept zur Verhütung schwerer Unfälle

(1) Die Mitgliedstaaten sorgen dafür, daß der Betreiber verpflichtet ist, eine Unterlage zur Verhütung schwerer Unfälle auszuarbeiten und dessen ordnungsgemäße Umsetzung sicherzustellen. Mit dem vom Betreiber vorgesehenen Konzept zur Verhütung schwerer Unfälle soll durch geeignete Mittel, Organisation und Managementsysteme ein hohes Schutzniveau für Mensch und Umwelt sichergestellt werden.

(1a) Bei Betrieben, die später in den Anwendungsbereich dieser Richtlinie fallen, wird die in Absatz 1 genannte Unterlage unverzüglich ausgearbeitet, auf jeden Fall aber innerhalb von drei Monaten nach dem Zeitpunkt, zu dem diese Richtlinie gemäß Artikel 2 Absatz 1 Unterabsatz 1 für den betreffenden Betrieb gilt.

(2) Die Unterlage muß die in Anhang III genannten Grundsätze berücksichtigen und für die zuständigen Behörden, insbesondere im Hinblick auf die Anwendung von Artikel 5 Absatz 2 und von Artikel 18, verfügbar gehalten werden.

(3) Dieser Artikel gilt nicht für Betriebe nach Artikel 9.

### Artikel 8   Domino-Effekt

(1) Die Mitgliedstaaten sorgen dafür, daß die zuständige Behörde unter Verwendung der von dem Betreiber gemäß den Artikeln 6 und 9 übermittelten Angaben festlegt, bei welchen Betrieben oder Gruppen von Betrieben aufgrund ihres Standorts und ihrer Nähe sowie ihrer Verzeichnisse gefährlicher Stoffe eine erhöhte Wahrscheinlichkeit oder Möglichkeit schwerer Unfälle bestehen kann oder diese Unfälle folgenschwerer sein können.

(2) Die Mitgliedstaaten stellen sicher, daß hinsichtlich der so ermittelten Betriebe
a) ein geeigneter Austausch der sachdienlichen Informationen stattfindet, damit diese Betriebe in ihrem Konzept zur Verhütung schwerer Unfälle, in ihren Sicherheitsmanagementsystemen, in ihren Sicherheitsberichten und ihren internen Notfallplänen der Art und dem Ausmaß der allgemeinen Gefahr eines schweren Unfalls Rechnung tragen können;

b) eine Zusammenarbeit betreffend die Unterrichtung der Öffentlichkeit sowie die Übermittlung von Angaben an die für die Erstellung der externen Notfallpläne zuständige Behörde vorgesehen wird.

**Artikel 9   Sicherheitsbericht**

(1) Die Mitgliedstaaten sorgen dafür, daß der Betreiber verpflichtet ist, einen Sicherheitsbericht zu erstellen, in dem

a) dargelegt wird, daß ein Konzept zur Verhütung schwerer Unfälle umgesetzt wurde und ein Sicherheitsmanagement zu seiner Anwendung gemäß den Elementen des Anhangs III vorhanden ist;

b) dargelegt wird, daß die Gefahren schwerer Unfälle ermittelt und alle erforderlichen Maßnahmen zur Verhütung derartiger Unfälle und Begrenzung der Folgen für Mensch und Umwelt ergriffen wurden;

c) dargelegt wird, daß die Auslegung, die Errichtung sowie der Betrieb und die Wartung sämtlicher Anlagen, Lager, Einrichtungen und die für ihr Funktionieren erforderlichen Infrastrukturen, die im Zusammenhang mit der Gefahr schwerer Unfälle im Betrieb stehen, ausreichend sicher und zuverlässig sind;

d) dargelegt wird, daß interne Notfallpläne vorliegen, und die Angaben zur Erstellung des externen Notfallplans erbracht werden, damit bei einem schweren Unfall die erforderlichen Maßnahmen ergriffen werden können;

e) ausreichende Informationen bereitgestellt werden, damit die zuständigen Behörden Entscheidungen über die Ansiedlung neuer Tätigkeiten oder Entwicklungen in der Nachbarschaft bestehender Betriebe treffen können.

(2) Der Sicherheitsbericht enthält mindestens die in Anhang II aufgeführten Angaben und Informationen. Er führt die Namen der an der Erstellung des Berichts beteiligten relevanten Organisationen auf. Er enthält ferner ein aktuelles Verzeichnis der in dem Betrieb vorhandenen gefährlichen Stoffe.

Zur Vermeidung unnötiger Doppelinformation bzw. Doppelarbeit des Betreibers oder der zuständigen Behörde können mehrere Berichte bzw. Teile von Berichten oder andere aufgrund anderer Rechtsvorschriften vorzulegende gleichwertige Berichte zu einem einzigen Sicherheitsbericht im Sinne dieses Artikels zusammengefaßt werden, sofern alle Anforderungen dieses Artikels beachtet werden.

(3) Der Sicherheitsbericht nach Absatz 1 wird der zuständigen Behörde innerhalb folgender Fristen übermittelt:

– bei neuen Betrieben innerhalb einer angemessenen Frist vor Beginn des Baus oder der Inbetriebnahme;

– bei bestehenden, bisher nicht unter die Richtlinie 82/501/EWG fallenden Betrieben innerhalb von drei Jahren ab dem in Artikel 24 Absatz 1 genannten Zeitpunkt;

– bei sonstigen Betrieben innerhalb von zwei Jahren nach dem in Artikel 24 Absatz 1 genannten Zeitpunkt;

– bei Betrieben, die später in den Anwendungsbereich dieser Richtlinie fallen, unverzüglich, auf jeden Fall aber innerhalb eines Jahres nach dem Zeitpunkt, zu dem diese Richtlinie gemäß Artikel 2 Absatz 1 Unterabsatz 1 für den betreffenden Betrieb gilt;

– unverzüglich bei den in Absatz 5 vorgeschriebenen regelmäßigen Überprüfungen.

(4) Vor Beginn der Errichtung oder vor Inbetriebnahme der Anlagen durch den Betreiber oder in den Absatz 3 zweiter, dritter, vierter und fünfter Gedankenstrich genannten Fällen hat die zuständige Behörde innerhalb einer angemessenen Frist nach Eingang des Berichts

– dem Betreiber die Ergebnisse ihrer Prüfung des Sicherheitsberichts, gegebenenfalls nach Anforderung zusätzlicher Informationen, mitzuteilen oder

– gemäß den in Artikel 17 vorgesehenen Befugnissen und Verfahren die Inbetriebnahme oder die Weiterführung des betreffenden Betriebs zu untersagen.

(5) Der Sicherheitsbericht ist wie folgt regelmäßig zu überprüfen und erforderlichenfalls zu aktualisieren:
- mindestens alle fünf Jahre;
- zu jedem anderen Zeitpunkt auf Veranlassung des Betreibers oder Aufforderung der zuständigen Behörde, wenn neue Tatbestände dies rechtfertigen oder um den neuen sicherheitstechnischen Kenntnisstand – beispielsweise aufgrund der Analyse von Unfällen oder nach Möglichkeit auch von „Beinaheunfällen" – sowie aktuelle Erkenntnisse zur Beurteilung der Gefahren zu berücksichtigen.

(6)
a) Wird der zuständigen Behörde glaubhaft nachgewiesen, daß von bestimmten im Betrieb vorhandenen Stoffen oder von irgendeinem Teil des Betriebs selbst keine Gefahr eines schweren Unfalls ausgehen kann, so kann der Mitgliedstaat nach den Kriterien gemäß Buchstabe b) die in den Sicherheitsberichten vorgeschriebenen Informationen auf die Aspekte beschränken, die für die Abwehr der noch verbleibenden Gefahren schwerer Unfälle und für die Begrenzung der Unfallfolgen für Mensch und Umwelt relevant sind.
b) Die Kommission erstellt vor der Anwendung dieser Richtlinie nach dem in Artikel 16 der Richtlinie 82/501/EWG vorgesehenen Verfahren harmonisierte Kriterien für die Entscheidung der zuständigen Behörde darüber, daß von einem Betrieb keine Gefahr eines schweren Unfalls im Sinne des Buchstabens a) ausgehen kann. Buchstabe a) gilt erst nach der Festlegung dieser Kriterien.
c) Die Mitgliedstaaten sorgen dafür, daß die zuständige Behörde der Kommission ein mit Gründen versehenes Verzeichnis der entsprechenden Betriebe übermittelt. Die Kommission übermittelt diese Verzeichnisse jährlich dem in Artikel 22 genannten Ausschuß.
d) Die Kommission wird ersucht, bis zum 31. Dezember 2006 die geltenden Leitlinien für die Abfassung eines Sicherheitsberichts („Guidance on the Preparation of a Safety Report") in enger Zusammenarbeit mit den Mitgliedstaaten zu überprüfen.

### Artikel 10  Änderung einer Anlage, eines Betriebs oder eines Lagers

Bei einer Änderung einer Anlage, eines Betriebs, eines Lagers, eines Verfahrens oder der Art und der Mengen der gefährlichen Stoffe, aus der sich erhebliche Auswirkungen auf die Gefahren im Zusammenhang mit schweren Unfällen ergeben könnten, sorgen die Mitgliedstaaten dafür, daß der Betreiber
- das Konzept zur Verhütung schwerer Unfälle, die Managementsysteme und die Verfahren hinsichtlich der Artikel 7 und 9 überprüft und erforderlichenfalls ändert;
- den Sicherheitsbericht überprüft und erforderlichenfalls ändert und die in Artikel 16 genannte zuständige Behörde im einzelnen vor Durchführung dieser Änderung unterrichtet.

### Artikel 11  Notfallpläne

(1) Die Mitgliedstaaten sorgen dafür, daß für alle unter Artikel 9 fallenden Betriebe
a) durch den Betreiber ein interner Notfallplan für Maßnahmen innerhalb des Betriebs erstellt wird, und zwar
  - bei neuen Betrieben vor der Inbetriebnahme;
  - bei bestehenden, bisher nicht unter die Richtlinie 82/501/EWG fallenden Betrieben innerhalb von drei Jahren ab dem in Artikel 24 Absatz 1 genannten Zeitpunkt;
  - bei sonstigen Betrieben innerhalb von zwei Jahren ab dem in Artikel 24 Absatz 1 genannten Zeitpunkt;
  - bei Betrieben, die später in den Anwendungsbereich dieser Richtlinie fallen, unverzüglich, auf jeden Fall aber innerhalb eines Jahres nach dem Zeitpunkt, zu

dem diese Richtlinie gemäß Artikel 2 Absatz 1 Unterabsatz 1 für den betreffenden Betrieb gilt;
b) die zuständigen Behörden von dem Betreiber die für die Erstellung externer Notfallpläne erforderlichen Informationen innerhalb der nachstehenden Fristen erhalten:
  - bei neuen Betrieben vor der Inbetriebnahme;
  - bei bestehenden, bisher nicht unter die Richtlinie 82/501/EWG fallenden Betrieben, innerhalb von drei Jahren ab dem in Artikel 24 Absatz 1 genannten Zeitpunkt;
  - bei sonstigen Betrieben innerhalb von zwei Jahren ab dem in Artikel 24 Absatz 1 genannten Zeitpunkt;
  - bei Betrieben, die später in den Anwendungsbereich dieser Richtlinie fallen, unverzüglich, auf jeden Fall aber innerhalb eines Jahres nach dem Zeitpunkt, zu dem diese Richtlinie gemäß Artikel 2 Absatz 1 Unterabsatz 1 für den betreffenden Betrieb gilt;
c) die von dem Mitgliedstaat hierzu benannten Behörden einen externen Notfallplan für Maßnahmen außerhalb des Betriebs erstellen.

(2) Notfallpläne müssen erstellt werden, um
- Schadensfälle einzudämmen und unter Kontrolle zu bringen, so daß die Folgen möglichst gering gehalten und Schäden für Mensch, Umwelt und Sachen begrenzt werden können;
- Maßnahmen zum Schutz von Mensch und Umwelt vor den Folgen schwerer Unfälle einzuleiten;
- notwendige Informationen an die Öffentlichkeit sowie betroffene Behörden oder Dienststellen in dem betreffenden Gebiet weiterzugeben;
- Aufräumarbeiten und Maßnahmen zur Wiederherstellung der Umwelt nach einem schweren Unfall einzuleiten.

Die Notfallpläne enthalten die in Anhang IV genannten Informationen.

(3) Unbeschadet der Verpflichtungen der zuständigen Behörden sorgen die Mitgliedstaaten dafür, dass die in dieser Richtlinie vorgesehenen internen Notfallpläne unter Beteiligung der im Betrieb tätigen Personen, einschließlich des relevanten langfristig beschäftigten Personals von Subunternehmen, erstellt werden und die Öffentlichkeit zu den externen Notfallplänen gehört wird, wenn diese erstellt oder aktualisiert werden.

(4) Die Mitgliedstaaten führen ein System ein, das sicherstellt, daß die internen und externen Notfallpläne in angemessenen Abständen von höchstens drei Jahren durch die Betreiber und die bezeichneten Behörden überprüft, erprobt und erforderlichenfalls überarbeitet und auf den neuesten Stand gebracht werden. Bei dieser Überprüfung werden Veränderungen in den betreffenden Betrieben und den betreffenden Notdiensten, neue technische Erkenntnisse und Erkenntnisse darüber, wie bei schweren Unfällen zu handeln ist, berücksichtigt.

(4a) Im Zusammenhang mit externen Notfallplänen sollten die Mitgliedstaaten der Notwendigkeit der Förderung einer verstärkten Zusammenarbeit bei Katastrophenschutzmaßnahmen in schweren Notfällen Rechnung tragen.

(5) Die Mitgliedstaaten führen ein System ein, das sicherstellt, daß die Notfallpläne von dem Betreiber und, falls erforderlich, von der hierzu bezeichneten zuständigen Behörde unverzüglich angewendet werden, sobald
- es zu einem schweren Unfall kommt oder
- es zu einem unkontrollierten Ereignis kommt, bei dem aufgrund seiner Art vernünftigerweise zu erwarten ist, daß es zu einem schweren Unfall führt.

(6) Die zuständige Behörde kann aufgrund der Informationen in dem Sicherheitsbericht entscheiden, daß sich die Erstellung eines externen Notfallplans nach Absatz 1 erübrigt; die Entscheidung ist zu begründen.

### Artikel 12  Überwachung der Ansiedlung

(1) Die Mitgliedstaaten sorgen dafür, daß in ihren Politiken der Flächenausweisung oder Flächennutzung und/oder anderen einschlägigen Politiken das Ziel, schwere Unfälle zu verhüten und ihre Folgen zu begrenzen, Berücksichtigung findet. Dazu überwachen sie

a) die Ansiedlung neuer Betriebe,

b) Änderungen bestehender Betriebe im Sinne des Artikels 10,

c) neue Entwicklungen in der Nachbarschaft bestehender Betriebe wie beispielsweise Verkehrswege, Örtlichkeiten mit Publikumsverkehr, Wohngebiete, wenn diese Ansiedlungen oder Maßnahmen das Risiko eines schweren Unfalls vergrößern oder die Folgen eines solchen Unfalls verschlimmern können.

Die Mitgliedstaaten sorgen dafür, dass in ihrer Politik der Flächenausweisung oder Flächennutzung und/oder anderen einschlägigen Politiken sowie den Verfahren für die Durchführung dieser Politiken langfristig dem Erfordernis Rechnung getragen wird, dass zwischen den unter diese Richtlinie fallenden Betrieben einerseits und Wohngebieten, öffentlich genutzten Gebäuden und Gebieten, wichtigen Verkehrswegen (so weit wie möglich), Freizeitgebieten und unter dem Gesichtspunkt des Naturschutzes besonders wertvollen bzw. besonders empfindlichen Gebieten andererseits ein angemessener Abstand gewahrt bleibt und dass bei bestehenden Betrieben zusätzliche technische Maßnahmen nach Artikel 5 ergriffen werden, damit es zu keiner Zunahme der Gefährdung der Bevölkerung kommt.

(1a) Die Kommission wird ersucht, bis zum 31. Dezember 2006 in enger Zusammenarbeit mit den Mitgliedstaaten Leitlinien zur Definition einer technischen Datenbank einschließlich Risikodaten und Risikoszenarien aufzustellen, die der Beurteilung der Vereinbarkeit zwischen den unter diese Richtlinie fallenden Betrieben und den in Absatz 1 genannten Gebieten dient. Die Definition dieser Datenbank berücksichtigt so weit wie möglich die Beurteilungen der zuständigen Behörden, die Informationen der Betreiber und alle übrigen einschlägigen Informationen wie etwa den sozio-ökonomischen Nutzen der Entwicklung von Notfallplänen und ihren Linderungseffekt.

(2) Die Mitgliedstaaten tragen dafür Sorge, daß alle zuständigen Behörden und alle für Entscheidungen in diesem Bereich zuständigen Dienststellen geeignete Konsultationsverfahren einrichten, um die Umsetzung dieser Politiken nach Absatz 1 zu erleichtern. Die Verfahren haben zu gewährleisten, daß bei diesbezüglichen Entscheidungen unter Berücksichtigung des Einzelfalls oder nach allgemeinen Kriterien auf fachliche Beratung über die von dem Betrieb ausgehenden Risiken zurückgegriffen werden kann.

### Artikel 13  Informationen über die Sicherheitsmaßnahmen

(1) Die Mitgliedstaaten sorgen dafür, dass Informationen über die Sicherheitsmaßnahmen und das richtige Verhalten im Fall eines Unfalls allen Personen und allen Einrichtungen mit Publikumsverkehr (wie etwa Schulen und Krankenhäuser), die von einem schweren Unfall in einem unter Artikel 9 fallenden Betrieb betroffen werden könnten, in regelmäßigen Abständen und in der bestgeeigneten Form ohne Aufforderung mitgeteilt werden.

Diese Informationen werden alle drei Jahre überprüft und erforderlichenfalls – zumindest bei Änderungen im Sinne von Artikel 10 – erneuert und aktualisiert. Sie werden darüber hinaus der Öffentlichkeit ständig zugänglich gemacht. Die Zeit zwischen der Erneuerung der der Unterrichtung der Öffentlichkeit zugrundeliegenden Informationen darf in keinem Fall fünf Jahre überschreiten.

Die Informationen enthalten zumindest die in Anhang V bezeichneten Angaben.

(2) Die Mitgliedstaaten machen den übrigen Mitgliedstaaten, die von den grenzüberschreitenden Wirkungen eines schweren Unfalls in einem Betrieb im Sinne von Artikel 9 betroffen werden könnten, ausreichende Informationen zugänglich, damit der betroffene Mitgliedstaat gegebenenfalls alle einschlägigen Bestimmungen der Artikel 11 und 12 sowie des vorliegenden Artikels anwenden kann.

(3) Hat der betreffende Mitgliedstaat in einer Entscheidung festgestellt, daß von einem nahe am Hoheitsgebiet eines anderen Mitgliedstaats gelegenen Betrieb außerhalb des Betriebsgeländes keine Gefahr eines schweren Unfalls im Sinne von Artikel 11 Absatz 6 ausgehen kann und folglich die Erstellung eines externen Notfallplans im Sinne von Artikel 11 Absatz 1 nicht erforderlich ist, so setzt er den anderen Mitgliedstaat davon in Kenntnis.

(4) Die Mitgliedstaaten sorgen dafür, daß der Sicherheitsbericht der Öffentlichkeit zugänglich gemacht wird. Der Betreiber kann von der zuständigen Behörde verlangen, bestimmte Teile des Berichts aus Gründen des Industrie- und Geschäftsgeheimnisses und des Schutzes der Privatsphäre, der öffentlichen Sicherheit oder der Landesverteidigung nicht offenzulegen. Nach Einwilligung der zuständigen Behörde legt der Betreiber in solchen Fällen der Behörde einen geänderten Bericht vor, in dem diese Teile ausgeklammert sind, und unterbreitet diesen der Öffentlichkeit.

(5) Die Mitgliedstaaten sorgen dafür, daß die Öffentlichkeit in folgenden Fällen Stellung nehmen kann:
- Planungen der Ansiedlung neuer unter Artikel 9 fallender Betriebe,
- Änderung bestehender Betriebe im Sinne von Artikel 10, soweit diese von Bedeutung in bezug auf die in dieser Richtlinie vorgesehenen Anforderungen zur Flächennutzung sind,
- Erschließungsmaßnahmen in der Umgebung bestehender Betriebe.

(6) Bei unter Artikel 9 fallenden Betrieben sorgen die Mitgliedstaaten dafür, dass das Verzeichnis der gefährlichen Stoffe nach Artikel 9 Absatz 2 der Öffentlichkeit vorbehaltlich des Absatzes 4 des vorliegenden Artikels sowie des Artikels 20 zugänglich gemacht wird.

## Artikel 14  Vom Betreiber nach einem schweren Unfall zu erbringende Informationen

(1) Die Mitgliedstaaten sorgen dafür, daß der Betreiber so bald wie möglich nach einem schweren Unfall in der am besten geeigneten Weise
a) die zuständige Behörde unterrichtet;
b) der zuständigen Behörden nachstehende Informationen mitteilt, sobald sie ihm bekannt sind:
   - die Umstände des Unfalls,
   - die beteiligten gefährlichen Stoffe,
   - die zur Beurteilung der Unfallfolgen für Mensch und Umwelt verfügbaren Daten,
   - die eingeleiteten Sofortmaßnahmen;
c) die zuständige Behörde über die Schritte unterrichtet, die vorgesehen sind,
   - um die mittel- und langfristigen Unfallfolgen abzumildern,
   - um eine Wiederholung eines solchen Unfalls zu vermeiden;
d) die Informationen aktualisiert, wenn sich bei einer eingehenderen Untersuchung zusätzliche Fakten ergeben, die eine Änderung dieser Informationen oder der daraus gezogenen Folgerungen erfordern.

(2) Die Mitgliedstaaten beauftragen die zuständige Behörde,
a) sicherzustellen, daß alle notwendigen Sofortmaßnahmen sowie alle notwendigen mittel- und langfristigen Maßnahmen ergriffen werden;
b) durch Inspektionen, Untersuchungen oder andere geeignete Mittel die für eine vollständige Analyse der technischen, organisatorischen und managementspezifischen Gesichtspunkte des schweren Unfalls erforderlichen Informationen einzuholen;
c) geeignete Maßnahmen zu ergreifen, um sicherzustellen, daß der Betreiber alle erforderlichen Abhilfemaßnahmen trifft;
d) Empfehlungen zu künftigen Verhütungsmaßnahmen abzugeben.

**Artikel 15 Unterrichtung der Kommission durch die Mitgliedstaaten**

(1) Zur Verhütung schwerer Unfälle und zur Begrenzung der Unfallfolgen unterrichten die Mitgliedstaaten die Kommission so bald wie möglich über die in ihrem Hoheitsgebiet eingetretenen schweren Unfälle, die den Kriterien des Anhangs VI entsprechen. Sie teilen ihr folgende Einzelheiten mit:

a) Mitgliedstaat sowie Name und Anschrift der berichtenden Behörde;
b) Datum, Uhrzeit und Ort des schweren Unfalls sowie den vollständigen Namen des Betreibers und die Anschrift des betreffenden Betriebs;
c) Kurzbeschreibung der Umstände des Unfalls sowie Angabe der beteiligten gefährlichen Stoffe und der unmittelbaren Folgen für Mensch und Umwelt;
d) Kurzbeschreibung der getroffenen Sofortmaßnahmen und der zur Vermeidung einer Wiederholung eines solchen Unfalls unmittelbar notwendigen Sicherheitsvorkehrungen.

(2) Sobald die Informationen gemäß Artikel 14 eingeholt sind, unterrichten die Mitgliedstaaten die Kommission über das Ergebnis ihrer Analyse und über ihre Empfehlungen, wobei ein von der Kommission nach dem Verfahren des Artikels 22 erstellter und regelmäßig überprüfter Meldevordruck zu verwenden ist.

Die Übermittlung dieser Informationen durch die Mitgliedstaaten darf nur zurückgestellt werden, um den Abschluß gerichtlicher Verfahren zu ermöglichen, die durch eine solche Informationsübermittlung beeinträchtigt werden könnten.

(3) Die Mitgliedstaaten geben der Kommission Name und Anschrift der Stellen bekannt, die gegebenenfalls Informationen über schwere Unfälle besitzen und die zuständigen Behörden anderer Mitgliedstaaten bei solchen Unfällen beraten können.

**Artikel 16 Zuständige Behörde**

Die Mitgliedstaaten errichten oder benennen die zuständigen Behörde(n), die unbeschadet der Verantwortlichkeiten des Betreibers die in dieser Richtlinie festgelegten Aufgaben durchführt (durchführen), sowie gegebenenfalls die mit der technischen Unterstützung der zuständigen Behörde(n) betrauten Stellen.

**Artikel 17 Verbot der Weiterführung**

(1) Die Mitgliedstaaten untersagen die Weiterführung oder Inbetriebnahme eines Betriebs, einer Anlage oder eines Lagers oder von Teilen davon, wenn die von dem Betreiber getroffenen Maßnahmen zur Verhütung schwerer Unfälle und der Begrenzung der Unfallfolgen eindeutig unzureichend sind.

Die Mitgliedstaaten können die Weiterführung oder Inbetriebnahme eines Betriebs, einer Anlage oder eines Lagers oder von Teilen davon untersagen, wenn der Betreiber die nach dieser Richtlinie erforderlichen Mitteilungen, Berichte oder sonstigen Informationen nicht fristgerecht übermittelt hat.

(2) Die Mitgliedstaaten sorgen dafür, daß die Betreiber gegen die Untersagungsverfügung einer zuständigen Behörde nach Absatz 1 bei einer geeigneten Stelle Rechtsmittel gemäß einzelstaatlichem Recht und Verfahren einlegen können.

**Artikel 18 Inspektion**

(1) Die Mitgliedstaaten sorgen dafür, daß die zuständigen Behörden ein der Art des betreffenden Betriebs angemessenes System von Inspektionen oder sonstigen Kontrollmaßnahmen einrichten. Diese Inspektionen oder Kontrollmaßnahmen sind unabhängig vom Erhalt des Sicherheitsberichts oder anderer Berichte. Die Inspektionen oder sonstigen Kontrollmaßnahmen haben eine planmäßige und systematische Prüfung der betriebstechnischen, organisatorischen und managementspezifischen Systeme des Betriebs zu ermöglichen, mit der sich die zuständige Behörde insbesondere vergewissert,

– daß der Betreiber nachweisen kann, daß er im Zusammenhang mit den verschiedenen betriebsspezifischen Tätigkeiten die zur Verhütung schwerer Unfälle erforderlichen Maßnahmen ergriffen hat,

- daß der Betreiber nachweisen kann, daß er angemessene Mittel zur Begrenzung der Folgen schwerer Unfälle innerhalb und außerhalb des Betriebsgeländes vorgesehen hat,
- daß die mit dem Sicherheitsbericht oder mit anderen Berichten erhaltenen Angaben und Informationen den Gegebenheiten in dem Betrieb genau entsprechen,
- daß die Informationen gemäß Artikel 13 Absatz 1 der Öffentlichkeit zugänglich gemacht worden sind.

(2) Das in Absatz 1 genannte Inspektionssystem muß folgende Anforderungen erfüllen:
a) Für alle Betriebe muß ein Inspektionsprogramm erstellt werden. Jeder unter Artikel 9 fallende Betrieb wird nach dem Programm zumindest alle 12 Monate einer Vor-Ort-Inspektion durch die zuständige Behörde unterzogen, es sei denn, die zuständige Behörde hat ein Inspektionsprogramm aufgrund einer systematischen Bewertung der Gefahren schwerer Unfälle des jeweiligen Betriebs erstellt;
b) nach jeder Inspektion erstellt die zuständige Behörde einen Bericht;
c) gegebenenfalls werden die Folgemaßnahmen jeder von der zuständigen Behörde durchgeführten Inspektion binnen angemessener Frist nach der Inspektion zusammen mit der Betriebsleitung überprüft.

(3) Die zuständige Behörde kann von dem Betreiber verlangen, alle zusätzlichen Informationen zu liefern, die notwendig sind, damit die Behörde die Möglichkeit des Eintritts eines schweren Unfalls in voller Sachkenntnis beurteilen und die mögliche erhöhte Wahrscheinlichkeit und/oder die mögliche Vergrößerung der Folgen schwerer Unfälle ermitteln, einen externen Notfallplan erstellen und Stoffe, die aufgrund ihrer physikalischen Form, ihrer besonderen Merkmale oder ihres Standorts zusätzliche Vorkehrungen erfordern, berücksichtigen kann.

## Artikel 19 Informationsaustausch und Informationssystem

(1) Die Mitgliedstaaten und die Kommission tauschen Informationen über die bei der Verhütung schwerer Unfälle und der Begrenzung ihrer Folgen gesammelten Erfahrungen aus. Diese Informationen beziehen sich insbesondere auf die Wirkungsweise der in dieser Richtlinie vorgesehenen Bestimmungen.

(1a) Bezüglich der unter diese Richtlinie fallenden Betriebe teilen die Mitgliedstaaten der Kommission zumindest folgende Informationen mit:
a) Name oder Firma des Betreibers sowie vollständige Anschrift des betreffenden Betriebs und
b) Tätigkeit oder Tätigkeiten des Betriebs.

Die Kommission errichtet eine Datenbank, die die von den Mitgliedstaaten übermittelten Informationen enthält, und hält diese auf dem neuesten Stand. Der Zugang zu der Datenbank ist Personen vorbehalten, die hierzu von der Kommission oder den zuständigen Behörden der Mitgliedstaaten ermächtigt worden sind.

(2) Die Kommission errichtet ein den Mitgliedstaaten zur Verfügung gehaltenes Registrier- und Informationssystem, das insbesondere ausführliche Angaben über die im Hoheitsgebiet der Mitgliedstaaten eingetretenen schweren Unfälle enthält, mit dem Ziel
a) einer raschen Übermittlung der von den Mitgliedstaaten gemäß Artikel 15 Absatz 1 gelieferten Informationen an sämtliche zuständigen Behörden;
b) der Weitergabe der Analysen der Unfallursachen und der daraus gewonnenen Erkenntnisse an die zuständigen Behörden;
c) einer Unterrichtung der zuständigen Behörden über getroffene Verhütungsmaßnahmen;
d) der Bereitstellung von Informationen über Stellen, die hinsichtlich des Auftretens und der Verhütung von schweren Unfällen sowie der Begrenzung von Unfallfolgen informieren und beraten können.

Das Registrier- und Informationssystem enthält mindestens folgende Angaben:
a) die von den Mitgliedstaaten gemäß Artikel 15 Absatz 1 gelieferten Informationen;
b) eine Analyse der Unfallursachen;
c) die aus den Unfällen gewonnenen Erkenntnisse;
d) die zur Verhütung der Wiederholung eines solchen Unfalls erforderlichen vorbeugenden Maßnahmen.

(3) Der Zugang zu dem Registrier- und Informationssystem steht unbeschadet des Artikels 20 allen Regierungsstellen der Mitgliedstaaten, Industrie- und Handelsverbänden, Gewerkschaften, Nichtregierungsorganisationen im Bereich des Umweltschutzes und sonstigen im Umweltschutz tätigen internationalen Organisationen oder Forschungseinrichtungen offen.

(4) Die Mitgliedstaaten übermitteln der Kommission alle drei Jahre entsprechend dem Verfahren der Richtlinie 91/692/EWG des Rates vom 23. Dezember 1991 zur Vereinheitlichung und zweckmäßigen Gestaltung der Berichte über die Durchführung bestimmter Umweltschutzrichtlinien[1] einen Bericht über die unter die Artikel 6 und 9 fallenden Betriebe. Die Kommission veröffentlicht alle drei Jahre eine Zusammenfassung dieser Informationen.

### Artikel 20 Vertraulichkeit

(1) Die Mitgliedstaaten veranlassen, daß die zuständigen Behörden im Interesse der Transparenz die gemäß dieser Richtlinie eingegangenen Informationen jeder natürlichen oder juristischen Person auf Antrag zur Verfügung stellen müssen.
Die bei den zuständigen Behörden und der Kommission eingegangenen Informationen dürfen, sofern die einzelstaatlichen Rechtsvorschriften dies vorsehen, vertraulich behandelt werden, sofern sie folgendes berühren:

– die Vertraulichkeit der Beratungen der zuständigen Behörden und der Kommission;
– die Vertraulichkeit der internationalen Beziehungen und der Landesverteidigung;
– die öffentliche Sicherheit;
– das Untersuchungsgeheimnis oder die Vertraulichkeit eines laufenden Gerichtsverfahrens;
– Geschäfts- und Industriegeheimnisse einschließlich Fragen des geistigen Eigentums;
– die Vertraulichkeit von Daten und/oder Akten, die das Privatleben betreffen;
– von einem Dritten erbrachte Daten, falls dieser deren vertrauliche Behandlung verlangt.

(2) Diese Richtlinie hindert die Mitgliedstaaten nicht daran, mit dritten Staaten Abkommen über den Austausch der ihnen intern vorliegenden Informationen zu schließen.

### Artikel 21 Aufgaben des Ausschusses

Bei der Anpassung der Kriterien gemäß Artikel 9 Absatz 6 Buchstabe b) und der Anhänge II bis VI an den technischen Fortschritt sowie bei der Erstellung des in Artikel 15 Absatz 2 genannten Meldevordrucks findet das Verfahren des Artikels 22 Anwendung.

### Artikel 22 Ausschuss

(1) Die Kommission wird von einem Ausschuss unterstützt.

(2) Wird auf diesen Artikel Bezug genommen, so gelten die Artikel 5 und 7 des Beschlusses 1999/468/EG[2] unter Beachtung von dessen Artikel 8.

---

1) **Amtl. Anm.:** ABl L 377 vom 31. 12. 1991, S. 48.
2) **Amtl. Anm.:** Beschluss 1999/468/EG des Rates vom 28. Juni 1999 zur Festlegung der Modalitäten für die Ausübung der der Kommission übertragenen Durchführungsbefugnisse (ABl L 184 vom 17. 7. 1999, S. 23).

Der Zeitraum nach Artikel 5 Absatz 6 des Beschlusses 1999/468/EG wird auf drei Monate festgesetzt.

(3) Der Ausschuss gibt sich eine Geschäftsordnung.

### Artikel 23  Aufhebung der Richtlinie 82/501/EWG

(1) Die Richtlinie 82/501/EWG wird 24 Monate nach dem Inkrafttreten der vorliegenden Richtlinie aufgehoben.

(2) Die Bestimmungen über die Mitteilungen, Notfallpläne und Informationen der Öffentlichkeit, die nach der Richtlinie 82/501/EWG vorzulegen oder zu erstellen sind, gelten bis zu dem Zeitpunkt, zu dem diese Bestimmungen durch die entsprechenden Bestimmungen der vorliegenden Richtlinie ersetzt werden.

### Artikel 24  Beginn der Anwendung

(1) Die Mitgliedstaaten erlassen die erforderlichen Rechts- und Verwaltungsvorschriften, um dieser Richtlinie spätestens 24 Monate nach ihrem Inkrafttreten nachzukommen. Sie setzen die Kommission unverzüglich davon in Kenntnis.
Wenn die Mitgliedstaaten diese Vorschriften erlassen, nehmen sie in den Vorschriften selbst oder durch einen Hinweis bei der amtlichen Veröffentlichung auf diese Richtlinie Bezug. Die Mitgliedstaaten regeln die Einzelheiten der Bezugnahme.

(2) Die Mitgliedstaaten übermitteln der Kommission den Wortlaut der wichtigsten innerstaatlichen Rechtsvorschriften, die sie auf dem unter diese Richtlinie fallenden Gebiet erlassen.

### Artikel 25  Inkrafttreten

Diese Richtlinie tritt am zwanzigsten Tag nach ihrer Veröffentlichung im Amtsblatt der Europäischen Gemeinschaften in Kraft.

### Artikel 26

Diese Richtlinie ist an die Mitgliedstaaten gerichtet.

## b) Richtlinie 2003/87/EG des Europäischen Parlaments und des Rates vom 13. Oktober 2003 über ein System für den Handel mit Treibhausgasemissionszertifikaten in der Gemeinschaft und zur Änderung der Richtlinie 96/61/EG des Rates (RL 2003/87/EG)

v. 25. 10. 2003 (ABl Nr. L 275 S. 32)

Die Richtlinie 2003/87/EG des Europäischen Parlaments und des Rates vom 13. Oktober 2003 über ein System für den Handel mit Treibhausgasemissionszertifikaten in der Gemeinschaft und zur Änderung der Richtlinie 96/61/EG des Rates v. 25. 10. 2003 (ABl Nr. L 275 S. 32) wurde geändert durch die Richtlinie 2004/101/EG des Europäischen Parlaments und des Rates vom 27. Oktober 2004 zur Änderung der Richtlinie 2003/87/EG über ein System für den Handel mit Treibhausgasemissionszertifikaten in der Gemeinschaft im Sinne der projektbezogenen Mechanismen des Kyoto-Protokolls v. 13. 11. 2004 (ABl Nr. L 338 S. 18).

DAS EUROPÄISCHE PARLAMENT UND DER RAT DER EUROPÄISCHEN UNION –

gestützt auf den Vertrag zur Gründung der Europäischen Gemeinschaft, insbesondere auf Artikel 175 Absatz 1,

auf Vorschlag der Kommission[1],

nach Stellungnahme des Europäischen Wirtschafts- und Sozialausschusses[2]

nach Stellungnahme des Ausschusses der Regionen[3],

gemäß dem Verfahren des Artikels 251 des Vertrags[4],

in Erwägung nachstehender Gründe:

(1) Mit dem Grünbuch zum Handel mit Treibhausgasemissionen in der Europäischen Union wurde eine europaweite Diskussion über die Angemessenheit und das mögliche Funktionieren des Handels mit Treibhausgasemissionen innerhalb der Europäischen Union in Gang gebracht. Gegenstand des Europäischen Programms zur Klimaänderung (ECCP) waren politische Konzepte und Maßnahmen der Gemeinschaft im Rahmen eines Prozesses, der auf der Einbeziehung vieler Interessengruppen basierte, sowie ein System für den Handel mit Treibhausgasemissionszertifikaten in der Gemeinschaft (Gemeinschaftssystem) nach dem Modell des Grünbuchs. In seinen Schlussfolgerungen vom 8. März 2001 erkannte der Rat die besondere Bedeutung des Europäischen Programms zur Klimaänderung und der Arbeiten auf der Grundlage des Grünbuchs an und unterstrich die Dringlichkeit konkreter Maßnahmen auf Gemeinschaftsebene.

(2) Im sechsten Aktionsprogramm der Gemeinschaft für die Umwelt, das mit der Entscheidung Nr. 1600/2002/EG des Europäischen Parlaments und des Rates[5] eingeführt wurde, wird die Klimaänderung als vorrangiger Maßnahmenbereich definiert und die Einrichtung eines gemeinschaftsweiten Systems für den Emissionshandel bis 2005 gefordert. In dem Programm wird bekräftigt, dass die Gemeinschaft sich zu einer 8 %igen Verringerung ihrer Treibhausgasemissionen im Zeitraum 2008–2012 gegenüber dem Stand von 1990 verpflichtet hat und dass die globalen Treibhausgasemissionen längerfristig gegenüber dem Stand von 1990 um etwa 70 % gesenkt werden müssen.

(3) Das Ziel des Rahmenübereinkommens der Vereinten Nationen über Klimaänderungen, das mit dem Beschluss 94/69/EG des Rates vom 15. Dezember 1993 über den Abschluss des Rahmenübereinkommens der Vereinten Nationen über Klimaänderungen[6] genehmigt wurde, ist letztlich die Stabilisierung der Treibhausgaskonzentrationen in

---

1) **Amtl. Anm.:** ABl C 75 E vom 26. 3. 2002, S. 33.
2) **Amtl. Anm.:** ABl C 221 vom 17. 9. 2002, S. 27.
3) **Amtl. Anm.:** ABl C 192 vom 12. 8. 2002, S. 59.
4) **Amtl. Anm.:** Stellungnahme des Europäischen Parlaments vom 10. Oktober 2002 (noch nicht im Amtsblatt veröffentlicht), Gemeinsamer Standpunkt des Rates vom 18. März 2003 (ABl C 125 E vom 27. 5. 2003, S. 72), Beschluss des Europäischen Parlaments vom 2. Juli 2003 (noch nicht im Amtsblatt veröffentlicht) und Beschluss des Rates vom 22. Juli 2003.
5) **Amtl. Anm.:** ABl L 242 vom 10. 9. 2002, S. 1.
6) **Amtl. Anm.:** ABl L 33 vom 7. 2. 1994, S. 11.

der Atmosphäre auf einem Stand, der eine gefährliche vom Menschen verursachte Beeinflussung des Klimasystems verhindert.

(4) Bei Inkrafttreten des Kyoto-Protokolls, das mit der Entscheidung 2002/358/EG des Rates vom 25. April 2002 über die Genehmigung des Protokolls von Kyoto zum Rahmenübereinkommen der Vereinten Nationen über Klimaänderungen im Namen der Europäischen Gemeinschaft sowie die gemeinsame Erfüllung der daraus erwachsenden Verpflichtungen[1] genehmigt wurde, werden die Gemeinschaft und ihre Mitgliedstaaten verpflichtet sein, ihre gemeinsamen anthropogenen Treibhausgasemissionen, die in Anhang A des Protokolls aufgeführt sind, im Zeitraum 2008–2012 gegenüber dem Stand von 1990 um 8 % zu senken.

(5) Die Gemeinschaft und ihre Mitgliedstaaten sind übereingekommen, ihre Verpflichtungen zur Verringerung der anthropogenen Treibhausgasemissionen im Rahmen des Kyoto-Protokolls gemäß der Entscheidung 2002/358/EG gemeinsam zu erfüllen. Diese Richtlinie soll dazu beitragen, dass die Verpflichtungen der Europäischen Gemeinschaft und ihrer Mitgliedstaaten durch einen effizienten europäischen Markt für Treibhausgasemissionszertifikate effektiv und unter möglichst geringer Beeinträchtigung der wirtschaftlichen Entwicklung und der Beschäftigungslage erfüllt werden.

(6) Durch die Entscheidung 93/389/EWG des Rates vom 24. Juni 1993 über ein System zur Beobachtung der Emissionen von $CO_2$ und anderen Treibhausgasen in der Gemeinschaft[2] wurde ein System zur Beobachtung der Treibhausgasemissionen und zur Bewertung der Fortschritte bei der Erfüllung der Verpflichtungen im Hinblick auf diese Emissionen eingeführt. Dieses System wird es den Mitgliedstaaten erleichtern, die Gesamtmenge der zuteilbaren Zertifikate zu bestimmen.

(7) Gemeinschaftsvorschriften für die Zuteilung der Zertifikate durch die Mitgliedstaaten sind notwendig, um die Integrität des Binnenmarktes zu erhalten und Wettbewerbsverzerrungen zu vermeiden.

(8) Die Mitgliedstaaten sollten bei der Zuteilung von Zertifikaten das Potenzial bei Tätigkeiten industrieller Verfahren berücksichtigen, die Emissionen zu verringern.

(9) Die Mitgliedstaaten können vorsehen, dass Zertifikate, die für einen 2008 beginnenden Fünfjahreszeitraum gültig sind, nur an Personen für gelöschte Zertifikate entsprechend der Emissionsverringerung vergeben werden, die diese Personen in ihrem Staatsgebiet während eines 2005 beginnenden Dreijahreszeitraums erzielt haben.

(10) Beginnend mit dem genannten Fünfjahreszeitraum wird die Übertragung von Zertifikaten an andere Mitgliedstaaten mit entsprechenden Anpassungen der im Rahmen des Kyoto-Protokolls zugeteilten Mengen verknüpft.

(11) Die Mitgliedstaaten sollten sicherstellen, dass die Betreiber bestimmter Tätigkeiten eine Genehmigung zur Emission von Treibhausgasen besitzen und ihre Emissionen der für diese Tätigkeiten spezifizierten Treibhausgase überwachen und darüber Bericht erstatten.

(12) Die Mitgliedstaaten sollten Vorschriften über Sanktionen festlegen, die bei einem Verstoß gegen diese Richtlinie zu verhängen sind, und deren Durchsetzung gewährleisten. Die Sanktionen müssen wirksam, verhältnismäßig und abschreckend sein.

(13) Um Transparenz zu gewährleisten, sollte die Öffentlichkeit Zugang zu Informationen über die Zuteilung von Zertifikaten und die Ergebnisse der Überwachung von Emissionen erhalten, der nur den Beschränkungen gemäß der Richtlinie 2003/4/EG des Europäischen Parlaments und des Rates vom 28. Januar 2003 über den Zugang der Öffentlichkeit zu Umweltinformationen[3] unterliegt.

(14) Die Mitgliedstaaten sollten einen Bericht über die Durchführung dieser Richtlinie vorlegen, der gemäß der Richtlinie 91/692/EWG des Rates vom 23. Dezember 1991 zur

---

1) **Amtl. Anm.:** ABl L 130 vom 15.5.2002, S. 1.
2) **Amtl. Anm.:** ABl L 167 vom 9.7.1993, S. 31. Geändert durch die Entscheidung 1999/296/EG (ABl L 117 vom 5.5.1999, S. 35).
3) **Amtl. Anm.:** ABl L 41 vom 14.2.2003, S. 26.

Vereinheitlichung und zweckmäßigen Gestaltung der Berichte über die Durchführung bestimmter Umweltschutzrichtlinien[1] erstellt wird.

(15) Die Einbeziehung zusätzlicher Anlagen in das Gemeinschaftssystem sollte gemäß den Bestimmungen dieser Richtlinie erfolgen, wodurch Emissionen von anderen Treibhausgasen als Kohlendioxid, etwa bei Tätigkeiten der Aluminium- und Chemieindustrie, durch das Gemeinschaftssystem abgedeckt werden können.

(16) Diese Richtlinie sollte die Mitgliedstaaten nicht daran hindern, nationale Handelssysteme zur Regelung der Treibhausgasemissionen aus anderen als den in Anhang I aufgeführten oder in das Gemeinschaftssystem einbezogenen Tätigkeiten oder aus Anlagen, die vorübergehend aus dem Gemeinschaftssystem ausgeschlossen sind, beizubehalten oder einzuführen.

(17) Die Mitgliedstaaten können als Vertragsparteien des Protokolls von Kyoto am internationalen Emissionshandel mit den anderen in Anhang B dieses Protokolls aufgeführten Parteien teilnehmen.

(18) Die Herstellung einer Verbindung zwischen dem Gemeinschaftssystem und den Systemen für den Handel mit Treibhausgasemissionen in Drittländern wird zu einer höheren Kosteneffizienz bei der Verwirklichung der Emissionsverringerungsziele der Gemeinschaft führen, die in der Entscheidung 2002/358/EG über die gemeinsame Erfüllung der Verpflichtungen vorgesehen sind.

(19) Projektbezogene Mechanismen, einschließlich des Joint Implementation (JI) und des Clean Development Mechanism (CDM), sind wichtig für die Verwirklichung des Zieles, sowohl die Emissionen von Treibhausgasen weltweit zu verringern als auch die Kosteneffizienz des Gemeinschaftssystems zu verbessern. Im Einklang mit den einschlägigen Bestimmungen des Kyoto-Protokolls und der Vereinbarungen von Marrakesch sollte der Einsatz der Mechanismen als Begleitmaßnahme zu innerstaatlichen Maßnahmen erfolgen, und innerstaatliche Maßnahmen werden somit ein wichtiges Element der unternommenen Bemühungen sein.

(20) Diese Richtlinie wird den Einsatz energieeffizienterer Technologien, einschließlich der Kraft-Wärme-Kopplungstechnologie, mit geringeren Emissionen je Produktionseinheit fördern, wogegen die zukünftige Richtlinie über die Förderung einer am Nutzwärmebedarf orientierten Kraft-Wärme-Kopplung im Energiebinnenmarkt speziell die Kraft-Wärme-Kopplungstechnologie fördern wird.

(21) Mit der Richtlinie 96/61/EG des Rates vom 24. September 1996 über die integrierte Vermeidung und Verminderung der Umweltverschmutzung[2] wurde eine allgemeine Regelung zur Vermeidung und Verminderung der Umweltverschmutzung eingeführt, in deren Rahmen auch Genehmigungen für Treibhausgasemissionen erteilt werden können. Die Richtlinie 96/61/EG sollte dahin gehend geändert werden, dass – unbeschadet der sonstigen in jener Richtlinie geregelten Anforderungen – keine Emissionsgrenzwerte für direkte Emissionen von Treibhausgasen aus Anlagen, die unter die vorliegende Richtlinie fallen, vorgeschrieben werden und dass es den Mitgliedstaaten freisteht, keine Energieeffizienzanforderungen in Bezug auf Verbrennungseinheiten oder andere Einheiten am Standort, die Kohlendioxid ausstoßen, festzulegen.

(22) Diese Richtlinie ist mit dem Rahmenübereinkommen der Vereinten Nationen über Klimaänderungen und dem Kyoto-Protokoll vereinbar. Sie sollte anhand der diesbezüglichen Entwicklungen sowie zur Berücksichtigung der Erfahrungen mit ihrer Durchführung und der bei der Überwachung der Treibhausgasemissionen erzielten Fortschritte überprüft werden.

(23) Der Emissionszertifikatehandel sollte Teil eines umfassenden und kohärenten Politik- und Maßnahmenpakets sein, das auf Ebene der Mitgliedstaaten und der Gemeinschaft durchgeführt wird. Unbeschadet der Anwendung der Artikel 87 und 88 des Vertrags können die Mitgliedstaaten bei Tätigkeiten, die unter das Gemeinschaftssystem

---

1) **Amtl. Anm.:** ABl L 377 vom 31. 12. 1991, S. 48.
2) **Amtl. Anm.:** ABl L 257 vom 10. 10. 1996, S. 26.

fallen, die Auswirkungen von ordnungs- und steuerpolitischen sowie sonstigen Maßnahmen prüfen, die auf die gleichen Ziele gerichtet sind. Bei der Überprüfung der Richtlinie sollte berücksichtigt werden, in welchem Umfang diese Ziele erreicht wurden.

(24) Die Erhebung von Steuern kann im Rahmen der einzelstaatlichen Politik ein Instrument darstellen, mit dem sich Emissionen aus Anlagen, die vorübergehend ausgeschlossen sind, begrenzen lassen.

(25) Politik und Maßnahmen sollten auf Ebene der Mitgliedstaaten und der Gemeinschaft in allen Wirtschaftssektoren der Europäischen Union, nicht nur in den Sektoren Industrie und Energie, durchgeführt werden, um zu erheblichen Emissionsverringerungen zu gelangen. Die Kommission sollte insbesondere Politik und Maßnahmen auf Gemeinschaftsebene in Betracht ziehen, damit der Verkehrssektor einen wesentlichen Beitrag dazu leistet, dass die Gemeinschaft und ihre Mitgliedstaaten ihren Klimaschutzverpflichtungen gemäß dem Kyoto-Protokoll nachkommen können.

(26) Ungeachtet des vielfältigen Potenzials marktgestützter Mechanismen sollte die Strategie der Europäischen Union zur Bekämpfung der Klimaänderung auf der Ausgewogenheit zwischen dem Gemeinschaftssystem und anderen Arten gemeinschaftlicher, einzelstaatlicher und internationaler Maßnahmen beruhen.

(27) Diese Richtlinie steht in Einklang mit den Grundrechten und befolgt die insbesondere in der Charta der Grundrechte der Europäischen Union anerkannten Prinzipien.

(28) Die zur Durchführung dieser Richtlinie erforderlichen Maßnahmen sollten gemäß dem Beschluss 1999/468/EG des Rates vom 28. Juni 1999 zur Festlegung der Modalitäten für die Ausübung der der Kommission übertragenen Durchführungsbefugnisse[1] erlassen werden.

(29) Da die Kriterien 1, 5 und 7 des Anhangs III nicht im Komitologieverfahren geändert werden können, sollten Änderungen hinsichtlich Zeiträumen nach 2012 ausschließlich im Mitentscheidungsverfahren erfolgen.

(30) Da das Ziel der beabsichtigten Maßnahme, nämlich die Schaffung eines Gemeinschaftssystems, durch individuelles Handeln der Mitgliedstaaten nicht ausreichend erreicht werden kann und daher wegen des Umfangs und der Auswirkungen der beabsichtigten Maßnahme besser auf Gemeinschaftsebene zu erreichen ist, kann die Gemeinschaft im Einklang mit dem in Artikel 5 des Vertrags niedergelegten Subsidiaritätsprinzip tätig werden. Gemäß dem in demselben Artikel genannten Verhältnismäßigkeitsprinzip geht diese Richtlinie nicht über das für die Erreichung dieses Ziels erforderliche Maß hinaus –

HABEN FOLGENDE RICHTLINIE ERLASSEN:

### Artikel 1  Gegenstand

Mit dieser Richtlinie wird ein System für den Handel mit Treibhausgasemissionszertifikaten in der Gemeinschaft (nachstehend „Gemeinschaftssystem" genannt) geschaffen, um auf kosteneffiziente und wirtschaftlich effiziente Weise auf eine Verringerung von Treibhausgasemissionen hinzuwirken.

### Artikel 2  Geltungsbereich

(1) Diese Richtlinie gilt für die Emissionen aus den in Anhang I aufgeführten Tätigkeiten und die Emissionen der in Anhang II aufgeführten Treibhausgase.

(2) Diese Richtlinie gilt unbeschadet der Anforderungen gemäß Richtlinie 96/61/EG.

### Artikel 3  Begriffsbestimmungen

Im Sinne dieser Richtlinie bezeichnet der Ausdruck

a) „Zertifikat" das Zertifikat, das zur Emission von einer Tonne Kohlendioxidäquivalent in einem bestimmten Zeitraum berechtigt; es gilt nur für die Erfüllung der An-

---

[1] **Amtl. Anm.:** ABl L 184 vom 17. 7. 1999, S. 23.

forderungen dieser Richtlinie und kann nach Maßgabe dieser Richtlinie übertragen werden;
b) „Emissionen" die Freisetzung von Treibhausgasen in die Atmosphäre aus Quellen in einer Anlage;
c) „Treibhausgase" die in Anhang II aufgeführten Gase;
d) „Genehmigung zur Emission von Treibhausgasen" eine Genehmigung, die gemäß den Artikeln 5 und 6 erteilt wird;
e) „Anlage" eine ortsfeste technische Einheit, in der eine oder mehrere der in Anhang I genannten Tätigkeiten sowie andere unmittelbar damit verbundene Tätigkeiten durchgeführt werden, die mit den an diesem Standort durchgeführten Tätigkeiten in einem technischen Zusammenhang stehen und die Auswirkungen auf die Emissionen und die Umweltverschmutzung haben können;
f) „Betreiber" eine Person, die eine Anlage betreibt oder besitzt oder der – sofern in den nationalen Rechtsvorschriften vorgesehen – die ausschlaggebende wirtschaftliche Verfügungsmacht über den technischen Betrieb einer Anlage übertragen worden ist;
g) „Person" jede natürliche oder juristische Person;
h) „neuer Marktteilnehmer" eine Anlage, die eine oder mehrere der in Anhang I aufgeführten Tätigkeiten durchführt und der nach Übermittlung des nationalen Zuteilungsplans an die Kommission eine Genehmigung zur Emission von Treibhausgasen oder infolge einer Änderung der Art oder Funktionsweise oder einer Erweiterung der Anlage eine entsprechende aktualisierte Genehmigung erteilt wurde;
i) „Öffentlichkeit" eine oder mehrere Personen sowie gemäß den nationalen Rechtsvorschriften oder der nationalen Praxis Zusammenschlüsse, Organisationen oder Gruppen von Personen;
j) „Tonne Kohlendioxidäquivalent" eine metrische Tonne Kohlendioxid ($CO_2$) oder eine Menge eines anderen in Anhang II aufgeführten Treibhausgases mit einem äquivalenten Erderwärmungspotenzial.

### Artikel 4 Genehmigungen zur Emission von Treibhausgasen

Die Mitgliedstaaten stellen sicher, dass ab dem 1. Januar 2005 Anlagen die in Anhang I genannten Tätigkeiten, bei denen die für diese Tätigkeiten spezifizierten Emissionen entstehen, nur durchführen, wenn der Betreiber über eine Genehmigung verfügt, die von einer zuständigen Behörde gemäß den Artikeln 5 und 6 erteilt wurde, oder wenn die Anlage gemäß Artikel 27 vorübergehend aus dem Gemeinschaftssystem ausgeschlossen wurde.

### Artikel 5 Anträge auf Erteilung der Genehmigung zur Emission von Treibhausgasen

An die zuständige Behörde gerichtete Anträge auf Erteilung von Genehmigungen zur Emission von Treibhausgasen müssen Angaben zu folgenden Punkten enthalten:
a) Anlage und dort durchgeführte Tätigkeiten und verwendete Technologie,
b) Rohmaterialien und Hilfsstoffe, deren Verwendung wahrscheinlich mit Emissionen von in Anhang I aufgeführten Gasen verbunden ist,
c) Quellen der Emissionen von in Anhang I aufgeführten Gasen aus der Anlage und
d) geplante Maßnahmen zur Überwachung und Berichterstattung betreffend Emissionen im Einklang mit den gemäß Artikel 14 erlassenen Leitlinien.

Dem Antrag ist eine nicht-technische Zusammenfassung der in Unterabsatz 1 genannten Punkte beizufügen.

### Artikel 6 Voraussetzungen für die Erteilung und Inhalt der Genehmigung zur Emission von Treibhausgasen

(1) Die zuständige Behörde erteilt eine Genehmigung zur Emission von Treibhausgasen, durch die die Emission von Treibhausgasen aus der gesamten Anlage oder aus Tei-

len davon genehmigt wird, wenn sie davon überzeugt ist, dass der Betreiber in der Lage ist, die Emissionen zu überwachen und darüber Bericht zu erstatten.

Eine Genehmigung zur Emission von Treibhausgasen kann sich auf eine oder mehrere vom selben Betreiber am selben Standort betriebene Anlagen beziehen.

(2) Genehmigungen zur Emission von Treibhausgasen enthalten folgende Angaben:
a) Name und Anschrift des Betreibers,
b) Beschreibung der Tätigkeiten und Emissionen der Anlage,
c) Überwachungsauflagen, in denen Überwachungsmethode und -häufigkeit festgelegt sind,
d) Auflagen für die Berichterstattung und
e) eine Verpflichtung zur Abgabe von Zertifikaten in Höhe der – nach Artikel 15 geprüften – Gesamtemissionen der Anlage in jedem Kalenderjahr binnen vier Monaten nach Jahresende.

### Artikel 7 Änderungen im Zusammenhang mit den Anlagen

Der Betreiber unterrichtet die zuständige Behörde von allen geplanten Änderungen der Art oder Funktionsweise der Anlage sowie für eine Erweiterung der Anlage, die eine Aktualisierung der Genehmigung zur Emission von Treibhausgasen erfordern könnten. Bei Bedarf aktualisiert die zuständige Behörde die Genehmigung. Ändert sich die Identität des Anlagenbetreibers, so aktualisiert die zuständige Behörde die Genehmigung in Bezug auf Name und Anschrift des neuen Betreibers.

### Artikel 8 Abstimmung mit der Richtlinie 96/61/EG

Die Mitgliedstaaten ergreifen die erforderlichen Maßnahmen, um sicherzustellen, dass bei Anlagen, deren Tätigkeiten in Anhang I der Richtlinie 96/61/EG aufgeführt sind, die Voraussetzungen und das Verfahren für die Erteilung einer Genehmigung zur Emission von Treibhausgasen mit denjenigen für die in jener Richtlinie vorgesehene Genehmigung abgestimmt werden. Die Anforderungen der Artikel 5, 6 und 7 der vorliegenden Richtlinie können in die Verfahren gemäß der Richtlinie 96/61/EG integriert werden.

### Artikel 9 Nationaler Zuteilungsplan

(1) Die Mitgliedstaaten stellen für jeden in Artikel 11 Absätze 1 und 2 genannten Zeitraum einen nationalen Plan auf, aus dem hervorgeht, wie viele Zertifikate sie insgesamt für diesen Zeitraum zuzuteilen beabsichtigen und wie sie die Zertifikate zuzuteilen gedenken. Dieser Plan ist auf objektive und transparente Kriterien zu stützen, einschließlich der in Anhang III genannten Kriterien, wobei die Bemerkungen der Öffentlichkeit angemessen zu berücksichtigen sind. Die Kommission erarbeitet unbeschadet des Vertrags bis spätestens 31. Dezember 2003 eine Anleitung zur Anwendung der in Anhang III aufgeführten Kriterien.

Für den in Artikel 11 Absatz 1 genannten Zeitraum wird der Plan spätestens am 31. März 2004 veröffentlicht und der Kommission und den übrigen Mitgliedstaaten übermittelt. Für die folgenden Zeiträume werden die Pläne mindestens achtzehn Monate vor Beginn des betreffenden Zeitraums veröffentlicht und der Kommission und den übrigen Mitgliedstaaten übermittelt.

(2) Die nationalen Zuteilungspläne werden in dem in Artikel 23 Absatz 1 genannten Ausschuss erörtert.

(3) Innerhalb von drei Monaten nach Übermittlung eines nationalen Zuteilungsplans durch einen Mitgliedstaat gemäß Absatz 1 kann die Kommission den Plan oder einen Teil davon ablehnen, wenn er mit den in Anhang III aufgeführten Kriterien oder mit Artikel 10 unvereinbar ist. Der Mitgliedstaat trifft eine Entscheidung nach Artikel 11 Absatz 1 oder 2 nur dann, wenn Änderungsvorschläge von der Kommission akzeptiert werden. Ablehnende Entscheidungen sind von der Kommission zu begründen.

## Artikel 10 Zuteilungsmethode

Für den am 1. Januar 2005 beginnenden Dreijahreszeitraum teilen die Mitgliedstaaten mindestens 95 % der Zertifikate kostenlos zu. Für den am 1. Januar 2008 beginnenden Fünfjahreszeitraum teilen die Mitgliedstaaten mindestens 90 % der Zertifikate kostenlos zu.

## Artikel 11 Zuteilung und Vergabe von Zertifikaten

(1) Für den am 1. Januar 2005 beginnenden Dreijahreszeitraum entscheidet jeder Mitgliedstaat über die Gesamtzahl der Zertifikate, die er für diesen Zeitraum zuteilen wird, sowie über die Zuteilung dieser Zertifikate an die Betreiber der einzelnen Anlagen. Diese Entscheidung wird mindestens drei Monate vor Beginn des Zeitraums getroffen, und zwar auf der Grundlage des gemäß Artikel 9 aufgestellten nationalen Zuteilungsplans, im Einklang mit Artikel 10 und unter angemessener Berücksichtigung der Bemerkungen der Öffentlichkeit.

(2) Für den am 1. Januar 2008 beginnenden Fünfjahreszeitraum und jeden folgenden Fünfjahreszeitraum entscheidet jeder Mitgliedstaat über die Gesamtzahl der Zertifikate, die er für diesen Zeitraum zuteilen wird, und leitet das Verfahren für die Zuteilung dieser Zertifikate an die Betreiber der einzelnen Anlagen ein. Diese Entscheidung wird mindestens zwölf Monate vor Beginn des betreffenden Zeitraums getroffen, und zwar auf der Grundlage des gemäß Artikel 9 aufgestellten nationalen Zuteilungsplans des Mitgliedstaats, im Einklang mit Artikel 10 und unter angemessener Berücksichtigung der Bemerkungen der Öffentlichkeit.

(3) Entscheidungen gemäß Absatz 1 oder 2 müssen im Einklang mit dem Vertrag, insbesondere mit den Artikeln 87 und 88, stehen. Bei der Entscheidung über die Zuteilung berücksichtigen die Mitgliedstaaten die Notwendigkeit, neuen Marktteilnehmern den Zugang zu Zertifikaten zu ermöglichen.

(4) Die zuständige Behörde vergibt einen Teil der Gesamtmenge der Zertifikate bis zum 28. Februar jeden Jahres des in Absatz 1 oder 2 genannten Zeitraums.

## Artikel 12 Übertragung, Abgabe und Löschung von Zertifikaten

(1) Die Mitgliedstaaten stellen sicher, dass Zertifikate übertragbar sind zwischen

a) Personen innerhalb der Gemeinschaft,

b) Personen innerhalb der Gemeinschaft und Personen in Drittländern, in denen diese Zertifikate nach dem in Artikel 25 genannten Verfahren anerkannt werden, wobei nur die Beschränkungen Anwendung finden, die in dieser Richtlinie geregelt sind oder gemäß dieser Richtlinie erlassen werden.

(2) Die Mitgliedstaaten stellen sicher, dass Zertifikate, die von der zuständigen Behörde eines anderen Mitgliedstaates vergeben wurden, für die Erfüllung der Verpflichtungen eines Betreibers aus Absatz 3 genutzt werden können.

(3) Die Mitgliedstaaten stellen sicher, dass der Betreiber für jede Anlage bis spätestens 30. April jeden Jahres eine Anzahl von Zertifikaten abgibt, die den – nach Artikel 15 geprüften – Gesamtemissionen der Anlage im vorhergehenden Kalenderjahr entspricht, und dass diese Zertifikate anschließend gelöscht werden.

(4) Die Mitgliedstaaten stellen durch die notwendigen Maßnahmen sicher, dass Zertifikate jederzeit gelöscht werden, wenn der Inhaber dies beantragt.

## Artikel 13 Gültigkeit der Zertifikate

(1) Die Zertifikate sind gültig für Emissionen während des in Artikel 11 Absatz 1 oder 2 genannten Zeitraums, für den sie vergeben werden.

(2) Vier Monate nach Beginn des ersten in Artikel 11 Absatz 2 genannten Fünfjahreszeitraums werden Zertifikate, die nicht mehr gültig sind und nicht gemäß Artikel 12 Absatz 3 abgegeben und gelöscht wurden, von der zuständigen Behörde gelöscht.

Die Mitgliedstaaten können Zertifikate an Personen für den laufenden Zeitraum vergeben, um Zertifikate zu ersetzen, die diese Personen besaßen und die gemäß Unterabsatz 1 gelöscht wurden.

(3) Vier Monate nach Beginn jedes folgenden in Artikel 11 Absatz 2 genannten Fünfjahreszeitraums werden Zertifikate, die nicht mehr gültig sind und nicht gemäß Artikel 12 Absatz 3 abgegeben und gelöscht wurden, von der zuständigen Behörde gelöscht.

Die Mitgliedstaaten vergeben Zertifikate an Personen für den laufenden Zeitraum, um Zertifikate zu ersetzen, die diese Personen besaßen und die gemäß Unterabsatz 1 gelöscht wurden.

### Artikel 14 Leitlinien für die Überwachung und Berichterstattung betreffend Emissionen

(1) Die Kommission verabschiedet bis zum 30. September 2003 nach dem in Artikel 23 Absatz 2 genannten Verfahren Leitlinien für die Überwachung und Berichterstattung betreffend Emissionen aus in Anhang I aufgeführten Tätigkeiten von für diese Tätigkeiten spezifizierten Treibhausgasen. Die Leitlinien basieren auf den in Anhang IV dargestellten Grundsätzen für die Überwachung und Berichterstattung.

(2) Die Mitgliedstaaten sorgen dafür, dass die Emissionen im Einklang mit den Leitlinien überwacht werden.

(3) Die Mitgliedstaaten sorgen dafür, dass jeder Betreiber einer Anlage der zuständigen Behörde über die Emissionen dieser Anlage in jedem Kalenderjahr nach Ende dieses Jahres im Einklang mit den Leitlinien Bericht erstattet.

### Artikel 15 Prüfung

Die Mitgliedstaaten stellen sicher, dass die von den Betreibern gemäß Artikel 14 Absatz 3 vorgelegten Berichte anhand der Kriterien des Anhangs V geprüft werden und die zuständige Behörde hiervon unterrichtet wird.

Die Mitgliedstaaten stellen sicher, dass ein Betreiber, dessen Bericht bis zum 31. März jeden Jahres in Bezug auf die Emissionen des Vorjahres nicht gemäß den Kriterien des Anhangs V als zufrieden stellend bewertet wurde, keine weiteren Zertifikate übertragen kann, bis ein Bericht dieses Betreibers als zufrieden stellend bewertet wurde.

### Artikel 16 Sanktionen

(1) Die Mitgliedstaaten legen Vorschriften über Sanktionen fest, die bei einem Verstoß gegen die gemäß dieser Richtlinie erlassenen nationalen Vorschriften zu verhängen sind, und treffen die notwendigen Maßnahmen, um die Durchsetzung dieser Vorschriften zu gewährleisten. Die Sanktionen müssen wirksam, verhältnismäßig und abschreckend sein. Die Mitgliedstaaten teilen der Kommission diese Vorschriften spätestens am 31. Dezember 2003 mit und melden ihr spätere Änderungen unverzüglich.

(2) Die Mitgliedstaaten stellen sicher, dass die Namen der Betreiber, die gegen die Verpflichtungen nach Artikel 12 Absatz 3 zur Abgabe einer ausreichenden Anzahl von Zertifikaten verstoßen, veröffentlicht werden.

(3) Die Mitgliedstaaten stellen sicher, dass Betreibern, die nicht bis zum 30. April jeden Jahres eine ausreichende Anzahl von Zertifikaten zur Abdeckung ihrer Emissionen im Vorjahr abgeben, eine Sanktion wegen Emissionsüberschreitung auferlegt wird. Die Sanktion wegen Emissionsüberschreitung beträgt für jede von der Anlage ausgestoßene Tonne Kohlendioxidäquivalent, für die der Betreiber keine Zertifikate abgegeben hat, 100 EUR. Die Zahlung der Sanktion entbindet den Betreiber nicht von der Verpflichtung, Zertifikate in Höhe dieser Emissionsüberschreitung abzugeben, wenn er die Zertifikate für das folgende Kalenderjahr abgibt.

(4) Während des am 1. Januar 2005 beginnenden Dreijahreszeitraums verhängen die Mitgliedstaaten für jede von der Anlage ausgestoßene Tonne Kohlendioxidäquivalent, für die der Betreiber keine Zertifikate abgegeben hat, eine niedrigere Sanktion wegen Emissionsüberschreitung in Höhe von 40 EUR. Die Zahlung der Sanktion entbindet den

Betreiber nicht von der Verpflichtung, Zertifikate in Höhe dieser Emissionsüberschreitung abzugeben, wenn er die Zertifikate für das folgende Kalenderjahr abgibt.

### Artikel 17  Zugang zu Informationen

Entscheidungen über die Zuteilung von Zertifikaten und die Emissionsberichte, die gemäß der Genehmigung zur Emission von Treibhausgasen zu übermitteln sind und der zuständigen Behörde vorliegen, werden der Öffentlichkeit von dieser Behörde zugänglich gemacht, wobei die Einschränkungen gemäß Artikel 3 Absatz 3 und Artikel 4 der Richtlinie 2003/4/EG zu beachten sind.

### Artikel 18  Zuständige Behörde

Die Mitgliedstaaten sorgen für die Schaffung des für die Durchführung dieser Richtlinie geeigneten verwaltungstechnischen Rahmens, einschließlich der Benennung der entsprechenden zuständigen Behörde(n). Wird mehr als eine zuständige Behörde benannt, so muss die Tätigkeit der betreffenden Behörden im Rahmen dieser Richtlinie koordiniert werden.

### Artikel 19  Register

(1) Die Mitgliedstaaten sorgen für die Einrichtung und Aktualisierung eines Registers, um die genaue Verbuchung von Vergabe, Besitz, Übertragung und Löschung von Zertifikaten zu gewährleisten. Die Mitgliedstaaten können ihre Register im Rahmen eines konsolidierten Systems gemeinsam mit einem oder mehreren anderen Mitgliedstaaten führen.

(2) Jede Person kann Inhaber von Zertifikaten sein. Das Register ist der Öffentlichkeit zugänglich zu machen und in getrennte Konten aufzugliedern, um die Zertifikate der einzelnen Personen zu erfassen, an die und von denen Zertifikate vergeben oder übertragen werden.

(3) Im Hinblick auf die Durchführung dieser Richtlinie erlässt die Kommission nach dem in Artikel 23 Absatz 2 genannten Verfahren eine Verordnung über ein standardisiertes und sicheres Registrierungssystem in Form standardisierter elektronischer Datenbanken mit gemeinsamen Datenelementen zur Verfolgung von Vergabe, Besitz, Übertragung und Löschung von Zertifikaten, zur Gewährleistung des Zugangs der Öffentlichkeit und angemessener Vertraulichkeit und um sicherzustellen, dass keine Übertragungen erfolgen, die mit den Verpflichtungen aus dem Kyoto-Protokoll unvereinbar sind.

### Artikel 20  Zentralverwalter

(1) Die Kommission benennt einen Zentralverwalter, um ein unabhängiges Transaktionsprotokoll über Vergabe, Übertragung und Löschung der Zertifikate zu führen.

(2) Der Zentralverwalter führt anhand des unabhängigen Transaktionsprotokolls eine automatisierte Kontrolle jeder Transaktion in den Registern durch, um sicherzustellen, dass keine Unregelmäßigkeiten bezüglich Vergabe, Übertragung und Löschung der Zertifikate vorliegen.

(3) Werden bei der automatisierten Kontrolle Unregelmäßigkeiten festgestellt, so unterrichtet der Zentralverwalter den bzw. die betreffenden Mitgliedstaaten, die die fraglichen Transaktionen oder weitere Transaktionen im Zusammenhang mit den betreffenden Zertifikaten nicht in das bzw. die Register eintragen, bis die Unregelmäßigkeiten beseitigt sind.

### Artikel 21  Berichterstattung durch die Mitgliedstaaten

(1) Die Mitgliedstaaten legen der Kommission jedes Jahr einen Bericht über die Anwendung dieser Richtlinie vor. In diesem Bericht ist insbesondere auf die Regeln für die Zuteilung der Zertifikate, das Funktionieren der Register, die Anwendung der Leitlinien für die Überwachung und Berichterstattung sowie die Prüfung und Fragen der Einhaltung der Richtlinie und gegebenenfalls der steuerlichen Behandlung von Zertifikaten einzugehen. Der erste Bericht ist der Kommission bis zum 30. Juni 2005 zu übermitteln.

Der Bericht ist auf der Grundlage eines Fragebogens bzw. einer Vorlage zu erstellen, der bzw. die von der Kommission gemäß dem Verfahren des Artikels 6 der Richtlinie 91/692/EWG entworfen wurde. Der Fragebogen bzw. die Vorlage wird den Mitgliedstaaten spätestens sechs Monate vor Ablauf der Frist für die Übermittlung des ersten Berichts zugesandt.

(2) Auf der Grundlage der in Absatz 1 genannten Berichte veröffentlicht die Kommission binnen drei Monaten nach Eingang der Berichte aus den Mitgliedstaaten einen Bericht über die Anwendung dieser Richtlinie.

(3) Die Kommission organisiert einen Informationsaustausch zwischen den zuständigen Behörden der Mitgliedstaaten über Entwicklungen hinsichtlich folgender Aspekte: Zuteilung, Funktionieren der Register, Überwachung, Berichterstattung, Prüfung und Einhaltung.

### Artikel 22  Änderungen des Anhangs III

Unter Berücksichtigung der in Artikel 21 vorgesehenen Berichte und der bei der Anwendung dieser Richtlinie gesammelten Erfahrungen kann die Kommission Anhang III mit Ausnahme der Kriterien 1, 5 und 7 für den Zeitraum 2008 bis 2012 nach dem in Artikel 23 Absatz 2 genannten Verfahren ändern.

### Artikel 23  Ausschuss

(1) Die Kommission wird von dem durch Artikel 8 der Entscheidung 93/389/EWG eingesetzten Ausschuss unterstützt.

(2) Wird auf diesen Absatz Bezug genommen, so gelten die Artikel 5 und 7 des Beschlusses 1999/468/EG unter Beachtung von dessen Artikel 8.
Der Zeitraum nach Artikel 5 Absatz 6 des Beschlusses 1999/468/EG wird auf drei Monate festgesetzt.

(3) Der Ausschuss gibt sich eine Geschäftsordnung.

### Artikel 24  Verfahren für die einseitige Einbeziehung zusätzlicher Tätigkeiten und Gase

(1) Ab 2008 können die Mitgliedstaaten im Einklang mit dieser Richtlinie den Handel mit Emissionszertifikaten auf nicht in Anhang I aufgeführte Tätigkeiten, Anlagen und Treibhausgase ausweiten, sofern die Einbeziehung solcher Tätigkeiten, Anlagen und Treibhausgase von der Kommission nach dem in Artikel 23 Absatz 2 genannten Verfahren unter Berücksichtigung aller einschlägigen Kriterien, insbesondere der Auswirkungen auf den Binnenmarkt, möglicher Wettbewerbsverzerrungen, der Umweltwirksamkeit der Regelung und der Zuverlässigkeit des vorgesehenen Überwachungs- und Berichterstattungsverfahrens, gebilligt wird.
Ab 2005 können die Mitgliedstaaten unter denselben Voraussetzungen den Handel mit Emissionszertifikaten auf Anlagen ausweiten, die in Anhang I aufgeführte Tätigkeiten durchführen und bei denen die dort vorgesehenen Kapazitätsgrenzen nicht erreicht werden.

(2) Zuteilungen für Anlagen, die derartige Tätigkeiten durchführen, sind in den in Artikel 9 genannten nationalen Zuteilungsplänen zu erfassen.

(3) Die Kommission kann aus eigener Initiative bzw. muss auf Ersuchen eines Mitgliedstaats Leitlinien für die Überwachung und Berichterstattung betreffend Emissionen aus Tätigkeiten, Anlagen und Treibhausgasen, die nicht in Anhang I aufgeführt sind, nach dem in Artikel 23 Absatz 2 genannten Verfahren festlegen, wenn die Überwachung und die Berichterstattung in Bezug auf diese Emissionen mit ausreichender Genauigkeit erfolgen kann.

(4) Werden derartige Maßnahmen eingeführt, so ist bei den nach Artikel 30 durchzuführenden Überprüfungen auch zu prüfen, ob Anhang I dahin gehend geändert werden sollte, dass Emissionen aus diesen Tätigkeiten in gemeinschaftsweit harmonisierter Weise in den Anhang aufgenommen werden.

**Artikel 25 Verknüpfung mit anderen Systemen für den Handel mit Treibhausgasemissionen**

(1) Mit den in Anhang B des Kyoto-Protokolls aufgeführten Drittländern, die das Protokoll ratifiziert haben, sollten im Hinblick auf die gegenseitige Anerkennung der Zertifikate, die im Rahmen des Gemeinschaftssystems und anderer Systeme für den Handel mit Treibhausgasemissionen erteilt wurden, gemäß Artikel 300 des Vertrags Abkommen geschlossen werden.

(2) Wurde ein Abkommen im Sinne von Absatz 1 geschlossen, so erarbeitet die Kommission nach dem in Artikel 23 Absatz 2 genannten Verfahren die erforderlichen Vorschriften für die gegenseitige Anerkennung der Zertifikate im Rahmen dieses Abkommens.

**Artikel 26 Änderung der Richtlinie 96/61/EG** (hier nicht wiedergegeben)

**Artikel 27 Vorübergehender Ausschluss bestimmter Anlagen**

(1) Die Mitgliedstaaten können bei der Kommission beantragen, dass Anlagen vorübergehend, jedoch höchstens bis zum 31. Dezember 2007 aus dem Gemeinschaftssystem ausgeschlossen werden. In jedem Antrag sind alle diese Anlagen einzeln aufzuführen; der Antrag ist zu veröffentlichen.

(2) Stellt die Kommission nach Berücksichtigung etwaiger Bemerkungen der Öffentlichkeit zu diesem Antrag nach dem in Artikel 23 Absatz 2 genannten Verfahren fest, dass die Anlagen

a) infolge der einzelstaatlichen Politik ihre Emissionen ebenso weit begrenzen, wie sie dies tun würden, wenn sie dieser Richtlinie unterworfen wären,

b) Überwachungs-, Berichterstattungs- und Prüfungsanforderungen unterliegen, die denen der Artikel 14 und 15 gleichwertig sind, und

c) bei Nichterfüllung der nationalen Anforderungen Sanktionen unterliegen, die den in Artikel 16 Absätze 1 und 4 aufgeführten Sanktionen zumindest gleichwertig sind,

so sieht sie den vorübergehenden Ausschluss dieser Anlagen aus dem Gemeinschaftssystem vor.

Es ist zu gewährleisten, dass es nicht zu Beeinträchtigungen des Binnenmarkts kommt.

**Artikel 28 Anlagenfonds**

(1) Die Mitgliedstaaten können den Betreibern von Anlagen, die eine der in Anhang I aufgeführten Tätigkeiten durchführen, erlauben, einen Fonds von Anlagen aus demselben Tätigkeitsbereich für den in Artikel 11 Absatz 1 genannten Zeitraum und/oder für den in Artikel 11 Absatz 2 genannten ersten Fünfjahreszeitraum gemäß den Absätzen 2 bis 6 des vorliegenden Artikels zu bilden.

(2) Die Betreiber, die eine in Anhang I aufgeführte Tätigkeit durchführen und einen Fonds bilden möchten, stellen bei der zuständigen Behörde einen Antrag, wobei sie die Anlagen und den Zeitraum angeben, für den sie einen Fonds bilden wollen, und den Nachweis erbringen, dass ein Treuhänder in der Lage sein wird, die in den Absätzen 3 und 4 genannten Verpflichtungen zu erfüllen.

(3) Die Betreiber, die einen Fonds bilden wollen, benennen einen Treuhänder, für den Folgendes gilt:

a) An den Treuhänder wird abweichend von Artikel 11 die Gesamtmenge der je Anlage der Betreiber errechneten Zertifikate vergeben;

b) der Treuhänder ist abweichend von Artikel 6 Absatz 2 Buchstabe e) und Artikel 12 Absatz 3 verantwortlich für die Abgabe von Zertifikaten, die den Gesamtemissionen der Anlagen im Fonds entsprechen;

c) der Treuhänder darf keine weiteren Übertragungen durchführen, falls der Bericht eines Betreibers im Rahmen der Prüfung gemäß Artikel 15 Absatz 2 als nicht zufriedenstellend bewertet wurde.

(4) Abweichend von Artikel 16 Absätze 2, 3 und 4 werden die Sanktionen für Verstöße gegen die Verpflichtungen zur Abgabe einer ausreichenden Anzahl von Zertifikaten, um die Gesamtemissionen aus den Anlagen im Fonds abzudecken, gegen den Treuhänder verhängt.

(5) Ein Mitgliedstaat, der die Bildung eines oder mehrerer Fonds erlauben möchte, reicht den in Absatz 2 genannten Antrag bei der Kommission ein. Unbeschadet der Bestimmungen des Vertrags kann die Kommission innerhalb von drei Monaten nach Eingang einen Antrag ablehnen, der die Anforderungen dieser Richtlinie nicht erfüllt. Eine solche Entscheidung ist zu begründen. Wird der Antrag abgelehnt, so darf der Mitgliedstaat die Bildung des Fonds nur erlauben, wenn Änderungsvorschläge von der Kommission akzeptiert werden.

(6) Falls der Treuhänder den in Absatz 4 genannten Sanktionen nicht nachkommt, ist jeder Betreiber einer Anlage im Fonds nach Artikel 12 Absatz 3 und Artikel 16 für Emissionen seiner eigenen Anlage verantwortlich.

**Artikel 29 Höhere Gewalt**

(1) Während des in Artikel 11 Absatz 1 genannten Zeitraums können die Mitgliedstaaten bei der Kommission beantragen, dass für bestimmte Anlagen in Fällen höherer Gewalt zusätzliche Zertifikate vergeben werden dürfen. Die Kommission stellt fest, ob nachweislich höhere Gewalt vorliegt, und gestattet in diesem Fall die Vergabe zusätzlicher, nicht übertragbarer Zertifikate durch den betreffenden Mitgliedstaat an die Betreiber der betreffenden Anlagen.

(2) Die Kommission stellt bis spätestens 31. Dezember 2003 unbeschadet der Bestimmungen des Vertrags Leitlinien auf, in denen die Umstände dargelegt sind, unter denen nachweislich höhere Gewalt vorliegt.

**Artikel 30 Überprüfung und weitere Entwicklung**

(1) Auf der Grundlage der Fortschritte bei der Überwachung der Treibhausgasemissionen kann die Kommission dem Europäischen Parlament und dem Rat bis zum 31. Dezember 2004 einen Vorschlag unterbreiten, wonach Anhang I dahin gehend geändert wird, dass andere Tätigkeiten und Emissionen anderer in Anhang II aufgeführter Treibhausgase aufgenommen werden.

(2) Auf der Grundlage der Erfahrungen mit der Anwendung dieser Richtlinie und der Fortschritte bei der Überwachung der Treibhausgasemissionen sowie angesichts der Entwicklungen auf internationaler Ebene erstellt die Kommission einen Bericht über die Anwendung dieser Richtlinie, in dem sie auf folgende Punkte eingeht:

a) die Frage, wie und ob Anhang I dahin gehend geändert werden sollte, dass im Hinblick auf eine weitere Steigerung der wirtschaftlichen Effizienz des Systems andere betroffene Sektoren, wie etwa die Sektoren Chemie, Aluminium und Verkehr, andere Tätigkeiten und Emissionen anderer in Anhang II aufgeführter Treibhausgase aufgenommen werden;

b) den Zusammenhang zwischen dem Emissionszertifikatehandel auf Gemeinschaftsebene und dem internationalen Emissionshandel, der im Jahr 2008 beginnen wird;

c) die weitere Harmonisierung der Zuteilungsmethode (einschließlich Versteigerung für die Zeit nach 2012) und der Kriterien für die nationalen Zuteilungspläne gemäß Anhang III;

d) die Nutzung von Emissionsgutschriften aus projektbezogenen Mechanismen;

e) das Verhältnis des Emissionshandels zu anderen auf Ebene der Mitgliedstaaten und der Gemeinschaft durchgeführten Politiken und Maßnahmen, einschließlich der Besteuerung, mit denen die gleichen Ziele verfolgt werden;

f) die Frage, ob es zweckmäßig wäre, ein einziges Gemeinschaftsregister einzurichten;

g) die Höhe der Sanktionen wegen Emissionsüberschreitung, unter anderem unter Berücksichtigung der Inflation;

h) das Funktionieren des Marktes für Emissionszertifikate, insbesondere im Hinblick auf etwaige Marktstörungen;
i) die Frage, wie das Gemeinschaftssystem an eine erweiterte Europäische Union angepasst werden kann;
j) die Einrichtung von Anlagenfonds;
k) die Frage, ob es möglich ist, gemeinschaftsweite Benchmarks als Grundlage für die Zuteilung zu entwickeln, wobei die besten verfügbaren Techniken und Kosten-Nutzen-Analysen zu berücksichtigen sind.

Die Kommission legt dem Europäischen Parlament und dem Rat diesen Bericht sowie gegebenenfalls entsprechende Vorschläge bis zum 30. Juni 2006 vor.

(3) Die Verknüpfung der projektbezogenen Mechanismen, einschließlich des Joint Implementation (JI) und des Clean Development Mechanism (CDM), mit dem Gemeinschaftssystem ist wünschenswert und wichtig, um die Ziele einer Verringerung der globalen Treibhausgasemissionen sowie einer Verbesserung der Kosteneffizienz des Gemeinschaftssystems in der Praxis zu erreichen. Die Emissionsgutschriften aus den projektbezogenen Mechanismen werden daher für eine Nutzung in diesem System nach Maßgabe der Vorschriften anerkannt, die das Europäische Parlament und der Rat auf Vorschlag der Kommission erlassen und die im Jahr 2005 parallel zum Gemeinschaftssystem Anwendung finden sollten. Der Einsatz der Mechanismen erfolgt als Begleitmaßnahme zu innerstaatlichen Maßnahmen im Einklang mit den einschlägigen Bestimmungen des Kyoto-Protokolls und der Vereinbarungen von Marrakesch.

### Artikel 31  Umsetzung

(1) Die Mitgliedstaaten setzen die Rechts- und Verwaltungsvorschriften in Kraft, die erforderlich sind, um dieser Richtlinie spätestens ab dem 31. Dezember 2003 nachzukommen. Sie setzen die Kommission unverzüglich davon in Kenntnis. Die Kommission teilt den anderen Mitgliedstaaten diese Rechts- und Verwaltungsvorschriften mit.

Wenn die Mitgliedstaaten diese Vorschriften erlassen, nehmen sie in den Vorschriften selbst oder durch einen Hinweis bei der amtlichen Veröffentlichung auf diese Richtlinie Bezug. Die Mitgliedstaaten regeln die Einzelheiten der Bezugnahme.

(2) Die Mitgliedstaaten teilen der Kommission den Wortlaut der innerstaatlichen Rechtsvorschriften mit, die sie auf dem unter diese Richtlinie fallenden Gebiet erlassen. Die Kommission setzt die anderen Mitgliedstaaten davon in Kenntnis.

### Artikel 32  Inkrafttreten

Diese Richtlinie tritt am Tag ihrer Veröffentlichung im Amtsblatt der Europäischen Union in Kraft.

### Artikel 33  Adressaten

Diese Richtlinie ist an alle Mitgliedstaaten gerichtet.

# 3. Chemikalienrecht

**Verordnung (EG) Nr. 1907/2006 des Europäischen Parlaments und des Rates vom 18. Dezember 2006 zur Registrierung, Bewertung, Zulassung und Beschränkung chemischer Stoffe (REACH), zur Schaffung einer Europäischen Chemikalienagentur, zur Änderung der Richtlinie 1999/45/EG und zur Aufhebung der Verordnung (EWG) Nr. 793/93 des Rates, der Verordnung (EG) Nr. 1488/94 der Kommission, der Richtlinie 76/769/EWG des Rates sowie der Richtlinien 91/155/EWG, 93/67/EWG, 93/105/EG und 2000/21/EG der Kommission (VO EG Nr. 1907/2006)**

v. 30. 12. 2006 (ABl Nr. L 396 S. 1)

Die Verordnung (EG) Nr. 1907/2006 des Europäischen Parlaments und des Rates vom 18. Dezember 2006 zur Registrierung, Bewertung, Zulassung und Beschränkung chemischer Stoffe (REACH), zur Schaffung einer Europäischen Chemikalienagentur, zur Änderung der Richtlinie 1999/45/EG und zur Aufhebung der Verordnung (EWG) Nr. 793/93 des Rates, der Verordnung (EG) Nr. 1488/94 der Kommission, der Richtlinie 76/769/EWG des Rates sowie der Richtlinien 91/155/EWG, 93/67/EWG, 93/105/EG und 2000/21/EG der Kommission v. 30. 12. 2006 (ABl Nr. L 396, S. 1) wurde geändert durch die Berichtigung der Verordnung (EG) Nr. 1907/2006 des Europäischen Parlaments und des Rates vom 18. Dezember 2006 zur Registrierung, Bewertung, Zulassung und Beschränkung chemischer Stoffe (REACH), zur Schaffung einer Europäischen Agentur für chemische Stoffe, zur Änderung der Richtlinie 1999/45/EG und zur Aufhebung der Verordnung (EWG) Nr. 793/93 des Rates, der Verordnung (EG) Nr. 1488/94 der Kommission, der Richtlinie 76/769/EWG des Rates sowie der Richtlinien 91/155/EWG, 93/67/EWG, 93/105/EG und 2000/21/EG der Kommission v. 29. 5. 2007 (ABl Nr. L 136 S. 3; ber. ABl Nr. L 141 S. 22 v. 31. 5. 2008); Verordnung (EG) Nr. 1354/2007 des Rates vom 15. November 2007 zur Anpassung der Verordnung (EG) Nr. 1907/2006 des Europäischen Parlaments und des Rates zur Registrierung, Bewertung, Zulassung und Beschränkung chemischer Stoffe (REACH) aufgrund des Beitritts Bulgariens und Rumäniens v. 22. 11. 2007 (ABl Nr. L 304 S. 1).

DAS EUROPÄISCHE PARLAMENT UND DER RAT DER EUROPÄISCHEN UNION –
gestützt auf den Vertrag zur Gründung der Europäischen Gemeinschaft, insbesondere auf Artikel 95,
auf Vorschlag der Kommission,
nach Stellungnahme des Europäischen Wirtschafts- und Sozialausschusses[1],
nach Stellungnahme des Ausschusses der Regionen[2],
gemäß dem Verfahren des Artikels 251 des Vertrags[3],
in Erwägung nachstehender Gründe:

(1) Diese Verordnung sollte ein hohes Schutzniveau für die menschliche Gesundheit und für die Umwelt sicherstellen sowie den freien Verkehr von Stoffen als solchen, in Zubereitungen oder in Erzeugnissen gewährleisten und gleichzeitig Wettbewerbsfähigkeit und Innovation verbessern. Diese Verordnung sollte auch die Entwicklung alternativer Beurteilungsmethoden für von Stoffen ausgehende Gefahren fördern.

(2) Der gemeinschaftliche Binnenmarkt für Stoffe kann nur dann wirksam funktionieren, wenn die Anforderungen an Stoffe in den einzelnen Mitgliedstaaten nicht wesentlich voneinander abweichen.

(3) Bei der Angleichung der Rechtsvorschriften für Stoffe sollte ein hohes Schutzniveau für die menschliche Gesundheit und die Umwelt mit dem Ziel einer nachhaltigen Entwicklung sichergestellt werden. Die Rechtsvorschriften sollten ohne Diskriminierung

---

1) **Amtl. Anm.:** ABl C 112 vom 30. 4. 2004, S. 92 und ABl C 294 vom 25. 11. 2005, S. 38.
2) **Amtl. Anm.:** ABl C 164 vom 5. 7. 2005, S. 78.
3) **Amtl. Anm.:** Stellungnahme des Europäischen Parlaments vom 17. November 2005 (noch nicht im Amtsblatt veröffentlicht), Gemeinsamer Standpunkt des Rates vom 27. Juni 2006 (ABl C 276 E vom 14. 11. 2006, S. 1) und Standpunkt des Europäischen Parlaments vom 13. Dezember 2006 (noch nicht im Amtsblatt veröffentlicht). Beschluss des Rates vom 18. Dezember 2006.

danach angewandt werden, ob Stoffe innergemeinschaftlich oder im Einklang mit den internationalen Verpflichtungen der Gemeinschaft international gehandelt werden.

(4) Entsprechend dem am 4. September 2002 vom Weltgipfel über nachhaltige Entwicklung in Johannesburg angenommenen Durchführungsplan will die Europäische Union bis 2020 erreichen, dass Chemikalien so hergestellt und eingesetzt werden, dass erheblich nachteilige Auswirkungen auf die menschliche Gesundheit und die Umwelt so gering wie möglich gehalten werden.

(5) Diese Verordnung sollte unbeschadet der Arbeits- und Umweltschutzvorschriften der Gemeinschaft gelten.

(6) Diese Verordnung sollte dazu beitragen, das am 6. Februar 2006 in Dubai angenommene Strategische Konzept für ein internationales Chemikalienmanagement (Strategic Approach to International Chemical Management – SAICM) zu verwirklichen.

(7) Damit die Einheit des Binnenmarkts erhalten bleibt und ein hohes Schutzniveau für die menschliche Gesundheit, insbesondere die Gesundheit der Arbeitnehmer, und für die Umwelt sichergestellt ist, muss dafür Sorge getragen werden, dass die Herstellung von Stoffen in der Gemeinschaft dem Gemeinschaftsrecht genügt, auch wenn diese Stoffe ausgeführt werden.

(8) Die möglichen Auswirkungen dieser Verordnung auf kleine und mittlere Unternehmen (KMU) und die Notwendigkeit, jegliche Diskriminierung dieser Unternehmen zu vermeiden, sollten besondere Berücksichtigung finden.

(9) Die Bewertung der vier wichtigsten Rechtsinstrumente der Gemeinschaft für Chemikalien, d. h. der Richtlinie 67/548/EWG des Rates vom 27. Juni 1967 zur Angleichung der Rechts- und Verwaltungsvorschriften für die Einstufung, Verpackung und Kennzeichnung gefährlicher Stoffe[1], der Richtlinie 76/769/EWG des Rates vom 27. Juli 1976 zur Angleichung der Rechts- und Verwaltungsvorschriften der Mitgliedstaaten für Beschränkungen des Inverkehrbringens und der Verwendung gewisser gefährlicher Stoffe und Zubereitungen[2], der Richtlinie 1999/45/EG des Europäischen Parlaments und des Rates vom 31. Mai 1999 zur Angleichung der Rechts- und Verwaltungsvorschriften der Mitgliedstaaten für die Einstufung, Verpackung und Kennzeichnung gefährlicher Zubereitungen[3] und der Verordnung (EWG) Nr. 793/93 des Rates vom 23. März 1993 zur Bewertung und Kontrolle der Umweltrisiken chemischer Altstoffe[4], hat erkennen lassen, dass Probleme bei der Anwendung der gemeinschaftlichen Rechtsvorschriften für chemische Stoffe bestehen, die zu Abweichungen zwischen den Rechts- und Verwaltungsvorschriften der Mitgliedstaaten führen und das Funktionieren des Binnenmarkts in diesem Bereich unmittelbar beeinträchtigen, und dass nach dem Vorsorgeprinzip mehr für den Schutz der Gesundheit der Bevölkerung und den Umweltschutz getan werden muss.

(10) Stoffe unter zollamtlicher Überwachung, die sich in vorübergehender Verwahrung, in Freizonen oder in Freilagern zur Wiederausfuhr oder im Transitverkehr befinden, werden nicht im Sinne dieser Verordnung verwendet und sollten somit von ihrem Anwendungsbereich ausgenommen werden. Die Beförderung gefährlicher Stoffe und Zubereitungen im Eisenbahn-, Straßen-, Binnenschiffs-, See- oder Luftverkehr sollte ebenfalls aus dem Anwendungsbereich ausgeklammert werden, da hierfür bereits besondere Rechtsvorschriften gelten.

---

1) **Amtl. Anm.:** ABl 196 vom 16. 8. 1967, S. 1. Zuletzt geändert durch die Richtlinie 2004/73/EG der Kommission (ABl L 152 vom 30. 4. 2004, S. 36. Berichtigung im ABl L 216 vom 16. 6. 2004, S. 3).

2) **Amtl. Anm.:** ABl L 262 vom 27. 9. 1976, S. 201. Zuletzt geändert durch die Richtlinie 2006/139/EG der Kommission (ABl L 384 vom 29. 12. 2006, S. 94).

3) **Amtl. Anm.:** ABl L 200 vom 30. 7. 1999, S. 1. Zuletzt geändert durch die Richtlinie 2006/8/EG der Kommission (ABl L 19 vom 24. 1. 2006, S. 12).

4) **Amtl. Anm.:** ABl L 84 vom 5. 4. 1993, S. 1. Geändert durch die Verordnung (EG) Nr. 1882/2003 des Europäischen Parlaments und des Rates (ABl L 284 vom 31. 10. 2003, S. 1).

(11) Um die Durchführbarkeit sicherzustellen und die Anreize für die Rückgewinnung und die Verwertung von Abfällen zu erhalten, sollten Abfälle nicht als Stoffe, Zubereitungen oder Erzeugnisse im Sinne dieser Verordnung gelten.

(12) Ein wichtiges Ziel des durch diese Verordnung einzurichtenden neuen Systems besteht darin, darauf hinzuwirken und in bestimmten Fällen sicherzustellen, dass besorgniserregende Stoffe letztendlich durch weniger gefährliche Stoffe oder Technologien ersetzt werden, soweit geeignete, wirtschaftlich und technisch tragfähige Alternativen zur Verfügung stehen. Diese Verordnung berührt nicht die Anwendung von Richtlinien über den Arbeitnehmerschutz und die Umwelt, insbesondere der Richtlinie 2004/37/EG des Europäischen Parlaments und des Rates vom 29. April 2004 über den Schutz der Arbeitnehmer gegen Gefährdung durch Karzinogene oder Mutagene bei der Arbeit (Sechste Einzelrichtlinie im Sinne des Artikels 16 Absatz 1 der Richtlinie 89/391/EWG) des Rates[1]) und der Richtlinie 98/24/EG des Rates vom 7. April 1998 zum Schutz von Gesundheit und Sicherheit der Arbeitnehmer vor der Gefährdung durch chemische Arbeitsstoffe bei der Arbeit (vierzehnte Einzelrichtlinie im Sinne des Artikels 16 Absatz 1 der Richtlinie 89/391/EWG)[2]), denen zufolge die Arbeitgeber gefährliche Stoffe beseitigen müssen, wo immer dies technisch möglich ist, oder gefährliche Stoffe durch weniger gefährliche Stoffe ersetzen müssen.

(13) Diese Verordnung sollte unbeschadet der in der Richtlinie 76/768/EWG des Rates vom 27. Juli 1976 zur Angleichung der Rechtsvorschriften der Mitgliedstaaten über kosmetische Mittel[3]) festgelegten Verbote und Beschränkungen gelten, sofern Stoffe als Bestandteile von Kosmetikerzeugnissen verwendet werden und in Verkehr gebracht werden und in den Anwendungsbereich dieser Verordnung fallen. Ein Verbot von Versuchen an Wirbeltieren zum Schutz der menschlichen Gesundheit sollte im Hinblick auf die Verwendung dieser Stoffe in Kosmetikerzeugnissen schrittweise eingeführt werden, so wie in der Richtlinie 76/768/EWG vorgesehen.

(14) Durch diese Verordnung werden Informationen über Stoffe und ihre Verwendungen gewonnen werden. Die verfügbaren Informationen, einschließlich der durch diese Verordnung gewonnenen, sollten von den maßgeblichen Beteiligten bei der Anwendung und Durchführung entsprechender gemeinschaftlicher Rechtsvorschriften, beispielsweise über Erzeugnisse, und gemeinschaftlicher freiwilliger Instrumente wie dem Öko-Kennzeichnungssystem verwendet werden. Die Kommission sollte bei der Überprüfung und Ausarbeitung entsprechender gemeinschaftlicher Rechtsvorschriften und freiwilliger Instrumente berücksichtigen, wie die durch diese Verordnung gewonnenen Informationen genutzt werden sollten, und die Möglichkeiten für die Einführung eines Europäischen Qualitätskennzeichens prüfen.

(15) Es muss eine wirksame Handhabung der technischen, wissenschaftlichen und administrativen Aspekte dieser Verordnung auf Gemeinschaftsebene sichergestellt werden. Eine zentrale Stelle sollte daher eingerichtet werden, um diese Aufgabe zu übernehmen. Eine Durchführbarkeitsstudie über den Ressourcenbedarf dieser zentralen Stelle hat ergeben, dass eine unabhängige zentrale Stelle gegenüber anderen Optionen einige langfristige Vorteile bietet. Daher sollte eine Europäische Chemikalienagentur (nachstehend „Agentur" genannt) errichtet werden.

(16) In dieser Verordnung werden die jeweiligen Pflichten und Auflagen für Hersteller, Importeure und nachgeschaltete Anwender von Stoffen als solchen, in Zubereitungen und in Erzeugnissen festgelegt. Diese Verordnung beruht auf dem Grundsatz, dass die Industrie Stoffe mit einer solchen Verantwortung und Sorgfalt herstellen, einführen, verwenden oder in den Verkehr bringen sollte, wie erforderlich ist, um sicherzustellen, dass die menschliche Gesundheit und die Umwelt unter vernünftigerweise vorhersehbaren Verwendungsbedingungen nicht geschädigt werden.

---

1) **Amtl. Anm.:** ABl L 158 vom 30. 4. 2004, S. 50. Berichtigung im ABl L 229 vom 29. 6. 2004, S. 23.
2) **Amtl. Anm.:** ABl L 131 vom 5. 5. 1998, S. 11.
3) **Amtl. Anm.:** ABl L 262 vom 27. 9. 1976, S. 169. Zuletzt geändert durch die Richtlinie 2006/78/EG der Kommission (ABl L 271 vom 30. 9. 2006, S. 56).

(17) Alle vorliegenden relevanten Informationen über Stoffe als solche, in Zubereitungen oder in Erzeugnissen sollten gesammelt werden, damit ein Beitrag zur Ermittlung gefährlicher Eigenschaften geleistet wird, und Empfehlungen über Risikomanagementmaßnahmen sollten systematisch entlang der gesamten Lieferkette weitergeleitet werden, wie es vernünftigerweise notwendig ist, um schädliche Auswirkungen auf die menschliche Gesundheit oder die Umwelt zu vermeiden. Ferner sollte die Bereitstellung fachspezifischer Ratschläge zur Unterstützung des Risikomanagements in der Lieferkette erforderlichenfalls gefördert werden.

(18) Die Verantwortung für das Risikomanagement im Zusammenhang mit Stoffen sollte bei den natürlichen oder juristischen Personen liegen, die diese Stoffe herstellen, einführen, in Verkehr bringen oder verwenden. Informationen über die Durchführung dieser Verordnung sollten insbesondere für KMU leicht zugänglich sein.

(19) Daher sollten die Registrierungsbestimmungen für Hersteller und Importeure die Verpflichtung vorsehen, Daten über die von ihnen hergestellten oder eingeführten Stoffe zu gewinnen, diese Daten zur Beurteilung der stoffspezifischen Risiken zu nutzen und geeignete Risikomanagementmaßnahmen zu entwickeln und zu empfehlen. Damit diese Verpflichtungen auch eingehalten werden sowie aus Gründen der Transparenz sollten sie im Rahmen der Registrierung bei der Agentur ein Dossier mit all diesen Informationen einreichen müssen. Registrierte Stoffe sollten frei im Binnenmarkt verkehren können.

(20) Die Bewertungsbestimmungen sollten Nacharbeiten im Anschluss an die Registrierung vorsehen, wobei die Übereinstimmung des Registrierungsdossiers mit den Anforderungen dieser Verordnung geprüft werden kann und erforderlichenfalls noch weitere Informationen über Stoffeigenschaften gewonnen werden können. Gelangt die Agentur in Zusammenarbeit mit den Mitgliedstaaten zu der Auffassung, dass Gründe für die Annahme vorliegen, dass ein Stoff ein Risiko für die menschliche Gesundheit oder die Umwelt birgt, so sollte die Agentur nach Aufnahme des Stoffes in den fortlaufenden Aktionsplan der Gemeinschaft für die Stoffbewertung dafür Sorge tragen, dass dieser Stoff bewertet wird, wobei sie sich auf die zuständigen Behörden der Mitgliedstaaten stützt.

(21) Die im Rahmen der Bewertung gewonnenen Stoffinformationen sollten zwar in erster Linie von den Herstellern und Importeuren für das stoffspezifische Risikomanagement verwendet werden, sie können jedoch auch dazu genutzt werden, Zulassungs- oder Beschränkungsverfahren nach dieser Verordnung oder Risikomanagementverfahren nach anderen Rechtsvorschriften der Gemeinschaft einzuleiten. Daher sollte sichergestellt werden, dass diese Informationen den zuständigen Behörden zur Verfügung stehen und von ihnen für derartige Verfahren genutzt werden können.

(22) Mit den Zulassungsvorschriften sollte sichergestellt werden, dass der Binnenmarkt reibungslos funktioniert und die von besonders besorgniserregenden Stoffen ausgehenden Risiken ausreichend beherrscht werden. Zulassungen für das Inverkehrbringen und die Verwendung sollten von der Kommission nur dann erteilt werden, wenn sich die Risiken bei der Verwendung angemessen beherrschen lassen – sofern dies möglich ist – oder die Verwendung aus sozioökonomischen Gründen gerechtfertigt ist und keine geeigneten Alternativen zur Verfügung stehen, die wirtschaftlich und technisch tragfähig sind.

(23) Die Beschränkungsvorschriften sollten vorsehen, dass die Herstellung, das Inverkehrbringen und die Verwendung von Stoffen mit regelungsbedürftigen Risiken auf der Grundlage einer Beurteilung dieser Risiken einem vollständigen oder teilweisen Verbot oder anderen Beschränkungen unterworfen werden können.

(24) Zur Vorbereitung dieser Verordnung hat die Kommission REACH-Durchführungsprojekte initiiert, in die die zuständigen Experten der interessierten Kreise einbezogen wurden. Einige dieser Projekte dienen der Erarbeitung von Leitlinien und Hilfsmitteln, die der Kommission, der Agentur, den Mitgliedstaaten, den Herstellern, Importeuren und nachgeschalteten Anwendern der Stoffe helfen sollen, ihren Verpflichtungen aus dieser Verordnung konkret nachzukommen. Diese Arbeit sollte es der Kommission und

der Agentur ermöglichen, im Hinblick auf die durch diese Verordnung eingeführten Fristen rechtzeitig geeignete technische Leitlinien bereitzustellen.

(25) Die Verantwortung für die Beurteilung der Risiken und der Gefährlichkeit von Stoffen sollten in erster Linie die natürlichen oder juristischen Personen tragen, die diese Stoffe herstellen oder einführen, allerdings nur, wenn es sich um Mengen oberhalb bestimmter Schwellenwerte handelt, damit die damit verbundene Belastung tragbar bleibt. Natürliche oder juristische Personen, die mit chemischen Stoffen umgehen, sollten die erforderlichen Risikomanagementmaßnahmen im Einklang mit der für die Stoffe durchgeführten Risikobeurteilung treffen und entsprechende Empfehlungen über die Lieferkette weitergeben. Dazu sollte gehören, dass die mit der Produktion, der Verwendung und der Entsorgung der einzelnen Stoffe verbundenen Risiken in angemessener und transparenter Weise beschrieben, dokumentiert und mitgeteilt werden.

(26) Zur effektiven Durchführung von Stoffsicherheitsbeurteilungen sollten sich Hersteller und Importeure von Stoffen – falls erforderlich durch neue Versuche – Informationen über diese Stoffe beschaffen.

(27) Zu Zwecken des Vollzugs und der Bewertung sowie aus Gründen der Transparenz sollten die Informationen über diese Stoffe sowie damit zusammenhängende Informationen, einschließlich Informationen über Risikomanagementmaßnahmen, normalerweise den Behörden vorgelegt werden.

(28) Bei der wissenschaftlichen Forschung und Entwicklung werden normalerweise Mengen von unter 1 Tonne pro Jahr verwendet. Es bedarf keiner Ausnahme für diese Forschungs- und Entwicklungstätigkeiten, da Stoffe in diesen Mengen ohnehin nicht registriert werden müssen. Zur Förderung der Innovationstätigkeit sollten produkt- und verfahrensorientierte Forschung und Entwicklung jedoch für eine bestimmte Zeit von der Registrierungspflicht ausgenommen werden, wenn ein Stoff noch nicht für eine unbestimmte Zahl von Kunden in Verkehr gebracht werden soll, weil seine Verwendung in Zubereitungen oder Erzeugnissen noch weiterer Forschungs- und Entwicklungsarbeiten bedarf, die von dem potenziellen Registranten selbst oder in Zusammenarbeit mit einer begrenzten Zahl bekannter Kunden durchgeführt werden. Darüber hinaus ist es angezeigt, eine ähnliche Ausnahme für nachgeschaltete Anwender vorzusehen, die den Stoff für produkt- und verfahrensorientierte Forschung und Entwicklung verwenden, sofern die Risiken für die menschliche Gesundheit und die Umwelt gemäß den Anforderungen der Rechtsvorschriften über den Schutz der Arbeitnehmer und der Umwelt angemessen beherrscht werden.

(29) Da Produzenten und Importeure von Erzeugnissen die Verantwortung für ihre Erzeugnisse tragen sollten, ist es angezeigt, eine Registrierungspflicht für Stoffe vorzuschreiben, die aus diesen Erzeugnissen freigesetzt werden sollen und für diese Verwendung nicht registriert worden sind. Im Falle von besonders besorgniserregenden Stoffen, die in Erzeugnissen enthalten sind, sollte bei Überschreitung der Mengen- und Konzentrationsschwellen die Agentur unterrichtet werden, wenn eine Exposition gegenüber dem Stoff nicht ausgeschlossen werden kann und niemand den Stoff für diese Verwendung registriert hat. Die Agentur sollte außerdem ermächtigt werden, zu verlangen, dass ein Registrierungsdossier eingereicht wird, wenn sie Grund zu der Annahme hat, dass die Freisetzung eines Stoffes aus dem Erzeugnis eine Gefahr für die menschliche Gesundheit oder die Umwelt darstellen kann, und wenn der Stoff in diesen Erzeugnissen in Mengen von insgesamt mehr als 1 Tonne pro Jahr und pro Hersteller oder Importeur enthalten ist. Die Agentur sollte die Notwendigkeit eines Beschränkungsvorschlags prüfen, wenn sie der Auffassung ist, dass die Verwendung derartiger Stoffe in Erzeugnissen eine Gefahr für die menschliche Gesundheit oder die Umwelt darstellt, die nicht angemessen beherrscht wird.

(30) Die für die Stoffsicherheitsbeurteilungen durch Hersteller und Importeure geltenden Anforderungen sollten ausführlich in einem technischen Anhang festgelegt werden, damit Hersteller und Importeure in die Lage versetzt werden, ihren Verpflichtungen nachzukommen. Im Sinne einer gerechten Verteilung der Lasten zwischen ihnen und ihren Kunden sollten die Hersteller und Importeure in ihrer Stoffsicherheitsbeurteilung nicht nur ihre eigenen Verwendungen und die Verwendungen, für die sie ihre Stoffe in

Verkehr bringen, behandeln, sondern auch alle Verwendungen, um deren Einbeziehung sie von ihren Kunden gebeten werden.

(31) Die Kommission sollte in enger Zusammenarbeit mit der Industrie, den Mitgliedstaaten und anderen interessierten Kreisen Leitlinien für die Erfüllung der Anforderungen dieser Verordnung für Zubereitungen (insbesondere an Sicherheitsdatenblätter mit Expositionsszenarien) einschließlich der Beurteilung von in besonderen Zubereitungen enthaltenen Stoffen – z. B. von in Legierungen enthaltenen Metallen – erstellen. Dabei sollte die Kommission die Arbeiten im Rahmen der REACH-Durchführungsprojekte in vollem Umfang berücksichtigen und die in diesem Bereich erforderlichen Leitlinien in das Gesamtpaket von REACH-Leitlinien aufnehmen. Diese Leitlinien sollten vor Beginn der Anwendung dieser Verordnung vorliegen.

(32) Eine Stoffsicherheitsbeurteilung sollte nicht für Stoffe durchgeführt werden müssen, die sich in einer bestimmten sehr geringen Konzentration, die als nicht besorgniserregend gilt, in Zubereitungen befinden. In derartig niedriger Konzentration in Zubereitungen enthaltene Stoffe sollten auch von der Zulassungspflicht ausgenommen werden. Diese Bestimmungen sollten gleichermaßen für Zubereitungen gelten, bei denen es sich um feste Stoffgemische handelt, bis einer solchen Zubereitung die spezifische Form gegeben wird, die sie zu einem Erzeugnis macht.

(33) Es sollte die gemeinsame Einreichung und der Austausch von Stoffinformationen vorgesehen werden, um die Wirksamkeit des Registrierungssystems zu erhöhen, die Kosten zu senken und die Zahl von Wirbeltierversuchen zu reduzieren. Ein Angehöriger einer Gruppe mehrfacher Registranten sollte Informationen im Namen der anderen nach Regeln vorlegen, die gewährleisten, dass alle geforderten Informationen vorgelegt werden und gleichzeitig die Kosten geteilt werden können. Ein Registrant sollte die Möglichkeit haben, der Agentur in bestimmten Sonderfällen Informationen direkt vorzulegen.

(34) Die Anforderungen an die Gewinnung von Stoffinformationen sollten entsprechend der Herstellungs- oder Einfuhrmenge eines Stoffes abgestuft werden, da diese Mengen Hinweise auf das Potenzial der Exposition von Mensch und Umwelt gegenüber diesen Stoffen geben, und ausführlich dargestellt werden. Um die möglichen Konsequenzen für in geringen Mengen vorkommende Stoffe zu verringern, sollten neue toxikologische und ökotoxikologische Informationen nur für prioritäre Stoffe in Mengen von 1 bis 10 Tonnen vorgelegt werden müssen. Bei anderen Stoffen in diesem Mengenbereich sollten den Herstellern und Importeuren Anreize geboten werden, damit sie diese Informationen vorlegen.

(35) Die Mitgliedstaaten, die Agentur und alle interessierten Kreise sollten die Ergebnisse der REACH-Durchführungsprojekte insbesondere in Bezug auf die Registrierung natürlich vorkommender Stoffe in vollem Umfang berücksichtigen.

(36) Es ist in Betracht zu ziehen, Artikel 2 Absatz 7 Buchstaben a und b sowie Anhang XI auf Stoffe aus mineralogischen Verfahren anzuwenden, was bei der Überprüfung der Anhänge IV und V in vollem Umfang berücksichtigt werden sollte.

(37) Wenn Versuche durchgeführt werden, sollten sie den einschlägigen Anforderungen an den Schutz von Labortieren der Richtlinie 86/609/EWG des Rates vom 24. November 1986 zur Annäherung der Rechts- und Verwaltungsvorschriften der Mitgliedstaaten zum Schutz der für Versuche und andere wissenschaftliche Zwecke verwendeten Tiere[1] genügen sowie, im Falle ökotoxikologischer und toxikologischer Prüfungen, der Guten Laborpraxis gemäß der Richtlinie 2004/10/EG des Europäischen Parlaments und des Rates vom 11. Februar 2004 zur Angleichung der Rechts- und Verwaltungsvorschriften für die Anwendung der Grundsätze der Guten Laborpraxis und zur Kontrolle ihrer Anwendung bei Versuchen mit chemischen Stoffen[2] entsprechen.

---

1) **Amtl. Anm.:** ABl L 358 vom 18. 12. 1986, S. 1. Geändert durch die Richtlinie 2003/65/EG des Europäischen Parlaments und des Rates (ABl L 230 vom 16. 9. 2003, S. 32).

2) **Amtl. Anm.:** ABl L 50 vom 20. 2. 2004, S. 44.

(38) Die Gewinnung von Informationen auf anderen, den vorgeschriebenen Versuchen und Prüfmethoden gleichwertigen Wegen sollte ebenfalls möglich sein, zum Beispiel wenn diese Informationen aus validen qualitativen oder quantitativen Modellen für Struktur-Wirkungs-Beziehungen oder von strukturell verwandten Stoffen stammen. Zu diesem Zweck sollte die Agentur in Zusammenarbeit mit den Mitgliedstaaten und interessierten Kreisen geeignete Leitlinien entwickeln. Es sollte auch möglich sein, bestimmte Informationen nicht vorzulegen, wenn das angemessen begründet werden kann. Auf der Grundlage der mit REACH-Durchführungsprojekten gewonnenen Erfahrungen sollten Kriterien dafür ausgearbeitet werden, was eine angemessene Begründung darstellt.

(39) Um den Unternehmen, insbesondere den KMU, zu helfen, die Anforderungen dieser Verordnung zu erfüllen, sollten die Mitgliedstaaten zusätzlich zu den von der Agentur bereitgestellten schriftlichen Leitlinien einzelstaatliche Auskunftsstellen einrichten.

(40) Die Kommission, die Mitgliedstaaten, die Industrie und die anderen Beteiligten sollten weiterhin auf internationaler und nationaler Ebene einen Beitrag zur Förderung alternativer Prüfmethoden leisten, einschließlich computergestützter Methoden, In-vitro-Methoden, soweit geeignet, auf der Toxikogenomik beruhender Methoden und anderer geeigneter Methoden. Die gemeinschaftliche Strategie zur Förderung alternativer Prüfmethoden ist ein vorrangiges Anliegen, und die Kommission sollte sicherstellen, dass sie dies im Rahmen ihrer künftigen Forschungsrahmenprogramme und -initiativen wie dem Aktionsplan der Gemeinschaft für den Schutz und das Wohlbefinden von Tieren 2006–2010 auch bleibt. Dabei sollten die Einbeziehung der Interessenvertreter und Initiativen, an denen sich alle interessierten Parteien beteiligen können, angestrebt werden.

(41) Für Zwischenprodukte sollten aus Gründen der Durchführbarkeit und aufgrund ihrer besonderen Natur besondere Registrierungsanforderungen festgelegt werden. Polymere sollten von der Registrierung und Bewertung ausgenommen werden, bis die wegen Risiken für die menschliche Gesundheit oder die Umwelt registrierungsbedürftigen Polymere auf praktikable und kosteneffiziente Weise auf der Grundlage fundierter technischer und anerkannter wissenschaftlicher Kriterien ermittelt werden können.

(42) Damit Behörden und natürliche oder juristische Personen nicht durch die Registrierung bereits auf dem Binnenmarkt befindlicher „Phase-in"-Stoffe überlastet werden, sollte sich deren Registrierung über einen angemessenen Zeitraum erstrecken, ohne dass es dadurch jedoch zu ungebührlichen Verzögerungen kommt. Daher sollten Fristen für die Registrierung dieser Stoffe festgesetzt werden.

(43) Daten für Stoffe, die bereits gemäß der Richtlinie 67/548/EWG angemeldet sind, sollten in das System übernommen und erweitert werden, wenn die nächste Mengenschwelle erreicht wird.

(44) Zur Schaffung eines harmonisierten, einfachen Systems sollten alle Registrierungen bei der Agentur eingereicht werden. Im Interesse eines einheitlichen Vorgehens und eines effizienten Mitteleinsatzes sollte die Agentur die Vollständigkeit sämtlicher Registrierungsdossiers prüfen und die Verantwortung für eine endgültige Ablehnung einer Registrierung tragen.

(45) Das Europäische Verzeichnis der auf dem Markt vorhandenen chemischen Stoffe (European Inventory of Existing Commercial Chemical Substances – EINECS) führte bestimmte komplexe Stoffe in einem einzigen Eintrag auf. UVCB-Stoffe (Stoffe mit unbekannter oder variabler Zusammensetzung, komplexe Reaktionsprodukte und biologische Materialien) können ungeachtet ihrer variablen Zusammensetzung als ein einzelner Stoff im Rahmen dieser Verordnung registriert werden, sofern die gefährlichen Eigenschaften nicht nennenswert abweichen und dieselbe Einstufung gewährleisten.

(46) Damit die im Zuge der Registrierung gesammelten Informationen auf dem neuesten Stand bleiben, sollten die Registranten verpflichtet werden, die Agentur über bestimmte Änderungen zu unterrichten.

(47) Es ist notwendig, Tierversuche gemäß der Richtlinie 86/609/EWG zu ersetzen, zu reduzieren oder erträglicher zu gestalten. Wo immer möglich, sollte die Durchführung der vorliegenden Verordnung auf der Anwendung alternativer Prüfmethoden beruhen, die

für die Beurteilung der Gefahren chemischer Stoffe für die Gesundheit und die Umwelt geeignet sind. Die Verwendung von Tieren sollte durch den Einsatz alternativer Methoden vermieden werden, die von der Kommission oder internationalen Stellen validiert oder von der Kommission oder der Agentur als geeignet, den Informationsanforderungen dieser Verordnung gerecht zu werden, anerkannt wurden. Dazu sollte die Kommission nach Konsultation der maßgeblichen Interessenvertreter gegebenenfalls einen Vorschlag zur Änderung der zukünftigen Verordnung der Kommission über Versuchsmethoden oder zur Änderung der vorliegenden Verordnung vorlegen, um Tierversuche zu ersetzen, zu reduzieren oder erträglicher zu gestalten. Die Kommission und die Agentur sollten sicherstellen, dass die Reduzierung von Tierversuchen ein wesentliches Anliegen bei der Ausarbeitung und Aktualisierung der Leitlinien für die Interessenvertreter und in den Verfahren der Agentur selbst ist.

(48) Diese Verordnung sollte der uneingeschränkten und umfassenden Anwendung der gemeinschaftlichen Wettbewerbsregeln nicht entgegenstehen.

(49) Zur Vermeidung von Doppelarbeit und insbesondere zur Verringerung der Wirbeltierversuche sollten die Bestimmungen über die Zusammenstellung und die Einreichung von Registrierungsdossiers und deren Aktualisierungen die gemeinsame Nutzung von Informationen vorschreiben, wenn einer der Registranten dies verlangt. Betreffen die Informationen Wirbeltiere, sollte der Registrant verpflichtet sein, dies zu verlangen.

(50) Es liegt im öffentlichen Interesse, dass die Ergebnisse von Versuchen über die Gefährdung der menschlichen Gesundheit und der Umwelt durch bestimmte Stoffe so schnell wie möglich denjenigen natürlichen oder juristischen Personen übermittelt werden, die diese Stoffe verwenden, damit alle Risiken bei ihrer Verwendung begrenzt werden. Daher sollten unter Bedingungen, die eine gerechte Entschädigung des Unternehmens gewährleisten, das die Versuche durchgeführt hat, die Informationen gemeinsam genutzt werden, wenn dies von einem der Registranten verlangt wird, insbesondere im Falle von Informationen, die mit Wirbeltierversuchen verbunden sind.

(51) Zur Stärkung der Wettbewerbsfähigkeit der Industrie in der Gemeinschaft und um sicherzustellen, dass diese Verordnung so wirksam wie möglich angewendet wird, ist es sinnvoll, Vorkehrungen für die gemeinsame Nutzung von Daten durch die Registranten auf der Grundlage einer gerechten Entschädigung vorzusehen.

(52) Zur Wahrung der legitimen Eigentumsrechte derjenigen, die die Versuchsdaten gewinnen, sollten die Eigentümer dieser Daten für einen Zeitraum von 12 Jahren Anspruch auf Vergütung gegen die Registranten haben, die diese Daten nutzen.

(53) Damit eine Registrierung auch dann erfolgen kann, wenn der potenzielle Registrant eines Phase-in-Stoffes keine Einigung mit einem früheren Registranten erzielen kann, sollte die Agentur auf Antrag die Nutzung bereits vorgelegter Zusammenfassungen oder qualifizierter Studienzusammenfassungen von Versuchen gestatten. Der Registrant, der diese Daten erhält, sollte dazu verpflichtet werden, einen Kostenbeitrag an den Eigentümer der Daten zu entrichten. Bei anderen Stoffen als Phase-in-Stoffen kann die Agentur den Nachweis dafür verlangen, dass der potenzielle Registrant den Eigentümer der Studie bezahlt hat, bevor sie dem potenziellen Registranten die Verwendung der in Frage stehenden Information bei seiner Registrierung gestattet.

(54) Zur Vermeidung von Doppelarbeit und insbesondere zur Vermeidung von Doppelversuchen sollten Registranten, die Phase-in-Stoffe registrieren lassen wollen, so früh wie möglich eine Vorregistrierung in einer von der Agentur verwalteten Datenbank veranlassen. Es sollte ein System errichtet werden, das die Schaffung von Foren zum Austausch von Stoffinformationen (Substance Information Exchange Fora – SIEF) vorsieht, um den Austausch von Informationen über die registrierten Stoffe zu fördern. Alle maßgeblichen Akteure, die der Agentur Informationen über denselben Phase-in-Stoff übermittelt haben, sollten Teilnehmer eines SIEF sein. Sie sollten sowohl potenzielle Registranten, die alle für die Registrierung ihres Stoffes maßgeblichen Informationen bereitstellen und erhalten müssen, als auch andere Teilnehmer, die eine finanzielle Entschädigung für ihre Studien erhalten könnten, jedoch nicht berechtigt sind, Informationen anzufordern, umfassen. Damit dieses System reibungslos funktionieren kann, sollten sie

bestimmten Verpflichtungen nachkommen. Kommt ein Mitglied eines SIEF seinen Verpflichtungen nicht nach, so sollte es mit entsprechenden Sanktionen belegt werden; anderen Mitgliedern sollte jedoch die Möglichkeit gegeben werden, ihre eigene Registrierung weiter zu betreiben. Sofern für einen Stoff keine Vorregistrierung erfolgt ist, sollten Maßnahmen getroffen werden, um die nachgeschalteten Anwender bei der Suche nach alternativen Bezugsquellen zu unterstützen.

(55) Hersteller und Importeure eines Stoffes als solchem oder in einer Zubereitung sollten aufgefordert werden, die nachgeschalteten Anwender des Stoffes darüber zu informieren, ob sie beabsichtigen, den Stoff registrieren zu lassen, oder nicht. Beabsichtigt ein Hersteller oder Importeur nicht, einen Stoff registrieren zu lassen, so sollten die nachgeschalteten Anwender rechtzeitig vor Ablauf der entsprechenden Registrierungsfrist davon unterrichtet werden, so dass sie nach alternativen Bezugsquellen suchen können.

(56) Ein Teil der Verantwortung der Hersteller oder Importeure für das Risikomanagement für Stoffe besteht in der Übermittlung von Informationen über diese Stoffe an andere Branchenteilnehmer wie nachgeschaltete Anwender oder Händler. Hersteller und Importeure von Erzeugnissen sollten ferner industriellen und professionellen Verwendern sowie Konsumenten auf Anfrage Informationen über die sichere Verwendung der Erzeugnisse liefern. Diese wichtige Verantwortung sollte über die gesamte Lieferkette gelten, damit alle Akteure ihrer Verantwortung für das Management der mit der Verwendung der Stoffe verbundenen Risiken gerecht werden können.

(57) Da das bestehende Sicherheitsdatenblatt in der Lieferkette von Stoffen und Zubereitungen bereits als Kommunikationsmittel eingesetzt wird, sollte es weiterentwickelt und in das durch diese Verordnung einzurichtende System übernommen werden.

(58) Zur Schaffung einer Verantwortungskette sollten nachgeschaltete Anwender für die Beurteilung der Risiken zuständig sein, die aus ihren Verwendungen eines Stoffes entstehen, wenn diese Verwendungen nicht in einem von ihrem Lieferanten bereitgestellten Sicherheitsdatenblatt erfasst sind, es sei denn, der betreffende nachgeschaltete Anwender ergreift strengere Schutzmaßnahmen als die von seinem Lieferanten empfohlenen oder sein Lieferant war nicht dazu verpflichtet, diese Risiken zu beurteilen oder ihm Informationen über diese Risiken zu übermitteln. Aus demselben Grund sollten nachgeschaltete Anwender die Risiken beherrschen, die sich aus ihren Verwendungen eines Stoffes ergeben. Darüber hinaus sollte der Produzent oder Importeur eines Erzeugnisses, das einen besonders besorgniserregenden Stoff enthält, die für eine sichere Verwendung eines solchen Erzeugnisses ausreichenden Informationen zur Verfügung stellen.

(59) Die Anforderungen an die Durchführung von Stoffsicherheitsbeurteilungen durch nachgeschaltete Anwender sollten ebenfalls ausführlich festgelegt werden, damit die nachgeschalteten Anwender in die Lage versetzt werden, ihren Verpflichtungen nachzukommen. Diese Anforderungen sollten erst ab Gesamtmengen von mehr als 1 Tonne eines Stoffes oder einer Zubereitung gelten. Der nachgeschaltete Anwender sollte aber auf jeden Fall die Verwendung prüfen und geeignete Risikomanagementmaßnahmen ermitteln und anwenden. Nachgeschaltete Anwender sollten der Agentur bestimmte Grundinformationen über die Verwendung vorlegen.

(60) Zu Zwecken des Vollzugs und der Bewertung sollten nachgeschaltete Anwender von Stoffen dazu verpflichtet sein, bestimmte Grundinformationen an die Agentur weiterzuleiten und die weitergeleiteten Informationen auf dem neuesten Stand zu halten, wenn die Verwendung der Stoffe von den Bedingungen des Expositionsszenariums abweicht, das in dem vom ursprünglichen Hersteller oder Importeur übermittelten Sicherheitsdatenblatt beschrieben ist.

(61) Aus Gründen der Durchführbarkeit und der Verhältnismäßigkeit ist es angezeigt, nachgeschaltete Anwender, die geringe Mengen eines Stoffes verwenden, von dieser Berichterstattung auszunehmen.

(62) Die Kommunikation in beide Richtungen der Lieferkette sollte erleichtert werden. Die Kommission sollte dazu ein Kategorisierungssystem mit kurzen, allgemeinen Be-

schreibungen der Verwendungen erstellen und dabei den Ergebnissen der REACH-Durchführungsprojekte Rechnung tragen.

(63) Es muss außerdem sichergestellt werden, dass die Gewinnung der Informationen auf die tatsächlichen Informationserfordernisse abgestimmt ist. Zu diesem Zweck sollte die Agentur verpflichtet werden, im Rahmen der Bewertung über von den Herstellern oder Importeuren vorgeschlagene Versuchsprogramme zu befinden. Die Agentur sollte in Zusammenarbeit mit den Mitgliedstaaten bestimmten Stoffen, beispielsweise besonders besorgniserregenden Stoffen, dabei den Vorrang geben.

(64) Zur Vermeidung unnötiger Tierversuche sollten die Beteiligten während einer 45-tägigen Frist die Möglichkeit haben, wissenschaftlich fundierte Informationen und Studien vorzulegen, die sich auf den jeweiligen Stoff bzw. den Gefahren-Endpunkt beziehen, der Gegenstand des vorgeschlagenen Versuchsprogramms ist. Die wissenschaftlich fundierten Informationen und Studien, die bei der Agentur eingehen, sollten bei Entscheidungen über vorgeschlagene Versuchsprogramme berücksichtigt werden.

(65) Außerdem muss das Vertrauen in die allgemeine Qualität von Registrierungen gefördert und dafür gesorgt werden, dass sich die breite Öffentlichkeit wie auch die Betroffenen in der Chemieindustrie darauf verlassen können, dass die natürlichen oder juristischen Personen ihre Pflichten auch erfüllen. Dementsprechend sollte vorgeschrieben werden, dass protokolliert wird, welche Informationen von einem Sachverständigen, der über geeignete Erfahrungen verfügt, geprüft worden sind, und dass ein bestimmter Prozentsatz der Registrierungsdossiers von der Agentur im Hinblick auf die Erfüllung der Anforderungen geprüft wird.

(66) Die Agentur sollte außerdem ermächtigt werden, auf der Grundlage von durchgeführten Bewertungen von Herstellern, Importeuren oder nachgeschalteten Anwendern weitere Informationen über Stoffe anzufordern, die im Verdacht stehen, die menschliche Gesundheit oder die Umwelt zu gefährden, unter anderem weil sie in großen Mengen auf dem Binnenmarkt vorhanden sind. Anhand der Kriterien, die die Agentur für die Erstellung einer Rangfolge der Stoffe in Zusammenarbeit mit den Mitgliedstaaten entwickelt hat, sollte ein fortlaufender Aktionsplan der Gemeinschaft für die Stoffbewertung aufgestellt werden, der sich darauf stützt, dass die zuständigen Behörden der Mitgliedstaaten die in dem Plan aufgeführten Stoffe bewerten. Ergibt sich aus der Verwendung standortinterner isolierter Zwischenprodukte ein Risiko, das ebenso besorgniserregend ist wie das Risiko aus der Verwendung zulassungspflichtiger Stoffe, so sollten die zuständigen Behörden der Mitgliedstaaten außerdem dazu ermächtigt sein, in begründeten Fällen weitere Informationen anzufordern.

(67) Eine kollektive Einigung über Entscheidungsentwürfe in dem bei der Agentur eingesetzten Ausschuss der Mitgliedstaaten ist die Grundlage für ein effizientes System, das das Subsidiaritätsprinzip wahrt und gleichzeitig den Binnenmarkt erhält. Stimmen ein oder mehrere Mitgliedstaaten oder die Agentur einem Entscheidungsentwurf nicht zu, so sollte dieser im Rahmen eines zentralisierten Verfahrens angenommen werden. Gelangt der Ausschuss der Mitgliedstaaten nicht zu einer einstimmigen Einigung, so sollte die Kommission eine Entscheidung gemäß einem Ausschussverfahren treffen.

(68) Eine Bewertung kann zu der Schlussfolgerung führen, dass Maßnahmen im Rahmen der Beschränkungs- oder Zulassungsverfahren ergriffen oder dass Risikomanagementmaßnahmen im Rahmen anderer einschlägiger Rechtsvorschriften erwogen werden sollten. Informationen über den Fortgang der Bewertungsverfahren sollten daher öffentlich gemacht werden.

(69) Um ein hinreichend hohes Maß an Schutz der menschlichen Gesundheit, auch im Hinblick auf betroffene Bevölkerungsgruppen und gegebenenfalls auf bestimmte schutzbedürftige Untergruppen, sowie der Umwelt sicherzustellen, sollte bei besonders besorgniserregenden Stoffen entsprechend dem Vorsorgeprinzip mit großer Umsicht vorgegangen werden. Weisen die natürlichen oder juristischen Personen, die einen Zulassungsantrag stellen, gegenüber der Bewilligungsbehörde nach, dass die mit der Verwendung des Stoffes einhergehenden Risiken für die menschliche Gesundheit und die Umwelt angemessen beherrscht werden, so sollte die Zulassung erteilt werden. Ande-

renfalls kann eine Verwendung dennoch zugelassen werden, wenn nachgewiesen wird, dass der sozioökonomische Nutzen, der sich aus der Verwendung des Stoffes ergibt, die mit seiner Verwendung verbundenen Risiken überwiegt und es keine geeigneten Alternativstoffe oder -technologien gibt, die wirtschaftlich und technisch tragfähig wären. Im Interesse eines reibungslosen Funktionierens des Binnenmarkts ist es zweckmäßig, dass die Kommission die Rolle der Bewilligungsbehörde übernimmt.

(70) Schädliche Auswirkungen von besonders besorgniserregenden Stoffen auf die menschliche Gesundheit und die Umwelt sollten durch die Anwendung geeigneter Risikomanagementmaßnahmen verhindert werden, um sicherzustellen, dass alle Gefahren im Zusammenhang mit den Verwendungen eines Stoffes angemessen beherrscht werden, wobei die allmähliche Substitution dieser Stoffe durch geeignete, weniger bedenkliche Alternativstoffe anzustreben ist. Durch Risikomanagementmaßnahmen sollte gewährleistet werden, dass die Exposition gegenüber gefährlichen Stoffen bei ihrer Herstellung, ihrem Inverkehrbringen und ihrer Verwendung einschließlich Einleitungen, Emissionen und Verlusten während ihres gesamten Lebenszyklus unter dem Schwellenwert liegt, ab dem schädliche Auswirkungen auftreten können. Für alle Stoffe, für die eine Zulassung erteilt wurde, und für alle anderen Stoffe, für die kein sicherer Schwellenwert festgelegt werden kann, sind stets Maßnahmen zu treffen, um die Exposition und Emissionen so weit wie technisch und praktisch möglich zu reduzieren, um die Wahrscheinlichkeit schädlicher Auswirkungen möglichst gering zu halten. Maßnahmen zur Gewährleistung angemessener Kontrollen sind in jedem Stoffsicherheitsbericht anzugeben. Diese Maßnahmen sollten umgesetzt und erforderlichenfalls auch den anderen Akteuren entlang der Lieferkette empfohlen werden.

(71) Unter Berücksichtigung der Ergebnisse der REACH-Durchführungsprojekte können Methoden zur Festlegung von Schwellenwerten für krebserzeugende und erbgutverändernde Stoffe entwickelt werden. Der betreffende Anhang kann auf der Grundlage dieser Methoden geändert werden, damit gegebenenfalls Schwellenwerte verwendet werden können, wobei ein hohes Schutzniveau für die menschliche Gesundheit und die Umwelt sicherzustellen ist.

(72) Damit besonders besorgniserregende Stoffe gegebenenfalls durch geeignete alternative Stoffe oder Technologien ersetzt werden können, sollten alle Zulassungsantragsteller eine Analyse der Alternativen unter Berücksichtigung ihrer Risiken und der technischen und wirtschaftlichen Durchführbarkeit der Substitution vorlegen, einschließlich Informationen über alle Forschungs- und Entwicklungstätigkeiten und -vorhaben des Antragstellers. Außerdem sollten die Zulassungen einer befristeten Überprüfung unterliegen, deren Dauer für jeden Einzelfall festgelegt wird, und in der Regel an Auflagen, einschließlich einer Überwachung, geknüpft sein.

(73) Bringt die Herstellung, Verwendung oder das Inverkehrbringen eines Stoffes als solchem, in einer Zubereitung oder in einem Erzeugnis ein unannehmbares Risiko für die menschliche Gesundheit oder die Umwelt mit sich, so sollte die Substitution des Stoffes vorgeschrieben werden, wobei zu berücksichtigen ist, ob weniger bedenkliche Alternativstoffe oder -verfahren verfügbar sind und mit welchem wirtschaftlichen und sozialen Nutzen die Verwendung des Stoffes, der ein unannehmbares Risiko darstellt, verbunden ist.

(74) Die Substitution eines besonders besorgniserregenden Stoffes durch geeignete, weniger bedenkliche alternative Stoffe oder Technologien sollte von allen Antragstellern geprüft werden, die sich um die Zulassung von Verwendungen des Stoffes als solchem, in einer Zubereitung oder in einem Erzeugnis bemühen, indem sie eine Analyse der Alternativen, der Risiken der Verwendung von Alternativen sowie der technischen und wirtschaftlichen Durchführbarkeit der Substitution durchführen.

(75) Mit wenigen Ausnahmen können für alle Stoffe, die in den Anwendungsbereich dieser Verordnung fallen, Beschränkungen der Herstellung, des Inverkehrbringens und der Verwendung gefährlicher Stoffe, Zubereitungen und Erzeugnisse eingeführt werden. Das Inverkehrbringen und die Verwendung von Stoffen, die als solche oder in Zubereitungen in ihrer Verwendung durch Verbraucher krebserzeugend, erbgutverändernd oder

fortpflanzungsgefährdend der Kategorien 1 oder 2 sind, sollten weiterhin beschränkt werden.

(76) Erfahrungen auf internationaler Ebene zeigen, dass Stoffe mit persistenten, bioakkumulierbaren und toxischen Eigenschaften oder mit sehr persistenten und sehr bioakkumulierbaren Eigenschaften besonders besorgniserregend sind; zugleich wurden Kriterien für die Ermittlung derartiger Stoffe entwickelt. Bestimmte andere Stoffe sind so besorgniserregend, dass sie fallweise in der gleichen Art behandelt werden sollten. Die Kriterien in Anhang XIII sollten unter Berücksichtigung der derzeitigen und eventueller neuer Erfahrungen bei der Ermittlung dieser Stoffe überprüft und erforderlichenfalls geändert werden, um ein hohes Schutzniveau für die menschliche Gesundheit und die Umwelt sicherzustellen.

(77) Im Hinblick auf Erwägungen der Durchführbarkeit und Praktikabilität zum einen bei natürlichen oder juristischen Personen, die Antragsdossiers vorzubereiten und angemessene Risikomanagementmaßnahmen zu treffen haben, und zum anderen bei Behörden, die die Zulassungsanträge zu bearbeiten haben, sollten lediglich eine begrenzte Zahl von Stoffen zur gleichen Zeit das Zulassungsverfahren durchlaufen, realistische Antragsfristen gesetzt werden und bestimmte Verwendungen ausgenommen werden können. Stoffe, die die Kriterien für die Zulassung erfüllen, sollten in ein Verzeichnis der für eine Einbeziehung in das Zulassungsverfahren in Frage kommenden Stoffe aufgenommen werden. In diesem Verzeichnis sollten Stoffe, die vom Arbeitsprogramm der Agentur erfasst werden, eindeutig gekennzeichnet sein.

(78) Die Agentur sollte Empfehlungen zur Priorisierung von Stoffen, die dem Zulassungsverfahren unterstellt werden sollen, abgeben, damit sichergestellt ist, dass die Entscheidungen den Bedürfnissen der Gesellschaft und dem Stand der Forschung und Entwicklung gerecht werden.

(79) Ein vollständiges Verbot eines Stoffes würde bedeuten, dass keine seiner Verwendungen zugelassen werden könnte. Daher wäre es sinnlos, die Einreichung von Zulassungsanträgen zu gestatten. In solchen Fällen sollte der Stoff aus dem Verzeichnis der Stoffe, für die Anträge eingereicht werden können, gestrichen und in das Verzeichnis der Stoffe mit eingeschränkter Verwendung aufgenommen werden.

(80) Die Bestimmungen über die Zulassung und Beschränkung sollten so aufeinander abgestimmt sein, dass das effiziente Funktionieren des Binnenmarkts und der Schutz der menschlichen Gesundheit, der Sicherheit und der Umwelt gewährleistet sind. Gelten bei der Aufnahme des betreffenden Stoffes in das Verzeichnis der Stoffe, für die Zulassungsanträge eingereicht werden können, bereits Beschränkungen, so sollten sie für diesen Stoff beibehalten werden. Die Agentur sollte prüfen, ob die Risiken, die von Stoffen in Erzeugnissen ausgehen, angemessen beherrscht werden, und, wenn dies nicht der Fall ist, ein Dossier zur Einführung weiterer Beschränkungen für Stoffe, deren Verwendung der Zulassungspflicht unterliegt, ausarbeiten.

(81) Zur Schaffung eines harmonisierten Konzepts für die Zulassung von Verwendungen bestimmter Stoffe sollte die Agentur Stellungnahmen zu den Risiken, die sich aus diesen Verwendungen ergeben, einschließlich darüber, ob der Stoff angemessen beherrscht wird, sowie zu sozioökonomischen Analysen abgeben, die ihr von Dritten unterbreitet werden. Diese Stellungnahmen sollten von der Kommission bei der Entscheidung über eine Zulassungserteilung berücksichtigt werden.

(82) Damit eine effektive Überwachung und Durchsetzung des Zulassungserfordernisses möglich ist, sollten nachgeschaltete Anwender, denen eine ihrem Lieferanten erteilte Zulassung zugute kommt, der Agentur ihre Verwendung des Stoffes mitteilen.

(83) Unter diesen Umständen ist es angebracht, dass die Kommission ihre endgültigen Entscheidungen über die Erteilung oder Verweigerung von Zulassungen nach einem Regelungsverfahren trifft, um eine Prüfung der weiter reichenden Auswirkungen in den Mitgliedstaaten zu ermöglichen und die Mitgliedstaaten enger an diesen Entscheidungen zu beteiligen.

(84) Zur Beschleunigung des derzeitigen Systems sollte das Beschränkungsverfahren neu gestaltet werden, und die Richtlinie 76/769/EWG, die wesentlich geändert und

mehrmals angepasst wurde, sollte ersetzt werden. Aus Gründen der Klarheit und als Ausgangspunkt für dieses neue beschleunigte Beschränkungsverfahren sollten alle nach dieser Richtlinie festgelegten Beschränkungen in die vorliegende Verordnung übernommen werden. Erforderlichenfalls sollte die Kommission die Anwendung von Anhang XVII dieser Verordnung durch von ihr zu erarbeitende Leitlinien erleichtern.

(85) Im Zusammenhang mit Anhang XVII sollten die Mitgliedstaaten während einer Übergangszeit strengere Beschränkungen beibehalten dürfen, sofern diese Beschränkungen nach Maßgabe des Vertrags mitgeteilt wurden. Hiervon sollten Stoffe als solche, Stoffe in Zubereitungen und Stoffe in Erzeugnissen, deren Herstellung, Inverkehrbringen und Verwendung Beschränkungen unterliegt, betroffen sein. Die Kommission sollte ein Verzeichnis der Beschränkungen erstellen. Das würde der Kommission die Gelegenheit bieten, die betreffenden Maßnahmen mit Blick auf eine etwaige Harmonisierung zu überprüfen.

(86) Es sollte in der Verantwortung der Hersteller, Importeure und nachgeschalteten Anwender liegen, angemessene Risikomanagementmaßnahmen zu ermitteln, damit ein hohes Maß an Schutz für die menschliche Gesundheit und die Umwelt vor den Risiken aus Herstellung, Inverkehrbringen oder Verwendung eines Stoffes als solchem, in einer Zubereitung oder in einem Erzeugnis gewährleistet ist. Wird dies jedoch als unzureichend betrachtet und sind gemeinschaftliche Rechtsvorschriften gerechtfertigt, so sollten entsprechende Beschränkungen vorgesehen werden.

(87) Zum Schutz der menschlichen Gesundheit und der Umwelt können Beschränkungsregelungen für die Herstellung, das Inverkehrbringen oder die Verwendung eines Stoffes als solchem, in einer Zubereitung oder einem Erzeugnis Bedingungen für die Herstellung, das Inverkehrbringen oder die Verwendung oder deren Verbot beinhalten. Daher ist es erforderlich, derartige Beschränkungen und alle Änderungen derselben in ein Verzeichnis aufzunehmen.

(88) Zur Vorbereitung eines Beschränkungsvorschlags und für ein wirksames Funktionieren einer solchen Rechtsvorschrift sollte es eine gute Zusammenarbeit, Koordinierung und Information zwischen den Mitgliedstaaten, der Agentur, anderen Einrichtungen der Gemeinschaft, der Kommission und interessierten Kreisen geben.

(89) Um den Mitgliedstaaten die Gelegenheit zur Einreichung von Vorschlägen zur Behandlung eines spezifischen Risikos für die menschliche Gesundheit und die Umwelt zu geben, sollten die Mitgliedstaaten ein Dossier gemäß ausführlichen Anforderungen zusammenstellen. Darin sollte begründet sein, warum eine gemeinschaftsweite Maßnahme erforderlich ist.

(90) Zur Schaffung eines harmonisierten Konzepts für Beschränkungen sollte die Agentur dieses Verfahren koordinieren, zum Beispiel indem sie die jeweiligen Berichterstatter ernennt und die Einhaltung der Bestimmungen der einschlägigen Anhänge prüft. Die Agentur sollte ein Verzeichnis der Stoffe führen, für die ein Beschränkungsdossier ausgearbeitet wird.

(91) Damit die Kommission sich mit einem spezifischen Risiko für die menschliche Gesundheit und die Umwelt befassen kann, das einer gemeinschaftsweiten Maßnahme bedarf, sollte sie die Möglichkeit haben, die Agentur mit der Ausarbeitung eines Beschränkungsdossiers zu betrauen.

(92) Aus Gründen der Transparenz sollte die Agentur das jeweilige Dossier einschließlich der empfohlenen Beschränkungen veröffentlichen und um Stellungnahme bitten.

(93) Damit das Verfahren fristgerecht abgeschlossen werden kann, sollte die Agentur ihre Stellungnahmen zu den vorgeschlagenen Maßnahmen und ihren Auswirkungen auf der Grundlage eines von einem Berichterstatter ausgearbeiteten Entwurfs einer Stellungnahme vorlegen.

(94) Zur Beschleunigung des Beschränkungsverfahrens sollte die Kommission ihren Änderungsentwurf innerhalb einer bestimmten Frist nach Eingang der Stellungnahmen der Agentur ausarbeiten.

(95) Die Arbeit der Agentur sollte in hohem Maße die Glaubwürdigkeit der Rechtsvorschriften über Chemikalien, der Entscheidungsfindungsverfahren und ihrer wissenschaftlichen Grundlage in Fachkreisen und der Öffentlichkeit gewährleisten. Auch bei der Koordinierung der Kommunikation im Zusammenhang mit dieser Verordnung und ihrer Durchführung sollte die Agentur eine zentrale Rolle wahrnehmen. Daher ist von wesentlicher Bedeutung, dass die Gemeinschaftsorgane, die Mitgliedstaaten, die breite Öffentlichkeit und die interessierten Kreise Vertrauen in die Agentur haben. Sie muss deshalb unbedingt unabhängig sein, hohe wissenschaftliche, technische und regulatorische Kompetenz besitzen sowie transparent und effizient arbeiten.

(96) Die Struktur der Agentur sollte den von ihr zu erfüllenden Aufgaben angemessen sein. Die Erfahrungen mit ähnlichen Gemeinschaftseinrichtungen können hierfür als Richtschnur dienen, allerdings sollte die Struktur so angepasst werden, dass sie den besonderen Erfordernissen dieser Verordnung entspricht.

(97) Die tatsächliche Übermittlung von Informationen über chemische Risiken und deren Beherrschung ist ein wesentlicher Bestandteil des durch die vorliegende Verordnung eingeführten Systems. Die Agentur sollte bei der Ausarbeitung von Leitlinien für alle Beteiligten die bewährten Verfahren der Chemiebranche und anderer Sektoren berücksichtigen.

(98) Im Interesse der Effizienz sollte das Personal des Sekretariats der Agentur im Wesentlichen technisch-administrative und wissenschaftliche Aufgaben erfüllen, ohne dabei die wissenschaftlichen und technischen Ressourcen der Mitgliedstaaten in Anspruch zu nehmen. Der Direktor sollte dafür Sorge tragen, dass die Agentur ihre Aufgaben effizient und unabhängig erfüllt. Damit die Agentur der ihr zugedachten Rolle entsprechen kann, sollten im Verwaltungsrat jeder Mitgliedstaat, die Kommission sowie von der Kommission benannte sonstige Interessengruppen vertreten sein, um die Einbeziehung der interessierten Kreise und des Europäischen Parlaments sicherzustellen, und die Zusammensetzung des Verwaltungsrats sollte höchsten Ansprüchen an die Fachkompetenz genügen und ein breites Spektrum von Sachverstand in den Bereichen Sicherheit bzw. Regulierung chemischer Stoffe sowie das erforderliche Fachwissen in allgemeinen Finanz- und Rechtsfragen bieten.

(99) Die Agentur sollte über die erforderlichen Mittel verfügen, um alle Aufgaben zu erfüllen, die erforderlich sind, damit sie der ihr zugedachten Rolle entspricht.

(100) Struktur und Höhe der Gebühren sollten durch eine Verordnung der Kommission festgelegt werden; dabei sollte auch angegeben werden, unter welchen Umständen ein Teil der Gebühren an die zuständige Behörde des betreffenden Mitgliedstaates abgeführt wird.

(101) Der Verwaltungsrat der Agentur sollte über die erforderlichen Befugnisse verfügen, um den Haushalt festzustellen, seine Ausführung zu kontrollieren, eine Geschäftsordnung auszuarbeiten, Finanzvorschriften zu erlassen und den Direktor zu ernennen.

(102) Über den Ausschuss für Risikobeurteilung und den Ausschuss für sozioökonomische Analyse sollte die Agentur die Funktion der der Kommission angegliederten wissenschaftlichen Ausschüsse übernehmen und wissenschaftliche Stellungnahmen in ihrem Zuständigkeitsbereich abgeben.

(103) Über den Ausschuss der Mitgliedstaaten sollte die Agentur darauf hinarbeiten, zwischen den Behörden der Mitgliedstaaten Einvernehmen in einzelnen Fragen zu erzielen, die einen harmonisierten Ansatz erfordern.

(104) Es ist erforderlich, eine enge Zusammenarbeit zwischen der Agentur und den zuständigen Behörden in den Mitgliedstaaten zu gewährleisten, so dass die wissenschaftlichen Stellungnahmen des Ausschusses für Risikobeurteilung und des Ausschusses für sozioökonomische Analyse auf dem größtmöglichen in der Gemeinschaft vorhandenen wissenschaftlichen und technischen Sachverstand beruhen. Zu demselben Zweck sollten diese Ausschüsse auch ergänzendes spezielles Fachwissen in Anspruch nehmen können.

(105) Angesichts der erhöhten Verantwortung natürlicher oder juristischer Personen für die sichere Verwendung chemischer Stoffe bedarf es einer besseren Durchsetzung der Vorschriften. Die Agentur sollte daher ein Forum bieten, in dessen Rahmen die Mitgliedstaaten Informationen über ihre Tätigkeiten im Zusammenhang mit der Durchsetzung der Rechtsvorschriften über Chemikalien austauschen und diese Tätigkeiten koordinieren können. Dieser derzeit informellen Zusammenarbeit der Mitgliedstaaten würde ein formellerer Rahmen Vorteile bringen.

(106) Es sollte eine Widerspruchskammer innerhalb der Agentur eingerichtet werden, damit gewährleistet ist, dass Widersprüche natürlicher oder juristischer Personen, die von Entscheidungen der Agentur betroffen sind, bearbeitet werden.

(107) Die Agentur sollte zum Teil aus den von den natürlichen oder juristischen Personen zu entrichtenden Gebühren und zum Teil aus dem Gesamthaushaltsplan der Europäischen Gemeinschaften finanziert werden. Das gemeinschaftliche Haushaltsverfahren sollte insoweit gelten, als Beihilfen aus dem Gesamthaushaltsplan der Europäischen Gemeinschaften betroffen sind. Außerdem sollte die Rechnungsprüfung vom Rechungshof gemäß Artikel 91 der Verordnung (EG, Euratom) Nr. 2343/2002 der Kommission vom 23. Dezember 2002 betreffend die Rahmenfinanzregelung für Einrichtungen gemäß Artikel 185 der Verordnung (EG, Euratom) Nr. 1605/2002 des Rates über die Haushaltsordnung für den Gesamthaushaltsplan der Europäischen Gemeinschaften[1] vorgenommen werden.

(108) Wenn die Kommission und die Agentur es für angezeigt halten, sollte es möglich sein, dass sich Vertreter von Drittstaaten an der Arbeit der Agentur beteiligen.

(109) Die Agentur sollte durch die Zusammenarbeit mit Organisationen, die an der Harmonisierung internationaler Regelungen interessiert sind, die Rolle der Gemeinschaft und der Mitgliedstaaten bei derartigen Harmonisierungstätigkeiten unterstützen. Um einen breiten internationalen Konsens zu fördern, sollte die Agentur bestehende oder sich herausbildende internationale Standards für Regelungen über chemische Stoffe wie beispielsweise das Global Harmonisierte System (GHS) zur Einstufung und Kennzeichnung von Chemikalien berücksichtigen.

(110) Die Agentur sollte die erforderliche Infrastruktur für die natürlichen oder juristischen Personen bereitstellen, damit diese ihren Verpflichtungen zur gemeinsamen Nutzung von Daten nachkommen können.

(111) Wichtig ist eine klare Abgrenzung der Aufgaben der Agentur gegenüber den jeweiligen Aufgaben der Europäischen Arzneimittel-Agentur (EMEA), errichtet durch die Verordnung (EG) Nr. 726/2004 des Europäischen Parlaments und des Rates vom 31. März 2004 zur Festlegung von Gemeinschaftsverfahren für die Genehmigung und Überwachung von Human- und Tierarzneimitteln und zur Errichtung einer Europäischen Arzneimittel-Agentur[2], der Europäischen Behörde für Lebensmittelsicherheit (EFSA), errichtet durch die Verordnung (EG) Nr. 178/2002 des Europäischen Parlaments und des Rates vom 28. Januar 2002 zur Festlegung der allgemeinen Grundsätze und Anforderungen des Lebensmittelrechts, zur Errichtung der Europäischen Behörde für Lebensmittelsicherheit und zur Festlegung von Verfahren zur Lebensmittelsicherheit[3], und des Beratenden Ausschusses für Sicherheit, Arbeitshygiene und Gesundheitsschutz am Arbeitsplatz, eingesetzt durch den Beschluss des Rates vom 22. Juli 2003[4]. Daher sollte die Agentur Verfahrensregeln für diejenigen Fälle erarbeiten, in denen eine Zusammenarbeit mit der EFSA oder dem Beratenden Ausschuss für Sicherheit, Arbeitshygiene und Gesundheitsschutz am Arbeitsplatz erforderlich ist. Diese Verordnung sollte ansonsten die Zuständigkeiten, die der EMA, der EFSA oder dem Beratenden Ausschuss

---

1) **Amtl. Anm.:** ABl L 357 vom 31. 12. 2002, S. 72.
2) **Amtl. Anm.:** ABl L 136 vom 30. 4. 2004, S. 1. Geändert durch die Verordnung (EG) Nr. 1901/2006 (ABl L 378 vom 27. 12. 2006, S. 1).
3) **Amtl. Anm.:** ABl L 31 vom 1. 2. 2002, S. 1. Zuletzt geändert durch die Verordnung (EG) Nr. 575/2006 der Kommission (ABl L 100 vom 8. 4. 2006, S. 3).
4) **Amtl. Anm.:** ABl C 218 vom 13. 9. 2003, S. 1.

für Sicherheit, Arbeitshygiene und Gesundheitsschutz am Arbeitsplatz durch gemeinschaftliche Rechtsvorschriften verliehen wurden, unberührt lassen.

(112) Um das Funktionieren des Binnenmarkts für Stoffe als solche oder in Zubereitungen zu erreichen und gleichzeitig ein hohes Maß an Schutz für die menschliche Gesundheit und die Umwelt zu gewährleisten, sollten Regeln für ein Einstufungs- und Kennzeichnungsverzeichnis aufgestellt werden.

(113) Die Einstufung und Kennzeichnung der einzelnen Stoffe, die entweder registriert werden müssen oder unter Artikel 1 der Richtlinie 67/548/EWG fallen und in Verkehr gebracht werden, sollte daher der Agentur gemeldet werden, damit diese Angaben in das Verzeichnis aufgenommen werden können.

(114) Um einen harmonisierten Schutz der breiten Öffentlichkeit und insbesondere von Personen, die mit bestimmten Stoffen in Kontakt kommen, sowie die ordnungsgemäße Durchführung anderer Gemeinschaftsvorschriften, die auf der Einstufung und Kennzeichnung beruhen, zu gewährleisten, sollten in einem Verzeichnis sowohl die nach Möglichkeit von den Herstellern und Importeuren eines Stoffes vereinbarte Einstufung gemäß den Richtlinien 67/548/EWG und 1999/45/EG als auch die Entscheidungen erfasst werden, die auf Gemeinschaftsebene zur Harmonisierung der Einstufung und Kennzeichnung bestimmter Stoffe getroffen werden. Dabei sollten die Arbeiten und Erfahrungen im Zusammenhang mit den Tätigkeiten gemäß der Richtlinie 67/548/EWG, einschließlich der Einstufung und Kennzeichnung bestimmter in Anhang I der Richtlinie 67/548/EWG aufgeführter Stoffe oder Gruppen von Stoffen, in vollem Umfang berücksichtigt werden.

(115) Die verfügbaren Mittel sollten gezielt für die Stoffe eingesetzt werden, die am meisten Anlass zu Besorgnis geben. Daher sollte ein Stoff in Anhang I der Richtlinie 67/548/EWG aufgenommen werden, wenn er die Kriterien für die Einstufung als krebserzeugend, erbgutverändernd oder fortpflanzungsgefährdend der Kategorie 1, 2 oder 3, als Inhalationsallergen oder im Einzelfall nach anderen Wirkungen erfüllt. Es sollte vorgesehen werden, dass die zuständigen Behörden der Agentur Vorschläge unterbreiten können. Die Agentur sollte zu einem Vorschlag Stellung nehmen, wobei die interessierten Parteien die Möglichkeit haben sollten, Stellungnahmen abzugeben. Im Anschluss daran sollte die Kommission eine Entscheidung treffen.

(116) Regelmäßige Berichte der Mitgliedstaaten und der Agentur über die Anwendung dieser Verordnung werden ein unerlässliches Mittel für die Überwachung der Durchführung dieser Verordnung und für die Beobachtung von Entwicklungen in diesem Bereich darstellen. Schlussfolgerungen aus den Ergebnissen dieser Berichte werden ein nützliches und praktisches Instrument zur Überprüfung dieser Verordnung und, falls erforderlich, zur Formulierung von Änderungsvorschlägen sein.

(117) Die EU-Bürger sollten Zugang zu Informationen über chemische Stoffe haben, denen gegenüber sie möglicherweise exponiert sind, damit sie bewusste Entscheidungen über die eigene Verwendung von Chemikalien treffen können. Ein transparenter Weg hierzu ist der freie und problemlose Zugang zu Basisangaben, die in der Datenbank der Agentur gespeichert sind; dazu gehören Kurzprofile der gefährlichen Eigenschaften, Kennzeichnungsanforderungen und einschlägige Rechtsvorschriften der Gemeinschaft mit zugelassenen Verwendungen und Risikomanagementmaßnahmen. Die Agentur und die Mitgliedstaaten sollten den Zugang zu Informationen gemäß der Richtlinie 2003/4/EG des Europäischen Parlaments und des Rates vom 28. Januar 2003 über den Zugang der Öffentlichkeit zu Umweltinformationen[1], der Verordnung (EG) Nr. 1049/2001 des Europäischen Parlaments und des Rates vom 30. Mai 2001 über den Zugang der Öffentlichkeit zu Dokumenten des Europäischen Parlaments, des Rates und der Kommission[2] und gemäß dem Übereinkommen der VN-Wirtschaftskommission für Europa über den Zugang zu Informationen, die Öffentlichkeitsbeteiligung an Entscheidungsverfahren

---

[1] **Amtl. Anm.**: ABl L 41 vom 14. 2. 32003, S. 26.
[2] **Amtl. Anm.**: ABl L 145 vom 31. 5. 2001, S. 43.

und den Zugang zu Gerichten in Umweltangelegenheiten, dem die Europäische Gemeinschaft beigetreten ist, ermöglichen.

(118) Die Offenlegung von Informationen im Rahmen dieser Verordnung unterliegt den besonderen Anforderungen der Verordnung (EG) Nr. 1049/2001. In der genannten Verordnung werden verbindliche Fristen für die Weitergabe von Informationen sowie Verfahrensgarantien einschließlich eines Widerspruchsrechts festgelegt. Der Verwaltungsrat sollte die Durchführungsbestimmungen für die Anwendung dieser Regelungen für die Agentur erlassen.

(119) Neben ihrer Beteiligung an der Durchführung des Gemeinschaftsrechts sollten die zuständigen Behörden der Mitgliedstaaten aufgrund ihrer Nähe zu den Interessengruppen in den Mitgliedstaaten an dem Austausch von Informationen über Risiken von Stoffen und über die Pflichten der natürlichen und juristischen Personen aufgrund des Chemikalienrechts mitwirken. Gleichzeitig ist eine enge Zusammenarbeit zwischen der Agentur, der Kommission und den zuständigen Behörden der Mitgliedstaaten erforderlich, um die Kohärenz und Effizienz des gesamten Kommunikationsprozesses sicherzustellen.

(120) Damit das durch diese Verordnung eingerichtete System wirksam funktionieren kann, bedarf es einer guten Zusammenarbeit und Koordinierung sowie eines guten Informationsaustauschs zwischen den Mitgliedstaaten, der Agentur und der Kommission bei der Durchsetzung.

(121) Um die Beachtung dieser Verordnung sicherzustellen, sollten die Mitgliedstaaten wirksame Maßnahmen zur Beobachtung und Kontrolle treffen. Die erforderlichen Inspektionen sollten geplant und durchgeführt werden, und über die Ergebnisse sollte Bericht erstattet werden.

(122) Um bei der Durchführung dieser Verordnung durch die Mitgliedstaaten Transparenz, Unparteilichkeit und Einheitlichkeit zu gewährleisten, ist es erforderlich, dass die Mitgliedstaaten ein geeignetes Sanktionssystem schaffen, in dessen Rahmen wirksame, verhältnismäßige und abschreckende Sanktionen für Verstöße verhängt werden können, da Verstöße einen Schaden für die menschliche Gesundheit und die Umwelt nach sich ziehen können.

(123) Die für die Durchführung dieser Verordnung erforderlichen Maßnahmen und bestimmte Änderungen an dieser Verordnung sollten gemäß dem Beschluss 1999/468/EG des Rates vom 28. Juni 1999 zur Festlegung der Modalitäten für die Ausübung der der Kommission übertragenen Durchführungsbefugnisse[1]) erlassen werden.

(124) Insbesondere sollte die Kommission ermächtigt werden, die Anhänge unter bestimmten Umständen zu ändern, um Vorschriften für die Prüfmethoden zu erlassen, den Prozentsatz der für die Prüfung der Erfüllung der Anforderungen auszuwählenden Dossiers bzw. die Kriterien für ihre Auswahl zu ändern sowie die Kriterien zur Bestimmung dessen, was eine angemessene Begründung für die technische Unmöglichkeit von Prüfungen ist, festzulegen. Da diese Maßnahmen von allgemeiner Tragweite sind und nicht wesentliche Teile dieser Verordnung ändern und diese Verordnung durch Hinzufügung neuer, nicht wesentlicher Teile ergänzen, sind sie gemäß dem Regelungsverfahren mit Kontrolle des Artikels 5a des Beschlusses 1999/468/EG zu erlassen.

(125) Es ist von wesentlicher Bedeutung, dass während des Übergangs zur vollen Anwendbarkeit der Bestimmungen dieser Verordnung und insbesondere in der Phase, in der die Agentur ihre Arbeit aufnimmt, Regelungen für chemische Stoffe wirksam und zügig getroffen werden. Daher sollten entsprechende Vorkehrungen getroffen werden, damit die Kommission die erforderliche Unterstützung für die Errichtung der Agentur leisten kann, einschließlich des Abschlusses von Verträgen und der Ernennung eines Interimsdirektors, bis der Verwaltungsrat der Agentur selbst einen Direktor ernennen kann.

---

1) **Amtl. Anm.:** ABl L 184 vom 17. 7. 1999, S. 23. Geändert durch den Beschluss 2006/512/EG (ABl L 200 vom 22. 7. 2006, S. 11).

(126) Damit die Arbeiten im Rahmen der Verordnung (EWG) Nr. 793/93 und der Richtlinie 76/769/EWG voll genutzt werden können und nicht verloren gehen, sollte die Kommission dazu ermächtigt werden, in der Anlaufphase Beschränkungsverfahren einzuleiten, die auf den bereits geleisteten Arbeiten beruhen, ohne das in der vorliegenden Verordnung für Beschränkungen vorgesehene Verfahren vollständig durchlaufen zu müssen. Ab Inkrafttreten dieser Verordnung sollten alle diese Elemente zur Unterstützung der Risikominderungsmaßnahmen verwendet werden.

(127) Die Bestimmungen dieser Verordnung sollten gestaffelt in Kraft treten, damit der Übergang zu dem neuen System reibungslos vonstatten gehen kann. Darüber hinaus sollte ein schrittweises Inkrafttreten der Bestimmungen es allen Betroffenen – Behörden, natürlichen oder juristischen Personen und Interessengruppen – erlauben, ihre Ressourcen rechtzeitig zur Vorbereitung auf die neuen Pflichten zu konzentrieren.

(128) Diese Verordnung tritt an die Stelle folgender Rechtsakte: Richtlinie 76/769/EWG, Richtlinie 91/155/EWG der Kommission[1], Richtlinie 93/67/EWG der Kommission[2], Richtlinie 93/105/EG der Kommission[3], Richtlinie 2000/21/EG der Kommission[4], Verordnung (EWG) Nr. 793/93 und Verordnung (EG) Nr. 1488/94 der Kommission[5]. Diese Richtlinien und Verordnungen sollten daher aufgehoben werden.

(129) Aus Gründen der Kohärenz sollte die Richtlinie 1999/45/EG, in der bereits in dieser Verordnung erfasste Sachverhalte behandelt sind, geändert werden.

(130) Da die Ziele dieser Verordnung, nämlich Regeln für Stoffe festzulegen und eine Europäische Chemikalienagentur zu errichten, auf Ebene der Mitgliedstaaten nicht ausreichend verwirklicht werden können und daher besser auf Gemeinschaftsebene zu verwirklichen sind, kann die Gemeinschaft im Einklang mit dem in Artikel 5 des Vertrags niedergelegten Subsidiaritätsprinzip tätig werden. Entsprechend dem in demselben Artikel genannten Grundsatz der Verhältnismäßigkeit geht diese Verordnung nicht über das zur Erreichung dieser Ziele erforderliche Maß hinaus.

(131) Die Verordnung steht im Einklang mit den Grundrechten und Grundsätzen, die insbesondere in der Charta der Grundrechte der Europäischen Union[6] anerkannt sind. Insbesondere wird mit dieser Verordnung die volle Übereinstimmung mit den Grundsätzen des Umweltschutzes und der nachhaltigen Entwicklung angestrebt, die in Artikel 37 der Charta verankert sind –

HABEN FOLGENDE VERORDNUNG ERLASSEN:

---

1) **Amtl. Anm.:** Richtlinie 91/155/EWG der Kommission vom 5. März 1991 zur Festlegung der Einzelheiten eines besonderen Informationssystems für gefährliche Zubereitungen gemäß Artikel 10 der Richtlinie 88/379/EWG (ABl L 76 vom 22. 3. 1991, S. 35). Zuletzt geändert durch die Richtlinie 2001/58/EG (ABl L 212 vom 7. 8. 2001, S. 24).
2) **Amtl. Anm.:** Richtlinie 93/67/EWG der Kommission vom 20. Juli 1993 zur Festlegung von Grundsätzen für die Bewertung der Risiken für Mensch und Umwelt von gemäß der Richtlinie 67/548/EWG des Rates notifizierten Stoffen (ABl L 227 vom 8. 9. 1993, S. 9).
3) **Amtl. Anm.:** Richtlinie 93/105/EG der Kommission vom 25. November 1993 zur Festlegung von Anhang VII D, der Angaben enthält, die für die technischen Beschreibungen im Sinne von Artikel 12 der siebten Änderung der Richtlinie 67/548/EWG des Rates erforderlich sind (ABl L 294 vom 30. 11. 1993, S. 21).
4) **Amtl. Anm.:** Richtlinie 2000/21/EG der Kommission vom 25. April 2000 über das Verzeichnis der gemeinschaftlichen Rechtsakte gemäß Artikel 13 Absatz 1 fünfter Gedankenstrich der Richtlinie 67/548/EWG des Rates (ABl L 103 vom 28. 4. 2000, S. 70).
5) **Amtl. Anm.:** Verordnung (EG) Nr. 1488/94 der Kommission vom 28. Juni 1994 zur Festlegung von Grundsätzen für die Bewertung der von Altstoffen ausgehenden Risiken für Mensch und Umwelt gemäß der Verordnung (EWG) Nr. 793/93 des Rates (ABl L 161 vom 29. 6. 1994, S. 3).
6) **Amtl. Anm.:** ABl C 364 vom 18. 12. 2000, S. 1.

# Titel I: Allgemeines

## Kapitel 1: Ziel, Geltungsbereich und Anwendung

### Artikel 1 Ziel und Geltungsbereich

(1) Zweck dieser Verordnung ist es, ein hohes Schutzniveau für die menschliche Gesundheit und für die Umwelt sicherzustellen, einschließlich der Förderung alternativer Beurteilungsmethoden für von Stoffen ausgehende Gefahren, sowie den freien Verkehr von Stoffen im Binnenmarkt zu gewährleisten und gleichzeitig Wettbewerbsfähigkeit und Innovation zu verbessern.

(2) Diese Verordnung enthält Bestimmungen über Stoffe und Zubereitungen im Sinne des Artikels 3. Diese Bestimmungen gelten für die Herstellung, das Inverkehrbringen und die Verwendung derartiger Stoffe als solcher, in Zubereitungen oder in Erzeugnissen sowie für das Inverkehrbringen von Zubereitungen.

(3) Diese Verordnung beruht auf dem Grundsatz, dass Hersteller, Importeure und nachgeschaltete Anwender sicherstellen müssen, dass sie Stoffe herstellen, in Verkehr bringen und verwenden, die die menschliche Gesundheit oder die Umwelt nicht nachteilig beeinflussen. Ihren Bestimmungen liegt das Vorsorgeprinzip zugrunde.

### Artikel 2 Anwendung

(1) Diese Verordnung gilt nicht für

a) radioaktive Stoffe im Anwendungsbereich der Richtlinie 96/29/Euratom des Rates vom 13. Mai 1996 zur Festlegung der grundlegenden Sicherheitsnormen für den Schutz der Gesundheit der Arbeitskräfte und der Bevölkerung gegen die Gefahren durch ionisierende Strahlungen[1];

b) Stoffe als solche, in Zubereitungen oder in Erzeugnissen, die der zollamtlichen Überwachung unterliegen, sofern sie weder behandelt noch verarbeitet werden, und die sich in vorübergehender Verwahrung oder in Freizonen oder in Freilagern zur Wiederausfuhr oder im Transitverkehr befinden;

c) nicht-isolierte Zwischenprodukte;

d) die Beförderung gefährlicher Stoffe und gefährlicher Stoffe in gefährlichen Zubereitungen im Eisenbahn-, Straßen-, Binnenschiffs-, See- oder Luftverkehr.

(2) Abfall im Sinne der Richtlinie 2006/12/EG des Europäischen Parlaments und des Rates[2] gilt nicht als Stoff, Zubereitung oder Erzeugnis im Sinne des Artikels 3 der vorliegenden Verordnung.

(3) Die Mitgliedstaaten dürfen in besonderen Fällen für bestimmte Stoffe als solche, in Zubereitungen oder in Erzeugnissen Ausnahmen von dieser Verordnung zulassen, wenn das im Interesse der Landesverteidigung erforderlich ist.

(4) Diese Verordnung gilt unbeschadet folgender Rechtsakte:

a) Arbeits- und Umweltschutzvorschriften der Gemeinschaft, einschließlich der Richtlinie 89/391/EWG des Rates vom 12. Juni 1989 über die Durchführung von Maßnahmen zur Verbesserung der Sicherheit und des Gesundheitsschutzes der Arbeitnehmer bei der Arbeit[3], der Richtlinie 96/61/EG des Rates vom 24. September 1996 über die integrierte Vermeidung und Verminderung der Umweltverschmutzung[4], der Richtlinie 98/24/EG, der Richtlinie 2000/60/EG des Europäischen Parlaments

---

1) **Amtl. Anm.:** ABl L 159 vom 29. 6. 1996, S. 1.
2) **Amtl. Anm.:** ABl L 114 vom 27. 4. 2006, S. 9.
3) **Amtl. Anm.:** ABl L 183 vom 29. 6. 1989, S. 1. Zuletzt geändert durch die Verordnung (EG) Nr. 1882/2003.
4) **Amtl. Anm.:** ABl L 257 vom 10. 10. 1996, S. 26. Zuletzt geändert durch die Verordnung (EG) Nr. 166/2006 des Europäischen Parlaments und des Rates (ABl L 33 vom 4. 2. 2006, S. 1).

und des Rates vom 23. Oktober 2000 zur Schaffung eines Ordnungsrahmens für Maßnahmen der Gemeinschaft im Bereich der Wasserpolitik[1] und der Richtlinie 2004/37/EG;

b) Richtlinie 76/768/EWG im Hinblick auf die Versuche an Wirbeltieren im Rahmen des Geltungsbereichs jener Richtlinie.

(5) Die Titel II, V, VI und VII gelten nicht, soweit ein Stoff wie folgt verwendet wird:

a) in Human- oder Tierarzneimitteln im Anwendungsbereich der Verordnung (EG) Nr. 726/2004, der Richtlinie 2001/82/EG des Europäischen Parlaments und des Rates vom 6. November 2001 zur Schaffung eines Gemeinschaftskodexes für Tierarzneimittel[2] und der Richtlinie 2001/83/EG des Europäischen Parlaments und des Rates vom 6. November 2001 zur Schaffung eines Gemeinschaftskodexes für Humanarzneimittel[3];

b) in Lebensmitteln oder Futtermitteln gemäß der Verordnung (EG) Nr. 178/2002, einschließlich der Verwendung

   i. als Lebensmittelzusatzstoff im Anwendungsbereich der Richtlinie 89/107/EWG des Rates vom 21. Dezember 1988 zur Angleichung der Rechtsvorschriften der Mitgliedstaaten über Zusatzstoffe, die in Lebensmitteln verwendet werden dürfen[4];

   ii. als Aromastoff in Lebensmitteln im Anwendungsbereich der Richtlinie 88/388/EWG des Rates vom 22. Juni 1988 zur Angleichung der Rechtsvorschriften der Mitgliedstaaten über Aromen zur Verwendung in Lebensmitteln und über Ausgangsstoffe für ihre Herstellung[5] und der Entscheidung 1999/217/EG der Kommission vom 23. Februar 1999 über ein Verzeichnis der in oder auf Lebensmitteln verwendeten Aromastoffe, das gemäß der Verordnung (EG) Nr. 2232/96 des Europäischen Parlaments und des Rates erstellt wurde[6];

   iii. als Zusatzstoff für die Tierernährung im Anwendungsbereich der Verordnung (EG) Nr. 1831/2003 des Europäischen Parlaments und des Rates vom 22. September 2003 über Zusatzstoffe zur Verwendung in der Tierernährung[7];

   iv. für die Tierernährung im Anwendungsbereich der Richtlinie 82/471/EWG des Rates vom 30. Juni 1982 über bestimmte Erzeugnisse für die Tierernährung[8].

(6) Titel IV gilt nicht für die folgenden für den Endverbraucher bestimmten Zubereitungen in Form von Fertigerzeugnissen:

a) Human- oder Tierarzneimittel im Anwendungsbereich der Verordnung (EG) Nr. 726/2004 und der Richtlinie 2001/82/EG und im Sinne der Richtlinie 2001/83/EG;

b) kosmetische Mittel im Sinne der Richtlinie 76/768/EWG;

---

1) **Amtl. Anm.:** ABl L 327 vom 22. 12. 2000, S. 1. Zuletzt geändert durch die Verordnung (EG) Nr. 2455/2001 (ABl L 331 vom 15. 12. 2001, S. 1).

2) **Amtl. Anm.:** ABl L 311 vom 28. 11. 2001, S. 1. Zuletzt geändert durch die Richtlinie 2004/28/EG (ABl L 136 vom 30. 4. 2004, S. 58).

3) **Amtl. Anm.:** ABl L 311 vom 28. 11. 2001, S. 67. Zuletzt geändert durch die Verordnung (EG) Nr. 1901/2006.

4) **Amtl. Anm.:** ABl L 40 vom 11. 2. 1989, S. 27. Zuletzt geändert durch die Verordnung (EG) Nr. 1882/2003.

5) **Amtl. Anm.:** ABl L 184 vom 15. 7. 1988, S. 61. Zuletzt geändert durch die Verordnung (EG) Nr. 1882/2003.

6) **Amtl. Anm.:** ABl L 84 vom 27. 3. 1999, S. 1. Zuletzt geändert durch die Entscheidung 2006/252/EG (ABl L 91 vom 29. 4. 2006, S. 48).

7) **Amtl. Anm.:** ABl L 268 vom 18. 10. 2003, S. 29. Geändert durch die Verordnung (EG) Nr. 378/2005 der Kommission (ABl L 59 vom 5. 3. 2005, S. 8).

8) **Amtl. Anm.:** ABl L 213 vom 21. 7. 1982, S. 8. Zuletzt geändert durch die Richtlinie 2004/116/EG der Kommission (ABl L 379 vom 24. 12. 2004, S. 81).

c) Medizinprodukte, die invasiv oder unter Körperberührung verwendet werden, sofern die Gemeinschaftsbestimmungen für gefährliche Stoffe und Zubereitungen Einstufungs- und Kennzeichnungsbestimmungen enthalten, die das gleiche Niveau der Unterrichtung und des Schutzes sicherstellen wie die Richtlinie 1999/45/EG;
d) Lebensmittel oder Futtermittel gemäß der Verordnung (EG) Nr. 178/2002, einschließlich der Verwendung
   i. als Lebensmittelzusatzstoff im Anwendungsbereich der Richtlinie 89/107/EWG;
   ii. als Aromastoff in Lebensmitteln im Anwendungsbereich der Richtlinie 88/388/EWG und der Entscheidung 1999/217/EG;
   iii. als Zusatzstoff für die Tierernährung im Anwendungsbereich der Verordnung (EG) Nr. 1831/2003;
   iv. für die Tierernährung im Anwendungsbereich der Richtlinie 82/471/EWG.

(7) Ausgenommen von den Titeln II, V und VI sind
a) in Anhang IV aufgeführte Stoffe, da ausreichende Informationen über diese Stoffe vorliegen, so dass davon ausgegangen wird, dass sie wegen ihrer inhärenten Stoffeigenschaften ein minimales Risiko verursachen;
b) unter Anhang V fallende Stoffe, da eine Registrierung für diese Stoffe für unzweckmäßig oder unnötig gehalten wird und deren Ausnahme von diesen Titeln die Ziele dieser Verordnung nicht beeinträchtigt;
c) nach Titel II registrierte Stoffe als solche oder in Zubereitungen, die von einem Akteur der Lieferkette aus der Gemeinschaft ausgeführt und von demselben oder einem anderen Akteur derselben Lieferkette wieder in die Gemeinschaft eingeführt wurden, wenn dieser nachweist, dass
   i. der wieder eingeführte Stoff mit dem ausgeführten Stoff identisch ist;
   ii. ihm für den ausgeführten Stoff die Informationen nach den Artikeln 31 oder 32 übermittelt wurden;
d) nach Titel II registrierte Stoffe als solche, in Zubereitungen oder in Erzeugnissen, die in der Gemeinschaft zurückgewonnen werden, wenn
   i. der aus dem Rückgewinnungsverfahren hervorgegangene Stoff mit dem nach Titel II registrierten Stoff identisch ist und
   ii. dem die Rückgewinnung durchführenden Unternehmen die in den Artikeln 31 oder 32 vorgeschriebenen Informationen über den gemäß Titel II registrierten Stoff zur Verfügung stehen.

(8) Standortinterne isolierte Zwischenprodukte und transportierte isolierte Zwischenprodukte sind ausgenommen von
a) Titel II Kapitel 1 (mit Ausnahme der Artikel 8 und 9) und
b) Titel VII.

(9) Die Titel II und VI gelten nicht für Polymere.

## Kapitel 2: Begriffsbestimmungen und allgemeine Bestimmungen

### Artikel 3  Begriffsbestimmungen

Für die Zwecke dieser Verordnung gelten folgende Begriffsbestimmungen:
1. Stoff: chemisches Element und seine Verbindungen in natürlicher Form oder gewonnen durch ein Herstellungsverfahren, einschließlich der zur Wahrung seiner Stabilität notwendigen Zusatzstoffe und der durch das angewandte Verfahren bedingten Verunreinigungen, aber mit Ausnahme von Lösungsmitteln, die von dem Stoff ohne Beeinträchtigung seiner Stabilität und ohne Änderung seiner Zusammensetzung abgetrennt werden können;
2. Zubereitung: Gemenge, Gemische oder Lösungen, die aus zwei oder mehr Stoffen bestehen;

3. Erzeugnis: Gegenstand, der bei der Herstellung eine spezifische Form, Oberfläche oder Gestalt erhält, die in größerem Maße als die chemische Zusammensetzung seine Funktion bestimmt;
4. Produzent eines Erzeugnisses: eine natürliche oder juristische Person, die ein Erzeugnis in der Gemeinschaft produziert oder zusammensetzt;
5. Polymer: Stoff, der aus Molekülen besteht, die durch eine Kette einer oder mehrerer Arten von Monomereinheiten gekennzeichnet sind. Diese Moleküle müssen innerhalb eines bestimmten Molekulargewichtsbereichs liegen, wobei die Unterschiede beim Molekulargewicht im Wesentlichen auf die Unterschiede in der Zahl der Monomereinheiten zurückzuführen sind. Ein Polymer enthält Folgendes:
    a) eine einfache Gewichtsmehrheit von Molekülen mit mindestens drei Monomereinheiten, die zumindest mit einer weiteren Monomereinheit bzw. einem sonstigen Reaktanten eine kovalente Bindung eingegangen sind;
    b) weniger als eine einfache Gewichtsmehrheit von Molekülen mit demselben Molekulargewicht.

    Im Rahmen dieser Definition ist unter einer „Monomereinheit" die gebundene Form eines Monomerstoffes in einem Polymer zu verstehen;
6. Monomer: ein Stoff, der unter den Bedingungen der für den jeweiligen Prozess verwendeten relevanten polymerbildenden Reaktion imstande ist, kovalente Bindungen mit einer Sequenz weiterer ähnlicher oder unähnlicher Moleküle einzugehen;
7. Registrant: Hersteller oder Importeur eines Stoffes oder Produzent oder Importeur eines Erzeugnisses, der ein Registrierungsdossier für einen Stoff einreicht;
8. Herstellung: Produktion oder Extraktion von Stoffen im natürlichen Zustand;
9. Hersteller: natürliche oder juristische Person mit Sitz in der Gemeinschaft, die in der Gemeinschaft einen Stoff herstellt;
10. Einfuhr: physisches Verbringen in das Zollgebiet der Gemeinschaft;
11. Importeur: natürliche oder juristische Person mit Sitz in der Gemeinschaft, die für die Einfuhr verantwortlich ist;
12. Inverkehrbringen: entgeltliche oder unentgeltliche Abgabe an Dritte oder Bereitstellung für Dritte. Die Einfuhr gilt als Inverkehrbringen;
13. Nachgeschalteter Anwender: natürliche oder juristische Person mit Sitz in der Gemeinschaft, die im Rahmen ihrer industriellen oder gewerblichen Tätigkeit einen Stoff als solchen oder in einer Zubereitung verwendet, mit Ausnahme des Herstellers oder Importeurs. Händler oder Verbraucher sind keine nachgeschalteter Anwender. Ein aufgrund des Artikels 2 Absatz 7 Buchstabe c ausgenommener Reimporteur gilt als nachgeschalteter Anwender;
14. Händler: natürliche oder juristische Person mit Sitz in der Gemeinschaft, die einen Stoff als solchen oder in einer Zubereitung lediglich lagert und an Dritte in Verkehr bringt; darunter fallen auch Einzelhändler;
15. Zwischenprodukt: Stoff, der für die chemische Weiterverarbeitung hergestellt und hierbei verbraucht oder verwendet wird, um in einen anderen Stoff umgewandelt zu werden (nachstehend „Synthese" genannt):
    a) Nicht-isoliertes Zwischenprodukt: Zwischenprodukt, das während der Synthese nicht vorsätzlich aus dem Gerät, in dem die Synthese stattfindet, entfernt wird (außer für Stichprobenzwecke). Derartiges Gerät umfasst Reaktionsbehälter und die dazugehörige Ausrüstung sowie jegliches Gerät, das der Stoff/die Stoffe in einem kontinuierlichen oder diskontinuierlichen Prozess durchläuft/durchlaufen, sowie Rohrleitungen zum Verbringen von einem Behälter in einen anderen für den nächsten Reaktionsschritt; nicht dazu gehören Tanks oder andere Behälter, in denen der Stoff/die Stoffe nach der Herstellung gelagert wird/werden;
    b) Standortinternes isoliertes Zwischenprodukt: Zwischenprodukt, das die Kriterien eines nicht-isolierten Zwischenprodukts nicht erfüllt, dessen Herstellung

und die Synthese eines anderen Stoffes/anderer Stoffe aus ihm am selben, von einer oder mehreren Rechtspersonen betriebenen Standort durchgeführt wird;

c) Transportiertes isoliertes Zwischenprodukt: Zwischenprodukt, das die Kriterien eines nicht-isolierten Zwischenprodukts nicht erfüllt und an andere Standorte geliefert oder zwischen diesen transportiert wird;

16. Standort: zusammenhängende Örtlichkeit, in der im Falle mehrerer Hersteller eines oder mehrerer Stoffe bestimmte Teile der Infrastruktur und der Anlagen gemeinsam genutzt werden;
17. Akteure der Lieferkette: alle Hersteller und/oder Importeure und/oder nachgeschalteten Anwender in einer Lieferkette;
18. Agentur: die mit dieser Verordnung errichtete Europäische Chemikalienagentur;
19. Zuständige Behörde: die von den Mitgliedstaaten zur Erfüllung der Pflichten aus dieser Verordnung eingerichtete(n) Behörde(n) bzw. Stellen;
20. Phase-in-Stoff: Stoff, der mindestens einem der folgenden Kriterien entspricht:
    a) der Stoff ist im Europäischen Verzeichnis der auf dem Markt vorhandenen chemischen Stoffe (EINECS) aufgeführt;
    b) der Stoff wurde in der Gemeinschaft oder in den am 1. Januar 1995, am 1. Mai 2004 oder am 1. Januar 2007 der Europäischen Union beigetretenen Ländern hergestellt, vom Hersteller oder Importeur jedoch in den 15 Jahren vor Inkrafttreten dieser Verordnung nicht mindestens einmal in Verkehr gebracht, vorausgesetzt, der Hersteller oder Importeur kann dies durch Unterlagen nachweisen;
    c) der Stoff wurde in der Gemeinschaft oder in den am 1. Januar 1995, am 1. Mai 2004 oder am 1. Januar 2007 der Europäischen Union beigetretenen Ländern vom Hersteller oder Importeur zwischen dem 18. September 1981 bis einschließlich 31. Oktober 1993 in Verkehr gebracht und galt vor dem Inkrafttreten dieser Verordnung als angemeldet im Sinne von Artikels 8 Absatz 1 erster Gedankenstrich der Richtlinie 67/548/EWG in der Fassung von Artikel 8 Absatz 1 aufgrund der Änderung durch die Richtlinie 79/831/EWG, entspricht jedoch nicht der Definition eines Polymers nach der vorliegenden Verordnung, vorausgesetzt, der Hersteller oder Importeur kann dies durch Unterlagen nachweisen;
21. Angemeldeter Stoff: Stoff, der gemäß der Richtlinie 67/548/EWG angemeldet wurde und in Verkehr gebracht werden durfte;
22. Produkt- und verfahrensorientierte Forschung und Entwicklung: mit der Produktentwicklung oder der Weiterentwicklung eines Stoffes als solchem, in Zubereitungen oder Erzeugnissen zusammenhängende wissenschaftliche Entwicklung, bei der zur Entwicklung des Produktionsprozesses und/oder zur Erprobung der Anwendungsmöglichkeiten des Stoffes Versuche in Pilot- oder Produktionsanlagen durchgeführt werden;
23. Wissenschaftliche Forschung und Entwicklung: unter kontrollierten Bedingungen durchgeführte wissenschaftliche Versuche, Analysen oder Forschungsarbeiten mit chemischen Stoffen in Mengen unter 1 Tonne pro Jahr;
24. Verwendung: Verarbeiten, Formulieren, Verbrauchen, Lagern, Bereithalten, Behandeln, Abfüllen in Behältnisse, Umfüllen von einem Behältnis in ein anderes, Mischen, Herstellen eines Erzeugnisses oder jeder andere Gebrauch;
25. Eigene Verwendung des Registranten: industrielle oder gewerbliche Verwendung durch den Registranten;
26. Identifizierte Verwendung: Verwendung eines Stoffes als solchem oder in einer Zubereitung oder Verwendung einer Zubereitung, die ein Akteur der Lieferkette, auch zur eigenen Verwendung, beabsichtigt oder die ihm schriftlich von einem unmittelbar nachgeschalteten Anwender mitgeteilt wird;
27. Umfassender Studienbericht: vollständige und umfassende Beschreibung der Tätigkeit zur Gewinnung der Informationen. Hierunter fällt auch die vollständige wissenschaftliche Veröffentlichung, in der die durchgeführte Studie beschrieben wird,

oder der vom Prüflabor erstellte umfassende Bericht, in dem die durchgeführte Studie beschrieben wird;

28. Qualifizierte Studienzusammenfassung: detaillierte Zusammenfassung der Ziele, Methoden, Ergebnisse und Schlussfolgerungen eines umfassenden Studienberichts mit Informationen, die für eine unabhängige Beurteilung der Studie ausreichen, so dass der umfassende Studienbericht möglichst nicht mehr eingesehen werden muss;

29. Einfache Studienzusammenfassung: Zusammenfassung der Ziele, Methoden, Ergebnisse und Schlussfolgerungen eines umfassenden Studienberichts mit Informationen, die für eine Beurteilung der Relevanz der Studie ausreichen;

30. Pro Jahr: pro Kalenderjahr, sofern nicht anders angegeben; für Phase-in-Stoffe, die in mindestens drei aufeinander folgenden Jahren eingeführt oder hergestellt wurden, werden die Mengen pro Jahr auf der Grundlage des Durchschnitts der Produktions- bzw. Importmengen in den drei unmittelbar vorhergehenden Kalenderjahren berechnet;

31. Beschränkung: Bedingungen für die Herstellung, die Verwendung oder das Inverkehrbringen oder das Verbot dieser Tätigkeiten;

32. Lieferant eines Stoffes oder einer Zubereitung: Hersteller, Importeur, nachgeschalteter Anwender oder Händler, der einen Stoff als solchen oder in einer Zubereitung oder eine Zubereitung in Verkehr bringt;

33. Lieferant eines Erzeugnisses: Produzent oder Importeur eines Erzeugnisses, Händler oder anderer Akteur der Lieferkette, der das Erzeugnis in Verkehr bringt;

34. Abnehmer eines Stoffes oder einer Zubereitung: nachgeschalteter Anwender oder Händler, dem ein Stoff oder eine Zubereitung geliefert wird;

35. Abnehmer eines Erzeugnisses: industrieller oder gewerblicher Anwender oder Händler, dem ein Erzeugnis geliefert wird; Verbraucher fallen nicht darunter;

36. KMU: kleine und mittlere Unternehmen im Sinne der Empfehlung der Kommission vom 6. Mai 2003 betreffend die Definition der Kleinstunternehmen sowie der kleinen und mittleren Unternehmen[1)];

37. Expositionsszenarium: Zusammenstellung von Bedingungen einschließlich der Verwendungsbedingungen und Risikomanagementmaßnahmen, mit denen dargestellt wird, wie der Stoff hergestellt oder während seines Lebenszyklus verwendet wird und wie der Hersteller oder Importeur die Exposition von Mensch und Umwelt beherrscht oder den nachgeschalteten Anwendern zu beherrschen empfiehlt. Diese Expositionsszenarien können ein spezifisches Verfahren oder eine spezifische Verwendung oder gegebenenfalls verschiedene Verfahren oder Verwendungen abdecken;

38. Verwendungs- und Expositionskategorie: Expositionsszenarium, das ein breites Spektrum von Verfahren oder Verwendungen abdeckt, wobei die Verfahren oder Verwendungen zumindest in Form der kurzen, allgemeinen Angaben zur Verwendung bekannt gegeben werden;

39. Naturstoff: natürlich vorkommender Stoff als solcher, unverarbeitet oder lediglich manuell, mechanisch oder durch Gravitationskraft, durch Auflösung in Wasser, durch Flotation, durch Extraktion mit Wasser, durch Dampfdestillation oder durch Erhitzung zum Wasserentzug verarbeitet oder durch beliebige Mittel aus der Luft entnommen;

40. Nicht chemisch veränderter Stoff: Stoff, dessen chemische Struktur unverändert bleibt, auch wenn er einem chemischen Verfahren oder einer chemischen Behandlung oder einer physikalischen mineralogischen Umwandlung, zum Beispiel zur Beseitigung von Verunreinigungen, unterzogen wurde;

---

[1)] **Amtl. Anm.:** ABl L 124 vom 20. 5. 2003, S. 36.

41. Legierung: ein metallisches, in makroskopischem Maßstab homogenes Material, das aus zwei oder mehr Elementen besteht, die so verbunden sind, dass sie durch mechanische Mittel nicht ohne weiteres getrennt werden können.

### Artikel 4  Allgemeine Bestimmungen

Ein Hersteller oder Importeur oder gegebenenfalls ein nachgeschalteter Anwender kann für alle Verfahren nach Artikel 11 und Artikel 19, Titel III und Artikel 53, bei denen Gespräche mit anderen Herstellern, Importeuren oder gegebenenfalls nachgeschalteten Anwendern geführt werden, einen Dritten als Vertreter benennen, wobei er für die Erfüllung seiner Verpflichtungen aus dieser Verordnung in vollem Umfang verantwortlich bleibt. In diesen Fällen gibt die Agentur die Identität des Herstellers oder Importeurs oder nachgeschalteten Anwenders, der einen Vertreter benannt hat, anderen Herstellern, Importeuren oder gegebenenfalls nachgeschalteten Anwendern in der Regel nicht bekannt.

## Titel II:  Registrierung von Stoffen

### Kapitel 1:  Allgemeine Registrierungspflicht und Informationsanforderungen

### Artikel 5  Ohne Daten kein Markt

Vorbehaltlich der Artikel 6, 7, 21 und 23 dürfen Stoffe als solche, in Zubereitungen oder in Erzeugnissen nur dann in der Gemeinschaft hergestellt oder in Verkehr gebracht werden, wenn sie nach den einschlägigen Bestimmungen dieses Titels, soweit vorgeschrieben, registriert wurden.

### Artikel 6  Allgemeine Registrierungspflicht für Stoffe als solche oder in Zubereitungen

(1) Soweit in dieser Verordnung nicht anderweitig bestimmt, reicht ein Hersteller oder Importeur, der einen Stoff als solchen oder in einer oder mehreren Zubereitungen in einer Menge von mindestens 1 Tonne pro Jahr herstellt oder einführt, bei der Agentur ein Registrierungsdossier ein.

(2) Für Monomere, die als standortinterne isolierte Zwischenprodukte oder als transportierte isolierte Zwischenprodukte verwendet werden, gelten die Artikel 17 und 18 nicht.

(3) Der Hersteller oder Importeur eines Polymers reicht für den Monomerstoff/die Monomerstoffe oder einen anderen Stoff/andere Stoffe, der/die noch nicht von einem vorgeschalteten Akteur der Lieferkette registriert wurden, bei der Agentur ein Registrierungsdossier ein, wenn die beiden folgenden Voraussetzungen erfüllt sind:
a) Das Polymer besteht zu mindestens 2 Massenprozent (w/w) aus einem derartigen Monomerstoff/aus derartigen Monomerstoffen oder einem anderen Stoff/anderen Stoffen in Form von Monomereinheiten und chemisch gebundenen Stoffen;
b) die Gesamtmenge dieses Monomerstoffes/dieser Monomerstoffe oder anderen Stoffes/anderer Stoffe beträgt mindestens 1 Tonne pro Jahr.

(4) Bei Einreichung des Registrierungsdossiers ist die Gebühr nach Titel IX zu entrichten.

### Artikel 7  Registrierung und Anmeldung von Stoffen in Erzeugnissen

(1) Der Produzent oder Importeur von Erzeugnissen reicht für die in diesen Erzeugnissen enthaltenen Stoffe bei der Agentur ein Registrierungsdossier ein, wenn die beiden folgenden Voraussetzungen erfüllt sind:
a) Der Stoff ist in diesen Erzeugnissen in einer Menge von insgesamt mehr als 1 Tonne pro Jahr und pro Produzent oder Importeur enthalten;
b) der Stoff soll unter normalen oder vernünftigerweise vorhersehbaren Verwendungsbedingungen freigesetzt werden.

Bei Einreichung des Registrierungsdossiers ist die Gebühr nach Titel IX zu entrichten.

(2) Der Produzent oder Importeur von Erzeugnissen unterrichtet die Agentur nach Absatz 4 des vorliegenden Artikels, wenn ein Stoff die Kriterien nach Artikel 57 erfüllt und nach Artikel 59 Absatz 1 ermittelt ist, und wenn die beiden folgenden Voraussetzungen erfüllt sind:

a) Der Stoff ist in diesen Erzeugnissen in einer Menge von insgesamt mehr als 1 Tonne pro Jahr und pro Produzent oder Importeur enthalten;

b) der Stoff ist in diesen Erzeugnissen in einer Konzentration von mehr als 0,1 Massenprozent (w/w) enthalten.

(3) Absatz 2 gilt nicht, wenn der Produzent oder Importeur bei normalen oder vernünftigerweise vorhersehbaren Verwendungsbedingungen einschließlich der Entsorgung eine Exposition von Mensch oder Umwelt ausschließen kann. In diesen Fällen gibt der Produzent oder Importeur dem Abnehmer des Erzeugnisses geeignete Anweisungen.

(4) Folgende Informationen sind mitzuteilen:

a) die Identität und Kontaktangaben des Produzenten oder Importeure gemäß Anhang VI Abschnitt 1, mit Ausnahme von deren eigenen Betriebstandorten;

b) die Registrierungsnummer(n) nach Artikel 20 Absatz 1, falls verfügbar;

c) die Identität des Stoffes gemäß Anhang VI Abschnitte 2.1 bis 2.3.4;

d) die Einstufung des Stoffes/der Stoffe gemäß Anhang VI Abschnitte 4.1 und 4.2;

e) eine kurze Beschreibung der Verwendung(en) des Stoffes/der Stoffe in dem Erzeugnis gemäß Anhang VI Abschnitt 3.5 und der Verwendungen des Erzeugnisses/der Erzeugnisse;

f) der Mengenbereich des Stoffes/der Stoffe, beispielsweise 1 bis 10 t, 10 bis 100 t usw.

(5) Die Agentur kann entscheiden, dass die Produzenten oder Importeure von Erzeugnissen für einen Stoff in diesen Erzeugnissen ein Registrierungsdossier nach diesem Titel einreichen müssen, wenn alle folgenden Bedingungen erfüllt sind:

a) Der Stoff ist in diesen Erzeugnissen in einer Menge von insgesamt mehr als 1 Tonne pro Jahr und pro Produzent oder Importeur enthalten;

b) die Agentur hat Gründe für die Annahme, dass

i. der Stoff aus den Erzeugnissen freigesetzt wird und

ii. die Freisetzung des Stoffes aus den Erzeugnissen ein Risiko für die menschliche Gesundheit oder die Umwelt darstellt;

c) der Stoff unterliegt nicht Absatz 1.

Bei Einreichung des Registrierungsdossiers ist die Gebühr nach Titel IX zu entrichten.

(6) Die Absätze 1 bis 5 gelten nicht für Stoffe, die bereits für die betreffende Verwendung registriert wurden.

(7) Die Absätze 2, 3 und 4 des vorliegenden Artikels gelten ab dem 1. Juni 2011 sechs Monate nach Ermittlung eines Stoffes gemäß Artikel 59 Absatz 1.

(8) Maßnahmen zur Durchführung der Absätze 1 bis 7 werden nach dem in Artikel 133 Absatz 3 genannten Verfahren erlassen.

### Artikel 8   Alleinvertreter eines nicht in der Gemeinschaft ansässigen Herstellers

(1) Eine natürliche oder juristische Person mit Sitz außerhalb der Gemeinschaft, die einen Stoff als solchen, in Zubereitungen oder in Erzeugnissen herstellt, eine Zubereitung formuliert oder ein Erzeugnis herstellt, das in die Gemeinschaft eingeführt wird, kann in gegenseitigem Einverständnis eine natürliche oder juristische Person mit Sitz in der Gemeinschaft bestellen, die als ihr alleiniger Vertreter die Verpflichtungen für Importeure nach diesem Titel erfüllt.

(2) Der Vertreter hat auch alle anderen Verpflichtungen für Importeure im Rahmen dieser Verordnung zu erfüllen. Zu diesem Zweck muss er über ausreichende Erfahrung im praktischen Umgang mit Stoffen und über Informationen über diese verfügen und unbeschadet des Artikels 36 Informationen über die eingeführten Mengen und beliefer-

ten Kunden sowie Informationen über die Übermittlung der jüngsten Fassung des in Artikel 31 genannten Sicherheitsdatenblattes bereithalten und aktualisieren.

(3) Wird gemäß den Absätzen 1 und 2 ein Vertreter bestellt, so setzt der nicht in der Gemeinschaft ansässige Hersteller den Importeur/die Importeure derselben Lieferkette davon in Kenntnis. Für die Zwecke dieser Verordnung gelten diese Importeure als nachgeschaltete Anwender.

**Artikel 9  Ausnahme von der allgemeinen Registrierungspflicht für produkt- und verfahrensorientierte Forschung und Entwicklung**

(1) Während eines Zeitraums von fünf Jahren gelten die Artikel 5, 6, 7, 17, 18 und 21 nicht für Stoffe, die für die produkt- und verfahrensorientierte Forschung und Entwicklung von einem Hersteller oder Importeur oder Produzenten von Erzeugnissen selbst oder in Zusammenarbeit mit in einem Verzeichnis erfassten Kunden in einer Menge, die auf die Zwecke der produkt- und verfahrensorientierten Forschung und Entwicklung beschränkt ist, in der Gemeinschaft hergestellt oder dorthin eingeführt werden.

(2) Für die Zwecke des Absatzes 1 teilt der Hersteller oder Importeur oder Produzent von Erzeugnissen der Agentur folgende Informationen mit:
a) Identität des Herstellers oder Importeurs oder Produzenten von Erzeugnissen gemäß Anhang VI Abschnitt 1;
b) Identität des Stoffes gemäß Anhang VI Abschnitt 2;
c) gegebenenfalls Einstufung des Stoffes gemäß Anhang VI Abschnitt 4;
d) geschätzte Menge gemäß Anhang VI Abschnitt 3.1;
e) Verzeichnis der Kunden gemäß Absatz 1, einschließlich Namen und Anschriften.

Bei Übermittlung der Informationen ist die Gebühr nach Titel IX zu entrichten.

Die in Absatz 1 genannte Frist beginnt mit Eingang der Mitteilung bei der Agentur.

(3) Die Agentur prüft die Vollständigkeit der vom Mitteilenden vorgelegten Informationen; Artikel 20 Absatz 2 gilt entsprechend. Die Agentur versieht die Mitteilung mit einer Nummer und einem Mitteilungsdatum, das das Eingangsdatum der Mitteilung bei der Agentur ist, und gibt dem betreffenden Hersteller oder Importeur oder Produzenten des Erzeugnisses unverzüglich diese Nummer und dieses Datum bekannt. Die Agentur teilt diese Informationen auch der zuständigen Behörde des/der betreffenden Mitgliedstaates/Mitgliedstaaten mit.

(4) Die Agentur kann entscheiden, Auflagen zu erteilen, durch die gewährleistet werden soll, dass der Stoff oder die ihn enthaltende Zubereitung oder das ihn enthaltende Erzeugnis nur vom Personal der nach Absatz 2 Buchstabe e verzeichneten Kunden unter angemessen kontrollierten Bedingungen entsprechend den Anforderungen der Rechtsvorschriften für den Schutz der Arbeitnehmer und der Umwelt gehandhabt und der breiten Öffentlichkeit zu keiner Zeit weder als solcher noch in einer Zubereitung oder in einem Erzeugnis zugänglich gemacht wird und dass nach Ablauf der Ausnahmefrist die verbleibenden Mengen zur Entsorgung gesammelt werden.

Die Agentur kann den Mitteilenden in diesen Fällen ersuchen, weitere erforderliche Informationen vorzulegen.

(5) Wenn keine gegenteilige Benachrichtigung erfolgt, darf der Hersteller oder Importeur des Stoffes oder der Produzent oder Importeur des Erzeugnisses den Stoff bzw. das Erzeugnis frühestens zwei Wochen nach der Mitteilung herstellen oder einführen.

(6) Der Hersteller oder Importeur oder Produzent von Erzeugnissen muss alle Auflagen der Agentur gemäß Absatz 4 erfüllen.

(7) Die Agentur kann auf Antrag entscheiden, die fünfjährige Ausnahmefrist um höchstens weitere fünf Jahre oder – im Fall von Stoffen, die ausschließlich für die Entwicklung von Human- oder Tierarzneimitteln verwendet werden sollen, oder für Stoffe, die nicht in Verkehr gebracht werden –, um höchstens weitere zehn Jahre zu verlängern, wenn der Hersteller oder Importeur oder Produzent von Erzeugnissen nachweisen kann,

dass eine solche Verlängerung durch das Forschungs- und Entwicklungsprogramm gerechtfertigt ist.

(8) Die Agentur übermittelt den zuständigen Behörden aller Mitgliedstaaten, in denen Herstellung, Einfuhr, Produktion oder produkt- und verfahrensorientierte Forschung stattfinden, unverzüglich alle Entscheidungsentwürfe.
Bei Entscheidungen nach den Absätzen 4 und 7 berücksichtigt die Agentur etwaige Bemerkungen der genannten zuständigen Behörden.

(9) Die Agentur und die zuständigen Behörden der betreffenden Mitgliedstaaten behandeln die gemäß den Absätzen 1 bis 8 übermittelten Informationen stets vertraulich.

(10) Gegen Entscheidungen der Agentur nach den Absätzen 4 und 7 des vorliegenden Artikels kann Widerspruch nach den Artikeln 91, 92 und 93 eingelegt werden.

## Artikel 10  Zu allgemeinen Registrierungszwecken vorzulegende Informationen

Ein nach Artikel 6 oder Artikel 7 Absatz 1 oder Absatz 5 einzureichendes Registrierungsdossier muss folgende Informationen enthalten:

a) ein technisches Dossier mit folgenden Informationen:
   i. Identität des Herstellers/der Hersteller oder des Importeurs/der Importeure gemäß Anhang VI Abschnitt 1;
   ii. Identität des Stoffes gemäß Anhang VI Abschnitt 2;
   iii. Informationen zu Herstellung und Verwendung(en) des Stoffes gemäß Anhang VI Abschnitt 3; diese Informationen müssen alle identifizierten Verwendungen des Registranten umfassen. Wenn der Registrant es für zweckmäßig erachtet, können die Informationen die relevanten Verwendungs- und Expositionskategorien umfassen;
   iv. Einstufung und Kennzeichnung des Stoffes gemäß Anhang VI Abschnitt 4;
   v. Leitlinien für die sichere Verwendung des Stoffes gemäß Anhang VI Abschnitt 5;
   vi. einfache Studienzusammenfassungen der aus der Anwendung der Anhänge VII bis XI gewonnenen Informationen;
   vii. qualifizierte Studienzusammenfassungen der aus der Anwendung der Anhänge VII bis XI gewonnenen Informationen, falls nach Anhang I erforderlich;
   viii. Angabe, welche der nach den Ziffern iii, iv, vi, vii oder nach Buchstabe b vorgelegten Informationen von einem Sachverständigen geprüft worden ist, der vom Hersteller oder Importeur ausgewählt wurde und über geeignete Erfahrungen verfügt;
   ix. Versuchsvorschläge, falls in den Anhängen IX und X aufgeführt;
   x. für Stoffe in Mengen von 1 bis 10 Tonnen Informationen über die Exposition gemäß Anhang VI Abschnitt 6;
   xi. einen Antrag des Inhalts, welche Informationen nach Artikel 119 Absatz 2 nach Ansicht des Herstellers oder Importeurs nicht nach Artikel 77 Absatz 2 Buchstabe e im Internet veröffentlicht werden sollten, zusammen mit einer Begründung, warum die Veröffentlichung seinen geschäftlichen Interessen oder den geschäftlichen Interessen anderer Beteiligter schaden könnte.

Mit Ausnahme der von Artikel 25 Absatz 3, Artikel 27 Absatz 6 oder Artikel 30 Absatz 3 erfassten Fälle muss der Registrant im rechtmäßigen Besitz des nach den Ziffern vi und vii für die Registrierung zusammengefassten umfassenden Studienberichts sein oder die Erlaubnis haben, darauf Bezug zu nehmen;

b) einen Stoffsicherheitsbericht in dem in Anhang I festgelegten Format, falls dieser nach Artikel 14 erforderlich ist. Die maßgeblichen Abschnitte dieses Berichts können die relevanten Verwendungs- und Expositionskategorien umfassen, wenn der Registrant es für zweckmäßig erachtet.

## Artikel 11   Gemeinsame Einreichung von Daten durch mehrere Registranten

(1) Soll ein Stoff von einem oder mehreren Herstellern in der Gemeinschaft hergestellt und/oder von einem oder mehreren Importeuren in die Gemeinschaft eingeführt werden und/oder ist dieser Stoff gemäß Artikel 7 registrierungspflichtig, so gilt Folgendes.

Vorbehaltlich des Absatzes 3 werden die Informationen nach Artikel 10 Buchstabe a Ziffern iv, vi, vii und ix und die relevanten Angaben nach Artikel 10 Buchstabe a Ziffer viii zunächst von einem Registranten mit dem Einverständnis des/der anderen beteiligten Registranten eingereicht (nachstehend „federführender Registrant" genannt).

Jeder Registrant reicht anschließend gesondert die Informationen nach Artikel 10 Buchstabe a Ziffern i, ii, iii und x und die relevanten Angaben nach Artikel 10 Buchstabe a Ziffer viii ein.

Die Registranten können selbst entscheiden, ob die Informationen nach Artikel 10 Buchstabe a Ziffer v und Buchstabe b und die relevanten Angaben nach Artikel 10 Buchstabe a Ziffer viii gesondert oder von einem Registranten im Namen der anderen eingereicht werden sollen.

(2) Jeder Registrant braucht Absatz 1 nur in Bezug auf diejenigen Informationen nach Artikel 10 Buchstabe a Ziffern iv, vi, vii und ix einzuhalten, die zur Registrierung innerhalb seines Mengenbereichs nach Artikel 12 erforderlich sind.

(3) Ein Registrant kann die Informationen nach Artikel 10 Buchstabe a Ziffern iv, vi, vii oder ix gesondert einreichen, wenn

a) die gemeinsame Einreichung dieser Informationen für ihn mit unverhältnismäßig hohen Kosten verbunden wäre oder

b) die gemeinsame Einreichung dieser Informationen mit der Offenlegung von Informationen verbunden wäre, die er als geschäftlich sensibel erachtet, und die Offenlegung ihn voraussichtlich in geschäftlicher Hinsicht wesentlich schädigen würde oder

c) er mit dem federführenden Registranten bei der Auswahl dieser Informationen nicht übereinstimmt.

Sind die Buchstaben a, b oder c anwendbar, so legt der Registrant zusammen mit dem Dossier eine Erklärung vor, in der er angibt, warum die Kosten unverhältnismäßig hoch wären, warum ihn die Offenlegung der Informationen voraussichtlich in geschäftlicher Hinsicht wesentlich schädigen würde bzw. worin der Auffassungsunterschied besteht.

(4) Bei Einreichung des Registrierungsdossiers ist die Gebühr nach Titel IX zu entrichten.

## Artikel 12   Mengenabhängige Informationsanforderungen

(1) Das technische Dossier nach Artikel 10 Buchstabe a muss unter dessen Ziffern vi und vii alle physikalisch-chemischen, toxikologischen und ökotoxikologischen Informationen, die für den Registranten relevant sind und ihm zur Verfügung stehen, zumindest jedoch Folgendes enthalten:

a) die Informationen nach Anhang VII für Nicht-Phase-in-Stoffe und für eines oder beide der in Anhang III aufgeführten Kriterien erfüllende Phase-in-Stoffe, die in Mengen von 1 Tonne oder mehr pro Jahr und pro Hersteller oder Importeur hergestellt oder importiert werden;

b) die Informationen zu den in Anhang VII Abschnitt 7 spezifizierten physikalisch-chemischen Eigenschaften für Phase-in-Stoffe, die in Mengen von 1 Tonne oder mehr pro Jahr und pro Hersteller oder Importeur hergestellt oder importiert werden und keines der in Anhang III aufgeführten Kriterien erfüllen;

c) die Informationen nach den Anhängen VII und VIII für Stoffe, die in Mengen von 10 Tonnen oder mehr pro Jahr und pro Hersteller oder Importeur hergestellt oder eingeführt werden;

d) die Informationen nach den Anhängen VII und VIII und Versuchsvorschläge für die Gewinnung von Informationen nach Anhang IX für Stoffe, die in Mengen von

100 Tonnen oder mehr pro Jahr und pro Hersteller oder Importeur hergestellt oder eingeführt werden;

e) die Informationen nach den Anhängen VII und VIII und Versuchsvorschläge für die Gewinnung von Informationen nach den Anhängen IX und X für Stoffe, die in Mengen von 1 000 Tonnen oder mehr pro Jahr und pro Hersteller oder Importeur hergestellt oder eingeführt werden.

(2) Sobald bei einem bereits registrierten Stoff die Menge pro Hersteller oder Importeur die nächste Mengenschwelle erreicht, teilt der Hersteller oder Importeur der Agentur unverzüglich mit, welche zusätzlichen Informationen er nach Absatz 1 benötigen würde. Artikel 26 Absätze 3 und 4 gilt entsprechend.

(3) Der vorliegende Artikel gilt entsprechend für Produzenten von Erzeugnissen.

**Artikel 13  Allgemeine Bestimmungen für die Gewinnung von Informationen über inhärente Stoffeigenschaften**

(1) Informationen über inhärente Stoffeigenschaften können durch andere Mittel als Versuche gewonnen werden, sofern die Bedingungen des Anhangs XI eingehalten werden. Insbesondere sind Informationen über die Toxizität für den Menschen, sofern irgend möglich, durch andere Mittel als Versuche mit Wirbeltieren zu gewinnen, also durch die Verwendung von alternativen Methoden, beispielsweise In-vitro-Methoden, oder von Modellen der qualitativen oder quantitativen Struktur-Wirkungs-Beziehung oder von Daten über strukturell verwandte Stoffe (Gruppierung oder Analogie). Auf Versuche nach Anhang VIII Abschnitte 8.6 und 8.7, Anhang IX und Anhang X kann verzichtet werden, wenn dies aufgrund von Informationen über die Exposition und getroffene Risikomanagementmaßnahmen nach Anhang XI Abschnitt 3 gerechtfertigt ist.

(2) Diese Methoden sind regelmäßig zu überprüfen und zu verbessern, um die Zahl der Tierversuche und beteiligten Wirbeltiere zu senken. Die Kommission legt nach Konsultation der maßgeblichen Beteiligten erforderlichenfalls so bald wie möglich einen Vorschlag zur Änderung der nach dem in Artikel 133 Absatz 4 genannten Verfahren erlassenen Verordnung der Kommission über Versuchsmethoden sowie gegebenenfalls zur Änderung der Anhänge der vorliegenden Verordnung vor, um Tierversuche zu ersetzen, zu reduzieren oder erträglicher zu gestalten. Änderungen jener Kommissionsverordnung werden nach dem in Absatz 3 genannten Verfahren angenommen, Änderungen der Anhänge der vorliegenden Verordnung nach dem in Artikel 131 genannten Verfahren.

(3) Sind Versuche mit Stoffen erforderlich, um Informationen über inhärente Stoffeigenschaften zu gewinnen, so werden sie nach den Prüfmethoden durchgeführt, die in einer Verordnung der Kommission niedergelegt sind, oder nach anderen internationalen Prüfmethoden, die von der Kommission oder von der Agentur als angemessen anerkannt sind. Die Kommission erlässt jene Verordnung, die eine Änderung nicht wesentlicher Bestimmungen der vorliegenden Verordnung durch Hinzufügung bewirkt, gemäß dem in Artikel 133 Absatz 4 genannten Verfahren.

Informationen über inhärente Stoffeigenschaften dürfen durch andere Prüfmethoden gewonnen werden, sofern die Bedingungen des Anhangs XI eingehalten werden.

(4) Ökotoxikologische und toxikologische Prüfungen und Analysen werden nach den in der Richtlinie 2004/10/EG festgelegten Grundsätzen der Guten Laborpraxis oder anderen internationalen Standards, die von der Kommission oder von der Agentur als gleichwertig anerkannt sind, und, soweit einschlägig, nach den Vorschriften der Richtlinie 86/609/EWG durchgeführt.

(5) Ist ein Stoff bereits registriert, so hat ein neuer Registrant das Recht, sich auf zu einem früheren Zeitpunkt vorgelegte einfache oder qualifizierte Studienzusammenfassungen zu demselben Stoff zu beziehen, sofern er nachweisen kann, dass der nun von ihm zu registrierende Stoff – einschließlich des Reinheitsgrades und der Art der Verunreinigung – mit dem früher registrierten Stoff identisch ist und dass der frühere Registrant/die früheren Registranten die Erlaubnis erteilt hat/haben, für die Registrierung auf die umfassenden Studienberichte Bezug zu nehmen.

Für die Informationen nach Anhang VI Abschnitt 2 darf sich ein neuer Registrant nicht auf derartige Studien beziehen.

**Artikel 14   Stoffsicherheitsbericht und Pflicht zur Anwendung und Empfehlung von Risikominderungsmaßnahmen**

(1) Unbeschadet des Artikels 4 der Richtlinie 98/24/EG ist für alle Stoffe, die nach diesem Kapitel registrierungspflichtig sind, eine Stoffsicherheitsbeurteilung durchzuführen und ein Stoffsicherheitsbericht zu erstellen, wenn der Stoff in Mengen von 10 Tonnen oder mehr pro Jahr und Registrant registriert wird.

Der Stoffsicherheitsbericht dokumentiert die Stoffsicherheitsbeurteilung, die nach den Absätzen 2 bis 7 und nach Anhang I entweder für jeden Stoff als solchen oder in einer Zubereitung oder in einem Erzeugnis oder für eine Stoffgruppe durchzuführen ist.

(2) Eine Stoffsicherheitsbeurteilung nach Absatz 1 braucht nicht für einen Stoff durchgeführt zu werden, der Bestandteil einer Zubereitung ist, wenn die Konzentration des Stoffes in der Zubereitung niedriger ist als der niedrigste der folgenden Werte:

a) die geltenden Grenzwerte nach der Tabelle in Artikel 3 Absatz 3 der Richtlinie 1999/45/EG;
b) die Grenzwerte nach Anhang I der Richtlinie 67/548/EWG;
c) die Grenzwerte nach Anhang II Teil B der Richtlinie 1999/45/EG;
d) die Grenzwerte nach Anhang III Teil B der Richtlinie 1999/45/EG;
e) die Grenzwerte eines einvernehmlichen Eintrags in das Einstufungs- und Kennzeichnungsverzeichnis nach Titel XI der vorliegenden Verordnung;
f) 0,1 Massenprozent (w/w), wenn der Stoff die Kriterien des Anhangs XIII der vorliegenden Verordnung erfüllt.

(3) Eine Stoffsicherheitsbeurteilung eines Stoffes umfasst folgende Schritte:
a) Ermittlung schädlicher Wirkungen auf die Gesundheit des Menschen;
b) Ermittlung schädlicher Wirkungen durch physikalisch-chemische Eigenschaften;
c) Ermittlung schädlicher Wirkungen auf die Umwelt;
d) Ermittlung der persistenten, bioakkumulierbaren und toxischen (PBT) Eigenschaften sowie der sehr persistenten und sehr bioakkumulierbaren (vPvB) Eigenschaften.

(4) Kommt der Registrant im Anschluss an die Schritte a bis d des Absatzes 3 zu dem Schluss, dass der Stoff die Kriterien für die Einstufung als gefährlich gemäß der Richtlinie 67/548/EWG erfüllt oder dass es sich um einen PBT-Stoff oder vPvB-Stoff handelt, so sind bei der Stoffsicherheitsbeurteilung außerdem folgende Schritte durchzuführen:

a) Expositionsbeurteilung einschließlich der Entwicklung eines oder mehrerer Expositionsszenarien (oder gegebenenfalls Feststellung der einschlägigen Verwendungs- und Expositionskategorien) und Expositionsabschätzung;
b) Risikobeschreibung.

In den Expositionsszenarien (gegebenenfalls den Verwendungs- und Expositionskategorien), der Expositionsbeurteilung und der Risikobeschreibung sind alle identifizierten Verwendungen des Registranten zu behandeln.

(5) Der Stoffsicherheitsbericht braucht Risiken für die menschliche Gesundheit nicht zu berücksichtigen, die sich aus folgenden Endverwendungen ergeben:

a) Endverwendungen in Materialien, die mit Lebensmitteln in Berührung kommen, im Anwendungsbereich der Verordnung (EG) Nr. 1935/2004 des Europäischen Parlaments und des Rates vom 27. Oktober 2004 über Materialien und Gegenstände, die dazu bestimmt sind, mit Lebensmitteln in Berührung zu kommen[1)];
b) Endverwendungen in kosmetischen Mitteln im Anwendungsbereich der Richtlinie 76/768/EWG.

---

1) **Amtl. Anm.:** ABl L 338 vom 13. 11. 2004, S. 4.

(6) Jeder Registrant ermittelt die geeigneten Maßnahmen zur angemessenen Beherrschung der bei der Stoffsicherheitsbeurteilung festgestellten Risiken, wendet diese Maßnahmen an und empfiehlt sie gegebenenfalls in den nach Artikel 31 übermittelten Sicherheitsdatenblättern.

(7) Jeder Registrant, der eine Stoffsicherheitsbeurteilung durchführen muss, hält seinen Stoffsicherheitsbericht zur Verfügung und auf dem neuesten Stand.

## Kapitel 2: Als registriert geltende Stoffe

### Artikel 15  Stoffe in Pflanzenschutzmitteln und Biozid-Produkten

(1) Wirkstoffe und Formulierungshilfsstoffe, die ausschließlich zur Verwendung in Pflanzenschutzmitteln hergestellt oder eingeführt werden und die entweder in Anhang I der Richtlinie 91/414/EWG[1] oder in der Verordnung (EWG) Nr. 3600/92[2], der Verordnung (EG) Nr. 703/2001[3], der Verordnung (EG) Nr. 1490/2002[4] oder der Entscheidung 2003/565/EG[5] aufgeführt sind, sowie Stoffe, für die eine Entscheidung der Kommission über die Vollständigkeit der Unterlagen gemäß Artikel 6 der Richtlinie 91/414/EWG ergangen ist, gelten als registriert für die Herstellung oder die Einfuhr zur Verwendung als Pflanzenschutzmittel und damit als den Anforderungen der Kapitel 1 und 5 des vorliegenden Titels genügend, und ihre Registrierung gilt insoweit als abgeschlossen.

(2) Wirkstoffe, die ausschließlich zur Verwendung in Biozid-Produkten hergestellt oder eingeführt werden und die bis zu dem Zeitpunkt der Entscheidung nach Artikel 16 Absatz 2 Unterabsatz 2 der Richtlinie 98/8/EG des Europäischen Parlaments und des Rates vom 16. Februar 1998 über das Inverkehrbringen von Biozid-Produkten[6] entweder in Anhang I, IA oder IB der Richtlinie 98/8/EG oder in der Verordnung (EG) Nr. 2032/2003 der Kommission[7] über die zweite Phase des Zehn-Jahres-Arbeitsprogramms gemäß Artikel 16 Absatz 2 der Richtlinie 98/8/EG aufgeführt sind, gelten als registriert für die Herstellung oder die Einfuhr zur Verwendung in Biozid-Produkten und damit als den Anforderungen der Kapitel 1 und 5 des vorliegenden Titels genügend, und ihre Registrierung gilt insoweit als abgeschlossen.

---

1) **Amtl. Anm.:** Richtlinie 91/414/EWG des Rates vom 15. Juli 1991 über das Inverkehrbringen von Pflanzenschutzmitteln (ABl L 230 vom 19. 8. 1991, S. 1). Zuletzt geändert durch die Richtlinie 2006/136/EG der Kommission (ABl L 349 vom 12. 12. 2006, S. 42).

2) **Amtl. Anm.:** Verordnung (EWG) Nr. 3600/92 der Kommission vom 11. Dezember 1992 mit Durchführungsbestimmungen für die erste Stufe des Arbeitsprogramms gemäß Artikel 8 Absatz 2 der Richtlinie 91/414/EWG des Rates über das Inverkehrbringen von Pflanzenschutzmitteln (ABl L 366 vom 15. 12. 1992, S. 10). Zuletzt geändert durch die Verordnung (EG) Nr. 2266/2000 (ABl L 259 vom 13. 10. 2000, S. 27).

3) **Amtl. Anm.:** Verordnung (EG) Nr. 703/2001 der Kommission vom 6. April 2001 zur Festlegung der Wirkstoffe in Pflanzenschutzmitteln, die auf der zweiten Stufe des Arbeitsprogramms gemäß Artikel 8 Absatz 2 der Richtlinie 91/414/EWG zu prüfen sind, und zur Revision der Liste der Berichterstattermitgliedstaaten für diese Wirkstoffe (ABl L 98 vom 7. 4. 2001, S. 6).

4) **Amtl. Anm.:** Verordnung (EG) Nr. 1490/2002 der Kommission vom 14. August 2002 mit weiteren Durchführungsbestimmungen für die dritte Stufe des Arbeitsprogramms gemäß Artikel 8 Absatz 2 der Richtlinie 91/414/EWG des Rates (ABl L 224 vom 21. 8. 2002, S. 23). Zuletzt geändert durch die Verordnung (EG) Nr. 1744/2004 (ABl L 311 vom 8. 10. 2004, S. 23).

5) **Amtl. Anm.:** Entscheidung 2003/565/EG der Kommission vom 25. Juli 2003 zur Verlängerung des Zeitraums gemäß Artikel 8 Absatz 2 der Richtlinie 91/414/EWG des Rates (ABl L 192 vom 31. 7. 2003, S. 40).

6) **Amtl. Anm.:** ABl L 123 vom 24. 4. 1998, S. 1. Zuletzt geändert durch die Richtlinie 2006/140/EG der Kommission (ABl L 414 vom 30. 12. 2006, S. 78).

7) **Amtl. Anm.:** ABl L 307 vom 24. 11. 2003, S. 1. Zuletzt geändert durch die Verordnung (EG) Nr. 1849/2006 (ABl L 355 vom 15. 12. 2006, S. 63).

**Artikel 16 Pflichten der Kommission, der Agentur und der Registranten für als registriert geltende Stoffe**

(1) Die Kommission oder die zuständige Gemeinschaftseinrichtung stellt der Agentur für Stoffe, die nach Artikel 15 als registriert gelten, Informationen zur Verfügung, die den Informationen nach Artikel 10 entsprechen. Die Agentur nimmt diese Informationen oder einen Verweis darauf in ihre Datenbanken auf und unterrichtet die zuständigen Behörden hierüber bis zum 1. Dezember 2008.

(2) Die Artikel 21, 22 und 25 bis 28 gelten nicht für Verwendungen von Stoffen, die nach Artikel 15 als registriert gelten.

## Kapitel 3: Registrierungspflicht und Informationsanforderungen für bestimmte Arten von isolierten Zwischenprodukten

**Artikel 17 Registrierung standortinterner isolierter Zwischenprodukte**

(1) Jeder Hersteller, der ein standortinternes isoliertes Zwischenprodukt in einer Menge von 1 Tonne oder mehr pro Jahr herstellt, reicht bei der Agentur ein Registrierungsdossier für dieses Zwischenprodukt ein.

(2) Ein Registrierungsdossier für ein standortinternes isoliertes Zwischenprodukt muss alle folgenden Informationen enthalten, soweit der Hersteller sie ohne zusätzliche Versuche übermitteln kann:
a) die Identität des Herstellers gemäß Anhang VI Abschnitt 1;
b) die Identität des Zwischenprodukts gemäß Anhang VI Abschnitte 2.1 bis 2.3.4;
c) die Einstufung des Zwischenprodukts gemäß Anhang VI Abschnitt 4;
d) alle verfügbaren Informationen über die physikalisch-chemischen Eigenschaften des Zwischenprodukts und seine Wirkungen auf die menschliche Gesundheit und die Umwelt. Steht ein umfassender Studienbericht zur Verfügung, so wird eine einfache Studienzusammenfassung vorgelegt;
e) kurze allgemeine Angaben zu der Verwendung gemäß Anhang VI Abschnitt 3.5;
f) Einzelheiten der angewandten Risikomanagementmaßnahmen.

Mit Ausnahme der von Artikel 25 Absatz 3, Artikel 27 Absatz 6 oder Artikel 30 Absatz 3 erfassten Fälle muss der Registrant im rechtmäßigen Besitz des nach Buchstabe d für die Registrierung zusammengefassten umfassenden Studienberichts sein oder die Erlaubnis haben, darauf Bezug zu nehmen.

Bei der Registrierung ist die Gebühr nach Titel IX zu entrichten.

(3) Absatz 2 gilt für standortinterne isolierte Zwischenprodukte nur dann, wenn der Hersteller bestätigt, dass der Stoff insofern nur unter streng kontrollierten Bedingungen hergestellt und verwendet wird, als er während seines gesamten Lebenszyklus durch technische Mittel strikt eingeschlossen wird. Überwachungs- und Verfahrenstechnologien sind einzusetzen, um Emissionen und jede sich daraus ergebende Exposition zu minimieren.

Sind diese Bedingungen nicht erfüllt, so muss das Registrierungsdossier die Informationen nach Artikel 10 enthalten.

**Artikel 18 Registrierung transportierter isolierter Zwischenprodukte**

(1) Jeder Hersteller oder Importeur, der ein transportiertes isoliertes Zwischenprodukt in einer Menge von 1 Tonne oder mehr pro Jahr herstellt oder einführt, reicht bei der Agentur ein Registrierungsdossier für dieses Zwischenprodukt ein.

(2) Ein Registrierungsdossier für ein transportiertes isoliertes Zwischenprodukt muss alle folgenden Informationen enthalten:
a) die Identität des Herstellers oder Importeurs gemäß Anhang VI Abschnitt 1;
b) die Identität des Zwischenprodukts gemäß Anhang VI Abschnitte 2.1 bis 2.3.4;
c) die Einstufung des Zwischenprodukts gemäß Anhang VI Abschnitt 4;

d) alle verfügbaren Informationen über die physikalisch-chemischen Eigenschaften des Zwischenprodukts und seine Wirkungen auf die menschliche Gesundheit und die Umwelt. Steht ein umfassender Studienbericht zur Verfügung, so wird eine einfache Studienzusammenfassung vorgelegt;

e) kurze allgemeine Angaben zu der Verwendung gemäß Anhang VI Abschnitt 3.5;

f) Informationen über die angewandten und dem Anwender empfohlenen Risikomanagementmaßnahmen nach Absatz 4.

Mit Ausnahme der von Artikel 25 Absatz 3, Artikel 27 Absatz 6 oder Artikel 30 Absatz 3 erfassten Fälle muss der Registrant im rechtmäßigen Besitz des nach Buchstabe d für die Registrierung zusammengefassten umfassenden Studienberichts sein oder die Erlaubnis haben, darauf Bezug zu nehmen.

Bei der Registrierung ist die Gebühr nach Titel IX zu entrichten.

(3) Über die Informationen nach Absatz 2 hinaus muss das Registrierungsdossier für ein transportiertes isoliertes Zwischenprodukt in einer Menge von mehr als 1 000 Tonnen pro Jahr und pro Hersteller oder Importeur die Informationen nach Anhang VII enthalten.

Für die Gewinnung dieser Informationen gilt Artikel 13.

(4) Die Absätze 2 und 3 gelten für transportierte isolierte Zwischenprodukte nur dann, wenn der Hersteller oder Importeur selbst bestätigt oder erklärt, dass er die Bestätigung vom Anwender erhalten hat, dass die Synthese eines anderen Stoffes/anderer Stoffe aus diesem Zwischenprodukt an anderen Standorten unter den folgenden streng kontrollierten Bedingungen erfolgt:

a) Der Stoff wird während seines gesamten Lebenszyklus, einschließlich Produktion, Aufreinigung, Reinigung und Wartung von Apparaten, Probenahme, Analyse, Befüllen und Entleeren von Apparaten oder Behältern, Abfallentsorgung/-aufbereitung und Lagerung, durch technische Mittel strikt eingeschlossen.

b) Es werden Verfahrens- und Überwachungstechnologien eingesetzt, die Emissionen und jede sich daraus ergebende Exposition minimieren.

c) Nur ordnungsgemäß ausgebildetes und zugelassenes Personal geht mit dem Stoff um.

d) Bei Reinigungs- oder Wartungsarbeiten werden besondere Verfahren wie Spülen und Waschen angewendet, bevor die Anlage geöffnet oder betreten wird.

e) Bei einem Unfall oder wenn Abfälle anfallen, werden Verfahrensund/oder Überwachungstechnologien angewendet, um Emissionen und die sich daraus ergebende Exposition während der Aufreinigungs-, Reinigungs- und Wartungsverfahren zu minimieren.

f) Die Verfahren für den Umgang mit Stoffen werden sorgfältig dokumentiert und vom Standortbetreiber streng überwacht.

Sind die in Unterabsatz 1 genannten Bedingungen nicht erfüllt, so muss das Registrierungsdossier die Informationen nach Artikel 10 enthalten.

### Artikel 19 Gemeinsame Einreichung von Daten über isolierte Zwischenprodukte durch mehrere Registranten

(1) Soll ein standortinternes oder transportiertes isoliertes Zwischenprodukt von einem oder mehreren Herstellern in der Gemeinschaft hergestellt und/oder von einem oder mehreren Importeuren in die Gemeinschaft eingeführt werden, so gilt Folgendes.

Vorbehaltlich des Absatzes 2 der vorliegenden Artikels werden die Informationen nach Artikel 17 Absatz 2 Buchstaben c und d sowie nach Artikel 18 Absatz 2 Buchstaben c und d zunächst von einem Hersteller oder Importeur mit dem Einverständnis des/der anderen beteiligten Herstellers/Hersteller oder Importeurs/Importeure eingereicht (nachstehend „federführender Registrant" genannt).

Jeder Registrant reicht anschließend gesondert die Informationen nach Artikel 17 Absatz 2 Buchstaben a, b, e und f sowie nach Artikel 18 Absatz 2 Buchstaben a, b, e und f ein.

(2) Ein Hersteller oder Importeur kann die Informationen nach Artikel 17 Absatz 2 Buchstaben c oder d und nach Artikel 18 Absatz 2 Buchstaben c oder d gesondert einreichen, wenn

a) die gemeinsame Einreichung dieser Informationen für ihn mit unverhältnismäßig hohen Kosten verbunden wäre oder

b) die gemeinsame Einreichung dieser Informationen mit der Offenlegung von Informationen verbunden wäre, die er als geschäftlich sensibel erachtet, und die Offenlegung ihn voraussichtlich in geschäftlicher Hinsicht wesentlich schädigen würde oder

c) er mit dem federführenden Registranten bei der Auswahl dieser Informationen nicht übereinstimmt.

Sind die Buchstaben a, b oder c anwendbar, so legt der Hersteller oder Importeur zusammen mit dem Dossier eine Erklärung vor, in der er angibt, warum die Kosten unverhältnismäßig hoch wären, warum ihn die Offenlegung der Informationen voraussichtlich in geschäftlicher Hinsicht wesentlich schädigen würde bzw. worin der Auffassungsunterschied besteht.

(3) Bei Einreichung des Registrierungsdossiers ist die Gebühr nach Titel IX zu entrichten.

## Kapitel 4: Gemeinsame Bestimmungen für alle Registrierungen

### Artikel 20   Pflichten der Agentur

(1) Die Agentur weist jeder Registrierung eine Eingangsnummer zu, die in der gesamten Korrespondenz zur Registrierung anzugeben ist, bis die Registrierung als abgeschlossen gilt, sowie ein Antragsdatum, das dem Eingangsdatum der Registrierung bei der Agentur entspricht.

(2) Die Agentur führt für jede Registrierung eine Vollständigkeitsprüfung durch, um sich zu vergewissern, dass alle Angaben vorliegen, die nach den Artikeln 10 und 12 oder nach den Artikeln 17 oder 18 erforderlich sind, und dass die Registrierungsgebühren nach Artikel 6 Absatz 4, Artikel 7 Absätze 1 und 5, Artikel 17 Absatz 2 oder Artikel 18 Absatz 2 entrichtet worden sind. Die Vollständigkeitsprüfung umfasst keine Beurteilung der Qualität oder der Angemessenheit vorgelegter Daten oder Begründungen.

Die Agentur führt die Vollständigkeitsprüfung innerhalb von drei Wochen nach dem Eingangsdatum oder bei Registrierungen von Phase-in-Stoffen, die innerhalb von zwei Monaten unmittelbar vor Ablauf der maßgeblichen Frist des Artikels 23 eingereicht werden, innerhalb von drei Monaten nach Ablauf dieser Frist durch.

Ist das Registrierungsdossier unvollständig, so teilt die Agentur dem Registranten vor Ablauf der Dreiwochenfrist oder der Dreimonatsfrist nach Unterabsatz 2 mit, welche Informationen zur Vervollständigung nachgereicht werden müssen; hierfür ist eine angemessene Frist zu setzen. Der Registrant vervollständigt sein Registrierungsdossier und übermittelt es der Agentur innerhalb dieser Frist. Die Agentur bestätigt dem Registranten den Tag des Eingangs der nachgereichten Informationen. Die Agentur führt eine weitere Vollständigkeitsprüfung durch und berücksichtigt dabei die nachgereichten Informationen.

Die Agentur lehnt die Registrierung ab, wenn der Registrant sein Registrierungsdossier nicht fristgerecht vervollständigt. Die Registrierungsgebühr wird in diesen Fällen nicht erstattet.

(3) Sobald das Registrierungsdossier vollständig ist, weist die Agentur dem betreffenden Stoff eine Registrierungsnummer und ein Registrierungsdatum zu, das dem Eingangsdatum der Registrierung entspricht. Die Agentur teilt dem betreffenden Registranten die Registrierungsnummer und das Registrierungsdatum unverzüglich mit. Die Re-

gistrierungsnummer ist in der gesamten nachfolgenden Korrespondenz zur Registrierung anzugeben.

(4) Die Agentur teilt der zuständigen Behörde des betroffenen Mitgliedstaates innerhalb von 30 Tagen nach dem Eingangsdatum mit, dass folgende Informationen in der Datenbank der Agentur zur Verfügung stehen:

a) das Registrierungsdossier sowie die Antrags- oder Registrierungsnummer,
b) das Antrags- oder Registrierungsdatum,
c) das Ergebnis der Vollständigkeitsprüfung und
d) eine etwaige Anforderung weiterer Informationen sowie die nach Absatz 2 Unterabsatz 3 gesetzte Frist.

Der betroffene Mitgliedstaat ist der Mitgliedstaat, in dem die Herstellung erfolgt oder in dem der Importeur seinen Sitz hat.

Hat der Hersteller Produktionsstätten in mehr als einem Mitgliedstaat, so ist der betroffene Mitgliedstaat derjenige, in dem die Hauptverwaltung des Herstellers liegt. Die anderen Mitgliedstaaten, in denen sich die Produktionsstätten befinden, werden ebenfalls unterrichtet.

Die Agentur unterrichtet die zuständigen Behörden des/der betroffenen Mitgliedstaates/Mitgliedstaaten unverzüglich, wenn weitere vom Registranten eingereichte Informationen in der Datenbank der Agentur zur Verfügung stehen.

(5) Gegen Entscheidungen der Agentur nach Absatz 2 des vorliegenden Artikels kann Widerspruch nach den Artikeln 91, 92 und 93 eingelegt werden.

(6) Werden der Agentur zusätzliche Informationen zu einem bestimmten Stoff von einem neuen Registranten vorgelegt, so unterrichtet die Agentur die bisherigen Registranten darüber, dass diese Informationen in der Datenbank für die Zwecke des Artikels 22 zur Verfügung stehen.

**Artikel 21  Herstellung und Einfuhr von Stoffen**

(1) Unbeschadet des Artikels 27 Absatz 8 darf ein Registrant mit der Herstellung oder Einfuhr eines Stoffes oder der Produktion oder Einfuhr eines Erzeugnisses beginnen oder fortfahren, sofern die Agentur innerhalb von drei Wochen nach dem Antragsdatum keine gegenteilige Mitteilung nach Artikel 20 Absatz 2 macht.

Bei Registrierungen von Phase-in-Stoffen darf dieser Registrant unbeschadet des Artikels 27 Absatz 8 mit der Herstellung oder Einfuhr eines Stoffes oder der Produktion oder Einfuhr eines Erzeugnisses fortfahren, sofern die Agentur innerhalb von drei Wochen nach dem Antragsdatum keine gegenteilige Mitteilung nach Artikel 20 Absatz 2 macht oder, bei Einreichung innerhalb der Zweimonatsfrist vor Ablauf der maßgeblichen Frist des Artikels 23, sofern die Agentur innerhalb von drei Monaten nach dieser Frist keine gegenteilige Mitteilung nach Artikel 20 Absatz 2 macht.

Bei der Vervollständigung eines Registrierungsdossiers nach Artikel 22 darf ein Registrant unbeschadet des Artikels 27 Absatz 8 mit der Herstellung oder Einfuhr des Stoffes bzw. mit der Produktion oder Einfuhr des Erzeugnisses fortfahren, sofern die Agentur innerhalb von drei Wochen nach dem Aktualisierungsdatum keine gegenteilige Mitteilung nach Artikel 20 Absatz 2 macht.

(2) Hat die Agentur den Registranten darüber informiert, dass er nach Artikel 20 Absatz 2 Unterabsatz 3 weitere Informationen nachzureichen hat, so darf der Registrant unbeschadet des Artikels 27 Absatz 8 drei Wochen nach Eingang der zur Vervollständigung des Registrierungsdossiers angeforderten Informationen bei der Agentur mit der Herstellung oder Einfuhr eines Stoffes oder der Produktion oder Einfuhr eines Erzeugnisses beginnen, sofern die Agentur keine gegenteilige Mitteilung macht.

(3) Reicht ein federführender Registrant gemäß den Artikeln 11 oder 19 Teile des Registrierungsdossiers im Namen eines oder mehrerer anderer Registranten ein, so darf jeder dieser anderen Registranten den Stoff erst dann herstellen oder einführen bzw. die Erzeugnisse produzieren oder einführen, wenn die in Absatz 1 oder 2 des vorliegenden Artikels genannte Frist abgelaufen ist und die Agentur weder zu dem Registrierungs-

dossier, das der federführende Registrant im Namen der anderen einreicht, noch zu dessen eigenem Registrierungsdossier eine gegenteilige Mitteilung gemacht hat.

**Artikel 22   Weitere Pflichten des Registranten**

(1) Nach der Registrierung ist der Registrant dafür verantwortlich, aus eigener Initiative seine Registrierung unverzüglich anhand der einschlägigen neuen Informationen zu aktualisieren und diese der Agentur in folgenden Fällen zu übermitteln:
- a) Änderung seines Status als Hersteller oder Importeur oder als Produzent von Erzeugnissen oder seiner Identität wie Name oder Anschrift;
- b) Änderung der Zusammensetzung des Stoffes nach Anhang VI Abschnitt 2;
- c) Änderungen der vom Registranten jährlich oder insgesamt hergestellten oder eingeführten Mengen oder der Mengen von Stoffen, die in von ihm hergestellten oder eingeführten Erzeugnissen enthalten sind, wenn diese zu einer Änderung des Mengenbereichs führen, einschließlich Einstellung der Herstellung oder der Einfuhr;
- d) neue identifizierte Verwendungen oder neue Verwendungen, von denen nach Anhang VI Abschnitt 3.7 abgeraten wird, für die der Stoff hergestellt oder eingeführt wird;
- e) neue Erkenntnisse über die Risiken des Stoffes für die menschliche Gesundheit und/oder die Umwelt, von denen nach vernünftigen Ermessen erwartet werden kann, dass sie dem Registranten bekannt geworden sind, und die zu Änderungen des Sicherheitsdatenblatts oder des Stoffsicherheitsberichts führen;
- f) Änderung der Einstufung und Kennzeichnung des Stoffes;
- g) Aktualisierung oder Änderung des Stoffsicherheitsberichts oder des Anhangs VI Abschnitt 5;
- h) wenn der Registrant feststellt, dass ein Versuch nach Anhang IX oder Anhang X durchgeführt werden muss; in diesen Fällen arbeitet er einen Versuchsvorschlag aus;
- i) Änderungen der Zugänglichkeit von Informationen im Registrierungsdossier.

Die Agentur leitet diese Informationen an die zuständige Behörde des betroffenen Mitgliedstaates weiter.

(2) Ein Registrant unterbreitet der Agentur eine Aktualisierung des Registrierungsdossiers mit den Informationen, die mit der Entscheidung nach den Artikeln 40, 41 oder 46 verlangt werden, oder berücksichtigt eine Entscheidung nach den Artikeln 60 und 73 innerhalb der in der Entscheidung angegebenen Frist. Die Agentur unterrichtet die zuständige Behörde des betroffenen Mitgliedstaates darüber, dass die Informationen in der Datenbank der Agentur zur Verfügung stehen.

(3) Die Agentur führt bei jedem aktualisierten Registrierungsdossier eine Vollständigkeitsprüfung nach Artikel 20 Absatz 2 Unterabsätze 1 und 2 durch. Entspricht die Aktualisierung Artikel 12 Absatz 2 und Absatz 1 Buchstabe c des vorliegenden Artikels, so prüft die Agentur die Vollständigkeit der vom Registranten eingereichten Informationen; Artikel 20 Absatz 2 gilt entsprechend.

(4) In den von den Artikeln 11 oder 19 erfassten Fällen reicht jeder Registrant die Informationen nach Absatz 1 Buchstabe c gesondert ein.

(5) Bei der Aktualisierung ist der betreffende Anteil der Gebühr nach Titel IX zu entrichten.

## Kapitel 5:   Übergangsbestimmungen für Phase-in-Stoffe und angemeldete Stoffe

**Artikel 23   Besondere Bestimmungen für Phase-in-Stoffe**

(1) Bis zum 1. Dezember 2010 gelten die Artikel 5 und 6, Artikel 7 Absatz 1 sowie die Artikel 17, 18 und 21 nicht für folgende Stoffe:

a) Phase-in-Stoffe, die gemäß der Richtlinie 67/548/EWG als krebserzeugend, erbgutverändernd oder fortpflanzungsgefährdend der Kategorie 1 oder 2 eingestuft sind und mindestens einmal nach dem 1. Juni 2007 in einer Menge von 1 Tonne oder mehr pro Jahr und pro Hersteller oder Importeur in der Gemeinschaft hergestellt oder dorthin eingeführt werden;
b) Phase-in-Stoffe, die gemäß der Richtlinie 67/548/EWG nach R50/53 („sehr giftig für Wasserorganismen", „kann in Gewässern langfristig schädliche Wirkungen haben") eingestuft sind und mindestens einmal nach dem 1. Juni 2007 in einer Menge von 100 Tonnen oder mehr pro Jahr und pro Hersteller oder Importeur in der Gemeinschaft hergestellt oder dorthin eingeführt werden;
c) Phase-in-Stoffe, die mindestens einmal nach dem 1. Juni 2007 in einer Menge von 1 000 Tonnen oder mehr pro Jahr und pro Hersteller oder Importeur in der Gemeinschaft hergestellt oder dorthin eingeführt werden.

(2) Bis zum 1. Juni 2013 gelten die Artikel 5 und 6, Artikel 7 Absatz 1 sowie die Artikel 17, 18 und 21 nicht für Phase-in-Stoffe, die mindestens einmal nach dem 1. Juni 2007 in einer Menge von 100 Tonnen oder mehr pro Jahr und pro Hersteller oder Importeur in der Gemeinschaft hergestellt oder dorthin eingeführt werden.

(3) Bis zum 1. Juni 2018 gelten die Artikel 5 und 6, Artikel 7 Absatz 1 sowie die Artikel 17, 18 und 21 nicht für Phase-in-Stoffe, die mindestens einmal nach dem 1. Juni 2007 in einer Menge von 1 Tonne oder mehr pro Jahr und pro Hersteller oder Importeur in der Gemeinschaft hergestellt oder dorthin eingeführt werden.

(4) Unbeschadet der Absätze 1 bis 3 kann ein Registrierungsdossier zu jedem Zeitpunkt vor dem maßgeblichen Fristende eingereicht werden.

(5) Dieser Artikel gilt entsprechend für Stoffe, die nach Artikel 7 registriert werden.

### Artikel 24 Angemeldete Stoffe

(1) Eine Anmeldung gemäß der Richtlinie 67/548/EWG gilt als Registrierung für die Zwecke dieses Titels; die Agentur weist bis zum 1. Dezember 2008 eine Registrierungsnummer zu.

(2) Erreicht die Menge eines hergestellten oder eingeführten angemeldeten Stoffes pro Hersteller oder Importeur die nächsthöhere Mengenschwelle nach Artikel 12, so sind die zusätzlich für diese Mengenschwelle sowie für alle darunter liegenden Mengenschwellen erforderlichen Informationen nach den Artikeln 10 und 12 einzureichen, falls dies noch nicht nach den genannten Artikeln erfolgt ist.

## Titel III: Gemeinsame Nutzung von Daten und Vermeidung unnötiger Versuche

### Kapitel 1: Ziele und allgemeine Regeln

#### Artikel 25 Ziele und allgemeine Regeln

(1) Um Tierversuche zu vermeiden, dürfen Wirbeltierversuche für die Zwecke dieser Verordnung nur als letztes Mittel durchgeführt werden. Außerdem ist es erforderlich, Maßnahmen zur Begrenzung der Mehrfachdurchführung anderer Versuche zu ergreifen.

(2) Die gemeinsame Nutzung und die gemeinsame Einreichung von Informationen gemäß dieser Verordnung betreffen technische Daten und insbesondere Informationen über die inhärenten Eigenschaften von Stoffen. Die Registranten tauschen keine Informationen über ihr Marktverhalten, insbesondere über Produktionskapazitäten, Produktions- oder Verkaufsvolumina, Einfuhrmengen oder Marktanteile, aus.

(3) Einfache oder qualifizierte Studienzusammenfassungen, die mindestens zwölf Jahre vorher im Rahmen einer Registrierung gemäß dieser Verordnung vorgelegt wurden, können von anderen Herstellern oder Importeuren zum Zweck der Registrierung verwendet werden.

## Kapitel 2: Regeln für Nicht-Phase-in-Stoffe und Registranten von nicht vorregistrierten Phase-in-Stoffen

### Artikel 26 Pflicht zur Erkundigung vor der Registrierung

(1) Jeder potenzielle Registrant eines Nicht-Phase-in-Stoffes oder jeder potenzielle Registrant eines Phase-in-Stoffes, der noch nicht gemäß Artikel 28 vorregistriert ist, muss sich bei der Agentur erkundigen, ob für denselben Stoff bereits eine Registrierung vorgenommen wurde. Zusammen mit der Anfrage übermittelt er der Agentur folgende Informationen:

a) seine Identität gemäß Anhang VI Abschnitt 1, mit Ausnahme der Betriebsstandorte;
b) Identität des Stoffes gemäß Anhang VI Abschnitt 2;
c) die Angabe, für welche Informationsanforderungen er neue Studien mit Wirbeltierversuchen durchführen müsste;
d) die Angabe, für welche Informationsanforderungen er sonstige neue Studien durchführen müsste.

(2) Wurde derselbe Stoff noch nicht zu einem früheren Zeitpunkt registriert, so teilt die Agentur dem potenziellen Registranten dies mit.

(3) Wurde derselbe Stoff vor weniger als zwölf Jahren registriert, so unterrichtet die Agentur den potenziellen Registranten unverzüglich über Name und Anschrift des/der früheren Registranten und darüber, welche einschlägigen einfachen bzw. qualifizierten Studienzusammenfassungen von ihm/ihnen bereits vorgelegt wurden.

Studien mit Wirbeltierversuchen dürfen nicht wiederholt werden.

Die Agentur unterrichtet gleichzeitig die früheren Registranten über Name und Anschrift des potenziellen Registranten. Die verfügbaren Studien sind mit dem potenziellen Registranten nach Artikel 27 gemeinsam zu nutzen.

(4) Haben sich mehrere potenzielle Registranten nach demselben Stoff erkundigt, so unterrichtet die Agentur alle potenziellen Registranten unverzüglich über Name und Anschrift der anderen potenziellen Registranten.

### Artikel 27 Gemeinsame Nutzung vorhandener Daten im Fall registrierter Stoffe

(1) Bei Stoffen, die gemäß Artikel 26 Absatz 3 vor weniger als zwölf Jahren registriert wurden, gilt für den potenziellen Registranten Folgendes:

a) Bei Informationen, die Wirbeltierversuche einschließen, ist er verpflichtet, und
b) bei Informationen, die keine Wirbeltierversuche einschließen, ist es ihm freigestellt,

bei dem/den früheren Registranten die Informationen anzufordern, die er gemäß Artikel 10 Buchstabe a Ziffern vi und vii für seine Registrierung benötigt.

(2) Wurden Informationen nach Absatz 1 angefordert, so bemühen sich der potenzielle Registrant und der frühere Registrant/die früheren Registranten nach Absatz 1 nach Kräften um eine Vereinbarung über die gemeinsame Nutzung der von dem/den potenziellen Registranten gemäß Artikel 10 Buchstabe a Ziffern vi und vii angeforderten Informationen. An die Stelle einer derartigen Vereinbarung kann die Vorlage der Angelegenheit bei einer Schiedsinstanz und die Annahme des Schiedsspruchs treten.

(3) Der frühere Registrant und der potenzielle Registrant/die potenziellen Registranten bemühen sich nach Kräften darum, zu gewährleisten, dass die Kosten für die gemeinsame Nutzung der Informationen in gerechter, transparenter und nicht diskriminierender Weise festgelegt werden. Dies kann durch – auf den genannten Grundsätzen beruhende – Leitlinien für die Kostenteilung erleichtert werden, die von der Agentur nach Artikel 77 Absatz 2 Buchstabe g festgelegt werden. Kostenteilung wird den Registranten nur für die Informationen auferlegt, die sie zur Erfüllung der Registrierungsanforderungen benötigen.

(4) Mit der Vereinbarung über die gemeinsame Nutzung der Informationen stellt der frühere Registrant dem neuen Registranten die vereinbarte Information zur Verfügung

und gibt ihm die Erlaubnis, auf den umfassenden Studienbericht des früheren Registranten Bezug zu nehmen.

(5) Kommt es nicht zu einer solchen Vereinbarung, so setzt der potenzielle Registrant/ setzen die potenziellen Registranten die Agentur und den/die früheren Registranten frühestens einen Monat, nachdem ihm/ihnen die Agentur den Namen und die Anschrift des/der früheren Registranten mitgeteilt hat, davon in Kenntnis.

(6) Innerhalb eines Monats nach Eingang der Informationen nach Absatz 5 erteilt die Agentur dem potenziellen Registranten die Erlaubnis, auf die von ihm in seinem Registrierungsdossier angeforderten Informationen Bezug zu nehmen, sofern der potenzielle Registrant auf Ersuchen der Agentur belegt, dass er dem/den früheren Registranten für diese Informationen einen Teil der getragenen Kosten bezahlt hat. Der frühere Registrant hat/die früheren Registranten haben gegen den potenziellen Registranten einen Anspruch auf Übernahme eines angemessenen Anteils der von ihm/ihnen getragenen Kosten. Die Berechnung des angemessenen Anteils kann durch von der Agentur nach Artikel 77 Absatz 2 Buchstabe g anzunehmende Leitlinien erleichtert werden. Sofern der frühere Registrant/die früheren Registranten dem potenziellen Registranten den umfassenden Studienbericht zur Verfügung stellt/stellen, hat/haben er/sie gegenüber dem potenziellen Registranten einen vor den nationalen Gerichten durchsetzbaren Anspruch auf Übernahme der ihm/ihnen entstandenen Kosten zu gleichen Teilen.

(7) Gegen Entscheidungen der Agentur nach Absatz 6 des vorliegenden Artikels kann Widerspruch nach den Artikeln 91, 92 und 93 eingelegt werden.

(8) Auf Verlangen des früheren Registranten wird die für den neuen Registranten geltende Wartezeit nach Artikel 21 Absatz 1 um vier Monate verlängert.

## Kapitel 3: Bestimmungen für Phase-in-Stoffe

### Artikel 28    Vorregistrierungspflicht für Phase-in-Stoffe

(1) Zur Inanspruchnahme der in Artikel 23 vorgesehenen Übergangsregelungen übermittelt jeder potenzielle Registrant eines Phase-in-Stoffes in Mengen von 1 Tonne oder mehr pro Jahr, einschließlich Zwischenprodukten ohne Einschränkung, der Agentur folgende Informationen:

a) den Namen des Stoffes gemäß Anhang VI Abschnitt 2, einschließlich der EINECS- und CAS-Nummer, oder, falls nicht verfügbar, anderer Identifizierungscodes;

b) seinen Namen und seine Anschrift sowie den Namen der Kontaktperson und gegebenenfalls den Namen und die Anschrift der ihn nach Artikel 4 vertretenden Person gemäß Anhang VI Abschnitt 1;

c) die vorgesehene Frist für die Registrierung und den Mengenbereich;

d) den Namen des Stoffes/die Namen der Stoffe gemäß Anhang VI Abschnitt 2, einschließlich der EINECS- und CAS-Nummer, oder, falls nicht verfügbar, anderer Identifizierungscodes, bei denen die verfügbaren Informationen von Bedeutung für die Anwendung des Anhangs XI Abschnitte 1.3 und 1.5 sind.

(2) Die Informationen nach Absatz 1 sind vor Ablauf einer Frist, die am 1. Juni 2008 beginnt und am 1. Dezember 2008 endet, zu übermitteln.

(3) Registranten, die die Informationen nach Absatz 1 nicht übermitteln, dürfen Artikel 23 nicht in Anspruch nehmen.

(4) Die Agentur veröffentlicht bis zum 1. Januar 2009 auf ihrer Website eine Liste der in Absatz 1 Buchstaben a und d genannten Stoffe. Diese Liste enthält nur die Namen der Stoffe, einschließlich der EINECS- und CAS-Nummer, falls verfügbar, und anderer Identifizierungscodes sowie die erste vorgesehene Frist für die Registrierung.

(5) Nach Veröffentlichung dieser Liste kann ein nachgeschalteter Anwender eines Stoffes, der nicht in der Liste aufgeführt ist, der Agentur sein Interesse an diesem Stoff, seine Kontaktangaben und die Angaben seines derzeitigen Lieferanten mitteilen. Die Agentur veröffentlicht auf ihrer Website den Namen des Stoffes und übermittelt einem

potenziellen Registranten auf Ersuchen die Kontaktangaben des nachgeschalteten Anwenders.

(6) Potenzielle Registranten, die einen Phase-in-Stoff nach dem 1. Dezember 2008 zum ersten Mal in Mengen von 1 Tonne oder mehr pro Jahr herstellen oder einführen oder die einen Phase-in-Stoff zum ersten Mal bei der Produktion von Erzeugnissen verwenden oder die zum ersten Mal ein Erzeugnis, das einen registrierungspflichtigen Phase-in-Stoff enthält, einführen, können Artikel 23 in Anspruch nehmen, sofern sie die Informationen nach Absatz 1 des vorliegenden Artikels der Agentur innerhalb von sechs Monaten nach der ersten Herstellung, Einfuhr oder Verwendung des Stoffes in Mengen von 1 Tonne oder mehr pro Jahr und mindestens zwölf Monate vor der einschlägigen Frist des Artikels 23 übermitteln.

(7) Zu Phase-in-Stoffen, die auf der von der Agentur veröffentlichten Liste nach Absatz 4 des vorliegenden Artikels stehen, können Hersteller und Importeure dieser Stoffe in Mengen von weniger als 1 Tonne pro Jahr sowie die nachgeschalteten Anwender dieser Stoffe und Dritte, die über Informationen zu diesen Stoffen verfügen, die Informationen nach Absatz 1 des vorliegenden Artikels und alle weiteren zweckdienlichen Informationen der Agentur übermitteln, um an dem Forum zum Austausch von Stoffinformationen nach Artikel 29 teilzunehmen.

### Artikel 29 Foren zum Austausch von Stoffinformationen

(1) Alle potenziellen Registranten, nachgeschalteten Anwender und Dritten, die der Agentur gemäß Artikel 28 Informationen über denselben Phase-in-Stoff übermittelt haben oder deren Angaben über denselben Phase-in-Stoff der Agentur gemäß Artikel 15 vorliegen, und Registranten, die vor dem Ende der in Artikel 23 Absatz 3 festgelegten Frist ein Registrierungsdossier für diesen Phase-in-Stoff eingereicht haben, sind Teilnehmer eines Forums zum Austausch von Stoffinformationen (Substance Information Exchange Forum – SIEF).

(2) Ziel jedes SIEF ist es,

a) für die Zwecke der Registrierung den Austausch der Informationen nach Artikel 10 Buchstabe a Ziffern vi und vii zwischen den potenziellen Registranten zu erleichtern und dadurch die Mehrfachdurchführung von Studien zu vermeiden und

b) Einigkeit über die Einstufung und Kennzeichnung des Stoffes herzustellen, wenn es dabei Unterschiede zwischen den potenziellen Registranten gibt.

(3) Die SIEF-Teilnehmer stellen den anderen Teilnehmern bestehende Studien zur Verfügung, reagieren auf Informationsanfragen anderer Teilnehmer, ermitteln gemeinsam den Bedarf an weiteren Studien zu den in Absatz 2 Buchstabe a genannten Zwecken und treffen die Vorkehrungen für die Durchführung dieser Studien. Jedes SIEF muss bis zum 1. Juni 2018 arbeitsfähig sein.

### Artikel 30 Gemeinsame Nutzung von Daten aus Versuchen

(1) Bevor er zur Erfüllung der Informationsanforderungen für die Registrierung einen Versuch durchführt, klärt ein SIEF-Teilnehmer durch Nachfrage innerhalb seines SIEF, ob eine einschlägige Studie zur Verfügung steht. Steht im Rahmen des SIEF eine einschlägige Studie mit Wirbeltierversuchen zur Verfügung, so fordert der SIEF-Teilnehmer diese Studie an. Steht im Rahmen des SIEF eine einschlägige Studie ohne Wirbeltierversuche zur Verfügung, so kann der SIEF-Teilnehmer diese Studie anfordern. Innerhalb eines Monats nach der Anforderung belegt der Eigentümer der Studie gegenüber dem Teilnehmer/den Teilnehmern, der/die diese angefordert hat/haben, die Kosten der Studie. Der/die Teilnehmer und der Eigentümer bemühen sich nach Kräften, zu gewährleisten, dass die Kosten für die gemeinsame Nutzung der Informationen in gerechter, transparenter und nicht diskriminierender Weise festgelegt werden. Dies kann durch – auf den genannten Grundsätzen beruhende – Leitlinien für die Kostenteilung erleichtert werden, die von der Agentur nach Artikel 77 Absatz 2 Buchstabe g festgelegt werden. Kommt es nicht zu einer solchen Vereinbarung, so sind die Kosten zu gleichen Teilen zu tragen. Innerhalb von zwei Wochen nach Eingang der Zahlung erteilt der Eigen-

tümer die Erlaubnis, den umfassenden Studienbericht für die Registrierung heranzuziehen. Kostenteilung wird den Registranten nur für die Informationen auferlegt, die sie zur Erfüllung der Registrierungsanforderungen benötigen.

(2) Steht im Rahmen des SIEF keine einschlägige Studie mit Versuchen zur Verfügung, so wird im Rahmen jedes SIEF nur eine Studie je Informationserfordernis von einem seiner im Namen der anderen handelnden Teilnehmer durchgeführt. Die Teilnehmer unternehmen alle zweckdienlichen Schritte, um innerhalb einer von der Agentur festgelegten Frist eine Einigung darüber zu erzielen, wer den Versuch für die anderen Teilnehmer durchführen und der Agentur eine einfache oder qualifizierte Studienzusammenfassung vorlegen soll. Kommt keine Einigung zustande, so bestimmt die Agentur, welcher Registrant oder nachgeschaltete Anwender den Versuch durchführt. Alle SIEF-Teilnehmer, die eine Studie anfordern, übernehmen einen Anteil der Kosten für die Erstellung der Studie, der der Zahl der teilnehmenden potenziellen Registranten entspricht. Die Teilnehmer, die die Studie nicht selbst durchführen, haben einen Anspruch darauf, den umfassenden Studienbericht innerhalb von zwei Wochen nach Zahlung an den Teilnehmer, der die Studie durchgeführt hat, zu erhalten.

(3) Weigert sich der Eigentümer einer Studie nach Absatz 1, die Wirbeltierversuche einschließt, entweder die Kosten dieser Studie nachzuweisen oder die Studie selbst anderen Teilnehmern zur Verfügung zu stellen, so kann er erst dann die Registrierung vornehmen, wenn er dem/den anderen Teilnehmer/n die Informationen zur Verfügung stellt. Der/die andere/n Teilnehmer setzen das Registrierungsverfahren fort, ohne das einschlägige Informationserfordernis zu erfüllen und legen die Gründe hierfür im Registrierungsdossier dar. Die Studie wird nicht wiederholt, es sei denn, der Eigentümer der Informationen hat nicht binnen zwölf Monaten nach dem Zeitpunkt der Registrierung der/des anderen Teilnehmer/s diesen/diesem die Informationen zur Verfügung gestellt und die Agentur beschließt, dass der Versuch von ihnen zu wiederholen ist. Ist jedoch eine Registrierung, die diese Informationen enthält, bereits von einem anderen Registranten eingereicht worden, so erteilt die Agentur dem/den anderen Teilnehmer/n die Erlaubnis, auf die Informationen in seinem/ihrem Registrierungsdossier Bezug zu nehmen. Sofern der andere Registrant dem/den anderen Teilnehmer/n den umfassenden Studienbericht zur Verfügung stellt, hat er gegenüber dem/den anderen Teilnehmer/n einen vor den nationalen Gerichten durchsetzbaren Anspruch auf Übernahme der Kosten zu gleichen Teilen.

(4) Weigert sich der Eigentümer einer Studie nach Absatz 1, die keine Wirbeltierversuche einschließt, entweder die Kosten dieser Studie nachzuweisen oder die Studie selbst anderen Teilnehmern zur Verfügung zu stellen, so gehen die anderen SIEF-Teilnehmer bei der Registrierung so vor, als ob im Rahmen des SIEF keine einschlägige Studie zur Verfügung stünde.

(5) Gegen Entscheidungen der Agentur nach den Absätzen 2 oder 3 des vorliegenden Artikels kann Widerspruch nach den Artikeln 91, 92 und 93 eingelegt werden.

(6) Gegen den Eigentümer der Studie, der den Kostennachweis oder die Bereitstellung der Studie nach den Absätzen 3 oder 4 des vorliegenden Artikels verweigert, werden Sanktionen gemäß Artikel 126 verhängt.

## Titel IV: Informationen in der Lieferkette

### Artikel 31 Anforderungen an Sicherheitsdatenblätter

(1) Der Lieferant eines Stoffes oder einer Zubereitung stellt dem Abnehmer des Stoffes oder der Zubereitung ein Sicherheitsdatenblatt nach Anhang II zur Verfügung,

a) wenn der Stoff oder die Zubereitung die Kriterien für die Einstufung als gefährlich gemäß den Richtlinien 67/548/EWG oder 1999/45/EG erfüllt oder

b) wenn der Stoff persistent, bioakkumulierbar und toxisch oder sehr persistent und sehr bioakkumulierbar gemäß den Kriterien des Anhangs XIII ist oder

c) wenn der Stoff aus anderen als den in Buchstabe a und Buchstabe b angeführten Gründen in die gemäß Artikel 59 Absatz 1 erstellte Liste aufgenommen wurde.

(2) Jeder Akteur der Lieferkette, der gemäß Artikel 14 oder Artikel 37 für einen Stoff eine Stoffsicherheitsbeurteilung durchführen muss, sorgt dafür, dass die Informationen im Sicherheitsdatenblatt mit den Angaben in dieser Beurteilung übereinstimmen. Wird das Sicherheitsdatenblatt für eine Zubereitung erstellt und hat der Akteur der Lieferkette für diese Zubereitung eine Stoffsicherheitsbeurteilung ausgearbeitet, so brauchen die Informationen im Sicherheitsdatenblatt nicht mit dem Stoffsicherheitsbericht für jeden einzelnen Stoff in dieser Zubereitung, sondern lediglich mit dem Stoffsicherheitsbericht für die Zubereitung übereinzustimmen.

(3) Der Lieferant stellt dem Abnehmer auf Verlangen ein Sicherheitsdatenblatt nach Anhang II zur Verfügung, wenn eine Zubereitung die Kriterien für die Einstufung als gefährlich gemäß den Artikeln 5, 6 und 7 der Richtlinie 1999/45/EG zwar nicht erfüllt, aber

a) bei nichtgasförmigen Zubereitungen in einer Einzelkonzentration von ≥ 1 Gewichtsprozent und bei gasförmigen Zubereitungen in einer Einzelkonzentration von ≥ 0,2 Volumenprozent mindestens einen gesundheitsgefährdenden oder umweltgefährlichen Stoff enthält oder

b) bei nichtgasförmigen Zubereitungen in einer Einzelkonzentration von ≥ 0,1 Gewichtsprozent mindestens einen persistenten, bioakkumulierbaren und toxischen oder sehr persistenten und sehr bioakkumulierbaren Stoff gemäß den Kriterien nach Anhang XIII enthält oder aus anderen als den in Buchstabe a angeführten Gründen in die gemäß Artikel 59 Absatz 1 erstellte Liste aufgenommen wurde oder

c) einen Stoff enthält, für den es gemeinschaftliche Grenzwerte für die Exposition am Arbeitsplatz gibt.

(4) Sofern dies nicht von einem nachgeschalteten Anwender oder Händler verlangt wird, braucht das Sicherheitsdatenblatt nicht zur Verfügung gestellt zu werden, wenn gefährliche Stoffe oder Zubereitungen, die der breiten Öffentlichkeit angeboten oder verkauft werden, mit ausreichenden Informationen versehen sind, die es dem Anwender ermöglichen, die erforderlichen Maßnahmen für den Schutz der menschlichen Gesundheit, für die Sicherheit und für die Umwelt zu ergreifen.

(5) Das Sicherheitsdatenblatt wird in einer Amtssprache des Mitgliedstaates/der Mitgliedstaaten vorgelegt, in dem der Stoff oder die Zubereitung in Verkehr gebracht wird, es sei denn, der betreffende Mitgliedstaat bestimmt/die betreffenden Mitgliedstaaten bestimmen etwas anderes.

(6) Das Sicherheitsdatenblatt muss datiert sein und folgende Rubriken enthalten:

1. Bezeichnung des Stoffes bzw. der Zubereitung und Firmenbezeichnung;
2. mögliche Gefahren;
3. Zusammensetzung/Angaben zu Bestandteilen;
4. Erste-Hilfe-Maßnahmen;
5. Maßnahmen zur Brandbekämpfung;
6. Maßnahmen bei unbeabsichtigter Freisetzung;
7. Handhabung und Lagerung;
8. Begrenzung und Überwachung der Exposition/Persönliche Schutzausrüstung;
9. physikalische und chemische Eigenschaften;
10. Stabilität und Reaktivität;
11. toxikologische Angaben;
12. Umweltbezogene Angaben;
13. Hinweise zur Entsorgung;
14. Angaben zum Transport;
15. Rechtsvorschriften;
16. sonstige Angaben.

(7) Jeder Akteur der Lieferkette, der einen Stoffsicherheitsbericht nach Artikel 14 oder 37 zu erstellen hat, fügt die einschlägigen Expositionsszenarien (gegebenenfalls einschließlich Verwendungs- und Expositionskategorien) dem die identifizierten Verwendungen behandelnden Sicherheitsdatenblatt als Anlage bei, einschließlich der spezifischen Bedingungen, die sich aus der Anwendung des Anhangs XI Abschnitt 3 ergeben.

Jeder nachgeschaltete Anwender bezieht bei der Erstellung seines eigenen Sicherheitsdatenblattes für identifizierte Verwendungen die einschlägigen Expositionsszenarien aus dem ihm zur Verfügung gestellten Sicherheitsdatenblatt ein und nutzt sonstige einschlägige Informationen aus diesem Sicherheitsdatenblatt.

Jeder Händler gibt bei der Erstellung seines eigenen Sicherheitsdatenblattes für Verwendungen, für die er Informationen nach Artikel 37 Absatz 2 weitergegeben hat, die einschlägigen Expositionsszenarien weiter und nutzt sonstige einschlägige Informationen aus dem ihm zur Verfügung gestellten Sicherheitsdatenblatt.

(8) Das Sicherheitsdatenblatt wird auf Papier oder elektronisch kostenlos zur Verfügung gestellt.

(9) Die Lieferanten aktualisieren das Sicherheitsdatenblatt unverzüglich,

a) sobald neue Informationen, die Auswirkungen auf die Risikomanagementmaßnahmen haben können, oder neue Informationen über Gefährdungen verfügbar werden;

b) sobald eine Zulassung erteilt oder versagt wurde;

c) sobald eine Beschränkung erlassen wurde.

Die neue, datierte Fassung der Informationen wird mit der Angabe „Überarbeitet am .... (Datum)" versehen und allen früheren Abnehmern, denen die Lieferanten den Stoff oder die Zubereitung in den vorausgegangenen zwölf Monaten geliefert haben, auf Papier oder elektronisch kostenlos zur Verfügung gestellt. Bei Aktualisierungen nach der Registrierung wird die Registrierungsnummer angegeben.

### Artikel 32  Informationspflicht gegenüber den nachgeschalteten Akteuren der Lieferkette bei Stoffen als solchen und in Zubereitungen, für die kein Sicherheitsdatenblatt erforderlich ist

(1) Jeder Lieferant eines Stoffes als solchem oder in einer Zubereitung, der kein Sicherheitsdatenblatt gemäß Artikel 31 zur Verfügung stellen muss, stellt dem Abnehmer folgende Informationen zur Verfügung:

a) die Registrierungsnummer(n) nach Artikel 20 Absatz 3, falls verfügbar, bei Stoffen, für die Informationen nach Buchstaben b, c oder d des vorliegenden Absatzes übermittelt werden;

b) eine etwaige Zulassungspflicht und Einzelheiten zu den nach Titel VII in dieser Lieferkette erteilten oder versagten Zulassungen;

c) Einzelheiten zu Beschränkungen nach Titel VIII;

d) sonstige verfügbare und sachdienliche Informationen über den Stoff, die notwendig sind, damit geeignete Risikomanagementmaßnahmen ermittelt und angewendet werden können, einschließlich der spezifischen Bedingungen, die sich aus der Anwendung des Anhangs XI Abschnitt 3 ergeben.

(2) Die Informationen nach Absatz 1 werden spätestens zum Zeitpunkt der ersten Lieferung eines Stoffes als solchem oder in einer Zubereitung nach dem 1. Juni 2007 auf Papier oder elektronisch kostenlos übermittelt.

(3) Die Lieferanten aktualisieren diese Informationen unverzüglich,

a) sobald neue Informationen, die Auswirkungen auf die Risikomanagementmaßnahmen haben können, oder neue Informationen über Gefährdungen verfügbar werden;

b) sobald eine Zulassung erteilt oder versagt wurde;

c) sobald eine Beschränkung erlassen wurde.

Darüber hinaus werden die aktualisierten Informationen allen früheren Abnehmern, denen die Lieferanten den Stoff oder die Zubereitung in den vorausgegangenen zwölf Monaten geliefert haben, auf Papier oder elektronisch kostenlos zur Verfügung gestellt. Bei Aktualisierungen nach der Registrierung wird die Registrierungsnummer angegeben.

### Artikel 33  Pflicht zur Weitergabe von Informationen über Stoffe in Erzeugnissen

(1) Jeder Lieferant eines Erzeugnisses, das einen die Kriterien des Artikels 57 erfüllenden und gemäß Artikel 59 Absatz 1 ermittelten Stoff in einer Konzentration von mehr als 0,1 Massenprozent (w/w) enthält, stellt dem Abnehmer des Erzeugnisses die ihm vorliegenden, für eine sichere Verwendung des Erzeugnisses ausreichenden Informationen zur Verfügung, gibt aber mindestens den Namen des betreffenden Stoffes an.

(2) Auf Ersuchen eines Verbrauchers stellt jeder Lieferant eines Erzeugnisses, das einen die Kriterien des Artikels 57 erfüllenden und gemäß Artikel 59 Absatz 1 ermittelten Stoff in einer Konzentration von mehr als 0,1 Massenprozent (w/w) enthält, dem Verbraucher die ihm vorliegenden, für eine sichere Verwendung des Erzeugnisses ausreichenden Informationen zur Verfügung, gibt aber mindestens den Namen des betreffenden Stoffes an.

Die jeweiligen Informationen sind binnen 45 Tagen nach Eingang des Ersuchens kostenlos zur Verfügung zu stellen.

### Artikel 34  Informationspflicht gegenüber den vorgeschalteten Akteuren der Lieferkette bei Stoffen und Zubereitungen

Jeder Akteur der Lieferkette eines Stoffes oder einer Zubereitung stellt dem unmittelbar vorgeschalteten Akteur oder Händler der Lieferkette folgende Informationen zur Verfügung:

a) neue Informationen über gefährliche Eigenschaften, unabhängig von den betroffenen Verwendungen;

b) weitere Informationen, die die Eignung der in einem ihm übermittelten Sicherheitsdatenblatt angegebenen Risikomanagementmaßnahmen in Frage stellen können, nur für identifizierte Verwendungen.

Die Händler leiten diese Informationen an den unmittelbar vorgeschalteten Akteur oder Händler der Lieferkette weiter.

### Artikel 35  Zugang der Arbeitnehmer zu Informationen

Der Arbeitgeber gewährt den Arbeitnehmern und ihren Vertretern Zugang zu den gemäß den Artikeln 31 und 32 bereitgestellten Informationen über Stoffe oder Zubereitungen, die sie verwenden oder denen sie bei ihrer Arbeit ausgesetzt sein können.

### Artikel 36  Pflicht zur Aufbewahrung von Informationen

(1) Jeder Hersteller, Importeur, nachgeschaltete Anwender und Händler trägt sämtliche gemäß dieser Verordnung für seine Aufgabenerfüllung erforderlichen Informationen zusammen und hält sie während eines Zeitraums von mindestens zehn Jahren nach der letzten Herstellung, Einfuhr, Lieferung oder Verwendung des Stoffes oder der Zubereitung zur Verfügung. Unbeschadet der Titel II und VI legt dieser Hersteller, Importeur, nachgeschaltete Anwender oder Händler auf Verlangen einer zuständigen Behörde des Mitgliedstaates, in dem er seinen Sitz hat, oder der Agentur unverzüglich diese Informationen vor oder macht sie ihr zugänglich.

(2) Stellt ein Registrant, ein nachgeschalteter Anwender oder ein Händler seine Geschäftstätigkeit ein oder überträgt er seine Tätigkeiten teilweise oder insgesamt einem Dritten, so ist derjenige, der für die Liquidation des Unternehmens des Registranten, des nachgeschalteten Anwenders oder des Händlers verantwortlich ist oder die Verantwortung für das Inverkehrbringen des betreffenden Stoffes oder der betreffenden Zubereitung übernimmt, durch die Verpflichtung nach Absatz 1 anstelle des Registranten, des nachgeschalteten Anwenders oder des Händlers gebunden.

## Titel V: Nachgeschaltete Anwender

**Artikel 37** Stoffsicherheitsbeurteilungen der nachgeschalteten Anwender und Pflicht zur Angabe, Anwendung und Empfehlung von Risikominderungsmaßnahmen

(1) Ein nachgeschalteter Anwender oder Händler kann Informationen bereitstellen, die die Vorbereitung einer Registrierung unterstützen.

(2) Jeder nachgeschaltete Anwender hat das Recht, dem Hersteller, Importeur, nachgeschalteten Anwender oder Händler, der ihm einen Stoff als solchen oder in einer Zubereitung liefert, schriftlich (auf Papier oder elektronisch) eine Verwendung zumindest in Form der kurzen, allgemeinen Angaben zur Verwendung bekannt zu geben, damit diese zur identifizierten Verwendung wird. Mit der Bekanntgabe einer Verwendung stellt er ausreichende Informationen zur Verfügung, damit für seine Verwendung der Hersteller, Importeur oder nachgeschaltete Anwender, der den Stoff geliefert hat, in der Lage versetzt wird, in seiner Stoffsicherheitsbeurteilung ein Expositionsszenarium oder gegebenenfalls eine Verwendungs- und Expositionskategorie auszuarbeiten.

Die Händler leiten diese Informationen an den unmittelbar vorgeschalteten Akteur oder Händler der Lieferkette weiter. Die diese Informationen erhaltenden nachgeschalteten Anwender können ein Expositionsszenarium für die identifizierte(n) Verwendung(en) erstellen oder die Informationen an den unmittelbar vorgeschalteten Akteur der Lieferkette weiterleiten.

(3) Bei registrierten Stoffen erfüllt der Hersteller, Importeur oder nachgeschaltete Anwender die Pflichten aus Artikel 14 entweder noch vor der nächsten Lieferung des Stoffes als solchem oder in einer Zubereitung an den nachgeschalteten Anwender, der das Ersuchen nach Absatz 2 des vorliegenden Artikels stellt, sofern das Ersuchen mindestens einen Monat vor der Lieferung erfolgt, oder innerhalb eines Monats nach dem Ersuchen; maßgebend ist die spätere Frist.

Bei Phase-in-Stoffen entspricht der Hersteller, Importeur oder nachgeschaltete Anwender dem Ersuchen und erfüllt die Pflichten aus Artikel 14 vor Ablauf der maßgeblichen Frist des Artikels 23, sofern der nachgeschaltete Anwender sein Ersuchen mindestens zwölf Monate vor Ablauf der betreffenden Frist stellt.

Kann der Hersteller, Importeur oder nachgeschaltete Anwender nach Beurteilung der Verwendung gemäß Artikel 14 aus Gründen des Schutzes der menschlichen Gesundheit oder der Umwelt die Verwendung nicht als identifizierte Verwendung einbeziehen, so unterrichtet er die Agentur und den nachgeschalteten Anwender unverzüglich schriftlich über den Grund/die Gründe hierfür und liefert keinem nachgeschalteten Anwender den Stoff, ohne den betreffenden Grund/die betreffenden Gründe in die Informationen nach den Artikeln 31 oder 32 aufzunehmen. Der Hersteller oder Importeur nimmt diese Verwendung nach Anhang VI Abschnitt 3.7 in die Aktualisierung der Registrierung nach Artikel 22 Absatz 1 Buchstabe d auf.

(4) Der nachgeschaltete Anwender eines Stoffes als solchem oder in einer Zubereitung erstellt einen Stoffsicherheitsbericht nach Anhang XII für jede Verwendung, die von den Bedingungen gemäß der Beschreibung in einem Expositionsszenarium oder gegebenenfalls in einer Verwendungs- und Expositionskategorie, das/die ihm in einem Sicherheitsdatenblatt übermittelt wurde, abweicht, oder für jede Verwendung, von der sein Lieferant abrät.

Der nachgeschaltete Anwender braucht in folgenden Fällen einen solchen Stoffsicherheitsbericht nicht zu erstellen:

a) Die Übermittlung eines Sicherheitsdatenblattes ist für den Stoff oder die Zubereitung nach Artikel 31 nicht vorgeschrieben;

b) der betreffende Lieferant muss nach Artikel 14 keinen Stoffsicherheitsbericht erstellen;

c) der nachgeschaltete Anwender verwendet den Stoff oder die Zubereitung in einer Gesamtmenge von weniger als 1 Tonne pro Jahr;

d) der nachgeschaltete Anwender wendet ein Expositionsszenarium an oder empfiehlt ein solches, das mindestens die Bedingungen des ihm im Sicherheitsdatenblatt mitgeteilten Expositionsszenariums enthält;
e) die Konzentration des Stoffes in einer Zubereitung ist niedriger als einer der Werte nach Artikel 14 Absatz 2;
f) der nachgeschaltete Anwender verwendet den Stoff für produkt- und verfahrensorientierte Forschung und Entwicklung, sofern die Risiken für die menschliche Gesundheit und die Umwelt gemäß den Anforderungen der Rechtsvorschriften über den Schutz der Arbeitnehmer und der Umwelt angemessen beherrscht werden.

(5) Der nachgeschaltete Anwender hat geeignete Maßnahmen zur angemessenen Beherrschung der Risiken zu ermitteln, anzuwenden und gegebenenfalls zu empfehlen, die in einer der folgenden Unterlagen festgestellt sind:
a) in dem ihm übermittelten Sicherheitsdatenblatt/den ihm übermittelten Sicherheitsdatenblättern;
b) in seiner eigenen Stoffsicherheitsbeurteilung;
c) in Informationen über Risikomanagementmaßnahmen, die ihm nach Artikel 32 zugegangen sind.

(6) Erstellt der nachgeschaltete Anwender keinen Stoffsicherheitsbericht nach Absatz 4 Buchstabe c, so berücksichtigt er die Verwendung(en) des Stoffes und ermittelt die geeigneten Risikomanagementmaßnahmen zur angemessenen Beherrschung der Risiken für die menschliche Gesundheit und die Umwelt und wendet diese Maßnahmen an. Erforderlichenfalls werden diese Informationen in die von ihm ausgearbeiteten Sicherheitsdatenblätter aufgenommen.

(7) Nachgeschaltete Anwender halten ihren Stoffsicherheitsbericht auf dem neuesten Stand und zur Verfügung.

(8) Ein nach Absatz 4 des vorliegenden Artikels erstellter Stoffsicherheitsbericht braucht Risiken für die menschliche Gesundheit nicht zu berücksichtigen, die sich aus den Endverwendungen nach Artikel 14 Absatz 5 ergeben.

### Artikel 38  Informationspflicht der nachgeschalteten Anwender

(1) Vor dem Beginn oder der Fortsetzung einer bestimmten Verwendung eines Stoffes, den ein vorgeschalteter Akteur der Lieferkette nach den Artikeln 6 oder 18 hat registrieren lassen, teilt der nachgeschaltete Anwender der Agentur die Informationen nach Absatz 2 des vorliegenden Artikels in folgenden Fällen mit:
a) Der nachgeschaltete Anwender hat einen Stoffsicherheitsbericht nach Artikel 37 Absatz 4 zu erstellen, oder
b) der nachgeschaltete Anwender beruft sich auf die Ausnahmen nach Artikel 37 Absatz 4 Buchstaben c oder f.

(2) Die Mitteilung des nachgeschalteten Anwenders muss folgende Informationen enthalten:
a) seine Identität und Kontaktangaben gemäß Anhang VI Abschnitt 1.1;
b) die Registrierungsnummer(n) nach Artikel 20 Absatz 3, falls verfügbar;
c) die Identität des Stoffes/der Stoffe gemäß Anhang VI Abschnitte 2.1 bis 2.3.4;
d) die Identität des Herstellers/der Hersteller oder des Importeurs/der Importeure oder sonstiger Lieferanten gemäß Anhang VI Abschnitt 1.1;
e) kurze allgemeine Angaben zu der Verwendung/den Verwendungen gemäß Anhang VI Abschnitt 3.5 und zu den Verwendungsbedingungen;
f) einen Vorschlag für ergänzende Versuche an Wirbeltieren, falls das vom nachgeschalteten Anwender für die Erstellung seiner Stoffsicherheitsbeurteilung für erforderlich gehalten wird; dies gilt nicht für die Fälle, in denen sich der nachgeschaltete Anwender auf die Ausnahme nach Artikel 37 Absatz 4 Buchstabe c beruft.

(3) Bei einer Änderung der nach Absatz 1 übermittelten Informationen aktualisiert der nachgeschaltete Anwender diese Informationen unverzüglich.

(4) Stuft ein nachgeschalteter Anwender einen Stoff anders ein als sein Lieferant, so teilt er dies der Agentur mit.

(5) Mit Ausnahme der Fälle, in denen sich der nachgeschaltete Anwender auf die Ausnahme nach Artikel 37 Absatz 4 Buchstabe c beruft, ist eine Mitteilung nach den Absätzen 1 bis 4 des vorliegenden Artikels für einen Stoff als solchen oder in einer Zubereitung, den der nachgeschaltete Anwender in einer Menge von weniger als 1 Tonne pro Jahr für diese bestimmte Verwendung verwendet, nicht erforderlich.

**Artikel 39   Geltung der Pflichten der nachgeschalteten Anwender**

(1) Nachgeschaltete Anwender müssen die Anforderungen des Artikels 37 spätestens zwölf Monate nach Erhalt einer Registrierungsnummer erfüllen, die ihnen von ihren Lieferanten in einem Sicherheitsdatenblatt übermittelt wird.

(2) Nachgeschaltete Anwender müssen die Anforderungen des Artikels 38 spätestens sechs Monate nach Erhalt einer Registrierungsnummer erfüllen, die ihnen von ihren Lieferanten in einem Sicherheitsdatenblatt übermittelt wird.

## Titel VI:   Bewertung

### Kapitel 1:   Dossierbewertung

#### Artikel 40   Prüfung von Versuchsvorschlägen

(1) Die Agentur prüft alle Versuchsvorschläge, die in einem Registrierungsdossier oder in der Mitteilung eines nachgeschalteten Anwenders zur Einreichung der Informationen gemäß den Anhängen IX und X für einen Stoff enthalten sind. Vorrang ist Registrierungen von Stoffen zu geben, die PBT-, vPvB-, sensibilisierende und/oder karzinogene, mutagene oder fortpflanzungsgefährdende (CMR) Eigenschaften haben oder haben können, oder von gemäß der Richtlinie 67/548/EWG als gefährlich eingestuften Stoffen in Mengen von mehr als 100 Tonnen pro Jahr in Verwendungen mit breit gestreuter, nicht klar abgegrenzter Exposition.

(2) Informationen über Versuchsvorschläge, die Versuche an Wirbeltieren beinhalten, werden auf der Website der Agentur veröffentlicht. Die Agentur veröffentlicht auf ihrer Website den Namen des Stoffes, den Gefahren-Endpunkt, für den Wirbeltierversuche vorgeschlagen werden, und den Termin, bis zu dem Informationen von Dritten vorgelegt werden müssen. Sie fordert Dritte auf, innerhalb von 45 Tagen nach der Veröffentlichung wissenschaftlich fundierte Informationen und Studien vorzulegen, die sich auf den jeweiligen Stoff und Gefahren-Endpunkt beziehen, der Gegenstand des vorgeschlagenen Versuchsprogramms ist. Die Agentur berücksichtigt alle wissenschaftlich fundierten Informationen und Studien, die ihr übermittelt werden, bei der Vorbereitung von Entscheidungen gemäß Absatz 3.

(3) Auf der Grundlage der Prüfung nach Absatz 1 entwirft die Agentur eine der folgenden Entscheidungen, die nach dem Verfahren der Artikel 50 und 51 zu treffen ist:

a) eine Entscheidung, die den/die betreffenden Registranten oder nachgeschalteten Anwender verpflichtet, den vorgeschlagenen Versuch durchzuführen, und die eine Frist für die Vorlage der einfachen oder qualifizierten Studienzusammenfassung, falls diese nach Anhang I erforderlich ist, enthält;

b) eine Entscheidung gemäß Buchstabe a, jedoch mit Änderung der Bedingungen, nach denen der Versuch durchzuführen ist;

c) eine Entscheidung gemäß den Buchstaben a, b oder d, die den/die Registranten oder nachgeschalteten Anwender jedoch auffordert, einen oder mehrere zusätzliche Versuche durchzuführen, wenn der Versuchsvorschlag nicht den Anhängen IX, X und XI genügt;

d) eine Entscheidung, mit der der Versuchsvorschlag abgelehnt wird;

e) eine Entscheidung nach den Buchstaben a, b oder c, wenn mehrere Registranten oder nachgeschaltete Anwender zu demselben Stoff Vorschläge für denselben Versuch unterbreitet haben, um ihnen die Möglichkeit zu geben, eine Vereinbarung darüber zu treffen, wer den Versuch im Namen aller durchführt, und die Agentur binnen 90 Tagen entsprechend zu unterrichten. Wird die Agentur nicht binnen 90 Tagen über eine solche Vereinbarung unterrichtet, so benennt sie einen der Registranten bzw. einen nachgeschalteten Anwender, der den Versuch im Namen aller durchzuführen hat.

(4) Der Registrant oder nachgeschaltete Anwender übermittelt die angeforderten Informationen der Agentur innerhalb der festgelegten Frist.

## Artikel 41  Prüfung der Registrierungsdossiers auf Erfüllung der Anforderungen

(1) Die Agentur kann Registrierungsdossiers prüfen, um einen der folgenden Aspekte zu überprüfen:

a) ob die Informationen in dem/den nach Artikel 10 vorgelegten technischen Dossier/Dossiers den Anforderungen der Artikel 10, 12 und 13 sowie den Anhängen III und VI bis X entsprechen;

b) ob die Abweichungen von den erforderlichen Basisangaben und ihre in dem technischen Dossier/den technischen Dossiers vorgelegten Begründungen den einschlägigen Bestimmungen der Anhänge VII bis X und den allgemeinen Regeln des Anhangs XI entsprechen;

c) ob verlangte Stoffsicherheitsbeurteilungen und Stoffsicherheitsberichte den Anforderungen des Anhangs I entsprechen und die vorgeschlagenen Risikomanagementmaßnahmen angemessen sind;

d) ob für alle nach Artikel 11 Absatz 3 oder Artikel 19 Absatz 2 eingereichten Erklärungen eine objektive Grundlage besteht.

(2) Die Auflistung der Dossiers, für die die Agentur eine Prüfung der Erfüllung der Anforderungen durchführt, wird den zuständigen Behörden der Mitgliedstaaten zur Verfügung gestellt.

(3) Auf der Grundlage einer Prüfung gemäß Absatz 1 kann die Agentur innerhalb von zwölf Monaten nach Beginn der Prüfung der Erfüllung der Anforderungen den Entwurf einer Entscheidung erstellen, mit der der Registrant/die Registranten dazu aufgefordert wird/werden, alle Informationen vorzulegen, die erforderlich sind, damit das Registrierungsdossier/die Registrierungsdossiers den einschlägigen Informationsanforderungen entspricht/entsprechen, und in der angemessene Fristen für die Übermittlung weiterer Informationen angegeben werden. Diese Entscheidung ist nach dem Verfahren der Artikel 50 und 51 zu treffen.

(4) Der Registrant übermittelt der Agentur die angeforderten Informationen innerhalb der festgelegten Frist.

(5) Um zu gewährleisten, dass die Registrierungsdossiers dieser Verordnung entsprechen, wählt die Agentur mindestens 5 % aus der Gesamtzahl der für jeden Mengenbereich bei der Agentur eingegangenen Dossiers zur Prüfung der Erfüllung der Anforderungen aus. Die Agentur greift vorrangig, jedoch nicht ausschließlich, die Dossiers auf, die mindestens eines der folgenden Kriterien erfüllen:

a) das Dossier enthält die Informationen nach Artikel 10 Buchstabe a Ziffern iv, vi und/oder vii, die nach Artikel 11 Absatz 3 gesondert eingereicht wurden; oder

b) das Dossier betrifft einen Stoff, der in Mengen von 1 Tonne oder mehr pro Jahr hergestellt oder eingeführt wird und nicht die Anforderungen des Anhangs VII nach Artikel 12 Absatz 1 Buchstabe a bzw. b erfüllt; oder

c) das Dossier betrifft einen im fortlaufenden Aktionsplan der Gemeinschaft nach Artikel 44 Absatz 2 aufgeführten Stoff.

(6) Dritte können der Agentur auf elektronischem Weg Informationen über Stoffe übermitteln, die in der Liste nach Artikel 28 Absatz 4 aufgeführt sind. Bei der Überprü-

fung und Auswahl der Dossiers prüft die Agentur diese Informationen zusammen mit den nach Artikel 124 eingereichten Informationen.

(7) Die Kommission kann nach Anhörung der Agentur entscheiden, nach dem in Artikel 133 Absatz 4 genannten Verfahren den Prozentsatz der ausgewählten Dossiers zu variieren und die Kriterien des Absatzes 5 zu ändern oder um weitere Kriterien zu ergänzen.

### Artikel 42   Prüfung der vorgelegten Informationen und Weiterbehandlung der Dossierbewertung

(1) Die Agentur prüft alle Informationen, die im Anschluss an eine Entscheidung nach den Artikeln 40 oder 41 vorgelegt werden, und erstellt erforderlichenfalls geeignete Entscheidungsentwürfe nach Maßgabe dieser Artikel.

(2) Sobald die Dossierbewertung abgeschlossen ist, unterrichtet die Agentur die Kommission und die zuständigen Behörden der Mitgliedstaaten über die gewonnenen Informationen und etwaige Schlussfolgerungen. Die zuständigen Behörden verwenden die aus dieser Bewertung gewonnenen Informationen für die Zwecke des Artikels 45 Absatz 5, des Artikels 59 Absatz 3 und des Artikels 69 Absatz 4. Die Agentur nutzt die aus dieser Bewertung gewonnenen Informationen für die Zwecke des Artikels 44.

### Artikel 43   Verfahren und Fristen für die Prüfung von Versuchsvorschlägen

(1) Bei Nicht-Phase-in-Stoffen erstellt die Agentur innerhalb von 180 Tagen, nachdem sie ein Registrierungsdossier oder eine Mitteilung eines nachgeschalteten Anwenders mit einem Versuchsvorschlag erhalten hat, einen Entscheidungsentwurf nach Artikel 40 Absatz 3.

(2) Bei Phase-in-Stoffen erstellt die Agentur die Entscheidungsentwürfe nach Artikel 40 Absatz 3 wie folgt:

a) bis zum 1. Dezember 2012 für alle Registrierungen, die bis zum 1. Dezember 2010 eingegangen sind und zur Erfüllung der Informationsanforderungen der Anhänge IX und X Vorschläge für Versuche enthalten;

b) bis zum 1. Juni 2016 für alle Registrierungen, die bis zum 1. Juni 2013 eingegangen sind und zur Erfüllung der Informationsanforderungen lediglich des Anhangs IX Vorschläge für Versuche enthalten;

c) bis zum 1. Juni 2022 für alle Registrierungen mit Versuchsvorschlägen, die bis zum 1. Juni 2018 eingegangen sind.

(3) Die Liste der nach Artikel 40 bewerteten Registrierungsdossiers wird den Mitgliedstaaten zur Verfügung gestellt.

## Kapitel 2:   Stoffbewertung

### Artikel 44   Kriterien für die Stoffbewertung

(1) Zur Gewährleistung eines harmonisierten Konzepts entwickelt die Agentur in Zusammenarbeit mit den Mitgliedstaaten im Hinblick auf die weitere Bewertung Kriterien für die Priorisierung der Stoffe. Die Priorisierung bestimmt sich nach einem risikoorientierten Konzept. Bei den Kriterien wird Folgendes berücksichtigt:

a) Informationen über schädliche Wirkungen, z. B. strukturelle Ähnlichkeit des Stoffes mit als besorgniserregend bekannten Stoffen oder mit Stoffen, die persistent und bioakkumulierbar sind, so dass zu vermuten ist, dass der Stoff oder eines oder mehrere seiner Umwandlungsprodukte besorgniserregende Eigenschaften hat oder persistent und bioakkumulierbar ist;

b) Informationen über die Exposition;

c) Mengen, einschließlich der Gesamtmenge, die sich aus den Registrierungen mehrerer Registranten ergibt.

(2) Die Agentur bedient sich der Kriterien des Absatzes 1 zur Erstellung des Entwurfs eines fortlaufenden Aktionsplans der Gemeinschaft, der einen Zeitraum von drei Jahren

abdeckt und in dem die Stoffe angegeben werden, die jedes Jahr zu bewerten sind. Stoffe werden aufgenommen, wenn es (entweder aufgrund einer von der Agentur durchgeführten Dossierbewertung oder aufgrund sonstiger geeigneter Quellen, einschließlich Informationen im Registrierungsdossier) Gründe für die Annahme gibt, dass ein bestimmter Stoff ein Risiko für die menschliche Gesundheit oder die Umwelt darstellt. Die Agentur legt den Mitgliedstaaten den ersten fortlaufenden Aktionsplan bis zum 1. Dezember 2011 vor. Die Agentur legt den Mitgliedstaaten bis zum 28. Februar jedes Jahres Entwürfe für jährliche Aktualisierungen des fortlaufenden Aktionsplans vor.

Die Agentur nimmt den endgültigen fortlaufenden Aktionsplan der Gemeinschaft auf der Grundlage einer Stellungnahme des nach Artikel 76 Absatz 1 Buchstabe e eingesetzten Ausschusses der Mitgliedstaaten (nachstehend „Ausschuss der Mitgliedstaaten" genannt) an und veröffentlicht ihn auf ihrer Website mit Angabe des Mitgliedstaates, der die Bewertung der im Plan aufgeführten Stoffe nach Artikel 45 vornimmt.

### Artikel 45   Zuständige Behörde

(1) Die Agentur ist dafür verantwortlich, den Prozess der Stoffbewertung zu koordinieren und die Bewertung der im fortlaufenden Aktionsplan der Gemeinschaft enthaltenen Stoffe zu gewährleisten. Dabei stützt sich die Agentur auf die zuständigen Behörden der Mitgliedstaaten. Bei der Durchführung der Bewertung eines Stoffes können die zuständigen Behörden eine andere Stelle benennen, die in ihrem Namen tätig wird.

(2) Ein Mitgliedstaat kann einen oder mehrere Stoffe aus dem Entwurf des fortlaufenden Aktionsplans der Gemeinschaft auswählen, um für die Zwecke der Artikel 46, 47 und 48 die Rolle der zuständigen Behörde zu übernehmen. Wird ein Stoff aus dem Entwurf des fortlaufenden Aktionsplans der Gemeinschaft von keinem Mitgliedstaat ausgewählt, so sorgt die Agentur dafür, dass der Stoff bewertet wird.

(3) Haben zwei oder mehr Mitgliedstaaten Interesse an der Bewertung desselben Stoffes bekundet und können sie sich nicht darüber einigen, welche Behörde zuständig sein soll, so wird die zuständige Behörde für die Zwecke der Artikel 46, 47 und 48 nach folgendem Verfahren festgelegt.

Die Agentur überweist die Angelegenheit an den Ausschuss der Mitgliedstaaten, um eine Einigung über die zuständige Behörde zu erzielen, wobei berücksichtigt wird, in welchem Mitgliedstaat der/die Hersteller oder Importeur(e) ansässig sind, wie groß der jeweilige Anteil am Bruttoinlandsprodukt der Gemeinschaft ist, wie viele Stoffe ein Mitgliedstaat bereits bewertet hat und welcher Sachverstand zur Verfügung steht.

Erzielt der Ausschuss der Mitgliedstaaten innerhalb von 60 Tagen nach der Überweisung einstimmig eine Einigung, so legen die betroffenen Mitgliedstaaten die Stoffe für die Bewertung dementsprechend fest.

Gelangt der Ausschuss der Mitgliedstaaten zu keiner einstimmigen Einigung, so legt die Agentur die divergierenden Standpunkte der Kommission vor, die nach dem in Artikel 133 Absatz 3 genannten Verfahren darüber entscheidet, welche Behörde die Rolle der zuständigen Behörde übernehmen soll; die betroffenen Mitgliedstaaten legen die Stoffe für die Bewertung dementsprechend fest.

(4) Die nach den Absätzen 2 und 3 bestimmte zuständige Behörde bewertet die zugeteilten Stoffe nach Maßgabe dieses Kapitels.

(5) Ein Mitgliedstaat kann der Agentur jederzeit einen neuen, nicht im fortlaufenden Aktionsplan der Gemeinschaft genannten Stoff melden, sobald er in Besitz von Informationen ist, die Grund zur Annahme geben, dass der Stoff prioritär zu bewerten ist. Die Agentur entscheidet auf der Grundlage einer Stellungnahme des Ausschusses der Mitgliedstaaten, ob dieser Stoff in den fortlaufenden Aktionsplan der Gemeinschaft aufgenommen werden soll. Wird der Stoff in den fortlaufenden Aktionsplan der Gemeinschaft aufgenommen, so bewertet der vorschlagende Mitgliedstaat oder ein anderer Mitgliedstaat, der damit einverstanden ist, diesen Stoff.

### Artikel 46 Anforderung weiterer Informationen und Prüfung der vorgelegten Informationen

(1) Ist die zuständige Behörde der Auffassung, dass weitere Informationen erforderlich sind, gegebenenfalls auch solche, die nicht nach den Anhängen VII bis X erforderlich sind, so erstellt sie einen mit einer Begründung versehenen Entscheidungsentwurf, in der der Registrant/die Registranten verpflichtet wird/werden, die weiteren Informationen zu übermitteln, und eine Frist für die Übermittlung festgelegt wird. Ein Entscheidungsentwurf wird innerhalb von zwölf Monaten nach Veröffentlichung des fortlaufenden Aktionsplans der Gemeinschaft auf der Website der Agentur für die in dem betreffenden Jahr zu bewertenden Stoffe erstellt. Die Entscheidung wird nach dem Verfahren der Artikel 50 und 52 getroffen.

(2) Der Registrant übermittelt die angeforderten Informationen der Agentur innerhalb der festgelegten Frist.

(3) Die zuständige Behörde prüft alle übermittelten Informationen und erstellt, falls erforderlich, innerhalb von zwölf Monaten nach Übermittlung der Informationen alle geeigneten Entscheidungsentwürfe gemäß dem vorliegenden Artikel.

(4) Die zuständige Behörde schließt ihre Bewertung innerhalb von zwölf Monaten nach Beginn der Bewertung des Stoffes oder innerhalb von zwölf Monaten nach Übermittlung der Informationen gemäß Absatz 2 ab und teilt dies der Agentur mit. Ist diese Frist überschritten, so gilt die Bewertung als abgeschlossen.

### Artikel 47 Abstimmung mit anderen Tätigkeiten

(1) Die Bewertung eines Stoffes beruht auf allen zu diesem bestimmten Stoff übermittelten einschlägigen Informationen und auf allen früheren Bewertungen nach diesem Titel. Wurden Informationen über inhärente Stoffeigenschaften unter Bezugnahme auf einen oder mehrere strukturell verwandte Stoffe gewonnen, so kann die Bewertung auch diese verwandten Stoffe abdecken. Wurde zuvor nach Artikel 51 oder Artikel 52 eine Entscheidung über eine Bewertung getroffen, so darf ein Entscheidungsentwurf, mit dem nach Artikel 46 weitere Informationen angefordert werden, nur mit veränderten Umständen oder neuen Erkenntnissen begründet werden.

(2) Zur Gewährleistung eines einheitlichen Vorgehens bei der Anforderung weiterer Informationen überwacht die Agentur Entscheidungsentwürfe nach Artikel 46 und entwickelt Kriterien und Prioritäten. Gegebenenfalls werden Durchführungsmaßnahmen nach dem in Artikel 133 Absatz 3 genannten Verfahren erlassen.

### Artikel 48 Folgemaßnahmen der Stoffbewertung

Sobald die Stoffbewertung abgeschlossen ist, prüft die zuständige Behörde, wie die daraus gewonnenen Informationen für die Zwecke des Artikels 59 Absatz 3, des Artikels 69 Absatz 4 und des Artikels 115 Absatz 1 genutzt werden sollen. Die zuständige Behörde unterrichtet die Agentur über ihre Schlussfolgerungen im Hinblick darauf, ob und wie die gewonnenen Informationen zu nutzen sind. Die Agentur unterrichtet ihrerseits die Kommission, den Registranten und die zuständigen Behörden der anderen Mitgliedstaaten.

## Kapitel 3: Bewertung von Zwischenprodukten

### Artikel 49 Weitere Informationen über standortinterne isolierte Zwischenprodukte

Standortinterne isolierte Zwischenprodukte, die unter streng kontrollierten Bedingungen verwendet werden, unterliegen weder der Dossier- noch der Stoffbewertung. Ist jedoch die zuständige Behörde des Mitgliedstaates, in dessen Hoheitsgebiet sich der Standort befindet, der Auffassung, dass sich aus der Verwendung eines standortinternen isolierten Zwischenprodukts ein Risiko für die menschliche Gesundheit oder die Umwelt ergibt, das ebenso besorgniserregend ist wie das Risiko aus der Verwendung von Stoffen, die die Kriterien des Artikels 57 erfüllen, und dass dieses Risiko nicht ausreichend beherrscht wird, so kann sie

a) den Registranten zur Übermittlung weiterer Informationen auffordern, die direkt mit dem ermittelten Risiko in Verbindung stehen. Diese Aufforderung ist mit einer schriftlichen Begründung zu versehen;

b) alle übermittelten Informationen prüfen und erforderlichenfalls geeignete Risikominderungsmaßnahmen empfehlen, die in Bezug auf den betreffenden Standort ermittelt wurden.

Das Verfahren nach Absatz 1 darf nur von der dort bezeichneten zuständigen Behörde durchgeführt werden. Die zuständige Behörde teilt der Agentur die Ergebnisse dieser Bewertung mit, die im Anschluss daran die zuständigen Behörden der anderen Mitgliedstaaten unterrichtet und ihnen die Ergebnisse zur Verfügung stellt.

## Kapitel 4: Gemeinsame Bestimmungen

### Artikel 50  Rechte des Registranten und des nachgeschalteten Anwenders

(1) Die Agentur übermittelt jeden Entscheidungsentwurf nach den Artikeln 40, 41 oder 46 dem/den betreffenden Registranten oder nachgeschalteten Anwender/Anwendern und unterrichtet ihn/sie über sein/ihr Recht, innerhalb von 30 Tagen nach Erhalt des Entwurfs Bemerkungen abzugeben. Möchten der betreffende Registrant/die betreffenden Registranten oder nachgeschaltete/nachgeschalteten Anwender Bemerkungen abgeben, so übermitteln sie diese der Agentur. Die Agentur unterrichtet ihrerseits die zuständige Behörde unverzüglich über die Vorlage der Bemerkungen. Die zuständige Behörde (bei Entscheidungen nach Artikel 46) und die Agentur (bei Entscheidungen nach den Artikeln 40 und 41) berücksichtigen sämtliche eingegangenen Bemerkungen und können gegebenenfalls den Entscheidungsentwurf entsprechend ändern.

(2) Hat ein Registrant die Herstellung oder die Einfuhr des Stoffes bzw. die Produktion oder die Einfuhr des Artikels eingestellt oder hat ein nachgeschalteter Anwender die Verwendung eingestellt, so teilt er dies der Agentur mit; das hat zur Folge, dass die in seiner Registrierung eingetragene Menge gegebenenfalls auf Null gesetzt wird und dass keine weiteren Informationen über diesen Stoff angefordert werden können, es sei denn, der Registrant meldet die Wiederaufnahme der Herstellung oder Einfuhr des Stoffes bzw. der Produktion oder Einfuhr des Erzeugnisses bzw. der nachgeschaltete Anwender meldet die Wiederaufnahme der Verwendung. Die Agentur unterrichtet die zuständige Behörde des Mitgliedstaates, in dem der Registrant oder nachgeschaltete Anwender ansässig ist.

(3) Der Registrant kann die Herstellung oder die Einfuhr des Stoffes bzw. die Produktion oder die Einfuhr des Erzeugnisses bzw. der nachgeschaltete Anwender kann die Verwendung nach Zugang des Entscheidungsentwurfs einstellen. In diesem Fall teilt der Registrant bzw. der nachgeschaltete Anwender dies der Agentur mit; das hat zur Folge, dass seine Registrierung oder sein Bericht die Gültigkeit verliert und dass keine weiteren Informationen über diesen Stoff angefordert werden können, es sei denn, er reicht erneut ein Registrierungsdossier oder einen neuen Bericht ein. Die Agentur unterrichtet die zuständige Behörde des Mitgliedstaates, in dem der Registrant oder nachgeschaltete Anwender ansässig ist.

(4) Ungeachtet der Absätze 2 und 3 können weitere Informationen gemäß Artikel 46 angefordert werden, wenn

a) die zuständige Behörde ein Dossier gemäß Anhang XV ausarbeitet und zu der Schlussfolgerung gelangt, dass ein potenzielles Langzeitrisiko für die menschliche Gesundheit oder die Umwelt besteht, das die Notwendigkeit weiterer Informationen rechtfertigt, und/oder

b) die Exposition gegenüber dem von dem/den betreffenden Registranten hergestellten oder eingeführten Stoff oder gegenüber dem von dem/den Registranten produzierten oder eingeführten Erzeugnis enthalten ist, oder gegenüber dem von dem nachgeschalteten Anwender/den nachgeschalteten Anwendern verwendeten Stoff in beträchtlichem Maße zu diesem Risiko beiträgt.

Das Verfahren der Artikel 69 bis 73 gilt entsprechend.

### Artikel 51  Erlass von Entscheidungen im Rahmen der Dossierbewertung

(1) Die Agentur übermittelt ihren Entscheidungsentwurf nach den Artikeln 40 oder 41 zusammen mit den Bemerkungen des Registranten den zuständigen Behörden der Mitgliedstaaten.

(2) Innerhalb von 30 Tagen nach der Übermittlung können die Mitgliedstaaten der Agentur Vorschläge zur Änderung des Entscheidungsentwurfs vorlegen.

(3) Gehen innerhalb von 30 Tagen keine Vorschläge bei der Agentur ein, so erlässt sie die Entscheidung in der nach Absatz 1 übermittelten Fassung.

(4) Geht bei der Agentur ein Änderungsvorschlag ein, so kann sie den Entscheidungsentwurf ändern. Die Agentur überweist einen Entscheidungsentwurf zusammen mit den vorgeschlagenen Änderungen innerhalb von 15 Tagen nach Ablauf der 30-Tage-Frist nach Absatz 2 an den Ausschuss der Mitgliedstaaten.

(5) Die Agentur übermittelt alle Änderungsvorschläge unverzüglich den betroffenen Registranten oder nachgeschalteten Anwendern und räumt eine Frist von 30 Tagen zur Abgabe von Bemerkungen ein. Der Ausschuss der Mitgliedstaaten berücksichtigt sämtliche eingegangenen Bemerkungen.

(6) Erzielt der Ausschuss der Mitgliedstaaten innerhalb von 60 Tagen nach der Überweisung einstimmig eine Einigung über den Entscheidungsentwurf, so erlässt die Agentur die entsprechende Entscheidung.

(7) Gelangt der Ausschuss der Mitgliedstaaten zu keiner einstimmigen Einigung, so erstellt die Kommission den Entwurf einer Entscheidung, die nach dem in Artikel 133 Absatz 3 genannten Verfahren erlassen wird.

(8) Gegen Entscheidungen der Agentur nach den Absätzen 3 und 6 des vorliegenden Artikels kann Widerspruch nach den Artikeln 91, 92 und 93 eingelegt werden.

### Artikel 52  Erlass von Entscheidungen im Rahmen der Stoffbewertung

(1) Die zuständige Behörde übermittelt ihren Entscheidungsentwurf nach Artikel 46 zusammen mit etwaigen Bemerkungen des Registranten oder nachgeschalteten Anwenders der Agentur und den zuständigen Behörden der anderen Mitgliedstaaten.

(2) Artikel 51 Absätze 2 bis 8 gilt entsprechend.

### Artikel 53  Kostenteilung bei Versuchen ohne Einigung zwischen den Registranten und/oder nachgeschalteten Anwendern

(1) Müssen die Registranten oder nachgeschalteten Anwender aufgrund einer Entscheidung nach diesem Titel einen Versuch durchführen, so bemühen sie sich nach Kräften, eine Vereinbarung darüber zu treffen, wer den Versuch im Namen der anderen Registranten oder nachgeschalteten Anwender durchführen soll und die Agentur binnen 90 Tagen entsprechend unterrichten soll. Wird die Agentur nicht binnen 90 Tagen über eine solche Vereinbarung unterrichtet, so benennt sie einen der Registranten oder nachgeschalteten Anwender, der den Versuch im Namen aller durchzuführen hat.

(2) Führt ein Registrant oder nachgeschalteter Anwender einen Versuch im Namen anderer durch, so sind die Kosten dieser Studie von allen zu gleichen Teilen zu tragen.

(3) In einem Fall nach Absatz 1 stellt der Registrant oder nachgeschaltete Anwender, der den Versuch durchführt, allen anderen Beteiligten eine Kopie des umfassenden Studienberichts zur Verfügung.

(4) Der die Studie durchführende und vorlegende Beteiligte hat einen entsprechenden Anspruch gegenüber den anderen Beteiligten. Jeder Beteiligte kann einen Anspruch mit dem Ziel geltend machen, einem anderen Beteiligten die Herstellung, die Einfuhr oder das Inverkehrbringen des Stoffes zu untersagen, wenn dieser seinen Anteil an den Kosten nicht entrichtet, keine Sicherheit über diesen Betrag stellt oder keine Kopie des umfassenden Studienberichts zu der durchgeführten Studie übergibt. Alle Ansprüche sind vor den nationalen Gerichten durchsetzbar. Die Beteiligten können entscheiden, ihre Zahlungsansprüche vor einer Schiedsinstanz geltend zu machen und deren Schiedsspruch zu akzeptieren.

**Artikel 54 Veröffentlichung von Informationen über die Bewertung**

Bis zum 28. Februar jedes Jahres veröffentlicht die Agentur auf ihrer Website einen Bericht über die Fortschritte, die sie im vorangegangenen Kalenderjahr bei der Erfüllung ihrer Pflichten zur Bewertung erzielt hat. Dieser Bericht enthält insbesondere Empfehlungen an potenzielle Registranten zur Verbesserung der Qualität künftiger Registrierungsdossiers.

## Titel VII:  Zulassung

### Kapitel 1:  Zulassungspflicht

#### Artikel 55  Zweck der Zulassung und Überlegungen zur Substitution

Zweck dieses Titels ist es, sicherzustellen, dass der Binnenmarkt reibungslos funktioniert und gleichzeitig die von besonders besorgniserregenden Stoffen ausgehenden Risiken ausreichend beherrscht werden und dass diese Stoffe schrittweise durch geeignete Alternativstoffe oder -technologien ersetzt werden, sofern diese wirtschaftlich und technisch tragfähig sind. Zu diesem Zweck prüfen alle Hersteller, Importeure und nachgeschalteten Anwender, die einen Antrag auf Zulassung stellen, die Verfügbarkeit von Alternativen und deren Risiken sowie die technische und wirtschaftliche Durchführbarkeit der Substitution.

#### Artikel 56  Allgemeine Bestimmungen

(1) Ein Hersteller, Importeur oder nachgeschalteter Anwender darf einen Stoff, der in Anhang XIV aufgenommen wurde, nicht zur Verwendung in Verkehr bringen und nicht selbst verwenden, es sei denn,

a) die Verwendung(en) dieses Stoffes als solchem oder in einer Zubereitung oder die Aufnahme des Stoffes in ein Erzeugnis, für die der Stoff in Verkehr gebracht wird oder für die er den Stoff selbst verwendet, wurde gemäß den Artikeln 60 bis 64 zugelassen oder

b) die Verwendung(en) dieses Stoffes als solchem oder in einer Zubereitung oder die Aufnahme eines Stoffes in ein Erzeugnis, für die der Stoff in Verkehr gebracht wird oder für die er den Stoff selbst verwendet, wurde in Anhang XIV selbst gemäß Artikel 58 Absatz 2 von der Zulassungspflicht ausgenommen oder

c) der Zeitpunkt nach Artikel 58 Absatz 1 Buchstabe c Ziffer i wurde noch nicht erreicht oder

d) der Zeitpunkt nach Artikel 58 Absatz 1 Buchstabe c Ziffer i wurde erreicht und der Hersteller, Importeur oder nachgeschaltete Anwender hat 18 Monate vor diesem Zeitpunkt einen Zulassungsantrag gestellt, über den bislang noch nicht entschieden wurde, oder

e) in Fällen, in denen der Stoff in Verkehr gebracht wird, wurde seinem unmittelbar nachgeschalteten Anwender eine Zulassung für diese Verwendung erteilt.

(2) Ein nachgeschalteter Anwender darf einen Stoff verwenden, der die Kriterien des Absatzes 1 erfüllt, sofern die Verwendung den Bedingungen entspricht, nach denen einem vorgeschalteten Akteur der Lieferkette eine Zulassung für diese Verwendung erteilt wurde.

(3) Die Absätze 1 und 2 gelten nicht für die Verwendung von Stoffen im Rahmen der wissenschaftlichen Forschung und Entwicklung. In Anhang XIV wird festgelegt, ob die Absätze 1 und 2 für die produkt- und verfahrensorientierte Forschung und Entwicklung gelten und für welche Höchstmengen die Ausnahme gilt.

(4) Die Absätze 1 und 2 gelten nicht für folgende Verwendungen von Stoffen:

a) Verwendungen in Pflanzenschutzmitteln im Anwendungsbereich der Richtlinie 91/414/EWG;

b) Verwendungen in Biozid-Produkten im Anwendungsbereich der Richtlinie 98/8/EG;

c) Verwendung als Motorkraftstoff im Rahmen der Richtlinie 98/70/EG des Europäischen Parlaments und des Rates vom 13. Oktober 1998 über die Qualität von Otto- und Dieselkraftstoffen[1];

d) Verwendungen von Mineralölerzeugnissen als Brennstoff in beweglichen oder ortsfesten Feuerungsanlagen und Verwendung als Brennstoff in geschlossenen Systemen.

(5) Bei Stoffen, die nur zulassungspflichtig sind, weil sie den Kriterien des Artikels 57 Buchstaben a, b oder c entsprechen oder weil sie nach Artikel 57 Buchstabe f ausschließlich aufgrund einer Gefährdung der menschlichen Gesundheit identifiziert wurden, gelten die Absätze 1 und 2 des vorliegenden Artikels nicht für die folgenden Verwendungen:

a) Verwendungen in kosmetischen Mitteln im Anwendungsbereich der Richtlinie 76/768/EWG;

b) Verwendungen in Materialien und Gegenständen, die dazu bestimmt sind, mit Lebensmitteln in Berührung zu kommen, im Anwendungsbereich der Verordnung (EG) Nr. 1935/2004.

(6) Die Absätze 1 und 2 gelten nicht für die Verwendung von Stoffen in Zubereitungen

a) bei Stoffen im Sinne des Artikels 57 Buchstaben d, e und f, deren Konzentration unter 0,1 Massenprozent (w/w) liegt;

b) bei allen anderen Stoffen, deren Konzentration unterhalb der niedrigsten Grenzwerte der Richtlinie 1999/45/EG oder des Anhangs I der Richtlinie 67/548/EWG liegt, nach denen die Zubereitung als gefährlich eingestuft wird.

## Artikel 57  In Anhang XIV aufzunehmende Stoffe

Folgende Stoffe können nach dem Verfahren des Artikels 58 in Anhang XIV aufgenommen werden:

a) Stoffe, die die Kriterien für die Einstufung als krebserzeugend der Kategorien 1 oder 2 gemäß der Richtlinie 67/548/EWG erfüllen;

b) Stoffe, die die Kriterien für die Einstufung als erbgutverändernd der Kategorien 1 oder 2 gemäß der Richtlinie 67/548/EWG erfüllen;

c) Stoffe, die die Kriterien für die Einstufung als fortpflanzungsgefährdend der Kategorien 1 oder 2 gemäß der Richtlinie 67/548/EWG erfüllen;

d) Stoffe, die nach den Kriterien des Anhangs XIII der vorliegenden Verordnung persistent, bioakkumulierbar und toxisch sind;

e) Stoffe, die nach den Kriterien des Anhangs XIII der vorliegenden Verordnung sehr persistent und sehr bioakkumulierbar sind;

f) Stoffe – wie etwa solche mit endokrinen Eigenschaften oder solche mit persistenten, bioakkumulierbaren und toxischen Eigenschaften oder sehr persistenten und sehr bioakkumulierbaren Eigenschaften, die die Kriterien der Buchstaben d und e nicht erfüllen – die nach wissenschaftlichen Erkenntnissen wahrscheinlich schwerwiegende Wirkungen auf die menschliche Gesundheit oder auf die Umwelt haben, die ebenso besorgniserregend sind wie diejenigen anderer in den Buchstaben a bis e aufgeführter Stoffe, und die im Einzelfall gemäß dem Verfahren des Artikels 59 ermittelt werden.

## Artikel 58  Aufnahme von Stoffen in Anhang XIV

(1) Entscheidungen über die Aufnahme von Stoffen nach Artikel 57 in Anhang XIV sind nach dem in Artikel 133 Absatz 4 genannten Verfahren zu erlassen. In den Entscheidungen wird für jeden Stoff Folgendes angegeben:

a) Identität des Stoffes gemäß Anhang VI Abschnitt 2;

---

[1] **Amtl. Anm.:** ABl L 350 vom 28. 12. 1998, S. 58. Geändert durch die Verordnung (EG) Nr. 1882/2003.

b) inhärente Eigenschaft(en) des Stoffes nach Artikel 57;
c) Übergangsregelungen:
   i. der Zeitpunkt/die Zeitpunkte, ab dem/denen das Inverkehrbringen und die Verwendung des Stoffes verboten sind, es sei denn, es wurde eine Zulassung erteilt (nachstehend „Ablauftermin" genannt); dabei sollte gegebenenfalls der für diese Verwendung angegebene Produktionszyklus berücksichtigt werden;
   ii. ein Zeitpunkt oder Zeitpunkte von mindestens 18 Monaten vor dem Ablauftermin/den Ablauftermin, bis zu dem/denen Anträge eingegangen sein müssen, wenn der Antragsteller den Stoff nach dem Ablauftermin/den Ablauftermin weiterhin verwenden oder für bestimmte Verwendungen in Verkehr bringen will; diese fortgesetzten Verwendungen sind nach dem Ablauftermin erlaubt, bis über den Zulassungsantrag entschieden wird;
d) gegebenenfalls Überprüfungszeiträume für bestimmte Verwendungen;
e) gegebenenfalls Verwendungen oder Verwendungskategorien, die von der Zulassungspflicht ausgenommen sind, und gegebenenfalls Maßgaben für derartige Ausnahmen.

(2) Verwendungen oder Verwendungskategorien können von der Zulassungspflicht ausgenommen werden, sofern – auf der Grundlage bestehender spezifischer Rechtsvorschriften der Gemeinschaft mit Mindestanforderungen an den Schutz der menschlichen Gesundheit oder der Umwelt bei der Verwendung des Stoffes – das Risiko ausreichend beherrscht wird. Bei der Festlegung derartiger Ausnahmen ist insbesondere die Verhältnismäßigkeit des mit der Art des Stoffes verbundenen Risikos für die menschliche Gesundheit und die Umwelt zu berücksichtigen, z. B. wenn sich das Risiko mit dem Aggregatzustand ändert.

(3) Vor einer Entscheidung über die Aufnahme von Stoffen in Anhang XIV empfiehlt die Agentur unter Berücksichtigung der Stellungnahme des Ausschusses der Mitgliedstaaten prioritär aufzunehmende Stoffe und macht für jeden Stoff die in Absatz 1 aufgeführten Angaben. Prioritär behandelt werden in der Regel Stoffe mit

a) PBT- oder vPvB-Eigenschaften oder
b) weit verbreiteter Verwendung oder
c) großen Mengen.

Bei der Zahl der in Anhang XIV aufgenommenen Stoffe und den unter Absatz 1 angegebenen Zeitpunkten wird auch die Kapazität der Agentur zur fristgerechten Bearbeitung von Anträgen berücksichtigt. Die Agentur gibt ihre erste Empfehlung für in Anhang XIV aufzunehmende prioritäre Stoffe bis zum 1. Juni 2009 ab. Die Agentur gibt mindestens jedes zweite Jahr weitere Empfehlungen zur Aufnahme weiterer Stoffe in Anhang XIV ab.

(4) Bevor die Agentur der Kommission ihre Empfehlung übermittelt, macht sie diese unter Beachtung der Artikel 118 und 119 über den Zugang zu Informationen auf ihrer Website öffentlich zugänglich und gibt dabei deutlich das Veröffentlichungsdatum an. Die Agentur fordert alle interessierten Kreise auf, innerhalb von drei Monaten nach dem Zeitpunkt der Veröffentlichung insbesondere zu Verwendungen, die von der Zulassungspflicht ausgenommen werden sollten, Bemerkungen abzugeben.

Die Agentur aktualisiert ihre Empfehlung unter Berücksichtigung der eingegangenen Bemerkungen.

(5) Vorbehaltlich des Absatzes 6 wird ein Stoff nach Aufnahme in Anhang XIV keinen neuen Beschränkungen nach dem Verfahren des Titels VIII aufgrund der Risiken für die menschliche Gesundheit oder die Umwelt unterworfen, die sich aufgrund der in Anhang XIV aufgeführten inhärenten Eigenschaften aus der Verwendung des Stoffes als solchem, in einer Zubereitung oder der Aufnahme eines Stoffes in ein Erzeugnis ergeben.

(6) Ein in Anhang XIV aufgeführter Stoff darf neuen Beschränkungen nach dem Verfahren des Titels VIII aufgrund der Risiken für die menschliche Gesundheit oder die

Umwelt unterworfen werden, die sich aus dem Vorhandensein des Stoffes in einem Erzeugnis/in Erzeugnissen ergeben.

(7) Stoffe, für die alle Verwendungen nach Titel VIII oder aufgrund anderer gemeinschaftlicher Rechtsvorschriften verboten wurden, werden nicht in Anhang XIV aufgenommen oder werden daraus gestrichen.

(8) Stoffe, die aufgrund neuer Informationen nicht mehr die Kriterien des Artikels 57 erfüllen, werden nach dem in Artikel 133 Absatz 4 genannten Verfahren aus Anhang XIV gestrichen.

### Artikel 59   Ermittlung von in Artikel 57 genannten Stoffen

(1) Das Verfahren der Absätze 2 bis 10 des vorliegenden Artikels gilt für die Ermittlung von Stoffen, die die Kriterien des Artikels 57 erfüllen, und für die Festlegung einer Liste der für eine Aufnahme in Anhang XIV in Frage kommenden Stoffe. Die Agentur kennzeichnet in dieser Liste die Stoffe, die auf ihrem Arbeitsprogramm nach Artikel 83 Absatz 3 Buchstabe e stehen.

(2) Die Kommission kann die Agentur ersuchen, ein Dossier nach den einschlägigen Abschnitten des Anhangs XV für Stoffe auszuarbeiten, die ihrer Auffassung nach die Kriterien des Artikels 57 erfüllen. Dieses Dossier kann gegebenenfalls auf den Verweis auf einen Eintrag in Anhang I der Richtlinie 67/548/EWG begrenzt werden. Die Agentur stellt das Dossier den Mitgliedstaaten zur Verfügung.

(3) Jeder Mitgliedstaat kann ein Dossier nach Anhang XV für Stoffe ausarbeiten, die seiner Auffassung nach die Kriterien des Artikels 57 erfüllen, und dieses der Agentur übermitteln. Dieses Dossier kann gegebenenfalls auf den Verweis auf einen Eintrag in Anhang I der Richtlinie 67/548/EWG begrenzt werden. Die Agentur stellt das Dossier den anderen Mitgliedstaaten innerhalb von 30 Tagen nach Eingang zur Verfügung.

(4) Die Agentur veröffentlicht auf ihrer Website einen Hinweis, dass ein Dossier nach Anhang XV für einen Stoff ausgearbeitet worden ist. Die Agentur fordert alle interessierten Kreise auf, der Agentur innerhalb einer bestimmten Frist Bemerkungen vorzulegen.

(5) Innerhalb von 60 Tagen nach der Übermittlung können die anderen Mitgliedstaaten oder die Agentur zur Ermittlung des Stoffes nach den Kriterien des Artikels 57 in dem der Agentur übermittelten Dossier Bemerkungen abgeben.

(6) Gehen keine Bemerkungen bei der Agentur ein bzw. gibt sie keine Bemerkungen ab, so nimmt sie diesen Stoff in die in Absatz 1 genannte Liste auf. Die Agentur kann diesen Stoff in ihre Empfehlungen nach Artikel 58 Absatz 3 aufnehmen.

(7) Gehen Bemerkungen ein bzw. gibt die Agentur selbst Bemerkungen ab, so überweist sie das Dossier innerhalb von 15 Tagen nach Ablauf der 60-Tage-Frist nach Absatz 5 an den Ausschuss der Mitgliedstaaten.

(8) Erzielt der Ausschuss der Mitgliedstaaten innerhalb von 30 Tagen nach der Überweisung einstimmig eine Einigung über die Ermittlung, so nimmt die Agentur den Stoff in die in Absatz 1 genannte Liste auf. Die Agentur kann diesen Stoff in ihre Empfehlungen nach Artikel 58 Absatz 3 aufnehmen.

(9) Gelangt der Ausschuss der Mitgliedstaaten zu keiner einstimmigen Einigung, so arbeitet die Kommission innerhalb von drei Monaten nach Eingang der Stellungnahme des Ausschusses der Mitgliedstaaten einen Entwurf für einen Vorschlag zur Ermittlung des Stoffes aus. Eine endgültige Entscheidung über die Ermittlung des Stoffes wird nach dem in Artikel 133 Absatz 3 genannten Verfahren erlassen.

(10) Die Agentur veröffentlicht und aktualisiert die Liste nach Absatz 1 unverzüglich auf ihrer Website, nachdem über die Aufnahme eines Stoffes entschieden wurde.

### Kaapitel 2:   Zulassungserteilung

### Artikel 60   Zulassungserteilung

(1) Entscheidungen über Zulassungsanträge nach diesem Titel trifft die Kommission.

(2) Unbeschadet des Absatzes 3 wird eine Zulassung erteilt, wenn das Risiko für die menschliche Gesundheit oder die Umwelt, das sich aus der Verwendung des Stoffes aufgrund der in Anhang XIV aufgeführten inhärenten Eigenschaften ergibt, nach Anhang I Abschnitt 6.4 und wie im Stoffsicherheitsbericht des Antragstellers dokumentiert, unter Berücksichtigung der Stellungnahme des in Artikel 64 Absatz 4 Buchstabe a genannten Ausschusses für Risikobeurteilung angemessen beherrscht wird. Bei der Erteilung der Zulassung und bei den jeweiligen dort festgelegten Bedingungen berücksichtigt die Kommission alle zum Zeitpunkt der Entscheidung bekannten Einleitungen, Emissionen und Freisetzungen einschließlich der Risiken im Zusammenhang mit einer diffusen oder weit verbreiteten Verwendung.

Die Kommission berücksichtigt nicht die Risiken für die menschliche Gesundheit aus der Verwendung eines Stoffes in einem Medizinprodukt, für das die Richtlinie 90/385/EWG des Rates vom 20. Juni 1990 zur Angleichung der Rechtsvorschriften der Mitgliedstaaten über aktive implantierbare medizinische Geräte[1], die Richtlinie 93/42/EWG des Rates vom 14. Juni 1993 über Medizinprodukte[2] oder die Richtlinie 98/79/EG des Europäischen Parlaments und des Rates vom 27. Oktober 1998 über In-vitro-Diagnostika[3] gilt.

(3) Absatz 2 gilt nicht für
a) Stoffe, die die Kriterien des Artikels 57 Buchstaben a, b, c oder f erfüllen und für die kein Schwellenwert nach Anhang I Abschnitt 6.4 festgelegt werden kann;
b) Stoffe, die die Kriterien des Artikels 57 Buchstaben d oder e erfüllen;
c) Stoffe mit persistenten, bioakkumulierbaren und toxischen oder sehr persistenten und sehr bioakkumulierbaren Eigenschaften, die nach Artikel 57 Buchstabe f ermittelt werden.

(4) In Fällen, in denen die Zulassung nach Absatz 2 nicht erteilt werden kann, oder für die in Absatz 3 aufgeführten Stoffe kann eine Zulassung nur erteilt werden, wenn nachgewiesen wird, dass der sozioökonomische Nutzen des Stoffes die Risiken überwiegt, die sich aus der Verwendung des Stoffes für die menschliche Gesundheit oder die Umwelt ergeben, und wenn es keine geeigneten Alternativstoffe oder -technologien gibt. Diese Entscheidung ist nach Berücksichtigung aller folgenden Aspekte und unter Berücksichtigung der Stellungnahmen der in Artikel 64 Absatz 4 Buchstaben a und b genannten Ausschüsse für Risikobeurteilung und für sozioökonomische Analyse zu treffen:

a) Risiko, das aus den Verwendungen des Stoffes entsteht, einschließlich der Angemessenheit und Wirksamkeit der vorgeschlagenen Risikomanagementmaßnahmen;
b) sozioökonomischer Nutzen seiner Verwendung und die vom Antragsteller oder anderen interessierten Kreisen dargelegten sozioökonomischen Auswirkungen einer Zulassungsversagung;
c) Analyse der vom Antragsteller nach Artikel 62 Absatz 4 Buchstabe e vorgelegten Alternativen oder eines vom Antragsteller nach Artikel 62 Absatz 4 Buchstabe f vorgelegten Substitutionsplans und der von interessierten Kreisen nach Artikel 64 Absatz 2 übermittelten Beiträge;
d) verfügbare Informationen über die Risiken für die menschliche Gesundheit oder die Umwelt von Alternativstoffen oder -technologien.

(5) Bei der Beurteilung, ob geeignete alternative Stoffe oder Technologien verfügbar sind, berücksichtigt die Kommission alle maßgeblichen Aspekte einschließlich der folgenden:

---

[1] **Amtl. Anm.:** ABl L 189 vom 20.7.1990, S. 17. Zuletzt geändert durch die Verordnung (EG) Nr. 1882/2003.
[2] **Amtl. Anm.:** ABl L 169 vom 12.7.1993, S. 1. Zuletzt geändert durch die Verordnung (EG) Nr. 1882/2003.
[3] **Amtl. Anm.:** ABl L 331 vom 7.12.1998, S. 1. Zuletzt geändert durch die Verordnung (EG) Nr. 1882/2003.

a) die Frage, ob der Übergang zu Alternativen zu einem geringeren Gesamtrisiko für die menschliche Gesundheit und die Umwelt führen würde, wobei der Angemessenheit und Wirksamkeit von Risikomanagementmaßnahmen Rechnung zu tragen ist;

b) die technische und wirtschaftliche Durchführbarkeit der Alternativen für den Antragsteller.

(6) Eine Verwendung, die eine Lockerung einer in Anhang XVII festgelegten Beschränkung bedeuten würde, wird nicht zugelassen.

(7) Eine Zulassung wird nur erteilt, wenn der Antrag den Anforderungen des Artikels 62 genügt.

(8) Unbeschadet einer Entscheidung über einen künftigen Überprüfungszeitraum unterliegen Zulassungen einer befristeten Überprüfung und sind in der Regel an Auflagen, einschließlich einer Überwachung, geknüpft. Die Dauer der befristeten Überprüfungen wird für jeden Einzelfall festgelegt, und zwar unter Berücksichtigung aller maßgeblichen Informationen einschließlich der in Absatz 4 Buchstaben a bis d genannten Aspekte.

(9) In der Zulassung ist Folgendes anzugeben:

a) die Person(en), der/denen die Zulassung erteilt wird;
b) die Identität des Stoffes/der Stoffe;
c) die Verwendung(en), für die die Zulassung erteilt wird;
d) etwaige Auflagen, an die die Zulassung geknüpft wird;
e) der befristete Überprüfungszeitraum;
f) etwaige Überwachungsregelungen.

(10) Ungeachtet der Auflagen, an die eine Zulassung geknüpft wird, stellt der Zulassungsinhaber sicher, dass die Exposition auf einem so niedrigen Niveau wie technisch und praktisch möglich gehalten wird.

## Artikel 61  Überprüfung von Zulassungen

(1) Zulassungen nach Artikel 60 werden so lange als gültig angesehen, bis die Kommission beschließt, die Zulassung im Rahmen einer Überprüfung zu ändern oder zu widerrufen, sofern der Zulassungsinhaber mindestens 18 Monate vor Ablauf des befristeten Überprüfungszeitraums einen Überprüfungsbericht vorlegt. Statt sämtliche Angaben des ursprünglichen Antrags für die geltende Zulassung erneut vorzulegen, kann sich der Zulassungsinhaber vorbehaltlich der Unterabsätze 2, 3 und 4 darauf beschränken, die Nummer der geltenden Zulassung anzugeben.

Der Inhaber einer Zulassung nach Artikel 60 legt Aktualisierungen der in Artikel 62 Absatz 4 Buchstabe e genannten Analyse der Alternativen, gegebenenfalls einschließlich Informationen über einschlägige Forschungs- und Entwicklungstätigkeiten des Antragstellers, sowie des nach Artikel 62 Absatz 4 Buchstabe f vorgelegten Substitutionsplans vor. Erweist die Aktualisierung der Analyse der Alternativen, dass es unter Berücksichtigung der in Artikel 60 Absatz 5 genannten Aspekte eine geeignete Alternative gibt, so legt er einen Substitutionsplan einschließlich eines Zeitplans für die vom Antragsteller vorgeschlagenen Maßnahmen vor. Wenn der Inhaber nicht nachweisen kann, dass das Risiko angemessen beherrscht wird, übermittelt er außerdem eine Aktualisierung der sozioökonomischen Analyse, die im ursprünglichen Antrag enthalten war.

Wenn der Inhaber nun nicht nachweisen kann, dass das Risiko angemessen beherrscht wird, übermittelt er eine Aktualisierung des Stoffsicherheitsberichts.

Wenn sich andere Angaben des ursprünglichen Antrags geändert haben, übermittelt der Inhaber ebenfalls eine Aktualisierung dieser Angaben.

Werden nach diesem Absatz aktualisierte Angaben vorgelegt, so wird die Entscheidung, die Zulassung im Rahmen der Überprüfung zu ändern oder zu widerrufen, nach dem entsprechend anzuwendenden Verfahren des Artikels 64 getroffen.

(2) Zulassungen können jederzeit überprüft werden, wenn
a) sich die Umstände der ursprünglichen Zulassung derart verändert haben, dass sie sich auf das Risiko für die menschliche Gesundheit oder die Umwelt oder die sozioökonomischen Folgen auswirken, oder
b) neue Informationen über mögliche Ersatzstoffe vorliegen.

Die Kommission setzt eine angemessene Frist, bis zu deren Ablauf der/die Zulassungsinhaber weitere Informationen vorlegen kann/können, die für eine Überprüfung erforderlich sind, und sie gibt an, bis wann sie eine Entscheidung nach Artikel 64 treffen wird.

(3) Wenn sich die Umstände geändert haben, kann die Kommission unter Beachtung des Grundsatzes der Verhältnismäßigkeit in ihrer Überprüfungsentscheidung die Zulassung ändern oder widerrufen, wenn sie unter den veränderten Umständen nicht erteilt worden wäre oder wenn nach Artikel 60 Absatz 5 geeignete Alternative verfügbar werden. Im zweiten Fall fordert die Kommission den Zulassungsinhaber auf, einen Substitutionsplan vorzulegen, sofern er dies nicht bereits im Rahmen seines Antrags bzw. der Aktualisierung getan hat.

Im Fall eines erheblichen und unmittelbaren Risikos für die menschliche Gesundheit oder die Umwelt kann die Kommission unter Beachtung des Grundsatzes der Verhältnismäßigkeit die Zulassung aussetzen, solange die Überprüfung andauert.

(4) Wird eine Umweltqualitätsnorm nach der Richtlinie 96/61/EG nicht eingehalten, so können die Zulassungen, die für die Verwendung des betreffenden Stoffes erteilt wurden, überprüft werden.

(5) Werden die Umweltziele des Artikels 4 Absatz 1 der Richtlinie 2000/60/EG nicht eingehalten, so können die Zulassungen, die für die Verwendung des betreffenden Stoffes im maßgeblichen Einzugsgebiet eines Flusses erteilt wurden, überprüft werden.

(6) Wird anschließend die Verwendung eines Stoffes nach der Verordnung (EG) Nr. 850/2004 des Europäischen Parlaments und des Rates vom 29. April 2004 über persistente organische Schadstoffe[1] verboten oder in sonstiger Weise eingeschränkt, so widerruft die Kommission die Zulassung für diese Verwendung.

### Artikel 62   Zulassungsanträge

(1) Ein Zulassungsantrag ist bei der Agentur zu stellen.

(2) Zulassungsanträge können vom/von Hersteller/Herstellern, Importeur/Importeuren und/oder nachgeschalteten Anwender/Anwendern des Stoffes gestellt werden. Anträge können von einer oder mehreren Personen gestellt werden.

(3) Anträge können für einen oder mehrere Stoffe, die der Definition einer Stoffgruppe in Anhang XI Abschnitt 1.5 entsprechen, und für eine oder mehrere Verwendungen gestellt werden. Anträge können für die eigene(n) Verwendung(en) des Antragstellers und/oder für Verwendungen gestellt werden, für die er den Stoff in Verkehr zu bringen beabsichtigt.

(4) Ein Antrag auf Zulassung umfasst folgende Informationen:
a) die Identität des Stoffes/der Stoffe nach Anhang VI Abschnitt 2;
b) Name und Kontaktangaben der Person/Personen, die den Antrag stellt/stellen;
c) das Ersuchen um Zulassung mit der Angabe, für welche Verwendung(en) die Zulassung beantragt wird; dazu gehören gegebenenfalls die Verwendung des Stoffes in Zubereitungen und/oder die Aufnahme des Stoffes in Erzeugnissen;
d) falls noch nicht als Teil des Registrierungsdossiers vorgelegt, einen Stoffsicherheitsbericht nach Anhang I, der die Risiken für die menschliche Gesundheit und/oder die Umwelt behandelt, die sich aufgrund der in Anhang XIV aufgeführten inhärenten Eigenschaften aus der Verwendung des Stoffes/der Stoffe ergeben;

---

[1] **Amtl. Anm.:** ABl L 158 vom 30. 4. 2004, S. 7. Berichtigung im ABl L 229 vom 29. 6. 2004, S. 5. Geändert durch die Verordnung (EG) Nr. 1195/2006 des Rates (ABl L 217 vom 8. 8. 2006, S. 1).

e) eine Analyse der Alternativen unter Berücksichtigung ihrer Risiken und der technischen und wirtschaftlichen Durchführbarkeit der Substitution, gegebenenfalls einschließlich Informationen über einschlägige Forschungs- und Entwicklungstätigkeiten des Antragstellers;

f) sofern die unter Buchstabe e genannte Analyse erweist, dass unter Berücksichtigung der in Artikel 60 Absatz 5 genannten Aspekte geeignete Alternativen verfügbar sind, einen Substitutionsplan einschließlich eines Zeitplans für die vom Antragsteller vorgeschlagenen Maßnahmen.

(5) Der Antrag kann Folgendes enthalten:

a) eine sozioökonomische Analyse nach Anhang XVI;

b) eine Begründung, weshalb Risiken für die menschliche Gesundheit und die Umwelt aus einer der folgenden Quellen nicht berücksichtigt werden:

   i. Emissionen eines Stoffes aus einer Anlage, die gemäß der Richtlinie 96/61/EG genehmigt wurde;

   ii. Einleitungen eines Stoffes aus einer Punktquelle, für die das Erfordernis der vorherigen Regulierung nach Artikel 11 Absatz 3 Buchstabe g der Richtlinie 2000/60/EG sowie die aufgrund von Artikel 16 der genannten Richtlinie angenommenen Rechtsvorschriften gelten.

(6) Nicht Gegenstand des Antrags sind die Risiken für die menschliche Gesundheit aus der Verwendung eines Stoffes in einem Medizinprodukt, für das die Richtlinien 90/385/EWG, 93/42/EWG oder 98/79/EG gelten.

(7) Bei Einreichung des Zulassungsantrags ist die Gebühr nach Titel IX zu entrichten.

### Artikel 63  Spätere Zulassungsanträge

(1) Wurde für die Verwendung eines Stoffes ein Antrag gestellt, so kann sich ein späterer Antragsteller auf die entsprechenden Teile des früheren Antrags beziehen, die gemäß Artikel 62 Absatz 4 Buchstaben d, e und f sowie Absatz 5 Buchstabe a vorgelegt wurden, sofern der spätere Antragsteller vom früheren Antragsteller die Erlaubnis erhalten hat, auf diese Teile des Antrags Bezug zu nehmen.

(2) Wurde für die Verwendung eines Stoffes eine Zulassung erteilt, so kann sich ein späterer Antragsteller auf die entsprechenden Teile des früheren Antrags beziehen, die gemäß Artikel 62 Absatz 4 Buchstaben d, e und f und Absatz 5 Buchstabe a vorgelegt wurden, sofern der spätere Antragsteller vom Inhaber der Zulassung die Erlaubnis erhalten hat, auf diese Teile des Antrags Bezug zu nehmen.

(3) Bevor sich der spätere Antragsteller nach den Absätzen 1 und 2 auf etwaige frühere Anträge bezieht, aktualisiert er die im ursprünglichen Antrag enthaltenen Informationen entsprechend.

### Artikel 64  Verfahren für Zulassungsentscheidungen

(1) Die Agentur bestätigt den Zeitpunkt des Antragseingangs. Die Ausschüsse der Agentur für Risikobeurteilung und für sozioökonomische Analyse geben innerhalb von zehn Monaten nach Antragseingang einen Entwurf ihrer Stellungnahmen ab.

(2) Auf ihrer Website macht die Agentur unter Berücksichtigung der Artikel 118 und 119 über den Zugang zu Informationen umfangreiche Informationen über die Verwendungen zugänglich, für die Anträge eingegangen sind, sowie für die Überprüfung von Zulassungen; sie setzt eine Frist, bis zu der interessierte Kreise Informationen über Alternativstoffe oder -technologien übermitteln können.

(3) Bei der Ausarbeitung ihrer Stellungnahme prüfen die in Absatz 1 genannten Ausschüsse zunächst, ob der Antrag alle in Artikel 62 aufgeführten Informationen enthält, die sie für die Erfüllung ihrer Aufgabe benötigen. Falls erforderlich, fordern die Ausschüsse in gegenseitigem Benehmen gemeinsam vom Antragsteller zusätzliche Informationen an, damit der Antrag den Anforderungen des Artikels 62 entspricht. Der Ausschuss für sozioökonomische Analyse kann, wenn er dies für erforderlich hält, den Antragsteller oder Dritte auffordern, in einer bestimmten Frist zusätzliche Informationen

über mögliche Alternativstoffe oder -technologien zu übermitteln. Die Ausschüsse berücksichtigen außerdem Informationen, die ihnen von Dritten übermittelt wurden.

(4) Die Entwürfe der Stellungnahmen umfassen Folgendes:
a) beim Ausschuss für Risikobeurteilung eine Beurteilung des Risikos für die menschliche Gesundheit und/oder die Umwelt, das sich aus der/den im Antrag beschriebenen Verwendung/Verwendungen des Stoffes ergibt, einschließlich der Angemessenheit und Wirksamkeit der vorgeschlagenen Risikomanagementmaßnahmen, und gegebenenfalls eine Beurteilung der Risiken, die sich aus etwaigen Alternativen ergeben;
b) beim Ausschuss für sozioökonomische Analyse eine Beurteilung der sozioökonomischen Faktoren und der Verfügbarkeit, Eignung und technischen Durchführbarkeit von Alternativen, die mit der/den im Antrag beschriebenen Verwendung/Verwendungen des Stoffes in Verbindung stehen, wenn der Antrag nach Artikel 62 gestellt wurde, sowie eine Beurteilung der gemäß Absatz 2 des vorliegenden Artikels vorgebrachten Beiträge interessierter Kreise.

(5) Vor Ablauf der in Absatz 1 genannten Frist übermittelt die Agentur dem Antragsteller den Entwurf der Stellungnahmen. Innerhalb eines Monats nach Erhalt des Entwurfs kann der Antragsteller schriftlich mitteilen, dass er sich dazu äußern möchte. Der Entwurf gilt sieben Tage nach Absendung durch die Agentur als zugegangen.

Verzichtet der Antragsteller auf eine Äußerung, so übermittelt die Agentur die Stellungnahmen der Kommission, den Mitgliedstaaten und dem Antragsteller innerhalb von 15 Tagen nach Ablauf des Zeitraums, in dem der Antragsteller sich äußern konnte, oder innerhalb von 15 Tagen nach Erhalt einer Mitteilung des Antragstellers, dass er auf eine Äußerung verzichtet.

Möchte sich der Antragsteller äußern, so übermittelt er seine schriftlichen Ausführungen innerhalb von zwei Monaten nach Erhalt des Entwurfs der Stellungnahmen an die Agentur. Die Ausschüsse prüfen die Äußerungen und nehmen ihre endgültigen Stellungnahmen innerhalb von zwei Monaten nach Eingang der schriftlichen Ausführungen an, wobei sie diese gegebenenfalls berücksichtigen. Innerhalb einer weiteren Frist von 15 Tagen übermittelt die Agentur die Stellungnahmen zusammen mit den schriftlichen Ausführungen an die Kommission, die Mitgliedstaaten und den Antragsteller.

(6) Die Agentur legt nach den Artikeln 118 und 119 fest, welche Teile ihrer Stellungnahmen und welche Teile der zugehörigen Anhänge auf ihrer Website öffentlich zugänglich gemacht werden sollten.

(7) In dem in Artikel 63 Absatz 1 genannten Fall bearbeitet die Agentur die Anträge zusammen, sofern die Fristen für den ersten Antrag eingehalten werden können.

(8) Die Kommission erstellt den Entwurf einer Zulassungsentscheidung innerhalb von drei Monaten nach Erhalt der Stellungnahmen der Agentur. Eine endgültige Entscheidung über die Erteilung oder Versagung der Zulassung wird nach dem in Artikel 133 Absatz 3 genannten Verfahren erlassen.

(9) Zusammenfassungen der Entscheidungen der Kommission werden mit der Zulassungsnummer und der Begründung der Entscheidung, insbesondere wenn geeignete Alternativen verfügbar sind, im *Amtsblatt der Europäischen Union* veröffentlicht und in einer Datenbank öffentlich zugänglich gemacht, die von der Agentur eingerichtet und betrieben wird.

(10) In dem in Artikel 63 Absatz 2 genannten Fall ist die in Absatz 1 genannte Frist auf fünf Monate verkürzt.

## Kapitel 3: Zulassungen in der Lieferkette

### Artikel 65  Pflichten der Zulassungsinhaber

Unbeschadet der Richtlinien 67/548/EWG und 1999/45/EG nehmen die Inhaber einer Zulassung sowie die in Artikel 56 Absatz 2 genannten nachgeschalteten Anwender, die die Stoffe in einer Zubereitung verwenden, die Zulassungsnummer in das Etikett auf, bevor sie den Stoff oder eine den Stoff enthaltende Zubereitung für eine zugelassene Verwendung in Verkehr bringen. Dies hat unverzüglich zu geschehen, sobald die Zulassungsnummer nach Artikel 64 Absatz 9 öffentlich zugänglich gemacht worden ist.

### Artikel 66  Nachgeschaltete Anwender

(1) Nachgeschaltete Anwender, die einen Stoff nach Artikel 56 Absatz 2 verwenden, teilen dies der Agentur innerhalb von drei Monaten nach der ersten Lieferung des Stoffes mit.

(2) Die Agentur führt ein laufend aktualisiertes Verzeichnis der nachgeschalteten Anwender, die Mitteilungen nach Absatz 1 gemacht haben. Die Agentur gewährt den zuständigen Behörden der Mitgliedstaaten Zugang zu diesem Verzeichnis.

## Titel VIII: Beschränkungen für die Herstellung, das Inverkehrbringen und die Verwendung bestimmter gefährlicher Stoffe, Zubereitungen und Erzeugnisse

### Kapitel 1: Allgemeines

#### Artikel 67  Allgemeine Bestimmungen

(1) Ein Stoff als solcher, in einer Zubereitung oder in einem Erzeugnis, für den eine Beschränkung nach Anhang XVII gilt, darf nur hergestellt, in Verkehr gebracht oder verwendet werden, wenn die Maßgaben dieser Beschränkung beachtet werden. Dies gilt nicht für die Herstellung, das Inverkehrbringen oder die Verwendung von Stoffen im Rahmen der wissenschaftlichen Forschung und Entwicklung. In Anhang XVII wird festgelegt, ob die Beschränkung für produkt- und verfahrensorientierte Forschung und Entwicklung nicht gilt und für welche Mengen die Ausnahme höchstens gilt.

(2) Absatz 1 gilt nicht für die Verwendung eines Stoffes in kosmetischen Mitteln im Sinne der Richtlinie 76/768/EWG in Bezug auf Beschränkungen aufgrund der Risiken für die menschliche Gesundheit, mit denen sich die genannte Richtlinie befasst.

(3) Bis zum 1. Juni 2013 kann ein Mitgliedstaat bestehende Beschränkungen für die Herstellung, das Inverkehrbringen oder die Verwendung eines Stoffes, die strenger sind als die Beschränkungen nach Anhang XVII, beibehalten, sofern diese Beschränkungen im Einklang mit dem Vertrag mitgeteilt wurden. Die Kommission erstellt und veröffentlicht bis zum 1. Juni 2009 ein Verzeichnis dieser Beschränkungen.

### Kapitel 2: Verfahren für Beschränkungen

#### Artikel 68  Erlass neuer und Änderung geltender Beschränkungen

(1) Bringt die Herstellung, die Verwendung oder das Inverkehrbringen von Stoffen ein unannehmbares Risiko für die menschliche Gesundheit oder die Umwelt mit sich, das gemeinschaftsweit behandelt werden muss, so wird Anhang XVII nach dem in Artikel 133 Absatz 4 genannten Verfahren geändert, indem nach dem Verfahren der Artikel 69 bis 73 neue Beschränkungen der Herstellung, der Verwendung oder des Inverkehrbringens von Stoffen als solchen, in Zubereitungen oder in Erzeugnissen erlassen oder geltende Beschränkungen in Anhang XVII geändert werden. Bei einer solchen Entscheidung werden die sozioökonomischen Auswirkungen der Beschränkung einschließlich der Verfügbarkeit von Alternativen berücksichtigt.

Unterabsatz 1 gilt nicht für die Verwendung eines Stoffes als standortinternes isoliertes Zwischenprodukt.

(2) Für einen Stoff als solchen, in einer Zubereitung oder in einem Erzeugnis, der die Kriterien für die Einstufung als krebserzeugend, erbgutverändernd oder fortpflanzungsgefährdend der Kategorien 1 oder 2 erfüllt und von Verbrauchern verwendet werden könnte und für den von der Kommission Beschränkungen der Verwendung durch Verbraucher vorgeschlagen werden, wird Anhang XVII nach dem in Artikel 133 Absatz 4 genannten Verfahren geändert. Die Artikel 69 bis 73 finden keine Anwendung.

**Artikel 69   Ausarbeitung eines Vorschlags**

(1) Bringt nach Auffassung der Kommission die Herstellung, das Inverkehrbringen oder die Verwendung eines Stoffes als solchem, in einer Zubereitung oder in einem Erzeugnis ein Risiko für die menschliche Gesundheit oder die Umwelt mit sich, das nicht angemessen beherrscht wird und behandelt werden muss, so fordert sie die Agentur auf, ein Dossier auszuarbeiten, das den Anforderungen des Anhangs XV entspricht.

(2) Bei einem in Anhang XIV aufgeführten Stoff prüft die Agentur nach dem in Artikel 58 Absatz 1 Buchstabe c Ziffer i genannten Datum, ob die Verwendung dieses Stoffes in Erzeugnissen ein Risiko für die menschliche Gesundheit oder die Umwelt mit sich bringt, das nicht angemessen beherrscht wird. Ist die Agentur der Auffassung, dass das Risiko nicht angemessen beherrscht wird, so arbeitet sie ein Dossier aus, das den Anforderungen des Anhangs XV entspricht.

(3) Innerhalb von zwölf Monaten nach Eingang der Aufforderung durch die Kommission gemäß Absatz 1 schlägt die Agentur Beschränkungen vor, um das Beschränkungsverfahren einzuleiten, wenn mit diesem Dossier nachgewiesen wird, dass über bereits bestehende Maßnahmen hinaus gemeinschaftsweit gehandelt werden muss.

(4) Bringt nach Auffassung eines Mitgliedstaates die Herstellung, das Inverkehrbringen oder die Verwendung eines Stoffes als solchem, in einer Zubereitung oder in einem Erzeugnis ein Risiko für die menschliche Gesundheit oder die Umwelt mit sich, das nicht angemessen beherrscht wird und behandelt werden muss, so teilt er der Agentur mit, dass er ein Dossier zu erstellen beabsichtigt, das den Anforderungen der einschlägigen Abschnitte des Anhangs XV entspricht. Steht der Stoff nicht auf der von der Agentur geführten Liste nach Absatz 5, so arbeitet der Mitgliedstaat innerhalb von zwölf Monaten nach der Mitteilung an die Agentur ein Dossier aus, das den Anforderungen des Anhangs XV entspricht. Wird mit diesem Dossier nachgewiesen, dass über bereits bestehende Maßnahmen hinaus gemeinschaftsweit gehandelt werden muss, so legt der Mitgliedstaat der Agentur das Dossier in dem in Anhang XV beschriebenen Format zur Einleitung des Beschränkungsverfahrens vor.

Die Agentur oder die Mitgliedstaaten berücksichtigen Dossiers, Stoffsicherheitsberichte oder Risikobeurteilungen, die der Agentur oder den Mitgliedstaaten gemäß dieser Verordnung vorgelegt wurden. Die Agentur oder die Mitgliedstaaten berücksichtigen auch sachdienliche Risikobeurteilungen, die für die Zwecke anderer Gemeinschaftsverordnungen oder richtlinien vorgelegt wurden. Hierzu übermitteln andere Stellen, etwa Einrichtungen, die nach dem Gemeinschaftsrecht errichtet wurden und ähnliche Aufgaben wahrnehmen, der Agentur oder dem betreffenden Mitgliedstaat auf Ersuchen Informationen.

Der Ausschuss für Risikobeurteilung und der Ausschuss für sozioökonomische Analyse prüfen, ob das vorgelegte Dossier den Anforderungen des Anhangs XV entspricht. Der jeweilige Ausschuss teilt innerhalb von 30 Tagen nach Eingang der Agentur oder dem Mitgliedstaat, der Beschränkungen vorschlägt, mit, ob das Dossier den Anforderungen entspricht. Entspricht das Dossier nicht den Anforderungen, so werden der Agentur oder dem Mitgliedstaat die Gründe hierfür innerhalb von 45 Tagen nach Eingang mitgeteilt. Die Agentur oder der Mitgliedstaat bringt das Dossier innerhalb von 60 Tagen nach Erhalt der Begründung der Ausschüsse mit den Anforderungen in Übereinstimmung; andernfalls ist das Verfahren nach diesem Kapitel abgeschlossen. Die Agentur veröffentlicht unverzüglich die Absicht der Kommission oder eines Mitgliedstaates, ein Beschränkungsverfahren für einen Stoff einzuleiten, und unterrichtet diejenigen, die für diesen Stoff ein Registrierungsdossier eingereicht haben.

(5) Die Agentur führt eine Liste der Stoffe, für die ein den Anforderungen des Anhangs XV entsprechendes Dossier entweder von der Agentur oder von einem Mitgliedstaat im Hinblick auf eine vorgeschlagene Beschränkung geplant oder ausgearbeitet wird. Steht ein Stoff auf der Liste, so wird kein weiteres Dossier dieser Art ausgearbeitet. Wird entweder von einem Mitgliedstaat oder von der Agentur vorgeschlagen, dass eine bestehende Beschränkung nach Anhang XVII erneut geprüft werden sollte, so wird

darüber nach dem in Artikel 133 Absatz 2 genannten Verfahren anhand der von dem Mitgliedstaat oder von der Agentur vorgelegten Nachweise entschieden.

(6) Unbeschadet der Artikel 118 und 119 macht die Agentur auf ihrer Website alle Dossiers, die Anhang XV entsprechen, sowie die gemäß den Absätzen 3 und 4 des vorliegenden Artikels vorgeschlagenen Beschränkungen unter Angabe des Datums der Veröffentlichung unverzüglich öffentlich zugänglich. Die Agentur fordert alle interessierten Kreise auf, einzeln oder gemeinsam innerhalb von sechs Monaten nach dem Zeitpunkt der Veröffentlichung

a) sich zu den Dossiers und den vorgeschlagenen Beschränkungen zu äußern;
b) eine sozioökonomische Analyse einzureichen, in der die Vor- und Nachteile der vorgeschlagenen Beschränkungen untersucht werden, oder Informationen zu übermitteln, die für eine solche Analyse verwendet werden können. Die Anforderungen des Anhangs XVI sind dabei zu erfüllen.

### Artikel 70  Stellungnahme der Agentur:  Ausschuss für Risikobeurteilung

Innerhalb von neun Monaten nach dem Zeitpunkt der Veröffentlichung gemäß Artikel 69 Absatz 6 gibt der Ausschuss für Risikobeurteilung auf der Grundlage seiner Beurteilung der relevanten Teile des Dossiers eine Stellungnahme dazu ab, ob die vorgeschlagenen Beschränkungen zur Verringerung des Risikos für die menschliche Gesundheit und/oder die Umwelt geeignet sind. In dieser Stellungnahme werden das Dossier des Mitgliedstaates oder das von der Agentur auf Ersuchen der Kommission ausgearbeitete Dossier und die Auffassung der interessierten Kreise gemäß Artikel 69 Absatz 6 Buchstabe a berücksichtigt.

### Artikel 71  Stellungnahme der Agentur:  Ausschuss für sozioökonomische Analyse

(1) Innerhalb von zwölf Monaten nach dem Zeitpunkt der Veröffentlichung gemäß Artikel 69 Absatz 6 gibt der Ausschuss für sozioökonomische Analyse auf der Grundlage seiner Beurteilung der relevanten Teile des Dossiers und der sozioökonomischen Auswirkungen eine Stellungnahme zu den vorgeschlagenen Beschränkungen ab. Er erstellt einen Entwurf der Stellungnahme zu den vorgeschlagenen Beschränkungen und den damit zusammenhängenden sozioökonomischen Auswirkungen und berücksichtigt dabei die gegebenenfalls übermittelten Analysen oder Informationen gemäß Artikel 69 Absatz 6 Buchstabe b. Die Agentur veröffentlicht den Entwurf der Stellungnahme unverzüglich auf ihrer Website. Die Agentur fordert interessierte Kreise dazu auf, sich spätestens 60 Tage nach der Veröffentlichung des Entwurfs der Stellungnahme zu dem Entwurf zu äußern.

(2) Der Ausschuss für sozioökonomische Analyse nimmt seine Stellungnahme unverzüglich an und berücksichtigt dabei gegebenenfalls weitere fristgerecht eingegangene Äußerungen. In dieser Stellungnahme sind die Äußerungen und sozioökonomischen Analysen zu berücksichtigen, die gemäß Artikel 69 Absatz 6 Buchstabe b und Absatz 1 des vorliegenden Artikels von interessierten Kreisen übermittelt wurden.

(3) Weicht die Stellungnahme des Ausschusses für Risikobeurteilung wesentlich von den vorgeschlagenen Beschränkungen ab, so kann die Agentur die Frist für die Stellungnahme des Ausschusses für sozioökonomische Analyse um höchstens 90 Tage verlängern.

### Artikel 72  Übermittlung einer Stellungnahme an die Kommission

(1) Die Agentur übermittelt der Kommission unverzüglich die Stellungnahmen des Ausschusses für Risikobeurteilung und des Ausschusses für sozioökonomische Analyse zu den Beschränkungen, die für Stoffe als solche, in Zubereitungen oder in Erzeugnissen vorgeschlagen wurden. Gibt innerhalb der Frist gemäß Artikel 70 und Artikel 71 Absatz 1 nur einer der Ausschüsse oder kein Ausschuss eine Stellungnahme ab, so setzt die Agentur die Kommission davon in Kenntnis und nennt ihr die Gründe.

(2) Unbeschadet der Artikel 118 und 119 veröffentlicht die Agentur die Stellungnahmen der beiden Ausschüsse unverzüglich auf ihrer Website.

(3) Auf Ersuchen legt die Agentur der Kommission und/oder dem Mitgliedstaat alle Unterlagen und Nachweise vor, die ihr übermittelt und von ihr berücksichtigt wurden.

### Artikel 73   Entscheidung der Kommission

(1) Sind die Voraussetzungen des Artikels 68 erfüllt, so erstellt die Kommission innerhalb von drei Monaten nach Erhalt der Stellungnahme des Ausschusses für sozioökonomische Analyse oder, wenn dieser Ausschuss keine Stellungnahme abgibt, bis zum Ablauf der Frist nach Artikel 71 den Entwurf einer Änderung des Anhangs XVII; maßgebend ist die frühere Frist.

Weicht der Änderungsentwurf vom ursprünglichen Vorschlag ab oder werden die Stellungnahmen der Agentur nicht berücksichtigt, so fügt die Kommission eine ausführliche Erklärung der Gründe für die Abweichung an.

(2) Eine endgültige Entscheidung wird nach dem in Artikel 133 Absatz 4 genannten Verfahren erlassen. Die Kommission übermittelt den Mitgliedstaaten den Änderungsentwurf spätestens 45 Tage vor der Abstimmung.

## Titel IX:   Gebühren und Entgelte

### Artikel 74   Gebühren und Entgelte

(1) Die nach Artikel 6 Absatz 4, Artikel 7 Absätze 1 und 5, Artikel 9 Absatz 2, Artikel 11 Absatz 4, Artikel 17 Absatz 2, Artikel 18 Absatz 2, Artikel 19 Absatz 3, Artikel 22 Absatz 5, Artikel 62 Absatz 7 und Artikel 92 Absatz 3 erforderlichen Gebühren werden in einer Verordnung der Kommission festgesetzt, die nach dem in Artikel 133 Absatz 3 genannten Verfahren bis zum 1. Juni 2008 erlassen wird.

(2) Für die Registrierung eines Stoffes in einer Menge zwischen 1 und 10 Tonnen braucht keine Gebühr entrichtet zu werden, wenn das Registrierungsdossier die gesamten Informationen nach Anhang VII enthält.

(3) Bei Struktur und Höhe der Gebühren nach Absatz 1 werden die Arbeiten berücksichtigt, die die Agentur und die zuständige Behörde aufgrund dieser Verordnung durchzuführen haben; die Gebühren werden so angesetzt, dass die aus ihnen erzielten Einnahmen in Verbindung mit anderen Einnahmequellen der Agentur nach Artikel 96 Absatz 1 ausreichen, um die Kosten für die erbrachten Dienstleistungen zu decken. Bei der Festsetzung der Registrierungsgebühren wird berücksichtigt, welche Arbeiten nach Titel VI gegebenenfalls durchgeführt wurden.

Im Fall des Artikels 6 Absatz 4, des Artikels 7 Absätze 1 und 5, des Artikels 9 Absatz 2, des Artikels 11 Absatz 4, des Artikels 17 Absatz 2 und des Artikels 18 Absatz 2 wird bei Struktur und Höhe der Gebühren der Mengenbereich des registrierten Stoffes berücksichtigt.

In allen Fällen wird für KMU eine ermäßigte Gebühr festgesetzt.

Im Fall des Artikels 11 Absatz 4 wird bei Struktur und Höhe der Gebühren berücksichtigt, ob Informationen gemeinsam oder getrennt eingereicht wurden.

Im Fall eines Antrags nach Artikel 10 Buchstabe a Ziffer xi werden bei Struktur und Höhe der Gebühren die Arbeiten berücksichtigt, die von der Agentur bei der Beurteilung der Begründung verlangt werden.

(4) In der in Absatz 1 genannten Verordnung der Kommission wird angegeben, unter welchen Umständen ein Teil der Gebühren der zuständigen Behörde des jeweiligen Mitgliedstaates abgetreten wird.

(5) Die Agentur kann Entgelte für andere ihrer Leistungen erheben.

## Titel X:   Die Agentur

### Artikel 75   Errichtung und Überprüfung

(1) Für die Verwaltung und in einigen Fällen die Durchführung der technischen, wissenschaftlichen und administrativen Aspekte dieser Verordnung und zur Gewährleis-

tung der Einheitlichkeit in diesen Bereichen auf Gemeinschaftsebene wird eine Europäische Chemikalienagentur (die Agentur) errichtet.

(2) Bis zum 1. Juni 2012 wird die Agentur einer Überprüfung unterzogen.

### Artikel 76  Zusammensetzung

(1) Die Agentur besteht aus
a) einem Verwaltungsrat, der die in Artikel 78 vorgesehenen Aufgaben wahrnimmt;
b) einem Direktor, der die in Artikel 83 vorgesehenen Aufgaben wahrnimmt;
c) einem Ausschuss für Risikobeurteilung, der die Stellungnahmen der Agentur zu Bewertungen, Zulassungsanträgen, Vorschlägen für Beschränkungen, Vorschlägen für Einstufung und Kennzeichnung nach Titel XI und allen anderen Fragen ausarbeitet, die sich aus der Anwendung dieser Verordnung in Bezug auf Risiken für die menschliche Gesundheit und die Umwelt ergeben;
d) einem Ausschuss für sozioökonomische Analyse, der die Stellungnahmen der Agentur zu Zulassungsanträgen, Vorschlägen für Beschränkungen und allen anderen Fragen ausarbeitet, die sich aus der Anwendung dieser Verordnung in Bezug auf die sozioökonomischen Auswirkungen möglicher Rechtsvorschriften für Stoffe ergeben;
e) einem Ausschuss der Mitgliedstaaten, der für die Klärung von möglichen Meinungsverschiedenheiten zu Entscheidungsentwürfen, die von der Agentur oder von den Mitgliedstaaten nach Titel VI vorgeschlagen werden, sowie zu Vorschlägen zur Ermittlung von besonders besorgniserregenden Stoffen, die dem Zulassungsverfahren nach Titel VII zu unterwerfen sind, zuständig ist;
f) einem Forum für den Austausch von Informationen zur Durchsetzung (nachstehend „Forum" genannt), das ein Netz der Behörden der Mitgliedstaaten koordiniert, die für die Durchsetzung dieser Verordnung zuständig sind;
g) einem dem Direktor unterstehenden Sekretariat, das die Ausschüsse und das Forum in technischer, wissenschaftlicher und administrativer Hinsicht unterstützt und für eine angemessene Koordinierung zwischen diesen sorgt. Es führt ferner die Arbeiten der Agentur aus, die im Rahmen der Verfahren der Vorregistrierung, Registrierung und Bewertung erforderlich sind, und übernimmt die Ausarbeitung von Leitlinien, die Unterhaltung der Datenbank und die Bereitstellung von Informationen;
h) einer Widerspruchskammer, die über Widersprüche gegen Entscheidungen der Agentur befindet.

(2) Die in Absatz 1 Buchstaben c, d und e genannten Ausschüsse (nachstehend „Ausschüsse" genannt) und das Forum können jeweils Arbeitsgruppen einsetzen. Zu diesem Zweck erlassen sie im Einklang mit ihrer Geschäftsordnung genaue Regelungen für die Übertragung bestimmter Aufgaben auf diese Arbeitsgruppen.

(3) Die Ausschüsse und das Forum können sich, wenn sie dies für zweckmäßig halten, von geeigneter fachlicher Seite zu wichtigen Fragen allgemein wissenschaftlicher oder ethischer Art beraten lassen.

### Artikel 77  Aufgaben

(1) Die Agentur erteilt den Mitgliedstaaten und den Organen der Gemeinschaft den bestmöglichen wissenschaftlichen und technischen Rat in Bezug auf Fragen zu chemischen Stoffen, die in ihren Aufgabenbereich fallen und mit denen sie gemäß dieser Verordnung befasst wird.

(2) Das Sekretariat nimmt folgende Aufgaben wahr:
a) Durchführung der ihm nach Titel II übertragenen Aufgaben, einschließlich Erleichterung der effizienten Registrierung eingeführter Stoffe in Übereinstimmung mit den internationalen Handelsverpflichtungen der Gemeinschaft gegenüber Drittstaaten;
b) Durchführung der ihm nach Titel III übertragenen Aufgaben;
c) Durchführung der ihm nach Titel VI übertragenen Aufgaben.

d) Durchführung der ihm nach Titel VIII übertragenen Aufgaben;

e) Aufbau und Unterhaltung einer Datenbank/von Datenbanken mit Informationen zu allen registrierten Stoffen, mit dem Einstufungs- und Kennzeichnungsverzeichnis und mit der harmonisierten Einstufungs- und Kennzeichnungsliste. Es macht – soweit nicht nach Artikel 10 Buchstabe a Ziffer xi ein Antrag gestellt wurde, der als begründet angesehen wird – die in Artikel 119 Absätze 1 und 2 genannten Informationen, die in der Datenbank/den Datenbanken enthalten sind, über das Internet kostenlos öffentlich zugänglich. Die Agentur stellt auf Antrag sonstige in den Datenbanken enthaltene Informationen nach Artikel 118 bereit;

f) öffentliche Bereitstellung nach Artikel 119 Absatz 1 von Informationen darüber, welche Stoffe zurzeit bewertet werden oder bewertet wurden, und zwar innerhalb von 90 Tagen nach Eingang der Informationen bei der Agentur;

g) gegebenenfalls Bereitstellung technischer und wissenschaftlicher Leitlinien und Hilfsmittel für die Anwendung dieser Verordnung, insbesondere zur Unterstützung der Industrie und insbesondere der KMU bei der Ausarbeitung von Stoffsicherheitsberichten nach Artikel 14, Artikel 31 Absatz 1, Artikel 37 Absatz 4 und bei der Anwendung des Artikels 10 Buchstabe a Ziffer viii, des Artikels 11 Absatz 3 und des Artikels 19 Absatz 2; und technische und wissenschaftliche Leitlinien zur Anwendung von Artikel 7 durch Produzenten und Importeure von Erzeugnissen;

h) Bereitstellung technischer und wissenschaftlicher Leitlinien zur Anwendung dieser Verordnung für die zuständigen Behörden der Mitgliedstaaten und Unterstützung der von den Mitgliedstaaten nach Titel XIII eingerichteten Auskunftsstellen;

i) Unterstützung der Beteiligten einschließlich der zuständigen Behörden der Mitgliedstaaten bei der öffentlichen Bereitstellung von Informationen über die Risiken und die sichere Verwendung von Stoffen als solchen, in Zubereitungen oder in Erzeugnissen;

j) Beratung und Unterstützung von Herstellern und Importeuren, die einen Stoff nach Artikel 12 Absatz 1 registrieren lassen;

k) Ausarbeitung von Erläuterungen zu dieser Verordnung für andere interessierte Kreise;

VO EG Nr. 1907/2006

l) auf Ersuchen der Kommission technische und wissenschaftliche Unterstützung für Maßnahmen zur Förderung der Zusammenarbeit zwischen der Gemeinschaft, den Mitgliedstaaten, internationalen Organisationen und Drittstaaten in wissenschaftlichen und technischen Fragen der Sicherheit von Stoffen sowie aktive Mitwirkung bei der technischen Unterstützung und bei Tätigkeiten zum Ausbau von Fähigkeiten in Bezug auf die sachgerechte Bewirtschaftung chemischer Stoffe in Entwicklungsländern;

m) Fortschreibung eines Handbuchs mit Entscheidungen und Stellungnahmen auf der Grundlage von Schlussfolgerungen des Ausschusses der Mitgliedstaaten zur Auslegung und Durchführung dieser Verordnung;

n) Bekanntgabe von Entscheidungen der Agentur;

o) Bereitstellung von Formaten für die Einreichung von Informationen bei der Agentur.

(3) Die Ausschüsse nehmen folgende Aufgaben wahr:

a) Durchführung der ihnen nach den Titeln VI bis XI übertragenen Aufgaben;

b) auf Ersuchen des Direktors technische und wissenschaftliche Unterstützung für Maßnahmen zur Förderung der Zusammenarbeit zwischen der Gemeinschaft, den Mitgliedstaaten, internationalen Organisationen und Drittstaaten in wissenschaftlichen und technischen Fragen der Sicherheit von Stoffen sowie aktive Mitwirkung bei der technischen Unterstützung und bei Tätigkeiten zum Ausbau von Fähigkeiten in Bezug auf die sachgerechte Bewirtschaftung chemischer Stoffe in Entwicklungsländern;

c) auf Ersuchen des Direktors Ausarbeitung einer Stellungnahme zu allen anderen Aspekten der Sicherheit von Stoffen als solche, in Zubereitungen oder in Erzeugnissen.

(4) Das Forum nimmt folgende Aufgaben wahr:
a) Verbreitung bewährter Verfahren und Aufzeigen von Problemen auf Gemeinschaftsebene;
b) Vorschlagen, Koordinieren und Bewerten harmonisierter Durchsetzungsprojekte und gemeinsamer Inspektionen;
c) Koordinierung des Austauschs von Inspektoren;
d) Ermittlung von Durchsetzungsstrategien sowie von bewährten Verfahren für die Durchsetzung;
e) Entwicklung von Arbeitsmethoden und Hilfsmitteln für die Inspektoren vor Ort;
f) Entwicklung eines Verfahrens für den elektronischen Informationsaustausch;
g) erforderlichenfalls Kontaktaufnahme mit der Industrie, wobei den besonderen Bedürfnissen von KMU besonders Rechnung zu tragen ist, und anderen interessierten Kreisen, einschließlich einschlägiger internationaler Organisationen;
h) Prüfung von Vorschlägen für Beschränkungen im Hinblick auf die Beratung zur Durchsetzbarkeit.

**Artikel 78   Befugnisse des Verwaltungsrats**

Der Verwaltungsrat ernennt den Direktor gemäß Artikel 84 sowie einen Rechnungsführer gemäß Artikel 43 der Verordnung (EG, Euratom) Nr. 2343/2002.

Er verabschiedet
a) bis zum 30. April jedes Jahres den Tätigkeitsbericht der Agentur über das vorangegangene Jahr;
b) bis zum 31. Oktober jedes Jahres das Arbeitsprogramm der Agentur für das folgende Jahr;
c) den endgültigen Haushaltsplan der Agentur nach Artikel 96 vor Beginn des Haushaltsjahres und passt ihn erforderlichenfalls entsprechend dem Beitrag der Gemeinschaft und den anderen Einnahmen der Agentur an;
d) ein mehrjähriges Arbeitsprogramm, das regelmäßig überarbeitet wird.

Er legt die internen Regeln und Verfahren der Agentur fest. Die Regeln werden öffentlich gemacht.

Er nimmt seine Aufgaben im Zusammenhang mit dem Haushalt der Agentur gemäß den Artikeln 96, 97 und 103 wahr.

Er übt die Disziplinargewalt über den Direktor aus.

Er gibt sich eine Geschäftsordnung.

Er ernennt den Vorsitzenden der Widerspruchskammer, ihre Mitglieder und deren Stellvertreter nach Artikel 89.

Er ernennt die Mitglieder der Ausschüsse der Agentur nach Artikel 85.

Er übermittelt jährlich alle Informationen über die Ergebnisse der Bewertungsverfahren gemäß Artikel 96 Absatz 6.

**Artikel 79   Zusammensetzung des Verwaltungsrats**

(1) Der Verwaltungsrat besteht aus je einem Vertreter jedes Mitgliedstaates und höchstens sechs von der Kommission ernannten Vertretern, einschließlich drei Vertretern interessierter Kreise ohne Stimmrecht, und zusätzlich zwei vom Europäischen Parlament ernannten unabhängigen Personen.

Jeder Mitgliedstaat benennt ein Mitglied für den Verwaltungsrat. Die so benannten Mitglieder werden vom Rat ernannt.

(2) Die Mitglieder werden auf der Grundlage ihrer einschlägigen Erfahrung und Kenntnisse im Bereich der Sicherheit oder der Regulierung chemischer Stoffe ernannt, wobei gewährleistet wird, dass die Mitglieder des Verwaltungsrats über einschlägigen Sachverstand in allgemeinen, finanziellen und rechtlichen Fragen verfügen.

(3) Die Amtszeit beträgt vier Jahre. Wiederernennung ist einmal zulässig. Für die erste Amtszeit jedoch bestimmt die Kommission die Hälfte der von ihr ernannten Mitglieder und der Rat zwölf der von ihm ernannten Mitglieder, deren erste Amtszeit sechs Jahre beträgt.

**Artikel 80    Vorsitz des Verwaltungsrats**

(1) Der Verwaltungsrat wählt aus dem Kreis der stimmberechtigten Mitglieder einen Vorsitzenden und einen stellvertretenden Vorsitzenden. Der stellvertretende Vorsitzende tritt im Falle der Verhinderung des Vorsitzenden von Amts wegen an dessen Stelle.

(2) Die Amtszeit des Vorsitzenden und des stellvertretenden Vorsitzenden beträgt zwei Jahre und endet, wenn sie nicht mehr dem Verwaltungsrat angehören. Wiederwahl ist einmal zulässig.

**Artikel 81    Sitzungen des Verwaltungsrats**

(1) Die Sitzungen des Verwaltungsrats werden auf Einladung seines Vorsitzenden oder auf Antrag von mindestens einem Drittel der Mitglieder des Verwaltungsrats einberufen.

(2) Der Direktor nimmt an den Sitzungen des Verwaltungsrats teil; er hat kein Stimmrecht.

(3) Die Vorsitzenden der Ausschüsse und der Vorsitzende des Forums im Sinne von Artikel 76 Absatz 1 Buchstaben c bis f sind zur Teilnahme an den Sitzungen des Verwaltungsrats berechtigt; sie haben kein Stimmrecht.

**Artikel 82    Abstimmung des Verwaltungsrats**

Der Verwaltungsrat legt die Verfahrensregeln für die Abstimmung, einschließlich der Bedingungen für die Übertragung des Stimmrechts auf ein anderes Mitglied, fest. Der Verwaltungsrat fasst seine Beschlüsse mit Zweidrittelmehrheit aller stimmberechtigten Mitglieder.

**Artikel 83    Pflichten und Befugnisse des Direktors**

(1) Der Direktor leitet die Agentur; er nimmt seine Pflichten im Interesse der Gemeinschaft und unabhängig von besonderen Interessen wahr.

(2) Der Direktor ist der gesetzliche Vertreter der Agentur. Er ist für Folgendes zuständig:

a) die laufende Verwaltung der Agentur;
b) die Verwaltung aller Ressourcen der Agentur, die für die Erfüllung ihrer Aufgaben erforderlich sind;
c) die Gewährleistung der Einhaltung der in den Gemeinschaftsvorschriften für die Verabschiedung der Stellungnahmen der Agentur festgelegten Fristen;
d) die Gewährleistung einer angemessenen und rechtzeitigen Koordinierung zwischen den Ausschüssen und dem Forum;
e) den Abschluss und die Verwaltung der erforderlichen Verträge mit Dienstleistern;
f) die Erstellung des Einnahmen- und Ausgabenplans sowie die Ausführung des Haushaltsplans der Agentur nach den Artikeln 96 und 97;
g) sämtliche Personalangelegenheiten;
h) die Wahrnehmung der Sekretariatsgeschäfte für den Verwaltungsrat;
i) die Ausarbeitung der Entwürfe von Stellungnahmen des Verwaltungsrats zu dem Vorschlag für die Geschäftsordnung der Ausschüsse und des Forums;

j) auf Antrag des Verwaltungsrats Vorkehrungen für die Ausübung weiterer Funktionen im Rahmen des Artikels 76, die die Kommission der Agentur überträgt;
k) die Entwicklung und Aufrechterhaltung eines regelmäßigen Dialogs mit dem Europäischen Parlament;
l) Festlegung der Geschäftsbedingungen für die Verwendung von Software-Paketen;
m) Berichtigung einer von der Agentur getroffenen Entscheidung nach Eingang eines Widerspruchs und nach Konsultierung des Vorsitzenden der Widerspruchskammer.

(3) Der Direktor legt dem Verwaltungsrat jedes Jahr Folgendes zur Billigung vor:
a) den Entwurf eines Berichts über die Tätigkeit der Agentur im vorangegangenen Jahr, einschließlich Angaben über die Zahl der eingegangenen Registrierungsdossiers, die Zahl der bewerteten Stoffe, die Zahl der eingegangenen Zulassungsanträge, die Zahl der bei der Agentur eingegangenen Vorschläge für Beschränkungen, zu denen sie Stellung genommen hat, den Zeitbedarf für den Abschluss der entsprechenden Verfahren sowie die zugelassenen Stoffe, die abgewiesenen Anträge und die Stoffe, für die Beschränkungen beschlossen wurden, die erhobenen Widersprüche und daraufhin getroffene Maßnahmen sowie einen Überblick über die Tätigkeit des Forums;
b) den Entwurf des Arbeitsprogramms für das folgende Jahr;
c) den Entwurf des Jahresabschlusses;
d) den Haushaltsplanvorentwurf für das folgende Jahr;
e) den Entwurf des mehrjährigen Arbeitsprogramms.

Nach vorheriger Billigung durch den Verwaltungsrat übermittelt der Direktor das Arbeitsprogramm für das folgende Jahr und das mehrjährige Arbeitsprogramm den Mitgliedstaaten, dem Europäischen Parlament, dem Rat sowie der Kommission und veranlasst ihre Veröffentlichung.

Nach vorheriger Billigung durch den Verwaltungsrat übermittelt der Direktor den Tätigkeitsbericht der Agentur den Mitgliedstaaten, dem Europäischen Parlament, dem Rat, der Kommission, dem Wirtschafts- und Sozialausschuss sowie dem Europäischen Rechnungshof und veranlasst seine Veröffentlichung.

### Artikel 84 Ernennung des Direktors

(1) Der Direktor der Agentur wird vom Verwaltungsrat auf der Grundlage einer von der Kommission im Anschluss an eine Aufforderung zur Interessensbekundung im *Amtsblatt der Europäischen Union*, in anderen regelmäßig erscheinenden Veröffentlichungen oder im Internet vorgeschlagenen Liste von Bewerbern ernannt.

Der Direktor wird auf der Grundlage von Verdienst und nachgewiesenen Verwaltungs- und Managementfertigkeiten sowie seiner einschlägigen Erfahrung im Bereich der Sicherheit bzw. Regulierung chemischer Stoffe ernannt. Der Verwaltungsrat fasst seinen Beschluss mit Zweidrittelmehrheit aller stimmberechtigten Mitglieder.

Der Verwaltungsrat kann den Direktor nach demselben Verfahren seines Amtes entheben.

Vor seiner Ernennung wird der vom Verwaltungsrat ausgewählte Bewerber aufgefordert, möglichst bald eine Erklärung vor dem Europäischen Parlament abzugeben und Fragen der Mitglieder des Parlaments zu beantworten.

(2) Die Amtszeit des Direktors beträgt fünf Jahre. Der Verwaltungsrat kann die Amtszeit einmal um höchstens fünf Jahre verlängern.

### Artikel 85 Einsetzung der Ausschüsse

(1) Jeder Mitgliedstaat kann Bewerber für die Mitgliedschaft im Ausschuss für Risikobeurteilung benennen. Der Direktor erstellt unbeschadet des Artikels 88 Absatz 1 eine Liste der benannten Personen, die auf der Website der Agentur veröffentlicht wird. Der Verwaltungsrat ernennt die Mitglieder des Ausschusses aus dieser Liste; es muss mindestens ein Mitglied und dürfen höchstens zwei Mitglieder unter den benannten Per-

sonen aus jedem Mitgliedstaat ernannt werden. Die Mitglieder werden auf der Grundlage ihrer Rolle und Erfahrung bei der Erfüllung der Aufgaben nach Artikel 77 Absatz 3 ernannt.

(2) Jeder Mitgliedstaat kann Bewerber für die Mitgliedschaft im Ausschuss für sozioökonomische Analyse benennen. Der Direktor erstellt unbeschadet des Artikels 88 Absatz 1 eine Liste der benannten Personen, die auf der Website der Agentur veröffentlicht wird. Der Verwaltungsrat ernennt die Mitglieder des Ausschusses aus dieser Liste; es muss mindestens ein Mitglied und dürfen höchstens zwei Mitglieder unter den benannten Personen aus jedem Mitgliedstaat ernannt werden. Die Mitglieder werden auf der Grundlage ihrer Rolle und Erfahrung bei der Erfüllung der Aufgaben nach Artikel 77 Absatz 3 ernannt.

(3) Jeder Mitgliedstaat ernennt ein Mitglied des Ausschusses der Mitgliedstaaten.

(4) Die Ausschüsse streben an, dass ihre Mitglieder ein breites Spektrum an einschlägigem Fachwissen abdecken. Zu diesem Zweck kann jeder Ausschuss maximal fünf zusätzliche Mitglieder kooptieren, die auf der Grundlage ihrer spezifischen Kompetenz ausgewählt werden.

Die Ausschussmitglieder werden für eine Amtszeit von drei Jahren ernannt; Wiederernennung ist möglich.

Die Mitglieder des Verwaltungsrats dürfen nicht Mitglieder der Ausschüsse sein.

Die Mitglieder der einzelnen Ausschüsse können sich bei wissenschaftlichen, technischen oder Regulierungsfragen von Beratern begleiten lassen.

Der Direktor oder sein Vertreter und die Vertreter der Kommission dürfen als Beobachter an allen Sitzungen der Ausschüsse und Arbeitsgruppen teilnehmen, die von der Agentur oder ihren Ausschüssen einberufen werden. Gegebenenfalls können auf Antrag der Ausschussmitglieder oder des Verwaltungsrats auch interessierte Kreise dazu eingeladen werden, als Beobachter an den Sitzungen teilzunehmen.

(5) Die Mitglieder der einzelnen Ausschüsse, die im Anschluss an die Benennung durch einen Mitgliedstaat ernannt werden, sorgen für eine angemessene Koordinierung zwischen den Aufgaben der Agentur und der Arbeit der zuständigen Behörde ihres Mitgliedstaates.

(6) Die Ausschussmitglieder werden durch die den Mitgliedstaaten zur Verfügung stehenden wissenschaftlichen und technischen Ressourcen unterstützt. Zu diesem Zweck stellen die Mitgliedstaaten den von ihnen benannten Ausschussmitgliedern geeignete wissenschaftliche und technische Ressourcen zur Verfügung. Die zuständigen Behörden der einzelnen Mitgliedstaaten erleichtern die Tätigkeit der Ausschüsse und ihrer Arbeitsgruppen.

(7) Die Mitgliedstaaten unterlassen es, den Mitgliedern des Ausschusses für Risikobeurteilung oder des Ausschusses für sozioökonomische Analyse oder ihren wissenschaftlichen und technischen Beratern und Experten Weisungen zu erteilen, die mit deren jeweiligen Aufgaben oder mit den Aufgaben, den Zuständigkeiten und der Unabhängigkeit der Agentur nicht vereinbar sind.

(8) Bei der Ausarbeitung einer Stellungnahme bemüht sich jeder Ausschuss nach Kräften, zu einem Konsens zu gelangen. Kann ein solcher Konsens nicht erreicht werden, so enthält die Stellungnahme den Standpunkt der Mehrheit der Mitglieder einschließlich deren Begründung. Der/die abweichenden Standpunkt/e wird/werden mit seiner/ihrer Begründung ebenfalls veröffentlicht.

(9) Jeder Ausschuss erstellt einen Vorschlag für seine Geschäftsordnung, der vom Verwaltungsrat innerhalb von sechs Monaten nach der ersten Ernennung der Ausschüsse zu billigen ist.

Die Geschäftsordnungen regeln insbesondere die Verfahren für die Ersetzung der Mitglieder, die Verfahren für die Übertragung bestimmter Aufgaben auf Arbeitsgruppen, die Einsetzung von Arbeitsgruppen und die Einrichtung eines Dringlichkeitsverfahrens für die Verabschiedung von Stellungnahmen. In jedem Ausschuss führt ein Bediensteter der Agentur den Vorsitz.

**Artikel 86   Einsetzung des Forums**

(1) Jeder Mitgliedstaat ernennt für eine erneuerbare Amtszeit von drei Jahren ein Mitglied des Forums. Die Mitglieder werden auf der Grundlage ihrer Rolle und Erfahrung im Bereich der Durchsetzung von Rechtsvorschriften über Chemikalien ausgewählt; sie unterhalten entsprechende Kontakte zu den zuständigen Behörden der Mitgliedstaaten.

Das Forum strebt an, dass seine Mitglieder ein breites Spektrum an einschlägigem Fachwissen abdecken. Zu diesem Zweck kann das Forum maximal fünf zusätzliche Mitglieder kooptieren, die auf der Grundlage ihrer spezifischen Kompetenz ausgewählt werden. Diese Mitglieder werden für eine Amtszeit von drei Jahren ernannt; Wiederernennung ist möglich. Die Mitglieder des Verwaltungsrats dürfen nicht Mitglieder im Forum sein.

Die Mitglieder des Forums können sich von wissenschaftlichen und technischen Beratern begleiten lassen.

Der Direktor der Agentur oder sein Vertreter und die Vertreter der Kommission dürfen an allen Sitzungen des Forums und seiner Arbeitsgruppen teilnehmen. Gegebenenfalls können auf Antrag der Mitglieder des Forums oder des Verwaltungsrats auch interessierte Kreise dazu eingeladen werden, als Beobachter an den Sitzungen teilzunehmen.

(2) Die von den Mitgliedstaaten ernannten Mitglieder des Forums sorgen für eine angemessene Koordinierung zwischen den Aufgaben des Forums und der Arbeit der zuständigen Behörde ihres Mitgliedstaates.

(3) Die Mitglieder des Forums werden durch die den zuständigen Behörden der Mitgliedstaaten zur Verfügung stehenden wissenschaftlichen und technischen Ressourcen unterstützt. Die zuständigen Behörden der einzelnen Mitgliedstaaten erleichtern die Tätigkeit des Forums und seiner Arbeitsgruppen. Die Mitgliedstaaten unterlassen es, den Mitgliedern des Forums oder ihren wissenschaftlichen und technischen Beratern und Experten Weisungen zu erteilen, die mit deren jeweiligen Aufgaben oder mit den Aufgaben und Zuständigkeiten des Forums nicht vereinbar sind.

(4) Das Forum erstellt einen Vorschlag für seine Geschäftsordnung, der vom Verwaltungsrat innerhalb von sechs Monaten nach der ersten Ernennung des Forums zu billigen ist.

Die Geschäftsordnung regelt insbesondere die Verfahren für die Ernennung und die Ersetzung des Vorsitzenden, die Ersetzung der Mitglieder und die Verfahren für die Übertragung bestimmter Aufgaben auf Arbeitsgruppen.

**Artikel 87   Berichterstatter der Ausschüsse und Hinzuziehung von Experten**

(1) Hat ein Ausschuss gemäß Artikel 77 eine Stellungnahme abzugeben oder zu prüfen, ob ein Dossier eines Mitgliedstaates den Anforderungen des Anhangs XV entspricht, so bestellt er eines seiner Mitglieder zum Berichterstatter. Der betreffende Ausschuss kann ein zweites Mitglied zum Mitberichterstatter bestellen. In jedem einzelnen Fall verpflichten sich Berichterstatter und Mitberichterstatter, im Interesse der Gemeinschaft zu handeln, und geben schriftlich eine entsprechende Verpflichtungserklärung und eine Interessenerklärung ab. Ein Ausschussmitglied wird nicht zum Berichterstatter für einen bestimmten Fall bestellt, wenn es Interessen angibt, die einer unabhängigen Prüfung des Falles im Wege stehen könnten. Der betreffende Ausschuss kann den Berichterstatter oder Mitberichterstatter jederzeit durch ein anderes seiner Mitglieder ersetzen, etwa wenn diese Person nicht in der Lage ist, ihren Pflichten innerhalb der vorgeschriebenen Fristen nachzukommen, oder wenn ein potenzieller Interessenkonflikt erkennbar wird.

(2) Die Mitgliedstaaten übermitteln der Agentur unter Angabe der jeweiligen Qualifikationen und spezifischen Fachkenntnisse die Namen von Experten mit nachgewiesener Erfahrung in den Aufgaben nach Artikel 77, die für die Mitarbeit in Arbeitsgruppen der Ausschüsse zur Verfügung stehen.

Die Agentur führt eine fortlaufend aktualisierte Liste von Experten. Die Liste umfasst die in Unterabsatz 1 genannten Experten sowie weitere Experten, die direkt vom Sekretariat ermittelt werden.

(3) Die Erbringung von Dienstleistungen durch Ausschussmitglieder oder Experten, die in einer Arbeitsgruppe der Ausschüsse oder des Forums arbeiten oder sonstige Aufgaben für die Agentur ausüben, ist Gegenstand eines schriftlichen Vertrags zwischen der Agentur und der betreffenden Person oder gegebenenfalls zwischen der Agentur und dem Arbeitgeber der betreffenden Person.

Die betreffende Person oder ihr Arbeitgeber wird von der Agentur nach der Gebührenordnung entlohnt, die in der vom Verwaltungsrat aufgestellten Finanzordnung enthalten ist. Nimmt die betreffende Person ihre Aufgaben nicht wahr, so hat der Direktor das Recht, den Vertrag zu kündigen oder auszusetzen oder die Vergütung zurückzuhalten.

(4) Zur Erbringung von Dienstleistungen, für die es mehrere potenzielle Erbringer gibt, kann ein Aufruf zur Interessenbekundung erforderlich sein,

a) wenn der wissenschaftliche und technische Kontext dies erlaubt und
b) wenn dies mit den Pflichten der Agentur vereinbar ist, insbesondere mit dem Anspruch, ein hohes Maß an Schutz der menschlichen Gesundheit und der Umwelt zu bieten.

Der Verwaltungsrat legt die entsprechenden Verfahren auf Vorschlag des Direktors fest.

(5) Die Agentur kann die Dienste von Experten für die Durchführung sonstiger spezifischer Aufgaben ihres Verantwortungsbereichs in Anspruch nehmen.

### Artikel 88   Qualifikation und Interessen

(1) Die Zusammensetzung der Ausschüsse und des Forums wird öffentlich gemacht. Einzelne Mitglieder können beantragen, dass ihr Name nicht veröffentlicht wird, wenn sie der Auffassung sind, dass eine Veröffentlichung für sie nachteilig sein könnte. Der Direktor befindet über derartige Anträge. Mit der Veröffentlichung der einzelnen Ernennungen werden auch die beruflichen Qualifikationen des jeweiligen Mitglieds angegeben.

(2) Die Mitglieder des Verwaltungsrats, der Direktor sowie die Mitglieder der Ausschüsse und des Forums geben eine Verpflichtungserklärung sowie eine Erklärung über etwaige Interessen ab, die ihre Unabhängigkeit beeinträchtigen könnten. Diese Erklärungen werden jährlich in schriftlicher Form abgegeben und unbeschadet des Absatzes 1 in ein von der Agentur geführtes und auf Antrag bei den Dienststellen der Agentur der Öffentlichkeit zugängliches Verzeichnis eingetragen.

(3) Bei jeder Sitzung geben die Mitglieder des Verwaltungsrats, der Direktor, die Mitglieder der Ausschüsse und des Forums sowie die an der jeweiligen Sitzung teilnehmenden Experten eine Erklärung über etwaige Interessen ab, die ihre Unabhängigkeit in Bezug auf einen Tagesordnungspunkt beeinträchtigen könnten. Gibt ein Sitzungsteilnehmer eine solche Interessenerklärung ab, so nimmt er an Abstimmungen über den betreffenden Tagesordnungspunkt nicht teil.

### Artikel 89   Einsetzung der Widerspruchskammer

(1) Die Widerspruchskammer besteht aus einem Vorsitzenden und zwei weiteren Mitgliedern.

(2) Dem Vorsitzenden und den beiden Mitgliedern sind Stellvertreter beigegeben, die sie bei Abwesenheit vertreten.

(3) Der Vorsitzende, die weiteren Mitglieder und die Stellvertreter werden vom Verwaltungsrat aus einer Liste von Bewerbern ernannt, die die Kommission im Anschluss an die Veröffentlichung einer Aufforderung zur Interessensbekundung im *Amtsblatt der Europäischen Union* und in anderen regelmäßig erscheinenden Veröffentlichungen oder im Internet vorschlägt. Sie werden auf der Grundlage ihrer einschlägigen Erfahrung und Fachkenntnisse in den Bereichen Sicherheit chemischer Stoffe, Naturwissenschaften oder Regulierungs- und Rechtsverfahren aus einer von der Kommission verabschiedeten Liste qualifizierter Bewerber ernannt.

Der Verwaltungsrat kann auf Empfehlung des Direktors nach demselben Verfahren zusätzliche Mitglieder und deren Stellvertreter ernennen, wenn dies für eine zufriedenstellend schnelle Bearbeitung der Widersprüche erforderlich ist.

(4) Die erforderlichen Qualifikationen der Mitglieder der Widerspruchskammer werden von der Kommission nach dem in Artikel 133 Absatz 3 genannten Verfahren festgelegt.

(5) Der Vorsitzende und die Mitglieder haben gleiche Stimmrechte.

### Artikel 90    Mitglieder der Widerspruchskammer

(1) Die Amtszeit der Mitglieder der Widerspruchskammer einschließlich des Vorsitzenden und der Stellvertreter beträgt fünf Jahre. Sie kann einmal verlängert werden.

(2) Die Mitglieder der Widerspruchskammer genießen Unabhängigkeit. Bei ihren Entscheidungen sind sie an keinerlei Weisungen gebunden.

(3) Die Mitglieder der Widerspruchskammer dürfen in der Agentur keine sonstigen Tätigkeiten ausüben.

(4) Die Mitglieder der Widerspruchskammer dürfen während ihrer jeweiligen Amtszeit nur aus schwerwiegenden Gründen und nach Stellungnahme des Verwaltungsrats durch einen entsprechenden Beschluss der Kommission ihres Amtes enthoben oder aus der Liste gestrichen werden.

(5) Die Mitglieder der Widerspruchskammer dürfen nicht an einem Widerspruchsverfahren mitwirken, wenn es ihre persönlichen Interessen berührt, wenn sie vorher als Vertreter eines Verfahrensbeteiligten tätig gewesen sind oder wenn sie an der Entscheidung mitgewirkt haben, gegen die Widerspruch eingelegt wurde.

(6) Ist ein Mitglied der Widerspruchskammer aus einem der in Absatz 5 genannten Gründen der Ansicht, an einem bestimmten Widerspruchsverfahren nicht mitwirken zu dürfen, so teilt er dies der Widerspruchskammer mit. Die Mitglieder der Widerspruchskammer können von jedem am Widerspruchsverfahren Beteiligten aus einem der in Absatz 5 genannten Gründe oder wegen der Besorgnis der Befangenheit abgelehnt werden. Die Ablehnung darf nicht mit der Staatsangehörigkeit der Mitglieder begründet werden.

(7) Die Widerspruchskammer entscheidet über das Vorgehen in den Fällen der Absätze 5 und 6 ohne Mitwirkung des betroffenen Mitglieds. Das betroffene Mitglied wird bei dieser Entscheidung durch einen Stellvertreter in der Widerspruchskammer ersetzt.

### Artikel 91    Widerspruchsfähige Entscheidungen

(1) Entscheidungen der Agentur nach den Artikeln 9 und 20, Artikel 27 Absatz 6, Artikel 30 Absätze 2 und 3 und Artikel 51 sind mit einem Widerspruch anfechtbar.

(2) Ein Widerspruch nach Absatz 1 hat aufschiebende Wirkung.

### Artikel 92    Widerspruchsberechtigte, Fristen, Gebühren und Form

(1) Jede natürliche oder juristische Person kann gegen die an sie ergangenen Entscheidungen sowie gegen diejenigen Entscheidungen Widerspruch einlegen, die, obwohl sie als an eine andere Person gerichtete Entscheidungen ergangen sind, sie unmittelbar und individuell betreffen.

(2) Der Widerspruch ist zusammen mit der Begründung innerhalb von drei Monaten nach Bekanntgabe der Entscheidung gegenüber der betreffenden Person oder, sofern eine solche Bekanntgabe nicht erfolgt ist, innerhalb eines Monats ab dem Zeitpunkt, zu dem die betreffende Person von der Entscheidung Kenntnis erlangt hat, schriftlich bei der Agentur einzulegen, sofern in dieser Verordnung nichts anderes bestimmt ist.

(3) Eine Gebühr nach Titel IX kann von der Person erhoben werden, die gegen eine Entscheidung der Agentur Widerspruch einlegt.

### Artikel 93 Widerspruchsprüfung und -entscheidung

(1) Erachtet der Direktor nach Anhörung des Vorsitzenden der Widerspruchskammer den Widerspruch für zulässig und begründet, so kann er die Entscheidung innerhalb von 30 Tagen nach Eingang des Widerspruchs gemäß Artikel 92 Absatz 2 berichtigen.

(2) In anderen als den in Absatz 1 des vorliegenden Artikels genannten Fällen prüft der Vorsitzende der Widerspruchskammer innerhalb von 30 Tagen nach Eingang des Widerspruchs gemäß Artikel 92 Absatz 2, ob der Widerspruch zulässig ist. Ist der Widerspruch zulässig, so wird er der Widerspruchskammer zur Prüfung der Begründung vorgelegt. Die am Widerspruchsverfahren Beteiligten haben das Recht, während des Verfahrens eine mündliche Erklärung abzugeben.

(3) Die Widerspruchskammer kann alle Befugnisse der Agentur ausüben oder den Fall zur weiteren Entscheidung an das zuständige Gremium der Agentur überweisen.

(4) Die Verfahren der Widerspruchskammer werden von der Kommission nach dem in Artikel 133 Absatz 3 genannten Verfahren festgelegt.

### Artikel 94 Klagen vor dem Gericht erster Instanz und dem Gerichtshof

(1) Zur Anfechtung einer Entscheidung der Widerspruchskammer oder – im Fall nicht widerspruchsfähiger Entscheidungen – der Agentur kann nach Maßgabe des Artikels 230 des Vertrags Klage beim Gericht erster Instanz oder beim Gerichtshof erhoben werden.

(2) Trifft die Agentur keine Entscheidung, so kann nach Maßgabe des Artikels 232 des Vertrags Untätigkeitsklage beim Gericht erster Instanz oder beim Gerichtshof erhoben werden.

(3) Die Agentur hat die Maßnahmen zu ergreifen, die sich aus dem Urteil des Gerichts erster Instanz oder des Gerichtshofs ergeben.

### Artikel 95 Meinungsverschiedenheiten mit anderen Stellen

(1) Die Agentur sorgt für die frühzeitige Ermittlung potenzieller Quellen eines Konfliktes zwischen ihren Auffassungen und denen anderer nach dem Gemeinschaftsrecht eingesetzter Stellen mit vergleichbaren Aufgaben in Fragen von gemeinsamem Interesse, einschließlich Gemeinschaftseinrichtungen.

(2) Stellt die Agentur eine potenzielle Konfliktquelle fest, so nimmt sie mit der betreffenden Stelle Kontakt auf, um sicherzustellen, dass alle relevanten wissenschaftlichen oder technischen Informationen ausgetauscht werden, und festzustellen, bei welchen wissenschaftlichen oder technischen Fragen ein Konflikt auftreten könnte.

(3) Besteht eine grundlegende Meinungsverschiedenheit in wissenschaftlichen oder technischen Fragen und handelt es sich bei der betreffenden Stelle um eine Gemeinschaftseinrichtung oder einen wissenschaftlichen Ausschuss, so arbeiten die Agentur und die betreffende Stelle zusammen und lösen entweder den Konflikt oder legen der Kommission ein gemeinsames Dokument zur Erläuterung der wissenschaftlichen und/oder technischen Konfliktpunkte vor.

### Artikel 96 Haushalt der Agentur

(1) Die Einnahmen der Agentur setzen sich zusammen aus
a) einem Zuschuss der Gemeinschaft aus dem Gesamthaushaltsplan der Europäischen Gemeinschaften (Einzelplan „Kommission");
b) den von Unternehmen entrichteten Gebühren;
c) etwaigen freiwilligen Finanzbeiträgen der Mitgliedstaaten.

(2) Die Ausgaben der Agentur umfassen die Personal-, Verwaltungs-, Infrastruktur- und Betriebsausgaben.

(3) Spätestens bis zum 15. Februar jedes Jahres erstellt der Direktor einen Vorentwurf des Haushaltsplans mit den Betriebskosten sowie dem voraussichtlichen Arbeitspro-

gramm für das folgende Haushaltsjahr und legt diesen Vorentwurf zusammen mit einem Stellenplan und einem vorläufigen Stellenplan dem Verwaltungsrat vor.

(4) Die Einnahmen und Ausgaben sind auszugleichen.

(5) Der Verwaltungsrat stellt jedes Jahr auf der Grundlage eines Entwurfs des Direktors den Voranschlag der Einnahmen und Ausgaben der Agentur für das folgende Haushaltsjahr auf. Dieser Voranschlag, der auch einen Stellenplanentwurf umfasst, wird der Kommission spätestens bis zum 31. März durch den Verwaltungsrat zugeleitet.

(6) Die Kommission übermittelt dem Europäischen Parlament und dem Rat (nachstehend „Haushaltsbehörde" genannt) den Voranschlag zusammen mit dem Vorentwurf des Haushaltsplans der Europäischen Gemeinschaften.

(7) Die Kommission setzt auf der Grundlage des Voranschlags die von ihr für erforderlich erachteten Mittelansätze für den Stellenplan und den Betrag des Zuschusses aus dem Gesamthaushaltsplan in den Vorentwurf des Haushaltsplans der Europäischen Gemeinschaften ein, den sie gemäß Artikel 272 des Vertrags der Haushaltsbehörde vorlegt.

(8) Die Haushaltsbehörde bewilligt die Mittel für den Zuschuss für die Agentur.

Die Haushaltsbehörde stellt den Stellenplan der Agentur fest.

(9) Der Haushaltsplan der Agentur wird vom Verwaltungsrat festgestellt. Er wird endgültig, wenn die endgültige Feststellung des Gesamthaushaltsplans der Europäischen Gemeinschaften erfolgt ist. Er wird gegebenenfalls entsprechend angepasst.

(10) Jede Änderung des Haushaltsplans, einschließlich des Stellenplans, erfolgt nach dem oben genannten Verfahren.

(11) Der Verwaltungsrat unterrichtet die Haushaltsbehörde unverzüglich über alle von ihm geplanten Vorhaben, die erhebliche finanzielle Auswirkungen auf die Finanzierung seines Haushaltsplans haben könnten, was insbesondere für Immobilienvorhaben wie die Anmietung oder den Erwerb von Gebäuden gilt. Er setzt die Kommission von diesen Vorhaben in Kenntnis.

Hat ein Teil der Haushaltsbehörde mitgeteilt, dass er eine Stellungnahme abgeben will, so übermittelt er diese Stellungnahme dem Verwaltungsrat innerhalb von sechs Wochen nach der Unterrichtung über das Vorhaben.

### Artikel 97 Ausführung des Haushaltsplans der Agentur

(1) Der Direktor ist der Anweisungsbefugte und führt den Haushaltsplan der Agentur aus.

(2) Die Überwachung der Mittelbindung und der Zahlung aller Ausgaben der Agentur sowie die Überwachung der Feststellung und des Eingangs aller Einnahmen der Agentur erfolgen durch den Rechnungsführer der Agentur.

(3) Spätestens bis zum 1. März des auf das abgeschlossene Haushaltsjahr folgenden Jahres übermittelt der Rechnungsführer der Agentur dem Rechnungsführer der Kommission die vorläufigen Rechnungen und den Bericht über die Haushaltsführung und das Finanzmanagement für das abgeschlossene Haushaltsjahr. Der Rechnungsführer der Kommission konsolidiert die vorläufigen Rechnungen der Organe und dezentralisierten Einrichtungen gemäß Artikel 128 der Verordnung (EG, Euratom) Nr. 1605/2002 des Rates vom 25. Juni 2002 über die Haushaltsordnung für den Gesamthaushaltsplan der Europäischen Gemeinschaften[1].

(4) Spätestens bis zum 31. März des auf das abgeschlossene Haushaltsjahr folgenden Jahres übermittelt der Rechnungsführer der Kommission dem Rechnungshof die vorläufigen Rechnungen der Agentur und den Bericht über die Haushaltsführung und das Finanzmanagement für das abgeschlossene Haushaltsjahr. Der Bericht über die Haushaltsführung und das Finanzmanagement für das abgeschlossene Haushaltsjahr geht auch dem Europäischen Parlament und dem Rat zu.

---

1) **Amtl. Anm.:** ABl L 248 vom 16.9.2002, S. 1. Zuletzt geändert durch die Verordnung (EG, Euratom) Nr. 1995/2006 des Rates (ABl L 390 vom 30.12.2006, S. 1).

(5) Nach Eingang der Bemerkungen des Rechnungshofes zu den vorläufigen Rechnungen der Agentur gemäß Artikel 129 der Verordnung (EG, Euratom) Nr. 1605/2002 stellt der Direktor in eigener Verantwortung die endgültigen Jahresabschlüsse der Agentur auf und legt sie dem Verwaltungsrat zur Stellungnahme vor.

(6) Der Verwaltungsrat gibt eine Stellungnahme zu den endgültigen Jahresabschlüssen der Agentur ab.

(7) Der Direktor leitet die endgültigen Jahresabschlüsse zusammen mit der Stellungnahme des Verwaltungsrats spätestens bis zum 1. Juli des auf das abgeschlossene Haushaltsjahr folgenden Jahres dem Europäischen Parlament, dem Rat, der Kommission und dem Rechnungshof zu.

(8) Die endgültigen Jahresabschlüsse werden veröffentlicht.

(9) Der Direktor übermittelt dem Rechnungshof spätestens am 30. September eine Antwort auf seine Bemerkungen. Diese Antwort geht auch dem Verwaltungsrat zu.

(10) Auf Empfehlung des Rates erteilt das Europäische Parlament dem Direktor vor dem 30. April des Jahres n+2 Entlastung zur Ausführung des Haushaltsplans für das Jahr n.

### Artikel 98   Betrugsbekämpfung

(1) Zur Bekämpfung von Betrug, Korruption und anderen rechtswidrigen Handlungen gelten die Bestimmungen der Verordnung (EG) Nr. 1073/1999 des Europäischen Parlaments und des Rates vom 25. Mai 1999 über die Untersuchungen des Europäischen Amtes für Betrugsbekämpfung (OLAF)[1] uneingeschränkt für die Agentur.

(2) Die Agentur ist durch die Interinstitutionelle Vereinbarung vom 25. Mai 1999 zwischen dem Europäischen Parlament, dem Rat der Europäischen Union und der Kommission der Europäischen Gemeinschaften über die internen Untersuchungen des Europäischen Amtes für Betrugsbekämpfung (OLAF)[2] gebunden und erlässt unverzüglich die für alle ihre Beschäftigten geltenden einschlägigen Bestimmungen.

(3) Die Finanzierungsbeschlüsse sowie die sich daraus ergebenden Durchführungsvereinbarungen und -instrumente sehen ausdrücklich vor, dass der Rechnungshof und das OLAF erforderlichenfalls Vor-Ort-Kontrollen bei den Empfängern der Mittel der Agentur sowie bei den verteilenden Stellen durchführen können.

### Artikel 99   Finanzregelung

Der Verwaltungsrat erlässt nach Konsultation der Kommission die für die Agentur geltende Finanzregelung. Diese darf von der Verordnung (EG, Euratom) Nr. 2343/2002 nur abweichen, wenn besondere Merkmale der Funktionsweise der Agentur es erfordern und nachdem die Kommission dem zugestimmt hat.

### Artikel 100   Rechtspersönlichkeit der Agentur

(1) Die Agentur ist eine Einrichtung der Gemeinschaft mit eigener Rechtspersönlichkeit. Sie besitzt in jedem Mitgliedstaat die weitestgehende Rechts- und Geschäftsfähigkeit, die juristischen Personen nach dessen Rechtsvorschriften zuerkannt ist. Sie kann insbesondere bewegliches und unbewegliches Vermögen erwerben und veräußern und ist vor Gericht parteifähig.

(2) Die Agentur wird durch ihren Direktor vertreten.

### Artikel 101   Haftung der Agentur

(1) Die vertragliche Haftung der Agentur bestimmt sich nach dem Recht, das auf den jeweiligen Vertrag anzuwenden ist. Für Entscheidungen aufgrund einer Schiedsklausel, die in einem von der Agentur geschlossenen Vertrag enthalten ist, ist der Gerichtshof zuständig.

---

1) **Amtl. Anm.:** ABl L 136 vom 31. 5. 1999, S. 1.
2) **Amtl. Anm.:** ABl L 136 vom 31. 5. 1999, S. 15.

(2) Im Bereich der außervertraglichen Haftung ersetzt die Agentur den durch sie oder ihre Bediensteten in Ausübung von deren Amtstätigkeit verursachten Schaden nach den allgemeinen Rechtsgrundsätzen, die den Rechtsordnungen der Mitgliedstaaten gemeinsam sind.

Für Streitigkeiten im Zusammenhang mit dem Ersatz für solche Schäden ist der Gerichtshof zuständig.

(3) Die persönliche finanzielle und disziplinarische Haftung der Bediensteten gegenüber der Agentur bestimmt sich nach den einschlägigen Vorschriften, die für das Personal der Agentur gelten.

### Artikel 102   Vorrechte und Befreiungen der Agentur

Das Protokoll über die Vorrechte und Befreiungen der Europäischen Gemeinschaften findet auf die Agentur Anwendung.

### Artikel 103   Verordnungen und Regelungen für das Personal

(1) Das Personal der Agentur unterliegt den für die Beamten und sonstigen Bediensteten der Europäischen Gemeinschaften geltenden Verordnungen und Regelungen. Im Verhältnis zu ihrem Personal übt die Agentur die Befugnisse aus, die der Anstellungsbehörde übertragen wurden.

(2) Der Verwaltungsrat erlässt im Einvernehmen mit der Kommission die erforderlichen Durchführungsbestimmungen.

(3) Das Personal der Agentur besteht aus von der Kommission oder den Mitgliedstaaten befristet abgeordneten Beamten sowie aus sonstigen Bediensteten, die von der Agentur zur Wahrnehmung ihrer Aufgaben nach Bedarf eingestellt werden. Die Agentur stellt ihr Personal anhand eines Stellenbesetzungsplans ein, der in das mehrjährige Arbeitsprogramm nach Artikel 78 Buchstabe d einzubeziehen ist.

### Artikel 104   Sprachen

(1) Die Verordnung Nr. 1 vom 15. April 1958 zur Regelung der Sprachenfrage für die Europäische Wirtschaftsgemeinschaft[1)] gilt auch für die Agentur.

(2) Die für die Arbeit der Agentur erforderlichen Übersetzungsaufgaben werden vom Übersetzungszentrum für die Einrichtungen der Europäischen Union übernommen.

### Artikel 105   Geheimhaltungspflicht

Die Mitglieder des Verwaltungsrats, die Mitglieder der Ausschüsse und des Forums, die Experten sowie die Beamten und sonstigen Bediensteten der Agentur dürfen, auch nach Beendigung ihrer Tätigkeit, keine dem Berufsgeheimnis unterliegenden Informationen weitergeben.

### Artikel 106   Beteiligung von Drittstaaten

Der Verwaltungsrat kann im Einvernehmen mit dem zuständigen Ausschuss oder dem Forum Vertreter von Drittstaaten zur Teilnahme an den Arbeiten der Agentur einladen.

### Artikel 107   Beteiligung internationaler Organisationen

Der Verwaltungsrat kann im Einvernehmen mit dem zuständigen Ausschuss oder dem Forum Vertreter internationaler Organisationen, die im Bereich der Regulierung chemischer Stoffe tätig sind, einladen, als Beobachter an den Arbeiten der Agentur teilzunehmen.

---

1) **Amtl. Anm.:** ABl 17 vom 6.10.1958, S. 385/58. Zuletzt geändert durch die Verordnung (EG) Nr. 920/2005 des Rates (ABl L 156 vom 18.6.2005, S. 3).

## Artikel 108  Kontakte zu Interessenverbänden

Der Verwaltungsrat knüpft im Einvernehmen mit der Kommission geeignete Kontakte zwischen der Agentur und einschlägigen Interessenverbänden.

## Artikel 109  Transparenzregeln

Zur Gewährleistung der Transparenz erlässt der Verwaltungsrat auf der Grundlage eines Vorschlags des Direktors und im Einvernehmen mit der Kommission die Regeln, um sicherzustellen, dass der Öffentlichkeit nichtvertrauliche regulatorische, wissenschaftliche oder technische Informationen über die Sicherheit von Stoffen als solchen, in Zubereitungen oder in Erzeugnissen zur Verfügung gestellt werden.

## Artikel 110  Beziehungen zu einschlägigen Gemeinschaftseinrichtungen

(1) Die Agentur arbeitet mit anderen Gemeinschaftseinrichtungen zusammen, um die gegenseitige Unterstützung bei der Wahrnehmung der jeweiligen Aufgaben zu gewährleisten und insbesondere Doppelarbeit zu vermeiden.

(2) Der Direktor stellt nach Anhörung des Ausschusses für Risikobeurteilung und der Europäischen Behörde für Lebensmittelsicherheit Verfahrensregeln für Stoffe auf, zu denen im Zusammenhang mit der Lebensmittelsicherheit eine Stellungnahme erbeten wurde. Diese Verfahrensregeln werden vom Verwaltungsrat im Einvernehmen mit der Kommission angenommen.

Ansonsten lässt dieser Titel die der Europäischen Behörde für Lebensmittelsicherheit übertragenen Zuständigkeiten unberührt.

(3) Dieser Titel lässt die der Europäischen Arzneimittel-Agentur übertragenen Zuständigkeiten unberührt.

(4) Der Direktor stellt nach Anhörung des Ausschusses für Risikobeurteilung, des Ausschusses für sozioökonomische Analyse und des Beratenden Ausschusses für Sicherheit, Arbeitshygiene und Gesundheitsschutz am Arbeitsplatz Verfahrensregeln für Fragen des Arbeitnehmerschutzes auf. Diese Verfahrensregeln werden vom Verwaltungsrat im Einvernehmen mit der Kommission angenommen.

Dieser Titel lässt die dem Beratenden Ausschuss für Sicherheit, Arbeitshygiene und Gesundheitsschutz am Arbeitsplatz und der Europäischen Agentur für Sicherheit und Gesundheitsschutz am Arbeitsplatz übertragenen Zuständigkeiten unberührt.

## Artikel 111  Formate und Software für die Übermittlung von Informationen an die Agentur

Die Agentur legt für die Übermittlung von Informationen an die Agentur Formate fest, die sie kostenlos zur Verfügung stellt, sowie Software-Pakete, die sie über ihre Website zugänglich macht. Die Mitgliedstaaten, Hersteller, Importeure, Händler oder nachgeschalteten Anwender verwenden diese Formate und Pakete in ihren Vorlagen an die Agentur gemäß dieser Verordnung. Insbesondere stellt die Agentur Softwareinstrumente zur Verfügung, um die Übermittlung aller Informationen über die gemäß Artikel 12 Absatz 1 registrierten Stoffe zu erleichtern.

Für die Registrierung wird als Format für das technische Dossier nach Artikel 10 Buchstabe a das IUCLID-Format verwendet. Die Agentur koordiniert die Weiterentwicklung dieses Formats mit der Organisation für wirtschaftliche Zusammenarbeit und Entwicklung (OECD), um eine größtmögliche Harmonisierung zu gewährleisten.

# Titel XI:  Einstufungs- und Kennzeichnungsverzeichnis

## Artikel 112  Anwendungsbereich

Dieser Titel gilt für
a) registrierungspflichtige Stoffe;
b) Stoffe im Anwendungsbereich von Artikel 1 der Richtlinie 67/548/EWG, die die Kriterien für die Einstufung als gefährlich gemäß der genannten Richtlinie erfüllen

und die als solche oder in einer Zubereitung in einer Konzentration in Verkehr gebracht werden, die gegebenenfalls über dem in der Richtlinie 1999/45/EG genannten Grenzwert liegt, was zur Einstufung der Zubereitung als gefährlich führt.

**Artikel 113    Meldepflicht gegenüber der Agentur**

(1) Jeder Hersteller, Produzent eines Erzeugnisses oder Importeur bzw. jede Gruppe von Herstellern oder Produzenten von Erzeugnissen oder Importeuren, der/die einen unter Artikel 112 fallenden Stoff in Verkehr bringt, teilt der Agentur folgende Informationen zur Aufnahme in das Verzeichnis gemäß Artikel 114 mit, sofern sie nicht als Teil der Registrierung übermittelt wurden:

a) die Identität des/der Hersteller/s, Produzenten von Erzeugnissen oder Importeurs/Importeure, der/die für das Inverkehrbringen des/der Stoffe/s gemäß Anhang VI Abschnitt 1 verantwortlich ist/sind;

b) die Identität des/der Stoffe/s gemäß Anhang VI Abschnitte 2.1 bis 2.3.4;

c) die Einstufung des/der Stoffe/s, die sich aus der Anwendung der Artikel 4 und 6 der Richtlinie 67/548/EWG ergibt;

d) die Gefahrenkennzeichnung für den Stoff/die Stoffe, die sich aus der Anwendung des Artikels 23 Buchstaben c bis f der Richtlinie 67/548/EWG ergibt;

e) gegebenenfalls spezifische Konzentrationsgrenzwerte, die sich aus der Anwendung des Artikels 4 Absatz 4 der Richtlinie 67/548/EWG und der Artikel 4 bis 7 der Richtlinie 1999/45/EG ergeben.

(2) Ergeben sich aus der Verpflichtung nach Absatz 1 für denselben Stoff unterschiedliche Einträge in dem Verzeichnis, so bemühen sich die Anmelder und Registranten nach Kräften um eine Einigung über den Eintrag in das Verzeichnis.

(3) Der/die Anmelder hat/haben die in Absatz 1 aufgeführten Informationen zu aktualisieren, wenn

a) neue wissenschaftliche oder technische Erkenntnisse gewonnen werden, die zu einer Änderung der Einstufung oder Kennzeichnung des Stoffes führen;

b) die Anmelder und Registranten mit abweichenden Einträgen für denselben Stoff eine Einigung über den Eintrag nach Absatz 2 erreicht haben.

**Artikel 114    Einstufungs- und Kennzeichnungsverzeichnis**

(1) Die Agentur erstellt und unterhält in Form einer Datenbank ein Einstufungs- und Kennzeichnungsverzeichnis mit den Informationen nach Artikel 113 Absatz 1 sowohl für nach Artikel 113 Absatz 1 mitgeteilte Informationen als auch für als Teil der Registrierung übermittelte Informationen. Die in Artikel 119 Absatz 1 genannten Informationen in dieser Datenbank sind öffentlich zugänglich. Die Agentur gewährt den Anmeldern und Registranten, die Informationen über einen Stoff vorgelegt haben, nach Artikel 29 Absatz 1 Zugang zu den anderen im Verzeichnis vorhandenen Daten über diesen Stoff.

Die Agentur aktualisiert das Verzeichnis, sobald sie aktualisierte Informationen gemäß Artikel 113 Absatz 3 erhält.

(2) Über die in Absatz 1 genannten Informationen hinaus vermerkt die Agentur gegebenenfalls für jeden Eintrag,

a) ob es für diesen Eintrag eine harmonisierte Einstufung und Kennzeichnung auf Gemeinschaftsebene durch die Aufnahme in Anhang I der Richtlinie 67/548/EWG gibt;

b) ob es sich bei diesem Eintrag um einen gemeinsamen Eintrag der Registranten für denselben Stoff nach Artikel 11 Absatz 1 handelt;

c) ob sich der Eintrag von einem anderen Eintrag desselben Stoffes im Verzeichnis unterscheidet;

d) falls verfügbar, die entsprechende(n) Registrierungsnummer(n).

**Artikel 115   Harmonisierung von Einstufung und Kennzeichnung**

(1) Ab dem 1. Juni 2007 wird eine harmonisierte Einstufung und Kennzeichnung auf Gemeinschaftsebene in der Regel in Anhang I der Richtlinie 67/548/EWG aufgenommen, wenn ein Stoff als krebserzeugend, erbgutverändernd oder fortpflanzungsgefährdend der Kategorie 1, 2 oder 3 oder als Inhalationsallergen eingestuft wird. Eine harmonisierte Einstufung und Kennzeichnung für andere Auswirkungen kann im Einzelfall ebenfalls in Anhang I der Richtlinie 67/548/EWG aufgenommen werden, wenn eine Begründung für die Notwendigkeit von Maßnahmen auf Gemeinschaftsebene vorgelegt wird. Dazu können die zuständigen Behörden der Mitgliedstaaten der Agentur Vorschläge für eine harmonisierte Einstufung und Kennzeichnung gemäß Anhang XV vorlegen.

(2) Der Ausschuss für Risikobeurteilung nimmt eine Stellungnahme zu dem Vorschlag an und gibt den Beteiligten Gelegenheit, sich dazu zu äußern. Die Agentur leitet diese Stellungnahme sowie etwaige Bemerkungen an die Kommission weiter, die eine Entscheidung gemäß Artikel 4 Absatz 3 der Richtlinie 67/548/EWG trifft.

**Artikel 116   Übergangsregelungen**

Die Verpflichtungen nach Artikel 113 gelten ab dem 1. Dezember 2010.

## Titel XII:   Informationen

**Artikel 117   Berichterstattung**

(1) Die Mitgliedstaaten legen der Kommission alle fünf Jahre einen Bericht über die Anwendung dieser Verordnung in ihrem jeweiligen Hoheitsgebiet vor, der unter anderem Abschnitte über die Bewertung und Durchsetzung gemäß Artikel 127 enthält.

Der erste Bericht ist bis zum 1. Juni 2010 vorzulegen.

(2) Die Agentur legt der Kommission alle fünf Jahre einen Bericht über die Anwendung dieser Verordnung vor. Die Agentur nimmt in ihren Bericht Informationen über die gemeinsame Einreichung von Informationen gemäß Artikel 11 und einen Überblick über die bei gesonderter Einreichung von Informationen abgegebenen Erklärungen auf.

Der erste Bericht ist bis zum 1. Juni 2011 vorzulegen.

(3) Alle drei Jahre legt die Agentur im Einklang mit dem Ziel der Förderung von Prüfmethoden ohne Tierversuche der Kommission einen Bericht über den Stand der Umsetzung und der Anwendung von Prüfmethoden ohne Tierversuche sowie über Prüfstrategien vor, mit denen zur Erfüllung der Anforderungen dieser Verordnung Informationen über die inhärenten Eigenschaften und für die Risikobeurteilung gewonnen werden.

Der erste Bericht ist bis zum 1. Juni 2011 vorzulegen.

(4) Die Kommission veröffentlicht alle fünf Jahre einen Gesamtbericht über
   a) die Erfahrungen mit der Anwendung dieser Verordnung, einschließlich der in den Absätzen 1, 2 und 3 genannten Informationen, und
   b) den Umfang und die Zuteilung der Mittel, die die Kommission für die Entwicklung und Beurteilung alternativer Prüfmethoden bereitgestellt hat.

Der erste Bericht ist bis zum 1. Juni 2012 zu veröffentlichen.

**Artikel 118   Zugang zu Informationen**

(1) Die Verordnung (EG) Nr. 1049/2001 findet auf Unterlagen im Besitz der Agentur Anwendung.

(2) Bei folgenden Informationen ist in der Regel davon auszugehen, dass ihre Offenlegung den Schutz der geschäftlichen Interessen der betroffenen Person beeinträchtigt:
   a) Einzelheiten der vollständigen Zusammensetzung einer Zubereitung;
   b) unbeschadet des Artikels 7 Absatz 6 und des Artikels 64 Absatz 2 die genaue Verwendung, Funktion oder Anwendung eines Stoffes oder einer Zubereitung einschließlich genauer Angaben über die Verwendung als Zwischenprodukt;

c) die genaue Menge, in der der Stoff oder die Zubereitung hergestellt oder in Verkehr gebracht wird;

d) Beziehungen zwischen einem Hersteller oder Importeur und seinen Händlern oder nachgeschalteten Anwendern.

Ist sofortiges Handeln erforderlich, um die menschliche Gesundheit, die Sicherheit oder die Umwelt, etwa in Notfallsituationen, zu schützen, kann die Agentur die in diesem Absatz genannten Informationen offen legen.

(3) Der Verwaltungsrat erlässt bis zum 1. Juni 2008 die Durchführungsbestimmungen für die Verordnung (EG) Nr. 1049/2001 einschließlich der Widerspruchs- oder Rechtsmittelverfahren gegen eine partielle oder vollständige Ablehnung eines Antrags auf vertrauliche Behandlung.

(4) Gegen die Entscheidungen der Agentur gemäß Artikel 8 der Verordnung (EG) Nr. 1049/2001 kann Beschwerde beim Bürgerbeauftragten oder Klage beim Gerichtshof nach Maßgabe des Artikels 195 bzw. 230 des Vertrags erhoben werden.

**Artikel 119  Elektronischer Zugang für die Öffentlichkeit**

(1) Folgende im Besitz der Agentur befindliche Informationen über Stoffe als solche, in Zubereitungen oder in Erzeugnissen werden nach Artikel 77 Absatz 2 Buchstabe e über das Internet kostenlos öffentlich zugänglich gemacht:

a) die Bezeichnung für gefährliche Stoffe im Sinne der Richtlinie 67/548/EWG laut IUPAC-Nomenklatur unbeschadet des Absatzes 2 Buchstaben f und g;

b) gegebenenfalls die im EINECS aufgeführte Bezeichnung des Stoffes;

c) die Einstufung und Kennzeichnung des Stoffes;

d) die physikalisch-chemischen Angaben zu dem Stoff sowie Angaben über Verbleib und Verhalten in der Umwelt;

e) die Ergebnisse der einzelnen toxikologischen und ökotoxikologischen Studien;

f) gemäß Anhang I festgestellte DNEL-Werte (Derived No-Effect Level – Grenzwert, unterhalb dessen der Stoff keine Wirkung ausübt) oder PNEC-Werte (Predicted No-Effect Concentration – Abgeschätzte Nicht-Effekt-Konzentration);

g) die Leitlinien über die sichere Verwendung, die gemäß Anhang VI Abschnitte 4 und 5 bereitgestellt werden;

h) falls gemäß Anhang IX oder X erforderlich, Analysemethoden zur Ermittlung eines in die Umwelt freigesetzten gefährlichen Stoffes sowie zur Bestimmung der unmittelbaren Exposition des Menschen.

(2) Folgende Informationen über Stoffe als solche, in Zubereitungen oder in Erzeugnissen werden nach Artikel 77 Absatz 2 Buchstabe e über das Internet kostenlos öffentlich zugänglich gemacht, es sei denn, ein Beteiligter, der die Informationen übermittelt, legt nach Artikel 10 Buchstabe a Ziffer xi eine Begründung vor, die von der Agentur als stichhaltig akzeptiert wird und aus der hervorgeht, warum die Veröffentlichung den geschäftlichen Interessen des Registranten oder anderer Beteiligter schaden könnte:

a) falls wesentlich für die Einstufung und Kennzeichnung, der Reinheitsgrad des Stoffes und die Identität von Verunreinigungen und/oder Zusätzen, die als gefährlich bekannt sind;

b) der Gesamtmengenbereich (d. h. 1 bis 10 Tonnen, 10 bis 100 Tonnen, 100 bis 1 000 Tonnen oder mehr als 1 000 Tonnen), innerhalb dessen ein bestimmter Stoff registriert wurde;

c) die einfachen oder qualifizierten Studienzusammenfassungen der in Absatz 1 Buchstaben d und e genannten Informationen;

d) andere Informationen als die in Absatz 1 genannten, die im Sicherheitsdatenblatt enthalten sind;

e) die Handelsbezeichnung(en) des Stoffes;

f) die Bezeichnung gemäß der IUPAC-Nomenklatur für Nicht-Phasein-Stoffe, die gefährlich im Sinne der Richtlinie 67/548/EWG sind, für einen Zeitraum von sechs Jahren;
g) die Bezeichnung gemäß der IUPAC-Nomenklatur für Stoffe, die gefährlich im Sinne der Richtlinie 67/548/EWG sind und die ausschließlich für einen oder mehrere der folgenden Zwecke verwendet werden:
   i. als Zwischenprodukt;
   ii. in der wissenschaftlichen Forschung und Entwicklung;
   iii. in der produkt- und verfahrensorientierten Forschung und Entwicklung.

**Artikel 120 Zusammenarbeit mit Drittstaaten und internationalen Organisationen**

Ungeachtet der Artikel 118 und 119 können Informationen, die die Agentur gemäß dieser Verordnung erhält, gegenüber einer Regierung oder einzelstaatlichen Behörde eines Drittstaates oder gegenüber einer internationalen Organisation offen gelegt werden, wenn ein Abkommen zwischen der Gemeinschaft und der betreffenden dritten Partei gemäß der Verordnung (EG) Nr. 304/2003 des Europäischen Parlaments und des Rates vom 28. Januar 2003 über die Aus- und Einfuhr gefährlicher Chemikalien[1] oder nach Artikel 181a Absatz 3 des Vertrags geschlossen wurde und sofern die beiden folgenden Bedingungen erfüllt sind:
a) Zweck des Abkommens ist die Zusammenarbeit in Bezug auf die Durchführung oder die Verwaltung von Rechtsvorschriften über chemische Stoffe, die von dieser Verordnung erfasst sind;
b) die dritte Partei schützt die vertraulichen Informationen wie gegenseitig vereinbart.

# Titel XIII: Zuständige Behörden

### Artikel 121 Benennung

Die Mitgliedstaaten benennen die zuständige/n Behörde/n, die für die Wahrnehmung der Aufgaben, die den zuständigen Behörden durch diese Verordnung übertragen werden, sowie für die Zusammenarbeit mit der Kommission und der Agentur bei der Durchführung dieser Verordnung zuständig ist/sind. Die Mitgliedstaaten stellen den zuständigen Behörden angemessene Mittel zur Verfügung, damit diese ihre Aufgaben im Rahmen dieser Verordnung unter Hinzuziehung anderer verfügbarer Mittel rechtzeitig und effektiv erfüllen können.

### Artikel 122 Zusammenarbeit zwischen den zuständigen Behörden

Bei der Wahrnehmung ihrer Aufgaben nach dieser Verordnung arbeiten die zuständigen Behörden zusammen und leisten dazu den zuständigen Behörden anderer Mitgliedstaaten die notwendige und sachdienliche Unterstützung.

### Artikel 123 Information der Öffentlichkeit über Stoffrisiken

Die zuständigen Behörden der Mitgliedstaaten informieren die breite Öffentlichkeit über die Risiken im Zusammenhang mit Stoffen, wenn dies zum Schutz der menschlichen Gesundheit und der Umwelt für erforderlich erachtet wird. Die Agentur erstellt in Konsultation mit den zuständigen Behörden, den interessierten Kreisen und gegebenenfalls unter Heranziehung bewährter Verfahren Anleitungen für die Mitteilung von Informationen über die Risiken und die sichere Verwendung chemischer Stoffe als solcher, in Zubereitungen und in Erzeugnissen.

---

[1] Amtl. Anm.: ABl L 63 vom 6.3.2003, S. 1. Zuletzt geändert durch die Verordnung (EG) Nr. 777/2006 der Kommission (ABl L 136 vom 24.5.2006, S. 9).

**Artikel 124  Sonstige Zuständigkeiten**

Die zuständigen Behörden übermitteln der Agentur auf elektronischem Weg alle ihnen vorliegenden Informationen über Stoffe, die zwar nach Artikel 12 Absatz 1 registriert wurden, deren Registrierungsdossiers aber nicht die gesamten Informationen nach Anhang VII enthalten, insbesondere Informationen darüber, ob sich im Zuge der Durchsetzungs- oder Überwachungstätigkeiten ein Risikoverdacht ergeben hat. Die zuständige Behörde aktualisiert diese Informationen gegebenenfalls. Zusätzlich zu den von der Agentur gemäß Artikel 77 Absatz 2 Buchstabe g bereitgestellten schriftlichen Leitlinien richten die Mitgliedstaaten nationale Auskunftsstellen ein, die die Hersteller, Importeure, nachgeschalteten Anwender und sonstige interessierte Kreise hinsichtlich ihrer jeweiligen Zuständigkeiten und Verpflichtungen im Rahmen dieser Verordnung beraten, insbesondere hinsichtlich der Registrierung von Stoffen nach Artikel 12 Absatz 1.

## Titel XIV:  Durchsetzung

### Artikel 125  Aufgaben der Mitgliedstaaten

Die Mitgliedstaaten unterhalten ein System amtlicher Kontrollen und anderer im Einzelfall zweckdienlicher Tätigkeiten.

### Artikel 126  Sanktionen bei Verstößen

Die Mitgliedstaaten legen für Verstöße gegen die Bestimmungen dieser Verordnung Vorschriften über Sanktionen fest und treffen alle zu ihrer Anwendung erforderlichen Maßnahmen. Die vorgesehenen Sanktionen müssen wirksam, angemessen und abschreckend sein. Die Mitgliedstaaten teilen der Kommission diese Vorschriften spätestens am 1. Dezember 2008 mit und melden ihr spätere Änderungen unverzüglich.

### Artikel 127  Berichterstattung

Der Bericht nach Artikel 117 Absatz 1 enthält in Bezug auf die Durchführung die Ergebnisse der amtlichen Inspektionen, die erfolgte Überwachung, die vorgesehenen Sanktionen und die weiteren nach den Artikeln 125 und 126 in dem vorangegangenen Berichtszeitraum ergriffenen Maßnahmen. Die in den Berichten zu behandelnden gemeinsamen Fragen werden vom Forum vereinbart. Die Kommission übermittelt diese Berichte der Agentur und dem Forum.

## Titel XV:  Übergangs- und Schlussbestimmungen

### Artikel 128  Freier Warenverkehr

(1) Vorbehaltlich des Absatzes 2 dürfen die Mitgliedstaaten die Herstellung, die Einfuhr, das Inverkehrbringen oder die Verwendung eines unter diese Verordnung fallenden Stoffes als solchem, in einer Zubereitung oder in einem Erzeugnis, der dieser Verordnung und gegebenenfalls gemeinschaftlichen Rechtsakten zur Durchführung dieser Verordnung entspricht, nicht untersagen, beschränken oder behindern.

(2) Diese Verordnung steht der Möglichkeit nicht entgegen, dass die Mitgliedstaaten innerstaatliche Vorschriften für den Schutz der Arbeitnehmer, der menschlichen Gesundheit und der Umwelt in Fällen beibehalten oder einführen, in denen die Anforderungen an die Herstellung, das Inverkehrbringen oder die Verwendung mit dieser Verordnung nicht harmonisiert werden.

### Artikel 129  Schutzklausel

(1) Hat ein Mitgliedstaat berechtigten Grund zur Annahme, dass hinsichtlich eines Stoffes als solchem, in einer Zubereitung oder in einem Erzeugnis auch bei Übereinstimmung mit den Anforderungen dieser Verordnung sofortiges Handeln erforderlich ist, um die menschliche Gesundheit oder die Umwelt zu schützen, so kann er geeignete vorläufige Maßnahmen treffen. Er unterrichtet hierüber unverzüglich die Kommission, die Agentur und die übrigen Mitgliedstaaten unter Angabe der Gründe für diese Entschei-

dung und legt die wissenschaftlichen oder technischen Informationen vor, auf denen diese vorläufige Maßnahme beruht.

(2) Die Kommission trifft innerhalb von 60 Tagen nach Eingang der Informationen des Mitgliedstaates eine Entscheidung gemäß dem in Artikel 133 Absatz 3 genannten Verfahren. Mit dieser Entscheidung wird entweder

a) die vorläufige Maßnahme für einen in der Entscheidung genannten Zeitraum zugelassen oder

b) der Mitgliedstaat aufgefordert, die vorläufige Maßnahme zu widerrufen.

(3) Besteht im Fall einer Entscheidung nach Absatz 2 Buchstabe a die vorläufige Maßnahme des Mitgliedstaates in einer Beschränkung des Inverkehrbringens oder der Verwendung eines Stoffes, so leitet der betreffende Mitgliedstaat ein gemeinschaftliches Beschränkungsverfahren ein, indem er der Agentur gemäß Anhang XV innerhalb von drei Monaten nach Erlass der Entscheidung der Kommission ein Dossier vorlegt.

(4) Im Fall einer Entscheidung nach Absatz 2 Buchstabe a prüft die Kommission, ob diese Verordnung angepasst werden muss.

**Artikel 130  Begründung von Entscheidungen**

Die zuständigen Behörden, die Agentur und die Kommission legen die Gründe für sämtliche Entscheidungen dar, die sie gemäß dieser Verordnung treffen.

**Artikel 131  Änderung der Anhänge**

Die Anhänge können gemäß dem in Artikel 133 Absatz 4 genannten Verfahren geändert werden.

**Artikel 132  Durchführungsvorschriften**

Maßnahmen, die notwendig sind, um die Bestimmungen dieser Verordnung wirksam umzusetzen, werden nach dem in Artikel 133 Absatz 3 genannten Verfahren erlassen.

**Artikel 133  Ausschussverfahren**

(1) Die Kommission wird von einem Ausschuss unterstützt.

(2) Wird auf diesen Absatz Bezug genommen, so gelten die Artikel 3 und 7 des Beschlusses 1999/468/EG unter Beachtung von dessen Artikel 8.

(3) Wird auf diesen Absatz Bezug genommen, so gelten die Artikel 5 und 7 des Beschlusses 1999/468/EG unter Beachtung von dessen Artikel 8. Der Zeitraum nach Artikel 5 Absatz 6 des Beschlusses 1999/468/EG wird auf drei Monate festgesetzt.

(4) Wird auf diesen Absatz Bezug genommen, so gelten die Artikel 5a Absätze 1 bis 4 und Artikel 7 des Beschlusses 1999/468/EG unter Beachtung von dessen Artikel 8.

(5) Der Ausschuss gibt sich eine Geschäftsordnung.

**Artikel 134  Vorbereitung der Einrichtung der Agentur**

(1) Die Kommission leistet die notwendige Unterstützung zur Einrichtung der Agentur.

(2) Dazu kann die Kommission, bis der Direktor nach seiner Ernennung durch den Verwaltungsrat der Agentur gemäß Artikel 84 sein Amt antritt, im Namen der Agentur und unter Verwendung der dafür vorgesehenen Haushaltsmittel

a) Personal ernennen, einschließlich einer Person, die übergangsweise die Funktion des Direktors wahrnimmt, und

b) andere Verträge abschließen.

**Artikel 135  Übergangsmaßnahmen hinsichtlich angemeldeter Stoffe**

(1) Die Aufforderungen an die Anmelder, der zuständigen Behörde gemäß Artikel 16 Absatz 2 der Richtlinie 67/548/EWG weitere Informationen vorzulegen, gelten als gemäß Artikel 51 der vorliegenden Verordnung erlassene Entscheidungen.

(2) Die Aufforderungen an einen Anmelder, gemäß Artikel 16 Absatz 1 der Richtlinie 67/548/EWG weitere Informationen zu einem Stoff vorzulegen, gelten als gemäß Artikel 52 der vorliegenden Verordnung erlassene Entscheidungen.
Ein Stoff gilt als in den fortlaufenden Aktionsplan der Gemeinschaft gemäß Artikel 44 Absatz 2 der vorliegenden Verordnung aufgenommen und gilt als gemäß Artikel 45 Absatz 2 der vorliegenden Verordnung von dem Mitgliedstaat ausgewählt, dessen zuständige Behörde weitere Informationen gemäß Artikel 7 Absatz 2 und Artikel 16 Absatz 1 der Richtlinie 67/548/EWG angefordert hat.

**Artikel 136  Übergangsmaßnahmen für Altstoffe**

(1) Die Aufforderungen an die Hersteller oder Importeure im Wege einer aufgrund von Artikel 10 Absatz 2 der Verordnung (EWG) Nr. 793/93 erlassenen Verordnung der Kommission, dieser weitere Informationen zu übermitteln, gelten als gemäß Artikel 52 der vorliegenden Verordnung erlassene Entscheidungen.
Die für den Stoff zuständige Behörde ist die zuständige Behörde des Mitgliedstaates, die gemäß Artikel 10 Absatz 1 der Verordnung (EWG) Nr. 793/93 zum Berichterstatter bestimmt wurde; sie erfüllt die Aufgaben nach Artikel 46 Absatz 3 und Artikel 48 der vorliegenden Verordnung.

(2) Die Aufforderungen an die Hersteller oder Importeure im Wege einer aufgrund von Artikel 12 Absatz 2 der Verordnung (EWG) Nr. 793/93 erlassenen Verordnung der Kommission, dieser weitere Informationen zu übermitteln, gelten als gemäß Artikel 52 der vorliegenden Verordnung erlassene Entscheidungen. Die Agentur bestimmt die für den Stoff zuständige Behörde, die die Aufgaben nach Artikel 46 Absatz 3 und Artikel 48 der vorliegenden Verordnung erfüllen soll.

(3) Ein Mitgliedstaat, dessen Berichterstatter nicht bis zum 1. Juni 2008 gemäß Artikel 10 Absatz 3 der Verordnung (EWG) Nr. 793/93 die Risikobewertung und gegebenenfalls die Strategie zur Begrenzung der Risiken übermittelt hat, verfährt wie folgt:

a) Er dokumentiert die Informationen über Gefahr und Risiko nach Anhang XV Teil B der vorliegenden Verordnung;

b) er wendet Artikel 69 Absatz 4 der vorliegenden Verordnung auf der Grundlage der in Buchstabe a genannten Informationen an;

c) er erstellt Unterlagen darüber, auf welche Weise seines Erachtens mit anderen Maßnahmen als einer Änderung des Anhangs XVII der vorliegenden Verordnung auf andere ermittelte Risiken reagiert werden sollte.

Die oben genannten Informationen werden der Agentur bis zum 1. Dezember 2008 vorgelegt.

**Artikel 137  Übergangsmaßnahmen für Beschränkungen**

(1) Bis zum 1. Juni 2010 erstellt die Kommission erforderlichenfalls den Entwurf einer Änderung des Anhangs XVII; dieser Entwurf entspricht entweder

a) etwaigen Risikobewertungen und empfohlenen Strategien zur Begrenzung der Risiken, die nach Artikel 11 der Verordnung (EWG) Nr. 793/93 auf Gemeinschaftsebene angenommen wurden, sofern er Vorschläge für Beschränkungen nach Titel VIII der vorliegenden Verordnung enthält, über die aber noch keine Entscheidung gemäß der Richtlinie 76/769/EWG getroffen worden ist; oder

b) etwaigen Vorschlägen zur Einführung oder Änderung von Beschränkungen nach der Richtlinie 76/769/EWG, die den einschlägigen Organen vorgelegt wurden, aber noch nicht angenommen worden sind.

(2) Bis zum 1. Juni 2010 wird jedes Dossier nach Artikel 129 Absatz 3 der Kommission vorgelegt. Die Kommission erstellt erforderlichenfalls den Entwurf einer Änderung des Anhangs XVII.

(3) Änderungen von Beschränkungen nach der Richtlinie 76/769/EWG nach dem 1. Juni 2007 werden mit Wirkung vom 1. Juni 2009 in Anhang XVII aufgenommen.

## Artikel 138  Überprüfung

(1) Bis zum 1. Juni 2019 nimmt die Kommission eine Überprüfung vor, um zu beurteilen, ob die Verpflichtung zur Durchführung einer Stoffsicherheitsbeurteilung und zu ihrer Dokumentierung in einem Stoffsicherheitsbericht auch auf Stoffe angewendet werden soll, die dieser Verpflichtung nicht unterliegen, weil sie nicht registrierungspflichtig sind oder zwar registrierungspflichtig sind, jedoch in Mengen von weniger als 10 Tonnen pro Jahr hergestellt oder importiert werden. Für Stoffe, die die Kriterien für die Einstufung als krebserzeugend, erbgutverändernd oder fortpflanzungsgefährdend der Kategorie 1 oder 2 gemäß der Richtlinie 67/548/EWG erfüllen, ist die Überprüfung jedoch bis zum 1. Juni 2014 vorzunehmen. Bei der Überprüfung berücksichtigt die Kommission alle maßgeblichen Faktoren einschließlich

a) der den Herstellern und Importeuren durch die Erstellung des Stoffsicherheitsberichts entstehenden Kosten;

b) der Aufteilung der Kosten zwischen den Akteuren der Lieferkette und dem nachgeschalteten Anwender;

c) des Nutzens für die menschliche Gesundheit und die Umwelt.

Auf der Grundlage dieser Überprüfung kann die Kommission gegebenenfalls Legislativvorschläge für die Ausweitung dieser Verpflichtung unterbreiten.

(2) Die Kommission kann Legislativvorschläge unterbreiten, sobald für die Registrierung in Frage kommende Polymere auf praktikable und kosteneffiziente Weise auf der Grundlage solider technischer und validierter wissenschaftlicher Kriterien ermittelt werden können und ein Bericht über folgende Aspekte veröffentlicht wurde:

a) die Risiken von Polymeren im Vergleich zu anderen Stoffen;

b) die etwaige Notwendigkeit, bestimmte Polymertypen registrieren zu lassen, wobei zum einen Wettbewerbsfähigkeit und Innovation und zum anderen der Schutz der menschlichen Gesundheit und der Umwelt zu berücksichtigen sind.

(3) Der in Artikel 117 Absatz 4 genannte Bericht über die Erfahrungen mit der Anwendung dieser Verordnung schließt eine Überprüfung der Anforderungen im Zusammenhang mit der Registrierung von Stoffen ein, die nur in Mengen von mindestens 1 Tonne, aber weniger als 10 Tonnen pro Jahr und pro Hersteller oder Importeur hergestellt oder eingeführt werden. Auf der Grundlage dieser Überprüfung kann die Kommission Legislativvorschläge unterbreiten, um die Informationsanforderungen für Stoffe zu ändern, die in Mengen von 1 Tonne oder mehr und bis zu 10 Tonnen pro Jahr und pro Hersteller oder Importeur hergestellt oder eingeführt werden; dabei sind die jüngsten Entwicklungen zu berücksichtigen, beispielsweise in Bezug auf Testalternativen und (quantitative) Struktur-Wirkungs-Beziehungen ((Q)SAR).

(4) Die Kommission überprüft die Anhänge I, IV und V bis zum 1. Juni 2008, um gegebenenfalls Änderungen an ihnen gemäß dem in Artikel 131 genannten Verfahren vorzuschlagen.

(5) Die Kommission überprüft den Anhang XIII bis zum 1. Dezember 2008, um zu beurteilen, ob die Kriterien für die Ermittlung der persistenten, bioakkumulierbaren und toxischen Stoffe oder sehr persistenten und sehr bioakkumulierbaren Stoffe geeignet sind, mit dem Ziel, gegebenenfalls nach dem Verfahren des Artikels 133 Absatz 4 Änderungen vorzuschlagen.

(6) Die Kommission führt bis zum 1. Juni 2012 eine Überprüfung durch, um zu beurteilen, ob der Geltungsbereich der vorliegenden Verordnung zur Vermeidung von Überschneidungen mit anderen Gemeinschaftsrechtsakten zu ändern ist. Auf der Grundlage

dieser Überprüfung kann die Kommission gegebenenfalls einen Legislativvorschlag vorlegen.

(7) Die Kommission führt bis zum 1. Juni 2013 eine Überprüfung durch, um zu beurteilen, ob der Geltungsbereich des Artikels 60 Absatz 3 unter Berücksichtigung der letzten Entwicklungen der wissenschaftlichen Kenntnisse auf unter Artikel 57 Buchstabe f fallende Stoffe mit endokrinen Eigenschaften zu erstrecken ist. Auf der Grundlage dieser Überprüfung kann die Kommission gegebenenfalls Legislativvorschläge vorlegen.

(8) Die Kommission führt bis zum 1. Juni 2019 eine Überprüfung durch, um zu beurteilen, ob der Geltungsbereich des Artikels 33 unter Berücksichtigung der bei der Durchführung des genannten Artikels gewonnenen praktischen Erfahrungen auf andere gefährliche Stoffe auszuweiten ist. Auf der Grundlage dieser Überprüfung kann die Kommission gegebenenfalls Legislativvorschläge zur Ausweitung der genannten Verpflichtung vorlegen.

(9) Die Kommission überprüft bis zum 1. Juni 2019 die Versuchsanforderungen des Anhangs VIII Abschnitt 8.7 unter dem Gesichtspunkt des in der vorliegenden Richtlinie festgeschriebenen Zieles der Förderung von Alternativen zu Tierversuchen sowie ihrer Ersetzung, Reduktion oder erträglicheren Gestaltung. Auf der Grundlage dieser Überprüfung kann die Kommission Änderungen gemäß dem in Artikel 133 Absatz 4 genannten Verfahren vorschlagen.

### Artikel 139  Aufhebung

Die Richtlinie 91/155/EWG wird aufgehoben.

Die Richtlinien 93/105/EG und 2000/21/EG sowie die Verordnungen (EWG) Nr. 793/93 und (EG) Nr. 1488/94 werden mit Wirkung vom 1. Juni 2008 aufgehoben.

Die Richtlinie 93/67/EWG wird mit Wirkung vom 1. August 2008 aufgehoben.

Die Richtlinie 76/769/EWG wird mit Wirkung vom 1. Juni 2009 aufgehoben.

Verweisungen auf die aufgehobenen Rechtsakte gelten als Verweisungen auf diese Verordnung.

### Artikel 140  Änderung der Richtlinie 1999/45/EG

Artikel 14 der Richtlinie 1999/45/EG wird gestrichen.

### Artikel 141  Inkrafttreten und Anwendung

(1) Diese Verordnung tritt am 1. Juni 2007 in Kraft.

(2) Die Titel II, III, V, VI, VII, XI und XII sowie die Artikel 128 und 136 gelten ab dem 1. Juni 2008.

(3) Artikel 135 gilt ab dem 1. August 2008.

(4) Titel VIII und Anhang XVII gelten ab dem 1. Juni 2009.

Diese Verordnung ist in allen ihren Teilen verbindlich und gilt unmittelbar in jedem Mitgliedstaat.

# IX. Abfallwirtschaft

## 1. Richtlinie 2006/12/EG des Europäischen Parlaments und des Rates vom 5. April 2006 über Abfälle (RL 2006/12/EG)

v. 27. 4. 2006 (ABl Nr. L 114 S. 9)

### Artikel 1

(1) Im Sinne dieser Richtlinie bedeutet:
a) „Abfall": alle Stoffe oder Gegenstände, die unter die in Anhang I aufgeführten Gruppen fallen und deren sich ihr Besitzer entledigt, entledigen will oder entledigen muss;
b) „Erzeuger": jede Person, durch deren Tätigkeit Abfälle angefallen sind („Ersterzeuger"), und/oder jede Person, die Vorbehandlungen, Mischungen oder sonstige Behandlungen vorgenommen hat, die eine Veränderung der Natur oder der Zusammensetzung dieser Abfälle bewirken;
c) „Besitzer": der Erzeuger der Abfälle oder die natürliche oder juristische Person, in deren Besitz sich die Abfälle befinden;
d) „Bewirtschaftung": das Einsammeln, die Beförderung, die Verwertung und die Beseitigung der Abfälle, einschließlich der Überwachung dieser Vorgänge sowie der Überwachung der Deponien nach deren Schließung;
e) „Beseitigung": alle in Anhang II A aufgeführten Verfahren;
f) „Verwertung": alle in Anhang II B aufgeführten Verfahren;
g) „Einsammeln": das Einsammeln, Sortieren und/oder Zusammenstellen der Abfälle im Hinblick auf ihre Beförderung.

(2) Für die Zwecke des Absatzes 1 Buchstabe a erstellt die Kommission nach dem in Artikel 18 Absatz 3 genannten Verfahren ein Verzeichnis der unter die Abfallgruppen in Anhang I fallenden Abfälle. Dieses Verzeichnis wird regelmäßig überprüft und erforderlichenfalls nach demselben Verfahren überarbeitet.

### Artikel 2

(1) Diese Richtlinie gilt nicht für
a) gasförmige Ableitungen in die Atmosphäre;
b) folgende Abfälle, soweit für diese bereits andere Rechtsvorschriften gelten:
    i. radioaktive Abfälle;
    ii. Abfälle, die beim Aufsuchen, Gewinnen, Aufbereiten und Lagern von Bodenschätzen sowie beim Betrieb von Steinbrüchen entstehen;
    iii. Tierkörper und folgende Abfälle aus der Landwirtschaft: Fäkalien und sonstige natürliche, ungefährliche Stoffe, die innerhalb der Landwirtschaft verwendet werden;
    iv. Abwässer mit Ausnahme flüssiger Abfälle;
    v. ausgesonderte Sprengstoffe.

(2) Zur Regelung der Bewirtschaftung bestimmter Abfallgruppen können in Einzelrichtlinien besondere oder ergänzende Vorschriften erlassen werden.

### Artikel 3

(1) Die Mitgliedstaaten treffen Maßnahmen, um Folgendes zu fördern:
a) in erster Linie die Verhütung oder Verringerung der Erzeugung von Abfällen und ihrer Gefährlichkeit, insbesondere durch
    i. die Entwicklung sauberer Technologien, die eine sparsamere Nutzung der natürlichen Ressourcen ermöglichen;

ii. die technische Entwicklung und das Inverkehrbringen von Produkten, die so ausgelegt sind, dass sie aufgrund ihrer Herstellungseigenschaften, ihrer Verwendung oder Beseitigung nicht oder in möglichst geringem Ausmaß zu einer Vermehrung oder einem erhöhten Risikopotential der Abfälle und Umweltbelastungen beitragen;

iii. die Entwicklung geeigneter Techniken zur Beseitigung gefährlicher Stoffe in Abfällen, die für die Verwertung bestimmt sind;

b) in zweiter Linie

i. die Verwertung der Abfälle im Wege der Rückführung, der Wiederverwendung, des Wiedereinsatzes oder anderer Verwertungsvorgänge im Hinblick auf die Gewinnung von sekundären Rohstoffen

oder

ii. die Nutzung von Abfällen zur Gewinnung von Energie.

(2) Außer in den Fällen, in denen die Richtlinie 98/34/EG des Europäischen Parlaments und des Rates vom 22. Juni 1998 über ein Informationsverfahren auf dem Gebiet der Normen und technischen Vorschriften[1)] Anwendung findet, unterrichten die Mitgliedstaaten die Kommission über die von ihnen zur Erreichung der Ziele des Absatzes 1 in Aussicht genommenen Maßnahmen. Die Kommission unterrichtet die anderen Mitgliedstaaten und den in Artikel 18 Absatz 1 genannten Ausschuss über diese Maßnahmen.

## Artikel 4

(1) Die Mitgliedstaaten treffen die erforderlichen Maßnahmen, um sicherzustellen, dass die Abfälle verwertet oder beseitigt werden, ohne dass die menschliche Gesundheit gefährdet wird und ohne dass Verfahren oder Methoden verwendet werden, welche die Umwelt schädigen können, insbesondere ohne dass

a) Wasser, Luft, Boden und die Tier- und Pflanzenwelt gefährdet werden;

b) Geräusch- oder Geruchsbelästigungen verursacht werden;

c) die Umgebung und das Landschaftsbild beeinträchtigt werden.

(2) Die Mitgliedstaaten ergreifen die erforderlichen Maßnahmen, um eine unkontrollierte Ablagerung oder Ableitung von Abfällen und deren unkontrollierte Beseitigung zu verbieten.

## Artikel 5

(1) Die Mitgliedstaaten treffen – in Zusammenarbeit mit anderen Mitgliedstaaten, wenn sich dies als notwendig oder zweckmäßig erweist – Maßnahmen, um ein integriertes und angemessenes Netz von Beseitigungsanlagen zu errichten, die den derzeit modernsten, keine übermäßig hohen Kosten verursachenden Technologien Rechnung tragen. Dieses Netz muss es der Gemeinschaft insgesamt erlauben, die Entsorgungsautarkie zu erreichen, und es jedem einzelnen Mitgliedstaat ermöglichen, diese Autarkie anzustreben, wobei die geografischen Gegebenheiten oder der Bedarf an besonderen Anlagen für bestimmte Abfallarten berücksichtigt werden.

(2) Das in Absatz 1 genannte Netz muss es gestatten, dass die Abfälle in einer der am nächsten gelegenen geeigneten Entsorgungsanlagen unter Einsatz von Methoden und Technologien beseitigt werden, die am geeignetsten sind, um ein hohes Niveau des Gesundheits- und Umweltschutzes zu gewährleisten.

## Artikel 6

Die Mitgliedstaaten schaffen oder benennen die zuständige(n) Behörde(n), deren Auftrag es ist, die Bestimmungen dieser Richtlinie durchzuführen.

---

1) **Amtl. Anm.:** ABl L 204 vom 21. 7. 1998, S. 37. Richtlinie zuletzt geändert durch die Beitrittsakte von 2003.

## Artikel 7

(1) Zur Verwirklichung der Ziele der Artikel 3, 4 und 5 erstellt (erstellen) die in Artikel 6 genannte(n) zuständige(n) Behörde(n) so bald wie möglich einen oder mehrere Abfallbewirtschaftungspläne. Diese Pläne umfassen insbesondere Folgendes:
  a) Art, Menge und Ursprung der zu verwertenden oder zu beseitigenden Abfälle;
  b) allgemeine technische Vorschriften;
  c) besondere Vorkehrungen für bestimmte Abfälle;
  d) geeignete Flächen für Deponien und sonstige Beseitigungsanlagen.

(2) In den in Absatz 1 genannten Plänen können beispielsweise angegeben sein:
  a) die zur Abfallbewirtschaftung berechtigten natürlichen oder juristischen Personen;
  b) die geschätzten Kosten der Verwertung und der Beseitigung;
  c) Maßnahmen zur Förderung der Rationalisierung des Einsammelns, Sortierens und Behandelns von Abfällen.

(3) Die Mitgliedstaaten arbeiten bei der Erstellung dieser Pläne gegebenenfalls mit den anderen Mitgliedstaaten und der Kommission zusammen. Sie übermitteln diese Pläne der Kommission.

(4) Die Mitgliedstaaten können die erforderlichen Maßnahmen ergreifen, um das Verbringen von Abfällen, das ihren Abfallbewirtschaftungsplänen nicht entspricht, zu unterbinden. Sie teilen der Kommission und den Mitgliedstaaten derartige Maßnahmen mit.

## Artikel 8

Die Mitgliedstaaten treffen die erforderlichen Vorkehrungen, damit jeder Besitzer von Abfällen
  a) diese einem privaten oder öffentlichen Sammelunternehmen oder einem Unternehmen übergibt, das die in Anhang II A oder II B genannten Maßnahmen durchführt, oder
  b) selbst die Verwertung oder Beseitigung unter Einhaltung der Bestimmungen dieser Richtlinie sicherstellt.

## Artikel 9

(1) Für die Zwecke der Artikel 4, 5 und 7 bedürfen alle Anlagen oder Unternehmen, die die in Anhang II A genannten Maßnahmen durchführen, einer Genehmigung durch die in Artikel 6 genannte zuständige Behörde.

Diese Genehmigung erstreckt sich insbesondere auf
  a) Art und Menge der Abfälle;
  b) die technischen Vorschriften;
  c) die Sicherheitsvorkehrungen;
  d) den Ort der Beseitigung;
  e) die Beseitigungsmethode.

(2) Die Genehmigungen können befristet, erneuert, mit Bedingungen und Auflagen verbunden oder, insbesondere wenn die vorgesehene Beseitigungsmethode aus Umweltgründen nicht akzeptiert werden kann, verweigert werden.

## Artikel 10

Für die Zwecke des Artikels 4 bedürfen alle Anlagen oder Unternehmen, die die in Anhang II B genannten Maßnahmen durchführen, einer Genehmigung.

**Artikel 11**

(1) Unbeschadet der Richtlinie 91/689/EWG des Rates vom 12. Dezember 1991 über gefährliche Abfälle[1] können von der Genehmigungspflicht des Artikels 9 bzw. 10 befreit werden:
  a) die Anlagen oder Unternehmen, die die Beseitigung ihrer eigenen Abfälle am Entstehungsort sicherstellen, und
  b) die Anlagen oder Unternehmen, die Abfälle verwerten.

(2) Die in Absatz 1 genannte Befreiung gilt nur,
  a) wenn die zuständigen Behörden für die verschiedenen Arten von Tätigkeiten jeweils allgemeine Vorschriften zur Festlegung der Abfallarten und -mengen sowie der Bedingungen erlassen haben, unter denen die Tätigkeit von der Genehmigungspflicht befreit werden kann, und
  b) wenn die Art oder Menge der Abfälle und die Verfahren zu ihrer Beseitigung oder Verwertung so beschaffen sind, dass die Bedingungen des Artikels 4 eingehalten werden.

(3) Die in Absatz 1 genannten Anlagen oder Unternehmen müssen bei den zuständigen Behörden gemeldet sein.

(4) Die Mitgliedstaaten unterrichten die Kommission über die gemäß Absatz 2 Buchstabe a erlassenen allgemeinen Vorschriften.

**Artikel 12**

Die Anlagen oder Unternehmen, die gewerbsmäßig Abfälle einsammeln oder befördern oder die für die Beseitigung oder Verwertung von Abfällen für andere sorgen (Händler oder Makler), müssen bei den zuständigen Behörden gemeldet sein, sofern sie keine Genehmigung benötigen.

**Artikel 13**

Die Anlagen oder Unternehmen, die die in den Artikeln 9 bis 12 genannten Maßnahmen durchführen, werden von den zuständigen Behörden regelmäßig angemessen überprüft.

**Artikel 14**

(1) Die in den Artikeln 9 und 10 genannten Anlagen oder Unternehmen
  a) führen ein Register, in dem hinsichtlich der Abfälle nach Anhang I sowie der Vorgänge nach Anhang II A oder II B die Menge, die Art, der Ursprung und – gegebenenfalls – die Bestimmung, die Häufigkeit des Einsammelns und das Beförderungsmittel der Abfälle sowie die Art ihrer Behandlung verzeichnet werden;
  b) teilen diese Angaben den in Artikel 6 genannten zuständigen Behörden auf Anfrage mit.

(2) Die Mitgliedstaaten können auch von den Erzeugern verlangen, den Bestimmungen von Absatz 1 nachzukommen.

**Artikel 15**

Gemäß dem Verursacherprinzip sind die Kosten für die Beseitigung der Abfälle zu tragen von
  a) dem Abfallbesitzer, der seine Abfälle einem Sammelunternehmen oder einem Unternehmen im Sinne des Artikels 9 übergibt, und/oder
  b) den früheren Besitzern oder dem Hersteller des Erzeugnisses, von dem die Abfälle herrühren.

---

[1] **Amtl. Anm.:** ABl L 377 vom 31. 12. 1991, S. 20. Richtlinie geändert durch die Richtlinie 94/31/EG (ABl L 168 vom 2. 7. 1994, S. 28).

### Artikel 16

Die Mitgliedstaaten übermitteln der Kommission alle drei Jahre Angaben über die Durchführung dieser Richtlinie im Rahmen eines sektoralen Berichts, der auch die anderen einschlägigen Gemeinschaftsrichtlinien erfasst. Der Bericht ist anhand eines von der Kommission nach dem in Artikel 18 Absatz 2 genannten Verfahren ausgearbeiteten Fragebogens oder Schemas zu erstellen. Der Fragebogen bzw. das Schema wird den Mitgliedstaaten sechs Monate vor Beginn des Berichtszeitraums übersandt. Der Bericht ist bei der Kommission innerhalb von neun Monaten nach Ablauf des von ihm erfassten Dreijahreszeitraums einzureichen.

Die Kommission veröffentlicht innerhalb von neun Monaten nach Erhalt der einzelstaatlichen Berichte einen Gemeinschaftsbericht über die Durchführung dieser Richtlinie.

### Artikel 17

Die zur Anpassung der Anhänge an den wissenschaftlichen und technischen Fortschritt notwendigen Änderungen werden nach dem in Artikel 18 Absatz 3 genannten Verfahren erlassen.

### Artikel 18

(1) Die Kommission wird von einem Ausschuss unterstützt.

(2) Wird auf diesen Absatz Bezug genommen, so gelten die Artikel 4 und 7 des Beschlusses 1999/468/EG unter Beachtung von dessen Artikel 8.

Der Zeitraum nach Artikel 4 Absatz 3 des Beschlusses 1999/468/EG wird auf einen Monat festgesetzt.

(3) Wird auf diesen Absatz Bezug genommen, so gelten die Artikel 5 und 7 des Beschlusses 1999/468/EG unter Beachtung von dessen Artikel 8.

Der Zeitraum nach Artikel 5 Absatz 6 des Beschlusses 1999/468/EG wird auf drei Monate festgesetzt.

(4) Der Ausschuss gibt sich eine Geschäftsordnung.

### Artikel 19

Die Mitgliedstaaten teilen der Kommission den Wortlaut der wichtigsten innerstaatlichen Rechtsvorschriften mit, die sie auf dem unter diese Richtlinie fallenden Gebiet erlassen.

### Artikel 20

Die Richtlinie 75/442/EWG wird unbeschadet der Verpflichtung der Mitgliedstaaten hinsichtlich der in Anhang III Teil B genannten Fristen für die Umsetzung in innerstaatliches Recht aufgehoben.

Verweisungen auf die aufgehobene Richtlinie gelten als Verweisungen auf die vorliegende Richtlinie und sind nach der Entsprechungstabelle in Anhang IV zu lesen.

### Artikel 21

Diese Richtlinie tritt am zwanzigsten Tag nach ihrer Veröffentlichung im Amtsblatt der Europäischen Union in Kraft.

### Artikel 22

Diese Richtlinie ist an die Mitgliedstaaten gerichtet.

## 2. Verordnung (EG) Nr. 1013/2006 des Europäischen Parlaments und des Rates vom 14. Juni 2006 über die Verbringung von Abfällen (VO EG Nr. 1013/2006)

v. 12. 7. 2006 (ABl Nr. L 190 S. 1)

Die Verordnung (EG) Nr. 1013/2006 des Europäischen Parlaments und des Rates vom 14. Juni 2006 über die Verbringung von Abfällen v. 12. 7. 2006 (ABl Nr. L 190 S. 1) wurde geändert durch die Verordnung (EG) Nr. 1379/2007 der Kommission vom 26. November 2007 v. 27. 11. 2007 (ABl Nr. L 309 S. 7).

## Titel I: Geltungsbereich und Begriffsbestimmungen

### Artikel 1 Geltungsbereich

(1) In dieser Verordnung werden Verfahren und Kontrollregelungen für die Verbringung von Abfällen festgelegt, die von dem Ursprung, der Bestimmung, dem Transportweg, der Art der verbrachten Abfälle und der Behandlung der verbrachten Abfälle am Bestimmungsort abhängen.

(2) Diese Verordnung gilt für die Verbringung von Abfällen:

a) zwischen Mitgliedstaaten innerhalb der Gemeinschaft oder mit Durchfuhr durch Drittstaaten;

b) aus Drittstaaten in die Gemeinschaft;

c) aus der Gemeinschaft in Drittstaaten;

d) mit Durchfuhr durch die Gemeinschaft von und nach Drittstaaten.

(3) Diese Verordnung gilt nicht für

a) das Abladen von Abfällen an Land, einschließlich der Abwässer und Rückstände, aus dem normalen Betrieb von Schiffen und Offshore-Bohrinseln, sofern diese Abfälle unter das Internationale Übereinkommen zur Verhütung der Meeresverschmutzung durch Schiffe von 1973 in der Fassung des Protokolls von 1978 (Marpol 73/78) oder andere bindende internationale Übereinkünfte fallen;

b) Abfälle, die in Fahrzeugen und Zügen sowie an Bord von Luftfahrzeugen und Schiffen anfallen, und zwar bis zum Zeitpunkt des Abladens dieser Abfälle zwecks Verwertung oder Beseitigung;

c) die Verbringung radioaktiver Abfälle im Sinne des Artikels 2 der Richtlinie 92/3/Euratom des Rates vom 3. Februar 1992 zur Überwachung und Kontrolle der Verbringungen radioaktiver Abfälle von einem Mitgliedstaat in einen anderen, in die Gemeinschaft und aus der Gemeinschaft[1)];

d) die Verbringung von Abfällen, die unter die Zulassungsanforderungen der Verordnung (EG) Nr. 1774/2002 fallen;

e) die Verbringung von Abfällen im Sinne des Artikels 2 Absatz 1 Buchstabe b Ziffern ii, iv und v der Richtlinie 2006/12/EG, sofern für diese Verbringung bereits andere gemeinschaftsrechtliche Vorschriften mit ähnlichen Bestimmungen gelten;

f) die Verbringung von Abfällen aus der Antarktis in die Gemeinschaft im Einklang mit dem Umweltschutzprotokoll zum Antarktis-Vertrag (1991);

g) die Einfuhr in die Gemeinschaft von Abfällen, die beim Einsatz von Streitkräften oder Hilfsorganisationen in Krisensituationen oder im Rahmen friedenschaffender oder friedenserhaltender Maßnahmen anfallen, sofern diese Abfälle von den betreffenden Streitkräften oder Hilfsorganisationen oder in ihrem Auftrag direkt oder indirekt in den Empfängerstaat verbracht werden. In diesen Fällen ist jede für die Durchfuhr zuständige Behörde sowie die zuständige Behörde am Bestimmungsort in der Gemeinschaft im Voraus über die Verbringung und den Bestimmungsort zu unterrichten.

---

1) Amtl. Anm.: ABl L 35 vom 12. 2. 1992, S. 24.

(4) Die Verbringung von Abfällen aus der Antarktis in Staaten außerhalb der Gemeinschaft mit Durchfuhr durch die Gemeinschaft unterliegt den Bestimmungen der Artikel 36 und 49.

(5) Die Verbringung von Abfällen ausschließlich innerhalb eines Mitgliedstaates unterliegt lediglich Artikel 33.

**Artikel 2  Begriffsbestimmungen**

Im Sinne dieser Verordnung bezeichnet der Ausdruck:
1. „Abfälle" Abfälle im Sinne des Artikels 1 Absatz 1 Buchstabe a der Richtlinie 2006/12/EG;
2. „gefährliche Abfälle" Abfälle im Sinne des Artikels 1 Absatz 4 der Richtlinie 91/689/EWG des Rates vom 12. Dezember 1991 über gefährliche Abfälle[1];
3. „Abfallgemisch" Abfälle, die aus der absichtlichen oder unabsichtlichen Vermischung von zwei oder mehr unterschiedlichen Abfällen resultieren, wobei es für das Gemisch keinen Einzeleintrag in den Anhängen III, IIIB, IV und IVA gibt. Eine einzelne Verbringung von Abfällen, die zwei oder mehr voneinander getrennte Abfälle umfasst, ist kein Abfallgemisch;
4. „Beseitigung" die Beseitigung im Sinne des Artikels 1 Absatz 1 Buchstabe e der Richtlinie 2006/12/EG;
5. „vorläufige Beseitigung" die Beseitigungsverfahren D 13 bis D 15 im Sinne des Anhangs IIA der Richtlinie 2006/12/EG;
6. „Verwertung" die Verwertung im Sinne des Artikels 1 Absatz 1 Buchstabe f der Richtlinie 2006/12/EG;
7. „vorläufige Verwertung" die Verwertungsverfahren R 12 und R 13 im Sinne des Anhangs IIB der Richtlinie 2006/12/EG;
8. „umweltgerechte Behandlung" das Ergreifen aller praktisch durchführbaren Maßnahmen, die sicherstellen, dass Abfälle so behandelt werden, dass der Schutz der menschlichen Gesundheit und der Umwelt vor den nachteiligen Auswirkungen, die solche Abfälle haben können, sichergestellt ist;
9. „Erzeuger" jede Person, durch deren Tätigkeit Abfälle anfallen („Ersterzeuger"), und/oder jede Person, die Vorbehandlungen, Vermischungen oder sonstige Behandlungen vornimmt, die eine Veränderung der Natur oder der Zusammensetzung dieser Abfälle bewirken („Neuerzeuger") (im Sinne des Artikels 1 Absatz 1 Buchstabe b der Richtlinie 2006/12/EG);
10. „Besitzer" den Erzeuger der Abfälle oder die natürliche oder juristische Person, in deren Besitz sich die Abfälle befinden (im Sinne des Artikels 1 Absatz 1 Buchstabe c der Richtlinie 2006/12/EG);
11. „Einsammler" jede Person, die das Abfalleinsammeln im Sinne des Artikels 1 Absatz 1 Buchstabe g der Richtlinie 2006/12/EG durchführt;
12. „Händler" jede Person, die in eigener Verantwortung handelt, wenn sie Abfälle kauft und anschließend verkauft, auch solche Händler, die die Abfälle nicht materiell in Besitz nehmen, und wie in Artikel 12 der Richtlinie 2006/12/EG aufgeführt;
13. „Makler" jede Person, die für die Verwertung oder die Beseitigung von Abfällen für andere sorgt, auch solche Makler, die die Abfälle nicht materiell in Besitz nehmen, wie in Artikel 12 der Richtlinie 2006/12/EG aufgeführt;
14. „Empfänger" die Person oder das Unternehmen, die bzw. das der Gerichtsbarkeit des Empfängerstaats unterliegt und zu der bzw. dem die Abfälle zur Verwertung oder Beseitigung verbracht werden;
15. „Notifizierender"

---

1) **Amtl. Anm.:** ABl L 377 vom 31. 12. 1991, S. 20. Geändert durch die Richtlinie 94/31/EG (ABl L 168 vom 2. 7. 1994, S. 28).

a) im Falle einer Verbringung, die in einem Mitgliedstaat beginnt, eine der Gerichtsbarkeit dieses Mitgliedstaates unterliegende natürliche oder juristische Person, die beabsichtigt, eine Verbringung von Abfällen durchzuführen oder durchführen zu lassen, und zur Notifizierung verpflichtet ist. Der Notifizierende ist eine der nachfolgend aufgeführten Personen oder Einrichtungen in der Rangfolge der Nennung:
  i. der Ersterzeuger oder
  ii. der zugelassene Neuerzeuger, der vor der Verbringung Verfahren durchführt, oder
  iii. ein zugelassener Einsammler, der aus verschiedenen kleinen Mengen derselben Abfallart aus verschiedenen Quellen Abfälle für eine Verbringung zusammengestellt hat, die an einem bestimmten, in der Notifizierung genannten Ort beginnen soll, oder
  iv. ein eingetragener Händler, der von einem Ersterzeuger, Neuerzeuger oder zugelassenen Einsammler im Sinne der Ziffern i, ii und iii schriftlich ermächtigt wurde, in dessen Namen als Notifizierender aufzutreten, oder
  v. ein eingetragener Makler, der von einem Ersterzeuger, Neuerzeuger oder zugelassenen Einsammler im Sinne der Ziffern i, ii und iii schriftlich ermächtigt wurde, in dessen Namen als Notifizierender aufzutreten, oder
  vi. wenn alle in den Ziffern i, ii, iii, iv und v – soweit anwendbar – genannten Personen unbekannt oder insolvent sind, der Besitzer.

  Sollte ein Notifizierender im Sinne der Ziffern iv oder v es versäumen, eine der in den Artikeln 22 bis 25 festgelegten Rücknahmeverpflichtungen zu erfüllen, so gilt der Ersterzeuger, Neuerzeuger bzw. zugelassene Einsammler im Sinne der Ziffern i, ii oder iii, der diesen Händler oder Makler ermächtigt hat, in seinem Namen aufzutreten, für die Zwecke der genannten Rücknahmeverpflichtungen als Notifizierender. Bei illegaler Verbringung, die von einem Händler oder Makler im Sinne der Ziffern iv oder v notifiziert wurde, gilt die in den Ziffern i, ii oder iii genannte Person, die diesen Händler oder Makler ermächtigt hat, in ihrem Namen aufzutreten, für die Zwecke dieser Verordnung als Notifizierender;
b) im Falle der Einfuhr in oder der Durchfuhr durch die Gemeinschaft von nicht aus einem Mitgliedstaat stammenden Abfällen jede der folgenden der Gerichtsbarkeit des Empfängerstaats unterliegenden natürlichen oder juristischen Personen, die eine Verbringung von Abfällen durchzuführen oder durchführen zu lassen beabsichtigen oder durchführen ließen, d. h. entweder
  i. die von den Rechtsvorschriften des Empfängerstaats bestimmte Person oder in Ermangelung einer solchen Bestimmung
  ii. die Person, die während der Ausfuhr Besitzer der Abfälle war;
16. „Basler Übereinkommen" das Basler Übereinkommen vom 22. März 1989 über die Kontrolle der grenzüberschreitenden Verbringung von gefährlichen Abfällen und ihrer Entsorgung;
17. „OECD-Beschluss" den Beschluss C(2001)107 endg. des OECD-Rates zur Änderung des Beschlusses C(92)39 endg. über die Kontrolle der grenzüberschreitenden Verbringung von zur Verwertung bestimmten Abfällen;
18. „zuständige Behörde"
  a) im Falle von Mitgliedstaaten die von einem Mitgliedstaat nach Artikel 53 benannte Stelle oder
  b) im Falle eines Nichtmitgliedstaats, der Vertragspartei des Basler Übereinkommens ist, die von diesem Nichtmitgliedstaat für die Zwecke des Übereinkommens gemäß Artikel 5 desselben als zuständige Behörde benannte Stelle oder
  c) im Falle eines weder in Buchstabe a noch in Buchstabe b genannten Staates die Stelle, die von dem betreffenden Staat oder der betreffenden Region als zuständige Behörde bestimmt wurde, oder, in Ermangelung einer solchen Bestimmung,

diejenige Behörde des Staates bzw. der Region, in deren Zuständigkeitsbereich die Verbringung von zur Verwertung, Beseitigung bzw. Durchfuhr bestimmten Abfällen fällt;

19. „zuständige Behörde am Versandort" die zuständige Behörde des Gebiets, von dem aus die Verbringung beginnen soll oder beginnt;
20. „zuständige Behörde am Bestimmungsort" die zuständige Behörde des Gebiets, in das die Verbringung erfolgen soll oder erfolgt oder in dem Abfälle vor der Verwertung oder Beseitigung in einem Gebiet, das nicht der Gerichtsbarkeit eines Staates unterliegt, verladen werden;
21. „für die Durchfuhr zuständige Behörde" die zuständige Behörde des Staats – mit Ausnahme des Staats der zuständigen Behörde am Versand- oder am Bestimmungsort –, durch den die Verbringung erfolgen soll oder erfolgt;
22. „Versandstaat" jeden Staat, von dem aus eine Verbringung von Abfällen beginnen soll oder beginnt;
23. „Empfängerstaat" jeden Staat, in den Abfälle zur Verwertung oder Beseitigung oder zur Verladung vor der Verwertung oder Beseitigung in einem Gebiet, das nicht der Gerichtsbarkeit eines Staates unterliegt, verbracht werden sollen oder verbracht werden;
24. „Durchfuhrstaat" jeden Staat mit Ausnahme des Versand- und des Empfängerstaats, durch den die Verbringung von Abfällen erfolgen soll oder erfolgt;
25. „der Gerichtsbarkeit eines Staates unterliegendes Gebiet" jedes Land- oder Meeresgebiet, innerhalb dessen ein Staat im Einklang mit dem Völkerrecht Verwaltungs- und Regelungsbefugnisse in Bezug auf den Schutz der menschlichen Gesundheit oder der Umwelt ausübt;
26. „überseeische Länder und Gebiete" die in Anhang IA des Beschlusses 2001/822/EG aufgeführten überseeischen Länder und Gebiete;
27. „Ausfuhrzollstelle der Gemeinschaft" die Zollstelle im Sinne des Artikels 161 Absatz 5 der Verordnung (EWG) Nr. 2913/92 des Rates vom 12. Oktober 1992 zur Festlegung des Zollkodex der Gemeinschaften[1];
28. „Ausgangszollstelle der Gemeinschaft" die Zollstelle im Sinne des Artikels 793 Absatz 2 der Verordnung (EWG) Nr. 2454/93 der Kommission vom 2. Juli 1993 mit Durchführungsvorschriften zu der Verordnung (EWG) Nr. 2913/92 des Rates zur Festlegung des Zollkodex der Gemeinschaften[2];
29. „Eingangszollstelle der Gemeinschaft" die Zollstelle, zu der in das Zollgebiet der Gemeinschaft verbrachte Abfälle gemäß Artikel 38 Absatz 1 der Verordnung (EWG) Nr. 2913/92 zu befördern sind;
30. „Einfuhr" jede Verbringung von Abfällen in die Gemeinschaft mit Ausnahme der Durchfuhr durch die Gemeinschaft;
31. „Ausfuhr" eine Verbringung von Abfällen aus der Gemeinschaft mit Ausnahme der Durchfuhr durch die Gemeinschaft;
32. „Durchfuhr" eine Verbringung von Abfällen, die durch einen oder mehrere Staaten mit Ausnahme des Versand- oder Empfängerstaats erfolgt oder erfolgen soll;
33. „Transport" die Beförderung von Abfällen auf der Straße, der Schiene, dem Luftweg, dem Seeweg oder Binnengewässern;
34. „Verbringung" den Transport von zur Verwertung oder Beseitigung bestimmten Abfällen, der erfolgt oder erfolgen soll:

    a) zwischen zwei Staaten oder

---

1) **Amtl. Anm.:** ABl L 302 vom 19.10.1992, S.1. Zuletzt geändert durch die Verordnung (EG) Nr. 648/2005 des Europäischen Parlaments und des Rates (ABl L 117 vom 4.5.2005, S. 13).

2) **Amtl. Anm.:** ABl L 253 vom 11.10.1993, S.1. Zuletzt geändert durch die Verordnung (EG) Nr. 215/2006 (ABl L 38 vom 9.2.2006, S. 11).

b) zwischen einem Staat und überseeischen Ländern und Gebieten oder anderen Gebieten, die unter dem Schutz dieses Staates stehen, oder
c) zwischen einem Staat und einem Landgebiet, das völkerrechtlich keinem Staat angehört, oder
d) zwischen einem Staat und der Antarktis oder
e) aus einem Staat durch eines der oben genannten Gebiete oder
f) innerhalb eines Staates durch eines der oben genannten Gebiete und der in demselben Staat beginnt und endet, oder
g) aus einem geographischen Gebiet, das nicht der Gerichtsbarkeit eines Staates unterliegt, in einen Staat;

35. „illegale Verbringung" jede Verbringung von Abfällen, die
   a) ohne Notifizierung an alle betroffenen zuständigen Behörden gemäß dieser Verordnung erfolgt oder
   b) ohne die Zustimmung der betroffenen zuständigen Behörden gemäß dieser Verordnung erfolgt oder
   c) mit einer durch Fälschung, falsche Angaben oder Betrug erlangten Zustimmung der betroffenen zuständigen Behörden erfolgt oder
   d) in einer Weise erfolgt, die den Notifizierungs- oder Begleitformularen sachlich nicht entspricht, oder
   e) in einer Weise erfolgt, die eine Verwertung oder Beseitigung unter Verletzung gemeinschaftlicher oder internationaler Bestimmungen bewirkt, oder
   f) den Artikeln 34, 36, 39, 40, 41 und 43 widerspricht oder
   g) in Bezug auf eine Verbringung von Abfällen im Sinne des Artikel 3 Absätze 2 und 4 dadurch gekennzeichnet ist, dass
      i. die Abfälle offensichtlich nicht in den Anhängen III, IIIA oder IIIB aufgeführt sind oder
      ii. Artikel 3 Absatz 4 verletzt wurde oder
      iii. die Verbringung der Abfälle auf eine Weise geschieht, die dem in Anhang VII aufgeführten Dokument sachlich nicht entspricht.

## Titel II: Verbringung innerhalb der Gemeinschaft mit oder ohne Durchfuhr durch Drittstaaten

**Artikel 3** Allgemeiner Verfahrensrahmen

(1) Die Verbringung folgender Abfälle unterliegt dem Verfahren der vorherigen schriftlichen Notifizierung und Zustimmung im Sinne der Bestimmungen dieses Titels:
a) falls zur Beseitigung bestimmt:
alle Abfälle;
b) falls zur Verwertung bestimmt:
   i. in Anhang IV aufgeführte Abfälle, einschließlich u. a. der in den Anhängen II und VIII des Basler Übereinkommens aufgeführten Abfälle;
   ii. in Anhang IVA aufgeführte Abfälle;
   iii. nicht als Einzeleintrag in Anhang III, IIIB, IV oder IVA eingestufte Abfälle;
   iv. nicht als Einzeleintrag in Anhang III, IIIB, IV oder IVA eingestufte Abfallgemische, sofern sie nicht in Anhang IIIA aufgeführt sind.

(2) Die Verbringung folgender zur Verwertung bestimmter Abfälle unterliegt den allgemeinen Informationspflichten gemäß Artikel 18, sofern die verbrachte Abfallmenge mehr als 20 kg beträgt:
a) in Anhang III oder IIIB aufgeführte Abfälle;

b) nicht als Einzeleintrag in Anhang III eingestufte Gemische aus zwei oder mehr in Anhang III aufgeführten Abfällen, sofern die Zusammensetzung dieser Gemische ihre umweltgerechte Verwertung nicht erschwert und solche Gemische gemäß Artikel 58 in Anhang IIIA aufgeführt sind.

(3) Auf die in Anhang III aufgeführten Abfälle werden die einschlägigen Bestimmungen in Ausnahmefällen so angewandt, als wären sie in Anhang IV aufgeführt, wenn sie eine der in Anhang III der Richtlinie 91/689/EWG aufgeführten gefährlichen Eigenschaften aufweisen. Diese Fälle werden gemäß Artikel 58 behandelt.

(4) Die Verbringung von Abfällen, die ausdrücklich zur Laboranalyse bestimmt sind, um ihre physikalischen oder chemischen Eigenschaften zu prüfen oder ihre Eignung für Verwertungs- oder Beseitigungsverfahren zu ermitteln, unterliegt nicht dem Verfahren der vorherigen schriftlichen Notifizierung und Zustimmung gemäß Absatz 1. Stattdessen gelten die Verfahrensvorschriften des Artikels 18. Die von der Ausnahmeregelung gedeckte Abfallmenge der ausdrücklich zur Laboranalyse bestimmten Abfälle bemisst sich nach der Mindestmenge, die zur ordnungsgemäßen Durchführung der Analyse in jedem Einzelfall notwendig ist, und darf 25 kg nicht übersteigen.

(5) Die Verbringung von gemischten Siedlungsabfällen (Abfallschlüssel 20 03 01), die in privaten Haushaltungen eingesammelt worden sind – einschließlich wenn dabei auch solche Abfälle anderer Erzeuger eingesammelt werden –, zu Verwertungs- oder Beseitigungsanlagen unterliegt gemäß dieser Verordnung den gleichen Bestimmungen wie die Verbringung von zur Beseitigung bestimmten Abfällen.

## Kapitel 1: Vorherige schriftliche Notifizierung und Zustimmung

### Artikel 4  Notifizierung

Beabsichtigt der Notifizierende die Verbringung von Abfällen gemäß Artikel 3 Absatz 1 Buchstabe a oder b, so muss er bei und über die zuständige Behörde am Versandort eine vorherige schriftliche Notifizierung einreichen und im Falle einer Sammelnotifizierung Artikel 13 beachten.

Bei der Einreichung einer Notifizierung sind folgende Voraussetzungen zu erfüllen:

1. Notifizierungs- und Begleitformulare:

   Die Notifizierung erfolgt anhand folgender Unterlagen:

   a) Notifizierungsformular gemäß Anhang IA und
   b) Begleitformular gemäß Anhang IB.

   Bei der Einreichung einer Notifizierung füllt der Notifizierende das Notifizierungsformular und – soweit relevant – das Begleitformular aus.

   Ist der Notifizierende nicht der Ersterzeuger gemäß Artikel 2 Nummer 15 Buchstabe a Ziffer i, so sorgt der Notifizierende dafür, dass auch dieser Erzeuger oder eine der in Artikel 2 Nummer 15 Buchstabe a Ziffer ii oder iii genannten Personen, sofern dies durchführbar ist, das Notifizierungsformular gemäß Anhang IA unterzeichnet.

   Das Notifizierungsformular und das Begleitformular werden an den Notifizierenden von der zuständigen Behörde am Versandort herausgegeben.

2. Informationen und Unterlagen im Notifizierungs- und Begleitformular:

   Der Notifizierende gibt die in Anhang II Teil 1 aufgeführten Informationen und Unterlagen im Notifizierungsformular an oder fügt sie diesem bei. Der Notifizierende gibt die in Anhang II Teil 2 aufgeführten Informationen und Unterlagen im Begleitformular an oder fügt sie diesem soweit möglich bei der Notifizierung bei.

   Eine Notifizierung gilt als ordnungsgemäß ausgeführt, wenn die zuständige Behörde am Versandort der Auffassung ist, dass das Notifizierungs- und das Begleitformular gemäß Unterabsatz 1 ausgefüllt worden sind.

3. Zusätzliche Informationen und Unterlagen:

   Ersucht eine der betroffenen zuständigen Behörden um zusätzliche Informationen und Unterlagen, so werden diese vom Notifizierenden zur Verfügung gestellt. In Anhang II Teil 3 sind zusätzliche Informationen und Unterlagen aufgeführt, die verlangt werden können.

Eine Notifizierung gilt als ordnungsgemäß abgeschlossen, wenn die zuständige Behörde am Bestimmungsort der Auffassung ist, dass das Notifizierungs- und das Begleitformular ausgefüllt und die in Anhang II Teil 1 und Teil 2 aufgeführten Informationen und Unterlagen sowie etwaige nach diesem Absatz verlangte zusätzliche Informationen und Unterlagen gemäß Anhang II Teil 3 vom Notifizierenden bereitgestellt wurden.

4. Abschluss eines Vertrags zwischen Notifizierendem und Empfänger:

Der Notifizierende schließt mit dem Empfänger gemäß Artikel 5 einen Vertrag über die Verwertung oder Beseitigung der notifizierten Abfälle.

Den beteiligten zuständigen Behörden ist bei der Notifizierung der Nachweis über den Abschluss dieses Vertrages oder eine Erklärung zur Bestätigung seines Bestehens nach Anhang IA vorzulegen. Die Notifizierende oder der Empfänger hat der zuständigen Behörde auf Ersuchen eine Kopie dieses Vertrages oder den für die betroffene zuständige Behörde als zufrieden stellend geltenden Nachweis zu übermitteln.

5. Hinterlegung von Sicherheitsleistungen oder Abschluss entsprechender Versicherungen:

Gemäß Artikel 6 werden Sicherheitsleistungen hinterlegt oder entsprechende Versicherungen abgeschlossen. Der Notifizierende gibt zu diesem Zweck durch Ausfüllen des entsprechenden Teils des Notifizierungsformulars nach Anhang IA eine entsprechende Erklärung ab.

Die Sicherheitsleistungen oder entsprechenden Versicherungen (oder sofern die zuständige Behörde dies gestattet, der Nachweis über diese Sicherheitsleistungen oder entsprechenden Versicherungen oder eine Erklärung zur Bestätigung ihres Bestehens) sind bei der Notifizierung als Teil des Notifizierungsformulars oder, falls die zuständige Behörde dies auf der Grundlage nationaler Rechtsvorschriften erlaubt, vor Beginn der Verbringung vorzulegen.

6. Geltungsbereich der Notifizierung:

Eine Notifizierung muss die Verbringung der Abfälle vom ursprünglichen Versandort einschließlich ihrer vorläufigen und nicht vorläufigen Verwertung oder Beseitigung umfassen.

Erfolgen die anschließenden vorläufigen oder nicht vorläufigen Verfahren in einem anderen Staat als dem ersten Empfängerstaat, so sind das nicht vorläufige Verfahren und sein Bestimmungsort in der Notifizierung anzugeben und Artikel 15 Buchstabe f einzuhalten.

Jede Notifizierung betrifft nur einen einzigen Abfallidentifizierungscode, mit Ausnahme von:

a) nicht als Einzeleintrag in Anhang III, IIIB, IV oder IVA eingestufte Abfälle. In diesem Fall ist nur eine Abfallart anzugeben;

b) nicht als Einzeleintrag in Anhang III, IIIB, IV oder IVA eingestufte Abfallgemische, es sei denn, sie sind in Anhang IIIA aufgeführt. In diesem Fall ist der Code jedes Abfallanteils in der Reihenfolge seiner Bedeutung anzugeben.

### Artikel 5  Vertrag

(1) Jede notifizierungspflichtige Verbringung von Abfällen muss Gegenstand eines Vertrags zwischen dem Notifizierenden und dem Empfänger über die Verwertung oder Beseitigung der notifizierten Abfälle sein.

(2) Der Vertrag muss bei der Notifizierung für die Dauer der Verbringung abgeschlossen und wirksam sein, bis eine Bescheinigung gemäß Artikel 15 Buchstabe e, Artikel 16 Buchstabe e oder gegebenenfalls Artikel 15 Buchstabe d ausgestellt wird.

(3) Der Vertrag umfasst die Verpflichtung
a) des Notifizierenden zur Rücknahme der Abfälle gemäß Artikel 22 und Artikel 24 Absatz 2, falls die Verbringung oder die Verwertung oder Beseitigung nicht in der vorgesehenen Weise abgeschlossen wurde oder illegal erfolgt ist;
b) des Empfängers zur Verwertung oder Beseitigung der Abfälle gemäß Artikel 24 Absatz 3, falls ihre Verbringung illegal erfolgt ist;
c) der Anlage zur Vorlage einer Bescheinigung gemäß Artikel 16 Buchstabe e darüber, dass die Abfälle gemäß der Notifizierung und den darin festgelegten Bedingungen sowie den Vorschriften dieser Verordnung verwertet oder beseitigt wurden.

(4) Sind die verbrachten Abfälle zur vorläufigen Verwertung oder Beseitigung bestimmt, so umfasst der Vertrag folgende zusätzliche Verpflichtungen:
a) die Verpflichtung der Empfängeranlage zur Vorlage der Bescheinigungen gemäß Artikel 15 Buchstabe d und gegebenenfalls Buchstabe e darüber, dass die Abfälle gemäß der Notifizierung und den darin festgelegten Bedingungen sowie den Vorschriften dieser Verordnung verwertet oder beseitigt wurden, und
b) soweit anwendbar, die Verpflichtung des Empfängers zur Einreichung einer Notifizierung bei der ursprünglich zuständigen Behörde am Versandort des ursprünglichen Versandstaats gemäß Artikel 15 Buchstabe f Ziffer ii.

(5) Werden die Abfälle zwischen zwei Einrichtungen, die derselben juristischen Person zuzurechnen sind, verbracht, so kann der Vertrag durch eine Erklärung der juristischen Person ersetzt werden, in der diese sich zur Verwertung oder Beseitigung der notifizierten Abfälle verpflichtet.

## Artikel 6  Sicherheitsleistung

(1) Für jede notifizierungspflichtige Verbringung von Abfällen müssen Sicherheitsleistungen hinterlegt oder entsprechende Versicherungen abgeschlossen werden, die Folgendes abdecken:
a) Transportkosten;
b) Kosten der Verwertung oder Beseitigung, einschließlich aller erforderlichen vorläufigen Verfahren, und
c) Lagerkosten für 90 Tage.

(2) Die Sicherheitsleistungen oder entsprechenden Versicherungen sind dazu bestimmt, die Kosten zu decken, die anfallen,
a) wenn eine Verbringung oder die Verwertung oder Beseitigung nicht in der vorgesehenen Weise abgeschlossen werden kann; dieser Fall ist in Artikel 22 geregelt;
b) wenn eine Verbringung oder die Verwertung oder Beseitigung illegal ist; dieser Fall ist in Artikel 24 geregelt.

(3) Die Sicherheitsleistungen oder entsprechenden Versicherungen müssen von dem Notifizierenden oder von einer anderen in seinem Namen handelnden natürlichen oder juristischen Person bei der Notifizierung oder, falls die zuständige Behörde, die die Sicherheitsleistungen oder entsprechenden Versicherungen genehmigt, dies gestattet, spätestens bei Beginn der Verbringung hinterlegt bzw. abgeschlossen werden, wirksam sein und spätestens bei Beginn der notifizierten Verbringung für diese gültig sein.

(4) Die zuständige Behörde am Versandort genehmigt die Sicherheitsleistungen oder entsprechenden Versicherungen einschließlich Form, Wortlaut und Deckungsbetrag.
Bei einer Einfuhr in die Gemeinschaft überprüft die zuständige Behörde am Bestimmungsort jedoch den Deckungsbetrag und genehmigt erforderlichenfalls zusätzliche Sicherheitsleistungen oder entsprechende Versicherungen.

(5) Die Sicherheitsleistungen oder entsprechenden Versicherungen müssen für die notifizierte Verbringung und die Durchführung der Verwertung oder Beseitigung der notifizierten Abfälle gültig sein und diese abdecken.
Die Sicherheitsleistungen oder entsprechenden Versicherungen sind freizugeben, wenn die betroffene zuständige Behörde die Bescheinigung gemäß Artikel 16 Buchstabe e oder

bei vorläufiger Verwertung oder Beseitigung gegebenenfalls gemäß Artikel 15 Buchstabe e erhalten hat.

(6) Abweichend von Absatz 5 können die Sicherheitsleistungen oder entsprechenden Versicherungen für den Fall, dass die verbrachten Abfälle zur vorläufigen Verwertung oder Beseitigung bestimmt sind und ein weiteres Verwertungs- oder Beseitigungsverfahren im Empfängerstaat erfolgt, freigegeben werden, wenn die Abfälle die vorläufige Anlage verlassen und die betroffene zuständige Behörde die in Artikel 15 Buchstabe d genannte Bescheinigung erhalten hat. In diesem Fall muss jede weitere Verbringung zu einer Verwertungs- oder Beseitigungsanlage durch eine neue Sicherheitsleistung oder entsprechende Versicherung abgedeckt sein, es sei denn, die zuständige Behörde des Bestimmungsortes ist der Auffassung, dass eine solche Sicherheitsleistung oder entsprechende Versicherung nicht erforderlich ist. In diesem Fall ist die zuständige Behörde am Bestimmungsort für die Verpflichtungen, die sich bei illegaler Verbringung ergeben, oder für die Rücknahme verantwortlich, wenn die Verbringung oder das weitere Beseitigungs- oder Verwertungsverfahren nicht wie vorgesehen abgeschlossen werden können.

(7) Die zuständige Behörde innerhalb der Gemeinschaft, die die Sicherheitsleistung oder entsprechende Versicherung genehmigt hat, hat Zugriff darauf und nimmt die entsprechenden Mittel zur Einhaltung der sich aus den Artikeln 23 und 25 ergebenden Verpflichtungen, einschließlich für Zahlungen an andere betroffene Behörden, in Anspruch.

(8) Bei einer Sammelnotifizierung gemäß Artikel 13 können anstelle einer Sicherheitsleistung oder entsprechenden Versicherung für die gesamte Sammelnotifizierung mehrere einzelne Sicherheitsleistungen oder entsprechende Versicherungen für Teile der Sammelnotifizierung hinterlegt bzw. abgeschlossen werden. In derartigen Fällen müssen die Sicherheitsleistungen oder entsprechenden Versicherungen spätestens bei Beginn der notifizierten Verbringung, die abzudecken ist, gültig sein.

Die Sicherheitsleistungen oder entsprechenden Versicherungen sind freizugeben, wenn die betroffene zuständige Behörde die Bescheinigung für die betreffenden Abfälle gemäß Artikel 16 Buchstabe e oder bei vorläufiger Verwertung oder Beseitigung gegebenenfalls gemäß Artikel 15 Buchstabe e erhalten hat. Absatz 6 gilt entsprechend.

(9) Die Mitgliedstaaten unterrichten die Kommission über die von ihnen nach diesem Artikel erlassenen nationalen Rechtsvorschriften.

### Artikel 7 Übermittlung der Notifizierung durch die zuständige Behörde am Versandort

(1) Ist die Notifizierung nach Artikel 4 Absatz 2 Nummer 2 ordnungsgemäß ausgeführt worden, so behält die zuständige Behörde am Versandort eine Kopie der Notifizierung und übermittelt die Notifizierung der zuständigen Behörde am Bestimmungsort mit Kopien an die für die Durchfuhr zuständige(n) Behörde(n) und setzt den Notifizierenden hiervon in Kenntnis. Dies muss innerhalb von drei Werktagen nach Eingang der Notifizierung erfolgen.

(2) Ist die Notifizierung nicht ordnungsgemäß ausgeführt, so muss die zuständige Behörde am Versandort den Notifizierenden gemäß Artikel 4 Absatz 2 Nummer 2 um weitere Informationen und Unterlagen ersuchen.

Dies muss innerhalb von drei Werktagen nach Eingang der Notifizierung erfolgen.

In diesen Fällen verfügt die zuständige Behörde am Versandort über drei Werktage ab Eingang der ersuchten Informationen und Unterlagen, um der Anforderung nach Absatz 1 nachzukommen.

(3) Ist die Notifizierung nach Artikel 4 Absatz 2 Nummer 2 ordnungsgemäß ausgeführt worden, so kann die zuständige Behörde am Versandort innerhalb von drei Werktagen beschließen, nicht mit der Notifizierung fortzufahren, falls sie Einwände gegen die Verbringung im Sinne der Artikel 11 und 12 hat.

Sie unterrichtet den Notifizierenden unverzüglich von ihrer Entscheidung und diesen Einwänden.

(4) Hat die zuständige Behörde am Versandort die Notifizierung nicht gemäß Absatz 1 innerhalb von 30 Tagen ab ihrem Eingang weitergeleitet, so hat sie dem Notifizierenden

auf dessen Antrag hin eine mit Gründen versehene Erklärung zu übermitteln. Dies gilt nicht, wenn dem Ersuchen um Informationen gemäß Absatz 2 nicht nachgekommen worden ist.

**Artikel 8    Ersuchen der betroffenen zuständigen Behörden um Informationen und Unterlagen und Empfangsbestätigung der zuständigen Behörde am Bestimmungsort**

(1) Ist eine der betroffenen zuständigen Behörden nach Übermittlung der Notifizierung durch die zuständige Behörde am Versandort der Auffassung, dass zusätzliche Informationen und Unterlagen gemäß Artikel 4 Absatz 2 Nummer 3 erforderlich sind, so ersucht sie den Notifizierenden um diese Informationen und Unterlagen und unterrichtet die anderen zuständigen Behörden von diesem Ersuchen. Dies muss innerhalb von drei Werktagen nach Eingang der Notifizierung erfolgen. In diesen Fällen verfügen die betroffenen zuständigen Behörden über drei Werktage ab Eingang der ersuchten Informationen und Unterlagen, um die zuständige Behörde des Bestimmungsortes zu unterrichten.

(2) Ist die zuständige Behörde am Bestimmungsort der Auffassung, dass die Notifizierung gemäß Artikel 4 Absatz 2 Nummer 3 ordnungsgemäß abgeschlossen wurde, so übermittelt sie dem Notifizierenden eine Empfangsbestätigung und den anderen betroffenen zuständigen Behörden Kopien davon. Dies muss innerhalb von drei Werktagen nach Eingang der ordnungsgemäß abgeschlossenen Notifizierung erfolgen.

(3) Hat die zuständige Behörde am Bestimmungsort den Eingang der Notifizierung nicht gemäß Absatz 2 innerhalb von 30 Tagen ab ihrem Eingang bestätigt, so hat sie dem Notifizierenden auf dessen Antrag hin eine mit Gründen versehene Erklärung zu übermitteln.

**Artikel 9    Zustimmungen durch die zuständigen Behörden am Versandort und am Bestimmungsort sowie durch die für die Durchfuhr zuständigen Behörden und Fristen für Transport, Verwertung oder Beseitigung**

(1) Die zuständigen Behörden am Bestimmungsort und am Versandort sowie die für die Durchfuhr zuständigen Behörden verfügen nach der Übermittlung der Empfangsbestätigung durch die zuständige Behörde am Bestimmungsort gemäß Artikel 8 über eine Frist von 30 Tagen, um in Bezug auf die notifizierte Verbringung schriftlich eine der folgenden ordnungsgemäß mit Gründen versehenen Entscheidungen zu treffen:

a) Zustimmung ohne Auflagen;
b) mit Auflagen gemäß Artikel 10 verbundene Zustimmung oder
c) Erhebung von Einwänden gemäß den Artikeln 11 und 12.

Werden innerhalb der genannten Frist von 30 Tagen keine Einwände erhoben, so gilt eine stillschweigende Genehmigung der für die Durchfuhr zuständigen Behörde als erteilt.

(2) Die zuständigen Behörden am Bestimmungsort und am Versandort sowie gegebenenfalls die für die Durchfuhr zuständigen Behörden übermitteln dem Notifizierenden innerhalb der in Absatz 1 genannten Frist von 30 Tagen schriftlich ihre Entscheidung und die Gründe dafür; Kopien der Schreiben werden den anderen betroffenen zuständigen Behörden übersandt.

(3) Die zuständigen Behörden am Bestimmungsort und am Versandort sowie gegebenenfalls die für die Durchfuhr zuständigen Behörden erteilen ihre schriftliche Zustimmung durch entsprechendes Abstempeln, Unterzeichnen und Datieren des Notifizierungsformulars oder der ihnen übermittelten Kopien dieses Formulars.

(4) Die schriftliche Zustimmung zu einer geplanten Verbringung erlischt nach Ablauf von einem Kalenderjahr ab dem Datum ihrer Erteilung oder ab einem in dem Notifizierungsformular angegebenen späteren Datum. Dies gilt jedoch nicht, falls von den betroffenen zuständigen Behörden ein kürzerer Zeitraum angegeben wird.

(5) Eine stillschweigende Zustimmung zu einer geplanten Verbringung erlischt ein Kalenderjahr nach Ablauf der in Absatz 1 genannten Frist von 30 Tagen.

(6) Die geplante Verbringung darf nur erfolgen, wenn die in Artikel 16 Buchstaben a und b genannten Anforderungen erfüllt sind, und nur so lange, wie die stillschweigenden oder schriftlichen Zustimmungen aller zuständigen Behörden gültig sind.

(7) Die Verwertung oder Beseitigung von Abfällen im Zusammenhang mit einer geplanten Verbringung muss spätestens ein Kalenderjahr nach Erhalt der Abfälle durch die Anlage abgeschlossen sein, sofern von den betroffenen zuständigen Behörden kein kürzerer Zeitraum angegeben wird.

(8) Die zuständigen Behörden widerrufen ihre Zustimmung, wenn sie davon Kenntnis erlangen, dass

a) die Zusammensetzung der Abfälle nicht der Notifizierung entspricht oder
b) die mit der Verbringung verbundenen Auflagen nicht erfüllt werden oder
c) die Abfälle nicht entsprechend der Genehmigung für die Anlage, in der das betreffende Verfahren durchgeführt wird, verwertet oder beseitigt werden oder
d) die Abfälle in einer Weise verbracht, verwertet oder beseitigt werden oder wurden, die nicht den Informationen entspricht, die im Notifizierungsformular und im Begleitformular angegeben oder diesen beigefügt sind.

(9) Jeder Widerruf einer Zustimmung erfolgt mittels einer förmlichen Nachricht an den Notifizierenden, von der den anderen betroffenen zuständigen Behörden sowie dem Empfänger Kopien übermittelt werden.

**Artikel 10    Auflagen für eine Verbringung**

(1) Die zuständigen Behörden am Versandort und am Bestimmungsort und die für die Durchfuhr zuständigen Behörden verfügen über eine Frist von 30 Tagen ab dem Zeitpunkt der Übermittlung der Empfangsbestätigung durch die zuständige Behörde am Bestimmungsort gemäß Artikel 8, um ihre Zustimmung zur notifizierten Verbringung mit Auflagen zu verbinden. Diese Auflagen können sich auf einen oder mehrere der in Artikel 11 oder Artikel 12 aufgeführten Gründe stützen.

(2) Die zuständigen Behörden am Versandort und am Bestimmungsort und die für die Durchfuhr zuständigen Behörden können innerhalb der in Absatz 1 genannten Frist von 30 Tagen auch Auflagen für den Transport der Abfälle in ihrem Zuständigkeitsbereich festlegen. Diese Transportauflagen dürfen nicht strenger sein als die Auflagen für ähnliche Verbringungen, die ausschließlich in ihrem Zuständigkeitsbereich durchgeführt werden, und müssen geltenden Vereinbarungen, insbesondere einschlägigen internationalen Übereinkünften, angemessen Rechnung tragen.

(3) Die zuständigen Behörden am Versandort und am Bestimmungsort und die für die Durchfuhr zuständigen Behörden können innerhalb der in Absatz 1 genannten Frist von 30 Tagen auch festlegen, dass ihre Zustimmung als widerrufen gilt, falls die Sicherheitsleistungen oder entsprechenden Versicherungen nicht gemäß Artikel 6 Absatz 3 spätestens bei Beginn der Verbringung gültig sind.

(4) Auflagen werden dem Notifizierenden von der zuständigen Behörde, die diese festlegt, schriftlich mitgeteilt; die betroffenen zuständigen Behörden erhalten Kopien hiervon.

Die Auflagen werden von der betreffenden zuständigen Behörde im Notifizierungsformular angegeben oder diesem beigefügt.

(5) Die zuständige Behörde am Bestimmungsort kann innerhalb der in Absatz 1 genannten Frist von 30 Tagen auch vorschreiben, dass die Anlage, die die Abfälle erhält, die Eingänge, Ausgänge und/oder den Bestand der Abfälle sowie die damit verbundenen Verwertungs- und Beseitigungsverfahren, so, wie sie in der Notifizierung angegeben sind, für die Geltungsdauer der Notifizierung regelmäßig aufzeichnet. Diese Aufzeichnungen sind von einer rechtlich für die Anlage verantwortlichen Person zu unterzeichnen und innerhalb eines Monats nach Abschluss der notifizierten Verwertung oder Beseitigung an die zuständige Behörde am Bestimmungsort zu übermitteln.

**Artikel 11 Einwände gegen die Verbringung von zur Beseitigung bestimmten Abfällen**

(1) Bei der Notifizierung einer geplanten Verbringung von zur Beseitigung bestimmten Abfällen können die zuständigen Behörden am Bestimmungsort und am Versandort innerhalb einer Frist von 30 Tagen ab dem Zeitpunkt der Übermittlung der Empfangsbestätigung durch die zuständige Behörde am Bestimmungsort gemäß Artikel 8 im Einklang mit dem Vertrag begründete Einwände erheben, die sich auf einen oder mehrere der folgenden Gründe stützen:

a) Die geplante Verbringung oder Beseitigung würde nicht im Einklang mit Maßnahmen stehen, die zur Umsetzung der Grundsätze der Nähe, des Vorrangs der Verwertung und der Entsorgungsautarkie auf gemeinschaftlicher und nationaler Ebene gemäß der Richtlinie 2006/12/EG ergriffen wurden, um die Verbringung von Abfällen allgemein oder teilweise zu verbieten oder um gegen jegliche Verbringungen Einwände zu erheben; oder

b) die geplante Verbringung oder Beseitigung würde nicht im Einklang mit nationalen Rechtsvorschriften zum Schutz der Umwelt, zur Wahrung der öffentlichen Sicherheit und Ordnung oder zum Schutz der Gesundheit stehen, die in dem Einwände erhebenden Staat vorgenommene Handlungen betreffen; oder

c) der Notifizierende oder der Empfänger wurde in der Vergangenheit wegen illegaler Verbringungen oder anderer rechtswidriger Handlungen auf dem Gebiet des Umweltschutzes verurteilt. In diesem Fall können die zuständigen Behörden am Versandort und am Bestimmungsort jede Verbringung, an der die betreffende Person beteiligt ist, gemäß nationalen Rechtsvorschriften ablehnen; oder

d) der Notifizierende oder die Anlage hat bei früheren Verbringungen wiederholt die Artikel 15 und 16 nicht eingehalten; oder

e) der Mitgliedstaat möchte sein Recht nach Artikel 4 Absatz 1 des Basler Übereinkommens wahrnehmen, die Einfuhr von gefährlichen Abfällen oder von in Anhang II dieses Übereinkommens genannten Abfällen zu verbieten; oder

f) die geplante Verbringung oder Beseitigung verstößt gegen Verpflichtungen aus internationalen Übereinkommen, die von einem oder mehreren betroffenen Mitgliedstaaten oder der Gemeinschaft geschlossen wurden; oder

g) die geplante Verbringung oder Beseitigung steht unter Berücksichtigung geografischer Gegebenheiten oder der Notwendigkeit besonderer Anlagen für bestimmte Abfallarten nicht im Einklang mit der Richtlinie 2006/12/EG, insbesondere den Artikeln 5 und 7,

   i. wonach der Grundsatz der Entsorgungsautarkie auf gemeinschaftlicher und nationaler Ebene angewendet werden muss oder

   ii. wenn die besondere Anlage Abfälle zu beseitigen hat, die an einem näher gelegenen Ort anfallen, und die zuständige Behörde solchen Abfällen Vorrang eingeräumt hat oder

   iii. wonach sichergestellt werden muss, dass die Verbringung im Einklang mit Abfallbewirtschaftungsplänen steht; oder

h) die Abfälle sollen in einer Anlage behandelt werden, die unter die Richtlinie 96/61/EG fällt, aber nicht die besten verfügbaren Techniken im Sinne des Artikels 9 Absatz 4 der genannten Richtlinie in Übereinstimmung mit der für die Anlage erteilten Genehmigung anwendet; oder

i) es handelt sich um gemischte Siedlungsabfälle aus privaten Haushaltungen (Abfallschlüssel 20 03 01); oder

j) die betreffenden Abfälle werden nicht im Einklang mit verbindlichen gemeinschaftsrechtlichen Umweltschutzstandards für die Beseitigung behandelt, und zwar auch in Fällen, in denen befristete Ausnahmen gewährt werden.

(2) Die für die Durchfuhr zuständige(n) Behörde(n) kann (können) innerhalb der in Absatz 1 genannten Frist von 30 Tagen nur auf Absatz 1 Buchstaben b, c, d und f gestützte begründete Einwände erheben.

(3) Werden in einem Mitgliedstaat, der Versandstaat ist, gefährliche Abfälle in so geringen jährlichen Gesamtmengen erzeugt, dass die Einrichtung neuer besonderer Beseitigungsanlagen in diesem Mitgliedstaat unwirtschaftlich wäre, so gilt Absatz 1 Buchstabe a nicht.

Die zuständige Behörde am Bestimmungsort arbeitet mit der zuständigen Behörde am Versandort, die der Auffassung ist, dass der vorliegende Absatz und nicht Absatz 1 Buchstabe a Anwendung finden sollte, zusammen, um das Problem bilateral zu lösen.

Wird keine zufrieden stellende Lösung gefunden, so kann jeder Mitgliedstaat die Angelegenheit an die Kommission verweisen. Die Kommission entscheidet dann nach dem in Artikel 18 Absatz 3 der Richtlinie 2006/12/EG genannten Verfahren.

(4) Sind die zuständigen Behörden der Auffassung, dass die Probleme, die zu den Einwänden geführt haben, innerhalb der in Absatz 1 genannten Frist von 30 Tagen gelöst wurden, so unterrichten sie den Notifizierenden unverzüglich schriftlich hierüber und senden dem Empfänger und den anderen betroffenen zuständigen Behörden Kopien.

(5) Werden die Probleme, die zu den Einwänden geführt haben, nicht innerhalb der in Absatz 1 genannten Frist von 30 Tagen gelöst, so wird die Notifizierung ungültig. Beabsichtigt der Notifizierende weiterhin, die Verbringung vorzunehmen, so ist eine erneute Notifizierung einzureichen, es sei denn, alle betroffenen zuständigen Behörden und der Notifizierende treffen eine anders lautende Übereinkunft.

(6) Maßnahmen, die ein Mitgliedstaat gemäß Absatz 1 Buchstabe a ergreift, um die Verbringung von zur Beseitigung bestimmten Abfällen ganz oder teilweise zu verbieten oder gegen jegliche Verbringung von Abfällen Einwände zu erheben, oder Maßnahmen nach Absatz 1 Buchstabe e sind der Kommission unverzüglich mitzuteilen, die die anderen Mitgliedstaaten informiert.

### Artikel 12 Einwände gegen die Verbringung von zur Verwertung bestimmten Abfällen

(1) Bei der Notifizierung einer geplanten Verbringung von zur Verwertung bestimmten Abfällen können die zuständigen Behörden am Bestimmungsort und am Versandort innerhalb einer Frist von 30 Tagen ab dem Zeitpunkt der Übermittlung der Empfangsbestätigung durch die zuständige Behörde am Bestimmungsort gemäß Artikel 8 im Einklang mit dem Vertrag begründete Einwände erheben, die sich auf einen oder mehrere der folgenden Gründe stützen:

a) Die geplante Verbringung oder Verwertung würde nicht im Einklang mit der Richtlinie 2006/12/EG, insbesondere den Artikeln 3, 4, 7 und 10 der genannten Richtlinie stehen; oder

b) die geplante Verbringung oder Verwertung würde nicht im Einklang mit nationalen Rechtsvorschriften zum Schutz der Umwelt, zur Wahrung der öffentlichen Sicherheit und Ordnung oder zum Schutz der Gesundheit stehen, die in dem Einwände erhebenden Staat vorgenommene Handlungen betreffen; oder

c) die geplante Verbringung oder Verwertung würde nicht im Einklang mit nationalen Rechtsvorschriften im Versandstaat betreffend die Abfallverwertung stehen, auch dann, wenn die geplante Verbringung Abfälle betreffen würde, die zur Verwertung in einer Anlage bestimmt sind, deren Standards für die Behandlung dieser bestimmten Abfälle weniger streng sind als im Versandstaat, wobei die Notwendigkeit eines reibungslosen Funktionierens des Binnenmarktes zu beachten ist.

  Dies gilt nicht, sofern

  i. eine entsprechende Gemeinschaftsgesetzgebung insbesondere für Abfälle besteht und sofern Anforderungen, die mindestens so streng sind wie die in der Gemeinschaftsgesetzgebung enthaltenen, in die nationalen Rechtsvorschriften zur Umsetzung dieser Gemeinschaftsgesetzgebung aufgenommen worden sind;

  ii. das Verwertungsverfahren im Empfängerstaat unter Bedingungen erfolgt, die weitgehend den in den nationalen Rechtsvorschriften des Versandstaats genannten Bedingungen entsprechen;

iii. die nationalen Rechtsvorschriften im Versandstaat, die nicht unter Ziffer i fallen, nicht gemäß der Richtlinie 98/34/EG des Europäischen Parlaments und des Rates vom 22. Juni 1998 über ein Informationsverfahren auf dem Gebiet der Normen und technischen Vorschriften und der Vorschriften für die Dienste der Informationsgesellschaft[1] notifiziert worden sind, wenn die genannte Richtlinie dies verlangt; oder

d) der Notifizierende oder der Empfänger wurde in der Vergangenheit wegen illegaler Verbringungen oder anderer rechtswidriger Handlungen auf dem Gebiet des Umweltschutzes verurteilt. In diesem Fall können die zuständigen Behörden am Versandort und am Bestimmungsort jede Verbringung, an der die betreffende Person beteiligt ist, nach nationalen Rechtsvorschriften ablehnen; oder

e) der Notifizierende oder die Anlage hat bei früheren Verbringungen wiederholt die Artikel 15 und 16 nicht eingehalten; oder

f) die geplante Verbringung oder Verwertung verstößt gegen Verpflichtungen aus internationalen Übereinkommen, die von einem oder mehreren betroffenen Mitgliedstaaten oder der Gemeinschaft geschlossen wurden; oder

g) der Anteil an verwertbarem und nicht verwertbarem Abfall, der geschätzte Wert der letztlich verwertbaren Stoffe oder die Kosten der Verwertung und die Kosten der Beseitigung des nicht verwertbaren Anteils rechtfertigen unter wirtschaftlichen und/oder ökologischen Gesichtspunkten keine Verwertung; oder

h) die verbrachten Abfälle sind zur Beseitigung und nicht zur Verwertung bestimmt; oder

i) die Abfälle sollen in einer Anlage behandelt werden, die unter die Richtlinie 96/61/EG fällt, aber nicht die besten verfügbaren Techniken im Sinne des Artikels 9 Absatz 4 der genannten Richtlinie in Übereinstimmung mit der für die Anlage erteilten Genehmigung anwendet; oder

j) die betreffenden Abfälle werden nicht im Einklang mit verbindlichen Umweltschutzstandards für Verwertungsverfahren oder verbindlichen gemeinschaftsrechtlichen Verwertungs- oder Recyclingverpflichtungen behandelt, und zwar auch in den Fällen, in denen befristete Ausnahmen gewährt werden; oder

k) die betreffenden Abfälle werden nicht nach Abfallbewirtschaftungsplänen behandelt, die gemäß Artikel 7 der Richtlinie 2006/12/EG erstellt wurden, um die Einhaltung verbindlicher Verwertungs- und Recyclingverpflichtungen des Gemeinschaftsrechts zu gewährleisten.

(2) Die für die Durchfuhr zuständige(n) Behörde(n) kann (können) innerhalb der in Absatz 1 genannten Frist von 30 Tagen auf Absatz 1 Buchstaben b, d, e und f gestützte begründete Einwände gegen die geplante Verbringung erheben.

(3) Sind die zuständigen Behörden der Auffassung, dass die Probleme, die zu den Einwänden geführt haben, innerhalb der in Absatz 1 genannten Frist von 30 Tagen gelöst wurden, so unterrichten sie den Notifizierenden unverzüglich schriftlich darüber und senden dem Empfänger und den anderen betroffenen zuständigen Behörden Kopien.

(4) Werden die Probleme, die zu den Einwänden geführt haben, nicht innerhalb der in Absatz 1 genannten Frist von 30 Tagen gelöst, so wird die Notifizierung ungültig. Beabsichtigt der Notifizierende weiterhin, die Verbringung vorzunehmen, so ist eine erneute Notifizierung einzureichen, es sei denn, alle betroffenen zuständigen Behörden und der Notifizierende treffen eine anders lautende Übereinkunft.

(5) Einwände, die von den zuständigen Behörden gemäß Absatz 1 Buchstabe c erhoben werden, müssen der Kommission von den Mitgliedstaaten gemäß Artikel 51 mitgeteilt werden.

(6) Der Mitgliedstaat, der Versandstaat ist, unterrichtet die Kommission und die anderen Mitgliedstaaten über die nationalen Rechtsvorschriften, auf die sich die von den zu-

---

[1] **Amtl. Anm.:** ABl L 204 vom 21. 7. 1998, S. 37. Zuletzt geändert durch die Beitrittsakte von 2003.

ständigen Behörden gemäß Absatz 1 Buchstabe c erhobenen Einwände stützen können, und gibt dabei an, für welche Abfälle und Verwertungsverfahren diese Einwände gelten, bevor diese Rechtsvorschriften zur Erhebung begründeter Einwände herangezogen werden.

### Artikel 13  Sammelnotifizierung

(1) Der Notifizierende kann eine Sammelnotifizierung, die mehrere Verbringungen abdeckt, einreichen, falls für jede einzelne Verbringung Folgendes gilt:

a) die Abfälle weisen im Wesentlichen ähnliche physikalische und chemische Eigenschaften auf, und

b) die Abfälle werden zum gleichen Empfänger und zur gleichen Anlage verbracht, und

c) der im Notifizierungsformular angegebene Transportweg ist der gleiche.

(2) Kann aufgrund unvorhergesehener Umstände nicht der gleiche Transportweg eingehalten werden, so teilt der Notifizierende dies den betroffenen zuständigen Behörden so bald wie möglich und nach Möglichkeit vor Beginn der Verbringung mit, falls die Notwendigkeit einer Änderung bereits bekannt ist.

Ist die Änderung des Transportwegs vor Beginn der Verbringung bekannt und sind andere als die von der Sammelnotifizierung betroffenen zuständigen Behörden daran beteiligt, so darf die Sammelnotifizierung nicht verwendet werden, und es ist eine neue Notifizierung einzureichen.

(3) Die betroffenen zuständigen Behörden können ihre Zustimmung zu einer Sammelnotifizierung von der späteren Vorlage zusätzlicher Informationen und Unterlagen gemäß Artikel 4 Absatz 2 Nummern 2 und 3 abhängig machen.

### Artikel 14  Verwertungsanlagen mit Vorabzustimmung

(1) Die zuständigen Behörden am Bestimmungsort, in deren Zuständigkeit spezielle Verwertungsanlagen fallen, können beschließen, dafür Vorabzustimmungen auszustellen.

Solche Entscheidungen sind auf einen bestimmten Zeitraum begrenzt und können jederzeit widerrufen werden.

(2) Im Falle einer gemäß Artikel 13 eingereichten Sammelnotifizierung kann die zuständige Behörde am Bestimmungsort die in Artikel 9 Absätze 4 und 5 genannte Gültigkeitsdauer für die Zustimmung im Einvernehmen mit den anderen betroffenen zuständigen Behörden auf bis zu drei Jahre verlängern.

(3) Zuständige Behörden, die beschließen, eine Vorabzustimmung gemäß den Absätzen 1 und 2 auszustellen, übermitteln der Kommission und gegebenenfalls dem OECD-Sekretariat folgende Angaben:

a) den Namen, die Registriernummer und die Anschrift der Verwertungsanlage,

b) die Beschreibung der angewandten Technologien einschließlich R-Code(s),

c) die in den Anhängen IV und IVA aufgeführten Abfälle oder die Abfälle, für die der Beschluss gilt,

d) die von der Vorabzustimmung betroffene Gesamtmenge,

e) die Gültigkeitsdauer,

f) etwaige Änderungen der Vorabzustimmung,

g) etwaige Änderungen der notifizierten Informationen und

h) etwaige Widerrufe der Vorabzustimmung.

Dazu wird das Formular in Anhang VI verwendet.

(4) Abweichend von den Artikeln 9, 10, und 12 unterliegen gemäß Artikel 9 erteilte Zustimmungen, gemäß Artikel 10 erteilte Auflagen und gemäß Artikel 12 erhobene Einwände der betroffenen zuständigen Behörden einer Frist von sieben Werktagen ab dem

Zeitpunkt der Übermittlung der Empfangsbestätigung durch die zuständige Behörde am Bestimmungsort gemäß Artikel 8.

(5) Unbeschadet des Absatzes 4 kann die zuständige Behörde am Versandort entscheiden, dass mehr Zeit notwendig ist, um vom Notifizierenden weitere Informationen oder Unterlagen zu erhalten.

In diesem Fall teilt die zuständige Behörde dies dem Notifizierenden innerhalb von sieben Werktagen schriftlich mit; Kopien werden den anderen betroffenen zuständigen Behörden übersandt.

Der insgesamt benötigte Zeitraum darf 30 Tage ab dem Zeitpunkt der Übermittlung der Empfangsbestätigung durch die zuständige Behörde am Bestimmungsort gemäß Artikel 8 nicht überschreiten.

### Artikel 15   Zusätzliche Bestimmungen zur vorläufigen Verwertung und Beseitigung

Die Verbringung von Abfällen, die zur vorläufigen Verwertung oder Beseitigung bestimmt sind, unterliegt folgenden zusätzlichen Bestimmungen:

a) Ist eine Verbringung von Abfällen zur vorläufigen Verwertung oder Beseitigung bestimmt, so müssen alle Anlagen, in denen die nachfolgende vorläufige und nicht vorläufige Verwertung oder Beseitigung vorgesehen ist, zusätzlich zu der ersten vorläufigen Verwertung oder Beseitigung ebenfalls im Notifizierungsformular angegeben werden.

b) Die zuständigen Behörden am Versandort und am Bestimmungsort dürfen einer Verbringung von zur vorläufigen Verwertung oder Beseitigung bestimmten Abfällen nur dann zustimmen, wenn nach Artikel 11 oder 12 keine Gründe gegen die Verbringung von Abfällen zu den Anlagen, in denen die nachfolgende vorläufige oder nicht vorläufige Verwertung oder Beseitigung erfolgen soll, vorliegen.

c) Die betroffene Anlage, die die vorläufige Verwertung oder Beseitigung vornimmt, bestätigt die Entgegennahme der Abfälle schriftlich innerhalb von drei Tagen nach deren Erhalt.

Diese Bestätigung ist im Begleitformular anzugeben oder diesem beizufügen. Die besagte Anlage übermittelt dem Notifizierenden und den betroffenen zuständigen Behörden unterzeichnete Kopien des um diese Bestätigung ergänzten Begleitformulars.

d) Die Anlage, die die vorläufige Verwertung oder Beseitigung der Abfälle vornimmt, bescheinigt unter ihrer Verantwortung so bald wie möglich, spätestens jedoch 30 Tage nach Abschluss der vorläufigen Verwertung oder Beseitigung und nicht später als ein Kalenderjahr nach Erhalt der Abfälle oder innerhalb eines kürzeren Zeitraums gemäß Artikel 9 Absatz 7, den Abschluss der vorläufigen Verwertung oder Beseitigung.

Diese Bescheinigung ist im Begleitformular anzugeben oder diesem beizufügen.

Die besagte Anlage übermittelt dem Notifizierenden und den betroffenen zuständigen Behörden unterzeichnete Kopien des um diese Bescheinigung ergänzten Begleitformulars.

e) Liefert eine Anlage zur Verwertung oder Beseitigung von Abfällen, die die vorläufige Verwertung oder Beseitigung von Abfällen vornimmt, die Abfälle zur nachfolgenden vorläufigen oder nicht vorläufigen Verwertung oder Beseitigung an eine im Empfängerstaat gelegene Anlage, so muss sie so bald wie möglich, spätestens jedoch ein Kalenderjahr nach Lieferung der Abfälle oder innerhalb eines kürzeren Zeitraums gemäß Artikel 9 Absatz 7, eine Bescheinigung von dieser Anlage über die Durchführung der nachfolgenden nicht vorläufigen Verwertung oder Beseitigung erhalten.

Die besagte Anlage, die die vorläufige Verwertung oder Beseitigung vornimmt, übermittelt dem Notifizierenden und den betroffenen zuständigen Behörden unverzüglich die entsprechende(n) Bescheinigung(en) unter Angabe der Verbringung(en), auf die die Bescheinigung(en) sich bezieht bzw. beziehen.

f) Eine Lieferung gemäß Buchstabe e an eine Anlage
   i. im ursprünglichen Versandstaat oder in einem anderen Mitgliedstaat bedarf einer erneuten Notifizierung gemäß den Bestimmungen dieses Titels oder
   ii. in einem Drittstaat bedarf einer erneuten Notifizierung gemäß den Bestimmungen dieser Verordnung, wobei die Bestimmungen in Bezug auf die betroffenen zuständigen Behörden auch für die ursprüngliche zuständige Behörde im ursprünglichen Versandstaat gelten.

### Artikel 16  Nach der Zustimmung zu einer Verbringung greifende Vorschriften

Nach der Zustimmung zu einer notifizierten Verbringung durch die betroffenen zuständigen Behörden füllen alle beteiligten Unternehmen das Begleitformular oder im Falle einer Sammelnotifizierung die Begleitformulare an den entsprechenden Stellen aus, unterzeichnen es bzw. sie und behalten selbst eine Kopie bzw. Kopien davon. Folgende Anforderungen sind zu erfüllen:

a) Ausfüllen des Begleitformulars durch den Notifizierenden: Sobald der Notifizierende die Zustimmung der zuständigen Behörden am Versandort und am Bestimmungsort sowie der für die Durchfuhr zuständigen Behörden erhalten hat bzw. die stillschweigende Zustimmung der Letzteren voraussetzen kann, trägt er das tatsächliche Datum der Verbringung in das Begleitformular ein und füllt dieses ansonsten soweit wie möglich aus.

b) Vorherige Mitteilung des tatsächlichen Beginns der Verbringung: Der Notifizierende übermittelt den betroffenen zuständigen Behörden und dem Empfänger mindestens drei Werktage vor Beginn der Verbringung unterzeichnete Kopien des gemäß Buchstabe a ausgefüllten Begleitformulars.

c) Bei jedem Transport mitzuführende Unterlagen: Der Notifizierende behält eine Kopie des Begleitformulars. Bei jedem Transport sind das Begleitformular sowie Kopien des Notifizierungsformulars, die die von den betroffenen zuständigen Behörden erteilten schriftlichen Zustimmungen sowie die entsprechenden Auflagen enthalten, mitzuführen. Das Begleitformular wird von der Anlage, die die Abfälle erhält, aufbewahrt.

d) Schriftliche Bestätigung des Erhalts der Abfälle durch die Anlage: Die Anlage bestätigt die Entgegennahme der Abfälle schriftlich innerhalb von drei Tagen nach deren Erhalt.
   Diese Bestätigung ist im Begleitformular anzugeben oder diesem beizufügen.
   Die Anlage übermittelt dem Notifizierenden und den betroffenen zuständigen Behörden unterzeichnete Kopien des um diese Bestätigung ergänzten Begleitformulars.

e) Bescheinigung der nicht vorläufigen Verwertung oder Beseitigung durch die Anlage: Die Anlage, die die nicht vorläufige Verwertung oder Beseitigung vornimmt, bescheinigt unter ihrer Verantwortung so bald wie möglich, spätestens jedoch 30 Tage nach Abschluss der nicht vorläufigen Verwertung oder Beseitigung und nicht später als ein Kalenderjahr nach Erhalt der Abfälle oder innerhalb eines kürzeren Zeitraums gemäß Artikel 9 Absatz 7, den Abschluss der nicht vorläufigen Verwertung oder Beseitigung der Abfälle.
   Diese Bescheinigung ist im Begleitformular anzugeben oder diesem beizufügen.
   Die Anlage übermittelt dem Notifizierenden und den betroffenen zuständigen Behörden unterzeichnete Kopien des um diese Bescheinigung ergänzten Begleitformulars.

### Artikel 17  Änderungen der Verbringung nach der Zustimmung

(1) Bei erheblichen Änderungen der Einzelheiten und/oder Bedingungen einer Verbringung mit Zustimmung, einschließlich Änderungen der vorgesehenen Menge, des Transportwegs, der Beförderung, des Zeitpunkts der Verbringung oder des Transport-

unternehmens, unterrichtet der Notifizierende die betroffenen zuständigen Behörden und den Empfänger unverzüglich und, sofern möglich, vor Beginn der Verbringung.

(2) In solchen Fällen ist eine erneute Notifizierung einzureichen, es sei denn, alle betroffenen zuständigen Behörden sind der Ansicht, dass die beabsichtigten Änderungen keine erneute Notifizierung erfordern.

(3) Berühren derartige Änderungen andere zuständige Behörden als die von der ursprünglichen Notifizierung betroffenen, so ist eine erneute Notifizierung einzureichen.

## Kapitel 2: Allgemeine Informationspflichten

### Artikel 18 Abfälle, für die bestimmte Informationen mitzuführen sind

(1) Die beabsichtigte Verbringung von Abfällen im Sinne des Artikels 3 Absätze 2 und 4 unterliegt folgenden Verfahrensvorschriften:
- a) Damit die Verbringung solcher Abfälle besser verfolgt werden kann, hat die der Gerichtsbarkeit des Versandstaats unterliegende Person, die die Verbringung veranlasst, sicherzustellen, dass das in Anhang VII enthaltene Dokument mitgeführt wird.
- b) Das in Anhang VII enthaltene Dokument ist von der Person, die die Verbringung veranlasst, vor Durchführung derselben und von der Verwertungsanlage oder dem Labor und dem Empfänger bei der Übergabe der betreffenden Abfälle zu unterzeichnen.

(2) Der in Anhang VII genannte Vertrag über die Verwertung der Abfälle zwischen der Person, die die Verbringung veranlasst, und dem Empfänger muss bei Beginn der Verbringung wirksam sein und für den Fall, dass die Verbringung oder Verwertung der Abfälle nicht in der vorgesehenen Weise abgeschlossen werden kann oder dass sie als illegale Verbringung durchgeführt wurde, für die Person, die die Verbringung veranlasst, oder, falls diese zur Durchführung der Verbringung oder der Verwertung der Abfälle nicht in der Lage ist (z. B. bei Insolvenz), für den Empfänger die Verpflichtung enthalten,
- a) die Abfälle zurückzunehmen oder deren Verwertung auf andere Weise sicherzustellen und
- b) erforderlichenfalls in der Zwischenzeit für deren Lagerung zu sorgen.

Der betreffenden zuständigen Behörde ist auf Ersuchen von der Person, die die Verbringung veranlasst, oder vom Empfänger eine Kopie dieses Vertrages zu übermitteln.

(3) Die Mitgliedstaaten können zum Zwecke der Kontrolle, Durchsetzung, Planung und statistischen Erhebung nach nationalem Recht die in Absatz 1 genannten Informationen über Verbringungen anfordern, die von diesem Artikel erfasst werden.

(4) Die in Absatz 1 genannten Informationen sind vertraulich zu behandeln, sofern dies nach Gemeinschafts- und nationalem Recht erforderlich ist.

## Kapitel 3: Allgemeine Vorschriften

### Artikel 19 Verbot der Vermischung von Abfällen bei der Verbringung

Ab dem Beginn der Verbringung bis zur Entgegennahme in einer Verwertungs- oder Beseitigungsanlage dürfen im Notifizierungsformular oder in Artikel 18 genannte Abfälle nicht mit anderen Abfällen vermischt werden.

### Artikel 20 Aufbewahrung von Unterlagen und Informationen

(1) Alle in Bezug auf eine notifizierte Verbringung an die zuständigen Behörden gerichteten oder von diesen verschickten Unterlagen sind von den zuständigen Behörden, vom Notifizierenden, vom Empfänger und von der Anlage, die die Abfälle erhält, mindestens drei Jahre lang, gerechnet ab Beginn der Verbringung, innerhalb der Gemeinschaft aufzubewahren.

(2) Gemäß Artikel 18 Absatz 1 angegebene Informationen sind von der Person, die die Verbringung veranlasst, vom Empfänger und von der Anlage, die die Abfälle erhält, mindestens drei Jahre lang ab dem Zeitpunkt des Beginns der Verbringung innerhalb der Gemeinschaft aufzubewahren.

**Artikel 21   Zugang der Öffentlichkeit zu Notifizierungen**

Die zuständigen Behörden am Versand- bzw. Bestimmungsort können auf geeigneten Wegen wie dem Internet Informationen über die Notifizierungen von Verbringungen, denen sie zugestimmt haben, öffentlich zugänglich machen, sofern diese Angaben nach nationalem oder Gemeinschaftsrecht nicht vertraulich sind.

## Kapitel 4:   Rücknahmeverpflichtungen

**Artikel 22   Rücknahme, wenn eine Verbringung nicht wie vorgesehen abgeschlossen werden kann**

(1) Erhält eine der betroffenen zuständigen Behörden Kenntnis davon, dass eine Verbringung von Abfällen, einschließlich ihrer Verwertung oder Beseitigung, nicht gemäß den Bedingungen des Notifizierungs- und des Begleitformulars und/oder des in Artikel 4 Absatz 2 Nummer 4 und Artikel 5 genannten Vertrags abgeschlossen werden kann, so unterrichtet sie unverzüglich die zuständige Behörde am Versandort. Weist eine Verwertungs- oder Beseitigungsanlage zu ihr verbrachte Abfälle zurück, so unterrichtet sie unverzüglich die zuständige Behörde am Bestimmungsort hiervon.

(2) Die zuständige Behörde am Versandort stellt außer in den in Absatz 3 genannten Fällen sicher, dass die betreffenden Abfälle von dem Notifizierenden gemäß der in Artikel 2 Nummer 15 festgelegten Rangfolge oder, falls dies nicht möglich ist, von der zuständigen Behörde selbst oder von einer in ihrem Namen handelnden natürlichen oder juristischen Person in das Gebiet ihrer Gerichtsbarkeit oder ein anderes Gebiet im Versandstaat zurückgenommen werden.

Dies erfolgt innerhalb von 90 Tagen oder innerhalb eines anderen, von den betroffenen zuständigen Behörden einvernehmlich festgelegten Zeitraums, nachdem die zuständige Behörde am Versandort von der Undurchführbarkeit der Verbringung mit Zustimmung der Abfälle oder ihrer Verwertung oder Beseitigung und den Gründen hierfür Kenntnis erhalten hat oder von der zuständigen Behörde am Bestimmungsort oder den für die Durchfuhr zuständigen Behörden schriftlich davon benachrichtigt wurde. Ausgangspunkt entsprechender Benachrichtigungen können Informationen sein, die den zuständigen Behörden am Bestimmungsort oder den für die Durchfuhr zuständigen Behörden unter anderem durch die übrigen zuständigen Behörden übermittelt wurden.

(3) Die Rücknahmeverpflichtung gemäß Absatz 2 gilt nicht, wenn die am Versand- und Bestimmungsort sowie für die Durchfuhr jeweils zuständigen Behörden, die mit der Beseitigung oder Verwertung der Abfälle befasst sind, der Auffassung sind, dass die Abfälle auf andere Weise im Empfängerstaat oder andernorts vom Notifizierenden oder, falls dies nicht möglich ist, von der zuständigen Behörde am Versandort oder von einer in ihrem Namen handelnden natürlichen oder juristischen Person verwertet oder beseitigt werden können.

Die Rücknahmeverpflichtung gemäß Absatz 2 gilt nicht, wenn die verbrachten Abfälle im Laufe des in der betreffenden Einrichtung durchgeführten Verfahrens in irreversibler Weise mit anderen Abfällen vermischt wurden, bevor eine betroffene zuständige Behörde Kenntnis davon erlangt hat, dass die notifizierte Verbringung nicht wie in Absatz 1 vorgesehen abgeschlossen werden kann. Diese Gemische sind auf andere Weise gemäß Unterabsatz 1 zu verwerten oder zu beseitigen.

(4) Im Falle der Rücknahme gemäß Absatz 2 ist eine erneute Notifizierung einzureichen, es sei denn, alle beteiligten zuständigen Behörden sind der Ansicht, dass ein hinreichend begründeter Antrag der ursprünglich zuständigen Behörde am Versandort ausreicht.

Eine neue Notifizierung ist gegebenenfalls vom ursprünglichen Notifizierenden oder, falls dies nicht möglich ist, von jeder anderen natürlichen oder juristischen Person im Sinne des Artikels 2 Nummer 15 oder, falls dies nicht möglich ist, von der ursprünglich zuständigen Behörde am Versandort oder von einer in ihrem Namen handelnden natürlichen oder juristischen Person einzureichen.

Die zuständigen Behörden dürfen sich weder der Rückfuhr von Abfällen, deren Verbringung nicht abgeschlossen werden kann, noch den entsprechenden Verwertungs- oder Beseitigungsverfahren widersetzen.

(5) Im Falle alternativer Vorkehrungen außerhalb des ursprünglichen Empfängerstaats gemäß Absatz 3 ist gegebenenfalls eine neue Notifizierung vom ursprünglichen Notifizierenden oder, falls dies nicht möglich ist, von jeder anderen natürlichen oder juristischen Person im Sinne des Artikels 2 Nummer 15 oder, falls dies nicht möglich ist, von der ursprünglich zuständigen Behörde am Versandort oder von einer in ihrem Namen handelnden natürlichen oder juristischen Person einzureichen.

Erfolgt eine solche neue Notifizierung durch den Notifizierenden, so ist sie auch bei der zuständigen Behörde des ursprünglichen Versandstaats einzureichen.

(6) Im Falle alternativer Vorkehrungen im ursprünglichen Empfängerstaat gemäß Absatz 3 bedarf es keiner erneuten Notifizierung, und ein hinreichend begründeter Antrag ist ausreichend. Solch ein hinreichend begründeter Antrag, mit dem um Zustimmung zu der alternativen Vorkehrung ersucht wird, ist von dem ursprünglich Notifizierenden an die zuständige Behörde am Bestimmungsort und am Versandort oder, falls dies nicht möglich ist, von der ursprünglich zuständigen Behörde am Versandort an die zuständige Behörde am Bestimmungsort zu übermitteln.

(7) Bedarf es keiner erneuten Notifizierung gemäß Absatz 4 oder 6, so ist vom ursprünglichen Notifizierenden oder, falls dies nicht möglich ist, von jeder anderen natürlichen oder juristischen Person im Sinne des Artikels 2 Nummer 15 oder, falls dies nicht möglich ist, von der ursprünglich zuständigen Behörde am Versandort oder von einer in ihrem Namen handelnden natürlichen oder juristischen Person ein neues Begleitformular gemäß Artikel 15 bzw. Artikel 16 auszufüllen.

Wird von der ursprünglich zuständigen Behörde am Versandort gemäß Absatz 4 oder 5 eine erneute Notifizierung eingereicht, so bedarf es keiner neuen Sicherheitsleistungen oder entsprechender Versicherungen.

(8) Die Verpflichtung des Notifizierenden und die ergänzende Verpflichtung des Versandstaats, die Abfälle zurückzunehmen oder für eine andere Verwertung oder Beseitigung zu sorgen, enden, wenn die Anlage die in Artikel 16 Buchstabe e und gegebenenfalls in Artikel 15 Buchstabe e genannte Bescheinigung über die nicht vorläufige Verwertung oder Beseitigung ausgestellt hat. Im Falle einer vorläufigen Verwertung oder Beseitigung gemäß Artikel 6 Absatz 6 endet die ergänzende Verpflichtung des Versandstaats, wenn die Anlage die in Artikel 15 Buchstabe d genannte Bescheinigung ausgestellt hat.

Stellt eine Anlage eine Bescheinigung über die Beseitigung oder Verwertung aus, die zu einer illegalen Verbringung führt und in deren Folge die Sicherheitsleistungen freigegeben werden, so finden die Artikel 24 Absatz 3 und Artikel 25 Absatz 2 Anwendung.

(9) Werden in einem Mitgliedstaat Abfälle aus einer Verbringung einschließlich ihrer Verwertung oder Beseitigung entdeckt, die nicht abgeschlossen werden kann, so obliegt es der für das betreffende Gebiet zuständigen Behörde, sicherzustellen, dass Vorkehrungen für die sichere Lagerung der Abfälle bis zu deren Rückfuhr oder alternativen nicht vorläufigen Verwertung oder Beseitigung in anderer Weise getroffen werden.

### Artikel 23 Kosten der Rücknahme, wenn eine Verbringung nicht abgeschlossen werden kann

(1) Die Kosten der Rückfuhr von Abfällen, deren Verbringung nicht abgeschlossen werden kann, einschließlich der Kosten des Transports, der Verwertung oder der Beseitigung gemäß Artikel 22 Absatz 2 oder 3, sowie ab dem Zeitpunkt, zu dem die zuständige Behörde am Versandort von der Undurchführbarkeit einer Verbringung von Abfällen

oder ihrer Verwertung oder Beseitigung Kenntnis erhalten hat, die Kosten der Lagerung gemäß Artikel 22 Absatz 9, werden folgendermaßen angelastet:
   a) dem Notifizierenden gemäß der in Artikel 2 Nummer 15 festgelegten Rangfolge oder, falls dies nicht möglich ist,
   b) gegebenenfalls anderen natürlichen oder juristischen Personen oder, falls dies nicht möglich ist,
   c) der zuständigen Behörde am Versandort oder, falls dies nicht möglich ist,
   d) nach anderweitiger Vereinbarung der betroffenen zuständigen Behörden.

   (2) Gemeinschaftliche oder nationale haftungsrechtliche Vorschriften bleiben von diesem Artikel unberührt.

**Artikel 24   Rücknahme von Abfällen bei illegaler Verbringung**

   (1) Entdeckt eine zuständige Behörde eine Verbringung, die sie für illegal hält, so unterrichtet sie unverzüglich die anderen betroffenen zuständigen Behörden.

   (2) Hat der Notifizierende die illegale Verbringung zu verantworten, so sorgt die zuständige Behörde am Versandort dafür, dass die betreffenden Abfälle
   a) vom Notifizierenden de facto zurückgenommen werden oder, falls keine Notifizierung eingereicht wurde,
   b) vom Notifizierenden de jure zurückgenommen werden oder, falls dies nicht möglich ist,
   c) von der zuständigen Behörde am Versandort selbst oder einer in ihrem Namen handelnden natürlichen oder juristischen Person zurückgenommen werden oder, falls dies nicht möglich ist,
   d) von der zuständigen Behörde am Versandort selbst oder einer in ihrem Namen handelnden natürlichen oder juristischen Person im Empfängerstaat oder im Versandstaat auf andere Weise verwertet oder beseitigt werden oder, falls dies nicht möglich ist,
   e) mit dem Einverständnis aller betroffenen zuständigen Behörden von der zuständigen Behörde am Versandort selbst oder einer in ihrem Namen handelnden natürlichen oder juristischen Person in einem anderen Staat auf andere Weise verwertet oder beseitigt werden.

Diese Rücknahme, Verwertung oder Beseitigung erfolgt innerhalb von 30 Tagen oder innerhalb eines anderen, von den betroffenen zuständigen Behörden einvernehmlich festgelegten Zeitraums, nachdem die zuständige Behörde am Versandort von der illegalen Verbringung Kenntnis erhalten hat oder von der zuständigen Behörde am Bestimmungsort oder den für die Durchfuhr zuständigen Behörden schriftlich von der illegalen Verbringung und den Gründen dafür benachrichtigt wurde. Ausgangspunkt entsprechender Benachrichtigungen können Informationen sein, die den zuständigen Behörden am Bestimmungsort oder den für die Durchfuhr zuständigen Behörden unter anderem durch die übrigen zuständigen Behörden übermittelt wurden.

Im Falle der Rücknahme gemäß Buchstaben a, b und c ist eine erneute Notifizierung einzureichen, es sei denn, alle betroffenen zuständigen Behörden sind der Ansicht, dass ein hinreichend begründeter Antrag der ursprünglich zuständigen Behörde am Versandort ausreicht.

Die erneute Notifizierung ist von den in Buchstabe a, b oder c genannten Personen oder Behörden in dieser Reihenfolge einzureichen.

Keine zuständige Behörde darf sich der Rückfuhr von illegal verbrachten Abfällen widersetzen. Im Falle alternativer Vorkehrungen gemäß Buchstaben d und e durch die zuständige Behörde am Versandort reicht die ursprünglich zuständige Behörde am Versandort oder eine in ihrem Namen handelnde natürliche oder juristische Person eine erneute Notifizierung ein, es sei denn, alle beteiligten zuständigen Behörden sind der Ansicht, dass ein hinreichend begründeter Antrag derselben ausreicht.

(3) Hat der Empfänger die illegale Verbringung zu verantworten, so sorgt die zuständige Behörde am Bestimmungsort dafür, dass die betreffenden Abfälle auf umweltgerechte Weise
  a) vom Empfänger oder, falls dies nicht möglich ist,
  b) von der zuständigen Behörde selbst oder einer in ihrem Namen handelnden natürlichen oder juristischen Person
verwertet oder beseitigt werden.

Die Verwertung oder Beseitigung erfolgt innerhalb von 30 Tagen oder innerhalb eines anderen, von den betroffenen zuständigen Behörden einvernehmlich festgelegten Zeitraums, nachdem die zuständige Behörde am Bestimmungsort von der illegalen Verbringung Kenntnis erhalten hat oder von den zuständigen Behörden am Versandort oder den für die Durchfuhr zuständigen Behörden schriftlich von der illegalen Verbringung und den Gründen dafür benachrichtigt wurde. Ausgangspunkt entsprechender Benachrichtigungen können Informationen sein, die den zuständigen Behörden am Versandort oder den für die Durchfuhr zuständigen Behörden unter anderem durch die anderen zuständigen Behörden übermittelt wurden.

Zu diesem Zweck arbeiten die betroffenen zuständigen Behörden erforderlichenfalls bei der Verwertung oder Beseitigung der Abfälle zusammen.

(4) Bedarf es keiner erneuten Notifizierung, so ist von der für die Rücknahme verantwortlichen Person oder, falls dies nicht möglich ist, von der ursprünglich zuständigen Behörde am Versandort ein neues Begleitformular gemäß Artikel 15 oder Artikel 16 auszufüllen.

Wird von der ursprünglich zuständigen Behörde am Versandort eine erneute Notifizierung eingereicht, so bedarf es keiner neuen Sicherheitsleistungen oder entsprechender Versicherungen.

(5) Insbesondere in Fällen, in denen weder der Notifizierende noch der Empfänger für die illegale Verbringung verantwortlich gemacht werden kann, arbeiten die betroffenen zuständigen Behörden zusammen um sicherzustellen, dass die betreffenden Abfälle verwertet oder beseitigt werden.

(6) Wird im Falle einer vorläufigen Verwertung oder Beseitigung gemäß Artikel 6 Absatz 6 eine illegale Verbringung nach Abschluss der vorläufigen Verwertung oder Beseitigung festgestellt, so endet die ergänzende Verpflichtung des Versandstaats, die Abfälle zurückzunehmen oder für eine andere Verwertung oder Beseitigung zu sorgen, wenn die Anlage in Artikel 15 Buchstabe d genannte Bescheinigung ausgestellt hat.

Stellt die Anlage eine Bescheinigung über die Verwertung oder Beseitigung aus, die zu einer illegalen Verbringung führt und in deren Folge die Sicherheitsleistungen freigegeben werden, so finden Absatz 3 und Artikel 25 Absatz 2 Anwendung.

(7) Werden Abfälle aus einer illegalen Verbringung entdeckt, so obliegt es der für das betreffende Gebiet zuständigen Behörde, sicherzustellen, dass Vorkehrungen für die sichere Lagerung der Abfälle bis zu deren Rückfuhr oder nicht vorläufigen Verwertung oder Beseitigung auf andere Weise getroffen werden.

(8) Die Artikel 34 und 36 gelten nicht für die Rückfuhr illegal verbrachter Abfälle in einen Versandstaat, der unter die in diesen Artikeln enthaltenen Verbote fällt.

(9) Im Falle einer illegalen Verbringung im Sinne des Artikels 2 Nummer 35 Buchstabe g unterliegt die Person, die die Verbringung veranlasst, den gleichen im vorliegenden Artikel begründeten Verpflichtungen wie der Notifizierende.

(10) Gemeinschaftliche oder nationale haftungsrechtliche Vorschriften bleiben von diesem Artikel unberührt.

## Artikel 25   Kosten der Rücknahme von Abfällen bei illegaler Verbringung

(1) Die Kosten der Rückfuhr von Abfällen aus einer illegalen Verbringung einschließlich der Kosten des Transports, der Verwertung oder der Beseitigung gemäß Artikel 24 Absatz 2 sowie ab dem Zeitpunkt, zu dem die zuständige Behörde am Versandort von

der illegalen Verbringung Kenntnis erhalten hat, die Kosten der Lagerung gemäß Artikel 24 Absatz 7 werden folgendermaßen angelastet:
 a) dem Notifizierenden de facto gemäß der in Artikel 2 Nummer 15 festgelegten Rangfolge oder, falls keine Notifizierung eingereicht wurde,
 b) dem Notifizierenden de jure oder gegebenenfalls anderen natürlichen oder juristischen Personen oder, falls dies nicht möglich ist,
 c) der zuständigen Behörde am Versandort.

(2) Die Kosten der Verwertung oder Beseitigung gemäß Artikel 24 Absatz 3 einschließlich der möglichen Kosten des Transports und der Lagerung gemäß Artikel 24 Absatz 7 werden folgendermaßen angelastet:
 a) dem Empfänger oder, falls dies nicht möglich ist,
 b) der zuständigen Behörde am Bestimmungsort.

(3) Die Kosten der Verwertung oder Beseitigung gemäß Artikel 24 Absatz 5 einschließlich der möglichen Kosten des Transports und der Lagerung gemäß Artikel 24 Absatz 7 werden folgendermaßen angelastet:
 a) dem Notifizierenden gemäß der in Artikel 2 Nummer 15 festgelegten Rangfolge und/oder dem Empfänger nach Maßgabe der Entscheidung der beteiligten zuständigen Behörden oder, falls dies nicht möglich ist,
 b) gegebenenfalls anderen natürlichen oder juristischen Personen oder, falls dies nicht möglich ist,
 c) den zuständigen Behörden am Versandort und am Bestimmungsort.

(4) Im Falle einer illegalen Verbringung im Sinne des Artikels 2 Nummer 35 Buchstabe g unterliegt die Person, die die Verbringung veranlasst, den gleichen im vorliegenden Artikel begründeten Verpflichtungen wie der Notifizierende.

(5) Gemeinschaftliche oder nationale haftungsrechtliche Vorschriften bleiben von diesem Artikel unberührt.

## Kapitel 5: Allgemeine Verwaltungsvorschriften

### Artikel 26 Form der Benachrichtigungen

(1) Die unten aufgeführten Unterlagen und Informationen können per Post versandt werden:
 a) die Notifizierung einer beabsichtigten Verbringung gemäß den Artikeln 4 und 13;
 b) ein Ersuchen um Informationen und Unterlagen gemäß den Artikeln 4, 7 und 8;
 c) die Übermittlung von Informationen und Unterlagen gemäß den Artikeln 4, 7 und 8;
 d) die schriftliche Zustimmung zu einer notifizierten Verbringung gemäß Artikel 9;
 e) Auflagen für eine Verbringung gemäß Artikel 10;
 f) Einwände gegen eine Verbringung gemäß den Artikeln 11 und 12;
 g) Angaben zu Entscheidungen über die Ausstellung von Vorabzustimmungen für bestimmte Verwertungsanlagen gemäß Artikel 14 Absatz 3;
 h) die schriftliche Bestätigung des Erhalts der Abfälle gemäß den Artikeln 15 und 16;
 i) die Bescheinigung über die Verwertung oder Beseitigung der Abfälle gemäß den Artikeln 15 und 16;
 j) Vorabinformationen zum tatsächlichen Beginn der Verbringung gemäß Artikel 16;
 k) Informationen über Änderungen in Bezug auf die Verbringung nach der Zustimmung gemäß Artikel 17 und
 l) die gemäß den Titeln IV, V und VI zu übermittelnden schriftlichen Zustimmungen und Begleitformulare.

(2) Mit Zustimmung der betroffen zuständigen Behörden und des Notifizierenden können die in Absatz 1 aufgeführten Unterlagen alternativ auf folgende Weise übermittelt werden:
  a) per Fax oder
  b) per Fax mit nachträglicher Übersendung per Post oder
  c) per E-Mail mit digitaler Unterschrift. In diesem Falle gilt anstelle der geforderten Stempelung und Unterzeichnung die digitale Unterschrift, oder
  d) per E-Mail ohne digitale Unterschrift mit nachträglicher Übersendung per Post.

(3) Die gemäß Artikel 16 Buchstabe c und Artikel 18 bei jedem Transport mitzuführenden Unterlagen können in elektronischer Form mit digitalen Unterschriften erstellt werden, sofern sie während des Transports jederzeit lesbar gemacht werden können und dies für die betroffenen zuständigen Behörden annehmbar ist.

(4) Die in Absatz 1 aufgeführten Unterlagen und Informationen können mit Zustimmung der betroffenen zuständigen Behörden und des Notifizierenden per elektronischem Datenaustausch mit elektronischer Signatur oder elektronischer Authentifizierung gemäß der Richtlinie 1999/93/EG des Europäischen Parlaments und des Rates vom 13. Dezember 1999 über gemeinschaftliche Rahmenbedingungen für elektronische Signaturen[1] oder mit einem vergleichbaren elektronischen Authentifizierungssystem, das das gleiche Sicherheitsniveau bietet, eingereicht und ausgetauscht werden. In diesen Fällen können organisatorische Regelungen für den elektronischen Datenaustausch getroffen werden.

### Artikel 27  Sprache

(1) Alle gemäß den Bestimmungen dieses Titels übermittelten Notifizierungen, Informationen, Unterlagen oder sonstigen Nachrichten sind in einer Sprache bereitzustellen, die für die betroffenen zuständigen Behörden annehmbar ist.

(2) Auf Verlangen der betroffenen zuständigen Behörden hat der Notifizierende beglaubigte Übersetzungen in einer Sprache vorzulegen, die für diese Behörden annehmbar ist.

### Artikel 28  Differenzen bezüglich der Einstufung

(1) Können die zuständigen Behörden am Versandort und am Bestimmungsort kein Einvernehmen über die Unterscheidung zwischen Abfällen und Nichtabfällen erzielen, so wird das betreffende Material als Abfälle behandelt. Das Recht des Bestimmungslandes, das verbrachte Material nach seinem Eintreffen gemäß seinen nationalen Rechtsvorschriften zu behandeln, bleibt hiervon unberührt, sofern diese Rechtsvorschriften mit dem Gemeinschaftsrecht oder dem Völkerrecht vereinbar sind.

(2) Können die zuständigen Behörden am Versandort und am Bestimmungsort kein Einvernehmen darüber erzielen, ob notifizierte Abfälle als in Anhang III, IIIA, IIIB oder IV aufgeführte Abfälle einzustufen sind, so werden die betreffenden Abfälle als in Anhang IV aufgeführte Abfälle angesehen.

(3) Können die zuständigen Behörden am Versandort und am Bestimmungsort kein Einvernehmen darüber erzielen, ob eine Abfallbehandlung als Verwertung oder als Beseitigung einzustufen ist, so gelten die Bestimmungen für die Beseitigung.

(4) Die Absätze 1 bis 3 gelten nur für die Zwecke dieser Verordnung; die Rechte der Beteiligten zur gerichtlichen Klärung etwaiger diesbezüglicher Streitigkeiten bleiben hiervon unberührt.

### Artikel 29  Verwaltungskosten

Dem Notifizierenden können angemessene und verhältnismäßige Verwaltungskosten für die Durchführung des Notifizierungs- und Überwachungsverfahrens sowie übliche Kosten angemessener Analysen und Kontrollen auferlegt werden.

---

1) **Amtl. Anm.:** ABl L 13 vom 19. 1. 2000, S. 12.

**Artikel 30 Abkommen für Grenzgebiete**

(1) In Ausnahmefällen, wenn die spezifische geografische oder demografische Situation es erfordert, können die Mitgliedstaaten bilaterale Abkommen zur Erleichterung des Notifizierungsverfahrens für Verbringungen spezifischer Abfallströme bezüglich der grenzüberschreitenden Verbringung zur nächstgelegenen geeigneten Anlage, die sich im Grenzgebiet zwischen diesen Mitgliedstaaten befindet, abschließen.

(2) Solche bilateralen Abkommen können auch abgeschlossen werden, wenn die Verbringung von Abfällen aus einem Versandstaat und ihre Behandlung im Versandstaat mit einer Durchfuhr durch einen anderen Mitgliedstaat verbunden ist.

(3) Die Mitgliedstaaten können solche Abkommen auch mit Staaten abschließen, die Vertragsparteien des Abkommens über den Europäischen Wirtschaftsraum sind.

(4) Diese Abkommen werden der Kommission vor Beginn ihrer Anwendung notifiziert.

## Kapitel 6: Verbringung innerhalb der Gemeinschaft mit Durchfuhr durch Drittstaaten

**Artikel 31 Verbringung von zur Beseitigung bestimmten Abfällen**

Bei der Verbringung von zur Beseitigung bestimmten Abfällen innerhalb der Gemeinschaft mit Durchfuhr durch einen oder mehrere Drittstaaten hat die zuständige Behörde am Versandort zusätzlich zu den Bestimmungen dieses Titels bei der zuständigen Behörde der Drittstaaten anzufragen, ob sie eine schriftliche Zustimmung für die geplante Verbringung erteilen möchte:

a) für Vertragsparteien des Basler Übereinkommens innerhalb von 60 Tagen, es sei denn, sie hat auf dieses Recht nach den Bestimmungen dieses Übereinkommens verzichtet, oder

b) für Staaten, die nicht Vertragsparteien des Basler Übereinkommens sind, innerhalb eines zwischen den zuständigen Behörden vereinbarten Zeitraums.

**Artikel 32 Verbringung von zur Verwertung bestimmten Abfällen**

(1) Bei der Verbringung von zur Verwertung bestimmten Abfällen innerhalb der Gemeinschaft mit Durchfuhr durch einen oder mehrere Drittstaaten, für die der OECD-Beschluss nicht gilt, findet Artikel 31 Anwendung.

(2) Bei einer Verbringung von zur Verwertung bestimmten Abfällen innerhalb der Gemeinschaft, einschließlich der Verbringung zwischen Orten im selben Mitgliedstaat, mit Durchfuhr durch einen oder mehrere Drittstaaten, für die der OECD-Beschluss gilt, kann die in Artikel 9 genannte Zustimmung stillschweigend erteilt werden; werden keine Einwände erhoben oder Auflagen erteilt, so kann die Verbringung 30 Tage ab dem Zeitpunkt der Übermittlung der Empfangsbestätigung durch die zuständige Behörde am Bestimmungsort gemäß Artikel 8 beginnen.

# Titel III: Verbringungen ausschließlich innerhalb der Mitgliedstaaten

**Artikel 33 Anwendung dieser Verordnung auf Verbringungen ausschließlich innerhalb der Mitgliedstaaten**

(1) Die Mitgliedstaaten legen eine geeignete Regelung für die Überwachung und Kontrolle der Verbringung von Abfällen ausschließlich innerhalb ihres Zuständigkeitsgebietes fest. Hierbei ist der erforderlichen Kohärenz zwischen dieser Regelung und der gemeinschaftlichen Regelung nach den Titeln II und VII Rechnung zu tragen.

(2) Die Mitgliedstaaten teilen der Kommission ihre Regelungen für die Überwachung und Kontrolle der Verbringung von Abfällen mit. Die Kommission unterrichtet die anderen Mitgliedstaaten hiervon.

(3) Die Mitgliedstaaten können die Regelung nach den Titeln II und VII in ihrem Zuständigkeitsgebiet anwenden.

## Titel IV: Ausfuhr aus der Gemeinschaft in Drittstaaten
### Kapitel 1: Ausfuhr von zur Beseitigung bestimmten Abfällen
#### Artikel 34  Ausfuhrverbot unter Ausnahme der EFTA-Staaten

(1) Jegliche Ausfuhr von zur Beseitigung bestimmten Abfällen aus der Gemeinschaft ist verboten.

(2) Das Ausfuhrverbot in Absatz 1 gilt nicht für die Ausfuhr von zur Beseitigung bestimmten Abfällen in EFTA-Staaten, die auch Vertragsparteien des Basler Übereinkommens sind.

(3) Die Ausfuhr von zur Beseitigung bestimmten Abfällen in EFTA-Staaten, die auch Vertragsparteien des Basler Übereinkommens sind, ist jedoch auch verboten,
- a) wenn der betreffende EFTA-Staat die Einfuhr derartiger Abfälle verbietet oder
- b) wenn die zuständige Behörde am Versandort Grund zu der Annahme hat, dass die Abfälle im betreffenden Empfängerstaat nicht auf umweltgerechte Weise im Sinne des Artikels 49 behandelt werden.

(4) Die Rücknahmeverpflichtungen gemäß Artikel 22 und 24 werden von dieser Bestimmung nicht berührt.

#### Artikel 35  Verfahren bei der Ausfuhr in EFTA-Staaten

(1) Bei der Ausfuhr von zur Beseitigung bestimmten Abfällen aus der Gemeinschaft in EFTA-Staaten, die Vertragsparteien des Basler Übereinkommens sind, gelten die Bestimmungen des Titels II entsprechend mit den in den Absätzen 2 und 3 aufgeführten Anpassungen und Ergänzungen.

(2) Es gelten folgende Anpassungen:
- a) Die für die Durchfuhr zuständige Behörde außerhalb der Gemeinschaft verfügt ab dem Zeitpunkt der Übermittlung ihrer Bestätigung des Empfangs der Notifizierung über eine Frist von 60 Tagen, um zusätzliche Informationen zu der notifizierten Verbringung anzufordern, um ihre stillschweigende Zustimmung zu erteilen, wenn der betroffene Staat beschlossen hat, keine vorherige schriftliche Zustimmung zu verlangen, und die anderen Vertragsparteien gemäß Artikel 6 Absatz 4 des Basler Übereinkommens davon unterrichtet hat, oder ihre schriftliche Zustimmung mit oder ohne Auflagen zu erteilen; und
- b) die zuständige Behörde am Versandort in der Gemeinschaft trifft ihre Entscheidung über die Erteilung der Zustimmung für die Verbringung gemäß Artikel 9 erst, nachdem sie die schriftliche Zustimmung der zuständigen Behörde am Bestimmungsort und gegebenenfalls die stillschweigende oder schriftliche Zustimmung der für die Durchfuhr zuständigen Behörde außerhalb der Gemeinschaft erhalten hat, frühestens jedoch 61 Tage nach Übermittlung der Empfangsbestätigung der für die Durchfuhr zuständigen Behörde. Die zuständige Behörde am Versandort kann ihre Entscheidung vor Ablauf der Frist von 61 Tagen treffen, wenn sie die schriftliche Zustimmung der anderen betroffenen zuständigen Behörden erhalten hat.

(3) Es gelten folgende zusätzliche Bestimmungen:
- a) Die für die Durchfuhr zuständige Behörde in der Gemeinschaft bestätigt dem Notifizierenden den Empfang der Notifizierung;
- b) die zuständige Behörde am Versandort und gegebenenfalls die für die Durchfuhr zuständigen Behörden in der Gemeinschaft übermitteln der Ausfuhrzollstelle und der Ausgangszollstelle der Gemeinschaft eine abgestempelte Kopie ihrer Entscheidungen zur Zustimmung zu der betreffenden Verbringung;
- c) der Transporteur legt der Ausfuhrzollstelle und der Ausgangszollstelle der Gemeinschaft eine Kopie des Begleitformulars vor;

d) sobald die Abfälle die Gemeinschaft verlassen haben, übermittelt die Ausgangszollstelle der Gemeinschaft der zuständigen Behörde am Versandort in der Gemeinschaft eine abgestempelte Kopie des Begleitformulars, worin festgestellt wird, dass die Abfälle die Gemeinschaft verlassen haben;

e) hat die zuständige Behörde am Versandort in der Gemeinschaft 42 Tage, nachdem die Abfälle die Gemeinschaft verlassen haben, von der Anlage noch keine Nachricht über den Eingang der Abfälle erhalten, so teilt sie dies unverzüglich der zuständigen Behörde am Bestimmungsort mit; und

f) der in Artikel 4 Absatz 2 Nummer 4 und Artikel 5 genannte Vertrag muss folgende Bestimmungen enthalten:

  i. Stellt eine Anlage eine unrichtige Bescheinigung über die Beseitigung aus, in deren Folge die Sicherheitsleistungen freigegeben werden, so trägt der Empfänger die Kosten, die sich aus der Verpflichtung zur Rückfuhr der Abfälle in das Zuständigkeitsgebiet der zuständigen Behörde am Versandort und aus der Verwertung oder Beseitigung der Abfälle auf eine andere, umweltgerechte Weise ergeben;

  ii. innerhalb von drei Tagen nach Erhalt der zur Beseitigung bestimmten Abfälle übermittelt die Anlage dem Notifizierenden und den betroffenen zuständigen Behörden unterzeichnete Kopien des vervollständigten Begleitformulars, mit Ausnahme der in Ziffer iii genannten Bescheinigung über die Beseitigung; und

  iii. die Anlage bescheinigt unter ihrer Verantwortung so bald wie möglich, spätestens jedoch 30 Tage nach Abschluss der Beseitigung und nicht später als ein Kalenderjahr nach Erhalt der Abfälle, dass die Beseitigung der Abfälle abgeschlossen ist, und übermittelt dem Notifizierenden und den betroffenen zuständigen Behörden unterzeichnete Kopien des Begleitformulars, die diese Bescheinigung enthalten.

(4) Die Verbringung darf nur erfolgen, wenn

a) der Notifizierende eine schriftliche Zustimmung der zuständigen Behörde am Versandort, am Bestimmungsort und gegebenenfalls der für die Durchfuhr zuständigen Behörden außerhalb der Gemeinschaft erhalten hat und die erteilten Auflagen erfüllt sind;

b) ein wirksamer Vertrag gemäß Artikel 4 Absatz 2 Nummer 4 und Artikel 5 zwischen dem Notifizierenden und dem Empfänger geschlossen wurde;

c) wirksame Sicherheitsleistungen oder entsprechende Versicherungen gemäß Artikel 4 Absatz 2 Nummer 5 und Artikel 6 hinterlegt bzw. abgeschlossen wurden; und

d) die umweltgerechte Behandlung gemäß Artikel 49 sichergestellt ist.

(5) Im Falle der Ausfuhr von Abfällen müssen diese zur Beseitigung in einer Anlage bestimmt sein, die gemäß dem geltenden nationalen Recht im Empfängerstaat in Betrieb ist oder dafür eine Genehmigung besitzt.

(6) Entdeckt eine Ausfuhrzollstelle oder eine Ausgangszollstelle der Gemeinschaft eine illegale Verbringung, so unterrichtet sie unverzüglich die zuständige Behörde im Staat der Zollstelle, die ihrerseits

a) unverzüglich die zuständige Behörde am Versandort in der Gemeinschaft unterrichtet und

b) sicherstellt, dass die Abfälle so lange in Verwahrung genommen werden, bis die zuständige Behörde am Versandort anderweitig entschieden und ihre Entscheidung der zuständigen Behörde im Staat der Zollstelle, in dem die Abfälle verwahrt werden, schriftlich mitgeteilt hat.

## Kapitel 2: Ausfuhr von zur Verwertung bestimmten Abfällen
### Abschnitt 1: Ausfuhr in Staaten, für die der OECD-Beschluss nicht gilt
#### Artikel 36 Ausfuhrverbot

(1) Die Ausfuhr folgender zur Verwertung bestimmter Abfälle aus der Gemeinschaft in Staaten, für die der OECD-Beschluss nicht gilt, ist verboten:
a) in Anhang V aufgeführte gefährliche Abfälle;
b) in Anhang V Teil 3 aufgeführte Abfälle;
c) gefährliche Abfälle, die nicht in einem Einzeleintrag in Anhang V eingestuft sind;
d) Gemische gefährlicher Abfälle sowie Gemische gefährlicher und nicht gefährlicher Abfälle, die nicht in einem Einzeleintrag in Anhang V eingestuft sind;
e) Abfälle, die vom Empfängerstaat gemäß Artikel 3 des Basler Übereinkommens als gefährlich notifiziert worden sind;
f) Abfälle, deren Einfuhr der Empfängerstaat verboten hat, oder
g) Abfälle, die nach der begründeten Annahme der zuständigen Behörde am Versandort im betreffenden Empfängerstaat nicht auf umweltgerechte Weise im Sinne des Artikels 49 behandelt werden.

(2) Die Rücknahmeverpflichtungen gemäß Artikel 22 und 24 werden von dieser Bestimmung nicht berührt.

(3) Die Mitgliedstaaten können in Ausnahmefällen auf der Grundlage von Belegen, die vom Notifizierenden in geeigneter Weise vorzulegen sind, festlegen, dass bestimmte in Anhang V aufgeführte gefährliche Abfälle von dem Ausfuhrverbot auszunehmen sind, wenn sie keine der in Anhang III der Richtlinie 91/689/EWG genannten Eigenschaften aufweisen, wobei hinsichtlich der in dem genannten Anhang aufgeführten Eigenschaften H3 bis H8, H10 und H11 die Grenzwerte der Entscheidung 2000/532/EG der Kommission vom 3. Mai 2000 zur Ersetzung der Entscheidung 94/3/EG über ein Abfallverzeichnis gemäß Artikel 1 Buchstabe a der Richtlinie 75/442/EWG des Rates über Abfälle und der Entscheidung 94/904/EG des Rates über ein Verzeichnis gefährlicher Abfälle im Sinne von Artikel 1 Absatz 4 der Richtlinie 91/689/EWG des Rates über gefährliche Abfälle[1] zu berücksichtigen sind.

(4) Die Tatsache, dass ein Abfall nicht in Anhang V als gefährlicher Abfall aufgeführt ist oder dass er in Anhang V Teil 1 Liste B aufgeführt ist, steht in Ausnahmefällen der Einstufung als gefährlich nicht entgegen, so dass er unter das Ausfuhrverbot fällt, wenn er eine der in Anhang III der Richtlinie 91/689/EWG aufgeführten Eigenschaften aufweist, wobei hinsichtlich der in dem genannten Anhang aufgeführten Eigenschaften H3 bis H8, H10 und H11 die Grenzwerte der Entscheidung 2000/532/EG der Kommission zu berücksichtigen sind, wie dies in Artikel 1 Absatz 4 zweiter Gedankenstrich der Richtlinie 91/689/EWG und im einleitenden Absatz des Anhangs III der vorliegenden Verordnung vorgesehen ist.

(5) In den in den Absätzen 3 und 4 genannten Fällen unterrichtet der betreffende Mitgliedstaat vor seiner Entscheidung den vorgesehenen Empfängerstaat. Die Mitgliedstaaten teilen der Kommission solche Fälle vor Ende jeden Kalenderjahres mit. Die Kommission leitet diese Informationen an alle Mitgliedstaaten und an das Sekretariat des Basler Übereinkommens weiter. Aufgrund der erhaltenen Informationen kann die Kommission Stellung nehmen und gegebenenfalls Anhang V gemäß Artikel 58 anpassen.

#### Artikel 37 Verfahren bei der Ausfuhr von in den Anhängen III oder IIIA aufgeführten Abfällen

(1) In Bezug auf Abfälle, die in den Anhängen III oder IIIA aufgeführt sind und deren Ausfuhr nicht gemäß Artikel 36 verboten ist, ersucht die Kommission innerhalb von

---

[1] **Amtl. Anm.:** ABl L 226 vom 6.9.2000, S. 3. Zuletzt geändert durch die Entscheidung 2001/573/EG des Rates (ABl L 203 vom 28.7.2001, S. 18).

20 Tagen ab Inkrafttreten dieser Verordnung schriftlich jeden Staat, für den der OECD-Beschluss nicht gilt,

i. um die schriftliche Bestätigung, dass die Abfälle zur Verwertung in diesem Staat aus der Gemeinschaft ausgeführt werden dürfen, und

ii. um Hinweise zum etwaigen Kontrollverfahren, das im Empfängerstaat angewandt würde.

Die Staaten, für die der OECD-Beschluss nicht gilt, können zwischen folgenden Optionen wählen:

a) Verbot oder

b) Verfahren der vorherigen schriftlichen Notifizierung und Zustimmung gemäß Artikel 35 oder

c) keine Kontrolle im Empfängerstaat.

(2) Vor dem Beginn der Anwendung der vorliegenden Verordnung erlässt die Kommission eine Verordnung, die alle gemäß Absatz 1 eingegangenen Antworten berücksichtigt, und unterrichtet den mit Artikel 18 der Richtlinie 2006/12/EG eingesetzten Ausschuss.

Hat ein Staat keine Bestätigung gemäß Absatz 1 erteilt oder ist aus irgendwelchen Gründen an einen Staat kein Ersuchen ergangen, so gilt Absatz 1 Buchstabe b.

Die Kommission aktualisiert die erlassene Verordnung regelmäßig.

(3) Gibt ein Staat an, dass die Verbringung bestimmter Abfälle keinerlei Kontrolle unterliegt, so gilt Artikel 18 für solche Verbringungen entsprechend.

(4) Im Falle der Ausfuhr von Abfällen müssen diese zur Verwertung in einer Anlage bestimmt sein, die gemäß dem geltenden nationalen Recht im Empfängerstaat in Betrieb ist oder dafür eine Genehmigung besitzt.

(5) Auf die Verbringung von Abfällen, die nicht als Einzeleintrag in Anhang III eingestuft sind, oder die Verbringung von Abfallgemischen, die nicht als Einzeleintrag in Anhang III oder IIIA eingestuft sind, oder die Verbringung von in Anhang IIIB eingestuften Abfällen findet Absatz 1 Buchstabe b Anwendung, sofern die Ausfuhr dieser Abfälle bzw. Abfallgemische nicht nach Artikel 36 verboten ist.

## Abschnitt 2: Ausfuhr in Staaten, für die der OECD-Beschluss gilt

### Artikel 38  Ausfuhr von in den Anhängen III, IIIA, IIIB, IV und IVA aufgeführten Abfällen

(1) Bei der Ausfuhr von in den Anhängen III, IIIA, IIIB, IV und IVA aufgeführten Abfällen sowie von nicht als Einzeleintrag in Anhang III, IV oder IVA eingestuften Abfällen oder Abfallgemischen aus der Gemeinschaft, die zur Verwertung in Staaten bestimmt sind, für die der OECD-Beschluss gilt, mit oder ohne Durchfuhr durch Staaten, für die der OECD-Beschluss gilt, gelten die Bestimmungen von Titel II entsprechend mit den in den Absätzen 2, 3 und 5 genannten Anpassungen und Ergänzungen.

(2) Es gelten die folgenden Anpassungen:

a) Die in Anhang IIIA aufgeführten für ein vorläufiges Verfahren bestimmten Abfallgemische unterliegen dem Verfahren der vorherigen schriftlichen Notifizierung und Zustimmung, wenn eine nachfolgende vorläufige oder nicht vorläufige Verwertung oder Beseitigung in einem Staat erfolgen soll, für den der OECD-Beschluss nicht gilt;

b) die in Anhang IIIB aufgeführten Abfälle unterliegen dem Verfahren der vorherigen schriftlichen Notifizierung und Zustimmung;

c) die gemäß Artikel 9 erforderliche Zustimmung kann von der zuständigen Behörde am Bestimmungsort außerhalb der Gemeinschaft in Form einer stillschweigenden Zustimmung erteilt werden.

(3) Für die Ausfuhr von in Anhang IV und IVA aufgeführten Abfällen gelten folgende zusätzliche Bestimmungen:

a) Die zuständige Behörde am Versandort und gegebenenfalls die für die Durchfuhr zuständigen Behörden in der Gemeinschaft übermitteln der Ausfuhrzollstelle und der Ausgangszollstelle der Gemeinschaft eine abgestempelte Kopie ihrer Entscheidung zur Zustimmung der Verbringung;
b) der Transporteur legt der Ausfuhrzollstelle und der Ausgangszollstelle der Gemeinschaft eine Kopie des Begleitformulars vor;
c) sobald die Abfälle die Gemeinschaft verlassen haben, übermittelt die Ausgangszollstelle der Gemeinschaft der zuständigen Behörde am Versandort in der Gemeinschaft eine abgestempelte Kopie des Begleitformulars, worin festgestellt wird, dass die Abfälle die Gemeinschaft verlassen haben;
d) hat die zuständige Behörde am Versandort in der Gemeinschaft 42 Tage nachdem die Abfälle die Gemeinschaft verlassen haben von der Anlage noch keine Nachricht über den Eingang der Abfälle erhalten, so teilt sie dies unverzüglich der zuständigen Behörde am Bestimmungsort mit; und
e) der in Artikel 4 Absatz 2 Nummer 4 und Artikel 5 genannte Vertrag muss folgende Bestimmungen enthalten:
   i. Stellt eine Anlage eine unrichtige Bescheinigung über die Verwertung aus, in deren Folge die Sicherheitsleistungen freigegeben werden, so trägt der Empfänger die Kosten, die sich aus der Verpflichtung zur Rückfuhr der Abfälle in das Zuständigkeitsgebiet der zuständigen Behörde am Versandort und aus der Verwertung oder Beseitigung der Abfälle auf eine andere, umweltgerechte Weise ergeben;
   ii. innerhalb von drei Tagen nach Erhalt der zur Verwertung bestimmten Abfälle übermittelt die Anlage dem Notifizierenden und den betroffenen zuständigen Behörden unterzeichnete Kopien des vervollständigten Begleitformulars, mit Ausnahme der in Ziffer iii genannten Bescheinigung über die Verwertung; und
   iii. die Anlage bescheinigt unter ihrer Verantwortung so bald wie möglich, spätestens jedoch 30 Tage nach Abschluss der Verwertung und nicht später als ein Kalenderjahr nach Erhalt der Abfälle, dass die Verwertung der Abfälle abgeschlossen ist, und übermittelt dem Notifizierenden und den betroffenen zuständigen Behörden unterzeichnete Kopien des Begleitformulars, die diese Bescheinigung enthalten.

(4) Die Verbringung darf nur erfolgen, wenn
a) der Notifizierende die schriftliche Zustimmung der zuständigen Behörden am Versandort, am Bestimmungsort und gegebenenfalls der für die Durchfuhr zuständigen Behörden erhalten hat oder die stillschweigende Zustimmung der zuständigen Behörde am Bestimmungsort und der für die Durchfuhr zuständigen Behörden außerhalb der Gemeinschaft erteilt wurde oder vorausgesetzt werden kann und die erteilten Auflagen erfüllt sind;
b) Artikel 35 Absatz 4 Buchstaben b, c und d erfüllt ist.

(5) Umfasst die in Absatz 1 beschriebene Ausfuhr von in den Anhängen IV und IVA aufgeführten Abfällen die Durchfuhr durch einen Staat, für den der OECD-Beschluss nicht gilt, so gelten folgende Anpassungen:
a) Die für die Durchfuhr zuständige Behörde, für die der OECD-Beschluss nicht gilt, verfügt ab dem Zeitpunkt der Übermittlung ihrer Bestätigung des Empfangs der Notifizierung über eine Frist von 60 Tagen, um zusätzliche Informationen zu der notifizierten Verbringung anzufordern, um ihre stillschweigende Zustimmung zu erteilen, wenn der betroffene Staat beschlossen hat, keine vorherige schriftliche Zustimmung zu verlangen, und die anderen Vertragsparteien gemäß Artikel 6 Absatz 4 des Basler Übereinkommens davon unterrichtet hat, oder ihre schriftliche Zustimmung mit oder ohne Auflagen zu erteilen; und
b) die zuständige Behörde am Versandort in der Gemeinschaft trifft ihre Entscheidung über die Erteilung der Zustimmung für die Verbringung gemäß Artikel 9 erst, nachdem sie die stillschweigende oder schriftliche Zustimmung der für die Durchfuhr

zuständigen Behörde, für die der OECD-Beschluss nicht gilt, erhalten hat, frühestens jedoch 61 Tage ab dem Zeitpunkt der Übermittlung der Empfangsbestätigung der für die Durchfuhr zuständigen Behörde. Die zuständige Behörde am Versandort kann ihre Entscheidung vor Ablauf der Frist von 61 Tagen treffen, wenn sie die schriftliche Zustimmung der anderen betroffenen zuständigen Behörden erhalten hat.

(6) Im Falle der Ausfuhr von Abfällen müssen diese zur Verwertung in einer Anlage bestimmt sein, die gemäß dem geltenden nationalen Recht im Empfängerstaat in Betrieb ist oder dafür eine Genehmigung besitzt.

(7) Entdeckt eine Ausfuhrzollstelle oder eine Ausgangszollstelle der Gemeinschaft eine illegale Verbringung, so unterrichtet sie unverzüglich die zuständige Behörde im Staat der Zollstelle, die ihrerseits

a) unverzüglich die zuständige Behörde am Versandort in der Gemeinschaft unterrichtet und

b) sicherstellt, dass die betreffenden Abfälle so lange in Verwahrung genommen werden, bis die zuständige Behörde am Versandort anderweitig entschieden und ihre Entscheidung der zuständigen Behörde im Staat der Zollstelle, in dem die Abfälle verwahrt werden, schriftlich mitgeteilt hat.

### Kapitel 3: Allgemeine Vorschriften

**Artikel 39 Ausfuhren in die Antarktis**

Die Ausfuhr von Abfällen aus der Gemeinschaft in die Antarktis ist verboten.

**Artikel 40 Ausfuhr in überseeische Länder und Gebiete**

(1) Die Ausfuhr von zur Beseitigung bestimmten Abfällen aus der Gemeinschaft in überseeische Länder und Gebiete ist verboten.

(2) Für Ausfuhren von zur Verwertung bestimmten Abfällen in überseeische Länder und Gebiete gilt das Verbot des Artikels 36 entsprechend.

(3) Für Ausfuhren von zur Verwertung bestimmten Abfällen in überseeische Länder und Gebiete, die nicht unter das in Absatz 2 genannte Verbot fallen, gelten die Bestimmungen von Titel II entsprechend.

## Titel V: Einfuhr in die Gemeinschaft aus Drittstaaten

### Kapitel 1: Einfuhr von zur Beseitigung bestimmten Abfällen

**Artikel 41 Einfuhrverbot unter Ausnahme von Vertragsparteien des Basler Übereinkommens oder von Staaten, mit denen Übereinkünfte bestehen, sowie von anderen Gebieten während Krisen- oder Kriegssituationen**

(1) Die Einfuhr von zur Beseitigung bestimmten Abfällen in die Gemeinschaft ist verboten; mit Ausnahme von Einfuhren aus

a) Staaten, die Vertragsparteien des Basler Übereinkommens sind, oder

b) anderen Staaten, mit denen die Gemeinschaft oder die Gemeinschaft und ihre Mitgliedstaaten bilaterale oder multilaterale Übereinkünfte oder Vereinbarungen gemäß Artikel 11 des Basler Übereinkommens geschlossen haben, die mit dem Gemeinschaftsrecht vereinbar sind, oder

c) anderen Staaten, mit denen einzelne Mitgliedstaaten gemäß Absatz 2 bilaterale Übereinkünfte oder Vereinbarungen geschlossen haben, oder

d) anderen Gebieten in Fällen, in denen ausnahmsweise während Krisen- oder Kriegssituationen oder bei friedenschaffenden oder friedenserhaltenden Einsätzen keine bilaterale Übereinkunft oder Vereinbarung gemäß Buchstabe b oder c geschlossen werden kann oder im Versandstaat keine zuständige Behörde benannt wurde bzw. handlungsfähig ist.

(2) Einzelne Mitgliedstaaten können in Ausnahmefällen für die Beseitigung besonderer Abfälle in diesen Mitgliedstaaten bilaterale Übereinkünfte und Vereinbarungen schließen, wenn die Behandlung dieser Abfälle im Versandstaat nicht in umweltgerechter Weise im Sinne des Artikels 49 erfolgen würde.

Diese Übereinkünfte und Vereinbarungen müssen mit dem Gemeinschaftsrecht vereinbar sein und mit Artikel 11 des Basler Übereinkommens in Einklang stehen.

Diese Übereinkünfte und Vereinbarungen müssen gewährleisten, dass die Beseitigung in einer genehmigten Anlage durchgeführt wird und den Anforderungen einer umweltgerechten Behandlung genügt.

Die Übereinkünfte und Vereinbarungen müssen ferner gewährleisten, dass die Abfälle im Versandstaat erzeugt werden und die Beseitigung ausschließlich in dem Mitgliedstaat erfolgt, der das Abkommen oder die Vereinbarung geschlossen hat.

Diese Übereinkünfte und Vereinbarungen sind der Kommission vor ihrem Abschluss zu notifizieren. In Notfällen können sie jedoch bis spätestens einen Monat nach Abschluss notifiziert werden.

(3) Den gemäß Absatz 1 Buchstaben b und c geschlossenen bilateralen oder multilateralen Übereinkünften oder Vereinbarungen sind die Verfahrensvorschriften des Artikels 42 zugrunde zu legen.

(4) Die in Absatz 1 Buchstaben a, b und c genannten Staaten müssen der zuständigen Behörde des Empfängermitgliedstaats zuvor einen hinreichend begründeten Antrag unterbreiten, der sich darauf stützt, dass sie die technische Kapazität und die erforderlichen Anlagen für die umweltgerechte Beseitigung der Abfälle nicht besitzen und billigerweise nicht erwerben können.

### Artikel 42  Verfahrensvorschriften für Einfuhren aus einer Vertragspartei des Basler Übereinkommens oder aus anderen Gebieten während Krisen- oder Kriegssituationen

(1) Bei der Einfuhr von zur Beseitigung bestimmten Abfällen in die Gemeinschaft aus Staaten, die Vertragsparteien des Basler Übereinkommens sind, gelten die Bestimmungen von Titel II entsprechend mit den in den Absätzen 2 und 3 aufgeführten Anpassungen und Ergänzungen.

(2) Es gelten folgende Anpassungen:

a) Die für die Durchfuhr zuständige Behörde außerhalb der Gemeinschaft verfügt ab dem Zeitpunkt der Übermittlung ihrer Bestätigung des Empfangs der Notifizierung über eine Frist von 60 Tagen, um zusätzliche Informationen zu der notifizierten Verbringung anzufordern, um ihre stillschweigende Zustimmung zu erteilen, wenn der betroffene Staat beschlossen hat, keine vorherige schriftliche Zustimmung zu verlangen, und die anderen Vertragsparteien gemäß Artikel 6 Absatz 4 des Basler Übereinkommens davon unterrichtet hat, oder ihre schriftliche Zustimmung mit oder ohne Auflagen zu erteilen, und

b) während Krisen- oder Kriegssituationen oder bei friedenschaffenden oder friedenserhaltenden Einsätzen gemäß Artikel 41 Absatz 1 Buchstabe d ist keine Zustimmung der zuständigen Behörden am Versandort erforderlich.

(3) Es gelten folgende zusätzlichen Bestimmungen:

a) Die für die Durchfuhr zuständige Behörde in der Gemeinschaft bestätigt dem Notifizierenden den Empfang der Notifizierung; die betroffenen zuständigen Behörden erhalten Kopien hiervon;

b) die zuständige Behörde am Bestimmungsort und gegebenenfalls die für die Durchfuhr zuständigen Behörden in der Gemeinschaft übermitteln der Eingangszollstelle der Gemeinschaft eine abgestempelte Kopie ihrer Entscheidungen zur Zustimmung zu der betreffenden Verbringung;

c) der Transporteur legt der Eingangszollstelle der Gemeinschaft eine Kopie des Begleitformulars vor; und

d) nach Erledigung der erforderlichen Zollförmlichkeiten übermittelt die Eingangszollstelle der Gemeinschaft der zuständigen Behörde am Bestimmungsort und den für die Durchfuhr zuständigen Behörden in der Gemeinschaft eine abgestempelte Kopie des Begleitformulars, worin festgestellt wird, dass die Abfälle in die Gemeinschaft verbracht wurden.

(4) Die Verbringung darf erst erfolgen, wenn:

a) der Notifizierende eine schriftliche Zustimmung der zuständigen Behörden am Versandort, am Bestimmungsort und gegebenenfalls der für die Durchfuhr zuständigen Behörden erhalten hat und die erteilten Auflagen erfüllt sind;

b) ein wirksamer Vertrag gemäß Artikel 4 Absatz 2 Nummer 4 und Artikel 5 zwischen dem Notifizierenden und dem Empfänger geschlossen wurde;

c) eine wirksame Sicherheitsleistung oder entsprechende Versicherung gemäß Artikel 4 Absatz 2 Nummer 5 und Artikel 6 hinterlegt bzw. abgeschlossen wurde und

d) die umweltgerechte Behandlung gemäß Artikel 49 sichergestellt ist.

(5) Entdeckt eine Eingangszollstelle der Gemeinschaft eine illegale Verbringung, so unterrichtet sie unverzüglich die zuständige Behörde im Staat der Zollstelle, die ihrerseits

a) unverzüglich die zuständige Behörde am Bestimmungsort in der Gemeinschaft unterrichtet, die die zuständige Behörde am Versandort außerhalb der Gemeinschaft unterrichtet, und

b) sicherstellt, dass die betreffenden Abfälle so lange in Verwahrung genommen werden, bis die zuständige Behörde am Versandort außerhalb der Gemeinschaft anderweitig entschieden und ihre Entscheidung der zuständigen Behörde im Staat der Zollstelle, in dem die Abfälle verwahrt werden, schriftlich mitgeteilt hat.

## Kapitel 2: Einfuhr von zur Verwertung bestimmten Abfällen

**Artikel 43** Einfuhrverbot unter Ausnahme von Staaten, für die der OECD-Beschluss gilt, von Vertragsparteien des Basler Übereinkommens, von Staaten, mit denen Übereinkünfte bestehen, sowie von anderen Gebieten während Krisen- oder Kriegssituationen

(1) Die Einfuhr von zur Verwertung bestimmten Abfällen in die Gemeinschaft ist verboten, mit Ausnahme von Einfuhren aus

a) Staaten, für die der OECD-Beschluss gilt, oder

b) anderen Staaten, die Vertragsparteien des Basler Übereinkommens sind, oder

c) anderen Staaten, mit denen die Gemeinschaft oder die Gemeinschaft und ihre Mitgliedstaaten bilaterale oder multilaterale Übereinkünfte oder Vereinbarungen gemäß Artikel 11 des Basler Übereinkommens geschlossen haben, die mit dem Gemeinschaftsrecht vereinbar sind, oder

d) anderen Staaten, mit denen einzelne Mitgliedstaaten gemäß Absatz 2 bilaterale Übereinkünfte oder Vereinbarungen geschlossen haben, oder

e) anderen Gebieten in den Fällen, in denen ausnahmsweise in Krisen- oder Kriegssituationen oder bei friedenschaffenden oder friedenserhaltenden Einsätzen keine bilaterale Übereinkunft oder Vereinbarung gemäß Buchstabe b oder c geschlossen werden kann oder im Versandstaat keine zuständige Behörde benannt wurde bzw. handlungsfähig ist.

(2) Einzelne Mitgliedstaaten können in Ausnahmefällen bilaterale Übereinkünfte oder Vereinbarungen für die Verwertung besonderer Abfälle in diesen Mitgliedstaaten schließen, wenn die Behandlung dieser Abfälle im Versandstaat nicht in umweltgerechter Weise gemäß Artikel 49 erfolgen würde.

In solchen Fällen findet Artikel 41 Absatz 2 Anwendung.

(3) Den gemäß Absatz 1 Buchstaben c und d geschlossenen bilateralen oder multilateralen Übereinkünften oder Vereinbarungen sind, soweit relevant, die Verfahrensvorschriften nach Artikel 42 zugrunde zu legen.

**Artikel 44 Verfahrensvorschriften für Einfuhren aus einem Staat, für den der OECD-Beschluss gilt, oder aus anderen Gebieten während Krisen- oder Kriegssituationen**

(1) Bei der Einfuhr von zur Verwertung bestimmten Abfällen in die Gemeinschaft aus bzw. durch Staaten, für die der OECD-Beschluss gilt, gelten die Bestimmungen von Titel II entsprechend mit den in den Absätzen 2 und 3 aufgeführten Anpassungen und Ergänzungen.

(2) Es gelten folgende Anpassungen:
a) Die gemäß Artikel 9 erforderliche Zustimmung kann von der zuständigen Behörde am Versandort außerhalb der Gemeinschaft stillschweigend erteilt werden;
b) die vorherige schriftliche Notifizierung gemäß Artikel 4 kann vom Notifizierenden eingereicht werden und
c) in den in Artikel 43 Absatz 1 Buchstabe e genannten Krisen- oder Kriegssituationen oder bei friedenschaffenden oder friedenserhaltenden Einsätzen ist keine Zustimmung der zuständigen Behörden am Versandort erforderlich.

(3) Darüber hinaus ist Artikel 42 Absatz 3 Buchstaben b, c und d einzuhalten.

(4) Die Verbringung darf erst erfolgen, wenn
a) der Notifizierende die schriftliche Zustimmung der zuständigen Behörden am Versandort, am Bestimmungsort und gegebenenfalls der für die Durchfuhr zuständigen Behörden erhalten hat oder die stillschweigende Zustimmung der zuständigen Behörde am Versandort außerhalb der Gemeinschaft erteilt wurde oder vorausgesetzt werden kann und die erteilten Auflagen erfüllt sind;
b) ein wirksamer Vertrag gemäß Artikel 4 Absatz 2 Nummer 4 und Artikel 5 zwischen dem Notifizierenden und dem Empfänger geschlossen wurde;
c) eine wirksame Sicherheitsleistung oder entsprechende Versicherung gemäß Artikel 4 Absatz 2 Nummer 5 und Artikel 6 hinterlegt bzw. abgeschlossen wurde und
d) die umweltgerechte Behandlung gemäß Artikel 49 sichergestellt ist.

(5) Entdeckt eine Eingangszollstelle der Gemeinschaft eine illegale Verbringung, so unterrichtet sie unverzüglich die zuständige Behörde im Staat der Zollstelle, die ihrerseits
a) unverzüglich die zuständige Behörde am Bestimmungsort in der Gemeinschaft unterrichtet, die die zuständige Behörde am Versandort außerhalb der Gemeinschaft unterrichtet, und
b) sicherstellt, dass die betreffenden Abfälle so lange in Verwahrung genommen werden, bis die zuständige Behörde am Versandort außerhalb der Gemeinschaft anderweitig entschieden und ihre Entscheidung der zuständigen Behörde im Staat der Zollstelle, in dem die Abfälle verwahrt werden, schriftlich mitgeteilt hat.

**Artikel 45 Verfahrensvorschriften für Einfuhren aus einem Staat, für den der OECD-Beschluss nicht gilt und der Vertragspartei des Basler Übereinkommens ist, oder aus anderen Gebieten während Krisen- oder Kriegssituationen**

Bei der Einfuhr von zur Verwertung bestimmten Abfällen in die Gemeinschaft
a) aus einem Staat, für den der OECD-Beschluss nicht gilt, oder
b) durch einen Staat, für den der OECD-Beschluss nicht gilt und der Vertragspartei des Basler Übereinkommens ist,
gilt Artikel 42 entsprechend.

## Kapitel 3: Allgemeine Vorschriften

### Artikel 46  Einfuhr aus überseeischen Ländern und Gebieten

(1) Für Einfuhren von Abfällen aus überseeischen Ländern und Gebieten in die Gemeinschaft gilt Titel II entsprechend.

(2) Ein oder mehrere überseeische Länder und Gebiete und die Mitgliedstaaten, mit denen sie verbunden sind, können auf Verbringungen aus den überseeischen Ländern und Gebieten in den betreffenden Mitgliedstaat nationale Verfahren anwenden.

(3) Mitgliedstaaten, die Absatz 2 anwenden, unterrichten die Kommission über die angewandten nationalen Verfahren.

## Titel VI: Durchfuhr durch die Gemeinschaft aus und nach Drittstaaten

### Kapitel 1: Durchfuhr von zur Beseitigung bestimmten Abfällen

#### Artikel 47  Durchfuhr von zur Beseitigung bestimmten Abfällen durch die Gemeinschaft

Für die Durchfuhr von zur Beseitigung bestimmten Abfällen durch Mitgliedstaaten von und nach Drittstaaten gilt Artikel 42 entsprechend mit den nachstehenden Anpassungen und Ergänzungen:

a) Die erste und die letzte für die Durchfuhr zuständige Behörde in der Gemeinschaft übermitteln gegebenenfalls der Eingangs- und der Ausgangszollstelle der Gemeinschaft jeweils eine abgestempelte Kopie der Entscheidungen zur Zustimmung zu der Verbringung oder, falls sie ihre stillschweigende Zustimmung erteilt haben, eine Kopie der Empfangsbestätigung gemäß Artikel 42 Absatz 3 Buchstabe a und

b) sobald die Abfälle die Gemeinschaft verlassen haben, übermittelt die Ausgangszollstelle der Gemeinschaft den für die Durchfuhr zuständigen Behörden in der Gemeinschaft eine abgestempelte Kopie des Begleitformulars, worin festgestellt wird, dass die Abfälle die Gemeinschaft verlassen haben.

### Kapitel 2: Durchfuhr von zur Verwertung bestimmten Abfällen

#### Artikel 48  Durchfuhr von zur Verwertung bestimmten Abfällen durch die Gemeinschaft

(1) Für die Durchfuhr von zur Verwertung bestimmten Abfällen durch Mitgliedstaaten von und nach Staaten, für die der OECD-Beschluss nicht gilt, gilt Artikel 47 entsprechend.

(2) Für die Durchfuhr von zur Verwertung bestimmten Abfällen durch die Mitgliedstaaten von und nach Staaten, für die der OECD-Beschluss gilt, gilt Artikel 44 entsprechend mit den nachstehenden Anpassungen und Ergänzungen:

a) Die erste und die letzte für die Durchfuhr zuständige Behörde in der Gemeinschaft übermitteln gegebenenfalls der Eingangs- und der Ausgangszollstelle der Gemeinschaft jeweils eine abgestempelte Kopie der Entscheidungen zur Zustimmung zu der Verbringung oder, falls sie ihre stillschweigende Zustimmung erteilt haben, eine Kopie der Empfangsbestätigung gemäß Artikel 42 Absatz 3 Buchstabe a und

b) sobald die Abfälle die Gemeinschaft verlassen haben, übermittelt die Ausgangszollstelle der Gemeinschaft der/den für die Durchfuhr zuständigen Behörde(n) in der Gemeinschaft eine abgestempelte Kopie des Begleitformulars, worin festgestellt wird, dass die Abfälle die Gemeinschaft verlassen haben.

(3) Für die Durchfuhr von zur Verwertung bestimmten Abfällen durch Mitgliedstaaten von einem Staat, für den der OECD-Beschluss nicht gilt, nach einem Staat, für den der OECD-Beschluss gilt, oder umgekehrt, ist Absatz 1 in Bezug auf den Staat, für den der

OECD-Beschluss nicht gilt, und Absatz 2 in Bezug auf den Staat, für den der OECD-Beschluss gilt, anwendbar.

## Titel VII: Sonstige Bestimmungen

### Kapitel 1: Zusätzliche Verpflichtungen

#### Artikel 49 Umweltschutz

(1) Der Erzeuger, der Notifizierende und andere an der Verbringung von Abfällen und/oder ihrer Verwertung oder Beseitigung beteiligte Unternehmen treffen die erforderlichen Maßnahmen, um sicherzustellen, dass alle verbrachten Abfälle während der gesamten Verbringung und während ihrer Verwertung und Beseitigung ohne Gefährdung der menschlichen Gesundheit und in umweltgerechter Weise behandelt werden.

Dazu gehört insbesondere – wenn die Verbringung innerhalb der Gemeinschaft erfolgt – die Einhaltung der Bestimmungen des Artikels 4 der Richtlinie 2006/12/EG sowie der anderen Abfallgesetzgebung der Gemeinschaft.

(2) Im Falle der Ausfuhr aus der Gemeinschaft verfährt die zuständige Behörde am Versandort in der Gemeinschaft folgendermaßen:

a) Sie schreibt vor und bemüht sich sicherzustellen, dass alle ausgeführten Abfälle während der gesamten Verbringung einschließlich der Verwertung gemäß Artikel 36 und 38 oder Beseitigung gemäß Artikel 34 im Empfängerdrittstaat in umweltgerechter Weise behandelt werden;

b) sie untersagt die Ausfuhr von Abfällen in Drittstaaten, wenn sie Grund zu der Annahme hat, dass die Abfälle nicht gemäß den Anforderungen des Buchstaben a behandelt werden.

Bei dem betroffenen Abfallverwertungs- oder -beseitigungsverfahren kann eine umweltgerechte Behandlung unter anderem dann angenommen werden, wenn der Notifizierende oder die zuständige Behörde im Empfängerstaat nachweisen kann, dass die Anlage, die die Abfälle erhält, im Einklang mit Standards zum Schutz der menschlichen Gesundheit und der Umwelt betrieben wird, die den im Gemeinschaftsrecht festgelegten Standards weitgehend entsprechen.

Diese Annahme lässt die Gesamtbeurteilung der umweltgerechten Behandlung während der gesamten Verbringung einschließlich der Verwertung oder Beseitigung im Empfängerdrittstaat unberührt.

Als Hinweise für die umweltgerechte Behandlung von Abfällen können die in Anhang VIII aufgeführten Leitlinien herangezogen werden.

(3) Im Falle der Einfuhr in die Gemeinschaft verfährt die zuständige Behörde am Bestimmungsort in der Gemeinschaft folgendermaßen:

a) Sie schreibt vor und stellt durch Ergreifen der erforderlichen Maßnahmen sicher, dass alle in ihr Zuständigkeitsgebiet verbrachten Abfälle während der gesamten Verbringung einschließlich der Verwertung oder Beseitigung im Empfängerstaat gemäß Artikel 4 der Richtlinie 2006/12/EG und der übrigen Abfallgesetzgebung der Gemeinschaft ohne Gefährdung der menschlichen Gesundheit und ohne Verwendung von Verfahren oder Methoden behandelt werden, die die Umwelt schädigen können;

b) sie untersagt die Einfuhr von Abfällen aus Drittstaaten, wenn sie Grund zu der Annahme hat, dass die Abfälle nicht gemäß den Anforderungen des Buchstaben a behandelt werden.

#### Artikel 50 Durchsetzung der Vorschriften in den Mitgliedstaaten

(1) Die Mitgliedstaaten legen Vorschriften für Sanktionen fest, die bei einem Verstoß gegen diese Verordnung zu verhängen sind, und treffen alle erforderlichen Maßnahmen zur Sicherstellung ihrer Anwendung. Die Sanktionen müssen wirksam, verhältnismäßig und abschreckend sein. Die Mitgliedstaaten unterrichten die Kommission über ihre na-

tionalen Rechtsvorschriften zur Verhinderung und Ermittlung von illegalen Verbringungen und über die für derartige Verbringungen vorgesehenen Sanktionen.

(2) Die Mitgliedstaaten sehen im Zuge der Maßnahmen zur Durchsetzung dieser Verordnung unter anderem Kontrollen von Anlagen und Unternehmen gemäß Artikel 13 der Richtlinie 2006/12/EG und die stichprobenartige Kontrolle von Verbringungen von Abfällen oder der damit verbundenen Verwertung oder Beseitigung vor.

(3) Die Kontrolle von Verbringungen kann insbesondere folgendermaßen vorgenommen werden:

a) am Herkunftsort mit dem Erzeuger, Besitzer oder Notifizierenden,
b) am Bestimmungsort mit dem Empfänger oder der Anlage,
c) an den Außengrenzen der Gemeinschaft und/oder
d) während der Verbringung innerhalb der Gemeinschaft.

(4) Die Kontrollen von Verbringungen umfassen die Einsichtnahme in Unterlagen, Identitätsprüfungen und gegebenenfalls die Kontrolle der Beschaffenheit der Abfälle.

(5) Die Mitgliedstaaten erleichtern die Verhinderung und Ermittlung illegaler Verbringungen durch bilaterale oder multilaterale Zusammenarbeit.

(6) Die Mitgliedstaaten benennen die Personen in ihren Dienststellen, die für die in Absatz 5 genannte Zusammenarbeit verantwortlich sind, und benennen die Kontaktstelle(n) für die in Absatz 4 genannten Kontrollen der Beschaffenheit der Abfälle. Diese Informationen werden an die Kommission übermittelt, die den in Artikel 54 genannten Anlaufstellen ein zusammengestelltes Verzeichnis zuleitet.

(7) Auf Ersuchen eines anderen Mitgliedstaates kann ein Mitgliedstaat Durchsetzungsmaßnahmen gegen Personen ergreifen, die der illegalen Verbringung von Abfällen verdächtig sind und sich in seinem Hoheitsgebiet befinden.

### Artikel 51 Berichte der Mitgliedstaaten

(1) Zum Ende jedes Kalenderjahres übermittelt jeder Mitgliedstaat der Kommission eine Kopie des Berichts für das vorangegangene Kalenderjahr, den er gemäß Artikel 13 Absatz 3 des Basler Übereinkommens erstellt und dem Sekretariat des Basler Übereinkommens übermittelt hat.

(2) Zum Ende jedes Kalenderjahres erstellen die Mitgliedstaaten auch einen auf den zusätzlichen Fragebogen in Anhang IX gestützten Bericht über das vorangegangene Jahr, den sie der Kommission übermitteln.

(3) Die von den Mitgliedstaaten gemäß den Absätzen 1 und 2 erstellten Berichte werden der Kommission in elektronischer Form übermittelt.

(4) Die Kommission erstellt anhand dieser Berichte alle drei Jahre einen Bericht über die Durchführung dieser Verordnung durch die Gemeinschaft und ihre Mitgliedstaaten.

### Artikel 52 Internationale Zusammenarbeit

Die Mitgliedstaaten arbeiten – soweit angemessen und erforderlich im Benehmen mit der Kommission – mit anderen Vertragsparteien des Basler Übereinkommens und mit zwischenstaatlichen Organisationen zusammen, indem sie unter anderem Informationen austauschen und/oder gemeinsam nutzen, umweltgerechte Technologien fördern und entsprechende Regeln bewährter Verfahren entwickeln.

### Artikel 53 Benennung der zuständigen Behörden

Die Mitgliedstaaten benennen die für die Durchführung dieser Verordnung zuständige(n) Behörde(n). Jeder Mitgliedstaat benennt nur eine einzige für die Durchfuhr zuständige Behörde.

### Artikel 54 Benennung von Anlaufstellen

Die Mitgliedstaaten und die Kommission benennen jeweils eine oder mehrere Anlaufstellen, die um Auskunft ersuchende Personen oder Unternehmen informieren oder beraten. Die Anlaufstelle der Kommission leitet alle an sie gerichteten Anfragen, die die Anlaufstellen der Mitgliedstaaten betreffen, an diese weiter; dasselbe gilt in umgekehrter Richtung.

### Artikel 55  Benennung von Eingangs- und Ausgangszollstellen der Gemeinschaft

Die Mitgliedstaaten können bestimmte Eingangs- und Ausgangszollstellen der Gemeinschaft für die Verbringung von Abfällen in die bzw. aus der Gemeinschaft benennen. Entscheiden sich die Mitgliedstaaten für die Benennung solcher Zollstellen, so dürfen Abfallverbringungen weder beim Eingang noch beim Verlassen der Gemeinschaft andere Grenzübergangsstellen in einem Mitgliedstaat passieren.

### Artikel 56  Notifizierung von Benennungen und diesbezügliche Informationen

(1) Die Mitgliedstaaten unterrichten die Kommission über die Benennungen
a) der zuständigen Behörden gemäß Artikel 53,
b) der Anlaufstellen gemäß Artikel 54 und
c) gegebenenfalls der Eingangs- und Ausgangszollstellen der Gemeinschaft gemäß Artikel 55.

(2) Bezüglich dieser Benennungen übermitteln die Mitgliedstaaten der Kommission folgende Informationen:
a) Name(n),
b) Anschrift(en),
c) E-Mail-Adresse(n),
d) Telefonnummer(n),
e) Faxnummer(n) und
f) Sprachen, die für die zuständigen Behörden annehmbar sind.

(3) Die Mitgliedstaaten teilen der Kommission unverzüglich alle Änderungen dieser Informationen mit.

(4) Diese Informationen sowie alle Änderungen derselben werden der Kommission in elektronischer Form und auf Ersuchen auch auf Papier übermittelt.

(5) Die Kommission veröffentlicht auf ihrer Webseite Listen der benannten zuständigen Behörden, Anlaufstellen und Eingangs- und Ausgangszollstellen der Gemeinschaft und aktualisiert diese erforderlichenfalls.

## Kapitel 2:  Sonstige Bestimmungen

### Artikel 57  Zusammenkünfte der Anlaufstellen

Die Kommission hält auf Ersuchen der Mitgliedstaaten oder wenn anderweitig Bedarf hierfür besteht regelmäßig Zusammenkünfte der Anlaufstellen ab, um Fragen im Zusammenhang mit der Durchführung dieser Verordnung zu erörtern. Betroffene Kreise sind zu diesen Zusammenkünften oder Teilen dieser Zusammenkünfte einzuladen, sofern alle Mitgliedstaaten und die Kommission dies für angemessen halten.

### Artikel 58  Änderung der Anhänge

(1) Die Anhänge können von der Kommission durch Verordnungen sowie nach dem in Artikel 18 Absatz 3 der Richtlinie 2006/12/EG genannten Verfahren geändert werden, um dem wissenschaftlichen und technischen Fortschritt Rechnung zu tragen. Außerdem
a) werden die Anhänge I, II, III, IIIA, IV und V geändert, um den im Rahmen des Basler Übereinkommens und des OECD-Beschlusses vereinbarten Änderungen Rechnung zu tragen; weiterhin ist Anhang IC über spezifische Anweisungen für das Ausfüllen der Notifizierungs- und Begleitformulare spätestens bis zum Beginn der Anwendung dieser Verordnung unter Beachtung der OECD-Anweisungen fertig zu stellen;

b) können noch nicht eingestufte Abfälle vorläufig den Anhängen IIIB, IV oder V hinzugefügt werden, bis über ihre Aufnahme in die entsprechenden Anhänge des Basler Übereinkommens oder des OECD-Beschlusses entschieden ist;

c) kann auf Ersuchen eines Mitgliedstaats die vorläufige Aufnahme von Gemischen aus zwei oder mehr in Anhang III aufgeführten Abfällen in Anhang IIIA in den in Artikel 3 Absatz 2 genannten Fällen erwogen werden, bis über ihre Aufnahme in die entsprechenden Anhänge des Basler Übereinkommens oder des OECD-Beschlusses entschieden ist. Die Erstaufnahme von Einträgen in Anhang IIIA erfolgt, soweit machbar, bis zum Beginn der Anwendung dieser Verordnung, spätestens jedoch sechs Monate nach diesem Termin. In Anhang IIIA kann vorgeschrieben werden, dass einer oder mehrere der dort aufgeführten Einträge nicht für Ausfuhren in Staaten gelten, für die der OECD-Beschluss nicht gilt;

d) werden die in Artikel 3 Absatz 3 genannten Ausnahmefälle definiert und die entsprechenden Abfälle gegebenenfalls den Anhängen IVA und V hinzugefügt und aus Anhang III gestrichen;

e) wird Anhang V so geändert, dass er die vereinbarten Änderungen des Verzeichnisses gefährlicher Abfälle gemäß Artikel 1 Absatz 4 der Richtlinie 91/689/EWG widerspiegelt;

f) wird Anhang VIII geändert, um den einschlägigen internationalen Übereinkommen und Vereinbarungen Rechnung zu tragen.

(2) Bei Änderungen des Anhangs IX wird der durch die Richtlinie 91/692/EWG des Rates vom 23. Dezember 1991 zur Vereinheitlichung und zweckmäßigen Gestaltung der Berichte über die Durchführung bestimmter Umweltschutzrichtlinien[1]) eingesetzte Ausschuss uneingeschränkt an den Beratungen beteiligt.

(3) Der Zeitraum nach Artikel 5 Absatz 6 des Beschlusses 1999/468/EG wird auf 3 Monate festgesetzt.

**Artikel 59 Zusätzliche Maßnahmen**

(1) Die Kommission kann zusätzliche Maßnahmen zur Durchführung dieser Verordnung erlassen, die Folgendes umfassen:

a) ein Verfahren zur Berechnung der Sicherheitsleistungen oder entsprechenden Versicherungen nach Artikel 6;

b) Leitlinien für die Anwendung von Artikel 12 Absatz 1 Buchstabe g;

c) weitere Auflagen und Anforderungen in Bezug auf Verwertungsanlagen mit Vorabzustimmung nach Artikel 14;

d) Leitlinien für die Anwendung von Artikel 15 in Bezug auf die Identifizierung und Verfolgung von Abfällen, die bei der vorläufigen Verwertung oder Beseitigung erhebliche Veränderungen erfahren;

e) Leitlinien für die Zusammenarbeit zuständiger Behörden im Falle illegaler Verbringungen nach Artikel 24;

f) technische und organisatorische Vorschriften für die praktische Umsetzung des elektronischen Datenaustauschs zum Zwecke der Einreichung von Unterlagen und Informationen nach Artikel 26 Absatz 4;

g) weitere Hinweise zur Verwendung von Sprachen nach Artikel 27;

h) weitere Klärung der Verfahrensvorschriften von Titel II in Bezug auf Ausfuhren von Abfällen aus der Gemeinschaft, Einfuhren von Abfällen in die Gemeinschaft und Durchfuhr von Abfällen durch die Gemeinschaft;

i) weitere Hinweise zu undefinierten Rechtsbegriffen.

(2) Solche Maßnahmen werden nach dem in Artikel 18 Absatz 3 der Richtlinie 2006/12/EG genannten Verfahren beschlossen.

---

1) **Amtl. Anm.:** ABl L 377 vom 31.12.1991, S. 48. Geändert durch die Verordnung (EG) Nr. 1882/2003 des Europäischen Parlaments und des Rates (ABl L 284 vom 31.10.2003, S. 1).

(3) Der Zeitraum nach Artikel 5 Absatz 6 des Beschlusses 1999/468/EG wird auf 3 Monate festgesetzt.

**Artikel 60   Überprüfung**

(1) Bis zum 15. Juli 2006 schließt die Kommission ihre Überprüfung des Verhältnisses zwischen bestehenden sektoriellen Regelungen für die Gesundheit von Tier und Mensch, einschließlich der die Verbringung von Abfällen betreffenden Regelungen der Verordnung (EG) Nr. 1774/2002, und den Vorschriften dieser Verordnung ab. Erforderlichenfalls sind im Rahmen dieser Überprüfung geeignete Vorschläge vorzulegen, um in Bezug auf die Verfahren und die Kontrollregelungen für die Verbringung solcher Abfälle ein gleichwertiges Niveau zu erreichen.

(2) Innerhalb von fünf Jahren nach dem 12. Juli 2007 überprüft die Kommission die Anwendung von Artikel 12 Absatz 1 Buchstabe c einschließlich seiner Auswirkungen auf den Umweltschutz und das Funktionieren des Binnenmarktes. Dem Bericht werden erforderlichenfalls geeignete Vorschläge zur Änderung dieser Bestimmung beigefügt.

**Artikel 61   Aufhebungen**

(1) Die Verordnung (EWG) Nr. 259/93 und die Entscheidung 94/774/EG werden mit Wirkung ab dem 12. Juli 2007 aufgehoben.

(2) Verweisungen auf die aufgehobene Verordnung (EWG) Nr. 259/93 gelten als Verweisungen auf die vorliegende Verordnung.

(3) Die Entscheidung 1999/412/EG wird mit Wirkung vom 1. Januar 2008 aufgehoben.

**Artikel 62   Übergangsbestimmungen**

(1) Jede Verbringung, die notifiziert wurde und für die die zuständige Behörde am Bestimmungsort vor dem 12. Juli 2007 eine Empfangsbestätigung ausgestellt hat, unterliegt den Bestimmungen der Verordnung (EWG) Nr. 259/93.

(2) Verbringungen, denen die betroffenen zuständigen Behörden gemäß der Verordnung (EWG) Nr. 259/93 zugestimmt haben, sind spätestens ein Jahr nach dem 12. Juli 2007 abzuschließen.

(3) Die Berichterstattung gemäß Artikel 41 Absatz 2 der Verordnung (EWG) Nr. 259/93 und Artikel 51 der vorliegenden Verordnung erfolgt für das Jahr 2007 auf der Grundlage des in der Entscheidung 1999/412/EG vorgesehenen Fragebogens.

**Artikel 63   Übergangsregelungen für bestimmte Mitgliedstaaten**

(1) Bis zum 31. Dezember 2010 unterliegen alle Verbringungen nach Lettland von zur Verwertung bestimmten Abfällen, die in den Anhängen III und IV aufgeführt sind, sowie Verbringungen von zur Verwertung bestimmten Abfällen, die in diesen Anhängen nicht aufgeführt sind, dem Verfahren der vorherigen schriftlichen Notifizierung und Zustimmung gemäß Titel II.

Abweichend von Artikel 12 erheben die zuständigen Behörden Einwände gegen Verbringungen von zur Verwertung bestimmten Abfällen, die in den Anhängen III und IV aufgeführt sind, sowie gegen Verbringungen von zur Verwertung bestimmten Abfällen, die in diesen Anhängen nicht aufgeführt sind, die für eine Anlage bestimmt sind, für die eine vorübergehende Ausnahme von bestimmten Vorschriften der Richtlinie 96/61/EG gilt; dies gilt für die Dauer der vorübergehenden Ausnahme für die Bestimmungsanlage.

(2) Bis zum 31. Dezember 2012 unterliegen alle Verbringungen nach Polen von zur Verwertung bestimmten Abfällen, die in Anhang III aufgeführt sind, dem Verfahren der vorherigen schriftlichen Notifizierung und Zustimmung gemäß Titel II.

Abweichend von Artikel 12 können die zuständigen Behörden aus den in Artikel 11 genannten Gründen bis zum 31. Dezember 2007 Einwände gegen Verbringungen der folgenden in den Anhängen III und IV aufgeführten und zur Verwertung bestimmten Abfälle nach Polen erheben:

B2020 und GE020 (Glasabfälle), B2070, B2080, B2100, B2120, B3010 und GH013 (Feste Kunststoffabfälle), B3020 (Abfälle aus Papier), B3140 (Altreifen), Y46, Y47, A1010 und A1030 (nur die auf Arsen und Quecksilber bezogenen Gedankenstriche), A1060, A1140, A2010, A2020, A2030, A2040, A3030, A3040, A3070, A3120, A3130, A3160, A3170, A3180 (gilt nur für polychlorierte Naphthaline (PCN)), A4010, A4050, A4060, A4070, A4090, AB030, AB070, AB120, AB130, AB150, AC060, AC070, AC080, AC150, AC160, AC260, AD150.

Außer für Glasabfälle und Abfälle aus Papier sowie Altreifen kann dieser Zeitraum nach dem in Artikel 18 Absatz 3 der Richtlinie 2006/12/EG genannten Verfahren bis spätestens zum 31. Dezember 2012 verlängert werden.

Abweichend von Artikel 12 können die zuständigen Behörden aus den in Artikel 11 genannten Gründen bis zum 31. Dezember 2012 Einwände gegen Verbringungen folgender Abfälle nach Polen erheben:

a) folgende zur Verwertung bestimmte Abfälle, die in Anhang IV aufgeführt sind:

A2050, A3030, A3180 mit Ausnahme von polychlorierten Naphthalinen (PCN), A3190, A4110, A4120, RB020, und

b) von zur Verwertung bestimmten Abfällen, die in den Anhängen nicht aufgeführt sind.

Abweichend von Artikel 12 erheben die zuständigen Behörden Einwände gegen Verbringungen von zur Verwertung bestimmten Abfällen, die in den Anhängen III und IV der Verordnung aufgeführt sind, sowie gegen Verbringungen von zur Verwertung bestimmten Abfällen, die in diesen Anhängen nicht aufgeführt sind, die für eine Anlage bestimmt sind, für die eine vorübergehende Ausnahme von bestimmten Vorschriften der Richtlinie 96/61/EG gilt; dies gilt für die Dauer der vorübergehenden Ausnahme für die Bestimmungsanlage.

(3) Bis zum 31. Dezember 2011 unterliegen alle Verbringungen in die Slowakei von zur Verwertung bestimmten Abfällen, die in den Anhängen III und IV aufgeführt sind, sowie Verbringungen von zur Verwertung bestimmten Abfällen, die in diesen Anhängen nicht aufgeführt sind, dem Verfahren der vorherigen schriftlichen Notifizierung und Zustimmung gemäß Titel II.

Abweichend von Artikel 12 erheben die zuständigen Behörden Einwände gegen Verbringungen von zur Verwertung bestimmten Abfällen, die in den Anhängen III und IV aufgeführt sind, sowie gegen Verbringungen von zur Verwertung bestimmten Abfällen, die in diesen Anhängen nicht aufgeführt sind, die für eine Anlage bestimmt sind, für die eine vorübergehende Ausnahme von bestimmten Vorschriften der Richtlinien 94/67/EG[1] und 96/61/EG, der Richtlinie 2000/76/EG des Europäischen Parlaments und des Rates vom 4. Dezember 2000 über die Verbrennung von Abfällen[2] und der Richtlinie 2001/80/EG des Europäischen Parlaments und des Rates vom 23. Oktober 2001 zur Begrenzung von Schadstoffemissionen von Großfeuerungsanlagen in die Luft[3] gilt; dies gilt für die Dauer der vorübergehenden Ausnahme für die Bestimmungsanlage.

(4) Bis zum 31. Dezember 2014 unterliegen alle Verbringungen nach Bulgarien von zur Verwertung bestimmten Abfällen, die in Anhang III aufgeführt sind, dem Verfahren der vorherigen schriftlichen Notifizierung und Zustimmung gemäß Titel II.

Abweichend von Artikel 12 können die zuständigen bulgarischen Behörden aus den in Artikel 11 genannten Gründen bis zum 31. Dezember 2009 Einwände gegen Verbringungen der folgenden in den Anhängen III und IV aufgeführten und zur Verwertung bestimmten Abfälle nach Bulgarien erheben:

B2070, B2080, B2100, B2120, Y46, Y47, A1010 und A1030 (nur die auf Arsen und Quecksilber bezogenen Gedankenstriche), A1060, A1140, A2010, A2020, A2030, A2040, A3030, A3040, A3070, A3120, A3130, A3160, A3170, A3180 (gilt nur für polychlorierte Naphtha-

---

1) **Amtl. Anm.:** ABl L 365 vom 31. 12. 1994, S. 34.
2) **Amtl. Anm.:** ABl L 332 vom 28. 12. 2000, S. 91.
3) **Amtl. Anm.:** ABl L 309 vom 27. 11. 2001, S. 1. Geändert durch die Beitrittsakte von 2003.

line (PCN)), A4010, A4050, A4060, A4070, A4090, AB030, AB070, AB120, AB130, AB150, AC060, AC070, AC080, AC150, AC160, AC260, AD150.

Dieser Zeitraum kann nach dem in Artikel 18 Absatz 3 der Richtlinie 2006/12/EG genannten Verfahren bis spätestens zum 31. Dezember 2012 verlängert werden.

Abweichend von Artikel 12 können die zuständigen bulgarischen Behörden aus den in Artikel 11 genannten Gründen bis zum 31. Dezember 2009 Einwände gegen Verbringungen folgender Abfälle nach Bulgarien erheben:

a) folgende zur Verwertung bestimmte Abfälle, die in Anhang IV aufgeführt sind:

A2050, A3030, A3180 mit Ausnahme von polychlorierten Naphthalinen (PCN), A3190, A4110, A4120, RB020 und

b) von zur Verwertung bestimmten Abfällen, die nicht in den Anhängen aufgeführt sind.

Abweichend von Artikel 12 erheben die zuständigen bulgarischen Behörden Einwände gegen Verbringungen von zur Verwertung bestimmten Abfällen, die in den Anhängen III und IV aufgeführt sind, sowie gegen Verbringungen von zur Verwertung bestimmten Abfällen, die in diesen Anhängen nicht aufgeführt sind, die für eine Anlage bestimmt sind, für die eine vorübergehende Ausnahme von bestimmten Vorschriften der Richtlinie 96/61/EG oder der Richtlinie 2001/80/EG gilt; dies gilt für die Dauer der vorübergehenden Ausnahme für die Bestimmungsanlage.

(5) Bis zum 31. Dezember 2015 unterliegen alle Verbringungen nach Rumänien von zur Verwertung bestimmten Abfällen, die in Anhang III aufgeführt sind, dem Verfahren der vorherigen schriftlichen Notifizierung und Zustimmung gemäß Titel II.

Abweichend von Artikel 12 können die zuständigen rumänischen Behörden aus den in Artikel 11 genannten Gründen bis zum 31. Dezember 2011 Einwände gegen Verbringungen der folgenden in den Anhängen III und IV aufgeführten und zur Verwertung bestimmten Abfälle nach Rumänien erheben:

B2070, B2100 mit Ausnahme von Aluminiumoxidabfällen, B2120, B4030, Y46, Y47, A1010 und A1030 (nur die auf Arsen, Quecksilber und Thallium bezogenen Gedankenstriche), A1060, A1140, A2010, A2020, A2030, A3030, A3040, A3050, A3060, A3070, A3120, A3130, A3140, A3150, A3160, A3170, A3180 (gilt nur für polychlorierte Naphthaline (PCN)), A4010, A4030, A4040, A4050, A4080, A4090, A4100, A4160, AA060, AB030, AB120, AC060, AC070, AC080, AC150, AC160, AC260, AC270, AD120, AD150.

Dieser Zeitraum kann nach dem in Artikel 18 Absatz 3 der Richtlinie 2006/12/EG genannten Verfahren bis spätestens zum 31. Dezember 2015 verlängert werden.

Abweichend von Artikel 12 können die zuständigen rumänischen Behörden aus den in Artikel 11 genannten Gründen bis zum 31. Dezember 2011 Einwände gegen Verbringungen folgender Abfälle nach Rumänien erheben:

a) folgende zur Verwertung bestimmte Abfälle, die in Anhang IV aufgeführt sind:

A2050, A3030, A3180 mit Ausnahme von polychlorierten Naphthalinen (PCN), A3190, A4110, A4120, RB020 und

b) von zur Verwertung bestimmten Abfällen, die nicht in den Anhängen aufgeführt sind.

Dieser Zeitraum kann nach dem in Artikel 18 Absatz 3 der Richtlinie 2006/12/EG genannten Verfahren bis spätestens zum 31. Dezember 2015 verlängert werden.

Abweichend von Artikel 12 erheben die zuständigen rumänischen Behörden Einwände gegen Verbringungen von zur Verwertung bestimmten Abfällen, die in den Anhängen III und IV der Verordnung aufgeführt sind, sowie gegen Verbringungen von zur Verwertung bestimmten Abfällen, die in diesen Anhängen nicht aufgeführt sind, die für eine Anlage bestimmt sind, für die eine vorübergehende Ausnahme von bestimmten Vorschriften der Richtlinien 96/61/EG, 2000/76/EG oder 2001/80/EG gilt; dies gilt für die Dauer der vorübergehenden Ausnahme für die Bestimmungsanlage.

(6) Wird in diesem Artikel im Zusammenhang mit den in Anhang III aufgeführten Abfällen Bezug auf Titel II genommen, so finden Artikel 3 Absatz 2, Artikel 4 Absatz 2 Nummer 5 und die Artikel 6, 11, 22, 23, 24, 25 und 31 keine Anwendung.

**Artikel 64   Inkrafttreten und Anwendung**

(1) Diese Verordnung tritt am dritten Tag nach ihrer Veröffentlichung im Amtsblatt der Europäischen Union in Kraft.

Sie gilt ab dem 12. Juli 2007.

(2) Sollte das Datum des Beitritts von Bulgarien oder Rumänien später liegen als das Datum der in Absatz 1 genannten Anwendung, so gilt Artikel 63 Absätze 4 und 5 abweichend von Absatz 1 des vorliegenden Artikels ab dem Datum des Beitritts.

(3) Sofern die betreffenden Mitgliedstaaten dem zustimmen, kann Artikel 26 Absatz 4 vor dem 12. Juli 2007 angewandt werden.

## 3. Richtlinie 1999/31/EG des Rates vom 26. April 1999 über Abfalldeponien (RL 1999/31/EG)

v. 16. 7. 1999 (ABl Nr. L 182 S. 1)

DER RAT DER EUROPÄISCHEN UNION –

gestützt auf den Vertrag zur Gründung der Europäischen Gemeinschaft, insbesondere auf Artikel 130s Absatz 1,

auf Vorschlag der Kommission[1],

nach Stellungnahme des Wirtschafts- und Sozialausschusses[2],

gemäß dem Verfahren des Artikels 189c des Vertrags[3],

in Erwägung nachstehender Gründe:

(1) In der Entschließung des Rates vom 7. Mai 1990 über die Abfallpolitik[4] wird das Dokument über die Gemeinschaftsstrategie begrüßt und unterstützt und die Kommission aufgefordert, Kriterien und Normen für die Abfallbeseitigung auf Deponien vorzuschlagen.

(2) In der Entschließung des Rates vom 9. Dezember 1996 über die Abfallpolitik heißt es, daß in der gesamten Gemeinschaft künftig nur abgesicherte und kontrollierte Deponierungsmaßnahmen durchgeführt werden sollten.

(3) Die Abfallvermeidung, -wiederverwendung und -verwertung sowie die Verwendung wiedergewonnener Materialien und Energie sollten gefördert werden, um die natürlichen Ressourcen zu erhalten und eine sparsame Bodennutzung zu betreiben.

(4) Die Fragen der Verbrennung von Siedlungsfällen und nicht gefährlichen Abfällen, der Kompostierung, der Biomethanisierung sowie der Behandlung von Schlämmen aus der Naßbaggerung sollten noch eingehender geprüft werden.

(5) Nach dem Verursacherprinzip sind unter anderem Umweltschäden zu berücksichtigen, die durch Deponien verursacht werden.

(6) Die Deponierung sollte wie jede andere Methode der Abfallbehandlung kontrolliert und sachgemäß erfolgen, damit potentielle nachteilige Auswirkungen auf die Umwelt und Gefahren für die menschliche Gesundheit vermieden oder eingeschränkt werden.

(7) Es sind geeignete Maßnahmen zu treffen, um die unkontrollierte Ablagerung, Ableitung und Beseitigung von Abfällen zu verhindern. Hierzu müssen die Deponien hinsichtlich der in den Abfällen enthaltenen Stoffe beherrschbar sein. Diese Stoffe sollten, soweit möglich, nur in vorhersehbarer Weise reagieren.

(8) Sowohl das Volumen als auch die gefährlichen Eigenschaften der abzulagernden Abfälle sollten gegebenenfalls verringert werden. Die Handhabung der Abfälle sollte erleichtert und ihre Verwertung begünstigt werden. Deshalb sollte die Abfallbehandlung gefördert werden, damit eine mit den Zielen dieser Richtlinie zu vereinbarende Deponierung gewährleistet wird. Die Begriffsbestimmungen für „Behandlung" umfaßt auch das Sortieren.

(9) Die Mitgliedstaaten sollten in der Lage sein, bei der Beseitigung ihrer Abfälle die Grundsätze der örtlichen Nähe und der Entsorgungsautarkie auf gemeinschaftlicher und einzelstaatlicher Ebene gemäß der Richtlinie 75/442/EWG des Rates vom 15. Juli

---

1) **Amtl. Anm.:** ABl C 156 vom 24. 5. 1997, S. 10.
2) **Amtl. Anm.:** ABl C 355 vom 21. 11. 1997, S. 4.
3) **Amtl. Anm.:** Stellungnahme des Europäischen Parlaments vom 19. Februar 1998 (ABl C 80 vom 16. 3. 1998, S. 196), Gemeinsamer Standpunkt des Rates vom 4. Juni 1998 (ABl C 333 vom 30. 10. 1998, S. 15) und Beschluß des Europäischen Parlaments vom 9. Februar 1999 (ABl C 150 vom 28. 5. 1999, S. 78).
4) **Amtl. Anm.:** ABl C 122 vom 18. 5. 1990, S. 2.

1975 über Abfälle[1]) zu verwirklichen. Die Ziele der genannten Richtlinie müssen durch die Errichtung eines integrierten und angemessenen Netzes von Beseitigungsanlagen auf der Grundlage eines hohen Umweltschutzniveaus weiterverfolgt und präzisiert werden.

(10) Wegen unterschiedlicher technischer Standards für die Abfallbeseitigung auf Deponien und aufgrund der Kostenvorteile könnte es zur vermehrten Abfallbeseitigung in Anlagen mit niedrigen Umweltschutzstandards kommen, so daß wegen der unnötig langen Transportwege der Abfälle sowie wegen unangemessener Deponierungspraktiken eine ernste Umweltgefährdung entstehen kann.

(11) Daher sind auf Gemeinschaftsebene technische Normen für die Abfalldeponierung im Hinblick auf den Schutz, den Erhalt und die Verbesserung der Umwelt in der Gemeinschaft zu erlassen.

(12) Es muß deutlich auf die Anforderungen hingewiesen werden, denen die Deponien genügen müssen im Hinblick auf Standort, Errichtung, Betrieb, Überwachung, Stillegung sowie auf die Vorbeugungs- und Schutzmaßnahmen, die gegen kurz- oder langfristig abzusehende Umweltbeeinträchtigungen, insbesondere gegen die Verschmutzung des Grundwassers durch Eindringen von Sickerwasser in den Boden, ergriffen werden müssen.

(13) Angesichts der vorstehenden Ausführungen ist es erforderlich, die in Betracht kommenden Deponieklassen sowie die in den verschiedenen Deponieklassen zugelassenen Abfallarten genau zu definieren.

(14) Anlagen für die zeitweilige Lagerung von Abfällen sollten den einschlägigen Anforderungen der Richtlinie 75/442/EWG entsprechen.

(15) Die im Einklang mit der Richtlinie 75/442/EWG erfolgende Verwertung hierfür geeigneter Inertabfälle und nicht gefährlicher Abfälle durch ihren Einsatz für landschaftspflegerische Arbeiten/Rekultivierungen und für Auffüllungen oder bauliche Zwecke stellt nicht notwendigerweise eine Deponierung dar.

(16) Es sind Maßnahmen zu treffen, um insbesondere das Entstehen von Methangas in Deponien und somit die Erwärmung der Erdatmosphäre einzudämmen, indem die Deponierung von biologisch abbaubarem Abfall reduziert und eine Gasfassung in Deponien eingeführt wird.

(17) Die Maßnahmen, mit denen die Deponierung von biologisch abbaubarem Abfall verhindert werden soll, zielen unter anderem darauf ab, die getrennte Sammlung von biologisch abbaubarem Abfall, das Sortieren im allgemeinen, die Verwertung und die Wiederverwendung zu fördern.

(18) Wegen der Besonderheiten der Abfallbeseitigung auf Deponien ist ein besonderes Genehmigungsverfahren für alle Deponieklassen gemäß den allgemeinen Genehmigungsanforderungen, die in der Richtlinie 75/442/EWG bereits festgelegt sind, und den allgemeinen Anforderungen der Richtlinie 96/61/EG des Rates vom 24. September 1996 über die integrierte Vermeidung und Verminderung der Umweltverschmutzung[2]) einzuführen. Vor Beginn des Deponiebetriebs muß die zuständige Behörde die Deponie inspizieren, um sicherzustellen, daß die Voraussetzungen der Genehmigung erfüllt sind.

(19) Es ist in jedem Einzelfall zu prüfen, ob die Abfälle auf der Deponie, für die sie bestimmt sind, abgelagert werden können; insbesondere gilt dies für gefährliche Abfälle.

(20) Zur Vermeidung von Umweltschäden ist es erforderlich, rasch ein einheitliches Abfallannahmeverfahren aufgrund eines Klassifizierungsverfahrens für die in den verschiedenen Deponieklassen zugelassenen Abfälle einzuführen, das insbesondere einheitliche Grenzwerte umfaßt. Hierzu ist ein kohärentes, einheitliches System für die Abfallcharakterisierung, die Probenahme und die Analyse so rechtzeitig einzuführen, daß die

---

1) **Amtl. Anm.:** ABl L 194 vom 25. 7. 1975, S. 39. Richtlinie zuletzt geändert durch die Entscheidung 96/350/EG der Kommission (ABl L 135 vom 6. 6. 1996, S. 32).
2) **Amtl. Anm.:** ABl L 257 vom 10. 10. 1996, S. 26.

Durchführung dieser Richtlinie erleichtert wird. Für Inertabfälle müssen besonders spezifische Annahmekriterien festgelegt werden.

(21) Solange derartige Analysemethoden oder die für die Abfallcharakterisierung erforderlichen Grenzwerte noch nicht festgelegt sind, können die Mitgliedstaaten im Hinblick auf die Anwendung dieser Richtlinie Positiv- oder Negativlisten auf einzelstaatlicher Ebene beibehalten oder festlegen oder Kriterien einschließlich von Grenzwerten definieren, die den für das einheitliche Annahmeverfahren in dieser Richtlinie aufgeführten Kriterien vergleichbar sind.

(22) Der Technische Ausschuß sollte Abfallannahmekriterien erarbeiten, die bei der Annahme gefährlicher Abfälle in Deponien für nicht gefährliche Abfälle zugrunde gelegt werden.

(23) Es müssen einheitliche Verfahren zur Kontrolle einer Deponie während der Betriebs- und Nachsorgephase geschaffen werden, damit mögliche Umweltbeeinträchtigungen durch die Deponie festgestellt und geeignete Gegenmaßnahmen ergriffen werden können.

(24) Es ist festzulegen, wann und wie eine Deponie stillgelegt werden sollte. Ferner sind die Verpflichtungen und die Verantwortung des Betreibers der Deponie in der Nachsorgephase festzulegen.

(25) Die Bestimmungen dieser Richtlinie über das Stillegungsverfahren sollten nicht für Deponien gelten, die vor dem Termin für die Umsetzung der Richtlinie stillgelegt wurden.

(26) Die künftigen Bedingungen für den Betrieb bestehender Deponien sollten im Hinblick darauf festgelegt werden, daß innerhalb einer bestimmten Frist die erforderlichen Maßnahmen zu ihrer Anpassung an diese Richtlinie aufgrund eines Nachrüstungsprogramms für die Deponie getroffen werden.

(27) Betreiber vorhandener Deponien, die aufgrund bindender und den Vorschriften des Artikels 14 gleichwertiger einzelstaatlicher Vorschriften bereits vor dem Inkrafttreten der Richtlinie die in Artikel 14 Buchstabe a) genannten Unterlagen eingereicht und von der zuständigen Behörde eine Zulassung zur Fortsetzung des Betriebs erhalten haben, müssen diese Unterlagen der zuständigen Behörde nicht erneut zwecks Erteilung einer neuen Zulassung vorlegen.

(28) Der Betreiber von Deponien sollte angemessene Vorkehrungen in Form einer finanziellen Sicherheitsleistung oder etwas anderem Gleichwertigen treffen, damit sichergestellt ist, daß alle Verpflichtungen erfüllt werden, die sich aus der Genehmigung ergeben, auch diejenigen für das Stillegungsverfahren und die Nachsorgephase.

(29) Es sollten Maßnahmen ergriffen werden, um sicherzustellen, daß das Entgelt für die Abfallbeseitigung in einer Deponie so festgelegt wird, daß alle Kosten für die Errichtung und den Betrieb der Deponie, soweit wie möglich einschließlich der – vom Betreiber zu stellenden – finanziellen Sicherheitsleistung oder etwas Gleichwertigem, und die geschätzten Kosten für die Stillegung, einschließlich der Nachsorge, abgedeckt sind.

(30) Vertritt eine zuständige Behörde die Auffassung, daß eine Deponie voraussichtlich nach Ablauf einer bestimmten Zeitspanne keine Gefährdung der Umwelt mehr darstellt, so kann die Schätzung der Kosten, die in das von einem Betreiber in Rechnung zu stellende Entgelt einzubeziehen sind, auf diese Zeitspanne beschränkt werden.

(31) Es ist notwendig, die ordnungsgemäße Anwendung der Vorschriften zur Durchführung dieser Richtlinie in der ganzen Gemeinschaft sicherzustellen und zu gewährleisten, daß die Betreiber und das Personal von Deponien aufgrund ihrer Ausbildung und ihres Wissens über die erforderlichen Fähigkeiten verfügen.

(32) Die Erarbeitung eines standardisierten Abfallannahmeverfahrens und die Einführung einer standardisierten Klassifizierung der zugelassenen Abfälle sind von der Kommission nach dem Ausschußverfahren des Artikels 18 der Richtlinie 75/442/EWG vorzunehmen.

(33) Die Anpassung der Anhänge dieser Richtlinie an den wissenschaftlichen und technischen Fortschritt und die Vereinheitlichung der Kontrollmaßnahmen, der Probenahme und der Analyseverfahren muß nach dem gleichen Ausschußverfahren erfolgen.

(34) Die Mitgliedstaaten erstatten der Kommission in regelmäßigen Zeitabständen Bericht über die Anwendung dieser Richtlinie, wobei sie besonderes Augenmerk auf die nach Artikel 5 festzulegenden innerstaatlichen Strategien richten. Auf der Grundlage dieser Berichte erstattet die Kommission dem Europäischen Parlament und dem Rat Bericht –

HAT FOLGENDE RICHTLINIE ERLASSEN:

### Artikel 1 Allgemeine Zielsetzung

(1) Im Hinblick auf die Erfüllung der Anforderungen der Richtlinie 75/442/EWG, insbesondere ihrer Artikel 3 und 4, ist es Ziel der vorliegenden Richtlinie, durch die Festlegung strenger betriebsbezogener und technischer Anforderungen in bezug auf Abfalldeponien und Abfälle Maßnahmen, Verfahren und Leitlinien vorzusehen, mit denen während des gesamten Bestehens der Deponie negative Auswirkungen der Ablagerung von Abfällen auf die Umwelt, insbesondere die Verschmutzung von Oberflächenwasser, Grundwasser, Boden und Luft, und auf die globale Umwelt, einschließlich des Treibhauseffekts, sowie alle damit verbundenen Risiken für die menschliche Gesundheit weitestmöglich vermieden oder vermindert werden.

(2) Was die technischen Merkmale von Deponien betrifft, so enthält diese Richtlinie für die unter die Richtlinie 96/61/EG fallenden Deponien die einschlägigen technischen Anforderungen, um die allgemeinen Anforderungen jener Richtlinie zu konkretisieren. Mit der Erfüllung der Anforderungen dieser Richtlinie gelten auch die einschlägigen Anforderungen der Richtlinie 96/61/EG als erfüllt.

### Artikel 2 Begriffsbestimmungen

Im Sinne dieser Richtlinie bezeichnet der Begriff

a) „Abfälle" alle Stoffe oder Gegenstände, die von der Richtlinie 75/442/EWG erfaßt werden;

b) „Siedlungsabfälle" Abfälle aus Haushaltungen sowie andere Abfälle, die aufgrund ihrer Beschaffenheit oder Zusammensetzung den Abfällen aus Haushaltungen ähnlich sind;

c) „gefährliche Abfälle" alle Abfälle, die unter Artikel 1 Absatz 4 der Richtlinie 91/689/EWG des Rates vom 12. Dezember 1991 über gefährliche Abfälle[1] fallen;

d) „nicht gefährliche Abfälle" Abfälle, die nicht unter Buchstabe c) fallen;

e) „Inertabfälle" Abfälle, die keinen wesentlichen physikalischen, chemischen oder biologischen Veränderungen unterliegen. Inertabfälle lösen sich nicht auf, brennen nicht und reagieren nicht in anderer Weise physikalisch oder chemisch, sie bauen sich nicht biologisch ab und beeinträchtigen nicht andere Materialien, mit denen sie in Kontakt kommen, in einer Weise, die zu Umweltverschmutzung führen oder sich negativ auf die menschliche Gesundheit auswirken könnte. Die gesamte Auslaugbarkeit und der Schadstoffgehalt der Abfälle und die Ökotoxizität des Sickerwassers müssen unerheblich sein und dürfen insbesondere nicht die Qualität von Oberflächenwasser und/oder Grundwasser gefährden;

f) „Untertagedeponie" eine Anlage für die permanente Lagerung von Abfällen in einem tiefen unterirdischen Hohlraum wie einem Salz- oder Kalibergwerk;

---

1) **Amtl. Anm.:** ABl L 377 vom 31. 12. 1991, S. 20. Richtlinie zuletzt geändert durch die Richtlinie 94/31/EG (ABl L 168 vom 2. 7. 1994, S. 28).

g) „Deponie" eine Abfallbeseitigungsanlage für die Ablagerung von Abfällen oberhalb oder unterhalb der Erdoberfläche (d. h. unter Tage), einschließlich
   - betriebsinterner Abfallbeseitigungsanlagen für die Ablagerung der Abfälle (d. h. Deponien, in denen ein Abfallerzeuger selbst die Abfallbeseitigung am Erzeugungsort vornimmt) und
   - einer auf Dauer angelegten (d. h. für länger als ein Jahr eingerichteten) Anlage, die für die vorübergehende Lagerung von Abfall genutzt wird,
   
   jedoch ausgenommen
   - Anlagen, in denen Abfälle abgeladen werden, damit sie für den Weitertransport zur Verwertung, Behandlung oder Beseitigung an einem anderen Ort vorbereitet werden können, sowie
   - die in der Regel auf eine Dauer von weniger als drei Jahren begrenzte Lagerung von Abfällen vor der Verwertung oder Behandlung oder
   - die auf eine Dauer von weniger als einem Jahr begrenzte Lagerung von Abfällen vor der Beseitigung;
h) „Behandlung" physikalische, thermische, chemische oder biologische Verfahren, einschließlich Sortieren, die die Beschaffenheit der Abfälle verändern, um ihr Volumen oder ihre gefährlichen Eigenschaften zu verringern, ihre Handhabung zu erleichtern oder ihre Verwertung zu begünstigen;
i) „Sickerwasser" jede Flüssigkeit, die durch die abgelagerten Abfälle durchsickert und aus der Deponie emittiert oder in der Deponie eingeschlossen wird;
j) „Deponiegas" durch die abgelagerten Abfälle erzeugte Gase;
k) „Eluat" die Lösung, die man durch einen Laborauslaugtest erhält;
l) „Betreiber" die natürliche oder juristische Person, die nach den Rechtsvorschriften des Mitgliedstaats, in dem die Deponie gelegen ist, für die Deponie verantwortlich ist; dabei kann es sich von der Vorbereitung bis zur Nachsorgephase um verschiedene Personen handeln;
m) „biologisch abbaubare Abfälle" alle Abfälle, die aerob oder anaerob abgebaut werden können; Beispiele hierfür sind Lebensmittel, Gartenabfälle, Papier und Pappe;
n) „Besitzer" der Erzeuger von Abfall oder die natürliche oder juristische Person, in deren Besitz sich der Abfall befindet;
o) „Antragsteller" jede Person, die einen Genehmigungsantrag für eine Deponie gemäß dieser Richtlinie stellt;
p) „zuständige Behörde" die Behörde, die ein Mitgliedstaat als für die Erfüllung der Verpflichtungen aus dieser Richtlinie verantwortlich bezeichnet;
q) „flüssige Abfälle" alle Abfälle in flüssiger Form, einschließlich Abwasser, jedoch ausgenommen Schlämme;
r) „isolierte Siedlung"
   - eine Siedlung mit höchstens 500 Einwohnern je Gemeinde oder Siedlung und höchstens fünf Einwohnern pro Quadratkilometer,
   - eine Siedlung, die mindestens 50 km von dem nächstgelegenen städtischen Siedlungsgebiet mit mindestens 250 Einwohnern pro Quadratkilometer entfernt ist oder von der aus dieses Siedlungsgebiet aufgrund ungünstiger Witterungsverhältnisse während eines signifikanten Teils des Jahres auf der Straße schwer erreichbar ist.

## Artikel 3 Anwendungsbereich

(1) Die Mitgliedstaaten wenden diese Richtlinie auf alle Deponien gemäß Artikel 2 Buchstabe g) an.

(2) Unbeschadet der bestehenden Rechtsvorschriften der Gemeinschaft ist folgendes vom Anwendungsbereich dieser Richtlinie ausgenommen:

- die Aufbringung von Schlämmen, einschließlich von Klärschlämmen und Schlämmen aus der Naßbaggerung, sowie von ähnlichen Stoffen auf Böden zur Düngung oder zur Bodenverbesserung;
- die Verwendung von geeigneten Inertabfällen für landschaftspflegerische Arbeiten/Rekultivierungen und für Auffüllungen oder bauliche Zwecke in Deponien;
- die Ablagerung von ungefährlichen Schlämmen aus der Naßbaggerung entlang kleiner Wasserstraßen, aus denen sie ausgebaggert wurden, sowie von ungefährlichen Schlämmen in Oberflächengewässern einschließlich des Bodens und des Untergrunds;
- die Ablagerung von nicht verunreinigtem Boden oder von nicht gefährlichen Inertabfällen aus der Prospektion und dem Abbau, der Behandlung und der Lagerung von Bodenschätzen sowie aus dem Betrieb von Steinbrüchen.

(3) Unbeschadet der Richtlinie 75/442/EWG können die Mitgliedstaaten nach eigener Wahl erklären, daß die Ablagerung von anderen nicht gefährlichen Abfällen als Inertabfällen, wie sie vom Ausschuß nach Artikel 17 zu definieren sind und die aus der Prospektion und dem Abbau, der Behandlung und der Lagerung von Bodenschätzen sowie aus dem Betrieb von Steinbrüchen stammen und so abgelagert werden, daß eine Verschmutzung der Umwelt oder negative Auswirkungen auf die menschliche Gesundheit verhindert werden, von den Vorschriften des Anhangs I Nummern 2, 3.1, 3.2 und 3.3 ausgenommen werden kann.

(4) Unbeschadet der Richtlinie 75/442/EWG können die Mitgliedstaaten nach eigener Wahl erklären, daß Artikel 6 Buchstabe d), Artikel 7 Buchstabe i), Artikel 8 Buchstabe a) Ziffer iv), Artikel 10, Artikel 11 Absatz 1 Buchstaben a), b) und c), Artikel 12 Buchstaben a) und c), Anhang I Nummern 3 und 4, Anhang II (mit Ausnahme von Nummer 3 Stufe 3 und Nummer 4) und Anhang III Nummern 3 bis 5 dieser Richtlinie teilweise oder vollständig nicht anwendbar sind auf

a) Deponien für nicht gefährliche Abfälle oder Inertabfälle mit einer Gesamtkapazität von höchstens 15 000 Tonnen oder einer jährlichen Aufnahme von höchstens 1 000 Tonnen für Inseln, sofern die Deponie die einzige Deponie auf der Insel und ausschließlich dazu bestimmt ist, auf der Insel angefallene Abfälle aufzunehmen. Sobald die Gesamtkapazität der betreffenden Deponie erschöpft ist, unterliegt jede neue auf der Insel errichtete Deponie den Anforderungen dieser Richtlinie;

b) Deponien für nicht gefährliche Abfälle oder Inertabfälle in isolierten Siedlungen, sofern die Deponie dazu bestimmt ist, ausschließlich Abfälle dieser isolierten Siedlung aufzunehmen.

Spätestens zwei Jahre nach dem in Artikel 18 Absatz 1 genannten Zeitpunkt unterrichten die Mitgliedstaaten die Kommission über die Liste der Inseln und isolierten Siedlungen, die unter die Ausnahme fallen. Die Kommission veröffentlicht die Liste der Inseln und isolierten Siedlungen.

(5) Unbeschadet der Richtlinie 75/442/EWG können die Mitgliedstaaten nach eigener Wahl erklären, daß Untertagedeponien gemäß der Definition in Artikel 2 Buchstabe f) dieser Richtlinie von den Bestimmungen in Artikel 13 Buchstabe d), Anhang I Nummer 2 mit Ausnahme des ersten Gedankenstrichs, Nummern 3 bis 5 und Anhang III Nummern 2, 3, und 5 dieser Richtlinie ausgenommen werden können.

**Artikel 4   Deponieklassen**

Jede Deponie wird einer der folgenden Klassen zugeordnet:
- Deponien für gefährliche Abfälle,
- Deponien für nicht gefährliche Abfälle,
- Deponien für Inertabfälle.

**Artikel 5   Für die Deponie nicht zugelassene Abfälle und Behandlungen**

(1) Die Mitgliedstaaten legen spätestens zwei Jahre nach dem in Artikel 18 Absatz 1 genannten Zeitpunkt ihre Strategie zur Verringerung der zur Deponierung bestimmten, biologisch abbaubaren Abfälle fest und unterrichten die Kommission über diese Strate-

gie. Diese Strategie sollte Maßnahmen zur Erreichung der in Absatz 2 genannten Ziele insbesondere durch Recycling, Kompostierung, Biogaserzeugung oder die Verwertung von Material/Rückgewinnung von Energie umfassen. Binnen 30 Monaten ab dem in Artikel 18 Absatz 1 genannten Zeitpunkt unterbreitet die Kommission dem Europäischen Parlament und dem Rat einen Bericht, in dem die einzelstaatlichen Strategien zusammengestellt werden.

(2) Diese Strategie gewährleistet folgendes:

a) Spätestens fünf Jahre nach dem in Artikel 18 Absatz 1 genannten Zeitpunkt muß die zu deponierende Menge biologisch abbaubarer Siedlungsabfälle auf 75 (Gewichts-) Prozent der Gesamtmenge der biologisch abbaubaren Siedlungsabfälle verringert werden, die 1995 oder im letzten Jahr vor 1995, für das einheitliche Eurostat-Daten vorliegen, erzeugt wurde;

b) spätestens acht Jahre nach dem in Artikel 18 Absatz 1 genannten Zeitpunkt muß die zu deponierende Menge biologisch abbaubarer Siedlungsabfälle auf 50 (Gewichts-) Prozent der Gesamtmenge der biologisch abbaubaren Siedlungsabfälle verringert werden, die 1995 oder im letzten Jahr vor 1995, für das einheitliche Eurostat-Daten vorliegen, erzeugt wurde;

c) spätestens 15 Jahre nach dem in Artikel 18 Absatz 1 genannten Zeitpunkt muß die zu deponierende Menge biologisch abbaubarer Siedlungsabfälle auf 35 (Gewichts-) Prozent der Gesamtmenge der biologisch abbaubaren Siedlungsabfälle verringert werden, die 1995 oder im letzten Jahr vor 1995, für das einheitliche Eurostat-Daten vorliegen, erzeugt wurde.

Das vorstehend genannte Ziel wird vom Rat zwei Jahre vor dem in Buchstabe c) genannten Zeitpunkt auf der Grundlage eines Berichts der Kommission über die praktischen Erfahrungen der Mitgliedstaaten hinsichtlich der Erfüllung der unter den Buchstaben a) und b) festgelegten Ziele überprüft, mit dem gegebenenfalls ein Vorschlag zur Bestätigung oder Änderung der Zielvorgabe vorgelegt wird, um ein hohes Maß an Umweltschutz zu gewährleisten.

Die Mitgliedstaaten, die 1995 oder im letzten Jahr vor 1995, für das einheitliche Eurostat-Daten vorliegen, mehr als 80 % ihrer eingesammelten Siedlungsabfälle in Deponien verbringen, können die Erfüllung der in den Buchstaben a), b) und c) genannten Zielvorgaben um höchstens vier Jahre aufschieben. Mitgliedstaaten, die diese Möglichkeit in Anspruch nehmen möchten, unterrichten die Kommission im voraus über ihren Beschluß. Die Kommission informiert die anderen Mitgliedstaaten und das Europäische Parlament über diese Beschlüsse.

Die Umsetzung der Bestimmungen des vorstehenden Unterabsatzes darf unter keinen Umständen dazu führen, daß das in Buchstabe c) angegebene Ziel erst später als vier Jahre nach dem in Buchstabe c) genannten Zeitpunkt erreicht wird.

(3) Die Mitgliedstaaten treffen Maßnahmen, damit folgende Abfälle nicht auf einer Deponie angenommen werden:

a) flüssige Abfälle;

b) Abfälle, die unter Deponiebedingungen explosiv, korrosiv, brandfördernd, leicht entzündbar oder entzündbar im Sinne von Anhang III der Richtlinie 91/689/EWG sind;

c) Krankenhausabfälle und andere klinische Abfälle, die in medizinischen oder veterinärmedizinischen Einrichtungen anfallen und im Sinne der Richtlinie 91/689/EWG infektiös sind (Eigenschaft H 9 in Anhang III), sowie Abfälle der Kategorie 14 (Anhang I.A) derselben Richtlinie;

d) ganze Altreifen zwei Jahre nach dem in Artikel 18 Absatz 1 festgelegten Zeitpunkt, ausgenommen Reifen, die als Material für technische Zwecke verwendet werden, sowie geschredderte Altreifen fünf Jahre nach dem in Artikel 18 Absatz 1 festgelegten Zeitpunkt (Fahrradreifen und Reifen mit einem Außendurchmesser von mehr als 1 400 mm sind in beiden Fällen ausgenommen);

e) alle anderen Abfallarten, die die im Einklang mit Anhang II festgelegten Annahmekriterien nicht erfüllen.

(4) Die Verdünnung oder Vermischung der Abfälle mit dem alleinigen Ziel, die Abfallannahmekriterien zu erfüllen, ist verboten.

### Artikel 6  In den verschiedenen Deponieklassen zuzulassende Abfälle

Die Mitgliedstaaten ergreifen Maßnahmen, die folgendes bezwecken:

a) Es werden nur behandelte Abfälle deponiert. Diese Bestimmung gilt nicht für Inertabfälle, bei denen eine Behandlung technisch nicht praktikabel ist, oder für andere Abfälle, bei denen eine solche Behandlung nicht durch eine Verringerung der Menge oder der Gefährdung der menschlichen Gesundheit oder der Umwelt zur Verwirklichung der Ziele des Artikels 1 beiträgt.

b) Nur gefährliche Abfälle, die die im Einklang mit Anhang II festgelegten Kriterien erfüllen, werden einer Deponie für gefährliche Abfälle zugeführt.

c) Deponien für nicht gefährliche Abfälle können genutzt werden für
   i. Siedlungsabfälle;
   ii. nicht gefährliche Abfälle sonstiger Herkunft, die die im Einklang mit Anhang II festgelegten Kriterien für die Annahme von Abfällen in Deponien für nicht gefährliche Abfälle erfüllen;
   iii. stabile, nicht reaktive gefährliche (z. B. verfestigte, verglaste) Abfälle, deren Auslaugungsverhalten dem ungefährlicher Abfälle gemäß Ziffer ii) entspricht und die die im Einklang mit Anhang II festgelegten maßgeblichen Annahmekriterien erfüllen. Diese gefährlichen Abfälle sind nicht in Abschnitten zu deponieren, die für biologisch abbaubare nicht gefährliche Abfälle bestimmt sind.

d) Deponien für Inertabfälle sind nur für Inertabfälle zu nutzen.

### Artikel 7  Genehmigungsantrag

Die Mitgliedstaaten treffen Maßnahmen, damit der Genehmigungsantrag für eine Deponie mindestens folgende Angaben enthält:

a) die Identität des Antragstellers sowie, falls es sich um unterschiedliche Personen handelt, des Betreibers;

b) die Beschreibung der Arten und die Gesamtmenge der zur Ablagerung vorgesehenen Abfälle;

c) die vorgesehene Kapazität der Deponie;

d) die Beschreibung des Standorts, einschließlich seiner hydrogeologischen und geologischen Merkmale;

e) die vorgesehenen Methoden zur Verhütung und Bekämpfung von Verschmutzungen;

f) den vorgesehenen Betriebs-, Meß- und Überwachungsplan;

g) den vorgesehenen Plan für die Stillegung und für die Nachsorge;

h) sofern nach der Richtlinie 85/337/EWG des Rates vom 27. Juni 1985 über die Umweltverträglichkeitsprüfung bei bestimmten öffentlichen und privaten Projekten[1] eine Umweltverträglichkeitsprüfung vorgeschrieben ist, die vom Projektträger gemäß Artikel 5 derselben Richtlinie vorgelegte Information;

i) die finanzielle Sicherheitsleistung des Antragstellers oder etwas anderes Gleichwertiges gemäß Artikel 8 Buchstabe a) Ziffer iv).

Nach Erteilung der Genehmigung wird diese Information den zuständigen statistischen Ämtern der Mitgliedstaaten und der Gemeinschaft zur Verfügung gestellt, sofern dies für statistische Zwecke gefordert wird.

---

[1] **Amtl. Anm.:** ABl L 175 vom 5. 7. 1985, S. 40. Richtlinie geändert durch die Richtlinie 97/11/EG (ABl L 73 vom 14. 3. 1997, S. 5).

**Artikel 8  Voraussetzungen für die Genehmigung**

Die Mitgliedstaaten treffen Maßnahmen, durch die folgendes sichergestellt wird:
a) Die zuständige Behörde erteilt nur dann eine Genehmigung für eine Deponie, wenn gewährleistet ist, daß
   i. das Deponievorhaben unbeschadet des Artikels 3 Absätze 4 und 5 alle maßgeblichen Anforderungen dieser Richtlinie einschließlich der Anhänge erfüllt;
   ii. der Deponiebetrieb in der Hand einer natürlichen Person liegt, die die technische Kompetenz zur Leitung der Deponie besitzt, und für die berufliche und technische Weiterbildung und Einarbeitung von Betreibern und Deponiepersonal gesorgt wird;
   iii. die Deponie so betrieben wird, daß die notwendigen Maßnahmen ergriffen werden, um Unfälle zu vermeiden und deren Folgen zu begrenzen;
   iv. der Antragsteller vor Beginn des Deponiebetriebs angemessene Vorkehrungen in Form einer finanziellen Sicherheitsleistung oder etwas anderem Gleichwertigen nach von den Mitgliedstaaten festzulegenden Modalitäten getroffen hat, um zu gewährleisten, daß die Auflagen (auch hinsichtlich der Nachsorge), die mit der gemäß dieser Richtlinie erteilten Genehmigung verbunden sind, erfüllt und die in Artikel 13 vorgeschriebenen Stillegungsverfahren eingehalten werden. Diese Sicherheitsleistung oder etwas Gleichwertiges besteht so lange fort, wie die Wartungs- und Nachsorgearbeiten auf der Deponie gemäß Artikel 13 Buchstabe d) dies erfordern. Die Mitgliedstaaten können nach eigener Wahl erklären, daß diese Ziffer auf Deponien für Inertabfälle keine Anwendung findet.
b) Die geplante Deponie ist mit dem oder den einschlägigen Abfallbewirtschaftungsplänen nach Artikel 7 der Richtlinie 75/442/EWG in Einklang.
c) Vor Beginn des Deponiebetriebs inspiziert die zuständige Behörde die Deponie, um sicherzustellen, daß die entsprechenden Voraussetzungen für die Genehmigung erfüllt sind. Dadurch wird die Verantwortung des Betreibers, die in der Genehmigung festgelegt ist, in keiner Weise verringert.

**Artikel 9  Inhalt der Genehmigung**

Zur Präzisierung und Ergänzung des Artikels 9 der Richtlinie 75/442/EWG und des Artikels 9 der Richtlinie 96/61/EG wird in der Genehmigung für die Deponie mindestens folgendes festgelegt:
a) die Deponieklasse;
b) die Liste der Abfallarten, die auf der Deponie abgelagert werden dürfen, und die zulässige Abfallgesamtmenge;
c) Anforderungen vor Inbetriebnahme der Deponie, an den Deponiebetrieb und die Meß- und Überwachungsverfahren, einschließlich der Notfallpläne (Anhang III Nummer 4 Buchstabe B), sowie die vorläufigen Anforderungen für die Stillegung und Nachsorge;
d) die Verpflichtung des Antragstellers, der zuständigen Behörde mindestens einmal jährlich über die Arten und Mengen der abgelagerten Abfälle und die Ergebnisse des Meßprogramms gemäß den Artikeln 12 und 13 sowie Anhang III Bericht zu erstatten.

**Artikel 10  Kosten der Ablagerung von Abfällen**

Die Mitgliedstaaten treffen Maßnahmen, die gewährleisten, daß alle Kosten für die Errichtung und den Betrieb einer Deponie, soweit wie möglich einschließlich der Kosten der finanziellen Sicherheitsleistung oder etwas Gleichwertigem, gemäß Artikel 8 Buchstabe a) Ziffer iv), sowie die geschätzten Kosten für die Stillegung und die Nachsorge für einen Zeitraum von mindestens 30 Jahren durch das vom Betreiber in Rechnung zu stellende Entgelt für die Ablagerung aller Abfallarten in der Deponie abgedeckt werden. Vorbehaltlich der Anforderungen der Richtlinie 90/313/EWG des Rates vom 7. Juni 1990 über den freien Zugang zu Informationen über die Umwelt[1] sorgen die Mitgliedstaaten für Transparenz bei der Erfassung und der Verwendung aller erforderlichen Informationen zu den Kosten.

### Artikel 11  Abfallannahmeverfahren

(1) Die Mitgliedstaaten treffen Maßnahmen, um sicherzustellen, daß vor einer Annahme des Abfalls auf der Deponie

a) der Besitzer oder der Betreiber vor oder bei der Anlieferung oder bei der ersten einer Reihe von Anlieferungen, sofern die Abfallart unverändert bleibt, mit geeigneten Dokumenten belegen kann, daß die betreffenden Abfälle in dieser Deponie gemäß den in der Genehmigung festgelegten Bedingungen angenommen werden können und die Annahmekriterien gemäß Anhang II erfüllen;

b) die folgenden Annahmeverfahren vom Betreiber beachtet werden:

- Prüfung der Abfalldokumente einschließlich der Dokumente, die in Artikel 5 Absatz 3 der Richtlinie 91/689/EWG gefordert werden, und gegebenenfalls der Dokumente, die in der Verordnung (EWG) Nr. 259/93 des Rates vom 1. Februar 1993 zur Überwachung und Kontrolle der Verbringung von Abfällen in der, in die und aus der Europäischen Gemeinschaft[2] gefordert werden;

- Sichtkontrolle des Abfalls im Eingangsbereich und an der Ablagerungsstelle und gegebenenfalls Feststellung der Übereinstimmung mit der Beschreibung, die vom Abfallbesitzer mit den Abfalldokumenten vorgelegt wurde. Wenn repräsentative Proben entnommen werden müssen, um die Vorschriften von Anhang II Nummer 3 Stufe 3 zu erfüllen, werden die Ergebnisse der Analysen aufbewahrt und die Probenahme gemäß Anhang II Nummer 5 durchgeführt. Diese Proben sind mindestens einen Monat lang aufzubewahren.

- Führung eines Registers über Menge und Beschaffenheit der abgelagerten Abfälle, aus dem die Herkunft, das Anlieferungsdatum, der Erzeuger oder bei Siedlungsabfällen das Sammelunternehmen und im Fall von gefährlichen Abfällen die genaue Lage auf der Deponie hervorgehen. Diese Information wird den zuständigen statistischen Ämtern der Mitgliedstaaten und der Gemeinschaft zur Verfügung gestellt, sofern dies für statistische Zwecke gefordert wird;

c) der Betreiber der Deponie stets eine schriftliche Eingangsbestätigung für jede auf der Deponie angenommene Lieferung ausstellt;

d) der Betreiber der zuständigen Behörde die Zurückweisung des Abfalls unbeschadet der Vorschriften der Verordnung (EWG) Nr. 259/93 unverzüglich anzeigt, falls Abfälle in einer Deponie nicht angenommen werden.

(2) Für Deponien, die von Bestimmungen dieser Richtlinie aufgrund von Artikel 3 Absätze 4 und 5 ausgenommen sind, treffen die Mitgliedstaaten die notwendigen Maßnahmen, damit

- regelmäßige Sichtkontrollen an der Ablagerungsstelle stattfinden, um sicherzustellen, daß nur nicht gefährliche Abfälle der jeweiligen Insel oder der isolierten Siedlung an der Deponie angenommen werden, und

- ein Register über die Menge der in der Deponie abgelagerten Abfälle geführt wird.

Die Mitgliedstaaten tragen dafür Sorge, daß die Informationen über die Mengen und, soweit möglich, die Art der Abfälle, die in solche von Bestimmungen dieser Richtlinie ausgenommene Deponien gelangen, in die regelmäßigen Berichte an die Kommission über die Durchführung dieser Richtlinie aufgenommen werden.

---

1) **Amtl. Anm.:** ABl L 158 vom 23. 6. 1990, S. 56.
2) **Amtl. Anm.:** ABl L 30 vom 6. 2. 1993, S. 1. Verordnung geändert durch die Verordnung (EG) Nr. 120/97 (ABl L 22 vom 24. 1. 1997, S. 14).

**Artikel 12  Meß- und Überwachungsverfahren während des Betriebs**

Die Mitgliedstaaten treffen Maßnahmen, um sicherzustellen, daß die Meß- und Überwachungsverfahren in der Betriebsphase mindestens den folgenden Anforderungen entsprechen:

a) Der Betreiber führt während des Betriebs der Deponie ein Meß- und Überwachungsprogramm gemäß Anhang III durch.

b) Der Betreiber meldet der zuständigen Behörde alle erheblichen nachteiligen Auswirkungen auf die Umwelt, die durch die Meß- und Überwachungsverfahren festgestellt werden, und kommt dem Beschluß der Behörde über Art und Zeitpunkt der zu treffenden Abhilfemaßnahmen nach. Die Kosten dieser Maßnahmen trägt der Betreiber.

Der Betreiber erstattet in Zeitabständen, die von der zuständigen Behörde festgelegt werden, in jedem Fall aber mindestens einmal jährlich, auf der Grundlage der zusammengefaßten Daten Bericht über alle Meßergebnisse, um nachzuweisen, daß die Nebenbestimmungen der Genehmigung eingehalten worden sind, und um die Erkenntnisse über das Verhalten der Abfälle in den Deponien zu verbessern.

c) Die Qualitätskontrolle der im Rahmen der Meß- und Überwachungsverfahren durchgeführten Analysen und/oder der in Artikel 11 Absatz 1 Buchstabe b) genannten Analysen wird von sachkundigen Laboratorien durchgeführt.

**Artikel 13  Stillegungs- und Nachsorgeverfahren**

Die Mitgliedstaaten stellen sicher, daß, gegebenenfalls im Einklang mit der Genehmigung,

a) für eine Deponie oder einen Teil einer Deponie das Stillegungsverfahren eingeleitet wird,

  i. wenn die in der Genehmigung dafür genannten Voraussetzungen gegeben sind oder

  ii. auf Antrag des Betreibers und mit Zustimmung der zuständigen Behörde oder

  iii. aufgrund einer begründeten Entscheidung der zuständigen Behörde;

b) eine Deponie oder ein Teil derselben nur als endgültig stillgelegt anzusehen ist, wenn die zuständige Behörde eine Schlußabnahme durchgeführt, alle vom Betreiber vorgelegten Berichte einer Bewertung unterzogen und dem Betreiber ihre Zustimmung für die Stillegung erteilt hat. Dadurch wird die Verantwortung des Betreibers, die in der Genehmigung festgelegt ist, nicht verringert;

c) nach der endgültigen Stillegung einer Deponie der Betreiber für die Wartungsarbeiten, die Meß- und Überwachungsmaßnahmen während der Nachsorgephase so lange verantwortlich ist, wie es die zuständige Behörde unter Berücksichtigung des Zeitraums verlangt, in dem von der Deponie Gefährdungen ausgehen können.

Der Betreiber meldet der zuständigen Behörde alle erheblichen nachteiligen Auswirkungen auf die Umwelt, die durch die Überwachungsverfahren festgestellt werden, und kommt der Anordnung der Behörde über Art und Zeitpunkt der zu treffenden Abhilfemaßnahmen nach;

d) solange die zuständige Behörde der Auffassung ist, daß eine Deponie der Umwelt gefährden könnte, und unbeschadet gemeinschaftlicher oder einzelstaatlicher Rechtsvorschriften über die Haftung des Abfallbesitzers der Deponiebetreiber verantwortlich ist für die Messung und Analyse von Deponiegas und Sickerwasser aus der Deponie und das Grundwasserregime im Umfeld der Deponie gemäß Anhang III.

**Artikel 14  Vorhandene Deponien**

Die Mitgliedstaaten ergreifen Maßnahmen, die sicherstellen, daß Deponien, die zum Zeitpunkt der Umsetzung dieser Richtlinie über eine Zulassung verfügen oder in Betrieb sind, nur dann weiterbetrieben werden können, wenn so bald wie möglich und spätestens binnen acht Jahren nach dem in Artikel 18 Absatz 1 genannten Zeitpunkt nachstehende Schritte durchgeführt werden:

a) Innerhalb von einem Jahr nach dem in Artikel 18 Absatz 1 genannten Zeitpunkt erarbeitet der Betreiber ein Nachrüstprogramm mit den in Artikel 8 genannten Angaben sowie allen von ihm als erforderlich erachteten Abhilfemaßnahmen für die Erfüllung der Anforderungen dieser Richtlinie (mit Ausnahme der Anforderungen in Anhang I Nummer 1) und legt dieses der zuständigen Behörde zur Zulassung vor.

b) Nach Vorlage des Nachrüstprogramms trifft die zuständige Behörde eine endgültige Entscheidung auf der Grundlage des Nachrüstprogramms und der Bestimmungen dieser Richtlinie darüber, ob der Betrieb fortgesetzt werden kann. Die Mitgliedstaaten ergreifen die erforderlichen Maßnahmen, damit Deponien, die keine Zulassung nach Artikel 8 für den Weiterbetrieb erhalten haben, gemäß Artikel 7 Buchstabe g) und Artikel 13 so bald wie möglich stillgelegt werden.

c) Auf der Grundlage des autorisierten Nachrüstprogramms genehmigt die zuständige Behörde die notwendigen Arbeiten und legt eine Übergangsfrist für die Durchführung dieses Programms fest. Alle vorhandenen Deponien müssen binnen acht Jahren nach dem in Artikel 18 Absatz 1 genannten Zeitpunkt die Anforderungen dieser Richtlinie mit Ausnahme der Anforderungen in Anhang I Nummer 1 erfüllen.

d) i. Innerhalb eines Jahrs nach dem in Artikel 18 Absatz 1 genannten Zeitpunkt finden die Artikel 4, 5 und 11 sowie Anhang II auf Deponien für gefährliche Abfälle Anwendung.

ii. Innerhalb von drei Jahren nach dem in Artikel 18 Absatz 1 genannten Zeitpunkt findet Artikel 6 auf Deponien für gefährliche Abfälle Anwendung.

**Artikel 15  Berichtspflicht**

Die Mitgliedstaaten übermitteln der Kommission alle drei Jahre einen Bericht über die Durchführung dieser Richtlinie, wobei der nach Artikel 5 festzulegenden einzelstaatlichen Strategie besondere Aufmerksamkeit gilt. Der Bericht ist anhand eines Fragebogens oder einer Vorlage zu erstellen, die von der Kommission nach dem Verfahren des Artikels 6 der Richtlinie 91/692/EWG[1] ausgearbeitet werden. Der Fragebogen oder die Vorlage wird den Mitgliedstaaten sechs Monate vor Beginn des Berichtszeitraums übersandt. Der Bericht ist bei der Kommission binnen neun Monaten nach Ablauf des darin erfaßten Dreijahreszeitraums einzureichen.

Die Kommission veröffentlicht innerhalb von neun Monaten nach Erhalt der einzelstaatlichen Berichte einen Gemeinschaftsbericht über die Durchführung dieser Richtlinie.

**Artikel 16  Ausschuß**

Alle Änderungen zur Anpassung der Anhänge dieser Richtlinie an den wissenschaftlichen und technischen Fortschritt und alle Vorschläge zur Normung der Überwachungs-, Probenahme- und Analyseverfahren bezüglich der Ablagerung von Abfällen werden von der Kommission, unterstützt von dem mit Artikel 18 der Richtlinie 75/442/EWG eingesetzten Ausschuß und nach dem Verfahren des Artikels 17 dieser Richtlinie, erlassen. Alle Änderungen der Anhänge erfolgen ausschließlich im Einklang mit den in den Anhängen formulierten Grundsätzen dieser Richtlinie. Zu diesem Zweck beachtet der Ausschuß in bezug auf Anhang II folgendes: Unter Berücksichtigung der allgemeinen Grundsätze und Verfahren für die Untersuchung und Annahmekriterien, wie sie in Anhang II festgelegt sind, sollten spezielle Kriterien und/oder Testverfahren und damit verknüpfte Grenzwerte für jede Deponieklasse festgelegt werden, einschließlich der Untertagedeponien. Vorschläge zur Normung der Überwachungs-, Probenahme- und Analyseverfahren bezüglich der Anhänge dieser Richtlinie werden von der Kommission, unterstützt von dem Ausschuß, innerhalb von zwei Jahren nach Inkrafttreten dieser Richtlinie erlassen.

---

1) **Amtl. Anm.:** ABl L 377 vom 31. 12. 1991, S. 48.

Die Kommission, unterstützt von dem Ausschuß, erläßt binnen zwei Jahren nach Inkrafttreten dieser Richtlinie Vorschriften für die Harmonisierung und regelmäßige Übermittlung der statistischen Daten gemäß den Artikeln 5, 7 und 11 sowie erforderlichenfalls Änderungsvorschriften.

### Artikel 17  Ausschußverfahren

Die Kommission wird von einem Ausschuß unterstützt, der sich aus Vertretern der Mitgliedstaaten zusammensetzt und in dem der Vertreter der Kommission den Vorsitz führt.

Der Vertreter der Kommission unterbreitet dem Ausschuß einen Entwurf der zu treffenden Maßnahmen. Der Ausschuß gibt seine Stellungnahme zu diesem Entwurf innerhalb einer Frist ab, die der Vorsitzende unter Berücksichtigung der Dringlichkeit der betreffenden Frage festsetzen kann. Die Stellungnahme wird mit der Mehrheit abgegeben, die in Artikel 148 Absatz 2 des Vertrags für die Annahme der vom Rat auf Vorschlag der Kommission zu fassenden Beschlüsse vorgesehen ist. Bei der Abstimmung im Ausschuß werden die Stimmen der Vertreter der Mitgliedstaaten gemäß dem vorgenannten Artikel gewogen. Der Vorsitzende nimmt an der Abstimmung nicht teil.

Die Kommission erläßt die beabsichtigten Maßnahmen, wenn sie mit der Stellungnahme des Ausschusses übereinstimmen.

Stimmen die beabsichtigten Maßnahmen mit der Stellungnahme des Ausschusses nicht überein oder liegt keine Stellungnahme vor, so unterbreitet die Kommission dem Rat unverzüglich einen Vorschlag für die zu treffenden Maßnahmen. Der Rat beschließt mit qualifizierter Mehrheit.

Hat der Rat nach Ablauf einer Frist von drei Monaten nach seiner Befassung keinen Beschluß gefaßt, so werden die vorgeschlagenen Maßnahmen von der Kommission erlassen.

### Artikel 18  Umsetzung

(1) Die Mitgliedstaaten setzen die Rechts- und Verwaltungsvorschriften in Kraft, die erforderlich sind, um dieser Richtlinie spätestens zwei Jahre nach ihrem Inkrafttreten nachzukommen. Sie setzen die Kommission unverzüglich davon in Kenntnis.

Wenn die Mitgliedstaaten derartige Vorschriften erlassen, nehmen sie in diesen Vorschriften selbst oder durch einen Hinweis bei der amtlichen Veröffentlichung auf diese Richtlinie Bezug. Die Mitgliedstaaten regeln die Einzelheiten der Bezugnahme.

(2) Die Mitgliedstaaten teilen der Kommission den Wortlaut der innerstaatlichen Rechtsvorschriften mit, die sie auf dem unter diese Richtlinie fallenden Gebiet erlassen.

### Artikel 19  Inkrafttreten

Diese Richtlinie tritt am Tag ihrer Veröffentlichung im Amtsblatt der Europäischen Gemeinschaften in Kraft.

### Artikel 20  Adressaten

Diese Richtlinie ist an die Mitgliedstaaten gerichtet.

## 4. Richtlinie 94/62/EG des Europäischen Parlaments und des Rates vom 20. Dezember 1994 über Verpackungen und Verpackungsabfälle (RL 94/62/EG)

### v. 31. 12. 1994 (ABl Nr. L 365 S. 10)

Die Richtlinie 94/62/EG des Europäischen Parlaments und des Rates vom 20. Dezember 1994 über Verpackungen und Verpackungsabfälle v. 31. 12. 1994 (ABl Nr. L 365 S. 10) wurde geändert durch die Verordnung (EG) Nr. 1882/2003 des Europäischen Parlaments und des Rates vom 29. September 2003 zur Anpassung der Bestimmungen über die Ausschüsse zur Unterstützung der Kommission bei der Ausübung von deren Durchführungsbefugnissen, die in Rechtsakten vorgesehen sind, für die das Verfahren des Artikels 251 des EG-Vertrags gilt, an den Beschluss 1999/468/EG des Rates v. 31. 10. 2003 (ABl Nr. L 284 S. 1); Richtlinie 2004/12/EG des Europäischen Parlaments und des Rates vom 11. Februar 2004 zur Änderung der Richtlinie 94/62/EG über Verpackungen und Verpackungsabfälle v. 18. 2. 2004 v. 18. 2. 2004 (ABl Nr. L 47 S. 26); Richtlinie 2005/20/EG des Europäischen Parlaments und des Rates vom 9. März 2005 zur Änderung der Richtlinie 94/62/EG über Verpackungen und Verpackungsabfälle v. 16. 3. 2005 (ABl Nr. L 70 S. 17).

DAS EUROPÄISCHE PARLAMENT UND DER RAT DER EUROPÄISCHEN UNION –
gestützt auf den Vertrag zur Gründung der Europäischen Gemeinschaft, insbesondere auf Artikel 100a,
auf Vorschlag der Kommission[1],
nach Stellungnahme des Wirtschafts- und Sozialausschusses[2],
gemäß dem Verfahren des Artikel 189b des Vertrags[3],
in Erwägung nachstehender Gründe:

Die unterschiedlichen Maßnahmen der Mitgliedstaaten im Bereich der Verpackungen und der Verpackungsabfallbewirtschaftung sind zu harmonisieren, um einerseits Auswirkungen dieser Abfälle auf die Umwelt zu vermeiden oder solche Auswirkungen zu verringern und so ein hohes Umweltschutzniveau sicherzustellen und andererseits das Funktionieren des Binnenmarkts zu gewährleisten und zu verhindern, daß es in der Gemeinschaft zu Handelshemmnissen und Wettbewerbsverzerrungen und -beschränkungen kommt.

Die beste Art, Verpackungsabfall zu vermeiden, ist die Verringerung der Gesamtmenge an Verpackungen.

Angesichts der Ziele dieser Richtlinie ist es wichtig, grundsätzlich darauf zu achten, daß die zum Schutz der Umwelt getroffenen Maßnahmen eines Mitgliedstaats die anderen Mitgliedstaaten nicht daran hindern, die Ziele der Richtlinie zu erreichen.

Die Verringerung der Abfallmengen ist eine unabdingbare Voraussetzung für das ausdrücklich im Vertrag über die Europäische Union genannte beständige Wachstum.

Diese Richtlinie soll alle Arten von im Verkehr befindlichen Verpackungen und alle Verpackungsabfälle erfassen. Deshalb ist die Richtlinie 85/339/EWG des Rates vom 27. Juni 1985 über Verpackungen für flüssige Lebensmittel[4] aufzuheben.

Verpackungen sind von grundlegender sozialer und wirtschaftlicher Bedeutung; deshalb dürfen die in dieser Richtlinie vorgesehenen Maßnahmen andere wichtige Rechtsvorschriften nicht berühren, die die Qualität und die Beförderung von Verpackungen und verpackten Erzeugnissen regeln.

---

1) **Amtl. Anm.:** ABl C 263 vom 12. 10. 1992, S. 1 und ABl C 285 vom 21. 10. 1993, S. 1.
2) **Amtl. Anm.:** ABl C 129 vom 10. 5. 1993, S. 18.
3) **Amtl. Anm.:** Stellungnahme des Europäischen Parlaments vom 23. Juni 1993 (ABl C 194 vom 19. 7. 1993, S. 177), gemeinsamer Standpunkt des Rates vom 4. März 1994 (ABl C 137 vom 19. 5. 1994, S. 65) und Beschluß des Europäischen Parlaments vom 4. Mai 1994 (ABl C 205 vom 25. 7. 1994, S. 163). Bestätigt am 2. Dezember 1993 (ABl C 342 vom 20. 12. 1993, S. 15). Gemeinsamer Entwurf des Vermittlungsausschusses vom 8. November 1994.
4) **Amtl. Anm.:** ABl L 176 vom 6. 7. 1985, S. 18. Richtlinie geändert durch die Richtlinie 91/629/EWG (ABl L 377 vom 31. 12. 1991, S. 48).

Entsprechend der in der Entschließung des Rates vom 7. Mai 1990 über die Abfallpolitik[1] enthaltenen Gemeinschaftsstrategie für die Abfallbewirtschaftung sowie der Richtlinie 75/442/EWG des Rates vom 15. Juli 1975 über Abfälle[2] umfaßt die Verpackungs- und die Verpackungsabfallwirtschaft als erste Priorität die Vermeidung von Verpackungsabfall und als weitere Hauptprinzipien die Wiederverwendung der Verpackungen, die stoffliche Verwertung und die anderen Formen der Verwertung der Verpackungsabfälle sowie als Folge daraus eine Verringerung der einer endgültigen Beseitigung zuzuführenden Abfälle.

Bis wissenschaftliche und technologische Ergebnisse im Bereich der Verwertung vorliegen, sind die Wiederverwendung und die stoffliche Verwertung hinsichtlich ihrer Umweltauswirkungen vorzuziehen. Aus diesem Grunde sind in den Mitgliedstaaten Rückgabesysteme für gebrauchte Verpackungen und/oder Verpackungsabfälle einzurichten. Lebenszyklusuntersuchungen müssen so bald wie möglich abgeschlossen werden, um eine klare Rangfolge der wiederverwendbaren, der stofflich und der anderweitig verwertbaren Verpackungen zu rechtfertigen.

Zur Vermeidung von Verpackungsabfällen sind geeignete Maßnahmen zu ergreifen, die die in den Mitgliedstaaten in Übereinstimmung mit den Zielen dieser Richtlinie ergriffenen Initiativen einschließen.

Die Mitgliedstaaten können Systeme für die Wiederverwendung von Verpackungen, die umweltverträglich wiederverwendet werden können, im Einklang mit dem Vertrag fördern, und damit den Beitrag dieser Methode zum Umweltschutz ausnutzen.

Aus umweltpolitischer Sicht ist die stoffliche Verwertung als ein wesentlicher Teil der Verwertung anzusehen, insbesondere um dem Verbrauch an Energie und an Primärrohstoffen zu verringern und die einer endgültigen Beseitigung zuzuführenden Abfälle zu reduzieren.

Die energetische Verwertung ist eine wirksame Methode zur Verwertung von Verpackungsabfällen.

Für die Zielvorgaben der Mitgliedstaaten in bezug auf die Verwertung und die stoffliche Verwertung von Verpackungsabfällen sollten Spannen vorgesehen werden, um den unterschiedlichen Situationen in den Mitgliedstaaten Rechnung zu tragen und zu vermeiden, daß Handelshemmnisse und Wettbewerbsverzerrungen geschaffen werden.

Damit mittelfristig Ergebnisse erzielt und Marktteilnehmern, Verbrauchern und Behörden die erforderlichen längerfristigen Perspektiven gegeben werden, ist es angemessen, eine mittlere Frist zur Erreichung der obengenannten Zielvorgaben und eine längere Frist für Zielvorgaben vorzusehen, die zu einem späteren Zeitpunkt festgelegt werden sollten, damit eine erhebliche Erhöhung dieser Zielvorgaben erfolgen kann.

Der Rat und das Europäische Parlament sollten aufgrund von Berichten der Kommission die Erfahrungen, die in den Mitgliedstaaten bei der Verwirklichung der vorgenannten Zielvorgaben gesammelt wurden, sowie die Ergebnisse der wissenschaftlichen Forschung und der Evaluierungstechniken wie beispielsweise der Ökobilanzen prüfen.

Den Mitgliedstaaten, die Programme aufgestellt haben oder aufstellen werden, die über diese Zielvorgaben hinausgehen, ist zu gestatten, diese Zielvorgaben im Interesse eines hohen Umweltschutzniveaus unter der Bedingung weiterzuverfolgen, daß die Maßnahmen nicht zu Verzerrungen des Binnenmarktes führen und die anderen Mitgliedstaaten nicht daran hindern, ihren Verpflichtungen aus dieser Richtlinie nachzukommen. Die Kommission sollte solche Maßnahmen nach angemessener Prüfung billigen.

Auf der anderen Seite kann bestimmten Mitgliedstaaten aufgrund ihrer besonderen Situation gestattet werden, niedrigere Zielvorgaben zu beschließen, sofern sie innerhalb der normalen Frist eine Mindestzielvorgabe für die Verwertung und nach einer längeren Frist die einheitlichen Zielvorgaben erfüllen.

---

1) **Amtl. Anm.:** ABl C 122 vom 18. 05. 1990, S. 2.
2) **Amtl. Anm.:** ABl L 194 vom 25. 7. 1975, S. 39. Richtlinie geändert durch die Richtlinie 91/156/EWG (ABl L 78 vom 26. 3. 1991, S. 32).

Die Vermeidung und Verwertung von Verpackungen und Verpackungsabfällen erfordert die Einrichtung von Rücknahme-, Sammel- und Verwertungssystemen in den Mitgliedstaaten. An diesen Systemen können sich alle betroffenen Seiten beteiligen. Sie müssen so beschaffen sein, daß Importprodukte keine Benachteiligung erfahren und gemäß dem Vertrag keine Handelshemmnisse oder Wettbewerbsverzerrungen entstehen und daß die größtmögliche Rückgabe von Verpackungen und Verpackungsabfall sichergestellt wird.

Die Frage der Kennzeichnung von Verpackungen auf Gemeinschaftsebene bedarf weiterer Prüfung, sollte von der Gemeinschaft jedoch in naher Zukunft entschieden werden.

Um die Auswirkungen von Verpackungen und Verpackungsabfällen auf die Umwelt möglichst gering zu halten und Handelshemmnisse und Wettbewerbsverzerrungen zu vermeiden, ist es ferner erforderlich, die grundlegenden Anforderungen an die Zusammensetzung der Verpackungen und die Möglichkeiten für ihre Wiederverwendung und – auch stoffliche – Verwertung festzulegen.

Es ist notwendig, den Gehalt an schädlichen Metallen und sonstigen Substanzen in Verpackungen wegen ihrer Umweltauswirkungen zu begrenzen (da diese insbesondere bei Verbrennung durch Emissionen freigesetzt werden oder in der Asche enthalten sein oder bei Deponierung in Sickerwasser gelangen können). Um die Toxizität von Verpackungsabfällen zu vermindern, ist es notwendig, zunächst die Verwendung schädlicher Schwermetalle zu vermeiden oder zu kontrollieren, daß sich diese Elemente nicht in der Umwelt ausbreiten, wobei angemessene Ausnahmen in besonderen Fällen vorgesehen werden, die von der Kommission gemäß dem Ausschußverfahren festgelegt werden.

Die Einzelsortierung von Abfall an der Quelle ist entscheidend, um ein hohes Wiederverwertungsniveau zu erreichen und Gesundheits- und Sicherheitsprobleme für die Personen, die Verpackungsabfälle sammeln und aufbereiten, zu verhindern.

Die Anforderungen für die Herstellung von Verpackungen gelten nicht für Verpackungen, die vor dem Zeitpunkt des Inkrafttretens dieser Richtlinie für die Herstellung eines bestimmten Erzeugnisses verwendet wurden. Ein Übergangszeitraum für das Inverkehrbringen von Verpackungen ist ebenfalls erforderlich.

Bei der Festlegung des Zeitpunktes für die Durchführung der Vorschrift über das Inverkehrbringen von Verpackungen, die alle grundlegenden Anforderungen erfüllen, ist der Tatsache Rechnung zu tragen, daß derzeit europäische Normen durch das zuständige Normungsgremium aufgestellt werden. Die Vorschriften über den Nachweis der Übereinstimmung der einzelstaatlichen Normen sollten jedoch unverzüglich Anwendung finden.

Die Aufstellung europäischer Normen für die grundlegenden Anforderungen und andere diesbezügliche Größen wird gefördert.

Zu den in dieser Richtlinie vorgesehenen Maßnahmen gehört die Entwicklung von Kapazitäten für die Verwertung – einschließlich der stofflichen Verwertung – und von Absatzmöglichkeiten für verwertete Verpackungsmaterialien.

Die Verwendung von verwertetem Material für Verpackungen darf nicht im Widerspruch zu den einschlägigen Vorschriften in bezug auf Hygiene, Gesundheits- und Verbraucherschutz stehen.

Gemeinschaftsweite Daten über Verpackungen und Verpackungsabfälle werden benötigt, um dazu beizutragen, daß die Verwirklichung der Ziele dieser Richtlinie überwacht werden kann.

Von größter Wichtigkeit ist, daß allen an der Herstellung, Verwendung, Einfuhr und Verteilung von Verpackungen und verpackten Erzeugnissen Beteiligten stärker bewußt wird, in welchem Maße die Verpackungen zu Abfall werden, und daß sie nach dem Verursacherprinzip die Verantwortung für diesen Abfall übernehmen. Die Ausarbeitung und Durchführung der in dieser Richtlinie vorgesehenen Maßnahmen umfaßt und erfordert im gegebenen Fall die enge Zusammenarbeit aller Partner im Geiste geteilter Verantwortung.

Die Verbraucher spielen bei der Vermeidung und Verwertung von Verpackungen und Verpackungsabfällen eine wesentliche Rolle und müssen deshalb angemessen informiert werden, damit sie ihr Verhalten und ihre Haltung anpassen können.

Zur wirksamen Durchführung dieser Richtlinie wird die Aufnahme eines besonderen Kapitels über Verpackungen und Verpackungsabfallbewirtschaftung in die Abfallbewirtschaftungspläne beitragen, die nach der Richtlinie 75/442/EWG erforderlich sind.

Um die Verwirklichung der Ziele dieser Richtlinie zu erleichtern, kann es für die Gemeinschaft und für die Mitgliedstaaten erforderlich sein, auf marktwirtschaftliche Instrumente gemäß dem Vertrag zurückzugreifen, um neue Formen des Protektionismus zu vermeiden.

Unbeschadet der Richtlinie 83/189/EWG des Rates vom 28. März 1983 über ein Informationsverfahren auf dem Gebiet der Normen und technischen Vorschriften[1] sollten die Mitgliedstaaten die Entwürfe der von ihnen geplanten Maßnahmen vor ihrer Annahme der Kommission vorlegen, damit ermittelt werden kann, ob sie dieser Richtlinie entsprechen.

Die Anpassung des Verpackungs-Identifizierungssystems und der Tabellen für ein Datenbanksystem an den wissenschaftlichen und technischen Fortschritt sollte von der Kommission nach einem Ausschußverfahren sichergestellt werden.

Es ist erforderlich, die Möglichkeit besonderer Maßnahmen zur Lösung etwaiger Schwierigkeiten bei der Durchführung dieser Richtlinie vorzusehen; hierbei sollte gegebenenfalls das gleiche Ausschußverfahren Anwendung finden –

HABEN FOLGENDE RICHTLINIE ERLASSEN:

### Artikel 1    Ziele

(1) Diese Richtlinie bezweckt, die Vorschriften der Mitgliedstaaten im Bereich der Verpackungs- und der Verpackungsabfallwirtschaft zu harmonisieren, um einerseits Auswirkungen dieser Abfälle in allen Mitgliedstaaten sowie in dritten Ländern auf die Umwelt zu vermeiden bzw. diese Auswirkungen zu verringern und so ein hohes Umweltschutzniveau sicherzustellen und andererseits das Funktionieren des Binnenmarktes zu gewährleisten und zu verhindern, daß es in der Gemeinschaft zu Handelshemmnissen und Wettbewerbsverzerrungen und -beschränkungen kommt.

(2) Hierzu werden in dieser Richtlinie Maßnahmen vorgeschrieben, die auf folgendes abzielen: Erste Priorität ist die Vermeidung von Verpackungsabfall; weitere Hauptprinzipien sind die Wiederverwendung der Verpackungen, die stoffliche Verwertung und die anderen Formen der Verwertung der Verpackungsabfälle sowie als Folge daraus eine Verringerung der endgültigen Beseitigung der Abfälle.

### Artikel 2    Geltungsbereich

(1) Diese Richtlinie gilt für alle in der Gemeinschaft in Verkehr gebrachten Verpackungen und alle Verpackungsabfälle, unabhängig davon, ob sie in der Industrie, im Handel, in der Verwaltung, im Gewerbe, im Dienstleistungsbereich, in Haushalten oder anderswo anfallen, unabhängig von den Materialien, aus denen sie bestehen.

(2) Diese Richtlinie berührt weder die für Verpackungen geltenden Qualitätsanforderungen, beispielsweise in bezug auf Sicherheit, Gesundheitsschutz und Hygiene der verpackten Erzeugnisse, noch die geltenden Beförderungsvorschriften noch die Richtlinie 91/689/EWG des Rates vom 12. Dezember 1991 über gefährliche Abfälle[2].

---

1) **Amtl. Anm.:** ABl L 109 vom 26. 4. 1983, S. 8. Richtlinie zuletzt geändert durch die Richtlinie 92/400/EWG (ABl L 221 vom 6. 8. 1992, S. 55).
2) **Amtl. Anm.:** ABl L 377 vom 31. 12. 1991, S. 20.

**Artikel 3 Begriffsbestimmungen**

Im Sinne dieser Richtlinie bezeichnet der Ausdruck

1. „Verpackungen" aus beliebigen Stoffen hergestellte Produkte zur Aufnahme, zum Schutz, zur Handhabung, zur Lieferung und zur Darbietung von Waren, die vom Rohstoff bis zum Verarbeitungserzeugnis reichen können und vom Hersteller an den Benutzer oder Verbraucher weitergegeben werden. Auch alle zum selben Zweck verwendeten „Einwegartikel" sind als Verpackungen zu betrachten.

   Unter den Begriff „Verpackungen" fallen ausschließlich

   a) Verkaufsverpackungen oder Erstverpackungen, d. h. Verpackungen, die dem Endabnehmer oder -verbraucher in der Verkaufsstelle als eine Verkaufseinheit angeboten werden;

   b) Umverpackungen oder Zweitverpackungen, d. h. Verpackungen, die eine bestimmte Anzahl von Verkaufseinheiten enthalten, welche in der Verkaufsstelle zusammen an den Endabnehmer oder -verbraucher abgegeben werden oder allein zur Bestückung der Verkaufsregale dienen; diese Verpackungen können von der Ware entfernt werden, ohne daß dies deren Eigenschaften beeinflußt;

   c) Transportverpackungen oder Drittverpackungen, d. h. Verpackungen, welche die Handhabung und den Transport von mehreren Verkaufseinheiten oder Umverpackungen in einer Weise erleichtern, daß deren direkte Berührung sowie Transportschäden vermieden werden. Container für den Straßen-, Schienen-, Schiffs- und Lufttransport fallen nicht unter den Begriff der Transportverpackung.

   Die Begriffsbestimmung für „Verpackungen" wird ferner durch die nachstehenden Kriterien gestützt. Die in Anhang I aufgeführten Gegenstände sind Beispiele für die Anwendung dieser Kriterien.

   i. Gegenstände gelten als Verpackungen, wenn sie der oben genannten Begriffsbestimmung entsprechen, unbeschadet anderer Funktionen, die die Verpackung möglicherweise ebenfalls erfüllt, es sei denn, der Gegenstand ist integraler Teil eines Produkts, der zur Umschließung, Unterstützung oder Konservierung dieses Produkts während seiner gesamten Lebensdauer benötigt wird, und alle Komponenten sind für die gemeinsame Verwendung, den gemeinsamen Verbrauch oder die gemeinsame Entsorgung bestimmt.

   ii. Gegenstände, die dafür konzipiert und bestimmt sind, in der Verkaufsstelle gefüllt zu werden, und „Einwegartikel", die in gefülltem Zustand verkauft oder dafür konzipiert und bestimmt sind, in der Verkaufsstelle gefüllt zu werden, gelten als Verpackungen, sofern sie eine Verpackungsfunktion erfüllen.

   iii. Verpackungskomponenten und Zusatzelemente, die in eine Verpackung integriert sind, gelten als Teil der Verpackung, in die sie integriert sind. Zusatzelemente, die unmittelbar an einem Produkt hängen oder befestigt sind und eine Verpackungsfunktion erfüllen, gelten als Verpackungen, es sei denn, sie sind integraler Teil des Produkts und alle Komponenten sind für den gemeinsamen Verbrauch oder die gemeinsame Entsorgung bestimmt.

   Die Kommission prüft gegebenenfalls nach dem in Artikel 21 genannten Verfahren die Beispiele für die Definition von Gegenständen, die gemäß Anhang I als Verpackung gelten, und ändert sie erforderlichenfalls. Der Vorrang gilt folgenden Artikeln: CD- und Videohüllen, Blumentöpfen, Röhren und Rollen, um die flexibles Material aufgespult ist, Schutzstreifen von Klebeetiketten und Einpack- und Geschenkpapier;

2. „Verpackungsabfälle" Verpackungen oder Verpackungsmaterialien, die unter den Begriff „Abfälle" im Sinne der Richtlinie 75/442/EWG fallen, mit Ausnahme von Produktionsrückständen;

3. „Verpackungsabfallbewirtschaftung" die Bewirtschaftung der Abfälle gemäß der Richtlinie 75/442/EWG;

4. „Vermeidung" die Verringerung der Menge und der Umweltschädlichkeit
   - der in Verpackungen und Verpackungsabfällen enthaltenen Materialien und Stoffe,
   - der Verpackungen und Verpackungsabfälle auf der Ebene des Herstellungsverfahrens, des Inverkehrbringens, des Vetriebs, der Verwendung und der Beseitigung,
   insbesondere durch die Entwicklung umweltverträglicher Produkte und Technologien;
5. „Wiederverwendung" die derselben Zweckbestimmung entsprechende Wiederbefüllung oder Verwendung von Verpackungen – mit oder ohne Unterstützung von auf dem Markt vorhandenen Hilfsmitteln, die das erneute Abfüllen der Verpackung selbst ermöglichen –, deren Beschaffenheit eine Mindestzahl von Kreislaufdurchgängen während ihrer Lebensdauer gestattet; die entsprechenden Verpackungen werden zu Verpackungsabfall, sobald sie nicht mehr wiederverwendet werden;
6. „Verwertung" die Maßnahmen nach Anhang II B der Richtlinie 75/442/EWG;
7. „stoffliche Verwertung" die in einem Produktionsprozeß erfolgende Wiederaufarbeitung der Abfallmaterialien für den ursprünglichen Zweck oder für andere Zwecke einschließlich der organischen Verwertung, jedoch mit Ausnahme der energetischen Verwertung;
8. „energetische Verwertung" die Verwendung von brennbarem Verpackungsabfall zur Energieerzeugung durch direkte Verbrennung mit oder ohne Abfall anderer Art, aber mit Rückgewinnung der Wärme;
9. „organische Verwertung" die aerobe Behandlung (biologische Verwertung) oder die anaerobe Behandlung (Biogaserzeugung) – über Mikroorganismen und unter Kontrolle – der biologisch abbaubaren Bestandteile von Verpackungsabfällen mit Erzeugung von stabilisierten organischen Rückständen oder von Methan. Die Deponierung kann nicht als eine Form der organischen Verwertung betrachtet werden;
10. „Beseitigung" die Maßnahmen nach Anhang II A der Richtlinie 75/442/EWG;
11. „Marktteilnehmer" im Zusammenhang mit Verpackungen, Lieferanten von Verpackungsmaterialien, Verpackungshersteller und Verwertungsbetriebe, Abfüller und Benutzer, Importeure, Händler und Vertreiber, staatliche Stellen und öffentlich-rechtliche Organisationen;
12. „freiwillige Vereinbarung" förmliche Vereinbarung zwischen den zuständigen Behörden der Mitgliedstaaten und den betreffenden Wirtschaftszweigen, die allen offenstehen muß, die bereit sind, die Bedingungen der Vereinbarung zu erfüllen, um auf das Erreichen der Ziele dieser Richtlinie hinzuarbeiten.

## Artikel 4  Abfallvermeidung

(1) Die Mitgliedstaaten stellen sicher, dass zusätzlich zu den Maßnahmen zur Vermeidung der Entstehung von Verpackungsabfall, die gemäß Artikel 9 getroffen werden, andere Maßnahmen zur Abfallvermeidung durchgeführt werden.

Bei solchen anderen Maßnahmen kann es sich um nationale Programme, Vorhaben zur Einführung der Herstellerverantwortung zur weitestmöglichen Verringerung der Umweltauswirkungen von Verpackungen oder ähnliche Maßnahmen handeln, die gegebenenfalls nach Konsultation der Marktteilnehmer getroffen werden und die darauf abzielen, die zahlreichen in den Mitgliedstaaten zur Abfallvermeidung ergriffenen Initiativen nutzbringend zusammenzufassen. Sie müssen den Zielen dieser Richtlinie gemäß Artikel 1 Absatz 1 entsprechen.

(2) Die Kommission trägt zur Förderung der Abfallvermeidung bei, indem sie die Ausarbeitung sachdienlicher europäischer Normen gemäß Artikel 10 unterstützt. Die Normen haben das Ziel, die Umweltauswirkungen von Verpackungen gemäß den Artikeln 9 und 10 auf ein Minimum zu reduzieren.

(3) Die Kommission legt gegebenenfalls Vorschläge für Maßnahmen zur Stärkung und Ergänzung der Durchsetzung der grundlegenden Anforderungen sowie für Maßnahmen vor, mit denen sichergestellt werden soll, dass neue Verpackungen nur dann in Verkehr

gebracht werden, wenn der Hersteller alle notwendigen Maßnahmen ergriffen hat, um ihre Umweltauswirkungen auf ein Minimum zu reduzieren, ohne die wesentlichen Funktionen der Verpackung zu beeinträchtigen.

### Artikel 5 Wiederverwendung

Die Mitgliedstaaten können nach Maßgabe des Vertrags Systeme zur Wiederverwendung der Verpackungen, die umweltverträglich wiederverwendet werden können, fördern.

### Artikel 6 Verwertung und stoffliche Verwertung

(1) Zur Verwirklichung der Ziele dieser Richtlinie ergreifen die Mitgliedstaaten die erforderlichen Maßnahmen mit folgenden, sich auf ihr gesamtes Hoheitsgebiet beziehenden Zielvorgaben:

a) Spätestens bis 30. Juni 2001 werden zwischen mindestens 50 und höchstens 65 Gewichtsprozent der Verpackungsabfälle verwertet oder in Abfallverbrennungsanlagen mit Energierückgewinnung verbrannt;

b) spätestens bis 31. Dezember 2008 werden mindestens 60 Gewichtsprozent der Verpackungsabfälle verwertet oder in Abfallverbrennungsanlagen mit Energierückgewinnung verbrannt;

c) spätestens bis 30. Juni 2001 werden zwischen mindestens 25 und höchstens 45 Gewichtsprozent des gesamten Verpackungsmaterials, das in Verpackungsabfällen enthalten ist, und mindestens 15 Gewichtsprozent jedes einzelnen Verpackungsmaterials stofflich verwertet;

d) spätestens bis 31. Dezember 2008 werden zwischen mindestens 55 und höchstens 80 Gewichtsprozent der Verpackungsabfälle stofflich verwertet;

e) spätestens bis 31. Dezember 2008 werden die folgenden Mindestzielvorgaben für die stoffliche Verwertung der Materialien, die in Verpackungsabfällen enthalten sind, erreicht:

   i. 60 Gewichtsprozent für Glas,

   ii. 60 Gewichtsprozent für Papier und Karton,

   iii. 50 Gewichtsprozent für Metalle,

   iv. 22,5 Gewichtsprozent für Kunststoffe, wobei nur Material berücksichtigt wird, das durch stoffliche Verwertung wieder zu Kunststoff wird,

   v. 15 Gewichtsprozent für Holz.

(2) Verpackungsabfälle, die im Einklang mit der Verordnung (EWG) Nr. 259/93 des Rates[1], der Verordnung (EG) Nr. 1420/1999 des Rates[2] und der Verordnung (EG) Nr. 1547/1999 der Kommission[3] aus der Gemeinschaft ausgeführt werden, werden für die Erfüllung der Verpflichtungen und Zielvorgaben gemäß Absatz 1 nur berücksichtigt, wenn stichhaltige Beweise vorliegen, dass die Verwertung und/oder stoffliche Verwertung unter Bedingungen erfolgt ist, die im Wesentlichen denen entsprechen, die in den einschlägigen Gemeinschaftsvorschriften vorgesehen sind.

(3) Die Mitgliedstaaten fördern, sofern dies sinnvoll ist, die energetische Verwertung, soweit diese aus Umwelt- und Kosten-Nutzen-Gründen einer stofflichen Verwertung vorzuziehen ist. Dies könnte durch die Berücksichtigung eines ausreichenden Spielraums zwischen den nationalen Zielvorgaben für die stoffliche Verwertung und die Verwertung erreicht werden.

---

1) **Amtl. Anm.:** ABl L 30 vom 6.2.1993, S. 1. Zuletzt geändert durch die Verordnung (EG) Nr. 2557/2001 der Kommission (ABl L 349 vom 31.12.2001, S. 1).

2) **Amtl. Anm.:** ABl L 166 vom 1.7.1999, S. 6. Zuletzt geändert durch die Verordnung (EG) Nr. 2118/2003 der Kommission (ABl L 318 vom 3.12.2003, S. 5).

3) **Amtl. Anm.:** ABl L 185 vom 17.7.1999, S. 1. Zuletzt geändert durch die Verordnung (EG) Nr. 2118/2003.

(4) Die Mitgliedstaaten fördern, sofern dies sinnvoll ist, die Verwendung von Materialien aus stofflich verwerteten Verpackungsabfällen bei der Herstellung von Verpackungen und sonstigen Produkten durch
   a) die Verbesserung der Marktbedingungen für diese Materialien,
   b) die Überarbeitung bestehender Regelungen, die die Verwendung dieser Materialien verhindern.

(5) Spätestens bis 31. Dezember 2007 legen das Europäische Parlament und der Rat mit qualifizierter Mehrheit auf Vorschlag der Kommission die Zielvorgaben für die dritte Fünfjahresstufe 2009 bis 2014 fest; sie stützen sich dabei auf die in den Mitgliedstaaten bei der Verwirklichung der in Absatz 1 genannten Zielvorgaben gesammelten praktischen Erfahrungen und auf die Ergebnisse der wissenschaftlichen Forschung und der Evaluierungstechniken wie etwa Lebenszyklusanalysen und Kosten-Nutzen-Analysen.
Dieses Verfahren wird alle fünf Jahre wiederholt.

(6) Die in Absatz 1 genannten Maßnahmen und Zielvorgaben werden von den Mitgliedstaaten bekannt gegeben und der breiten Öffentlichkeit und den Marktteilnehmern in einer Informationskampagne zur Kenntnis gebracht.

(7) Griechenland, Irland und Portugal können aufgrund ihrer besonderen Situation, nämlich der großen Zahl kleiner Inseln bzw. der ausgedehnten ländlichen Gebiete und Berggebiete in ihren Ländern sowie des derzeit geringen Verpackungsmaterialverbrauchs, beschließen, dass sie
   a) spätestens bis 30. Juni 2001 Zielvorgaben erfüllen, die niedriger als die in Absatz 1 Buchstaben a) und c) genannten sind, jedoch bezüglich der Verwertung oder Verbrennung in Abfallverbrennungsanlagen mit Energierückgewinnung mindestens bei 25 Gewichtsprozenten liegen;
   b) zugleich für die Erreichung der Zielvorgaben nach Absatz 1 Buchstaben a) und c) eine längere Frist in Anspruch nehmen, die jedoch spätestens am 31. Dezember 2005 endet;
   c) für die Erreichung der Zielvorgaben nach Absatz 1 Buchstaben b), d) und e) nach eigenem Ermessen eine Frist setzen, die jedoch spätestens am 31. Dezember 2011 endet.

(8) Die Kommission legt dem Europäischen Parlament und dem Rat möglichst bald, spätestens jedoch zum 30. Juni 2005 einen Bericht über den Stand der Umsetzung dieser Richtlinie und ihre Auswirkungen auf die Umwelt sowie auf das Funktionieren des Binnenmarkts vor. Die jeweiligen Gegebenheiten in den einzelnen Mitgliedstaaten sind in dem Bericht zu berücksichtigen. In diesem Bericht wird Folgendes behandelt:
   a) eine Bewertung der Wirksamkeit, Umsetzung und Durchsetzung der grundlegenden Anforderungen;
   b) weitere Präventivmaßnahmen, um die Umweltauswirkungen von Verpackungen so weit wie möglich zu verringern, ohne die grundlegenden Funktionen der Verpackung zu beeinträchtigen;
   c) die mögliche Entwicklung eines Verpackungsumweltindikators, um die Vermeidung von Verpackungsabfällen einfacher und effizienter zu gestalten;
   d) Pläne zur Vermeidung von Verpackungsabfällen;
   e) Förderung der Wiederverwendung und insbesondere Vergleich der Kosten und des Nutzens von Wiederverwendung und stofflicher Verwertung;
   f) die Herstellerverantwortung einschließlich der damit verbundenen finanziellen Aspekte;
   g) die Bemühungen zur weiteren Verminderung und gegebenenfalls zum stufenweisen Verzicht auf Schwermetalle und andere gefährliche Stoffe in Verpackungen bis 2010.

Mit diesem Bericht werden gegebenenfalls Vorschläge für die Überarbeitung der einschlägigen Bestimmungen dieser Richtlinie vorgelegt, sofern dies bis dahin noch nicht geschehen ist.

(9) Der Bericht behandelt die in Absatz 8 aufgeführten Fragen sowie andere einschlägige Fragen im Rahmen der verschiedenen Elemente des Sechsten Umweltaktionsprogramms, insbesondere die thematische Strategie für die stoffliche Verwertung und die thematische Strategie für die nachhaltige Nutzung der Ressourcen.

Die Kommission und die Mitgliedstaaten fördern gegebenenfalls Studien und Pilotvorhaben im Hinblick auf Absatz 8 Buchstaben b), c), d), e) und f) sowie weitere Abfallvermeidungsinstrumente.

(10) Die Mitgliedstaaten, die Programme aufgestellt haben oder aufstellen werden, welche über die Höchstzielvorgaben von Absatz 1 hinausgehen, und die zu diesem Zweck angemessene Kapazitäten für die Verwertung und die stoffliche Verwertung bereitstellen, dürfen diese Ziele im Interesse eines hohen Umweltschutzniveaus weiterverfolgen, sofern diese Maßnahmen Verzerrungen des Binnenmarkts vermeiden und andere Mitgliedstaaten nicht daran hindern, dieser Richtlinie nachzukommen. Die Mitgliedstaaten unterrichten die Kommission über solche Maßnahmen. Die Kommission bestätigt diese Maßnahmen, nachdem sie in Zusammenarbeit mit den Mitgliedstaaten überprüft hat, dass sie mit den oben genannten Erwägungen in Einklang stehen und weder zu einer willkürlichen Diskriminierung noch zu einer verschleierten Beschränkung des Handels zwischen Mitgliedstaaten führen.

(11) Die Mitgliedstaaten, die der Europäischen Union aufgrund des Beitrittsvertrags vom 16. April 2003 beigetreten sind, können die Erreichung der in Absatz 1 Buchstaben b), d) und e) genannten Ziele auf einen späteren Zeitpunkt ihrer Wahl verschieben, jedoch im Fall der Tschechischen Republik, Estlands, Zyperns, Litauens, Ungarns, Sloweniens und der Slowakei nicht über den 31. Dezember 2012 hinaus, im Fall Maltas nicht über den 31. Dezember 2013 hinaus, im Fall Polens nicht über den 31. Dezember 2014 hinaus und im Fall Lettlands nicht über den 31. Dezember 2015 hinaus.

### Artikel 7   Rücknahme-, Sammel- und Verwertungssysteme

(1) Die Mitgliedstaaten ergreifen die erforderlichen Maßnahmen zur Einrichtung von Systemen für

a) die Rücknahme und/oder Sammlung von gebrauchten Verpackungen und/oder Verpackungsabfällen beim Verbraucher oder jedem anderen Endabnehmer bzw. aus dem Abfallaufkommen mit dem Ziel einer bestmöglichen Entsorgung;

b) die Wiederverwendung oder Verwertung – einschließlich der stofflichen Verwertung – der gesammelten Verpackungen und/oder Verpackungsabfälle,

um die Zielvorgaben dieser Richtlinie zu erfüllen.

An diesen Systemen können sich alle Marktteilnehmer der betreffenden Wirtschaftszweige und die zuständigen Behörden beteiligen. Sie gelten auch für Importprodukte, die dabei keine Benachteiligung erfahren, auch nicht bei den Modalitäten und etwaigen Gebühren für den Zugang zu den Systemen, die so beschaffen sein müssen, daß gemäß dem Vertrag keine Handelshemmnisse oder Wettbewerbsverzerrungen entstehen.

(2) Die Maßnahmen nach Absatz 1 sind Teil einer für alle Verpackungen und Verpackungsabfälle geltenden Politik und berücksichtigen im besonderen Anforderungen des Umwelt- und Verbraucherschutzes in bezug auf Gesundheit, Sicherheit und Hygiene, des Schutzes von Qualität, Echtheit und technischer Beschaffenheit des Verpackungsinhalts und der verwendeten Materialien sowie des Schutzes gewerblicher und kommerzieller Eigentumsrechte.

### Artikel 8   Kennzeichnungs- und Identifizierungssystem

(1) Der Rat beschließt nach Maßgabe des Vertrags spätestens zwei Jahre nach Inkrafttreten dieser Richtlinie über die Kennzeichnung von Verpackungen.

(2) Um die Sammlung, Wiederverwendung und Verwertung – einschließlich der stofflichen Verwertung – der Verpackungen zu erleichtern, enthält die Kennzeichnung zur Identifizierung und Einstufung des Materials durch das betreffende Gewerbe Angaben

über die Art des Materials bzw. der Materialien, die für die Verpackung verwendet worden sind, auf der Grundlage der Entscheidung 97/129/EG der Kommission[1].

(3) Die Kennzeichnung muß sich auf der Verpackung selbst oder auf dem Etikett befinden. Sie muß deutlich sichtbar und gut lesbar sein. Die Kennzeichnung muß genügend haltbar und beständig sein, auch nach Öffnen der Verpackung.

**Artikel 9    Grundlegende Anforderungen**

(1) Die Mitgliedstaaten gewährleisten drei Jahre nach Inkrafttreten dieser Richtlinie, daß nur Verpackungen in den Verkehr gebracht werden dürfen, die alle grundlegenden Anforderungen dieser Richtlinie einschließlich des Anhangs II erfüllen.

(2) Die Mitgliedstaaten gehen in folgenden Fällen von dem in Artikel 22 Absatz 1 genannten Zeitpunkt an davon aus, daß eine Verpackung alle in dieser Richtlinie einschließlich des Anhangs II festgelegten grundlegenden Anforderungen erfüllt:

a) Die Verpackung entspricht den einschlägigen harmonisierten Normen, deren Bezugsnummern im *Amtsblatt der Europäischen Gemeinschaften* veröffentlicht worden sind. Die Mitgliedstaaten veröffentlichen die Bezugsnummern der einzelstaatlichen Normen, mit denen sie die harmonisierten Normen umsetzen.

b) Die Verpackung erfüllt die einschlägigen, in Absatz 3 genannten einzelstaatlichen Normen, sofern diese Bereiche nicht durch harmonisierte Normen geregelt sind.

(3) Die Mitgliedstaaten teilen der Kommission den Wortlaut ihrer in Absatz 2 Buchstabe b) genannten innerstaatlichen Normen mit, die ihrer Ansicht nach den grundlegenden Anforderungen im Sinne dieses Artikels entsprechen. Die Kommission leitet diese Texte umgehend an die übrigen Mitgliedstaaten weiter.

Die Mitgliedstaaten veröffentlichen die Bezugsnummern dieser Normen. Die Kommission sorgt dafür, daß sie im *Amtsblatt der Europäischen Gemeinschaften* veröffentlicht werden.

(4) Ist ein Mitgliedstaat oder die Kommission der Auffassung, daß die in Absatz 2 genannten Normen nicht voll und ganz den grundlegenden Anforderungen nach Absatz 1 entsprechen, kann die Kommission oder der betreffende Mitgliedstaat unter Angabe von Gründen den Ausschuß, der gemäß der Richtlinie 83/189/EWG eingesetzt wurde, mit der Angelegenheit befassen. Dieser Ausschuß gibt unverzüglich eine Stellungnahme ab.

Nach Stellungnahme des Ausschusses unterrichtet die Kommission die Mitgliedstaaten darüber, ob die betreffenden Normen aus den in den Absätzen 2 und 3 genannten Veröffentlichungen zu streichen sind.

**Artikel 10    Normung**

Die Kommission fördert gegebenenfalls die Aufstellung europäischer Normen für die in Anhang II aufgeführten grundlegenden Anforderungen.

Die Kommission fördert insbesondere die Aufstellung europäischer Normen für

– Kriterien und Methoden für die Analyse des Lebenszyklus von Verpackungen;
– Methoden zur Messung und Feststellung von Schwermetallen und anderen gefährlichen Stoffen in der Verpackung und deren Freisetzung aus der Verpackung oder dem Verpackungsabfall in die Umwelt;
– Kriterien für einen Mindestgehalt an stofflich verwertetem Material bei bestimmten Arten von Verpackungen;
– Kriterien für Verfahren der stofflichen Verwertung;
– Kriterien für Kompostierungsverfahren und produzierten Kompost;
– Kriterien für die Kennzeichnung von Verpackungen.

---

1) **Amtl. Anm.:** ABl L 50 vom 20. 2. 1997, S. 28.

**Artikel 11 Konzentration von Schwermetallen in Verpackungen**

(1) Die Mitgliedstaaten gewährleisten, daß die Konzentrationen bei Blei, Kadmium, Quecksilber und Chrom VI in Verpackungen oder Verpackungskomponenten kumulativ die folgenden Werte nicht überschreiten:

- 600 Gewichts-ppm zwei Jahre nach dem in Artikel 22 Absatz 1 genannten Zeitpunkt,
- 250 Gewichts-ppm drei Jahre nach dem in Artikel 22 Absatz 1 genannten Zeitpunkt,
- 100 Gewichts-ppm fünf Jahre nach dem in Artikel 22 Absatz 1 genannten Zeitpunkt.

(2) Die Konzentrationen nach Absatz 1 gelten nicht für vollständig aus Bleikristallglas im Sinne der Richtlinie 69/493/EWG[1]) hergestellte Verpackungen.

(3) Nach dem Verfahren des Artikels 21 beschließt die Kommission,

- unter welchen Bedingungen die obengenannten Konzentrationen auf stofflich verwertete Materialien und Produkte in geschlossenen, kontrollierten Kreisläufen keine Anwendung finden;
- welche Arten von Verpackungen von der Anforderung in Absatz 1 dritter Gedankenstrich ausgenommen sind.

**Artikel 12 Informationssysteme**

(1) Die Mitgliedstaaten treffen die notwendigen Maßnahmen, um auf harmonisiertem Wege die Einrichtung von Datenbanken über Verpackungen und Verpackungsabfälle zu gewährleisten, sofern es noch keine derartige Datenbanken gibt; dies soll dazu beitragen, daß die Mitgliedstaaten und die Kommission die Erreichung der in dieser Richtlinie dargelegten Zielvorgaben überprüfen können.

(2) Zu diesem Zweck liefern die Datenbanken insbesondere Angaben über Umfang, Merkmale und Entwicklung des Verpackungs- und Verpackungsabfallaufkommens (einschließlich Angaben über den giftigen oder gefährlichen Inhalt der Verpackungsmaterialien und der für ihre Herstellung verwendeten Stoffe) in den einzelnen Mitgliedstaaten.

(3) Zur Harmonisierung der Merkmale und der Aufmachung der gelieferten Daten und im Hinblick auf die Kompatibilität der Daten aus den einzelnen Mitgliedstaaten übermitteln die Mitgliedstaaten der Kommission die ihnen vorliegenden Daten unter Benutzung der Tabellen, die die Kommission ein Jahr nach dem Inkrafttreten dieser Richtlinie anhand von Anhang III gemäß dem Verfahren des Artikels 21 festlegt.

(4) Die Mitgliedstaaten berücksichtigen die spezifischen Probleme für kleine und mittlere Unternehmen bei der Bereitstellung detaillierter Daten.

(5) Die gesammelten Daten werden mit den in Artikel 17 genannten einzelstaatlichen Berichten übermittelt und in den Folgeberichten jeweils akutalisiert.

(6) Die Mitgliedstaaten verlangen von allen betroffenen Marktteilnehmern, daß sie den zuständigen Behörden die in diesem Artikel geforderten verläßlichen Daten über ihren Sektor vorlegen.

**Artikel 13 Unterrichtung der Verpackungsbenutzer**

Die Mitgliedstaaten treffen innerhalb von zwei Jahren nach dem in Artikel 22 Absatz 1 genannten Zeitpunkt Maßnahmen, um zu gewährleisten, daß die Verpackungsverwender, insbesondere die Verbraucher, in der erforderlichen Weise über folgende Punkte unterrichtet werden:

- die den Verwendern zur Verfügung stehende Rücknahme-, Sammel- und Verwertungssysteme;
- Beitrag der Verwender zur Wiederverwendung, Verwertung und stofflichen Verwertung der Verpackungen und Verpackungsabfälle;
- Bedeutung der auf dem Markt anzutreffenden Kennzeichnung auf den Verpackungen;

---

1) **Amtl. Anm.:** ABl L 326 vom 29. 12. 1969, S. 36.

– die entsprechenden Aspekte der in Artikel 14 genannten Pläne für Verpackungen und die Bewirtschaftung der daraus entstehenden Verpackungsabfälle.

Die Mitgliedstaaten fördern ferner Kampagnen zur Information und Sensibilisierung der Verbraucher.

### Artikel 14  Entsorgungspläne

Entsprechend den in dieser Richtlinie genannten Zielen und Maßnahmen sehen die Mitgliedstaaten in den Abfallbewirtschaftungsplänen nach Artikel 7 der Richtlinie 75/442/EWG ein besonderes Kapitel über Verpackungen und die Bewirtschaftung der daraus entstehenden Abfälle, einschließlich der nach den Artikeln 4 und 5 getroffenen Maßnahmen, vor.

### Artikel 15  Marktwirtschaftliche Instrumente

Der Rat setzt auf der Grundlage der einschlägigen Bestimmungen des Vertrags marktwirtschaftliche Instrumente zur Erreichung der Ziele dieser Richtlinie ein. Werden keine derartigen Maßnahmen ergriffen, so können die Mitgliedstaaten in Übereinstimmung mit den Grundsätzen der Umweltpolitik der Gemeinschaft, unter anderem dem Verursacherprinzip, und unter Einhaltung der sich aus dem Vertrag ergebenden Verpflichtungen ihrerseits Maßnahmen zur Verwirklichung dieser Ziele erlassen.

### Artikel 16  Notifizierung

(1) Unbeschadet der Richtlinie 83/189/EWG teilen die Mitgliedstaaten die Entwürfe der von ihnen im Rahmen der vorliegenden Richtlinie geplanten Maßnahmen – mit Ausnahme steuerlicher Maßnahmen, jedoch einschließlich technischer Spezifikationen, die in der Absicht, die Betreffenden zur Einhaltung dieser Spezifikationen zu bewegen, mit steuerlichen Maßnahmen verknüpft wurden – vor deren Verabschiedung der Kommission mit, damit diese sie unter jeweiliger Anwendung des in der obengenannten Richtlinie vorgesehenen Verfahrens auf ihre Übereinstimmung mit den bestehenden Vorschriften hin überprüfen kann.

(2) Handelt es sich bei der beabsichtigten Maßnahme auch um eine technische Vorschrift im Sinne der Richtlinie 83/189/EWG, so kann der betreffende Mitgliedstaat im Rahmen des Mitteilungsverfahren gemäß der vorliegenden Richtlinie darauf hinweisen, daß die Mitteilung auch für die Richtlinie 83/189/EWG gilt.

### Artikel 17  Berichtspflicht

Die Mitgliedstaaten erstatten der Kommission gemäß Artikel 5 der Richtlinie 91/692/EWG des Rates vom 23. Dezember 1991 zur Vereinheitlichung und zweckmäßigen Gestaltung der Berichte über die Durchführung bestimmter Umweltschutzrichtlinien[1] über die Umsetzung dieser Richtlinie Bericht. Der erste Bericht betrifft die Jahre 1995 bis 1997.

### Artikel 18  Freiheit des Inverkehrbringens

Die Mitgliedstaaten dürfen in ihrem Hoheitsgebiet das Inverkehrbringen von Verpackungen, die dieser Richtlinie entsprechen, nicht verbieten.

### Artikel 19  Anpassung an den wissenschaftlichen und technischen Fortschritt

Die Änderungen zur Anpassung des in Artikel 8 Absatz 2 und Artikel 10 Absatz 2 letzter Gedankenstrich genannten Kennzeichnungssystems, der in Artikel 12 Absatz 3 und Anhang III genannten Tabellen für die Datenbanken sowie der in Anhang I genannten Beispiele für die Begriffsbestimmung für „Verpackungen" an den wissenschaftlichen und technischen Fortschritt werden nach dem in Artikel 21 Absatz 2 genannten Verfahren vorgenommen.

---

1) **Amtl. Anm.:** ABl L 377 vom 31.12.1991, S. 48.

### Artikel 20 Spezifische Maßnahmen

(1) Die Kommission legt nach dem in Artikel 21 genannten Verfahren die technischen Maßnahmen fest, die notwendig sind, um Schwierigkeiten bei der Anwendung der Bestimmungen dieser Richtlinie insbesondere in Bezug auf inerte Verpackungsmaterialien, die in der Europäischen Union in sehr geringen Mengen (d. h. mit einem Anteil von rund 0,1 Gewichtsprozent) in Verkehr gebracht werden, Primärverpackungen für medizinisches Gerät und pharmazeutische Erzeugnisse sowie Klein- und Luxusverpackungen zu begegnen.

(2) Die Kommission übermittelt dem Europäischen Parlament und dem Rat auch einen Bericht über sonstige erforderliche Maßnahmen, gegebenenfalls in Verbindung mit einem Vorschlag.

### Artikel 21 Ausschussverfahren

(1) Die Kommission wird von einem Ausschuss unterstützt.

(2) Wird auf diesen Absatz Bezug genommen, so gelten die Artikel 5 und 7 des Beschlusses 1999/468/EG des Rates[1] unter Beachtung von dessen Artikel 8.
Der Zeitraum nach Artikel 5 Absatz 6 des Beschlusses 1999/468/EG wird auf drei Monate festgesetzt.

(3) Der Ausschuss gibt sich eine Geschäftsordnung.

### Artikel 22 Umsetzung

(1) Die Mitgliedstaaten erlassen die erforderlichen Rechts- und Verwaltungsvorschriften, um dieser Richtlinie spätestens ab 30. Juni 1996 nachzukommen. Sie setzen die Kommission unverzüglich davon in Kenntnis.

(2) Wenn die Mitgliedstaaten Vorschriften nach Absatz 1 erlassen, nehmen sie in den Vorschriften selbst oder durch einen Hinweis bei der amtlichen Veröffentlichung auf diese Richtlinie Bezug. Die Mitgliedstaaten regeln die Einzelheiten der Bezugnahme.

(3) Darüber hinaus teilen die Mitgliedstaaten der Kommission alle geltenden Rechts- und Verwaltungsvorschriften mit, die im Anwendungsbereich dieser Richtlinie bestehen.

3$^{bis}$. Sofern die mit Artikel 6 angestrebten Ziele erreicht werden, können die Mitgliedstaaten Artikel 7 durch Vereinbarungen zwischen den zuständigen Behörden und den betroffenen Wirtschaftszweigen umsetzen.

Diese Vereinbarungen müssen den folgenden Anforderungen entsprechen:

a) Die Vereinbarungen müssen durchsetzbar sein;
b) in den Vereinbarungen müssen Ziele und die entsprechenden Fristen für ihre Verwirklichung benannt werden;
c) die Vereinbarungen müssen im Veröffentlichungsblatt des betreffenden Mitgliedstaats oder in einer der Öffentlichkeit gleichermaßen zugänglichen offiziellen Quelle veröffentlicht und der Kommission übermittelt werden;
d) die erzielten Ergebnisse sind regelmäßig zu überwachen, den zuständigen Behörden und der Kommission mitzuteilen und der Öffentlichkeit unter den in der Vereinbarung festgelegten Bedingungen zugänglich zu machen;
e) die zuständigen Behörden sorgen für die Überprüfung der im Rahmen der Vereinbarung erzielten Fortschritte;
f) im Falle der Nichterfüllung der Vereinbarung setzen die Mitgliedstaaten die entsprechenden Bestimmungen dieser Richtlinie durch den Erlass von Rechts- oder Verwaltungsvorschriften um.

---

1) **Amtl. Anm.**: ABl L 184 vom 17. 7. 1999, S. 23.

(4) Die Vorschriften für die Herstellung von Verpackungen gelten in keinem Fall für Verpackungen, die vor dem Zeitpunkt des Inkrafttretens dieser Richtlinie für ein Erzeugnis verwendet wurden.

(5) Die Mitgliedstaaten erlauben das Inverkehrbringen von Verpackungen, die vor dem Zeitpunkt des Inkrafttretens dieser Richtlinie hergestellt wurden und den geltenden einzelstaatlichen Rechtsvorschriften entsprechen, während eines Zeitraums von höchstens fünf Jahren ab diesem Zeitpunkt.

**Artikel 23**

Die Richtlinie 85/389/EWG wird mit Wirkung von dem in Artikel 22 Absatz 1 genannten Zeitpunkt aufgehoben.

**Artikel 24**

Diese Richtlinie tritt am Tag ihrer Veröffentlichung im *Amtsblatt der Europäischen Gemeinschaften* in Kraft.

**Artikel 25**

Diese Richtlinie ist an die Mitgliedstaaten gerichtet.

## 5. Richtlinie 2002/96/EG des Europäischen Parlaments und des Rates vom 27. Januar 2003 über Elektro- und Elektronik-Altgeräte (RL 2002/96/EG)

### v. 13. 2. 2003 (ABl Nr. L 37 S. 24)

Die Richtlinie 2002/96/EG des Europäischen Parlaments und des Rates vom 27. Januar 2003 über Elektro- und Elektronik-Altgeräte v. 13.2.2003 (ABl Nr. L 37 S. 24) wurde geändert durch die Richtlinie 2003/108/EG des Europäischen Parlaments und des Rates vom 8. Dezember 2003 zur Änderung der Richtlinie 2002/96/EG über Elektro- und Elektronik-Altgeräte v. 31.12.2003 (ABl Nr. L 345 S. 106); Richtlinie 2008/34/EG des Europäischen Parlaments und des Rates vom 11. März 2008 zur Änderung der Richtlinie 2002/96/EG über Elektro- und Elektronik-Altgeräte im Hinblick auf die der Kommission übertragenen Durchführungsbefugnisse v. 20. 3. 2008 (ABl Nr. L 81 S. 65).

DAS EUROPÄISCHE PARLAMENT UND DER RAT DER EUROPÄISCHEN UNION –

gestützt auf den Vertrag zur Gründung der Europäischen Gemeinschaft, insbesondere auf Artikel 175 Absatz 1,

auf Vorschlag der Kommission[1],

nach Stellungnahme des Wirtschafts- und Sozialausschusses[2],

nach Stellungnahme des Ausschusses der Regionen[3],

gemäß dem Verfahren des Artikels 251 des Vertrags[4], aufgrund des vom Vermittlungsausschuss am 8. November 2002 gebilligten gemeinsamen Entwurfs,

in Erwägung nachstehender Gründe:

(1) Die Umweltpolitik der Gemeinschaft ist insbesondere auf die Erhaltung und den Schutz der Umwelt sowie die Verbesserung ihrer Qualität, den Schutz der menschlichen Gesundheit und die umsichtige und rationelle Verwendung der natürlichen Ressourcen ausgerichtet. Sie beruht auf dem Vorsorgeprinzip, dem Grundsatz der Vorbeugung, dem Grundsatz, Umweltbeeinträchtigungen mit Vorrang an ihrem Ursprung zu bekämpfen, sowie auf dem Verursacherprinzip.

(2) Im Programm der Gemeinschaft für Umweltpolitik und Maßnahmen im Hinblick auf eine umweltgerechte und nachhaltige Entwicklung („Fünftes Aktionsprogramm für den Umweltschutz")[5] wird festgestellt, dass eine dauerhafte und umweltgerechte Entwicklung eine spürbare Änderung der heutigen Entwicklungs-, Produktions-, Verbrauchs- und Verhaltensmuster erfordert, und unter anderem die Reduzierung der Verschwendung natürlicher Ressourcen und die Verhinderung der Umweltverschmutzung befürwortet. Elektro- und Elektronik-Altgeräte werden in diesem Programm als einer der Bereiche genannt, in dem hinsichtlich der Anwendung der Grundsätze der Vermeidung, der Verwertung und der sicheren Entsorgung von Abfällen noch Regelungsbedarf besteht.

(3) In der Mitteilung der Kommission vom 30. Juli 1996 zur Überprüfung der Gemeinschaftsstrategie für die Abfallwirtschaft wird festgestellt, dass in jenen Fällen, in denen die Entstehung des Abfalls nicht vermieden werden kann, dieser wieder verwendet oder sein Stoff- oder Energiegehalt verwertet werden soll.

---

1) **Amtl. Anm.:** ABl C 365 E vom 19. 12. 2000, S. 184, und ABl C 240 E vom 28. 8. 2001, S. 298.
2) **Amtl. Anm.:** ABl C 116 vom 20. 4. 2001, S. 38.
3) **Amtl. Anm.:** ABl C 148 vom 18. 5. 2001, S. 1.
4) **Amtl. Anm.:** Stellungnahme des Europäischen Parlaments vom 15. Mai 2001 (ABl C 34 E vom 7. 2. 2002, S. 115), Gemeinsamer Standpunkt des Rates vom 4. Dezember 2001 (ABl C 110 E vom 7. 5. 2002, S. 1) und Beschluss des Europäischen Parlaments vom 10. April 2002 (noch nicht im Amtsblatt veröffentlicht). Beschluss des Europäischen Parlaments vom 18. Dezember 2002 und Beschluss des Rates vom 16. Dezember 2002.
5) **Amtl. Anm.:** ABl C 138 vom 17. 5. 1993, S. 5.

(4) In der Entschließung vom 24. Februar 1997 über eine Gemeinschaftsstrategie für die Abfallbewirtschaftung[1]) hat der Rat betont, dass die Abfallverwertung gefördert werden muss, damit die Menge des zu beseitigenden Abfalls verringert und sparsam mit den natürlichen Ressourcen umgegangen wird, und zwar insbesondere durch Wiederverwendung, Recycling, Kompostierung und Energierückgewinnung aus Abfall; er hat ferner anerkannt, dass bei der Wahl einer Lösung in jedem Einzelfall die Auswirkungen auf die Umwelt sowie die wirtschaftlichen Auswirkungen berücksichtigt werden müssen, jedoch die Auffassung vertreten, dass einstweilen bis zur Erzielung weiterer wissenschaftlicher und technologischer Fortschritte und zur Weiterentwicklung von Lebenszyklusanalysen die Wiederverwendung und die stoffliche Verwertung vorzuziehen sind, wenn und sofern sie ökologisch gesehen die beste Lösung darstellen. Der Rat forderte die Kommission ferner auf, möglichst bald geeignete Folgemaßnahmen zu den Projekten des Programms über prioritäre Abfallströme, unter anderem für Elektro- und Elektronik-Altgeräte, auszuarbeiten.

(5) In der Entschließung vom 14. November 1996[2]) forderte das Europäische Parlament die Kommission auf, Richtlinienvorschläge für einige als vorrangig einzustufende Abfallströme, unter anderem für Elektro- und Elektronik-Altgeräte, vorzulegen, die sich auf den Grundsatz der Herstellerverantwortung stützen. In derselben Entschließung forderte das Europäische Parlament den Rat und die Kommission auf, Vorschläge zur Verringerung der Abfallmengen vorzulegen.

(6) Die Richtlinie 75/442/EWG des Rates vom 15. Juli 1975 über Abfälle[3]) sieht vor, dass zur Regelung der Bewirtschaftung bestimmter Abfallgruppen in Einzelrichtlinien besondere oder ergänzende Vorschriften zur Richtlinie 75/442/EWG erlassen werden können.

(7) In der Gemeinschaft fallen mehr und mehr Elektro- und Elektronik-Altgeräte an. Die in diesen Geräten enthaltenen gefährlichen Bestandteile stellen ein großes Problem bei der Abfallentsorgung dar, und es werden zu wenig Elektro- und Elektronik-Altgeräte dem Recycling zugeführt.

(8) Die Entsorgung von Elektro- und Elektronik-Altgeräten kann durch Maßnahmen der einzeln handelnden Mitgliedstaaten nicht wirksam verbessert werden. Insbesondere kann die national uneinheitliche Anwendung des Grundsatzes der Herstellerverantwortung zu wesentlichen Unterschieden in der finanziellen Belastung der Wirtschaftsbeteiligten führen. Die Wirksamkeit der Recyclingkonzepte ist eingeschränkt, wenn die Mitgliedstaaten bei der Entsorgung von Elektro- und Elektronik-Altgeräten unterschiedliche Strategien verfolgen. Aus diesem Grund sollten die entscheidenden Kriterien auf Gemeinschaftsebene festgelegt werden.

(9) Die Bestimmungen dieser Richtlinie sollten für Produkte und Hersteller gelten, unabhängig von der Verkaufsmethode, einschließlich des Fernabsatzes und der Verkäufe über elektronische Medien. In diesem Zusammenhang sollten die Verpflichtungen der Hersteller und Vertreiber, die Formen des Fernabsatzes und des Verkaufs über elektronische Medien nutzen, soweit durchführbar in dieselbe Form gekleidet und ihre Einhaltung auf dieselbe Art und Weise durchgesetzt werden, damit nicht andere Vertriebswege die aufgrund der Bestimmungen dieser Richtlinie anfallenden Kosten für Elektro- und Elektronik-Altgeräte zu tragen haben, die im Fernabsatz oder über elektronische Medien verkauft wurden.

(10) Diese Richtlinie sollte für sämtliche privat und gewerblich genutzten Elektro- und Elektronikgeräte gelten. Diese Richtlinie sollte unbeschadet der Sicherheits- und Gesundheitsvorschriften der Gemeinschaft, die all diejenigen schützen, die in Kontakt mit Elektro- und Elektronik-Altgeräten kommen, und unbeschadet der einschlägigen Abfallvorschriften der Gemeinschaft, insbesondere der Richtlinie 91/157/EWG des Rates

---

1) **Amtl. Anm.:** ABl C 76 vom 11. 3. 1997, S. 1.
2) **Amtl. Anm.:** ABl C 362 vom 2. 12. 1996, S. 241.
3) **Amtl. Anm.:** ABl L 194 vom 25. 7. 1975, S. 47. Zuletzt geändert durch die Entscheidung 96/350/EG der Kommission (ABl L 135 vom 6. 6. 1996, S. 32).

vom 18. März 1991 über gefährliche Stoffe enthaltende Batterien und Akkumulatoren[1], gelten.

(11) Die Richtlinie 91/157/EWG bedarf insbesondere im Lichte dieser Richtlinie so bald wie möglich einer Überarbeitung.

(12) Die Einführung der Herstellerverantwortung in dieser Richtlinie ist eines der Mittel, mit denen die Konzeption und die Produktion von Elektro- und Elektronikgeräten gefördert werden sollen, die deren Reparatur, mögliche Nachrüstung, Wiederverwendung, Zerlegung und Recycling umfassend berücksichtigen und erleichtern.

(13) Um die Gesundheit und Sicherheit der Mitarbeiter des Vertreibers zu gewährleisten, die Elektro- und Elektronik-Altgeräte zurücknehmen und damit umgehen, sollten die Mitgliedstaaten im Einklang mit nationalen und gemeinschaftlichen Gesundheits- und Sicherheitsnormen festlegen, unter welchen Bedingungen eine Rücknahme durch den Vertreiber abgelehnt werden kann.

(14) Die Mitgliedstaaten sollten die Konzeption und die Produktion von Elektro- und Elektronikgeräten fördern, die die Demontage und die Verwertung, insbesondere die Wiederverwendung und das Recycling, von Elektro- und Elektronik-Altgeräten, ihren Bauteilen und Werkstoffen berücksichtigen und erleichtern. Die Hersteller sollten die Wiederverwendung von Elektro- und Elektronik-Altgeräten nicht durch besondere Konstruktionsmerkmale oder Herstellungsprozesse verhindern, es sei denn, dass die Vorteile dieser besonderen Konstruktionsmerkmale oder Herstellungsprozesse überwiegen, beispielsweise im Hinblick auf den Umweltschutz und/oder Sicherheitsvorschriften.

(15) Die getrennte Sammlung ist eine Voraussetzung für die spezifische Behandlung und das spezifische Recycling von Elektro- und Elektronik-Altgeräten und ist notwendig, um das angestrebte Gesundheits- und Umweltschutzniveau in der Gemeinschaft zu erreichen. Die Verbraucher müssen aktiv zum Erfolg dieser Sammlung beitragen und sollten Anreize bekommen, Elektro- und Elektronik-Altgeräten zurückzugeben. Dafür sollten geeignete Einrichtungen für die Rückgabe von Elektro- und Elektronik-Altgeräten geschaffen werden, unter anderem öffentliche Rücknahmestellen, bei denen der Abfall aus privaten Haushalten zumindest kostenlos zurückgegeben werden kann.

(16) Um das angestrebte Schutzniveau und die harmonisierten Umweltziele der Gemeinschaft zu erreichen, sollten die Mitgliedstaaten geeignete Maßnahmen erlassen, um die Entsorgung von Elektro- und Elektronik-Altgeräten als unsortierten Siedlungsabfall möglichst gering zu halten und eine hohe Quote getrennt gesammelter Elektro- und Elektronik-Altgeräte zu erreichen. Um sicherzustellen, dass sich die Mitgliedstaaten um die Ausarbeitung wirkungsvoller Sammelkonzepte bemühen, sollte ihnen eine hohe Sammelquote für Elektro- und Elektronik-Altgeräte aus privaten Haushalten vorgeschrieben werden.

(17) Eine spezifische Behandlung von Elektro- und Elektronik-Altgeräten ist unabdingbar, um zu vermeiden, dass Schadstoffe in das rezyklierte Material oder in den Abfallstrom gelangen. Eine solche Behandlung ist das wirksamste Mittel, um das angestrebte Umweltschutzniveau in der Gemeinschaft zu erreichen. Die Anlagen oder Betriebe, die Recycling- und Behandlungstätigkeiten durchführen, sollten Mindeststandards erfüllen, damit negative Umwelteinflüsse im Zusammenhang mit der Behandlung von Elektro- und Elektronik-Altgeräten vermieden werden. Es sollten die besten verfügbaren Behandlungs-, Verwertungs- und Recyclingtechniken eingesetzt werden, sofern sie den Gesundheitsschutz und ein hohes Umweltschutzniveau gewährleisten. Die besten verfügbaren Behandlungs-, Verwertungs- und Recyclingtechniken können gemäß den Verfahren der Richtlinie 96/61/EG genauer definiert werden.

(18) Der Wiederverwendung von Elektro- und Elektronik-Altgeräten und ihren Bauteilen, Unterbaugruppen und Verbrauchsmaterialien sollte, soweit angebracht, Vorrang eingeräumt werden. Falls eine Wiederverwendung nicht vorzuziehen ist, sollten alle ge-

---

[1] **Amtl. Anm.:** ABl L 78 vom 26. 3. 1991, S. 38. Geändert durch die Richtlinie 98/101/EG der Kommission (ABl L 1 vom 5. 1. 1999, S. 1).

trennt gesammelten Elektro- und Elektronik-Altgeräte der Verwertung zugeführt werden, wobei eine hohe Recycling- und Verwertungsquote erreicht werden sollte. Zudem sollte ein Anreiz für die Hersteller geschaffen werden, bei der Herstellung neuer Geräte rezyklierte Werkstoffe zu verwenden.

(19) Die wichtigsten Grundsätze für die Finanzierung der Entsorgung von Elektro- und Elektronik-Altgeräten sind auf Gemeinschaftsebene festzulegen, wobei durch die Finanzierungskonzepte sowohl hohe Sammelquoten als auch die Durchsetzung des Grundsatzes der Herstellerverantwortung gefördert werden müssen.

(20) Private Nutzer von Elektro- und Elektronikgeräten sollten die Möglichkeit haben, die Altgeräte zumindest kostenlos zurückzugeben. Die Hersteller sollten daher die Abholung von der Rücknahmestelle sowie die Behandlung, Verwertung und Beseitigung von Elektro- und Elektronik-Altgeräten finanzieren. Um dem Konzept der Herstellerverantwortung einen möglichst hohen Wirkungsgrad zu verleihen, sollte jeder Hersteller für die Finanzierung der Entsorgung des durch seine eigenen Produkte anfallenden Abfalls verantwortlich sein. Der Hersteller sollte diese Verpflichtung wahlweise individuell oder durch die Beteiligung an einem kollektiven System erfüllen können. Jeder Hersteller sollte beim Inverkehrbringen eines Produkts eine finanzielle Garantie stellen, um zu verhindern, dass die Kosten für die Entsorgung der Elektro- und Elektronik-Altgeräte aus Waisen-Produkten auf die Gesellschaft oder die übrigen Hersteller abgewälzt werden. Die Verantwortung für die Finanzierung der Entsorgung von historischen Altgeräten sollte von allen existierenden Herstellern über kollektive Finanzierungssysteme getragen werden, zu denen alle Hersteller, die zum Zeitpunkt des Anfalls der Kosten auf dem Markt vorhanden sind, anteilsmäßig beitragen. Kollektive Finanzierungssysteme sollten nicht dazu führen, dass Hersteller von Nischenprodukten und Kleinserienhersteller, Importeure und neue Marktteilnehmer ausgeschlossen werden. Die Hersteller sollten für einen Übergangszeitraum die Möglichkeit haben, auf freiwilliger Basis die Kosten für die Sammlung, Behandlung und umweltgerechte Beseitigung der historischen Altgeräte beim Verkauf neuer Produkte gegenüber dem Käufer auszuweisen. Hersteller, die von dieser Möglichkeit Gebrauch machen, sollten sicherstellen, dass die ausgewiesenen Kosten die tatsächlich entstandenen Kosten nicht überschreiten.

(21) Unverzichtbare Voraussetzung für die erfolgreiche Sammlung von Elektro- und Elektronik-Altgeräten ist, dass die Nutzer über die Verpflichtung, Elektro- und Elektronik-Altgeräte nicht als unsortierten Siedlungsabfall zu entsorgen und diese Altgeräte getrennt zu sammeln, sowie über die Sammelsysteme und ihre Rolle bei der Elektro- und Elektronik-Altgeräteentsorgung informiert werden. Diese Informationen beinhalten auch die sachgerechte Kennzeichnung der Elektro- und Elektronikgeräte, die sonst über die Abfalltonnen oder ähnliche Einrichtungen für die Sammlung kommunaler Abfälle entsorgt werden könnten.

(22) Die Herstellerinformationen über Bauteile und Werkstoffe sind wichtig, um die Entsorgungaktivitäten und insbesondere die Behandlung sowie die Verwertung/das Recycling von Elektro- und Elektronik-Altgeräten zu erleichtern.

(23) Die Mitgliedstaaten sollten dafür sorgen, dass eine Inspektions- und Überwachungsinfrastruktur es ermöglicht, die ordnungsgemäße Durchführung dieser Richtlinie zu überprüfen, wobei unter anderem die Empfehlung 2001/331/EG des Europäischen Parlaments und des Rates vom 4. April 2001 zur Festlegung von Mindestkriterien für Umweltinspektionen in den Mitgliedstaaten[1] zu berücksichtigen ist.

(24) Informationen über das Gewicht oder, soweit diese nicht erhoben werden können, über die Anzahl der Elektro- und Elektronikgeräte, die in der Gemeinschaft in Verkehr gebracht werden, sowie über die Sammel-, Wiederverwendungs- (einschließlich, so weit wie möglich, der Wiederverwendung kompletter Geräte), Verwertungs-/Recycling- sowie Exportquoten der im Einklang mit dieser Richtlinie gesammelten Elektro- und Elektronik-Altgeräte sind nötig, um festzustellen, ob die Ziele dieser Richtlinie erreicht werden.

---

1) **Amtl. Anm.:** ABl L 118 vom 27. 4. 2001, S. 41.

(25) Die Mitgliedstaaten können sich dafür entscheiden, bestimmte Vorschriften dieser Richtlinie im Wege von Vereinbarungen zwischen den zuständigen Behörden und den betroffenen Wirtschaftszweigen umzusetzen, sofern bestimmte Voraussetzungen erfüllt sind.

(26) Die Anpassung an den wissenschaftlichen und technischen Fortschritt einiger Bestimmungen dieser Richtlinie, der Liste der unter die in Anhang IA aufgeführten Kategorien fallenden Produkte, der selektiven Behandlung von Werkstoffen und Bauteilen von Elektro- und Elektronik-Altgeräten, der technischen Anforderungen für die Lagerung und Behandlung von Elektro- und Elektronik-Altgeräten und des Symbols zur Kennzeichnung von Elektro- und Elektronikgeräten sollte von der Kommission im Rahmen eines Ausschussverfahrens vorgenommen werden.

(27) Die zur Durchführung dieser Richtlinie erforderlichen Maßnahmen sollten gemäß dem Beschluss 1999/468/EG des Rates vom 28. Juni 1999 zur Festlegung der Modalitäten für die Ausübung der der Kommission übertragenen Durchführungsbefugnisse[1] erlassen werden –

HABEN FOLGENDE RICHTLINIE ERLASSEN:

### Artikel 1   Ziele

Diese Richtlinie bezweckt vorrangig die Vermeidung von Abfällen von Elektro- und Elektronikgeräten und darüber hinaus die Wiederverwendung, das Recycling und andere Formen der Verwertung solcher Abfälle, um die zu beseitigende Abfallmenge zu reduzieren. Sie soll ferner die Umweltschutzleistung aller in den Lebenskreislauf von Elektro- und Elektronikgeräten einbezogenen Beteiligten, z. B. der Hersteller, der Vertreiber und der Verbraucher, und insbesondere der unmittelbar mit der Behandlung von Elektro- und Elektronik-Altgeräten befassten Beteiligten verbessern.

### Artikel 2   Geltungsbereich

(1) Diese Richtlinie gilt für Elektro- und Elektronikgeräte, die unter die in Anhang IA aufgeführten Kategorien fallen, sofern sie nicht Teil eines anderen Gerätetyps sind, der nicht in den Geltungsbereich dieser Richtlinie fällt. Anhang IB enthält eine Liste der Produkte, die unter die in Anhang IA aufgeführten Kategorien fallen.

(2) Diese Richtlinie gilt unbeschadet der Sicherheits- und Gesundheitsschutzvorschriften der Gemeinschaft und unbeschadet ihrer einschlägigen Abfallvorschriften.

(3) Mit der Wahrung der wesentlichen Sicherheitsinteressen der Mitgliedstaaten verbundene Geräte, Waffen, Munition und Kriegsmaterial sind von dieser Richtlinie ausgenommen. Dies gilt jedoch nicht für Produkte, die nicht eigens für militärische Zwecke bestimmt sind.

### Artikel 3   Begriffsbestimmungen

Im Sinne dieser Richtlinie bezeichnet der Ausdruck

a) „Elektro- und Elektronikgeräte" Geräte, die zu ihrem ordnungsgemäßen Betrieb elektrische Ströme oder elektromagnetische Felder benötigen, und Geräte zur Erzeugung, Übertragung und Messung solcher Ströme und Felder, die unter die in Anhang IA aufgeführten Kategorien fallen und für den Betrieb mit Wechselstrom von höchstens 1 000 Volt bzw. Gleichstrom von höchstens 1 500 Volt ausgelegt sind;

b) „Elektro- und Elektronik-Altgeräte" Elektro- und Elektronikgeräte, die im Sinne des Artikels 1 Buchstabe a) der Richtlinie 75/442/EWG als Abfall gelten, einschließlich aller Bauteile, Unterbaugruppen und Verbrauchsmaterialien, die zum Zeitpunkt der Entledigung Teil des Produkts sind;

c) „Vermeidung" Maßnahmen zur Verringerung der Menge und der Umweltschädlichkeit von Elektro- und Elektronik-Altgeräten, ihren Werkstoffen und Stoffen;

---

[1] **Amtl. Anm.:** ABl L 184 vom 17. 7. 1999, S. 23.

d) „Wiederverwendung" Maßnahmen, bei denen die Elektro- und Elektronik-Altgeräte oder deren Bauteile zu dem gleichen Zweck verwendet werden, für den sie entworfen wurden, einschließlich der weiteren Nutzung von Geräten oder ihren Bauteilen, die zu Rücknahmestellen, Vertreibern, Recyclingbetrieben oder Herstellern gebracht werden;

e) „Recycling" die in einem Produktionsprozess erfolgende Wiederaufarbeitung der Abfallmaterialien für den ursprünglichen Zweck oder für andere Zwecke, jedoch unter Ausschluss der energetischen Verwertung, das heißt der Verwendung von brennbarem Abfall zur Energieerzeugung durch direkte Verbrennung mit oder ohne Abfall anderer Art, aber mit Rückgewinnung der Wärme;

f) „Verwertung" die anwendbaren Verfahren nach Anhang IIB der Richtlinie 75/442/EWG;

g) „Beseitigung" die anwendbaren Verfahren nach Anhang IIA der Richtlinie 75/442/EWG;

h) „Behandlung" Tätigkeiten, die nach der Übergabe der Elektro- und Elektronik-Altgeräte an eine Anlage zur Entfrachtung von Schadstoffen, zur Demontage, zum Schreddern, zur Verwertung oder zur Vorbereitung der Beseitigung durchgeführt werden, sowie sonstige Tätigkeiten, die der Verwertung und/oder Beseitigung der Elektro- und Elektronik-Altgeräte dienen;

i) „Hersteller" jeden, der unabhängig von der Verkaufsmethode, einschließlich der Fernkommunikationstechnik im Sinne der Richtlinie 97/7/EG des Europäischen Parlaments und des Rates vom 20. Mai 1997 über den Verbraucherschutz bei Vertragsabschlüssen im Fernabsatz[1],

   i. Elektro- und Elektronikgeräte unter seinem Markennamen herstellt und verkauft,

   ii. Geräte anderer Anbieter unter seinem Markennamen weiterverkauft, wobei der Weiterverkäufer nicht als „Hersteller" anzusehen ist, sofern der Markenname des Herstellers gemäß Ziffer i) auf dem Gerät erscheint, oder

   iii. Elektro- oder Elektronikgeräte gewerblich in einen Mitgliedstaat einführt oder ausführt.

Wer ausschließlich aufgrund oder im Rahmen einer Finanzierungsvereinbarung Mittel bereitstellt, gilt nicht als „Hersteller", sofern er nicht auch als Hersteller im Sinne der Ziffern i) bis iii) auftritt;

j) „Vertreiber" jeden, der Elektro- oder Elektronikgeräte gewerblich für den Endnutzer anbietet;

k) „Elektro- und Elektronik-Altgeräte aus privaten Haushalten" Elektro- und Elektronik-Altgeräte, die aus privaten Haushalten stammen, und Elektro- und Elektronik-Altgeräte, die aus Gewerbe, Industrie, Verwaltung und sonstigen Bereichen stammen und die aufgrund ihrer Beschaffenheit und Menge mit denen aus privaten Haushalten vergleichbar sind;

l) „gefährliche Stoffe oder Zubereitungen" Stoffe oder Zubereitungen, die gemäß der Richtlinie 67/548/EWG des Rates[2] oder der Richtlinie 1999/45/EG des Europäischen Parlaments und des Rates[3] als gefährlich einzustufen sind;

m) „Finanzierungsvereinbarung" einen Kredit-, Leasing-, Miet- oder Ratenkaufvertrag oder eine derartige Vereinbarung über ein Gerät, unabhängig davon, ob die Bedingungen dieses Vertrags oder dieser Vereinbarung oder eines Zusatzvertrags oder ei-

---

[1] **Amtl. Anm.:** ABl L 144 vom 4. 6. 1997, S. 19.

[2] **Amtl. Anm.:** ABl 196 vom 16. 8. 1967, S. 1. Zuletzt geändert durch die Richtlinie 2001/59/EG der Kommission (ABl L 225 vom 21. 8. 2001, S. 1).

[3] **Amtl. Anm.:** ABl L 200 vom 30. 7. 1999, S. 1. Geändert durch die Richtlinie 2001/60/EG der Kommission (ABl L 226 vom 22. 8. 2001, S. 5).

ner Zusatzvereinbarung vorsehen, dass eine Übertragung des Eigentums an diesem Gerät stattfindet oder stattfinden kann.

### Artikel 4 Produktkonzeption

Die Mitgliedstaaten fördern die Konzeption und die Produktion von Elektro- und Elektronikgeräten, die die Demontage und die Verwertung, insbesondere die Wiederverwendung und das Recycling, von Elektro- und Elektronik-Altgeräten, ihren Bauteilen und Werkstoffen berücksichtigen und erleichtern. In diesem Zusammenhang ergreifen die Mitgliedstaaten geeignete Maßnahmen, damit die Hersteller die Wiederverwendung von Elektro- und Elektronik-Altgeräten nicht durch besondere Konstruktionsmerkmale oder Herstellungsprozesse verhindern, es sei denn, dass die Vorteile dieser besonderen Konstruktionsmerkmale oder Herstellungsprozesse überwiegen, beispielsweise im Hinblick auf den Umweltschutz und/oder Sicherheitsvorschriften.

### Artikel 5 Getrennte Sammlung

(1) Die Mitgliedstaaten erlassen geeignete Maßnahmen, um die Entsorgung von Elektro- und Elektronik-Altgeräten als unsortierten Siedlungsabfall möglichst gering zu halten und eine hohe Quote getrennt gesammelter Elektro- und Elektronik-Altgeräte zu erreichen.

(2) Bei Elektro- und Elektronik-Altgeräten aus privaten Haushalten stellen die Mitgliedstaaten sicher, dass spätestens ab dem 13. August 2005

a) Systeme eingerichtet sind, die es den Endnutzern und den Vertreibern ermöglichen, diese Altgeräte zumindest kostenlos zurückzugeben. Die Mitgliedstaaten stellen sicher, dass die insbesondere unter Berücksichtigung der jeweiligen Bevölkerungsdichte nötigen Rücknahmestellen zur Verfügung stehen und zugänglich sind;

b) die Vertreiber bei der Abgabe eines neuen Produkts dafür verantwortlich sind, sicherzustellen, dass diese Altgeräte Zug um Zug an den Vertreiber zumindest kostenlos zurückgegeben werden können, sofern das zurückgegebene Gerät gleichwertiger Art ist und dieselben Funktionen wie das abgegebene Gerät erfüllt hat. Die Mitgliedstaaten können von dieser Bestimmung abweichen, sofern sie dafür sorgen, dass die Rückgabe der Elektro- und Elektronik-Altgeräte für den Endnutzer hierdurch nicht erschwert wird, und sofern diese Systeme für den Endnutzer weiterhin kostenlos sind. Die Mitgliedstaaten, die von dieser Möglichkeit Gebrauch machen, unterrichten hiervon die Kommission;

c) unbeschadet der Buchstaben a) und b) den Herstellern gestattet wird, individuelle und/oder kollektive Rücknahmesysteme für Elektro- und Elektronik-Altgeräte aus privaten Haushalten einzurichten und zu betreiben, sofern diese im Einklang mit den Zielen dieser Richtlinie stehen;

d) im Einklang mit nationalen und gemeinschaftlichen Gesundheits- und Sicherheitsnormen bei Elektro- und Elektronik-Altgeräten, die aufgrund einer Verunreinigung ein Risiko für die Gesundheit und Sicherheit der Mitarbeiter darstellen, die Rücknahme gemäß den Buchstaben a) und b) abgelehnt werden kann. Die Mitgliedstaaten treffen besondere Vorkehrungen für solche Elektro- und Elektronik-Altgeräte.

Die Mitgliedstaaten können besondere Vorkehrungen für die Rückgabe von Elektro- und Elektronik-Altgeräten gemäß den Buchstaben a) und b) vorsehen, wenn die Geräte die wesentlichen Bauteile nicht mehr enthalten oder andere Abfälle als Elektro- und Elektronik-Altgeräte enthalten.

(3) Bei nicht aus privaten Haushalten stammenden Elektro- und Elektronik-Altgeräten stellen die Mitgliedstaaten unbeschadet des Artikels 9 sicher, dass die Hersteller oder in ihrem Namen tätige Dritte für die Sammlung dieser Altgeräte sorgen.

(4) Die Mitgliedstaaten stellen sicher, dass alle gemäß den Absätzen 1, 2 und 3 gesammelten Elektro- und Elektronik-Altgeräte den nach Artikel 6 zugelassenen Behandlungsanlagen zugeführt werden, es sei denn, die Geräte werden als Ganzes wieder verwendet. Die Mitgliedstaaten stellen sicher, dass die geplante Wiederverwendung nicht zu einer Umgehung dieser Richtlinie, insbesondere der Artikel 6 und 7, führt. Sammlung

und Beförderung getrennt gesammelter Elektro- und Elektronik-Altgeräte erfolgen so, dass Wiederverwendung und Recycling von Bauteilen oder ganzen Geräten, die wieder verwendet oder dem Recycling zugeführt werden können, optimiert werden.

(5) Unbeschadet des Absatzes 1 sorgen die Mitgliedstaaten dafür, dass spätestens bis zum 31. Dezember 2006 eine Quote von durchschnittlich mindestens vier Kilogramm getrennt gesammelten Elektro- und Elektronik-Altgeräten aus privaten Haushalten pro Einwohner pro Jahr erreicht wird.

Das Europäische Parlament und der Rat legen auf Vorschlag der Kommission und unter Berücksichtigung der technischen und wirtschaftlichen Erfahrungen der Mitgliedstaaten bis zum 31. Dezember 2008 eine neue verbindliche Zielvorgabe fest. Diese kann die Form eines Prozentsatzes der in den vorangegangenen Jahren an private Haushalte verkauften Menge an Elektro- und Elektronikgeräten annehmen.

### Artikel 6 Behandlung

(1) Die Mitgliedstaaten stellen sicher, dass die Hersteller oder in ihrem Namen tätige Dritte im Einklang mit den gemeinschaftlichen Rechtsvorschriften Systeme für die Behandlung von Elektro- und Elektronik-Altgeräten einrichten und hierbei die besten verfügbaren Behandlungs-, Verwertungs- und Recyclingtechniken einsetzen. Die Systeme können von den Herstellern individuell und/oder kollektiv eingerichtet werden. Zur Einhaltung des Artikels 4 der Richtlinie 75/442/EWG umfasst die Behandlung mindestens die Entfernung aller Flüssigkeiten und eine selektive Behandlung gemäß Anhang II der vorliegenden Richtlinie.

In Anhang II können andere Behandlungstechniken aufgenommen werden, die mindestens das gleiche Maß an Schutz für die menschliche Gesundheit und die Umwelt sicherstellen. Diese Maßnahmen, die eine Änderung nicht wesentlicher Bestimmungen dieser Richtlinie bewirken, werden gemäß dem in Artikel 14 Absatz 3 genannten Regelungsverfahren mit Kontrolle erlassen.

Im Interesse des Umweltschutzes können die Mitgliedstaaten Mindestqualitätsstandards für die Behandlung von gesammelten Elektro- und Elektronik-Altgeräten festlegen. Die Mitgliedstaaten, die sich für solche Qualitätsstandards entscheiden, teilen diese der Kommission mit, die diese Standards veröffentlicht.

(2) Die Mitgliedstaaten stellen sicher, dass alle Anlagen oder Betriebe, die Behandlungstätigkeiten durchführen, in Übereinstimmung mit den Artikeln 9 und 10 der Richtlinie 75/442/EWG von den zuständigen Behörden eine Genehmigung einholen.

Die Ausnahme von der Genehmigungspflicht nach Artikel 11 Absatz 1 Buchstabe b) der Richtlinie 75/442/EWG kann auf Verwertungstätigkeiten für Elektro- und Elektronik-Altgeräte angewandt werden, wenn die zuständigen Behörden vor der Registrierung im Hinblick auf die Einhaltung von Artikel 4 der Richtlinie 75/442/EWG eine Inspektion durchführen.

Bei der Inspektion wird Folgendes geprüft:
a) Art und Menge der zu behandelnden Abfälle;
b) allgemeine technische Anforderungen, die zu erfüllen sind;
c) erforderliche Sicherheitsvorkehrungen.

Die Inspektion findet mindestens einmal jährlich statt, und die Mitgliedstaaten übermitteln der Kommission die Ergebnisse.

(3) Die Mitgliedstaaten stellen sicher, dass alle Anlagen oder Betriebe, die Behandlungstätigkeiten durchführen, die Elektro- und Elektronik-Altgeräte gemäß den technischen Anforderungen des Anhangs III lagern und behandeln.

(4) Die Mitgliedstaaten stellen sicher, dass die Genehmigung oder Registrierung gemäß Absatz 2 alle erforderlichen Bedingungen zur Einhaltung der Anforderungen der Absätze 1 und 3 und zur Erreichung der in Artikel 7 vorgesehenen Zielvorgaben für die Verwertung enthält.

(5) Die Behandlung kann auch außerhalb des betreffenden Mitgliedstaats oder außerhalb der Gemeinschaft durchgeführt werden, sofern die Verbringung der Elektro- und

Elektronik-Altgeräte im Einklang mit der Verordnung (EWG) Nr. 259/93 des Rates vom 1. Februar 1993 zur Überwachung und Kontrolle der Verbringung von Abfällen in der, in die und aus der Europäischen Gemeinschaft[1)] erfolgt.

Elektro- und Elektronik-Altgeräte, die im Einklang mit der Verordnung (EWG) Nr. 259/93, der Verordnung (EG) Nr. 1420/1999 des Rates vom 29. April 1999 zur Festlegung gemeinsamer Regeln und Verfahren für die Verbringung bestimmter Arten von Abfällen in bestimmte nicht der OECD angehörende Länder[2)] und der Verordnung (EG) Nr. 1547/1999 der Kommission vom 12. Juli 1999 zur Festlegung der bei der Verbringung bestimmter Arten von Abfällen in bestimmte Länder, für die der OECD-Beschluss C(92) 39 endg. nicht gilt, anzuwendenden Kontrollverfahren gemäß der Verordnung (EWG) Nr. 259/93 des Rates[3)] aus der Gemeinschaft ausgeführt werden, werden nur dann für die Erfüllung der Verpflichtungen bzw. Zielvorgaben gemäß Artikel 7 Absätze 1 und 2 dieser Richtlinie berücksichtigt, wenn der Exporteur beweisen kann, dass die Verwertung, die Wiederverwendung bzw. das Recycling unter Bedingungen erfolgt ist, die den Anforderungen dieser Richtlinie gleichwertig sind.

(6) Die Mitgliedstaaten bestärken Anlagen oder Betriebe, die Behandlungstätigkeiten durchführen, zertifizierte Umweltmanagementsysteme gemäß der Verordnung (EG) Nr. 761/2001 des Europäischen Parlaments und des Rates vom 19. März 2001 über die freiwillige Beteiligung von Organisationen an einem Gemeinschaftssystem für das Umweltmanagement und die Umweltbetriebsprüfung (EMAS)[4)] einzuführen.

### Artikel 7 Verwertung

(1) Die Mitgliedstaaten stellen sicher, dass die Hersteller oder in ihrem Namen tätige Dritte im Einklang mit den gemeinschaftlichen Rechtsvorschriften individuell oder kollektiv Systeme für die Verwertung von Elektro- und Elektronik-Altgeräten einrichten, die gemäß Artikel 5 getrennt gesammelt wurden. Die Mitgliedstaaten geben der Wiederverwendung von ganzen Geräten den Vorzug. Bis zu dem in Absatz 4 genannten Zeitpunkt werden diese Geräte bei der Berechnung der in Absatz 2 festgelegten Zielvorgaben nicht berücksichtigt.

(2) In Bezug auf Elektro- und Elektronik-Altgeräte, die einer Behandlung gemäß Artikel 6 zugeführt werden, stellen die Mitgliedstaaten sicher, dass die Hersteller bis zum 31. Dezember 2006 folgende Zielvorgaben erfüllen:

a) Bei Elektro- und Elektronik-Altgeräten der Kategorien 1 und 10 des Anhangs IA
   - ist die Verwertungsquote auf mindestens 80 % des durchschnittlichen Gewichts je Gerät anzuheben und
   - die Wiederverwendungs- und Recyclingquote für Bauteile, Werkstoffe und Stoffe auf mindestens 75 % des durchschnittlichen Gewichts je Gerät anzuheben.

b) Bei Elektro- und Elektronik-Altgeräten der Kategorien 3 und 4 des Anhangs IA
   - ist die Verwertungsquote auf mindestens 75 % des durchschnittlichen Gewichts je Gerät anzuheben und
   - die Wiederverwendungs- und Recyclingquote für Bauteile, Werkstoffe und Stoffe auf mindestens 65 % des durchschnittlichen Gewichts je Gerät anzuheben.

c) Bei Elektro- und Elektronik-Altgeräten der Kategorien 2, 5, 6, 7 und 9 des Anhangs IA
   - ist die Verwertungsquote auf mindestens 70 % des durchschnittlichen Gewichts je Gerät anzuheben und

---

1) **Amtl. Anm.:** ABl L 30 vom 6. 2. 1993, S. 1. Zuletzt geändert durch die Verordnung (EG) Nr. 2557/2001 der Kommission (ABl L 349 vom 31. 12. 2001, S. 1).

2) **Amtl. Anm.:** ABl L 166 vom 1. 7. 1999, S. 6. Zuletzt geändert durch die Verordnung (EG) Nr. 2243/2001 der Kommission (ABl L 303 vom 20. 11. 2001, S. 11).

3) **Amtl. Anm.:** ABl L 185 vom 17. 7. 1999, S. 1. Zuletzt geändert durch die Verordnung (EG) Nr. 2243/2001 der Kommission.

4) **Amtl. Anm.:** ABl L 114 vom 24. 4. 2001, S. 1.

- die Wiederverwendungs- und Recyclingquote für Bauteile, Werkstoffe und Stoffe auf mindestens 50 % des durchschnittlichen Gewichts je Gerät anzuheben.

d) Bei Gasentladungslampen ist eine Wiederverwendungs- und Recyclingquote für Bauteile, Werkstoffe und Stoffe von mindestens 80 % des Gewichts der Lampen zu erreichen.

(3) Die Mitgliedstaaten stellen sicher, dass die Hersteller oder in ihrem Namen tätige Dritte im Hinblick auf die Berechnung dieser Zielvorgaben Aufzeichnungen über die Masse der Elektro- und Elektronik-Altgeräte, ihre Bauteile, Werkstoffe und Stoffe führen, wenn diese der Behandlungsanlage zugeführt werden (Input) und diese verlassen (Output) und/oder wenn diese der Verwertungs- oder Recyclinganlage zugeführt werden (Input).

Es werden Durchführungsvorschriften festgelegt, um zu überprüfen, ob die Mitgliedstaaten die in Absatz 2 genannten Zielvorgaben, einschließlich Werkstoffspezifikationen, einhalten. Diese Maßnahmen zur Änderung nicht wesentlicher Bestimmungen dieser Richtlinie durch Ergänzung werden gemäß dem in Artikel 14 Absatz 3 genannten Regelungsverfahren mit Kontrolle erlassen.

(4) Das Europäische Parlament und der Rat legen auf Vorschlag der Kommission bis zum 31. Dezember 2008 neue Zielvorgaben für die Verwertung und die Wiederverwendung/das Recycling, einschließlich – soweit angebracht – für die Wiederverwendung ganzer Geräte, und für die unter Kategorie 8 des Anhangs IA fallenden Produkte fest. Dies erfolgt unter Berücksichtigung des ökologischen Nutzens der in Gebrauch befindlichen Elektro- und Elektronikgeräte, wie der verbesserten Effizienz der Ressourcen aufgrund der Entwicklungen im Werkstoff- und Technologiebereich. Hierbei wird auch dem technischen Fortschritt im Wiederverwendungs-, Verwertungs-, Recycling-, Produkt- und Werkstoffbereich sowie den von den Mitgliedstaaten und der Industrie gesammelten Erfahrungen Rechnung getragen.

(5) Die Mitgliedstaaten fördern die Entwicklung neuer Verwertungs-, Recycling- und Behandlungstechnologien.

**Artikel 8  Finanzierung in Bezug auf Elektro- und Elektronik-Altgeräte aus privaten Haushalten**

(1) Die Mitgliedstaaten stellen sicher, dass die Hersteller spätestens ab dem 13. August 2005 mindestens die Sammlung, Behandlung, Verwertung und umweltgerechte Beseitigung von bei den gemäß Artikel 5 Absatz 2 eingerichteten Rücknahmestellen gelagerten Elektro- und Elektronik-Altgeräten aus privaten Haushalten finanzieren.

(2) Bei Produkten, die später als 13. August 2005 in Verkehr gebracht werden, ist jeder Hersteller für die Finanzierung der Tätigkeiten nach Absatz 1 in Bezug auf den durch seine eigenen Produkte anfallenden Abfall verantwortlich. Der Hersteller kann diese Verpflichtung wahlweise individuell oder durch die Beteiligung an einem kollektiven System erfüllen.

Die Mitgliedstaaten stellen sicher, dass jeder Hersteller beim Inverkehrbringen eines Produkts eine Garantie stellt, aus der sich ergibt, dass die Finanzierung der Entsorgung aller Elektro- und Elektronik-Altgeräte gewährleistet ist, und dass die Hersteller ihre Produkte gemäß Artikel 11 Absatz 2 deutlich kennzeichnen. Diese Garantie stellt sicher, dass die Tätigkeiten nach Absatz 1 in Bezug auf dieses Produkt finanziert werden. Die Garantie kann in Form einer Teilnahme des Herstellers an geeigneten Systemen für die Finanzierung der Entsorgung von Elektro- und Elektronik-Altgeräten, einer Recycling-Versicherung oder eines gesperrten Bankkontos gestellt werden.

Die Kosten für die Sammlung, Behandlung und umweltgerechte Beseitigung werden beim Verkauf neuer Produkte gegenüber dem Käufer nicht getrennt ausgewiesen.

(3) Die Verantwortung für die Finanzierung der Kosten für die Entsorgung von Elektro- und Elektronik-Altgeräten aus Produkten, die vor dem in Absatz 1 genannten Zeitpunkt in Verkehr gebracht werden („historische Altgeräte"), wird von einem oder mehreren Systemen getragen, zu dem bzw. denen alle Hersteller, die zum Zeitpunkt des An-

falls der jeweiligen Kosten auf dem Markt vorhanden sind, anteilsmäßig beitragen, z. B. im Verhältnis zu ihrem jeweiligen Marktanteil für den betreffenden Gerätetyp.

Die Mitgliedstaaten stellen sicher, dass die Hersteller für einen Übergangszeitraum von acht Jahren (zehn Jahre für die Kategorie 1 des Anhangs IA) nach Inkrafttreten dieser Richtlinie die Kosten für die Sammlung, Behandlung und umweltgerechte Beseitigung beim Verkauf neuer Produkte gegenüber dem Käufer ausweisen dürfen. Die ausgewiesenen Kosten dürfen die tatsächlich entstandenen Kosten nicht überschreiten.

(4) Die Mitgliedstaaten stellen sicher, dass Hersteller, die Elektro- oder Elektronikgeräte mit Hilfe der Fernkommunikationstechnik vertreiben, auch die Anforderungen dieses Artikels für Geräte einhalten, die in dem Mitgliedstaat ausgeliefert werden, in dem der Käufer des Geräts ansässig ist.

### Artikel 9 Finanzierung in Bezug auf Elektro- und Elektronik-Altgeräte anderer Nutzer als privater Haushalte

(1) Die Mitgliedstaaten stellen sicher, dass die Kosten für die Sammlung, Behandlung, Verwertung und umweltgerechte Beseitigung von Elektro- und Elektronik-Altgeräten anderer Nutzer als privater Haushalte aus Produkten, die nach dem 13. August 2005 in Verkehr gebracht werden, ab dem 13. August 2005 von den Herstellern finanziert werden.

Die Mitgliedstaaten stellen sicher, dass die Finanzierung der Entsorgung von Elektro- und Elektronik-Altgeräten aus Produkten, die vor dem 13. August 2005 in Verkehr gebracht werden („historische Altgeräte"), ab dem 13. August 2005 entsprechend den Unterabsätzen 3 und 4 geregelt wird.

Bei historischen Altgeräten, die durch neue gleichwertige Produkte oder durch neue Produkte ersetzt werden, die dieselben Funktionen erfüllen, werden die Kosten von den Herstellern dieser Produkte finanziert, wenn sie diese liefern. Die Mitgliedstaaten können alternativ dazu vorsehen, dass andere Nutzer als private Haushalte ebenfalls teilweise oder vollständig zur Finanzierung herangezogen werden.

Bei anderen historischen Altgeräten werden die Kosten von den Nutzern finanziert, sofern es sich nicht um private Haushalte handelt.

(2) Hersteller sowie andere Nutzer als private Haushalte können unbeschadet dieser Richtlinie Vereinbarungen mit anderen Finanzierungsmodalitäten treffen.

### Artikel 10 Informationen für die Nutzer

(1) Die Mitgliedstaaten stellen sicher, dass die Nutzer von Elektro- und Elektronikgeräten in privaten Haushalten die nötigen Informationen erhalten über

a) die Verpflichtung, Elektro- und Elektronik-Altgeräte nicht als unsortierten Siedlungsabfall zu beseitigen und diese Altgeräte getrennt zu sammeln,

b) die ihnen zur Verfügung stehenden Rückgabe- und Sammelsysteme,

c) ihren Beitrag zur Wiederverwendung, zum Recycling und zu anderen Formen der Verwertung von Elektro- und Elektronik-Altgeräten,

d) die potenziellen Auswirkungen auf die Umwelt und die menschliche Gesundheit, die durch das Vorhandensein von gefährlichen Stoffen in Elektro- und Elektronikgeräten bedingt sind,

e) die Bedeutung des Symbols nach Anhang IV.

(2) Die Mitgliedstaaten erlassen angemessene Maßnahmen, damit sich die Verbraucher an der Sammlung von Elektro- und Elektronik-Altgeräten beteiligen und um sie darin zu bestärken, den Prozess der Wiederverwendung, Behandlung und Verwertung zu erleichtern.

(3) Um die Beseitigung von Elektro- und Elektronik-Altgeräten als unsortierten Siedlungsabfall möglichst gering zu halten und um ihre getrennte Sammlung zu erleichtern, stellen die Mitgliedstaaten sicher, dass die Hersteller Elektro- und Elektronikgeräte, die nach dem 13. August 2005 in Verkehr gebracht werden, mit dem Symbol nach Anhang IV angemessen kennzeichnen. In Ausnahmefällen, sofern dies aufgrund der Größe oder der

Funktion des Produkts erforderlich ist, ist das Symbol auf die Verpackung, die Gebrauchsanweisung und den Garantieschein für das Elektro- oder Elektronikgerät aufzudrucken.

(4) Die Mitgliedstaaten können verlangen, dass einige oder alle Informationen gemäß den Absätzen 1 bis 3 von den Herstellern und/oder Vertreibern z. B. in der Gebrauchsanweisung oder am Verkaufsort gegeben werden.

### Artikel 11  Informationen für Behandlungsanlagen

(1) Um die Wiederverwendung sowie die korrekte und umweltgerechte Behandlung von Elektro- und Elektronik-Altgeräten – einschließlich Wartung, Nachrüstung, Umrüstung und Recycling – zu erleichtern, treffen die Mitgliedstaaten die erforderlichen Maßnahmen, um sicherzustellen, dass die Hersteller Informationen über die Wiederverwendung und Behandlung für jeden Typ neuer Elektro- und Elektronikgeräte, die in Verkehr gebracht werden, innerhalb eines Jahres nach Inverkehrbringen des jeweiligen Geräts bereitstellen. Aus diesen Informationen ergibt sich – soweit dies für die Wiederverwendungseinrichtungen, Behandlungs- und Recyclinganlagen erforderlich ist, damit sie den Bestimmungen dieser Richtlinie nachkommen können –, welche verschiedenen Bauteile und Werkstoffe die Elektro- und Elektronikgeräte enthalten und an welcher Stelle sich in den Elektro- und Elektronikgeräten gefährliche Stoffe und Zubereitungen befinden. Sie werden den Wiederverwendungseinrichtungen, Behandlungs- und Recyclinganlagen von den Herstellern von Elektro- und Elektronikgeräten in Form von Handbüchern oder in elektronischer Form (z. B. CD-ROM, Online-Dienste) zur Verfügung gestellt.

(2) Die Mitgliedstaaten sorgen dafür, dass jeder Hersteller eines Elektro- oder Elektronikgeräts, das nach dem 13. August 2005 in Verkehr gebracht wird, durch Kennzeichnung des Geräts eindeutig zu identifizieren ist. Damit der Zeitpunkt, zu dem das Gerät in Verkehr gebracht wurde, eindeutig festgestellt werden kann, wird außerdem ein Hinweis darauf angebracht, dass das Gerät nach dem 13. August 2005 in Verkehr gebracht wurde. Die Kommission fördert die Ausarbeitung von europäischen Normen zu diesem Zweck.

### Artikel 12  Informations- und Berichtspflicht

(1) Die Mitgliedstaaten erstellen ein Verzeichnis der Hersteller und erheben auf Jahresbasis Informationen, einschließlich fundierter Schätzungen, über die Mengen und Kategorien von Elektro- und Elektronikgeräten, die auf ihrem Markt in Verkehr gebracht und in den Mitgliedstaaten über alle vorhandenen Wege gesammelt, wieder verwendet, dem Recycling zugeführt und verwertet wurden, sowie über die ausgeführten gesammelten Altgeräte unter Angabe des Gewichts oder, wenn dies nicht möglich ist, der Anzahl der Geräte.

Die Mitgliedstaaten stellen sicher, dass Hersteller, die Elektro- und Elektronikgeräte mit Hilfe der Fernkommunikationstechnik vertreiben, Informationen über die Einhaltung der Anforderungen von Artikel 8 Absatz 4 und über die Mengen und Kategorien von Elektro- und Elektronikgeräten vorlegen, die in dem Mitgliedstaat, in dem der Käufer des Geräts ansässig ist, in Verkehr gebracht wurden.

Die Mitgliedstaaten stellen sicher, dass die erforderlichen Informationen der Kommission alle zwei Jahre innerhalb von 18 Monaten nach Ablauf des erfassten Zeitraums übermittelt werden. Die erste Zusammenstellung von Informationen erfasst die Jahre 2005 und 2006. Die Informationen sind in einem Format vorzulegen, das innerhalb eines Jahres nach dem Inkrafttreten dieser Richtlinie nach dem Verfahren des Artikels 14 Absatz 2 im Hinblick auf die Einrichtung von Datenbanken über Elektro- und Elektronik-Altgeräte und deren Behandlung festgelegt wird.

Zur Einhaltung dieses Absatzes sorgen die Mitgliedstaaten für einen angemessenen Informationsaustausch insbesondere in Bezug auf die Behandlungstätigkeiten gemäß Artikel 6 Absatz 5.

(2) Unbeschadet der Anforderungen des Absatzes 1 übermitteln die Mitgliedstaaten der Kommission alle drei Jahre einen Bericht über die Durchführung dieser Richtlinie. Der Bericht ist anhand eines Fragebogens oder Schemas zu erstellen, den bzw. das die Kommission nach dem Verfahren des Artikels 6 der Richtlinie 91/692/EWG des Rates vom 23. Dezember 1991 zur Vereinheitlichung und zweckmäßigen Gestaltung der Berichte über die Durchführung bestimmter Umweltschutzrichtlinien[1] ausarbeitet. Der Fragebogen bzw. das Schema wird den Mitgliedstaaten sechs Monate vor Beginn des Berichtszeitraums übersandt. Der Bericht ist der Kommission innerhalb von neun Monaten nach Ablauf des von ihm erfassten Dreijahreszeitraums vorzulegen.

Der erste Dreijahresbericht erfasst den Zeitraum von 2004 bis 2006.

Die Kommission veröffentlicht innerhalb von neun Monaten nach Eingang der Berichte der Mitgliedstaaten einen Bericht über die Durchführung dieser Richtlinie.

### Artikel 13   Anpassung an den wissenschaftlichen und technischen Fortschritt

Die erforderlichen Änderungen zur Anpassung des Artikels 7 Absatz 3 sowie des Anhangs IB (insbesondere hinsichtlich der etwaigen Hinzufügung von Leuchten in Haushalten, Glühlampen sowie photovoltaischen Erzeugnissen, d. h. von Solarpaneelen), des Anhangs II (insbesondere unter Berücksichtigung neuer technologischer Entwicklungen hinsichtlich der Behandlung von Elektro- und Elektronik-Altgeräten) sowie der Anhänge III und IV an den wissenschaftlichen und technischen Fortschritt werden erlassen. Diese Maßnahmen zur Änderung nicht wesentlicher Bestimmungen dieser Richtlinie werden gemäß dem in Artikel 14 Absatz 3 genannten Regelungsverfahren mit Kontrolle erlassen.

Vor der Änderung der Anhänge konsultiert die Kommission unter anderem Hersteller von Elektro- und Elektronikgeräten, Betreiber von Recycling-Betrieben und Betreiber von Behandlungsanlagen, Umweltorganisationen sowie Arbeitnehmer- und Verbraucherverbände.

### Artikel 14   Ausschuss

(1) Die Kommission wird von dem durch Artikel 18 der Richtlinie 75/442/EWG eingesetzten Ausschuss unterstützt.

(2) Wird auf diesen Absatz Bezug genommen, so gelten die Artikel 5 und 7 des Beschlusses 1999/468/EG unter Beachtung von dessen Artikel 8.

Der Zeitraum nach Artikel 5 Absatz 6 des Beschlusses 1999/468/EG wird auf drei Monate festgesetzt.

(3) Wird auf diesen Absatz Bezug genommen, so gelten Artikel 5a Absätze 1 bis 4 und Artikel 7 des Beschlusses 1999/468/EG unter Beachtung von dessen Artikel 8.

### Artikel 15   Sanktionen

Die Mitgliedstaaten legen für Verstöße gegen die aufgrund dieser Richtlinie erlassenen innerstaatlichen Vorschriften Sanktionen fest. Die Sanktionen müssen wirksam, verhältnismäßig und abschreckend sein.

### Artikel 16   Inspektion und Überwachung

Die Mitgliedstaaten sorgen dafür, dass Inspektion und Überwachung es ermöglichen, die ordnungsgemäße Durchführung dieser Richtlinie zu überprüfen.

### Artikel 17   Umsetzung

(1) Die Mitgliedstaaten setzen die erforderlichen Rechts- und Verwaltungsvorschriften in Kraft, um dieser Richtlinie ab dem 13. August 2004 nachzukommen. Sie setzen die Kommission unverzüglich davon in Kenntnis.

---

1) **Amtl. Anm.:** ABl L 377 vom 31. 12. 1991, S. 48.

Wenn die Mitgliedstaaten diese Vorschriften erlassen, nehmen sie in den Vorschriften selbst oder durch einen Hinweis bei der amtlichen Veröffentlichung auf diese Richtlinie Bezug. Die Mitgliedstaaten regeln die Einzelheiten der Bezugnahme.

(2) Die Mitgliedstaaten teilen der Kommission den Wortlaut der innerstaatlichen Rechts- und Verwaltungsvorschriften mit, die sie auf dem unter diese Richtlinie fallenden Gebiet erlassen.

(3) Sofern die mit dieser Richtlinie angestrebten Ziele erreicht werden, können die Mitgliedstaaten Artikel 6 Absatz 6, Artikel 10 Absatz 1 und Artikel 11 durch Vereinbarungen zwischen den zuständigen Behörden und den betroffenen Wirtschaftszweigen umsetzen. Diese Vereinbarungen müssen den folgenden Anforderungen entsprechen:

a) Die Vereinbarungen müssen durchsetzbar sein;
b) in den Vereinbarungen müssen Ziele und die entsprechenden Fristen für ihre Verwirklichung benannt werden;
c) die Vereinbarungen müssen im Veröffentlichungsblatt des betreffenden Mitgliedstaats oder in einer der Öffentlichkeit gleichermaßen zugänglichen offiziellen Quelle veröffentlicht und der Kommission übermittelt werden;
d) die erzielten Ergebnisse sind regelmäßig zu überwachen, den zuständigen Behörden und der Kommission mitzuteilen und der Öffentlichkeit unter den in der Vereinbarung festgelegten Bedingungen zugänglich zu machen;
e) die zuständigen Behörden sorgen für die Überprüfung der im Rahmen der Vereinbarung erzielten Fortschritte;
f) im Falle der Nichterfüllung der Vereinbarung müssen die Mitgliedstaaten die entsprechenden Bestimmungen dieser Richtlinie durch den Erlass von Rechts- oder Verwaltungsvorschriften umsetzen.

(4)
a) Griechenland und Irland, die aufgrund
  - unzureichender Recycling-Infrastruktur,
  - geografischer Gegebenheiten (wie z. B. große Zahl kleiner Inseln bzw. ausgedehnte ländliche Gebiete und Berggebiete),
  - niedriger Bevölkerungsdichte und
  - geringen Verbrauchs an Elektro- und Elektronikgeräten

  entweder die Sammel-Zielvorgabe gemäß Artikel 5 Absatz 5 Unterabsatz 1 oder die Verwertungs-Zielvorgaben gemäß Artikel 7 Absatz 2 nicht erreichen können und die nach Artikel 5 Absatz 2 Unterabsatz 3 der Richtlinie 1999/31/EG des Rates vom 26. April 1999 über Abfalldeponien[1]) eine Verlängerung der dort genannten Frist beantragen können,

  dürfen die in Artikel 5 Absatz 5 und Artikel 7 Absatz 2 der vorliegenden Richtlinie genannten Fristen um bis zu 24 Monate verlängern.

  Diese Mitgliedstaaten unterrichten die Kommission spätestens zum Zeitpunkt der Umsetzung dieser Richtlinie von ihrer Entscheidung.

b) Die Kommission unterrichtet die anderen Mitgliedstaaten und das Europäische Parlament über diese Entscheidungen.

(5) Innerhalb von fünf Jahren nach Inkrafttreten dieser Richtlinie unterbreitet die Kommission dem Europäischen Parlament und dem Rat einen Bericht, der sich auf die Erfahrungen mit der Anwendung dieser Richtlinie insbesondere in Bezug auf die getrennte Sammlung, die Behandlung, die Verwertung und die Finanzierungssysteme stützt. In diesem Bericht ist darüber hinaus auch auf die Entwicklung des Stands der Technik, die gesammelten Erfahrungen, die Umweltschutzvorschriften und das Funktionieren des Binnenmarkts einzugehen. Dem Bericht sind gegebenenfalls Vorschläge für eine Änderung der entsprechenden Bestimmungen dieser Richtlinie beizufügen.

---

1) **Amtl. Anm.:** ABl L 182 vom 16. 7. 1999, S. 1.

**Artikel 18 Inkrafttreten**

Diese Richtlinie tritt am Tag ihrer Veröffentlichung im *Amtsblatt der Europäischen Union* in Kraft.

**Artikel 19 Adressaten**

Diese Richtlinie ist an alle Mitgliedstaaten gerichtet.

# Stichwortverzeichnis

Gemäß der Griffleiste im Innenteil verweisen die Abkürzungen im nachfolgenden Stichwortverzeichnis auf die Richtlinien und Verordnungen, die arabischen Ziffern auf die Artikel.

## A

| | | |
|---|---|---|
| Abfall | RL 2003/4/EG | 2 |
| – gefährlicher | VO EG Nr. 1013/2006 | 2 |
| – verwertbarer | VO EG Nr. 1013/2006 | 12 |
| – Verwertung | RL 2006/12/EG | 1 |
| – von Elektro- und Elektronikgeräten | RL 2002/96/EG | 1 |
| Abfallbeseitigungsanlage | RL 2006/12/EG | 5 |
| Abfallbewirtschaftungsplan | RL 2006/12/EG | 7 |
| Abfalltransport | VO EG Nr. 1013/2006 | 1 |
| Abfallverbrennungsanlagen | RL 94/62/EG | 6 |
| Abfallvermeidung | RL 94/62/EG | 4 |
| Abfallverpackung, Verwertung | RL 94/62/EG | 6 |
| Abfallverwertung | RL 2006/12/EG | 4 |
| Abfallvorschriften | RL 2002/96/EG | 2 |
| Abfindung, bei Verletzung geistigen Eigentums | RL 2004/48/EG | 12 |
| Abschreckung, Maßnahmen gegen Missbrauch geistigen Eigentums | RL 2004/48/EG | 3 |
| Absicherung, von Finanzinstrumenten | RL 2006/49/EG | 11 |
| Ad-hoc-Beihilfe | VO EG Nr. 1628/2006 | 2 |
| Agrarerzeugnis, Vermarktung und Subvention | VO EG Nr. 1628/2006 | 2 |
| Akkreditierung, Dienstleister | RL 2006/123/EG | 26 |
| Aktiva, Bewertung von, Bankenaufsicht | RL 2006/48/EG | 74 |
| Alkoholgehalt, von Getränken | VO EG Nr. 1924/2006 | 4 |
| Allgemeine Geschäftsbedingungen, bei elektronischer Kommunikation | RL 2000/31/EG | 10 |
| Allgemeingenehmigung, für Ausfuhr von Dual-Use-Gütern | VO EG Nr. 1334/2000 | 6 |
| Allgemeinmediziner | RL 2005/36/EG | 28 |
| Altgeräte, Bauteile von Elektro- und Elektronikgeräten | RL 2002/96/EG | 3 |
| Altgeräte-Recycling, Finanzierung durch die Hersteller | RL 2002/96/EG | 8 |
| Amtsblatt der EU, Veröffentlichung von De-minimis-Beihilfen | VO EG Nr. 1998/2006 | 3 |
| Anerkennung, automatische, einer Ausbildung im EU-Ausland | RL 2005/36/EG | 21 |
| Anfangskapital, Kreditinstitut | RL 2006/48/EG | 9 |
| – von Wertpapierfirmen | RL 2006/49/EG | 7 |
| Angebotsabgabe, Aufforderung zur | RL 2004/18/EG | 40 |
| Angebotsunterlage, Aufbewahrung | RL 2004/17/EG | 50 |
| Anlagenbetreiber, Ausstoß von Treibhausgasen | RL 2003/87/EG | 6 |
| Anlage-Portfolio, handelbare Finanzinstrumente | RL 2006/49/EG | 5 |
| Anlagewert, immaterieller, Berücksichtigung bei Beihilfen | VO EG Nr. 1628/2006 | 4 |
| Anlaufstelle, nationale, zur Information über Abfälle | VO EG Nr. 1013/2006 | 54 |
| Anlegerentschädigungssystem, für Wertpapierfirmen | RL 2004/39/EG | 11 |
| Anmeldung, Beihilfe | VO EG Nr. 659/1999 | 2 |
| Anordnung zur Auskunftserteilung, Beihilfe | VO EG Nr. 659/1999 | 10 |
| Anpassungslehrgang, zur Anerkennung einer Berufsqualifikation | RL 2005/36/EG | 14 |
| Anrufweiterschaltung | RL 2002/58/EG | 11 |
| Antarktis, Verbot der Abfallverbringung | VO EG Nr. 1013/2006 | 40 |
| Anwendungsbereich, Richtlinie über Versicherungsvermittlung | RL 2002/92/EG | 1 |
| Apotheker, Ausbildung | RL 2005/36/EG | 44 |
| Arbeitsrecht, Beschränkungen der Dienstleistungsfreiheit | RL 2006/123/EG | 1 |
| Arbeitsschutz, Verpflichtungen, Auftraggeber | RL 2004/17/EG | 39 |
| Architekt, Ausbildung | RL 2005/36/EG | 46 |
| Arzt, Grundausbildung | RL 2005/36/EG | 24 |
| – praktischer | RL 2005/36/EG | 29 |
| Aufbewahrungspflicht, von Exporteurpapieren | VO EG Nr. 1334/2000 | 16 |
| Auflage, bei Genehmigung technischer Anlagen | RL 96/61/EG | 9 |
| – für Abfalltransporte | VO EG Nr. 1013/2006 | 10 |
| Aufsichtsbehörde für die Flugsicherung, der EU-Mitgliedstaaten, Transparenz und Neutralität | VO EG Nr. 549/2004 | 4 |
| Auftagsvergabe, Angebot | RL 2004/17/EG | 47 |
| Aufträge, öffentliche, Schwellenwerte | RL 2004/18/EG | 7 |
| – – Vergaberecht | RL 2004/18/EG | 1 |

– vorbehaltene, Vergaberecht ... RL 2004/18/EG 19
**Auftrag,** Geheimhaltung ... RL 2004/17/EG 21
– Weiterveräußerung ... RL 2004/17/EG 19
**Auftraggeber,** öffentliche, Vergaberecht ... RL 2004/18/EG 1
– öffentlicher ... RL 2004/17/EG 2
**Auftragsausführung,** Bedingungen ... RL 2004/17/EG 38
**Auftragsausschreibung,** Prüfungssystem ... RL 2004/17/EG 41
**Auftragsvergabe,** Bekanntmachung, Zuschlag ... RL 2004/17/EG 43
– Beschaffungssystem ... RL 2004/17/EG 15
– Energieerzeugung ... RL 2004/17/EG 26
– Erdölförderung ... RL 2004/17/EG 7
– freier Wettbewerb ... RL 2004/17/EG 30
– Fristen ... RL 2004/17/EG 45
– Grundsätze ... RL 2004/17/EG 10
– Kohleförderung ... RL 2004/17/EG 7
– Postdienste ... RL 2004/17/EG 6
– Rahmenbedingungen ... RL 2004/17/EG 14
– Schwellenwert ... RL 2004/17/EG 16
– verbundenes Unternehmen RL 2004/17/EG 23
– Verfahren ... RL 2004/17/EG 40
– Verkehrsleistungen ... RL 2004/17/EG 5
– Vertraulichkeit ... RL 2004/17/EG 13
– Wirtschaftsteilnehmer ... RL 2004/17/EG 11
– zentrale Beschaffungsstelle RL 2004/17/EG 29
– Zuschlagskriterien ... RL 2004/17/EG 55
**Auftragswert,** Berechnungsmethode ... RL 2004/17/EG 17
**Auktion,** elektronische ... RL 2004/17/EG 56
– – Vergaberecht ... RL 2004/18/EG 1
54
**Ausbildung,** in Teilzeit ... RL 2005/36/EG 22
**Ausbildungsnachweis,** Anerkennung ... RL 2005/36/EG 13
**Ausfuhr,** von Abfall aus der EU ... VO EG Nr. 1013/2006 37
– von Hightech-Produkten .. VO EG Nr. 1334/2000 2
– von Lebensmitteln ... VO EG Nr. 852/2004 11
**Ausfuhranmeldung,** für Güter mit doppeltem Verwendungszweck ... VO EG Nr. 1334/2000 12
**Ausfuhrkontrolle** ... VO EG Nr. 1334/2000 6
**Ausgleichszahlung,** im internationalen Stromhandel ... VO EG Nr. 1228/2003 3
**Auskunft,** telefonische ... RL 2002/22/EG 5
**Auskunftsbeamter,** für Umweltinformationen ... RL 2003/4/EG 3
**Auskunftsersuchen,** Beihilfe VO EG Nr. 659/1999 5
**Auskunftsrecht,** des Gerichts ... RL 2004/48/EG 8
**Auskunftsstelle** ... RL 2002/92/EG 3
**Ausschreibung,** von Strecken für den Flugverkehr .. VO EWG Nr. 2408/92 4

**Ausschreibung von Aufträgen,** Preisgericht ... RL 2004/17/EG 66
– ungewöhnlich niedriges Angebot ... RL 2004/17/EG 57
**Auswahlverfahren,** Transparenz, bei Bewerbern um Dienstleistungen ... RL 2006/123/EG 12

### B

**Bank,** Eigenkapital ... RL 2006/49/EG 1
**Bankenaufsicht** ... RL 2006/48/EG 40
– Ausübungsbefugnisse ... RL 2006/48/EG 150
– Behörden ... RL 2006/48/EG 124
– externes Rating ... RL 2006/48/EG 81
– Informationsaustausch ... RL 2006/48/EG 44
– Risikobewertung ... RL 2006/48/EG 80
**Baseler Übereinkommen,** gefährliche Abfälle ... VO EG Nr. 1013/2006 2
**Bauauftrag** ... RL 2004/17/EG 1
– öffentliche, Vergaberecht .. RL 2004/18/EG 1
**Baukonzession,** öffentliche .. RL 2004/18/EG 56
– – Vergaberecht ... RL 2004/18/EG 1
**Bauvorhaben,** Umweltverträglichkeitsprüfung ... RL 85/337/EWG 2
**Beaufsichtigung,** staatliche, von Banken und Wertpapierfirmen ... RL 2006/49/EG 37
**Beaufsichtigungsbehörden,** Bankenaufsicht ... RL 2006/48/EG 124
**Befähigungsnachweis,** Anerkennung ... RL 2005/36/EG 13
**Beförderung gefährlicher Güter auf der Straße** ... RL 94/55/EG 1
**Beförderungsbedingungen,** Bus ... VO EG Nr. 12/98 4
**Beförderungsbestimmungen,** Verstoß ... VO EWG Nr. 881/92 8
**Behörde,** zuständige, für Vermittlerregister ... RL 2002/92/EG 7
**Beihilfe,** anmeldepflichtige .. VO EG Nr. 1628/2006 7
– Anmeldungspflicht ... VO EG Nr. 994/98 1
– Ausnahme von der Anmeldungspflicht ... VO EG Nr. 994/98 1
– Definition ... VO EG Nr. 659/1999 1
– gemeinsamer Markt ... VO EG Nr. 659/1999 1
– Höchstgrenzen bei einzelnen Unternehmen ... VO EG Nr. 994/98 2
– horizontale, Überwachung VO EG Nr. 994/98 3
– staatliche ... VO EG Nr. 1628/2006 2
– – beratender Ausschuss ... VO EG Nr. 994/98 7
– Überwachung ... VO EG Nr. 1628/2006 8
**Beihilferegelung,** EU-Recht .. VO EG Nr. 659/1999 1
**Berechnungsmethode,** Auftragswert ... RL 2004/17/EG 17
**Beruf,** reglementierter ... RL 2005/36/EG 1
**Beruflichen Qualifikation,** Nachprüfung, bei erstmaliger Dienstleistung ... RL 2005/36/EG 7

# Stichwortverzeichnis

**Berufsausbildung,** Mindestanforderungen............ RL 2005/36/EG 2
**Berufsbezeichnung**.......... RL 2005/36/EG 9
– im Ausland, Erlaubnis..... RL 2005/36/EG 52
**Berufserfahrung,** für die Anerkennung eines Ausbildungsnachweises.......... RL 2005/36/EG 10
**Berufsgeheimnis,** Beihilfeprüfung.................... VO EG Nr. 659/1999 24
– des Versicherungsvermittlers.......................... RL 2002/92/EG 9
**Berufshaftpflichtversicherung**....................... RL 2002/92/EG 4
RL 2006/123/EG 23
**Berufsqualifikation**......... RL 2005/36/EG 1
– Anerkennung, Anpassungslehrgang............. RL 2005/36/EG 14
– – Fähigkeiten.............. RL 2005/36/EG 17
– – – Dauer der vorherigen Tätigkeit............... RL 2005/36/EG 17
– – Kenntnisse.............. RL 2005/36/EG 16
– Anerkennung in anderem EU-Mitgliedstaat........... RL 2005/36/EG 4
**Berufsqualifikationsnachweis**......................... RL 2005/36/EG 7
**Berufsregeln,** im Aufnahmemitgliedstaat................ RL 2005/36/EG 5
**Berufsständische Körperschaft,** Mitgliedschaftszwang, Befreiung für ausländische Berufsangehörige............................ RL 2005/36/EG 6
**Berufsverband**................. RL 2005/36/EG 3
RL 2006/123/EG 6
**Beschaffungssystem,** dynamisches, Vergaberecht..... RL 2004/18/EG 1
33
**Beschlagnahme**.............. RL 2004/48/EG 9
**Beschwerdeverfahren**....... RL 2002/92/EG 10 f.
**Besonderes Vorkommnis,** im Flugverkehr............... RL 2004/36/EG 3
**Bestimmungsort,** von Abfalltransporten................ VO EG Nr. 1013/2006 8
**Beteiligter,** Beihilfeprüfung . VO EG Nr. 659/1999 20
**Beteiligung,** qualifizierte, Kreditinstitute.............. RL 2006/48/EG 120
– Wertpapierfirma, qualifizierte...................... RL 2004/39/EG 4
**Betreiberpflichten,** gefährliche Stoffe................ RL 96/82/EG 5
**Betriebsgenehmigung,** für zivile Luftfahrtunternehmen........................ VO EWG Nr. 2408/92 12
– Luftfahrtunternehmen.... VO EWG Nr. 2407/92 3
**Betriebssicherheit,** elektronischer Kommunikationsdienst...................... RL 2002/58/EG 4
**Beweis**........................ RL 2004/48/EG 6
**Beweissicherung,** Urheberrechtsstreit................. RL 2004/48/EG 7

**Bewerber,** Unterrichtung, Vergaberecht................ RL 2004/18/EG 41
**Bieter,** Unterrichtung, Vergaberecht..................... RL 2004/18/EG 41
**Binnenmarkt,** Dienstleistung RL 2006/123/EG 1
**Biozid-Produkte**............. VO EG Nr. 1907/2006 15
**Börsen,** anerkannte......... RL 2006/48/EG 4
**Breitbildfernsehdienst**...... RL 2002/19/EG 3
**Bruttosubventionsäquivalent, (BSÄ)**................ VO EG Nr. 1628/2006 2
**Busunternehmer,** Niederlassungsfreiheit.............. VO EG Nr. 12/98 4
**Busverkehr,** internationaler . VO EG Nr. 12/98 1

## C

$CO_2$...................... RL 2003/87/EG 3
**Chemische Stoffe**........... VO EG Nr. 1907/2006 3
– Einstufungs- und Kennzeichnungsverzeichnis..... VO EG Nr. 1907/2006 114
– Herstellung und Einfuhr .. VO EG Nr. 1907/2006 21
– Meldepflicht............... VO EG Nr. 1907/2006 113
– Registrierungen........... VO EG Nr. 1907/2006 20
– Registrierungspflicht...... VO EG Nr. 1907/2006 6
– Zulassungserteilung...... VO EG Nr. 1907/2006 60
**Chemisches Element**....... VO EG Nr. 1907/2006 3
**Clearingstelle,** anerkannte .. RL 2004/39/EG 4
**Clearingsystem,** für den Wertpapierhandel.......... RL 2006/49/EG 20

## D

**Darlehen,** Subvention....... VO EG Nr. 1998/2006 2
**Datenaustausch,** der Mitgliedstaaten................ VO EG Nr. 1935/2004 21
– zwischen Flughäfen, Fluggesellschaften und Flugsicherung.................... VO EG Nr. 550/2004 13
– zwischen Zolldienststelle und Hersteller............. VO EG Nr. 1383/2003 9
**Datenbank,** mit Umweltinformationen.............. RL 2003/4/EG 7
**Datenschutz,** Anspruch des Lebensmittelherstellers auf........................... VO EG Nr. 1924/2006 21
**Datenträger,** dauerhafter, Begriff...................... RL 2002/92/EG 2
**Dauerauftrag,** Auftragsvergabe......................... RL 2004/17/EG 17
**De-minimis-Beihilfen**....... VO EG Nr. 1998/2006 2
– Veröffentlichung, EU-Amtsblatt.................. VO EG Nr. 1998/2006 3
**Derivate,** börsengehandelte . RL 2006/49/EG 3
**Devisen,** Aufrechnung offener Positionen im Handelsbuch......................... RL 2006/49/EG 26
**Dialog,** wettbewerblicher, Vergaberecht.............. RL 2004/18/EG 29
**Dienste,** der Informationsgesellschaft............... RL 2000/31/EG 2

**Dienstleister,** Akkreditierung... RL 2006/123/EG 26
– Zertifizierung... RL 2006/123/EG 26
**Dienstleistungen,** Genehmigung... RL 2006/123/EG 10
– in anderem EU-Mitgliedstaat... RL 98/29/EG 1
– Liberalisierung des Binnenmarkts... RL 2006/123/EG 1
– Monopol... RL 2006/123/EG 1
– Qualitätssicherung... RL 2006/123/EG 26
**Dienstleistungsaufträge,** Auftragsvergabe, Ausschluss... RL 2004/17/EG 24
– öffentliche, Vergaberecht.. RL 2004/18/EG 1
**Dienstleistungsbereich,** Vergaberecht... RL 2004/18/EG 66
**Dienstleistungsfreiheit**... RL 2005/36/EG 5
– Ausnahmen... RL 2006/123/EG 16
– staatliche Beschränkung.. RL 2006/123/EG 1
– unzulässige Anforderungen... RL 2006/123/EG 14
**Dienstleistungskonzessionen,** Vergaberecht... RL 2004/18/EG 17
**Digitalfernsehen**... RL 2002/22/EG 24
**Diplom**... RL 2005/36/EG 11
**Dokumentation,** von Abfalltransporten... VO EG Nr. 1013/2006 18
**Drittland**... RL 2002/92/EG 1
**Dual-use-Güter**... VO EG Nr. 1334/2000 1
**Durchführungsverbot,** Beihilfe... VO EG Nr. 659/1999 3
**Durchleitung,** von Strom, Leitlinien... VO EG Nr. 1228/2003 8

### E

**E-Government,** Erleichterung von Formalitäten, Dienstleistungsfreiheit... RL 2006/123/EG 8
**Eigenkapitalausstattung,** Bewertung der... RL 2006/48/EG 123
**Eigenmittel,** einer Bank oder Wertpapierfirma... RL 2006/49/EG 12
– Kreditinstitut... RL 2006/48/EG 10
– nicht konsolidierte, Kreditinstitute... RL 2006/48/EG 57
– von Banken und Wertpapierfirmen... RL 2006/49/EG 2
**Eigenmitteluntergrenze**... RL 2006/48/EG 75
**Eigentum,** geistiges, Antrag auf Umweltinformationen. RL 2003/4/EG 4
**Eignungskriterien,** Vergaberecht... RL 2004/18/EG 45
**Eignungsprüfung**... RL 2005/36/EG 3
... 14
**Einfuhren,** von Lebensmitteln... VO EG Nr. 852/2004 10
**Einsparzertifikate,** Energieeffizienzmaßnahmen... RL 2006/32/EG 3

**Einstufungsverzeichnis,** chemische Stoffe... VO EG Nr. 1907/2006 114
**Einstweilige Rückforderung,** Beihilfe... VO EG Nr. 659/1999 11
**Eintragung in Vermittlerregister,** Aufgaben der Mitgliedstaaten... RL 2002/92/EG 3
– Voraussetzungen... RL 2002/92/EG 3
**Einzelbeihilfe,** EU-Recht.... VO EG Nr. 659/1999 1
**Einzelgebührnachweis**... RL 2002/58/EG 7
**Einzelverbindungsnachweis,** Telefonate... RL 2002/22/EG 10
**Elektrischen Strom,** Einfuhr VO EG Nr. 1228/2003 2
– Übertragung, Engpass... VO EG Nr. 1228/2003 2
**Elektrizitätserzeugung**... RL 2003/54/EG 1
**Elektrizitätshandel,** im Binnenmarkt... VO EG Nr. 1228/2003 1
**Elektrizitätsmarkt**... RL 2003/54/EG 3
**Elektrizitätsnetz**... RL 2004/17/EG 3
**Elektrizitätsversorgung,** Betriebssicherheit... RL 2005/89/EG 4
**Elektro- und Elektronik-Altgeräte,** mangelhafte Behandlung, Sanktion... RL 2002/96/EG 15
– Verwertung... RL 2002/96/EG 7
– Wiederverwendung, Verbraucherinformation... RL 2002/96/EG 10
**Elektro- und Elektronikgeräte,** Abfallvermeidung... RL 2002/96/EG 1
– Altgeräte... RL 2002/96/EG 3
– Entsorgung... RL 2002/96/EG 5
– Herstellernachweis... RL 2002/96/EG 11
– Müllvermeidung... RL 2002/96/EG 5
– Recycling... RL 2002/96/EG 3
– Verwertung... RL 2002/96/EG 7
**Elektro- und Elektronik-Müll,** Ausfuhr... RL 2002/96/EG 6
**Elektronische Auktion,** Vergaberecht... RL 2004/18/EG 1
... RL 2004/18/EG 54
**Elektronische Kommunikation**... RL 2002/22/EG 1
**Elektronischer Kommunikationsdienst,** Angebot... RL 2002/22/EG 1
**Elektronisches Kommunikationsnetz**... RL 2002/21/EG 2
... RL 2002/22/EG 1
**Element,** chemisches... VO EG Nr. 1907/2006 3
**E-Mail,** Bestellungen... RL 2000/31/EG 11
**Emission**... RL 2003/4/EG 2
– von Anlagen... RL 96/61/EG 2
– von Treibhausgasen... RL 2003/87/EG 1
**Emissionsgrenzwert**... RL 96/61/EG 18
**Emissionshandel,** mit Zertifikaten für Treibhausgase. RL 2003/87/EG 2
**Emissionsüberschreitung,** Sanktionen... RL 2003/87/EG 16
**Endenergienutzung**... RL 2006/32/EG 1

**Endnutzertarife,** Überwachung .................. RL 2002/22/EG 9
**Energie** ...................... RL 2006/32/EG 3
– Freisetzung, umweltschädliche ...................... RL 2003/4/EG 2
**Energieaudit**................. RL 2006/32/EG 12
**Energiedienstleistung** ....... RL 2006/32/EG 3
**Energieeffizienz** ............. RL 2003/54/EG 2
RL 96/61/EG 3
**Energieeffizienzmaßnahme** . RL 2006/32/EG 2
**Energieeinsparungen**........ RL 2006/32/EG 3
**Energieeinsparziel**........... RL 2006/32/EG 4
**Energieeinzelhandelsunternehmen** ................... RL 2006/32/EG 6
**Energiekrise,** Schutzmaßnahmen .................... RL 2003/54/EG 24
**Energiequelle,** erneuerbare.. RL 2003/54/EG 2
**Energieträgermix**............ RL 2003/54/EG 3
**Energieversorgung,** Aufträge RL 2004/18/EG 12
**Energieverteiler** ............. RL 2006/32/EG 6
**Engpassmanagement,** Erdgasfernleitung ............. VO EG Nr. 1775/2005 5
**Entflechtung,** von Stromerzeugung und Netzbetrieb RL 2003/54/EG 15
**Entgelt,** für die Stromdurchleitung ..................... VO EG Nr. 1228/2003 7
**Entsorgung,** Elektro- und Elektronikgeräte........... RL 2002/96/EG 5
**Entsorgungspläne,** Verpackungen ................. RL 94/62/EG 14
**Entwicklung,** wissenschaftliche, Hygienepraxis....... VO EG Nr. 852/2004 9
**Erdgas,** Bevorratung ........ RL 2004/67/EG 5
– Spitzenverbrauch, bei extrem kalten Temperaturen. RL 2004/67/EG 4
– Versorgungsunterbrechung RL 2004/67/EG 2
**Erdgasfernleitung,** Handel mit Kapazitätsrechten..... VO EG Nr. 1775/2005 8
– Transportvertrag .......... VO EG Nr. 1775/2005 2
**Erdgasfernleitungsnetze** .... VO EG Nr. 1775/2005 1
– Tarife Netzzugang ......... VO EG Nr. 1775/2005 3
**Erdgasliefervertrag,** langfristiger ..................... RL 2004/67/EG 5
**Erdgasversorgung** .......... RL 2004/67/EG 1
**Erkennungsmarker,** für genetische Veränderung von Lebensmitteln ............. VO EG 1829/2003 7
**Erstinvestition,** Subventionierung ..................... VO EG Nr. 1628/2006 4
**Erzeuger,** elektrischer Energie............................ RL 2003/54/EG 2
**Europäische Behörde für Lebensmittelsicherheit**........ VO EG Nr. 1935/2004 7
VO EG Nr. 852/2004 15
**Evaluierung** ................. RL 2004/17/EG 15
**Export,** von Lebensmitteln, Kontrolle .................. VO EG Nr. 852/2004 11
**Exportkreditbürgschaft,** staatliche .................. RL 98/29/EG 2

**Exportkreditversicherung**... RL 98/29/EG 1
**Exportverbot,** für Abfälle ohne Verwertungsmöglichkeit........................ VO EG Nr. 1013/2006 34

## F

**Facharztausbildung** ......... RL 2005/36/EG 25
**Fachzahnarzt,** Ausbildung .. RL 2005/36/EG 35
**Fähigkeiten,** Anerkennung in anderem EU-Mitgliedstaat ...................... RL 2005/36/EG 17
**Fahrerbescheinigung,** für gewerbliche internationale Güterbeförderung ......... VO EWG Nr. 881/92 4
**Fahrtenblatt,** für den geschäftlichen Busverkehr... VO EG Nr. 12/98 6
**Fairness,** Verfahrensgrundsatz bei Durchsetzung der Rechte geistigen Eigentums ...................... RL 2004/48/EG 3
**Fehlbetrag,** im Wertpapiergeschäft .................... RL 2006/49/EG 15
**Fernseh- und Rundfunkdienste,** digitale, Zugangsberechtigungssystem ...... RL 2002/19/EG 6
**Fernsehdienste,** digitale, interaktive .................... RL 2002/21/EG 18
**Festnetzanschluss,** Telefondienst ..................... RL 2002/22/EG 4
**Fettsäure,** gesättigte, in Lebensmitteln ................. VO EG Nr. 1924/2006 4
**Finanzholding** ............... RL 2006/49/EG 2
**Finanzinstitut** ............... RL 2006/48/EG 4
**Finanzstruktur,** öffentliche Unternehmen ............. RL 2006/111/EG 1
**Flächenflugzeug**............ VO EG Nr. 216/2008 2
**Flugaufsichtbehörden,** Zusammenarbeit.............. VO EG Nr. 550/2004 2
**Flugbesatzung,** Qualifikation......................... VO EG Nr. 216/2008 5
**Flugbetrieb** ................. VO EG Nr. 216/2008 8
– Zulassung................. VO EG Nr. 216/2008 22
**Fluggesellschaft,** Anhörung und Beteiligung........... VO EG Nr. 549/2004 10
**Flughafen**.................... VO EWG Nr. 2408/92 2
– Anhörung und Beteiligung VO EG Nr. 549/2004 10
– örtliche Aufteilung der Gesellschaften ............... VO EWG Nr. 2408/92 8
**Flughafensystem,** Umweltschutz...................... VO EWG Nr. 2408/92 8
**Fluginformation,** Europäisches Fluginformationsgebiet für den oberen Luftraum (EUIR) ............... VO EG Nr. 551/2004 3
**Fluglotse,** Zulassung ........ VO EG Nr. 550/2004 5
**Flugsicherheit** .............. VO EG Nr. 216/2008 2
– Europäische Agentur für .. VO EG Nr. 216/2008 17

**Flugsicherheitsorganisation,**
Inspektion ................. VO EG Nr. 550/2004 2
– Rechnungslegung .......... VO EG Nr. 550/2004 12
– Zertifizierung.............. VO EG Nr. 550/2004 7
– Zeugnis ................... VO EG Nr. 550/2004 7
**Flugsicherung** ............... VO EG Nr. 549/2004 2
– Aufsichtsbehörde .......... VO EG Nr. 549/2004 4
– Leistungsvergleich ........ VO EG Nr. 549/2004 11
**Flugsicherungsdienst**........ VO EG Nr. 550/2004 1
**Flugstrecke** .................. VO EG Nr. 551/2004 6
**Flugtüchtigkeit,** Mängel..... RL 2004/36/EG 7
**Flugverbot**................... RL 2004/36/EG 7
– Start- und Landezeiten.... VO EWG Nr. 2408/92 8
**Flugverkehr,** Beschränkung
bei Überlastung............ VO EWG Nr. 2408/92 9
– innereuropäischer ......... VO EWG Nr. 2408/92 1
– Verbesserung der Effizienz VO EG Nr. 549/2004 1
**Flugverkehrsdienste,**
Dienstleister............... VO EG Nr. 550/2004 8
**Flugverkehrskontrolldienst** . VO EG Nr. 549/2004 2
**Flugverkehrstrecken,** Ausschreibung ................. VO EWG Nr. 2408/92 4
**Fördergebiet** ................. VO EG Nr. 1628/2006 4
– Regionalbeihilfe .......... VO EG Nr. 994/98 1
**Förmliches Prüfverfahren,**
Beihilfe ................... VO EG Nr. 659/1999 6
**Forderungsklassen,** Bewertung von Kreditinstituten,
Bankenaufsicht............ RL 2006/48/EG 85
**Freier Beruf** ................. RL 2005/36/EG 2
**Frist,** Beihilfe, Rückforderung...................... VO EG Nr. 659/1999 15
**Fuhrunternehmer,** Leistungsfähigkeit ............ RL 96/26/EG 3
– Zuverlässigkeit ............ RL 96/26/EG 3
**Funkfrequenzen,** Nutzungsrechte..................... RL 2002/20/EG 5
**Funkfrequenzzuteilung** ..... RL 2002/20/EG 8
**Futtermittel** ................. VO EG 1829/2003 2
– genetisch veränderte ...... VO EG 1829/2003 15
**Futtermittelsicherheit**....... VO EG Nr. 178/2002 15

## G

**Gasbinnenmarkt** ............ RL 2004/67/EG 1
**Gasmarkt,** Kontrolle durch
die EU-Kommission ....... RL 2004/67/EG 6
**Gasspeicher** ................. RL 2004/67/EG 4
**Gasversorgung** .............. RL 2004/17/EG 3
– Notfallplan ................ RL 2004/67/EG 8
– Sicherstellung ............. RL 2004/67/EG 3
**Gebühren,** für Flugsicherungsdienste............... VO EG Nr. 550/2004 15
– für Umweltinformationen . RL 2003/4/EG 5
**Gefährliche Stoffe,** Notfallpläne...................... RL 96/82/EG 11
– Sicherheitsbericht......... RL 96/82/EG 9

**Gefahrenanalyse,** bei Lebensmitteln............... VO EG Nr. 852/2004 5
**Gefahrgutbeförderung** ...... RL 94/55/EG 1
**Gefahrguttransport,** auf dem
See- und Luftweg.......... RL 94/55/EG 6
**Geistiges Eigentum** .......... VO EG Nr. 1383/2003 1
– Durchsetzung der Rechte.. RL 2004/48/EG 1
– Lizenznehmer ............. RL 2004/48/EG 4
– Missbrauch, Gegenmaßnahme ................... RL 2004/48/EG 3
– Verwertungsgesellschaft... RL 2004/48/EG 4
**Geldbuße,** gegen Unternehmen der Strombranche .... VO EG Nr. 1228/2003 12
**Geldwäsche**................... RL 2004/39/EG 10b
**Gemeinkosten,** als Maßstab
für das Mindesteigenkapital......................... RL 2006/49/EG 21
**Gemeinschaftslizenz,** für
den Busverkehr ............ VO EG Nr. 12/98 5
**Gemeinschaftsverpflegung,**
in Kantinen, Schulen,
Krankenhäusern etc. ...... VO EG Nr. 1924/2006 1
**Genehmigte Beihilfe,** EURecht...................... VO EG Nr. 659/1999 1
**Genehmigung,** neuer Stromerzeugungskapazitäten .... RL 2003/54/EG 6
– vor Erbringung von
Dienstleistungen........... RL 2006/123/EG 10
**Genehmigungsauflage,** Kontrolle der Einhaltung ...... RL 96/61/EG 14
**Genetisch veränderte Lebensmittel,** Informationsrecht der Öffentlichkeit.... VO EG 1829/2003 29
**Gepäck,** Schaden am, Ersatz
durch Luftfahrtunternehmen ....................... VO EWG Nr. 2407/92 7
**Gerichtsentscheidung,** im
Urheberrechtsprozess, Veröffentlichung .............. RL 2004/48/EG 15
**Gerichtsverfahren,** als Ablehnungsgrund für Antrag
auf Umweltinformation ... RL 2003/4/EG 4
**Geschäftsgeheimnis,** als Ablehnungsgrund für Antrag
auf Umweltinformation ... RL 2003/4/EG 4
**Gesundheitsbezogene Angaben,** Verbot................. VO EG Nr. 1924/2006 10
**Gewinnspiel,** Erkennbarkeit RL 2000/31/EG 6
**Grenzüberschreitende
Dienstleistung,** Informationspflicht.................. RL 2006/123/EG 22
**Großkredit**.................... RL 2006/48/EG 106
– Kontrolle .................. RL 2006/49/EG 28
**Großrisiko,** Begriff .......... RL 2002/92/EG 2
**Grundausbildung,** ärztliche . RL 2005/36/EG 24
**Grundversorgung,** Ausnahmen von der Dienstleistungsfreiheit............... RL 2006/123/EG 17

| | | |
|---|---|---|
| **Güter mit doppeltem Verwendungszweck** | VO EG Nr. 1334/2000 | 2 |
| **Güterbeförderung** | RL 96/26/EG | 1 |
| – mit Lkw | VO EWG Nr. 881/92 | 2 |
| **Güterkraftverkehr**, gewerblicher | VO EWG Nr. 881/92 | 1 |
| **GVO**, (genetisch veränderter Organismus), in Lebensmitteln | VO EG 1829/2003 | 3 |

## H

| | | |
|---|---|---|
| **Haftpflichtversicherung** | RL 2002/92/EG | 1 |
| – berufliche | RL 2005/36/EG | 7 |
| **Haftung**, berufliche | RL 2005/36/EG | 5 |
| – der Zollbehörde | VO EG Nr. 1383/2003 | 19 |
| – Lebensmittelunternehmen | VO EG 1829/2003 | 7 |
| **Handelsbuch**, einer Bank, Absicht des Wiederverkaufs im Bestand gehaltener Positionen | RL 2006/49/EG | 11 |
| **Handelsbuchposition**, Bewertung | RL 2006/49/EG | 33 |
| **Handelsregister** | RL 2005/36/EG | 9 |
| **Hebamme**, Ausbildung | RL 2005/36/EG | 40 |
| **Heizwärme**, Versorgung | RL 2004/17/EG | 3 |
| **Herausgabe**, von Waren | RL 2004/48/EG | 9 |
| **Hersteller**, Produktsicherheit | RL 2001/95/EG | 2 |
| – Verpflichtungen zur Produktsicherheit | RL 2001/95/EG | 5 |
| **Herstellernachweis**, für Elektro- und Elektronikgeräte | RL 2002/96/EG | 11 |
| **Höchstbetrag**, De-minimis-Beihilfe | VO EG Nr. 1998/2006 | 2 |
| **Hosting** | RL 2000/31/EG | 14 |
| **Hubschrauber** | VO EG Nr. 216/2008 | 2 |
| **Hygienevorschriften** | VO EG Nr. 852/2004 | 4 |
| – Lebensmittel | VO EG Nr. 852/2004 | 4 |

## I

| | | |
|---|---|---|
| **Import**, von Lebensmitteln, Kontrolle | VO EG Nr. 852/2004 | 10 |
| **Information**, zur Unterstützung von Dienstleistern | RL 2006/123/EG | 7 |
| **Information der Öffentlichkeit**, über Genehmigungsverfahren von Anlagen | RL 96/61/EG | 15 |
| **Informationsaustausch**, Bankenaufsicht | RL 2006/48/EG | 44 |
| – der EU-Mitgliedstaaten, zum Schutz des geistigen Eigentums | RL 2004/48/EG | 19 |
| **Informationsgesellschaft** | RL 2000/31/EG | 1 |
| **Informationspflicht** | RL 2002/92/EG | 12 |
| – der EU-Mitgliedstaaten über nationale Beihilfen | VO EG Nr. 1998/2006 | 4 |
| – des Diensteanbieters | RL 2000/31/EG | 5 |
| **Informationsstelle**, für Umweltinformationen | RL 2003/4/EG | 3 |
| **Inhärente Stoffeigenschaft**, Information | VO EG Nr. 1907/2006 | 13 |
| **Inlandsflugstrecke**, Monopol, Auslaufen und Übergangszeitraum | VO EWG Nr. 2408/92 | 5 |
| **Inspektion**, Kontrollmaßnahmen und Proben | VO EG Nr. 1935/2004 | 24 |
| – von Flugzeugen | RL 2004/36/EG | 1 |
| **Instandsetzung**, von Flugzeugen | RL 2004/36/EG | 4 |
| **Integriertes Konzept**, als Grundlage der Anlagengenehmigung | RL 96/61/EG | 7 |
| **Inverkehrbringen**, Definition | VO EG Nr. 1935/2004 | 2 |
| **Investitionsbeihilfe**, regionale | VO EG Nr. 1628/2006 | 1 |
| **Irreführung**, des Verbrauchers | VO EG 1829/2003 | 4 |

## J

| | | |
|---|---|---|
| **Jahresbericht**, Beihilferegelungen | VO EG Nr. 659/1999 | 21 |
| **Juristische Person** | RL 2002/92/EG | 1 |

## K

| | | |
|---|---|---|
| **Kabotagebeförderung**, (innerstaatliche Beförderung) per Bus | VO EG Nr. 12/98 | 4 |
| **Kapazitätsrecht**, Erdgasfernleitung | VO EG Nr. 1775/2005 | 8 |
| **Kassenzulassung**, ausländischer Mediziner | RL 2005/36/EG | 55 |
| **Kenntnisse**, Anerkennung in anderem EU-Mitgliedstaat | RL 2005/36/EG | 16 |
| **Kennzeichnung**, gefährlicher Güter und ihrer Transporte | RL 94/55/EG | 3 |
| – kommerzieller Kommunikation | RL 2000/31/EG | 6 |
| – Lebensmittelverpackung | VO EG Nr. 1935/2004 | 3 |
| – von Material zur Lebensmittelverpackung | VO EG Nr. 1935/2004 | 15 |
| **Kennzeichnungsverzeichnis**, chemische Stoffe | VO EG Nr. 1907/2006 | 114 |
| **Kleinanleger** | RL 2004/39/EG | 4 |
| **Kohärenz**, der Erbringung von Flugsicherheitsdiensten | VO EG Nr. 551/2004 | 1 |
| **Kohlendioxid** | RL 2003/87/EG | 3 |
| **Kommunikation**, kommerzielle | RL 2000/31/EG | 2 |
| **Kommunikationsdienst**, elektronischer, Betriebssicherheit | RL 2002/58/EG | 4 |

**Kommunikationsnetz,** Allgemeingenehmigung....... RL 2002/20/EG 2 f.
– elektronisches, Verwaltungsabgaben für.......... RL 2002/20/EG 12
**Konformitätserklärung......** VO EG Nr. 1935/2004 16
**Kontaktstelle,** zur Information über die Anerkennung ausländischer Berufsqualifikationen.................. RL 2005/36/EG 57
**Kontamination,** von Lebensmitteln..................... VO EG Nr. 852/2004 2
– von Nahrungsmitteln und Gebäuden................. RL 2003/4/EG 2
**Kontrollen,** amtliche, von Lebensmittelunternehmen VO EG Nr. 852/2004 6
**Konzession,** Bauten und Dienstleistungen.......... RL 2004/17/EG 18
**Korrespondenzstelle,** der EU-Mitgliedstaaten, zum Schutz des geistigen Eigentums.................... RL 2004/48/EG 19
**Kosten,** der Rücknahme illegaler Mülltransporte....... VO EG Nr. 1013/2006 24
**Kostenberechnung,** Telefongesellschaften.............. RL 2002/22/EG 12
**Kosten-Nutzen-Analyse,** Umweltinformationen..... RL 2003/4/EG 2
– zur Steigerung der Effizienz der Luftraumnutzung ..................... VO EG Nr. 551/2004 5
**Kraftverkehr** ............... RL 96/26/EG 1
**Kraftwerk** .................. RL 2003/87/EG 3
**Krankenschwester** ...... RL 2005/36/EG 31
**Krankheitsrisiko,** verbotene Werbung von Lebensmitteln..................... VO EG Nr. 1924/2006 14
**Kredit,** in einheimischer Währung, von Banken und Wertpapierfirmen........ RL 2006/49/EG 19
**Kreditinstitut**................ RL 2004/39/EG 1
 RL 2006/48/EG 4
– Anfangskapital ........... RL 2006/48/EG 9
– außerbilanzielle Geschäfte, Bankenaufsicht........... RL 2006/48/EG 74
– Eigenkapital ............... RL 2006/49/EG 1
– Eigenmittel ................ RL 2006/48/EG 10
– Entzug der Zulassung ..... RL 2006/48/EG 17
– Mindesteigenkapitalanforderungen, Bankenaufsicht. RL 2006/48/EG 76
– Mutterunternehmen ...... RL 2006/48/EG 24
– nicht konsolidierte Eigenmittel ...................... RL 2006/48/EG 57
– Niederlassungsrecht........ RL 2006/48/EG 25
– qualifizierte Beteiligungen RL 2006/48/EG 120
– Sanktionen gegen verantwortliche Geschäftsführer. RL 2006/48/EG 54
– Schwellenwert der Beteiligung................... RL 2006/48/EG 21
– Zulassung................. RL 2006/48/EG 12
– Zweigstelle ............... RL 2006/48/EG 30

– – außerhalb der Gemeinschaft..................... RL 2006/48/EG 38
**Kreditqualität,** Wertberichtigungen ................. RL 2006/49/EG 17
**Kreditrisiko,** aus verbrieften Forderungen ............... RL 2006/48/EG 95
– Minderung................. RL 2006/48/EG 92
**Kumulationsverbot,** von Subventionen.............. VO EG Nr. 1998/2006 2
**Kyoto-Protokoll** ............ RL 2003/87/EG 19

## L

**Landschaft,** als natürlicher Lebensraum ............... RL 2003/4/EG 2
**Laufzeit,** Auftragsvergabe... RL 2004/17/EG 17
**Lebensmittel** ............... VO EG Nr. 1924/2006 2
– Definition.................. VO EG Nr. 178/2002 2
– genetisch veränderte ...... VO EG 1829/2003 4
– – Informationspflicht ...... VO EG 1829/2003 9
– – Kennzeichnung .......... VO EG 1829/2003 13
– gesunde ..................... VO EG 1829/2003 1
– Gesundheitsrisiko ......... VO EG Nr. 178/2002 3
– Haltbarkeit ................ VO EG Nr. 1935/2004 2
– Kennzeichnung............ VO EG Nr. 1924/2006 1
– Kontakt mit................ VO EG Nr. 1935/2004 1
– marktbegleitende Beobachtung ..................... VO EG 1829/2003 5
– Primärproduktion ......... VO EG Nr. 852/2004 1
– Risikoanalyse.............. VO EG Nr. 178/2002 3
– Rückverfolgbarkeit........ VO EG Nr. 178/2002 18
– Verarbeitung .............. VO EG Nr. 852/2004 2
– Verbot irreführender Verpackung .................... VO EG Nr. 1935/2004 4
– Verbraucherschutz ........ VO EG Nr. 178/2002 1
– Vergleich mit anderem Hersteller................. VO EG Nr. 1924/2006 9
– Verpackung ............... VO EG Nr. 1935/2004 2
– Werbung .................. VO EG Nr. 178/2002 16
 VO EG Nr. 1924/2006 3
– Wirkung, Täuschung des Verbrauchers .............. VO EG Nr. 1924/2006 3
**Lebensmittelbewertungsstelle** ..................... VO EG 1829/2003 6
**Lebensmittelexport** ......... VO EG Nr. 178/2002 12
**Lebensmittelhygiene** ........ VO EG Nr. 852/2004 1 f.
**Lebensmittelimport** ......... VO EG Nr. 178/2002 11
**Lebensmittelkontrolle,** staatliche................. VO EG Nr. 178/2002 17
**Lebensmittelproduktion** .... VO EG Nr. 178/2002 4
**Lebensmittelrecht** ........... VO EG Nr. 178/2002 4
– Internationale Normen .... VO EG Nr. 178/2002 13
– Lebensmittelsicherheit .... VO EG Nr. 178/2002 14
– Pflanzenschutz ............ VO EG Nr. 178/2002 5
– Tierschutz ................. VO EG Nr. 178/2002 5
– Verbraucherinteressen, Schutz ................... VO EG Nr. 178/2002 8
– Vorsorgeprinzip............ VO EG Nr. 178/2002 7
**Lebensmittelrückstände** .... VO EG Nr. 178/2002 2

| | | |
|---|---|---|
| **Lebensmittelsicherheit** | VO EG Nr. 178/2002 | 1 |
| – Einzelhandel | VO EG Nr. 178/2002 | 3 |
| – Europäische Behörde, Überwachung | VO EG Nr. 178/2002 | 22 |
| – Haftung | VO EG Nr. 178/2002 | 21 |
| – Krisenmanagement | VO EG Nr. 178/2002 | 55 |
| – Notfälle | VO EG Nr. 178/2002 | 53 |
| – Risiko, Überwachungsverfahren | VO EG Nr. 178/2002 | 34 |
| – Rückruf von Lebensmitteln | VO EG Nr. 178/2002 | 19 |
| – Schnellwarnsystem | VO EG Nr. 178/2002 | 50 |
| **Lebensmittelskandal** | VO EG Nr. 178/2002 | 53 |
| **Lebensmittelüberwachung** | VO EG 1829/2003 | 21 |
| **Lebensmittelunternehmen**, Haftung | VO EG 1829/2003 | 7 |
| **Lebensmittelverpackungen**, Kontrollen | VO EG Nr. 1935/2004 | 5 |
| – zulässige Stoffe für | VO EG Nr. 1935/2004 | 5 |
| **Lebensversicherung** | RL 2002/92/EG | 1 |
| **Legierung** | VO EG Nr. 1907/2006 | 3 |
| **Leistungsvergleich**, in der Flugsicherung | VO EG Nr. 549/2004 | 11 |
| **Leitlinien**, nationaler Lebensmittelkontrolle | VO EG Nr. 852/2004 | 8 |
| **Lenk- und Ruhezeiten**, im Busverkehr | VO EG Nr. 12/98 | 4 |
| – Verstöße | RL 96/26/EG | 3 |
| **Lieferaufträge**, öffentliche, Vergaberecht | RL 2004/18/EG | 1 |
| **Lieferauftrag** | RL 2004/17/EG | 1 |
| **Linienflugverkehr** | VO EWG Nr. 2408/92 | 2 |
| **Linienverkehr**, Bus | VO EG Nr. 12/98 | 2 |
| **Liste**, mit Dual-use-Gütern | VO EG Nr. 1334/2000 | 11 |
| **Lizenz**, für gewerbliche internationale Güterbeförderung | VO EWG Nr. 881/92 | 5 |
| **Lizenznehmer**, geistiges Eigentum | RL 2004/48/EG | 4 |
| **Lkw-Transport**, Einfuhr in und Ausfuhr aus der EU | VO EWG Nr. 881/92 | 1 |
| **Lkw-Transportunternehmen**, Entzug der Gemeinschaftslizenz, Rechtsmittel | VO EWG Nr. 881/92 | 9 |
| **Luft**, als Bestandteil der Umwelt | RL 2003/4/EG | 2 |
| **Luftfahrtbehörden**, Zulassung | VO EG Nr. 216/2008 | 12 |
| **Luftfahrtindustrie**, Anhörung und Beteiligung | VO EG Nr. 549/2004 | 10 |
| **Luftfahrtunternehmen** | VO EWG Nr. 2407/92 | 2 |
| | VO EWG Nr. 2408/92 | 2 |
| – Vertragsstrafe | VO EWG Nr. 2408/92 | 4 |
| – Wettbewerb | VO EWG Nr. 2408/92 | 9 |
| **Luftfahrzeuge** | VO EG Nr. 216/2008 | 4 |
| **Luftraum**, einheitlicher europäischer | VO EG Nr. 551/2004 | 1 |
| | VO EG Nr. 549/2004 | 3 |
| – flexible Nutzung | VO EG Nr. 551/2004 | 7 |
| – Koordination von zivilen und militärischen Stellen | VO EG Nr. 550/2004 | 11 |
| – Sektoren und Strecken | VO EG Nr. 551/2004 | 6 |
| **Luftraumklassifizierung** | VO EG Nr. 551/2004 | 4 |
| **Luftsicherheit**, grundlegende Normen | VO EG Nr. 622/2003 | 1 |
| **Luftsicherheitsvorschriften**, Strafe bei Verstoß | VO EG Nr. 549/2004 | 9 |
| **Lufttüchtigkeitszeugnis** | VO EG Nr. 216/2008 | 20 |
| **Luftverkehr**, Beschränkungen | VO EWG Nr. 2408/92 | 10 |
| – ziviler, nationale Aufsicht | VO EG Nr. 550/2004 | 2 |
| **Luftverkehrsbetreiberzeugnisse** | VO EWG Nr. 2407/92 | 9 |
| **Luftverkehrssicherheit** | RL 2004/36/EG | 1 |

## M

| | | |
|---|---|---|
| **Markt**, geregelter, Wertpapiere | RL 2004/39/EG | 4 |
| **Materialien**, aktive und intelligente | VO EG Nr. 1935/2004 | 1 |
| **Medienpluralität** | RL 2006/123/EG | 1 |
| **Meldepflicht**, chemische Stoffe | VO EG Nr. 1907/2006 | 113 |
| – gegenüber der EU-Kommission, über Busverkehr | VO EG Nr. 12/98 | 7 |
| **Mindesteigenkapitalanforderungen**, Kreditinstitute, Bankenaufsicht | RL 2006/48/EG | 76 |
| **Mitgliedschaftszwang**, in berufsständischer Körperschaft, Befreiung für ausländische Berufsangehörige | RL 2005/36/EG | 6 |
| **Mitteilungspflichten** | RL 2002/92/EG | 6 |
| – der Mitgliedstaaten | RL 2002/92/EG | 12 |
| **Monomer**, chemischer Stoff | VO EG Nr. 1907/2006 | 3 |
| **Monopol**, auf bestimmte Dienstleistungen | RL 2006/123/EG | 1 |
| **Müllabfuhr**, Anschlusszwang | RL 2006/12/EG | 8 |
| **Müllvermeidung**, Elektro- und Elektronik-Altgeräte | RL 2002/96/EG | 5 |
| **Münz- und Kartentelefon** | RL 2002/22/EG | 6 |
| **Multidisziplinäre Tätigkeit**, reglementierter Beruf | RL 2006/123/EG | 25 |
| **Mutterunternehmen**, Kreditinstitut | RL 2006/48/EG | 24 |

## N

| | | |
|---|---|---|
| **Nachprüfung**, Beihilfe | VO EG Nr. 659/1999 | 22 |
| – der beruflichen Qualifikation, bei erstmaliger Dienstleistung | RL 2005/36/EG | 7 |
| **Nachrichten**, unerbetene, elektronische Kommunikationsdienste | RL 2002/58/EG | 13 |
| **Nährstoff** | VO EG Nr. 1924/2006 | 2 |

**Nährwertkennzeichnung,**
von Lebensmitteln ........ VO EG Nr. 1924/2006 7
**Nährwertzusammensetzung,**
von Lebensmitteln .......... VO EG Nr. 1924/2006 4
**Nahverkehr,** Transporte ..... RL 96/26/EG 2
**Naturstoff** .................... VO EG Nr. 1907/2006 3
**Netznutzer,** Erdgasfernleitung ....................... VO EG Nr. 1775/2005 2
**Netzsicherheit,** bei elektrischer Energie .............. VO EG Nr. 1228/2003 5
**Netzzugang,** bei Stromerzeugung................. RL 2003/54/EG 20
– Erdgasfernleitung, Tarife. . VO EG Nr. 1775/2005 3
**Netzzugangsentgelt,** beim
Handel mit Strom.......... VO EG Nr. 1228/2003 4
**Nichtdiskriminierungsklausel,** Vergaberecht........... RL 2004/18/EG 3
**Niederlassung,** berufliche, in
anderem EU-Mitgliedstaat RL 2005/36/EG 50
– des Dienstanbieters ...... RL 2000/31/EG 3
**Niederlassungsfreiheit,** des
Busunternehmers.......... VO EG Nr. 12/98 4
**Normung,** Verpackungen .... RL 94/62/EG 10
**Notfallplan,** gefährliche
Stoffe ...................... RL 96/82/EG 11
**Notrufnummer** .............. RL 2002/22/EG 26
**Nummern,** Nutzungsrechte.. RL 2002/20/EG 5

### O

**Öffentliche Aufträge,**
Schwellenwerte........... RL 2004/18/EG 7
– Vergaberecht.............. RL 2004/18/EG 1
**Öffentliche Bauaufträge,**
Vergaberecht.............. RL 2004/18/EG 1
**Öffentliches Unternehmen,**
Finanzstruktur ............ RL 2006/111/EG 2
RL 2006/111/EG 1
**Organismus,** genetisch veränderter (GVO) ............ VO EG 1829/2003 3
**Originalware,** Vergleich mit
Fälschungen ............... VO EG Nr. 1383/2003 5
**Originator** ................... RL 2006/48/EG 101

### P

**Pensionsgeschäft** ............ RL 2006/48/EG 4
**Persönlichkeitsrecht,** als Ablehnungsgrund für Antrag
auf Umweltinformation ... RL 2003/4/EG 4
**Personenbeförderung**........ RL 96/26/EG 1
– im Bus ..................... VO EG Nr. 12/98 1
**Pflanzenschutzmittel**........ VO EG Nr. 1907/2006 15
**Piloten**....................... VO EG Nr. 216/2008 7
**Pilotenzulassung** ............ VO EG Nr. 216/2008 21
**Polymer,** chemischer Stoff... VO EG Nr. 1907/2006 3
**Postdienste,** Aufträge ....... RL 2004/18/EG 12
**Preiskontrolle,** durch Regulierungsbehörde ........... RL 2002/19/EG 13
**Prepaid-Angebot,** Telefonate RL 2002/22/EG 10

**Primärerzeugnisse,** Lebensmittel ..................... VO EG Nr. 852/2004 2
**Produkt,** Begriffsbestimmung...................... RL 2001/95/EG 2
– sicheres, Begriffsbestimmung...................... RL 2001/95/EG 2
**Produktsicherheit,** Verpflichtungen des Herstellers......................... RL 2001/95/EG 5
**Prüfung,** Beihilfe, EU-Kommission.................... VO EG Nr. 659/1999 4
**Prüfungszeugnis**............. RL 2005/36/EG 3

### Q

**Qualitätssicherung,** Dienstleistungen.................. RL 2006/123/EG 26
**Qualitätssicherungsnorm,**
Nachweis in Ausschreibung ....................... RL 2004/17/EG 52

### R

**Rahmenbedingungen,** Auftragsvergabe .............. RL 2004/17/EG 14
**Rating,** externes, Bankenaufsicht.................... RL 2006/48/EG 81
– interne, Bankenaufsicht... RL 2006/48/EG 84
**Rechtsmittel,** von Kreditinstituten gegenüber Aufsichtsbehörde............. RL 2006/48/EG 55
**Rechtsschutz,** einstweiliger,
bei Verletzung geistigen
Eigentums ................. RL 2004/48/EG 9
**Rechtswidrige Beihilfe,** EU-
Recht...................... VO EG Nr. 659/1999 1
**Recycling,** Elektro- und
Elektronik-Altgeräte,
Technologie................ RL 2002/96/EG 7
– von Elektro- und Elektronikgeräten ................ RL 2002/96/EG 3
**Recycling-System,** für Elektro-Bauteile................. RL 2002/96/EG 6
**Redispatching,** im internationalen Stromhandel ..... VO EG Nr. 1228/2003 6
**Refinanzierungskredit**....... RL 98/29/EG 2
**Regionalbeihilfe** ............. VO EG Nr. 1628/2006 5
– Fördergebiet.............. VO EG Nr. 994/98 1
**Regionalflughafen** ........... VO EWG Nr. 2408/92 4
**Register,** aller Wertpapierfirmen ...................... RL 2004/39/EG 5
– für nährwert- und gesundheitsbezogene Angaben
über Lebensmittel ......... VO EG Nr. 1924/2006 20
– öffentliches, freier Zugang RL 2006/123/EG 7
**Registrierungen,** chemische
Stoffe ..................... VO EG Nr. 1907/2006 20
**Registrierungsdossier,** chemische Stoffe .............. VO EG Nr. 1907/2006 41

# Stichwortverzeichnis

**Registrierungspflicht,** chemische Stoffe ............. VO EG Nr. 1907/2006 6
**Regulierungsbehörde,** Elektrizitätsversorgung ........ RL 2005/89/EG 2
– Erdgasfernleitungsnetze... VO EG Nr. 1775/2005 10
– für das nationale Stromnetz ........................ VO EG Nr. 1228/2003 9
– für die Elektrizitätswirtschaft ...................... RL 2003/54/EG 23
– für Telekommunikation ... RL 2002/22/EG 12
– nationale................... RL 2002/21/EG 3
– – Aufgaben................. RL 2002/21/EG 8
– Preiskontrolle.............. RL 2002/19/EG 13
**Ressourcenschonung** ........ RL 2006/12/EG 3
**Risikobewertung** ............ VO EG Nr. 852/2004 13
– Bankenaufsicht............. RL 2006/48/EG 80
**Risikogewichtung,** von Krediten ....................... RL 2006/49/EG 17
**Robinson-Liste** .............. RL 2000/31/EG 7
**Rohstoff,** sekundärer ........ RL 2006/12/EG 3
**Rückforderung,** Beihilfe..... VO EG Nr. 659/1999 14
**Rücknahmeverpflichtung,** für Abfälle ................. VO EG Nr. 1013/2006 22
**Rückruf,** Produktsicherheit . RL 2001/95/EG 2
**Rückverfolgbarkeit,** von Materialien und Gegenständen........................ VO EG Nr. 1935/2004 17
**Rückversicherung** ........... RL 2002/92/EG 1
– Begriff .................... RL 2002/92/EG 2
**Rufnummernmitnahme**...... RL 2002/22/EG 30
**Rufnummerunterdrückung**.. RL 2002/58/EG 8

## S

**Saatgut,** genetisch verändertes........................ VO EG 1829/2003 6
**Sanktion,** bei Verletzung geistigen Eigentums ....... RL 2004/48/EG 16
**Schadensersatz,** bei Verletzung geistigen Eigentums . RL 2004/48/EG 13
**Schulbus**..................... VO EG Nr. 12/98 2
**Schuldverschreibung**........ RL 2006/49/EG 19
**Schutzmaßnahme,** bei Energiekrise ................... RL 2003/54/EG 24
– menschliche Gesundheit... VO EG Nr. 1935/2004 18
**Schutzrecht,** gewerbliches .. RL 2004/48/EG 1
**Schwellenwert,** Beteiligung an Kreditinstitut........... RL 2006/48/EG 21
– Neufestsetzung, Vergaberecht ...................... RL 2004/18/EG 78
– öffentliche Aufträge ....... RL 2004/18/EG 7
**Sicherheit,** im europäischen Luftverkehr................ RL 2004/36/EG 1
**Sicherheitsbericht,** durch Betreiber, gefährliche Stoffe............................ RL 96/82/EG 9
**Sicherheitskontrolle,** geheime, auf Flughäfen ......... VO EG Nr. 622/2003 3
**Sicherheitsleistung** .......... RL 2004/48/EG 7

**Sicherheitsrisiko,** für Fluggäste und Luftverkehr..... RL 2004/36/EG 4
**Sondernummer,** Sperre...... RL 2002/22/EG 10
**Sponsor,** Kreditinstitut...... RL 2006/48/EG 4
**Staatliche Beihilfen,** Überwachung................... VO EG Nr. 1998/2006 3
**Standortdaten,** Begriffsbestimmung, elektronische Kommunikation ........... RL 2002/58/EG 2
**Stellungnahme,** behördliche, vor Zulassung von Stoffen. VO EG Nr. 1935/2004 10
**Stichprobe,** technische Kontrollen von Flugzeugen ... RL 2004/36/EG 4
**Stoff,** neuer, Zulassung ...... VO EG Nr. 1935/2004 8
**Stoffebewertung**............. VO EG Nr. 1907/2006 44
**Stoffeigenschaften,** inhärente, Information............. VO EG Nr. 1907/2006 13
**Stoffinformationen,** Austausch..................... VO EG Nr. 1907/2006 29
**Stoffsicherheitsbericht** ...... VO EG Nr. 1907/2006 14
**Strafe,** bei Verletzung geistigen Eigentums ........... RL 2004/48/EG 2
– Tätigkeitsverbot des Versicherungsvermittlers ..... RL 2002/92/EG 8
**Streitbeilegung,** außergerichtliche ................... RL 2002/92/EG 11
**Stromdurchleitung,** Entgelt . VO EG Nr. 1228/2003 7
**Stromerzeugungskapazitäten,** Genehmigung ......... RL 2003/54/EG 6
**Stromhandel,** grenzüberschreitender ............... VO EG Nr. 1228/2003 1
**Stromimport,** Berichterstattung der Mitgliedstaaten .. RL 2003/54/EG 25
**Stromnetz,** Investition....... VO EG Nr. 1228/2003 6
**Stromnetzbetreiber,** Informationspflicht ............. VO EG Nr. 1228/2003 10
**Subvention,** anmeldepflichtige........................ VO EG Nr. 1628/2006 7
– Anpassungsfrist ........... VO EG Nr. 994/98 4
– Darlehen................... VO EG Nr. 1998/2006 2
– Höchstgrenze, erforderlicher Eigenanteil .......... VO EG Nr. 1628/2006 4
– in Tranchen, Auszahlung.. VO EG Nr. 1628/2006 4
– Kumulationsverbot........ VO EG Nr. 1998/2006 2
– Unternehmen.............. VO EG Nr. 1628/2006 2
– von Forschung und Entwicklung.................. VO EG Nr. 994/98 4
– von kleinen und mittleren Unternehmen.............. VO EG Nr. 994/98 1
– von Umweltschutzmaßnahmen .................... VO EG Nr. 994/98 1

## T

**Tätigkeiten,** Dauer der Ausübung vor Anerkennung... RL 2005/36/EG 17
**Tanklasttransport,** auf der Straße...................... RL 94/55/EG 5
**Technik,** beste verfügbare, zum Schutz der Umwelt ... RL 96/61/EG 11

| | | |
|---|---|---|
| **Technische Spezifikation,** | | |
| Begriffsbestimmung ....... | RL 98/34/EG | 1 |
| **Technologie,** saubere ....... | RL 2006/12/EG | 3 |
| **Technologietransfer** ........ | VO EG Nr. 1334/2000 | 3 |
| **Teilnehmerverzeichnis,** elektronischer Kommunikationsdienst. ................... | RL 2002/58/EG | 12 |
| **Teilzeit,** berufliche Aus- und Weiterbildung ............. | RL 2005/36/EG | 22 |
| **Telefon/Internet,** Qualität ... | RL 2002/22/EG | 22 |
| **Telefonauskunftdienst**........ | RL 2002/22/EG | 25 |
| **Telefondienst** ................ | RL 2002/22/EG | 2 |
| – Anschluss................... | RL 2002/22/EG | 20 |
| **Telefonnetz,** öffentliches..... | RL 2002/22/EG | 2 |
| – Zugang .................... | RL 2002/22/EG | 23 |
| **Telefonnummer**.............. | RL 2002/22/EG | 2 |
| **Telefonverzeichnis**........... | RL 2002/22/EG | 6 |
| **Telefonzelle**.................. | RL 2002/22/EG | 6 |
| **Telekommunikation,** Wettbewerb.................. | RL 2002/22/EG | 18 |
| **Telekommunikationmarkt,** Regulierung.............. | RL 2002/22/EG | 17 |
| **Telekommunikationsbereich,** Vergaberecht.............. | RL 2004/18/EG | 13 |
| **Tierarzt,** Ausbildung ........ | RL 2005/36/EG | 38 |
| **Tierschutz** .................... | VO EG 1829/2003 | 1 |
| **Titel,** akademischer, Führen im EU-Ausland ........... | RL 2005/36/EG | 54 |
| **Transporte,** grenzüberschreitende...................... | RL 96/26/EG | 5 |
| – innerstaatliche............. | RL 96/26/EG | 5 |
| – Nahverkehr................. | RL 96/26/EG | 2 |
| – von Abfällen innerhalb der EU ........................ | VO EG Nr. 1013/2006 | 33 |
| **Transportsicherheit,** bei Gefahrgut..................... | RL 94/55/EG | 5 |
| **Transportunternehmen**....... | RL 96/26/EG | 2 |
| – Betriebsfortführung, Erbe. | RL 96/26/EG | 4 |
| **Transportunternehmer,** Befähigungsnachweis ........ | RL 96/26/EG | 3 |
| | RL 96/26/EG | 8 |
| | RL 96/26/EG | 10 |
| – Entzug der Genehmigung . | RL 96/26/EG | 7 |
| – fachlichen Eignung........ | RL 96/26/EG | 3 |
| **Transportverpackungen** ..... | RL 94/62/EG | 3 |
| **Transportvertrag,** Erdgasfernleitung................ | VO EG Nr. 1775/2005 | 2 |
| **Treibhausgas** ................ | RL 2003/87/EG | 1 |
| **Trinkwasser** .................. | VO EG Nr. 852/2004 | 2 |
| **TRIPS-Übereinkommen**..... | RL 2004/48/EG | 2 |

## U

| | | |
|---|---|---|
| **Überprüfung,** von Lkw-Transportunternehmen .... | VO EWG Nr. 881/92 | 7 |
| **Übertragungsnetzbetreiber** . | RL 2005/89/EG | 4 |
| – für elektrische Energie .... | RL 2003/54/EG | 9 |
| **Umweltgütezeichen** ......... | RL 2004/17/EG | 34 |

| | | |
|---|---|---|
| **Umweltinformationen,** Antrag bei Behörde ........... | RL 2003/4/EG | 3 |
| – Datenbank.................. | RL 2003/4/EG | 7 |
| – Gebühren................... | RL 2003/4/EG | 5 |
| – Kosten-Nutzen-Analyse... | RL 2003/4/EG | 2 |
| – Zugang für die Öffentlichkeit ........................ | RL 2003/4/EG | 1 |
| **Umweltqualitätsnorm**....... | RL 96/61/EG | 10 |
| **Umweltschutz** ................ | VO EG Nr. 1013/2006 | 49 |
| – Flughafensystem .......... | VO EWG Nr. 2408/92 | 8 |
| – Verbotsgrund für Gefahrguttransporte ............. | RL 94/55/EG | 5 |
| – Verpflichtungen, Auftraggeber...................... | RL 2004/17/EG | 39 |
| – Zivilluftfahrt .............. | VO EG Nr. 216/2008 | 6 |
| **Umweltverschmutzung**...... | RL 96/61/EG | 1 |
| – Vermeidung................. | RL 85/337/EWG | 2 |
| **Umweltverträglichkeitsprüfung,** Anlage .............. | RL 85/337/EWG | 1 |
| – Bauvorhaben .............. | RL 85/337/EWG | 2 |
| – Bedenken................... | RL 85/337/EWG | 9 |
| – Flora und Fauna.......... | RL 85/337/EWG | 3 |
| – Information der Öffentlichkeit .................... | RL 85/337/EWG | 6 |
| – Klima...................... | RL 85/337/EWG | 3 |
| – kulturelles Erbe ........... | RL 85/337/EWG | 3 |
| **Umweltzeugnis,** Zivilluftfahrt ....................... | VO EG Nr. 216/2008 | 20 |
| **Umweltzustandsbericht**..... | RL 2003/4/EG | 7 |
| **Unerbetene Nachrichten,** elektronische Kommunikationsdienste ................... | RL 2002/58/EG | 13 |
| **Unfall,** schwerer, mit gefährlichen Stoffen.............. | RL 96/82/EG | 3 |
| **Universaldienst,** Kommunikation, Grundsätze ....... | RL 2002/22/EG | 3 |
| **Unteraufträge,** öffentliche Baukonzession............. | RL 2004/18/EG | 60 |
| – Vergaberecht............... | RL 2004/18/EG | 25 |
| **Unternehmen,** öffentliches .. | RL 2004/17/EG | 2 |
| | RL 2006/111/EG | 2 |
| – Subventionen.............. | VO EG Nr. 1628/2006 | 2 |
| **Urheberrecht** ................ | RL 2004/48/EG | 2 |

## V

| | | |
|---|---|---|
| **Verbraucherschutz,** Lebensmitteln .................... | VO EG Nr. 178/2002 | 1 |
| **Verbraucherschutzrecht**..... | RL 2006/123/EG | 3 |
| **Verbriefung,** Kreditinstitut.. | RL 2006/48/EG | 4 |
| – Kreditrisiko ............... | RL 2006/48/EG | 95 |
| **Verbringung,** illegale, Abfall | VO EG Nr. 1013/2006 | 4 |
| **Verbundnetz**................. | RL 2003/54/EG | 2 |
| **Verdingungsunterlagen,** offene Verfahren, Vergaberecht ...................... | RL 2004/18/EG | 39 |
| – technische Spezifikation .. | RL 2004/17/EG | 34 |

**Verfahren,** nicht offenes, Vergaberecht .................. RL 2004/18/EG 1
RL 2004/18/EG 28
– offene, Vergaberecht ....... RL 2004/18/EG 1
RL 2004/18/EG 28
**Vergabeverfahren**............ RL 2004/18/EG 28
**Verhaltenskodex**............. RL 2000/31/EG 16
RL 2006/123/EG 37
– zum Schutz des geistigen Eigentums ................. RL 2004/48/EG 17
**Verhandlungsverfahren,** Vergaberecht .................. RL 2004/18/EG 28
**Verkaufsverpackungen** ...... RL 94/62/EG 3
**Verkehr,** grenzüberschreitender, mit Lkw ............... VO EWG Nr. 881/92 3
**Verkehrsdaten,** Begriffsbestimmung, elektronische Kommunikation ......... RL 2002/58/EG 2
– elektronischer Kommunikationsdienst ............... RL 2002/58/EG 6
**Verkehrsfluss,** im oberen Luftraum .................. VO EG Nr. 551/2004 5
**Verkehrspolitik,** für den zivilen Luftverkehr............ VO EG Nr. 551/2004 1
**Verkehrsrecht,** auf Flugstrecken innerhalb der EU .... VO EWG Nr. 2408/92 3
**Verkehrsregeln,** für Fahrzeuge mit Gefahrgutladung ... RL 94/55/EG 1
**Verkehrsunternehmen,** Leistungsfähigkeit ............. RL 96/26/EG 3
– Zuverlässigkeit ............ RL 96/26/EG 3
**Verkehrsversorgung,** Aufträge ........................ RL 2004/18/EG 12
**Verletzung geistigen Eigentums,** Maßnahmen ......... RL 2004/48/EG 10
– Strafe ..................... RL 2004/48/EG 2
**Vermischung,** genetisch veränderte Lebensmittel ...... VO EG 1829/2003 47
– von Abfällen............... VO EG Nr. 1013/2006 19
**Vermittlerregister,** Pflicht zur Eintragung in.......... RL 2002/92/EG 3
**Vermutung,** zugunsten des Urhebers ................. RL 2004/48/EG 5
**Vernichtung,** gefälschter Waren ........................ VO EG Nr. 1383/2003 11
**Veröffentlichung,** Gerichtsentscheidung, im Urheberrechtsprozess ............. RL 2004/48/EG 15
**Verpackungen** .............. RL 94/62/EG 2
– Anforderungen an ......... VO EG Nr. 1935/2004 3
– Entsorgungspläne .......... RL 94/62/EG 14
– Sammel- und Verwertungssystem ............... RL 94/62/EG 7
**Verpackungsabfälle** ......... RL 94/62/EG 2
– Verwertung ................ RL 94/62/EG 6
**Verschmutzungszertifikat,** für Treibhausgase......... RL 2003/87/EG 11
**Versicherung,** Warenexport . RL 98/29/EG 1

**Versicherungsvermittler,** Begriff ....................... RL 2002/92/EG 2
**Versicherungsvertrag**........ RL 2002/92/EG 1
– Jahresprämie .............. RL 2002/92/EG 1
**Versorgungssicherheit,** für elektrische Energie ........ RL 2003/54/EG 4
**Verteidigungsbereich,** Aufträge, Vergaberecht ........ RL 2004/18/EG 10
**Verteilernetzbetreiber** ....... RL 2006/32/EG 6
– für elektrische Energie .... RL 2003/54/EG 14
**Verteilungsnetzbetreiber** .... RL 2005/89/EG 4
**Vertragsabschluss,** elektronischer ..................... RL 2000/31/EG 9
**Vertragsstrafe,** für zivile Luftfahrtunternehmen .... VO EWG Nr. 2408/92 4
**Vertraulichkeit,** des Herstellers ....................... VO EG Nr. 1935/2004 20
**Verursacherprinzip,** bei Abfallbeseitigung............. RL 2006/12/EG 15
**Verwaltungsfehler,** Anspruch auf Überprüfung... VO EG Nr. 1935/2004 14
**Verwaltungskosten,** der Überwachung von Abfalltransporten ................ VO EG Nr. 1013/2006 29
**Verwaltungsrat,** Zivilluftfahrt ....................... VO EG Nr. 216/2008 33
**Verwertung,** Verpackungsabfälle ..................... RL 94/62/EG 6
– von Abfällen ............... VO EG Nr. 1013/2006 2
**Verwertungs- und Beseitigungsanlage,** Abfall ....... VO EG Nr. 1013/2006 3
**Verwertungsgesellschaft,** geistiges Eigentum......... RL 2004/48/EG 4
**Verwertungssystem,** Verpackungen .................. RL 94/62/EG 7
**Vorfeldinspektion,** an Flugzeugen ..................... RL 2004/36/EG 4
**Vorsorge,** gegen Umweltverschmutzung................ RL 96/61/EG 3

## W

**Waffenembargo**.............. VO EG Nr. 1334/2000 4
**Wandelanleihe** ............... RL 2006/49/EG 3
**Waren,** nachgeahmte ........ VO EG Nr. 1383/2003 2
– unerlaubt hergestellte ..... VO EG Nr. 1383/2003 2
**Warenexport,** Versicherung . RL 98/29/EG 1
**Warenleihgeschäft** .......... RL 2006/48/EG 4
**Wasser,** als Bestandteil der Umwelt ................... RL 2003/4/EG 2
**Wasserversorgung,** Aufträge RL 2004/18/EG 12
**Werbung,** für Lebensmittel.. VO EG Nr. 1924/2006 3
**Wertpapierfirma** ............. RL 2004/39/EG 1
– Eigenkapital............... RL 2006/49/EG 2
**Wertpapiergeschäft**.......... RL 2006/48/EG 4
**Wertpapierhandel,** Zulassungspflicht ............... RL 2004/39/EG 5
**Wettbewerb,** für zivile Luftfahrtunternehmen ........ VO EWG Nr. 2408/92 9

**Wetterdienst** ................. VO EG Nr. 550/2004   9
**Widerruf,** Beihilfeentscheidung ....................... VO EG Nr. 659/1999   9
– der Zulasung von Stoffen.. VO EG Nr. 1935/2004   12
**Wohnungsbau,** sozialer, öffentliche Bauaufträge ..... RL 2004/18/EG   34

## Z

**Zahnarzt,** Grundausbildung   RL 2005/36/EG   34
**Zentralbanken**............... RL 2006/48/EG   4
**Zertifikat,** für Übertragung von Treibhausgasen........ RL 2003/87/EG   12
**Zertifizierung,** des Dienstleisters ..................... RL 2006/123/EG   26
**Zeugnis,** Anerkennung ...... RL 2006/123/EG   5
– über das Niveau einer Berufsqualifikation .......... RL 2005/36/EG   11
**Zivilluftfahrt,** Sicherheitsprogramm................... VO EG Nr. 622/2003   1
– Umweltschutz ............. VO EG Nr. 216/2008   6
– Verwaltungsrat ............ VO EG Nr. 216/2008   33
**Zoll,** Handeln bei illegalem Müllexport ................. VO EG Nr. 1013/2006   38
**Zollamtliche Prüfung** ....... VO EG Nr. 1383/2003   1
**Zollbehörde,** Information des Rechtsinhabers ........ VO EG Nr. 1383/2003   4
**Zucker,** in Lebensmitteln.... VO EG Nr. 1924/2006   4
**Zugang,** zu Informationen und Dokumenten .......... VO EG Nr. 1935/2004   19
**Zugangsberechtigungssystem,** für digitale Fernseh- und Rundfunkdienste ..... RL 2002/19/EG   6

**Zulassung,** der Luftfahrtbehörden................... VO EG Nr. 216/2008   12
– Flugbetrieb ................ VO EG Nr. 216/2008   22
– Kreditinstitut.............. RL 2006/48/EG   12
– von Stoffen in der EG...... VO EG Nr. 1935/2004   11
**Zulassungserteilung,** chemische Stoffe .............. VO EG Nr. 1907/2006   60
**Zulassungsfreiheit,** für Anbieter von Diensten der Informationsgesellschaft .... RL 2000/31/EG   4
**Zulassungspflicht,** für Wertpapierhandel .............. RL 2004/39/EG   5
– gesundheitsbezogener Angaben auf Lebensmitteln .. VO EG Nr. 1924/2006   15
**Zurückhalten,** von Waren zur Inspektion ............. VO EG Nr. 1383/2003   9
**Zusammenarbeit,** internationale, zur Müllvermeidung . VO EG Nr. 1013/2006   52
**Zusammenschaltung,** Verbindung öffentlicher Kommunikationsnetze......... RL 2002/19/EG   2
**Zuteilung von Emissionszertifikaten,** nach 2012....... RL 2003/87/EG   30
**Zuverlässigkeit,** des Dienstleisters, Informationen .... RL 2006/123/EG   33
**Zweckdienliche Maßnahme,** Beihilfe ................... VO EG Nr. 659/1999   18
**Zwischenlagerung,** vom Zoll festgehaltener Waren ...... VO EG Nr. 1383/2003   15
**Zwischenprodukte,** isolierte. VO EG Nr. 1907/2006   17